HSK 7~9급

한권으로 끝내기 본서

남미숙 저

QR코드 스캔해서 다락원 홈페이지로 이동
➔ MP3음원+동영상강의 다운로드 및 실시간 재생
➔ 받아쓰기노트, 필수표현집 다운로드

HSK 7~9급 한권으로 끝내기

지은이 남미숙
펴낸이 정규도
펴낸곳 (주)다락원

제1판 1쇄 발행 2024년 2월 28일

기획·편집 김혜민, 박소정, 이상윤
내지디자인 박나래
표지디자인 김나경, 박나래
조판 최영란
녹음 郭洋, 朴龙君, 于海峰, 허강원

다락원 경기도 파주시 문발로 211
전화 (02)736-2031(내선 250~252 / 내선 430~431)
팩스 (02)732-2037
출판등록 1977년 9월 16일 제406-2008-000007호

ISBN 978-89-277-2321-9 13720

www.darakwon.co.kr
다락원 홈페이지를 방문하시면 상세한 출판 정보와 함께 동영상 강좌, MP3 자료 등 다양한 어학 정보를 얻으실 수 있습니다.

경제 규모 세계 1위(영국 싱크탱크 CEBR 2038년 전망)이자 세계 GDP 기여도 1위(국제통화기금 IMF)의 나라. 그리고 현재 기준 세계 경제 규모 2위의 나라인 중국. 글로벌 시장에서 경쟁해야 하는 우리에게 중국어는 선택이 아닌 필수입니다. 이제 HSK는 진학, 유학, 취업을 준비하는 분, 기업이나 공공 기관에 근무하는 분, 개인 사업을 하는 분, 자기 계발을 위해 중국어를 공부하는 분 모두가 갖추고자 하는 필수 항목이 되었습니다.

또한 진학 과정에서뿐만 아니라 비즈니스 현장에서도 보다 수준 높은 중국어 역량을 갖춘 인재에 대한 니즈가 높아짐에 따라 HSK 7~9급에 대한 필요성은 점점 높아지고 있습니다. 『HSK 7~9급 한권으로 끝내기』는 HSK 분야 최장기 베스트셀러 1위(101개월간, YES24 기준)를 기록했던 『HSK 한권으로 끝내기』 시리즈의 명성과 책임을 이어갈 것입니다. 또한 수험생들이 올바른 방향으로 시험을 준비할 수 있도록 안내하는 지침서 역할을 이어갈 것입니다.

1타강사 남미숙의 완벽한 HSK 솔루션 1타강사 남미숙의 21년 강의 노하우 & 〈남미숙 중국어연구소〉의 철저한 분석을 바탕으로 시험 합격을 위한 최적의 내용으로 구성했습니다. 제1회 HSK 7~9급 시험에서 100% 합격생을 배출한 출제 경향 분석 역량과 21년간 축적된 데이터, 그리고 한국·중국 베타테스트를 바탕으로 HSK를 정복할 수 있는 완벽한 솔루션을 체계화했습니다.

최신 출제 경향 완벽 반영 HSK 기출문제 국내 최다 보유 기관이자 국내 최고 HSK 전문가 그룹인 남미숙 중국어연구소가 빅데이터 분석과 HSK 문제 출제 구성 원칙을 기반으로, HSK 7~9급 시험에서 요구하는 중국어 역량을 충족시킬 수 있는 어휘, 표현, 주제를 바탕으로 고정격식과 짝꿍 어휘들을 최신 출제 경향에 맞추어 완벽하게 정리했습니다.

동영상강의, 받아쓰기노트, 필수표현집 제공 출제 경향, 실전 문제 풀이 비법을 마스터할 수 있는 동영상강의, 듣기 영역 녹음을 듣고 빈출 핵심 키워드를 받아써 보는 받아쓰기노트, 고득점에 필수인 성어와 부사어 등을 알차게 정리한 필수표현집을 제공합니다.

마지막으로, 이 책의 완성도를 높일 수 있게 도와주신 민순미 선생님, 모정 선생님, 시인혜 선생님, 김민서 선생님, 이영현 선생님, 김예솔, 김호정, 이승민 그리고 그 외 남미숙 중국어 연구소 선생님들, 베타테스트에 성실히 참여해 주신 한국과 중국의 대학(원)생 및 연구원 여러분, 그리고 김동준 님께 감사의 말씀을 드립니다.

본 시리즈를 통해 수험생 여러분 모두 원하시는 목표를 꼭 달성하시길 기원합니다.

남미숙

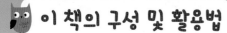

종합적이고 체계적으로 HSK 7~9급 수험에 대비할 수 있는 완벽한 구성

★ **본서&해설서**로 유형 파악→핵심 표현 및 어법 학습→실전 문제 풀이

★ **필수단어장**으로 어휘력 기반 다지기

★ **필수표현집**으로 성어&부사&고정단어 표현 학습

★ 핵심 표현, 듣기 문제 음원 **반복 청취** & **받아쓰기 연습**으로 듣기 능력 훈련

★ **동영상강의**로 출제 경향, 실전 문제 풀이 비법 마스터 ★ 저자 직강

● 본서+해설서
  [실전 모의고사 1회분 포함]
● 필수단어장 상, 하
● 동영상강의+받아쓰기노트+필수
  표현집+MP3음원

40일 완성 프로그램

이 책에서 제시하는 40일 학습 진도표에 따라 학습한 후 마지막에 모의고사로 최종 점검해 보세요! 착실하게 공부한 다면 HSK 7~9급, 『HSK 7~9급 한권으로 끝내기』 한 권으로 한번에 합격할 수 있습니다.

본서

본서는 〈듣기〉 〈독해〉 〈쓰기〉 〈번역〉 〈말하기〉 총 다섯 영역으로 구분하여 정리했습니다.
각 단원은 '유형 파악하기→내공 쌓기→실력 다지기'라는 3 STEP으로 설계했습니다.

STEP 1 유형 파악하기

최신 출제 경향 대공개! 문제 풀이 요령 및 학습 요령까지 챙겨갈 수 있습니다. 각 부분의 예제를
통해 어떤 유형의 문제가 어떻게 출제되는지 파악해 봅시다.

STEP 2 내공 쌓기

각 유형별 핵심 어휘 및 표현부터 기본적이고 핵심
적인 어법 지식, 문제 풀이 스킬까지 알차게 정리했
습니다.

STEP 3 실력 다지기

최신 출제 경향을 반영한 유형별 실전 문제로
실제 시험 적응력을 높여 봅시다.

실전 모의고사

실전 모의고사 1회분을 풀어보며 스스로의 실력을
점검하세요.

해설서

학습자 편의를 고려하여 친절하고 상세하게 해설했습니다. 실전에서 유용한 문제 풀이법이 잔뜩 녹아 들어 있습니다.

- 영역별, 부분별 문제 유형에 최적화된 방식으로 풀이
- 사전이 필요 없도록, 지문 속 6급 이상 어휘는 모두 정리

부록

필수단어장 상, 하

HSK 7~9급 필수어휘 5,636개를 학습할 수 있도록 알파벳 순서대로 정리했습니다.

- 필수단어장 상: 필수어휘 1~2,800
- 필수단어장 하: 필수어휘 2,801~5,636

부가자료

동영상강의[저자직강]
영역별 출제 경향 및 풀이 비법 대공개

받아쓰기노트
받아쓰는 훈련을 통하여 듣기 실력을 높일 수 있습니다.(PDF 파일)

필수표현집
HSK 7~9급 필수 성어&부사& 고정단어 표현을 학습할 수 있도록 정리했습니다.
(PDF 파일)

MP3음원 *QR코드를 스캔하면 해당 음원이 바로 재생됩니다.

- ◆ 본서 듣기 예제, 내공쌓기, 실력 다지기
- ◆ 본서 번역 제2부분(통역) 답안, 말하기 문제와 답안
- ◆ 필수단어장

- ◆ 본서 독해 내공쌓기
- ◆ 본서 실전 모의고사
- ◆ 필수표현집

QR 코드 스캔해서 다락원 홈페이지로 이동

➜ MP3음원+동영상강의 다운로드 및 실시간 재생
➜ 받아쓰기노트 다운로드

차례

✿ 40일 완성! 학습진도표

	듣기	독해	쓰기	번역	말하기
Day 01	p.21 듣1·2·3 •01 경제, 비즈니스…	p.68 독1• 01 세부 내용 파악하기	p.188 쓰1• 01 도표 보고 200자…		
Day 02	p.28 실력 다지기	p.78 독1•실력 다지기	p.191 쓰1•실력 다지기		p.257 말1• 01 자료 보고 질문에…
Day 03	p.28 실력 다지기	p.80 독1•실력 다지기	p.192 쓰1•실력 다지기	p.218 번1•한중 번역	p.265 말1•실력 다지기
Day 04	p.29 실력 다지기	p.82 독1•실력 다지기		p.231 번1•실력 다지기	p.266 말1•실력 다지기
Day 05	p.29 실력 다지기	p.84 독1•실력 다지기	p.193 쓰1•실력 다지기	p.233 번1•실력 다지기	p.267 말1•실력 다지기
Day 06	p.30 실력 다지기	p.138 독2• 01 단락 순서 배열…		p.234 번1•실력 다지기	
Day 07	p.30 실력 다지기	p.144 독2•실력 다지기			p.273 말2• 01 녹음 듣고 질문에…
Day 08	p.31 실력 다지기	p.145 독2•실력 다지기	p.199 쓰2• 01 주제 보고 600자…		p.279 말2•실력 다지기
Day 09	p.31 실력 다지기	p.156 독3• 01 10글자 이내로…	p.208 쓰2•실력 다지기	p.244 번2•한중 통역	
Day 10	p.32 실력 다지기	p.168 독3•실력 다지기		p.249 번2•실력 다지기	p.280 말2•실력 다지기
Day 11	p.32 실력 다지기	p.170 독3•실력 다지기	p.209 쓰2•실력 다지기		p.281 말2•실력 다지기
Day 12	p.33 실력 다지기	p.86 독1• 02 주제 파악하기		p.249 번2•실력 다지기	
Day 13	p.34 실력 다지기	p.93 독1•실력 다지기	p.210 쓰2•실력 다지기		p.287 말3• 01 녹음 듣고 자신의…
Day 14	p.34 실력 다지기	p.95 독1•실력 다지기		p.250 번2•실력 다지기	p.291 말3•실력 다지기
Day 15	p.35 듣1·2·3 •02 역사, 전통, 문화…	p.97 독1•실력 다지기	p.194 쓰1•실력 다지기		p.292 말3•실력 다지기
Day 16	p.44 실력 다지기	p.99 독1•실력 다지기		p.236 번1•실력 다지기	
Day 17	p.44 실력 다지기	p.146 독2•실력 다지기			p.292 말3•실력 다지기
Day 18	p.45 실력 다지기	p.148 독2•실력 다지기		p.237 번1•실력 다지기	
Day 19	p.45 실력 다지기	p.172 독3•실력 다지기	p.195 쓰1•실력 다지기		p.268 말1•실력 다지기
Day 20	p.46 실력 다지기	p.174 독3•실력 다지기		p.250 번2•실력 다지기	p.282 말2•실력 다지기
Day 21	p.46 실력 다지기	p.101 독1 •03 빈칸에 알맞은…	p.211 쓰2•실력 다지기		p.293 말3•실력 다지기
Day 22	p.47 실력 다지기	p.111 독1•실력 다지기		p.251 번2•실력 다지기	
Day 23	p.47 실력 다지기	p.112 독1•실력 다지기			p.269 말1•실력 다지기
Day 24	p.48 실력 다지기	p.114 독1•실력 다지기	p.212 쓰2•실력 다지기	p.239 번1•실력 다지기	p.283 말2•실력 다지기
Day 25	p.48 실력 다지기	p.116 독1•실력 다지기			p.294 말3•실력 다지기
Day 26	p.49 실력 다지기	p.149 독2•실력 다지기	p.196 쓰1•실력 다지기		
Day 27	p.49 실력 다지기	p.150 독2•실력 다지기		p.251 번2•실력 다지기	p.270 말1•실력 다지기
Day 28	p.50 실력 다지기	p.175 독3•실력 다지기	p.213 쓰2•실력 다지기		p.284 말2•실력 다지기
Day 29	p.50 실력 다지기	p.177 독3•실력 다지기		p.252 번2•실력 다지기	p.294 말3•실력 다지기
Day 30	p.51 실력 다지기	p.118 독1 •04 특정 어휘 의미 찾기	p.197 쓰1•실력 다지기		
Day 31	p.52 듣1·2·3 •03 사회, 환경, 생활…	p.130 독1•실력 다지기		p.240 번1•실력 다지기	
Day 32	p.59 실력 다지기	p.132 독1•실력 다지기	p.214 쓰2•실력 다지기		p.271 말1•실력 다지기
Day 33	p.59 실력 다지기	p.134 독1•실력 다지기		p.252 번2•실력 다지기	p.285 말2•실력 다지기
Day 34	p.60 실력 다지기	p.136 독1•실력 다지기			p.295 말3•실력 다지기
Day 35	p.60 실력 다지기	p.151 독2•실력 다지기	p.198 쓰1•실력 다지기		
Day 36	p.61 실력 다지기	p.153 독2•실력 다지기		p.253 번2•실력 다지기	
Day 37	p.61 실력 다지기	p.154 독2•실력 다지기			
Day 38	p.62 실력 다지기	p.179 독3•실력 다지기		p.242 번1•실력 다지기	p.272 말1•실력 다지기
Day 39	p.62 실력 다지기	p.181 독3•실력 다지기	p.215 쓰2•실력 다지기		p.286 말2•실력 다지기
Day 40	p.63 실력 다지기	p.183 독3•실력 다지기		p.253 번2•실력 다지기	p.296 말3•실력 다지기

★ 필수단어장, 필수표현집에 정리된 내용은 매일매일 암기하세요!

★ 받아쓰기노트(PDF), 필수표현집(PDF)은 다락원 홈페이지에서 이용하실 수 있어요!

HSK 시험 소개

'Hànyǔ Shuǐpíng Kǎoshì'의 한어병음 이니셜을 딴 국제 한어능력표준화 수평고시로서, 중국어가 제1언어가 아닌 사람이 생활·학습·업무 중에 운용할 수 있는 중국어 능력을 평가하는 데 중점을 두고 있습니다. 듣기·독해·쓰기 능력을 평가하는 1급~6급, 듣기·독해·쓰기·번역·말하기 능력을 평가하는 7~9급으로 나뉩니다. 그중 HSK 7~9급은 응시자가 중국어를 사용하여 사회생활, 학술연구 및 기타 분야의 복잡한 주제에 대하여 적절하게 소통하는 능력을 중점적으로 평가합니다.

❶ 시험 방식 및 종류

▶ PBT(Paper-Based Test) : 종이 시험지와 OMR답안지로 진행하는 지필 시험

▶ IBT(Internet-Based Test) : 컴퓨터로 진행하는 시험

▶ 홈테스트: 수험생 개인 컴퓨터를 사용하여 온라인 시험 시스템에 접속하여 실시하는 시험

※ PBT와 IBT, 홈테스트는 시험 효력 등이 동일 / HSK성적은 시험일로부터 2년간 유효

등급	어휘량
HSK 7~9급	10,636개(7~9급 5,636개+6급 5,000개)
HSK 6급	5,000단어 이상(6급 2,500개+1~5급 2,500개)
HSK 5급	2,500단어 이상(5급 1,300개+4급 1,200개)
HSK 4급	1,200단어 이상(4급 600개+1~3급 600개)
HSK 3급	600단어 이상(3급 300개+1~2급 300개)
HSK 2급	300단어 이상(1급 150개+2급 150개)
HSK 1급	150단어 이상

❷ 용도

▶ 국내외 대학(원) 및 특목고 입학·졸업 시 평가 기준

▶ 중국정부장학생 선발 기준

▶ 각급 업체 및 기관의 채용·승진을 위한 평가 기준

❸ 시험 접수

HSK는 평균 1개월에 1~2회 시험이 주최되나, 정확한 일정은 HSK 한국사무국 홈페이지(www.hsk.or.kr)에 게시된 일정을 참고하세요. 접수 완료 후에는 '응시등급, 시험일자, 시험장소, 시험방법(예: HSK PBT→HSK IBT)' 변경이 불가합니다.

인터넷 접수	HSK 한국사무국 홈페이지에 접속하여 접수(사진 파일 必) 홈페이지 주소: www.hsk.or.kr
우편 접수	구비 서류를 준비하여 등기 발송하여 접수 구비 서류 사진을 부착한 응시원서, 별도 사진 1장, 응시비 입금영수증 보낼 주소 (06336) 서울특별시 강남구 강남우체국 사서함 115호 〈HSK 한국사무국〉
방문 접수	구비 서류를 지참하여 접수처를 방문하여 접수 구비 서류 응시원서, 사진 3장, 응시비 접수처 서울 강남구 테헤란로5길 24(역삼동635-17) 장연빌딩 2층 〈서울공자아카데미〉 접수 가능 시간 평일 오전 9시 30분~12시, 오후 1시~5시 30분 / 토요일 오전 9시 30분~12시

★ PBT 준비물: 수험표 / 신분증 / 2B 연필 / 지우개

4 성적 조회 및 수령 방법

▶ **성적 조회:** PBT 성적은 시험일로부터 1개월, IBT 성적은 시험일로부터 2주 후 중국고 시센터(바로가기)에서 성적 조회를 할 수 있습니다. 홈테스트는 시험일로 부터 약 10일 후 성적 조회가 가능합니다.

▶ **성적표 수령:** HSK 성적표는 '시험일로부터 45일 후' 접수 시 선택한 방법(우편 또는 방문)으로 수령 가능합니다.

▶ **성적 유효기간:** HSK성적은 시험일로부터 2년간 유효합니다.

HSK 7~9급 소개

1 시험 응시 대상

HSK 7~9급은 중국어를 제2외국어로 사용하고 고급 수준으로 구사하는 중국 내 석박사 유학생, 각국의 중국어 전공자 및 석박사 과정 중국 유학 희망자, 그리고 중문학술연구 및 경제문화·과학기술 교류 관련에 종사하는 학습자들을 대상으로 합니다.

2 시험 구성 및 시간 배분

▶ HSK 7~9급은 듣기, 독해, 쓰기, 번역, 말하기 영역으로 총 다섯 과목입니다.

▶ 한 번의 시험으로 7, 8, 9급 레벨을 동시에 평가하고, 시험 성적에 따라 구체적인 등급이 구분되며, 9급이 최고 등급입니다.

▶ 모두 98문항으로, 총 시험 시간은 약 210분입니다.

시험 영역	문제 형식	객관식	주관식	총	시험 시간	점수
듣기 (听力)	제1부분 │ 일치 여부 판단하기	10	–	40	약 30분	100점
	제2부분 │ 정확한 답안 선택/빈칸 채우기	9	3			
	제3부분 │ 정확한 답안 선택/빈칸 채우기	15	3			
독해 (阅读)	제1부분 │ 정확한 답안 선택하기	28	–	47	60분	100점
	제2부분 │ 어순 배열하기	5	–			
	제3부분 │ 질문에 단답형으로 답하기	–	14			
쓰기 (书写)	제1부분 │ 도표 보고 200자 내외로 작문하기	–	1	2	55분	100점
	제2부분 │ 주제 보고 600자 내외로 작문하기	–	1			
번역 (翻译)	제1부분 │ 자료 보고 중국어로 번역하기	–	2	4	41분	100점
	제2부분 │ 자료 보고 중국어로 통역하기	–	2			
말하기 (口语)	제1부분 │ 자료 보고 상황에 맞게 설명하기	–	1	5	약 24분	100점
	제2부분 │ 제시된 내용 바탕으로 말하기	–	3			
	제3부분 │ 제시된 내용 바탕으로 자신의 의견 말하기	–	1			
합계		67	31	98	약 210분	500점 만점

◆ 시험 내용

영역		시험 내용
듣기	제1부분	뉴스, 비즈니스 협상, 토론, 인터뷰, 강연이나 강좌, 다큐멘터리, 회의 등의 내용을 포함함
	제2부분	
	제3부분	
독해	제1부분	뉴스, 과학 관련 저술, 조사보고서, 학술문헌, 중국문화 및 중국개황 등의 내용을 포함함
	제2부분	
	제3부분	
쓰기	제1부분	그림이나 그래프를 설명하고 분석하며 주어진 주제에 따라 자신의 견해를 발표하고 논증하기
	제2부분	
번역	제1부분	설명문, 서술문, 토론문 등 장르가 다른 외국어 자료를 중국어로 번역 또는 통역하기
	제2부분	
말하기	제1부분	응용문, 서술문, 토론문 및 기타 자료에 대해 자신의 의견을 전달하고 발표하기
	제2부분	
	제3부분	

◆ 시험 시간

구분	시험 시간	시험 영역
오후	14:00~17:00	듣기/독해/쓰기/번역 *15:30~15:40 휴식시간 10분
	17:00~17:30	휴식 및 재로그인
	17:30~18:00	통역/말하기

▶ **시험 방식:** HSK IBT(컴퓨터) 또는 홈테스트
▶ **고사장 입실 시간(IBT):** 13:30
▶ **HSK 시험센터:** www.hsk-korea.co.kr
▶ **中外语言交流合作中心:** www.chinese.cn

❸ 성적 발표

HSK 7~9급의 성적 보고서는 듣기, 독해, 쓰기, 번역, 말하기 5개 영역의 점수와 등급 평가 결과를 제공합니다.

▶ **등급 평가:** 〈국제중국어교육 중국어 수준 등급 표준〉(GF0025-2021)에 의거하여 국제적 및 일반적으로 사용되는 등급 평가 방법을 채택하여 항목별 반응 이론에 따라 측정된 응시자의 역량을 시험 문제 내용과 난이도에 결합한 후 응시자 그룹을 'HSK 7급 불합격' 'HSK 7급' 'HSK 8급' 'HSK 9급'의 4등급으로 구분합니다.

▶ **점수 발표:** 답안지 채점을 통하여 산출된 응시자의 원 점수에 항목별 반응 이론 기준을 적용하여 응시자의 언어 능력을 각 기능에 점수 별로 발표합니다. 이를 바탕으로 측정 기준을 통하여 각 점수의 기능 범위를 0~100의 점수로 산정합니다.

듣기

	제1부분	제2부분	제3부분
미리보기	一、听力 第一部分 第1~10题：请根据听到的内容，判断下列句子是否符合原文，符合原文的请画 √，不符合的请画 ✗。 1. 报道中提到那些濒危全部种体位于北旗圈以内都积最少的原因。 ( ) A √ ( ) B ✗ 2. 分析发现，样本中的病毒和蛰主之间存在明显差异。 ( ) A √ ( ) B ✗	第二部分 第11~22题：请选出或填上正确答案。 11. A 实现了"自主制茶模式"的设想 　B 通过产自热门的茶产方式把制人的茶叶 　C 梦境会影响人类的经济发展 　D 恼人的茶叶输入大概是一些童比较人动物要重 12. A 我是"废物回收"的材料 　B 怎样造原"的内容 　C 如何快乐测试老字茶叶客 　D 检测根据阐正人的意识 13. 只有_____，的过温状态下，才有可能通过比较明的证的方法来解析物体的内容。	17. A 洪水大意更少 　B 气候条件适宜 　C 政府的强新规定 　D 生活空间要广阔 18. A 与自然要求融融化 　B 郭外保你最好维护行利 　C 生态保护乱利用照 　D 中国生态维护生物世数非言 19. A 因族查海动物的数量要过视复 　B 外来物种的人情 　C 政府下鼓安合繁缺 　D 森林根据种类零多	23. A 视明一定的视视排列 　B 光热明确客运本产的要 　C 显互相定义的和英热毒 　D 是一组数字标识 24. A 物品的生产图 　B 郭早最北集点点 　C 提供告差号 　D 生产布图 25. A 利于商家收集客产信息 　B 节约能源贴本 　C 图形编要甚多认识 　D 管理时间，且有条理性	29. A 背有后板地位能二次货币 　B 会计困难亡 　C 谁样无本就远 　D 只有提高客字处本人群可 30. 在带招被栖字翻，往还待在明显的外在表搜，找起服务_____ 31. A 提变低温贸会 　B 免时提取碳颗饮料 　C 维生素D不足 　D 过度补料 32. A 或响或诱者
문제 형식	일치 여부 판단하기	정확한 답안 선택/빈칸 채우기	정확한 답안 선택/빈칸 채우기
시험 목적	뉴스를 듣고 내용을 파악하고 정보를 종합하여 옳고 그름을 판단 하는 능력 테스트	대화를 듣고 대화가 이루어지는 배경, 시간, 상황, 세부 내용을 파악하는 능력 테스트	녹음의 주제 및 세부적인 정보를 파악하는 능력 테스트
문항 수	10문항	12문항	18문항
시험 시간	약 30분		

● **풀이 비법**

녹음이 시작되기 전에 보기의 '핵심 어휘'를 잘 파악하자!

보기의 핵심 어휘를 미리 파악해 두면 녹음에서 내가 들어야 하는 내용이 어떤 것인지 미리 알 수 있다. 무작정 녹음을 듣고 문제를 푸는 것보다 미리 내가 들어야 하는 부분을 파악한 후 듣는 것이 좋다.

인터뷰(대화) 유형은 진행자 질문을 주의해서 들어라!

듣기 제2부분은 인터뷰(대화) 유형으로 녹음이 진행된다. 한 녹음에서 인터뷰 진행자는 여러 개의 질문을 하는데, 각 질문마다 거의 한 문제씩 출제된다고 보면 된다. '인터뷰 진행자의 질문→시험 문제' '응답자의 답변→정답'인 경우가 많다.

보기를 최대한 이용해라!

우리의 순간 기억력에는 한계가 있으므로 제시된 보기를 최대한 이용해서 푸는 것이 좋다. 대부분 문제가 녹음 흐름대로 나오므로, 보기를 보면서 녹음을 들으면 좀 더 쉽게 정답을 고를 수 있다.

	제1부분	제2부분	제3부분
미리보기	二、阅读 第一部分 第41~68题: 请选出及填上正确答案. 41~47 (작은 본문)	第二部分 第69~73题: 请将下列语段排出正确的顺序排列. A / B / C (작은 본문)	第三部分 第74~87题: 请回答下面的问题, 注意答案控制在十个字以内. 74~90. (작은 본문)
문제 형식	정확한 답안 선택하기	어순 배열하기	질문에 단답형으로 답하기
시험 목적	신속 정확하게 독해하는 능력 테스트	문맥을 파악하는 능력 테스트	글의 주제, 내용 전개를 파악하는 능력, 신속 정확하게 세부 내용을 파악하여 간단 명료하게 대답할 수 있는 능력 테스트
문항 수	28문항	5문항	14문항
시험 시간	60분		

● **풀이 비법**

무작정 지문부터 읽지 말고 질문부터 읽자!

질문의 핵심 어휘가 지문에 반드시 그대로 나오지는 않지만 비슷한 뜻을 가진 어휘를 찾아 앞뒤를 파악하여 정답의 단서를 찾는다.

질문의 부정사를 주의하고, 이유를 나타내는 접속사 구문에 주목하자!

부정사를 활용한 질문은 그 내용을 정확하게 파악하지 않으면 잘못된 답을 찾을 수 있으므로, 질문부터 정확하게 읽자. 그리고 질문에서 '为什么'로 묻는 내용이 있으면 본문에서 '因为A所以B' '因A而B' '原因' '理由' 등을 찾으면 좀 더 쉽게 정답을 찾을 수 있다.

어휘의 뜻을 모른다고 포기하지 말자!

간혹 생소한 어휘나 성어가 등장했을 때 그 뜻을 몰라 바로 포기하는 경우가 있다. 하지만 제시된 어휘에서 한두 글자 만으로도 그 의미를 유추할 있는 경우가 있으므로, 모르는 어휘가 나왔다고 바로 포기하지 말자.

쓰기

	제1부분	제2부분
미리보기	三、书 写 第88～89题: 请根据下列材料写两篇文章, 限时55分钟。 第 一 部 分 88. 请对图表进行描述与分析, 写一篇200字左右的文章, 限时15分钟。 2019年中国网络商品销售比例分布(单位: %) 保护用品 40.8% 康田保险 35.1% 食品饮料 32.1%	第 二 部 分 89. 话题作文: 限时40分钟 如今, 伴随着人们收入的增加, 社交活动也随之增多, 在外聚餐应酬更是"家常便饭"。同学聚会、公司聚餐等, 几乎已经成为现代人生活的一部分。根据调查, 60%的上班族认为, 聚餐是重要的社交活动之一。 请写一篇600字左右的文章, 论述一下你对"聚餐"文化的立场, 要求思路清晰有条理。
문제 형식	도표 보고 200자 내외로 작문하기	주제 보고 600자 내외로 작문하기
시험 목적	도표를 보고 묘사 및 분석 파악하는 능력 테스트	자신의 관점을 빠르고 정확하게 서술하고 논증을 제시하는 능력 테스트
문항 수	1문항	1문항
시험 시간	55분	

● **풀이 비법**

제1부분 **획득한 정보에 알맞게 서술 방법을 정하자!**

모든 수치를 다 서술하려고 하지 말고, 획득한 정보를 어떻게 서술해야 가장 유의미할지 생각하자. 좋은 점수를 받기 위해서는 핵심적인 '주요 내용'을 분석해야 하며, 구분 항목이 있는 비교 조사인 경우 '차이점'을 정리해 주면 고득점을 받을 수 있다.

제2부분 **답안의 아웃라인을 미리 잡고, '서론-본론-결론'은 1:3:1 비율로 작성하자!**

서론과 결론은 간결하되, 본론에는 서술하고자 하는 핵심 내용 및 근거를 담겨 있어야 한다. 핵심 내용 및 근거를 3개 내외로 정리하여 각각 한 문단씩 작성하자.

감점 요인을 점검해라!

아무리 좋은 내용이라도 분량이 많이 부족하거나 초과되면 감점 요인이 된다. 그리고 문장성분이 부족하거나 시제나 호응이 맞지 않아 어법에 문제가 있는 문장 역시 감점된다. 따라서 답안 작성 시간이 종료되기 3분 전까지 작문을 마무리하고 남은 시간은 문장에 오류가 없는지, 오탈자가 없는지 체크하자.

	제1부분	제2부분
미리보기	四、翻译 第一部分 第90-91题: 请将下列材料写成中文, 限时35分钟。 90. 　　书籍是人类的最重要的读书载体出现的。但是在电子 기술이 대두되고, 특히 인터넷이 발전하면서 정보량이 한정적이어는 종이 매개체의 단점이 점차 드러나게 되었다. 전자출판의 출현은 사람들의 독서를 훨씬 편리하게 주었으며 사람들의 삶에도 많은 영향을 주었다. 사람들은 대량의 읽기 자료를 세속 가지고 다니며 언제든 읽을 수 있게 되었으며, 노인이나 시력에 문제가 있는 사람은 글자 크기를 편리하게 변경하여 가장 최적의 독서 경험을 할 수 있게 되었다는 등이다. 이 외에도 이러한 신기술은 사회에 도움이 되는 수많은 영향을 가져다 주었다.	第二部分 第92-93题: 口译。 92. 　　당신은 "밤을 많은 후 졸린 적이 있는가? 현재 대부분의 연구에서 이것은 자연적인 생리현상이며 주로 식사 후 체내 호르몬과 혈당이 변화하여 생기는 것으로 보고 있다. 식근중이 정상적인 생리현상이라면, 나는 식사 후 졸려워지는데 다른 사람은 왜 어떠의 정신이 멀쩡한 걸까? 만약 어떤 것이 달다면 자신의 점심에 혈당 지수가 높은 음식을 먹었는지 돌이켜봐야 한다. 왜냐하니 먼 요리는 탄수화물이나 혈당 지수가 높은 음식에 속하다, 점심에 고혈당 음식을 과하게 섭취했다면 체내 혈당 지수가 빠르게 상승하게 되고 이에 따라 졸음도 몰려오는 것이다.
문제 형식	자료 보고 중국어로 번역하기	자료 보고 중국어로 통역하기
시험 목적	한중 번역 능력 테스트	한중 통역 능력 테스트
문항 수	2문항	2문항
시험 시간	41분	

● **풀이 비법**

제1부분 **일대일로 대응시켜 번역하려고 하지 마라!**

중국어와 한국어는 어순도 다르고 표현법도 다르기 때문에 품사를 그대로 쓰며 일대일로 대응시켜 번역하려고 해서는 안 된다. [예 누워서 떡 먹기 → 쉽다 → 容易 → 轻而易举]

때로는 과감하게 의역하라!

제시문에 딱 맞는 번역이 아니더라도 의미가 통한다면 의역하자. 대신 어법에 어긋나지 않도록 고정격식과 짝꿍 표현을 최대한 활용해 보자.

제2부분 **너무 화려하게 표현하려 하지 말고, 최대한 문장의 의미를 살려서 담백하게 표현하라!**

점수를 잘 받고 싶은 마음에 수식어구를 붙여 화려하게 말하려다 전달하는 내용이 달라지거나 말이 꼬일 수 있다. 최대한 원문을 살려 담백하게 표현하자.

개인적인 의견을 배제하라!

주어진 제시문을 그대로 중국어로 옮겨 말하는 유형이므로, 자신의 의견을 피력하려고 하지 말자.

	제1부분	제2부분	제3부분
미리보기	 五、口语 第一部分 第94题：请说说。 	第二部分 第95~97题：请材料回答问题。 95. 96. 	第三部分 第98题：请材料回答问题。 98.
문제 형식	자료 보고 상황에 맞게 설명하기	제시된 내용 바탕으로 말하기	제시된 내용 바탕으로 자신의 의견 말하기
시험 목적	자료를 토대로 상황에 맞게 단도직입적이고 직접적인 서술 방법으로 중국어를 사용하여 설명할 수 있는 능력 테스트	자료를 토대로 상황에 맞게 자신의 관점을 중국어를 사용하여 단계적으로 표현할 수 있는 능력 테스트	자료를 토대로 자신의 관점을 중국어 상용 어휘나 문형을 통해 표현할 수 있는 능력, 이야기나 사회 상식으로 자신의 생각을 보충할 수 있는 능력 테스트
문항 수	1문항	3문항	1문항
시험 시간	약 24분		

● **풀이 비법**

제1부분 **자료의 종류를 먼저 파악하고 날짜나 시간 예외 사항 등 특별한 정보를 체크하자!**

제시된 자료가 일정표인지, 공고문인지, 홍보물인지에 따라 듣는 대상과 화법이 달라질 수 있으므로, 자료의 종류를 먼저 정확히 파악하자. 그리고 특수 정보들은 육하원칙으로 분류하는 등 카테고리화하여 말하는 것이 좋다.

제2부분 **질문을 활용하고 답변의 패턴을 만들어 두자!**

제2부분의 3번 질문은 수험자의 의견이나 경험을 묻기 때문에 서론(도입)–본론(전개)–결론(마무리)로 짜임새 있게 대답하는 것이 가장 중요하다. 따라서 질문을 활용하여 답변을 시작할 수도 있고, '서론(도입)–본론(전개)–결론(마무리)'에 적절한 패턴을 준비해 두면 보다 자연스러운 답변을 만들 수 있다.

🦉 일러두기

01 이 책에 나오는 인명, 지명은 중국어 발음을 한국어로 표기했습니다.

　예 小明 샤오밍　　上海 상하이

02 품사는 다음과 같은 약어로 표기했습니다.

품사	약자	품사	약자	품사	약자
명사/고유명사	명 / 고유	부사	부	접속사	접
대사	대	수사	수	감탄사	감
동사	동	양사	양	조사	조
조동사	조동	수량사	수량	의성사	의성
형용사	형	개사	개	성어	성

03 본서·해설서 문제 해설 아래에는 HSK 6급 이상 단어들만 정리했습니다.(일부 HSK 6급 이하의 어휘도 포함) 그중에서도 HSK 7~9급 단어에는 ★을 표기했습니다.

04 본서 내공쌓기에 정리된 내용 중, 특히 중요한 부분에는 ✨을 표기했습니다.

05 필수단어장에서 배경색이 칠해진 단어는 중요 단어입니다.

　예 **摆放** bǎifàng 동 (일정한 장소에) 두다, 놓다

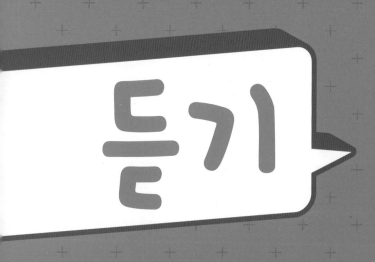

듣기

제1부분 일치 여부 판단하기 [10문항]

제2부분 정확한 답안 선택하거나 빈칸 채우기 [12문항]

제3부분 정확한 답안 선택하거나 빈칸 채우기 [18문항]

7~9급 파악하기

제1부분

총 10문항으로, 2개의 지문으로 구성되어 있다. 지문 하나당 5개의 문장이 제시되는데 응시자는 들은 내용을 토대로 문장이 녹음 내용과 일치하는지 판단해야 한다.

제2부분

총 12문항으로, 2편의 긴 인터뷰 형식의 대화로 구성되어 있다. 각 대화마다 6개의 질문이 나온다. 그중 9문항은 객관식으로, 들은 내용을 토대로 보기 4개 중 알맞은 것을 선택해야 하고, 나머지 3문항은 빈칸 채우기 형식으로 들은 내용을 토대로 빈칸을 채우는 문제이다.

제3부분

총 18문항으로, 3개의 자료로 구성되어 있다. 각 자료마다 질문 5~7개가 있으며 그중 15문항은 객관식으로, 들은 내용을 토대로 4개의 보기 중에서 알맞은 것을 선택해야 한다. 나머지 3문항은 들은 내용을 토대로 빈칸을 채우는 문제이다.

"녹음을 듣기 전 핵심 어휘를 찾고,
보기를 통해 녹음 내용을 추측해 보자"

第一部分

1. 调查中，超半数的居民不愿购买"临期商品"。

   Ⓐ ✓　　　　　B ✗

   본문에 숫자가 등장하는 부분을 주의 깊게 들어야 한다.

2. 临期商品属于过期商品，应及时下架。

   A ✓　　　　　Ⓑ ✗

   녹음을 듣기 전 질문에 반복해서 등장하는 '핵심 어휘'를 체크하자.

…（중략）…

녹음 내용 그대로가 아닌 비슷한 표현을 활용해서 출제되는 경우가 많다.
70%(七成) → 과반수(超半数)

现在开始第1到5题：

逛超市时，拿起快到保质期的商品，你是否会立马把它放回货架或者去找保质期更长的"替代品"？近日，某市开展了主题为"你是否会购买临期商品"的调研，并邀请近180位居民参与。

调研结果显示，超七成居民不愿购买"临期商品"。他们大多认为保质期越远代表着商品的新鲜度、安全性和质量越有保障，而临期商品的质量可能会下降，导致食用、使用效果不佳，而危害身体健康。针对这一观点，专家指出，其实临期商品不等同于过期商品，而是指即将到达保质期，但仍在保质期内的商品，完全适用于销售。不过临期商品虽然安全，但为了保障消费者的合法权益，超市、商场等食品经营者应当对其经营的食品加强日常检查，对临近保质期的食品分类管理，做特别标识或者集中陈列出售，让消费者对临期商品买得安心，用得放心。

…(중략)…

전환 접속사 뒤에는 중요 내용이 올 확률이 높다.

第二部分

11. A 是百姓的精神寄托
    B 极具观赏价值
    Ⓒ 弥补秦朝的历史
    D 影响了秦国的发展

    보기를 통해 녹음에서 말하고자 하는 내용을 추측해 보자.

…（중략）…

문제 부분을 미리 확인해서 녹음을 들을 때 해당 부분을 빠르게 캐치해야 한다.

14. 兵马俑是秦始皇完成中华民族大一统的历史见证，"国家统一"在此后也成为了中华民族始终如一的<u>不懈追求</u>。

15. 兵马俑<u>凸显</u>出战国秦代政治、军事、文化、科技乃至整个社会发展的脉络，是秦文明的重要标志。

…（중략）…

질문을 제대로 듣는다면, 뒤에 어떤 내용이 오는지 유추할 수 있다.

现在开始第11到15题：

男：秦始皇陵兵马俑发现至今已近半个世纪，请您给我们详细地介绍介绍，兵马俑究竟有什么价值呢？

女：兵马俑具有独特的历史价值、艺术价值和科学价值。它的历史价值在于兵马俑本身弥补且丰富了秦朝的历史记录。从艺术性上来说，数千件陶俑组成的庞大阵容形成了强烈的视觉冲击力。40多年来，已有1.2亿人次的国内外观众前来参观，其中包括200多位外国元首和政府首脑。此外，兵马俑还曾被送到世界上170多个城市展览。可以说，兵马俑是中国古代灿烂文化的"典型代表"、是魅力中国的"金字名片"。

…(중략)…

男：在中国文物遗产中，为何兵马俑成了典型的中国符号之一？您怎样理解中华文明的精神标识？

女：兵马俑凸显出了战国秦代政治、军事、文化、科技乃至整个社会发展的脉络，是秦文明的重要标志。表现出了大、多、精、美四个特征。因此兵马俑既是一座古代军事宝库，又是一座艺术宝库、文化宝库，展现了中华民族特有的精神价值、思维方式和审美取向。是中华民族强大生命力、想象力和创造力的非凡体现。兵马俑是秦始皇完成中华民族大一统的历史见证，"国家统一"在此后也成为了中华民族始终如一的不懈追求。

접속사 뒤에는 중요한 내용이 많이 나온다.

第 三 部 分

23. **A** 帮助散热
    B 用来伪装
    C 抵御病毒
    Ⓓ 减轻飞行阻力

> 모르는 어휘가 나오면 이미지화해 보자. 모르는 것에 집착하지 말고 아는 어휘에 집중하자.

24. **A** 鸟类摄入食物的色彩
    Ⓑ 羽毛色素体及其内部结构
    C 分泌脂肪的防御素
    D 色素颗粒所含的蛋白质

25. **A** 更加方便攻击天敌
    B 求偶时的必要条件
    Ⓒ 有利于隐蔽
    D 最初就没有彩色基因

26. 在长期的自然选择中，磁性鸟类的羽毛颜色无用武之地。

··· (중략) ···

现在开始第23到27题：

　　鸟类是大自然的精灵，对维护大自然的生态平衡有着重要作用。羽毛是鸟类区别于其他动物最重要的特征。鸟儿能自由飞翔，离不开羽毛。羽毛犹如鸟儿的外衣，不仅可以使鸟儿的体外轮廓更具流线型与减少飞行阻力，还可以作为隔热层。天寒地冻时如同一件厚厚的棉衣，保暖防冻；炎热的夏天，可以防止强烈的阳光直射皮肤。部分漂亮的鸟儿因身着"彩衣"尤其引人关注。

　　可以说，鸟对羽毛非常爱护，每当休息时，都会不停地用小嘴梳理。天鹅、鸳鸯、鸭子等水禽的尾部有能分泌油脂的腺体，叫尾脂腺。在水中游得时间过长时，为了避免羽毛被水浸湿而下沉，它们会用嘴在尾脂腺上擦一下，将采到的油脂均匀涂抹全身，既保护了羽毛，又能让自己长久漂浮于水面。有的鸟为了清除羽毛中的污物和寄生虫，常会在地上挖坑并置身其中，再用爪和翅同时进行翻滚，把沙土淋满全身，反复多次后，再用力抖动身体，在筛去沙土的同时，也带走了污物和寄生虫。

···(중략)···

01 경제, 비즈니스, 판매, 과학기술, IT

STEP 1 유형 파악하기

✘ 비즈니스 트렌드, 스마트 첨단기술, 의학 로봇 등 경제·기술 방면의 발전적 측면을 다룬 내용부터 급속한 시대 발전이 야기한 문제까지 다양한 주제가 골고루 출제된다.

▶ 출제경향

1 경제, 비즈니스, 판매

전자상거래, 무역, 거래, 비즈니스 협상 등의 문제가 출제되는데, 특히 트렌드에 맞는 전자상거래 문제는 출제 비중이 높은 편이다.

2 과학기술, IT

데이터, 알고리즘, 로봇, 인공지능, 비대면, 유전, 전기차, 자율주행 관련 내용이 전 영역에 골고루 출제된다. 주로 연구·조사한 내용을 소개하는 유형의 녹음인데, 녹음 마지막에 등장하는 연구 결과가 답으로 등장하는 경우가 많으니 마지막까지 집중해서 듣는 것이 중요하다.

▶ 문제 풀이 비법

1 녹음이 시작되기 전에 보기의 '핵심 어휘'를 잘 파악하자.

보기의 핵심 어휘를 미리 파악해 두면 녹음에서 내가 들어야 하는 내용이 어떤 것인지 알 수 있다. 무작정 녹음을 듣고 문제를 푸는 것보다 내가 들어야 하는 부분을 먼저 파악한 후 듣는 것이 좋다.

2 '전문용어'를 어려워하지 말자.

간혹 '전문용어'가 등장하는 경우가 있지만, 앞뒤 문맥을 통해 어휘의 뜻을 가늠할 수 있으니 너무 겁먹지 말자.

3 인터뷰 유형은 진행자 질문을 잘 듣는다.

듣기 제2부분은 인터뷰 유형으로 녹음이 진행된다. 한 녹음에서 인터뷰 진행자는 여러 개의 질문을 하는데, 보통 각 질문마다 한 문제씩 출제된다고 보면 된다. '인터뷰 진행자의 질문→시험 문제' '응답자의 답변→정답'인 경우가 많다.

4 '녹음을 들으며 바로 답을 고르는' 멀티가 되어야 한다.

가급적 녹음을 들으면서 동시에 보기를 보며 질문을 유추하여 정답을 체크해 두자. 녹음이 끝나고 질문이 나오는 시간에 미리 체크해 둔 정답을 확인하고, 다음 녹음의 보기를 미리 확인하는 시간으로 활용하자.

1 调查中，超半数的居民不愿购买"临期商品"。

A ✓

B ✕

2 临期商品属于过期商品，应及时下架。

A ✓

B ✕

3 为保障消费者的合法权益，超市等食品经营者应避免销售"临期商品"。

A ✓

B ✕

4 生鲜蔬菜是有购买临期商品意向人群的不二选择。

A ✓

B ✕

5 临期商品的打折促销力度比一般商品更大。

A ✓

B ✕

●track 1

정답&풀이 **1** **A(✓)** [超七成居民不愿购买"临期商品" 70%가 넘는 주민이 유통기한 임박 상품 구매를 원치 않는다] 70%(七成)는 과반수(超半数)의 인원이기 때문에 보기 문장은 녹음에 부합하는 내용이다. '调研结果显示(조사 연구 결과)+중요 내용'이므로 답이 되는 경우가 많다.

2 **B(✕)** [临期商品不等同于过期商品 유통기한 임박 상품은 유통기한이 지난 상품과 같지는 않다] 전문가가 밝히 길, 유통기한 임박 상품은 유통기한이 지난 상품과 '같지 않다'고 했으므로 답은 ✕이다.

3 **B(✕)** [为了保障消费者的合法权益……让消费者对临期商品买得安心、用得放心 소비자의 합법적 권익을 보장 하기 위해 (…) 소비자가 유통기한 임박 상품을 안심하고 구매하여 사용할 수 있도록] 소비자의 합법적 권익을 보호하 기 위해 슈퍼마켓이나 쇼핑몰 등의 식품 경영자는 유통기한이 다가오는 식품을 분류 및 관리하여 특별한 표시를 해 두거나 한곳에 모아 진열해 두어야 한다고 했지, 상품 판매를 피해야 한다는 말이 아니므로 답 은 ✕이다. '为了+목적, 행위' 문장은 답이 되는 경우가 많다.

4 **B(✕)** [……是他们的首选，其次是…… 우선으로 (…), 그다음으로는 (…)] 유통기한 임박 상품을 일부러 구 매하는 사람들이 우선적으로 선택하는 것이 채소라고 언급했으나, 채소가 유일한 선택은 아니기 때문에 답은 ✕이다.

5 **A(✓)** [临期商品打折促销力度大 유통기한 임박 상품이 할인 프로모션을 더 많이 진행한다] 유통기한 임박 상품 구매 의향이 있다고 밝힌 사람들의 인터뷰에서 유통기한 임박 상품이 할인 프로모션을 더 많이 진행한다 는 점을 알 수 있다.

现在开始第1到5题：

　　逛超市时，拿起快到保质期的商品，你是否会立马把它放回货架或者去找保质期更长的"替代品"？近日，某市开展了主题为"你是否会购买临期商品"的调研，并邀请了近180位居民参与。

1번~5번 문제가 시작됩니다.

　　슈퍼마켓에서 장을 볼 때, 유통기한이 다가오는 상품을 집 었다면 당신은 바로 진열대에 다시 내려놓거나 유통기한이 더 긴 '대체품'을 찾으러 갈 것인가? 최근 모 시에서 '당신은 유통 기한 임박 상품을 구매할 것인가'를 제목으로 하는 조사 연구 가 진행되어 약 180명의 주민이 이에 참여하였다.

¹调研结果显示，超七成居民不愿购买"临期商品"。他们大多认为保质期越远代表着商品的新鲜度、安全性和质量越有保障，而临期商品的质量可能会下降，导致食用、使用效果不佳，而危害身体健康。针对这一观点，专家指出，²其实临期商品不等同于过期商品，而是指即将到达保质期，但仍在保质期内的商品，完全适用于销售。不过³临期商品虽然安全，但为了保障消费者的合法权益，超市、商场等食品经营者应当对其经营的食品加强日常检查，对临近保质期的食品分类管理，做特别标识或者集中陈列出售，让消费者对临期商品买得安心、用得放心。

此外，在这项调查中还有一点引起了调查人员的关注。在"有购买临期商品意向"的居民中，中老年居民占70%左右。他们表示，⁵临期商品打折促销力度大，可以省下不少钱。买回去在到期前吃完，就没什么问题。甚至有超四成居民表示，会有目的性地前往指定货架购买临期商品。⁴在产品类别中，生鲜蔬菜是他们的首选，其次是零食饮料、清洁卫生用品、乳制品和面包。

请判断第1到5题：

1 调查中，超半数的居民不愿购买"临期商品"。

A ✓　　B ✕

2 临期商品属于过期商品，应及时下架。

A ✓　　B ✕

3 为保障消费者的合法权益，超市等食品经营者应避免销售"临期商品"。

A ✓　　B ✕

4 生鲜蔬菜是有购买临期商品意向人群的不二选择。

A ✓　　B ✕

5 临期商品的打折促销力度比一般商品更大。

A ✓　　B ✕

---

¹조사 연구 결과, 70%가 넘는 주민이 유통기한 임박 상품 구매를 원치 않는다고 답했다. 그들은 대부분 유통기한이 많이 남아 있을수록 상품의 신선도, 안전성, 품질이 보장되지만 유통기한이 임박한 상품은 질이 낮아져 식용과 사용 효과가 좋지 않고 건강에 해롭다고 생각했다. 이 관점에 관해 전문가는 ²"사실 유통기한 임박 상품은 유통기한이 지난 상품과 같지는 않으며, 기한이 다가오고 있음을 의미하지만 여전히 기한 내에 있는 상품이므로 판매에 매우 적합하다"라고 밝혔다. 그러나 유통기한 임박 상품이 비록 안전하긴 하지만, ³소비자의 합법적 권익을 보장하기 위해 슈퍼마켓이나 쇼핑몰 등의 식품 경영자는 경영하는 식품에 대한 일상점검을 강화하고, 유통기한이 다가오는 식품을 분류 및 관리하며 특별한 표시를 해 두거나 한곳에 모아 진열해 두어 소비자가 유통기한 임박 상품을 안심하고 구매하여 사용할 수 있도록 해야 한다.

이 외에 이번 조사 중에 조사원의 관심을 끌었던 것이 또 있다. '유통기한 임박 상품 구매 의향이 있다'고 답한 주민 중 중·노년 주민이 70% 정도를 차지했다는 것이다. 이들은 ⁵유통기한 임박 상품이 할인 프로모션을 더 많이 진행하여 돈을 많이 아낄 수 있다고 말했다. 구매 후 유통기한이 지나기 전에 섭취한다면 아무 문제없을 거라고 했다. 심지어 40%의 주민은 지정된 진열대를 찾아 유통기한 임박 상품을 일부러 구매한다고 말했다. ⁴제품군으로 분류해 보면 그들이 우선으로 선택하는 것은 신선한 채소이며, 그다음으로는 간식과 음료, 청소 및 위생용품, 유제품, 빵 등이 있다.

1번~5번 문제의 정오를 판별하세요.

1 조사 결과, 과반수의 주민이 유통기한 임박 상품 구매를 원치 않는다고 했다.

A ✓　　B ✕

2 유통기한 임박 상품은 유통기한이 지난 상품에 속하므로 즉시 진열대에서 내려야 한다.

A ✓　　B ✕

3 소비자의 합법적 권익을 보장하기 위해 슈퍼마켓 등의 식품 경영자는 유통기한 임박 상품 판매를 피해야 한다.

A ✓　　B ✕

4 신선한 채소는 유통기한 임박 상품 구매 의향이 있는 사람들의 유일한 선택이다.

A ✓　　B ✕

5 유통기한 임박 상품은 일반 상품보다 할인 프로모션을 더 많이 진행한다.

A ✓　　B ✕

★ **保质期** bǎozhìqī 몡 유통기한 | **立马** lìmǎ 뵘 바로, 곧, 즉시 | **货架** huòjià 몡 진열대 | **替代品** tìdàipǐn 몡 대체품 | **近日** jìnrì 최근 | **开展** kāizhǎn 동 전개하다 | **临期** línqī 동 기한이 임박하다 | **调研** diàoyán 몡 조사 연구 | **居民** jūmín 몡 주민, 거주민 | **七成** qīchéng 70%, 7할 | **不愿**

búyuàn 원하지 않다, ~하려 하지 않다 | **大多** dàduō 및 대부분 | **新鲜度** xīnxiāndù 신선도 | **保障** bǎozhàng 통 보장하다 | **下降** xiàjiàng 통 낮아지다, 떨어지다 | **食用** shíyòng 통 식용하다 | **佳** jiā 형 좋다 | **等同** děngtóng 통 동일시하다 | **即将** jíjiāng 및 곧, 머지않아 | **仍** réng 및 여전히, 아직도 | **适用** shìyòng 형 사용에 적합하다, 쓰기에 알맞다 | **权益** quányì 권익 | **应当** yīngdāng 조동 반드시 ~해야 한다 | **加强** jiāqiáng 통 강화하다 | **临近** línjìn 통 (시간, 거리상) 다가오다, 근접하다 | **分类** fēnlèi 통 분류하다 | **标识** biāozhì 명 표시 | ★**陈列** chénliè 통 진열하다 | **出售** chūshòu 통 팔다 | **关注** guānzhù 명 관심 | ★**意向** yìxiàng 의향 | **中老年** zhōnglǎonián 중노년 | **促销** cùxiāo 판매를 촉진시키다 | **力度** lìdù 역량, 세기 | **到期** dàoqī 통 기한이 되다 | **四成** sìchéng 40%, 4할 | **前往** qiánwǎng 통 향하여 가다 | **类别** lèibié 명 분류 | **生鲜** shēngxiān 신선하다 | **首选** shǒuxuǎn 우선하여 선택하다 | **清洁** qīngjié 형 청결하다 | **卫生** wèishēng 명 위생 | **用品** yòngpǐn 명 용품 | **乳制品** rǔzhìpǐn 유제품 | **半数** bànshù 명 절반 | **下架** xiàjià 통 판매대에서 치우다

STEP 2 내공 쌓기

1 주제별 빈출 어휘

경제 ✦	경제/산업 금융/증권	**金融** jīnróng 명 금융 | **外资** wàizī 명 외국자본, 외자 | **供求** gōngqiú 명 공급과 수요 | **贬值** biǎnzhí 통 화폐가치가 떨어지다 | **不景气** bùjǐngqì 불경기이다 | **贷款** dàikuǎn 통 대출하다 | **汇款** huìkuǎn 통 송금하다 | **取款** qǔkuǎn 통 돈을 인출하다 | **攀升** pānshēng 통 (은행 이자나 가격이) 오르다 | **萎缩** wěisuō 통 (경제가) 쇠퇴하다, 부진하다 | **存款** cúnkuǎn 명 저금, 예금 | **存折** cúnzhé 명 예금통장 | **股份** gǔfèn 명 주식 | **股民** gǔmín 명 주식 투자자 | **股市** gǔshì 명 주식시장 | **利率** lìlǜ 명 이율 | **利害** lìhài 명 이익과 손해 | **钞票** chāopiào 명 지폐 | **账号** zhànghào 명 은행 따위의 계좌번호 | **共享经济** gòngxiǎng jīngjì 공유경제 | **贫富差距** pínfù chājù 빈부격차
비즈니스	판매/무역 전자상거래 ✦	**贸易** màoyì 명 무역 | **经贸** jīngmào 명 경제 무역 | **成本** chéngběn 명 원가 | **资本** zīběn 명 자본 | **资产** zīchǎn 명 자산 | **进出口** jìnchūkǒu 명 수출입 | **采购** cǎigòu 통 구입하다 | **成交** chéngjiāo 통 거래가 성립되다 | **中介** zhōngjiè 통 중개하다, 매개하다 | **交易** jiāoyì 통 거래하다, 교역하다, 매매하다, 사고팔다 | **签订** qiāndìng 통 (조약을) 체결하다 | **签名** qiānmíng 통 서명하다 | **签约** qiānyuē 통 (조약 또는 계약서에) 서명하다 | **经商** jīngshāng 통 장사하다 | **拍卖** pāimài 통 경매하다, 할인 판매하다, 바겐세일하다 | **收买** shōumǎi 통 사들이다, 구입하다 | **外贸** wàimào 명 '对外贸易(대외무역)'의 줄임말 | **网点** wǎngdiǎn 명 판매망, 서비스망 | **旺季** wàngjì 명 (영업·생산 따위의) 성수기, 제철, 한창인 때, 피크 | **销量** xiāoliàng 명 (상품의) 판매량 | **性价比** xìngjiàbǐ 명 가격 대비 성능 | **电商** diànshāng 명 전자상거래 | **订单** dìngdān 명 (상품·물품 예약) 주문서, 주문 명세서 | **收款码** shōukuǎnmǎ 명 가게에서 돈을 받을 때 사용하는 QR코드 [손님이 스캔하고 지불하는 방식]
	회사	**创立** chuànglì 통 창립하다 | **从业** cóngyè 통 취업하다, 취직하다 | **雇佣** gùyōng 통 고용하다 | **赚钱** zhuànqián 통 돈을 벌다 | **任职** rènzhí 통 직무를 맡다, 재직하다 | **在职** zàizhí 통 재직하다 | **辞退** cítuì 통 사직하다 | **解雇** jiěgù 통 해고하다 | **协议** xiéyì 통 협의하다 | **并购** bìnggòu 통 인수·합병하다 | **合资** hézī 통 공동으로 출자하다, 합자하다 | **集资** jízī 통 자금을 모으다 | **聘任** pìnrèn 통 초빙하여 임용하다, 초빙하여 직무를 맡기다 | **聘用** pìnyòng 통 초빙하여 임용하다, 초빙하여 직무를 맡기다 | **招标** zhāobiāo 통 입찰공고를 하다 | **年薪** niánxīn 명 연봉 | **财政** cáizhèng 명 재정 | **财力** cáilì 명 재력, 경제력 | **职位** zhíwèi 명 직위 | **职务** zhíwù 명 직무 | **策划** cèhuà 명 기획 통 기획하다 | **岗位** gǎngwèi 명 직책 | **总经理** zǒngjīnglǐ 명 대표이사 | **董事会** dǒngshìhuì 명 이사회 | **董事长** dǒngshìzhǎng 명 이사장 | **人事** rénshì 명 인사 [직원의 임용·해임·평가 따위와 관계되는 행정적인 일] | **辞呈** cíchéng 명 사직서, 사표 | **外企** wàiqǐ 명 '外商投资企业'(외자기업)의 줄임말 | **合作社** hézuòshè 명 합작사, 협동조합 | **视频会议** shìpín huìyì 화상회의 | **白领** báilǐng 명 화이트칼라 | **协议书** xiéyìshū 명 협의서

과학기술 ✦	AI/로봇	机器人 jīqìrén 圐 로봇 | 机械 jīxiè 圐 기계 | 机制 jīzhì 圐 시스템 | 高科技 gāokējì 圐 첨단기술 | 高新技术 gāoxīn jìshù 하이테크, 첨단기술 | 人工智能 réngōng zhìnéng 圐 인공지능 | 黑科技 hēikējì 圐 블랙 테크놀로지 | 电池 diànchí 圐 전지, 배터리 | 电子版 diànzǐbǎn 圐 전자판 | 辐射 fúshè 圐 전자파 | 电磁波 diàncíbō 圐 전자파 | 波长 bōcháng 圐 파장 | 核 hé 圐 (원자)핵 | 原子弹 yuánzǐdàn 圐 원자폭탄 | 能量 néngliàng 圐 에너지 | 分子 fēnzǐ 圐 분자 | 原子 yuánzǐ 圐 원자 | 核辐射 héfúshè 圐 방사(능)선 | 电动汽车 diàndòng qìchē 圐 전기자동차
	자율주행	技能 jìnéng 圐 기능 | 驾驶 jiàshǐ 圄 운전하다 | 行驶 xíngshǐ 圄 (차나 배 등이) 통행하다 | 车速 chēsù 圐 차의 속력 | 高新技术 gāoxīn jìshù 첨단기술
	우주	发射 fāshè 圄 (인공위성 등을) 발사하다 | 太空 tàikōng 圐 우주 | 宇宙 yǔzhòu 圐 우주 | 天文 tiānwén 圐 천문 | 卫星 wèixīng 圐 위성 | 月球 yuèqiú 圐 달 | 轨道 guǐdào 圐 궤도 | 火箭 huǒjiàn 圐 로켓 | 导弹 dǎodàn 圐 유도탄, 미사일 | 导航 dǎoháng 圄 항해나 항공을 유도하다 | 航天 hángtiān 圐 우주비행 | 航天员 hángtiānyuán 圐 우주비행사 | 陨石 yǔnshí 圐 운석 | 航行 hángxíng 圄 항행하다, 운항하다 | 陨石 yǔnshí 圐 운석 | 载人航天 zàirén hángtiān 유인 우주비행, 유인우주선 | 星星 xīngxing 圐 별 | 失重 shīzhòng 圄 무중력상태가 되다 | 对接 duìjiē 圐 우주 도킹 | 真空 zhēnkōng 圐 진공 | 太空站 tàikōngzhàn 圐 우주정거장 | 星球 xīngqiú 圐 천체 [태양·달·지구를 포함함]
IT	인터넷/컴퓨터/통신기기	软件 ruǎnjiàn 圐 소프트웨어 | 硬件 yìngjiàn 圐 하드웨어 | 病毒 bìngdú 圐 바이러스 | 杀毒 shādú 圄 컴퓨터바이러스를 제거하다 | 删除 shānchú 圄 삭제하다 | 大数据 dàshùjù 圐 빅데이터 | 内存 nèicún 圐 RAM(메모리) | 硬盘 yìngpán 圐 하드디스크 | 点击率 diǎnjīlǜ 圐 (인터넷 게시글의) 조회수 | 防火墙 fánghuǒqiáng 圐 방화벽 | 服务器 fúwùqì 圐 서버 | 数据库 shùjùkù 圐 데이터베이스 | 网民 wǎngmín 圐 네티즌 [=网友 wǎngyǒu] | 在线 zàixiàn 圐 온라인 | 平台 píngtái 圐 플랫폼 | 卡顿 kǎdùn 인터넷이 끊기다, 렉이 걸리다 | 触网 chùwǎng 圄 인터넷을 접하다 [보통 처음 접하는 것을 나타냄] | 平板电脑 píngbǎn diànnǎo 태블릿 PC | 二维码 èrwéimǎ QR코드 | 充电 chōngdiàn 圄 충전하다 | 充电宝 chōngdiànbǎo 圐 보조배터리 | 容量 róngliàng 圐 용량 | 元宇宙 yuányǔzhòu 메타버스(Metaverse) | 物联网 wùliánwǎng 圐 사물 기반 인터넷(IoT)

2 핵심 내용을 이끄는 표현

(1) 대상에 대한 정의를 내릴 때

- 所谓A是指B suǒwèi A shì zhǐ B A라고 하는 것은 B를 말한다
- 重要的是…… zhòngyào de shì …… 중요한 것은 ~이다
- A被称为B A bèi chēngwéi B A는 B라고 불린다
- A被誉为B A bèi yùwéi B A는 B라고 불린다
- 从时间维度上来看 cóng shíjiān wéidù shang lái kàn 시각적인 차원에서 봤을 때

(2) 관점, 견해, 실험, 연구, 통계를 나타낼 때

- 决定 juédìng 결정하다
- 专家建议…… zhuānjiā jiànyì …… 전문가가 ~를 건의하다 / 专家以为…… zhuānjiā yǐwéi …… 전문가가 ~라고 생각하다
- 不少经济学家表示 bù shǎo jīngjì xuéjiā biǎoshì 많은 경제학자가 말하길
- 研究资料显示 yánjiū zīliào xiǎnshì 연구 자료에 의하면

- 调研结果显示 diàoyá jiéguǒ xiǎnshì 조사 연구 결과
- 一般来说 yìbān lái shuō 일반적으로 [일반적인 상황이나 규칙을 설명할 때 쓰임]
- 可谓 kěwèi ~라고 말할 수 있다 [어떤 상황이나 특징을 요약하거나 정의하는 데 사용되며 주로 비교적 공식적인 글이나 말에서 사용]
- 研究表明 yánjiū biǎomíng 연구에서 말하길
- 科学家发现 kēxuéjiā fāxiàn 과학자가 발견하길
- 某大学家指出 mǒu dàxué jiā zhǐchū 모 대학가에서 지적하길
- 人们认为/觉得…… rénmen rènwéi / juéde 사람들이 ~라고 생각하다
- 从理论上说 cóng lǐlùn shang shuō 이론적으로 말하면 [실제 상황과 구별하여 이론적 가능성이나 원리를 강조할 때 사용]
- 心理学家做过一个实验 xīnlǐ xuéjiā zuòguo yí ge shíyàn 심리학자가 한 가지 실험을 했는데
- 比如/比方……等 bǐrú / bǐfāng …… děng 예를 들어 ~ 등이다
- 一是A，二是B，三是C yī shì A, èr shì B, sān shì C 처음은 A이고 두 번째는 B이고 세 번째는 C이다
- 首先A，其次B，(再次C)，最后D shǒuxiān A, qícì B, (zàicì C), zuìhòu D
  처음에는 A하고 다음은 B하고 (그다음은 C하고) 마지막으로 D하다

(3) 작가의 주장, 주제문, 결론을 나타낼 때

- 不妨 bùfáng 무방하다
- 最好…… zuìhǎo …… ~하는 게 가장 좋다
- 可见…… kějiàn …… ~임을 알 수 있다
- 要注意 yào zhùyì ~를 주의해야 한다
- 要善于 yào shànyú ~를 잘해야 한다
- 要懂得 yào dǒngde ~를 알아야 한다
- 千万别 qiānwàn bié 절대 ~하지 마라
- 专家告诉我们 zhuānjiā gàosu wǒmen 전문가가 우리에게 알려 주길
- 专家提醒我们 zhuānjiā tíxǐng wǒmen 전문가가 우리에게 일깨워 주길
- 你要做的应该是 nǐ yào zuò de yīnggāi shì 당신이 해야 하는 것은 ~이다
- A在于B A zàiyú B A는 B에 달려 있다
- 主要原因在于 zhǔyào yuányīn zàiyú 주요 원인은 ~에 있다
- 不在于A而在于B búzàiyú A ér zàiyú B A가 아니라 B에 달려 있다
- 只有A才能B zhǐyǒu A cái néng B A해야만 B할 수 있다
- 只要A就B zhǐyào A jiù B A하기만 하면 바로 B하다
- 与其A不如B yǔqí A bùrú B A하느니 B하는 것이 낫다
- 在我们生活中 zài wǒmen shēnghuó zhōng 우리 생활 중에서
- 即使A也B jíshǐ A yě B 설령 A하더라도 B하다
- 取决于 qǔjuéyú ~에 달리다 [특정 결과나 상황이 다른 요인이나 조건에 의해 결정되거나 영향을 받음을 나타냄]
- 从A角度而言 cóng A jiǎodù ér yán ~의 관점에서 보면
- 倾向于 qīngxiàngyú ~하는 경향이 있다 [뒤에 특정한 경향이나 성향이 옴]
- 对A(대상)来说 duì A láishuō A에게 있어서 [특정 대상이나 사람에게 어떤 상황, 조건 또는 사건이 어떤 의미를 가지는지 어떤 영향을 미치는지 설명할 때 쓰임]
- 意味着 yìwèizhe 의미하다 [사건이나 상황의 중요한 의미나 결과를 강조하는 데 쓰임]
- 相当于 xiāngdāngyú ~와 동등하다 [비교할 때 쓰이며, 일반적으로 물리적 크기, 가치, 수준, 기능 등 측면에서의 동등함을 나타냄]
- 致使 zhìshǐ ~로 인해 초래되다 [사건이나 상황이 특정한 결과나 다른 상황을 직접적으로 초래했음을 나타내는 데 사용]

3 자주 쓰이는 짝꿍 표현

- 进行实验 jìnxíng shíyàn 실험을 진행하다
- 得到认可 dédào rènkě 인정을 받다
- 发挥潜能 fāhuī qiánnéng 잠재력을 발휘하다
- 受到赏识 shòudào shǎngshí 총애를 받다
- 受到青睐 shòudào qīnglài 호감을 받다
- 受到伤害 shòudào shānghài 상해를 입다
- 备受欢迎 bèishòu huānyíng 환영을 받다
- 接受限制 jiēshòu xiànzhì 제약을 받다
- 造成损伤 zàochéng sǔnshāng 손상을 받다
- 承受损失 chéngshòu sǔnshī 손실을 감수하다
- 表明心愿 biǎomíng xīnyuàn 염원을 나타내다
- 成立协会 chénglì xiéhuì 협회를 만들다
- 离开家乡 líkāi jiāxiāng 고향을 떠나다
- 打造作品 dǎzào zuòpǐn 작품을 만들다
- 焕发生命力 huànfā shēngmìnglì 생명력을 발산하다
- 提供支撑 tígōng zhīchēng 버팀목을 제공하다
- 产生好奇 chǎnshēng hǎoqí 호기심이 생기다
- 目标明确 mùbiāo míngquè 목표가 명확하다
- 带来了巨大的经济效益 dàiláile jùdà de jīngjì xiàoyì 막대한 경제효과를 가져왔다

1. 新冠疫情后，"居家办公"、"视频会议"几乎成了办公的"常态"。

   A ✓

   B ✕

2. 线上沟通可能会抑制人的创造力。

   A ✓

   B ✕

3. 两项研究的结果，反映的现象基本一致。

   A ✓

   B ✕

4. 专家鼓励人们工作时自由散漫。

   A ✓

   B ✕

5. 人生中意想不到的好点子会出现在关掉摄像头的那一瞬间。

   A ✓

   B ✕

정답 및 해설 → 해설서 p.004

6. 文中所提到的"打着黑科技幌子的产品"是真正的高科技产品。

   A ✓

   B ✕

7. 波长在现实生活中可以被"拉长"是有科学根据的。

   A ✓

   B ✕

8. "手机信号增强贴"可使手机信号从一格变成三格属于商家的虚假宣传。

   A ✓

   B ✕

9. 专家的观点证实了"手机信号增强贴"是伪科学。

   A ✓

   B ✕

10. 对于商家"共振能放大信号"的宣传，专家持反对观点。

    A ✓

    B ✕

정답 및 해설 → 해설서 p.006

11. 这些植物铭牌上刻有树木的详细信息。

A ✓

B ✕

12. 通过报道可以看出，公众对自然知识的渴求在不断增长。

A ✓

B ✕

13. 很多市民对推广"可阅读树"这类科普知识持质疑态度。

A ✓

B ✕

14. 作者认为植物除了净化空气外，还承载着人文功能。

A ✓

B ✕

15. 学校希望能安排专家学者和志愿者带学生认识和了解身边的自然。

A ✓

B ✕

정답 및 해설 → 해설서 p.008

16. 消费者对共享充电宝四年涨价8倍表示十分理解。

A ✓

B ✕

17. 共享充电宝行业的经营门槛不高给其带来了一系列问题。

A ✓

B ✕

18. 一味地涨价并没有缓解该行业的亏损问题。

A ✓

B ✕

19. 不少公司老板们将行业亏损归咎于疫情影响。

A ✓

B ✕

20. 经济学家认为共享充电宝行业亏损的根本原因并非疫情。

A ✓

B ✕

정답 및 해설 → 해설서 p.011

21. 中国网友称本届世界杯吉祥物拉伊卜
    为"会飞的饺子皮"是为了表达敬意。
    A ✓
    B ×

22. 世界杯首款"零碳吉祥物"拉伊卜属
    于限量销售。
    A ✓
    B ×

23. 产品想要提升竞争力，离不开电商
    平台的带动。
    A ✓
    B ×

24. 世界杯期间，与其有关的创意周边
    产品在中国销售十分火爆。
    A ✓
    B ×

25. 外国体育IP在与本土球迷文化、消
    费习惯融合后，产生了良性的化学
    反应。
    A ✓
    B ×

정답 및 해설 ➜ 해설서 p.013

26. A 有规律可循
    B 有理有据
    C 遵循自然规律
    D 要循序渐进

27. A 是生活节奏变快的产物
    B 可以催生外食族的产生
    C 可以看做是一件艺术品
    D 与消费本身无关

28. 回头看看我们买的商品究竟是什么？
    是商品的功能、_____，还是
    自我暗示、炫耀的需要？

29. A 投资的价值高于消费
    B 两者的定义界限分明
    C 没必要硬性区分
    D 消费是投资的前提

30. A 更具回收价值的
    B 别人买不起的
    C 价格相对便宜的
    D 质量更优质的

31. 每当消费者必须支付一笔附加费时，
    高品质的产品相对低品质的产品就
    变得便宜了。这笔附加费越高，高
    品质产品相对就_____。

32. A 世上没有聪明的消费只有精明的
      商家
    B 聪明的消费是长时间里幸福感之
      和是最大的
    C 消费观念的建立应从家庭教育开始
    D 瞬间的幸福感是否强烈最重要

정답 및 해설 ➜ 해설서 p.016

33. **A** 承受不了互联网的冲击

    B 急需线上的老年人救援团

    C 有强烈的学习意愿

    D 拥有积极的投资意愿

34. **A** 加强手机软件等的"适老化"改造

    B 发展线下市场适应老年人的需求

    C 降低数字化的应用

    D 加速人工智能的发展

35. **A** 增加了制造的成本

    B 会引起年轻受众的不满

    C 使原有的资源无法利用

    D 会得到可观的收益

36. **A** 上门推销网络周边产品

    B 组织志愿服务

    C 寻找老年志愿者

    D 与老年人子女多沟通

37. **A** 有沉迷网络的风险

    B 产生隔代的矛盾

    C 会让家庭生活变得更有乐趣

    D 能够为社会做出更大的贡献

정답 및 해설 → 해설서 p.018

38. **A** 临床效果不错，但无法带来经济效益

    B 首次将机器人技术大规模应用到临床中

    C 是目前世界上第一台可代替医生手术的机器人

    D 是我国设计的第一个临床机器人技术

39. **A** 正处于临床试验的阶段

    B 是中国在2010年引进的手术机器人系统

    C 妙手系统的核心技术不同于达芬奇系统

    D 与达芬奇系统涵盖的手术类型存在很大差异

40. **A** 采用更为先进的技术

    B 临床应用中的人机交互

    C 开发国内医疗市场

    D 实现线上医疗服务

41. **A** 将代替医生完成手术

    B 是缓解医患关系的"润滑剂"

    C 最大限度的降低患者的治疗费用

    D 是对医生手术能力的延伸

42. **A** 机器人的产地与造价

    B 机器人的技术和市场

    C 机器人的售后和性能

    D 机器人的成本和设计

정답 및 해설 → 해설서 p.021

43. 每当照相的时候会发现，自己的颜值比镜子中的样子要_____。

44. **A** 评价自身容貌的优缺点
    B 剪辑视频找出完美瞬间
    C 给照镜子中的自己打分
    D 给视频和截图打分

45. **A** 表情僵硬会被疏远
    B 静态脸更易被记住
    C 冷水洗脸不长皱纹
    D 动态脸被认为更美

46. 观看者没有办法在固定的模式下保持着积极主动的态度，因为长时间的审美会产生一定的_____。

47. **A** 捕捉明显信号
    B 进行自我暗示
    C 忽略听觉信息
    D 加工颜色信息

48. **A** 大脑在动态识别时会忽略五官的一些不完美细节
    B 人们真正的形象至少比镜子里的自己丑30%
    C "冻脸效应"说的是人们普遍觉得镜子里的自己不如照片里的好看
    D "冻脸效应"中的"冻"字表示的是"状态是静止的"

정답 및 해설 → 해설서 p.024

49. **A** 认为香蕉是"含辐食品"
    B 部分进口香蕉的产地不明确
    C 香蕉的成分发生了改变
    D 应季的香蕉价格大幅上涨

50. **A** 大量存在于香蕉中
    B 受人体代谢的支配
    C 对人体的危害并不大
    D 危害性远大于电离辐射

51. **A** 香蕉的辐射剂量微不足道
    B 香蕉所含的钾-40不具有放射性
    C 香蕉中的辐射在空气中会迅速分解
    D 人体对香蕉辐射有极好的免疫力

52. **A** 达到一定强度时可诱发癌症
    B 主要用于消灭细菌
    C 在家用电器中广泛存在
    D 会造成基因异常

53. **A** 《文学漫步》
    B 《工业园地》
    C 《科普世界》
    D 《金融资讯》

54. 人体的_____也会帮助我们控制体内的钾含量，即使吃了香蕉，多余的钾也会被排出体外。

55. 其实，辐射本身是个_____，只有某些特定物质的辐射达到一定强度时才可能会带来危害。

정답 및 해설 → 해설서 p.026

56. A 指的是看视频赚钱难度大
    B 对观看的人毫无诱惑力
    C 几乎遍布各大社交媒体
    D 时常受到人们的忽视

57. A 盗用用户身份信息
    B 通过电话诈骗获取钱财
    C 诱导用户充值消费
    D 半价出售国际大牌

58. A 线下银行并没有按平台要求为消费者提供提现服务
    B 平台提高提现门槛使消费者刷了视频却无法提现
    C 提现时需要的手续费太高使消费者难以提现
    D 平台在签合同时，并没有对消费者讲明提现步骤

59. A 短视频市场扩大加剧了企业的引流机制
    B 体现了短视频企业间的良性竞争
    C 消费者对该类型广告十分推崇
    D 各大电商的加入导致短视频平台市场不景气

60. A 已得到相关企业的赔偿
    B 不知道自己已被骗
    C 因提现额度小而放弃维权
    D 不清楚维权途径

61. 首先，需要普及相关知识，提升消费者的_____。

62. A 消费者应积极与相关部门协作
    B 放宽对视频平台企业的管理力度
    C 相关部门要加大对视频平台企业的警示力度
    D 消费者应提高自身防骗意识

정답 및 해설 ➜ 해설서 p.029

63. A 体现了义乌市场在新兴领域的迅速发展
    B 新业态、新模式已成为"过去"
    C 这些产品在中国已是家庭必备产品
    D 新能源产品已不再是义乌市场最需求的目标

64. A 讲述中国发展的历史
    B 介绍产品与协助下单
    C 洽谈商务合作
    D 提供更快捷的支付方式

65. A 有人气但价格高的商品
    B 有人气且销量高的商品
    C 没有人气但会爆炸的商品
    D 不会爆炸的人气产品

66. A 义乌市场商品的种类应有尽有
    B 义乌市场商品的价格世界最低
    C 义乌市场的商品遍布各大超市
    D 义乌市场的商品来自世界各地

67. A 海运到国外消费者签收用时不超过两周
    B 客户下单到货品签收已实现全流程数字化
    C 商品在运送途中毫无破损现象
    D 实行"门到门"一站式服务

정답 및 해설 ➡ 해설서 p.033

68. A 文学奖
    B 数学奖
    C 物理学奖
    D 生理学或医学奖

69. A 科学家地位的高低
    B 最大限度的获盈利
    C 成就的大小
    D 推荐者的成就

70. A 受新冠疫情影响将于取消线下颁奖
    B 颁奖时间与往年相比有所推迟
    C 将邀请前两届获奖者参加
    D 设置了"预测获奖者"的环节

71. A 外界的传闻时常混淆大众猜测
    B 候选人的名单都不对外公开
    C 各个奖项获奖人数众多
    D 国内大众对外国科学家了解不够

72. A 若无重大基础研究突破，获奖可能性不大
    B 论文引用次数多即可获奖
    C 工作在科技最前沿的科学家有望获奖
    D 具有创新精神的科学家获奖几率大

정답 및 해설 ➡ 해설서 p.036

02 역사, 전통, 문화, 예술, 스포츠

① 유형 파악하기

✘ 중국에 관심 있는 외국인들을 대상으로 한 시험이다 보니 중국의 역사와 문화, 중국의 주요 인물들에 관한 이야기들이 많이 출제되므로, 중국 관련 기본 상식을 미리 알아 두면 좋다.

▶ **출제경향**

1 중국의 역사와 문화

병마용, 고궁처럼 역사적 가치가 뛰어난 유적지를 다룬 내용이나 실크로드, 빙등제처럼 중국의 전통문화를 다룬 내용, 올림픽 또는 아시안게임처럼 중국에서 개최한 세계적인 행사에 관한 내용이 주로 출제된다.

2 역사적 위인, 예술, 문학, 스포츠 관련 주요인물

중국의 역사적 위인이나 예술, 문학, 스포츠에서 업적을 낸 인물에 관한 이야기가 주로 출제된다. 특히 도연명, 이백, 두보, 백거이, 제백석, 루쉰, 진시황 등은 시험에서 자주 언급되는 역사적 인물들이다. 평소 이들의 출생이나 업적에 대한 배경지식을 알아 두면 녹음을 이해하기 훨씬 쉽다.

▶ **문제 풀이 비법**

1 보기의 내용이 거의 그대로 녹음에 등장한다.

정답인 보기의 내용을 녹음에 그대로 들려주는 경우가 많기 때문에, 녹음 시작 전에 보기를 미리 읽어 두고 녹음을 들으면 관련 보기가 녹음에 등장했을 때 좀 더 쉽게 정답을 찾을 수 있다.

2 이야기 관련 녹음은 마지막 부분에 '주제'나 '결과'가 있다.

'이야기를 통해서 우리에게 알려 주고자 하는 의미'를 파악해야 하는 문제가 자주 출제되는데, 이런 문제는 녹음의 마지막 부분에 주제나 결과가 등장하는 경우가 많다.

3 인터뷰 유형의 녹음은 인터뷰 흐름을 파악하는 것이 관건이다.

인터뷰가 초대 손님 중심인지 아니면 초대 손님의 활동 중심인지 그 흐름을 파악하는 것이 중요하다. 초대 손님이 중심이라면 그의 과거 성장과정, 이력, 영향을 끼친 인물, 미래의 계획 등에 대한 이야기가 주를 이룬다. 초대 손님의 활동이 중심이라면 그 활동을 시작하게 된 계기, 활동에 대한 초대 손님의 평가, 초대 손님이 활동과 관련하여 가장 마음에 들어 하는 점 등의 이야기가 나온다. 이 흐름을 파악하면 녹음 지문을 훨씬 쉽게 이해할 수 있다.

1 A 是百姓的精神寄托
 B 极具观赏价值
 C 弥补秦朝的历史
 D 影响了秦国的发展

2 A 希望兵马俑流传千古
 B 对"大一统"的追求
 C 防御外族侵略
 D 体现秦国的雕刻技艺

3 A 实现了敌国的镇压
 B 是一座体现秦朝建筑风格的宝库
 C 体现了中华民族特有的精神价值与审美取向
 D 见证了春秋战国时期的朝代更替

4 兵马俑是秦始皇完成中华民族大一统的历史见证，"国家统一"在此后也成为了中华民族始终如一的_____。

5 兵马俑_____出了战国秦代政治、军事、文化、科技乃至整个社会发展的脉络，是秦文明的重要标志。

6 A 前来参观的国内外观众人次已过亿
 B 无法给人留下深刻印象且欠缺视觉冲击力
 C 兵马俑仅限于中国国内展出
 D 数十位外国元首和政府首脑前来参观

●track 16

 정답&풀이

1 C [它的历史价值在于兵马俑本身弥补且丰富了秦朝的历史记录 병마용의 역사적 가치는 병마용 자체가 진나라의 역사적 기록을 보충하고 풍부하게 해 주었다는 데에 있습니다] 첫 번째 질문에 대한 답으로 여자가 병마용의 독특한 역사적 가치와 예술적 가치, 과학적 가치를 언급하는 부분에서 핵심 내용이 등장했다.

2 B [对"大一统"的追求达到狂热 '대통일'에 대한 추구에 완전히 미쳐 있었습니다] '병마용이 진시황 시대에만 있었던 이유'로 남자는 진시황이 '대통일'을 추구하는 데 미쳐 있었던 점을 들었고, 이와 의미가 통하는 보기는 B이다. '首选' 뒤에 답이 나오는 경우가 많다. 포인트 어휘를 익혀 두자.

3 C [兵马俑…… 展现了中华民族特有的精神价值、思维方式和审美取向 병마용은 (…) 중화민족 특유의 정신적 가치, 사고방식 및 미적 취향을 보여 주었습니다] 남자의 마지막 질문에 대한 답변으로 병마용이 중국에서 어떤 상징을 가지고 있는지 언급하는 과정에서 보기 C의 내용이 언급됐다.

4 不懈追求 빈칸에 알맞은 어휘를 채워 넣는 문제로 녹음을 들을 때 앞뒤의 어휘를 잘 파악해 정확하게 기록해 두는 것이 중요하다. 녹음에 '始终如一'가 나오면 바로 받아쓸 준비를 하고 녹음을 듣자. 남자의 마지막 질문에 대한 여자의 답변 중 관련 내용이 언급됐다.

5 凸显 4번 문제와 마찬가지로 남자의 마지막 질문에 대한 여자의 답변에 관련 내용이 언급됐다. 밑줄 앞 어휘인 '兵马俑'이 녹음에 너무 자주 언급되는 어휘이다 보니 타이밍을 잡기 어려웠을 수 있다. 이런 경우에는 제시된 문장의 의미를 미리 파악해서 녹음의 어떤 부분에 언급될지를 미리 예상해 보며 문제를 풀어 보자.

6 A [已有1.2亿人次的国内外观众前来参观 연인원 1억 2천만의 국내외 관람객이 병마용을 관람하러 왔다] '연인원 1억 2천만'의 국내외 관람객이 병마용을 관람하러 왔다고 했으므로 '연인원이 억대를 넘었다'는 보기 A가 정답이다. 숫자가 나오는 부분은 항상 잘 체크하자.

现在开始第1到6题：

男：秦始皇陵兵马俑发现至今已近半个世纪，请您给我们详细地介绍介绍，兵马俑究竟有什么价值呢？

女：兵马俑具有独特的历史价值、艺术价值和科学价值。[1]它的历史价值在于兵马俑本身弥补且丰富了秦朝的历史记录。从艺术性上来说，数千件陶俑组成的庞大阵容形成了强烈的视觉冲击力。[6]40多年来，已有1.2亿人次的国内外观众前来参观，其中包括200多位外国元首和政府首脑。此外，兵马俑还曾被送到世界上170多个城市展览。可以说，兵马俑是中国古代灿烂文化的"典型代表"、是魅力中国的"金字名片"。

男：作为帝王陵墓陪葬物，兵马俑空前绝后。为什么兵马俑只属于秦始皇时代？

女：首先，[2]秦始皇为了"千古一帝"的威严，对"大一统"的追求达到狂热。他不仅下令修建了万里长城来防御外族侵略，还在自己完成了统一大业后，集中了全国的物力财力和能工巧匠进行大规模劳作。各地区民族的雕塑技艺也因此实现了交流与融合，这必然会产生新的升华和飞跃。其次，从新石器时代到秦王朝，人们在陶器的塑形、雕刻、烧制等方面积累了丰富的经验。当时有一批技艺高超的陶工熟练掌握了烧制陶俑陶马的工艺，他们对出身社会底层的普通士兵十分了解，因而能够创作出栩栩如生的秦代军人的艺术形象。

男：在中国文物遗产中，为何兵马俑成了典型的中国符号之一？您怎样理解中华文明的精神标识？

女：兵马俑[5]凸显出了战国秦代政治、军事、文化、科技乃至整个社会发展的脉络，是秦文明的重要标志，表现出了大、多、精、美四个特征。因此[3]兵马俑既是一座古代军事宝库，又是一座艺术宝库、文化宝库，展现了中华民族特有的精神价值、思维方式和审美取向。是中华民族强大生命力、想象力和创造力的非凡体现。兵马俑是秦始皇完成中华民族大一统的历史见证，"国家统一"在此后也成为了中华民族始终如一的[4]不懈追求。

1번~6번 문제가 시작됩니다.

남：진시황릉 병마용이 발견되고 지금까지 약 반세기가 지났는데요. 병마용에 어떤 가치가 있는지 자세히 소개해 주실 수 있을까요？

여：병마용에는 독특한 역사적 가치와 예술적 가치, 과학적 가치가 있습니다. [1]병마용의 역사적 가치는 병마용 자체가 진나라의 역사적 기록을 보충하고 풍부하게 해 주었다는 데에 있습니다. 예술적 가치로 보면 수천 개의 토용이 만든 거대한 진용이 강력한 시각적 충격을 주었죠. [6]40여 년 동안 연인원 1억 2천만의 국내외 관람객이 병마용을 관람하러 왔으며 그중에는 200여 명의 외국 정상과 정부 수뇌도 있었습니다. 이외에도 병마용은 전 세계 도시 170여 곳에서 전시되기도 했습니다. 병마용은 중국 고대의 찬란한 문화를 대표하는 전형적인 예술품이자 중국을 매력적으로 만드는 '황금 명함'이라고 할 수 있습니다.

남：왕릉의 부장물로서 병마용은 전무후무합니다. 병마용은 왜 진시황 시대에만 있는 건가요？

여：먼저, [2]진시황은 '천 년에 한 번 나오는 황제'의 위엄을 지키기 위해 '대통일'에 대한 추구에 완전히 미쳐 있었습니다. 그는 만리장성 건설을 지시하여 이민족의 침입을 방어했을 뿐만 아니라 통일이라는 대업적을 이룬 후 전국의 물자와 재력, 숙련공을 집결해 대규모로 작업을 진행했습니다. 각지 민족의 조각 기술도 이에 따라 교류되고 융합되었죠. 이로 인해 새로운 발전과 도약을 이룰 수밖에 없었던 것입니다. 다음으로, 신석기시대부터 진왕조 시대까지 사람들은 도기를 소조 및 조각하고 굽는 등의 분야에서 풍부한 경험을 쌓았습니다. 당시 솜씨가 뛰어난 도공들은 흙으로 빚은 사람, 말을 굽는 기술에 숙달해 있었으며 하층민 출신의 평범한 병사에 대해 잘 알고 있었습니다. 그리하여 생동감 넘치는 진나라 시대 군인의 예술적 형상을 창작해 낼 수 있었던 것입니다.

남：중국의 문화유산 중에서 왜 병마용이 전형적인 중국의 상징이 된 건가요？ 또, 중화 문명의 정신적 상징에 대해서 어떻게 이해하고 계시나요？

여：병마용은 전국시대 진나라의 정치, 군사, 문화, 과학기술, 나아가 전체 사회 발전의 맥락을 [5]부각했습니다. 또한 진나라 문명의 중요한 상징인 병마용은 대(大), 다(多), 정(精), 미(美)의 네 가지 특징을 나타냈습니다. 따라서 [3]병마용은 고대 군사의 보고이자 예술의 보고, 문화의 보고이기도 하며 중화민족 특유의 정신적 가치, 사고방식 및 미적 취향을 보여 주었습니다. 병마용은 중화민족의 강한 생명력과 상상력, 창의력을 훌륭하게 구현했습니다. 또한 병마용은 진시황이 중화민족 대통일을 이루어 냈다는 역사적 증거입니다. '국가 통일'은 이 이후 중화민족이 시종일관 [4]끊임없이 추구하는 이념이 되었습니다.

1 女的认为兵马俑的历史价值体现在哪儿?

  A 是百姓的精神寄托

  B 极具观赏价值

  C 弥补秦朝的历史

  D 影响了秦国的发展

2 下列哪项是秦始皇制作兵马俑的原因?

  A 希望兵马俑流传千古

  B 对"大一统"的追求

  C 防御外族侵略

  D 体现秦国的雕刻技艺

3 兵马俑对中华民族来说有什么意义?

  A 实现了敌国的镇压

  B 是一座体现秦朝建筑风格的宝库

  C 体现了中华民族特有的精神价值与审美取向

  D 见证了春秋战国时期的朝代更替

4 兵马俑是秦始皇完成中华民族大一统的历史见证,"国家统一"在此后也成为了中华民族始终如一的不懈追求。

5 兵马俑凸显出了战国秦代政治、军事、文化、科技乃至整个社会发展的脉络,是秦文明的重要标志。

6 关于兵马俑的展览情况可以知道什么?

  A 前来参观的国内外观众人次已过亿

  B 无法给人留下深刻印象且欠缺视觉冲击力

  C 兵马俑仅限于中国国内展出

  D 数十位外国元首和政府首脑前来参观

---

1 여자는 병마용의 역사적 가치가 어디서 나타났다고 생각하는가?

  A 백성이 정신적으로 의지하는 것이다

  B 관상 가치가 매우 훌륭하다

  C 진나라의 역사를 보충했다

  D 진나라의 발전에 영향을 주었다

2 다음 중 진시황이 병마용을 만든 이유는 무엇인가?

  A 병마용이 영원히 널리 전해지길 바랐다

  B '대통일'에 대한 갈망 때문이다

  C 이민족의 침입을 막기 위함이다

  D 진나라의 조각 예술을 구현하기 위함이다

3 병마용은 중화민족에게 어떤 의미가 있는가?

  A 적대국을 진압했다

  B 진나라 건축물 스타일을 구현한 보고이다

  C 중화민족 특유의 정신적 가치와 미적 취향을 구현했다

  D 춘추전국시대의 왕조 교체를 증명했다

4 병마용은 진시황이 중화민족 대통일을 이루어 냈다는 역사적 증거이다. '국가 통일'은 이 이후 중화민족이 시종일관 끊임없이 추구하는 이념이 되었다.

5 병마용은 전국시대 진나라의 정치, 군사, 문화, 과학기술, 나아가 전체 사회 발전의 맥락을 부각했다. 또한 병마용은 진나라 문명의 중요한 상징이다.

6 병마용의 전시 상황에 관해 알 수 있는 것은?

  A 관람하러 온 국내외 관람객 연인원이 억대를 넘어섰다

  B 깊은 인상을 남기지 못했으며 시각적 충격이 부족하다

  C 병마용은 중국 국내에서만 전시되었다

  D 수십 명의 외국 정상과 정부 수뇌가 관람하러 왔다

秦始皇陵 Qínshǐhuánglíng 진시황릉 | **兵马俑** bīngmǎyǒng 명 병마용 [고대에 순장에 쓰였던 병사·말 모양의 도기 모형] | **具有** jùyǒu 동 지니다, 가지다, 있다 | **本身** běnshēn 명 그 자체 | **弥补** míbǔ 동 (결점·결손 따위를) 보충하다, 보완하다 | ★**且** qiě 접 또한, 더욱이 | **秦朝** Qíncháo 진나라 | **陶俑** táoyǒng 명 토용, 토우 [진흙으로 만든 인형] | ★**庞大** pángdà 형 거대하다, 방대하다 | ★**阵容** zhènróng 명 진용 [진영의 형편이나 상태] | ★**视觉** shìjué 명 시각 | **冲击力** chōngjīlì 명 충격 | ★**人次** réncì 명 연인원 [일정 기간 동안 동원된 누적 인원수] | **外国** wàiguó 명 외국 | ★**元首** yuánshǒu 명 국가원수 | **首脑** shǒunǎo 명 수뇌, 지도자 | **曾** céng 부 일찍이, 이미, 벌써, 이전에 | ★**灿烂** cànlàn 형 찬란하다, 눈부시다 | ★**典型** diǎnxíng 형 전형적인 | ★**魅力** mèilì 명 매력 | **帝王** dìwáng 명 제왕, 군주 | **陵墓** língmù 명 왕릉, 능묘, 제왕 또는 제후의 무덤 | **陪葬** péizàng 동 순장하다 | **空前绝后** kōngqián juéhòu 성 전무후무하다, 이전에도 없었고 앞으로도 없다 | **秦始皇** Qínshǐhuáng 고유 진시황 | **千古** qiāngǔ 명 오랜 세월, 천고 [**千古一帝**: 천 년에 한 번 나오는 황제] | **威严** wēiyán 명 위엄, 위풍 | **大一统** dàyītǒng 명 대통일, 전국의 완전한 통일 | **狂热** kuángrè 형 열광적이다, 미치다 [주로 폄하의 의미가 들어있음] | **下令** xiàlìng 동 명령을 내리다 | **修建** xiūjiàn 동 건설하다, 건축하다, 시공하다 | **万里长城** Wànlǐ Chángchéng 고유 만리장성 | ★**防御** fángyù 동 방어하다 | **外族** wàizú 명 이민족, 타민족 | ★**侵略** qīnlüè 동 침략하다 | **大业** dàyè 명 대업 | **全国** quánguó 명 전국, 나라 전체 | **物力** wùlì 명 물자 | **财力** cáilì 명 재력, 경제력, 재정적인 힘 | **能工巧匠** nénggōng qiǎojiàng 성 숙련공, 솜씨가 좋은 직공 | **大规模** dàguīmó 형 대규모의 | **劳作** láozuò 동 노동하다, 일하다 | ★**雕塑** diāosù 명 조각과 조소품 | **技艺** jìyì 명 기예 | **融合** rónghé 동 융합하다 | **升华** shēnghuá 동 발전하다, 승화하다 | ★**飞跃** fēiyuè 동 도약하다, 비약하다 | **新石器时代** Xīnshíqì Shídài 고유 신석기시대 | **秦** Qín 고유 진 [나라 이름] | **王朝** wángcháo 명 왕조 | **陶器** táoqì 명 도기 | **塑** sù 동 소조하다 | **雕刻** diāokè 동 조각하다 | **烧制** shāozhì 동 (점토 따위로 만든 소태를) 가마에 넣어 굽다 | ★**高超** gāochāo 형 뛰어나다, 출중하다, 특출하다 | **陶工** táogōng 명 도공 | **陶** táo 동 옹기를 만든다. 질그릇을 굽다 | **工艺** gōngyì 명 공예, 가공하는 기술 | ★**出身** chūshēn 명 출신, 신분 | ★**底层** dǐcéng 명 하층, 밑바닥 | **普通** pǔtōng 형 평범하다, 보통이다. 일반적이다 | **创作** chuàngzuò 동 (문예 작품을) 창작하다 | **栩栩如生** xǔxǔ rúshēng 성 생동감이 넘치다, 생생하게 살아 있는 듯하다 | **军人** jūnrén 명 군인 | ★**文物** wénwù 명 문화재, 문물 | **遗产** yíchǎn 명 유산 | **为何** wèihé 부 왜, 무엇 때문에 | **符号** fúhào 명 기호, 표기 | **中华** Zhōnghuá 고유 중국 | **标识**

biāozhì 명 상징 | ★凸显 tūxiǎn 동 부각되다, 분명하게 드러나다 | 战国 Zhànguó 고유 전국시대 | 科技 kējì 명 과학기술 ['과학기술'의 약자] | ★乃至 nǎizhì 접 더 나아가서 | ★脉络 màiluò 명 맥락, 조리 | ★宝库 bǎokù 명 보고 [귀중한 물건을 간수해 두는 곳] | 展现 zhǎnxiàn 동 드러내다, 나타나다 | 中华民族 Zhōnghuá Mínzú 고유 중화민족 | 特有 tèyǒu 형 특유하다, 고유하다 | 思维 sīwéi 동 깊이 생각하다, 사유하다 | ★审美 shěnměi 형 심미적이다 | 取向 qǔxiàng 명 취향, 기준 | 强大 qiángdà 형 강대하다 | 生命力 shēngmìnglì 명 생명력 | 想象力 xiǎngxiànglì 명 상상력 | 创造力 chuàngzàolì 명 창조력 | 非凡 fēifán 형 보통이 아니다, 뛰어나다, 비범하다 | ★见证 jiànzhèng 명 증거, 증인 | 此后 cǐhòu 명 이후, 이 다음 | 始终如一 shǐzhōng rúyī 성 시종일관, 처음부터 끝까지 변함없이 한결같다 | ★不懈 búxiè 형 게으르지 않다, 꾸준하다 | 百姓 bǎixìng 명 백성, 평민 | ★寄托 jìtuō 동 의탁하다 | 具 jù 동 갖추다, 가지다, 구비하다 [주로 추상적인 사물에 쓰임] | 观赏 guānshǎng 동 관상하다, 감상하다 | 秦国 Qínguó 고유 진나라 | 敌国 díguó 명 적국 | 镇压 zhènyā 동 진압하다 | 春秋战国时期 Chūnqiū Zhànguó shíqī 고유 춘추전국시대 | ★朝代 cháodài 명 왕조의 연대 | 更替 gēngtì 동 교체하다, 바꾸다 | 军事 jūnshì 명 군사 | ★欠缺 qiànquē 동 모자라다, 결핍되다 | 限 xiàn 동 제한하다 | 展出 zhǎnchū 동 전시하다, 진열하다

track 17

STEP 2 내공 쌓기

1 주제별 빈출 어휘

역사/전통/문화	역사/유적	建造 jiànzào 동 건축하다 | 建筑 jiànzhù 동 건축하다 | 长久 chángjiǔ 형 장구하다 | 传承 chuánchéng 동 전수하고 계승하다 | 起源 qǐyuán 동 기원하다 | 出土 chūtǔ 동 발굴되어 나오다 | 陪葬 péizàng 동 순장하다 | 朝代 cháodài 명 왕조의 연대 | 春秋时期 Chūnqiū shíqī 춘추시대 | 古董 gǔdǒng 명 골동품 | 古迹 gǔjì 명 고적 [주로 건축물을 가리킴] | 国宝 guóbǎo 명 국보 | 文物 wénwù 명 문물 | 遗物 yíwù 명 유물 | 遗址 yízhǐ 명 유적 | 遗产 yíchǎn 명 유산 | 史料 shǐliào 명 사료, 역사 연구 자료 | 文献 wénxiàn 명 문헌 [역사적 가치가 있거나 참고할 가치가 있는 도서 자료] | 宫殿 gōngdiàn 명 궁전 | 宫廷 gōngtíng 명 궁전, 궁궐 | 长城 Chángchéng 고유 만리장성 | 金字塔 jīnzìtǎ 명 피라미드 | 少林寺 Shàolín Sì 고유 소림사 | 秦始皇陵 Qínshǐhuánglíng 고유 진시황릉 | 兵马俑 Bīngmǎyǒng 고유 병마용 | 秦始皇 Qínshǐhuáng 고유 진시황제
	전통/문화	中秋节 Zhōngqiū Jié 고유 중추절, 추석 | 端午节 Duānwǔ Jié 고유 단오절 | 清明节 Qīngmíng Jié 고유 청명절 | 元宵节 Yuánxiāo Jié 고유 정월대보름 | 过节 guòjié 동 명절을 보내다 | 拜年 bàinián 동 세배하다 | 月饼 yuèbing 명 월병 | 爆竹 bàozhú 명 폭죽 | 鞭炮 biānpào 명 폭죽 | 腊月 làyuè 명 음력 섣달 | 年夜饭 niányèfàn 명 섣달그믐날 저녁에 온 식구가 모여서 함께 먹는 음식 | 儒家 Rújiā 고유 유가 | 儒学 rúxué 명 유학 | 四合院 sìhéyuàn 명 사합원 [베이징의 전통 주택 양식] | 寺庙 sìmiào 명 사원 | 汤圆 tāngyuán 탕위안 [찹쌀가루 따위를 원료로 해서 만든 동그란 형태의 식품] | 对联 duìlián 명 대련, 주련 [종이나 천에 쓰거나 대나무·나무·기둥 따위에 새긴 대구] | 旗袍 qípáo 명 치파오 | 陶瓷 táocí 명 도자기 | 绣 xiù 동 수놓다, 자수하다 명 자수품, 자수
관광	관광	博览会 bólǎnhuì 명 박람회 | 博物馆 bówùguǎn 명 박물관 | 签证 qiānzhèng 명 비자 | 温泉 wēnquán 명 온천 | 游船 yóuchuán 명 유람선 | 景点 jǐngdiǎn 명 명소 | 名胜 míngshèng 명 명소 | 景观 jǐngguān 명 경관 | 景区 jǐngqū 명 관광 지역 | 观光 guānguāng 동 관광하다 | 精妙 jīngmiào 형 정교하고 아름답다 | 美景 měijǐng 명 아름다운 풍경 | 合影 héyǐng 동 (두 사람이나 여럿이) 함께 사진을 찍다 명 (여럿이 함께 찍는) 단체 사진 | 游览 yóulǎn 동 (풍경·명승지 따위를) 유람하다, 여행하다, 관광하다

문학/예술	문학 ✦	出版 chūbǎn 图 출판하다 | 诗歌 shīgē 图 시가 | 文献 wénxiàn 图 문헌 | 著作 zhùzuò 图 저서, 작품 | 古籍 gǔjí 图 고서 | 素材 sùcái 图 (예술 작품의) 소재 | 素描 sùmiáo 图 (문학 상의) 스케치, 간단한 묘사 | 文人 wénrén 图 문인, 작가 | 作风 zuòfēng 图 (예술가의) 작풍, 풍격 | 陶渊明 Táo Yuānmíng 고유 도연명 [중국 동진 시대의 시인] | 杜甫 Dù Fǔ 고유 두보 [중국 당대의 시인] | 嫦娥 Cháng'é 고유 항아 [월궁에 산다는 신화 속의 선녀] | 李白 Lǐ Bái 고유 이백 [중국 당대의 시인] | 鲁迅 Lǔ Xùn 고유 루쉰 [중국 현대 문학가]
	악기/예술	乐器 yuèqì 图 악기 | 鼓 gǔ 图 북 | 小提琴 xiǎotíqín 图 바이올린 | 歌剧 gējù 图 오페라 | 芭蕾 bālěi 图 발레 | 小曲 xiǎoqǔ 图 (민간의 통속적인) 곡조, 멜로디, 가락 | 旋律 xuánlǜ 图 선율, 멜로디 | 演技 yǎnjì 图 연기 | 秧歌 yānggē 图 앙가 [중국 북방의 농촌지역에서 널리 유행하는 민간 가무의 한 종류] | 油画 yóuhuà 图 유화 | 画展 huàzhǎn 图 회화 전람회 | 上台 shàngtái 图 무대에 오르다 | 上演 shàngyǎn 图 공연하다 | 退票 tuìpiào 图 표를 환불하다 | 齐白石 Qí Báishí 고유 치바이스(제백석) [중국 근대 화가]
	스포츠	冠军 guànjūn 图 1등, 우승 | 奖杯 jiǎngbēi 图 우승컵 | 铜牌 tóngpái 图 동메달 | 开幕 kāimù 图 개막하다 | 开幕式 kāimùshì 图 개막식 | 联赛 liánsài 图 리그전 | 预赛 yùsài 图 예선경기, 예선전 | 锦旗 jǐnqí 图 우승기, 페넌트 | 竞技 jìngjì 图 경기 | 赛场 sàichǎng 图 경기장 | 田径 tiánjìng 图 육상경기 | 棒球 bàngqiú 图 야구 | 台球 táiqiú 图 당구 | 太极拳 tàijíquán 图 태극권 | 极限运动 jíxiàn yùndòng 익스트림스포츠 | 演练 yǎnliàn 图 훈련하다 | 参赛 cānsài 图 시합에 참가하다 | 执法 zhífǎ 图 (운동경기의) 심판을 보다 | 奥运会 Àoyùnhuì 고유 올림픽 | 鸟巢 niǎocháo 图 냐오차오 [올림픽 주 경기장]

2 역사, 문화, 인물 배경지식

중국에 대한 배경지식만 잘 알고 있어도 답을 쉽게 고를 수 있는 문제들이 생각보다 많다. 평소에 시험에 자주 등장하는 중국 문화, 유명한 명승고지, 역사적 인물 등을 잘 알아 두어야 한다.

(1) 인물

李时珍 Lǐ Shízhēn 이시진	중국 명대의 의학자이자 과학자로, 의학 서적 800여 종을 27년간 연구하여 『본초강목(本草纲目)』을 저술했다.
张衡 Zhāng Héng 장형	중국 동한의 천문학자로, 태사령이 되어 천문관측을 책임졌다. 구리로 천문을 관측하는 기기 '혼천의(浑天仪)'와 지진을 기록하고 예측하는 '지동의(地动仪)'를 발명했다.
花木兰 Huā Mùlán 화목란	아버지를 대신해 전쟁터에 나가 큰 공을 세운 여성 영웅으로 알려져 있으며, 북조 시대 악부 민가 「목란사(木兰辞)」의 주인공이다. 충과 효의 내용을 담고 있는 이야기로 지금까지 사랑받고 있다. 우리에게는 월트디즈니의 애니메이션 '뮬란'으로 더 많이 알려져 있다.
齐白石 Qí Báishí 치바이스(제백석)	중국 근현대 시기의 화가로 중국 미술계의 거장이다. 시, 전각, 화훼, 산수, 인물에 모두 능했으며, 특히 새우, 화초, 곤충 등을 소재로 한 그림을 많이 그렸다.
梅兰芳 Méi Lánfāng 매란방	청나라 말기부터 중화인민공화국에 걸쳐 활동한 경극 배우로, 경극 전성기를 꽃피운 '4대명단' 중 한 사람이다. 전통 경극을 보존하고 새로운 역할을 만드는 등 경극의 현대화에 기여했고, 순회공연을 하면서 세계적으로 경극을 전파했다.
莫言 mòyán 모옌	중국 최초의 노벨문학상 수상 작가로, 대표작으로는 『붉은 수수밭(红高粱)』, 『개구리(蛙)』 등이 있다. '모옌'은 '글을 통해서만 말한다'라는 뜻의 필명이다.

白居易 Bái Jūyì ✦ 백거이	당나라 3대 시인 중 한 사람으로, 작품의 형식이 다양해서 시가부터 산문 작품까지 모든 문학 형식을 망라했다. 대표작으로는 「장한가(长恨歌)」「비파행(琵琶行)」 등이 있다.
李白 Lǐ Bái 이백	당나라 3대 시인 중 한 사람으로, '시선(诗仙)'으로 불린다. 대표적인 낭만주의 시인으로, 시 세계가 복합적이고 다양한 양상을 띠며, 근체시, 고체시, 악부시 등을 골고루 잘 지었다. 그중 그의 자유분방한 성격과 잘 맞는 악부시에 특히 뛰어났다.
杜甫 Dù Fǔ 두보	당나라 3대 시인 중 한 사람으로, '시성(诗圣)'이라고 불리는 중국 최고의 시인이다. 장편 고체시를 확립했으며, 그의 시 대부분은 당시 사회상을 비판한 내용이 주를 이루며, '시로 쓴 역사'라는 뜻을 가진 '시사(诗史)'라고도 불린다. 그래서 그의 시에서는 시대의 아픔과 그로 인한 민중의 아픔을 읽을 수 있다.
王羲之 Wáng Xīzhī 왕희지	서예의 대가라는 뜻으로 '서성(书圣)'이라 칭송받는 중국 동진의 서예가로, 초서, 행서, 해서의 실용적 서체를 예술의 경지로 올려놓았다는 평가를 받는다.
鲁迅 Lǔ Xùn 루쉰	중국 현대문학을 대표하는 소설가이자 혁명가로, 중국 근대문학의 개척자로 알려져 있다. 대표작인 『아큐정전(阿Q正传)』, 『광인일기(狂人日记)』 등을 통해 봉건적 중국 사회와 유교적 도덕관을 비판했다.
金庸 Jīn Yōng 김용	홍콩의 무협소설 작가이자 언론인이다. 그의 소설은 전 세계에서 1억 부가 넘게 판매되었고, 그의 소설을 연구하는 '김학(金学)'이라는 학문이 생길 정도로 존경받았다.
老舍 Lǎoshě 라오서(라오셔)	중국 현대 소설가이자 극작가로 해학적 풍자소설과 단편소설을 주로 쓰다가 중일전쟁이 시작된 뒤에는 애국적 희곡과 소설을 다수 집필했다.
黄庭坚 Huáng Tíngjiān 황정견	중국 북송의 시인이자 서예가로, '강서시파'의 원조로 여겨진다. 여러 곳의 지방관도 역임했으나 유배지를 전전하다가 세상을 떠났다.
韩愈 Hán Yù 한유	당나라 문인이자 정치가이다. 당송팔대가 중 한 명인 그의 친구 유종원(柳宗元)과 함께 사륙변려문을 배척하고 고문을 부흥시키자는 '고문(古文)운동'을 본격적으로 시작했다.
武则天 Wǔ Zétiān 무측천(측천무후)	당나라 고종 이치(李治)의 황후로, 고종이 죽은 뒤 조정을 장악하여 권력을 독점하고, 나라 이름을 대주(大周)로 바꾼 후 자신이 제위에 올랐다. 중국 역사상 처음이자 마지막, 유일무이한 여황제이다.
孙文 Sūn Wén 쑨원, 손문	중국 근대화를 주도한 혁명가로, 민족주의, 민권주의, 민생주의를 3원칙으로 하는 '삼민주의(三民主义)'를 혁명의 이념으로 내세웠다.
孔子 Kǒngzǐ 공자	중국 역사에서 가장 큰 영향을 준 학파는 유가이고, 그 유가를 대표하는 사람이 공자이다. 공자는 춘추전국시대 사람으로, 어린 시절부터 열심히 수학했고 30세가 되던 해 제자들을 모아 가르쳤으며, 여러 나라를 돌아다니며 가르침을 전했다. 그의 주 사상은 '인(仁)'이었지만, 그의 이상을 받아주는 왕이 없어 결국 노(鲁)나라로 돌아와서 후학 양성에 힘썼다. 공자의 『논어(论语)』는 제자들이 공자의 가르침을 모아 집필한 서적이다.
孟子 Mèngzǐ 맹자	춘추전국시대 사람으로, 공자의 유교사상을 계승한 인물이다. 대표작인 『맹자』는 유가 사상의 경전이 되는 책이다. 전국시대는 패왕들이 무력과 전쟁을 하던 시기라 맹자가 정치적인 활동을 하지는 못했고, 고향에서 후학 양성에 힘썼다. 맹자의 어머니가 맹자의 교육을 위해 세 번 집을 옮겼다는 '맹모삼천지교(孟母三迁之教)'라는 고사가 유명하다.
秦始皇 Qín Shǐhuáng ✦ 진시황	춘추전국시대 진(秦)나라의 왕으로, 중국을 최초로 통일해 황제의 칭호를 얻었다. 중앙집권화를 확립하기 위해 도량형, 법률, 문자, 화폐 등을 통일했다. 또한 변경의 흉노족의 침입을 막기 위해 만리장성을 지었다.
屈原 Qū Yuán 굴원	춘추전국시대 초(楚)나라의 정치가이자 비극 시인이다. 초나라 특유의 색채를 담은 낭만적인 시풍을 확립했으며, 중국 최초의 시인이라는 호칭을 얻었다. 그는 수차례 정치적인 배척을 받고 강물에 투신 자살했는데, 그런 그를 기리기 위해 생긴 명절이 '단오절(端午节)'이다.

项羽 Xiàng Yǔ 항우	고대 중국의 장수이자 정치가이다. 초(楚)나라 군대를 통솔하여 진(秦)나라 군대를 무찔렀으며, 진나라가 멸망한 후 스스로 '서초패왕(西楚霸王)' 자리에 올라 유방(刘邦)과 대치했다. 후에 유방과 천하를 쟁탈하던 중 포위되어 자결했다.
刘邦 Liú Bāng 유방	진(秦)나라 말기에 군사를 일으켜 진왕의 항복을 받아낸 후, 서초패왕 항우(项羽)를 대파하고 천하를 통일하여 한(汉)나라를 세우고 제1대 황제가 되었다.
诸葛亮 Zhūgě Liàng 제갈량(제갈공명)	삼국시대 촉(蜀)나라의 정치가, 군사 전략가이다. 자는 공명으로 흔히 제갈공명이라고 부른다. 유비의 책사로 탁월한 지략가이며 유비와 촉에 대한 충의를 지키기 위해 당당한 패자의 길을 선택한 것으로 중국인들에게 존경받는 인물이다.
陶渊明 Táo Yuānmíng 도연명	중국 동진(东晋) 후기에서 남조 송(宋)대 초기까지 살았던 저명한 전원시인이다.

(2) 문화

年夜饭 niányèfàn 녠예판	섣달그믐날 저녁에 온 식구가 모여서 함께 먹는 음식
春联 chūnlián 춘련	춘절에 개인적인 소망이나 집안의 평안을 기원하는 내용을 빨간 종이에 적어 문, 기둥 등에 붙이는 것
变脸 biànliǎn 변검	쓰촨 지방의 전통극으로, 배우가 얼굴에 있는 '리엔푸(脸谱)'를 극의 분위에게 따라 신속하게 바꾸는 연출 기법
四大名著 sìdà míngzhù 4대 명작	『삼국연의(三国演义)』, 『수호전(水浒传)』, 『서유기(西游记)』, 『홍루몽(红楼梦)』을 가리킨다. 홍루몽 대신 금병매를 포함시키는 경우에는 '4대기서(四大奇书)'라고 부른다.
三国演义 Sānguó Yǎnyì 삼국연의	나관중(罗贯中)이 집필한 작품으로 위촉오 삼국의 역사를 바탕으로 쓴 장편소설이다.
水浒传 Shuǐhǔzhuàn 수호전	중국 최초로 백화문으로 쓰인 소설로, '시내암(施耐庵)'과 '나관중(罗贯中)'이 북송 시대에 '양산박'에서 봉기한 108명의 비범한 인물들의 실화를 바탕으로 재구성한 장편소설이다.
西游记 Xīyóujì 서유기	불전을 구하러 삼장법사가 손오공을 데리고 인도에 가는 내용을 담은 소설이다. 현재 책에는 저자가 기록되어 있지 않지만 명나라 '오승은(吴承恩)'으로 추정한다.
红楼梦 Hónglóumèng 홍루몽	청나라 '조설근(曹雪芹)'이 쓴 소설로 청나라 상류층 가문의 영화와 몰락, 주인공들의 애정과 비극을 다룬 소설이다. 등장인물이 500여 명이 넘으며, 홍루몽을 연구하는 '홍학(红学)'이라는 학문이 생길 정도로 중국인들의 자존심이라고 할 수 있는 소설이다.
金瓶梅 Jīnpíngméi 금병매	『수호전』의 인물 선문경과 반금련의 정사에 이야기를 보태어 쓴 소설로, 전설이나 역사적 배경을 바탕으로 하지 않은 중국의 첫 소설이다. 등장인물들의 색욕, 권력욕, 질투와 모함 등을 잘 묘사한 작품으로 작자 미상의 소설이다. 명대 사회의 관료, 무뢰한의 어둡고 추악한 작태를 폭로했다.
四大发明 sìdà fāmíng 4대 발명품	세계 문명에 큰 영향을 준 발명으로, 제지술(造纸术), 인쇄술(印刷术), 화약(火药), 나침반(指南针)을 가리킨다.
兵马俑 bīngmǎyǒng 병마용	중국 최초의 황제 진시황의 무덤에서 나온 부장품으로, 진시황의 사후 세계를 지킬 목적으로 만든 병사 모양, 말 모양의 도기 모형을 일컫는다. 진시황의 강력한 권력을 상징하는 병마용은 실제 진나라 병사들처럼 정렬해 있어 당시의 군사 편제를 연구하는 사료로도 가치가 매우 높다. 병마용은 최초로 출토되었을 때 대다수가 채색된 상태였지만, 보존 기술이 좋지 않아 퇴색되었다고 한다.

皮影戏 píyǐngxì 그림자극	가죽이나 종이로 만든 인형에 불빛을 비추어 만든 그림자를 통해 이야기를 펼쳐 나가는 연극이다. 5개의 나무 막대기로 인형의 사지를 움직일 수 있다.
昆曲 kūnqǔ 곤곡	명(明)나라 시기 중국 동남부 쑤저우(苏州)의 쿤산(昆山)시에서 발원한 중국의 전통 악극으로 노래, 춤, 무술이 혼합된 표현 예술로 유네스코 세계무형유산이다.
京剧 jīngjù 경극	노래(唱), 대사(念), 동작(做), 무술(打)이 종합된 중국의 대표적인 전통 공연으로, 유네스코 세계무형유산이다. 베이징에서 발전하였다 하여 경극이라 부른다. 현대에 와서는 여자역을 하는 남자 배우가 없어지고, 연기나 대사가 이전보다 더 사실적으로 변했다.
唐三彩 tángsāncǎi 당삼채	당나라 시기의 채색 도자기로, 대체로 황색, 녹색, 백색의 세 가지 색 위주이기 때문에 '당삼채'라고 일컫는다. 주로 귀족의 장례용으로 제작되었으며, 다른 나라에도 수출되었다.

(3) 명절

春节 Chūn Jié 춘절	음력 1월 1일로, 하루 전날인 '섣달그믐날 밤'에 가족들이 모여 녠예판(年夜饭)과 교자(饺子)를 먹고 폭죽놀이를 즐긴다. 세배를 하고 세뱃돈(压岁钱)을 받으며, 대련(对联)이나 춘련(春联)을 붙인다.
元宵节 Yuánxiāo Jié 원소절, 정월대보름	음력 1월 15일로, 지방마다 풍속은 다르지만 보통 탕위안(汤圆) 먹기, 꽃등 감상하기, 천등 띄우기, 등불 수수께끼 맞추기 등의 행사를 한다.
清明节 Qīngmíng Jié 청명절	24절기 중 하나로 양력 4월 5일 전후이다. 중국 주(周)나라 시기부터 생겼으며, 제사를 지내고 성묘를 하는 등의 풍습이 있다.
端午节 Duānwǔ Jié 단오절	음력 5월 5일로, 초나라의 애국 시인 '굴원(屈原)'이 '멱라강(汨罗水)'에 몸을 던져 죽은 날을 추모하는 날이다. 당시 백성들이 그의 시신을 찾기 위해 배를 타고 강으로 나간 것이 오늘날의 '용선 경기(龙舟赛)'가 되었고, 물고기들이 그의 시신을 훼손하지 못하게 '쫑즈(粽子)'를 던진 것이 오늘날 단오절을 대표하는 음식이 되었다.
中秋节 Zhōngqiū Jié 중추절	음력 8월 15일로, 이날에는 온 가족이 함께 모여 달을 감상하고 중추절을 대표하는 음식인 '월병(月饼)'을 먹는다.
腊八节 Làbā Jié 납팔절	음력 12월 8일로, 석가모니가 득도하여 부처가 된 날이다. 석가모니의 득도를 축하하며 여러 가지 곡식, 과일 등을 넣어 끓인 죽 '납팔죽(腊八粥)'을 부처님과 조상에게 바친다.
国庆节 Guóqìng Jié 국경절	양력 10월 1일로, 중화인민공화국의 건국을 기념하기 위한 기념일이다. 연휴 기간은 약 1주일 정도로 길어서 '10월 1일 황금주간(十一黄金周)'이라고 부르기도 한다.

(4) 관광지

四合院 sìhéyuàn 사합원	베이징의 전통 주택 양식으로, 가운데 정원을 두고 동서남북 네 방향에서 집채가 '口'자 형태로 둘러싼 구조이다.
书院 shūyuàn 서원	중국 고대의 교육기관으로 당나라 현종(玄宗) 때 처음 등장했고, 송나라 주희(朱熹)가 발전시켰다.
敦煌石窟 Dūnhuáng Shíkū 둔황석굴	명사산 동쪽 절벽에 판 석굴로, 막고굴(莫高窟)이라고도 부른다. 둔황석굴은 실크로드를 통해 전파된 불교가 둔황에서 꽃피운 결과물로 1,000여 년 동안 만든 이 석굴은 그 수가 무려 1,000개나 된다고 한다. 둔황석굴 벽화에는 당시의 생활 정경, 생산, 교통의 도구 등이 그려져 그 시대와 문화가 반영되어 있다. 또한 벽화의 소재를 통해 그 시대의 불교사상을 엿볼 수 있다.

丝绸之路 sīchóu zhī lù 실크로드	중국 한(汉)나라 시기에 서방으로 통한 상업적인 길로, 중국의 비단이나 견직물들이 주요 무역 상품이라 실크로드라고 불렸다. 실크로드는 다양한 물품 무역을 통해 정치, 경제, 문화를 이어 준 교통로이다.
吐鲁番 Tǔlǔfān 투루판	세계에서 두 번째로 낮은 분지로 해수면보다 낮아 '사막 속의 분지 오아시스'라고 여겨진다. 중국에서 가장 더운 곳으로 사방이 높은 산에 둘러싸여 있어서 최고기온이 50도 가까이 오르지만, 밤이 되면 선선한 바람이 불어 일교차가 매우 크다.
孔庙 Kǒngmiào 공묘	공자의 제사를 지내기 위해 지어진 사당으로 중국 3대 고 건축물 중 하나이다. 유네스코 세계문화유산에 공자 묘소(孔林), 공자 저택(孔府)과 함께 '3공'으로 등록되어 있다.

STEP 3 실력 다지기

Day 16 ● track 18

1. "食花"被认为是一件"雅事"。
   A √
   B ×

2. 云南人爱食花与其所处的地理环境有密切关系。
   A √
   B ×

3. 鲜花与鸡蛋的结合说明了鲜花菜肴的烹饪手法独特。
   A √
   B ×

4. 原文中提到的"鲜花菜肴"是指各地少数民族的主要食材。
   A √
   B ×

5. 云南鲜花宴可以代表中国菜。
   A √
   B ×

정답 및 해설 ➡ 해설서 p.039

Day 17 ● track 19

6. 中国古代的史料中，有很多著名的历史人物不愿留下真实的画像。
   A √
   B ×

7. 画诗人杜甫时，蒋兆和是以自己为蓝本创作的。
   A √
   B ×

8. 蒋兆和画历史人物，会充分分析人物的国家、民族背景。
   A √
   B ×

9. 画像被编入了小学课本后蒋兆和便不再画人物画像。
   A √
   B ×

10. 蒋兆和运用画现代人物的表现手法赋予笔下历史人物以"生命"。
    A √
    B ×

정답 및 해설 ➡ 해설서 p.041

11. 北京冬奥会开幕式上的"冰雪冬奥五环"亮相方式极具创意感。

    A ✓

    B

12. "黄河之水天上来"体现了山水画的美感。

    A ✓

    B ✗

13. 六个冰墩墩代表冬奥会的6大比赛原则。

    A ✓

    B ✗

14. 本届冬奥会开幕式的五环呈现与2008年的北京奥运会时的感觉如出一撤。

    A ✓

    B ✗

15. 冰雪冬奥五环的完美呈现离不开科技的支持。

    A ✓

    B ✗

정답 및 해설 → 해설서 p.043

---

16. 极限运动可最大限度地发挥自我潜能且难度较高。

    A ✓

    B ✗

17. "身心会有无限贴近大自然的极致体验"是很多人热爱极限运动的原因之一。

    A ✓

    B ✗

18. 低空跳伞能让人欣赏到那些在陆地上无缘一见的风景。

    A ✓

    B ✗

19. 作者不建议老年人练习极限运动。

    A ✓

    B ✗

20. 极限运动更加强调持之以恒的坚持。

    A ✓

    B ✗

정답 및 해설 → 해설서 p.046

21. 外祖父对陶渊明的影响不及他的父亲。

  A ✓

  B ×

22. 陶渊明曾一度在仕途与田园生活之间难以抉择。

  A ✓

  B ×

23.《归去来兮辞》是陶渊明为官后所著的第一部词赋。

  A ✓

  B ×

24. 陶渊明的散文对南北朝的文学风格起到了极大影响。

  A ✓

  B ×

25. 作者肯定了陶渊明这种身处乱世却坚持追求自我的态度。

  A ✓

  B ×

정답 및 해설 → 해설서 p.048

26. **A** 有很多年轻人加入

  B 有大企业赞助

  C 同行不到一百人

  D 地位大幅提到

27. **A** 撰写个人传记

  B 统筹古典书籍

  C 聚集老一辈的从业者

  D 培养新一代从业者

28. **A** 认为修复古籍的高手在民间

  B 希望调动民间组织的力量

  C 希望高学历的人积极参与到古籍修复中来

  D 认为书本上的内容不如实践

29. 2007年，经政府批准，在国家图书馆设立的国家＿＿＿＿＿保护中心就起到了制定条例规则并协调各方的作用。

30. **A** 并未意识到此专业的重要性

  B 师资力量十分紧张

  C 自己无法进入高校教学

  D 状况并未改善

31. **A** 希望年轻人能"坐稳板凳"

  B 建议他们换掉原有专业

  C 希望年轻人抓住脱颖而出的机会

  D 建议远离小众行业

정답 및 해설 → 해설서 p.051

32. **A** 目标群体为中老年人群

    B 以吸引更多人前来消费为目标

    C 制作成本高、收益小

    D 后期制作的质量有待提高

33. **A** 观众不爱看纪录片

    B 内容多以记录普通人的生活为主

    C 在视频平台的点击量并不理想

    D 是各大院线争相抢夺的娱乐商品

34. **A** 有实力与电影一争高下

    B 制作方需要票房保障

    C 急需在短期内得到大众的认可

    D 观众需要一个封闭的环境去感受

35. 在手机上、电脑屏幕上看，纪录片中的那些"厚度"观众很可能无法_____到。

36. **A** 在黄金时段播放

    B 一定要进影院

    C 只是为了"记录"

    D 实现过亿票房

37. 而奔着影院去做，比如在影像_____ _____后期处理上，按照电影标准去做，成本相对也高。

38. **A** 教育一代又一代的青少年

    B 变大导演个人的想法

    C 并不是艺术品

    D 应该让更多人看到

정답 및 해설 → 해설서 p.053

39. **A** 翻译文学作品就是为了打破原则

    B 想要创造美就必须另辟蹊径

    C 中国的语言有40%无规律可循

    D 必要时译者可不必遵循对等原则

40. **A** 与家人团圆

    B 远行离开父母

    C 建立新家庭

    D 一切重新开始

41. **A** 低头看脚下的月光

    B 沉浸在乡愁中

    C 置身于周围的欢乐

    D 放弃回家的想法

42. **A** 要建立属于自己的语言体系

    B 讲究翻译的影响要超越原著的影响

    C 借鉴外国作品搞创作

    D 为全世界传达文学之美

43. **A** 仍在发挥余热

    B 对新一代给予厚望

    C 认为人的阅历并不重要

    D 已年逾百岁

정답 및 해설 → 해설서 p.056

44. **A** 是他喜欢的中国演员的名字
    B 是他在北大的老师起到
    C 是他在加拿大时自己起的
    D 是小品里的一个人物

45. 第一次接触到这么_____的语言
    艺术表现形式，我一下子就被吸引了。

46. **A** 更关注当下的实事热点
    B 强调语言技巧和文化传承
    C 常有嘉宾参与其中
    D 看相声的观众眼光并不专业

47. **A** 表达了大山对中华传统文化的热
        爱与尊重
    B 受到了相声艺术的影响
    C 想要向外国人推荐中国古诗词
    D 在网上的人气更旺

48. **A** 东西方国家不存在文化上的差异
    B 有一方具有吸引力便足矣
    C 文化差异也是能互相吸引的
    D 人们很容易了解彼此的文化

49. 很多东西从表面看会觉得不同，但
    进一步了解就会发现，其实背后很
    多东西是共通的，只是表现形式不
    同，习惯_____不同而已。

50. **A** 幽默的基础是悲剧
    B 幽默是需要长期积累的
    C 幽默的本质是相通的
    D 幽默的本质是娱乐大众

정답 및 해설 → 해설서 p.058

51. **A** 从泉州的环境着手
    B 从国际视野与整体视角出发
    C 着眼于国际贸易的发展
    D 强调海洋贸易的重要性

52. 此次泉州系列遗产_____了城市
    结构、交通网络、商品产地、制度
    保障等诸多重要的文化元素。

53. **A** 突出了宋元泉州共享经济已发展
        成熟
    B 向世界显示了中国的科技进步
    C 凸显了中国海洋文明的历史成就
    D 揭示了泉州的帝王历史

54. **A** 将开发更多的旅游胜地
    B 享有更多的实际权利
    C 承担推动进出口贸易发展责任
    D 肩负着传承与保护的责任

55. **A** 把保护融入百姓的日常生活中
    B 众多展馆将低票价开放
    C 将专业保护与活态保护融合
    D 建立健全的相关制度，进行全方
        位的保护

56. **A** 申遗使这里的文物富有生命力
    B 青年人的喜爱让这里充满朝气
    C 百姓的生活使泉州文物充满烟火气
    D 国家对文物的重视是这里有了人气

정답 및 해설 → 해설서 p.061

57. **A** 闪光灯会刺激参观者眼睛
    B 闪光灯会对文物造成损伤
    C 闪光灯发出的光线是黄光
    D 闪光灯的声音影响参观者

58. **A** 木器制品对红外线最敏感
    B 藏品最好存放在真空环境
    C 书画展厅对光线有特殊要求
    D 闪光灯对不同藏品的影响各异

59. **A** 黑色、红色、白色等丝绸的纤维
    B 白色丝绸
    C 黄色、茶色和红色、白色丝绸
    D 织物、纸张类

60. **A** 丝绸制品和古代纸张
    B 动植物标本与骨器
    C 石器、木器
    D 皮革、皮毛

61. **A** 光影响了丝物品的耐热性
    B 光使丝纤维上的染料颗粒发生变化
    C 在光的作用下丝物品会逐渐融化
    D 光能是丝绸变成白色

62. 皮革、皮毛、羽毛也属于光敏性文物，微小的光线变化都可能对它们造成_____的影响。

63. 尤其是在当下的很多展览中，_____等元素都在发挥重要的作用。

정답 및 해설 → 해설서 p.064

---

64. **A** 所写诗句用词精美给人以美感
    B 有"诗仙"之美誉
    C 被称为"唐代最伟大的诗人"
    D 其诗句用词繁琐内容深奥令人感动

65. **A** 成年后放弃了对诗词的研究
    B 爱写诗但并不重视知识的学习
    C 并未参加科考步入仕途
    D 在科考中屡次碰壁

66. **A** 诗歌受到唐玄宗的赏识
    B 是唐玄宗幼年时的老师
    C 有官员极力推荐李白
    D 家中有人在宫中任职

67. **A** 嫉妒他人受到与自己同等的待遇
    B 自己的才能无法胜任当时的工作
    C 对当时奢靡的生活十分反感
    D 政治立场与唐玄宗对立

68. **A** 修建至今一直完好无损
    B 曾受到战争摧残
    C 现已重新焕发生机
    D 四面青山碧水，风景优美

정답 및 해설 → 해설서 p.067

69. A 人们可在线观看特色非遗技艺与
特色表演

　　B 参与非遗博览会的非遗传承人仅
限山东地区

　　C 百姓对非遗博览会兴趣不高

　　D 参与非遗博览会的志愿者全部为
山东籍

70. A 它是民族智慧与文明的结晶

　　B 是人类宝贵的精神财富

　　C 它可以坚定人们的文化自信

　　D 它使人们短暂地忘记历史

71. A 从不曾放弃对非遗项目的传承

　　B 认为年轻人很难完成传承大任

　　C 十分抗拒新时代的变化

　　D 对香包的传承欠缺贡献

72. A 鼓励传承人为大众开设体验空间

　　B 使非遗融入现代生活

　　C 处理好继承与发展的关系

　　D 促进非遗的创新发展

73. A 依托政府相关人员推动非遗传承

　　B 禁止一般百姓学习非遗技艺

　　C 非遗保护集中在发达城市展开

　　D 鼓励电商平台推介工坊产品

정답 및 해설 → 해설서 p.070

74. A 有人看时实验对象举重物的速度
会变快

　　B 无人看时实验对象举重物的距离
会变远

　　C 有人看时实验对象举重物效率更低

　　D 无人看时实验对象举重物效率更高

75. A 老师帮助落后的学生补习功课

　　B 父母在场时，孩子作业完成效率
较高

　　C 与朋友在一起时，感到最开心

　　D 去现场看演唱会时，会感到兴奋

76. 在任何社会情境中，人们都会＿＿＿＿＿
＿＿＿＿＿＿，总会希望别人喜欢自
己或被别人接受。

77. A 产生积极作用

　　B 产生监督作用

　　C 产生干扰作用

　　D 产生激励作用

78. A 会更加关心他人的工作情况

　　B 会更加在意他人对自己的评价

　　C 会不停地跟其他同事进行比较

　　D 会更加关注领导的看法

79. A "观众效应"在生活中普遍存在

　　B 有观众在场的运动员人气更高

　　C 受欢迎的运动员不一定技术高

　　D 没有观众喝彩的运动员一样会产
生内驱力

정답 및 해설 → 해설서 p.073

80. **A** 体育赛事的举办有助于各国间的交流与沟通

B 举办大型体育赛事是人类团结的唯一选择

C 体育赛事是人类进入文明社会的标志

D 重大体育赛事举办时都会点燃火炬

81. "体育交往"作为国际交往的一种形式，是各国增进相互理解与友谊的重要_____之一。

82. **A** 民族优越感

B 民族认同感

C 民族自卑感

D 民族危机感

83. **A** 足球比赛不会在封闭环境下进行

B 世界杯深受中国观众欢迎

C 教练团队可由多国成员组成

D 进入国家队的选手由外国选送

84. 回望2022年，体育再次证明，世界是一个整体，与人类的命运_____。

85. **A** 兴起全民足球热潮

B 带动全球经济一体化

C 发展体育周边产品

D 消除误解、改善国际关系

정답 및 해설 → 해설서 p.075

03 사회, 환경, 생활상식, 건강

STEP 1 유형 파악하기

✗ 사회, 환경, 생활상식, 건강정보와 관련된 내용들이 골고루 출제된다.

▶ 출제경향

1 사회, 환경

사회의 문제점이나 궁금한 점에 대한 내용이 종종 출제되며, 환경에 대한 내용은 빠지지 않고 출제되는 유형 중 하나이다.

2 생활상식, 건강정보

평소 우리가 일상에서 접하는 생활상식이나 건강 관련 정보들이 출제된다. 상황 설명이나 연구 조사 내용을 근거로 소개된다.

▶ 문제 풀이 비법

1 무조건 녹음의 핵심 어휘가 그대로 보기에 출제되지는 않는다.

보기를 파악한 후 녹음을 들을 때 보기의 핵심 어휘가 녹음에 그대로 등장하지 않아서 당황하는 경우가 종종 있다. 무조건 보기의 어휘가 녹음에 그대로 사용되지는 않으므로 비슷한 표현들을 미리 알아 두는 것이 좋다.

2 인터뷰 대상의 견해를 중심으로 듣는다.

인터뷰의 주된 목적은 인터뷰 대상의 생각을 듣는 것이다. 즉, 문제 역시 어떤 화제에 대한 인터뷰 대상자의 견해에 관련해 출제되는 경우가 많다. 녹음 지문 전체를 다 들으려고 하기보다는, 인터뷰 대상자의 '견해'에 집중해서 필요한 정보만 골라 들을 수 있도록 연습하자.

3 보기를 최대한 이용하면서 녹음을 들어야 한다.

우리의 순간 기억력에는 한계가 있으므로 제시된 보기를 최대한 이용해서 푸는 것이 좋다. 대부분 문제가 녹음 흐름대로 나오므로, 보기를 보면서 녹음을 들으면 좀 더 쉽게 정답을 고를 수 있다.

🌿 제3부분 예제

1 A 帮助散热
B 用来伪装
C 抵御病毒
D 减轻飞行阻力

2 A 鸟类摄入食物的色彩
B 羽毛色素体及其内部结构
C 分泌脂肪的防御素
D 色素颗粒所含的蛋白质

3 A 更加方便攻击天敌
B 求偶时的必要条件
C 有利于隐蔽
D 最初就没有彩色基因

4 在长期的自然选择中，磁性鸟类的羽毛颜色 _____。

5　A 鸟类羽毛的品种
　　B 鸟类拥有彩色羽毛的原因
　　C "用进废退"理论
　　D 雄鸟和雌鸟羽毛的异同

 track 33

1 D［使鸟儿的体外轮廓更具流线型与减少飞行阻力 새의 체외 윤곽을 유선형으로 만들어 주고 비행 시 저항력을 줄여 준다］녹음 첫 부분부터 새 깃털의 역할에 대해 나열하고 있으며, 보기 중 언급된 내용은 D뿐이다. 접속사를 끼고 답이 나오는 경우가 많다. '不仅A, 还B'를 주목하자.

2 B［羽毛的色彩主要取决于羽毛含有的色素体及其内部结构 깃털의 색깔은 주로 깃털에 함유된 색소체와 그 내부구조에 달려 있다］녹음에서 어감이 '전환'되는 부분에는 항상 집중하자. '그렇다면, 새의 알록달록한 옷은 어떻게 만들어지는 것일까?' 라는 질문이 나온 후 '其实'로 등장하는 부분에 핵심 내용이 등장했다.

3 C［雌性朴实的羽毛也有助于它们和幼鸟隐蔽, 不易被天敌发现 암컷의 소박한 깃털은 자신들과 새끼 새들이 몸을 숨겨 천적에게 발견되지 않게 하는 데에도 도움을 준다］녹음의 끝 부분에서 보기 C의 내용이 언급됐다. '有助于'와 '有利于'가 유의어임을 알아 두자. '另外' 뒤에 답이 많이 나오니 집중해서 듣자.

4 无用武之地　제시 문장의 도입부 '在长期的(오랜 시간 동안)'가 등장하는 순간 집중해서 잘 듣자.

5 B　'주제'를 묻는 문제이다. 녹음에서 새의 깃털과 관련하여 다양한 내용을 다루었지만, 녹음 중간부터 집중해서 조명한 내용은 '새 깃털의 색깔'과 관련한 내용이므로, 보기 중 주제로 알맞은 것은 '새가 알록달록한 깃털을 가진 이유'이다.

现在开始第1到5题:

鸟类是大自然的精灵，对维护大自然的生态平衡有着重要作用。羽毛是鸟类区别于其他动物最重要的特征。鸟儿能自由飞翔，离不开羽毛。[1]羽毛犹如鸟儿的外衣，不仅可以使鸟儿的体外轮廓更具流线型与减少飞行阻力，还可以作为隔热层，天寒地冻时如同一件厚厚的棉衣，保暖防冻；炎热的夏天，可以防止强烈的阳光直射皮肤。部分漂亮的鸟儿因身着"彩衣"尤其引人关注。

可以说，鸟对羽毛非常爱护，每当休息时，都会不停地用小嘴梳理。天鹅、鸳鸯、鸭子等水禽的尾部有能分泌油脂的腺体，叫尾脂腺。在水中游得时间过长时，为了避免羽毛被水浸湿而下沉，它们会用嘴在尾脂腺上擦一下，将采到的油脂均匀涂抹全身，既保护了羽毛，又能让自己长久漂浮于水面。有的鸟为了清除羽毛中的污物和寄生虫，常会在地上挖坑并置身其中，再用爪和翅同时进行翻滚，把沙土淋满全身，反复多次后，再用力抖动身体，在筛去沙土的同时，也带走了污物和寄生虫。

1번~5번 문제가 시작됩니다.

새는 대자연의 요정이며, 대자연의 생태적 균형을 유지하는 데 중요한 역할을 한다. 깃털은 새가 다른 동물과 구별되는 가장 중요한 특징이다. 새는 깃털이 있기 때문에 자유롭게 날 수 있는 것이다. [1]깃털은 새에게 외투와 같아 새의 체외 윤곽을 유선형으로 만들어 주고 비행 시 저항력을 줄여 줄 뿐만 아니라 단열층으로 삼아 추운 겨울에 두꺼운 솜옷을 입은 것처럼 몸을 따뜻하게 해 주고 동상을 방지해 준다. 무더운 여름에는 강렬한 태양이 피부에 직접 닿는 것을 막아 준다. 아름다운 일부 새들은 '알록달록한 옷'을 입고 있어 사람들의 이목을 끈다.

새는 자기의 깃털을 애지중지하고, 휴식할 때면 끊임없이 부리로 깃털을 정리한다. 백조, 원앙, 오리 등 물새의 꼬리 부분에는 기름을 분비하는 샘이 있는데, 이를 미지선(尾脂腺)이라고 한다. 물속에서 헤엄치는 시간이 너무 길어질 때 깃털이 물에 젖어 가라앉는 것을 막기 위해 부리로 미지선을 문질러 채취한 기름을 온몸에 골고루 바르면, 깃털을 보호할 수 있을 뿐만 아니라 오랫동안 물 위에 떠 있을 수 있다. 어떤 새는 깃털에 묻은 오물과 기생충을 깨끗이 없애기 위해 땅에 구덩이를 파고 그곳에 들어가 발톱과 날개를 동시에 움직여 구르면서 모래를 온몸에 묻힌다. 이를 여러 번 반복한 후 몸을 힘껏 흔들어 모래를 털어내면서 오물과 기생충도 떼어낸다.

那么，鸟类的彩衣是如何形成的呢？[2]其实，羽毛的色彩主要取决于羽毛含有的色素体及其内部结构，羽毛的色素颗粒可以随羽毛的形成进入到不同部位，从而与其内部结构等因素一起决定羽毛的颜色。常见的黑色素和类胡萝卜素是形成鸟类羽毛颜色最主要的色素，而不常见的色素则通常是某些物种所特有的，如鹦鹉羽毛中的红、橙、黄色素，企鹅羽毛中的荧光黄色 β -防御素等。用美丽的羽毛来寻求配偶似乎是鸟类的天性，可为什么雌性鸟类的羽毛相较于雄性鸟类更加"朴素"呢？这就是进化上的"用进废退"原理。在长期的自然选择中，雌性鸟类的羽毛颜色[4]无用武之地，控制羽毛颜色艳丽的基因也就逐渐丢失或者失活了。另外，[3]雌性朴实的羽毛也有助于它们和幼鸟隐蔽，不易被天敌发现。此外，鸟儿羽毛的颜色还与年龄有关，例如鸡的幼雏雄雌并无差异，但发育到一定时期会表现出多种色彩。许多雄鸟进入繁殖期时，颜色鲜艳，闪现耀眼的光泽，这种变化与体内激素含量有关。有人割掉母鸡的卵巢，不久它便长出了像雄鸡一样多彩的羽毛，还有像雄鸡一样的鸡冠，这些都是受到了体内激素的影响。另外，羽毛的颜色还受到光照的影响，比如生活在寒带的雷鸟，夏季羽毛是带杂斑的褐色，到了就会冬天全身变白，犹如披上了一层保护色一般。

现在开始第1到5题：

1 下列哪项是鸟类羽毛的作用？

A 帮助散热

B 用来伪装

C 抵御病毒

D 减轻飞行阻力

2 鸟类羽毛色彩的决定性因素是？

A 鸟类摄入食物的色彩

B 羽毛色素体及其内部结构

C 分泌脂肪的防御素

D 色素颗粒所含的蛋白质

3 雌性鸟类羽毛颜色更"朴素"的好处是：

A 更加方便攻击天敌

B 求偶时的必要条件

C 有利于隐蔽

D 最初就没有彩色基因

그렇다면, 새의 알록달록한 옷은 어떻게 만들어지는 것일까? [2]사실 깃털의 색깔은 주로 깃털에 함유된 색소체와 그 내부구조에 달려 있는데, 깃털의 색소과립은 깃털의 형성에 따라 다른 부위로 들어갈 수 있고 내부구조 등의 요소와 함께 깃털의 색을 결정한다. 흔히 볼 수 있는 멜라닌과 카로티노이드 색소는 새 깃털의 색을 형성하는 주요 색소이고, 흔히 볼 수 없는 색소는 보통 특정 종만 가지고 있다. 예를 들면 앵무새 깃털의 빨강, 주황, 노랑 색소나 펭귄 깃털의 형광 노란색인 베타 디펜신 등이 있다. 아름다운 깃털로 짝을 찾는 건 마치 새들의 천성인 듯하다. 그런데 왜 암컷 새의 깃털이 수컷 새에 비해 더 소박한 걸까? 이는 진화의 '용불용설' 원리이다. 오랜 시간 동안 자연의 선택에서 암컷 새의 깃털 색은 [4]쓸모없어졌으며 깃털 색을 화려하게 만드는 유전자도 점차 사라지거나 능력을 잃게 되었다. 또한 [3]암컷의 소박한 깃털은 자신들과 새끼 새들이 몸을 숨겨 천적에게 발견되지 않게 하는 데에도 도움을 준다. 이외에도 새 깃털의 색은 나이와도 관련이 있다. 예를 들어 병아리는 암컷과 수컷의 차이가 없지만 어느 정도 성장하고 난 후에는 여러 색채가 나타난다. 많은 수컷 새들은 번식기가 되면 색이 화려해지고 눈부신 광택을 뿜낸다. 이러한 변화는 체내 호르몬 함량과 관련이 있다. 어떤 사람이 암탉의 난소를 떼어내고 얼마 지나지 않아 암탉에게서 수탉과 같은 화려한 깃털이 자라나고 수탉 같은 볏도 생겨났다고 한다. 이는 체내 호르몬의 영향을 받은 것이다. 또한 깃털의 색깔은 빛의 영향도 받는다. 예를 들어 한대지방에 사는 뇌조는 여름에는 깃털이 반점이 있는 갈색이지만 겨울엔 온몸이 하얗게 변해 마치 보호색을 두른 듯하다.

1번~5번 문제가 시작됩니다.

1 다음 중 새 깃털의 역할로 옳은 것은?

A 열의 발산을 돕는다

B 위장에 사용된다

C 바이러스를 막는다

D 비행 시 저항력을 줄인다

2 새의 깃털 색을 결정하는 요인은 무엇인가?

A 새가 섭취하는 음식의 색깔

B 깃털의 색소체와 그 내부구조

C 기름을 분비하는 디펜신

D 색소과립에 함유된 단백질

3 암컷 새의 깃털 색이 더 소박해서 좋은 점은 무엇인가?

A 천적을 공격하기 더 편리하다

B 짝을 찾을 때 필요한 조건이다

C 몸을 숨기는 데 유리하다

D 처음부터 색 유전자가 없었다

4 在长期的自然选择中，磁性鸟类的羽毛颜色<u>无用武之地</u>。

5 这段话主要讲的是：

A 鸟类羽毛的品种

B 鸟类拥有彩色羽毛的原因

C "用进废退"理论

D 雄鸟和雌鸟羽毛的异同

4 오랜 시간 동안 자연 도태되는 과정을 겪으면서 암컷 새의 깃털 색은 <u>쓸모없어졌다</u>.

5 본문이 주로 이야기하는 것은 무엇인가?

A 새 깃털의 품종

B 새가 알록달록한 깃털을 가진 이유

C '용불용설' 이론

D 수컷 새와 암컷 새 깃털의 다른 점과 같은 점

鸟类 niǎolèi 몡 새, 조류 | **大自然** dàzìrán 몡 대자연 | **精灵** jīnglíng 몡 요정, 정령 | **维护** wéihù 동 유지하고 보호하다, 지키다 | ★**生态** shēngtài 몡 생태 | **羽毛** yǔmáo 몡 깃털 | **特征** tèzhēng 몡 특징 | **鸟儿** niǎor 몡 새 | ★**飞翔** fēixiáng 동 비상하다, 하늘을 빙빙 돌며 날다 | **离不开** líbukāi 떨어질 수 없다 | **犹如** yóurú 동 ~와 같다 | **外衣** wàiyī 몡 외투 | ★**轮廓** lúnkuò 몡 윤곽 | **具** jù 동 갖추다, 가지다 | **流线型** liúxiànxíng 몡 유선형 | **飞行** fēixíng 몡 비행 | ★**阻力** zǔlì 몡 저항력 | **隔热层** gérècéng 몡 단열층 | **天寒地冻** tiānhándìdòng 셍 날씨가 무척 춥다 | **如同** rútóng 동 마치 ~와 같다, 흡사하다 | **棉衣** miányī 몡 솜옷 | ★**保暖** bǎonuǎn 동 보온하다, 따뜻하게 유지하다 | **防冻** fángdòng 동 동상을 방지하다 | ★**炎热** yánrè 혱 (날씨가) 무덥다, 찌는 듯하다 | **防止** fángzhǐ 동 방지하다 | **直射** zhíshè 동 (광선이) 직사하다. 바로 내리쪼이다 | **彩衣** cǎiyī 알록달록한 옷 | **引** yǐn 동 끌다 | **关注** guānzhù 몡 관심 | **不停** bùtíng 끊임없이 | **嘴** zuǐ 몡 부리 | **梳理** shūlǐ 동 (머리·수염 따위를) 빗질하다. 빗다, 정리하다 | ★**天鹅** tiān'é 몡 백조 | **鸳鸯** yuānyāng 몡 원앙 | **鸭子** yāzi 몡 오리 | **水禽** shuǐqín 몡 물새 | **尾** wěi 몡 꼬리 | ★**分泌** fēnmì 동 분비하다 | **油脂** yóuzhī 몡 기름, 지방 | **腺体** xiàntǐ 몡 샘 | **尾脂腺** wěizhīxiàn 미지선 [꼬리 아랫부분에 위치하여, 깃털이 수분에 대해 저항성을 나타낼 수 있도록 소수성 물질을 분비하는 조류 기관의 일종] | **浸湿** jìnshī 동 적시다. 축축해지다 | **下沉** xiàchén 동 가라앉다 | ★**采** cǎi 동 채취하다 | ★**均匀** jūnyún 동 균등하다. 고르다, 균일하다 | **涂抹** túmǒ 동 바르다, 칠하다 | **漂浮** piāofú 동 (물 위를) 떠돌다, 둥둥 뜨다 | ★**清除** qīngchú 동 깨끗이 없애다. 완전히 없애다 | **污物** wūwù 몡 오물 | **寄生虫** jìshēngchóng 몡 기생충 | **挖坑** wākēng 동 구덩이를 파다 | **并** bìng 젭 또, 그리고 | **置** zhì 동 놓다, 두다 | ★**爪** zhuǎ 몡 발 | **翅** chì 몡 (새나 곤충의) 날개 | **翻滚** fāngǔn 동 데굴데굴 구르다 | **沙土** shātǔ 몡 모래 | ★**淋** lín 동 뿌리다 | **抖动** dǒudòng 동 털다 | ★**筛** shāi 동 채로 치다. 걸러내다. 털어내다 | **那么** nàme 젭 그렇다면 | ★**取决于** qǔjuéyú ~에 달리다 | **含有** hányǒu 동 함유하다. 포함하다 | **色素体** sèsùtǐ 몡 색소체 | **其** qí 뎨 그 | **色素颗粒** sèsù kēlì 색소과립 | **进入** jìnrù 동 진입하다, 들다 | **部位** bùwèi 몡 부위 | **黑色素** hēisèsù 몡 멜라닌 | **类胡萝卜素** lèihúluóbosù 몡 카로티노이드 | **色素** sèsù 몡 색소 | **则** zé 튀 바로 ~이다 [판단구에 쓰여 긍정을 나타냄] | **物种** wùzhǒng 몡 (생물의) 종 | **特有** tèyǒu 혱 특유하다. 고유하다 | **如** rú 젭 예를 들면 | **鹦鹉** yīngwǔ 몡 앵무새 | **橙** chéng 몡 주황색 | **黄** huáng 몡 노란색 | **企鹅** qǐ'é 몡 펭귄 | **荧光** yíngguāng 몡 형광 | **防御素** fángyùsù 몡 디펜신, 저항소, 방위 물질 | **寻求** xúnqiú 동 찾다. 탐구하다 | ★**配偶** pèi'ǒu 몡 짝 | ★**天性** tiānxìng 몡 천성, 타고난 성격 | **雌性** cíxìng 몡 암컷 | **相较** xiāngjiào 동 비교하다 | **雄性** xióngxìng 몡 수컷 | **更加** gèngjiā 튀 더욱, 더, 훨씬 | ★**朴素** pǔsù 혱 (색깔·모양 따위가) 소박하다. 화려하지 않다 | **进化** jìnhuà 동 진화하다 | **用进废退** yòngjìnfèituì 용불용설 [자주 사용하는 기관은 세대를 거듭함에 따라서 잘 발달하며, 그러지 못한 기관은 점점 퇴화하여 소실되어 간다는 학설] | **原理** yuánlǐ 몡 원리 | **长期** chángqī 몡 장시간, 장기간 | **用武之地** yòngwǔzhīdì 셍 자신의 재능을 보여 줄 곳임을 이르는 말 | ★**艳丽** yànlì 혱 곱고 아름답다. 눈부시게 화려하다 | ★**基因** jīyīn 몡 유전자 | **丢失** diūshī 동 사라지다 | **失活** shīhuó 동 쓸모가 없다. 생존 능력을 잃다 | **朴实** pǔshí 혱 소박하다, 수수하다 | ★**有助于** yǒuzhùyú ~에 도움이 되다. ~에 유용하다 | **幼** yòu 혱 (나이가) 어리다 | ★**隐蔽** yǐnbì 동 감추다, 가리다. 숨다 | **不易** búyì 혱 쉽지 않다 | **天敌** tiāndí 몡 천적 | **有关** yǒuguān 동 관련이 있다 [与……有关: ~와 관련이 있다] | **幼雏** yòuchú 몡 새끼 | **雄雌** xióngcí 몡 암컷과 수컷 | **差异** chāyì 몡 차이, 다른 점 | ★**发育** fāyù 동 성장하다, 발육하다, 자라다 | **繁殖期** fánzhíqī 몡 번식기 | **鲜艳** xiānyàn 혱 화려하다, 산뜻하고 아름답다 | **闪现** shǎnxiàn 동 언뜻 나타나다 | ★**耀眼** yàoyǎn 혱 눈부시다 | ★**光泽** guāngzé 몡 광택, 윤기 | **体内** tǐnèi 몡 체내 | ★**激素** jīsù 몡 호르몬 | **含量** hánliàng 몡 함량 | ★**割** gē 동 떼어내다. 베다, 절단하다, 자르다 | **母鸡** mǔjī 몡 암탉 | **卵巢** luǎncháo 몡 난소 | **不久** bùjiǔ 혱 오래 되지 않다 | **雄鸡** xióngjī 몡 수탉 | **多彩** duōcǎi 혱 다채롭다 | **鸡冠** jīguān 몡 닭의 볏 | **光照** guāngzhào 몡 일조, 빛 | **寒带** hándài 몡 한대 | **雷鸟** léiniǎo 몡 뇌조 | **杂** zá 혱 각양각색이다, 다양하다 | ★**斑** bān 몡 반점, 얼룩점 | **褐色** hèsè 몡 갈색 | **全身** quánshēn 몡 온몸, 전신 | **披** pī 동 둘러쓰다, 드러내다 | **保护色** bǎohùsè 몡 보호색 | **散热** sànrè 동 열을 발산하다, 산열하다 | **用来** yònglái 동 ~에 사용하다. ~에 쓰다 | ★**伪装** wěizhuāng 몡 위장, 가장 | **抵御** dǐyù 동 막아내다. 방어하다 | **减轻** jiǎnqīng 동 줄이다, 감소시키다 | **摄入** shèrù 동 섭취하다 | **及** jí 젭 ~와 | **脂肪** zhīfáng 몡 지방, 기름 | **含** hán 동 함유하다, 포함하다 | ★**蛋白质** dànbáizhì 몡 단백질 | **攻击** gōngjī 동 공격하다 | **求偶** qiú'ǒu 동 짝을 찾다 | **彩色** cǎisè 몡 색깔, 색채 | ★**品种** pǐnzhǒng 몡 품종 | **拥有** yōngyǒu 동 보유하다, 소유하다, 가지다

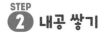

1 주제별 빈출 어휘

사회	육아/가정/노인	长假 chángjià 몡 장기 휴가 | 孤独 gūdú 톙 고독하다 | 孤儿 gū'ér 몡 고아 | 关爱 guān'ài 동 관심을 갖고 귀여워하다 | 贫困 pínkùn 톙 빈곤하다 | 哺育 bǔyù 동 양육하다 | 抚养 fǔyǎng 동 부양하다 | 抚养费 fǔyǎngfèi 몡 양육비 | 虐待 nüèdài 동 학대하다 | 家教 jiājiào 동 가정교육 | 家境 jiājìng 몡 가정 형편, 집안 형편
	교육	学业 xuéyè 몡 학업 | 学科 xuékē 몡 학과 | 学位 xuéwèi 몡 학위 | 教科书 jiàokēshū 몡 교과서 | 笔试 bǐshì 몡 필기시험 | 口试 kǒushì 몡 구술시험 | 补考 bǔkǎo 동 추가시험을 보다 | 补课 bǔkè 동 보충수업을 하다 | 补习 bǔxí 동 보습하다 | 高等 gāoděng 톙 고등의 | 高考 gāokǎo 몡 대학 입학시험 | 讲课 jiǎngkè 동 강의하다 | 考场 kǎochǎng 몡 시험장 | 考题 kǎotí 몡 시험문제 | 卷子 juànzi 몡 시험 답안 | 科研 kēyán 몡 과학 연구 | 入学 rùxué 동 입학하다 | 选修 xuǎnxiū 동 선택하여 배우다 | 升学 shēngxué 동 진학하다 | 旷课 kuàngkè 동 무단결석하다 | 缺席 quēxí 동 결석하다 | 退学 tuìxué 동 퇴학하다 | 钻研 zuānyán 동 깊이 연구하다, 탐구하다 | 暑期 shǔqī 몡 여름방학
	법률/제도 ✨	法规 fǎguī 몡 법규 | 法制 fǎzhì 몡 법률제도 | 法庭 fǎtíng 몡 법정 | 宪法 xiànfǎ 몡 헌법 | 刑法 xíngfǎ 몡 형법 | 政策 zhèngcè 몡 정책 | 官司 guānsi 몡 소송 | 案件 ànjiàn 몡 소송이나 위법에 관계되는 사건 | 裁判 cáipàn 동 재판하다 | 判处 pànchǔ 몡 판결을 내리다 | 判决 pànjué 몡 판결을 내리다 | 犯 fàn 동 (법·규칙 등에) 위반하다 | 犯规 fànguī 동 규정을 위반하다 | 犯罪 fànzuì 동 죄를 범하다 | 触犯 chùfàn 동 (법 따위에) 저촉되다, 위반하다 | 违章 wéizhāng 동 법규를 위반하다 | 作弊 zuòbì 동 부정행위를 하다, 법이나 규정을 어기다 | 发布 fābù 동 선포하다 | 宣告 xuāngào 동 선고하다 | 宣誓 xuānshì 동 선서하다 | 执法 zhífǎ 동 법을 집행하다 | 裁定 cáidìng 동 (법원이) 재정하다, 시비를 가려 결정하다 몡 판정 | 诉讼 sùsòng 동 소송하다, 고소하다, 재판을 걸다
환경	자연/동식물	北极 běijí 몡 북극 | 南极 nánjí 몡 남극 | 地带 dìdài 몡 지대 | 地形 dìxíng 몡 지형 | 高原 gāoyuán 몡 고원 | 沙漠 shāmò 몡 사막 | 戈壁 gēbì 몡 자갈 사막 [거친 모래와 자갈이 딱딱한 토양에 뒤덮인 지형을 가리킴] | 山区 shānqū 몡 산간지대 | 山峰 shānfēng 몡 산봉우리 | 山谷 shāngǔ 몡 산골짜기 | 山坡 shānpō 몡 산비탈 | 山顶 shāndǐng 몡 산꼭대기 | 海岸 hǎi'àn 몡 해안 | 海拔 hǎibá 몡 해발 | 湖泊 húpō 몡 호수 | 沙滩 shātān 몡 백사장 | 火山 huǒshān 몡 화산 | 柏树 bǎishù 몡 측백나무 | 柳树 liǔshù 몡 버드나무 | 杨树 yángshù 몡 백양나무 | 玫瑰 méigui 몡 장미 | 百合 bǎihé 몡 백합 | 菊花 júhuā 몡 국화 | 棉花 miánhua 몡 목화 | 牡丹 mǔdān 몡 모란 | 蜜蜂 mìfēng 몡 꿀벌 | 燕子 yànzi 몡 제비 | 鲨鱼 shāyú 몡 상어 | 狮子 shīzi 몡 사자 | 贝壳 bèiké 몡 조가비 | 龟 guī 몡 거북 | 海豹 hǎibào 몡 바다표범 | 海狮 hǎishī 몡 바다사자 | 海豚 hǎitún 몡 돌고래 | 生物链 shēngwùliàn 몡 먹이사슬 | 生物 shēngwù 몡 생물
	기후 /환경오염 ✨	灾害 zāihài 몡 재해 | 灾难 zāinàn 몡 재난 | 灾区 zāiqū 몡 재해 지역 | 受灾 shòuzāi 동 재해를 입다 | 地震 dìzhèn 몡 지진 | 水灾 shuǐzāi 몡 수해 | 台风 táifēng 몡 태풍 | 暴风雨 bàofēngyǔ 몡 폭풍우 | 暴雨 bàoyǔ 몡 폭우 | 风暴 fēngbào 몡 폭풍, 폭풍우 | 洪水 hóngshuǐ 몡 홍수 | 温和 wēnhé 톙 (기후가) 온화하다, 따뜻하다 | 高温 gāowēn 몡 고온 | 低温 dīwēn 몡 저온 | 刺骨 cìgǔ 톙 (추위가) 뼛속까지 파고들다 | 干旱 gānhàn 동 가물다 몡 가뭄 | 干燥 gānzào 톙 건조하다 | 枯燥 kūzào 톙 바싹 마르다 | 湿润 shīrùn 톙 습하다 | 热带 rèdài 몡 열대 | 摄氏度 shèshìdù 양 섭씨도 | 湿度 shīdù 몡 습도 | 污染 wūrǎn 몡 오염 | 污水 wūshuǐ 몡 오수, 폐수 | 毁坏 huǐhuài 동 훼손하다 | 人工降雨 réngōng jiàngyǔ 몡 인공강우 | 减灾 jiǎnzāi 동 자연재해를 줄이다

	에너지/자원	能量 néngliàng 몡 에너지 | 太阳能 tàiyángnéng 몡 태양에너지 | 水能 shuǐnéng 몡 수력에너지 | 风能 fēngnéng 몡 풍력에너지 | 油田 yóutián 몡 유전 | 化石燃料 huàshíránliào 몡 화석연료 | 电能 diànnéng 몡 전기에너지 | 机械能 jīxiènéng 몡 기계 에너지, 역학적에너지 | 燃油 rányóu 몡 연료 | 二氧化碳 èryǎnghuàtàn 몡 이산화탄소 | 氧 yǎng 몡 산소 | 燃气 ránqì 몡 가스 | 天然气 tiānránqì 몡 천연가스 | 碳 tàn 몡 탄소 | 矿藏 kuàngcáng 몡 지하자원 | 钢 gāng 몡 강철 | 铝 lǚ 몡 알루미늄 | 煤炭 méitàn 몡 석탄 [=炭 tàn] | 铜 tóng 몡 구리 | 钻石 zuànshí 몡 다이아몬드 | 石油 shíyóu 몡 석유 | 地质 dìzhì 몡 지질 | 煤矿 méikuàng 몡 탄광 | 低碳 dītàn 몡 저탄소 | 核电站 hédiànzhàn 몡 원자력발전소 | 核能 hénéng 몡 원자력 | 核武器 héwǔqì 몡 핵무기 | 开采 kāicǎi 동 (지하자원을) 채굴하다 | 采矿 cǎikuàng 동 광석을 채굴하다 | 埋藏 máicáng 동 매장되다 | 枯竭 kūjié 동 고갈되다, 소멸하다
생활	건강 ✛	病情 bìngqíng 몡 병세 | 残疾 cánji 몡 장애 | 患者 huànzhě 몡 환자 | 疾病 jíbìng 몡 질병 | 病症 bìngzhèng 몡 질병, 병의 증상 | 伤口 shāngkǒu 몡 상처 | 创伤 chuāngshāng 몡 외상, 상처 | 肿瘤 zhǒngliú 몡 종양 | 发病 fābìng 동 병이 나다 | 患病 huàn bìng 병에 걸리다, 병을 앓다 | 衰竭 shuāijié 동 (질병으로) 기력이 쇠약해지다 | 衰老 shuāilǎo 혱 노쇠하다 | 衰弱 shuāiruò 혱 쇠약해지다 | 疼痛 téngtòng 혱 아프다 | 门诊 ménzhěn 몡 진료 | 防治 fángzhì 몡 예방치료 | 急救 jíjiù 몡 응급치료 | 就医 jiùyī 동 진찰을 받다 | 就诊 jiùzhěn 동 진찰을 받다 | 求医 qiúyī 동 의사를 찾아가 진찰을 받다 | 治病 zhìbìng 동 치료하다 | 急诊 jízhěn 몡 응급진료 동 응급진료하다 | 输血 shūxuè 동 수혈하다 | 服用 fúyòng 동 (약이나 보신제를) 먹다, 복용하다 | 防疫 fángyì 방역하다 | 康复 kāngfù 동 건강을 회복하다 | 恢复 huīfù 동 회복하다 | 流感 liúgǎn 몡 유행성감기, 독감 | 症状 zhèngzhuàng 몡 증상 | 头疼 tóuténg 몡 두통 | 传染病 chuánrǎnbìng 몡 전염병 | 瘟疫 wēnyì 몡 급성전염병, 유행병, 역병 | 癌症 áizhèng 몡 암 | 高血压 gāoxuèyā 몡 고혈압 | 心电图 xīndiàntú 몡 심전도 | 肝炎 gānyán 몡 간염 | 糖尿病 tángniàobìng 몡 당뇨병 | 抑郁症 yìyùzhèng 몡 우울증 | 疗法 liáofǎ 몡 치료법 | 疗效 liáoxiào 몡 치료 효과 | 副作用 fùzuòyòng 몡 부작용 | 输液 shūyè 몡 정맥주사, 수액 | 高血脂 gāoxuèzhī 몡 고지혈 | 疫苗 yìmiáo 몡 백신 | 免疫 miǎnyì 몡 면역 | 血脉 xuèmài 몡 혈관 | 血栓 xuèshuān 몡 혈전 | 血压 xuèyā 몡 혈압 | 脉搏 màibó 몡 맥박 | 动脉 dòngmài 몡 동맥 | 脂肪 zhīfáng 몡 지방 | 钙 gài 몡 칼슘 | 蛋白质 dànbáizhì 몡 단백질 | 肝脏 gānzàng 몡 간(장) | 肢体 zhītǐ 몡 사지 | 亚健康 yàjiànkāng 몡 아건강, 서브 헬스 [신체적으로나 정신적으로 질병에 걸린 것도 아니고 건강하지도 않은 '회색 상태'] | 盲人 mángrén 몡 맹인 | 诊所 zhěnsuǒ 몡 (개인의) 의원/진료소 [작은 규모의 의료기관] | 外科 wàikē 몡 외과 | 世界卫生组织 Shìjiè Wèishēng Zǔzhī 고유 세계보건기구(WHO)

2 핵심 내용을 이끄는 표현

(1) 시점/장소를 나타낼 때

- 迄今 qìjīn 지금에 이르기까지 [특정 시점부터 현재까지의 경험, 성과 또는 사실을 강조]
- 多年来 duō nián lái 몇 년이래 [긴 기간 동안 지속된 사건, 경험, 변화 등을 나타낼 때 사용]
- 此后 cǐhòu 이후에
- 近年来 jìnniánlái 근래에 [최근 몇 년 동안 일어났거나 계속되는 것을 강조]
- 与此同时 yǔcǐ tóngshí 이와 동시에, 아울러 [두 가지 이상의 사건, 상황, 행동이 동시에 발생함]
- 自从A起 zìcóng A qǐ A부터 시작하다
- 在A之后 zài A zhīhòu A 이후에

- 每当A的时候 měidāng A de shíhou 매 A할 때마다
- 视频会议时 shìpín huìyì shí 화상회의 할 때
- 今年世界杯期间 jīnnián shìjièbēi qíjiān 올해 월드컵 기간
- 在2022年冬季奥运会开幕式上 zài 2022 nián dōngjì àoyùnhuì kāimùshì shang 2022년 동계올림픽 개막식에서

(2) 전환, 결과, 원인, 목적 등을 나타내는 연결어

- 但是 dànshì 그러나
- 而A却 ér A què A하지만 오히려
- 其实 qíshí (그러나) 사실은
- 相反 xiāngfǎn 반대로
- 反而 fǎn'ér 반대로, 도리어
- 因为A，所以B yīnwèi A, suǒyǐ B A 때문에 그래서 B하다
- 由于A，所以/因此/因而B yóuyú A, suǒyǐ / yīncǐ / yīn'ér B A 때문에 그래서 B하다
- 因A而B yīn A ér B A 때문에 그래서 B하다
- 从而 cóng'ér 따라서
- 之所以A，是因为B zhīsuǒyǐ A, shì yīnwèi B A인 까닭은 B이기 때문이다
- 是A，也是B shì A, yě shì B A이고 또 B이다
- 有A，也有B yǒu A, yě yǒu B A가 있고 또 B가 있다
- 不但(不仅)A，而且B búdàn(bùjǐn) A, érqiě B A일 뿐만 아니라 또 B하다
- A，同时还B A, tóngshí hái B A하고 동시에 또 B하다
- 除了A外，还B chúle A wài, hái B A를 제외하고 또 B하다
- 除了A外，都B chúle A wài, dōu B A 외에 모두 B하다
- 如果A，那(么)B rúguǒ A, nà(me) B 만약 A한다면 B하다
- A，尤其是B A, yóuqí shì B A, 특히 B하다
- 哪怕A也B nǎpà A yě B 설령 A하더라도 B하다
- 为了 wèile ~하기 위해서 [为了+ 목적, 행위]
- 只有A，才能/才会B zhǐyǒu A, cái néng / cái huì B A해야만 B할 수 있다

(3) 빈출 고정 격식

- 对A有害 duì A yǒuhài A에 대해 유해하다
- 对A有益(无害) duì A yǒuyì (wúhài) A에 대해 유익하고 무해하다
- 通过A方式 tōngguò A fāngshì A 방식을 통해
- 把A应用到B bǎ A yìngyòng dào B A를 B에 응용하다
- 在A方面 zài A fāngmiàn A의 측면에서
- 以A为主 yǐ A wéizhǔ A를 위주로 하다
- 对A造成影响 duì A zàochéng yǐngxiǎng A에 대해 영향이 생기다

Day 32 ●track 35

1. 通过声音和气味区别自己和同类，也是动物有自我意识的表现。

 A ✓

 B ✕

2. 心理学家为镜子测试专门研制了特殊效果的镜子。

 A ✓

 B ✕

3. 在镜子测试中，猫顺利地通过了测试。

 A ✓

 B ✕

4. 能通过镜子测试的动物表示该动物拥有自我意识。

 A ✓

 B ✕

5. 用镜子来判断动物是否有自我意识是错误的行为。

 A ✓

 B ✕

정답 및 해설 ➔ 해설서 p.078

Day 33 ●track 36

6. 金属元素分布于自然环境和人类社会生产中的形式是唯一的。

 A ✓

 B ✕

7. 海水中的微生物是无法吸收金属的。

 A ✓

 B ✕

8. 有微生物会优先生长于高含量金属地区。

 A ✓

 B ✕

9. 微生物有减少土壤重金属污染的作用。

 A ✓

 B ✕

10. 微生物通过降低重金属元素的毒性来"自救"

 A ✓

 B ✕

정답 및 해설 ➔ 해설서 p.081

11. 药品的大小主要取决于其添加剂的含量。

   A ✓

   B ✗

12. "小药片"也可能比"大药片"的含药量高。

   A ✓

   B ✗

13. 大部分缓释、控释制剂会有外壳包裹。

   A ✓

   B ✗

14. 对于吞咽有困难的患者来说，把药片掰开、嚼碎后服用的方法也是可行的。

   A ✓

   B ✗

15. 药物未经肠胃就提前释放会导致脑部血管阻塞。

   A ✓

   B ✗

정답 및 해설 → 해설서 p.083

16. **A** 该水域的自然环境不适宜捕捞

   B 渔民们大量捕捞小鱼

   C 渔民们为了生计、处境捕鱼

   D 大部分鱼类改变了栖息地

17. **A** 有些鱼类存在变异趋势

   B 出现了不少不知名珍稀鱼类

   C 鱼类资源丰富

   D 珍稀鱼类面临生存危机

18. **A** 尽可能地保护野生鱼类的繁殖

   B 人工养殖的味道一样鲜美

   C 没有人愿意人工饲养鱼类

   D 导致大部分渔夫下岗

19. **A** 渔民们缺乏培育养殖鱼的技术

   B 养殖鱼的增加导致野生鱼不再受欢迎

   C 养殖鱼的年产量十分可观

   D 养殖鱼的味道远远不及野生鱼

20. **A** 有助于形成新的食物链

   B 造福子孙后代

   C 保证长江流域的水位增加

   D 缓解捕鱼者的工作压力

정답 및 해설 → 해설서 p.095

21. **A** 基于市民对节约用水的实行程度
    B 尽量避免利用自然资源
    C 洪水不在海绵城市所解决的范围
    D 主要作用是解决水的问题

22. **A** 可针对缺水地区进行"放水"
    B 可以解决生物多样性的自然繁育
    C 提倡市民有弹性的进行放水
    D 有助于城市生态的修复与再造

23. 城镇化最早发生在欧州发达国家，它们的气候条件比较平和，_____也比较均匀。

24. **A** 与市民生活相悖
    B 难以采纳该理念
    C 逐渐被接受
    D 受到政制约

25. 这样没有围墙、把机器当做艺术的公园设计，在当时还是_____的，得到了国际公认。

26. **A** 曾经是自己的故乡
    B 颠覆了传统审美观念
    C 使自己形成了新的设计风格
    D 已被社会各界所公认

27. **A** 要有助人为乐的心态
    B 要学会适时地放弃
    C 要有一颗感恩的心
    D 要具有创新精神

정답 및 해설 → 해설서 p.087

28. 在按计划飞抵目的地时，飞机携带的燃油就基本消耗，其本身的重量也因此_____，符合降落的标准。

29. **A** 机长判断飞机存在自然风险
    B 起飞时的燃油已不足以支撑到目的地
    C 需紧急降落但燃油没有被消耗掉
    D 飞机上燃油的重量超过了飞机本身

30. **A** 放油标准需根据当时的天气而定
    B 必须在降落后确认乘客安全
    C 需将备用油耗尽后方可降落
    D 必须在达到降落标准后留一些预备油

31. 按照有关规章，当飞机因故障_____时，需将燃油量放置"低油面告警油量"，也就是保证45分钟飞行的油量即可。

32. **A** 飞机在空中放油时会将燃油冷冻
    B 飞机在空中放油时会将其人工加热
    C 飞机在空中放油时会将燃油稀释
    D 飞机在空中放油时会将燃油雾化

33. **A** 对环境几乎不会产生影响
    B 可能引起森林大火
    C 使高空产生低气压
    D 空中排放的燃油有可能直接滴到头上

정답 및 해설 → 해설서 p.091

34. A 人工拔除效果好
    B 色彩鲜艳
    C 蛋白质含量高
    D 生长在草原最茂盛的地方

35. 如此一来，一道科学难题便
    _____了。

36. A 羊会因狼毒草而无法躲避天敌
    B 食用狼毒草会令羊群上瘾
    C 羊误食了狼毒草后极有可能死亡
    D 羊群会因狼毒草而脱离羊圈

37. A 彻底除掉狼毒草
    B 想办法利用狼毒草
    C 发现狼毒草的特性
    D 让羊吃多种食物来增肥

38. A 给羊注射药剂而脱毒
    B 改良狼毒草使之无毒
    C 增加狼毒草的营养成分
    D 多放牧以增加羊的免疫力

39. A 狼毒草是极好的饲料
    B 要辩证看待事物的利弊
    C 为人处世不能急功近利
    D 畜牧业的改革离不开航天科技

40. 世间万物大多_____，不能因
    其弊而否其利，进而否定整个事物。

정답 및 해설 ➡ 해설서 p.094

41. A 方言并非人类所独有
    B 动物方言产生的原因
    C 不同动物的发音器官
    D 人与动物可以和谐相处

42. A 鸟类的交流与其他动物有差异
    B 乌鸦是语言能力极强的物种
    C 美国的乌鸦报警能力高于法国乌鸦
    D 动物之间的交流系统存在差异

43. A 会危害农作物
    B 是药用昆虫
    C 生活在地高原地区
    D 濒临灭绝

44. A 容易造成噪音污染
    B 蝼蛄的鸣声存在地域差异
    C 雌性蝼蛄鸣声太尖锐
    D 很难录到规律的蝼蛄声

45. A 方言会阻碍动物间的交流
    B 封闭的环境不利于语言学习
    C 当年的蝼蛄灾害没有解决
    D 北方蝼蛄鸣声的吸引力更大

46. 蝼蛄是一种危害农作物的昆虫，它
    们生活于_____，通过挖掘洞
    穴寻找食物。

정답 및 해설 ➡ 해설서 p.096

Day 32　　　　　　●track 35

1. 通过声音和气味区别自己和同类，也是动物有自我意识的表现。

　　A ✓
　　B ×

2. 心理学家为镜子测试专门研制了特殊效果的镜子。

　　A ✓
　　B ×

3. 在镜子测试中，猫顺利地通过了测试。

　　A ✓
　　B ×

4. 能通过镜子测试的动物表示该动物拥有自我意识。

　　A ✓
　　B ×

5. 用镜子来判断动物是否有自我意识是错误的行为。

　　A ✓
　　B ×

정답 및 해설 → 해설서 p.078

Day 33　　　　　　●track 36

6. 金属元素分布于自然环境和人类社会生产中的形式是唯一的。

　　A ✓
　　B ×

7. 海水中的微生物是无法吸收金属的。

　　A ✓
　　B ×

8. 有微生物会优先生长于高含量金属地区。

　　A ✓
　　B ×

9. 微生物有减少土壤重金属污染的作用。

　　A ✓
　　B ×

10. 微生物通过降低重金属元素的毒性来"自救"

　　A ✓
　　B ×

정답 및 해설 → 해설서 p.081

11. 药品的大小主要取决于其添加剂的含量。

A ✓

B ✗

12. "小药片"也可能比"大药片"的含药量高。

A ✓

B ✗

13. 大部分缓释、控释制剂会有外壳包裹。

A ✓

B ✗

14. 对于吞咽有困难的患者来说，把药片掰开、嚼碎后服用的方法也是可行的。

A ✓

B ✗

15. 药物未经肠胃就提前释放会导致脑部血管阻塞。

A ✓

B ✗

정답 및 해설 ➜ 해설서 p.083

16. A 该水域的自然环境不适宜捕捞

B 渔民们大量捕捞小鱼

C 渔民们为了生计、处境捕鱼

D 大部分鱼类改变了栖息地

17. A 有些鱼类存在变异趋势

B 出现了不少不知名珍稀鱼类

C 鱼类资源丰富

D 珍稀鱼类面临生存危机

18. A 尽可能地保护野生鱼类的繁殖

B 人工养殖的味道一样鲜美

C 没有人愿意人工饲养鱼类

D 导致大部分渔夫下岗

19. A 渔民们缺乏培育养殖鱼的技术

B 养殖鱼的增加导致野生鱼不再受欢迎

C 养殖鱼的年产量十分可观

D 养殖鱼的味道远远不及野生鱼

20. A 有助于形成新的食物链

B 造福子孙后代

C 保证长江流域的水位增加

D 缓解捕鱼者的工作压力

정답 및 해설 ➜ 해설서 p.085

21. **A** 基于市民对节约用水的实行程度
    B 尽量避免利用自然资源
    C 洪水不在海绵城市所解决的范围
    D 主要作用是解决水的问题

22. **A** 可针对缺水地区进行"放水"
    B 可以解决生物多样性的自然繁育
    C 提倡市民有弹性的进行放水
    D 有助于城市生态的修复与再造

23. 城镇化最早发生在欧州发达国家，它们的气候条件比较平和，_____也比较均匀。

24. **A** 与市民生活相悖
    B 难以采纳该理念
    C 逐渐被接受
    D 受到政制约

25. 这样没有围墙、把机器当做艺术的公园设计，在当时还是_____的，得到了国际公认。

26. **A** 曾经是自己的故乡
    B 颠覆了传统审美观念
    C 使自己形成了新的设计风格
    D 已被社会各界所公认

27. **A** 要有助人为乐的心态
    B 要学会适时地放弃
    C 要有一颗感恩的心
    D 要具有创新精神

정답 및 해설 → 해설서 p.087

28. 在按计划飞抵目的地时，飞机携带的燃油就基本消耗，其本身的重量也因此_____，符合降落的标准。

29. **A** 机长判断飞机存在自然风险
    B 起飞时的燃油已不足以支撑到目的地
    C 需紧急降落但燃油没有被消耗掉
    D 飞机上燃油的重量超过了飞机本身

30. **A** 放油标准需根据当时的天气而定
    B 必须在降落后确认乘客安全
    C 需将备用油耗尽后方可降落
    D 必须在达到降落标准后留一些预备油

31. 按照有关规章，当飞机因故障_____时，需将燃油量放置"低油面告警油量"，也就是保证45分钟飞行的油量即可。

32. **A** 飞机在空中放油时会将燃油冷冻
    B 飞机在空中放油时会将其人工加热
    C 飞机在空中放油时会将燃油稀释
    D 飞机在空中放油时会将燃油雾化

33. **A** 对环境几乎不会产生影响
    B 可能引起森林大火
    C 使高空产生低气压
    D 空中排放的燃油有可能直接滴到头上

정답 및 해설 → 해설서 p.091

34. **A** 人工拔除效果好
    B 色彩鲜艳
    C 蛋白质含量高
    D 生长在草原最茂盛的地方

35. 如此一来，一道科学难题便
    _____了。

36. **A** 羊会因狼毒草而无法躲避天敌
    B 食用狼毒草会令羊群上瘾
    C 羊误食了狼毒草后极有可能死亡
    D 羊群会因狼毒草而脱离羊圈

37. **A** 彻底除掉狼毒草
    B 想办法利用狼毒草
    C 发现狼毒草的特性
    D 让羊吃多种食物来增肥

38. **A** 给羊注射药剂而脱毒
    B 改良狼毒草使之无毒
    C 增加狼毒草的营养成分
    D 多放牧以增加羊的免疫力

39. **A** 狼毒草是极好的饲料
    B 要辩证看待事物的利弊
    C 为人处世不能急功近利
    D 畜牧业的改革离不开航天科技

40. 世间万物大多_____，不能因
    其弊而否其利，进而否定整个事物。

정답 및 해설 ➜ 해설서 p.094

41. **A** 方言并非人类所独有
    B 动物方言产生的原因
    C 不同动物的发音器官
    D 人与动物可以和谐相处

42. **A** 鸟类的交流与其他动物有差异
    B 乌鸦是语言能力极强的物种
    C 美国的乌鸦报警能力高于法国乌鸦
    D 动物之间的交流系统存在差异

43. **A** 会危害农作物
    B 是药用昆虫
    C 生活在地高原地区
    D 濒临灭绝

44. **A** 容易造成噪音污染
    B 蝼蛄的鸣声存在地域差异
    C 雌性蝼蛄鸣声太尖锐
    D 很难录到规律的蝼蛄声

45. **A** 方言会阻碍动物间的交流
    B 封闭的环境不利于语言学习
    C 当年的蝼蛄灾害没有解决
    D 北方蝼蛄鸣声的吸引力更大

46. 蝼蛄是一种危害农作物的昆虫，它
    们生活于_____，通过挖掘洞
    穴寻找食物。

정답 및 해설 ➜ 해설서 p.096

47. 什么人更容易患"肌肉饥饿症"?

   A 暴饮暴食的肥胖人士

   B 精力旺盛的青少年

   C 肌肉发达的健身教练

   D 缺乏体力劳动的职场人

48. 肌肉的"饥饿感"是如何产生的?

   A 细胞供氧不足

   B 蛋白质摄入不足

   C 骨骼肌发炎

   D 肌肉停止了新陈代谢

49. 肌肉长期处于"饥饿"状态，身体会出现什么问题?

   A 脉搏不正常

   B 胸闷气短

   C 体脂增高

   D 视力不佳

50. **A** 降低血压

   B 定期运动

   C 节食减肥

   D 补充维生素

51. **A** 易疲惫

   B 热量消耗变大

   C 四肢酸痛

   D 头昏脑胀

52. 运动的方式多种多样，而我们追求健康的目标也并不需要过分地 _____ 形式。

정답 및 해설 ➔ 해설서 p.099

독해

제1부분	정확한 답안 선택하기 [28문항]
제2부분	어순 배열하기 [5문항]
제3부분	질문에 단답형으로 답하기 [14문항]

저자직강

7~9급 파악하기

제1부분
총 28문항으로, 4편의 자료로 구성되어 있다. 각 자료에는 7개의 질문이 제시되는데, 응시자는 주어진 4개의 보기 중에서 알맞은 것을 선택해야 한다.

제2부분
총 5문항으로, 6~7개의 단락으로 구성된 자료가 제시된다. 응시자는 방해되는 단락을 제거하고 다른 단락들을 다시 정렬하여 논리적이고 일관된 문장을 만들어야 한다.

제3부분
총 14문항으로, 2개의 자료로 구성되어 있다. 각 자료에는 7개의 질문이 제시되며 응시자는 답을 작성해야 하는데, 10자 이내로 답안을 작성해야 한다.

"무작정 지문부터 읽지 말고 질문부터 읽자"

第 一 部 分

41-47.

⁴¹在中国内陆干旱、半干旱地区，有一类特殊而罕见的湖泊，其湖面呈奇特的粉红色，从高空看，它们就如同镶嵌在大地上的"粉色宝石"一般绚丽，这类湖泊被称为"玫瑰湖"。然而，这美好的景象其实是一种昙花一现式的"赤水"景观。所谓"赤水"景观，就是在特定的条件下，湖水会变得姹紫嫣红，艳丽夺目的现象。

从湖泊的分类来说，大部分玫瑰湖都属于盐湖。中国是世界上盐湖分布最多的国家之一，大大小小的盐湖有一千多个，不过真正称得上"玫瑰湖"的却少之甚少。⁴⁷那么，玫瑰湖的形成究竟需要哪些条件呢？

研究发现，玫瑰湖是在地理、气候、生物等因素的共同作用下而形成的。在这些因素的综合影响下，盐湖的生态达到了某种极其微妙的动态平衡，最终形成了玫瑰湖。

玫瑰湖形成的首要因素是地理条件。分布在中国地区的玫瑰湖有一个共同特征——位于低洼、封闭的盆地内。额吉淖尔、托勒库勒、解池这些玫瑰湖，莫不如是。巴丹吉林玫瑰湖虽然在沙漠里，但整个巴丹吉林沙漠本身就可以被看作是一个大盆地，因为它的四周都被海拔更高的山脉围绕着。⁴²玫瑰湖位于地势低洼的封闭盆地里，是有很大的益处的：可以汇集周围高地的地表径流。此外，由于玫瑰湖地势低，地下水也可通过地高差的渗透来源源不断地补给玫瑰湖。在缺乏其他河流（或湖泊）流水汇入的情况下，地下水的补给对于维持玫瑰湖水量和盐度的平衡 _____。因为光靠有限的地表降水，是根本无法维持盐湖存在的。

其次是气候因素。⁴⁴玫瑰湖属于盐湖，中国只有在降水少、蒸发强的西部地区才有形成玫瑰湖的可能性。中国东部沿海地区也有很多盐田，但都未能形成玫瑰湖，重要原因就是东部沿海地区降水量大，不利于形成高盐度的卤水环境来繁殖一些"自带颜色"的水生生物——这些"自带颜色"的水生生物是形成玫瑰湖的直接原因。

… (中略) …

> 질문의 어휘가 그대로 등장하지 않는 경우도 있다. 비슷한 어휘를 함께 외워 두자.

> 단락을 특정해서 묻는 질문이다. 해당 단락만 빠르게 살펴보자.

41. 根据前两段，可以知道：

 Ⓐ 玫瑰湖极为稀有   B 盐湖中能发掘宝石

 C 盐湖遍及亚洲   D 玫瑰湖盛产玫瑰与昙花

> 대상의 장점을 질문하는 문제이므로, 해당 내용이 있는 부분을 확인하자.

42. 位于低洼盆地对玫瑰湖有什么好处？

 A 避免昼夜温差   Ⓑ 汇集周边水流

 C 保持恒定的温度   D 减少水汽蒸发

… (中略) …

> 질문의 핵심 어휘를 본문에서 찾고 주변에 보기와 비슷한 내용이 있는지 확인해 보자.

46. 为什么说玫瑰湖是宝藏？

 A 是中国重要的盐产地   B 孕育了瑰丽的传统文化

 C 对生态平衡有不可替代的作用 Ⓓ 兼具矿产资源与观赏价值

> 주제를 묻는 내용의 경우, 문장 앞부분이나 맨 뒷부분에 있는 경우가 많다.

47. 上文主要谈的是

 A 玫瑰湖的开发利用   Ⓑ 玫瑰湖的成因

 C 玫瑰湖的地貌   D 玫瑰湖与盐湖的异同

第二部分

69-73.

A 鲸落的最初阶段被称作"移动的清道夫"。该阶段开始于鲸尸下坠的一瞬间。此时，成千上万的
海洋生物会"闻讯而来"，开始食用、分解鲸尸。在这场"饕餮盛宴"中，八目类鳗鱼和鲨鱼最为
活跃，它们以鲸尸中的软组织为食，是鲸落过程中主要的"清道夫"。由于鲸的大小不同，该阶
段通常会持续数月至一年半，在此期间，90%的鲸尸会被分解。

> '고래 낙하'의 가장 첫 단계라고 언급하는 것으로 보아, 고래 낙하 과정 순서를 설명하는 부분에서 첫 번째에 위치한다는 것을 알 수 있다.

B 它是鲸鱼死后，尸体沉入千米以下深海的过程；是鲸鱼这种大型哺乳类动物的尸□
的生态环境；也是海洋中无数生物重要的生命支持体系。据报道，2020年4月3日
在南海首次发现一个约3米长的鲸落。专家也表示，如此完整的自然鲸落十分罕见，
国际上已发现的自然鲸落数目不足50个。

> 앞에 언급한 어떤 것을 지칭함을 알 수 있다. 지시대사는 첫 문단에 올 수 없으므로 이 단락은 첫 문단이 아님을 알 수 있다.

C 当第一场"盛大的聚会"结束后，鲸尸剩下的几乎只有一副骨架。沉入海底的鲸骨将会在海床上
形成一个全新的生态环境，为蠕虫、虾、蟹等甲壳类动物提供适宜的生存条件。这些动物栖居
在鲸骨周围，一边啃食着鲸骨上残留的皮肉，一边为深海提供物种的多样性。因此，第二阶段
也被称作"机会主义者阶段"。

> 위치가 정해져 있는 지문부터 내용을 확인해 보자.

D 如果说海底是一片没有阳光关爱的荒漠，那"鲸落"可谓是深海的"生命之泉"□
而强大的力量，养活着在黑暗中艰难求生的生物，于是便有了"一鲸落，万物生"这句话。何为
鲸落？它指的是鲸鱼死后沉入海底的现象。当鲸在海洋中死去，它的尸体最终会沉入海底，
生物学家赋予这个过程以"鲸落"的名字。

> 전체 내용은 '鲸落'에 관한 내용이지 '鲸爆'에 관련된 내용이 아니므로, 해당 문단은 내용들과 어울리지 않는 다는 것을 알 수 있다.

E 有一种现象被称为"鲸爆"，一头鲸鱼死亡后，体内仍然存在一部分没有被消化□
包括各种微生物，加上各种因素的影响，在鲸鱼体内将会产生越来越多的甲烷□
尸体不断膨胀，当达到一个临界值的时候，尸体就会发生爆炸。专家表示：目前□
鲸爆事件几乎都是搁浅在岸上的鲸鱼导致的。

F 巨型鲸鱼从在深海区域自然死亡并开始下沉，到它们庞大的鲸尸逐渐消失在海底，整个演化过
程可分为四个阶段。由于受鲸鱼个体大小差异、海水深度以及其他环境变量的影响，各阶段所
持续的时间也有所不同。当然，并不是所有的鲸类死后都能形成鲸落。体型较小的鲸类，比如
海豚，由于它的体积小、脂肪含量低，并不会经历与鲸落相同的生态演变阶段。

> 과정이 4단계로 나뉜다고 이야기하고 있으므로, 첫 단계를 설명하고 있는 내용 앞에 와야 한다는 것을 알 수 있다.

G 经过了持续时间长达4至5年的第二阶段后，便是鲸落的第三阶段，此时，它将迎来□
民"——细菌，它们能分解骨头中的脂肪，并排放出大量硫化氢。硫化氢虽对人体有□
以在深海形成一个能够滋养贝壳、蛤、海蜗牛等海洋生物的环境。这个"化能自养□
续50年至100年。

··· (중략) ···

69 → 70 → 71 → 72 → C → 73

第 三 部 分

74-80.

江苏省南通市是一座国家历史文化名城，自后周显德三年（956年）建城至今已有一千多年历史，它位于长江北岸的冲积平原上，气候温和湿润，历史上曾是我国的棉花、布匹生产基地。2019年、2020年我曾两次随退休高级农艺师曹云泉前往南通海滨的通州湾示范区三余镇。曹老在当地有一片试验田，并在那里栽种了一种名为"鸡脚棉"的棉花品种。这种植物因叶片形似鸡爪而得名"鸡脚棉"。[74]该品种棉绒短，故织不了细布，再加上产量低的缘故，这一传统棉种已逐渐淡出人们的视野。直到2012年，因曹老偶然发现一株鸡脚棉的变异品种而"重出江湖"，凭借良好的抗盐碱、抗台风能力，"鸡脚棉"自此便受到科学家们的持续关注。

几百年前，鸡脚棉曾是这片沿海盐碱地上的主要农作物，并因其适合地方土机织造粗纱生产而畅销国内市场。

汉代两淮盐业兴起，南通地区属于淮南盐场的一部分，[75]因而明代以前，当地的经济支柱本是盐业。而后，随着明朝的兴起，黄河河道南侵并夺淮入海，使得大量泥沙在苏中、苏北海滨淤积，海岸线不断东移，南通地区出现大片疏松的盐碱土，十分适宜种棉。南通一带也因此逐渐成为了重要的棉产区。棉花畅销淮北、山东。至清代，南通全部农田的七八成都种植棉花，当地培育的棉种正是鸡脚棉。它的[77]出棉率比彼时江南其他的优质棉种更高。棉业生意越做越大，每逢秋季，南通便商贾云集，连闽、粤商人也会专程乘船来收棉。手工棉纺织业也随之兴起，南通地区逐渐成为重要土布产区，当时的南通有着"时闻机杼声，日出万丈布"之盛况。此外，明朝统治者为了尽快恢复被战乱破坏的社会经济格局，强制农民植桑育蚕，使当地蚕桑业亦有所发展。

19世纪末，清末状元张謇秉持"实业报国"的理想，在家乡南通的通扬运河畔圈地68亩，克服重重困难，[78]历时44个月，于1899年建成了中国第一家民营纺织企业。他取《周易系辞》"天地之大德日生"之意，将工厂命名为"大生纱厂"。为应对纱厂开工后原料供应不足的难题，张謇又将眼光投向沿海滩涂，在盐碱地上垦牧植棉，为纱厂建立了一个可靠的产棉基地。当时，纱厂所用原料仍是以鸡脚棉为主，直到20世纪初，鸡脚棉逐渐被新兴棉种取代，自此沉寂了一个世纪。

… (중략) …

请回答下列问题，答案控制在十个字以内。

73."鸡脚棉"无法纺织细布原因是？

_____

75.明代以前，南通的经济支柱是什么？

> 본문에서 해당 시점이 있는 부분을 빠르게 찾아보자.

… (중략) …

> '商贾云集'라는 포인트 어휘를 지문에서 찾고 주변 내용을 살펴보자.

77.第三段中，划线词语"商贾云集"的意思是什么？

_____

78.张謇耗时多久建成了中国第一家民营纺织企业？

> 질문에서 특정 인물을 언급했으므로, 해당 인물에 대해 이야기하고 있는 부분을 빠르게 찾아 주위 내용을 살펴보자.

… (중략) …

01 세부 내용 파악하기

STEP 1 유형 파악하기

✘ 독해 제1부분은 세부 내용을 파악하여 푸는 문제 출제 비율이 다른 영역에 비해 높다. 지문에서 언급된 원인과 결과, 목적과 방식 등에 관한 구체적인 정보를 묻는 유형으로, 먼저 '질문'에서 핵심 '키워드'를 찾고 지문에서 그 키워드에 해당하는 어휘를 찾아서 앞뒤 내용을 확인하는 방식으로 답을 찾아야 한다.

▶ 출제경향

독해 제1부분에서는 과학기술, 역사, 중국 지역, 문화유산, 건강 등 다양한 주제의 정보를 전달하는 '설명문' 유형의 문제들이 많이 출제된다. 대부분 처음 접하는 생소한 내용이 출제되지만, 반드시 지문 안에 있는 내용에 근거해 답을 찾을 수 있는 질문이므로 질문의 핵심 키워드에 주목하여 답을 잘 찾아보자.

▶ 문제 풀이 비법

1 무작정 지문부터 읽지 말고 질문을 먼저 읽자.

질문의 핵심 어휘가 지문에 반드시 그대로 나오지는 않지만 비슷한 뜻을 가진 어휘를 찾아 앞뒤를 파악하고 정답의 단서를 찾도록 하자.

2 질문의 부정사를 주의하자.

질문에 부정사를 사용하여 질문하는 문제가 많이 늘어났다. 부정사를 활용한 질문은 그 내용을 정확하게 파악하지 않으면 잘못된 답을 찾을 수 있으므로, 질문부터 정확하게 읽자!

3 단락에 관한 질문은 그 단락 안에서 찾을 수 있다.

단락을 착각하여 시간을 허비하지 않도록 질문에서 언급한 단락이 몇 번째 단락인지 정확하게 파악한 후 답을 찾도록 하자.

4 원인/결과를 나타내는 접속사, 핵심 포인트 어휘에 집중하자.

이유나 원인을 묻는 문제는 '因为(왜냐하면)' '由于(~때문에)' '所以(그래서)' '因此(따라서)' '原因(원인)' '理由(이유)'처럼 원인/결과를 나타내는 접속사나 핵심 포인트 어휘 주변에 답이 언급될 확률이 높다.

🌿 제1부분 예제

> 　　沙漠是沙的海洋，而它却并非一片毫无生气的寂静，因为沙是可随意塑造的材料，而风是沙漠的动力，是"才华横溢的设计师"。风在沙漠的面庞上画出最为灵动多变的表情，这就是沙纹、沙丘和沙丘链。沙丘是沙漠最常见的景色，它们大小不同，形态各异，有的高达数百米，比小山还巍峨，也有的十分矮小，仅是一跃而过的沙堆。把视野拉开，观察这些大大小小的沙丘，它们呈现出极其生动的形态，如同羽毛、珍珠、新月、金字塔。大部分沙丘都不是孤立分布的，它们连绵起伏，组合成变幻莫测、浩瀚无边的沙海。
> 　　新月形沙丘——分布在沙漠边缘地区的新月形沙丘，是中国沙漠地区分布最广泛的"经典沙丘"。新月形沙丘通常由单一方向或两个相反方向的风作用而成。强劲的风携带大

量的沙子前进，遇到障碍物时，风的行动变慢了，携带沙子的能力下降，沙子就顺着坡面堆积，当它爬到坡顶时，早已筋疲力尽，只有将剩余的沙子全部卸下来，沙丘两侧的沙子阻碍少，会跑得更快一些，于是在两侧长出顺风延伸的翼角——新月就这样生成了。新月形沙丘链，就是新月形沙丘们手牵手连在一起形成的。

万丈高楼都是一砖一瓦所垒，沙丘亦是如此。复合新月形沙丘，是指在较高大沙丘的迎风坡上层叠着的许多更小的新月形沙丘。像自行车的链条一样横向连接起来，复合新月形沙丘也能形成沙丘链，它们构成了沙漠裙边上更为精美的花边。新月形沙丘是沙漠中最常见、也是最经典的一类，它像一弯新月，也像一个飞镖、一张笑意盈盈的嘴。

格状沙丘——新月形沙丘似乎并不满意单一方向的排列，为了制造点儿"异域风情"，它们你一行我一列，纵横交叉组成了具有浓郁的苏格兰风情的格状沙丘。造就这种沙丘的风，主要来自两个几乎垂直的方向，从而使沙子在着陆后排列成外形像田块的格状形态。

相互垂直的风，如同来回织布的经纬梭子，给沙漠打上整齐的格子，这或许是一种好习惯。格状沙丘是这样的：主方向风形成沙丘链，而次方向风则在沙丘链间产生低矮的沙埂，骆驼队伍可以在这些沙埂上行走。

曲线状沙丘——如果横向的点缀是为了圆润，那么纵向的延伸则是为了曲线，造成飘逸的效果。由于两种风向呈锐角斜交，使得原本的新月形沙丘集中优势兵力，沿着某一个主要方向前进，形成新月形沙垄。这种沙垄的两个弯角不对称，一翼向前延伸很长，另一翼退缩，外形像鱼钩。曲线状沙丘形成仅沿一翼延伸的沙垄，也称线状沙丘，构成了沙漠飘逸的饰带。

羽毛状沙丘——沙漠里也有天使来过，将根根羽毛撒落。羽毛状沙丘的命名是由于在沙丘的中间有一道凸出的沙垄，很像羽轴，而与这道沙垄垂直、分布于两侧的小沙丘则是那毛茸茸的羽毛了。"羽轴"其实就是一条新月形沙丘链，"羽毛"则是粗细沙粒形成的明暗相间地带。尽管人们对羽毛状沙丘的了解还不是很透彻，但并不妨碍我们欣赏它的灵动。这种神秘的羽毛状沙丘，只存在于库姆塔格沙漠中，独一无二。东北至西南方向延伸的巨大沙垄，是羽毛中间那根粗粗的羽轴，而平行排列纵横垄间的舌状沙埂，则是明暗相间的羽毛。

穹状沙丘——在浩瀚的沙海中，散落着一颗颗明亮的珍珠，这些便是穹状沙丘，又称圆状沙丘。穹状沙丘是庞大的复合沙丘，小沙丘在其上层层叠叠。完整的穹状沙丘像个圆形屋顶，比较少见，它们一般凌乱不规则地孤立分布，也有相连的。沙丘两侧斜坡较对称，次一级沙丘层层叠置其上，没有明显高大的斜坡，长、宽大致相等。从地面看起来，有的还真像埋在沙中的圆馒头。在也门的沙海中，一群饼状沙丘爬上了一座巨大的穹状沙丘，风吹啊吹的，它们就要变成新月形沙丘了。巨大的穹状沙丘一个接一个，延伸得很远很远。

1 关于沙漠的说法，错误的是：

    A 并不是一片毫无生气的寂静

    B 沙纹、沙丘和沙丘链构成了沙漠灵动多变的表情

    C 沙漠中各自孤立的沙丘组成了变幻莫测的沙海

    D 沙漠是最常见的景色

2 第一段中，风又是"才华横溢的设计师"使用了什么修辞手法：

    A 下定义   **B** 排比   **C** 比喻   **D** 举例

3 关于新月形沙丘，下列说法正确的是：

    A 是世界沙漠分布最为广泛的"经典"沙丘

    B 是一砖一瓦垒起来的

    C 新月形沙丘连在一起形成了新月形沙丘链

    D 主要分布在沙漠中心地区

4 关于格状沙丘，下列说法正确的是：

    A 由新月形沙丘纵横交叉形成的

    B 在不同方向的风的作用下形成

    C 骆驼队在主风方向形成的沙埂上行走

    D 新月形沙丘并不满意格状沙丘的排列

5 关于线状沙丘，下列说法不正确的是：

    A 是在相互垂直方向的风的作用下形成的

    B 由新月形沙垄发展变化而来

    C 体现了沙漠的曲线之美

    D 两个弯角不对称

6 关于穹状沙丘，下列说法正确的是：

    A 完整的穹状沙丘比较常见，它们孤立分布在浩瀚沙海中

    B 穹状沙丘两侧斜坡较对称

    C 穹状沙丘是庞大的新月形复合沙丘链

    D 具有生产珍珠的神奇功能

7 关于沙漠表情的说法正确的是：

    A 沙漠的表情是灵动多变的

    B 沙纹是沙漠最常见的景色

    C 在风的作用下，新月形沙丘链构成了变幻莫测的沙海

    D 风和沙是可随意塑造的优质材料

1 D [沙漠 사막 / 沙丘 사구] 사막에 대해 잘못 설명한 것을 묻는 문제로, 보기 A, B, C는 첫 번째 단락에서 언급된 내용이다. 본문에서 '사막에서 흔히 볼 수 있는 풍경'이라고 언급한 것은 '사막'이 아니라 '사구'였으므로 틀린 내용은 보기 D이다.

2 C [比喻 비유하다] '바람'이라는 사물을 '재능이 넘치는 디자이너'라며 직업에 비유한 표현이므로 답은 C이다.

3 C [A就是B A는 바로 B이다] 두 번째 단락 끝에서 초승달형 횡사구는 초승달 사구가 손에 손잡고 이어져 생긴 것이라고 언급했으므로, 답은 C이다. 본문에서는 초승달 사구가 '중국' 사막 지역에 광범위하게 퍼진 전형적인 사구라고 했으므로, '세계'라고 말한 A는 답이 될 수 없으며, 보기 B는 초승달 사구가 여러 개가 겹쳐져 있는 복합 초승달 사구의 특징이다. 보기 D는 본문에 언급되지 않았다.

4 A [纵横 가로세로] 본문에 언급된 내용이 교묘하게 다르게 보기로 출제되어 어렵게 느껴질 수 있는 문제였다. 본문의 내용을 정확히 언급한 보기 A가 정답이다. 격자형 사구는 '서로 다른 방향의 바람'이 아니라 '수직인 방향에서 불어오는 바람'에 의해 형성된다고 했고(B), 낙타 행렬은 '주 바람 방향'으로 형성된 모래 둔덕이 아니라 '다음 방향'에서 부는 바람으로 형성된 모래 둔덕 위를 걸을 수 있다고 했으므로(C) 보기 B와 C는 정답이 될 수 없다. 보기 D는 본문에 언급되지 않았다. 본문에 언급되지 않은 것은 상식상 맞다고 해도 답이 될 수 없다.

5 A [不对称 비대칭이다] 질문의 핵심 어휘인 '线状沙丘'는 본문에서 '曲线状沙丘'로 언급되고 있다. 선형 사구는 곡선형 사구의 다른 말로, 곡선형 사구(/선형 사구)에 대한 설명은 여섯 번째 단락에서 찾아볼 수 있다. 보기 A는 '격자형 사구'에 대한 내용이므로 답은 A이다. 답을 빨리 찾기 힘들 때는 소거법을 사용하자!

6 B [两侧斜坡较对称 양측 경사가 대칭이다] 마지막 단락에서 활 모양 사구는 사구의 양측 경사면이 대칭적인 편이라고 했으므로 답은 B이다. 완전한 활 모양 사구는 흔치 않다고 했으므로 A는 답이 될 수 없으며, 작은 사구가 그 뒤에 겹겹이 쌓여 있는 복합 사구라고 했으므로 C 또한 답이 될 수 없다.

7 A [灵动多变 역동적이고 변화무쌍하다] 첫 번째 단락에서 바람이 사막의 얼굴에 가장 역동적이고 변화무쌍한 표정을 넣는다고 했다. 따라서 답은 A임을 알 수 있다.

沙漠是沙的海洋，[1]而它却并非一片毫无生气的寂静，因为沙是可随意塑造的材料，而风是沙漠的动力，是"才华横溢的设计师"。[1,7]风在沙漠的面庞上画出最为灵动多变的表情，这就是沙纹、沙丘和沙丘链。[1]沙丘是沙漠最常见的景色，它们大小不同，形态各异，有的高达数百米，比小山还巍峨，也有的十分矮小，仅是一跃而过的沙堆。把视野拉开，观察这些大大小小的沙丘，它们呈现出极其生动的形态，如同羽毛、珍珠、新月、金字塔。[1]大部分沙丘都不是孤立分布的，它们连绵起伏，组合成变幻莫测、浩瀚无边的沙海。

사막은 모래의 바다이지만, [1]사막이 생기가 전혀 없이 고독하기만 한 것은 아니다. 왜냐하면 모래는 마음껏 모양을 바꿀 수 있는 자재이고, 바람은 사막의 동력이자 '재능이 넘치는 디자이너'이기 때문이다. [1,7]바람은 사막의 얼굴에 가장 역동적이고 변화무쌍한 표정을 그려 넣는다. 이것이 바로 모래 무늬, 사구와 횡사구이다. [1]사구는 사막에서 가장 흔히 볼 수 있는 풍경으로, 크기와 형태가 제각각이다. 어떤 것은 높이가 수백 미터에 이르러 작은 산보다도 우뚝 솟아 있고, 어떤 것은 매우 낮아서 단숨에 오를 수 있는 모래 더미에 불과하기도 하다. 시야를 넓혀 이렇게 크고 작은 사구를 관찰하다 보면 사구는 깃털, 진주, 초승달, 피라미드와 같이 매우 생동감 있는 모습을 보여 준다. [1]대부분의 사구는 고립되어 분포하지 않고 굽이굽이 이어져 변화무쌍하고 끝없이 광대한 모래의 바다를 이룬다.

新月形沙丘——分布在沙漠边缘地区的新月形沙丘，是中国沙漠地区分布最广泛的"经典沙丘"。新月形沙丘通常由单一方向或两个相反方向的风作用而成。强劲的风携带大量的沙子前进，遇到障碍物时，风的行动变慢了，携带沙子的能力下降，沙子就顺着坡面堆积，当它爬到坡顶时，早已筋疲力尽，只有将剩余的沙子全部卸下来，沙丘两侧的沙子阻碍少，会跑得更快一些，于是在两侧长出顺风延伸的翼角——新月就这样生成了。[3]新月形沙丘链，就是新月形沙丘们手牵手连在一起形成的。

万丈高楼都是一砖一瓦所垒，沙丘亦是如此。复合新月形沙丘，是指在较高大沙丘的迎风坡上层叠着的许多更小的新月形沙丘。像自行车的链条一样横向连接起来，复合新月形沙丘也能形成沙丘链，它们构成了沙漠裙边上更为精美的花边。新月形沙丘是沙漠中最常见、也是最经典的一类，它像一弯新月，也像一个飞镖、一张笑意盈盈的嘴。

[4]格状沙丘——新月形沙丘似乎并不满意单一方向的排列，为了制造点儿"异域风情"，它们你一行我一列，纵横交叉组成了具有浓郁的苏格兰风情的格状沙丘。造就这种沙丘的风，主要来自两个几乎垂直的方向，从而使沙子在着陆后排列成外形像田块的格状形态。

相互垂直的风，如同来回织布的经纬梭子，给沙漠打上整齐的格子，这或许是一种好习惯。格状沙丘是这样的：主方向风形成沙丘链，而次方向风则在沙丘链间产生低矮的沙埂，骆驼队伍可以在这些沙埂上行走。

曲线状沙丘——如果横向的点缀是为了圆润，那么纵向的延伸则[5]是为了曲线，造成飘逸的效果。由于两种风向呈锐角斜交，[5]使得原本的新月形沙丘集中优势兵力，沿着某一个主要方向前进，形成新月形沙垄。这种沙垄的[5]两个弯角不对称，一翼向前延伸很长，另一翼退缩，外形像鱼钩。曲线状沙丘形成仅沿一翼延伸的沙垄，也称线状沙丘，构成了沙漠飘逸的饰带。

초승달 사구: 사막의 변두리에 분포하는 초승달 사구는 중국 사막 지역에 가장 광범위하게 분포하고 있는 '전형적인 사구'이다. 초승달 사구는 보통 한 방향이나 양쪽의 반대 방향에서 부는 바람에 의해 생겨난다. 강한 바람이 대량의 모래를 가지고 이동하다가 장애물을 만나면 바람의 속도가 늘어지고 모래를 가지고 이동하는 능력이 떨어지면서 모래가 언덕면을 따라 쌓이게 되는데, 언덕 꼭대기까지 올라가고 나면 바람은 이미 힘이 다해 남은 모래를 다 두고 갈 수밖에 없게 된다. 사구 양측의 모래는 방해가 적어 바람의 속도는 더 빠른데, 이로 인해 양측에는 바람에 따라 길게 늘어진 날개가 생긴다. 초승달 모양은 이렇게 형성되는 것이다. [3]초승달형 횡사구는 바로 초승달 사구가 손에 손잡고 이어져서 생긴 것이다.

높은 빌딩도 벽돌 하나, 기와 하나가 쌓여서 이루어져 있듯이, 사구도 마찬가지이다. 복합 초승달 사구란 높고 거대한 사구의 바람을 맞는 면 위쪽에 수많은 작은 초승달 사구가 중첩되어 있는 것을 일컫는다. 자전거의 사슬처럼 가로로 연결되어 복합 초승달 사구도 횡사구를 형성할 수 있으며, 이들은 사막의 치맛자락에 더욱더 아름다운 자수를 수놓고 있다. 초승달 사구는 사막에서 가장 흔히 볼 수 있으며 가장 전형적인 사구의 일종으로, 휘어진 초승달 같기도, 부메랑 같기도, 빙그레 미소 짓는 입꼬리 같기도 하다.

[4]격자형 사구: 초승달 사구가 한 방향 배열에 만족하지 못한 듯하다. '이국적 풍취'를 자아내기 위해 이들은 가로로 한 줄, 세로로 한 줄로 종횡이 교차하면서 스코틀랜드의 풍취가 묻어나는 격자형 사구를 만들어 냈다. 이런 사구를 만들어 낸 바람은 두 개의 거의 수직인 방향에서 불어오는데, 이에 모래가 땅에 떨어지면 밭 전 자 모양의 격자 형태로 배열된다.

서로 수직으로 부는 바람은 오며 가며 베를 짜는 씨실과 날실의 북처럼 사막에 가지런한 격자무늬를 새긴다. 이것은 어쩌면 좋은 습관일 수도 있다. 격자형 사구는 이렇게 형성된다. 주 방향의 바람이 횡사구를 형성하고, 다음 방향에서 부는 바람이 횡사구 사이에 낮은 모래 둔덕을 만든다. 낙타 대열은 이 모래 둔덕 위를 걸을 수 있다.

곡선형 사구: 가로로 점을 찍는 것이 매끄러움을 위한 것이라면 세로로 뻗어 나가는 것은 [5]곡선으로 고상함을 주기 위해서이다. 두 바람의 방향이 예각으로 빗겨가기에 [5]기존의 초승달 사구를 우세 병력으로 삼아 특정 방향을 따라 전진하게 되는데, 이렇게 초승달형 모래 둔덕이 형성된다. 이러한 모래 둔덕은 [5]두 모서리 각이 대칭되지 않고, 한 모서리는 앞으로 길게 뻗어 있는 반면, 한 모서리는 위축되어서 낚시 바늘과 같은 형상이 된다. 곡선형 사구는 한 모퉁이만 길게 뻗은 모래 둔덕을 형성하여 선형 사구라고도 불린다. 이 사구는 사막의 흩날리는 장식 띠가 되어 준다.

羽毛状沙丘——沙漠里也有天使来过，将根根羽毛撒落。羽毛状沙丘的命名是由于在沙丘的中间有一道凸出的沙垄，很像羽轴，而与这道沙垄垂直、分布于两侧的小沙丘则是那毛茸茸的羽毛了。"羽轴"其实就是一条新月形沙丘链，"羽毛"则是粗细沙粒形成的明暗相间地带。尽管人们对羽毛状沙丘的了解还不是很透彻，但并不妨碍我们欣赏它的灵动。这种神秘的羽毛状沙丘，只存在于库姆塔格沙漠中，独一无二。东北至西南方向延伸的巨大沙垄，是羽毛中间那根粗粗的羽轴，而平行排列纵横垄间的舌状沙埂，则是明暗相间的羽毛。

穹状沙丘——在浩瀚的沙海中，散落着一颗颗明亮的珍珠，这些便是穹状沙丘，又称圆状沙丘。穹状沙丘是庞大的复合沙丘，小沙丘在其上层层叠叠。完整的穹状沙丘像个圆形屋顶，比较少见，它们一般凌乱不规则地孤立分布，也有相连的。⁶沙丘两侧斜坡较对称，次一级沙丘层层叠置其上，没有明显高大的斜坡，长、宽大致相等。从地面看起来，有的还真像埋在沙中的圆馒头。在也门的沙海中，一群饼状沙丘爬上了一座巨大的穹状沙丘，风吹啊吹的，它们就要变成新月形沙丘了。巨大的穹状沙丘一个接一个，延伸得很远很远。

1 关于沙漠的说法，错误的是：

　　A 并不是一片毫无生气的寂静

　　B 沙纹、沙丘和沙丘链构成了沙漠灵动多变的表情

　　C 沙漠中的沙丘组成了变幻莫测的沙海

　　D 沙漠是最常见的景色

2 第一段中，风又是"才华横溢的设计师"使用了什么修辞手法：

　　A 下定义　　B 排比　　C 比喻　　D 举例

3 关于新月形沙丘，下列说法正确的是：

　　A 是世界沙漠分布最为广泛的"经典"沙丘

　　B 是一砖一瓦垒起来的

　　C 新月形沙丘连在一起形成了新月形沙丘链

　　D 主要分布在沙漠中心地区

깃털형 사구: 사막에도 천사가 와서 깃털을 떨어트리고 간 적이 있다. 깃털형 사구는 사구의 중간에 뛰어나온 모래 둔덕이 있는데, 이것이 깃대와 같고, 이 모래 둔덕 양옆에 수직으로 양측에 분포하고 있는 작은 모래 언덕이 보송보송한 깃털 같아서 붙은 이름이다. '깃대'는 사실 바로 초승달형 횡사구이고, '깃털'은 크고 작은 모래 입자가 형성한 명암 사이의 지대이다. 깃털형 사구에 대한 사람들의 이해도는 높지는 않지만 그 역동성을 감상하기에는 불편함이 없다. 이 신비한 깃털형 사구는 유일하게 쿰탁 사막에만 있다. 북동에서 남서 방향으로 뻗은 거대한 모래 둔덕은 깃털 중간의 두꺼운 깃대이며, 평행하게 놓인 가로세로의 둔덕 사이에 있는 혓바닥 모양의 모래 구덩이는 명암이 서로 교차하는 깃털이다.

활 모양 사구: 드넓은 모래 바다에는 반짝이는 진주가 뿌려져 있는데, 이것이 바로 활 모양 사구, 또는 원형 사구이다. 활 모양 사구는 커다란 복합 사구로, 작은 사구가 그 위에 겹겹이 쌓여있다. 완전한 활 모양 사구는 원형 지붕같이 생겼는데, 흔치 않다. 활 모양 사구는 보통 어수선하고 불규칙하게 독립적으로 분포되어 있고, 연결되어 있기도 하다. ⁶사구의 양측 경사면은 대칭적인 편이며, 그 다음 급의 사구가 그 위에 겹겹이 쌓여 있고 뚜렷하게 높은 경사는 없이 길이와 크기가 얼추 비슷하다. 지면에서 보면 어떤 것은 정말 모래에 묻어둔 둥근 찐빵같이 생기기도 했다. 예멘에 있는 모래 바다에는 쿠키 모양의 사구군이 거대한 활 모양 사구를 올라탔는데, 바람이 불어오는 것에 따라 초승달 사구로 변해가고 있다. 거대한 활 모양 사구가 하나하나 이어져 무척 길어진 것이다.

1 사막에 대한 것으로 틀린 것은?

　　A 생기가 전혀 없이 고독하기만 한 것은 아니다

　　B 모래 무늬와 사구, 횡사구는 사막의 역동적인 표정이 되어준다

　　C 사막에는 사구가 변화무쌍한 모래 바다를 형성했다

　　D 사막은 가장 흔히 볼 수 있는 풍경이다

2 첫 번째 단락에서 바람은 '재능이 넘치는 디자이너'라는 말은 어떠한 수사법을 사용했는가?

　　A 정의　　B 대구법　　C 비유　　D 예시

3 초승달 사구에 대한 것으로 옳은 것은?

　　A 세계 사막에 가장 널리 분포되어 있는 '전형적인' 사구이다

　　B 벽돌과 기와가 하나하나 쌓여 있다

　　C 초승달 사구가 이어져 초승달형 횡사구를 형성했다

　　D 주로 사막의 중심 지대에 분포하고 있다

4 关于格状沙丘，下列说法正确的是：

A 由新月形沙丘纵横交叉形成的

B 在不同方向的风的作用下形成

C 骆驼队在主风方向形成的沙埂上行走

D 新月形沙丘并不满足格状沙丘的排列

5 关于线状沙丘，下列说法不正确的是：

A 是在相互垂直方向的风的作用下形成的

B 由新月形沙垄发展变化而来

C 体现了沙漠的曲线之美

D 两个弯角不对称

6 关于穹状沙丘，下列说法正确的是：

A 完整的穹状沙丘比较常见，它们孤立分布在浩瀚沙海中

B 穹状沙丘两侧斜坡较对称

C 穹状沙丘是庞大的新月形复合沙丘链

D 具有生产珍珠的神奇功能

7 关于沙漠表情的说法正确的是：

A 沙漠的表情是灵动多变的

B 沙纹是沙漠最常见的景色

C 在风的作用下，新月形沙丘链构成了变幻莫测的沙海

D 风和沙是可随意塑造的优质材料

4. 격자형 사구에 대한 것으로 옳은 것은?

A 초승달 사구가 가로세로로 교차하면서 형성된 것이다

B 서로 다른 방향의 바람으로 형성되었다

C 낙타 대열은 주 바람 방향으로 형성된 모래 둔덕 위로 가면 된다

D 초승달 사구는 격자형 사구의 배열에 만족하지 않는다

5 선형 사구에 대한 설명으로 옳지 않은 것은?

A 수직 방향의 바람으로 생겨난 것이다

B 초승달형 모래 둔덕에서 변화된 것이다

C 사막의 곡선의 미를 보여 준다

D 두 모퉁이가 비대칭적이다

6 활 모양 사구에 대한 것으로 옳은 것은?

A 완전한 활 모양 사구는 흔히 볼 수 있고, 이들은 드넓은 모래 바다에 독립적으로 분포되어 있다

B 활 모양 사구의 양측 경사는 대칭적인 편이다

C 활 모양 사구는 방대한 초승달형 복합 횡사구이다

D 진주를 만들 수 있는 신비한 기능이 있다

7 사막의 표정에 대한 말로 정확한 것은?

A 사막의 표정은 역동적이고 변화무쌍하다

B 모래 무늬는 사막에서 가장 흔히 볼 수 있는 풍경이다

C 바람의 영향으로 초승달형 횡사구는 변화무쌍한 모래 바다를 구성한다

D 바람과 모래는 마음껏 모양을 바꿀 수 있는 뛰어난 자재이다

★并非 bìngfēi 图 결코 ~하지 않다, 결코 ~가 아니다 | ★毫无 háowú 图 조금도 ~가 없다 | ★寂静 jìjìng 圈 조용하다, 고요하다 | ★随意 suíyì 图 (자기) 마음대로, 뜻대로, 내키는 대로 | ★塑造 sùzào 图 (진흙 등으로) 빚어서 만들다, 조소하다 | 动力 dònglì 圈 동력 | ★才华 cáihuá 圈 재능 | 横溢 héngyì 图 (재능·기분 등이) 넘치다 | 设计师 shèjìshī 圈 디자이너, 설계사 | 面庞 miànpáng 圈 얼굴 | 最为 zuìwéi 图 가장, 제일, 맨 먼저 [2음절의 형용사나 동사 앞에 놓여 최상급을 나타냄] | 灵动 língdòng 圈 민첩하다, 재빠르다 | 多变 duōbiàn 圈 다채롭다, 변화 있는 | 纹 wén 圈 무늬 | 沙丘 shāqiū 圈 사구, 모래언덕 | 沙丘链 shāqiūliàn 圈 횡사구 | 常见 chángjiàn 图 흔히 보는, 늘 보이는 | 形态 xíngtài 圈 형태 [사물의 형상이나 표현 방식] | 各异 gèyì 圈 제각각 | 巍峨 wēi'é 圈 (산·건물이) 우뚝 솟은 모양, 높고 큰 모양 | 跃 yuè 图 뛰다, 도약하다, 뛰어오르다 | 视野 shìyě 圈 시야 | 拉开 lākāi 图 넓히다 | 呈现 chéngxiàn 图 나타나다, 드러나다 | 如同 rútóng 图 마치 ~와 같다, 흡사하다 | 羽毛 yǔmáo 圈 깃털 | 珍珠 zhēnzhū 圈 진주 | 新月 xīnyuè 圈 초승달 | 金字塔 jīnzìtǎ 圈 피라미드 | 孤立 gūlì 圈 고립하다, 고립시키다 | 连绵 liánmián 圈 (산맥·강·눈·비 등이) 끊임없이 이어지다, 연속되다 | 起伏 qǐfú 图 (산이) 기복을 이루다 [지세가 높아졌다 낮아졌다 하는 것] | 组合 zǔhé 图 조합하다, 짜 맞추다, 한데 묶다 | 变幻莫测 biànhuànmòcè 圈 변화무쌍하다 | 浩瀚 hàohàn 圈 광대하다, 무수히 많다 | 无边 wúbiān 圈 끝없다 | 边缘 biānyuán 圈 가장자리, 변두리 | 单一 dānyī 圈 단일하다 | 强劲 qiángjìng 圈 강력하다, 세차다 | 携带 xiédài 图 휴대하다, 지니다, 데리다 | 沙子 shāzi 圈 모래 | 前进 qiánjìn 图 앞으로 나아가다, 전진하다 | 障碍物 zhàng'àiwù 圈 장애물 | 下降 xiàjiàng 图 떨어지다, 낮아지다 | 顺着 shùnzhe 图 ~에 따르다 | 坡面 pōmiàn 圈 경사면, 비탈면 | 堆积 duījī 图 (사물이) 쌓여 있다, 쌓이다, 퇴적되다 | 坡顶 pōdǐng 圈 언덕 꼭대기 | 筋疲力尽 jīnpílìjìn 圈 기진맥진하다 | 剩余 shèngyú 图 남기다, 남겨 두다 | 卸 xiè 图 짐을 내리다 | 两侧 liǎngcè 圈 양측, 양쪽 | 阻碍 zǔ'ài 图 방해하다 | 顺风 shùnfēng 圈 바람, 순풍 | 延伸 yánshēn 图 펴다, 늘이다, 확장하다, 뻗어 나가다 | 翼 yì 圈 날개 | 生成 shēngchéng 图 생성되다 | 牵 qiān 图 끌다, 끌어 잡아당기다, 잡아 끌다 | 连 lián 图 잇다, 붙이다, 잇대다 | 万丈 wànzhàng 圈 아주 높거나 길다 | 高楼 gāolóu 圈 빌딩 | ★砖 zhuān 圈 벽돌 | ★瓦 wǎ 圈 기와 | 垒 lěi 图 (벽돌·돌·흙 따위로) 쌓다 | ★亦 yì 图 또한, 또, 역시 | 如此 rúcǐ 圈 이와 같다, 이러하다 | ★复合 fùhé 图 복합하다 | 迎风 yíngfēng 图 바람을 맞다 | 链条 liàntiáo 圈 사슬, 체인 | ★横向 héngxiàng 圈 가로 | 连接 liánjiē 图 잇달다, 연결되다 | 构成 gòuchéng 图 구성하다, 형성하다 | 精美 jīngměi 圈 정교하다, 아름답다 | 飞镖 fēibiāo 圈 부메랑 | 笑意 xiàoyì 圈 미소, 웃음 | 盈盈 yíngyíng 圈 [웃음을 함빡 머금은 모양] | 格状 gézhuàng 圈 격자형 | 异域 yìyù 圈 이국, 외국 | ★风情 fēngqíng 圈 풍향, 바람의 상황 | 纵横交叉 zònghéng jiāochā 图 종횡으로 교차하다 | ★浓郁 nóngyù 圈 (향기 등이) 짙다, 그윽하다 | 苏格兰 Sūgélán 고유 스코틀랜드 | ★造就 zàojiù 图 만들어 내다, 육성해 내다, 양성해 내다 | 垂直 chuízhí 圈 수직의 | 着陆 zhuólù 图 떨어지다, 착지하다 | 田 tián 圈 밭, 경작지 | 织布 zhībù 图 베를 짜다 | 经纬 jīngwěi 圈 (직물의) 날줄과 씨줄 | 梭子 suōzi 圈 북 | 格子 gézi 圈 격자 | 骆驼 luòtuo 圈 낙타 | 队伍 duìwu 圈 (조직적인) 대열, 행렬, 대오 | 埂 gěng 圈 둔덕 | ★行走 xíngzǒu 图 걷다, 길을 가다 | 曲线状 qūxiànzhuàng 圈 곡선형 | ★点缀 diǎnzhui 图 단장하다, 꾸미다, 장식하다, 돋보이게 하다 | 圆润 yuánrùn 圈 매끄럽다 | 飘逸 piāoyì 圈 고상하다, 우아하다 | 锐角 ruìjiǎo 圈 예각 | 斜 xié 圈 기울다, 비스듬하다, 비뚤다 | ★原本 yuánběn 图 원래, 본래 | 兵力 bīnglì 圈 병력 | 沿着 yánzhe ~를 따라서 | 垄 lǒng 圈 둔덕 |

弯角 wānjiǎo 명 모서리 | ★对称 duìchèn 형 (도형이나 물체가) 대칭이다 | ★退缩 tuìsuō 동 위축되다, 움츠러들다 | ★外形 wàixíng 명 외형 | 鱼钩 yúgōu 명 낚시 바늘 | 线状 xiànzhuàng 명 선형 | 饰带 shìdài 명 장식 띠 | 羽毛状 yǔmáozhuàng 명 깃털형 | ★天使 tiānshǐ 명 천사 | 撒落 sǎluò 동 떨어지다, 내리다 | ★命名 mìngmíng 동 명명하다, 이름짓다 | ★凸 tū 형 볼록 튀어나오다 | 羽轴 yǔzhóu 깃대 | 茸茸 róngróng 형 보송보송하다, 보들보들하다 | 粗细 cūxì 굵거나 가늘다 | 沙粒 shālì 모래알 | 明暗 míng'àn 명 명암 | 相间 xiāngjiàn 동 (서로 다른 사람이나 사물이) 서로 떨어져 있다 | 地带 dìdài 명 지대, 지역 | ★透彻 tòuchè 형 사리가 밝고 확실하다 | 库姆塔格 Kùmǔtǎgé 고유 쿰탁 [사막 이름] | 独一无二 dúyīwú'èr 성 유일하다, 하나밖에 없다, 같은 것이 없다 | 粗粗 cūcū 형 두껍다, 굵다. 굵직하다 | 平行 píngxíng 형 평행하다 | 舌状 shézhuàng 명 혓바닥 모양 | 穹状 qióngzhuàng 명 활 모양 | 散落 sànluò 동 흩어져 떨어지다 | 圆状 yuánzhuàng 명 원형 | 庞大 pángdà 형 (형체·조직·수량 등이) 매우 크다 [지나치게 많거나 크다는 의미로 사용함] | 层层叠叠 céngcéng diédié 여러 겹으로 겹쳐 있다 | 屋顶 wūdǐng 명 지붕, 옥상 | 少见 shǎojiàn 형 드물다, 보기 드물다, 희귀하다 | 凌乱 língluàn 형 어수선하다, 혼란하다, 질서가 없다 | ★相连 xiānglián 동 연결되다 | 斜坡 xiépō 명 경사면 | 层层 céngcéng 형 [여러 층으로 거듭 포개어진 모양] | 宽大 kuāndà 형 (면적이나 용적 따위가) 넓다 | 相等 xiāngděng 동 (수량·분량·정도 등이) 같다, 대등하다 | 地面 dìmiàn 명 지면, 지표 | 看起来 kànqǐlai 보기에 ~하다, 보아하니 ~하다 | 埋 mái 동 묻다, 파묻다, 매장하다 | 也门 Yěmén 고유 예멘 [지명] | 风吹 fēngchuī 동 바람을 맞다 | 排比 páibǐ 명 대구법 [비슷한 성질의 문장구조를 배열하여 강조함] | ★才华 cáihuá 명 재능 | 横溢 héngyì 동 (재능·기분 등이) 넘치다 | 修辞 xiūcí 명 수사 | 手法 shǒufǎ 명 (예술 작품의) 수법, 기교, 솜씨 | ★定义 dìngyì 명 정의 | 比喻 bǐyù 명 비유 | ★举例 jǔlì 명 예시 | 体现 tǐxiàn 동 구체적으로 드러내다, 구현하다 | ★神奇 shénqí 형 신기하다, 기묘하다, 신비롭고 기이하다 | 优质 yōuzhì 형 질이 우수하다, 양질의

STEP 2 내공 쌓기 ●track 44

질문에서 묻고자 하는 핵심 키워드를 잘 파악하고 지문에서 해당 내용을 찾아야 한다. 질문과 지문에서 서로 호응하는 문구나 어휘들을 잘 찾으면 답을 찾는 데 훨씬 유리하다.

1 빈출 질문 유형

독해 제1부분은 지문이 긴 만큼 지문을 읽기 전에 질문을 먼저 읽고 핵심 키워드를 찾는 것이 좋다. 세부 내용 파악하기 유형은 긴 지문에서 각 질문이 묻고자 하는 내용을 찾아야 하기 때문에 정확한 핵심 어휘를 찾는 것이 중요하다. 핵심 키워드는 지문에 그대로 출제될 수도 있고 비슷한 표현으로 출제될 수도 있다.

∨ 根据第三段可以知道： 세 번째 단락에서 알 수 있는 것은?

∨ ……什么看法？ ~ 무슨 견해인가?

∨ 下列哪项不属于……？ 다음 중 ~에 속하지 않는 것은?

∨ 根据前两段，可以知道： 앞의 두 단락에서 알 수 있는 것은?

∨ 为什么……？ 왜 ~인가?

∨ 关于……下列说法正确的是： ~에 대한 것으로 옳은 것은?

∨ 关于……，可以知道什么？ ~에 관해서 알 수 있는 것은 무엇인가?

∨ 下列哪项不是……？ 다음 중 ~가 아닌 것은?

∨ 根据第六段，……有什么特点？ 여섯 번째 단락에 따르면 ~는 무슨 특징이 있는가?

∨ 第二段提到了哪方面的内容？ 두 번째 단락은 어떤 방면의 내용을 언급했는가?

∨ 第二段没有提到……？ 두 번째 단락에서 언급되지 않은 것은?

과학/기술	高新技术 gāoxīn jìshù 하이테크 | 网络 wǎngluò 몡 인터넷 | 数据 shùjù 몡 데이터 | 大数据 dà shùjù 빅데이터 | 用户 yònghù 몡 사용자 | 指纹 zhǐwén 몡 지문 | 人脸识别(系统) rénliǎn shíbié (xìtǒng) 안면 인식 (시스템) | 搜索 sōusuǒ 됭 검색하다 | 分析 fēnxī 됭 분석하다 | 有声书 yǒushēngshū 오디오북 | 编程 biānchéng 코딩 | 打卡 dǎkǎ (인터넷으로) 출석 체크하다, 인증하다 | 应用软件 yìngyòng ruǎnjiàn 응용프로그램 | 换脸 huàn liǎn 얼굴 바꾸기 [딥페이크] | 数字 shùzì 몡 디지털형 | 网络攻击 wǎngluò gōngjī 사이버 공격 | 虚拟现实 xūnǐ xiànshí 가상현실 | 虚拟人 xūnǐrén (사이버상의) 가상 인물 | 元宇宙 yuányǔzhòu 몡 메타버스 | 平台 píngtái 몡 플랫폼 | 人工智能 réngōng zhìnéng 인공지능 | 语音识别 yǔyīn shíbié 음성인식 | 无人驾驶汽车 wúrén jiàshǐ qìchē 무인 자동차 | 电动汽车 diàndòng qìchē 전기자동차 | 电动汽车补贴 diàndòng qìchē bǔtiē 전기자동차 보조금 | 飞行车 fēixíng chē 플라잉카 | 机器人 jīqìrén 몡 로봇 | 基因 jīyīn 몡 유전자 | 转基因 zhuǎnjīyīn 유전자 변형 | 生物 shēngwù 몡 생물 | 转移 zhuǎnyí 됭 전이하다 | 改良 gǎiliáng 됭 개량하다 | 疫苗 yìmiáo 몡 백신 | 克隆 kèlóng 몡 클론 | 火箭 huǒjiàn 몡 로켓 | 火箭弹 huǒjiàndàn 로켓 | 运载火箭 yùnzài huǒjiàn 운반 로켓 | 航天器 hángtiānqì 몡 우주선 | 轨道 guǐdào 몡 궤도, 궤적 | 基地 jīdì 기지 | 发射场 fāshèchǎng 발사장 | 航天 hángtiān 몡 우주비행 | 推进剂 tuījìnjì 몡 추진제 | 卫星 wèixīng 몡 위성 | 小行星 xiǎoxíngxīng 몡 소행성 | 探月 tànyuè 몡 달 탐사 | 击落 jīluò 됭 격추하다
자연	生态 shēngtài 몡 생태 | 气候 qìhòu 몡 기후 | 温室气体 wēnshì qìtǐ 온실가스 | 酸雨 suānyǔ 몡 산성비 | 干旱 gānhàn 몡 건조, 가뭄 | 绿化 lǜhuà 몡 녹화 | 绿地 lǜdì 몡 녹지 | 面积 miànjī 몡 면적 | 密度 mìdù 몡 밀도 | 资源 zīyuán 몡 자원 | 矿产 kuàngchǎn 몡 광산물 | 卤水 lǔshuǐ 몡 간수 | 存活率 cúnhuólǜ 몡 (동식물 등의) 생존율 | 流失 liúshī 됭 유실되다 | 蒸发 zhēngfā 됭 증발하다 | 罕见 hǎnjiàn 혱 희귀하다, 보기 드물다 | 开发 kāifā 됭 (자연 자원을) 개발하다, 개간하다 | 发掘 fājué 됭 발굴하다, 발견하다, 캐내다 | 繁殖 fánzhí 됭 번식하다, 증가하다 | 孕育 yùnyù 됭 배양하다 | 连绵 liánmián 혱 (산맥·강·눈·비 등이) 끊임없이 이어지다 | 埋 mái 됭 묻다, 매장하다 | 新月 xīnyuè 몡 초승달 | 沙漠 shāmò 몡 사막 | 沙丘 shāqiū 몡 사구, 모래언덕 | 内陆 nèilù 몡 내륙 | 高原 gāoyuán 몡 고원 | 亚热带 yàrèdài 몡 아열대 | 亚洲 Yàzhōu 고유 아시아 | 运河 yùnhé 몡 운하
사회 현안	观念 guānniàn 몡 관념 | 指数 zhǐshù 몡 지수 | 趋势 qūshì 몡 추세 | 劳动力 láodònglì 몡 노동력 | 网瘾 wǎngyǐn 몡 인터넷중독 | 流浪汉 liúlànghàn 몡 노숙자 | 新潮 xīncháo 몡 새로운 풍조 | 低碳经济 dītàn jīngjì 저탄소 경제 | 不可捉摸 bù kě zhuō mō 셩 예측하거나 짐작하기 어렵다 | 挑剔 tiāotī 됭 (결점·잘못 따위를) 들추다 | 工作倦怠症 gōngzuò juàndàizhèng 번아웃 증후군 | 啃老族 kěnlǎozú 캥거루족 [부모에게 경제적으로 의존하는 젊은이] | 躺平族 tǎngpíngzú 몡 탕평족 [대부분 시간을 누워서 생활하고 최소한의 돈으로 사는 사람] | 名牌族 míngpáizú 명품족 [고가 상표의 상품을 무조건적으로 선호하며 사들이는 무리] | 月光族 yuèguāngzú 몡 월광족 [매달 자신의 월수입을 다 써버리는 사람] | 低头族 dītóuzú 스몸비족, 수그리족 [고개를 숙여 자신의 스마트폰만 보는 사람] | 蚂蚁族 mǎyǐzú 몡 개미족 [고등교육을 받아 좋은 조건의 회사에서 일하며 경제적인 자립을 기대하지만 그렇지 못하는 현실을 표현] | 吸管族 xīguǎnzú 몡 빨대족 [성장한 후에 부모의 노후 자금을 축내는 자녀를 가리킴] | 拇指族 mǔzhǐzú 엄지족 [엄지손가락을 이용하여 핸드폰 버튼을 민첩하게 누르고 정보를 검색하며 게임을 즐기는 신세대] | 丁克 dīngkè 딩크 [아이를 낳지 않는 맞벌이 부부] | 内卷 nèijuǎn 몡 노력 인플레이션 [내부의 경쟁이 너무 심해 스트레스를 받는 것, 사회적 자본 고갈로 인해 강요당하는 경쟁]
역사	保存 bǎocún 됭 보존하다, 간수하다, 간직하다 | 记载 jìzǎi 됭 기록하다, 기재하다 몡 기록, 기재 | 记录 jìlù 됭 기록하다 | 失散 shīsàn 됭 소실되다 | 复制 fùzhì 됭 (문물·예술품 등을) 복제하다 | 起源 qǐyuán 됭 기원하다 | 功劳 gōngláo 몡 공로 | 造纸术 zàozhǐshù 몡 제지술 | 世代 shìdài 몡 대대, 여러 대 | 遗址 yízhǐ 몡 유적지 | 金字塔 jīnzìtǎ 몡 피라미드 | 茶马古道 chámǎgǔdào 몡 차마고도 | 权臣 quánchén 몡 권신 [권세를 잡은 신하] | 兵部 bīngbù 몡 병부 [병무를 관장하던 관청]

국제기구	联合国教科文组织 Liánhéguó Jiào kē wén Zǔzhī 고유 유네스코(UNESCO) | 联合国 Liánhéguó 고유 유엔(UN), 국제연합 | 联合国秘书长 Liánhéguó mìshūzhǎng 고유 유엔 사무총장 | 世界卫生组织 고유 Shìjiè Wèishēng Zǔzhī 세계보건기구(WHO) | 联合国粮农组织 Liánhéguó Liángnóng Zǔzhī 국제연합식량농업기구(FAO)
교육	才华 cáihuá 명 뛰어난 재능 [주로 문예 방면의 재능을 가리킴] | 情操 qíngcāo 명 정서 | 价值观 jiàzhíguān 명 가치관 | 核心 héxīn 명 핵심, 주요 부분 | 智慧 zhìhuì 명 지혜 | 根源 gēnyuán 명 근원 | 哲学 zhéxué 명 철학 | 显摆 xiǎnbai 동 (학문·재능 따위를) 자랑하며 뽐내다 | 吟诵 yínsòng 동 암송하다 | 观察 guānchá 동 관찰하다
인물	鲁迅 Lǔ Xùn 고유 루쉰 [중국 현대 문학가] | 白居易 Bái Jūyì 고유 백거이 [중국 당대의 저명한 시인] | 李白 Lǐ Bái 고유 이백 [당나라 때의 저명한 시인으로 '诗仙(시선)'으로 불림] | 杜甫 Dù Fǔ 고유 두보 [중국 당대의 저명한 시인] | 李时珍 Lǐ Shízhēn 고유 이시진 [중국 명대의 의학자] | 齐白石 Qí Báishí 고유 치바이스, 제백석 [중국 근대의 걸출한 화가·서예가·전각가]
건강	血型 xuèxíng 명 혈액형 | 遗传 yíchuán 동 유전하다 | 输血 shūxuè 동 수혈하다 | 癌症 áizhèng 명 암 | 发病率 fābìnglǜ 명 발병률 | 免疫机能 miǎnyì jīnéng 명 면역력 | 消化能力 xiāohuà nénglì 명 소화력 | 疾病 jíbìng 명 질병, 병 | 心脏病 xīnzàngbìng 명 심장병 | 乳腺癌 rǔxiàn'ái 명 유방암 | 失眠 shīmián 명 불면증 | 焦虑症 jiāolǜzhèng 명 불안장애 | 抑郁症 yìyùzhèng 명 우울증 | 自愈 zìyù 자아 치유 | 亚健康 yàjiànkāng 명 건강과 질병 사이의 상태 | 蛋白质 dànbáizhì 명 단백질 | 脂肪 zhīfáng 명 지방 | 动脉 dòngmài 명 동맥

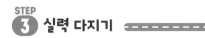

　　如果与考试无关、与现代知识的学习无关、不为显摆孩子有才华，而且占用孩子宝贵的课余时间，那为什么要让孩子从小学习一些古诗词呢?

　　2016年，综艺节目《我是演说家》第三季中，董仲蠡脱颖而出，他的题为《教育的意义》的演说视频成了热点，转发不计其数。他以古诗词的教育为例，说明了读书和教育的重要性，"之所以要多读书、多受教育，就是因为当我们看到一群鸟在湖面飞过的时候，我们能够吟诵出'落霞与孤鹜齐飞，秋水共长天一色'，而不是在那儿吵吵：我去！全都是鸟！在我们去戈壁旅游、骑着骏马奔腾之时，心里默念的是'大漠孤烟直，长河落日圆'，而不是在那儿喊：哎呀妈呀！都是沙子，快回去吧！"

　　情操是人的思想、感情积累形成的观念，是价值观形成的基础。价值观很重要，不是形而上的词汇。心理学博士徐凯文曾揭示中国社会目前很大的一个隐患——整个社会都患了"空心病"，青少年是首当其冲的受害者。核心的问题是缺乏支撑其意义感和存在感的价值观。价值观对于普罗大众也很重要。比如，当人们购物的标准是什么贵买什么、什么流行买什么时，他们浪费的可能是金钱。而当青年人择业的标准是什么行业收入好做什么，择偶的标准是谁家有房子嫁给谁，他们浪费的是生命。之所以会浪费金钱、浪费生命，是因为他们的价值观使然，他们缺乏能帮助自己获取幸福的价值观。

　　价值观与现实息息相关，而决定价值观的情操更是不可小觑。具备了一定的文化修养，能有助于安静从容地观察、思考。如果说价值观是保证我们走在康庄大道上的路界，文化修养就是让我们走得更舒适、顺畅的给养。董仲蠡的演讲中举了另一个例子："德国的中学生哲学是必修课。我们去日本访问的时候，看到大学生在繁重的学业之后依然参与茶道培训、艺术鉴赏等活动。当时，我们同行的一位老师就问了那个特别经典的问题：'这有啥用啊?'当地的老师说:"这些活动是教育的重要组成部分，是修心，让学生能更好地了解自己。"茶道、艺术鉴赏、哲学等，这些都是文化的组成，能丰富人们的心灵。心里踏实了，才可以了解自己、观察世界。这之后，才能体会人生中的种种美好——人生的目的之一，乐趣所在。

　　古诗词是中国文化厚重的一部分，更是中文不可分割的一部分。不了解古诗文，就无法获知中文传递中的"语码"。比如断桥、杨柳、南浦、长亭在古诗词中意味着别离；月亮代表思念；冰雪象征高洁；芭蕉、芳草、梧桐常与离愁别绪相关。

　　学习古诗词，有助于学好现代中文。胡适、鲁迅这些最初的白话文倡导者的古诗文底子都很厚，当代许多作家、诗人的古诗文造诣也不低，并深受影响，如杨牧、郑愁予、余光中、席慕蓉等。为什么要让孩子从小学些古诗词? 沧桑回眸，叶嘉莹给予了平实无华却饱含智慧的答案——"古典文学真正的生命很多年轻人现在体会不到。所以我希望在幼小生命的成长过程中，能够对于我们中国美好的文化传统，有一点点的感受，将来不管他是念经济、念商贸、念理工都可以，但是必须要有一个文化的根源，这对于他的做人处事都会有相当的好处"。

1. 关于读书和教育的重要性，董仲蠡的回答使用了哪种说明方法？

   A 举例子　　　　　**B** 下定义

   C 列数字　　　　　**D** 讲道理

2. 作者认为"空心病"的首要受害者是谁？

   A 青少年　　　　　**B** 老年

   C 中青年　　　　　**D** 幼年

3. 作者认为价值观和文化修养分别有什么作用？

   A 买流行物品和多多挣钱

   B 找到好工作和培养情操

   C 走对道路和走得更顺畅

   D 确立就业目标和实现儿时理想

4. 中国古诗词中一些特殊"语码"，比如"月亮"代表的意思是：

   A 忧愁　　　　　　**B** 高洁

   C 离别　　　　　　**D** 思念

5. 关于为什么要让孩子学习古诗词，作者是这样总结的：

   A 古诗词的语言简单易懂，适合孩子学习

   B 古诗词的形式可以方便朗诵，长短也合适

   C 古诗词的含义可以陶冶情操，加强文化修养

   D 古诗词的内容符合现实，有助于提升人气

6. 有些东西看似"没用"，比如哲学、茶道等，到底有什么用？

   A 净化人们的头脑

   B 丰富人们的心灵

   C 改变人们的想法

   D 树立人们的领袖气质

7. 最后一段中，对叶嘉莹的话，可以如何理解：

   A 从小学习古诗词对于念经济、理工的孩子没用

   B 从小学习古诗词对于长大想当作家的孩子有用

   C 从小学习古诗词对于所有的孩子都是有好处的

   D 从小学习古诗词对于小升初的考试起积极作用

정답 및 해설 → 해설서 p.102

血型指人类血液的类型，根据血细胞凝结现象的不同，通常分为O型、A型、B型和AB型四种。人的血型终生不变，能够遗传。输血时，除O型可以输给任何型，AB型可以接受任何型外，必须用同型的血。

在这些血型中，O型血是人类学上最古老的一种血型，约在10万年前，地球上大部分地区只有O型血的人群，他们以狩猎和采集果子为生，对高蛋白食物非常适应，但对谷物吸收极差。O型血的人身体特质与原始人比较接近。

随着人类的生活方式由渔猎时代逐渐转变为农业时代，A型血才开始演化出来。这类人适合以蔬菜为主的食物，某些植物蛋白质，如大豆蛋白质对他们来说是最佳健康食品，常食可减少心血管病和癌症发病率。而B型血在人类学上出现比A型血更晚，最早的B型血的人是游牧民族，因而对肉类和乳类食品相当适应，但对这类人来说，鸡肉、玉米、大部分坚果却并不是健康食品。因此A型和B型是比较近代才出现的血型，体质接近农业时代。

AB型血是在经过各部的融合之后才出现的，是最晚出现也是最稀少的血型，在总人口中所占比例不到5%。这类人有部分A型血和部分B型血的特征，既复杂又多变。他们既适应动物蛋白，也适应植物蛋白。AB型血是最现代的体质，与生俱来的免疫机能较能适应多变环境。

血型不同，体质也不同，对食物的消化能力也大不相同。因此了解不同血型的消化能力，我们就可以避免食用不易消化的食品，补充必要的食物。

O型血的人，其消化器官的消化能力很强，拥有对食物过剩做出反应的免疫系统。这类血型的人饮食中最不可缺少的是动物性蛋白质，也就是肉类及鱼类等。O型血的人可以放心大胆地多吃肉，但所吃的不应该是肥肉，最好是瘦肉，尽量避免过多食用谷物类和面包类的食品，因为谷物类食品和面包中所含的外源凝集素会妨碍O型血的代谢，容易发胖。

与O型血的人相比，A型血的人消化器官要弱得多。如果想要减肥或增进健康，就应以蔬菜为主，其中最合适的是大豆等豆类食品，绝对不能缺少的是豆腐。如果想保持好身材，那么最好多补充植物性蛋白质，少吃肉类食品，才容易控制体重。除了肉类食品外，最好避免食用以纯乳为原料制作的食品。如果要吃，可以少量吃些酸奶以及乳酒、无脂肪的酸奶油等发酵乳制品。特别是对于A型血中患有过敏症及呼吸器官疾患的人来说更应如此。

与A型血和O型血的人相比，B型血的人体内较容易取得平衡，拥有较强的免疫系统。这种血型的人基本上属于身体强壮的那一类，对心脏病及癌症等众多现代疾病具有抵抗能力。在吃的方面，B型血的人可以说是最受上天恩宠的，无论是动物类还是植物类，几乎什么东西都能吃。

AB型血是A型血与B型血的混合型血，对于饮食生活及环境的变化能够随机应变。对AB型血的人来说，最适合的蛋白质是鱼类和贝类蛋白质，此外鸡蛋也不错。对于家庭成员中患有乳腺癌的AB型血的女性来说，蜗牛是特别好的食品。对于AB型血的人来说，食用乳制品的注意事项与A型血的人一样，以豆腐为主的饮食生活最合适。如果希望保持好身材，可食用少量肉类，但一定要吃蔬菜。土豆、荞麦是肥胖的"罪魁祸首"，应少食用。

血型人类学从上述生理学角度阐述不同血型的人所具有的不同特征，它与"血型性格"之类的东西不同，不是伪科学而是具有一定科学价值的。

8. 根据课文，人类血型出现的先后顺序是：

   A O型—A型—AB型—B型

   B O型—B型—AB型—A型

   C O型—A型—B型—AB型

   D O型—AB型—B型—A型

9. O型血人群的特点是：

   A 适应高蛋白质食物

   B 最现代的体质

   C 对谷物吸收极强

   D 由其它血型混合而成

10. 哪一种血型的人群比较适合做素食主义者：

    A O型　　　　　　　**B** A型

    C B型　　　　　　　**D** AB型

11. 最稀少的血型是：

    A A型　　　　　　　**B** B型

    C AB型　　　　　　 **D** O型

12. 在吃了过多的肉之后，哪种血型的人能最快地消化掉：

    A O型　　　　　　　**B** B型

    C AB型　　　　　　 **D** A型

13. 关于A型血人群的说法正确的是：

    A 最早的A型血出现于游牧民族

    B A型血的人适合吃脂肪少的瘦肉

    C A型血的人要想保持好身材最好多补充植物性蛋白质

    D A型血的人遇事更易焦虑

14. 下列说法正确的是：

    A 不同血型的人有着不同的生理特质

    B 每种血型都具有现代特质

    C 输血时各血型可互换

    D 饮食习惯可能改变血型

정답 및 해설 → 해설서 p.105

幸福是人生追求的一大目标，但"幸福"却是个既不可捉摸又难以名状的东西。经典精神分析理论认为幸福来源于压抑的解除，认知行为学派认为幸福是对积极思维的现实奖励，人本主义则认为幸福是伴随自我实现而产生的一种满足的体验。

某知名杂志曾以他们所在国家最富有的400人和另外1000多个中低收入或无收入的人为对象，做了一个关于"幸福指数"的比较调查，主编让这些人从1到7选出一个数字，1代表"我感到非常不幸"，而7代表"我觉得非常幸福"。最后的统计结果显示：富翁们的幸福指数是5.8，这并不算最高，而流浪汉的幸福指数为2.9。其实5.8并非很高的幸福指数——在过去二十年间断断续续的调查中专家们还发现，居住在寒冷的格陵兰岛的因纽特人的幸福指数也是5.8。此外还有肯尼亚的游牧民族马赛人，他们的生活条件十分简陋，没有电也没有自来水，而快乐指数同样为5.8。

传统经济理论认为，一个国家或一个城市公民的整体幸福水平往往与该国家或该城市的GDP有着紧密的联系，所以"幸福指数"首先就是一个"实实在在"的经济发展指标。但是，据社会心理学家研究：在最近四十年间，自认"非常幸福"的发达国家的公民，幸福指数一直呈下降趋势。

据对中国上海、北京、杭州等6个大城市居民幸福程度所做的调查显示：幸福指数最高的人并不是收入最高的"大款"，当然也不是低收入者，而是那些收入中等或中等偏高的"小康者"。专家们指出："这些小康者之所以比高收入者幸福感更强，重要原因之一是他们工作的时间短，责任轻，因此压力也很小，而且也能比高薪者拥有更多的时间或机会跟家人或朋友厮守在一起，充分享受天伦之乐或温暖的友情。由此可见，收入并不是一切，虽然他们不能去海外度假或购买名车，但这并不表示他们对生活不满意。"

幸福重在过程，而非结果。一个在溺爱环境中长大的孩子，各种心理需要都会得到及时的满足，是肯定没有幸福感的，因为幸福感往往在追求的过程中发生。实际上，幸福存在于心理满足过程之中，存在于自身潜能发挥过程之中。幸福是无数"小乐"的日积月累。有一个心理实验，研究人员请受试者连续六周关注自己的心情，每个人身上都带着电子测试器，用来记录他们当时的感觉以及快乐的程度。测试结果多少有点儿令人感到意外：一个人的幸福感竟然来自多次的"感觉良好"，而不是仅仅一次短暂的"大乐"。一些很简单的"小乐"，诸如和孩子出去放风筝、和朋友去野餐或享受一次自己制作的美食等等——这些微不足道的"小乐"加起来往往远远胜过短暂的"大乐"。

调查显示，人是否感到快乐和幸福也与遗传有关。遗传学家对1500对双胞胎进行分析后发现，即使他们中的一个当大学校长，另一个当工人，他俩对人生的满意程度也完全相同，即他们要么都很快乐，要么都很不快乐。不过，遗传对人性格的影响也是相对的，因为不同的后天条件，如环境、教养等对同一种类型的人可能产生完全不同的结果。还有一项研究显示，现在绝大多数人已习惯利用左脑去看待问题和思考生活，这样做的结果会导致人感受轻松愉快的能力下降。不仅如此，过度使用左脑而忽视右脑还是失眠、焦虑症、抑郁症等某些心理疾病的主要原因。

每一个人都渴望自己幸福，我们不是专家，无法从如此科学的角度去研究、分析，但或许我们可以试着从建立一段良好的社交关系、找一份能维持生活来源的工作等诸如此类的事开始，逐渐增强幸福感。这些生活中看似平凡的小事都是使人幸福的源泉。

15. "对积极思维的现实奖励"这是哪种思想学派对"幸福"的解释:

A 精神分析理论学派

B 唯物主义学派

C 人本主义学派

D 认知行为学派

16. 下列哪种人群幸福指数最低:

A 富翁们   B 马赛人

C 小康者   D 流浪汉

17. 小康者幸福感最强的原因,不包括:

1. 工作时间短,压力小

2. 有时间去海外度假

3. 能充分享受天伦之乐

4. 买得起大部分的奢侈品

A 1, 3   B 2, 4

C 3, 4   D 1, 2

18. 下列哪一项难以提升幸福感:

A 积累一次次微不足道的"小乐"

B 与家人和朋友相伴

C 被过分爱护

D 时间充足且工作负担小

19. 下列哪一项会降低幸福感:

A 常常使用左脑去看待问题和思考生活

B 日积月累的"小乐"

C 小康收入者

D 提高低收入者的收入水平

20. 下列说法正确是:

A 双胞胎在任何情况下的幸福感都是相同的

B "幸福"并不难触碰,甚至触手可得

C 生活条件简陋而肮脏的人,幸福指数都不高

D 很多发达国家公民的幸福指数也呈下降趋势

21. 关于过度使用左脑,下列说法正确的是:

A 提高了感受轻松愉快的能力

B 容易患神经性,皮肤性疾病

C 是许多心理疾病的主要原因

D 有助于青春期的少年增长见识

정답 및 해설 → 해설서 p.109

近年来，"月光族"、"啃老族""网瘾""躺平族"等名词层出不穷。其中"网瘾"一词热度最高，如：晚上躲在被窝里玩手机、起床第一件事就是摸手机、刷抖音拍视频领金币等都是网瘾的真实写照。随之而来的伴生词如"低头族""银发族"也相继出现。正如网上流行的一句话"世界上最遥远的距离不是你我相隔天涯海角，而是我在你身旁，你却低头玩手机"。虽是调侃，但可见沉迷网络而忽视现实的情况已然不容小觑。

伴随着互联网、大数据等信息技术的发展以及相关智能服务的广泛应用，人们的生活更加便利。互联网针对各类人群进行相关的技术调整，让人玩转网络。根据相关调查统计，中国的年轻人几乎人人一部手机，并且有近51%的老年人每天上网时间超过4小时。这些都足以证明患"网瘾"的这一群体正日益壮大。

网瘾又称互联网成瘾综合征(简称网瘾综合征)，即对现实生活漠不关心，而对虚拟的网络游戏、情爱信息等沉溺痴迷。这是一个行为过程也是行为发展的终结。网瘾可分为网络交际瘾、网络色情瘾、网络游戏瘾、网络信息瘾和网络赌博瘾等类型。染上网瘾的人社会(性)能力弱、健康状况下降，且内心会非常自卑，甚至不愿意去见心理咨询师。染上网瘾的人容易把"网瘾"这件事情当作自己的人品来看待，而不是把它看作是一种行为，而事实上，网瘾只是一种可以改变也可以被改变的行为。因此先要帮助有网瘾的人看清楚这一点，他们才有信心拿出自己的力量来做出戒除网瘾的决心、才会在戒除过程遇到挫折的时候去找到自己的力量。这个决定必须由其本人来做出，而且对于网瘾的后果也必须是他本人承担。

究其缘由，染上网瘾极可能是由自身精神依赖强、好奇心和探索欲很重、互联网防范措施薄弱造成的。社会的快节奏让生活的压力加重，再加上自律能力不足、强烈的孤独感等，这些都会加重人们对网络的依赖性，逃避现实，沉迷虚拟世界。不管是大人还是小孩，内心深处都有自己的好奇点，对于新鲜事物总是有着高度的探索欲望，而网络更新换代速度极快，总有爆点吸引人们的眼球；再加上有些网站的防范措施没有跟上，从而让网络上的某些平台利用人们的逐利性，针对各种网民的爱好，制作相应的娱乐设施，投其所好，让人们沉迷网络不可自拔。比如刷短视频，一天也赚不了几个钱，但就是让人不可自拔地去刷。

戒掉网瘾已不再是青少年的"专利"，不少陷得更深的成年人也应加入"戒网瘾"的队伍中。在戒网瘾的过程中：首先，亲人的帮助很重要，亲人们更多的陪伴和沟通必不可少。当网外生活足够丰富多彩，人们就不会再去迷恋虚拟的世界，从而自觉地放下手机。因此家人之间应多一些现实生活中的互动与沟通，或是通过旅游、比赛等活动挥洒青春与活力。其次，要学会自律。一方面可以通过上网刷抖音、看视频等方式放松心情；另一方面，也可以学习网络相关的安全知识和生活知识来充实自己的生活。最后是榜样的力量，无论是学习榜样还是想要成为榜样，树立一个榜样都能够给人带来远离网瘾的正能量。专家也曾表示：健康上网不上瘾，应从"防"开始、从个人做起。

22. 根据原文，下列哪种情况是有网瘾的
    表现：

    A 下载热门网络游戏

    B 躺在被窝里睡觉

    C 以刷抖音拍视频为职业

    D 起床后先找手机

23. "世界上最遥远的距离不是你我相隔天
    涯海角，而是我在你身旁，你却低头
    玩手机"这句话最想表达什么内容：

    A 距离遥远也不会妨碍人们关注手机

    B 低头看手机会使朋友间的距离变远

    C 只关注手机不交流会增加距离感

    D 即使到天涯海角也一定要带手机

24. 哪些情况是患网瘾的表现：

    1. 极易改变已有的观点

    2. 对现实生活充满好奇

    3. 内心极其自卑

    4. 沉迷于网络的虚拟世界

    A 1, 3　　**B** 2, 4　　**C** 2, 3　　**D** 3, 4

25. 关于"患网瘾"的缘由，下列哪种说法
    最恰当：

    A 虚拟世界中的一切会转化为现实

    B 不够自律的人更容易对网络产生依赖

    C 人们对网络的依赖性是生活压力的
    源头

    D 网瘾是由外界的压力所导致的，与
    个人意志无关

26. 对"总有爆点吸引人们的眼球"中的"爆
    点"说法正确的是：

    A 形容爆炸后产生的一系列反应

    B 是造成视力下降的原因

    C 指网络信息中高潮或精彩的内容

    D 比喻更易被人吸收的营养

27. 有关"戒网瘾"的内容，下列说法有误
    的是：

    A 戒网瘾早已成为了青少年的"专利"

    B 应丰富"网外"的生活

    C 在选择视频内容上要懂得自律

    D 要多与家人沟通，互动

28. 关于本文，下列说法正确的是：

    A 中国有51%的老年人注册抖音账号

    B 互联网防范措施薄弱会导致网瘾

    C 中国的年轻人几乎不使用手机

    D 网瘾只是一种不可改变的行为

정답 및 해설 → 해설서 p.113

02 주제 파악하기

① 유형 파악하기

✘ 주제 파악하기 문제는 거의 매 지문마다 한 문제씩 출제되는 유형이다. 글의 전체적인 흐름을 잘 파악해야 지문에서 말하고자 하는 주제를 알 수 있다.

▶ 출제경향

일반적으로 지문의 주제는 문장 시작 부분 또는 마지막 부분에 많이 등장한다. 종종 중간에 주제가 나올 수 있지만 극히 드물며, 주제를 명확하게 언급하지 않을 때도 있기 때문에, 전체적인 맥락을 잘 파악하는 것이 중요하다. 또한 글의 전체 주제를 묻는 것이 아니라 특정 단락에서 말하고자 하는 내용을 묻는 경우도 있으므로 참고하자!

▶ 문제 풀이 비법

1 보통 처음과 끝에 주제가 등장하지만, 가끔은 전체 맥락을 파악해야 하는 경우도 있다.

대부분 주제를 묻는 질문의 답은 첫 문장이나 끝 문장에서 많이 찾을 수 있으므로, 주제를 묻는 질문이라면 우선 처음과 끝부분을 빨리 보는 것이 좋다. 그러나 가끔은 특정 단락에 대한 주제를 묻는 문제, 전체 내용을 다 파악해서 이 글이 말하고자 하는 내용을 유추해야 풀 수 있는 문제도 출제된다.

2 지문의 핵심 키워드를 찾자.

글 전체에서 계속 반복되는 핵심 키워드를 찾아보자. 지문 내용을 제대로 이해하지 못해 주제를 찾기 힘들 경우 핵심 키워드가 있는 보기를 찾자.

🌱 제1부분 예제

　　在中国内陆干旱、半干旱地区，有一类特殊而罕见的湖泊，其湖面呈奇特的粉红色，从高空看，它们就如同镶嵌在大地上的"粉色宝石"一般绚丽，这类湖泊被称为"玫瑰湖"。然而，这美好的景象其实是一种昙花一现式的"赤水"景观。所谓"赤水"景观，就是在特定的条件下，湖水会变得姹紫嫣红，艳丽夺目的现象。

　　从湖泊的分类来说，大部分玫瑰湖都属于盐湖。中国是世界上盐湖分布最多的国家之一，大大小小的盐湖有一千多个，不过真正称得上"玫瑰湖"的却少之甚少。那么，玫瑰湖的形成究竟需要哪些条件呢？

　　研究发现，玫瑰湖是在地理、气候、生物等因素的共同作用下而形成的。在这些因素的综合影响下，盐湖的生态达到了某种极其微妙的动态平衡，最终形成了玫瑰湖。

　　玫瑰湖形成的首要因素是地理条件。分布在中国地区的玫瑰湖有一个共同特征——位于低洼、封闭的盆地内。额吉淖尔、托勒库勒湖、解池这些玫瑰湖，莫不如是。巴丹吉林玫瑰湖虽然在沙漠里，但整个巴丹吉林沙漠本身就可以被看作是一个大盆地，因为它的四周都被海拔更高的山脉围绕着。玫瑰湖位于地势低洼的封闭盆地里，是有很大的益处的：可以汇集周围高地的地表径流。此外，由于玫瑰湖地势低，地下水也可通过地高差的渗透来源源不断地补给玫瑰湖。在缺乏其他河流（或湖泊）流水汇入的情况下，地下水的补给对于维持玫瑰湖水量和盐度的平衡_____。因为光靠有限的地表降水，是根本无法维持盐湖存在的。

其次是气候因素。玫瑰湖属于盐湖，中国只有在降水少、蒸发强的西部地区才有形成玫瑰湖的可能性。中国东部沿海地区也有很多盐田，但都未能形成玫瑰湖，重要原因就是东部沿海地区降水量大，不利于形成高盐度的卤水环境来繁殖一些"自带颜色"的水生生物——这些"自带颜色"的水生生物是形成玫瑰湖的直接原因。

第三是生物因素。玫瑰湖之所以有着炫目的粉红或其他红色系颜色，主要归功于湖水里的三种生物——卤虫、杜氏盐藻以及嗜盐菌，正是它们自身的颜色，把原本平凡无奇的湖水"染"成了玫瑰湖。这三种生物有一个共同点：越是在高盐度的环境里，体内的色素沉淀就越丰富。然而，尽管它们能够忍耐高盐度环境，可一旦浓度超过一定限度就无法存活了。因此，适宜的盐度是它们能够大量繁殖并形成玫瑰湖的关键。换句话说，在一个盐湖中，即使有这些生物的存在，如果繁殖密度不足以改变水体颜色的话，也是无法形成玫瑰湖的。

玫瑰湖是上天赐予人类的宝藏。过去，我们只把玫瑰湖作为矿产资源来开发。近年来，随着旅游业的兴起，玫瑰湖的观赏价值也开始逐渐得到人们的重视。色彩斑斓的玫瑰湖与其周围的沙漠、草原、戈壁、高原等景观相伴相生，已成为深受人们追捧的旅游胜地。

1 根据前两段，可以知道：

A 玫瑰湖极为稀有 　　　　　　　**B** 盐湖中能发掘宝石

C 盐湖遍及亚洲 　　　　　　　　**D** 玫瑰湖盛产玫瑰与昙花

2 位于低洼盆地对玫瑰湖有什么好处？

A 避免昼夜温差 　　　　　　　　**B** 汇集周边水流

C 保持恒定的温度 　　　　　　　**D** 减少水汽蒸发

3 根据上下文，第四段空白处最适合填入的词语是？

A 家喻户晓 　　　　**B** 与众不同 　　　　**C** 至关重要 　　　　**D** 受到重视

4 中国的玫瑰湖多分布于哪些地区？

A 西部沿海地区 　　**B** 西部干旱地区 　　**C** 半干旱平原地区 　　**D** 亚热带多山地区

5 根据第六段，玫瑰湖中的生物有什么特点？

1. 自身有颜色

2. 繁殖密度大

3. 具有预防虫害的特点

4. 盐度愈高存活率愈高

A 1, 2 　　　　　　**B** 1, 4 　　　　　　**C** 2, 3 　　　　　　**D** 3, 4

6 为什么说玫瑰湖是宝藏?

    A 是中国重要的盐产地   **B** 孕育了瑰丽的传统文化

    C 对生态平衡有不可替代的作用   **D** 兼具矿产资源与观赏价值

7 上文主要谈的是:

    A 玫瑰湖的开发利用   **B** 玫瑰湖的成因

    C 玫瑰湖的地貌   **D** 玫瑰湖与盐湖的异同

 1 A [特殊而罕见 특별하고 희귀하다 → 极为稀有 매우 희귀하다] 첫 번째 문단과 두 번째 문단에서는 '장미 호수'가 무엇인지와 명칭의 유래, 장미 호수와 소금 호수의 관계 등을 이야기하고 있다. 장미 호수는 '희소하다(稀有)'라는 보기 A의 내용이 지문 첫 줄에서 '특별하고 희귀하다(特殊而罕见)'라고 언급되었다.

2 B [益处≒好处 장점 / 周围≒周边 주변] 질문에 '낮은 분지에 위치한' 것의 장점을 물었으므로, 본문에서 지리적 조건을 말하는 문단을 살펴보면 답을 빨리 찾을 수 있다. 질문에 사용된 어휘 '好处(장점)'에 대응하는 어휘인 네 번째 문단의 '益处(이로운 점)' 뒷부분의 문장을 살펴 보면, 장미 호수가 지세가 낮은 폐쇄된 분지 안에 있어 이로운 점 중 하나로 '주변 높은 곳의 지표면에 흐르는 물을 모을 수 있다'는 내용이 소개되는데, 이는 보기 B에 해당된다.

3 C [至关重要 매우 중요하다] 빈칸이 있는 문단의 내용은 장미 호수 형성의 지리적 조건에 대해 설명하고 있는 부분이다. 빈칸 앞에는 지하수가 장미 호수의 물양과 염도를 유지하는 데 어떤 역할을 하는지에 대한 내용이 들어가 있으므로, 문맥상 가장 어울리는 내용은 '매우 중요하다'라는 뜻을 가진 C이다.

4 B [中国只有在降水少、蒸发强的西部地区 중국에서 강수량이 적고 증발이 잘 되는 서부 지역 → 西部干旱地区 서부 건조 지역] 본문에서 '강수량이 적고 증발이 잘 되는 서부 지역에서만 형성될 가능성이 있다'라고 했으므로, 답은 B이다.

5 A [自身的颜色 자신의 색 / 繁殖密度大 번식 밀도가 크다] 특정 문단에서 답을 찾는 문제로, 장미 호수에 사는 생물의 특징을 모두 찾는 문제이다. 장미 호수의 특정 생물들의 색이 평범했던 호수에 섞여서 장미 호수를 만든다고 했으며, 번식 밀도가 부족하면 장미 호수를 만들 수 없다고 했으므로, '자신의 색이 있다'와 '번식 밀도가 크다'를 선택한 보기 A가 답이다.

6 D [矿产资源来开发 광산 자원 개발 / 观赏价值逐渐得到重视 관상 가치가 점차 주목을 받다 → 兼具矿产资源与观赏价值 광산 자원과 관상 가치를 겸비했기 때문에] 마지막 단락에서 '장미 호수는 인간에게 내려 준 보물이다'라고 언급하며, 장미 호수가 과거에는 광산 자원을 개발하고 최근에는 관상 가치로 사람들의 주목을 받고 있다고 했으므로, 답은 D이다.

7 B [玫瑰湖的成因 장미 호수의 형성 원인] 이 글에서 주로 이야기하는 것은 장미 호수의 형성 원인과 과정이다. 또한 두 번째 단락에서 전체 문장에서 이야기하고자 하는 주제를 질문 형식(那么，玫瑰湖的形成究竟需要哪些条件呢?)으로 물어보고 있다. 따라서 답은 B이다. '那么(그렇다면)' 앞 문장은 상대방의 가설, 자신이 제출한 가설을 쓰고 뒤에는 결과나 판단을 나타내는 절을 이끈다.

¹在中国内陆干旱、半干旱地区，有一类特殊而罕见的湖泊，其湖面呈奇特的粉红色，从高空看，它们就如同镶嵌在大地上的"粉色宝石"一般绚丽，这类湖泊被称为"玫瑰湖"。然而，这美好的景象其实是一种昙花一现式的"赤水"景观。所谓"赤水"景观，就是在特定的条件下，湖水会变得姹紫嫣红，艳丽夺目的现象。

从湖泊的分类来说，大部分玫瑰湖都属于盐湖。中国是世界上盐湖分布最多的国家之一，大大小小的盐湖有一千多个，不过真正称得上"玫瑰湖"的却少之甚少。⁷那么，玫瑰湖的形成究竟需要哪些条件呢？

研究发现，玫瑰湖是在地理、气候、生物等因素的共同作用下而形成的。在这些因素的综合影响下，盐湖的生态达到了某种极其微妙的动态平衡，最终形成了玫瑰湖。

玫瑰湖形成的首要因素是地理条件。分布在中国地区的玫瑰湖有一个共同特征——位于低洼、封闭的盆地内。额吉淖尔、托勒库勒湖、解池这些玫瑰湖，莫不如是。巴丹吉林玫瑰湖虽然在沙漠里，但整个巴丹吉林沙漠本身就可以被看作是一个大盆地，因为它的四周都被海拔更高的山脉围绕着。²玫瑰湖位于地势低洼的封闭盆地里，是有很大的益处的：可以汇集周围高地的地表径流。此外，由于玫瑰湖地势低，地下水也可通过地高差的渗透来源源不断地补给玫瑰湖。在缺乏其他河流（或湖泊）流水汇入的情况下，地下水的补给对于维持玫瑰湖水量和盐度的平衡至关重要。因为光靠有限的地表降水，是根本无法维持盐湖存在的。

其次是气候因素。⁴玫瑰湖属于盐湖，中国只有在降水少、蒸发强的西部地区才有形成玫瑰湖的可能性。中国东部沿海地区也有很多盐田，但都未能形成玫瑰湖，重要原因就是东部沿海地区降水量大，不利于形成高盐度的卤水环境来繁殖一些"自带颜色"的水生物——这些"自带颜色"的水生物是形成玫瑰湖的直接原因。

第三是生物因素。⁵玫瑰湖之所以有着炫目的粉红或其他红色系颜色，主要归功于湖水里的三种生物——卤虫、杜氏盐藻以及嗜盐菌，正是它们自身的颜色，把原本平凡无奇的湖水"染"成了玫瑰湖。这三种生物有一个共同点：越是在高盐度的环境里，体内的色素沉淀就越丰富。然而，尽管它们能够忍

¹중국 내륙의 건조, 반건조 지역에는 특별하고 희귀한 호수가 있다. 호수의 표면은 특이한 분홍색을 띠고 있는데, 높은 곳에서 보면 마치 대지 위에 '분홍 보석'이 박힌 것처럼 눈부시게 아름다워 이런 호수는 '장미 호수'라고 불린다. 하지만 이 아름다운 광경은 사실 잠깐 나타났다 바로 사라지는 '적수(赤水)' 현상이다. '적수' 현상이란 특정한 조건 아래 호수가 울긋불긋하고 아름답게 변하는 현상을 말한다.

호수의 종류로 보면 대부분의 장미 호수는 모두 소금 호수에 속한다. 중국은 세계에서 소금 호수 분포가 가장 많은 국가 중 하나로, 크고 작은 소금 호수가 1천여 개가 있다. 하지만 진정으로 장미 호수라고 불릴 만한 것은 극히 적다. ⁷그렇다면 장미 호수가 형성되려면 도대체 어떤 조건이 필요할까?

연구 결과에 따르면 장미 호수는 지리, 기후, 생물 등의 요소들이 공통적으로 작용하여 형성된다. 이 요소들의 종합적인 영향으로 소금 호수의 생태가 일종의 매우 미세한 동태 균형 상태에 이르고 최종적으로 장미 호수를 형성하게 되는 것이다.

장미 호수 형성의 가장 중요한 요인은 지리적 조건이다. 중국에 분포한 장미 호수들은 지대가 낮고 폐쇄된 분지 내에 위치한다는 공통적인 특징이 있다. 어지나오얼(額吉淖尔), 퉈레이쿠레이 호수(托勒库勒湖), 지에츠(解池) 등의 장미 호수들도 모두 마찬가지이다. 바단지린(巴丹吉林) 장미 호수는 사막에 있긴 하지만, 바단지린 사막 전체를 큰 분지로 볼 수 있다. 사방이 모두 해발이 높은 산맥에 둘러싸여 있기 때문이다. ²장미 호수는 지세가 낮은 폐쇄된 분지 안에 있어 좋은 점이 많은데, 주변 높은 곳의 지표면에 흐르는 물을 모을 수 있다. 이 밖에도, 장미 호수는 지세가 낮아 지하수 역시 높낮이의 차이로 침투되어 장미 호수에 끊임없이 흘러 들어올 수 있다. 다른 하천(혹은 호수)의 흐르는 물의 유입이 부족한 상황에서 지하수의 보급은 장미 호수의 물 양과 염도의 균형을 유지하는 데 매우 중요하다. 제한적인 지표면의 강수량에만 의존하면 소금 호수의 존재가 유지될 수 없기 때문이다.

그다음으로 기후 요인이다. ⁴소금 호수에 속하는 장미 호수는 중국에서 강수량이 적고 증발이 잘 되는 서부 지역에서만 형성될 가능성이 있다. 중국 동부 연해 지역에도 염전은 많이 있지만, 모두 장미 호수가 될 수는 없다. 주요 원인은 동부 연해 지역에 강수량이 많아 고염도의 간수 환경에서 번식하는 '스스로 색을 띠는' 수생생물이 살기 어렵기 때문이다. 이 '스스로 색을 띠는' 수생생물이 장미 호수를 형성하는 직접적인 원인이다.

세 번째는 생물 요인이다. ⁵장미 호수가 아름다운 분홍색 혹은 다른 빨강 계열의 색을 띠는 이유는 호수 안의 세 가지 생물, 즉 브라인 쉬림프(卤虫), 두날리엘라 살리나(杜氏盐藻), 호염성 세균(嗜盐菌) 덕분이다. 이 생물들이 가진 색이 본래 평범했던 호수에 '섞여' 장미 호수를 만들어 낸 것이다. 이 세 종류의 생물에는 염도가 높은 환경일수록 체내의 색소가 더 응집되어 풍부해진다는 공통점이 있다. 하지만, 이 생물들이 고염도 환경을 잘 견딜 수 있다고 하더라도 농도가 일정 한도를

耐高盐度环境，可一旦浓度超过一定限度就无法存活了。因此，适宜的盐度是它们能够大量繁殖并形成玫瑰湖的关键。换句话说，[5]在一个盐湖中，即使有这些生物的存在，如果繁殖密度不足以改变水体颜色的话，也是无法形成玫瑰湖的。

[6]玫瑰湖是上天赐予人类的宝藏。过去，我们只把玫瑰湖作为矿产资源来开发。近年来，随着旅游业的兴起，玫瑰湖的观赏价值也开始逐渐得到人们的重视。色彩斑斓的玫瑰湖与其周围的沙漠、草原、戈壁、高原等景观相伴相生，已成为深受人们追捧的旅游胜地。

넘어서면 살 수 없게 된다. 따라서 적절한 염도가 이 생물들이 대량으로 번식하고 장미 호수를 형성하는 관건이라 할 수 있다. 다시 말해, [5]한 소금 호수 안에 설령 이 생물들이 존재하더라도 번식 밀도가 물의 색을 바꾸기에 부족하다면 장미 호수를 형성할 수 없다.

[6]장미 호수는 하늘이 인간에게 내려 준 보물이다. 과거에 우리는 장미 호수를 광산 자원으로만 개발했다. 최근에 관광업이 성행하면서 장미 호수의 관상 가치도 점차 사람들의 주목을 받기 시작했다. 알록달록한 장미 호수와 그 주변의 사막, 초원, 고비사막, 고원 등의 멋진 풍경이 한데 어우러진 멋진 풍경은 사람들의 사랑을 받는 관광 명소가 되었다.

1 根据前两段，可以知道：

　　A 玫瑰湖极为稀有

　　B 盐湖中能发掘宝石

　　C 盐湖遍及亚洲

　　D 玫瑰湖盛产玫瑰与昙花

2 位于低洼盆地对玫瑰湖有什么好处？

　　A 避免昼夜温差

　　B 汇集周边水流

　　C 保持恒定的温度

　　D 减少水汽蒸发

3 根据上下文，第四段空白处最适合填入的词语是？

　　A 家喻户晓　　　　B 与众不同

　　C 至关重要　　　　D 受到重视

4 中国的玫瑰湖多分布于哪些地区？

　　A 西部沿海地区

　　B 西部干旱地区

　　C 半干旱平原地区

　　D 亚热带多山地区

5 根据第六段，玫瑰湖中的生物有什么特点？

　　① 自身有颜色

　　② 繁殖密度大

　　3. 具有预防虫害的特点

　　4. 盐度愈高存活率愈高

　　A 1, 2　　　　　　B 1, 4

　　C 2, 3　　　　　　D 3, 4

1 앞의 두 문단을 통해 알 수 있는 것은?

　　A 장미 호수는 매우 희귀하다

　　B 소금 호수에서 보석을 발굴할 수 있다

　　C 소금 호수는 아시아에 널리 분포한다

　　D 장미 호수에서는 장미와 월하미인이 많이 생산된다

2 지대가 낮은 분지에 위치하는 것은 장미 호수에 어떤 장점이 있는가?

　　A 일교차를 줄일 수 있다

　　B 주변의 물을 모을 수 있다

　　C 일정한 온도를 유지할 수 있다

　　D 수증기의 증발을 줄일 수 있다

3 문맥상 네 번째 문단 빈칸에 가장 알맞은 단어는?

　　A 집집마다 알다　　　B 남다르다

　　C 매우 중요하다　　　D 중시되다

4 중국의 장미 호수는 어느 지역에 많이 분포되어 있는가?

　　A 서부 연해 지역

　　B 서부 건조 지역

　　C 반건조 평원 지역

　　D 아열대의 산이 많은 지역

5 여섯 번째 문단에 따르면 장미 호수에 사는 생물은 어떤 특징이 있는가?

　　① 자신의 색이 있다

　　② 번식 밀도가 크다

　　3. 충해를 방지하는 특징을 가지고 있다

　　4. 염도가 높을수록 생존율이 높아진다

　　A 1, 2　　　　　　B 1, 4

　　C 2, 3　　　　　　D 3, 4

6 为什么说玫瑰湖是宝藏?

　　A 是中国重要的盐产地

　　B 孕育了瑰丽的传统文化

　　C 对生态平衡有不可替代的作用

　　D 兼具矿产资源与观赏价值

7 上文主要谈的是:

　　A 玫瑰湖的开发利用

　　B 玫瑰湖的成因

　　C 玫瑰湖的地貌

　　D 玫瑰湖与盐湖的异同

6 장미 호수를 왜 보물이라고 하는가?

　　A 중국의 중요한 소금 생산 지역이기 때문에

　　B 아름다운 전통문화를 배양했기 때문에

　　C 생태계 균형에 대체 불가한 역할을 하기 때문에

　　D 광산 자원과 관상 가치를 겸비했기 때문에

7 이 글이 주로 이야기하는 것은?

　　A 장미 호수의 개발과 이용

　　B 장미 호수의 형성 원인

　　C 장미 호수의 지형

　　D 장미 호수와 소금 호수의 다른 점과 같은 점

독해 제1부분

内陆 nèilù 몡 내륙 | ★干旱 gānhàn 톙 건조, 가뭄 | ★罕见 hǎnjiàn 톙 희귀하다, 보기 드물다 | ★湖泊 húpō 몡 [호수의 통칭] | 湖面 húmiàn 몡 호수의 표면, 호수의 수면 | 呈 chéng 동 띠다, 나타내다, 드러내다 | ★奇特 qítè 톙 특이하다, 독특하다, 이상하다 | 粉红色 fěnhóngsè 몡 분홍색 | ★高空 gāokōng 몡 높은 곳, 고공 | 如同 rútóng 동 마치 ~와 같다, 흡사하다 | ★镶嵌 xiāngqiàn 동 박아 넣다, 끼워 넣다 | ★大地 dàdì 몡 대지, 땅 | 宝石 bǎoshí 몡 보석 | ★绚丽 xuànlì 톙 눈부시게 아름답다, 화려하고 아름답다 | 称为 chēngwéi 동 ~라고 부르다 [被称为: ~라고 불리다] | 玫瑰湖 méiguīhú 몡 장미 호수 | 美好 měihǎo 톙 아름답다, 훌륭하다 [주로 추상적인 사물에 쓰임] | 景象 jǐngxiàng 몡 광경, 모습, 정경 | 昙花一现 tánhuāyíxiàn 셩 잠깐 나타났다가 바로 사라지다 | 赤水 chìshuǐ 몡 적수 | ★景观 jǐngguān 몡 현상, 상황, 상태 | ★所谓 suǒwèi 몡 소위, 이른 바 | 特定 tèdìng 톙 특정한, 특별히 지정한 | 湖水 húshuǐ 몡 호수 | 姹紫嫣红 chàzǐyānhóng 셩 울긋불긋하다 | ★艳丽 yànlì 톙 아름답고 곱다 | 夺目 duómù 톙 (불빛·광선 등이) 눈부시다 | 分类 fēnlèi 몡 분류, 종류 | ……来说 ……láishuō ~로 말하자면 | 属于 shǔyú 동 ~에 속하다 | 盐湖 yánhú 몡 소금 호수 | 称得上 chēngdeshàng 동 ~라고 불릴 자격이 있다, ~라고 할 만하다 | ★生物 shēngwù 몡 생물 | ★生态 shēngtài 몡 생태 | 微妙 wēimiào 톙 미묘하다 | 动态 dòngtài 몡 동태, (일·사건의) 변화하는 상태 | 最终 zuìzhōng 톙 최종의, 맨 마지막의 | ★首要 shǒuyào 톙 가장 중요하다 | 低洼 dīwā 톙 지대가 낮다 | 封闭 fēngbì 동 폐쇄하다, 봉하다, 밀봉하다 | 盆地 péndì 몡 분지 | 额吉淖尔 Éjínào'ěr 고유 어지나오얼 [호수 이름] | 托勒库勒 Tuōlēikùlēi 고유 퉈레이쿠레이 | 解池 Jiěchí 고유 지에츠 [산서성에 있는 호수 이름] | 莫不 mòbù 동 모두 ~하다 | 巴丹吉林 Bādānjílín 고유 바단지린 [네이멍구에 있는 사막] | 本身 běnshēn 몡 그 자체 | 看作 kànzuò 동 ~라고 여기다 | 四周 sìzhōu 몡 사방, 주위 | ★海拔 hǎibá 몡 해발 | 山脉 shānmài 몡 산맥 | 地势 dìshì 몡 지세, 땅의 형세 | 益处 yìchu 몡 장점 | ★汇集 huìjí 동 모으다, 집중시키다 | 地表 dìbiǎo 몡 지표면 | 径流 jìngliú [땅 위나 땅속으로 흘러 유실되는 빗물] | ★地下水 dìxiàshuǐ 몡 지하수 | ★渗透 shèntòu 동 (액체가) 침투하다, 스며들다 | ★源源不断 yuányuánbúduàn 셩 끊임없이 이어가다, 끊임없이 계속되다 | ★河流 héliú 몡 하천, 하류 | ★流水 liúshuǐ 몡 흐르는 물 | 汇入 huìrù 동 유입하다 | 维持 wéichí 동 유지하다, 지키다 | 盐度 yándù 몡 염도 | 有限 yǒuxiàn 톙 제한적이다, 한계가 있다 | 降水 jiàngshuǐ 몡 강수 | 无法 wúfǎ 동 방법이 없다, 할 수 없다 | 蒸发 zhēngfā 동 증발하다 | 可能性 kěnéngxìng 몡 가능성 | 沿海 yánhǎi 몡 연해, 바닷가 근처 지방 | 盐田 yántián 몡 염전 | 高盐度 gāoyándù 몡 고염도 | 卤水 lǔshuǐ 몡 간수 | 繁殖 fánzhí 동 번식하다, 증가하다 | 水生 shuǐshēng 몡 수생 | ★之所以 zhīsuǒyǐ 젭 ~한 까닭, ~의 이유 | 炫目 xuànmù 동 눈부시게 하다 | 归功于 guīgōngyú 동 ~의 덕분이다, ~의 덕택이다 | 卤虫 lǔchóng 고유 브라인 슈림프 [소금 호수에 서식하는 수생생물] | 杜氏盐藻 dùshìyánzǎo 고유 두날리엘라 살리나 [녹조류 생물] | 嗜盐菌 shìyánjūn 몡 호염성 세균 | 正是 zhèngshì 동 바로 ~이다 | 自身 zìshēn 몡 자신 | 原本 yuánběn 부 원래 | 平凡 píngfán 톙 평범하다, 보통이다 | 染 rǎn 동 염색하다, 물들이다 | 共同点 gòngtóngdiǎn 몡 공통점 | 体内 tǐnèi 몡 체내 | 色素 sèsù 몡 색소 | ★沉淀 chéndiàn 동 침전하다, 가라앉다 | 能够 nénggòu 조동 ~할 수 있다 | ★忍耐 rěnnài 동 인내하다, 참다, 견디다 | 浓度 nóngdù 몡 농도 | 限度 xiàndù 몡 한도, 한계 | 存活 cúnhuó 동 (동식물 등이) 생존하다 | ★适宜 shìyí 톙 알맞다, 적합하다, 적당하다, 적절하다 | 换句话说 huànjùhuàshuō 다시 말해, 바꾸어 말하면 | ★密度 mìdù 몡 밀도 | 水体 shuǐtǐ 몡 물 | 赐予 cìyǔ 동 내려주다, 하사하다 | ★宝藏 bǎozàng 몡 보물 | 矿产 kuàngchǎn 몡 광산물 | 旅游业 lǚyóuyè 몡 관광업 | ★兴起 xīngqǐ 동 성행하다, 발전하기 시작하다 | ★观赏 guānshǎng 동 관상하다, 감상하다, 보고 즐기다 | 斑斓 bānlán 톙 알록달록하다 | 草原 cǎoyuán 몡 초원 | ★戈壁 gēbì 몡 고비사막, 사막 | 高原 gāoyuán 몡 고원 | ★相伴 xiāngbàn 동 함께하다, 동반하다 | ★深受 shēnshòu 동 (매우) 깊이 받다, 크게 입다 | 追捧 zhuīpěng 동 열광적으로 사랑하다, 성원하다 | 旅游胜地 lǚyóu shèngdì 관광지 | ★极为 jíwéi 부 아주, 매우, 대단히 | 稀有 xīyǒu 톙 희귀하다, 드물다 | ★发掘 fājué 동 발굴하다, 발견하다 | 遍及 biànjí 동 널리 분포하다, 골고루 퍼지다 | 亚洲 Yàzhōu 고유 아시아 | 盛产 shèngchǎn 동 많이 생산하다, 많이 나다 | 昙花 tánhuā 몡 월하미인 [식물] | ★昼夜 zhòuyè 몡 낮과 밤 | 温差 wēnchā 몡 온도차, 일교차 | ★汇集 huìjí 동 모으다, 집중시키다, 집중하다 | 周边 zhōubiān 몡 주변, 주위 | 恒定 héngdìng 톙 일정하다 | 水汽 shuǐqì 몡 수증기 | ★家喻户晓 jiāyùhùxiǎo 셩 집집마다 다 알다 | ★与众不同 yǔzhòngbùtóng 셩 남다르다, 남보다 뛰어나다 | 至关重要 zhìguānzhòngyào 매우 중요하다 | 平原 píngyuán 몡 평원 | 亚热带 yàrèdài 몡 아열대 | 具有 jùyǒu 동 지니다, 가지다 | 虫害 chónghài 몡 충해 | 愈 yù 부 더욱, 더더욱 [중첩하여 '愈……愈……'(~하면 할수록 ~하다)로 활용함] | 存活率 cúnhuólǜ 몡 (동물 등의) 생존율 | ★产地 chǎndì 몡 생산지, 산지 | ★孕育 yùnyù 동 배양하다 | ★瑰丽 guīlì 톙 매우 아름답다 | 替代 tìdài 동 대체하다 | ★兼具 jiānjù 동 겸하다, 겸비하다 | 成因 chéngyīn 몡 형성 원인 | 地貌 dìmào 몡 지형 | 异同 yìtóng 몡 서로 다른 점과 같은 점

독해 제1부분처럼 지문이 긴 문제에서 정해진 시간 안에 최대한 많은 문제를 맞히려면 '필요한 부분'을 빨리 찾아 읽고 답을 찾는 방법을 써야 한다. 주제를 찾는 유형은 대부분 처음과 끝부분에 많이 나오기 때문에 질문을 읽자마자 첫 번째 문단과 마지막 문단을 집중적으로 훑어보자.

1 빈출 질문 유형

글의 주제를 묻는 질문은 비슷한 패턴을 가지고 있다. '主要' '谈' '介绍' 등의 어휘가 들어간 질문은 거의 다 글의 주제를 묻는 문제이다.

∨ 上文主要谈的是：윗글에서 주로 이야기하는 것은?

∨ 上文主要谈了哪两方面内容？윗글에서는 주로 어떤 두 가지 내용을 이야기했는가?

∨ 根据上文，作者最可能支持的观点是：윗글에 근거하여, 작가가 가장 지지하는 관점은?

∨ 最后一段讲的是什么？마지막 단락에서 이야기하는 것은 무엇인가?

∨ 上文主要告诉我们什么？윗글에서 주로 우리에게 알려 주려는 것은 무엇인가?

∨ 上文主要介绍的是：윗글에서 주로 소개하는 것은?

∨ 第五段主要介绍的是：다섯 번째 단락에서 주로 소개하는 것은?

∨ 根据上文，可以知道：윗글에 근거해서 알 수 있는 것은?

∨ 最适合做上文标题的是：윗글의 제목으로 가장 적합한 것은?

2 주제문과 함께 나오는 표현

전환, 인과, 목적 등을 나타내는 접속사, 부사 뒤에는 핵심 내용이 많이 등장하니 이 부분은 반드시 숙지해 놓아야 한다.

전환 ✦	앞뒤 내용이 상반되는 관계를 나타내는 접속사로, 뒤에 전체 내용의 결론이 많이 등장하거나 핵심 내용이 많이 나온다.
	但是 dànshì 그러나 | 可是 kěshì 그러나 | 然而 rán'ér 그러나 | 却 què 도리어 | 而 ér 그러나 | 不过 búguò 그러나 | 其实 qíshí (그러나) 사실은
인과 ✦	뒤절에 결과를 나타낼 때 쓰는 접속사로, 보통 앞내용에 대한 결과나 결론이 온다.
	因此 yīncǐ 따라서 | 于是 yúshì 그래서 | 从而 cóng'ér 그러므로 | 可见 kějiàn ~라는 것을 알 수 있다 | 即可 jíkě ~하면 바로 ~할 수 있다
목적	어떤 목적과 그 목적을 달성하기 위해 행동이나 방법을 말할 때 사용하므로, 그 문장에서 말하고자 하는 내용이 나온다.
	为了 wèile ~하기 위해 | 以免 yǐmiǎn ~하지 않도록 | 免得 miǎnde ~하지 않도록 | 为的是 wèi de shì ~을 위해서이다 | 是为了 shì wèile ~하기 위하여

기타 표현	시간을 절약하기 위해서는 모든 내용을 읽는 것보다 각 부분의 키워드를 빠르게 체크하거나, 주제를 물을 때는 앞의 내용을 정리하는 느낌의 어구를 사용해서 표현하는 경우가 많다. 아래 표현들은 실제 시험에서 많이 출제되고 있는 표현들이므로 반드시 숙지해 놓도록 하자.

综上所述 zōng shàng suǒshù 앞서 말한 내용을 종합하다
由此可见 yóucǐ kějiàn (주로 문장의 첫머리에 쓰여) 이로부터 알 수 있다
与此同时 yǔcǐ tóngshí 이와 동시에
总体来讲 zǒngtǐ láijiǎng 총체적으로 말하면
总的来说 zǒngde lái shuō 전체적으로 말하면
专家指出 zhuānjiā zhǐchū 전문가들이 지적하기를
总而言之 zǒng'ér yán zhī 총괄적으로 말하면
这个现象告诉…… zhège xiànxiàng gàsu…… 이 현상은 ~에게 알려 준다
一是A，二是B，三是C: Yī shì A, èr shì B, sān shì C:
첫 번째는 A이고, 두 번째는 B이고, 세 번째는 C이다
第一A，第二B，第三C: Dì yī A, dì èr B, dì sān C:
첫 번째는 A이고, 두 번째는 B이고, 세 번째는 C이다
首先A，其次B，然后C，最后D: Shǒuxiān A, qícì B, ránhòu C, zuìhòu D:
먼저 A, 그다음에 B, 그러고 나서 C, 마지막으로 D이다
再加上 zàijiāshang 게다가

STEP 3 실력 다지기

Day 13

　　蚯蚓被截成几段，每一段又都能成为一条新的蚯蚓；壁虎断尾后，过些时候会长出一条新尾巴；螃蟹的螯夹被毁后，也会再生出一个新螯夹来。这就是生命的"自我修复能力"，又被称为"自愈力"。是生命现象中最令人敬畏的一点。有人会问："生命越高级，自我修复能力就越退化吗？"表面上看，似乎如此，可人类之所以被称为"万物之灵"，其实最重要的一点恰恰是因为超强的自我修复能力。俗话说："伤筋动骨一百天"。说的就是人对筋骨的自我修复能力。

　　自我修复能力，是人最重要的生存要素。即使得了所谓的绝症，人也应该保持一种自我修复意识，当然在修复过程中，医生、治疗、药品、养护都很重要，但是更重要的是人对于决心修复损坏的部分有信心，再加上毅力，乐观豁达，理智处置，这样往往会产生所谓的奇迹。现实中也不乏"患者体内的病灶，不知何故大大萎缩乃至消失"的例子。这种令医生都称奇的自我修复能力，源于自我修复的信念以及自我修复的程序和技巧。

　　生命肉体的修复是一个方面，生命灵性的修复则是更重要的一个方面。人们往往会借助于心理医师，从他们的分析与劝诱中，获得解开心结的方法。这其中的关键还是在于调动"自我心灵修复力"。心灵创伤和肉体创伤不一样，它无形而深邃，自知而无法尽与人述。

　　现代社会的生活和工作压力越来越大，身体不适的人也越来越多，很大程度上是生活起居不规律造成的。不良生活习惯持续损害人体的组织器官，人体的自愈系统便忙得无暇休息，最终它们"累垮"了，生病是自然的事情。那么，什么才是"健康"的生活方式呢？

首先，要"听懂"身体发出的信号，并"听从"指示。我们的身体不会无缘无故地"闹脾气"，若有不适感，那么必定是某一方面出了问题。因此，我们要按照身体的指示行事：饿了就吃、困了就睡、累了就休息、该发的脾气发出来，该看开的时候就释然。其次，要顺应自然的规律，不可违背。自然环境的变化可直接或者间接影响人体五脏的功能和津液的代谢，使机体相应地产生生理、病理反应。例如，昼夜更迭，古人的日出而作、日落而息就是顺应天时。现代人喜欢过"夜生活"，在脏腑机能都减弱的时候还要活动，长此以往必然会伤精耗血，损害身体。另外，从我做起，爱护环境。人类的破坏性活动影响了自然环境和气候，恶化的环境和气候条件最终又影响人类自身。

归根结底，人之所以会生病，是因为人类漠视了自身的自愈力，也藐视了自然界的强大力量。

1. 对第一段理解正确哪一项？

   A 蚯蚓、螃蟹等均毫无"自愈力"

   B 人类是唯一缺乏自我修复能力的生物

   C 螃蟹生出新的螯夹并不取决于自愈力

   D 自我修复能力并非动物的"专利"

2. 关于"伤筋动骨一百天"理解正确的是？

   A "伤筋动骨"的人一百天内无意识

   B "伤筋动骨"是一百天过激运动造成的

   C "伤筋动骨"后，服药大概一百天

   D "伤筋动骨"的恢复时间大概需一百天

3. 第二段中，举"患者体内病灶的消失"的例子是为了说明什么？

   A 保持自我修复意识的重要性

   B 自我修复意识包治百病

   C 自我修复意识是自然界的奇迹

   D 患者体内病灶是自我修复意识引起的

4. 为什么说人体的自愈系统会被"累垮"？

   A 经济上的负担导致自愈系统无暇休息

   B 不规律的作息导致自愈系统无暇休息

   C 自然界的气候变化导致自愈系统无暇休息

   D 家务的繁忙导致自愈系统无暇休息

5. 第五段中的划线词语"闹脾气"是指我们的身体：

   A 在开玩笑

   B 出现异常症状

   C 产生了新的细胞

   D 不适应新的环境

6. 若不顺应自然规律，人体会受到哪些影响？

   1. 影响五脏功能

   2. 伤精耗血

   3. 引发失眠

   4. 食欲下降

   A 1, 3　　B 3, 4　　C 1, 2　　D 2, 3

7. 本文主要想告诉我们什么？

   A 不要忽视人的自愈力

   B 自愈力是万物生长的基石

   C 自然界中的人类与动物是平等的

   D 要重视现代人的心理健康问题

정답 및 해설 → 해설서 p.117

　　在横断山脉的高山峡谷，在滇、川、藏"大三角"地带的丛林草莽之中，绵延盘旋着一条神秘的古道，这就是世界上地势最高的文明以及文化传播古道之一的"茶马古道"。丽江古城的拉市海附近、大理州剑川县的沙溪古镇、祥云县的云南驿、普洱市的那柯里是保存较为完好的茶马古道遗址。

　　茶马古道起源于唐宋时期的"茶马互市"。因康藏属高寒地区，海拔都在三四千米以上，奶类、酥油、牛羊肉是藏民的主食。在高寒地区，需要摄入含热量高的脂肪，但没有蔬菜，粑又燥热，过多的脂肪在人体内不易分解，而茶叶既能够分解脂肪，又防止燥热，故藏民在长期的生活中，创造了喝酥油茶的高原生活习惯，但藏区不产茶，而在内地，民间役使和军队征战都需要大量的骡马，但供不应求，而藏区和川、滇边则产良马。于是，具有互补性的茶和马的交易，即"茶马互市"便应运而生。这样，藏区和川、滇边地出产的骡马、毛皮、药材等和川滇及内地出产的茶叶、布匹、盐和日用器皿等等，在横断山区的高山深谷间南来北往，流动不息，并随着社会经济的发展而日趋繁荣，形成一条延续至今的"茶马古道"。

　　"茶马古道"是一个有着特定含义的历史概念，它是指唐宋以来至民国时期汉、藏之间以进行茶马交换而形成的一条交通要道。历史上的茶马古道指的并不是一条，而是一个庞大的交通网络。

　　唐朝时期，部分地区盛产茶叶，随着各地对茶叶的需求日盛，为加强管理，唐朝政府制定了相应的贸易政策，如茶马互市、加收茶税、榷茶制度等，此种情形之下，作为交通运输工具的马帮将视线转向了茶马贸易，茶马古道初见形态。宋朝，内地茶叶经济得到繁荣发展而西部地区需求较大，西部盛产良驹恰好适应国家需求，中央政府在促进经济和军事发展的基础上，为维护西南地区安全以稳固国家政权，对茶马贸易的重视度愈甚，由此正式建立起了茶马互市制度。自此，茶叶逐渐成为中原地区与涉藏地区人民之间进行友好往来的重要媒介，茶马贸易成为中央政府对西南地区进行政治控制的重要手段，茶马古道作为主要商品运输路径的重要性也日益彰显。元朝，中央政府改变了对茶马古道的运营、管理方式，开始设立马政制度、拓展茶马古道，并在沿线设立驿站，从此"茶马古道"不仅是经贸之道、文化之道，又是国之道、安藏之道。到了明朝时期，茶马互市的景象又兴盛起来，贸易形式更加多样，如政府贸易、朝贡贸易等。尽管中央政府为加强政治统治实行"茶引"、"引岸"等制度禁止私人开展茶马交易，但汉藏民族间的贸易往来依旧频繁。清朝，茶马互市制度逐渐衰落，但茶马古道依旧热闹，交易产品种类不断丰富，除过去的主要贸易产品茶叶与马匹外，还涵盖内地生产的丝绸、布料等生活用品，西部地区出产的虫草、藏红花等珍贵药材。抗战期间，茶马古道还承担起了作为西南后方的主要物资供应通道的重任。茶马古道作为集经济、文化、政治于一体之道，在历史长河中既是西南地区民族之间进行商贸往来的交通要道，又是民族间增进文化交流的重要纽带，是推动民族和睦、维护边疆安全的团结之道。

　　从久远的唐代开始，历经岁月沧桑一千余年，茶马古道就像一条大走廊，连接着沿途各个民族，发展了当地经济，搞活了商品市场，促进了边贸地区农业、畜牧业的发展。与此同时，沿途地区的艺术、宗教、风俗文化、意识形态也得到空前的繁荣和发展。茶马古道的存在推动了各民族经济文化的发展，凝聚了各民族的精神，是中国统一的历史见证，也是民族团结的象征。

8. 根据第一段，可以知道茶马古道：

    A 地势极高   **B** 建于近代

    C 是大理的遗址   **D** 位于海滨

9. 关于"茶马互市"下列说法正确的是：

    A 军队拒绝购买茶和马

    B 茶与马交易被中断

    C 茶与马在藏区供不应求

    D 是有关茶与马的交易

10. 对第二段理解正确的是哪几项：

    1. 酥油茶不适宜高原地区饮用

    2. 军队征战需要大量马匹

    3. 藏区蔬菜匮乏

    4. 藏民以茶为主食

    A 3, 4   **B** 1, 4

    C 1, 2   **D** 2, 3

11. 关于清朝的茶马古道可以知道：

    A 茶马古道上交易依然兴盛

    B 丝绸布料不在茶马古道上交易

    C 茶马互市与茶马古道的发展成正比

    D 药材与布料的需求逐渐下降

12. 与"岁月沧桑"中"沧"的读音不一致的是：

    A 米仓   **B** 苍天

    C 手枪   **D** 船舱

13. 关于茶马古道，下列哪项错误：

    A 历经千余年的历史

    B 是由饮食文化的发展而逐渐形成的

    C 推动了艺术，经济，文化等的发展

    D 起源于唐宋时期的"茶马互市"

14. 根据本文，下列说法正确的是：

    A 茶马古道代替了丝绸之路

    B 茶马古道沿用至今

    C 茶马古道见证了中国的发展史

    D 茶马古道得益于网络的发展

정답 및 해설 → 해설서 p.120

"丁克"已经成为社会上的一个热点问题，丁克家庭的夫妻双方一般都有收入，通常是社会上的中产阶层，收入水平和消费水平较高。自上个世纪80年代起，"丁克家庭"开始出现在中国。当时，这样的家庭会被别人议论或者谴责，甚至是被别人怀疑有"生理问题"。而现在，随着社会的多元化和舆论环境的改变，这种家庭已经开始被社会和公众理解和接受。

丁克做为现代人生活的一种方式，已从另类转为普遍。多数丁克追求高品质或另类的生活，并主动成为丁克一族。然而现在部分城市里生活的人，由于生活压力过大，生活成本较高，以至被迫进入丁克一族；还有些人从小生活安逸，心理年龄过小，2不能承受传统的生活方式，于是主动加入丁克一族；此外，绝大多数由于生理有缺陷无法生育的人，在思想上并不认同无子女的婚姻，而且在行动上努力寻求各种方法生育子女，因此这类人不属于丁克。

"不孝有三，无后为大"的传统观念在中国人的心目中根深蒂固，所以，"丁克家庭"很难成为全社会的生活主流，但在夫妻文化程度都比较高的家庭里，这一观念却大有市场。证据之一是，从90年代初到90年代末，在中国的各大城市里，"丁克家庭"的数量正稳步上升，其成为某个特定阶层的婚姻时尚也就在所难免。

90年代中期一份对"丁克家庭"的调查问卷显示，选择不生育这一生活方式的主要原因中占第一位的是对中国人口问题的忧虑；第二位是为了使自己生活得更轻松；第三位是为了自我实现。

现在随着国家对大学生的扩招，大学生越来越多，而大学生的就业现状并不被看好，刚刚毕业的大学生或者在踏入社会时间不太长的毕业生经济水平不高，有了孩子负担会更重，而作为受过高等教育的大学生本身就具有较强的接受新事物的能力，自然而然的就成了丁克一族的后备军，这类大学生越来越多，更有可能发展成为丁克一族，因此，丁克现象在最近二十年之内必将发展非常迅速。

家庭变迁是社会变迁的缩影，丁克家庭能被越来越多的人认可主要是因为人们的家庭功能观念有所转变。不过，人们在接受的同时还是有一些疑问。有人认为不生育有悖于人类正常繁衍的自然规律，"不育文化"的无限扩展对人类正常的繁殖生息是不利的。也有医学界人士提出，女性在其一生中如果有一次完整的生育过程，就能提高免疫力，不生育不利于身体健康。

家庭具有生产、生育、教育、宗教、娱乐等功能，生育不再是家庭最重要的功能，这种观念的确是一种进步，不同背景，不同经历的人可以根据自己的理解、价值观念和理想憧憬来选择自己的家庭结构，这也是需要全社会理解和接受的。不过，生育后代、维持人类的繁衍也确实是家庭的责任，孕育儿女可以使夫妻双方心理更加健康，在孕育生命的过程中可以体会更深刻的人生哲理，从养育子女的辛苦中理解父母的恩情。不少青年夫妇嫌麻烦、怕身材走样、婚后不要孩子，宁可选择做新潮的"丁克一族"。然而，不少医生发现，近年来超过35岁的高龄产妇越来越多，其中不乏年轻时立志不生育，到了中年随着夫妻情感变化而"反悔"的人。因此，不要盲目地，甚至是冲动性地选择不生育。

15. 起初，人们对"丁克家庭"的看法是：

    A 斥责　　　　　B 中立

    C 鼓励　　　　　D 不在乎

16. 人们选择丁克的原因有什么：

    1. 生理上的缺陷

    2. 生活压力较小

    3. 无法承受传统生活方式

    4. 是追求高品质生活

    A 2, 3　　　　　B 1, 2

    C 1, 4　　　　　D 3, 4

17. "这一观念却大有市场"这句话中的"大有市场"应该怎么理解？

    A 少数人比较不理解

    B 被广泛认可

    C 市场上非常多

    D 没有被消费市场所接受

18. 为什么说"大学生越来越有可能发展成为丁克一族"？

    A 升学困难且结婚压力过大

    B 就业容易且头脑更灵活

    C 生活压力大且更具接受新事物的能力

    D 找工作难且下岗率高

19. 对"根深蒂固"理解正确的一项是：

    A 信念可靠，不易背叛

    B 想法准确，不易出错

    C 思想明确，不易改变

    D 基础稳固，不易动摇

20. 关于最后一段，下列说法不正确的是：

    A 人们可以选择自己的家庭结构

    B 丁克家庭毫无娱乐性可言

    C 生育不再是家庭最重要的功能

    D 家庭有维持人类的繁衍的责任

21. 根据本文，下列说法正确的是：

    A 人们的家庭功能观念保持不变

    B 丁克于上世纪90年代传入中国

    C 切勿盲目地、冲动性地选择不生育

    D 丁克现象在不久的将来会停止发展

정답 및 해설 → 해설서 p.124

就餐的时候"叫外卖"已经成为现代人越来越普遍的方式。"叫外卖"不仅节省时间，还省去了排队占位的麻烦。众多精明的商家也根据市场需求，适时推出了"网上订餐"、"电话订餐"、"送餐上门"等服务。前不久，《2017中国外卖发展研究报告》的发布引起了人们的广泛关注。报告显示，2017年，中国在线外卖市场规模达到2046亿元人民币，同比增长23%。在线订餐用户规模达3亿人，同比增长18%。但最令人们惊叹的不是外卖市场的规模，而是近3亿人正使用这种方式订餐。这些人群基本上涵盖了大中城市，并且以年轻人居多。可以这样理解，数以亿计的青年正在享受着足不出户、在线订餐、送餐上门的生活方式。

俗话说，"民以食为天"。饮食文化承载着民族文化的重要传统，显示着时代和习俗的变迁。曾几何时，童年记忆中的菜肴成为很多人一生难以改变的口味和习惯，"妈妈的味道"几乎成为乡愁的代名词。一度引发舆论轰动的电视纪录片《舌尖上的中国》更是把饮食文化、地域文化和传统民俗结合到了出神入化的程度。而随着互联网深入到生活的每一个角落，支付宝和高铁、共享单车、网购一起成为了"新四大发明"。在网购、支付宝的支撑下，外卖逐渐成为流行的生活方式。看中哪家饭店的菜肴后，拨动几下指尖，就会有订单第一时间进入商家的操作之中。随后，大厨烹饪、打包装盒，伴随着快递员匆匆专送的忙碌脚步，在几十分钟之间，就会把可口且热气腾腾的美食送到千家万户的餐桌上。

由于外卖具有及时、快捷、方便等特点，一经出现，就受到了年轻人的欢迎，并作为一种生活方式被广泛接受。在大中城市，工作和生活节奏很快，节省时间成为年轻人作出这一选择的重要理由。此前，方便面等快捷食品流行多年，操作简单、食用方便，使其成为很多年轻人求学、工作中的必备食品。而今，外卖文化成为方便面的升级版，有分析显示，"点外卖的越来越多，吃方便面的越来越少"。外卖增加与方便面销量减少存在着某种微妙的联系。一样的节省时间，一样的匆匆食用，食材、菜品却发生了天翻地覆的改变。点外卖与坐在餐厅里吃大餐一样，美食如从天而降，真是一种美好的感受。由此，也在某种程度上改变了年轻人的饮食文化习惯。

随着外卖业的蓬勃发展，也带来了激烈竞争。很多外卖平台自加压力，为自己设定了严格的送达时间，否则就给予赔付。正是由于配送时间从38分钟不断下降，缩短到28分钟，使得美食不因路途和时间上的耽搁而变凉、变味。外卖平台提高效率、深入变革的结果就是人们的生活习惯受到了潜移默化的影响。少吃了方便面、不再上班带饭、下厨机会减少，这些变化也直接推动着外卖业的持续高速发展。同时，报告显示，三四线城市的外卖订单同比增长高于一二线城市，说明外卖的网络发展逐渐扩充，越来越多的小城市居民加入了"外卖消费的大军"。外卖从一二线城市崛起发展，未来必定还有更为广阔的发展潜力和空间。外卖发展的历程也是品牌之间的不断竞争、优胜劣汰的过程。优质品牌的崛起与壮大，已经成为外卖市场较为突出的现象。而除了居家年轻人追求足不出户的"外卖生活"之外，在旅途的年轻人更会选择外卖，学校、医院等特定人群场所选择外卖的空间也在不断增大。加班外卖、早餐外卖等细分市场也呼唤着更为完善、细致的社会服务。此外，外卖也成为了2322万加班族的"深夜食堂"，让他们在加班的忙碌疲惫中，多少能感受到外卖带来的慰藉和温暖。

饮食不仅仅是生活方式，更是一种文化现象。在经济快速发展的中国，很多社会景象、城市面貌都发生着巨大的改变。外卖正是在互联网影响生活的大背景下崛起的一种餐饮文化，影响着很多人的生活，在快捷、方便、安全的前提下，让传统的饮食文化在新时代展现出独特的魅力。外卖文化无疑承载着更多的期许，蕴含着潜在的巨大力量。

22. 对第一段的理解，下列哪项正确?

    A 在线订餐服务尚未成熟

    B "外卖"受众群以年轻人居多

    C 中国在线外卖市场规模正在逐年下降

    D "叫外卖"是极罕见的点餐方式

23. "民以食为天"中的"为"与下列哪一项发音不同:

    A 父亲被选为公司代表了

    B 大家都在为胜利而欢呼

    C 南老师被学生称为HSK专家

    D 这件事要一分为二地看

24. 关于纪录片《舌尖上的中国》，下列哪项正确?

    A 是一部写实主义的人物纪录片

    B 制片方中途更换了与饮食有关的主题

    C 其收视率引起了极大的争议

    D 完美地结合了地域文化和传统民俗

25. 外卖受年轻人欢迎的主要原因是:

1. 及时快捷

2. 省时方便

3. 改变了快节奏的生活

4. 时效性强

    A 1，2　　　　　　**B** 1，4

    C 2，3　　　　　　**D** 2，4

26. "配送时间从38分钟不断下降，缩短到28分钟"说明了什么?

    A 配送效率在不断提高

    B 配送的品质有所下降

    C 配送不满28分钟就会被退单

    D 配送时间可认为更改

27. 外卖对有些加班族的意义是:

    A 治疗心理疾病

    B 带来丰厚的待遇

    C 有助于升职加薪

    D 有益于缓解疲劳

28. 理解全文，下列哪项正确:

    A 外卖将不再出现在一二线城市

    B 共享单车与网购制约了外卖的发展

    C 外卖行业的崛起与互联网的影响息息相关

    D 点外卖是专属于年轻人的生活方式

정답 및 해설 → 해설서 p.128

STEP 1 유형 파악하기

✖ 긴 지문에서 빈칸에 알맞은 단어를 고르는 유형은 조금은 어렵고 생소할 수 있는 유형이다. 거의 매 지문마다 한 문제씩 출제되고 있고, 단어 또는 성어가 주로 출제된다.

▶ **출제경향**

문맥을 제대로 파악했는지 또는 문장구조를 잘 알고 있는지 등을 묻는 것으로, 주로 성어가 많이 출제되지만 고정격식을 활용한 표현들도 종종 출제된다. 따라서 빈칸 앞뒤 문장을 잘 파악하는 것이 답을 찾는 데 도움이 될 것이다.

▶ **문제 풀이 비법**

1 빈칸 앞뒤 내용을 살펴보자.

빈칸 앞뒤 문맥을 잘 파악해야 빈칸에 어떤 의미를 가진 어휘가 들어갈 수 있는지 추측할 수 있다.

2 보기가 비슷한 뜻의 어휘라면 그 특징을 잘 파악하자.

보기의 어휘들이 종종 비슷한 의미를 가진 유의어들로 나열되어 있을 수 있다. 그때는 각 어휘의 특징을 잘 살펴보고, 앞뒤 내용에 고정격식 표현이 있는지 확인해 보자!

3 어휘의 뜻을 모른다고 포기하지 말자.

간혹 생소한 어휘나 성어가 등장했을 때 그 뜻을 몰라 바로 포기하는 경우가 있다. 하지만 어휘에서 한두 글자만으로도 그 의미를 유추할 수 있는 경우가 있으므로, 모르는 어휘가 나왔다고 바로 포기하지 말자!

예시 轻而易举 → 容易 쉽다   小心翼翼 → 小心 조심하다   诸多 → 多 많다

🌱 **제1부분 예제**

　　2020年9月15日，中国从停泊在黄海海域的动力船上，用长征十一号海射运载火箭将卫星送入预定轨道。

　　我们知道，中国有酒泉、太原、西昌、文昌四大卫星发射基地，以上发射基地无一不是设备先进、功能齐全，并已为国内外发射无数颗卫星的地点，而这次为何要开辟海上发射场呢？

　　航天发射的理想地点是赤道地带，原因是这里能有效利用地球自转速度。对于竖直升空的火箭，从太阳上看，则是围绕地球成螺旋线路径飞入太空的，这是由火箭随地球自转的惯性所致。就像一块石头，从疾驰的汽车上向上抛出，从地面看，则是向上向前飞出。同样，由于地球自转，赤道带相当于高速行驶的车辆，火箭从那里起飞，会获得一个沿螺旋线路径飞行的速度，从而提升火箭的推力，节省推进剂，提高火箭运载能力，降低发射成本。

中国离赤道最近的卫星发射基地在海南文昌，该地位于北纬19度。虽尚未真正到达赤道，但海上发射就灵活多了，以船舶为平台，可将火箭送到赤道附近发射。

此外，海上发射运载火箭还能执行重大防卫任务。未来，如果有一颗小行星向地球飞来，势必会给人类带来灭顶之灾。这时，想要用航天器击落这个活动目标，若从船上发射就如同拿着枪在地上跑来跑去寻找最佳位置瞄准，命中率更高。

最后，从安全角度，海上发射能避免_____麻烦。火箭飞行中，助推器壳体和卫星保护罩等的分离体，会从高空坠落下来。由于落区和落时难以掌控，需大面积疏散地面人员，费时费力。而海上发射，因远离了人口稠密地区，则能够避免事故的发生。

但是在人类50多年的航天发射历程中，为什么海上发射航天器的次数并不多？这主要是由于相较于陆地，海洋存在着众多特别之处。

首先，海上发射对于火箭和发射平台都有特殊要求。在船上发射，如果选用固体燃料火箭，虽然在出厂时，燃料已固化在箭体内，发射时无需再装药，十分省事，但运载能力比不上液体燃料火箭。如果选用液体燃料火箭，运载能力不成问题，但需要将箭体拖到船上再加助燃料，操作实属不易。因此，与陆地发射相比，无论选择哪种燃料的火箭，海上发射都存在弊端，需要深入研究，趋利避害。对发射平台而言，则需要承载吨位大、稳定性好、航行动力足、安全可靠的船舶。

其次，受海洋环境不良影响，海上的大风大浪，对船舶的正常行驶和稳定停泊会造成一定困难；海面升起的大雾，不但影响能见度，且其中的盐分和霉菌，会腐蚀高端设备和精密仪器，导致观察数据不准，从而引发故障；有时，不能排除蓝鲸等巨型海洋动物干扰发射活动的可能，这些都直接影响运载火箭设备选型和试验条件设置，不能不予考虑。

还有，火箭在海上的瞄准点和方位不像在陆地那样可提前预测，而是需要长时间航向保持和动态基座瞄准试验验证。此外，为防止船体被火焰烧蚀，必须利用高压气体把火箭弹射出去后再点火。并且，为了保障火箭及人员安全，必须研究解决火箭运输、火箭起竖、燃料加注等自动化问题，这些都是难啃的"硬骨头"。

1 关于中国四大卫星发射基地，可以知道什么？

    A 发射的卫星不胜枚举

    B 文昌发射基地规模最位居第一

    C 设备全部是中国自主研发的

    D 长征十一号在酒泉成功将卫星送入预定轨道

2 为什么赤道地带是航天发射的理想地点？

    A 极有可能延长卫星运行寿命

    B 最易受到太阳引力的影响

    C 炎热的气候有助于提升火箭推力

    D 可利用地球自转获得沿螺旋线路径飞行的速度

3 下列哪项不是海上卫星发射的优势?

　　A 可执行重大防卫任务　　　　**B** 无需大面积疏散人员

　　C 节省推进剂、降低成本　　　　**D** 承载吨位大，稳定性好

4 根据上下文，第六段的空白处最适合填入的词语是?

　　A 详细　　　　**B** 关注　　　　**C** 诸多　　　　**D** 巨额

5 相比液体燃料火箭，固体燃料火箭:

　　A 装药费时费力　　　　　　**B** 必须利用高压气体点火

　　C 运载能力相对较弱　　　　**D** 可提前测出火箭的瞄准点

6 划线的短语"难啃的'硬骨头'"在文中表示什么意思?

　　A 形容船体极其坚硬　　　　**B** 比喻食物难以下咽

　　C 表示科学家们坚强不屈　　**D** 指一些不易攻克的问题

7 上文主要谈了哪两方面内容?

　　1. 海上发射难在哪里　　　　2. 如何选择理想的火箭种类

　　3. 为何开辟海上发射场　　　4. 海上发射有何种历史意义

　　A 1, 4　　　　**B** 2, 3　　　　**C** 1, 3　　　　**D** 2, 4

 1 A [无数 무수하다 → 不胜枚举 일일이 다 셀 수 없다] 두 번째 단락에서 중국 4대 위성 발사 기지에 대해 이야기하고 있으며, 위성 발사 기지는 수많은 위성이 발사된 지점이라고 설명하고 있다. 보기의 '不胜枚举(너무 많아서 일일이 다 셀 수 없다)'와 본문의 '无数(무수한)'가 비슷한 뜻임을 알아야 답을 찾을 수 있는 문제로, 답은 A이다.

2 D [获得一个沿螺旋线路径飞行的速度 나선형 경로를 따라 비행할 수 있는 속도가 생긴다] 질문의 핵심 어휘는 '赤道地带(적도 지역)'와 '理想地点(이상적인 지점)'으로, 지문 세 번째 단락에 관련 내용이 등장한다. 지문에 '지구의 자전으로 인해 적도 부근에서 로켓이 이륙하면 나선형 경로를 따라 비행할 수 있는 속도가 생긴다'라고 보기 D의 내용이 그대로 나왔다.

3 D [对发射平台而言，则需要承载吨位大、稳定性好的船舶 발사대 측면으로는 적재량이 크고 안정성이 높은 선박이 필요하다] 질문에 부정사가 있음에 유의하자. 이 문제는 장점이 아닌 것을 찾는 문제이다. 보기 A, B, C는 지문에서 언급한 장점이다. 인공위성을 발사할 때는 넓은 곳에 인력을 분산시켜야 하는데 해상 발사는 인구 밀접 지역과 떨어져 있다는 말로 보기 B를 유추해 낼 수 있어야 한다. 보기 D는 해상 발사대의 요구사항이지 해상 위성 발사의 장점이라고 할 수는 없으므로 답은 D이다.

4 C [避免诸多麻烦 수많은 번거로움을 피하다] 문맥상 뒤에 '麻烦'을 꾸며 주는 어휘로, 뒤에 내용과도 어울리는 어휘가 와야 한다. 빈칸 뒤에는 번거로움을 피할 수 있는 다양한 내용들이 왔기 때문에 문맥상 '수많은'을 뜻하는 '诸多'가 가장 어울린다. 따라서 정답은 C이다. 잘 모르는 글자가 나오더라도 한 글자의 뜻만 정확히 안다면 비슷한 뜻으로 유추할 수 있다.

5 C [运载能力比不上液体燃料火箭 운반 능력은 액체연료 로켓보다 떨어진다 → 运载能力相对较弱 운반 능력이 비교적 약하다] 고체연료는 발사할 때 다시 장전할 필요가 없어 수고를 덜 수 있지만 운반 능력이 액체연료보다 떨어진다고 했으므로 답은 C이다. '比不上(~보다 못하다)'의 뜻을 정확하게 해석해야 풀 수 있는 문제이다.

6 D [这些都是难啃的"硬骨头" 이것들을 모두 해결하기 어려운 문제이다] 밑줄 친 문장 앞에서 해결해야 할 문제에 대해 언급했고, 이러한 문제가 해결하기 어렵다는 의미임을 파악할 수 있다. 만약 문맥으로 뜻을 유추하기 힘들다면 개별 글자에서 전체 의미를 유추해 보자. '难(어렵다)'이라는 글자가 있으므로 '견고함'이나 '강함'을 나타내는 A와 C는 답이 되기 힘들며, 전체적인 내용이 음식과 관련된 내용이 아니므로 B는 정답이 될 수 없다. 따라서 문맥상 D가 가장 어울리는 답이다.

7 C [为何要开辟海上发射场 왜 해상 발사장을 개척했을까 / 为什么海上发射航天器的次数并不多 우주선의 해상 발사 횟수는 왜 그렇게 많지 않을까] 이 글이 말하고자 하는 주요 내용을 묻는 문제로, 질문에 두 가지 내용을 직접적으로 물었기 때문에 두 가지를 정확히 알아야 한다. 본문에서 직접적으로 해상 발사장을 왜 개척했을지 의문을 제기하고 그에 대한 답을 했고, 뒷부분에서는 해상 발사의 어려운 점을 언급했다. 따라서 보기 1, 3번을 고른 C가 정답이다.

2020年9月15日，中国从停泊在黄海海域的动力船上，用长征十一号海射运载火箭将卫星送入预定轨道。

我们知道，中国有酒泉、太原、西昌、文昌四大卫星发射基地，以上发射基地无一不是设备先进、功能齐全，[1]并已为国内外发射无数颗卫星的地点，[7]而这次为何要开辟海上发射场呢？

[2]航天发射的理想地点是赤道地带，原因是这里能有效利用地球自转速度。对于竖直升空的火箭，从太阳上看，则是围绕地球成螺旋线路径飞入太空的，这是由火箭随地球自转的惯性所致。就像一块石头，从疾驰的汽车上向上抛出，从地面看，则是向上向前飞出。同样，[2]由于地球自转，赤道带相当于高速行驶的车辆，火箭从那里起飞，会获得一个沿螺旋线路径飞行的速度，从而提升火箭的推力，[3]节省推进剂，提高火箭运载能力，降低发射成本。

中国离赤道最近的卫星发射基地在海南文昌，该地位于北纬19度。虽尚未真正到达赤道，但海上发射就灵活多了，以船舶为平台，可将火箭送到赤道附近发射。

此外，[3]海上发射运载火箭还能执行重大防卫任务。未来，如果有一颗小行星向地球飞来，势必会给人类带来灭顶之灾。这时，想要用航天器击落这个活动目标，若从船上发射就如同拿着枪在地上跑来寻找最佳位置瞄准，命中率更高。

2020년 9월 15일, 중국 황해 해역에 정박하고 있던 동력선에서 창정 11호 운반 로켓이 위성을 싣고 해상 발사에 성공해 예정 궤도에 진입했다.

우리는 중국에 주취안, 타이위안, 시창, 원창의 4대 위성 발사기지가 있고, 이 발사기지들은 첨단 시설과 기능을 완벽하게 갖추고 있으며 [1]국내외에서 발사되는 수많은 위성의 발사 지점이라는 것을 알고 있다. [7]그런데 이번에는 왜 해상 발사장을 개척했을까?

[2]항공우주 발사의 이상적인 지점은 적도 지역이다. 적도에서는 지구의 자전 속도를 효과적으로 이용할 수 있기 때문이다. 수직으로 날아오르는 로켓을 태양에서 보면 지구를 둘러싸고 나선형 경로로 우주에 들어서는데, 이는 지구 자전에 따른 로켓의 관성에 의한 것이다. 질주하는 자동차에서 위를 향해 던진 돌을 지면에서 보면 앞, 위쪽으로 튀어 오르는 것처럼 말이다. 마찬가지로, [2]지구의 자전으로 인해 적도 부근은 고속으로 달리는 자동차와 같아서 로켓이 그곳에서 이륙하면 나선형 경로를 따라 비행할 수 있는 속도가 생긴다. 따라서 로켓의 추진력을 높일 수 있어 [3]추진제를 절약하고 로켓 운반 능력을 높이며 발사 비용을 낮출 수 있다.

중국에서 적도와 가장 가까운 위성 발사 센터는 하이난 원창이며 이곳은 북위 19도에 위치하고 있다. 아직 적도에 완전히 닿지는 못했지만, 해상 발사가 많이 원활해져 선박을 발사대로 하여 로켓을 적도 부근으로 발사할 수 있게 되었다.

이 외에도 [3]해상 발사 운반 로켓은 중대한 방위 임무 또한 수행할 수 있다. 미래에 소행성이 지구로 날아온다면 인류는 치명적인 재난을 겪게 될 것이다. 이때 우주선으로 이 목표물을 격추하는 것은, 선박에서 발사를 한다면 총을 들고 조준하기 가장 좋은 위치를 찾아 지상을 뛰어다니는 것과 같아서 명중률을 더 높일 수 있다.

最后，⁴从安全角度，海上发射能避免诸多麻烦。火箭飞行中，助推器壳体和卫星保护罩等的分离体，会从高空坠落下来。³由于落区和落时难以掌控，需大面积疏散地面人员，费时费力。而海上发射，因远离了人口稠密地区，则能够避免事故的发生。

但是在人类50多年的航天发射历程中，⁷为什么海上发射航天器的次数并不多？这主要是由于相较于陆地，海洋存在着众多特别之处。

首先，海上发射对于火箭和发射平台都有特殊要求。在船上发射，如果选用固体燃料火箭，虽然在出厂时，⁵燃料已固化在箭体内，发射时无需再装药，十分省事，但运载能力比不上液体燃料火箭。如果选用液体燃料火箭，运载能力不成问题，但需要将箭体拖到船上再加助燃料，操作实属不易。因此，与陆地发射相比，无论选择哪种燃料的火箭，海上发射都存在弊端，需要深入研究，趋利避害。³对发射平台而言，则需要承载吨位大、稳定性好、航行动力足、安全可靠的船舶。

其次，受海洋环境不良影响，海上的大风大浪，对船舶的正常行驶和稳定停泊会造成一定困难；海面升起的大雾，不但影响能见度，且其中的盐分和霉菌，会腐蚀高端设备和精密仪器，导致观察数据不准，从而引发故障；有时，不能排除蓝鲸等巨型海洋动物干扰发射活动的可能，这些都直接影响运载火箭设备选型和试验条件设置，不能不予考虑。

还有，火箭在海上的瞄准点和方位不像在陆地那样可提前预测，而是需要长时间航向保持和动态基座瞄准试验验证。此外，为防止船体被火焰烧蚀，必须利用高压气体把火箭弹射出去后再点火。并且，为了保障火箭及人员安全，必须研究解决火箭运输、火箭起竖、燃料加注等自动化问题，这些都是难啃的"硬骨头"。

1 关于中国四大卫星发射基地，可以知道什么？

    A 发射的卫星不胜枚举

    B 文昌发射基地规模最位居第一

    C 设备全部是中国自主研发的

    D 长征十一号在酒泉成功将卫星送入预定轨道

마지막으로, ⁴안전상으로도 해상 발사는 수많은 번거로움을 피할 수 있다. 로켓 비행 중에 부스터 케이싱과 페어링 등의 분리된 부분은 고공에서 낙하할 수 있다. ³낙하 지점과 시간을 컨트롤하기 어려워 넓은 곳에 인력을 분산시켜야 해서 시간과 힘이 많이 소모된다. 그러나 해상 발사는 인구가 밀집된 지역과 멀리 떨어져 있기 때문에 사고를 줄일 수 있다.

그런데 인류 항공우주 발사 50여 년의 역사 중에 ⁷우주선의 해상 발사 횟수는 왜 그렇게 많지 않을까? 이는 주로 육지에 비해 해양은 여러 가지 특수한 점이 있기 때문이다.

먼저, 해상 발사는 로켓과 발사대에 특별한 사항이 요구된다. 선박에서 발사할 때 고체연료 로켓을 사용한다면 출하 시 ⁵연료가 로켓 내에서 이미 응고되어 발사할 때 다시 장전할 필요가 없어 수고를 덜 수 있지만, 운반 능력은 액체연료 로켓보다 떨어진다. 만약 액체연료 로켓을 사용한다면 운반 능력은 문제가 되지 않지만, 로켓 본체를 선박까지 끌고 간 후 연료를 다시 넣어야 해서 조작이 결코 쉽지 않다. 따라서 육지 발사와 비교하면 어떤 연료의 로켓을 사용하든 해상 발사는 문제점이 존재하므로 더 깊이 연구하여 이익은 좇고 문제점은 개선할 필요가 있다. ³발사대 측면으로는 적재량이 크고 안정성이 높으며, 비행 동력이 충분하고 안전성과 신뢰성이 보장된 선박이 필요하다.

다음으로, 해양 환경의 좋지 않은 영향을 받을 수 있다. 바다의 거대한 풍랑은 선박의 정상 운항과 안정적인 정박에 어느 정도의 어려움을 초래한다. 해수면에서 피어오르는 안개는 가시도에 영향을 줄 뿐만 아니라 그 속의 염분과 곰팡이는 첨단 시설과 정밀 기기를 부식시켜 관측 데이터가 부정확해져 고장이 날 수 있다. 또한 대왕고래 등 거대 해양 동물이 발사 작업을 방해할 가능성도 배제할 수 없다. 이들은 운반 로켓 설비 선정과 시험 조건 설정에 직접적인 영향을 미치는 만큼 고려하지 않을 수가 없다.

게다가 로켓의 해상에서의 조준점과 방위는 육지에서처럼 예측할 수 있는 것이 아니라서 오랜 시간 항행 방향을 유지하고 동적 기반의 조준 시험 검증을 거쳐야 한다. 이 외에도 선체가 화염에 타는 것을 방지하기 위해 반드시 고압가스로 로켓을 발사한 후에 점화해야 한다. 또한, 로켓과 사람의 안전을 위해 로켓 운송, 로켓 기립, 연료 주입 등의 자동화 문제도 반드시 해결해야 하는데, 이것들은 모두 해결하기 어려운 문제이다.

1 중국 4대 위성 발사 기지에 관해 알 수 있는 것은?

    A 발사한 위성이 셀 수 없이 많다

    B 원창 발사 센터의 규모가 가장 크다

    C 설비는 전부 중국이 자체 연구·개발한 것이다

    D 창정 11호는 주취안에서 위성을 싣고 예정 궤도 진입에 성공했다

2 为什么赤道地带是航天发射的理想地点?

　　A 极有可能延长卫星运行寿命

　　B 最易受到太阳引力的影响

　　C 炎热的气候有助于提升火箭推力

　　D 可利用地球自转获得沿螺旋线路径飞行的速度

3 下列哪项不是海上卫星发射的优势?

　　A 可执行重大防卫任务

　　B 无需大面积疏散人员

　　C 节省推进剂、降低成本

　　D 承载吨位大，稳定性好

4 根据上下文，第六段的空白处最适合填入的词语是?

　　A 详细　　B 关注　　C 诸多　　D 巨额

5 相比液体燃料火箭，固体燃料火箭:

　　A 装药费时费力

　　B 必须利用高压气体点火

　　C 运载能力相对较弱

　　D 可提前测出火箭的瞄准点

6 划线的短语"难啃的'硬骨头'"在文中表示什么意思?

　　A 形容船体极其坚硬

　　B 比喻食物难以下咽

　　C 表示科学家们坚强不屈

　　D 指一些不易攻克的问题

7 上文主要谈了哪两方面内容?

　　① 海上发射难在哪里

　　2. 如何选择理想的火箭种类

　　③ 为何开辟海上发射场

　　4. 海上发射有何种历史意义

　　A 1, 4　　B 2, 3　　C 1, 3　　D 2, 4

---

2 적도 지역은 왜 항공우주 발사의 이상적인 지점인가?

　　A 위성 운행 수명을 연장시킬 가능성이 많기 때문에

　　B 태양 인력의 영향을 가장 쉽게 받기 때문에

　　C 무더운 기후가 로켓 추진력을 높이는 데 도움을 주기 때문에

　　D 지구의 자전을 이용해 나선형 경로를 따라 비행하는 속도를 얻을 수 있기 때문에

3 다음 중 해상 위성 발사의 장점이 아닌 것은?

　　A 중대한 방위 임무를 수행할 수 있다

　　B 넓은 곳에 인력을 분산시킬 필요가 없다

　　C 추진제를 절약하고 비용을 낮출 수 있다

　　D 적재량이 많고 안정성이 높다

4 문맥상 여섯 번째 문단의 빈칸에 들어가기에 가장 알맞은 단어는?

　　A 상세한　　B 관심을 두는　　C 수많은　　D 거액의

5 액체연료 로켓에 비해 고체연료 로켓은?

　　A 장전에 많은 시간과 힘이 소모된다

　　B 반드시 고압가스로 점화해야 한다

　　C 운반 능력이 비교적 약하다

　　D 로켓의 조준점을 예측할 수 있다

6 밑줄 친 "难啃的'硬骨头'"는 이 글에서 무슨 뜻으로 쓰였는가?

　　A 선체가 매우 견고함을 묘사한다

　　B 음식을 삼키기 어려움을 비유한다

　　C 과학자들의 강한 의지를 가리킨다

　　D 해결하기 어려운 문제를 의미한다

7 이 글이 주로 이야기하는 두 가지 내용은 무엇인가?

　　① 해상 발사의 어려움엔 무엇이 있는가

　　2. 이상적인 로켓의 종류는 어떻게 선택하는가

　　③ 해상 발사장을 왜 개척했는가

　　4. 해상 발사에는 어떤 역사적 의의가 있는가

　　A 1, 4　　B 2, 3　　C 1, 3　　D 2, 4

★停泊 tíngbó 동 (배가) 정박하다, 머물다 | 黄海 Huánghǎi 고유 황해 | ★海域 hǎiyù 명 해역 | 动力 dònglì 명 동력 | ★长征 Chángzhēng 고유 창정 | 射 shè 동 발사하다 | 运载火箭 yùnzàihuǒjiàn 운반 로켓 | 卫星 wèixīng 명 위성 | ★预定 yùdìng 예정 | 轨道 guǐdào 명 궤도, 궤적 | 酒泉 Jiǔquán 고유 주취안 [간쑤성 서북부에 있는 도시] | 太原 Tàiyuán 고유 타이위안 [산시성의 성도] | 西昌 Xīchāng 고유 시창 [쓰촨성 서남부에 있는 도시] | 文昌 Wénchāng 고유 원창 [하이난성 동북부의 현공서 소재지] | 发射 fāshè 동 (총알·포탄·미사일·인공위성·전파 등을) 발사하다 | 基地 jīdì 명 기지 | 先进 xiānjìn 형 선진의, 남보다 앞선, 진보적이다 | 齐全 qíquán 형 완벽히 갖추다, 완전히 갖추다 | 国内外 guónèiwài 국내외 | 为何 wèihé 부 왜, 무엇 때문에 | ★开辟 kāipì 동 통하게 하다, 트이게 하다, 개통하다 | 发射场 fāshèchǎng 명 발사장 | ★航天 hángtiān 형 우주비행과 관련 있는, 우주비행의 | 赤道 chìdào 명 적도 | 地带 dìdài 명 지대, 지역 | 有效 yǒuxiào 형 효과가 있다, 유효하다, 유용하다 | 自转 zìzhuàn 동 자전하다 | 竖直 shùzhí 명 수직 | 升空 shēngkōng 동 공중으로 날아오르다 | 火箭 huǒjiàn 명 로켓 | 螺旋线 luóxuánxiàn 명 나선형 | 路径 lùjìng 명 경로 | 太空 tàikōng 명 우주, 높고 드넓은 하늘 | ★惯性 guànxìng 명 관성 | 所致 suǒzhì 명 (어떤 까닭으로) 빚어진 결과 | 疾驰 jíchí 동 (차나 말 따위가) 질주하다, 쏜살같이 달리다 | ★相当于 xiāngdāngyú 동 ~와 같다, ~에 상당하다, ~에 맞먹다 | 行驶 xíngshǐ 동 (차나 배 등이) 운행하다, 통행하다, 달리다 | 车辆 chēliàng 명 자동차, 차량 | 推力 tuīlì 명 추진력 | 推进剂 tuījìnjì 명 추진제 | 运载 yùnzài 명 운반 | 成本 chéngběn 명 비용, 원가 | 北纬 běiwěi 명 북위 | ★尚未 shàngwèi 아직 ~하지 않다 | 船舶 chuánbó 명 배, 선박 | 平台 píngtái 명 발사대 | 执行 zhíxíng 동 수행하다, 실행하다 | ★防卫 fángwèi 명 방위 | 小行星 xiǎoxíngxīng 명 소행성 | ★势必 shìbì 부 반드시, 꼭, 필연코 | 灭顶之灾 mièdǐngzhīzāi 치명적인 재난 | 航天器 hángtiānqì 명 우주선, 우주비행체 | 击落 jīluò 동 격추하다 | 若 ruò 접 만약, 만일 | 如同 rútóng 동 마치 ~와 같다, 흡사하다 | 最佳 zuìjiā

형 가장 좋다, 최적이다 | ★**瞄准(儿)** miáozhǔn(r) 동 (사격 목표물을) 겨누다, 겨냥하다, 조준하다 | **命中率** mìngzhònglǜ 명 명중률 | **飞行** fēixíng 동 비행하다 | **助推器** zhùtuīqì (로켓이나 우주왕복선의 가속 작용을 하는) 부스터, 보조 추진 장치 | **壳体** kétǐ 명 덮개 | **保护罩** bǎohùzhào 명 보호덮개 | **分离体** fēnlítǐ 분리 개체 | **坠落** zhuìluò 동 낙하하다, 추락하다 | **落区** luòqū 낙하지점 | **难以** nányǐ ~하기 어렵다 | **掌控** zhǎngkòng 동 통제하다, 지배하다 | ★**疏散** shūsàn 동 분산시키다 | **费时** fèishí 동 시간을 소비하다 | **费力** fèilì 동 힘을 소모하다 | ★**稠密** chóumì 형 밀집하다, 조밀하다, 촘촘하다 | **能够** nénggòu 동 ~할 수 있다 | **事故** shìgù 명 사고 [发生事故: 사고가 발생하다] | ★**历程** lìchéng 명 과정 | **次数** cìshù 명 횟수 | **相较** xiāngjiào 동 비교하다 | **众多** zhòngduō 형 매우 많다 | **固体** gùtǐ 명 고체 | **燃料** ránliào 명 연료 | ★**出厂** chūchǎng 동 출하하다 | **固化** gùhuà 동 응고시키다, 응결시키다 | **无需** wúxū 동 ~할 필요가 없다, 필요로 하지 않다 | **装药** zhuāngyào 동 장전하다 | **省事** shěngshì 동 수고를 덜다 | ★**液体** yètǐ 명 액체 | **操作** cāozuò 명 조작 | **实属** shíshǔ 동 확실히 ~이다 | **不易** búyì 형 쉽지 않다, 어렵다 | **相比** xiāngbǐ 동 비교하다, 견주다 [与……相比: ~와 비교하다] | ★**弊端** bìduān 명 문제점, 폐해 | **深入** shēnrù 동 깊이 파고들다, 깊이 들어가다 | **趋利避害** qūlìbìhài 이익은 따르고 문제점은 개선하다 | **而言** éryán ~에 대해 말하자면, ~에 근거해 보면 [对/就……而言: ~에 대해 말하자면] | ★**承载** chéngzài 동 적재중량을 견디다 | **吨位** dūnwèi 명 제한 중량 | **稳定性** wěndìngxìng 명 안전성 | **不良** bùliáng 형 좋지 않다, 불량하다 | **大风大浪** dàfēng dàlàng 거대한 풍랑 | **升起** shēngqǐ 동 떠오르다 | **大雾** dàwù 명 범위가 넓고 짙은 안개 | **能见度** néngjiàndù 명 가시거리 | **盐分** yánfèn 명 염분 | **霉菌** méijūn 명 곰팡이 | ★**腐蚀** fǔshí 동 부식하다, 썩어 문드러지다 | **高端** gāoduān 형 첨단의, 고차원의 | **精密仪器** jīngmì yíqì 명 정밀 기기 | ★**引发** yǐnfā 동 일으키다, 야기하다, 자아내다 | **故障** gùzhàng 명 (기계 따위의) 고장 | **排除** páichú 동 제거하다, 없애다 | **蓝鲸** lánjīng 명 대왕고래 | ★**巨型** jùxíng 형 초대형의 | **干扰** gānrǎo 동 (남의 일을) 방해하다, (남의 일에) 지장을 주다 | **选型** xuǎnxíng 동 고려하다, 선택하다 | **试验** shìyàn 동 시험하다, 실험하다, 테스트하다 | **设置** shèzhì 동 설치하다, 설립하다 | **瞄准点** miáozhǔndiǎn 명 조준점 | **预测** yùcè 동 예측하다 | **动态** dòngtài 명 동적, 동태 | **基座** jīzuò 명 기반 | ★**验证** yànzhèng 동 검증하다 | ★**防止** fángzhǐ 동 방지하다 | ★**火焰** huǒyàn 명 화염, 불꽃 | **高压气体** gāoyā qìtǐ 명 고압가스 | **火箭弹** huǒjiàndàn 명 로켓 | **点火** diǎnhuǒ 동 점화하다 | ★**保障** bǎozhàng 동 (생명·재산·권리 등을) 보장하다, 보증하다 | ★**竖** shù 동 세우다 | **自动化** zìdònghuà 명 자동화 | ★**啃** kěn 동 깊이 연구하다, 몰두하다 | **硬骨头** yìnggǔtou 명 어렵고 힘든 임무 [难啃的硬骨头: 해결하기 어려운 문제] | **不胜枚举** búshèngméijǔ 셀 수 없이 많다 | **自主** zìzhǔ 동 자체적으로 하다, 자신의 뜻대로 처리하다 | **运行** yùnxíng 동 (차·열차·배·별 등이) 운행하다 | **引力** yǐnlì 명 인력 | ★**炎热** yánrè (날씨가) 무덥다, 찌는 듯하다 | ★**有助于** yǒuzhùyú ~에 도움이 되다 | **提升** tíshēng 동 높이다 | **关注** guānzhù 동 주시하다, 관심을 가지다 | ★**诸多** zhūduō 형 수많은 | ★**巨额** jù'é 형 거액의 | **船体** chuántǐ 명 선체 | ★**坚硬** jiānyìng 형 견고하다, 단단하다 | ★**比喻** bǐyù 동 비유하다 | **下咽** xiàyàn 동 삼키다

STEP 2 내공 쌓기

1 빈출 질문 유형

빈칸에 알맞은 어휘를 묻는 질문은 빈칸 앞뒤 내용을 살펴보고, 문맥과 어법에 맞는 어휘를 찾아야 한다.

∨ 根据上下文，第四段空白处最适合填入的词语是？ 문맥에 따르면, 네 번째 단락의 빈칸에 가장 알맞은 단어는？

∨ 根据上下文，空白处应该填什么？ 문맥에 따르면, 빈칸에 무엇을 넣어야 하는가？ ✦

∨ 根据上下文，最后一段空白处最适合填入的词语是？ 문맥에 따르면 맨 마지막 빈칸에 가장 알맞은 단어는？

∨ 根据第五段，空白处应该填什么词语才对？ 다섯 번째 단락의 빈칸에는 어떤 단어를 넣어야 하는가？

∨ 根据最后一段，空白处最适合填入的词语是哪个？ 마지막 단락의 빈칸에 가장 잘 어울리는 어휘는 어떤 것인가？

∨ 填入在空白处，哪个是最适合的词语？ 빈칸에 넣을 가장 적합한 단어는 어떤 것인가？

2 모르는 글자의 의미 유추 방법

모르는 한자라 해도, 부수를 통해 어떤 뜻일지 대략적으로 유추할 수 있다. 성어의 경우에도 성어 안에 내가 알고 있는 일부 글자를 통해 성어의 의미를 유추할 수 있다. 정확한 의미를 알면 좋지만, 모른다고 포기하지 말고 내가 알고 있는 어휘를 최대한 활용해서 의미를 파악해 보자.

(1) 주요 부수

乙 새 을 → 乚	手 손 수 → 扌	火 불 화 → 灬
肉 고기 육 → 月	人 사람 인 → 亻	邑 고을 읍 → 阝
辶 쉬엄쉬엄 갈 착 → 辶	衣 옷 의 → 衤	刀 칼 도 → 刂
艸 풀 초 → 艹	水 물 수 → 氵, 氺	川 내 천 → 巛
玉 구슬 옥 → 王, 王	羊 양 양 → 羊	犬 개 견 → 犭
足 발 족 → 𧾷	示 보일 시 → 礻	心 마음 심 → 忄, 心
食 먹을 식 → 飠	貝 조개 패 → 贝	絲 실 사 → 纟
老 늙을 로 → 耂	無 없을 무/이미 기 → 无	网 그물 망 → 罓, 罒, 冖
臼 절구 구 → 臼	阜 언덕 부 → 阝	卩 병부 절 → 卪
長 길 장 → 长	彐 돼지머리 계 → 彑	攴 칠 복 → 攵

(2) 주요 부수 및 어휘

手 손 수 → 扌

打 dǎ (손이나 기구로) 치다 | 搬 bān 옮기다 | 换 huàn 교환하다 | 接 jiē 잇다 | 挂 guà (고리·못 따위에) 걸다 | 拉 lā 끌다 | 指 zhǐ 가리키다 | 插 chā 끼우다 | 搞 gǎo 하다 | 挥 huī 휘두르다 | 拍 pāi (손바닥·납작한 것으로) 찍다 | 抢 qiǎng 빼앗다 | 捧 pěng 두 손으로 받쳐 들다 | 揉 róu (손으로) 비비다 | 掏 tāo (손이나 도구로) 꺼내다 | 把握 bǎwò 장악하다 | 拥抱 yōngbào 포옹하다 | 播种 bōzhǒng 씨를 뿌리다 | 分担 fēndān 분담하다 | 搜集 sōují 수집하다 | 技术 jìshù 기술 | 按摩 ànmó 안마 | 拐杖 guǎizhàng 지팡이 | 抽屉 chōuti 서랍

火 불 화 → 灬

热 rè 뜨겁다 | 煮 zhǔ 끓이다 | 熬 áo 푹 삶다 | 蒸 zhēng 찌다 | 剧烈 jùliè 격렬하다 | 燃气 ránqì 가스

肉 고기 육 → 月

脚 jiǎo 발 | 脸 liǎn 얼굴 | 胖 pàng (몸이) 뚱뚱하다 | 脱 tuō (몸에서) 벗다 | 减肥 jiǎnféi 다이어트하다 | 发脾气 fā píqi 화내다 | 胳膊 gēbo 팔 | 脖子 bózi 목 | 肩膀 jiānbǎng 어깨 | 肌肉 jīròu 근육 | 胸 xiōng 가슴 | 腰 yāo 허리 | 臂 bì 팔 | 脑筋 nǎojīn 두뇌 | 肝脏 gānzàng 간장

人 사람 인 → 亻

信 xìn 믿다 | 保 bǎo 보호하다 | 俩 liǎ 두 사람 | 伤心 shāngxīn 슬퍼하다 | 传染 chuánrǎn 전염되다 | 作家 zuòjiā 작가 | 伙伴 huǒbàn 동료 | 身份 shēnfen 신분 | 品位 pǐnwèi 품위 | 重任 zhòngrèn 중책

邑 고을 읍 → 阝

交际 jiāojì 교제하다 | 内部 nèibù 내부 | 都会 dūhuì 도시 | 郊外 jiāowài 교외

衣 옷 의 → 衤

衬衫 chènshān 셔츠 | 裙子 qúnzi 치마 | 袜子 wàzi 양말 | 被子 bèizi 이불 | 牛仔裤 niúzǎikù 청바지

刀 칼 도 → 刂

刻 kè 새기다 | 划 huà (금을) 긋다 | 刺 cì (뾰족한 물건으로) 찌르다 | 割 gē (칼로) 절단하다 | 剑 jiàn 양쪽에 날이 있는 큰 칼 | 削 xiāo (껍질을) 깎다 | 创 chuàng 창조하다 | 判定 pàndìng 판정하다

艸 풀 초 → 艹

苹果 píngguǒ 사과 | 花 huā 꽃 | 葡萄 pútao 포도 | 蔬菜 shūcài 채소 | 坟墓 fénmù 무덤 | 苦 kǔ 쓰다

水 물 수 → 氵, 氺

酒 jiǔ 술 | 洗 xǐ 씻다 | 港 gǎng 항구 | 浪 làng 파도 | 漫 màn (물이) 넘치다 | 汁 zhī 즙 | 深 shēn 깊다 | 淡 dàn 싱겁다 | 浇 jiāo 물을 대다 | 洒 sǎ (물이나 다른 물건을 땅에) 뿌리다 | 海洋 hǎiyáng 바다 | 沙漠 shāmò 사막 | 汗水 hànshuǐ 땀 | 香油 xiāngyóu 참기름 | 游泳 yóuyǒng 수영하다 | 污染 wūrǎn 오염시키다 | 流泪 liúlèi 눈물을 흘리다 | 湿润 shīrùn 습윤하다 | 灌溉 guàngài 논밭에 물을 대다

犬 개 견 → 犭

狗 gǒu 개 | 猫 māo 고양이 | 猴子 hóuzi 원숭이 | 狮子 shīzi 사자 | 猪 zhū 돼지 | 独 dú 홀로 | 狡猾 jiǎohuá 교활하다

足 발 족 → 𧾷

踢 tī 차다 | 跑 pǎo 달리다 | 跌 diē (몸이 균형을 잃고) 쓰러지다 | 跳跃 tiàoyuè 도약하다 | 踊跃 yǒngyuè 펄쩍 뛰어오르다 | 踏上 tàshang 디디다 | 路 lù 길 | 实践 shíjiàn 실천

示 보일 시 → 礻

礼物 lǐwù 선물 | 精神 jīngshén 정신 | 福气 fúqi 복 | 视力 shìlì 시력 | 祖先 zǔxiān 조상

心 마음 심 → 忄, 心

怕 pà 무서워하다 | 懂 dǒng 이해하다 | 恨 hèn 원망하다 | 后悔 hòuhuǐ 후회하다 | 爱惜 àixī 소중히 여기다 | 惭愧 cánkuì 부끄럽다 | 慌张 huāngzhāng 당황하다 | 谨慎 jǐnshèn 신중하다 | 情怀 qínghuái 감흥

贝 조개 패 → 贝

财务 cáiwù 재무 | 货币 huòbì 화폐 | 话费 huàfèi 통화 요금 | 天赋 tiānfù 타고난 자질 | 赚 zhuàn (돈을) 벌다 | 贡献 gòngxiàn 바치다 | 结账 jiézhàng 계산하다 | 赔偿 péicháng 배상하다 | 昂贵 ángguì 비싸다 | 贿赂 huìlù 뇌물을 주다 | 担负 dānfù (책임·사업·비용 등을) 부담하다 | 集资 jízī 자금을 모으다

阜 언덕 부 → 阝

阳台 yángtái 베란다 | 降临 jiànglín 도래하다 | 防卫 fángwèi 방어하다

攴 칠 복 → 攵

收 shōu 받다 | 攻 gōng 공격하다 | 散发 sànfā 발산하다 | 致使 zhìshǐ ~를 초래하다 | 故 gù 원인 | 政策 zhèngcè 정책

3 일부 글자에서 유추하기

- **暴风骤雨** bàofēng zhòuyǔ 사나운 바람과 모진 비 [전쟁이나 재난 따위로 사회가 크게 혼란해짐]
  → '风' '雨'에서 비바람(시련과 고난)과 관련 있음을 유추할 수 있음

- **彬彬有礼** bīnbīn yǒulǐ 점잖고 예절이 밝다
  → '有礼'에서 예절이나 예의와 관련 있음을 유추할 수 있음

- **不假思索** bùjiǎ sīsuǒ 고려하지 않다 [말·행위가 신속한 것을 말함]
  → '不'와 '思'에서 생각하지 않음을 유추할 수 있음

- **持之以恒** chízhīyǐhéng 늘 견지하다, 끈기를 가지고 지속하다
  → '持'에서 끝까지 계속 견지·유지하는 것을 유추할 수 있음

- **粗心大意** cūxīn dàyì 세심하지 못하다, 꼼꼼하지 않다, 데면데면하다
  → '粗心'에서 꼼꼼하거나 세심하지 못함을 알 수 있음

- **措手不及** cuòshǒu bùjí 미처 손을 쓸 새가 없다, 어찌할 바를 몰라 당황하다
  → '不及'에서 시간적으로 여유가 안 되어 하지 못함을 알 수 있음

- **改邪归正** gǎixié guīzhèng 잘못을 고치고 바른 길로 돌아오다
  → '改'와 '正'에서 바르게 고치는 것을 유추할 수 있음

- **眉开眼笑** méikāi yǎnxiào 싱글벙글하다, 몹시 좋아하다
  → '笑'에서 웃는 것과 관련 있음을 유추할 수 있음

- **难以置信** nányǐ zhìxìn 믿기 어렵다, 믿을 수 없다, 믿어지지 않는다
  → '难'과 '信'에서 믿을 수 없음을 알 수 있음

- **轻而易举** qīng'éryìjǔ 매우 수월하다, 식은 죽 먹기이다
  → '轻'과 '易'에서 수월하다는 의미를 유추할 수 있음

- **素不相识** sùbùxiāngshí 평소에 모르는 사이다, 전혀 안면이 없다
  → '不'와 '识'에서 알지 못함을 유추할 수 있음

- 无**可奉**告 wúkěfènggào 알릴 만한 것이 없다, 알릴 것이 없다
  → '无'와 '告'에서 알릴 것이 없음을 유추할 수 있음

- 兴高**采烈** xìnggāo cǎiliè 매우 흥겹다, 매우 기쁘다, 신바람 나다
  → '兴高'에서 '高兴'을 떠올려 기쁘다는 뜻을 유추할 수 있음

- **源源**不断 yuányuán bùduàn 끊임없이 이어가다, 끊임없이 계속되다
  → '不断'에서 끊임없이 이어짐을 유추할 수 있음

- **朝夕**相处 zhāoxī xiāngchǔ 늘 함께 지내다, 사이가 좋다, 관계가 친밀하다
  → '相处'에서 함께 지내거나 사이가 좋음을 유추할 수 있음

4 한국과 중국의 비슷한 성어 비교

한국에서도 익숙한 성어들이 중국에서는 어떻게 쓰이는지 알아보자. 같은 의미를 나타내더라도 한두 글자 차이로 달리 쓰이니 헷갈리지 않도록 주의하자.

한국	중국
興味津津 흥미진진	津津有味 jīnjīn yǒuwèi
天地開闢/天地开辟 천지개벽	开天辟地 kāitiān pìdì
眼下無人/眼下无人 안하무인	目中无人 mùzhōng wúrén
四方八方 사방팔방	四面八方 sìmiàn bāfāng
變化莫測/变化莫测 변화막측	变幻莫测 biànhuàn mòcè
唯一無二/唯一无二 유일무이	独一无二 dúyī wú'èr
各樣各色/各样各色 각양각색	各式各样 gèshì gèyàng
古今東西/古今东西 고금동서	古今中外 gǔjīn zhōngwài
群鷄一鶴/群鸡一鹤 군계일학	鹤立鸡群 hèlìjīqún
名實相符/名实相符 명실상부	名副其实 míngfùqíshí
奇想天外 기상천외	异想天开 yìxiǎng tiānkāi

Day 22

俗话说："眼见为实，耳听为虚"。然而，在科学技术不断发展的今天，有一种技术，它不仅可以瞒过你的耳朵，还可以骗过你的眼睛，使"眼见不为实"。例如：网上有不少名人"被换脸、变身"，这些"伪造的产物"与真人真身别无二致。真正做到了让人"言"所未言、"行"所未行、以假乱真。这就是深度伪造技术。

深度伪造技术是利用被称作"生成式对抗网络"的机器学习模型把图片或视频叠加到原始图片或视频上，借助神经网络技术进行大样本学习，将个人的声音、面部表情及身体动作拼接合成虚假内容的人工智能技术。其中最常见的是AI换脸技术，此外还包括语音模拟、视频生成等。它的出现让篡改或生成高度逼真且难以甄别的音视频内容不再是一件不可能完成的任务，且观看者无法通过肉眼辨别真伪。

技术是一把双刃剑，深度伪造技术也是如此。起初，这项技术仅限于学术研究；后来，被广泛应用于众多现实场景，且发挥着一定的积极作用。例如在教育场景中出现的虚拟教师和虚拟历史人物，能让数字教学更具互动性和代入感；在影视制作方面，通过还原或者修改角色镜头，降低修复成本，提高制作效率；在电子商务方面，零售商可以让消费者使用自己的肖像试穿衣服。此外，在沟通方面，语音合成和面部操控可以使人看起来像在说另一种语言。

然而，令人担忧的是，这类技术一旦被滥用，后果则不堪设想，极有可能给国家安全甚至全世界秩序带来前所未有的新风险。借助深度伪造技术，不法分子便可更加随意地散播虚假视频、激化社会矛盾。此外，深度伪造技术也会给个人权益带来损害。视频换脸技术门槛降低，普通人也能制作换脸视频，别有用心之人利用深度伪造术就可以轻而易举地盗用他人身份。那么，将深度伪造技术视为商业诋毁、敲诈勒索、网络攻击等非法行为的"新工具"这一说法绝非危言耸听。

警惕深度伪造技术，并不等同于在面对它带来的潜在风险时，＿＿＿＿＿＿＿＿禁止它的应用，而是应当有效管控其风险，尤其是对可能造成特定伤害的深度伪造的虚假信息进行整治，同时不妨碍其在教育、艺术、社交、虚拟现实、医疗等领域的应用。此外，还应及时开发和掌握针对深度伪造的检测技术——"打假"工具，不断完善相关认证机制等，以此来保证该技术始终能在"正规且健康"的轨道上发展。

1. "伪造视频"是怎样做到与真人如出一致的？

   A 复制指纹

   B 盗取虹膜信息

   C 整容或模仿

   D 篡改图像及声音

2. 第二段中，关于深度伪造技术的哪方面没有提到？

   A 定义

   B 种类

   C 起源

   D 技术原理

3. 根据第三段可以知道：

 A 影视制作中语音模拟非常普遍

 B 深度伪造技术一开始只用于学术研究

 C 零售商会为消费者设计个人专属肖像

 D 虚拟历史人物入普通百姓的日常生活

4. 下列哪项技术属于深度伪造技术被滥用的后果：

 A 妨碍了科技进步

 B 导致企业分工混乱

 C 大众媒体受到质疑

 D 威胁国家安全及世界秩序

5. 根据上下文，最后一段的空白处最适合填入的词语是：

 A 盲目　　　　 B 一直

 C 恰恰　　　　 D 偏偏

6. 作者对深度伪造技术持什么观点？

 A 需谨慎对待

 B 无条件、无理由支持

 C 应用前景十分乐观

 D 风险与收益成反比

7. 如何保证深度伪造技术始终能在健康轨道上发展？

 A 整治虚假信息

 B 开发打假工具

 C 明确新技术的使用范围

 D 加大对网路平台的惩罚力度

정답 및 해설 ➜ 해설서 p.132

Day 23

众所周知，生物钟与人类的健康息息相关。

生物钟紊乱会引发众多问题，其中最常见的就是由于"倒时差"引发的"时差综合征"。时差综合征的一个症状是"尽管非常疲惫，但晚上还是会难以入睡"。此外，生物钟紊乱还会引起注意力减退、协调能力变差、认知能力降低、情绪波动、胃口变差等问题。

大型喷气式客机的出现，使人们只需12个小时左右的时间就可以从太平洋西岸的上海飞到东岸的洛杉矶。这就让我们的时间"后退了16个小时"，这种在一天之内形成的时差，任何生物钟都无法立即适应。在此之前，人类根本没有倒时差的问题，自然也就没有进化出快速和大幅度校表的机制。

现代社会的生活方式已难以与我们的生物钟保持一致。电灯给我们带来了"永远的光明"，也给我们的生物钟造成了明显的影响。然而，当今社会对人体生物钟产生最严重负面影响的莫过于"倒班工作"了。持续几十年的流行病学研究表明：从事倒班工作的人比从事传统工作的人生病的概率更高。相较而言，这些人更容易患上睡眠障碍、心脏病、抑郁、消化系统疾病以及其他代谢类疾病。

此外，另有研究表明，如果人们在睡觉前服用降压药缬沙坦，药效会是醒来后服用的1.6倍，且能降低糖尿病的发病风险。可见，时间是影响药效的一个重要因素，却一直被我们低估了。"时间治疗学"是目前新兴的一个研究领域。我们的细胞中存在着一种时钟，它调控着人体对药物的新陈代谢，因此有些药物适合在白天服用，有些则适合在夜间服用。时间疗法遵循患者的生理节律，从而一定程度上减弱了治疗的_____，提高了患者的生活质量。

生物节律研究还包括太空里人体生物钟的变化规律研究。比如国际空间站里的光照强度比白天地表的光照强度低很多，而光照强度对生物钟会起着重要的调节作用。此外，重力的改变也会对生物钟和睡眠产生一定程度的影响。而宇航员所执行的一些临时性突发任务也会影响睡眠。这些都会使宇航员的反应能力和操作能力严重下降，从而降低工作效率，增加事故发生的风险。由此可见，要想实现人类的"飞天梦"，深入研究生物钟的变化规律以及调节机制可谓至关重要。

8. 下列哪项是"时差综合征"患者可能会出现的症状？

  1. 血压升高
  2. 疲惫不堪
  3. 消化功能紊乱
  4. 认知能力降低

  A 1，3   **B** 2，4
  C 1，4   **D** 2，3

9. 第三段提到了哪方面的内容？

  A 倒时差的几种主要方式
  B 大幅度校表机制可以快速启动
  C 人类倒时差的极限是16个小时
  D 大型喷气式客机的出现引发了倒时差问题的出现

10. 与传统工作相比，倒班工作会给人类带来什么负面影响？

  A 导致了高患病率
  B 使人易怒
  C 犯错现象明显
  D 家庭不睦

11. 关于时间治疗学，可以知道什么？

  A 该治疗可以提高癌症早期治疗率
  B 是一种修复受损免疫细胞为治疗手段
  C 认为患者在餐后或者临睡前服药更有效
  D 根据人体对药物的新陈代谢规律给出服药建议

12. 根据上下文，第五段空白处最适合填入的词语是？

  A 正能量   **B** 副作用
  C 低潮期   **D** 免疫力

13. 下列哪项不是影响宇航员生物钟的因素？

  A 光照强度   **B** 重力改变
  C 突发任务   **D** 反应变慢

14. 根据上文，作者最可能支持的观点是：

  A 人类的太空活动会打乱人体生物钟，故不宜频繁实行
  B 人们应重视生物钟变化调节的研究并在航天领域予以利用
  C 睡眠障碍、抑郁等疾病可通过改变生物钟来治疗
  D 电灯给人类带来了"永远的光明"，却永远地损害了人体的生物节律

정답 및 해설 → 해설서 p.136

城市建设与城市生态气候，乍一看风马牛不相及，实则密切相关。

欲探其究竟，需先搞清楚"城市生态气候"的概念。按照传统陈旧观念，气候覆盖天下，并无城市、农村之分。在城市规模较小、发达程度较低的场合确实没有必要关心"城市气候"，因为在那种场合，"城市气候"并不存在多少特殊性。可随着城市规模不断扩张、城市发达程度不断提高，"城市气候"已表现出它独有的特征。气候因城市发展而骤变，像北京这样的"超级大都市"，气候异变已经达到了<u>不容忽视</u>的地步。

调查显示：近十几年来，北京的降雨量逐年减少。2001年7月的降雨量之低，在历史上也是罕见的。少雨的十多年恰恰是北京城市发展速度最快的时期。这绝非巧合，而是一种必然。这说明，人为制造的地貌已经反作用于气候了。表面上看，雨从天降，实际上水库在地下，地面蒸发多少水，天就返还给我们多少水，天也不可能做出"无米之炊"。城市规模过大、地面过硬(水泥化)，就形成了一个相对独立的硬地貌，这个硬地貌无法有效地涵养水分，无法把雨水涵养在地下，让其慢慢蒸发，大部分雨水进入下水系统，白白流失了。地面存不住水，自然也就无水可降。湿热的七八月不降雨，人们熬不住，纷纷安装空调，空调的增多进一步加剧气候的恶化，形成恶性循环。

更严重的潜在危险在于：地下水是地层的一个组成部分。地下水消耗殆尽之后，若得不到及时补给，地下水层面就会在其上土层的压迫下发生塌陷。地表的建筑物就会下沉。地表下沉，必然殃及地面建筑物。这并非危言耸听。可以说，地面的水泥或钢铁设施越多越密，地表的通透性就越差，水分涵养就越困难，地表下沉的可能性也随之加大。地面建筑物越多越密，一旦发生下沉，后果也越严重。

发达城市普遍采用三种办法解决这些难题。一是绿化。绿地的第一功能是保护生态，营造正常的气候环境。城市美与不美并不是第一位的，生存才是第一位的。现在已经没有不知道保护环境的重要性的了，但许多人并不知道广义的"环境"包括气候，而且气候在"环境"中占据十分重要的地位。没有良好的气候，人类是无法生存的。二是转移部分城市功能。对于特大城市来说，转移一部分功能是行之有效的。具体做法有卫星城与疏散居住人口两种模式。第三是尽量减少硬地表的铺设。道路尽量窄一些，交通设施尽量简洁些，尽可能减少建立交桥。

北京城的软土面积比例越来越小，虽然年年植树种草，但还是赶不上铺设水泥的速度。有些草地是铺在斜坡上，起不到渗水作用，只有美化市容这样一项功能。再加上北京的道路越修越宽，道路占地的比例越来越大，加之立交桥越来越多，桥的构造越来越复杂，占地也越来越多，此外还有大量的水泥停车场、水泥广场。相比之下，软地就显得微不足道了。

城市生态气候的变异已经无声无息地_____，露出了冰山一角。现在该是认真应对的时候了。可喜的是，从诸多城市案例中，我们已经可以看到抵御气候变化的可能性，而处在城市化进程中的中国，更应做好应对气候变化的准备。

15. "城市生态气候"的概念中，不包括哪几项？

　　1. 城市无气象征兆

　　2. 不刻意区分城市与农村

　　3. 城市气候特征不明显

　　4. 不存在于发达程度高的城市

　　A　2, 3　　　　　　B　1, 3

　　C　1, 4　　　　　　D　2, 4

16. 应怎样理解划线词语"不容忽视"在文中的意思？

　　A　有关部门并未重视气候异变现象

　　B　气候异变未曾引起过人们的重视

　　C　忽视气候异变的人不在少数

　　D　应给予气候异变足够的重视

17. 为什么说北京降雨少与发展速度快有必然联系？

　　A　人为制造的地貌影响了地表蒸发水分

　　B　城市规模过大造成了蒸发量剧增

　　C　空调的使用形成了酸雨

　　D　城市建设造成了自来水的浪费

18. 关于发达城市采取的措施，哪种说法正确？

　　A　减少个人绿地种植

　　B　降低道路维修率

　　C　转移部分乡村功能

　　D　适当疏散居住人口

19. 造成北京城软土面积比例缩小的原因是？

　　A　地下水源与道路设施

　　B　草地铺设位置与立交桥构造

　　C　黄土地面与停车场

　　D　施工速度与植树面积

20. 根据上下文，最后一段空白处最适合填入的词语是？

　　A　浮出水面　　　　B　浅尝辄止

　　C　悬浮已久　　　　D　游刃有余

21. 根据本文，下列哪项正确？

　　A　各大城市的地面最终将迎来塌陷

　　B　地下水的消耗与蒸发会影响降雨量

　　C　人口增长导致了气候异常

　　D　城市生态气候的变异不可抵御

정답 및 해설 → 해설서 p.139

基因技术被称为"人类历史上应用最为迅速的重大技术之一"。目前，世界上许多国家都把转基因生物技术作为支撑发展、引领未来的战略选择。可以说，"转基因"已成为各国抢占科技制高点和增强农业国际竞争力的战略重点。

基因技术中所操作和转移的一般是经过明确定义的基因，提高食品的营养价值，功能清楚，后代表现可准确预期。自然界中同样广泛存在自发的转基因现象，譬如植物界的异花授粉、天然杂交以及农杆菌天然转基因系统等等。转基因技术应用在社会各个领域中，较为常见的包括利用转基因技术改良农作物、生产疫苗、食品等。含有转基因作物成分的食品被称为转基因食品，其与非转基因食品具有同样的安全性。世界卫生组织以及联合国粮农组织认为：凡是通过安全评价上市的转基因食品，与传统食品一样安全，可以放心食用。

尽管如此，仍然有人误以为转基因食品是要转变人体的基因，并为此忧心忡忡。其实，转基因指的是把外源基因转入作物之中发挥有益的作用，目前用得最多的是从芽孢杆菌克隆出来的一种基因，有了这种基因的作物会制造出一种毒性蛋白，这种蛋白对其他生物无毒，但能杀死某些特定的害虫，这样，农民就能减少喷洒杀虫剂的次数，从而减少或消除农药对食品的污染。

反转基因的人士一直声称"食用转基因食品需谨慎"。然而，这是一句正确的废话，因为食用任何食品都需要慎重选择。所谓"天然"食品同样不可能排除有害的可能性：海鲜可能引起人的过敏反应；胆固醇可能引起心脏病等等。大众应该有这样的疑问：有没有任何一项合理的理由和确凿的证据表明市场上的转基因食品要比相应的"天然"食品更有害健康？目前的答案是没有。我们不能为了一种没有依据的未来风险而放弃已知的益处，这些益处包括减少农药使用、增加产量、增加营养价值等等。目前正准备大力推广的转基因水稻"金大米"就是通过转基因技术让水稻制造 β-胡萝卜素，有助于消灭在亚洲地区广泛存在的维生素A缺乏症。转基因技术也可提高水稻中铁元素的含量，以减少亚洲妇女常见的贫血症。

事实上，转基因食品不仅是安全的，而且往往要比同类非转基因食品更安全。中国农业大学教授罗云波指出：人类从古到今每天食用的肉、蛋、奶；蔬菜、水果、粮食；食用菌、酿造酒等都来自各种动植物和微生物的基因，"可以说一嘴咬下去，满口都是基因"。大量权威数据也表明，传统农业会对环境造成严重伤害，转基因技术可以大大减少农业对环境的影响。第一个转基因作物商业化种植的10年取得的进展包括杀虫剂的使用明显减少；化石燃料的节省；通过除草剂耐受性的应用实施免耕种植来保持水土等。

从世界范围看，转基因作物研发已拥有非常好的基础。发展生物技术，与传统技术紧密结合、拓宽育种途径、提高育种效率，对突破资源环境约束，巩固粮食等主要农产品的生产能力及供给水平，保障国家粮食安全有起到了＿＿＿＿＿＿＿的作用。

22. 根据第二段，下列哪几个选项能说明转基因食品是安全的？

1. 保持营养均衡
2. 富含蛋白质
3. 后代表现准确预期
4. 有明确定义的基因

A 1, 4　　　　　　B 3, 4

C 1, 2　　　　　　D 2, 3

23. 人们对转基因食品最大的误解是？

A 带来经济损失

B 要转变人体的基因

C 引起不可预测的气候变化

D 影响农作物的收获

24. 第三段中的划线成语"忧心忡忡"中的"忡忡"与下列哪项意思一致？

A (惶惶)不安

B 郁郁(葱葱)

C (洋洋)自得

D 逃之(夭夭)

25. 怎样理解第四段中"这是一句正确的废话"的意思？

A 需谨慎选择的不只是转基因食品

B 天然食品具有更多选择性

C 体现了转基因食品技术上的谨慎

D 食用转基因食品应遵医嘱

26. 根据第四段，下列哪项不是转基因技术带来的益处？

A 降低了农作物种植中农药的使用率

B 有效提高水稻中钙元素的含量

C 具有减少亚洲妇女常见贫血症的作用

D "金大米"对消灭维生素A缺乏症的功效

27. 第五段主要想告诉我们什么？

A 同类非转基因食品具有更高的安全性

B 安全性仍是转基因食品有待解决的难关

C 转基因食品具有较高的安全性

D 非转基因食品的食用价值高于转基因食品

28. 根据上下文，最后一段空白处最适合填入的词语是？

A 必不得已　　　　B 九牛一毛

C 明知故问　　　　D 举足轻重

04 특정 어휘 의미 찾기

1 유형 파악하기

✘ 지문 속 특정 어휘의 의미를 찾는 문제는 2~3문제 정도 출제되고 있다. 보통 문장의 뜻을 물어보거나 성어에 쓰인 한 글자의 뜻을 물어보는 문제가 출제된다.

▶ 출제경향

HSK 7~9급의 경우 지문이 길어져서 비교적 어렵게 느껴진다. 주제 또한 최근 중국의 과학기술, 중국 문화유산, 중국 지역 소개, 중국 우주 발전 등과 관련되어 어휘도 생소하다 보니 더 어렵게 느껴진다. '특정 어휘 의미 찾기' 유형은 주로 이렇게 생소한 어휘의 의미를 묻는 문제가 주로 출제된다.

▶ 문제 풀이 비법

1 밑줄 친 어휘의 앞뒤 내용을 파악하자.

앞뒤 내용과 문맥상 이어져야 하므로, 밑줄 친 어휘 뜻을 몰라도 앞뒤 내용만 제대로 파악하면 답을 찾을 수 있다.

2 아는 글자 또는 비슷한 글자를 떠올리자.

우리가 모든 어휘를 알 수는 없다. 따라서 잘 모르는 어휘가 제시될 때는 어휘 중 이미 알고 있는 글자에서 힌트를 얻자. 다음 예시와 같이 알고 있거나 비슷한 글자의 뜻에 근거해 유추 가능한 경우도 많다.

예시 干旱: 건조하다, 大理岩 - 石: 대리석

🌱 제1부분 예제

> 天一阁，是一座创建于明朝嘉靖四十年至四十五年间的著名藏书楼，它不仅被指定为国家5A级旅游景区，还在中国古代民族文化遗产保存史上占有重要地位。
>
> 藏书楼＿＿＿＿＿＿＿于宁波市区月湖西面，为明朝兵部侍郎范钦所建，范钦号东明，字尧卿，是浙江鄞县人，曾在湖北、江西、广西、福建、云南、陕西、河南等省做过二十多年地方官，足迹几乎遍及当时半个中国。在朝为官时也颇有硬骨，敢与权臣抗衡、敢制服严嵩之子，有海瑞之风。此外，他又有雅好，酷爱书籍，每到一地无不留心搜求。也许是命运厚爱，他在各地为官期间使他有机缘广收书籍。据说，范钦的藏书最多时曾达五万余卷，这么多书，自然需要妥善存放。这或许就是范钦建天一阁的初衷吧。
>
> 当然，范钦的过人之处，并不只是建阁藏书，而是创制了一套严密的建筑格局与严格的家法，也正因如此，天一阁才能经历数百年沧桑而保存至今。
>
> 在宁波月湖一带，曾有过许多藏书阁。如宋代有楼钥的东楼，史守之碧沚，史书有"藏书之富，南楼北史"之说。还有元代的袁桷的清容居，明代丰坊的万卷楼等，都曾盛极一时，如今却都已灰飞烟灭。
>
> 究其缘由，火灾便是藏书楼遭毁的"罪魁祸首"。据史书记载，宋代叶梦得、朱常山的藏书均在三万卷以上，可惜两家藏书楼俱毁于火。绛云一炬，可怜焦灰！清代学者黄宗羲

由此感叹道："尝叹读书难，藏书尤难，藏之久而不散，则难之难矣!"

为使自己的藏书能长久保存，范钦没少动脑筋。他投入最多的便是书楼防火的问题，甚至在为藏书楼取名时，他也是根据古书上"天一生水"的说法，取"以水制火"之意，移"天一"二字为阁名，建楼时，楼的正前方造一个大水池，蓄水备用。相传这个水池与月湖暗通，源头是活的，可用之不竭。

阁名有水，阁前有水，可谓"明也有水，暗也有水"。然而，范钦觉得这样还不够，他在建筑形制上，也赋予了水的含义，为此不惜打破历来建筑忌用偶数的规矩。根据"地六成水"的意思，把书楼分建六间，而不用三、五、七、九之数；而后，又在东西两侧筑起封火墙；楼下中厅上面的阁栅上还绘有许多水纹作装饰图案。这些做法，都蕴含了阁主希望书楼免去火患的愿望，称得上"用心良苦"了。

建筑设计上的用心，加上"火不入阁"的家规，确实保证了天一阁自建成到今天的几百年间 <u>未罹火患</u>。家规亦是阁规，对家人也是如此，对外人亦如是。据说光绪年间，宁波太守到天一阁看书，也不能逾越"火不入阁"之规。这个规矩一直到现在还保持着，为此，书楼内至今不入电线，不装电灯，为的就是以防万一，防患于未然。为保护古代文化遗产，不得不拒绝现代文明的成果，这倒是破有意思的一个现象。

防住了火，能不能防住失散，则又是个问题。范钦为确保藏书能传到爱书的后人手上，不惜拿出万金让其次子受金而去，使长子范大冲得有全部藏书。范大冲从此立下"代不分书，书不出阁"的严规。子孙各房分掌锁钥，彼此制约，若非各房齐聚，锁便无法全开。此举既防止了个人独占，也避免了藏书星散。如今，我们依然能得访天一阁宝藏，这份功劳必要归功于范钦长子范大冲及其所定家规。

1 根据上下文，第二段的空白处最适合填入的词语是？

   A 贯通   **B** 摆放

   C 坐落   **D** 规定

2 范钦能搜集到大量书籍，得益于什么？

   A 造纸术的发展

   B 曾在多省各地为官

   C 广交当朝权臣

   D 财力雄厚的家庭

3 划线句子"绛云一焗，可怜焦灰"在感叹什么？

   A 很多绝版的古书都在火灾中付之一炬

   B 藏书楼在战火中成为废墟

   C 藏书楼的防火措施极好

   D 史书中对各朝藏书楼被毁的缘由记载不详细

4 下列哪项不属于范钦防火的措施：

1. 楼两侧建造封火墙
2. 楼前建造一个蓄水池
3. 大门上绘制水纹图案
4. 书楼各层存放灭火工具

A 1, 4 　　　　**B** 1, 2 　　　　**C** 2, 3 　　　　**D** 3, 4

5 划线词语"未罹火患"的"罹"跟下列哪个括号中的词意思相近？

A 灰飞烟(灭)

B (遭)逢巨变

C 破财(免)灾

D 讳疾(忌)医

6 举宁波太守的例子，是为了说明什么？

A 天一阁阁规对外人同样适用

B 天一阁令众多读书人心向往之

C 天一阁巨大的藏书规模吸引了无数官员

D 天一阁为以防万一至今拒绝安装电话和电线

7 最后一段讲的是什么？

A 范家世代搜寻藏书的手段

B 范钦两个儿子争夺家产的过程

C 范钦家对整理阁内藏书的分工

D 范钦及其长子是如何避免藏书失散的

 1 C [坐落+于+위치] 　빈칸 뒤가 '于+위치'이므로 빈칸에는 위치와 관련된 동사가 와야 한다. 보기 중 위치와 관련된 것은 C '坐落(~에 위치하다)' 뿐이다.

2 B [在各地为官期间使他有机缘广收书籍 여러 지역에서 지방관을 지내는 동안 책을 모을 기회가 많았다 → 曾在多省各地为官 여러 성의 각지에서 지방관을 지낸 덕분에] 　두 번째 단락에서 범흠은 여러 지역에서 지방관을 지내면서 책을 모을 기회가 많았다고 했으므로 답은 B임을 알 수 있다.

3 A [可惜两家藏书楼俱毁于火 안타깝게도 두 장서루 모두 불에 훼손되었다 → 很多绝版的古书都在火灾中付之一炬 절판된 고서들이 화재로 인해 모두 불타버렸다] 　밑줄 친 문장의 뜻을 물어보는 경우 그 앞뒤 문장을 보면 답을 찾을 수 있다. 밑줄 친 문장 앞부분에는 두 장서루가 화재로 인해 소실되었다고 했으며, 그로 인해 한탄하는 내용의 문장이므로 답은 A가 가장 적합하다. '据史书记载(역사 기록에 따르면)'는 핵심 내용 앞에 쓰이는 중요 구문이니 반드시 기억해 두자!

4 D [楼的正前方造一个大水池 장서루의 정면에 큰 저수지를 만들다 / 在东西两侧筑起封火墙 동서 양쪽에 방화벽을 만들다] 여섯 번째 단락부터 '불을 막기 위해 했던 행동'이 서술되는데, 1, 2번이 지문에 언급되었으므로 3, 4번을 고른 D가 답이다. '물결무늬 문양'은 대문 위가 아니라 '중정 위쪽 울타리'에 그린 것이므로 3번은 지문과 일치하지 않는다. '而后(이후에)' '建楼时(건물을 지었을 때)' 등 시점을 나타내는 어휘 뒤에 핵심 내용이 등장하니 집중해서 읽자.

5 B [罹/遭+안 좋은 일] '罹'는 '(재난을) 당하다'라는 뜻이고, 밑줄 친 문장은 '화재를 당하지 않다'라는 뜻이므로, 보기 중 'B 遭((불행한 일을) 당하다)'가 문맥상 가장 적합하다.

6 A [家规亦是阁规, 对家人也是如此, 对外人亦如是…… 가법은 장서루의 법이기도 한데, 가족에게도 그렇고 외부인에게도 마찬가지이다] 여덟 번째 단락에서 닝보 태수를 예로 들어 이야기하고 있는데, 그 문단의 내용은 규칙이 얼마나 잘 지켜지고 있는지에 대해 설명하면서 든 예이다. 따라서 답은 A이다.

7 D [防住失散 자료의 소실을 막는 것] 마지막 문단에서 이야기한 내용은 범흠과 장남 범대충이 어떻게 장서들의 소실을 막았는지에 대한 내용이다. 따라서 답은 D이다. 정확하게 해석하지는 못하더라도 대략적인 내용만 파악할 수 있다면 답을 찾는 데 도움이 될 것이다.

天一阁，是一座创建于明朝嘉靖四十年至四十五年间的著名藏书楼，它不仅被指定为国家5A级旅游景区，还在中国古代民族文化遗产保存史上占有重要地位。

藏书楼坐落于宁波市区月湖西面，为明朝兵部侍郎范钦所建，范钦号东明，字尧卿，是浙江鄞县人，曾在湖北、江西、广西、福建、云南、陕西、河南等省做过二十多年地方官，足迹几乎遍及当时半个中国。在朝为官时也颇有硬骨，敢与权臣抗衡、敢制服严嵩之子，有海瑞之风。此外，他又有雅好，酷爱书籍，每到一地无不留心搜求。也许是命运厚爱，²他在各地为官期间使他有机缘广收书籍。据说，范钦的藏书最多时曾达五万余卷，这么多书，自然需要妥善存放。这或许就是范钦建天一阁的初衷吧。

当然，范钦的过人之处，并不只是建阁藏书，而是创制了一套严密的建筑格局与严格的家法，也正因如此，天一阁才能经历数百年沧桑而保存至今。

在宁波月湖一带，曾有过许多藏书阁。如宋代有楼钥的东楼，史守之碧沚，史书有"藏书之富，南楼北史"之说。还有元代的袁桷的清容居，明代丰坊的万卷楼等，都曾盛极一时，如今却都已灰飞烟灭。

천일각(天一阁)은 명나라 가정 40년~45년에 지어진 저명한 장서루이며, 중국 국가 5A급 관광지로 지정됐을 뿐만 아니라 중국 고대 민족문화 유산 보존사에서 중요한 위치를 차지하고 있다.

장서루는 닝보(宁波)시 월호(月湖)의 서쪽에 위치하고 있는데, 명나라 때에 병부시랑(兵部侍郎)을 지낸 범흠(范钦)이 지은 것이다. 범흠의 호는 동명(东明)이고 자는 요경(尧卿)이다. 범흠은 저장성 은현(鄞县) 사람으로 후베이, 장시, 광시, 푸젠, 윈난, 산시, 허난 등의 성에서 20여 년간 지방관을 지내면서 당시 중국의 거의 반에 해당하는 곳에 발자취를 남겼다. 지방관을 지낼 당시에도 대단히 강직하여 권신에 용감히 맞서고 엄숭(严嵩)의 아들을 제압했으며 해서(海瑞)와 같은 기풍이 있었다. 이 외에 범흠은 또 고상한 취미도 있었는데, 책을 매우 좋아하여 가는 곳마다 유심히 찾아보곤 했다. 어쩌면 운명이었을까, ²여러 지역에서 지방관을 지내는 동안 책을 모을 기회가 많았다. 범흠의 장서는 많게는 5만여 권에 달했다고 한다. 책이 이렇게나 많으니 당연히 적절하게 보관할 곳이 필요했다. 이것이 아마도 범흠이 천일각을 지은 본래의 취지일 것이다.

물론 범흠의 뛰어난 점은 누각인 장서를 지은 것뿐만 아니라 치밀한 건축구조와 엄격한 가법도 만들었다는 것이다. 그렇기 때문에 천일각은 수백 년의 세월을 거쳐 현재까지 보존될 수 있었다.

닝보 월호 일대에는 일찍이 여러 장서각이 있었다. 예를 들면, 송나라 때는 누약(楼钥)의 동루(东楼), 사수지(史守之)의 벽지(碧沚)가 있었는데 역사서에서는 "장서의 부(富)는 남루(南楼)의 북사(北史)"라는 말이 있다. 또 원나라 원각(袁桷)의 청용각(清容居), 명나라 풍방(丰坊)의 만권루(万卷楼) 등도 당시엔 매우 성행했으나 현재는 모두 사라져 버렸다.

究其缘由，火灾便是藏书楼遭毁的"罪魁祸首"。据史书记载，³宋代叶梦得、朱常山的藏书均在三万卷以上，可惜两家藏书楼俱毁于火。绛云一炬，可怜焦灰！清代学者黄宗羲由此感叹道："尝叹读书难，藏书尤难，藏之久而不散，则难之难矣！"

为使自己的藏书能长久保存，范钦没少动脑筋。他投入最多的便是书楼防火的问题，甚至在为藏书楼取名时，他也是根据古书上"天一生水"的说法，取"以水制火"之意，移"天一"二字为阁名，⁴建楼时，楼的正前方造一个大水池，蓄水备用。相传这个水池与月湖暗通，源头是活的，可用之不竭。

阁名有水，阁前有水，可谓"明也有水，暗也有水"。然而，范钦觉得这样还不够，他在建筑形制上，也赋予了水的含义，为此不惜打破历来建筑忌用偶数的规矩。根据"地六成水"的意思，把书楼分建六间，而不用三、五、七、九之数；而后，又⁴在东西两侧筑起封火墙；楼下中厅上面的阁栅上还绘有许多水纹作装饰图案。这些做法，都蕴含了阁主希望书楼免去火患的愿望，称得上"用心良苦"了。

建筑设计上的用心，加上"火不入阁"的家规，确实保证了天一阁自建成到今天的几百年间未罹火患。⁶家规亦是阁规，对家人也是如此，对外人亦如是。据说光绪年间，宁波太守到天一阁看书，也不能逾越"火不入阁"之规。这个规矩一直到现在还保持着，为此，书楼内至今不入电线，不装电灯，为的就是以防万一，防患于未然。为保护古代文化遗产，不得不拒绝现代文明的成果，这倒是颇有意思的一个现象。

防住了火，能不能⁷防住失散，则又是个问题。范钦为确保藏书能传到爱书的后人手上，不惜拿出万金让其次子受金而去，使长子范大冲得有全部藏书。⁷范大冲从此立下"代不分书，书不出阁"的严规。子孙各房分掌锁钥，彼此制约，若非各房齐聚，锁便无法全开。此举既防止了个人独占，也避免了藏书星散。如今，我们依然能得访天一阁宝藏，这份功劳必要归功于范钦长子范大冲及其所定家规。

원인을 살펴보면, 화재가 바로 장서루 소실의 원흉이다. 역사서 기록에 따르면 ³송나라 엽몽득(叶梦得), 주상산(朱常山)의 장서는 모두 3만 권 이상이었는데 안타깝게도 두 장서루 모두 불에 훼손되었다. 강운(绛云)이 불타버려 애처롭게도 한 줌의 재가 되었다. 청나라 학자 황종희(黄宗羲)는 이에 "독서를 즐기는 건 어렵고, 장서는 특히 더 어렵지만, 장서를 오랫동안 흩어지지 않게 보관하는 것은 그 어떤 것보다 더 어렵다"라며 한탄했다.

자신의 장서를 오래도록 보존하기 위해 범흠은 항상 이리저리 고민했다. 범흠이 가장 많은 시간을 투자한 것은 장서루의 방화 문제였다. 심지어 장서루의 이름을 지을 때 그는 고서의 '천일생수(天一生水)'라는 말에 따라 '물로 불을 잡는다'는 의미를 취해 '천일(天一)'이라는 글자를 장서루 이름에 사용하였다. ⁴건물을 지을 땐 장서루의 정면에 큰 저수지를 만들어 예비로 사용할 물을 저장해 두었다. 이 저수지는 월호와 비밀리에 연결되어 있는데 수원이 살아있어서 아무리 써도 끝이 없다고 전해진다.

장서루 이름에도 물이 있고, 앞에도 물이 있으니 '보이는 곳에도, 보이지 않는 곳에도 물이 있다'고 할 수 있다. 하지만 범흠은 이것도 부족하다고 생각해 건축물의 형상과 구조에도 물의 의미를 부여했고, 이를 위해 건축에서 짝수 사용을 금기시하던 기존의 규칙을 서슴지 않고 깼다. '지육성수(地六成水)'의 의미에 따라 장서루를 3, 5, 7이 아닌 6개의 공간으로 분리했다. 또, ⁴동서 양쪽에 방화벽을 만들었다. 아래층 중청 위쪽의 울타리에는 수많은 물결무늬의 장식 문양이 그려져 있다. 이것들은 모두 장서루 주인의 화재를 피하고자 하는 염원을 담은 것으로, '매우 고심했다'고 말할 만하다.

건축 설계에 기울인 심혈에 '장서루에 불은 들어올 수 없다'는 가법이 더해져 천일각은 지어진 때부터 현재까지 몇백 년 동안 화재를 당하지 않을 수 있었다. ⁶가법은 장서루의 법이기도 한데, 가족에게도 그렇고 외부인에게도 마찬가지다. 청대 광서(光绪) 연간에 닝보 태수(太守)가 천일각에서 책을 볼 때도 '장서루에 불은 들어올 수 없다'는 규칙을 넘지는 못했다고 한다. 이 규칙은 현재까지 유지되고 있어 장서루 안에는 지금까지도 전선이 없고 전등을 설치하지 않고 있다. 이는 만일에 대비하여 사고를 미연에 방지하기 위함이다. 고대 문화유산을 보호하기 위해서 현대 문명을 거부할 수밖에 없는 것이다. 이는 매우 의미 있는 현상이라고 할 수 있다.

불은 막았지만, ⁷자료의 소실을 막는 것은 또 다른 문제이다. 범흠은 책을 사랑하는 후손들에게 장서를 무사히 전하기 위해 둘째 아들에게는 많은 돈을 주고, 장남 범대충(范大冲)에게 모든 장서를 주었다. ⁷범대충은 이때부터 '대를 이을 때 책을 나누지 않고, 책은 장서루 밖으로 내보내지 않는다'라는 엄격한 규칙을 만들었다. 자손들은 각자 열쇠를 나누어 갖고 서로 제약을 두었다. 각자의 열쇠가 모이지 않으면 자물쇠는 열리지 않았다. 이렇게 하니 개인이 독점하는 것을 막을 수 있었고 장서가 흩어지는 일도 피할 수 있었다. 현재도 우리는 천일각의 소장 자료를 볼 수 있다. 이 공로는 이렇게 가법을 정한 범흠의 장남 범대충에게 돌려야 한다.

1 根据上下文，第二段的空白处最适合填入的词语是？

A 贯通　　B 摆放　　C 坐落　　D 规定

2 范钦能搜集到大量书籍，得益于什么？

A 造纸术的发展

B 曾在多省各地为官

C 广交当朝权臣

D 财力雄厚的家庭

3 划线句子"绛云一焗，可怜焦灰"在感叹什么？

A 很多绝版的古书都在火灾中付之一炬

B 藏书楼在战火中成为废墟

C 藏书楼的防火措施极好

D 史书中对各朝藏书楼被毁的缘由记载不详细

4 下列哪项不属于范钦防火的措施：

1. 楼两侧建造封火墙
2. 楼前建造一个蓄水池
3. 大门上绘制水纹图案
4. 书楼各层存放灭火工具

A 1, 4　　B 1, 2　　C 2, 3　　D 3, 4

5 划线词语"未罹火患"的"罹"跟下列哪个括号中的词意思相近？

A 灰飞烟（灭）

B （遭）逢巨变

C 破财（免）灾

D 讳疾（忌）医

6 举宁波太守的例子，是为了说明什么？

A 天一阁阁规对外人同样适用

B 天一阁令众多读书人心向往之

C 天一阁巨大的藏书规模吸引了无数官员

D 天一阁为以防万一至今拒绝安装电话和电线

7 最后一段讲的是什么？

A 范家世代搜寻藏书的手段

B 范钦两个儿子争夺家产的过程

C 范钦家对整理阁内藏书的分工

D 范钦及其长子是如何避免藏书失散的

---

1 문맥상 두 번째 문단의 빈칸에 가장 알맞은 단어는?

A 관통하다　　B 놓다　　C 위치하다　　D 규정하다

2 범흠이 대량의 책을 수집할 수 있었던 것은 무엇 덕분인가?

A 제지술의 발전 덕분에

B 여러 성의 각지에서 지방관을 지낸 덕분에

C 당대 권신과 널리 교류한 덕분에

D 재력이 두터운 가정 덕분에

3 밑줄 친 문장 '강운(绛云)이 불타버려 애처롭게도 한 줌의 재가 되었다.'는 무엇을 한탄하는 말인가?

A 절판된 고서들이 화재로 인해 모두 불타버렸다

B 장서루가 전쟁의 불길 속에 폐허가 되어버렸다

C 장서루의 방화 조치가 매우 좋았다

D 역사서 중에 각 시대의 장서루가 사라진 원인에 대한 기록이 상세하지 못하다

4 다음 중 범흠이 불을 막기 위해 했던 조치에 속하지 않는 것은?

1. 건물 양쪽에 방화벽을 지었다
2. 건물 앞쪽에 저수지를 만들었다
3. 대문 위에 물결무늬 문양을 그렸다
4. 장서루 각 층에 소화 용품을 두었다

A 1, 4　　B 1, 2　　C 2, 3　　D 3, 4

5 밑줄 친 단어 '화재를 당하지 않다'의 '罹'와 다음의 괄호 안 단어의 의미가 비슷한 것은?

A 연기 속으로 사라지다 – （灭）

B 큰 변화를 만나다 – （遭）

C 손해를 보고 액땜한 셈 치다 – （免）

D 병을 감추고 치료를 꺼리다 – （忌）

6 닝보 태수의 예를 든 것은 무엇을 설명하기 위한 것인가?

A 천일각의 규칙은 외부인에게도 동일하게 적용된다

B 천일각은 독서인들이 동경의 마음이 들게 한다

C 천일각의 거대한 장서 규모는 수많은 관료를 끌어들였다

D 천일각은 만일의 사태를 방지하기 위해 지금까지 전화와 전선 설치를 거부하고 있다

7 마지막 문단에서 이야기하는 것은 무엇인가?

A 범가가 대대로 장서를 찾아다닌 방법

B 범흠의 두 아들이 집 재산을 쟁취하는 과정

C 범흠 가족의 장서루 내의 장서 정리 분담

D 범흠과 그의 장남이 장서의 소실을 어떻게 막았는가

天一阁 Tiānyīgé 고유 천일각 [중국에 현존하는 가장 오래된 개인 장서루] | **创建** chuàngjiàn 동 창건하다, 창립하다 | **明朝** Míngcháo 고유 명나라 | **嘉靖** Jiājìng 고유 가정 [명나라 세종의 연호(1522~1566)] | **年间** niánjiān 명 시기, 연간 | **藏书楼** zàngshūlóu 명 장서루 | **指定** zhǐdìng 동 (사전에 사람·시간·장소 등을) 지정하다, 확정하다 | **★景区** jǐngqū 관광지, 관광지구 | **遗产** yíchǎn 명 (죽은 사람이 남겨 놓은 동산·부동산·채권 등의) 유산 | **占有** zhànyǒu 동 차지하다, 점유하다, 점거하다 | **宁波** Níngbō 고유 닝보 [저장성의 도시] | **月湖** Yuèhú 고유 월호 [호수 이름] | **兵部** bīngbù 명 병부 | **侍郎** shìláng 명 시랑 | **范钦** Fàn Qīn 고유 범흠 [인명] | **浙江** Zhèjiāng 고유 저장성 | **鄞县** Yínxiàn 고유 은현 [저장성에 있는 현] | **湖北** Húběi 고유 후베이성 | **江西** Jiāngxī 고유 장시성 | **广西** Guǎngxī 고유 광시성 | **福建** Fújiàn 고유 푸젠성 | **云南** Yúnnán 고유 윈난성 | **陕西** Shǎnxī

고유 산시성 | 河南 Hénán 고유 허난성 | 地方官 dìfāngguān 명 지방관 | ★足迹 zújì 명 발자취 | 遍及 biànjí 동 두루 미치다, 골고루 퍼지다 | 颇有 pōyǒu 동 흔히 있다, 적지 않다 | 硬骨 yìnggǔ 강직한 사람을 비유함 | 权臣 quánchén 명 권신 [권세를 잡은 신하] | ★抗衡 kànghéng 동 맞서다, 필적하다 | ★制服 zhìfú 동 제압하다 | 严嵩 Yán Sōng 고유 엄숭 [중국 명대 재상] | ★之 zhī 조 ~의 | 海瑞 Hǎi Ruì 고유 해서 [명대의 사람으로 청렴하기로 유명함] | 雅好 yǎ hào 고상한 취미 | 酷爱 kù'ài 동 매우 좋아하다 | 书籍 shūjí 명 책, 서적 | 留心 liúxīn 동 신경쓰다, 주의하다, 조심하다 | 搜求 sōuqiú 동 찾다, 수색하다 | 机缘 jīyuán 명 기연, 기회와 인연 | ★妥善 tuǒshàn 형 적절하다, 알맞다, 나무랄 데 없다 | ★存放 cúnfàng 동 보관해두다 | ★初衷 chūzhōng 명 처음, 본래 | 过人 guòrén 동 (남보다) 뛰어나다 | 藏书阁 cángshū gé 장서각 | 创制 chuàngzhì 동 만들다, 제정하다 | ★严密 yánmì 형 치밀하다, 빈틈없다, 긴밀하다 | 格局 géjú 명 구조, 짜임새, 구성 | ★沧桑 cāngsāng 세상의 온갖 풍파 | 宋代 Sòngdài 고유 송나라 시기 | 楼钥 Lóu Yào 고유 누약 [송나라 대신] | 史守之 Shǐ Shǒuzhī 고유 사수지 [송나라 시인] | 碧沚 bìzhǐ 명 벽지 | 元代 Yuándài 고유 원나라 시기 | 袁桷 Yuán Jué 명 원각 [원나라 학관] | 清容居 qīngróngjū 명 청룡각 | 明代 Míngdài 고유 명나라 시기 | 丰坊 fēngfāng 명 풍방 | 万卷楼 wànjuànlóu 명 만권루 | 盛极一时 shèngjíyìshí 매우 성행하다, 일시에 크게 유행하다 | 灰飞烟灭 huīfēiyānmiè 없어지거나 사라지다 | 缘由 yuányóu 명 원인, 연유, 이유 | 火灾 huǒzāi 명 화재 | ★罪魁祸首 zuìkuíhuòshǒu 원흉, 근본 원인 | 记载 jìzǎi 명 기록, 기재 | 叶梦得 Yè Mèngdé 고유 엽몽득 [송나라의 관리이자 문학가] | 朱常山 Zhū Chángshān 고유 주상산 | 均 jūn 부 모두, 다 | 绛云 jiàngyún 강운 | 清代 Qīngdài 고유 청나라 시기 | 黄宗羲 Huáng Zōngxī 고유 황종희 [중국 명대 사상가이자 역사학자] | ★感叹 gǎntàn 동 감탄하다 | 尝叹 chángtàn 동 한탄하다, 감탄하다 | 动脑筋 dòngnǎojīn 동 깊이 생각하다, 머리를 쓰다, 골똘히 생각하다 | 防火 fánghuǒ 동 방화하다, 화재를 방지하다 | 取名 qǔmíng 동 이름을 짓다, 작명하다 | 说法 shuōfa 명 표현법, 의견, 견해 | 水池 shuǐchí 명 저수지 | 蓄水 xùshuǐ 동 저수하다 | ★备用 bèiyòng 동 예비하다, 비축하다 | ★相传 xiāngchuán 동 ~라고 전해지다, ~라고 전해오다 | 暗通 àntōng 동 통하다 | ★源头 yuántóu 명 수원, 발원지 | 用之不竭 yòngzhībùjié 끝이 없다, 아무리 써도 다하지 않다 | ★可谓 kěwèi ~라고 말할 수 있다, ~라고 할 만하다 | 形制 xíngzhì 명 (기물·건축물의) 형상과 구조 | ★赋予 fùyǔ 동 (중대한 임무나 사명 등을) 부여하다, 주다 | 含义 hányì 명 (글자·단어·말 등의) 의미, 함의 | 打破 dǎpò 동 깨다, 때려부수다 | 封火墙 fēnghuǒqiáng 명 방화벽 | 栅 zhà 명 울타리 | 绘 huì 동 그리다, 채색하다, 묘사하다 | 水纹 shuǐwén 명 물결무늬 | 图案 tú'àn 명 도안 | 做法 zuòfǎ 명 방법 | ★蕴含 yùnhán 동 담다, 내포하다, 함축하다 | 免去 miǎnqù 동 없게 하다 | 用心良苦 yòngxīnliángkǔ 매우 고심하다, 각별하게 마음을 쓰다 | 用心 yòngxīn 동 심혈을 기울이다, 주의를 기울이다 | 家规 jiāguī 명 가법 | 罹 lí 동 (재난을) 당하다 | 火患 huǒhuàn 명 화재 | ★亦 yì 부 ~도 역시, 또, 또한, ['也(yě)'에 상당함] | 光绪 Guāngxù 고유 광서 [청(淸) 덕종(德宗)의 연호(1875~1908)] | 逾越 yúyuè 동 넘다, 초과하다 | 为此 wèicǐ 접 이 때문에, 이를 위해서, 그런 까닭에 | 电线 diànxiàn 명 전선 | 电灯 diàndēng 명 전등 | 防患于未然 fánghuànyú wèirán 사고를 미연에 방지하다 | 失散 shīsàn 동 소실되다 | 确保 quèbǎo 동 확보하다, 확실히 보장하다 | 后人 hòurén 명 후손, 후세, 후인 | 万金 wànjīn 명 많은 돈 | 范大冲 Fàn Dàchōng 고유 범대충 [인명] | 子孙 zǐsūn 명 자손 | 分掌 fēnzhǎng 동 나누다 | 锁钥 suǒyuè 명 열쇠 | 制约 zhìyuē 동 제약하다 | 若 ruò 접 만약, 만일 | 无法 wúfǎ 동 방법이 없다, 할 수 없다 | 防止 fángzhǐ 동 방지하다 | 独占 dúzhàn 동 독점하다 | 星散 xīngsàn 동 흩어지다 | 功劳 gōngláo 명 공로 | 归功 guīgōng 동 (공로를) ~로 돌리다 | ★贯通 guàntōng 동 관통하다 | ★摆放 bǎifàng 동 놓다, 진열하다 [摆放+물건] | ★坐落 zuòluò 동 ~에 위치하다, ~에 자리 잡다 [坐落于+위치, 설명] | 造纸术 zàozhǐshù 명 제지술 | 各地 gèdì 명 각지, 각처 | 广交 guǎngjiāo 동 널리 교류하다 | 当朝 dāngcháo 명 당대 | ★财力 cáilì 명 재력 | 雄厚 xiónghòu 형 (인력·물자 등이) 풍부하다, 충분하다, 충족하다 | 绝版 juébǎn 동 절판되다 | 战火 zhànhuǒ 명 전쟁 | ★废墟 fèixū 명 폐허 | 藏书 cángshū 명 장서, 소장 도서 | 毁 huǐ 동 태우다, 소각하다 | 建造 jiànzào 동 세우다, 건조하다, 건축하다 | 蓄水池 xùshuǐchí 명 저수지 | 绘制 huìzhì 동 제도하다, 제작하다 | 灭火工具 mièhuǒgōngjù 명 소화 용품 | 遭逢 zāoféng 동 (나쁜 일을) 겪다, 만나다 | 巨变 jùbiàn 명 큰 변화, 대격동 | 破财免灾 pòcáimiǎnzāi 손해를 보고 액땜한 셈 치다 | 讳疾忌医 huìjíjìyī 병을 감추고 치료를 꺼리다 | 适用 shìyòng 형 사용에 적합하다, 쓰기에 알맞다 | 心向往之 xīnxiàngwǎngzhī 동경하다, 마음이 끌리다, 갈망하다 | ★官员 guānyuán 명 관료, 관리, 관원 | ★世代 shìdài 명 대대, 여러 대 | ★搜寻 sōuxún 동 찾다 | 手段 shǒuduàn 명 방법, 수단 | 争夺 zhēngduó 동 쟁취하다, 쟁탈하다, 다투다 | ★及其 jíqí 접 ~및 그에 따르는

1 빈출 질문 유형

'특정 어휘 의미'를 묻는 질문에는 매번 쓰이는 키워드가 있다. 질문에 '划线句子(밑줄 친 문장)' '划线词语(밑줄 친 어휘)' '什么意思(무슨 의미)'라는 표현이 있으면 특정 어휘 의미를 묻는 유형이다.

∨ 划线句子"……"在感叹什么? 밑줄 친 문장 '…'는 무엇에 대해 한탄하는 것인가?

∨ 划线词语"……"的"……"跟下列哪个括号中的词意思相近?

　밑줄 친 '…'의 '…'는 아래의 괄호 속 어휘 중 무엇과 의미가 비슷한가?

∨ 划线的短语"……"在文中表示什么意思? 밑줄 친 단어 '…'는 지문에서 무슨 의미를 나타내는가?

∨ 文中划线句子的意思是: 지문에서 밑줄 친 문장의 뜻은?

∨ 第二段中划线词语是什么意思? 두 번째 단락에서 밑줄 친 단어는 무슨 의미인가?

∨ 关于"……", 可以知道什么? '…'에 관해서 알 수 있는 것은 무엇인가?

∨ "……"指的是什么? '…'가 가리키는 것은 무엇인가?

2 빈출 성어

문제에서 특정 어휘의 의미를 물어보는 경우가 자주 출제되는데, 그중 특히 사자성어의 출제 비율이 높으므로 시험에서 자주 언급되는 성어와 그 뜻을 잘 파악해 두는 것이 좋다. 아래 성어는 7~9급 필수 성어와 시험에 출제된 성어들을 정리해 둔 것이다.

- 挨家挨户 āijiā āihù 집집마다, 집마다 모두, 한 집도 빠짐없이
- 爱不释手 àibúshìshǒu 매우 아껴서 손을 떼지 못하다
- 半途而废 bàntú'érfèi (끝장을 내지 않고) 중도에서 그만두다
- 比比皆是 bǐbǐ jiēshì 어디에나 있다, 도처에 있다, 아주 흔하다
- 必不可少 bìbùkěshǎo 없어서는 안 된다, 반드시 필요하다
- 别无二致 biéwú'èrzhì 다른 것이 없다, 전혀 차이가 없다
- 不假思索 bùjiǎ sīsuǒ 고려하지 않다 [말·행위가 신속한 것을 말함]
- 不可思议 bùkě sīyì 불가사의하다, 상상할 수 없다
- 不胜枚举 búshèngméijǔ 셀 수 없이 많다 [대단히 많음을 묘사]
- 不相上下 bùxiāng shàngxià 막상막하, 우열을 가릴 수 없다
- 不以为然 bùyǐwéirán 그렇다고는 생각하지 않다 [경시하는 뜻을 내포함]
- 不由自主 bùyóuzìzhǔ 제 마음대로 되지 않다, 저절로, 스스로, 자기도 모르게
- 不知不觉 bùzhī bùjué 자기도 모르는 사이에, 부지중에, 부지불식간에
- 层出不穷 céngchū bùqióng 차례차례로 나타나서 끝이 없다, 계속 일어나다
- 插科打诨 chākēdǎhùn 익살, 우스갯소리 [연극에서 우스운 연기나 대사를 넣어 관객을 웃기는 것]
- 姹紫嫣红 chàzǐyānhóng 울긋불긋하다, 화려하고 아름답다, 풍부하고 다채롭다
- 成千上万 chéngqiān shàngwàn 수천수만, 대단히 많은
- 诚心诚意 chéngxīn chéngyì 성심성의
- 持之以恒 chízhīyīhéng 늘 견지하다, 끈기를 가지고 지속하다
- 愁眉苦脸 chóuméi kǔliǎn 찡그린 눈썹과 고통스러운 얼굴, 수심에 찬 얼굴, 우거지상
- 川流不息 chuānliú bùxī (사람과 차들이) 냇물처럼 끊임없이 오가다
- 垂头丧气 chuítóu sàngqì 풀이 죽고 기가 꺾이다, 의기소침하다

- 从容不迫 cóngróng búpò 태연자약하다, 침착하다
- 粗心大意 cūxīn dàyì 세심하지 못하다, 꼼꼼하지 않다, 데면데면하다
- 大风大浪 dàfēng dàlàng 거대한 풍랑, 온갖 고생과 시련
- 大名鼎鼎 dàmíng dǐngdǐng 명성이 높다, 이름이 높이 나다
- 大同小异 dàtóng xiǎoyì 대동소이하다
- 得不偿失 débùchángshī 얻는 것보다 잃는 것이 많다
- 得天独厚 détiāndúhòu 특별히 좋은 조건을 갖추다, 처한 환경이 남달리 좋다
- 得意扬扬 déyì yángyáng 득의양양하다
- 东奔西走 dōngbēn xīzǒu 동분서주하다, 이리저리 뛰어다니다
- 东张西望 dōngzhāng xīwàng 여기저기 바라보다, 두리번거리다
- 独一无二 dúyī wú'èr 유일무이하다, 단지 하나 있다
- 发扬光大 fāyáng guāngdà (사업·전통 등을) 원래의 기초 위에서 더욱 확대 발전시키다
- 翻天覆地 fāntiān fùdì 하늘과 땅이 뒤집히다, 커다란 변화가 일어나다
- 废寝忘食 fèiqǐn wàngshí 자고 먹는 것을 잊다, 어떤 일에 전심전력하다
- 丰富多彩 fēngfù duōcǎi 풍부하고 다채롭다
- 风马牛不相及 fēng mǎ niú bù xiāng jí 서로 조금도 관계가 없다, 서로 전혀 무관하다
- 付之一炬 fùzhīyíjù 전부 불에 태워 버리다, 잿더미로 변하다
- 根深蒂固 gēnshēn dìgù 뿌리가 깊다, 깊이 뿌리박혀 있다, 고질이 되다
- 供不应求 gōngbúyìngqiú 공급이 수요를 따르지 못하다
- 归根到底 guīgēn dàodǐ 근본으로 돌아가다, 결국에는
- 毫不犹豫 háo bù yóuyù 전혀 주저하지 않다
- 后顾之忧 hòugùzhīyōu 뒷걱정, 뒷일에 대한 근심
- 胡思乱想 húsī luànxiǎng 터무니없는 생각을 하다, 허튼 생각을 하다
- 画蛇添足 huàshé tiānzú 쓸데없는 짓을 하다, 사족을 가하다, 뱀을 그리는 데 다리를 그려 넣다
- 惶惶不安 huánghuángbù'ān 무섭고 불안하다
- 恍然大悟 huǎngrán dàwù 문득 모든 것을 깨치다, 갑자기 모든 것을 알게 되다
- 灰飞烟灭 huīfēiyānmiè (인물이나 사물이) 한순간에 사라지다 [사람이 죽었음을 비유적으로 이르는 말]
- 讳疾忌医 huìjíjìyī 병을 감추고 치료를 꺼리다, 자기의 결점을 덮어 감추고 고치려 하지 않다
- 家喻户晓 jiāyùhùxiǎo 집집마다 다 알다 ✨
- 坚持不懈 jiānchí búxiè 조금도 느슨하게 하지 않고 끝까지 견지해 나가다
- 接二连三 jiē'èr liánsān 연이어, 연달아, 잇따라, 연속적으로
- 竭尽全力 jiéjìn quánlì 모든 힘을 다 기울이다, 최선을 다하다
- 津津有味 jīnjīn yǒuwèi 흥미진진하다
- 经久不息 jīngjiǔ bùxī 오랫동안 멈추지 않고 계속 지속하다
- 惊慌失措 jīnghuāng shīcuò 놀라고 당황하여 어찌할 바를 모르다
- 兢兢业业 jīngjīngyèyè 신중하고 조심스럽게 맡은 일을 열심히 하다, 부지런하고 성실하다
- 精益求精 jīngyìqiújīng 이미 훌륭한데도 더 훌륭하게 하려 하다, 더 잘하려고 애쓰다, 더 깊이 연마하다
- 举世闻名 jǔshì wénmíng 세상에 널리 이름이 나다
- 举世瞩目 jǔshì zhǔmù 온 세상 사람이 모두 주목하다
- 举足轻重 jǔzúqīngzhòng 매우 중요하다, 일거수일투족이 전체에 중대한 영향을 끼치다 [지위가 중요한 것을 가리킴]
- 可想而知 kěxiǎng'érzhī 미루어 알 수 있다, 가히 짐작할 수 있다
- 刻舟求剑 kèzhōu qiújiàn 각주구검 [융통성이 없어 사태의 변화를 모르는 어리석음을 이르는 말]

- 理所当然 lǐsuǒdāngrán 도리로 보아 당연하다, 당연히 그렇다
- 理直气壮 lǐzhí qìzhuàng 이유가 충분하여 하는 말이 당당하다, 떳떳하다
- 力所能及 lìsuǒnéngjí 스스로 할 만한 능력이 있다
- 恋恋不舍 liànliàn bùshě 아쉬움에 헤어지지 못하다, 떨어지기 몹시 아쉬워하다
- 灵机一动 língjī yídòng 교묘한 생각이 떠오르다, 영감이 떠오르다, 머리를 굴려 생각을 떠올리다
- 乱七八糟 luànqībāzāo 엉망진창이다, 아수라장이다, 혼잡하다
- 络绎不绝 luòyì bùjué (사람·말·수레·배 따위의) 왕래가 잦아 끊이지 않다
- 没完没了 méiwán méiliǎo (말이나 일이) 한도 끝도 없다
- 美中不足 měizhōng bùzú 훌륭한 가운데에도 조금 모자라는 점이 있다, 옥에 티가 있다
- 门当户对 méndāng hùduì (혼인 관계에 있어서) 남녀 두 집안이 엇비슷하다, 두 집안의 사회적 지위·경제적인 형편 따위가 걸맞다
- 灭顶之灾 mièdǐngzhīzāi 치명적인 재난
- 名副其实 míngfùqíshí 명실상부하다, 명성과 실제가 부합되다
- 莫名其妙 mòmíngqímiào 아무도 그 오묘함을 설명할 수 없다, 영문을 모르다
- 目不转睛 mùbùzhuǎnjīng 눈 한 번 깜빡하지 않고 보다, 주시하다, 응시하다
- 念念不忘 niànniàn búwàng 늘 생각하며 잊지 않다, 전념하다, 한 가지 일에 몰두하다
- 迫不及待 pòbùjídài 사태가 절박하여 기다릴 여유가 없다, 한시도 지체할 수 없다
- 破财免灾 pòcáimiǎnzāi 손해를 보고 재해를 피한다, 액땜한 셈 치다
- 齐心协力 qíxīn xiélì 한마음 한뜻으로 협력하다
- 迄今为止 qìjīn wéizhǐ (과거 어느 시점부터 현재에 이르기까지 모든 시간을 가리켜) 지금까지
- 恰到好处 qiàdào hǎochù 꼭 알맞다, 꼭 들어맞다, 아주 적절하다
- 前所未有 qiánsuǒwèiyǒu 역사상 유례가 없다
- 潜移默化 qiányí mòhuà 무의식중에 감화되다
- 浅尝辄止 qiǎnchángzhézhǐ 중도에 그만두다, 수박 겉핥기이다
- 轻而易举 qīng'éryìjǔ 매우 수월하다, 식은 죽 먹기이다 ✨
- 趋利避害 qūlìbìhài 이익이 되는 것은 따르고 해가 되는 것은 피하다
- 全力以赴 quánlìyǐfù 전력을 다하여 일에 임하다, 전력투구하다
- 全心全意 quánxīn quányì 성심성의
- 日新月异 rìxīn yuèyì 나날이 새로워지다, 발전이 매우 빠르다
- 盛极一时 shèngjíyìshí 한때 성행하다
- 实话实说 shíhuà shíshuō 진실을 말하다, 사실대로 말하다
- 实事求是 shíshì qiúshì 실사구시, 있는 그대로의 사실에 토대하여 진리를 탐구하다
- 四面八方 sìmiàn bāfāng 사방팔방, 방방곡곡
- 四通八达 sìtōngbādá 사통팔달, 사방으로 통하다, 교통이 매우 편리하다
- 似是而非 sìshì érfēi 비슷한 것 같으면서도 다르다, 겉모습은 그럴 듯하지만 실제는 그렇지 않다
- 随时随地 suíshí suídì 언제 어디서나, 시간과 장소를 가리지 않고
- 随心所欲 suíxīnsuǒyù 자기의 뜻대로 하다, 하고 싶은 대로 하다
- 损人利己 sǔnrén lìjǐ 남에게 손해를 끼치고 자기의 이익만을 도모하다
- 昙花一现 tánhuāyíxiàn 잠깐 나타났다가 바로 사라지다
- 滔滔不绝 tāotāo bùjué 말이 끊임없다, 쉴 새 없이 말하다
- 逃之夭夭 táozhīyāoyāo 줄행랑치다, 줄행랑을 놓다
- 讨价还价 tǎojià huánjià 흥정하다, 여러 가지 조건을 내걸고 시시콜콜 따지다
- 天长地久 tiāncháng dìjiǔ 하늘과 땅이 존재한 시간만큼 길다, 영원히 변치 않다 [주로 애정을 형용할 때 쓰임]

- 脱口而出 tuōkǒu'érchū 생각하지도 않고 말하다, 엉겁결에 말이 튀어나오다, 무의식중에 말이 나오다
- 脱颖而出 tuōyǐng'érchū 송곳 끝이 주머니를 뚫고 나오다, 재능이 나타나다, 두각을 나타내다
- 万事亨通 wànshìhēngtōng 만사형통하다, 모든 일이 뜻대로 잘 되어 가다
- 亡羊补牢 wángyáng bǔláo 소 잃고 외양간 고치다
- 危言耸听 wēiyánsǒngtīng 일부러 과격한 말을 하여 남을 놀라게 하다 ✦
- 微不足道 wēibùzúdào 하찮아서 말할 가치도 없다, 보잘 것 없다 ✦
- 无家可归 wújiā kěguī 돌아갈 집이 없다, 돌아갈 곳이 없다, 의지할 곳이 없다
- 无精打采 wújīng dǎcǎi 의기소침하다, 풀이 죽다
- 无可奈何 wúkěnàihé 어찌 할 도리가 없다, 방법이 없다
- 无米之炊 wúmǐzhīchuī 쌀 없이는 밥을 못 짓는다, 필요한 조건이 충족되지 않는데도 성취된 일을 요구하다
- 无能为力 wúnéngwéilì 무능해서 아무 일도 못한다, 일을 추진시킬 힘이 없다
- 无声无息 wúshēngwúxī 아무런 기척도 없다, 어떤 낌새도 없다, 소리소문없다
- 无微不至 wúwēi búzhì 미세한 것까지 이르지 않음이 없다, (관심이나 보살핌이) 매우 세밀하고 두루 미치다
- 息息相关 xīxīxiāngguān 관계가 매우 밀접하다, 상관관계가 있다 ✦
- 喜怒哀乐 xǐnù'āilè 희로애락, 기쁨과 노여움과 슬픔과 즐거움
- 相辅相成 xiāngfǔ xiāngchéng 서로 도와서 일이 잘 되어 나가도록 하다
- 相依为命 xiāngyī wéimìng 서로 굳게 의지하며 살아가다
- 想方设法 xiǎngfāng shèfǎ 온갖 방법을 생각하다, 갖은 방법을 다하다
- 小心翼翼 xiǎoxīn yìyì 엄숙하고 경건하다, 조심하다
- 心安理得 xīn'ān lǐdé 도리에 어긋나지 않아 마음이 편안하다, 이치대로 되어 만족하다
- 心向往之 xīnxiàngwǎngzhī (어떤 사람·사물에) 마음이 끌리다, 동경하다, 갈망하다
- 欣欣向荣 xīnxīn xiàngróng 초록이 무성하다, 무럭무럭 자라다, 번창하다, 번영하다
- 兴高采烈 xìnggāo cǎiliè 매우 흥겹다, 매우 기쁘다, 신바람 나다
- 行之有效 xíngzhīyǒuxiào 실행하여 효과가 있다, 효과적이다
- 鸦雀无声 yāquè wúshēng 쥐 죽은 듯 조용하다
- 洋洋自得 yángyángzìdé 득의양양하다, 자기 스스로 매우 만족해하다
- 一概而论 yígài'érlùn 일률적으로 논하다, 동일시하다
- 一目了然 yímù liǎorán 일목요연하다, 한눈에 환히 알다
- 一事无成 yíshì wúchéng 한 가지의 일도 이루지 못하다, 아무 일도 성사하지 못하다
- 一帆风顺 yìfān fēngshùn 순풍에 돛을 올리다, 일이 순조롭게 진행되다
- 一干二净 yìgān èrjìng 깨끗이, 모조리, 깡그리
- 一如既往 yìrú jìwǎng 지난날과 다름없다
- 一无所知 yìwúsuǒzhī 아무것도 아는 것이 없다, 아무것도 모르다
- 以假乱真 yǐjiǎluànzhēn 거짓으로 진실을 숨기다, 속임수를 써서 진상을 은폐하다
- 异口同声 yìkǒu tóngshēng 이구동성, 여러 사람의 말이 한결같다
- 因人而异 yīnrén'éryì 사람에 따라 (대응책이) 다르다
- 引人注目 yǐnrén zhùmù 사람들의 이목을 끌다
- 应有尽有 yīngyǒu jìnyǒu 없는 것이 없다, 있어야 할 것은 모두 다 있다
- 用心良苦 yòngxīnliángkǔ 매우 고심하다, 각별하게 마음을 쓰다
- 用之不竭 yòngzhībùjié 끝이 없다, 아무리 써도 다하지 않다
- 忧心忡忡 yōuxīnchōngchōng 근심 걱정이 태산 같다, 깊은 시름에 빠지다
- 犹豫不决 yóuyù bùjué 결단을 내리지 못하고 망설이다, 우유부단하다

- 游刃有余 yóurènyǒuyú 힘들이지 않고 여유 있게 일을 처리하다, 식은 죽 먹기이다
- 愚公移山 yúgōng yíshān 어려움을 무릅쓰고 꾸준히 노력하면 큰 산도 옮길 수 있다, 우공이산
- 郁郁葱葱 yùyùcōngcōng (초목이) 울창하고 무성하다
- 与日俱增 yǔrì jùzēng 날이 갈수록 번창하다, 날로 많아지다
- 与众不同 yǔzhòngbùtóng 남다르다, 남보다 뛰어나다
- 源源不断 yuányuánbúduàn 끊임없이 이어가다, 끊임없이 계속되다 ✨
- 朝气蓬勃 zhāoqì péngbó 생기가 넘쳐흐르다, 생기발랄하다, 씩씩하다
- 朝夕相处 zhāoxī xiāngchǔ 늘 함께 지내다, 사이가 좋다, 관계가 친밀하다
- 至关重要 zhìguān zhòngyào 매우 중요하다
- 众所周知 zhòngsuǒzhōuzhī 모든 사람이 다 알고 있다 ✨
- 自力更生 zìlì gēngshēng 자력갱생하다
- 自强不息 zìqiáng bùxī 스스로 노력하여 게을리하지 않다
- 自以为是 zìyǐwéishì 스스로 옳다고 여기다
- 自由自在 zìyóu zìzài 자유자재, 조금도 제한이나 속박이 없는 상태
- 总而言之 zǒng'éryánzhī 총괄적으로 말하면, 요컨대
- 罪魁祸首 zuìkuíhuòshǒu 원흉, 근본 원인, 재난의 주요 원인 ✨

 '필수표현집'에 전체 사자성어를 수록해 놓았으니 중요 어휘를 공부한 후에 사자성어를 반드시 숙지해 두자.

　　"人工智能"这一概念诞生于20世纪50年代。而21世纪以来，因为有了互联网和大数据的推动，"人工智能"可谓是"进入了新的春天"。语音识别、图像分类、机器翻译、可穿戴设备、无人驾驶汽车等人工智能技术均取得了突破性进展。

　　中国人工智能技术攻关和产业应用虽然起步较晚，但发展势头迅速。有数据显示，2014年，中国市场的工业机器人销量猛增54%，达到5.6万台。2014年中国智能语音交互产业规模达到100亿元；指纹、人脸、虹膜识别等产业规模达100亿元。有业内人士表示，人工智能技术的快速发展，将是中国制造弯道超车的一次绝佳机会。中科院谭院士曾表示：人工智能将在国防、医疗、工业、农业、金融、商业、教育、公共安全等领域取得广泛应用，引发产业结构的深刻变革。

　　现在市场上流行的语音助手越来越多，其用途都差不多，既可以充当用户生活的"<u>百事通</u>"，又能够一定程度上陪着用户"插科打诨"。它们的推出是电子产品进一步智能化的表现，也是人工智能技术的一个应用。

　　因为具备了与人交流的一些功能，<u>机器变得更聪明</u>，这当中离不开自然语言处理领域的突破，自然语言处理就是将人类的语言分析转化生成计算机可以理解的语言。搜索引擎中的意图分析和精准问答、电子商务中的自动客服、社交网络中的好友推荐，这些应用背后都有自然语言处理技术作为支撑，而自动问答、知识挖掘、情感分析、图像视频识别等正是目前人工智能重点关注的领域，随着互联网、大数据时代的到来，人工智能的发展将进入"井喷期"。

　　然而，似乎从人类幻想出"人工智能"这一概念的时刻起，关于"人工智能是天使还是魔鬼"的争论便从未停止，一方面，人们期待人工智能可以像卡通形象"大白"一样造福于人类；但另一方面，不少人却担心人工智能一旦拥有智慧，人类或遭遇灭顶之灾。

　　在一些科幻大片中，未来会有像机器人那样的智能生命代替人类接管地球的场景。人工智能如果获得超越人类的智能，是否会反过来统治人类？一些乐观人士持否定态度，因为如果智商能成就权力，那国家就应由科学家、哲学家或象棋天才来统治，可世界大多数国家的首脑并不是智力最为超群的那群人，而是因为他们能力强、人脉广、魅力十足等原因才成为领袖从而号令他人。这些特点恰恰是未来的人工智能很难学到的，况且任何占领地球的计划都需要很多人的协作，人工智能会具备如此强大并统一的执行力吗，这很值得怀疑。还有人担心，如果人工智能发展不合理，未来的人类世界不仅会处于自己创造的危机之中，还极有可能出现人群两极化，精英人群控制智能终端，而普通大众则在智能化产品的包围和照顾下逐渐退化，最后成为被奴役的对象。

　　对于"人工智能的发展终端是福是祸"这种说法，有学者认为："'<u>水能载舟，亦能覆舟</u>'，把握得好，人工智能就是天使。"目前，人工智能的发展尚处于初级阶段，并无法超越人类，远不足以威胁人类的生存。而任何高端技术都是一把双刃剑，随着人工智能的深入发展和应用的普及，其社会影响也会日益明显。

1. 为什么说21世纪以来，"人工智能进入了新的春天"？

    A 互联网和大数据的大力推动

    B 突破了机器翻译的局限性

    C 人工智能属高端技术

    D 超过了人类的想象

2. 根据原文，人工智能在哪些领域取得了突破？

    1. 无人驾驶
    2. 时间管理
    3. 智能门禁
    4. 语音识别

    A 1, 3 　　　　　 B 2, 4

    C 1, 4 　　　　　 D 2, 3

3. 第二段主要谈到了什么？

    A 中国的人工智能技术还十分落后

    B 虹膜、人脸识别等产业发展尚未形成

    C 人工智能技术涉及到我们生活的各个方面。

    D 人工智能对国防、医疗等方面并不会产生影响

4. 文中的划线部分"百事通"与下列哪项意思相近？

    A 中国通

    B 四通八达

    C 万事亨通

    D 活辞典

5. 第四段中的"机器变得更聪明"只要指的是人工智能的什么功能？

    A 自然语言处理领域中的发展

    B 放弃对自然语言的处理

    C 扩大自然语言处理的影响

    D 摆脱自然语言的实质

6. 有人担心人工智能会让人类遭遇灭顶之灾的最主要的原因是？

    A 人工智能将变成魔鬼

    B 人工智能将拥有人类的智慧

    C 人工智能的发展无法达到人类预期

    D 人类的智慧将操控人工智能技术

7. 划线句子'水能载舟，亦能覆舟'表达了怎么样的观点：

    A 水利建设是人工智能的终极目标

    B 应该将高端技术用于造船

    C 人工智能如何发展取决于人类的控制

    D 人工智能在船只建造领域占绝对优势

정답 및 해설 ➔ 해설서 p.147

"啃老族"作为当今社会不可避免的一类群体，一直是社会学家们不遗余力去研究的"课题"。在当前就业压力日增，独生子女群体壮大的前提下，"啃老族"有扩大的迹象。当中国进入老年社会的时候，"啃老族"必将带来更多的社会问题。

有一则调查曾总结过"啃老族"6类常见人群：第一类是高校毕业生，对就业过于挑剔；第二类以工作太累、太紧张为由自动离岗离职；第三类属于"创业幻想型"，虽有强烈的创业愿望，但没有目标，又不愿当个打工者；第四类是频频跳槽者；第五类把过去轻松的工作与如今的紧张繁忙相对比，越比越不如意，干脆不就业；最后一类文化程度低、技能差，只能在中低端劳动力市场工作，但因怕苦怕累索性躲在家中。

在很多人的印象中，一些发达国家的父母对孩子是非常"冷酷无情"的：孩子长到18岁就会被"扫地出门"，家长则一分钱不给。然而近几年，一些发达国家的民意调查也显示：大学毕业之后的几年内，孩子找父母要钱也不是什么丢人的事，成人期到26岁左右才真正开始。进入21世纪以来，在经济高增长或生活水平高的国家和地区，18岁到25岁的年轻人越来越无力承担成人的责任。

或许有人会认为，这一代人生活条件太优越了，所以缺乏奋斗精神，迟迟不能"断奶"。可这种解释实际上是经不起推敲的。今天的年轻人在成长过程中付出的努力、投入的教育成本，在很多方面要远远超过他们的父辈。经济学家发现，在第二次世界大战过后的30年里，高收入和低收入阶层的收入增长率都差不多，每年在3%以下。但是，近30年，高收入者的收入却越来越高。比方说，某些大企业的CEO现在的薪水是普通工人的500倍，而在20世纪70年代则只有42倍。经济大国的优势在于大规模的制造业。20世纪50年代，美国货畅销世界，当地工厂需要大量的产业工人。那时的高中生一毕业就有工厂的工作等着他们，而且由于福利待遇优厚，一个普通工人的工资足以养活一家人。但是自20世纪60年代以后，由于本土制造业的成本上升，企业纷纷迁出美国，寻找更廉价的劳动力，结果本土制造业的工作机会越来越少。

未来一切竞争都是全球性、高端化的。不仅当工人会被认为没有任何前途，甚至某些技术类的工作也会被认为是没什么前途的。于是，创造力、领导才能、艺术修养等综合素质成了培养孩子的方向。孩子们上大学、当精英的意愿也要远远高于父辈。但是，像企业CEO、工程师、律师、医生、明星之类的"精英职位"数量会变得很少而且竞争异常激烈，一个职位常常有几十个人竞争。全球化和高科技这两大巨兽吞噬了大量低端职业，却没有给后来者留下足够多的高端职业，只给他们留下了高等教育的文凭和<u>怀才不遇</u>的苦闷。他们一方面无法从事自己心仪的职业，另一方面也很难接受超市售货员、餐馆服务员等低端工作。这样一来，也就只能落得个"啃老"的尴尬境地。

世界范围内的"啃老"现象、"长不大"现象仿佛是高速发展的商业社会投下的一个阴影。可尽管如此，作为社会的一份子，我们能付出的努力并不是没有的。作为父母，是否能转变传统的亲子观念？作为年轻人，是否愿意去调整自己的认知？敢于挑战自我？尝试新未知领域？或许只要做出一点改变，就能跳出"啃老族"的"<u>火坑</u>"。

8. 关于"啃老族"的六类人群，说法正确的是：

   A 大学毕业生有过分挑剔工作的倾向

   B 文化低、技能差的一类人常跳槽

   C "创业幻想型"的人怕吃苦

   D 对工作不满意的一类人最终会选择创业

9. "孩子长到18岁就会被扫地出门"的意思是：

   A 让18岁的孩子出去清扫院子

   B 父母会和18岁的孩子脱离关系

   C 孩子18岁就独立生活

   D 到了18岁就会被送进校园

10. 本土制造业的成本上升，企业纷纷迁出美国的时间是：

    A 第二次世界大战前

    B 20世纪60年代后

    C 南北战争时期

    D 20世纪50年代

11. 第五段中的划线成语"怀才不遇"是什么意思？

    A 希望有别人没有的才能

    B 怀疑自己没有才能

    C 被误会掌握了不必要的才能

    D 自认为有才能但没机会展现

12. 关于未来的就业状况，错误的是：

    A 缺少全球性、高端化的竞争机会

    B 高学历的人很难接受低端工作

    C 全球化影响了青年人的就业

    D "精英职位"数量很少且竞争激烈

13. 与最后一段"火坑"中的"坑"字发音相同的一项是：

    A 砍伐

    B 肯定

    C 慷慨

    D 铿锵

14. 根据原文，下列哪项正确：

    A 今天的年轻人在学业上付出的努力不如他们的父辈

    B 其他国家的廉价劳动力导致美国本土制造业的就业机会下降

    C 发达国家并不存在"啃老族"的现象

    D 上世纪50年代的青年就业率已开始走下坡

정답 및 해설 → 해설서 p.151

自媒体时代是指以个人传播为主的媒介时代，人人都有麦克风、人人都是记者、人人都是新闻传播者。这种媒介基础凭借其交互性、自主性的特征，使得新闻自由度显著提高，传媒生态发生了前所未有的转变。

在互联网上，每一个账号都像一个小小的媒体。发帖子、转微博、评新闻……。自媒体——自我的小媒体在近5亿网民、3亿微博用户的努力之下，焕发出了巨大能量：境内50余家微博客网站，每天更新帖文达2亿多条。

新媒体出现后，媒体逐渐从一个"高门槛"的专业机构操作变成了越来越多的普通人自己可以发布信息、传播信息。从论坛、社区到博客，再到现在的微博，媒体变得越来越个性化、个人化，每个人发言的自由空间越来越大。微博对许多重点、热点事件都起到了重要的推动作用，这种推动不仅是对社会，也是对传统媒体的推动。在新媒体推动之下，传统媒体不得不变得更快、更敏感，甚至在管理方式方面，管理部门也不得不给予传统媒体越来越多的自由、越来越大的空间。"全民皆记者"有助于让更多的老百姓向公民的方向转变，开始更多地关注与自己无关的事情。

作为草根媒体，自媒体是平民化、私人化、自主化的传播，其理念是平等对话、信息共享。自媒体立足普通公众，关注普通公众，不仅成为了新闻舆论的一个源头，甚至在某种程度上引导着社会舆论的走向。比如大众媒体直接从自媒体这个公共信息平台上寻找新闻线索，特别是都市类报纸记者、新闻网站记者更倾向于从微博入手寻找信息源；新闻网站将新闻分享到微博的入口，例如凤凰网在新闻内容页右下角就将新闻分享到凤凰微博的入口；许多政府机构直接注册微博，据统计，去年半年内仅新浪微博实名认证的政府机构微博就达630个。可见，自媒体正在以其特有的传播理念影响着媒体的发展方向，同时作为民情民意表达平台，不仅越来越受到政府的关注，而且还可能左右事件本身走向及未来发展趋势。

时效性是新闻的生命力所在。传统媒体的新闻生产流程有严格的制度规定，需经过层层筛选、把关、编辑后才会到达受众。在自媒体时代，新闻发布的技术门槛和"准入"条件降低，不需要成立专业媒体机构来运作，也不需要相关部门审批，新闻生产流程更没有规章制度约束，任何人都可以在博客、微博、论坛、MSN、QQ上发布新闻，信息会很快在这些载体之间互播。决定新闻时效的另一个因素是新闻生产者，传统媒体的新闻生产者是记者，一般情况下，记者在接到新闻线索后才会赶到新闻现场，但自媒体时代，新闻第一现场的任何一个人都可以是记者，通过手机拍摄的画面可以在几秒钟内传到网上，这种速度其他媒体无法比拟。

然而，由于自媒体载体种类多，信息不定量也没有明确的目标定位，在海量信息面前，个体要依据自己喜好和价值观来选择信息的难度加大，难免产生"无助感"，容易陷入信息的选择困惑中。所以说，自媒体过于丰富的信息反而使其处于一个尴尬境地：对于自媒体自身而言，海量信息让其成为垃圾信息、虚假信息的收容站；对于受众而言，容易陷入信息海洋中不可自拔，既浪费时间又浪费精力，同时也容易被网上意见牵着鼻子走，失去自己的价值判断。自媒体优点突出、缺点明显，它的出现对传统媒体的冲击很大，也反映了媒体发展的趋势。在自媒体引领媒体从"传播"向"互播"的转变过程中，它自身也正经历着从新闻自发到新闻自觉的成长裂变，还需进一步引导和规范。

15. 关于"自媒体时代"，说法错误的是：

    A 每个人都用麦克风采访他人

    B 自由度显著

    C 交互性更强

    D 以个人传播为主媒介

16. "媒体变得越来越个性化、个人化"体现在哪个方面？

    A 很多企业开始招收普通高校毕业生

    B 各大网站不再面向普通群众开放

    C 大部分记者们将工作交给了普通人

    D 越来越多的普通人自己可以通过微博发布信息

17. 怎样理解文中"高门槛"的意思？

    A 形容一件事的范围大

    B 比喻做某事的标准或要求高

    C 形容某人对自己的要求高

    D 比喻某种工作的待遇高

18. 与"全民皆记者"中的"皆"意思不一致的是：

    A (尽)善尽美　　**B** 百废(俱)兴

    C 面部(全)非　　**D** 白头(偕)老

19. 普通公众成为舆论源头体现在：

    1. 政府要求网民实名认证发送消息

    2. 大众媒体新闻网站会从在微博上寻找信息源

    3. 公共信息平台被完全垄断

    4. 政府机构注册微博

    A 1, 3　　　　　**B** 2, 3

    C 2, 4　　　　　**D** 1, 4

20. 下列哪种情况是新闻"时效性"表现：

    A 新闻发布技术门槛的提高

    B 通过手机拍摄的画面无法自由传到网上

    C 相关部门对新闻上传流程的制度有所约束

    D 第一现场的任何一个人都可以发布消息

21. 生活在自媒体时代下的我们，应注意些什么：

    A 应具备自己的价值判断

    B 对垃圾信息、虚假信息置之不理

    C 应选择其他人推送的信息观看

    D 享受日益丰富的互联网信息

정답 및 해설 ➔ 해설서 p.155

2008年6月5日"世界环境日"的主题是："转变传统观念，推行低碳经济"。"低碳经济"是近年来国际社会应对人类大量消耗化石能源、大量排放二氧化碳引起全球气候灾害性变化而提出的新概念。旨在可持续发展理念指导下，通过技术创新、制度创新、产业转型、新能源开发等多种手段，尽可能地减少煤炭石油等高碳能源消耗，减少温室气体排放，达到经济社会发展与生态环境保护双赢的一种经济发展形态。这样做的目的一方面是积极承担环境保护责任，完成国家节能降耗指标的要求；另一方面是调整经济结构，提高能源利用效益，发展新兴工业，建设生态文明。这是摒弃以往先污染后治理、先低端后高端、先粗放后集约的发展模式的现实途径，是实现经济发展与资源环境保护双赢的必然选择。

进入21世纪，全球油气资源不断趋紧，保障能源安全压力逐渐增大，全球环境容量瓶颈凸现，同时气候变化问题也成为有史以来人类面临的最大的"市场失灵"问题。在此背景下，英国率先提出"低碳经济"的概念，并于2003年颁布了《能源白皮书(英国能源的未来-创建低碳经济)》。现在，欧美发达国家大力推进以高能效、低排放为核心的"低碳革命"，着力发展"低碳技术"，并对产业、能源、技术、贸易等政策进行了重大调整，以抢占先机和产业制高点。

中国现在正处于工业化、城市化、现代化加快推进的阶段，基础设施建设规模庞大，能源需求快速增长。"高碳经济"特征突出的现实成为中国可持续发展的一大制约。怎样在走出一条既确保经济社会快速发展，又不重复西方发达国家以牺牲环境为代价谋求发展的老路的同时又不会一味地被西方国家牵着鼻子走是中国必须面对的课题。

从技术创新的角度看，"低碳经济"的理想形态是充分发展太阳能光伏发电、风力发电、氢能以及生物质能技术。一般把太阳能光伏发电、风力发电、氢能等称为新能源或替代能源，生物质能是替代能源中的可再生能源。风力发电虽然近年来发展很快，技术有一定程度的突破，但目前它的成本也还是高于煤电、水电。此外，由于风力发电在发电过程中不排放二氧化碳，而火力发电过程要排出大量二氧化碳，因此人们认为风电不排放二氧化碳，但这实际上是一种误解！与火力发电相比，风力发电在发电过程中虽然不排放或很少排放二氧化碳，但在风力发电设备的制造及其维修、维护过程中却是一定要排放二氧化碳的。我们不能光比较发电过程中的二氧化碳排放量，还应当比较火力发电和风力发电发出单位电量全程的二氧化碳排放量。由此可见，一些认为风力发电、电动汽车不污染环境，不排放二氧化碳的观念并不是很科学的。我们应认识到，一方面由于技术不过关，目前新能源开发的成本较高；另一方面，由于新能源二氧化碳排放量的不确定性，在没有进行全程二氧化碳排放量的计算之前，不能轻言新能源是低二氧化碳排放的能源。

如今在许多发达国家，很多人已经自觉地接受了支撑低碳经济的低碳生活方式，他们愿意放弃享受，从关掉暖气到放弃驾车上班等生活的点点滴滴做起。例如欧洲人就很喜欢乘坐火车出行，其主要原因是乘高速列车带来的人均碳排放只有飞机的1/10。"简约生活"也正在成为更多中国家庭生活的准则。一些市民也会穿着旧衣服去早市买便宜青菜，骑自行车出行，使用最老款的手机。煮鸡蛋早关一分钟煤气、用洗衣服的水冲厕所、随手关灯、打印用双面纸等习惯早已深入到那些有教养的阶层中去，从而带来心灵的宁静。

22. 关于"低碳经济"的概念下列哪项正确:

1. 无法实现经济发展与资源环境保护的双赢
2. 极有益于生态文明的建设
3. 商人必须承担环境保护责任
4. 尽可能地减少煤炭石油等高碳能源消耗

A 2, 4　　　　**B** 3, 4
C 2, 1　　　　**D** 1, 3

23. 对"牵着鼻子走"的理解，正确的是:

A 鼻子被他人控制，难以放弃
B 盲目迷恋对方，无法自拔
C 小心翼翼地服从他人的摆布
D 受人支配，盲目地听命于人

24. 人们对于"低碳经济"中的哪个部分存在误解:

A 风力发电成本比其它技术的成本低
B 认为火力发电和风力发电的二氧化碳排放量一致
C 忽略了风力发电在设备维修等等过程中的二氧化碳排放
D 新能源二氧化碳排放量具有不确定性

25. 关于中国的发展现状说法正确的是:

A "高碳经济"从未制约可持续发展
B 已基本实现"低碳经济"的推广
C 基础设施建设规模大、能源需求增长快
D 处于工业化、城市化、现代化放缓的阶段

26. 欧洲人更愿意乘坐火车出行的主要原因是:

A 飞机事故的频发导致更多人选择乘坐火车
B 高速列车产生的人均碳排放量远远低于飞机的排放量
C 欧洲人意识到了高速列车的共享经济价值
D 高速列车可承载全国1/10的旅客

27. 下列哪项不属于低碳生活方式:

A 节约用水
B 减少机动车的使用
C 使用双面纸
D 使用最新款的手机

28. 关于本文理解正确的一项是:

A 技术不过关对新能源开发的成本并无影响
B 说风力发电完全不排放二氧化碳的观念是不科学的
C 英国紧随中国之后，提出"低碳经济"的概念
D 风力发电、电动汽车不存在污染环境的隐患

정답 및 해설 ➜ 해설서 p.159

04 특정 어휘 의미 찾기　**137**

01 단락 순서 배열하기

STEP 1 유형 파악하기

✘ 독해 제2부분은 본문으로 제시된 6~7개 단락의 순서를 배열하는 문제이다. 제시된 6~7개의 단락 중 방해되는 단락을 제거하고 나머지 단락들을 다시 정렬하여 논리적이고 일관된 문장을 만들어야 한다.

▶ 출제경향

설명문이 주로 출제되며 내용은 일반적으로 트렌디한 이야기 혹은 자연과학 관련 내용이 나온다.

▶ 문제 풀이 비법

1 설명문의 논리 전개 방식인 '서론-본론-결론'을 익혀 두자.

2 서론, 본론, 결론에 주로 쓰이는 어휘들을 익혀 두자.

3 지문은 길고 시간은 제한적이므로 최대한 빠르게 중요 내용 중심으로 읽자.

4 전문용어가 많이 나오므로 모르는 어휘는 이미지화 시키자.

☙ 제2부분 예제

A 鲸落的最初阶段被称作"移动的清道夫"。该阶段开始于鲸尸下坠的一瞬间。此时，成千上万的海洋生物会"闻讯而来"，开始食用、分解鲸尸。在这场"饕餮盛宴"中，八目类鳗鱼和鲨鱼最为活跃，它们以鲸尸中的软组织为食，是鲸落过程中主要的"清道夫"。由于鲸的大小不同，该阶段通常会持续数月至一年半，在此期间，90%的鲸尸会被分解。

B 它是鲸鱼死后，尸体沉入千米以下深海的过程；是鲸鱼这种大型哺乳类动物的尸体在深海形成的生态环境；也是海洋中无数生物重要的生命支持体系。据报道，2020年4月3日，中国科学家在南海首次发现一个约3米长的鲸落。专家也表示，如此完整的自然鲸落十分罕见，迄今为止，国际上已发现的自然鲸落数目不足50个。

C 当第一场"盛大的聚会"结束后，鲸尸剩下的几乎只有一副骨架。沉入海底的鲸骨将会在海床上形成一个全新的生态环境，为蠕虫、虾、蟹等甲壳类动物提供适宜的生存条件。这些动物栖居在鲸骨周围，一边啃食着鲸骨上残留的皮肉，一边为深海提供物种的多样性。因此，第二阶段也被称作"机会主义者阶段"。

D 如果说海底是一片没有阳光关爱的荒漠，那"鲸落"可谓是深海的"生命之泉"了。鲸落用其温柔而强大的力量，养活着在黑暗中艰难求生的生物，于是便有了"一鲸落，万物生"这句话。何为鲸落？它指的是鲸鱼死去后沉入海底的现象。当鲸在海洋中死去，它的尸体最终会沉入海底，生物学家赋予这个过程以"鲸落"的名字。

E 有一种现象被称为"鲸爆"，一头鲸鱼死亡后，体内仍然存在一部分没有被消化的食物，同时也包括各种微生物，加上各种因素的影响，在鲸鱼体内将会产生越来越多的甲烷气体，从而导致尸体不断膨胀，当达到一个临界值的时候，尸体就会发生爆炸。专家表示：目前有记录可查的鲸爆事件几乎都是搁浅在岸上的鲸鱼导致的。

F 巨型鲸鱼从在深海区域自然死亡并开始下沉，到它们庞大的鲸尸逐渐消失在海底，整个演化过程可分为四个阶段。由于受鲸鱼个体大小差异、海水深度以及其他环境变量的影响，各阶段所持续的时间也有所不同。当然，并不是所有的鲸类死后都能形成鲸落。体型较小的鲸类，例如海豚，由于它的体积小、脂肪含量低，并不会经历与鲸落相同的生态演变阶段。

G 经过了持续时间长达4至5年的第二阶段后，便是鲸落的第三阶段，此时，它将迎来一批新的"移民"——细菌，它们能分解骨头中的脂肪，并排放出大量硫化氢。硫化氢虽对人体有害，但却可以在深海形成一个能够滋养贝壳、蛤、海蜗牛等海洋生物的环境。这个"化能自养阶段"可以持续50年至100年。第三阶段后，鲸骨中的"生命养分"虽已消失殆尽，但鲸落给海洋的回馈却并未消失。一旦鲸落中的有机化合物耗尽，就会进入生态演变的第四阶段，科学家们称其为"礁岩阶段"。只有有矿物质存留的骨骼，才会成为海底生物的聚居地，为它们提供坚实的保障。科学家们在探索鲸落时发现，这一独特的生态系统在海底营造了复杂的生存环境，促进了海洋中新物种的诞生，为海洋中成千上万的生命提供了能量。

	→	→	→	→C→	
1	**2**	**3**	**4**	**5**	
1 A	B	C	D	E	F	G
2 A	B	C	D	E	F	G
3 A	B	C	D	E	F	G
4 A	B	C	D	E	F	G
5 A	B	C	D	E	F	G

정답&풀이 **1** D   **2** B   **3** F   **4** A   **5** G

D	일반적으로 첫 단락에는 글의 대상, 정의, 문제 제기가 나온다. '고래 낙하'의 개념을 설명하고 문제 제기를 한 D단락이 첫 단락으로 가장 자연스럽다.
B	'고래 낙하'에 대한 추가 설명과 '고래 낙하'를 발견한 내용이므로, '고래 낙하'의 개념을 설명한 D단락 뒤에 오는 것이 적절하다.
F	'고래 낙하' 과정을 네 단계로 나눌 수 있음을 설명하는 F단락이 먼저 등장한 후, 각 단계별 특징이 서술되어야 적절하다.
A	'고래 낙하'의 가장 첫 단계를 설명하고 있는 A단락이 F단락 뒤에 와야 한다.

C	'고래 낙하' 첫 단계의 추가 설명과 두 번째 단계에 대해 언급했다. A의 '饕餮盛宴(탐식의 연회)'과 C의 '盛大的聚会(성대한 연회)'는 비슷한 의미를 가지고 있다.
G	뒤이어 '고래 낙하'의 네 번째 단계를 언급하는 G단락이 오는 것이 적절하다.
E	'고래 폭발'에 관한 내용이다. '고래 낙하'는 바다 속 생물들에게 영향을 공급하는 과정이지만, '고래 폭발'은 인류의 생명과 안전을 위협하는 것이므로, 글의 전체적인 내용과 어울리지 않는다. 따라서 여기서는 제외되어야 한다.

D 如果说海底是一片没有阳光关爱的荒漠，那"鲸落"可谓是深海的"生命之泉"了。鲸落用其温柔而强大的力量，养活着在黑暗中艰难求生的生物，于是便有了"一鲸落，万物生"这句话。何为鲸落？它指的是鲸鱼死去后沉入海底的现象。当鲸在海洋中死去，它的尸体最终会沉入海底，生物学家赋予这个过程以"鲸落"的名字。

B 它是鲸鱼死后，尸体沉入千米以下深海的过程；是鲸鱼这种大型哺乳类动物的尸体在深海形成的生态环境；也是海洋中无数生物重要的生命支持体系。据报道，2020年4月3日，中国科学家在南海首次发现一个约3米长的鲸落。专家也表示，如此完整的自然鲸落十分罕见，迄今为止，国际上已发现的自然鲸落数目不足50个。

F 巨型鲸鱼从在深海区域自然死亡并开始下沉，到它们庞大的鲸尸逐渐消失在海底，整个演化过程可分为四个阶段。由于受鲸鱼个体大小差异、海水深度以及其他环境变量的影响，各阶段所持续的时间也有所不同。当然，并不是所有的鲸类死后都能形成鲸落。体型较小的鲸类，例如海豚，由于它的体积小、脂肪含量低，并不会经历与鲸落相同的生态演变阶段。

A 鲸落的最初阶段被称作"移动的清道夫"。该阶段开始于鲸尸下坠的一瞬间。此时，成千上万的海洋生物会"闻讯而来"，开始食用、分解鲸尸。在这场"饕餮盛宴"中，八目类鳗鱼和鲨鱼最为活跃，它们以鲸尸中的软组织为食，是鲸落过程中主要的"清道夫"。由于鲸的大小不同，该阶段通常会持续数月至一年半，在此期间，90%的鲸尸会被分解。

D 해저를 햇빛이 들지 않는 황량한 사막이라고 한다면, '고래 낙하'는 심해의 '생명의 원천'이라고 할 수 있다. 고래 낙하의 그 부드럽고 강력한 힘으로 캄캄한 심해에서 살기 힘든 생물들을 먹여 살릴 수 있다. 그래서 '고래 한 마리가 떨어지면 생물 만 마리가 살 수 있다'는 말이 있을 정도이다. 고래 낙하란 무엇일까? 이는 고래가 죽은 후 해저로 잠기는 현상을 가리킨다. 고래가 바다에서 죽게 되면 그 사체가 해저로 가라앉게 되는데 생물학자들은 이 과정에 '고래 낙하'라는 이름을 붙였다.

B 이것은 고래 사망 후 그 사체가 천 미터 이하의 깊은 바다로 잠기는 과정이자, 고래와 같은 대형 포유류 동물의 사체가 심해에서 형성하는 생태계이고, 바다의 수많은 생물들의 중요한 생명 유지 체계이다. 보도에 따르면, 2020년 4월 3일 중국의 과학자가 난하이에서 처음으로 약 3미터 길이의 고래가 낙하하는 것을 발견했다. 전문가는 자연에서 이렇게 완전한 고래 낙하를 발견하는 건 드문 일이며, 지금까지 전 세계에서 발견된 자연 고래 낙하는 50건이 되지 않는다고 밝혔다.

F 거대한 고래가 심해에서 자연사 후 가라앉기 시작해, 거대한 고래 사체가 점차 해저 속으로 사라지기까지의 전체 변천 과정은 네 단계로 나눌 수 있다. 고래마다 개체의 크기에 차이가 있고 바닷물의 깊이나 다른 환경적 변수의 영향이 있기 때문에 각 단계의 지속 시간에는 다소 차이가 있다. 물론 모든 고래종이 죽은 후 전부 고래 낙하하는 것은 아니다. 돌고래같이 체형이 비교적 작은 고래종은 몸집이 작고 지방 함량이 낮아 고래 낙하와 비슷한 생태계 변화 단계를 겪지 않는다.

A 고래 낙하의 초기 단계는 '움직이는 청소부'라고 불린다. 이 단계는 고래의 사체가 낙하하는 순간 시작된다. 이때 수천수만 해양생물이 '소식을 듣고 몰려와' 고래의 사체를 먹고 분해하기 시작할 것이다. 이 '탐식의 연회'에 칠성장어와 상어가 가장 적극적으로 참여한다. 그것들은 고래 사체 중 연한 조직을 먹는 고래 낙하 과정의 주요한 '청소부'이다. 고래의 크기가 제각각이기 때문에 이 단계는 보통 수개월에서 1년 반 정도 지속된다. 이 기간에 고래 사체의 90%가 분해된다.

C 当第一场"盛大的聚会"结束后，鲸尸剩下的几乎只有一副骨架。沉入海底的鲸骨将会在海床上形成一个全新的生态环境，为蠕虫、虾、蟹等甲壳类动物提供适宜的生存条件。这些动物栖居在鲸骨周围，一边啃食着鲸骨上残留的皮肉，一边为深海提供物种的多样性。因此，第二阶段也被称作"机会主义者阶段"。

G 经过了持续时间长达4至5年的第二阶段后，便是鲸落的第三阶段，此时，它将迎来一批新的"移民"——细菌，它们能分解骨头中的脂肪，并排放出大量硫化氢。硫化氢虽对人体有害，但却可以在深海形成一个能够滋养贝壳、蛤、海蜗牛等海洋生物的环境。这个"化能自养阶段"可以持续50年至100年。第三阶段后，鲸骨中的"生命养分"虽已消失殆尽，但鲸落给海洋的回馈却并未消失。一旦鲸落中的有机化合物耗尽，就会进入生态演变的第四阶段，科学家们称其为"礁岩阶段"。只有有矿物质存留的骨骼，才会成为海底生物的聚居地，为它们提供坚实的保障。科学家们在探索鲸落时发现，这一独特的生态系统在海底营造了复杂的生存环境，促进了海洋中新物种的诞生，为海洋中成千上万的生命提供了能量。

E 有一种现象被称为"鲸爆"，一头鲸鱼死亡后，体内仍然存在一部分没有被消化的食物，同时也包括各种微生物，加上各种因素的影响，在鲸鱼体内将会产生越来越多的甲烷气体，从而导致尸体不断膨胀，当达到一个临界值的时候，尸体就会发生爆炸。专家表示：目前有记录可查的鲸爆事件几乎都是搁浅在岸上的鲸鱼导致的。

C 첫 번째 '성대한 연회'가 끝나면 고래 사체는 거의 뼈대만 남게 된다. 해저로 가라앉은 고래 뼈는 그곳에서 완전히 새로운 생태계 환경을 형성하여 연충이나 새우, 게 등의 갑각류 동물들에게 적절한 생존 조건을 제공한다. 이 동물들은 고래 뼈 주변에 서식하면서 뼈에 남은 살을 뜯어먹으며 심해에 생물종의 다양성을 만들어 준다. 따라서 두 번째 단계는 '기회주의자 단계'라고 불린다.

G 4~5년 동안 지속되는 두 번째 단계를 겪고 난 후 바로 고래 낙하의 세 번째 단계에 접어드는데, 이때 새로운 '이민자'인 세균을 맞이하게 된다. 이들은 뼈의 지방을 분해하여 대량의 황화수소를 배출시킨다. 황화수소는 비록 인체에는 해롭지만, 심해에서는 조가비, 조개, 바다달팽이 등 해양생물에게 영양분을 공급하는 환경을 만들어 줄 수 있다. 이 '화학적 자급 영양 단계'는 50년에서 100년 정도 지속된다. 세 번째 단계 후, 고래 뼈 중 '생명의 영양분'은 거의 다 사라지지만, 고래 낙하가 바다에 주는 보답은 결코 사라지지 않는다. 일단 고래 낙하 과정 중 유기화합물이 전부 고갈되면 생태계 변천의 네 번째 단계에 들어선다. 과학자들은 이를 '암초 단계'라고 부른다. 광물질이 남아 있는 골격만이 해저 생물의 서식지가 되어 그들의 생명을 견고히 보호할 수 있다. 과학자들은 고래 낙하를 탐색할 때 이 독특한 생태계가 해저에서 복잡한 생존 환경을 조성하고, 해양의 새로운 생물종의 탄생을 촉진시키며, 바다의 수천수만의 생명에게 에너지를 제공해 준다는 것을 발견했다.

E '고래 폭발'이라고 불리는 현상이 있다. 고래가 죽은 후에도 체내에는 여전히 소화되지 않은 먹이가 일부 존재하고, 동시에 각종 미생물도 포함되어 있는데, 여기에 다양한 요인의 영향이 더해져 고래의 체내에서 점점 더 많은 메탄가스가 생성되고 이로 인해 사체가 계속 부풀어 올라 임계치에 도달했을 때 사체가 폭발한다. 전문가들은 현재 조사 가능한 고래 폭발사건은 거의 모두 해안에 좌초된 고래에 의한 것으로 기록되어 있다고 한다.

海底 hǎidǐ 몡 해저 | 关爱 guān'ài 동 관심을 갖고 돌보다 | 荒漠 huāngmò 몡 황량한 사막, 황량한 광야 | 鲸 jīng 몡 고래 [鲸落: 고래 낙하] | ★可谓 kěwèi ~라고 말할 수 있다, ~라고 할 만하다 | 深海 shēnhǎi 몡 심해 | ★温柔 wēnróu 톙 부드럽다, 부드럽고 순하다 | 强大 qiángdà 톙 강대하다 | ★养活 yǎnghuo 동 먹여 살리다, 기르다 | 黑暗 hēi'àn 톙 어둡다, 캄캄하다 | 艰难 jiānnán 톙 힘들다, 어렵다 | 求生 qiúshēng 동 살길을 찾다, 살려고 하다 | 何为 héwéi 떼 왜, 어째서 | 鲸鱼 jīngyú 몡 고래 | 死去 sǐqù 동 죽다 | 沉入 chénrù 동 잠기다 | ★赋予 fùyǔ 동 (중대한 임무나 사명 등을) 부여하다, 주다 | ★尸体 shītǐ 몡 시체 | 哺乳类 bǔrǔlèi 포유류 | ★生态 shēngtài 몡 생태 | 南海 Nánhǎi 고유 난하이 | 首次 shǒucì 처음, 최초, 첫 번째 | 如此 rúcǐ 떼 이와 같다, 이러하다 | ★罕见 hǎnjiàn 보기 드물다, 희한하다 | ★迄今为止 qìjīn wéizhǐ 생 (과거 어느 시점부터 현재에 이르기까지 모든 시간을 가리켜) 지금까지 | 数目 shùmù 몡 수, 수량 | 巨型 jùxíng 톙 초대형의, 거대한 | 区域 qūyù 몡 구역, 지역 | 死亡 sǐwáng 동 죽다, 사망하다, 생명을 잃다 | 下沉 xiàchén 동 가라앉다 | ★庞大 pángdà 톙 거대하다, 방대하다 | 鲸尸 jīngshī 고래 사체 | 演化 yǎnhuà 몡 변화, 진화 [주로 자연계의 변화를 가리킴] | 个体 gètǐ 몡 개체, 개물 | 大小 dàxiǎo 몡 크기 | 差异 chāyì 몡 차이, 다른 점 | 海水 hǎishuǐ 몡 바닷물, 해수 | 深度 shēndù 몡 깊이, 심도 | 变量 biànliàng 몡 변수 | ★有所不同 yǒusuǒ bù tóng 다소 다르다 | 鲸类 jīnglèi 몡 고래류, 고래종 | 体型 tǐxíng 몡 체형, 체구 | 海豚 hǎitún 몡 돌고래 | 体积 tǐjī 몡 몸집, 체격 | ★脂肪 zhīfáng 몡 지방 | 含量 hánliàng 몡 함량 | 清道夫 qīngdàofū 몡 청소부 | ★下坠

xiàzhuì 통 아래로 떨어지다, 추락하다 | ★一瞬间 yíshùnjiān 명 순간 | 此时 cǐshí 명 이때, 지금 | ★成千上万 chéngqiān shàngwàn 성 수천수만,
대단히 많은 | 闻讯而来 wénxùn'érlái 성 소문을 듣고 오다 | ★食用 shíyòng 통 먹다, 식용하다 | 分解 fēnjiě 통 분해하다 | 饕餮 tāotiè 탐식하는
사람 | 盛宴 shèngyàn 명 연회 | 八目类鳗鱼 bāmùlèi mányú 명 칠성장어 | 鲨鱼 shāyú 명 상어 | 活跃 huóyuè 통 적극적으로 활동하다 | 软组
织 ruǎnzǔzhī 명 연한 조직, 부드러운 조직 | ★盛大 shèngdà 형 성대하다 | 剩下 shèngxià 통 남다 | 骨架 gǔjià 통 (사물을 이루고 있는) 뼈대, 골격 |
鲸骨 jīnggǔ 명 고래 뼈 | 蠕虫 rúchóng 명 연충 | ★虾 xiā 명 새우 | 蟹 xiè 명 게 | 甲壳类 jiǎkélèi 명 갑각류 | ★适宜 shìyí 형 적절하다, 적합하다 |
生存 shēngcún 명 생존 | 栖居 qījū 통 서식하다, 거주하다 | 啃食 kěnshí 베어먹다, 갉아먹다, 뜯어먹다 | ★残留 cánliú 통 남아 있다 | 皮肉 pírou
명 가죽과 살 | 物种 wùzhǒng 명 (생물의) 종 | 多样性 duōyàngxìng 명 다양성 | 机会主义者 jīhuìzhǔyìzhě 명 기회주의자 | ★长达 zhǎngdá 통
(기간, 거리, 시간이) ~에 달하다 | 迎来 yínglái 통 맞이하다 | 细菌 xìjūn 명 세균 | ★排放 páifàng 통 (폐기·폐수·고형폐기물 등을) 배출하다 | 硫化氢
liúhuàqīng 명 황화수소 | 滋养 zīyǎng 통 영양을 공급하다 | ★贝壳 bèiké 명 조가비 | 蛤 gé 명 조개 | 海蜗牛 hǎiwōniú 명 바다달팽이 | 化能自
养 huà néng zìyǎng 화학적 자양 | 养分 yǎngfèn 명 영양분, 자양분 | 殆尽 dàijìn 거의 다 ~하다 | 回馈 huíkuì 명 보답, 답례 | 有机化合物 yǒují
huàhéwù 명 유기화합물 | 耗尽 hàojìn 통 다 소비하다, 다 써버리다 | 礁岩 jiāoyán 명 암초 | 矿物质 kuàngwùzhì 명 광물질 | 存留 cúnliú 통 남
겨 두다, 남기다 | 骨骼 gǔgé 명 골격 | 聚居地 jùjūdì 명 집단 거주지 | ★坚实 jiānshí 형 견고하다 | ★保障 bǎozhàng 통 (생명·재산·권리 등을) 보
장하다 | 探索 tànsuǒ 통 탐색하다, 찾다 | ★营造 yíngzào 통 조성하다 | 诞生 dànshēng 통 탄생하다, 태어나다, 출생하다 | 能量 néngliàng 명 에너
지 | 谢幕 xièmù 통 막을 내리다, 끝을 내다 | 报答 bàodá 통 (실제 행동으로) 보답하다, 감사를 표하다, 은혜를 갚다 | 汪洋大海 wāngyáng dàhǎi 명 망
망대해 | 爆 bào 통 폭발하다 | 微生物 wēishēngwù 명 미생물 | 甲烷气体 jiǎwán qìtǐ 메탄가스 | ★膨胀 péngzhàng 통 팽창하다, 부풀어 오르다 |
临界值 línjièzhí 임계치 [어떠한 물리 현상이 갈라져서 다르게 나타나기 시작하는 경계의 값] | 爆炸 bàozhà 통 폭발하다 | 事件 shìjiàn 명 사건 | ★搁浅
gēqiǎn 통 좌초하다

STEP 2 내공 쌓기

○track 47

1 글의 흐름

독해 제2부분에는 설명문이 주로 출제된다. 설명문은 다방면의 지식이나 정보를 전달하는 내용을 주로 다룬
다. 대부분의 지문이 어떤 현상이나 원리에 대해 다양한 각도로 설명하는 내용이므로 다른 유형에 비해 전문
용어가 많이 사용되어 난이도가 높지만, 글의 흐름을 파악하면 정답을 찾을 수 있다.

	처음	가운데	끝
특징	글의 **길잡이** 구실을 함	글에서 전달하고자 하는 대부분의 **내용**을 담고 있음	앞에서 나왔던 내용을 **요약**하고 강조하거나, 의의를 제시함
설명문	설명하려는 대상, 글을 쓰는 목적, 방법 등을 미리 간단하게 알림	서론에서 알린 문제/사실/주제와 관련해 자세하게 설명함	앞서 설명한 내용을 정리하고 다시 한 번 확실하게 강조하여 마무리함
논설문	글을 쓰는 동기, 목적 등을 밝힘	주장을 내세우고 타당한 근거를 제시함	논지를 요약하고 주장과 의견을 다시 한 번 확인함

2 설명문 주요 표현

설명문의 서론, 본론, 결론에 자주 등장하는 고정 표현을 알아 두면 중요한 내용을 구분해서 보고, 이해하는
데에 도움이 될 수 있을 뿐만 아니라 시간도 단축시킬 수 있다.

(1) 서론에 자주 쓰이는 표현

주로 소개 대상에 대한 정의를 내릴 때 쓰는 핵심 표현이다.

- 所谓A指的是B suǒwèi A zhǐ de shì B A라고 하는 것은 B를 말한다
- A是B A shì B A는 B이다 [A는 특정 어휘/B는 설명]
- 研究结果显示 yánjiū jiéguǒ xiǎnshì 연구 결과에 따르면
- 调查表明 diàochá biǎomíng 조사하여 밝히다

- 调查显示 diàochá xiǎnshì 조사해서 나타나다
- 研究表明 yánjiū biǎomíng 연구에서 밝히다
- 研究证明 yánjiū zhèngmíng 연구에서 증명하다
- A发现 A fāxiàn A가 발견하다
- 有数据表明 yǒu shùjù biǎomíng 데이터에 따르면
- 何为 héwéi 무엇이 ~인가? [≒什么]

(2) 본론에 자주 쓰이는 표현

주로 연구 과정, 일의 발전 과정을 설명하는 내용들이 많기 때문에, '첫째, 둘째, 셋째'와 같은 수사를 많이 쓴다.

- 第一A，第二B，第三C dì yī A, dì èr B, dì sān C 첫 번째는 A하고, 두 번째는 B하며, 세 번째는 C하다
- 一来A，二来B，三来C yī lái A, èr lái B, sān lái C 첫째로는 A하고, 둘째로는 B하고, 셋째로는 C하다
- 首先A，其次B，再次C，最后D shǒuxiān A, qícì B, zàicì C, zuìhòu D
  첫째로 A하고, 둘째로 B하고, 그다음 C하고 마지막으로 D하다
- 一是A，二是B，三是C yī shì A, èr shì B, sān shì C 첫째로는 A하고, 둘째로는 B하고, 셋째로는 C하다
- A可分为四个阶段 A kě fēnwéi sì ge jiēduàn A는 네 단계로 나눌 수 있다.
- 最初阶段A，第二阶段B，第三阶段C，第四阶段D
  zuìchū jiēduàn A, dì èr jiēduàn B, dì sān jiēduàn C, dì sì jiēduàn D
  첫 번째 단계는 A이고, 두 번째 단계는 B이고, 세 번째 단계는 C이고, 네 번째 단계는 D이다.

(3) 결론에 자주 쓰이는 표현

- 最好 zuìhǎo 가장 바람직한 것은
- 最重要的是 zuì zhòngyào de shì 가장 중요한 것은
- 专家告诉我们 zhuānjiā gàosu wǒmen 전문가들이 우리에게 알려 주기를
- 我们应该 wǒmen yīnggāi 우리는 마땅히 ~해야 한다
- 可见 kějiàn ~임을 알 수 있다
- 由此可见 yóucǐ kějiàn 이로부터 알 수 있다
- 总之 zǒngzhī 총괄하면, 결론적으로 말하자면
- 总而言之 zǒng'éryánzhī 총괄적으로 말하면, 요컨대
- 总体来讲 zǒngtǐ lái jiǎng / 总体来说 zǒngtǐ lái shuō 전체적으로 말하면
- 总的来说 zǒng de lái shuō 전체적으로 말하면, 총체적으로 말하면
- 综上所述 zōngshàng suǒshù 앞서 말한 내용을 종합하다 [흔히 종합적인 결론을 도출할 때 쓰임]
- 换句话说 huànjùhuàshuō 바꾸어 말하면, 다시 말하면
- 得出了结论 déchū le jiélùn 결론을 얻다
- A就是B A jiùshì B A가 바로 B이다

(4) 결과를 나타내는 표현

- 所以 suǒyǐ / 因此 yīncǐ / 因而 yīn'ér 그래서
- 从而 cóng'ér 따라서, 그리하여
- 实际上 shíjìshang 사실상, 실제로
- 不在于A而在于B búzàiyú A érzàiyú B A가 아니라 B에 달려 있다
- 不是A而是B búshì A érshì B A가 아니라 B이다
- 相信 xiāngxìn 믿다

(5) 기타 표현

- 甚至 shènzhì 심지어
- 其实 qíshí (그러나) 사실은
- 尤其 yóuqí 특히
- 众所周知 zhòngsuǒzhōuzhī 모든 사람이 다 알고 있다
- 相反 xiāngfǎn 반대로
- 专家指出 zhuānjiā zhǐchū 전문가가 지적하다
- 这个现象告诉人们 zhè ge xiànxiàng gàosu rénmen 이 현상이 우리에게 알려 주는 것은

STEP 3 실력 다지기

Day 07

1~5.

A 除了上述两种方式，中国官方还推出了"数字人民币"功能，并已在部分大城市开始试运营。目前数字人民币硬件钱包还在试行阶段，所以目前的主流支付方式也依旧是二维码支付。但是就试行的情况来看，在将来数字人民币硬件钱包是肯定会和大家见面的，至于那时候二维码是否会被彻底取代，现在也很难下定论。

B 支付宝是蚂蚁科技集团股份有限公司旗下业务，成立于2004年，历经19年发展，是国内第三方支付开放平台，由支付宝(中国)网络技术有限公司和支付宝(杭州)信息技术有限公司作为主体运营。负责为数字化服务商提供产品和服务接口，助力商家机构数字化经营，超过300万个商家机构小程序入驻支付宝app，为消费者提供政务服务、扫码点单、生活缴费等超过1000项生活服务。支付宝已服务8000万商家、10亿消费者。

C 然而，就在扫码支付占据支付手段"半壁江山"的时候，马云却预言它将会走下坡路，认为未来扫码支付很有可能退出历史舞台。在当时很多人都在笑话马云，还表示马云只会故弄玄虚，可如今人们才发现，马云这么说是有道理的。

D 扫码支付是过去一段时间使用最多的支付方法。在扫码支付的帮助下，人们不需要带现金，只需要带一个手机，在需要付钱的时候扫商家的收款码，然后输入金额以及自己设定的密码即可，可谓十分便利。而随着智能手机的发展，如今的支付连密码都不需要输入，直接指纹输入就可以。

E 不过幸好，随着科技水平的发展，刷脸支付的安全性和准确度都有了极大程度的提高。此种支付方式的普及度也越来越高。根据相关统计，中国刷脸支付的使用人数将超过七个亿，在未来它很有可能成为全国最主流的支付方式。

F 目前国内出现了两种全新的支付方式，也就是这两种方式把扫码支付"拉下了神坛"。与扫码支付相比，这两种支付方式更加便利和安全，很有可能取代扫码支付的地位。其中一种支付方式已经应用于现在的各大超市，那就是"刷脸支付"。与扫码支付相比，使用刷脸支付更加方便，人们连手机都不需要掏出来，只需要站在扫脸机器前，人工智能就会自动调出你的信息完成付款。当然，刷脸支付刚推出的时候，也遭到了很大的反对声，人们觉得这种支付方式侵犯了用户的隐私，同时安全系数也不高，甚至于起初马云本人测试的时候，人工智能都无法识别。

G 此外，相较于刷脸支付，无感支付则更加方便，人们甚至不需要特意到机器前进行人脸扫描。此种支付方式主要应用于高速公路收费，目前大多数ETC(ETC: 电子不停车收费)使用的就是无感支付。它能够极大地方便人们的生活，尤其是可以缓解节假日、旅游高峰期时的交通压力。

1. A B C D E F G   4. A B C D E F G

2. A B C D E F G   5. A B C D E F G

3. A B C D E F G

정답 및 해설 → 해설서 p.164

Day 08

6~10.

A 岛上最大的传统节日莫过于一年一度的"鸟人节"。每年春天，全体岛民齐聚山顶，选举自己的首领"鸟人"，祭拜自己的神明。"鸟人"出自岛上流传的一个神话：古时候，造物主向岛上的祭司传授宗教仪式和祭神物品海鸟蛋，并指定海上两个礁屿为取鸟蛋的地方。

B 然而，关于岛上的石像一直到1888年，也就是复活岛正式归属于智利后，才吸引世界各地的生物学家、考古学家等纷纷前往。在对这些石像进行分析和检测后，也确定了石像建造于公元1100-1680年，而石像的原料产地则是在附近火山口处。专家还在火山口处发现了各种未完成的石像。而科学家最近的一项研发现，这里曾经有多达17.5万人，他们有足够的人去创造这些石像杰作。但他们发生了什么？为什么会消失？这些问题依然是未解之谜。可能是因为火山活动，也有可能是因为生态等原因。

C 复活节岛的原住民也不知道自己从何而来，只是靠着一代一代的口口相传，用传说的形式来表达。而在岛上的采石场等地方，专家发现了各种石斧工具，所以推测岛上的石像应该是原住民建造的。

D 这就引出了这样的疑问：是谁创造了这些著名的巨大石头？它们是否具有特定的用途？在过去的很长一段时间内，人们认为这些石像只有头部，但令人惊讶的是，在2012年5月的发掘中，人们发现这些石像竟有完整的身体，且与头部相连，只是身体藏在地下。在一个只有不足300原住民的岛上，如此巨大的雕像是如何分布在全岛的？神秘主义爱好者认为这些石像是由外星人创造和移动的。可据研究发现，石像所使用的石头源自于该岛本身，而不是另一个星球。也有些人认为这些石像就是岛上原住民造的，目的是守护岛上居民。

E 想要了解岛上的石像，还是应该先从了解"复活节岛"开始。复活节岛属于智利，1686年英国人最先登上这座岛屿，把它称之为"悲惨与奇怪的土地"。1722年荷兰人登上岛屿时，正好是西方的复活节，而智利政府吞并这座小岛的时候，也是复活节那天于是就把它命名为复活节岛。原本在岛上生活着一个族群——拉帕努伊族，并且这座岛最初的名字也叫拉帕努伊，它在原住民的语言中意为"世界之脐"，因为原住民认为，这座岛屿就是世界的中心。

F 在我们生活的星球上，有成千上万个岛屿，其中就有一座名叫"复活节岛"的岛屿。对于这座神奇的岛屿，几十年来，人们一直不曾放弃对它的探究。然而，究竟是什么特别之处让人们对这座远在太平洋上的一座小岛如此"心向往之"呢？其实，特别之处不在于岛屿本身，而是岛上的巨大石像。复活节岛以上千尊充满神秘的巨型石像吸引了各国的观光客和考古学家，大大小小的人头巨像遍布全岛，被称为"摩艾石像"。

G 经考古学家挖取发现，这些石像大部分为半身像，且大多是背向大海整齐排列在4米多高的长方形石台上。高度为7-10米，重量从20吨到90吨都有。并且都是长脸、长耳、双目深凹、削额高鼻、下巴棱角分明、表情沉毅。据计算，数千尊石像中，有600多个石像是规则排列的，似乎人为一般。

	→		→		→		→ C →	
6		7		8		9		10

6. **A B C D E F G**　　　9. **A B C D E F G**

7. **A B C D E F G**　　　10. **A B C D E F G**

8. **A B C D E F G**

정답 및 해설 → 해설서 p.166

Day 17

11~15.

A 要解决这一问题，首当其冲的就是在主场已经确定的条件下，找到一种共生的关系。设计师们在与主场完全不同的审美取向上做了一种极端的努力——一个纯净得无以复加的正方形，用一种近乎毫无表情的平静表达对主场的礼让与尊重。同时，尊重并不意味着臣服。一个高级的共生关系应该可以彰显各自不同的特征。尤如文静娴淑的东方女性时而呈现出的睿智、活泼和热情。这种饶有趣味的对比使"水立方"与主体育场完整的圆形相得益彰，其自身的优雅气质亦得到了尊重。在这种极端却积极的协调中，"水立方"与"鸟巢"获得了真正意义上的共生。从某种意义上说，"水立方"绝对是一个中国式的建筑，这并非是说它表象上具有传统形式，而是指它的产生过程和存在依据。用东方的思维来寻求事物间的关系均衡，这是设计师在整个过程中遵循的原则。

B 由于纳米材料的自身特性，水立方的颜色是可以变化的。经过一段时间的紫外线照射和氧化，材料的颜色会发生改变。通常情况下，水立方的颜色变化周期在2-3年左右，不过具体时间会受到多种因素的影响，比如气候、光照、空气污染等。

C 我们这样表述着"水立方"是希望透过不多的文字告诉人们水立方设计的三个主要命题：奥运公园的群体关系、结构与外观如何产生以及功能和运营的安排带给建筑的不同意义。

D 水立方——国家游泳中心，位于北京市朝阳区，是2008年北京奥运会标志性建筑物之一，与国家体育场"鸟巢"分别位于北京城市中轴线两侧，一方一圆，遥相呼应，构成了"人文奥运"的独特风景线。国家游泳中心处于这样一个特定区域内特定建筑旁，如何与"鸟巢"相协调、如何遵循整个奥林匹克公园的规划设计，便成为设计师关注的问题。

E 此外，水立方表面上自由的结构并非是看上去的杂乱无章，一种极为严格的数字逻辑蕴含其中。人们穿透平静的第一印象，看到漫天的水泡，伴随着惊喜得到一种仿佛置身在水中的快意。这样平静的外表与内在的浪漫，如同在形体上与主场的对应一样，体现的是事物中矛盾双方的平衡。即"阴阳相济"的关系。方形是中国古代城市建筑最基本的形态，在方的形制之中体现了中国文化中以纲常伦理为代表的社会生活规则。

F "作为一个摹写水的建筑，水立方纷繁自由的结构形式，源自对规划体系巧妙而简单的变异，却演绎出人与水之间的万般快乐。椰树、沙滩、人造海浪……将奥林匹克的竞技场升华为世人心目中永远的水上乐园。"

G 最后，值得一提是，水立方出自中外建筑师的合作中尤其难能可贵，这极其令人欣慰。每一个成员都可以在设计里面找到自己意见的反映，因而每一个人都将这个设计看作是自己努力的结晶和骄傲。正是这种集体智慧的贡献产生了优秀的作品。

☐	→	☐	→	D	→	☐	→	☐	→	☐
11		12				13		14		15

11. A B C D E F G   14. A B C D E F G

12. A B C D E F G   15. A B C D E F G

13. A B C D E F G

16~20.

A 此外，炮弹弹片在高空爆炸后会化成不足30克，甚至只有两三克的碎屑降落地面，其所落区域都是在此之前实验和测算好了的无人区，不会对人体造成伤害，同时，人工降雨已有一段历史，且技术较为成熟，所以对人工降雨人们不必心存疑虑。

B 然而，与巨量的水滴相比，升上高空的碘化银只是沧海一粟，太多的碘化银不仅不会增雨，反而会把积雨云"吓跑"，所以，在如此悬殊的情况下，人们绝不会感觉到碘化银的存在。

C 空中作业是用飞机在云中播撒催化剂。地面作业是利用高炮、火箭从地面上发射。炮弹在云中爆炸时，把炮弹中的碘化银燃成烟剂撒在云中。火箭在到达云中高度以后，碘化银剂开始点燃，并随着火箭的飞行，沿途拉烟播撒。飞机作业一般选择稳定性天气，才能确保安全。一般高炮、火箭作业较为广泛。其实，人工降雨也是要有充分的条件的。一般自然降水的产生，不仅需要一定的宏观天气条件，还需要满足云中的微物理条件，比如：0℃以上的暖云中要有大水滴；0℃以下的冷云中要有冰晶，没有这个条件，天气形势再好，云层条件再好，也不会下雨。

D 人工降雨的发明，标志着气象科学发展到了一个新的水平。在众多成功的事实面前，保守人士也不得不承认，现代的人工降雨是控制天气的一大进步。如今，"耕云播雨"已不再是神话。谢福和冯尼古特的发明给苦于干旱的人们带来了福音，并已成为了很多国家抗旱减灾的主要措施之一。

E 夏日地表水在烈日下迅速蒸发，使空气湿度越来越大；高空的温度低于地表温度，因而水蒸气首先在高空到达饱和状态和过饱和状态；高空总会有一些灰尘，成为凝聚中心，使饱和蒸汽和过饱和蒸汽凝成细小的雾滴；雾滴足够密集时，就成为肉眼可见的白云；雾滴越来越大，白云就变成为了乌云。

F 人工降雨就是根据自然界降水形成的原理，人为地补充某些形成降水所必需的条件，把天上的水"实实在在"地降到地面上来，不让它"白白跑过去"，这就是人工降雨，更为科学的叫法应该是"人工增雨"。主要有空中、地面作业两种方法。

G 然而，在自然情况下，这种微物理条件有时就不具备；有时虽然具备但又不够充分。前者根本不会产生降水；后者则降雨很少。此时，如果人工向云中播撒人工冰核，使云中产生凝结或凝华的冰水转化过程，再借助水滴的自然碰并过程，就能使降雨产生或使雨量加大。人工降雨的原理是让积雨云中的水滴体积变大掉落下来，高炮人工降雨就是将含有碘化银的炮弹打入有大量积雨云的4000至5000米高空，碘化银在高空扩散，成为云中水滴的凝聚核，水滴在其周围迅速凝聚，达到一定体积后降落。碘化银由炮弹输送到高空后，就会扩散为肉眼都难以分辨的小颗粒。

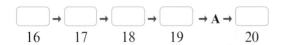

| 16 | 17 | 18 | 19 | A | 20 |

16. **A B C D E F G**   19. **A B C D E F G**

17. **A B C D E F G**   20. **A B C D E F G**

18. **A B C D E F G**

정답 및 해설 → 해설서 p.171

Day 26

21~25.

A 除了能做出各种美食以外，还有一点值得关注的就是，奥运会炒菜机器人在试运营期间，每天都需要接待6000名左右的摄影记者和转播商，但从未出现失误。机器人做出的各种美食的味道堪比酒店的星级大厨。能做到这一点，完全是因为做饭机器人能精准掌控36个火炉的火候，同时又能根据食材的不同，调节合适的温度，而且，做饭机器人还采用了空中云轨为点菜者传菜，真可谓做到了"美食从天降"。

B 不仅如此，炒菜机器人还能保证24小时待命，可以在减少与他人密切接触的同时，确保在极短的时间内出餐，且使用的食材均为现做现切，为的就是保证每一道食材均采用新鲜食物。当然，如果你想喝一杯鸡尾酒，那么类似于人类手臂的"调酒机器人"，通过机器臂就可以完成摇酒、调酒，最快3分钟就可以将鸡尾酒送到你的面前。

C 此前，炒菜机器人已在2022年北京冬奥会的奥运村"一展身手"。冬奥会正式开幕之际，北京冬奥会多项"黑科技"也随之亮相。而炒菜机器人一经亮相，就马上受到了各界关注。根据媒体曝光的照片来看，冬奥会智慧餐厅的"炒菜机器人"，不仅能做中餐的麻辣烫、宫保鸡丁、煲仔饭，还能做西餐的汉堡、意面，而且也可以煮饺子、煮馄饨、调鸡尾酒……可以说只有你想不到的，没有这些机器人做不到的。

D 利用机器人做外科手术已日益普及，美国仅2004年一年，机器人就成功完成了从前列腺切除到心脏外科等各种外科手术2万例。利用机器人做手术时，医生的双手不碰触患者。一旦切口位置被确定，装有照相机和其他外科工具的机械臂将实施切断、止血及缝合等动作，外科医生只需坐在通常是手术室的控制台上，观测和指导机械臂工作即可。据悉，该技术可让医生在地球的一端对另一端的患者实施手术。

E 提起智能餐厅，人们第一时间想到的可能是送餐机器人。但事实上，如今的很多智能餐厅里已经出现了"炒菜机器人"、"洗碗机器人"、"上台机器人"等类型的智能机器人。其中，"炒菜机器人"无疑是这些"人"中备受瞩目的一员。

F 这台炒菜机器人此次亮相，可是带动了背后上千亿市场，比如说扫地机器人、擦窗机器人、医疗手术机器人、教育娱乐机器人等等。这也就意味着，在不久的将来，中国在机器人领域，也许能领先全球。毕竟此次亮相的炒菜机器人拥有这般实力，而且放眼全球也是独一份的存在。此次的公开、集体亮相，连西方记者都连连感叹"看花眼了!"。

G 据报道，北京冬奥会上，有非常多的场地及设施都充满了高科技的身影，有非常多的"机器大师"就业上岗，它们各自都有着不同的用途以及不同的操作类型，能完美地适应各个场地，这也是本届冬奥会上一道亮丽的风景线。

$$\boxed{} \rightarrow \boxed{} \rightarrow \boxed{} \rightarrow \mathbf{A} \rightarrow \boxed{} \rightarrow \boxed{}$$

    21   22   23   24   25

21. **A B C D E F G**   24. **A B C D E F G**

22. **A B C D E F G**   25. **A B C D E F G**

23. **A B C D E F G**

정답 및 해설 → 해설서 p.174

Day 27

26~30.

A 手机远程窃听攻击是近两年生活中频发的真实黑客攻击案例。黑客通过攻击公共场所免费Wi-Fi路由器或者自己搭建一个恶意Wi-Fi，用户连接到被黑客攻击篡改的WiFi后，再使用未经过安全检测的APP应用软件时，黑客便可以在用户未感知的情况下，直接远程获取用户的前置摄像头、文件夹、远程录制麦克风、发送短信、获取用户手机的通讯录。这意味着，黑客就可以在电脑那端远程控制你的手机。

B 尽管人脸识别技术的便利性与实用性毋庸置疑，但仍然有着难以克服的自身缺陷与技术难点。首当其冲的就是人脸识别信息的可靠性及稳定性较弱：人脸所蕴含的信息量较指纹、虹膜等生物特征相比还是比较少的，其变化的复杂性不够。例如，若要两个人的指纹或者虹膜基本相同，大概需要好几十乃至上百个比特信息量的度量单位达到完全重合才可以。但人脸的话，只要十几个比特达到重合就可以了。全世界可以找到很多具有相似性的面孔。所以说，人脸的辨识性不是很高。

C 近几年，人脸识别技术虽已有所完善，在各产业之间落地的应用项目有目共睹，但以目前技术来说仍然跟不上瞬息万变的社会变化和市场需求。例如在新冠病毒的突袭下，导致中国大批人脸识别产品无法在戴口罩的情况下进行扫描识别，虽然事后各大厂商立即更新了算法，但此次事件也提醒了我们，面对未来的不确定性，技术不能一成不变，需要不断创新与突破。

D 不仅如此，人脸识别系统在"找人"方面的作用也是不可忽略的。它可以通过走失者的照片采集人脸照片，包括场景照，证件照，人脸小照片等等，还有视频的人脸抓拍。之后通过电子传输系统把这些照片。传输到集中处理的人脸识别系统的数据库中，方便之后进行分析管理。当走失者的亲属寻求公安机关的帮助时，公安部门就可以通过人脸系统发布的人员信息，在相关平台上利用数据库搜寻的方式，进行布控，互联网布控信息可与公安部门进行互通，做到实时监控，加大效率。

E 此外，人自身内在的变化以及外在环境的变化都会影响采集时人脸的信息稳定度。相较于之前的人脸识别技术，目前的人脸识别技术虽有所提高，但是具体应用还是无法达到完美状态。保守估计，人脸识别技术的准确率能达到99%。

F 人脸识别系统的研究始于20世纪60年代，80年代后随着计算机技术和光学成像技术的发展而得到提高，但真正进入初级的应用阶段则在90年代后期。传统的人脸识别技术主要是基于可见光图像的人脸识别，这也是人们熟悉的识别方式，已有30多年的研发历史。人脸识别系统成功的关键在于是否拥有尖端的核心算法。其核心技术的实现标志着从弱人工智能向强人工智能的转化。

G 另外，与其他识别方式相比，人脸识别是唯一不需要用户主动配合就能采集到生物特征信息的识别方式。其他生物特征的采集过程，如指纹、掌纹、虹膜、静脉、视网膜，都需要以用户的主动配合为前提，也就是说，如果用户拒绝采集这些生物特征，系统就无法获得高质量的特征信息。

			B		
26	27	28		29	30

26. A B C D E F G   29. A B C D E F G

27. A B C D E F G   30. A B C D E F G

28. A B C D E F G

정답 및 해설 → 해설서 p.176

Day 35

31~35.

A 其次，淡水资源稀少。因此实现膜下滴灌与水肥一体化就成了将淡水资源有效合理利用的关键技术。前人经过研究，总结出了膜下滴灌技术、干播湿出播种技术、水肥一体化技术、调亏灌溉技术等。从节约用水，提高了新疆棉区的水分利用率，再到根据各个节水技术来提高种植密度，最终达到新疆干旱地区棉花可行的节水栽培模式。

B 尽管具备了如此多的"先天优势"，可新疆也仍然存在着不可忽视的"短板"。首先，该地棉区热量条件不好。这主要表现在它的无霜期较短，前期容易遭受冻害，后期降温比较快，秋天容易遭受霜冻，南疆前期霜冻刚开始一般在10月初到10月中旬，北疆的前期霜冻刚开始一般在9月底到10月初，所以选择熟性对路的品种对提高棉花产量尤为重要。

C 新疆维吾尔自治区地处亚欧大陆腹地，陆地边境线5600多千米，周边与俄罗斯、哈萨克斯坦、吉尔吉斯斯坦、塔吉克斯坦、巴基斯坦、蒙古、印度、阿富汗八国接壤，在历史上是古丝绸之路的重要通道，是第二座"亚欧大陆桥"的必经之地，战略位置十分重要。

D 棉花作为中国主要的经济作物及纺织纤维原材料之一，通过棉纺织业的发展带动了全国性消费使用，季节性生产全年消费使用，分散性生产集中加工流通，使棉花在中国的经济生产中占据了特殊的重要地位。新疆是中国最大的棉花产区和出口棉花的货源区，棉花产量占中国的1/2以上。将该地棉花的优势与劣势进行分析对比，可以更好地将优势延续并取得突破，还可以通过科学的研究方法进行优化来避免其劣势，对中国棉花的稳定生产有重要的意义。

E 新疆地处中国西北，气候干旱、日照较内地时间长，拥有种植棉花得天独厚的自然优势条件。首先，新疆光照资源丰富、日照时间长、强度大，为棉花生长创造了优越的条件。其次，新疆棉区位于北纬36~46度之间，属于中纬度地带，但由于海拔低，加之盆地增温影响，相当于中温带，该地带热量充足、积温高、无霜期长，是优良的植棉区域。第三就是新疆地广人稀，土地资源丰富，且适宜棉花的生长，而平坦的地势十分有利于机械化的生产和采摘。

F 基于新疆自然生态特点和存在的问题，今后为实现更高层次的高产简化栽培，要保障新疆产棉区持续高产高效。同时，要深入研究高产棉花产量和品质形成的生物学原理，研究轻简化、机械化条件下的生物学、生理学机制，为轻简栽培提供理论指导。要通过建立高光效群体，提高光能利用率，进一步提高产量和品质；要研究熟化化学封顶或机械打顶技术，重视解决地膜覆盖所引发的污染问题，大力发展信息智能化技术。可以预见，新疆棉花高产简化栽培技术体系的提升和完善，将进一步推进新疆棉花生产的持续健康发展。

G 新疆作为中国棉花种植面积最大、产出优质棉最多、产量最高的棉区之一，约有近一半的农民从事棉花生产工作，农民每年近三分之一的收入来自于植棉收入，因此，政府给予棉农的政策与补贴就显得尤为重要。新疆政府给棉农补贴实际数额的60%按面积核发，其余40%按籽棉实际交售数量核发。具体由新疆财政逐级拨付到地方财政，以"一卡通"或其他形式将补贴资金全部兑付给棉农和棉花种植生产单位。新疆兵团自行制定补贴发放办法，但原则和方法上应与新疆地方衔接。

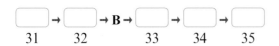

31. A B C D E F G   34. A B C D E F G

32. A B C D E F G   35. A B C D E F G

33. A B C D E F G

정답 및 해설 → 해설서 p.179

36~40.

A 然而，为什么不缺水的长江会在2022年的夏天变成了缺水大河？其实，2022年的夏天不止是长江和它的支流，北半球的很多河流都受到了高温和干旱的影响，尤其是欧洲地区。即使人类不想，但不得不承认全球变暖是罪魁祸首。

B 2022年8月12日起，中国中央气象台连发10余个最高级别高温预警，高温事件综合强度达1961年以来最强。这个夏天，人们经历了高温、干旱、缺电、山火……。如今，高温逐渐退散，但也是人类该自省的时候。我们需铭记的不应只是2022年的夏天，而是每一度电都来之不易；每一滴水都是地球的馈赠；每种生物都有其存在的价值……要时刻警醒：敬畏生命、关爱自然、一起守护我们共同的家园！

C 想要了解此次断流危机，得从长江的发源说起。长江发源于青藏高原的唐古拉山脉，最后向东流入东海。可以说，长江一路上都在"收集水"。它源头的水来自高山雪水融化，外加当地的一些地下水，长江最初就是一条小河流，在向东的过程中，汇聚了其他地方来的支流以及沿途的雨水，才变成了一条大河。

D 整条长江被分为上、中、下三个河段，上游又叫金沙江，其横跨了落差很大的第一和第二级阶梯，因此水流速度极快，另外有多条支流为其注入了巨大的能量，长江正是从这里开始变得宽阔。而长江水流大还有一个原因，那就是长江流经的气候区多为季风气候，夏季炎热多雨、年降水量都在800毫米以上。所以不要以为长江的水都是高山雪水，它更多是来自沿途水的加入，尤其是支流的水和降雨。

E 中国是一个水灾频发国家，每年因灾造成大量财产损失与人员伤亡，因此，研究区域水灾的风险因素具有重要的理论与现实意义。区域水灾形成过程的包括水灾风险因子、水灾风险空间、水灾风险承受体。

F 正因如此，才导致长江出现了一个隐患，那就是一旦流域地区的降水不足，就会导致水位下降。意料之中又意料之外的是，隐患在2022年的夏天爆发了。由于长江上游的川渝地区长时间未降雨，导致支流水量减少，长江竟出现了"发际线"往后退的现象。要知道以往的夏天，长江都是暴雨横行，甚至在1981年和1998年发生过特大洪水，洪水之猛烈，让沿岸的市民至今都对此记忆犹新。

G 如果长江有记忆，那它一定会记得2022年的夏天，因为这个夏天它差点儿从"长江"变成了"长工"。作为中国的母亲河之一，长江给人的感觉就是永远不缺水。即使在冬季黄河结冰了，长江也依然"长流不误"。不仅如此，夏季的长江还是一个危险的存在，其沿岸的城市基本上都被它淹过。然而，就是这样不缺水的长江，却在2022年迎来了它"有生以来的最大危机"——差点就断流了！

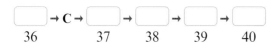

	→ C →		→		→		→	
36		37		38		39		40

36. **A B C D E F G**   39. **A B C D E F G**

37. **A B C D E F G**   40. **A B C D E F G**

38. **A B C D E F G**

정답 및 해설 ➡ 해설서 p.182

Day 37

41~45.

A 此外，焦虑、焦虑激越和抑郁常相伴出现。抑郁症患者伴有焦虑症状者约占70%。常见的焦虑症状为坐立不安、心神不宁，出现莫名其妙的惊恐、多虑和焦躁不安，是一种病理性的紧张、恐怖状态，还会易激动、易发怒。这种焦虑症状突出的抑郁症被称为"激越性抑郁症"，多见于更年期抑郁症病人。

B 分离焦虑的出现，与孩子的不安全感有关。最初，这种焦虑的出现，是具有特殊的适应意义的。因为，它促使孩子去寻找他所亲近的人，或者发出信号，呼唤母亲的出现。这是孩子寻求安全的一种有效的方法。但由于焦虑中的孩子会把所有的注意力放在寻找亲人上。有时，他们甚至表现出不吃、不喝、不玩，这些平时最能引起亲人关注的行为，成了他们用来呼唤亲人的一种方法。

C 抑郁症是一种"离我们最近的心理疾病"。在西方，抑郁症常常被称为"情绪感冒"，意思是说抑郁症像伤风感冒一样，它只是一种常见的精神疾病。据世界卫生组织（WHO）统计，抑郁症已成为世界范围性的常见疾病，全球有超过3.5亿人罹患抑郁症，近十年来患者增速约为18%。中国抑郁症发病率也呈逐年上升趋势，中国精神卫生调查显示，中国成人抑郁障碍终生患病率为6.8%，其中抑郁症为3.4%，目前中国患抑郁症人数9500万，每年大约有28万人自杀，其中40%患有抑郁症。

D 近年来，抑郁症正逐渐被大众所熟知并重视，可尽管如此，抑郁症的患者的人数仍在递增。可以说，作为现代人，每个人都可能有不同程度的"抑郁症状"。而如今，人们对于抑郁症的态度也在悄然改变。专家也表示，抑郁症的早期干预和治疗非常重要。目前，抑郁症的治疗包括药物治疗和心理治疗。近年来，疗效好、副作用小的抗抑郁药大量产生，在西方国家，药物已经成为治疗抑郁症的主要手段之一。大量研究证实，单独采用心理治疗或药物治疗，都不如两者兼备的治疗效果好。同时，抑郁症患者应当调整自己的生活节奏、放松自己、注意休息。随着医学的发展，抑郁症已不再是一种不可治愈的疾病。

E 截至2005，抑郁症在中国造成的直接经济负担就已为141亿元人民币，间接经济负担为481亿元人民币。与抑郁症高发病率形成鲜明反差的是，目前全国地市级以上医院对抑郁症的识别率不足20%。而在现有的抑郁症患者中，只有不到10%的人接受了相关的药物治疗。

F 除以上所述外，在抑郁症的众多症状中，最值得注意的莫过于思维消极、悲观和自责、极度悲观绝望这一类表现了。这类病人习惯性地把自己看得一无是处，对微不足道的过失和缺点无限夸大，感到自己对不起他人和社会。有的病人甚至还感到活着毫无意义，认为生活在人世间也是徒然受苦，只有死才能解脱。此类自杀观念强烈的病人，如得不到及时医治或监护，自杀成功率将会相当高。

G 抑郁症是一种心境障碍，也称情感性精神障碍或情感性精神病，是一组以显著的心境低落为主要特征的精神障碍，也是一种慢性复发性疾病。而除情绪低落以外，兴趣减少、思维迟缓、注意力和记忆力减退、自我否定等也是常见的症状。伴随着这些心理上的变化，忧郁症患者的行为上也会出现比较明显的变化。拿持续性忧郁、心境恶劣等症状来说，这类情绪低落的压抑状态是原发性的、内源性的，即在无明显外界因素作用下发生的。

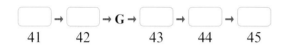

$$\boxed{} \rightarrow \boxed{} \rightarrow \text{G} \rightarrow \boxed{} \rightarrow \boxed{} \rightarrow \boxed{}$$
　　41　　　 42　　　　 43　 44　　 45

41. **A B C D E F G**　　　44. **A B C D E F G**

42. **A B C D E F G**　　　45. **A B C D E F G**

43. **A B C D E F G**

정답 및 해설 → 해설서 p.184

01 10글자 이내로 답안 쓰기

 STEP 1 유형 파악하기

✘ HSK7~9급 독해 제3부분은 그동안 HSK 1~6급 시험에서 없었던 유형으로, 한 개의 지문에 10글자 이내로 답변하는 주관식 유형이다. 한 지문에 총 7개 문항이 출제되는데, 5문항은 지문에서 답을 찾아 작성하는 것이고, 1문항은 밑줄 친 어휘의 의미를 찾아 작성하는 것이며, 마지막 1문항은 빈칸에 적절한 어휘를 쓰는 문제이다.

▶ 출제경향

독해 제3부분은 다양한 분야에 관한 지식과 정보를 전달하는 설명문이 많이 나온다. 일상생활, 과학, IT, 상식, 트렌디한 이야기의 출제 비중이 높으며, 비슷한 표현을 아는지 체크하는 문제가 많이 나온다. 주관식 유형이다 보니, 내용을 정확하게 숙지해야 문제를 잘 풀 수 있다.

▶ 문제 풀이 비법

1 질문에서 단서를 찾자.

시간을 최대한 줄이기 위해 질문의 키워드 단어를 찾는다. 그리고 본문에 등장한 키워드 단어 주변에서 단서를 찾아 정답을 고른다. 숨은 글자 찾기를 생각하면서 풀면 좀 더 쉽다.

2 이유를 나타내는 접속사 구문에 주목하자.

질문에서 '为什么'로 묻는 내용이 있으면 본문에서 '因为A所以B' '因A而B' '原因' '理由' 등을 찾으면 좀 더 쉽게 찾을 수 있다.

3 본문에 언급된 표현을 쉬운 단어로 설명하는 연습을 하자.

예시 不言而喻 bùyán'éryù 말하지 않아도 알다 → 不用说也知道 búyòngshuō yě zhīdào 말하지 않아도 알다

🌿 **제3부분 예제**

　　江苏省南通市是一座国家历史文化名城，自后周显德三年(956年)建城至今已有一千多年历史，它位于长江北岸的冲积平原上，气候温和湿润，历史上曾是我国的棉花、布匹生产基地。2019年、2020年我曾两次随退休高级农艺师曹云泉前往南通海滨的通州湾示范区三余镇。曹老在当地有一片试验田，并在那里栽种了一种名为"鸡脚棉"的棉花品种。这种植物因叶片形似鸡爪而得名"鸡脚棉"。该品种棉绒短，故织不了细布，再加上产量低的缘故，这一传统棉种已逐渐淡出人们的视野。直到2012年，因曹老偶然发现一株鸡脚棉的变异品种而"重出江湖"，凭借良好的抗盐碱、抗台风能力，"鸡脚棉"自此便受到科学家们的持续关注。

　　几百年前，鸡脚棉曾是这片沿海盐碱地上的主要农作物，并因其适合地方土机织造粗纱生产而畅销国内市场。

　　汉代两淮盐业兴起，南通地区属于淮南盐场的一部分，因而明代以前，当地的经济支柱本是盐业。而后，随着明朝的兴起，黄河河道南侵并夺淮入海，使得大量泥沙在苏中、苏北海滨淤积，海岸线不断东移，南通地区出现大片疏松的盐碱土，十分适宜种棉。南通一带也因此逐渐成为了重要的棉产区。棉花畅销淮北、山东。至清代，南通全部农田的七八成都种植棉花，当地培育的棉种正是鸡脚棉。它的出棉率比彼时江南其他的优质棉种更高。棉业生意越做越大，每逢秋季，南通便商贾云集，连闽、粤商人也会专程乘船来收棉。手工棉纺织业也随之兴起，南通地区逐渐成为重要土布产区，当时的南通有着"时闻机杼声，日出万丈布"之盛况。此外，明朝统治者为了尽快恢复被战乱破坏的社会经济格局，强制农民植桑育蚕，使当地蚕桑业亦有所发展。

19世纪末，清末状元张謇秉持"实业报国"的理想，在家乡南通的通扬运河畔圈地68亩，克服重重困难，历时44个月，于1899年建成了中国第一家民营纺织企业。他取《周易系辞》"天地之大德曰生"之意，将工厂命名为"大生纱厂"。为应对纱厂开工后原料供应不足的难题，张謇又将眼光投向沿海滩涂，在盐碱地上垦牧植棉，为纱厂建立了一个可靠的产棉基地。当时，纱厂所用原料仍是以鸡脚棉为主，直到20世纪初，鸡脚棉逐渐被新兴棉种取代，自此沉寂了一个世纪。

张謇建起具有现代气息的厂房，引进世界一流的设备，高薪聘请外国专家，并以股份制办厂。于1899年至1921年，大生纱厂由一家发展为四家，获利白银1600万两，这些资金也成了张謇兴办实业、投身公益慈善事业、经营南通城的主要经济来源。在此期间，他还利用大生纱厂的盈余，在厂内设立纺织染传习所，开启了中国纺织高等教育的先河。

直至今日，原大生纱厂本部依然矗立于通扬运河河畔，生产经营从未间断，横跨三个世纪，历经122个春秋，俨然已成为了中国民族工业的一面旗帜、中国纺织行业的一个"活标本。"

"枢机之发动乎天地，衣被所及遍我东南"——这是1899年5月23日大生纱厂开工投产之日，张謇的老师翁同龢特地从常熟派小船送来的一副_____。百余年后，先贤的梦想果真成为现实。如今，南通已是中国纺织业聚集度最高、门类最齐全的地区之一，纺织从业人员占南通工业从业人员总数的四分之一以上。

请回答下列问题，答案控制在十个字以内。

1 "鸡脚棉"无法纺织细布原因是？

_____

2 明代以前，南通的经济支柱是什么？

_____

3 在清代，与江南其他的优质品种相比，南通培育的鸡脚棉有什么优势？

_____

4 第三段中，划线词语"商贾云集"的意思是什么?

_____

5 张謇耗时多久建成了中国第一家民营纺织企业?

_____

6 纺织染传习所的创办标志着什么的诞生?

_____

7 根据上下文，请在最后一段的空白处填上一个恰当的词语。

_____

정답&풀이 **1** 棉绒短 │ 닭발솜을 가느다란 무명천으로 짤 수 없는 이유는 첫 번째 단락에서 '면벨벳이 짧아서'라고 언급했다.

2 盐业 │ 질문에서 언급한 시점을 본문에서 빠르게 찾자. 본문에서는 '명나라 이전'까지는 '제염업'이 경제의 버팀목이었다고 직접적으로 언급했다.

3 它的出棉率更高 │ 질문에서 얻을 수 있는 힌트는 '시점'과 '문형(비교문)'이다. 본문에서는 비교문을 사용해 난퉁 지역의 목화 생산량이 남쪽 다른 지역의 우수한 목화 품종들보다 훨씬 많았다고 언급했다.

4 商人从各地聚集在一起 │ 질문에서 묻는 표현의 의미를 몰라도 아는 글자에서 관련 내용을 유추해 답을 적어 볼 수 있다. '商贾云集'의 '商(상업)'과 '集(모이다)'가 나타내는 의미, 뒤 문장의 '상인들이 목화솜을 구입해 갔다'는 내용으로 미루어 보아 '난퉁에 상인들이 모여든다'라는 의미임을 유추할 수 있다.

5 44个月 │ 질문에 등장한 '시간사'와 동사 '建成'이 본문에 등장한 부분을 찾아보면 네 번째 단락에서 장젠은 68묘 규모의 토지에 경계를 지은 후 '44개월' 후인 1899년에 중국 최초의 민영 방직 회사를 설립했다고 했다.

6 中国纺织高等教育 │ 질문 속 주요 어휘가 본문에 그대로 등장하면 답을 쉽게 찾을 수 있겠지만 모든 문제가 이렇게 출제되지는 않으므로, 비슷한 뜻을 가진 어휘들을 같이 알아 두는 것이 좋다. 질문에 등장한 '创办'은 본문에서 '开启'로, '诞生'은 '先河'로 표현되었다. 장젠은 방직공장의 잉여금을 이용해 공장 내부에 방직 염색 강습소를 만들어 중국 방직 고등교육의 물꼬를 터 주었다고 했다.

7 对联 │ 문맥상 글귀와 관련된 어휘가 들어가야 한다. '对联'은 '종이나 천 혹은 대나무·나무·기둥 따위에 새긴 글귀'를 뜻한다. '对联'과 같이 짧고 간단한 중국 역사, 문화 등과 관련된 어휘를 잘 알아 두는 것이 좋다.

江苏省南通市是一座国家历史文化名城，自后周显德三年（956年）建城至今已有一千多年历史，它位于长江北岸的冲积平原上，气候温和湿润，历史上曾是我国的棉花、布匹生产基地。2019年、2020年我曾两次随退休高级农艺师曹云泉前往南通海滨的通州湾示范区三余镇。曹老在当地有一片试验田，并在那里栽种了一种名为"鸡脚棉"的棉花品种。这种植物因叶片形似鸡爪而得名"鸡脚棉"。[1]该品种棉绒短，故织不了细布，再加上产量低的缘故，这一传统棉种已逐渐淡出人们的视野。直到2012年，因曹老偶然发现一株鸡脚棉的变异品种而"重出江湖"，凭借良好的抗盐碱、抗台风能力，"鸡脚棉"自此便受到科学家们的持续关注。

几百年前，鸡脚棉曾是这片沿海盐碱地上的主要农作物，并因其适合地方土机织造粗纱生产而畅销国内市场。

汉代两淮盐业兴盛，南通地区属于淮南盐场的一部分，[2]因而明代以前，当地的经济支柱本是盐业。而后，随着明朝的兴起，黄河河道南侵并夺淮入海，使得大量泥沙在苏中、苏北海滨淤积，海岸线不断东移，南通地区出现大片疏松的盐碱土，十分适宜种棉。南通一带也因此逐渐成为了重要的棉产区。棉花畅销淮北、山东。至清代，南通全部农田的七八成都种植棉花，当地培育的棉种正是鸡脚棉。[3]它的出棉率比彼时江南其他的优质棉种更高。棉业生意越做越大，每逢秋季，南通便商贾云集，连闽、粤商人也会专程乘船来收棉。手工棉纺织业也随之兴起，南通地区逐渐成为重要土布产区，当时的南通有着"时闻机杼声，日出万丈布"之盛况。此外，明朝统治者为了尽快恢复被战乱破坏的社会经济格局，强制农民植桑育蚕，使当地蚕桑业亦有所发展。

19世纪末，清末状元张謇秉持"实业报国"的理想，在家乡南通的通扬运河畔圈地68亩，克服重重困难，[5]历时44个月，于1899年建成了中国第一家民营纺织企业。他取《周易系辞》"天地之大德曰生"之意，将工厂命名为"大生纱厂"。为应对纱厂开工后原料供应不足的难题，张謇又将眼光投向沿海滩涂，在盐碱地上垦牧植棉，为纱厂建立了一个可靠的产棉基地。当时，纱厂所用原料仍是以鸡脚棉为主，直到20世纪初，鸡脚棉逐渐被新兴棉种取代，自此沉寂了一个世纪。

장쑤성 난퉁(南通)시는 중국 역사상 이름난 문화도시로, 후주 현덕(后周显德) 3년(956년)에 세워진 이후 현재까지 천여 년의 역사를 지닌 곳이다. 난퉁시는 창장 북쪽의 충적 평야에 위치해 있으며 기후는 따뜻하고 습하다. 역사적으로는 중국의 목화와 포목 생산지다. 2019년과 2020년에 나는 이미 두 차례에 걸쳐 은퇴하신 고급 농업 기사 차오윈취안(曹云泉) 선생님을 따라 난퉁 해변의 퉁저우(通州)만 시범 지구 싼위(三余)진에 다녀왔다. 차오 선생님은 현지에 실험 농장이 있었고, 그곳에서 '닭발솜'이라고 불리는 목화 품종을 재배하셨다. 이 식물은 잎사귀 형태가 닭발 같아서 '닭발솜'이라는 이름이 붙여졌다.[1] 이 품종은 면벨벳이 짧고 발이 가느다란 무명천으로는 짤 수 없는 데다가, 생산량이 적다는 이유로 점차 사람들의 시야에서 멀어졌다. 그러다 2012년 차오 선생님이 닭발솜의 변종을 우연히 발견하면서 이 품종은 다시 떠오르게 되었다. 우수한 항 알칼리성 성질과 태풍에 잘 견디는 능력 덕분에 닭발솜은 그때부터 과학자들의 지속적인 관심을 받았다.

몇백 년 전, 닭발솜은 일찍이 이 해안가의 알칼리성 토지의 주요 농작물로 조방 직물 생산에 적합했기 때문에 중국 국내 시장에서 불티나게 팔렸다.

한나라 때 량화이(两淮) 지역에 제염업이 부흥했다. 난퉁 지역은 화이난(淮南) 염전의 일부에 속해 있었기 때문에 [2]명나라 이전까지는 제염업이 현지 경제의 버팀목이었다. 그 이후, 명나라가 부흥하고 황허 강줄기가 남쪽의 량화이 바다에 흘러들어오면서 대량의 토사가 장쑤 중부와 북부 해변에 침적했고, 이에 따라 해안선은 계속해서 동쪽으로 이동해 난퉁 지역에 대량의 푸석푸석한 알칼리성 토지가 생기게 되었다. 이는 목화 농사를 하기에 매우 적합하여, 난퉁 일대는 점차 중요한 목화 생산 지역이 되었다. 목화는 화이베이와 산둥 지역에서 특히 인기 있었다. 청나라 시대까지 난퉁 농경지 중 70~80%는 목화를 재배하던 땅이었고 현지에서 재배하는 품종은 바로 닭발솜이었다. [3]그곳의 목화 생산량은 그 당시 창장 남쪽 다른 지역의 우수한 목화 품종들보다 훨씬 많았다. 목화 생산업은 갈수록 규모가 커졌고, 매년 가을마다 난퉁에는 상인들이 구름처럼 몰려왔다. 푸젠성과 광둥성 상인들도 일부러 배를 타고 건너와 목화솜을 구입해 갔다. 면방직 수공업도 이에 따라 함께 부흥하여 난퉁 지역은 점차 중요한 무명 생산지가 되었다. 당시의 난퉁에는 '이곳에선 항상 베틀이 돌아가는 소리를 들을 수 있고, 아침이 밝아올 땐 이미 만 장(丈)의 천이 생산되어 있다'라는 말이 있을 정도로 성황을 이루었다. 이 외에도, 명나라 통치자는 전란으로 망가진 사회경제구조를 빠르게 회복시키기 위해 농민들에게 뽕나무를 심고 누에를 키우게 하여 누에 생산업 또한 발전하게 되었다.

19세기 말, 청나라 말기의 장원이었던 장젠(张謇)은 '실업으로 나라를 지키자'는 이상을 품고 고향인 난퉁의 퉁양윈허(通扬运河) 주변 68묘(亩) 규모의 토지에 경계를 지어, 여러 어려움을 극복해 나가다, [5]44개월 후인 1899년에 중국 최초의 민영 방직 회사를 설립했다. 그는 『주역계사(周易系辞)』에서

张謇建起具有现代气息的厂房，引进世界一流的设备，高薪聘请外国专家，并以股份制办厂。于1899年至1921年，大生纱厂由一家发展为四家，获利白银1600万两，这些资金也成了张謇兴办实业、投身公益慈善事业、经营南通城的主要经济来源。在此期间，他还利用大生纱厂的盈余，[6]在厂内设立纺织染传习所，开启了中国纺织高等教育的先河。

直至今日，原大生纱厂本部依然矗立于通扬运河河畔，生产经营从未间断，横跨三个世纪，历经122个春秋，俨然已成为了中国民族工业的一面旗帜、中国纺织行业的一个"活标本。"

"枢机之发动乎天地，衣被所及遍我东南"——这是1899年5月23日大生纱厂开工投产之日，张謇的老师翁同龢特地从常熟派小船送来的一副对联。百余年后，先贤的梦想果真成为。现实。如今，南通已是中国纺织业聚集度最高、门类最齐全的地区之一，纺织从业人员占南通工业从业人员总数的四分之一以上。

'세상천지에서 가장 큰 덕은 새 생명이 태어나는 것이다(天地之大德日生)'라는 말을 인용해 공장의 이름을 '다성(大生) 방직공장'이라고 지었다. 방직공장 가동 후에 원자재 공급 부족이라는 난제를 해결하고자 장젠은 해안가 갯벌로 시선을 돌려 방직공장을 위한 확실한 목화 생산지를 만들기 위해 알칼리성 토지에 밭을 일구고 목화를 재배했다. 당시 방직공장에서 사용하는 원자재는 여전히 닭발솜 위주였고, 20세기 초에 이르러서 닭발솜은 점차 새로운 품종으로 대체되었으며 그 이후로 한 세기 동안 다른 품종은 나오지 않았다.

장젠은 현대적인 감각이 살아 있는 공장을 세웠다. 세계 일류 설비를 도입하고 높은 임금으로 외국 전문가를 초빙했으며 주식으로 공장을 운영했다. 1899년부터 1921년까지, 다성 방직공장은 한 곳에서 네 곳까지 확장했고, 은돈 1,600만 냥의 이익을 얻었다. 이 자금은 장젠이 사업을 일으키고, 공익 자선 사업에 투자하고, 난퉁 지역을 경영하는 데 쓰이는 주요 수입원이 되었다. 이 기간에 그는 다성 방직공장의 잉여금을 이용해 [6]공장 내부에 방직 염색 강습소를 만들어 중국 방직 고등교육의 물꼬를 터 주었다.

지금까지도 다성 방직공장 본사는 통양원허 강가에 우뚝 솟아 있다. 생산 및 경영이 한 번도 중단된 적이 없으며, 3세기가 넘는 시간 동안 122번의 봄과 가을을 지내면서 엄연한 중국 민족 산업의 모범이자 중국 방직 업계의 '살아 있는 본보기'가 되었다.

'기계가 가동되니 천지는 매우 놀랍고, 그것으로 만들어진 의복은 나라 곳곳으로 널리 퍼진다.' 이는 1899년 5월 23일 다성 방직공장을 정식 가동하던 날, 장젠의 스승인 웡퉁허(翁同龢)가 특별히 창수시에서 배를 통해 보낸 대련에 쓰여 있던 문구이다. 백여 년 후, 선현의 꿈은 현실이 되었다. 현재 난퉁은 중국 방직업에서 밀집도가 가장 높고 제품 종류가 가장 완벽히 갖추어져 있는 지역이 되었고, 방직업에 종사하는 사람 수도 난퉁 전체 산업 종사자의 4분의 1 이상을 차지하고 있다.

请回答下列问题，答案控制在十个字以内。

1 "鸡脚棉"无法纺织细布原因是?

棉绒短

2 明代以前，南通的经济支柱是什么?

盐业

3 在清代，与江南其他的优质品种相比，南通培育的鸡脚棉有什么优势?

它的出棉率更高

4 第三段中，划线词语"商贾云集"的意思是什么?

商人从各地聚集在一起

아래 질문에 10글자 이내로 답하세요.

1 '닭발솜'으로 발이 가느다란 무명천을 짤 수 없는 이유는?

면벨벳이 짧기 때문에

2 명나라 이전에 난퉁 경제의 버팀목은 무엇이었는가?

제염업

3 청나라 시대에 창장 남쪽 다른 지역의 우수한 품종에 비해 난퉁에서 재배하던 닭발솜은 어떤 장점이 있었나?

그곳의 목화 생산율이 더 높다

4 세 번째 문단에서 밑줄 친 '商贾云集'는 무슨 의미인가?

상인들이 각지에서 모여든다

5 张謇耗时多久建成了中国第一家民营纺织企业？

44个月

5 장젠이 중국 최초의 민영 방직 기업을 설립하는 데 시간이 얼마나 걸렸는가?

44개월

6 纺织染传习所的创办标志着什么的诞生？

中国纺织高等教育

6 방직 염색 강습소의 설립은 무엇의 탄생을 상징하는가?

중국 방직의 고등교육

7 根据上下文，请在最后一段的空白处填上一个恰当的词语。

对联

7 문맥상 마지막 문단 빈칸에 알맞은 단어를 쓰시오.

대련

江苏省 Jiāngsūshěng 고유 장쑤성 | 南通市 Nántōngshì 고유 난퉁시 | 名城 míngchéng 명 이름난 도시, 유명한 도시 | 自 zì 개 ~에서부터, ~에서 시작하여 | 后周 Hòuzhōu 고유 후주 [951년 곽위가 후한을 멸하고 세움] | 显德 Xiǎndé 고유 현덕 [후주 태조가 사용한 연호] | 建 jiàn 동 세우다, 건설하다 | 冲积平原 chōngjī píngyuán 명 충적 평야 | 温和 wēnhé 형 (기후가) 따뜻하다, 온난하다 [气候温和: 기후가 따뜻하다] | 湿润 shīrùn 형 습하다, 축축하다 | ★棉花 miánhuā 명 목화솜 | 布匹 bùpǐ 명 포목 | 基地 jīdì 명 근거지, 본거지 [生产基地: 생산지] | 曾 céng 부 이미, 일찍이, 벌써, 이전에 | 农艺师 nóngyìshī 명 농업 기사, 영농 기사 | 前往 qiánwǎng 동 향하여 가다 | ★海滨 hǎibīn 명 해변, 바닷가, 해안 | 通州 Tōngzhōu 고유 퉁저우 [지명] | 示范区 shìfànqū 명 시범 지구 | 三余镇 Sānyúzhèn 고유 싼위진 [지명] | 试验田 shìyàntián 명 실험 농장 | 栽种 zāizhòng 동 심다, 재배하다 | 名为 míngwéi ~라고 불리다, 이른바 | 鸡脚 jījiǎo 명 닭발 | 品种 pǐnzhǒng 명 품종 | 叶片 yèpiàn 명 잎, 잎사귀 | 形似 xíngsì 동 형태가 같다, 형태가 닮다 | 爪 zhuǎ 명 (기물의) 다리, 발 | 得名 démíng 동 이름을 얻다 | 棉绒 miánróng 명 면벨벳 | 故 gù 접 그러므로 | 细布 xìbù 명 발이 가느다란 무명천 | 再加上 zàijiāshàng 게다가 | 产量 chǎnliàng 명 생산량 | 缘故 yuángù 명 이유, 연고, 원인 | 淡出 dànchū 동 소리 소문 없이 서서히 사라지다 | ★视野 shìyě 명 시야 | 直到 zhídào 동 줄곧 ~까지 | 株 zhū 양 종, 주, 그루 | ★变异 biànyì 동 변이하다 | 重出江湖 chóngchū jiānghú 성 다시 떠오르다, 복귀하다 | ★凭借 píngjiè 동 ~을 기반으로 하다 | 抗 kàng 동 저항하다, 대항하다 | 盐碱 yánjiǎn 명 알칼리성 | 台风 táifēng 명 태풍 | 自此 zìcǐ 부 그때부터, 이제부터, 지금부터 | 持续 chíxù 동 지속하다 | 关注 guānzhù 동 관심을 가지다, 주시하다 | 沿海 yánhǎi 명 연해, 바닷가 근처 지방 | 盐碱地 yánjiǎndì 명 알칼리성 토지 | ★农作物 nóngzuòwù 명 농작물 | 织造 zhīzào 동 직조하다 | 粗纱 cūshā 명 굵은 방사, 조사 | ★畅销 chàngxiāo 형 잘 팔리다, 판로가 넓다, 매상이 좋다 | 国内 guónèi 명 국내 | 汉代 Hàndài 고유 한나라 시기 | 两淮 Liǎnghuái 고유 량화이 [양쯔강 북쪽에 위치한 장쑤성 화이허의 이남과 이북의 합칭] | 盐业 yányè 명 제염업 | ★兴起 xīngqǐ 동 부흥하다, 일어나기 시작하다, 발전하기 시작하다 | 淮南 Huáinán 고유 화이난 [지명] | 盐场 yánchǎng 명 염전 | 明代 Míngdài 고유 명나라 시기 | ★支柱 zhīzhù 명 버팀목, 지주, 받침대 | 河道 hédào 명 강줄기, 수로 | 使得 shǐde 동 ~로 하여금 ~하게 하다 | 大量 dàliàng 형 대량의, 다량의, 많은 양의 | 泥沙 níshā 명 진흙과 모래 | ★淤积 yūjī 동 토사가 침적하다 | 海岸线 hǎi'ànxiàn 명 해안선 | 疏松 shūsōng 동 푸석푸석하게 하다 | 盐碱土 yánjiǎntǔ 명 알칼리성 토양 | ★适宜 shìyí 형 적합하다, 알맞다, 적당하다 | 淮北 Huáiběi 고유 화이베이 [지명] | 山东 Shāndōng 고유 산둥성 [지명] | 至 zhì 동 ~까지 이르다 | 清代 Qīngdài 고유 청나라 시기 | 农田 nóngtián 명 농경지, 농토 | 培育 péiyù 동 재배하다, 기르다, 키우다 | 彼时 bǐshí 명 그 당시, 그때 | 优质 yōuzhì 형 질이 우수하다, 양질의 | 棉 mián 명 목화와 목면의 통칭 [보통은 목화를 가리킴] | 业 yè 명 일 | 生意 shēngyi 명 사업 | ★每逢 měiféng ~때마다, ~가 될 때마다 | 秋季 qiūjì 명 가을철 | ★商贾 shānggǔ 명 상인 | 云集 yúnjí 동 구름같이 모여들다, 운집하다 | 闽 Mǐn 고유 푸젠성 [지명] | 粤 Yuè 고유 광둥성 [지명] | ★专程 zhuānchéng 부 (어떤 목적을 위해) 일부러 | 乘 chéng 동 (교통 수단·가축 등에) 타다, 오르다 | 棉纺织 miánfǎngzhī 명 면방직 | 随之 suízhī 이에 따라 | 土布 tǔbù 명 수직기로 짠 무명 | 产区 chǎnqū 명 생산지, 산지 | 机杼 jīzhù 명 베틀, 직포기 | 日出 rìchū 명 날이 밝다, 일출하다 | 盛况 shèngkuàng 명 성대한 분위기, 성황 | 统治者 tǒngzhìzhě 명 통치자, 지배자 | 尽快 jìnkuài 부 되도록 빨리 | 战乱 zhànluàn 명 전란 | ★格局 géjú 명 구조, 구성 | ★强制 qiángzhì 동 (정치력이나 경제력 등으로) 강제하다, 강요하다, 강압하다 | 农民 nóngmín 명 농민, 농부 | 植 zhí 동 심다, 재배하다, 양성하다 | 桑 sāng 명 뽕나무 | 育蚕 yùcán 동 누에를 키우다, 양잠하다 | 蚕桑业 cánsāngyè 명 누에 생산업 | 末 mò 명 말, 마지막 | 状元 zhuàngyuan 명 장원 [과거 시험에서 제1위로 합격한 사람] | 张謇 Zhāng Jiǎn 고유 장젠 [인물] | 秉持 bǐngchí 동 품다, 움켜쥐다 | 实业 shíyè 명 실업 | 报国 bàoguó 동 나라를 지키다, 보국하다 | 通扬 Tōngyáng 고유 퉁양 [지명] | ★运河 yùnhé 명 운하 | 畔 pàn 명 (강·호수·도로 등의) 주변, 가장자리, 부근 | 圈地 quāndì 동 토지를 사서 경계를 정하다 | ★亩 mǔ 양 묘 [중국식 토지 면적의 단위] | ★历时 lìshí 동 시간이 경과하다 | 民营 mínyíng 명 민영 | ★纺织 fǎngzhī 명 방직 | 周易系辞 zhōuyì xìcí 명 주역계사 | ★天地 tiāndì 명 세상, 경지 | 德 dé 명 덕 | ★日 yuē 동 ~에 있다 | ★命名 mìngmíng 동 이름을 짓다, 명명하다 | 应对 yìngduì 동 대응하다, 대처하다 | 供应 gōngyìng 명 공급, 보급 | 难题 nántí 명 난제 | 眼光 yǎnguāng 명 시선, 안목, 식견 | 滩涂 tāntú 명 갯벌 | 垦牧 kěnmù 동 밭을 일구다, 개간하다 | 为主 wéizhǔ 동 ~을 위주로 하다 [以A为主: A를 위주로 하다] | 新兴 xīnxīng 형 신흥의, 새로 일어난 | ★取代 qǔdài 동 대체하다, 대치하다 | 沉寂 chénjì 형 소식이 없다, 기별이 없다 | 具有 jùyǒu 동 지니다, 가지다, 있다 | ★气息 qìxī 명 분위기, 정취 | 厂房 chǎngfáng 명 공장 | 引进 yǐnjìn 동 도입하다, 끌어들이다 | 一流 yīliú 명 일류 | 高薪 gāoxīn 명 높은 임금 | 聘请 pìnqǐng 동 초빙하다 | 股份 gǔfèn 명 주식, 주권 | 办厂 bànchǎng 동 공장을 운영하다 | 获利 huòlì 동 이익을 얻다 | 白银 báiyín 명 은돈 | 兴办 xīngbàn 동 일으키다, 창설하다 | ★投身 tóushēn 동 (어떤 일에) 투자하다, 헌신하다 | 公益 gōngyì 명 공익, 공공이익 | 慈善 císhàn 형 자선을 베풀다, 남을 배려하다 | 事业 shìyè 명 사업 | 来源 láiyuán 명 (사물의) 근원, 출처 | 盈余 yíngyú 명 잉여금 | 设立 shèlì 동 (기구·조직 등을) 설립하다, 건립하다 | 染 rǎn 동 염색하다, 물들이다 | 传习所 chuánxísuǒ 명 강습소 | ★开启 kāiqǐ 동 열다, 개방하다 | 高等教育 gāoděng jiàoyù 명 고등교육 | 先河 xiānhé 명 시작, 처음 | 今日 jīnrì 명 지금, 현재, 오늘날 | 矗立 chùlì 동 우뚝 솟다 | 从未 cóngwèi 부 지금까지 ~한 적이 없다, 여태껏 ~하지 않다 | ★间断 jiànduàn 동 중단되다, 끊어지다 | 横跨 héngkuà 동 뛰어넘다 | ★历经 lìjīng 동 두루 경험하다, 여러 번 ~겪다 | 俨然 yǎnrán 부 엄연히 | 旗帜 qízhì 명 모범 | ★标本 biāoběn 명 본보기, 표본, 시료 | 发动 fādòng 동 가동되다, 기기를 돌리다 | 投产 tóuchǎn 동 생산에 들어가다 | 翁同龢 Wēng Tónghé 고유 웡퉁허 [인명] | 特地 tèdì 부 특별히, 일부러 | 常熟 Chángshú 고유 창수 [지명] | 副 fù 양 쌍, 벌 [한 쌍의

대구의 글귀인 대련을 세는 단위] | **先贤** xiānxián 몡 선현, 현인 | **聚集度** jùjídù 밀집도 | **门类** ménlèi 몡 (사물의) 종류, 분류 | **齐全** qíquán 혱 완전히 갖추다, 완벽히 갖추다 | **人员** rényuán 몡 사람, 인원 | **总数** zǒngshù 몡 총액, 총수 | **相比** xiāngbǐ 통 비교하다, 견주다 [与……相比: ~와 비교하다] | ★**四面八方** sìmiàn bāfāng 솅 방방곡곡, 사면팔방 | ★**耗时** hàoshí 시간이 걸리다, 시간을 소모하다 | **创办** chuàngbàn 통 창립하다, 창설하다 | **诞生** dànshēng 통 탄생하다, 태어나다, 출생하다 | **恰当** qiàdàng 혱 알맞다, 적합하다, 적당하다 | ★**对联(儿)** duìlián(r) 몡 대련, 주련 [종이나 천에 쓰거나 대나무·나무·기둥 따위에 새긴 대구]

STEP 2 내공 쌓기

track 48

1 쉬운 말로 풀이하기

독해 제3부분에서는 어휘의 의미를 유추해 답안을 작성하는 문제가 출제된다. 따라서 중요 어휘의 의미를 정확히 알고, 비슷한 표현까지 익혀 두면 시험 문제를 푸는 데 도움이 된다. 어려운 표현을 기억한 후 쓰면 좋겠지만 틀리지 않는 것이 더 중요하므로 비슷한 의미를 가지면서 좀 더 쉬운 표현을 기억해 두자.

刻不容缓 kèbùrónghuǎn 잠시도 지체할 수 없다	必须马上行动 bìxū mǎshàng xíngdòng 반드시 바로 행동해야 한다
兢兢业业 jīngjīngyèyè 부지런하고 성실하다	十分认真、勤奋地工作 shífēn rènzhēn, qínfèn de gōngzuò 매우 성실하고 근면하게 일하다
东张西望 dōngzhāng xīwàng 두리번거리다	到处看，不能集中 dàochù kàn, bùnéng jízhōng 여기저기를 봐서 집중할 수 없다
无可奈何 wúkěnàihé 어쩔 도리가 없다	没有解决的办法，只能这样 méiyǒu jiějué de bànfǎ, zhǐnéng zhèyàng 해결할 방법이 없으니 이렇게 하는 수밖에 없다
万事开头难 wànshì kāitóu nán 시작이 반이다	做任何事开始都是最难的 zuò rènhé shì kāishǐ dōu shì zuì nán de 어떤 일이든 시작이 가장 어렵다
小心翼翼 xiǎoxīn yìyì 매우 조심하다	十分小心 shífēn xiǎoxīn 매우 조심하다
不言而喻 bùyán'éryù 말하지 않아도 알다	不用说也知道 búyòng shuō yě zhīdào 말하지 않아도 알다
一目了然 yímù liǎorán 일목요연하다	十分明显 shífēn míngxiǎn 매우 뚜렷하다
称心如意 chènxīn rúyì 마음에 꼭 들다	感到十分满意 gǎndào shífēn mǎnyì 매우 만족하다
众所周知 zhòngsuǒzhōuzhī 모든 사람이 다 알고 있다	所有人都知道 suǒyǒurén dōu zhīdào 모두 다 알다

举世闻名 jǔshì wénmíng 세상에 널리 이름나다	非常有名 fēicháng yǒumíng 매우 유명하다
应有尽有 yīngyǒu jìnyǒu 모두 갖추어져 있다	该有的都有 gāi yǒu de dōu yǒu 있어야 할 것은 다 있다 十分全面 shífēn quánmiàn 매우 완벽하다
全力以赴 quánlìyǐfù 전력을 다하여 일에 임하다	用尽全力 yòngjìn quánlì 온 힘을 다 쓰다
层出不穷 céngchū bùqióng 차례차례로 나타나서 끝이 없다	不断出现 búduàn chūxiàn 끊임없이 나타나다
物美价廉 wùměi jiàlián 상품의 질이 좋고 값도 저렴하다	(东西)又好又便宜 (dōngxi) yòu hǎo yòu piányi (물건이) 좋고 저렴하다
与日俱增 yǔrì jùzēng 날이 갈수록 번창하다	越来越多，不断增加 yuèláiyuè duō, búduàn zēngjiā 점점 더 많아지고, 계속해서 증가하다
日新月异 rìxīn yuèyì 나날이 새로워지다	新的变化 xīn de biànhuà 새로운 변화
见多识广 jiànduō shíguǎng 박학다식하다	很有见识 hěn yǒu jiànshī 매우 식견이 있다
迫不及待 pòbùjídài 한시도 지체할 수 없다	十分着急，无法等待 shífēn zháojí, wúfǎ děngdài 매우 조급해서 기다릴 수 없다 迫切、无法等待 pòqiè, wúfǎ děngdài 절박해서 기다릴 수 없다
流泪满面 liúlèi mǎnmiàn 눈물이 앞을 가리다	留下眼泪 liúxià yǎnlèi 눈물을 흘리다
截然相反 jiérán xiāngfǎn 뚜렷이 반대되다	完全不一样 wánquán bù yíyàng 완전히 다르다
每时每刻 měishí měikè 항상, 언제나	经常 jīngcháng ｜ 时常 shícháng 항상, 자주
无关痛痒 wúguān tòngyǎng 중요하지 않다	不重要 bú zhòngyào 중요하지 않다
等候多时 děnghòu duōshí 오래 기다리다	等了很长时间 děng le hěn cháng shíjiān 오래 기다렸다
全票通过 quánpiào tōngguò 만장일치로 통과하다	大家都同意 dàjiā dōu tóngyì 모두 동의하다

骄横无礼 jiāohèng wúlǐ 교만하고 무례하다	没有礼貌 méiyǒu lǐmào 예의가 없다
大吃一惊 dàchī yìjīng 매우 놀라다	非常吃惊 fēicháng chījīng 매우 놀라다
走出困境 zǒuchū kùnjìng 곤경에서 벗어나다	解决困难 jiějué kùnnan 어려움을 해결하다
四面八方 sìmiàn bāfāng 사면팔방	东西南北、各个方面 dōngxīnánběi、gègèfāngmiàn 동서남북 각 방면
一味 yíwèi 오로지	盲目 mángmù 맹목적인
出乎意料 chūhū yìliào 뜻밖이다	意料之外 yìliào zhīwài 예상 밖의 일이다
消耗殆尽 xiāohào dàijìn 소진하다	全部用尽 quánbù yòngjìn 전부 사용하다
与众不同 yǔzhòng bùtóng 보통 사람과 다르다, 남다르다	不一样 bù yíyàng 다르다 | 不一般 bú yìbān 평범하지 않다 特别的 tèbié de 특별하다
商贾云集 shānggǔ yúnjí 상인들이 구름떼처럼 몰려오다	商人们从各地聚集到一起 shāngrénmen cóng gèdì jùjí dào yìqǐ 상인들이 각지에서 모여들다
不胜枚举 búshèng méijǔ 일일이 헤아릴 수 없다	这样的事例非常多 zhèyàng de shìlì fēicháng duō 이런 사례는 무수히 많다
有利有弊 yǒulì yǒubì 좋은 점도 있고 나쁜 점도 있다	有优点也有缺点 yǒu yōudiǎn yě yǒu quēdiǎn 장점도 있고 단점도 있다
出人头地 chūréntóudì 남보다 뛰어나다	超过他人 chāoguò tārén 남보다 뛰어나다 比其他人强、成功 bǐ qítā rén qiáng、chénggōng 남들보다 강하고 성공적이다
不可思议 bùkě sīyì 불가사의하다	(完全)想不到 (wánquán) xiǎngbudào 완전히 생각지 못하다 非常神奇 fēicháng shénqí 매우 신기하다 意想不到 yìxiǎng budào 예기치 못하다

2 트렌드 어휘

최근 이슈가 되는 주제들이 많이 나오니 관련 어휘들을 정리해서 외워 두자!!

高新技术 gāoxīn-jìshù	하이테크	人工智能 réngōng-zhìnéng	인공지능(AI)
深度造假 shēndù zàojiǎ	딥페이크 AI 기술로 특정 인물의 얼굴을 사진·영상에 합성한 편집물	飞行汽车 fēixíng qìchē	플라잉 카 [하늘을 나는 자동차]
电子书 diànzǐshū	전자책	载人航天 zàirén hángtiān	유인 우주비행
二维码 èrwéimǎ	QR코드	元宇宙 Yuányǔzhòu	메타버스 [3차원 가상 세계]
数字货币 shùzì huòbì	암호화폐 [암호화된 가상 자산으로, 최초의 암호화폐는 비트코인이다]	纯素主义 chúnsù zhǔyì	비거니즘 [동물 착취에 반대하는 철학]
短视频 duǎnshìpín	숏폼 [틱톡이나 릴스같은 짧은 영상]	地方病 dìfāngbìng	엔데믹, 풍토병

3 답이 보이는 핵심 표현

결과, 결론, 요약, 총괄, 추측, 강조 등을 묻는 문제는 답이 보이는 핵심 키워드를 알면 좀 더 쉽게 답을 찾을 수 있다.

(1) 결과, 결론

归根到底 guīgēn dàodǐ	결국에는	说到底 shuō dàodǐ	결국은
所以 / 因此 / 于是 suǒyǐ / yīncǐ / yúshì	그래서 / 그러므로 / 그리하여	这样一来 zhèyàng yìlái	이와 같다면

(2) 요약, 총괄

也就是说 yě jiùshì shuō	다시 말하면 ~이다	由此看来 yóucǐ kànlái	이로부터 보면
由此可见 yóucǐ kějiàn	이로써 알 수 있다	所谓 suǒwèi	소위, 이른바
综上所述 zōngshàng suǒshù	앞서 말한 내용을 종합하다	总的来说 zǒng de lái shuō	전반적으로 말하면
总而言之 zǒng'éryánzhī	요컨대	通常情况下 tōngcháng qíngkuàng xià	보통 상황에서

(3) 추측

鉴于 jiànyú	~의 점에서 보아	可想而知 kěxiǎng'érzhī	미루어 알 수 있다

(4) 강조

不用说 búyòng shuō	말할 필요가 없다	怪不得 guàibude	과연
理所当然 lǐsuǒdāngrán	당연히 그렇다	没说的 méishuōde	두말할 필요가 없다
莫过于 mòguòyú	~보다 더한 것은 없다	说不上 shuōbushàng	말할 필요가 없다

(5) 기타

不见得 bújiàndé	반드시 ~라고는 할 수 없다	出人意料 chūrényìliào	뜻밖이다
老实说 lǎoshi shuō	솔직히 말하면	相传 xiāngchuán	~라고 전해지다
主要是 zhǔyào shì	주로 ~이다	为了 wèile	~하기 위해

4 지문-질문 매칭 표현

설명문, 논설문 문제에서는 지문과 보기에 사용된 어휘가 동일한 경우도 있지만, 의미가 유사한 다른 표현을 사용하는 경우가 훨씬 더 많다. 지문에 어휘가 보기에 그대로 언급되지 않아도 유사한 표현을 찾을 줄 알아야 한다.

- 创办 chuàngbàn 图 창립하다, 창설하다 | 开启 kāiqǐ 图 시작하다, 일으키다, 열다
- 诞生 dànshēng 图 탄생하다 | 先河 xiānhé 명 (일의) 시작, 처음, 효시
- 无法 wúfǎ 图 할 수 없다 | 不了 bùliǎo ~할 수가 없다
- 加强 jiāqiáng 图 강화하다, 증강하다 | 增强 zēngqiáng 图 강화하다, 증강하다
- 造就 zàojiù 图 육성해 내다, 양성해 내다 | 培养 péiyǎng 图 육성하다, 길러내다
- 巴不得 bābudé 图 갈망하다, 간절히 바라다 | 恨不得 hènbude 간절히 ~하고 싶다, 못하는 것이 한스럽다
- 保障 bǎozhàng 图 보장하다, 보증하다 | 保证 bǎozhèng 图 보증하다, 담보하다, 확보하다
- 呈现 chéngxiàn 图 나타내다, 양상을 띠다 | 出现 chūxiàn 图 출현하다, 나타나다
- 覆盖 fùgài 图 덮다, 가리다 | 遮掩 zhēyǎn 图 덮어 가리다
- 叙述 xùshù 图 서술하다, 설명하다 | 敷衍 fūyǎn 图 자세히 서술하다, 부연 설명하다
- 作弊 zuòbì 图 법이나 규정을 어기다 | 违背 wéibèi 图 위배하다
- 奏效 zòuxiào 图 효과가 나타나다 | 生效 shēngxiào 图 효력이 발생하다, 효과를 내다
- 妨碍 fáng'ài 图 지장을 주다, 방해하다 | 阻拦 zǔlán 图 저지하다, 방해하다, 막다 | 阻止 zǔzhǐ 图 저지하다, 가로막다
- 注视 zhùshì 图 주시하다, 주목하다 | 关注 guānzhù 图 주시하다, 주목하다 | 瞩目 zhǔmù 图 눈여겨보다, 주목하다
- 印证 yìnzhèng 图 입증하다, 확증하다, 증명하다 | 做证 zuòzhèng 图 증명하다 | 证明 zhèngmíng 图 증명하다
- 失望 shīwàng 图 희망을 잃다 | 沮丧 jǔsàng 图 낙담하다, 풀이 죽다 | 灰心 huīxīn 图 낙담하다, 낙심하다
- 引发 yǐnfā 图 (폭발, 감정, 병 따위를) 유발하다, 초래하다, 야기하다 | 导致 dǎozhì 图 야기하다, 초래하다 | 造成 zàochéng 图 발생시키다, 야기하다, 초래하다

- 开辟 kāipì 통 개척하다, 개발하다 | 开拓 kāituò 통 개척·확장·개간하다 | 开发 kāifā 통 개발·개간·개척하다
- 起步 qǐbù 통 (일·사업을) 착수하다 | 入手 rùshǒu 통 착수하다, 개시하다 | 下手 xiàshǒu 통 착수하다, 시작하다, 손을 대다 | 着手 zhuóshǒu 통 착수하다, 시작하다
- 目的 mùdì 명 목적 | A是为了B A shì wèile B A는 B하기 위함이다
- 条件 tiáojiàn 명 조건 | 要求 yāoqiú 명 요구, 요망
- 起源 qǐyuán 명 기원 | 由来 yóulái 명 유래, 출처
- 关头 guāntóu 명 일의 중요한 시기, 전환점, 고비 | 转折点 zhuǎnzhédiǎn 명 전환점
- 理想 lǐxiǎng 명 꿈 | 愿望 yuànwàng 명 소망 | 梦想 mèngxiǎng 명 꿈
- 功效 gōngxiào 명 효능, 효과 | 效应 xiàoyìng 명 효과, 반응 | 作用 zuòyòng 명 작용, 효과 | 成果 chéngguǒ 명 결과, 성과
- 优势 yōushì 명 우위 | 优点 yōudiǎn 명 장점 | 长处 chángchu 명 장점 | 好处 hǎochu 명 장점
- 高明 gāomíng 형 뛰어나다, 빼어나다 | 贤明 xiánmíng 형 현명하다, 총명하다 | 英明 yīngmíng 형 뛰어나게 슬기롭고 총명하다 | 明智 míngzhì 형 현명하다, 총명하다
- 猛然 měngrán 부 갑자기, 돌연히 | 意料之外 yìliào zhīwài 갑자기, 난데없이 | 骤然 zhòurán 부 돌연히, 갑자기
- 不同 bùtóng 다르다, 같지 않다 | 不一样 bù yíyàng 같지 않다, 다르다
- 多年来 duō nián lái 몇 년 이래 | 几年来 jǐ nián lái 수년 동안, 몇 년 동안
- 被称为 bèi chēngwéi ~라고 불리다 | 被誉为 bèi yùwéi ~로 칭송받다, ~로 불리다
- 爱面子 ài miànzi 체면을 중시하다, 체면 차리다 | 给面子 gěi miànzi 체면을 세워 주다
- 到处都是 dàochù dōu shì 도처에 있다 | 比比皆是 bǐbǐ jiēshì 성 어디에나 있다, 도처에 있다
- 必不可少 bìbùkěshǎo 성 없어서는 안 된다 | 不可或缺 bùkě huòquē 성 없어서는 안 된다, 필수 불가결하다
- 川流不息 chuānliú bùxī 성 (사람과 차들이) 냇물처럼 끊임없이 오가다 | 频繁地 pínfán de 끊임없이
- 大同小异 dàtóng xiǎoyì 성 대동소이하다 | 差不多 chàbuduō 형 큰 차이가 없다, 거의 비슷하다
- 东张西望 dōngzhāng xīwàng 성 여기저기 바라보다, 두리번거리다 | 左顾右盼 zuǒgù yòupàn 성 이리저리 두리번거리다
- 惊慌失措 jīnghuāng shīcuò 성 놀라고 당황하여 어찌할 바를 모르다 | 不知所措 bùzhī suǒcuò 성 어찌할 바를 모르다, 갈팡질팡하다
- 成千上万 chéngqiān shàngwàn 성 수천수만, 대단히 많은 | 无数 wúshù 형 무수하다, 매우 많다 | 许多 xǔduō 형 대단히 많은, 허다한
- 大名鼎鼎 dàmíng dǐngdǐng 성 명성이 높다, 이름이 높이 나다 | 数一数二 shǔyī shǔ'èr 성 일·이등을 다투다, 뛰어나다 | 有名 yǒumíng 형 유명하다
- 家喻户晓 jiāyù hùxiǎo 성 집집마다 알다 | 众所周知 zhòngsuǒzhōuzhī 성 모든 사람이 다 알고 있다 | 脍炙人口 kuàizhìrénkǒu 성 사람들 사이에 널리 회자되다
- 各种各样 gèzhǒng gèyàng 성 각양각색, 각종 | 各式各样 gèshì gèyàng 성 각양각색 | 多样 duōyàng 형 다양하다 | 多种多样 duōzhǒng duōyàng 가지각색의, 여러 가지의

Day 10

　　说起电子产品，在市场上存在感最低的无疑要属电子书了。"苹果"和"华为"等厂商发布iPad和手机产品时，市场反馈非常强烈，"华为""小米""联想""苹果"等品牌发布笔记本电脑时，也能吸引众多消费者的关注，然而，Kindle等电子书产品发布时，只能吸引部分消费者的关注。实际上，有大部分用户都认为，随着手机屏幕的不断升级和iPadmini等产品的问世很大程度上分割了电子书产品的市场。相比之下，手机和iPad在满足用户阅读需求的同时，还可以满足用户的其它娱乐需求，于是，很多用户认为电子书已经走到了被淘汰的边缘。

　　平心而论，现实情况确实如此，电子书的发展前景并不乐观。然而，不乐观并不代表没有希望。从个人职业发展的角度讲，随着工作能力的增强，人们对知识的渴望也就越强烈，这一点相信大多数从业多年的用户都深有体会。当消费者在职业能力方面取得一定成果之后，想要继续发展，就需要继续学习，只有通过更深入的学习和进修，才能对目前的工作成果有更清晰的认识，从而找到职业发展的增长点，突破发展瓶颈，进入新的发展阶段。因此，这类消费者的学习需求是十分强烈的。

　　然而，问题就在于:网络上充斥着众多碎片化的知识，这些内容需要消费者去自己发掘和鉴别，无形之中就增加了用户的学习成本和时间成本。有部分业内人士指出：降低消费者的学习成本、提升消费者的学习效率、为用户提供专业的学习平台，正是电子书的发展出路。

　　首先，构建专业的独家资源供给平台。电子书和平板电脑最关键的区分度不在硬件，而在于软件。用平板电脑，我们可以通过视频软件查看相关的学习视频，"考研党"对平板电脑的便携性更有体会。然而在这个过程中，平板电脑只是一个播放器，真正的资源都在网络上。通常情况下，我们需要在选择和寻找学习资料的过程中花费大量时间，即使是直接购买，也需要我们对相关的资料进行慎重甄别。如果电子书厂商能够构建一个更专业的学习平台，覆盖更多专业类的知识，就可以让电子书的竞争力远远超过平板电脑。以此为基础，电子书就会逐渐变成消费者的学习工具，对于任何一个追求进取并且有职业发展需求的用户来说，电子书都会成为最好的学习工具。

　　第二：电子书厂商应该定向提升电子书产品的屏幕素质和性能。简而言之，对于学习者来说，主要有两个需求：读书、做笔记。基于电子书厂商的学习平台，厂商应该对电子书产品的硬件进行升级。就读书而言，电子书的屏幕对读者显然更友好，这就是电子书产品的_____之一。对于一个学习者来说，笔记也是不可或缺的一部分，因此，电子书产品也需要为用户开发一款足够便携好用的手写笔。或许很多用户认为：与文字相比，视频更直观，能更大限度地缩短学习时间，用起来更轻松。但实际上，文字拥有更独特的魅力。同样一个内容，学习者通过视频只能接受到视频中的内容，但如果以文字的形式表达出来，学习者在学习过程中就无形增加了思考的过程，不再是被动接受，对一个学习者来说，这样的学习效果显然更好。

　　第三：电子书应该拥有足够便携的机身。对于绝大部分从业者来说，想要在工作和生活之间留出专门的学习时间，是一个十分奢侈的愿望。因此，从业者需要充分利用各种相对"碎片化"的时间进行学习，比如上下班或出差途中、午休时、下午茶时间等。想要满足用户的这一需求，电子书产品就要有足够便携的机身，因此，在手机产品升级屏幕和缩小机身的同时，电子书产品也应该紧随其后，开发出更符合用户便携性需求和读书习惯的电子书产品。

最后：提升电子书产品的续航能力。如果电子书产品具备了以上三点，那就必然需要更强的续航能力来满足用户随身携带和随时使用的需求。提升续航能力的方式主要有两个，增加电池容量和提高充电速度。目前，这两项技术在手机上的应用已经非常成熟，转移到电子书产品上的难度并不大。

平心而论，尽管不少业内人士都意识到了以上提到的几点，但对于电子书厂商来说，想要完成以上四个升级，需要足够的经济基础和发展时间，而在完善和发展的过程中，电子书产品给厂商带来的回报必定是不尽如人意的。因此，电子书产品的未来发展依旧堪忧。

请回答下列问题，答案控制在十个字以内。

1. 为什么有用户认为电子书已走到了被淘汰的边缘？

———————————————————

2. 学习网络上多知识，为什么会无形之中增加用户的学习成本和时间成本？

———————————————————

3. 通过更深入的学习和进修，对从业者有哪些好处？

———————————————————

4. 第六段中"碎片化"的时间，是什么意思？

———————————————————

5. 同样的内容，以文字的形式表达出来对学习者有什么好处？

———————————————————

6. 业内人士认为，电子书构建专业的独家资源供给平台可以解决什么问题？

———————————————————

7. 根据上下文，请在第五段的空白处填上一个恰当的词语：

———————————————————

정답 및 해설 → 해설서 p.188

曾几何时，海洋垃圾这个词对我们来说已不再是一个陌生的词汇，它主要指海洋和海岸环境中具有持久性的、人造的或经加工的固体废弃物。海洋垃圾不仅影响海洋景观，还会威胁航行安全，对海洋生态系的健康产生极其严重的危害。而我们只有正确认识海洋垃圾的来源，从源头上减少海洋垃圾的数量，才有可能降低海洋垃圾对海洋生态环境产生的影响。

众所周知，海洋垃圾中危害最持久的非"塑料"莫属，而海洋中最大的塑料垃圾便是废弃的鱼网。它们有的长达几英里，被渔民们称为"鬼网"。在洋流的作用下，这些鱼网绞在一起，成为海洋哺乳动物的<u>"死亡陷阱"</u>，它们每年都会缠住和淹死数千只海豹、海狮和海豚等。而有的海洋生物则容易把一些塑料制品误当食物吞下，例如：海龟就特别"喜欢吃"酷似水母的塑料袋；海鸟则"偏爱"打火机和牙刷，因为它们的形状很像小鱼，当它们将这些东西吐出来返哺幼鸟时，弱小的幼鸟往往会被噎死。塑料制品在动物体内无法消化、分解，误食后会引起胃部不适、行动异常、生育繁殖能力下降，甚至死亡。海洋生物的死亡最终会导致海洋生态系统被打乱。

塑料垃圾还可能威胁航行安全。废弃塑料会缠住船只的螺旋桨，特别是被称为"魔瓶"的各种塑料瓶，它们会损坏船身和机器，引起事故和停驶，给航运公司造成重大损失。

"绿色和平"组织发现至少267种海洋生物因误食海洋垃圾或者被海洋垃圾缠住而备受折磨，甚至死亡，这对海洋生物来说是致命。另外，海洋垃圾可通过生物链危害人类，如重金属和有毒化学物质可通过鱼类的食入在体内富集，人类吃了这些鱼类势必对人体健康构成威胁。而人类的海岸活动和娱乐活动，航运、捕鱼等海上活动正是海洋垃圾的主要来源。据统计，塑料和聚苯乙烯类制品占海洋漂浮垃圾的90%。专家们认为，海洋垃圾正在吞噬着人类和其他生物赖以为生的海洋。如再不采取措施，海洋将无法负荷，人类和其他生物都将无法生存。为此，专家强烈呼吁公众应增强海洋环保意识，不随意向海洋抛弃垃圾，从源头上减少海洋垃圾的数量，以降低海洋垃圾对海洋生态环境产生的影响，共同呵护我们的"蓝色家园"。

清理海洋塑料垃圾的方法可按照区域分为海岸、海滩收集法和海上船舶收集法。其中海岸、海滩收集法要比海上船舶收集法简单许多，因为垃圾一旦进入海洋便会具备持续性强和扩散范围广两个特点，这两个特点加大了海上船舶收集垃圾的难度。同时，海上收集垃圾时对船只的技术要求也很高。船只要能形成高速水流通道，同时还要具备翻斗设备和可升降聚集箱，这样才能将漂浮在海上的塑料垃圾聚集起来。另外，海上航行的船员们不愿将垃圾带回港口，也不愿打捞起扔在海洋中的垃圾。因此，一些船员选择将他们的垃圾丢弃在海上。加强对倾倒海洋垃圾的个人或团体的_____力度，可以在一定程度上阻止这一做法。

塑料袋、塑料瓶等塑料包装如今充斥着我们的生活，它已被英国某媒体评为20世纪"最糟糕的发明"。而我们所消耗的每一片塑料，都有可能流入大海。仅是太平洋上的海洋垃圾就已达350万平方公里，超过了印度的国土面积，而作为生活在地球上的一员，你我能否在"白色污染"的笼罩之下"绝处逢生"呢？

请回答下列问题，答案控制在十个字以内。

8. 在众多海洋垃圾中，危害最持久的是?

   _____

9. 海龟、海鸟海洋生物为什么会吃塑料袋、打火机和牙刷?

   _____

10. 海洋生物误食塑料制品后，会死亡的原因是?

    _____

11. 第二段中，对划线词语"死亡陷阱"应怎样理解?

    _____

12. 海滩垃圾的主要来源是什么?

    _____

13. 海上船舶收集法的难度大，主要原因是什么?

    _____

14. 根据上下文，请在第五段的空白处填上一个恰当的词语:

    _____

정답 및 해설 → 해설서 p.192

　　"双十一"如今对于任何一个网民来说都不会太陌生，这是近年来最流行的网购狂欢节。在这一天，每天的成交量都是非常惊人的。毫无疑问，"双十一"的消费群体是全民，把一个线上花钱的活动变成了网络消费狂欢节，"双十一"作为一个"无中生有"创造出来的节日，它所带来的_____的经济效益和影响力是出人意料的。

　　前几年，众多电商平台都将各自的店庆月作为促销月，京东店庆6月份、易购8月份、淘宝商城则选择了11月为促销月，各方均利用各种方法宣传自己、吸引顾客，竞争异常激烈。然而今年以来，各大电商都将目光瞄准了"双十一"。究其原因，主要是因为2012年"双十一"这天淘宝平台191亿的成交额让各个电商异常眼红。业界人士一致认为，"双十一"已成为网购主战场，并且这一现象很可能成为今后若干年的主旋律。

　　然而，你知道吗？"双十一"的灵感来源于一个很"无厘头"的想法。天猫总裁张勇在一次访谈中曾透露过：当初他们的团队就是想在每年的光棍节这一天，搞一个网上的购物节。2009年，淘宝商城的"双十一"广告营销主打的是光棍节(11月11日)这天没事干，那就买点儿什么东西当礼物送人吧！而选中11月，是因为正是换季时节，南方进入深秋，北方进入冬季，人们需要采购的东西格外多，比方说衣服、棉被都得换厚的，连拖鞋都得换成棉拖鞋。同时，11月处在"十一黄金周"与年底圣诞节促销季之间，是比较大的消费时间点。就这样，"双十一"诞生了。可以说，这次试水效果显著，挖出了强大的内需。而淘宝商城当年也没想到，几年走下来会发展成今天这样的景象，在这个过程中，可以看到整个消费潮流在发生变化，商业也在一步步发展变迁。

　　现在的双十一几乎已覆盖整个电商行业，乃至整个零售行业。消费者的需求就摆在那里，各路电商都在使出绝招激发它、引导它，最大的电商平台人为制造的一次购物节最终形成了一个全体消费者的网络狂欢盛宴。

　　"没有促销理由"根本不是理由，造一个出来，让大家有个理由到线上买东西。对商家而言，"双十一"正值年底，商家在这时候正好有业绩考核，年底冲销量，完成全年计划，清理库存压力，自然就有甩货的需要。这和西方11月底的感恩节有"黑色星期五"是一个路数。对消费者而言，网站上广告标明：该换衣服了，五折的优惠。这对任何人都有触动，别讨论专柜价、人为调价等营销手段，仅仅噱头就足以令用户心动，而且只要有需求在，自然有愿意满足需求的人，这是固然的市场经济模式。

　　"双十一"节日消费者定位比较准确，是"光棍儿的节日"，相对来说这些人没有那么大的经济压力，是容易冲动消费的人群，恰好符合购物、狂欢、大促这类活动的目标人群定位。淘宝最早发现这个商机，把"双十一"和购物折扣促销联系到一起，大肆宣传，从前几年的反响来看可以说大获成功。其他电商也纷纷跟进，这一节日成为现下许多电商大打促销价格战的主题，这也是几个因素共同叠加的结果。

　　改革开放以来，人民生活水平大幅度提高，消费能力增强，加之现代网络科技越来越发达，网购的影响范围越来越广，网购凭借其自身快捷方便的优越性，越来越受到广大消费者的青睐。中国"制造"的"双十一"正在一步步走向世界，演变为全球消费者的狂欢节，这或许将一定程度上改变世界经济的模式。

请回答下列问题，答案控制在十个字以内。

15. 第一段中的空格部分最适合填入的是?

_____

16. 业界人士为什么会认为"双十一"已成为网购主战场?

_____

17. 第三段中的"无厘头"应该如何理解?

_____

18. "双十一"所在的十一月是一个怎样的时间点?

_____

19. 为什么说"双十一"和西方感恩节的"黑色星期五"是一个路数?

_____

20. "双十一"节日的消费者具有哪些特点?

_____

21. 网购凭借其自身的何种优势受到了广大消费者的青睐?

_____

정답 및 해설 → 해설서 p.195

这些年，随着中国载人航天技术的发展，人们越来越多地认识到航天员在太空中的作用——他们既是工程师，也是科学家；既是生物学家，也是菜农；既是职业的航天员，也是载人航天工程的形象大使。他们就是这样一直在各种角色之间进行着转换，同时，也因为他们＿＿＿＿＿＿＿＿了人类登月的美好愿望，而被人们称为"摘星星的人"。

很多人会有这样的疑问："成为一名航天员究竟有多难？"据中国载人航天工程航天员系统总设计师黄伟芬介绍，航天员训练的项目包含了八大类二百余个科目，每一个科目下面又有若干训练单元，所以训练单元总数多达数千个。从预备航天员开始接受训练，到具备执行飞行任务的能力，一般需要三年半左右的时间。当然，航天员候选人必须身体健康，对航天环境要有很好的耐力和适应性；心理素质要好，年龄、身高、体重、教育背景和职业背景都必须满足严苛的要求。黄伟芬在一次演讲中总结："航天员选拔就像是<u>沙里淘金，千挑万选</u>。"

航天员选拔包括预备航天员选拔和飞行乘组选拔两大类。预备航天员选拔，就是从所需的职业人员中，挑选出能达到标准、基础好、能够取得参加训练资格的预备航天员。而飞行乘组的选拔，就是从合格的航天员中，为某次任务选出最佳飞行乘组，主要会从思想政治素质、身体、心理、知识技能这几个方面来进行相应的考核和评定。设计师黄伟芬表示：航天员选拔中最具特色的一个项目就是"航天环境耐力和适应性选拔"。它包括超重耐力、前庭功能、噪声敏感性等，一共有17项生理功能的检查，极具挑战性。拿"前庭功能"来说，航天员进入太空之后的前3天，是"空间运动病"的高发期。"空间运动病"其实不是病，它是人在失重环境下的一种特殊的生理反应，和我们在地面上的"晕车"或"晕船"的反应类似。有专家曾用转椅检验受试者的前庭功能，其中一名受试者的前庭功能比较差。起初，他是坐转椅的时候吐，后来发展到只要听说要做转椅试验就想吐。人的个体差异是非常大的，这也是为什么要在地面进行选拔的一个重要原因。此外，心理选拔也很重要。因为航天员在航程中要承受巨大的心理负荷，所以必须淘汰掉一些有潜在的心理病理异常、个性偏激以及有障碍的候选人，选出心理素质优秀的人进入航天员队伍。

中国载人航天工程副总设计师杨利伟此前接受媒体采访时介绍，航天员训练是一个漫长的过程。在这个过程中，航天员要经历持续不断的各种挑战、考验、检查和评定，而且只要他们不退役，训练就不能终止。

请回答下列问题，答案控制在十个字以内。

22. 结合前后文，请将合适的词填入第一段的空格中。

    _____

23. 在地面进行宇航员选拔的一个重要原因是？

    _____

24. 怎样理解："航天员选拔就像是<u>沙里淘金，千挑万选</u>。"中划线部分的意思？

    _____

25. 从接受训练，到具备执行飞行任务的能力，大概需要多久？

_____

26. 人的"前庭功能"出现问题时，会出现何种症状？

_____

27. 对航天员的心理选拔十分重视的原因是？

_____

28. 预备航天员选拔和飞行乘组选拔的差异是？

_____

정답 및 해설 → 해설서 p.198

Day 28

最近几年，随着大街小巷上扫码即可骑走的共享单车不断走入人们的视野，共享概念越来越火热，"共享经济"也随之深入人心，我们似乎跨进了资源共享的时代。单就共享单车而言，大众对共享的感觉是：共享单车给大家提供了极大的便利，可谓是科技造福大众的典范。除了共享单车以外，"滴滴"和"优步"这类打车软件也让广大吃瓜群众感受到了共享经济给生活带来的巨大福利。

对很多人来说，共享经济在出行方面体现得最为明显。然而，近日的一本《共享经济没有告诉你的事》一书则颠覆了很多人对共享经济的认知。对于"共享经济是什么？"这一问题，作者的总结正如人们所熟悉的那样：利用互联网将顾客和服务供应商匹配起来，为双方提供平台，并使之在现实世界里进行交易。让某个事物开放就是阻止其成为一个商品，把它从私人财产的领域解放出来，在社区成员之间共享。但实际上，共享经济的核心却是赋权。共享经济真正做到了把残酷、没有管制的自由经济扩展到我们生活中曾受到保护的领域。这种权利的转移，使资源拥有者更容易使用资源，缺乏资源的人失去更多的选择权。

《共享经济没有告诉你的事》的作者在书中的某个章节中举了一个共享经济的典型示例：一家由年轻人发起组织的公司，其创业宗旨是——为需要的人提供廉价的住宿。他们通过说服有空房的房东提供房源，然后将房子租给他人来收取一定的手续费。这一项措施受到了极大的欢迎，公司网站的订单呈现爆发式地增长，但隐藏的问题也在日后逐渐呈现出来：一些租客会在租了房东的房子之后，通过"短租"来赚钱，因此，周围那些固定的原住户便受到了干扰。渐渐地，很多房东意识到"短租"可以得到更多收益，于是他们便拒绝了长期租客的租房请求，这导致了一部分真正靠租房生活的家庭失去了住处或者需要付出更高的价格。由此可见，一部分人享受到的福利是以侵犯了他人的福利为代价的。

类似于上述情况的案例不胜枚举，这一系列现象导致的一个严重问题在于——拥有较多资源的社会群体能够得到更多的收益，而处于社会底层的人却需要付出更多的代价，这进一步加大了贫富差距。然而，这些"制造共享经济"的公司，比如出行领域的"共享巨头"，他们自诩自己只是提供沟通的平台，对沟通的双方都不负有责任，因此不会为了乘客的安全或者司机的利益考虑。他们享受着司机带给他们的收益，但是不会为司机支付任何保险或者是提供任何福利。他们充当了资源拥有者和资源需要者的中介，可他们甚至都不会像现实中的中介那样付出其他的劳动。有了一个网站或者程序之后，他们就开启了坐等资金进账的模式。这种模式就像是旧社会的地主雇长工干活，而这些共享巨头甚至连地主都不如，因为他们手中的"土地"是替他们去劳动的"长工们"的！

在解决一个问题之前，首先需要意识到问题的存在。然而事情往往不那么乐观，大多数人都沉浸在短暂的享受中，真正去思考背后逻辑的人并不多。因此，我们需要关注更为专业的意见，比如：关注《共享经济没有告诉你的事》这样反面意见的书，或是_____各种反对的声音，这些都是大众最容易办到的。只有让更多人从"共享经济获利的表象"中跳出来以及设立强有力的监管平台，才有可能确保公众的基本权益。

请回答下列问题，答案控制在十个字以内。

29. 通过对"共享单车"的使用，大众对共享的感觉是：

_____

30. 第三段中，共享经济的经典示例最想说明什么？

_____

31. 如何理解"不胜枚举"的含义？

_____

32. 在不良的共享经济环境下，想要获得收益社会底层人士需如何做？

_____

33. 当房东们意识到"短租"能获取更多收益时，他们的做法是？

_____

34. "有了一个网站或者程序之后，就开启了坐等资金进账的模式。"这句话主要想表达平台存在什么问题？

_____

35. 根据前后文，请将适当的词填入最后一段的划线部分？

_____

정답 및 해설 → 해설서 p.201

2020年新冠疫情到现在，人们的生活方式以及工作方式有了很大的变化，有些人在谋求更好的个人发展，而有那么一部分人在追寻内心深处的宇宙本源，还有人会思索，我们这个地球未来到底会是个什么样子呢？

也许未来世界在物质层会极其匮乏，缺吃少喝、没有明媚的阳光、没有绿草地，甚至还有无休止的战争，那么这个时候人们需要怎么度过这段时间？谜底就是——元宇宙。所谓"元宇宙"，就是人类创造出来的一个网络世界，是一个由VR、大数据、区块链、AI、物联网等联合打造的虚拟现实(数字化)空间。人类可以在上面打造自己的数字形象；创造自己的作品甚至小世界；与其他人进行互动，比如聊天、玩游戏；赚钱与花钱，除了肉体的吃喝拉撒做不到以外，几乎可以干任何事。

这就有人会问了：那元宇宙跟十几年前的虚拟网络世界岂不一样吗？答案当然是否定的。首先，在元宇宙中，人们可以随时随地切换身份，穿梭在真实和虚拟的世界之间。任意进入一个"元宇宙"，可以在其中进行学习、工作、交友、购物。其次，互联网和移动互联网展示的主要是文字和图片，是二维的。通过虚拟人，元宇宙可以把三维的、动态的、可交互的数据展示给用户。第三，互联网的交互方式是键盘鼠标和显示器，移动互联网则是触摸屏，而元宇宙的交互方式是语音交互、体感交互等等。交互方式的改变可以让人和设备保持距离，也要求设备具备智能能主动理解用户。

如今，大型互联网企业正在炒作元宇宙。一方面，它是风口和热点。另一方面，它可能确实对未来的发展产生了非常重要的影响。然而，这么多企业中没有一家能够创造元宇宙的通用载体，这只能说明元宇宙在这个时候有太多的吹嘘和炒作成分。从元宇宙的概念来看，实现它最基本的是实现流量自由，而那些没有能力进入元宇宙，但以元宇宙为幌子的企业只是在风口中获得更多的流量。总之，无论互联网流量是饱和还是不饱和，企业都不能拒绝大流量的冲击，更多的商业元宇宙的概念也是一个虚拟转向现实或现实转向虚拟转向基于流量的过程。流量是国王，不仅适用于互联网时代，也适用于元代宇宙。

其实，元宇宙并不神秘，从某种意义上说一直是人类的一种存在方式。中国社会科学院哲学研究所科技哲学研究室主任、研究员段伟文认为，我们一直生活在元宇宙中，可以说这个概念一直都是存在的，因为这个概念本身就是自说自话，让很多人做这个事情，就成为了一个真实的东西。关于一个东西是否真实，取决于参与人数的多少。对于时下热门的"元宇宙"，我们首先要＿＿＿＿＿＿＿一种开放的态度。在我们的时代，新事物<u>层出不穷</u>，特别是在第四次工业革命智能技术、数字技术的加持下，新事物不断涌现。有时我们会产生一种厌新感，以前说喜新厌旧，现在有厌新感，会自我屏蔽、自我建构一个信息茧房，这是需要打开的。同时也意味着开放态度，要有对公众世界的参与，公众世界一定是多样性差异性的。我们要在公共世界中来展现，问题不在于大家要达到一致的观点，而是我们要从不同的角度看同一个事物。第二，保持思考的姿态。元宇宙Meta含有"超越"的意思，"超越"意味着要用思想的方式去把握这个世界，黑格尔说要以思想的方式把握时代，以思想的方式把握现实。我们眼睛看到的未必是真正的现实，包括不管元宇宙建构是不是一个理念的世界，元宇宙出现这个事情作为一个对象本身，也是不能凭我们一般的感官去把握的。我们的思考应带有一种反思性、批判性。只有通过我们的反思和批判，才有可能对这些事物包括我们所支持的元宇宙有一个更恰当的把握。第三，要提高自身的修为。八百多年前宋代陆九渊说，"吾心即是宇宙，宇宙即是吾心"。他认为"宇宙内事，乃己分内事；己分内事，乃宇宙内事"，就是我的事就是宇宙的事，宇宙的事就是我的事。"在千万世之前有圣人出焉，同此心、同此理也；千万世之后有圣人出焉，同此心、同此理也；东西南北还有圣人出焉，同此心、同此理也。"陆九渊讲的是最严格意义上和终极意义上的元宇宙，是永恒的元宇宙，其中最关键的是突出我们的心和整合世界当中相互包容的关系。

　　事实上还有一个虚拟世界或者元宇宙，也是我们外延性的表现。我们个人的意向性与其高度交互关联，意味着我们每个人将来在元宇宙上的生活，看上去是我们个人的事，事实上不只关乎个人。很多专家对元宇宙的隐忧，背后都事关我们人类的整体存在，需要世人从生活政治的高度进行思考。

请回答下列问题，答案控制在十个字以内。

36. 在元宇宙中，人们可以做什么？

_____

37. 请在文中划线部分上填入恰当的词？

_____

38. 互联网和移动互联网展示的文字和图片主要是什么形式的？

_____

39. 大型互联网企业炒作元宇宙的原因主要是？

_____

40. 元宇宙的交互方式主要是什么？

_____

41. 如何理解原文中"层出不穷"的意思？

_____

42. 黑格尔的理论最想强调的是什么？

_____

정답 및 해설 → 해설서 p.205

人类对宇宙的探索从未停止过，宇航员是全人类探索宇宙的代表，空间站是宇航员在宇宙中的"地球"，它为宇航员们提供生命的必需的条件与补给。那么，这个小小的空间站储存的氧气是如何保证宇航员们这么久的宇宙航行之旅的呢？

宇宙空间站的构造是非常复杂的，这些复杂的组成系统分别负责着宇航员的各项生命所需，在了解空间站的氧气供需系统之前，首先需要对空间站的组成系统做一定的了解。

空间站最主要的部分是宇航员日常生活的地方——载人生活舱，这也是空间站的主体结构。另外，空间站还有许多不同用途的舱段，和人类在地球的生活区域一样，不同的区域具有不同的功能。比如在空间站的工作实验部是负责太阳能和电能之间的互相转化和对接舱口，它用于保证空间站的电能供应和其他航天器的对接。除此之外，单模块空间站还有12个系统用以维持宇航员正常的生命活动和工作，比如温度控制系统、测控和通信系统、环境控制和生命保障系统、仪表与照明系统等等。这些系统的相互协作共同提供宇航员生命所需的食物、氧气、水等等。

在宇宙的真空环境中储存食物相对来说是比较容易的，如同地球上的真空包装，但要注意包装的材料和储存的环境。并且宇航员在太空中遨游十几天乃至几十天并不是和在地面上的人们一样可以有丰富的食品类型选择——如煎、炒、蒸、煮等等烹饪类型。在空间站的宇航员们只能吃分量固定、口味固定、形态固定的"食物块"。因为空间站的资源有限，不可能为了解决进食的问题专门设置一个区域，一方面是客观条件无法实现，另一方面，宇航员的身体条件也不能支持这样的做法。

宇航员除了正常的休息整顿的时间，大部分都用于宇宙探索的科研工作，同时为了维持宇航员的身体机能平衡，空间站配备有一些基础的运动设施方便宇航员们锻炼身体。

除了食物以外，宇航员们赖以生存的水和氧气也是非常重要的存在，在里面生活工作的宇航员都需要用到氧气。远离地球的空间站、如何获得氧气成为广大网友比较关心的一个问题。其实，解决氧气供给难题一共有三种方式，只是以目前的技术手段来说都仍处于"笨办法"的阶段。

第一种就是最原始的方式，在宇航员乘坐飞船进入太空站的时候，会根据任务时长以及当前空间站氧气储量携带一定数量的加压氧气罐，当然因为还需要携带食物和其他科研设备，所以氧气罐的携带量一般都很小，只是一种备用手段。不过在突发情况或者出现故障的时候，这些加压氧气罐就是宇航员＿＿＿＿＿＿＿＿的最后保障。第二种方式就是日常供养所采取的办法，前提条件是太空站必须保持正常的工作状态。通过电能将液态的水转化成氧气和氢气，看似简单的电解水原理却是太空站的主要供氧方式。1升水可以产生大约620升的氧气，而一名宇航员24小时的需氧量大约只有550升左右。所以相对于携带大量氧气罐而言，带一些水前往外太空更加划算。当然这也需要利用第三种方式进行配合，否则也没有办法满足宇航员长期工作的需求。第三种方式就是循环利用，生活污水会被进行净化处理，然后通过第二种方式将其变成氧气。在太空站，宇航员携带的食物、水果都能够提供一定的水分，所以正常的排泄等生理需求完全可以满足。当然更多时候净化的都是洗漱用水、洗澡水等，紧急情况也可以使用一些"特殊手段"。

人类文明发展至今，由以前的一味浪费资源进化到现在的资源合理应用，地球上的人们或许对资源的循环利用感触不深刻，实施不透彻，但是身处宇宙的宇航员们却已经将资源的循环利用应用到极致，这不仅是人类探索宇宙文明的进步，也是人类对于保护资源文明的进步更应该引起生活在地球上的人们的反思。

　　请回答下列问题，答案控制在十个字以内。

43. 为什么说"空间站是宇航员在宇宙中的地球"？

　　————————————————————————

44. 空间站的哪个部分负责太阳能和电能之间的互相转化和对接舱口？

　　————————————————————————

45. 宇航员们在空间站里吃的食物有什么特点？

　　————————————————————————

46. 在空间站内，宇航员们锻炼身体的主要目的是什么？

　　————————————————————————

47. 第三种方式的"循环利用"主要指的是什么？

　　————————————————————————

48. 请填写适当的词到第七段划线部分。

　　————————————————————————

49. 最后一段中划线词语还可以用什么词来代替？

　　————————————————————————

정답 및 해설 → 해설서 p.209

"大黄鸭"是由荷兰艺术家弗洛伦泰因·霍夫曼(Florentijn Hofman)以经典浴盆黄鸭仔为造型创作的巨型橡皮鸭艺术品系列。这其中的一只是世界上体积最大的橡皮鸭，尺寸为26×20×32米。自2007年第一只"大黄鸭"诞生以来，霍夫曼带着他的作品从荷兰的阿姆斯特丹出发，截至2014年8月，已先后造访了13个国家地区的22个城市。大黄鸭在所到之处都受到了很大关注，也为当地的旅游及零售业带来了极大的商业效益。

　　霍夫曼曾表示，他的灵感大多来源于一些艺术作品，较倾向于从绘画作品中获得灵感后，再进行自己的艺术创作。大黄鸭也是如此。一次，他在荷兰一个博物馆中的绘画作品中看到了一个小黄鸭的设计，由此便产生了制作"大黄鸭"的灵感。

　　大黄鸭其实是西方文化的象征，在西方国家中，孩子们很早就在浴盆中洗澡，浴盆栓子的末端一般会连有一只"橡皮鸭"，"这是一段没有世故、单纯且充满快乐的童年回忆，看到了大黄鸭，人们就会回想起自己的童年——没有成年后的烦恼和顾虑，不知道未来要面对的生存压力和环境，所拥有的都是喜悦、开心、向前看。"霍夫曼这样解读道。霍夫曼透露，自己对于现在大黄鸭的火爆程度的确有点"出乎意料"，因为他在2002年开始艺术构思的时候，并不是出于对大黄鸭真正的喜欢，在他的大型创作中，还包括猴子等造型，但是经过了5年的构思、制作和打样后，到了2007年，原型大黄鸭才问世，在这个过程中，他才逐渐喜欢上大黄鸭。

　　"大黄鸭"在过去的15年里完成了环球旅行，每到一个地方都能引起当地的瞩目，游客排队去跟它合照。这只"巨鸭"无分年龄、种族、疆界，象征快乐和美好。"憨态可掬"、"呆萌可爱"、"十分讨喜"……众多誉美之词，尽显"鸭粉"们对黄色巨鸭的喜爱。不少网友在采访中忆称，黄色充气橡皮鸭是童年时洗澡的玩伴，但眼前这只小黄鸭却瞬间"长大"，把每天上班途经的水域变成它的浴盆，把城市森林当作背景，"大黄鸭"就是"致我们终将逝去的童年"。它提醒每天辛劳奔波的人，大黄鸭依旧是可爱的大黄鸭，童年的温暖一直伴随我们向前。

　　任何艺术行为想要得到广泛传播，除了其本身的独特魅力，一定少不了宣传和推广，大黄鸭是一个成功的"营销"，但是它又和普通硬广告的营销不同。霍夫曼将其以一种公共艺术的方式来传播，所到之处也都强调其公益性，所以"大黄鸭"本身并没有因为过多的商业捆绑而传达出商业信息，恰恰是这种公益性质的艺术行为，拉近了其和公众的_____。艺术家本身要能抓住当下热点，抓住人们的心理，才能"营销"出一个"大黄鸭文化"。

　　人们喜欢大黄鸭的一个很重要的原因就是：它本身就是童年的代名词，黄色巨鸭勾起童年回忆，这其实离不开霍夫曼一直以来的创作理念。霍夫曼是一位一直保持好奇心的温暖"奶爸"，每天早上与家人一起吃早餐，之后送孩子上学。接下来就开启工作的一天。对于霍夫曼来说，保持童心非常重要。他认为，人长大之后，总是会强调完美，不敢犯错，但孩子就不一样，他们可以自由地犯错、自由地表达自己的幻想。他的工作，就是希望能将人们从那种刻意强调完美的状态中解脱出来。"你可以自由地谈论幼稚的东西，自由地思考和说话，可以表现得有点儿愚蠢，和它们拍合照，因为你是自由的。"

请回答下列问题，答案控制在十个字以内。

50. 根据原文，我们我可以知道"大黄鸭"是以什么为造型创作的艺术品？

    _____

51. 大黄鸭的创作者创作大黄鸭的灵感来源于什么？

    _____

52. 人们看到"大黄鸭"时会想起什么？

    _____

53. 第三段中的划线词语"出乎意料"还可以用什么词替换？

    _____

54. 第五段划线部分中最适合填入的词是？

    _____

55. 结合最后一段，霍夫曼的创作理念最可能是什么？

    _____

56. 霍夫曼认为孩子与成人的不同在于？

    _____

정답 및 해설 ➔ 해설서 p.212

随着汽车工业的高速发展，汽车带来的环境污染、能源短缺、资源枯竭和安全等方面的问题越来越突出。为了保持国民经济的可持续发展，保护人类居住环境和能源供给，各国政府不惜巨资投入大量人力、物力，寻求解决这些问题的各种途径。电动汽车具有良好的环保性能和可以以多种能源为动力的显著特点，既可以保护环境，又可以缓解能源短缺和调整能源结构，保障能源安全。目前，发展电动汽车已成为各国政府和汽车行业的共识，电动汽车的研发已成为汽车行业的热点。因此，无论是从设计、研究和开发的观点还是从实用的角度来看，了解和掌握电动汽车技术的社会需求会越来越大。

汽车自诞生起已有100多年的历史，其发展速度不断加快，与人们的联系也越来越紧密。汽车已不再是一个简单的代步工具，而是成为了许多人的生活必需品和文化生活的一部分，甚至成为一些人的流动办公室。汽车的普及程度和技术水平已成为一个国家或地区现代化程度的标志。伴随着人们生活水平的提高，人类对生存环境的要求也越来越高，降低汽车的有害排放物的呼声与日俱增。就目前的情况来看，汽车面临的挑战之一就是能源供应问题。从可持续发展的观点出发，人类应设法减少对有限的石油资源的消耗，同时积极研究石油枯竭后汽车面临的能源问题。目前使用的主要能源有石油、煤、天然气、核能（原子能）、水能、风能以及可再生资源等。虽然每年都有新的油田、气田的发现，但是这些资源都是有限的，总有一天会"消耗殆尽"。

由于电动汽车具有突出的环保方面的优势，使得电动汽车的开发和研究成为各国开发绿色汽车的主流。电动汽车使用的能源是一切可以用于发电的能源。因此使用电动汽车可以摆脱汽车对化石燃料的依赖，改善能源结构，使能源供给多样化，也使能源的供给有保障。电动汽车在解决道路交通事故方面和传统汽车相比也具有一定的＿＿＿＿＿＿＿。因此，开发电动汽车是迎接汽车面临挑战的重要对策之一。

燃料电池电动汽车的外形和内部空间与普通内燃机汽车几乎没什么差别。单凭外形是无法区分燃料电池汽车与普通内燃机汽车的。燃料电动汽车与传统汽车的不同之处在于动力系统。燃料电池电动汽车的动力系统主要由动力控制单元、电动机、电池组、燃料箱、储能装置及燃料加入口等组成。其工作原理是由从燃料电池组出发的电流经过逆变器后进入电动机，然后驱动汽车行驶，或者经过转换器向蓄电池充电，当汽车行驶时需要的动力超过电池的发电能力时，蓄电池也参与工作，其电流会经过转换器进入电动机驱动汽车行驶。

驱动电机及其控制系统是燃料电池汽车的心脏，它的主要功能是使电能转变为机械能，并通过传统系统将能量传动到车轮驱动车辆行驶。其基本构成有两个部分：电机及控制器。电机由控制器控制，是一个将电能转变为机械能的装置。控制器的作用是将动力源的电能转变为适合于电机运行的另一种形式的电能，所以控制器本质上是一个电能变换控制装置。

截止目前，燃料电池可以采用的电机驱动系统有直流电机驱动系统、异步电机驱动系统、同步电机驱动系统和开关磁阻电机驱动系统。与世界其他国家一样，电动汽车研发工作也在中国如火如荼地进行着。国家从维护能源安全、改善大气环境、提高汽车工业竞争力、实现中国汽车工业的跨越式发展的战略高度考虑，设立"电动汽车重大科技专项"，通过组织企业、高等院校和科研机构，集中国家、地方、企业、高校、科研院所等方面的力量进行联合攻关。为此，国家共计拨款8.8亿元作为这一重大科技专项的经费。然而，在电动汽车的商业化运作上，无论从产品技术还是从市场开发方面，都还面临着许多<u>亟待解决的问题</u>，这就需要政府的大力支持。比如，加快制定相关技术标准，出台对节能、环保汽车的税费减免和补贴措施，在基础设施建设上提供便利条件等。

请回答下列问题，答案控制在十个字以内。

57. 汽车工业高速发展带来了哪些问题？

_____

58. 如何理解第二段中的划线词语"消耗殆尽"？

_____

59. 如今的汽车对许多人来说意味着什么？

_____

60. 第三段中的空格处最适合填入什么词？

_____

61. 驱动电机及其控制系统的主要功能是？

_____

62. 如何理解最后一段中"亟待解决的问题"中的"亟待"？

_____

63. 燃料电动汽车与传统汽车不同之处是什么？

_____

정답 및 해설 → 해설서 p.216

쓰기

저자직강

제1부분 도표 보고 200자 내외로 작문하기 [1문항]

제2부분 주제 보고 600자 내외로 작문하기 [1문항]

7~9급 파악하기

제1부분

총 1문항으로, 1개의 도표가 제시되며 응시자는 도표에 대한 분석과 묘사를 200자 정도의 문장으로 15분 내에 작성해야 한다.

제2부분

총 1문항으로, 1개의 주제가 제시되며 응시자는 해당 주제에 대한 본인의 관점을 600자 내외의 문장으로 40분 내에 작성해야 한다.

실전! 풀이 비법 한눈에 보기

"획득한 정보에 알맞은 서술 방법을 정하자"

第 一 部 分

88.

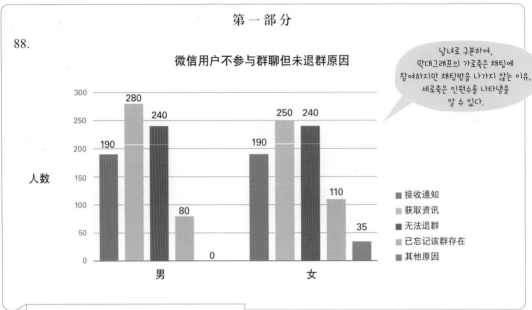

微信用户不参与群聊但未退群原因

남녀로 구분하여, 막대그래프의 가로축은 채팅에 참여하지만 채팅방을 나가지 않는 이유, 세로축은 인원수를 나타냄을 알 수 있다.

문제 풀이 순서

STEP 1 도표의 주제 파악하기

STEP 2 도표의 구성 요소 파악하고 수치 분석하기

STEP 3 획득한 정보에 알맞게 서술 방법 정하기

도입 부분에 해당 그래프가 무엇을 조사한 것을 나타낸 것인지 언급해 주는 것이 좋다.

모범 답안

　　这是一项关于用户不参与群聊但未退群原因的调查。可以看出不退群的理由与性别无关，男性女性不退群的原因都差不多。调查显示：因为获取资讯而不退群的男性为280名，女性为250名，这一项是最高的。而选择"接收通知"和"无法退群"这两项的男人和女人的人数一样，分别是190名和240名；选择"获取资讯"的人数最多，男女人数都超过了200。此外，选择"已忘记该群存在"这一选项的人数较少，男人的人数为80名，女人的人数为110名。与男性无人选择的"其他"选项相反，女性选择该项的人数为35名。

무조건 나열하지 말고 정보 위주로 작문해보자.

第二部分

89.

话题作文——600字左右，限时40分钟。

최대한 글자 수에 맞춰 작업해 보자.

"微笑"是对生活的一种乐观的态度。它跟贫富、地位、处境没有必然的联系。一个富翁可能整天忧心忡忡，而一个穷人可能坦然乐观；一位处境顺利的人可能会愁眉不展，一位身处逆境的人可能会面带微笑……。请写一篇600字左右的文章，阐述一下，对于这种""微笑"面对生活的乐观态度"你的观点是什么。要求条理清晰内容完整。

앞의 내용은 소재일 뿐 주제는 뒤에 있다는 것을 기억하자.

모범 답안

　　每个人面对生活的态度各不相同，有的人积极乐观；有的人则消极悲观。这与一个人的经济能力或所处环境没有必然的联系。之所以面对生活的态度如此重要，是因为它会决定我们今后人生的一切。那么，我们应该以何种态度面对生活呢？

　　首先，遇到任何事情，都应控制情绪。人类是情感动物，容易被周围环境影响，因此有些人通过言语或行动来发泄自己的情绪。尤其是有些人总是只顾自己当下的情绪，常与周围的人发生不愉快的事。这样不仅使对方感到不适，也破坏自己的人际关系。我们虽然无法阻止负面情绪的产生，但不应被情绪所左右、做情绪的主人，这样才能成为心理成熟的人。

　　其次，遭遇挫折时也要尽量保持积极的心态。在人生的路上，我们难免会遭遇一些挫折，有些人对此感到极大的恐惧，而不敢尝试新事物。其实挫折不一定是坏事，我们可以从中获取教训，并能认识到自己的不足之处，通过弥自己的缺陷，使自己变得更出色。

　　最后，要有一颗感恩之心。古人曰：滴水之恩，涌泉相报。自古以来，"感恩"就被视为"为人处世"的道理。懂得感恩的人更容易在日常生活中得到满足，哪怕只是小小的幸福，这样，他们的生活自然就充满乐趣。不仅如此，懂得感恩并善待他人也有利于维持良好的人际关系。

　　只要我们努力笑面人生，我们的生活就会因此变得美好，我们所在的社会也将变得更加美好。

자신의 견해를 순서대로 근거와 함께 제시해보자.

마지막 결론에서 앞에서 언급했던 자신의 견해를 간단하게 정리해서 내가 하고자 하는 말을 강조해보자.

01 도표 보고 200자 작문하기

✗ 기상예보, 소비자 행동 영향 요인, 휴대폰 사용 빈도, 여행, 쇼핑, 결혼, TV 프로그램 인기 순위 등 다양한 내용의 도표가 출제된다.

▶ 출제경향

1 막대그래프, 히스토그램, 선그래프, 파이차트, 표 등 다양한 형태의 도표가 출제된다.

2 항목별·수치 비교, 수치의 증가·하락 추세 등을 파악해야 한다.

3 항목들을 그룹별로 묶어서 정보를 이해해야 하는 내용이 출제되기도 한다.

▶ 문제 풀이 비법

1 도표의 주제를 파악하자.

제시된 도표의 제목, 항목 등을 훑어보며 주제를 먼저 파악해야 한다.

2 도표의 구성 요소를 파악하고 수치를 분석하자.

도표의 가로축, 세로축 등 구성 요소를 파악하자. 전반적인 요소가 파악됐다면 세부적으로 요소별 수치와 단위를 체크하고, 스스로 정보를 분석하자.

3 획득한 정보에 알맞게 서술 방법을 정하자.

모든 수치를 다 서술하려고 하지 말고, 획득한 정보를 어떻게 서술해야 가장 유의미할지 생각하자. 그룹별로 묶거나 비교할 수 있는 내용이 있는지 분석해야 한다. 좋은 점수를 받기 위해서는 핵심적인 '주요 내용'을 분석해 주어야 하며, 구분 항목이 있는 비교 조사인 경우 고득점을 받기 위해서는 '차이점'을 정리해 주어야 한다. 마땅히 떠오르는 서술 방법이 없다면 가장 높은 수치를 나타내는 항목에 우선 집중하자.

🌱 제1부분 예제

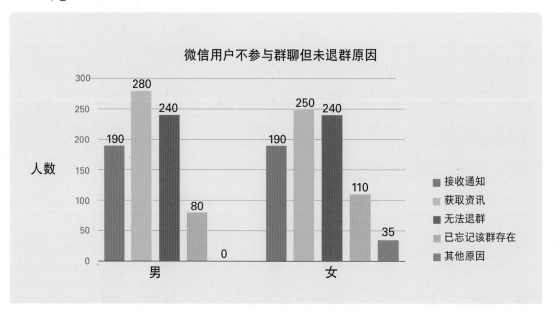

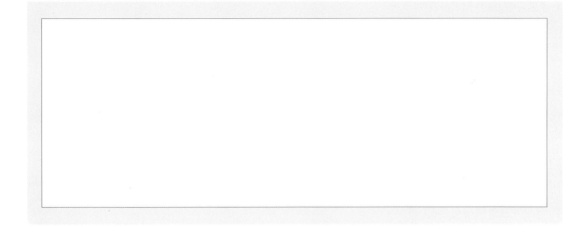

풀이

STEP 1   도표의 주제 파악하기

채팅에 참여하지 않지만 단체 채팅방을 나가지 않는 이유

STEP 2   도표의 구성 요소 파악하고 수치 분석하기

- **구분 항목**: 성별(남, 녀)
- **막대그래프의 가로축**: 채팅에 참여하지 않지만 단체 채팅방을 나가지 않는 이유
- **막대그래프의 세로축**: 인원수

STEP 3   획득한 정보에 알맞게 서술 방법 정하기

- **주요 내용 분석**: 성별과 관계없이 가장 높은 항목은 '获取资讯(정보를 얻기 위해서)'이다.
- **세부 내용 분석**: 항목별 수치를 언급한다.
- **추가 분석**: '其他原因(기타 이유)' 항목은 여자의 답변에만 있다.

모범 답안

　　这是一项关于用户不参与群聊但未退群原因的调查。可以看出，不退群的理由与性别无关，男性女性不退群的原因都差不多。调查显示：因为获取资讯而不退群的男性为280名，女性为250名，这一项是最高的。而选择"接收通知"和"无法退群"这两项的男人和女人的人数一样，分别是190名和240名；选择"获取资讯"的人数最多，男女人数都超过了200。此外，选择"已忘记该群存在"这一选项的人数较少，男人的人数为80名，女人的人数为110名。与男性无人选择的"其他"选项相反，女性选择该项的人数为35名。

　　이것은 이용자가 단체 채팅방 대화에 참여하지는 않지만 채팅방에서 나가지 않는 원인에 관해 조사한 것이다. 채팅방을 나가지 않는 이유는 남녀 성별과 관계없이 모두 비슷함을 알 수 있다. 조사 결과 '정보를 얻기 위해서'라는 항목이 남성 280명과 여성 250명으로 가장 높았다. 다음으로 '공지 사항을 받기 위해서'와 '나갈 수 없어서'를 선택한 남녀 수가 같았는데, 각각 190명과 240명이다. '정보를 얻기 위해서'를 선택한 사람이 가장 많았는데, 남녀 모두 200명 이상이었다. 이 외에 '해당 채팅방의 존재를 잊어서'가 남성 80명, 여성 110명으로 나타났다. 남성은 기타 답변이 없었던 반면, 여성은 35명이 기타 답변을 하였다.

用户 yònghù 몡 사용자, 가입자 | **群聊** qúnliáo 단톡방, 단체 채팅방 | **退群** tuì qún (단톡방을) 나가다, 탈퇴하다 | **无关** wúguān 통 관계없다 | **获取** huòqǔ 통 얻다, 획득하다 | ★**资讯** zīxùn 몡 정보 | **接收** jiēshōu 통 받다 | **人数** rén shù 사람 수 | ★**选项** xuǎnxiàng 몡 보기, 선택 항목 통 항목을 고르다

- **这是一项关于……的调查** 이것은 ~에 관한 조사이다
- **与……无关** ~와 무관하다
- **调查显示** 조사에서 ~라고 나타나다
- **和……一样** ~와 같다

- **分别是A和B** 각각 A와 B이다
- **此外** 이외에
- **A为B** A는 B이다 [≒A是B]
- **与……相反** ~와 반대로

STEP 2 내공 쌓기

1 주요 도표의 형식 및 특징

종류	형식	특징
표		그룹화된 정보를 표시하는 데 적합하다. 예 기상정보
목록		계층 구조나 순서를 표시하는 데 적합하다. 예 회사 직원 구조도
선그래프		시간의 경과에 따른 수량의 변화를 표시하는 데 적합하다. 예 연도별 출생률 변화, 연도별 매출액 추이 변화
막대그래프		요소별 수량의 대소 관계를 나타내고자 할 때 적합하다. 예 연령별/남녀별 휴대폰 사용 빈도, 영업소별 매출액, 취업률, 나라별 여행자 수
원그래프		요소의 구성 비율을 나타내고자 할 때 적합하다. 예 제품별 매출액 구성비, 환경, 자원 등의 트렌드 조사

2 도표 해설에 자주 쓰이는 표현

- 这是一项关于A的图表 zhè shì yí xiàng guānyú A de túbiǎo 이것은 A에 관한 그래프이다
- 这是一项关于用A的调查 zhè shì yí xiàng guānyú yòng A de diàochá 이것은 A를 사용한 조사에 관한 것이다
- 根据调查显示 gēnjù diàochá xiǎnshì 조사에 의하면
- 通过这张图表可以知道 tōngguò zhè zhāng túbiǎo kěyǐ zhīdào 이 그래프를 통해 알 수 있듯이
- 从这张图表中可以看出 cóng zhè zhāng túbiǎo zhōng kěyǐ kànchū 이 도표에서 볼 수 있듯이
- 从这张图表中可以明显看出 cóng zhè zhāng túbiǎo zhōng kěyǐ míngxiǎn kànchū 이 도표에서 명확히 볼 수 있듯이
- 根据这张图表中我们可以看出 gēnjù zhè zhāng túbiǎo zhōng kěyǐ kànchū 이 도표에 의해 우리가 알 수 있듯이
- 从上面图表中可以看出 cóng shàngmiàn túbiǎo zhōng wǒmen kěyǐ kànchū 위의 도표에서 볼 수 있듯이
- 从以上数据我们可以看出 cóng yǐshàng shùjù wǒmen kěyǐ kànchū 위의 통계에서 우리가 볼 수 있듯이
- 由上图可知 yóu shàng tú kězhī 위의 도표를 보면 알 수 있듯이
- 占百分之A(숫자) zhàn bǎifēnzhī A A%를 차지하다
- 占所有调查人数的最大比例 zhàn suǒyǒu diàochá rénshù de zuìdà bǐlì 전체 조사 인원수의 가장 큰 비율을 차지하다
- 这一项排在第二 zhè yí xiàng pái zài dì'èr 이 항목은 두 번째(2등)이다
- 这一项所占的比例为A(숫자) zhè yí xiàng suǒ zhàn de bǐlì wéi A 이 항목이 차지하는 비율은 A이다

- 比例几乎相差无几 bǐlì jīhū xiāngchāwújǐ 비율이 거의 비슷비슷하다
- 这两个选项的占比不相上下 zhè liǎngge xuǎnxiàng de zhànbǐ bùxiāngshàngxià 이 두 개 항목의 비율은 막상막하이다

Day 02

请对表格进行描述与分析，你所在城市的气象信息，限时十五分钟。

日期	最高气温(℃)	最低气温(℃)	天气	风向	风力
2023-08-01	29	24	阵雨	东风	微风
2023-08-02	26	21	中雨转阴	东北风	微风
2023-08-03	27	21	阴天	东北风	微风
2023-08-04	31	23	阵雨	东风	微风
2023-08-05	29	23	阴转阵雨	东风	微风
2023-08-06	26	21	中雨转阴	东北风	微风

정답 및 해설 → 해설서 p.220

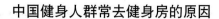

中国健身人群常去健身房的原因

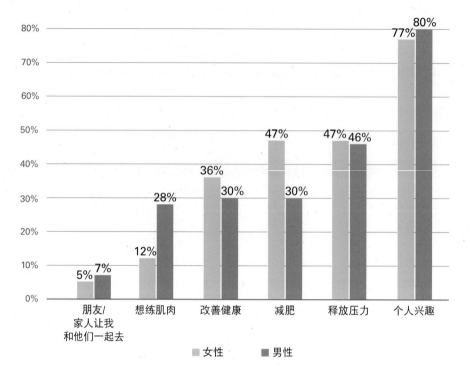

정답 및 해설 → 해설서 p.221

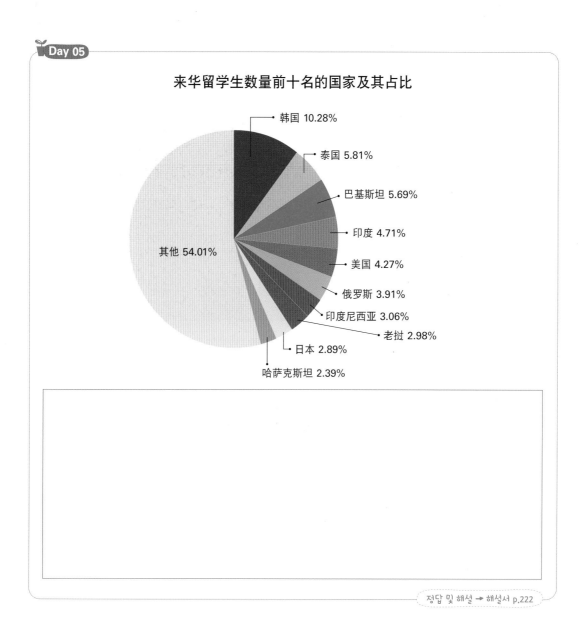

来华留学生数量前十名的国家及其占比

- 韩国 10.28%
- 泰国 5.81%
- 巴基斯坦 5.69%
- 印度 4.71%
- 美国 4.27%
- 俄罗斯 3.91%
- 印度尼西亚 3.06%
- 老挝 2.98%
- 日本 2.89%
- 哈萨克斯坦 2.39%
- 其他 54.01%

정답 및 해설 ➡ 해설서 p.222

大学生每天手机上网时间比例

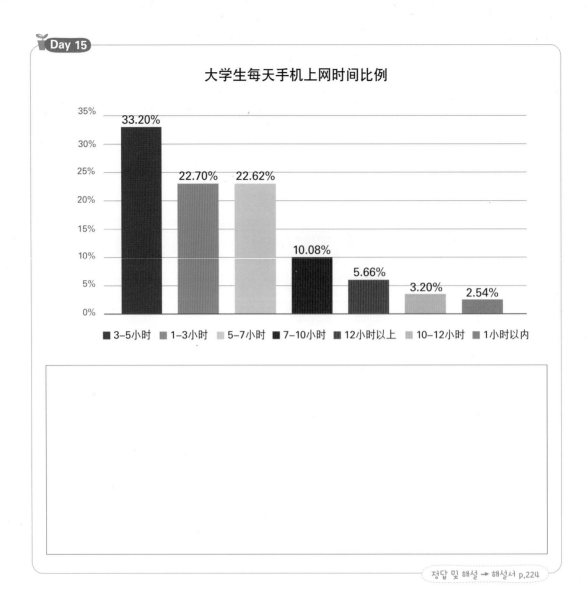

정답 및 해설 → 해설서 p.224

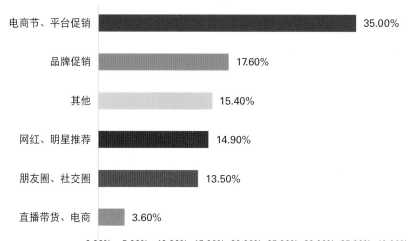

2023年中国网购用户网购行为主要影响因素

电商节、平台促销 35.00%

品牌促销 17.60%

其他 15.40%

网红、明星推荐 14.90%

朋友圈、社交圈 13.50%

直播带货、电商 3.60%

0.00%　5.00%　10.00%　15.00%　20.00%　25.00%　30.00%　35.00%　40.00%

정답 및 해설 → 해설서 p.225

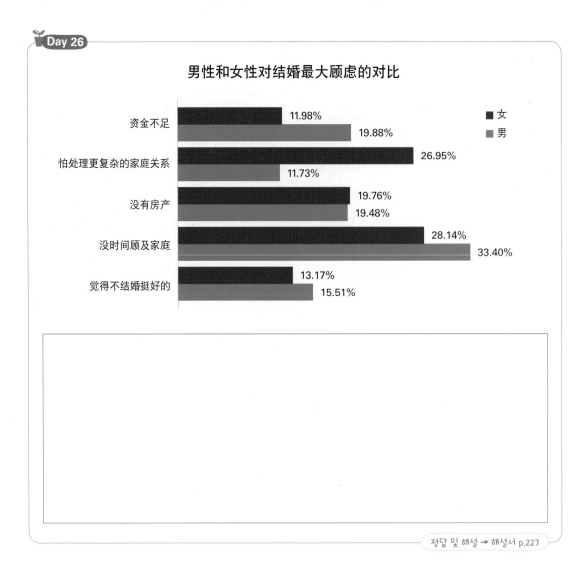

男性和女性对结婚最大顾虑的对比

정답 및 해설 → 해설서 p.227

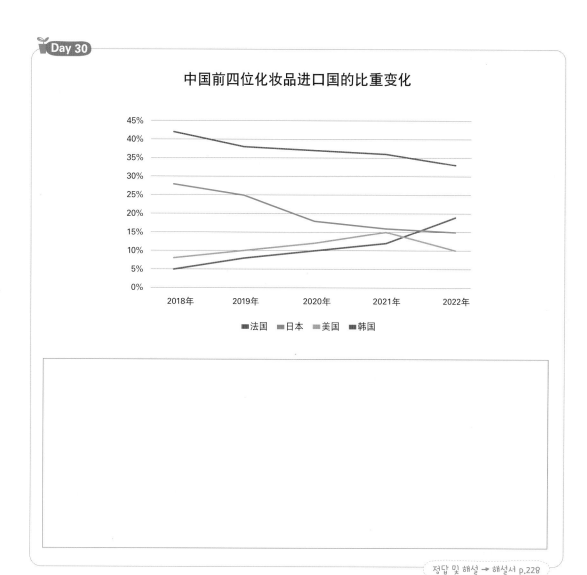

中国前四位化妆品进口国的比重变化

■法国　■日本　■美国　■韩国

정답 및 해설 → 해설서 p.228

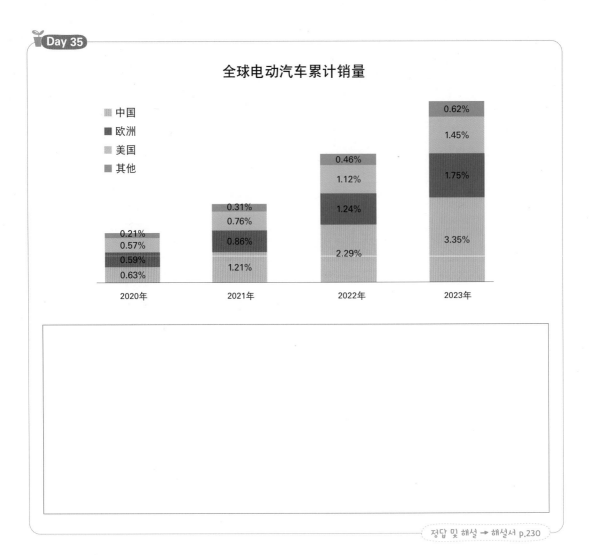

全球电动汽车累计销量

정답 및 해설 ➡ 해설서 p.230

01 주제 보고 600자 작문하기

1 유형 파악하기

✖ 제시된 중국어 단문을 읽고 주어진 질문에 600자 답안을 작성해야 하는 영역이다. 질문은 주로 해당 주제와 관련하여 응시자 본인의 견해를 묻는 유형으로 출제된다.

▶ 출제경향

1 속담, 성어, 격언과 관련된 내용이 제시문으로 출제된다.

속담, 성어, 격언을 주제로 한 짧은 글을 읽고 그에 대한 응시자의 견해를 묻는다. 기존 HSK에 출제되었던 속담, 성어는 꼭 익혀 두자.

2 일상생활, 사회적·도덕적 이슈가 되는 내용 등이 제시문으로 출제된다.

여행 방식이나 생활 태도, 소비 관념 등 일상생활과 관련된 내용이나 사회적·도덕적으로 이슈가 되는 내용 등이 출제된다.

▶ 문제 풀이 비법

1 제시문 및 질문을 파악하자.

제시된 단문을 읽고 질문에서 원하는 답안의 방향을 파악하자. 질문을 제대로 파악하지 못하면 동문서답하는 글을 작성하게 된다.

2 답안의 아웃라인을 미리 잡자.

내용을 머릿속에서 미리 정리하지 않고 무작정 답안을 작성하게 되면 짜임새 없는 글이 되어 점수를 제대로 받기 힘들다.

3 답안은 '서론–본론–결론' 구조로 1:3:1 비율로 작성하자.

서론과 결론은 간결하되, 본론에는 서술하고자 하는 핵심 내용 및 근거를 담고 있어야 한다. 핵심 내용 및 근거를 3개 내외로 정리하여 각각 한 문단씩 작성하자.

4 감점 포인트를 체크하자.

아무리 좋은 내용이라도 분량이 많이 부족하거나 초과되면 감점 요인이 된다. 글자 수 600자를 준수했는지 체크하자. 문장부호가 틀리거나 문장성분이 부족한 문장, 또는 시제나 호응이 맞지 않아 어법에 문제가 있는 문장 역시 감점되니 답안 작성 시간이 종료되기 3분 전까지 작문을 마무리하는 것이 좋다. 남은 시간은 문장에 오류가 없는지 오탈자가 없는지 등을 체크하자.

5 제시된 시간 안에 작문하자.

쓰기 시험 시간 55분 중 600자 작문 제한 시간은 40분이다.

제2부분 예제

话题作文——600字左右，限时40分钟。

　　"微笑"是对生活的一种乐观的态度。它跟贫富、地位、处境没有必然的联系。一个富翁可能整天忧心忡忡，而一个穷人可能坦然乐观；一位处境顺利的人可能会愁眉不展，一位身处逆境的人可能会面带微笑……。请写一篇600字左右的文章，阐述一下，对于这种""微笑"面对生活的乐观态度"你的观点是什么。要求条理清晰内容完整。

话题作文—— 600字左右，限时40分钟。

"微笑"是对生活的一种乐观的态度。它跟贫富、地位、处境没有必然的联系。一个富翁可能整天忧心忡忡，而一个穷人可能坦然乐观；一位处境顺利的人可能会愁眉不展，一位身处逆境的人可能会面带微笑……。请写一篇600字左右的文章，阐述一下，对于这种""微笑"面对生活的乐观态度"你的观点是什么。要求条理清晰内容完整。

주제를 보고 600자 내외로 작문하세요. 제한 시간은 40분입니다.

'미소'는 삶을 낙관적으로 대하는 태도라고 할 수 있으며 빈부, 사회적 지위, 처한 환경과는 필연적인 관계가 없다. 부자이지만 온종일 근심이 가득한 사람이 있고, 가난하지만 마음이 평온하고 긍정적인 사람도 있다. 좋은 환경에 있어도 수심이 가득해 눈썹을 찌푸리는 사람이 있지만, 역경에 처해 있어도 미소를 잃지 않는 사람도 있다. 이렇게 미소로 생활을 대하는 낙관적인 태도에 대한 당신의 관점이 무엇인지 600자 정도의 글을 쓰시오. 명확하고 내용이 완전해야 한다.

STEP 1 작문할 주제 파악하기

작문 주제는 '삶을 대하는 본인의 태도'이다. 제시문에서 '微笑(미소)'는 소재일 뿐, 작문할 주제가 아님에 유의하자.

STEP 2 답안 구조 잡기

서론 부분에 제시문의 일부 내용을 언급하면 작문 답안과 제시문의 관련도를 높이면서 분량도 채우는 효과를 낼 수 있다. 본론에서는 자신의 견해 세 가지를 근거와 함께 제시하고, 결론에서는 본인의 견해를 간단하게 한두 문장으로 정리하여 강조할 수 있도록 하자.

- **서론**: 우리는 어떠한 태도로 삶을 대해야 할까?
- **본론**: 1. 감정 조절 / 2. 긍정적인 태도 / 3. 감사하는 마음
- **결론**: 웃음 가득한 인생을 만들고자 노력하자.

모범 답안 ▶ **통암기문장 / 필수 표현**

서론	每个人面对生活的态度各不相同，有的人积极乐观；有的人则消极悲观。这与一个人的经济能力或所处环境没有必然的联系。之所以面对生活的态度如此重要，是因为它会决定我们今后人生的一切。那么，<u>我们应该以何种态度面对生活呢？</u>	사람마다 삶을 대하는 태도는 각기 다르다. 적극적이고 긍정적인 사람이 있는 반면 소극적이고 부정적인 사람도 있다. 이는 개인의 경제 능력 혹은 처한 환경과는 필연적인 관계가 없다. 삶을 대하는 태도가 중요한 이유는 이후 우리 인생의 모든 것을 좌우할 수 있기 때문이다. 그렇다면 우리는 어떠한 태도로 삶을 대해야 할까?
본론	<u>首先，遇到任何事情，都应控制情绪。</u>人类是情感动物，容易被周围环境影响，因此有些人通过言语或行动来发泄自己的情绪。尤其是有些人总是只顾自己当下的情绪，常与周围的人发生不愉快的事。这样不仅会使对方感到不适，也会破坏自己的人际关系。我们虽然无法阻止负面情绪的产生，但不应被情绪所左右，做情绪的主人，这样才能成为心理成熟的人。	먼저, 어떤 일을 마주할 때 감정을 조절해야 한다. 인간은 감정을 가진 동물로 주변 환경의 영향을 받기 쉽다. 그래서 어떤 사람은 말이나 행동을 통해 자기의 감정을 표출한다. 특히 자신의 현재 감정에만 충실하여 주변 사람이 불쾌해지는 일을 만드는 사람도 있다. 이는 상대방에게 불편함을 느끼게 할 뿐만 아니라 본인의 인간관계도 망가뜨릴 것이다. 우리가 부정적인 감정이 생기는 것을 막을 수는 없지만, 감정에 좌우되지 않는 감정의 주인이 되어야 마음이 성숙한 사람이 될 수 있다.

首次，遭遇挫折时也要尽量保持积极的心态。在人生的路上，我们难免会遭遇一些挫折，有些人对此感到极大的恐惧，而不敢尝试新事物。其实挫折不一定是坏事，我们可以从中获取教训，并能认识到自己的不足之处，通过弥自己的缺陷，使自己变得更出色。

最后，要有一颗感恩之心。古人云：滴水之恩，涌泉相报。自古以来，"感恩"就被视为"为人处世"的道理。懂得感恩的人更容易在日常生活中得到满足，哪怕只是小小的幸福，这样，他们的生活自然就充满乐趣。不仅如此，懂得感恩并善待他人也有利于维持良好的人际关系。

다음으로, 좌절을 겪었을 때도 최대한 긍정적인 태도를 유지해야 한다. 인생의 길에서 좌절이 생기는 것을 피할 수는 없는데, 이에 극심한 공포를 느껴 새로운 것을 시도하지 못하는 사람도 있다. 사실 좌절이 나쁜 것만은 아니다. 좌절 속에서 교훈을 얻을 수 있으며 자신의 부족한 점을 깨닫고 단점을 보완하여 더 훌륭한 사람이 될 수도 있다.

마지막으로, 감사하는 마음을 지녀야 한다. 옛말에 '물 한 방울의 은혜라도 넘치는 샘물로 보답해야 한다'고 했다. 예로부터 은혜에 감사하는 것은 사람들과 잘 어울려 살아가는 이치로 여겨졌다. 감사할 줄 아는 사람은 일상에서 더 쉽게 만족을 얻는다. 설령 아주 사소한 행복일지라도 말이다. 그리하여 이들의 삶에는 자연스레 즐거움이 가득해지는 것이다. 이뿐만 아니라 감사할 줄 알고 다른 사람을 친절하게 대하는 것은 좋은 인간관계를 유지하는 데에도 도움이 된다.

| 결론 | 只要我们努力笑面人生，我们的生活就会因此变得美好，我们所在的社会也将变得更加美好。 | 웃음 가득한 인생을 만들고자 노력한다면 우리의 삶은 이로 인해 더 아름다워질 것이며, 우리의 사회도 더욱더 아름다워질 것이다. |

★贫富 pínfù 빈부 | ★处境 chǔjìng 圀 (처해 있는) 상태, 상황, 환경, 처지 [주로 불리한 상황에 놓여 있을 때를 말함] | ★富翁 fùwēng 圀 부자, 부옹 | 忧心忡忡 yōu xīn chōng chōng 囵 근심 걱정이 태산 같다, 깊은 시름에 빠지다 | ★坦然 tǎnrán 囵 마음이 편안한 모양 | 愁眉不展 chóuméibùzhǎn 囵 근심 걱정에 잠기다, 양 눈썹을 잔뜩 찡그리다 | 逆境 nìjìng 圀 역경 [身处逆境: 역경에 처하다] | 各不相同 gèbùxiāngtóng 囵 각기 다르다, 서로 다르다 | ★则 zé 젭 오히려, 그러나 [대비·역접을 나타냄] | ★悲观 bēiguān 囵 비관적이다 | 如此 rúcǐ 떼 이와 같다, 이러하다 | 今后 jīnhòu 앞으로, 지금 이후부터 | 情感 qínggǎn 圀 감정, 느낌 | 言语 yányǔ 圀 말, 언어 | ★发泄 fāxiè 圄 (불만·감정 따위를) 털어 놓다 | 只顾 zhǐgù 圄 오직 ~만 생각하다, ~에 정신이 팔리다 | ★当下 dāngxià 圀 요즘, 현재 | 人际关系 rénjì guānxì 圀 대인관계, 인간관계 | ★负面 fùmiàn 圀 나쁜 면, 부정적인 면 | 遭遇 zāoyù 圄 (적 또는 불행·불리한 일을) 만나다, 부닥치다, 맞닥뜨리다 | ★挫折 cuòzhé 圄 좌절, 실패 | 心态 xīntài 圀 심리상태 | ★恐惧 kǒngjù 圀 공포 | 不敢 bùgǎn 圄 감히 ~하지 못하다 | 尝试 chángshì 圄 시도해 보다, 테스트해 보다, 경험해 보다, 시험해 보다 | 从中 cóngzhōng 凰 그 가운데서 | 获取 huòqǔ 圄 얻다, 획득하다 | 弥 mí 圄 보충하다, 채우다 | 缺陷 quēxiàn 圀 결함, 결점, 부족한 점 | ★感恩 gǎn'ēn 圄 은혜에 감사하다 | ★古人 gǔrén 圀 옛사람 | 滴水之恩，涌泉相报 dīshuǐzhī'ēn, yǒngquánxiāngbào 물 한 방울의 은혜라도 넘치는 샘물로 보답하다 [남에게서 은혜를 입으면 갑절로 갚아야 한다] | 自古以来 zìgǔ yǐlái 자고로, 예로부터 | 视为 shìwéi 圄 간주하다, 여기다, ~로 보다 | 为人处世 wéirén chǔshì 남과 잘 어울려 살아가다 | 乐趣 lèqù 圀 즐거움, 기쁨, 재미 | 善待 shàndài 圄 우대하다, 잘 대접하다 | ★他人 tārén 圀 타인, 남, 다른 사람 | 维持 wéichí 圄 유지하다, 지키다 | 笑面 xiàomiàn 웃는 얼굴, 웃음 띤 얼굴 | 美好 měihǎo 囵 아름답다, 좋다, 훌륭하다, 행복하다 [주로 추상적인 사물에 쓰임]

▶ **필수 표현**

- 有的人A；有的人B 어떤 사람은 A하고 어떤 사람은 B하다
- 积极乐观 적극적이고 긍정적이다
- 消极悲观 소극적이고 부정적이다
- 之所以A，是因为B A한 까닭은 B 때문이다
- 首先A，其次B，最后C 먼저 A, 다음으로 B, 마지막으로 C
- 遇到事情 일을 마주하다
- 控制情绪 감정을 조절하다

- 容易…… ~하기 쉽다
- 发泄情绪 감정을 표출하다
- 无法阻止 막을 수 없다
- 从中获取教训 그 속에서 교훈을 얻다
- 认识到自己的不足之处 자신의 부족한 점을 깨닫다
- 弥自己的缺陷 자신의 단점을 보완하다
- 哪怕只是 설령 ~일지라도

1 고득점 답안의 기본 구조

답안이 고득점을 받으려면 글이 논리적으로 짜임새가 있어야 한다. 따라서 짧은 글이라도 '서론-본론-결론'으로 구분하여 내용을 구성하자. 제시문과 질문의 유형에 따라 '서론-본론-결론'으로 전개하는 세부 내용은 아래와 같이 달라질 수 있다.

(1) 장점과 단점을 제시

개인이나 사회의 특정한 활동을 소개하는 제시문이 주어졌을 경우, 그 활동에 대한 본인의 의견을 찬성 또는 반대로 제시하고, 의견을 뒷받침할 구체적인 근거를 소개하는 방식으로 답안을 작성할 수 있다.

서론	주제 언급 및 주제 설명 + 나의 의견 (찬성 or 반대)
본론	장점/단점 제시
결론	요약 + 맺음말

(2) 구체적인 해결 방안 제시

사회, 경제적으로 이슈가 되고 있는 문제에 관련된 제시문이 주어졌을 경우, 해당 문제에 대한 본인의 견해 및 해결 방안을 가정하는 방식으로 답안을 구조화할 수 있다.

서론	주제 제기/현상 문제점 제시
본론	구체적 해결 방안
결론	견해 요약 및 강조

2 필수 첨삭 포인트

구조적으로 완벽하고 전달하는 내용이 좋은 글이라도 오탈자가 있거나 어법이 틀리거나 분량을 맞추지 못하면 감점이 된다. 가능한 한 답안 작성 시간 종료 3분 전까지 작문을 마무리하고 문장에 오류가 없는지, 분량은 잘 맞는지 체크하자.

(1) 한자에 오탈자가 있지 않은가?

부수를 잘못 쓰지는 않았는지, 점을 잘못 찍지는 않았는지 체크하자.

(2) 어법에 맞는 문장인가?

① 완전한 문장인가?

모든 문장이 주어와 술어가 갖춰진 문장인지 체크한다. 접속사 구문일 경우 주절, 종속절이 제 위치에 잘 있는지도 체크하자. 주절 없이 종속절만으로 문장을 써서는 안 된다.

② 부사어, 관형어, 보어가 제대로 쓰였는가?

문장에 주어, 술어, 목적어라는 뼈대가 잘 잡혀 있는지 체크했다면, 수식 성분인 부사어, 관형어, 보어를 잘 활용해 보자.

③ 문장과 술어의 시제가 일치하는가?

시간과 때를 나타내는 표현의 시제와 술어의 시제가 일치하는지 확인하자.

④ 문장부호가 올바르게 사용되었는가?

한국어 문장부호와 중국어 문장부호는 일반적으로 같으나, 서로 다른 부호도 있다. 한국어로 마침표를 쓸 때는 (.)로 써야 하지만 중국어로 쓸 때는 (。)로 써야 한다는 점에 주의하자.

(3) 600자 내외 글자 수를 준수했는가?

글자 수가 많이 부족하거나 초과되면 감점 요인이 된다.

3 서론에 쓰기 좋은 표현

(1) 배경 설명, 문제 제기

서론의 도입부는 설명하려는 개념 또는 사건의 배경을 설명하거나 문제점을 직접적으로 제기하여 독자의 관심을 이끌어 주는 역할을 담당한다.

- 很多人开始关注A。 Hěn duō rén kāishǐ guānzhù A. 많은 사람들이 A에 관심을 두기 시작했다.

- 有些人认为A。 Yǒuxiē rén rènwéi A. 어떤 사람들은 A라고 생각한다.

- 这句话出自A。 Zhè jù huà chūzì A. 이 말은 A에서 나왔다.

- A就是指B的生活方式。 A jiù shì zhǐ B de shēnghuó fāngshì. A는 바로 B의 생활 방식을 가리킨다.

- 凡是有其弊，必有其利。 Fánshì yǒu qíbì, bìyǒu qílì. 모든 것에는 단점이 있으면 장점도 있는 법이다.

- 随着人均收入水平的提高 suízhe rénjūn shōurù shuǐpíng de tígāo 1인당 소득수준이 높아짐에 따라

- 随着经济的发展和社会竞争日趋激烈 경제의 발전과 사회 경쟁이 나날이 치열해짐에 따라
  suízhe jīngjì de fāzhǎn hé shèhuì jìngzhēng rìqūjīliè

- A成为了人们的生活中不可或缺的一部分。 A는 사람들의 생활에서 없어서는 안 될 부분이 되었다.
  A chéngwéile rénmen de shēnghuó zhōng bùkě huòquē de yíbùfen.

- A的出现让我们的生活变得方便而快捷。 A의 등장으로 우리의 생활이 편리하고 빨라지게 되었다.
  A de chūxiàn ràng wǒmen de shēnghuó biànde fāngbiàn ér kuàijié.

- A的普及给我们的生活带来了极大的方便。 A의 보급은 우리 생활에 많은 편리함을 가져다주었다.
  A de pǔjí gěi wǒmen de shēnghuó dàiláile jídà de fāngbiàn.

- 人们的A方式与观念皆发生了翻天覆地的变化。 사람들의 A방식과 관념에 모두 큰 변화가 생겼다.
  Rénmen de A fāngshì yǔ guānniàn jiē fāshēngle fāntiān fùdì de biànhuà.

- 随着科学的迅猛发展，我们的生活发生了不少的变化。
  Suízhe kēxué de xùnměng fāzhǎn, wǒmen de shēnghuó fāshēngle bùshǎo de biànhuà.
  과학의 급속한 발전에 따라 우리의 생활은 적지 않은 변화가 생겼다.

- 随着社会气氛的变化，送礼文化与方式都发生了巨大的变化。
  Suízhe shèhuì qìfēn de biànhuà, sònglǐ wénhuà yǔ fāngshì dōu fāshēngle jùdà de biànhuà.
  사회 분위기 변화에 따라 선물하기 문화와 방식이 크게 달라졌다.

- 世界各地都存在着严重的缺水问题。 세계 각지에 심각한 물 부족 문제가 존재하고 있다.
  Shìjiè gèdì dōu cúnzàizhe yánzhòng de quēshuǐ wèntí.

(2) 견해·주장 표명

- 我赞成A这个观点。 Wǒ zànchéng A zhè ge guāndiǎn. 나는 이 A라는 관점에 찬성한다.

- A是B的主要原因之一。 A shì B de zhǔyào yuányīn zhī yī. A는 B의 주요 원인 중 하나이다.

- 我认为最好的休息方式就是A。 내가 생각하는 가장 좋은 휴식 방식은 A이다.
  Wǒ rènwéi zuìhǎo de xiūxi fāngshì jiù shì A.

- 据调查显示　jù diàochá xiǎnshì 조사에 의하면

- 其原因如下　qí yuányīn rúxià 그 원인은 다음과 같다

- 按目前的情况看，……　Àn mùqián de qíngkuàng kàn, …… 현재의 상황으로 봐서는~

4 본론에 쓰기 좋은 표현 (장단점/해결 방안)

- 每个人面对生活的态度各不相同。 사람마다 생활에 임하는 태도가 각각 다르다.
  Měi ge rén miànduì shēnghuó de tàidu gèbùxiāngtóng.

- 随之而来的是生活中发生的很多浪费现象。 생활 속에서 발생하는 많은 낭비 현상이 뒤따른다.
  Suízhī'érlái de shì shēnghuó zhōng fāshēng de hěn duō làngfèi xiànxiàng.

- 在当今的商业社会，倾听顾客的意见是很关键的。
  Zài dāngjīn de shāngyè shèhuì, qīngtīng gùkè de yìjiàn shì hěn guānjiàn de.
  오늘날의 비즈니스 사회에서는 고객의 의견에 귀 기울이는 것이 매우 중요하다.

- 为了正确了解市场的现状及其发展趋势，要进行在线问卷调查。
  Wèile zhèngquè liǎojiě shìchǎng de xiànzhuàng jíqí fāzhǎn qūshì, yào jìnxíng zàixiàn wènjuàn diàochá.
  시장의 현재 상황과 발전 추세를 정확하게 알기 위해서 온라인 설문조사를 실시해야 한다.

- 网红营销是当下比较热的一种营销方式。 왕홍 마케팅은 최근 비교적 인기 있는 마케팅 방식이다.
  Wǎnghóng yíngxiāo shì dāngxià bǐjiào rè de yì zhǒng yíngxiāo fāngshì.

- 炒作营销比一般的宣传能够起到更好的广告效应。 노이즈 마케팅은 일반적인 홍보보다 광고효과가 더 좋다.
  Chǎozuò yíngxiāo bǐ yìbān de xuānchuán nénggòu qǐdào gèng hǎo de guǎnggào xiàoyìng.

- 最近越来越多的人都用手机来看电视、电影、还有购物，因此手机营销是必不可少的。
  Zuìjìn yuèláiyuè duō de rén dōu yòng shǒujī lái kàn diànshì, diànyǐng, háiyǒu gòuwù, yīncǐ shǒujī yíngxiāo shì bì bùkě shǎo de.
  최근 점점 더 많은 사람들이 모두 핸드폰으로 TV 및 영화 감상, 쇼핑을 하기 때문에 모바일 마케팅은 없어서는 안 된다.

- 现在的科技真是太发达了，很多电子产品更新换代特别快。
  Xiànzài de kējì zhēnshi tài fādá le, hěn duō diànzǐ chǎnpǐn gēngxīn huàndài tèbié kuài.
  현재의 과학기술은 정말 굉장히 발달해서 수많은 전자제품의 세대교체가 빨라졌다.

- 这两年全球的经济持续低迷，今年的经济前景也不明朗。
  Zhè liǎng nián quánqiú de jīngjì chíxù dīmí, jīnnián de jīngjì qiánjǐng yě bù mínglǎng.
  최근 전 세계의 경제불황이 계속 이어지면서 올해의 경제전망도 밝지 않다.

- 促进电子商务、工业互联网和互联网金融健康发展，促进互联网和经济社会融合发展。
  Cùjìn diànzǐ shāngwù, gōngyè hùliánwǎng hé hùliánwǎng jīnróng jiànkāng fāzhǎn, cùjìn hùliánwǎng hé jīngjì shèhuì rónghé fāzhǎn.
  전자상거래, 공업 인터넷과 온라인 금융의 건전한 발전을 촉진하며 인터넷과 경제사회 융합 발전을 추진하고 있다.

- 科技变化的确给我们带来了更为舒适的生活，但它可能也会给我们带来危险，甚至是灾难。
  Kējì biànhuà díquè gěi wǒmen dàiláile gèngwéi shūshì de shēnghuó, dàn tā kěnéng yě huì gěi wǒmen dàilái wēixiǎn, shènzhì shì zāinàn.
  과학기술의 변화는 분명 우리에게 더 편안한 생활을 가져다줬지만 위험과 심지어는 재난을 가져다줄 수도 있다.

- 人类将为气候变暖付出难以估量的代价。 인류는 기후 온난화로 인해 막대한 대가를 치러야 할 것이다.
  Rénlèi jiāng wèi qìhòu biànnuǎn fùchū nányǐ gūliàng de dàijià.

- 世界各国都需要就应对能源短缺、气候变化等危机做出大量努力。
  Shìjiè gè guó dōu xūyào jiù yìngduì néngyuán duǎnquē, qìhòu biànhuà děng wéijī zuòchū dàliàng nǔlì.
  에너지 부족과 기후변화 등 위기에 대처하기 위해 각국은 많은 노력을 해야 한다.

- 只有质量和技术较优的企业才能在激烈的竞争中占据优势。
  Zhǐyǒu zhìliàng hé jìshù jiào yōu de qǐyè cái néng zài jīliè de jìngzhēng zhōng zhànjù yōushì.
  품질과 기술이 우수한 기업만이 치열한 경쟁에서 우위를 차지할 수 있다.

- 为公共利益而牺牲个人利益。 공공의 이익을 의해 개인의 이익을 희생한다.
  Wèi gōnggòng lìyì ér xīshēng gèrén lìyì.
- 很多银行都推出了为社会新手理财准备的各种各样的理财产品。
  Hěn duō yínháng dōu tuīchūle wèi shèhuì xīnshǒu lǐcái zhǔnbèi de gè zhǒng gè yàng de lǐcái chǎnpǐn.
  사회 초년생의 재테크를 위해서 많은 은행에서 재테크를 위한 다양한 상품을 내놓았다.

5 결론에 쓰기 좋은 주제별 속담, 성어

(1) 인간관계

- 赞美是一种美德。 Zànměi shì yì zhǒng měidé. 칭찬은 일종의 미덕이다.
- 赞美有助于人际交往。 Zànměi yǒuzhùyú rénjì jiāowǎng. 칭찬은 대인관계에 도움이 된다.
- 要学会认真倾听。 Yào xuéhuì rènzhēn qīngtīng. 열심히 경청할 줄 알아야 한다.
- 要乐于助人。 Yào lèyú zhùrén. 남을 기꺼이 도와야 한다.
- 要懂得分享。 Yào dǒngde fēnxiǎng. 함께 나눌 줄 알아야 한다.
- 己所不欲，勿施于人。 Jǐsuǒbùyù, wùshīyúrén. 내가 원하지 않는 것은 남에게 강요하지 말라.
- 礼轻情意重。 Lǐ qīng qíngyì zhòng. 선물은 보잘것없지만 성의는 깊다.

(2) 인생, 성공

- 成功贵在坚持。 Chénggōng guì zài jiānchí. 성공은 끝까지 버티는 것에 달려 있다.
- 不要盲目坚持目标。 Búyào mángmù jiānchí mùbiāo. 목표를 맹목적으로 고집하지 말아라.
- 发现犯了错要敢于止步。 Fāxiàn fànle cuò yào gǎnyú zhǐbù. 잘못을 발견하면 과감히 멈춰야 한다.
- 有时候放弃也是一种智慧。 Yǒu shíhou fàngqì yě shì yì zhǒng zhìhuì. 때로는 포기하는 것도 지혜이다.
- 退一步是为了前进。 Tuì yí bù shì wèile qiánjìn. 한 발짝 물러서는 것은 앞으로 나아가기 위해서이다.
- 要学会取舍。 Yào xuéhuì qǔshè. 취사선택하는 법을 배워야 한다.
- 要及时调整方向。 Yào jíshí tiáozhěng fāngxiàng. 제때 방향을 조정해야 한다.
- 成功离不开勤奋。 Chénggōng líbukāi qínfèn. 성공은 근면과 떼려야 뗄 수 없다.
- 事业的成功离不开坚韧的毅力。 Shìyè de chénggōng líbukāi jiānrèn de yìlì.
  사업의 성공은 강인한 끈기와 떼려야 뗄 수 없는 관계이다.
- 付出才会有收获。 Fùchū cái huì yǒu shōuhuò. 베풀어야 얻는 것이 있다.
- 一分耕耘一分收获。 Yì fēn gēngyún yì fēn shōuhuò. 뿌린 대로 거둔다.
- 人们应该充分挖掘潜力。 Rénmen yīnggāi chōngfēn wājué qiánlì. 사람들은 잠재력을 충분히 발굴해야 한다.
- 要善于发挥自己的优势。 Yào shànyú fāhuī zìjǐ de yōushì. 자신의 장점을 잘 발휘해야 한다.
- 要正视自己的缺点。 Yào zhèngshì zìjǐ de quēdiǎn. 자신의 결점을 직시해야 한다.
- 情绪可以由自己掌握。 Qíngxù kěyǐ yóu zìjǐ zhǎngwò. 정서는 스스로 파악할 수 있다.
- 积极的心态更重要。 Jījí de xīntài gèng zhòngyào. 긍정적인 마음이 더 중요하다.
- 成功要靠行动。 Chénggōng yào kào xíngdòng. 성공은 행동에 달려 있다.
- 要善于把握机会。 Yào shànyú bǎwò jīhuì. 기회를 잘 잡아야 한다.
- 机会偏爱有准备的人。 Jīhuì piān'ài yǒu zhǔnbèi de rén. 기회는 준비된 자에게만 주어진다.
- 不要过于害怕风险。 Búyào guòyú hàipà fēngxiǎn. 위험을 지나치게 두려워하지 말라.
- 危机能够使人成熟。 Wēijī nénggòu shǐ rén chéngshú. 위기는 사람을 성숙시킬 수 있다.

- 竞争促进发展。 Jìngzhēng cùjìn fāzhǎn. 경쟁은 발전을 촉진한다.

- 滴水穿石 dīshuǐ chuānshí 낙숫물이 댓돌을 뚫는다. (=작은 힘이라도 꾸준히 계속하면 큰일을 이룰 수 있음을 나타내는 말)

- 凡是皆为双刃剑。 Fán shì jiē wéi shuāngrènjiàn. 무릇 모든 것은 양날의 검과 같다.

- 忧心忡忡 yōuxīn chōngchōng 근심 걱정이 태산 같다. 깊은 시름에 빠지다.

(3) 행복

- 做人应该知足常乐。 Zuòrén yīnggāi zhīzú chánglè. 사람은 마땅히 만족할 줄 알아야 한다.

- 不要过于追求完美。 Búyào guòyú zhuīqiú wánměi. 너무 완벽을 추구하지 마라.

- 不要与别人比较。 Búyào yǔ biérén bǐjiào. 다른 사람과 비교하지 마라.

- 要乐观面对生活。 Yào lèguān miànduì shēnghuó. 긍정적으로 생활해야 한다.

　　"低碳生活"是一个复杂的概念，其内涵不仅包括节约能源、减少排放、开发和利用新型清洁能源等，还包括新的生产模式与生活模式，具有广泛的社会意义。请写一篇600字左右的文章，谈谈你对"低碳生活"的理解并清晰地表达自己的观点。

정답 및 해설 ➡ 해설서 p.232

"己所不欲，勿施于人。"出自《论语》，指自己不想要的或不愿意的，就不要施加给别人。你是否赞同"己所不欲，勿施于人"？请写一篇600字左右的文章，论证你的观点。

정답 및 해설 ➡ 해설서 p.234

"谁知盘中餐，粒粒皆辛苦。"出自唐代诗人李绅的《悯农》一诗。意思是："有谁想到我们碗中的米饭，每一粒都饱含农民的辛苦？"很多家长也常用这首诗教育子女不要浪费粮食。请简单谈谈你对"浪费"的看法。

정답 및 해설 ➔ 해설서 p.236

　　如今，大街上随处可见"低头族"。"低头族"指那些无论何时何地都低头看手机的人。科技的变化改变了人类的很多习惯与想法。你觉得，科技的发展对人类的影响有什么好处和坏处？请写一篇600字左右的文章，论证你的观点。

정답 및 해설 → 해설서 p.238

"休渔"制度是通过在水生生物的繁殖期和生长期采取限制捕捞活动的措施，以此达到维护水域生态平衡、水生生物资源可持续利用的目的。其实人生也是如此，想要得到更好的效果，适当的休息与调整十分重要。你如何看待这种阶段性的"休渔"呢？请写一篇600字左右的文章，论证你的观点。

정답 및 해설 → 해설서 p.240

"穷游"是一种时尚的旅游方式。比起一般意义上"不花钱的旅行"，穷游更强调在享受自由自在旅行的同时，尽量节省旅行的费用。不是"为穷而穷"，不同于以往的"行走"方式，和"有钱""没钱"无关。请写一篇600字左右的文章，谈一谈你对"穷游"这种旅行方式的看法，并论证你的观点。

정답 및 해설 → 해설서 p.242

赠送礼物是任何国家、任何地区都有的文化。然而，在当今社会，送什么礼物、如何传达等诸如此类的问题，也随着时代的变化产生了变化。"礼轻情意重"是中国的一句老话，意思是：礼物虽不贵重，但送礼人的情谊是十分贵重的。但如今，很多人会在情谊和价格之间，更注重价格或是礼物本身是否实用。对于过去与现在的送礼文化，你有什么看法？请写一篇600字左右的文章，谈一谈。要求思路清晰。

정답 및 해설 → 해설서 p.244

随着时代的发展和生活水平的提高，中国人的消费观念也在不断变化。过去，中国人比较节俭，不舍得花钱；现在，中国人的消费观多元化、个性化的特点越来越明显，人们越来越重视精神方面的需要了，在文化、教育、度假、旅游等方面的消费大大超过以前。对于现代社会的消费观念及消费方式，你有怎样的看法。请写一篇600字左右的文章，论述一下。

정답 및 해설 → 해설서 p.246

번역

저자직강

 7~9급 파악하기 -

제1부분

총 2문항이다. 시험지에는 2편의 한국어 자료가 제공되며, 응시자는 35분 내에 이를 중국어로 번역해야 한다.

제2부분

총 2문항이다. 2편의 한국어 자료가 제공되며, 응시자는 이를 중국어로 통역해야 한다. 각 자료마다 1분 동안 읽을 시간이 제공되며 2분 동안 통역해야 한다.

"무조건 1:1로 대응시켜 번역하려고 하지 말자"

第 一 部 分

90.

빈곤에는 두 종류가 있다. 하나는 '가정의 빈곤'으로, 그 빈곤의 원인은 생활 중 예상치 못한 굴곡이나 불행한 처지이다. 이러한 빈곤은 때때로 일시적이며 개인의 노력으로 개선할 수 있다. 다른 하나는 '세대의 빈곤'인데 빈곤의 원인은 음주, 마약 흡입 등 특수한 '문화 행위'로 인한 것이다. 이러한 문화 행위를 고치지 않는다면 빈곤은 영원히 존재할 것이다. 특히 아이가 부모로부터 … (중략) ….

A有B의 용법은 중국어 기본 어법에 가장 충실한 표현이므로, 잘 활용해보자.

중국어의 특징 중 하나는 명사와 함께하는 양사가 있다는 것이다. 양사를 잘못 써도 틀리는 경우가 많으니 함께 오는 양사를 잘 기억하자.

모범 답안

　贫困有两种。一种是"家境贫困"，其贫困的原因是生活中意想不到的曲折或者不幸的遭遇。这种贫困往往是暂时的，可以通过个人努力得到改善。另一种则是"世代贫困"，其贫困的原因在于特殊的"文化行为"，比如喝酒、吸毒等。只要不改变这种"文化行为"，"贫困"就永远会存在。特别是如果孩子从家长那里学到了这样的"文化行为"，贫困就会不断地"遗传"。你也许有充足的理由把自己家庭的贫困归咎于社会的不公平。但是，一个人如果这样陷入受害者情绪中无法自拔的话，那他将无法成就任何事。

예를 들어 표현할 때 쓰는 어휘이다.

짝꿍 접속사가 있다는 것을 기억하자.

"개인적인 의견은 배제하자"

第 二 部 分

92.

둔황(敦煌)의 역사는 아주 오래되었다. 역사상 둔황은 일찍이 중부와 서부 교통의 중추 길목이자 실크로드의 요충지, 대외 교류의 국제적 도시, 서역 경영의 군사 요지였다. 중국의 긴 역사에서 빛나는 장을 장식했다. 사적 기록에 따르면 지금으로부터 약 4천여 년 전에 둔황 지역에는 고대인이 자리 잡고 번성하며 살아갔다고 한다. 둔황은 온갖 일을 겪으면서 5천여 년이라는 기나긴 우여곡절의 여정을 걸어왔다. 도처에 있는 문물과 유적, 정교하고 아름다운 석굴 예술이 마치 눈부신 진주처럼 황금빛 사막을 수놓았다.

간단한 표현보다는 좀 더 고급스러운 표현을 활용해보자. (很久→古老而久远)

모범 답안

　敦煌的历史古老而久远。历史上敦煌曾是中西交通的枢纽要道，丝绸之路上的咽喉锁钥，对外交往上的国际都会，经营西域的军事要地。在中华历史的长卷上占有光辉的篇章。据史籍记载，在距今约4000多年前，敦煌地区就有人类的先民在这里繁衍生息。敦煌历经沧桑，走过了近五千年漫长曲折的里程，遍地的文物遗迹、精美的石窟艺术如同一颗耀眼的珍珠点缀着金黄的沙漠。

역사 기록을 언급할 때 많이 쓰이는 표현이므로 기억해두자.

01 한중 번역

STEP 1 유형 파악하기

✘ 번역은 '한중 번역'과 '한중 통역' 두 갈래로 출제된다. '한중 번역' 파트에서 수험자는 본인의 모국어로 제시된 제시문을 보고 중국어로 번역해야 한다. 한중 번역 문제는 짧은 글 1문항, 긴 글 1문항이 출제된다.

▶ 출제경향

자율주행, 인공지능, 공유 자전거, 비행 자동차 등 '트렌디'한 소재나 만리장성, 실크로드, 4대 발명품 등 '중국 문화' 관련 소재가 제시문으로 많이 출제되고 있다.

▶ 문제 풀이 비법

1 주어, 술어를 빨리 파악하고, 가급적 단문으로 번역하라.

원문을 분해할수록 번역은 단순하고 명료해진다. 중요하지 않은 수식어구는 신경쓰지 말고, 가급적이면 단문으로 번역하자.

2 단어의 반복을 피해라!

중국어는 대사가 발달되어 있으므로 반복되어 나오는 이름은 대사로 쓰고, 동일한 어휘를 여러 번 쓰지 말고 의미가 같은 유의어로 바꿔 쓰자!

3 일대일로 대응시켜 번역하려고 하지 마라!

중국어와 한국어는 어순도 다르고 표현법도 다르기 때문에 품사를 그대로 쓰며 일대일로 대응시켜 번역하려고 해서는 안 된다. [예: 누워서 떡 먹기 → 쉽다 → 容易 → 轻而易举]

4 때로는 과감하게 의역하라.

제시문에 딱 맞는 번역이 아니더라도 의미가 통한다면 의역하자. 대신 어법에 어긋나지 않도록 고정격식과 짝꿍 표현을 최대한 활용해 보자.

🌱 제1부분 예제 1

> 빈곤에는 두 종류가 있다. 하나는 '가정의 빈곤'으로, 그 빈곤의 원인은 생활 중 예상치 못한 굴곡이나 불행한 처지에 있다. 이러한 빈곤은 때때로 일시적이며 개인의 노력으로 개선할 수 있다. 다른 하나는 '세대의 빈곤'인데 빈곤의 원인은 음주, 마약 흡입 등 특수한 '문화 행위'로 인한 것이다. 이러한 문화 행위를 바꾸지 않는다면 빈곤은 영원히 존재할 것이다. 특히 아이가 부모로부터 이러한 문화 행위를 배운다면 빈곤은 끊임없이 '유전'될 것이다. 아마 당신은 본인의 가정이 빈곤한 원인을 사회 불공평으로 돌릴 만한 충분한 이유가 있을 것이다. 그러나 이렇게 피해자 감정에 빠져 스스로 헤어 나오지 못 한다면 어떤 일도 해 내지 못할 것이다.

- A에는 두 종류가 있다. 하나는 B이고, 다른 하나는 C이다 → A有两种。一种是B，另一种则是C　도입에서 '种'을 사용해서 표현했기 때문에 뒤에서도 '种'으로 통일해야 한다.

- 특히 → 特别是　'特别是'는 같은 사물이나 전체에서 아주 뛰어남을 말하며, 단독으로 쓸 수 있고 일정 범위에서도 쓸 수 있다. 여기서 동사 '是'는 생략할 수 없다.

- 끊임없이 → 不断　'不断'은 어떤 상황이나 활동이 중단없이 계속되는 것을 강조하고, '继续'는 어떤 일이 이전 상태나 방식으로 이어지거나 반복되는 것을 나타내므로 둘이 서로 바꿔서 쓸 수 없다.

제시문	모범 답안
빈곤에는 두 종류가 있다. 하나는 '가정의 빈곤'으로, 그 빈곤의 원인은 생활 중 예상치 못한 굴곡이나 불행한 처지에 있다. 이러한 빈곤은 때때로 일시적이며 개인의 노력으로 개선할 수 있다. 다른 하나는 '세대의 빈곤'인데 빈곤의 원인은 음주, 마약 흡입 등 특수한 '문화 행위'로 인한 것이다. 이러한 문화 행위를 바꾸지 않는다면 빈곤은 영원히 존재할 것이다. 특히 아이가 부모로부터 이러한 문화 행위를 배운다면 빈곤은 끊임없이 '유전'될 것이다. 아마 당신은 본인의 가정이 빈곤한 원인을 사회 불공평으로 돌릴 만한 충분한 이유가 있을 것이다. 그러나 이렇게 피해자 감정에 빠져 스스로 헤어 나오지 못 한다면 어떤 일도 해 내지 못할 것이다.	贫困有两种。一种是"家境贫困"，其贫困的原因是生活中意想不到的曲折或者不幸的遭遇。这种贫困往往是暂时的，可以通过个人努力得到改善。另一种则是"世代贫困"，其贫困的原因在于特殊的"文化行为"，比如喝酒、吸毒等。只要不改变这种"文化行为"，"贫困"就永远会存在。特别是如果孩子从家长那里学到了这样的"文化行为"，贫困就会不断地"遗传"。你也许有充足的理由把自己家庭的贫困归结为社会的不公平。但是，一个人如果这样陷入受害者情绪中无法自拔的话，那他将无法成就任何事。

贫困 pínkùn 명 빈곤, 곤궁 | ★家境 jiājìng 명 가정 형편, 집안 형편 | 意想 yìxiǎng 동 예상하다, 예측하다, 생각하다 [意想不到 : 예기치 못하다] | ★曲折 qūzhé 명 굴곡, 우여곡절 | 不幸 búxìng 형 불행하다 | 遭遇 zāoyù 명 처지, 경우, 경험 [주로 불행한 것을 가리킴] | ★则 zé 부 바로 ~이다 [판단구에 쓰여 긍정을 나타냄] | ★世代 shìdài 명 세대, 연대 | 吸毒 xī dú 마약을 복용하다 | 家长 jiāzhǎng 명 보호자, 학부형 | 遗传 yíchuán 동 유전하다 | 充足 chōngzú 형 충분하다, 충족하다 | ★归结 guījié 명 결과, 결말, 귀결 | 受害者 shòuhàizhě 피해자 | 自拔 zìbá (고통이나 죄악에서) 스스로 벗어나다

▶ 주요 구문/표현 정리하기

- **A有两种**　A는 두 가지 종류가 있다
- **一种是A，另一种则是B**　하나는 A이고, 다른 하나는 B이다
- **遭遇≒处境**　처지, 경우, 경험
- **通过+수단/방법+행동/행위**　~을 통해

- **其A的原因在于**　A의 원인은 ~에 있다
- **比如**　예를 들자면
- **特别是≒尤其是**　특히 ~이다
- **把A归结为B**　A를 B로 귀결시키다

🌿 제1부분 예제 2

　치파오는 1920년대에 만들어졌으며 중국의 유구한 복식문화에 있어 가장 화려한 표현 형식 중 하나이다. 치파오는 1920년대 이후 여성의 가장 보편적인 의상이었다. 치파오의 문화적 함의는 중국 문화를 농축한 상징이라는 데 있으며 여성이 가진 미적 감각과 개성 있는 매력을 표현했고, 동양 여성의 신비로움과 부드러움 또한 표현했다. 지금까지도 중국의 많은 여성들은 여전히 치파오에 특별한 감정을 가지고 있다. 치파오의 장점은 사람들에게 아름다운 느낌을 주는 것 외에도 중국 여성의 골격 특성에 적합하여

입으면 더 자신감이 생긴다는 점이 있다. 오늘날의 치파오는 대부분 개량한 것으로 걸을 때나 코디할 때 더 좋다. 원한다면 심지어 '루즈핏' 치파오도 구할 수 있다. 이는 과거에는 상상도 할 수 없었다. 외국인들도 중국 치파오에 많은 관심이 있는데 사실 이는 문화와도 깊은 관련이 있다. 치파오의 날염(무늬 장식)이나 치파오가 표현하는 고전적 품격은 모두 중화민족의 심미와 선호를 나타낸다. 특히 많은 여성은 출국 시 치파오를 입지 않으면 그 여행이 완벽하지 않은 것 같은 느낌을 갖는다. 치파오에 대한 애정은 심미에 대한 자신감, 본국 문화에 대한 인정이며, 또한 많은 중국인들이 문화 전통에 대해 고수하는 것이다.

풀이

- 대사 它 한국어는 대사가 잘 발달되어 있지 않아 앞에 나왔던 어휘를 반복해서 쓰는 경우가 많지만, 중국어의 경우 대사가 발달되어 같은 어휘를 반복해서 쓰지 않고 대사로 받아서 쓴다. 이 문장의 경우 치파오를 대사 '它'로 받아서 사용했다.

- 강조를 나타내는 给 '它的优点不仅在于给人以美感'에서 '给'는 강조의 용법으로 사용되었다.

- 골격 → 骨架 골격이라는 단어를 보면 '骨'를 바로 떠올리겠지만, 정확한 표현은 '骨架'이다. '骨架'가 잘 생각나지 않는다면 '体型(체형)'으로 대체해서 사용할 수 있지만, '骨架'로 쓰는 것이 가장 좋다.

- 깊은 관련이 있다 → 有很大关系 '这其实也和文化有很大关系'에서 '很大有关系'라고 작문하는 경우가 많이 있는데, 이는 틀린 표현이다. '很大'의 위치를 조심해서 작문해야 한다.

- 자신감 → 自信 '对自己审美的自信'에서 '自信'을 '自信心' 또는 '自信感'으로 써서는 안 된다.

제시문 모범 답안

치파오는 1920년대에 만들어졌으며 중국의 유구한 복식문화에 있어 가장 화려한 표현 형식 중 하나이다. 치파오는 1920년대 이후 여성의 가장 보편적인 의상이었다. 치파오의 문화적 함의는 중국 문화를 농축한 상징이라는 데 있으며 여성이 가진 미적 감각과 개성 있는 매력을 표현했고, 동양 여성의 신비로움과 부드러움 또한 표현했다. 지금까지도 중국의 많은 여성들은 여전히 치파오에 특별한 감정을 가지고 있다. 치파오의 장점은 사람들에게 아름다운 느낌을 주는 것 외에도 중국 여성의 골격 특성에 적합하여 입으면 더 자신감이 생긴다는 점이 있다. 오늘날의 치파오는 대부분 개량한 것으로 걸을 때나 코디할 때 더 좋다. 원한다면 심지어 '루즈핏' 치파오도 구할 수 있다. 이는 과거에는 상상도 할 수 없었다. 외국인들도 중국 치파오에 많은 관심이 있는데 사실 이는 문화와도 깊은 관련이 있다. 치파오의 날염(무늬 장식)이나 치파오가 표현하는 고전적 품격은 모두 중화민족의 심미와 선호를 나타낸다. 특히 많은 여성은 출국 시 치파오를 입지 않으면 그 여행이 완벽하지 않은 것 같은 느낌을 갖는다. 치파오에 대한 애정은 심미에 대한 자신감, 본국 문화에 대한 인정이며, 또한 많은 중국인들이 문화 전통에 대해 고수하는 것이다.

旗袍形成于上个世纪20年代，是中国悠久的服饰文化中最绚烂的表现形式之一。它曾是20世纪20年代后女子最普遍的服装。旗袍的文化内涵在于它是中国文化的一个浓缩符号，表达了女性含蓄的美感和个性魅力，也表达了东方女性的神秘和温柔。直至今日，中国的很多女性仍对旗袍情有独钟。它的优点不仅在于给人以美感，还因为它符合中国女性的骨架特点，让穿的人更有自信。而如今的旗袍大都是改良版的，更有利于行走和搭配。如果你想要，甚至可以找到"宽松版"的旗袍。这在过去是不可想象的。很多外国人也对中国旗袍十分喜爱，这其实也和文化有很大关系。无论是旗袍上的印花还是它所表达的古典气质，都代表着中华民族的审美和喜好。尤其是很多女性出国时，不穿一件旗袍，就好像这次旅行不够完美一样。对旗袍的喜爱是对自己审美的自信、对本国文化的认同，也是很多中国人对文化传承的坚持。

★旗袍 qípáo 몡 치파오 [원피스 형태의 중국 전통의상] | ★悠久 yōujiǔ 혱 유구하다, 장구하다 | ★服饰 fúshì 몡 복식, 의복과 장신구 | ★绚烂 xuànlàn 혱 화려하다 | ★内涵 nèihán 몡 의미, 뜻, 내포 | ★浓缩 nóngsuō 동 농축하다 | 符号 fúhào 몡 상징 | ★含蓄 hánxù 동 포함하다, 함유하다, 담겨 있다 | 美感 měigǎn 몡 미감 | ★魅力 mèilì 몡 매력 | 东方 Dōngfāng 고유 동양 | ★温柔 wēnróu 혱 부드럽고 순하다, 따뜻하고 상냥하다 | ★直至 zhízhì 동 ~에 이르다 | 仍 réng 뷔 여전히, 아직도 | 情有独钟 qíng yǒu dú zhōng 셍 감정이 특별히 깊다, 특별히 관심을 갖다 | ★以 yǐ ~에게 ~를 주다 | 骨架 gǔjià 몡 (사물을 이루고 있는) 골격, 뼈대 | 大都 dàdōu 뷔 대부분, 대다수 | ★改良 gǎiliáng 동 개량하다, 개선하다 | 版 bǎn 몡 판 | ★行走 xíngzǒu 동 걷다, 거닐다 | ★搭配 dāpèi 동 조합하다, 배합하다, 안배하다 | ★宽松 kuānsōng 혱 널찍하다, 여유가 있다, 느슨하다 [宽松版: 루즈핏] | 不可 bùkě 동 ~해서는 안 된다 | 喜爱 xǐ'ài 동 좋아하다, 호감을 가지다 | 印花 yìnhuā 날염 [부분적으로 착색하여 무늬가 나타나게 염색하는 방법] | ★气质 qìzhì 몡 품격 | 中华民族 Zhōnghuá Mínzú 고유 중화 민족 | ★审美 shěnměi 혱 심미적이다 | ★喜好 xǐhào 동 좋아하다, 애호하다 | 认同 rèntóng 몡 인정 | ★传承 chuánchéng 몡 전수와 계승

▶ 주요 구문/표현 정리하기

- A形成于B(시간) A는 B 시기에 형성되었다
- A是B之一 A는 B 중의 하나이다
- 直至今日≒到现在≒迄今为止 오늘날까지
- 符合特点 특징에 부합하다
- 印花≒花纹≒纹饰 날염, 무늬 장식

- 尤其是≒特别是 특히 ~이다
- 对A的自信 A에 대한 자신감
- 对A的认同 A에 대한 인정
- 认同≒肯定≒认可 인정
- 坚持≒坚守 굳게 지키다

STEP 2 내공 쌓기

✘ 한국어 해석은 같지만 미묘한 뉘앙스 차이, 용법 차이가 있는 단어들이 있다. 작문 및 번역에서 자주 틀리는 유의어 어휘를 정리해서 모아 두었으니, 차이점을 익혀 두자.

1 유의어 비교

(1) 摆脱 Vs. 解脱

摆脱 bǎituō 동 벗어나다, 빠져나오다	노력을 통해 적, 위험, 방해와 같은 불리한 상황 또는 강제적인 것으로부터 벗어나는 것을 의미한다. 대상은 감정, 일, 사람 모두 가능하다. 他通过自己的努力摆脱了目前的困境。 그는 자신의 노력으로 현재의 곤경에서 벗어났다. → 대상: 일 到底怎么做才能摆脱苦恼呢？ 도대체 어떻게 해야 고민에서 벗어날 수 있을까? → 대상: 감정 只有摆脱束缚才能成为真正的自己。 속박에서 벗어나야만 진정한 자신이 될 수 있다.
解脱 jiětuō 동 벗어나다	고난, 불운과 같은 불리한 상황에서 호전되어 이전보다 나아지는 것을 나타낸다. 사람이 대상이 될 수 없으며, 보통 목적어를 가지지 않는다. 高考结束后，学生们终于得到了解脱。 까오카오(高考)가 끝난 후 학생들은 마침내 해방되었다. ＊高考: '중국 대입 수능'을 가리킴 逃避并不能使自己解脱。 도피하는 것은 결코 자신을 해방시킬 수 없다. 你得赶紧从失恋的痛苦中解脱出来。 너는 빨리 실연의 고통에서 벗어나야 한다.

(2) 办法 Vs. 方法

办法 bànfǎ 명 (처리하는) 방법	사물을 처리하고 문제를 해결하는 수단을 나타내며, 큰일이나 작은 일 모두에 사용 가능하다. 공부는 해결하거나 처리해야 하는 것이 아니므로 '学习办法(X)'라고 쓸 수 없다. 我们要找出克服困难的办法。 우리는 어려움을 극복할 방법을 찾아야 한다. 这个问题的解决办法有很多。 이 문제의 해결 방법은 매우 많다. 政府正在想办法解决疫情后的就业问题。 정부는 전염병 발생 후 취업 문제를 해결할 방법을 생각하고 있다.
方法 fāngfǎ 명 방법, 수단	무언가를 얻거나 어떤 목적을 달성하기 위한 그 수단과 행동 방식을 나타낸다. 找到正确的学习方法是很重要的。 올바른 학습 방법을 찾는 것은 매우 중요하다. 补充体力的最佳方法是休息和睡眠。 체력을 보충하는 가장 좋은 방법은 휴식과 수면이다. 我们得先了解这台机器的使用方法。 우리는 먼저 이 기계의 사용 방법을 이해해야 한다.

(3) 保持 Vs. 维持

保持 bǎochí 통 유지하다	원래의 좋은 상태나 모습을 그대로 지속시켜 나가는 것을 나타낸다. 情况越危险我们越要保持冷静。 상황이 위험할수록 우리는 더 냉정함을 유지해야 한다. 毕业后，我和他一直保持着联系。 졸업 후, 나는 그와 계속 연락을 유지하고 있다. 考试时头脑要保持清醒。 시험을 볼 때는 머리를 맑게 유지해야 한다.
维持 wéichí 통 유지하다	현재 상황이 좋지 않지만 어떤 방법, 노력 등으로 더 이상 나쁘지 않게 유지하는 것을 나타낸다. 班长负责维持课堂秩序。 반장은 교실 질서를 유지할 책임이 있다. 他靠着政府资助的生活费维持生活。 그는 정부가 지원하는 생활비에 의지하여 생활을 유지하고 있다. 我只希望一切都可以维持现状。 나는 단지 모든 것이 현상태를 유지할 수 있기를 바랄 뿐이다.

(4) 充分 Vs. 充足

充分 chōngfèn 형 충분하다	추상적인 내용에 많이 쓰이며, 술어 앞에서 부사어 형태로 많이 쓰인다. 这件事充分证明了他是一个不可靠的人。 이 사건은 그가 믿을 수 없는 사람이라는 것을 충분히 증명했다. 他充分利用自己的优势通过了面试。 그는 자신의 장점을 충분히 활용하여 면접을 통과했다. 我充分肯定老师提出的意见。 나는 선생님이 제기한 의견을 충분히 인정한다.
充足 chōngzú 형 충분하다	주로 구체적인 사물에 쓰이며, '필요한 수요, 분량'을 만족시킴을 의미한다. 工作再忙也要保持充足的睡眠。 일이 아무리 바빠도 충분한 수면을 취해야 한다. 今年过冬的粮食充足，不用担心了。 올해 겨울을 보낼 식량이 충분하니 걱정 안 해도 된다. 只有保持充足的体力，才能保证工作质量。 충분한 체력을 유지해야만 업무의 질을 보장할 수 있다.

(5) 干扰 Vs. 打扰

干扰 gānrǎo ⑧ 방해하다 ⑲ 방해	외부적인 요인으로 인해 방해 받은 상황에 쓰이며, 무언가를 교란시킨다는 의미로도 쓰인다. **儿子玩儿游戏时，我的手机信号受到了干扰。** 아들이 게임을 할 때, 내 휴대폰 신호가 방해를 받는다. **考试时，由于受到了噪音的干扰，我无法集中。** 시험 볼 때, 소음의 방해를 받아서 나는 집중할 수 없었다. **研究表明，使用第一语言与第二语言时，两者之间会存在互相干扰的现象。** 연구에 따르면, 제1 언어와 제2 언어를 사용할 때 둘 사이에는 서로 방해하는 현상이 존재할 것이다.
打扰 dǎrǎo ⑧ 방해하다	의도치 않게 상대방에게 피해를 줄 때 쓴다. **你们去外面玩，不要打扰我学习。** 너희는 밖에 나가서 놀아라, 내가 공부하는 것을 방해하지 마라. **在公共场所打电话要注意时长与音量，否则会打扰其他人。** 공공장소에서 전화를 할 때 시간과 음량에 주의하지 않으면 다른 사람을 방해할 수 있다. **晚上尽量不要打扰父亲休息。** 저녁에 최대한 아버지의 휴식을 방해하지 말거라.

(6) 广阔 Vs. 宽阔

广阔 guǎngkuò ⑲ 넓다, 광활하다	지역, 세계, 전경, 앞날, 현실 생활 등이 넓음을 표현할 때 쓰인다. **一群羊在广阔的大草原上奔跑。** 한 무리의 양들이 광활한 대초원에서 달리고 있다. **中国拥有广阔的国土。** 중국은 광활한 국토를 가지고 있다. **广阔的大海与陆地相连。** 광활한 바다는 육지와 맞닿아 있다.
宽阔 kuānkuò ⑲ 넓다	구체적인 공간의 폭이 넓음을 강조할 때 쓰이며, 마음의 견식 등이 넓다고 할 때도 쓰인다. **了解了外国文化后，我的思路变得宽阔了。** 외국 문화를 이해한 후, 나의 사고방식은 넓어졌다. **我喜欢在宽阔的马路上散步。** 나는 넓은 도로에서 산책하는 것을 좋아한다. **船驶过三峡，江面显得越发宽阔了。** 배가 삼협을 지나자 강폭이 더욱 넓어졌다.

(7) 规定 Vs. 规则 Vs. 规矩

规定 guīdìng ⑧ 규정하다 ⑲ 규정	정해진 절차나 조건을 나타내며, 법적 또는 행정적으로 강제력이 있는 지침이나 조항을 가리킬 때 쓴다. **公司规定每天得提前10分钟到公司。** 회사는 매일 10분 일찍 회사에 도착해야 한다고 규정한다. **必须在规定的时间内完成考试。** 반드시 규정된 시간 내에 시험을 끝내야 한다. **按照规定，本次演讲比赛每个班必须选出一名代表参加。** 규정에 따라 이번 웅변대회에는 반별로 대표 한 명을 선발해 참가해야 한다.
规则 guīzé ⑲ 규칙, 규율, 법칙	공동으로 지켜야 하는 문자화된 규칙, 제도를 의미하며, 법적 강제력보다는 특정 활동이나 게임 등의 기본 규칙을 나타내는 데 주로 쓰인다. **遵守交通规则是每个人都应履行的义务。** 교통 규칙을 준수하는 것은 모든 사람이 마땅히 실천해야 할 의무이다. **她对足球比赛规则一无所知。** 그녀는 축구 경기 규칙에 대해 아무것도 모른다. **游戏开始前，我先来说一下游戏规则。** 게임을 시작하기 전에 제가 먼저 게임의 규칙을 말씀드리겠습니다.

规矩 guīju 명 규칙, 표준, 법칙 형 모범적이다	사람이 정하거나 자연적으로 형성된 일정한 규정이나 제도, 관례, 관습을 의미한다. 爸爸定下了每天九点前回家的规矩。 아버지는 매일 9시 전에 귀가하는 규칙을 정하셨다. 以前，农村有很多规矩，现在都废除了。 예전에는 농촌에 많은 규칙이 있었는데 지금은 모두 폐지되었다. 在公共场所吵吵闹闹会被视为没有规矩的人。 공공장소에서 떠드는 것은 버릇없는 사람으로 여겨진다.

⑻ 规划 Vs. 计划

规划 guīhuà 명 계획, 기획 동 계획하다	비교적 종합적이고 장기적인 계획에 쓰이며, 중대하고 영구적인 일에 쓰인다. 政府制定了新的教育发展规划。 정부는 새로운 교육 발전 계획을 제정했다. 城市规划与国家的发展有着密不可分的关系。 도시 계획은 국가의 발전과 불가분의 관계에 있다. 多个大城市都在规划修建新的地铁。 많은 대도시들이 새로운 지하철을 건설할 계획을 세우고 있다.
计划 jìhuà 명 계획 동 계획하다	구체적이고 자세하며 단기적인 계획을 나타내며, 일의 크기와 상관없이 두루 쓰인다. 他花了一天一夜制定了这次的旅行计划。 그는 하루종일 이번 여행 계획을 세웠다. 我们的工作计划以失败告终。 우리의 사업계획은 실패로 끝났다. 公司计划在未来的一个月内将实施居家办公。 회사는 앞으로 한 달 안에 재택근무를 실시할 계획이다.

⑼ 思念 Vs. 怀念

思念 sīniàn 동 그리워하다	어떤 사람이나 사물을 그리워하는 것을 가리키며, 이미 죽은 사람에게는 쓰지 않는다. 他日日夜夜思念着远在故乡的亲人。 그는 밤낮으로 멀리 고향에 있는 가족을 그리워한다. 对男友的思念使她变得郁郁寡欢。 남자 친구에 대한 그리움이 그녀를 우울하게 했다. 在异国他乡的日子，我每时每刻都在思念祖国。 이국땅에 있는 동안, 나는 매순간 조국이 그립다.
怀念 huáiniàn 동 그리워하다	헤어진 시간이 오래되거나 다시 볼 수 없는 사람 또는 어떠한 환경을 그리워하는 것을 나타낸다. 我十分怀念大学时代的生活。 나는 대학 시절의 생활이 매우 그립다. 爷爷时常怀念与过世的奶奶在一起的时光。 할아버지는 늘 돌아가신 할머니와 함께한 시간을 그리워하신다. 教练对自己过去的辉煌成绩十分怀念。 코치는 과거 자신의 눈부신 성적을 매우 그리워한다.

⑽ 回忆 Vs. 回想

回忆 huíyì 명 추억, 회상 동 회상하다	어떠한 목적이나 이유가 있어 과거의 일이나 사람을 생각한다는 의미로 쓰인다. 事情已经过去了，不要再回忆那些伤心的往事了。 일은 이미 지나갔잖아. 이제 더 이상 슬픈 과거를 회상하지 마. 这是一本关于中国唐代历史的回忆录。 이것은 중국 당나라 역사에 관한 회고록이다. 在中国留学的那些年，给我留下许多美好的回忆。 중국에서 유학하던 그 시절은 나에게 많은 아름다운 추억을 남겼다.

回想 huíxiǎng 동 회상하다	과거의 일을 생각한다는 의미로, 반드시 목적이 있어야 하는 것이 아니며 비교적 가볍게 쓰인다. '回忆'와 달리 명사적 용법이 없으므로 '童年的回想(X)' '留下回想(X)'처럼 목적어로 사용해서는 안 된다. 上了年纪的人总是喜欢回想过去。 나이 든 사람들은 늘 과거를 회상하는 것을 좋아한다. 一看到他，就能回想起他对我说过的那些话。 그를 보자마자 그가 나에게 했던 말들을 떠올릴 수 있었다. 回想自己的一生，既充满喜悦，又充满艰难。 내 일생을 돌이켜보면 기쁨도 가득하고 힘겨움도 가득하다.

⑾ 及时 Vs. 按时 Vs. 准时

及时 jíshí 뷔 제때에 혱 시기적절하다	시기적절하게 행동이 이루어짐을 나타낸다. 幸亏我来得及时才没错过这场电影。 다행히 나는 제때에 와서 이번 영화를 놓치지 않았다. 这场雨下得很及时，解决了这段时间的干旱问题。 이번 비는 제때에 내려 이 기간의 가뭄 문제를 해결했다. 及时的急救措施很多时候能救人一命。 시기적절한 응급처치는 사람의 목숨을 구할 수 있는 경우가 많다.
按时 ànshí 뷔 제때에, 제시간에	규정된 시간 즈음에 행동을 완성함을 나타내며, '규칙성'을 강조한다. 儿子养成了每天按时睡觉的好习惯。 아들은 매일 제시간에 자는 좋은 습관을 길렀다. 他总是不按时上课，这引起了很多学生的不满。 그는 항상 제시간에 수업을 하지 않아서 많은 학생들의 불만을 야기했다. 父母经常嘱咐我再忙也要按时吃饭。 부모님은 내가 아무리 바빠도 밥을 제때에 잘 챙겨 먹으라고 늘 당부하신다.
准时 zhǔnshí 뷔 정시에	규정된 시간을 지켜 행동을 완성함을 나타낸다. 他每天上下班都很准时，不迟到也不早退。 그는 매일 출퇴근을 정시에 한다. 지각도 조퇴도 하지 않는다. 虽然天气状况不是很好，但工作人员说飞机会准时起飞。 날씨가 그다지 좋지는 않지만, 직원은 비행기가 정시에 이륙할 것이라고 말했다. 这家快递公司的快递一般都能准时送达。 이 택배 회사의 택배는 보통 정시에 배달된다.

⑿ 孤单 Vs. 孤独

孤单 gūdān 혱 고독하다, 외롭다	주위에 사람이 없어 느껴지는 외로운 감정을 의미한다. 一朵小花孤单地开在平原上，美丽又倔强。 작은 꽃 한 송이가 고독하게 평원에 피어 있는데, 아름답고도 억세다. 一个人在国外学习、生活，最大的问题就是太孤单。 혼자 외국에서 공부하고 생활할 때 가장 큰 문제는 너무 외롭다는 것이다. 这本小说中的女主人公是个多愁善感的人，且总是很容易感到孤单。 이 소설의 여주인공은 감성적인 사람이라서, 항상 쉽게 외로움을 느낀다.

孤独 gūdú 혱 고독하다, 외롭다	주위에 사람이 있고 없음과 상관없이 느껴지는 외로움을 의미한다.
	有不少男人说自己喜欢"享受孤独"。 많은 남자들이 자신은 '고독을 즐기는 것'을 좋아한다고 말한다.
	很多事实告诉我们，通往成功的道路是十分孤独的。 많은 사실들은 우리에게 성공으로 가는 길은 매우 외롭다는 것을 알려 준다.
	如今，日益增加的"孤独死"现象已成为不可忽视的社会问题。 오늘날, 갈수록 늘어나는 '고독사' 현상은 이미 무시할 수 없는 사회문제가 되었다.

⑬ 坚固 Vs. 巩固

坚固 jiāngù 혱 견고하다, 튼튼하다	건축물 같은 물체가 쉽게 파손되지 않음을 나타내며, 주로 서면어로 쓰인다.
	坚固的堤坝挡住了汹涌而来的洪水。 견고한 제방이 밀려오는 홍수를 막았다.
	这辆车最大的缺点就在于不够坚固。 이 차의 가장 큰 결점은 바로 견고하지 않다는 것이다.
	坚固的地基与合理的构造使这座建筑历经百年依然屹立不倒。 견고한 지반과 합리적인 구조는 이 건축물을 100년이 지나도 여전히 쓰러지지 않고 우뚝 서 있게 했다.
巩固 gǒnggù 혱 공고히 하다, 견고하게 하다	주로 추상적인 사물에 쓰인다.
	他以为贬低其他员工可以巩固自己在公司的地位。 그는 다른 직원들을 비하하면 회사에서 자신의 지위를 공고히 할 수 있다고 생각했다.
	这些不法分子试图靠招纳人员巩固势力范围。 이 범법자들은 인원 모집을 시도해서 세력을 공고히 하려고 한다.
	爸爸通过几十年的努力才巩固了我们家的经济情况。 아빠는 수십 년의 노력을 통해 비로소 우리 집안의 경제 상황을 공고히 했다.

⑭ 谨慎 Vs. 慎重

谨慎 jǐnshèn 혱 신중하다	비교적 규모가 큰 일에 있어 언행에 특별히 주의함을 나타내며, 사람의 성격을 묘사할 때 사용 할 수 있다.
	在公司的一言一行都要谨慎。 회사에서의 말과 행동은 모두 신중해야 한다.
	丽丽谨慎地发表了自己的意见。 리리(丽丽)는 신중하게 자신의 의견을 발표했다.
	几十年的法官生活让父亲变得十分谨慎。 몇십 년의 법관 생활로 아버지는 매우 신중해지셨다.
慎重 shènzhòng 혱 신중하다	태도나 언행에 특별히 주의함을 나타낸다. 사람의 성격을 묘사할 때는 사용할 수 없다.
	慎重起见，他拒绝了那家公司提出的条件。 신중을 기하기 위해 그는 그 회사가 제시한 조건을 거절했다.
	他从小就是个行事作风慎重的人。 그는 어릴 때부터 일을 처리하는 태도가 신중한 사람이었다.
	在选择专业时，请务必慎重考虑。 전공을 선택할 때, 반드시 신중하게 고려하세요.

⑮ 经历 Vs. 经验

经历 jīnglì 몡 경험 통 겪다, 경험하다	자신이 '직접' 경험한 것을 가리키지만, 이와 관련하여 어떤 도리나 배움을 강조하지는 않는다. 经历过战争或受过严重打击的人很容易患上"应激性心理障碍"。 전쟁을 겪었거나 심한 타격을 받은 사람은 '스트레스성 심리적 장애'를 겪기 쉽다. 小王在大企业经历过一段时间的实习生活。 샤오왕(小王)은 대기업에서 한동안 인턴 생활을 경험한 적이 있다. 只有经历过失败，才更懂得珍惜成功的喜悦。 실패를 겪어야만 성공의 기쁨을 더 소중히 여길 줄 안다.
经验 jīngyàn 몡 경험 통 경험하다	자신뿐만 아니라 타인이 경험한 것까지 가리키며, 이런 경험을 통해 배우고 참고할 것을 강조한다. 他凭借丰富的实习经验获得了面试官的青睐。 그는 풍부한 인턴 경험으로 면접관의 주목을 받았다. 南老师在教学方面，有着不同于其他老师的丰富经验。 남 선생님은 가르치는 데 있어서 다른 선생님들과 다른 풍부한 경험을 가지고 있다. 夫妻俩由于缺乏育儿经验，而时常弄哭孩子。 부부는 육아 경험이 부족해 자주 아이를 울린다.

⑯ 恐惧 Vs. 可怕

恐惧 kǒngjù 혱 두려워하다, 무섭다 몡 공포	어떤 위험한 상황·대상을 두려워함을 나타내며 수단, 정책같은 어휘와는 함께 쓰이지 못한다. 直面恐惧是战胜恐惧最好的方法。 두려움을 직시하는 것이 두려움을 이기는 가장 좋은 방법이다. 看完那部恐怖片后，我总会时不时地产生恐惧。 그 공포영화를 다 보고 나면 나는 항상 두려움이 생긴다. 看到几个喝醉酒的男人朝自己走来，他心里充满了恐惧。 술에 취한 남자 몇 명이 자신을 향해 다가오는 것을 보고 그의 마음속은 공포로 가득 찼다.
可怕 kěpà 혱 두렵다, 무섭다	문장의 주체가 두려움을 느끼게 함을 나타내며, 뒤에 목적어가 올 수 없다. 姐姐生气的样子很可怕，所以我们都不敢惹她。 언니가 화내는 모습이 무서워서 우리는 감히 언니를 건드리지 못한다. 小王在这场可怕的事故中，奇迹般的生还了。 샤오왕(小王)은 이 끔찍한 사고에서 기적적으로 생환했다. 平时性格温和的人，生起气来的样子也是非常可怕的。 평소 성격이 온화한 사람이 화를 내는 모습도 매우 무섭다.

⑰ 马上 Vs. 立刻

马上 mǎshàng 뷔 곧, 즉시	주관적인 표현으로, 객관적인 시간의 길이와 관계 없이 포괄적으로 쓸 수 있으며 주어 앞에 쓸수 있다. 我们马上就要毕业了，大家看起来都既不舍又难受。 우리는 곧 졸업할 예정인데, 다들 섭섭하고 힘들어 보인다. 火车马上就要出发了，小王竟然还悠闲地看着手机。 기차가 곧 출발하려고 하는데도 샤오왕(小王)은 의외로 한가롭게 휴대전화를 보고 있었다. 这部电视剧马上就要播完了，真期待最后的大结局。 이 드라마는 곧 방영이 끝나는데, 마지막 결말이 정말 기대된다.

立刻 lìkè 图 즉시, 당장	객관적으로 짧은 시간 내에 바로 발생하는 것을 나타내며, 주어 앞에 쓸 수 없다. 你在外面遇到危险时，一定要立刻给我打电话。 당신은 밖에서 위험에 처했을 때, 반드시 즉시 저에게 전화해야 합니다. 丽丽看到爸爸为她买的玩具后，立刻高兴了起来。 리리(丽丽)는 아버지가 그녀를 위해 사 주신 장난감을 보자마자 기뻐했다. 看到交通事故的照片后，那名患者立刻想起了当时的情况。 교통사고 사진을 보고 그 환자는 곧바로 당시의 상황을 떠올렸다.

⑱ 满意 Vs. 满足

满意 mǎnyì 톙 만족하다	자신의 생각이나 기준, 바람이나 소원에 부합함을 나타낸다. 看着手拿毕业证书的孩子们，老师露出了满意的微笑。 졸업증명서를 손에 든 아이들을 보며 선생님은 흐뭇한 미소를 지었다. 其实，无论我们做得多么完美，都不会让所有人都满意。 사실 우리가 아무리 완벽하게 해 내도 모두를 만족시킬 수 있는 것은 아니다. 歌迷们都对那位歌手的新歌感到十分满意。 팬들은 모두 그 가수의 신곡에 대해 매우 만족하고 있다.
满足 mǎnzú 통 만족하다, 　　만족시키다	물질적, 정신적으로 충분하여 부족함이 없다고 느끼는 것을 나타내며, 보통 부사어로 쓸 수 없다. 为满足老年人的需求，很多手机制造商专门设计了操作简单的"老人手机"。 노인들의 욕구를 충족시키기 위해 많은 휴대전화 제조사들이 조작이 간편한 '노인용 휴대전화'를 설계했다. 我一直想满足妈妈环球旅行的愿望。나는 항상 엄마의 세계 여행 소원을 만족시켜 드리고 싶다. 适当的户外活动能够满足孩子们的好奇心。 적절한 야외 활동은 아이들의 호기심을 충족시킬 수 있다.

⑲ 看 Vs. 瞧

看 kàn 통 보다	보는 행위 그 자체를 나타내는 표현으로, 관찰하고 판단한다는 의미는 담겨 있지 않다. 小王只要看到心仪的女生，就一句话都说不出来。 샤오왕(小王)은 마음에 드는 여자만 보면 한 마디도 할 수 없다. 为了保护视力，一定要在光线充足的地方看书。 시력을 보호하기 위해서는 반드시 빛이 잘 드는 곳에서 책을 봐야 한다. 路上的行人虽然都看到了摔倒的老人，可还是选择视而不见。 길 위의 행인들은 넘어진 노인을 보았지만 외면했다.
瞧 qiáo 통 보다	관심을 가지고 대상을 관찰한다는 어조를 담고 있다. 朋友们都想亲眼瞧瞧丽丽新交的男朋友。 친구들은 모두 리리(丽丽)가 새로 사귄 남자 친구를 직접 보고 싶어한다. 瞧他得意的样子就知道他肯定考得很好。 그의 의기양양한 모습을 보면 그가 틀림없이 시험을 잘 봤다는 것을 알 수 있다. 在严重的病，只要李医生一瞧基本上没有治不好的。 심각한 병은 리 의사가 보기만 하면 고치지 못하는 병이 없다.

⑳ 亲近 Vs. 亲切

亲近 qīnjìn 휑 친근하다, 가깝다	사람과 사람 사이의 감정이 깊고 절친함을 나타낸다. 王阿姨让原本不熟悉的左邻右舍都亲近了起来。 왕씨 아주머니는 원래 잘 알지 못했던 이웃들을 모두 친하게 만들었다. 儿子总是想找机会和新同学亲近。 아들은 항상 새로운 학생들과 친해질 기회를 찾고 싶어 한다. 丽丽外表看起来很难相处，其实很容易亲近。 리리(丽丽)는 겉보기에는 사귀기 어려워 보이지만, 사실은 쉽게 친해질 수 있다.
亲切 qīnqiè 휑 친근하다, 친절하다	상대방을 친절하게 지도하고 보살펴 주는 것을 나타내며, 사람의 태도, 어투 등에서 친절하고 배려가 있음을 나타낸다. 国家领导人亲切地问候了当地灾民的情况。 국가지도자는 친절하게 현지 이재민의 상황을 물었다. 比起味道，那家火锅店服务员亲切的服务更让人印象深刻。 맛보다는 그 샤브샤브집 종업원의 친절한 서비스가 인상적이었다. 在异国他乡遇到亲切的老乡时，总会让我倍感温暖。 타국에서 친절한 고향 사람을 만나면 늘 더 따뜻함을 느낀다.

㉑ 缺乏 Vs. 缺少

缺乏 quēfá 통 부족하다, 결핍되다	주로 추상적인 명사를 목적어로 취하며, 목적어 앞에 수량 표현을 쓸 수 없다. 随着生育率不断降低，未来极有可能出现缺乏劳动力的情况。 출산율이 계속 낮아지면서 앞으로 노동력 부족 현상이 나타날 가능성이 높다. 这次的谈判双方缺乏最基本的信任，怎么会合作成功呢? 이번 협상에서 양측은 기본적인 신뢰가 부족했는데, 어떻게 협력을 성공할 수 있을까? 夫妻俩因为缺乏有效交流，最终还是离婚了。 부부는 효과적인 교류가 부족하여 결국 이혼했다.
缺少 quēshǎo 통 부족하다, 결핍되다	구체적인 명사, 추상명사 모두 목적어로 취하며, 목적어 앞에 수량 표현을 쓸 수 있다. 一款缺少卖点的产品是很难赢得消费者喜爱的。 셀링포인트가 부족한 제품은 소비자의 사랑을 얻기 어렵다. 他们公司缺少一个严格、说话有分量的领导。 그들 회사는 엄격하고 무게 있는 리더가 부족하다. 新家还缺少几样生活用品，但明天我们还是可以先搬进去的。 → 수량 표현 '几样'과 함께 쓰임 새집에 아직 몇 가지 생활용품이 부족하지만, 내일 우리는 먼저 이사할 수 있다.

㉒ 死 Vs. 去世

死 sǐ 통 죽다	사람, 동물, 식물이 생명을 잃었음을 나타낸다. 尽管他干了很多坏事，但确实罪不至死。 비록 그가 나쁜 짓을 많이 했지만, 확실히 죽을 죄는 아니다. 花虽然会谢，但并不代表"死"，明年春天花还会再开的。 꽃은 시들지만 '죽음'을 나타내는 것이 아니며 내년 봄에 다시 필 것이다. 有人说，宠物死后会去天堂等待它的主人来接它。 어떤 사람들은 애완동물이 죽으면 천국에 가서 주인이 데리러 오기를 기다린다고 말한다.

去世 qùshì ⑧ 죽다, 별세하다	사람이 죽었음을 나타내며, 주로 어른이 돌아가셨을 때 쓰인다.
	小婷听到父亲去世的噩耗后，一时失去了意识。 샤오팅(小婷)은 아버지가 돌아가셨다는 비보를 듣고 잠시 의식을 잃었다.
	父母去世得早，小小年纪的他带着弟弟妹妹撑起了一个家。 부모님이 일찍 돌아가셔서 어린 나이에 그는 남동생과 여동생을 데리고 한 가정을 꾸렸다.
	每每想起去世的外公，外婆总是会哭成一个"泪人"。 돌아가신 외할아버지를 떠올릴 때마다 외할머니는 눈물투성이가 된다.

㉓ 消息 Vs. 信息

消息 xiāoxi ⑲ 소식	어떤 사람의 안부에 관한 기별이나 알림, 어떤 일에 대한 상황이나 동정을 알리는 것을 의미한다.
	电视新闻上正在报道土耳其地震的相关消息。 TV 뉴스에서 튀르키예 지진 관련 소식이 보도되고 있다.
	每次他带来的消息都不靠谱。 매번 그가 가져온 소식은 믿을 수 없다.
	妈妈告诉了我一个好消息，她说爸爸下星期就回国看我们。 엄마는 나에게 좋은 소식을 알려 주셨는데, 그녀는 아빠가 다음 주에 우리를 보러 귀국할 것이라고 하셨다.
信息 xìnxī ⑲ 정보, 소식	문서, 자료, 잡지, 방송 등에서 소개되는 여러 가지 지식이나 정보를 뜻한다.
	几年来一直没有她的任何信息，可她今天忽然跟我联系了。 몇 년 동안 그녀에게 아무런 소식이 없었는데, 오늘 갑자기 나에게 연락이 왔다.
	为了找对象，他整天在网上查找各种相亲信息。 결혼 상대를 찾기 위해 그는 하루 종일 인터넷에서 각종 소개팅 정보를 찾아다닌다.
	网上的虚假信息铺天盖地，我们要慎重地辨别。 인터넷에 가짜 정보가 넘쳐나니 우리는 신중하게 분별해야 한다.

㉔ 导致 Vs. 引起 Vs. 造成

导致 dǎozhì ⑧ 초래하다, 　야기하다	부정적인 결과를 초래하는 것을 말한다. ['造成'과 바꿔서 쓸 수 있음]
	酒后驾驶是导致这场意外发生的主要原因。 음주 운전은 이번 사고의 주요 원인이다.
	由于实习生经验不足导致的失误给公司带来了巨大损失。 인턴 경험 부족에 의한 실수는 회사에 큰 손실을 가져다줬다.
	暴饮暴食容易导致肥胖，应该合理安排自己的饮食。 과식은 비만을 유발할 수 있으므로 자신의 식단을 합리적으로 조정해야 한다.
引起 yǐnqǐ ⑧ 야기하다, 　일으키다	긍정적 혹은 부정적인 결과를 가져오는 것을 말한다.
	他主演的新电影，一上映就引起了大众的关注。 그가 주연한 새 영화는 개봉하자마자 대중의 관심을 끌었다.
	这次的恐怖袭击事件在世界各地都引起了轰动。 이번 테러 사건으로 세계 각지에 파문이 일어났다.
	有时就算是一句无心的话也会引起他人的误会。 때로는 무심한 말 한마디에도 다른 사람의 오해를 살 수 있다.

造成 zàochéng ⑧ 초래하다	부정적인 영향을 초래하는 것을 말한다.
	地震造成的经济损失目前还无法评估。 지진이 초래한 경제적 손실은 아직 평가할 수 없다.
	台风造成农作物受损，农民苦不堪言。 태풍으로 농작물이 손상되어 농민들은 이루 말할 수 없이 고생했다.
	暴雨造成电路中断，地铁不得不停运。 폭우로 전기회로가 끊겨 지하철이 어쩔 수 없이 운행이 중단됐다.

STEP 3 실력 다지기

Day 04

소개에 따르면 전자 운전면허증에는 세 가지 특징이 있다. 첫째, 통일성이다. 운전자는 '교통관리 12123(交管12123)'이라는 휴대전화 앱에 개인 계정을 등록하면 전자 운전면허증을 받을 수 있다. 양식이 전국적으로 통일되어 있으며 실물 운전면허증과 동일한 법적 효력을 가진다. 둘째, 실시간성이다. 전자 운전면허증은 전국 공안 교통관리 전자 면허 시스템을 통해 생성되며 면허증 상태를 동적으로 표시한다. 셋째, 안전성이다. 전자 운전면허증에는 전자 서명 위조 방지 기술이 도입되어 안전하고 믿을 만하다. 관련 부처는 다음 절차로 이전의 시범지역을 기반으로 하여 정보 시스템을 완비하고 관련 제도를 정비하여 전자 운전면허증의 보급에 박차를 가할 예정이다.

정답 및 해설 → 해설서 p.249

최근 들어 월 패드 등의 안전 장비가 점차 많은 가구에 도입되고 있다. 하지만 현실 생활에서는 세대 간 거리가 너무 가깝거나 설치 위치가 부적절해, 월 패드에 다른 세대 사람의 활동이 기록 및 저장되는 상황이 발생하여 이웃 간에 분쟁이 일어나기도 한다.

얼마 전, 어떤 가구가 집 문 앞에 적외선 야간 투시 기능이 있는 월 패드를 설치했다. 이웃은 이를 발견하고 초인종이 설치된 각도에서 해당 층의 공동 구역을 관찰 수 있어 자신과 손님이 왔다 갔다 하는 모습이나 일상적인 활동이 명확하게 기록될 수 있다고 생각했다. 결국 관련부서에 도움을 요청하여 해당 초인종의 위치를 옮겼다.

스마트해진 월 패드가 현대 주택 거주자들의 기본적인 보안 수요를 만족시킨 것은 비난할 데가 없지만, 권력을 행사할 때는 선을 지켜야 한다. 이러한 형태의 초인종은 사용 시 대량의 데이터 수집을 수반하여 자칫하면 이웃의 사생활을 침범하고, 심지어 이웃 간의 화합에도 영향을 끼칠 수 있다.

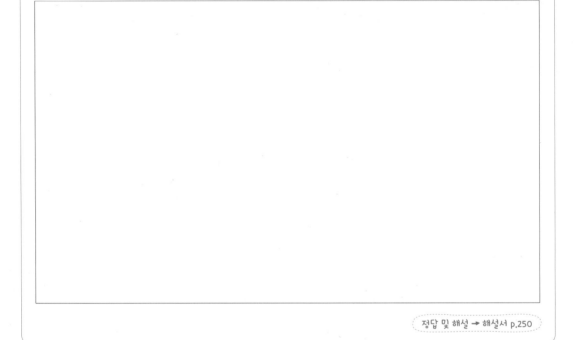

정답 및 해설 → 해설서 p.250

심리학자는 소통의 부족으로 인해 공동의 이익을 얻을 수 있는 상황에서도 사람들은 경쟁하려 한다고 지적한다. 하지만 만약 양측이 사전에 이익 분배 문제에 대해 합의를 봤다면 공동이익을 위해 협력할 확률은 많이 증가한다. 현대사회에서 성공하고 싶다면 반드시 주변 사람들과 좋은 관계를 유지하며 성실하게 협력하고 서로의 장점으로 단점을 보완하며 경쟁 속에서 함께 발전해야 한다. 서로 협력하면 기대한 대로 공동의 이익을 실현할 수 있을 뿐만 아니라 양측의 발전을 위한 무한한 공간을 조성할 수 있다. 따라서 개인이든 조직이든, 인간관계든 기업 경영이든 협력의 긍정적 작용을 최대한 발휘해야 한다. 이렇게 해야 우리가 나아갈 길이 더 넓어지고 더 길어질 수 있다.

정답 및 해설 → 해설서 p.251

과학기술이 발전하고 성장함에 따라 스포츠의 개념도 변화하고 있다. 현대 문화의 적응에 필요한 다양한 교류 능력을 키우고 싶다면 컴퓨터를 사용해 스포츠 경기를 하는 것이 다른 사람과 겨루어 볼 가장 좋은 기회이다. e스포츠는 이런 추세에 따라 탄생했다. e스포츠의 출현은 산업사회에서 정보사회로 넘어오는 과정에서 발전의 법칙에 부합하는 결과였다고 이해할 수 있다.

전 세계적으로 e스포츠의 상황을 살펴보자면, 이 종목은 대중의 많은 사랑을 받았으며 수많은 국가와 지역에서 가장 성장할 수 있는 종목이 되었다. 한국, 미국, 프랑스가 대표로 개최한 세계 3대 대회는 점점 더 세계 각국의 주목을 받고 있다. 일부 대회에는 100개에 육박하는 국가와 지역이 참가했다. e스포츠 산업은 한국, 일본, 미국, 프랑스에서 이미 거대한 산업 규모를 형성했으며 국가 경제에서도 중요한 지위를 차지하고 있다.

e스포츠 산업의 발전을 추진하기 위해 중국 지자체도 일련의 e스포츠 산업 지원 정책을 잇달아 내놓았으며, 2022년 항저우 아시안게임에서도 e스포츠를 정식 경기 종목으로 채택했다.

정답 및 해설 ➡ 해설서 p.252

Day 06

　　위챗은 현재 중국인에게 가장 중요한 SNS이다. 위챗은 2014년부터 "지난 1년 동안 '좋아요' 몇 개를 받았는가?"와 "모멘트에서 '좋아요'를 가장 많이 누른 사람은 누구인가?"에 관한 통계를 내고 있다. '좋아요'는 칭찬과 동의를 나타낸다. 하지만 '좋아요'를 누르는 게 반드시 칭찬이나 동의를 표현하는 것은 아니다. 이는 일종의 응답 방식이다. 친구가 올린 글이나 사진을 보면 봤다는 표시를 해야 할 것 같지만, 어떻게 표현해야 할지 모르기도 하고 표현을 하기 귀찮기도 하다. 이럴 때 '좋아요'를 누르는 것이 가장 간단한 방법이다. '좋아요'는 친구 및 지인과의 소통 방식으로, 중요한 것은 글의 내용이 아니라 친구와의 관계이다. 이 밖에도 '좋아요'는 존재감을 드러내는 방식이기도 하다. '좋아요'를 누름으로써 상대방에게 자기의 존재를 알리고, 상대방에게 관심을 두고 있다는 것을 표현한다.

정답 및 해설 ➡ 해설서 p.253

　모두가 알다시피 해양은 풍부한 생물과 광물자원을 함유하고 있지만, 해양학자들은 장기적인 연구를 통해, 심층 해수 자체가 바로 해양의 정수이며, 충분히 이용할 수 있다면 인류에게 많은 이익이 될 수 있음을 발견했다.

　심층 해수는 육지에서 5,000미터 떨어진 수심 200미터 이상의 해수를 가리킨다. 심층 해수가 있는 곳에선 광합성이 일어나지 않아 유기물의 분해 속도가 합성 속도보다 훨씬 빠르며, '비료'의 미량 원소가 대량으로 보존되어 있어, 심층 해수의 영양 성분은 매우 풍부하다.

　동시에 어떤 특수 해저 지형 및 기상 조건의 영향으로 심층 해수는 자연적으로 해수면 위로 상승한다. 이 부분 해역은 전 세계 해양 면적의 겨우 0.1%를 차지하지만, 그곳에는 50% 이상의 해양 어류 자원이 집중되어 있다. 조사 결과 역시 이 해역의 어류 생산량이 일반 해역의 100배에 달하는 것으로 나타났다.

　심층 해수는 거의 오염되지 않은 물이라서 영양염 농도가 표층 해수의 5배이지만, 세균 함량은 표층 해수의 10% 이거나 심지어 더 낮다. 깨끗한 심층 해수는 또한 식품 생산업체의 많은 관심을 끌었다. 현재 일부 화장품 생산업체도 심층 해수를 이용한 새로운 스킨케어 제품 개발에 뛰어들고 있다.

정답 및 해설 ➡ 해설서 p.254

경영자가 부하에게 업무 목표를 정해 줄 때 종종 목표를 너무 높게 잡는 경우가 있다. 그들은 목표를 높게 잡으면 직원이 목표를 완전히 달성할 수는 없더라도 80%는 완성할 수 있을 것으로 본다. 사실상 경영자가 목표에 과하게 의존하는 잘못을 범한 것이다. 사실 목표를 세우는 것과 목표를 달성하는 것은 별개의 일이다. 목표 설정은 무엇을 할 것인지를 명확히 하는 것이며, 목표 달성은 어떻게 할 것인지를 명확히 하는 것이다. 높은 목표로 직원에게 압박을 주는 것보다는 처음부터 합리적인 목표를 세우고 직원들과 함께 장애물을 없애 직원의 업무에 대한 원동력과 자신감을 높이는 편이 낫다.

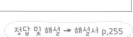

정답 및 해설 → 해설서 p.255

　물은 인류에게 매우 중요한 것이지만 사람들은 신체의 수분에 대해서는 아는 바가 매우 적다. 만약 우리가 물이 신체 내에서 작동하는 메커니즘을 이해한다면, 수많은 질병이 생기는 건 그저 체내에 수분이 부족하기 때문이라는 것을 알게 될 것이다. 체내 수분이 부족하면 인체의 대사 능력에 장애가 생기고 결국 수많은 질병을 유발하게 된다. 이러한 질병을 치료하는 방법은 믿을 수 없을 정도로 간단한데, 바로 물을 충분히 마시는 것이다.

　체내에는 완벽한 수분 저장 시스템이 있어 대량의 수분을 비축할 수 있다. 그렇기 때문에 사람은 단시간의 수분 부족 상황에 적응할 수 있다.

　그러나 사람들은 종종 상식적인 잘못을 범한다. 몸이 물을 급히 필요로 할 때 커피, 탄산음료 등 공업화 생산된 음료를 마신다는 것이다. 물론 이러한 음료들도 수분을 대량으로 함유하고 있지만, 이와 동시에 대량의 탈수 성분도 포함한다. 이러한 탈수 성분이 인체에 들어가면 방금 섭취한 수분이 빠르게 배출될 뿐만 아니라 본래 체내에 저장되어 있던 수분까지 배출된다. 만약 이런 음료를 장기간 음용하면 인체의 신진대사 능력에는 교란이 생기게 되고 몸에는 갈증보다 더 심각한 증상이 나타나게 된다.

정답 및 해설 → 해설서 p.256

Day 18

쓰촨성 청두시에 있는 '공유 도서관'이 많은 독자를 끌어들이고 있다. 무인으로 운영되는 공유 도서관에서 시민들은 무료로 책을 빌리고 볼 수 있으며 책에 본인의 생각과 느낌을 남길 수도 있다. 이곳에는 도서관이 구매한 새 책은 물론 유명 인사가 기증한 중고도서도 있다. 기증받은 중고책에는 기증자의 느낀 점도 남겨져 있다. 도서관 관계자는 공유와 교류가 이 공유 도서관의 설립 가치라고 말했다. 기증자가 책에 생각을 남기고 새로운 독자가 그것을 보는 이 과정은 사실 기증자와 독자 사이의 서로 다른 개인의 생각이 교류되는 것과 같다.

정답 및 해설 → 해설서 p.257

　임산부, 노인, 영유아는 비행기를 타고 여행 가는 것이 적합하지 않다. 그중 고혈압, 심장병 등 심혈관 질환이 없는 노인의 경우에는 물론 비행기를 타고 여행할 수 있다. 하지만 이러한 질병이 있는 노인이 부득이하게 비행기에 탑승해야 할 때는 계단을 한 층 올라가 보고 아무런 불편한 증상이 나타나지 않는다면 탑승해도 무방하다고 전문가는 말한다. 하지만 의사의 소견에 따라야 하며 약 복용 시간을 편하게 조정하기 위해 시차 문제도 어떻게 해결해야 할지 물어봐야 한다. 이 외에도 최근에 수술한 적이 있을 경우, 특히 눈 부위의 수술을 한 사람도 비행기 탑승에 적합하지 않다.

　전문가는 수술 후 환부의 회복 정도가 서로 다르기 때문에 비행기 탑승을 피하는 것이 좋다고 지적했다. 수술 후 언제부터 탑승이 가능한지는 의사의 소견이 필요하다. 고공의 저산소 환경은 영아에게도 적합하지 않다. 영아의 호흡기관에 부적응 증상이 나타나는 것을 막기 위해 많은 항공사는 영아가 비행기에 탑승하려면 출생 후 14일이 지나야 한다고 규정하고 있다. 조금 더 큰 유아라고 해도 이비인후 혈관이 비교적 예민하여 저산소 환경에 적응하기 어려우며, 심각할 경우 비행기 멀미 증상이 나타날 수도 있다.

정답 및 해설 → 해설서 p.258

춘절 기간 동안 택배의 원활한 흐름을 보장하기 위해 많은 택배 회사는 최근에도 여전히 모집을 강화하고 있으며 일부 회사는 거금을 들여 인력을 유지하고 있다. 일부 사이트와 인력 파견 회사가 내건 보수 수준은 전자상거래 빅세일 기간의 보수 수준과 견줄 만하다. 거액의 인센티브에 대해 의심하는 네티즌들은 "택배 업계는 연중무휴인데 춘절 기간에 굳이 일을 할 필요가 있을까? 춘절 기간에 택배가 제때 도착하지 않는 경우가 많은데, 평소처럼 서비스하지 못할 거라면 차라리 택배 기사들에게 적절한 휴식을 주는 것이 낫다"는 목소리를 내고 있다.

정답 및 해설 ➡ 해설서 p.259

번역 제1부문

지진이 일어나기 전에 식물에 이상 현상이 나타나기도 한다. 예를 들면 1976년 탕산 대지진 발생 전날 밤, 버드나무 가지가 갑자기 말라 죽고, 일부 과수는 열매를 맺은 후 다시 꽃이 피는 현상이 나타났다.

과학자들은 지진 전에 가장 민감하게 반응하는 식물로 미모사를 꼽았다. 지진 발생 몇 시간 전에 미모사의 잎은 갑자기 시들다가 말라버린다. 연구원은 지진이 일어나는 과정에서 지구 심층의 거대한 압력이 전압을 형성해 전류가 생긴다고 여긴다. 식물의 뿌리가 지층 속 전류의 자극을 받아 체내에 상응하는 변화가 생겨 식물에 이상 반응을 일으키게 되는 것이다.

일부 식물은 지진의 상황을 기록하기도 한다. 지진 발생 후, 지면의 상승 혹은 하강이 나무의 지하수 공급을 변화시킬 수 있으며, 지면의 균열이 나무의 뿌리를 손상시키고 나아가 나무의 수분과 영양분 흡수에 영향을 준다. 이러한 변화는 나무의 나이테에 흔적을 남긴다. 따라서 나무의 나이테를 보고 해당하는 지진의 상황을 파악할 수 있다.

정답 및 해설 → 해설서 p.260

Day 31

    과학자들은 식물이 빛을 받을 때 빛의 색을 선택하는 경향이 있으며 식물마다 좋아하는 빛의 색이 각기 다르다는 것을 발견했다. 이 발견은 농업 생산에 응용할 수 있다. 빨간색 빛을 비추면 밀은 발육이 빨라지고 일찍 익으며, 고추는 성장이 빨라지고 열매가 많아진다. 보라색 빛을 비추면 토마토 생산량이 40% 이상 많아진다. 과학기술의 발전에 따라 농업에서 빛의 색상을 점점 더 폭넓게 응용할 수 있을 것으로 믿는다.

정답 및 해설 ➜ 해설서 p.260

　무중력은 중력이 없는 것이 아니라 중력을 느끼지 못하는 것이다. 무중력상태에 들어선 후 우주 비행사는 가장 먼저 몸이 둥둥 뜨는 것을 느낄 수 있다. 두 발이 지면에서 자연스레 떨어지고 온몸이 공중에 붕 뜨는데 이때 정상적으로 걷는 것은 불가능하다. 이 외에도 무중력 환경은 인체에 어느 정도 영향을 준다.

　우주비행사가 무중력상태에 들어서면 아래로 잡아당기는 힘이 부족해져 온몸의 체액은 상반신과 머리 쪽으로 이동하기 시작한다. 이때 우주비행사는 무게를 느끼지 못하기 때문에 얼굴에 부기 등의 증상이 나타나게 된다. 또한 우주에서는 공간 정위 상실 상태에 빠질 수도 있다. 따라서 우주비행사는 우주로 가기 전에 우주의 무중력에 적응하기 위해 전문적인 무중력 훈련을 받아야 한다.

정답 및 해설 ➜ 해설서 p.261

일상에서 먹는 밀크티나 간식에 함유된 당분의 양이 이미 과거에는 상상할 수 없던 수준이 되었다는 사실을 알고 있는가? 분석 결과, 1991년부터 2015년까지 중국인의 일상 음식 중 첨가당이 제공하는 에너지가 차지하는 비율은 과거의 3배 이상이다. 첨가당이란 식품과 음료에 인위적으로 첨가한 당분으로 백설탕, 포도당 등이 있다. 첨가당의 기능은 식품의 맛을 향상하고 변질을 방지하여 사람들이 '즐겁게' 더 많이 먹을 수 있게 하는 것이다. 채소나 과일, 우유에 함유된 천연당과 다르게 첨가당은 열량 외에 다른 영양가는 거의 없어 많이 먹게 되면 영양불균형, 비만, 심혈관질환이 생길 수 있고 심지어 사망의 위험성이 높아진다.

정답 및 해설 → 해설서 p.262

자세히 관찰하면 수많은 공공장소 의자에는 크고 작은 구멍이 가득하다는 것을 쉽게 발견할 수 있다. 사실 공공장소 의자는 비용을 절약해야 하고 내구성도 갖추어야 한다. 따라서 스테인리스강 의자에 구멍을 뚫는 것은 둘도 없는 가장 좋은 선택이다. 이 외에도, 구멍을 뚫으면 효과적으로 의자의 면적을 줄이고 재료를 아낄 수 있다. 재료를 아끼면 새로운 의자 제작에 사용할 수 있고, 운송 비용도 줄일 수 있다. 게다가 공공장소 의자는 일반적으로 야외에 노출되어 있어 일 년 내내 비바람을 맞고 물과 음료에 젖는 운명을 피할 수 없다. 나무 자재와 다르게 금속 자재는 물을 흡수할 수 없어서, 보송한 상태를 유지하기 위해 이러한 의자는 배수 구멍에 대한 의존도가 더 높아진다.

정류장에서 버스를 기다릴 때 의자에 앉는 시간이 길어져 엉덩이와 의자가 오랜 시간 붙어 있는 경우가 종종 있다. 날씨까지 더우면 땀이 날 수밖에 없어 바지가 구겨지고 젖게 된다. 이때 의자의 작은 구멍이 이러한 난처함을 조용히 해소해 줄 수 있다. 공기의 흐름을 효과적으로 증대시킴으로써 의자의 열전도율을 높여 방열 작용을 하기 때문이다.

정답 및 해설 ➡ 해설서 p.263

번역 제1부분

01 **한중 통역**

Day 09

① 유형 파악하기

✗ 역사적 이야기, 최근 유행하는 IT 관련된 이야기가 제시문으로 등장한다. 한국어 제시문을 보고 중국어로 통역해 말하는 유형으로, 읽는 시간으로 1분, 통역 시간으로 2분이 주어진다.

▶ 출제경향

트렌디한 소재(오디오북, 가상 인플루언서, QR코드, 쇼츠클립 등)나 중국문화(실크로드, 둔황, 제백석, 차 문화, 중국 현대미술 등) 관련 이야기가 많이 나오고 있다. 또한 IT 기술과 중국문화를 함께 접목시킨 디지털 박물관과 관련된 이야기도 출제된 적이 있다.

▶ 문제 풀이 비법

1 고정격식과 짝꿍 표현을 최대한 이용해라!

주어진 시간 안에 순발력 있게 통역해야 하므로, 자주 쓰는 고정격식, 짝꿍 표현을 최대한 활용해서 표현하자.

2 너무 화려하게 표현하려 하지 말고, 최대한 문장의 의미를 살려서 담백하게 표현하라!

점수를 잘 받고 싶은 마음에 수식어구를 붙여 화려하게 말하려다 전달하는 내용이 달라지거나 말이 꼬일 수 있다. 최대한 원문을 살려 담백하게 표현하자.

3 개인적인 의견을 배제하라!

주어진 제시문을 그대로 중국어로 옮겨 말하는 유형이므로, 자신의 의견을 피력하려고 하지 말자.

4 중요한 것은 마인드컨트롤과 자신감!

쓰고 고칠 수 있는 시간이 주어지는 작문 유형이 아니기 때문에 당황해서 제시문을 잘못 읽거나 발음 실수가 생길 수 있지만, 평정심을 유지하며 차분하면서도 자신감 있는 어조로 답변하는 것이 중요하다. 목소리가 너무 작거나 의기소침한 태도로 시험을 보면 신뢰감이 떨어져서 좋은 점수를 받을 수 없다.

❧ **제2부분 예제**

> 둔황(敦煌)의 역사는 아주 오래되었다. 역사상 둔황은 일찍이 중부와 서부 교통의 중추 길목이자 실크로드의 요충지, 대외 교류의 국제적 도시, 서역의 군사요충지였다. 중국의 긴 역사에서 빛나는 장을 장식했다. 사적 기록에 따르면 지금으로부터 약 4천여 년 전 둔황 지역에는 고대인이 자리 잡고 번성하며 살아갔다고 한다. 둔황은 온갖 일을 겪으면서 5천여 년이라는 기나긴 우여곡절의 여정을 걸어왔다. 도처에 있는 문물과 유적, 정교하고 아름다운 석굴 예술이 마치 눈부신 진주처럼 황금빛 사막을 수놓았다.

- 아주 오래되었다 → 古老而久远 풀어 쓴 이 표현이 어렵거나 생소하다면, '很悠久'라고 바꿔서 쓸 수 있다.

- 중추 길목 → 枢纽要道 보통 '주요한'의 의미가 있는 '主要'로 많이 쓰지만, '枢纽'로 쓰는 것이 좋다.

- 중국의 긴 역사에서 → 在中华历史的长卷上 생소한 표현이겠지만, '긴 역사'를 나타낼 때 많이 쓰는 표현이다.

- 번성하며 살아가다 → 繁衍生息 '번성하며 살아가다'라고 해서 '～生活'라고 떠올려서는 안 된다.

- 온갖 일을 겪다 → 历经沧桑 '日子'나 '事'라는 단어를 생각할 수 있지만, '历经沧桑'이라고 써야 한다.

<table>
<tr><td>제시문</td><td>모범 답안</td></tr>
</table>

둔황(敦煌)의 역사는 아주 오래되었다. 역사상 둔황은 일찍이 중부와 서부 교통의 중추 길목이자 실크로드의 요충지, 대외 교류의 국제적 도시, 서역의 군사요충지였다. 중국의 긴 역사에서 빛나는 장을 장식했다. 사적 기록에 따르면 지금으로부터 약 4천여 년 전 둔황 지역에는 고대인이 자리 잡고 번성하며 살아갔다고 한다. 둔황은 온갖 일을 겪으면서 5천여 년이라는 기나긴 우여곡절의 여정을 걸어왔다. 도처에 있는 문물과 유적, 정교하고 아름다운 석굴 예술이 마치 눈부신 진주처럼 황금빛 사막을 수놓았다.	敦煌的历史古老而久远。历史上敦煌曾是中西交通的枢纽要道，丝绸之路上的咽喉之地，对外交往上的国际城市，西域的军事要地。在中华历史的长卷上占有光辉的篇章。据史籍记载，在距今约4000多年前，敦煌地区就有人类的先民在这里繁衍生息。敦煌历经沧桑，走过了近五千年漫长曲折的里程，遍地的文物遗迹、精美的石窟艺术如同一颗耀眼的珍珠点缀着金黄的沙漠。

敦煌 Dūnhuáng [고유] 둔황, 돈황 [지금의 깐수(甘肃) 성에 위치한 옛 지명] | **古老** gǔlǎo [형] 오래 되다 | **久远** jiǔyuǎn [형] 멀고 오래다, 까마득하다 | **曾** céng [부] 일찍이, 이미 | **枢纽** shūniǔ [명] 중추, 중요한 관건 | **要道** yàodào [명] 요도 [중요한 길] | **丝绸之路** sīchóuzhīlù [명] 실크로드, 비단길 | **咽喉** yānhóu [명] 요충지 | **对外** duìwài [명] 대외 | **西域** Xīyù [고유] 서역 [한대 이후 옥문관 서쪽 지역에 대한 총칭] | **军事** jūnshì [명] 군사 | **要地** yàodì [명] 요지, 요충 | **中华** Zhōnghuá [고유] 중국 | **长卷** chángjuàn [명] 긴 두루마리 ['기나긴 여정'의 뜻을 나타냄] | **占有** zhànyǒu [동] (어떤 지위를) 차지하다, 장악하다, 보유하다 | **光辉** guānghuī [형] 찬란하다, 훌륭하다 | **篇章** piānzhāng [명] (추상적인 의미의) 장 | **据** jù [개] ~에 따르면, ~에 의거하여 | **史籍** shǐjí [명] 사적, 역사책 | **记载** jìzǎi [명] 기록 | **距今** jùjīn [동] 지금으로부터 (얼마간) 떨어져 있다 | **约** yuē [부] 대략, 대개 | **先民** xiānmín [명] 고대인, 옛사람 | **繁衍** fányǎn [동] 번성하여 뻗어 나가다 | **生息** shēngxī [동] 번식하다 | **历经** lìjīng [동] 두루 경험하다, 여러 번 겪다 | **沧桑** cāngsāng [명] 세상의 온갖 풍파 | **漫长** màncháng [형] (시간·공간이) 멀다, 길다 | ★**曲折** qūzhé [형] 우여곡절 | **里程** lǐchéng [명] 이정, 발전 과정 | **遍地** biàndì [명] 도처, 곳곳 | ★**文物** wénwù [명] 문물, 문화재 | **遗迹** yíjì [명] 유적 | **精美** jīngměi [형] 정교하다, 아름답다 | **石窟** shíkū [명] 석굴 | **如同** rútóng [동] 마치 ~와 같다, 흡사하다 | **耀眼** yàoyǎn [형] 눈부시다 | **珍珠** zhēnzhū [명] 진주 | ★**点缀** diǎnzhuì [동] 장식하다 | **金黄** jīnhuáng [명] 황금빛, 황금색

▶ **주요 구문/표현 정리하기**

- **古老而久远** (역사가) 아주 오래되었다
  [≒源远流长]
- **历经沧桑** 온갖 풍파를 겪다, 산전수전을 겪다
  [≒饱经沧桑]

- **如同** ~와 같다 [≒好像]
- **点缀** 장식하다 [≒装饰]

✘ 정해진 시간 내에 문제를 해결하려며 자주 쓰이는 격식을 알아 두는 것이 좋다. 중국인들이 자주 쓰는 표현이니 익혀 두자!

1 시험에 자주 쓰이는 문구

- A有两种，一种是B；另一种则是C A는 2가지 종류가 있다. 하나는 B이고 다른 하나는 C이다

  爱情往往有两种表现方式，一种是"热烈"，用最热烈的语言明示爱意；**另一种则是**"深沉"，默默地用行动表示着爱意。

  사랑은 종종 두 가지 표현 방식이 있는데, 하나는 가장 열렬한 언어로 사랑을 명시하는 '열렬함'과 다른 하나는 묵묵히 행동으로 사랑을 표현하는 '깊음'이다.

- 一是A，二是B，三是C 첫 번째는 A이고, 두 번째는 B이고, 세 번째는 C이다

  据介绍，本次会议有三种申请方式：**一是通过电子邮件申请；二是电话申请；三是直接到报名办公室申请**。

  보고에 따르면 이번 회의에는 세가지 신청 방법이 있는데, 첫 번째는 이메일을 통해 신청하는 방법, 두 번째는 전화로 신청하는 방법, 세 번째는 신청사무소에 직접 신청하는 방법 등이다.

- 历经沧桑 산전수전을 겪다

  万里长城**历经沧桑**，抵御了外敌入侵，守卫了华夏民族。

  만리장성은 오랜 세월 외세의 침입을 막고 중화민족을 지켰다.

- 希望我们不要 ~않기를 바라다

  希望我们不要为了眼前的蝇头小利而放弃诚信，应胸怀远大，眺望更远的未来。

  눈앞의 작은 이익을 위해 신용을 포기하지 말고 원대함을 가슴에 품고 더 큰 미래를 바라보기 바란다.

- 要是A，那么B 만약 A하면 B하다

  要是各个国家之间摒弃偏见和平共处，**那么**我们的生活将会更加美好。

  만약 각 나라 간 편견을 버리고 평화롭게 살면 우리의 생활은 더 아름다울 것이다.

- 伴随着 ~를 따라서

  伴随着新型抗癌药的诞生，癌症再也不是无解的难题。

  새로운 항암제의 탄생으로 암은 더 이상 풀리지 않는 난제가 아니다.

- 从A的情况看 A의 상황에서 보자면

  从此次撤侨**的情况看**，中国政府反应迅速，协作能力极强，受到了广大人民群众的交口称赞。

  이번 교민 철수의 상황을 보면, 중국 정부는 반응이 신속하고 협력 능력이 매우 강하여, 많은 인민 대중의 칭찬을 받았다.

- 推出政策 정책을 내놓다

  为了应对突如其来的洪水，政府**推出了**一系列相应的应急措施和支援**政策**。

  갑작스러운 홍수에 대비하기 위해 정부는 일련의 상응하는 응급처치와 지원 정책을 내놓았다.

- 通过A的研究发现 A의 연구를 통해 발견하다

  通过科学家们对新型病毒**的研究发现**，新冠病毒并不是一项无法攻克的难题。

  과학자들의 신종 바이러스에 대한 연구를 통해 신종 코로나바이러스는 결코 극복할 수 없는 난제가 아님을 발견했다.

- 知之甚少 아는 것이 매우 적다

  对于我而言，书籍是必不可少的，虽然读了很多书，但我仍对一些领域的知识**知之甚少**。

  나에게 있어 책은 없어서는 안 되는 것이다. 비록 많은 책을 읽었지만, 나는 여전히 몇몇 분야의 지식이 거의 없다.

- 比A更严重的症状　A보다 더 심각한 증상이 나타나다

  如果长期在有辐射的地方工作，会导致人体机能紊乱，甚至出现比肺炎更严重的症状。

  장시간 방사능이 있는 곳에서 일한다면 인체 기능에 장애가 나타날 수 있고, 심지어 폐렴보다 더 심각한 증상이 나타날 것이다.

- 体现A的价值　A의 가치를 드러내다

  只有像海绵一样不断吸取知识、充实自己，才能在机会来临之际体现出自身的价值。

  스펀지처럼 끊임없이 지식을 흡수하고 스스로 충실해야 기회가 왔을 때 자신의 가치를 드러낼 수 있다.

- 所谓A，就是B　이른바 A는 바로 B이다

  所谓汉语，就是汉字和拼音，而拼音中又包括声母、韵母和声调。

  이른바 중국어는 한자와 병음이며 병음에는 성모, 운모, 성조가 포함되어 있다.

- 是A里程碑　A의 이정표이다

  香港、澳门的回归是中华史上统一大业中重要的里程碑。

  홍콩과 마카오의 귀환은 중화사상 통일의 대업에서 중요한 이정표이다.

- 据调查　조사에 의하면 [≒根据最新数据显示]

  据调查，2020年后，中国有超半数的消费者有网购的习惯。

  조사에 따르면 2020년 이후 중국 소비자의 과반수가 온라인 쇼핑 습관을 갖게 되었다.

- 广泛应用于　~에서 널리 사용되다

  支付宝和微信支付已广泛应用于各大消费领域，甚至于公共交通。

  알리페이와 위챗페이는 이미 주요 소비 분야, 심지어 대중교통에서도 널리 사용되고 있다.

- 与A联系在一起　~와 연결하다

  如何把学习与生活联系在一起，让学生们在生活中快乐地学习，是老师们研究的一个重要课题。

  어떻게 공부를 생활과 연결시켜 학생들이 생활 속에서 즐겁게 공부할 수 있는가는 선생님들의 연구의 중요한 과제이다.

- 逐渐扩大　점차 확대되다

  学中文热潮正在逐渐扩大，中文也成为了目前世界上热点学习语言之一。

  중국어 학습 열풍은 점차 확대되고 있으며 중국어 또한 현재 세계에서 가장 인기 있는 언어학습 중 하나가 되었다.

- 横在A的难题　A난제가 놓이다

  分数是千百年来横在老师与学生间最大的难题。

  점수는 수천 년 동안 선생님과 학생 사이에 놓인 가장 큰 난제이다.

- 是A之一　A 중 하나이다

  故宫最初修建于永乐年间，历经炮火的洗礼，是中国古代皇权的象征之一。

  고궁은 최초로 영락시기에 세워져 전쟁의 시련을 겪은 중국 고대 황권의 상징 중 하나이다.

- 把A归结为　A를 귀결하다

  许多"啃老族"把自身不努力归结为怀才不遇，梦想着有一天一飞冲天、一鸣惊人。

  많은 캥거루족들은 자신들이 노력하지 않는 것을 재능이 있지만 기회를 만나지 못한 것으로 여기며, 언젠가는 하늘을 날고, 일취월장하는 것을 꿈꾼다.

- 为了A，不得不　~하기 위해서 반드시 ~해야 한다

  为了照顾卧病在床的妈妈与家人的生计，他不得不成为顶梁柱，担起了养家、照顾弟妹的责任。

  병석에 누워있는 엄마와 가족의 생계를 위해, 그는 버팀목이 돼 가족을 부양하고 남동생과 여동생을 돌보는 책임을 져야 했다.

- 在A情况下　A의 상황 아래에서

  在千钧一发的危急情况下，他毅然放下自身安危，全力抢救国家财产。

  절체절명의 위급한 상황에서 그는 의연히 자신의 안위를 내려놓고 전력으로 국가 재산을 구했다.

- 吸引 끌어당기다

  国家图书馆别具一格的设计吸引了很多游客在节假日前来参观。

  국립도서관의 이색적인 디자인은 많은 여행객들이 휴일 전에 참관하도록 끌어들였다.

- 随着A的推进 A가 추진됨에 따라

  随着全球化的推进，"中国制造"在世界各行各业上的应用也越来越广泛。

  세계화가 진행됨에 따라 '메이드 인 차이나'는 전 세계 모든 산업에서 점점 광범위하게 사용되고 있다.

- 是A手段 ~는 A의 수단이다

  考试是检验学习最有效的手段之一。

  시험은 학습을 검사하는 가장 효과적인 수단이다.

- 一词正式诞生 단어가 정식으로 생기다

  不知何时，"奥利给"一词正式诞生，成为新生代之间运用最广泛的新词语之一。

  어느새 '화이팅'이라는 단어가 본격적으로 생겨나 신세대 사이에서 가장 널리 쓰이는 신조어가 됐다.

- 令人惊奇的是 놀랍게도

  毕业十年没见过老师，令人惊奇的是，再次见到她，仍是那么年轻，看不出任何变化。

  졸업 후 10년 동안 선생님을 뵙지 못했는데, 놀랍게도 그녀를 다시 만났는데도 여전히 젊어서 아무런 변화도 알아채지 못했다.

- 据某知名网站的分析显示 유명 웹사이트의 분석에 따르면

  据某知名网站的分析显示，网购食品已成为近年来消费指数之首。

  유명 웹사이트의 분석에 따르면 온라인 식품 쇼핑은 이미 최근 몇 년 동안 소비 지수 1위가 되었다.

- 截止至 ~까지

  截止至2023年初，参与HSK汉语考试的人数已突破7万人，在外语考试中占据了'半壁江山'。

  2023년 초까지 HSK 중국어 시험 응시자가 7만 명을 돌파하며 외국어 시험의 절반을 차지했다.

  세계적으로 이미 알려진 현존하는 언어는 7,000여 종에 달하며, 현재 그것들은 종의 멸종보다 더 빠른 속도로 감소하고 있다. 연구자들은 언어 다양성을 위협하는 주요 요인이 경제발전이라는 것을 발견했다. 언어 소멸이 비교적 빠른 두 지역 중 하나는 경제가 발달한 지역이고, 다른 하나는 경제가 발달하지 않았거나 발전 중인 지역이었다. 또한 지리적 요인도 어느 정도 언어의 소멸을 초래할 수 있다. 예를 들어 근래에는 온대 기후대의 언어 소멸 속도가 열대지방이나 산간 지역보다 빠른데, 그 원인은 온대 지역이 교통적으로 더 편리하기 때문일 것이다. 그래서 중국 표준어와 같은 일부 언어는 교육과 상업의 발전에 따라 점점 더 많은 시장을 갖게 될 것이다.

정답 및 해설 → 해설서 p.264

  2016년에 '탕평(躺平)'이라는 말이 정식으로 생겨났다. 이는 인터넷 유행어로, 젊은 세대가 열심히 사는 것을 포기하고 성취욕이 부족한 상태로, 스스로 포기할지언정 높은 목표를 향해 나아가는 것을 바라지 않음을 가리킨다. 사실 '탕평'은 현대 젊은이들의 심리상태를 반영한 것이다. 누구나 '탕평'하는 사람이 되길 바라지만, 윗세대가 재산을 많이 모아 두지 못해 현세대도 마음 편히 '탕평'할 자본을 갖추지 못했다. 게다가 인터넷의 발전으로 인해 자신의 생활을 공유하는 데 열중하는 사람이 점차 많아졌는데, 또래가 잘 살고 있는 모습을 보고 하는 일마다 뜻대로 되지 않는 자신의 상황을 생각해 보면 불균형이 생길 수밖에 없다.

정답 및 해설 → 해설서 p.265

사이드 탭: 번역 제2부문

2021년 말까지 중국 고속철도의 이정은 4만 킬로미터를 돌파하여 세계 고속철도 전체 이정의 3분의 2 이상을 차지하게 되었다. 또한 중국은 고속철도를 시속 350km로 상업 운영하는 세계 유일의 국가로, 이 속도는 명실상부한 '중국 속도'라고 할 수 있다. 중국 고속철도는 선진국에 비해 발전이 40여 년 늦었지만, 여러 세대 동안 철도 부문 관련 사람들의 지속적인 노력을 거쳐 '무'에서 '유'를 창조해 냈고, 쫓아가는 입장에서 함께 달리는 입장으로, 또 선두를 달리는 입장으로 나아가는 역사적인 변화를 겪었다. 중국 표준 탄환 열차의 개발 성공이 중요한 이정표가 되었다고 할 수 있다.

정답 및 해설 → 해설서 p.266

대학생은 졸업 후 어떻게 하면 취업할까? 대학생 취업률을 어떻게 높일까? 이는 십여 년 동안 학교와 사회 사이에 놓인 난제였다. 경제가 덜 발달했던 20세기에는 대학에 가기만 하면 일을 할 수 있어 취업 문제는 걱정할 필요가 없었으며 각종 복지도 누릴 수 있었고, 한 번 일을 구하면 평생 일할 수 있었다. 하지만 몇십 년간 경제가 고속 발전하면서 대학생도 더 이상 '희귀종'이 아니게 되었다. 연구에 따르면 2022년 고등교육 졸업생이 처음으로 1,000만 명을 넘어섰다고 한다. 다시 말해, 매년 대학을 졸업하고 사회에 진출하는 사람이 무려 1,000만 명이 넘는다는 것이다. 이 또한 현재 대학생의 취업난이 점점 심해지는 주요 원인 중 하나이다.

정답 및 해설 → 해설서 p.266

조사에 따르면 2020년 중국의 성인 독자 중 30% 이상은 오디오북을 듣는 습관이 있다고 한다. 오디오북은 규모가 점차 확대되고 있으며 최근 몇 년 동안 새로운 독서 추세로 자리잡았다. 어떻게 보면 오디오북은 우리의 양 손에 자유를 주었을 뿐만 아니라 우리의 두 눈도 자유롭게 해 주었다. 아름다운 목소리, 풍부한 감정 표현은 청자가 책의 내용을 더 쉽게 이해할 수 있게 하고 우리의 실시간 독서, 파편화 독서의 수요를 만족시켰다. 하지만 현재 오디오북은 내용의 품질 편차가 크다는 등의 문제가 존재한다. 따라서 한층 더 성숙한 규범과 개선이 필요하다.

정답 및 해설 ➔ 해설서 p.267

연구에 따르면 대뇌가 하루 동안 소모하는 에너지는 냉장고 속 조명이 소모하는 양보다 적으며, 바나나 두 개면 대뇌가 하루 동안 쓸 수 있는 에너지를 제공할 수 있다. 하지만 놀라운 것은 그럼에도 불구하고 대뇌의 효율이 매우 높다는 것이다. 대뇌의 무게는 체중의 3%밖에 되지 않지만 대뇌가 소모하는 에너지는 인체 에너지 소모량의 6분의 1을 차지한다. 대뇌는 대부분의 에너지를 뇌의 일상적인 작동을 유지하는 데 사용하며, 고심할 때 쓰는 에너지는 거의 계산하지 않아도 될 정도로 적다.

정답 및 해설 ➔ 해설서 p.268

하품은 종종 졸음과 연관되곤 하지만 실제로는 대뇌를 깨어나게 하는 역할을 한다. 하품은 더 많은 공기를 폐로 들어가게 해 준다. 이렇게 하면 더 많은 산소가 혈액에 들어가게 되어 사람들은 더 기민해질 수 있다. 모든 포유류와 과반 이상의 조류를 포함한 대부분의 척추동물은 하품하는 능력이 있다는 연구 결과도 있다. 이 외에도 사람은 출생 12주 후부터 하품하기 시작한다고 한다.

정답 및 해설 ➜ 해설서 p.269

모 유명 인터넷 사이트의 분석에 따르면, 자율주행 기술은 전 세계 교통사고 사망자 수를 반으로 줄여 매년 약 60만 명의 생명을 구해 냄과 동시에 이산화탄소 배출량을 줄일 수 있을 것으로 기대된다. 한 연구에서 2050년이 되면 거의 모든 자동차가 자율주행차 혹은 자율주행 승합차가 될 것으로 예측했다. 자율주행은 추세가 될 수밖에 없으며 자가용이든 화물 운송용이든 모든 차에는 거대한 변화가 생길 것이다. 이 추세는 아직 현실화되진 않았지만 시간과 기술의 발전에 따라 자율주행은 결국 주류가 될 것이다. 현재 자율주행은 기존의 자가용에서 꽤 괜찮은 발전을 이뤘다.

정답 및 해설 ➜ 해설서 p.270

　최근 들어 운전 보조 시스템으로 인한 사고가 빈번히 발생하고 있다. 이 사고의 안전 책임은 어떻게 구분해야 할까? 현행법은 운전자가 운전했다면 보조 시스템을 사용했더라도 모든 책임은 운전자에게 있다고 규정하고 있다. 사실상 보조 시스템을 사용하면 운전자의 집중력이 분산되고, 긴급 상황에 맞닥뜨렸을 때 대응할 시간이 필요하여 안전 위험성도 높아진다. 이로써 이러한 사고를 정확히 판정하려면 더욱 엄격한 규칙과 제도를 제정해야 함을 알 수 있다.

정답 및 해설 → 해설서 p.271

　많은 상품의 겉 포장에는 흑백이 뒤섞인 막대그래프가 있는데 이것은 바로 바코드이다. 바코드는 일종의 특수한 도형으로 생산국 코드, 생산업자 코드, 상품 이름 코드 등의 상품 관련 정보를 포함한다. 이 도형은 컴퓨터를 통해서만 읽어 낼 수 있다. 오늘날 바코드는 상품 유통, 도서 관리, 우편 관리, 은행 시스템 등 여러 분야에서 광범위하게 사용되고 있다.

정답 및 해설 → 해설서 p.272

번역 제2부분

말하기

제1부분 자료 보고 상황에 맞게 설명하기 [1문항]

제2부분 제시된 내용 바탕으로 말하기 [3문항]

제3부분 제시된 내용 바탕으로 자신의 의견 말하기 [1문항]

저자직강

7~9급 파악하기

제1부분~제3부분에는 각각 일정한 준비 시간과 대답 시간이 제공되므로, 지시 사항에 따라 대답하면 된다.

제1부분
총 1문항이다. 여러 형태의 자료가 제공되며 응시자는 요구사항에 따라 구술로 대답해야 한다.

제2부분
총 3문항이다. 하나의 자료와 3개의 질문을 들은 후 응시자는 자료를 바탕으로 구술로 질문에 답해야 한다. 질문은 한 번만 재생된다.

제3부분
총 1문항이다. 하나의 자료와 1개의 질문을 들은 후 응시자는 자료를 바탕으로 본인의 관점을 구술로 답해야 한다. 질문은 한 번만 재생된다.

"자료의 종류를 먼저 파악하고,
예외 사항 등 특별한 정보를 체크하자"

第 一 部 分

94.

请阅读试卷上的材料，并根据要求作答。你有三分钟的准备时间，三分钟的作答时间。

受新冠疫情影响已关闭3个多月的上海迪士尼乐园，将于5月11日开放。下面是一张上海迪士尼乐园为罕见病患组织的旅行安排：

【旅行目的地】上海迪士尼乐园、上海自然博物馆

时间	行程共3天2晚
2023.5.30(周二)	到达上海，16:00酒店集合&入住 18:00晚餐及夜游外滩
2023.5.31(周三)	上海迪士尼一日游
2023.6.1(周四)	上午参观上海自然博物馆 15:00活动结束

*如因疫情等不可抗力原因影响出行，活动将延期举行。

【报名条件】

1. 年龄为5—14周岁确诊的罕见病患儿，性别不限；
2. 申请儿童身体状况能够安全出行；

… (중략) …

问题 现在请你向来咨询的人简单地说明一下这次活动的安排，以及注意事项。

문제를 잘 살펴보고
어떤 내용으로 말해야 하는지
파악해야 한다.

어떤 사항을 나열하거나
열거할 때 쓰면 좋은 표현이다.
(首先，其次，最后)

활동을 소개할 때
쓰이는 구문이므로 확실히
기억해 두자.

모범 답안

您好，我是这次活动的负责人。现在，我来介绍一下这次活动。

首先，这次的活动时间是从五月三十号开始到六月一号结束，一共三天两夜。如受疫情等不可抗力原因影响，本次活动会延期举行。

其次，请各位确认报名条件。如：只有年龄为5到14周岁的罕见病患才能报名。无性别限制；以家庭为单位，最多不超过三人。由于经费所限，仅资助孩子和一名随行家长的交通补贴等。其他相关条件请参考我们的活动网站。

最后，您可以点击网址下载表格或使用手机下载申请表后，于2023年5月13日，晚12点前提交申请表。

感谢大家对我们活动的关注。

여기서는 '在' 대신
'于'를 써서 표현해도
된다.

"질문을 활용하고 답변의 패턴을 만들어 두자"

第二部分

95-97.

녹음을 듣고 추후에 나오는 질문에 대답하는 유형이므로, 녹음을 끝까지 집중해서 듣고 중요 내용을 잘 기억해 두어야 한다.

请听一段材料，材料听完后有三个问题。请在"滴"声后回答问题，现在请听材料。

世界上很多人喜欢吃中国菜，但只是知道一些菜的名字，不清楚这些菜是属于哪个菜系。中国幅员辽阔，几乎每个地区都有自己的菜系，最著名的菜系是四川菜、山东菜、淮扬菜和广东菜，简称川菜、鲁菜、苏菜和粤菜，被人们称为中国的"四大菜系"。当然，四大菜系也是各有各的风格。

녹음에서 말하고자 하는 핵심 어휘이며, 그 뒤에는 그 어휘를 설명하고 있다.

……发源于四川，最大的特点是调料多样。川菜大多离不开辣椒、胡椒、花椒和姜，做出来的菜常常带有……、……、鱼香肉丝、麻婆豆腐等。在中园，有"四川人怕不辣"的说法，如果你喜欢吃辣的，川菜是……尝的。

鲁菜讲究丰盛、实惠。鲁菜发源于山东，很注重用汤调味，也常常用葱，这大概跟山东人爱吃葱有关吧。鲁菜吃起来清香、鲜嫩。葱烧海参、糖醋鲤鱼等是其代表菜。

…(중략)…

1. 四大菜系中的川菜发源于哪里？
   모범 답안　四大菜系中的川菜发源于四川。

2. 发源于广东的粤菜最大的特点是？
   모범 답안　发源于广东的粤菜最大的特点是食材丰富，如果你想吃得新奇，就一定要选择粤菜。

평소 내가 생각하고 있는 견해나 경험을 토대로 말해보자.

3. 请说一道给你留下深刻印象的中国菜。
   모범 답안　重庆火锅是给我留下深刻印象的中国菜。我在中国留学的时候，就常跟朋友一起去重庆火锅店。麻辣火锅的汤料里一定会有红辣椒、花椒和姜等辛辣的食材。虽然我每次吃的时候都十分享受，但吃完麻辣火锅后的第二天，我经常是一整天肚子疼得不能动。现在，我已经毕业回国很久了，但提起印象深刻的中国菜，那非麻辣火锅莫属。

"나만의 구조화된 답안 틀을 만들자"

第三部分

98.

请听一段材料，材料听完后有一个问题。你有三分钟的准备时间，三分钟的回答时间，现在请听材料。

中国古代哲学家孟子说过："老吾老以及人之老，幼吾幼以及人之幼。"简单地说就是"我们不只要尊敬自己家的长辈也要尊敬其他人的长辈，不仅要照顾自己的孩子，也要照顾或帮助别人的孩子。"你是否赞成这种观点，请谈谈自己的看法。

질문의 주요 키워드는 맨 마지막에 나와 있는 내용이다. 앞의 내용을 제대로 듣지 못했다고 해도 포기하지 말자.

내가 이어서 말하고자 하는 관점을 말하면서 시작하자.

내가 알고 있는 성어나 속담 등을 빗대어 말해보자.

모범 답안

我对于这种观点持肯定的态度。首先，尊敬长辈是子女的义务和责任。不管他是谁的长辈，尊敬自己或者其他人的长辈都是作为一个有父母的人理所当然的事情。其次，助人为乐是一种美德。帮助别人就是帮助自己。互相帮助能让社会越来越美好。再次，俗话说："好人有好报"。以这种心态待人接物其实就也是为了自己在需要时，能够得到各方的帮助。所以，就我个人而言，我十分赞成这种观点。

마지막에 나의 입장을 정리해서 결론을 내자.

01 자료 보고 질문에 대답하기

STEP 1 유형 파악하기

✖ 주어진 자료를 자세히 분석한 후 제공된 자료에 근거하여 말해야 한다. 제공된 자료의 모든 내용을 말하면 좋지만, 제시된 시간 안에 말해야 하기 때문에 자신이 정확하게 숙지한 내용을 말하는 것이 좋다.

▶ **출제경향**

안내 책자, 시간표, 여행 계획, 지하철노선도, 무료 쿠폰, 지도, 상품권, 입장권 등의 자료들이 주어지고, 그 자료를 분석한 후 손님, 친구, 가족 등에게 내용을 설명할 수 있도록 한다. 주어진 맨 마지막 부분에 자료에 대한 질문이 있으니 마지막까지 제대로 읽어야 한다.

▶ **문제 풀이 비법**

1 자료의 종류를 먼저 파악하자.

제시된 자료가 일정표인지, 공고문인지, 홍보물인지에 따라 듣는 대상과 화법이 달라질 수 있으므로, 자료의 종류를 정확히 파악한 후 어떤 말을 할 것인지 생각해 보는 것이 좋다.

2 장소, 날짜나 시간, 예외 사항 등 특별한 정보를 체크하자.

제시된 자료를 다른 사람에게 설명이나 소개하는 상황이 주어지는 경우가 많으므로, 특수 정보를 육하원칙으로 분류하는 등 카테고리화하여 말하는 것이 좋다.

3 실제 청자가 있다고 가정하고 역할놀이를 하듯 답변을 만들자.

단지 자료에 제시된 정보를 기계처럼 나열하기보다 질문에서 정해준 청자에게 실제 말하듯 문맥에 맞게 추가적인 표현을 곁들여 주면 더 좋은 점수를 받을 수 있다.

🌱 제1부분 예제

请阅读试卷上的材料，并根据要求作答。你有三分钟的准备时间，三分钟的作答时间。

受新冠疫情影响已关闭3个多月的上海迪士尼乐园，将于5月11日开放。下面是一张上海迪士尼乐园为罕见病患组织的旅行安排：

【旅行目的地】上海迪士尼乐园、上海自然博物馆

时间	行程共3天2晚
2023.5.30(周二)	到达上海，16:00酒店集合&入住 18:00晚餐及夜游外滩
2023.5.31(周三)	上海迪士尼一日游
2023.6.1(周四)	上午参观上海自然博物馆 15:00活动结束

*如因疫情等不可抗力原因影响出行，活动将延期举行。

【报名条件】

1. 年龄为5—14周岁确诊的罕见病患儿，性别不限；

2. 申请儿童身体状况能够安全出行；

3. 以家庭为单位，最多不超过三人(含患儿)，由于经费所限，项目仅资助患儿及一名随行家长的交通补贴；

4. 曾获得过资助出行的患儿家庭请勿再次申请；

5. 去过迪士尼乐园的患儿家庭请勿申请。

【申请方式】

1. 电脑：下载表格并填写，表格下载地址：

   http://www.cord.org.cn/comp/companyFile/downloadNew.do?fid=34&appId=24&id=18

   (复制到浏览器即可下载)

2. 手机：点击"阅读原文"下载申请表，完整认真填写各项信息。信息填写完成后请将电子版发送到邮箱：fly@cord.org.cn。

【申请截止日期】2023年5月13日—24:00

问题：现在请你向来咨询的人简单地说明一下这次活动的安排，以及注意事项。

아래 내용은 여행 일정표와 신청 조건, 방식을 정리해 놓았다. 내가 상담가가 되어 구체적인 날짜와 함께 여행 일정을 언급해 주고, 신청 조건과 방법을 알려 주자. 준비시간 내에 답변 시간을 정확하게 지켜서 말하는 것이 중요하다.

请阅读试卷上的材料，并根据要求作答。你有三分钟的准备时间，三分钟的作答时间。

受新冠疫情影响已关闭3个多月的上海迪士尼乐园，将于5月11日开放。下面是一张上海迪士尼乐园为罕见病患组织的旅行安排：

【旅行目的地】上海迪士尼乐园、上海自然博物馆

时间	行程共3天2晚
2023.5.30(周二)	到达上海，16:00酒店集合&入住 18:00晚餐及夜游外滩
2023.5.31(周三)	上海迪士尼一日游
2023.6.1(周四)	上午参观上海自然博物馆 15:00活动结束

*如因疫情等不可抗力原因影响出行，活动将延期举行。

다음의 자료를 읽고 질문에 답하세요. 준비 시간과 대답 시간은 각각 3분입니다.

코로나 여파로 3개월 넘게 문을 닫았던 상하이 디즈니랜드가 오는 5월 11일에 다시 개장될 예정입니다. 다음은 희소병 환자를 위한 상하이 디즈니랜드 여행 일정표입니다.

[여행 목적지] 상하이 디즈니랜드, 상하이 자연 박물관

날짜	총 2박 3일 일정
2023.05.30(화)	상하이 도착, 16:00 호텔 도착 및 체크인 18:00 저녁 식사 및 와이탄 야경 구경
2023.05.31(수)	상하이 디즈니랜드 일일 관광
2023.06.01(목)	오전에 상하이 자연 박물관 관람 15:00 일정 종료

*코로나 등의 불가항력적인 이유로 여행에 차질이 생길 경우 일정은 연기될 수 있습니다.

【报名条件】

1. 年龄为5—14周岁确诊的罕见病患儿，性别不限；
2. 申请儿童身体状况能够安全出行；
3. 以家庭为单位，最多不超过三人(含患儿)，由于经费所限，项目仅资助患儿及一名随行家长的交通补贴；
4. 曾获得过资助出行的患儿家庭请勿再次申请；
5. 去过迪士尼乐园的患儿家庭请勿申请。

【申请方式】

1. 电脑：下载表格并填写，表格下载地址：http://www.cord.org.cn/comp/companyFile/downloadNew.do?fid=34&appId=24&id=18（复制到浏览器即可下载）
2. 手机：点击"阅读原文"下载申请表，完整认真填写各项信息。信息填写完成后请将电子版发送到邮箱：fly@cord.org.cn。

【申请截止日期】2023年5月13日—24:00

问题：现在请你向来咨询的人简单地说明一下这次活动的安排，以及注意事项。

[신청 조건]

1. 만 5~14세의 희소 질환 확진 판정을 받은 환자로, 성별은 무관합니다.
2. 신청한 아동은 신체적으로 안전하게 여행을 할 수 있어야 합니다.
3. 가족은 환자 포함 3인을 초과할 수 없습니다. 본 프로그램은 경비가 제한되어 있어 환아 본인 및 동행 부모 1인의 교통비만 지원합니다.
4. 여행 지원을 받은 적이 있는 환아 가족은 재신청이 불가합니다.
5. 디즈니랜드에 가본 적이 있는 환아 가족은 신청이 불가합니다.

[신청 방법]

1. PC: 양식을 다운로드 후 항목을 작성합니다.
   양식 다운로드 주소:
   http://www.cord.org.cn/comp/companyFile/downloadNew.do?fid=34&appId=24&id=18 (브라우저에 복사하면 즉시 다운로드 가능)
2. 휴대전화: '원문 읽기'를 클릭하여 신청서를 다운로드한 후, 각 항목을 빠뜨리지 않고 신중하게 작성합니다. 신청서를 작성한 후 파일을 메일로 보내주세요.
   메일 주소: fly@cord.org.cn

[신청 마감일] 2023년 5월 13일 24:00

문제: 상담 받으러 온 사람에게 해당 활동의 일정과 주의 사항을 간단하게 설명하세요.

모범 답안

您好，我是这次活动的负责人。现在，我来介绍一下这次活动。

首先，这次的活动时间是从五月三十号开始到六月一号结束，一共三天两夜。如受疫情等不可抗力原因影响，本次活动会延期举行。

其次，请各位确认报名条件。如：只有年龄为5到14周岁的罕见病患儿才能报名。无性别限制；以家庭为单位，最多不超过三人。由于经费所限，仅资助孩子和一名随行家长的交通补贴等。其他相关条件请参考我们的活动网站。

最后，您可以点击网址下载表格或使用手机下载申请表后，于2023年5月13日，晚12点前提交申请表。

感谢大家对我们活动的关注。

안녕하세요. 저는 이번 활동의 책임자입니다. 지금부터 이번 활동에 대해 설명해 드리겠습니다.

먼저, 여행 기간은 5월 30일에 시작해 6월 1일에 마치는 2박 3일 일정입니다. 코로나 등의 불가항력적인 이유로 차질이 생기면 여행 일정이 연기될 수 있습니다.

다음으로, 신청 조건을 확인하시길 바랍니다. 만 5~14세의 희소병 환자만 신청이 가능하며 성별은 무관합니다. 가족은 최대 3인까지만 가능하고, 경비 제한으로 인해 아이와 동행 부모 1인의 교통비만 지원한다는 등의 조건이 있습니다. 기타 관련 조건은 홈페이지에서 확인하실 수 있습니다.

마지막으로, 인터넷 주소를 클릭하여 양식을 다운로드하거나 휴대전화에서 신청서를 다운로드하여 작성한 후 2023년 5월 13일 자정 전까지 신청서를 제출하셔야 합니다.

이번 활동에 관심을 가져 주신 여러분께 감사의 말씀을 드립니다.

新冠 xīnguān 코로나 | 疫情 yìqíng 圆 전염병 발생 상황 | 迪士尼 Díshìnì 고유 디즈니 | 乐园 lèyuán 圆 놀이공원, 유원지 | ★罕见 hǎnjiàn 휑 보기 드물다, 희한하다 | 病患 bìnghuàn 圆 환자 | 不可抗力 bùkěkànglì 圆 불가항력 | 出行 chūxíng 됨 외출하다, 외지로 가다 | 延期 yánqī 됨 (기간을) 연장하다, 늘리다 | ★确诊 quèzhěn 됨 (최종적으로) 진단을 내리다 | ★限 xiàn 됨 제한하다, 한정하다 | 患儿 huàn'ér 圆 질병에 걸린 아이 | 经费 jīngfèi 圆 (사업·지출 상의) 경비, 비용 | 资助 zīzhù 됨 (재물로) 돕다 | 随行 suíxíng 됨 수행하다, 뒤따라가다 | 家长 jiāzhǎng 圆 학부모, 가장 | 补贴 bǔtiē 圆 보조금, 수당 | ★勿 wù ~하지 마라, ~해서는 안 된다 | 再次 zàicì 圊 재차, 거듭 | ★填写 tiánxiě 됨 (일정한 양식에) 써넣다, 기입하다 | ★浏览器 liúlǎnqì 圆 웹브라우저 | ★即可 jíkě 圊 즉시 가능하다 | 点击 diǎnjī 됨 클릭하다 | 原文 yuánwén 圆 원문 | 电子版 diànzǐbǎn 圆 디지털 파일 | 邮箱 yóuxiāng 圆 우편함 | 截止 jiézhǐ 됨 마감하다 | ★事项 shìxiàng 圆 사항 | 负责人 fùzérén 圆 책임자 | 网址 wǎngzhǐ 圆 인터넷 주소, 웹사이트 주소 | 提交 tíjiāo 됨 제출하다 | 关注 guānzhù 圆 관심, 중시

STEP 2 내공 쌓기

1 자료별 주요 정보 분류하기

제공한 정보를 기준을 정해 분류하는 연습을 하자. 문제로 출제되는 포스터, 티켓, 전단지 등에서 핵심 포인트들을 찾아서 분류해야 한다. 제시되는 자료의 유형은 각각 다르더라도 말해야 하는 중요한 정보는 크게 다르지 않기 때문에 아래의 표를 보고 분류에 따라 정리된 것을 참고해보자. (실력 다지기 문제 참조)

예 1

언제
6.1儿童节晚上6:00到9:00之间

어디서
星海渔村三楼大厅

무엇을
亲子自助晚餐

그 외 정보
可享用晚餐，禁止打包外带、遗失不补、
不可兑换现金、在用餐前像餐厅服务员初始此券

问题 这是一张星海湾酒店提供的"亲子自助餐"入场券。请你向你的朋友简单地说明一下入场券上的内容，或提醒朋友需要注意的部分。

㉠ 자료에서 가장 큰 글씨로 제시된 부분이 가장 중요하다.
㉡ 숫자로 되어 있는 부분은 빠르게 체크한다.
㉢ 그 외 세부 정보를 확인한다.

吉林省博物院

新志愿者
招募啦!

1 讲解志愿者
2 社会教育志愿者
3 编辑设计志愿者
4 摄影摄像志愿者

请于5月31日之前发送志愿者个人简历至1753781286@qq.com。
如通过审核将会在7个工作日内收到回复邮件。

关注微博

简历需包括个人信息、志愿服务种类等内容，如想做设计编
辑或摄影志愿者除简历请包含至少3件作品。

모집 분야
讲解志愿者、社会教育
志愿者、
编辑设计志愿者和摄影
摄像志愿者

마감 날짜
5月31日

포함 내용
个人信息、志愿服务种
类等内容

그 외 정보
关注微博 - 收到我们的
各类新情报

问题　你是这次志愿活动的负责人，请根据图中的内容简单的向前来申请的志愿者们讲解一下。

㉠ 모집하고 있는 분야를 확인하자.
㉡ 숫자와 요구 사항을 확인하자.
㉢ 그 외 세부 정보를 확인한다.

예③

⚠ 注意事项

1. 不可擅自离开团队单独活动，自由活动期间外出应结伴而行，并告知导游行踪。

2. 请大家不要在车厢乱扔杂物，自觉爱护车厢内的设施。同时，记下我们车的车牌号，
遵守归队时间，掉队及时与我联系。

3. 在旅游景点购物时需慎重，防止上当。

4. 切记保管好您的贵重物品，谨防丢失。

5. 参加漂流、探险、蹦极、登山、缆车等危险性较大的旅游项目时，应严格遵守有关安
全注意事项；如遇到雨天、山路、险坡等危险情况时，应注意行路安全。听从导游安
排。

주의 사항
不能单独活动，不要在车厢乱扔杂物，遵守归队时间，掉队及时与导演
联系，保管贵重物品，危险性较大的项目时，遵守安全注意事项。

问题　如果你是一位导游，你如何向各位游客介绍注意事项？现在请按照提供的材料进行说明。

㉠ 전체적으로 말하고자 하는 내용을 빠르게 체크하자.
㉡ 모든 것을 다이야기 하려고 하지 말고 그 중 중요하게 생각하는 부분 위주로 체크하자.

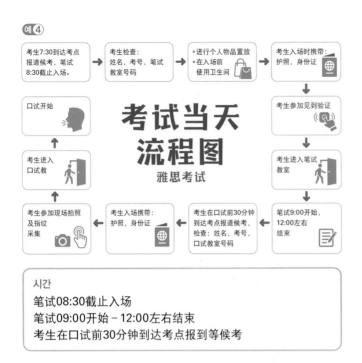

예④

考生7:30到达考点报道候考，笔试8:30截止入场。	考生检查：姓名，考号，笔试教室号码	● 进行个人物品置放 ● 在入场前使用卫生间	考生入场时携带：护照，身份证

考试当天流程图
雅思考试

考生参加见到验证

考生进入笔试教室

笔试9:00开始，12:00左右结束

口试开始

考生进入口试教

考生参加现场拍照及指纹采集 | 考生入场携带：护照，身份证 | 考生在口试前30分钟到达考点报道候考，检查：姓名，考号，口试教室号码

시간

笔试08:30截止入场
笔试09:00开始 – 12:00左右结束
考生在口试前30分钟到达考点报到等候考

시험 진행 방식

考生检查，考生参加签到验证，进入笔试教室，笔试考试，考生参加现场拍照及指纹采集，进入口试教室，口试开始

주의 사항

考生入场时携带护照，身份证与报名时完全一致

问题 这是一场雅思考试的流程图，请向你的外国朋友简单地说明一下当天的流程以及注意事项。

㉠ 표에 나와 있는 주요 시간들을 체크하자.
㉡ 시험이 진행되는 방법을 체크하자.
㉢ 수험생이 반드시 지켜야 하는 주의 사항을 체크하자.

예⑤

	日期	出发地	目的地	活动内容
行程安排	3月1日~3月2日	银川市	同心县	医疗服务需求调研，学术交流会
	3月3日~3月4日	同心县	彭阳县	义诊；高血压，糖尿病等常见病咨询，初步诊断
	3月7日~3月8日	隆德县	西吉县	和当地医护人员共同手术
注意事项	1. 按时到岗 如遇特殊情况，需提交申请 2. 清楚医院急症室位置、就诊时间等（详见《工作手册》） 3. 尊重患者的个人隐私； 4. 提高安全意识，遇突发事件，请致电医院保卫科； 5. 遵守医院和所在服务岗位的其他相关规定			
补充说明	1. 交通费及食宿费均可报销 2. 行前将为每位志愿者购买保险			

날짜 3月1日~3月2日 / 3月3日~3月4日 / 3月7日~3月8日

출발지, 목적지 银川市-同心县 / 同心县-彭阳县 / 隆德县-西吉县

활동 내용 医疗服务需求调研，学术交流会 / 常见病咨询，初步诊断 / 和当地
医护人员共同手术

주의 사항 按时到岗 / 尊重个人隐私 / 提高安全意识 / 遵守医院的其他相关规定

보충 설명 交通费及食宿费均可报销 / 每位志愿者购买保险

问题 如果你是这次医疗志愿服务活动的负责人，在动员大会上，请你向参与此次活动的医师志愿者介绍
一下活动安排及注意。

㉠ 각 날짜와 출발지, 목적지, 활동 내용을 정확하게 체크하자.
㉡ 주의 사항과 보충 설명에서 말하고자 하는 내용을 간략하게 체크하자.

2 나열할 때 사용할 수 있는 표현

중간에 내용을 설명할 때 장황하게 이야기하는 것보다 과정을 순서대로 이야기하는 것이 중요 포인트나 관점이 귀에 쏙 들어가게 설명할 수 있다.

- 首先A，其次/再次B，最后C shǒuxiān A, qícì/zàicì B, zuìhòu C   먼저 A, 그 다음에 B 마지막으로 C이다

- 首先A，然后B shǒuxiān A, ránhòu B   먼저 A하고 그 후에 B하다

- 首先A，其次B，第三C，最后D shǒuxiān A, qícì B, dìsān C, zuìhòu D
  먼저 A하고 다음은 B하고 세번째는 C하고 마지막은 D다.

- 第一A，第二B，第三C dì yī A, dì èr B, dì sān C   첫 번째는 A이고, 두 번째는 B이고, 세 번째는 C이다

- 一来A，二来B，三来C yī lái A, èr lái B, sān lái C   첫째로는 A하고, 둘째로는 B하고, 셋째로는 C하다

- 一是A 二是B 三是C yī shì A, èr shì B, sān shì C   첫째로는 A하고, 둘째로는 B하고, 셋째로는 C하다

- 最初A 接着B zuìchū A jiēzhe B   처음에 A하고 이어서 B하다

- 一方面A，另一方面B yìfāngmiàn A, lìngyìfāngmiàn B   한편으로는 A하고 다른 한편으로는 B하다

- 一种是A，另一种是B yìzhǒng shì A, lìng yìzhǒng shì B   하나는 A이고, 다른 하나는 B이다

- 下面我给大家说一下本次……需要注意的事项。
  Xiàmiàn wǒ gěi dàjiā shuō yíxià běncì……xūyào zhùyì de shìxiàng.
  다음은 제가 여러분에게 이번 ~에서 주의해야 하는 사항을 말씀드리겠습니다.

- 带来的影响主要有如下几个方面。 Dàilái de yǐngxiǎng zhǔyào yǒu rúxià jǐge fāngmiàn.
  가져온 영향은 주로 다음과 같은 몇 가지 방면이 있다

- 对于A，有几种较为流行的方式。 Duìyú A, yǒu jǐ zhǒng jiàowéi liúxíng de fāngshì.
  A에 대해, 몇 가지 비교적 유행하는 방법이 있다.

- 具体来说，可从以下几方面做起。 Jùtǐ láishuō, kě cóng yǐxià jǐ fāngmiàn zuòqǐ.
  구체적으로 말하면, 다음과 같은 방면에서 시작할 수 있다.

3 도입과 끝맺음에 쓰기 좋은 표현

너무 딱딱하게 이야기를 시작하는 것보다 문제와 어울리는 인물이 되어 말하는 것이 좋다. 아래 문장들은 도입과 끝맺음에 쓰기 좋은 표현을 정리해 놓은 것으로 한 번씩 읽어보자.

- 你好，我是……。 Nǐ hǎo wǒ shì……. 안녕, 나는~.

- 喂，XX，我要跟你说一件事，……。 Wéi, XX, wǒ yào gēn nǐ shuō yí jiàn shì, …….
  여보세요, XX, 나 너에게 ~을 이야기하려고 해.

- 我来帮你……。 Wǒ lái bāng nǐ……. 내가 당신을 도와~

- 希望你和A度过一个快乐的日子。 Xīwàng nǐ hé A dùguò yíge kuàilè de rìzi.
  당신과 A가 즐거운 날을 보내기를 희망해.

- 请多多关注。 Qǐng duōduō guānzhù. 많은 관심 가져주세요.

- 感谢……。 Gǎnxiè……. ~해서 감사합니다.

- 谢谢您……。 Xièxie nín……. ~을 해서 당신에게 감사합니다.

- 如果还有什么不理解的，就告诉我吧。 Rúguǒ háiyǒu shénme bù lǐjiě de, jiù gàosu wǒ ba.
  만약 또 이해가 안 가는 부분이 있으면 바로 저에게 알려주세요.

- 希望你愉快地观看比赛。 Xīwàng nǐ yúkuài de guānkàn bǐsài. 당신이 즐겁게 경기를 관람하길 희망합니다.

- 希望大家积极配合我的工作。 Xīwàng dàjiā jījí pèihé wǒ de gōngzuò.
  여러분이 저의 일에 적극적으로 협조해 주시기 바랍니다.

- 所谓A，就是指…… suǒwèi A, jiùshì zhǐ 소위 A는, 바로 ~를 가리킨다

- 希望能够坚持下去 xīwàng nénggòu jiānchí xiàqù 꾸준히 해나가길 희망합니다.

- 也就是说 yě jiù shi shuō 다시 말하자면

- 总的来说 zǒng de lái shuō 전반적으로 말하자면

- 说实话 shuō shíhuà 사실대로 말해서

- 各位A们：大家好！ Gè wèi A men: dàjiā hǎo! A 여러분: 안녕하세요!

- 我是此次……的负责人，现在由我来介绍一下此次活动的内容，以及注意事项。
  Wǒ shì cǐcì …… de fùzérén, xiànzài yóu wǒ lái jièshào yíxià cǐcì huódòng de nèiróng, yǐjí zhùyìshìxiàng.
  저는 이번 …의 책임자입니다. 지금부터 이번 행사의 내용과 주의 사항을 소개하겠습니다.

- 以上便是此次活动的注意事项，各位朋友如果还有什么问题，请尽管问我，我会尽力帮助大家，谢谢！
  Yǐshàng biàn shì cǐcì huódòng de zhùyìshìxiàng, gèwèi péngyou rúguǒ hái yǒu shénme wèntí, qǐng jǐnguǎn wèn wǒ, wǒ huì jìnlì bāngzhù dàjiā, xièxiè!
  이상이 이번 행사의 주의 사항입니다. 여러분, 혹시 더 궁금하신 점이 있으시면 언제든지 물어보세요. 제가 최선을 다해 도와드리겠습니다. 감사합니다!

Day 03

请阅读试卷上的材料，并根据要求作答。你有三分钟的准备时间，三分钟的作答时间。

星海湾酒店

6.1儿童节

亲子自助晚餐

138元/位

请您在用餐前向餐厅服务员出示此券

姓名：_____

使用日期：6月1日

用餐时间：18:00~21:00

用餐地点：星海渔村
三楼大厅

星海湾酒店

星海湾酒店

儿童节亲子自助晚餐券使用规定

▶ 凭此券可享用自助晚餐，禁止打包外带

▶ 此券仅限六月一日使用，遗失不补

▶ 此券不可兑换现金

▶ 本券最终解释权归本酒店所有

　　这是一张星海湾酒店提供的"亲子自助晚餐"入场券。请你向你的朋友简单地说明一下入场券上的内容，或提醒朋友需要注意的部分。

정답 및 해설 → 해설서 p.273

请阅读试卷上的材料，并根据要求作答。你有三分钟的准备时间，三分钟的作答时间。

吉林省博物院

新志愿者
招募啦!

① 讲解志愿者
② 社会教育志愿者
③ 编辑设计志愿者
④ 摄影摄像志愿者

请于5月31日之前发送志愿者个人简历至1753781286@qq.com,
如通过审核将会在7个工作日内收到回复邮件。

关注微博

简历需包括个人信息、志愿服务种类等内容，如想做编辑设
计或摄影志愿者除简历请包含至少3件作品。

你是这次志愿活动的负责人，请根据图中的内容简单地向前来申请的志愿者们讲解
一下。

정답 및 해설 → 해설서 p.274

请阅读试卷上的材料，并根据要求作答。你有三分钟的准备时间，三分钟的作答时间。

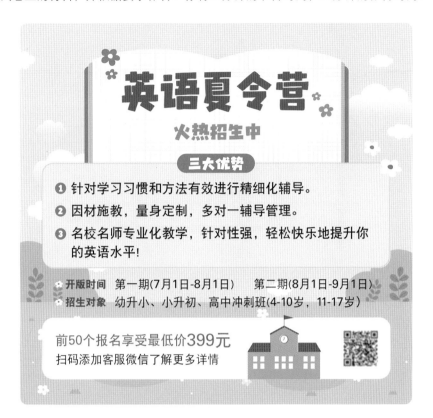

你是这次英语夏令营的负责人，请根据图中的内容向前来咨询的学生和家长简单地讲解一下。

정답 및 해설 → 해설서 p.275

请阅读试卷上的材料，并根据要求作答。你有三分钟的准备时间，三分钟的作答时间。

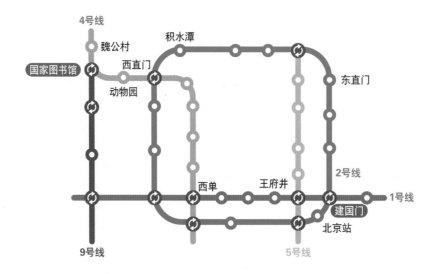

你的朋友住在国家图书馆站附近，你们约好了明天在建国门见面，可她刚来中国汉语不太好，现在请你简单地说明一下来时的路线与需要提醒他的注意事项。

정답 및 해설 → 해설서 p.276

请阅读试卷上的材料，并根据要求作答。你有三分钟的准备时间，三分钟的作答时间。

粤式餐厅赠品券

白斩鸡　　　　　红枣人参汤　　　　煲仔饭

凭此券可免费兑换一份菜品

粤式餐厅赠品券使用规则

1　本券仅限在本店使用，分店无效；
2　本券不与其他活动同时使用
3　使用本券不开票、不找零，不兑换现金；
4　本券过期作废
5　每人每次仅限使用一张，不得重复使用
6　最终解释归本店所有。

凭此券可免费兑换一份菜品

　　你有一张粤式餐厅的赠品券，因为你快要回国了，所以现在你想把它送给你的朋友，请简单向他说明一下这张赠品券的使用方法和注意事项。

정답 및 해설 → 해설서 p.277

请阅读试卷上的材料，并根据要求作答。你有三分钟的准备时间，三分钟的作答时间。

使用须知：
▸ 此券每人每次仅限使用一张，不可兑换现金，不找零；
▸ 使用日期为：2024年10月　　日至　　年　　月　　日，
　过期无效；
▸ 请妥善保管，遗失不补；
▸ 此券不可与其他优惠活动同时享受；
▸ 此券最终解释权在法律规定范围内归本公司所有。

地址：　　　　　　　联系电话：

　　你的外国朋友有一张代金券，但是他不知道上面写的内容。现在请简单地向他说明一下这张代金券上面的内容和需要提醒他的注意事项。

정답 및 해설 → 해설서 p.279

请阅读试卷上的材料，并根据要求作答。你有三分钟的准备时间，三分钟的作答时间。

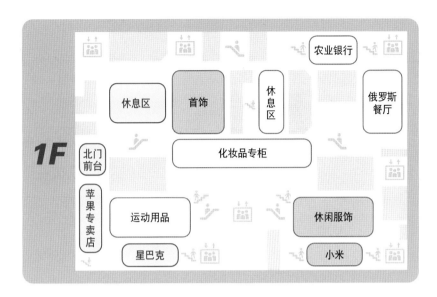

你和朋友约好了一起看电影，但是你因为学校的一些事情耽误了。现在请你给朋友打电话说明一下原因并让她在你们学校附近的百货商店一边逛一边等你。(打电话时请简单说明一下百货商场的布局)

정답 및 해설 → 해설서 p.280

请阅读试卷上的材料，并根据要求作答。你有三分钟的准备时间，三分钟的作答时间。

下面是一张"足球友谊赛的入场券"副券。

足球友谊赛

入场券 ⚽ 副券

场馆 鸟巢国家体育馆　　时间 6月23日 19:00-21:00
座位号 C区 6排45号

NO. 1000145

副券

NO. 1000145

⚽观众须知⚽

1 每券一人，请对号入座。
2 入场时间：请于开始前30分钟左右入场。
3 禁止携带物品：由于安保和版权原因，展览及比赛场所禁止携带食品、饮料、专业摄录设备以及打火机等物品，请您注意现场工作人员和广播的提示，予以配合。
4 寄存说明：请自行保管携带物品，谨防贵重物品丢失。
5 迟到观众请安静入场，勿打扰、妨碍他人观看比赛。
6 比赛结束后有序退场，请勿滞留。

你的留学生朋友买了一张足球友谊赛的门票，但他的汉语不太好，希望你可以简单地解释一下入场券上面的内容，现在请你简单说明并提醒他需要注意的部分。

정답 및 해설 → 해설서 p.281

01 녹음 듣고 질문에 대답하기

STEP 1 유형 파악하기

✖ 하나의 녹음을 듣고 이어지는 녹음 속 세 개의 질문에 바로 답변해야 하는 유형이다. 질문 세 개 중 두 개의 질문은 녹음 내용에 근거해 답변하는 문제로, 제시된 내용을 바탕으로 말해야 한다. 마지막 한 개의 질문은 응시자의 경험에 대해 묻는 문제로, 자신의 관점을 말하는 것이다. 준비 시간은 별도로 주어지지 않고, 질문이 나오는 즉시 답변해야 한다. 처음 두 개 질문의 답변 시간은 30초, 마지막 한 개 질문의 답변 시간은 2분이다.

▶ 출제경향

보통 1, 2번은 단답이나 짧게 한 두 문장으로 답변할 수 있는 질문이 출제되고, 마지막 3번은 의견을 묻는 질문이 많이 출제된다. 따라서 논설문보다 설명문의 출제 비율이 비교적 높으며, 3번 질문에서 수험자의 경험을 묻기도 하지만 찬반 논란이 있는 질문이 많이 출제되기 때문에 사회적 이슈가 소재로 등장하는 경우가 많다.

▶ 문제 풀이 비법

1 녹음을 처음부터 끝까지 집중해서 듣고 기억해야 한다.

이 유형은 녹음에 나오는 지문과 질문을 듣고 대답해야 한다. 따라서 보기가 있는 듣기와 달리 보기가 없으므로, 녹음을 들으면서 주요 내용들을 잘 이해하고 숙지하는 것이 중요하다.

2 녹음에 근거해서 답변해야 한다.

녹음에 근거해서 질문에 답변해야 한다. 또한 자신의 관점을 서술할 때는 녹음 자료에 대한 이해와 자신의 경험을 바탕으로 대답해야 한다. 나의 관점을 대답할 때는 두서없이 말해서는 안 되며 내 주관을 가지고 명확하게 말하는 것이 좋다. 또한 메모할 칸이 주어지니 핵심 내용은 메모하며 듣는 연습을 하자.

3 질문을 활용하고 답변의 패턴을 만들어 두자.

3번 질문은 수험자의 의견이나 경험을 묻기 때문에 '서론(도입)-본론(전개)-결론(마무리)'로 짜임새 있게 대답하는 것이 가장 중요하다. 따라서 질문을 활용하여 답변을 시작할 수도 있고 '서론(도입)-본론(전개)-결론(마무리)'에 적절한 패턴을 준비해 두면 보다 자연스러운 답변을 만들 수 있다.

🌿 제2부분 예제

请听一段材料，材料听完后有三个问题。请在"滴"声后回答问题，现在请听材料。

○track 49

1. (30秒)

2. (30秒)

3. (2分钟)

1 녹음에 직접적으로 '川菜发源于四川(쓰촨에서 발원한 촨차이)'이라고 언급했다.

2 녹음 마지막 부분에서 웨차이 특징이 '食材丰富(식재료가 풍부하다)'라고 언급했다.

3 중국요리를 처음 접했던 시기나 처음 먹어봤던 중국요리 중 잊지 못할 에피소드가 있는 이야기를 언급하는 것이 좋다. 창작해서 말하려 하기보다는 내가 경험한 내용을 이야기하자.

请听一段材料，材料听完后有三个问题。请在"滴"声后回答问题，现在请听材料。

　　世界上很多人喜欢吃中国菜，但只是知道一些菜的名字，不清楚这些菜是属于哪个菜系。中国幅员辽阔，几乎每个地区都有自己的菜系，最著名的菜系是四川菜、山东菜、淮扬菜和广东菜，简称川菜、鲁菜、苏菜和粤菜，被人们称为中国的"四大菜系"。当然，四大菜系也是各有各的风格。

　　[1]川菜发源于四川，最大的特点是调料多样。川菜大多离不开辣椒、胡椒、花椒和姜，做出来的菜常常带有麻辣的味道，像鱼香肉丝、麻婆豆腐等。在中园，有"四川人怕

다음의 문제를 잘 들으십시오. 듣기가 끝나면 3개의 문제가 나옵니다. '띠' 소리가 나면 문제에 답하십시오. 지금부터 듣기가 시작됩니다.

　　전 세계적으로 중국 음식을 좋아하는 사람들이 많다. 하지만 일부 요리의 이름만 알 뿐, 그 음식들이 어느 지방의 음식인지 잘 알지 못한다. 중국은 국토 면적이 넓어 거의 모든 지역에 특유의 요리 계통이 있다. 가장 유명한 요리 계통으로는 쓰촨요리, 산둥요리, 화이양 요리, 광둥요리가 있는데 각각 촨차이(川菜), 루차이(鲁菜), 쑤차이(苏菜), 웨차이(粤菜)라고도 한다. 이 요리들은 중국의 '4대 요리'로 불린다. 물론 4대 요리에도 각자만의 스타일이 있다.

　　[1]쓰촨에서 발원한 촨차이의 가장 큰 특징은 조미료가 다양하다는 것이다. 촨차이에는 대부분 고추, 후추, 산초, 생강이

不辣"的说法，如果你喜欢吃辣的，川菜是不可不尝的。

　　鲁菜讲究丰盛、实惠。鲁菜发源于山东，很注重用汤调味，也常常用葱，这大概跟山东人爱吃葱有关吧。鲁菜吃起来清香、鲜嫩。葱烧海参、糖醋鲤鱼等是其代表菜。

　　苏菜又称淮扬菜，发源于江苏的淮安、苏州、扬州等地，最大的特点是制作精细，做菜注重保持原汁原味。这一带盛产各种河鲜，所以菜中河鲜比较丰富。代表菜有盐水鸭、鸡汤煮干丝等。

　　如果想吃得新奇，那你一定要选择粤菜。²粤菜发源于广东，最大的特点是食材丰富。调味多用有地方特色的蚝油、虾酱等。代表菜有蚝油牛肉、盐火焗鸡等。

꼭 들어가며 완성된 요리에는 항상 마라 맛이 있다. 위샹러우쓰(鱼香肉丝), 마파두부 등이 이에 속한다. 중원(中园)에는 '쓰촨 사람은 맵지 않은 것을 두려워한다'라는 말이 있다. 만약 매운맛을 좋아한다면 쓰촨요리를 맛보지 않으면 안 된다.

루차이는 풍성하고 실속 있는 것을 중요시한다. 루차이는 산둥에서 발원하였으며 국물로 맛을 내는 것을 중시하며 파를 자주 쓴다. 이는 아마도 산둥 사람이 파를 즐겨 먹는 것과 관련이 있을 것이다. 루차이는 향긋하고 야들야들하다. 런사오하이선(葱烧海参), 탕추리위(糖醋鲤鱼) 등이 대표 요리이다.

화이양 요리라고도 하는 쑤차이는 장쑤성 화이안, 쑤저우, 양저우 등의 지역에서 발원하였으며 최대 특징은 매우 정교하며 식재료 고유의 맛의 유지를 중시한다는 것이다. 이 지역 일대에서는 각종 민물 재료가 많이 나서 요리 중에도 민물 재료가 비교적 풍부하다. 대표 요리로는 옌수이야(盐水鸭), 지탕주간쓰(鸡汤煮干丝) 등이 있다.

신기한 요리를 먹어보고 싶다면 웨차이를 선택해야 한다. ²광둥에서 발원한 웨차이의 최대 특징은 식재료가 풍부하다는 것이다. 지방 특색이 있는 굴소스, 새우젓 등을 조미료로 사용한다. 대표 요리로는 굴소스 소고기볶음, 옌훠쥐지(盐火焗鸡) 등이 있다.

1　四大菜系中的川菜发源于哪里？
모범 답안 | 四大菜系中的川菜发源于四川。

2　发源于广东的粤菜最大的特点是？
모범 답안 | 发源于广东的粤菜最大的特点是食材丰富，如果你想吃得新奇，就一定要选择粤菜。

3　请说一道给你留下深刻印象的中国菜。
모범 답안 | 重庆火锅是给我留下深刻印象的中国菜。我在中国留学的时候，就常跟朋友一起去重庆火锅店。麻辣火锅的汤料里一定会有红辣椒、花椒和姜等辛辣的食材。虽然我每次吃的时候都十分享受，但吃完麻辣火锅后的第二天，我经常是一整天肚子疼得不能动。现在，我已经毕业回国很久了，但提起印象深刻的中国菜，那非麻辣火锅莫属。

1　4대 요리 중 쓰촨요리는 어디에서 유래했나?
모범 답안 | 4대 요리 중 쓰촨요리는 쓰촨에서 발원했다.

2　광둥에서 발원한 웨차이의 최대 특징은 무엇인가?
모범 답안 | 광둥성에서 발원한 광둥요리의 가장 큰 특징은 식재료가 풍부하다는 점인데, 만약 당신이 신기한 것이 먹고 싶다면 반드시 광둥요리를 선택해야 한다.

3　인상 깊었던 중국 요리를 하나 말해보시오.
모범 답안 | 제일 인상 깊은 중국 음식은 충칭 훠궈이다. 중국 유학 시절에 친구와 충칭 훠궈 식당에 자주 갔었다. 마라훠궈 국물에는 붉은 고추, 산초, 생강 등 매운맛이 나는 식재료가 들어갔다. 나는 매번 훠궈를 먹을 때마다 맛있게 잘 먹었지만, 먹고 난 다음 날에는 온종일 배가 아파 움직이지 못했다. 지금은 졸업하고 귀국한 지 오래되었지만, 여전히 인상 깊은 중국 음식 하면 마라훠궈만 한 것이 없다고 생각한다.

菜系 càixì 몡 요리의 계통 | 幅员 fúyuán 몡 국토의 면적 | 辽阔 liáokuò 톙 (평야·벌판·수면이) 광활하다 | 四川菜 sìchuāncài 몡 쓰촨요리 =川菜 chuāncài | 山东菜 shāndōngcài 몡 산둥요리 [=鲁菜 lǔcài] | 淮扬菜 huáiyángcài 몡 화이양 요리 [=苏菜 sūcài] | 广东菜 guǎngdōngcài 몡 광둥요리 [=粤菜 yuècài] | 简称 jiǎnchēng 동 약칭하다 | 发源 fāyuán 동 발원하다 | 调料 tiáoliào 몡 조미료, 양념 | 多样 duōyàng 톙 다양하다 | 胡椒 hújiāo 몡 후추 | 花椒 huājiāo 몡 산초 | 姜 jiāng 몡 생강 | 麻辣 málà 톙 마라 [맵고 얼얼함] | 鱼香肉丝 yúxiāngròusī 위샹러우쓰 | 麻婆豆腐 mápódòufu 몡 마파두부 | 中园 zhōngyuán 몡 중원 | 丰盛 fēngshèng 톙 (음식 등이) 풍성하다 | 实惠 shíhuì 톙 실속 있다 | 注重 zhùzhòng 동 중시하다 | 调味 tiáowèi 동 (요리의) 맛을 내다 | 葱 cōng 몡 파 | 清香 qīngxiāng 톙 맑고 향기롭다 | 鲜嫩 xiānnèn 톙 싱싱하고 야들야들하다, 신선하고 연하다 | 葱烧海参 rènshāo hǎishēn 몡 런사오하이선 | 糖醋鲤鱼 táng cù lǐyú 탕추리위 | 江苏 Jiāngsū 고유 장쑤성 | 淮安 Huái'ān 고유 화이안 [장쑤성 북부에 있는 도시] | 苏州 Sūzhōu 고유 쑤저우 | 扬州 Yángzhōu 고유 양저우 [장쑤성에 있는 도시의 이름] | 精细 jīngxì 톙 정교하다 | 原汁原味 yuánzhī yuánwèi 몡 고유의 맛, 오리지널 | 盛产 shèngchǎn 동 많이 나다, 많이 생산하다 | 河鲜 héxiān 몡 민물 식재료 | 盐水鸭 yánshuǐyā 몡 옌수이야 [중국 난징의 전통 음식] | 鸡汤煮干丝 jītāng zhǔ gān sī 지탕주간쓰 | 新奇 xīnqí 톙 신기하다 | 食材 shícái 몡 식자재, 식재료 | 蚝油 háoyóu 몡 굴소스 | 虾酱 xiājiàng 몡 새우젓 | 盐火焗鸡 yánhuǒ jú jī 몡 옌훠쥐지

1 기록 스킬 배우기

말하기 제2부분은 녹음을 듣고 답변해야 하는 유형으로, 기억력에만 의존해서는 답변할 수 없다. 따라서 녹음을 들으면서 빠르게 핵심 내용과 주요 어휘들을 기록해야 한다. 7~9급의 경우 컴퓨터로만 시험을 진행하기 때문에 종이에 필기할 수 없고, 컴퓨터 화면에 기록을 해야 하므로 빠르게 메모하고 기록하는 연습을 해보는 것이 중요하다.

(1) 들은 내용을 다 기록하려고 하지 말자.

녹음에서 들은 내용을 무작정 다 기록하려고 하면 다 기록하지 못할 뿐더러 녹음 내용도 놓칠 수 밖에 없다. 따라서 녹음에서 중요 내용과 어휘를 기록하는 것이 핵심 포인트이다. 처음에는 어려울 수 있지만 평소 짧은 녹음을 듣고 기록하는 연습을 해보자.

(2) 나만의 부호로 표시하자.

들은 내용들을 기록할 때 문장이 길수록 기록하기 힘들다. 이럴 때는 내가 알아볼 수 있는 부호나 기호를 사용해서 간단히 기록하는 것이 좋다. 그러나 이 방법은 익숙하지 않으면 기록하더라도 다시 볼 때 내용을 이해할 수 없으므로, 간단하면서도 알아볼 수 있도록 기록하는 것이 중요하며, 평소 2부분을 공부할 때 자주 사용하는 어휘들의 부호를 만들어 외우는 것이 좋다.

2 의견이나 근거 또는 경험을 말할 때 많이 쓰는 표현

세 번째 질문은 보통 수험생의 입장에서 질문에 대한 의견을 질문하거나 경험을 바탕으로 대답하는 질문들이 등장한다. 무작정 답변을 하려고 한다면 내용도 떠오르지 않고 대답하는 답변 또한 매끄럽지 않을 수 있으므로, 아래 등장한 표현들을 활용해 답변을 한다면, 좀 더 풍부하고 매끄러운 답변을 하는 데 도움이 될 것이다.

- 我对……持有…态度。 나는 ~에 대해 ~한 태도를 가진다.
  我对死后捐献器官这件事持肯定的态度。 해설서 p.283 실력 다지기
  나는 죽은 후에 장기를 기증하는 것에 대해 긍정적인 태도를 가지고 있다.

- 我对于……持……态度。 나는 ~에 대해 ~한 태도를 가진다.
  我对于狂热的粉丝持否定的态度。 해설서 p.289 실력 다지기
  나는 열광적인 팬에 대해 부정적인 입장이다.

- 我(个人)认为……。 나는 (개인적으로) ~라고 생각한다.
  我认为情商高在生活中很重要。 해설서 p.284 실력 다지기
  나는 감성지수가 높은 것이 생활에서 매우 중요하다고 생각한다.

- 我(不)同意……。 나는 ~를 동의한다(동의하지 않는다.)
  我同意男性做整容。 해설서 p.287 실력 다지기
  나는 남성들이 성형하는 것에 동의한다.

- 我觉得……。 내 생각에 ~인 것 같다.
  我觉得过去和现在年轻人在婚姻观念上最大的区别是现在年轻人认为结婚不是一生中必须要有的经历。 해설서 p.291 실력 다지기
  과거와 현재 젊은이들의 결혼 관념에서 가장 큰 차이는 결혼이 일생에 꼭 필요한 경험이 아니라는 인식이라고 생각한다.

- 对……，人们的态度是各不相同的。 ~에 대한 사람들의 태도는 각기 다르다.

  对于快餐、垃圾食品，人们的态度是各不相同的。 해설서 p.295 실력 다지기

  패스트푸드와 정크푸드에 대한 사람들의 태도는 각기 다르다.

- 我(不)支持……。 나는 ~을 지지한다(지지하지 않는다).

  我支持在教育孩子的过程中惩罚与鼓励并用的做法。

  나는 아이들을 교육하는 과정에서 처벌과 격려를 함께 하는 것을 지지한다.

- 我相信……。 나는 ~라고 믿는다.

  我相信只要功夫深，铁杵也能磨成针。 나는 지성이면 감천이라고 믿는다.

- 我们都应该……。 우리는 모두 ~해야 한다.

  面对困难，我们都应该摆正心态，拿出克服困难的勇气。

  어려움에 직면했을 때, 우리는 모두 마음을 바로 세우고, 어려움을 극복할 용기를 내야 합니다.

- 对于我来说/对于我而言…… 나에게 있어서

  对我来说，工作并不意味着生活的全部。 나에게 있어서 일은 삶의 전부가 아니다.

- 在我看来…… 내가 봤을 때

  在我看来，每个人都有自己的优缺点，评价一个人不能一概而论。

  내가 봤을 때 사람들마다 장단점이 있기 때문에 한사람을 평가하는 것은 일률적으로 논할 수 없다.

- 人们常说……，但我认为……。 사람들은 ~라고 말하지만 나는 ~라고 생각한다.

  人们常说怀旧是变老的表现，但我认为怀旧更容易使人快乐。

  사람들은 흔히 옛날을 회상하는 것은 늙어가는 표현이라고 하지만, 나는 옛날을 회상하는 것이 사람을 더 즐겁게 한다고 생각한다.

- 专家表示 전문가는 ~라고 말한다

  专家表示：植物与植物间的"方言"是通过释放化学物质来实现的。

  전문가들은 식물과 식물 사이의 '방언'은 화학물질을 방출함으로써 달성된다고 말한다.

- 换句话说 바꾸어 말하면

  换句话说，家庭成员间的关系也是需要精心维护的。

  바꾸어 말하면, 가족구성원의 관계 또한 세심한 보호가 필요하다.

- 由此可见 이로부터 알 수 있듯이

  由此可见，经济的高速发展与全民素质的提高并不一定成正比。

  이로부터 알 수 있듯이, 경제의 고속 발전은 전국민의 자질 향상에 반드시 비례하지는 않는다.

- 我认为A。 나는 A가 ~하다고 생각한다.

  我认为制定计划在学习与工作生活中很重要。

  나는 공부와 직장 생활에서 계획을 세우는 것이 중요하다고 생각한다.

- 我对此持赞同的态度，原因是…… 나는 이것에 대해 찬성하는 태도를 가지고 있는데, 이유는 ……이다.

  我对此持赞同的态度，原因是"有教无类"可以最大限度地照顾到每位学生的情况。

  내가 이것에 대해 찬성의 태도를 가지고 있는 이유는 '유교무류(누구에게나 차별 없이 교육을 실시하다)'가 모든 학생의 상황을 최대한 배려할 수 있기 때문이다.

- 我对此持反对的意见，原因是…… 내가 이것에 대해 반대 의견을 가지고 있는 이유는 ……이다.

  我对此持反对的意见，原因是原文中提到的方法并不适用于所有情况。

  내가 이것에 대해 반대 의견을 가지고 있는 이유는, 원문에 언급된 방법이 모든 상황에 적용되는 것은 아니기 때문이다.

말하기 제2부분

- 从长远的角度来看，…… 장기적인 각도에서 볼 때
  从长远的角度来看，维护生态环境的平衡应贯彻可持续发展的策略。
  장기적인 각도에서 볼 때, 생태환경의 균형을 유지하기 위해서는 지속 가능한 발전 전략을 구현해야 한다.

- A对于每个人的意义都是有所不同的。 A는 사람들마다 의미가 모두 다르다
  儿时的回忆对于每个人的意义都是有所不同的。
  어린 시절의 추억은 사람마다 의미가 다르다.

- 世界上每个人的想法都不相同。 세상의 모든 사람마다 생각이 다르다
  世界上每个人的想法都不相同，我们不能把自己的想法强加于他人。
  세상의 모든 사람마다 생각이 다르므로, 우리는 자신의 생각을 다른 사람에게 강요할 수 없다.

- 可以说是…… ～라고 말 할 수 있다
  "点赞"可以说是一种新的回应与关注对方的交流方式。
  '좋아요'는 상대방에게 반응하고 관심을 가지는 소통의 새로운 방식이라고 할 수 있다.

- 以……为研究对象 ～을 연구대상으로
  这是一项科学家以100名4-6岁儿童为研究对象进行的关于记忆的调查。
  이것은 과학자가 4～6세 어린이 100명을 대상으로 한 기억력에 관한 조사이다.

- 根据最新数据显示 최신 데이터에 의하면
  根据最新数据显示格陵兰岛平均每年要融化掉221立方公里的冰原，是1996年融冰量的两倍。
  최신 데이터에 의하면 그린란드는 연평균 221㎢의 빙원을 녹이는데, 1996년 해빙량의 두 배이다.

- 据资料记载，…… 자료 기록에 따르면
  据资料记载，甲骨文是迄今为止中国发现的年代最早的成熟文字系统。
  자료 기록에 따르면, 갑골문은 지금까지 중국에서 발견된 연대 최초의 숙련된 문자 시스템이다.

- 根据我自己的经历，我觉得…… 제 경험에 비추어 볼 때, 저는……
  根据我自己的经历，我觉得别人所谓的"建议"并不一定都会对我们有帮助。
  내 경험을 비추어 볼 때, 나는 다른 사람들이 소위 '제안'이라는 부르는 것이 반드시 우리에게 도움이 되는 것은 아니라고 생각한다.

- A是给我留下深刻印象的B。 A는 나에게 깊은 인상을 남겨준 B이다
  在中国旅行是给我留下深刻印象的一件事。 중국 여행은 나에게 깊은 인상을 남겨준 일이다.

Day 08 ●track 50

请听一段材料，材料听完后有三个问题。请在"滴"声后回答问题，现在请听材料。

1. (30秒)

2. (30秒)

3. (2分钟)

정답 및 해설 → 해설서 p.283

请听一段材料，材料听完后有三个问题。请在"滴"声后回答问题，现在请听材料。

1.（30秒）

2.（30秒）

3.（2分钟）

정답 및 해설 → 해설서 p.284

请听一段材料，材料听完后有三个问题。请在"滴"声后回答问题，现在请听材料。

1. （30秒）

2. （30秒）

3. （2分钟）

정답 및 해설 → 해설서 p.287

请听一段材料，材料听完后有三个问题。请在"滴"声后回答问题，现在请听材料。

1. (30秒)

2. (30秒)

3. (2分钟)

정답 및 해설 → 해설서 p.289

请听一段材料，材料听完后有三个问题。请在"滴"声后回答问题，现在请听材料。

1. (30秒)

2. (30秒)

3. (2分钟)

정답 및 해설 ➡ 해설서 p.291

请听一段材料，材料听完后有三个问题。请在"滴"声后回答问题，现在请听材料。

1. (30秒)

2. (30秒)

3. (2分钟)

정답 및 해설 ➡ 해설서 p.293

请听一段材料，材料听完后有三个问题。请在"滴"声后回答问题，现在请听材料。

1. （30秒）

2. （30秒）

3. （2分钟）

정답 및 해설 → 해설서 p.295

track 57

请听一段材料，材料听完后有三个问题。请在"滴"声后回答问题，现在请听材料。

1. （30秒）

2. （30秒）

3. （2分钟）

정답 및 해설 ➔ 해설서 p.297

01 녹음 듣고 자신의 의견 말하기

STEP 1 유형 파악하기

✘ 말하기 제3부분은 녹음에 제시된 짧은 이야기와 질문을 듣고, 자신의 의견을 말하는 유형이다. 준비 시간으로 3분, 답변 시간으로 3분이 주어진다. 자신의 의견을 피력한다는 점에서 쓰기 제2부분 '주제 보고 작문하기'와 어느 정도 비슷하지만, 고민하며 수정해서 완성할 수 있는 쓰기 영역과 달리, 짧은 시간 안에 자신의 의견을 정리하고 중국어로 말해야 한다는 점에서 체감 난이도가 높다.

▶ 출제경향

성어, 명언, 속담 등의 유래가 출제되기 때문에 이러한 관용적 표현들을 많이 알아 두는 것이 좋다. 또한 현대의 사회·환경·문화적 이슈에 관해서도 출제된다. 따라서 평소에 뉴스를 보는 등 다양한 분야에 관심을 가지고 나의 견해를 가지는 것이 중요하다.

▶ 문제 풀이 비법

1 질문의 키워드를 정확히 들어야 한다.

녹음에 소개되는 이야기가 장황하더라도, 결국 질문을 하기 위한 부연 설명일 뿐이다. 녹음 맨 마지막 질문을 정확히 들어야 한다.

2 나만의 답안틀을 만들자.

나만의 구조화된 답안 틀을 만들어 입에 익혀 두면 간단하면서도 조리 있고, 알차게 답변할 수 있다. 답안 틀 몇 가지를 내공 쌓기에 제시할 테니 참고하자.

3 어조와 속도, 발음에도 신경 쓰자.

자신의 의견을 말할 때 우기는 어조로 말하지 않는 것이 좋다. 자신의 의견과 그 의견을 뒷받침하는 근거를 제시해서 당당한 어조로 이야기하자. 답변 내용 뿐만 속도와 발음에도 잘 신경 쓰도록 하자.

🌱 제3부분 예제

请听一段材料，材料听完后有一个问题。你有三分钟的准备时间，三分钟的回答时间，现在请听材料。（3分钟）

⊙track 58

풀이

녹음에서는 맹자가 말한 내용을 응용하고 있지만, 제일 중요한 부분은 마지막에 나오는 질문 부분이다. 성어나 속담이 등장해 뜻을 이해하지 못하더라도 녹음 뒷부분에서 속담의 뜻을 풀어서 이야기해 준 후 자신의 견해를 묻고 있다. 따라서 녹음을 끝까지 집중해서 듣는 것이 중요하다. 처음 답변을 할 때 이 관점에 대해 나의 태도는 긍정적인지 부정적인지 말하고, 긍정적이면 긍정적인 이유에 대해, 부정적이면 부정적인 이유에 대해 나열하자. 나의 태도는 일관적이게 가는 것이 중요하다.

请听一段材料，材料听完后有一个问题。你有三分钟的准备时间，三分钟的回答时间，现在请听材料。

中国古代哲学家孟子说过："老吾老以及人之老，幼吾幼以及人之幼。"简单地说就是"我们不只要尊敬自己家的长辈也要尊敬其他人的长辈，不仅要照顾自己的孩子，也要照顾或帮助别人的孩子。"你是否赞成这种观点，请谈谈自己的看法。

다음의 문제를 잘 들으십시오. 듣기가 끝나면 문제가 나옵니다. 준비 시간 3분, 대답 시간 3분이 주어집니다. 지금부터 듣기가 시작됩니다.

중국 고대 철학자인 맹자는 "내 부모를 모시는 것처럼 남의 집 어른을 모시고, 내 집 아이를 보살피는 것처럼 남의 집 아이를 보살펴라."라고 했다. 간단히 말하자면 "우리는 자기 집 어른뿐만 아니라 다른 집 어른도 공경해야 하며, 자기 아이만 돌보는 것이 아니라 다른 집 아이도 돌보고 도와야 한다"는 것이다. 이 관점에 찬성하는지 자신의 견해를 말해보시오.

모범 답안

我对于这种观点持肯定的态度。首先，尊敬长辈是子女的义务和责任。不管他是谁的长辈，尊敬自己或者其他人的长辈都是作为一个有父母的人理所当然的事情。其次，助人为乐是一种美德。帮助别人就是帮助自己。互相帮助能让社会越来越美好。再次，俗话说："好人有好报"。以这种心态待人接物其实就也是为了自己在需要时，能够得到各方的帮助。所以，就我个人而言，我十分赞成这种观点。

나는 이 관점에 대해 긍정적인 입장이다. 먼저, 웃어른을 공경하는 것은 자녀의 의무이자 책임이다. 그 어른이 누구든지 상관없이 본인 집의 어른 혹은 다른 집의 어른을 공경하는 것은 부모가 있는 사람으로서 마땅히 해야 할 일이다. 다음으로, 남을 돕는 것을 기쁘게 생각하는 것은 일종의 미덕이다. 다른 사람을 돕는 것은 곧 자기 자신을 돕는 것이다. 서로서로 도우면 사회는 점점 더 아름다워질 수 있다. 그다음으로, '착한 사람은 복을 받는다'라는 속담이 있다. 이런 마음가짐으로 사람을 대하는 건 사실 자신이 필요할 때 상대방의 도움을 얻기 위한 것도 있다. 따라서 나는 개인적으로 이 관점에 매우 찬성한다.

哲学家 zhéxuéjiā 명 철학자 | 孟子 Mèngzǐ 고유 맹자 | ★长辈 zhǎngbèi 명 (가족·친척 가운데서의) 손윗사람, 연장자 | ★理所当然 lǐsuǒdāngrán 성 도리로 보아 당연하다, 당연히 그렇다 | 助人为乐 zhù rén wéi lè 성 남을 돕는 것을 기쁘게 생각하다 | ★美德 měidé 명 미덕, 좋은 품성 | 美好 měihǎo 형 아름답다, 좋다, 훌륭하다 [주로 추상적인 사물에 쓰임] | ★俗话说 súhuà shuō 속담에서 ~라고 말하다 | 好人有好报 hǎo rén yǒu hǎo bào 착한 사람은 복을 받는다 | 心态 xīntài 명 심리 상태 | 待人接物 dàirénjiēwù 성 사람을 대하는 태도, 사람과 교제하다, 처세하다 | 而言 éryán ~에 대해 말하자면, ~에 근거해 보면 [对/就 ……而言 ~에 대해 말하자면]

② 내공 쌓기

1 답안 틀

녹음을 듣고 3분 안에 자신의 의견을 정리해야 한다는 점도 어려운데, 내용을 구조화시켜 말하지 않으면 횡설수설 답변하게 되기 쉽다. 깊이가 있거나 고급 어휘를 쓴 답변이 아니더라도 적절히 답안 틀에 맞추어 답변하면 내용이 훨씬 조리 있어 보인다.

(1) STEP 1: 들은 내용 정리하고 입장 밝히기

- 这意味着……。 이것은 ~를 의미한다.
- 我对于这种观点持肯定的态度。 나는 이 관점에 대해 긍정적인 입장이다.
- 我十分赞成这种观点。 나는 이 관점에 매우 찬성한다.
- 我十分反对这种观点。 나는 이 관점에 매우 반대한다.
- 我认为……。 나는 ~해야 한다고 생각한다.
- 我的见解如下。 나의 견해는 다음과 같다.
- 对于这个问题我有几个想法。 이 문제에 대해 나는 몇 가지 생각이 있다.
- 说起A，我有一些自己的看法。 A에 대해 말하자면, 나는 몇 가지의 견해가 있다.
- 我个人认为，原因是多方面的。 개인적으로 생각했을 때 원인은 여러 가지가 있다.
- 对于如何看待A这个问题，我觉得是因人而异的。 A를 어떻게 생각하는지는 사람마다 다르다고 생각한다.
- 我认为国外旅游有很多好处。 나는 해외여행에 많은 장점이 있다고 생각한다.
- 我赞同举双手赞同这个观点。 나는 이 관점에 두 손 들고 찬성한다.

(2) STEP 2: 입장 뒷받침하기

- 我认为……的好处/坏处很多　나는 ~의 장점/단점이 많다고 생각한다.
- 首先A，其次B，再次C　먼저 A, 다음으로 B, 그다음으로 C
- 第一A，第二B，第三C　첫째는 A이고, 둘째는 B이며, 셋째는 C이다
- 比如　예를 들면
- 韩国有这样一句话　한국에는 이런 속담이 있다
- 对赞同A的人来说　A를 찬성하는 사람에게 있어서
- 对于反对A的人来说　A를 반대하는 사람에게 있어서

(3) STEP 3: 마무리하기

- 所以，就我个人而言，……　따라서 나는 개인적으로……
- 我觉得最重要的是……　가장 중요한 것은 ~라고 생각한다.
- 我们应该铭记心的是……　우리가 명심해야 할 것은 ~이다
- ……应该努力做得更好。 ~하도록 노력해야 한다.

- 这样的朋友可谓是真正的朋友。이런 친구는 진정한 친구라고 할 수 있다.
- 希望每一个努力的人都能实现理想。노력하는 모든 사람이 꿈을 이룰 수 있기를 바란다.

2 중국 철학자들의 명언

대부분 이런 명언들과 함께 자신의 견해를 물어보는 질문들이 함께 등장한다. 이런 명언들은 뜻을 잘 이해하고 있는 것이 중요하다. 아래 정리된 명언들을 뜻과 함께 익혀 두자.

- 老吾老以及人之老，幼吾幼以及人之幼。
  내 부모를 모시는 것처럼 남의 집 어른을 모시고, 내 집 아이를 보살피는 것처럼 남의 집 아이를 보살펴라.

- 鱼我所欲也，熊掌我所欲也，二者不可兼得，舍鱼而取熊掌也。
  나는 물고기도 원하고 곰발도 원한다. 하지만 두 가지 모두 가질 수 없다. 한 가지를 선택해야 한다. (두 마리 토끼 모두 잡을 수 없다.)

- 知之者不如好之者，好之者不如乐之者。
  아는 것은 좋아하는 것만 같지 못하고, 좋아하는 것은 즐기는 것만 같지 못하다.

- 自反而不缩 虽褐宽博，吾不惴焉。自反而缩 虽千万人 吾往矣。
  스스로 돌아봐서 잘못이 없다면 천만이 가로막아도 나는 가리라.

- 故有无相生，难易相成，长短相形，高下相倾，音声相和，前后相随。
  있음은 없는 곳에서 나오고, 없음은 있는 곳에서 나온다. 어려움은 쉬운 곳에서 만들어지고, 쉬움은 어려운 곳에서 만들어진다. 깊은 짧은 곳에서 만들어지고, 짧음은 긴 곳에서 나온다. 높은 곳에서 낮은 곳으로 기울고, 낮은 곳에서 높은 곳으로 기운다. 가락은 소리를 타고, 소리는 가락을 탄다. 앞의 것은 뒤의 것에 쫓기며, 뒤의 것은 앞의 것을 따른다.

- 己所不欲，勿施于人。내가 원하지 않는 것은 남에게 강요하지 말아라.

- 学而时习之，不亦说乎？배우고 또 실천하는 것, 이것이 기쁨이 아니겠는가?

- 无欲速，无见小利。欲速则不达，见小利则大事不成。
  서두르지 말아라. 작은 이익을 탐하지 말아라. 서두르면 목적에 도달하지 못할 것이며, 작은 이익을 탐하면 큰 일을 이루지 못할 것이다.

- 言必信，行必果。말은 신용이 있어야 하고, 행동은 결과가 있어야 한다.

- 不患人之不己知，患不知人也。남이 자기를 알아주지 않음을 걱정하지 말고 자기가 남을 알지 못함을 걱정하라.

- 学而不思则罔，思而不学则殆。배우기만 하고 생각을 하지 않으면 얻는 것이 없고, 생각만 하고 배우지 않으면 위태롭다.

- 近朱者赤，近墨者黑。주사(朱砂)에 가까이 있는 사람은 붉게 물이 들고 먹에 가까이 있는 사람은 검게 된다. 사람은 그가 가까이하는 사람에 따라 그 영향을 받아서 반드시 변한다.

- 可怜天下父母心 　세상의 부모 마음을 동정하다

- 幼不学，老何为。玉不琢，不成器。어릴 때 배우지 않으면 늙어서 무얼 하겠는가? 옥은 다듬지 않으면 그릇이 될 수 없다.

- 逆水行舟，不进则退 　물길을 거슬러 가는 배는 전진하지 못한다면, 뒤로 물러나는 것이다. [=노력해서 전진하지 않으면 뒤처진다.]

Day 14

track 59

请听一段材料，材料听完后有一个问题。你有三分钟的准备时间，三分钟的回答时间，现在请听材料。（3分钟）

정답 및 해설 → 해설서 p.300

请听一段材料，材料听完后有一个问题。你有三分钟的准备时间，三分钟的回答时间，现在请听材料。（3分钟）

정답 및 해설 → 해설서 p.301

请听一段材料，材料听完后有一个问题。你有三分钟的准备时间，三分钟的回答时间，现在请听材料。（3分钟）

정답 및 해설 → 해설서 p.302

Day 21

◉track 62

请听一段材料，材料听完后有一个问题。你有三分钟的准备时间，三分钟的回答时间，现在请听材料。（3分钟）

정답 및 해설 → 해설서 p.303

请听一段材料，材料听完后有一个问题。你有三分钟的准备时间，三分钟的回答时间，现在请听材料。（3分钟）

정답 및 해설 → 해설서 p.304

请听一段材料，材料听完后有一个问题。你有三分钟的准备时间，三分钟的回答时间，现在请听材料。（3分钟）

Day 34 ● track 65

请听一段材料，材料听完后有一个问题。你有三分钟的准备时间，三分钟的回答时间，现在请听材料。（3分钟）

请听一段材料，材料听完后有一个问题。你有三分钟的准备时间，三分钟的回答时间，现在请听材料。（3分钟）

정답 및 해설 ➜ 해설서 p.308

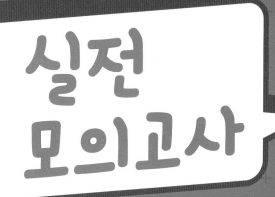

실전
모의고사

 실제 시험 1회분을 시간 내에 풀어 보며 스스로 실력을 점검하자.

HSK 7~9급은 총 다섯 과목으로 나뉩니다.

필기 시험 (笔试)	듣기(听力)	40문항, 약 30분
	독해(阅读)	47문항, 60분
	휴식 10분		
	쓰기(书写)	2문항, 55분
	번역(翻译)	2문항, 35분
	휴식 30분		
구술 시험 (口试)	번역(翻译)	2문항, 6분
	말하기(口语)	5문항, 약 24분

모두 98문항으로, 총 시험 시간은 약 210분입니다.

○ track
final test 01

一、听力　40문항 | 약 30분

第一部分

第1-10题：请根据听到的内容，判断下列句子是否符合原文，符合原文的请画"√"，不符合的请画"×"。

녹음을 듣고 아래의 문장이 녹음과 일치하면 "√", 일치하지 않으면 "X"를 표시하세요.

1. 报道中提到的黑曾湖是全部水体位于北极圈以内面积最小的湖泊。
   (　　) A √
   (　　) B ×

2. 分析发现，样本中的病毒和宿主之间存在明显差异。
   (　　) A √
   (　　) B ×

3. 气候变暖并不会造成冰川融水增加。
   (　　) A √
   (　　) B ×

4. 科学界对于文中提到的"北极病毒"保持警惕态度。
   (　　) A √
   (　　) B ×

5. 本文主旨在于"呼吁人类提高环保意识"。
   (　　) A √
   (　　) B ×

6. 梅兰竹菊不是指四种花卉，而是四种事物。

( ) **A** √

( ) **B** ×

7. 梅、兰、竹、菊是古代诗词绘画作品的"常客"。

( ) **A** √

( ) **B** ×

8. 如今，人们也会用梅兰竹菊来表示春夏秋冬。

( ) **A** √

( ) **B** ×

9. 坚韧的竹子在晚秋时节绽放，常指隐居山间的隐士。

( ) **A** √

( ) **B** ×

10. 梅兰竹菊的隐喻是对内在精神品质的升华。

( ) **A** √

( ) **B** ×

第 二 部 分

第11-22题：请选出或填上正确答案。녹음 속 질문에 알맞은 답을 고르거나 쓰세요.

11. **A** 实现了"自主控制梦境"的设想
    B 通过声音和气味等方式影响人的梦境
    C 梦境会影响人类的经济发展
    D 给人的梦境植入大树这一形象比植入动物更难

12. **A** 找准"说悄悄话"的时机
    B 怎样选取"悄悄话"的内容
    C 如何给被测试者穿戴设备
    D 检测惊醒时人的意识

13. 只有在_____的过渡状态下，人的意识比较放松，才有可能通过说悄悄话的方法来影响梦的内容。

14. **A** 看测试者在创造力测试中的表现
    B 通过被植入的大树这个形象判断
    C 监测被测试者的肌肉张力、心率等数据
    D 人们惊醒时的强烈反应

15. **A** 满足大众的基本生活需求
    B 可提升人的创造力
    C 唤醒人类的环保意识
    D 对开发儿童的智力有帮助

16. **A** 肯定
    B 质疑
    C 中立
    D 反感

17. **A** 该地天敌更少
    B 气候条件适宜
    C 政府的强制规定
    D 生活空间更广阔

18. **A** 人与自然矛盾激化
    B 野外探险最好结伴同行
    C 生态保护无利可图
    D 中国东部地区生物资源丰富

19. **A** 顶级食肉动物的数量难以恢复
    B 外来物种的入侵
    C 政府下拨资金紧缺
    D 森林植被种类单一

20. **A** 发挥自然爱好者们的作用
    B 让更多学生加入到保护野生动物的队伍中
    C 引起大众对生态保护的关注
    D 帮助与引导自然爱好者进行科学的研究

21. 同时，我们也希望充分调动大众对生态保护的_____。

22. **A** 多关爱自然
    B 抵制捕杀行为
    C 加强户外活动
    D 加入国际环保组织

第 三 部 分

第23-40题：请选出或填上正确答案。녹음 속 질문에 알맞은 답을 고르거나 쓰세요.

23. A 按照一定的规则排列
    B 无法明确表示生产地
    C 是互相交叉的两条线
    D 是一组数字标识

24. A 物品的生产国
    B 邮件起止地点
    C 图书分类号
    D 生产商性别

25. A 利于商家收集客户信息
    B 节约能源消耗
    C 图形肉眼更易识别
    D 节省时间，且有条理性

26. 而条码技术对物流业的优势也是 _____ _____的，既能精确管理，又功能实用。

27. A 添加了更多信息
    B 识别更繁琐
    C 删除了一维码中的部分信息
    D 变成了字母识别

28. A 没有构成关节相连的特点
    B 参与造血以及营养物质的储备
    C 人体内的骨骼超过体重的一半
    D 是心脏的支架

29. A 骨折后极易出现二次骨折
    B 会立即死亡
    C 遗传几率极高
    D 只出现在中老年人群间

30. 在骨质疏松早期，往往没有明显的外在表现，因此极易_____。

31. A 避免低盐饮食
    B 及时摄取碳酸饮料
    C 维生素D不足
    D 过度补钙

32. A 戒烟成功者
    B 过度偏食者
    C 缺乏锻炼者
    D 老年人

33. A 营养不良是健骨的关键
    B 进行适当的减脂运动
    C 骨质疏松的患者应警惕骨折
    D 积极配合骨骼中钙的流失

34. **A** 与海洋相比，陆地遭到人类破坏的程度较小

 B 与陆地相比，绝大部分海洋依然保持现状

 C 与陆地相比，大部分海洋依然保持完整且生命力强

 D 与海洋相比，在陆地上栖息的物种更加丰富

35. 一些海洋物种遭到了过度捕捞，但更大的损害是物种_____。

36. **A** 碳排放正在改变海水的化学成分

 B 少数贝类无法觅食

 C 部分鱼类已迁徙到冷水域

 D 热带鱼类被迫转移栖息地

37. **A** 无法减缓海洋物种灭绝

 B 破坏海洋生态并将污染带入深海

 C 维持海洋独特的生态系统

 D 无法满足海洋生物的需求

38. 在拯救海洋的过程中，我们最好的合作伙伴就是_____。

39. **A** 海洋物种比陆地物种更珍贵

 B 人类拯救海洋为时不晚

 C 海洋环境遭到破坏并没有引起人们的重视

 D 绝大多数海洋动物濒临灭绝

40. **A** 宣扬"和"文化

 B 限制某些海域的开采利用

 C 在沿岸一带规划保护区

 D 将保护区的温度以及pH值控制在较高标准

二、阅读

47문항 | 60분

第 一 部 分

第41-68题： 请选出或填上正确答案。 지문에 근거해, 질문에 알맞은 답을 고르세요.

41-47.

　　"躺平"是一个网络流行词语。网络上对它的解释有以下几种：一是引申解读，指无论对方做出什么反应，自己的内心都毫无波澜，也不会有任何回应，更不用说反抗，一概表示顺从的心理状态。二是简化解读，指用自己的方式消解外在环境对个体的规训。第三种是特定解读，41)指在部分语境中还表示一个人生活与工作累忙得瘫倒在地，从此不再鸡血沸腾，也不再渴求什么成功。"躺平"现象并非中国社会特有的现象。自古以来，人们一直憧憬着"乌托邦"，然而，迄今为止，世界上从来就不曾有过"乌托邦"式的国家和社会，哪个国家和社会都会存在这样或者那样的问题。

　　放眼世界，即使在欧美发达国家的年轻人当中，也曾出现过各种各样的"啃老"、"佛系"等社会现象和问题。"躺平"问题并非所有年轻人都会存在的问题。实际上，无论国内还是国外，并非各行各业的所有年轻人都放弃了奋斗，选择"躺平"。例如，全国各地参加抗疫防疫的人中，就有很多年轻人。这些中国青年并没有因为疫情而退缩，也没有以生活与工作的辛苦为借口"躺平"。

　　"躺平"并非年轻人独有的现象和问题。从社会观察来看，一些过了不惑和知天命之年的中老年人中，因年龄、健康、家庭、晋升等多种因素影响在工作上"做一天和尚撞一天钟"、得过且过、放弃职场追求的大有人在。他们当中，有的埋怨命运不公、有的抱怨领导偏心、有的指责制度有毛病、有的觉得管理不合理，感觉再多努力和奋斗也只够养家糊口，而改变命运的希望有很渺茫，因此对于上级安排的任务能推就推，能拖就拖，动力和干劲都不足，久而久之，"躺平风"自然而然地就蔓延开来了。

　　"躺平"作为一种消极思潮，同前几年媒体所提及的"佛系"、"丧文化"、"低欲"等"亚文化"大同小异。但其实，个别人出现消极思想和行为不足为奇。工业化社会竞争激烈，都市化社会生活压力大，有必要缓解年轻人的工作与生活压力。企业可以通过人力资源管理，学校可以通过思想政治教育工作，政府部门可以通过社会与社区管理、开展婚姻与家庭辅导心理健教育等多种路径，借助宣泄释放法、倾诉法、旅游法、运动法，以及开展音乐、绘画、文学活动等多种方式与技巧来梳理、泄压和引导，从而改变个体的自我认知，提升自我管理水平，增强自我行为能力。

　　华东师范大学的历史系教授许纪霖曾说："如何让更多的躺平者重拾信心、重新看到希望的确是当下中国需要认真对待的问题。"确实，对于"躺平"，或许我们真的应该重新审视。一味地谴责、道德绑架并不是最好的"解药"。对待"躺平"或许只有通过上述"多管齐下"的方式，才能让"躺平人群"重拾自信、逐渐获得安全感和幸福感。

41. 关于"躺平"的几种解读，说法正确的是：

1. 对成功有着强烈的渴求
2. 是对待某些特定规划的对策
3. 买醉到深夜以至瘫倒在地
4. 对他人的一切行为无感

A 2, 4

B 1, 3

C 1, 2

D 3, 4

42. 第一段中"乌托邦"的意思最可能是：

A 人处于伸手不见五指的乌黑环境

B 人们向往的美好且不现实的生活环境

C 繁华喧闹的大都市生活

D 并不完美但却舒适的社会环境

43. 第二段中，举各地疫情防控参与者的例子是为了说明：

A "躺平风"已像疫情一样开始蔓延

B 参加疫情防控工作的大部分为"躺平"青年

C 不少年轻人并未"躺平"

D 疫情的出现造成了青年一代的"躺平"

44. 关于第三段，可以知道什么：

A 不少中年人因有养家糊口的压力而无法"躺平"

B "躺平"心理已悄然在不少中年人心中"生根发芽"

C 家庭和睦的中年人晋升机会也更大

D 上级安排的任务使中年人放弃了养家的责任

45. "做一天和尚撞一天钟"是什么心态：

A 比喻遇事敷衍、不情不愿

B 意味着公私分明、明辨是非

C 指诚实守信、童叟无欺

D 表示兢兢业业、毫不马虎

46. 下列成语与"多管齐下"的意思最相近的一项是：

A 名利双收

B 并行不悖

C 才貌双全

D 左右为难

47. 关于本文，下列哪项错误：

A 躺平人群是"无药可救"的一类人

B 适当的心理辅导有益于缓解躺平心理

C 对待躺平不宜一味地谴责或道德绑架

D 缓解躺平现象离不开政府的协调

48-54.

近日，"某些博主卖的手机最多值999元"的话题冲上热搜榜。起因是某主播在直播间售卖一款手机时，宣称这款手机在某电商平台官方旗舰店的售价是8999元，自己直播间仅售1999元，之后有数码博主评测后称：此款手机用"高价低配的贴牌机"忽悠普通消费者，当事博主售卖的手机最多值999元。该事件引发了社会关注。

当下的直播间，诸如"地板价"、"宇宙最低价"、"粉丝超级福利"、"让利大促销"等宣传语比比皆是。博主们号称带货商品只是市场价的一折甚至更低，然而消费者大多是在下单后才发现货不对板、夸大宣传、高于市场价等问题。大家将这一现象称之为"忽悠式直播带货"。相关专家建议，加大对"忽悠式直播带货"的整治力度至关重要。调查也显示，不仅是手机，白酒、手表、电子产品、茶叶、保健品等各类商品的直播带货过程中，均存在大量所谓的"让利促销"、"地板价"、"骨折价"情况。有的直播带货现场，甚至会请所谓的生产商或专家出演，与主播一人唱红脸一人唱白脸，让很多消费者产生"买到就是赚到"的错觉。"全网最低价"、"今天在我直播间入手最划算"、"某电商旗舰店卖5000元，到我这儿只要800元"……忽悠式直播带货究竟何时休？

中央民族大学法学院教授说："主播在直播间宣称'最优惠'、'全网最低价'等行为，明显与事实严重不符，纯粹是忽悠甚至欺诈消费者，属于违法行为。"他解释到：这些行为违反了电子商务法、消费者权益保护法等法律法规和规范性文件。电子商务法明确规定，电子商务经营者应当全面、真实、准确、及时地披露商品或服务信息，保障消费者的知情权和选择权。商家忽悠式直播带货扰乱了正常的市场秩序。同时，上述直播行为如构成商业广告，也违反了广告法关于广告中不得使用'最高级'、'最佳'等绝对化用语的规定。根据《网络直播营销管理办法》的规定，直播营销平台应当对违反法律法规和服务协议的直播间运营者的账号，酌情采取警告提醒、限制功能、暂停发布、注销账号、禁止重新注册等处置措施，保存记录并向有关主管部门报告。但目前直播营销平台对此现象仍缺少投诉、监督机制。一方面，可能很多消费者遇到这种情况没有积极投诉维权；另一方面，接到投诉后，直播营销平台也可能没有采取积极措施。

事实上，直播平台应将严重违法违规的直播营销人员及因违法失德造成恶劣社会影响的人员列入"黑名单"，并向有关主管部门报告。同时，各部门应加强联动，依法加大查处直播营销违法行为，强化信息共享与协调配合，提升监管合力。更要加大案件查办力度，发现违法行为涉嫌犯罪的，应当及时将案件移送司法机关。网络直播带货等商业行为对扩大就业、促进消费、推动经济等发挥了积极作用，为促使其发挥正面功能、防范负面影响，应努力打造一个综合治理体系：网络直播发布者、网络直播服务机构、网络直播平台等经营者应强化守法经营意识，自觉遵守消费者权益保护法、广告法等法律规定的义务与责任；行业自律组织应主动担当、增强规范功能，提升行业形象；相关监管部门应积极作为，形成全方位、立体式监管体系；全社会应实时参与，切实提升社会监督水平，让违法行为无所遁形。

最后，专家也提醒消费者要时刻擦亮眼睛、理性消费、避免_____、在多个平台进行对比后理性下单；要谨慎选择直播平台，尽量在官方认可的指定专卖店购买该品牌商品；另外，不要盲目追星，对于明星直播带货也要多观察、多比较；购物后保留好购物凭证等相关证据，以便发现问题后积极维权。

48. 根据第一段，该事件引起关注的原因是?

A 某主播直播间售卖的手机福利不足999元

B 该主播的手机售后服务需缴纳999元

C 该主播售卖的手机仅值999元

D 某直播将1999元的手机以低价卖出

49. 如何理解第二段中的"地板价"、"宇宙最低价"、"粉丝超级福利"、"让利大促销"等词?

A 形容价格十分低廉

B 形容价格低到可以买地板

C 可以在直播平台讨价还价

D 享受明星粉丝福利

50. 如何理解"忽悠式直播带货"中忽悠的意思?

A 引起有关部门注意

B 引导消费者放弃购买

C 引导他人做出正确抉择

D 引诱他人上当

51. 根据第三段，可以知道当下的很多带货直播间:

A 揭露了商品或服务信息，有效防止了哄抬货价的现象

B 符合广告法关于广告不得使用绝对化用语的规定

C 忽悠式直播带货扰乱了正常的市场秩序

D 保护了电子商务法、消费者权益

52. 根据上下文，第五段"不要盲目追星，对于明星直播带货也要多观察、多比较"的划线部分可替换为?

A 全面地

B 一味地

C 热情地

D 赶紧地

53. 第五段中的空格最适合填入的内容是?

A 热情好客

B 冲动消费

C 理财投资

D 友好交流

54. 下列哪项不属于专家对直播平台的建议?

A 切实提升社会监督力度，预防违法行为

B 强化信息共享与协调配合，提升监管合力

C 遇违法乱纪人员应及时向有关部门报告

D 应将严重违法失德造成恶劣影响的人员列入"好友名单"

55~61.

塑料袋刚被发明时，因为它的轻便实用，曾被称为"人类最伟大的发明之一"。可后来在英国《卫报》的评选中，塑料袋又"荣获"了"人类最糟糕的发明"的称号。

起初，塑料诞生时的形象远没有这么骇人。它不仅挽救过濒危动物的生命，还将台球等贵族运动带入了大众视野。早期的台球是用象牙制作而成的，而一根象牙仅能制造5个台球。随着台球运动在西欧的风靡，大象一度面临灭绝。1869年，美国发明家海厄特发明出"赛璐珞"塑料，成功代替象牙制作出塑料台球。当时，恰逢工业文明兴起，造价低廉的"赛璐珞"顺势引发了新一轮的"材料革命"，通过取代难以取得或制造成本昂贵的材料，赛璐珞使许多物品大众化。如：赛璐珞牙刷取代了骨制握柄，让普通人开始用得起牙刷等等。久而久之，塑料"用后即丢"的便利性反而使它的使用变得失控。1955年，美国周刊在报道中写道：人类进入了一个肆意丢弃的黄金时代。当清洗变成浪费时间时，那么扔掉一次性用品毫无疑问是现代生活的"胜利"。

然而，长期的"塑料狂欢"之后，严重的污染令人类对塑料的态度发生了＿＿＿＿＿＿的变化。2002年，英国《卫报》将塑料评为"人类最糟糕的发明"。许多国家、企业开始禁止使用一次性塑料制品。据统计，全球每年至少有800万吨塑料制品被丢弃到海洋中，到2050年海洋中塑料垃圾的总重量可能将超过鱼类。

难以降解的塑料垃圾每年造成数十万海洋动物的死亡，还以微塑料、塑料碎片等形式出现在食物链中，进入饮水中和餐桌上，影响人类健康。由于塑料物理化学结构稳定，在自然环境中可能数十至数百年都不会被分解，对塑料垃圾的处置已成为世界公认的环境"老大难"问题。

科学家在人类的乳汁、粪便里都发现了微塑料的存在，这说明塑料已经进入人类的食物链。虽然目前科学上尚无证据表明微塑料会对人体健康产生直接危害，但其潜在影响不容忽视。"限塑"是每个国家面临的挑战。但"办法总比困难多"，在"限塑"这条路上，人们的智慧是无穷尽的。比如：泰国有超市用香蕉叶代替塑料包装；墨西哥科学家研发出以芒果皮为原料的塑料替代品；印尼一家初创公司更是用海藻研制出可食用包装……

其实，对我们来说，"可降解塑料"也是解决"白色污染"的可替代方案。推广使用可降解购物袋、可降解包装膜、可降解包装袋；在餐饮外卖领域推广使用可降解塑料袋等替代产品；加强可降解替代材料和产品研发等。以塑料吸管为例，2021年1月1日起，在全国餐饮行业，禁止使用不可降解一次性塑料吸管。可降解的聚乳酸吸管、纸吸管等将代替消耗巨大的塑料吸管。

相信，在不久的将来，会有越来越多的可降解产品进入到我们的生活中，"无塑料生活"或许能够成为现实。

55. 根据第一段，可以知道什么？

   A 塑料袋并不具备实用性

   B 塑料袋是英国《卫报》发行推广的

   C 塑料袋的发明目的并没有危害环境

   D 塑料袋都是白色的

56. 根据上下文，第二段"人类进入了一个肆意丢弃的黄金时代"中的划线部分可替换为？

   A 大意

   B 随意

   C 愿意

   D 满

57. 第二段中的空格中最适合填入的内容是？

   A 天水一色

   B 杞人忧天

   C 坐井观天

   D 翻天覆地

58. 为什么说，处置塑料垃圾已成为"老大难"问题？

   A 塑料的化学结构不够稳定

   B 塑料已成为人们餐桌上的主食

   C 人类离不开塑料制品的诱惑

   D 塑料在自然环境中不宜被分解

59. 关于第五段，说法错误的是？

   A 人们对于"限塑"想出了很多好办法

   B 人类的食物链由塑料等化学制品构成

   C 塑料的潜在影响不可小觑

   D 世界上已有国家对"限塑"采取了有效措施

60. 下列哪项是解决"白色污染"的可替代方案？

   1. 推广使用可降解材料
   2. 降低原材料的成本
   3. 大量使用木材制品
   4. 禁用一次性塑料吸管

   A 1, 3   B 1, 4

   C 3, 4   D 2, 3

61. 阅读全文，最适合做本文标题的是？

   A "赛璐珞"塑料的黄金时期

   B 塑料制品"天下第一"

   C 人与自然的和谐相处

   D 指日可待的"无塑"时代

62-68.

病毒其实就是一团包裹着遗传物质的蛋白质，毫不夸张地讲，地球上任何一个生命细胞的结构都比病毒更加复杂。病毒的结构是如此简单，以至于它们甚至无法在自然界中独自存活，所以它们只能寄生在宿主细胞之内，依靠宿主细胞内的能量和物质来完成一代又一代的繁衍。

然而，就是这样"简单"的病毒，却是一种令人畏惧的存在。这是因为病毒非常小，其种类和数量又极为庞大，根据科学家的估算，已知地球上的病毒种类可达上亿种，比可观测宇宙中的恒星数量还要多。在此基础上，加之病毒多种多样的传播方式以及强大的复制和变异能力，便导致了地球上几乎所有的生物都会遭到它们的侵袭，即使是掌握现代科技的人类也_____。

在过去的很长一段时间里，人们普遍认为病毒在自然界中是没有天敌的，但也有人认为，从食物链的角度来看，病毒含有氨基酸、脂质、氮、磷等生命所需的物质，因此在自然界中很可能存在着"专吃病毒的生物"。也就是说，我们并不能排除"病毒有天敌"这一可能。正因如此，科学家们也一直致力于与之相关的研究。近日，一个来自内布拉斯加大学林肯分校的研究团队，发表论文称：该团队的科学家首次发现了"专吃病毒的生物"，而这也就意味着，病毒的天敌出现了。

实验中，研究人员先在自然界中提取含有大量微生物的池塘水样本，然后再向样本中加入一种病毒。为了方便观察，研究人员利用绿色荧光剂对这些病毒进行了"染色"处理，在接下来的时间里，研究人员会对其进行持续观察，进而确认这些病毒是否存在"被吃掉"的迹象。观察结果表明，确实有两种微生物吃掉了样本中的病毒。研究人员在它们的"液泡"中发现了病毒聚集的迹象。（所谓"液泡"，可以简单地理解为原生生物的"胃"。）在此之后，科学家决定对此进行更深入的研究，目的就是确定它们是不是"专吃病毒的生物"。

该研究过程可以简单地概括为，将这两种微生物单独放入含有特定病毒的水样本之中，然后观察它们是否可以在只吃病毒的情况下正常生长和繁衍。作为对照，研究人员还另外准备了两个没有病毒的水样本，并将两种微生物分别放入其中并持续观察。结果表明，其中一种微生物虽然能够吃掉病毒，但它们的数量却没有明显增长，而另一种微生物的表现却大不一样，在短短的两天时间里，它们的数量就增长了15倍，而水样本中的病毒数量却下降了两个数量级。这种微生物的表现说明它们是真正的"专吃病毒的生物"，因为它们不但能"吃"病毒，而且可以对其进行"消化和吸收"，还能够在此条件下进行正常的生长和繁衍。

根据研究人员的估算，这种微生物吃病毒的效率很高。按照样本中的个体密度来看，它们只需要一天的时间，就可以吃掉数量高达上百亿的病毒。由此可见，这种生物应该可以称之为病毒的天敌。

考虑到此项研究使用的池塘水样本在自然界中所占的比例微乎其微，所以一个合理的推测就是，在自然界中除了这两种微生物之外，还可能存在着其它的"专吃病毒的生物"。并且，它们的种类和数量还不少。

总而言之，此项研究使人们意识到，病毒不仅仅只是导致地球上各种生物患病的"罪魁祸首"，还可以是一些生物赖以生存的食物，所以病毒很可能也是自然界食物链中的一环。期待科学家们在未来的研究中能有更多的发现，为人类早日摆脱病毒的困扰打下坚实的基础。

62. 根据第一段，可以知道病毒：

    A 无法在自然界中独自存活

    B 病毒繁殖需要

    C 病毒包裹着丰富的营养

    D 蛋白质是病毒生存的唯一宿主

63. 根据上下文内容，第二段"就是这样"简单"的病毒，却是一种令人畏惧的存在。"中的划线部分可替换为？

    A 恐吓

    B 恐龙

    C 恐怕

    D 恐惧

64. 第二段中的空格中最适合填入的内容是？

    A 不例外

    B 没变化

    C 不包括

    D 没影响

65. 关于第四段的实验，说法错误的是：

    A 有微生物具有吃掉病毒的能力

    B 微生物的样本来源于池塘水

    C 实验中的病毒本来是绿色的

    D 微生物"液泡"中发现了病毒聚集迹象

66. 关于第六段，可以知道什么？

    A 专吃病毒微生物的"工作效率"不佳

    B 专吃病毒微生物需要一天的繁殖时间

    C 吃病毒微生物尚未被研究人员识别

    D 专吃病毒微生物的"食量惊人"

67. 成语"微乎其微"中的划线部分应如何理解？

    A 形容意志薄弱

    B 形容十分弱小

    C 形容数量极少

    D 形容成活率很小

68. 关于本文可以知道什么？

    A 病毒与池塘水样本中的微生物可以"和平相处"

    B 病毒的体积与影响都相当巨大

    C 病毒也可以是某些生物的食物

    D 科学家已提炼出了可以专吃病毒的微生物

第二部分

第69-73题：请将下列语段按正确的顺序排列。 주어진 문단을 올바른 순서로 배열하세요.

69-73.

A "无论是谷歌之前能认识'猫'的大脑，还是挑战人类的阿尔法围棋，实现方法就像'热狗'，万变不离其宗。"吴韧博士一再强调，围棋智能是人工智能研究的副产品，而计算能力是人工智能研究的驱动力。阿尔法围棋不是学定式，不是死记硬背。

B 这些机器人的出现使我们意识到：它们一个脑力占优，一个体力强劲，机器的优势显而易见。事实上，在某些方面，机器人已经开始替代或者帮助人类从事精细的自动生产线、货物存储与搬运、超大规模计算等工作。3月10日，世界四大会计师事务所之一宣布，将与人工智能企业Kira Systems建立合作联盟，将人工智能引入会计、税务、审计等工作中，代替人类阅读合同和文件。阿尔法围棋的制造公司也在不久前宣布与英国国家医疗服务体系合作，着手建立医疗机器学习的平台。

C 很多人认为，人工智能"过热"，离不开科技公司的炒作。他们通过科学、商业的方式，推动人工智能，中国的人工智能热潮也来源于此。热潮有科学的意义，也有商业的意义。目前我国地方政府和产业界大力推动机器人应用，可能会对人们就业产生影响。多专家学者也表示：人类将把更多重复性的工作分离出去，让人工智能承担。比如：司机、技工、建筑工人、裁缝、快递员、抄表员、收银员、保安和洗碗工属于比较危险的的职业，有可能被机器替代。相反，内外科医生、编舞、教师、作家、律师、人力资源经理、科学家、工程师和记者属于不容易被替代的职业。专家表示，即使如此，人类也无需过度恐慌，尽管机器可以模仿人类的大脑进行学习，但在目前的科技水平下，相较于人类，机器欠缺了原创能力、互动能力和谈判能力。在众多职业中，人类仍然占有绝对优势，人工智能取代人类的担心为时尚早，机器人技术距离'类人'还差得远。

D 在人机围棋大战之前，谷歌旗下机器人公司的一款人形机器人阿特拉斯已经让人类震惊不已。从今年2月底公布的视频中可以看到，阿特拉斯能辨别特定物件并将之搬起，即使旁边有人使坏移走物件，它都会追赶目标，直至取回。甚至被人类出其不意地从后面推倒，阿特拉斯也能够重新站起来。更厉害的是，它没有上一代机器人电源线的拖累，可以无线充电。

E 人工智能领域的权威人士就曾表示：面对机器可以自我迭代、自我更新、自我成长的事实，人类已经站在一个新的起点，要重新审视人与机器的关系——过去几次产业革命，都是以人为中心。现在人工智能会开启新的革命，创造自主行为的机器，一定意义上会产生一个新物种。

F 毫无疑问，阿尔法围棋、阿特拉斯将人工智能推向了一个新热度。从好的方面讲，未来很多简单重复性的工作，会被具有人工智能的机器所代替。另一方面，"自主行为"的机器可能会带来一些风险。而众所周知的是，任何一项科技的进步，都是双刃剑。

G 阿尔法围棋(AlphaGo)是第一个击败人类职业围棋选手、第一个战胜围棋世界冠军的人工智能机器人。由谷歌旗下公司开发。其主要工作原理是"深度学习"。2016年3月，阿尔法围棋与围棋世界冠军、职业九段棋手李世石进行围棋"人机大战"，以4比1的总比分获胜。2016年末2017年初，该程序在中国棋类网站上以"大师"为注册账号与中日韩数十位围棋高手进行快棋对决，连续60局无一败绩；2017年5月，在中国乌镇围棋峰会上，它与排名世界第一的世界围棋冠军柯洁对战，以3比0的总比分获胜。围棋界公认阿尔法围棋的棋力已经超过人类职业围棋顶尖水平。

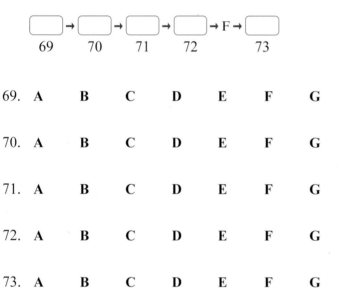

69. **A**　　**B**　　**C**　　**D**　　**E**　　**F**　　**G**

70. **A**　　**B**　　**C**　　**D**　　**E**　　**F**　　**G**

71. **A**　　**B**　　**C**　　**D**　　**E**　　**F**　　**G**

72. **A**　　**B**　　**C**　　**D**　　**E**　　**F**　　**G**

73. **A**　　**B**　　**C**　　**D**　　**E**　　**F**　　**G**

第 三 部 分

第74-87题：请回答下面的问题，注意答案控制在十个字以内。
아래 질문에 10글자 이내로 답하세요.

74-80.

　　"抱团养老"是一种新型养老模式，这一概念起源于20世纪六七十年代的丹麦，之后推广至瑞士及荷兰，最后在欧美各地流行起来。主要指志同道合的老朋友不依靠子女，离开传统家庭，搬到同一个地方搭伴居住，共同承担生活成本，彼此慰藉精神上的空虚。这样做不仅可以排解子女不在身边的孤独感，也能老有所乐、老有所为、老有所养。

　　中国正在快速进入人口老龄化社会，基数庞大的老龄人口对于养老的＿＿＿＿＿＿＿＿＿十分强烈，而原有的家庭养老、社区养老、机构养老和以房养老方式已无法满足。作为一种社会治理手段，"抱团养老"能否称为"打开中国式养老"困局的"新思路"，学术界早已有诸多讨论。中国社科院副研究员张盈华认为：中国的养老模式一直有"973格局"的说法，即家庭养老90%，社区居家养老7%，机构养老3%。但根据调查发现，社区和机构养老比例其实很低，家庭养老比例甚至高达98%。"抱团养老可以缓解老年人入住养老院难的问题。"重庆市护理学会秘书长余永玲表示，"抱团养老最大的好处在于志趣相投、有共同的兴趣和爱好、相互合得来的老人住在一起，满足了老年人对精神慰籍的强烈需求。"学者殷骏表示："未来一段时期内，家庭、社区、机构三种模式仍然是符合中国国情的主流养老模式。"抱团养老"的理念看上去很美好，但不能掩盖很多客观现实问题——几十年的老朋友平时约聚肯定没问题，但天天住在一起，生活的各种细节肯定多少会滋生矛盾。比如生活费用如何平摊？简单的AA制吗？有人生病了谁来照顾？谁负责采购？谁负责做饭？饭菜口味众口难调怎么解决……这些生活细节都有可能会引发矛盾。"殷骏直言，"抱团养老是极易发生散伙的一种群体结构，而且还有可能让几十年的友情产生隔阂。"

　　事实上，专家们的担忧不无道理。想实现"抱团养老"，一般需基于几个前提条件，首先，老人要能够完全自理，手脚灵便，具备"抱团"的基本身体条件。第二，老人们生活在一起的日常需要是能够得到基本满足的；第三，老人们的家庭条件相对较好，经济条件允许，或者子女们也有一定的负担能力；第四，老人要年龄相当，都在一个年龄段内，年龄差距不大。比如50—59岁之间一个年龄段，60—69岁之间一个年龄段。70岁以上就不建议"抱团养老"了。因为，70岁以上是高龄人群，是高发病时期。如果老人们能大致满足以上条件，那么，从客观角度讲"抱团养养"不失为一个不错的养老方式。老人们聚在一起，生活上相互帮助，情感上互相慰藉，相比机构养老而言，更重要的是其不脱离当地的生活环境；相比以房养老来说，又缓解了空巢老人孤苦伶仃的困境，为在外工作的子女省去了后顾之忧。这种互助养老模式，从某些层面上来讲的确是应对人口老龄化社会的"良方"。

　　《工人日报》发表评论认为，"抱团养老"需更多政策关怀。目前，中国老年人口已超2.3亿，如何解决养老问题，不仅需要老人们积极思考和尝试，也需要政府、企业进行探索。拿公共服务部门来说，需要对"抱团养老"行为进行及时的信息采集及动态关注、需求评估及资源转介，排除管理盲区；其次，当地政府尤其是社区服务部门对老人所在活动场所可能出现的安全管理问题、意外伤害、法律纠纷等方面采取必要的干预；最后，公共管理部门应尽可能为这些相对集中的老人开辟服务通道，如医疗照护以及上门服务、老年精神文化服务等等，多为老年人提供一些服务项目选择。

　　建议另起一段抱团养老有利有弊，<u>或捧或踩先别急于下结论</u>，对待新兴事物，我们要保持开放的心态，"抱团养老"亦是如此，它是社会发展的一个必然趋势，希望人们能够理性看待这个问题。

74.　第二段中划线部分应填入：

　　　———————————————————————

75.　"973格局"所表示的养老方式中，哪种方式居多？

　　　———————————————————————

76.　第二段中，学者担忧的会引起"抱团养老成员散伙和让多年友情产生隔阂"的因素主要指什么？

　　　———————————————————————

77.　根据原文内容，不适宜"抱团养老"的是哪个年龄段？

　　　———————————————————————

78.　"志趣相投、有共同的兴趣和爱好的老人住在一起"能满足老人们的何种需求？

　　　———————————————————————

79.　"或捧或踩先别急于下结论"说的是一种什么态度？

　　　———————————————————————

80.　最后一段中，"有利有弊"的含义是？

　　　———————————————————————

你是否也会经常出现这样的情况：心慌、气短、浑身乏力，但心电图却显示正常；不时头痛、头晕，可血压和脑电图也没什么问题。如果答案是肯定的话，那你很可能已处于亚健康状态，也就是人们常说的"灰色状态"和"半健康人"。

根据世界卫生组织对健康的定义：一个人只有在生理、心理和社会适应性三方面都达到健康，才算完整的健康。亚健康是指人体介于健康与疾病之间的边缘状态，人虽未患病，但已有不同程度的潜在危险因素，具有发生某种疾病的高危倾向。它是健康和疾病的临界点，它的症状在医学诊断上没有任何与之相吻合的器质性改变，也就是说没有疾病。虽说亚健康是临界点，但由于大多数人对其认识不足，而且其潜伏期很长，一般有8～10年，许多已处在亚健康状态的人看上去很健康，以为自己是健康人，实际却不是这样，它是很多疾病的前期征兆，如肝炎、癌症等等。因此，我们要时时警惕。

大多数人由于紧张、压力过大，再加上营养过剩或代谢失常促成了亚健康。造成亚健康主要有以下四方面的原因：一、过度紧张和压力过大。现代生活竞争非常_____，社会在为我们提供更多发展机会和选择空间的同时，也带来了更多的风险和压力。持续的过度紧张和压力过大可引起免疫系统改变，导致亚健康。二、不良的生活方式和习惯。如高盐、高脂和高热量饮食，大量吸烟和饮酒及久坐不运动是造成亚健康最常见的原因。三、环境污染的不良影响。如水源和空气污染、噪声、微波、电磁波及其它化学、物理因素污染是防不胜防的健康隐形杀手。四、不良心理因素刺激。这是心理亚健康和躯体亚健康的重要原因之一。

亚健康常被诊断为疲劳综合征、内分泌失调、神经衰弱、更年期综合症等。亚健康人群普遍存在"六高一低"，即高负荷(心理和体力)、高血压、高血脂、高血糖、高血黏、高体重、免疫功能偏低。

对亚健康患者来说，最重要的是调理。首先要养成良好的生活习惯，<u>劳逸结合</u>。平时注意锻炼身体，适当参加一些户外活动，工作之余可短期旅游，爬山、游泳、听听音乐、唱唱歌、跳跳舞。其次，膳食合理，饮食要少盐、少糖，多吃些高蛋白的食物，如豆制品等。要多吃新鲜蔬菜、瓜果、鱼和水产品，这样可以补充人体所必需的各种营养物质。同时还要注意不暴饮暴食或偏食。暴饮暴食会造成消化道器质性病变，偏食会因为缺乏某种营养物质而诱发亚健康。

预防和消除亚健康也可通过一定的体力活动来缓解。一是以经过一定训练的身心松弛法来加以拮抗，中国的各种气功、印度的瑜伽功、西方的松弛功等，均有此效果。它通过调姿、调息等来松弛肌肉、放松精神，降低对外界刺激的敏感性。另一种合理方式是学会自我调控，张弛结合，身心自行调节，用体力活动来松弛紧张的脑力劳动。例如，在从事紧张的脑力劳动一段时间后，抽出片刻做些体力上的活动，方式不限，最简单的可以上下几次楼梯亦无妨。

人到老年，由于机体的各种功能衰退、对环境的适应能力下降，会出现一系列退行性变化。那么，怎样才能防止老年人亚健康转化成疾病呢？首先，要了解老年期的心理特征，提高对亚健康的认识和重视程度。第二，提高自我保健意识，适当参加体育锻炼，加强自身免疫功能，减缓衰老进程。第三，调适心理，顺应自然，避免七情过激而伤人。喜、怒、忧、思、悲、恐、惊是人体在接受外界刺激后产生的情绪变化，对人体健康影响很大。七情过度，会造成人体脏腑、气血、阴阳功能的失调，从而引发疾病，如喜伤心、怒伤肝、忧思伤脾、悲伤肺、恐伤肾等。老年人要解放思想，更新观念，适应环境的变化。打破固守斗室、封闭养老的做法，走出家门参加力所能及的社会活动。

请回答下列问题，答案控制在十个字以内。

81. 生活中常出现什么情况时，说明人们正处于亚健康状态?(举出一个例子即可)?

    _____

82. 一个真正健康的人，需要在哪三方面达到健康?

    _____

83. 第三段中的划线部分最适合的词是?

    _____

84. 处于亚健康状态的人一般认为自己怎么样?

    _____

85. 怎样理解文中劳逸结合的意思?

    _____

86. 在膳食方面，亚健康人群应多吃哪种食物?

    _____

87. 根据最后一段，老年人为要特别注意避免哪几种过激情绪:

    _____

第88-89题：请根据下列材料写两篇文章，限时55分钟。

아래의 자료에 근거해 두 편의 문장을 쓰세요. 제한 시간은 55분입니다.

第 一 部 分

88. 请对图表进行描述与分析，写一篇200字左右的文章，限时15分钟。

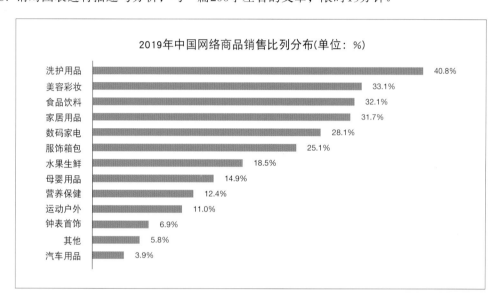

2019年中国网络商品销售比列分布(单位：%)

品类	比例
洗护用品	40.8%
美容彩妆	33.1%
食品饮料	32.1%
家居用品	31.7%
数码家电	28.1%
服饰箱包	25.1%
水果生鲜	18.5%
母婴用品	14.9%
营养保健	12.4%
运动户外	11.0%
钟表首饰	6.9%
其他	5.8%
汽车用品	3.9%

第二部分

89. 话题作文：限时40分钟

   如今，伴随着人们收入的增加，社交活动也随之增多，在外聚餐应酬更是"家常便饭"。同学聚会、公司聚餐等，几乎已经成为现代人生活的一部分。根据调查，60%的上班族认为，聚餐是重要的社交活动之一。

   请写一篇600字左右的文章，论述一下你对"聚餐"文化的立场。要求思路清晰有条理。

四、翻 译 4문항 | 41분

第 一 部 分

第90-91题： 请将下列材料写成中文，限时35分钟。

아래의 글을 중문으로 작성하세요. 제한 시간은 35분입니다.

90.

종이는 줄곧 인류의 가장 주요한 독서 매개체였다. 하지만 전자 기술이 대두되고, 특히 인터넷이 발전하면서 정보량이 한정적이라는 종이 매개체의 단점이 점차 드러나게 되었다. 전자종이의 출현은 사람들의 독서를 훨씬 편리하게 해 주었으며 사람들의 삶에도 많은 영향을 주었다. 사람들은 대량의 읽기 자료를 계속 가지고 다니며 언제든 읽을 수 있게 되었으며, 노인이나 시각에 문제가 있는 사람은 글자 크기를 편하게 변경하여 가장 최적의 독서 경험을 할 수 있게 되었다는 등이다. 이 외에도 이러한 신기술은 사회에 도움이 되는 수많은 영향을 가져다 주었다.

91.

심리학자는 스트레스는 감기처럼 전염될 수 있으며 이러한 간접적인 스트레스와 불안감은 직장에서 빠르게 번질 수 있다는 것을 발견했다. 사람들은 놀라운 속도로 타인의 표정과 목소리, 자세를 모방하고 이를 통해 타인의 감정에 동질감을 느끼기 때문이다. 우리는 스펀지처럼 주변 사람이 발산하는 전염성 있는 감정을 흡수한다. 타인의 스트레스를 흡수하면서 본인도 스트레스를 받기 시작하며 우리를 괴롭힐 수도 있는 문제에 저도 모르게 집중하게 된다. 왜 다른 사람의 스트레스가 우리에게 전염될까? 그 이유는 한편으로는 우리가 친구나 동료의 스트레스를 흡수하는 것은 그들과 한마음이 되기 위함이며 다른 한편으로는 계속해서 귀로 들어오는 불만 섞인 목소리도 우리에게 부정적인 생각이 들게 할 수 있기 때문이다.

第二部分

第92-93题：口译。통역하세요.

92.

　당신은 '밥을 먹은 후 졸린' 적이 있는가? 현재 대부분의 연구에서 이것은 자연적인 생리현상이며 주로 식사 후 체내 호르몬과 혈당이 변화하여 생기는 것으로 보고 있다. 식곤증이 정상적인 생리현상이라면, 나는 식사 후 혼미해지는데 다른 사람은 왜 여전히 정신이 멀쩡한 걸까? 만약 이런 적이 있다면 자신이 점심에 혈당 지수가 높은 음식을 먹었는지 돌이켜봐야 한다. 쌀밥이나 면 요리는 탄수화물이라 혈당 지수가 높은 음식에 속한다. 점심에 고혈당 음식을 과하게 섭취했다면 체내 혈당 지수가 빠르게 상승하게 되고 이에 따라 졸음도 몰려오는 것이다.

93.

　역사의 긴 시간 동안 '실크로드'는 줄곧 중국인과 중앙아시아, 서아시아, 유럽 등 각국 사람들이 사이좋게 왕래하는 다리였다. 이 무역 통로를 통해 중국의 실크 제품, 도자기 제품, 찻잎, 기타 공예품이 끊임없이 서아시아와 유럽 각지에 전해졌다. 마찬가지로 이 국가들의 상품과 기술, 문화도 실크로드를 통해 아시아의 중국으로 유입됐다. 실크로드는 유럽과 아시아 대륙을 연결하여 인류 문명의 교류 및 발전을 촉진했다.

第一部分

第94题：应用读说。참고하여 말하세요.

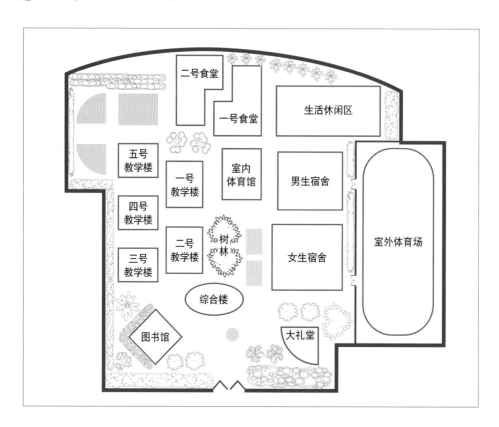

　　你是留学生的代表，上面是你所在学校的校内分布图，请你结合这个分布图简单地向新来的留学生们介绍一下你们学校的校内布局。并传授一些你在学校生活时的一些经验等。

94.

第二部分

第95−97题：听材料回答问题。녹음을 듣고 질문에 답하세요.

95.

96.

97.

第 三 部 分

第98题： 听材料回答问题。녹음을 듣고 질문에 답하세요.

98.

HSK 7~9급
한권으로
끝내기 해설서

남미숙 저

차례

실력 다지기 해설

실전 모의고사 해설

01 경제, 비즈니스, 판매, 과학기술, IT

● track 3

● Day 02　　**1** A(✓)　　**2** A(✓)　　**3** A(✓)　　**4** B(✗)　　**5** A(✓)

1 **A(✓)** [习惯了……办公方式 ~업무 방식에 익숙해졌다]　질문 속 '常态(일상)'는 녹음에 직접적으로 등장한 표현은 아니지만, 코로나 발발 이후 사람들이 점차 재택근무, 화상회의 등 새로운 형태의 업무 방식에 '익숙해지기' 시작했다는 점에서 이러한 방식이 '일상'이 되었다고 이해할 수 있다. 시점 뒤에 핵심 내용이 많이 나온다.

2 **A(✓)** [线上沟通极有可能会抑制人们的创造力 온라인 소통이 사람들의 창의력을 억제할 가능성이 매우 크다]　녹음 초반에 질문의 내용이 거의 그대로 등장했다. '调查发现' 뒤에 중요 내용이 나오는 경우가 많다.

3 **A(✓)** [也发现了类似的结果 비슷한 결과를 얻었다]　연구원은 통신 회사 직원 1,500명과 대학생 600여 명을 대상으로 각각 두 가지의 실험을 진행했는데 두 가지 실험에서 모두 대면으로 협력한 사람들이 더 많고 더 혁신적인 아이디어 차이를 만들어 냈다고 했으므로, 이 두 가지 연구의 결과가 반영하는 현상은 기본적으로 일치한다고 볼 수 있다. '此后' 뒤에는 미래나 과거의 어떤 기준으로 발생한 사건 또는 변화가 오므로 주의 깊게 듣자.

4 **B(✗)** [……是最富有想象力与创意的时候 ~가 상상력과 창의력이 가장 풍부한 때이다]　전문가는 무언가에 집중하지 않고 자유롭고 산만할 때가 상상력과 창의력이 가장 풍부한 때라고 이야기한 것이지, 업무할 때 자유롭고 산만하도록 장려해야 한다고 한 적은 없다.

5 **A(✓)** [或许一个意想不到的好点子，就在你关掉摄像头的一瞬间突然冒出来了呢 생각지도 못한 좋은 아이디어는 당신이 카메라를 끈 순간에 갑자기 떠오를지도 모른다]　녹음 마지막 문장에 핵심 내용이 언급되었다.

现在开始第1到5题：

　　如果告诉你："与面对面的会议相比，视频会议更不利于与会者提出创造性想法。"你会相信吗？ [1]自从2020年新冠疫情爆发起，人们逐渐开始习惯了"居家办公"、"视频会议"，这些"新式"办公方式。然而，由于居家办公在世界各地的普遍实行，视频会议自然也是有增无减。近日，针对"势不可挡"的视频会议，很多专家表示出了担忧，并通过调查发现，[2]线上沟通极有可能会抑制人们的创造力。

　　为了研究这一巨大变化对创造力的影响，研究人员调查了1500名电信公司的员工，将他们随机分成两组，一组面对面合作，另一组则通过视频会议进行沟通，并一起做一个产品的创意策划。通过评估他们提交的策划案，研究人员发现：与在线沟通相比，面对面合作的人，会产生更多、更新的创意差距，这种情况达到了15%。[3]此后，研究人员在一项针对600多名大学生的实验中，也发现了类似的结果。他们让学生两人一组，为飞盘或气泡膜做创意。结果显示：面对面交流的人比视频交流的人提出的创意多14%。

1번~5번 문제가 시작됩니다.

　　만약 "대면 회의에 비해 화상회의는 회의 참석자가 창의적인 의견을 제시하는 데 더 불리하다"라고 한다면 당신은 믿을 것인가? [1]2020년 코로나가 발발한 이후로 사람들은 점차 재택근무, 화상회의 등 새로운 형태의 업무 방식에 익숙해지기 시작했다. 그러나 재택근무가 전 세계 각지에서 보편적으로 시행되고 화상회의도 자연히 증가하게 되면서, 최근 들어 '봇물 터지듯 유행하는' 화상회의에 우려를 표하는 전문가도 많아졌다. 또 조사를 통해 [2]온라인 소통이 사람들의 창의력을 억제할 가능성이 매우 크다는 것을 발견했다.

　　이 거대한 변화가 창의력에 미치는 영향을 연구하기 위해, 연구원은 통신 회사 직원 1,500명을 대상으로 조사를 진행했다. 그들을 임의로 두 그룹으로 나눈 후 한 그룹은 대면으로 협력하고, 다른 한 그룹은 화상회의로 소통하면서 제품의 아이디어 기획을 진행하도록 했다. 그들이 제출한 기획안을 평가한 연구원은 온라인 소통에 비해 대면으로 협력한 사람들이 더 많고 더 혁신적인 아이디어 차이를 만들어 냈으며, 이러한 상황이 15%에 달한다는 것을 발견했다. [3]이후 연구원은 대학생 600여 명을 대상으로 진행한 실험에서도 비슷한 결과를 얻었다. 학생들을 2인 1조로 구성하고 프리스비나 에어캡에 아이디어를 내게 했다. 그 결과 대면으로 소통한 사람들이 화상으로 소통한 사람들보다 아이디어를 14% 더 많이 냈다.

为什么会出现这样的现象呢？专家表示：选择最佳创意需要集中精力和分析推理。并在追踪这些研究对象的目光以及记录使用电脑软件的参会者们的眼睛注视路径的结果中发现，视频会议使得人们几乎将全部的注意都集中在了屏幕上，然而创意的产生需要天马行空的联想。在虚拟环境中，人们向谈话对象投注的目光几乎是面对面交流的两倍，却很少注意周围环境，这使得人的认知焦点变得狭窄。这种"专注"或许有助于人们挑选最好的创意，但恰恰会阻碍创意的产生。

⁴专家建议：人在注意力不集中、自由散漫的时候是最富有想象力与创意的时候。视频会议时，可以在需要思考创意的时段关掉摄像头，走动走动、四处张望一下。⁵或许一个意想不到的好点子，就在你关掉摄像头的一瞬间突然冒出来了呢！

왜 이런 현상이 나타나는 걸까? 전문가는 "가장 훌륭한 아이디어를 선택하려면 집중과 분석적 추론이 필요하다"라고 밝혔다. 그리고 연구 대상의 시선을 추적하고 컴퓨터 소프트웨어를 사용하는 회의 참여자들의 눈이 주시하는 경로를 기록한 결과, 화상회의는 사람들의 거의 모든 주의력을 스크린에 집중하게 했다는 것을 발견했다. 하지만 창의력은 구속받지 않는 자유로움 속에서 연상을 해야 생겨난다. 가상환경에서는 대면 소통보다 거의 두 배로 대화 상대에게 시선을 집중하며 주변 환경에 집중하는 경우는 드물다. 이는 사람의 인지 초점을 편협하게 만든다. 이러한 '집중'은 가장 훌륭한 아이디어를 선택하는 데 도움이 될지도 모른다고 생각하겠지만 사실 아이디어를 내는 데 방해가 된다.

⁴전문가는 "무언가에 집중하지 않고 자유롭고 산만할 때가 상상력과 창의력이 가장 풍부한 때"라고 말했다. 화상회의 시 아이디어를 생각해야 할 때는 카메라를 끄고 몸을 좀 움직이며 사방을 두리번거리는 것이 필요하다. ⁵생각지도 못한 좋은 아이디어는 당신이 카메라를 끈 순간에 갑자기 떠오를지도 모른다!

请判断第1到5题：

1 新冠疫情后，"居家办公"、"视频会议"几乎成了办公的"常态"。

A √　　　B ✕

2 线上沟通可能会抑制人的创造力。

A √　　　B ✕

3 两项研究的结果，反映的现象基本一致。

A √　　　B ✕

4 专家鼓励人们工作时自由散漫。

A　　　B ✕

5 人生中意想不到的好点子会出现在关掉摄像头的那一瞬间。

A √　　　B ✕

1번~5번 문제의 정오를 판별하세요.

1 코로나 유행 이후 재택근무와 화상회의가 업무의 '일상'이 되었다.

A √　　　B ✕

2 온라인 소통은 사람의 창의력을 억제할 수도 있다.

A √　　　B

3 두 가지 연구의 결과가 반영하는 현상은 기본적으로 일치한다.

A √　　　B ✕

4 전문가는 사람들이 업무할 때 자유롭고 산만하도록 장려한다.

A √　　　B ✕

5 인생에서 생각지도 못한 좋은 아이디어는 카메라가 꺼진 순간에 떠오를 수 있다.

A √　　　B ✕

面对面 miàn duì miàn 대면하다, 얼굴을 맞대다 | 相比 xiāngbǐ 통 비교하다, 견주다 [与……相比: ~와 비교하다] | 视频 shìpín 명 동영상 | 利于 lìyú 통 ~에 이롭다 | 与会者 yǔhuìzhě 회의 참석자 | 创造性 chuàngzàoxìng 명 창조성 | 新冠疫情 xīnguān yìqíng 코로나 전염병 사태 | 爆发 bàofā 통 발발하다 | 居家办公 jūjiā bàngōng 재택근무 | 新式 xīnshì 형 새로운 형태의 | 办公 bàngōng 근무하다 | 实行 shíxíng 통 실행하다 | 有增无减 yǒu zēng wú jiǎn 성 증가할 뿐 줄지는 않는다 | 势不可挡 shìbùkědǎng 세찬 기세를 막아 낼 수 없다 | 担忧 dānyōu 통 우려하다, 걱정하다 | 并 bìng 접 또, 그리고, 아울러 | 线上 xiànshàng 명 온라인 | ★抑制 yìzhì 억제하다, 억누르다 | 创造力 chuàngzàolì 창의력 | 研究人员 yánjiū rényuán 명 연구원 | 电信 diànxìn 명 전신, 텔레콤 | 随机 suíjī 부 임의로, 무작위로 | 分成 fēnchéng 통 나누다 | ★则 zé 접 ~하면 ~하다 [인과관계나 조건을 나타냄] | 创意 chuàngyì 새로운 의견, 독창적 아이디어 | 策划 cèhuà 기획 [创意策划: 아이디어 기획] | 评估 pínggū 통 (질·수준·성적 등을) 평가하다 | 提交 tíjiāo 통 제출하다 | 策划案 cèhuà'àn 기획안 | ★更新 gēngxīn 혁신하다 | 此后 cǐhòu 이후, 이다음 | 类似 lèisì 통 비슷하다, 유사하다 | 飞盘 Fēipán 고유 프리스비 | 气泡膜 qìpàomó 에어캡 | 佳 jiā 형 훌륭하다 | ★推理 tuīlǐ 추리 | ★追踪 zhuīzōng 통 추적하다 | 目光 mùguāng 명 시선, 눈길 | 参会者 cānhuìzhě 회의 참여자 | ★注视 zhùshì 통 (면밀하게) 주시하다, 주의 깊게 살피다 | 路径 lùjìng 명 경로 | 使得 shǐde 통 ~로 하여금 ~하게 하다 [원인과 결과 사이의 관계를 명확하게 표현함] | 屏幕 píngmù 명 스크린 | 天马行空 tiānmǎ-xíngkōng 성 구속받지 않고 자유롭다 | 联想 liánxiǎng 통 연상하다 | 虚拟 xūnǐ 형 가상의 | 谈话 tánhuà 통 이야기하다 | 投注 tóuzhù 통 몰두하다 | ★认知 rènzhī 통 인지하다 | 焦点 jiāodiǎn 명 (문제나 관심사의) 초점, 집중 | ★狭窄 xiázhǎi 형 (식견 따위가) 편협하다 |

★**专注** zhuānzhù 휑 집중하다 | **挑选** tiāoxuǎn 동 선택하다 | **恰恰** qiàqià 분 바로 | ★**阻碍** zǔ'ài 동 방해하다 | **散漫** sǎnmàn 휑 산만하다 | **富有** fùyǒu 동 풍부하다 [상태나 특성이 풍부함](+추상명사) | **想象力** xiǎngxiànglì 몡 상상력 | ★**时段** shíduàn 몡 (특정한) 시간대 | ★**关掉** guāndiào 동 꺼 버리다 | **摄像头** shèxiàngtóu 몡 카메라 | **走动** zǒudòng 동 움직이다 | **四处** sìchù 몡 사방 | **张望** zhāngwàng 동 두리번거리다 [四处张望: 사방을 두리번거리다] | **意想不到** yìxiǎng budào 생각지도 못하다 | ★**点子** diǎnzi 몡 아이디어, 생각, 의견 | **瞬间** shùnjiān 몡 순간, 눈 깜짝할 사이 | **冒出来** mào chūlai 튀어나오다 | **视频会议** shìpín huìyì 화상회의 | ★**常态** chángtài 몡 평소의 상태

● **Day 03**　**6** B(×)　**7** B(×)　**8** A(√)　**9** A(√)　**10** A(√)

6　B(×) [坑害消费者 소비자를 함정에 빠뜨리다]　최근 들어 '블랙 테크놀로지'라는 이름을 건 제품이 많이 출시되고 있지만, 이런 제품들이 소비자를 함정에 빠뜨리고 있다고 언급했으므로, 실제 첨단기술 제품이라고 할 수 없다.

7　B(×) [波长在现实生活中不可能被"拉长" 파장은 실생활에서 늘어날 수가 없다]　모 공과대학 교수가 '파장은 실생활에서 늘어날 수가 없다'고 직접적으로 밝혔다.

8　A(√) [不可能实现商家宣称的…… 업체가 주장한(…)는 불가능하다 / 伪命题 거짓명제]　'휴대전화 신호 증폭 스티커'가 휴대전화 신호를 한 칸에서 세 칸으로 늘려 준다는 내용은 녹음 앞부분에 판매업체들의 광고 내용으로 언급되었다. 그러나 이어지는 녹음에서 전문가들이 이에 대해 반박하면서 이 광고 내용들이 모두 허위 정보에 속함을 알 수 있다. 또한 '휴대전화 신호 증폭 스티커'의 효과가 직접적으로 '거짓명제'라고 언급했다.

9　A(√) [某大学科技学院教授指出: 모 대학교 공과대학 교수는 (…)라고 밝혔다]　녹음의 세 번째 단락에서 모 대학교 공과대학 교수는 두 가지 사실을 밝히며 스티커가 모든 휴대전화의 주파수와 부합할 수 없으므로 업체가 주장한 어떤 상황에서도 사용할 수 있다는 건 불가능하다며 전문가의 관점에서 이 제품이 비과학적임을 밝혀냈다.

10　A(√) [不可能实现商家宣称的"全场景"应用 업체가 주장한 '어떤 상황에서도' 사용할 수 있다는 건 불가능하다]　전문가는 신호 스티커가 어느 정도 공진을 만든다고 하더라도 모든 휴대전화의 주파수와 부합할 수는 없으므로, 신호 증폭 작용을 전혀 할 수 없다고 밝혔다.

现在开始第6到10题:

　　近年来，⁶出现不少打着"黑科技"幌子的产品，如：能"包治百病"的量子医疗器械、可修复皮肤松弛的石墨烯保暖衣、预防近视的"神器"防蓝光产品、可降糖70%的"网红"脱糖电饭锅等产品不断充斥着市场并坑害消费者。其中就有一款叫"手机信号增强贴"的产品，一度备受关注。

　　在某电商平台，输入"手机信号增强贴"这一关键词后，立刻就会弹出大量产品信息——将"手机信号增强贴"贴在手机背部的"有效位置"，信号就能从1格变成3格，玩游戏、刷视频不再延迟。即使在网络信号不好的地方，比如电梯、停车场，甚至是山区，都能瞬间增强信号，无论是通话还是上网都能平稳流畅。新一代产品甚至还具有降低手机辐射、延长电池寿命的作用。其原理是贴纸可以增加手机的波长。甚至有商家宣称:

6번~10번 문제가 시작됩니다.

　　최근 들어 ⁶'블랙 테크놀로지'라는 이름을 건 제품이 많이 출시되고 있다. 예를 들면 만병통치 양자 의료기기, 늘어진 피부를 회복시키는 그래핀 내복, 근시를 예방하는 신기한 블루라이트 차단 제품, 당 70%를 줄일 수 있는 인터넷에서 유명한 탈당 전기밥솥 등의 제품들이 끊임없이 시장을 채우며 소비자를 함정에 빠뜨리고 있다. 그중 '휴대전화 신호 증폭 스티커'라는 제품이 한동안 큰 관심을 받았다.

　　모 전자상거래 플랫폼에 '휴대전화 신호 증폭 스티커'라는 키워드를 입력하면 곧바로 수많은 제품 정보가 뜬다. 휴대전화 신호 증폭 스티커를 휴대전화 뒷면의 '유효한 위치'에 부착하면 신호가 한 칸에서 세 칸으로 변하며 게임을 하거나 영상을 봐도 더 이상 끊기지 않게 된다는 등의 정보가 뜬다. 엘리베이터, 주차장, 심지어 산간 지역 등 네트워크 신호가 좋지 않은 곳이라도 순식간에 신호를 증폭할 수 있으며 통화든 인터넷이든 모두 안정적이고 막힘이 없다. 이 차세대 제품은 심지어 전자파를 줄이고 배터리 수명을 연장하는 기능도 있다. 스티커가 휴대전화의 파장을 늘리는 원리이다. 심지어 "휴대

将"手机信号增强贴"贴在手机背部的有效位置，在任何情况下网络都不会卡顿。从材质和结构上看，这款信号贴是在一张塑料片上镀了一层铝膜，铝膜上面还印有一层类似磁性油墨的材料。

　　然而，近日在央视新闻节目中，被实名曝光的：实为废料的就是这款"手机信号增强贴"。[7,9]某大学科技学院教授指出：首先，波长在现实生活中不可能被"拉长"；其次，放大任何东西都需要能源，而贴纸属于"无源天线"，无法为"有效放大信号"提供能源。并且，由于手机型号及运营商的不同，各手机信号频率也不尽相同，[10]要实现共振就必须与相应手机信号的频率相同。因此，一张贴纸即便能产生某种共振，也不可能符合所有手机频率，不可能实现商家宣称的"全场景"应用。不少人对通信速率存在误解，认为信号强下载速率就会快一些，这不是绝对的。数据下载不仅取决于网络，还取决于输出数据的服务器以及用户数。[8]"贴上信号增强贴能提高下载速率"其实是个伪命题。

전화 신호 증폭 스티커를 휴대전화 뒷면의 유효한 위치에 부착하면 어떤 상황에서도 인터넷이 끊기지 않는다"라고 선언한 업체도 있다. 재질과 구조로 보면, 이 신호 스티커는 플라스틱 조각 위에 알루미늄 필름이 도금되었으며 알루미늄 필름 윗면에 자성 잉크와 유사한 재료가 찍혀 있다.

하지만 얼마 전 CCTV 뉴스 프로그램에서 "실로 쓸모없는 것이 바로 이 '휴대전화 신호 증폭 스티커'다"라고 실명으로 폭로되었다. [7,9]모 대학교 공과대학 교수는 "우선, 과장은 실생활에서 늘어날 수가 없다. 다음으로, 어떤 것을 증폭하려면 에너지가 필요한데 '수동 안테나'에 해당하는 이 스티커는 효과적인 신호 증폭을 위한 에너지를 제공할 수 없다"라고 밝혔다. 게다가 휴대전화 모델 및 통신사가 다르므로 각 휴대전화의 신호 주파수도 조금씩 다른데 [10]공진을 이루려면 반드시 상응하는 휴대전화의 신호 주파수와 동일해야 한다. 따라서 스티커가 어느 정도 공진을 만든다고 하더라도 모든 휴대전화의 주파수와 부합할 수는 없으므로 업체가 주장한 '어떤 상황에서도' 사용할 수 있다는 건 불가능하다. 많은 사람들이 통신 속도에 대해 오해하고 신호가 강하면 다운로드 속도가 빨라진다고 생각하는데 그것은 절대적인 것이 아니다. 데이터의 다운로드는 네트워크뿐만 아니라 데이터를 출력하는 서버와 가입자 수에 따라 결정되기도 한다. [8]'신호 증폭 스티커를 붙이면 다운로드 속도를 높일 수 있다'는 것은 사실 거짓명제이다.

请判断第6到10题：

6 文中所提到的"打着黑科技幌子的产品"是真正的高科技产品。

A √　　　B ×

7 波长在现实生活中可以被"拉长"是有科学根据的。

A √　　　B ×

8 "手机信号增强贴"可使手机信号从一格变成三格属于商家的虚假宣传。

A √　　　B ×

9 专家的观点证实了"手机信号增强贴"是伪科学。

A √　　　B ×

10 对于商家"共振能放大信号"的宣传，专家持反对观点。

A √　　　B ×

6번~10번 문제의 정오를 판별하세요.

6 본문에서 언급한 '블랙 테크놀로지라는 이름을 건 제품'은 실제 첨단기술 제품이다.

A √　　　B ×

7 실생활에서 파장이 '늘어날 수 있다'는 것은 과학적 근거가 있다.

A √　　　B ×

8 '휴대전화 신호 증폭 스티커'가 휴대전화 신호를 한 칸에서 세 칸으로 늘려 준다는 것은 업체의 허위광고에 속한다.

A √　　　B ×

9 전문가의 관점은 '휴대전화 신호 증폭 스티커'가 비과학적임을 증명했다.

A √　　　B ×

10 업체가 '공진이 신호를 증폭시킬 수 있다'고 광고하는 것에 대해 전문가는 반대 견해를 가지고 있다.

A √　　　B ×

★近年来 jìnniánlái 최근 몇 년간 | 黑科技 hēikējì 블랙 테크놀로지 | 幌子 huǎngzi 명 간판, 이름 | 如 rú 집 예를 들면 | 包治百病 bāozhì bǎibìng 만병통치 | 量子 liàngzǐ 명 양자 | 医疗 yīliáo 의료 | 器械 qìxiè 명 기기, 기구 | 修复 xiūfù 동 회복하다 | 松弛 sōngchí 형 늘어지다 | 石墨烯 shímòxī 명 그래핀 [탄소 동소체 중 하나로, 현재 각광받고 있는 신소재 중 하나] | 保暖衣 bǎonuǎnyī 내복 | 近视 jìnshì 명 근시 | 神器 shénqì 신기하고 독특한 기능의 하이테크 제품 | 防 fáng 동 방지하다, 방비하다 | 蓝光 lánguāng 블루라이트 | 可 kě 조동 ~할 수 있다 | 降糖 jiàngtáng 당도를 낮추다 | 网红 wǎnghóng 인터넷 스타 | 电饭锅 diànfànguō 명 전기밥솥 | 充斥 chōngchì 동 가득 차다 | 坑害 kēnghài 동 (사기나 나쁜 수단으로)

함정에 빠뜨리다 | **消费者** xiāofèizhě 명 소비자 | **款** kuǎn 양 종류, 유형 | **增强** zēngqiáng 동 강화하다, 증강하다 | ★**一度** yídù 부 한동안, 한때 | ★**备受** bèishòu 동 실컷 받다 | **关注** guānzhù 동 중요시하다, 관심을 가지다 [备受关注: 관심을 받다] | **电商** diànshāng 명 전자상거래 | **平台** píngtái 명 플랫폼 | **输入** shūrù 동 입력하다 | **关键词** guānjiàncí 명 키워드 | **弹** tán 동 (정보가) 뜨다 | **大量** dàliàng 형 대량의, 다량의 | **贴** tiē 동 붙이다 | **背部** bèibù 명 뒷면 | **有效** yǒuxiào 형 유효하다 | **格** gé 명 칸 | **变成** biànchéng 동 ~로 변하다, ~로 되다, ~가 되다 | **不再** búzài 부 더는 ~가 아니다, 다시 ~하지 않다 | **延迟** yánchí 동 (영상이) 끊기다 | **停车场** tíngchēchǎng 명 주차장 | **山区** shānqū 명 산간 지역 | **瞬间** shùnjiān 명 순식간, 눈 깜짝할 사이 | **通话** tōnghuà 동 통화하다 | **平稳** píngwěn 형 안정되다 | ★**流畅** liúchàng 형 원활하다 | **新一代** xīnyīdài 차세대 | **具有** jùyǒu 동 지니다, 가지다, 있다 (+추상명사) | **辐射** fúshè 명 전자파 | **电池** diànchí 명 전지, 배터리 | ★**寿命** shòumìng 명 수명 | **原理** yuánlǐ 명 원리 | **贴纸** tiēzhǐ 명 스티커 | **波长** bōcháng 명 파장 | **商家** shāngjiā 명 상점, 업체 | ★**宣称** xuānchēng 동 선언하다 | **卡顿** kǎdùn 인터넷이 끊기다, 렉이 걸리다 | **材质** cáizhì 명 재질 | **塑料** sùliào 명 플라스틱 | **镀** dù 동 도금하다 | **铝膜** lǚmó 명 알루미늄 필름 | **印** yìn 동 흔적을 남기다, 새기다 | **类似** lèisì 형 유사하다, 비슷하다 | **磁性** cíxìng 명 자성 | **油墨** yóumò 명 잉크 | **近日** jìnrì 명 최근, 근래 | **央视** Yāngshì 고유 CCTV [중국 중앙 텔레비전 방송국] | **实名** shímíng 명 실명 | ★**曝光** bàoguāng 동 폭로되다 | **实** shí 부 실로, 정말, 참으로 | **废料** fèiliào 명 폐기물, 쓸모없는 것 | **科技学院** kējì xuéyuàn 공과대학 | **指出** zhǐchū 동 지적하다, 밝히다, 가리키다 | **拉长** lācháng 연장하다, 길게 늘이다 | **放大** fàngdà 동 증폭하다 | **能源** néngyuán 명 에너지 | **无源** wúyuán 형 수동의 | ★**天线** tiānxiàn 명 안테나 | **型号** xínghào 명 모델, 사이즈 | **及** jí 접 및 | **运营商** yùnyíngshāng 통신사 | ★**频率** pínlǜ 명 주파수 | **不尽** bùjìn 완전하지 않다 | **共振** gòngzhèn 명 공진 | **相应** xiāngyìng 형 상응하다, 서로 맞다, 호응하다 | **即便** jíbiàn 접 설령 ~하더라도 [即便A也B: 설령 A하더라도 B하다] | ★**宣称** xuānchēng 동 주장하다, 공언하다 | **场景** chǎngjǐng 명 상황 | **通信** tōngxìn 명 통신 | **速率** sùlǜ 명 속도 | **误解** wùjiě 명 오해 | ★**取决于** qǔjuéyú ~에 달리다 [조건이나 상황에 의한 수동적 의존성을 의미함] | **输出** shūchū 동 출력하다 | **服务器** fúwùqì 명 서버 | **用户** yònghù 명 가입자 | **伪** wěi 형 거짓의, 허위의, 가장된 | ★**命题** mìngtí 명 명제 | **给予** jǐyǔ 동 주다, 부여하다 ('给'를 'jǐ'로 읽음에 유의) | **驳斥** bóchì 동 반박하다, 논박하다, 비난하다 | **起到** qǐdào 동 (어떤 상황을) 초래하다, 일으키다 [起到作用: 역할을 다하다, 작용을 하다] | **高科技** gāokējì 첨단기술, 하이테크놀로지 | ★**虚假** xūjiǎ 형 허위의, 거짓의 | **证实** zhèngshí 동 사실을 증명하다 | **伪科学** wěikēxué 명 비과학 | **持** chí 동 가지다

⊙ track 5

● **Day 04**　**11** B(×)　**12** A(✓)　**13** B(×)　**14** A(✓)　**15** A(✓)

11 **B(×)** [用手机扫码即可看到对应植物的具体资料 휴대전화로 이를 스캔하면 해당 식물의 구체적인 정보를 볼 수 있다] 명패에 새겨진 QR코드를 스캔하여 상세한 정보를 알 수 있다고 했다. 명패에 상세 정보가 직접 새겨져 있는 것이 아니다.

12 **A(✓)** [公众对于自然知识的渴求在不断增长 국민들의 자연 지식에 대한 갈망은 끊임없이 증가하고 있다] 질문에 언급된 표현이 녹음에 거의 그대로 등장했다. '却'는 예상과 다른 상황이 나타남을 강조할 때 쓰므로 집중해서 듣자.

13 **B(×)** [十分值得推广 널리 보급할 가치가 있다] 녹음에 등장한 시민 인터뷰는 모두 '읽을 수 있는 나무'에 긍정적이었고 '널리 보급할 가치가 있다'고 평가했으므로, 시민들의 태도가 '质疑(의문스럽다)'라는 설명은 틀렸다.

14 **A(✓)** ["可阅读"树木给城市绿意添上了一抹"人文化"气息 '읽을 수 있는' 나무는 녹색 기운이 가득한 도시에 '인문화'의 숨결을 불어 넣어 주었다] QR코드 인식을 통한 정보 제공은 과학 지식 보급 및 공공서비스를 제공하는 것 외에도 도시에 '인문화'의 숨결을 불어 넣어 주었다는 점에서 인문적 기능이 있다고 볼 수 있다.

15 **A(✓)** [希望能安排专家学者和志愿者……带孩子们……认识、了解身边的大自然 전문가와 학자 및 자원봉사자가 (…) 아이들을 데리고 (…) 주변의 대자연을 인식하고 이해할 수 있게 도와주길 바란다] 녹음의 뒷부분에 언급된 식물원 과학 지식 보급 교육부 부장의 말에서 정답이 ✓임을 알 수 있다. 질문 내용이 그대로 녹음에 언급된 문제이다.

现在开始第11到15题:

　　近日，上海公共空间种植的130棵树木都被挂上了不锈钢铭牌，**11**铭牌上除了刻有植物的名称外，还有一个二维码，用手机扫码即可看到对应植物的具体资料。为树木挂上二维码，让树木变得可"阅读"，这着实令

11번~15번 문제가 시작됩니다.

　　최근 들어, 상하이의 공공장소에 심어진 나무 130그루에 각각 스테인리스 명패가 걸렸다. **11**명패에는 식물의 이름 외에도 QR코드가 새겨져 있는데, 휴대전화로 이를 스캔하면 해당 식물의 구체적인 정보를 볼 수 있다. 나무에 QR코드를 걸어 두어 나무를 '읽을 수 있게' 만든 것이 매우 신선하게 느껴진다.

人感到新鲜。市民王女士在接受记者采访时表示：她的女儿在扫码一棵名叫"复羽叶栾树"上的二维码后，在链接中，她们了解到复羽叶栾树在夏季开花，花谢后蒴果膨大呈灯笼状悬挂枝头，还能看到复羽叶栾树一年四季的彩色照片。遇到不认识的树木，一扫就知道了。在这里不仅能带孩子玩，还能增长植物知识。[13] 还有很多市民也表示：这样的科普实践就像在路人心中埋下一颗亲近自然的"种子"，十分值得推广。

树木等植物是城市不可或缺的组成部分，承载着多种功能。它们不仅能净化空气，一些林荫道还与周边的绿道、公园映衬，构成协调优美的城市景观，让人们在享受绿色锻炼、休憩的同时，还可以通过'随手一扫'的便捷方式获取植物的相关知识、满足好奇心。特别是对孩子们来说，以这样的方式来了解自然界中的植物，比通过课本学习更容易理解与接受。

经过一年多的努力，上海辰山植物园已为上海110所学校的花草树木挂上了定制的铭牌，并派出专家学者、志愿者，前往30余所学校开展植物科普讲座，覆盖学生听众近万人。无论是专家学者，还是志愿者，人数和精力毕竟是有限的，而[12]公众对于自然知识的渴求以及对于相关宣教渠道的需求，却在不断增长。植物园科普教育部部长表示：让他印象深刻的是，园方刚向社会发布相关计划没多久，就接到了几十所学校的"求助"留言，[15]希望能安排专家学者和志愿者到他们那里去，带孩子们进一进校园，帮助他们认识、了解身边的大自然。

从了解到亲近，再到守护。这样做一方面为人们提供了更多触手可及的科普知识，也丰富了公共服务；另一方面，[14]"可阅读"树木给城市绿意添上了一抹"人文化"气息。与此同时，就像老建筑一样，"树木扫码"后显示的内容，也更加丰富，让市民与游客收获更多。其实，不只是树木"可阅读"，还可以拓展思路，让人与自然有更多类似的小小"互动"。正如相关专家所说的那样：只有对一样事物不再陌生，才可能产生同理心，进而激起更多人保护自然的内在动力。

시민인 왕 여사는 기자의 인터뷰에서 "딸이 '모감주나무'라는 나무의 QR코드를 스캔하였는데, 연결된 링크를 통해 모감주나무는 여름에 꽃이 피고, 꽃이 진 후 삭과가 부풀어 오르면 등불 모양으로 가지에 매달려 있다는 것을 알게 됐다. 또 모감주나무가 계절마다 어떤 색을 띠는지 사계절 사진도 볼 수 있다."라고 말했다. 모르는 나무를 만나도 스캔만 하면 정보를 바로 알 수 있게 된 것이다. 이곳에서는 아이를 데리고 놀 수도 있고 식물에 대한 지식을 늘릴 수도 있다. [13]'이렇게 과학 지식의 보급을 실천하는 것은 사람들의 마음속에 자연 친화적인 '종자'를 심어 주는 것과 같아 널리 보급할 가치가 있다.'라고 말한 시민도 많다.

나무와 같은 식물은 도시에 없어서는 안 될 구성 부분이며 여러 가지 기능을 가지고 있다. 이들은 공기를 정화할 뿐만 아니라 가로수길은 주변의 산책로 및 공원과 잘 어우러져 조화롭고 아름다운 도시경관을 구성한다. 사람들이 녹색 환경에서 운동, 휴식을 누릴 수 있게 함과 동시에 '간편한 스캔' 방식을 통해 식물 관련 지식을 얻고 궁금증을 해소할 수 있게 해 준다. 특히 아이들이 이러한 방식으로 자연환경의 식물을 이해하는 것은 교과서를 통해 배우는 것보다 더 이해하기 쉽고 받아들이기 쉽다.

일 년여의 노력을 거쳐 상하이 천산 식물원은 상하이 소재 학교 110곳의 식물에 맞춤 제작 명패를 걸어 주었다. 또한 전문가 및 학자와 자원봉사자를 파견해 30여 곳의 학교에서 식물 지식 관련 강좌를 열었고 약 만 명의 학생이 이 강좌를 들었다. 전문가와 학자든, 자원봉사자든 인원수와 체력에는 결국 한계가 있는데, [12]국민들의 자연 지식에 대한 갈망과 관련 홍보 및 교육의 경로에 대한 수요는 끊임없이 증가하고 있다. 식물원 과학 지식 보급 교육부 부장은 "인상 깊은 것은 식물원 측이 사회에 관련 계획을 발표한 것이 오래되지 않았는데 학교 수십 곳에서 [15]전문가와 학자 및 자원봉사자가 학교에 방문하여 아이들을 데리고 교정을 거닐며 아이들이 주변의 대자연을 인식하고 이해할 수 있게 도와주길 바란다."는 '도움을 청하는' 연락을 받은 것이라고 밝혔다.

이해하고 친근해진 다음 보호하기. 이렇게 하니 사람들에게 손 내밀면 닿을 수 있는 친숙한 과학 지식을 더 많이 제공하고 공공서비스도 풍부하게 할 수 있었고, 다른 한편으로는 [14]'읽을 수 있는' 나무는 녹색 기운이 가득한 도시에 '인문화'의 숨결을 불어 넣어 주었다. 이와 동시에 오래된 건축물처럼, 나무의 QR코드를 스캔하면 나타나는 내용이 더욱 풍부해져 시민과 관광객은 더 많은 정보를 얻을 수 있게 되었다. 사실 나무를 '읽을 수 있는 것' 외에도, 사고의 폭을 넓혀 사람과 자연이 이와 비슷한 소소한 '상호 소통'을 더 많이 하게 할 수 있다. 관련 전문가가 말했듯, 어떤 사물이 더 이상 낯설지 않아야 공감할 수 있게 되고, 나아가 더 많은 사람들이 자연을 보호하도록 내적동기를 불러일으킬 수 있다.

请判断第11到15题：

11 这些植物铭牌上刻有树木的详细信息。

A √　　B ✕

12 通过报道可以看出，公众对自然知识的渴求在不断增长。

A √　　B ✕

13 很多市民对推广"可阅读树"这类科普知识持质疑态度。

A √　　B ✕

14 作者认为植物除了净化空气外，还承载着人文功能。

A √　　B ✕

15 学校希望能安排专家学者和志愿者带学生认识和了解身边的自然。

A √　　B ✕

11번~15번 문제의 정오를 판별하세요.

11 식물들의 명패에 나무의 상세한 정보가 새겨져 있다.

A √　　B ✕

12 보도를 통해 국민의 자연 지식에 대한 갈망이 끊임없이 증가하고 있음을 알 수 있다.

A √　　B ✕

13 수많은 시민은 '읽을 수 있는 나무'라는 과학 지식의 보급에 대해 의문스러운 태도를 보인다.

A √　　B ✕

14 필자는 식물이 공기정화 외에도 인문적인 기능을 가지고 있다고 생각한다.

A √　　B ✕

15 학교는 전문가와 학자, 자원봉사자가 방문하여 학생들이 주변 자연을 인식하고 이해할 수 있게 도와주길 바란다.

A √　　B ✕

近日 jìnrì 명 최근, 근래 | 上海 Shànghǎi 고유 상하이 | 公共 gōnggòng 형 공공의 [公共空间: 공공장소] | 种植 zhòngzhí 동 심다, 재배하다 | 树木 shùmù 명 나무, 수목 | 不锈钢 búxiùgāng 명 스테인리스강 | 铭牌 míngpái 명 명패 | 名称 míngchēng 명 이름, 명칭 | 二维码 èrwéimǎ 명 QR코드 | 扫码 sǎo mǎ QR코드를 스캔하다 | 即可 jíkě ~하면 곧 ~할 수 있다 | 对应 duìyìng 형 대응하는, 상응하는 | ★着实 zhuóshí 부 확실히, 참으로, 정말로 ('着'를 'zhuó'로 읽음에 유의) | 令 lìng 동 ~하게 하다, ~를 시키다 | 市民 shìmín 명 시민 | 复羽叶栾树 fùyǔyèluánshù 명 모감주나무 | 链接 liànjiē 동 연결되다 | 夏季 xiàjì 명 여름, 하계 | 谢 xiè 동 (꽃·잎 따위가) 지다, 떨어지다, 시들다 | 蒴果 shuòguǒ 명 삭과 [익으면 껍질이 갈라지면서 씨를 퍼뜨리는 열매] | 膨大 péngdà 팽창하다, 불어나다 | 呈 chéng 동 (어떤 형태를) 갖추다 | 灯笼 dēnglong 명 등롱, 초롱 | ★状 zhuàng 명 형태, 모습, 외모 | ★悬挂 xuánguà 동 매달다, 걸다 | 枝头 zhītóu 명 나뭇가지의 끝 | ★四季 sìjì 명 사계, 사계절 | 彩色 cǎisè 명 채색 | 扫 sǎo 동 스캔하다 | 增长 zēngzhǎng 동 증가하다, 늘어나다 | ★科普 kēpǔ 명 과학 보급 | 埋 mái 동 심다, 묻다 | ★亲近 qīnjìn 형 친근하다, 친하다, 가깝다 | 种子 zhǒngzi 명 종자, 열매, 씨앗 | 不可或缺 bùkě huòquē 성 없어서는 안 된다 | ★承载 chéngzài 동 가지다, 적재중량을 견디다 | ★净化 jìnghuà 동 정화하다, 맑게 하다 | 林荫道 línyīndào 명 가로수길 | ★周边 zhōubiān 명 주변, 주위 | 绿道 lǜdào 명 산책로 | 映衬 yìngchèn 동 서로 잘 어울리다, 획이다 | 协调 xiétiáo 형 조화롭다 | ★景观 jǐngguān 명 경관, 경치 | 休憩 xiūqì 동 휴식하다, 쉬다 | ★便捷 biànjié 형 간편하다 | 获取 huòqǔ 동 얻다, 획득하다 | ★好奇心 hàoqíxīn 명 호기심 | 自然界 zìránjiè 명 자연계 | 上海辰山植物园 Shànghǎi chénshān zhíwùyuán 상해 천산 식물원 | 花草 huācǎo 명 화초 | 定制 dìngzhì 동 맞춤 제작하다, 주문하여 만들다 | 并 bìng 접 또, 그리고, 아울러, 게다가 | 学者 xuézhě 명 학자 | 余 yú 수 ~여 [정수 외의 나머지를 가리키며, '多'에 상당함] | 开展 kāizhǎn 동 열리다, 개최하다 | ★覆盖 fùgài 동 덮다, 가리다 | 听众 tīngzhòng 명 청중 | 有限 yǒuxiàn 형 한계가 있다 | 公众 gōngzhòng 명 대중, 국민 | 渴求 kěqiú 명 갈망 | 宣教 xuānjiào 명 선전과 교육 | 渠道 qúdào 명 경로 | 需求 xūqiú 명 수요, 필요 | 教育部 jiàoyùbù 명 교육부 | 部长 bùzhǎng 명 부장 | 发布 fābù 동 (명령·지시·뉴스 등을) 발표하다, 선포하다 | 多久 duōjiǔ 대 얼마 동안 ['没'와 함께 사용하여 시간의 짧음을 표시함] | ★求助 qiúzhù 동 도움을 청하다 | 留言 liúyán 명 남기는 말, 메모 | 校园 xiàoyuán 명 캠퍼스, 교정 | 身边 shēnbiān 명 주변, 곁 | 大自然 dàzìrán 명 대자연 | 守护 shǒuhù 동 보호하다, 수호하다, 지키다 | 触手可及 chùshǒukějí 성 손을 뻗으면 닿는다 | 添 tiān 동 첨가하다, 보태다 | ★气息 qìxī 명 숨결 | ★与此同时 yǔcǐ tóngshí 위와 동시에, 아울러 | ★建筑 jiànzhù 명 건축물 | 游客 yóukè 명 관광객, 여행객 | ★拓展 tuòzhǎn 동 넓히다, 확장하다, 개척하다 | ★思路 sīlù 명 사고의 폭 | 类似 lèisì 동 비슷하다, 유사하다 | 小小 xiǎoxiǎo 형 소소하다, 작다 | 互动 hùdòng 명 상호작용, 상호 소통 | 不再 búzài 부 더는 ~가 아니다, 다시 ~하지 않다 | ★陌生 mòshēng 동 낯설다, 생소하다 | 同理心 tónglǐxīn 명 감정이입 | 进而 jìn'ér 접 더 나아가, 진일보하여 | ★激起 jīqǐ 동 (자극이나 충격을 주어) 불러일으키다, 야기하다 | 内在 nèizài 형 내재적인, 내재하는 | 动力 dònglì 명 동력, 동기 | ★持 chí 동 가지다, 견지하다 | ★质疑 zhìyí 동 (의문점에 대해) 질문하다, 질의하다 | 人文 rénwén 명 인문, 인류의 문화 | 志愿者 zhìyuànzhě 명 자원봉사자

 IT 관련 내용이 일상생활과 접목해서 많이 나오니 관련 중요 어휘들을 정리해서 외우자!

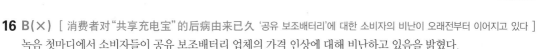

● Day 05　　**16** B(×)　　**17** A(✓)　　**18** A(✓)　　**19** A(✓)　　**20** A(✓)

16 **B(×)** [消费者对"共享充电宝"的诟病由来已久 '공유 보조배터리'에 대한 소비자의 비난이 오래전부터 이어지고 있다] 녹음 첫마디에서 소비자들이 공유 보조배터리 업체의 가격 인상에 대해 비난하고 있음을 밝혔다.

17 **A(✓)** [碍于行业本身门槛不高, ……继而透支利润的"点位争夺战" 산업 자체의 문턱이 높지 않은 탓에 (…) 이윤에 적자가 나는 '구역 쟁탈전'으로 이어졌다] 공유 보조배터리 사업은 2017년 전후에 성행하기 시작했으나, 산업 자체의 문턱이 낮은 탓에 가격은 올리고 적자가 나는 문제가 발생했다고 했다.

18 **A(✓)** [频繁"涨价"、"越来越贵"不同, …… 빈번한 '가격 인상', '점점 비싸지는 금액'과는 다르게 (…) / 四年涨价8倍的生意, ……连连亏损成了常态 4년 사이 가격을 8배나 올렸지만 (…) 계속해서 적자가 나는 것이 일상이 되었다] 가격을 인상했음에도 보조배터리 배후 기업이 줄곧 적자의 늪에 빠져있다는 말은 가격 인상으로 적자 문제를 완화할 수 없다는 의미이다. 또한 뒤에서도 '적자'가 일상이 되었다는 말이 나온다. 정답의 포인트가 여러 군데 있는 문제로, 앞부분을 놓쳤더라도 뒷부분을 통해 정답을 알 수 있는 문제였다.

19 **A(✓)** [公司老板们默契地选择了归咎于疫情影响 기업 사장들은 입을 맞춰 코로나 영향 탓으로 책임을 돌렸다] 기업 사장들이 사업 적자에 대해 코로나 상황 탓을 하기로 했다는 내용이 녹음의 뒷부분에서 언급되었다.

20 **A(✓)** [不少经济学家表示: …… 这只是行业亏损的"加速器", 而非根源 많은 경제학자들은 "(…) 이는 사업 적자의 근원이 아닌 '가속기'일 뿐이다"라고 밝혔다] 경제학자들은 공유 보조배터리 사업 적자의 근본 원인은 코로나가 아니라고 생각하고 있다는 내용은 녹음의 마지막 부분에 언급되었다.

现在开始第16到20题：

　　<u>16消费者对"共享充电宝"的诟病由来已久</u>。四年涨价8倍；如果忘记还，那借一次得花几十元，这相当于自己花钱购买一个充电宝。然而尽管如此，"共享充电宝"背后的企业却没有赚钱的。怪兽充电宝公司15个月亏损5亿多，其他企业的日子也不好过。这门生意为何如此惨淡？实际上，<u>18与表面上看到的共享充电宝频繁"涨价"、"越来越贵"不同，共享充电宝身后的企业其实一直深陷亏损的"泥潭"</u>。

　　共享充电宝于2017年前后伴随"电量焦虑"而兴起；而后，又把"共享单车"风口的众资本"收入囊中"；2019年，各企业先后表明"始于共享充电宝，但不止于共享充电宝"的决心。然而，时至今日，<u>17碍于行业本身门槛不高，在核心点位稀缺的情况下，无奈演变成了一场竞相抬价，继而透支利润的"点位争夺战"</u>。2019年左右，"共享充电宝涨价"相关新闻已有所提及，部分热门点位的收费标准已经到了5元/小时。彼时，由于涨价并非常态，此类报道也就没有引起大规模讨论。到了2021年，随着"共享充电宝又集体涨价了""景区充电宝1小时10元""共享充电宝每小时从1元涨至4元"等话题先后登上热搜

16번~20번 문제가 시작됩니다.

　　'공유 보조배터리'에 대한 소비자의 비난이 오래전부터 이어지고 있다. 4년 사이 값이 8배가 올랐으며, 반납을 잊을 경우 한 번 빌릴 때 몇십 위안을 쓰게 되는데, 이는 보조배터리 하나를 사는 것과 맞먹는 가격이다. 하지만 그런데도 공유 보조배터리 배후의 기업은 돈을 벌지 못했다. 에너지 몬스터(怪兽充电)는 15개월 동안 5억 위안 이상의 적자가 났고 다른 기업들의 상황도 좋지 않다. 이 사업은 왜 이렇게 침체되었을까? 사실상 겉으로 보이는 공유 보조배터리의 빈번한 '가격 인상', '점점 비싸지는 금액'과는 다르게 공유 보조배터리 배후의 기업은 줄곧 적자의 늪에 깊이 빠져 헤어나지 못하고 있다.

　　공유 보조배터리는 2017년 전후에 '배터리 잔량 불안증'을 따라 성행하기 시작했다. 이후 '공유 자전거'의 흥행을 틈타 많은 자본을 '얻게 되었다'. 2019년 각 기업은 잇따라 '공유 보조배터리로 시작했지만 이에 그치지 않을 것'이라는 결심을 밝혔다. 하지만, 현재에 이르러 산업 자체의 문턱이 높지 않은 탓에 핵심 구역이 희소해진 상황에서 어쩔 수 없이 경쟁적으로 가격을 올렸고 이윤에 적자가 나는 '구역 쟁탈전'으로 이어졌다. 2019년경 '공유 보조배터리 가격 인상' 관련 뉴스는 일부 인기 있는 구역의 요금이 시간당 5위안에 달했다고 보도했다. 그 당시 가격 인상은 일상이 아니었기 때문에 해당 보도 또한 큰 논란을 일으키지 못했다. 2021년이 되어 '공유 보조배터리가 또 단체로 가격을 인상했다' '관광지는 1시간에 10위안을 받는다' '공유 보조배터리 가격이 시간당 1위안에서 4위안

榜，共享充电宝便开始频繁因涨价而被置于镜光灯下。¹⁸四年涨价8倍的生意，却没有换来身后企业的亮眼业绩，相反，连连亏损成了常态。从先后宣布盈利到集体陷入经营困境，共享充电宝到底亏在哪儿了？

¹⁹对于外界的这一疑虑，公司老板们默契地选择了归咎于疫情影响。怪兽充电宝董事长多次在财务报表发布后表示：疫情使得消费者旅行受限、办公场所、公共设施等临时关闭，最终导致公司商品交易总额下滑。小电科技也曾在招股书中表示：受疫情影响，公司每日平均订单量大幅下降。然而，²⁰不少经济学家表示：疫情导致线下客流量减少，这的确对依靠线下消费市场的共享充电宝影响颇大，但归根结底，这只是行业亏损的"加速器"，而非根源。

까지 올랐다'는 등의 화제가 잇따라 실시간 검색에 올라오면서 공유 보조배터리는 잦은 가격 인상으로 스포트라이트를 받는 상황에 놓이기 시작했다. ¹⁸4년 사이 가격을 8배나 올렸지만 기업이 달성한 눈에 띄는 업적은 없었다. 반대로 계속해서 적자가 나는 것이 일상이 되었다. 잇따라 이익을 보겠다고 선포했을 때부터 단체로 경영난에 시달리게 될 때까지, 공유 보조배터리 사업은 도대체 어디서 적자가 난 걸까?

¹⁹이러한 외부의 의혹에 대해 기업 사장들은 입을 맞춰 코로나 영향 탓으로 책임을 돌렸다. 에너지 몬스터 이사장은 재무제표 발표 후 "코로나로 인해 소비자는 여행에 제한이 생겼고, 사무 장소나 공공시설 등은 임시로 문을 닫게 되어 결과적으로 기업 상품 거래 총액이 하락하였다."라고 여러 차례 말했다. 샤오뎬 과학기술(小电科技)도 투자 설명서에서 "코로나의 영향으로 기업의 일평균 주문량이 대폭 감소했다."라고 밝힌 바 있다. 하지만 ²⁰많은 경제학자들은 "코로나로 인해 오프라인 고객 수가 감소했고 이는 분명 오프라인 소비시장에 의존하는 공유 보조배터리 사업에 상당한 영향을 미치겠지만, 결국 이것은 사업 적자의 근원이 아닌 '가속기'일 뿐이다."라고 밝혔다.

请判断第16到20题：

16 消费者对共享充电宝四年涨价8倍表示十分理解。

A ✓　　　B ✗

17 共享充电宝行业的经营门槛不高给其带来了一系列问题。

A ✓　　　B ✗

18 一味地涨价并没有缓解该行业的亏损问题。

A ✓　　　B ✗

19 不少公司老板们将行业亏损归咎于疫情影响。

A ✓　　　B ✗

20 经济学家认为共享充电宝行业亏损的根本原因并非疫情。

A ✓　　　B ✗

16번~20번 문제의 정오를 판별하세요.

16 소비자는 공유 보조배터리 대여 비용이 4년 사이 8배나 오른 것을 이해한다.

A ✓　　　B ✗

17 공유 보조배터리 사업의 경영 문턱이 높지 않아 일련의 문제가 초래되었다.

A ✓　　　B ✗

18 무턱대고 가격만 인상하는 것은 해당 사업의 적자 문제를 완화할 수 없다.

A ✓　　　B ✗

19 많은 기업 사장들은 사업의 적자를 코로나 상황 탓으로 돌렸다.

A ✓　　　B ✗

20 경제학자는 공유 보조배터리 사업 적자의 근본 원인은 코로나가 아니라고 여긴다.

A ✓　　　B ✗

消费者 xiāofèizhě 몡 소비자 | **共享** gòngxiǎng 동 공유하다 | **充电宝** chōngdiànbǎo 몡 (휴대용) 보조배터리 | **诟病** gòubìng 동 비난하다, 책망하다 | **由来已久** yóulái yǐ jiǔ 유래가 깊다 | **涨价** zhǎngjià 동 가격을 인상하다 | **相当于** xiāngdāngyú ~에 맞먹다 | **背后** bèihòu 몡 배후 | **赚钱** zhuànqián 동 돈을 벌다 | **怪兽** guàishòu 몡 괴수 | ★**亏损** kuīsǔn 동 적자 나다 | **不好过** bùhǎoguò (생활이) 어렵다 | **为何** wèihé 왜, 무엇 때문에 | **如此** rúcǐ 덴 이와 같다 | **惨淡** cǎndàn (경기·정세 등이) 침체되다, 암담하다, 불황이다 | **实际上** shíjìshang 튄 사실상 | **频繁** pínfán 혱 빈번하다, 잦다 | **深陷** shēnxiàn 깊이 빠지다 | **泥潭** nítán (비교적 크고 깊은) 늪, 구렁텅이 [주로 비유로 쓰임] | **前后** qiánhòu (어떤 시간의) 전후, 쯤 | ★**伴随** bànsuí 동 따라가다 | **电量** diànliàng 몡 전기량 | **焦虑** jiāolǜ 초초한 마음 | **兴起** xīngqǐ 일어나기 시작하다 | **而后** érhòu 이후에, 연후에 | **单车** dānchē 자전거 | **风口** fēngkǒu 시장의 기회, 경쟁이 치열하지만 유망한 곳 [비유적 표현] | **众** zhòng 혱 많다 | **资本** zīběn 몡 자본 | **收入囊中** shōurù nángzhōng 수중에 넣다 | **先后** xiānhòu 튄 잇따라, 차례로 | **始于** shǐyú ~로 시작하다 | **止于** zhǐyú ~에 그치다 | **时至今日** shízhì jīnrì 오늘날에 이르러 | **碍于** àiyú ~에 구애되어, ~이 걸려서 | **本身** běnshēn 그 자체 | **门槛** ménkǎn 몡 문턱 | **点位** diànwèi 구역, 포지션 | **稀缺** xīquē 희소하다 | **演变** yǎnbiàn 동 변화 발전하다 | **竞相** jìngxiāng 동 (~를 하려고) 다투어 ~를 하다 | **抬价** táijià 값을 올리다 | ★**继而** jì'ér 튄 계속하여 | ★**透支** tòuzhī 적자가 나다 | **争夺战** zhēngduózhàn 쟁탈전 | **提及** tíjí 언급하다 | **热门(儿)** rèmén(r) 몡 인기 있는 것 | **收费** shōufèi 몡 요금, 비용 | **彼时** bǐshí 몡 그 당시 | **并非** bìngfēi 결코 ~가 아니다 | **常态** chángtài 몡 정상 상태 | **大规**

模 dàguīmo 혱 대규모의 | 景区 jǐngqū 몡 관광지구 | 至 zhì 동 ~까지 이르다 | 登 dēng 동 기재하다 | 热搜榜 rèsōubǎng 실시간 검색어 | 置于 zhìyú ~에 두다 | 镁光灯 měiguāngdēng 플래시, 섬광등 | 亮眼 liàngyǎn 혱 눈에 띄다 | 业绩 yèjì 업적 | 连连 liánlián 혱 계속해서 | ★盈利 yínglì 동 이익을 보다 | 陷入 xiànrù 동 (불리한 지경에) 빠지다 | 困境 kùnjìng 곤경 [经营困境: 경영난] | 外界 wàijiè 외부 | 疑虑 yílǜ 몡 의혹, 의심, 의심과 우려 | 默契 mòqì 동 묵계하다, 서로 입을 맞추다 | 归咎 guījiù 동 ~의 탓으로 돌리다 | 疫情 yìqíng 몡 전염병 발생 상황 [코로나] | ★董事长 dǒngshìzhǎng 몡 이사장 | 财务报表 cáiwù bàobiǎo 몡 재무제표 | 发布 fābù 동 발표하다 | 使得 shǐde ~로 하여금 ~하게 하다 | 办公 bàngōng 동 사무를 보다, 근무를 하다 | 场所 chǎngsuǒ 몡 장소 | 公共 gōnggòng 혱 공공의, 공용의 | 最终 zuìzhōng 혱 최종의, 최후의 | 交易 jiāoyì 동 거래하다, 교역하다 | 总额 zǒng'é 몡 총액 | 下滑 xiàhuá 동 하락하다, 하향하다 | 科技 kējì 과학기술 | 招股书 zhāogǔshū 몡 투자 설명서 | 订单量 dìngdānliàng 몡 주문량 | 大幅 dàfú 혱 대폭적인 | 下降 xiàjiàng 동 하강하다 | 线下 xiànxià 오프라인 | 流量 liúliàng 몡 유동량 [客流量: 고객 유동량] | 依靠 yīkào 동 의존하다 | 颇 pō 몡 상당히, 매우, 아주 | 归根结底 guīgēn jiédǐ 혱 결국, 끝내 | 加速器 jiāsùqì 가속기 | ★根源 gēnyuán 몡 근원 | 一系列 yíxìliè 혱 일련의 | 一味 yíwèi 몡 무턱대고

○track 7

● **Day 06**   **21** B(×)   **22** A(√)   **23** A(√)   **24** A(√)   **25** A(√)

21 B(×) ["会飞的饺子皮"在国内外出圈 '날아다니는 만두피' 상품이 국내외에서 이슈가 되었다] 카타르 월드컵 마스코트(라이브) 상품은 국내외에서 이슈가 되었으며, 각종 축구 관련 굿즈가 출시됨에 따라서 중국 네티즌들은 기분 좋은 농담과 칭찬을 담아 '날아다니는 만두피'라고 부른 것이다.

22 A(√) [限量2022只 2,022개 한정 수량으로] '탄소제로 마스코트' 라이브는 티몰 글로벌에서 2,022개 한정 수량으로 단독 첫 출시했다고 언급되었다.

23 A(√) [电商平台……, 提高产品的竞争力 전자상거래 플랫폼은 (…) 상품의 경쟁력을 높이고 있다] 전자상거래 플랫폼은 일상용품의 판매도 촉진하고 있으며, 점주들은 빠르게 유행을 따르며 상품의 경쟁력을 높이고 있다고 녹음의 뒷부분에 언급되었다.

24 A(√) [今年世界杯期间, 他以售出数百万…… 올해 월드컵 기간에 수백만 (…)을 팔았으며 (…)] 녹음의 뒷부분에 등장하는 타오바오 점주인 장 씨의 인터뷰 내용을 통해 월드컵 기간에 굿즈 상품이 제품 생산을 늘릴 만큼 불티나게 팔렸음을 알 수 있다. '～期间(～동안)' 다음에는 어떤 사건이 진행되는 동안에 발생한 상황이 나오므로 주의 깊게 듣자!

25 A(√) […… 产生了更强烈的"化学反应" (…) 더 강렬한 '케미스트리'를 형성한 것이다] 녹음의 마지막 문장에서 해당 문장이 그대로 언급되었다. 마지막 단락에도 답이 많이 나오므로 끝까지 집중해서 듣자!

现在开始第21到25题:

　　近期，最热的话题非2022年世界杯莫属，²¹卡塔尔世界杯吉祥物(拉伊卜)同款"会飞的饺子皮"在国内外出圈。与此同时，更多"脑洞大开"的球场同款以意想不到的形式出现在了大众眼前。各大电商平台还为世界杯特别推出了足球形状的汤圆；卡塔尔王室同款的"宝石戒指"……网友调侃到："吃完足球汤圆，感觉自己瞬间离赛场更近一步"；而买了王室同款戒指的网友则打趣道："十跟手指戴满，感觉自己也拥有了一片'油田'"。此外，"世界杯特别配色创意假发"也被赞：真是帅爆了！这些创意同款的背后，是世界杯在比赛之外卷起的一场潮流经济。汇聚上

21번～25번 문제가 시작됩니다.

　　최근에 가장 뜨거운 화제는 2022년 월드컵이 아닐 수 없다. ²¹'날아다니는 만두피'라 불리는 카타르 월드컵 마스코트(라이브) 상품이 국내외에서 이슈가 되었다. 이와 동시에 더 많은 '아이디어 넘치는' 축구 굿즈가 생각지도 못한 형식으로 대중의 눈앞에 나타났다. 각 전자상거래 플랫폼은 월드컵을 위해 특별히 축구공 모양의 탕위안을 출시했다. 카타르 왕실에서 착용했던 보석 반지도 나왔다. 네티즌들은 "축구공 탕위안을 먹으면 순간 경기장에 한 걸음 더 가까워진 기분이 든다"라며 농담조로 말했다. 왕실과 같은 반지를 산 네티즌은 "열 손가락에 반지를 다 끼니 나도 유전을 가진 기분"이라며 농담했다. 또, '월드컵 특별 배색 아이디어 가발'도 매우 멋지다며 칭찬받았다. 이러한 아이디어 제품의 배경에는 월드컵이 경기장 밖에서 불러일으킨 트렌드 경제가 있다. 천만 이상의 중소기업이

千万中小企业的电商平台则是一个视角的切入口，它们以消费趋势作为风向标，通过将热点数字化、可视化，推动体育IP产品实现创意化、本土化，催生更多爆款。

11月20日，2022卡塔尔世界杯正式开幕。²²世界杯首款"零碳吉祥物"拉伊卜同步在天猫国际独家首发，限量2022只。单个吉祥物玩偶的原始碳排放量为3.06千克，为响应"卡塔尔世界杯可持续发展"的理念，通过工厂使用可再生废料、购买碳排放指标等方式，实现最终碳排放为零，一上线就销售火爆。相关人员透露："2022年的世界杯我们做了大中华区的世界杯官方授权商。和往届相比，这一届的品类除吉祥物外，还有服饰、口罩、帽子、保温杯等众多品类。公司进行了线上线下全渠道销售，并且通过其他渠道方进行大量分销，由渠道方上架到天猫、淘宝等平台。"²³电商平台带动了不少小商品，这些店主迅速跟上潮流，提高产品的竞争力。不少个体门店经营者表示：之前纯做线下生意，产品更新很慢，自从三年前开设网店以来，生意才逐渐有了起色。淘宝店主张先生接受采访时提到，²⁴今年世界杯期间，他以售出数百万面世界杯旗帜，并根据热点快速反应、增加热门球队的产品生产。类似的情况也曾出现在东京奥运会上，首金获得者杨倩头上佩戴的别具一格的小黄鸭发卡，被更多人注目。随着同款热搜的发酵，义乌2000多家工厂应势而动，同款小黄鸭发卡在短时间内成为爆款！

追随着世界杯的热点，中国商家创新足球汤圆、世界杯国旗美甲贴、足球帽子、孙兴慜同款面具、卡塔尔球迷同款"宝石戒指"等诸多意想不到的球赛同款。这些创意周边的出现，更加体现了世界杯产品在中国市场的爆火，也更直观地体现出海外体育IP通过电商平台实现"中国化"是一条捷径。²⁵外国体育IP在与本土球迷文化、消费习惯相融合之后，完成"本地化改造"，才因此产生了更强烈的"化学反应"。

请判断第21到25题：

21 中国网友称本届世界杯吉祥物拉伊卜为"会飞的饺子皮"是为了表达敌意。

　A √　　　B ×

모인 전자상거래 플랫폼은 관점 전환의 계기가 되었으며, 이들은 소비 추세를 풍향계로 삼아 트렌드를 디지털화, 가시화함으로써 스포츠 IP 상품의 아이디어화, 현지화를 추진하여 더 많은 인기 상품을 출시했다.

11월 20일, 2022년 카타르 월드컵이 정식 개최되었다. ²²월드컵 첫 상품 '탄소제로 마스코트' 라이브도 이와 함께 티몰 글로벌에서 2,022개 한정 수량으로 단독 첫 출시되었다. 마스코트 인형의 개당 탄소 배출량은 원래 3.06킬로그램이다. 하지만 '카타르 월드컵의 지속 가능한 발전' 이념에 호응하기 위해 공장에서 재활용 폐기물을 사용하고 탄소 배출 지표를 구매하는 등의 방식으로 탄소 배출량을 0으로 만들었으며 출시되자마자 불티나게 판매되었다. 관계자는 "2022년 월드컵에 우리는 중화권의 월드컵 공식 라이선스를 받았다. 지난 월드컵에 비해 이번 월드컵에는 마스코트 외에도 옷, 마스크, 모자, 텀블러 등 여러 종류의 상품이 출시되었다. 당사는 온라인과 오프라인 경로에서 상품을 판매하고 있으며 다른 유통 채널에서도 대량으로 판매하고 있다. 유통 채널은 티몰, 타오바오 등의 플랫폼에 상품을 업로드한다."라고 밝혔다. ²³전자상거래 플랫폼은 일상용품의 판매도 촉진하고 있다. 점주들은 빠르게 유행을 따르며 상품의 경쟁력을 높이고 있다. 많은 소상공인 경영자들은 "이전에 오프라인에서만 판매할 땐 상품 업데이트가 느렸는데 3년 전 온라인 매장을 개설한 이후로 장사가 점점 활기를 띠게 됐다."라고 말했다. 타오바오 점주인 장 씨는 인터뷰에서 ²⁴올해 월드컵 기간에 월드컵 깃발 수백만 장을 팔았으며 유행에 빠르게 대응하여 인기 팀의 제품 생산을 늘렸다고 말했다. 도쿄올림픽에서도 비슷한 상황이 있었는데, 첫 금메달리스트 양첸이 머리에 꽂았던 독특한 모양의 오리 머리핀이 수많은 사람의 주목을 받았다. 해당 제품이 인기 검색어에 오르면서 이우시 공장 2,000여 곳이 가동되었고 해당 오리 머리핀은 단기간에 인기 상품이 되었다!

월드컵 트렌드를 따라 중국의 상점들은 축구공 탕위안, 월드컵 국기 네일 스티커, 축구 모자, 손흥민 마스크, 카타르 축구 팬이 착용한 보석 반지 등 생각지 못한 수많은 축구 관련 아이템을 만들었다. 이러한 아이디어 굿즈의 출현은 월드컵 상품이 중국 시장에서 매우 인기 있음을 보여 주며, 해외 스포츠 IP 상품이 전자상거래 플랫폼을 통해 '중국화'를 이루는 것이 지름길임을 직관적으로 드러냈다. ²⁵해외 스포츠 IP 상품이 현지 축구 팬의 문화 및 소비 습관과 서로 융합되어 '현지화 개선'을 이루면서 더 강렬한 '케미스트리'를 형성한 것이다.

21번~25번 문제의 정오를 판별하세요.

21 중국 네티즌이 이번 월드컵 마스코트인 라이브를 '날아다니는 만두피'라고 부른 것은 적대심을 표현하기 위해서이다.

　A √　　　B ×

22 世界杯首款"零碳吉祥物"拉伊卜属于限量销售。

A ✓　　B ✗

23 产品想要提升竞争力，离不开电商平台的带动。

A ✓　　B ✗

24 世界杯期间，与其有关的创意周边产品在中国销售十分火爆。

A ✓　　B ✗

25 外国体育IP在与本土球迷文化、消费习惯融合后，产生了良性的化学反应。

A ✓　　B ✗

22 월드컵 첫 상품인 '탄소제로 마스코트' 라이브는 한정 수량으로 판매되었다.

A ✓　　B ✗

23 상품의 경쟁력을 올리려면 전자상거래 플랫폼의 힘이 없어선 안 된다.

A ✓　　B ✗

24 월드컵 기간에 관련 아이디어 굿즈 상품이 중국에서 불티나게 팔렸다.

A ✓　　B ✗

25 해외 스포츠 IP 상품은 현지 축구 팬의 문화 및 소비 습관과 융합된 후 좋은 케미스트리를 형성했다.

A ✓　　B ✗

近期 jìnqī 명 가까운 시기 | 世界杯 Shìjièbēi 고유 월드컵 | 卡塔尔 Kǎtǎ'ěr 고유 카타르 | ★吉祥物 jíxiángwù 명 마스코트 | 拉伊卜 Lāyībǔ 고유 라이브 [카타르 월드컵 마스코트 이름] | 款 kuǎn 명 양식, 스타일 | 出圈 chūquān 어떤 사건이나 브랜드가 크게 회자되며 많은 사람들에게 알려지는 것 | ★与此同时 yǔcǐtóngshí 위와 동시에, 아울러 | 脑洞 nǎodòng 아이디어, 상상력 | 球场 qiúchǎng 명 (야구·농구·축구 등의 구기를 하는) 구장 | 意想 yìxiǎng 동 생각하다, 상상하다 | 大众 dàzhòng 명 대중, 군중 | 眼前 yǎnqián 명 눈앞 | 电商 diànshāng 명 전자상거래 | 平台 píngtái 명 플랫폼 | 推出 tuīchū 동 (신상품 또는 신기술을) 출시하다, 내놓다 | ★汤圆 tāngyuán 탕위안 [찹쌀가루 따위를 원료로 해서 만든 동그란 형태의 식품] | 王室 wángshì 명 왕실 | 宝石 bǎoshí 명 보석 | ★戒指 jièzhi 명 반지 | 网友 wǎngyǒu 명 네티즌 | ★调侃 tiáokǎn 놀리다, 익살스러운 말로 비웃다 | ★瞬间 shùnjiān 명 순간, 눈 깜짝할 사이 | 赛场 sàichǎng 명 경기장 | 打趣 dǎqù 농담하다, 놀리다 | 拥有 yōngyǒu 동 보유하다, 소유하다, 가지다, 지니다 | 油田 yóutián 명 유전 | 配色 pèisè 명 배색 | 创意 chuàngyì 명 창조적인 의견 | 假发 jiǎfà 명 가발 | 赞 zàn 동 칭찬하다 | 背后 bèihòu 명 배경, 배후 | 潮流 cháoliú 명 트렌드, (사회적) 추세 | ★汇聚 huìjù 동 한데 모이다, 모여들다 | 中小企业 zhōngxiǎo qǐyè 명 중소기업 | ★则 zé 부 바로 ~이다 | ★视角 shìjiǎo 명 관점, 시각 [사물을 관찰하고 파악하는 기본적인 자세] | 风向标 fēngxiàngbiāo 명 풍향계 | 热点 rèdiǎn 명 트렌드, 관심사, 화두 | 数字化 shùzìhuà 동 디지털화하다 | 可视化 kěshìhuà 가시화되다 | 推动 tuīdòng 동 추진하다, 나아가게 하다 | 本土化 běntǔhuà 동 현지화하다 | 催生 cuīshēng 동 빨리 태어나게 하다 | 爆款 bàokuǎn 인기 상품 | ★碳 tàn 명 탄소 | 天猫 Tiānmāo 고유 티몰 [중국 전자상거래 업체 알리바바가 운영하는 온라인 쇼핑몰] | ★独家 dújiā 단독, 독점 | 首发 shǒufā 동 처음 출시하다, 처음 발행하다 | 限量 xiànliàng 명 한정, 한량, 제한량 | 玩偶 wán'ǒu 명 장난감 인형 | 原始 yuánshǐ 형 원래의, 원시의 | 排放量 páifàngliàng 명 배출량 | 千克 qiānkè 명 킬로그램 | ★响应 xiǎngyìng 동 호응하다, 응답하다 | ★理念 lǐniàn 명 이념 | 再生 zàishēng 동 (폐품 따위를) 재생시키다 | 废料 fèiliào 명 폐기물, 폐품 | 购买 gòumǎi 동 사다, 구매하다 | ★排放 páifàng 동 (폐기·오수·찌꺼기 따위를) 배출하다 | 指标 zhǐbiāo 명 지표, 수치 | 最终 zuìzhōng 명 최종의, 궁극의 | 上线 shàngxiàn 동 출시하다 | 火爆 huǒbào 형 번창하다, 흥성하다 | 相关人员 xiāngguān rényuán 명 관계자 | 透露 tòulù 동 (정보·상황·의중 등을) 넌지시 드러내다, 흘리다 | 中华 Zhōnghuá 고유 중국 | 官方 guānfāng 명 정부측 [정식, 공식의 의미를 내포함] | 授权商 shòuquánshāng 라이선스 | 相比 xiāngbǐ 동 비교하다, 견주다 [和/与……相比: ~와 비교하다] | 往届 wǎngjiè 지난번 | 品类 pǐnlèi 명 종류 | ★服饰 fúshì 명 복식, 의복과 장신구 | ★口罩 kǒuzhào 명 마스크 | 保温杯 bǎowēnbēi 명 텀블러 | 众多 zhòngduō 형 매우 많다 | 线上 xiànshàng 명 온라인 | 线下 xiànxià 명 오프라인 | 渠道 qúdào 명 경로, 루트, 방법 | 分销 fēnxiāo 동 유통시키다 | 淘宝 Táobǎo 고유 타오바오 [중국 최대 인터넷경매사이트] | 带动 dàidòng 동 이끌어 나가다, 선도하다 | 小商品 xiǎoshāngpǐn 명 일상용품 | 店主 diànzhǔ 명 (가게) 점주, 주인 | 竞争力 jìngzhēnglì 명 경쟁력 | 个体 gètǐ 명 개인 | 门店 méndiàn 명 가게, 상점 | 经营者 jīngyíngzhě 명 경영자 | ★做生意 zuò shēngyi 장사를 하다, 사업을 하다 | 更新 gēngxīn 업데이트 하다, 갱신하다, 새롭게 바뀌다 | 开设 kāishè 동 설립하다, 차리다 | 起色 qǐsè 명 (본래 안 좋던 상황에서) 활기, 나아지는 기미, 좋아지는 기미 | 售出 shòuchū 팔다, 매출하다 | ★旗帜 qízhì 명 깃발 | 热门 rèmén 명 인기 있는 것, 유행하는 것 | 类似 lèisì 형 비슷하다, 유사하다 | 东京 Dōngjīng 고유 도쿄 [일본의 수도] | 奥运会 Àoyùnhuì 고유 올림픽 | 佩戴 pèidài 동 (장식품·명찰 등을) 달다, 차다, 지니다 | 别具一格 biéjù yìgé 형 이채를 띠다, 독특한 풍격을 지니다 | 鸭 yā 명 오리 | 发卡 fàqiǎ 명 머리핀 | 注目 zhùmù 동 주목하다, 주시하다 | 热搜 rèsōu 인기 검색어 | 发酵 fājiào 동 떠오르다, 부각되다 | 义乌 Yìwū 고유 이우 [도시명] | ★追随 zhuīsuí 동 뒤쫓아 따르다 | 创新 chuàngxīn 명 창의성, 창조성 | 足球 zúqiú 명 축구공 | 国旗 guóqí 명 국기 | 美甲 měijiǎ 명 네일아트 | 贴 tiē 동 붙이다 | 孙兴憨 Sūn Xīnghàn 고유 손흥민 [인명] | 面具 miànjù 명 마스크 | 诸多 zhūduō 형 수많은, 많은 | ★周边商品 zhōubiān shāngpǐn 굿즈 | 爆火 bàohuǒ 매우 인기 있다 | ★直观 zhíguān 형 직관의 | 海外 hǎiwài 명 해외, 외국 | 捷径 jiéjìng 명 지름길 | 本土 běntǔ 명 현지, 본토 | 融合 rónghé 동 융합하다 | 本地 běndì 명 현지, 본지 | 改造 gǎizào 개조, 개선 | 本届 běnjiè 명 금회, 이번 | 敌意 díyì 명 적대심, 적의 | 提升 tíshēng 동 올리다, 진급하다 | 离不开 líbukāi 떨어질 수 없다 | 有关 yǒuguān 동 관계가 있다 [与/跟……有关: ~와 관련이 있다] | ★良性 liángxìng 명 양성

 탄소제로(carbon zero) : 온실가스 배출을 최소화하거나 없애는 것을 목표로 하는 환경정책 및 실천 방침을 의미한다.

26 A [有规律可循 따라야 하는 규칙이 있다]　보기를 미리 잘 파악했다면 녹음 초반 남자의 답변에 '所以消费行为
是有规律可循的(소비자행동에는 따라야 하는 규칙이 있다)'가 등장한 순간 답을 고를 수 있다.

27 C [一件消费品就是一件艺术品 하나의 소비품은 하나의 예술품이라고 할 수 있습니다]　남자는 하나의 소비품은 하나
의 예술품이라고 할 수 있다고 했으며, 그 예시로 '식사용 접시'를 언급했다.

28 信誉的保障　합리적인 소비가 무엇이냐는 여자의 질문에 남자의 답변 부분이 받아쓰기 문제로 등장했다. 빈칸
에는 '信誉的保障(신뢰의 보증)'이 들어가야 한다.

29 C [不一定非要去区分消费和投资 소비와 투자를 반드시 구분할 필요는 없습니다]　남자는 소비와 투자는 때로는 구
분하기 어렵다며, 소비와 투자를 반드시 구분할 필요는 없다고 했다.

30 D [对于附加成本很高的商品, 我们应该选择质量上乘的 부가비용이 높은 상품에 대해 품질이 높은 것을 골라야 한다]
녹음 마지막에 똑똑한 소비에 대해 설명하기 위해 부가비용과 품질의 상관관계를 언급했다.

31 越便宜　똑똑한 소비가 무엇인지에 대한 남자의 답변이 받아쓰기 문제로 등장했다. 빈칸에는 '越便宜(더 저렴
해지다)'가 들어가야 한다. '越A越B' 구문에서 '越'가 들리면 좀 더 집중해서 들어야 한다.

32 B [重要的是……而不是…… 중요한 것은 (…)가 아니라 (…)이다]　녹음의 뒷부분에서 남자는 순간의 최대 행복이
아닌 '오랜 시간 동안의 행복을 어떻게 최대로 유지할 것인지'야말로 비교적 합리적인 소비관 혹은 투자관이라고
생각한다고 했다. 포인트 어휘인 '重要的是'부터 더욱 집중해서 듣자.

现在开始第26到32题:

女：您是如何理解"消费行为是可分析的"这
　句话的?

男：消费就是跟世界上其他人之间产生连
　接，每个消费者对世界上其他人都有着
　极大的需求，同时也为世界上其他人
　作出了贡献。²⁶消费行为和其他行为一
　样，要接受约束条件的限制，所以消费
　行为是有规律可循的。

女：您对消费的社会观察主要来自哪儿?

男：我对消费的观察主要来自于日常生活，
　²⁷一件消费品就是一件艺术品，哪怕是
　吃饭用的盘子也经历了漫长的改进和演
　化，只是我们的生活节奏太快了，大家
　来不及停下来欣赏那一件件消费品背后
　的技术和艺术。

女：什么样的消费才是合理的消费?

男：回头看看我们买的商品究竟是什么? 是
　商品的功能、²⁸信誉的保障，还是自我
　暗示、炫耀的需要? 如果答案是前者，
　那就应该算是比较理性的消费了。

女：消费也算是一种投资吗? 如何看待消费
　和投资之间的关系?

26번~32번 문제가 시작됩니다.

여: '소비자행동은 분석할 수 있다'는 말에 대해 어떻게 생각
　하시나요?

남: 소비는 이 세상의 다른 사람들과 연결되는 것이라서, 모든
　소비자는 세상의 다른 사람들에 대해 많은 요구가 있는 것
　과 동시에 다른 사람들에게 공헌을 합니다. ²⁶소비자행동
　은 다른 행동과 마찬가지로 제한조건의 한계를 받아들여
　야 하기 때문에 소비자행동에는 따라야 하는 규칙이 있습
　니다.

여: 소비에 대한 사회적 관찰은 주로 어디에서 하시나요?

남: 소비에 대한 관찰은 주로 일상생활에서 합니다. ²⁷하나의
　소비품은 하나의 예술품이라고 할 수 있으며, 설령 식사용
　접시라고 하더라도 긴 시간 개선과 진화를 겪습니다. 단지
　우리의 생활 리듬이 너무 빨라서 잠시 멈춰 서서 소비품
　하나하나 이면의 기술과 예술을 감상할 시간이 없을 뿐입
　니다.

여: 어떤 소비야말로 합리적인 소비라고 할 수 있을까요?

남: 우리가 구매하는 상품에 무엇이 담겨 있는지 돌아봅시다.
　상품의 기능과 ²⁸신뢰의 보증인가요, 아니면 자기 암시와
　자랑인가요? 만약 전자라면 비교적 이성적인 소비라고 할
　수 있겠습니다.

여: 소비도 일종의 투자라고 할 수 있나요? 소비와 투자 사이
　의 관계를 어떻게 보시나요?

男：经济学的观点是人们总是要消费的，但有时如果节制一点、延迟一点。那么从长期来看，消费带来的幸福感会更大，而那些"节制"与"延迟"就被称为投资。投资和消费有时候很难区分，例如度假旅行，一般人会认为它是消费，但是我们也可以把它看作是对记忆力的投资，所以²⁹不一定非要去区分消费和投资。³²重要的是从时间维度上来看，如何追求长时间内的幸福感之和最大，而不是某一刹那的幸福感最大。这才是比较合理的消费观或投资观。有聪明的投资者，也有聪明的消费者。

女：在您看来什么算是聪明的消费？

男：聪明与否要看花的钱合不合适。经济学里有一个"需求第三定律"。它说的是：³⁰对于附加成本很高的商品，我们应该选择质量上乘的。也就是说，每当消费者必须支付一笔附加费时，高品质的产品相对低品质的产品就变得便宜了。这笔附加费越高，高品质产品相对就³¹越便宜。举个简单的例子：跨越大半个地球来到某个城市旅行，那你绝对值得去吃一顿当地的大餐，因为你的旅费本身是贵的，但如果你就生活在那里，那买个面包充饥就好了。

26 关于消费行为可以知道什么？

A 有规律可循

B 有理有据

C 遵循自然规律

D 要循序渐进

27 男的怎么看待吃饭的盘子？

A 是生活节奏变快的产物

B 可以催生外食族的产生

C 可以看做是一件艺术品

D 与消费本身无关

28 回头看看我们买的商品究竟是什么？是商品的功能、信誉的保障，还是自我暗示、炫耀的需要？

29 关于消费和投资的关系，下列哪项正确？

A 投资的价值高于消费

B 两者的定义界限分明

C 没必要硬性区分

D 消费是投资的前提

남: 경제학의 관점에서는 사람들이 항상 소비를 해야 합니다만, 때로는 조금 절제하고 조금 미루기도 해야 합니다. 그래야 장기적으로 봤을 때 소비가 가져다주는 행복이 더 커질 것이고, 그때의 '절제'와 '미룸'이 투자라고 불립니다. 투자와 소비는 때로 구분하기 어렵습니다. 예를 들어 휴가를 맞아 여행을 간다고 하면 보통 사람들은 이것이 소비라고 생각하지만 우리는 이것을 '기억력에 대한 투자'로도 볼 수 있습니다. 따라서 ²⁹소비와 투자를 반드시 구분할 필요는 없습니다. ³²중요한 것은 시간적 차원에서 봤을 때 어떤 찰나의 행복감의 합이 최대가 아닌 오랜 시간 동안의 행복을 어떻게 최대로 유지할 것인지입니다. 이것이야말로 비교적 합리적인 소비관 혹은 투자관입니다. 똑똑한 투자자도 있고 똑똑한 소비자도 있습니다.

여: 똑똑한 소비란 무엇이라고 생각하시나요?

남: 똑똑한지 아닌지는 쓰는 돈이 합리적인지를 봐야 합니다. 경제학에는 '수요의 제3 법칙'이라는 것이 있는데, ³⁰부가비용이 높은 상품에 대해 품질이 높은 것을 골라야 한다는 것을 말합니다. 다시 말해, 소비자가 반드시 부가비용을 내야 할 때마다 고품질 제품이 저품질 제품보다 저렴해진다는 것입니다. 부가비용이 높을수록 고품질 제품은 상대적으로 ³¹더 저렴해지는 것이죠. 간단한 예를 들어 봅시다. 지구의 반을 넘어 어떤 도시에 여행을 갔다면 현지의 비싼 성찬을 먹어 볼 만합니다. 여행비 자체가 비싸기 때문이죠. 하지만 만약 그곳에 살고 있다면 빵만 사서 요기해도 충분합니다.

26 소비자행동에 관해 알 수 있는 것은?

A 따라야 하는 규칙이 있다

B 이치와 근거가 있다

C 자연의 법칙을 따른다

D 차근차근 나아가야 한다

27 남자는 식사용 접시를 어떻게 보는가?

A 생활 리듬이 빨라지면서 생긴 산물이다

B 외식족의 출현을 부추길 수 있다

C 일종의 예술품으로 볼 수 있다

D 소비 자체와 무관하다

28 우리가 구매하는 상품들에 무엇이 담겨 있는지 돌아봅시다. 상품의 기능과 신뢰의 보증인가요, 아니면 자기 암시와 자랑인가요?

29 소비와 투자의 관계에 관하여 다음 중 옳은 것은?

A 투자의 가치는 소비보다 높다

B 양자의 정의는 경계가 분명하다

C 엄격하게 구분할 필요가 없다

D 소비는 투자의 전제 조건이다

30 对于附加成本高的商品，我们应该做出怎样的选择？

A 更具回收价值的

B 别人买不起的

C 价格相对便宜的

D 质量更优质的

31 每当消费者必须支付一笔附加费时，高品质的产品相对低品质的产品就变得便宜了。这笔附加费越高，高品质产品相对就<u>越便宜</u>。

32 下列哪项是男的的观点？

A 世上没有聪明的消费只有精明的商家

B 聪明的消费是长时间里幸福感之和是最大的

C 消费观念的建立应从家庭教育开始

D 瞬间的幸福感是否强烈最重要

30 부가비용이 높은 상품에 대해 우리는 어떤 것을 선택해야 하는가?

A 회수할 가치가 더 많은 것

B 다른 사람이 살 수 없는 것

C 가격이 상대적으로 저렴한 것

D 품질이 더 우수한 것

31 소비자가 반드시 부가비용을 내야 할 때마다 고품질 제품이 저품질 제품보다 저렴해진다는 것입니다. 부가비용이 높을수록 고품질 제품은 상대적으로 <u>더 저렴해지는</u> 것이죠.

32 다음 중 남자의 입장은 무엇인가?

A 세상에 똑똑한 소비자는 없고 영리한 상인만 있다

B 똑똑한 소비는 오랜 시간 동안 행복감의 합이 가장 크다

C 소비 관념의 형성은 가정교육에서부터 시작해야 한다

D 순간적인 행복이 강렬한지가 가장 중요하다

之间 zhījiān 몡 ~의 사이 | 连接 liánjiē 통 연결되다 | 消费者 xiāofèizhě 몡 소비자 | 极大 jídà 혱 지극히 크다, 최대한도이다 | 需求 xūqiú 몡 수요, 필요 | 约束 yuēshù 통 제한, 제약 | 限制 xiànzhì 몡 한계, 제약, 규정된 범위 | 循 xún 통 (규칙·순서·인습·관례 따위를) 따르다 | 消费品 xiāofèipǐn 몡 소비품, 소비 물자 | 艺术品 yìshùpǐn 몡 예술품 | 漫长 màncháng 혱 (시간·공간이) 길다, 멀다 | 演化 yǎnhuà 통 진화 | 只是 zhǐshì 囝 단지, 그저, 다만 | 节奏 jiézòu 몡 리듬, 박자, 템포 | 背后 bèihòu 몡 이면, 뒤, 배후 | 回头 huítóu 통 뒤돌아보다 | ★信誉 xìnyù 몡 신용과 명예, 위신, 신망 | ★保障 bǎozhàng 몡 보증, 보장 | 自我 zìwǒ 떼 자아, 자기 자신 | 暗示 ànshì 몡 암시 | ★炫耀 xuànyào 통 자랑하다, 뽐내다, 과시하다 | ★前者 qiánzhě 몡 전자 | 算是 suànshì (~라고) 불릴 만하다, 할 만하다 | 理性 lǐxìng 혱 이성적이다 | 看待 kàndài 통 다루다, 취급하다 | 有时 yǒushí 囝 때로는, 어떤 때, 이따금 | 节制 jiézhì 통 절제하다, 제한하다, 억제하다 | 延迟 yánchí 통 미루다, 연기하다, 늦추다 | 来看 láikàn ~에서 보면, ~에게 있어서 [从A来看: A로 보면] | 有时候 yǒu shíhou 가끔씩, 종종 | 区分 qūfēn 통 구분하다, 나누다 | ★度假 dùjià 휴가를 보내다 | 看作 kànzuò 통 ~라고 여기다 | 记忆力 jìyìlì 몡 기억력 | ★维度 wéidù 몡 차원 [기하학이나 공간 이론의 기본 개념] | ★一刹那 yíchànà 몡 찰나, 눈 깜짝할 사이 | ★与否 yǔfǒu 몡 여부 [2음절의 동사나 형용사, 혹은 동빈 구조 뒤에 놓임] | 定律 dìnglǜ 몡 법칙 | ★附加 fùjiā 통 부가, 추가 | 成本 chéngběn 몡 원가, 자본금 | 上乘 shàngchéng 몡 최상, 높은 수준 | ★也就是说 yě jiù shì shuō 바꾸어 말하면 ~이다 | ★每当 měi dāng ~할 때마다, ~할 때면 언제나 | 支付 zhīfù 통 지불하다, 지급하다 | 笔 bǐ 양 몫, 건 [돈이나 그와 관련된 것에 쓰임] | 附加费 fùjiāfèi 부가비용, 추가 비용 | 品质 pǐnzhì 몡 품질, 질 | 相对 xiāngduì 囝 상대적으로, 비교적 | 例子 lìzi 몡 예 | ★跨越 kuàyuè 통 (지역이나 시기를) 뛰어넘다 | 大餐 dàcān 몡 성찬 | 旅费 lǚfèi 몡 여행비, 여비 | 本身 běnshēn 몡 그 자체 | 充饥 chōngjī 통 요기하다, 배를 채우다 | 理 lǐ 몡 이치 | 据 jù 통 근거 | ★遵循 zūnxún 통 따르다 | ★循序渐进 xúnxù jiànjìn 쩡 차례대로 한걸음 한걸음 앞으로 나아가다 | ★产物 chǎnwù 몡 산물, 결과 | 催生 cuīshēng 통 빨리 태어나게 하다 | 外食族 wàishízú 몡 외식족 | 看做 kànzuò 통 ~로 여기다, ~로 간주하다 | 无关 wúguān 통 무관하다 | 高于 gāoyú ~보다 높다 | 两者 liǎngzhě 몡 양자 | ★定义 dìngyì 몡 정의 | ★界限 jièxiàn 몡 경계 | ★分明 fēnmíng 혱 분명하다, 명확하다, 확실하다, 뚜렷하다 | 硬性 yìngxìng 혱 엄격한, 완고한 | 前提 qiántí 몡 전제, 전제 조건 | 具 jù 통 가지다, 구비하다 [주로 추상적인 사물에 쓰임] | 回收 huíshōu 통 회수하다, 회수하여 이용하다 | 优质 yōuzhì 혱 질이 우수하다 | 产品 chǎnpǐn 몡 제품, 생산품 | ★精明 jīngmíng 혱 영리하다, 총명하다, 일에 세심하고 똑똑하다 | 商家 shāngjiā 몡 상인, 판매상 | ★瞬间 shùnjiān 몡 순간

track 9

● Day 08　33 C　34 A　35 D　36 B　37 C

33 C [相反，他们表达出了强烈的学习意愿 오히려 강렬한 학습 의지를 드러냈습니다]　여자는 사실 노인들은 모바일 인터넷을 거부하는 것이 아니라 오히려 학습 의지를 강하게 드러냈다고 밝혔다. '相反' 다음에 중심 내용이 많이 나오므로 주의해서 들어야 한다.

34 A [进行"适老化"改造 '노인 친화적'으로 개선하다]　노인이 인터넷 시대에 적응하도록 하기 위한 정부 정책으로 여자는 두 가지 방안을 제시했고, 그중 하나가 보기 A로 제시되었다. 이번 문제처럼 녹음에 여러 항목이 언급되는 경우, 녹음을 들으면서 녹음 내용과 일치하지 않는 보기를 하나씩 소거해 나가면 정답을 찾기 수월하다.

35 D [这样做反而对他们有益无害 이렇게 하는 것이 오히려 그들에게 유익합니다] 인터넷 기업이 노인의 수요에 맞게 연구·개발을 진행하는 것이 도리어 인터넷 기업에 유익하다고 답했다. '这样做' 뒤에 답이 많이 나온다.

36 B [通过…… 组织志愿服务……等方式 자원봉사 조직, (…) 등의 방식을 통해] 지역사회와 가정이 노인의 인터넷 사용을 돕는 방식으로 언급된 여러 항목 중 보기에 언급된 것은 B뿐이다.

37 C [家庭生活也会变得更有乐趣 가정생활도 더 즐거워질 것입니다] 노인이 인터넷에 익숙해지면 좋은 점에 대해 질문하자 여자는 '노인이 언제든 영상통화를 할 수 있게 되고, 간혹 인터넷쇼핑도 하게 되면 가정생활도 더 즐거워질 것'이라고 답했다. 질문에서 '좋은 점'을 물었기 때문에 보기 A, B는 정답에서 바로 배제하도록 하자.

> 인터뷰 답변 하나당 반드시 하나의 문항만 출제되지 않는다. 그러니 핵심 내용 하나를 듣고 답안을 체크했다고하더라도 그 뒤에 이어지는 내용도 끝까지 주의 깊게 듣자.

现在开始第33到37题:

男： 现在是移动互联网时代，然而许多老年人却仍然过着没有智能手机的日子，有些老年人即使有智能手机也不会上网，还有一些老年人甚至抗拒或畏惧接触网络。如何帮助老年人跟上时代的发展呢？

女： 其实，³³老年人并不是抗拒移动互联网。相反，他们表达出了强烈的学习意愿。只是需要时间来学习和适应，所以全社会应对老年人使用移动互联网倾注更多的耐心。不仅为老年人创造"触网"的条件，还要帮助他们"玩转"互联网。要达到这样的目标，需要政府、企业、家庭等多方协作、共同努力。

男： 政府在这方面应该做些什么呢？又或是要制定新的政策与措施吗？

女： 是的，政府应制定相关政策，进行正确有效的引导。"老龄化"和"数字化"如今是中国社会发展的两大趋势，但两者并不对立。在制定发展数字化政策的过程中，要充分考虑老年人的需求，引导社会企业和家庭对老年人运用移动互联网等智能技术投入更多精力。例如：³⁴政府可以引导互联网企业对手机软件等进行"适老化"改造，支持手机生产企业开发老年智能机等。

男： 互联网企业针对老年人的需求进行研发，会不会影响其经济效益？

33번~37번 문제가 시작됩니다.

남: 바야흐로 모바일 인터넷 시대입니다만, 여전히 많은 노인들이 스마트폰 없이 생활하고 있습니다. 스마트폰이 있어도 인터넷을 사용할 줄 모르시는 노인도 있고, 인터넷을 접하는 걸 거부하거나 두려워하는 노인도 있습니다. 어떻게 노인들이 시대의 발전을 따라올 수 있게 도울 수 있을까요?

여: 사실 ³³노인들은 모바일 인터넷을 거부한 것이 아니라 오히려 강렬한 학습 의지를 드러냈습니다. 단지 배우고 적응할 시간이 필요한 것입니다. 따라서 전 사회는 노인이 모바일 인터넷을 사용하는 것에 더 큰 인내심을 쏟아야 합니다. 노인이 인터넷을 접할 수 있는 조건을 만들어 줄 뿐만 아니라, 인터넷을 '잘 다룰 수 있게' 도와야 합니다. 이러한 목표를 이루려면 정부, 기업, 가정 등 여러 곳에서 협력하고 함께 노력해야 합니다.

남: 정부는 이를 위해 무엇을 해야 할까요? 혹시 새로운 정책과 대책을 마련해야 할까요?

여: 그렇습니다. 정부는 관련 정책을 제정하고, 올바르고 효과적으로 지도해야 합니다. '고령화'와 '디지털화'는 현재 중국 사회 발전의 양대 추세이지만 이 둘은 결코 대립하지 않습니다. 디지털화 정책을 발전 수립하는 과정에서 노인의 수요를 충분히 고려해야 하며, 노인이 모바일 인터넷 등 스마트 기술을 사용하는 데 사회 기업과 가정이 더 많은 힘을 쏟도록 이끌어야 합니다. 예를 들어, ³⁴정부가 인터넷 기업이 휴대전화 앱 등을 '노인 친화적'으로 개선하도록 유도하거나 휴대전화 생산 기업이 노인용 스마트폰을 개발하도록 지원하는 식으로 말입니다.

남: 인터넷 기업이 노인의 수요에 맞춰 연구·개발을 진행하면 경제 효익에 영향을 끼치진 않을까요?

女：正好相反，³⁵这样做反而对他们有益无害。中国现在60周岁以上的人口超过2.5亿，这是一个庞大的市场，养老、健康、娱乐等方面都有着可观的市场空间。如果能够研发出一些"适老化"软件或智能终端设备，那么既能满足老年人的需求，又能增加企业的收入，这就形成了双赢局面。

男：在帮助老年人使用互联网的过程中，社区和家庭该怎么做呢？

女：社区和家庭在帮助老年人使用互联网的过程中是一个执行者的角色。社区是政策的主要执行者，应加强与老年人的沟通，³⁶通过举办课程、组织志愿服务、入户介绍等方式，帮助老年人积极"触网"；家庭则要对老年人投入更多的关心，有时候子女为了省事，更愿意替父母或家中长辈们"代劳"，但这极易造成老年人与移动互联网脱节。因此，子女应放手让老年人熟悉移动互联网。³⁷当老年人能够随时视频聊天，偶尔进行网购时，家庭生活也会变得更有乐趣。

33 老年人实际上对互联网持怎样的态度？

A 承受不了互联网的冲击

B 急需线上的老年人救援团

C 有强烈的学习意愿

D 拥有积极的投资意愿

34 政府应制定什么样的政策来帮助老年人适应网络时代？

A 加强手机软件等的"适老化"改造

B 发展线下市场适应老年人的需求

C 降低数字化的应用

D 加速人工智能的发展

35 企业针对老年人需求进行研发会带来的结果是？

A 增加了制造的成本

B 会引起年轻受众的不满

C 使原有的资源无法利用

D 会得到可观的收益

36 下列哪项是社区帮助老年人使用互联网的方式？

A 上门推销网络周边产品

B 组织志愿服务

C 寻找老年志愿者

D 与老年人子女多沟通

여: 정반대입니다. ³⁵이렇게 하는 것이 오히려 그들에게 유익합니다. 중국의 현재 만 60세 이상 인구는 2억 5천만 명을 넘어섰습니다. 이는 매우 방대한 시장으로 양로, 건강, 오락 등 분야에 모두 상당한 시장 공간이 있습니다. '노인 친화적' 앱 또는 스마트 단말기를 연구·개발한다면 노인의 수요를 만족할 수 있는 데다가 기업의 수입도 늘릴 수 있어 양측에 모두 이익이 됩니다.

남: 노인의 인터넷 사용을 돕는 과정에서 지역사회와 가정은 무엇을 해야 할까요?

여: 지역사회와 가정은 노인의 인터넷 사용을 돕는 과정에서 집행자의 역할을 합니다. 지역사회는 정책의 주요 집행자로서 노인과의 소통을 강화해야 하며 ³⁶관련 수업 과정 개설, 자원봉사 조직, 방문 소개 등의 방식을 통해 노인이 적극적으로 '인터넷을 접할 수 있도록' 도와야 합니다. 가정에서는 노인에게 더 많은 관심을 기울여야 합니다. 때때로 자녀들은 수고를 덜고자 부모 또는 집안 어르신을 대신하여 '일을 처리하려' 하지만, 이는 노인이 모바일 인터넷과 더 어긋나게 만들 수 있습니다. 따라서 자녀들은 노인이 모바일 인터넷에 익숙해지도록 손을 떼야 합니다. ³⁷노인이 언제든 영상통화를 할 수 있게 되고, 간혹 인터넷쇼핑도 하게 되면 가정생활도 더 즐거워질 것입니다.

33 노인은 실질적으로 인터넷에 대해 어떤 태도를 취하는가?

A 인터넷 충격을 감당할 수 없다

B 온라인 노인 구조단을 급히 필요로 한다

C 학습 의지가 강하다

D 적극적인 투자 의사가 있다

34 정부는 어떠한 정책을 제정하여 노인이 인터넷 시대에 적응하도록 도와야 하는가?

A 휴대전화 앱 등의 '노인 친화적' 개선을 강화한다

B 오프라인 시장을 발전시켜 노인의 수요에 부응한다

C 디지털화 응용을 줄인다

D 인공지능 발전을 가속한다

35 기업이 노인의 수요에 맞게 연구·개발할 경우 그 결과는 어떠한가?

A 제조 비용을 증가시킨다

B 젊은 층의 불만을 야기한다

C 기존의 자원을 이용할 수 없게 한다

D 상당한 이익을 얻게 된다

36 다음 중 지역사회가 노인의 인터넷 사용을 돕는 방식으로 알맞은 것은?

A 인터넷 주변기기를 방문 판매한다

B 자원봉사를 조직한다

C 노인 자원봉사자를 찾는다

D 노인의 자녀와 자주 소통한다

37 老年人熟悉互联网后对其有什么好处? | **37** 노인이 인터넷에 익숙해지면 좋은 점은 무엇인가?
A 有沉迷网络的风险 | A 인터넷에 중독될 위험이 있다
B 产生隔代的矛盾 | B 격세 간에 갈등이 생긴다
C 会让家庭生活变得更有乐趣 | C 가정생활을 더 즐겁게 만들어 준다
D 能够为社会做出更大的贡献 | D 사회에 더 큰 공헌을 할 수 있다

移动互联网 yídòng hùliánwǎng 모바일 인터넷 | 老年人 lǎoniánrén 몡 노인 | 智能手机 zhìnéng shǒujī 몡 스마트폰 | ★抗拒 kàngjù 동 거부하다, 저항하다 | ★畏惧 wèijù 동 두려워하다, 무서워하다 | 意愿 yìyuàn 몡 염원, 희망, 갈망 | 倾注 qīngzhù 동 (힘이나 감정 따위를) 쏟아붓다, 기울이다, 집중하다 | 触网 chùwǎng 동 인터넷을 접하다 [처음 접하는 것을 가리킴] | ★协作 xiézuò 동 협력하다, 협동하다 | 政策 zhèngcè 몡 정책 | 有效 yǒuxiào 혱 효과가 있다, 유효하다 | 引导 yǐndǎo 동 지도하다, 유도하다, 이끌다 | 老龄化 lǎolínghuà 노령화 | 数字化 shùzìhuà 디지털화 | 对立 duìlì 동 대립하다, 대립되다 | 需求 xūqiú 몡 수요, 필요 | 智能 zhìnéng 혱 스마트, 지능을 갖춘 | 改造 gǎizào 동 개조하다 | 研发 yánfā 동 연구 개발하다 | ★效益 xiàoyì 몡 효과와 이익 | 有益 yǒuyì 혱 유익하다, 도움이 되다 | 无害 wúhài 몡 무해하다 | 周岁 zhōusuì 몡 한 돌, 만 나이 | ★庞大 pángdà 혱 방대하다, 거대하다 | 养老 yǎnglǎo 동 노인을 봉양하다 | ★可观 kěguān 혱 대단하다, 굉장하다, 훌륭하다 | 智能终端 zhìnéng zhōngduān 스마트단말기 | ★双赢 shuāngyíng 동 양측 모두 이익을 얻다 | 局面 júmiàn 몡 국면, 형세, 양상 | 社区 shèqū 몡 지역사회 | 执行 zhíxíng 동 집행하다, 수행하다, 실행하다 | 加强 jiāqiáng 동 강화하다, 증강하다 | 入户 rùhù 동 남의 집에 가다 | 则 zé 뷔 바로 ~이다 | 子女 zǐnǚ 몡 자녀 | ★省事 shěngshì 동 수고를 덜다 | 替 tì 동 대신하다 | ★长辈 zhǎngbèi 몡 (가족·친척 가운데서의) 손윗사람, 연장자 | 代劳 dàiláo 동 대신 일하다 | ★脱节 tuōjié 동 갈라지다, 떨어지다, 분리되다 | 放手 fàngshǒu 동 손을 떼다 | 视频 shìpín 몡 영상 신호 주파수, 동영상 | 乐趣 lèqù 몡 즐거움, 기쁨, 재미 | 实际上 shíjìshang 뷔 실제로 | ★持 chí 동 가지다 | 冲击 chōngjī 몡 충격 동 충돌하다 | ★急需 jíxū 동 급히 필요로 하다 | 线上 xiànshàng 몡 온라인 | 救援团 jiùyuántuán 구조단 | 拥有 yōngyǒu 동 가지다, 지니다 | 适老化 shìlǎohuà 노인 친화적 | 线下 xiànxià 몡 오프라인 | 加速 jiāsù 동 가속하다 | 人工智能 rénggōng zhìnéng 몡 인공지능 | 成本 chéngběn 몡 원가, 자본금 | 受众 shòuzhòng 몡 독자, 청취자, 시청자의 총칭 | 原有 yuányǒu 혱 원래 있는, 고유의 | 得到 dédào 동 얻다, 받다, 획득하다, 취득하다 | 收益 shōuyì 몡 수익, 이득, 수입 | 下列 xiàliè 혱 아래에 열거한 | 上门 shàngmén (남의 집을) 방문하다 | 推销 tuīxiāo 동 판매하다 | ★周边 zhōubiān 몡 주변, 주위 | ★沉迷 chénmí 동 깊이 미혹되다, 깊이 빠지다

🔊track 10

●**Day 09**　**38** B　　**39** A　　**40** B　　**41** D　　**42** B

38 B [创新之处 혁신적인 점 → 达芬奇系统第一次 다빈치 시스템은 처음으로]　남자는 현재 세계적으로 가장 성공한 수술용 로봇 제품은 다빈치 수술 시스템으로, 처음으로 로봇 기술을 임상과 의료 기술이 융합된 비즈니스모델에 대규모로 응용하여 거대한 경제적 이익을 가져다주었다고 했으므로 정답은 B이다.

39 A [正在进行临床实验 임상실험을 진행하고 있습니다]　핵심 어휘만 단편적으로 들어서는 정답을 고를 수 없는 문제이다. 녹음 문장 전체를 제대로 들어야 일치 여부를 판단할 수 있으므로, 보기를 먼저 읽었어야 헷갈리지 않고 답을 고를 수 있다. 녹음에서는 '묘수 시스템'이 의료기기 제품 검사기관의 검사를 통과하여 임상실험을 진행 중이라고 했다.

40 B [在临床应用中的人机交互方面…… 임상에서 응용할 때의 인간과 기계 간 인터페이스 측면에서 (…)]　두 번째 여자의 질문에 대한 남자의 답변에 핵심 내용이 등장한다. 남자는 '임상에서 응용할 때의 인간과 기계 간 인터페이스 측면에서 우리는 의사들의 수요를 만족하기 위해 더 많은 노력을 기울일 필요가 있다'고 답변했다. '所以' 뒤에는 결과나 결론이 많이 나오므로 주의 깊게 보자.

41 D [是为了……对医生手术能力的延伸 ~의사의 수술 능력을 확장하기 위함입니다]　여자가 수술용 로봇을 응용하게 되면 어느 정도 선에서 의사의 일을 대체 가능한지 묻자, 남자는 수술용 로봇은 의사를 대체하기 위함이 아니라 '의사의 수술 능력을 확장하기 위함'이라고 답했다.

42 B [机器人的技术和市场共同决定其发展 로봇의 기술은 시장과 함께 발전의 방향을 결정합니다]　미래에 수술용 로봇을 발전시킬 더 좋은 방향에 대한 질문에 남자는 '로봇의 기술'과 '시장'이 발전의 방향을 결정한다고 언급했다.

现在开始第38到42题：

女：王教授，目前手术机器人的研究情况如何？

男：我认为，目前世界上最成功的手术机器人产品是达芬奇系统。从技术角度而言，[38]达芬奇系统第一次把机器人技术大规模应用到临床与医疗技术融合的商业模式带来了巨大的经济效益。达芬奇系统的商业模式能有今天，当然核心还是技术。中国在2010年已成功研发出微创手术机器人妙手系统，[39]现在该系统已通过医疗器械产品检测机构的检测，正在进行临床实验。

女：在您看来，国产手术机器人的发展面临怎样的难题？

男：妙手系统与达芬奇系统相比，核心技术不存在差别，涵盖的手术类型也大体相似。目前的问题在于很多医生习惯了达芬奇系统，所以[40]在临床应用中的人机交互方面，我们还需要更努力地去满足医生的需求。

女：手术机器人的应用在一定程度上是否会替代医生的工作？

男：手术机器人的发展[41]并不是为了替代医生，而是对医生手术能力的延伸。举一个例子：像腹腔镜微创手术，依赖目前的技术，医生在屏幕上只能看到平面且倍数放大的影像。但是如果使用手术机器人，不仅可以将图像放大到十倍以上，医生还可以在屏幕上看到机器人在腹腔内拍到的立体直观的影像。这对医生的技术提升是很有帮助的。

女：您认为，未来手术机器人如何才能更好地发展？

男：[42]机器人的技术和市场共同决定其发展。实际上，技术创新并不仅仅取决于技术本身，还取决于市场。我认为，我们的市场也要提出新的理念，这样将来无论是企业还是医院又或是其他医疗机构在进行研究时，都将有很多值得期待的方向。

38번~42번 문제가 시작됩니다.

여: 왕 교수님, 현재 수술용 로봇의 연구 상황은 어떠한가요?

남: 현재 세계적으로 가장 성공한 수술용 로봇 제품은 다빈치 시스템이라고 생각합니다. 기술적인 관점에서 봤을 때 [38]다빈치 시스템은 처음으로 로봇 기술을 임상과 의료 기술이 융합된 비즈니스모델에 대규모로 응용하여 거대한 경제적 이익을 가져다주었습니다. 다빈치 시스템의 비즈니스모델이 오늘날 존재할 수 있는 핵심 포인트는 물론 기술입니다. 중국은 2010년에 최소 침습술 (절제술) 로봇인 '묘수 시스템' 개발에 성공하였고 [39]현재 이 시스템은 의료기기 제품 검사기관의 검사를 통과하여 임상실험을 진행하고 있습니다.

여: 교수님은 (중국) 국내산 수술용 로봇의 발전에 어떤 어려운 점이 있다고 보시나요?

남: 묘수 시스템은 다빈치 시스템과 비교했을 때 핵심기술에 차이가 없고 포함된 수술 유형도 대체로 비슷합니다. 현재의 문제는 의사들이 다빈치 시스템에 이미 익숙해져 있다는 겁니다. 따라서 [40]임상에서 응용할 때의 인간과 기계 간 인터페이스 측면에서 우리는 의사들의 수요를 만족하기 위해 더 많은 노력을 기울일 필요가 있습니다.

여: 수술용 로봇을 응용하면 어느 정도는 의사의 일을 대체할 수 있을까요?

남: 수술용 로봇을 발전시키는 건 [41]의사를 대체하기 위함이 아니라, 의사의 수술 능력을 확장하기 위함입니다. 예를 하나 들어 보죠. 복강경 최소 침습술 같은 경우 현재의 기술에 의존하면 의사는 화면에서 평면과 배율을 확대한 영상만 볼 수 있습니다. 그러나 수술용 로봇을 사용하면 이미지를 열 배 이상 확대할 수 있는 데다가 화면을 통해 로봇이 복강 내에서 촬영한 입체적이고 직관적인 영상도 볼 수 있습니다. 이는 의사의 기술 향상에 많은 도움이 되죠.

여: 미래에는 어떻게 해야 수술용 로봇을 더 좋은 방향으로 발전시킬 수 있다고 생각하시나요?

남: [42]로봇의 기술은 시장과 함께 발전의 방향을 결정합니다. 사실상 기술혁신은 기술 자체뿐만 아니라 시장에 의해서도 좌우됩니다. 우리 시장에도 새로운 이념을 제시해야 기업이나 병원 혹은 기타 의료기관이 앞으로 연구를 진행할 때 기대할 수 있는 방향이 많아질 것으로 생각합니다.

38 "达芬奇"系统的创新之处体现在哪儿?

　A 临床效果不错，但无法带来经济效益

　B 首次将机器人技术大规模应用到临床中

　C 是目前世界上第一台可代替医生手术的机器人

　D 是我国设计的第一个临床机器人技术

39 关于"妙手"系统，下列哪项正确?

　A 正处于临床试验的阶段

　B 是中国在2010年引进的手术机器人系统

　C 妙手系统的核心技术不同于达芬奇系统

　D 与达芬奇系涵盖的手术类型存在很大差异

40 中国国产手术机器人下一步将在哪方面下工夫?

　A 采用更为先进的技术

　B 临床应用中的人机交互

　C 开发国内医疗市场

　D 实现线上医疗服务

41 男的如何看待手术机器人的作用?

　A 将代替医生完成手术

　B 是缓解医患关系的"润滑剂"

　C 最大限度的降低患者的治疗费用

　D 是对医生手术能力的延伸

42 在男的看来，手术机器人的未来发展取决于什么?

　A 机器人的产地与造价

　B 机器人的技术和市场

　C 机器人的售后和性能

　D 机器人的成本和设计

38 다빈치 시스템의 혁신적인 점은 어디에 있는가?

　A 임상 효과는 괜찮지만 경제적 이익을 가져올 수 없었다

　B 처음으로 로봇 기술을 임상에서 대규모로 응용했다

　C 현재 세계 최초의 의사 수술을 대체할 수 있는 로봇이다

　D 중국이 설계한 최초의 임상 로봇 기술이다

39 묘수 시스템에 관해 다음 중 옳은 것은?

　A 임상실험 단계에 있다

　B 중국이 2010년에 도입한 수술용 로봇 시스템이다

　C 묘수 시스템의 핵심기술은 다빈치 시스템과 다르다

　D 다빈치 시스템이 포용하는 수술 유형과 많은 차이가 있다

40 중국 국내산 수술용 로봇은 이후에 어떤 방면에서 힘쓸 것인가?

　A 더 선진화된 기술의 채택

　B 임상 응용 시 인간과 기계 간 인터페이스

　C 중국 내 의료 시장의 개발

　D 온라인 의료서비스 구축

41 남자는 수술용 로봇의 역할을 어떻게 보는가?

　A 의사의 수술을 대체할 것이다

　B 의사와 환자의 관계를 완화하는 '윤활제'이다

　C 환자의 치료 비용을 최대한 줄여 준다

　D 의사의 수술 능력을 확장해 준다

42 남자는 수술용 로봇의 미래 발전이 무엇에 달려 있다고 보는가?

　A 로봇의 생산지 및 제조비

　B 로봇의 기술 및 시장

　C 로봇의 A/S 및 성능

　D 로봇의 원가 및 설계

机器人 jīqìrén 몡 로봇 | 达芬奇 Dáfēnqí 고유 다빈치 | 而言 éryán ~에 대해 말하자면, ~에 근거해 보면 | 大规模 dàguīmó 혱 대규모의 | ★临床 línchuáng 통 임상하다, 치료하다, 진료하다 | 医疗 yīliáo 몡 의료 | 融合 rónghé 통 융합하다 | 模式 móshì 몡 모델, 표준 양식 | ★效益 xiàoyì 몡 효과와 이익 | 研发 yánfā 통 연구 개발하다 | 微创手术 wēichuāng shǒushù 최소 절개술, 최소 침습술 | 妙手 miàoshǒu 몡 묘수, 뛰어난 솜씨 | ★器械 qìxiè 몡 기계, 기구 | 检测 jiǎncè 통 검사 측정하다, 검측하다 | 机构 jīgòu 몡 (기관이나 단체 내부의) 기구, 조직 | 国产 guóchǎn 몡 국산 | 难题 nántí 몡 난제 [面临难题: 난제에 직면하다] | 相比 xiāngbǐ 통 비교하다, 견주다 [与……相比: ~와 비교하다] | 差别 chābié 몡 차이, 구별, 격차 | ★涵盖 hángài 통 포함하다, 포용하다, 포괄하다 | ★大体 dàtǐ 뿐 대체로, 대략 | 人机交互 rénjī jiāohù 인간과 기계 간 인터페이스 | 需求 xūqiú 몡 수요, 요구 | 替代 tìdài 통 대체하다 | 延伸 yánshēn 통 확장하다 | 例子 lìzi 몡 예, 보기 [举例子: 예를 들다] | 腹腔镜 fùqiāngjìng 몡 복강경 | 依赖 yīlài 통 의존하다, 의지하다 | 屏幕 píngmù 몡 화면, 스크린 | ★平面 píngmiàn 몡 평면 | 倍数 bèishù 몡 배율, 배수 | 放大 fàngdà (화상·소리·기능 등을) 확대하다, 크게 하다 | ★图像 túxiàng 몡 (그리거나 촬영된) 영상 | ★立体 lìtǐ 몡 입체 | 直观 zhíguān 몡 직관 | 提升 tíshēng 통 향상시키다, 끌어올리다 | 实际上 shíjìshang 뿐 사실상, 실제로 | ★创新 chuàngxīn 몡 혁신, 창의성, 창의 | 不仅仅 bùjǐnjǐn 뿐 ~만이 아니다 | ★取决于 qǔjuéyú ~에 달리다 | 提出 tíchū 통 제기하다, 제의하다 | ★理念 lǐniàn 몡 이념 [提出理念: 이념을 제기하다] | 首次 shǒucì 몡 최초 | 处于 chǔyú (사람·사물이 어떤 지위·상태·환경·시간에) 처하다, 놓이다 | 试验 shìyàn 통 실험하다, 테스트하다 | 引进 yǐnjìn 통 도입하다 | 下一步 xiàyíbù 몡 다음 단계 | 采用 cǎiyòng 통 채택되다, 적합한 것을 골라 쓰다 | 先进 xiānjìn 혱 선진적이다 | 医疗 yīliáo 몡 의료 | 线上 xiànshàng 몡 온라인 | 看待 kàndài 통 대하다, 취급하다 | 医患 yīhuàn 몡 의료진과 환자 | 润滑剂 rùnhuájì 몡 윤활제 | 限度 xiàndù 몡 한도, 한계 | 患者 huànzhě 몡 환자, 병자 | 费用 fèiyòng 몡 비용, 지출 | ★产地 chǎndì 몡 생산지 | ★造价 zàojià (자동차, 선박, 기계 따위의) 제조비 | 售后 shòuhòu 몡 A/S, 애프터서비스 | 性能 xìngnéng 몡 성능 | 成本 chéngběn 몡 원가, 자본금

 어려운 내용의 문제일수록 질문이 순서대로 나올 가능성이 크다. 내용이 어렵다고 절대 포기하지 말자!

43 逊色不少　본문 녹음에 등장한 어휘를 받아쓰는 문제이다. 녹음 초반에 핵심 문장이 등장했다.

44 D [让参与者给……视频，……静态图打分 참가자에게 (…) 동영상과 (…) 정지화면에 점수를 매기게 했다]　캘리포니아 대학교의 심리학자가 실험에서 참여자들에게 시킨 것이 무엇인지 제대로 들어야 풀 수 있는 문제였다.

45 D [人们认为动态脸比静态脸好看 사람들은 움직이는 얼굴이 멈춰 있는 얼굴보다 보기 좋다고 느낀 것이다]　녹음에서 어떤 개념에 대해 구체적으로 설명하면 관련된 문제가 출제될 확률이 높다.

46 疲劳感　녹음을 듣기 전, 받아쓰기 문제 유형이 있는지 체크하자. 문제에 제시된 문장의 첫 부분을 기억해 뒀다가 녹음에 해당 부분이 나오면 재빨리 빈칸에 받아써야 한다.

47 A [最明显、令人印象最深刻的信号 가장 뚜렷하고 인상적인 신호]　녹음의 마지막 부분에서 대뇌가 시각 정보를 처리할 때의 특징에 대한 설명이 나온다. '抓住'와 '捕捉'는 서로 의미가 비슷한 유의어임을 기억하자!

48 C [镜子里的自己比照片里的更好看 거울 속의 자신이 사진 속의 자신보다 더 예뻐 보인다]　'동검 효과'는 거울 속의 자신이 사진 속의 자신보다 더 예뻐 보인다고 생각하는 것이지만 보기 C가 설명하고 있는 내용은 이와 반대된 내용이므로 본문과 일치하지 않는 보기는 C이다.

现在开始第43到48题：

　　相信很多人都有过这样的感受：在照镜子的时候，感觉自己长相还不错，每一个角度都是"完美"的，可每当照相的时候会发现，自己的颜值比镜子中的样子要 **⁴³逊色不少**。针对这种现象，有心理学家提出：人们真正的形象至少比镜子里的自己丑30％。难道我们在照镜子的时候会情不自禁地美化自己吗？**⁴⁴加州大学的心理学家做过一个试验，让参与者给20个人的两秒钟视频，以及从这些视频里截下的1200帧静态图打分。**结果发现，同样一张脸在视频中的得分比在静态图中的要高。也就是说，**⁴⁵, ⁴⁸人们认为动态脸比静态脸好看。**生活中，人们也普遍觉得镜子里的自己比照片里的更好看。心理学家称这种现象为"冻脸效应。"

　　当我们第一次看到这个理论时，一定会感到特别的有趣。这个有趣的原因之一首先来自于这个"冻"字。所谓的"冻"，我们可以把它理解为冰冻的意思。当然这只是就字面意思而言，更进一步来说，"冻"字的内涵是使某物在特定的时间与空间中被固定下来的一种状态。"冻"的状态是静止的。这种暂时性的时间停留不能有效地增强观看者的意识，观看者没有办法在固定的模式下保持着积极主动的态度，因为长时间的审美会产生一定的**⁴⁶疲劳感**。这样的疲劳感是对"冻"字最好的诠释。这也告诉我们一个道理：运动

43번~48번 문제가 시작됩니다.

　　이런 느낌을 받은 적이 있는 사람이 많을 것으로 생각한다. 거울을 볼 땐 자신의 용모가 꽤 괜찮게 생겼고 어느 각도에서 봐도 완벽하다고 느끼지만, 사진을 찍을 땐 자기 외모가 거울 속의 모습보다 **⁴³뒤떨어진다**는 것을 알게 된다. 이 현상에 대해 어떤 심리학자는 '사람의 실제 모습은 거울에 비친 자신보다 적어도 30％는 더 못생겼다'고 밝혔다. 우리는 거울을 볼 때 저도 모르게 자신을 미화시키는 걸까? **⁴⁴캘리포니아 대학교의 심리학자가 실험을 진행했는데, 참가자에게 20명의 2초짜리 동영상과 이 동영상에서 캡처한 1,200프레임의 정지화면에 점수를 매기게 했다.** 실험 결과, 같은 얼굴이어도 영상의 점수가 정지 상태 사진의 점수보다 높았다. 다시 말해 **⁴⁵, ⁴⁸사람들은 움직이는 얼굴이 멈춰 있는 얼굴보다 보기 좋다고 느낀 것이다.** 생활 속에서 사람들은 일반적으로 거울 속의 자신이 사진 속의 자신보다 더 예뻐 보인다고 생각한다. 심리학자는 이러한 현상을 '동검(冻脸) 효과'라고 칭했다.

　　우리는 처음 이 이론을 접했을 때 분명 특별한 흥미를 느꼈을 것이다. 이 흥미의 원인 중 하나는 우선 '동(冻)'이라는 글자에서 온다. '동'이라는 것은 '냉동'의 의미로 이해할 수 있다. 물론 이는 글자의 표면적 의미일 뿐이고, 나아가 이야기하면 '동'이라는 글자에 내포된 의미는 어떤 것이 특정한 시간 및 공간에 고정되어 있는 일종의 상태를 말한다. 즉 '동'의 상태는 정지되어 있다는 것이다. 이러한 일시적인 시간의 정체는 보는 사람의 의식을 효과적으로 향상시킬 수 없으며, 보는 사람은 고정된 형식에서 적극적인 태도를 유지할 수 없다. 장시간의 심미는 어느 정도 **⁴⁶피로감**을 만들기 때문이다. 이러한 피로감은 '동'이라는 글자에 대한 가장 좋은 해석으로 볼 수 있다. 이것은 또한 우리에게 감상자의 마음의 흐름이 주파수에 따라 감정

着的画面更容易被观众接受，因为欣赏者的心流能够随着这股频率发生情绪的波澜。而我们所理解的"冻脸效应"就是给画面中的人物点了一个暂停，把美的审判权交给参与者来进行评判。之所以如此，是因为大脑处理视觉信息时，具有选择性，视觉中枢会把在不同位置、不同角度的同一张脸进行信息提炼。**[47]** 并倾向于抓住特征最明显、令人印象最深刻的信号。因而更容易识别动态而非静态的脸。此外，大脑在动态识别时，还会下意识地对五官不对称的地方进行修饰，忽略一些不完美的细节。

43 每当照相的时候会发现，自己的颜值比镜子中的样子要<u>逊色不少</u>。

44 实验中，心理学家让参与者做什么？

 A 评价自身容貌的优缺点
 B 剪辑视频找出完美瞬间
 C 给照镜子中的自己打分
 D 给视频和截图打分

45 根据原文，"冻脸效应"是指什么？

 A 表情僵硬会被疏远
 B 静态脸更易被记住
 C 冷水洗脸不长皱纹
 D 动态脸被认为更美

46 观看者没有办法在固定的模式下保持着积极主动的态度，因为长时间的审美会产生一定的<u>疲劳感</u>。

47 大脑处理视觉信息时会怎么做？

 A 捕捉明显信号　　　　B 进行自我暗示
 C 忽略听觉信息　　　　D 加工颜色信息

48 根据本文内容，选择错误的一项？

 A 大脑在动态识别时会忽略五官的一些不完美细节
 B 人们真正的形象至少比镜子里的自己丑30%
 C "冻脸效应"说的是人们普遍觉得镜子里的自己不如照片里的好看
 D "冻脸效应"中的"冻"字表示的是"状态是静止的"

의 파동을 일으킬 수 있기 때문에 움직이고 있는 화면이 관중에게 더 잘 받아들여진다는 것을 알려 준다. 우리가 이해하고 있는 '동검 효과'는 화면 속 인물을 일시정지하여 미적 판단의 권한을 참여자에게 주어 참여자가 판단하게 하는 것이다. 이는 대뇌가 시각 정보를 처리할 때 선택성을 지니고 있어 시각 중추가 서로 다른 위치, 서로 다른 각도의 같은 얼굴에서 정보를 추출하기 때문이다. **[47]** 또한 특징이 가장 뚜렷하고 인상적인 신호를 잡는 경향이 있다. 따라서 멈춰 있지 않은 움직이는 얼굴을 더 쉽게 인식한다. 이 외에도 대뇌는 움직이는 것을 인식할 때 무의식적으로 이목구비가 비대칭적인 부분을 수정하고 불완전한 세부적 부분을 간과한다.

43 사진을 찍을 땐 자기 외모가 거울 속의 모습보다 <u>뒤떨어진다</u>는 것을 알게 된다.

44 실험 중에 심리학자는 참가자에게 무엇을 하라고 했는가?

 A 자기 외모의 장단점을 평가하게 했다
 B 영상을 편집하여 완벽한 순간을 찾아내게 했다
 C 거울 속 자기 모습에 점수를 매기게 했다
 D 영상과 캡처 사진에 점수를 매기게 했다

45 본문 중 '동검 효과'란 무엇을 가리키는가?

 A 표정이 경직되면 사이가 멀어지게 된다
 B 움직이지 않는 상태의 얼굴은 더 기억되기 쉽다
 C 찬물로 세수하면 주름이 생기지 않는다
 D 움직이는 상태의 얼굴이 더 아름답다고 여겨진다

46 보는 사람은 고정된 형식에서 적극적인 태도를 유지할 수 없다. 장시간의 심미는 어느 정도 <u>피로감</u>을 만들기 때문이다.

47 대뇌는 시각 정보를 처리할 때 어떻게 하는가?

 A 뚜렷한 신호를 포착한다　　 B 자기 암시를 한다
 C 청각 정보를 무시한다　　　 D 색깔 정보를 가공한다

48 본문 내용에 따르면 다음 중 틀린 것은?

 A 대뇌는 움직이는 것을 인식할 때 이목구비의 불완전한 세부적 부분을 간과한다
 B 사람의 실제 모습은 거울에 비친 자신보다 적어도 30%는 더 못생겼다
 C '동검 효과'는 사람들이 일반적으로 거울 속에 비친 자신보다 사진 속 자신이 더 예뻐 보인다고 여기는 것을 말한다
 D '동검 효과'의 '동'이란 글자가 표현하는 것은 '정지된 상태'이다

长相 zhǎngxiàng 몡 용모 | ★**每当** měi dāng ~할 때마다, ~할 때면 언제나 | **照相** zhàoxiàng 동 사진을 찍다, 촬영하다 | **颜值** yánzhí 외모, 비주얼 | ★**逊色** xùnsè 뒤떨어지다, 다른 것에 비해 못해 보이다 | **心理学家** xīnlǐ xuéjiā 몡 심리학자 | ★**情不自禁** qíngbúzìjīn 셍 저도 모르게, 절로 | ★**美化** měihuà 동 미화하다 | **加州** Jiāzhōu 고유 캘리포니아 | **试验** shìyàn 몡 실험, 시험, 테스트 | **参与者** cānyùzhě 몡 참가자 | **视频** shìpín 몡

영상, 동영상 | ★截 jié 동 자르다, 끊다 | 帧 zhēn 양 프레임 | 静态 jìngtài 명 정지상태 | 打分 dǎ fēn 점수를 매기다, 채점하다 | 得分 défēn 명 점수, 득점 동 득점하다 | ★也就是说 yě jiù shì shuō 바꾸어 말하면 ~이다 | 动态 dòngtài 명 움직이는 모습 | 冻脸效应 dòngliǎn xiàoyìng 동검 효과 | 来自于 láizìyú ~에서 오다 | ★所谓 suǒwèi 소위, 이른바 | 冰冻 bīngdòng 동 냉동하다 | 字面 zìmiàn 명 (내재적으로 함축된 의미가 아닌) 문자의 표면상의 뜻 | 进一步 jìnyíbù (한 걸음 더) 나아가 | ★内涵 nèihán 명 내포 | 特定 tèdìng 명 특정한, 특별히 지정한 | ★静止 jìngzhǐ 동 정지하다, 움직이지 않고 멈추다 | 停留 tíngliú 동 (잠시) 멈추다, 머물다 | 增强 zēngqiáng 동 높이다, 증강하다 | 观看 guānkàn 동 보다, 참관하다 | 模式 móshì 명 형식, (표준) 양식, 모델 | ★审美 shěnměi 명 심미 | 疲劳感 píláogǎn 명 피로감 | 诠释 quánshì 명 해석, 설명 | ★频率 pínlǜ 명 주파수 | ★波澜 bōlán 명 (세상 일, 정세 등의) 변천, 기복, 파란 | 暂停 zàntíng 동 일시 정지하다, 잠시 중지하다 | 审判 shěnpàn 명 심판하다, 판단하다 | ★评判 píngpàn 동 판정하다, 심사하다 | ★之所以 zhīsuǒyǐ 접 ~의 이유, ~한 까닭 [之所以A是因为B: A한 까닭은 B 때문이다] | ★视觉 shìjué 명 시각 | 中枢 zhōngshū 명 중추 | ★提炼 tíliàn 동 추출하다 | 倾向 qīngxiàng 동 기울다, 쏠리다 [倾向于+특정한 경향이나 성향: ~하는 경향이 있다] | 抓住 zhuāzhù 동 붙잡다 | ★识别 shíbié 동 식별하다, 가려내다 | ★下意识 xiàyìshí 명 잠재의식, 무의식 | 五官 wǔguān 명 이목구비, 오관 [눈·코·입·귀·피부 또는 마음] | ★对称 duìchèn 명 대칭 | 修饰 xiūshì 동 수정하다, 고치다 | 忽略 hūlüè 동 간과하다, 소홀히 하다, 등한히 하다 | 评价 píngjià 동 평가하다 | 自身 zìshēn 명 자신 | 容貌 róngmào 명 용모, 생김새 | 优缺点 yōuquēdiǎn 명 장단점 | 剪辑 jiǎnjí 동 편집하다 | ★瞬间 shùnjiān 명 순간, 눈 깜짝할 사이 | 截图 jiétú 명 캡처 사진 | 僵硬 jiāngyìng 형 경직되다, (사지가) 뻣뻣하다 | 疏远 shūyuǎn 형 (관계나 감정적으로) 소원하다, 멀다, 거리가 있다 | 皱纹 zhòuwén 명 주름 | ★捕捉 bǔzhuō 동 잡다, 붙잡다, 포착하다 | 自我 zìwǒ 대 자아, 자기 자신 | 暗示 ànshì 동 암시하다, 넌지시 알리다 | 听觉 tīngjué 명 청각 | 加工 jiāgōng 동 가공하다, 다듬다

• Day 11　49 A　50 C　51 A　52 A　53 C　54 新陈代谢　55 中性词

49 A [其实食物也有辐射，比如我们常吃的香蕉。……香蕉还能不能吃？ 사실 우리가 자주 먹는 바나나 같은 음식에도 방사(선)이 있다. (…) 바나나를 먹어도 괜찮을 걸까?]　녹음에서는 방사(선)의 종류와 인체에 미치는 영향에 대해 설명하며 바나나에 대해서도 언급했다. '其实(사실)' 뒤에 중요 내용이 많이 나온다.

50 C [非电离辐射对人体的伤害较于电离辐射而言，是比较小的。 비전리 방사선은 전리방사선에 비해 인체에 해를 덜 끼친다]　비전리 방사선에 관해 옳은 것을 묻고 있는 문제이며 이는 녹음의 중간 부분에 언급되었다.

51 A [香蕉中钾-40的含量…… 就如同尘埃 바나나 속 칼륨-40의 함량은 (…) 티끌 같은 수준이다]　바나나의 방사(선)을 걱정할 필요가 없다고 말한 이유는 녹음의 뒷부분에서 언급되었다.

52 A [辐射达到一定强度时才可能会带来危害 방사(선)이 일정 강도에 도달해야만 해를 입힐 수 있다]　이 문제는 보기를 보고 소거해 가는 방식으로 푸는 것이 정답을 찾는 데 더 수월하다. 보기 상의 B와 D는 녹음에는 언급되지 않는 내용이며, C는 비전리 방사선에 관한 설명이다. 보기 A는 녹음의 마지막 부분에 언급되었다.

53 C [辐射 방사(선) → 科普世界 과학 보급 세상]　녹음 전반에 걸쳐 '방사(선)'에 대해 설명하고 있으므로, 방사(선)과 가장 관련이 깊은 '과학'이 언급된 보기 C가 정답이다.

54 新陈代谢　빈칸을 채워 넣는 문제는 문맥을 파악하며 듣다가 관련 내용이 나오면 즉시 빈칸에 받아쓰는 것이 중요하다. 녹음의 마지막 부분인 바나나의 방사(선) 함량에 대해 설명하는 문장에 관련 내용이 등장했다.

55 中性词　54번 문제와 마찬가지로 이 문장도 녹음의 마지막 부분에 언급되었다.

现在开始第49到55题：

　　谈到辐射，很多人会联想到核泄漏、原子弹爆炸。辐射是能量以电磁波或粒子的形式向外扩散和传播的过程，辐射在物质中通过，与物质相互作用而逐渐失去能量，最终被物质吸收。自然界中的一切物体，只要温度在绝对温度零度（-273.15摄氏度）以上，都会以电磁波和粒子的形式不断地向外传送热量，这种传送能量的方式被称为热辐射。

49번~55번 문제가 시작됩니다.

　　방사(선)이라 하면 사람들은 원자핵 누출, 원자 폭탄 폭발을 떠올릴 것이다. 방사는 에너지가 전자파 혹은 입자의 형태로 외부를 향해 확산하고 전파하는 과정이며, 방사(선)은 물질을 통과할 때 물질과 상호작용하여 점차 에너지를 잃고 결국 물질에 흡수된다. 자연계에 존재하는 모든 물체는 절대온도가 영도(-273.15℃) 이상이면 전자파나 입자 형태로 끊임없이 외부로 열량을 전달할 수 있는데, 이러한 에너지 전달 방식을 열방사라 한다. ⁴⁹사실 우리가 자주 먹는 바나나 같은 음식에

[49]其实食物也有辐射，比如我们常吃的香蕉。那么，在谈"辐"色变的今天，香蕉还能不能吃？

要想弄清这个问题，我们首先要了解一下辐射的分类。辐射的本质是能量的传送，通常可分为电离辐射和非电离辐射。电离辐射是指携带足以使物质原子或分子中的电子成为自由态，从而使这些原子或分子发生电离现象的能量辐射。它的特点是波长短、频率高、能量高。如医院使用的CT、X光等都是电离辐射。而非电离辐射是不能使物质原子或分子产生电离的辐射，它的能量比较低。生活中，我们接触的手机、电脑、wifi、信号塔、电网塔等都是非电离辐射。[50]非电离辐射对人体的伤害较于电离辐射而言，是比较小的。大部分人为之色变的辐射主要是能量高的电离辐射。

那么，香蕉的辐射属于哪一种呢？它又是从何而来的呢？香蕉的辐射属于电离辐射，源于放射性元素钾-40。钾-40是钾的同位素且具有放射性，是人体受天然核辐射的主要来源之一。因为香蕉中的钾含量在水果中相对丰富，因此钾-40的含量也就相对更高。但大家不必恐慌，因为所有脱离剂量谈辐射危害的说法都是不科学的。对于香蕉辐射的问题，在物理学界有个专门的名词，叫"香蕉等效剂量"，目的就是形象地让人们认识到某处的辐射有多强。每吃一根香蕉，就受到约0.1微西弗的辐射。若要达到致死剂量，需要2西弗的辐射，也就是需要一次性吃下2千万～3千万根香蕉。另外，[51]香蕉中钾-40的含量比起能致癌的辐射量来说，就如同尘埃。不仅如此，人体的[54]新陈代谢也会帮助我们控制体内的钾含量，即使吃了香蕉，多余的钾也会被排出体外。

其实，辐射本身是个[55]中性词，[52]只有某些特定物质的辐射达到一定强度时才可能会带来危害。我们所接触到的电子产品或家用电器中很多都有非电离辐射，但这种辐射能量很低，对人体基本无害，所以不必担心。人们一听就要"避而远之"的辐射主要是能量高的电离辐射。[52]人体一旦接收到这类高能的电离辐，细胞的物质结构就会发生变化，从而造成身体的损伤，甚至会诱发癌症。

도 방사(선)이 있다. 그렇다면 '방사(선)' 이야기만 나와도 사람들의 얼굴빛이 달라지는 오늘날, 바나나를 먹어도 괜찮은 걸까?

이 문제를 분명하게 하려면 먼저 방사(선)의 종류를 알아야 한다. 방사(선)의 본질은 에너지의 전달로, 보통 전리방사선과 비전리 방사선으로 나뉜다. 전리방사선이란 물질의 원자 또는 분자 중의 전자를 자유 상태로 만들어 이 원자나 분자가 전리 현상을 일으키기에 충분한 에너지를 운반하는 방사선을 가리킨다. 전리방사선은 파장이 짧고 주파수가 높으며 에너지가 높다는 특징이 있다. 병원에서 사용하는 CT, 엑스레이 등이 전리방사선이다. 비전리 방사선은 물질 중 원자나 분자의 전리를 일으킬 수 없는 방사선으로, 에너지가 비교적 낮다. 일상생활에서 우리가 접하는 휴대전화, 컴퓨터, 와이파이, 송신탑, 송전탑 등이 모두 비전리 방사선이다. [50]비전리 방사선은 전리방사선에 비해 인체에 해를 덜 끼친다. 대부분의 사람이 무서워하는 방사(선)은 주로 에너지가 높은 전리방사선이다.

그렇다면 바나나의 방사(선)은 어떤 종류에 속할까? 또 그 방사(선)은 어디에서 온 걸까? 바나나의 방사(선)은 전리방사선에 속하며 방사성 원소 칼륨-40에서 비롯되었다. 칼륨-40은 칼륨의 동위원소이며 방사성물질이고 인체가 자연방사선에 노출되는 주요 원인 중 하나다. 바나나 속 칼륨 함량은 과일 중에서 상대적으로 풍부하기 때문에 칼륨-40의 함량도 비교적 높다. 하지만 무서워할 필요는 없다. 사용량에서 벗어나 방사(선)의 위해에 관해 이야기하는 것은 모두 비과학적이기 때문이다. 바나나의 방사(선) 문제에 대해서 물리학계에는 '바나나 등가 선량'이라는 전문용어가 있다. 이는 어떤 곳의 방사(선)이 얼마나 강한지 사람들이 구체적으로 인지하게 하는 것을 목적으로 한다. 바나나 한 개를 먹을 때마다 약 0.1마이크로시버트의 방사(선)에 노출된다. 치사량에 도달하려면 2시버트의 방사(선)이 필요한데, 2천만~3천만 개의 바나나를 한 번에 먹어야 하는 것이다. 또한, [51]바나나 속 칼륨-40의 함량은 암을 유발할 수 있는 방사선량에 비하면 티끌 같은 수준이다. 이뿐만 아니라 인체의 [54]신진대사 또한 체내 칼륨 함량을 조절할 수 있게 도와주므로 설령 바나나를 먹었다 해도 여분의 칼륨은 체외로 배출된다.

사실상 방사(선) 자체는 [55]중의적인 어휘로, [52]어떤 특정 물질의 방사(선)이 일정 강도에 도달해야만 해를 입힐 수 있다. 우리가 접하는 전자제품이나 가전제품에는 대부분 비전리 방사선이 있다. 하지만 비전리 방사선은 에너지가 낮아 기본적으로는 인체에 무해하므로 걱정하지 않아도 된다. 사람들이 듣자마자 '멀리 피하는' 방사선은 주로 에너지가 높은 전리방사선이다. [52]이러한 고에너지의 전리방사선에 인체가 노출되면 세포의 물질 구조가 변화되어 신체가 손상되고 심지어 암을 유발하기도 한다.

49 是什么引发了人们对"该不该吃香蕉"的讨论?

　A 认为香蕉是"含辐食品"

　B 部分进口香蕉的产地不明确

　C 香蕉的成分发生了改变

　D 应季的香蕉价格大幅上涨

50 有关"非电离辐射"的说法正确的是:

　A 大量存在于香蕉中

　B 受人体代谢的支配

　C 对人体的危害并不大

　D 危害性远大于电离辐射

51 为什么说我们不必担心香蕉的辐射?

　A 香蕉的辐射剂量微不足道

　B 香蕉所含的钾-40不具有放射性

　C 香蕉中的辐射在空气中会迅速分解

　D 人体对香蕉辐射有极好的免疫力

52 关于"电离辐射",可以知道:

　A 达到一定强度时可诱发癌症

　B 主要用于消灭细菌

　C 在家用电器中广泛存在

　D 会造成基因异常

53 上文最可能出自于:

　A《文学漫步》　　　　B《工业园地》

　C《科普世界》　　　　D《金融资讯》

54 人体的<u>新陈代谢</u>也会帮助我们控制体内的钾含量,即使吃了香蕉,多余的钾也会被排出体外。

55 其实,辐射本身是个<u>中性词</u>,只有某些特定物质的辐射达到一定强度时才可能会带来危害。

---

49 무엇이 '바나나를 먹어도 되는지'에 관한 토론을 유발했는가?

　A 바나나를 '방사선 함유 음식'이라고 여긴다

　B 일부 수입 바나나의 생산지가 명확하지 않다

　C 바나나의 성분이 바뀌었다

　D 제철 바나나의 가격이 대폭 상승했다

50 비전리 방사선에 관한 것 중 옳은 것은?

　A 바나나에 대량으로 존재한다

　B 인체 신진대사에 지배를 받는다

　C 인체에 끼치는 위해가 크지 않다

　D 위해성이 전리방사선보다 훨씬 크다

51 바나나의 방사(선)을 걱정할 필요가 없다고 말한 이유는 무엇인가?

　A 바나나의 방사선량은 매우 적다

　B 바나나에 함유된 칼륨-40은 방사성을 띠지 않는다

　C 바나나의 방사(선)은 공기 중에 빠르게 분해된다

　D 인체는 바나나의 방사(선)에 대해 매우 훌륭한 면역력을 갖추고 있다

52 전리방사선에 관해 알 수 있는 것은?

　A 일정 강도에 도달하면 암을 유발할 수 있다

　B 주로 세균 박멸에 사용된다

　C 가전제품 중에 광범위하게 존재한다

　D 유전자 변이를 일으킨다

53 본문은 어디에서 나왔을 가능성이 가장 큰가?

　A『문학 산책』　　　　B 『산업의 세계』

　C『과학 보급 세상』　　D 『금융 정보』

54 인체의 <u>신진대사</u> 또한 체내 칼륨 함량을 조절할 수 있게 도와주므로 설령 바나나를 먹었다 해도 여분의 칼륨은 체외로 배출된다.

55 사실상 방사(선) 자체는 <u>중의적인 어휘</u>로, 어떤 특정 물질의 방사(선)이 일정 강도에 도달해야만 해를 입힐 수 있다.

★**辐射** fúshè 명 복사, 방사 | **联想** liánxiǎng 통 연상하다 | ★**核** hé 명 (원자)핵 | ★**泄漏** xièlòu 통 (액체·기체 등이) 누출되다, 새다 | **原子弹** yuánzǐdàn 명 원자폭탄 | **爆炸** bàozhà 통 폭발하다 | **能量** néngliàng 명 에너지 | **电磁波** diàncíbō 명 전자파 | **粒子** lìzǐ 명 입자 | ★**扩散** kuòsàn 통 확산되다, 퍼뜨리다 | **相互作用** xiānghù zuòyòng 상호작용 [물리학에서 물체 간의 작용과 반작용을 가리킴] | ★**自然界** zìránjiè 명 자연계 | ★**物体** wùtǐ 명 물체 | **绝对温度** juéduì wēndù 절대온도 | **零度** língdù 영도 | **摄氏度** shèshìdù 섭씨 [℃로 표기함] | **传送** chuánsòng 통 전달하다 | **热量** rèliàng 명 열량 | **色变** sèbiàn 안색이 변하다 | **弄清** nòngqīng 분명하게 하다, 명백하게 하다 | **分类** fēnlèi 명 종류, 분류 | **分为** fēnwéi 통 (~로) 나누다 | **电离** diànlí 전리 [중성분자 또는 원자가 입자의 충격이나 방사선의 조사 등 작용으로 이온화하다] | ★**携带** xiédài 통 지니다, 지참하다, 휴대하다 | **足以** zúyǐ 분 충분히 ~할 수 있다, ~하기에 족하다 | **原子** yuánzǐ 명 원자 | **分子** fēnzǐ 명 분자 | **波** bō 명 파동 | ★**频率** pínlǜ 명 주파수 | **信号塔** xìnhàotǎ 명 송신탑 | **电网塔** diànwǎngtǎ 명 송전탑 | ★**人体** réntǐ 명 인체 | **而言** éryán ~에 대해 말하자면, ~에 근거해 보면 [对/就 ……而言: ~에 대해 말하자면] | **从何而来** cónghéérlái 성 어디로부터 오는가? | ★**源于** yuányú 통 ~에서 발원하다, ~에서 기원하다 | **放射性** fàngshèxìng 명 방사성 | **元素** yuánsù 명 원소 | **钾** jiǎ 명 칼륨 | **同位素** tóngwèisù 명 동위원소 | **天然** tiānrán 형 자연의, 자연적인 | **核辐射** héfúshè 명 방사(능)선, 복사선, 원자력 복사 | **来源** láiyuán 명 (사물의) 내원, 근원, 출처 | **含量** hánliàng 명 함량 | ★**相对** xiāngduì 분 상대적으로, 비교적 | **不必** búbì 분 ~할 필요가 없다 | ★**恐慌** kǒnghuāng 형 무섭다, 두렵다 | **脱离** tuōlí 통 (어떤 상황·환경에서) 벗어나다 | **剂量** jìliàng 명 (화학 시험제와 치료에 쓰이는 방사선 등의) 사용량 | **说法** shuōfa 명 의견, 견해 | **学界** xuéjiè 명 학계 | **名词** míngcí 명 전문용어, 학술어 | **等效** děngxiào 명 등가 | **根** gēn 양 개, 가닥 [가늘고 긴 것을 헤아리는 단위] | **微西弗** wēixīfú 마이크로시버트, 1밀리시버트의 1,000분의 1 [西弗: 시버트 [생물학적으로 인체에 영향을 미치는 방사선의 양을 나타내는 국제단위] | **若** ruò 접 만약, 만일 | **致死剂量** zhìsǐ jìliàng 치사량 | **一次性** yícìxìng 분 한 번에, 단번에 | ★**比起** bǐqǐ ~와 비교하다 | **致癌** zhì'ái 통 암을 유발하다 | **如同** rútóng 통 마치 ~와 같다 | **尘埃** chén'āi 명 티끌, 먼지 | **如此** rúcǐ 대 이와 같다, 이

러하다 | ★**新陈代谢** xīnchén dàixiè 뗑 신진대사, 대사 | **体内** tǐnèi 뗑 체내 | ★**多余** duōyú 뗑 여분의, 나머지의 | **排出** páichū 뚱 배출하다 | **体外** tǐwài 뗑 체외 | **本身** běnshēn 뗑 그 자체 | ★**中性** zhōngxìng 뗑 중성 | **特定** tèdìng 뗑 특정한, 특별히 지정한 | **强度** qiángdù 뗑 강도 | **电子产品** diànzǐ chǎnpǐn 전자제품 | **家用电器** jiāyòng diànqì 가전제품 | **无害** wúhài 뗑 무해하다, 해롭지 않다 | **接收** jiēshōu 뚱 받다 | **细胞** xìbāo 뗑 세포 | ★**损伤** sǔnshāng 뚱 손상하다, 상처를 입다 | ★**诱发** yòufā 뚱 (주로 질병을) 유발하다, 일으키다 | ★**癌症** áizhèng 뗑 암 | ★**引发** yǐnfā 뚱 (병 따위를) 유발하다, 초래하다, 야기하다 | **食品** shípǐn 뗑 식품 | ★**产地** chǎndì 뗑 산지, 생산지 | **应季** yìngjì 뗑 제철에 맞는, 계절에 맞는 | **大幅** dàfú 뗑 대폭적인 | **上涨** shàngzhǎng 뚱 상승하다, 오르다 | **代谢** dàixiè 뗑 신진대사 | **支配** zhīpèi 뚱 안배, 분배, 지배 | ★**微不足道** wēibùzúdào 솅 하찮아서 말할 가치도 없다, 보잘것없다 | **分解** fēnjiě 뚱 분해하다 | ★**免疫力** miǎnyìlì 뗑 면역력 | **消灭** xiāomiè 뚱 소멸하다, 없어지다, 사라지다 | **细菌** xìjūn 뗑 세균 | ★**基因** jīyīn 뗑 유전자 | **异常** yìcháng 뗑 정상이 아니다, 보통이 아니다 | **出自** chūzì 뚱 ~로부터 나오다 | **漫步** mànbù 뚱 한가롭게 거닐다, 발길 닿는 대로 걷다 | **园地** yuándì 뗑 세계, 분야 | ★**科普** kēpǔ 뗑 과학 보급 | **金融** jīnróng 뗑 금융 | ★**资讯** zīxùn 뗑 정보

◉track 13

| ● Day 12 | 56 C | 57 C | 58 B | 59 A | 60 D | 61 防骗意识 | 62 B |

56 C [已遍布各大短视频平台、社交媒体平台 각종 쇼트 클립 플랫폼과 SNS 플랫폼에 이미 널리 퍼져 있다] 듣기 제3부분에서 대부분의 문제가 지문 내용의 전개 순서대로 출제된다는 점을 감안하고 들으면, 그리 어렵지 않게 정답을 찾을 수 있다.

57 C [诱导用户充值消费 이용자가 돈을 충전하고 소비하게 유도하다] 주체가 불분명한 플랫폼이 소비자를 속이기 위해 가장 자주 쓰는 수단이 녹음 앞부분에 그대로 언급되었다.

58 B [提高提现门槛、加大提现难度 현금 인출 문턱과 난도를 높인다] 일부 플랫폼이 현금 인출 문턱과 난도를 높여서 소비자가 영상을 봐도 돈을 받을 수 없고 '플랫폼을 위해 헛되이 노동하는 것(白白为平台打工)'이 되어버린다고 했다.

59 A [主要原因在于…… 주요 원인은 (…)에 있다 / 打出…… 广告语为自己引流 (…)라는 광고를 내걸어 소비자를 유인한다] '동영상을 보면 돈을 벌 수 있다'는 부류의 광고 문구를 어디서나 쉽게 볼 수 있는 주요 이유는 녹음 초반에 언급되었다. 또한 '主要原因(주요 원인)' 같은 어휘를 들으면 뒤에 중요 내용들이 등장하므로 주의 깊게 들어야 한다.

60 D [由于不少受害者缺乏维权意识或者不清楚维权途径 많은 피해자들은 권익 보호 의식이 부족하거나 권익 보호 절차를 잘 알지 못하여] 대부분의 소비자가 묵묵히 손해를 감당할 수밖에 없는 주요 원인은 녹음 중간 부분에 언급되었다.

61 防骗意识 빈칸의 어휘를 채워 넣는 문제로, 제시된 문장 첫머리에 나온 '首先(먼저)'이 녹음에 나오는 순간 집중해서 들도록 하자.

62 B [首先 우선, 먼저 / 其次 그다음으로 / 最后 마지막으로] 열거하는 내용이 나오면 반드시 집중해서 들어야 한다. 이번 문제에서는 언급되지 않은 항목을 찾는 것이므로, 열거하는 내용을 잘 들었다면 이중 언급되지 않은 내용이 B임을 알 수 있다.

现在开始第56到62题:

56"边刷视频边赚钱"、"轻松日赚百元"等广告语如今几乎已遍布各大短视频平台、社交媒体平台。这些广告语颇具诱惑力，一般被用于推广一些号称可以通过刷视频赚钱的App。"刷视频就能赚钱"看上去轻轻松松，但事实却绝非如此。近日就有媒体报道过：多款号称可以"刷视频赚钱"的App，实际上根本无法兑现，有的在提现过程中通过

56번~62번 문제가 시작됩니다.

56'영상 보면서 돈 벌기' '하루에 백 위안 손쉽게 버세요' 등의 광고 문구가 요즘 각종 쇼트 클립 플랫폼과 SNS 플랫폼에 이미 널리 퍼져 있다. 이러한 광고 문구는 꽤 매혹적이며 영상을 통해 돈을 벌 수 있다는 앱의 홍보에 일반적으로 사용된다. '영상을 보면 돈을 벌 수 있다'는 말은 겉으로 보기엔 매우 쉬워 보이지만, 사실은 전혀 그렇지 않다. 최근 한 매체의 보도에 따르면, '영상을 보면 돈을 벌 수 있다'라고 하는 여러 앱은 실제로는 전혀 현금화할 수 없는데, 일부는 현금 인출 과정에

设置门槛让消费者无法提现，还有[57]一些运营主体不明的App诱导用户充值消费，令不少用户上当受骗。

[59]刷视频就能赚钱的广告之所以常见，主要原因在于近年来短视频市场规模迅速扩大，大量短视频平台企业为了争抢市场"蛋糕"，在激烈的市场竞争中确立"江湖地位"，[59]于是纷纷使出浑身解数，打出"刷视频赚钱"的广告语为自己引流就是其中一种。按说，消费者按照广告要求刷视频后，相关平台企业就应该兑现承诺。然而，在现实生活中，不是所有平台都能按规矩操作，[58]一些平台通过设置提现额度等方式，变相提高提现门槛、加大提现难度。在这种情况下，消费者刷了视频却无法提现，相当于白白为平台"打工"。而平台只需投入少量广告费，就能获取不少流量。

此外，还有一些不法分子看到"刷视频赚钱"颇受消费者欢迎，于是也开始利用这种模式行骗。比如此前就已被报道过的：某App宣称刷视频有"高回报率"，但用户下载后就会发现，每天能免费观看的视频数量有限，只有充值才能解锁权限看到更多的视频，而充完钱后，App里的"账户余额"却根本无法提现，向平台投诉也得不到反馈。[60]由于不少受害者缺乏维权意识或者不清楚维权途径，即使被骗，也只能默默承受损失。这也凸显了治理类似不法行为的难度。对此，只有消费者、相关部门等"协同作战"，共同对刷短视频赚钱的套路说"不"，才有可能取得一定程度上的成效。

首先，需要普及相关知识，提升消费者的[61]防骗意识。一些消费者之所以被这类广告语迷惑，导致后期难以提现或者被骗取充值费，原因之一就在于缺乏防骗意识和防范能力。其次，需要相关部门联手进行治理。"刷视频赚钱"类广告在互联网上非常常见，这些宣传语是否规范？会不会误导消费者？平台提现规则是否合理合法？都应成为治理的重点。最后，需要发挥司法案例的教育警示作用。最近媒体披露的一起案件显示，一名刷短视频赚红包的用户在提现遭拒后，将平台告上法庭，法院判决支持了该用户的提现请求。着实为妄图要套路的平台"上了一课"。通过此类案例的教育警示作用，警醒平台在推出"刷视频赚钱"的广告和营销活

문턱을 만들어 소비자가 현금 인출을 못 하게 하고, 또 [57]일부 운영 주체가 불분명한 앱은 이용자가 돈을 충전하고 소비하게 유도하여 많은 이용자를 사기의 늪에 빠뜨린다고 한다.

[59]'영상을 보면 돈을 벌 수 있다'는 광고를 자주 볼 수 있는 주요 원인은 최근 들어 쇼트 클립 시장 규모가 급속히 확대되고 있고, 대량의 쇼트 클립 플랫폼 기업이 시장의 '파이'를 쟁탈하기 위해 격렬한 시장 경쟁 속에서 높은 지위를 확립하려 하는 데 있다. [59]그리하여 각 플랫폼이 혼신의 힘을 다해 '영상을 보면 돈을 벌 수 있다'는 광고 문구를 내걸어 소비자를 유인하는 것이 그중 한 방법인 것이다. 정상적인 상황이라면 소비자가 광고의 요구에 따라 영상을 시청하면 관련 플랫폼 기업은 돈을 준다는 약속을 지켜야 한다. 하지만 현실에서는 모든 플랫폼이 규범에 따라 처리하는 것이 아니며, [58]일부 플랫폼은 현금 인출 한도를 정해 두는 등의 방식으로 현금 인출 문턱과 난도를 높인다. 이런 상황에서는 소비자가 영상을 봐도 돈을 받을 수 없고 플랫폼을 위해 헛되이 노동하는 것이 되어 버린다. 플랫폼은 약간의 광고비만 투자하면 높은 트래픽을 얻을 수 있는 것이다.

이 외에도 일부 범법자는 '영상 보면서 돈 벌기'가 소비자의 인기를 끌자 이 형식을 이용해 사기를 치기 시작했다. 예를 들어 이전 보도에 따르면, 모 앱은 영상을 보면 고수익률을 보장한다고 홍보했지만 이용자가 이 앱을 다운로드받으니 막상 매일 무료로 볼 수 있는 영상 수가 제한적이었다. 돈을 충전해야만 더 많은 영상을 볼 수 있는 권한이 풀렸고, 이용자가 돈을 충전한 후 앱의 '계정 잔액'에 들어가 보니 현금 인출을 전혀 할 수 없었으며, 플랫폼에 문의해도 답변을 받을 수 없었다. [60]많은 피해자들은 권익 보호 의식이 부족하거나 권익 보호 절차를 잘 알지 못하여 사기를 당하더라도 묵묵히 손해를 감당하는 수밖에 없다. 이것은 또한 유사한 불법 행위를 관리하는 것의 어려움을 드러냈다. 이에 대해 소비자와 관련 부처 등이 '협동 작전'을 펼쳐 쇼트 클립으로 돈을 버는 노림수에 강경히 반대해야만 어느 정도 성과를 얻을 수 있을 것이다.

먼저, 관련 지식을 보급해 소비자의 [61]사기 방지 의식을 높여야 한다. 일부 소비자가 이러한 광고 문구에 현혹되어 나중에 현금 인출을 받지 못하거나 충전비를 갈취당하는 일이 생기는 이유 중 하나는 사기 방지 의식과 대응력이 부족하기 때문이다. 다음으로, 관련 부처의 연합 관리가 필요하다. '영상 보면서 돈 벌기' 부류의 광고는 인터넷에서 매우 흔하게 볼 수 있는데 이러한 광고 문구가 규범에 맞는지, 소비자를 잘못된 길로 이끌지는 않는지, 플랫폼 현금 인출 규정이 합리적이고 합법적인지 등이 모두 관리의 중점적인 부분이 되어야 한다. 마지막으로, 사법 판례의 교육적 경고의 역할을 발휘할 필요가 있다. 최근 매체에 공개된 한 사건을 살펴보면, 쇼트 클립을 보면서 돈을 모은 한 이용자가 현금 인출을 거절당해 플랫폼을 법정 고소했고, 법원은 해당 이용자의 현금 인출 청구를 지지했다. 노림수를 꾀하려던 플랫폼을 혼쭐낸 셈이다. 이러한

动时，应诚实守信、合规经营。此外，还应向消费者充分说明提现规则，以免对消费者造成误导，也给自身声誉带来不良影响。

사례의 교육 및 경고 효과를 통해 플랫폼은 '영상 보면서 돈 벌기' 광고와 마케팅 활동을 할 때 성실하게 신용을 지키고 규정을 준수하면서 운영되어야 한다. 이 외에도 소비자에게 현금 인출 규정을 충분히 설명하여 소비자를 잘못된 길로 인도하지 않도록 하며 자신의 명성에도 부정적 영향이 생기지 않도록 해야 한다.

56 关于"边刷视频边赚钱"这样的广告语，下列说法正确的是？

A 指的是看视频赚钱难度大

B 对观看的人毫无诱惑力

C 几乎遍布各大社交媒体

D 时常受到人们的忽视

56 '영상 보면서 돈 벌기'와 같은 광고 문구에 관해 다음 중 옳은 것은?

A 영상 보면서 돈 벌기는 어렵다는 것을 가리킨다

B 이 광고 문구를 본 사람들은 아무 매혹을 느끼지 못한다

C 각 SNS에 널리 분포되어 있다

D 사람들에게 항상 무시당한다

57 根据原文，一些不明主体的平台最常用何种手段欺骗消费者？

A 盗用用户身份信息

B 通过电话诈骗获取钱财

C 诱导用户充值消费

D 半价出售国际大牌

57 본문에 따르면 주체가 불분명한 플랫폼이 소비자를 속이기 위해 가장 자주 쓰는 수단은 무엇인가?

A 이용자의 개인정보를 도용한다

B 보이스 피싱으로 금품을 갈취한다

C 이용자가 돈을 충전하고 소비하게 유도한다

D 글로벌 유명 브랜드 상품을 반값에 판매한다

58 怎样理解现实中消费者"白白为平台打工"这句话？

A 线下银行并没有按平台要求为消费者提供提现服务

B 平台提高提现门槛使消费者刷了视频却无法提现

C 提现时需要的手续费太高使消费者难以提现

D 平台在签合同时，并没有对消费者讲明提现步骤

58 현실에서 소비자가 '플랫폼을 위해 헛되이 노동했다'는 말을 어떻게 이해할 수 있는가?

A 오프라인 은행은 플랫폼의 요구에 따라 소비자에게 현금 인출 서비스를 제공하지 않았다

B 플랫폼은 현금 인출의 문턱을 높여 소비자가 동영상을 봐도 현금 인출을 할 수 없게 했다

C 현금 인출 시 필요한 수수료가 너무 비싸 소비자는 현금 인출을 하기 어렵다

D 플랫폼은 계약할 때 소비자에게 현금 인출 절차를 명확히 설명하지 않았다

59 "刷视频就能赚钱"这类广告语随处可见的主要原因是？

A 短视频市场扩大加剧了企业的引流机制

B 体现了短视频企业间的良性竞争

C 消费者对该类型广告十分推崇

D 各大电商的加入导致短视频平台市场不景气

59 '동영상을 보면 돈을 벌 수 있다'는 부류의 광고 문구를 어디서나 쉽게 볼 수 있는 주요 원인은 무엇인가?

A 쇼트 클립 시장의 확대가 기업의 소비자 유인 시스템을 격화했다

B 쇼트 클립 기업 간 선의의 경쟁을 구현했다

C 소비자는 이런 유형의 광고를 매우 추앙한다

D 각 전자상거래 업체가 뛰어들면서 쇼트 클립 플랫폼 시장이 불황을 겪었다

60 大部分消费者只能默默承受损失的主要原因是？

A 已得到相关企业的赔偿

B 不知道自己已被骗

C 因提现额度小而放弃维权

D 不清楚维权途径

60 대부분의 소비자가 묵묵히 손해를 감당할 수밖에 없는 주요 원인은 무엇인가?

A 관련 기업의 배상을 이미 받았다

B 스스로 이미 사기를 당했는지 알지 못한다

C 현금 인출 한도가 적어 권익 보호를 포기했다

D 권익 보호 절차를 잘 알지 못한다

61 首先，需要普及相关知识，提升消费者的<u>防骗意识</u>。

61 먼저, 관련 지식을 보급해 소비자의 <u>사기 방지 의식</u>을 높여야 한다.

62 下列哪项不是应对"刷视频不兑现"现象的措施？

  A 消费者应积极与相关部门协作

  B 放宽对视频平台企业的管理力度

  C 相关部门要加大对视频平台企业的警示力度

  D 消费者应提高自身防骗意识

62 다음 중 '영상을 봐도 현금화할 수 없는' 현상에 대응하는 조치가 아닌 것은?

  A 소비자는 관련 부처와 적극적으로 협력해야 한다

  B 동영상 플랫폼 기업에 대한 관리 강도를 완화한다

  C 관련 부처는 동영상 플랫폼 기업에 대한 경고 강도를 강화해야 한다

  D 소비자는 자신의 사기 방지 의식을 높여야 한다

刷 shuā 통 몰아서 보다 | 视频 shìpín 명 동영상 | 赚钱 zhuànqián 통 돈을 벌다 | ★遍布 biànbù 통 널리 퍼지다, 도처에 널리 분포하다 | 平台 píngtái 명 플랫폼 | ★社交 shèjiāo 명 사교 [社交媒体: SNS(소셜네트워크서비스)] | ★颇 pō 부 꽤, 상당히, 몹시, 대단히 | 诱惑力 yòuhuòlì 매력 | ★号称 hàochēng 통 ~로 유명하다, ~로 불리다 | 绝非 juéfēi 부 (객관적으로) 절대 ~가 아니다 | 近日 jìnrì 명 최근 | 款 kuǎn 양 종류, 모양, 유형 | 实际上 shíjìshang 부 사실상, 실제로 | 无法 wúfǎ 부 방법이 없다, 할 수 없다 | ★兑现 duìxiàn 통 (수표·어음 등을) 현금으로 바꾸다 | 提现 tíxiàn 통 현금을 인출하다 | 设置 shèzhì 통 설치하다, 설립하다, 세우다 | ★门槛 ménkǎn 명 문턱, 문지방 | ★运营 yùnyíng 명 운영 | 主体 zhǔtǐ 명 주체 | 不明 bùmíng 형 불분명하다 | 诱导 yòudǎo 통 유도하다 | 用户 yònghù 명 이용자 | 充值 chōngzhí 통 (돈을) 충전하다 | ★受骗 shòupiàn 통 속임을 당하다 | 常见 chángjiàn 통 자주 보다 | ★近年来 jìnniánlái 최근 몇 년간 | 争抢 zhēngqiǎng 통 쟁탈하다 | 蛋糕 dàngāo 명 공유사회재산 | ★确立 quèlì 통 확립하다 | 使出浑身解数 shǐchū húnshēn xièshù 혼신의 힘을 다하다 | 打出 dǎchū 내걸다 | ★按说 ànshuō 부 정상대로라면, 본래는, 이치대로 말한다면 ['按理说'의 줄임말] | 承诺 chéngnuò 통 약속하다 | 操作 cāozuò 통 처리하다 | 额度 édù 명 한도 | 变相 biànxiàng 형 형식만 변하고 내용은 변하지 않다 [주로 나쁜 일을 가리킴] | 加大 jiādà 통 강화하다 | 难度 nándù 명 난이도 | ★相当于 xiāngdāngyú ~와 같다 | ★白白 báibái 부 헛되이 | 获取 huòqǔ 통 얻다 | ★流量 liúliàng 명 유동량 [유체가 단위시간 내에 흐르는 양] | 不法分子 bùfǎ fēnzi 범법자 | ★模式 móshì 명 형식 | 行骗 xíngpiàn 통 사취하다, 사람을 속이다 | ★宣称 xuānchēng 통 발표하다, 공언하다 | 回报率 huíbàolǜ 명 투자수익률 | 观看 guānkàn 통 보다 | 有限 yǒuxiàn 형 한계가 있다 | 解锁 jiěsuǒ 통 (잠겨 있던 것을) 풀다 | 权限 quánxiàn 명 권한 | ★充 chōng 통 충전하다 | ★余额 yú'é 명 (장부상의) 잔액 | ★投诉 tóusù 통 (유관 기관이나 담당자에게) 하소연하다, 호소하다 | 反馈 fǎnkuì 명 피드백 | 受害者 shòuhàizhě 피해자 | 维权 wéiquán 통 권익을 보호하다 | 意识 yìshí 명 의식 [维权意识: 권익 보호 의식] | 途径 tújìng 명 절차, 방법, 방도 | 默默 mòmò 부 묵묵히, 말 없이, 소리 없이 | ★凸显 tūxiǎn 통 분명하게 드러나다, 부각되다 | 治理 zhìlǐ 통 관리하다 | ★类似 lèisì 형 유사하다, 비슷하다 | 不法 bùfǎ 형 불법의 | ★协同 xiétóng 통 협동하다, 협력하다 | 作战 zuòzhàn 작전 | 套路 tàolù 명 노림수 | 成效 chéngxiào 명 성과 | 普及 pǔjí 통 보급되다, 확산되다 | 提升 tíshēng 통 진급하다, 진급시키다 | 防骗 fángpiàn 통 사기를 방지하다 | ★迷惑 míhuo 통 현혹되다 | 难以 nányǐ 부 ~하기 어렵다 | 骗取 piànqǔ 통 편취하다 | 防范 fángfàn 통 방비하다 [防范能力: 대응력] | 联手 liánshǒu 통 연합하다 | 规范 guīfàn 통 규범에 맞다 | ★误导 wùdǎo 통 잘못 이끌다 | ★司法 sīfǎ 명 사법 | ★案例 ànlì 명 사례 | 警示 jǐngshì 명 경고 | ★披露 pīlù 통 공표하다 | ★案件 ànjiàn 명 소송이나 위법에 관계되는 사건 | 红包 hóngbāo 명 보너스, 상여금, 세뱃돈, 축의금 | 遭 zāo 통 (불행이나 불리한 일을) 당하다 | 拒绝 jùjué 거절하다 | 告 gào 통 고소하다 | 法庭 fǎtíng 명 법정 | ★判决 pànjué 통 판결을 내리다 | 着实 zhuóshí 부 확실히, 참으로, 정말로 | 妄图 wàngtú 통 함부로 꾀하다 | ★耍 shuǎ 통 (농단을) 부리다 [부정적인 의미] | 套路 tàolù 명 시스템 | 警醒 jǐngxǐng 통 깨닫다, 자각하다 | 推出 tuīchū 통 (신상품 또는 신기술을) 내놓다, 출시하다 | 营销 yíngxiāo 통 (상품을) 마케팅하다, 판촉하다, 판매하다 | 守信 shǒuxìn 통 신용을 지키다 | ★以免 yǐmiǎn 접 ~하지 않도록, ~않기 위해서 | 自身 zìshēn 자신 | ★声誉 shēngyù 명 명성, 명예 | 不良 bùliáng 형 좋지 않다, 불량하다 | 说法 shuōfa 명 의견, 견해 | ★毫无 háo wú 조금도 ~가 없다 | ★时常 shícháng 부 항상 | 何 hé 대 어떤 | 手段 shǒuduàn 명 수단, 방법 | ★欺骗 qīpiàn 통 속이다 | 盗用 dàoyòng 통 도용하다 | ★诈骗 zhàpiàn 통 갈취하다, 편취하다, 속이다 | 钱财 qiáncái 명 금전, 재화 | 半价 bànjià 명 반값 | 出售 chūshòu 통 판매하다, 팔다 | 大牌 dàpái 명 유명 브랜드 | 线下 xiànxià 명 오프라인 | 按 àn 개 ~에 준하여, ~에 따라서 | 手续费 shǒuxùfèi 명 수수료 | ★步骤 bùzhòu 명 (일 진행의) 절차, 순서, 차례 | 随处 suíchù 부 도처에, 어디서나 | ★加剧 jiājù 통 심해지다 | 机制 jīzhì 명 시스템 | 推崇 tuīchóng 통 찬양하다, 추앙하다 | 电商 diànshāng 명 전자상거래 | 加入 jiārù 통 들어가다, 참가하다 | ★不景气 bùjǐngqì 형 불경기이다, 경기가 좋지 않다 | ★协作 xiézuò 통 협업하다, 협동하다, 제휴하다 | 放宽 fàngkuān 통 완화하다 | ★力度 lìdù 명 강도

 IT 관련 최신 이슈는 듣기·독해 뿐만 아니라 번역·쓰기에도 나오는 소재이므로 중요 어휘는 꼭 체크해서 익숙하게 만들자!

● **Day 13**　**63** A　**64** B　**65** B　**66** A　**67** C

63 A ［ 层出不穷 끊임없이 나오다 → 迅速发展 빠르게 발전하다 ］　이우 박람회에 '디지털 마담' 'AI 아나운서'처럼 새로운 제품이 끊임없이 나오고 있다고 했는데, 이 말은 이우 시장이 신흥 분야에서 빠르게 발전하고 있다고 이해할 수 있다.

64 B ［ 这个AI技术打造的"老板娘"可以为客商介绍产品、协助下单 이 AI 기술이 만들어 낸 '마담'은 바이어에게 제품을 소개하고 주문을 도와줄 수 있다 ］　AI 기술이 만든 '마담'인 '老板娘'의 역할은 녹음 초반에 언급되었다.

65 B ［ 爆款 베스트셀러, 히트 상품 ］　'爆款'의 의미를 잘 몰랐다면 문맥으로 의미를 유추해 보자. '爆款'에 대한 내용과 이어지는 문장에 '今年的流量明星(올해의 인기 상품)'이 월드컵 굿즈 상품이라는 내용이 나오는 것으로 보아 '爆款'은 인기 있고 판매량이 높은 상품을 의미한다는 것을 알 수 있다.

66 A ［ 世界超市 세계의 슈퍼마켓 → 应有尽有 없는 것이 없다 ］　녹음에서는 이우 시장이 전 세계 210만 상품이 모이는 '세계의 슈퍼마켓'이라고 했는데, 이는 '이우 시장의 상품 종류가 아주 다양함'을 비유적으로 표현한 것이다.

67 C　내용과 일치하지 않는 보기를 찾는 문제이다. 이우 시장의 화물 운송 측면의 강점은 녹음 뒷부분에서 언급되었다. 보기 A, B, D는 녹음에 언급되었으나 C는 언급되지 않았으므로 정답은 C이다. 옳고 그름을 판단하는 문제는 질문에 있는 '不'의 유무를 정확하게 체크해야 한다.

现在开始第63到67题：

　　从"数字老板娘"到AI主播；从五金小家电到新能源产品；从货物出口到供应链服务，63被称为"世界超市"的义乌市场的新业态、新模式层出不穷。2022年11月24日至27日，以"新起点、新市场、新发展"为主题的第28届中国义乌国际小商品(标准)博览会在浙江义乌举行。在这里，新兴领域"中国制造"汇聚一堂，万种商品吸引全球客商目光。"大家好，我是义乌老板娘。"身着蓝色旗袍的"数字老板娘"正在"义博会"现场热情地招呼客商，64这个AI技术打造的"老板娘"可以为客商介绍产品、协助下单，让大家充分感受到市场经营模式和业态的变迁。

　　今年恰逢义乌市场建设40周年，货郎手摇的拨浪鼓、针头线脑、发条玩具……走进义博会"义乌小商品故事展"，一批老物件勾起了大家的回忆，65观众惊奇地发现这些不同年代的"爆款"原来都出自于义乌。镜头聚焦回现在，今年的"流量明星"无疑是义乌制造的足球、奖杯、徽章等世界杯周边商品。

　　"义博会"至今已举办了28届，66义乌也从40年前的"马路市场"发展成为汇聚全球210万种商品的"世界超市"。一个个爆款产品让义乌小商品成为走向世界的"流量密码"，是中国制造的强劲动力。在疫情影响下，义乌市场并没有坐以待毙，而是积极探索，建立适应当下新贸易模式的供应链体系。

63번~67번 문제가 시작됩니다.

　　'디지털 마담'부터 AI 아나운서까지, 금속 소형 가전부터 신에너지 제품까지, 화물 수출부터 공급사슬 서비스까지, 63'세계의 슈퍼마켓'이라고 불리는 이우 시장에 새로운 업종, 새로운 모델이 끊임없이 나오고 있다. 2022년 11월 24일부터 27일까지 '새로운 출발점, 새로운 시장, 새로운 발전'을 주제로 하는 제28회 중국 이우 국제 소상품(표준) 박람회가 저장성 이우시에서 열렸다. 이곳에 신흥 분야인 '중국 제조'가 한데 모였고, 수많은 상품이 전 세계 바이어의 눈길을 사로잡았다. "안녕하세요, 저는 이우 마담입니다." 파란 치파오를 입은 '디지털 마담'이 '이우 박람회' 현장에서 바이어들에게 따뜻한 인사를 건넨다. 64이 AI 기술이 만들어 낸 '마담'은 바이어에게 제품을 소개하고 주문을 도와주고, 사람들이 시장 경영 모델과 업종의 변화를 충분히 느끼도록 해 준다.

　　올해는 마침 이우 시장 건설 40주년이다. 행상이 수동으로 움직이는 보랑구(拨浪鼓), 실바늘, 태엽식 완구 등이 이우 박람회의 '이우 소상품 이야기전(展)'에 전시되었으며 오래된 물건들이 사람들의 추억을 상기시켰다. 65관람객들은 다양한 시대의 '히트 상품'들이 모두 이우에서 나왔다는 것에 놀라움을 금치 못했다. 초점을 다시 현재로 돌려서, 올해의 '인기 상품'은 두말할 것 없이 이우에서 제조된 축구공, 트로피, 메달 등 월드컵 굿즈 상품이다.

　　이우 박람회는 지금까지 28회 개최되었다. 66이우도 40년 전의 '길모퉁이 시장'에서 전 세계 210만 개의 상품이 모이는 '세계의 슈퍼마켓'으로 발전했다. 히트 상품 하나하나가 이우의 소상품을 세계로 나아가게 하는 '인기 비결'이자 중국 제조의 강력한 원동력이 되었다. 코로나의 영향에도 이우 시장은 가만히 있지 않고 적극적으로 탐색에 나서 현재에 부응하는

为此，本届义博会现场特意设置了市场建设40周年主题展、标准主题展、供应链主题展、新能源主题展、国际友好城市展等特色展区，以及丰富的配套活动。展会采取线上线下同时举办的形式，邀请了300余家优质参展企业同步开展线上推广洽谈活动。"⁶⁷从国内集运拼货到美国消费者签收，我们只需13天，比传统海运快得多。"浙江盈和国际物流有限公司业务总经理程生林介绍，公司自主开发的云端物流数字系统，⁶⁷实现了客户下单到货品签收全流程数字化和可视化。瞄准跨境电商市场，⁶⁷将传统海运的"港到港"模式升级为"门到门"一站式服务。2021年浙江盈和服务万余个跨境电商卖家，带动贸易额超13亿美元。据义博会新能源展区相关负责人介绍："目前，义乌市场的新能源应用产品已形成一定的经营群体，经营主体数量超过600户。针对新能源市场需求、立足自身优势，义乌国际商贸城正在积极打造全国新能源产品展示交易的专业市场。"

새로운 무역 형태의 공급 사슬 시스템을 조성했다. 이를 위해 이번 이우 박람회 현장에는 특별히 시장 건설 40주년 테마전, 표준 테마전, 공급사슬 테마전, 신에너지 테마전, 국제 우호 도시전 등 특색 있는 전시 구역을 설치하고 다양한 부대 활동을 마련했다. 전시회는 온오프라인 동시 개최 방식을 취했으며 우수한 출품 기업 300여 곳을 초청하여 온라인 홍보 및 상담 활동을 함께 진행했다. "⁶⁷국내에서 공동 구매 물품을 한데 모아 운송하는 것에서부터 미국 소비자가 수령 서명을 할 때까지 13일밖에 걸리지 않습니다. 기존 해운보다 훨씬 빠르죠." 저장 잉허(浙江盈和) 국제물류 유한회사 실무사장 청성린(程生林)은 이처럼 소개했다. 회사가 자체 개발한 클라우드 물류 디지털 시스템은 ⁶⁷고객의 주문부터 물품 수령 서명까지의 전 과정을 디지털화 및 가시화했다. 크로스보더 전자상거래 시장을 겨냥하여 ⁶⁷기존 해운의 '포트 투 포트' 형식을 '도어 투 도어'의 원스톱서비스로 업그레이드했다. 2021년 저장 잉허는 만여 곳의 크로스보더 전자상거래 판매자에게 서비스하여 13억 달러가 넘는 무역액을 달성했다. 이우 박람회 신에너지 전시 구역의 관계자는 "현재 이우 시장의 신에너지 응용 제품은 이미 어느 정도 경영 집단을 형성했으며 경영 주체는 600곳이 넘습니다. 신에너지 시장수요와 자체 강점에 근거하여 이우 국제상무성(国际商贸城)은 전국의 신에너지 상품의 전시와 거래를 위한 전문 시장을 적극적으로 조성하고 있습니다."라고 소개했다.

63 "数字老板娘"、"AI主播"，这些产品出现在义博会上有什么意义？

A 体现了义乌市场在新兴领域的迅速发展

B 新业态、新模式已成为"过去"

C 这些产品在中国已是家庭必备产品

D 新能源产品已不再是义乌市场最需求的目标

64 AI技术打造的"老板娘"能为客商提供哪些服务？

A 讲述中国发展的历史

B 介绍产品与协助下单

C 洽谈商务合作

D 提供更快捷的支付方式

65 "这些不同年代的'爆款'"中，爆款一词最可能是什么意思？

A 有人气但价格高的商品

B 有人气且销量高的商品

C 没有人气但会爆炸的商品

D 不会爆炸的人气产品

63 '디지털 마담' 'AI 아나운서' 등의 제품이 이우 박람회에 나타난 것에는 어떤 의미가 있는가?

A 이우 시장이 신흥 분야에서 빠르게 발전하고 있음을 보여 줬다

B 새로운 업종과 모델은 이미 과거가 되었다

C 이 제품들은 중국에서 이미 가정 필수품이다

D 신에너지 제품은 더 이상 이우 시장이 가장 필요로 하는 목표가 아니다

64 AI 기술이 만든 '마담'은 바이어에게 어떤 서비스를 제공할 수 있는가?

A 중국 발전의 역사를 서술한다

B 제품을 소개하고 주문을 도와준다

C 비즈니스 협력에 대해 상담해 준다

D 더 빠른 결제 방식을 제공한다

65 '다양한 시대의 히트 상품' 중에서 '히트 상품'이란 무슨 의미일 가능성이 가장 높은가?

A 인기 있지만 가격이 높은 상품

B 인기 있고 판매량이 높은 상품

C 인기 없지만 폭발할 수 있는 상품

D 폭발하지 않는 인기 제품

66 称义乌市场为"世界超市"的主要原因是？

    A 义乌市场商品的种类应有尽有

    B 义乌市场商品的价格世界最低

    C 义乌市场的商品遍布各大超市

    D 义乌市场的商品来自世界各地

67 下列哪项不是义乌市场在货物运送方面的优势？

    A 海运到国外消费者签收用时不超过两周

    B 客户下单到货品签收已实现全流程数字化

    C 商品在运送途中毫无破损现象

    D 实行"门到门"一站式服务

66 이우 시장이 '세계의 슈퍼마켓'으로 불리는 주요 이유는 무엇인가?

    A 이우 시장의 상품은 없는 것이 없다

    B 이우 시장 상품의 가격이 세계에서 가장 낮다

    C 이우 시장의 상품은 각 대형 슈퍼마켓에 분포한다

    D 이우 시장의 상품은 세계 각지에서 온다

67 다음 중 이우 시장의 화물 운송 측면의 강점이 아닌 것은?

    A 해운으로 외국 소비자가 수령 서명을 할 때까지 2주를 넘기지 않는다

    B 고객 주문에서 물품 수령까지 전 과정에 디지털화를 실현했다

    C 운송 도중 상품은 전혀 파손되지 않는다

    D '도어 투 도어'의 원스톱서비스를 시행한다

老板娘 lǎobǎnniáng 몡 마담, (상점) 주인의 아내 | **主播** zhǔbō 몡 메인 아나운서 | **五金** wǔjīn 금속 | **小家电** xiǎojiādiàn 몡 ['小型家用电器'(소형 가정용 전자제품)의 줄임말] | **新能源** xīnnéngyuán 몡 신에너지 | ★**货物** huòwù 몡 화물 | **供应链** gōngyìngliàn 공급사슬 | **义乌** Yìwū 고유 이우[중국의 도시명] | **业态** yètài 몡 업무 경영 방식 | **模式** móshì 몡 모델 | ★**层出不穷** céngchū bùqióng 끊임없이 나타나다 | **起点** qǐdiǎn 몡 출발점 | **小商品** xiǎoshāngpǐn 몡 일상 잡화, 일용품 | **博览会** bólǎnhuì 몡 박람회 | **浙江** Zhèjiāng 고유 저장성, 절강성 | **新兴** xīnxīng 혱 신흥의 | ★**领域** lǐngyù 몡 분야, 영역 | ★**汇聚** huìjù 몡 한데 모이다 | ★**堂** táng 몡 정방, 안채 | **万** wàn 혱 매우 많은 | **全球** quánqiú 몡 전 세계 | **客商** kèshāng 몡 바이어 | **目光** mùguāng 몡 눈길, 시선, 눈빛 | **旗袍** qípáo 몡 치파오 | **博会** bóhuì 몡 박람회 | **现场** xiànchǎng 몡 현장 | **打造** dǎzào 동 만들다 | **协助** xiézhù 동 거들어 주다 | **下单** xiàdān 동 주문하다 | **变迁** biànqiān 몡 변천, 변화 | **恰逢** qiàféng 동 공교롭게도 만나다 | **周年** zhōunián 몡 주년 | **货郎** huòláng 몡 행상 | **手摇** shǒuyáo 동 손으로 돌리다 | **拨浪鼓** bōlanggǔ 몡 보랑구[중국의 장난감] | **针头线脑** zhēntóu xiànnǎo 몡 바늘·실 따위의 재봉 용구 | **发条玩具** fātiáo wánjù 태엽식 완구 | **物件** wùjiàn 몡 물건, 물품 | ★**勾** gōu 동 상기시키다 | **惊奇** jīngqí 혱 놀랍고도 이상하다 | **爆款** bàokuǎn 몡 히트 상품 | ★**出自** chūzì 동 (~로 부터) 나오다, (~로 부터) 나타나다 | ★**镜头** jìngtóu 몡 (사진기·촬영기·영사기 등의) 렌즈 | **聚焦** jùjiāo 동 초점을 모으다 | ★**流量** liúliàng 몡 유량 [流量明星: 인기 상품] | ★**无疑** wúyí 혱 의심할 바 없다, 틀림없다 | ★**奖杯** jiǎngbēi 몡 트로피 | **徽章** huīzhāng 몡 배지 | **世界杯** Shìjièbēi 고유 월드컵 | **周边商品** zhōubiān shāngpǐn 굿즈 상품 | **马路** mǎlù 몡 도로 | ★**强劲** qiángjìng 혱 강력하다 | ★**动力** dònglì 몡 원동력 | **疫情** yìqíng 몡 코로나, 전염병 발생과 유행 상황 | **坐以待毙** zuòyǐdàibì 셩 아무런 조치를 취하지 않고 실패를 기다리다 | **探索** tànsuǒ 동 탐색하다, 찾다 | ★**当下** dāngxià 몡 현재 | ★**体系** tǐxì 몡 시스템 | **为此** wèicǐ 집 이를 위해서 | ★**特意** tèyì 부 특별히 | **设置** shèzhì 동 설치하다, 설립하다, 세우다 | **展区** zhǎnqū 몡 전시 구역 | ★**配套** pèitào 동 부설하다 | **展会** zhǎnhuì 몡 전시회 | **线上** xiànshàng 몡 온라인 | **线下** xiànxià 몡 오프라인 | ★**余** yú 혱 여 | **优质** yōuzhì 혱 양질의 | **参展** cānzhǎn 동 전람회에 출품하다 | ★**同步** tóngbù 동 동시에 진행하다 | ★**开展** kāizhǎn 동 (활동이 작은 범위에서 큰 범위로) 전개되다, 확대되다 | ★**洽谈** qiàtán 몡 상담 | **集运** jíyùn 한데 모아 운송하다 | **消费者** xiāofèizhě 몡 소비자 | **签收** qiānshōu 동 (공문서·편지 등을 받은 후에 영수증에) 받았다는 것을 서명하다 | ★**海运** hǎiyùn 몡 해운 | ★**物流** wùliú 몡 물류 | **有限公司** yǒuxiàn gōngsī 유한책임회사 | **总经理** zǒngjīnglǐ 몡 최고 책임자 | **自主** zìzhǔ 동 자주적이다 | **云端** yúnduān 몡 클라우드 | **客户** kèhù 몡 고객 | **货品** huòpǐn 몡 물품 | **流程** liúchéng 몡 과정 | **数字化** shùzìhuà 몡 디지털화하다 | **可视化** kěshìhuà 동 가시화되다 | ★**瞄准** miáozhǔn 동 겨누다 | **跨境** kuàjìng 몡 크로스보더(cross-border) [跨境电商: 크로스보더 전자상거래] | **港到港** gǎng dào gǎng 포트 투 포트 [국제 물류 산업 용어] | **升级** shēngjí 동 업그레이드하다 | **门到门** mén dào mén 도어 투 도어 | **一站式服务** yízhànshì fúwù 원스톱서비스 | **带动** dàidòng 동 이끌어 나가다 | **额** é 몡 정액 | **美元** měiyuán 미국 달러 | **负责人** fùzérén 몡 책임자 | **群体** qúntǐ 몡 집단 | **主体** zhǔtǐ 몡 주체 | **立足** lìzú 동 근거하다 | **自身** zìshēn 몡 자신 | **国际商贸城** Guójì Shāngmàochéng 고유 국제상무성 | **交易** jiāoyì 동 거래하다 | **必备** bìbèi 동 반드시 구비하다 | ★**讲述** jiǎngshù 동 (일이나 도리 등을) 진술하다, 서술하다 | **快捷** kuàijié 혱 빠르다 | **支付** zhīfù 몡 지불 | ★**人气** rénqì 몡 인기 | **销量** xiāoliàng 몡 (상품의) 판매량 | **爆炸** bàozhà 동 폭발하다 | **应有尽有** yīngyǒu jìnyǒu 셩 모두 갖추어져 있다 | ★**遍布** biànbù 동 도처에 널리 분포하다 | **各地** gèdì 몡 각지, 각처 | ★**运送** yùnsòng 몡 운송 | **国外** guówài 몡 외국 | **途中** túzhōng 몡 (길을 가는) 도중 | ★**毫无** háo wú 조금도 ~가 없다 | **破损** pòsǔn 혱 파손되다, 손상되다 | **实行** shíxíng 동 실행하다

'毫无'는 부정적인 상황이나 조건을 강조할 때 사용하며, 어떤 것이 전혀 존재하지 않거나 발생하지 않았음을 나타낸다.

예 **毫无疑问，他是最佳候选人。** 의심할 여지 없이 그는 최고의 후보자이다.

68 B 　[诺贝尔奖……包括：物理学奖、化学奖、和平奖、生理学或医学奖和文学奖 노벨상은 (…) 물리학상, 화학상, 평화상, 생리·의학상, 문학상이 포함된다]　　노벨상에 포함되지 않는 보기는 B '数学奖(수학상)'이다.

69 C 　[评选的第一标准是成就的大小 선정의 첫 번째 기준은 성과의 크기이다]　　노벨의 유언에 따른 노벨상 선정의 첫 번째 기준은 '成就的大小'라고 했다. 녹음에 등장한 어휘가 보기에 그대로 사용되었다.

70 C 　[届时还将邀请前两年的获奖者参加 이번 시상식에 이전 2년의 수상자도 초청될 것이다]　　2020년과 2021년에는 코로나의 영향으로 노벨상의 오프라인 시상식이 취소되었다고 먼저 언급한 후, 2022년 시상식에는 이전 2년의 수상자도 초청될 것이라고 했다.

71 B 　[候选人的名单都不对外公开 후보자 명단은 외부에 공개하지 않는다]　　녹음 중반부에 노벨상 수상자를 예측하기 어렵다고 나온 후 '这是主要是因为'라고 말하는 부분 뒤에 이유가 바로 등장한다.

72 A 　[而不是重大的基础研究突破，那么获奖的可能性不大 중대한 기초연구의 새로운 발전이 없다면 수상 가능성은 크지 않다]　　녹음의 결론 부분(结尾处)에 언급된 노벨상 수상에 대한 과학 연구원의 의견과 일치하는 보기는 A이다.

现在开始第68到72题：

　　<u>68诺贝尔奖是指根据诺贝尔1895年的遗嘱而设立的五个奖项，包括：物理学奖、化学奖、和平奖、生理学或医学奖和文学奖。</u>旨在表彰在物理学、化学、和平、生理学或医学以及文学上"对人类作出最大贡献"的人士；以及瑞典中央银行1968年设立的诺贝尔经济学奖，用于表彰在经济学领域做出杰出贡献的人，并于1901年首次颁发。根据诺贝尔遗嘱，在评选的整个过程中，获奖人不受任何国籍、民族、意识形态和宗教信仰的影响，<u>69评选的第一标准是成就的大小。</u>遵照诺贝尔的遗嘱，物理学奖和化学奖由瑞典皇家科学院评定；生理学或医学奖由瑞典皇家卡罗林医学院评定；文学奖由瑞典文学院评定；和平奖由挪威议会选出。经济奖委托瑞典皇家科学院评定。每个授奖单位设有一个由5人组成的诺贝尔委员会负责评选工作，该委员会三年一届。

　　众所周知，每年十月是一年一度的诺贝尔奖季。受新冠疫情影响，2020年、2021年的诺贝尔奖线下颁奖礼都已被迫取消。<u>70今年的诺贝尔奖颁奖典礼有望"回归"线下，届时还将邀请前两年的获奖者参加。</u>除此之外，每年的"诺奖"花落谁家一向为大众津津乐道，而想要预测则是极其困难的。<u>71这主要是因为诺贝尔奖一直遵循除了公布最终获奖者外，候选人的名单都不对外公开的原则，</u>且在此基础上设置了50年的保密期。因

68번~72번 문제가 시작됩니다.

　　68노벨상이란 노벨이 1895년 남긴 유언에 따라 개설한 5개의 상으로, 물리학상, 화학상, 평화상, 생리·의학상, 문학상이 포함된다. 물리학, 화학, 평화, 생리·의학, 문학 방면에서 '인류에 큰 공헌을 한' 사람에게 표창하는 것을 목적으로 한다. 또한 스웨덴 중앙은행이 1968년 개설한 노벨경제학상은 경제학 분야에서 특출난 공헌을 한 사람에게 표창하는 것으로 1901년에 처음으로 수여했다. 노벨의 유언에 따르면, 심사의 전체 과정에서 수상자는 어떠한 국적, 민족, 이데올로기 및 종교의 영향도 받지 않으며, 69선정의 첫 번째 기준은 성과의 크기이다. 노벨의 유언에 따라 물리학상과 화학상은 스웨덴 왕립 과학 아카데미가 선정하고, 생리·의학상은 스웨덴 왕립 카롤린스카 의과대학교에서 선정하며, 문학상은 스웨덴 아카데미에서, 평화상은 노르웨이 노벨위원회에서 선출한다. 경제학상은 스웨덴 왕립 과학 아카데미에 위탁하여 선정한다. 모든 시상 기관은 다섯 명으로 된 노벨 위원회를 구성하여 선정 업무를 담당하며 위원회는 3년을 임기로 한다.

　　모든 사람이 알고 있듯이 매년 10월은 일 년에 한 번 노벨상 시상이 열리는 시기이다. 코로나의 영향으로 2020년과 2021년에는 노벨상의 오프라인 시상식이 부득이하게 취소되었다. 70올해는 노벨상 시상식이 다시 오프라인으로 열릴 것으로 보이며, 이번 시상식에 이전 2년의 수상자도 초청될 것이다. 이 외에도 매년 대중은 수많은 경쟁자 중 '노벨상 수상자'는 누가 될 것인가를 흥미진진하게 예측해 보려 하지만 예측은 쉽지 않다. 71노벨상이 최종 수상자는 발표하지만 후보자 명단은 외부에 공개하지 않는 원칙을 줄곧 따르고 있기 때문이며 이를 기반으로 하여 50년간의 비밀 보장 기간을 만들었다. 따라서 매년 나오는 '어떤 사람이 노벨상 수상 후보에 올랐다'는 소문들은 50년이 지난 후에야 그 진실을 검증할 수 있다. 이 기

此，对于每年可能出现的各种说某人获得提名成为诺贝尔奖候选人的传闻，其真实性必须在50年后才能得到验证。这个时间跨度之长使得每一年的奖项都难以预测。截至2019年，诺贝尔奖共授予了919位个人和24个团体，这其中4位个人以及1个团体曾两次获得诺贝尔奖、1个团体曾三次获得诺贝尔奖，故总计923次授予个人、27次授予团体。

在今年诺贝尔奖的热门夺奖名单中，多名华人科学家被提及，包括刚刚获得今年拉斯克医学奖的香港中文大学医学院分子生物学临床专家——卢煜明；2022年度"引文桂冠奖"获得者——神经科学家李文渝；制造了柔性"电子皮肤"半导体聚合物的化学工程师——鲍哲南。人们很希望在诺奖的获奖名单中看到更多华人科学家的身影。一位国内从事基础研究的科研人员在接受采访时表示："诺贝尔奖评选，一方面要看是否有理论的突破另一方面要看是否是划时代技术方面的革新，⁷² 如果只是应用层面的创新，而不是重大的基础研究突破，那么获奖的可能性不大；如果仅仅是论文引用次数多，而缺乏重要的原创，那么获奖的可能性也不大。"

간이 너무 길기 때문에 매년 수상자를 예상하기 어렵다. 2019년까지 개인 919명, 단체 24곳에 노벨상을 수여했으며 그중 4명의 개인과 1개의 단체는 두 번 수상을 했고 1개의 단체는 세번 수상을 했으므로 총합 개인에게 923번, 단체에 27번 상을 수여했다.

올해 노벨상의 유력한 수상 후보 명단에 여러 화교 과학자가 언급되었다. 얼마 전 올해의 래스커 의학상을 받은 홍콩 중문 의과대학 분자생물학 임상 전문가 루위밍(卢煜明), 2022년도 '피인용 우수 연구자'에 선정된 신경 과학자 리원위(李文渝), 유연성 '전자 피부' 고분자반도체를 개발한 화학 엔지니어 바오저난(鲍哲南)이 여기에 포함된다. 사람들은 노벨상 수상 명단에서 더 많은 화교 과학자의 이름을 볼 수 있길 바란다. 중국에서 기초연구에 종사 중인 한 과학 연구원은 인터뷰에서 "노벨상 선정은 한편으로는 이론적으로 새로운 발전이 있었는지를 봐야 하고, 다른 한편으로는 기술 측면에 획기적인 혁신이 있었는지 봐야 한다. ⁷²만약 응용 차원에서의 혁신만 이루고 중대한 기초연구의 새로운 발전이 없다면 수상 가능성은 크지 않다. 만약 논문 인용 수만 많고 중요한 창작 부분이 부족하다면 이 역시 수상 가능성은 높지 않다."라고 밝혔다.

68 诺贝尔奖的五个奖项不包括的一项是？

A 文学奖　　　　　B 数学奖

C 物理学奖　　　　D 生理学或医学奖

69 根据诺贝尔的遗嘱，"诺奖"评选的第一标准是什么？

A 科学家地位的高低

B 最大限度的获盈利

C 成就的大小

D 推荐者的成就

70 有关2022年的"诺奖"颁奖礼说法正确的是？

A 受新冠疫情影响将于取消线下颁奖

B 颁奖时间与往年相比有所推迟

C 将邀请前两届获奖者参加

D 设置了"预测获奖者"的环节

71 诺贝尔奖获奖者极难预测的主要原因是？

A 外界的传闻时常混淆大众猜测

B 候选人的名单都不对外公开

C 各个奖项获奖人数众多

D 国内大众对外国科学家了解不够

68 노벨상의 다섯 가지 부문에 포함되지 않는 상은?

A 문학상　　　　　B 수학상

C 물리학상　　　　D 생리·의학상

69 노벨의 유언에 따르면 노벨상 선정의 첫 번째 기준은 무엇인가?

A 과학자 지위의 우열　　B 최대한의 이윤

C 성과의 크기　　　　　D 추천자의 성과

70 2022년 노벨상 시상식에 관한 설명 중 옳은 것은?

A 코로나의 영향으로 오프라인 시상이 취소될 것이다

B 시상 시간이 예년에 비해 다소 연기될 것이다

C 지난 두 회차의 수상자를 초청할 것이다

D '수상자 예상' 코너를 만들었다

71 노벨상 수상자를 예상하기 어려운 주요 이유는 무엇인가?

A 외부에 소문이 돌 때 대중의 추측이 뒤섞인다

B 후보자 명단을 외부에 공개하지 않는다

C 각 부문 수상자가 너무 많다

D 국내 사람들은 외국 과학자에 대해 잘 알지 못한다

72 结尾处，科研人员对怎样能获得诺贝尔奖表达了什么看法？

A 若无重大基础研究突破，获奖可能性不大

B 论文引用次数多即可获奖

C 工作在科技最前沿的科学家有望获奖

D 具有创新精神的科学家获奖几率大

72 결론 부분에서 과학 연구원은 어떻게 해야 노벨상을 받을 수 있는지에 관해 어떤 의견을 표했는가？

A 중대한 기초연구의 새로운 발전이 없다면 수상 가능성은 크지 않다

B 논문 인용 수가 많으면 수상할 수 있다

C 과학기술의 최전선에서 일하는 과학자는 수상이 유력하다

D 혁신 정신을 가진 과학자는 수상 확률이 높다

诺贝尔奖 Nuòbèi'ěrjiǎng 고유 노벨상 | 指 zhǐ 동 의미하다, 가리키다, 뜻하다 | 诺贝尔 Nuòbèi'ěr 고유 노벨 [스웨덴의 화학자] | ★遗嘱 yízhǔ 명 유언(장) | 设立 shèlì 동 (기구·조직 등을) 설립하다, 건립하다 | 奖项 jiǎngxiàng 명 상의 종목 | 物理学 wùlǐxué 명 물리학 | 化学 huàxué 명 화학 | 生理学 shēnglǐxué 명 생리학 | 医学 yīxué 명 의학 | ★旨在 zhǐzài 동 ~를 목적으로 하다, 목적은 ~에 있다, ~에 뜻이 있다 | ★表彰 biǎozhāng 동 표창하다 | 人士 rénshì 명 인사 | 瑞典 Ruìdiǎn 고유 스웨덴 | 中央 zhōngyāng 명 중앙 | 杰出 jiéchū 형 걸출한, 남보다 뛰어난 | ★首次 shǒucì 명 최초, 첫째 | 颁发 bānfā 동 (훈장·상장 등을) 수여하다 | 评选 píngxuǎn 동 선정하다 | 获奖人 huòjiǎngrén 명 수상자 | 意识形态 yìshí xíngtài 명 이데올로기 | 宗教 zōngjiào 명 종교 | 信仰 xìnyǎng 명 신앙 | 遵照 zūnzhào 동 따르다, ~대로 하다 | 皇家 huángjiā 명 황실 | 科学院 kēxuéyuàn 명 과학원 [과학 아카데미] | 评定 píngdìng 동 평가하여 결정하다 | 卡罗林医学院 Kǎluólín Yīxuéyuàn 고유 카롤린스카 의과대학 | 挪威 Nuówēi 고유 노르웨이 | ★议会 yìhuì 명 의회 | 选出 xuǎnchū 동 선출하다, 선임하다 | 委托 wěituō 동 위탁하다, 의뢰하다 | 授奖 shòujiǎng 동 상을 수여하다, 시상하다 | ★委员会 wěiyuánhuì 명 위원회 | ★众所周知 zhòngsuǒzhōuzhī 성 모든 사람이 다 알고 있다 | 季 jì 명 시기 | 新冠 xīnguān 명 코로나 | 疫情 yìqíng 명 전염병 발생 상황 | 线下 xiànxià 명 오프라인 | 颁奖礼 bānjiǎnglǐ 명 시상식 | 被迫 bèipò 동 어쩔 수 없이 ~하다 | 颁奖典礼 bānjiǎng diǎnlǐ 명 시상식, 수여식 | ★有望 yǒuwàng 동 가망이 있다, 가능성이 있다 | 回归 huíguī 동 회귀하다, 되돌아가다 | ★届时 jièshí 그때가 되다, 정한 기일이 되다 | ★除此之外 chúcǐzhīwài 이 외에 | 花落谁家 huāluòshuíjiā 수많은 경쟁자 중 누가 최후의 승자가 될 것인가? | 一向 yíxiàng 부 줄곧, 내내, 종래 | 大众 dàzhòng 명 대중, 군중 | 津津乐道 jīnjīn lèdào 흥미진진하게 이야기하다 | 预测 yùcè 동 예측하다 | ★遵循 zūnxún 동 따르다 | 最终 zuìzhōng 명 최종, 최후 | 获奖者 huòjiǎngzhě 명 수상자 | ★候选人 hòuxuǎnrén 명 입후보자 | 名单 míngdān 명 명단, 명부 | 对外 duìwài 형 대외의, 대외적인 | 且 qiě 접 게다가, 또한 | 设置 shèzhì 동 설치하다, 설립하다, 세우다 | 保密 bǎomì 동 비밀을 지키다, 기밀로 하다 | ★提名 tímíng 동 (당선 가능성 있는 인사나 사물을) 추천하다, 거명하다, 지명하다 | ★传闻 chuánwén 명 전해지는 말, 소문, 루머, 유언비어 | 验证 yànzhèng 동 검증하다 | 难以 nányǐ 부 ~하기 어렵다 | 截至 jiézhì 동 (시간적으로) ~까지 마감이다, ~에 이르다 | ★授予 shòuyǔ 동 수여하다 | 团体 tuántǐ 명 단체 | 曾 céng 부 일찍이, 이미, 벌써, 이전에 | ★总计 zǒngjì 동 총계하다, 합계하다 | 热门 rèmén 명 인기 | 夺奖 duójiǎng 명 수상 후보 | 华人 huárén 명 화교 | 提及 tíjí 동 언급하다 | 拉斯克医学奖 Lāsīkè Yīxuéjiǎng 고유 래스커 의학상 | 香港 Xiānggǎng 고유 홍콩 | 分子 fēnzǐ 명 분자 | ★临床 línchuáng 명 임상 | 卢煜明 Lú Yùmíng 고유 루위밍 [인명] | 桂冠奖 Guìguānjiǎng 고유 로렐상 | 神经 shénjīng 명 신경 | 李文渝 Lǐ Wényú 고유 리원위 [인명] | 柔性 róuxìng 명 유연성 | 半导体聚合物 bàndǎotǐ jùhéwù 명 고분자반도체 | 鲍哲南 Bào Zhénán 고유 바오저난 [인명] | 诺奖 nuòjiǎng 명 노벨상의 약칭 | ★身影 shēnyǐng 명 신체, 모습 | 一方面 yìfāngmiàn 접 한편으로 ~하면서 (하다) [一方面A，另一方面B: A하면서, 다른 편으로는 B하다] | 突破 tūpò 명 돌파, 발전 | ★划时代 huàshídài 시대를 긋다, 새로운 시대를 열다, 획기적이다 형 획기적인 | 革新 géxīn 명 혁신 | 层面 céngmiàn 명 차원 | 创新 chuàngxīn 명 혁신, 창의성, 창조성 | 可能性 kěnéngxìng 명 가능성 | 限度 xiàndù 명 한도, 한계 | 盈利 yínglì 명 이윤, 이득 | 说法 shuōfǎ 명 설명 | 颁奖 bānjiǎng 명 시상하다, 상을 주다 | 相比 xiāngbǐ 동 비교하다, 견주다 [与……相比: ~와 비교하다] | ★有所 yǒusuǒ 어느 정도 ~하다, 다소 ~하다 | 环节 huánjié 명 일환, 부분 | 外界 wàijiè 명 외부 | ★混淆 hùnxiáo 동 뒤섞이다, 헷갈리다 [주로 추상적인 사물에 쓰임] | 猜测 cāicè 명 추측 | 众多 zhòngduō 형 매우 많다 | 不够 búgòu 동 부족하다, 모자라다 | ★结尾 jiéwěi 명 결말, 마무리 단계 | 若 ruò 접 만약, 만일 | 获奖 huòjiǎng 동 상을 받다 | ★引用 yǐnyòng 명 인용 | ★即可 jíkě 부 ~하면 곧 ~할 수 있다 | ★前沿 qiányán 명 진지의 최전방 | 具有 jùyǒu 동 지니다, 가지다 | ★几率 jīlù 명 확률

02 역사, 전통, 문화, 예술, 스포츠

○ track 18

● **Day 16**   **1** A(✓)   **2** A(✓)   **3** B(✗)   **4** B(✗)   **5** B(✗)

1   A(✓) ["食花"是一件雅事 '꽃을 먹는 것'은 고상한 일이다] 녹음 첫 문장에서 바로 해당 내용이 언급되었다.

2   A(✓) [云南地处中国西南地区，…… 윈난은 중국 남서 지역에 위치하고, (…)] 윈난은 중국 남서 지역에 위치하고 저위도 고원기후의 영향을 받아 전 지역에 일 년 내내 꽃이 지지 않는다는 말에서 윈난 사람이 꽃을 먹는 걸 좋아하는 것에 지리 환경의 영향이 있음을 알 수 있다.

3   B(✗) [这两样食材不管如何搭配都相得益彰 이 두 가지 식재료는 어떻게 조합해도 시너지효과를 낸다] 녹음의 중간 부분에서 생화와 계란만으로 지단, 탕, 찜 등의 일반적인 요리를 할 수 있다고 했으므로, 조리법이 독특하다고 볼 수는 없다.

4   B(✗) [几乎都有他们各自的拿手菜谱 대부분 각자만의 훌륭한 레시피가 있다] 소수민족마다 각자의 레시피가 있다고 했을 뿐, 생화가 주요 식재료라고 언급한 적은 없다.

5   B(✗) [而云南鲜花宴……被评为 "中国菜"之云南十大主题名宴 윈난 생화 연회는 (…) 중국 요리 중 윈난 10대 테마 연회로 선정되었다] 중국 음식을 대표하는 것이 아니라 중국 음식 중 윈난 테마 연회로 선정된 것이다.

现在开始第1到5题：

　　¹在中国的饮食文化中，"食花"是一件雅事。可是你知道吗？云南人吃花，可不仅仅是为了"附庸风雅"，而是因为那些花真的好吃。²云南地处中国西南地区，受低纬高原气候的影响，整个云南境内全年花开不败，云南人对花的喜爱或许正是因此而超过了一般意义上的观赏，这样的喜爱也着实让花变得"秀色可餐"起来。据文献记载，在云南，最早食鲜花的习俗可追溯到春秋时期；唐宋元代也都曾出现过爱花、食花的美食大家；清乾隆帝和慈禧太后更是人尽皆知的"嗜花人肴"。

　　鲜花的美味，往往只需几枚鸡蛋就能尽数释放，比如：³金雀花摊鸡蛋、白花鸡蛋汤、棕包蒸蛋羹等等。鲜花与鸡蛋，这两样食材不管如何搭配都相得益彰。一年中，云南人的"吃花模式"早在春节前后便会开启。如：早春盛放的玉荷花，花瓣雪白中透着粉红，花香淡雅清新，滇南多用来炒腊肉或素炒，滇西则多用来煮鱼或者涮鸡肉火锅，别具风味。而说到云南人吃花儿，不提鲜花饼肯定说不过去。拿云南美食来说，最让人印象深刻的应该就是鲜花饼了。"鲜花会凋谢，鲜花饼不会"一枚正宗的云南鲜花饼是玫瑰花的浪漫杰作，也是云南经典的特产之一。它

1번~5번 문제가 시작됩니다.

　　¹중국의 음식 문화 중 '꽃을 먹는 것'은 고상한 일이다. 하지만 당신은 알고 있는가? 윈난 사람이 꽃을 먹는 건 '고상한 문화를 즐기기 위함'일 뿐만 아니라 꽃이 정말로 맛있기 때문이라는 걸 말한다. ²윈난은 중국 남서 지역에 위치하고 저위도 고원기후의 영향을 받아 전 지역에 일 년 내내 꽃이 지지 않는다. 윈난 사람들의 꽃에 대한 애정은 어쩌면 일반적인 의미에서의 관상보다 클 수 있으며, 이러한 애정에 실제로 꽃은 이곳에서 '더 아름답고 먹기 좋은 음식'이 되었다. 문헌 기록에 따르면 윈난에서 가장 처음 생화를 먹던 관습은 춘추시대까지 거슬러 올라갈 수 있다. 당대, 송대, 원대에도 꽃을 사랑하고 꽃을 먹는 미식가가 있었다. 청나라 건륭제와 서태후는 특히 모르는 사람이 없을 정도로 '꽃을 좋아해서 요리에 넣어 먹었다'.

　　생화의 맛은 보통 계란 몇 개만 있으면 거의 다 느낄 수 있다. 예를 들면 ³금작화 지단, 백화 계란탕, 종려꽃 계란찜 등이다. 생화와 계란, 이 두 가지 식재료는 어떻게 조합해도 시너지효과를 낸다. 일 년 중 윈난 사람들은 춘절 전후부터 꽃을 먹기 시작한다. 이른 봄에 만개하는 옥연화를 예로 들면 옥연화는 눈 속에서 꽃잎이 분홍빛을 띠며 향기는 청초하고 싱그러운데, 윈난 남부에서는 말린 돼지고기를 볶거나 채소를 볶을 때 주로 사용하고, 윈난 서부에서는 생선을 찌거나 닭고기 샤브샤브에 주로 사용하며 독특한 맛이 있다. 윈난 사람들이 꽃을 먹는다는 말을 할 때, 생화전을 언급하지 않고 지나갈 수 없다. 윈난 음식 중 가장 인상 깊은 것이 바로 생화전일 것이다. "생화는 시들지만, 생화전은 시들지 않는다." 정통적인 윈난

吃起来花香浓郁、酥松软绵、令人回味无穷。腌制好的玫瑰酱除了做成鲜花饼，还可以给甜口的粑粑做馅儿，比如喜洲苦荞粑粑——用玫瑰酱加青黄果皮拌馅儿制成的糕点。苦荞粑粑将花儿的芬芳、糖的清甜、橘的酸苦几种味道融合得恰到好处，十分诱人。

好吃的鲜花有很多，除了人们常吃的菊花和桂花，还有棠梨花、木槿花、八重樱等等，在云南人手中都可以变为一盘又一盘的美味佳肴。面对满山遍野的鲜花，⁴生活在云南地区的众多少数民族，几乎都有他们各自的拿手菜谱。每到花开时节，各少数民族也会着手准备极具特色的"鲜花宴"。⁵而云南鲜花宴也于2018年9月被评为"中国菜"之云南十大主题名宴。

생화전은 장미로 만든 낭만적인 걸작이자 윈난의 전형적인 특산품 중 하나이기도 하다. 이 생화전을 먹으면 꽃향기가 짙게 나고 부슬부슬하고 부드러우며 뒷맛이 계속 입에 맴돈다. 소금에 절인 장미장(酱)은 생화전을 만들 때 외에도 달콤한 전병에 소로 들어가기도 한다. 시저우의 타타르 메밀 전병을 예로 들 수 있는데, 장미장에 푸른색과 노란색 열매 껍질을 넣은 소로 만든 간식이다. 타타르 메밀 전병은 꽃의 향기, 사탕의 달콤함, 귤의 시고 쓴맛 등 여러 맛이 적절히 어우러져 매우 매력적이다.

사람들이 자주 먹는 국화나 계화 외에도 팥 배꽃, 무궁화, 천엽 벚꽃 등 맛이 훌륭한 생화가 많이 있는데, 모두 윈난 사람의 손에서 한 접시, 또 한 접시 맛있는 음식으로 변신할 수 있다. 산과 들에 가득한 생화에 대해, ⁴윈난에 사는 수많은 소수민족은 대부분 각자만의 훌륭한 레시피가 있다. 꽃이 피는 시기가 되면 각 소수민족은 특색 있는 '생화 연회'를 준비한다. ⁵윈난 생화 연회는 2018년 9월에 중국 요리 중 윈난 10대 테마 연회로 선정되었다.

请判断第1到5题：

1 "食花"被认为是一件"雅事"。

　　A √ 　　B ×

2 云南人爱食花与其所处的地理环境有密切关系。

　　A √ 　　B ×

3 鲜花与鸡蛋的结合说明了鲜花菜肴的烹饪手法独特。

　　A √ 　　B ×

4 原文中提到的"鲜花菜肴"是指各地少数民族的主要食材。

　　A √ 　　B ×

5 云南鲜花宴可以代表中国菜。

　　A √ 　　B ×

1번~5번 문제의 정오를 판별하세요.

1 꽃을 먹는 것은 고상한 일로 여겨진다.

　　A √ 　　B ×

2 윈난 사람이 꽃을 먹는 걸 좋아하는 것은 윈난의 지리 환경과 밀접한 관계가 있다.

　　A √ 　　B ×

3 생화와 계란의 조합은 생화 요리의 조리법이 독특함을 설명한다.

　　A √ 　　B ×

4 본문에 언급된 생화 요리는 각지 소수민족의 주요 식재료를 가리킨다.

　　A √ 　　B ×

5 윈난 생화 연회는 중국 음식을 대표할 수 있다.

　　A √ 　　B ×

饮食 yǐnshí 동 음식을 먹고 마시다 | 食 shí 동 먹다 | 雅 yǎ 형 고상하다 | 云南 Yúnnán 고유 윈난성 | 不仅仅 bùjǐnjǐn 부 ~만이 아니다 | 附庸风雅 fùyōng fēngyǎ 성 옛날, 관료·지주·상인 등이 겉치레를 위하여 명사를 사귀고 문화 활동에 참가하다 | 地处 dìchù 동 ~에 위치하다 | 低纬 dīwěi 명 저위도 | 高原 gāoyuán 명 고원 | 境内 jìngnèi 명 경내, 구역 | 全年 quánnián 명 1년간 | 败 bài 형 시들다 | 喜爱 xǐ'ài 동 좋아하다, 호감을 가지다 | 观赏 guānshǎng 동 관상 | 着实 zhuóshí 부 확실히, 참으로, 정말로 | 秀色可餐 xiùsè kěcān 성 매우 아름답다 | 文献 wénxiàn 명 문헌 [역사적 가치가 있거나 참고할 가치가 있는 도서 자료] | 记载 jìzǎi 동 기록 | 鲜花 xiānhuā 명 생화 | 习俗 xísú 명 습관과 풍속 | ★追溯 zhuīsù 동 거슬러 올라가다 | 春秋时期 Chūnqiū shíqī 춘추시대 | 唐 Táng 고유 당 [나라 이름] | 宋 Sòng 고유 송 [나라 이름] | 美食大家 měishí dàjiā 미식가 | 清 Qīng 고유 청 [나라 이름] | 乾隆帝 Qiánlóngdì 고유 건륭제 [청나라의 제6대 황제] | 慈禧太后 Cíxǐ Tàihòu 고유 서태후, 자희태후 | 人尽皆知 rénjìnjiēzhī 성 (어떤 일이나 장소 또는 사실 등을) 모르는 사람이 없다 | 嗜 shì 동 특히 좋아하다, 즐기다 | 美味 měiwèi 명 좋은 맛 | 枚 méi 명 발, 개 [주로 비교적 작은 조각으로 된 사물을 세는 단위] | 尽数 jìnshù 부 모두, 전부, 있는 만큼 | ★释放 shìfàng 동 방출하다, 내보내다 | 金雀花 jīnquèhuā 명 금작화 | 摊鸡蛋 tān jīdàn 지단을 부치다 | 棕包蒸蛋羹 zōngbāo zhēngdàngēng 종려꽃 계란찜 | 食材 shícái 명 식재료, 식자재 | 搭配 dāpèi 동 조합하다 | 相得益彰 xiāngdé yìzhāng 성 서로 협력하고 보완하면 각자의 능력을 더욱 잘 나타낼 수 있다 | 模式 móshì 명 (표준) 양식, 모델 | ★开启 kāiqǐ 동 시작하다, 열다 | 玉荷花 yùhéhuā 명 옥연화 | ★花瓣 huābàn 명 꽃잎, 화판 | 淡雅 dànyǎ 형 고상하다, 우아하다 | ★清新 qīngxīn 형 청신하다, 맑고 새롭다, 신선하다 | 滇 Diān 고유 [윈난성의 다른 이름] | 腊肉 làròu 명 말린 돼지고기 | 涮 shuàn 동 샤브샤브를 하다 | 火锅 huǒguō 명 샤

브샤브 | **别具风味** biéjù fēngwèi 웹 특별한 맛이 있다 | **凋谢** diāoxiè 图 (초목·꽃잎이) 시들어 떨어지다 | ★**正宗** zhèngzōng 웹 정통의, 전통적인 |
杰作 jiézuò 웹 걸작 | ★**特产** tèchǎn 웹 특산(물) | **花香** huāxiāng 웹 꽃향기 | ★**浓郁** nóngyù 웹 (향기가) 짙다, 그윽하다 | **酥松** sūsōng 웹 부드
럽다 | ★**回味** huíwèi 웹 (식사 후의) 뒷맛 | ★**无穷** wúqióng 웹 무한하다, 무궁하다, 끝이 없다 | **腌制** yānzhì 웹 소금에 절이다 | **酱** jiàng 웹 장에 절
인 식품 | **口** kǒu 웹 요리나 반찬의 맛 | **粑粑** bābā 웹 전병 [찹쌀가루 등으로 만든 떡] | ★**馅儿** xiànr 웹 만두 등과 같은 밀가루 음식 재료로 쓰이는 것 | **喜
洲** Xǐzhōu 고유 시저우 [지명] | **苦荞** kǔqiáo (동부 유럽에서 서부 아시아 일대의 타타르 지방에서 나는) 타타르 메밀 | **果皮** guǒpí 웹 과일 껍질 | **糕点**
gāodiǎn 웹 간식 | ★**芬芳** fēnfāng 웹 향기 | **清甜** qīngtián 웹 시원하고 달콤하다 | **橘** jú 웹 귤 | **酸苦** suānkǔ 웹 시고 쓰다 | **融合** rónghé 图 융
합하다 | ★**恰到好处** qiàdào hǎochù 웹 아주 적절하다 | ★**诱人** yòurén 웹 매력적이다, 매혹적이다 | **菊花** júhuā 웹 국화 | **桂花** guìhuā 웹 계화 |
棠梨花 tánglíhuā 팥 배꽃 | **木槿花** mùjǐnhuā 웹 무궁화 | **八重樱** bāchóng yīng 천엽 벚꽃 | **美味** měiwèi 웹 맛있는 음식 | **佳肴** jiāyáo 웹 맛
있는 요리, 좋은·훌륭한 요리 | **满山遍野** mǎnshān biànyě 웹 온 산에 가득하다, 산과 들에 가득히 덮여 있다 | **众多** zhòngduō 웹 매우 많다 | ★**拿手**
náshǒu 웹 자신있다, 뛰어나다 | **菜谱** càipǔ 웹 요리책 | ★**着手** zhuóshǒu 图 착수하다, 시작하다, 손을 대다 | **评为** píngwéi 图 ~로 선정되다 | **菜肴**
càiyáo 웹 (식사나 안주용의) 요리, 음식 | **烹饪** pēngrèn 图 요리하다 | **手法** shǒufǎ 웹 기교, 수법, 솜씨

●track 19

● **Day 17**　　**6** B(×)　　**7** A(√)　　**8** A(√)　　**9** B(×)　　**10** A(√)

---

6 **B(×)** [在中国古代史料中，大多数著名的历史人物并没能留下真实的画像 중국 고대 사료 중, 대부분의 유명한 역
사 인물은 실제 초상화를 남기지 못했다] 　 역사 인물들이 실제 초상화를 남기지 못했다는 내용만 언급됐을 뿐, 그들이
원하지 않았다는 것을 알 수 없다.

7 **A(√)** [决定以自己为蓝本创作杜甫画像 자신을 원본으로 삼아 두보의 초상화를 창작하기로 했다] 　 장조화는 두보의
초상화를 그릴 때 원본으로 삼을 인물이 없어 고심하던 중, 어느 날 거울을 통해 자신의 모습이 두보의 처지와 비
슷하다고 생각해 자신을 원본으로 삼아 두보의 초상화를 창작했다고 했다.

8 **A(√)** [我画历史人物，主要看他当时与国家、与民族、与人民的关系 나는 역사 인물을 그릴 때 주로 그 인물과 당
시 국가, 민족, 국민과의 관계를 본다] 　 녹음의 뒷부분에서 장조화가 역사 인물을 그릴 때 어떻게 하는지에 대해 설명
했다.

9 **B(×)** 녹음에는 장조화의 그림들은 심사를 거친 후 초등학교 교과서에 실렸으며 출판하자마자 수많은 독자의 인
정을 받았다는 내용만 언급되었고, 후에 그림을 더 그렸는지 여부는 나오지 않았다.

10 **A(√)** [蒋兆和运用画现代人物的表现手法赋予历史人物鲜活的血肉风骨 현대 인물을 응용한 장조화의 표현 기법
은 역사 인물에 살아 있는 듯한 피와 살, 풍격을 부여했다] 　 역사 인물에 살아 있는 듯한 피와 살, 풍격을 부여했다는 말은
‘생명’을 부여했다고 달리 표현할 수 있다.

现在开始第6到10题:

　　⁶在中国古代史料中，大多数著名的历史
人物并没能留下真实的画像：明代以前的皇
帝及其他名人画像大都出自明朝画家王圻、
王思义父子。这些黑白人物画像几乎是“一个
模子里刻出来的”，即类型化倾向严重。

　　20世纪50年代，著名画家蒋兆和接到一
项重要任务：为中国古代科学家和文化名人
画像。可是，有些历史人物，蒋兆和翻遍了
古代书籍，也没能找到相关的画像，即便有
文字描述，也只是寥寥数语，根本无法全面
反映人物的面部形象、体貌特征，更无法反
映人物的内心世界。

6번~10번 문제가 시작됩니다.

　　⁶중국 고대 사료 중, 대부분의 유명한 역사 인물은 실제 초
상화를 남기지 못했다. 명나라 이전의 황제와 기타 유명인의
초상화는 대부분 명나라 화가 왕려, 왕사 부자에게서 나왔다.
이 흑백 인물 초상화들은 거의 ‘하나의 거푸집에서 나온 것처
럼 똑 닮았다’. 즉, 유형화 경향이 심했다.

　　1950년대 유명 화가 장조화는 중국 고대 과학자와 문화 명
인의 초상화를 그려야 하는 중대한 임무를 맡았다. 그러나 고
대 서적을 샅샅이 뒤져도 일부 역사 인물은 관련 초상화를 찾
을 수 없었다. 글로 된 묘사가 있긴 했지만 불과 몇 마디 되지
않았기 때문에 인물의 얼굴 형상과 신체 특징을 전부 반영하
지 못했고 인물의 내면세계는 더더욱 반영하지 못했다.

后来，蒋兆和想到一个办法，以同样职业背景的人物为蓝本，创作历史人物肖像，如药圣李时珍以京城老中医萧龙友为原型、天文学家祖冲之以气象学家竺可桢为原型。后来，到了要为诗圣杜甫绘制画像的时候，蒋兆和思来想去，始终没有发现可以作为原型的人物。眼看着交稿时间越来越近，蒋兆和急得不知如何是好，一遍又一遍地阅读有关杜甫的文字。在翻阅大量古籍史书的过程中，他渐渐对杜甫的一生有了更全面的了解。一天，蒋兆和在洗漱时，从镜子里看到自己清瘦的脸庞、瘦弱的身材，他联想到杜甫一生贫苦交加、四处奔波，和他大半生的境遇十分相似。于是，⁷决定以自己为蓝本创作杜甫画像。在蒋兆和的画笔下，杜甫骨骼瘦削、傲然孤寂、透露出一种淡淡的忧愁。脸部表情更是展示了一位爱国诗人忧国忧民的心境，整个画面散发着一种悲愤与苍凉。

¹⁰蒋兆和运用画现代人物的表现手法赋予历史人物鲜活的血肉风骨，他画人物抓的是神韵，其笔下的人物画像个性特征显著，使看画人能从中体会到相关古代名人身上的行业精神和心灵世界。⁹而蒋兆和的这些画像经过审定后，被编入了小学课本，一经出版，就得到了广大读者的一致认可。

谈到作画初衷，蒋兆和说：⁸"我画历史人物，主要看他当时与国家、与民族、与人民的关系。这有利于激发现代的青年，教育他们要有民族自豪感、民族自尊心和正义感，希望青年一代对中国的历史、文化有更深的理解。"

请判断第6到10题：

6 中国古代的史料中，有很多著名的历史人物不愿留下真实的画像。

A √　　　　B ×

7 画诗人杜甫时，蒋兆和是以自己为蓝本创作的。

A √　　　　B ×

8 蒋兆和画历史人物，会充分分析人物的国家、民族背景。

A √　　　　B ×

9 画像被编入了小学课本后蒋兆和便不再画人物画像。

A √　　　　B ×

후에 장조화는 한 가지 방법을 생각해 냈다. 동일한 직업적 배경을 가진 인물을 원본으로 하여 역사 인물의 초상을 창조해 내는 것이다. 예를 들어 '약성(药圣)' 이시진은 경성의 오래된 한의사 소용우를 원본으로 했고, 천문학자 조충지는 기상학자 축가정을 원본으로 했다. 이후 '시성(诗圣)' 두보의 초상화를 그릴 때가 오자 장조화는 이리저리 고심하였지만 아무리 생각해도 원본으로 삼을 인물이 없었다. 원고를 넘기기로 한 날이 점점 다가오고 있는 것을 본 장조화는 조급하여 어떻게 해야 좋을지 몰랐고, 두보와 관련된 글을 읽고 또 읽었다. 그는 수많은 고서와 역사서를 읽어 보는 과정에서 점차 두보의 일생에 관해 전반적으로 이해하게 되었다. 어느 날, 장조화는 세수하던 중에 거울 속에 비친 자신의 수척한 얼굴과 여위고 허약한 몸을 보고는 빈곤이 한꺼번에 닥쳐 분주히 살았던 두보의 인생이 본인의 반평생 처지와 매우 비슷하다는 것을 떠올렸다. 그래서 ⁷자신을 원본으로 삼아 두보의 초상화를 창작하기로 했다. 장조화의 붓끝에서 마른 골격에 꿋꿋하고 외로운, 담담한 근심을 드러내는 두보의 모습이 탄생했다. 표정은 애국 시인의 국가와 백성을 걱정하는 심경을 드러냈으며 전체적인 그림은 슬프고 분한 마음과 처량함을 발산했다.

¹⁰현대 인물을 응용한 장조화의 표현 기법은 역사 인물에 살아 있는 듯한 피와 살, 풍격을 부여했다. 장조화는 인물을 그릴 때 기품을 살렸는데 그의 붓에서 나온 인물화는 개성적인 특징이 뚜렷하여 그림을 보는 사람들이 그 속에서 관련 고대 유명인의 직업 정신과 영적 세계를 느낄 수 있게 했다. ⁹장조화의 그림들은 심사를 거친 후 초등학교 교과서에 실렸으며 출판하자마자 수많은 독자의 인정을 받았다.

그림을 그리는 것의 초심에 관해 이야기할 때 장조화는 ⁸"나는 역사 인물을 그릴 때 주로 그 인물과 당시 국가, 민족, 국민과의 관계를 본다. 이는 현대 청년들을 자극하고 청년들에게 민족적 자부심과 자존심, 정의감을 교육하는 데 도움이 된다. 청년세대가 중국의 역사와 문화를 더 깊게 이해하길 바란다."라고 했다.

6번~10번 문제의 정오를 판별하세요.

6 중국 고대 사료 중 수많은 유명 역사 인물은 실제 초상화를 남기는 걸 원하지 않았다.

A √　　　　B ×

7 시인 두보를 그릴 때 장조화는 자신을 원본으로 하여 창작했다.

A √　　　　B ×

8 장조화는 역사 인물을 그릴 때 인물의 국가, 민족 배경을 충분히 분석한다.

A √　　　　B ×

9 초상화가 초등학교 교과서에 실린 후 장조화는 더 이상 인물화를 그리지 않았다.

A √　　　　B ×

10 蒋兆和运用画现代人物的表现手法赋予笔下历史人物以"生命"。

A ✓ B ✗

10 현대 인물을 응용한 장조화의 표현 기법은 그림 속 역사 인물에 '생명'을 부여했다.

A ✓ B ✗

史料 shǐliào 명 사료, 역사 자료 | 大多数 dàduōshù 명 대부분, 대다수 | 并 bìng 부 전혀, 조금도 [부정사 앞에 쓰여 부정의 어투 강조] | 留下 liúxià 동 남기다 | 画像 huàxiàng 명 초상화 | 明代 Míng dài 명나라 시기, 명대 | 皇帝 huángdì 명 황제 [최고 통치자의 칭호] | 及 jí 접 및, ~와 | 名人 míngrén 명 유명한 사람, 명인 | 大都 dàdōu 부 대부분, 대다수 | ★出自 chūzì 동 (~로 부터) 나오다, (~로 부터) 나타나다 | 明朝 Míng cháo 명조, 명나라 | 王历 Wáng Lì 고유 왕려 [인물] | 王思义 Wáng Sīyì 고유 왕사의 [인물] | ★黑白 hēibái 명 흑백 | 模子 múzi 명 거푸집, 주형 [一个模子里刻出来的: 꼭 닮다, 너무 닮았다] | 即 jí 부 즉, 바로, 곧 | 类型化 lèixínghuà 유형화 | 倾向 qīngxiàng 명 경향, 성향, 추세 | 蒋兆和 Jiǎng Zhàohé 고유 장조화 [인물] | 接到 jiēdào 동 받다 | 翻 fān 동 뒤지다 | ★书籍 shūjí 명 서적, 책 | 即便 jíbiàn 접 설령 ~하더라도 [即便A也B: 설령 A하더라도 B하다] | 描述 miáoshù 동 묘사 | 只是 zhǐshì 부 그저, 단지, 다만 | 寥寥数语 liáoliáoshùyǔ 몇 마디 말 | 面部 miànbù 명 얼굴, 안면 | 体貌 tǐmào 명 자태와 용모 | 内心 nèixīn 명 내면, 마음속 | 同样 tóngyàng 형 동일하다, 같다 | 蓝本 lánběn 명 원본 | 创作 chuàngzuò 동 (문예 작품을) 창조하다, 창작하다 | ★肖像 xiàoxiàng 명 초상, 화상 [사람을 주체로 한 사진이나 화상] | 如 rú 접 예를 들면 | 药圣 yàoshèng 약성, 약의 성인 | 李时珍 Lǐ Shízhēn 고유 이시진 [중국 명대의 의학자] | 京城 jīngchéng 명 경성, 수도 | 中医 zhōngyī 명 한의사 | 萧龙友 Xiāo Lóngyǒu 고유 소용우 [인물] | ★原型 yuánxíng 명 (문학 작품의) 모델 | 天文学家 tiānwén xuéjiā 천문학자 | 祖冲之 Zǔ Chōngzhī 고유 조충지 [중국 남북조시대의 수학자이자 과학자] | 气象学家 qìxiàng xuéjiā 기상학자 | 竺可桢 Zhú Kězhēn 고유 축가정 [중국의 기상학자이자 지리학자] | 诗圣 shīshèng 시성, 시의 성인 [당대 시인 두보를 이르는 말] | 杜甫 Dù Fǔ 고유 두보 [인물] | 绘制 huìzhì 동 제작하다 | 眼看 yǎnkàn 부 (대개 '眼看着'의 형태로) 빤히 보면서, 눈 뜬 채로 [주로 상황이 좋지 않은 경우에 사용함] | 稿 gǎo 원고, 작품 | ★不知 bùzhī 동 모르다, 알지 못하다 | 有关 yǒuguān 동 관계가 있다 | 翻阅 fānyuè 동 (서적이나 서류를) 쭉 훑어보다, 쭉 페이지를 넘기다, 뒤져 보다 | 古籍 gǔjí 명 고서 | 史书 shǐshū 명 역사서 | 渐渐 jiànjiàn 부 점점, 점차 | 一生 yìshēng 명 일생 | 洗漱 xǐshù 동 세수하고 양치질하다 | 清瘦 qīngshòu 형 수척하다 | 脸庞 liǎnpáng 명 얼굴 | 瘦弱 shòuruò 형 여위고 허약하다 | 联想 liánxiǎng 동 연상하다 | 贫苦 pínkǔ 형 빈곤하다 | 交加 jiāojiā 동 한꺼번에 오다, 동시에 가해지다, 겹치다 | 四处 sìchù 명 사방, 여러 곳 | ★奔波 bēnbō 동 분주히 뛰어다니다, 바쁘다 | 大半生 dàbànshēng 반평생 | ★境遇 jìngyù 처지, (생활) 형편 | 画笔 huàbǐ 명 화필, 그림 붓 | 骨骼 gǔgé 명 골격 | 瘦削 shòuxuē 동 말라빠지다, 앙상하다 | 傲然 àorán 형 꿋꿋하다 | 孤寂 gūjì 형 외롭고 쓸쓸하다 | 透露 tòulù 동 넌지시 드러내다 | 淡淡 dàndàn 형 (마음이) 담담하다 | ★忧愁 yōuchóu 형 근심 | 脸部 liǎnbù 명 얼굴, 안면 | 展示 zhǎnshì 동 드러내다, 나타내다 | 爱国 àiguó 동 애국하다 | 诗人 shīrén 명 시인 | 忧国忧民 yōuguó yōumín 우국우민 [국가와 백성을 걱정하다] | 心境 xīnjìng 명 심경 | 画面 huàmiàn 명 그림 | 散发 sànfā 동 발산하다, 내뿜다 | 悲愤 bēifèn 형 슬프고 분하다 | 苍凉 cāngliáng 형 처량하다, 황량하다 | 手法 shǒufǎ 명 (예술 작품의) 기교, 수법 | 赋予 fùyǔ 동 부여하다, 주다 | ★鲜活 xiānhuó 형 선명하고 생동적이다, 산뜻하고 발랄하다, 활기차다 | 血肉 xuèròu 명 피와 살 | 风骨 fēnggǔ 명 풍격 | 神韵 shényùn 명 정신적 기품, 풍모 | 笔 bǐ 명 붓 | 人物画 rénwùhuà 명 인물화 | 显著 xiǎnzhù 형 뚜렷하다, 현저하다, 두드러지다 | 从中 cóngzhōng 부 그 가운데서 | 心灵 xīnlíng 명 심령, 정신, 영혼 | ★审定 shěndìng 동 심사하여 결정하다 | 编入 biānrù 동 편입하다, 편성하여 넣다 | 课本 kèběn 명 교과서, 교재 | 一经 yìjīng 부 ~하자마자 | 得到 dédào 동 얻다, 받다, 획득하다 | 读者 dúzhě 명 독자 | 认可 rènkě 동 인정, 승인, 허락 | 初衷 chūzhōng 명 초지, 최초의 소망 | ★激发 jīfā 동 불러일으키다, 끓어오르게 하다 (+감정) | 青年 qīngnián 명 청년, 젊은이 | 自豪感 zìháogǎn 명 자부심, 긍지 | 自尊心 zìzūnxīn 명 자존심 | 正义感 zhèngyìgǎn 명 정의감 | 不愿 búyuàn 원하지 않다, ~하려 하지 않다 | 不再 búzài 부 더는 ~가 아니다, 다시 ~하지 않다

○ track 20

● **Day 18**　**11** A(✓)　**12** A(✓)　**13** B(✗)　**14** B(✗)　**15** A(✓)

11 A(✓) [在2022年的北京冬奥会开幕式上，冰雪冬奥五环以"破冰而出"的方式亮相，创意十足 2022년 베이징 동계올림픽 개막식에서 얼음으로 된 동계올림픽 오륜이 '얼음을 깨고 나오는' 방식으로 등장하여 굉장히 창의적이었다] 녹음의 첫 시작 부분에 해당 내용이 언급됐다.

12 A(✓) ["黄河之水天上来"充满了中国美学的意趣和山水画的美感 '황허의 물이 하늘로 용솟음치는' 부분은 중국 미학의 정취와 산수화의 미적감각을 가득 담았다] 녹음의 '充满(충만하다)'이 질문에서는 '体现(구현하다)'으로 달리 표현됐지만 같은 의미를 나타낸다.

13 B(✗) [6个冰墩墩则代表冬奥会的6个大项 여섯 마리의 빙둔둔은 동계올림픽의 여섯 가지 큰 종목을 대표했다] 녹음에 따르면, 여섯 마리의 빙둔둔은 6대 경기 원칙을 대표하는 것이 아니라 여섯 가지의 큰 종목을 대표한다.

14 B(✗) [这个表演和2008年的感觉完全不同 이번 연출은 2008년 때의 느낌과 완전히 달랐습니다] 이번 연출은 2008년 때(베이징올림픽)의 느낌과 완전히 달랐다고 했기 때문에 '2008년 베이징올림픽 때와 같은 느낌이다'라는 설명은 틀렸다.

15 A(✓) [五环呈现更多是在考验装置和影像的层层咬合 오륜의 등장은 장치와 영상이 겹겹이 맞물리는 것을 시험하는 것이다] 오륜의 등장은 장치와 영상이 겹겹이 맞물리는 것을 시험하는 것이며, 완벽한 등장을 위해 기술자가 여러 번의 실험을 거쳤다는 내용에서 오륜의 등장은 과학기술의 지원이 없다면 이루기 어려웠음을 유추할 수 있다.

现在开始第11到15题：

¹¹在2022年的北京冬奥会开幕式上，冰雪冬奥五环以"破冰而出"的方式亮相，创意十足——一点水墨滴落，幻化成"黄河之水天上来"的奔腾气象，从鸟巢"碗口"倾泻而下铺满全场，一方水从中央升起，凝结成晶莹剔透的"冰立方"。24道激光从高处投射而来，雕刻反转。冰球运动员挥杆击"球"，"冰立方"逐渐碎裂，巨大的冰雪五环从中"露出真容"，缓缓上升。紧接着，6个冰墩墩共同推开场地正后方的"中国门"。

"五环呈现是历届奥运会开幕式的规定动作，导演团队这个环节上比的就是拼创意。"总导演张艺谋介绍，本次五环呈现的方案很早就有了雏形，后又经过多番打磨，最终以极为震撼的效果展现在了全世界人的眼前。张艺谋阐释了五环呈现环节中的奇思妙想：¹²"黄河之水天上来"充满了中国美学的意趣和山水画的美感；24道激光代表24届冬奥会；雕刻"冰立方"有着雕刻历史、雕刻时光的深意。在此过程中，历届冬奥会被逐一回顾，¹³6个冰墩墩则代表冬奥会的6个大项。¹⁴"这个表演和2008年的感觉完全不同。现场可能只有几个人，但它既有文化内涵，也有科技含量，充满了炫酷的现代科技感。"张艺谋在采访中这样说道。

"这个部分的排练并不是很费劲。"分场导演陶雯婷认为，作为"科技冬奥"的标志性表演，¹⁵五环呈现更多是在考验装置和影像的层层咬合，"合成时，我们会以音乐的节奏为基准发出口令。在那一瞬间，影像、装置都要对位，编程等方面的工作必须分秒不差。"记者还了解到，为了五环的完美呈现，吊装过程也颇为艰辛。五环为LED装置，由于需要供电，起初，电线是从底部往上缠绕的，但这样的外观立即就被导演叫停了。随后，技术人员又将两根绳子挪到五环外侧。为了完成五环起吊过程，从下午6点到第二天凌晨3点，起吊了三次才成功。而为了让五环上升得更稳、更安全，技术人员进行了大量实验，最后将五环总重量控制在3吨以内。随着技术测试的深入，为保证机械设备在43秒内完成上升，冰立方的尺寸也进行了优化调

11번~15번 문제가 시작됩니다.

¹¹2022년 베이징동계올림픽 개막식에서 얼음으로 된 동계올림픽 오륜이 '얼음을 깨고 나오는' 방식으로 등장하여 꽤장히 창의적이었다. 약간의 수묵이 떨어지면서 '황허의 물이 하늘로 용솟음치는' 날씨로 변하고, 새 둥지 '입구'에서 아래로 흘러내려 경기장 전체에 가득 차더니 물이 중앙에서 솟아올라 맑고 투명한 '얼음 큐브'로 응결된다. 24개의 레이저가 높은 곳에서 투사되어 반대 방향을 조각한다. 아이스하키 선수가 '공'을 스윙하면 '얼음 큐브'가 점점 부서지고 거대한 얼음 오륜이 그 속에서 '진면모를 드러내며' 천천히 올라온다. 곧이어 빙둔둔 여섯 마리가 함께 경기장 바로 뒤의 '중국문'을 연다.

장이머우 총감독은 "오륜의 등장은 역대 올림픽 개막식의 규정 동작을 나타내며, 연출진이 이 부분에서 뽐내고자 한 것은 창의력이었습니다."라고 소개했다. 이번 오륜 등장 퍼포먼스는 본래 초기 형태가 있었는데 여러 차례 다듬은 끝에 엄청난 전율을 느낄 수 있는 연출 효과로 전 세계인의 눈앞에 펼쳐졌다. 장이머우는 오륜 등장 부분의 참신한 발상을 상세히 설명했다. ¹²'황허의 물이 하늘로 용솟음치는' 부분은 중국 미학의 정취와 산수화의 미적감각을 가득 담았으며, 24개의 레이저는 24회 동계올림픽을 의미한다. 또 '얼음 큐브'를 조각하는 부분은 조각 예술의 역사와 그 시기의 깊은 뜻을 담았다. 이 과정에서 역대 동계올림픽을 하나하나 돌아보았다. ¹³여섯 마리의 빙둔둔은 동계올림픽의 여섯 가지 큰 종목을 대표했다. ¹⁴"이번 연출은 2008년 때의 느낌과 완전히 달랐습니다. 현장에 사람이 많지 않을 수도 있습니다. 하지만 이번 연출은 문화적 함의도 있고 과학기술도 담겨 있어 세련된 현대식 과학기술 감각이 넘쳐났습니다." 장이머우는 인터뷰에서 이렇게 말했다.

"이 부분의 무대 리허설은 그렇게 힘들지 않았습니다." 현장 감독 타오원팅은 '과학기술 동계올림픽'의 상징적인 공연으로서 ¹⁵오륜의 등장은 더욱이 장치와 영상이 겹겹이 맞물리는 것을 시험하는 것이라고 했다. "합을 맞춰 볼 때 우리는 음악의 리듬을 기준으로 구령을 붙였습니다. 그 순간에 영상과 장치는 모두 제자리에 제대로 있어야 하고 프로그래밍 등의 작업 역시 일분일초도 틀리지 않고 정확해야 합니다." 기자는 오륜의 완벽한 등장을 위한 리프팅 작업도 상당히 고생스럽다는 것을 알고 있다. 오륜은 LED 장치로 되어 있어 전력 공급이 필요하기 때문에 처음엔 전선이 아래에서 위쪽으로 감겨 있었지만, 감독은 이러한 외관 작업을 즉시 중단시켰다. 이후 기술자는 두 줄의 선을 오륜 바깥쪽으로 옮겼다. 오륜을 들어 올리는 작업을 완성하기 위해 오후 6시부터 다음 날 새벽 3시까지 오륜을 세 번 들어 올린 후에야 성공을 거두었다. 또 오륜을 더 안정적이고 안전하게 올리기 위해 기술자는 많은 실험을 했고,

整，最终将高度降低为10米，保证了最终的完美呈现。

그 결과 오륜의 총중량을 3톤 이내로 조절했다. 기술 테스트가 심화되면서 기계설비가 43초 내로 오륜을 들어 올릴 수 있게 하기 위해 얼음 큐브의 크기에도 최적화 조절 작업을 진행했고, 결국 높이를 10미터로 낮추어 최종적으로 완벽한 등장을 할 수 있게 됐다.

请判断第11到15题:

11 北京冬奥会开幕式上的"冰雪冬奥五环"亮相方式极具创意感。

A √　　B ×

12 "黄河之水天上来"体现了山水画的美感。

A √　　B ×

13 六个冰墩墩代表冬奥会的6大比赛原则。

A √　　B ×

14 本届冬奥会开幕式的五环呈现与2008年的北京奥运会时的感觉如出一撤。

A √　　B ×

15 冰雪冬奥五环的完美呈现离不开科技的支持。

A √　　B ×

11번~15번 문제의 정오를 판별하세요.

11 베이징동계올림픽 개막식의 '얼음 오륜' 등장 방식은 매우 창의적이다.

A √　　B ×

12 '황허의 물이 하늘로 용솟음치는' 모습은 산수화의 미적감각을 구현했다.

A √　　B ×

13 빙둔둔 여섯 마리는 동계올림픽의 6대 경기 원칙을 대표한다.

A √　　B ×

14 이번 동계올림픽 개막식의 오륜 등장은 2008년 베이징올림픽 때와 같은 느낌이다.

A √　　B ×

15 얼음 오륜의 완벽한 등장은 과학기술의 지원 없이는 이룰 수 없다.

A √　　B ×

冬奥会 Dōng'àohuì 고유 동계올림픽 ['冬季国际奥运会'의 줄임말로, '冬奥'라고도 줄여 부름] | **冰雪** bīngxuě 명 얼음과 눈 | **五环** wǔhuán 오륜 | ★**亮相** liàngxiàng 동 (사람 또는 사물이) 공개적으로 모습을 드러내다 | **创意** chuàngyì 명 독창적인 견해, 창조적인 의견, 창의적인 구상 | **十足** shízú 형 충분하다, 충족하다, 넘쳐흐르다 | **水墨** shuǐmò 명 수묵 | **滴落** dīluò 뚝뚝 떨어지다 | **幻化** huànhuà 동 변하다, 변화하다 | **奔腾** bēnténg 동 용솟음치다, 끓어오르다 | **气象** qìxiàng 명 날씨, 기상 | **鸟巢** niǎocháo 새 둥지 | **倾泻** qīngxiè 흘러내리다, 퍼붓다 | **铺满** pūmǎn 동 가득 차다, 가득히 깔다 | **全场** quánchǎng 명 경기장 전체 | **中央** zhōngyāng 명 중앙 | **凝结** níngjié 동 응결되다, 응결하다 | **晶莹剔透** jīngyíng tītòu 성 아주 맑고 투명하다 | **冰立方** bīng lìfāng 얼음 큐브 | **激光** jīguāng 명 레이저 | ★**投射** tóushè (빛·시선 따위가 어느 쪽으로) 투사하다, 비추다 | ★**雕刻** diāokè 동 조각하다 | **冰球** bīngqiú 아이스하키 | ★**挥** huī 동 휘두르다, 흔들다 | **杆** gǎn 명 자루, 막대 | **击** jī 치다 | **碎裂** suìliè 부서지다, 깨지다 | **从中** cóngzhōng 부 그 가운데서 | **露出** lùchū 동 드러내다, 노출시키다 | **真容** zhēnróng 명 진면모, 참모습 | **缓缓** huǎnhuǎn 형 느릿느릿한 모양 | **上升** shàngshēng 올라가다, 상승하다 | ★**紧接着** jǐn jiēzhe 이어(서) | **冰墩墩** Bīngdūndūn 고유 빙둔둔 [2022년 베이징동계올림픽 마스코트] | **推开** tuīkāi 열다, 밀어 열다 | **场地** chǎngdì 명 경기장, 운동장 | **后方** hòufāng 명 뒤, 후방 | ★**呈现** chéngxiàn 동 나타내다, 나타나다 | ★**历届** lìjiè 명 역대, (집회·행사 따위의) 지나간 매회 | **奥运会** Àoyùnhuì 고유 올림픽 | **团队** tuánduì 명 단체, 집단 | **环节** huánjié 명 부분, 일환 | **张艺谋** Zhāng Yìmóu 고유 장이머우 [다수의 작품으로 국제적으로 널리 알려져 있는 중국의 대표적인 영화감독] | **早就** zǎojiù 진작, 훨씬 전에 | **雏形** chúxíng 명 최초의 형식 | **番** fān 양 차례, 회, 번, 바탕 | ★**打磨** dǎmó 갈다, 갈아서 윤을 내다 | ★**极为** jíwéi 극히, 매우 | ★**震撼** zhènhàn 동 진동하다, 뒤흔들다 | **展现** zhǎnxiàn 동 드러내다, 나타나다 | **眼前** yǎnqián 명 눈앞 | ★**阐释** chǎnshì 동 상세히 설명하다, 상세히 해석하다 | **奇思妙想** qísī miàoxiǎng 명 기묘한 생각, 뛰어난 생각 | **美学** měixué 명 미학 | **意趣** yìqù 명 의취, 의지와 취향 | **山水画** shānshuǐhuà 명 산수화 | **美感** měigǎn 명 미적감각, 미감 | **深意** shēnyì 명 깊은 뜻 | **逐一** zhúyī 부 하나하나, 일일이 | **回顾** huígù 명 돌이켜보다, 되돌아보다, 회고하다, 회상하다 | **大项** dàxiàng 명 큰 종목 | **现场** xiànchǎng 명 현장 | ★**内涵** nèihán 명 내포 | **科技** kējì 명 과학기술 ['科学技术'의 줄임말] | **含量** hánliàng 명 함량 | **炫酷** xuànkù 형 세련되다, 트렌디하다 | ★**说道** shuōdao 말로 표현하다, 말하다, 이야기하다 | ★**排练** páiliàn 무대 리허설을 하다 | ★**费劲** fèijìn 힘들다 | **陶雯婷** Táo Wéntíng 고유 타오원팅 [인명] | ★**考验** kǎoyàn 동 시험하다, 검증하다 | **装置** zhuāngzhì 명 장치 | ★**影像** yǐngxiàng 명 영상 | **层层** céngcéng 겹겹이, 층층이 | **咬合** yǎohé 맞물리다 | **合成** héchéng 동 합쳐 이루어지다 | **节奏** jiézòu 명 리듬, 박자, 템포 | ★**基准** jīzhǔn 명 기준 | **发出** fāchū 동 내뿜다, 발산하다 | ★**口令** kǒulìng 명 구령 | ★**一瞬间** yíshùnjiān 명 순간 | **对位** duìwèi 명 자리를 제대로 찾다 | **编程** biānchéng 동 프로그래밍하다 | **吊装** diàozhuāng 동 (미리 만들어 둔 구조부재를 기계나 사람의 손으로) 들어올려 조립하다 | **颇为** pōwéi 형 상당하다, 꽤 | **艰辛** jiānxīn 형 고생스럽다 | **供电** gōngdiàn 동 전력을 공급하다 | ★**起初** qǐchū 명 최초, 처음 | ★**电线** diànxiàn 명 전선 | **底部** dǐbù 명 밑바닥 | **缠绕** chánrào 동 둘둘 감다, 얽히다, 휘감다 | **外观** wàiguān 명 외관 | **叫停** jiàotíng 동 중단하다, 중지하다 | **随后** suíhòu 뒤따라, 뒤이어 | **技术人员** jìshù rényuán 명 기술자 | ★**绳子** shéngzi 명 밧줄, 노끈 | **挪** nuó 동 옮기다, 운반하다 | **外侧** wàicè 명 바깥쪽 | **吊diào** 동 걸다, 매달다 | ★**凌晨** língchén 명 이른 새벽, 새벽녘 | **稳** wěn 형 안정되다, 확실하다 | **总** zǒng 형 전체의, 전부의 | **测试** cèshì 명 테스트 | **深入** shēnrù 동 심화시키다 | ★**机械** jīxiè 명 기계, 기계장치 | **尺寸** chǐcun 명 크기 | ★**优化** yōuhuà 동 (여러 가지 방안·조치·요소 가운데서) 최적화하다 | **最终** zuìzhōng 형 최종의, 맨 마지막의 | **如出一辙** rúchūyìzhé 성 두 가지 일이 아주 비슷하다

● Day 19　**16** A(✓)　　**17** A(✓)　　**18** A(✓)　　**19** B(×)　　**20** A(✓)

16 A(✓) [最大限度地发挥自我身心潜能、向自身挑战的娱乐体育运动。它的难度高 자기 심신의 잠재력을 최대한으로 발휘하고 자기 자신에게 도전하는 오락 운동이다. 익스트림스포츠는 난도가 높다] 녹음 앞부분에 해당 내용이 언급됐다.

17 A(✓) [在极限运动中，身心会有无限贴近大自然的极致体验，这或许是人们毅然前往的原因之一 익스트림스포츠를 하면 몸과 마음이 자연과 무한히 가까워지는 극치의 경험을 하게 되는데 이는 어쩌면 사람들이 의연히 익스트림스포츠를 즐기는 이유 중 하나일 것이다] 익스트림스포츠에 열광하는 이유가 녹음 중간 부분에 언급되었다. 녹음과 질문이 일치하는 부분은 특히 집중해서 들어야 한다.

18 A(✓) [在低空跳伞时，那些在大地上无缘一见的美丽与震撼，会以全新的角度撞入眼帘 베이스 점핑을 하면 땅에서는 볼 수 없었던 아름다움과 전율을 완전히 새로운 각도로 눈에 담을 수 있다] 베이스 점핑에 관해 녹음의 중간 부분에서 언급됐다. 답이 되는 부분이 연달아 나올 수 있기 때문에 끝까지 집중해서 들어야 한다.

19 B(×) [它也能训练人迎难而上的勇气，成为通往"强大"的一条途径 어려움에 굴복하지 않고 나아가는 용기를 키워 주고 강대한 사람으로 나아가는 길이 되어 준다] 녹음에 직접적으로 언급되지는 않았지만 익스트림스포츠의 여러 장점은 '危险耐受度低的人(위험을 견뎌 내는 힘이 약한 사람)'에게 오히려 도움이 됨을 알 수 있다.

20 A(✓) [倘若极限运动是你的爱好，那你需要的恰好是与"冲动"完全相悖的东西——持之以恒的训练 만약 익스트림스포츠가 당신의 취미라면 당신에게 마침 필요한 것은 '충동'과 완전히 상충하는 '꾸준한' 훈련이다] 녹음 마지막 부분에 해당 내용이 언급되었다. '倘若'는 '如果'와 비슷한 표현이다. 접속사에 주의하자.

现在开始第16到20题：

极限运动惊险刺激而又自然随性、充满创意，被称为"勇敢者的游戏"。虽然足球和篮球等运动的赛场上也经常发生受伤事件，但如果论及危险性，远远比不上极限运动。既然如此，为什么沉迷于危险的极限运动的人还是大有人在呢？

极限运动是人类在与自然融合的过程中，借助现代高科技手段，16最大限度地发挥自我身心潜能、向自身挑战的娱乐体育运动。它的难度高、观赏性强、相较于依赖人工场地的传统运动，如足球、篮球等，更加依赖于自然环境的运动，如自由潜水、冲浪等，能更好地满足人类"亲生命性"带来的渴望。在2010年发布的一项研究中指出：有许多极限运动参与者，借由极限运动，与大自然建立起了亲近、互惠的关系。除了追求超越生理极限，也追求跨越心理障碍时所获得的愉悦感和成就感，它比一般的竞技体育更强调参与、娱乐和勇敢精神。

17在极限运动中，身心会有无限贴近大自然的极致体验，这或许是人们毅然前往的原因之一。比如18在低空跳伞时，那些在大地上无缘一见的美丽与震撼，会以全新的角度撞入眼帘，经历过这种真实飞翔的人很难

16번~20번 문제가 시작됩니다.

익스트림스포츠는 스릴 있고 자연과 가까운 곳에서 마음 가는 대로 할 수 있으며 창의력이 넘쳐서, '용감한 자의 게임'이라고 불린다. 축구나 농구 등의 스포츠 경기장에서도 부상당하는 일이 자주 발생하긴 하지만, 위험성을 두고 이야기한다면 익스트림스포츠에 훨씬 못미친다. 그렇다면 왜 이렇게 위험한 익스트림스포츠에 빠진 사람들이 많은 걸까?

익스트림스포츠는 인간이 자연과 융합하는 과정에서 현대식 첨단 과학기술 수단의 힘을 빌려 16자기 심신의 잠재력을 최대한으로 발휘하고 자기 자신에게 도전하는 오락 운동이다. 익스트림스포츠는 난도가 높고 감상할 수 있는 것이 많으며 인공적인 장소에 의존하는 축구, 농구 등의 전통 스포츠에 비해 자연환경에 더 의존하는 스포츠로 프리다이빙, 서핑 등이 포함된다. 이는 인간의 '생명 친화성'에 따른 갈망을 잘 해소해 준다. 2010년 발표된 한 연구에 따르면, 익스트림스포츠에 참여하는 수많은 사람은 익스트림스포츠를 통해 자연과 서로 이익을 주는 친밀한 관계를 형성했다. 익스트림스포츠는 생리적 한계를 뛰어넘는 것 외에도 심리적 장애를 극복했을 때 얻는 희열과 성취감을 추구하며, 다른 일반 운동경기에 비해 참여와 즐거움, 용감함을 더욱더 강조한다.

17익스트림스포츠를 하면 몸과 마음이 자연과 무한히 가까워지는 극치의 경험을 하게 되는데 이는 어쩌면 사람들이 의연히 익스트림스포츠를 즐기는 이유 중 하나일 것이다. 예를 들어 18베이스 점핑을 하면 땅에서는 볼 수 없었던 아름다움과 전율을 완전히 새로운 각도로 눈에 담을 수 있는데, 이러한

不为此着迷。体验到跨越障碍、超越生理极限后，从而不断将自己未来的人生道路与此紧密相连，从中获得成就感与愉悦感。不仅如此，极限运动还可以帮助人们更从容地应对恐惧情绪。

极限运动会让人经历足够多的磨砺、体会足够多的苦痛，¹⁹但它也能训练人迎难而上的勇气，成为通往"强大"的一条途径。常参加极限运动的人，需要经常在高压状态下保持冷静理性的思考，在不断的自我超越中，增强了对风险、困难、危机的耐受度。然而，想真正体会到极限运动壮美与超越极限所要付出的，不仅仅只是拥有一腔热血那么简单。²⁰倘若极限运动是你的爱好，那你需要的恰好是与"冲动"完全相悖的东西——持之以恒的训练。任何极限运动伴随的都是无数次的练习，是勇敢与恒心缺一不可的漫长拼搏。

请判断第16到20题：

16 极限运动可最大限度地发挥自我潜能且难度较高。

A ✓　　　B ✗

17 "身心会有无限贴近大自然的极致体验"是很多人热爱极限运动的原因之一。

A ✓　　　B ✗

18 低空跳伞能让人欣赏到那些在陆地上无缘一见的风景。

A ✓　　　B ✗

19 作者不建议老年人练习极限运动。

A ✓　　　B ✗

20 极限运动更加强调持之以恒的坚持。

A ✓　　　B ✗

비행을 실제로 해 본 사람은 이에 반하지 않기가 어렵다. 장애를 뛰어넘고 생리적 한계를 초월한 경험을 한 후 이로써 자신의 미래 인생의 길을 끊임없이 이와 긴밀히 연결하고 그 속에서 성취감과 희열을 얻는다. 이뿐만 아니라 익스트림스포츠는 공포심에 더 유연하게 대응하도록 도와준다.

익스트림스포츠는 충분한 시련과 충분한 고통을 경험하게 한다. ¹⁹하지만 어려움에 굴복하지 않고 나아가는 용기를 키워 주고 강대한 사람으로 나아가는 길이 되어 준다. 익스트림스포츠를 즐기는 사람은 항상 압박이 심한 상태에서도 냉정하고 이성적인 사고를 유지해야 하며 끊임없이 자신을 뛰어넘는 과정에서 위험과 곤란함, 위기를 견뎌내는 힘을 기른다. 하지만 익스트림스포츠의 웅장함과 아름다움, 한계의 초월을 진정으로 경험하는 건 열정만으로 될 만큼 그렇게 간단하지 않다. ²⁰만약 익스트림스포츠가 당신의 취미라면 당신에게 마침 필요한 것은 '충동'과 완전히 상충하는 '꾸준한' 훈련이다. 어떠한 익스트림스포츠라도 무수한 연습이 뒤따르며, 용감함과 끈기 중 하나라도 없어선 안 되는 기나긴 사투이다.

16번~20번 문제의 정오를 판별하세요.

16 익스트림스포츠는 자기 잠재력을 최대한으로 발휘할 수 있으며 난도가 비교적 높다.

A ✓　　　B ✗

17 '몸과 마음이 자연과 무한히 가까워지는 극치의 경험'은 많은 사람이 익스트림스포츠에 열광하는 이유 중 하나이다.

A ✓　　　B ✗

18 베이스 점핑은 육지에서 볼 수 없었던 풍경을 감상하게 해 준다.

A ✓　　　B ✗

19 필자는 노인들에게 익스트림스포츠를 권하지 않는다.

A ✓　　　B ✗

20 익스트림스포츠는 꾸준히 하는 것을 더욱 강조한다.

A ✓　　　B ✗

极限运动 jíxiàn yùndòng 익스트림스포츠 | ★**惊险** jīngxiǎn 형 스릴이 있다, 아슬아슬하다 | **创意** chuàngyì 명 독창적인 견해, 창조적인 의견 | **称为** chēngwéi 동 ~라고 부르다 [被称为: ~라고 불리다] | **赛场** sàichǎng 명 경기장 | **事件** shìjiàn 명 일, 사건 | **论及** lùnjí 동 언급하다, 거론하다 | **远远** yuǎnyuǎn 훨씬, 크게, 몹시 | ★**比不上** bǐbushàng 비교할 수 없다, ~보다 못하다 | **如此** rúcǐ 대 이와 같다, 이러하다 | ★**沉迷** chénmí 동 깊이 빠지다, 깊이 미혹되다 | **大有人在** dàyǒu rénzài 성 그와 같은 사람은 많이 있다 | **融合** rónghé 동 융합하다 | ★**借助** jièzhù (다른 사람 또는 사물의) 도움을 빌다, ~의 힘을 빌리다 | **手段** shǒuduàn 명 수단, 방법 | ★**限度** xiàndù 명 한도, 한계 | **自我** zìwǒ 명 자아, 자기 자신 | ★**身心** shēnxīn 명 심신, 몸과 마음 | ★**潜能** qiánnéng 명 잠재 능력, 가능성 | **自身** zìshēn 명 자신 | **难度** nándù 명 난도 | ★**观赏** guānshǎng 동 감상하다, 보면서 즐기다 | **相较** xiāngjiào 동 비교하다 | **依赖** yīlài 동 의존하다, 의지하다, 기대다 | **人工** réngōng 형 인공의, 인위적인 | **场地** chǎngdì 명 장소, 운동장 | **如** rú 예를 들면 | **更加** gèngjiā 동 더욱, 훨씬 | ★**潜水** qiánshuǐ 동 잠수하다 | ★**冲浪** chōnglàng 동 서핑, 파도타기 | **渴望** kěwàng 갈망 | **发布** fābù 동 (명령·지시·뉴스 등을) 선포하다, 발표하다 | **指出** zhǐchū 가리키다, 밝히다 | **参与者** cānyùzhě 참가자 | ★**亲近** qīnjìn 형 친밀하다, 친근하다 | **互惠** hùhuì 서로 특별한 편의와 이익을 주고받다, 서로 혜택을 주다 | **超越** chāoyuè 동 뛰어넘다, 넘어서다, 능가하다, 초월하다 | ★**生理** shēnglǐ 명 생리 | ★**跨越** kuàyuè 동 (지역이나 시기를) 뛰어넘다 | **障碍** zhàng'ài 명 장애물, 방해물 [**跨越障碍**: 장애물을 극복하다] | **愉悦** yúyuè 명 유쾌하고 기쁘다 | **成就感** chéngjiùgǎn 명 성취감 | ★**竞技** jìngjì 명 경기 | **无限** wúxiàn 형 무한하다, 끝이 없다, 한도가 없다 | ★**贴近** tiējìn 동 가까이 다가가다,

가까이 있다 | **极致** jízhì 몡 극치 | **★毅然** yìrán 凰 의연히, 결연히, 확고히 | **前往** qiánwǎng 동 향하여 가다 | **低空跳伞** dīkōng tiàosǎn 베이스 점핑 [낙하산을 메고 높은 곳에서 뛰어내려 착지하는 신종 스포츠] | **★大地** dàdì 몡 대지, 땅 | **★无缘** wúyuán 동 인연이 없다, 기회가 없다 | **★震撼** zhènhàn 동 흥분시키다, 뒤흔들다 | **全新** quán xīn 완전히 새롭다 | **★撞** zhuàng 동 서로 맞닥뜨리다 | **眼帘** yǎnlián 몡 눈, 시야 | **飞翔** fēixiáng 동 비상하다, 하늘을 빙빙 돌려 날다 | **为此** wèi cǐ 이 때문에, 이런 까닭에 | **着迷** zháomí 동 반하다, 빠져들다, 사로잡히다 | **道路** dàolù 몡 (사상·정치·일 등의) 길, 노정, 경로, 과정 | **紧密** jǐnmì 혱 긴밀하다 | **★相连** xiānglián 동 연결되다, 서로 잇닿다 | **从中** cóngzhōng 凰 그 가운데서 | **★从容** cóngróng 혱 침착하다, 허둥대지 않다 | **应对** yìngduì 동 대응하다, 대처하다 | **★恐惧** kǒngjù 동 공포감을 느끼다, 겁먹다, 두려워하다 | **足够** zúgòu 혱 충분하다 | **磨砺** mólì 동 단련하다, 연마하다 [시련의 의미를 나타냄] | **苦痛** kǔtòng 몡 고통 | **迎难而上** yíngnán'érshàng 솅 어려움에 굴복하지 않고 전진하다 | **★通往** tōngwǎng 동 (~로) 통하다 | **强大** qiángdà 혱 강대하다 | **途径** tújìng 몡 방법, 방도, 수단 | **耐受** nàishòu 동 견디다, 이겨내다 | **★度** dù 몡 정도 [어떤 사물이 자신의 본질을 유지하는 양적 변화의 한계] | **★突发** tūfā 동 돌발하다, 갑자기 발생하다 | **手心** shǒuxīn 몡 손바닥 | **冒汗** màohàn 동 땀이 나다 | **发软** fāruǎn 동 힘이 빠지다 | **意识** yìshí 몡 (객관 물질 세계에 대한 반영으로서) 의식 | **混乱** hùnluàn 동 혼란하다, 문란하다, 어지럽다 | **★理性** lǐxìng 혱 이성적이다 | **★一系列** yíxìliè 혱 일련의, 연속되는 | **不良** bùliáng 혱 좋지 않다, 불량하다 | **丧失** sàngshī 동 잃어버리다, 상실하다 | **逃跑** táopǎo 동 도망치다, 달아나다, 도주하다 | **机能** jīnéng 몡 기능 | **求生** qiúshēng 동 살길을 찾다 | **本能** běnnéng 몡 본능 [求生本能: 생존 본능] | **★高压** gāoyā 몡 높은 압력 | **增强** zēngqiáng 동 강화하다 | **危机** wēijī 몡 위기 | **壮美** zhuàngměi 혱 웅장하고 아름답다 | **付出** fùchū 동 들이다, 바치다 | **不仅仅** bùjǐnjǐn ~만이 아니다 | **拥有** yōngyǒu 동 가지다, 지니다 | **一腔热血** yìqiāng rèxuè 가슴에 가득찬 뜨거운 피 | **★倘若** tǎngruò 젭 만약 ~한다면 [倘若A那B: 만약 A한다면 B하다] | **恰好** qiàhǎo 凰 마침, 바로 | **冲动** chōngdòng 몡 충동 | **相悖** xiāngbèi 동 어긋나다, 위배하다 | **★持之以恒** chízhī yǐhéng 솅 늘 견지하다, 끈기를 가지고 지속하다 | **★伴随** bànsuí 동 따라가다, 함께 가다 | **恒心** héngxīn 몡 변함없는 마음 | **缺一不可** quēyī bùkě 솅 하나라도 부족해서는 안 된다 | **漫长** màncháng 혱 (시간·공간이) 길다, 멀다 | **★拼搏** pīnbó 동 맞붙어 싸우다, 필사적으로 싸우다, 끝까지 다투다

 글자 중 혹은 '忄' 혹은 '心'이 들어가 있으면 심정·태도·기분과 관련 있는 어휘이다.

● track 22

● Day 20 **21** B(✗) **22** A(✓) **23** B(✗) **24** A(✓) **25** A(✓)

21 B(✗) [外祖父才华横溢、见识非凡，对陶渊明的影响可以说是非比寻常 외조부는 재능이 많고 견문이 넓어 도연명에게 범상치 않은 영향을 끼쳤다] 도연명이 8세 때 부친이 사망해서 외조부 댁에 얹혀 살며 외조부의 영향을 많이 받았다고 했다.

22 A(✓) [陶渊明在仕途与田园生活之间游荡了十多年，三番两次出仕、辞官、又出仕 도연명은 벼슬길과 전원생활 사이에서 십여 년을 방황하며 거듭 출사와 퇴관, 재출사를 반복했다] 도연명이 출사와 퇴관, 재출사를 반복했다는 점에서 벼슬길과 전원생활 사이에서 선택하기 어려워했음을 알 수 있다.

23 B(✗) [陶渊明著作了《归去来兮辞》，表明了他辞官归隐田园生活的心愿 도연명은 『귀거래사』를 저술하여 관직에서 물러나 귀농 생활을 하고 싶다는 바람을 나타냈다] 『귀거래사』는 도연명이 마지막으로 임명됐던 직위에서 저술한 작품이다.

24 A(✓) [南北朝的文学风格也因此开始从单一走向多元化 단일했던 남북조의 문학 풍격도 이로 인해 다양해지기 시작했다] 도연명의 여러 산문들은 위진남북조시대에 독특한 풍격을 드러냈으며 당시 성행하던 사륙변려문의 격식을 깼다고 했다. 이는 도연명의 산문이 남북조의 문학 풍격에 막대한 영향을 미쳤다고 표현할 수 있다.

25 A(✓) [……的态度很值得现在的年轻人学习 ~한 태도는 오늘날의 젊은이들이 배울 만한 점이다] 도연명의 태도가 오늘날의 젊은이들이 배울 만하다고 언급한 것에서 필자가 도연명의 태도에 긍정적임을 알 수 있다.

现在开始第21到25题：

陶渊明出生于一个没落的官宦家庭，父亲在他八岁时去世，四年后母亲也离开人世。自此，陶渊明就和妹妹寄住在外祖父家里。²¹外祖父才华横溢、见识非凡，对陶渊明的影响可以说是非比寻常。陶渊明自小就习得琴棋书画，才华出众，颇有外祖父的风范。他长到二十岁时，就开始了游宦生涯。在此期间，曾担任过江州祭酒、主簿、镇军、彭泽令等职位。²²陶渊明在仕途与田园生活之间游荡了十多年，三番两次出仕、辞官、又出仕。在这反复无常的日子里，陶渊明一方面想施展抱负、展示宏图伟愿；另一方面又想念舒适的田园生活。在经历几番内心纠结后，最终放弃了自己厌恶的官场，选择了安逸舒适的田园生活。公元前405年，陶渊明最后一次任命的职位是彭泽令。此后，²³陶渊明著作了《归去来兮辞》，表明了他辞官归隐田园生活的心愿。写完这首辞赋后，陶渊明就毅然辞官，回归农田，直到去世。

在归隐田园这段时间，陶渊明著作了五首《归园田居》、十二首《杂诗》等诗歌。在病重清醒之际，还著作了《拟挽歌辞》。陶渊明的散文创作文风独特，是我国历史文苑上独树一帜的标杆，奠基了他在文学史上的地位。他的散文代表作有《五柳先生传》及《桃花源记》，这两篇是最能体现陶渊明的性情和思想的作品。《桃花源记》描写了一个美好的世界，里面的人充满纯真和善良，他们靠着自己的劳动来获得幸福，简简单单，没有勾心斗角。这个美好的"世界"，体现了作者对于理想社会的追求，强调陶渊明理想境界的独特性。陶渊明向往与追求舒适平和的生活，不再仅限于对自身的考虑，更多的是为广大百姓和社会着想。尽管"桃花源"只是个虚拟的世界，但这个理想却十分难得。陶渊明的散文语言简单干净、充满真挚之情，描写的人物形象生动有趣，从侧面表述了自己的理想情感和追求。²⁴此类散文在魏晋南北朝时期独具一格，陶渊明散文的出现打破了当时骈文盛行的格局，南北朝的文学风格也因此开始从单一走向多元化。

回归田园生活的陶渊明，过着种种地、赏赏花、喝喝酒的安逸日子。纵观陶渊明的一生，他对于自己的追求有过挣扎、无奈。²⁵身处在纷扰的尘世中，陶渊明懂得放弃不属于自己的东西，在取舍之中他选择了坚持追求自我的态度很值得现在的年轻人学习。

21번~25번 문제가 시작됩니다.

도연명은 몰락한 관리 집안에서 태어났다. 부친은 그가 8세 때 사망했고 4년 후 모친도 세상을 떠났다. 그래서 도연명과 그의 여동생은 외조부 댁에 얹혀살았다. ²¹외조부는 재능이 많고 견문이 넓어 도연명에게 범상치 않은 영향을 끼쳤다. 도연명은 어릴 때부터 거문고와 바둑, 서예와 그림 등의 문예 활동을 배웠고 재능이 출중했으며 외조부의 기품이 묻어났다. 20세가 되었을 때 그는 벼슬 생활을 시작했다. 이 기간에 장저우의 좨주(祭酒), 주부(主簿), 진군(鎭軍), 팽택령(彭澤令) 등의 직위를 지냈다. ²²도연명은 벼슬길과 전원생활 사이에서 십여 년을 방황하며 거듭 출사와 퇴관, 재출사를 반복했다. 그는 변덕스러운 날을 보내는 중에 한편으로는 포부를 펼치고 원대한 계획과 위대한 염원을 드러내고 싶었지만 또 다른 한편으로는 편안한 전원생활을 그리워했다. 여러 차례 마음속 갈등을 겪은 후 결국 자신이 혐오하던 관직을 포기하고 한가롭고 편안한 전원생활을 택했다. 기원전 405년 도연명이 마지막으로 임명됐던 직위는 팽택령이었다. 이후 ²³도연명은 『귀거래사』를 저술하여 관직에서 물러나 귀농 생활을 하고 싶다는 바람을 나타냈다. 이 시문을 쓴 후 도연명은 의연히 퇴관하고 생을 마감할 때까지 농촌에서 살았다.

퇴관 후 전원생활을 하는 동안 도연명은 『귀원전거』 다섯 편, 『잡시』 열두 편 등의 시 작품을 썼다. 병이 위중한 와중에 정신이 들었을 땐 『의만가사』를 썼다. 도연명의 산문 작품은 문체가 독특하며, 중국 역사 문단에서 독자적으로 일과를 이룬 본보기가 되었다. 또 그는 이 작품들로 문학 역사에서의 지위의 기초를 다졌다. 그의 산문 대표작으로는 『오류선생전』과 『도화원기』가 있는데, 이 두 작품은 도연명의 성격과 사상을 가장 잘 나타낸 작품들이다. 『도화원기』는 아름다운 세상을 묘사했으며 등장하는 인물은 순수하고 선량하다. 이들은 스스로 노동하여 행복을 얻고 평범하며 다투지 않는다. 이 아름다운 세상은 이상적인 사회에 대한 작가의 갈망을 구현했으며 도연명의 이상적인 경지의 독특함을 강조했다. 도연명은 더 이상 자기 자신에만 국한하지 않고 수많은 백성과 사회를 생각하며 편안하고 평화로운 삶을 지향하고 추구했다. '도화원'은 허구의 세상에 불과하지만 이 이상적인 세상은 사실 얻기 어려운 것이다. 도연명의 산문은 언어가 단순하고 깔끔하며 진실한 마음이 가득하다. 묘사된 인물들의 형상은 생동감 있고 흥미로우며 다른 측면에서 자신의 이상적인 감정과 추구를 표현했다. ²⁴위진남북조시대에 독특한 품격을 드러낸 도연명의 산문들은 당시 성행하던 사륙변려문의 격식을 깼으며 단일했던 남북조의 문학 풍격도 이로 인해 다양해지기 시작했다.

귀농한 도연명은 농사짓고 꽃구경하고 술을 마시며 안락한 나날을 보냈다. 도연명의 일생을 전체적으로 돌아보면, 그는 자신의 갈망에 몸부림쳤고 어찌할 도리가 없었다. ²⁵혼란한 속세에 살아가던 도연명은 자기 것이 아닌 것을 포기할 줄 알았고 취사선택을 하는 중에 끝까지 자아를 추구할 것을 택했다. 그의 이러한 태도는 오늘날의 젊은이들이 배울 만한 점이다.

请判断第21到25题：

21 外祖父对陶渊明的影响不及他的父亲。

    A √   B ✕

22 陶渊明曾一度在仕途与田园生活之间难以抉择。

    A √   B ✕

23《归去来兮辞》是陶渊明为官后所著的第一部词赋。

    A   B ✕

24 陶渊明的散文对南北朝的文学风格起到了极大影响。

    A √   B ✕

25 作者肯定了陶渊明这种身处乱世却坚持追求自我的态度。

    A √   B ✕

21번~25번 문제의 정오를 판별하세요.

21 외조부가 도연명에게 끼친 영향은 그의 부친만 못하다.

    A √   B ✕

22 도연명은 한때 벼슬길과 전원생활 사이에서 어느 하나를 선택하기 어려워했다.

    A √   B ✕

23 『귀거래사』는 도연명이 관리가 된 후 저술한 첫 번째 작품이다.

    A √   B ✕

24 도연명의 산문은 남북조 문학의 풍격에 막대한 영향을 미쳤다.

    A √   B ✕

25 필자는 도연명이 난세 속에 살아가면서도 끝까지 자아를 추구하던 태도를 긍정한다.

    A √   B ✕

陶渊明 Táo Yuānmíng 고유 도연명 [중국 동진 시대의 저명한 시인] | ★没落 mòluò 통 몰락하다 | 官宦 guānhuàn 명 관리 | 人世 rénshì 명 이 세상 | 寄住 jìzhù 얹혀 살다, 기거하다 | 外祖父 wàizǔfù 명 외조부 | 才华横溢 cáihuá héngyì 성 재능이 넘쳐나다 | 见识 jiànshi 견문 | ★非凡 fēifán 비범하다 | 非比寻常 fēibǐ xúncháng 평범하지 않다 | 习得 xídé 통 (기술 따위를) 습득하다, 익히다 | 琴棋书画 qínqíshūhuà 거문고를 타고 바둑을 두며, 글씨를 쓰고, 그림을 그리는 따위의 문인의 고상한 당락 | ★才华 cáihuá 뛰어난 재능 | ★出众 chūzhòng 형 출중하다 | 颇有 pōyǒu 통 적지 않다 | ★风范 fēngfàn 풍모와 재능 | 游宦 yóuhuàn 통 타향에서 벼슬을 하다 | 生涯 shēngyá 명 생활 | 江州 Jiāngzhōu 고유 장저우 [지명] | 祭酒 jìjiǔ 좨주 [고대 관직 명칭] | 主簿 zhǔbù 주부 [고대 관직 명칭] | 镇军 zhèn jūn 명 진군 | 彭泽令 Péngzéling 명 팽택령 [고대 관직 명칭] | 职位 zhíwèi 직위 | 仕途 shìtú 벼슬길 | 田园 tiányuán 명 전원 | 游荡 yóudàng 형 빈둥거리다 | 三番两次 sānfān liǎngcì 성 거듭, 여러 번 | 出仕 chūshì 통 출사하다, 관직에 취임하다 | 辞官 cíguān 통 퇴관하다 | 反复无常 fǎnfù wúcháng 성 변덕스럽다 | 施展 shīzhǎn 통 (재능·수완 따위를) 펼치다, 발휘하다 | 抱负 bàofù 명 포부 | 展示 zhǎnshì 통 분명하게 드러내 보이다 | 宏图 hóngtú 명 원대한 계획 | 伟 wěi 형 위대하다 | 愿 yuàn 명 염원 | 番 fān 양 번, 차례 | 纠结 jiūjié 통 뒤엉키다, 뒤얽히다 | 厌恶 yànwù 통 혐오하다 | 官场 guānchǎng 명 관리 사회 | 安逸 ānyì 형 편하고 한가롭다 | 任命 rènmìng 통 임명하다 | 此后 cǐhòu 이후 | 著作 zhùzuò 통 저작하다 | 归隐 guīyǐn 통 노령으로 관직에서 물러나다 | 心愿 xīnyuàn 명 바람, 염원 | 辞赋 cífù 사부 [문학의 일종] | 毅然 yìrán 부 의연히 | 回归 huíguī 통 회귀하다 | 农田 nóngtián 명 농경지, 농토 | 直到 zhídào 쭉 ~에 이르다 | 归园田居 guī yuántián jū 귀원전거 [작품명] | 杂诗 zá shī 명 잡시 [시의 일종] | 诗歌 shīgē 명 시가 | 病重 bìng zhòng 병이 위중하다 | 清醒 qīngxǐng 정신을 차리다, 의식을 회복하다 | 之际 zhījì ~때, ~무렵 | 拟挽歌辞 nǐwǎn gēcí 의만가사 [작품명] | 散文 sǎnwén 명 (운문과 구별하여) 산문 | 创作 chuàngzuò 창작, 문예 작품 | 文风 wénfēng 명 문풍, 글의 스타일 | 文苑 wényuàn 명 문단 | 独树一帜 dúshù yìzhì 성 독자적으로 한 파를 형성하다 | 标杆 biāogān 명 본보기 | 奠基 diànjī 통 기초를 닦다 | 五柳先生传 wǔliǔ xiānshēng chuán 오류선생전 [작품명] | 桃花源记 táohuāyuánjì 도화원기 [작품명] | 性情 xìngqíng 명 성격 | 纯真 chúnzhēn 통 순수하다 | 简简单单 jiǎnjian dāndān 평범하다 | 勾心斗角 gōuxīn dòujiǎo 성 다투다, 옥신각신하다 | 境界 jìngjiè 명 경지 | 向往 xiàngwǎng 통 지향하다, 동경하다 | 平和 pínghé 형 평화롭다 | 着想 zhuóxiǎng 통 (어떤 사람·어떤 일을) 생각하다 | 虚拟 xūnǐ 형 가상의 | 难得 nándé 형 얻기 어렵다 | 真挚 zhēnzhì 형 진실하다 | 侧面 cèmiàn 명 다른 면 | 表述 biǎoshù 통 서술하다, 진술하다 | 情感 qínggǎn 감정, 느낌 | 魏晋南北朝 Wèi Jìn Nánběicháo 고유 위진남북조 | 独具一格 dújù yìgé 성 독자적으로 하나의 품격을 갖추다 | 打破 dǎpò 통 타파하다 | 骈文 piánwén 사륙변려문 [중국 육조와 당나라 때 성행한 한문 문체] | 盛行 shèngxíng 통 성행하다, 널리 유행하다 | 格局 géjú 명 (글의) 격식 | 走向 zǒuxiàng 통 어떤 방향을 향하여 발전하다 | 多元化 duōyuánhuà 통 다원화되다 | 种地 zhòngdì 명 농사짓다 | 赏花 shǎng huā 꽃구경하다 | 纵观 zòngguān 통 전면적으로 살펴보다 | 一生 yìshēng 명 일생, 평생 | 挣扎 zhēngzhá 통 발버둥치다 | 纷扰 fēnrǎo 혼란스럽다 | 尘世 chénshì 속세 | 懂得 dǒngde 통 알다 | 取舍 qǔshě 통 취사선택하다 | 不及 bùjí 통 미치지 못하다 | 一度 yídù 한때, 한동안 | 难以 nányǐ 부 ~하기 어렵다 | 抉择 juézé 통 선택하다 | 词赋 cífù 명 작품 | 起到 qǐdao 통 (어떤 상황을) 초래하다 | 乱世 luànshì 명 난세

 중국 문학사에 나오는 중요한 인물들의 이름과 사건을 간단하게라도 정리해서 읽어 두자. 본서 p.040~p.042 참고

26 D ［ 现在才被提到很高的地位 현재에 이르러서야 지위가 많이 상승했습니다 ］　여자가 남자에게 첫 번째 질문으로 고 서 복원 업무에 어떤 변화가 생겼는지에 대해 묻자, '지위가 많이 상승했다'고 대답했다.

27 D ［ 培养新人 새로운 인재를 양성하다 → 培养新一代从业者 차세대 종사자를 양성하다 ］　이 문제는 다른 문제들과는 다르게 인터뷰하는 사람의 질문과 문제의 질문이 일치하지 않는다. 하지만 대부분의 문제가 인터뷰 진행 순서대 로 출제된다는 점을 감안해 녹음을 들을 때 각 인터뷰 질문에 대한 내용을 간단하게 기록해 두면 도움이 된다.

28 B ［ 希望能把民间组织的力量调动起来 민간기관의 힘을 동원할 수 있기를 바란 것이었습니다 ］　고서 복원 작업에 대 한 통일된 기준에 대하여 답변하는 와중에 보기 B의 내용이 언급되었다.

29 古籍　여자의 세 번째 질문에 대한 답변 중 '2007年'이라는 부분이 등장할 때부터 집중해서 잘 듣자.

30 B ［ 目前主要问题是师资力量紧张，都在抢老师 지금 주요 문제는 교사 인력이 부족해 교사를 서로 빼앗고 있다는 것입니 다 ］　한 가지 질문에 대한 답변에서 세 개의 문제(28, 29, 30번)가 출제되었다. 한 문항의 답을 찾았다고 해도 답변 의 끝까지 주의 깊게 듣자. '主要问题是(주요한 문제는 ~이다)' 뒤에는 중요 내용이 나와 답이 되는 경우가 많다.

31 A ［ 坐得下、稳得住 안정적으로 오래 앉아 있을 수 있어야 한다 → 坐稳板凳 끈기 있게 의자에 앉아 있다 ］　여자가 마지 막 질문으로 업계에 종사 중인 젊은 사람들에게 할 조언을 묻자 남자는 '坐得下、稳得住(안정적으로 오래 앉아 있을 수 있어야 한다)'고 대답했다.

现在开始第26到31题:

女：今天我们邀请到了复旦大学中华古籍保 护研究院特聘教授赵家福教授，他是古 籍修复行业的专家。赵教授您好，请问 现在全国古籍修复行业发生了什么样的 变化？

男：古籍修复过去由于历史原因没有得到 充分的重视，²⁶现在才被提到很高的地 位。以前做这一行的人很少，全国不到 一百名，现在已经有1000多名。

女：目前中国古籍修复的需求量有多大？

男：需求大的就算再修一百年也修不完。就 说国营单位包括公共图书馆、大学图书 馆、博物馆等，据不完全统计，古籍收 藏量就有5000多万册，一个人一年能修 几十本就已经很了不起了。全国几十家 传习所，充其量一年也只能修几千到几 万本。虽然现在有1000多名古籍修复人 员，但是老一辈从事这行的人已经不多 了。我从事这行差不多60年，是全国最 老的一批，²⁷而我个人现在的主要精力 一直在培养新人上。

女：现在很多机构都在修古籍是不是应该建 立统一的标准？

26번~31번 문제가 시작됩니다.

여: 오늘은 푸단대학교 중국 고서 보호 연구원의 특별 초빙 교 수이신 자오쟈푸 교수님을 모셨습니다. 고서 복원 업계의 전문가이시죠. 자오쟈푸 교수님, 안녕하세요. 현재 중국 전국의 고서 복원 업무에 어떤 변화가 생겼는지 설명해 주 시겠습니까?

남: 고서 복원은 과거에는 역사적 이유로 충분히 중요시되지 않았으며 ²⁶현재에 이르러서야 지위가 많이 상승했습니 다. 이전에는 이쪽 업계에 종사하는 사람이 전국에 백 명 도 채 되지 않을 만큼 적었는데 지금은 천여 명으로 늘어 났습니다.

여: 현재 중국 고서 복원의 수요량은 얼마나 되나요?

남: 수요가 많으면 백 년이 걸려도 다 복원할 수 없습니다. 설 령 공공도서관, 대학교 도서관, 박물관 등의 국영 기관이 라고 할지라도 말입니다. 불완전한 통계에 따르면 고서 수 장량만 5,000여만 권인데, 한 사람이 일 년 동안 몇십 권 을 복원할 수 있는 것도 매우 대단한 겁니다. 전국에 수십 곳의 교습소가 있는데 일 년 동안 다 합쳐도 기껏해야 몇 천에서 몇만권 밖에 복원하지 못합니다. 현재 복원하는 인 원이 천여 명 정도 되지만 이 일에 종사하는 기성세대는 많지 않습니다. 저는 이 업무에 종사한 지 대략 60년 정도 로 전국에서 가장 오래되었는데, ²⁷저도 현재는 주로 새로 운 인재의 양성에 힘쓰고 있죠.

여: 현재 많은 기관에서 고서 복원 작업을 하고 있는데요, 통 일된 기준을 세워야 하지 않을까요?

男：全国都在修古籍，但这必须要有组织引导。2007年，经政府批准，在国家图书馆设立的国家 [29]古籍保护中心就起到了制定条例规则并协调各方的作用。我们也提倡民营力量参与，国有机构修复力量有限，现在很多省市都有民营机构参与古籍修复。[28]前几年成立了中国古籍保护协会，也希望能把民间组织的力量调动起来。与此同时，还发动了大专院校参与。过去大学里没有古籍修复这个专业，现在很多院校都开设了该专业。不仅培养本科生、硕士研究生，还开设有博士点。[30]目前主要问题是师资力量紧张，都在抢老师。

女：那对于从事这行的年轻人，您有什么好的建议？

男：一方面，我希望国家能进一步改善从业人员的待遇；另一方面，[31]对年轻人来说，从事这个工作要"坐得下，稳得住"，在板凳上做十年才能看出效果，那还不一定是成果、成绩。毕竟这是个小众行业。你要是脚踏实地地跨进这个门，也许比搞别的专业"跳出来"的速度会快一点，更容易脱颖而出。

26 古籍修复行业发生了什么变化？
- A 有很多年轻人加入
- B 有大企业赞助
- C 同行不到一百人
- D 地位大幅提到

27 男的现在把主要精力放在了哪儿？
- A 撰写个人传记
- B 统筹古典书籍
- C 聚集老一辈的从业者
- D 培养新一代从业者

28 关于古籍修复，下面哪项是男的的观点？
- A 认为修复古籍的高手在民间
- B 希望调动民间组织的力量
- C 希望高学历的人积极参与到古籍修复中来
- D 认为书本上的内容不如实践

29 2007年，经政府批准，在国家图书馆设立的国家古籍保护中心就起到了制定条例规则并协调各方的作用。

남: 전국적으로 고서 복원을 진행하고 있는데, 여기에는 반드시 조직적인 지도가 있어야 합니다. 2007년 정부의 승인을 거쳐 국가도서관에서 설립한 국가 [29]고서 보호 센터가 규정과 규칙을 정하고 각 기관을 조율하는 역할을 했습니다. 또한 국유 기관의 복원 능력에 한계가 있기 때문에 우리도 민영 세력의 참여를 제창했으며 현재는 많은 성과 시의 민영 기관들도 고서 복원에 동참하고 있습니다. [28]몇 년 전 중국 고서 보호 협회를 설립한 것도 민간기관의 힘을 동원할 수 있기를 바란 것이었습니다. 이와 동시에 대학교와 전문대학도 참여하도록 했습니다. 과거엔 대학교에 고서 복원 전공이 없었는데 현재는 개설한 학교가 많아졌습니다. 학부생과 석사생 양성은 물론 박사 과정 학과도 개설했습니다. [30]지금 주요 문제는 교사 인력이 부족해 교사를 서로 빼앗고 있다는 것입니다.

여: 그렇다면 이 업계에 종사 중인 젊은 사람들에게 조언하실 말씀이 있을까요?

남: 한편으로는 국가가 업계 종사자들에 대한 대우를 한층 더 개선했으면 좋겠습니다. 다른 한편으로는 [31]젊은 사람들에게 이 일에 종사하려면 '안정적으로 오래 앉아 있을 수 있어야 한다'고 말하고 싶습니다. 의자에 앉아 10년은 해야 결과를 볼 수 있지만 그것이 반드시 결실이나 성과는 아닐 수도 있습니다. 결국 틈새시장인 것입니다. 당신이 이 업계에 착실하게 들어선다면 다른 전공보다 '발전하는' 속도가 빨라서 금방 두각을 드러낼 수 있을 것입니다.

26 고서 복원 업계에 어떤 변화가 생겼는가?
- A 젊은 사람들이 많이 들어왔다
- B 대기업이 협찬했다
- C 동종업자가 백 명도 되지 않는다
- D 지위가 대폭 상승했다

27 남자는 현재 주로 어디에 힘을 쏟고 있는가?
- A 자서전을 쓴다
- B 고전 서적을 총괄한다
- C 기성세대 종사자를 모은다
- D 차세대 종사자를 양성한다

28 다음 중 고서 복원에 관한 남자의 입장은 무엇인가?
- A 고서 복원의 고수는 민간에 있다고 생각한다
- B 민간기관의 힘이 동원되길 바란다
- C 고학력자가 고서 복원에 적극적으로 참여하길 희망한다
- D 책의 내용이 실천보다 못하다고 생각한다

29 2007년 정부의 승인을 거쳐 국가도서관에서 설립한 국가 고서 보호 센터가 규정과 규칙을 정하고 각 기관을 조율하는 역할을 했습니다.

30 目前高校开设古籍修复专业面临的主要问题是什么？

A 并未意识到此专业的重要性

B 师资力量十分紧张

C 自己无法进入高校教学

D 状况并未改善

31 男的建议从事古籍修复的年轻人怎么做？

A 希望年轻人能"坐稳板凳"

B 建议他们换掉原有专业

C 希望年轻人抓住脱颖而出的机会

D 建议远离小众行业

30 현재 대학이 고서 복원 전공을 개설하는 데 직면한 주요 문제는 무엇인가?

A 해당 전공의 중요성을 아직 깨닫지 못했다

B 교사 인력이 매우 부족하다

C 스스로 대학에 들어가 가르칠 수 없다

D 상황이 아직 개선되지 않았다

31 남자는 고서 복원에 종사하는 젊은 사람들이 어떻게 해야 한다고 조언하는가?

A 젊은 사람들이 끈기 있게 의자에 앉아 있길 바란다

B 본래 전공을 바꿀 것을 제안한다

C 젊은 사람들이 두각을 나타낼 기회를 잡길 바란다

D 소규모 업종을 멀리할 것을 제안한다

复旦大学 Fùdàn Dàxué 고유 푸단대학교, 복단대학교 | 中华 Zhōnghuá 고유 중국 | 古籍 gǔjí 몡 고서 | 研究院 yánjiūyuàn 몡 연구원, 연구소 | 特聘 tèpìn 동 특별 초빙하다 | 赵家福 Zhào Jiāfú [인명] 자오쟈푸 | 修复 xiūfù 동 수리하여 복원하다, 원상복구 하다 | 需求量 xūqiúliàng 몡 수요량, 필요량 | 就说 jiùshuō 졉 설령 ~하더라도 | 国营 guóyíng 몡 국영 | 公共 gōnggòng 혱 공공의, 공용의 | 据 jù 개 ~에 따르면 | 统计 tǒngjì 몡 통계 | 收藏量 shōucángliàng 수장량 | 册 cè 양 권, 책 [책을 세는 단위] | 传习所 chuánxísuǒ 교습소 | 老一辈 lǎoyíbèi 기성세대, 구세대 | 机构 jīgòu 몡 기관 | 引导 yǐndǎo 동 지도하다 | 设立 shèlì 동 (기구·조직 등을) 설립하다, 건립하다 | ★条例 tiáolì 몡 조례, 규정, 조항 | 协调 xiétiáo 동 조율하다, 조정하다 | 民营 mínyíng 민영 | 有限 yǒuxiàn 혱 한계가 있다 | 省市 shěngshì 성과 직할시 | 协会 xiéhuì 몡 협회 | 民间 mínjiān 몡 민간 | 调动 diàodòng 동 동원하다, 자극하다, 환기하다 | ★与此同时 yǔcǐ tóngshí 위와 동시에, 아울러 | 发动 fādòng 동 행동하기 시작하다, 행동하게 하다 | 大专院校 dàzhuān yuànxiào 몡 대학과 전문대학 | 开设 kāishè 동 개설하다 | 本科生 běnkēshēng 학부생, 대학생 | 研究生 yánjiūshēng 몡 대학원생 | 博士点 bóshìdiǎn 몡 박사과정 학과 | ★师资 shīzī 몡 교사, 교수 | 进一步 jìnyíbù (한 걸음 더) 나아가, 진일보하여 | 从业人员 cóngyè rényuán 몡 종사자 | 板凳 bǎndèng 몡 나무 걸상 | 小众 xiǎozhòng 몡 사람 수가 적은 단체, 소규모 | 脚踏实地 jiǎotàshídì 셩 일하는 것이 착실하다, 일하는 것이 견실하다 | 跨进 kuàjìn 동 들어서다, 진입하다 | ★脱颖而出 tuōyǐng'érchū 셩 송곳 끝이 주머니를 뚫고 나오다, 재능이 나타나다, 두각을 나타내다 | 加入 jiārù 동 가입하다, 참가하다 | 赞助 zànzhù 동 협찬하다, 지지하다 | 大幅 dàfú 혱 대폭, 썩 많이 | ★撰写 zhuànxiě 동 (문장을) 쓰다, 짓다 | ★传记 zhuànjì 몡 (사람의 일생을 적은) 전기 | 统筹 tǒngchóu 동 총괄하다, 전면적인 계획을 세우다 | ★书籍 shūjí 몡 서적, 책 | ★聚集 jùjí 동 집중하다, 합류하다, 한데 모이다 | 从业者 cóngyèzhě 몡 종사자 | 高手 gāoshǒu 몡 고수, 달인 | ★条例 tiáolì 몡 조례, 규정, 조항 | 意识 yìshí 동 깨닫다, 의식하다 | 并未 bìngwèi 뷔 결코 ~적이 없다 | 抓住 zhuāzhù 동 붙잡다 [抓住机会: 기회를 잡다]

● **Day 22**   **32** B   **33** B   **34** D   **35** 捕捉   **36** C   **37** 剪辑   **38** D

32 B [商业院线的目标群体非常明确，就是吸引能来消费的人 상업영화관의 목표 관객층은 매우 명확한데요, 바로 영화관에서 소비를 할 수 있는 사람들입니다]   여자의 첫 번째 질문인 '다큐멘터리가 영화관 체인에서 흥행하지 못하는 이유는 무엇인가'에 대한 남자의 답변에 상업영화의 특징이 언급됐다.

33 B [纪录片尤其是人文社会类的纪录片，以记录普通人的生活为主 다큐멘터리, 특히 인문 사회류 다큐멘터리는 주로 일반인의 삶을 기록합니다]   33번 문제 역시 여자의 첫 번째 질문에 대한 남자의 답변을 통해 알 수 있다.

34 D [我们更需要一个封闭的环境、一个巨大的银幕 폐쇄된 환경과 커다란 스크린이 더욱더 필요합니다]   여자의 두 번째 질문인 '다큐멘터리가 영화관에 배급되어야 하는 이유는 무엇인가'에 대한 남자의 답변에서 보기 D의 내용이 언급됐다.

35 捕捉   여자의 두 번째 질문에 대한 남자의 답변 중 해당 문장이 등장했다.

36 C [绝大部分纪录片只是为了"记录" 대다수의 다큐멘터리는 단지 '기록'만을 위해 제작됩니다]   처음부터 영화관에 들어가려고 하지 않았던 다큐멘터리도 있는지 묻는 여자의 질문에 대한 남자의 답변에 보기 C의 내용이 언급됐다.

37 剪辑   여자의 마지막 질문에 대한 남자의 답변 중 해당 문장이 등장했다.

38 D [我们觉得纪录片拍出来应该让更多人看到 다큐멘터리가 더 많은 사람에게 보여져야 한다고 생각합니다]   38번 문제 역시 여자의 마지막 질문에 대한 남자의 답변을 통해 알 수 있다.

现在开始第32到38题：

女：为什么纪录片在电影院线的票房总是不太理想？

男：³³纪录片尤其是人文社会类的纪录片，以记录普通人的生活为主，和现在商业院线的气质不匹配。³²商业院线的目标群体非常明确，就是吸引能来消费的人，观众到影院需要花时间买电影票，吃饭也会产生很大的开销，付出这么高的成本，消费者更希望通过大银幕得到快感，看到新奇的故事情节，这可能是纪录片给不了的，观众也不是不爱看纪录片，像《我在故宫修文物》、《舌尖上的中国》等纪录片都在互联网上获得了很高的点击量。对观众来说，只要在视频平台购买会员，不管看什么，几乎都是零成本。但对影院来说，一场电影只有几个观众来看是要赔钱的。我理解院线经理不排片是对的，对观众来说，观看纪录片，在视频网站上看就好了，为什么要花时间和金钱特地跑到电影院来呢？

女：既然院线"不爱"纪录片，那纪录片为什么一定要进院线呢？

男：纪录片中有一个非常大的类型，就是记录日常生活，人物没有明星那么耀眼、剧情没有那么强烈的变化、视听效果也没有那么好。但正因如此，³⁴我们更需要一个封闭的环境、一个巨大的银幕，观众看不了别的，就安安静静地看着银幕，这样他们才有可能识别出纪录片所呈现的生活中多个层面，人物一个小小的举动、一个小小的表情才有可能触动他。在手机上、电脑屏幕上看，纪录片中的那些"厚度"观众很可能无法³⁵捕捉到。

女：是不是有的纪录片从一开始就没想进电影院？

男：其实绝大部分纪录片最开始的目标都不是进影院，能进影院的属于极少数，而奔着影院去做，比如在影像³⁷剪辑后期处理上，按照电影标准去做，成本相对也高。因此，³⁶绝大部分纪录片只是为了"记录"，以导演把纪录片拍出来，是表达一个现象和自己的一些想法。

32번~38번 문제가 시작됩니다.

여: 다큐멘터리는 왜 항상 대형 영화관 체인에서 그다지 흥행하지 못하는 걸까요?

남: ³³다큐멘터리, 특히 인문 사회류 다큐멘터리는 주로 일반인의 삶을 기록하기 때문에 지금의 상업적인 영화관 체인의 성격과 잘 맞지 않습니다. ³²상업영화관의 목표 관객층은 매우 명확한데요, 바로 영화관에서 소비를 할 수 있는 사람들입니다. 관객은 영화관에 오면 시간을 써서 영화표를 사야 하고, 식사에도 지출이 꽤 생기므로 높은 비용을 지불해야 합니다. 소비자는 대형 스크린을 통해 쾌감을 얻고 참신한 스토리가 있는 영화를 보고 싶어 합니다. 하지만 다큐멘터리는 이런 수요를 충족하지 못합니다. 관객들도 다큐멘터리를 싫어하는 건 아닙니다. 「나는 고궁에서 문물을 보수한다」나 「혀끝으로 만나는 중국」 등의 다큐멘터리는 인터넷에서 조회수가 굉장히 높습니다. 관객 입장에서는 동영상 플랫폼 회원권만 구매하면 무엇을 보든지 비용이 거의 0인 겁니다. 하지만 영화관 입장에서는 영화한 편에 관객이 몇 명 되지 않으면 손해를 보게 됩니다. 영화관 경영자가 다큐멘터리를 편성하지 않는 것도 이해가 갑니다. 관객 입장에서는 다큐멘터리를 관람하는 건 동영상 플랫폼에서 시청하면 되는데, 뭐 하러 시간과 돈을 들여 일부러 영화관에 오려고 할까요?

여: 영화관은 다큐멘터리 상영을 좋아하지 않는데, 다큐멘터리는 왜 반드시 영화관에 배급되어야 하나요?

남: 다큐멘터리 중에서 가장 큰 장르는 일상생활을 기록한 것입니다. 인물들은 연예인만큼 눈에 띄지 않고 전개도 그렇게 강하게 바뀌지 않아서 시청각 효과가 그리 좋지 않습니다. 하지만 바로 그래서 ³⁴폐쇄된 환경과 커다란 스크린이 더욱더 필요한 것입니다. 관객이 다른 것을 보지 않고 조용하게 스크린만 봐야 다큐멘터리가 보여 주는 생활 속의 다양한 측면을 인식할 수 있을 것이며 인물의 사소한 행동 하나하나, 표정 하나하나가 와 닿을 수 있을 것입니다. 휴대전화나 컴퓨터 화면으로 보면 다큐멘터리의 이러한 '깊이'를 관객은 ³⁵포착하지 못할 것입니다.

여: 처음부터 영화관에 들어가려고 하지 않았던 다큐멘터리도 있을까요?

남: 사실 대다수 다큐멘터리의 맨 처음 목표는 영화관에 들어가는 것이 아니며, 영화관에 들어갈 수 있는 다큐는 극히 소수입니다. 영화관 진입을 목표로 한다면, 예를 들어 영상 ³⁷편집 후처리를 영화의 기준에 따라야 해서 비용이 상대적으로 높아집니다. 따라서 ³⁶대다수의 다큐멘터리는 단지 '기록'만을 위해 제작됩니다. 예전에는 감독이 다큐멘터리를 찍는 것은 어떤 현상과 자기 생각을 표현하기

³⁸现在我们觉得纪录片拍出来应该让更多人看到，而不仅仅是作为一个艺术品存在。

위한 것이었습니다. ³⁸지금은 다큐멘터리가 하나의 예술품으로 남는 것뿐만 아니라 더 많은 사람에게 보여져야 한다고 생각합니다.

32 下列哪项是商业电影的特点？

A 目标群体为中老年人群

B 以吸引更多人前来消费为目标

C 制作成本高、收益小

D 后期制作的质量有待提高

32 다음 중 상업영화의 특징인 것은?

A 목표 관객층은 중노년층이다

B 더 많은 사람이 영화관에서 소비를 하게끔 끌어들이는 것을 목표로 한다

C 비용은 높고 수익은 낮게 제작한다

D 후반 작업의 질이 높아질 필요가 있다

33 关于纪录片可以知道什么？

A 观众不爱看纪录片

B 内容多以记录普通人的生活为主

C 在视频平台的点击量并不理想

D 是各大院线争相抢夺的娱乐商品

33 다큐멘터리에 관해 알 수 있는 것은?

A 관객들은 다큐멘터리를 보는 것을 좋아하지 않는다

B 내용은 대부분 일반인의 삶을 기록하는 것을 위주로 한다

C 동영상 플랫폼 조회수가 이상적이지 않다

D 대형 영화관 체인이 앞다투어 빼앗으려는 엔터테인먼트 상품이다

34 纪录片为什么要进电影院？

A 有实力与电影一争高下

B 制作方需要票房保障

C 急需在短期内得到大众的认可

D 观众需要一个封闭的环境去感受

34 다큐멘터리는 왜 영화관에 들어가야 하는가?

A 영화와 우열을 가릴 실력이 있다

B 제작사 측은 흥행 보증이 필요하다

C 단기간 내에 대중의 인정을 받는 것이 시급하다

D 관객이 폐쇄된 환경에서 감명받아야 한다

35 在手机上、电脑屏幕上看，纪录片中的那些"厚度"观众很可能无法捕捉到。

35 휴대전화나 컴퓨터 화면으로 보면 다큐멘터리의 이러한 '깊이'를 관객은 포착하지 못할 것입니다.

36 绝大部分纪录片拍摄的最初目标是什么？

A 在黄金时段播放

B 一定要进影院

C 只是为了"记录"

D 实现过亿票房

36 대다수의 다큐멘터리 촬영의 맨 처음 목표는 무엇인가?

A 황금시간대에 상영하는 것

B 반드시 영화관에 들어가는 것

C 오로지 '기록'만을 위한 것

D 억대 흥행을 실현하는 것

37 而奔着影院去做，比如在影像剪辑后期处理上，按照电影标准去做，成本相对也高。

37 영화관 진입을 목표로 한다면, 예를 들어 영상 편집 후처리 등을 영화관의 기준대로 해야 해서 비용이 상대적으로 높아집니다.

38 根据对话，男的认为纪录片应该怎么样？

A 教育一代又一代的青少年

B 变大导演个人的想法

C 并不是艺术品

D 应该让更多人看到

38 대화에 따르면 남자는 다큐멘터리가 어때야 한다고 생각하는가?

A 대대로 청소년을 교육한다

B 감독 개인의 생각을 확대한다

C 예술품이 아니다

D 더 많은 사람에게 보여져야 한다

★**纪录片** jìlùpiàn 명 다큐멘터리 | **电影院线** diànyǐngyuànxiàn 명 극장 체인, 상영관 체인 [=院线] | ★**票房** piàofáng 명 흥행수입, 흥행 성적 | ★**人文** rénwén 명 인문, 인류의 문화 | **普通** pǔtōng 형 보통의, 일반의 | **以……为主** yǐ……wéizhǔ ~를 위주로 하다 | **商业** shāngyè 명 상업, 비즈니스 | ★**气质** qìzhì 명 성격, 성질, 기질 | ★**匹配** pǐpèi 동 호응하다 | **群体** qúntǐ 명 집단, 단체 | **影院** yǐngyuàn 명 영화관 | ★**开销** kāixiāo 명 지출, 비용 | **付出** fùchū 동 들이다, 바치다 | **成本** chéngběn 명 비용 | **消费者** xiāofèizhě 명 소비자 | **银幕** yínmù 명 스크린 | **得到** dédào 동 얻다, 획득하다 | **快感** kuàigǎn 명 쾌감 [得到快感: 쾌감을 얻다] | ★**新奇** xīnqí 형 참신하다, 신기하다, 새롭다 | ★**情节** qíngjié 명 줄거리, 플롯(plot) | **……不了** ……buliǎo ~할 수가 없다 | **故宫** gùgōng 명 고궁 | ★**文物** wénwù 명 문물, 문화재 | **舌尖** shéjiān 명 혀끝 | ★**点击量** diǎnjīliàng 명 조회수 | **对……来说** duì……láishuō ~에게 있어서 | **视频** shìpín 명 동영상 | **平台** píngtái 명 플랫폼 | **购买** gòumǎi 동 구매하다, 사다 | **会员** huìyuán 명 회원, 회원권 | **赔钱** péiqián 동 밑지다, 손해를 보다 | **排** pái 동 편성하다 | **金钱** jīnqián 명 돈, 금전 | **特地** tèdì 부 일부러, 모처럼 | ★**耀眼** yàoyǎn 형 눈부시다 | ★**剧情** jùqíng 명 극의 줄거리 | **视听** shìtīng 명 시청각 | **如此** rúcǐ 이와 같다, 이러하다 | ★**封闭** fēngbì 동 폐쇄하다, 봉쇄하다 |

★识别 shíbié 图 식별하다, 가려내다 | ★呈现 chéngxiàn 图 나타내다, 드러내다 | 层面 céngmiàn 囘 측면, 방면 | 小小 xiǎoxiǎo 사소하다 | ★举动 jǔdòng 图 행동, 거동, 동작 | ★触动 chùdòng 图 (감정 변화·추억 등을) 불러일으키다, 건드리다, 자아내다 | ★屏幕 píngmù 囘 스크린, 액정 화면 | ★厚度 hòudù 囘 깊이, 두께 | 捕捉 bǔzhuō 图 포착하다 | 绝大部分 juédàbùfen 대다수 | 极少数 jí shǎoshù 극소수 | ★奔 bèn 개 ~로, ~를 향하여 | ★影像 yǐngxiàng 囘 영상 | 剪辑 jiǎnjí 囘 편집 | 后期 hòuqī 囘 후기, 후반 | 只是 zhǐshì 凰 단지, 그저, 다만 | 想法 xiǎngfa 囘 생각, 의견, 견해 | 不仅仅 bùjǐnjǐn ~만이 아니다 | 艺术品 yìshùpǐn 囘 예술품 | 老年人 lǎoniánrén 囘 노인 | 收益 shōuyì 囘 수익, 이득, 수입 | ★有待 yǒudài 图 ~할 필요가 있다, ~가 요구되다 | 并 bìng 凰 그다지, 별로 [부정사 앞에 쓰여 부정의 어투 강조] | ★争相 zhēngxiāng 凰 서로 앞다투어 | ★抢夺 qiǎngduó 图 빼앗다, 강탈하다 | 实力 shílì 囘 실력 | 争 zhēng 图 (무엇을 얻거나 이루려고) 다투다 | 高下 gāoxià 囘 우열 [一争高下: 우열을 가리다] | 制作方 zhìzuòfāng 제작방 | ★保障 bǎozhàng 图 보장, 보증 | ★急需 jíxū 图 급히 필요로 하다 | 大众 dàzhòng 囘 대중, 군중 | 认可 rènkě 图 인가하다, 승낙하다 [得到认可: 인정을 받다] | 拍摄 pāishè 图 촬영하다 | ★时段 shíduàn 囘 시간대 | 一代 yídài 囘 한 세대

○track 25

• **Day 23**   **39** D   **40** A   **41** B   **42** D   **43** C

39 D [如果没有对等词，或者对等词不是最好的表达，就应该舍对等而选最好了 만약 대등한 어휘가 없거나 대등한 어휘가 가장 좋은 표현이 아니라면 이를 버리는 것이 좋습니다] '번역할 때 내용과 시적 정취 중 어떤 것을 중시해야 되는지'에 대한 답변을 하며 베토벤의 말을 인용했으므로, '역자는 필요시 동등성의 원칙을 따르지 않아도 된다'는 내용의 보기 D가 답이다.

40 A [中国有个团圆的观念 중국에는 가족이 한데 모이는 걸 둥근 것에 비유하는 관념이 있다] 중국에서 '둥근 달'은 '가족이 한데 모이는 것'을 의미한다고 언급했다.

41 B [把"低头思故乡"翻译成"沉浸在乡愁中" '고개 숙여 고향을 그리워하네'라는 부분을 '향수에 젖어 드네'라고 번역했습니다] 남자가 번역한 내용은 보기 B '沉浸在乡愁中'이다.

42 D [文学翻译是为全世界创造美、传达美 문학 번역은 전 세계에 아름다움을 창조하고 전하는 것입니다] 여자의 세 번째 질문에 대한 남자의 답변 중 남자가 문학 번역 일을 어떻게 보는지에 대한 내용이 언급됐다.

43 C 마지막 답변에 보기 A, B, D 내용이 모두 언급되었다. C는 언급되지 않았으며 문맥에도 어울리지 않는다.

现在开始第39到43题：

女：您觉得翻译是尊重内容，还是尊重诗意的表达？

男：中国的语言文字和西方的大不相同，据统计，只有40%几可以对等。因此翻译时，尤其是翻译文学作品，不能只用对等原则。创造文学美，需要用最好的表现来表达，所以要根据具体情况来分析。如果对等词是最好的表达方式，那就选用对等词，³⁹如果没有对等词，或者对等词不是最好的表达，就应该舍对等而选最好了。贝多芬说得好：为了更美，没有什么清规戒律是不可以打破的。

女：您翻译了许多中国古代诗词，要让外国人理解中国古代诗词，难度不小吧？

39번~43번 문제가 시작됩니다.

여: 당신은 번역을 할 때 내용과 시적 정취 중 어떤 것을 중시해야 한다고 생각하시나요?

남: 중국의 언어 문자는 서양과 크게 다릅니다. 통계에 따르면 40%만 대응된다고 합니다. 따라서 번역할 때, 특히 문학 작품을 번역할 땐 동등성의 원칙만 따라서는 안 됩니다. 문학의 아름다움을 창조하려면 가장 좋은 표현을 사용해 전달해야 하므로 구체적 상황에 따라 분석해야 합니다. 만약 대등한 어휘가 가장 좋은 표현 방식이라면 그 단어를 선택하면 되지만, ³⁹만약 대등한 어휘가 없거나 대등한 어휘가 가장 좋은 표현이 아니라면 이를 버리는 것이 좋습니다. 베토벤은 "더 아름다운 것을 위해선 깨지 못할 복잡한 규율은 없다"고 말한 바 있죠.

여: 선생님께서는 수많은 중국 고대 시를 번역하셨는데요. 외국인에게 중국 고대 시를 이해시키는 것은 난도가 높죠?

男：是的，挑战很大。比如李白最著名的那句诗，"床前明月光，疑是地上霜"外国人不解这首诗好在什么地方。⁴⁰我说，因为中国有个团圆的观念，床前明月光，看到圆月就想到团圆，于是低头便想到了故乡，所以说"低头思故乡"。西方没有团圆的观念，月圆跟家人团圆没有关系。所以我把床前明月光翻译成床前月光，⁴¹把"低头思故乡"翻译成"沉浸在乡愁中"。这样一讲，他们就能够理解了。

女：一首诗就说明了中西文化的不同。

男：对，所以我们搞翻译工作的就是尽量将大家难以理解的东西转化成容易理解的东西，但仅有这一步还不够，还要更进一步，是互相了解变成互相喜欢。⁴²文学翻译是为全世界创造美、传达美。要把文学美译出来，把诗词变成另外一种美的语言。没有一成不变的方法，我用尽毕生精力，也不敢说已经找到了，这是值得花一辈子去做的事情，我很庆幸，我还在做这个事情。

女：您一直把求知当成一生的追求，作为一个年逾百岁的知识分子，您对后辈有什么希望？

男：一个人的知识总是有限的，而学问是无尽的。只能说知道的越多越好，⁴³我也会尽我的能力，有一分热、发一分光吧。我活了100岁，做不了多少事了，只能靠你们做了。长江后浪推前浪，一代新人胜旧人，祝你们前途无量，希望在未来。

남：그렇습니다. 큰 도전이었죠. 예를 들어 이백의 가장 유명한 시 구절인 '침상 앞의 밝은 달빛, 땅에 내린 서리인 듯하네'는 외국인이 보면 어느 부분이 좋은 건지 이해하지 못합니다. ⁴⁰중국에는 가족이 한데 모이는 걸 둥근 것에 비유하는 관념이 있기 때문에, '침상 앞의 밝은 달빛'은 둥근 달을 보고 단란한 가족을 떠올리는 것을 의미합니다. 그래서 고개를 숙이면 고향을 떠올리게 되어 '고개 숙여 고향을 그리워하네'라고 하는 거죠. 서양에는 이런 개념이 없어서 둥근 달이 가족의 단란함과 아무 연관성이 없습니다. 그래서 저는 '침상 앞의 밝은 달빛'을 '침대맡의 달빛'이라고 번역했으며 ⁴¹'고개 숙여 고향을 그리워하네'라는 부분을 '향수에 젖어 드네'라고 번역했습니다. 이렇게 하면 서양 사람들도 충분히 이해할 수 있게 됩니다.

여：시 하나로 중국과 서양의 문화 차이를 설명할 수 있네요.

남：맞습니다. 그래서 우리가 번역을 하는 건 사람들이 이해하기 힘든 것을 최대한 이해하기 쉬운 것으로 바꾸는 거죠. 하지만 이것만으로는 부족하고 더 나아가 서로 이해하는 것을 서로 좋아하는 것으로 바꾸어야 합니다. ⁴²문학 번역은 전 세계에 아름다움을 창조하고 전하는 것입니다. 문학을 아름답게 번역해 내고 시를 또 다른 아름다운 언어로 바꾸어야 합니다. 고정불변한 방법은 없으며 저는 평생 모든 힘을 다 썼지만 감히 찾았다고 말할 수 없습니다. 이는 한평생을 다 써서 할 만한 가치가 있는 일이고, 저는 이 일을 아직 하고 있어 다행이라고 생각합니다.

여：선생님은 지식 탐구를 일생의 추구로 삼으셨는데요. 백 세가 넘은 지식인으로서 후대에게 어떤 바람이 있으신지요?

남：한 사람의 지식에는 한계가 있지만, 학문은 무한합니다. 아는 것이 많을수록 좋다는 말밖에 할 수 없네요. ⁴³저도 제 능력을 다해 있는 힘껏 열심히 하겠습니다. 저는 이미 100세가 넘어 많은 일들을 하지 못하고 여러분을 믿을 수밖에 없습니다. 창장의 뒷물결이 앞 물결을 밀듯이, 이 시대의 새로운 사람들은 예전 사람을 능가할 수 있습니다. 여러분의 창창한 앞날과 희망찬 미래를 기원합니다.

39 男的引用贝多芬的那句话，是为了说明什么？

　A 翻译文学作品就是为了打破原则

　B 想要创造美就必须另辟蹊径

　C 中国的语言有40%无规律可循

　D 必要时译者可不必遵循对等原则

39 남자가 베토벤의 말을 인용한 것은 무엇을 설명하기 위함인가?

　A 문학 작품 번역은 원칙을 깨기 위함이다

　B 아름다움을 창조하려면 새로운 방법을 찾아야 한다

　C 중국의 언어 중 40%는 따를 만한 규칙이 없다

　D 역자는 필요시 동등성의 원칙을 따르지 않아도 된다

40 "圆月"在中国代表什么？

　A 与家人团圆

　B 远行离开父母

　C 建立新家庭

　D 一切重新开始

40 '둥근 달'은 중국에서 무엇을 의미하는가?

　A 가족과 한데 모인다

　B 부모와 멀리 떨어진다

　C 새로운 가정을 만든다

　D 모든 것을 새로 시작한다

41 男的把"低头思故乡"翻译成了什么？

A 低头看脚下的月光

B 沉浸在乡愁中

C 置身于周围的欢乐

D 放弃回家的想法

42 男的怎样看文学翻译工作？

A 要建立属于自己的语言体系

B 讲究翻译的影响要超越原著的影响

C 借鉴外国作品搞创作

D 为全世界传达文学之美

43 关于男的下列说法错误的是？

A 仍在发挥余热

B 对新一代给予厚望

C 认为人的阅历并不重要

D 已年逾百岁

41 남자는 '고개 숙여 고향을 그리워하네'를 어떻게 번역하였는가?

A 고개 숙여 발 아래 달빛을 보았네

B 향수에 젖어 드네

C 주변의 쾌락에 몸을 두었네

D 귀가할 생각을 버렸네

42 남자는 문학 번역 일을 어떻게 보는가?

A 자신만의 언어 체계를 만들어야 한다

B 번역의 영향을 중시하려면 원작의 영향을 뛰어넘어야 한다

C 외국 작품을 참고하여 창작해야 한다

D 전 세계에 문학의 아름다움을 전한다

43 남자에 관하여 다음 중 틀린 것은?

A 여전히 남은 힘을 발휘하고 있다

B 신세대에 큰 기대를 하고 있다

C 사람의 경험은 중요하지 않다고 여긴다

D 이미 100세가 넘었다

诗意 shīyì 몡 시의 의미, 시적 정취 | 西方 Xīfāng 고유 서양 | 大不相同 dàbùxiāngtóng 솅 크게 다르다, 매우 큰 차이가 있다 | 据 jù 꽤 ~에 따르면, ~에 의거하여 | 统计 tǒngjì 통계 | 对等 duìděng 톙 대등하다 | 舍 shě 동 버리다 | 贝多芬 Bèiduōfēn 고유 베토벤 | 清规戒律 qīngguī jièlǜ 솅 불합리한 규율 | 打破 dǎpò 동 깨다 | 诗词 shīcí 시사, 시와 사 | 难度 nándù 난이도 | 李白 Lǐ Bái 고유 이백 (당나라의 저명한 시인) | 明 míng 톙 밝다 | 月光 yuèguāng 몡 달빛 | 疑 yí 동 추측하다 | 地上 dìshàng 몡 땅, 지상 | ★霜 shuāng 몡 서리 | 解 jiě 동 이해하다 | ★团圆 tuányuán 동 한데 모이다 | 月圆 yuèyuán 둥근달, 보름달 | 低头 dītóu 동 머리를 숙이다 | ★故乡 gùxiāng 몡 고향 | 思 sī 동 그리워하다 | ★沉浸 chénjìn 동 (생각 따위에) 잠기다, 빠지다 | 乡愁 xiāngchóu 몡 향수 | 中西 zhōngxī 몡 중국과 서양 | 难以 nányǐ 동 ~하기 어렵다 | 转化 zhuǎnhuà 동 바꾸다, 전환하다 | 传达 chuándá 동 전하다, 전달하다 | ★译 yì 동 번역하다 | ★一成不变 yìchéng búbiàn 솅 고정불변하다, 한번 정해지면 고치지 않는다 | 毕生 bìshēng 몡 평생 | ★庆幸 qìngxìng 동 (예상보다 결과가 좋아) 다행스러워하다 | 求知 qiúzhī 지식을 탐구하다 | 当成 dàngchéng 동 ~로 삼다, ~로 여기다 [将A当成B: A를 B로 여기다] | 一生 yìshēng 몡 일생 | 逾 yú 동 넘다, 초과하다 [年逾百岁: 백 세가 넘다] | ★知识分子 zhīshi fènzǐ 몡 지식인 | 后辈 hòubèi 몡 후대 | 有限 yǒuxiàn 한계가 있다 | 无尽 wújìn 톙 무한하다, 끝이 없다 | ★尽 jìn 될 수 있는 대로 ~하다 | 有一分热、发一分光 yǒu yì fēn rè、fā yì fēn guāng 솅 남김없이 최선을 다하다 | 活 huó 동 살다 | 浪 làng 몡 물결 | 一代 yídài 몡 시대 | 胜 shèng 능가하다 | 前途无量 qiántú wúliàng 솅 앞길이 창창하다 | ★引用 yǐnyòng 동 인용하다 | 另辟蹊径 lìngpì xījìng 솅 새로운 방법을 찾다 | 循 xún 따르다 | 译者 yìzhě 몡 역자, 번역자 | ★遵循 zūnxún 동 따르다 | 远行 yuǎnxíng 동 먼 길을 가다 | 置身 zhìshēn 동 몸에 두다 | 欢乐 huānlè 톙 즐겁다, 유쾌하다 | 想法 xiǎngfa 몡 생각 | ★体系 tǐxì 몡 체계 | 超越 chāoyuè 동 뛰어넘다 | 原著 yuánzhù 몡 원작 | 借鉴 jièjiàn 동 참고로 하다 | 创作 chuàngzuò 창작 | 说法 shuōfa 몡 의견, 견해 | 仍 réng 및 여전히 | 余 yú 톙 남은 | 新一代 xīn yí dài 신세대 | 给予 jǐyǔ 동 ~하다 | 厚望 hòuwàng 몡 커다란 기대

 '尽'은 '온 힘을 다해서 해내다'라는 뜻으로 주로 쓰인다.

예 我会尽力帮你解决这个问题。 나는 이 문제를 해결하기 위해 최선을 다할 거야.

⊙ track 26

● **Day 24**　**44** D　**45** 生动有趣　**46** B　**47** A　**48** C　**49** 轨迹　**50** C

44 D ［大山这个名字就是从小品里来的 '다산(大山)'이라는 이름도 이 코너에서 나온 것이고요］　남자는 유학할 당시 출연하게 된 CCTV의 한 프로그램 코너에서 처음 만담을 접했으며, '다산'이라는 이름도 이 코너에서 나온 것이라 대답했다.

45 生动有趣　여자의 첫 번째 질문에 대한 남자의 답변에 해당 문장이 언급됐다.

46 B [一是……，二是…… 첫째는 (…), 둘째는 (…)] '만담과 서양 전통의 스탠딩코미디가 다른 점이 무엇이냐'는 두 번째 질문에 남자는 '有语言技巧的表演(언어적 기교가 있다)'과 '文化传承(문화를 전승하다)'을 언급했다.

47 A [这背后是对中华传统文化长时间的学习、尊重、了解和热爱 이는 중국 전통문화에 대한 장기간의 공부, 존중, 이해와 애정을 바탕으로 합니다] 남자가 중국 고대 시 영상을 찍는 이유는 여자의 마지막 질문에 대한 남자의 대답에 언급됐다.

48 C [差异不是坏事，在某种程度上会让彼此更具吸引力 차이는 나쁜 것이 아니며 어느 정도 서로를 끌어들이는 매력이 있죠] 문화적인 차이에 대한 남자의 관점으로 녹음에 언급된 내용은 보기 C이다.

49 轨迹 여자의 마지막 질문에 대한 남자의 답변에 해당 문장이 언급됐다.

50 C [深入了解就会发现幽默的本质还是相通的，完全可以互相理解 깊이 들여다보면 유머의 본질은 상통하여 서로 완전히 이해할 수 있다는 것을 알 수 있습니다] 남자가 동서양 유머의 다른 점을 연구하던 중 발견한 내용은 녹음의 마지막 부분에 언급되었다.

现在开始第44到50题：	44번~50번 문제가 시작됩니다.
女：作为一个加拿大人，您是如何与中国的相声初遇的？	여: 캐나다인으로서 중국 만담은 어떻게 처음 접하게 되었나요?
男：1988年我到北京大学留学，北大的老师推荐我参与表演了中央电视台元旦晚会的一个小品节目。⁴⁴大山这个名字就是从小品里来的，正是这台晚会让我第一次接触到相声。第一次接触到这么⁴⁵生动有趣的语言艺术表现形式，我一下子就被吸引了。	남: 1988년 베이징대학교에서 유학할 당시 교수님의 추천으로 CCTV '신정 이브닝파티'의 한 단막극 코너에 출연했습니다. ⁴⁴다산(大山)이라는 이름도 이 코너에서 나온 것이고요. 이 프로그램을 통해 처음으로 만담을 접했습니다. 이렇게 ⁴⁵생동감 있고 흥미로운 언어 예술 표현 형식은 처음 접했고, 그 매력에 바로 빠져들었습니다.
女：您认为相声与西方传统的单人喜剧有何不同？	여: 만담은 서양 전통의 스탠딩코미디와 어떤 점이 다르다고 생각하시나요?
男：与西方喜剧相比，中国相声多了两个层面的内容，⁴⁶一是有技术要求，相声有语言技巧的表演，在一些传统节目中，观众要品评演员技巧的呈现，西方喜剧对这方面不太重视。⁴⁶二是文化传承，西方喜剧更关注当下。几乎没人表演几十年甚至上百年前的传统段子，但对相声而言，传统内容很重要，观众会以艺术欣赏的眼光看表演是否正宗。十年甚至上百年前的传统段子，但对相声而言，传统内容很重要，观众会以艺术欣赏的眼光看表演是否正宗。	남: 서양 코미디와 비교했을 때, 중국 만담은 두 가지 측면의 내용이 더 있습니다. ⁴⁶첫째는 기술적 요구인데요, 만담에는 언어적 기교가 있고 일부 전통적인 프로그램에서는 관객이 배우의 기교 표현을 품평하기도 합니다. 서양의 코미디는 이런 측면을 그다지 중시하지 않습니다. ⁴⁶둘째는 문화를 전승하는 것인데요. 서양 코미디는 현재에 더 집중하여 몇십 년, 심지어 백여 년 전의 전통 유머를 연기하는 배우는 거의 없습니다. 하지만 만담은 전통적인 내용이 매우 중요하며 관객은 예술을 감상하는 눈빛으로 공연이 정통을 지키는지 봅니다.
女：在中国大山被认为是"外国人"，但不是"外人"。多年来，您对中国和中华文化积累了怎样的认识？您怎样看待文化上的差异？	여: 중국에서는 다산(大山) 씨를 '외국인'으로 여기지만 '외부인'으로 여기진 않습니다. 그동안 중국과 중국 문화에 대해 어떤 인식이 생기셨나요? 또 문화적인 차이를 어떻게 보시나요?
男：我很喜欢"大山是外国人，又不是外人"这句话。我出现在大家面前的时候，中国正走向世界，世界也在走进中国，可能我的出现也是当时文化交流现象的一	남: '다산(大山)은 외국인지만 외부인은 아니다'라는 말을 참 좋아합니다. 제가 여러분 앞에 모습을 드러냈을 때, 중국은 세계로 나아가고 있었고 세계도 중국에 들어오고 있었습니다. 저의 등장도 당시 문화 교류 현상의 상징이라고 할 수 있습니다. ⁴⁷저는 요즘 중국 고대 시 낭독 영상을 찍고 있는데요. 이는 중국 전통문화에 대한 장기간의 공부, 존중, 이해와 애정을 바탕으로 합니다. 사실상 다른 문화를 맨 처음 접했을 때 사람들이 보게 되는 것은 차이지만,

个符号。⁴⁷我现在常录制一些中国古诗词朗诵的视频，这背后是对中华传统文化长时间的学习、尊重、了解和热爱。事实上不同的文化在最初接触时，人们看到的都是差异，⁴⁸但差异不是坏事，在某种程度上会让彼此更具吸引力。我生活在东西文化之间，长时间生活在两种或多种文化环境中，更能感受到文化的共性。很多东西从表面看会觉得不同，但进一步了解就会发现，其实背后很多东西是共通的，只是表现形式不同，习惯⁴⁹轨迹不同而已。这些年我一直在研究东西方幽默的不同，东西方都有自身的特色，⁵⁰但深入了解就会发现幽默的本质还是相通的，完全可以互相理解。

⁴⁸차이는 나쁜 것이 아니며 어느 정도 서로를 끌어들이는 매력이 있죠. 저는 동양과 서양 문화 사이에서 생활하고, 두 가지 혹은 다양한 문화적 환경에서 오랜 시간 살면서 문화의 공통성을 더 잘 느낄 수 있습니다. 많은 것들이 겉으로 봤을 때는 다른 것 같지만 한층 더 깊게 이해하면 사실 그 이면에는 공통된 것이 많다는 걸 발견하게 됩니다. 단지 표현 방식이 다르고 습관의 ⁴⁹자취가 다를 뿐입니다. 요즘 몇 년간 저는 동서양 유머의 다른 점을 연구하고 있는데요. 동서양은 각자만의 특색이 있습니다. ⁵⁰하지만 깊이 들여다보면 유머의 본질은 상통하여 서로 완전히 이해할 수 있다는 것을 알 수 있습니다.

44 大山这个名字是怎么来的？

   A 是他喜欢的中国演员的名字

   B 是他在北大的老师起到

   C 是他在加拿大时自己起的

   D 是小品里的一个人物

44 다산이라는 이름은 어디서 온 것인가？

   A 그가 좋아하는 중국 배우의 이름이다

   B 베이징대학교 교수님이 지어주었다

   C 캐나다에 있을 때 스스로 지은 것이다

   D 코너 속 인물에서 온 것이다

45 第一次接触到这么生动有趣的语言艺术表现形式，我一下子就被吸引了。

45 이렇게 생동감 있고 흥미로운 언어 예술 표현 형식은 처음 접했고, 그 매력에 바로 빠져들었습니다.

46 与西方单人喜剧相比，中国相声有什么特点？

   A 更关注当下的实事热点

   B 强调语言技巧和文化传承

   C 常有嘉宾参与其中

   D 看相声的观众眼光并不专业

46 서양의 스탠딩코미디와 비교했을 때 중국 만담은 어떤 특징이 있는가？

   A 현재의 실제 이슈에 더 주목한다

   B 언어 기교와 문화 전승을 강조한다

   C 게스트가 자주 참여한다

   D 만담을 보는 관객의 눈빛이 전문적이지 않다

47 男的为什么录制中国古诗词的视频？

   A 表达了大山对中华传统文化的热爱与尊重

   B 受到了相声艺术的影响

   C 想要向外国人推荐中国古诗词

   D 在网上的人气更旺

47 남자는 왜 중국 고대 시 영상을 찍는가？

   A 다산의 중국 전통문화에 대한 애정과 존중을 나타낸다

   B 만담 예술의 영향을 받았다

   C 외국인에게 중국 고대 시를 추천하고자 한다

   D 인터넷에서 인기가 더 왕성하다

48 男的怎么看不同文化的差异？

   A 东西方国家不存在文化上的差异

   B 有一方具有吸引力便足矣

   C 文化差异也是能互相吸引的

   D 人们很容易了解彼此的文化

48 남자는 서로 다른 문화의 차이를 어떻게 보는가？

   A 동서양 국가에는 문화상의 차이가 존재하지 않는다

   B 어느 한쪽에 매력이 있으면 그것으로 족하다

   C 문화 차이도 서로를 끌어들일 수 있다

   D 사람들은 서로의 문화를 쉽게 이해한다

49 很多东西从表面看会觉得不同，但进一步了解就会发现，其实背后很多东西是共通的，只是表现形式不同，习惯轨迹不同而已。

49 많은 것들이 겉으로 봤을 때는 다른 것 같지만 한층 더 깊게 이해하면 사실 그 이면에는 공통된 것이 많다는 걸 발견하게 됩니다. 단지 표현 방식이 다르고 습관의 자취가 다를 뿐입니다.

50 男的在研究东西方幽默的不同中有什么发现?

A 幽默的基础是悲剧

B 幽默是需要长期积累的

C 幽默的本质是相通的

D 幽默的本质是娱乐大众

50 남자는 동서양 유머의 다른 점을 연구하던 중 무엇을 발견했는가?

A 유머의 기반은 비극이다

B 유머는 장기간 축적해야 한다

C 유머의 본질은 상통한다

D 유머의 본질은 대중을 즐겁게 하는 것이다

加拿大 Jiānádà [고유] 캐나다 | 相声 xiàngsheng [명] 만담, 재담 [설창문학의 일종] | 初 chū [부] 처음으로, 막, 방금 | 遇 yù [동] 만나다 | 北京大学 Běijīng Dàxué [고유] 베이징대학교 [北大: 베이징대학교의 줄임말] | ★推荐 tuījiàn [동] 추천하다 | 中央电视台 Zhōngyāng Diànshìtái [고유] 중국 중앙텔레비전 방송국(CCTV) | 晚会 wǎnhuì [명] 이브닝 파티 | ★小品 xiǎopǐn [명] 단막극 | 一下子 yíxiàzi 단시간에 | 西方 Xīfāng [고유] 서양 | 喜剧 xǐjù [명] 희극, 코미디 [单人喜剧 : 스탠딩코미디] | 何 hé [대] 어떤, 어느 | 相比 xiāngbǐ [동] 비교하다, 견주다 [与……相比: ~와 비교하다] | 层面 céngmiàn [명] 측면 | 技巧 jìqiǎo [명] 기교, 테크닉(technic) | 品评 pǐnpíng [동] 품평하다 | ★呈现 chéngxiàn [동] 나타내다, 나타나다, 양상을 띠다 | ★传承 chuánchéng [동] 전수하고 계승하다 | 关注 guānzhù [동] 주시하다, 관심을 가지다 | ★当下 dāngxià [부] 즉각, 바로 | 段子 duànzi [명] 유머 [만담의 한 단락] | 眼光 yǎnguāng [명] 눈빛, 안목, 식견 | ★正宗 zhèngzōng [명] 정통 | 外人 wàirén [명] 외부인 | ★多年来 duō nián lái 몇 년 이래 | 中华 Zhōnghuá [고유] 중국 | 看待 kàndài [동] 대(우)하다, 다루다 | 差异 chāyì [명] 차이, 다른 점 | 面前 miànqián [명] 눈앞 | 走向 zǒuxiàng [동] ~를 향해 나아가다 | 符号 fúhào [명] 기호, 표기 | 录制 lùzhì [동] 녹음 제작하다 | 古诗词 gǔshīcí 고대 시 | ★朗诵 lǎngsòng [동] 낭송하다, 큰 소리로 읽다 | 视频 shìpín [명] 동영상 | 背后 bèihòu [명] 뒤, 뒤쪽, 뒷면 | 事实上 shìshíshang [명] 사실상 | ★坏事 huàishì [명] 나쁜 일, 해로운 일 | 具 jù [동] 갖추다, 가지다, 구비하다 [주로 추상적인 사물에 쓰임] | 吸引力 xīyǐnlì [명] 매력 | ★共性 gòngxìng [명] 공통성 | 进一步 jìnyíbù (한 걸음 더) 나아가, 진일보하여 | 共通 gòngtōng [명] 공통 | 只是 zhǐshì [부] 단지, 그저, 다만 | ★轨迹 guǐjì [명] 자취 | ★而已 éryǐ [조] ~뿐, ~만 | 自身 zìshēn [명] 자신 | 深入 shēnrù [형] 깊다 | 本质 běnzhì [명] 본질 | ★相通 xiāngtōng [동] 상통하다, 서로 통하다 | 起 qǐ [동] (이름을) 짓다 | 实事 shíshì [명] 실제 있었던 일 | 热点 rèdiǎn 이슈 | ★人气 rénqì [명] 인기 | ★旺 wàng [형] (기운이나 세력이) 왕성하다, 맹렬하다, 무성하다 | 具有 jùyǒu [동] 지니다, 가지다, 있다 | 足 zú [형] 넉넉하다, 충족하다 | ★矣 yǐ [동] 진술의 어기를 나타냄 ['了'에 상당함] | 悲剧 bēijù [명] 비극 | 大众 dàzhòng [명] 대중, 군중

○ track 27

● **Day 25**　**51** B　　**52** 涵盖　　**53** C　　**54** D　　**55** B　　**56** C

51 B [我们以国际视野和整体视角，…… 우리는 국제적인 시야와 전체적인 시각으로 (…)] '22개의 문화유산 지점이 어떻게 선정되었는지' 묻자 여자는 국제적인 시야와 전체적인 시각으로 세계 인류 문명 및 문화 발전 과정에서 취안저우의 뛰어난 공헌을 유심히 살피고, 취안저우의 사회경제 시스템에 대해 전체적인 연구를 진행하여 22곳의 대표적인 유산 지점을 선택했다고 답했다.

52 涵盖　남자의 첫 번째 질문에 대한 여자의 답변 중 해당 내용이 언급됐다.

53 C [其最大的价值在于凸显了中国在10~14世纪海洋文明的历史成就 가장 큰 가치는 10~14세기 해양 문명에서의 중국의 역사적 성과를 드러냈다는 것에 있습니다] 남자의 두 번째 질문인 '취안저우의 가장 큰 가치는 어디에 있다고 생각하는가'에 대하여 여자는 '해양 문명에서의 중국의 역사적 성과를 드러낸 점'을 꼽았다. '此次' 뒤에 답이 오는 경우가 많다.

54 D [对泉州是一份荣誉，也是一份担当，更是对未来传承保护的一份责任 취안저우를 대하는 것은 명예이자 임무이며 더 나아가 미래 전승과 보호에 대한 책임입니다] 여자는 마지막 질문에 대한 답변에서 취안저우가 세계유산의 신분을 갖추게 된 것은 새로운 출발이라며, 취안저우에 대한 전승 및 보호의 책임을 강조했다.

55 B [首先……，其次…… 먼저 (…), 다음으로 (…)] 틀린 것(错误)을 고르는 문제이기 때문에 녹음에서 언급된 내용들을 하나씩 소거해 가는 방법으로 문제를 풀면 된다. 또한 녹음에서는 전시관을 '무료'로 개방한다고 했으므로 '낮은 가격'에 개방한다고 틀리게 설명한 B가 정답이다.

56 C [群众世世代代生活在其中，其文物充满着烟火气 국민들이 대대손손 이곳에서 생활하여 이곳의 문물에는 활기가 가득합니다] '泉州遗产多数是活态的(취안저우 유산은 대부분 활동 상태다)' 뒤에 이어지는 말에서 해당 문장의

뜻을 유추할 수 있는데, 보기 중 의미가 통하는 것은 C '百姓的生活使泉州文物充满烟火气(국민의 생활은 취안저우 문물을 활기로 가득 채웠다)'이다.

 tip 녹음 내용을 듣고 빈칸을 채우는 문제는 제시 문장을 미리 보고 최대한 집중하면 비교적 쉽게 채울 수 있다.

现在开始第51到56题：

男：泉州是一座千年古城，现有各级文物保护单位800多处。此次成功申遗的"泉州：宋元时期中国的世界海洋商贸中心"，其所包含的22个遗产点是如何被圈定的呢？请你给我们介绍一下。

女：⁵¹我们以国际视野和整体视角，审视泉州在世界人类文明与文化发展进程中的突出贡献，对泉州的社会经济系统进行整体性研究，选择了22处具有代表性的遗产点，来呈现宋元时期泉州的有机整体。此次泉州系列遗产⁵²涵盖了城市结构、交通网络、商品产地、制度保障等诸多重要的文化元素。

男：您认为泉州作为新的世界遗产项目，它最大的价值在哪里？能带给世界怎样的启示？

女：泉州以生动的历史实证，展现了古代中国与世界各国文明交流互鉴的历史。⁵³此次泉州项目列入世界遗产，其最大的价值在于凸显了中国在10~14世纪海洋文明的历史成就，对人类文明发展和全球海洋文明的交流意义重大。宋元泉州多元整合共同繁荣、共享发展的理念，对当代与未来的全球经济可持续发展具有重要的启示意义。

男：拥有世界遗产身份的泉州，接下来会在哪些方面进一步推进遗产的保护与传承？

女：这是一个崭新的起点，⁵⁴对泉州是一份荣誉，也是一份担当，更是对未来传承保护的一份责任。我们会遵照世界遗产大会的决议，履行世界遗产公约，也会学习和借鉴国内外遗产保护中好的经验和做法，确保遗产突出普遍价值和真实性、完整性。实施可持续保护传承。⁵⁵首先是建立健全的相关制度，进行全方位的保护。其次是将专业保护与活态保护有机融合。⁵⁶泉州遗产多数是活态的，群众世世代代生活在其中，其文物充满着烟火气。⁵⁵我们要把保护融入老

51번~56번 문제가 시작됩니다.

남: 취안저우는 천 년이 된 오래된 도시로, 현재 각급의 문물 보호 기관이 800곳이 넘습니다. 이번에 세계유산에 성공적으로 등재된 '취안저우: 송원 시대 중국의 세계 해양 무역 중심'에 포함된 22개의 유산 지점은 어떻게 선정된 건가요? 소개 부탁드리겠습니다.

여: ⁵¹우리는 국제적인 시야와 전체적인 시각으로 세계 인류 문명 및 문화 발전 과정에서 취안저우의 뛰어난 공헌을 유심히 살폈습니다. 취안저우의 사회경제 시스템에 대해 전체적인 연구를 진행하여 22곳의 대표적인 유산 지점을 선택하였고, 이로써 송원 시대 취안저우의 유기적인 전체 모습을 보여 주었습니다. 이번에 등재된 취안저우 유산에는 도시 구조, 교통망, 상품 생산지, 제도보장 등 수많은 중요한 문화 요소가 ⁵²포함되었습니다.

남: 새로운 세계유산 항목으로서 취안저우의 가장 큰 가치는 어디에 있다고 생각하시나요? 또 세계에 어떠한 시사점을 줄 수 있을까요?

여: 취안저우는 생동감 있는 역사적 실증으로 고대 중국이 세계 각국과 문명을 교류하고 서로를 본받았던 역사를 보여 주었습니다. ⁵³이번에 세계유산에 등재된 취안저우의 가장 큰 가치는 10~14세기 해양 문명에서의 중국의 역사적 성과를 드러냈다는 것에 있으며, 이는 인류 문명의 발전과 전 세계 해양 문명의 교류에 큰 의미가 있습니다. 송원 시대 취안저우는 공동 번영과 공유 발전의 이념을 다차원적으로 종합하였으며 당대와 미래의 전 세계 경제의 지속가능한발전에 중요한 시사적 의미가 있습니다.

남: 취안저우는 세계유산의 지위를 갖추게 되었는데요. 이어서 어느 측면에서 유산의 보호와 전승을 추진해야 할까요?

여: 이것은 새로운 출발입니다. ⁵⁴취안저우를 대하는 것은 명예이자 임무이며 더 나아가 미래 전승과 보호에 대한 책임입니다. 우리는 세계유산 회의의 결의를 따라 〈세계문화유산 및 자연유산 보호에 관한 협약〉을 이행할 것이며, 국내외 유산 보호를 참고하면서 좋은 경험과 방법을 배워 유산이 보편적 가치와 진실성, 완전성을 드러내도록 할 것입니다. 또, 지속 가능한 보호와 전승을 실시할 것입니다. ⁵⁵먼저 완벽한 관련 제도를 만들어 다각도로 보호할 것입니다. 다음으로 전문적 보호와 활동적 보호를 유기적으로 융합할 것입니다. ⁵⁶취안저우 유산은 대부분 활동 상태인데, 국민들이 대대손손 이곳에서 생활하여 이곳의 문물에는 활기가 가득합니다. ⁵⁵우리는 보호 업무를 국민의 일상

百姓的日常生活中，比如提升人居环境，提升参访设施服务等。⁵⁵我们计划将泉州海外交通史博物馆等15个展馆全部免费开放，让全国全世界各地的朋友们都能共享这份世界文化遗产。

생활에 융합할 것입니다. 예를 들면 주거 환경 개선, 참관 시설 서비스 향상 등이 있습니다. ⁵⁵취안저우 해외 교통사 박물관 등 15개의 전시관을 전부 무료로 개방할 계획이며, 전국 및 전 세계 각지 사람들이 이 세계문화유산을 함께 누릴 수 있도록 할 것입니다.

51 根据对话，22处遗产点是如何被圈定的？

   A 从泉州的环境着手

   B 从国际视野与整体视角出发

   C 着眼于国际贸易的发展

   D 强调海洋贸易的重要性

51 대화에 따르면 유산 지점 22곳은 어떻게 선정된 것인가?

   A 취안저우의 환경에서부터 시작했다

   B 국제적인 시야와 전체적인 시각에서 출발했다

   C 국제무역의 발전에 착안했다

   D 해양 무역의 중요성을 강조했다

52 此次泉州系列遗产<u>涵盖</u>了城市结构、交通网络、商品产地、制度保障等诸多重要的文化元素。

52 이번에 등재된 취안저우 유산에는 도시 구조, 교통망, 상품 생산지, 제도보장 등 수많은 중요한 문화 요소가 <u>포함</u>되었습니다.

53 泉州最大的价值在哪儿？

   A 突出了宋元泉州共享经济已发展成熟

   B 向世界显示了中国的科技进步

   C 凸显了中国海洋文明的历史成就

   D 揭示了泉州的帝王历史

53 취안저우의 가장 큰 가치는 어디에 있는가?

   A 송원 시대 취안저우의 공유경제가 이미 발전하고 성숙했음을 드러냈다

   B 중국의 과학기술 진보를 세계에 보여주었다

   C 중국 해양 문명의 역사적 성과를 부각했다

   D 취안저우 제왕의 역사를 드러냈다

54 拥有世界遗产身份对泉州来说意味着什么？

   A 将开发更多的旅游胜地

   B 享有更多的实际权利

   C 承担推动进出口贸易发展责任

   D 肩负着传承与保护的责任

54 세계유산 지위를 갖추게 된 것은 취안저우에 무엇을 의미하는가?

   A 더 많은 관광지를 개발할 것이다

   B 더 많은 실제 권리를 누린다

   C 수출입 무역 발전을 추진하는 책임을 맡는다

   D 전승 및 보호의 책임을 맡는다

55 关于保护和传承泉州遗产，下列哪项是错误的？

   A 把保护融入百姓的日常生活中

   B 众多展馆将低票价开放

   C 将专业保护与活态保护融合

   D 建立健全的相关制度，进行全方位的保护

55 취안저우 유산의 보호 및 전승에 관하여 다음 중 틀린 것은?

   A 보호 업무를 국민의 일상생활에 융합한다

   B 수많은 전시관이 낮은 가격으로 개방될 것이다

   C 전문적 보호와 활동적 보호를 융합한다

   D 완벽한 관련 제도를 만들어 다각도로 보호한다

56 "泉州遗产多数是活态的"这句话是什么意思？

   A 申遗使这里的文物富有生命力

   B 青年人的喜爱让这里充满朝气

   C 百姓的生活使泉州文物充满烟火气

   D 国家对文物的重视是这里有了人气

56 '취안저우 유산은 대부분 활동 상태다'라는 말은 무슨 의미인가?

   A 문화유산 등재 신청은 이곳의 문물에 생명력을 불어넣는다

   B 청년들의 사랑으로 이곳엔 활기가 가득하다

   C 국민의 생활은 취안저우 문물을 활기로 가득 채웠다

   D 문물에 대한 국가의 중시는 이곳에 인기가 생기게 했다

泉州 Quánzhōu 고유 취안저우 [지명] | **古城 gǔchéng** 명 오래된 도시, 고도 | **现有 xiànyǒu** 동 현존하다, 현재 보유하다 | **级 jí** 명 등급, 계급 | ★**文物 wénwù** 명 문물, 문화재 | **处 chù** 명 곳, 장소 | **此 cǐ** 대 이, 이것 | **申遗 shēnyí** 동 세계문화유산을 신청하다 | **宋 Sòng** 고유 송나라 | **元 Yuán** 고유 원나라 | **商贸 shāngmào** 명 상업과 무역 | **遗产 yíchǎn** 명 유산 | **圈定 quāndìng** 동 확정하다, 선정하다 | ★**视野 shìyě** 명 시야 | ★**视角 shìjiǎo** 명 시각 [사물을 관찰하고 파악하는 기본적인 자세] | ★**审视 shěnshì** 동 자세히 (살펴)보다 | ★**进程 jìnchéng** 명 발전 과정, 경과 | **具有 jùyǒu** 동 지니다, 가지다, 있다 | **代表性 dàibiǎoxìng** 명 대표성 | ★**呈现 chéngxiàn** 동 나타내다, 나타나다, 양상을 띠다 | **有机 yǒujī** 형 유기적인, 조직적인 | **系列 xìliè** 명 계열, 시리즈 | ★**涵盖 hángài** 동 포함하다, 포괄하다, 포용하다 | **交通网络 jiāotōng wǎngluò** 교통망 | ★**产地 chǎndì** 명 생산지, 산지 | ★**保障 bǎozhàng** 명 보장, 보증 | ★**诸多 zhūduō** 형 수많은, 허다한, 많은 | **元素 yuánsù** 명 요소 | ★**启示 qǐshì** 명 시사, 깨우침 | **实证 shízhèng** 명 실증 | **展现 zhǎnxiàn** 동 드러내다, 나타나다 | **文明互鉴 wénmíng hùjiàn** 서로 다른 문명이 교류를 통해서 서로의 장점을 본받음 [신조어] | **列入 lièrù** 동 집어넣다, 끼워 넣다 | ★**凸显 tūxiǎn** 동 분명하게 드러나다, 부각되다 | **全球 quánqiú** 명 전 세계 | ★**多元 duōyuán** 형 다원적인, 다방면의, 다양한 | ★**整合 zhěnghé** 동 재통합하다, 통합 조정하다 | **共享 gòngxiǎng** 명 공유 동 함께 누리다 | ★**理念 lǐniàn** 명 이념 | **当代 dāngdài** 명 당대, 그 시대 | **拥有 yōngyǒu** 동 가지다, 보유하다, 지니다 | **接下来 jiēxiàlái** 다음으로, 이어서 | **进一步 jìnyíbù** (한 걸음 더) 나아가다, 진일보하여 | **推进 tuījìn** 동 추진

하다, 밀고 나아가다 | ★**传承** chuánchéng 통 전승, 전수와 계승 | ★**崭新** zhǎnxīn 형 아주 새롭다, 참신하다 | **起点** qǐdiǎn 명 기점, 스타트 라인 | ★**荣誉** róngyù 명 명예, 영예 | **担当** dāndāng 명 책임, 담당 | **更是** gèng shì 뛰 더욱 (더), 보다 (더) | ★**遵照** zūnzhào 통 따르다, ~대로 하다 | **大会** dàhuì 명 (국가 기관·단체·기업의) 전체 회의, 총회 | **决议** juéyì 명 (회의의 토론을 거친) 결의, 결정 | ★**履行** lǚxíng 통 이행하다, 실행하다, 실천하다 | ★**公约** gōngyuē 명 공약 [공동으로 지켜야 하는 규정] | **借鉴** jièjiàn 통 참고로 하다, 본보기로 삼다 | **做法** zuòfǎ 명 방법 | **确保** quèbǎo 통 확보하다, 확실히 보장하다 | **真实性** zhēnshíxìng 명 진실성 | **完整性** wánzhěngxìng 명 완전성 | **实施** shíshī 통 실시하다, 실행하다 | **健全** jiànquán 형 완벽하다 | ★**全方位** quánfāngwèi 명 다각도, 전방위 | **活态** huótài 명 활동상태 | **融合** rónghé 통 융합하다 | **群众** qúnzhòng 명 대중, 민중 | **世世代代** shìshì dàidài 명 대대손손 | **烟火气** yānhuǒqì 명 속기, 속취 [세속의 취향이나 기운] | **融入** róngrù 통 융합되어 들어가다 | **提升** tíshēng 통 진급하다, 진급시키다 | **人居** rénjū 형 거주하는, 사람이 사는 | **参访** cānfǎng 통 참방하다, 방문하다 | **展馆** zhǎnguǎn 명 전시관 | **各地** gèdì 명 각지, 각처 | ★**着手** zhuóshǒu 통 시작하다, 착수하다 | ★**着眼于** zhuóyǎnyú ~에 착안하다 | ★**揭示** jiēshì 드러내어 보이다, 밝히다 | **帝王** dìwáng 명 제왕, 군주 | ……**来说** ……láishuō ~로 말하자면 [对于A来说: A에게 있어서] | **意味着** yìwèizhe 통 의미하다, 뜻하다, 나타내다 [사건이나 상황의 중요한 의미나 결과를 강조하는 데 쓰임] | **旅游胜地** lǚyóu shèngdì 관광지 | ★**享有** xiǎngyǒu 통 (권리·명예 따위를) 향유하다 | **推动** tuīdòng 통 추진하다, 나아가게 하다 | ★**进出口** jìnchūkǒu 명 수출입 | ★**肩负** jiānfù 통 맡다, 짊어지다 | ★**融** róng 통 융합하다, 융합되다, 화합하다 | **众多** zhòngduō 형 매우 많다 | **富有** fùyǒu 통 불어넣다, 풍부하다, 강하다 | **生命力** shēngmìnglì 명 생명력 | **青年** qīngnián 명 청년, 젊은이 | **喜爱** xǐ'ài 통 호감, 애호 | **朝气** zhāoqì 명 생기, 활기 | ★**人气** rénqì 명 인기, 열기

⊙ track 28

● **Day 26** | **57** B | **58** D | **59** D | **60** B | **61** B | **62** 不可逆 | **63** 光线、声音

57 B [唯一可能造成直接伤害的是闪光灯 유일하게 직접적인 손상을 일으킬 수 있는 것은 플래시이다] 박물관이 관람객의 사진 촬영을 금지하는 이유로 녹음에 언급된 것은 '闪光灯(플래시)'이다.

58 D [各种文物对于光线的敏感度不同 각각의 문물은 빛에 대한 민감도가 서로 다르다] 문물의 재질에 따라 빛에 대한 민감도가 서로 다르다며 구체적인 예시도 들어서 보충 설명했다.

59 D [常见的展品中，织物、纸张类是最容易受到光线伤害的 흔히 볼 수 있는 전시품 중 직물과 종이류가 가장 쉽게 빛으로 인해 손상을 입는다] 녹음 속 한 문장에 문제의 질문과 정답이 간결하게 제시됐다.

60 B [比如动植物标本、骨器等，也会在光照条件下氧化、分解 동식물 표본이나 골기 등도 빛이 비치는 조건에서 산화 및 분해될 수 있다] 녹음 뒷부분에 언급된 내용에 따르면 동식물 표본이나 골기는 빛이 비치는 조건에서 더 쉽게 산화 및 분해된다고 볼 수 있다.

61 B [……光作用使丝纤维上的染料颗粒发生变化 (…) 빛의 작용으로 인해 견섬유의 염료 과립에 변화가 생기는 것이다] 문장이 길었지만, 핵심 표현 '染料颗粒(염료 과립)'만 잘 들었으면 정답을 쉽게 찾을 수 있다.

62 不可逆 녹음에 언급된 문장을 듣고 빈칸을 채우는 문제이다. 녹음에 그대로 정답이 나오는 문제이기 때문에 집중만 잘 한다면 무리 없이 풀 수 있는 문제이다. 녹음의 뒷부분에서 '皮革、皮毛、羽毛也属于光敏性文物，微小的光线变化都可能对它们造成不可逆的影响(가죽, 모피, 깃털도 빛에 민감한 문물에 속하며 빛의 미세한 변화에도 이 문물들은 비가역적인 영향을 받을 수 있다)'를 듣고 빈칸의 정답이 '不可逆(비가역적)'임을 알 수 있다.

63 光线、声音 이 문제도 62번 문제와 마찬가지로 빈칸을 채우는 문제였으며 이는 녹음의 마지막 부분에서 언급되었다. '尤其是在当下的很多展览中，光线、声音等元素都在发挥重要的作用(특히 현재 수많은 전시회에서 빛과 소리 등의 요소는 중요한 역할을 하고 있다)'를 듣고 빈칸의 정답이 '光线、声音(빛, 소리)'임을 알 수 있다.

现在开始第57到63题：

　　众所周知，绝大多数的博物馆是禁止参观者拍照的。那么这些博物馆又是出于何种原因，如此"**执着**"于坚守这一准则呢？人们最容易联想到的解释应该是——保护文物。

57번~63번 문제가 시작됩니다.

　　모든 사람이 알고 있듯이, 대부분의 박물관은 관람객의 사진 촬영을 금지하고 있다. 그렇다면 박물관들은 어떤 이유에서 이 준칙을 지키는 데 이렇게 집착하는 걸까? 사람들이 가장 쉽게 떠올리는 이유는 '문물 보호'일 것이다. 사실상 정상적인 촬

事实上，正常的拍照并不会对文物造成损害，⁵⁷唯一可能造成直接伤害的是闪光灯。从理论上说，几乎所有的光线都会对文物造成损伤，尤其是紫外线和红外线，它们会对器物表面造成结构性的伤害，并促使其老化。

无论什么文物，最理想的保存环境都应该是在绝对无光的环境下。但是，去博物馆看展览的时候，光线对博物馆展览显然是必不可少的。⁵⁸各种文物对于光线的敏感度不同，大部分石器、木器等质地的文物，对普通光线甚至闪光灯的敏感度较低，可仍有少数材质的文物，如丝绸制品和古代纸张，会因闪光灯而"受伤"。因此，针对各种文物对于光线的敏感程度，文物保护部门也出台了相关的规定，对文物在展览过程中所承受光照的限度进行了严格控制。

⁵⁹一般来讲，常见的展品中，织物、纸张类是最容易受到光线伤害的。黄色、茶色和红色丝绸在光照下容易褪色；白色丝绸的光老化作用最小；光照作用对黑色、红色、茶色丝绸的丝纤维产生的破坏作用较大。其中，⁶¹发生褪色现象的主要原因是光作用使丝纤维上的染料颗粒发生变化，闪光灯里的光元素也会引起丝绸颜色变化，造成白色丝绸变黄、染色丝绸褪色。由此可见，至少对于丝织品、古代纸张，闪光灯的频繁照射还是会产生一定的伤害。皮革、皮毛、羽毛也属于光敏性文物，微小的光线变化都可能对它们造成⁶²不可逆的影响。⁶⁰此外，一些看上去并没有那么脆弱的物品也禁不起闪光灯的反复折腾，比如动植物标本、骨器等，也会在光照条件下氧化、分解。因此，即便不使用闪光灯，很多博物馆也不允许观众拍照。

其实，无论出于什么原因，博物馆禁止拍照的初衷都是希望观众能够在更好的氛围下欣赏艺术品。尤其是在当下的很多展览中，⁶³光线、声音等元素都在发挥重要的作用。当观众拍照时，不仅会影响观感，也会对其他人造成影响。

영은 문물에 손상을 입히지 않는다. ⁵⁷유일하게 직접적인 손상을 일으킬 수 있는 것은 플래시이다. 이론적으로 거의 모든 빛은 문물에 손상을 입힐 수 있다. 특히 자외선과 적외선은 기물 표면에 구조적인 상해를 일으키며 노화를 촉진한다.

어떤 문물이든 가장 이상적인 보존 환경은 절대적으로 빛이 없는 환경일 것이다. 그러나 박물관에 관람하러 갈 때, 빛은 박물관 전시에 분명히 없어서는 안 될 요소이다. ⁵⁸각각의 문물은 빛에 대한 민감도가 서로 다르다. 대부분의 석기, 목기 등의 재질로 된 문물은 일반적인 빛, 심지어는 플래시에 대한 민감도가 비교적 낮다. 그러나 실크 제품 및 고대 종이와 같은 몇 가지 재질의 유물은 플래시로 인해 손상을 입을 수 있다. 따라서 문물 보호 부처에서도 각 문물의 빛에 대한 민감도에 맞게 관련 규정을 내놓고, 전시 과정에서 문물이 받는 광도의 한계를 엄격히 통제했다.

⁵⁹일반적으로 흔히 볼 수 있는 전시품 중 직물과 종이류가 가장 쉽게 빛으로 인해 손상을 입는다. 노란색, 다갈색, 빨간색 실크는 빛에 의해 쉽게 퇴색된다. 흰색 실크는 빛의 노화 작용을 가장 적게 받는다. 빛의 작용이 검은색, 빨간색, 다갈색 실크의 견섬유에 입히는 손상은 비교적 심하다. 그중 ⁶¹퇴색 현상이 생기는 주요 원인은 빛의 작용으로 인해 견섬유의 염료 과립에 변화가 생기는 것이며, 플래시의 광원소도 실크 색에 변화를 주어 흰색 실크를 누렇게 만들고 염색된 실크를 퇴색시킨다. 이로써 플래시를 자주 터뜨리면 적어도 견직물, 고대 종이에는 어느 정도 손상을 입힐 수 있음을 알 수 있다. 가죽, 모피, 깃털도 빛에 민감한 문물에 속하며 빛의 미세한 변화에도 이 문물들은 ⁶²비가역적인 영향을 받을 수 있다. ⁶⁰이 외에도 동식물 표본이나 골기처럼 겉보기에 그렇게 약해 보이지 않는 물품도 플래시가 반복적으로 터지면 견뎌 내지 못하며 빛이 비치는 조건에서 산화 및 분해될 수 있다. 따라서 설령 플래시를 사용하지 않는다고 하더라도 많은 박물관은 관람객의 사진 촬영을 금지한다.

사실 어떤 이유에서건 박물관이 사진 촬영을 금지하는 근본적인 취지는 관람객이 더 좋은 분위기에서 예술품을 감상하길 바라는 것이다. 특히 현재 수많은 전시회에서 ⁶³빛과 소리 등의 요소는 중요한 역할을 하고 있다. 관람객이 촬영을 할 때 관람의 느낌에 영향을 줄 뿐만 아니라 다른 사람에게도 영향을 끼치게 된다.

57 绝大多数的博物馆禁止参观者拍照的原因是?
- **A** 闪光灯会刺激参观者眼睛
- **B** 闪光灯会对文物造成损伤
- **C** 闪光灯发出的光线是黄光
- **D** 闪光灯的声音影响参观者

57 대부분의 박물관이 관람객의 사진 촬영을 금지하는 이유는 무엇인가?
- **A** 플래시가 관람객의 눈을 자극할 수 있다
- **B** 플래시가 문물에 손상을 입힐 수 있다
- **C** 플래시가 내뿜는 빛이 노란색이다
- **D** 플래시의 소리가 관람객에게 영향을 미친다

58 对于光线对艺术品的影响，说法正确的是？

A 木器制品对红外线最敏感

B 藏品最好存放在真空环境

C 书画展厅对光线有特殊要求

D 闪光灯对不同藏品的影响各异

59 在常见的展品中，哪种展品最易受光线伤害？

A 黑色、红色、白色等丝绸的纤维

B 白色丝绸

C 黄色、茶色和红色、白色丝绸

D 织物、纸张类

60 根据原文，下列哪种物品更容易在光照条件下氧化、分解？

A 丝绸制品和古代纸张

B 动植物标本与骨器

C 石器、木器

D 皮革、皮毛

61 根据这段话，丝物品发生褪色现象的主要原因是？

A 光影响了丝物品的耐热性

B 光使丝纤维上的染料颗粒发生变化

C 在光的作用下丝物品会逐渐融化

D 光能是丝绸变成白色

62 皮革、皮毛、羽毛也属于光敏性文物，微小的光线变化都可能对它们造成<u>不可逆</u>的影响。

63 尤其是在当下的很多展览中，<u>光线、声音</u>等元素都在发挥重要的作用。

---

58 빛이 예술품에 미치는 영향에 대해 다음 중 옳은 것은?

A 목기 제품은 적외선에 가장 민감하다

B 소장품은 진공 환경에 보관하는 것이 가장 좋다

C 서화 전시장은 빛에 대한 특별한 요구가 있다

D 소장품에 따라 플래시가 미치는 영향은 상이하다

59 흔히 볼 수 있는 전시품 중 어떤 전시품이 가장 쉽게 빛에 손상되는가?

A 검은색, 빨간색, 흰색 등 실크의 섬유

B 흰색 실크

C 노란색, 다갈색, 빨간색, 흰색 실크

D 직물, 종이류

60 본문에 따르면 다음 중 빛이 비치는 조건에서 더 쉽게 산화 및 분해되는 것은 무엇인가?

A 실크 제품과 고대 종이

B 동식물 표본 및 골기

C 석기, 목기

D 가죽, 모피

61 본문에 따르면 실크 제품에 퇴색 현상이 생기는 주요 원인은 무엇인가?

A 빛이 실크 제품의 내열성에 영향을 준다

B 빛으로 인해 견섬유의 염료 과립에 변화가 생긴다

C 빛의 작용하에 실크 제품이 점차 녹는다

D 빛이 실크를 흰색으로 만든다

62 가죽, 모피, 깃털도 빛에 민감한 문물에 속하며 빛의 미세한 변화에도 이 문물들은 <u>비가역</u>적인 영향을 받을 수 있다.

63 특히 현재 수많은 전시회에서 <u>빛과 소리</u> 등의 요소는 중요한 역할을 하고 있다.

★众所周知 zhòngsuǒzhōuzhī 성 모든 사람이 다 알고 있다 | 绝大多数 juédàduōshù 절대다수의, 대부분의 | 拍照 pāizhào 동 사진을 찍다 | 出于 chūyú ~에서 나오다 | 如此 rúcǐ 데 이와 같다, 이러하다 | ★执着 zhízhuó 집착하다 | ★坚守 jiānshǒu 동 굳게 지키다 | 准则 zhǔnzé 명 준칙 | 联想 liánxiǎng 연상하다 | ★文物 wénwù 명 문물 | 事实上 shìshíshang 명 사실상 | 损害 sǔnhài 동 손실을 입다 | 闪光灯 shǎnguāngdēng 플래시 | 光线 guāngxiàn 명 빛 | ★损伤 sǔnshāng 손상되다, 상처를 입다 | 紫外线 zǐwàixiàn 자외선 | 红外线 hóngwàixiàn 적외선 | 器物 qìwù 명 기물, 집기 | 促使 cùshǐ 동 ~하도록 (재촉)하다 | 老化 lǎohuà 동 노화하다 | 无光 wúguāng 빛이 없다 | 必不可少 bì bù kě shǎo 성 없어서는 안 된다, 반드시 필요하다 | 各种 gèzhǒng 형 각종의 | 石器 shíqì 명 석기 | 木器 mùqì 명 목기 | 质地 zhìdì 명 재질 | 普通 pǔtōng 일반적이다 | 材质 cáizhì 명 재질 | ★丝绸 sīchóu 명 실크, 비단 | ★制品 zhìpǐn 명 제품 | 纸张 zhǐzhāng 명 종이 | 出台 chūtái 동 (정책이나 조치 등을) 내놓다 | 光照 guāngzhào 명 광도, 빛 | 限度 xiàndù 명 한도 | 一般来讲 yìbān láijiǎng 일반적으로 | 常见 chángjiàn 흔히 보는 | 展品 zhǎnpǐn 전시품 | 织物 zhīwù 명 직물 | 茶色 chásè 다갈색 | 褪色 tuìsè 동 퇴색하다 | 光老化 guāng lǎohuà 광노화 | 纤维 xiānwéi 명 섬유 [丝纤维: 견섬유] | 染料 rǎnliào 명 염료 | 颗粒 kēlì 명 과립 | 光元素 guāngyuánsù 명 광원소 | 染色 rǎnsè 동 염색하다, 물들이다 | ★由此可见 yóucǐ kějiàn 이로부터 ~를 알 수 있다, 이로부터 ~를 볼 수 있다 | 丝织品 sīzhīpǐn 견직물 | 频繁 pínfán 형 잦다, 빈번하다 | 照射 zhàoshè 동 (밝게) 비추다 | 产 chǎn 동 만들다 | 皮革 pígé 명 가죽 | 皮毛 pímáo 명 모피 | 羽毛 yǔmáo 명 깃털 | 微小 wēixiǎo 형 미세하다, 미소하다, 극소하다 | 不可逆 bùkěnì 비가역 [변화를 일으킨 물질이 본디의 상태로 돌아갈 수 없는 일] | ★脆弱 cuìruò 형 취약하다, 연약하다 | 物品 wùpǐn 명 물품 | 禁不起 jīnbuqǐ 견뎌 내지 못하다 | ★折腾 zhēteng 동 반복하다, 되풀이하다 | ★标本 biāoběn 명 (학습이나 연구용의 동물·식물·광물 등의) 표본 | 骨器 gǔqì 명 골기 | 氧化 yǎnghuà 동 산화하다 | 分解 fēnjiě 동 분해하다 | ★即便 jíbiàn 접 설령 ~하더라도 | ★初衷 chūzhōng 본래의 취지 | ★氛围 fēnwéi 명 분위기 | 艺术品 yìshùpǐn 예술품 [일반적으로 조형예술 작품을 가리킴] | ★当下 dāngxià 명 현재, 요즘 | 元素 yuánsù 명 요소 | 观感 guāngǎn 명 보고 느낀 점, 감상, 견해, 소감 | 参观者 cānguānzhě 명 관람객 | 发出 fāchu 동 내뿜나, 말산하다 | 说法 shuōfa 명 의견, 견해 | ★藏品 cángpǐn 명 소장품, 보관한 물건 | ★存放 cúnfàng 보관해 두다 | ★真空 zhēnkōng 명 진공 | 书画 shūhuà 서화 | 展厅 zhǎntīng 명 전시장, 전시홀 | 各异 gèyì 형 각기 다르다 | 易 yì 형 쉽다 | 耐热性 nàirèxìng 내열성 | ★融化 rónghuà 동 (얼음·눈 따위가) 녹다, 융해되다

tip '从理论上说(이론적으로)'는 실제 상황과 구별하여 이론적 가능성이나 원리를 강조하고자 할 때 자주 사용된다.

예 从理论上说，每个人都有平等的机会。 이론상으로는 모든 사람에게 평등한 기회가 있다.

○track 29

● **Day 27** **64** D **65** C **66** A **67** C **68** A

64 D [无一不被其字里行间的优美用词所感动 시 속 행간의 아름다운 어휘에 감동받지 않을 수 없었다] 이백에 대한 사람들의 평가로 '틀린 것'을 고르는 문제이다. 사람들이 이백의 시에 감동을 받은 것은 맞지만 그 이유가 시구의 단어가 복잡하고 내용이 심오해서는 아니다.

65 C [不同于寻常读书人参加科考步入仕途 보통 지식인이 과거 시험을 치르고 벼슬길에 오르는 것과는 달리] 보통의 지식인은 과거 시험을 치르고 벼슬길에 올랐지만 이백은 세상을 돌아다니는 협객이 되고 싶어 했다.

66 A [写下了无数诗歌。……受到了唐玄宗李隆基的赏识 수많은 시를 지었다. (…) 당 현종 이융기의 눈에 들었다] 당 현종이 이백을 한림으로 봉하고 수시로 그를 곁에 두었던 이유에 대해서는 녹음의 중간 부분에 언급됐다.

67 C [李白自己也厌恶当时奢靡的生活 이백 자신도 당시의 사치스러운 생활을 좋아하지 않았다] '厌恶(싫어하다)'와 '反感(반감을 가지다)'이 유사한 의미임을 알아야 한다. 당 현종의 총애를 받는 이백을 질투하는 사람이 많았다는 내용이 있어, 보기 A의 문장 중 '嫉妒(질투하다)'를 보고 얼핏 헷갈렸을 수 있지만 문장이 의미하는 바는 완전히 다르다.

68 A 이백의 무덤에 관해 '틀린 것'을 고르는 문제이다. 이백의 무덤에 관한 내용은 녹음 뒷부분에 언급된다. 전쟁으로 인해 손상을 피할 수 없었다고 했으므로 보기 A의 설명이 틀렸다.

现在开始第64到68题：

　　[64]李白是中国历史上伟大的浪漫主义诗人，有"诗仙"之美誉。他一生博学多识，所写诗句用词精美。从古至今，凡读过李白诗歌的人，无一不被其字里行间的优美用词所感动，李白无愧于"唐代最伟大的诗人"这一称号。据历史记载，李白出生于公元701年，从小便十分聪慧，五岁时就能够背诵六甲，是当时名副其实的神童。十五岁时的李白已是出口成章，且写得一手好诗。当时，上层名流都对他的诗极为赏识，李白也因此变得愈发有名了。[65]然而，不同于寻常读书人参加科考步入仕途，李白一直很喜欢习武练剑，一心想成为一名浪迹天涯的侠士。公元724年，二十四岁的李白离开了生活多年的家乡，开始了他的远游生活。[66]在此期间，他感慨于美丽壮阔的自然风景，写下了无数诗歌。至公元742年，已是四十二岁的李白，受到了唐玄宗李隆基的赏识，下令立即召李白进宫，并在看过李白的诗集后，亲自去迎接他。

64번~68번 문제가 시작됩니다.

　　[64]이백(李白)은 중국 역사의 위대한 낭만주의 시인으로, '시선(诗仙)'이라는 명성이 있다. 그는 한평생 박학다식했으며 시구를 쓸 때 사용한 단어는 정교하고 아름다웠다. 예부터 지금까지 이백의 시를 읽어 본 적이 있는 사람이라면 시 속 행간의 아름다운 어휘에 감동받지 않을 수 없었다. 이백은 '당대의 가장 위대한 시인'이라는 칭호에 전혀 손색이 없다. 역사 기록에 따르면, 이백은 서기 701년에 태어나 어릴 때부터 매우 총명하고 지혜로웠으며 다섯 살 때 육십갑자를 암송할 수 있어 당시에 명실상부한 신동이었다고 한다. 15세 때의 이백은 말하는 것이 그대로 훌륭한 글이 되었고 시를 매우 잘 썼다. 당시 상류층 명사들은 그의 시를 매우 높이 평가했고 이백도 이에 따라 더욱더 유명해졌다. [65]하지만 보통 지식인이 과거 시험을 치르고 벼슬길에 오르는 것과는 달리 이백은 줄곧 무술과 검술을 익히는 걸 좋아했고 일편단심 세상을 돌아다니는 협객이 되고 싶어 했다. 서기 724년, 24세가 된 이백은 오랜 기간 살아왔던 고향을 떠나 타지 생활을 시작했다. [66]이 기간에 그는 아름답고 웅장한 자연 풍경에 감격하여 수많은 시를 지었다. 서기 742년, 42세가 된 이백은 당 현종 이융기(李隆基)의 눈에 들었다. 당 현종은 즉시 이백을 궁으로 불러들일 것을 명

此后，唐玄宗封李白为翰林，随时伴其左右。然而，好景不长，[67]许多人嫉妒李白能够得到唐玄宗的赏识，且李白自己也厌恶当时奢靡的生活，于是毅然离开皇宫，远离了世俗。

晚年的李白穷困潦倒，不得不投奔亲戚生活，并于六十二岁高龄因病而亡。李白在离世前还写下了一篇名为《临终歌》的诗词，这篇诗歌可以说道尽了李白的一生。

作为中国最具影响力的诗人之首，李白墓自然也是选址考究。墓地位于安徽省当涂县太白镇，[68]四面青山碧水，并与周围景观相映成趣，每年前来悼念、游览观光的人数以万计，已成为当涂引以为傲的游览胜地。然而，历经了千百年风雨波折的李白墓，除了有历朝历代无数人到此拜访外，[68]也自然没能躲避战争的摧残。据说，当时已经64岁的贾岛不远千里前来祭拜，结果意外病死在了当地，就葬在李白墓不远的地方。而抗战年间，位于李白墓地前的太白祠就曾经被炸毁。万幸的是，在当地政府与各界人士的保护下，[68]如今的李白墓重新焕发了生机，并已被评为安徽省重点文物保护单位。

64 关于人们对李白的评价，下列错误的一项是?

    A 所写诗句用词精美给人以美感

    B 有"诗仙"之美誉

    C 被称为"唐代最伟大的诗人"

    D 其诗句用词繁琐内容深奥令人感动

65 为什么说李白不同于寻常读书人?

    A 成年后放弃了对诗词的研究

    B 爱写诗但并不重视知识的学习

    C 并未参加科考步入仕途

    D 在科考中屡次碰壁

66 李白为何会被唐玄宗封为翰林并伴其左右?

    A 诗歌受到唐玄宗的赏识

    B 是唐玄宗幼年时的老师

    C 有官员极力推荐李白

    D 家中有人在宫中任职

67 关于李白离开皇宫的原因说法正确的是?

    A 嫉妒他人受到与自己同等的待遇

    B 自己的才能无法胜任当时的工作

    C 对当时奢靡的生活十分反感

    D 政治立场与唐玄宗对立

령했고 이백의 시집을 본 후 친히 그를 맞이했다. 그후 당 현종은 이백을 한림(翰林)으로 봉하고 수시로 그를 곁에 두었다. 그러나 좋은 시절은 오래 가지 못했다. [67]당 현종의 총애를 받는 이백을 질투하는 사람이 많았던 데다가 이백 자신도 당시의 사치스러운 생활을 좋아하지 않았다. 그래서 이백은 의연히 황궁을 떠나 속세를 멀리했다.

노년의 이백은 빈곤으로 인해 어쩔 수 없이 친척에게 의탁하여 살다가 62세라는 고령에 병으로 사망했다. 이백은 세상을 떠나기 전 「임종가」라는 시를 썼는데, 이 시는 이백의 일생을 말해 준다.

중국에서 가장 영향력 있는 시인으로서 자연스럽게 이백의 무덤도 부지 선정에 신경을 썼다. 무덤은 안후이(安徽)성 당투(当涂)현 타이바이(太白)진에 있으며 [68]사방에는 푸른 산과 맑은 물이 있고 주변 경관과 서로 어울려 아름다운 운치를 더했다. 매년 추모와 관광을 하러 오는 사람은 수만 명에 이르며 당투현이 자부심을 느끼는 관광 명소가 되었다. 하지만 긴 세월 우여곡절을 겪은 이백의 무덤은 역대 왕조에 무수한 사람이 방문한 것 외에도 [68]전쟁으로 인한 손상을 피할 수 없었다. 당시 64세였던 가도(贾岛)는 천 리 길도 마다하지 않고 제사를 지내러 왔다가 그곳에서 뜻밖에 병으로 사망했고, 이백의 무덤에서 멀지 않은 곳에 묻어졌다고 한다. 중일전쟁 기간에 이백의 무덤 앞에 있던 태백사(太白祠)는 폭파되었다. 다행히도 현지 정부와 각계 인사의 보호 아래 [68]오늘날의 이백 무덤은 다시금 생기를 되찾게 되었으며 안후이성의 중점 문화 보호 기관으로 선정되었다.

64 이백에 대한 사람들의 평가에 관해 다음 중 틀린 것은?

    A 정교하고 아름다운 시구의 단어는 사람들에게 미감을 준다

    B '시선'이라는 명성이 있다

    C '당대의 가장 위대한 시인'이라고 불린다

    D 시구의 단어가 복잡하고 내용이 심오하여 사람들에게 감동을 준다

65 이백이 보통 지식인과 다르다고 말한 이유는 무엇인가?

    A 성인이 된 후 시에 대한 연구를 포기했다

    B 시를 짓는 건 좋아했지만 지식 학습은 중요시하지 않았다

    C 과거 시험을 치르고 벼슬길에 오르지 않았다

    D 과거 시험에 여러 차례 떨어졌다

66 당 현종은 왜 이백을 한림으로 봉하고 그를 곁에 두었는가?

    A 이백의 시가 당 현종의 눈에 들었다

    B 이백은 당 현종의 어린 시절 선생님이었다

    C 어떤 관원이 이백을 적극 추천했다

    D 이백 집안의 사람이 황궁에서 보직을 맡고 있었다

67 이백이 황궁을 떠난 이유에 대한 설명으로 옳은 것은?

    A 다른 사람이 자기와 동등한 대우를 받는 것을 질투했다

    B 자신의 재능으로는 당시의 업무를 감당할 수 없었다

    C 당시의 사치스러운 생활에 큰 반감을 품었다

    D 정치적 입장이 당 현종과 대립했다

68 有关李白墓地的说法不正确的是?

　A 修建至今一直完好无损

　B 曾受到战争摧残

　C 现已重新焕发生机

　D 四面青山碧水，风景优美

68 이백의 무덤에 관한 설명 중 옳지 않은 것은?

　A 세웠을 때부터 지금까지 온전하고 손상이 없다

　B 전쟁으로 인해 손상되었다

　C 현재는 다시 생기를 되찾았다

　D 사방에 푸른 산과 맑은 물이 있으며 풍경이 아름답다

李白 Lǐ Bái [고유] 이백 [당나라 시기 저명한 시인] | ★主义 zhǔyì [명] 주의 [어떤 방면의 관점이나 기풍] [浪漫主义 : 낭만주의] | 诗人 shīrén [명] 시인 | 诗仙 shīxiān [명] 시선 [신선의 기풍을 가진 시인, 이백의 별칭] | 美誉 měiyù [명] 명성, 명예 | 一生 yìshēng [명] 평생, 일생 | 博学多识 bóxué duōshí 박학다식하다, 지식이 넓고 아는 것이 많다 | 诗句 shījù [명] 시구 | 用词 yòngcí [동] 단어를 사용하다, 단어를 구사하다 | 精美 jīngměi [형] 정교하고 아름답다 | 从古至今 cónggǔ zhìjīn 옛날부터 지금까지 | ★凡 fán [부] 무릇, 대체로 | 诗歌 shīgē [명] 시, 시가 | 无一 wúyī 하나도 ~인 것이 없다 | 字里行间 zìlǐ hángjiān [명] 행간, 구절구절, 문장의 여기저기 | 无愧 wúkuì [형] 손색이 없다 | 唐代 Tángdài [고유] 당대, 당 왕조 시기 | 称号 chēnghào [명] (주로 영광스러운) 칭호, 호칭 | 据 jù [개] ~에 따르면, ~에 의거하여 | 记载 jìzǎi [명] 기록 | 从小 cóngxiǎo [부] 어린 시절부터, 어릴 때부터 | 聪慧 cōnghuì [형] 총명하다, 지혜롭다 | ★背诵 bèisòng [동] 암송하다, 외우다 | 六甲 liùjiǎ [명] 육십갑자 | 名副其实 míngfùqíshí [성] 명실상부하다 | 神童 shéntóng [명] 신동 | ★出口成章 chūkǒu chéngzhāng [성] 말하는 것이 그대로 문장이 되다 | ★且 qiě [접] 게다가, 더욱이 | 一手 yìshǒu [명] (가지고 있는 하나의) 기능, 기술, 재주, 재능 | 上层 shàngcéng [명] (조직·기관·계층 등에서) 상류, 상부 | 名流 míngliú [명] 명사 | ★极为 jíwéi [부] 극히, 매우 | 赏识 shǎngshí [동] 높이 평가하다 | 愈发 yùfā [부] 더욱, 한층 | 寻常 xúncháng [형] 보통이다, 평범하다, 일반적이다 | 读书人 dúshūrén [명] 지식인, 학자 | 科考 kēkǎo [명] 과거 시험 | ★步入 bùrù [동] 들어가다, 들어서다 | 仕途 shìtú [명] 벼슬길, 관도 | ★剑 jiàn [명] 검, 양쪽에 날이 있는 큰 칼 [习武练剑 : 무술과 검술을 익히다] | ★一心 yìxīn [부] 전심전력으로, 전심으로, 한마음으로 | 浪迹 làngjì [동] (정처 없이) 떠돌아다니다, 방랑하다 | 天涯 tiānyá [명] 아득히 먼 곳 | 侠士 xiáshì [명] 협객 | 多年 duōnián [명] 오랜 세월, 다년간, 여러 해 | 远游 yuǎnyóu [동] 멀리 유람하다 | ★感慨 gǎnkǎi [형] 감격하다, 감개무량하다 | 壮阔 zhuàngkuò [형] 웅장하고 넓다, 광활하다 | 至 zhì [동] ~에 이르다 | 玄宗 Xuánzōng [고유] 현종 [왕의 연호] | 李隆基 Lǐ Lóngjī [고유] 이융기 [당나라 현종의 이름] | ★下令 xiàlìng [동] 명령을 내리다 | 召 zhào [동] 부르다, 불러 모으다 | 进宫 jìngōng [동] 궁중에 들어가다 | 诗集 shījí [명] 시집 | 此后 cǐhòu [명] 이후, 이 다음 | 封 fēng [동] 봉하다, 왕이 직위나 작품을 내려 주다 | 翰林 hànlín [명] 한림 [관직명] | ★伴 bàn [동] 함께하다 | 好景不长 hǎojǐng bùcháng [성] 좋은 시절은 오래가지 않는다 | ★嫉妒 jídù [동] 질투하다 | 厌恶 yànwù [동] 몹시 싫어하다 | 奢靡 shēmí [동] 사치스럽게 낭비하다 | ★毅然 yìrán [부] 의연히, 결연히, 단호히 | 皇宫 huánggōng [명] 황궁 | 远离 yuǎnlí [동] 멀리하다 | 世俗 shìsú [명] 세속 | ★晚年 wǎnnián [명] 노년 | 穷困 qióngkùn [형] 빈곤하다, 곤궁하다 | 潦倒 liáodǎo [동] 가난하게 되다 | ★投奔 tóubèn [동] (의탁할 곳을) 찾아가다, (몸을) 의탁하다 | ★亲戚 qīnqi [명] 친척 | 高龄 gāolíng [명] 고령 | 离世 líshì [동] 세상을 떠나다, 사망하다 | 临终歌 línzhōng gē [명] 임종가 [작품명] | 诗词 shīcí [명] 시사, 시와 사 | 说道 shuōdao [동] 말로 표현하다, 말하다, 이야기하다 | 尽 jìn [동] 다 없어지다 | 具 jù [동] 가지다, 구비하다 [주로 추상적인 사물에 쓰임] | 首 shǒu [명] 우두머리 | 墓 mù [명] 무덤, 묘 | 选址 xuǎnzhǐ [동] 부지를 선정하다, 장소를 선택하다, 터를 고르다 | 考究 kǎojiu [동] 신경 쓰다, 깊이 생각하다 | ★墓地 mùdì [명] 무덤, 묘지 | 安徽省 Ānhuīshěng [고유] 안후이성 [지명] | 当涂县 Dāngtúxiàn [고유] 당투현 [지명] | 太白 Tàibái [고유] 타이바이 [산 이름] | 镇 zhèn [명] 진 [중국의 행정구역 중 하나] | 四面 sìmiàn [명] 사방, 주위 | 青山 qīngshān [명] 푸른 산 | 碧水 bìshuǐ [명] 벽수 [짙푸른 빛이 나도록 맑고 깊은 물] | ★景观 jǐngguān [명] 경관, 경치 | 相映成趣 xiāngyìng chéngqù [성] (대비되는 것끼리) 서로 어울려 아름다운 운치를 더하다 | ★悼念 dàoniàn [동] 추모하다, 애도하다 | ★游览 yóulǎn [동] (풍경·명승지 따위를) 유람하다, 여행하다, 관광하다, 구경하다 | 观光 guānguāng [동] 관광하다, 견학하다 | 数以万计 shùyǐwànjì [성] 수만에 이르다 | 引 yǐn [동] 끌다, 잡아당기다, 이끌다 [引以为傲 : 자부심을 느끼다] | 胜地 shèngdì [명] 명소 | ★历经 lìjīng [동] 두루 ~을 경험하다, 여러 번 ~을 겪다 | 波折 bōzhé [명] 우여곡절, 파란곡절, 풍파 | 历朝 lìcháo [명] 역대, 역대 왕조 | 历代 lìdài [명] 역대 왕조 | 到此 dàocǐ 여기에 이르다 | 拜访 bàifǎng [동] 예를 갖추어 방문하다 | ★躲避 duǒbì [동] 피하다 | 摧残 cuīcán [동] (정치·경제·문화·심신 등에) 심한 손상/손실을 주다 | 贾岛 Jiǎ Dǎo [고유] 가도 [당나라 시기의 시인] | 不远千里 bùyuǎn qiānlǐ [성] 먼 길을 마다하지 않고 달려오다 | 祭拜 jìbài [동] 제사를 지내다 | 病死 bìngsǐ [동] 병으로 죽다 | ★葬 zàng [동] 매장하다 | 抗战 kàngzhàn [명] 항일 전쟁 [1937-1945년, 일본 제국주의 침략에 대한 전쟁] | 年间 niánjiān [명] 시기 | 祠 cí [명] 사당 | 炸毁 zhàhuǐ [동] 폭파하다, 폭파해 없애다 | 万幸 wànxìng [명] 천만다행이다 | 各界 gèjiè [명] 각계, 각 방면 | 人士 rénshì [명] 인사 | 焕发 huànfā [동] 발산하다 | ★生机 shēngjī [명] 활력, 생명력 | 评为 píngwéi [동] ~로 선정하다 | ★文物 wénwù [명] 문물, 문화재 | ★评价 píngjià [명] 평가 | 美感 měigǎn [명] 미감 [아름다움에 대한 느낌] | ★繁琐 fánsuǒ [형] 너저분하다, 잡다하다 | ★深奥 shēn'ào [형] (이치나 담은 뜻이) 심오하다, 깊다 | ★成年 chéngnián [동] (사람이) 성년이 되다 | 并未 bìngwèi [부] 결코 ~적이 없다 | ★屡次 lǚcì [부] 자주, 종종, 여러 번, 누차 | 碰壁 pèngbì [동] 난관에 부딪치다, 실패를 당하다 | 为何 wèihé [부] 왜, 무엇 때문에 | 幼年 yòunián [명] 어린 시절 | 官员 guānyuán [명] 관리, 관원 | ★极力 jílì [부] 있는 힘을 다하다 [주로 부사적으로 쓰임] | ★推荐 tuījiàn [동] 추천하다 | ★任职 rènzhí [동] 직무를 맡다, 재직하다 | 说法 shuōfa [명] 의견, 견해 | ★同等 tóngděng [형] 동등하다, 같은 정도이다 | 才能 cáinéng [명] 재능 | 无法 wúfǎ [동] 방법이 없다, 할 수 없다 | 胜任 shèngrèn [동] (맡은 직책·임무 따위를) 능히 감당하다 | ★反感 fǎngǎn [동] 반감을 가지다, 불만을 가지다 | 立场 lìchǎng [명] 입장, 태도, 관점 | 对立 duìlì [동] 대립하다, 대립되다, 적대하다 | 有关 yǒuguān [동] 관계가 있다 | 修建 xiūjiàn [동] 건설하다, 건축하다, 시공하다, 부설하다 | 完好无损 wánhǎo wúsǔn 완전하고 손상이 없다

● Day 28 　**69** A　　**70** D　　**71** A　　**72** A　　**73** D

69 **A** [各地具有代表性的非遗技艺与特色表演通过线上线下结合的方式集中亮相，…… 각지를 대표하는 무형문화 기예와 특색 있는 공연이 온오프라인 결합 방식을 통해 집중적으로 등장하여 (…)] 녹음의 앞부분에 관련 내용이 언급됐다. '온오프라인 결합 방식'이라는 점에서 사람들은 온라인으로도 기예와 공연을 볼 수 있음을 알 수 있다.

70 **D** 무형문화재에 관해 '틀린 것'을 찾는 문제이다. 녹음 초반에 보기 A, B의 내용이 언급됐고, 녹음 맨 마지막 문장에 보기 C의 내용이 언급되었다. 관련 내용이 앞부분과 뒷부분에 나뉘어서 언급되어 체감 난도가 높은 문제였다.

71 **A** [仍奋斗在传承保护前沿 여전히 전승과 보호의 최전선에서 분투하고 있다 → 从不曾放弃对非遗项目的传承 무형문화재의 전승을 포기한 적이 없었다] 녹음 속 표현이 보기에 그대로 사용되지는 않았지만, '仍奋斗在传承保护前沿'을 듣고 의미를 이해했다면 보기 A를 답으로 고를 수 있어야 한다.

72 **A** 무형문화재의 보호 및 전승에 관한 내용 중 '틀린 것'을 고르는 문제이다. 보기 중 언급되지 않은 내용은 A이다.

73 **D** [鼓励电商平台推介工坊产品 전자상거래 플랫폼에서 공방 제품을 소개하도록 장려하고 있다] 산둥성에서 실시한 무형문화재 보호 활동에 관한 내용을 찾는 문제이다. 보기 D가 그대로 녹음에 언급되어 쉽게 답을 찾을 수 있는 문제였다.

现在开始第69到73题:

　　栩栩如生的济南皮影、声情并茂的山东快书、精致华丽的楚式漆器髹饰技艺、简约精美的苗族蜡染和苗绣……不久前，在山东济南召开的第七届全国"非遗博览会"上，全国332位非遗传承人、284个非遗项目参展参演、[69]各地具有代表性的非遗技艺与特色表演通过线上线下结合的方式集中亮相，受到了观众们的青睐。

　　[70]作为中华民族智慧与文明的结晶，非物质文化遗产是宝贵的精神财富，必须得到传承与保护。为此，山东省文化厅和旅游厅会同22个省直部门出台20条措施，将开展全省非物质文化遗产资源调查，全面摸清分布状况与保护现状，分级、分类建立非物质文化遗产档案，进一步提升非物质文化遗产系统性保护水平。"生生不息，薪火相传"，只有积极培养一代又一代的传承人，才能让非物质文化遗产绽放出更加迷人的光彩。为了不让技艺失传，黑陶瓦盆制作技艺非遗传承人冯纪臣返乡创业，建起黑陶传习所供参观者体验。[71]国家级非遗项目徐州香包省级代表性传承人王秀英今年已经83岁，仍奋斗在传承保护前沿，跟着孙女做直播、邀请网友参与设计。王秀英老人坦言："非遗传承有年轻人接力，我也不用担心了。"在弦歌不辍、思接千载的传承中，传统文化的芬芳愈加醇厚。

69번~73번 문제가 시작됩니다.

　　살아 있는 듯한 지난의 그림자극, 소리가 아름다운 산둥의 쾌서(快书), 정교하고 화려한 초나라식 칠기 도장 기예, 심플하고 정교한 묘족 염색법 및 자수품…… 얼마 전, 산둥성 지난 시에서 열린 제7회 전국 '무형문화재 박람회'에 전국 무형문화재 전승자 332명과 무형문화재 284개 부문이 출품 및 공연에 참여하였으며 [69]각지를 대표하는 무형문화 기예와 특색 있는 공연이 온오프라인 결합 방식을 통해 집중적으로 등장하여 관중들을 사로잡았다.

　　[70]중화민족의 지혜와 문명의 결정체로서, 무형문화재는 귀중한 정신적 자산으로 반드시 전승하고 보호해야 한다. 이를 위해 산둥성 문화청과 관광청은 22개 성(省) 정부 직속 부처와 함께 20가지 조치를 내놓아 전체 성의 무형문화재 자원 조사를 실시하고 분포 상황과 보호 현황을 전면적으로 파악하여 무형문화재 관련 서류를 등급별로 나누고 분류할 것이다. 이로써 무형문화재의 체계적인 보호 수준을 한층 더 높일 것이다. '끊임없이 번성하여 스승에서 제자로 계속해서 전해져야 한다.'는 말처럼 대대로 전승자를 적극 양성해야만 더욱 매력적인 영예를 빛낼 수 있다. 흑도 자배기 제작 기예 무형문화재 전승자인 펑지천(冯纪臣)은 기예가 실전되지 않게 하기 위해 고향에 돌아가 흑도 교습소를 열어 수강생들에게 경험을 공유했다. [71]국가급 무형문화재인 쉬저우 향주머니의 성급 대표 전승자인 왕슈잉(王秀英)은 올해 83세가 되었지만 여전히 전승과 보호의 최전선에서 분투하고 있으며, 손녀와 함께 라이브 방송을 진행하면서 네티즌들이 디자인에 참여할 수 있게 했다. 왕슈잉 씨는 "젊은이들이 이어서 무형문화재를 전승하니 나도 걱정이 없다."라고 털어놓았다. 교회의 인재 양성을 멈추지 않고, 천 년을 이어온 전승 속에 전통문화의 향기는 더욱더 짙어진다.

⁷²非物质文化遗产的保护与传承，重在融入现代生活、展现当代价值，涵养文明乡风、凝聚民族精神。⁷²要想在新时代的条件下，促进非遗创造性转化、创新性发展，就要处理好传统与现代、继承与发展、保护与利用的关系。在济南市百花洲历史文化街区，鲁绣、活字印刷、草柳编、泉水豆腐等非遗文化和技艺备受欢迎，现场还有非遗传承人的演示和讲解。为了让非遗更好地融入现代生活，山东将推出一批非遗主题旅游线路，培育一批非遗旅游体验基地、打造一批非遗研学旅游产品和演艺作品、建设一批非物质文化遗产特色景区，用时代精神激发传统非遗新活力。

促进乡村振兴、建设美丽乡村，非物质文化遗产正在发挥独特作用。在山东，有的地方采用"探索非遗＋扶贫车间"模式，依托市场潜力大、带动作用强的非遗项目，让群众实现家门口就业；不少地方建设传统工艺工作站，开设非遗扶贫就业工坊，组织展示展销，⁷³鼓励电商平台推介工坊产品。一位树皮画非遗传承人感慨："从带动几个人到带动几百人，从过去几百元到现在几千元的收入，非遗保护传承给大家带来了看得见的实惠。"放眼未来，这些实践加强了系统性保护、推进了创新性发展，让非遗焕发出强大生命力。⁷⁰为增强文化认同感与坚定文化自信提供了重要的精神支撑。

⁷²무형문화재의 보호 및 전승의 중점은 현대 생활에 융합되고 당대의 가치를 보여 주어 문화의 풍속을 함양하고 민족의 정신을 응집하는 데 있다. ⁷²새로운 시대라는 조건에서 무형문화재의 창조적 변화와 혁신적 발전을 촉진하려면 전통과 현대, 계승과 발전, 보호와 이용의 관계를 잘 헤아려야 한다. 지난시 백화주(百花洲) 역사 문화 거리에서는 노수(鲁绣), 활자 인쇄, 초유편(草柳編), 샘물 두부 등 무형문화와 기예가 인기를 끌고 있으며 현장에서는 무형문화재 전승자의 시범과 해설도 볼 수 있다. 무형문화재를 현대 생활에 더 잘 녹아들게 하기 위해 산둥성은 무형문화재를 테마로 한 관광 코스들을 출시하여 무형문화재 관광 체험장 조성, 무형문화재 체험학습 관광 상품 및 연기 작품 마련, 무형문화재 특색 관광지 건설 등을 실시해 시대정신으로 전통 무형문화재에 새로운 활력을 불러일으킬 것이다.

농촌의 진흥을 촉진하고 아름다운 농촌을 건설하는 데 무형문화재는 독특한 역할을 하고 있다. 산둥 일부 지역은 '무형문화재 탐색+작업장 빈곤 구제' 형식을 사용하여 시장 잠재력이 크고 견인 역할이 강한 무형문화재 부문을 바탕으로 사람들이 자택 근처에 취직할 수 있게 한다. 많은 지역에서는 전통 공예 사업소를 건설하여 무형문화재 빈곤 구제 취업 공방을 개설하고 전시 및 판매를 구성하며 ⁷³전자상거래 플랫폼에서 공방 제품을 소개하도록 장려하고 있다. 한 수피화(樹皮畵) 무형문화재 전승자는 "몇 명을 이끌었던 과거에서 몇백 명을 이끄는 지금까지, 과거의 몇백 위안에서 현재의 몇천 위안에 달하는 수입까지, 무형문화재 보호 전승은 모두에게 가시적인 혜택을 주었다."라며 감격했다. 미래를 내다보면, 이렇게 실시한 조치들은 체계적인 보호를 강화하고 혁신적인 발전을 추진하여 무형문화재가 강한 생명력을 발산하도록 한다. 또, ⁷⁰문화적 동질감을 높이고 문화에 대한 자신감을 견고히 하는 데 중요한 정신적 뒷받침을 해 준다.

69 关于山东济南的第七届全国非遗博览会说法正确的是？

  A 人们可在线观看特色非遗技艺与特色表演

  B 参与非遗博览会的非遗传承人仅限山东地区

  C 百姓对非遗博览会兴趣不高

  D 参与非遗博览会的志愿者全部为山东籍

70 关于非物质文化遗产，不正确的是？

  A 它是民族智慧与文明的结晶

  B 是人类宝贵的精神财富

  C 它可以坚定人们的文化自信

  D 它使人们短暂地忘记历史

69 산둥성 지난시의 제7회 전국 무형문화재 박람회에 관한 내용 중 옳은 것은？

  A 사람들은 온라인으로 특색 있는 무형문화재 기예와 공연을 볼 수 있다

  B 무형문화재 박람회에 참가한 무형문화재 전승자는 산둥 지역에만 국한된다

  C 무형문화재 박람회에 대한 국민들의 흥미는 크지 않다

  D 무형문화재 박람회에 참가한 자원봉사자는 전부 산둥 출신이다

70 무형문화재에 관해 다음 중 옳지 않은 것은？

  A 민족의 지혜와 문명의 결정체이다

  B 인류의 귀중한 정신적 자산이다

  C 사람들의 문화에 대한 자신감을 견고히 해 준다

  D 사람들이 잠시 역사를 잊게 한다

71 关于王秀英老人，下列说法正确的是？

　　A 从不曾放弃对非遗项目的传承

　　B 认为年轻人很难完成传承大任

　　C 十分抗拒新时代的变化

　　D 对香包的传承欠缺贡献

72 关于非遗的保护与传承，下列说法错误的是？

　　A 鼓励传承人为大众开设体验空间

　　B 使非遗融入现代生活

　　C 处理好继承与发展的关系

　　D 促进非遗的创新发展

73 有关山东展开的保护非遗活动，下列说法正确的是？

　　A 依托政府相关人员推动非遗传承

　　B 禁止一般百姓学习非遗技艺

　　C 非遗保护集中在发达城市展开

　　D 鼓励电商平台推介工坊产品

71 왕슈잉 씨에 관해 다음 중 옳은 것은?

　　A 무형문화재의 전승을 포기한 적이 없었다

　　B 젊은 사람들이 전승이라는 큰 임무를 수행하기는 어렵다고
　　　생각한다

　　C 신시대의 변화를 극히 거부한다

　　D 향주머니의 전승에 대한 기여가 부족하다

72 무형문화재의 보호 및 전승에 관해 다음 중 틀린 것은?

　　A 대중에 체험 공간을 개설하도록 전승자를 장려한다

　　B 무형문화재를 현대 생활에 융합한다

　　C 계승 및 발전의 관계를 잘 헤아린다

　　D 무형문화재의 혁신적 발전을 촉진한다

73 산동성에서 실시한 무형문화재 보호 활동에 관해 다음 중 옳
은 것은?

　　A 정부 관계자에 의존해 무형문화재의 전승을 추진한다

　　B 일반 국민이 무형문화재 기예를 배우는 것을 금지한다

　　C 무형문화재 보호는 발달한 도시에 집중되어 이루어진다

　　D 전자상거래 플랫폼의 공방 제품 소개를 장려한다

栩栩如生 xǔxǔrúshēng 셍 살아 있는 것처럼 생동감이 있다, 생생하게 살아 있는 듯하다 | 济南 Jǐnán 고유 지난 [중국 산둥성의 성도] | 皮影 píyǐng 그림자극 | 声情并茂 shēngqíng bìngmào 셍 (노래·목소리·연주 따위의) 소리가 감미롭고 감정이 깃들어 있다 | 山东 Shāndōng 고유 산둥성 | 快书 kuàishū 몡 쾌서 [중국 민간 예능의 한 가지] | ★精致 jīngzhì 정교하다, 세밀하다 | ★华丽 huálì 셍 화려하다 | 楚 Chǔ 고유 초나라 | 漆器 qīqì 몡 칠기 | 髹 xiū (옻)칠을 하다 | 饰 shì 몡 장식품 | ★技艺 jìyì 몡 기예 [楚式漆器髹饰技艺: 초나라식 칠기 도장 기예] | 简约 jiǎnyuē 간략하다, 간단하다 | 精美 jīngměi 셍 정교하고 아름답다 | 苗族 Miáozú 고유 묘족 [중국의 소수민족] | 蜡染 làrǎn 염색법의 한 가지 | 苗绣 miáoxiù 묘족 여성의 자수품 | 非遗 fēiyí 비물질문화유산 | 博览会 bólǎnhuì 몡 박람회 | ★传承 chuánchéng 전수와 계승 | 参展 cānzhǎn 전시회에 참가하다, 전람회에 출품하다 | 参演 cānyǎn 됭 공연에 참여하다 | 各地 gèdì 각지, 각처 | 具有 jùyǒu 지니다, 가지다 | 线下 xiànxià 오프라인 | ★亮相 liàngxiàng (사람 또는 사물이) 모습을 드러내다 | 青睐 qīnglài 몡 총애, 호감, 인기 | 中华民族 Zhōnghuá Mínzú 고유 중화민족 | ★结晶 jiéjīng 결정체 | 遗产 yíchǎn 몡 유산 [非物质文化遗产: 무형문화재] | 财富 cáifù 몡 자산, 재산 | 为此 wèicǐ 젭 이를 위해서, 이 때문에, 그런 까닭에 | 文化厅 wénhuàtīng 문화청 | 旅游厅 lǚyóutīng 관광청 | 省直 shěngzhí 성(省)위원회나 성(省)정부의 직속 기관 | 出台 chūtái 됭 (정책이나 조치 등을) 공포하거나 실시하다 | 开展 kāizhǎn 됭 전개하다 | 摸清 mōqīng 분명하게 파악하다, 분명히 찾아내다 | 现状 xiànzhuàng 몡 현황, 현재 상황 | 分级 fēnjí 됭 등급을 나누다 | 分类 fēnlèi 됭 분류하다 | 档案 dàng'àn 몡 서류, (공)문서, 파일 | 进一步 jìnyíbù (한 걸음 더) 나아가, 진일보하여 | 提升 tíshēng 됭 진급하다, 진급시키다 | 生生不息 shēngshēng bùxī 셍 끊임없이 생장하고 번성하다 | 薪火 xīnhuǒ 스승의 학예를 제자에서 제자에게로 계속 전수하다 | ★相传 xiāngchuán 됭 ~라고 전해지다, ~라고 전해오다 | ★绽放 zhànfàng 됭 (꽃이) 피다, 터지다 | 迷人 mírén 셍 매력적이다, 매혹적이다 | ★光彩 guāngcǎi 영예, 명예 | ★失传 shīchuán 됭 실전하다, 전해내려 오지 않다 | 黑陶 hēitáo 몡 흑도 [중국 신석기시대 말기의 검은색 토기] | 瓦盆 wǎpén 자배기 [둥글넓적하고 아가리가 넓게 벌어진 질그릇] | 冯纪臣 Féng Jìchén 고유 펑지천 [인명] | 返乡 fǎnxiāng 됭 고향에 돌아가다 | 创业 chuàngyè 됭 창업하다 | 传习所 chuánxísuǒ 교습소 | 供 gōng 됭 제공하다, 공급하다 | 徐州 Xúzhōu 고유 쉬저우 [도시명] | 香包 xiāngbāo 몡 향주머니 | 省级 shěngjí 성급 [중국 지방 행정구역의 최고급인 성·직할시·자치구를 가리킴] | 王秀英 Wáng Xiùyīng 고유 왕슈잉 [인명] | 仍 réng 뷔 여전히, 아직도 | ★前沿 qiányán 최전방 | 孙女 sūnnǚ 몡 손녀 | ★直播 zhíbō 됭 생중계하다, 직접 중계하다 | 坦言 tǎnyán 솔직하게 말하다 | ★接力 jiēlì 됭 이어서 진행하다 | 弦歌 xiángē 됭 교화하다 | 不辍 búchuò 됭 그만두지 않다, 계속하다 | 千载 qiānzǎi 몡 천년이라는 긴 세월 | ★芬芳 fēnfāng 향기 | 愈加 yùjiā 뷔 더욱이, 더욱 | ★醇厚 chúnhòu 셍 (냄새·맛 등이) 깔끔하고 진하다 | 融入 róngrù 융합되어 들어가다, 유입되다 | 展现 zhǎnxiàn 됭 드러내다, 나타나다 | 当代 dāngdài 당대, 그 시대 | 涵养 hányǎng 함양하다 [능력이나 품성 따위를 길러 쌓거나 갖추다] | 乡风 xiāngfēng 몡 풍속 | 凝聚 níngjù 됭 응집하다 | 转化 zhuǎnhuà 몡 변화 | 继承 jìchéng 됭 계승하다 | 百花洲 Bǎihuāzhōu 백화주 | 街区 jiēqū 몡 (약간의 거리로 형성된) 구역 | 鲁绣 Lǔxiù 노수 [산둥 지역 대표적인 자수] | 活字 huózì 몡 활자 | 草柳编 cǎoliǔbiān 초유편 [공예품] | 泉水 quánshuǐ 몡 샘물 | ★备受 bèishòu 실컷 받다, 빠짐없이 받다 | 现场 xiànchǎng 몡 현장 | ★演示 yǎnshì 됭 (도표·실물·모형 따위로) 시범을 보이다 | ★讲解 jiǎngjiě 됭 해설하다 | 推出 tuīchū 됭 (신상품 또는 신기술을) 출시하다, 내놓다 | 线路 xiànlù 몡 노선, 선로 | 培育 péiyù 됭 기르다, 양성하다 | 基地 jīdì 몡 근거지, 본거지, 거점 | 打造 dǎzào 됭 만들다 | 演艺 yǎnyì 몡 연기 | ★景区 jǐngqū 몡 관광지구 | ★激发 jīfā 됭 불러일으키다, 끓어오르게 하다 | 活力 huólì 몡 활력, 생기, 활기, 생기가 넘치는 힘 | 乡村 xiāngcūn 몡 농촌, 시골 | ★振兴 zhènxīng 됭 진흥시키다, 흥성하게 하다 | 采用 cǎiyòng 됭 채택되다, 적합한 것을 골라 쓰다 | 探索 tànsuǒ 됭 탐색하다 | 扶贫 fúpín 됭 가난한 농가를 도와 (생산을 발전시켜) 가난에서 벗어나게 하다 | 车间 chējiān 몡 작업장, 작업 현장 | 模式 móshì 몡 모델 | ★依托 yītuō 의지하다, 기대다 | 潜力 qiánlì 몡 잠재 능력, 잠재력, 저력 | 带动 dàidòng 됭 이끌어 나가다, 선도하다 | 群众 qúnzhòng 몡 대중, 군중, 민중 | 就业 jiùyè 됭 취직하다, 취업하다 | 工艺 gōngyì 몡 공예 | 工作站 gōngzuòzhàn 사업소 | 工坊 gōngfāng 몡 공방 | 展示 zhǎnshì 됭 전시하다, 드러내다, 나타내다 | 展销 zhǎnxiāo 됭 전시 판매하다 | 电商 diànshāng 전자상거래 | 平台 píngtái 몡 플랫폼 | 推介 tuījiè 됭 추천하여 소개하다, 널리 알리다 | 树皮画 shùpíhuà 수피화 | ★感慨 gǎnkǎi 감격하다, 감개무량하다 | 实惠 shíhuì 몡 실리, 실익 | 放眼 fàngyǎn 됭 시선을 멀리 두다 | 加强 jiāqiáng 됭 강화하다, 증강하다 | 推进 tuījìn 됭 추진하다, 밀고

나아가다 | **焕发** huànfā 동 발산하다 | **强大** qiángdà 형 강대하다 | **增强** zēngqiáng 동 높이다, 강화하다, 증강하다 | **认同感** rèntónggǎn 동질감 | **坚定** jiāndìng 동 견고히 하다, 확고히 하다 | **支撑** zhīchēng 동 버티다, 받치다, 지탱하다 | **说法** shuōfa 명 의견, 견해 | ★**在线** zàixiàn 명 온라인 | **观看** guānkàn 동 보다, 참관하다 | **限** xiàn 동 제한하다 | **籍** jí 명 출생지 | ★**短暂** duǎnzàn 형 (시간이) 짧다 | ★**抗拒** kàngjù 동 거부하다, 반대하다 | ★**欠缺** qiànquē 동 모자라다, 결핍되다 | **大众** dàzhòng 명 대중, 군중 | **开设** kāishè 동 개설하다 | **创新** chuàngxīn 명 창의성, 창조성 | **有关** yǒuguān 동 관계가 있다 [跟······有关: ~와 관련이 있다] | **推动** tuīdòng 동 추진하다, 나아가게 하다

● track 31

● **Day 29**　　**74** A　　**75** B　　**76** 害怕被抛弃　　**77** C　　**78** B　　**79** A

74 A [当有人在房间里观看的时候，实验对象举重物的速度会快一些、投掷的距离也会远一些 누군가 방 안에서 보고 있을 때 실험 대상은 무거운 것을 드는 속도가 더 빨라지고, 던지는 거리도 더 멀어진다] 　연구를 위한 실험 과정에서 사회 심리학자가 관람 효과를 어떻게 발견했는지에 대해 녹음 앞부분에 언급됐다. 어떤 연구에 관한 지문은 해당 연구의 대상, 방법, 과정, 결과, 그리고 결과에 근거해 내린 결론 등이 매우 중요한 내용이라고 할 수 있다.

75 B [在有观众在场的情况下，学生做题要快一些、好一些 현장에서 지켜보는 사람이 있는 상황에서 학생들은 문제를 더 빠르게, 더 잘 풀었다] 　관람 효과는 '일부 장소에서 타인의 존재 여부에 따라 업무 효율에 뚜렷한 변화가 생기는 현상'이라고 설명하며, 이 개념을 이해할 수 있도록 녹음 앞부분에 두 가지 예시를 들어주었다.

76 害怕被抛弃　해당 문장은 녹음 중간 부분에 언급됐다.

77 C [当任务难度较大且不太熟悉时，观众在场则会对成绩产生干扰作用 임무의 난도가 비교적 높고 익숙하지 않을 때는 보는 사람이 있으면 성과를 방해하는 작용이 생겼다] 　녹음 뒷부분에서는 임무의 난도가 높고 익숙하지 않을 때는 보는 사람이 있으면 성과를 방해하는 작용이 생기는 '부정적 관람 효과'에 대해서도 설명했다.

78 B [这种关心来自他人的评价 이러한 관심은 타인의 평가에서 나온다] 　직장에서의 관람 효과에 대해서는 녹음 중간 부분에 언급됐다.

79 A [在我们的日常生活中，不难发现 우리의 일상생활에서 쉽게 발견할 수 있다 → 在生活中普遍存在 생활에 보편적으로 존재한다] 　우리의 일상생활에서 쉽게 발견할 수 있는 것 중 스포츠 경기에서 관중이 좋아하는 선수 혹은 팀을 응원하는 것도 관람 효과의 가장 간단하고 보편적인 것이라고 녹음 마지막 부분에 직접 언급했으므로, 답은 A이다.

现在开始第74到79题：
　　一位社会心理学家在一次实验中意外发现，**⁷⁴当有人在房间里观看的时候，实验对象举重物的速度会快一些、投掷的距离也会远一些**。此后，有学者对某大学的学生进行追踪研究，实验结果也证明，**⁷⁵在有观众在场的情况下，学生做题要快一些、好一些**。这种有人在旁与单独行动的两种条件下，个体成绩呈现差异的现象，被社会心理学家称为"观众效应"。"观众效应"是指在一些场合，有他人在场与否，工作效率发生明显变化的现象。社会心理学的研究表明，他人在场产生的观众效应是促进个体行为效绩的一种。同时，在某种情况下，也会有干扰个体活动效绩的产生。实验显示，观众在场时，

74번~79번 문제가 시작됩니다.
　　한 사회심리학자가 실험 중에 의외의 발견을 했는데, **⁷⁴누군가 방 안에서 보고 있을 때 실험 대상은 무거운 것을 드는 속도가 더 빨라지고, 던지는 거리도 더 멀어진다**는 것이다. 이후 한 학자가 모 대학 학생들을 대상으로 추적 연구를 진행하였는데, 실험 결과가 증명하듯이 **⁷⁵현장에서 지켜보는 사람이 있는 상황에서 학생들은 문제를 더 빠르게, 더 잘 풀었다**. 이렇게 누군가 옆에 있을 때와 혼자 행동할 때의 두 가지 상황에서 개인의 성적이 차이를 보이는 현상을 사회심리학자들은 '관람 효과'라고 부른다. '관람 효과'란 일부 장소에서 타인의 존재 여부에 따라 업무 효율에 뚜렷한 변화가 생기는 현상을 뜻한다. 사회심리학 연구 결과, 타인의 존재로 생기는 관람 효과는 개인 행동의 효율 및 업적을 촉진하는 동시에 어떤 상황에서는 개인 활동의 효율 및 업적을 방해하기도 한다. 실험 결과에 따르면 누군가 현장에 있을 때 당사자는 '누군가가 나를

当事人往往会被唤起"有别人正在进行评价"的想法，这可能是较为重要的动机。在任何社会情境中，人们都会 76害怕被抛弃，总会希望别人喜欢自己或被别人接受。很明显，当我们跟别人在一起时，这些动机将更为强烈。78就像很多人在办公室工作时，我们总会以为他或他们可能正在观察自己的工作情况；又或许在注意着自己的表情、行为。这种关心来自他人的评价，往往会唤起个人的"内驱力"，也就是使行为个体产生趋向达到目的的驱动力，从而起到了促进行为的"积极观众效应"。而当这种意识超过个体的控制范围时，内驱力就会使行为个体紧张，从而产生阻碍行为的"消极观众效应"。

在体育运动中，"消极观众效应"的表现较为明显。研究表明，被试验者在任务的难度较低或较容易操作和完成的情况下，观众在场会对其完成任务产生促进作用；77而当任务难度较大且不太熟悉时，观众在场则会对成绩产生干扰作用。

目前，与体育教学及体育竞赛相关的"观众效应"研究比较多。79在我们的日常生活中，不难发现，每场体育竞赛中都会有观众为他们喜爱的选手或团队加油喝彩，其实这就是观众效应最简单而又普遍的应用。

74 那位社会心理学家是如何发现观众效应的？

    A 有人看时实验对象举重物的速度会变快

    B 无人看时实验对象举重物的距离会变远

    C 有人看时实验对象举重物效率更低

    D 无人看时实验对象举重物效率更高

75 下列哪项符合观众效应？

    A 老师帮助落后的学生补习功课

    B 父母在场时，孩子作业完成效率较高

    C 与朋友在一起时，感到最开心

    D 去现场看演唱会时，会感到兴奋

76 在任何社会情境中，人们都会害怕被抛弃，总会希望别人喜欢自己或被别人接受。

평가하고 있다'는 생각이 들게 되며 이는 비교적 중요한 동기가 될 수 있다. 어떠한 사회적 상황에서 사람들은 76버려질까 두려워 다른 사람이 자신을 좋아하거나 자신을 받아들여 주길 바란다. 분명한 건 우리가 다른 사람과 함께 있을 때 이러한 동기는 더욱 강렬해진다. 78마치 많은 사람이 사무실에서 일할 때 우리는 누군가 자기의 업무 상황을 관찰하고 자신의 표정과 행동에 집중하고 있지는 않을까 생각하는 것처럼 말이다. 이러한 관심은 타인의 평가에서 나오며 개인 '내면의 동력'을 불러 일으키는데, 즉 행위자에게 목적 달성을 지향하려는 동력이 생기게 하여 행동을 촉진하는 '긍정적 관람 효과'를 일으킨다. 하지만 이러한 의식이 개인의 통제 범위를 벗어났을 땐 내면의 동력이 행위자를 긴장하게 하여 행동을 방해하는 '부정적 관람 효과'를 일으킨다.

스포츠에서 '부정적 관람 효과'는 더 뚜렷하게 나타난다. 연구 결과, 피실험자는 난도가 비교적 낮거나 조작과 완성이 비교적 쉬운 임무를 수행하는 상황에서는 관중이 있으면 임무 완성을 촉진하는 작용이 생겼지만, 77임무의 난도가 비교적 높고 익숙하지 않을 때는 보는 사람이 있으면 성과를 방해하는 작용이 생겼다.

현재 체육 교육 및 스포츠 경기와 관련된 '관람 효과' 연구가 비교적 많다. 79우리의 일상생활에서 쉽게 발견할 수 있는데, 스포츠 경기에서 관중이 좋아하는 선수 혹은 팀을 응원하는 것도 사실 관람 효과의 가장 간단하고 보편적인 적용이다.

74 본문에 언급된 사회심리학자는 관람 효과를 어떻게 발견하였는가?

    A 누군가 보고 있을 때 실험 대상이 무거운 것을 드는 속도가 빨라졌다

    B 아무도 보고 있지 않을 때 실험 대상이 무거운 것을 드는 거리가 멀어졌다

    C 누군가 보고 있을 때 실험 대상이 무거운 것을 드는 효율이 더 낮다

    D 아무도 보고 있지 않을 때 실험 대상이 무거운 것을 드는 효율이 더 높다

75 다음 중 관람 효과에 해당하는 것은?

    A 선생님이 뒤떨어진 학생의 보충학습을 도와준다

    B 부모님이 있을 때 아이의 숙제 완성 효율이 더 높아진다

    C 친구와 함께 있을 때 가장 기쁘다

    D 콘서트 현장에 갈 때 설렘을 느낀다

76 어떠한 사회적 상황에서 사람들은 버려질까 두려워 다른 사람이 자신을 좋아하거나 자신을 받아들여 주길 바란다.

77 当任务难度大且不熟悉时，观众在场会对实验对象起什么作用？

A 产生积极作用　　B 产生监督作用

C 产生干扰作用　　D 产生激励作用

78 职场中的"观众效应"体现在哪方面？

A 会更加关心他人的工作情况

B 会更加在意他人对自己的评价

C 会不停地跟其他同事进行比较

D 会更加关注领导的看法

79 "体育竞赛中都会有观众为他们喜爱的选手或团队加油喝彩"主要想说明什么？

A "观众效应"在生活中普遍存在

B 有观众在场的运动员人气更高

C 受欢迎的运动员不一定技术高

D 没有观众喝彩的运动员一样会产生内驱力

77 임무의 난도가 높고 익숙하지 않을 때 지켜보는 사람이 있는 것은 실험 대상에게 어떤 작용을 하는가？

A 긍정적 작용이 생긴다　　B 감독 작용이 생긴다

C 방해 작용이 생긴다　　D 격려 작용이 생긴다

78 직장에서의 관람 효과는 어떤 부분에서 나타나는가？

A 타인의 업무 상황에 더 관심을 둔다

B 자신에 대한 타인의 평가에 더 신경 쓴다

C 다른 동료와 끊임없이 비교한다

D 상사의 견해에 더 관심을 둔다

79 '스포츠 경기에서 관중이 좋아하는 선수 혹은 팀을 응원하는 것'은 주로 무엇을 설명하기 위함인가？

A '관람 효과'는 생활에 보편적으로 존재한다.

B 관중이 있는 운동선수의 인기가 더 높다

C 인기 있는 운동선수가 반드시 기술이 좋은 것은 아니다

D 관중의 응원이 없는 운동선수도 똑같이 내면의 동력이 생긴다

心理学家 xīnlǐ xuéjiā 명 심리학자 | **观看** guānkàn 동 보다, 참관하다 | **投掷** tóuzhì 동 던지다, 투척하다 | **此后** cǐhòu 명 이후, 이 다음 | **学者** xuézhě 명 학자 | **★追踪** zhuīzōng 동 추적하다, 행방을 뒤쫓다 | **旁** páng 명 옆, 곁 | **个体** gètǐ 명 개인, 인간 | **★呈现** chéngxiàn 동 나타내다, 나타나다, 양상을 띠다 | **差异** chāyì 명 차이, 다른점 | **★效应** xiàoyìng 명 효과와 반응 | **★场合** chǎnghé 명 특정한 장소 | **与否** yǔfǒu 명 여부 | **心理学** xīnlǐxué 명 심리학 | **效绩** xiàojī 명 효율 및 업적 | **干扰** gānrǎo 동 (남의 일을) 방해하다 | **在场** zàichǎng 동 현장에 있다 | **★当事人** dāngshìrén 명 당사자 | **★唤起** huànqǐ 동 불러일으키다 | **较为** jiàowéi 부 비교적 [≒比较] | **动机** dòngjī 명 동기 | **情境** qíngjìng 명 상황, 분위기 | **★抛弃** pāoqì 동 버리고 돌보지 않다, 던져 버리다 | **更为** gèngwéi 부 더욱, 더, 훨씬 | **驱力** qūlì 명 동력 | **趋向** qūxiàng 동 ～로 기울어지다, ～하는 경향이 있다 | **驱动力** qūdònglì 명 동력 | **起到** qǐdào 동 (어떤 상황을) 초래하다, 일으키다 | **意识** yìshí 명 의식 | **★阻碍** zǔ'ài 동 (진행하지 못하도록) 가로막다 | **难度** nándù 명 난이도 | **操作** cāozuò 동 조작하다 | **且** qiě 접 게다가, 또한 | **及** jí 접 및, ～와 | **竞赛** jìngsài 명 경기, 시합 | **喜爱** xǐ'ài 동 좋아하다, 애호하다, 호감을 가지다 | **选手** xuǎnshǒu 명 선수 | **团队** tuánduì 명 팀, 단체 | **加油** jiāyóu 동 응원하다 [为……加油：～를 위해 응원하다] | **喝彩** hècǎi 동 갈채하다, 큰 소리로 좋다고 외치다('喝'의 성조에 주의하자) | **功课** gōngkè 명 학습, 공부 | **★现场** xiànchǎng 명 현장 | **演唱** yǎnchàng 명 콘서트 | **监督** jiāndū 동 감독하다 | **★激励** jīlì 동 격려하다, 북돋워 주다 | **职场** zhíchǎng 명 직장 | **更加** gèngjiā 부 더욱, 더, 훨씬 | **★在意** zàiyì 동 마음에 두다, 개의하다 [주로 부정 형식에 많이 쓰임] | **关注** guānzhù 동 주시하다, 관심을 가지다 | **★人气** rénqì 명 인기

○track 32

| ● Day 30 | 80 A | 81 桥梁 | 82 B | 83 C | 84 紧密相连 | 85 D |

80 A [国际体育赛事的成功举办，为世界提供了良好的沟通与对话的机遇 국제 스포츠 대회의 성공적인 개최는 전 세계에 긍정적인 소통과 대화의 기회를 만들어 주었다] '人类团结的火炬(인류 단결의 횃불)'이 언급된 문장 바로 앞에 등장한 내용에서 정답이 A임을 알 수 있다.

81 桥梁 녹음 앞부분에서 해당 내용이 언급됐다.

82 B [这种认同感与自豪感无疑增强了阿拉伯国家的凝聚力 이러한 동질감과 자부심은 의심의 여지 없이 아랍 국가의 단결력을 강화했다] 모로코의 승리를 '아랍인의 승리'라고 부른 이유는 바로 뒤에 이어지는 문장에 언급됐다.

83 C [人们可以在北京冬奥会看到由多国成员组成的教练团队 사람들은 베이징동계올림픽에서 여러 국가 사람으로 구성된 코치진을 볼 수 있었다] 스포츠계는 여태껏 폐쇄적인 분야가 아니었다는 내용 바로 뒤에 다국적으로 구성된 코치진이 예시로 등장했다.

84 紧密相连 녹음의 뒷부분에 해당 내용이 언급됐다.

85 D ["体育交往"可以消除误解，释放多边合作善意是改善与缓和国际关系的重要纽带⋯⋯ '스포츠 교류'가 오해를 없애고 다자 협력의 호의를 베푸는 것은 국제관계를 개선 및 완화하는 중요한 연결고리가 되며 (⋯)] '스포츠 교류'가 국제관계와 각국의 교류에 기여한 정신적 힘이 무엇인지에 대한 답변은 녹음의 맨 마지막에 언급됐다.

现在开始第80到85题：

　　当今世界，气候变化、粮食危机等全球性问题层出不穷，虽然各国试图通过合作共同应对挑战，但在实践层面却依然受地域、种族等因素影响而阻碍重重。如何跨越隔阂与分歧，成为世界急需解决的问题。⁸⁰2022年，北京冬奥会、卡塔尔世界杯等国际体育赛事的成功举办，为世界提供了良好的沟通与对话的机遇，并再次点燃了"人类团结的火炬"。"体育交往"作为国际交往的一种形式，是各国增进相互理解与友谊的重要⁸¹桥梁之一。人类社会对体育的热情是相通的，这也为国际交流提供了良好机遇。

　　在刚刚结束的卡塔尔世界杯上，阿拉伯国家借"足球"增加沟通的画面给世界留下了深刻印象。受政治等因素影响，阿拉伯国家内部长期存在一些不和谐音符，但在本届世界杯上，多位阿拉伯国家领导人借"足球外交"加强沟通，普通阿拉伯民众也因足球拉近了距离。比如，继东道主卡塔尔提前出局、击败阿根廷的沙特阿拉伯相继败给波兰和墨西哥、战胜法国的突尼斯惨遭淘汰后，摩洛哥队成为了本届世界杯上阿拉伯国家最后的希望。在摩洛哥挺进半决赛后，体育场外来自沙特、阿联酋等各国的球迷游行欢庆，把摩洛哥的胜利称为"阿拉伯人的胜利"。⁸²这种认同感与自豪感无疑增强了阿拉伯国家的凝聚力，为地区的和平稳定注入了正能量。世界杯这样的体育赛事让世界和平相聚，把负面情绪抛在脑后。

　　体育赛事对政治性因素的淡化为各国提供了和平对话的空间，为化解矛盾与分歧提供了前提条件。回顾过去，借用体育交流缓解国家间紧张形势的事例屡见不鲜。未来，体育作为跨文化交流的重要平台，将继续为世界实现多元化创造良机。体育事业一直是全球化进程中的重要一环，即使是在新冠疫情阻碍国际交流的今天，体育也可以凭借其独特的魅力将全人类紧紧联系在一起。

　　奥运会、世界杯等大型国际体育赛事本身便是全球化的成果，从体育场馆的合作建设到运动员、教练员的跨国交流，⁸³体育界从来不是一个封闭的领域。人们可以在北京

80번~85번 문제가 시작됩니다.

현재 세계에는 기후변화, 식량 위기 등 전 세계적인 문제가 끊이지 않고 있다. 비록 각국이 협력을 통해 도전에 공동 대응하려고 하지만, 실천적인 측면에서는 여전히 지역, 종족 등 요소의 영향에 여러 방해를 받고 있다. 갈등과 이견을 어떻게 뛰어넘을 것인지는 전 세계가 시급히 해결해야 할 문제가 되었다. ⁸⁰2022년 베이징동계올림픽, 카타르 월드컵 등 국제 스포츠 대회의 성공적인 개최는 전 세계에 긍정적인 소통과 대화의 기회를 만들어 주었으며 다시 '인류 단결의 횃불'을 밝혀 주었다. 국제 교류의 한 형태인 '스포츠 교류'는 각국의 상호이해와 우호를 증진하는 중요한 ⁸¹교량 역할을 한다. 인류 사회의 스포츠에 대한 열정은 모두 상통하며 이 또한 국제 교류에 긍정적인 기회를 제공했다.

얼마 전 폐회한 카타르 월드컵에서 아랍 국가가 '축구'를 빌려 소통을 늘리는 장면은 전 세계에 깊은 인상을 남겼다. 정치 등 요소의 영향으로 아랍 국가에는 내부적으로 일부 불협화음이 오랜 시간 존재했다. 하지만 이번 월드컵에서 수많은 아랍 국가 지도자는 '축구 외교'를 통해 소통을 강화했고 일반 아랍 국민들도 축구로 인해 간격을 좁힐 수 있었다. 예를 들어 월드컵 주최국인 카타르가 조기 탈락하고, 아르헨티나를 꺾은 사우디아라비아는 뒤이어 폴란드와 멕시코에 패배하고, 프랑스에 승리한 튀니지도 탈락한 후 모로코가 이번 월드컵에서 아랍 국가의 마지막 희망이 되었다. 모로코가 4강에 진출한 후 경기장 외부엔 사우디, 아랍에미리트 등 국가에서 온 축구 팬들이 축하 행렬을 벌이며 모로코의 승리를 '아랍인의 승리'라고 불렀다. ⁸²이러한 동질감과 자부심은 의심의 여지 없이 아랍 국가의 단결력을 강화했으며 지역의 평화와 안정에 긍정적인 에너지를 불어넣었다. 이처럼 월드컵과 같은 스포츠 대회는 부정적 정서를 뒤로 하고 세계평화를 한곳에 모아 준다.

스포츠 대회는 정치적 요소를 희미하게 하여 각국에 평화적인 대화의 공간을 제공해 주었으며 갈등과 이견을 푸는 데 전제 조건을 만들어 주었다. 과거를 회상해 보면 스포츠 교류로 국가 간 긴장 국면을 완화한 사례를 흔히 볼 수 있다. 미래에도 스포츠는 다문화 소통의 중요한 장으로서 전 세계가 다양화를 실현하는 데 계속해서 좋은 기회를 만들어 줄 것이다. 스포츠 사업은 줄곧 글로벌화 과정의 중요한 일환으로, 오늘날 코로나가 국제 교류를 방해하고 있다 하더라도 스포츠는 그 독특한 매력을 기반으로 전 인류를 긴밀히 연결할 수 있다.

올림픽과 월드컵 등 대형 국제 스포츠 대회 자체가 바로 글로벌화의 성과이다. 경기장의 협력 건설부터 운동선수 및 코치의 국제적 교류까지, ⁸³스포츠계는 여태껏 폐쇄적인 분야가 아니었다. 사람들은 베이징동계올림픽에서 여러 국가 사람으로 구성된 코치진을 볼 수 있었으며 카타르 월드컵에서도 '중

冬奥会看到由多国成员组成的教练团队，也可以在卡塔尔世界杯中看到"中国制造"。全球化无疑促进了现代体育事业的繁荣发展，而体育事业又为全球化提高信心。回望2022年，体育再次证明，世界是一个整体，与人类的命运 84紧密相连。85"体育交往"可以消除误解、释放多边合作善意是改善与缓和国际关系的重要纽带，这些都是体育为国际关系与各国的交流贡献的精神力量。

국 제조'를 볼 수 있었다. 글로벌화는 의심할 여지 없이 현대 스포츠 사업의 번영과 발전을 촉진시켰으며 스포츠 사업 또한 글로벌화에 신념을 심어 주었다. 2022년을 되돌아보면 세계는 하나의 집단이며 인류의 운명과 84긴밀히 연결되어 있음을 스포츠가 다시 한번 증명해 주었다. 85'스포츠 교류'가 오해를 없애고 다자 협력의 호의를 베푸는 것은 국제관계를 개선 및 완화하는 중요한 연결고리가 되며, 이는 스포츠가 국제관계와 각국의 교류에 기여한 정신적인 힘이다.

80 对于"国际体育赛事的成功举办点燃了人类团结的火炬"这句话理解正确的是？

A 体育赛事的举办有助于各国间的交流与沟通
B 举办大型体育赛事是人类团结的唯一选择
C 体育赛事是人类进入文明社会的标志
D 重大体育赛事举办时都会点燃火炬

81 "体育交往"作为国际交往的一种形式，是各国增进相互理解与友谊的重要桥梁之一。

82 很多阿拉伯国家的球迷把摩洛哥的胜利称为"阿拉伯人的胜利"主要体现了什么？

A 民族优越感 　　B 民族认同感
C 民族自卑感 　　D 民族危机感

83 为什么说："体育界从来不是一个封闭的领域。"

A 足球比赛不会在封闭环境下进行
B 世界杯深受中国观众欢迎
C 教练团队可由多国成员组成
D 进入国家队的选手由外国选送

84 回望2022年，体育再次证明，世界是一个整体，与人类的命运紧密相连。

85 "体育交往"为国际关系与各国的交流贡献的精神力量是？

A 兴起全民足球热潮
B 带动全球经济一体化
C 发展体育周边产品
D 消除误解、改善国际关系

80 '국제 스포츠 대회의 성공적인 개최는 인류 단결의 햇불을 밝혀 주었다'는 말을 올바르게 이해한 것은?

A 스포츠 대회의 개최는 각 나라 간의 교류와 소통에 도움이 된다
B 대형 스포츠 대회를 개최하는 것은 인류 단결의 유일한 선택이다
C 스포츠 대회는 인류의 문명사회 진입의 상징이다
D 중대한 스포츠 대회를 개최할 때 항상 햇불을 켠다

81 국제 교류의 한 형태인 '스포츠 교류'는 각국의 상호이해와 우호를 증진하는 중요한 교량 역할을 한다.

82 수많은 아랍 국가의 축구 팬이 모로코의 승리를 '아랍인의 승리'라고 부른 것은 주로 무엇을 나타내는가?

A 민족적 우월감 　　B 민족적 동질감
C 민족적 열등감 　　D 민족적 위기감

83 '스포츠계는 여태껏 폐쇄적인 분야가 아니었다'라고 말한 이유는 무엇인가?

A 축구 경기는 폐쇄적인 환경에서 진행하지 않는다
B 월드컵은 중국 관중의 많은 사랑을 받았다
C 코치진은 여러 나라 사람으로 구성될 수 있다
D 국가대표팀에 들어갈 선수는 외국에서 선발된다

84 2022년을 되돌아보면 세계는 하나의 집단이며 인류의 운명과 긴밀히 연결되어 있음을 스포츠가 다시 한번 증명해 주었다.

85 '스포츠 교류'가 국제관계와 각국의 교류에 기여한 정신적인 힘은 무엇인가?

A 전 국민의 축구 열풍을 일으켰다
B 글로벌 경제통합을 이끌었다
C 스포츠 굿즈 상품을 발전시켰다
D 오해를 풀고 국제관계를 개선했다

当今 dāngjīn 몡 현재 | **危机** wēijī 몡 위기 | **全球性** quánqiúxìng 전 세계적 | ★**层出不穷** céngchū bùqióng 솅 끊임없이 나타나다 | **试图** shìtú 동 시도하다 | **应对** yìngduì 동 대응하다 | **层面** céngmiàn 몡 방면 | **地域** dìyù 몡 지역 | ★**种族** zhǒngzú 몡 종족, 인종 | **阻碍** zǔ'ài 동 방해하다 | **重重** chóngchóng 혱 매우 많다 | **跨越** kuàyuè 동 (지역이나 시기의 한계를) 뛰어넘다 | ★**隔阂** géhé 몡 (생각·감정의) 틈 | ★**分歧** fēnqí 몡 (의견 따위의) 불일치 | **急需** jíxū 급히 필요로 하다 | **冬奥会** dōng'àohuì 동계올림픽 | **卡塔尔** Kǎtǎ'ěr 고유 카타르 | **世界杯** shìjièbēi 몡 월드컵 | **赛事** sàishì 몡 경기 | **机遇** jīyù 몡 (좋은) 기회 | **再次** zàicì 뷔 재차, 거듭 | **点燃** diǎnrán 동 점화하다, 불을 붙이다 | **团结** tuánjié 동 단결 | **火炬** huǒjù 몡 햇불 | **增进** zēngjìn 동 증진하다 | **相互** xiānghù 혱 상호의 | **桥梁** qiáoliáng 몡 교량, 다리 | **相通** xiāngtōng 동 상통하다, 서로 통하다 | **阿拉伯** Ālābó 고유 아랍, 아라비아 | **画面** huàmiàn 몡 장면 | **和谐** héxié 혱 조화하다, 잘 어울리다 | **音符** yīnfú 몡 음표 | **领导人** lǐngdǎorén 지도자 | **加强**

jiāqiáng 동 강화하다 | **普通** pǔtōng 형 일반적이다 | **民众** mínzhòng 명 민중 | **拉近** lājìn 동 가까이 끌어당기다 | **继** jì 접 연이어, 그 다음에 | **东道主** dōngdàozhǔ 명 주최측 | **出局** chūjú 동 (경기에서) 탈락하다 | **击败** jībài 동 격파하다, 패배시키다 | **阿根廷** Āgēntíng 고유 아르헨티나 | **沙特阿拉伯** Shātè Ālābó 고유 사우디아라비아 | **相继** xiāngjì 부 잇따라, 연이어, 계속해서 | **波兰** Bōlán 고유 폴란드 | **墨西哥** Mòxīgē 고유 멕시코 | **战胜** zhànshèng 동 승리하다 | **法国** Fǎguó 고유 프랑스 | **突尼斯** Tūnísī 고유 튀니지 | **惨遭** cǎnzāo 동 참혹하게 당하다 | ★**淘汰** táotài 동 도태하다 | **摩洛哥** Móluògē 고유 모로코 | **队** duì 명 팀 | **挺进** tǐngjìn 동 나아가다 | **半决赛** bànjuésài 명 준결승(4강) | **体育场** tǐyùchǎng 명 운동장, 스타디움 | **沙特** Shātè 고유 사우디 | **阿联酋** Āliánqiú 고유 아랍 에미리트 연합 | **欢庆** huānqìng 동 경축하다 | **阿拉伯人** Ālābórén 고유 아랍인, 아라비아인 | **认同感** rèntónggǎn 명 동질감 | **自豪感** zìháogǎn 명 자부심 | **无疑** wúyí 형 의심할 바 없다 | **增强** zēngqiáng 동 강화하다 | **凝聚力** níngjùlì 명 단결력, 응집력 | **注入** zhùrù 동 주입하다 | **正能量** zhèng néngliàng 긍정 에너지 | **相聚** xiāngjù 동 모이다 | **负面** fùmiàn 명 부정적인 요소 | **抛在脑后** pāozai nǎohòu 까맣게 잊어버리다 | **淡化** dànhuà 동 희미하게 하다 | **化解** huàjiě 동 없애다, 사라지다 | ★**分歧** fēnqí 불일치 | **前提** qiántí 명 전제 | **回顾** huígù 동 회상하다, 돌이켜보다 | **借用** jièyòng 동 차용하다 | **事例** shìlì 명 사례 | **屡见不鲜** lǚjiàn bùxiān 형 흔히 볼 수 있다 | **跨文化交流** kuàwénhuà jiāoliú 다원화 소통 | **平台** píngtái 명 플랫폼 | ★**多元化** duōyuánhuà 동 다원화하다 | **良机** liángjī 좋은 기회 | **事业** shìyè 명 사업 | **全球化** quánqiúhuà 국제화하다 | **进程** jìnchéng 명 과정 | **新冠疫情** xīnguān yìqíng 코로나 전염병 상황 | **阻碍** zǔ'ài 동 방해하다 | **凭借** píngjiè 동 ~를 기반으로 하다 | **紧紧** jǐnjǐn 부 단단히 | **奥运会** Àoyùnhuì 고유 올림픽 | **本身** běnshēn 명 그 자체 | **教练员** jiàoliànyuán 명 코치 | **跨国** kuàguó 동 국경을 초월하다 | **封闭** fēngbì 동 폐쇄하다 | **成员** chéngyuán 명 구성 인원 | **团队** tuánduì 명 단체, 집단 | **回望** huíwàng 되돌아보다 | **紧密** jǐnmì 형 긴밀하다 | **相连** xiānglián 동 연결되다 | **消除** xiāochú 동 없애다, 제거하다 | **误解** wùjiě 명 오해 | ★**释放** shìfàng 동 석방하다 | **善意** shànyì 명 호의 | ★**缓和** huǎnhé 동 (상황·분위기 등을) 완화시키다, 완화하다 | **纽带** niǔdài 명 연결고리, 유대 | **有助于** yǒuzhùyú ~에 도움이 되다 | **优越感** yōuyuègǎn 명 우월감 | **自卑感** zìbēigǎn 명 열등감 | **危机感** wēijīgǎn 명 위기감 | **国家队** guójiāduì 명 국가대표팀 | **选手** xuǎnshǒu 명 선수 | **选送** xuǎnsòng 동 선발하여 보내다 | **兴起** xīngqǐ 동 흥기하다, 일어나기 시작하다 | **全民** quánmín 명 전 국민 | ★**热潮** rècháo 명 열기 | **带动** dàidòng 동 이끌어 나가다 | **一体化** yìtǐhuà 일체화하다 | **周边产品** zhōubiān chǎnpǐn 굿즈

03 사회, 환경, 생활상식, 건강

본서 p.59~63

track 35

● **Day 32**   **1** A(√)   **2** B(×)   **3** B(×)   **4** A(√)   **5** B(×)

1 **A(√)** [动物通过声音和气味区别自己和其他同类，也是自我意识的表现 동물은 소리와 냄새로 자신과 상대방을 구분하는데 이 또한 자의식을 나타내는 것이기 때문이다]   녹음 마지막 부분에 거울을 비추어 동물의 자의식 여부를 판단하는 실험의 결점에 대해 소개하며 동물은 소리와 냄새로 자신과 상대방을 구분하는데 이 역시 자의식을 나타내는 것이라고 했다.

2 **B(×)**   특수효과가 있는 거울을 특별히 제작했다는 내용은 언급되지 않았다.

3 **B(×)** [猫和狗并没有"通过"这一测试 고양이와 개도 이 테스트를 '통과'하지 못했다]   고양이는 거울 테스트를 통과하지 못했다고 녹음 중간 부분에 언급됐다.

4 **A(√)** [能够"通过镜子测试"可以作为动物有自我意识的一个证据 거울 테스트를 통과하면 그 동물은 자의식을 가지고 있다는 증거로 볼 수 있다]   거울 테스트는 동물이 자의식이 있는지 여부를 판단하기 위한 실험이며, 통과할 경우 어느 정도 자의식을 갖고 있음을 의미한다고 했다. 전환 접속사 '然而(그러나)' 뒤에 중요 내용이 많이 나온다.

5 **B(×)**   거울 테스트에는 뚜렷한 결점이 있다며 결점을 소개하긴 했지만 거울 테스트 자체가 잘못된 행동이라고 하지는 않았다.

现在开始第1到5题：

　　人照镜子时会意识到镜子里的"那个人"是自己，那是因为人类拥有自我认知能力。那么，猫和狗等动物也有这方面的能力吗？

　　镜子对人类来说是一种常见的商品，然而，在研究动物是否具有自我意识时，镜子可谓是"当仁不让的评判者"。动物学家指出：如果能认出镜子里的自己，则代表拥有一定程度的自我意识；反之，则没有。

　　心理学家尝试利用照镜子的方法来测试动物是否具有自我认知能力。实验中，他们先将动物麻醉，在它们身上较少能触碰到的位置做好标记，然后等动物苏醒后给它们照镜子。如果动物们在照镜子的过程中对标记表示出一定的好奇，并开始尝试触碰该标记，则表明动物能意识到镜子里的是自己。也就表明这种动物具有自我意识，准确来说是"视觉自我意识"。然而，在这些动物中，[3]平时看起来十分"精明"的猫和狗并没有"通过"这一测试。实验显示：猫在整个测试中，根本不会触摸头上的标记，它只是把镜子里的猫当作另一只猫，并且表现出了困惑。然后兴致勃勃地靠近，并不停地嗅"对方"的气味。这至少表明它们从视觉上无法辨认出镜子里的猫就是自己。因此，在它们眼中，镜子里的"那只猫"是另一个完全不同的个体。所以猫通常会对镜子里的猫产生好奇，但镜子里的猫并不会散发气味。于是，很多猫会对镜子里的自己逐渐失去耐心并产生敌意，甚至发动攻击。当然，有些猫也会在一开始时，对着镜子里的自己发出威吓，发现毫无作用后，就对镜子失去兴趣了。

　　与之相反的是，灵长类的动物就可以"通过"测试。大猩猩能轻松对着镜子寻找身上的问题；鲸类动物也能"通过"测试；一部分大象和喜鹊也能通过测试。

　　镜子测试的初衷是为了测试动物是否具有自我意识，不过这种试验有个明显的缺陷，那就是极其依赖视觉。我们知道，很多动物其实并不是依靠视觉系统来认识世界的，就算是猫、狗等视觉还不错的动物，对视觉的依赖也远远小于人类。目前研究人员普遍认为，[4]能够"通过镜子测试"可以作为动物有自我意识的一个证据，但没能通过镜子测试，也并不能完全证明动物没有自我意识。[1]因为动物通过声音和气味区别自己和其他同类，也是自我意识的表现。此外，镜子是一

1번~5번 문제가 시작됩니다.

　　사람은 거울을 볼 때 거울 속에 '그 사람'이 자신임을 깨닫는다. 그것은 사람이 자아 인지 능력을 갖추고 있기 때문이다. 그렇다면 고양이나 개 등의 동물도 이러한 능력을 갖추고 있을까?

　　거울은 인류에게 있어 흔한 물건이지만, 동물이 자의식을 가졌는지 여부를 연구할 때 거울은 '판정에 적극적으로 나서는 심판'이라고 할 수 있다. 동물학자는 "만약 거울 속에 비친 자기를 인식할 수 있다면 어느 정도 자의식을 갖고 있다는 것을 의미하며, 반대의 경우 자의식을 갖고 있지 않은 것으로 볼 수 있다."라고 밝혔다.

　　심리학자는 거울을 비추는 방법을 이용하여 동물에게 자아 인지 능력이 있는지 실험했다. 실험은 먼저 동물을 마취하고 동물의 몸 중 비교적 잘 닿지 않는 위치에 표시한 후, 마취에서 깨면 동물에게 거울을 비추는 방식으로 진행됐다. 만약 동물들이 거울을 보는 동안 그 표시에 호기심을 보이고 만지려고 한다면, 동물이 거울 속에 비친 것이 자신임을 인식한다는 걸 나타낸다. 또한 해당 동물에게 자의식, 정확히는 '시각적 자의식'이 있다는 것을 나타낸다. 하지만 동물들 중 [3]평소 '똑똑해 보이는' 고양이와 개도 이 테스트를 '통과'하지 못했다. 실험 결과, 고양이는 전체 테스트에서 머리에 해 둔 표시를 아예 만지지 않았고 거울에 비친 고양이를 또 다른 고양이로 여기고 당혹스러워했다. 그 후 흥미롭게 거울에 다가가 끊임없이 '상대방'의 냄새를 맡았다. 이는 적어도 거울 속의 고양이가 자기라는 것을 시각적으로 분별해 내지 못했다는 걸 나타낸다. 따라서 고양이들의 눈에 거울 속 '그 고양이'는 자신과 아예 다른 개체로 보이는 것이다. 이런 까닭에 고양이는 보통 거울 속 고양이에게 호기심을 느끼지만, 거울 속 고양이는 냄새를 발산하지 않는다. 이런 까닭에 많은 고양이들이 거울 속 자신에게 점차 인내심을 잃고 적의를 느끼며 심지어 공격하기도 한다. 물론 처음부터 거울 속 자신에게 위협적으로 대하고 아무 반응이 없는 걸 깨달으면 거울에 흥미를 잃는 고양이도 일부 있었다.

　　이와는 반대로, 영장류동물은 테스트를 통과했다. 고릴라는 거울을 보고 손쉽게 몸에 생긴 문제를 찾아냈다. 고래도 테스트를 통과할 수 있었고, 일부 코끼리와 까치도 테스트를 통과했다.

　　거울 테스트의 본의는 동물이 자의식을 가졌는지 여부를 테스트하기 위함이지만, 이 테스트에는 뚜렷한 결점이 있다. 바로 시각에 대한 의존도가 굉장히 높다는 것이다. 우리는 많은 동물이 사실 시각기관에만 의존하여 세상을 인지하는 건 아니라는 것을 알고 있다. 설령 고양이, 개 등 시각이 좋은 동물이라도 시각에 대한 의존도는 인간에 못 미친다. 현재 연구원들은 [4]거울 테스트를 통과하면 그 동물은 자의식을 가지고 있다는 증거로 볼 수 있다고 보편적으로 생각하지만, 거울 테스트를 통과하지 못했다고 해서 그 동물이 자의식이 없다는 걸 완벽히 증명할 수는 없다. [1]동물은 소리와 냄새로 자신과 상대방을 구분하는데 이 또한 자의식을 나타내는 것이기 때문이다.

种人工制造的物品，在自然界中并不存在，很多动物可能并不是没有自我意识，而是不会使用镜子罢了。

또한 거울은 인간이 만든 물건이고 자연에 존재하지 않는다. 많은 동물들이 결코 자의식이 없는 게 아니라, 거울을 사용할 줄 모를 뿐일 것이다.

请判断第1到5题：

1번~5번 문제의 정오를 판별하세요.

1 通过声音和气味区别自己和同类，也是动物有自我意识的表现。

A √　　　B ×

1 소리와 냄새로 자신과 상대방을 구분하는 것도 동물이 자의식이 있다는 걸 나타내는 것이다.

A √　　　B ×

2 心理学家为镜子测试专门研制了特殊效果的镜子。

A √　　　B ×

2 심리학자는 거울 테스트를 위해 특수효과가 있는 거울을 특별히 제작했다.

A √　　　B ×

3 在镜子测试中，猫顺利地通过了测试。

A √　　　B ×

3 고양이는 거울 테스트를 순조롭게 통과했다.

A √　　　B ×

4 能通过镜子测试的动物表示该动物拥有自我意识。

A √　　　B ×

4 거울 테스트를 통과한다는 것은 그 동물이 자의식이 있다는 것을 나타낸다.

A √　　　B ×

5 用镜子来判断动物是否有自我意识是错误的行为。

A √　　　B ×

5 거울을 이용해 동물이 자의식이 있는지 판단하는 것은 잘못된 행동이다.

A √　　　B ×

意识 yìshí 통 깨닫다, 의식하다 | 拥有 yōngyǒu 통 가지다, 보유하다, 지니다 [물리적·추상적 소유를 의미함] | 自我 zìwǒ 때 자아, 자기 자신 | ★认知 rènzhī 명 인지 | 常见 chángjiàn 형 흔히 보는, 늘 보이는 | 具有 jùyǒu 통 구비하다, 가지다 | ★可谓 kěwèi ~라고 말할 수 있다, ~라고 할 만하다 | 当仁不让 dāngrénbúràng 성 적극적으로 나서다 | 评判者 píngpànzhě 명 심판 | 指出 zhǐchū 통 밝히다, 지적하다 | 认出 rènchū 통 식별하다, 분별하다 | ★则 zé 접 ~하면 ~하다 [인과관계나 조건을 나타냄] | 反之 fǎnzhī 접 이와 반대로, 바꾸어서 말하면 | 心理学家 xīnlǐ xuéjiā 명 심리학자 | 尝试 chángshì 통 테스트해 보다, 시험해 보다 | 测试 cèshì 통 실험하다 | ★麻醉 mázuì 통 마취하다, 마비시키다 | 触碰 chùpèng 통 닿다, 접촉하다 | 标记 biāojì 명 표기 | ★苏醒 sūxǐng 통 의식을 회복하다, 정신을 차리다 | 视觉 shìjué 명 시각 | ★精明 jīngmíng 형 총명하다, 영리하다 | ★触摸 chùmō 통 (손으로) 만지다, 건드리다 | 当作 dàngzuò 통 ~로 여기다, ~로 간주하다 | ★困惑 kùnhuò 통 당혹스럽게 하다 | 兴致勃勃 xìngzhì bóbó 성 흥미진진하다 | 靠近 kàojìn 통 다가가다, 가까이 가다, 접근하다 | 嗅 xiù 통 냄새를 맡다 | ★气味 qìwèi 명 냄새 | ★辨认 biànrèn 통 식별해 내다 | 个体 gètǐ 명 개체 | ★散发 sànfā 통 발산하다, 내뿜다 | 敌意 díyì 명 적의, 적대심 | 发动 fādòng 통 행동하기 시작하다 | 攻击 gōngjī 명 공격 | 威吓 wēihè 통 위협하다 | ★毫无 háowú 조금도 ~가 없다 | 灵长类 língzhǎnglèi 명 영장류 | 大猩猩 dàxīngxing 명 고릴라 | 鲸 jīng 명 고래 | 喜鹊 xǐquè 명 까치 | ★初衷 chūzhōng 명 본의, 본뜻, 초심 | 缺陷 quēxiàn 명 결점, 결함, 부족한 점 | 依赖 yīlài 통 의존하다 | 就算 jiùsuàn 접 설령 ~이라도 | 远远 yuǎnyuǎn 부 훨씬, 크게, 몹시 | 研究人员 yánjiū rényuán 명 연구원 | 人工 réngōng 명 인공의, 인위적인 | 物品 wùpǐn 명 물품 | 自然界 zìránjiè 명 자연계 | 罢了 bàle 조 ~일 뿐이다 | ★同类 tónglèi 명 같은 종류, 같은 무리 | 研制 yánzhì 통 연구 제작하다

'可谓'는 '~라고 말할 수 있다'라는 뜻으로 어떤 상황이나 특징을 요약하거나 정의하는 데 사용된다. 주로 문체가 비교적 공식적인 글이나 말에서 사용된다.

예 他的成就可谓非凡。 그의 성취는 비범하다고 볼 수 있다.

Day 33 **6** B(×)   **7** B(×)   **8** A(√)   **9** A(√)   **10** A(√)

6 **B(×)** [金属元素广泛分布于自然环境和人类社会生产中 금속원소는 자연환경과 인류 사회의 생산에 광범위하게 분포하고 있다] 금속원소는 광범위하게 분포하고 있다고 했으므로, 분포 형태가 하나뿐이라는 설명은 틀렸다.

7 **B(×)** [不管是在岩石圈，还是在海水中，微生物都可以完成对金属的"收集"工作 암석권에 있든 수중에 있든 미생물은 어디서든 금속을 '수집'할 수 있다] 여기서 '收集(수집)'과 '吸收(흡수)'는 유사한 의미로 쓰였음을 알 수 있어야 한다. 또한, 녹음의 중간 부분에서 미생물이 인류의 탐사 작업을 도울 수 있는 이유를 언급하며 미생물은 금속을 흡수할 수 있음을 다시 한번 설명했다.

8 **A(√)** [某些微生物……会优先生长于高含量金属地区 어떤 미생물은 (…) 우선적으로 고함량 금속 구역에서 자란다] 녹음 중간 부분에 어떤 미생물은 우선적으로 고함량 금속 구역에서 생장할 수 있다고 언급했다.

9 **A(√)** [微生物还能减少土壤重金属污染 미생물은 토양의 중금속오염을 줄일 수 있다] 미생물이 하는 일에 대해서 나열하는 부분에서 미생물이 토양의 중금속오염을 줄일 수 있다는 것이 언급됐다.

10 **A(√)** [微生物可以通过降低重金属元素的毒性来进行"自救" 미생물은 중금속원소의 독성을 낮추어 자신을 구할 수 있다] 녹음의 뒷부분에 제시 문장이 거의 그대로 등장했다.

现在开始第6到10题：

　　⁶金属元素广泛分布于自然环境和人类社会生产中。在自然环境中，金属一般以金属矿物的形式存在于岩石圈、土壤圈等；在海洋、湖泊等水环境中，一般以金属离子的形式存在。⁷不管是在岩石圈，还是在海水中，微生物都可以完成对金属的"收集"工作，可谓"乐此不疲"。

　　微生物"收集"的金属，也被称为固定金属、生物浓缩或生物吸附。与此同时，利用微生物来对金属矿藏进行探测的技术也随之诞生。这一技术问世后，人们对其产生了极大的兴趣，微生物也因此成为了一名光荣的勘探工人。微生物之所以能够帮助人类完成勘探工作，是因为不同微生物对于重金属毒害作用的敏感性存在差异。⁸某些微生物可以"忍耐"含量较高的金属，因此这些微生物会优先生长于高含量金属地区。探测到了这种特定的微生物，也就相当于探测到了金属矿藏。

　　然而，微生物不仅是"勘探工"，它们还能对金属进行开采。人们利用它对矿物的氧化还原特性，将矿物中的金属溶解到镜框溶液中，或者利用微生物的代谢产物使矿物溶解，进而实现采矿的目的。除此之外，⁹微生物还能减少土壤重金属污染。研究发现，一些微生物在不同的土壤环境中，可通过一系列的活动使有毒金属元素的价态发生改变，从而使它们的性质发生改变，降低毒性。

6번~10번 문제가 시작됩니다.

　　⁶금속원소는 자연환경과 인류 사회의 생산에 광범위하게 분포하고 있다. 자연환경에서 금속은 일반적으로 금속광물의 형태로 암석권, 토양권 등에 존재한다. 해양, 호수 등의 수중 환경에서는 일반적으로 금속이온의 형태로 존재한다. ⁷암석권에 있든 수중에 있든 미생물은 어디서든 금속을 '수집'할 수 있으며 '피곤한 줄도 모르고 이에 몰두한다'고 할 수 있다.

　　미생물이 수집한 금속은 고정 금속, 생물농축 혹은 생물흡착이라고도 불린다. 또한 이에 따라 미생물을 이용해 금속 광산을 탐측하는 기술도 생겨났다. 이 기술이 등장한 후 사람들은 이에 대해 크게 흥미를 느꼈으며 미생물도 영광스러운 탐사 일꾼이 되었다. 미생물이 인류의 탐사 작업에 도움이 될 수 있는 것은 미생물에 따라 중금속 유독 작용의 민감도에 차이가 있기 때문이다. ⁸어떤 미생물은 함량이 비교적 높은 금속을 '견딜 수 있어' 우선적으로 고함량 금속 구역에서 자란다. 이러한 특정 미생물을 탐측해 내는 건 금속광물을 탐측해 낸 것과도 같다.

　　하지만 미생물은 '탐사 일꾼'일 뿐만 아니라 금속을 채굴할 수도 있다. 사람들은 미생물의 광물 산화·환원 특성을 이용하여 광물 중의 금속을 프레임 용액에 용해하거나 미생물의 대사 산물을 이용해 광물을 용해하여 채굴 목적을 달성한다. 이 외에도 ⁹미생물은 토양의 중금속오염을 줄일 수 있다. 연구에 따르면 일부 미생물은 서로 다른 토양 환경에서 일련의 활동을 통해 유독 금속원소의 원자가 상태를 변화시켜 원소의 성질을 바꾸어 독성을 낮출 수 있다고 한다.

如今，工业发展带来了重金属污染，被排放到自然环境中的重金属不仅危害着人类，还给各种各样的微生物带来了威胁。不过，10微生物可以通过降低重金属元素的毒性来进行"自救"。金属与微生物之间的关系"剪不断，理还乱"。目前很多作用、机理还有待完善。但是人类对于微生物在金属材料领域的应用从未停止，尤其是在重金属污染处理、土壤修复、寻矿开采、金属回收利用等方面广泛应用。

오늘날 공업 발전은 중금속오염을 초래했다. 자연환경에 배출된 중금속은 인류에 해를 끼칠 뿐만 아니라 다양한 미생물에게도 위협이 된다. 그러나 10미생물은 중금속원소의 독성을 낮추어 자신을 구할 수 있다. 금속과 미생물 사이의 관계는 '끊으려야 끊을 수 없고 오히려 더 얽힌다'고 할 수 있다. 현재 많은 역할과 메커니즘에 보완이 필요하다. 하지만 인류는 금속 재료 분야에서 미생물의 활용을 멈춘 적이 없었다. 특히 중금속오염 처리, 토양 회복, 광산 탐사 및 채굴, 금속 재활용 등 측면에서 광범위하게 활용하고 있다.

请判断第6到10题：

6번~10번 문제의 정오를 판별하세요.

6 金属元素分布于自然环境和人类社会生产中的形式是唯一的。

A ✓　　B ✕

6 금속원소가 자연환경 및 인류 사회의 생산에 분포하고 있는 형태는 단 하나뿐이다.

A ✓　　B ✕

7 海水中的微生物是无法吸收金属的。

A ✓　　B ✕

7 바닷물 속 미생물은 금속을 흡수할 수 없다.

A ✓　　B ✕

8 有微生物会优先生长于高含量金属地区。

A ✓　　B ✕

8 일부 미생물은 우선적으로 고함량 금속 구역에서 자란다.

A ✓　　B ✕

9 微生物有减少土壤重金属污染的作用。

A ✓　　B ✕

9 미생물은 토양의 중금속오염을 줄이는 역할을 한다.

A ✓　　B ✕

10 微生物通过降低重金属元素的毒性来"自救"。

A ✓　　B ✕

10 미생물은 중금속원소의 독성을 줄여 자신을 구한다.

A ✓　　B ✕

★**金属** jīnshǔ 명 금속 | **元素** yuánsù 명 원소 | ★**以** yǐ 개 ~로(써), ~를 가지고 | **矿物** kuàngwù 명 광물 | ★**岩石** yánshí 명 암석 | **圈** quān 명 권, 범위 | ★**土壤** tǔrǎng 명 토양 | **湖泊** húpō 명 호수 | **离子** lízǐ 명 이온 | **海水** hǎishuǐ 명 바닷물, 해수 | **微生物** wēishēngwù 명 미생물 | **收集** shōují 동 수집하다, 모으다 | ★**可谓** kěwèi ~라고 말할 수 있다, ~라고 할 만하다 | **乐此不疲** lècǐbùpí 성 피곤한 줄도 모르고 이에 몰두한다 | ★**生物** shēngwù 명 생물 | ★**浓缩** nóngsuō 동 농축하다 | **吸附** xīfù 동 흡착 | ★**与此同时** yǔcǐ-tóngshí 위와 동시에, 아울러 | **或** huò 접 혹은, 또는 | ★**矿藏** kuàngcáng 명 지하자원, 매장 광물 | ★**探测** tàncè 동 관측하다, 탐측하다 | **随之** suízhī 이에 따라 | **诞生** dànshēng 동 탄생하다, 태어나다 | ★**极大** jídà 지극히 크다, 최대한도이다 | **光荣** guāngróng 형 영광스럽다, 영예롭다 | ★**问世** wènshì 동 (저작·발명품·신제품 따위가) 세상에 나오다 | ★**勘探** kāntàn 동 탐사하다, 조사하다 | ★**之所以** zhīsuǒyǐ 접 ~의 이유, ~한 까닭 | **重金属** zhòngjīnshǔ 명 중금속 | **毒害** dúhài 해독을 끼치다 | ★**忍耐** rěnnài 견디다, 참다 | **含量** hánliàng 명 함량 | ★**优先** yōuxiān 우선하다 | **特定** tèdìng 형 특정한, 특별히 지정한 | ★**相当于** xiāngdāngyú ~와 같다, ~에 맞먹다 | **氧化** yǎnghuà 명 산화하다 | ★**还原** huányuán 동 환원하다 | **特性** tèxìng 명 특성 | ★**溶解** róngjiě 용해하다 | **镜框** jìngkuàng 명 틀, 프레임 | **溶液** róngyè 명 용액 | **代谢产物** dàixiè chǎnwù 대사산물 | ★**进而** jìn'ér 접 더 나아가, 진일보하여 | ★**采矿** cǎikuàng 광석을 채굴하다 | ★**除此之外** chúcǐ zhīwài 이 외에 | ★**一系列** yíxìliè 형 일련의, 연속되는 | **价态** jiǎ tài 원자가 상태 | **毒性** dúxìng 독성 | **排放** páifàng 동 (폐기·폐수·고형폐기물 등을) 배출하다 | **各种各样** gèzhǒng gèyàng 성 여러 종류, 각종, 각양각색 | **自救** zìjiù 스스로 구하다 | **剪不断，理还乱** jiǎn bú duàn, lǐ hái luàn 성 끊으려야 끊을 수 없고 정리해도 여전히 어지럽다 | **机理** jīlǐ 메커니즘 | ★**有待** yǒudài 동 ~할 필요가 있다 | ★**领域** lǐngyù 명 분야, 영역 | ★**从未** cóngwèi 부 지금까지 ~하지 않았다, 여지껏 ~하지 않다 | **停止** tíngzhǐ 동 멈추다 | **修复** xiūfù 동 회복하다 | **寻** xún 동 탐색하다, 찾다 | **矿** kuàng 명 광산 | ★**开采** kāicǎi 동 (지하자원을) 채굴하다, 발굴하다 | **回收** huíshōu (폐품이나 오래 된 물건을) 회수하여 이용하다

• track 37

• Day 34	11 A(✓)	12 A(✓)	13 A(✓)	14 B(×)	15 B(×)

11 A(✓) [但如果需要添加的辅料多，那么药片的"个头"就会比较大 첨가해야 하는 보조재의 양이 많다면 약의 '크기'는 커지게 된다] 알약의 크기가 클수록 함유된 약의 양이 많은 것은 아니지만, 첨가해야 하는 보조재의 양이 많다면 약의 크기가 커진다고 했으므로, '약의 크기는 주로 첨가제의 함량에 따라 결정된다'라고 이해할 수 있다.

12 A(✓) [有些"大药片"反而没有"小药片"的含药量高 '큰 알약'이 '작은 알약'보다 함유된 약의 양이 적은 경우도 있다] 큰 알약이 작은 알약보다 함유된 약의 양이 적을 수도 있다는 말에서 '작은 알약이 큰 알약보다 함유된 약의 양이 많은 경우도 있다'는 것을 알 수 있다.

13 A(✓) [大多数缓释、控释制剂有外壳包裹 대다수의 서방성제제와 방출조절제제는 겉껍데기에 싸여 있다] 녹음의 중간 부분에 제시 문장이 그대로 언급되어 있다.

14 B(×) [……然而，这种服药方法其实是错误的 (…) 하지만 이 복약 방법은 사실 잘못된 것이다] 삼키는 것에 어려움을 느끼는 환자들이 알약을 쪼개거나 씹어서 복용하는 경우도 있는데, 이는 '잘못된 방법'이라고 언급했다.

15 B(×) [因药物提前释放而造成器官损伤 약물이 이미 방출되어 기관이 손상될 수도 있다] 약물이 위장을 거치지 않고 그 전에 방출될 경우 뇌혈관에 미치는 영향은 언급되지 않았다.

现在开始第11到15题:

药品的形状各异、有大有小，或许有人不禁会问："是不是药片越大，含药量就越高呢？"其实不然。¹²实际上，有些"大药片"反而没有"小药片"的含药量高。药物的规格指的是其所含主药的量，药品通常由主药与辅药两部分组成。主药是指能发挥药效的主要成分，而辅料一般是制作药片时的添加剂。如稀释剂、润滑剂、整合剂等。药片中辅料的多少与主药的理化性质密切相关。也就是说，虽然有些药的主药含量很低，¹¹但如果需要添加的辅料多，那么药片的"个头"就会比较大。因此，药片最终的大小，一般都会经过研究人员不断优化与精心设计。此外，药物在体内需要维持一定的浓度才能发挥药效，因为那些代谢较快、一天需多次服用的药物往往会被设计成缓释、控释制剂，经由特殊制备工艺，可以使药物按需求缓慢或恒速释放，以达到安全有效的用药目的，这更便于减少服药次数。

一般来说，缓释、控释制剂中主药的含药量会高于普通片剂，药片的体积也会相应增大。以缓释、控释制剂为例，¹³大多数缓释、控释制剂有外壳包裹，且外壳的一端或两端都搭上了小孔。当药物进入酸性的胃液或碱性的肠液时，小孔处会因发生溶解而扩大，此时，药物就会通过小孔释放，达到匀速释药的目的。此外，也有一部分缓释、控释制剂是可以掰开服用的，此类药物的药效

11번~15번 문제가 시작됩니다.

약품의 모양은 제각각이며 큰 것도 있고 작은 것도 있다. 누군가는 "알약의 크기가 클수록 함유된 약의 양이 많은 것 아닐까?"라는 질문을 할지도 모른다. 사실은 그렇지 않다. ¹²실제로는 '큰 알약'이 '작은 알약'보다 함유된 약의 양이 적은 경우도 있다. 약물의 규격이 의미하는 것은 그 속에 함유된 주약의 양이고, 약품은 일반적으로 주약과 보조약이라는 두 부분으로 구성되어 있다. 주약이란 약효를 발휘할 수 있는 주요성분을 가리키며, 보조재는 보통 알약 제조 시 넣는 첨가제로 희석제, 윤활제, 킬레이트화제 등이 있다. 약에 들어가는 보조재의 양은 주약의 이화학적 성질과 밀접한 관련이 있다. 다시 말해, 어떤 약의 주약 함량이 적더라도 ¹¹첨가해야 하는 보조재의 양이 많다면 약의 '크기'는 커지게 된다. 따라서 약의 최종 크기는 보통 연구원의 끊임없는 개선과 세심한 설계를 거쳐 결정된다. 이 외에도, 약물은 체내에서 어느 정도 농도를 유지해야 약효를 발휘할 수 있다. 신진대사가 비교적 빠르고 하루에 여러 번 복용해야 하는 약물은 보통 서방성제제나 방출조절제제로 설계되어 특수한 제조공정을 거쳐 만들어지기 때문에 약물이 느린 속도 혹은 일정한 속도로 방출될 수 있고, 안전하고 효과적인 복약 목적을 달성하여 복약 횟수를 줄이는 데 더 편리하다.

일반적으로 서방성제제나 방출조절제제의 주약 함량은 일반 알약보다 높으며 약의 크기도 그만큼 커진다. 서방성제제와 방출조절제제를 예로 들면 ¹³대다수의 서방성제제와 방출조절제제는 겉껍데기에 싸여 있으며 껍데기의 한쪽 또는 양쪽에 작은 구멍이 뚫려 있다. 약물이 산성인 위액이나 염기성인 장액으로 들어가면 작은 구멍 부분이 용해되어 커지는데, 이때 약물이 작은 구멍을 통해 나오게 되어 일정 속도로 약을 방출하려는 목적을 달성할 수 있다. 또한 서방성제제나 방출조절제제

是通过一个个药物小分子缓慢释放的。它们的表面往往有刻痕，可以沿刻痕掰开后服用。

值得注意的是，绝大部分片剂需要口服，吞咽后经过食道到达胃和小肠，然后被吸收。片剂越大，吞咽就会越困难。<u>14 对于吞咽有困难的患者来说，遇到大药片会更加头痛，因此有些患者会把药片掰开、嚼碎或碾碎后服用。然而，这种服药方法其实是错误的。</u>正如上面提到的，由于缓释、控释制剂大多需要进入酸性的胃液或碱性的肠液后通过小孔释放药物，才能达到匀速释药的目的。<u>15 这类制剂一旦被掰开、嚼碎，药物就不再经小孔释放了，不仅达不到匀速释药的目的，还可能因药物提前释放而造成器官损伤。</u>

중 일부는 나누어 복용할 수 있으며 이런 약물의 약효는 각 약물의 작은 분자를 통해 느리게 방출된다. 이러한 약의 표면에는 흔히 표시가 새겨져 있어 이 표시를 따라 반으로 쪼갠 후 복용할 수 있다.

중요한 것은 대부분의 정제는 경구 투여해야 해서, 삼켜서 식도를 거쳐 위와 소장에 도달한 후 흡수된다는 것인데, 알약이 클수록 삼키기 어렵다. <u>14 삼키는 것에 어려움을 느끼는 환자 입장에서 큰 약은 골치 아픈 문제이다. 그래서 일부 환자는 약을 쪼개거나 씹거나 으깨서 복용하기도 한다. 하지만 이 복약 방법은 사실 잘못된 것이다.</u> 상술한 바와 같이 서방성제제나 방출조절제제는 대부분 산성의 위액 또는 염기성의 장액에 들어간 후 작은 구멍을 통해 약물이 방출되어야 일정 속도로 약을 방출하려는 목적을 달성할 수 있기 때문이다. <u>15 이러한 종류의 제제를 쪼개거나 씹어서 섭취하게 되면 약물이 작은 구멍으로 방출될 수 없게 되어 일정 속도로 약을 방출하려는 목적을 달성할 수 없는 데다가 약물이 이미 방출되어 기관이 손상될 수도 있다.</u>

请判断第11到15题：

11 药品的大小主要取决于其添加剂的含量。

A ✓　　B ✗

12 "小药片"也可能比"大药片"的含药量高。

A ✓　　B ✗

13 大部分缓释、控释制剂会有外壳包裹。

A ✓　　B ✗

14 对于吞咽有困难的患者来说，把药片掰开、嚼碎后服用的方法也是可行的。

A ✓　　B ✗

15 药物未经肠胃就提前释放会导致脑部血管阻塞。

A ✓　　B ✗

11번~15번 문제의 정오를 판별하세요.

11 약의 크기는 주로 첨가제의 함량에 따라 결정된다.

A ✓　　B ✗

12 '작은 알약'이 '큰 알약'보다 함유된 약의 양이 많을 수도 있다.

A ✓　　B ✗

13 대부분의 서방성제제와 방출조절제제는 겉껍데기에 싸여 있다.

A ✓　　B ✗

14 삼키는 것에 어려움을 느끼는 환자는 알약을 쪼개거나 씹어서 복용하는 방법도 가능하다.

A ✓　　B ✗

15 약물이 위장을 거치지 않고 그 전에 방출되면 뇌혈관이 막힐 수 있다.

A ✓　　B ✗

药品 yàopǐn 명 약품 | **各异** gèyì 형 제각각이다 | **不禁** bùjīn 부 자기도 모르게, 저절로 | **药片** yàopiàn 명 알약 | **含** hán 동 함유하다 | **其实不然** qíshí bùrán 사실은 그렇지 않다 | **实际上** shíjìshang 부 실제로, 사실상 | **药物** yàowù 명 약물, 약품 | ★**规格** guīgé 명 규격 | **主药** zhǔyào 명 주약 [처방약이나 제제에서 주요성분이 되는 약] | **辅药** fǔyào 보조약 | **药效** yàoxiào 명 약효 | **辅料** fǔliào 명 보조재 | **添加剂** tiānjiājì 명 첨가제 | **稀释剂** xīshìjì 명 희석제 | **润滑剂** rùnhuájì 명 윤활제 | **整合剂** zhěnghéjì 명 킬레이트화제 | **理化** lǐhuà 명 이화학 [물리학과 화학을 아울러 이르는 말] | ★**也就是说** yě jiùshì shuō 바꾸어 말하면 ~이다 | **含量** hánliàng 명 함량 | **添加** tiānjiā 동 첨가하다, 늘리다 | **个头(儿)** gètóu(r) 명 (물건의) 크기 | **最终** zuìzhōng 형 최종의 | **大小** dàxiǎo 명 크기 | ★**优化** yōuhuà 동 (여러 가지 방안·조치·요소 가운데서) 가장 우수한 것을 선택하다, 최적화하다 | ★**精心** jīngxīn 형 세심하다, 정성 들이다, 공들이다, 심혈을 기울이다 | **体内** tǐnèi 명 체내 | **维持** wéichí 동 유지하다, 지키다 | **浓度** nóngdù 명 농도 | **代谢** dàixiè 명 신진대사 | ★**服用** fúyòng 동 (약이나 보신제를) 복용하다, 먹다 | **缓释** huǎnshì 서방성 | **控释** kòngshì 방출 조절 | **制剂** zhìjì 명 제제 | **经由** jīngyóu 동 거치다 | **制备** zhìbèi 동 (화학공업에서) 제조 과정을 거쳐서 얻어내다 | **工艺** gōngyì 명 공정 | **需求** xūqiú 동 요구되다 | ★**缓慢** huǎnmàn 형 느리다, 완만하다, 더디다 | **恒速** héngsù 명 항속 [변동이 없는 일정한 속도] | ★**释放** shìfàng 동 방출하다 | **有效** yǒuxiào 형 효과가 있다, 유효하다 | **服药** fúyào 동 약을 먹다 | **次数** cìshù 명 횟수 | **一般来说** yìbān lái shuō 일반적으로 말하면 | **普通** pǔtōng 형 보통이다, 일반적이다 | **片剂** piànjì 명 알약 | **体积** tǐjī 명 부피, 체적 | **相应** xiāngyìng 동 상응하다, 서로 맞다, 어울리다 | **增大** zēngdà 동 확대하다 | **大多数** dàduōshù 명 대다수 | **外壳** wàiké 명 껍데기 | ★**且** qiě 접 또한 | **一端** yìduān 명 (물건의) 한쪽 | **两端** liǎngduān 명 (사물의) 양끝 | **搭上** dāshang 보태다, 첨가하다 | **小孔** xiǎokǒng 명 작은 구멍 | **进入** jìnrù 동 진입하다, 들다 | **酸性** suānxìng 명 산성 | **胃液** wèiyè 명 위액 | **碱性** jiǎnxìng 명 염기성, 알칼리성 | **肠液** chángyè 명 장액 | ★**溶解** róngjiě 동 용해하다 | **此时** cǐshí 명 이때, 지금 | ★**匀速** yúnsù 명 등속, 같은 속도 | **掰开** bāikāi 동 쪼개다,

나누다, 분해하다 | **分子** fēnzǐ 몡 분자 | **刻痕** kèhén 몡 표시, 흔적 | **沿** yán 깨 ~에 따라 | **口服** kǒufú 동 경구 투여하다 | **吞咽** tūnyàn 동 삼키다 |
食道 shídào 몡 식도 | **小肠** xiǎocháng 몡 소장 | **患者** huànzhě 몡 환자, 병자 | ★**嚼** jiáo 동 씹다 | ★**碾碎** niǎnsuì 동 (절구에 넣어) 빻아서 부수다 |
器官 qìguān 몡 (생물체의) 기관 | **损伤** sǔnshāng 동 손상되다, 상처를 입다 | ★**取决于** qǔjué yú ~에 달리다 | ★**可行** kěxíng 형 가능하다, 실행할
만하다 | ★**未经** wèijīng 아직 ~하지 못하다, 통과하지 못하다 | **肠胃** chángwèi 몡 장과 위 | **脑** nǎo 몡 뇌 | **血管** xuèguǎn 몡 혈관 | **阻塞** zǔsè 동
가로막히다

track 38

● **Day 35** **16** B **17** D **18** A **19** C **20** B

16 B [**因渔民大量捕捞一两个月大的小鱼** 어민들이 생후 1~2개월밖에 되지 않은 작은 물고기를 대량으로 포획하는 바람에]
3개월간의 어획 금지는 왜 효과를 얻지 못했는지 묻는 첫 번째 질문에 대한 답변에서 해당 내용이 언급됐다.

17 D [**……这些珍稀鱼类基本已经看不到了** (…) 같은 희귀 어종을 이제는 볼 수 없게 되었기 때문입니다] 희귀 어종은 이
제 볼 수 없게 되었다는 말은 '희귀 어종이 생존의 위기에 처했다'는 말과 같은 의미이다. 16번, 17번처럼 하나의
질문에 대해 답변하는 중에 두 개의 문제를 풀 수 있는 경우가 있다는 점을 항상 주의하자.

18 A [**长江原种鱼能够完全恢复** 창장 원종 어류가 완전히 회복될 수 있다 → **尽可能地保护野生鱼类的繁殖** 자연산 어류
의 번식을 최대한 보호할 수 있다] 창장의 어획을 10년 동안 금지하는 이유가 자연산 어류를 보호하기 위함임을 남자
의 일관된 답변을 통해 알 수 있다.

19 C [**中国养殖鱼产量一年共有3000多万吨** 중국 양식 어류 생산량은 연간 3,000여만 톤이다 → **养殖鱼的年产量十分
可观** 양식 어류의 연간 생산량은 매우 대단하다] 중국 양식 어류 생산량이 연간 3,000여만 톤이라고 수치를 언급한 것
에서 연간 생산량이 매우 대단함을 알 수 있다.

20 B [**为我们的子孙后代谋福利** 우리의 후손들에게 이로움을 주기 위함입니다] 남자는 창장의 어획을 10년간 금지하
는 것은 사실상 창장의 생태계를 회복하여 어류가 많아지고 수질이 좋아지게 만들어 우리의 후손들에게 이로움
을 주기 위함이라고 했다. '谋福利(이로움을 도모하다)'는 보기 B의 '造福(행복하게 하다)'와 유사한 의미이다.

现在开始第16到20题:

女: 自2021年1月1日起，长江流域重点水域
开始实行十年禁捕。我们知道您一直致
力于长江鱼类资源和珍稀特有鱼类物种
保护的研究，也一直呼吁长江应暂停捕
鱼十年，以恢复水域的生态平衡。为什
么您这么关注"休渔政策"呢？又为何会
提出"十年休渔"呢？

男: 2003年，渔业部门对长江实施了三个月
的休渔政策，¹⁶但"休渔"结束后，因渔
民大量捕捞一两个月大的小鱼，而让三
个月的"休渔"没有收到任何效果。因
此，一定要长时间休渔，才能更好地达
到恢复生态的目的。2006年我提出的建
议是休渔十年，¹⁷因为根据我们每年对
长江鱼类进行的监测结果来看，情况还
是比较严重的，像白暨豚、白鲟这些珍
稀鱼类基本已经看不到了。而其他鱼类

16번~20번 문제가 시작됩니다.

여: 2021년 1월 1일부터 창장 유역의 주요 수역에서는 10년
동안 어획이 금지되었습니다. 선생님께서는 창장의 어류
자원과 희귀 어종 및 고유 어종의 보호에 관한 연구에 힘
써 오셨으며, 수역 생태계 균형 회복을 위해 창장에서의
어획을 10년간 중단해야 한다고 호소하셨는데요. 왜 '어
획 금지 정책'에 이렇게 주목하시는 건가요? 또 '10년간
어획을 금지해야 한다'고 제안하신 이유는 무엇인가요?

남: 2003년에 어업 관련 부처는 3개월 동안 창장의 어획 금
지 정책을 실시했습니다. ¹⁶하지만 어획 금지 기간이 끝난
후, 어민들이 생후 1~2개월밖에 되지 않은 작은 물고기를
대량으로 포획하는 바람에 3개월간의 어획 금지 조치는
어떠한 효과도 얻지 못했습니다. 따라서 반드시 어획 금
지 기간을 길게 잡아야 생태계 회복이라는 목적을 더 순조
롭게 달성할 수 있습니다. 2006년에 저는 10년 동안 어획
을 금지할 것을 제안했습니다. ¹⁷왜냐하면 우리가 매년 창
장의 어류를 모니터링한 결과, 상황은 여전히 심각했고 양
쯔강돌고래, 주걱철갑상어 같은 희귀 어종을 이제는 볼 수

基本上也很难看到大鱼。面对这种局面，我们提出了更长时间的休渔，以保证长江鱼类生态的恢复。

女：为什么长江禁渔是十年呢？

男：[18]十年恰好是长江原种鱼能够完全恢复的最佳时间。鱼的成熟期有的是一年，有的是三年，有的是十年，十年比较保险。

女：十年休渔期对老百姓吃鱼有没有影响？

男：休渔十年，不是说十年之内就不能吃长江的鱼。野生的不能吃，但人工养殖的可以吃。禁的是捕鱼，是禁止捕获野生鱼，而我们吃的是养殖鱼。长江主要的经济鱼类是青鱼、草鱼、鲢鱼、鳙鱼这四大家鱼。[19]中国养殖鱼产量一年共有3000多万吨，其中淡水四大家鱼就有1500多万吨。我们从养殖条件、饲料各方面进行改进，养殖鱼的味道和野生鱼是差不多的。

女：长江休渔需要达到一个什么目标？您对长江休渔有哪些期望？

男：休渔十年要看鱼类的恢复情况。很早以前，长江捕鱼都是"捕大的，留小的"，那时的长江水质好、水草多、鱼的种类也多，是一种可持续的利用，没有破坏水环境和生态系统。[20]长江休渔十年实际上就是修复长江生态，让鱼变多、让水量变好，为我们的子孙后代谋福利。

请判断第16到20题：

16 "三个月的休渔"为什么没有收到成效？

　A 该水域的自然环境不适宜捕捞

　B 渔民们大量捕捞小鱼

　C 渔民们为了生计、处境捕鱼

　D 大部分鱼类改变了栖息地

17 男的在对长江鱼类的监测中发现了什么？

　A 有些鱼类存在变异趋势

　B 出现了不少不知名珍稀鱼类

　C 鱼类资源丰富

　D 珍稀鱼类面临生存危机

없게 되었기 때문입니다. 또 다른 어류도 기본적으로 큰 물고기를 보기 어려워졌습니다. 이러한 상황을 직시한 우리는 창장 어류 생태계의 회복을 보장하기 위해 더 긴 기간 동안 어획을 금지할 것을 제안한 것입니다.

여: 창장 어획 금지를 왜 10년으로 제안하셨나요?

남: [18]10년은 창장 원종 어류가 완전히 회복될 수 있는 최적의 기간입니다. 어류의 성숙기는 어떤 것은 1년, 어떤 것은 3년, 또 어떤 것은 10년인데 10년이면 비교적 안전합니다.

여: 어획 금지 기간이 10년이면 일반 국민이 생선을 먹는 데 영향을 주진 않을까요?

남: 어획 금지 기간이 10년이라고 해서 10년 동안 창장의 어류를 아예 먹지 못하는 것은 아닙니다. 자연산 어류는 먹지 못하지만 양식은 먹을 수 있습니다. 금지하는 것은 어획, 즉 자연산 어류를 잡는 것이고 우리가 먹는 것은 양식 어류입니다. 창장의 주요 상업적 어류는 청어, 산천어, 연어, 대두어 이렇게 네 가지 양식 물고기입니다. [19]중국 양식 어류 생산량은 연간 3,000여만 톤인데 그중 이 네 가지 민물 양식 어류가 1,500여만 톤을 차지합니다. 우리는 양식 조건, 사료 등 여러 측면을 개선했고 양식 물고기의 맛은 자연산과 비슷해졌습니다.

여: 창장 어획 금지를 시행함으로써 어떤 목표를 달성해야 하나요? 창장 어획 금지에 대해 어떤 기대를 하고 계시는지요?

남: 어획 금지를 10년 동안 시행하며 어류의 회복 상황을 살펴봐야 합니다. 아주 오래전, 창장에서는 큰 물고기는 포획하고 작은 물고기는 방생했습니다. 그 당시 창장은 수질이 훌륭했고 수초도 많았으며, 물고기의 종류도 다양했고 지속적으로 이용할 수 있었습니다. 또한 물의 환경과 생태계가 파괴되지 않았습니다. [20]창장의 어획을 10년간 금지하는 것은 사실상 창장의 생태계를 회복하여 어류가 많아지고 수질이 좋아지게 만들어 우리의 후손들에게 이로움을 주기 위함입니다.

16번~20번 문제의 정오를 판별하세요.

16 '3개월간의 어획 금지'는 왜 효과를 얻지 못했는가?

　A 해당 수역의 자연환경은 어획에 적합하지 않았다

　B 어민들이 작은 물고기를 대량으로 포획했다

　C 어민들이 생계와 처지 때문에 물고기를 잡았다

　D 어류 대부분이 서식지를 바꾸었다

17 남자는 창장 어류를 모니터링하는 중에 무엇을 발견했는가?

　A 일부 어류는 변이가 나타나는 추세를 보였다

　B 알려지지 않은 희귀 어종이 많이 나타났다

　C 어류 자원이 풍부하다

　D 희귀 어종이 생존의 위기에 처했다

18 长江"休渔十年"会带来什么影响？

    A 尽可能地保护野生鱼类的繁殖

    B 人工养殖的味道一样鲜美

    C 没有人愿意人工饲养鱼类

    D 导致大部分渔夫下岗

19 根据对话，下列哪项是中国养殖鱼的特点？

    A 渔民们缺乏培育养殖鱼的技术

    B 养殖鱼的增加导致野生鱼不再受欢迎

    C 养殖鱼的年产量十分可观

    D 养殖鱼的味道远远不及野生鱼

20 长江休渔有什么意义？

    A 有助于形成新的食物链

    B 造福子孙后代

    C 保证长江流域的水位增加

    D 缓解捕鱼者的工作压力

18 10년 동안 창장의 어획을 금지하면 어떤 영향이 생기는가?

    A 자연산 어류의 번식을 최대한 보호할 수 있다

    B 양식 물고기가 똑같이 맛있어진다

    C 양식 어류 사육을 원하는 사람이 없어진다

    D 대부분의 어부가 실직하게 된다

19 대화에 따르면 다음 중 중국 양식 어류의 특징으로 알맞은 것은?

    A 어민들은 양식 어류를 기르는 기술이 부족하다

    B 양식 어류가 증가하면서 자연산 어류가 더 이상 환영받지 않는다

    C 양식 어류의 연간 생산량은 매우 대단하다

    D 양식 어류의 맛은 자연산 어류보다 훨씬 뒤처진다

20 창장의 어획 금지는 어떤 의미가 있는가?

    A 새로운 먹이사슬을 형성하는 데 도움이 된다

    B 후손을 행복하게 해 준다

    C 창장 유역의 수위 증가를 보장한다

    D 어부의 업무 스트레스를 완화한다

流域 liúyù 명 유역 | 水域 shuǐyù 명 수역 | 实行 shíxíng 동 실행하다 | 禁 jìn 동 금지하다 | 捕 bǔ 동 어획하다 | ★致力于 zhìlìyú (어떤 일을 하거나 이루기 위해) 애쓰다, 힘쓰다 | 鱼类 yúlèi 명 어류 | 珍稀 zhēnxī 형 희귀하고 진귀하다 | 特有 tèyǒu 형 고유하다 | ★呼吁 hūyù 동 (원조·지지·동정 따위를) 호소하다 | 暂停 zàntíng 동 잠시 중지하다 | 捕鱼 bǔyú 동 물고기를 잡다 | ★生态 shēngtài 명 생태 | 关注 guānzhù 동 관심을 가지다 | 休渔 xiūyú 동 어획을 금지하다 | 政策 zhèngcè 명 정책 | 为何 wèihé 왜, 무슨 때문에 | 提出 tíchū 동 제의하다 | 渔业 yúyè 명 어업 | ★实施 shíshī 동 실시하다, 실행하다 | 渔民 yúmín 명 어민 | 捕捞 bǔlāo 동 물고기를 잡다 | 监测 jiāncè 동 (기구·계기를 이용하여) 모니터링하다 | 白暨豚 báijìtún 명 양쯔강돌고래 | 白鲟 báixún 명 주걱철갑상어 | 基本上 jīběnshang 부 기본적으로, 주로, 대체로 | 局面 júmiàn 명 상황, 국면 | 恰好 qiàhǎo 부 마침, 바로 | 原种 yuánzhǒng 명 원종 | 最佳 zuìjiā 형 가장 좋다, 최적이다 | 成熟期 chéngshúqī 명 성숙기 | 人工 réngōng 형 인공의, 인위적인 | 养殖 yǎngzhí 동 양식하다 | 青鱼 qīngyú 명 청어 | 草鱼 cǎoyú 명 산천어 | 鲢鱼 liányú 명 연어 | 鳙鱼 yōngyú 명 대두어 | 产量 chǎnliàng 명 생산량 | 吨 dūn 양 톤 | 淡水 dànshuǐ 명 민물 | 饲料 sìliào 명 사료 | 水质 shuǐzhì 명 수질 | 水草 shuǐcǎo 명 수초 | 实际上 shíjìshang 부 사실상 | 子孙 zǐsūn 명 자손 | 后代 hòudài 명 후대 | 福利 fúlì 명 복지, 복리 | 成效 chéngxiào 명 효과 | ★适宜 shìyí 형 적합하다 | 生计 shēngjì 명 생계 | ★处境 chǔjìng 명 (처해 있는) 처지 | 栖息地 qīxīdì 명 서식지 | ★变异 biànyì 동 변이하다 | 知名 zhīmíng 형 유명하다 | 生存 shēngcún 명 생존 | 危机 wēijī 명 위기 | 尽可能 jǐnkěnéng 부 되도록, 가능한 한 | 野生 yěshēng 명 야생 | 繁殖 fánzhí 명 번식 | 鲜美 xiānměi 형 맛이 대단히 좋다 | 饲养 sìyǎng 동 사육하다 | 渔夫 yúfū 명 어부 | 下岗 xiàgǎng 동 실직하다 | 培育 péiyù 동 기르다 | 不再 búzài 부 더는 ~가 아니다 | 可观 kěguān 형 대단하다, 굉장하다 | 远远 yuǎnyuǎn 부 훨씬, 크게 | 不及 bùjí 동 미치지 못하다 | 有助于 yǒuzhù yú ~에 도움이 되다 | 食物链 shíwùliàn 명 먹이사슬 | 造福 zàofú 동 행복하게 해 주다 | 水位 shuǐwèi 명 (강·바다·댐 따위의) 수위

●track 39

●**Day 36**   **21** D   **22** C   **23** 全年降水量   **24** C   **25** 开创性   **26** B   **27** C

21 D [……来综合解决"水"的问题 '물' 문제를 종합적으로 해결하는 것입니다] 여자가 남자에게 첫 번째 질문으로 '스펀지 도시'란 무엇인지 묻자, 남자는 '스펀지 도시의 정의는 자연을 이용하고 생태계를 이용하는 방법을 바탕으로 홍수와 침수, 가뭄 등의 물 문제를 종합적으로 해결하는 것'이라고 대답했다.

22 C 스펀지 도시의 역할에 대하여 '틀린 것'을 찾는 문제이다. 보기 A, B, D는 두 번째 질문에 대한 답변에 언급됐지만, '시민이 탄력적으로 방류하도록 제창한다'는 내용은 녹음에 언급되지 않았으므로 정답은 C이다.

23 全年降水量 여자의 첫 번째 질문에 대한 남자의 답변에 해당 문장이 언급됐다.

24 C [海绵城市的概念也逐渐为东南亚人所接受 스펀지 도시의 개념은 점차 동남아인들에게도 받아들여지고 있습니다] 스펀지 도시의 기원에 대해 대답하는 중에 동남아 국가의 스펀지 도시 실시 현황이 언급됐다.

25 开创性 여자의 네 번째 질문에 대한 남자의 답변에 해당 문장이 언급됐다.

26 B [在这个项目中，我们颠覆了传统的审美观 이 프로젝트를 진행할 때 우리는 전통적인 심미관을 완전히 뒤집었습니다]
남자는 자신의 작품 중 가장 만족하는 작품은 광둥성 중산시의 치장공원이며 그 이유로 보기 B의 내용을 언급했다.

27 C [首先……，其次…… 먼저 (…), 그다음으로 (…)] 남자는 이 자리에 있는 학생들에게 '끈기 있을 것' '은혜에 감사해할 것'을 강조했다. 이 중 보기에 언급된 것은 C이다.

现在开始第21到27题：

女：今天我们有幸请来了北京大学建筑与景观设计学院院长、北京大学景观设计学研究院院长孔坚俞院长。请问俞院长，"海绵城市"可以说是近年来广受热议的话题之一，那么"海绵城市"究竟是什么呢？

男：21海绵城市的定义是利用自然，利用生态的方法来综合解决"水"的问题。包括洪涝、干旱等。它是对西方工业化城市建设方法的一种反思，也是对中国农业文明的一种复兴。城镇化最早发生在欧州发达国家，它们的气候条件比较平和，23全年降水量也比较均匀。所以可以用计算得很精确的工业技术管道和水泵来解决排水问题。而我们不一样，我们是季风性气候，尤其是东南沿海地区，受季风气候影响非常大，并有强降雨。少年时期在农村生活的经历让我知道，我们的民间历来有一套属于自己的适应洪涝的方法。再加上我又在哈佛学习了世界上最先进的生态城市理念，所以1997年我回国后就提出了"海绵城市"这一理念。

女：那么海绵城市适用于哪些地区呢？

男：海绵城市不光适用城市，也适用于国土资源的整个流域。我们应该让国土像海绵一样能够吸收雨水；能够在涝季、在季风性气候时把水留下来；在旱季的时候再把水释放出来。"海绵城市"解决的不光是水多水少的问题，它还将解决地下水的问题。同时，22它还能解决生物多样性的自然繁育，让城市生态重新得到修复，实现生态再造。"海绵城市"的概念就是弹性的概念、韧性的概念。22它不仅仅是针对水多的地方，而是在水多的时候能够把它吸收掉，水少的时候能够把它释放出来。

女："海绵城市"的来源可以详细介绍一下吗？

21번~27번 문제가 시작됩니다.

여: 오늘은 좋은 기회로 베이징대학교 건축·조경대학 학과장 겸 베이징대학교 조경대학원 원장이신 위쿵젠(俞孔坚) 원장님을 모셨습니다. 위 원장님, '스펀지 도시'는 최근 몇 년 동안 엄청난 화제를 모았다고 할 수 있는데요. '스펀지 도시'란 도대체 무엇인가요?

남: 21스펀지 도시의 정의는 자연을 이용하고 생태계를 이용하는 방법을 바탕으로 홍수와 침수, 가뭄 등의 '물' 문제를 종합적으로 해결하는 것입니다. 스펀지 도시는 서양의 공업화 도시 건설 방법에 대한 반성이자 중국 농업 문명에 대한 부흥이라고 할 수 있습니다. 도시화는 유럽 선진국에서 가장 먼저 발생했는데 이 나라들의 기후 조건은 비교적 안정적이며 23연간강수량도 균일한 편입니다. 따라서 매우 정확하게 계산된 산업 기술 파이프와 펌프를 이용해 배수 문제를 해결할 수 있습니다. 하지만 우리는 이와 달리 계절풍기후입니다. 특히 동남 연해 지역은 계절풍의 영향을 크게 받으며 강한 비가 내립니다. 저는 어린 시절 농촌에서 생활한 경험으로 우리 국민들이 줄곧 자기만의 방법으로 홍수에 적응해 왔다는 것을 알게 되었습니다. 게다가 저는 하버드에서 세계적으로 가장 선진적인 생태도시의 이념을 배웠습니다. 그래서 1997년에 귀국한 후 '스펀지 도시'라는 이념을 제시한 것입니다.

여: 그렇다면 스펀지 도시는 어떤 지역에 적용되는 건가요?

남: 스펀지 도시는 도시뿐만 아니라 국토자원의 전체 유역에도 적용할 수 있습니다. 우리는 국토가 스펀지처럼 빗물을 흡수할 수 있게 해야 하고, 장마철이나 계절풍기후에는 물을 저장했다가 건기에 물을 다시 방류할 수 있게 해야 합니다. 스펀지 도시는 물이 너무 많거나 적다는 문제 외에 지하수 문제도 해결할 수 있습니다. 이와 동시에 22생물다양성의 자연번식 문제도 해결하여 도시생태계가 다시 회복하고 재생될 수 있게 해 줍니다. 스펀지 도시는 탄력성과 끈기를 개념으로 합니다. 22이는 물이 많은 지역만을 대상으로 하는 것이 아닙니다. 물이 많은 시기에 물을 흡수하고 물이 적은 시기에 물을 방류할 수 있는 것입니다.

여: '스펀지 도시'의 기원에 대해 자세히 설명해 주시겠습니까?

男：中国的"海绵城市"来源于我们的城市和农村对季风性气候的适应。东南亚国家的人们恰恰和中国人一样生活在这种季风性气候，在城市化进程中，我们遇到的类似问题要比印度尼西亚、马来西亚和泰国等东南亚国家更早一些。所以，[24]海绵城市的概念也逐渐为东南亚人所接受。比如印度尼西亚首都的重新选址，就重点考虑了海绵城市的因素。泰国也采纳了海绵城市的理念，建成了泰国首都最大的海绵城市：曼谷班嘉琦缇森林公园。值得高兴的是，海绵城市的理念不但在中国得以推广，还在国际上逐渐得到了认可。包括在俄罗斯这样的北方国家，因为全球气候变化，欧洲城市的降雨也变得不规律起来。所以，他们反过来又向我们学习海绵城市的做法。

女：在您的作品中，最满意的是哪一个呢？

男：[26]我最满意的作品，是广东中山的岐江公园。因为它在我的设计中，是首个颠覆性的项目。在这个项目中，我们颠覆了传统的审美观，不是搞中国传统的园林，也不是岭南园林，而是把一个已经生锈的工业厂房完全保留下来，用当代的设计、现代的语言打破了它的边界。这样没有围墙、把机器当做艺术的公园设计，在当时还是[25]开创性的，得到了国际公认。

女：最后，您有什么话想跟大家分享吗？

男：[27]首先，我希望在座的同学们做人做事，要有韧性。无论在什么情况下，都要保持一种乐观向上的奋斗精神，年轻人尤其应该如此。当机会来临时就要想办法抓住，不要放弃。海绵有韧性、有弹性，做人亦然。[27]其次就是要懂得感恩。感恩父母、感恩朋友，尤其要感恩那些在人生关键时刻帮助过你的人。

남: 중국의 '스펀지 도시'는 우리 도시와 농촌의 계절풍기후에 대한 적응에서 기원합니다. 동남아 국가 사람들은 중국인과 마찬가지로 이러한 계절풍기후에서 생활합니다. 도시화 과정 중에 중국은 인도네시아, 말레이시아, 태국 등의 동남아 국가보다 좀 더 일찍 유사한 문제에 맞닥뜨렸습니다. 그래서 [24]스펀지 도시의 개념은 점차 동남아인들에게도 받아들여지고 있습니다. 예를 들어 인도네시아는 수도를 다시 선정할 때 스펀지 도시의 요소를 중점적으로 고려했습니다. 태국도 스펀지 도시 이념을 받아들이고 수도에 가장 큰 스펀지 도시를 건설했습니다. 바로 방콕 벤자키티 삼림공원입니다. 반가운 것은 스펀지 도시의 이념이 중국에서 널리 보급되었을 뿐만 아니라 국제적으로도 점차 인정받았다는 점입니다. 전 세계적인 기후변화로 인해 러시아 등의 북방 국가를 포함한 유럽의 도시에서도 비가 불규칙적으로 내리기 시작했습니다. 그래서 이들은 반대로 우리에게 스펀지 도시의 조성 방법을 배웁니다.

여: 원장님의 작품 중 가장 만족하신 것은 무엇인가요?

남: [26]제가 가장 만족하는 작품은 광둥성 중산시의 치장공원입니다. 제 설계 중 처음으로 파격적인 시도를 한 프로젝트이기 때문입니다. 이 프로젝트를 진행할 때 우리는 전통적인 심미관을 완전히 뒤집었습니다. 중국의 전통적인 공원이나 링난 지역 공원처럼 만든 것이 아니라, 이미 녹이 슨 공업 공장을 온전히 남겨 두고 당대의 디자인과 현대의 언어로 그 경계를 허물었습니다. 이렇게 장벽이 없이 기계를 예술로 여기는 공원 디자인은 그 당시 나름 [25]창의적이어서 국제적으로 인정받았죠.

여: 마지막으로 이 자리에 계신 분들께 하고 싶으신 말씀이 있을까요?

남: [27]먼저, 이 자리에 계신 학생분들이 사람을 대하거나 일을 할 때 끈기 있게 하셨으면 좋겠습니다. 어떤 상황에서든 긍정적으로 나아가려는 분투 정신을 유지해야 합니다. 젊은 분들일수록 더욱 그렇게 해야 합니다. 기회가 왔을 때 여러 방법을 강구해 기회를 잡고 포기하지 마십시오. 스펀지는 끈질기고 탄력적이죠. 사람도 마찬가지여야 합니다. [27]다음으로, 은혜에 감사할 줄 알아야 합니다. 부모님과 친구들에게 감사해하고, 인생의 중요한 시기에 여러분을 도와주었던 사람에게 특히 감사해야 합니다.

21 有关海绵城市的定义，下列说法正确的是？

A 基于市民对节约用水的实行程度

B 尽量避免利用自然资源

C 洪水不在海绵城市所解决的范围

D 主要作用是解决水的问题

21 스펀지 도시의 정의에 관해 다음 중 옳은 것은?

A 시민의 물 절약 실천 정도에 기반한다

B 자연 자원의 이용을 최대한 피한다

C 홍수는 스펀지 도시가 해결할 수 있는 범위에 속하지 않는다

D 주요 역할은 물 문제를 해결하는 것이다

22 有关海绵城市作用的说法中，错误的一项是?

　　A 可针对缺水地区进行"放水"

　　B 可以解决生物多样性的自然繁育

　　C 提倡市民有弹性的进行放水

　　D 有助于城市生态的修复与再造

23 城镇化最早发生在欧州发达国家，它们的气候条件比较平和，全年降水量也比较均匀。

24 海绵城市在东南亚国家的实施现状如何?

　　A 与市民生活相悖

　　B 难以采纳该理念

　　C 逐渐被接受

　　D 受到政制约

25 这样没有围墙、把机器当做艺术的公园设计，在当时还是开创性的，得到了国际公认。

26 男的为什么将"岐江公园"视为自己最满意的作品?

　　A 曾经是自己的故乡

　　B 颠覆了传统审美观念

　　C 使自己形成了新的设计风格

　　D 已被社会各界所公认

27 关于俞院长对年轻人的告诫，说法正确的是?

　　A 要有助人为乐的心态

　　B 要学会适时地放弃

　　C 要有一颗感恩的心

　　D 要具有创新精神

---

22 스펀지 도시의 역할과 관련하여 다음 중 틀린 것은?

　　A 물이 부족한 지역에 물을 방류할 수 있다

　　B 생물다양성의 자연번식 문제를 해결할 수 있다

　　C 시민이 탄력적으로 방류하도록 제창한다

　　D 도시생태계의 회복 및 재생에 도움이 된다

23 도시화는 유럽 선진국에서 가장 먼저 발생했는데 이 나라들의 기후 조건은 비교적 안정적이며 연간강수량도 균일한 편입니다.

24 동남아 국가의 스펀지 도시 실시 현황은 어떠한가?

　　A 시민의 삶과 위배된다

　　B 이 이념을 받아들이기 어렵다

　　C 점점 받아들여지고 있다

　　D 정부의 제약을 받고 있다

25 이렇게 장벽이 없이 기계를 예술로 여기는 공원 디자인은 그 당시 나름 창의적이어서 국제적으로 인정받았다.

26 남자가 '치장공원'을 가장 만족하는 작품으로 꼽은 이유는 무엇인가?

　　A 자신의 고향이었다

　　B 전통적인 심미관을 뒤집었다

　　C 자신에게 새로운 설계 스타일을 만들어 주었다

　　D 사회 각계의 인정을 받았다

27 위 원장의 젊은이들에 대한 훈계에 대해 옳은 것은?

　　A 남을 즐겁게 하는 마음가짐이 있어야 한다

　　B 시기적절하게 포기하는 법을 배워야 한다

　　C 감사한 마음을 가져야 한다

　　D 창조적인 정신을 가져야 한다

★有幸 yǒuxìng 혱 다행이다, 운이 좋다 | ★景观 jǐngguān 몡 경관, 경치 | 学院 xuéyuàn 몡 (단과)대학 | 院长 yuànzhǎng 몡 단과대학 학장 | 研究院 yánjiūyuàn 몡 연구소, 연구원 | ★海绵 hǎimián 몡 스펀지 [海绵城市: 스펀지 도시] | ★近年来 jìnniánlái 최근 몇 년간 | 广 guǎng 혱 넓다, 보편적이다 | 热议 rèyì 동 광범위하고 열렬하게 토론하다 [신조어] | ★定义 dìngyì 몡 정의 | ★生态 shēngtài 몡 생태 | 洪涝 hónglào 몡 홍수와 침수 | ★干旱 gānhàn 몡 가뭄 | 工业化 gōngyèhuà 공업화되다 | ★反思 fǎnsī 동 반성 | 复兴 fùxīng 몡 부흥 | 城镇化 chéngzhènhuà 도시화되다 | 发达国家 fādá guójiā 선진국 | ★平和 pínghé 혱 안정되다, 평온하다 | 全年 quánnián 몡 1년 | 降水量 jiàngshuǐliàng 강수량 | ★均匀 jūnyún 혱 균일하다, 균등하다, 고르다 | ★精确 jīngquè 혱 매우 정확하다 | 管道 guǎndào 몡 파이프, 도관 | 水泵 shuǐbèng 몡 물 펌프, 양수기 | 排水 páishuǐ 동 배수하다, 물을 배출하다 [주로 더러운 물이나 필요 없는 물을 가리킴] | 季风 jìfēng 몡 계절풍 | 沿海 yánhǎi 몡 연해, 바닷가 근처 지방 | 并 bìng 젭 아울러, 게다가 | 强 qiáng 혱 강하다, 힘이 세다 | 降雨 jiàngyǔ 몡 비가 내리다 | 少年时期 shàonián shíqī 소년기 | 民间 mínjiān 몡 민간 | ★历来 lìlái 뿐 줄곧, 항상, 언제나 | 再加上 zàijiāshàng 게다가 | 哈佛 Hāfó 고유 하버드 [학교 이름] | 先进 xiānjìn 혱 선진의, 남보다 앞선, 진보적인 | ★理念 lǐniàn 몡 이념 | 提出 tíchū 동 제의하다, 제기하다 [提出理念: 이념을 제시하다] | 适用 shìyòng 동 적용하다 | 不光 bùguāng 젭 ~뿐만 아니라 | ★国土 guótǔ 몡 국토 | ★流域 liúyù 몡 유역 | 雨水 yǔshuǐ 몡 빗물 | 涝季 làojì 장마철 | 旱季 hànjì 건기 | ★释放 shìfàng 동 내보내다, 방출하다 | ★地下水 dìxiàshuǐ 몡 지하수 | ★生物 shēngwù 몡 생물 | 多样性 duōyàngxìng 다양성 | 繁育 fányù 동 번식시키다 | 修复 xiūfù 동 회복하다 | 再造 zàizào 동 재생하다 | ★弹性 tánxìng 몡 탄력성, 신축성, 유연성 | ★韧性 rènxìng 몡 강인성 [억세고 질긴 성질] | 不仅仅 bùjǐnjǐn 뿐 ~만이 아니다 | 来源 láiyuán 몡 (사물의) 내원, 근원, 출처 | ★来源于 láiyuányú ~에서 기원하다, 유래하다 | 东南亚 Dōngnán Yà 고유 동남아시아 | 恰恰 qiàqià 뿐 바로, 꼭 | 进程 jìnchéng 몡 과정 | 类似 lèisì 혱 유사하다, 비슷하다 | 印度尼西亚 Yìndùníxīyà 고유 인도네시아 | 马来西亚 Mǎláixīyà 고유 말레이시아 | 泰国 Tàiguó 고유 태국 | 选址 xuǎnzhǐ 동 장소를 선정하다 | 采纳 cǎinà 동 (건의·의견·요구 등을) 받아들이다 | 建成 jiànchéng 동 건설하다 | 曼谷 Màngǔ 고유 방콕 | 班嘉琦缇 Bānjiāqítí 고유 벤자키티 | 得以 déyǐ (말미암아) ~(하게) 되다 | 认可 rènkě 동 승낙하다, 인가하다, 허락하다 | 俄罗斯 Éluósī 고유 러시아 | 全球 quánqiú 몡 전 세계 | ★反过来 fǎn guòlái 뒤집다, 역으로 하다 | 做法 zuòfǎ (일 처리나 물건을 만드는) 방법 | 广东 Guǎngdōng 고유 광동성 | 中山 Zhōngshān 고유 중산시 | 岐江公园 Qíjiāng gōngyuán 고유 치장공원 [광동성 중산시에 있는 공원] | 颠覆 diānfù 동 뒤엎다 [颠覆性: 파격적이다] | ★审美 shěnměi 혱 심미적이다 [审美观: 심미관] | 园林 yuánlín 몡 원림, 정원 | 岭南 Lǐngnán 고유 링난 [우링의 남쪽 일대의 땅] | 生锈 shēngxiù 동 녹이 슬다 | 厂房 chǎngfáng 몡 공장 건물 | 当代 dāngdài 몡 당대, 그 시대 | 打

破 dǎpò 图 깨다, 때려부수다 | ★边界 biānjiè 图 지역 간의 경계선, 국경선 | ★围墙 wéiqiáng 图 (집·정원·마당 따위를) 빙 둘러싼 담 | 当做 dàngzuò 图 ~로 여기다, ~로 삼다, ~로 간주하다 | 开创性 kāichuàngxìng 图 창의성, 창조성 | 公认 gōngrèn 图 공인하다, 모두가 인정하다 | 分享 fēnxiǎng 图 (기쁨·행복·좋은 점 등을) 공유하다, 함께 나누다 | 做人 zuòrén 图 행동하다, 처신하다 | 向上 xiàngshàng 图 향상하다, 발전하다 | 如此 rúcǐ 때 이 와 같다, 이러하다 | 来临 láilín 图 이르다, 다가오다, 도래하다 | 亦然 yìrán 图 마찬가지이다 | 懂得 dǒngde 图 알다, 이해하다 | ★感恩 gǎn'ēn 图 은 혜에 감사하다 | 有关 yǒuguān 图 관계가 있다 | 说法 shuōfǎ 图 의견, 견해 | ★基于 jīyú ~에 근거하다 | 市民 shìmín 图 시민 | 实行 shíxíng 图 실행하다 | 洪水 hóngshuǐ 图 홍수, 물사태 | ★放水 fàngshuǐ 图 물을 빼다 | ★有助于 yǒuzhùyú ~에 도움이 되다, ~에 유용하다 | 实施 shíshī 图 실시하다, 실행하다 | 现状 xiànzhuàng 图 현황, 현 상태, 현재 상황 | 相悖 xiāngbèi 图 위배하다, 어기다, 거스르다 | 难以 nányǐ 图 ~하기 어렵다 | ★该 gāi 때 이, 그, 저 [앞의 글에 나온 사람·사물을 가리키며 주로 공문서에 많이 쓰임] | 制约 zhìyuē 图 제약 | 得到 dédào 图 얻다, 받다, 획득하다, 취득하다, 손에 넣다 | 视为 shìwéi 图 여기다, ~로 보다 | 故乡 gùxiāng 图 고향 | 各界 gèjiè 图 각계 | ★告诫 gàojiè 图 훈계하다, 경고를 주다 | 助人为乐 zhùrénwéilè 図 남을 돕는 것을 기쁘게 생각하다 | 心态 xīntài 图 심리 상태 | ★适时 shìshí 園 시기적절하다 | 具有 jùyǒu 图 지니다, 가지다, 있다 | 创新 chuàngxīn 图 옛것을 버리고 새것을 창조하다

⊙ track 40

● **Day 37**　**28** 大幅降低　**29** C　**30** D　**31** 着陆　**32** D　**33** A

28 大幅降低　첫 번째 질문에 대한 남자의 답변 중 해당 내용이 언급됐다.

29 C ［需要紧急降落, 此时由于其携带的燃油并没有被消耗掉······ 비상착륙을 해야 한다면 실린 연료를 다 소모하지 못 했기 때문에 (···)］ 비행기가 하늘에서 연료를 방출해야 하는 상황은 첫 번째 질문에 대한 답변에서 언급됐다.

30 D ［按照惯例, 飞机必须在达到降落标准后留一些预备油 관례대로 비행기는 반드시 착륙 기준에 도달한 후 일부 예비 연료를 남겨 두어야 합니다］ 비행기의 연료 방출 과정을 묻는 두 번째 질문에 답변하는 중에 '예비 연료'에 대해 언급 했다.

31 着陆　두 번째 질문에 대한 남자의 답변 중 해당 내용이 언급됐다.

32 D ［会通过雾化处理, 让释放的燃油变成许多非常细小的油滴 안개처럼 만드는 처리 과정을 통해 방출된 연료를 아주 작은 기름방울로 만드는데요］ 비행기에서 방출된 연료를 기름방울로 만들 때 '안개'처럼 만드는 처리 과정을 통한다 고 언급했다.

33 A ［几乎可以忽略不计 무시해도 될 정도로 거의 없다 → 几乎不会产生影响 거의 영향을 미치지 않는다］ 남자는 비행 기가 연료를 방출하는 것이 환경에 미치는 영향이 거의 없다고 답했다. '几乎不会产生影响'과 '几乎可以忽略 不计'는 유사한 의미이다.

现在开始第28到33题:

女：我们知道飞机有时候在空中需要放油? 这是为什么?

男：飞机在起飞时需要携带满足预期飞行全 程的油量以及一定的备用油量，重量 往往高达几十吨。在按计划飞抵目的 时，飞机携带的燃油就基本消耗，其本 身的重量也因此 **²⁸大幅降低**，符合降落 的标准。然而如果飞机在起飞后不久， **²⁹需要紧急降落**，此时由于其携带的燃油 并没有被消耗掉，机身重量往往处于超 过规定的标准着陆重量。在此情况下， 为了安全降落，飞机只能在空中放油。

女：飞机放油如何操作呢?

28번~33번 문제가 시작됩니다.

여: 비행기가 하늘에서 연료를 방출해야 하는 상황이 간혹 있 다고 알고 있는데요, 왜 그런 건가요?

남: 비행기는 이륙 시 예상 비행 노정을 만족할 수 있는 연료 량과 어느 정도의 예비 연료량을 실어야 하는데 이 중량이 무려 몇십 톤이나 됩니다. 계획대로 목적지에 착륙하면 비 행기의 연료는 기본적으로 소모되어 자체의 중량도 ²⁸**많 이 줄어들기** 때문에 착륙 기준에 부합합니다. 하지만 비 행기가 이륙한 지 얼마 지나지 않아 ²⁹비상착륙을 해야 한 다면 실린 연료를 다 소모하지 못했기 때문에 기체 중량이 규정된 착륙 허용 중량을 초과한 상태에 놓이게 됩니다. 이런 상황에서는 안전한 착륙을 위해 공중에서 연료를 방 출할 수밖에 없는 것입니다.

여: 비행기의 연료 방출은 어떻게 진행되나요?

男：飞机在空中放油需要在管制员的指挥下，按照标准程序进行。³⁰按照惯例，飞机必须在达到降落标准后留一些预备油。因为一旦准备降落，遇上雷雨大雾等天气而不适合降落时，管制员就必须为该航班安排其他备降机场，这样就可能增加飞机的飞行时间。目前绝大多数机场附近都有专门的放油区，一旦出现放油需求，管制员会指挥飞机避开城市机场，森林上空和近地，低空进入专门的机场放油区进行放油。按照有关规章，当飞机因故障³¹着陆时，需将燃油量放置"低油面告警油量"，也就是保证45分钟飞行的油量即可。而在飞机出现迫降等情况时，就需要将燃油放置"紧急告警油量"，也就是保证15分钟飞行的油量即可。

女：飞机放油会污染环境吗？

男：³²一般来说，飞机在空中放油时会通过雾化处理，让释放的燃油变成许多非常细小的油滴，这些油滴会悬浮在空中，形成油雾。而高空的低气压会带来较大的空气流动，高空风会将这些油雾吹散形成油气，并在更大的范围内流动稀释，³³对环境的影响几乎可以忽略不计。经过这一过程后，空中排放的燃油并不会如人们所担心的那样直接滴到头上。另外，为了尽可能地避免油污污染，对放油区的选择还是非常谨慎的。一般而言，放油地点大多选在海洋、山区以及荒地的上空。

28 在按计划飞抵目的地时，飞机携带的燃油就基本消耗，其本身的重量也因此大幅降低，符合降落的标准。

29 飞机在什么情况下需要放油？

    A 机长判断飞机存在自然风险

    B 起飞时的燃油已不足以支撑到目的地

    C 需紧急降落但燃油没有被消耗掉

    D 飞机上燃油的重量超过了飞机本身

30 飞机放油时需要注意什么？

    A 放油标准需根据当时的天气而定

    B 必须在降落后确认乘客安全

    C 需将备用油耗尽后方可降落

    D 必须在达到降落标准后留一些预备油

남: 비행기가 하늘에서 연료를 방출할 땐 관제사의 지휘하에 기준 순서에 따라 진행해야 합니다. ³⁰관례대로 비행기는 반드시 착륙 기준에 도달한 후 일부 예비 연료를 남겨 두어야 합니다. 일단 착륙 준비를 시작하다가 뇌우나 안개 등의 악천후로 착륙에 적합하지 않은 상황이 생길 경우 관제사는 해당 항공편을 다른 예비비행장으로 안내해야 하는데 이렇게 되면 비행시간이 늘어날 가능성이 있기 때문입니다. 현재 대부분의 공항 근처에는 연료 방출을 위한 전문 구역이 있습니다. 일단 연료를 방출해야 하는 상황이 생기면 관제사는 비행기가 도시 공항과 삼림의 상공 및 그 근처를 피해 저공으로 연료 방출 전문 구역에 진입하여 연료를 방출하도록 지휘합니다. 관련 규정에 따라, 비행기가 고장으로 인해 ³¹착륙할 때는 연료량을 '저연료 경고량'에 둬야 하는데요. 다시 말해 45분 동안 비행할 수 있는 연료량이면 된다는 것입니다. 비행기가 강제착륙해야 하는 상황이 생겼을 땐 연료를 '긴급 경고량'에 둬야 합니다. 이는 15분 동안 비행할 수 있는 연료량이면 된다는 것입니다.

여: 비행기가 연료를 방출하면 환경이 오염될까요?

남: ³²일반적으로 비행기가 하늘에서 연료를 방출할 때 안개처럼 만드는 처리 과정을 통해 방출된 연료를 아주 작은 기름방울로 만드는데요. 이 기름방울들은 하늘에 떠다니다가 기름 안개를 형성합니다. 또 고공의 저기압은 공기의 흐름을 크게 만들고, 상층풍이 불어 이 기름 안개가 흩어지면서 오일가스가 형성됩니다. 이 오일가스는 더 넓은 범위에서 흘러 다니며 희석되어, ³³환경에 미치는 영향은 무시해도 될 정도로 거의 없다고 볼 수 있습니다. 이 과정을 거쳐 공중에 방출된 연료는 사람들이 걱정하는 것처럼 머리 위에 직접 떨어지지 않습니다. 이 외에도 기름으로 인한 오염을 최대한 피하기 위해 연료 방출 구역을 매우 신중하게 선정합니다. 보통 연료 방출 지점은 대부분 바다, 산간지대 및 황무지의 상공으로 정합니다.

28 계획대로 목적지에 착륙하면 비행기의 연료는 기본적으로 소모되어 자체의 중량도 많이 줄어들기 때문에 착륙 기준에 부합합니다.

29 비행기는 어떤 상황에서 연료를 방출해야 하는가?

    A 기장이 비행기에 자연적 위험이 존재한다고 판단했을 때

    B 이륙 시의 연료가 목적지까지 버티기에 충분하지 않을 때

    C 비상착륙을 해야 하지만 연료가 다 소모되지 않았을 때

    D 비행기의 연료 중량이 기체 무게를 초과했을 때

30 비행기에서 연료를 방출할 때 주의해야 할 것은 무엇인가?

    A 연료 방출 기준은 당시 기상 상황에 따라 결정해야 한다

    B 착륙 후 반드시 승객의 안전을 확인해야 한다

    C 예비 연료를 전부 소모한 후에야 착륙할 수 있다

    D 반드시 착륙 기준에 도달한 후 예비 연료를 남겨 두어야 한다

31 按照有关规章，当飞机因故障<u>着陆</u>时，需将燃油量放置"低油面告警油量"，也就是保证45分钟飞行的油量即可。

31 관련 규정에 따라, 비행기가 고장으로 인해 <u>착륙</u>할 때는 연료량을 '저연료 경고량'에 둬야 하는데요. 다시 말해 45분 동안 비행할 수 있는 연료량이면 된다는 것입니다.

32 飞机放出的油是如何变成油滴的？
　　A 飞机在空中放油时会将燃油冷冻
　　B 飞机在空中放油时会将其人工加热
　　C 飞机在空中放油时会将燃油稀释
　　D 飞机在空中放油时会将燃油雾化

32 비행기에서 방출된 연료는 어떻게 기름방울로 변하는가？
　　A 비행기가 공중에서 연료를 방출할 때 연료를 냉각한다
　　B 비행기가 공중에서 연료를 방출할 때 연료를 인위적으로 가열한다
　　C 비행기가 공중에서 연료를 방출할 때 연료를 희석한다
　　D 비행기가 공중에서 연료를 방출할 때 연료를 안개처럼 만든다

33 飞机放油对环境会产生什么样的影响？
　　A 对环境几乎不会产生影响
　　B 可能引起森林大火
　　C 使高空产生低气压
　　D 空中排放的燃油有可能直接滴到头上

33 비행기가 연료를 방출하면 환경에 어떤 영향을 미치게 되는가？
　　A 환경에 거의 영향을 미치지 않는다
　　B 큰 산불을 일으킬 수 있다
　　C 고공에 저기압을 만든다
　　D 공중에서 방출된 연료는 머리 위에 직접적으로 떨어질 가능성이 있다

空中 kōngzhōng 몡 공중 | 油 yóu 몡 기름 | ★携带 xiédài 동 지니다, 휴대하다 | 预期 yùqī 동 예기하다 | 飞行 fēixíng 동 비행하다 | ★全程 quánchéng 몡 전체의 노정 | 油量 yóu liàng 연료 분사량 | ★备用 bèiyòng 동 예비하다, 사용을 위해 준비해 두다 | 高达 gāo dá ～에 달하다, ～에 이르다 [특정한 값에 도달함을 나타냄] | 按 àn 개 ～에 준하여, ～에 따라서, ～에 의거하여 | 飞抵 fēidǐ 비행기로 도착하다 | ★目的地 mùdìdì 몡 목적지 | ★燃油 rányóu 연유, 연료 [燃油量: 연료량] | 消耗 xiāohào 동 (정신·힘·물자 등을) 소모하다 | 本身 běnshēn 몡 그 자체 | 大幅 dàfú 많이, 대폭 | 不久 bùjiǔ 머지 않아, 곧 | 此时 cǐshí 몡 이때, 지금 | 并 bìng 뮈 전혀, 조금도, 그다지, 별로 [부정사 앞에 쓰여 부정의 어투 강조] | 机身 jīshēn 몡 (비행기의) 기체, 동체 | 处于 chǔyú 동 (사람·사물이 어떤 지위·상태·환경·시간에) 놓이다, 처하다 | 着陆 zhuólù (비행기 따위가) 착륙하다 | ★操作 cāozuò 동 조작하다 | 管制员 guǎnzhì yuán 관제사 | ★惯例 guànlì 몡 관례 | 预备 yùbèi 동 예비하다 | 遇上 yùshang 마주치다 | 雷雨 léiyǔ 몡 뇌우 | 大雾 dàwù 범위가 넓고 짙은 안개 | 备降 bèi jiàng (자연재해 또는 기타 요소들 때문에 비행기가) 비상 착륙하다 | 绝大多数 juédàduōshù 절대다수 | 区 qū 몡 구역 | 需求 xūqiú 몡 수요, 필요 | 避开 bìkāi 동 피하다 | ★上空 shàngkōng 몡 상공, 하늘, 공중 | 低空 dīkōng 몡 저공 | 进入 jìnrù 동 진입하다, 들다 | 有关 yǒuguān 동 관계가 있다 | 规章 guīzhāng 몡 규정, 규칙 | 故障 gùzhàng 몡 (기계 따위의) 고장 | ★需 xū 동 필요하다, 요구되다 | ★放置 fàngzhì 동 방치하다, 그대로 버려 두다 | 告警 gàojǐng 동 위급한 상황을 알리고 경계를 강화하거나 원조해 줄 것을 요청하다 [低油面告警油量: 저연료 경고량] | ★即可 jíkě ～하면 곧 ～할 수 있다 | 迫降 pòjiàng 동 강제 착륙하다 | 一般来说 yìbān lái shuō 일반적으로 말하면 | 雾化 wùhuà 동 안개 모양으로 되다 | ★释放 shìfàng 동 방출하다 | 细小 xìxiǎo 형 아주 작다 | 油滴 yóudī 유적, 기름방울 [기름으로 된 덩어리] | 悬浮 xuánfú 동 (공중에) 뜨다, 떠다니다 | ★高空 gāokōng 몡 고공 | 气压 qìyā 몡 기압 [低气压: 저기압] | 流动 liúdòng 동 흐르다 | 高空风 gāokōngfēng 상층풍 | 吹散 chuīsàn 동 불어 흩뜨리다 | 油气 yóuqì 오일가스 | 稀释 xīshì 동 희석하다, 묽게 하다 | 忽略 hūlüè 동 소홀히 하다, 등한시하다 | ★排放 páifàng 동 (폐기·오수·찌꺼기 따위를) 배출하다 | 如 rú 동 ～와 같다, ～와 비슷하다 | 尽可能 jǐn kěnéng 되도록, 가능한 한, 될 수 있는 한 | 油污 yóuwū 기름때, 기름얼룩 | ★谨慎 jǐnshèn 형 신중하다 | 大多 dàduō 뮈 대부분, 대다수, 거의 다 | 山区 shānqū 몡 산간 지역 | 荒地 huāngdì 황무지, 거친 땅, 황폐한 땅 | 足以 zúyǐ 뮈 충분히 ～할 수 있다, ～하기에 족하다 | 支撑 zhīchēng 동 버티다, 받치다, 지탱하다 | 定 dìng 동 정하다 | 乘客 chéngkè 몡 승객 | 耗尽 hàojìn 동 다 소비하다, 다 써버리다 | 方可 fāngkě ～이야말로 ～라 할 수 있다, 그래야 비로소 ～된다 | 放出 fàngchū 동 내보내다, 내뿜다 | ★冷冻 lěngdòng 동 냉동하다 | 人工 réngōng 형 인위적인, 인공의 | 加热 jiārè 동 가열하다, 데우다 | 大火 dàhuǒ 큰 산불

 '一般来说'는 '일반적으로 말하자면'이라는 뜻으로, 일반적인 규칙이나 경향을 설명할 때 사용된다.

예 一般来说，经济发展可以提高人们的生活水平。 일반적으로 말하자면, 경제발전은 사람들의 생활수준을 향상시킬 수 있다.

● Day 38　**34** C　**35** 迎刃而解　**36** C　**37** B　**38** A　**39** B　**40** 有利有弊

34 **C** [狼毒草的蛋白质含量极高 피부리풀의 단백질 함량이 극히 높다]　녹음은 줄곧 '狼毒草(피뿌리풀)'에 대해 설명하고 있으며, 녹음 중간 부분에 '단백질 함량이 높다'는 특징을 언급했다. 피뿌리풀은 초원에 조금씩 분포되어 있다고 했기 때문에 D는 답에서 제외되고 A, B는 본문에 언급되지 않았다.

35 **迎刃而解**　녹음의 중간 부분에서 해당 내용을 언급했다. '如此一来'가 나오면 집중해서 받아 쓸 준비를 하자.

36 **C** [羊误食了狼毒草之后, ……, 重则不治而亡。 양이 피뿌리풀을 잘못 먹을 경우 (…) 심각하면 치료할 수 없어 죽게 된다]　질문 속 '牧民们(목축민들)' '恨之入骨(미워하다, 원망하다)'라는 단어가 낯설고, 앞의 지문보다 먼저 언급되어 바로 정답을 캐치하기 어려웠을 수 있지만 녹음과 질문에 핵심 어휘가 그대로 사용됐고, 핵심 내용도 바로 앞에 직접적으로 등장했기 때문에 정답을 찾기는 어렵지 않은 문제이다.

37 **B** [不一定非要灭除狼毒草, 而是可以加以利用 꼭 피뿌리풀을 제거하려 들 필요 없이 오히려 이것을 이용하면 된다는 것이다 → 加法思维 가법 사고]　녹음에서 가법 사고에 해당하는 부분이 무엇인지 직접적으로 언급해 주지는 않았지만 논리적으로 생각했을 때 '피뿌리풀을 이용하자'며 접근을 달리한 부분이 '가법 사고'에 해당한다는 점을 알 수 있다.

38 **A** [注射到羊身上, 使羊吃到狼毒草后可自行"解毒" 이를 양의 몸에 주사하여 양이 피뿌리풀을 섭취한 후 자체적으로 해독하게 했다]　과학자가 피뿌리풀에 대처했던 방법은 녹음 중간 부분에 언급됐다.

39 **B** [这就要看我们是否懂得转变思路, "避其短而扬其长" 이는 우리가 '단점을 피하고 장점을 키우는' 사고 전환을 할 수 있는지에 달려 있다]　주제를 묻는 문제이다. '狼毒草(피뿌리풀)'는 주제를 설명하기 위한 하나의 예시로 쓰였을 뿐이므로, 보기 A는 답이 될 수 없다. 보기 B에 쓰인 '辩证(변증법적)'의 의미를 정확히 이해하지 못했어도, 녹음이 단점과 장점을 이용하는 방법에 대해 설명하고 있다는 점을 파악했다면 답으로 고를 수 있었을 것이다.

40 **有利有弊**　녹음의 끝부분에서 해당 내용이 언급됐다.

现在开始第34到40题:

　　狼毒草是生长在草原上的一种毒性很强的野草。虽然它的"颜值"很高, 但由于根、茎、叶、花、果实都含毒量极高, 人和牲畜误食后会出现中毒症状, 故被看成植物王国中目前最为出名的"毒王"。实际上, 其毒性也的确惊人, 牲畜误食几片叶子, 就会毙命, 堪称"草中杀手", 名不虚传。[36]羊误食了狼毒草之后, 轻则大病一场, 重则不治而亡。牧民们也因此对狼毒草恨之入骨, 想尽办法要除掉它们。然而, 在偌大的一个草场里, 即使集中人力进行搜索、拔除, 也依旧收效甚微, 缓不济急。

　　在这样的情况下, 人们开始寄希望于除草剂。可是狼毒草在草原上星星点点分布, "广喷漫施"除草剂也肯定得不偿失。那么如何除掉狼毒草呢? 通过研究, 科学家对这种剧毒草有了更进一步的发现: [34]狼毒草的蛋白质含量极高。而这些富含蛋白质的草正是牧羊再理想不过的食物了。科学家由此找到了一把解决难题的钥匙: [37]不一定非要灭除狼毒

34번~40번 문제가 시작됩니다.

　　피뿌리풀은 초원에서 자라는 독성이 강한 들풀이다. 비록 '겉모습'은 아름답지만 뿌리, 줄기, 잎, 꽃, 열매는 모두 독 함량이 매우 높아 사람과 가축이 잘못 먹으면 중독 증상이 나타나기 때문에 식물 세계에서는 현재 가장 유명한 '독왕'으로 여겨진다. 실제로 피뿌리풀의 독성은 확실히 놀라운 수준이다. 가축이 이파리 몇 개만 잘못 먹어도 목숨을 잃을 수 있어 그야말로 명실상부한 '풀 속의 킬러'이다. [36]양이 피뿌리풀을 잘못 먹을 경우 가벼우면 큰 병을 한 번 앓고, 심각하면 치료할 수 없어 죽게 된다. 목축민들도 이 때문에 피뿌리풀을 매우 미워하며 온갖 방법으로 이를 제거하려고 했다. 하지만 이 넓디넓은 초원에서 인력을 집중시켜 피뿌리풀을 탐색하고 제거하더라도 여전히 성과는 미미하고, 너무 늦어 도움이 되지 않았다.

　　이런 상황에서 사람들은 제초제에 희망을 걸기 시작했다. 그러나 피뿌리풀은 초원에 조금씩 분포되어 있어 제초제를 넓은 초원에 두루 살포하는 것도 분명 얻는 것보단 잃는 게 많다. 그렇다면 피뿌리풀을 어떻게 제거해야 할까? 과학자는 연구를 통해 이 독성 풀에 대해 더 많은 것을 발견했다. [34]바로 피뿌리풀의 단백질 함량이 극히 높다는 것이다. 단백질이 풍부한 풀은 목양에 더할 나위 없이 이상적인 음식이다. 과학자는 이로부터 난제를 해결할 방법을 찾았다. [37]꼭 피뿌리풀을

草，而是可以加以利用。本着这一思路，科学家很快成功研制了一种药剂，³⁸注射到羊身上，使羊吃到狼毒草后可自行"解毒"，同时又保留了狼毒草高蛋白的营养价值，快速育肥牧羊。如此一来，一道科学难题便³⁵迎刃而解了，狼毒草从此也间接地给牧民带来了可观的经济效益。

细想一下，这个难题的解决是如此奇妙。其解决之道在于科学家并没有一味地采取"消除"这一"定式思维"，而是开阔思路、及时调转方向，运用了与"减法思维"相对的"加法思维"来解决棘手问题。事实上，任何"不利"都蕴含着"有利"的一面，任何难题都蕴含着巧妙的解决之道，³⁹这就要看我们是否懂得转变思路，"避其短而扬其长"；世间万物大多⁴⁰有利有弊，不能因其弊而否其利，进而否定整个事物。做事也好，处世也罢，转变固有的思维模式，换几个角度考虑一下，或许更有可能获得利人利己的双赢局面。

제거하려 들 필요 없이 오히려 이것을 이용하면 된다는 것이다. 이 생각에 따라 과학자는 빠르게 약제를 개발하였고, ³⁸이를 양의 몸에 주사하여 양이 피뿌리풀을 섭취한 후 자체적으로 해독하게 했다. 동시에 피뿌리풀의 고단백 영양가를 남겨두어 목양을 빠르게 비육했다. 이렇게 하여 하나의 과학 난제가 ³⁵순조롭게 해결되었고, 피뿌리풀은 이때부터 간접적으로 목축민에게 긍정적인 경제적 효과를 가져다주었다.

자세히 생각해 보면 이 난제의 해결은 참 기묘하다. 해결의 길은 과학자가 오로지 '제거'라는 정해진 사고방식을 취하지 않고, 사고의 폭을 넓히고 방향을 제때 바꾸어 '감법 사고'와 상대적인 '가법 사고'를 운용하여 까다로운 문제를 해결했다는 것에 있었다. 사실상 어떠한 '불리함'도 '유리한' 면을 포함하고 있으며 어떠한 난제도 기발한 해결책을 내포하고 있다. ³⁹이는 우리가 '단점을 피하고 장점을 키우는' 사고 전환을 할 수 있는지에 달려 있다. 세상 만물은 대부분 ⁴⁰장단점이 있으며, 단점 때문에 장점을 부정하면 안 되고 나아가 전체 사물을 부정하면 안 된다. 일을 할 때도, 처세할 때도 그렇다. 고유의 사고방식을 전환하고 각도를 바꾸어 생각해 보면 타인에게도, 자신에게도 이로운 양측 모두 이익을 얻는 상황이 생길지도 모른다.

34 关于狼毒草，可以知道：

A 人工拔除效果好

B 色彩鲜艳

C 蛋白质含量高

D 生长在草原最茂盛的地方

35 如此一来，一道科学难题便迎刃而解了。

36 牧民们为什么对狼毒草恨之入骨？

A 羊会因狼毒草而无法躲避天敌

B 食用狼毒草会令羊群上瘾

C 羊误食了狼毒草后极有可能死亡

D 羊群会因狼毒草而脱离羊圈

37 文中提到的"运用了与'减法思维'相对的'加法思维'解决棘手问题"中的"加法思维"是指什么？

A 彻底除掉狼毒草

B 想办法利用狼毒草

C 发现狼毒草的特性

D 让羊吃多种食物来增肥

38 科学家最终对付狼毒草的方法是：

A 给羊注射药剂而脱毒

B 改良狼毒草使之无毒

C 增加狼毒草的营养成分

D 多放牧以增加羊的免疫力

34 피뿌리풀에 관해 다음 중 알 수 있는 것은?

A 인공 제초 효과가 좋다

B 색채가 화사하다

C 단백질 함량이 높다

D 초원의 가장 무성한 곳에서 자란다

35 이렇게 하여 하나의 과학 난제가 순조롭게 해결되었다.

36 목축민들은 왜 피뿌리풀을 미워하는가?

A 양이 피뿌리풀 때문에 천적을 피할 수 없기 때문이다

B 피뿌리풀을 먹으면 양 떼가 중독되기 때문이다

C 양이 피뿌리풀을 잘못 먹으면 죽을 가능성이 크기 때문이다

D 양 떼가 피뿌리풀 때문에 우리를 벗어나기 때문이다

37 본문 중 "'감법 사고'와 상대적인 '가법 사고'를 운용하여 까다로운 문제를 해결했다"는 말에서 '가법 사고'가 뜻하는 것은 무엇인가?

A 피뿌리풀을 철저히 제거한다

B 피뿌리풀을 이용할 방법을 생각한다

C 피뿌리풀의 특성을 발견한다

D 양에게 여러 음식을 먹여 살을 찌운다

38 과학자가 최종적으로 피뿌리풀에 대처했던 방법은?

A 양에 약제를 주사해 독을 제거했다

B 피뿌리풀을 개량해 무독성으로 만들었다

C 피뿌리풀의 영양 성분을 늘렸다

D 자주 방목하여 양의 면역력을 높였다

39 这段话主要想告诉我们什么?

　　A 狼毒草是极好的饲料

　　B 要辩证看待事物的利弊

　　C 为人处世不能急功近利

　　D 畜牧业的改革离不开航天科技

39 본문에서 주로 말하고자 하는 것은 무엇인가?

　　A 피뿌리풀은 매우 훌륭한 사료다

　　B 사물의 장점과 단점을 변증법적으로 다루어야 한다

　　C 사람들과 어울릴 때 눈앞의 이익에만 급급해서는 안 된다

　　D 목축업을 개혁할 때 항공 우주 과학 기술이 없어선 안 된다

40 世间万物大多<u>有利有弊</u>,不能因其弊而否其利,进而否定整个事物。

40 세상 만물은 대부분 <u>장단점이 있으며</u>, 단점 때문에 장점을 부정하면 안 되고 나아가 전체 사물을 부정하면 안 된다.

狼毒草 lángdúcǎo 명 피뿌리풀 | **草原** cǎoyuán 명 초원 | **毒性** dúxìng 명 독성 | **强** qiáng 형 강하다 | **野草** yěcǎo 명 들풀 | **颜值** yánzhí 겉모습, 비주얼 | **★茎** jīng 명 (식물의) 줄기 | **★牲畜** shēngchù 명 가축 | **误食** wùshí 동 잘못 먹다 | **中毒** zhòngdú 동 중독되다 | **故** gù 접 그러므로, 그래서, ~한 까닭에 | **看成** kànchéng ~로 간주하다, ~라고 생각하다 | **最为** zuìwéi 부 가장, 제일, 맨 먼저 [2음절의 형용사나 동사 앞에 놓여 최상급을 나타냄] | **出名** chūmíng 유명하다, 명성이 있다, 이름이 나다 | **实际上** shíjìshang 부 사실상, 실제로 | **确** què 형 확실히 | **惊人** jīngrén 동 사람을 놀라게 하다 | **毙命** bìmìng 동 목숨을 잃다, 죽다 | **★堪称** kānchēng ~라고 할 만하다 | **★杀手** shāshǒu 자객, 킬러 | **名不虚传** míngbùxūchuán 성 명실상부하다 | **则** zé ~하면 ~하다 [인과관계나 조건을 나타냄] | **★牧民** mùmín 명 목축민 | **恨之入骨** hènzhīrùgǔ 성 뼈에 사무치도록 미워하다 | **除掉** chúdiào 동 없애 버리다, 제거하다 | **偌大** ruòdà 이렇게 크다, 그렇게 크다 | **草场** cǎochǎng 명 목초지 | **人力** rénlì 인력 | **拔除** báchú 동 제거하다 | **依旧** yījiù 부 여전히 | **收效甚微** shōuxiào shènwēi (노력에 비해) 성과가 미미하다 | **缓不济急** huǎnbújìjí 성 (행동이나 방법이) 너무 늦어 급한 데 도움이 안 되다 | **除草剂** chúcǎojì 명 제초제 | **呈** chéng 동 띠다, 나타내다, 드러내다 | **星点** xīngdiǎn 명 조금 | **★得不偿失** débùchángshī 성 얻는 것보다 잃는 것이 많다 | **进一步** jìnyíbù (한 걸음 더) 나아가, 진일보하여 | **★蛋白质** dànbáizhì 명 단백질 | **含量** hánliàng 명 함량 | **富含** fùhán 다량 함유하다, 풍부하게 들어 있다 | **牧羊** mùyáng 목양 [양을 치는 것] | **★钥匙** yàoshi 명 열쇠, (문제를 해결하는) 방법 | **灭除** mièchú 동 제거하다, 퇴치하다 | **加以** jiāyǐ 동 ~를 가하다, ~하다 [2음절 동사 앞에 쓰여 뒤의 동사가 앞에 제시된 사물에 대하여 어떤 동작을 가하는 것을 나타냄] | **本着** běnzhe 개 ~에 따라 | **★思路** sīlù 명 사고의 방향 | **研制** yánzhì 동 연구 제작하다 | **药剂** yàojì 명 약제 | **注射** zhùshè 동 주사하다 | **自行** zìxíng 부 자체로, 스스로, 저절로 | **解毒** jiědú 동 해독하다 | **快速** kuàisù 형 빠르다, 신속하다, 쾌속의 | **育肥** yùféi 동 비육하다 [가축이 살이 찌게 기르다] | **迎刃而解** yíngrèn'érjiě 성 주요한 문제를 해결하면 그와 관련된 기타 문제도 쉽게 해결할 수 있다, 순리적으로 문제가 해결되다 | **间接** jiànjiē 형 간접적인 | **可观** kěguān 형 대단하다, 굉장하다, 훌륭하다 | **★效益** xiàoyì 명 효과와 이익 | **细想** xìxiǎng 동 자세히 생각하다, 숙고하다 | **如此** rúcǐ 대 이와 같다, 이러하다 | **奇妙** qímiào 형 기묘하다, 신기하다 | **一味** yíwèi 부 줄곧 | **消除** xiāochú 동 제거하다, 없애다 | **定式** dìngshì 명 정해진 방식 | **思维** sīwéi 명 사고, 사유 | **★开阔** kāikuò 형 넓히다 | **调转** diàozhuǎn 동 바꾸다 | **减法** jiǎnfǎ 명 감법 | **★相对** xiāngduì 형 상대적이다 | **加法** jiāfǎ 명 가법 | **★棘手** jíshǒu 형 (처리하기가) 까다롭다, 애먹다 | **事实上** shìshíshang 부 사실상 | **不利** búlì 형 불리하다 | **★蕴含** yùnhán 동 포함하다, 내포하다 | **世间** shìjiān 명 세상, 사회 | **万物** wànwù 명 만물 | **大多** dàduō 부 대부분, 거의 다 | **有利有弊** yǒulì yǒubì 장점과 단점이 있다 | **弊** bì 명 폐해 | **处世** chǔshì 동 처세하다 | **固有** gùyǒu 형 고유의 | **模式** móshì 명 (표준) 양식, 패턴 | **★双赢** shuāngyíng 동 양측 모두 이익을 얻다, 윈윈하다 | **局面** júmiàn 명 상황, 국면, 형세 | **人工** réngōng 명 인공의, 인위적인 | **★茂盛** màoshèng 형 무성하다, 우거지다 | **★躲避** duǒbì 동 회피하다, 숨다, 물러서다, 피하다 | **天敌** tiāndí 명 천적 | **★上瘾** shàngyǐn 동 중독되다, 인이 박히다, 버릇이 되다 | **死亡** sǐwáng 동 죽다, 사망하다, 생명을 잃다 | **脱离** tuōlí 동 (어떤 상황·환경에서) 벗어나다, 떠나다, 이탈하다 | **特性** tèxìng 명 특성 | **对付** duìfu 대처하다, 다루다, 처리하다 | **脱毒** tuōdú 동 독을 제거하다 | **改良** gǎiliáng 동 개량하다, 개선하다 | **无毒** wúdú 형 독이 없다, 무독하다 | **放牧** fàngmù 동 방목하다 | **免疫力** miǎnyìlì 명 면역력 | **★饲料** sìliào 명 사료, 먹이, 모이 | **辩证** biànzhèng 형 변증법적인 | **看待** kàndài 동 대(우)하다, 다루다, 취급하다 | **利弊** lìbì 명 장점과 단점 | **急功近利** jígōng jìnlì 성 조급한 성공과 눈앞의 이익에만 급급하다 | **畜牧业** xùmùyè 명 목축업 | **离不开** líbukāi 떨어질 수 없다 | **★航天** hángtiān 명 우주, 우주비행 | **科技** kējì 명 과학기술 ['科学技术'의 줄임말]

🔊 track 42

● **Day 39**　**41** A　**42** D　**43** A　**44** B　**45** A　**46** 土壤中

41 A ［ 不止人类会使用方言, 动物也有方言 인간만이 방언을 사용하는 것이 아니라 동물에게도 방언이 있다 ］　본문은 녹음 전반에 걸쳐 '동물의 방언'에 대해서 설명하고 있으며, 녹음 초반에 '인간뿐만 아니라 동물도 방언이 있다'고 직접적으로 언급했다.

42 D ［ 这进一步证明了动物之间的交流系统是存在差异的 이는 동물들 간의 교류 체계에 차이가 있음을 증명한다 ］　미국 까마귀와 프랑스 까마귀의 소통 예시는 동물 간 교류 체계에 차이가 있음을 증명하는 내용으로 등장했다.

43 A ［ 蝼蛄是一种危害农作物的昆虫 땅강아지는 농작물에 해를 끼치는 곤충이다 ］　보기에 제시된 땅강아지에 대한 설명 중 녹음에 부합하는 것은 A뿐이다.

44 **B** [看来蝼蛄的鸣声也分"北京口音"和"河南口音"啊 보아하니 땅강아지의 울음소리도 '베이징 억양'과 '허난 억양'으로 나뉘는 것이었다]　베이징과 허난에서 '음성 유혹' 방법을 사용해 본 곤충학자들은 실험 결과를 토대로 땅강아지의 울음소리가 지역마다 차이가 있음을 알 수 있었다.

45 **A** [相邻的两个种群，各自的"语言"也不完全一样 서로 이웃한 두 지역의 개체군만 해도 각자의 '언어'가 똑같지 않은 것이다]　본문에 근거해 '추정할 수 있는 것'을 묻는 문제이다. 국가나 지역이 서로 다른 까마귀와 땅강아지의 소통 실험 예시를 통해서 방언은 동물 간의 교류를 방해할 수 있음을 파악할 수 있다.

46 **土壤中**　녹음 중간 부분에 해당 내용이 언급됐다.

现在开始第41到46题：

　　俗话说："五里不同音，十里不同调。"说的就是方言。其实，**41不止人类会使用方言，动物也有方言**。上世纪60年代，科学家们通过对鸟类的研究发现，不同物种的基本词汇是一样的，但环境的差异使得动物之间的交流也会存在一定的隔阂。不光是语言存在不通的现象，高山的阻隔、河流海洋的阻挡都会使得一个种群聚落内部的交流系统得到进一步的加固。比如，**42美国的乌鸦能发出一种特别的叫声进行警报，种群内的其他乌鸦听到警报后，就会像"接收到信息"一样地飞走。然而，将这个叫声放给法国的乌鸦听后，结果是：法国的这些乌鸦不仅不能飞走，反而会聚集过来或者不作反应，这进一步证明了动物之间的交流系统是存在差异的。**

　　从实际一点的角度来讲，熟悉动物的方言对人类的生产生活也是十分有利的。**43蝼蛄是一种危害农作物的昆虫，它们生活于46土壤中**，通过挖掘洞穴寻找食物。有的会咬坏农作物幼苗的根茎；有的直接在地下开掘隧道，使幼苗的根与土壤分离，直至干枯死亡。中国就曾出现过蝼蛄灾害，当时以河南省黄河以南的地区最为严重。1989年，昆虫学家发明了一种"声诱"法来消灭蝼蛄。专家们先用高保真录音机将雄性蝼蛄的声音偷偷录下来，再拿到田间放大音量播放，这样就会有成群结队的雌性蝼蛄前来，此时，人们就可以将蝼蛄"一举消灭"。这种"声诱"在北京进行时，取得了不错的效果。然而，在河南进行实验时，起初还算顺利，可后来人们发现，原本在北京效果很好的蝼蛄叫声到了河南后，"引诱"到的蝼蛄数却很少。于是昆虫学家又录下了河南蝼蛄的声音做诱饵，结果发现，河南蝼蛄的鸣声对河南蝼蛄的吸引力要远高于北京蝼蛄的鸣声。**44看来蝼蛄的鸣声也分"北京口音"和"河南口音"啊**！这里所说的蝼蛄方言指的是蝼蛄声通讯中具有

41번~46번 문제가 시작됩니다.

　'5리를 벗어나면 소리가 다르고, 10리를 벗어나면 어조가 다르다'라는 속담이 있는데 이는 방언을 가리키는 것이다. 사실 **41인간만이 방언을 사용하는 것이 아니라 동물에게도 방언이 있다**. 1960년대 과학자들은 조류에 관한 연구를 통해 종에 따라 기본적으로 사용하는 어휘는 같지만 환경의 차이로 인해 동물들 간의 교류에 어느 정도 간격이 존재함을 발견했다. 언어가 통하지 않는 현상만 있는 것이 아니다. 고산에 차단되거나 강과 바다에 가로막히면 한 개체군 안에서의 교류 체계는 한층 더 견고해진다. 예를 들어 **42미국의 까마귀는 경보를 울릴 때 특이한 울음소리를 내는데, 개체군 내의 다른 까마귀들은 이 경보음을 듣고 '정보를 전달받은' 것처럼 날아간다. 하지만 이 울음소리를 프랑스의 까마귀에게 들려주었더니 날아가지 않았을 뿐만 아니라 오히려 한데 모여들거나 아무 반응도 하지 않았다. 이는 동물들 간의 교류 체계에 차이가 있음을 증명한다.**

　조금 더 실질적인 관점에서 말하면 동물의 방언을 숙지해 두면 인간의 생산 활동에도 매우 도움이 된다. **43땅강아지는 농작물에 해를 끼치는 곤충으로 46토양 속에서 생활하며 굴을** 파서 먹이를 찾는다. 어떤 땅강아지는 농작물 새싹의 뿌리줄기를 물어뜯으며 어떤 땅강아지는 직접적으로 땅속에 굴을 파서 새싹의 뿌리를 토양에서 분리해 시들어 죽게 만든다. 중국은 이전에 땅강아지로 인한 재해가 일어난 적이 있다. 당시 허난성 황허 이남 지역의 피해가 가장 심각했다. 1989년 곤충학자는 '음성으로 유혹하는' 방법을 발명하여 땅강아지를 박멸했다. 전문가는 먼저 고음질 녹음기를 이용해 수컷 땅강아지의 소리를 몰래 녹음한 후 논밭에 큰 소리로 틀었다. 이렇게 하니 무리를 지은 암컷 땅강아지들이 다가왔고 이때 사람들은 땅강아지를 단번에 박멸했다. 이러한 '음성 유혹'은 베이징에서 진행되었을 때는 좋은 효과를 얻었다. 하지만 허난에서 실험이 진행되었을 때는 처음엔 그런대로 순조로웠으나, 이후 베이징에서 효과가 좋았던 땅강아지 울음소리를 허난에서 재생하니 유인된 땅강아지 수가 매우 적었다는 사실이 밝혀졌다. 그래서 곤충학자는 허난 땅강아지의 소리를 다시 녹음하여 미끼로 이용하였다. 그 결과 허난 땅강아지의 울음소리가 베이징 땅강아지의 울음소리보다 허난 땅강아지를 훨씬 많이 유혹했다. **44보아하니 땅강아지의 울음소리도 '베이징 억양'과 '허난 억양'으로 나뉘는 것이었다!** 여기서 말하는 땅강아지 방언이란

行为意义的鸣声信号。⁴⁵事实证明：同一种蝼蛄在不同地方的地理环境中形成了自己特有的种群通讯信号，哪怕只是河南和北京相邻的两个种群，各自的"语言"也不完全一样。

땅강아지의 음성 통신 중 행동의 의미가 있는 울음소리 신호를 가리킨다. ⁴⁵이로써 같은 땅강아지여도 다른 지역의 지리 환경에서 자신들만의 특유한 개체군 통신 신호를 형성한다는 사실이 증명되었다. 허난과 베이징처럼 서로 이웃한 두 지역의 개체군만 해도 각자의 '언어'가 똑같지는 않을 것이다.

41 本文主要谈的是：

A 方言并非人类所独有
B 动物方言产生的原因
C 不同动物的发音器官
D 人与动物可以和谐相处

41 본문에서 주로 이야기하는 것은?

A 방언은 결코 인간만 가진 것이 아니다
B 동물의 방언이 생기는 원인
C 동물마다 다른 발음기관
D 인간과 동물은 더불어 살 수 있다

42 举美国乌鸦的例子是为了说明什么？

A 鸟类的交流与其他动物有差异
B 乌鸦是语言能力极强的物种
C 美国的乌鸦报警能力高于法国乌鸦
D 动物之间的交流系统存在差异

42 미국 까마귀의 예를 든 것은 무엇을 설명하기 위함인가?

A 조류의 교류는 다른 동물과 차이가 있다
B 까마귀는 언어 능력이 매우 강한 종이다
C 미국 까마귀의 경보 능력은 프랑스 까마귀보다 훌륭하다
D 동물 간의 교류 체계에는 차이가 존재한다

43 关于蝼蛄，下列哪项正确？

A 会危害农作物
B 是药用昆虫
C 生活在地高原地区
D 濒临灭绝

43 땅강아지에 관해 다음 중 옳은 것은?

A 농작물에 해를 끼친다
B 약용 곤충이다
C 고원지대에서 생활한다
D 멸종위기에 처해 있다

44 用"声诱"方法时，昆虫学家们发现：

A 容易造成噪音污染
B 蝼蛄的鸣声存在地域差异
C 雌性蝼蛄鸣声太尖锐
D 很难录到规律的蝼蛄声

44 '음성 유혹' 방법을 사용한 곤충학자들은 무엇을 발견했는가?

A 소음공해를 일으키기 쉽다
B 땅강아지의 울음소리는 지역마다 차이가 있다
C 암컷 땅강아지의 울음소리는 매우 날카롭다
D 규칙적인 땅강아지 소리를 녹음하기 어렵다

45 根据上文，可以推断：

A 方言会阻碍动物间的交流
B 封闭的环境不利于语言学习
C 当年的蝼蛄灾害没有解决
D 北方蝼蛄鸣声的吸引力更大

45 본문에 근거하여 추정할 수 있는 것은?

A 방언은 동물 간의 교류를 방해할 수 있다
B 폐쇄된 환경은 언어 학습에 불리하다
C 그 당시 땅강아지 재해는 해결되지 않았다
D 북방 땅강아지 울음소리의 매력이 더 크다

46 蝼蛄是一种危害农作物的昆虫，它们生活于土壤中，通过挖掘洞穴寻找食物。

46 땅강아지는 농작물에 해를 끼치는 곤충으로 토양 속에서 생활하며 굴을 파서 먹이를 찾는다.

★俗话说 súhuà shuō 속담에서 ~라고 말하다 | 音 yīn 명 소리 | 调 diào 명 어조 | ★方言 fāngyán 명 방언 | 不止 bùzhǐ 접 ~뿐만 아니라 | 物种 wùzhǒng 명 (생물의) 종 | 差异 chāyì 명 차이, 다른 점 | ★隔阂 géhé 명 (생각·감정의) 간격, 틈, 거리 | 不光 bùguāng ~만이 아니다, ~에 그치지 않다 | 阻隔 zǔgé 동 가로막히다 | ★河流 héliú 명 강의 흐름, 하류 | 阻挡 zǔdǎng 동 저지하다, 가로막다 | 使得 shǐde 동 ~하게 되다 | 种群 zhǒngqún 명 개체군 | 聚落 jùluò 명 취락, 부락 | 进一步 jìnyíbù (한 걸음 더) 나아가, 진일보하여 | 加固 jiāgù 동 견고히 하다, 단단하게 하다 | 乌鸦 wūyā 명 까마귀 | 叫声 jiàoshēng 명 울음소리 | 警报 jǐngbào 명 경보 | 接收 jiēshōu 동 받다, 수취하다 | 法国 Fǎguó 고유 프랑스 | ★聚集 jùjí 동 한데 모이다, 집중하다, 합류하다 | 蝼蛄 lóugū 명 땅강아지 | ★农作物 nóngzuòwù 명 농작물 | ★昆虫 kūnchóng 명 곤충 | ★土壤 tǔrǎng 명 토양 | ★挖掘 wājué 동 파다, 캐다, 발굴하다 | 洞穴 dòngxué 명 굴, 동굴 | 幼苗 yòumiáo 명 새싹, 어린 모종 | 根茎 gēnjīng 명 뿌리 | 开掘 kāijué 동 파다 | ★隧道 suìdào 명 굴, 터널 | 直至 zhízhì 동 ~에 이르다 | 干枯 gānkū 동 시들다, 마르다 | 死亡 sǐwáng 동 죽다, 생명을 잃다 | 河南省 Hénánshěng 고유 허난성 | 最为 zuìwéi 부 가장, 제일, 맨 먼저 [2음절의 형용사나 동사 앞에 놓여 최상급을 나타냄] | 诱 yòu 동 유인하다 | 消灭 xiāomiè 동 박멸하다, 소멸하다 | 高保真 gāobǎozhēn 형 고음질의 | 录音机 lùyīnjī 명 녹음기 | 雄性 xióngxìng 명 수컷 | 田 tián 명 밭, 경작지 | 音量 yīnliàng 명 음량 | ★成群结队 chéngqún jiéduì 성 한데 모여 무리를 이루다, 단체를 결성하다 | 雌性 cíxìng 명 암컷 | 前来 qiánlái 동 다가오다 | 此时 cǐshí 이때, 지금 | ★一举 yìjǔ 부 단번에, 일거에 | 起初 qǐchū 처음, 최초 | 原本 yuánběn 명 원래 | ★诱饵 yòu'ěr 명 미끼 | 鸣

声 míngshēng 몡 울음소리 | 吸引力 xīyǐnlì 몡 매력 | ★口音 kǒuyīn 몡 어투 | 通讯 tōngxùn 몡 통신 | 具有 jùyǒu 동 지니다, 가지다, 있다 | ★地理 dìlǐ 몡 지리 | 特有 tèyǒu 혱 특유하다, 고유하다 | 相邻 xiānglín 동 서로 이웃하다, 서로 인접하다 | ★并非 bìngfēi 동 결코 ~하지 않다, 결코 ~가 아니다 | 独有 dúyǒu 혼자만 갖고 있다, 독점하다 | 发音 fāyīn 몡 발음 | 器官 qìguān 몡 (생물체의) 기관 | 和谐 héxié 혱 잘 어울리다, 조화롭다, 잘 맞다 | 例子 lìzi 몡 예, 보기 | 鸟类 niǎolèi 몡 조류 | 报警 bàojǐng 몡 경보 | 药用 yàoyòng 몡 약용 | 高原 gāoyuán 몡 고원 | 濒临 bīnlín 인접하다 | ★灭绝 mièjué 멸절하다, 완전히 제거하다 | ★噪音 zàoyīn 몡 소음, 잡음 | ★地域 dìyù 몡 지역 | ★尖锐 jiānruì 혱 날카롭다, 예리하다 | ★推断 tuīduàn 동 추정하다, 추론하다 | 阻碍 zǔ'ài 동 (진행하지 못하도록) 가로막다 | ★封闭 fēngbì 동 폐쇄하다, 봉쇄하다 | ★不利于 búlìyú ~에 불리하다

o track 43

| ● Day 40 | 47 D | 48 A | 49 C | 50 B | 51 B | 52 拘泥于 |

47 D [缺少体力劳动和体育运动是导致"肌肉饥饿症"的罪魁祸首 육체노동 및 운동의 부족은 '근육 약화증'을 유발하는 주요 원인인 것이다] 녹음의 앞부분에 '근육 약화증'은 정신노동자가 가장 걸리기 쉽다고 하며 근육 약화증을 유발하는 주요 원인으로 '缺少体力劳动和体育运动(육체노동 및 운동의 부족)'을 들었다.

48 A [体内细胞的氧气供应不足 체내 세포의 산소 공급 부족 → 细胞供氧不足 세포의 산소 공급 부족] 근육의 '배고픔' 이 생기는 이유를 '体内细胞的氧气供应不足(체내 세포의 산소 공급 부족)'라고 언급했다.

49 C [体内贮存的脂肪增加 체내에 저장되는 지방이 증가하다 → 体脂增高 체지방이 증가하다] 근육이 장기간 '배고픈' 상태가 지속되면 생기는 문제들은 녹음 중간 부분에 언급되었고, 보기 중 언급된 내용은 보기 C '体脂增高(체지방이 증가하다)'이다.

50 B [而是给"饥饿"的肌肉以"粮食"——主动且有规律地运动 '배고픈' 근육에 적극적이고 규칙적인 운동이라는 '양식'을 제공하는 것이다] '不是A，而是B(A가 아니라 B이다)' 구문을 사용하여 근육 약화증의 예방 방법은 '적극적이고 규칙적인 운동'이라고 언급했다. 녹음 속 '规律(규칙적인)'와 보기 B의 '定期(주기적인)'는 유사한 의미이다.

51 B [当长期缺乏锻炼的人突然活动或偶尔运动时, ……出现……等症状 장기간 운동이 부족했던 사람이 갑자기 활동을 하거나 어쩌다 운동할 경우, (…) 등의 증상이 나타날 수 있다] 장기간 운동이 부족했던 사람이 어쩌다 운동할 때 나타날 수 있는 증상에 '포함되지 않는 것(不包括)'을 찾는 문제이다. 관련 증상들은 녹음 중간 부분에 등장하는데, 열량 소모가 많아진다는 내용은 언급되지 않았으므로 정답은 B이다.

52 拘泥于 녹음의 마지막 부분에 해당 내용이 언급됐다.

现在开始第47到52题：

　　长期坐在办公桌前打着电脑、滑着鼠标的上班族一定有过类似的体验：明明只是在办公室坐了一天，并没有干什么体力活儿，但下班回家后却觉得浑身酸痛、疲乏无力。其实，[47]这是脑力劳动者最易患的"肌肉饥饿症"。所谓"肌肉饥饿症"指的就是人体骨骼肌长时间缺乏足够的体力劳动和体育运动，导致肌肉组织内储氧量降低，从而产生一系列的代谢障碍。全球知名医学杂志中的一篇报道指出，美国埃墨里大学医学院的研究人员发现，长期不参加体力劳动的人中，有大约20%的人易患"肥胖症"；40%的人易患"肌肉饥饿症"。也就是说，[47]缺少体力劳动和体育运动是导致"肌肉饥饿症"的罪魁祸首。这

47번~52번 문제가 시작됩니다.

　　장기간 사무실 책상 앞에 앉아 컴퓨터를 하고 마우스를 만지던 직장인들은 '분명 하루 동안 사무실에 앉아만 있었고 힘쓰는 일은 아무것도 하지 않았는데 퇴근 후 집에 오면 온몸이 쑤시고 아프며 피로하고 힘이 없는' 것과 같은 경험을 한 적이 있을 것이다. 사실 [47]이는 정신노동자가 가장 걸리기 쉬운 '근육 약화증'이다. 소위 '근육 약화증'이란 인체의 골격근에 오랜 시간 충분한 육체노동과 운동이 부족하여 근육조직 내 산소 저장량이 줄어들어 일련의 대사장애가 생긴 것을 가리킨다. 세계적으로 유명한 의학 잡지의 한 보고서에 따르면, 미국 에모리대학교 의과대학의 연구원은 장기간 육체노동을 하지 않은 사람 중 약 20%는 비만이 되기 쉬우며, 40%는 근육 약화증에 걸리기 쉽다는 것을 발견했다. 다시 말해, [47]육체노동 및 운동의 부족은 '근육 약화증'을 유발하는 주요 원인인 것이다. 장기간 책상 앞에 앉아 일한 사람은 에너지 공급이 충분함에도

03 사회, 환경, 생활상식, 건강　**99**

些长期伏案工作的人，尽管能量供应充足，但是骨骼肌本身的新陈代谢水平与其活动量成正比。肌肉新陈代谢水平会相应降低，血液对该处肌肉的供应也会减少，⁴⁸从而致使体内细胞的氧气供应不足，肌肉的"饥饿感"便由此产生。

此外，⁵¹当长期缺乏锻炼的人突然活动或偶尔运动时，他们肌肉内代谢产生的乳酸等物质的排出会因长期的细胞供氧不足，而比正常人缓慢，还会出现疲惫、四肢酸痛、头昏脑胀等症状。⁴⁹肌肉"饥饿"久了，人体消耗的热量少，体内贮存的脂肪增加，身体就会发胖，体质也会变弱，严重时甚至还会出现肌肉萎缩现象。

综上所述，⁵⁰其实防治"肌肉饥饿症"的主要方法不是使用药物，而是给"饥饿"的肌肉以"粮食"——主动且有规律地运动。规律地运动可促进机体静脉血液的加速回流、调整新陈代谢，使心脏输出更多含氧血液、促进全身肌肉获得更充足的氧气。不仅如此，规律地运动还能使大脑皮层得到充足的血液和氧气的供应，从而能够更有效地调节心血管，保持血压的动态平衡。脑力工作者可以根据自己的工作性质、体力及疾病情况，分三个时段加强锻炼和运动。一是清早起床后：早晨往往是上班族最紧张的时刻，如果不过分赖床，哪怕早起半个小时，也能够做几套简单的运动。二是工作的间歇：暂停一下手中的工作，几组拉伸运动就能马上使疲惫的身体轻松下来。最后是夜晚时段：此时更适宜进行有氧运动，但要注意运动强度，否则强度过高会使交感神经兴奋，妨碍入睡。

运动的方式多种多样，而我们追求健康的目标也并不需要过分地⁵²拘泥于形式。要知道：从我们意识到的那一刻开始做，就一点儿都不晚。

47 什么人更容易患"肌肉饥饿症"？

　　A 暴饮暴食的肥胖人士

　　B 精力旺盛的青少年

　　C 肌肉发达的健身教练

　　D 缺乏体力劳动的职场人

48 肌肉的"饥饿感"是如何产生的？

　　A 细胞供氧不足

　　B 蛋白质摄入不足

　　C 骨骼肌发炎

　　D 肌肉停止了新陈代谢

불구하고, 골격근 자체의 신진대사 수준은 활동량에 비례한다. 근육의 신진대사 능력이 이에 따라 떨어져 해당 근육으로 공급되는 혈액량도 줄어들게 되고, ⁴⁸이로 인해 체내 세포의 산소 공급이 부족해져 근육이 '배고픔'을 느끼게 되는 것이다.

이 외에도, ⁵¹장기간 운동이 부족했던 사람이 갑자기 활동을 했거나 어쩌다 운동할 경우, 세포에 장기간 산소 공급이 부족했기 때문에 근육 내 대사로 생긴 젖산 등 물질의 방출이 정상인보다 느려 피곤함, 사지통, 어지러움 등의 증상이 나타날 수 있다. ⁴⁹근육의 '배고픔'이 오래도록 지속되면 인체에서 소모되는 열량은 적어지고 체내에 저장되는 지방은 증가하여 살이 찌게 되며 체질도 약해진다. 심각한 경우 심지어 근육위축증까지 생길 수도 있다.

상술한 내용을 종합하면, ⁵⁰'근육 약화증'을 예방 및 치료하는 주요 방법은 약물을 사용하는 것이 아닌 '배고픈' 근육에 적극적이고 규칙적인 운동이라는 '양식'을 제공하는 것이다. 규칙적인 운동은 유기체의 정맥 속 혈액의 환류를 가속하고 신진대사 조절을 촉진하여 심장이 많은 산소를 함유한 혈액을 내뿜게 하고 온몸의 근육에 더 충분한 산소를 공급한다. 이뿐만 아니라 규칙적인 운동은 대뇌피질에 충분한 혈액과 산소를 공급하여 더 효과적으로 심혈관을 조절하고 혈압의 동태 균형을 유지할 수도 있다. 정신노동을 하는 사람은 자기 직업의 성격과 체력, 질병 상황에 따라 시간대를 셋으로 나누어 체력 단련 및 운동을 할 수 있다. 첫 번째는 이른 아침 기상 후이다. 이른 아침은 종종 직장인이 가장 긴장하는 시간대지만 지나치게 침대에서 게으름 피우지 않고 30분만 일찍 일어나도 간단한 몇 가지 운동을 할 수 있다. 두 번째는 업무 중간의 휴식 시간이다. 수중의 업무를 잠시 내려놓고 스트레칭을 몇 번 하면 피로한 몸을 바로 가뿐하게 할 수 있다. 마지막은 밤 시간이다. 이 시간대에는 유산소운동을 하기에 적합하지만 운동 강도에 유의해야 한다. 강도가 지나치게 높은 운동은 교감신경을 흥분하게 하여 수면을 방해한다.

운동의 방식은 매우 다양하지만 우리가 건강을 추구하는 목표를 달성하려 할 때 지나치게 형식⁵²에 얽매일 필요는 없다. 우리가 의식하는 그 순간부터 시작하면 조금도 늦지 않는다는 걸 알아야 한다.

47 근육 약화증에 걸리기 쉬운 사람은 어떤 사람인가?

　　A 폭음 및 폭식하는 비만인

　　B 혈기 왕성한 청소년

　　C 근육이 발달한 헬스트레이너

　　D 육체노동이 부족한 직장인

48 근육의 '배고픔'은 어떻게 생기는가?

　　A 세포의 산소 공급 부족

　　B 단백질 섭취 부족

　　C 골격근의 염증

　　D 근육의 신진대사 중단

49 肌肉长期处于"饥饿"状态，身体会出现什么问题？

A 脉搏不正常

B 胸闷气短

C 体脂增高

D 视力不佳

50 下列哪项能有效防止"肌肉饥饿症"？

A 降低血压　　　　B 定期运动

C 节食减肥　　　　D 补充维生素

51 "长期缺乏锻炼的人偶尔锻炼时，会出现的症状"中，不包括的一项是？

A 易疲惫　　　　　B 热量消耗变大

C 四肢酸痛　　　　D 头昏脑胀

52 运动的方式多种多样，而我们追求健康的目标也并不需要过分地<u>拘泥于</u>形式。

---

49 근육이 장기간 '배고픈' 상태가 지속되면 신체에는 어떤 문제가 생기는가?

A 맥박이 비정상이다

B 가슴이 답답하고 숨이 가빠진다

C 체지방이 증가한다

D 시력이 떨어진다

50 다음 중 효과적인 근육 약화증 예방 방법은 무엇인가?

A 혈압을 낮춘다　　　B 주기적으로 운동한다

C 절식 다이어트를 한다　D 비타민을 보충한다

51 장기간 운동이 부족했던 사람이 어쩌다 운동할 때 나타날 수 있는 증상에 포함되지 않는 것은?

A 쉽게 피로해진다　　　B 열량 소모가 많아진다

C 사지통이 생긴다　　　D 머리가 어지러워진다

52 운동의 방식은 매우 다양하지만 우리가 건강을 추구하는 목표를 달성하려 할 때 지나치게 형식에 <u>얽매일</u> 필요는 없다.

长期 chángqī 몡 장시간 | 办公桌 bàngōngzhuō 사무용 책상 | 上班族 shàngbānzú 몡 직장인 | 类似 lèisì 혱 비슷하다 | 明明 míngmíng 뷔 분명히 | 只是 zhǐshì 뷔 그저, 단지 | 并 bìng 젭 그리고 | 体力 tǐlì 몡 체력 | 活儿 huór 몡 일, 노동 [일반적으로 육체노동을 일컬음] | ★浑身 húnshēn 몡 온몸, 전신 | 酸痛 suāntòng 혱 쑤시고 아프다 | 疲乏 pífá 피로하다 | ★无力 wúlì 힘이 없다 | 脑力劳动 nǎolì láodòng 몡 정신노동 | 易 yì 혱 쉽다, 용이하다 | ★患 huàn 동 병에 걸리다 | 肌肉饥饿症 jīròu jī'èzhèng 근육 약화증 [장기간 운동 부족으로 인한 대사장애 증상을 말함] | ★所谓 suǒwèi 소위, 이른바 | ★人体 réntǐ 몡 인체 | 骨骼肌 gǔgéjī 골격근 | 足够 zúgòu 충분하다 | 储氧量 chǔyǎngliàng 산소 저장량 | ★一系列 yíxìliè 혱 일련의, 연속되는 | 代谢 dàixiè 몡 신진대사 | 障碍 zhàng'ài 몡 장애 | 全球 quánqiú 몡 전 세계 | 知名 zhīmíng 혱 유명한 | 医学 yīxué 몡 의학 | 指出 zhǐchū 동 밝히다, 가리키다 | 美国 Měiguó 고유 미국 | 埃墨里大学 Āimòlǐ Dàxué 고유 에모리대학교 | 医学院 yīxuéyuàn 몡 의과대학 | 研究人员 yánjiū rényuán 연구원 | 肥胖症 féipàngzhèng 몡 비만증 | ★也就是说 yě jiùshì shuō 바꾸어 말하면 ~이다 | ★罪魁祸首 zuìkuí huòshǒu 혱 근본 원인, 주요 원인 | 伏案 fú'àn 동 책상 앞에 앉다 | ★能量 néngliàng 몡 에너지 | 供应 gōngyìng 몡 공급 | 充足 chōngzú 혱 충분하다, 충족하다 | 本身 běnshēn 몡 그 자체 | ★新陈代谢 xīnchén dàixiè 몡 신진대사 | 正比 zhèngbǐ 몡 정비례 | 相应 xiāngyìng 동 상응하다 | 血液 xuèyè 몡 혈액 | 该 gāi 떼 이, 그, 저 | 处 chù 몡 부분, 점 | 致使 zhìshǐ 동 ~한 결과가 되다, ~한 탓에 ~하다 | 体内 tǐnèi 몡 체내 | 细胞 xìbāo 몡 세포 | 氧气 yǎngqì 몡 산소 | 饥饿感 jī'ěgǎn 배고픔, 허기 | 由此 yóucǐ 뷔 이에 따라, 이에 근거하여 | 或 huò 젭 혹은, 또는 | 乳酸 rǔsuān 젖산 | 排出 páichū 동 배출하다 | 供氧 gōngyǎng 산소 공급 | ★缓慢 huǎnmàn 혱 느리다 | ★疲惫 píbèi 혱 대단히 피로하다, 지치다 | 四肢酸痛 sìzhī suāntòng 사지통 | 头昏脑胀 tóuhūn nǎozhàng 몡 머리가 어질어질하다 | 症状 zhèngzhuàng 몡 증상, 증후 | 饥饿 jī'è 혱 굶주리다, 배고프다 | 消耗 xiāohào 동 (정신·힘·물자 등을) 소모하다 | 热量 rèliàng 몡 열량 | 贮存 zhùcún 동 저장하다 | 脂肪 zhīfáng 몡 지방 | 发胖 fāpàng 동 살찌다 | ★体质 tǐzhì 몡 체질, 체력 | ★萎缩 wěisuō 동 위축되다 | ★综上所述 zōngshàng suǒshù 앞서 말한 내용을 종합하다 [흔히 종합적인 결론을 도출할 때 쓰임] | ★防治 fángzhì 동 예방치료 하다 | 药物 yàowù 몡 약물, 약품 | 机体 jītǐ 몡 유기체 | 静脉 jìngmài 몡 정맥 | 加速 jiāsù 동 가속하다 | 回流 huíliú 동 환류하다, 되돌아와 흐르다 | 输出 shūchū 동 (안에서 밖으로) 내보내다 | 含 hán 동 함유하다, 포함하다 | ★氧 yǎng 몡 산소 | 全身 quánshēn 몡 온몸, 전신 | 如此 rúcǐ 떼 이와 같다, 이러하다 [不仅如此: 이뿐만 아니라] | 皮层 pícéng 몡 피질, 피층 | 得到 dédào 동 얻다 | 有效 yǒuxiào 혱 효과가 있다 | 调节 tiáojié 동 조절하다 | 心血管 xīnxuèguǎn 몡 심혈관 | ★血压 xuèyā 몡 혈압 | ★动态 dòngtài 몡 (일·사건의) 동태, 변화의 추이 | ★及 jí 동 및, ~와 | 疾病 jíbìng 몡 병, 질병 | ★时段 shíduàn 몡 시간대, 시간 프레임 | 加强 jiāqiáng 동 강화하다, 증강하다 | 清早 qīngzǎo 몡 이른 아침 | 早晨 zǎochen 몡 (이른) 아침, 새벽 | 赖床 làichuáng 동 잠자리에서 나오기 싫어하다, 잠자다 | 间歇 jiānxiē 몡 중간 휴식 | 暂停 zàntíng 동 잠시 멈추다 | 手中 shǒuzhōng 몡 수중 | 拉伸运动 lāshēn yùndòng 스트레칭 | ★夜晚 yèwǎn 몡 밤, 야간 | 此时 cǐshí 몡 이때, 지금 | ★适宜 shìyí 혱 적합하다, 적절하다 | 有氧运动 yǒuyǎng yùndòng 몡 유산소운동 | 强度 qiángdù 몡 강도 | 交感神经 jiāogǎn shénjīng 몡 교감신경 | 妨碍 fáng'ài 동 방해하다 | 入睡 rùshuì 동 잠들다 | 多种多样 duōzhǒng duōyàng 혱 아주 다양하다 | 拘泥 jūnì 동 얽매이다 | 意识 yìshí 몡 의식하다 | 暴饮暴食 bàoyǐn bàoshí 폭음 폭식하다 | ★肥胖 féipàng 혱 뚱뚱하다 | 人士 rénshì 몡 사람 | 旺盛 wàngshèng 혱 왕성하다 | 健身教练 jiànshēn jiàoliàn 헬스트레이너 | 职场人 zhíchǎngrén 몡 직장인 | 蛋白质 dànbáizhì 몡 단백질 | 摄入 shèrù 동 섭취하다 | 发炎 fāyán 몡 염증 | 停止 tíngzhǐ 동 멈추다 | 处于 chǔyú (사람·사물이 어떤 지위·상태·환경·시간에) 처하다, 놓이다 | ★脉搏 màibó 몡 맥박 | 体脂 tǐzhī 몡 체지방 | 增高 zēnggāo 동 증가하다 | 胸闷 xiōngmēn 혱 가슴이 답답하다 | 气短 qìduǎn 혱 호흡이 가쁘다 | ★视力 shìlì 몡 시력 | 佳 jiā 혱 좋다 | ★防止 fángzhǐ 동 방지하다 | 定期 dìngqī 동 날짜를 정하다 | 节食 jiéshí 동 절식하다 | 维生素 wéishēngsù 몡 비타민 | 并 bìng 뷔 결코, 전혀, 조금도, 그다지, 별로 [부정사 앞에 쓰여 부정의 어투 강조]

'致使'는 '~로 인해 초래되다'라는 의미로 사건이나 상황이 특정한 결과나 다른 상황을 직접적으로 초래했음을 나타내는 데 사용된다.

예 他的粗心大意，致使了严重的错误。 그의 부주의로 심각한 오류가 발생했다.

01 세부 내용 파악하기

● Day 02 **1** A **2** A **3** C **4** D **5** C **6** B **7** C

1 **A** [以A为例 A를 예로 들어 → 举例子 예를 들다] 두 번째 단락에서 둥중리는 고대 시 교육을 예로 들어 독서와 교육의 중요성을 설명했다고 직접 언급했다.

2 **A** [青少年是首当其冲的受害者 청소년이 그 피해를 가장 먼저 받는 피해자라는 것이다 → 首要受害者 1차 피해자] 질문의 핵심 어휘인 '空心病(공심병)'을 단락에서 찾자. 세 번째 단락에서 쉬카이원 박사는 중국 사회가 '공심병'을 앓고 있는데, 가장 먼저 피해를 받는 것이 '청소년'이라고 말했다.

3 **C** [走在康庄大道上的路界，走得更舒适、顺畅的给养 드넓은 길가를 걸을 수 있고, 편안하고 순조롭게 걸을 수 있도록 해 주는 보급품 → 走对道路和走得更顺畅 맞는 길을 가고, 순조롭게 갈 수 있게 해 준다] 네 번째 단락에서 가치관이 우리를 드넓은 길가를 걸을 수 있게 해 주는 것이라면, 문화 소양은 우리가 더욱 편안하고 순조로운 길을 걸을 수 있도록 해 주는 보급품이라고 했다.

4 **D** [月亮代表思念 달은 그리움을 나타낸다] 다섯 번째 단락에서 고대 시의 암호에 대해 언급했다. 고대 시에서는 이별, 그리움, 고결함, 슬픔 등을 나타내는 어휘가 암호처럼 사용되는데, 그중 달은 '그리움'을 나타낸다고 했다.

5 **C** [决定价值观的情操 가치관을 결정짓는 정서] 전체 단락의 내용 흐름이 아이들이 어릴 때부터 문화적 소양 교육을 중시해야 한다는 것이었고, 네 번째 단락에서 가치관을 결정짓는 정서는 더욱 무시할 수 없다고 했으므로, 답은 C이다. 답을 찾기가 어렵다면 전체 단락에서 가장 많이 나오는 어휘가 무엇인지 파악하는 것도 답을 찾는 팁이다.

6 **B** [丰富人们的心灵 인간의 영혼을 풍부하게 해 준다] 네 번째 단락에서 다도, 철학 등은 인간의 영혼을 더 풍부하게 해 준다고 했다. 핵심 어휘가 있는 부분을 빠르게 확인하면 답을 찾는 시간을 절약할 수 있다.

7 **C** [不管他是念经济、念商贸、念理工都可以，但是必须要有文化的根源 그 아이가 경제나 경영을 공부하든 이공계 공부를 하든 상관 없이 문화적 근원이 있어야 한다 → 所有的孩子 모든 아이] 마지막 단락에서 고대 시를 배워야 하는 이유에 대한 예쟈잉의 답변에서 어떤 공부를 하든 상관 없이 문화적 근원이 있어야 하고, 이는 사람 됨됨이와 일처리에 도움이 된다고 말했다. 이 문장을 통해 어려서부터 고대 시를 배우는 것은 모든 아이에게 좋다는 것을 알 수 있으므로, 답은 C이다.

如果与考试无关、与现代知识的学习无关、不为显摆孩子有才华，而且占用孩子宝贵的课余时间，那为什么要让孩子从小学习一些古诗词呢？

2016年，综艺节目《我是演说家》第三季中，董仲蠡脱颖而出，他的题为《教育的意义》的演说视频成了热点，转发不计其数。[1]他以古诗词的教育为例，说明了读书和教育的重要性。"之所以要多读书、多受教育，就是因为当我们看到一群鸟在湖面飞过的时候，我们能够吟诵出'落霞与孤鹜齐飞，秋水共长天一色'，而不是在那儿吵吵：我去！全都是鸟！在我们去戈壁旅游、骑着骏马奔腾之时，心里默念的是'大漠孤烟直，长河落

시험과 관련이 없고, 현대적 지식 학습과도 관련이 없으며, 아이들의 재능을 자랑하는 목적도 아니라면 귀한 방과 후 시간을 차지하면서까지 어려서부터 고대 시를 배워야 할 이유가 무엇인가?

2016년, 예능 프로그램 〈나는 연설가다〉 시즌 3에서 둥중리의 재능이 두각을 나타냈고, 〈교육의 의미〉라는 제목의 연설 동영상이 이슈가 되며 셀 수 없을 만큼 많이 공유되었다. [1]그는 고대 시 교육을 예로 들어 독서와 교육의 중요성을 설명했다. "책을 많이 읽고 교육을 많이 받아야 하는 이유는 다음과 같습니다. 우리는 새 떼가 수면 위를 나는 것을 보고 그곳에서 '맙소사! 다 새네!'라고 외치는 것이 아니라, '저녁 노을은 짝 잃은 오리와 나란히 날고, 가을 물빛은 높은 하늘과 같은 색이나'를 읊을 수 있게 됩니다. 고비사막에 여행을 가 말을 타고 달릴 때도 거기서 '우와! 온통 모래뿐이야. 얼른 돌아 가자!'

日圆', 而不是在那儿喊: 哎呀妈呀! 都是沙子, 快回去吧!"

情操是人的思想、感情积累形成的观念, 是价值观形成的基础。价值观很重要, 不是形而上的词汇。心理学博士徐凯文曾揭示中国社会目前很大的一个隐患——[2]整个社会都患了"空心病", 青少年是首当其冲的受害者。核心的问题是缺乏支撑其意义感和存在感的价值观。价值观对于普罗大众也很重要。比如, 当人们购物的标准是什么贵买什么、什么流行买什么时, 他们浪费的可能是金钱。而当青年人择业的标准是什么行业收入好做什么, 择偶的标准是谁家有房子嫁给谁, 他们浪费的是生命。之所以会浪费金钱、浪费生命, 是因为他们的价值观使然, 他们缺乏能帮助自己获取幸福的价值观。

[5]价值观与现实息息相关, 而决定价值观的情操更是不可小觑。具备了一定的文化修养, 能有助于安静从容地观察、思考。[3]如果说价值观是保证我们走上康庄大道上的路界, 文化修养就是让我们走得更舒适、顺畅的给养。董仲蠡的演讲中举了另一个例子: "德国的中学生哲学是必修课。我们去日本访问的时候, 看到大学生在繁重的学业之后依然参与茶道培训、艺术鉴赏等活动。当时, 我们同行的一位老师就问了那个特别经典的问题: '这有啥用啊?'当地的老师说: "这些活动是教育的重要组成部分, 是修心, 让学生能更好地了解自己。"茶道、艺术鉴赏、哲学等, 这些都是文化的组成, [6]能丰富人们的心灵。心里踏实了, 才可以了解自己、观察世界。这之后, 才能体会人生中的种种美好——人生的目的之一, 乐趣所在。

古诗词是中国文化厚重的一部分, 更是中文不可分割的一部分。不了解古诗文, 就无法获知中文传递中的"语码"。比如断桥、杨柳、南浦、长亭在古诗词中意味着别离; [4]月亮代表思念; 冰雪象征高洁; 芭蕉、芳草、梧桐常与离愁别绪相关。

学习古诗词, 有助于学好现代中文。胡适、鲁迅这些最初的白话文倡导者的古诗文底子都很厚, 当代许多作家、诗人的古诗文造诣也不低, 并深受影响, 如杨牧、郑愁予、余光中、席慕蓉等。为什么要让孩子从小学些古诗词? 沧桑回眸, 叶嘉莹给予了平实无华却饱含智慧的答案——"古典文学真正的生命很多年轻人现在体会不到。所以我希望在幼小生命的成长过程中, 能够对于我们中国

라고 소리치는 것이 아니라, 마음속으로 '큰 사막 외로이 연기만 곧게 솟고, 긴 강물에 지는 해가 둥글구나'라고 읊을 수 있게 됩니다."

정서는 인간의 사상, 감정이 누적되어 형성된 개념으로 가치관을 이루는 근간이다. 가치관은 중요하며, 형이상학적인 말이 아니다. 심리학 박사 쉬카이원은 중국 사회에 현재 잠재된 아주 큰 문제를 지적한 바 있다. [2]온 사회가 '공심병'을 앓고 있다는 것인데, 청소년이 그 피해를 가장 먼저 받는 피해자라는 것이다. 핵심적인 문제는 의미와 존재감을 지탱할 가치관이 부족하다는 것이다. 가치관은 일반 대중에게도 중요하다. 예컨대 사람들이 쇼핑하는 기준이 무엇이 비싼지, 무엇이 유행하는지일 때, 그들이 낭비하는 것은 돈일 것이다. 그런데 젊은이가 직업을 선택하는 기준이 수입이 많은 것이 무엇인지거나, 짝을 고르는 기준이 집이 있는 사람은 누구인지라면, 그들이 낭비하는 것은 생명인 것이다. 돈과 생명을 낭비하게 되는 이유는 그들의 가치관이 그렇게 만들었기 때문이다. 그들에게는 자신을 행복하게 하는 가치관이 부족한 것이다.

[5]가치관은 현실과 밀접한 관계가 있는데, 가치관을 결정짓는 정서는 더욱 배재할 수가 없다. 어느 정도의 문화적 소양을 가지고 있는 것은 침착하고 태연하게 관찰하고 사고하는 데에 도움이 된다. [3]만약 가치관이 우리가 드넓은 길가를 걸을 수 있도록 해 주는 것이라면, 문화 소양은 우리가 더욱 편안하고 순조롭게 걸을 수 있도록 해 주는 보급품인 것이다. 둥중리는 연설에서 또 다른 예를 들었다. "독일 중학생들은 철학이 필수 과목입니다. 우리가 일본을 방문했을 때 대학생이 그 바쁜 학업을 하고 나서도 다도 훈련과 예술 감상같은 활동을 하는 것을 보게 되었습니다. 그때 저희와 동행한 한 선생님이 그 고전적인 질문을 던졌죠. '이게 무슨 쓸모가 있나요?' 현지의 교사는 이렇게 대답했습니다. '이러한 활동은 교육의 중요한 부분으로, 마음을 수양하여 학생들이 스스로를 더욱 잘 이해하게 해 줍니다.'" 다도, 예술 감상, 철학 등은 문화의 구성 요소로, [6]인간의 영혼을 풍부하게 해 준다. 마음이 안정되어야 자신을 이해할 수 있고, 세상을 관찰할 수 있다. 이후에 비로소 인생의 갖가지 아름다움을 느낄 수 있는데, 이것이 인생의 목적 중 하나이자 즐거움이다.

고대 시는 중국 문화의 중요한 부분으로, 중국어와는 더욱 이 떼려야 뗄 수 없는 부분이다. 고대 시를 이해하지 않고서는 중국어가 전달하고 있는 '암호'를 깨달을 수 없다. 예컨대 단교, 버드나무, 남포, 정자는 고대 시에서 이별을 의미한다. [4]달은 그리움을 나타내고, 눈은 고결함을 상징하며, 파초, 방초, 오동은 주로 이별의 슬픔 정서와 관련되어 있다.

고대 시 학습은 현대 중국어를 이해하는 데에 도움이 된다. 후스와 루쉰 등 최초의 백화문 창도자들은 고대 시에 대한 기초가 탄탄했고, 당대 수많은 작가와 시인들이 고대 시에 대한 조예가 깊었으며 영향도 많이 받았다. 양무, 정초우위, 위광중, 시무룽 등의 작가가 그 예이다. 왜 아이들이 어려서부터 고대 시를 배우도록 해야 할까? 모든 변화를 돌아보고 예쟈잉은 소박하고도 지혜가 가득한 답변을 내놓았다. "고전문학의 진정한 생명

美好的文化传统，有一点点的感受，⁷将来不管他是念经济、念商贸、念理工都可以，但是必须要有一个文化的根源，这对于他的做人处事都会有相当的好处"。

력을 많은 젊은이들이 느끼지 못하고 있습니다. 그래서 저는 어린 시절 성장하는 과정에서 우리 중국의 아름다운 문화 전통을 조금이나마 느낄 수 있기를 바랍니다. ⁷그 아이가 나중에 경제나 경영을 공부하든, 이공계 공부를 하든 상관 없이 문화적 근원은 있어야 합니다. 이는 그의 사람 됨됨이나 일처리에 모두 도움이 될 것입니다."

*공심병: 가치관의 결함에 따른 심리적 장애이다. 생활에 막막함을 느끼며 자신이 무엇을 원하는지 모르고, 고독함과 무의미함을 동반한다.

---

1 关于读书和教育的重要性，董仲蠡的回答使用了哪种说明方法？

 A 举例子   B 下定义
 C 列数字   D 讲道理

2 作者认为"空心病"的首要受害者是谁？

 A 青少年   B 老年
 C 中青年   D 幼年

3 作者认为价值观和文化修养分别有什么作用？

 A 买流行物品和多多挣钱
 B 找到好工作和培养情操
 C 走对道路和走得更顺畅
 D 确立就业目标和实现儿时理想

4 中国古诗词中一些特殊"语码"，比如"月亮"代表的意思是：

 A 忧愁 B 高洁 C 离别 D 思念

5 关于为什么要让孩子学习古诗词，作者是这样总结的：

 A 古诗词的语言简单易懂，适合孩子学习
 B 古诗词的形式可以方便朗诵，长短也合适
 C 古诗词的含义可以陶冶情操，加强文化修养
 D 古诗词的内容符合现实，有助于提升人气

6 有些东西看似"没用"，比如哲学、茶道等，到底有什么用？

 A 净化人们的头脑
 B 丰富人们的心灵
 C 改变人们的想法
 D 树立人们的领袖气质

7 最后一段中，对叶嘉莹的话，可以如何理解：

 A 从小学习古诗词对于念经济、理工的孩子没用
 B 从小学习古诗词对于长大想当作家的孩子有用

---

1 책 읽기와 교육의 중요성에 대해 둥중리는 어떠한 설명 방식을 사용했는가?

 A 예시 들기   B 정의 내리기
 C 숫자 나열하기 D 논리적으로 말하기

2 작가가 생각하기에 '공심병'의 피해를 가장 먼저 받는 사람은 누구인가?

 A 청소년   B 노인
 C 중장년   D 유년

3 작가는 가치관과 문화 소양이 각각 어떤 역할을 한다고 생각하는가?

 A 유행하는 걸 사고 돈을 많이 벌게 해 준다
 B 좋은 일거리를 찾고 정서를 함양시켜 준다
 C 맞는 길을 가고, 순조롭게 갈 수 있게 해 준다
 D 취업 목표를 이루고 어릴 때의 꿈을 이루게 해 준다

4 중국 고대 시에는 특수한 '암호'가 있다. 예를 들어, '달'의 대표적 의미는 무엇인가?

 A 근심 B 고결함 C 이별 D 그리움

5 아이들이 왜 고대 시를 배워야 하는지에 대한 작가의 결론은?

 A 고대 시는 언어가 간단하고 쉬워서 아이들이 배우기 적절하다
 B 고대 시의 형식이 외우기 쉽고, 길이도 적절하다
 C 고대 시의 함의는 정서를 함양할 수 있고, 문화 소양을 기를 수 있다
 D 고대 시의 내용이 현실에 부합하여 인기를 얻을 수 있다

6 철학, 다도처럼 '쓸모없어' 보이는 것들은 도대체 무슨 용도에 쓰이는가?

 A 사람들의 뇌를 깨끗하게 한다
 B 사람들의 영혼을 풍부하게 한다
 C 사람들의 생각을 바꾼다
 D 사람들의 리더십을 길러 준다

7 마지막 단락에서 예자잉의 말은 어떻게 이해할 수 있는가?

 A 어려서부터 고대 시를 배우는 것은 경제, 이공계 공부를 할 아이에게는 쓸모가 없다
 B 어려서부터 고대 시를 배우는 것은 커서 작가가 되고 싶은 아이에게 쓸모 있다

C 从小学习古诗词对于所有的孩子都是有好处的	**C** 어려서부터 고대 시를 배우는 것은 모든 아이에게 도움이 된다
D 从小学习古诗词对于小升初的考试起积极作用	**D** 어려서부터 고대 시를 배우는 것은 중학교 진급 시험에 긍정적인 역할을 한다

无关 wúguān 통 관련이 없다 | **显摆** xiǎnbai 통 자랑하다, 과시하다 | ★**才华** cáihuá 명 재능, 재주 | ★**占用** zhànyòng 통 (남의 것을) 점용하다 | **课余** kèyú 과외 | **古** gǔ 고대 | **诗词** shīcí 시사 | **综艺节目** zōngyì jiémù 예능 | **演说家** yǎnshuōjiā 연설가 | ★**脱颖而出** tuōyǐng'érchū 성 두각을 나타내다, 재능이 나타나다 | **演说** yǎnshuō 명 연설 | **视频** shìpín 명 영상, 동영상 | **热点** rèdiǎn 명 이슈 | **转发** zhuǎnfā 통 전달하다 | **不计其数** bùjìqíshù 성 수가 대단히 많다, 부지기수다 | **例** lì 명 예 | **读书** dúshū 통 독서하다, 학교를 다니다, 공부하다 | **重要性** zhòngyàoxing 중요성 | ★**之所以** zhīsuǒyǐ 접 ~한 까닭, ~의 이유 [之所以A是因为B: A한 까닭은 B 때문이다] | **湖面** húmiàn 명 호수의 수면 | **能够** nénggòu 조동 ~할 수 있다 | **吟诵** yínsòng 통 읊다, 음송하다 | **落霞** luòxiá 저녁노을 | **孤** gū 형 외롭다 | **鹜** wù 오리 | **齐** qí 함께, 다같이 | **长天** chángtiān 명 하늘 | **吵吵** chāochao 통 떠들어대다, 떠들썩대다 | ★**戈壁** gēbì 고비사막, 사막 | **奔腾** bēnténg 통 달리다, 내달리다 | **默念** mòniàn 통 마음속으로 생각하다 | **烟** yān 연기 | **河** hé 강 | **落** luò (해가) 지다 | **沙子** shāzi 명 모래 | **情操** qíngcāo 명 정서 | ★**价值观** jiàzhíguān 가치관 | **心理学** xīnlǐxué 심리학 | ★**揭示** jiēshì 통 지적해 내다, 밝히다 | ★**隐患** yǐnhuàn 명 잠재하는 폐해 | **患** huàn 통 병이 나다, 병에 걸리다 | **空心病** kōngxīnbìng 명 공심병 | **青少年** qīngshàonián 명 청소년 | **首当其冲** shǒudāngqíchōng 성 맨 먼저 공격을 받거나 재난을 당하다 | **受害者** shòuhàizhě 명 피해자 | **支撑** zhīchēng 통 버티다, 받치다, 지탱하다 | **意义感** yìyìgǎn 명 의미 | **存在感** cúnzàigǎn 명 존재감 | **普罗** pǔluó 일반 ['普罗列塔利亚'(프롤레타리아)의 줄임말] | **大众** dàzhòng 명 대중, 군중 | **金钱** jīnqián 명 돈, 금전 | **择业** zéyè 통 직업을 선택하다 | **择偶** zé'ǒu 통 짝을 고르다 | **使然** shǐrán 통 그렇게 되게 하다 | **获取** huòqǔ 통 얻다, 획득하다 | ★**息息相关** xīxīxiāngguān 성 관계가 매우 밀접하다, 상관관계가 있다 | **不可** bùkě 통 ~해서는 안 된다 | **小觑** xiǎoqù 통 무시하다 | **修养** xiūyǎng 통 교양이나 학식을 쌓다, (도교 신도가) 수련하다 | ★**从容** cóngróng 형 침착하다, 조용하다, 허둥대지 않다, 태연자약하다 | **康庄大道** kāngzhuāngdàdào 성 사통팔달의 큰길, 탄탄대로 | ★**顺畅** shùnchàng 형 순조롭(게 통하)다, 거침없다, 막힘이 없다 | **给养** jǐyǎng 명 보급품 | **例子** lìzi 명 예, 보기 | **必修课** bìxiūkè 명 필수과목 | **访问** fǎngwèn 통 방문하다, 취재하다, 인터뷰하다 | ★**繁重** fánzhòng 형 (일·임무 따위가) 많고 무겁다 | ★**学业** xuéyè 명 학업 | **茶道** chádào 다도 | ★**鉴赏** jiànshǎng 통 (예술품, 문물 따위를) 감상하다 | **同行** tóngxíng 통 동행하다 | **啥** shá 대 무엇, 무슨, 어느, 어떤 | **修心** xiūxīn 정신 수양 | **心灵** xīnlíng 명 영혼, 심령, 정신, 마음 | **踏实** tāshi 형 마음이 놓이다, 편안하다, 안정되다 | **种种** zhǒngzhǒng 명 각종, 갖가지, 여러 가지 | **美好** měihǎo 형 아름답다, 좋다, 훌륭하다, 행복하다 [주로 추상적인 사물에 쓰임] | **乐趣** lèqù 명 즐거움, 기쁨, 재미 | **厚重** hòuzhòng 형 값지다, 귀중하다 | **分割** fēngē 통 분할하다, 갈라놓다, 나누다 | **无法** wúfǎ 통 방법이 없다, 할 수 없다 | **传递** chuándì 통 전달하다, 전하다, 건네다 | **语码** yǔmǎ 명 암호, 코드 | **断桥** Duànqiáo 고유 단교 [항저우(杭州) 시후(西湖)에 있는 지명] | **杨柳** yángliǔ 명 버드나무 | **南浦** nánpǔ 명 남포 [물의 남쪽 가장자리] | **长亭** chángtíng 명 정자 | **意味着** yìwèizhe 통 의미하다, 뜻하다, 나타내다 | **别离** biélí 통 이별하다 | **思念** sīniàn 통 그리워하다, 보고 싶어하다 | **高洁** gāojié 형 고결하다 | **芭蕉** bājiāo 명 파초 | **芳草** fāngcǎo 명 방초 | **梧桐** wútóng 명 오동 | **离愁别绪** líchóubiéxù 성 이별의 슬픔 | **胡适** Hú Shì 고유 후스 [인명] | **鲁迅** Lǔ Xùn 고유 루쉰 [인명] | **白话文** báihuàwén 명 백화문 | **倡导者** chàngdǎozhě 명 창도자, 제창자 | **底子** dǐzi 명 기초 | **当代** dāngdài 명 당대, 그 시대 | **造诣** zàoyì 명 조예 | **深受** shēnshòu 통 (매우) 깊이 받다, 크게 입다 | **杨牧** Yáng Mù 고유 양무 [인명] | **郑愁予** Zhèng Chóuyú 고유 정초우위 [인명] | **余光中** Yú Guāngzhōng 고유 위광중 [인명] | **席慕蓉** Xí Mùróng 고유 시무룽 [인명] | **沧桑** cāngsāng 세상의 변화가 몹시 심하다 | **回眸** huímóu 통 돌아보다, 뒤돌아보다 | **叶嘉莹** Yè Jiāyíng 고유 예자잉 [인명] | **给予** jǐyǔ 통 주다, 부여하다 | **平实** píngshí 형 소박하다, 수수하다 | **无华** wúhuá 형 수수하다 | **饱含** bǎohán 통 가득차다, 충만하다 | **幼小** yòuxiǎo 형 어리다, 유소하다 | **商贸** shāngmào 명 상업과 무역 | **理工** lǐgōng 명 이공 | ★**根源** gēnyuán 명 근원, 근본 원인 | **处事** chǔshì 통 일을 처리하다 | **定义** dìngyì 명 정의 | **列** liè 통 배열하다, 늘어놓다 | **中青年** zhōngqīngnián 명 중장년 | **幼年** yòunián 명 유년 | **挣钱** zhèngqián 통 돈을 벌다 | **道路** dàolù 명 (사상·정치·일 등의) 길, 경로, 과정 | **确立** quèlì 통 확립하다, 확고하게 세우다, 수립하다 | **就业** jiùyè 통 취업하다, 취직하다 | ★**忧愁** yōuchóu 통 걱정스럽다, 근심스럽다, 우울하다, 슬프다 | **离别** líbié 통 이별하다 | ★**朗诵** lǎngsòng 통 낭송하다 | **含义** hányì 명 (글자·단어·말 등의) 함의, 내포된 뜻 | ★**陶冶** táoyě 통 함양하다 | **加强** jiāqiáng 통 강화하다, 증강하다 | **提升** tíshēng 통 진급하다, 진급시키다 | ★**人气** rénqì 명 인기 | ★**净化** jìnghuà 통 정화하다, 맑게 하다 | **头脑** tóunǎo 명 두뇌, 머리, 사고력, 생각 | **树立** shùlì 통 수립하다, 세우다 | **领袖气质** lǐngxiùqìzhì 명 리더십, 카리스마

● **Day 03**   **8** C   **9** A   **10** B   **11** C   **12** A   **13** C   **14** A

8 **C** [AB型血是最晚出现的 AB형이 가장 늦게 나타났다] 인류의 혈액형 출현 순서를 묻고 있다. 본문에서는 O형이 인류학적으로 가장 오래된 혈액형이며, 인류의 생활 방식이 농업으로 점차 변화하면서 그다음에 생긴 혈액형이 A형이고, B형은 A형보다 늦게 등장한 혈액형이라고 했다. AB형은 각 혈액형이 융합된 후 가장 늦게 나타난 혈액형이라고 했으므로, 정답은 'O형—A형—B형—AB형'이라고 정리된 C이다. 특정 문단에서 답을 찾는 것이 아니라 전반적인 내용을 파악해서 풀어야 하는 문제이다.

9 A [对高蛋白食物非常适应 고단백 음식물에 매우 적합하다] O형의 특징에 대해 묻고 있으므로, O형을 주로 설명하고 있는 문단을 우선 봐야 한다. 두 번째 문단에서 O형은 고단백 음식물에 적합하나 곡물에 대한 흡수력이 부족하다고 했으므로 답은 A이다. 보기 B는 언급되지 않았으며, 다른 혈액형과 섞여서 생긴 것은 AB형의 특징이다.

10 B [这类人适合以蔬菜为主的食物 이러한 인류는 채소 위주의 음식에 적합하다] 세 번째 문단에서 A형의 특징을 설명하고 있다. A형은 생활 방식이 농업으로 점차 변화하는 인류에서 나타난 혈액형으로, 채소를 위주로 한 식품에 적합하다고 했으므로 답은 B이다. B형의 경우 A형보다 늦게 등장한 혈액형이지만, 육류와 유제품에 적합하다고 본문에서 언급했다.

11 C [最晚出现也是最稀少的血型 가장 늦게 나타난 혈액형이자 가장 희소한 혈액형이다] 네 번째 문단에서 AB형에 대해 설명하면서 AB형은 가장 늦게 나타난 혈액형이자 가장 희소한 혈액형으로, 인구 전체에서 AB형이 차지하는 비율은 5%도 되지 않는다고 직접적으로 언급했다. 따라서 답은 C이다.

12 A [O型血的人可以放心大胆地多吃肉 O형인은 안심하고 고기를 잔뜩 먹어도 된다] 본문에서 혈액형에 따라 체질도 다르고 음식물 소화력도 다르다고 했다. O형의 경우 소화기관의 소화력이 좋고 음식물 과잉에 반응하는 면역체계를 가지고 있어 식단에 육류와 생선 등이 빠져서는 안 된다고 했고, 고기를 잔뜩 먹어도 된다고 본문에서 직접 언급했다.

13 C [如果想保持好身材，那么最好多补充植物性蛋白质 만약 몸매를 잘 유지하고 싶다면 식물성 단백질을 보충하는 것이 가장 좋다] A형에 대해 묻고 있다. A형은 소화기관이 약해 채소 위주의 식단을 해야 한다고 했으며, 만약 몸매를 잘 유지하고 싶다면 식물성 단백질을 보충하고 육류를 적게 먹어야 한다고 직접적으로 본문에서 언급했다.

14 A [血型人类学从上述生理学角度阐述不同血型的人所具有的不同特征 혈액형 인류학은 위에서 말한 생리학적 관점으로 혈액형에 따른 인간의 특징을 상세히 설명한다] 본문의 전체적인 주제를 묻고 있다. 전체적인 주제는 일반적으로 첫 단락이나 마지막 단락에 나온다. 이 문제에서는 마지막 단락에서 혈액형은 생리학적 관점에서 인간의 특징을 설명한다고 했으므로, A가 답으로 가장 적합하다.

血型指人类血液的类型，根据血细胞凝结现象的不同，通常分为O型、A型、B型和AB型四种。人的血型终生不变，能够遗传。输血时，除O型可以输给任何型，AB型可以接受任何型外，必须用同型的血。

在这些血型中，[8]O型血是人类学上最古老的一种血型，约在10万年前，地球上大部分地区只有O型血的人群，他们以狩猎和采集果子为生，[9]对高蛋白食物非常适应，但对谷物吸收极差。O型血的人身体特质与原始人比较接近。

[8]随着人类的生活方式由渔猎时代逐渐转变为农业时代，A型血才开始演化出来。[10]这类人适合以蔬菜为主的食物，某些植物蛋白质，如大豆蛋白质对他们来说是最佳健康食品，常食可减少心血管病和癌症发病率。[8]而B型血在人类学上出现比A型血更晚，最早的B型血的人是游牧民族，因而对肉类和乳类食品相当适应，但对这类人来说，鸡肉、玉米、大部分坚果却并不是健康食品。因此A型和B型是比较近代才出现的血型，体质接近农业时代。

혈액형이란 인간 혈액의 유형을 가리키는 것으로, 혈액 세포 응결 현상의 차이에 따라 일반적으로 O형, A형, B형, AB형 네 종류로 나뉜다. 인간의 혈액형은 평생 변하지 않으며 유전될 수 있다. 수혈할 때, O형은 모든 혈액형에게 수혈을 해 줄 수 있고, AB형은 모든 혈액형의 피를 수혈받을 수 있는 것을 제외하면 반드시 동일한 혈액형의 피를 써야 한다.

혈액형 중에서 [8]O형은 인류학적으로 가장 오래된 혈액형이다. 약 10만 년 전 지구상의 대부분 지역에는 O형 인류밖에 없었다. 그들은 수렵과 과실 채집으로 생계를 이어가서, [9]고단백 음식물에 매우 적합하나 곡물에 대한 흡수력은 매우 부족하다. O형인의 신체적 특징은 원시인에 비교적 가깝다.

[8]인류의 생활 방식이 어업과 수렵에서 농업으로 점차 변화하면서 A형이 나타나기 시작했다. [10]이러한 인류는 채소 위주의 음식이 적합하다. 그들에게는 대두 단백과 같은 식물성 단백질이 가장 훌륭한 건강식으로, 자주 먹으면 심혈관계 질환과 암 발병률을 낮출 수 있다. [8]B형은 인류학상 A형보다 더 늦게 등장한 혈액형이다. 최초의 B형 인류는 유목민이어서, 육류와 유제품류에 적합하지만 B형에게 닭고기, 옥수수, 대부분의 견과류는 결코 건강식이 아니다. A형과 B형은 비교적 근대에 생겨난 혈액형이므로 체질이 농업시대에 더욱더 가깝다.

^{8,11}AB型血是在经过各部的融合之后才出现的，是最晚出现也是最稀少的血型，在总人口中所占比例不到5%。这类人有部分A型血和部分B型血的特征，既复杂又多变。他们既适应动物蛋白，也适应植物蛋白。AB型血是最现代的体质，与生俱来的免疫机能较能适应多变环境。

血型不同，体质也不同，对食物的消化能力也大不相同。因此了解不同血型的消化能力，我们就可以避免食用不易消化的食品，补充必要的食物。

¹²O型血的人，其消化器官的消化能力很强，拥有对食物过剩做出反应的免疫系统。这类血型的人饮食中最不可缺少的是动物性蛋白质，也就是肉类及鱼类等。O型血的人可以放心大胆地多吃肉，但所吃的不应该是肥肉，最好是瘦肉，尽量避免过多食用谷物类和面包类的食品，因为谷物类食品和面包中所含的外源凝集素会妨碍O型血的代谢，容易发胖。

与O型血的人相比，A型血的人消化器官要弱得多。如果想要减肥或增进健康，就应以蔬菜为主，其中最合适的是大豆等豆类食品，绝对不能缺少的是豆腐。¹³如果想保持好身材，那么最好多补充植物性蛋白质，少吃肉类食品，才容易控制体重。除了肉类食品外，最好避免食用以纯乳为原料制作的食品。如果要吃，可以少量吃些酸奶以及乳酒、无脂肪的酸奶油等发酵乳制品。特别是对于A型血中患有过敏症及呼吸器官疾患的人来说更应如此。

与A型血和O型血的人相比，B型血的人体内较容易取得平衡，拥有较强的免疫系统。这种血型的人基本上属于身体强壮的那一类，对心脏病及癌症等众多现代疾病具有抵抗能力。在吃的方面，B型血的人可以说是最受上天恩宠的，无论是动物类还是植物类，几乎什么东西都能吃。

AB型血是A型血与B型血的混合型血，对于饮食生活及环境的变化能够随机应变。对AB型血的人来说，最适合的蛋白质是鱼类和贝类蛋白质，此外鸡蛋也不错。对于家庭成员中患有乳腺癌的AB型血的女性来说，蜗牛是特别好的食品。对于AB型血的人来说，食用乳制品的注意事项与A型血的人一样，以豆腐为主的饮食生活最合适。如果希望保持好身材，可食用少量肉类，但一定要吃蔬菜。土豆、荞麦是肥胖的"罪魁祸首"，应少食用。

^{8,11}AB형은 각 혈액형이 융합되어 나타난, 가장 늦게 나타난 혈액형이자 가장 희소한 혈액형이다. 인구 전체에서 AB형이 차지하는 비율은 5%도 되지 않는다. 이 유형은 A형의 특징과 B형의 특징을 모두 가지고 있어 복잡하고도 변화가 많다. 그들은 동물성 단백질에 적합하면서도, 식물성 단백질에도 적합하다. AB형은 가장 현대적인 체질로, 태생적인 면역력에 따라 다변화된 환경 적응에 능한 편이다.

혈액형이 다르면 체질도 다르고, 음식물 소화력도 크게 다르다. 따라서 혈액형에 따른 소화력을 이해하면 소화가 잘 안되는 음식을 피하고, 필요한 음식을 보충할 수 있다.

¹²O형인은 소화기관의 소화력이 좋고, 음식물 과잉에 반응하는 면역체계를 가지고 있다. 이러한 유형의 사람의 음식에 가장 빠져서는 안 될 것은 바로 동물성 단백질, 즉 육류와 생선 등이다. O형인은 안심하고 고기를 잔뜩 먹어도 되지만, 그것이 비계여서는 안 되며, 살코기여야 한다. 곡물류와 빵류 식품을 가능한 한 너무 많이 먹지 말아야 하는데, 곡물류 음식과 빵에 함유된 렉틴이 O형 혈액의 대사를 방해해서 살이 찌도록 하기 쉽기 때문이다.

O형인에 비해 A형인은 소화기관이 약한 편이다. 체중 감량을 하고 싶거나 건강을 증진시키고자 한다면 채소 위주의 식사를 해야한다. 그중에서도 가장 적합한 것은 대두류의 콩류 식품으로, 식단에서 가장 빠져서는 안 될 것은 두부이다. ¹³만약 몸매를 잘 유지하고 싶다면 식물성 단백질을 보충하는 것이 가장 좋고 육류를 적게 먹어야만 체중을 조절할 수 있다. 육류 제품 외에도 우유를 원료로 한 음식을 피하는 것이 좋다. 만약 꼭 먹어야 한다면 요거트나 유주, 무지방 사워크림같은 발효 유제품을 조금만 먹는 것이 좋다. 특히 A형 중에서도 알레르기나 호흡기 질환을 앓는 사람이라면 더욱더 그래야 한다.

A형과 O형에 비하면 B형은 체내 밸런스를 맞추기 쉽고, 강한 면역력을 가지고 있는 편이다. 이 혈액형의 사람은 기본적으로 몸이 건강한 편이며, 심장병과 암 등 여러 현대 질병에 대한 저항력을 가지고 있다. 먹는 것 중에서 B형은 하늘의 총애를 받는다고도 할 수 있는데, 동물성이든 식물성이든 거의 모든 것을 먹을 수 있다.

AB형은 A형과 B형이 섞인 혈액으로, 식생활과 환경 변화에 따라서 변화한다. AB형인에게 있어서 가장 적합한 단백질은 어류와 조개류 단백질이며, 계란도 훌륭하다. 가족구성원 중 유방암 병력이 있는 AB형 여성에게 달팽이는 특히 좋은 식품이다. AB형인에게 있어서 유제품 섭취에 대한 주의 사항은 A형인과 같아서, 두부를 위주로 한 식단이 가장 적합하다. 몸매를 잘 유지하고자 한다면 소량의 육류를 섭취할 수는 있으나, 반드시 채소를 먹어야 한다. 감자, 메밀은 비만의 '근본 원인'이므로 적게 먹어야 한다.

¹⁴血型人类学从上述生理学角度阐述不同血型的人所具有的不同特征，它与"血型性格"之类的东西不同，不是伪科学而是具有一定科学价值的。

8 根据课文，人类血型出现的先后顺序是：

A O型—A型—AB型—B型

B O型—B型—AB型—A型

C O型—A型—B型—AB型

D O型—AB型—B型—A型

9 O型血人群的特点是：

A 适应高蛋白质食物

B 最现代的体质

C 对谷物吸收极强

D 由其它血型混合而成

10 哪一种血型的人群比较适合做素食主义者：

A O型　　B A型　　C B型　　D AB型

11 最稀少的血型是：

A A型　　B B型　　C AB型　　D O型

12 在吃了过多的肉之后，哪种血型的人能最快地消化掉：

A O型　　B B型　　C AB型　　D A型

13 关于A型血人群的说法正确的是：

A 最早的A型血出现于游牧民族

B A型血的人适合吃脂肪少的瘦肉

C A型血的人要想保持好身材最好多补充植物性蛋白质

D A型血的人遇事更易焦虑

14 下列说法正确的是：

A 不同血型的人有着不同的生理特质

B 每种血型都具有现代特质

C 输血时各血型可互换

D 饮食习惯可能改变血型

---

¹⁴혈액형 인류학은 위에서 말한 생리학적 관점으로 혈액형에 따른 인간의 특징을 상세히 설명한다. 이는 '혈액형별 성격' 등과는 달리 유사 과학이 아닌 어느 정도 과학적 가치가 있는 학문이다.

8 본문에 따르면 인류 혈액형이 나타난 순서는?

A O형—A형—AB형—B형

B O형—B형—AB형—A형

C O형—A형—B형—AB형

D O형—AB형— B형—A형

9 O형인의 특징은?

A 고단백 식품에 적합하다

B 가장 현대적인 체질이다

C 곡물 흡수력이 매우 강하다

D 다른 혈액형과 섞여서 생겨났다

10 채식주의자가 되기에 비교적 적합한 혈액형은 무엇인가?

A O형　　B A형　　C B형　　D AB형

11 가장 희소한 혈액형은?

A A형　　B B형　　C AB형　　D O형

12 많은 고기를 먹은 후 어떤 혈액형의 사람이 가장 빨리 소화할 수 있는가?

A O형　　B B형　　C AB형　　D A형

13 A형인에 대한 설명으로 옳은 것은?

A 최초의 A형이 나타난 것은 유목민이다.

B A형은 지방이 적은 살코기를 먹는 것이 적합하다.

C A형인이 몸매를 잘 유지하려면 식물성 단백질을 많이 보충하는 것이 좋다.

D A형인은 사고가 생기면 더 쉽게 초조해하곤 한다.

14 다음 설명 중에서 옳은 것은?

A 혈액형에 따라 다른 생리적 특징을 가지고 있다

B 모든 혈액형에는 현대적 특징이 있다

C 수혈할 때는 혈액형을 바꾸어도 된다

D 식습관이 혈액형을 바꿀 수 있다

血型 xuèxíng 명 혈액형 | **人类** rénlèi 명 인간, 인류 | **血液** xuèyè 명 혈액 | **血** xuè 명 혈액, 피 | **细胞** xìbāo 명 세포 | **凝结** níngjié 동 응결하다 | **分为** fēnwéi 동 (~로) 나누다 | ★**终生** zhōngshēng 명 평생, 일생 | **能够** nénggòu 조동 ~할 수 있다 | **遗传** yíchuán 동 유전하다 | ★**输血** shūxuè 동 수혈하다 | **古老** gǔlǎo 형 오래 되다 | **人群** rénqún 명 인류 | **以** yǐ 개 ~으로 | **狩猎** shòuliè 동 수렵하다, 사냥하다 | ★**采集** cǎijí 동 채집하다, 수집하다 | **果子** guǒzi 명 과실, 과일 | **为生** wéishēng 동 생계를 이어가다, 생업으로 하다 [以A为生: A로 생계를 이어나가다] | **高蛋白** gāodànbái 명 고단백 | **谷物** gǔwù 명 곡물 | ★**特质** tèzhì 명 특징, 특유의 성질 | **原始人** yuánshǐrén 명 원시인 | **渔猎** yúliè 명 어업과 수렵 | **演化** yǎnhuà 동 진화하다 | **为主** wéizhǔ 동 ~를 위주로 하다 [以A为主: A를 위주로 하다] | **蛋白质** dànbáizhì 명 단백질 | **大豆** dàdòu 명 대두, 콩 | ……**来说** ……láishuō ~로 말하자면 [对于A来说: A에게 있어서] | **最佳** zuìjiā 가장 훌륭하다, 가장 좋다 | **食品** shípǐn 명 식품 [健康食品: 건강식] | **心血管病** xīnxuèguǎnbìng 명 심혈관계질환 | ★**癌症** áizhèng 명 암 [암의 총칭] | **发病率** fābìnglǜ 명 발병률 | **游牧民族** yóumù mínzú 명 유목민 | **肉类** ròulèi 명 육류 | **乳类** rǔlèi 명 유제품류 | **鸡肉** jīròu 명 닭고기 | **坚果** jiānguǒ 명 견과 | ★**体质** tǐzhì 명 체질 | **融合** rónghé 동 융합하다 | ★**稀少** xīshǎo 형 희소하다, 적다, 드물다 | **总** zǒng 형 전체의, 전반적인, 전부의 | **动物蛋白** dòngwù dànbái 명 동물성 단백질 | **植物蛋白** zhíwù dànbái 명 식물성 단백질 | **与生俱来** yǔshēngjùlái 성 태어날 때부터 갖고 있는 천성 | **免疫机能** miǎnyì jīnéng 명 면역력 | **消化能力**

xiāohuà nénglì 몝 소화력 | ★食用 shíyòng 동 먹다, 식용하다 | 不易 búyì 혱 쉽지 않다 | 器官 qìguān 몝 (생물체의) 기관 [消化器官: 소화기관] | 拥有 yōngyǒu 동 보유하다, 가지다, 지니다 | ★过剩 guòshèng 몝 과잉 | ★免疫 miǎnyì 몝 면역 | 饮食 yǐnshí 몝 음식 | 不可缺少 bùkěquēshǎo 필수 불가결하다, 없어서는 안 된다 | ★及 jí 젭 ~와, 및 | 鱼类 yúlèi 몝 어류 | 大胆 dàdǎn 혱 과감하다 | 肥肉 féiròu 몝 비계 | 瘦肉 shòuròu 몝 살코기 | 外源凝集素 wàiyuánníngjísù 몝 렉틴 [적혈구와 응집반응을 나타내는 식물성 단백질] | 代谢 dàixiè 몝 대사 | 发胖 fāpàng 동 살찌다, 뚱뚱해지다 | 相比 xiāngbǐ 동 비교하다, 견주다 [与……相比: ~와 비교하다] | 增进 zēngjìn 동 증진하다 | 体重 tǐzhòng 몝 체중 | 酸奶 suānnǎi 몝 요거트 | 乳酒 rǔjiǔ 몝 유주 | 无脂肪 wúzhīfáng 몝 무지방 | 酸奶油 suānnǎiyóu 몝 사워크림 | 发酵乳制品 fājiào rǔzhìpǐn 몝 발효 유제품 | ★患有 huànyǒu ~를 앓고 있다, ~에 걸리다 | 过敏症 guòmǐnzhèng 몝 과민증, 알레르기 | 疾患 jíhuàn 몝 질환 | 如此 rúcǐ 때 이와 같다, 이러하다 | 基本上 jīběnshang 븐 대체로 | 强壮 qiángzhuàng 혱 강건하다, 건강하다 | 心脏病 xīnzàngbìng 몝 심장병 | 众多 zhòngduō 혱 매우 많다 | 疾病 jíbìng 몝 질병, 병 | 具有 jùyǒu 동 지니다, 가지다, 있다 | 抵抗能力 dǐkàng nénglì 몝 저항력 | 上天 shàngtiān 몝 하늘 | 恩宠 ēnchǒng 몝 총애 | 混合 hùnhé 동 함께 섞다, 혼합하다 | ★随机 suíjī 혱 임의의, 무작위의 | 应变 yìngbiàn 동 변화하다, 응변하다 | 贝类 bèilèi 몝 조개류 | 成员 chéngyuán 몝 구성원, 성원 | 乳腺癌 rǔxiàn'ái 몝 유방암 | 蜗牛 wōniú 몝 달팽이 | 乳制品 rǔzhìpǐn 몝 유제품 | ★事项 shìxiàng 몝 사항 [注意事项: 주의 사항] | 荞麦 qiáomài 몝 메밀 | ★肥胖 féipàng 몝 비만 | ★罪魁祸首 zuìkuíhuòshǒu 셍 근본 원인, 원흉 | 先后 xiānhòu 븐 차례로 | 人群 rénqún 몝 군중, 무리 | 高蛋白质 gāodànbáizhì 몝 고단백질 | 素食主义者 sùshízhǔyìzhě 몝 채식주의자 | 说法 shuōfa 몝 설명, 견해 | ★脂肪 zhīfáng 몝 지방 | 植物性 zhíwùxìng 몝 식물성 | 遇事 yùshì 동 일이 생기다 | ★焦虑 jiāolǜ 몝 초조한 마음, 근심스러운 마음 | ★生理 shēnglǐ 몝 생리 | 互换 hùhuàn 동 바꾸다, 교환하다

● Day 04   15 D   16 D   17 B   18 C   19 A   20 D   21 C

15 D [认为 ~라고 여기다] 첫 번째 단락에서 행복에 대해 각 학파가 가지고 있는 생각을 설명하고 있다. 행복을 긍정적인 사유에 대한 현실적 보상이라고 본 학파는 '인지행동 학파'이므로, D가 정답이다. 특정 내용에 대해 묻는 질문은 보통 단락 안에 그대로 나올 가능성이 많으니, 핵심 어휘를 찾고 앞뒤 내용을 잘 살펴보자.

16 D [流浪汉的幸福指数为2.9 노숙인의 행복지수는 2.9이다] 두 번째 단락에서 다양한 사람들을 대상으로 조사한 행복지수에 대해 소개하고 있다. 그중 행복지수가 가장 낮게 나온 사람은 '노숙인'으로 2.9가 나왔다. 따라서 답은 D이다.

17 B [重要原因之一是 주요 원인 중 하나는] 질문에 부정부사 '不'가 있는 것을 잘 파악하고 문제를 보자. 중산층의 행복감이 가장 강한 이유는 일하는 시간이 적고 책임이 적어 이에 따라 스트레스도 적으며, 가족이나 친구와 의지할 시간이 많아 기쁨을 충분히 누릴 수 있기 때문이라고 했다. 따라서 본문에 언급되지 않은 2, 4번이 선택된 B가 정답이다.

18 C [溺爱环境中长大的孩子 과보호 환경에서 자란 아이 → 被过分爱护 과도한 보호를 받는다] 다섯 번째 단락에서 행복에서 중요한 것은 과정이지 결과가 아니라고 했다. 과보호 환경에서 자란 아이들은 수요가 바로 만족되니 행복함이 있을 리가 없다고 했으므로, 정답은 '과도한 보호를 받는다'라고 한 C이다.

19 A [利用左脑去看待…… 좌뇌를 이용해 ~을 보다 → 常常使用左脑去看待…… 항상 좌뇌를 사용해서 (…)을 보다] 오늘날 대다수 사람들은 좌뇌를 이용해 문제를 보고 사고하는데 익숙해져 있는데, 이렇게 하다 보면 기쁨을 느끼는 능력이 떨어진다고 했으므로 정답은 A이다.

20 D [呈下降趋势 줄곧 하락하고 있는 추세이다] 세 번째 단락에서 스스로 행복하다고 여기는 선진국의 국민행복지수가 줄곧 하락 추세라고 했다. 본문에서 행복은 헤아릴 수도 없고 형언할 수 없는 존재라고 했으므로 B는 정답에서 제외한다. 쌍둥이는 인생에 대한 만족감이 거의 같으나, 후천적 조건이 다른 결과를 가져올 수 있다고 했으므로 A는 정답이 아니며 C는 언급되지 않았다.

21 C [心理疾病的主要原因 심리적 질환의 주요한 원인] 여섯 번째 단락 끝부분에서 좌뇌를 과도하게 쓰는 것이 심리적 질환의 주요한 원인이 된다고 직접적으로 언급했으므로, 정답은 C이다.

01 세부 내용 파악하기 **109**

幸福是人生追求的一大目标，但"幸福"却是个既不可捉摸又难以名状的东西。经典精神分析理论认为幸福来源于压抑的解除，[15]认知行为学派认为幸福是对积极思维的现实奖励，人本主义则认为幸福是伴随自我实现而产生的一种满足的体验。

某知名杂志曾以他们所在国家最富有的400人和另外1000多个中低收入或无收入的人为对象，做了一个关于"幸福指数"的比较调查，主编让这些人从1到7选出一个数字，1代表"我感到非常不幸"，而7代表"我觉得非常幸福"。最后的统计结果显示：富翁们的幸福指数为5.8，这并不算最高，而[16]流浪汉的幸福指数为2.9。其实5.8并非很高的幸福指数——在过去二十年间断断续续的调查中专家们还发现，居住在寒冷的格陵兰岛的因纽特人的幸福指数也是5.8。此外还有肯尼亚的游牧民族马赛人，他们的生活条件十分简陋，没有电也没有自来水，而快乐指数同样为5.8。

传统经济理论认为，一个国家或一个城市公民的整体幸福水平往往与该国家或该城市的GDP有着紧密的联系，所以"幸福指数"首先就是一个"实实在在"的经济发展指标。但是，[20]据社会心理学家研究：在最近四十年间，自认"非常幸福"的发达国家的公民，幸福指数一直呈下降趋势。

据对中国上海、北京、杭州等6个大城市居民幸福程度所做的调查显示：幸福指数最高的人并不是收入最高的"大款"，当然也不是低收入者，而是那些收入中等或中等偏高的"小康者"。专家们指出："[17]这些小康者之所以比高收入者幸福感更强，重要原因之一是他们工作的时间短，责任轻，因此压力也很小，而且也能比高薪者拥有更多的时间或机会跟家人或朋友厮守在一起，充分享受天伦之乐或温暖的友情。由此可见，收入并不是一切，虽然他们不能去海外度假或购买名车，但这并不表示他们对生活不满意。"

幸福重在过程，而非结果。[18]一个在溺爱环境中长大的孩子，各种心理需要都会得到及时的满足，是肯定没有幸福感的，因为幸福感往往在追求的过程中发生。实际上，幸福存在于心理满足过程之中，存在于自身潜能发挥过程之中。幸福是无数"小乐"的日积月累。有一个心理实验，研究人员请受试者连续六周关注自己的心情，每个人身上都带

행복은 인생에서 추구하는 큰 목표이지만 '행복'이란 것은 헤아릴 수도 형언할 수도 없는 존재이다. 고전 정신분석 이론에서는 행복이 억압의 해소에서 온다고 생각했고, [15]인지행동학파는 행복이 긍정적인 사유에 대한 현실적 보상이라고 여겼으며, 인본주의에서는 행복이 자아실현에 따라 생겨나는 만족스러운 체험이라고 여겼다.

한 유명 잡지는 일찍이 그들이 소재한 국가의 가장 부유한 400명과 중저소득, 혹은 무소득인 1000명을 대상으로 '행복지수'에 관한 비교 조사를 진행했다. 편집자는 이들에게 1부터 7까지의 숫자를 선택하라고 했는데, 1은 '나는 매우 불행하다'를 의미했으며, 7은 '나는 매우 행복하다'를 의미했다. 통계 결과에 따르면 부자의 행복지수는 5.8로, 결코 가장 높은 수치는 아니었으나, [16]노숙인의 행복지수는 2.9였다. 사실 5.8이 높은 행복지수는 아니다. 지난 20년간 드문드문 진행했던 조사에서 전문가들이 발견한 바에 따르면 추운 그린란드에 사는 이누에트족의 행복지수 또한 5.8이었고, 케냐의 유목민 마사이족의 생활환경은 무척 열악한 편으로 전기도 수돗물도 없는데도 행복지수는 마찬가지로 5.8이었다.

전통적인 경제이론에서는 한 국가나 도시 거주민의 총체적인 행복 수준은 해당 국가나 도시의 GDP와 밀접한 연관성이 있다고 한다. 따라서 '행복지수'는 우선 '명백한' 경제발전 지표라는 것이다. 그러나 [20]사회심리학자의 연구에 따르면 최근 40년간 스스로 '매우 행복하다'라고 여기는 선진국 국민의 행복지수는 줄곧 하락하고 있는 추세이다.

중국 상하이, 베이징, 항저우 등 6대 대도시 국민 행복도에 대한 조사에 따르면, 행복지수가 가장 높은 사람은 소득이 가장 높은 '대부호'가 아니었다. 물론 저소득자도 아니었으며, 소득이 중간 정도이거나 중간 정도보다 약간 높은 '샤오캉(중산층)'이었다. 전문가는 다음과 같이 지적한다. "[17]샤오캉(중산층)들이 고소득자보다 더욱 행복감을 느끼는 것의 주요 원인 중 하나는 일하는 시간이 적고 책임이 적으며, 이에 따라 스트레스도 적기 때문이다. 또한 고임금자에 비해 가족이나 친구와 의지하며 지낼 시간이 더욱 많으니 가족 간의 기쁨이나 따스한 우정을 충분히 누릴 수 있는 것이다. 이로부터 소득이 전부는 아님을 알 수 있다. 비록 그들은 해외에서 휴가를 보내거나 외제차를 사지는 못하겠지만, 이것이 그들의 삶에 대한 불만족을 의미하지는 않는다."

행복에서 중요한 것은 과정이지 결과가 아니다. [18]과보호 환경에서 자란 아이는 각종 심리적 수요가 바로 만족되니 행복함이 있을 리 없다. 왜냐하면 행복함은 추구하는 과정에서 생기곤 하기 때문이다. 사실 행복은 심리적 만족의 과정에 있으며, 자신의 잠재력을 발휘하는 과정에 있다. 행복은 무수한 '작은 기쁨'의 누적이다. 한 심리학 실험에서 연구자는 피실험자에게 6주간 자신의 기분에 관심을 기울이라고 했고, 모든 사람의 몸에는 디지털 측정기가 달려 있어 피실험자의 당시의 기분이나 기쁨 정도를 기록했다. 측정 결과는 꽤 뜻밖이었다. 한 사람의 행복감은 많은 수의 '기분이 괜찮음'에서 왔지 짧은

着电子测试器，用来记录他们当时的感觉以及快乐的程度。测试结果多少有点儿令人感到意外：一个人的幸福感竟然来自多次的"感觉良好"，而不是仅仅一次短暂的"大乐"。一些很简单的"小乐"，诸如和孩子出去放风筝、和朋友去野餐或享受一次自己制作的美食等等——这些微不足道的"小乐"加起来往往远远胜过短暂的"大乐"。

调查显示，人是否感到快乐和幸福也与遗传有关。遗传学家对1500对双胞胎进行分析后发现，即使他们中的一个当大学校长，另一个当工人，他俩对人生的满意程度也完全相同，即他们要么都很快乐，要么都很不快乐。不过，遗传对人性格的影响也是相对的，因为不同的后天条件，如环境、教养等对同一种类型的人可能产生完全不同的结果。还有一项研究显示，[19]现在绝大多数人已习惯利用左脑去看待问题和思考生活，这样做的结果会导致人感受轻松愉快的能力下降。不仅如此，[21]过度使用左脑而忽视右脑还是失眠、焦虑症、抑郁症等某些心理疾病的主要原因。

每一个人都渴望自己幸福，我们不是专家，无法从如此科学的角度去研究、分析，但或许我们可以试着从建立一段良好的社交关系、找一份能维持生活来源的工作等诸如此类的事开始，逐渐增强幸福感。这些生活中看似平凡的小事都是使人幸福的源泉。

'큰 기쁨'에서 오지 않았다는 것이다. 단순한 '작은 기쁨', 즉 아이들과 함께 연을 날리거나 친구들과 피크닉을 가거나 자신이 직접 만든 음식을 먹는 것과 같은 소소한 '작은 기쁨'을 모두 더한 것이 짧은 '큰 기쁨'보다 훨씬 앞섰다.

조사에 따르면 인간이 기쁨과 행복을 느끼는 것은 유전과도 관계가 있다고 밝혔다. 유전학자가 1500쌍의 쌍둥이에 대해 진행한 분석 연구에 따르면 그들 중 하나가 대학 총장이고 다른 하나는 일반 노동자여도, 인생에 대한 만족도는 거의 같은 것을 발견했다. 즉, 그들은 모두 행복했거나, 모두 행복하지 않았다. 그러나 성격에 대한 유전의 영향 또한 상대적이다. 왜냐하면 환경, 교양과 같은 서로 다른 후천적인 조건이 같은 유형의 사람에게 완전히 다른 결과를 가져올 수 있기 때문이다. 또 다른 연구 결과에 따르면 [19]오늘날 절대다수의 사람들은 좌뇌를 이용해 문제를 보고 사고하는 삶에 익숙해져 있는데, 이렇게 하다 보면 사람이 가볍고 유쾌한 기분을 느끼는 능력이 떨어질 수 있다. 뿐만 아니라 [21]좌뇌를 과도하게 쓰고 우뇌를 경시하는 것은 불면, 초조함, 우울증과 같은 심리적 질환의 주요한 원인이 된다.

모든 사람은 자신의 행복을 갈망하며, 우리는 전문가가 아니라서 이렇게 과학적인 각도에서 연구하고 분석할 수 없다. 하지만 어쩌면 우리는 좋은 사회관계를 형성하고 생활의 근원을 유지할 수 있는 직업을 찾는 일 같은 것부터 시작하여 점차적으로 행복감을 증가시킬 수 있다. 이러한 생활 가운데 평범해 보이는 작은 일들이 모두 사람을 행복하게 하는 원천이 된다.

15 "对积极思维的现实奖励"这是哪种思想学派对"幸福"的解释：

A 精神分析理论学派

B 唯物主义学派

C 人本主义学派

D 认知行为学派

15 '긍정적인 사유에 대한 현실적 보상'은 '행복'에 대한 어느 학파의 설명인가?

A 정신분석 이론학과

B 유물주의 학과

C 인본주의 학과

D 인지행동 학파

16 下列哪种人群幸福指数最低：

A 富翁们　　　　　B 马赛人

C 小康者　　　　　D 流浪汉

16 다음 중 행복지수가 가장 낮은 사람은?

A 부자들　　　　　B 마사이족

C 샤오캉(중산층)　　D 노숙인

17 小康者幸福感最强的原因，不包括：

1. 工作时间短，压力小

②有时间去海外度假

3. 能充分享受天伦之乐

④买得起大部分的奢侈品

A 1, 3　　B 2, 4　　C 3, 4　　D 1, 2

17 샤오캉(중산층)의 행복감이 가장 강한 이유로 옳지 않은 것은?

1. 근무시간이 짧고 스트레스가 적다

②시간이 있으면 해외에 가서 휴가를 보낸다

3. 가족 간의 기쁨을 충분히 누릴 수 있다

④대부분의 사치품을 살 수 있다

A 1, 3　　B 2, 4　　C 3, 4　　D 1, 2

18 下列哪一项难以提升幸福感:

A 积累一次次微不足道的"小乐"

B 与家人和朋友相伴

C 被过分爱护

D 时间充足且工作负担小

19 下列哪一项会降低幸福感:

A 常常使用左脑去看待问题和思考生活

B 日积月累的"小乐"

C 小康收入者

D 提高低收入者的收入水平

20 下列说法正确是:

A 双胞胎在任何情况下的幸福感都是相同的

B "幸福"并不难触碰，甚至触手可得

C 生活条件简陋而肮脏的人，幸福指数都不高

D 很多发达国家公民的幸福指数也呈下降趋势

21 关于过度使用左脑，下列说法正确的是:

A 提高了感受轻松愉快的能力

B 容易患神经性，皮肤性疾病

C 是许多心理疾病的主要原因

D 有助于青春期的少年增长见识

18 다음 중 행복감을 높이기 어려운 것은?

A 소소한 '작은 즐거움'을 누적한다

B 가족, 친구와 함께 보낸다

C 과도한 보호를 받는다

D 시간이 충분하고 근무 스트레스가 적다

19 다음 중 행복감을 낮출 수 있는 것은?

A 항상 좌뇌를 사용해서 문제를 보고 생활을 생각한다

B 누적된 '작은 즐거움'

C 샤오캉(중산층)

D 저소득층의 소득수준을 높이는 것

20 다음 중 옳은 것은?

A 쌍둥이는 어떠한 상황에서도 행복감이 같다

B '행복'은 닿기 어렵지 않고, 심지어는 만져 볼 수도 있다

C 생활 여건이 초라하고 열악한 사람은 모두 행복지수가 낮다

D 많은 선진국 국민의 행복지수도 낮아지는 추세이다

21 좌뇌를 과하게 사용하는 것에 관해 다음 중 옳은 것은?

A 가볍고 유쾌한 기분을 느끼는 능력을 높인다

B 신경성 질환과 피부질환을 앓기 쉽다

C 많은 심리적 질환의 주요 원인이다

D 사춘기 소년의 견식을 넓히는 데 도움이 된다

不可捉摸 bù kě zhuō mō (성) 예측하거나 짐작하기 어렵다 | **难以** nányǐ (부) ~하기 어렵다 | **名状** míngzhuàng (동) 형언하다, 형용하다 [부정사 뒤에 많이 쓰임] | ★**源于** yuányú (동) ~에서 발원하다, ~에서 근원하다 | ★**压抑** yāyì 억압, 억제 | **解除** jiěchú (동) 해소하다, 없애다 | ★**认知** rènzhī (명) 인지 | **行为学** xíngwéixué 행동학 | **思维** sīwéi (명) 사유 | **奖励** jiǎnglì (명) 보상, 상, 표창 | **人本主义** rénběn zhǔyì 인본주의 | ★**伴随** bànsuí (동) 수반하다 | **自我实现** zìwǒ shíxiàn (명) 자아실현 | **知名** zhīmíng (형) 저명한, 잘 알려진 | **曾** céng (부) 일찍이, 이미, 벌써, 이전에 | **所在** suǒzài (명) 소재 | **富有** fùyǒu (형) 부유하다 | **或** huò (접) 혹은, 또는 | ★**以** yǐ (개) ~로(써), ~를 가지고, ~를 근거로 [以A为B: A를 B로 삼다] | **指数** zhīshù (명) 지수 | ★**主编** zhǔbiān (명) 편집자 | **统计** tǒngjì (동) 통계하다 [统计结果显示: 통계 결과에 따르면] | ★**富翁** fùwēng (명) 부자 | **并** bìng (부) 결코, 전혀, 별로 [부정사 앞에 쓰여 부정의 어투 강조] | **流浪汉** liúlànghàn (명) 노숙자 | ★**并非** bìngfēi (동) 결코 ~하지 않다, 결코 ~이 아니다 | ★**断断续续** duànduànxùxù (형) 드문드문 | **居住** jūzhù (동) 거주하다 | **寒冷** hánlěng (형) 한랭하다, 춥고 차다 | **格陵兰岛** Gélínglándǎo (고유) 그린란드 | **因纽特人** Yīnniǔtèrén (고유) 이누에트족 | **肯尼亚** Kěnníyà (고유) 케냐 | **游牧民族** yóumù mínzú 유목민족 | **马赛人** Mǎsàirén (고유) 마사이족 | ★**简陋** jiǎnlòu (형) (가옥·설비 등이) 초라하다, 허술하다, 보잘것없다, 누추하다 | **自来水** zìláishuǐ (명) 수돗물 | **为** wéi (동) ~이다 | **公民** gōngmín (명) 국민, 공민 | **有着** yǒuzhe 가지고 있다, 있다, 존재하다 | **紧密** jǐnmì (형) 밀접하다, 긴밀하다 | **实实在在** shíshízàizài (형) 명백한, 확실한 | **指标** zhǐbiāo (명) 지표, 수치 | **据** jù (개) ~에 따르면, ~에 의거하여 | **心理学家** xīnlǐ xuéjiā (명) 심리학자 | **自认** zìrèn (동) 스스로 생각하다 | **发达国家** fādá guójiā (명) 선진국 | **呈** chéng (동) 띠다, 나타내다, 드러내다 | **杭州** Hángzhōu (고유) 항저우 | **居民** jūmín (명) 주민, 거(주)민 | ★**大款** dàkuǎn (명) 대부호, 큰 부자 | **中等** zhōngděng (형) 중간 정도의 | **偏高** piāngāo (형) (가격 등이) 일반적으로 높다 | ★**小康** xiǎokāng (형) 먹고 살 만하다, 생활수준이 중류이다 | **指出** zhǐchū (동) 지적하다, 밝히다, 가리키다 | ★**之所以** zhīsuǒyǐ (접) ~한 까닭, ~의 이유 [之所以是因为B: A한 까닭은 B 때문이다] | **之一** zhīyī (명) ~(의) 하나 | **薪** xīn (명) 급여, 임금 [高薪者: 고임금자] | **拥有** yōngyǒu (동) 보유하다, 소유하다, 가지다, 지니다 | **厮守** sīshǒu (동) 서로 의지하다 | **天伦之乐** tiānlúnzhīlè (명) 가족이 누리는 단란함 | **温暖** wēnnuǎn (동) 따뜻하다, 온난하다, 따스하다 | **友情** yǒuqíng (명) 우정 | ★**由此可见** yóucǐkějiàn 이로부터 알 수 있다, 이로부터 결론을 낼 수 있다 | **海外** hǎiwài (명) 해외 | ★**度假** dùjià (동) 휴가를 보내다 | **名车** míngchē (명) 이름난 자동차 [외제차] | **溺爱** nì'ài (명) 과보호 | **实际上** shíjìshang (부) 사실상, 실제로 | **于** yú (개) ~에 | **自身** zìshēn (명) 자신 | ★**潜能** qiánnéng (명) 잠재력 | **日积月累** rìjī-yuèlěi (성) 갈수록 더해지다 | **研究人员** yánjiū rényuán (명) 연구원 | **受试者** shòushìzhě (명) 피실험자 | **关注** guānzhù (동) 주시하다, 관심을 가지다 | **身上** shēnshang (명) 몸, 수중 | **电子测试器** diànzǐ cèshìqì (명) 디지털 측정기 | **用来** yònglái (동) ~에 사용하다, ~에 쓰다 | **令** lìng (동) ~하게 하다 | **仅仅** jǐnjǐn (부) 단지 | ★**短暂** duǎnzàn (형) (시간이) 짧다 | **诸如** zhūrú (접) 예컨대 ~따위, 이를테면 ~같은 것들 [여러 가지 예를 들어 말할 때 씀] | **风筝** fēngzheng (명) 연 [放风筝: 연을 날리다] | ★**野餐** yěcān (명) 피크닉 | **美食** měishí (명) 맛있는 음식 | ★**微不足道** wēibùzúdào (형) 하찮아서 말할 가치도 없다 | **远远** yuǎnyuǎn (부) 훨씬, 크게, 몹시 | **胜过** shèngguo (형) ~보다 낫다 | **有关** yǒuguān (동) 관계가 있다 [跟……有关: ~와 관련이 있다] | **遗传** yíchuán (동) 유전하다 | ★**双胞胎** shuāngbāotāi (명) 쌍둥이 | **另** lìng (대) 다른, 그 밖의 | ★**即** jí (즉) 즉 | **要么** yàome (접) ~하거나 ~하거나 [두 가지 이상을 나열해 그중 하나의 가능성을 나타냄] | **后天** hòutiān (명) 후천적 | **如** rú (동) ~와 같다, ~와 비슷하다 | ★**教养** jiàoyǎng (명) 교양 | **绝大多数** juédàduōshù (명) 절대다수 | **脑** nǎo (명) 뇌 | **看待** kàndài (동) 대(우)하다, 다루다, 취급하다 | **如此** rúcǐ (대) 이와 같다, 이러하다 | **过度** guòdù (형) 과도하다, 지나치다 | **焦虑症** jiāolǜzhèng (명) 불안장애 | ★**抑郁症** yìyùzhèng (명) 우울증 | **疾病** jíbìng (명) 병, 질병 | **渴望** kěwàng (동) 갈망하다, 간절히 바라다 | **无法** wúfǎ (동) 방법이 없다, 할 수 없다 | ★**社交** shèjiāo (명) 사교 | **维持** wéichí (동) 유지하다, 지키다 | **来源** láiyuán (명) (사물의) 출처 | **增强** zēngqiáng (동) 강화하다, 증강하다, 높이다 | ★**看**

似 kànsì 图 보기에 마치 | **平凡** píngfán 图 평범하다, 보통이다, 일반적이다 | ★**源泉** yuánquán 圆 원천 | **学派** xuépài 圆 학파 | **唯物主义** wéiwù zhǔyì 圆 유물주의, 유물론 | **下列** xiàliè 圆 아래에 열거한 | **买得起** mǎideqǐ (경제적인 능력이 충분하여) 살 수 있다 | **奢侈品** shēchǐpǐn 사치품 | ★**相伴** xiāngbàn 图 함께하다 | **充足** chōngzú 图 충분하다, 충족하다 | ★**且** qiě 图 게다가, 또한 | **负担** fùdān 图 부담, 책임 | **说法** shuōfǎ 표현 법, 견해 | **触碰** chùpèng 图 접촉하다 | **肮脏** āngzang 图 지저분하다 | ★**患** huàn 图 병이 나다, 병에 걸리다 | **神经性疾病** shénjīngxìng jíbìng 圆 신경성 질환 | ★**有助于** yǒuzhùyú 图 ~에 도움이 되다 | ★**青春期** qīngchūnqī 圆 사춘기 | **少年** shàonián 圆 소년 | **增长** zēngzhǎng 图 증가하다, 늘어나다 | ★**见识** jiànshi 圆 견문

• **Day 05**   **22** D   **23** C   **24** D   **25** B   **26** C   **27** A   **28** B

22 D [起床第一件事就是摸手机……是网瘾的真实写照 일어나자마자 하는 첫 번째 일이 휴대폰 만지기이거나 (…)은 인터 넷중독에 대한 사실적인 묘사이다] 첫 번째 단락에서 '인터넷중독' 증상에 대해 설명하고 있는데, 그중 일어나자마자 하는 일이 휴대폰을 만지는 것을 '인터넷중독' 증상 중 하나라고 설명하고 있다. 보기 A, B, C는 본문에 등장한 표 현이 일부 사용되긴 했지만 다른 내용을 말하고 있으므로 답이 될 수 없다.

23 C [可见 ~라는 것을 알 수 있다] 특정 문구에 대한 의미를 물어보는 경우 앞뒤 내용을 잘 파악해야 한다. 질문에 서 묻는 문구는 풍자적인 글로, 이를 통해 인터넷에 빠져 현실을 소홀히 하는 상황을 과소 평가해서는 안 된다는 점을 알려 주는 것으로, 문맥상 보기 C가 정답으로 가장 적합하다.

24 D [内心会非常自卑 심리적으로 매우 열등감을 가지다 / 对网络的依赖性, 逃避现实, 沉迷虚拟世界 인터넷 의존도 가 높아지게 되며 현실을 도피하고 사이버 세계에 빠져들게 되는 것이다] 세 번째 단락과 네 번째 단락에 걸쳐 인터넷중독 에 대해 설명하고 있다. 여기서 언급된 내용은 보기 3, 4번이므로, 답은 D이다.

25 B [自律能力不足, ……沉迷虚拟世界 자기 통제력이 부족하거나 (…)는 사이버 세계에 빠져들게 된다] 인터넷중독이 생기는 주된 이유를 네 번째 단락에서 설명하고 있는데, 다양한 이유 중 심리에 관한 문제로 중독이 생기는 경우가 많은 것을 알 수 있다. 그중 자기 통제력이 부족하거나 고독감이 있는 사람들이 인터넷 의존도가 높아진다고 했으 므로, 정답은 B임을 알 수 있다.

26 C [让人们沉迷网络不可自拔 사람들을 인터넷에서 빠져나올 수 없게 만든다] 특정 어휘에 대해 물어보는 경우 앞뒤 내용을 반드시 살펴봐야 한다. '爆点'이 있어 사람들의 눈길을 끌며, 사람들을 인터넷에서 빠져나올 수 없게 만든 다는 내용을 통해, '爆点'은 인기 있는 콘텐츠라고 보는 것이 가장 자연스럽다.

27 A [戒掉网瘾已不再是青少年的"专利" 인터넷중독을 끊는 것은 이미 더 이상 청소년의 '전매특허'가 아니다] 마지막 단 락에서 '인터넷중독 끊기'에 대한 내용을 언급했다. 여기서 '인터넷중독 끊기'는 더 이상 청소년의 '전매특허'가 아 니며, 성인들 또한 '인터넷중독 끊기' 대열에 합류했다고 직접적으로 언급했다. 따라서 '인터넷중독 끊기'에 대해 잘못된 보기는 A임을 알 수 있다.

28 B [染上网瘾极可能是互联网防范措施薄弱造成的 인터넷중독은 인터넷 방지책이 미약해서 생긴 것일 가능성이 높다] 본문에서 언급한 내용 중에 옳은 내용을 찾는 것으로, 전체 문맥을 잘 파악해서 답을 찾아야 하는 문제이다. 네번 째 단락 첫 부분에서 인터넷중독이 생기는 이유에 대해 설명하면서 인터넷 방지책이 약해서일 가능성이 높다고 했으므로, 답은 B이다.

近年来，"月光族"、"啃老族""网瘾""躺平族"等名词层出不穷。其中"网瘾"一词热度最高，如：晚上躲在被窝里玩手机、22起床第一件事就是摸手机、刷抖音拍视频领金币等都是网瘾的真实写照。随之而来的伴生词如"低头族""银发族"也相继出现。23正如网上流行的一句话"世界上最遥远的距离不是你我相隔天涯海角，而是我在你身旁，你却低头玩手机"。虽是调侃，但可见沉迷网络而忽视现实的情况已然不容小觑。

伴随着互联网、大数据等信息技术的发展以及相关智能服务的广泛应用，人们的生活更加便利。互联网针对各类人群进行相关的技术调整，让人玩转网络。根据相关调查统计，中国的年轻人几乎人人一部手机，并且有近51%的老年人每天上网时间超过4小时。这些都足以证明患"网瘾"的这一群体正日益壮大。

网瘾又称互联网成瘾综合征(简称网瘾综合征)，即对现实生活漠不关心，而对虚拟的网络游戏、情爱信息等沉溺痴迷。这是一个行为过程也是行为发展的终结。网瘾可分为网络交际瘾、网络色情瘾、网络游戏瘾、网络信息瘾和网络赌博瘾等类型。24染上网瘾的人社会(性)能力弱、健康状况下降，且内心会非常自卑，甚至不愿意去见心理咨询师。染上网瘾的人容易把"网瘾"这件事情当作是自己的人品来看待，而不是把它看作是一种行为，而事实上，网瘾只是一种可以改变也可以被改变的行为。因此先要帮助有网瘾的人看清楚这一点，他们才有信心拿出自己的力量来做出戒除网瘾的决心、才会在戒除过程遇到挫折的时候去找到自己的力量。这个决定必须由其本人来做出，而且对于网瘾的后果也必须是他本人承担。

究其缘由，28染上网瘾极可能是由自身精神依赖强、好奇心和探索欲很重、互联网防范措施薄弱造成的。社会的快节奏让生活的压力加重，24,25再加上自律能力不足、强烈的孤独感等，这些都会加重人们对网络的依赖性，逃避现实，沉迷虚拟世界。不管是大人还是小孩，内心深处都有自己的好奇点，对于新鲜事物总是有着高度的探索欲望，而网络更新换代速度极快，总有爆点吸引人们的眼球；26再加上有些网站的防范措施没有跟上，从而让网络上的某些平台利用

최근 몇 년 동안 '월광족' '캥거루족' '인터넷중독' '탕평족' 등의 용어가 끊임없이 생겨나고 있다. 그중에서도 '인터넷중독'이라는 단어에 대한 관심도가 가장 높다. 예를 들면 밤에 이불 속에 숨어서 휴대폰을 하거나, 22일어나자마자 하는 첫 번째 일이 휴대폰 만지기이거나, 틱톡 새로고침을 하고 동영상을 찍어 코인을 버는 일 등이 모두 인터넷중독에 대한 사실적인 묘사이다. 이에 뒤따르는 파생어, 즉 '스몸비족(수그리족)' '실버족' 또한 연이어 등장하고 있다. 23'세계에서 가장 먼 거리는 하늘과 땅만큼 멀리 떨어져 있는 당신과 내가 아니라, 내 곁에 있는데도 고개를 수그리고 휴대폰만 만지고 있는 당신이다'라는 인터넷에서 유행한 말과 같은 상황인 것이다. 이는 비록 풍자이지만, 인터넷에 빠져서 현실을 소홀히 하는 상황을 얕봐서는 안 된다는 것을 알 수 있다.

인터넷, 빅데이터 등 정보기술의 발전과 관련 스마트서비스의 광범위한 응용에 따라 사람들의 생활은 더욱 편리해졌다. 인터넷은 사람들이 인터넷을 자유롭게 사용할 수 있도록 다양한 사람들을 대상으로 관련 기술적 조정을 진행한다. 관련 조사 통계에 따르면 중국의 젊은이는 거의 휴대폰을 가지고 있고, 51%에 가까운 노년층의 하루 인터넷 사용 시간은 4시간을 넘는다. 이러한 데이터는 '인터넷중독'을 앓는 사람들이 점점 더 많아지고 있다는 것을 충분히 증명한다.

인터넷중독은 인터넷중독 증후군이라고도 불리며, 이는 곧 현실 생활에는 전혀 관심이 없는 반면 허구인 인터넷 게임, 연애 정보 등에서는 헤어나올 수 없이 빠져 있는 것을 의미한다. 이는 행동 과정이자 행동 발전의 종착지이기도 하다. 인터넷중독은 인터넷 교류(SNS) 중독, 인터넷 음란물 중독, 인터넷 게임 중독, 인터넷 정보 중독과 인터넷 도박 중독 등의 유형으로 나눌 수 있다. 24인터넷중독에 걸린 사람은 사회성이 약하고, 건강 상태도 떨어지며, 심리적으로도 매우 열등감을 가지면서도 심리상담가를 찾아가려고 하지도 않는다. 인터넷중독에 걸린 사람은 쉽게 '인터넷중독'을 자신의 인품이라고 여기며 행동이라고 여기지 않는다. 그러나 사실 인터넷중독은 고칠 수 있고, 고쳐지기도 하는 행동일 뿐이다. 따라서 먼저 인터넷중독자가 이 점을 알 수 있도록 해 주어야 하며, 그렇게 해야만 이들은 자신의 힘으로 인터넷중독을 끊으려는 결심을 할 수 있고, 끊는 과정에서 좌절을 겪을 때 자신의 힘을 찾을 수 있게 된다. 이 결정은 본인이 내려야 하며, 인터넷중독의 결과 역시 본인이 책임져야 한다.

인터넷중독이 생기는 이유를 살펴보면, 28인터넷중독은 자신의 심리에 대한 의존도가 높고, 호기심과 탐구욕이 강하며, 인터넷 방지책이 약해서 생겼을 가능성이 높다. 사회의 빠른 리듬은 생활의 스트레스를 더욱더 가중시키는데, 24,25자기 통제력이 부족하거나, 강렬한 고독감까지 있으면 사람들의 인터넷 의존도가 높아지게 되며 현실을 도피하고 사이버 세계에 빠져들게 되는 것이다. 어른이나 아이나 마음속 깊은 곳에는 자신만의 궁금증이 있고, 신문물에 대해서는 높은 탐구욕을

人们的逐利性，针对各种网民的爱好，制作相应的娱乐设施，投其所好，让人们沉迷网络不可自拔。比如刷短视频，一天也赚不了几个钱，但就是让人不可自拔地去刷。

[27]戒掉网瘾已不再是青少年的"专利"，不少陷得更深的成年人也应加入"戒网瘾"的队伍中。在戒网瘾的过程中：首先，亲人的帮助很重要，[27]亲人们更多的陪伴和沟通必不可少。当网外生活足够丰富多彩，人们就不会再去迷恋虚拟的世界，从而自觉地放下手机。因此家人之间应多一些现实生活中的互动与沟通，或是通过旅游、比赛等活动挥洒青春与活力。其次，[27]要学会自律。一方面可以通过上网刷抖音、看视频等方式放松心情；另一方面，也可以学习网络相关的安全知识和生活知识来充实自己的生活。最后是榜样的力量，无论是学习榜样还是想要成为榜样，树立一个榜样都能够给人带来远离网瘾的正能量。专家也曾表示：健康上网不上瘾，应从"防"开始、从个人做起。

가지고 있는데, 마침 인터넷은 업데이트의 속도가 아주 빠르기 때문에 사람들의 눈길을 끌 만한 이슈를 항상 가지고 있다. [26]게다가 일부 사이트의 방지책이 이를 따라가지 못해서, 인터넷의 특정 플랫폼은 사람들의 이윤 추구성을 이용해 네티즌의 취향에 맞춰 이에 맞는 놀거리를 제작해 환심을 사면서 사람들을 인터넷에서 빠져나올 수 없게 만든다. 예를 들면 숏폼 콘텐츠가 있는데, 하루 종일 해도 얼마 벌지도 못하지만 계속해서 새로고침을 하게 만든다.

[27]인터넷중독을 끊는 것은 이미 더 이상 청소년의 '전매특허'가 아니다. 더 깊이 여기에 빠진 적지 않은 성인들 역시 '인터넷중독 끊기' 대열에 합류했다. 인터넷중독을 끊는 과정에는 우선 가족의 도움이 중요하다. [27]가족들이 더 오랜 시간 함께하고 소통하는 것이 반드시 필요하다. 인터넷 밖의 생활이 충분히 풍부하고 다채롭다면 사람들은 허구의 세계를 더 이상 그리워하지 않을 것이며 스스로 휴대폰을 내려놓을 수 있게 된다. 따라서 가족들 간에 현실 생활에서의 상호작용과 소통 또는 여행, 경기 등 활동을 통해 젊음과 활력을 발산해야 한다. 그다음으로 [27]자기통제를 배워야 한다. 틱톡에서 동영상을 보는 것으로 마음을 가볍게 할 수 있고, 인터넷 관련 보안 지식과 생활 지식을 배워 자신의 삶을 충실하게 할 수도 있다. 마지막은 멘토의 힘이다. 멘토에게서 배우든 멘토가 되려고 하든 멘토를 만드는 것은 사람들에게 인터넷중독을 멀리 할 수 있는 긍정적 에너지를 준다. 전문가 또한 이렇게 말한 바 있다. "건강하게 인터넷을 접속하고 중독을 멀리하는 것은 '방지'에서 시작하며 개인부터 시작한다."

---

22 根据原文，下列哪种情况是有网瘾的表现：

    A 下载热门网络游戏

    B 躺在被窝里睡觉

    C 以刷抖音拍视频为职业

    D 起床后先找手机

22 본문에 따르면 다음 상황 중 인터넷중독을 나타낸 것은?

    A 인기 있는 인터넷 게임을 다운로드한다

    B 이불에 숨어 잠을 잔다

    C 틱톡을 보고 동영상 찍는 것을 직업으로 삼는다

    D 일어나자마자 휴대폰을 찾는다

23 "世界上最遥远的距离不是你我相隔天涯海角，而是我在你身旁，你却低头玩手机"这句话最想表达什么内容：

    A 距离遥远也不会妨碍人们关注手机

    B 低头看手机会使朋友间的距离变远

    C 只关注手机不交流会增加距离感

    D 即使到天涯海角也一定要带手机

23 '세계에서 가장 먼 거리는 하늘과 땅만큼 멀리 떨어져 있는 당신과 내가 아니라, 곁에 있는데도 고개를 수그리고 휴대폰만 만지고 있는 당신이다'라는 말이 나타내고자 하는 뜻은?

    A 거리가 멀어도 사람들이 휴대폰에 관심을 기울이는 것을 막을 수는 없다

    B 고개를 수그리고 휴대폰을 보면 친구 간의 거리가 멀어질 수 있다

    C 휴대폰만 보고 교류는 하지 않으면 거리감이 더 생긴다

    D 먼 곳에 갈 때도 휴대폰은 꼭 챙겨야 한다

24 哪些情况是患网瘾的表现：

    1. 极易改变已有的观点

    2. 对现实生活充满好奇

    ③. 内心极其自卑

    ④. 沉迷于网络的虚拟世界

    A 1，3   B 2，4   C 2，3   D 3，4

24 어떤 상황들이 인터넷중독을 나타내는가?

    1. 자신의 관점을 쉽게 바꿈

    2. 현실 생활에 대한 호기심이 가득함

    ③. 내면이 열등감에 가득 참

    ④. 인터넷상의 사이버 세계에 빠져 있음

    A 1，3   B 2，4   C 2，3   D 3，4

25 关于"患网瘾"的缘由，下列哪种说法最恰当：

  A 虚拟世界中的一切会转化为现实

  B 不够自律的人更容易对网络产生依赖

  C 人们对网络的依赖性是生活压力的源头

  D 网瘾是由外界的压力所导致的，与个人
     意志无关

26 对"总有爆点吸引人们的眼球"中的"爆点"说法正确的是：

  A 形容爆炸后产生的一系列反应

  B 是造成视力下降的原因

  C 指网络信息中高潮或精彩的内容

  D 比喻更易被人吸收的营养

27 有关"戒网瘾"的内容，下列说法有误的是：

  A 戒网瘾早已成为了青少年的"专利"

  B 应丰富"网外"的生活

  C 在选择视频内容上要懂得自律

  D 要多与家人沟通，互动

28 关于本文，下列说法正确的是：

  A 中国有51%的老年人注册抖音账号

  B 互联网防范措施薄弱会导致网瘾

  C 中国的年轻人几乎不使用手机

  D 网瘾只是一种不可改变的行为

---

25 '인터넷중독'을 앓는 이유로 가장 적절한 것은?

  A 사이버 세계의 모든 것은 현실이 될 수 있다

  B 자기 통제력이 부족한 사람은 더 쉽게 인터넷에 의존한다

  C 사람들의 인터넷 의존성은 생활 스트레스의 근원이다

  D 인터넷중독은 외부 세계의 압박으로 생긴 것이며, 개인의
     의지와는 무관하다

26 '사람들의 눈길을 끌 만한 포인트를 항상 가지고 있다'에서 '포인트'가 의미하는 것으로 정확한 것은?

  A 폭발 이후에 생긴 일련의 반응

  B 시력 저하를 야기하는 원인

  C 인터넷 정보 중 인기 있고 하이라이트인 콘텐츠

  D 사람들에게 더 잘 흡수되는 영양분을 비유

27 '인터넷중독 끊기'에 대한 것으로 틀린 것은?

  A 인터넷중독 끊기는 이미 청소년의 '전매특허'가 되었다

  B '인터넷 외'의 생활을 더욱 풍부하게 해야 한다

  C 동영상 콘텐츠를 선택할 때 자기통제를 할 줄 알아야 한다

  D 가족들과 더 많이 소통하고 상호작용해야 한다

28 본문의 내용으로 옳은 것은?

  A 중국의 51%의 노인이 틱톡 계정을 가지고 있다

  B 인터넷 방지책이 약하면 인터넷중독을 초래할 수 있다

  C 중국의 젊은이들은 대부분 휴대폰을 사용하지 않는다

  D 인터넷중독은 고칠 수 없는 행위일 뿐이다

月光族 yuèguāngzú 몡 월광족 [매달 자신의 월수입을 다 써버리는 사람들을 이르는 말] | **啃老族** kěnlǎozú 캥거루족 [부모에게 경제적으로 의존하는 젊은이들을 일컫는 말] | **网瘾** wǎngyǐn 몡 인터넷중독 | **躺平族** tǎngpíngzú 몡 탕핑족 [대부분의 시간을 누워서 생활하고 최소한의 돈으로 사는 중국 청년 세대] | **名词** míngcí 몡 용어 | ★**层出不穷** céngchūbùqióng 끊임없이 나타나다, 꼬리를 물고 나타나다 | **如** rú 젭 예를 들면 | **躲** duǒ 통 숨다 | **被窝** bèiwō 몡 이불 | **抖音** dǒuyīn 틱톡 | **视频** shìpín 몡 동영상 | **金币** jīnbì 몡 코인, 돈 | **写照** xiězhào 몡 묘사 | **随之** suízhī 이에 따라 | **伴生词** bànshēngcí 파생어 | **低头族** dītóuzú 스몸비족, 수그리족 [고개 숙여 자신의 스마트폰만 바라보는 사람들을 일컫는 말] | **银发族** yínfàzú 몡 실버족 [노인을 지칭] | ★**相继** xiāngjì 통 연이어, 잇따르다 | ★**遥远** yáoyuǎn 톙 (시간이나 거리가) 아득히 멀다, 까마득하다 | **相隔** xiānggé 통 서로 멀리 떨어지다 | **天涯海角** tiānyáhǎijiǎo 졩 하늘가와 바다 끝, 서로 간에 멀리 떨어짐 | **身旁** shēnpáng 몡 곁, 몸 가까이 | ★**调侃** tiáokǎn 통 풍자하다, 비웃다 | **可见** kějiàn 젭 ~라는 것을 알 수 있다 | ★**沉迷** chénmí 통 깊이 빠지다 | ★**不容** bùróng 허용하지 않다 | **小觑** xiǎoqù 통 얕보다, 깔보다 | ★**伴随** bànsuí 통 수반하다, 따라가다, 동행하다 | ★**大数据** dàshùjù 몡 빅데이터 | **智能** zhìnéng 몡 지능 [智能服务: 스마트서비스] | **便利** biànlì 톙 편리하다 | **人群** rénqún 몡 군중, 무리 | **调查统计** diàochá tǒngjì 통계조사 | **足以** zúyǐ 충분히 ~할 수 있다, ~하기에 족하다 | ★**患** huàn 통 앓다, (병에) 걸리다 | **群体** qúntǐ 몡 단체, 집단 | **日益** rìyì 囝 날로, 나날이 더욱 | ★**壮大** zhuàngdà 강대해지다 | **成瘾** chéngyǐn 통 중독되다 | **综合征** zōnghézhēng 몡 증후군 | **简称** jiǎnchēng 줄임말 | **漠不关心** mòbùguānxīn 졩 냉담하게 전혀 관심을 갖지 않다 | **虚拟** xūnǐ 톙 허구적인, 가상적인 | **情爱** qíng'ài 몡 사랑, 애정 | **沉溺** chénnì 통 빠지다, 타락하다 | ★**痴迷** chīmí 통 사로잡히다 | ★**终结** zhōngjié 종착지 | **分为** fēnwéi 통 (~로) 나누다 | ★**瘾** yǐn 몡 중독 | **色情** sèqíng 몡 음란물 | **赌博** dǔbó 도박하다, 노름하다 | **染** rǎn 통 (병에) 걸리다, 감염되다 | ★**自卑** zìbēi 통 열등감을 가지다 | **咨询师** zīxúnshī 몡 상담가 | **当作** dàngzuò 통 ~로 여기다, ~로 삼다 | ★**人品** rénpǐn 몡 인품 | **看待** kàndài 통 다루다, 대하다, 취급하다 | **事实上** shìshíshang 사실상 | **戒除** jièchú 통 (좋지 않은 습관을) 끊다 | ★**挫折** cuòzhé 몡 좌절, 실패 [遇到挫折: 좌절을 겪다] | **本人** běnrén 때 본인, 나 | **缘由** yuányóu 몡 이유, 원인 | **依赖** yīlài 통 의지하다, 기대다 | ★**好奇心** hàoqíxīn 호기심 | **探索** tànsuǒ 탐구하다, 찾다 | **欲** yù 몡 욕구, 욕망 [探索欲: 탐구욕] | **防范** fángfàn 통 방지하다, 방비하다 | **薄弱** bóruò 톙 취약하다, 박약하다 | **节奏** jiézòu 몡 리듬, 템포 | ★**加重** jiāzhòng 통 가중하다, 심해지다 | **再加上** zàijiāshàng 게다가 | **自律** zìlǜ 통 스스로 통제하다, 자신을 단속하다 [自律能力: 자기 통제력] | **孤独感** gūdúgǎn 몡 고독감 | **依赖性** yīlàixìng 몡 의존도, 의존성 | **虚拟世界** xūnǐ shìjiè 사이버 세계, 가상 세계 | **大人** dàren 몡 성인, 어른 | **内心** nèixīn 몡 마음 속 | **深处** shēnchù 깊은 곳 | **好奇点** hàoqídiǎn 궁금증 | **欲望** yùwàng 욕망 | **更新换代** gēngxīn huàndài 업데이트 | **爆点** bàodiǎn 몡 이슈 | **眼球** yǎnqiú 몡 주의, 이목 [吸引眼球: 주의를 끌다] | **平台** píngtái 몡 플랫폼 | **逐利性** zhúlìxìng 이윤추구성 | ★**网民** wǎngmín 몡 네티즌 | **相应** xiāngyìng 통 상응하다, 어울리다, 호응하다 | **投其所好** tóuqísuǒhào 졩 남(상대)의 비위를 맞추다 | **不可** bùkě ~해서는 안 된다 | **自拔** zìbá 통 스스로 벗어나다 | **短视频** duǎnshìpín 숏폼 콘텐츠 | **不了** buliǎo ~할 수가 없다 | **青少年** qīngshàonián 몡 청소년 | **专利** zhuānlì 몡 전매특허 | ★**陷** xiàn 통 빠지다 | **成年人** chéngniánrén 몡 성인, 어른 | **加入** jiārù 통 가입하다, 참가하다 | **队伍** duìwu 몡 (조직적인) 대열, 행렬 | **亲人** qīnrén 몡 가족 | ★**陪伴** péibàn 통 함께하다 | **必不可少** bìbùkěshǎo 졩 반드시 필요하다, 없어서는 안 된다 | **足够** zúgòu 톙 충분하다 | ★**丰富多彩** fēngfù duōcǎi 졩 풍부하고 다채롭다 | ★**迷恋** míliàn 통 미련을 두다, 연연해하다 | **互动** hùdòng 통 상호작용하다 | **挥洒**

huīsǎ 통 발산하다, 뿌리다 | **活力** huólì 명 활력, 활기 | **愉悦** yúyuè 통 즐겁게 하다, 기쁘게 하다 | **大众** dàzhòng 명 대중, 군중 | **★榜样** bǎngyàng 명 모범, 본보기, 귀감 | **★树立** shùlì 통 수립하다, 세우다 | **远离** yuǎnlí 통 멀리하다 | **★正能量** zhèngnéngliàng 긍정적 에너지 | **★上瘾** shàngyǐn 통 중독되다 | **防** fáng 통 방지하다, 방비하다 | **个人** gèrén 명 개인 | **热门(儿)** rèmén(r) 명 인기 있는 것, 유행하는 것 | **低头** dītóu 통 머리를 숙이다 | **距离感** jùlígǎn 명 거리감 | **观点** guāndiǎn 명 관점, 견해 | **极其** jíqí 분 아주, (지)극히, 몹시, 매우 | **恰当** qiàdàng 형 알맞다, 합당하다, 적합하다 | **转化** zhuǎnhuà 통 변하다 | **★源头** yuántóu 명 근원, 원천 | **意志** yìzhì 명 의지, 의기 | **爆炸** bàozhà 통 폭발하다 | **★一系列** yíxìliè 형 일련의, 연속의 | **★视力** shìlì 명 시력 | **高潮** gāocháo 명 하이라이트, 클라이맥스, 절정 | **★比喻** bǐyù 통 비유하다 | **懂得** dǒngde 통 알다, 이해하다 | **★账号** zhànghào 명 계정

독해 제1부분

02 주제 파악하기

본서 p.93~100

● **Day 13**　　**1** D　　**2** D　　**3** A　　**4** B　　**5** B　　**6** C　　**7** A

1　**D** [之所以……, 是因为…… ~인 것은 ~이기 때문이다] 첫 번째 문단에서 인간이 '만물의 영장'이라고 불리는 주요 요인은 바로 강력한 자아 회복력이라고 했다. 이 부분에서 알 수 있듯이 자아 회복력은 동물에게만 있는 것이 아니므로 답은 D이다.

2　**D** [说的就是…… 이 말이 바로 ~를 의미한다] 밑줄 친 문장의 뜻을 묻는 문제는 키워드 문장 앞뒤에 답이 있는 경우가 많다. 이 문장의 경우 바로 뒤에서 이 말은 '인간의 근육과 뼈의 회복력'을 말한다고 직접적으로 언급했으므로, '회복에 100일 정도 필요하다'라고 한 D가 정답이다.

3　**A** [人也应该保持一种自我修复意识 인간은 자아 회복 의식을 유지하고 있어야 한다 / 自我修复能力，源于自我修复的信念以及自我修复的程序和技巧 자아 회복력은 자아 회복에 대한 믿음과 자아 회복 과정, 기술에서 오는 것이다] 자아 회복력은 인간의 가장 중요한 생존 요인이므로, 어떤 죽을 병에 걸려도 자아 회복 의식을 유지하고 있어야 한다고 했으며, 뒤에서 그것을 뒷받침할 다양한 사례를 소개했다. 또한 '源于(~에서 오다)'를 사용하여 자아 회복력의 중요성을 한 번 더 강조했다.

4　**B** [生活起居不规律 일상생활이 불규칙하다 → 不规律的作息 불규칙한 생활 습관] '累垮'라는 키워드가 등장한 네 번째 단락을 살펴보면, 일상생활이 불규칙하면 신체의 장기와 조직이 파괴되고, 신체의 자아 치유력 또한 쉴 새 없이 바빠져 '몸져누우면' 병이 생기는 것은 자연스러운 일이라고 했다.

5　**B** [出了问题 문제가 생기다 → 出现异常症状 이상 증상이 나타나다] 해당 어휘가 있는 앞뒤 문맥을 빨리 파악하자. 밑줄 친 어휘 뒤에 등장하는 핵심 표현 '出问题(문제가 생기다)'를 통해 가장 유사한 의미를 지닌 B가 답임을 알 수 있다.

6　**C** [脏腑机能都减弱，会伤精耗血 오장육부의 기능이 약화되고, 정력을 상하게 한다] 다섯 번째 단락에서는 자연 규칙을 따르지 않으면 어떤 문제가 생기는지 나열하고 있다. 인간은 낮과 밤의 변화에 따라 해가 지면 시간에 순응하여 쉬어야 하는데, 밤 생활을 좋아하여 '오장육부의 기능이 약화될 때' 계속 움직이다 보면 '정력을 상하게 하고' 건강을 해칠 수 있다고 했다.

7　**A** [归根结底 결론적으로] 마지막 문단에 전체 문장의 결론이 나오는데, 인류가 자신의 자가 치유력을 홀대하고 자연계의 강한 힘을 무시했기 때문에 인간이 병에 걸린다고 했다. 따라서 '인간의 자아 치유력을 무시해서는 안 된다'라고 말한 보기 A가 정답이다. 보통 주제를 묻는 질문은 문장 맨 앞 또는 맨 마지막에 출제되며, '归根结底' '总之' 같은 어휘가 나오면 뒤에 결론이 나오는 경우가 많다는 것을 잊지 말자!

蚯蚓被截成几段，每一段又都能成为一条新的蚯蚓；壁虎断尾后，过些时候会长出一条新尾巴；螃蟹的螯夹被毁后，也会再生出一个新螯夹来。这就是生命的"自我修复能力"，又被称为"自愈力"。是生命现象中最令人敬畏的一点。有人会问："生命越高级，自我修复能力就越退化吗？"表面上看，似乎如此，[1]可人类之所以被称为"万物之灵"，其实最重要的一点恰恰是因为超强的自我修复能力。俗话说："伤筋动骨一百天"。[2]说的就是人对筋骨的自我修复能力。

[3]自我修复能力，是人最重要的生存要素。即使得了所谓的绝症，人也应该保持一种自我修复意识，当然在修复过程中，医生、治疗、药品、养护都很重要，但是更重要的是人对于决心修复损坏的部分有信心，再加上毅力、乐观豁达、理智处置，这样往往会产生所谓的奇迹。[3]现实中也不乏"患者体内的病灶，不知何故大大萎缩乃至消失"的例子。这种令医生都称奇的自我修复能力，源于自我修复的信念以及自我修复的程序和技巧。

生命肉体的修复是一个方面，生命灵性的修复则是更重要的一个方面。人们往往会借助于心理医师，从他们的分析与劝诱中，获得解开心结的方法。这其中的关键还是在于调动"自我心灵修复力"。心灵创伤和肉体创伤不一样，它无形而深邃，自知而无法尽与人述。

现代社会的生活和工作压力越来越大，身体不适的人也越来越多，[4]很大程度上是生活起居不规律造成的。不良生活习惯持续损害人体的组织器官，人体的自愈系统便忙得无暇休息，最终它们"累垮"了，生病是自然的事情。那么，什么才是"健康"的生活方式呢？

首先，要"听懂"身体发出的信号，并"听从"指示。[5]我们的身体不会无缘无故地"闹脾气"，若有不适感，那么必定是某一方面出了问题。因此，我们要按照身体的指示行事：饿了就吃、困了就睡、累了就休息、该发的脾气发出来，该看开的时候就释然。其次，要顺应自然的规律，不可违背。自然环境的变化可直接或者间接影响人体五脏的功能和津液的代谢，使机体相应地产生生理、病理反应。例如，[6]昼夜更迭，古人的日出而作、日落而息就是顺应天时。现代人喜欢过"夜生活"，在脏腑机能都减弱的时候还

지렁이가 몇 가닥으로 잘리면 그 가닥가닥이 지렁이 한 마리로 자라날 수 있다. 도마뱀은 꼬리가 잘린 후 시간이 지나면 새 꼬리가 자라난다. 게의 집게는 부서져도 새로운 집게를 재생해 낼 수 있다. 이것은 생명의 '자아 회복력' 혹은 '자가 치유력'이라고 불린다. 이는 생명 현상 중에서 가장 경외로운 일이기도 하다. 누군가는 "고등 생물일수록 자아 회복력이 퇴화되나요?"라고 물을 수도 있다. 표면적으로 보면 그런 듯하다. [1]그러나 인간이 '만물의 영장'이라고 불리는 가장 주요한 이유는 바로 강력한 자아 회복력이 있기 때문이다. 옛말에 '근육과 뼈를 다치면 100일이다'라는 말이 있는데, [2]이 말이 바로 인간의 근육과 뼈의 자아 회복력을 의미한다.

[3]자아 회복력은 인간의 가장 중요한 생존 요인이다. 소위 말하는 '죽을 병'에 걸렸더라도 인간은 자아 회복 의식을 유지하고 있어야 한다. 물론 회복 과정에서 의사, 치료, 의약품, 간호가 모두 매우 중요하지만, 더욱 중요한 것은 손상된 부위가 회복될 수 있다는 믿음을 가지는 것이다. 여기에 굳센 의지, 낙관적이고 활달한 태도, 이성적인 처치까지 더하면 소위 말하는 기적을 만들어 낼 수 있곤 한다. [3]현실에서는 '환자 체내의 병소가 이유를 모르게 움츠러들거나 심지어 없어지는' 예가 많다. 의사도 기적이라고 칭하는 자아 회복력은 자아 회복에 대한 믿음과 자아 회복 과정, 기술에서 오는 것이다.

생명과 신체의 회복이 하나의 요소라면 생명과 영혼의 회복은 더욱 중요한 요소이다. 사람들은 종종 정신과 의사의 힘을 빌려 그들의 분석과 권유에서 응어리를 풀 방법을 찾곤 한다. 그중 핵심은 여전히 '자아 영혼 회복력'을 동원하는 것에 있다. 영혼의 상처는 신체의 상처와 다르다. 이 상처는 형태가 없으나 깊고, 스스로는 알고 있으나 말로 형용할 수 없다.

현대사회의 생활과 일의 스트레스는 점점 더 커지고 있고, 신체가 불편한 사람도 점차 많아지고 있다. [4]대부분 일상생활이 불규칙하여 발생하는 것이다. 나쁜 생활 습관은 인체의 조직 기관에 지속적으로 손상을 주고, 신체의 자아 치유력 또한 쉴 새 없이 바빠진다. 결국 이 자아 치유력이 '몸져누우면' 병이 나는 것은 자연스러운 일이다. 그렇다면 어떤 것이야말로 '건강한' 삶의 방식일까?

우선 몸이 보내는 신호를 '알아들어야' 하고, 지시에 '따라야' 한다. [5]우리의 몸은 이유 없이 '성질을 부리지' 않는다. 만약 불편함이 있다면 분명 어딘가에 문제가 생긴 것이다. 따라서 우리는 몸의 지시에 따라 행동해야 한다. 배고프면 먹고, 졸리면 자고, 피곤하면 쉬어야 한다. 성질을 내야 할 때는 내야 하고, 체념해야 할 때는 마음을 놓아야 한다. 그리고, 자연의 규칙에 따라야 하지, 이를 거슬러서는 안 된다. 자연환경의 변화는 직간접적으로 신체 장기의 기능과 진액 대사에 영향을 주고, 이에 따라 신체는 생리적, 병리적 반응이 생겨난다. 예컨대 [6]낮과 밤의 변화에 따라 옛날 사람들이 해가 뜨면 나가서 일하고, 해가 지면 쉬는 것이 시간에 순응하는 것이다. 현대인은 '밤 생활'을 좋아하는데, 오장육부의 기능이 약화될 때 계속해서 움직이고, 이렇게 오랜 시간을 지속하면 분명히 정력을

要活动，长此以往必然会伤精耗血，损害身体。另外，从我做起，爱护环境。人类的破坏性活动影响了自然环境和气候，恶化的环境和气候条件最终又影响人类自身。

[7]归根结底，人之所以会生病，是因为人类漠视了自身的自愈力，也藐视了自然界的强大力量。

상하게 하고 건강을 해칠 수 있다. 그 외에, 나부터 시작해 환경을 보호해야 한다. 인류의 파괴적 활동이 자연환경과 기후에 영향을 주고, 악화된 환경과 기후 조건은 결국 인류 자신에게 영향을 미치게 된다.

[7]결론적으로, 인간이 병에 걸리는 까닭은 인류가 자신의 자가 치유력을 소홀히 하고, 자연계의 강한 힘을 무시했기 때문이다.

---

1 对第一段理解正确哪一项？

  A 蚯蚓、螃蟹等均毫无"自愈力"
  B 人类是唯一缺乏自我修复能力的生物
  C 螃蟹生出新的螯夹并不取决于自愈力
  D 自我修复能力并非动物的"专利"

2 关于"伤筋动骨一百天"理解正确的是？

  A "伤筋动骨"的人一百天内无意识
  B "伤筋动骨"是一百天过激运动造成的
  C "伤筋动骨"后，服药大概一百天
  D "伤筋动骨"的恢复时间大概需一百天

3 第二段中，举"患者体内病灶的消失"的例子是为了说明什么？

  A 保持自我修复意识的重要性
  B 自我修复意识包治百病
  C 自我修复意识是自然界的奇迹
  D 患者体内病灶是自我修复意识引起的

4 为什么说人体的自愈系统会被"累垮"？

  A 经济上的负担导致自愈系统无暇休息
  B 不规律的作息导致自愈系统无暇休息
  C 自然界的气候变化导致自愈系统无暇休息
  D 家务的繁忙导致自愈系统无暇休息

5 第五段中的划线词语"闹脾气"是指我们的身体：

  A 在开玩笑
  B 出现异常症状
  C 产生了新的细胞
  D 不适应新的环境

6 若不顺应自然规律，人体会受到哪些影响？

  ① 影响五脏功能
  ② 伤精耗血
  3. 引发失眠
  4. 食欲下降
  A 1, 3　　B 3, 4　　C 1, 2　　D 2, 3

---

1 첫 번째 문단에 대한 설명으로 옳은 것은?

  A 지렁이, 게와 같은 동물에게는 '자가 치유력'이 전혀 없다.
  B 인류는 자아 회복력이 없는 유일한 생물이다.
  C 게에게 새로운 집게가 나는 것은 자가 치유력으로 인한 것이 아니다
  D 자아 회복력은 동물의 '전매특허'가 아니다

2 '근육과 뼈를 다치면 100일이다'라는 말의 설명으로 옳은 것은?

  A '근육과 뼈를 다친' 사람은 100일간 의식이 없다.
  B '근육과 뼈를 다친 것'은 100일간의 격렬한 운동 때문이다.
  C '근육과 뼈를 다친' 후 약 100일 정도 약을 먹어야 한다.
  D '근육과 뼈를 다친 것'의 회복 시간으로 대략 100일 정도가 필요하다.

3 두 번째 단락에서 '환자 체내 병소가 사라진' 예시를 든 것은 무엇을 설명하기 위해서인가?

  A 자아 회복 의식을 유지하는 것의 중요성
  B 자아 회복 의식은 만병통치약이다
  C 자아 회복 의식은 자연계의 기적이다
  D 환자 체내의 병소는 자아 회복 의식으로 인해 생긴 것이다

4 왜 인체의 자아 치유 시스템이 '몸져눕는다'고 하는가?

  A 경제적인 부담으로 자아 치유 시스템이 쉴 틈이 없어서
  B 불규칙적인 생활 습관이 자아 치유 시스템을 쉴 틈 없게 해서
  C 자연계의 기후변화가 자아 치유 시스템을 쉴 틈 없게 해서
  D 바쁜 집안일이 자아 치유 시스템이을 쉴 틈 없게 해서

5 다섯 번째 단락의 밑줄 친 '성질을 부리다'는 우리의 몸이 어떻다는 의미인가?

  A 농담하는 중이라는 것
  B 이상 증상이 나타났다는 것
  C 새로운 세포가 생겼다는 것
  D 새로운 환경에 적응하지 못했다는 것

6 만약 자연 규칙에 따르지 않는다면 신체는 어떠한 영향을 받게 되는가?

  ① 오장육부의 기능에 영향을 준다
  ② 정력이 소모된다
  3. 불면증을 유발한다
  4. 식욕이 떨어진다
  A 1, 3　　B 3, 4　　C 1, 2　　D 2, 3

7 本文主要想告诉我们什么？

   A 不要忽视人的自愈力

   B 自愈力是万物生长的基石

   C 自然界中的人类与动物是平等的

   D 要重视现代人的心理健康问题

7 본문이 우리에게 알려 주고자 하는 것은?

   A 인간의 자가 치유력을 무시해서는 안 된다

   B 자가 치유력은 만물이 생장하는 기반이다

   C 자연계에서 인류와 동물은 평등하다

   D 현대인의 심리 건강 문제를 중시해야 한다

蚯蚓 qiūyǐn 몡 지렁이 | ★**截** jié 동 자르다, 절단하다 | **壁虎** bìhǔ 몡 도마뱀 | **尾** wěi 몡 꼬리 | **螃蟹** pángxiè 몡 게 | **螯夹** áojiā 몡 집게 | **毁** huǐ 동 부수다, 파괴하다 | **自我** zìwǒ 때 자아, 자기 자신 [自我修复能力: 자아 회복력] | **修复** xiūfù 동 회복하다, 수리하여 복원하다, 원상복구 하다 | **称为** chēngwéi 동 ~라고 부르다 [被称为: ~라고 불리다] | **自愈力** zìyùlì 몡 자가 치유력 | **令** lìng 동 ~하게 하다, ~를 시키다 | **敬畏** jìngwèi 동 경외하다 | **退化** tuìhuà 동 퇴화하다 | **如此** rúcǐ 때 이와 같다, 이러하다 | ★**之所以** zhīsuǒyǐ 졉 ~한 까닭, ~의 이유 [之所以A是因为B: A한 까닭은 B 때문이다] | **万物之灵** wànwù zhī líng 몡 만물의 영장 | **恰恰** qiàqià 빔 바로, 꼭 | **超强** chāo qiáng 강력하다, 뛰어나다 | ★**俗话(儿)** súhuà(r) 몡 속담, 옛말 | ★**筋** jīn 몡 근육 | **动骨** dònggǔ 뼈를 다치다 [伤筋动骨: 근육과 뼈를 다치다] | **生存** shēngcún 동 생존 | **要素** yàosù 몡 요인, 요소 | ★**所谓** suǒwèi 형 소위, 이른바 | **绝症** juézhèng 죽을 병, 불치병 | **意识** yìshí 몡 (객관 물질 세계에 대한 반영으로서) 의식 | **药品** yàopǐn 몡 의약품 | **养护** yǎnghù 몡 간호, 양호 | ★**损坏** sǔnhuài 동 (원래의 기능·효과 등을) 손상시키다, 훼손시키다 | **再加上** zàijiāshàng 게다가 | ★**毅力** yìlì 굳센 의지, 완강한 의지 | **豁达** huòdá 형 성격이 활달하다 | **理智** lǐzhì 몡 이성과 지혜 | **处置** chǔzhì 동 처치하다 | **不乏** bùfá 매우 많다, 적지 않다 | **患者** huànzhě 몡 환자, 병자 | **体内** tǐnèi 몡 체내 | **病灶** bìngzào 몡 병소 | **何故** hégù 때 왜, 무슨 까닭 | **萎缩** wěisuō 형 (몸·신체 기관이) 움츠러들다, 위축되다 | ★**乃至** nǎizhì 졉 심지어, 더 나아가서 | **例子** lìzi 몡 예, 보기 | **称奇** chēngqí 동 기이하다고 여기다 | ★**源于** yuányú ~에서 오다, ~에서 발원하다, ~에서 근원하다 | **信念** xìnniàn 몡 믿음, 신념 | **技巧** jìqiǎo 몡 기술, 테크닉 | **肉体** ròutǐ 몡 신체, 사람의 육체 | **灵性** língxìng 몡 영혼 | ★**借助** jièzhù 동 (다른 사람 또는 사물의) ~의 힘을 빌리다, 도움을 빌다 | **劝诱** quànyòu 동 권유하다 | **解开** jiěkāi 동 풀다 | **心结** xīnjié 몡 (마음의) 응어리, 엉킨 마음 | **调动** diàodòng 동 동원하다, 자극하다, 환기하다, 불러일으키다 | **心灵** xīnlíng 몡 영혼, 정신, 마음 | ★**创伤** chuāngshāng 몡 상처, 외상 | ★**无形** wúxíng 형 무형의, 보이지 않는 | **深邃** shēnsuì 형 깊다 | **自知** zìzhī 동 스스로 알다 | **无法** wúfǎ 동 방법이 없다, 할 수 없다 | **述** shù 동 말하다, 설명하다 | **越来越** yuèláiyuè 점점, 갈수록, 더욱더 | **不适** búshì 형 불편하다 | **起居** qǐjū 몡 일상생활 | **不良** bùliáng 형 좋지 않다, 불량하다 | **损害** sǔnhài 동 손상시키다, 손해를 입다 | **人体** réntǐ 몡 인체 | **器官** qìguān 몡 (생물체의) 장기, 기관 | **无暇** wúxiá 동 틈이 없다 | **最终** zuìzhōng 빔 결국 | **累垮** lèikuǎ 동 지쳐서 몸을 망치다, 피로로 몸을 해치다 | **听懂** tīngdǒng 동 알아듣다 | ★**听从** tīngcóng 동 (남의 말을) 따르다, 듣다 | **指示** zhǐshì 동 가리키다 | **无缘无故** wúyuánwúgù 성 아무 이유 없다, 전혀 관계가 없다 | **闹脾气** nào píqi 성질 부리다, 화내다, 성내다 | **若** ruò 졉 만약, 만일 | ★**必定** bìdìng 빔 반드시, 기필코, 꼭 | **行事** xíngshì 동 행동하다, 실행하다 | **看开** kànkāi 동 체념하다, 마음에 두지 않다 | **释然** shìrán 형 마음이 놓이다 | **顺应** shùnyìng 동 따르다, 순응하다 | **不可** bùkě 동 ~해서는 안 되다 | ★**违背** wéibèi 동 어기다, 위반하다, 위배하다 | **间接** jiànjiē 형 간접적인 | **五脏** wǔzàng 몡 장기, 오장 | **津液** jīnyè 몡 진액 | **代谢** dàixiè 몡 대사, 신진대사 | **机体** jītǐ 몡 생명체 | **相应** xiāngyìng 동 상응하다, 서로 맞다, 호응하다 | ★**生理** shēnglǐ 몡 생리 | **病理** bìnglǐ 몡 병리 | **昼夜** zhòuyè 몡 낮과 밤 | **更迭** gēngdié 동 교체하다 | ★**古人** gǔrén 몡 옛사람 | **日出而作，日入而息** rìchū ér zuò, rìrù ér xī 속담 (농민이) 해가 뜨면 일하고 해가 지면 쉰다 | **天时** tiānshí 몡 시간 | **脏腑** zàngfǔ 몡 오장육부 | **减弱** jiǎnruò 동 약화하다, 약해지다 | **长此以往** chángcǐyǐwǎng 성 늘 이대로 나아가다, 이 식으로 가다 [보통 나쁜 방향으로] | **精** jīng 몡 정력 | ★**耗** hào 동 소모하다, 소비하다, 낭비하다 | ★**恶化** èhuà 동 악화되다 | **自身** zìshēn 몡 자신 | **归根结底** guīgēnjiédǐ 성 결론적으로 | **漠视** mòshì 동 홀대하다, 경시하다, 냉담하게 대하다 | **藐视** miǎoshì 동 무시하다, 경시하다, 깔보다, 업신여기다 | ★**自然界** zìránjiè 몡 자연계 | **强大** qiángdà 형 강대하다 | **均** jūn 빔 모두, 다 | **毫无** háowú 동 조금도 ~가 없다 | **唯一** wéiyī 형 유일한, 하나밖에 없는 | ★**生物** shēngwù 몡 생물 | ★**取决于** qǔjuéyú ~에 달리다 | **专利** zhuānlì 몡 특허 | **过激** guòjī 형 격렬하다, 과격하다 | **服药** fúyào 동 복약하다, 복용하다 | **恢复** huīfù 동 회복하다 | **重要性** zhòngyào xìng 몡 중요성 | **包治百病** bāozhìbǎibìng 몡 만병통치약 | **自愈** zìyù 자가 치유 | **负担** fùdān 몡 부담, 책임 | ★**繁忙** fánmáng 동 일이 많고 바쁘다 | **异常** yìcháng 동 이상하다, 정상이 아니다 | **症状** zhèngzhuàng 몡 증상, 증후 | **细胞** xìbāo 몡 세포 | ★**引发** yǐnfā 동 일으키다, 야기하다, 자아내다 | **食欲** shíyù 몡 식욕, 밥맛 | **万物** wànwù 몡 만물 | **基石** jīshí 몡 기반, 초석

• **Day 14**   **8** A   **9** D   **10** D   **11** A   **12** C   **13** B   **14** C

8 **A** [地势最高 지형이 가장 높다 → 地势极高 지형이 아주 높다] 첫 번째 문단에서 차마고도가 세계에서 가장 높은 지형에 있다는 것을 알 수 있으므로, 정답은 A이다.

9 **D** [具有互补性的茶和马的交易 상호 보완적인 차와 말의 교역 → 是有关茶与马的交易 차와 말의 거래에 관한 것이다] 문제의 키워드인 '茶马互市(차마호시)'를 본문에서 찾고, 앞뒤 내용을 살펴보면 답이 있다. 두 번째 단락에서는 '차마호시'의 유래에 대해 설명하고 있는데, 차가 잘 나지 않는 지역과 좋은 말이 없는 지역 간에 상호 보완적인 교역을 통해 생겨난 것이 '차마호시'라고 했으므로 정답은 D이다. 보통 접속사 '于是' '因此' 뒤에는 힌트가 많이 있다.

10 D [在高寒地区，但没有蔬菜 고랭지대에는 채소가 없다 / 需要大量的骡马，但供不应求 노새와 말이 많이 필요했지만, 공급이 수요에 미치지 못했다] 두 번째 단락에서 쓰촨과 티베트는 고랭지대에 속해 채소가 없다고 했으며, 내륙에서는 군대를 징집할 때 노새와 말이 필요했지만 공급이 수요에 미치지 못한다고 했다. 따라서 이 맥락을 통해 보기 2, 3을 말한 D가 정답이다.

11 A [依旧热闹 여전히 붐비다 → 依然兴盛 여전히 활발하다] 핵심 어휘인 '清朝'를 본문에서 찾아 앞뒤 내용을 확인해 보자. 네 번째 단락에서 다양한 시대의 '차마고도'의 발전을 설명하고 있는데, 청나라 시대에 차마호시 제도는 쇠락하기 시작했지만, 차마고도는 여전히 붐볐다고 했으므로 거래가 활발했다는 것을 알 수 있다.

12 C [岁月沧桑 suìyuè cāngsāng 세월의 변천] '세월의 변천'이라는 뜻을 나타내는 '岁月沧桑'에서 '沧(cāng)'과 다른 발음을 찾으면 된다. '米仓(mǐcāng)' '苍天(cāngtiān)' '船舱(chuáncāng)'은 모두 'cāng'으로 발음하지만 '手枪(shǒuqiāng)'은 'qiāng'으로 발음하기 때문에 정답은 C이다.

13 B [茶马古道 차마고도] 음식 문화의 발전과 차마고도의 연관성은 본문에 언급되지 않았으므로 답은 B이다.

14 C [中国统一的历史见证 중국 통일의 역사적 증인 → 见证了中国的发展史 중국 발전의 역사를 목격했다] 글 맨 마지막에 '차마고도'는 중국 통일의 역사적 증인이자 민족 단결의 상징이라고 표현했다. 이 문장을 통해 정답이 C임을 알 수 있다.

在横断山脉的高山峡谷，在滇、川、藏"大三角"地带的丛林草莽之中，绵延盘旋着一条神秘的古道，⁸这就是世界上地势最高的文明以及文化传播古道之一的"茶马古道"。丽江古城的拉市海附近、大理州剑川县的沙溪古镇、祥云县的云南驿、普洱市的那柯里是保存较为完好的茶马古道遗址。

¹³茶马古道起源于唐宋时期的"茶马互市"。因康藏属高寒地区，海拔都在三四千米以上，奶类、酥油、牛羊肉是藏民的主食。¹⁰在高寒地区，需要摄入含热量高的脂肪，但没有蔬菜，粑又燥热，过多的脂肪在人体内不易分解，而茶叶既能够分解脂肪，又防止燥热，故藏民在长期的生活中，创造了喝酥油茶的高原生活习惯，但藏区不产茶，¹⁰而在内地，民间役使和军队征战都需要大量的骡马，但供不应求，而藏区和川、滇边地则产良马。于是，⁹具有互补性的茶和马的交易，即"茶马互市"便应运而生。这样，藏区和川、滇边地出产的骡马、毛皮、药材等和川滇及内地出产的茶叶、布匹、盐和日用器皿等等，在横断山区的高山深谷间南来北往，流动不息，并随着社会经济的发展而日趋繁荣，形成一条延续至今的"茶马古道"。

"茶马古道"是一个有着特定含义的历史概念，它是指唐宋以来至民国时期汉、藏之间以进行茶马交换而形成的一条交通要道。历史上的茶马古道指的并不是一条，而是一个庞大的交通网络。

헝돤 산맥의 고산 협곡, 윈난과 쓰촨, 티베트 '대삼각' 지대의 밀림과 풀숲에는 굽이굽이 이어진 신비로운 고도가 있으니, ⁸이 길이 바로 세계에서 가장 높은 지형에 있는 문명과 문화의 전파 고도 중 하나인 '차마고도'이다. 리장 고성의 라스하이 호수 부근, 따리주 젠촨현의 샤시 고진, 양원현의 윈난역, 푸얼 시의 나커리는 가장 잘 보존된 차마고도 유적이다.

¹³차마고도는 당송 시기의 '차마호시'에서 기원한다. 쓰촨과 티베트는 고랭지대에 속하고, 해발이 3~4000미터가 넘어 유제품과 버터기름, 소고기와 양고기가 티베트 사람의 주식이었다. ¹⁰고랭지대에서는 열량이 높은 지방을 섭취해야 하는데, 채소는 없고 곽(경단)은 바싹 말라 있어서 과도한 지방은 체내에서 잘 분해되지 않았다. 그런데 찻잎은 지방을 분해해 줄 뿐만 아니라 건조함을 막아 주기도 하여, 티베트 지역민들은 오랜 기간 살아가면서 버터차를 마시는 고원의 생활 습관을 만들어 냈다. 하지만 티베트 지역에는 차가 나지 않았고, ¹⁰내륙에서는 민간에 역을 주고 군대를 징집할 때 노새와 말이 많이 필요했지만, 공급이 수요에 미치지 못했다. 반면 티베트 지역과 쓰촨, 윈난 지역에서는 좋은 말이 났다. 그래서 ⁹상호 보완적인 차와 말의 교역, 즉 '차마호시'가 생겨나게 된 것이다. 이렇게 티베트와 쓰촨, 윈난에서 생산된 노새와 말, 모피, 약재 등과 쓰촨, 윈난 및 내륙에서 생산된 찻잎, 포목류, 소금과 그릇 등이 헝돤 산맥의 고산과 협곡을 따라 남북으로 끊임없이 왕래했다. 또한 이는 사회 경제적 발전에 따라 점차 번영하여 지금까지 이어진 '차마고도'가 생겨나게 되었다.

'차마고도'는 특정한 함의가 있는 역사적 개념이다. 차마고도란 당송 시기부터 민국 시대 한나라와 티베트 지역에 차와 말을 교환하기 위해 형성된 교통의 요충지를 가리킨다. 역사적으로 차마고도는 하나의 길이 아니라 방대한 교통 네트워크를 나타내는 것이다.

唐朝时期，部分地区盛产茶叶，随着各地对茶叶的需求日盛，为加强管理，唐朝政府制定了相应的贸易政策，如茶马互市、加收茶税、榷茶制度等，此种情形之下，作为交通运输工具的马帮将视线转向了茶马贸易，茶马古道初见形态。宋朝，内地茶叶经济得到繁荣发展而西部地区需求较大，西部盛产良驹恰好适应国家需求，中央政府在促进经济和军事发展的基础上，为维护西南地区安全以稳固国家政权，对茶马贸易的重视度愈甚，由此正式建立起了茶马互市制度。自此，茶叶逐渐成为中原地区与涉藏地区人民之间进行友好往来的重要媒介，茶马贸易成为中央政府对西南地区进行政治控制的重要手段，茶马古道作为主要商品运输路径的重要性也日益彰显。元朝，中央政府改变了对茶马古道的运营、管理方式，开始设立马政制度、拓展茶马古道，并在沿线设立驿站，从此"茶马古道"不仅是经贸之道、文化之道，又是国之道、安藏之道。到了明朝时期，茶马互市的景象又兴盛起来，贸易形式更加多样，如政府贸易、朝贡贸易等。尽管中央政府为加强政治统治实行"茶引"、"引岸"等制度禁止私人开展茶马交易，但汉藏民族间的贸易往来依旧频繁。[11] 清朝，茶马互市制度逐渐衰落，但茶马古道依旧热闹，交易产品种类不断丰富，除过去的主要贸易产品茶叶与马匹外，还涵盖内地生产的丝绸、布料等生活用品，西部地区出产的虫草、藏红花等珍贵药材。抗战期间，茶马古道还承担起了作为西南后方的主要物资供应通道的重任。茶马古道作为集经济、文化、政治于一体之道，在历史长河中既是西南地区民族之间进行商贸往来的交通要道，又是民族间增进文化交流的重要纽带，是推动民族和睦、维护边疆安全的团结之道。

从久远的 [13] 唐代开始，历经岁月沧桑一千余年，茶马古道就像一条大走廊，连接着沿途各个民族，发展了当地经济，搞活了商品市场，促进了边贸地区农业、畜牧业的发展。与此同时，[13] 沿途地区的艺术、宗教、风俗文化、意识形态也得到空前的繁荣和发展。茶马古道的存在推动了各民族经济文化的发展，凝聚了各民族的精神，[14] 是中国统一的历史见证，也是民族团结的象征。

당나라 시기 일부 지역에서는 찻잎이 많이 생산되었고, 각 지역의 찻잎 수요가 많아짐에 따라 관리를 강화하기 위해 당나라 정부는 이에 상응하는 무역정책을 내놓았다. 예를 들면, 차마호시, 차에 대한 세금 인상, 차 전매제도 등이다. 이러한 상황에서 교통 운송 수단으로서 말은 사람들의 시선을 차마 무역으로 돌릴 수 있도록 도와 차마고도가 처음으로 모습을 드러내게 됐다. 송나라 시대에 내륙의 찻잎 경제는 융성하게 발전했고, 서부 지역의 수요가 커졌다. 서부에서 나는 명마는 마침 국가적 수요와도 잘 맞물렸기에 중앙정부는 경제와 군사 발전 촉진이라는 기반에서 서남부 지역의 안전과 안정적인 국가 정권을 위해 차마 무역을 더욱더 중시하기 시작했고, 이에 공식적으로 차마호시 제도를 구축했다. 이때부터 찻잎은 중원 지역과 티베트 지역 간의 거주민들이 우호적 교류를 할 수 있는 중요한 매개체가 되었다. 차마 무역은 중앙정부가 서남부 지역에 대한 정치적 통제를 할 수 있는 중요한 수단이 되었으며, 주요한 상품의 운송수단으로서의 중요성도 나날이 명확해졌다. 원나라 시대 중앙정부는 차마고도에 대한 운영, 관리 방침을 바꾸어 마정 제도를 설립했고, 차마고도를 확충했으며, 차마고도를 따라 역참을 세웠다. 이때부터 '차마고도'는 경제 무역의 길, 문화의 길에 머무르지 않고 나라의 길이자 티베트 지역의 길이 되었다. 명나라 시대가 되자 차마호시가 더욱 번창하기 시작했고, 무역 형태도 더욱 다양해졌다. 예컨대 정부 무역, 조공무역 등이 생겨난 것이다. 중앙정부가 통치를 강화하기 위해 '다인' '인안' 등과 같은 제도를 통해 사적으로 차마 교역을 진행하는 것을 금지했으나, 한나라 민족과 티베트 민족의 무역 왕래는 여전히 빈번하게 일어났다. [11] 청나라 시대에 차마호시 제도는 점점 쇠락하게 됐지만 차마고도는 여전히 붐볐다. 교역 상품 종류는 끊임없이 풍부해졌고, 과거의 주요 무역 상품이었던 찻잎과 말 외에도 내륙에서 생산된 비단, 포목류 등의 생활용품, 서부 지역에서 생산된 동충하초, 사프란과 같은 진귀한 약재까지 포함되었다. 항일 전쟁 시기에 차마고도는 여전히 서남 후방 지역의 주요한 물자 공급 통로라는 중책을 맡고 있었다. 차마고도는 경제, 문화, 정치를 하나로 묶는 길로써 역사의 흐름에서 서남 지역 민족 간의 상업 왕래의 교통 요지이자, 민족 간 문화 교류를 증진하는 중요한 연결체였고, 민족 화합을 이끌며 변경 지역의 안전을 수호하는 단결의 길이었다.

오래전인 [13] 당나라 때부터 오랜 세월이 흐른 천여 년 동안 차마고도는 거대한 회랑과도 같이 인접한 각 민족을 연결하고 지역 경제를 발전시켰으며, 상품시장을 활성화하며 국경 무역 지대의 농업과 축산업 발전을 촉진시켰다. 이와 동시에 [13] 인접 지대의 예술, 종교, 향토 문화와 이데올로기 또한 전례없는 발전과 번영을 맞게 되었다. 차마고도의 존재는 각 민족 경제 문화의 발전을 이끌었으며 각 민족의 정신을 응집시켰다. [14] 차마고도는 중국 통일의 역사적 증인이자 민족 단결의 상징이라고 할 수 있다.

8 根据第一段，可以知道茶马古道：

A 地势极高　　　　B 建于近代

C 是大理的遗址　　D 位于海滨

9 关于"茶马互市"下列说法正确的是：

A 军队拒绝购买茶和马

B 茶与马交易被中断

C 茶与马在藏区供不应求

D 是有关茶与马的交易

10 对第二段理解正确的是哪几项：

1. 酥油茶不适宜高原地区饮用

②. 军队征战需要大量马匹

③. 藏区蔬菜匮乏

4. 藏民以茶为主食

A 3, 4　　B 1, 4　　C 1, 2　　D 2, 3

11 关于清朝的茶马古道可以知道：

A 茶马古道上交易依然兴盛

B 丝绸布料不在茶马古道上交易

C 茶马互市与茶马古道的发展成正比

D 药材与布料的需求逐渐下降

12 与"岁月沧桑"中"沧"的读音不一致的是：

A 米仓　　B 苍天　　C 手枪　　D 船舱

13 关于茶马古道，下列哪项错误：

A 历经千余年的历史

B 是由饮食文化的发展而逐渐形成的

C 推动了艺术，经济，文化等的发展

D 起源于唐宋时期的"茶马互市"

14 根据本文，下列说法正确的是：

A 茶马古道代替了丝绸之路

B 茶马古道沿用至今

C 茶马古道见证了中国的发展史

D 茶马古道得益于网络的发展

---

8 첫 번째 단락에서 차마고도에 대해 알 수 있는 것은?

A 지형이 아주 높다　　　　B 근대에 지어졌다

C 따리 지역의 유적이다　　D 해변에 있다

9 '차마호시'에 대한 것으로 옳은 것은?

A 군대는 차와 말 구매를 거절했다

B 차와 말의 거래가 중단되었다

C 차와 말은 티베트 지역에서 공급이 수요에 미치지 못했다

D 차와 말의 거래에 관한 것이다

10 두 번째 단락에 대한 이해로 옳은 것은?

1. 버터 차는 고원지대에서 마시기에 적절하지 않다

②. 군대의 징병에는 많은 말이 필요하다

③. 티베트 지역에는 채소가 부족하다

4. 티베트 지역민은 차를 주식으로 한다

A 3, 4　　B 1, 4　　C 1, 2　　D 2, 3

11 청나라 시대 차마고도에 대해 알 수 있는 것은?

A 차마고도에서의 거래는 여전히 활발했다

B 비단과 포목류는 차마고도에서 거래되지 않았다

C 차마호시와 차마고도의 발전은 정비례한다

D 약재와 포목류의 수요가 점차 줄어들었다

12 "岁月沧桑"에서 "沧"과 발음이 다른 것은?

A 米仓　　B 苍天　　C 手枪　　D 船舱

13 차마고도에 대한 것으로 틀린 것은?

A 천여 년의 역사를 겪었다

B 음식 문화 발전에 따라 점차 형성된 것이다

C 예술, 경제, 문화의 발전을 이끌었다

D 당나라 시대의 '차마호시'에서 기원한다.

14 본문에 따르면 다음 중 옳은 것은?

A 차마고도는 실크로드를 대체했다

B 차마고도는 지금까지 이어져오고 있다

C 차마고도는 중국 발전의 역사를 목격했다

D 차마고도는 인터넷 발전의 이득을 봤다

横断 Héngduàn 고유 헝돤 | 山脉 shānmài 명 산맥 | ★峡谷 xiágǔ 명 협곡 | 滇 Diān 고유 [윈난성의 다른 이름] | 川 Chuān 고유 쓰촨 | 藏 Zàng 고유 티베트, 시짱 | 地带 dìdài 명 지대, 지역 | ★丛林 cónglín 명 밀림 | 草莽 cǎomǎng 명 풀숲 | 绵延 miányán 형 길게 이어져 있다. 끊임이 없다 | 盘旋 pánxuán 동 선회하다. 빙빙 돌다. 맴돌다 | 古道 gǔdào 명 고도 | 地势 dìshì 명 지세, 땅의 형세 | 茶马古道 chámǎgǔdào 명 차마고도 | 丽江 Lìjiāng 고유 리장 [지명] | 古城 gǔchéng 명 고성 | 拉市海 Lāshìhǎi 고유 라스하이 [호수명] | 大理 Dàlǐ 고유 따리 [지명] | 州 zhōu 명 주 [고대 행정 구역의 명칭] | 剑川 Jiànchuān 고유 젠촨 [지명] | 沙溪 Shāxī 고유 샤시 [지명] | 古镇 gǔzhèn 명 고전, 오래된 마을 | 祥云 Xiángyún 고유 샹윈 [지명] | 驿 yì 명 역 | 普洱 Pǔěr 고유 푸얼 [지명] | 那柯 Nàkē 고유 나커 [지명] | 较为 jiàowéi 부 비교적 [같은 종류의 사물과 비교해서 한 단계 위임을 나타냄] | ★遗址 yízhǐ 명 유적지 | ★起源 qǐyuán 동 기원하다 | 唐 Táng 고유 당나라 | 宋 Sòng 고유 송나라 | 茶马互市 chámǎhùshì 명 차마호시 | 康藏 kāngzàng 쓰촨과 티베트 | 属 shǔ 동 ~에 속하다, ~의 것이다 | 高寒地区 gāohán dìqū 명 고랭지대 | ★海拔 hǎibá 명 해발 | 奶类 nǎilèi 명 유제품 | 酥油 sūyóu 명 버터기름 | 藏民 zàngmín 명 티베트 사람 | ★主食 zhǔshí 명 주식 | 摄入 shèrù 동 섭취하다 | 含 hán 동 함유하다, 포함하다 | 热量 rèliàng 명 열량 | ★脂肪 zhīfáng 명 지방 | 粑 bā 명 팍, 걷단 | 燥热 zàorè 형 바싹 마르다 | 体内 tǐnèi 명 체내 | 分解 fēnjiě 동 분해하다 | 茶叶 cháyè 명 (가공을 거친) 찻잎 | 能够 nénggòu 조동 ~할 수 있다 | 防止 fángzhǐ 동 방지하다 | 酥油茶 sūyóuchá 명 버터차 | 高原 gāoyuán 명 고원 | 内地 nèidì 명 내륙 | 民间 mínjiān 명 민간 | 役使 yìshǐ 동 일을 시키다, 사람을 부려먹다 | 军队 jūnduì 명 군대 | 征战 zhēngzhàn 동 출정하다, 원정을 나가다 | 骡马 luómǎ 명 노새와 말 | ★供不应求 gōngbùyìngqiú 성 공급이 수요를 따르지 못하다, 공급이 딸리다 |

★**互补** hùbǔ 图 서로 보완하다 | **交易** jiāoyì 图 교역하다, 매매하다, 거래하다, 사고팔다 | **应运而生** yìng yùn ér shēng 젱 시대의 요구에 의해서 나타나다 | **出产** chūchǎn 图 생산하다, 산출하다 | **毛皮** máopí 图 모피 | ★**药材** yàocái 图 약재 | **布匹** bùpǐ 图 포목류 | **日用** rìyòng 혱 일용의 | **器皿** qìmǐn 图 그릇 | **深谷** shēngǔ 图 협곡 | **南来北往** nán lái běi wǎng 젱 사람들이 분주히 오가다, 오고 가는 사람들이 매우 많다 | ★**日趋** rìqū 閉 나날이, 날로, 더더욱 | **延续** yánxù 图 계속하다, 지속하다, 연장하다 | **特定** tèdìng 혱 특정한, 특별히 지정한 | **含义** hányì 图 (글자·단어·말 등의) 함의, 내포된 뜻 | **汉** Hàn 图 한나라 | **要道** yàodào 图 (교통의) 요충지, 요도 | ★**庞大** pángdà 혱 (형체·조직·수량 등이) 방대하다, 매우 크다 [지나치게 많거나 크다는 의미로 사용함] | **盛产** shèngchǎn 图 많이 나다, 많이 생산하다 | **加强** jiāqiáng 图 강화하다, 증강하다 | **相应** xiāngyìng 图 상응하다, 어울리다, 호응하다 | **政策** zhèngcè 图 정책 | **加收** jiāshōu 图 추가 징수하다 | **榷茶** quèchá 图 차를 전매하다 | **情形** qíngxing 图 정황, 상황, 형편 | ★**视线** shìxiàn 图 시선, 눈길 | **转向** zhuǎnxiàng 图 전향하다 | **形态** xíngtài 图 형태 [사물의 형상이나 표현 방식] | **良驹** liángjū 图 명마 | **恰好** qiàhǎo 閉 마침, 바로 | **需求** xūqiú 图 수요, 필요 | **中央** zhōngyāng 图 중앙 | **军事** jūnshì 图 군사 | **维护** wéihù 图 유지하고 보호하다, 지키다 | ★**稳固** wěngù 혱 견고하다, 공고하다 | **政权** zhèngquán 图 정권 | **愈** yù 閉 더욱, 더더욱 | **自此** zìcǐ 젭 이때부터, 이제부터 | **中原** zhōngyuán 图 중원 | **之间** zhījiān 图 ~의 사이 | **往来** wǎnglái 图 왕래하다, 왔다갔다하다 | **媒介** méijiè 图 매개체, 매개자, 매개물 | **手段** shǒuduàn 图 수단, 방법 | **路径** lùjìng 图 길, 경로 | **重要性** zhòngyàoxìng 图 중요성 | ★**日益** rìyì 閉 날로, 나날이 더욱 | **彰显** zhāngxiǎn 图 충분히 나타내다, 잘 드러내다 | **元朝** Yuáncháo 고유 원나라 | ★**运营** yùnyíng 图 운영 | **设立** shèlì 图 (기구·조직 등을) 설립하다, 건립하다 | ★**拓展** tuòzhǎn 图 확충하다, 넓히다, 확장하다 | ★**经贸** jīngmào 图 경제·무역 | **明朝** Míngcháo 고유 명나라 | **景象** jǐngxiàng 图 모습, 광경, 현상 | **兴盛** xīngshèng 图 번창하다, 흥성하다 | **朝贡** cháogòng 图 조공 | **统治** tǒngzhì 图 통치하다, 다스리다 | **实行** shíxíng 图 실행하다 | **茶引** cháyǐn 图 다인 [송(宋)나라 때, 차 상인에게 부여한 매매 허가증] | **引岸** yǐn'àn 图 인안 | **开展** kāizhǎn 图 (활동이 작은 범위에서 큰 범위로) 전개되다, 확대되다, 펼쳐지다 | **依旧** yījiù 혱 (상황이) 여전하다 | **频繁** pínfán 혱 잦다, 빈번하다 | **清朝** Qīngcháo 고유 청나라 | **衰落** shuāiluò 图 쇠락하다 | **马匹** mǎpǐ 图 마필 [말의 총칭] | ★**涵盖** hángài 图 포괄하다, 포함하다, 포용하다 | **布料** bùliào 图 포목류, 천, 옷감 | **生活用品** shēnghuó yòngpǐn 图 생활용품 | **虫草** chóngcǎo 图 동충하초 ['冬虫夏草'(동충하초)의 줄임말] | **藏红花** zànghónghuā 图 사프란 | **珍贵** zhēnguì 혱 진귀하다, 귀중하다 | **抗战** kàngzhàn 图 항일 전쟁 ['抗日战争'(항일전쟁)의 줄임말] | **后方** hòufāng 图 뒤, 뒤쪽, 뒷면 | ★**物资** wùzī 图 물자 | **供应** gōngyìng 图 공급, 제공 | **通道** tōngdào 图 통로, 대로, 큰길 | **增进** zēngjìn 图 증진하다, 증진시키다 | ★**纽带** niǔdài 图 연결체 | **推动** tuīdòng 图 추진하다, 나아가게 하다, 촉진하다 | ★**和睦** hémù 혱 화목하다, 사이가 좋다 | ★**边疆** biānjiāng 图 국경지대 | **团结** tuánjié 图 단결하다, 뭉치다, 단합하다 | **久远** jiǔyuǎn 혱 멀고 오래다, 까마득하다 | ★**历经** lìjīng 图 두루 ~을 경험하다, 여러 번 ~을 겪다 | **岁月** suìyuè 图 세월 | ★**沧桑** cāngsāng 图 세상의 온갖 풍파 | **余** yú 囝 ~여 [정수 외의 나머지를 가리키며, '多'에 상당함] | **走廊** zǒuláng 图 복도, 회랑 | **连接** liánjiē 图 잇닿다, 연접하다, 연결되다 | ★**沿途** yántú 图 도로가, 길가 | ★**搞活** gǎohuó 图 활성화하다 | **边贸** biānmào 图 국경무역 | **畜牧业** xùmùyè 图 축산업 | ★**与此同时** yǔcǐ tóngshí 이와 동시에, 아울러 | **宗教** zōngjiào 图 종교 | **意识** yìshí 图 의식 | ★**凝聚** níngjù 图 응집하다 | ★**见证** jiànzhèng 图 증인, 증서 | **建** jiàn 图 건설하다, 세우다 | ★**海滨** hǎibīn 图 해변, 바닷가, 해안 | **购买** gòumǎi 图 사다, 구매하다 | **中断** zhōngduàn 图 중단되다 | **藏区** Zàngqū 고유 티베트 | **有关** yǒuguān 图 관계가 있다 | ★**适宜** shìyí 혱 적절하다, 알맞다, 적합하다, 적당하다 | ★**饮用** yǐnyòng 图 마시다 | **匮乏** kuìfá 혱 부족하다 | ★**以** yǐ 꺤 ~로(써), ~를 가지고, ~를 근거로 [以A为B: A를 B로 삼다] | **正比** zhèngbǐ 图 정비례 | **米仓** mǐcāng 图 쌀 창고 | **苍天** cāngtiān 图 하늘 | ★**手枪** shǒuqiāng 图 권총 | **船舱** chuáncāng 图 선실 | **饮食** yǐnshí 图 음식 | **丝绸之路** sīchóuzhīlù 고유 실크로드, 비단길 | **沿用** yányòng 图 계속하여 사용하다

● Day 15　**15** A　　**16** D　　**17** B　　**18** C　　**19** D　　**20** B　　**21** C

15 **A** [被别人议论或者谴责 다른 사람에게 비난이나 질책을 받았다 → 斥责 질책하다] 　첫 번째 단락에서 처음 '딩크 가정'이 나타나기 시작했을 때 다른 사람들의 뒷말을 사거나 비난을 받았다고 했다. 따라서 답은 '질책하다'라는 뜻의 보기 A이다.

16 **D** [选择丁克 딩크족을 선택하다 → 加入丁克 딩크족이 되다] 　두 번째 단락에는 현대인이 '딩크'를 선택하는 이유에 대해 나열하고 있다. 첫 번째 이유로는 질적으로 뛰어난 삶을 추구하기 때문이며, 두 번째 이유는 전통적인 생활 방식을 감당할 수 없기 때문이라고 했으므로 보기 3, 4를 선택한 D가 정답이다. 보기 1을 선택하기 쉬운데, 생리적인 결함을 가지고 있는 사람들은 자녀를 출산하기 위해 다양한 방법을 모색하기 때문에 딩크족에 속하지 않는다고 분명히 밝혔으므로, 답이 될 수 없다.

17 **B** [大有市场 환영 받는다] 　'很难成为全社会的生活主流，但在夫妻文化程度都比较高的家庭里，这一观念却大有市场(사회적인 생활의 주류가 되기는 어렵지만, 부부의 문화 수준이 높은 가정에서는 이러한 관념이 오히려 환영받는다)'이라고 이야기하고 있다. 주류가 되지 못한다는 부정적 내용 뒤에 전환 접속사 '但'과 '却'를 써서 의미를 전환시켰기 때문에 가장 적합한 답은 B이다. '市场'은 '시장'이라는 의미 외에 '환영받을 여지'라는 비유적의 의미 또한 가지고 있으므로, 기억해 두는 것이 좋다.

18 C [有了孩子负担会更重，而作为受过高等教育的大学生本身就具有较强的接受新事物的能力 아이가 생기면 부담이 더욱 커지고 고등교육을 받은 대학생은 신문물을 받아들이는 능력을 비교적 강하게 가지고 있다] 다섯 번째 단락에서 대학생들이 딩크족이 되는 이유를 설명하고 있다. 갓 졸업한 대학생은 경제적 수준이 높지 않아, 아이가 생기면 부담이 커지고 신문물을 받아들이는 능력을 비교적 강하게 가지고 있어 딩크족이 될 가능성이 높다고 했다.

19 D [根深蒂固 뿌리 깊다] '根深蒂固'는 '뿌리가 깊다, (현상의) 근원이 오래되어 고착되어 있다'라는 사전적 의미를 지닌다. 따라서 중국인들이 생각하는 관념의 근원, 기초가 단단하고 흔들리지 않는다는 '基础稳固，不易动摇'가 가장 적합하다.

20 B 마지막 단락은 가정의 기능에 대해 설명하고 있는데, 출산은 더 이상 가정에서 가장 중요한 기능이 아니며, 자신의 가족구성을 선택할 수 있다고 말한다. 그러나 후대를 낳아 인류의 번영을 유지하는 것 역시 가정의 책임이라고 했다. 지문에 언급되지 않았던 내용 B가 정답임을 알 수 있다.

21 C [不要 ~해서는 안 된다 ≒ 切勿 ~하지 마라] 본문에서 말하는 내용 중 옳은 것을 찾는 문제로, 글 맨 마지막에 '맹목적이고 충동적으로 비출산을 선택하면 안 된다'고 했으므로 답은 C이다. 딩크 가정이 이미 사회와 대중들에게 이해되고 받아들여지기 시작했다고 언급했으므로 A가 답이 될 수 없고, 딩크는 중국에 1980년대 들어왔다고 했으므로 B도 답이 될 수 없다. 또한 딩크 현상은 향후 20년 내에 빠른 속도로 발전하게 될 것이라고 말했으므로 발전을 멈춘다고 하는 D 또한 답이 될 수 없다.

"丁克"已经成为社会上的一个热点问题，丁克家庭的夫妻双方一般都有收入，通常是社会上的中产阶层，收入水平和消费水平较高。²¹自上个世纪80年代起，"丁克家庭"开始出现在中国。当时，¹⁵这样的家庭会被别人议论或者谴责，甚至是被别人怀疑有"生理问题"。而现在，随着社会的多元化和舆论环境的改变，这种家庭已经开始被社会和公众理解和接受。

丁克做为现代人生活的一种方式，已从另类转为普遍。¹⁶多数丁克追求高品质或另类的生活，并主动成为丁克一族。然而现在部分城市里生活的人，由于生活压力过大，生活成本较高，以至被迫进入丁克一族；还有些人从小生活安逸，心理年龄过小，¹⁶不能承受传统的生活方式，于是主动加入丁克一族；此外，绝大多数由于生理有缺陷无法生育的人，在思想上并不认同无子女的婚姻，而且在行动上努力寻求各种方法生育子女，因此这类人不属于丁克。

"不孝有三，无后为大"的传统观念在中国人的心目中¹⁹根深蒂固，所以，"丁克家庭"很难成为全社会的生活主流，但在夫妻文化程度都比较高的家庭里，¹⁷这一观念却大有市场。证据之一是，从90年代初到90年代末，在中国的各大城市里，"丁克家庭"的数量正稳步上升，其成为某个特定阶层的婚姻时尚也就在所难免。

'딩크'는 이미 사회적 이슈가 되었다. 딩크 가정의 부부는 보통 양쪽 다 소득이 있고, 통상적으로는 사회의 중산층이며, 수입 수준과 소비 수준이 모두 비교적 높다. ²¹1980년대부터 '딩크 가정'이 중국에 나타나기 시작했다. 당시 ¹⁵이러한 가정은 다른 사람에게 비난이나 질책을 받기는 했으며, 심지어는 다른 사람에게 '생리적 문제'가 있다고 의심을 받기도 했다. 그러나 오늘날 사회의 다원화와 여론의 변화로 인해 이런 가정은 이미 사회와 대중에게 이해되고 받아들여지기 시작했다.

딩크는 현대인의 생활 방식 중 하나로 이미 별종에서 보편적인 것으로 바뀌었다. ¹⁶대부분의 딩크는 질적으로 뛰어나거나 다른 삶을 추구하고, 주체적으로 딩크족이 되는 것을 선택한다. 그러나 현재 일부 도시에서 생활하는 사람들은 생활 스트레스가 너무 크고, 생활비가 많이 들어서 강제로 딩크족이 되기도 한다. 어떤 사람들은 어린 시절부터 편안하게만 생활하고 정신연령이 너무 낮아 ¹⁶전통적인 생활 방식을 감당할 수 없기 때문에 자발적으로 딩크족이 되기도 한다. 그밖에 생리적인 결함으로 출산을 할 수 없는 대다수의 사람들은 사상적으로는 자녀가 없는 혼인을 인정하지 않고 행동적으로 자녀를 출산할 다양한 방법을 모색하기 때문에 딩크족에 속하지 않는다.

'불효에는 세 가지가 있는데, 그중에서 후대가 없는 것이 가장 큰 불효다'라는 전통적인 관념은 중국인의 마음속에 ¹⁹뿌리 깊게 자리 잡혀 있다. 따라서 '딩크 가정'이 전 사회적인 생활의 주류가 되기는 어렵다. 그러나 부부의 문화 수준이 비교적 높은 가정에서는 ¹⁷이러한 관념이 오히려 환영을 받기도 한다. 그 증거 중 하나로, 90년대 초부터 90년대 말까지 중국의 각 대도시에서 '딩크 가정'의 수가 점점 증가해 왔다. 그러니 이러한 형태가 특정 계층의 결혼 스타일이 되는 것도 피하기 어려운 일이다.

90年代中期一份对"丁克家庭"的调查问卷显示，选择不生育这一生活方式的主要原因中占第一位的是对中国人口问题的忧虑；第二位是为了使自己生活得更轻松；第三位是为了自我实现。

现在随着国家对大学生的扩招，大学生越来越多，而大学生的就业现状并不被看好，[18]刚刚毕业的大学生或者在踏入社会时间不太长的毕业生经济水平不高，有了孩子负担会更重，而作为受过高等教育的大学生本身就具有较强的接受新事物的能力，自然而然的就成了丁克一族的后备军，这类大学生越来越多，更有可能发展成为丁克一族，[21]因此，丁克现象在最近二十年之内必将发展非常迅速。

家庭变迁是社会变迁的缩影，丁克家庭能被越来越多的人认可主要是因为人们的家庭功能观念有所转变。不过，人们在接受的同时还是有一些疑问。有人认为不生育有悖于人类正常繁衍的自然规律，"不育文化"的无限扩展对人类正常的繁殖生息是不利的。也有医学界人士提出，女性在其一生中如果有一次完整的生育过程，就能提高免疫力，不生育不利于身体健康。

家庭具有生产、生育、教育、宗教、娱乐等功能，[20]生育不再是家庭最重要的功能，这种观念的确是一种进步，不同背景、不同经历的[20]人可以根据自己的理解、价值观念和理想憧憬来选择自己的家庭结构，这也是需要全社会理解和接受的。不过，[20]生育后代、维持人类的繁衍也确实是家庭的责任，孕育儿女可以使夫妻双方心理更加健康，在孕育生命的过程中可以体会更深刻的人生哲理，从养育子女的辛苦中理解父母的恩情。不少青年夫妇嫌麻烦、怕身材走样、婚后不要孩子，宁可选择做新潮的"丁克一族"。然而，不少医生发现，近年来超过35岁的高龄产妇越来越多，其中不乏年轻时立志不生育，到了中年随着夫妻情感变化而"反悔"的人。因此，[21]不要盲目地，甚至是冲动性地选择不生育。

90년대 중반 '딩크 가족'에 대한 설문조사에 따르면 출산을 하지 않는 라이프 스타일을 선택하는 주요한 원인 중 첫 번째는 중국의 인구 문제에 대한 우려였으며, 두 번째는 자신의 삶을 더욱더 편안하게 하기 위함이었고, 세 번째는 자아실현을 위해서였다.

현재 국가에서 대학생 모집을 확대함에 따라서 대학생이 점차 늘어나고 있다. 그런데 대학생의 취업 현황은 전망이 밝지 않다. [18]갓 졸업한 대학생이나 사회 초년생은 경제적 수준이 높지 않은데, 아이가 생기면 부담이 더욱 커진다. 더구나 고등교육을 받은 대학생은 신문물을 받아들이는 능력을 비교적 강하게 가지고 있어서 자연스럽게 딩크족의 예비군이 된다. 이러한 대학생이 점점 늘어나고 있으니 더욱더 딩크족이 될 가능성이 높아진다. [21]따라서 딩크 현상은 향후 20년 내에 빠른 속도로 발전하게 될 것이다.

가정의 변화는 사회 변화의 축소판이다. 딩크 가정이 점점 더 많은 사람에게 인정받을 수 있는 주요 이유는 사람들의 가정 기능의 관념이 변화했기 때문이다. 그러나 사람들은 이를 받아들이면서도 의문점을 가지고 있기도 하다. 어떤 사람은 출산을 하지 않는 것은 인류의 정상적인 번식이라는 자연의 규칙을 위배하는 것이라고 여기며, '비출산 문화'가 끝없이 확대되면 인류의 정상적인 번식과 인구 번영에 좋지 않다고 여긴다. 또한 의학계에서는 여성의 생애주기에 완전한 임신 출산 과정은 면역력을 높이므로 출산하지 않는 것은 건강에 좋지 않다고 하기도 한다.

가정은 생산, 출산, 교육, 종교, 여가 등의 기능을 가지고 있다. [20]출산은 더 이상 가정에서 가장 중요한 기능이 아니다. 이러한 생각은 확실히 진보된 것이다. 서로 다른 배경과 경험을 가진 [20]사람들이 자신의 이해와 가치관, 이상향에 맞춰 자신의 가족구성을 선택할 수 있는데, 이것 역시 전 사회적인 이해와 수용이 필요하다. 그러나 [20]후대를 낳아 인류의 번영을 유지하는 것 또한 가정의 책임이고, 자녀를 낳아 기르는 것은 부부의 정신을 더욱 건강하게 해 줄 수 있다. 생명을 낳아 기르는 과정에서 더욱 깊은 인생의 이치를 깨달을 수 있고, 자녀를 낳아 기르는 고생을 통해 부모의 은정을 이해할 수 있다. 많은 젊은 부부가 귀찮을까 봐, 몸매가 망가질까 봐 결혼하고도 아이를 원하지 않고 새로운 추세인 '딩크족'을 선택한다. 그러나 많은 의사들에 따르면 최근 35세 이상의 고령 산모가 점차 많아지고 있는데 그중에는 젊은 시절 아이를 낳지 않으려고 결심했다가 중년이 되어서야 부부 감정이 변해 '후회'하는 사람이 많다고 한다. 따라서 [21]맹목적이고, 심지어는 충동적으로 비출산을 선택해서는 안 된다.

---

15 起初，人们对"丁克家庭"的看法是：

A 斥责   B 中立

C 鼓励   D 不在乎

15 처음에 사람들의 '딩크 가정'에 대한 관점은 어떠했는가?

A 질책했다   B 중립적이었다

C 격려했다   D 대수롭지 않게 여기다

16 人们选择丁克的原因有什么：

1. 生理上的缺陷
2. 生活压力较小
3. 无法承受传统生活方式
4. 是追求高品质生活

A 2, 3　B 1, 2　C 1, 4　**D** 3, 4

17 "这一观念却大有市场"这句话中的"大有市场"应该怎么理解？

A 少数人比较不理解
B 被广泛认可
C 市场上非常多
D 没有被消费市场所接受

18 为什么说"大学生越来越有可能发展成为丁克一族"？

A 升学困难且结婚压力过大
B 就业容易且头脑更灵活
C 生活压力大且更具接受新事物的能力
D 找工作难且下岗率高

19 对"根深蒂固"理解正确的一项是：

A 信念可靠，不易背叛
B 想法准确，不易出错
C 思想明确，不易改变
D 基础稳固，不易动摇

20 关于最后一段，下列说法不正确的是：

A 人们可以选择自己的家庭结构
B 丁克家庭毫无娱乐性可言
C 生育不再是家庭最重要的功能
D 家庭有维持人类的繁衍的责任

21 根据本文，下列说法正确的是：

A 人们的家庭功能观念保持不变
B 丁克于上世纪90年代传入中国
C 切勿盲目地、冲动性地选择不生育
D 丁克现象在不久的将来会停止发展

16 사람들이 딩크를 선택한 이유는 무엇인가?

1. 생리적 결함
2. 생활의 압박이 적어서
3. 전통적인 생활 방식을 견딜 수 없어서
4. 질적으로 뛰어난 삶을 추구해서

A 2, 3　B 1, 2　C 1, 4　**D** 3, 4

17 '이러한 관념이 오히려 환영을 받기도 한다'에서 '환영 받는다'는 무슨 뜻인가?

A 소수는 이해하지 못하는 편이다
B 많은 인정을 받는다
C 시장에 매우 많다
D 소비시장에 받아들여지지 않았다

18 왜 '대학생이 점점 딩크가 될 확률이 높다'고 이야기하는가?

A 대학 진학이 어렵고 결혼 스트레스가 너무 커서
B 취업이 쉽고 두뇌가 더욱 유연해서
C 생활 스트레스가 크고 신문물을 받아들이는 능력이 더 뛰어나서
D 일자리를 찾기 어렵고 퇴사율이 높아서

19 '뿌리 깊다'에 대한 이해로 옳은 것은?

A 신념이 뚜렷하고 잘 배신하지 않음
B 생각이 올바르고 잘 틀리지 않음
C 사상이 명확하고 잘 바뀌지 않음
D 기초가 탄탄하고 잘 흔들리지 않음

20 마지막 문단에 대해서 틀린 것은?

A 사람들은 자신의 가족구성을 선택할 수 있다
B 딩크 가족은 전혀 엔터테인먼트적인 성격이 없다
C 출산은 더 이상 가정의 가장 중요한 기능이 아니다
D 가정은 인류의 번영을 유지할 책임이 있다

21 본문에 따르면 옳은 것은?

A 사람들의 가정에 대한 관념이 줄곧 변하지 않았다
B 딩크는 1990년대에 중국에 들어왔다
C 맹목적이고 충동적으로 비출산을 선택해서는 안 된다
D 딩크 현상은 조만간 발전을 멈출 것이다

丁克 dīngkè 명 딩크, 아이를 낳지 않는 맞벌이 부부 | **热点** rèdiǎn 명 이슈 | **夫妻** fūqī 명 부부, 남편과 아내 | **中产阶层** zhōngchǎn jiēcéng 명 중산층 | ★**谴责** qiǎnzé 동 비난하다, 질책하다, 규탄하다 | ★**生理** shēnglǐ 명 생리 | **多元化** duōyuánhuà 동 다원화하다 | ★**舆论** yúlùn 명 여론 | **公众** gōngzhòng 명 대중 | **另类** lìnglèi 명 별종 | **多数** duōshù 명 다수 | **品质** pǐnzhì 명 품질, 질 | **过大** guòdà 형 너무 크다, 지나치게 크다 | **成本** chéngběn 명 원가, 자본금 | ★**以至** yǐzhì 접 ~까지, ~에 이르기까지 | **迫** pò 동 강제하다 | **进入** jìnrù 동 진입하다, 들다 | ★**安逸** ānyì 형 편안하고 한가롭다 | **心理年龄** xīnlǐ niánlíng 명 정신연령 | **加入** jiārù 동 가입하다, 참가하다 | **绝大** juédà 형 절대의 | **缺陷** quēxiàn 명 결함, 결점 | **无法** wúfǎ 동 방법이 없다, 할 수 없다 | ★**生育** shēngyù 동 출산하다, 아이를 낳다 | **认同** rèntóng 동 인정하다 | **寻求** xúnqiú 동 찾다, 탐색하다 | **类** lèi 명 종류, 부류 | **不孝** búxiào 명 불효 | **无后** wúhòu 형 자식이 없다 | **心目中** xīnmùzhōng 마음속, 심중 | ★**根深蒂固** gēnshēndìgù 성 뿌리가 깊다, 기초가 튼튼하여 쉽게 흔들리지 않다 | **主流** zhǔliú 명 주류 | **上升** shàngshēng 동 상승하다, 위로 올라가다 | **特定** tèdìng 형 특정한, 특별히 지정한 | ★**阶层** jiēcéng 명 (사회의) 층, 계층 | **中期** zhōngqī 명 중기, 중반 | ★**问卷** wènjuàn 명 설문조사 | ★**忧虑** yōulǜ 명 우려, 걱정 | **自我** zìwǒ 대 자아, 자기 자신 | **扩招** kuòzhāo 동 정원을 늘리다, 모집을 확대하다 | **越来越** yuèláiyuè 부 갈수록, 더욱더, 점점 | **就业** jiùyè 동 취직하다, 취업하다 | **现状** xiànzhuàng 명 현상, 현 상태, 현재 상황 | **踏入** tàrù 동 들어가다 | **负担** fùdān 명 부담, 책임 | **高等** gāoděng 형 고등의, 고급의 [高等教育: 고등교

육] | **本身** běnshēn 몡 그 자신, 그 자체 | **具有** jùyǒu 통 지니다, 가지다, 있다 | ★**自然而然** zìrán'érrán 자연히, 저절로 | **后备军** hòubèijūn 몡 예비군 | **必将** bìjiāng 틧 반드시 ~할 것이다 | ★**变迁** biànqiān 통 변천하다 | ★**缩影** suōyǐng 몡 축소판 **认可** rènkě 통 승낙하다, 허락하다 | **有悖于** yǒubèiyú 서로 위배되다, 서로 모순되다 | **繁衍** fányǎn 통 번식하다 | **无限** wúxiàn 혱 무한하다, 끝이 없다, 한도가 없다 | **扩展** kuòzhǎn 통 확장하다, 넓게 펼치다 | **繁殖** fánzhí 통 번식하다, 증가하다 | **生息** shēngxī 몡 (인구가) 늘다 | **不利** búlì 혱 불리하다 [对A不利: A에 불리하다] | **医学界** yīxuéjiè 몡 의학계 | **人士** rénshì 몡 인사 | **提出** tíchū 통 제의하다, 제기하다 | **免疫力** miǎnyìlì 몡 면역력 | ★**不利于** búlìyú ~에 불리하다, ~에 좋지 않다 | **宗教** zōngjiào 몡 종교 | **憧憬** chōngjǐng 통 동경 [理想憧憬: 이상향] | ★**后代** hòudài 몡 후대, 후세 | **维持** wéichí 통 유지하다, 지키다 | ★**孕育** yùnyù 통 낳아 기르다, 생육하다 | **哲理** zhélǐ 몡 이치 | **养育** yǎngyù 통 양육하다 | ★**恩情** ēnqíng 몡 은정, 애정 | **不少** bùshǎo 혱 많다, 적지 않다 | **青年** qīngnián 몡 청년, 젊은이 | **夫妇** fūfù 몡 부부 | **走样** zǒuyàng 통 망가지다 | ★**新潮** xīncháo 새로운 풍조 | **高龄** gāolíng 몡 고령 | **产妇** chǎnfù 몡 산모 | **不乏** bùfá 드물지 않다, 적지 않다 | **立志** lìzhì 통 뜻을 세우다 | **情感** qínggǎn 몡 감정, 느낌 | **反悔** fǎnhuǐ 통 (이전에 승낙한 일을) 후회하여 번복하다 | ★**盲目** mángmù 혱 맹목적(인), 무작정 | **冲动** chōngdòng 통 충동하다 | **斥责** chìzé 통 질책하다 | ★**中立** zhōnglì 통 중립하다, 중립을 지키다 | **不在乎** búzàihu 대수롭지 않게 여기다, 염두에 두지 않다 | **少数** shǎoshù 몡 소수 | **升学** shēngxué 통 진학하다 | ★**且** qiě 젭 게다가, 또한 | **头脑** tóunǎo 몡 두뇌, 머리, 사고력, 생각 | ★**背叛** bèipàn 통 배반하다, 배신하다 | **想法** xiǎngfa 몡 생각, 의견, 견해 | **出错** chūcuò 통 실수하다, 착오가 발생하다 | **稳固** wěngù 혱 견고하다, 공고하다 | **动摇** dòngyáo 통 흔들리다, 동요하다 | ★**毫无** háowú 조금도 ~가 없다 | **娱乐性** yúlèxìng 몡 오락성 | **可言** kěyán 혱 말할 만하다 | **传入** chuánrù 통 전해지다 | **切勿** qièwù ~하지 마라 | **停止** tíngzhǐ 통 멈추다

● Day 16　22 B　23 B　24 D　25 A　26 A　27 D　28 C

22 B [年轻人居多 대부분 젊은 사람이다]　첫 번째 단락에서 배달 주문의 발전에 대해 설명하고 있는데, 배달 음식을 이용하는 대부분의 사람은 젊은 사람이라고 직접적으로 언급했으므로, 답은 B이다.

23 B [民以食为天 mín yǐ shí wéi tiān 식량은 국민 생활의 근본이다]　'民以食为天'의 '为'는 'wéi'로 발음하지만 보기 B의 '为'는 'wèi'로 발음한다. 본문에 있는 '为'의 발음을 모르더라도 보기에 있는 '为'의 성조를 정확히 알고 있다면 그중 틀린 하나만 찾아도 정답을 찾을 수 있다.

24 D [地域文化和传统民俗结合到了出神入化的程度 지역문화를 전통 민속과 완벽히 결합했다]　다큐멘터리에 대한 내용은 두 번째 단락에 언급되어 있는데, 이 다큐멘터리는 지역문화와 전통 민속을 완벽히 결합했다고 언급했으므로, 답은 D이다.

25 A [及时、快捷、方便 시기적절하고, 신속하며, 편리하다 / 节省时间 시간을 절약하다]　원인을 묻는 문제가 나왔을 때 '由于(~때문에)' 혹은 '因为(왜냐하면)' 같은 접속사를 찾으면 답을 좀 더 빨리 찾을 수 있다. 세 번째 단락에 배달이 인기 있는 이유에 대해 언급하며, 시기적절하고, 신속하고 편리하며, 시간을 절약할 수 있어 젊은 사람들이 배달을 좋아한다고 했으므로, 보기 1, 2번을 선택한 A가 정답이다.

26 A [提高效率 효율을 높이다 → 效率在不断提高 효율이 끊임없이 높아지다]　네 번째 단락에 있는 내용으로, 본문에서는 배달 시간이 단축된 것을 긍정적으로 보고 있으며, 뒤에 이어서 배달 플랫폼이 효율을 높이고 큰 변화를 일으켰다고 언급했으므로 보기 A가 정답이다.

27 D [慰藉和温暖 위로와 따뜻함 → 缓解疲劳 피로 해소]　네 번째 단락 끝부분에서 배달은 바쁘고 피곤한 야근족에게 위로와 따뜻함을 느끼게 해 준다고 했으므로, 가장 적합한 답은 D이다.

28 C [与……息息相关 ~와 밀접한 관련이 있다]　마지막 단락에서 음식 배달에 대해 정리하면서, 배달은 인터넷이 생활에 영향을 주는 배경하에 부상한 음식 문화로, 많은 사람의 생활에 영향을 미치고 있다고 언급했다. '与A息息相关'이라는 표현을 사용하여 배달 주문과 인터넷의 관계를 설명한 보기 C가 정답이다.

就餐的时候"叫外卖"已经成为现代人越来越普遍的方式。"叫外卖"不仅节省时间，还省去了排队占位的麻烦。众多精明的商家也根据市场需求，适时推出了"网上订餐"、"电话订餐"、"送餐上门"等服务。前不久，《2017中国外卖发展研究报告》的发布引起了人们的广泛关注。报告显示，2017年，中国在线外卖市场规模达到2046亿元人民币，同比增长23%。在线订餐用户规模达3亿人，同比增长18%。但最令人们惊叹的不是外卖市场的规模，而是近3亿人正使用这种方式订餐。这些人群基本上涵盖了大中城市，[22]并且以年轻人居多。可以这样理解，数以亿计的青年正在享受着足不出户、在线订餐、送餐上门的生活方式。

俗话说，"民以食为天"。饮食文化承载着民族文化的重要传统，显示着时代和习俗的变迁。曾几何时，童年记忆中的菜肴成为很多人一生难以改变的口味和习惯，"妈妈的味道"几乎成为乡愁的代名词。[24]一度引发舆论轰动的电视纪录片《舌尖上的中国》更是把饮食文化、地域文化和传统民俗结合到了出神入化的程度。而随着互联网深入到生活的每一个角落，支付宝和高铁、共享单车、网购一起成为了"新四大发明"。在网购、支付宝的支撑下，外卖逐渐成为流行的生活方式。看中哪家饭店的菜肴后，拨动几下指尖，就会有订单第一时间进入商家的操作之中。随后，大厨烹饪、打包装盒，伴随着快递员匆匆专送的忙碌脚步，在几十分钟之间，就会把可口且热气腾腾的美食送到千家万户的餐桌上。

[25]由于外卖具有及时、快捷、方便等特点，一经出现，就受到了年轻人的欢迎，并作为一种生活方式被广泛接受。在大中城市，工作和生活节奏很快，[25]节省时间成为年轻人作出这一选择的重要理由。此前，方便面等快捷食品流行多年，操作简单、食用方便，使其成为很多年轻人求学、工作中的必备食品。而今，外卖文化成为方便面的升级版，有分析显示，"点外卖的越来越多，吃方便面的越来越少"。外卖增加与方便面销量减少存在着某种微妙的联系。一样的节省时间，一样的匆匆食用，食材、菜品却发生了天翻地覆的改变。点外卖与坐在餐厅里吃大餐一样，美食如从天而降，真是一种美好的感受。由此，也在某种程度上改变了年轻人的饮食文化习惯。

밥을 먹을 때 '배달 주문'은 이미 현대인들에게 보편화된 방식이다. '배달 주문'은 시간을 절약할 수 있는 데다가 줄을 서서 자리를 차지해야 하는 번거로움을 줄일 수 있다. 여러 영리한 가게들은 시장수요에 따라 '인터넷주문', '전화주문' '음식배달' 등의 서비스를 시기적절하게 출시했다. 얼마 전, 〈2017년 중국 배달 주문 발전 연구 보고서〉가 발표되어 사람들의 큰 관심을 끌었다. 이 보고서에 따르면, 2017년 중국 온라인 배달 시장 규모는 동기 대비 23% 증가한 2,046억 위안에 달했다. 온라인 주문 이용자 규모도 동기 대비 18% 증가한 3억 명에 이르렀다. 하지만 사람들을 가장 놀라게 한 것은 배달 시장 규모가 아닌 3억 명에 달하는 사람들이 이 방식을 사용하여 음식 주문을 한다는 것이다. 이 사람들은 대체로 중도시와 대도시에 분포하고 있으며, [22]대부분 젊은 사람이다. 이로써 수억에 달하는 청년이 집 밖에 나가지 않으면서 인터넷주문과 음식 배달의 생활 방식을 누리고 있다는 것을 알 수 있다.

'식량은 국민 생활의 근본이다'라는 속담이 있다. 음식 문화는 민족문화의 중요한 전통을 담고 있으며, 시대와 풍속의 변화를 보여 준다. 얼마 지나지 않아 어린 시절 추억의 요리는 많은 사람의 일생에서 변하지 않는 입맛과 습관이 되며, '어머니의 손맛'은 향수의 대명사가 된다. [24]한때 여론을 떠들썩하게 했던 TV 다큐멘터리 〈혀끝으로 만나는 중국〉은 음식 문화, 지역문화를 전통 민속과 완벽히 결합했다. 인터넷이 우리 생활 곳곳에 스며들면서, 알리페이는 고속철도, 공유 자전거, 인터넷쇼핑과 함께 '새로운 4대 발명품'이 되었다. 인터넷쇼핑과 알리페이의 출현으로 인해 배달 주문은 점차 유행하는 생활 방식이 되었다. 어느 식당의 음식이 눈에 들어온다면 손가락 몇 번만 움직이면 바로 주문이 가게로 전송된다. 그런 다음 요리사가 음식을 만들어 포장하면, 배달 기사의 바쁜 걸음과 함께 몇십 분 사이에 맛있고 김이 모락모락 나는 음식이 많은 집의 식탁에 배달된다.

[25]배달은 시기적절하고, 신속하며 편리하다는 특징이 있기 때문에, 등장하자마자 젊은 사람들에게 인기를 끌었고, 일종의 생활 방식으로서 널리 받아들여졌다. 업무와 생활의 리듬이 빠른 중도시와 대도시에서 [25]시간 절약은 젊은 사람들이 배달을 선택하는 중요한 이유가 되었다. 이전에는 라면 등 인스턴트 식품이 몇 년 동안 유행했는데, 조리가 간단하고 먹기도 편해 많은 젊은이들의 학업과 업무 중에 필수적인 식품이 되었다. 지금은 배달 주문 문화가 라면의 업그레이드 버전이 되었으며, '배달 주문이 점점 많아질수록, 라면 섭취가 점점 줄어든다'는 분석도 나왔다. 배달 주문의 증가는 라면 판매량 감소와 미묘하게 연관되어 있다. 똑같이 시간을 절약할 수 있고 똑같이 빠르게 먹을 수 있지만, 식재료와 음식 종류에는 엄청난 변화가 생겼다. 배달 음식은 식당에서 먹는 성대한 요리와 똑같고, 맛있는 음식이 하늘에서 내려온 것 같아 아름다운 느낌을 준다. 이리하여, 젊은이들의 음식 문화와 습관도 어느 정도 변화했다.

随着外卖业的蓬勃发展，也带来了激烈竞争。很多外卖平台自加压力，为自己设定了严格的送达时间，否则就给予赔付。正是 [26]由于配送时间从38分钟不断下降，缩短到28分钟，使得美食不因路途和时间上的耽搁而变凉、变味。外卖平台提高效率、深入变革的结果就是人们的生活习惯受到了潜移默化的影响。少吃了方便面、不再上班带饭、下厨机会减少，这些变化也直接推动着外卖业的持续高速发展。同时，报告显示，三四线城市的外卖订单同比增长高于一二线城市，说明外卖的网络发展逐渐扩充，越来越多的小城市居民加入了"外卖消费的大军"。外卖从一二线城市崛起发展，未来必定还有更为广阔的发展潜力和空间。外卖发展的历程也是品牌之间的不断竞争、优胜劣汰的过程。优质品牌的崛起与壮大，已经成为外卖市场较为突出的现象。而除了居家年轻人追求足不出户的"外卖生活"之外，在旅途的年轻人更会选择外卖，学校、医院等特定人群场所选择外卖的空间也在不断增大。加班外卖、早餐外卖等细分市场也呼唤着更为完善、细致的社会服务。此外，[27]外卖也成为了2322万加班族的"深夜食堂"，让他们在加班的忙碌疲惫中，多少能感受到外卖带来的慰藉和温暖。

饮食不仅仅是生活方式，更是一种文化现象。在经济快速发展的中国，很多社会景象、城市面貌都发生着巨大的改变。[28]外卖正是在互联网影响生活的大背景下崛起的一种餐饮文化，影响着很多人的生活，在快捷、方便、安全的前提下，让传统的饮食文化在新时代展现出独特的魅力。外卖文化无疑承载着更多的期许，蕴含着潜在的巨大力量。

배달 주문 업계가 왕성하게 발전하면서 치열한 경쟁도 생겼다. 많은 배달 주문 플랫폼들은 자체적으로 압박을 가하여 엄격하게 배달 시간을 정하고, 그것을 어기면 배상해 주겠다고 한다. [26]배달 시간은 38분에서 점차 줄어들어 28분까지 단축되었고, 음식이 도로에서 시간을 허비하여 차가워지거나 맛이 변하지 않도록 했다. 배달 플랫폼이 효율을 높이고 큰 변혁을 일으키면서 사람들의 생활 습관은 은연중에 영향을 받게 되었다. 라면 소비가 줄고, 출근 시 도시락을 챙기지 않게 되었으며, 요리하는 횟수도 줄어들었다. 이러한 변화도 배달업의 지속적이고 빠른 발전을 직접적으로 촉진하고 있다. 또한 보고서에 따르면 3선, 4선 도시의 배달 주문량의 동기 대비 증가는 1선, 2선 도시보다 높다. 이는 배달 주문 네트워크의 발전이 점차 확장되고 있으며, 점점 더 많은 소도시 주민들도 '배달 소비 대군'에 합류했음을 설명한다. 배달 주문은 1선, 2선 도시에서 급부상했고, 앞으로 분명 더 큰 발전의 잠재력과 여지가 있다. 배달의 발전 과정은 브랜드 간 끊임없는 경쟁과 적자생존의 과정이기도 하다. 양질의 브랜드가 크게 발전하고 성장하는 것은 배달 시장에서 비교적 뚜렷한 현상이 되었다. 젊은 사람들이 밖에 나가지 않고 집에서의 배달 생활을 추구하는 것 외에도, 여행 중인 젊은이들도 배달을 더 많이 선택하며, 학교나 병원 등 특정 집단이 있는 곳에서도 배달을 선택하는 경우가 점차 늘어나고 있다. 야근 배달, 아침밥 배달 등 세부 시장도 더 완벽하고 섬세한 서비스를 외치고 있다. 이 밖에, [27]배달 주문은 2,322만 야근족에게 '심야 식당'이 되어 주어 야근으로 바쁘고 피곤한 가운데 조금이나마 위로와 따뜻함을 느끼게 해 준다.

음식은 생활 방식일 뿐만 아니라 문화 현상이다. 경제가 빠르게 발전하고 있는 중국에서는 많은 사회현상과 도시의 모습에 큰 변화가 생기고 있다. [28]배달 주문은 인터넷이 생활에 영향을 미친다는 배경하에 부상한 음식 문화로, 많은 사람들의 생활에 영향을 주고 있다. 신속하고 편리하고 안전하다는 전제하에 배달 주문은 전통 음식 문화가 새로운 시대에 독특한 매력을 드러내게 했다. 배달 주문 문화는 더 많은 기대를 담고 있으며, 거대한 잠재적 힘을 품고 있다.

*중국의 도시는 경제 발전·인구 규모·인프라에 따라 1·2·3·4선 도시로 나뉜다.

22 对第一段的理解，下列哪项正确？

A 在线订餐服务尚未成熟

B "外卖"受众群以年轻人居多

C 中国在线外卖市场规模正在逐年下降

D "叫外卖"是极罕见的点餐方式

23 "民以食为天"中的"为"与下列哪一项发音不同：

A 父亲被选为公司代表了

B 大家都在为胜利而欢呼

C 南老师被学生称为HSK专家

D 这件事要一分为二地看

22 첫 번째 문단에 근거하여 다음 중 올바른 것은?

A 인터넷 음식 주문 서비스는 아직 완전하지 않다

B '배달 주문' 이용자는 대부분 젊은 사람이다

C 중국의 인터넷 배달 주문 시장 규모는 매년 줄어들고 있다

D 배달 주문은 극히 드문 주문 방식이다

23 '民以食为天(식량은 국민 생활의 근본이다)'에서 '为'와 발음이 다른 것은?

A 아버지는 회사대표로 선정되셨다

B 모두 승리하여 환호하고 있다

C 남 선생님은 학생들에게 HSK 전문가라고 불리신다

D 이 일은 두 가지 측면으로 나누어서 봐야 한다

24 关于纪录片《舌尖上的中国》，下列哪项正确?

A 是一部写实主义的人物纪录片
B 制片方中途更换了与饮食有关的主题
C 其收视率引起了极大的争议
D 完美地结合了地域文化和传统民俗

24 다큐멘터리 〈혀끝으로 만나는 중국〉에 관해 다음 중 옳은 것은?

A 사실주의적인 휴먼 다큐다
B 제작자 측에서 음식 관련 주제를 중도에 바꿨다
C 시청률은 엄청난 논쟁을 일으켰다
D 지역문화와 전통 민속을 완벽하게 결합했다

25 外卖受年轻人欢迎的主要原因是:

①. 及时快捷
②. 省时方便
3. 改变了快节奏的生活
4. 时效性强

A 1, 2　　B 1, 4　　C 2, 3　　D 2, 4

25 배달이 젊은 사람에게 인기 있는 주요 원인은?

①. 시기적절하고 신속하다
②. 시간을 절약할 수 있고 편리하다
3. 빠른 리듬의 생활을 바꾸었다
4. 시효성이 좋다

A 1, 2　　B 1, 4　　C 2, 3　　D 2, 4

26 "配送时间从38分钟不断下降，缩短到28分钟"说明了什么?

A 配送效率在不断提高
B 配送的品质有所下降
C 配送不满28分钟就会被退单
D 配送时间可认为更改

26 '배달 시간은 38분에서 점차 줄어들어 28분까지 단축되었다'는 말은 무엇을 설명하는가?

A 배달 효율이 끊임없이 높아지고 있다
B 배달 품질이 낮아졌다
C 배달 시간이 28분이 되지 않으면 주문이 취소된다
D 배달 시간은 변경될 수 있다고 간주한다

27 外卖对有些加班族的意义是:

A 治疗心理疾病
B 带来丰厚的待遇
C 有助于升职加薪
D 有益于缓解疲劳

27 배달이 야근족에게 주는 의미는?

A 마음의 병을 치료한다
B 후한 대우를 가져다준다
C 승진과 급여 인상에 도움이 된다
D 피로 해소에 도움이 된다

28 理解全文，下列哪项正确:

A 外卖将不再出现在一二线城市
B 共享单车与网购制约了外卖的发展
C 外卖行业的崛起与互联网的影响息息相关
D 点外卖是专属于年轻人的生活方式

28 다음 중 이 글에 대한 내용으로 올바른 것은?

A 배달은 더 이상 1선, 2선 도시에 나타나지 않는다
B 공유 자전거와 온라인쇼핑은 배달의 발전을 제약했다
C 배달 업계의 부상은 인터넷의 영향과 밀접한 관련이 있다
D 배달 주문은 젊은 사람들만의 생활 방식이다

★就餐 jiùcān 동 밥을 먹다 | 外卖 wàimài 명 포장 판매하는 식품 [叫外卖: 음식을 배달시키다] | 越来越 yuèláiyuè 부 갈수록, 더욱더 | 省去 shěngqù 동 줄이다, 절약하다 | 占位 zhànwèi 동 자리를 차지하다 | 众多 zhòngduō 형 매우 많다 | ★精明 jīngmíng 현명하다, 총명하다 | 商家 shāngjiā 명 가게, 상점 | 需求 xūqiú 명 수요, 필요 | ★适时 shìshí 시기가 적절하다, 제때 하다 | 推出 tuīchū 동 (신상품 또는 신기술을) 출시하다, 내놓다 | 网上 wǎngshàng 명 인터넷, 온라인 | 订餐 dìngcān 동 음식을 주문하다 [网上订餐: 온라인주문] | 送餐 sòngcān 동 음식을 보내다 | 上门 shàngmén 동 방문하다 [送餐上门: 음식 배달] | 发布 fābù 동 (명령·지시·뉴스 등을) 선포하다, 발포하다 | 关注 guānzhù 명 관심, 중시 [引起关注: 관심을 끌다] | ★在线 zàixiàn 명 온라인 | 同比 tóngbǐ 동기 대비 | 增长 zēngzhǎng 동 증가하다, 늘어나다 | 用户 yònghù 명 사용자, 가입자 | 令 lìng 동 ~하게 하다, ~를 시키다 | ★惊叹 jīngtàn 몹시 놀라며 감탄하다, 경탄하다 | 人群 rénqún 명 군중, 무리 | 基本上 jīběnshang 부 대체로 | ★涵盖 hángài 동 포괄하다, 포함하다, 포용하다 | 居多 jūduō 다수를 차지하다 | 数以亿计 shùyǐyìjì 수억에 이르다 | 青年 qīngnián 명 청년, 젊은이 | 足不出户 zúbùchūhù 성 집 밖으로 한 발짝도 나가지 않다 | ★俗话 súhuà 속담, 옛말 | 民以食为天 mín yǐ shí wéi tiān 성 식량은 국민 생활의 근본이다 | 饮食 yǐnshí 명 음식 | 承载 chéngzài 동 담다, 담아내다 | ★习俗 xísú 풍속, 습속 | ★变迁 biànqiān 명 변화, 변천 | 曾几何时 céng jǐ hé shí 성 (시간이) 얼마 지나지 않아서, 오래지 않아 | 童年 tóngnián 명 어린 시절, 아동 시기 | 菜肴 càiyáo 명 요리, 음식, 반찬 | 难以 nányǐ 부 ~하기 어렵다 | 乡愁 xiāngchóu 명 향수 | 代名词 dàimíngcí 명 대명사 | ★引发 yǐnfā 동 일으키다, 야기하다, 자아내다 | ★舆论 yúlùn 명 여론 | ★轰动 hōngdòng 동 떠들썩하게 하다, 뒤흔들다, 들끓게 하다 | ★纪录片 jìlùpiàn 명 다큐멘터리 | 舌尖 shéjiān 명 혀끝 | ★地域 dìyù 명 지역 | ★民俗 mínsú 명 민속, 민풍 | 出神入化 chū shén rù huà 성 (기술이) 입신의 경지에 이르다 | 深入 shēnrù 동 깊이 파고들다 | ★角落 jiǎoluò 명 구석, 모퉁이 | 支付宝 Zhīfùbǎo 고유 알리페이 | 高铁 gāotiě 고속철도 | 共享 gòngxiǎng 공유 | 单车 dānchē 명 자전거 [共享单车: 공유 자전거] | 网购 wǎnggòu 인터넷쇼핑을 하다 ['网上购物(인터넷쇼핑을 하다)'의 줄임말] | 支撑 zhīchēng 동 버티다, 받치다, 지탱하다 | 拨动 bōdòng 동 (손가락이나 막대기로 움직여) 돌리다 | 指尖 zhǐjiān 명 손가락 끝 | ★订单 dìngdān 명 (상품·물품 예약) 주문서, 주문명세서 | 进入 jìnrù 동 진입하다, 들다 | 操作 cāozuò 동 조작하다 | 大厨 dàchú 명 요리사 | 烹饪 pēngrèn 동 요리하다 | 打包 dǎbāo 동 포장하다 | 装盒 zhuānghé 명 케이스 | ★伴随 bànsuí 동 따라가다, 동행하다, 함께 가다 | 快递员 kuàidìyuán 명 배달 기사 | ★匆匆 cōngcōng 형 분주한 모양 | ★忙碌 mánglù 형 (정신없이) 바쁘다, 눈코 뜰 새 없다 | 脚步 jiǎobù 명 발걸음 | ★可口 kěkǒu 형 맛있다, 입에 맞다 | 热气腾腾 rèqìténgténg 성 (뜨거운) 김이 무럭무럭 나는 모양

美食 měishí 몡 맛있는 음식 | ★千家万户 qiānjiāwànhù 솅 수많은 가구, 많은 집들 | ★餐桌 cānzhuō 몡 식탁 | ★快捷 kuàijié 혱 빠르다, 신속하다, 민첩하다 | ★一经 yìjīng 붸 일단 ~하면 | 节奏 jiézòu 몡 리듬, 박자, 템포 | 此前 cǐqián 몡 이전 | 方便面 fāngbiànmiàn 몡 인스턴트 라면 | ★食用 shíyòng 됭 먹다, 식용하다 | ★求学 qiúxué 됭 학교에서 공부하다 | 必备 bìbèi 됭 반드시 구비하다, 필히 갖추다 | 升级版 shēngjíbǎn 업그레이드 버전 | ★销量 xiāoliàng 몡 (상품의) 판매량 | 某种 mǒuzhǒng 떼 어떤 종류의 | ★微妙 wēimiào 혱 미묘하다 | 食材 shícái 몡 식재료, 식자재 | 菜品 càipǐn 몡 (주로 음식점 등에서 제공되는) 요리 | 天翻地覆 tiānfāndìfù 솅 천지가 뒤집히는 듯하다 | 从天而降 cóngtiān'érjiàng 솅 하늘에서 떨어지다, 갑자기 일어나다 | ★蓬勃 péngbó 왕성하다, 번영하다, 크게 발전하다 | 平台 píngtái 몡 플랫폼 | ★设定 shèdìng 됭 설정하다 | 给予 jǐyǔ 됭 주다, 부여하다 | 赔付 péifù 됭 지불하다 | ★配送 pèisòng 됭 배달하다, 배송하다 | ★路途 lùtú 몡 도로, 길 | ★耽搁 dānge 됭 시간을 허비하다 | ★变革 biàngé 몡 변화 | ★潜移默化 qiányímòhuà 솅 한 사람의 사상이나 성격 등이 어떤 영향을 받아 부지불식간에 변화가 생기다 | 下厨 xiàchú 됭 (주방에 가서) 음식을 만들다 | 推动 tuīdòng 됭 추진하다, 나아가게 하다, 촉진하다 | 高速 gāosù 혱 고속의 | 扩充 kuòchōng 됭 확충하다, 늘리다 | 居民 jūmín 몡 주민, 거(주)민 | 加入 jiārù 됭 가입하다, 참가하다 | 大军 dàjūn 몡 대군 | ★崛起 juéqǐ 됭 우뚝 솟다 | ★必定 bìdìng 붸 꼭, 반드시 | 广阔 guǎngkuò 혱 넓다, 광활하다 | 潜力 qiánlì 몡 잠재력, 잠재 능력 | ★历程 lìchéng 몡 과정 | 品牌 pǐnpái 몡 브랜드 | 优胜劣汰 yōushèngliètài 솅 나은 자는 이기고 못한 자는 패하다 | 优质 yōuzhì 혱 질이 우수하다, 양질의 | 壮大 zhuàngdà 커지다, 강대해지다 | 较为 jiàowéi 붸 비교적[같은 종류의 사물과 비교해서 한 단계 위임을 나타냄] | ★旅途 lǚtú 몡 여행, 여정, 여행 도중 | 特定 tèdìng 혱 특정한, 특별히 지정한 | 场所 chǎngsuǒ 몡 장소 | 细分 xìfēn 됭 세분하다 | ★呼唤 hūhuàn 됭 외치다, 소리치다, 큰 소리로 부르다 | 细致 xìzhì 혱 정교하다, 섬세하다 | 加班族 jiābānzú 몡 야근족 | ★深夜 shēnyè 몡 심야, 깊은 밤 | 食堂 shítáng 몡 식당 | 疲惫 píbèi 혱 대단히 피곤하다, 대단히 지치다 | 慰藉 wèijiè 몡 위로, 위안 | 温暖 wēnnuǎn 혱 따뜻하다, 따스하다 | 景象 jǐngxiàng 몡 모습, 광경, 상황 | 面貌 miànmào 몡 용모, 생김새 | 前提 qiántí 몡 전제, 전제 조건 | 展现 zhǎnxiàn 됭 드러내다, 나타나다 | ★无疑 wúyí 혱 의심할 바 없다, 틀림없다, 두말할 것 없다 | 期许 qīxǔ 몡 기대 | ★蕴含 yùnhán 됭 담겨있다, 품다 | ★尚未 shàngwèi 붸 아직 ~하지 않다 | 受众群 shòuzhòngqún 받는 집단 [신조어] | ★逐年 zhúnián 붸 한 해 한 해, 해마다 | ★罕见 hǎnjiàn 혱 보기 드물다, 희한하다 | 点餐 diǎncān 음식을 주문하다 | 胜利 shènglì 몡 승리 | 欢呼 huānhū 됭 환호하다 | 写实主义 xiěshí zhǔyì 사실주의 | 制片 zhìpiàn 몡 제작자 | 更换 gēnghuàn 됭 바꾸다, 교체하다 | 有关 yǒuguān 됭 관계가 있다 [与……有关: ~와 관련이 있다] | 主题 zhǔtí 몡 주제 | ★收视率 shōushìlǜ 몡 시청률 | 极大 jídà 혱 지극히 크다, 최대한도이다 | 争议 zhēngyì 몡 논쟁 | 省时 shěngshí 됭 시간을 절약하다 | 时效性 shíxiàoxìng 몡 시효성 | 退单 tuìdān 됭 주문이 취소되다 | 有益于 yǒuyìyú 됭 ~에 유익하다, ~에 도움이 되다 [A有益于B: A가 B에 유익하다] | 缓解 huǎnjiě 됭 완화시키다, 호전시키다, 누그러뜨리다 | 疾病 jíbìng 몡 병, 질병 | 丰厚 fēnghòu 혱 후하다 | ★有助于 yǒuzhùyú 됭 ~에 도움이 되다 [A有助于B: A가 B에 도움이 되다] | 升职 shēngzhí 됭 승진하다, 진급하다 | 加薪 jiāxīn 됭 임금을 올리다 | 制约 zhìyuē 됭 제약하다 | ★息息相关 xīxīxiāngguān 솅 관계가 매우 밀접하다, 상관관계가 있다

독해 제1부분

03 빈칸에 알맞은 단어 고르기

본서 p.111~117

● Day 22 **1** D **2** C **3** B **4** D **5** A **6** A **7** B

1 **D** [个人的声音、面部表情合成技术 개인의 음성, 표정을 합성하는 기술 → 篡改图像及声音 사진과 음성을 변조] 가짜를 진짜로 속이는 것이 '딥페이크 기술'이라고 했으며, 두 번째 단락에서 '딥페이크 기술'은 사진이나 영상을 원본에 겹치고 음성, 표정 등을 합성하는 기술이라고 했으므로, 답은 D이다.

2 **C** 두 번째 단락에서는 딥페이크 기술의 정의 및 원리, 종류(AI 얼굴 합성 기술, 음성변조, 영상합성)를 설명하고 있다. 딥페이크 기술의 '기원'에 대한 내용은 전혀 언급되지 않았다.

3 **B** [仅限于学术研究 학술 연구에만 국한되었다 → 只用于学术研究 학술 연구에만 사용되었다] 단락의 중심 내용을 파악하기 위해서는 단락의 앞부분과 마지막 부분을 특히 집중해서 봐야 한다. 앞부분에서 '仅限于学术研究(학술 연구에만 국한되었다)'라고 했으므로 '仅限于'와 비슷한 의미인 보기 B '只用于'가 정답이 된다. 보기 D의 '가상 역사 인물'이라는 키워드가 본문에 등장하긴 했지만, 학술 연구에 쓰인 예로 설명한 것이지 이것이 일반인의 일상생활에 들어오게 되었던 의미는 아니므로 D와 헷갈려서는 안 된다.

4 **D** [带来前所未有的新风险 사상 초유의 새로운 위험을 초래하다 ≒ 威胁 위협하다] 이 질문의 핵심 어휘는 '滥用(남용)'이다. 핵심 어휘의 앞뒤 내용을 잘 살핀다면 답을 찾기 수월하다. 네 번째 단락에서 우려되는 점을 나열하면서 기술이 남용되면 세계 질서의 위험을 초래할 수 있다고 했다.

5 **A** [盲目 mángmù 주관이나 원칙이 없이 덮어 놓고 행동하는 것] 빈칸 문제는 빈칸 앞뒤를 잘 봐야 하며, 보기 어휘의 특징을 잘 파악해야 한다. 빈칸은 술어 '禁止'를 수식해 주는 자리이므로, 가장 어울리는 어휘는 '주관이나 원칙이 없이 덮어 놓고 행동하는 것'을 타내는 A '盲目'이다. 동작이나 작용이 계속되고 있음을 나타내는 B '一直'나 '사건이나 상황이 딱, 마침'의 의미인 C '恰恰', '고의로 거스르는 것'을 나타내는 D '偏偏'은 문맥상 말이 되지 않는다.

6 **A** [谨慎对待 신중하게 대하다] 작가의 관점에 대해 묻는 문제이다. 본문에서는 딥페이크의 장점과 단점에 대해 서술한 다음, 기술 사용에 있어서 어떻게 하는 것이 좋은지 의견을 제시하고 있으므로, 작가는 딥페이크 기술에 대해 신중하게 접근하고 있다는 것을 알 수 있다.

7 **B** ["打假"工具 '위조 단속' 수단] 마지막 단락에서 '딥페이크 기술'을 제대로 통제 관리하는 방법으로 '위조 단속' 수단을 개발 습득해야 한다고 했다.

俗话说："眼见为实，耳听为虚"。然而，在科学技术不断发展的今天，有一种技术，它不仅可以瞒过你的耳朵，还可以骗过你的眼睛，使"眼见不为实"。例如：网上有不少名人"被换脸、变身"，这些"伪造的产物"与真人真身别无二致。真正做到了让人"言"所未言、"行"所未行、以假乱真。这就是深度伪造技术。

[1,2]深度伪造技术是利用被称作"生成式对抗网络"的机器学习模型把图片或视频叠加到原始图片或视频上，借助神经网络技术进行大样本学习，将个人的声音、面部表情及身体动作拼接合成虚假内容的人工智能技术。其中最常见的是[2]AI换脸技术，此外还包括语音模拟、视频生成等。它的出现让篡改或生成高度逼真且难以甄别的音视频内容不再是一件不可能完成的任务，且观看者无法通过肉眼辨别真伪。

技术是一把双刃剑，深度伪造技术也是如此。[3]起初，这项技术仅限于学术研究；后来，被广泛应用于众多现实场景，且发挥着一定的积极作用。例如在教育场景中出现的虚拟教师和虚拟历史人物，能让数字教学更具互动性和代入感；在影视制作方面，通过还原或者修改角色镜头，降低修复成本，提高制作效率；在电子商务方面，零售商可以让消费者使用自己的肖像试穿衣服。此外，在沟通方面，语音合成和面部操控可以使人看起来像在说另一种语言。

'들은 것만으로는 믿을 수 없고, 눈으로 직접 봐야 믿을 수 있다'는 속담이 있다. 하지만 과학기술이 끊임없이 발전하는 오늘날, 당신의 귀와 눈을 속여 '눈으로 봐도 믿을 수 없게' 만드는 기술이 있다. 예를 들면 인터넷에 얼굴이나 몸이 바뀐 유명인의 사진이 돌아다니기도 하는데, 이러한 '위조된 산물'은 진짜 사람, 진짜 몸과 다른 것이 없다. 말하지 않고, 행동하지 않고도 가짜를 진짜로 속인 것이다. 이것이 바로 딥페이크 기술이다.

[1,2]딥페이크 기술은 '생성적 적대 신경망(GAN)'이라고 불리는 머신러닝 모델을 이용해 사진이나 영상을 원본에 겹치고, 신경망 기술로 막대한 샘플을 학습해 개인의 음성, 표정 및 신체 동작을 모아 허위 정보를 합성하는 인공지능기술이다. 그 중 가장 흔한 것이 [2]AI 얼굴 합성 기술이며 이 외에도 음성변조, 영상합성 등이 포함된다. 이 기술의 출현으로 진짜와 굉장히 비슷하고 식별이 어려운 음성 및 동영상 콘텐츠를 변조하거나 제작하는 것은 더 이상 불가능한 일이 아니게 되었으며, 사람들은 육안으로 진짜와 가짜를 관별할 수 없게 되었다.

기술이란 것은 양날의 검으로, 딥페이크 기술 역시 마찬가지다. [3]당초 이 기술은 학술 연구에만 국한되어 있었다. 이후 여러 실생활에서 광범위하게 사용되기 시작했고 어느 정도 긍정적인 작용을 했다. 예를 들면 교육 분야에서 가상 교사와 가상 역사 인물 등의 등장은 디지털 학습에 상호 소통성과 몰입감이 더욱더 생기게 했다. 또한, 영화 제작 분야에서는 배역 장면을 복원 또는 수정함으로써 수정 비용을 줄이고 제작 효율을 높였다. 전자상거래 측면에서 소매상은 소비자들이 자신의 사진을 이용해 옷을 입어 볼 수 있게 했다. 이 외에도 소통의 측면에서는 음성합성과 안면 조작으로 마치 다른 언어를 구사하는 것처럼 보이게 할 수 있다.

然而，令人担忧的是，[4]这类技术一旦被滥用，后果则不堪设想，极有可能给国家安全甚至全世界秩序带来前所未有的新风险。借助深度伪造技术，不法分子便可更加随意地散播虚假视频、激化社会矛盾。此外，深度伪造技术也会给个人权益带来损害。视频换脸技术门槛降低，普通人也能制作换脸视频，别有用心之人利用深度伪造术就可以轻而易举地盗用他人身份。那么，将深度伪造技术视为商业诋毁、敲诈勒索、网络攻击等非法行为的"新工具"这一说法绝非危言耸听。

警惕深度伪造技术，并不等同于在面对它带来的潜在风险时，盲目禁止它的应用，而是应当有效管控其风险，尤其是对可能造成特定伤害的深度伪造的虚假信息进行整治，同时不妨碍其在教育、艺术、社交、虚拟现实、医疗等领域的应用。此外，[7]还应及时开发和掌握针对深度伪造的检测技术——"打假"工具，不断完善相关认证机制等，以此来保证该技术始终能在"正规且健康"的轨道上发展。

1 "伪造视频"是怎样做到与真人如出一致的？

　A 复制指纹　　　　　B 盗取虹膜信息
　C 整容或模仿　　　　D 篡改图像及声音

2 第二段中，关于深度伪造技术的哪方面没有提到？

　A 定义　　　　　　　B 种类
　C 起源　　　　　　　D 技术原理

3 根据第三段可以知道：

　A 影视制作中语音模拟非常普遍
　B 深度伪造技术一开始只用于学术研究
　C 零售商会为消费者设计个人专属肖像
　D 虚拟历史人物入普通百姓的日常生活

4 下列哪项技术属于深度伪造技术被滥用的后果：

　A 妨碍了科技进步
　B 导致企业分工混乱
　C 大众媒体受到质疑
　D 威胁国家安全及世界秩序

5 根据上下文，最后一段的空白处最适合填入的词语是：

　A 盲目　　　　　　　B 一直
　C 恰恰　　　　　　　D 偏偏

하지만, 우려되는 점은 [4]이러한 기술이 남용된다면 그 결과는 상상할 수 없을 정도로 심각해져 국가안보, 심지어는 전 세계 질서에 사상 초유의 새로운 위험을 초래할 소지가 다분해진다는 것이다. 범법자들은 딥페이크 기술로 허위 영상을 멋대로 퍼뜨리고 사회적 갈등을 격화시킬 수 있다. 또한 딥페이크 기술은 개인의 권익도 침해할 수 있다. 영상 합성 기술은 문턱이 낮아 일반인도 영상을 합성할 수 있으며, 나쁜 생각을 품은 사람이 딥페이크 기술을 이용하면 타인의 신분을 손쉽게 도용할 수 있다. 그러므로 딥페이크 기술을 상업적 명예훼손, 공갈·협박, 사이버 공격 등 불법행위를 위한 '새로운 도구'로 본다는 건 절대 과장된 표현이 아니다.

딥페이크 기술을 경계한다는 것은 그것이 초래하는 잠재적 위험에 맞설 때 맹목적으로 이 기술의 사용을 금지한다는 의미가 아니라, 그 위험성을 효과적으로 관리 및 통제해야 한다는 것이다. 특히 특정한 상해를 끼칠 위험성이 있는 딥페이크의 허위 정보를 바로잡는 동시에 교육, 예술, 사회, 가상현실, 의료 등 방면에서 이 기술을 사용하는 데 방해가 되어선 안 된다. 또한 [7]딥페이크의 검사 기술인 '위조 단속' 수단을 제때 개발 및 습득하고 관련 인증 메커니즘을 끊임없이 보완하여 이 기술이 계속해서 '합법적이고 건강한' 궤도에서 발전할 수 있도록 해야 한다.

1 '딥페이크'은 어떻게 진짜 사람과 같게 만들 수 있는가?

　A 지문을 복제하여　　　B 홍채 정보를 훔쳐서
　C 성형 또는 모방하여　　D 사진과 음성을 변조하여

2 두 번째 문단 중, 딥페이크 기술에 관해 언급되지 않은 것은?

　A 정의　　　B 종류　　　C 기원　　　D 기술 원리

3 세 번째 문단을 통해 알 수 있는 것은?

　A 영상 제작 중 음성변조는 흔히 있는 일이다
　B 딥페이크 기술은 처음엔 학술 연구에만 사용되었다
　C 소매상은 소비자에게 개인 맞춤식 사진을 디자인해 준다
　D 가상 역사 인물이 일반인의 일상생활에 들어왔다

4 다음 중 딥페이크 기술 남용의 결과에 속하는 것은?

　A 과학기술의 발전을 방해했다
　B 기업의 분업에 혼란을 야기한다
　C 대중매체가 질의를 받는다
　D 국가안보 및 세계 질서를 위협한다

5 문맥상 마지막 문단의 빈칸에 가장 알맞은 단어는?

　A 맹목적으로　　　　　B 줄곧
　C 마침　　　　　　　　D 기어코

6 作者对深度伪造技术持什么观点？

　　A 需谨慎对待

　　B 无条件、无理由支持

　　C 应用前景十分乐观

　　D 风险与收益成反比

7 如何保证深度伪造技术始终能在健康轨道上发展？

　　A 整治虚假信息

　　B 开发打假工具

　　C 明确新技术的使用范围

　　D 加大对网路平台的惩罚力度

6 작가의 딥페이크 기술에 대한 관점은 어떠한가?

　　A 신중히 대해야 한다

　　B 무조건, 이유 불문하고 지지해야 한다

　　C 사용 전망이 매우 낙관적이다

　　D 위험과 수익이 반비례한다

7 딥페이크 기술의 건강한 발전을 어떻게 이룰 수 있는가?

　　A 허위 정보를 바로잡는다

　　B 위조 단속 수단을 개발한다

　　C 신기술의 사용 범위를 명확히 한다

　　D 온라인 플랫폼의 처벌을 강화한다

★俗话(儿) súhuà(r) 몡 속담, 옛말 | 眼见为实，耳听为虚 yǎnjiànwéishí, ěrtīngwéixū 속담 들은 소문만으로는 신뢰할 수 없고, 눈으로 직접 봐야 믿을 수 있다 | ★瞒 mán 동 속이다, 감추다 | 名人 míngrén 몡 유명인사 | 伪造 wěizào 동 위조하다, 날조하다 | ★产物 chǎnwù 몡 산물, 결과 | 别无二致 biéwúèrzhì 솅 다른 것이 없다, 매일반이다 | 以假乱真 yǐjiǎluànzhēn 솅 거짓으로 진실을 숨기다, 속임수를 써서 진상을 은폐하다 | 深度伪造 shēndùwěizào 딥페이크 | ★称作 chēngzuò 동 ~라고 부르다 [被称作: ~로 불리다] | 生成式对抗网络 shēngchéngshì duìkàng wǎngluò 생성적 적대 신경망 [기존 데이터를 모방해 새로운 데이터를 만드는 알고리즘] | 机器学习模型 jīqì xuéxí móxíng 머신러닝 모델 [이전에 접한 적 없던 데이터 세트에서 패턴을 찾거나 이를 근거로 결정 내릴 수 있는 프로그램] | 视频 shìpín 몡 영상, 동영상 | 叠加 diéjiā 겹치다, 중첩되다 | 原始 yuánshǐ 혱 원본의, 최초의 | 借助 jièzhù 동 (다른 사람 또는 사물의) 도움을 빌리다, ~의 힘을 빌리다 | 神经网络 shénjīng wǎngluò 몡 신경망 [사람의 두뇌와 비슷한 방식으로 정보를 처리하기 위한 알고리즘] | 大样本 dàyàngběn 대량의 샘플 | 拼接 pīnjiē 한데 모아 잇다 | 合成 héchéng ★위조하다 | ★虚假 xūjiǎ 혱 허위의, 거짓의, 속임수의 | ★人工智能 réngōng zhìnéng 몡 인공지능 | 常见 chángjiàn 혱 흔히 보는, 늘 보이는 | 换脸 huàn liǎn 얼굴 바꾸기 [딥페이크] | 语音 yǔyīn 몡 음성 | ★模拟 mónǐ 변조하다, 모방하다 | 篡改 cuàngǎi 동 속임수로 고치거나 곡해하다 | 逼真 bīzhēn 혱 마치 진짜와 같다, 진실에 거의 가깝다 | 甄别 zhēnbié 동 식별하다, 선별하다 | 观看 guānkàn 동 보다, 참관하다 | 无法 wúfǎ 동 할 수 없다, 방법이 없다 | 肉眼 ròuyǎn 몡 육안 | 辨别 biànbié 동 판별하다, 구별하다, 식별하다 | 真伪 zhēnwěi 몡 진짜와 가짜, 진위 [鉴别真伪: 진위를 감별하다] | 双刃剑 shuāngrènjiàn 양날의 검 | 如此 rúcǐ 때 이와 같다, 이러하다 | ★起初 qǐchū 몡 당초, 처음, 최초 | ★限于 xiànyú 동 (~에) 국한하다, (어떤 범위로) 한정되다 | 应用 yìngyòng 동 사용하다, 응용하다, 이용하다 | 众多 zhòngduō 혱 매우 많다 | 场景 chǎngjǐng 몡 모습, 정경 | 虚拟 xūnǐ 혱 가상적인, 허구적인 | 互动性 hùdòngxìng 상호작용성 | 代入感 dàirùgǎn 몰입감 | 影视 yǐngshì 영화 | 还原 huányuán 동 복원하다, 원상 회복하다 | 镜头 jìngtóu 몡 (사진기·촬영기·영사기 등의) 장면, 화면 | 修复 xiūfù 동 수리하여 복원하다, 원상복구 하다 | 成本 chéngběn 몡 비용, 원가, 자본금 | 电子商务 diànzǐ shāngwù 전자상거래 | 零售商 língshòushāng 소매상 | 消费者 xiāofèizhě 소비자 | 肖像 xiàoxiàng 몡 (사람의) 사진, 화상 | ★操控 cāokòng 동 조작하다, 제어하다, 조종하다 | 令 lìng 동 ~하게 하다, ~를 시키다 | 担忧 dānyōu 동 우려하다, 걱정하다, 근심하다 | 类 lèi 몡 종류, 부류 | ★滥用 lànyòng 동 남용하다, 낭비하다 | ★不堪 bùkān 몹시 심하다 | 设想 shèxiǎng 동 상상하다, 가상하다 | 不法分子 bùfǎ fènzǐ 법배자 | 随意 suíyì 뷔 (자기) 마음대로, 뜻대로, 하고 싶은 대로 | 散播 sànbō 퍼뜨리다 | ★激化 jīhuà 동 격화시키다 | ★权益 quányì 몡 권익 | 损害 sǔnhài 동 침해하다, 손실을 입다, 손상시키다 | ★门槛 ménkǎn 몡 문턱, 조건 | 普通人 pǔtōngrén 몡 일반인 | ★轻而易举 qīngéryìjǔ 혱 매우 수월하다 | 盗用 dàoyòng 동 도용하다 | 视为 shìwéi 동 간주하다, 여기다, ~로 보다 | 诋毁 dǐhuǐ 비방하다, 헐뜯다 | ★敲诈 qiāozhà 동 (남의 재물을) 공갈하다, 갈취하다, 빼앗다 | 勒索 lèsuǒ 동 협박하여 재물을 강요하다, 강탈하다 | 网络攻击 wǎngluò gōngjī 사이버공격 | ★非法 fēifǎ 혱 불법인인, 비합법적인, 위법인인 | 说法 shuōfa 몡 표현법, 의견 | 危言耸听 wēiyánsǒngtīng 솅 일부러 과격한 말을 하여 남을 놀라게 하다 | ★警惕 jǐngtì 동 경계하다, 경계심을 갖다 | ★潜在 qiánzài 동 잠재하다 | 有效 yǒuxiào 혱 효과가 있다, 유효하다, 유용하다 | 管控 guǎnkòng 동 관리하다, 통제하다 | 特定 tèdìng 혱 특정한, 특별히 지정한 | 整治 zhěngzhì 동 바로잡다 | 虚拟现实 xūnǐ xiànshí 가상현실 | 医疗 yīliáo 몡 의료 | 打假 dǎjiǎ 동 위조를 단속하다 | ★认证 rènzhèng 몡 인증 | 机制 jīzhì 몡 (유기체의) 메커니즘, 체제 | 正规 zhèngguī 혱 합법적인, 정규의, 표준의 | 轨道 guǐdào 몡 궤도 | 指纹 zhǐwén 몡 지문 | 盗取 dàoqǔ 동 훔치다 | 虹膜 hóngmó 몡 홍채 | 整容 zhěngróng 동 성형하다 | ★图像 túxiàng 몡 그림 | ★定义 dìngyì 몡 정의 | 原理 yuánlǐ 몡 원리 | 起源 qǐyuán 몡 기원 | 分工 fēngōng 동 분업하다, 분담하다 | 混乱 hùnluàn 혱 혼란하다, 어지럽다 | 大众 dàzhòng 몡 대중 | 媒体 méitǐ 몡 대중매체 | 质疑 zhìyí 동 질의하다 | ★盲目 mángmù 혱 맹목적(인), 무작정인 | 恰恰 qiàqià 뷔 마침, 바로 | ★偏偏 piānpiān 뷔 하필, 기어코, 일부러 | ★无条件 wútiáojiàn 몡 무조건 | 前景 qiánjǐng 몡 전망 | 收益 shōuyì 몡 수익, 이득 | 反比 fǎnbǐ 반비례 | 平台 píngtái 몡 플랫폼 | ★惩罚 chéngfá 동 처벌하다

8　B [尽管非常疲惫，但难以入睡 아무리 피곤해도 잠들기 어렵다 → 疲惫不堪 견디지 못할 정도로 피곤하다]　두 번째 단락에서 '시차 증후군'의 증상에 대해 이야기하고 있는데, '피곤해도 잠을 자지 못하는 것' '집중력 감퇴' '조정 능력 저하' '인지능력 저하' '감정 기복 심화' '식욕 감퇴' 등의 증상을 직접적으로 알려주었다. 따라서 보기에서 해당되는 내용을 바로 찾기만 하면 된다. '胃口变差(식욕 감퇴)'가 '消化功能紊乱(소화 기능 교란)'과 헷갈릴 수 있었으나, 직접적으로 언급한 내용을 찾는 게 정확하다.

9　D [大型喷气式客机的出现 대형 제트여객기의 등장 / 根本没有倒时差的问题 시차 적응에 대한 문제가 전혀 없었다]　세 번째 단락에서는 대형 제트여객기의 등장으로 생긴 시차 적응 문제점에 대해 이야기하고 있다. 따라서 답은 D이다.

10　A [生病的概率更高 병에 걸릴 확률이 더 높다 → 导致了高患病率 질병의 발생 확률이 높아진다]　네 번째 단락에서 교대근무를 하는 사람이 일반적인 근무를 하는 사람보다 병에 걸릴 확률이 더 높다고 직접적으로 이야기했다. 따라서 답은 A이다.

11　D [存在着一种时钟，它调控着人体对药物的新陈代谢 시계가 존재해 인체의 약물에 대한 신진대사를 조절한다 → 人体对药物的新陈代谢规律 인체의 약물에 대한 신진대사 규칙]　우선 질문의 핵심 어휘인 '시간 치료학'에 관련된 이야기를 하는 단문을 빨리 찾아야 한다. 다섯 번째 단락에서 '시간 치료학'이 새로 주목받는 연구 분야라고 말하면서, '세포에는 시계가 존재해 인체의 약물에 대한 신진대사를 조절한다'라고 했다. 따라서 보기 D가 가장 적합하다.

12　B [减弱副作用 부작용을 낮추다]　빈칸 앞뒤 내용을 잘 파악한 후 풀어야 하는 문제이다. 술어 '减弱(낮추다)'와 호응하면서 문맥과 어울리는 어휘가 와야 한다. 빈칸의 뒷 부분에 생활의 질을 높여 주는 내용이 온다. 문맥상 낮추는 것(减弱)이 와서 긍정적인 문맥이 와야 하며 건강과 관련된 보기는 B '副作用(부작용)'이다. D의 '免疫力(면역력)'의 경우 '낮추는 것'이 좋은 게 아니므로, 문맥상 어울리지 않는다. 따라서 답은 B이다.

13　D　질문에 부정사가 있는 것으로 보아 아닌 것을 고르는 문제이다. 집중하지 않으면 실수할 수 있는 부분이니 잘 확인해야 한다. 마지막 단락에서 우주비행사의 생체시계에 영향을 미치는 요소에 대해 언급했는데, 보기 중 본문에 언급되지 않은 것은 D '反应变慢(반응의 둔화)'이다. 차분하게 하나하나씩 체크하면서 풀면 답을 쉽게 고를 수 있다.

14　B [至关重要 매우 중요하다 → 应重视 ~를 중시해야 한다]　마지막 문장에서 '由此可见(이로써 알 수 있다)'으로 시작하며 전체적인 내용을 정리하는 문장이 바로 전체 내용의 주제로, 필자는 보기 B에 대해 지지할 확률이 가장 높다.

众所周知，生物钟与人类的健康息息相关。

生物钟紊乱会引发众多问题，其中最常见的就是由于"倒时差"引发的"时差综合征"。[8]时差综合征的一个症状是"尽管非常疲惫，但晚上还是会难以入睡"。此外，生物钟紊乱还会引起注意力减退、协调能力变差、认知能力降低、情绪波动、胃口变差等问题。

[9]大型喷气式客机的出现，使人们只需12个小时左右的时间就可以从太平洋西岸的上海飞到东岸的洛杉矶。这就让我们的时间"后退了16个小时"，这种在一天之内形成的时差，任何生物钟都无法立即适应。在此之前，[9]人类根本没有倒时差的问题，自然也就没有

모든 사람이 알다시피, 생체시계는 사람의 건강과 밀접한 관계가 있다.

생체시계가 교란되면 여러 문제가 생길 수 있는데, 그중 가장 흔한 것이 '시차 적응'으로 인해 생기는 '시차 증후군'이다. [8]시차 증후군의 증상은 '아무리 피곤해도 밤에 잠을 이루지 못하는 것'이다. 이 외에도 생체시계 교란으로 인해 집중력 감퇴, 조정 능력 저하, 인지능력 저하, 감정 기복 심화, 식욕 감퇴 등의 문제가 생길 수 있다.

[9]대형 제트여객기의 등장으로 사람들은 12시간 정도면 태평양 서쪽의 상하이에서 동쪽의 로스앤젤레스까지 날아갈 수 있게 되었다. 이것은 우리의 시간을 '16시간 뒤로' 가게 한 것이다. 어떤 생체시계도 이 하루 만에 만들어진 시차에 바로 적응할 수는 없다. 이전에는 [9]인류가 시차 적응에 대한 문제가

进化出快速和大幅度校表的机制。

现代社会的生活方式已难以与我们的生物钟保持一致。电灯给我们带来了"永远的光明"，也给我们的生物钟造成了明显的影响。然而，当今社会对人体生物钟产生最严重负面影响的莫过于"倒班工作"了。持续几十年的流行病学研究表明：[10]从事倒班工作的人比从事传统工作的人生病的概率更高。相较而言，这些人更容易患上睡眠障碍、心脏病、抑郁、消化系统疾病以及其他代谢类疾病。

此外，另有研究表明，如果人们在睡觉前服用降压药缬沙坦，药效会是醒来后服用的1.6倍，且能降低糖尿病的发病风险。可见，时间是影响药效的一个重要因素，却一直被我们低估了。"时间治疗学"是目前新兴的一个研究领域。[11]我们的细胞中存在着一种时钟，它调控着人体对药物的新陈代谢，因此有些药物适合在白天服用，有些则适合在夜间服用。时间疗法遵循患者的生理节律，从而一定程度上减弱了治疗的副作用，提高了患者的生活质量。

生物节律研究还包括太空里人体生物钟的变化规律研究。比如国际空间站里的光照强度比白天地表的光照强度低很多，而[13]光照强度对生物钟会起着重要的调节作用。此外，[13]重力的改变也会对生物钟和睡眠产生一定程度的影响。而[13]宇航员所执行的一些临时性突发任务也会影响睡眠。这些都会使宇航员的反应能力和操作能力严重下降，从而降低工作效率，增加事故发生的风险。[14]由此可见，要想实现人类的"飞天梦"，深入研究生物钟的变化规律以及调节机制可谓至关重要。

8 下列哪项是"时差综合征"患者可能会出现的症状？

　1. 血压升高
　②疲惫不堪
　3. 消化功能紊乱
　④认知能力降低
　A 1, 3　　B 2, 4　　C 1, 4　　D 2, 3

9 第三段提到了哪方面的内容？

　A 倒时差的几种主要方式
　B 大幅度校表机制可以快速启动
　C 人类倒时差的极限是16个小时
　D 大型喷气式客机的出现引发了倒时差问题的出现

전혀 없었기 때문에 빠르고 광범위한 다이얼 게이지 시스템도 자연스레 발전하지 않았다.

현대 사회의 생활 방식은 이미 우리의 생체시계와 일치되기 어렵다. 전등은 우리에게 '영원한 빛'을 가져다주었지만, 우리의 생체시계에도 뚜렷한 영향을 줬다. 그러나 요즘 사회가 생체시계에 미친 영향 중 '교대근무'보다 더 심각하고 부정적인 것은 없다. 몇십 년 동안 지속된 역학연구에 따르면, [10]교대근무를 하는 사람이 일반적인 근무를 하는 사람보다 병에 걸릴 확률이 더 높게 나타났다. 비교해 보면, 이러한 사람은 수면장애, 심장병, 우울증, 소화계 질병 및 기타 대사성 질환에 더 쉽게 걸린다.

이 외에 또 다른 연구에 따르면, 만약 사람들이 잠자리에 들기 전 혈압을 낮추는 약인 발사르탄을 복용하면 기상 후 복용하는 것보다 효과가 1.6배 높으며, 당뇨병 발병 위험을 낮출 수 있다고 한다. 이를 통해 시간은 약효에 영향을 주는 중요한 요소라는 것을 알 수 있지만 우리는 이를 줄곧 과소평가한다. '시간 치료학'은 요즘 새로 주목받는 연구 분야이다. [11]우리 세포에는 시계가 존재해 인체의 약물에 대한 신진대사를 조절한다. 따라서 어떤 약물은 낮에 복용하는 것이 좋고, 어떤 약물은 밤에 복용하는 것이 좋다. 시간 요법은 환자의 바이오리듬을 준수하여 어느 정도 치료의 부작용을 낮춰 주고, 환자의 생활의 질을 높여 준다.

바이오리듬 연구에는 우주에서의 생체리듬 변화 규칙에 관한 연구도 포함된다. 예를 들면, 국제우주정거장의 광도는 낮의 지구 표면 광도보다 훨씬 낮고, [13]광도는 생체시계에 중요한 조절작용을 한다. 이 외에도 [13]중력의 변화 또한 생체시계와 수면에 어느 정도 영향을 준다. [13]우주비행사가 수행하는 임시적인 돌발 임무 역시 수면에 영향을 미칠 수 있다. 이러한 요소로 인해 우주비행사의 반응력과 조종 능력이 심각히 저하되어 업무 효율이 낮아질 수 있고, 사고 발생의 위험도 증가할 수 있다. [14]이로써 '하늘을 나는 꿈'을 실현하려면 생체시계의 변화 규칙과 조절 시스템을 깊이 연구하는 것이 매우 중요하다는 것을 알 수 있다.

8 다음 중 '시차 증후군' 환자에게 나타날 수 있는 증상은?

　1. 혈압 상승
　②피로감
　3. 소화 기능 교란
　④인지능력 저하
　A 1, 3　　B 2, 4　　C 1, 4　　D 2, 3

9 세 번째 문단에서 언급된 내용은 무엇인가?

　A 시차 적응의 몇 가지 주요 방법
　B 광범위한 다이얼 게이지 시스템은 빠르게 가동될 수 있다
　C 사람의 시차 적응의 한계는 16시간이다
　D 대형 제트여객기의 등장이 시차 적응 문제의 출현을 야기했다

10 与传统工作相比，倒班工作会给人类带来什么负面影响？

    A 导致了高患病率

    B 使人易怒

    C 犯错现象明显

    D 家庭不睦

11 关于时间治疗学，可以知道什么？

    A 该治疗可以提高癌症早期治疗率

    B 是一种修复受损免疫细胞为治疗手段

    C 认为患者在餐后或者临睡前服药更有效

    D 根据人体对药物的新陈代谢规律给出服药建议

12 根据上下文，第五段空白处最适合填入的词语是？

    A 正能量   **B** 副作用

    C 低潮期   **D** 免疫力

13 下列哪项不是影响宇航员生物钟的因素？

    A 光照强度   **B** 重力改变

    C 突发任务   **D** 反应变慢

14 根据上文，作者最可能支持的观点是：

    A 人类的太空活动会打乱人体生物钟，故不宜频繁实行

    B 人们应重视生物钟变化调节的研究并在航天领域予以利用

    C 睡眠障碍、抑郁等疾病可通过改变生物钟来治疗

    D 电灯给人类带来了"永远的光明"，却永远地损害了人体的生物节律

---

10 일반적인 근무에 비해 교대근무는 사람에게 어떠한 부정적 영향을 미치는가?

    A 질병의 발생 확률이 높아진다

    B 화를 잘 내게 한다

    C 잘못을 저지르는 현상이 분명하다

    D 가정에 불화가 생긴다

11 시간 치료학에 관해 알 수 있는 것은?

    A 이 치료는 암의 조기 치료율을 높일 수 있다

    B 손상된 면역세포를 회복하는 치료 방법이다

    C 환자가 식후 혹은 취침 전에 약을 먹으면 더 효과적이라고 본다

    D 인체의 약물에 대한 신진대사 규칙에 근거해 약 복용 시간을 제안한다

12 문맥상 다섯 번째 문단 빈칸에 알맞은 단어는?

    A 긍정 에너지   **B** 부작용

    C 슬럼프   **D** 면역력

13 다음 중 우주비행사의 생체시계에 영향을 미치는 요소가 아닌 것은?

    A 광도   **B** 중력의 변화

    C 돌발 임무   **D** 반응의 둔화

14 이 글에 근거하여 필자가 가장 지지할 가능성이 큰 견해는?

    A 인간의 우주활동은 생체시계를 교란할 수 있으므로 일부러 자주 실행해서는 안 된다

    B 사람들은 생체시계의 변화 조절에 관한 연구를 중시해야 하고 그것이 우주 분야에 이용되어야 한다

    C 수면장애, 우울증 등의 병은 생체시계를 개선함으로써 치료할 수 있다

    D 전등은 인간에게 '영원한 빛'을 가져다주었지만 바이오리듬을 영구적으로 망가뜨렸다

★众所周知 zhòngsuǒzhōuzhī 성 모든 사람이 다 알고 있다 | 生物钟 shēngwùzhōng 명 생체시계, 체내시계 | ★息息相关 xīxīxiāngguān 성 관계가 매우 밀접하다, 상관관계가 있다 | 紊乱 wěnluàn 형 교란하다, 문란하다 | ★引发 yǐnfā 동 일으키다, 야기하다, 자아내다 | 众多 zhòngduō 형 매우 많다 | 常见 chángjiàn 형 흔히 보는, 늘 보이는, 신기할 것 없는 | 倒时差 dǎoshíchā 시차 적응 | 综合征 zōnghézhēng 명 증후군 | 症状 zhèngzhuàng 명 증상, 증후 | 疲惫 píbèi 형 대단히 피곤하다, 대단히 지치다 | 入睡 rùshuì 동 잠들다 | 注意力 zhùyìlì 명 주의력 | 减退 jiǎntuì 동 감퇴하다, 감소하다 | 协调 xiétiáo 동 조정하다, 어울리다, 조화롭다 | ★认知 rènzhī 명 인지 | 波动 bōdòng 명 기복이 있다, 오르내리다 | 喷气式客机 pēnqìshì kèjī 명 제트여객기 | 太平洋 tàipíngyáng 고유 태평양 | 上海 Shànghǎi 고유 상하이 | 洛杉矶 Luòshānjī 고유 로스앤젤레스 | 后退 hòutuì 동 뒤로 가다, 후퇴하다, 퇴각하다 | 无法 wúfǎ 동 할 수 없다, 방법이 없다 | 进化 jìnhuà 동 진화하다 | 快速 kuàisù 형 빠르다, 신속하다 | ★大幅度 dàfúdù 형 광범위한, 대폭적인 | 校表 jiàobiǎo 명 다이얼 게이지, 다이얼 인디케이터 [측정물의 길이를 비교하는 측정기] | 机制 jīzhì 명 시스템 | 电灯 diàndēng 명 전등 | ★当今 dāngjīn 명 요즘, 현재, 지금 | ★人体 réntǐ 명 인체 | ★负面 fùmiàn 명 부정적인 요소 | ★莫过于 mòguòyú ~보다 더한 것은 없다, ~이상의 것은 없다 | 倒班 dǎobān 동 업무를 교대하다 | 流行病学 liúxíng bìngxué 역학, 전염병학 | ★概率 gàilǜ 명 확률, 개연율 | 相较而言 xiāngjiàoéryán 비교해 보면 | ★患 huàn 동 병에 걸리다, 병이 나다 | 睡眠障碍 shuìmián zhàng'ài 수면장애 | 心脏病 xīnzàngbìng 명 심장병 | ★抑郁 yìyù 형 (불만을 호소할 수 없어) 우울하다, 울적하다 | 代表 dàibiǎo 명 대사 | 疾病 jíbìng 명 병, 질병 | ★服用 fúyòng 동 (약이나 보신제를) 복용하다, 먹다 | 缬沙坦 xiéshātǎn 명 발사르탄 | 药效 yàoxiào 명 약효 | 糖尿病 tángniàobìng 명 당뇨병 | 发病 fābìng 동 발병하다 | ★低估 dīgū 동 과소평가하다 | 治疗学 zhìliáoxué 명 치료학 | 新兴 xīnxīng 형 신흥의, 새로 주목받는 | 细胞 xìbāo 명 세포 | 时钟 shízhōng 명 시계 | ★调控 tiáokòng 동 조절하다, 제어하다 | 药物 yàowù 명 약물, 약품 | ★新陈代谢 xīnchén dàixiè (신진) 대사, 물질대사 | 白天 báitiān 명 낮, 대낮 | 夜间 yèjiān 명 밤, 야간 | ★疗法 liáofǎ 명 치료법 | 遵循 zūnxún 동 따르다 | 患者 huànzhě 명 환자, 병자 | 生理节律 shēnglǐ jiélǜ 명 바이오리듬 | ★减弱 jiǎnruò 동 낮추다, 약해지다, 약화되다 | 太空 tàikōng 명 우주, 높고 드넓은 하늘 | 国际空间站 guójì kōngjiānzhàn 명 국제우주

정거장 | **光照强度** guāngzhào qiángdù 몡 광도 | **地表** dìbiǎo 몡 지표면 | **调节** tiáojié 통 조절하다 | **重力** zhònglì 몡 중력 | **睡眠** shuìmián 몡 수면, 잠 | **宇航员** yǔhángyuán 몡 우주비행사 | **执行** zhíxíng 통 수행하다, 실행하다, 실시하다 | **临时性** línshíxìng 혱 임시적인, 임시의 | ★**突发** tūfā 통 돌발하다, 갑자기 발생하다 | **操作** cāozuò 통 조종하다, 조작하다 | **事故** shìgù 사고 [发生事故: 사고가 발생하다] | ★**由此可见** yóucǐkějiàn 이로부터 알 수 있다, 이로부터 결론을 낼 수 있다 | **深入** shēnrù 통 깊이 파고들다, 깊이 들어가다 | ★**可谓** kěwèi ~라고 말할 수 있다, ~라고 할 만하다 | ★**至关重要** zhìguān zhòngyào 매우 중요하다 | ★**血压** xuèyā 혈압 | **升高** shēnggāo 통 위로 오르다, 높이 오르다 | ★**疲惫不堪** píbèi bùkān 견디지 못할 정도로 피곤하다 | **启动** qǐdòng 통 가동되다, 시작하다, 시동을 걸다 | ★**极限** jíxiàn 궁극의 한계, 최대 한도 | **患病率** huànbìnglǜ 몡 발생 확률, 유병률 | **怒** nù 통 분노하다 | **犯错** fàncuò 통 잘못을 저지르다, 실수를 하다 | **不睦** búmù 통 불화하다, 화목하지 못하다 | ★**癌症** áizhèng 몡 암 [암의 총칭] | **早期** zǎoqī 몡 조기, 이른 시기, 초기 | **治疗率** zhìliáolǜ 몡 치료율 | **受损** shòusǔn 통 손상되다, 손실을 입다 | ★**免疫** miǎnyì 몡 면역 | **手段** shǒuduàn 몡 수단, 방법 | **临睡** línshuì 잘 무렵이 되다 | **服药** fúyào 통 약을 복용하다 | **有效** yǒuxiào 혱 효과가 있다, 유효하다, 유용하다 | ★**正能量** zhèngnéngliàng 긍정 에너지 | ★**副作用** fùzuòyòng 몡 부작용 | **低潮期** dīcháoqī 몡 슬럼프 | **免疫力** miǎnyìlì 몡 면역력 | **打乱** dǎluàn 통 교란하다, 망치다 | ★**故** gù 뮈 일부러, 고의로 | ★**不宜** bùyí 통 ~하여서는 안 된다, ~하기에 적당치 않다, ~하는 것은 좋지 않다 | **频繁** pínfán 혱 잦다, 빈번하다 | **实行** shíxíng 통 실행하다 | ★**航天** hángtiān 통 우주비행과 관련 있는, 우주비행의 | ★**予以** yǔyǐ 통 ~를 주다, ~되다 | **损害** sǔnhài 통 망가뜨리다, 손실을 입다, 손상시키다

- **Day 24** **15** C **16** D **17** A **18** D **19** B **20** A **21** B

15 C [질문 속 부정부사 不에 집중] '도시 생태 기후'의 개념에 포함되지 않는 것을 찾는 문제로, '도시 생태 기후'의 개념은 두 번째 단락에서 정리하고 있다. 도시 규모가 비교적 작고, 발달이 덜 된 지역에서는 '도시기후'의 특수성이 그다지 존재하지 않으나, 베이징과 같은 초대형 도시는 도시기후의 고유한 특징을 나타낸다고 했다. 보기 1, 4번은 이와 반대되는 내용이므로 정답은 C이다.

16 D [现在该是认真应对的时候了 이제는 진지하게 마주할 시기가 되었다 → 足够的重视 많은 관심] 밑줄 친 표현이 있는 단락을 보면 예전에는 '도시기후'에 꼭 관심을 가질 필요가 없었지만 역접을 나타내는 접속사 '可'를 사용하여 이제 도시의 발전에 따라 '도시기후'를 중시해야 한다는 내용임을 알 수 있다. 따라서 빈칸에 가장 어울리는 의미는 D이다. 마지막 단락에서도 기후변화의 문제에 대해 진지하게 마주할 시기가 되었다고 언급한 것으로 보아 많은 관심을 기울여야 한다는 것임을 알 수 있다.

17 A [硬地貌无法有效地涵养水分，无法……让其慢慢蒸发 단단한 지형은 수분을 효율적으로 축적할 수 없고, (…) 천천히 증발시킬 수 없다] 베이징의 강우량은 매년 감소하고 있는데, 강우량이 가장 적은 날은 도시 발전 속도가 가장 빠른 시기와 맞물린다고 세 번째 단락에서 그 이유와 함께 이야기하고 있다. 지면이 지나치게 단단해지면 수분을 효율적으로 축적할 수 없고 증발시킬 수 없어 빗물 또한 없어지게 된다고 했다. 이 부분을 통해 인위적으로 만든 지형이 수분 증발에 영향을 미쳤다는 것을 알 수 있으므로, 답은 A이다.

18 D [疏散居住人口 거주민 분산] 다섯 번째 단락에서 발달한 도시가 난제를 해결하는 방법을 설명하고 있다. 그 방법 중 하나가 바로 도시 기능의 일부를 이전하는 것으로, 구체적인 방법으로는 위성도시와 거주민 분산이라는 두 가지 모델이 있다고 언급했다.

19 B [有些草地是铺在斜坡上 일부 녹지는 비탈길에 형성되고 / 立交桥越来越多 교차로는 갈수록 많아진다] 여섯 번째 단락에서 베이징의 토지 면적 비율은 점점 낮아지고 있으며, 무른 땅은 말할 것도 없다고 했다. 일부 녹지가 비탈길에 형성되고, 베이징의 도로가 넓어지며 점유율이 갈수록 높아지는 데다가 교차로도 갈수록 많아지고 있다고 설명하고 있다.

20 A [浮出水面 수면 위로 떠오르다] '浮出水面'은 어떠한 문제 또는 사건이 밖으로 드러날 때 사용하는 관용적인 의미로, 겉으로 드러나는 것이 극히 일부분인 것을 나타내는 뒤에 나오는 내용과 문맥상 가장 어울리는 표현이다. '浅尝辄止'는 수박 겉핥기식이라는 의미로 사물의 속은 모르고 겉만 건드린다는 의미이고, '悬浮已久' '游刃有余'는 각각 '부유(浮游)한지 오래다' '식은 죽 먹기'라는 의미로 전체적인 단락의 내용과 연결되지 않는다.

21 B [……自然也就无水可降 자연스럽게 내릴 빗물이 없어지게 된다] 도시에 비가 내리는 것은 지면에서 증발한 물의 양만큼 하늘이 우리에게 다시 물을 돌려주는 것이라고 했다. 하지만 도시 규모가 크고 지면이 단단해지면 지형이 수분을 효율적으로 축적할 수 없고 빗물을 지하에 저장하여 증발시킬 수 없다. 이로 인해 지면에 수분을 축적할 수 없으니 자연스럽게 내릴 빗물이 없게 된다고 언급했다. 이 내용을 간추린 문장인 보기 B가 정답이다.

城市建设与城市生态气候，乍一看风马牛不相及，实则密切相关。

欲探其究竟，需先搞清楚"城市生态气候"的概念。按照传统陈旧观念，[15]气候覆盖天下，并无城市、农村之分。在城市规模较小、发达程度较低的场合确实没有必要关心"城市气候"，因为在那种场合，[15]"城市气候"并不存在多少特殊性。可随着城市规模不断扩张、城市发达程度不断提高，"城市气候"已表现出它独有的特征。气候因城市发展而骤变，[16]像北京这样的"超级大都市"，气候异变已经达到了不容忽视的地步。

调查显示：近十几年来，北京的降雨量逐年减少。2001年7月的降雨量之低，在历史上也是罕见的。少雨的十多年恰恰是北京城市发展速度最快的时期。这绝非巧合，而是一种必然。这说明，人为制造的地貌已经反作用于气候了。表面上看，雨从天降，实际上水库在地下，地面蒸发多少水，天就返还给我们多少水，天也不可能做出"无米之炊"。[17, 21]城市规模过大、地面过硬(水泥化)，就形成了一个相对独立的硬地貌，这个硬地貌无法有效地涵养水分，无法把雨水涵养在地下，让其慢慢蒸发，大部分雨水进入下水系统，白白流失了。地面存不住水，自然也就无水可降。湿热的七八月不降雨，人们熬不住，纷纷安装空调，空调的增多进一步加剧气候的恶化，形成恶性循环。

更严重的潜在危险在于：地下水是地层的一个组成部分。地下水消耗殆尽之后，若得不到及时补给，地下水层面就会在其上土层的压迫下发生塌陷。地表的建筑物就会下沉。地表下沉，必然殃及地面建筑物。这并非危言耸听。可以说，地面的水泥或钢铁设施越多越密，地表的通透性就越差，水分涵养就越困难，地表下沉的可能性也随之加大。地面建筑物越多越密，一旦发生下沉，后果也越严重。

도시 건설은 도시 생태 기후와 언뜻 보면 전혀 상관이 없는 것 같지만 사실은 밀접하게 연관되어 있다.

어떻게 된 사정인지 알아보기 위해서는 우선 '도시 생태 기후'라는 개념을 정확히 해야 한다. 기존의 고루한 개념에 따르면 [15]기후는 도시와 농촌의 구분 없이 전 세계를 모두 포괄하는 것이다. 도시 규모가 비교적 작고, 발달이 덜 된 지역에서는 '도시기후'에 꼭 관심을 기울여야 할 필요가 없다. 왜냐하면 그런 곳에서는 [15]'도시기후'라는 특수성이 그다지 존재하지 않기 때문이다. 그러나 도시 규모가 계속해서 커지고, 도시 발달 수준이 끊임없이 높아지면서 '도시기후'는 이미 그만의 고유한 특징을 나타내게 되었다. 기후는 도시의 발전에 따라서 변화하는데, [16]베이징과 같은 '초대형 도시'에서 기후변화는 이미 무시할 수 없는 지경에 이르렀다.

조사에 따르면 지난 십여 년간 베이징의 강우량은 매년 감소하고 있다. 2001년 7월의 강우량은 역사적으로 드물 정도로 적었다. 비가 적게 온 10여 년은 베이징의 도시 발전 속도가 가장 빠른 시기와 딱 맞물린다. 이는 결코 우연이 아닌 필연이다. 즉, 인간이 만들어낸 지형이 이미 기후에 역작용을 하고 있다는 것이다. 겉으로는 비가 하늘에서 내리는 것 같지만 실제로는 지하의 저수지, 지면에서 증발한 물의 양만큼 하늘이 우리에게 물을 돌려주는 것이다. 하늘이라고 '쌀이 없는데 밥을 지을 수는 없다'. [17, 21]도시 규모가 지나치게 크고 지면이 지나치게 단단해지면(시멘트화) 상대적으로 독립적인 단단한 지형이 형성되는데, 이러한 단단한 지형은 수분을 효율적으로 축적할 수 없고, 빗물을 지하에 저장하여 천천히 증발되도록 할 수 없으며 대부분의 빗물은 하수 시스템으로 들어가 그냥 흘러가버리게 된다. 지면에 수분을 축적할 수 없으니 자연스럽게 내릴 빗물이 없어지게 된다. 고온 다습한 7~8월에 비가 내리지 않아, 사람들은 견디지 못하고 저마다 에어컨을 설치하는데, 에어컨의 증가는 기후 악화를 더욱더 심각하게 만들어 악순환이 형성된다.

더 심각한 잠재적 위험은 지하수가 지층의 구성 요소라는 것이다. 지하수가 모두 소진된 후 제때 보충되지 않으면 지하수 지층면은 상토층의 압박으로 무너지게 될 것이고, 지면의 건축물도 가라앉게 된다. 지면이 가라앉으면 지면의 건축물 또한 화를 입게 될 수밖에 없다. 이는 공연히 겁을 주려는 말이 아니다. 지면의 시멘트나 철강 설비가 촘촘하게 많을수록 지면의 투과성이 떨어지고, 수분 축적이 어려울수록 지면이 가라앉을 확률도 커질 수 있다는 것이다. 지상 건축물이 많을수록 촘촘해지고 지표면 함몰이 발생하면 결과도 더욱 심각해진다.

发达城市普遍采用三种办法解决这些难题。一是绿化。绿地的第一功能是保护生态，营造正常的气候环境。城市美与不美并不是第一位的，生存才是第一位的。现在已经没有不知道保护环境的重要性的了，但许多人并不知道广义的"环境"包括气候，而且气候在"环境"中占据十分重要的地位。没有良好的气候，人类是无法生存的。二是转移部分城市功能。[18]<u>对于特大城市来说，转移一部分功能是行之有效的。具体做法有卫星城与疏散居住人口两种模式。</u>第三是尽量减少硬地表的铺设。道路尽量窄一些，交通设施尽量简洁些，尽可能减少建立交桥。

北京城的软土面积比例越来越小，虽然年年植树种草，但还是赶不上铺设水泥的速度。[19]<u>有些草地是铺在斜坡上，起不到渗水作用，只有美化市容这样一项功能。</u>再加上北京的道路越修越宽，道路占地的比例越来越大，[19]<u>加之立交桥越来越多，桥的构造越来越复杂，占地也越来越多，</u>此外还有大量的水泥停车场、水泥广场。相比之下，软地就显得微不足道了。

城市生态气候的变异已经无声无息地<u>浮出水面</u>，露出了冰山一角。[16]<u>现在该是认真应对的时候了。</u>可喜的是，从诸多城市案例中，我们已经可以看到抵御气候变化的可能性，而处在城市化进程中的中国，更应做好应对气候变化的准备。

선진화된 도시는 보통 아래의 세 가지 방법을 채택하여 이 난제를 해결한다. 첫째, 녹화하는 것이다. 녹지의 첫 번째 기능은 생태를 보호하고 정상적인 기후 환경을 조성하는 것이다. 도시 미관이 우선이 아니라 생존이 우선이라는 것이다. 현재 환경보호의 중요성을 모르는 사람은 없다. 그러나 많은 사람들이 넓은 의미의 '환경'이 기후를 포함한다는 것을 알지 못하는데 기후는 '환경'에서 매우 중요한 위치를 차지하고 있다. 좋은 기후가 없다면 인류는 생존할 방법이 없다. 둘째, 도시의 기능 일부를 이전하는 것이다. [18]<u>대도시에서는 도시 기능의 일부를 옮기는 것이 효과적이다. 구체적인 방법으로는 위성도시와 거주민 분산이라는 두 가지 모델이 있다.</u> 셋째, 단단한 지면의 건설을 최소화하는 것이다. 도로는 가능한 한 좁게 만들고 교통 시설은 최대한 간결하게 만들며 교차로는 최대한 덜 만드는 것이다.

베이징의 토지 면적 비율은 점점 낮아지고 있어 매년 나무와 화초를 심고 있지만 시멘트가 깔리는 속도를 따라잡지 못하고 있다. [19]<u>일부 녹지는 비탈길에 형성되어 침수 작용을 일으키지 못하고 도시 외관을 아름답게 하는 기능만 있다.</u> 더구나 베이징의 도로는 수리할수록 넓어지고, 도로의 점유율은 갈수록 커지고 있다. [19]<u>게다가 교차로는 갈수록 많아지고 다리의 구조는 갈수록 복잡해지며, 부지 또한 갈수록 커지고 있다.</u> 그 밖에 시멘트 주차장, 시멘트 광장도 많이 있다. 이에 비하면 무른 땅은 보잘 것 없다.

도시 생태 기후의 변화 문제는 이미 소리소문없이 **수면에 떠 올라와** 빙산의 일각을 드러냈다. [16]<u>이제는 진지하게 이 문제를 마주할 시기가 되었다.</u> 다행스러운 것은 많은 도시의 사례를 통해 기후변화를 막을 수 있다는 가능성을 확인한 것이다. 도시화 과정이 진행 중인 중국에서라면 기후변화 대응을 더욱 잘 준비할 수 있을 것이다.

15 "城市生态气候"的概念中，不包括哪几项？

  ①. 城市无气象征兆
  2. 不刻意区分城市与农村
  3. 城市气候特征不明显
  ④. 不存在于发达程度高的城市

  A 2, 3   **B** 1, 3   **C** 1, 4   **D** 2, 4

15 '도시 생태 기후'의 개념에 포함되지 않는 것은?

  ①. 도시에는 기상 변화 징조가 없다
  2. 도시와 농촌을 인위적으로 구분하지는 않는다
  3. 도시기후의 특징이 뚜렷하지 않다
  ④. 발달 정도가 높은 도시에는 존재하지 않는다

  A 2, 3   **B** 1, 3   **C** 1, 4   **D** 2, 4

16 应怎样理解划线词语"不容忽视"在文中的意思？

  A 有关部门并未重视气候异变现象
  B 气候异变未曾引起过人们的重视
  C 忽视气候异变的人不在少数
  D 应给予气候异变足够的重视

16 밑줄 친 '무시할 수 없다'는 말은 본문에서 무엇을 의미하는가?

  A 관련 부서가 기후변화 현상을 결코 중시하지 않는다
  B 기후변화는 일찍이 사람들의 관심을 불러일으킨 적이 없다
  C 기후변화를 경시하는 사람들이 많다
  D 기후변화에 많은 관심을 기울여야 한다

17 为什么说北京降雨少与发展速度快有必然联系?

    A 人为制造的地貌影响了地表蒸发水分

    B 城市规模过大造成了蒸发量剧增

    C 空调的使用形成了酸雨

    D 城市建设造成了自来水的浪费

17 베이징의 강우량 감소와 발전 속도가 빠른 것이 왜 필연적으로 연관되어 있다고 하는가?

    A 인위적으로 만든 지형이 지면 수분 증발에 영향을 미쳐서

    B 도시 규모가 너무 커져 증발량이 급증해서

    C 에어컨의 사용이 산성비를 형성해서

    D 도시 건설이 수돗물의 낭비를 초래해서

18 关于发达城市采取的措施，哪种说法正确?

    A 减少个人绿地种植

    B 降低道路维修率

    C 转移部分乡村功能

    D 适当疏散居住人口

18 발달한 도시가 채택한 조치에 대해 옳은 것은?

    A 개인적인 녹지 경작을 줄인다

    B 도로 보수율을 낮춘다

    C 농촌의 기능 일부를 이전한다

    D 거주 인구를 적절히 분산시킨다

19 造成北京城软土面积比例缩小的原因是?

    A 地下水源与道路设施

    B 草地铺设位置与立交桥构造

    C 黄土地面与停车场

    D 施工速度与植树面积

19 베이징의 무른 땅 비율이 줄어드는 이유는?

    A 지하수원과 도로 건설

    B 녹지 형성 위치와 교차로 건축

    C 황토 지면과 주차장

    D 건설 속도와 녹지 면적

20 根据上下文，最后一段空白处最适合填入的词语是?

    A 浮出水面   B 浅尝辄止

    C 悬浮已久   D 游刃有余

20 문맥에 따르면 마지막 빈칸에 들어가기에 가장 적절한 말은?

    A 수면에 떠오르다   B 수박 겉핥기식이다

    C 부유한 지 오래다   D 식은 죽 먹기

21 根据本文，下列哪项正确?

    A 各大城市的地面最终将迎来塌陷

    B 地下水的消耗与蒸发会影响降雨量

    C 人口增长导致了气候异常

    D 城市生态气候的变异不可抵御

21 본문에 따르면 옳은 것은?

    A 대도시의 지면은 결국 붕괴하게 될 것이다

    B 지하수의 소모와 증발은 강우량에 영향을 미친다

    C 인구의 증가가 기후변화를 초래했다

    D 도시 생태 기후의 변화는 막을 수 없다

★生态 shēngtài 몡 생태 | 乍看 zhà kàn 통 언뜻 보다, 얼핏 보다 | 风马牛不相及 fēng mǎ niú bù xiāng jí 솅 전혀 상관없다 | 实则 shízé 뷘 사실상 | 欲 yù 통 바라다, 원하다 | 探探 tàn 통 알아보다 | 搞清楚 gǎoqīngchu 명확하게 하다 | ★陈旧 chénjiù 혱 낡다, 오래 되다 | ★覆盖 fùgài 덮다, 덮어 가리다 | 场合 chǎnghé 몡 장소 [추상적인 개념] | 特殊性 tèshūxìng 몡 특수성 | ★扩张 kuòzhāng 통 (세력·영토 따위를) 확장하다, 넓히다 | 独有 dúyǒu 통 혼자만 갖추고 있다 | 骤变 zhòubiàn 통 급변하다 | 异 yì 혱 다르다 [异变: 이변] | 不容 bù róng 용납하지 않다 | ★地步 dìbù 몡 지경 | 降雨量 jiàngyǔliàng 몡 강우량 | ★逐年 zhúnián 몡 매년 | 罕见 hǎnjiàn 보기 드물다, 희한하다 | 恰恰 qiàqià 뷘 바로, 꼭 | 绝 jué 뷘 결코 | 巧合 qiǎohé 몡 우연 | 地貌 dìmào 몡 지형 | 反作用 fǎnzuòyòng 몡 반작용 | 实际上 shíjìshang 뷘 사실상, 실제로 | 水库 shuǐkù 몡 저수지 | 蒸发 zhēngfā 통 증발하다 | 返还 fǎnhuán 통 되돌려 주다, 반환하다 | 无米之炊 wúmǐzhīchuī 솅 쌀 없이는 밥을 못 짓는다 | 过大 guòdà 혱 너무 크다, 지나치게 크다 | 水泥 shuǐní 몡 시멘트 [水泥化: 시멘트화] | 无法 wúfǎ 방법이 없다, 할 수 없다 | 涵养 hányǎng 통 (수분 따위를) 축적하다 | 进入 jìnrù 통 진입하다, 들다 | 下水 xiàshuǐ 몡 하류로 흘러가는 수로 [下水系统: 하수 시스템] | ★白白 báibái 뷘 헛되이 | ★流失 liúshī 떠나려가서 없어지다 | 住 zhù 통 [동사 뒤에 쓰여 견고함이나 안정됨을 나타내는 결과 보어] | 降 jiàng 통 내려가다 | 湿热 shīrè 혱 습기 차고 무덥다, 후덥지근하다 | ★熬 áo 통 (고통, 곤란 따위를) 참고 견디다 | 增多 zēngduō 통 증가하다, 많아지다 [명사화함] | 进一步 jìnyíbù (한 걸음 더) 나아가다 | ★加剧 jiājù 통 격화되다, 심해지다 | ★恶化 èhuà 악화 | 恶性循环 èxìng xúnhuán 몡 악순환 | 潜在 qiánzài 통 잠재하다 | 地层 dìcéng 몡 지층 | ★消耗 xiāohào 통 (정신·힘·물자 등을) 소모하다 | 소모 | 殆尽 dàijìn 거의 다하다 | 若 ruò 젭 만약 | 补给 bǔjǐ 통 보급하다 | 土层 tǔcéng 토양층 | 压迫 yāpò 통 압박하다 | 塌陷 tāxiàn 무너지다 | 建筑物 jiànzhùwù 몡 건축물 | 下沉 xiàchén 통 가라앉다 | 殃及 yāngjí 화가 미치다 | ★并非 bìngfēi 통 결코 ~가 아니다 | 危言耸听 wēiyánsǒngtīng 솅 일부러 과격한 말을 하여 남을 놀라게 하다 | 密 mì 혱 (거리가) 빽빽하다 | 采用 cǎiyòng 채택하다 | 难题 nántí 난제 | 绿化 lǜhuà 녹화 | 绿地 lǜdì 몡 녹지 | 营造 yíngzào 만들다 | 生存 shēngcún 통 생존하다 | ★广义 guǎngyì 넓은 의미 | 占据 zhànjù 점거하다, 점유하다 | 转移 zhuǎnyí 통 (방향이나 위치를) 이동하다 | 特大 tèdà 특대의 | 行之有效 xíngzhīyǒuxiào 솅 효과적이다 | 做法 zuòfǎ (일 처리나 물건을 만드는) 방법 | 卫星城 wèixīngchéng 위성도시 | ★疏散 shūsàn 분산시키다 | ★居住 jūzhù 거주하다 | 模式 móshì 모델 | 铺设 pūshè (도로를) 깔다 | 道路 dàolù 몡 도로 | 简洁 jiǎnjié 간결하다 | 尽可能 jǐnkěnéng 뷘 되도록, 가능한 한 | 年年 niánnián 몡 해마다, 매년 | 赶不上 gǎn bu shàng 따라가지 못하다 | 草地 cǎodì 몡 잔디밭, 풀밭 | 斜坡 xiépō 몡 비탈 | 起不到 qǐ bu dào 일으키지 못하다 | 渗水 shènshuǐ 통 물이 새다 [渗水作用: 침수 작용] | 美化 měihuà 미화 | 市容 shìróng 몡 도시의 모습 | 再加上 zàijiāshàng 게다가 | 修 xiū 건설하다 | 占地 zhàndì 토지를 점용하다 | 加之 jiāzhī 젭 게다가 | ★立交桥 lìjiāoqiáo 몡 교차로 | 构造 gòuzào 몡 구조 | 大量 dàliàng 혱 대량의, 다량의, 많은 양의 | 停车场 tíngchēchǎng 몡 주차장 | ★相比之下 xiāngbǐzhīxià

그것과 비교하면 | **软地** ruǎndì 명 무른 땅 | ★**微不足道** wēibùzúdào 성 보잘 것 없다, 언급할 가치도 없다 | ★**变异** biànyì 명 변화 | **无声无息** wúshēngwúxī 성 소리소문없다 | **露出** lùchū 동 드러내다 | **冰山一角** bīngshānyījiǎo 빙산의 일각 | **应对** yìngduì 동 대응하다, 대처하다 | **可喜** kěxǐ 형 만족스럽다 | ★**诸多** zhūduō 형 수많은, 많은 | **案例** ànlì 명 사례 | ★**抵御** dǐyù 동 막아 내다 | **处在** chǔzài 동 (사람·사물이 어떤 지위·상태·환경·시간에) 처하다, 놓이다 | **进程** jìnchéng 명 진행 과정 | **征兆** zhēngzhào 명 징조 | ★**刻意** kèyì 형 인위적인 | **区分** qūfēn 동 구분하다, 분별하다, 나누다 | **并未** bìngwèi 명 결코 ~적이 없다 | **曾** céng 명 일찍이, 이미, 벌써, 이전에 | **不在少数** bú zài shǎo shù 적지 않다, 많다 | **给予** jǐyǔ 동 주다 | **剧增** jùzēng 동 폭증하다 | **酸雨** suānyǔ 명 산성비 | **自来水** zìláishuǐ 명 수돗물 | **种植** zhòngzhí 동 심다, 재배하다 | **乡村** xiāngcūn 명 농촌, 시골 | **适当** shìdàng 형 적절하다, 적당하다, 알맞다 | **地面** dìmiàn 명 지면 | **施工** shīgōng 명 시공 | **空白处** kòngbáichù 명 공백 | **填入** tiánrù 동 기입하다 | **浮出水面** fúchū shuǐmiàn 수면 위로 떠오르다 | **浅尝辄止** qiǎnchángzhézhǐ 명 수박 겉핥기식이다, 중도에 그만두다 | **悬浮** xuánfú 동 (공중에) 뜨다, 부유하다 | **游刃有余** yóurènyǒuyú 성 식은 죽 먹기 | **最终** zuìzhōng 형 최종의, 맨 마지막의 | **增长** zēngzhǎng 동 증가하다

● Day 25 **22** B   **23** B   **24** A   **25** A   **26** B   **27** C   **28** D

22 B [经过明确定义的基因 명확한 정의를 거친 유전자 / 后代表现可准确预期 후대의 발현을 정확히 예측할 수 있다] 본문에서는 유전자 조작 및 변형한 것은 명확한 정의를 거친 유전자로, 식품의 영양가를 낮추고 기능이 분명하며, 후대의 발현을 정확히 예상할 수 있다고 했다. 이중 보기에서 언급된 것은 3, 4번 이므로 답은 B이다.

23 B [最大的误解 가장 큰 오해 → 误以为 오해하다 / 转变人体的基因 인체의 유전자를 변형하다] 두 번째 단락 마지막에 유전자변형식품의 안전성에 대해 말했지만 세 번째 단락 첫 문장에서 역접을 나타내는 표현 '尽管如此'를 사용하여 보기 B의 내용이 언급되었다.

24 A [忧心忡忡 yōuxīn chōngchōng 근심 걱정이 태산 같다] '忧心忡忡'의 '忡忡'은 근심하는 모양을 의미한다. 정확한 의미를 모르더라도, '忡忡'에 '心(마음 심)'의 부수가 들어가 있어 마음과 관련된 어휘일 가능성이 크다는 것을 알 수 있다. 보기 A '惶惶不安(무섭고 불안하다)'에서 '惶惶'과 비슷한 의미를 가지고 있다.

25 A [都需要慎重选择 항상 신중하게 선택해야 한다 → 需谨慎选择 신중히 선택해야 한다] 화자는 유전자 변형을 반대하는 사람들의 '유전자변형식품을 먹으려면 신중해야 한다'는 주장이 '올바른 헛소리'라고 생각하는 근거를 뒤에 제시하고 있다. 어떤 식품을 먹든지 항상 신중한 선택을 해야 한다는 말은 보기 A의 내용과 의미가 통한다.

26 B [已知的益处 이미 알고 있는 이점] 네 번째 단락에서는 유전자변형식품의 이점을 다양하게 나열하고 있다. 보기 중 언급되지 않은 내용은 '벼의 칼슘 함량을 높여 준다'는 내용이다.

27 C [更安全 더 안전하다 → 具有较高的安全性 비교적 높은 안정성을 지닌다] 다섯 번째 문단 초반에 '유전자변형식품은 안전할 뿐만 아니라, 같은 종류의 유전자 변형을 하지 않은 식품보다도 더 안전하다'고 직접적으로 언급했다.

28 D [起到A作用 A 역할/작용을 하다] 문맥상 유전자 변형 작물의 연구 개발이 국가 식량 안보를 확보하는 데 있어서 '중요한' 역할을 한다고 연결되는 것이 가장 자연스럽다.

基因技术被称为"人类历史上应用最为迅速的重大技术之一"。目前，世界上许多国家都把转基因生物技术作为支撑发展、引领未来的战略选择。可以说，"转基因"已成为各国抢占科技制高点和增强农业国际竞争力的战略重点。

基因技术中所操作和转移的一般是 [22]经过明确定义的基因，提高食品的营养价值，功能清楚，[22]后代表现可准确预期。自然界中同样广泛存在自发的转基因现象，譬如植物

유전자 기술은 '인류 역사상 적용이 가장 빠른 중대한 기술 중 하나'로 불린다. 현재 전 세계 많은 국가에서 유전자 변형 바이오 기술의 발전을 지지하고 이를 미래를 이끄는 전략으로 선택하고 있다. '유전자 변형'은 각국이 과학기술 고지를 점령하고 농업 국제 경쟁력을 끌어올리는 데 필요한 전략적 우선순위가 되었다고 할 수 있다.

유전자 기술에서 조작 및 변형하는 것은 보통 [22]명확한 정의를 거친 유전자로, 식품의 영양가를 높이고 기능이 분명하며, [22]후대의 발현을 정확히 예측할 수 있다. 자연에도 마찬가지로 자발적인 유전자 변형 현상이 광범위하게 존재하는데,

03 빈칸에 알맞은 단어 고르기 **143**

界的异花授粉、天然杂交以及农杆菌天然转基因系统等等。转基因技术应用在社会各个领域中，较为常见的包括利用转基因技术改良农作物、生产疫苗、食品等。含有转基因作物成分的食品被称为转基因食品，其与非转基因食品具有同样的安全性。世界卫生组织以及联合国粮农组织认为：凡是通过安全评价上市的转基因食品，与传统食品一样安全，可以放心食用。

尽管如此，[23]仍然有人误以为转基因食品是要转变人体的基因，并为此忧心忡忡。其实，转基因指的是把外源基因转入作物之中发挥有益的作用，目前用得最多的是从芽孢杆菌克隆出来的一种基因，有了这种基因的作物会制造出一种毒性蛋白，这种蛋白对其他生物无毒，但能杀死某些特定的害虫，这样，农民就能减少喷洒杀虫剂的次数，从而减少或消除农药对食品的污染。

反转基因的人士一直声称"食用转基因食品需谨慎"。然而，这是一句正确的废话，[25]因为食用任何食品都需要慎重选择。所谓"天然"食品同样不可能排除有害的可能性：海鲜可能引起人的过敏反应；胆固醇可能引起心脏病等等。大众应该有这样的疑问：有没有任何一项合理的理由和确凿的证据表明市场上的转基因食品要比相应的"天然"食品更有害健康？目前的答案是没有。[26]我们不能为了一种没有依据的未来风险而放弃已知的益处，这些益处包括减少农药使用、增加产量、增加营养价值等等。目前正准备大力推广的转基因水稻[26]"金大米"就是通过转基因技术让水稻制造 β-胡萝卜素，有助于消灭在亚洲地区广泛存在的维生素A缺乏症。转基因技术也可提高水稻中铁元素的含量，以减少亚洲妇女常见的贫血症。

事实上，[27]转基因食品不仅是安全的，而且往往要比同类非转基因食品更安全。中国农业大学教授罗云波指出：人类从古到今每天食用的肉、蛋、奶；蔬菜、水果、粮食；食用菌、酿造酒等都来自各种动植物和微生物的基因，"可以说一嘴咬下去，满口都是基因"。大量权威数据也表明，传统农业会对环境造成严重伤害，转基因技术可以大大减少农业对环境的影响。第一个转基因作物商业化种植的10年取得的进展包括杀虫剂的使用明显减少；化石燃料的节省；通过除草剂耐受性的应用实施免耕种植来保持水土等。

예를 들면 식물의 타가수분이나 자연교잡, 아그로박테리움 자연 유전자 변형 체계 등이 있다. 유전자 변형 기술은 사회 각 분야에 적용되고 있다. 비교적 흔한 사례로는 유전자 변형 기술을 이용한 작물 개량, 백신 생산, 식품 생산 등이 있다. 유전자 변형 농작물 성분이 함유된 식품을 유전자변형식품이라고 부르는데, 유전자 변형을 하지 않은 일반 식품과 안전성이 동일하다. WHO와 FAO에서는 "모든 안전 평가를 거쳐 출시한 유전자변형식품은 모두 일반 식품과 동일하게 안전하니 안심하고 섭취해도 된다"고 밝혔다.

그런데도 [23]여전히 어떤 사람들은 유전자변형식품이 인체의 유전자를 변형할 수 있다고 오해하여 걱정한다. 사실 유전자 변형은 외래 유전자를 작물에 이식하는 과정에서 발생하는 유익한 작용을 가리킨다. 현재 가장 많이 사용하는 것은 바실러스균의 클론에서 나온 유전자로, 이 유전자를 이식받은 작물은 독성 단백질을 생산한다. 이 단백질은 다른 생물에는 독성이 없지만 일부 특정한 해충은 죽일 수 있다. 이렇게 농민은 살충제 살포 횟수를 줄일 수 있어 농약으로 인한 식품 오염을 줄이거나 없앨 수 있게 된다.

유전자 변형을 반대하는 사람들은 계속해서 '유전자변형식품을 먹으려면 신중해야 한다'고 주장한다. 하지만, 이는 '올바른 헛소리'이다. [25]어떤 식품을 먹든지 항상 신중한 선택을 해야 하기 때문이다. 소위 '자연'식품도 마찬가지로 해로울 가능성을 배제할 수 없다. 예를 들면, 해산물은 알레르기 반응을 일으킬 수 있고, 콜레스테롤은 심장병을 일으킬 수 있다. 대중은 이런 의문이 들 것이다. "시장에 나온 유전자변형식품이 상응하는 자연식품보다 더 건강에 해롭다는 합리적인 이유나 확실한 근거가 있는가?" 지금의 답은 '없다'이다. [26]미래의 근거 없는 위험 때문에 농약 사용을 줄이거나 생산량과 영양가 증가 등의 이미 알고 있는 이점을 포기할 수는 없다. 현재 대대적 보급을 준비 중인 유전자 변형 벼 [26]'황금쌀'은 유전자 변형 기술을 통해 벼에 베타카로틴을 넣은 것으로, 아시아 지역에 널리 존재하는 비타민A 부족 증상을 없애는 데 도움이 된다. 또한, 유전자 변형 기술로 벼에 철 함량을 높여 아시아 여성에게 흔히 나타나는 빈혈을 줄일 수도 있다.

사실상 [27]유전자변형식품은 안전할 뿐만 아니라, 같은 종류의 유전자 변형을 하지 않은 식품보다도 더 안전하다. 중국농업대학 교수 뤄윈보(罗云波)는 "인류가 예로부터 매일 섭취한 육류, 계란, 우유, 채소, 과일, 곡류, 식용 균류, 양조주 등은 모두 각종 동식물 및 미생물의 유전자에서 유래한 것이므로 '한입 물면 온 입안이 유전자로 가득하다'고 말할 수 있다"라고 했다. 다량의 권위 있는 데이터에 따르면, 현재 농업은 환경에 심각한 해를 끼칠 수 있는데, 유전자 변형 기술은 농업이 환경에 끼치는 영향을 크게 줄여 줄 수 있다. 첫 번째 유전자 변형 작물의 상업화 재배 후 10년 동안 얻은 발전으로는 살충제 사용의 현저한 감소, 화석연료 절약, 제초제 내성을 이용한 무경운 재배를 통한 수분과 토양 유지 등이 있다.

从世界范围看，转基因作物研发已拥有非常好的基础。发展生物技术，与传统技术紧密结合、拓宽育种途径、提高育种效率，对突破资源环境约束，巩固粮食等主要农产品的生产能力及供给水平，保障国家粮食安全有起到了<u>举足轻重</u>的作用。

전 세계적인 범위에서 봤을 때, 유전자 변형 작물의 연구·개발은 이미 매우 우수한 기반을 갖추고 있다. 바이오 기술의 발전은 기존의 기술과 긴밀히 결합하고, 품종 개량 경로를 확대하고, 품종 개량 효율을 높인다. 이로써 자원 환경의 제약을 극복하고, 식량 등 주요 농산물의 생산능력 및 공급 수준을 튼튼히 다지며, 국가 식량 안보를 확보하는 데 <u>매우 중요한</u> 역할을 한다.

22 根据第二段，下列哪几个选项能说明转基因食品是安全的?

1. 保持营养均衡
2. 富含蛋白质
③. 后代表现准确预期
④. 有明确定义的基因

A 1, 4　　B 3, 4　　C 1, 2　　D 2, 3

22 두 번째 문단에 근거하여 다음 중 유전자변형식품의 안전함을 설명해 주는 것은?

1. 영양의 균형을 유지해 준다
2. 단백질이 풍부하다
③. 후대의 발현을 정확히 예측할 수 있다
④. 명확한 정의가 있는 유전자다

A 1, 4　　B 3, 4　　C 1, 2　　D 2, 3

23 人们对转基因食品最大的误解是?

A 带来经济损失
B 要转变人体的基因
C 引起不可预测的气候变化
D 影响农作物的收获

23 유전자변형식품에 대한 사람들의 가장 큰 오해는 무엇인가?

A 경제적 손실을 가져온다
B 인체의 유전자를 변형시킨다
C 예측 불가능한 기후변화를 일으킨다
D 농작물의 수확에 영향을 끼친다

24 第三段中的划线成语"忧心忡忡"中的"忡忡"与下列哪项意思一致?

A (惶惶)不安
B 郁郁(葱葱)
C (洋洋)自得
D 逃之(夭夭)

24 세 번째 문단의 밑줄 친 성어 '忧心忡忡'에서 '忡忡(근심하는 모양)'과 의미가 비슷한 것은?

A 무섭고 불안하다 – 惶惶(불안해서 떠는 모양)
B 울창하고 무성하다 – 葱葱(초목이 짙푸르게 무성한 모양)
C 득의양양하다 – 洋洋(가득하다)
D 줄행랑을 놓다 – 夭夭(젊고 아름다운 모양)

25 怎样理解第四段中"这是一句正确的废话"的意思?

A 需谨慎选择的不只是转基因食品
B 天然食品具有更多选择性
C 体现了转基因食品技术上的谨慎
D 食用转基因食品应遵医嘱

25 네 번째 문단의 '이는 올바른 헛소리이다'의 의미를 어떻게 해석할 수 있는가?

A 신중히 선택해야 하는 것은 유전자변형식품만이 아니다
B 자연식품은 더 다양한 선택지가 있다
C 유전자변형식품 기술의 신중함을 드러냈다
D 유전자변형식품의 섭취는 의사의 지시를 따라야 한다

26 根据第四段，下列哪项不是转基因技术带来的益处?

A 降低了农作物种植中农药的使用率
B 有效提高水稻中钙元素的含量
C 具有减少亚洲妇女常见贫血症的作用
D "金大米"对消灭维生素A缺乏症的功效

26 네 번째 문단에 따르면, 유전자 변형 기술이 가져다주는 이점이 아닌 것은?

A 농작물 재배 중 농약의 사용률을 낮춰 준다
B 벼의 칼슘 함량을 효과적으로 높여 준다
C 아시아 여성에게 흔히 나타나는 빈혈을 줄여 주는 작용이 있다
D '황금쌀'은 비타민A 부족 증상을 없애 주는 효과가 있다

27 第五段主要想告诉我们什么?

A 同类非转基因食品具有更高的安全性

B 安全性仍是转基因食品有待解决的难关

C 转基因食品具有较高的安全性

D 非转基因食品的食用价值高于转基因食品

28 根据上下文,最后一段空白处最适合填入的词语是?

A 必不得已　　　　B 九牛一毛

C 明知故问　　　　D 举足轻重

27 다섯 번째 문단에서 말하고자 하는 것은 무엇인가?

A 같은 종류의 유전자 변형을 하지 않은 식품은 더 높은 안전성을 가진다

B 안전성은 여전히 유전자변형식품이 해결해야 할 문제이다

C 유전자변형식품은 비교적 높은 안전성을 지닌다

D 유전자 변형을 하지 않은 식품의 식용 가치는 유전자변형식품보다 높다

28 문맥상 마지막 문단 빈칸에 알맞은 단어는?

A 도저히 어쩔 수 없다　　B 많은 가운데 극히 적은 부분

C 잘 알면서 일부러 묻다　　D 매우 중요하다

★基因 jīyīn 명 유전자, 유전인자 | 称为 chēngwéi 통 ~라고 부르다 [被称为: ~라고 불리다] | 最为 zuìwéi 부 가장, 제일, 맨 먼저 [2음절의 형용사나 동사 앞에 놓여 최상급을 나타냄] | 之一 zhīyī 명 ~(의) 하나 [A는……之一: A는 ~중 하나이다] | ★生物 shēngwù 명 생물 | 支撑 zhīchēng 통 기반하다, 지탱하다 | ★引领 yǐnlǐng 통 이끌다, 인도하다, 인솔하다 | 战略 zhànlüè 명 전략 [전술의 상위개념] | 转基因 zhuǎnjīyīn 명 유전자 변형 | 抢占 qiǎngzhàn 통 점령하다 | 制高点 zhìgāodiǎn 명 고지 | 增强 zēngqiáng 통 강화하다, 증강하다, 높이다 | 竞争力 jìngzhēnglì 명 경쟁력 | 操作 cāozuò 통 조작하다 | 转移 zhuǎnyí 통 (방향이나 위치를) 전이하다, 옮기다, 이동시키다 | ★定义 dìngyì 명 정의 | 降低 jiàngdī 통 낮추다, 내리다, 인하하다 | 食品 shípǐn 명 식품 | 营养价值 yíngyǎng jiàzhí 영양가 | 后代 hòudài 명 후대, 후세 | 预期 yùqī 통 예상하다, 미리 기대하다 | ★自然界 zìránjiè 명 자연계 | ★自发 zìfā 형 자발적인, 스스로 발생한, 자연적인, 무의식적인 | ★譬如 pìrú 통 예를 들다 | 异花授粉 yìhuāshòufěn 타가수분 [서로 다른 유전자를 가진 꽃의 꽃가루가 곤충이나 바람, 물 따위의 매개에 의해 열매나 씨를 맺는 일] | 天然 tiānrán 형 자연의, 천연의, 자연적인 | ★杂交 zájiāo 통 (품종이나 속이 다른 생물끼리) 교잡하다, 교배하다 | 农杆菌 nónggǎnjūn 아그로박테리움 [세균] | 各个 gègè 명 각각의, 개개의 | 较为 jiàowéi 부 비교적 [같은 종류의 사물과 비교해서 한 단계 위임을 나타냄] | 常见 chángjiàn 형 흔한, 늘 보이는, 흔히 보는 | 改良 gǎiliáng 통 개량하다 | ★农作物 nóngzuòwù 명 농작물 | ★疫苗 yìmiáo 명 백신 | 含有 hányǒu 통 함유하다, 포함하다 | 作物 zuòwù 명 농작물, 작물 | 具有 jùyǒu 통 지니다, 가지다, 있다 | 同样 tóngyàng 형 동일하다, 같다 | 安全性 ānquánxìng 명 안전성 | 世界卫生组织 Shìjiè Wèishēng Zǔzhī 고유 세계보건기구(WHO) | 联合国粮农组织 Liánhéguó Liángnóng Zǔzhī 고유 유엔식량농업기구(FAO) | 凡是 fánshì 명 모든, 다 | 上市 shàngshì 통 출시되다 | ★食用 shíyòng 통 섭취하다, 먹다 | 如此 rúcǐ 대 이와 같다, 이러하다 [尽管如此: 그런데도, 그럼에도 불구하고] | 误 wù 통 오해하다 | ★人体 réntǐ 명 인체 | 为此 wèicǐ 접 이 때문에, 이를 위해서, 그런 까닭에 | 忧心忡忡 yōuxīnchōngchōng 성 근심 걱정이 태산 같다, 깊은 시름에 빠지다 | 外源 wàiyuán 외래, 외인성 | 转入 zhuǎnrù 통 ~로 바꾸다, ~로 변하다 | 有益 yǒuyì 형 유익하다, 도움이 되다 | 芽孢杆菌 yábāogǎnjūn 명 바실러스균 | ★克隆 kèlóng 통 클론 | 毒性 dúxìng 명 독성 | 蛋白 dànbái 명 단백질 | 无毒 wúdú 형 독이 없다 | 杀死 shāsǐ 통 죽이다 | 特定 tèdìng 형 특정한, 특별히 지정한 | 害虫 hàichóng 명 해충 | 喷洒 pēnsǎ 통 살포하다, 뿌리다 | 杀虫剂 shāchóngjì 명 살충제 | 次数 cìshù 명 횟수 | 消除 xiāochú 통 없애다, 해소하다 | 农药 nóngyào 명 농약 | 人士 rénshì 명 인사 | 声称 shēngchēng 통 주장하다, 공언하다, 성명하다 | ★慎重 shènzhòng 형 신중하다 | ★所谓 suǒwèi 형 소위, 이른바 | 排除 páichú 통 제거하다, 없애다 | 有害 yǒuhài 형 해롭다, 유해하다 | 可能性 kěnéngxìng 명 가능성 | 胆固醇 dǎngùchún 콜레스테롤 | 心脏病 xīnzàngbìng 명 심장병 | ★确凿 quèzáo 형 확실하다, 명확하다, 근거가 있다 | 相应 xiāngyìng 통 상응하다, 어울리다, 호응하다 | 依据 yījù 통 근거하다, 의거하다 | 已知 yǐzhī 통 이미 알다 | 益处 yìchu 명 이점, 이익, 좋은 점 | 产量 chǎnliàng 명 생산량 | ★水稻 shuǐdào 명 벼 | 大米 dàmǐ 명 쌀, 벼 | β-胡萝卜素 bèitāhúluóbùsù 베타카로틴 | 有助于 yǒuzhùyú ~에 도움이 되다 | 消灭 xiāomiè 통 없어지다, 소멸하다, 사라지다, 멸망하다 | 维生素 wéishēngsù 비타민 | 缺乏症 quēfázhèng 명 부족 증상, 결핍증 | 铁 tiě 명 철 | 元素 yuánsù 명 요소 | 含量 hánliàng 명 함량 | 妇女 fùnǚ 명 성인 여성, 부녀 | 贫血症 pínxiězhèng 명 빈혈 | 事实上 shìshíshang 사실상 | ★同类 tónglèi 명 같은 종류, 동류 | 罗云波 Luó Yúnbō 인명 뤄윈보 | 指出 zhǐchū 통 밝히다, 지적하다, 가리키다 | 食用菌 shíyòngjūn 명 식용균 | 酿造酒 niàngzàojiǔ 명 양조주 | 动植物 dòngzhíwù 명 동식물 | 微生物 wēishēngwù 명 미생물 | 咬 yǎo 통 물다, 베물다 | 大量 dàliàng 형 다량의, 대량의, 많은 양의 | ★权威 quánwēi 명 권위 있는 사물, 권위 | 商业化 shāngyèhuà 명 상업화 | 种植 zhòngzhí 통 재배하다, 씨를 뿌리고 묘목을 심다 | 取得 qǔdé 통 얻다, 취득하다 | 进展 jìnzhǎn 통 발전하다, 진전하다, 진보하다, 발달하다 | 化石 huàshí 명 화석 | 燃料 ránliào 명 연료 | 除草剂 chúcǎojì 명 제초제, 살초제 | 耐受性 nàishòuxìng 명 내성 | ★实施 shíshī 통 실시하다, 실행하다 | 免耕 miǎngēng 명 무경운 [免耕种植: 무경운 재배] | 水土 shuǐtǔ 명 (지표의) 수분과 토양 | 研发 yánfā 통 연구·개발하다 | 拥有 yōngyǒu 통 가지다, 지니다, 보유하다, 소유하다 | 紧密 jǐnmì 형 긴밀하다, 밀접하다 | ★拓宽 tuòkuān 통 확대하다, 확장하다, 넓히다 | 育种 yùzhǒng 명 품종개량 | 途径 tújìng 명 경로, 방법, 수단 | ★突破 tūpò 통 (한계·난관을) 극복하다, 돌파하다 | 约束 yuēshù 통 제약하다, 제한하다, 규제하다 | 巩固 gǒnggù 형 튼튼하다, 견고하다, 공고하다 [주로 추상적인 사물에 쓰임] | 农产品 nóngchǎnpǐn 명 농산품 | 供给 gōngjǐ 통 공급하다 | ★保障 bǎozhàng 통 (생명·재산·권리 등을) 보장하다, 보증하다 | ★均衡 jūnhéng 명 균형, 평형 | ★富含 fùhán 통 대량으로 함유하다 | 蛋白质 dànbáizhì 명 단백질 | 误解 wùjiě 명 오해 | 预测 yùcè 통 예측하다 | 惶惶不安 huánghuángbùān 성 무섭고 불안하다 | 郁郁葱葱 yùyùcōngcōng 성 울창하고 무성하다 | 洋洋自得 yángyángzìdé 득의양양하다 | 逃之夭夭 táozhīyāoyāo 성 줄행랑을 놓다 | 遵 zūn 통 따르다, 지키다 | 医嘱 yīzhǔ 명 의사의 지시 | 使用率 shǐyònglǜ 명 사용률 | 有效 yǒuxiào 형 효과가 있다, 유효하다, 유용하다 | ★钙 gài 명 칼슘 | ★功效 gōngxiào 명 효과, 효능 | 有待 yǒudài 통 ~할 필요가 있다, ~가 요구되다 | ★难关 nánguān 명 문제, 난관 | 高于 gāoyú 형 ~보다 높다 | 空白 kòngbái 명 공백, 여백 | 必不得已 bì bù dé yǐ 성 도저히 어쩔 수 없다 | 九牛一毛 jiǔniú-yīmáo 성 많은 가운데 극히 적은 부분 | 明知故问 míng zhī gù wèn 성 잘 알면서 일부러 묻다 | 举足轻重 jǔzúqīngzhòng 성 매우 중요하다, 일거수일투족이 전체에 중대한 영향을 끼치다

● Day 31　**1** A　　**2** C　　**3** C　　**4** D　　**5** A　　**6** B　　**7** C

1　**A** [互联网和大数据的推动 인터넷과 빅데이터의 발전 → 互联网和大数据的大力推动 인터넷과 빅데이터의 대대적인 발전]　첫 번째 문단에 인터넷과 빅데이터의 대대적인 발전으로 인공지능은 '새봄'을 맞이했다고 직접적으로 언급했다. 질문에 '为什么'가 있을 때는 본문에 원인, 이유와 함께 쓰이는 '因为/由于'가 있는지 살펴보자.

2　**C** [语音识别、……无人驾驶汽车等人工智能技术均取得了突破性进展 음성인식, (…) 자율주행자동차 등의 인공지능기술은 획기적인 발전을 이루었다]　인공지능의 발전 분야에 대해 묻고 있는 문제이다. 첫 번째 문단에서 '음성인식, 이미지 분류, 기계번역, 웨어러블 기기, 자율주행자동차' 등의 인공지능기술이 획기적인 발전을 이루었다고 직접적으로 언급했다. 보기에 제시된 것은 1, 4로 정답은 C이다.

3　**C** [广泛应用 광범위하게 사용되다 → 涉及到我们生活的各个方面 우리 삶의 여러 분야에 사용되고 있다]　두 번째 문단에서는 중국의 인공지능기술이 얼마나 빠르게 진행되고 있는지 소개하며, 인공지능은 '국방, 의료, 산업, 농업, 금융, 비즈니스, 교육, 공공안전' 등의 분야에서 광범위하게 사용되어 산업구조의 큰 혁신을 일으킬 것이라고 했으므로, 답은 C이다.

4　**D** [活辞典 척척박사]　'中国通'은 '중국에 정통한 사람', '四通八达'는 '교통이 매우 편리하다', '万事亨通'은 '모든 것이 뜻대로 잘 됨'을 나타내는 표현이다. '百事通'은 '모든 일에 능한 사람'이라는 뜻으로, '걸어다니는 사전', 즉 물어보면 뭐든지 대답해 줄 것 같은 사람에게 붙이는 별명인 '活辞典'이 정답이다.

5　**A** [自然语言处理领域的突破 자연어 처리 분야의 발전]　네 번째 문단에서 기계가 더 똑똑해진 것 중 자연어 처리 분야의 발전을 빼놓을 수 없다고 직접적으로 언급했다. 따라서 답은 A이다. 어려운 지문일수록 답을 쉽게 찾을 수 있다.

6　**B** [一旦拥有智慧，人类或遭遇灭顶之灾 지능을 갖게 되면 인간은 치명적인 재난을 맞게 될지도 모른다]　다섯 번째 문단에서 인공지능이 지능을 가지게 되면 인간에게 치명적인 재난이 될 것이라고 많은 사람들이 우려한다고 했으므로, 답은 B이다.

7　**C** [把握得好，人工智能就是天使 잘 파악한다면 인공지능을 천사로 만들 수 있다]　밑줄 친 문장 뒤 '잘 파악하면 인공지능을 천사로 만들 수 있다'는 말은 인공지능의 발전이 인간에게 달려 있다는 의미로 이해할 수 있다.

"人工智能"这一概念诞生于20世纪50年代。¹而21世纪以来，因为有了互联网和大数据的推动，"人工智能"可谓是"进入了新的春天"。²语音识别、图像分类、机器翻译、可穿戴设备、无人驾驶汽车等人工智能技术均取得了突破性进展。

中国人工智能技术攻关和产业应用虽然起步较晚，但发展势头迅速。有数据显示，2014年，中国市场的工业机器人销量猛增54%，达到5.6万台。2014年中国智能语音交互产业规模达到100亿元；指纹、人脸、虹膜

'인공지능'이라는 개념은 1950년대에 생겨났다. ¹21세기에 들어선 후 인터넷과 빅데이터의 대대적인 발전으로 인공지능은 '새봄을 맞이했다'고 할 수 있다. ²음성인식, 이미지 분류, 기계번역, 웨어러블 기기, 자율주행자동차 등의 인공지능기술은 획기적인 발전을 이루었다.

중국의 인공지능기술에 대한 기술적인 문제 해결과 산업 응용은 비록 시작이 늦었지만, 발전 추세는 빠르다. 한 데이터에 따르면 2014년 중국 시장의 공업로봇 판매량은 54% 급증하여 56,000대를 달성했다. 2014년 중국 스마트 음성 인터페이스 산업 규모는 100억 위안에 달한다. 지문, 안면, 홍채 인식 등의 산업 규모도 100억 위안에 달한다. 업계 관계자는 '인공

识别等产业规模达100亿元。有业内人士表示，人工智能技术的快速发展，将是中国制造弯道超车的一次绝佳机会。中科院谭院士曾表示：³人工智能将在国防、医疗、工业、农业、金融、商业、教育、公共安全等领域取得广泛应用，引发产业结构的深刻变革。

现在市场上流行的语音助手越来越多，其用途都差不多，既可以充当用户生活的"百事通"，又能够一定程度上陪着用户"插科打诨"。它们的推出是电子产品进一步智能化的表现，也是人工智能技术的一个应用。

因为具备了与人交流的一些功能，机器变得更聪明，⁵这当中离不开自然语言处理领域的突破，自然语言处理就是将人类的语言分析转化生成计算机可以理解的语言。搜索引擎中的意图分析和精准问答、电子商务中的自动客服、社交网络中的好友推荐，这些应用背后都有自然语言处理技术作为支撑，而自动问答、知识挖掘、情感分析、图像视频识别等正是目前人工智能重点关注的领域，随着互联网、大数据时代的到来，人工智能的发展将进入"井喷期"。

然而，似乎从人类幻想出"人工智能"这一概念的时刻起，关于"人工智能是天使还是魔鬼"的争论便从未停止，一方面，人们期待人工智能可以像卡通形象"大白"一样造福于人类；但另一方面，⁶不少人却担心人工智能一旦拥有智慧，人类或遭遇灭顶之灾。

在一些科幻大片中，未来会有像机器人那样的智能生命代替人类接管地球的场景。人工智能如果获得超越人类的智能，是否会反过来统治人类？一些乐观人士持否定态度，因为如果智商能成就权力，那国家就应由科学家、哲学家或象棋天才来统治，可世界大多数国家的首脑并不是智力最为超群的那群人，而是因为他们能力强、人脉广、魅力十足等原因才成为领袖从而号令他人。这些特点恰恰是未来的人工智能很难学到的，况且任何占领地球的计划都需要很多人的协作，人工智能会具备如此强大并统一的执行力吗，这很值得怀疑。还有人担心，如果人工智能发展不合理，未来的人类世界不仅会处于自己创造的危机之中，还极有可能出现人群两极化，精英人群控制智能终端，而普通大众则在智能化产品的包围和照顾下逐渐退化，最后成为被奴役的对象。

지능기술의 빠른 발전이 중국 제조업이 (다른 국가를) 추월할 수 있는 절호의 기회가 될 것'이라고 밝혔다. 중국과학원 회원인 탄 씨는 ³"인공지능은 국방, 의료, 공업, 농업, 금융, 상업, 교육, 공공안전 등 분야에서 광범위하게 사용되어 산업구조의 큰 혁신을 일으킬 것이다"라고 말했다.

현재 시장에서 인기를 끄는 음성 어시스턴트가 점차 많아지고 있는데, 그 용도는 모두 비슷하다. 이용자에게 '척척박사'가 되어줄 뿐만 아니라, 어느 정도 익살스러운 대화도 가능하다. 음성 어시스턴트의 출시는 전자 상품이 한층 더 스마트해졌음을 보여 주며, 인공지능기술의 응용이기도 하다.

사람과 소통할 수 있는 기능이 탑재되면서 기계는 더 똑똑해졌는데, ⁵그중 자연어 처리 분야의 발전을 빼놓을 수 없다. 자연어 처리는 인간의 언어를 분석하여 컴퓨터가 이해할 수 있는 언어로 전환하는 것이다. 검색엔진의 의도 분석과 정확한 응답, 전자상거래의 AI 고객 센터, SNS 친구 추천 등의 서비스에 자연어 처리 기술이 뒷받침하고 있다. 또한 자동응답, KDD, 감정 분석, 영상 이미지 식별 등은 현재 인공지능이 중점적으로 관심을 가지는 분야이다. 인터넷과 빅데이터 시대를 맞이하면서 인공지능의 발전은 폭발적인 발전 시기에 접어들 것이다.

하지만 인간이 '인공지능'이라는 개념을 상상해 낸 순간부터 '인공지능은 과연 천사일까, 악마일까?'에 관한 논쟁이 끊이지 않았던 것 같다. 한편으로 사람들은 인공지능이 만화 캐릭터 '베이맥스'처럼 인간을 이롭게 해 줄 거라고 기대하기도 하고, 또 다른 한편으로는 ⁶많은 사람들은 인공지능이 지능을 갖게 되면 인간은 치명적인 재난을 맞게 될지도 모른다고 우려하기도 한다.

일부 SF 영화에서는 미래에 로봇처럼 지능을 가진 생명이 인간을 대체하고 지구를 정복하는 장면이 나온다. 만약 인공지능이 인간을 뛰어넘는 지능을 얻게 된다면, 반대로 인간을 지배하게 될까? 일부 낙관론자는 이에 부정적이다. 지능지수(IQ)가 권력이 된다면 과학자나 철학자, 장기 천재 같은 사람이 나라를 통치하겠지만 대부분 국가의 정상은 지능이 가장 뛰어난 사람들이 아닌 능력과 인맥, 매력이 뛰어나다는 이유로 비로소 지도자가 되어 다른 사람을 다스리기 때문이다. 이러한 특징이 바로 미래의 인공지능이 습득하기 어려운 부분이다. 게다가 지구 정복 계획을 세우려면 사람과의 협력이 필요한데, 과연 인공지능이 이처럼 강력하고 통일된 실행력을 가질 수 있는지도 의문이다. 또한 누군가는 인공지능이 부적절하게 발전한다면 미래의 인간 세상은 스스로 만든 위기에 빠질 뿐만 아니라, 사람들 사이에 양극화가 생기고, 엘리트들이 스마트 단말장치를 통제하여 일반 사람은 스마트화 제품에 포위돼 점차 퇴화하여 결국 노예가 되는 것 아니냐고 우려하기도 한다.

对于"人工智能的发展终端是福是祸"这种说法，有学者认为："'水能载舟，亦能覆舟'，[7]把握得好，人工智能就是天使。"目前，人工智能的发展尚处于初级阶段，并无法超越人类，远不足以威胁人类的生存。而任何高端技术都是一把双刃剑，随着人工智能的深入发展和应用的普及，其社会影响也会日益明显。

1 为什么说21世纪以来，"人工智能进入了新的春天"？

    A 互联网和大数据的大力推动

    B 突破了机器翻译的局限性

    C 人工智能属高端技术

    D 超过了人类的想象

2 根据原文，人工智能在哪些领域取得了突破？

    ①无人驾驶

    2. 时间管理

    3. 智能门禁

    ④语音识别

    A 1, 3   B 2, 4   C 1, 4   D 2, 3

3 第二段主要谈到了什么？

    A 中国的人工智能技术还十分落后

    B 虹膜、人脸识别等产业发展尚未形成

    C 人工智能技术涉及到我们生活的各个方面

    D 人工智能对国防、医疗等方面并不会产生影响

4 文中的划线部分"百事通"与下列哪项意思相近？

    A 中国通   B 四通八达

    C 万事亨通   D 活辞典

5 第四段中的"机器变得更聪明"只要指的是人工智能的什么功能？

    A 自然语言处理领域中的发展

    B 放弃对自然语言的处理

    C 扩大自然语言处理的影响

    D 摆脱自然语言的实质

6 有人担心人工智能会让人类遭遇灭顶之灾的最主要的原因是？

    A 人工智能将变成魔鬼

    B 人工智能将拥有人类的智慧

    C 人工智能的发展无法达到人类预期

    D 人类的智慧将操控人工智能技术

'인공지능의 발전은 결국 득이 될까, 독이 될까?'에 대해 일부 학자는 "물은 배를 띄울 수도, 뒤집을 수도 있다.[7] 잘 파악한다면 인공지능을 천사로 만들 수 있다."라고 말한다. 현재, 인공지능의 발전은 아직 초기 단계에 있다. 인간을 뛰어넘을 수도 없고, 인간의 생존을 위협하기에도 턱없이 부족하다. 또한 모든 첨단기술은 양날의 검이라고 할 수 있다. 인공지능이 깊이 있게 발전하고 응용 범위가 확산되면 사회에 미치는 영향도 점차 분명해질 것이다.

1 21세기 이후로 '인공지능은 새봄을 맞이했다'고 하는 이유는?

    A 인터넷과 빅데이터의 대대적인 발전이 있었기 때문에

    B 기계번역의 한계를 돌파했기 때문에

    C 인공지능은 첨단기술에 속하기 때문에

    D 인간의 상상을 뛰어넘었기 때문에

2 원문에 따르면 인공지능은 어느 분야에서 획기적인 발전을 이루었나?

    ①자율주행자동차

    2. 시간 관리

    3. 스마트 방범 시스템

    ④음성인식

    A 1, 3   B 2, 4   C 1, 4   D 2, 3

3 두 번째 문단의 주요 내용은 무엇인가?

    A 중국의 인공지능기술은 아직 매우 뒤처져 있다

    B 홍채, 안면 인식 등의 산업 발전이 아직 형성되지 않았다

    C 인공지능기술은 우리 삶의 여러 분야에서 사용되고 있다

    D 인공지능은 국방, 의료 등의 분야에 영향을 미치지 않는다

4 본문 중 밑줄 친 단어 '百事通'은 다음 중 무엇과 뜻이 비슷한가?

    A 중국통 [중국에 정통한 사람]

    B 사통팔달 [교통이 편리하다]

    C 만사형통 [모든 것이 뜻대로 잘됨]

    D 척척박사 [풍부한 지식을 가진 걸어다니는 사전]

5 네 번째 문단의 '기계가 더 똑똑해졌다'는 말은 인공지능의 어떤 기능을 가리키는가?

    A 자연어 처리 분야의 발전

    B 자연어 처리를 포기함

    C 자연어 처리의 영향을 확대함

    D 자연어의 본질을 벗어남

6 인공지능이 인간에게 치명적인 재난을 가져다줄 거란 우려를 하는 주요 이유는 무엇인가?

    A 인공지능은 마귀로 변할 것이다

    B 인공지능이 인간의 지능을 가지게 될 것이다

    C 인공지능의 발전은 인간의 기대에 미치지 못한다

    D 인간의 지능은 인공지능기술을 조종할 것이다

7 划线句子'水能载舟，亦能覆舟'表达了怎么样的观点：

A 水利建设是人工智能的终极目标

B 应该将高端技术用于造船

C 人工智能如何发展取决于人类的控制

D 人工智能在船只建造领域占绝对优势

7 밑줄 친 '水能载舟，亦能覆舟'는 어떤 견해를 표현하는가?

A 수리(水利) 건설은 인공지능의 궁극적인 목표다

B 첨단기술을 선박 제조에 사용해야 한다

C 인공지능이 어떻게 발전할 것인지는 인간의 통제에 달려 있다

D 인공지능은 선박 제조 분야에서 절대적 우세를 차지하고 있다

★人工智能 réngōng zhìnéng 몡 인공지능 | 诞生 dànshēng 동 생기다, 탄생하다, 태어나다 | ★大数据 dàshùjù 빅데이터 | 推动 tuīdòng 동 발전하다, 추진하다, 나아가게 하다 | ★可谓 kěwèi ~라고 말할 수 있다, ~라고 할 만하다 | 进入 jìnrù 진입하다, 들다 | 语音 yǔyīn 음성 | ★识别 shíbié 동 인식하다, 식별하다, 분별하다 [语音识别: 음성인식] | 图像 túxiàng 몡 이미지, 형상 | 分类 fēnlèi 동 분류하다 [图像分类: 이미지 분류] | 可穿戴 kěchuāndài 웨어러블 [可穿戴设备: 웨어러블 기기] | 无人驾驶汽车 wúrén jiàshǐ qìchē 자율주행자동차 | 均 jūn 图 모두 | 取得 qǔdé 동 얻다, 취득하다 | 突破性 tūpòxìng 획기적이다, 파격적이다 | 进展 jìnzhǎn 동 발전하다, 전진하다, 발달하다 | ★攻关 gōngguān (과학기술 방면의) 기술적인 문제를 해결하다, 기술적인 난제를 풀다 | 产业 chǎnyè 몡 산업 | 起步 qǐbù 통 (어떤 일을) 시작하다 | ★势头 shìtóu 몡 추세, 정세, 형세 | 机器人 jīqìrén 로봇 [工业机器人: 산업로봇] | ★销量 xiāoliàng 몡 (상품의) 판매량 | 猛增 měngzēng 동 급증하다 | 智能 zhìnéng 몡 스마트, 지능 [智能语音交互产业: 스마트 음성 인터페이스 산업] | 指纹 zhǐwén 몡 지문 | 人脸 rénliǎn 몡 안면 | 虹膜 hóngmó 몡 홍채 [虹膜识别: 홍채 인식] | 业内 yènèi 업계 내, 업무 범위 내 | 人士 rénshì 몡 인사 [业内人士: 업계 관계자] | 快速 kuàisù 빠르다, 신속하다 | 弯道 wāndào 굽은 길 | ★超车 chāochē 동 추월하다 | 绝佳 juéjiā 아주 좋다, 더없이 좋다, 대단히 훌륭하다 | 中科院 Zhōngkēyuàn 고유 중국과학원 ['中国科学院'의 줄임말] | 谭 Tán 고유 탄 [성씨] | 院士 yuànshì 몡 (과학원·아카데미 등의) 회원 | 曾 céng 图 일찍이, 이미, 벌써, 이전에 | ★国防 guófáng 국방 | 医疗 yīliáo 의료 | 金融 jīnróng 금융 | 公共 gōnggòng 몡 공공의, 공중의 [公共安全: 공공안전] | ★引发 yǐnfā 통 일으키다, 야기하다, 자아내다 | ★变革 biàngé 혁신, 개혁 | 助手 zhùshǒu 몡 비서, 조수 | 充当 chōngdāng 동 (어떤 직무·역할을) 맡다, 담당하다 | 用户 yònghù 몡 이용자, 사용자, 가입자 | 百事通 bǎishìtōng 척척박사, 모든 일에 능한 사람 | 插科打诨 chākēdǎhùn 동 익살, 우스갯소리 | 推出 tuīchū 동 출시하다, 내놓다 | 电子产品 diànzǐ chǎnpǐn 전자제품 | 进一步 jìnyíbù (한 걸음 더) 나아가 | 智能化 zhìnénghuà 동 지능화하다 | 离不开 líbùkāi 빼놓을 수 없다, 떨어질 수 없다 | 突破 tūpò 동 새로운 진전을 이루다 | 转化 zhuǎnhuà 동 전환하다 | 生成 shēngchéng 동 생성하다, 생기다 | 计算机 jìsuànjī 몡 컴퓨터 | 引擎 yǐnqíng 엔진(engine) [搜索引擎: 검색엔진] | ★意图 yìtú 몡 의도, 기도 | 精准 jīngzhǔn 몡 아주 정확하다 | 问答 wèndá 몡 응답, 문답 | 电子商务 diànzǐ shāngwù 전자상거래 | 客服 kèfú 고객서비스 ['客户服务'의 줄임말] | 社交网络 shèjiāo wǎngluò 소셜네트워크서비스 | 好友 hǎoyǒu 친구 | 背后 bèihòu 뒤쪽, 뒷면 | 支撑 zhīchēng 동 받치다, 버티다, 지탱하다 | 自动问答 zìdòng wèndá 자동응답 | ★挖掘 wājué 동 발굴하다, 찾아내다 | 知识挖掘 zhīshí wājué KDD [기계학습을 통해 데이터베이스에서 유용한 지식을 자동으로 발견해 내려는 시도] | 情感 qínggǎn 몡 감정, 느낌 | 视频 shìpín 몡 영상, 동영상 [图像视频识别: 영상 이미지 식별] | 正是 zhèngshì 동 바로 ~이다 | 关注 guānzhù 동 주시하다, 관심을 가지다 | 井喷期 jǐngpēnqī 폭발적인 발전 시기 | ★天使 tiānshǐ 몡 천사 | ★魔鬼 móguǐ 악마, 마귀, 사탄 | 从未 cóngwèi 图 지금까지 ~한 적이 없다, 여태껏 ~하지 않다 | 停止 tíngzhǐ 동 멈추다 | 卡通 kǎtōng 만화영화, 애니메이션, 카툰(cartoon) | 大白 Dàbái 고유 베이맥스 [디즈니 애니메이션 캐릭터] | ★造福 zàofú 이롭게 하다, 행복을 가져오다 | 拥有 yōngyǒu 동 가지다, 보유하다 | 遭遇 zāoyù 동 (적 또는 불행·불리한 일을) 만나다, 맞닥뜨리다 | 灭顶之灾 mièdǐngzhīzāi 엥 치명적인 재난 | ★科幻 kēhuàn 몡 SF, 공상 과학 | ★大片 dàpiàn 몡 대작 (영화) | 接管 jiēguǎn 동 접수하여 관리하다, 인수하여 관할하다 | 场景 chǎngjǐng 장면, 정경, 모습 | 超越 chāoyuè 동 넘다, 넘어서다, 능가하다, 초월하다 | ★统治 tǒngzhì 동 지배하다, 통치하다, 다스리다 | ★智商 zhìshāng 지능지수(智力商数)의 줄임말 | 科学家 kēxuéjiā 과학자 | 哲学家 zhéxuéjiā 몡 철학자 | 象棋 xiàngqí 몡 중국 장기 | 天才 tiāncái 몡 천재 | 大多数 dàduōshù 대다수 | 首脑 shǒunǎo 몡 정상, 수뇌 | 智力 zhìlì 몡 지능, 지력 | 最为 zuìwéi 몡 가장, 제일, 맨 먼저 [2음절의 형용사나 동사 앞에 놓여 최상급을 나타냄] | 超群 chāoqún 동 뛰어나다 | 人脉 rénmài 몡 인맥 | 广 guǎng 몡 넓다 | 十足 shízú 몡 넘쳐흐르다, 충분하다 | 领袖 lǐngxiù 몡 (국가·정당·단체 등의) 지도자 | 令 lìng 동 ~하게 하다, ~를 시키다 | ★况且 kuàngqiě 젭 게다가, 더구나, 하물며 | 占领 zhànlǐng 동 (토지나 진지를) 정복하다, 점령하다 | ★协作 xiézuò 동 (어떤 임무에) 협력하다, 힘을 모아 공동으로 완성하다 | 如此 rúcǐ 떼 이와 같다, 이러하다 | 强大 qiángdà 몡 강대하다 | 执行力 zhíxínglì 실행력, 행동력 | 处于 chǔyú 동 (사람·사물이 어떤 지위·상태·환경·시간에) 처하다, 놓이다 | 危机 wēijī 몡 위기, 위험한 고비 | 人群 rénqún 군중, 무리 | 两极化 liǎngjíhuà 양극화 | ★精英 jīngyīng 몡 엘리트, 뛰어난 사람 | 智能终端 zhìnéng zhōngduān 몡 지능형 단말장치 | 普通 pǔtōng 몡 일반적이다, 보통이다, 평범하다 | 包围 bāowéi 동 포위하다, 에워싸다, 둘러싸다 | 退化 tuìhuà 동 퇴화하다 | 奴役 núyì 노예, 노역 | 福 fú 몡 복, 행운 | 祸 huò 몡 독, 화, 재앙 | 说法 shuōfa 표현법, 견해 | 水能载舟，亦能覆舟 shuǐ néng zàizhōu, yì néng fùzhōu 물은 배를 띄우지만, 뒤집을 수도 있다 | 无法 wúfǎ 방법이 없다, 할 수 없다 | 生存 shēngcún 생존 | 高端 gāoduān 첨단의 [高端技术: 첨단기술] | 双刃剑 shuāngrènjiàn 양날의 검 [좋은 점도 있고 나쁜 점도 있다] | 深入 shēnrù 깊이 들어가다, 깊이 파고들다 | 普及 pǔjí 보급되다, 확산되다 | ★日益 rìyì 图 날로, 나날이 더욱 | 局限性 júxiànxìng 몡 한계성 | 属于 shǔyú 동 ~에 속하다, ~의 것이다 | 无人驾驶 wúrénjiàshǐ 자율주행자동차 | 智能门禁 zhìnéng ménjìn 스마트 방범 시스템 | ★尚未 shàngwèi 图 아직 ~하지 않다 | 涉及 shèjí 동 관련되다, 연관되다, 연루되다 | 相近 xiāngjìn 동 비슷하다, 접근하다, 가깝다 | 中国通 zhōngguótōng 중국통, 중국에 정통한 사람 | 四通八达 sìtōngbādá 엥 사통팔달, (길이) 사방으로 통하다 | 万事亨通 wànshìhēngtōng 엥 만사형통, 모든 일이 뜻대로 잘됨 | 活辞典 huócídiǎn 척척박사 | 摆脱 bǎituō 새로운 진전을 이루다 | ★实质 shízhì 본질, 실질 | 预期 yùqí 예기하다, 미리 기대하다 | ★操控 cāokòng 동 조종하다, 제어하다 | ★水利 shuǐlì 수리 [수상 운송상의 편리] | 终极 zhōngjí 궁극, 최종, 최후 | 用于 yòngyú ~에 쓰다 | 造船 zàochuán 동 선박을 제조하다, 조선하다 | ★取决于 qǔjuéyú ~에 달려 있다 | 船只 chuánzhī 선박, 배 | 建造 jiànzào 제조하다, 건조하다, 건축하다

8 **A** [高校毕业生，对就业过于挑剔 취업에 대해 지나치게 까다로운 대졸자 / 大学毕业生有过分挑剔工作的倾向 대졸자는 직업에 대해 지나치게 까다롭다] 두 번째 단락에서 '캥거루족'을 여섯 가지로 분류하고 있다. 그중 대학 졸업자는 취업에 대해 지나치게 까다롭게 지내는 집단이라며 첫 번째로 소개한 내용이 보기 A에 해당한다. 문화 수준이 낮고 기술이 부족한 부류는 고생하고 싶지 않아서 집에 있는 부류이며, '창업 환상형'은 창업에 대한 강렬한 염원은 있지만 목표가 없는 집단이므로 답이 될 수 없다.

9 **C** [家长则一分钱不给 부모는 한 푼도 보태 주지 않는다] 아이가 18살이 되면 바로 모든 재산을 빼앗고 집 밖으로 내쫓는데, 부모는 여기에 '한 푼도 보태 주지 않는다'는 말에서 '독립한다'라는 의미를 유추할 수 있으므로 답은 C이다.

10 **B** [20世纪60年代以后 1960년대 이후] 네 번째 단락에서 미국의 제조업 시장은 1960년대 이후 제조업 비용이 올라가 기업들이 미국을 탈출하는 일이 생겼다고 설명하고 있다. 따라서 답은 B이다.

11 **D** [怀才不遇 재능은 있으나 펼 기회가 없다] 밑줄 친 문장 앞에 언급된 '세계화와 하이테크라는 두 거대한 짐승이 대량의 저임금 일자리를 집어삼킨 반면, 후발 주자에게 충분한 고급 일자리를 남겨 두지도 않았다'는 내용과 자연스럽게 이어지는 내용은 보기 D '재능은 있어도 기회가 없다'이다. 또한 '不遇'를 통해 기회가 없다는 것을 알 수 있다.

12 **A** [未来一切竞争都是全球性、高端化的 앞으로 모든 경쟁은 세계적이고 고도화될 것이다] 다섯 번째 단락에서 앞으로의 전망에 대해 설명하고 있는데, 모든 경쟁은 세계적이고 고도화될 것이라고 직접적으로 언급했으므로, '세계적이고 고도화된 경쟁 기회가 부족하다'라는 보기 A는 틀린 내용이다.

13 **D** [坑 kēng] 보기 중 D '铿锵(kēngqiāng)'의 '铿'이 'kēng'으로 발음된다.

14 **B** [寻找更廉价的劳动力，结果本土制造业的工作机会越来越少 더욱 저렴한 노동력을 구하면서 결과적으로 현지 제조업의 취업 기회가 점차 적어졌다] 1950년대는 공장에 일꾼이 많이 필요했지만, 1960년대 이후 좀 더 저렴한 노동력을 찾기 시작해 미국 현지 제조업의 취업 기회가 점차 줄었다고 했으므로 답은 B이다.

"啃老族"作为当今社会不可避免的一类群体，一直是社会学家们不遗余力去研究的"课题"。在当前就业压力日增，独生子女群体壮大的前提下，"啃老族"有扩大的迹象。当中国进入老年社会的时候，"啃老族"必将带来更多的社会问题。

有一则调查曾总结过"啃老族"6类常见人群：⁸第一类是高校毕业生，对就业过于挑剔；第二类以工作太累、太紧张为由自动离岗离职；第三类属于"创业幻想型"，虽有强烈的创业愿望，但没有目标，又不愿当个打工者；第四类是频频跳槽者；第五类把过去轻松的工作与如今的紧张繁忙相对比，越比越不如意，干脆不就业；最后一类文化程度低、技能差，只能在中低端劳动力市场工作，但因怕苦怕累索性躲在家中。

'캥거루족'은 요즘 사회에서 불가피하게 발생하는 집단으로, 줄곧 사회학자들이 전념을 다해 연구 중인 '과제'이다. 오늘날 취업 스트레스가 날로 증가하고, 외동 자녀 가구가 늘어난다는 전제하에 '캥거루족'은 계속해서 늘어날 조짐을 보이고 있다. 중국이 고령화사회로 들어서면 '캥거루족'은 분명 더 많은 사회적 문제를 가져올 것이다.

한 연구에서는 일찍이 '캥거루족'을 여섯 가지 흔히 볼 수 있는 부류로 정리한 적이 있다. [8] 첫 번째는 대졸자로, 취업에 대해 지나치게 까다로운 집단이다. 두 번째는 일이 너무 피곤하고 스트레스를 받아 스스로 일자리를 떠난 집단이다. 세 번째는 '창업 환상형'인데, 창업에 대한 강렬한 염원이 있으나 목표는 없고, 아르바이트생도 되고 싶지 않은 집단이다. 네 번째는 이직이 너무 잦은 집단이다. 다섯 번째는 과거의 편안한 일자리와 현재의 긴장되고 바쁜 상태를 비교하고, 비교할수록 하고 싶지 않아서 아예 취직을 포기하는 부류이다. 마지막은 문화 수준이 낮고 기술도 부족해서 저임금 노동시장에서만 일할 수 있지만, 고생하고 싶지 않아서 아예 집에 있는 부류이다.

在很多人的印象中，一些发达国家的父母对孩子是非常"冷酷无情"的：[9]孩子长到18岁就会被"扫地出门"，家长则一分钱不给。然而近几年，一些发达国家的民意调查也显示：大学毕业之后的几年内，孩子找父母要钱也不是什么丢人的事，成人期到26岁左右才真正开始。进入21世纪以来，在经济高增长或生活水平高的国家和地区，18岁到25岁的年轻人越来越无力承担成人的责任。

或许有人会认为，这一代人生活条件太优越了，所以缺乏奋斗精神，迟迟不能"断奶"。可这种解释实际上是经不起推敲的。今天的年轻人在成长过程中付出的努力、投入的教育成本，在很多方面要远远超过他们的父辈。经济学家发现，在第二次世界大战过后的30年里，高收入和低收入阶层的收入增长率都差不多，每年在3%以下。但是，近30年，高收入者的收入却越来越高。比方说，某些大企业的CEO现在的薪水是普通工人的500倍，而在20世纪70年代则只有42倍。经济大国的优势在于大规模的制造业。20世纪50年代，美国货畅销世界，当地工厂需要大量的产业工人。那时的高中生一毕业就有工厂的工作等着他们，而且由于福利待遇优厚，一个普通工人的工资足以养活一家人。[10,14]但是自20世纪60年代以后，由于本土制造业的成本上升，企业纷纷迁出美国，寻找更廉价的劳动力，结果本土制造业的工作机会越来越少。

[12]未来一切竞争都是全球性、高端化的。不仅当工人会被认为没有任何前途，甚至某些技术类的工作也会被认为是没什么前途的。于是，创造力、领导才能、艺术修养等综合素质成了培养孩子的方向。孩子们上大学、当精英的意愿也要远远高于父辈。但是，像企业CEO、工程师、律师、医生、明星之类的[12]精英职位数量会变得很少而且竞争异常激烈，一个职位常常有几十个人竞争。[12]全球化和高科技这两大巨兽吞噬了大量低端职业，却没给后来者留下足够多的高端职业，只给他们留下了高等教育的文凭和怀才不遇的苦闷。他们一方面无法从事自己心仪的职业，[12]另一方面也很难接受超市售货员、餐馆服务员等低端工作。这样一来，也就只能落得个"啃老"的尴尬境地。

많은 사람들에게 일부 선진국의 부모는 아이들에게 무척 '냉혹하고 정이 없다'는 인상을 준다. [9]아이가 18살이 되면 바로 '모든 재산을 빼앗고 집 밖으로 내쫓는데', 부모는 여기에 한 푼도 보태 주지 않는다는 것이다. 그러나 최근 몇 년간 일부 선진국의 여론조사에서는 대학을 졸업하고 몇 년 동안 아이들이 부모에게 손을 벌리는 것은 부끄러운 일이 아니며, 성인기는 26세 전후에 비로소 시작된다는 인식이 나타났다. 21세기가 되면서 경제가 고도로 성장하거나 생활수준이 높은 국가와 지역에서 18세~25세의 젊은이가 성인의 책임을 다하는 것이 점점 더 힘들어지고 있다.

아마 어떤 사람들은 젊은 세대의 생활 조건이 너무 좋아져서 분투 정신이 부족해 꾸물거리느라 '독립할 수 없다'고 여길 것이다. 그러나 이러한 해석에는 사실상 헤아리지 못한 것이 있다. 오늘날의 젊은이들이 성장과정에서 들이는 노력과 투입하는 교육 자원은 많은 면에서 기성세대를 훨씬 웃돈다는 것이다. 경제학자들은 2차 세계대전 직후 30년 동안 고소득과 저소득 계층의 소득성장률은 비슷하게 매년 3% 이하를 유지하고 있다는 점을 발견했다. 하지만 근 30년간 고소득자의 소득은 점점 더 많아지고 있다. 예컨대 모 대기업 CEO의 현재 급여는 일반 직원의 500배로, 1970년대에는 42배에 불과했다. 경제대국의 강점은 규모가 큰 제조업에 있다. 1950년대 미국산 제품은 전 세계에 잘 팔렸고, 이에 현지 공장에서는 많은 일꾼이 필요했다. 당시 고등학생들은 졸업하자마자 공장의 일거리가 그들을 기다리고 있었다. 그리고 임금과 복지 등 대우가 좋아서, 직원 한 명의 급여로 한 가족을 먹여 살릴 수 있었다. [10,14]그러나 1960년대 이후 현지 제조업 비용이 올라가면서 기업들이 연이어 미국을 탈출하여 더욱 저렴한 노동력을 구했고, 결과적으로 현지 제조업의 취업 기회는 점차 적어졌다.

[12]앞으로 모든 경쟁은 세계적이고 고도화될 것이다. 직원이 되는 것이 전망이 없다고 여겨질 뿐만 아니라 심지어 일부 기술직 일거리도 전망이 없다고 여겨질 것이다. 따라서 창의력, 리더십, 예술적 소양과 같은 종합적 자질이야말로 아이들의 양육 방향이 되었다. 아이들이 대학을 가고 엘리트가 되고자 하는 의지는 기성세대를 훌쩍 뛰어넘는다. 그러나 기업 CEO, 엔지니어, 변호사, 의사, 연예인과 같은 [12]'유망 직종'의 일거리 수는 더욱 적어질 것이고, 경쟁은 특히 심해져 한 일거리에 몇 십 명의 경쟁자가 생겨날 것이다. [12]세계화와 하이테크라는 두 거대한 짐승이 대량의 저임금 일자리를 집어삼킨 반면, 후발 주자에게 충분한 고급 일자리를 남겨 두지도 않았다. 그들에게는 고등교육 졸업장과 재능은 있으나 기회가 없는 고통만 남겨졌다. 그들은 그들이 원하는 직업에 종사할 수 없으면서도 슈퍼마켓 캐셔, [12]식당 종업원과 같은 저임금 일자리를 받아들이기도 어렵다. 이렇게 되면서 '캥거루족'이라는 난처한 지경에 이르는 것이다.

世界范围内的"啃老"现象、"长不大"现象仿佛是高速发展的商业社会投下的一个阴影。可尽管如此，作为社会的一份子，我们能付出的努力并不是没有的。作为父母，是否能转变传统的亲子观念？作为年轻人，是否愿意去调整自己的认知？敢于挑战自我？尝试新未知领域？或许只要做出一点改变，就能跳出"啃老族"的"火坑"。

8 关于"啃老族"的六类人群，说法正确的是：

   A 大学毕业生有过分挑剔工作的倾向

   B 文化低、技能差的一类人常跳槽

   C "创业幻想型"的人怕吃苦

   D 对工作不满意的一类人最终会选择创业

9 "孩子长到18岁就会被扫地出门"的意思是：

   A 让18岁的孩子出去清扫院子

   B 父母会和18岁的孩子脱离关系

   C 孩子18岁就独立生活

   D 到了18岁就会被送进校园

10 本土制造业的成本上升，企业纷纷迁出美国的时间是：

   A 第二次世界大战前   **B** 20世纪60年代后

   C 南北战争时期   **D** 20世纪50年代

11 第五段中的划线成语"怀才不遇"是什么意思？

   A 希望有别人没有的才能

   B 怀疑自己没有才能

   C 被误会掌握了不必要的才能

   D 自认为有才能但没机会展现

12 关于未来的就业状况，错误的是：

   A 缺少全球性、高端化的竞争机会

   B 高学历的人很难接受低端工作

   C 全球化影响了青年人的就业

   D "精英职位"数量很少且竞争激烈

13 与最后一段"火坑"中的"坑"字发音相同的一项是：

   A 砍伐

   B 肯定

   C 慷慨

   D 铿锵

세계적으로 '캥거루족' 현상, '어른이 되지 못하는' 현상은 마치 고속 성장한 상업 사회가 남긴 그늘인 것으로 보인다. 그럼에도 불구하고 사회의 일원으로서 우리가 할 수 있는 노력이 없는 것은 아니다. 부모로서 전통적인 자식상을 바꿔 보는 것은 어떻겠는가? 젊은이로서 자신의 인식을 바꿔 보는 것은 어떻겠는가? 자신에게 도전하고, 새로운 미지의 영역을 맛보는 것은 어떻겠는가? 어쩌면 약간의 변화로도 '캥거루족'이라는 '불구덩이'에서 빠져나올 수 있을지도 모른다.

8 '캥거루족'의 여섯 부류에 대해서 설명이 옳은 것은?

   A 대졸자는 직업에 대해 지나치게 까다로운 경향이 있다

   B 문화 수준이 낮고 기술이 부족한 부류는 자주 이직한다

   C '창업 환상형'은 고생하기를 두려워한다

   D 직업에 불만을 가진 부류는 결국 창업을 선택할 것이다

9 '아이가 18살이 되면 문밖으로 내쫓는다'는 말의 뜻은?

   A 18세의 아이에게 마당 청소를 하게 한다

   B 부모는 18세의 아이와의 관계에서 벗어나려고 한다

   C 아이들이 18세가 되면 독립한다

   D 18세가 되면 캠퍼스에 가게 된다

10 현지 제조업 비용이 올라가자 기업들이 연이어 미국을 벗어나기 시작한 시기는?

   A 2차 세계대전 이전   **B** 1960년대 이후

   C 미국 남북전쟁 시기   **D** 1950년대

11 다섯 번째 단락의 밑줄 친 성어 '怀才不遇'의 의미는?

   A 다른 사람에게는 없는 재능을 원한다

   B 자신이 재능이 없는 것은 아닐까 의심한다

   C 불필요한 재능을 가졌다고 오해받는다

   D 재능이 있으면서도 보여 줄 기회가 없다

12 미래의 취업 상황에 대해서 틀린 것은?

   A 세계적이고 고도화된 경쟁 기회가 부족하다

   B 고학력자는 저임금 일자리를 받아들이기 어렵다

   C 세계화가 청년 일자리에 영향을 미쳤다

   D '엘리트 일자리'의 수는 적으나 경쟁은 치열하다

13 마지막 밑줄친 단어 '火坑'의 '坑'과 발음이 같은 것은?

   A 나무를 베다 – 砍伐(kǎnfá)

   B 확실히, 틀림없이 – 肯定(kěndìng)

   C 강개하다 – 慷慨(kāngkǎi)

   D 소리가 낭랑하다 – 铿锵(kēngqiāng)

14 根据原文，下列哪项正确：

A 今天的年轻人在学业上付出的努力不如他们的父辈

B 其他国家的廉价劳动力导致美国本土制造业的就业机会下降

C 发达国家并不存在"啃老族"的现象

D 上世纪50年代的青年就业率已开始走下坡

14 본문에 따르면 옳은 것은?

A 오늘날 젊은이들이 학업에 들이는 노력은 기성세대만 못하다

B 다른 국가의 저렴한 노동력으로 인해 미국 현지 제조업의 취업 기회가 줄어들었다

C 선진국은 '캥거루족' 현상이 존재하지 않는다

D 1950년대부터 청년 취업률은 하락하기 시작했다

啃老族 kěnlǎozú 몡 캥거루족 [학교를 졸업해 자립할 나이가 되었는데도 부모에게 경제적으로 기대어 사는 젊은이들을 일컫는 용어] | **当今** dāngjīn 몡 요즘, 현재, 오늘날 | **不可避免** bùkě bìmiǎn (어떤 상황이 일어나는 것이) 불가피하다, 피할 수 없다 | **群体** qúntǐ 몡 집단, 단체 | **社会学家** shèhuì xuéjiā 몡 사회학자 | **不遗余力** bùyíyúlì 젱 전력을 기울이다, 힘을 남기지 않다 | **课题** kètí 몡 (연구·토론) 과제, 프로젝트 | **就业** jiùyè 됭 취업하다, 취직하다 | **日增** rìzēng 됭 날로 증가하다 | **独生子女** dúshēng zǐnǚ 몡 외동 자녀 | **壮大** zhuàngdà 됭 커지다 | **前提** qiántí 몡 전제, 전제 조건 | **★迹象** jìxiàng 몡 조짐, 현상, 기미 | **进入** jìnrù 됭 진입하다, 들다 | **老年社会** lǎonián shèhuì 몡 고령화사회 | **必将** bìjiāng 뭐 반드시 ~할 것이다 | **常见** chángjiàn 혱 늘 보이는, 흔히 보는, 신기할 것 없는 | **人群** rénqún 몡 군중, 무리 | **高校** gāoxiào 몡 대학 [고등교육의 줄임말] | **★挑剔** tiāotī 됭 (결점·잘못 등을) 지나치게 트집잡다 | **离岗** lígǎng 됭 근무 중에 직장을 떠나다 | **离职** lízhí 됭 사직하다 | **创业** chuàngyè 됭 창업하다 | **不愿** búyuàn 원하지 않다, ~하려 하지 않다 | **打工者** dǎgōngzhě 몡 아르바이트생 | **频频** pínpín 뭐 빈번히, 자주 | **★跳槽** tiàocáo 됭 직장을 옮기다, 회사를 옮기다 | **★繁忙** fánmáng 혱 일이 많고 바쁘다 | **技能** jìnéng 몡 기능, 솜씨 | **低端** dīduān 혱 등급이 낮은 | **★劳动力** láodònglì 몡 노동력 | **怕** pà 됭 무서워하다, 두려워하다, 염려하다 | **★索性** suǒxìng 뭐 차라리, 아예 | **躲** duǒ 됭 숨다, 피하다 | **发达国家** fādá guójiā 몡 선진국 | **★冷酷** lěngkù 혱 냉혹하다, 잔인하다 | **★无情** wúqíng 혱 정이 없다, 무감정하다 | **扫地出门** sǎodìchūmén 젱 모든 재산을 빼앗고 집 밖으로 내쫓다 | **民意调查** mínyì diàochá 몡 여론조사 | **成人期** chéngrénqī 몡 성인기 | **增长** zēngzhǎng 됭 증가하다, 늘어나다 | **★无力** wúlì 힘이 없다, 무력하다 | **★优越** yōuyuè 혱 우수하다, 우월하다 | **★迟迟** chíchí 혱 꾸물거리는 모양 | **断奶** duànnǎi 됭 독립하다 | **实际上** shíjìshang 뭐 사실상, 실제로 | **经不起** jīngbuqǐ 견디지 못하다, 견딜 수 없다 | **★推敲** tuīqiāo 됭 헤아리다, 이것저것 생각하다 | **付出** fùchū 됭 들이다, 바치다 | **成本** chéngběn 몡 자원, 자본금 | **父辈** fùbèi 몡 기성세대 | **经济学家** jīngjì xuéjiā 몡 경제학자 | **世界大战** shìjiè dàzhàn 몡 세계대전 | **高收入** gāoshōurù 몡 고소득 | **低收入** dīshōurù 몡 저소득 | **★阶层** jiēcéng 몡 (사회의) 계층, 단계 | **增长率** zēngzhǎnglǜ 몡 성장률, 증가율 | **高收入者** gāoshōurùzhě 몡 고소득자 | **比方** bǐfang 졥 가령, 만약 | **大企业** dàqǐyè 몡 대기업 | **薪水** xīnshui 몡 급여, 봉급, 임금 | **普通** pǔtōng 혱 일반적이다, 보통이다, 평범하다 | **经济大国** jīngjì dàguó 몡 경제대국 | **大规模** dàguīmó 몡 대규모의 | **制造业** zhìzàoyè 몡 제조업 | **畅销** chàngxiāo 혱 판로가 넓다, 잘 팔리다, 매상이 좋다 | **当地** dāngdì 몡 현지, 현장, 그 지방 | **大量** dàliàng 혱 대량의, 많은 양의, 상당한 양의 | **产业** chǎnyè 몡 산업 | **福利** fúlì 몡 복지, 복리 | **优厚** yōuhòu 혱 (대우나 물질적 조건이) 좋다, 후하다 | **足以** zúyǐ 뭐 충분히 ~할 수 있다, ~하기에 족하다 | **★养活** yǎnghuo 됭 먹여 살리다, 부양하다 | **本土** běntǔ 몡 현지, 본토 | **上升** shàngshēng 됭 상승하다, 위로 올라가다 | **迁出** qiānchū 됭 탈출하다, 전출하다 | **★廉价** liánjià 혱 저렴하다, 헐값이다 | **全球性** quánqiúxìng 혱 전 세계적 | **高端** gāoduān 혱 고차원의, 첨단의, 수준이 높은, 고급의 | **创造力** chuàngzàolì 몡 창의력, 창조력 | **领导才能** lǐngdǎocáinéng 몡 리더십 | **修养** xiūyǎng 몡 교양 | **素质** sùzhì 몡 소양, 자질 | **精英** jīngyīng 몡 엘리트 | **意愿** yìyuàn 몡 소망, 염원 | **工程师** gōngchéngshī 몡 엔지니어 | **职位** zhíwèi 몡 직위, 직종 | **异常** yìcháng 혱 심상치 않다, 정상이 아니다, 보통이 아니다 | **高科技** gāokējì 몡 첨단기술, 하이테크놀로지 | **兽** shòu 몡 짐승 | **吞噬** tūnshì 됭 삼키다, 통째로 먹다 | **后来者** hòuláizhě 몡 후발 주자 | **足够** zúgòu 됭 충분하다 | **高等教育** gāoděng jiàoyù 몡 고등교육 | **★文凭** wénpíng 몡 (졸업) 증서, 졸업장 | **怀才不遇** huáicáibúyù 젱 재능이 있으면서도 펼 기회를 만나지 못하다 | **苦闷** kǔmèn 몡 고통, 고민 | **无法** wúfǎ 됭 방법이 없다, 할 수 없다 | **心仪** xīnyí 됭 원하다, 마음에 들다 | **★尴尬** gāngà 혱 난처하다, 곤란하다, 난감하다 | **★境地** jìngdì 몡 지경, 처지, 입장 | **高速** gāosù 몡 고속의 | **阴影** yīnyǐng 몡 그늘, 그림자 | **如此** rúcǐ 때 이와 같다, 이러하다 | **★认知** rènzhī 몡 인식, 인지 | **敢于** gǎnyú 됭 대담하게 ~하다, 용감하게 ~하다 | **尝试** chángshì 됭 시도해 보다, 경험해 보다, 시험해 보다 | **未知** wèizhī 몡 미지 | **火坑** huǒkēng 몡 불구덩이 | **过分** guòfèn 됭 지나치다, 분에 넘치다 | **倾向** qīngxiàng 몡 경향, 성향, 추세 | **★吃苦** chīkǔ 됭 고생하다, 고통을 맛보다(당하다) | **最终** zuìzhōng 뭐 결국 | **清扫** qīngsǎo 됭 청소하다, 치우다 | **院子** yuànzi 몡 정원, 뜰 | **脱离** tuōlí 됭 (어떤 상황·환경에서) 벗어나다, 떠나다, 이탈하다 | **送进** sòngjìn 들여보내다 | **校园** xiàoyuán 몡 캠퍼스, 교정 | **才能** cáinéng 몡 재능, 솜씨 | **展现** zhǎnxiàn 됭 드러내다, 나타나다 | **高学历** gāoxuélì 몡 고학력 | **全球化** quánqiúhuà 몡 세계화, 국제화 | **青年人** qīngniánrén 몡 청년 | **砍伐** kǎnfá 됭 (톱·도끼 등으로) 나무를 베다, 벌채하다, 벌목하다 | **★慷慨** kāngkǎi 혱 후하게 대하다, 아끼지 않다, 후하다 | **★铿锵** kēngqiāng 혱 소리가 낭랑하다 | **★学业** xuéyè 몡 학업 | **下坡** xiàpō 됭 내려가다, 하락하다

15 **A**　'1인 미디어 시대'에 관해 잘못 설명한 것을 찾는 문제이다. 각자 마이크가 있고, 기자가 되며, 뉴스를 보도할 수 있다는 것은 개인 방송을 하는 당사자가 1인 다역을 할 수 있다는 의미로, 보기 A가 정답이다.

16 **D**　[普通人自己可以发布信息、传播信息 일반인이 스스로 정보를 제공하고 방송할 수 있다 → 自己可以通过微博发布信息 웨이보를 통해 스스로 정보를 알린다]　이번 문제는 해당 문장의 앞쪽에서 힌트를 찾을 수 있다. 일반인이 스스로 정보를 제공하고 유포할 수 있게 변했고, 칼럼, SNS에서 블로그, 또 현재의 웨이보까지 '미디어는 점점 개성화 및 개인화되고 있다'는 내용을 통해 답이 D임을 알 수 있다.

17 **B**　[高门槛 문턱이 높다 → 标准或要求高 기준 혹은 요구조건이 높다]　'门槛(문턱)'은 비유적으로 '요구조건'으로 쓰이기도 한다. 단어의 뜻을 알면 바로 답을 알 수 있지만, 몰랐다면 앞뒤 문맥을 통해 의미를 유추해야 한다. '高门槛' 뒤에 언급된 내용인 '전문 기관에서만 다룰 수 있었던 매체를 일반인 스스로 정보를 제공하고 방송할 수 있게 되었다'에서 그 전에는 정보를 제공하고 방송하는 기준이나 요구조건이 높았음을 유추해 볼 수 있다.

18 **D**　[皆 늑 都 모두, 전부]　'皆'가 문장에서 어떤 의미로 쓰였는지 먼저 확인해야 한다. '皆'는 '都(모두, 다)'라는 의미를 가진 부사이다. A, B, C의 어휘는 '모두' '전부'라는 뜻으로 쓰였지만, D의 어휘는 '함께'라는 의미로 쓰였기 때문에 정답은 D이다.

19 **C**　[舆论源头 여론의 원천 / 新闻舆论的一个源头 뉴스 여론의 원천]　1인 미디어가 뉴스 여론의 원천이 되었다는 말 뒤에 접속사 '比如'를 사용하여 그에 대한 예시를 나타내고 있다. 여기에 언급된 내용은 보기 중 2, 4이므로 답은 C이다.

20 **D**　[第一现场的任何一个人都可以是记者 사건 현장에 있는 모든 사람이 기자가 될 수 있다]　'뉴스의 시효성'에 대한 설명은 다섯 번째 단락에 등장한다. '시효성'은 뉴스의 생명력으로, 기존 매체와 달리 1인 미디어 시대에서는 사건 현장에 있는 모든 사람이 기자가 될 수 있고, 휴대폰으로 촬영한 장면을 몇 초 만에 인터넷에 올릴 수 있다는 내용은 보기 D와 의미가 통한다. 나머지 보기 A, B, C는 모두 본문의 내용과 반대된다.

21 **A**　[需进一步引导和规范 더 많은 지도와 규범이 필요하다 → 应具备自己的价值判断 자신의 가치판단을 지니고 있어야 한다]　'1인 미디어 시대'의 장점도 분명하지만, 정보의 양이 너무 많아 정보 선택에 어려움이 생기고 대중들이 자신의 가치판단을 잃게 된다는 단점도 있음을 언급한 후, 1인 미디어에 더 많은 지도와 규범이 필요하다는 의견을 밝히고 있다. 이러한 논조에 가장 적합한 보기는 A이다.

---

[15]自媒体时代是指以个人传播为主的媒介时代，人人都有麦克风、人人都是记者、人人都是新闻传播者。[15]这种媒介基础凭借其交互性、自主性的特征，使得新闻自由度显著提高，传媒生态发生了前所未有的转变。

在互联网上，每一个账号都像一个小小的媒体。发帖子、转微博、评新闻……。自媒体——自我的小媒体在近5亿网民、3亿微博用户的努力之下，焕发出了巨大能量：境内50余家微博客网站，每天更新帖文达2亿多条。

[15]1인 미디어 시대란 개인 방송이 주가 되는 미디어 시대를 말한다. 모든 사람들이 각자 마이크를 가지고, 각자 기자가 되고, 각자 뉴스를 보도할 수 있다. [15]이 미디어 방식은 상호 소통성과 자율성이라는 특징을 기반으로 뉴스의 자유도를 뚜렷하게 향상시켰고, 미디어 생태계에는 사상 초유의 변화가 발생했다.

인터넷에서 모든 계정은 작은 미디어와 같다. 게시물을 올리고, 웨이보를 공유하고, 뉴스 논평 등을 한다. 1인 미디어, 즉 개인 운영 매체는 약 5억 명의 네티즌과 3억 명의 웨이보 블로그 유저의 노력으로 거대한 에너지를 발산할 수 있게 되었다. 중국 내 50여 개 웨이보 블로그 사이트에 매일 2억 개 이상의 게시물이 업로드된다.

新媒体出现后，媒体逐渐从一个"高门槛"的[17]专业机构操作[16]变成了越来越多的普通人自己可以发布信息、传播信息。从论坛、社区到博客，再到现在的微博，媒体变得越来越个性化、个人化，每个人发言的自由空间越来越大。微博对许多重点、热点事件都起到了重要的推动作用，这种推动不仅是对社会，也是对传统媒体的推动。在新媒体推动之下，传统媒体不得不变得更快、更敏感，甚至在管理方式方面，管理部门也不得不给予传统媒体越来越多的自由、越来越大的空间。"全民皆记者"有助于让更多的老百姓向公民的方向转变，开始更多地关注与自己无关的事情。

作为草根媒体，自媒体是平民化、私人化、自主化的传播，其理念是平等对话、信息共享。[19]自媒体立足普通公众，关注普通公众，不仅成为了新闻舆论的一个源头，甚至在某种程度上引导着社会舆论的走向。比如大众媒体直接从自媒体这个公共信息平台上寻找新闻线索，[19]特别是都市类报纸记者、新闻网站记者更倾向于从微博入手寻找信息源；新闻网站将新闻分享到微博的入口，例如凤凰网在新闻内容页右下角就将新闻分享到凤凰微博的入口；[19]许多政府机构直接注册微博，据统计，去年半年内仅新浪微博实名认证的政府机构微博就达630个。可见，自媒体正在以其特有的传播理念影响着媒体的发展方向，同时作为民情民意表达平台，不仅越来越受到政府的关注，而且还可能左右事件本身走向及未来发展趋势。

时效性是新闻的生命力所在。传统媒体的新闻生产流程有严格的制度规定，需经过层层筛选、把关、编辑后才会到达受众。在自媒体时代，新闻发布的技术门槛和"准入"条件降低，不需要成立专业媒体机构来运作，也不需要相关部门审批，新闻生产流程更没有规章制度约束，任何人都可以在博客、微博、论坛、MSN、QQ上发布新闻，信息会很快在这些载体之间互播。决定新闻时效的另一个因素是新闻生产者，传统媒体的新闻生产者是记者，一般情况下，记者在接到新闻线索后才会赶到新闻现场，[20]但自媒体时代，新闻第一现场的任何一个人都可以是记者，通过手机拍摄的画面可以在几秒钟内传到网上，这种速度其他媒体无法比拟。

새로운 미디어가 생겨난 후, 문턱이 높은 [17]전문 기관에서만 다룰 수 있었던 매체는 [16]점점 더 많은 일반인이 스스로 정보를 제공하고 방송할 수 있게 변했다. 칼럼, SNS에서 블로그, 또 현재의 웨이보까지, 미디어는 점점 개성화 및 개인화되고 있으며 사람들의 자유로운 발언 공간도 점차 넓어지고 있다. 웨이보는 중요한 소식과 이슈에 중요한 촉진작용을 한다. 이 촉진은 사회뿐만 아니라 기존 매체에 대한 촉진이기도 하다. 새로운 매체의 촉진으로 기존 매체도 빠르고 민감하게 변할 수밖에 없다. 심지어 관리 방식 측면에서도 관리 부서는 기존 매체에 점점 더 많은 자유와 점점 더 큰 공간을 부여할 수밖에 없게 되었다. '전 국민이 모두 기자가 되는 것은' 더 많은 대중을 국민의 일원으로 변화시키고 자신과 무관한 일에 더 많은 관심을 두게 하는 데 도움이 된다.

대중매체로서 1인 미디어는 대중화, 개인화, 자율화된 전파 수단이며, 평등한 대화와 정보 공유를 이념으로 한다. [19]1인 미디어는 일반 대중에 입각하고 일반 대중에 관심을 두고 있다. 이는 뉴스 여론의 한 원천이 되었을 뿐만 아니라, 심지어 어느 정도 사회 여론의 추세를 이끌기도 한다. 예를 들면, 대중매체는 1인 미디어라는 공공정보 플랫폼으로부터 직접 뉴스거리를 찾기도 한다. [19]도시의 신문기자, 인터넷 뉴스 기자는 특히 웨이보에서 정보의 출처를 찾는 경향이 있다. 또, 봉황망이 뉴스 페이지 오른쪽 하단을 통해 봉황망 웨이보 메인에 뉴스를 공유하는 등, 인터넷 뉴스 사이트는 뉴스를 미니 블로그 메인에 공유하며, [19]많은 정부 기관들은 직접 웨이보 계정을 개설하기도 한다. 통계에 따르면 작년 반년 동안에만 시나 웨이보의 실명 인증을 거친 정부 기관 웨이보 계정이 630개에 이른다. 이로써 1인 미디어는 그 특유의 전파 이념으로 매체의 발전 방향에 영향을 미치고 있는 동시에 대중의 마음과 뜻을 표현하는 플랫폼으로서 정부의 관심을 점점 더 받는 데다가, 사건 자체의 향방과 미래 발전 추세까지 좌우할 수 있다는 것도 알 수 있다.

시효성은 뉴스의 생명력이다. 기존 매체의 뉴스 생산 과정에는 엄격한 제도 규정이 있어 뉴스는 단계적 선별과 심사, 편집을 거쳐야만 대중에게 전달될 수 있었다. 1인 미디어 시대에는 뉴스 발표 기술의 문턱과 '진출 허가' 조건이 낮아져 전문 매체 기관을 설립해 운영할 필요가 없으며, 관련 부서의 심사를 받지 않아도 되고, 뉴스 생산 과정도 규정에 제약받지 않게 되었다. 따라서 누구나 블로그, 웨이보, 칼럼, MSN, QQ 등에 뉴스를 배포할 수 있으며, 정보는 이 매체들 사이에서 신속하게 서로 공유될 수 있다. 뉴스의 시효를 결정하는 또 다른 요소는 뉴스 생산자다. 기존 매체의 뉴스 생산자는 기자로, 일반적으로 기자는 뉴스거리를 입수한 후에야 서둘러 현장으로 출동한다. [20]하지만 1인 미디어 시대에는 사건 현장에 있는 모든 사람이 기자가 될 수 있으며, 휴대폰으로 촬영한 장면을 몇 초 만에 인터넷에 올릴 수 있다. 이는 다른 매체는 따라올 수 없는 속도다.

然而，由于自媒体载体种类多，信息不定量也没有明确的目标定位，在海量信息面前，个体要依据自己喜好和价值观来选择信息的难度加大，难免产生"无助感"，容易陷入信息的选择困惑中。所以说，自媒体过于丰富的信息反而使其处于一个尴尬境地：对于自媒体自身而言，海量信息让其成为垃圾信息、虚假信息的收容站；对于受众而言，容易陷入信息海洋中不可自拔，既浪费时间又浪费精力，同时也容易被网上意见牵着鼻子走，失去自己的价值判断。自媒体优点突出、缺点明显，它的出现对传统媒体的冲击很大，也反映了媒体发展的趋势。²¹在自媒体引领媒体从"传播"向"互播"的转变过程中，它自身也正经历着从新闻自发到新闻自觉的成长裂变，还需进一步引导和规范。

하지만 1인 미디어는 매체 종류가 너무 많아 정보의 양이 일정하지 않고, 명확한 타깃이 없다. 많은 양의 정보 앞에서 자신의 취향과 가치관에 근거해 정보를 선택하는 데 어려움이 생기게 되고, '도움이 되지 않는다는 느낌'을 받게 되어 정보 선택에 쉽게 혼란을 겪는다. 그러므로 1인 미디어의 과도하게 풍부한 정보는 오히려 1인 미디어를 난처한 상황에 이르게 만들었다고 할 수 있다. 1인 미디어 자체는 대량의 정보로 인해 쓰레기 정보나 허위 정보의 수용소가 되었다. 대중 입장에서는 정보의 바다에서 스스로 벗어나지 못해 시간과 에너지를 낭비하게 되는 동시에, 인터넷상의 의견에 쉽게 끌려다녀 자신의 가치판단을 잃게 된다. 1인 미디어는 장점도, 단점도 뚜렷하다. 1인 미디어의 등장은 기존 매체에 큰 충격을 주었고, 미디어 발전의 추세를 반영했다. ²¹1인 미디어가 매체의 성격을 '전파'에서 '공유'로 전환하도록 이끄는 과정에서, 1인 미디어 자체도 뉴스가 자연스럽게 생겨나는 것에서 뉴스를 스스로 만드는 성장과정을 겪고 있으며, 더 많은 지도와 규범이 필요하다.

15 关于"自媒体时代"，说法错误的是：

A 每个人都用麦克风采访他人

B 自由度显著

C 交互性更强

D 以个人传播为主媒介

16 "媒体变得越来越个性化、个人化"体现在哪个方面？

A 很多企业开始招收普通高校毕业生

B 各大网站不再面向普通群众开放

C 大部分记者们将工作交给了普通人

D 越来越多的普通人自己可以通过微博发布信息

17 怎样理解文中"高门槛"的意思？

A 形容一件事的范围大

B 比喻做某事的标准或要求高

C 形容某人对自己的要求高

D 比喻某种工作的待遇高

18 与"全民皆记者"中的"皆"意思不一致的是：

A (尽)善尽美

B 百废(俱)兴

C 面部(全)非

D 白头(偕)老

15 '1인 미디어 시대'에 관해 잘못 설명한 것은?

A 모든 사람은 마이크를 사용해 다른 사람을 인터뷰한다

B 자유도가 뚜렷하다

C 상호 소통성이 더 강하다

D 개인 전파 위주의 매체다

16 '미디어는 점점 개성화 및 개인화되고 있다'는 말은 어떤 것을 표현하는가?

A 많은 회사가 일반 대학 졸업생을 모집하기 시작했다

B 여러 인터넷 사이트는 더 이상 일반 대중에게 개방하지 않는다

C 대부분의 기자가 업무를 일반 사람에게 맡겼다

D 점점 더 많은 보통 사람들이 웨이보를 통해 스스로 정보를 알린다

17 본문 중 '高门槛(문턱이 높다)'의 의미를 어떻게 이해해야 하는가?

A 어떤 일의 범위가 넓음을 형용한다

B 어떤 일의 기준 혹은 요구조건이 높음을 비유한다

C 어떤 사람이 자기에 대한 요구가 높음을 형용한다

D 어떤 직장의 대우가 좋음을 비유한다

18 '全民皆记者(전 국민은 모두 기자다)'의 '皆(전부)'와 의미가 다른 것은?

A (尽)善尽美(더할 나위 없이 훌륭하다) – 尽(전부)

B 百废(俱)兴(방치되었던 일들이 다시 일어나다) – 俱(전부)

C 面部(全)非(모습이 전혀 달라지다) – 全(전부)

D 白头(偕)老(백년해로하다) – 偕(함께)

19 普通公众成为舆论源头体现在：

1. 政府要求网民实名认证发送消息
2. 大众媒体新闻网站会从微博上寻找信息源
3. 公共信息平台被完全垄断
4. 政府机构注册微博

   A 1, 3   B 2, 3   C 2, 4   D 1, 4

20 下列哪种情况是新闻"时效性"表现：

A 新闻发布技术门槛的提高
B 通过手机拍摄的画面无法自由传到网上
C 相关部门对新闻上传流程的制度有所约束
D 第一现场的任何一个人都可以发布消息

21 生活在自媒体时代下的我们，应注意些什么：

A 应具备自己的价值判断
B 对垃圾信息、虚假信息置之不理
C 应选择其他人推送的信息观看
D 享受日益丰富的互联网信息

19 '일반 대중이 여론의 원천이 되었다'는 것을 보여 주는 것은?

1. 정부가 네티즌에게 실명인증을 요구하는 메시지를 보냈다
2. 대중매체 인터넷 뉴스는 웨이보에서 정보의 출처를 찾을 수 있다
3. 공공정보 플랫폼은 완전히 독점되었다
4. 정부 기관이 웨이보 계정을 만들었다

   A 1, 3   B 2, 3   C 2, 4   D 1, 4

20 다음 중 뉴스의 '시효성'을 보여 주는 것은?

A 뉴스 배포 기술의 문턱이 높아졌다
B 휴대폰으로 촬영한 장면은 자유롭게 인터넷에 올릴 수 없다
C 뉴스 게시 과정에 대한 관련 부서의 제도에는 제약이 있다
D 현장에 있는 사람은 누구든지 정보를 배포할 수 있다

21 1인 미디어 시대에 사는 우리가 주의해야 할 것은?

A 자신의 가치판단을 지니고 있어야 한다
B 쓰레기 정보와 허위 정보를 무시해야 한다
C 다른 사람이 보낸 정보를 골라서 봐야 한다
D 나날이 풍부해지는 인터넷 정보를 누려야 한다

自媒体 zìméitǐ 명 1인 미디어 | 为主 wéizhǔ 동 ~를 위주로 하다 [以A为主: A를 위주로 하다] | 媒介 méijiè 명 미디어, 매체 | 人人 rénrén 명 모든 사람 | 麦克风 màikèfēng 명 마이크 | ★凭借 píngjiè 동 ~를 기반으로 하다 | 交互 jiāohù 동 서로 연락하고 교류하다 [交互性: 상호 소통성] | 自主性 zìzhǔxìng 명 자립성 | 使得 shǐde 동 ~로 하여금 ~하게 하다 | 自由度 zìyóudù 명 자유도 | 显著 xiǎnzhù 형 뚜렷하다, 현저하다, 돋보이다 | 传媒 chuánméi 명 미디어 [传播媒介의 줄임말] | ★生态 shēngtài 명 생태 | ★前所未有 qiánsuǒwèiyǒu 성 역사상 유례가 없다 | 账号 zhànghào 명 계정 | 小小 xiǎoxiǎo 형 작다 [일반적인 것보다 떨어지거나 비교 대상만 못함을 나타냄] | 发帖子 fā tiězi 게시글을 올리다 | 转 zhuǎn 동 (우편물·전갈·상품 등을) 송달하다 | 微博 wēibó 명 웨이보 | 评 píng 동 평론하다, 논평하다 | 近 jìn (수량을 나타내는 말 앞에 쓰여) 그 수량에 거의 가까움을 나타내는 말 | ★网民 wǎngmín 명 네티즌 | 用户 yònghù 명 사용자, 가입자, 아이디(ID) | 之下 zhīxià ~의 아래 | 焕发 huànfā 동 발산하다 | 能量 néngliàng 명 에너지 | ★境内 jìngnèi 명 국내, 나라 안 | 余 yú 수 ~여 [정수 외의 나머지를 가리키며, '多'에 상당함] | 更新 gēngxīn 동 새롭게 바뀌다, 갱신하다 | 帖 tiě 명 쪽지, 메모지 | 门槛 ménkǎn 명 문턱 | 机构 jīgòu 명 기관·단체 등의 내부 조직 [专业机构: 전문 기관] | 操作 cāozuò 동 (손으로) 다루다 | 变成 biànchéng 동 ~로 변하다, ~로 되다, ~가 되다 | 普通 pǔtōng 형 보통이다, 일반적이다, 평범하다 | 发布 fābù 동 (명령·지시·뉴스 등을) 선포하다 | ★论坛 lùntán 명 포럼 | 社区 shèqū 명 커뮤니티 | 博客 bókè 명 블로그 | 热点事件 rèdiǎn shìjiàn 명 인기 검색어 | 推动 tuīdòng 명 촉진 | 给予 jǐyǔ 동 주다, 부여하다 | ★皆 jiē 부 모두, 전부, 다 | ★有助于 yǒuzhùyú 동 ~에 도움이 되다 [A有助于B: A가 B에 도움이 되다] | 公民 gōngmín 명 국민, 공민 | 关注 guānzhù 동 주시하다, 관심을 가지다 | 草根 cǎogēn 명 대중 | ★平民 píngmín 명 평민 | 自主 zìzhǔ 명 자주 | ★理念 lǐniàn 명 이념 | 共享 gòngxiǎng 명 공유 | ★立足 lìzú 동 입각하다 | 公众 gōngzhòng 명 대중 | ★舆论 yúlùn 명 여론 | ★源头 yuántóu 명 원천 | 引导 yǐndǎo 동 인도하다, 인솔하다, 이끌다 | 走向 zǒuxiàng 명 추세 | 大众 dàzhòng 명 대중, 군중 [大众媒体: 대중매체] | 公共 gōnggòng 형 공중의, 공공의 | 平台 píngtái 명 플랫폼 | 线索 xiànsuǒ 명 실마리, 단서 | 都市 dūshì 명 도시 | 倾向 qīngxiàng 동 (한쪽으로) 기울다, 쏠리다, 치우치다 | ★入手 rùshǒu 동 착수하다, 손을 대다, 개시하다 | 信息源 xìnxīyuán 명 정보원 | 分享 fēnxiǎng 동 (기쁨·행복·좋은 점 등을) 공유하다, 함께 나누다 | 凤凰网 fènghuáng wǎng 봉황망 [인터넷사이트] | 角 jiǎo 명 모서리 | 据 jù 개 ~에 따르면, ~에 의거하여 | 统计 tǒngjì 명 통계하다 | 新浪 xīnlàng 명 시나 [중국의 포털사이트] | 实名 shímíng 명 실명 | 认证 rènzhèng 명 인증 | 特有 tèyǒu 동 특유하다, 고유하다 | 民情 mínqíng 명 대중의 마음, 민심 | 民意 mínyì 명 여론 | 左右 zuǒyòu 동 좌우하다 | 本身 běnshēn 명 그 자체 | 时效性 shíxiàoxìng 명 시효성 | 生命力 shēngmìnglì 명 생명력 | 所在 suǒzài 명 소재, 존재하는 곳 | ★流程 liúchéng 명 공정, 과정 | 层层 céngcéng 명 겹겹이 [본문에선 '단계적으로'라고 사용됨] | ★筛选 shāixuǎn 동 선별하다 | 把关 bǎguān 동 심사하다 | 受众 shòuzhòng 명 청중, 관객 [여기서는 '독자'를 가리킴] | 准入 zhǔnrù 동 (시장 등에) 진출을 허가받다 [정부나 위임기관으로부터 어떤 분야나 영역에 진출하여 생산 경영 활동에 종사할 것을 허락받음을 말함] | 运作 yùnzuò 동 (기구·조직 등이) 활동하다 | ★审批 shěnpī 동 (상급 기관이 하급 기관의 보고·계획 등을) 심사하여 허가하다 | 规章 guīzhāng 명 규칙, 규정 | 约束 yuēshù 동 제약하다 | 接到 jiēdào 동 받다 | 赶到 gǎndào 동 서둘러 가다, 서둘러 행동하다 | 现场 xiànchǎng 명 (사건이나 사고의) 현장 | 拍摄 pāishè 동 촬영하다 | 画面 huàmiàn 명 화면 | 无法 wúfǎ 동 방법이 없다, 할 수 없다 | 比拟 bǐnǐ 동 비교하다 | 定量 dìngliàng 동 수량을 정하다 | 目标定位 mùbiāo dìngwèi 명 타깃 | 海量 hǎiliàng 명 많은 양 | 面前 miànqián 명 눈앞 | 个体 gètǐ 명 개인, 인간 | 依据 yījù 동 의거하다, 근거하다 | ★喜好 xǐhào 동 좋아하다, 애호하다 | ★价值观 jiàzhíguān 명 가치관 | 难度 nándù 명 난이도 | 加大 jiādà 동 높아지다, 커지다 | 难免 nánmiǎn 동 ~하게 마련이다 | 无助感 wúzhùgǎn 명 무력감 | 陷入 xiànrù 동 (불리한 지경에) 빠지다, 떨어지다 | ★困惑 kùnhuò 형 혼란, 곤혹 | 过于 guòyú 부 지나치게, 너무 | 处于 chǔyú 동 (사람·사물이 어떤 지위·상태·환경·시간에) 처하다, 놓이다 | ★尴尬 gāngà 형 입장이 곤란하다 | ★境地 jìngdì 명 경지 | 而言 éryán ~에 대해 말하자면, ~에 근거해 보면 [对/就……而言: ~에 대해 말하자면] | ★虚假 xūjiǎ 형 허위의, 거짓의, 가짜의 | 收容站 shōuróngzhàn 명 수용소 | 自拔 zìbá 동 (고통이나 죄악에서) 스스로 벗어나다 | 牵着鼻子走 qiānzhebízizǒu (주관 없이) 남에게 끌려 다니다, 남에게 휘둘리다 | 冲击 chōngjī 명 충격 | ★引领 yǐnlǐng 이끌다, 인도하다 | 裂变 lièbiàn 동 분열하여 변화하다 | 进一步 jìnyíbù 부 더욱 | 规范 guīfàn 명 규범 | 说法 shuōfa 명 표현법 | ★招收 zhāoshōu 동 (학생·일꾼 등을) 모집하다, 받아들이다 | 不再 búzài 부 더는 ~가 아니다, 다시 ~하지 않다 | 面

向 miànxiàng 图 ~의 쪽으로 향하다 | 群众 qúnzhòng 图 대중, 민중 | 开放 kāifàng 图 개방하다 | 交 jiāo 图 맡기다 | ★比喻 bǐyù 图 비유하다 | 或 huò 젭 혹은, 또는 | 尽善尽美 jìn shàn jìn měi 젱 더할 수 없이 훌륭하다 | 百废俱兴 bǎi fèi jù xīng 젱 방치되었던 일들이 다시 일어나다 | ★面部 miànbù 图 얼굴, 안면 | 白头偕老 bái tóu xié lǎo 젱 백년해로하다 | 发送 fāsòng 图 발송하다 | ★垄断 lǒngduàn 图 독점하다, 마음대로 다루다 | 上传 shàngchuán 图 업로드하다 | ★有所 yǒusuǒ 图 다소 ~하다, 어느 정도 ~하다, 좀 ~하다 [뒤에 주로 쌍음절 동사를 동반함] | 置之不理 zhì zhī bù lǐ 젱 내버려 두고 상관하지 않다 | 推送 tuīsòng 图 푸시(push)하다 | 观看 guānkàn 图 보다, 참관하다 | ★日益 rìyì 图 날로, 나날이 더욱

• Day 34 **22** A **23** D **24** C **25** C **26** B **27** D **28** B

22 A [减少煤炭石油等高碳能源消耗 석탄과 석유 등 고탄소 에너지의 소모를 줄이다 / 建设生态文明 생태 문명을 건설하다] '저탄소 경제' 개념에 대해 첫 번째 단락에서 설명하고 있다. 여기서 언급된 것은 2, 4번이므로 답은 A이다. 1번은 본문에서 언급한 내용과 반대되는 내용이고, 3번에 대한 내용은 언급되지 않았다.

23 D [牵着鼻子走 주관 없이 남에게 끌려다니다] '牵着鼻子走' 표현 앞뒤 문맥을 살펴보면 '서방국가'를 경계하는 조심스러운 태도를 엿볼 수 있다. 뒤에 이어지는 '중국이 직면한 과제'라고 언급한 것과 연계하여 생각했을 때, 중국이 경계하는 것은 '무조건적으로 서방국가의 말을 듣는 것'으로 이해하는 것이 가장 자연스러우므로 답은 D이다. '牵着鼻子走'는 관용적으로 많이 쓰이는 표현이니 꼭 알아 두자.

24 C [在风力发电设备的制造及其维修、维护过程中却是一定要排放二氧化碳的 풍력발전 설비의 제조와 정비, 유지보수 과정에서 이산화탄소를 배출해야 한다] '误解(오해)'라는 단어가 사용된 네 번째 단락 중반부를 집중해서 읽자. '풍력발전은 이산화탄소를 배출하지 않는다'는 것은 오해이며, 풍력발전 설비의 제조와 정비, 유지보수 과정에서 이산화탄소를 배출해야 한다고 언급했다.

25 C [基础设施建设规模庞大，能源需求快速增长 인프라 시설의 규모가 방대하고, 에너지 수요가 빠르게 성장하고 있다] 중국의 발전 현황은 세 번째 단락에서 다루고 있는 내용으로, 인프라 시설의 규모가 크고 에너지 수요가 빠르게 성장하고 있다며 보기 C의 내용이 직접적으로 언급되었다. A, D는 본문과 반대되는 내용이며 B는 언급된 바 없다.

26 B [乘高速列车带来的人均碳排放只有飞机的1/10 고속열차를 탈 경우 인당 탄소 배출량이 비행기의 1/10 수준이다] 마지막 단락에 있는 내용으로, 유럽 사람들은 고속열차의 탄소 배출량이 비행기의 1/10이라서 기차 여행을 즐긴다고 이유를 직접적으로 설명했다. 원인을 묻는 질문의 경우 핵심 어휘인 '主要原因是(주요 원인은 ~이다)' '原因是(원인은 ~이다)' '因为(왜냐하면)' 등의 어휘를 찾아 그 부분을 주의 깊게 보면 정답일 확률이 높다.

27 D [使用最老款的手机 가장 오래된 휴대폰을 사용한다 ↔ 使用最新的手机 최신 휴대폰을 사용한다] 마지막 단락에서 저탄소 라이프 스타일을 설명하고 있는 내용에 근거하면, '가장 오래된 휴대폰을 사용하는 것'이 저탄소 라이프 스타일에 해당하므로 이와 반대되는 내용인 보기 D가 정답이다.

28 B [风力发电、电动汽车不污染环境，不排放二氧化碳的观念并不是很科学的 풍력발전, 전기차가 환경을 오염시키지 않고 이산화탄소를 배출하지 않는다는 생각이 아주 과학적이지는 않다] 본문 내용을 전체적으로 이해했는지 묻는 문제이다. 네 번째 단락에서 풍력발전, 전기차가 환경을 오염시키지 않고 이산화탄소를 배출하지 않는다는 생각이 아주 과학적이지는 않다고 언급했다. 따라서 보기 B가 정답이다.

2008年6月5日"世界环境日"的主题是："转变传统观念，推行低碳经济"。"低碳经济"是近年来国际社会应对人类大量消耗化石能源、大量排放二氧化碳引起全球气候灾害性变化而提出的新概念。旨在可持续发展理念指导下，通过技术创新、制度创新、产业转型、新能源开发等[22]多种手段，尽可能地减少煤炭石油等高碳能源消耗，减少温室气体排放，达到经济社会发展与生态环境保护双赢的一种经济发展形态。[22]这样做的目的一方面是积极承担环境保护责任，完成国家节能降耗指标的要求；另一方面是调整经济结构，提高能源利用效益，发展新兴工业，建设生态文明。这是摒弃以往先污染后治理、先低端后高端、先粗放后集约的发展模式的现实途径，是实现经济发展与资源环境保护双赢的必然选择。

进入21世纪，全球油气资源不断趋紧，保障能源安全压力逐渐增大，全球环境容量瓶颈凸现，同时气候变化问题也成为有史以来人类面临的最大的"市场失灵"问题。在此背景下，英国率先提出"低碳经济"的概念，并于2003年颁布了《能源白皮书(英国能源的未来－创建低碳经济)》。现在，欧美发达国家大力推进以高能效、低排放为核心的"低碳革命"，着力发展"低碳技术"，并对产业、能源、技术、贸易等政策进行了重大调整，以抢占先机和产业制高点。

[25]中国现在正处于工业化、城市化、现代化加快推进的阶段，基础设施建设规模庞大，能源需求快速增长。"高碳经济"特征突出的现实成为中国可持续发展的一大制约。怎样在走出一条既确保经济社会快速发展，又不重复西方发达国家以牺牲环境为代价谋求发展的老路的同时[23]又不会一味地被西方国家牵着鼻子走是中国必须面对的课题。

从技术创新的角度看，"低碳经济"的理想形态是充分发展太阳能光伏发电、风力发电、氢能以及生物质能技术。一般把太阳能光伏发电、风力发电、氢能等称为新能源或替代能源，生物质能是替代能源中的可再生能源。风力发电虽然近年来发展很快，技术有一定程度的突破，但目前它的成本也还是高于煤电、水电。此外，由于风力发电在发电过程中不排放二氧化碳，[24]而火力发电过程要排出大量二氧化碳，因此人们认为风电不排放二氧化碳，但这实际上是一种误解！

2008년 6월 5일 '세계환경의날'의 슬로건은 '전통적 관념을 변화시키고, 저탄소 경제발전을 보급하자'였다. '저탄소 경제'는 최근 몇 년간 국제사회에서 인류가 화학에너지를 대량으로 소모하고, 이산화탄소를 대량으로 배출하여 전 세계 기후의 재난적 변화를 일으키는 것에 대응하기 위해 내놓은 새로운 개념이다. 이 개념은 지속 가능한 발전이라는 이념하에 기술혁신, 제도혁신, 산업 형태 변화, 신에너지 개발 등 [22]여러 가지 수단을 통해 최대한 석탄과 석유 등 고탄소 에너지의 소모를 줄이고, 온실가스 배출을 줄이면서 경제사회 발전과 생태 환경 보호라는 상생을 추구하는 경제발전 형태를 말한다. [22]이렇게 하는 목적은 환경보호의 책임을 적극적으로 지고, 국가 에너지를 절약하고, 에너지 소모 감축 지표에 대한 요구를 달성하기 위함이며, 다른 한편으로는 경제구조를 조정하고 에너지 이용 효율을 높이며, 신흥산업을 발전시키고 생태 문명을 건설하기 위함이다. 이는 이전의 선오염 후관리, 선저급 후고급, 선조방 후집약의 발전모델이라는 현실적 방식을 버리고 경제발전과 환경보호라는 두 마리 토끼를 잡기 위한 필연적 선택이다.

21세기가 되면서 전 세계 천연가스 자원이 갈수록 부족해지고 있으며 에너지 안보에 대한 압박도 점차 심해지고 있다. 글로벌 환경 수용력의 병목현상 또한 두드러지고 있는 동시에, 기후변화 문제도 인류가 맞닥뜨린 유례없이 큰 '시장실패' 문제가 되었다. 이러한 맥락에서 영국이 솔선하여 '저탄소 경제'라는 개념을 내놓았고, 2003년에는 〈에너지 백서(영국 에너지의 미래 – 저탄소 경제 구축)〉를 발표했다. 오늘날 유럽과 아메리카 선진국은 고 에너지 효율, 저탄소 배출을 핵심으로 한 '저탄소 혁명'을 대대적으로 추진하면서 '저탄소 기술' 발전에 힘쓰고 있다. 또한 산업, 에너지, 기술, 무역 등의 정책을 대대적으로 조정하여 기선과 산업의 고지를 선점하기 위해 애쓰고 있기도 하다.

[25]중국은 현재 산업화, 도시화, 현대화를 가속 추진하는 단계로, 인프라 시설의 규모가 방대하고, 에너지 수요가 빠르게 성장하고 있다. '고탄소 경제'의 특징이 두드러진 현실은 중국의 지속 가능한 발전에 큰 제약이 되었다. 어떻게 경제·사회의 급속한 발전을 보장하면서도, 환경을 희생하면서 발전을 추구해 온 서구 선진국의 길을 되풀이하지 않음과 동시에 [23]서방에 끌려다니지 않을 수 있는 길을 갈 것인가는 중국이 직면한 과제이다.

기술혁신의 관점에서 본다면 '저탄소 경제'의 이상적인 형태는 태양광발전, 풍력발전, 수소에너지와 바이오매스 기술을 충분히 발전시키는 것이다. 보통은 태양광발전, 풍력발전, 수소에너지 등을 신에너지나 대체에너지라고 부르며, 바이오매스는 대체에너지 중에서도 재생 가능 에너지를 의미한다. 풍력발전은 최근 몇 년 동안 빠르게 발전했고 어느 정도 진전이 있었지만 현재 그 비용은 여전히 석탄 및 수력발전보다 높다. 이 외에도 풍력발전은 발전 과정에서 이산화탄소를 배출하지 않고 [24]화력발전 과정에서 이산화탄소를 많이 배출하기 때문에,

与火力发电相比，风力发电在发电过程中虽然不排放或很少排放二氧化碳，但[24]在风力发电设备的制造及其维修、维护过程中却是一定要排放二氧化碳的。我们不能光比较发电过程中的二氧化碳排放量，还应当比较火力发电和风力发电发出单位电量全程的二氧化碳排放量。由此可见，[28]一些认为风力发电、电动汽车不污染环境，不排放二氧化碳的观念并不是很科学的。我们应认识到，一方面由于技术不过关，目前新能源开发的成本较高；另一方面，由于新能源二氧化碳排放量的不确定性，在没有进行全程二氧化碳排放量的计算之前，不能轻言新能源是低二氧化碳排放的能源。

　　如今在许多发达国家，很多人已经自觉地接受了支撑低碳经济的低碳生活方式，他们愿意放弃享受，从关掉暖气到放弃驾车上班等生活的点点滴滴做起。例如[26]欧洲人就很喜欢乘坐火车出行，其主要原因是乘高速列车带来的人均碳排放只有飞机的1/10。"简约生活"也正在成为更多中国家庭生活的准则。一些市民也会穿着旧衣服去早市买便宜青菜，骑自行车出行，[27]使用最老款的手机。煮鸡蛋早关一分钟煤气、用洗衣服的水冲厕所、随手关灯、打印用双面纸等习惯早已深入到那些有教养的阶层中去，从而带来心灵的宁静。

사람들이 풍력 발전은 이산화탄소를 배출하지 않는 것으로 알고 있지만 이는 오해이다. 화력발전에 비해 풍력발전은 발전 과정에서 이산화탄소를 배출하지 않거나 적게 배출하지만 [24]풍력발전 설비의 제조와 정비, 유지보수 과정에서 이산화탄소를 배출해야 한다. 발전 과정에서의 이산화탄소 배출량만 비교할 게 아니라 화력발전과 풍력발전의 단위 전력당 이산화탄소 배출량도 비교해야 한다. 여기에서 알 수 있는 점은 [28]풍력발전, 전기차가 환경을 오염시키지 않고 이산화탄소를 배출하지 않는다는 생각이 아주 과학적이지는 않다는 점이다. 우리는 기술이 더 발전하지 못해 현재 신에너지 개발의 비용이 높다는 점, 신에너지의 이산화탄소 배출량의 불확실성으로 인해 전 과정의 이산화탄소 배출량을 계산해 보기 전에는 신에너지가 저탄소배출 에너지라고 가볍게 이야기해서는 안 된다는 점을 알아야 한다.

오늘날 많은 선진국에서는 많은 사람들이 이미 스스로 저탄소 경제를 지탱하는 저탄소 라이프 스타일을 받아들였다. 이들은 기꺼이 자신이 누리던 것을 내려놓고, 히터 끄기부터 차를 타고 출근하는 것을 포기하는 것까지 생활 속에서 할 수 있는 것을 조금씩 실천하고 있다. 예를 들면 [26]유럽 사람들은 기차 타고 여행하는 것을 즐기는데, 핵심적인 이유는 고속열차를 탈 경우 인당 탄소 배출량이 비행기의 1/10 수준이기 때문이다. '미니멀리즘' 또한 많은 중국 가정 생활의 준칙이 되고 있다. 일부 시민은 낡은 옷을 입고 아침 시장에 가서 저렴한 채소를 사고, 자전거를 타고 외출하며, [27]가장 오래된 휴대폰을 사용한다. 계란을 삶을 때 가스 불을 1분 일찍 끄기, 빨래한 물로 화장실 청소하기, 나올 때 불 끄기, 양면 인쇄하기와 같은 습관은 교양이 있는 계층의 삶에 스며들었고, 이로써 이들의 마음에 안정을 가져다주었다.

22 关于"低碳经济"的概念下列哪项正确：

　1. 无法实现经济发展与资源环境保护的双赢

　②极有益于生态文明的建设

　3. 商人必须承担环境保护责任

　④尽可能地减少煤炭石油等高碳能源消耗

　A 2, 4　　　**B** 3, 4　　　**C** 2, 1　　　**D** 1, 3

23 对"牵着鼻子走"的理解，正确的是：

　A 鼻子被他人控制，难以放弃

　B 盲目迷恋对方，无法自拔

　C 小心翼翼地服从他人的摆布

　D 受人支配，盲目地听命于人

22 '저탄소 경제'의 개념에 대해서 옳은 것은?

　1. 경제발전과 자원 환경 보호라는 두 마리 토끼를 잡을 수는 없다

　②생태 문명의 건설에 큰 도움이 된다

　3. 상인이라면 환경보호의 책임을 반드시 져야 한다

　④석탄과 석유 등 고탄소 에너지 소모를 최대한 줄여야 한다

　A 2, 4　　　**B** 3, 4　　　**C** 2, 1　　　**D** 1, 3

23 '주관 없이 남에게 끌려다니다'라는 말에 대한 이해로 옳은 것은?

　A 코가 다른 사람에게 통제되어 포기하기 어렵다

　B 맹목적으로 누군가를 그리워하면서 헤어나올 수 없다

　C 조심스럽게 다른 사람의 계획에 따른다

　D 다른 사람의 지배를 받고 맹목적으로 다른 사람의 명령을 따른다

24 人们对于"低碳经济"中的哪个部分存在误解:

　A 风力发电成本比其它技术的成本低

　B 认为火力发电和风力发电的二氧化碳排放量一致

　C 忽略了风力发电在设备维修等等过程中的二氧化碳排放

　D 新能源二氧化碳排放量具有不确定性

25 关于中国的发展现状说法正确的是:

　A "高碳经济"从未制约可持续发展

　B 已基本实现"低碳经济"的推广

　C 基础设施建设规模大、能源需求增长快

　D 处于工业化、城市化、现代化放缓的阶段

26 欧洲人更愿意乘坐火车出行的主要原因是:

　A 飞机事故的频发导致更多人选择乘坐火车

　B 高速列车产生的人均碳排放量远远低于飞机的排放量

　C 欧洲人意识到了高速列车的共享经济价值

　D 高速列车可承载全国1/10旅客

27 下列哪项不属于低碳生活方式:

　A 节约用水

　B 减少机动车的使用

　C 使用双面纸

　D 使用最新款的手机

28 关于本文理解正确的一项是:

　A 技术不过关对新能源开发的成本并无影响

　B 说风力发电完全不排放二氧化碳的观念是不科学的

　C 英国紧随中国之后，提出"低碳经济"的概念

　D 风力发电、电动汽车不存在污染环境的隐患

---

24 '저탄소 경제'에 대해 사람들이 가지고 있는 오해는?

　A 풍력발전의 비용은 다른 기술보다 적은 편이다

　B 화력발전과 풍력발전의 이산화탄소 배출량이 같다고 생각한다

　C 풍력발전의 시설 유지 등의 과정에서의 이산화탄소 배출을 무시한다

　D 신에너지의 이산화탄소 배출량에는 불확실성이 있다

25 중국의 발전 현황에 대한 설명으로 옳은 것은?

　A '고탄소 경제'는 지속 가능한 발전의 발목을 잡은 적이 없다

　B '저탄소 경제'의 보급은 거의 다 진행되었다

　C 인프라 시설의 규모가 크고 에너지 수요의 성장이 빠르다

　D 산업화, 도시화, 현대화의 속도가 느려지는 단계다

26 유럽인이 기차 타고 여행 가는 걸 더 즐기는 이유는?

　A 비행기 사고가 빈번하여 더 많은 사람들이 기차를 택한다

　B 고속열차가 발생시키는 1인당 탄소 배출량이 비행기보다 훨씬 적다

　C 유럽 사람은 고속열차의 공유 경제적 가치를 알고 있다

　D 고속열차에 전국 1/10의 승객을 태울 수 있다

27 다음 중 저탄소 라이프 스타일에 속하지 않는 것은?

　A 물을 절약한다

　B 자동차의 사용을 줄인다

　C 양면지를 사용한다

　D 최신 휴대폰을 사용한다

28 본문에 대한 이해로 옳은 것은?

　A 기술이 난관을 통과하지 못한 것은 신에너지 개발 비용에 아무런 영향을 주지 않는다

　B 풍력발전이 전혀 이산화탄소를 배출하지 않는다는 생각은 비과학적이다

　C 영국은 중국을 뒤따라 '저탄소 경제' 개념을 제시했다

　D 풍력발전과 전기차는 환경오염의 위험성을 가지고 있지 않다

推行 tuīxíng 동 (경험·방법 등을) 보급하다, 널리 시행하다 | 低碳经济 dītàn jīngjì 저탄소 경제 | 大量 dàliàng 형 대량의, 많은 양의 | 消耗 xiāohào 동 (정신·힘·물자 등을) 소모하다 | 化石 huàshí 명 화석 | ★排放 páifàng 동 (폐기·폐수·고형폐기물 등을) 배출하다 | ★二氧化碳 èryǎnghuàtàn 명 이산화탄소 | 灾害性 zāihàixìng 재난성, 재해성 | 旨在 zhǐzài 동 ~를 목적으로 하다, 목적은 ~에 있다 | 理念 lǐniàn 명 이념 | 创新 chuàngxīn 명 창의성, 창조성 | 转型 zhuǎnxíng 동 형태를 변화시키다 | 新能源 xīnnéngyuán 명 신에너지 | 手段 shǒuduàn 명 수단, 방법 | 石油 shíyóu 명 석유 | 高碳 gāotàn 형 고탄[이산화탄소를 많이 배출하는] | 温室气体 wēnshì qìtǐ 명 온실가스 | ★生态 shēngtài 명 생태 | 双赢 shuāngyíng 동 상생하다, 양측 모두 이득을 얻다 | 形态 xíngtài 명 형태 [사물의 형상이나 표현 방식] | 节能 jiénéng 동 에너지를 절약하다 | 降耗 jiànghào 동 에너지 소모를 줄이다 | ★指标 zhǐbiāo 명 지표, 수치 | 效益 xiàoyì 명 효과와 수익, 이익, 성과 | 新兴 xīnxīng 형 신흥의, 새로 일어난 | 摒弃 bìngqì 동 버리다 | 以往 yǐwǎng 명 종전, 이전, 과거 | 治理 zhìlǐ 동 관리하다, 다스리다 | 低端 dīduān 형 저급의, 기술이 떨어지는 | 高端 gāoduān 형 고급의, 첨단의, 고수준의 | 粗放 cūfàng 형 조방하다 [어떤 대상에 자본이나 노동력 따위 인공을 들이는 것이 적다] | 集约 jíyuē 형 집약적이다 | 模式 móshì 명 모델, (표준) 양식 | 途径 tújìng 명 방법, 수단, 비결 | 进入 jìnrù 동 진입하다, 들다 | 油气 yóuqì 명 석유 | 趋紧 qūjǐn 갈수록 부족하다, 갈수록 빠듯해지다 | ★保障 bǎozhàng 동 (생명·재산·권리 등을) 보장하다, 보증하다 | 容量 róngliàng 명 용량 | 瓶颈 píngjǐng 명 병목 | 凸显 tūxiǎn 동 분명하게 드러내다, 확연하게 드러내다 | 市场失灵 shìchǎng shīlíng 시장실패 [시장경제에서 자원 배치의 효율성이 결여된 상태] | 率先 shuàixiān 동 솔선하다, 앞장서다 | ★颁布 bānbù 동 공포하다, 반포하다 | 白皮书 báipíshū 명 백서 [정부가 정치, 외교, 경제 따위의 각 분야에 대하여 현상을 분석하고 미래를 전망하여 그 내용을 국민에게 알리기 위하여 만든 보고서] | 创建 chuàngjiàn 동 창건하다, 창립하다, 창설하다 | 欧美 Ōu Měi 유럽과 아메리카 | 发达国家 fādá guójiā 명 선진국 | 推进 tuījìn 동 추진하다, 추진시키다, 밀고 나아가다, 진격하다 | 能效 néngxiào 명 에너지 효율 | ★革命 gémìng 명 혁명,

대변혁 | **着力** zhuólì 동 힘을 쓰다 | **政策** zhèngcè 명 정책 | **抢占** qiǎngzhàn 동 선점하다, 점유하다 | **先机** xiānjī 명 기선 [비교적 빠른 시기] | **高点** gāodiǎn 명 고지 | **处于** chǔyú 동 (사람·사물이 어떤 지위·상태·환경·시간에) 처하다, 놓이다 | **工业化** gōngyèhuà 명 산업화, 공업화 | **城市化** chéngshìhuà 명 도시화 | **现代化** xiàndàihuà 명 현대화 | **加快** jiākuài 동 속도를 올리다, 빠르게 하다 | **基础设施** jīchǔ shèshī 명 인프라 시설 | ★**庞大** pángdà 형 (형체·조직·수량 등이) 매우 크다, 거대하다 [지나치게 많거나 크다는 의미로 사용함] | **需求** xūqiú 명 수요, 필요 | **快速** kuàisù 형 빠르다, 신속하다 | **增长** zēngzhǎng 동 증가하다, 늘어나다 | **制约** zhìyuē 동 제약하다 | **确保** quèbǎo 동 확보하다, 확실히 보장하다 | **牺牲** xīshēng 동 (어떤 사람/일을 위해) 대가를 치르다, 희생하다, 손해를 보다 | **代价** dàijià 명 대가 | ★**谋求** móuqiú 동 강구하다, 모색하다 | ★**一味** yíwèi 부 맹목적으로, 무턱대고 | **牵着鼻子走** qiānzhebízizǒu (주관 없이) 남에게 끌려다니다, 남에게 휘둘리다 | **课题** kètí 명 (연구·토론) 과제 | **来看** láikàn ~에서 보면, ~에게 있어서 [从A角度来看: A의 관점에서 보면] | **太阳能光伏发电** tàiyángnéng guāng fú fādiàn 명 태양광발전 | **风力发电** fēnglì fādiàn 명 풍력발전 | **氢能** qīngnéng 명 수소에너지 | **生物质能** shēngwù zhìnéng 명 바이오매스 | **称为** chēngwéi ~라고 부르다 [被称为: ~라고 불리다] | **替代** tìdài 동 대체하다 | **再生** zàishēng 동 재생하다, 소생하다 | **突破** tūpò 동 새로운 진전을 이루다 | **成本** chéngběn 명 원가, 자본금 | **煤电** méidiàn 명 석탄 | **水电** shuǐdiàn 명 수력 | **火力发电** huǒlì fādiàn 명 화력발전 | **排出** páichū 동 배출하다 | **实际上** shíjìshang 부 사실상, 실제로 | **误解** wùjiě 명 오해하다 | **相比** xiāngbǐ 동 비교하다, 견주다 [与……相比: ~와 비교하다] | **设备** shèbèi 명 설비, 시설 | **制造** zhìzào 동 제조하다, 만들다 | ★**及其** jíqí 접 ~및 그에 따르는 | **维护** wéihù 동 유지하고 보호하다 | **排放量** páifàngliàng 명 배출량 | **应当** yīngdāng 조동 반드시 ~해야 한다 | **电量** diànliàng 명 전기량 | ★**全程** quánchéng 명 전 과정 | ★**由此可见** yóucǐkějiàn 이로부터 알 수 있다, 이로부터 결론을 낼 수 있다 | **电动汽车** diàndòng qìchē 명 전기자동차 | **过关** guòguān 동 표준이나 요구에 이르러 통과하다 | **不确定性** búquèdìngxìng 불확실성 | **支撑** zhīchēng 동 버티다, 받치다, 지탱하다 | **暖气** nuǎnqì 명 히터 | **点点滴滴** diǎndiǎndīdī 조금씩 | **出行** chūxíng 동 외출하다, 외지로 가다 | **高速列车** gāosù lièchē 명 고속열차 | ★**人均** rénjūn 1인당 평균 [每人平均(1인당 평균)의 줄임말] | **简约** jiǎnyuē 형 간략하다, 검소하다 [简约生活: 미니멀리즘] | ★**准则** zhǔnzé 명 준칙, 규범 | **早市** zǎoshì 명 아침 시장 | **青菜** qīngcài 명 야채 | **款** kuǎn 양 종류, 모양, 유형, 스타일 | **煤气** méiqì 명 가스 | **随手** suíshǒu 부 ~하는 김에, 겸해서 | **双面** shuāngmiàn 명 양면 | **教养** jiàoyǎng 명 교양 | ★**阶层** jiēcéng 명 (사회의) 계층 | **心灵** xīnlíng 명 심령, 정신, 마음 | **宁静** níngjìng 형 고요하다, 편안하다, 조용하다 | **无法** wúfǎ 동 방법이 없다, 할 수 없다 | **有益于** yǒuyìyú 동 ~에 도움이 되다, ~에 유익하다 | **难以** nányǐ 부 ~하기 어렵다 | **盲目** mángmù 형 맹목적(인), 무작정 | **迷恋** míliàn 동 미련을 두다/갖다, 연연해하다 | **对方** duìfāng 명 (주체측에서 본) 상대방, 상대편 | **自拔** zìbá 동 스스로 벗어나다 | **小心翼翼** xiǎoxīnyìyì 성 엄숙하고 경건하다 | **服从** fúcóng 동 따르다, 복종하다 | **摆布** bǎibu 동 계획하다, 기획하다, 처리하다 | **支配** zhīpèi 명 지배 | **听命** tīngmìng 동 명령에 따르다 | **忽略** hūlüè 동 소홀히 하다, 등한히 하다, 등한시하다, 부주의하다, 무시하다 | **现状** xiànzhuàng 명 현상, 현 상태, 현재 상황 | ★**从未** cóngwèi 부 지금까지 ~한 적이 없다, 여태껏 ~하지 않다 | **放缓** fànghuǎn 동 늦추다, 풀다 | **碳** tàn 명 탄소 | **远远** yuǎnyuǎn 부 훨씬, 크게, 몹시 | **意识** yìshí 명 (객관 물질 세계에 대한 반영으로서) 의식 | **共享** gòngxiǎng 공유 [共享经济: 공유경제] | ★**承载** chéngzài 동 적재중량을 견디다 | **机动车** jīdòngchē 명 자동차 | **紧随** jǐnsuí 동 뒤따르다 | ★**隐患** yǐnhuàn 명 잠복해 있는 병, 겉에 드러나지 않은 폐해

01 단락 순서 배열하기

본서 p.144~155

● Day 07 1 D   2 F   3 E   4 G   5 A

D	서론 부분은 일반적으로 정의를 많이 내린다. 또한 제시된 보기 단락을 살펴 보면, 일관되게 '과학기술의 발전에 따라 변천하는 결제 방식'에 대해 다루고 있다는 점을 알 수 있다. 이렇게 변천 과정을 설명하는 경우, 과거(过去)에서 현재(目前), 미래(未来) 순서로 글이 전개되는 것이 자연스러우므로, '과거에 가장 많이 사용한 결제 방식'이었던 'QR결제'에 대해 소개하기 시작하는 D단락이 맨 앞에 위치하는 것이 적절하다.
C	D단락에서 QR결제의 장점이 나온 후, QR결제의 쇠퇴를 예상하는 반대 의견이 제시되고 있다.
F	QR결제의 쇠퇴에 대한 내용이 앞에 나왔으므로 바로 뒤에는 'QR결제를 대체하는 두 가지 새로운 지불 방식의 출현'에 대해 언급하는 내용이 와야 한다.
E	앞 단락이 QR결제를 대체할 안면 인식 결제 방식의 단점에 대한 내용에서 끊겼으므로, 그 뒤는 접속사 '不过'로 내용을 반전시키며 안면 인식 결제의 단점을 개선했다는 내용을 담은 E가 와야 매끄럽다.
G	'此外'는 앞에서 언급한 것 외에 내용을 덧붙여 이야기할 때 많이 쓰이는 어휘이다. F단락에서 언급했던 '두 가지 새로운 지불 방식' 중 또 다른 하나인 '무감 결제' 방식에 대한 설명이 오는 것이 자연스럽다.
A	문장 맨 앞에 '앞서 언급한 두가지 방법을 제외하고(除了上述两种方式)'라고 말했으므로, 두 가지 방법에 대한 설명이 다 언급된 뒤에 등장하는 것이 자연스럽다. 따라서 맨 마지막에 위치해야 한다.
B	IT 이야기로 구성되어 있어 순간적으로 내용과 어울리는 문단이라고 착각하기 쉬우나 이 문단에서는 알리페이 회사에 대해 주로 이야기하고 있으므로 결제 방식 설명과는 어울리지 않는다. 따라서 여기서는 제외되어야 한다.

D 扫码支付是过去一段时间使用最多的支付方法。在扫码支付的帮助下，人们不需要带现金，只需要带一个手机，在需要付钱的时候扫商家的收款码，然后输入金额以及自己设定的密码即可，可谓十分便利。而随着智能手机的发展，如今的支付连密码都不需要输入，直接指纹输入就可以。

C <u>然而，就在扫码支付占据支付手段"半壁江山"的时候，马云却预言它将会走下坡路，认为未来扫码支付很有可能退出历史舞台。在当时很多人都在笑话马云，还表示马云只会故弄玄虚，可如今人们才发现，马云这么说是有道理的。</u>

F 目前国内出现了两种全新的支付方式，也就是这两种方式把扫码支付"拉下了神坛"。与扫码支付相比，这两种支付方式更加便利和安全，很有可能取代扫码支付的地位。其中一种支付方式已经应用于现在的各大超市，那就是"刷脸支付"。

D QR결제는 과거에 한동안 사용이 가장 많은 결제 방식이었다. QR결제의 도움으로 사람들은 현금을 지니고 다닐 필요 없이 휴대폰만 있으면 되었다. 결제가 필요할 때 가게의 결제 QR코드를 스캔하고, 금액 및 자신이 설정한 비밀번호를 입력하면 되어 매우 편리했다. 스마트폰의 발전으로 현재는 비밀번호조차 입력할 필요 없이 지문 인식만으로도 결제가 가능하다.

C 하지만 중국의 반이 넘는 국민이 QR결제를 주요 결제 수단으로 삼았을 때 마윈은 QR결제 방식이 내리막길을 걷게 되어 미래에는 역사의 뒤편으로 사라지게 될 것이라고 예언했다. 당시 많은 사람들은 마윈을 비웃으며 마윈이 교묘한 수법으로 남을 현혹시킨다고 했다. 하지만 오늘날 사람들은 마윈이 그렇게 말한 것이 일리가 있다는 것을 알게 되었다.

F 최근 중국 국내에는 두 가지 새로운 결제 방식이 출현했는데, 이 두 가지 방식은 QR결제를 신의 영역에서 끌어내렸다. QR결제와 비교해서 이 두 가지 결제 방식은 더 편리하고 안전하여 QR결제를 대체할 수 있을 것으로 보인다. 그 중 하나의 지불 방식은 이미 현재 여러 대도시에서 사용되고 있는 '안면 인식 결제'이다. QR결제와 비교했을 때 안면

与扫码支付相比，使用刷脸支付更加方便，人们连手机都不需要掏出来，只需要站在扫脸机器前，人工智能就会自动调出你的信息完成付款。当然，刷脸支付刚推出的时候，也遭到了很大的反对声，人们觉得这种支付方式侵犯了用户的隐私，同时安全系数也不高，甚至于起初马云本人测试的时候，人工智能都无法识别。

E 不过幸好，随着科技水平的发展，刷脸支付的安全性和准确度都有了极大程度的提高。此种支付方式的普及度也越来越高。根据相关统计，中国刷脸支付的使用人数将超过七个亿，在未来它很有可能成为全国最主流的支付方式。

G 此外，相较于刷脸支付，无感支付则更加方便，人们甚至不需要特意到机器前进行人脸扫描。此种支付方式主要应用于高速公路收费，目前大多数ETC（ETC：电子不停车收费）使用的就是无感支付。它能够极大地方便人们的生活，尤其是可以缓解节假日、旅游高峰期时的交通压力。

A 除了上述两种方式，中国官方还推出了"数字人民币"功能，并已在部分大城市开始试运营。目前数字人民币硬件钱包还在试行阶段，所以目前的主流支付方式也依旧是二维码支付。但是就试行的情况来看，在将来数字人民币硬件钱包是肯定会和大家见面的，至于那时候二维码是否会被彻底取代，现在也很难下定论。

B 支付宝是蚂蚁科技集团股份有限公司旗下业务，成立于2004年，历经19年发展，是国内第三方支付开放平台，由支付宝(中国)网络技术有限公司和支付宝(杭州)信息技术有限公司作为主体运营。负责为数字化服务商提供产品和服务接口，助力商家机构数字化经营，超过300万个商家机构小程序入驻支付宝app，为消费者提供政务服务、扫码点单、生活缴费等超过1000项生活服务。支付宝已服务8000万商家、10亿消费者。

인식 결제를 사용하는 것이 훨씬 편리하다. 휴대폰을 꺼내지 않아도 안면 인식 기기 앞에 서기만 하면 인공지능이 자동으로 당신의 정보를 인식해 결제가 완료된다. 물론 안면 인식 결제가 막 시행되었을 때는 강한 반대의 목소리에 부딪히기도 했다. 사람들은 이 지불 방식이 이용자의 사생활을 침해하고, 동시에 보안 수준이 높지 않다고 생각했다. 심지어 처음에 마윈 본인이 테스트할 때 인공지능은 인식도 제대로 하지 못했다.

E 하지만 다행히도 과학기술 수준이 발전하면서 안면 인식 결제의 안전성과 정확도가 크게 향상되었으며 이러한 결제 방식의 보급률도 점점 높아지고 있다. 관련 통계에 따르면 중국의 안면 인식 결제 사용자 수는 7억 명을 넘어설 것이며, 앞으로 그것은 중국 전국에서 가장 널리 쓰이는 결제 방식이 될 가능성이 있다.

G 이 밖에 안면 인식보다도 더 편리한 '무감(无感) 결제' 방식이 있는데, 사람들은 심지어 특별히 기계 앞으로 가서 얼굴을 스캔할 필요도 없다. 이러한 지불 방식은 주로 고속도로에서 요금을 받을 때 사용하는데, 현재 대부분의 ETC(전자 무정차 요금징수시스템)에서 사용되는 것이 바로 무감 결제이다. 이것은 사람들의 생활을 아주 편리하게 해줄 수 있으며, 특히 공휴일과 여행 성수기의 교통체증을 완화시킬 수 있다.

A 앞서 언급한 두 가지 방식 외에도 중국 정부는 '디지털 위안화' 기능을 출시했으며, 이미 일부 대도시에서 시범 운영을 시작했다. 현재 디지털 위안화 전자지갑이 아직 시범 단계에 있어 현재의 주요 결제 방식도 여전히 QR결제이다. 하지만 시범 운영 상황을 봤을 때 앞으로 디지털 위안화 전자지갑을 모두가 사용할 수 있게 될 것으로 보이며 그때가 되어서 QR코드가 완전히 대체될지는 지금으로서는 장담하기 어렵다.

B 알리페이는 앤트테크놀로지그룹(주)의 자회사로 2004년 설립되어 19년간 발전한 국내 제3자 결제 오픈 플랫폼이며, 알리페이(중국) 네트워크 기술 유한회사와 알리페이(항저우) 정보기술 유한회사가 주체가 되어 운영하고 있다. 디지털 서비스 제공 업체에 제품 및 서비스 인터페이스를 제공하고 기업 기관의 디지털 운영을 지원하며 300만 개 이상의 기업 기관 애플릿이 알리페이 앱에 입점하여 소비자에게 정부 서비스, 코드 스캔 주문, 생활비 납부 등 1,000개 이상의 생활 서비스를 제공한다. 알리페이는 이미 8000만 상인과 10억 명의 소비자에게 서비스를 제공했다.

扫码 sǎomǎ 동 QR코드를 스캔하다 | **支付** zhīfù 동 지불하다, 결제하다 [扫码支付: QR결제] | **付钱** fù qián 돈을 지불하다 | **扫** sǎo 동 스캔하다 | **商家** shāngjiā 명 가게, 상점 | **收款码** shōukuǎnmǎ 명 가게에서 돈을 받을 때 사용하는 QR코드 [손님이 스캔하고 지불하는 방식] | **金额** jīn'é 명 금액 |

★设定 shèdìng 图 설정하다 | ★即可 jíkě 图 ~하면 곧 ~할 수 있다 | ★可谓 kěwèi ~라고 말할 수 있다, ~라고 할 만하다 | 便利 biànlì 图 편리하다 图 편리하게 하다 | 智能手机 zhìnéng shǒujī 图 스마트폰 | 指纹 zhǐwén 图 지문 | 占据 zhànjù 图 점거하다, 점유하다 | 手段 shǒuduàn 图 수단, 방법 | 半壁江山 bàn bì jiāngshān 图 국토의 반 | 马云 Mǎ Yún 고유 마윈[알리바바 창시자] | ★预言 yùyán 图 예언하다 | 走下坡路 zǒu xiàpōlù 내리막길을 걷다, 점차 쇠퇴하다 | 退出 tuìchū 图 퇴장하다, 물러나다 | 舞台 wǔtái 图 무대 | 故弄玄虚 gùnòng xuánxū 图 교묘한 수법으로 남을 호리다 | 全新 quánxīn 图 완전히 새롭다 | 拉下 lāxia 图 끌어내리다 | 神坛 shéntán 신의 영역 | 取代 qǔdài 图 대체하다 [A取代B: A가 B를 대체하다] | 地位 dìwèi 图 (사회적) 위치 | 应用 yìngyòng 图 이용하다, 응용하다 | 刷脸支付 shuāliǎn zhīfù 图 안면 인식 결제 | 掏 tāo 图 (손이나 도구로) 꺼내다, 끄집어내다 | 扫脸机器 sǎoliǎn jīqì 안면 인식 기계 | 人工智能 réngōng zhìnéng 图 인공지능 | 调 diào 图 이동하다 | 推出 tuīchū 图 (신상품 또는 신기술을) 내놓다, 출시하다 [政策推出: 정책을 내놓다] | 遭到 zāodào 图 (불행이나 불리한 일을) 부닥치다, 만나다 | 侵犯 qīnfàn 图 (불법적으로 타인의 합법적인 권리를) 침범하다 | 用户 yònghù 图 사용자, 가입자 | 隐私 yǐnsī 图 사적인 비밀, 개인의 사생활, 프라이버시 | 安全系数 ānquán xìshù 图 안전할 확률 [보안 수준] | ★起初 qǐchū 图 처음, 최초 | 测试 cèshì 图 테스트하다, 실험하다 | ★识别 shíbié 图 식별하다, 가려내다 | ★幸好 xìnghǎo 图 다행히, 운 좋게 | 准确度 zhǔnquèdù 图 정확도, 정확성 | 普及度 pǔjídù 图 보급 정도 | 统计 tǒngjì 图 통계 | 主流 zhǔliú 图 주요 추세, 주된 경향 | 无感支付 wú gǎn zhīfù 图 무감 결제, 자동결제 | 特意 tèyì 图 일부러, 특별히 | 扫描 sǎomiáo 图 스캔하다 | 高速公路 gāosù gōnglù 图 고속도로 | 收费 shōufèi 图 비용을 받다 | 电子不停车收费 diànzǐ bùtíngchē shōufèi 图 하이패스 | 节假日 jiéjiàrì 图 명절과 휴일 | 高峰期 gāofēngqī 图 성수기, 피크 | ★上述 shàngshù 图 앞에서 말하다, 위에서 말하다 | 官方 guānfāng 图 정부 당국, 정부측 | 数字 shùzì 图 디지털 | 试运营 shìyùnyíng 图 시범 운영하다, 가오픈하다 | 硬件钱包 yìngjiàn qiánbāo 전자지갑 | ★试行 shìxíng 图 시험삼아 해 보다, 시험적으로 실행하다 | 依旧 yījiù 图 여전히 | 二维码 èrwéimǎ 图 QR코드 | 定论 dìnglùn 图 정론, 정설 [下定论: 장담하다] | 支付宝 zhīfù bǎo 알리페이 | 集团 jítuán 图 집단, 단체, 무리 | ★股份 gǔfèn 图 주식, 주권 | 有限公司 yǒuxiàn gōngsī 유한(책임)회사 | 旗下 qíxià 아래, 밑, 수하 | ★历经 lìjīng 图 두루 ~경험하다, 여러 번 ~겪다 | 平台 píngtái 图 플랫폼 | ★运营 yùnyíng 图 (기구를) 경영하다, 운영하다 | 数字化 shùzìhuà 图 디지털화 | 接口 jiēkǒu 图 (컴퓨터의) 인터페이스 | 助力 zhùlì 图 도와주다, 조력하다 | 机构 jīgòu 图 기구 | 入驻 rù zhù 입점하다 | 政务 zhèngwù 图 정무, 행정사무 | 点单 diǎn dān 주문하다 | 缴费 jiǎofèi 图 비용을 납부하다

특정 대상을 정의하는 내용이나 소개가 포함된 단락은 첫 문단인 경우가 많다.

• Day 08　6 F　7 G　8 D　9 E　10 B

F	첫 번째 단락에는 일반적으로 배경지식 또는 정의가 오며, 문제 제기를 하는 형식이 많다. '작은 섬에 어떤 특별한 점이 있길래 마음이 끌리는 걸까'라는 의문을 제기하는 내용의 F단락이 가장 먼저 오는 것이 좋다.
G	모아이인상의 구체적인 특징에 대해 기술하고 있다. 모아이인상을 '这些石像'으로 받았기 때문에, 모아이인상에 대한 기본 설명을 한 단락의 다음에 오는 것이 좋다.
D	앞 단락에 있는 석상에 대해 이어서 설명하고 있으므로, G단락 뒤에 오는 것이 가장 적합하다.
E	이스터섬에 대한 이해와 설명이 있으며, 라파누이 원주민에 대한 설명을 담고 있다. 앞 단락에서 이스터섬에 대해 언급을 시작했으므로, D단락 뒤에 오는 것이 적합하다.
C	대대로 이야기가 전해져 내려오고 있으며, 원주민이 세웠을 것으로 추측한다.
B	마지막 결론을 찾아야 하는 것으로, 석상을 만드는 데 충분한 인원이 있었음을 알아내는 연구를 진행했다고 했다. 이는 아직도 풀리지 않는 수수께끼이지만 화산활동이나 생태계 문제 등이 원인일 것이라 추측하며 상술된 단락들의 결론을 지었음을 알 수 있다.
A	'이스터섬'의 모아이인상에 대해 이야기하고 있으므로, 축제를 설명하고 있는 A단락은 적합하지 않다.

F　在我们生活的星球上，有成千上万个岛屿，其中就有一座名叫"复活节岛"的岛屿。对于这座神奇的岛屿，几十年来，人们一直不曾放弃对它的探究。然而，

F　우리가 사는 별에는 수천수만 개의 섬이 있는데, 그중 '이스터(Easter)섬'이라는 섬이 있다. 이 신기한 섬에 대해 수십년 동안 사람들은 계속해서 탐구를 포기하지 않았다. 그런데 도대체 어떤 특별한 점이 있길래 사람들은 머나먼 태

究竟是什么特别之处让人们对这座远在太平洋上的一座小岛如此"心向往之"呢？其实，特别之处不在于岛屿本身，而是岛上的巨大石像。复活节岛以上千尊充满神秘的巨型石像吸引了各国的观光客和考古学家，大大小小的人头巨石遍布全岛，被称为"摩艾石像"。

G 经考古学家挖取发现，这些石像大部分为半身像，且大多是背向大海整齐排列在4米多高的长方形石台上。高度为7-10米，重量从20吨到90吨都有。并且都是长脸、长耳、双目深凹、削额高鼻、下巴棱角分明、表情沉毅。据计算，数千尊石像中，有600多个石像是规则排列的，似乎人为一般。

D 这就引出了这样的疑问：是谁创造了这些著名的巨大石头？它们是否具有特定的用途？在过去的很长一段时间内，人们认为这些石像只有头部，但令人惊讶的是，在2012年5月的发掘中，人们发现这些石像竟有完整的身体，且与头部相连，只是身体藏在地下。在一个只有不足300原住民的岛上，如此巨大的雕像是如何分布在全岛的？神秘主义爱好者认为这些石像是由外星人创造和移动的。可据研究发现，石像所使用的石头源自于该岛本身，而不是另一个星球。也有些人认为这些石像就是岛上原住民造的，目的是守护岛上居民。

E 想要了解岛上的石像，还是应该先从了解"复活节岛"开始。复活节岛属于智利，1686年英国人最先登上这座岛屿，把它称之为"悲惨与奇怪的土地"。1722年荷兰人登上岛屿时，正好是西方的复活节，而智利政府吞并这座小岛的时候，也是复活节那天于是就把它命名为复活节岛。原本在岛上生活着一个族群——拉帕努伊族，并且这座岛最初的名字也叫拉帕努伊，它在原住民的语言中意为"世界之脐"，因为原住民认为，这座岛屿就是世界的中心。

C 复活节岛的原住民也不知道自己从何而来，只是靠着一代一代的口口相传，用传说的形式来表达。而在岛上的采石场等地方，专家发现了各种石斧工具，所以推测岛上的石像应该是原住民建造的。

평양에 있는 작은 섬에 이렇게 마음이 끌리는 걸까? 사실 특별한 점은 섬 자체에 있는 것이 아니라 섬의 거대한 석상에 있다. 이스터섬에는 천 개가 넘는 신비로움이 가득한 거대 석상이 각국의 관광객과 고고학자를 사로잡고 있는데, 크고 작은 사람 모양의 거대한 석상이 섬 전체에 분포하고 있어, '모아이(Moai)인상'이라 불린다.

G 고고학자가 발굴한 결과 이 석상들은 대부분 반신상이며 바다를 등지고 4미터가량의 직사각형 석대 위에 가지런히 정렬되어 있었다. 높이는 7~10미터, 무게는 20톤에서 90톤 사이로 다양하다. 또한 기다란 얼굴과 귀, 폭 패인 두 눈, 좁은 이마, 높은 코, 뚜렷한 각진 턱, 침착하고 의연해 보이는 표정이 특징이다. 계산에 따르면 수천 개의 석상 중 600여 개의 석상이 규칙적으로 배열되어 있어 인위적인 것처럼 보인다.

D 이 석상을 보면 이러한 의문이 든다. 누가 이 유명한 거대 석상을 만들었는가? 이 석상들은 특별히 정해진 용도가 있는가? 과거 긴 시간 동안 사람들은 이 석상이 머리만 있는 줄로 알았다. 하지만 놀랍게도 2012년 5월 발굴 도중 사람들은 이 석상들에 완전한 몸이 있고 머리와 연결되어 있다는 걸 발견했다. 단지 몸이 지하에 감추어져 있었던 것이다. 300명 미만의 원주민이 살고 있는 섬에서 이렇게 거대한 조각상이 어떻게 섬 전체에 분포할 수 있었던 걸까? 신비주의 애호가는 이 석상들은 외계인이 만들고 옮겨 놓은 것이라고 여긴다. 하지만 연구 결과 석상에 사용된 돌은 다른 행성이 아닌 이스터섬 내에서 비롯된 것임이 밝혀졌다. 또 어떤 사람들은 이 석상은 바로 원주민이 만든 것으로, 목적은 섬 주민을 보호하기 위한 것이라고 생각한다.

E 섬의 석상에 대해 이해하려면 먼저 '이스터섬'에 대한 이해부터 시작해야 한다. 이스터섬은 칠레에 속해 있고, 1686년에 영국인이 가장 먼저 이 섬에 상륙해서 이 섬을 '비참하고 이상한 땅'이라 불렀다. 1722년 네덜란드인이 이 섬에 올랐을 때가 마침 서양의 부활절이었고, 칠레 정부가 이 섬을 점령할 때도 부활절이었다. 그래서 이스터섬이라 이름을 지었다. 본래 섬에는 '라파누이족'이라는 종족이 살고 있었고, 이 섬 이름도 처음엔 라파누이였다. 라파누이는 원주민 언어로 '세계의 배꼽'이란 뜻이다. 왜냐하면 원주민은 이 섬이 바로 세계의 중심에 있다고 생각했기 때문이다.

C 이스터섬 원주민도 자신이 어디서 왔는지 알지 못하며 그저 대대로 전해져 내려오는 이야기를 토대로 전설처럼 표현할 뿐이다. 전문가는 섬 내의 채석장 등에서 각종 돌도끼 도구를 발견했고, 섬의 석상은 아마 원주민이 세웠을 것으로 추측했다.

B 然而，关于岛上的石像一直到1888年，也就是复活岛正式归属于智利后，才吸引世界各地的生物学家、考古学家等纷纷前往。在对这些石像进行分析和检测后，也确定了石像建造于公元1100-1680年，而石像的原料产地则是在附近火山口处。专家还在火山口处发现了各种未完成的石像。而科学家最近的一项研发现，这里曾经有多达17.5万人，他们有足够的人去创造这些石像杰作。但他们发生了什么？为什么会消失？这些问题依然是未解之谜。可能是因为火山活动，也有可能是因为生态等原因。

A 岛上最大的传统节日莫过于一年一度的"鸟人节"。每年春天，全体岛民齐聚山顶，选举自己的首领"鸟人"，祭拜自己的神明。"鸟人"出自岛上流传的一个神话：古时候，造物主向岛上的祭司传授宗教仪式和祭神物品海鸟蛋，并指定海上两个礁屿为取鸟蛋的地方。

B 하지만 섬의 석상에 관해서는 1888년, 즉 이스터섬이 칠레에 정식으로 귀속된 후에야 비로소 세계 각지의 생물학자, 고고학자 등이 잇달아 방문하기 시작했다. 이 석상들에 대해 분석 및 측정한 결과 서기 1100년~1680년에 조성된 것으로 확인되었으며, 석상의 원재료 산지는 근처 화산의 분화구인 것을 확인했다. 전문가들은 분화구 주변에서 각종 미완성 석상을 발견하기도 했다. 게다가 과학자들의 최근 연구에서 이곳은 한때 175,000명에 달하는 사람이 있었고 그들은 이러한 걸작을 만들기에 충분했음을 발견했다. 그런데 그들에게 무슨 일이 일어났던 걸까? 왜 사라진 걸까? 이 문제들은 여전히 풀리지 않는 수수께끼이다. 화산활동 때문일 수도 있고, 생태 등의 이유일 수도 있다.

A 섬에서 가장 큰 전통축제 중 하나는 매년 열리는 '조인 축제'이다. 매년 봄이면 모든 섬 사람들이 산꼭대기에 모여 자신의 수령인 '새사람'을 선출하고 신에게 제사를 지낸다. '새사람'은 고대에 하느님이 섬의 제사장에게 종교의식과 제물품인 바닷새알을 전수하고 바다 위의 두 섬을 새알을 채취하는 장소로 지정했다는 섬에 전해지는 신화에서 유래했다.

星球 xīngqiú 몡 천체 [태양·달·지구를 포함함] | ★成千上万 chéngqiān-shàngwàn 솅 수천수만, 대단히 많은 | ★岛屿 dǎoyǔ 몡 섬, 도서 | 复活节岛 fùhuójiédǎo 이스터섬 | ★神奇 shénqí 휑 신기하다, 신비롭고 기이하다 | 探究 tànjiū 됭 탐구하다, 파고들어 깊이 연구하다 | 太平洋 Tàipíngyáng 고유 태평양 | 心向往之 xīnxiàng wǎngzhī 솅 마음이 끌리다, 동경하다 | 本身 běnshēn 몡 그 자체 | 石像 shíxiàng 석상 | 上千 shàngqiān 됭 (수량이) 천이나 되다 | 尊 zūn 떙 기 [불상을 세는 단위] | 巨型 jùxíng 휑 초대형의 | 观光客 guānguāngkè 몡 관광객 | 考古学家 kǎogǔ xuéjiā 몡 고고학자 | 人头 réntóu 몡 사람의 모습 | 巨石 jùshí 몡 거대 석상 | ★遍布 biànbù 됭 도처에 널리 분포하다 | 摩艾石像 móai shíxiàng 모아이인상 | 挖取 wāqǔ 됭 발굴하다 | 半身像 bànshēnxiàng 몡 반신상 | 背向 bèixiàng 등지다 | 长方形 chángfāngxíng 몡 직사각형 | 石台 shítái 몡 석대 | 高度 gāodù 몡 높이, 고도 | 吨 dūn 떙 (중국식) 톤 | 深凹 shēn'āo 휑 움푹 패이다 | 削 xiāo 됭 깎다 | 额 é 몡 이마 | 鼻 bí 몡 코 | 下巴 xiàba 몡 턱 | 棱角 léngjiǎo 몡 각, 모서리 | 分明 fēnmíng 휑 뚜렷하다 | 沉毅 chényì 됭 침착하고 굳세다 | 人为 rénwéi 인위적인 | 引出 yǐnchū 됭 도출하다, 끌어내다 | 特定 tèdìng 휑 특별히 지정한, 특정한 | 惊讶 jīngyà 휑 놀랍고 의아하다 | ★发掘 fājué 됭 발굴하다, 캐내다 | 相连 xiānglián 됭 연결되다 | 藏 cáng 됭 감추다, 숨다 | 原住民 yuánzhùmín 몡 원주민, 토착민 | 雕像 diāoxiàng 몡 조각상 | 神秘主义 shénmì zhǔyì 신비주의 | 爱好者 àihàozhě 몡 애호가 | 外星人 wàixīngrén 몡 외계인 | 源自于 yuánzìyú ~로부터 나오다 | ★守护 shǒuhù 보호하다, 지키다 | 居民 jūmín 몡 거주민 | 智利 Zhìlì 고유 칠레 | 登上 dēngshàng 됭 오르다, 올라서다 | 悲惨 bēicǎn 휑 비참하다, 슬프다 | 奇怪 qíguài 휑 이상하다, 기이하다 | 荷兰人 Hélánrén 네덜란드인 | 正好 zhènghǎo 뷔 마침 | 西方 Xīfāng 고유 서양, 서방 | 复活节 Fùhuójié 고유 부활절 | 吞并 tūnbìng 됭 병탄하다, 점령하다 | ★命名 mìngmíng 됭 이름을 짓다 | 岛 dǎo 몡 섬 | 族群 zúqún 몡 종족, 동류 집단 | 拉帕努伊族 Lāpànǔyīzú 고유 라파누이족 | 脐 qí 몡 배꼽 | 从何而来 cónghé'érlái 솅 어디로부터 오는가 | 口口相传 kǒukǒuxiāngchuán 솅 소문이 점점 퍼짐을 이르는 말 | 采石场 cǎishíchǎng 몡 채석장 | 石斧 shífǔ 몡 돌도끼 | 推测 tuīcè 됭 추측하다, 헤아리다 | 建造 jiànzào 세우다, 건축하다 | 归属 guīshǔ 됭 (~에) 속하다, 귀속되다, ~의 관할이 되다 | 前往 qiánwǎng 됭 향하여 가다 | 检测 jiǎncè 됭 검사 측정하다, 검측하다 | 产地 chǎndì 몡 산지 | 火山口 huǒshānkǒu 몡 화산 분화구 | 多达 duō dá (값이나 무게 따위가) 어느 정도에 이르다 | 杰作 jiézuò 몡 걸작 | 未解之谜 wèi jiězhīmí 풀리지 않는 수수께끼 | ★生态 shēngtài 몡 생태계 | 莫过于 mòguòyú ~보다 더한 것은 없다, ~이상의 것은 없다 | 齐 qí 일제히, 다 같이 | 聚 jù 모이다 | ★山顶 shāndǐng 몡 산꼭대기, 산 정상 | 选举 xuǎnjǔ 됭 선거하다, 선출하다 | 首领 shǒulǐng 몡 수령, 우두머리 | 祭拜 jìbài 제사를 지내다 | 神明 shénmíng 몡 신의 총칭 | ★出自 chūzì 됭 (~로부터) 나오다, (~로부터) 나타나다 | 造物主 zàowùzhǔ 몡 하느님, 조물주 | 祭司 jìsī 몡 제사 | ★传授 chuánshòu 됭 전수하다, 가르치다 | 宗教 zōngjiào 몡 종교 | 仪式 yíshì 몡 의식 | 海鸟 hǎiniǎo 몡 바닷새 | 蛋 dàn 몡 (동물의) 알 | 指定 zhǐdìng 됭 (사전에 사람·시간·장소를) 지정하다, 확정하다

tip 배열된 단락들과 관련 있는 내용 또는 키워드이더라도 문맥이 이어지지 않으면 배열할 수 없다.

F	매 단락에서 '水立方(워터큐브)'이라는 키워드가 등장하고 있으므로, 첫 번째 단락에는 워터큐브를 처음 소개하는 말이 와야 할 것이다. 그리고 두 번째 단락(C)의 '워터큐브를 이렇게 설명하는 것은 몇 문장으로 사람들에게 워터큐브 설계에 대해 알려 주기 위함이다'라는 문장에서 힌트를 얻을 수 있다. 즉 큰따옴표로 문장을 인용하며 '作为一个A(A로써)' 구문을 이용해 워터큐브에 대해 소개하는 F단락이 맨 앞에 와야 함을 알 수 있다.
C	앞에 '워터큐브'를 설명했음을 언급했으므로, 워터큐브를 설명한 F단락 뒤에 오는 것이 자연스럽다.
D	앞서 설명한 워터큐브 설계 명제의 예시를 나열하고 있다.
A	A단락의 내용은 앞 단락 마지막 줄에서 언급된 '냐오차오와 어떻게 조화를 이루고 올림픽 공원의 전체적인 계획 설계에 어떻게 따라야 할지'에 대한 내용이므로, 두 단락은 D-A 순서로 배열되어야 자연스럽다.
E	자연스러운 구조의 건축물 '워터큐브'에 대한 설명과 앞 내용에서 언급했던 중국식 건축물에 대한 내용을 간략하게 설명했다.
G	'最后'는 전체 내용을 정리하는 내용이 함께 들어가 있으므로, 문장 맨 끝에 위치하는 것이 자연스럽다.
B	전체 내용은 '워터큐브' 작품의 우수성을 이야기하고 있으므로, 색상의 특징을 설명하는 것과 동떨어진다. 따라서 이 문단은 어울리지 않는다.

F "作为一个摹写水的建筑，水立方纷繁自由的结构形式，源自对规划体系巧妙而简单的变异，却演绎出人与水之间的万般快乐。椰树、沙滩、人造海浪……将奥林匹克的竞技场升华为世人心目中永远的水上乐园。"

C 我们这样表述着"水立方"是希望透过不多的文字告诉人们水立方设计的三个主要命题：奥运公园的群体关系、结构与外观如何产生以及功能和运营的安排带给建筑的不同意义。

D 水立方——国家游泳中心，位于北京市朝阳区，是2008年北京奥运会标志性建筑物之一，与国家体育场"鸟巢"分别位于北京城市中轴线两侧，一方一圆，遥相呼应，构成了"人文奥运"的独特风景线。国家游泳中心处于这样一个特定区域内特定建筑旁，如何与"鸟巢"相协调、如何遵循整个奥林匹克公园的规划设计，便成为设计师关注的问题。

F "물을 본뜬 건축물로써 '워터큐브'의 복잡하고 자유로운 구조 형식은 계획적 시스템의 교묘하고 단순한 변형에서 비롯되었지만, 사람과 물 간의 여러 즐거움을 보여 준다. 야자수, 백사장, 인공 파도 등……올림픽 경기장이 전 세계 사람들 마음속의 영원한 워터파크로 승화됐다."

C 우리가 이렇게 '워터큐브'를 설명하는 것은 몇 문장만으로 사람들에게 워터큐브 설계의 세 가지 주요 명제를 알려 주기 위함이다. 즉, 올림픽 공원의 집단 관계, 구조 및 외관이 어떻게 생성되었고, 기능과 운영 배치가 건축에 주는 서로 다른 의미는 무엇인지에 관한 것이다.

D 워터큐브(水立方, 수이리팡) - 국가수영센터는 베이징시 차오양구에 위치하고 있으며, 2008년 베이징올림픽의 랜드마크 중 하나이다. 국립경기장인 '냐오차오(鸟巢)'와 함께 베이징 중심의 양측에 각각 위치하고 있고, 하나는 각이 진 형태로, 하나는 둥근 형태로 각자의 자리에서 서로 호응하며 '인문 올림픽'의 독특한 풍경을 구성했다. 국가수영센터는 이러한 특정 구역 내 특정 건축물 옆에 있는데, 어떻게 '냐오차오'와 조화를 이루고 어떻게 올림픽 공원의 전체적인 계획에 따라 설계해야 할지가 설계사의 관심사가 되었다.

A 要解决这一问题，首当其冲的就是在主场已经确定的条件下，找到一种共生的关系。设计师们在与主场完全不同的审美取向上做了一种极端的努力——一个纯净得无以复加的正方形，用一种近乎毫无表情的平静表达对主场的礼让与尊重。同时，尊重并不意味着臣服。一个高级的共生关系应该可以彰显各自不同的特征。尤如文静娴淑的东方女性时而呈现出的睿智、活泼和热情。这种饶有趣味的对比使"水立方"与主体育场完整的圆形相得益彰，其自身的优雅气质亦得到了尊重。在这种极端却积极的协调中，"水立方"与"鸟巢"获得了真正意义上的共生。从某种意义上说，"水立方"绝对是一个中国式的建筑，这并非是说它表象上具有传统形式，而是指它的产生过程和存在依据。用东方的思维来寻求事物间的关系均衡，这是设计师在整个过程中遵循的原则。

E 此外，水立方表面上自由的结构并非是看上去的杂乱无章，一种极为严格的数字逻辑蕴含其中。人们穿透平静的第一印象，看到漫天的水泡，伴随着惊喜得到一种仿佛置身在水中的快意。这样平静的外表与内在的浪漫，如同在形体上与主场的对应一样，体现的是事物中矛盾双方的平衡。即"阴阳相济"的关系。方形是中国古代城市建筑最基本的形态，在方的形制之中体现了中国文化中以纲常伦理为代表的社会生活规则。

G 最后，值得一提是，水立方出自中外建筑师的合作中尤其难能可贵，这极其令人欣慰。每一个成员都可以在设计里面找到自己意见的反映，因而每一个人都将这个设计看作是自己努力的结晶和骄傲。正是这种集体智慧的贡献产生了优秀的作品。

B 由于纳米材料的自身特性，水立方的颜色是可以变化的。经过一段时间的紫外线照射和氧化，材料的颜色会发生改变。通常情况下，水立方的颜色变化周期在2-3年左右，不过具体时间会受到多种因素的影响，比如气候、光照、空气污染等。

A 문제해결에 있어 급선무는 주 경기장이 이미 확정된 상황에서 공생관계를 찾아야 한다는 것이었다. 설계사들은 주 경기장과는 완전히 다른 미적 기준에서 극도의 노력을 기울였다. 더할 나위 없이 깔끔한 정사각형에 아무 표정 없는 듯한 평온함은 주 경기장에 대한 예의와 존중을 표현했다. 그리고 존중이 결코 복종을 의미하는 것은 아니다. 수준 높은 공생관계는 각각의 서로 다른 특징을 나타낼 수 있어야 한다. 마치 차분하고 고상한 동양 여성에게서 때때로 보이는 예지로움과 활발함, 열정이 돋보인다. 이러한 흥미로운 대비는 '워터큐브'와 주 경기장의 완전한 원형이 조화를 이루게 하며, 그 자체의 우아한 분위기가 존중받도록 한다. 이 극단적이지만 긍정적인 조화로움 속에서 '워터큐브'와 '냐오챠오'는 진정한 의미의 공생을 이룰 수 있었던 것이다. 어떤 의미에서 '워터큐브'는 완전한 중국식 건축물이라고 할 수 있는데 이는 겉모습이 전통적인 형태를 가지고 있다는 것이 아니라 그것의 생산과정과 존재 근거를 의미한다. 동양적 사고방식으로 사물 간 관계 균형을 찾는 것은 설계사가 전체 과정에서 준수하는 원칙이다.

E 이 외에, 워터큐브 표면의 자유로운 구조는 결코 보기에 어수선하지 않고, 매우 엄격한 디지털 논리가 내포되어 있다. 사람들은 평온한 첫인상을 뚫고 사방에 가득한 물거품을 보면서 마치 물속에 있는 것 같은 놀라움과 기쁨이 수반된 쾌감을 느낀다. 이러한 평온한 외관 및 내재된 낭만은 흡사 형체상으로 주 경기장과 대응되듯이 사물의 대립과 양쪽의 균형, 즉 '음과 양의 조화로운' 관계를 보여 준다. 사각형은 중국 고대 도시 건축물의 가장 기본적인 형태로, 사각의 형태에서 중국 문화의 강상 윤리로 대표되는 사회 생활의 규칙을 보여 준다.

G 마지막으로 워터큐브는 중국과 외국 건축가들의 협력을 통해 탄생했다는 점을 언급할 가치가 있으며, 이는 사람들에게 위안을 준다. 모든 구성원들은 설계 안에 자신의 의견이 반영된 것을 찾을 수 있기 때문에 모든 사람들은 이 설계를 자기 노력의 결실 및 자랑거리로 여길 수 있다. 바로 이러한 집단 지성의 공헌이 우수한 작품을 만들어낸 것이다.

B 나노 물질의 자체 특성으로 인해 워터큐브의 색상이 바뀔 수 있다. 일정 시간 동안 자외선에 쪼이고 산화를 거치면 재료의 색이 변한다. 정상적인 상황에서 워터큐브의 색상 변화 주기는 약 2~3년이지만 구체적인 시간은 기후, 빛, 공기 오염 등과 같은 많은 요인의 영향을 받는다.

摹写 móxiě 통 본뜨다, 모사하다 | 水立方 shuǐlìfāng 명 워터큐브, 베이징 국가 수영센터의 별칭 | 纷繁 fēnfán 형 복잡하다, 번잡하다 | 源自 yuánzì 통 ~에서 비롯된다 | 规划 guīhuà 통 계획하다 | ★体系 tǐxì 명 시스템, 체계 | 巧妙 qiǎomiào 형 교묘하다 | ★变异 biànyì 명 변이 | 演绎 yǎnyì 통 나타내다 | 万般 wànbān 혱 온갖, 여러 가지, 모든 것 | 椰树 yēshù 명 야자나무 | ★沙滩 shātān 명 백사장 | 人造海浪 rénzào hǎilàng 인공 파도 | 奥林匹克 Àolínpǐkè 고유 올림픽 | 竞技场 Jìngjìchǎng 명 경기장 | 升华 shēnghuá 통 승화하다 | 世人 shìrén 명 세상 사람 | ★心目 xīnmù 명 심중, 마음속 | 水上乐园 shuǐshàng lèyuán 명 워터파크, 물놀이 공원 | ★表述 biǎoshù 통 설명하다, 서술하다 | 透过 tòuguo ~을 통해서 | ★命题 mìngtí 명 명제 | 奥运公园 Àoyùn gōngyuán 올림픽 공원 | 群体 qúntǐ 명 집단, 단체 | 外观 wàiguān 명 외관 | ★运营 yùnyíng 명 운영 | 朝阳区 Cháoyángqū 차오양구 | 标志性建筑 biāozhìxìng jiànzhù 명 랜드마크 | 鸟巢 Niǎocháo 고유 냐오차오 [베이징올림픽 주 경기장의 별명. 외형이 새집처럼 생겨서 붙여진 이름] | 分别 fēnbié 분 각각, 따로따로 | 轴线 zhóuxiàn 명 중심선 | 两侧 liǎngcè 명 양측, 양쪽 | 遥相呼应 yáo xiāng hū yìng 성 멀리 떨어져서 서로 호응하다 | 风景线 fēngjǐngxiàn 명 풍경, 관광지 | 区域 qūyù 명 구역, 지역 | 旁 páng 명 옆, 곁 | 协调 xiétiáo 형 어울리다, 조화롭다 | ★遵循 zūnxún 통 따르다 | 设计师 shèjìshī 명 설계사 | 关注 guānzhù 통 관심을 가지다 | 首当其冲 shǒudāngqíchōng 성 맨 먼저 공격을 받거나 재난을 당하다 | 主场 zhǔchǎng 명 주 경기장, 홈경기장 | 共生 gòngshēng 통 공생 | ★审美 shěnměi 형 심미적 | 取向 qǔxiàng 명 기준, 방향 | 极端 jíduān 명 극도의 | 无以复加 wúyǐfùjiā 성 이 이상 더할 것이 없다. 더하려야 더할 수 없다 | 正方形 zhèngfāngxíng 명 정사각형 | 近乎 jìnhu 통 ~에 가깝다 | ★毫无 háowú 통 조금도 ~이 없다 | 礼让 lǐràng 명 예의 | 意味着 yìwèizhe 통 의미하다, 뜻하다, 나타내다 | 臣服 chénfú 통 복종하다, 섬기다 | 彰显 zhāngxiǎn 통 충분히 나타내다, 잘 드러내다 | 文静 wénjìng 형 (성격·행동 등이) 우아하고 조용하다 | 娴淑 xiánshū 형 고상하고 선량하다 | 时而 shí'ér 형 때때로, 이따금 [부정기적으로 중복 발생함을 나타냄] | ★呈现 chéngxiàn 통 나타나다, 드러나다 | 睿智 ruìzhì 형 예지롭다 | 饶有趣味 ráoyǒu qùwèi 성 매우 흥미롭다 | 主体育场 zhǔtǐyùchǎng 주 경기장 | 圆形 yuánxíng 명 원형 | 相得益彰 xiāngdéyìzhāng 성 서로의 장점을 더욱 잘 나타내다, 돋보이게 하다 | ★优雅 yōuyǎ 형 우아하다 | ★气质 qìzhì 명 기질, 성질 | 亦 yì 분 ~도 역시, 또 | 表象 biǎoxiàng 명 겉모습, 상징 | 依据 yījù 명 근거 | 东方 dōngfāng 명 동양, 아시아 | 思维 sīwéi 명 사유 | 寻求 xúnqiú 통 찾다, 탐구하다 | ★均衡 jūnhéng 명 평형, 균형 | 表面 biǎomiàn 명 표면, 외관 | 杂乱无章 záluànwúzhāng 성 무질서하다, 뒤죽박죽이다 | ★极为 jíwéi 분 매우, 극히 | 逻辑 luójí 명 논리 | ★蕴含 yùnhán 통 포함하다, 내포하다 | 穿透 chuāntòu 통 꿰뚫다, 관통하다, 침투하다 | 漫天 màntiān 형 온 하늘에 가득 차다 | 伴随 bànsuí 통 수반하다, 따라가다 | 惊喜 jīngxǐ 명 놀람과 기쁨 | 置身 zhìshēn 통 자신을 ~에 두다 | 快意 kuàiyì 형 쾌적하다, 상쾌하다 | ★外表 wàibiǎo 명 외관, 겉모습 | 内在 nèizài 명 내재적인, 내재하는 | 如同 rútóng 통 마치 ~와 같다 | 形体 xíngtǐ 명 형체 | 对应 duìyìng 통 대응하다 | ★即 jí 분 곧, 바로 | 阴阳 yīnyáng 명 음과 양 | 相济 xiāng jì 조화롭다 | 方形 fāngxíng 명 사각형 | 形态 xíngtài 명 형태 | 形制 xíngzhì 명 (건축물의) 형태 | 纲常伦理 gāngcháng lúnlǐ 명 강상 윤리 [사람이 지켜야 할 도리] | ★出自 chūzì 통 (~로부터) 나오다, (~로부터) 나타나다 | ★建筑师 jiànzhùshī 명 건축사 | 难能可贵 nánnéngkěguì 쉽지 않은 일을 해내어 대견스럽다, 매우 장하다 | ★欣慰 xīnwèi 통 기쁘고 안심이 되다, 기쁘고 위안이 되다 | 成员 chéngyuán 명 구성원 | 结晶 jiéjīng 명 성과, 결실 | 纳米 nàmǐ 명 나노 | 自身 zìshēn 명 자신, 본인 | 特性 tèxìng 명 특성 | 紫外线 zǐwàixiàn 명 자외선 | 照射 zhàoshè 통 쪼이다 | 氧化 yǎnghuà 명 산화 | 周期 zhōuqī 명 주기 | 光照 guāngzhào 명 일조

 tip

'此外(이 외에)', '最后(마지막으로)'는 문장 맨 앞에 쓰지 않는다.

● Day 18　　16 F　　17 C　　18 G　　19 B　　20 D

F	모든 단락이 인공강우에 대한 내용이므로, 보기 단락 중 첫 단락에 오기에 가장 적절한 문단은 인공강우의 정의에 대해 설명하고 있는 F단락이다. 'A是B' 구문은 서론에서 대상에 대한 정의를 표현할 때 많이 쓰이는 표현임을 기억해 두도록 하자!
C	인공강우를 작업하는 방법에 대해 설명하고 있다. 인공강우의 정의를 설명한 뒤 두 가지 작업 방법이 있다고 한 F단락 뒤에 위치하는 것이 가장 적합하다.
G	시작 부분에 전환 접속사가 나오고, 뒤에 인공강우 작업에 대한 추가 설명이 나오고 있으므로 C단락 뒤에 오는 것이 자연스럽다.
B	B단락에 언급된 '요오드화은'이 G단락에도 언급되었음에 힌트를 얻어 위치를 찾아보자. 문맥상 B단락에서 설명하는 내용은 G단락에 언급된 내용을 좀 더 세부적으로 설명하는 내용이므로 G-B 순서로 배열되는 것이 적합하다.
A	인공강우 작업 방법의 안전성을 설명하고 있다.
D	인공강우의 긍정적인 영향으로 마무리하고 있으므로, 맨 마지막에 위치하는 것이 적합하다.
E	전체적으로 인공강우에 대한 설명과 영향에 대해 이야기하고 있으므로, 여름 기후에 관해 이야기하고 있는 E단락은 적합하지 않다.

F 人工降雨就是根据自然界降水形成的原理，人为地补充某些形成降水所必需的条件，把天上的水"实实在在"地降到地面上来，不让它"白白跑过去"，这就是人工降雨，更为科学的叫法应该是"人工增雨"。主要有空中、地面作业两种方法。

C 空中作业是用飞机在云中播撒催化剂。地面作业是利用高炮、火箭从地面上发射。炮弹在云中爆炸时，把炮弹中的碘化银燃成烟剂撒在云中。火箭在到达云中高度以后，碘化银剂开始点燃，并随着火箭的飞行，沿途拉烟播撒。飞机作业一般选择稳定性天气，才能确保安全。一般高炮、火箭作业较为广泛。其实，人工降雨也是要有充分的条件的。一般自然降水的产生，不仅需要一定的宏观天气条件，还需要满足云中的微物理条件，比如：0℃以上的暖云中要有大水滴；0℃以下的冷云中要有冰晶，没有这个条件，天气形势再好，云层条件再好，也不会下雨。

G 然而，在自然情况下，这种微物理条件有时就不具备；有时虽然具备但又不够充分。前者根本不会产生降水；后者则降雨很少。此时，如果人工向云中播撒人工冰核，使云中产生凝结或凝华的冰水转化过程，再借助水滴的自然碰并过程，就能使降雨产生或使降雨量加大。人工降雨的原理是让积雨云中的水滴体积变大掉落下来，高炮人工降雨就是将含有碘化银的炮弹打入有大量积雨云的4000至5000米高空，碘化银在高空扩散，成为云中水滴的凝聚核，水滴在其周围迅速凝聚，达到一定体积后降落。碘化银由炮弹输送到高空后，就会扩散为肉眼都难以分辨的小颗粒。

B 然而，与巨量的水滴相比，升上高空的碘化银只是沧海一粟，太多的碘化银不仅不会增雨，反而会把积雨云"吓跑"，所以，在如此悬殊的情况下，人们绝不会感觉到碘化银的存在。

F 인공강우는 자연에서의 강우 형성 원리에 근거하여 강우 형성에 필요한 일부 조건을 인위적으로 보충해 하늘의 물을 실질적으로 지면에 내리게 하고 구름이 헛되이 지나가지 않게 하는 것이다. 이것이 바로 인공강우이며, 좀 더 과학적인 명칭은 '인공증우'일 것이다. 주로 하늘과 땅에서 작업하는 두 가지 방법이 있다.

C 공중 작업은 항공기로 구름에 촉매제를 뿌리는 것이다. 땅에서 하는 작업은 고사포와 로켓을 이용해 지면에서 발사하는 것이다. 포탄이 구름에서 폭발할 때 포탄 속의 요오드화은을 연소해 만든 발연제를 구름 속에 흩뿌린다. 로켓이 구름 속 고도에 다다르면 요오드화은이 연소하기 시작하고, 로켓이 비행하는 길을 따라 연기가 퍼진다. 항공기 작업은 보통 안정적인 날씨를 선택해야 안전을 확보할 수 있다. 일반적으로 고사포와 로켓 작업이 비교적 광범위하게 사용된다. 사실 인공강우에도 충분한 조건이 있어야 한다. 일반적으로 자연 강수의 발생은 일정한 거시적인 기상 조건이 필요할 뿐만 아니라 구름 속의 미세한 물리적 조건도 충족해야 한다. 예를 들어 0℃ 이상의 따뜻한 구름에는 큰 방울이 있어야 하고, 0℃ 이하의 차가운 구름에는 얼음 결정이 있어야 한다. 이 조건이 없다면 날씨 상황이나 구름층 조건이 아무리 좋아도 비가 내리지 않는다.

G 하지만 자연적인 상황에서 이러한 미세한 물리 조건은 때로는 갖추어지지 않으며, 때로는 비록 갖추어지더라도 충분하지 않을 수 있다. 전자는 강수가 전혀 생산되지 않으며, 후자는 강우량이 매우 적다. 이때, 인공적으로 구름에 인공 빙정핵을 살포하면 구름에 응결되거나 응고된 얼음물이 생성되는 과정과 물방울의 자연적인 접촉 과정을 통해 비가 내리거나 강우량이 증가할 수 있다. 인공강우의 원리는 적란운 속 물방울의 부피를 크게 해서 떨어지게 하는 것인데, 고사포 인공강우는 요오드화 은을 함유한 포탄을 대량의 적란운이 있는 4000~5000미터 상공으로 쏘아 올리는 것으로, 요오드화은은 고공에서 확산돼 구름 속 물방울의 응결핵이 되고, 물방울은 그 주변에 빠르게 응집한 후 일정 부피가 되어 떨어진다. 요오드화은은 포탄에서 상공으로 운송된 후 육안으로는 분별하기 어려운 작은 입자가 되어 흩어진다.

B 그러나 막대한 양의 물방울과 비교하면, 상공으로 올라간 요오드화은은 그저 광대한 것 속에 극히 작은 것일 뿐이며, 너무 많은 요오드화은은 비를 증가시키기는커녕 오히려 적란운을 없애 버릴 수도 있다. 그래서 이렇게 큰 차이가 나는 상황에서 사람들은 요오드화은의 존재를 결코 느끼지 못할 것이다.

A 此外，炮弹弹片在高空爆炸后会化成不足30克，甚至只有两三克的碎屑降落地面，其所落区域都是在此之前实验和测算好了的无人区，不会对人体造成伤害，同时，人工降雨已有一段历史，且技术较为成熟，所以对人工降雨人们不必心存疑虑。

D 人工降雨的发明，标志着气象科学发展到了一个新的水平。在众多成功的事实面前，保守人士也不得不承认，现代的人工降雨是控制天气的一大进步。如今，"耕云播雨"已不再是神话。谢福和冯尼古特的发明给苦于干旱的人们带来了福音，并已成为了很多国家抗旱减灾的主要措施之一。

E 夏日地表水在烈日下迅速蒸发，使空气湿度越来越大；高空的温度低于地表温度，因而水蒸气首先在高空到达饱和状态和过饱和状态；高空总会有一些灰尘，成为凝聚中心，使饱和蒸汽和过饱和蒸汽凝成细小的雾滴；雾滴足够密集时，就成为肉眼可见的白云；雾滴越来越大，白云就变成为了乌云。

A 이 외에도, 포탄의 파편은 상공에서 폭발한 후 30g이 되지 않으며, 심지어 2~3g 정도의 부스러기만 남아 지면에 떨어지는데, 파편이 떨어진 지역은 모두 이전에 실험과 계산을 마친 사람이 없는 곳이어서 인체에 해를 입히지 않는다. 또한 인공강우는 이미 역사가 있고, 기술이 비교적 발전해서 인공강우에 대해 사람들은 걱정하거나 의심할 필요가 없다.

D 인공강우의 발명은 기상과학이 새로운 수준까지 발전했음을 상징한다. 많은 성공 사례 앞에 보수적인 사람도 현대의 인공강우가 날씨를 제어하는 지경까지 진보했음을 인정하지 않을 수 없다. 오늘날 '강수량을 조절하여 자연을 극복한다'는 말은 더 이상 비현실적인 말이 아니게 되었다. 셰퍼와 보네거트의 발명은 가뭄으로 고생하는 사람들에게 기쁜 소식을 안겨 주었고, 많은 국가가 가뭄과 싸우고 자연재해를 줄이는 데 취하는 주요 조치 중 하나가 되었다.

E 여름에는 지표수가 뜨거운 태양 아래 빠르게 증발하여 공기의 습도가 점점 높아지고, 상공의 온도는 지표의 온도보다 낮아 수증기가 먼저 상공에서 포화 상태와 과포화 상태에 도달한다. 상공에는 항상 약간의 먼지가 있는데, 이는 응집의 중심이 되어 포화증기와 과포화증기를 미세한 안개 방울로 응결시킨다. 안개 방울이 충분히 조밀할 때는 육안으로 볼 수 있는 흰 구름이 되고 안개 방울이 점점 커지면 흰 구름은 먹구름이 된다.

人工降雨 réngōng jiàngyǔ 圐 인공강우 | **自然界** zìránjiè 圐 자연계 | **降水** jiàngshuǐ 圐 강수 | **原理** yuánlǐ 圐 원리 | **人为** rénwéi 쥉 인위적인 | **必需** bìxū 图 꼭 필요로 하다 | **实实在在** shíshízàizài 쥉 실질적이다 | **地面** dìmiàn 圐 지면 | **白白** báibái 囝 헛되이 | **叫法** jiàofǎ 圐 이름, 호칭 | **人工增雨** réngōng zēngyǔ 圐 인공증우 | **播撒** bōsǎ 뿌리다 | **催化剂** cuīhuàjì 图 촉매제 | **高炮** gāopào 圐 고사포 | **火箭** huǒjiàn 圐 로켓 | **发射** fāshè 图 (총알·포탄·미사일·인공위성·전파 등을) 발사하다, 쏘다 | **炮弹** pàodàn 圐 포탄 | **爆炸** bàozhà 图 폭발하다 | **碘化银** diǎnhuàyín 圐 요오드화은 | **燃** rán 图 연소하다, 타다 | **烟剂** yānjì 圐 [연기를 만드는 물질] | **撒** sǎ 图 뿌리다 | **点燃** diǎnrán 图 불을 붙이다, 점화하다 | **★沿途** yántú 囝 길을 따라 | **烟** yān 图 연기 | **确保** quèbǎo 图 확보하다, 확실히 보장하다 | **★宏观** hóngguān 쥉 (자연과학에서) 거시적 | **水滴** shuǐdī 圐 물방울 | **冰晶** bīngjīng 圐 얼음결정 | **云层** yúncéng 圐 구름층 | **不够** búgòu 쥉 부족하다 | **★前者** qiánzhě 圐 전자, 앞의 것 | **根本** gēnběn 囝 전혀, 아예 [주로 부정형으로 쓰임] | **★后者** hòuzhě 圐 후자, 뒤의 것 | **★则** zé 젩 오히려, 그러나 [대비·역접을 나타냄] | **降雨** jiàngyǔ 图 비가 내리다 | **此时** cǐshí 圐 이때, 지금 | **人工** réngōng 圐 인위적으로, 인공의 | **冰核** bīnghé 圐 빙정핵 | **凝结** níngjié 图 응결하다 | **凝华** nínghuá 图 승화하다 | **转化** zhuǎnhuà 图 전환하다 | **★借助** jièzhù 图 (다른 사람 또는 사물의) 도움을 빌다, ~의 힘을 빌리다 | **雨量** yǔliàng 圐 강우량 | **加大** jiādà 图 늘리다 | **积雨云** jīyǔyún 圐 적란운 | **体积** tǐjī 圐 부피, 체적 | **掉落** diàoluò 图 떨어지다 | **含有** hányǒu 图 함유하다, 포함하다 | **打入** dǎrù 图 들어가다, 침입하다 | **大量** dàliàng 쥉 대량의, 다량의 | **至** zhì 图 ~까지 이르다 | **高空** gāokōng 圐 상공, 고공 | **扩散** kuòsàn 图 확산하다, 퍼뜨리다 | **凝聚** níngjù 图 응집하다 | **核** hé 圐 핵 | **输送** shūsòng 图 운송하다, 수송하다 | **肉眼** ròuyǎn 圐 육안 | **难以** nányǐ 图 ~하기 어렵다 | **分辨** fēnbiàn 图 분별하다, 구분하다 | **颗粒** kēlì 圐 알갱이 | **巨量** jùliàng 圐 매우 많은 양 | **沧海一粟** cānghǎiyísù 쎙 큰 바다에 던져진 한 알의 좁쌀 | **吓跑** xiàpǎo 图 달아나다, 도망가다 | **悬殊** xuánshū 쥉 차이가 크다, 큰 차가 있다 | **弹片** dànpiàn 圐 (포탄의) 탄편 | **化成** huàchéng 图 ~로 되다 | **碎屑** suìxiè 圐 부스러기 | **区域** qūyù 圐 지역, 구역 | **★测算** cèsuàn 图 측량 계산하다 | **无人** wúrén 图 사람이 없다 | **区** qū 圐 구역 | **且** qiě 젩 또한, 게다가 | **★疑虑** yílù 图 걱정하다, 염려하다, 우려하다 | **气象** qìxiàng 圐 기상 | **众多** zhòngduō 쥉 매우 많다 | **面前** miànqián 圐 앞 | **保守** bǎoshǒu 쥉 보수적이다 | **人士** rénshì 圐 인사 | **耕云播雨** gēngyúnbōyǔ 圐 강수량을 조절하여 자연을 극복하다, 좋은 조건을 마련하다 | **不再** búzài 图 더는 ~가 아니다 | **苦于** kǔyú 쥉 (~에) 고생하다 | **★干旱** gānhàn 圐 가뭄, 가물 | **福音** fúyīn 圐 기쁜 소식 | **抗旱** kànghàn 图 가뭄과 싸우다 | **减灾** jiǎnzāi 图 자연재해를 줄이다 | **夏日** xiàrì 圐 여름 | **地表水** dìbiǎoshuǐ 圐 지표수 | **烈日** lièrì 圐 강하게 내리쬐는 태양 | **蒸发** zhēngfā 图 증발하다 | **★湿度** shīdù 圐 습도 | **地表** dìbiǎo 圐 지표면 | **水蒸气** shuǐzhēngqì 圐 수증기 | **★饱和** bǎohé 圐 포화 | **过饱和** guòbǎohé 圐 과포화 | **灰尘** huīchén 圐 먼지 | **蒸汽** zhēngqì 圐 증기 | **凝成** níngchéng 图 ~로 응결되다 | **细小** xìxiǎo 쥉 작다, 매우 사소하다 | **雾滴** wùdī 圐 안개 방울 | **足够** zúgòu 쥉 충분하다 | **★密集** mìjí 图 밀집하다, 조밀하다 | **白云** báiyún 圐 흰 구름, 백운 | **乌云** wūyún 圐 먹구름

E	처음 도입 부분은 주목받는 조리 로봇에 대해 설명하고 있는 E단락이 가장 적합하다.
C	조리 로봇이 주목받게 된 배경과 동계올림픽 선수촌에서 조리 로봇이 만든 음식들을 나열하며 E단락을 뒷받침하고 있으므로, C단락이 E단락 뒤에 오는 것이 자연스럽다.
B	조리 로봇의 우수함을 이야기하고 있으며, '不仅如此'를 활용해 앞에 언급한 내용뿐만 아니라 추가로 우수함을 언급하고 있으므로, C단락 뒤에 언급하는 것이 자연스럽다.
A	시범 운영 기간 동안 한 번의 실수도 없는 조리 로봇에 관해 이야기하고 있다.
F	조리 로봇 외에 다양하게 선보인 첨단기술 및 기계에 대해 이야기하고 있으므로 A단락 뒤에 위치하는 것이 자연스럽다.
G	앞 단락에서 언급한 내용에 이어서 '베이징동계올림픽'에서 선보인 첨단기술이 주목할 만한 볼거리였다고 정리했다. 다른 단락에 들어가긴 애매하며, 전체적으로 정리하는 내용이므로 마지막에 들어가는 것이 가장 어울린다.
D	주된 내용은 조리 로봇에 관한 이야기이므로, 로봇을 이용한 외과수술은 어울리지 않는 내용이다.

E 提起智能餐厅，人们第一时间想到的可能是送餐机器人。但事实上，如今的很多智能餐厅里已经出现了"炒菜机器人"、"洗碗机器人"、"上台机器人"等类型的智能机器人。其中，"炒菜机器人"无疑是这些"人"中备受瞩目的一员。

C 此前，炒菜机器人已在2022年北京冬奥会的奥运村"一展身手"。冬奥会正式开幕之际，北京冬奥会多项"黑科技"也随之亮相。而炒菜机器人一经亮相，就马上受到了各界关注。根据媒体曝光的照片来看，冬奥会智慧餐厅的"炒菜机器人"，不仅能做中餐的麻辣烫、宫保鸡丁、煲仔饭，还能做西餐的汉堡、意面，而且也可以煮饺子、煮馄饨、调鸡尾酒……可以说只有你想不到的，没有这些机器人做不到的。

B 不仅如此，炒菜机器人还能保证24小时待命，可以在减少与他人密切接触的同时，确保在极短的时间内出餐，且使用的食材均为现做现切，为的就是保证每一道食材均采用新鲜食物。当然，如果你想喝一杯鸡尾酒，那么类似于人类手臂的"调酒机器人"，通过机器臂就可以完成摇酒、调酒，最快3分钟就可以将鸡尾酒送到你的面前。

E '스마트 식당' 하면 사람들이 가장 먼저 떠올리는 것은 서빙 로봇일 것이다. 하지만 사실 오늘날 많은 스마트 식당에는 이미 '조리 로봇' '설거지 로봇' '상차림 로봇' 등의 스마트 로봇이 출현했다. 그중 '조리 로봇'은 두말할 것도 없이 이 로봇들 중에 가장 많은 주목을 받고 있다.

C 이전에 조리 로봇은 이미 2022년 베이징동계올림픽 선수촌에서 실력을 발휘했다. 동계올림픽 정식 개막을 앞두고, 베이징동계올림픽에는 여러 '훌륭한 과학기술들'이 이에 맞춰 등장했는데, 조리 로봇은 등장하자마자 각계의 관심을 받았다. 언론에 공개된 사진에 근거해 보면, 동계올림픽 스마트 식당의 조리 로봇은 중식인 마라탕, 궁바오지딩, 뽀자이밥은 물론 양식인 햄버거, 파스타도 만들 수 있다. 또 교자를 삶거나 훈툰을 끓이며, 칵테일도 제조할 수 있다. 단지 당신이 미처 생각지 못한 것일 뿐 이 로봇이 만들지 못하는 것은 없다고 말할 수 있다.

B 이뿐만 아니라 조리 로봇은 24시간 대기 가능하며 타인과의 밀접 접촉을 줄여줌과 동시에 매우 짧은 시간 내에 요리를 완성할 수 있다. 또한 사용되는 식재료도 모두 그 자리에서 바로 손질한다. 모든 음식에 신선한 재료를 사용하기 위함이다. 물론 만약 당신이 칵테일을 마시고 싶다면 사람 팔처럼 생긴 '칵테일 제조 로봇'이 로봇 팔로 술을 흔들어 칵테일을 만들어 줄 수 있다. 빠르면 3분 만에 칵테일이 당신의 눈앞에 놓일 것이다.

A 除了能做出各种美食以外，还有一点值得关注的就是，奥运会炒菜机器人在试运营期间，每天都需要接待6000名左右的摄影记者和转播商，但从未出现失误。机器人做出的各种美食的味道堪比酒店的星级大厨。能做到这一点，完全是因为做饭机器人能精准掌控36个火炉的火候，同时又能根据食材的不同，调节合适的温度，而且，做饭机器人还采用了空中云轨为点菜者传菜，真可谓做到了"美食从天降"。

F 这台炒菜机器人此次亮相，可是带动了背后上千亿市场，比如说扫地机器人、擦窗机器人、医疗手术机器人、教育娱乐机器人等等。这也就意味着，在不久的将来，中国在机器人领域，也许能领先全球。毕竟此次亮相的炒菜机器人拥有这般实力，而且放眼全球也是独一份的存在。此次的公开、集体亮相，连西方记者都连连感叹"看花眼了！"。

G 据报道，北京冬奥会上，有非常多的场地及设施都充满了高科技的身影，有非常多的"机器大师"就业上岗，它们各自都有着不同的用途以及不同的操作类型，能完美地适应各个场地，这也是本届冬奥会上一道亮丽的风景线。

D 利用机器人做外科手术已日益普及，美国仅2004年一年，机器人就成功完成了从前列腺切除到心脏外科等各种外科手术2万例。利用机器人做手术时，医生的双手不碰触患者。一旦切口位置被确定，装有照相机和其他外科工具的机械臂将实施切断、止血及缝合等动作，外科医生只需坐在通常是手术室的控制台上，观测和指导机械臂工作即可。据悉，该技术可让医生在地球的一端对另一端的患者实施手术。

A 여러 맛있는 음식을 만들 수 있는 것 외에도 주목할 만한 점은 올림픽 조리 로봇이 시범 운영 기간에 매일 6,000명 가량의 카메라맨과 중계진을 맞이해야 했지만 단 한 번도 실수한 적이 없었다는 것이다. 로봇이 만드는 각종 맛있는 음식의 맛은 호텔 특급 요리와도 견줄 만하다. 이렇게 만들 수 있는 것은 조리 로봇이 36개 화로의 불 세기와 시간을 정확하게 장악하고 있으며 식재료의 차이에 따라 적당한 온도로 조절할 수 있기 때문이다. 게다가 조리 로봇은 공중 레일 서빙 방식으로 주문자에게 음식을 가져다준다. 그야말로 '하늘에서 음식이 내려온다'고 할 수 있다.

F 이 조리 로봇의 이번 등장은 청소 로봇, 창문 닦는 로봇, 의료 수술용 로봇, 교육 및 오락 로봇 등 배후에 있던 천억 위안이 넘는 로봇 시장을 움직였다. 이는 머지않은 미래에 중국이 로봇 분야에서 전 세계를 선도할 수 있다는 것을 의미한다. 어쨌든 이번에 등장한 조리 로봇은 이와 같은 능력을 갖추고 있으며 전 세계로 시야를 넓혀도 유일무이한 존재이다. 이번에 단체로 공개된 로봇들에 대해 서양의 기자들마저 "어질어질하다"라며 끊임없이 감탄했다.

G 보도에 따르면 베이징동계올림픽에서 많은 장소와 시설이 첨단기술로 가득 차 있었고, 많은 '기계 대가'가 취업해 일을 했으며, 기계들은 각자의 용도 및 각자의 조작 유형이 있어 각각의 장소에 완벽히 적응했다. 이 또한 이번 동계올림픽에서 주목할 만한 볼거리였다.

D 로봇을 이용한 외과수술이 이미 점점 보편화되었고, 미국에서는 2004년 한 해에만 로봇으로 전립선 절제술부터 심장외과까지 다양한 외과수술 2만 건을 성공적으로 끝냈다. 로봇을 이용해 수술할 때 의사의 두 손이 환자에게 닿을 필요가 없다. 일단 절개 위치가 결정되면 카메라 및 기타 수술 도구가 장착된 로봇 팔이 절단, 지혈 및 봉합과 같은 작업을 수행하며, 외과의사는 보통 수술실의 콘솔에 앉아 로봇 팔을 관찰하고 안내하기만 하면 된다. 이 기술은 의사가 지구 한쪽 끝에서 다른 쪽 끝의 환자를 수술할 수 있게 하는 것으로 알려져 있다.

提起 tíqǐ 통 언급하다 | 智能 zhìnéng 명 스마트, 지능 | **机器人** jīqìrén 명 로봇 | 事实上 shìshíshang 명 사실상 | 炒菜 chǎocài 통 요리하다 | 上台 shàngtái 상을 차리다 | ★无疑 wúyí 의심할 바 없다, 틀림없다 | ★备受 bèishòu 실컷 받다, 빠짐없이 받다 | 瞩目 zhǔmù 주목하다 | 此前 cǐqián 명 이전 | 冬奥会 dōng'àohuì 명 동계올림픽 ['冬季国际奥运会'의 줄임말] | 奥运村 àoyùncūn 명 올림픽선수촌 | 一展身手 yīzhǎnshēnshǒu 성 기량을 내보이다, 재능을 펼치다 | 开幕 kāimù 통 개막하다 명 개막 | 黑科技 hēi kējì 훌륭한 기술, 인류 역사상 최고의 기술 | 随之 suízhī 이에 따라 | ★亮相 liàngxiàng 통 (사람 또는 사물이) 공개적으로 모습을 드러내다 | 一经 yìjīng 부 ~하자마자 | 关注 guānzhù 명 관심, 중시 | 曝光 bàoguāng 통 노출하다 | 麻辣烫 Málàtàng 고유 마라탕 [음식명] | 宫保鸡丁 Gōngbǎojīdīng 고유 궁바오지딩 [음식명] | 煲仔饭 Bāozǎifàn 명 뽀자이밥 [음식명] | 西餐 xīcān 명 양식 | 汉堡 hànbǎo 명 햄버거 | 意面 yìmiàn 명 파스타 | 馄饨 húntun 명 훈툰 [음식명] | 鸡尾酒 jīwěijiǔ 명 칵테일 | 待命 dàimìng 통 대기하다, 기다리다 | 确保 quèbǎo 통 확보하다, 확실히 보장하다 | 食材 shícái 명 식재료, 식자재 | 均 jūn 부 모두, 다 | 类似 lèisì 형 유사하다, 비슷하다 | 手臂 shǒubì 명 팔뚝 | 面前 miànqián 명 눈 앞 | 美食 měishí 명 맛있는 음식 | 奥运会 Àoyùnhuì 명 올림픽 ['奥林匹克运动会 올림픽대회'의 줄임말] | ★运营 yùnyíng 통 운영하다 | 转播商 zhuǎnbō shāng 중계진 | ★从未 cóngwèi 부 지금까지 ~한 적이 없다,

여태껏 ~하지 않다 | **失误** shīwù 명 실수, 실책 | **堪** kān 동 ~할 만하다 | **星级** xīngjí 명 (호텔) 등급 | **精准** jīngzhǔn 형 정확하다 | **掌控** zhǎngkòng 동 장악하다 | **火炉** huǒlú 명 화로 | **火候** huǒhou 명 불의 세기와 시간 | **调节** tiáojié 동 조절하다 | **采用** cǎiyòng 동 채용하다, 채택하다 | **点菜者** diǎncàizhě 요리를 주문한 사람 | ★**可谓** kěwèi ~라고 할 수 있다 | **带动** dàidòng 동 움직이다, 선도하다 | **背后** bèihòu 명 배후 | **扫地** sǎodì 동 청소하다 | **医疗** yīliáo 명 의료 | **意味着** yìwèizhe 동 의미하다, 나타내다 | ★**领域** lǐngyù 명 영역 | **领先** lǐngxiān 동 선두에 서다, 리드하다 | **拥有** yōngyǒu 동 가지다, 보유하다, 지니다 | **实力** shílì 명 실력 | **放眼** fàngyǎn 동 시야를 넓히다 | **独一** dúyī 형 유일한 | **连连** liánlián 부 끊임없이, 줄곧 | **感叹** gǎntàn 동 감탄하다 | **场地** chǎngdì 명 장소 | **身影** shēnyǐng 명 형체, 모습 | **大师** dàshī 명 대가, 권위자 | **就业** jiùyè 동 취직하다 | ★**上岗** shànggǎng 동 일을 하다 | **操作** cāozuò 동 조작하다 | **风景线** fēngjǐngxiàn 명 볼거리, 관심거리 | **外科** wàikē 명 외과 | ★**日益** rìyì 부 날로, 나날이 더욱 | **普及** pǔjí 동 보급되다, 확산되다 | **仅** jǐn 부 겨우, 근근이, 단지, 다만 | **前列腺** qiánlièxiàn 명 전립선 | ★**切除** qiēchú (외과수술에서의) 절제(하다) | **例** lì 명 예 | **患者** huànzhě 명 환자, 병자 | **切口** qiēkǒu 절개한 자리, 수술 자리 | **机械** jīxiè 명 기계, 기계장치 | **臂** bì 명 팔 | **实施** shíshī 동 실시하다, 실행하다 | ★**切断** qiēduàn 동 절단하다, 끊다 | ★**止血** zhǐxuè 동 지혈하다 | ★**缝合** fénghé 동 봉합하다, 꿰매다 | ★**手术室** shǒushùshì 명 수술실 | **控制台** kòngzhìtái 콘솔 | ★**观测** guāncè 동 살피다, 관찰하다 | ★**即可** jíkě 부 ~하면 곧 ~할 수 있다 | ★**据悉** jùxī 아는 바에 의하면 ~라고 한다

tip '不仅如此(이뿐만 아니라)'나, '除了……以外(~를 제외하고 또한)'처럼 점층을 나타내는 접속사는 일반적으로 문장 맨 앞에 오지 않는다.

● Day 27   26 F   27 G   28 D   29 E   30 C

F	어떠한 연구나 사건이 시작된 시기는 보통 첫 단락에 언급된다. 즉, 안면 인식 시스템의 발전 과정을 시기순으로 나열한 F단락이 첫 단락으로 가장 적절하다.
G	'另外'는 앞에서 언급한 것 외에 내용을 덧붙여 이야기할 때 많이 쓰이는 어휘이다. 안면 인식 시스템의 생체 특징 정보 수집에 대해 설명하는 G단락은 안면 인식 시스템의 특징 중 하나에 해당하므로, F단락 뒤에 오는 것이 자연스럽다.
D	'不仅如此'는 앞에서 설명한 내용 외에 내용을 덧붙일 때 쓰는 어휘이므로, D단락 앞에 어떤 단락이 와야 연계성이 있을지 생각하자! D단락은 안면 인식 시스템의 기능적 측면을 강조하고 있다. 문맥상 F-G 단락은 서로 밀접한 관계이므로, D단락은 G단락 뒤에 이어지는 것이 자연스럽다.
B	안면 인식 기술의 자체 결함과 기술적 어려움에 대해 언급하고 있다.
E	E단락은 안면 인식 기술의 안정성, 정확성이 걱정되는 측면을 설명하고 있다. E단락이 '此外'라는 표현으로 글을 시작하였고, E단락 앞에는 비슷한 맥락에서 안면 인식 기술의 어려운 측면을 설명하는 B단락이 위치하는 것이 자연스럽다.
C	C단락은 안면 인식의 기술적 어려움에 대해 설명하고 있다. 전체 단락 중 안면 인식 기술의 어려운 측면을 설명하는 단락은 B, E, C이다. 이 세 단락의 순서를 잡으면 한 번에 순서를 배열할 수 있다. 문맥상 C단락은 E단락보다 좀 더 심층적인 내용을 다루고 있으므로 단락은 B-E-C로 배열되어야 한다.
A	안면 인식 기술과 휴대폰 도청 이야기는 관련성이 없으므로, 이 내용에 어울리지 않는다.

F 人脸识别系统的研究始于20世纪60年代，80年代后随着计算机技术和光学成像技术的发展而得到提高，但真正进入初级的应用阶段则在90年代后期。传统的人脸识别技术主要是基于可见光图像的人脸识别，这也是人们熟悉的识别方式，已有30多年的研发历史。人脸识别

F 안면 인식 시스템의 연구는 1960년대부터 시작되어 1980년대 이후 컴퓨터 기술과 광학 영상 기술의 발달로 향상되었지만, 실제 초기 응용 단계에 들어선 것은 1990년대 후반이다. 전통적인 안면 인식 기술은 주로 가시광선 이미지의 안면 인식을 기반으로 한 것으로, 이것은 사람들에게 익숙한 인식 방식이며 이미 연구가 진행된 지 30여 년이되었다. 안면 인식 시스템 성공의 관건은 첨단 핵심 알고

系统成功的关键在于是否拥有尖端的核心算法。其核心技术的实现标志着从弱人工智能向强人工智能的转化。

G 另外，与其他识别方式相比，人脸识别是唯一不需要用户主动配合就能采集到生物特征信息的识别方式。其他生物特征的采集过程，如指纹、掌纹、虹膜、静脉、视网膜，都需要以用户的主动配合为前提，也就是说，如果用户拒绝采集这些生物特征，系统就无法获得高质量的特征信息。

D 不仅如此，人脸识别系统在"找人"方面的作用也是不可忽略的。它可以通过走失者的照片采集人脸照片，包括场景照，证件照，人脸小照片等等，还有视频的人脸抓拍。之后通过电子传输系统把这些照片，传输到集中处理的人脸识别系统的数据库中，方便之后进行分析管理。当走失者的亲属寻求公安机关的帮助时，公安部门就可以通过人脸系统发布的人员信息，在相关平台上利用数据库搜寻的方式，进行布控，互联网布控信息可与公安部门进行互通，做到实时监控，加大效率。

B 尽管人脸识别技术的便利性与实用性毋庸置疑，但仍然有着难以克服的自身缺陷与技术难点。首当其冲的就是人脸识别信息的可靠性及稳定性较弱：人脸所蕴含的信息量较指纹、虹膜等生物特征相比还是比较少的，其变化的复杂性不够。例如，若要两个人的指纹或者虹膜基本相同，大概需要好几十乃至上百个比特信息量的度量单位达到完全重合才可以。但人脸的话，只要十几个比特达到重合就可以了。全世界可以找到很多具有相似性的面孔。所以说，人脸的辨识性不是很高。

E 此外，人自身内在的变化以及外在环境的变化都会影响采集时人脸的信息稳定度。相较于之前的人脸识别技术，目前的人脸识别技术虽有所提高，但是具体应用还是无法达到完美状态。保守估计，人脸识别技术的准确率能达到99%。

C 近几年，人脸识别技术虽已有所完善，在各产业之间落地的应用项目有目共睹，

리즘 보유 여부이다. 그 핵심 기술의 실현은 미비했던 인공지능에서 강한 인공지능으로의 전환을 상징한다.

G 이 외에도, 다른 인식 방식과 비교했을 때 안면 인식은 유일하게 사용자가 직접 협조하지 않아도 생체 특징 정보를 수집할 수 있는 식별 방식이다. 지문, 손금, 홍채, 정맥, 망막 등 다른 생체 특징 수집 과정은 사용자의 적극적인 협력을 전제로 한다. 즉, 사용자가 이런 생물학적 특징 수집을 거부한다면 시스템은 질 좋은 특징 정보를 얻기 힘들어진다는 것이다.

D 이뿐만 아니라 안면 인식 시스템의 '사람을 찾는' 역할도 등한시해서는 안 된다. 그것은 배경 중심 사진, 증명사진, 얼굴 확대 사진 등을 포함하여 실종자의 사진에서 얼굴 부분을 수집하거나 동영상 속 얼굴을 캡처하기도 한다. 그리고 전자 전송 시스템을 통해 이 사진들을 전송한 후, 안면 인식 시스템을 집중 처리하는 데이터베이스로 전송해 편리하게 분석 및 관리를 한다. 실종자 가족이 공안 기관에 도움을 요청할 때 공안부는 안면 인식 시스템이 제공하는 인물 정보를 가지고 관련 플랫폼의 데이터베이스에서 찾아보는 방식을 통해 감시망을 펼친다. 인터넷 감시 정보는 공안부와 서로 소통할 수 있고 실시간 감시 및 제어가 가능하며 효율을 높일 수 있다.

B 안면 인식 기술의 편리성과 실용성은 의심할 여지가 없지만, 여전히 극복하기 어려운 자체 결함과 기술적 어려움이 있다. 가장 큰 문제는 안면 인식 정보의 신뢰성 및 안정성이 비교적 약하다는 점이다. 사람의 얼굴이 가지고 있는 정보량은 지문, 홍채 등의 생체 정보보다 상대적으로 적으며 변화의 복잡성도 충분하지 않다. 예를 들어, 두 사람의 지문 혹은 홍채가 기본적으로 같아지려면 대략 몇십에서 몇백 비트의 정보량 단위가 완전히 겹쳐야만 한다. 하지만 안면의 경우 십몇 비트만 겹쳐도 정보가 비슷해진다. 전세계에는 유사한 얼굴을 많이 찾아볼 수 있기 때문에 안면의 식별성은 그리 높지 않다고 말할 수 있다.

E 이 외에도 사람이 자체적으로 지닌 내재적 변화 및 외재적 환경의 변화 모두 안면 정보 수집의 안정성에 영향을 끼친다. 이전의 안면 인식 기술과 비교했을 때, 현재의 안면 인식 기술이 어느 정도 발전하긴 했지만, 구체적 활용은 여전히 완벽한 수준에 도달하지 못했다. 안면 인식 기술의 정확률은 높게 잡아도 99%까지만 도달할 수 있을 것으로 예측된다.

C 최근 몇 년 동안 안면 인식 기술은 다소 개선되어 모두가 알고 있듯이 각 산업계의 여러 분야에서 활용되고 있다. 그러나 현재의 기술로 놓고 말하면 급변하는 사회와 시장의 수요를 여전히 따라가지 못하고 있다. 예를 들어 코로나의 습격으로 인해 중국 대부분의 안면 인식 기기가 마스크를 착용한 상태를 식별하지 못하자 QR코드 인식으로

但以目前技术来说仍然跟不上瞬息万变的社会变化和市场需求。例如在新冠病毒的突袭下，导致中国大批人脸识别产品无法在戴口罩的情况下进行扫描识别，虽然事后各大厂商立即更新了算法，但此次事件也提醒了我们，面对未来的不确定性，技术不能一成不变，需要不断创新与突破。

A 手机远程窃听攻击是近两年生活中频发的真实黑客攻击案例。黑客通过攻击公共场所免费Wi-Fi路由器或者自己搭建一个恶意Wi-Fi，用户连接到被黑客攻击篡改的WiFi后，再使用未经过安全检测的APP应用软件时，黑客便可以在用户未感知的情况下，直接远程获取用户的前置摄像头、文件夹、远程录制麦克风、发送短信、获取用户手机的通讯录。这意味着，黑客就可以在电脑那端远程控制你的手机。

바뀌게 되었다. 비록 그 이후 업체들은 즉시 알고리즘을 개선하긴 했지만 이번 사건은 미래의 불확실성에 직면하려면 기술이 변하지 않으면 안 되고, 끊임없이 혁신하고 난관을 돌파해야만 한다는 것을 일깨워 주었다.

A 휴대폰 장거리 도청 공격은 최근 2년간 생활 속에서 빈번히 발생하는 실제 해킹 사례이다. 해커는 공공장소 무료 와이파이 공유기를 해킹하거나 스스로 악성 와이파이를 구축한다. 사용자가 해커 공격에 의해 조작된 와이파이에 접속한 후 보안 검색을 거치지 않는 앱을 사용하면 해커는 바로 사용자가 감지하지 못하는 상황에서 직접 원거리에서 사용자의 전면 카메라, 폴더, 원격 녹화 마이크, 문자메시지 전송, 사용자 휴대폰 주소록을 입수할 수 있다. 이것은 해커가 컴퓨터 저편에서 당신의 휴대전화를 원격으로 제어할 수 있다는 것을 의미한다.

人脸识别 rénliǎn shíbié 안면 인식 [人脸识别系统: 안면 인식 시스템] | **始于** shǐyú 시작되다, 비롯되다 | **计算机** jìsuànjī 몡 컴퓨터 | **光学** guāngxué 몡 광학 | **成像** chéngxiàng 동 영상을 형성하다 | **进入** jìnrù 동 (어떤 범위 또는 시기에) 들다, 진입하다 | ★**基于** jīyú 개 ~을 기반으로, ~에 근거하다, ~때문에 | **可见光** kějiànguāng 몡 가시광선 [=可见光] | ★**图像** túxiàng 몡 (그리거나 촬영된) 형상, 영상 | ★**识别** shíbié 동 식별 | **拥有** yōngyǒu 동 가지다, 보유하다, 지니다 | ★**尖端** jiānduān 형 첨단의, 최신의 | **算法** suànfǎ 알고리즘, 산법, 계산 방식 | **转化** zhuǎnhuà 동 전환, 변환 | **相比** xiāngbǐ 동 비교하다, 견주다 [与……相比: ~와 비교하다] | **用户** yònghù 몡 사용자, 가입자, 아이디(ID) | ★**采集** cǎijí 동 수집하다, 채집하다 | ★**生物** shēngwù 몡 생체, 생물 | **指纹** zhǐwén 몡 지문 | **掌纹** zhǎngwén 몡 손금 | **虹膜** hóngmó 몡 홍채 | **静脉** jìngmài 몡 정맥 | **视网膜** shìwǎngmó 몡 망막 | **前提** qiántí 몡 전제, 전제 조건 | ★**也就是说** yějiùshìshuō 바꾸어[다시] 말하면 ~이다 | **无法** wúfǎ 몡 방법이 없다, 할 수 없다 | **高质量** gāo zhìliàng 고품질 | **如此** rúcǐ 때 이와 같다, 이러하다 | **不可** bùkě ~해서는 안 된다 | **忽略** hūlüè 등한시하다, 소홀히 하다 | **走失者** zǒushīzhě 실종자 | **场景** chǎngjǐng 몡 배경, 정경 | **视频** shìpín 몡 동영상 | **抓拍** zhuāpāi 동 캡쳐하다, 순간 장면을 찍다 | **电子** diànzǐ 몡 전자 | **传输** chuánshū 동 (에너지·정보 등의) 전송, 수송 | ★**数据库** shùjùkù 몡 데이터베이스 | **亲属** qīnshǔ 몡 친척, 친족 | **寻求** xúnqiú 찾다, 탐구하다 | **公安** gōng'ān 몡 공안 | **机关** jīguān 몡 기관 | **发布** fābù 동 전하다, 알리다 | **平台** píngtái 몡 플랫폼 | ★**搜寻** sōuxún 여기저기 찾다, 물으며 찾다 | **布控** bùkòng 동 (범인 체포를 위해) 인원을 배치하여 감시하다 | **互通** hùtōng 동 서로 교환하다, 상호 소통하다 | **实时** shíshí 위 실시간으로 | ★**监控** jiānkòng 동 (어떤 사물의 변화 등을) 감시하고 제어하다 | **便利性** biànlìxìng 편리성 | **实用性** shíyòngxìng 실용성 | **毋庸置疑** wú yōng zhì yí 청 의심할 여지가 없다, 두말할 나위 없다 | **难以** nányǐ 위 ~하기 어렵다 | **缺陷** quēxiàn 몡 결함, 결점 | ★**难点** nándiǎn 몡 어려움, 고충 | **首当其冲** shǒudāngqíchōng 청 맨 먼저 공격을 받거나 재난을 당하다 | **可靠性** kěkàoxìng 신뢰성 | **稳定性** wěndìngxìng 안정성 | ★**蕴含** yùnhán 동 포함하다, 내포하다 | **不够** búgòu 형 부족하다 | **若要** ruòyào 접 만약, 만일 | **乃至** nǎizhì 접 심지어, 나아가서는 | **比特** bǐtè 몡 비트 [정보량의 최소 단위] | **度量单位** dùliáng dānwèi 정보량의 단위(유닛) | ★**重合** chónghé 동 포개어 합쳐지다 | **相似性** xiāngsìxìng 유사성 | **面孔** miànkǒng 몡 얼굴, 표정 | **辨识性** biànshíxìng 식별성 | **内在** nèizài 형 내재적인, 내재하는 | **外在** wàizài 형 외재적인 | **稳定度** wěndìngdù 안정도 | **相较** xiāngjiào 동 비교하다 | **保守** bǎoshǒu 형 보수적이다 | **落地** luòdì 동 바닥, 땅 | **有目共睹** yǒumùgòngdǔ 청 누구나 다 보고 있다, 세상이 다 알고 있다 | **跟不上** gēnbushàng 동 따라 갈 수 없다, 미치지 못하다 | **瞬息万变** shùnxīwànbiàn 청 극히 짧은 시간에 많은 변화를 일으키다, 변화가 아주 빠르다 | **新冠病毒** xīnguān bìngdú 코로나 | **突袭** tūxí 몡 급습, 기습 | **大批** dàpī 형 대량의, 대량으로 | **口罩** kǒuzhào 몡 마스크 | ★**扫描** sǎomiáo 동 QR코드를 스캔하다 | **厂商** chǎngshāng 제조업자, 생산자 | **更新** gēngxīn 갱신하다, 새롭게 바뀌다, 혁신하다 | **确定性** quèdìngxìng 확실성 | **一成不变** yì chéng bú biàn 청 한번 정해지면 고치지 않는다, 고정불변이다 | **突破** tūpò 동 (한계·난관을) 돌파하다, 타파하다, 극복하다 | ★**远程** yuǎnchéng 형 장거리의, 먼 거리의, 원거리의 | **窃听** qiètīng 동 도청하다 | **攻击** gōngjī 동 공격하다 | **频发** pínfā 동 빈번히 발생하다, 빈발하다 | ★**黑客** hēikè 몡 해커 | **案例** ànlì 몡 사례 | **公共场所** gōnggòngchǎngsuǒ 공공장소 | **路由器** lùyóuqì 몡 인터넷 공유기 | ★**搭建** dājiàn 동 세우다 | ★**恶意** èyì 악의 | **连接** liánjiē 동 잇닿다, 연접하다, 연결되다 | **篡改** cuàngǎi 동 속임수로 조작하거나 왜곡하다 | **未** wèi 위 아직 ~하지 않다 | **检测** jiǎncè 동 검측하다, 검사, 측정하다 | **感知** gǎnzhī 동 감지하다, 느끼다 | **获取** huòqǔ 동 얻다, 획득하다 | **前置** qiánzhì 몡 앞에 놓다 | **摄像头** shèxiàngtóu 몡 웹캠 | **文件夹** wénjiànjiā 몡 (컴퓨터) 폴더 | ★**录制** lùzhì 동 녹음 제작하다 | **发送** fāsòng 동 보내다, 발송하다 | **通讯录** tōngxùnlù 몡 주소록 | **意味着** yìwèizhe 동 의미하다, 뜻하다, 나타내다 | **端** duān 몡 끝

D	첫 번째 단락에서는 일반적으로 전체 단락의 주제에 대한 개념이나 원리에 대한 설명이 나오는 것이 적절하다. D단락은 '作为'를 사용하여 전체 단락의 주제인 목화에 대해서 설명하고 있다.
E	목화 생산에 유리한 신장 지역 기후의 특징을 이야기하고 있으므로, 신장이 최대 목화 생산지라고 언급한 D단락 뒤에 위치하는 것이 가장 적합하다.
B	목화 재배 지역인 신장에 존재하는 단점에 대해 이야기하고 있다.
A	'其次'는 앞에 언급한 내용에 부가적으로 덧붙일 때 사용하며, 단락의 내용은 '단수 자원 희박'이라는 단점이 있지만 이를 극복해 목화를 재배하게 되었다는 내용이다. 따라서 단점을 언급한 B단락 뒤에 위치하는 것이 적절하다.
G	목화 산업에 대한 정부 보조금 예시를 설명하고 있다. 문맥상 A단락 뒤에 위치하는 것이 가장 적합하다.
F	마지막 단락에서는 일반적으로 전체적인 단락의 주제를 언급하고 앞으로의 발전성과 방향에 대해 이야기하는 경우가 많다. 따라서 목화 산업의 발전 방향을 구체적으로 제시하며, 앞으로의 신장 목화 발전을 도모하는 내용으로 마무리 짓는 F가 마지막 단락으로 어울린다.
C	목화 산업에 대한 이야기를 하고 있으므로, 신장웨이우얼자치구의 위치에 대한 내용은 전체적인 내용과 어울리지 않는다.

독해 제2부문

D 棉花作为中国主要的经济作物及纺织纤维原材料之一，通过棉纺织业的发展带动了全国性消费使用，季节性生产全年消费使用，分散性生产集中加工流通，使棉花在中国的经济生产中占据了特殊的重要地位。新疆是中国最大的棉花产区和出口棉花的货源区，棉花产量占中国的1/2以上。将该地棉花的优势与劣势进行分析对比，可以更好地将优势延续并取得突破，还可以通过科学的研究方法进行优化来避免其劣势，对中国棉花的稳定生产有重要的意义。

E 新疆地处中国西北，气候干旱、日照较内地时间长，拥有种植棉花得天独厚的自然优势条件。首先，新疆光照资源丰富、日照时间长、强度大，为棉花生长创造了优越的条件。其次，新疆棉区位于北纬36~46度之间，属于中纬度地带，但由于海拔低，加之盆地增温影响，相当于中温带，该地带热量充足、积温高、无霜期长，是优良的植棉区域。第三就是新疆地广人稀，土地资源丰富，且适宜棉花的生长，而平坦的地势十分有利于机械化的生产和采摘。

D 목화는 중국의 주요 경제 작물 및 방직 섬유의 원재료 중 하나로, 면 방직업의 발전을 통해 전국적인 소비와 사용을 이끌었다. 계절적 생산은 일년 내내 소비되고 사용되며, 분산적 생산의 집중 가공 유통은 목화를 중국 경제 생산에서 특수하고 중요한 위치를 차지하게 했다. 신장은 중국 최대 목화 생산지이자 목화 수출 공급 지역으로, 목화 생산량은 중국 전체의 2분의 1 이상을 차지한다. 이 목화의 강점과 약점을 분석하고 비교하면 우위를 더 잘 지속시키고 돌파구를 찾을 수 있다. 또한 과학적인 연구 방법을 통해 최적화를 하여 약점을 피하는 것은 중국 목화의 안정적 생산에 중요한 의의를 가진다.

E 신장은 중국 북서부에 위치하며, 기후가 건조하고 내륙에 태양이 내리쬐는 시간이 비교적 길기 때문에 목화 재배에 탁월하고 천부적인 자연 조건을 갖추고 있다. 우선 신장은 일조량이 풍부하고 일조시간도 길며 강도도 세서 목화가 성장하는 데 우월한 조건이 갖추어져 있다. 다음으로, 신장의 목화 재배 지역은 북위 36~46도 사이에 있어 중위도 지대에 속하지만, 해발은 낮은 데다가 분지의 온난화 영향으로 중온대에 해당한다. 이 지대는 열량이 충분하고 적산온도가 높으며 무상기간(서리가 내리지 않는 기간)이 길어 훌륭한 목화 재배 지역이라고 할 수 있다. 세 번째로, 신장은 땅이 넓고 사람이 적은 지역이라 토지자원이 풍부하고 목화가 성장하기에 적합하다. 또한 평탄한 지세는 기계화된 생산과 채취에 매우 유리하다.

B 尽管具备了如此多的"先天优势"，可新疆也仍然存在着不可忽视的"短板"。首先，该地棉区热量条件不好。这主要表现在它的无霜期较短，前期容易遭受冻害，后期降温比较快，秋天容易遭受霜冻，南疆前期霜冻刚开始一般在10月初到10月中旬，北疆的前期霜冻刚开始一般在9月底到10月初，所以选择熟性对路的品种对提高棉花产量尤为重要。

A 其次，淡水资源稀少。因此实现膜下滴灌与水肥一体化就成了将淡水资源有效合理利用的关键技术。前人经过研究，总结出了膜下滴灌技术、干播湿出播种技术、水肥一体化技术、调亏灌溉技术等。从节约用水，提高了新疆棉区的水分利用率，再到根据各个节水技术来提高种植密度，最终达到新疆干旱地区棉花可行的节水栽培模式。

G 新疆作为中国棉花种植面积最大、产出优质棉最多、产量最高的棉区之一，约有近一半的农民从事棉花生产工作，农民每年近三分之一的收入来自于植棉收入，因此，政府给予棉农的政策与补贴就显得尤为重要。新疆政府给棉农补贴实际数额的60%按面积核发，其余40%按籽棉实际交售数量核发。具体由新疆财政逐级拨付到地方财政，以"一卡通"或其他形式将补贴资金全部兑付给棉农和棉花种植生产单位。新疆兵团自行制定补贴发放办法，但原则和方法上应与新疆地方衔接。

F 基于新疆自然生态特点和存在的问题，今后为实现更高层次的高产简化栽培，要保障新疆产棉区持续高产高效。同时，要深入研究高产棉花产量和品质形成的生物学原理，研究轻简化、机械化条件下的生物学、生理学机制，为轻简栽培提供理论指导。要通过建立高光效群体，提高光能利用率，进一步提高产量和品质；要研究熟化化学封顶或机械打顶技术，重视解决地膜覆盖所引发的污染问题，大力发展信息智能化技术。可以预见，新疆棉花高产简化栽培技术体系的提升和完善，将进一步推进新疆棉花生产的持续健康发展。

B 이렇게 많은 '선천적 우위'을 지녔지만, 신장에도 간과할 수 없는 단점이 여전히 존재한다. 먼저, 신장의 목화 재배 지역은 열량 조건이 좋지 않다. 이는 주로 신장의 무상기 간이 비교적 짧아 초기에는 동해를 입기 쉬우며, 후기에는 기온이 내려가는 속도가 비교적 빨라 가을에 서리 피해를 보기 쉽다는 것을 나타낸다. 신장 남부의 초기 서리는 보통 10월 초에서 중순에 시작되며, 신장 북부의 초기 서리는 보통 9월 말에서 10월 초에 시작된다. 따라서 이런 환경에 적합한 품종을 고르는 것이 목화 생산량을 늘리는 데 특히 중요하다.

A 다음으로, 담수 자원이 희박하다. 따라서 막을 이용한 점적 관수와 물거름 일체화를 실현하는 것이 담수 자원을 효과적이고 합리적으로 이용하는 중요한 기술이 되었다. 선인들은 연구를 통해 막을 이용한 점적관수 기술, 건파 후 습식으로 수확하는 파종 기술, 물거름 일체화 기술, 중간 단계에서 물의 양을 줄이는 절수 관개 기술 등을 정리했다. 물 절약부터 시작해 신장 목화 재배 지역의 수분 이용률을 향상시키고, 또 여러 절수 기술로 재배 밀도를 높이는 수준까지 발전했고, 최종적으로 건조한 신장에서 물을 절약하면서 목화를 재배하는 것이 가능한 형태에 이르렀다.

G 신장은 중국에서 목화 재배 면적이 가장 크고 양질의 목화가 가장 많이 생산되며 생산량이 가장 높은 지역이다. 약 절반 가까운 농민이 목화 생산 일에 종사하고 있으며 농민의 매년 3분의 1의 수입이 이 면화 재배 소득에서 나온다. 따라서 정부의 목화 재배 농민을 위한 정책과 보조금 지원이 매우 중요하다. 신장 정부가 지원하는 목화 농민 보조금의 실제 금액 중 60%는 면적에 따라 심사 및 발급하며, 나머지 40%는 면의 실제 공출량에 따라 심사 및 발급한다. 구체적으로는 신장 재정이 단계적으로 지방재정에 지출하고 '통합 방식' 또는 기타 방식으로 보조금을 전부 목화 농민과 목화 생산 업체에 지원한다. 신장 생산 건설 병단은 보조금 공급 방식을 자체적으로 정했지만 원칙 및 방법적으로 신장 지방과 맞아야 한다.

F 신장의 자연 생태 특징과 현존하는 문제에 근거하여, 앞으로 더 고차원적으로 간소화하여 목화를 재배하기 위해서는, 신장 목화 생산 지역의 지속적인 다량 생산과 높은 효율을 보장해야 한다. 또한 목화의 많은 생산량과 품질이 만들어지는 생물학적 원리를 깊이 있게 연구하고, 간소화되고 기계화된 조건에서의 생물학적, 생리학적 메커니즘을 연구하여 간소화 재배에 이론적 지침을 제공해야 한다. 고효율 집단을 구축하여 빛에너지 이용률을 높이고 생산량과 품질을 더욱 향상시켜야 한다. 또 화학적 성장 조절 기술과 기계 적심 기술을 연구하고, 농작물용 비닐 막으로 인한 오염 문제 해결에 관심을 기울이며, 스마트 정보화 기술을 대대적으로 발전시켜야 한다. 신장 목화의 다량 생산 및 간소화 재배 기술 시스템의 향상과 개선은 신장 목화

C 新疆维吾尔自治区地处亚欧大陆腹地，陆地边境线5600多千米，周边与俄罗斯、哈萨克斯坦、吉尔吉斯斯坦、塔吉克斯坦、巴基斯坦、蒙古、印度、阿富汗八国接壤，在历史上是古丝绸之路的重要通道，是第二座"亚欧大陆桥"的必经之地，战略位置十分重要。

생산의 지속적이고 건강한 발전을 더욱더 촉진시킬 것으로 예측할 수 있다.

C 신장웨이우얼자치구는 아시아 유럽 대륙의 지역, 육지 국경선 5,600km 이상에 위치하고 있으며, 주변은 러시아, 카자흐스탄, 키르기스스탄, 타지키스탄, 파키스탄, 몽골, 인도, 아프가니스탄 8개국과 국경을 접하고 있다. 역사적으로 고대 실크로드의 중요한 통로이자 두 번째 '아시아 대륙 다리'를 통과해야 하는 필수 장소이며 전략적 위치가 매우 중요하다.

★棉花 miánhuā 圆 목화 | ★作物 zuòwù 圆 작물 | ★及 jí 젭 및, ～와, ～과 | ★纺织 fǎngzhī 동 방직하다 | ★纤维 xiānwéi 圆 (천연 또는 인공의) 섬유 | ★原材料 yuáncáiliào 圆 원자재, 원료와 재료 | 棉纺织 miánfǎngzhī 圆 면방직 [棉纺织业: 면방직업] | 带动 dàidòng 동 이끌어 나가다, 선도하다 | 全国性 quánguóxìng 圆 전국적인 | 分散 fēnsàn 형 분산하다, 흩어지다 | 加工 jiāgōng 동 가공하다 | 流通 liútōng 동 유통하다 | 占据 zhànjù 동 차지하다, 점거하다 | 新疆 Xīnjiāng 고유 신장 [지명] | 产区 chǎnqū 圆 산지, 생산하는 지역 | 货源 huòyuán 圆 화물·상품의 공급원 [货源: 공급 지역] | 产量 chǎnliàng 圆 생산량 | 该 gāi 대 이, 그, 저 [앞의 글에 나온 사람·사물을 가리키며 주로 공문서에 많이 쓰임] | 其 qí 대 그 | ★劣势 lièshì 圆 열세 | 延续 yánxù 동 지속하다, 계속하다 | 突破 tūpò 동 (한계·난관을) 돌파하다, 극복하다 | ★优化 yōuhuà 동 최적화하다 | 地处 dìchù 동 ～에 위치하다 | 干旱 gānhàn 형 건조하다 | 日照 rìzhào 圆 햇볕이 내리쬐다 | 较 jiào 분 비교적, 좀 | 内地 nèidì 圆 내륙, 내지 | 拥有 yōngyǒu 동 가지다, 보유하다, 지니다 | 种植 zhòngzhí 동 재배하다, 씨를 뿌리고 묘목을 심다 | 得天独厚 détiāndúhòu 셍 특별히 좋은 조건을 갖추다, 처한 환경이 남달리 좋다 | 光照 guāngzhào 圆 일조 | 强度 qiángdù 圆 강도 | ★优越 yōuyuè 형 우월하다, 뛰어나다 | 棉区 miánqū 圆 목화 생산 지역 | 北纬 běiwěi 圆 북위 | 中纬度 zhōngwěidù 圆 중위도 | 地带 dìdài 圆 지대, 지역 | ★海拔 hǎibá 圆 해발 | 加之 jiāzhī 젭 게다가 | 盆地 péndì 圆 분지 | 增温 zēngwēn 동 온도를 높이다, 온도가 올라가다 | 相当于 xiāngdāngyú 동 ～와 같다, ～에 맞먹다 | 中温带 zhōng wēndài 圆 중온대 | 热量 rèliàng 圆 열량 | 充足 chōngzú 형 충분하다, 충족하다 | 积温 jīwēn 圆 적산온도 [물의 생육이나 녹은 눈의 양을 나타내는 지표로서, 일일 평균 기온과 설정한 기준 온도의 차이를 어느 기간에 걸쳐 합계한 것] | 无霜期 wúshuāngqī 圆 무상기간 [서리가 내리지 않는 기간] | 优良 yōuliáng 형 훌륭하다 | 植棉 zhímián 동 목화를 재배하다 | 区域 qūyù 圆 지역, 구역 | 地广人稀 dìguǎngrénxī 셍 땅은 넓고 사람은 적다 | 且 qiě 젭 게다가 | ★适宜 shìyí 형 적합하다, 적절하다 | 平坦 píngtǎn 형 (도로·지대 등이) 평탄하다, 평평하다 | 地势 dìshì 圆 지세, 땅의 형세 | 机械化 jīxièhuà 圆 기계화 | 采摘 cǎizhāi 동 (꽃·열매·잎 등을) 채취하다, 따다 | ★先天 xiāntiān 圆 선천, 타고난 것 | 短板 duǎnbǎn 圆 단점 | 遭受 zāoshòu 동 (불행 또는 손해를) 입다, 당하다 | 冻害 dònghài 圆 동해 [농작물 등이 추위로 해를 입는 일] | 降温 jiàngwēn 동 기온이 떨어지다 | 霜冻 shuāngdòng 圆 서리 피해 | 南疆 nánjiāng 圆 신장의 남부 지역 | ★中旬 zhōngxún 圆 중순 | 北疆 běijiāng 圆 신장의 북부 지역 | 熟 shú 동 익다 | 对路 duìlù 형 적합하다 | 品种 pǐnzhǒng 圆 품종 | 尤为 yóuwéi 분 특히, 더욱이 | 淡水 dànshuǐ 圆 담수, 민물 | ★稀少 xīshǎo 형 희소하다, 적다 | 膜 mó 圆 막 [생물체의 모든 세포나 기관을 싸고 있거나 경계를 이루는 얇은 층] | 滴灌 dīguàn 圆 점적관수 | 水肥 shuǐféi 圆 물거름 | 一体化 yītǐhuà 圆 일체화 | 前人 qiánrén 圆 선인, 옛사람 | 干播 gānbō 圆 건파 [건답에 그대로 볍씨를 뿌려 밭곡식처럼 가꾸다가 물을 대어 주는 농사법] | 湿 shī 형 습하다 | 播种 bōzhǒng 동 파종하다, 씨를 뿌리다 | 调 tiáo 동 조정하다 | 亏 kuī 동 손실을 보다, 손해를 보다 | ★灌溉 guàngài 동 관개하다, 논밭에 물을 대다 | 水分 shuǐfèn 圆 수분 | 利用率 lìyònglǜ 圆 이용률 | ★节水 jiéshuǐ 동 물을 절약하다 | ★密度 mìdù 圆 밀도 | 最终 zuìzhōng 형 최종의, 맨 마지막의 | 可行 kěxíng 형 실행할 만하다, 가능하다, 할 수 있다 | ★栽培 zāipéi 동 재배하다, 심어서 키우다 | 模式 móshì 圆 유형 | ★产 chǎn 동 생산되다 | 优质 yōuzhì 형 질이 우수한, 양질의 | 棉 mián 圆 목화와 목면의 통칭 [보통은 목화를 가리킴] | 约 yuē 분 약, 대략 | 给予 jǐyǔ 동 주다, 부여하다 | 棉农 miánnóng 圆 면작 농민 | 政策 zhèngcè 圆 정책 | 补贴 bǔtiē 圆 보조금 | 数额 shù'é 圆 일정한 수, 액수 | 按 àn 개 ～에 준하여, ～에 따라서 | 核发 héfā 동 심사하여 발급하다 | ★财政 cáizhèng 圆 재정 | 逐级 zhújí 분 (아래에서부터 위로 혹은 위에서부터 아래로) 한 단계 한 단계 | 拨付 bōfù 동 지출 교부하다, 지불하다 | 一卡通 yīkǎtōng 圆 통합 카드 | 兑付 duìfù 동 지급하다 | 兵团 bīngtuán 圆 병단 | 自行 zìxíng 분 스스로, 자체로 | 发放 fāfàng 동 (정부나 기구 등이) 돈이나 물자를 방출하다 | ★衔接 xiánjiē 동 (두 사물이나 사물의 두 부분이 서로) 맞물다, 맞물리다 | ★基于 jīyú ～에 근거하다 | ★生态 shēngtài 圆 생태 | 今后 jīnhòu 圆 앞으로, 지금 이후부터 | 高产 gāochǎn 형 높은 생산의 | 简化 jiǎnhuà 동 간소화하다, 단순화하다 | ★保障 bǎozhàng 동 보장하다, 보증하다 | 产棉区 chǎnmiánqū 圆 목화산출 지대 | 高效 gāoxiào 형 높은 효율, 높은 효과와 이익 | 品质 pǐnzhì 圆 품질, 질 | ★生物 shēngwù 圆 생물 [生物学原理: 생물학적 원리] | 原理 yuánlǐ 圆 원리 | 机械化 jīxièhuà 동 기계화 | ★生理 shēnglǐ 圆 생리 [生理学机制: 생리학적 메커니즘] | 机制 jīzhì 圆 (유기체의) 메커니즘, 체제 | 轻简 qīngjiǎn 형 간편하다 | 群体 qúntǐ 圆 단체, 집단 | 光能 guāngnéng 圆 빛에너지 | 进一步 jìnyībù (한 걸음 더) 나아가, 진일보하여 | 封顶 fēngdǐng 圆 최고한계 | 或 huò 젭 혹은, 또는, 그렇지 않으면 | 机械 jīxiè 圆 기계 | 打顶 dǎdǐng 동 적심하다 [打顶技术: 적심 기술] | 地膜 dìmó 圆 농작물을 덮는 비닐 막 | 覆盖 fùgài 동 덮다, 가리다 | 引发 yǐnfā 동 (폭발, 감정, 병 따위를) 유발하다, 초래하다, 야기하다, 일으키다 | 大力 dàlì 분 대대적으로 | ★预见 yùjiàn 동 예견하다 | ★体系 tǐxì 圆 체계, 체제, 시스템, 계통 | 提升 tíshēng 형 향상시키다 | 推进 tuījìn 동 추진하다, 추진시키다, 밀고 나아가다, 진격하다 | 新疆维吾尔自治区 Xīnjiāng Wéiwú'ěr Zìzhìqū 고유 신장웨이우얼자치구 | 亚欧 Yà'Ōu 고유 아시아와 유럽 | 大陆 dàlù 圆 대륙 | 腹地 fùdì 圆 중심 지역, 내지 | 边境线 biānjìngxiàn 圆 국경선 | 俄罗斯 Éluósī 고유 러시아 | 哈萨克斯坦 Hāsàkèsītǎn 고유 카자흐스탄 | 吉尔吉斯斯坦 Jí'ěrjísīsītǎn 고유 키르기스스탄 | 塔吉克斯坦 Tǎjíkè Sītǎn 고유 타자키스탄 | 巴基斯坦 Bājīsītǎn 고유 파키스탄 | 蒙古 Měnggǔ 고유 몽골 | 印度 Yìndù 고유 인도 | 阿富汗 Āfùhàn 고유 아프가니스탄 | 接壤 jiērǎng 동 경계를 접하다, 경계선이 맞닿다 | 丝绸之路 sīchóuzhīlù 圆 실크로드, 비단길 | 通道 tōngdào 圆 통로, 대로, 큰길 | 战略 zhànlüè 형 전략적인

G	2022년 양쯔강의 물이 끊길 뻔한 위기를 언급하며 이야기를 시작하고 있다. 도입부에 어울리는 단락으로, 맨 앞에 위치하는 것이 가장 적절하다.
C	양쯔강 단수 위기에 대해 이해할 수 있도록 양쯔강의 발원에 대한 설명을 다루고 있다. 앞 단락의 '最大危机(최대 위기)'가 현재 C단락에서 '此次断流危机(이번 물이 끊길 뻔한 위기)'로 이어졌다.
D	먼저 앞 문단과 비슷한 키워드 어휘가 있는지 확인해 본다. 만약 글의 초반부터 순서대로 단락을 배열하는 것이 애매하다면, 고정된 단락에서 힌트를 얻어 고정 단락 앞뒤 단락을 먼저 배열해 보는 것도 방법이다. C단락의 마지막 줄 '다른 지역에서 유입된 지류와 강 주변의 빗물이 한데 모여 큰 강이 된다.'에 이어 양쯔강 지류에 대해 이야기하고 있는 D단락이 가장 어울린다. 일반적으로 본론 부분에서는 구체적인 설명이 많이 온다.
F	D단락의 마지막 줄 '양쯔강에는 지류나 빗물 등 강 주변에서 유입된 물이 더 많다'가 F단락의 '正因如此(이 때문에)'로 시작하는 문장과 밀접하게 연결되므로, 단락 순서는 D-F로 배열하면 된다. [정]
A	양쯔강이 2022년 물이 부족한 강이 된 근본적인 원인은 지구온난화라고 설명하고 있다. 대홍수가 일어난 1981년과 1988년을 언급한 F단락과 상반되는 내용으로 첫 문장을 시작한 A단락이 F단락 뒤에 연결될 수 있다. [반]
B	마지막 단락에서는 이 글의 전체적인 주제나 교훈, 말하고자 하는 내용이 오는 경우가 많음에 주의하자. 보기 B단락도 역시 생명을 경외하고, 자연을 사랑하며, 우리 삶의 터전을 지켜야 한다는 것을 인식해야 한다는 교훈을 주는 문장으로 마무리했다.
E	E단락은 '수해'에 관련된 내용으로, 양쯔강의 물이 끊길 뻔한 위기에 대한 설명과 지구온난화에 대해 이야기하는 전체적인 내용과 상관없는 글이다. 따라서 이 단락은 적합하지 않다.

G 如果长江有记忆，那它一定会记得2022年的夏天，因为这个夏天它差点儿从"长江"变成了"长工"。作为中国的母亲河之一，长江给人的感觉就是永远不缺水。即使在冬季黄河结冰了，长江也依然"长流不误"。不仅如此，夏季的长江还是一个危险的存在，其沿岸的城市基本上都被它淹过。然而，就是这样不缺水的长江，却在2022年迎来了它"有生以来的最大危机"——差点就断流了！

C 想要了解此次断流危机，得从长江的发源说起。长江发源于青藏高原的唐古拉山脉，最后向东流入东海。可以说，长江一路上都在"收集水"。它源头的水来自高山雪水融化，外加当地的一些地下水，长江最初就是一条小河流，在向东的过程中，汇聚了其他地方来的支流以及沿途的雨水，才变成了一条大河。

G 만약 양쯔강(长江)에게 기억이 있다면, 분명 2022년 여름을 기억할 것이다. 그때 여름에 양쯔강은 하마터면 물이 없어질 뻔했기 때문이다. 중국의 젖줄 중 하나로서 양쯔강은 우리에게 영원히 마르지 않는 물이라는 느낌을 준다. 겨울에 황허가 얼어붙을 때도 양쯔강은 여전히 끊기지 않고 계속해서 흘렀다. 이뿐만 아니라 여름의 양쯔강은 위험한 존재로 연안 도시들이 거의 물에 잠겼다. 하지만 이렇게 마르지 않는 양쯔강도 2022년에 하마터면 물이 끊길 뻔한 '생애 첫 최대 위기'를 맞았다.

C 이번 물이 끊길 뻔한 위기에 대해 이해하려면 먼저 양쯔강의 발원부터 이야기해야 한다. 양쯔강은 티베트고원의 탕구라 산맥에서 발원하며 마지막엔 동쪽으로 향해 동쪽 바다로 유입된다. 양쯔강은 흐르는 내내 '물 모으기'를 한다고 말할 수 있다. 양쯔강의 수원은 고산의 눈이 녹은 물로, 여기에 현지의 지하수가 더해진다. 양쯔강은 처음에는 작은 하천이었지만 동쪽으로 흐르는 동안 다른 지역에서 유입된 지류와 강 주변의 빗물이 한데 모여 큰 강이 된다.

D 整条长江被分为上、中、下三个河段，上游又叫金沙江，其横跨了落差很大的第一和第二级阶梯，因此水流速度极快，另外有多条支流为其注入了巨大的能量，长江正是从这里开始变得宽阔。而长江水流大还有一个原因，那就是长江流经的气候区多为季风气候，夏季炎热多雨、年降水量都在800毫米以上。所以不要以为长江的水都是高山雪水，它更多是来自沿途水的加入，尤其是支流的水和降雨。

F 正因如此，才导致长江出现了一个隐患，那就是一旦流域地区的降水不足，就会导致水位下降。意料之中又意料之外的是，隐患在2022年的夏天爆发了。由于长江上游的川渝地区长时间未降雨，导致支流水量减少，长江竟出现了"发际线"往后退的现象。要知道以往的夏天，长江都是暴雨横行，甚至在1981年和1998年发生过特大洪水，洪水之猛烈，让沿岸的市民至今都对此记忆犹新。

A 然而，为什么不缺水的长江会在2022年的夏天变成了缺水大河？其实，2022年的夏天不止是长江和它的支流，北半球的很多河流都受到了高温和干旱的影响，尤其是欧洲地区。即使人类不想，但不得不承认全球变暖是罪魁祸首。

B 2022年8月12日起，中国中央气象台连发10余个最高级别高温预警，高温事件综合强度达1961年以来最强。这个夏天，人们经历了高温、干旱、缺电、山火……。如今，高温逐渐退散，但也是人类该自省的时候。我们需铭记的不应只是2022年的夏天，而是每一度电都来之不易；每一滴水都是地球的馈赠；每种生物都有其存在的价值……要时刻警醒：敬畏生命、关爱自然、一起守护我们共同的家园！

E 中国是一个水灾频发国家，每年因灾造成大量财产损失与人员伤亡，因此，研究区域水灾的风险因素具有重要的理论与现实意义。区域水灾形成过程的包括水灾风险因子、水灾风险空间、水灾风险承受体。

D 양쯔강 전체는 상류, 중류, 하류의 세 구간으로 나뉜다. 상류는 진사(金沙)강이라고도 부르는데, 낙차가 큰 첫 번째와 두 번째 단계에 걸쳐 있어 물살이 매우 빠른 데다가 또 다른 여러 지류들이 거대한 에너지를 유입하여 양쯔강은 바로 이곳에서부터 폭이 넓어지기 시작한다. 양쯔강의 물살이 센 데에는 또 다른 이유가 있는데, 양쯔강이 흐르는 곳의 기후가 대부분 계절풍이 부는 곳으로 여름에 무덥고 비가 많이 내려 연간강수량이 800mm 이상이라는 것이다. 따라서 양쯔강의 물을 전부 높은 산의 눈이 녹은 물이라고 생각해서는 안 된다. 양쯔강에는 지류나 빗물 등 강 주변에서 유입된 물이 더 많다.

F 이 때문에 양쯔강에는 잠재된 위험이 있는데, 그것은 바로 유역 지역의 강수량이 부족하면 수위가 낮아진다는 것이다. 예상할 수 있으면서도 예상 밖이었던 그 위험이 2022년 여름에 터져 버렸다. 양쯔강 상류의 촨위(川渝) 지역에 장기간 비가 내리지 않으면서 지류의 유량이 줄어들었고, 결국 양쯔강에는 탈모가 온 것 같이 물이 줄어드는 현상이 생기게 되었다. 참고로 이전에는 여름이 되면 양쯔강에 폭우가 마구 내렸고 심지어 1981년과 1998년에는 대홍수가 일어났다. 연안 지역 주민들은 그 엄청났던 홍수를 지금까지도 생생히 기억하고 있다.

A 그러나 왜 물이 마르지 않던 양쯔강은 2022년 여름에 물이 부족한 강이 되었을까? 사실 2022년 여름에 양쯔강과 그 지류뿐만 아니라 북반구의 수많은 하류, 특히 유럽 지역의 강이 고온 및 가뭄의 영향을 받았다. 사람들은 생각하고 싶지 않겠지만 지구온난화가 근본적인 원인임은 부정할 수 없는 사실이다.

B 2022년 8월 12일부터 중국 중앙기상대는 10여 개의 최고 등급 고온 경보를 연속으로 발령했으며 고온 사건의 종합적인 강도는 1961년 이래로 가장 강력했다. 이번 여름에 사람들은 고온, 가뭄, 전력 부족, 산불 등을 겪었다. 지금은 고온이 점차 물러나고 있지만, 인류가 자성해야 할 때이다. 우리가 명심해야 하는 것은 2022년 여름만이 아니라 모든 전기는 쉽게 얻어지는 것이 아니며, 모든 물은 지구의 선물이고, 모든 생물은 존재의 가치가 있다는 것이다. 생명을 경외하고, 자연을 사랑하며, 모두 함께 우리 삶의 터전을 지켜야 한다는 것을 항상 인식해야 한다.

E 중국은 수해가 빈번한 국가이며 매년 재해로 많은 재산 손실과 인명 피해가 초래된다. 따라서 지역의 수해 위험 요소를 연구하는 것은 중요한 이론과 현실적인 의미가 있다. 지역 수해 형성 과정에는 수해 위험 요인, 수해 위험 공간, 수해 위험을 받아들여야 하는 대상이 포함된다.

*지류: 강의 원줄기로 흘러 들어가거나 원줄기에서 갈라져 나온 물줄기

差点儿 chàdiǎnr 児 하마터면, 간신히, 가까스로 | 变成 biànchéng 동 ~으로 변하다, ~로 되다 | 母亲河 mǔqīnhé 명 젖줄 [어떤 필요할 것을 가져다 주는 중요한 수단을 비유적으로 이르는 말] | 缺 quē 동 결핍되다, 결여되다 | ★结冰 jiébīng 얼음이 얼다, 결빙하다 | 夏季 xiàjì 명 여름 | ★沿岸 yán'àn 명 (강·하천·호수·바다의) 연안 | 基本上 jīběnshang 児 거의 | ★淹 yān 동 (물에) 잠기다, 침수하다 | 有生以来 yǒushēngyǐlái 태어난 이래 | 危机 wēijī 명 위기, 위험한 고비 | 断流 duànliú 동 (강의) 물이 끊기다 | 发源 fāyuán 명 (강과 하천의) 발원, 기원 | 발원하다 | 青藏高原 Qīngzàng gāoyuán 교유 티베트고원 | 唐古拉山脉 Tánggǔlā shānmài 교유 탕구라 산맥 | 流入 liúrù 동 흘러 들어가다 | 收集 shōují 동 모으다, 수집하다 | ★源头 yuántóu 명 수원, 발원지, 근원 | ★融化 rónghuà 동 (얼음·눈 따위가) 녹다, 융해되다 | ★地下水 dìxiàshuǐ 명 지하수 | ★河流 héliú 강의 흐름, 하류 | ★汇聚 huìjù 동 한데 모이다, 모여들다 | 支流 zhīliú 명 지류 | ★沿途 yántú 명 주변 | 分为 fēnwéi 동 (~으로) 나누다 | 河段 héduàn 명 하천의 한 구간 | 上游 shàngyóu (강의) 상류 | 金沙江 Jīnshā Jiāng 교유 진사강 | 横跨 héngkuà 동 걸쳐 있다 | ★落差 luòchā 명 (물의) 낙차 | ★阶梯 jiētī 명 단계 | 水流 shuǐliú 명 물살, 물의 흐름 | ★注入 zhùrù 동 유입하다 | 能量 néngliàng 명 에너지 | 宽阔 kuānkuò 형 (폭이) 넓다, 드넓다 | 流经 liújīng 물길이 지나다 | 季风 jìfēng 명 계절풍 | ★炎热 yánrè 형 (날씨가) 무덥다, 찌는 듯하다 | 降水量 jiàngshuǐliàng 명 강수량 | 毫米 háomǐ 양 밀리미터 | ★高山 gāoshān 명 높은 산 | 雪水 xuěshuǐ 명 눈이 녹은 물, 설수 | 沿途 yántú 명 길가 | 加入 jiārù 동 가입하다, 참가하다 | 降雨 jiàngyǔ 명 비가 내리다 | ★隐患 yǐnhuàn 명 위험, 겉에 드러나지 않은 폐해 또는 재난 | ★流域 liúyù 명 유역 | 降水 jiàngshuǐ 명 강수 | 水位 shuǐwèi 명 수위 | ★意料 yìliào 동 예상하다, 예측하다, 추측하다 | ★意料之外 yìliào zhī wài 예상 밖이다 | ★爆发 bàofā 동 발발하다, 돌발하다 | 川渝 Chuānyú 교유 촨위 [쓰촨과 충칭의 줄임말] | ★未 wèi 児 아직 ~하지 않다 | 量 liàng 명 양 | ★竟 jìng 児 결국, 마침내 | 发际线 fàjìxiàn 명 헤어라인 | ★后退 hòutuì 동 후퇴하다, 물러나다 | 以往 yǐwǎng 명 이전, 과거 | 暴雨 bàoyǔ 명 폭우 | 横行 héngxíng 동 제멋대로 행동하다 | 洪水 hóngshuǐ 명 홍수, 물사태 [发洪水: 홍수가 나다] | ★猛烈 měngliè 형 맹렬하다, 세차다 | ★记忆犹新 jìyì-yóuxīn 성 기억이 생생하다 | 大河 dàhé 명 큰 강 | 不止 bùzhǐ 접 뿐만 아니라 | 北半球 běibànqiú 명 북반구 | 高温 gāowēn 명 고온 | ★干旱 gānhàn 명 가뭄 | 欧洲 Ōuzhōu 교유 유럽 | 承认 chéngrèn 동 인정하다, 동의하다 | 全球变暖 quánqiúbiànnuǎn 명 전 지구 온난화 | ★罪魁祸首 zuìkuí-huòshǒu 성 근본 원인, 재난의 주요 원인 | 起 qǐ 동 ~하기 시작하다 | 中央 zhōngyāng 명 중앙 | 气象台 qìxiàngtái 명 기상대 | 连 lián 児 계속하여, 연이어, 이어서 | 发 fā 발령하다 | 余 yú 동 ~여 | 预警 yùjǐng 명 경보 | 强度 qiángdù 명 강도 | 达 dá 동 도달하다 | 强 qiáng 형 강하다 | 退 tuì 동 물러나다, 물러서다, 후퇴하다 | 散 sǎn 동 흩어지다, 분산하다 | 自省 zìxǐng 동 자성하다 | ★需 xū 동 ~해야 한다 | ★铭记 míngjì 동 명심하다, 마음에 깊이 새기다 | 来之不易 láizhībúyì 성 아주 어렵게 이루어졌다 | 馈赠 kuìzèng 동 선물하다 | ★生物 shēngwù 명 생물 | 警醒 jǐngxǐng 동 각성하다, 경계하고 깨닫다 | 敬畏 jìngwèi 동 경외하다 | 关爱 guān'ài 동 사랑하다 | ★守护 shǒuhù 동 지키다, 수호하다, 보호하다 | 家园 jiāyuán 명 삶의 터전 | 水灾 shuǐzāi 명 수해 | 频发 pínfā 동 빈번히 발생하다 | 灾 zāi 명 재난, 재앙 | 大量 dàliàng 형 대량의, 많은 양의, 상당한 양의 | 伤亡 shāngwáng 동 사상하다, 죽거나 다치다 | 具有 jùyǒu 동 지니다, 가지다, 있다 | 因子 yīnzǐ 명 요인

● Day 37　41 C　42 E　43 A　44 F　45 D

C	'우울증'에 대한 설명으로 시작하고 있는 단락이다. 보통 첫 단락에서는 이와 같이 전체적인 글의 주제 어휘에 대한 개념 설명으로 시작하는 경우가 많다.
E	우울증의 높은 발병률에 대조하여 낮은 우울증 식별률, 치료율에 대해 이야기하고 있는 E단락이 이어서 오는 것이 가장 적합하다.
G	우울증의 정의 및 우울증 증상을 설명하고 있다.
A	'此外'는 앞에 언급한 내용 외에 다른 내용을 덧붙여 설명할 때 쓰는 어휘이므로, '此外'가 포함된 문장이 어떤 단락의 마지막 문장과 밀접한 관련이 있는지 살펴보면 답을 쉽게 찾을 수 있다. '이 외에도 초조함, 불안 증세도 수반되어 자주 나타난다'는 A의 내용으로 보아, G단락 뒤에 오는 것이 알맞다.
F	'除以上所述外'는 앞에 서술한 것 외에 덧붙여 설명할 때 사용하는데, 뒤에 오는 내용이 우울증 증상에 대해 추가적으로 이야기하고 있으므로, F단락이 A단락 뒤에 오는 것이 가장 적합하다.
D	마지막 단락에서는 대체로 전체 단락의 주제나 해결 방법 등이 오는 경우가 많다. 우울증의 치료 방법과 희망을 주려는 말이 포함된 D단락이 마지막 단락으로 오기에 가장 적절하다.
B	'우울증'에 대한 이야기를 중점적으로 하고 있으므로, '분리불안'을 이야기하는 B는 어울리지 않는다.

C 抑郁症是一种"离我们最近的心理疾病"。在西方，抑郁症常常被称为"情绪感冒"，意思是说抑郁症像伤风感冒一样，它只是一种常见的精神疾病。据世界卫生组织（WHO）统计，抑郁症已成为世界范围性的常见疾病，全球有超过3.5亿人罹患抑郁症，近十年来患者增速约为18%。中国抑郁症发病率也呈逐年上升趋势，中国精神卫生调查显示，中国成人抑郁障碍终生患病率为6.8%，其中抑郁症为3.4%，目前中国患抑郁症人数9500万，每年大约有28万人自杀，其中40%患有抑郁症。

E 截至2005，抑郁症在中国造成的直接经济负担就已为141亿元人民币，间接经济负担为481亿元人民币。与抑郁症高发病率形成鲜明反差的是，目前全国地市级以上医院对抑郁症的识别率不足20%。而在现有的抑郁症患者中，只有不到10%的人接受了相关的药物治疗。

G 抑郁症是一种心境障碍，也称情感性精神障碍或情感性精神病，是一组以显著的心境低落为主要特征的精神障碍，也是一种慢性复发性疾病。而除情绪低落以外，兴趣减少、思维迟缓、注意力和记忆力减退、自我否定等也是常见的症状。伴随着这些心理上的变化，忧郁症患者的行为上也会出现比较明显的变化。拿持续性忧郁、心境恶劣等症状来说，这类情绪低落的压抑状态是原发性的、内源性的，即在无明显外界因素作用下发生的。

A 此外，焦虑、焦虑激越和抑郁常相伴出现。抑郁症患者伴有焦虑症状者约占70%。常见的焦虑症状为坐立不安、心神不宁，出现莫名其妙的惊恐、多虑和焦躁不安，是一种病理性的紧张、恐怖状态，还会易激动、易发怒。这种焦虑症状突出的抑郁症被称为"激越性抑郁症"，多见于更年期抑郁症病人。

C 우울증은 '우리와 가장 가까운 곳에 존재하는 정신질환'이다. 서양에서는 우울증을 '마음의 감기'라고도 부르는데, 우울증이 감기처럼 흔히 볼 수 있는 정신질환이라는 의미이다. 세계보건기구(WHO) 통계에 따르면, 우울증은 이미 전 세계적으로 흔한 질병이 되었으며 전 세계 3억 5천만 명 이상이 우울증을 앓고 있으며, 최근 10년 동안 환자 증가 속도는 약 18%에 달한다. 중국의 우울증 발병률도 매년 증가하는 추세를 보인다. 중국 정신보건 조사 결과 중국 성인의 우울장애 평생 유병률은 6.8%, 그중 우울증은 3.4%로 나타났다. 현재 중국의 우울증 환자는 9500만 명이며 매년 약 28만 명이 자살하는데 그중 40%가 우울증 환자이다.

E 2005년까지 우울증으로 인한 중국의 직접적인 경제 부담은 141억 위안, 간접적인 경제 부담은 481억 위안에 달한다. 우울증의 높은 발병률과 명확히 대조되는 것은 현재 중국 전국의 시급 이상 병원의 우울증 식별률은 20%도 되지 않는다는 것이다. 현재 우울증 환자 중 10%도 안 되는 사람들만이 관련된 약물 치료를 받고 있다.

G 우울증은 일종의 기분장애로, 정서적 정신장애 또는 정서적 정신병이라고도 한다. 현저한 기분 저하를 주요 특징으로 하는 정신질환이자 만성의 재발성 질환이다. 기분 저하 외에도 의욕 상실, 사고력 저하, 집중력과 기억력 감퇴, 자기 부정 등도 흔한 증상이다. 이러한 기분 변화와 함께 우울증 환자의 행동에도 비교적 뚜렷한 변화가 나타난다. 지속적인 우울감과 기분 부전 등의 증상에 대해서 말해 보자면, 이러한 기분 저하가 있는 우울한 상태는 원발성이며 내인성이다. 즉 뚜렷한 외부요인의 작용이 없는 상황에서 발생한다.

A 이 외에 초조함, 불안함도 우울함과 수반되어 자주 나타난다. 우울증 환자 중 약 70%는 불안 증세도 갖고 있다. 흔한 불안 증세로는 안절부절못하거나 마음이 안정되지 못하고, 알 수 없는 두려움과 쓸데없는 걱정, 초조함과 불안감이 나타나며, 병적인 긴장감과 공포 상태로 쉽게 흥분하고 화를 내기도 한다. 불안 증세가 두드러지게 나타나는 우울증을 '격정성 우울증'이라고 하며, 갱년기 우울증 환자에게서 자주 볼 수 있다.

F 除以上所述外，在抑郁症的众多症状中，最值得注意的莫过于思维消极、悲观和自责、极度悲观绝望这一类表现了。这类病人习惯性地把自己看得一无是处，对微不足道的过失和缺点无限夸大，感到自己对不起他人和社会。有的病人甚至还感到活着毫无意义，认为生活在人间也是徒然受苦，只有死才能解脱。此类自杀观念强烈的病人，如得不到及时医治或监护，自杀成功率将会相当高。

D 近年来，抑郁症正逐渐被大众所熟知并重视，可尽管如此，抑郁症的患者的人数仍在递增。可以说，作为现代人，每个人都可能有不同程度的"抑郁症状"。而如今，人们对于抑郁症的态度也在悄然改变。专家也表示，抑郁症的早期干预和治疗非常重要。目前，抑郁症的治疗包括药物治疗和心理治疗。近年来，疗效好、副作用小的抗抑郁药大量产生，在西方国家，药物已经成为治疗抑郁症的主要手段之一。大量研究证实，单独采用心理治疗或药物治疗，都不如两者兼备的治疗效果好。同时，抑郁症患者应当调整自己的生活节奏、放松自己、注意休息。随着医学的发展，抑郁症已不再是一种不可治愈的疾病。

B 分离焦虑的出现，与孩子的不安全感有关。最初，这种焦虑的出现，是具有特殊的适应意义的。因为，它促使孩子去寻找他所亲近的人，或者发出信号，呼唤母亲的出现。这是孩子寻求安全的一种有效的方法。但由于焦虑中的孩子会把所有的注意力放在寻找亲人上。有时，他们甚至表现出不吃、不喝、不玩，这些平时最能引起亲人关注的行为，成了他们用来呼唤亲人的一种方法。

F 위에 서술한 것 외에도, 우울증의 수많은 증상 중 가장 주의를 기울여야 하는 것은 다름 아닌 부정적이고 비관적인 사고와 자책, 극도로 비관하며 절망하는 것 등이다. 이런 환자들은 습관적으로 자신이 쓸모없다고 생각하며 아주 사소한 잘못이나 단점도 끝없이 부풀려 자신이 타인과 사회에 누를 끼친다고 느낀다. 일부 환자는 심지어 삶에 아무런 의미가 없다고 느끼며 이 세상에서 살아가는 것은 쓸데없이 고통만 받는 것이고 죽어야만 고통에서 벗어날 수 있다고 여긴다. 이렇게 자살 생각이 강한 환자는 제때 치료나 보호를 받지 못하면 자살하게 될 확률이 상당히 높아진다.

D 최근 몇 년 동안 우울증은 점차 사람들에게 알려지고 중시되고 있다. 하지만 그럼에도 불구하고 우울증 환자의 수는 여전히 늘고 있다. 현대인으로서 우리는 정도는 다르지만 모두 우울 증세가 있을 것이다. 오늘날 사람들의 우울증에 대한 태도는 조금씩 변화하고 있다. 전문가는 우울증의 조기 발견과 치료가 매우 중요하다고 밝혔다. 현재 우울증의 치료에는 약물치료와 심리치료가 있다. 최근 몇 년 동안 치료 효과가 좋고 부작용이 적은 항우울제가 대량으로 생산되었으며 서양 국가에서 약물은 이미 우울증을 치료하는 주요 수단이 되었다. 많은 연구를 통해 심리치료 혹은 약물치료를 단독으로 진행하는 것보다 두 가지를 함께 진행하는 것이 치료 효과가 더 좋다고 밝혀졌다. 또한 우울증 환자는 자신의 생활 리듬을 조절하고 긴장을 풀어야 하며 휴식에 유의해야 한다. 의학이 발전하면서 우울증은 더 이상 완치할 수 없는 질병이 아니게 되었다.

B 분리불안이 나타나는 것은 아이의 불안감과 관련이 있다. 처음에 이러한 불안의 출현은 특별한 적응 의미를 갖는다. 왜냐하면 아이가 그와 가까운 사람을 찾으러 가거나 신호를 보내 어머니를 부르도록 하기 때문이다. 이것은 아이가 안전을 모색하는 효과적인 방법이다. 하지만 불안에 떨고 있는 아이는 모든 집중력을 가족을 찾는 데 쓴다. 때때로 그들은 심지어 먹지 않고, 마시지 않고, 놀지 않는 것으로 표현하며 이러한 행동은 평소에 가장 가족들의 관심을 끌 수 있는 방법으로, 그들이 가족을 부르는 하나의 방법이 되었다.

★**抑郁症** yìyùzhèng 몡 우울증 | **疾病** jíbìng 몡 병, 질병 | **西方** Xīfāng 고유 서양 | **伤风** shāngfēng 동 감기에 걸리다 | **常见** chángjiàn 형 흔히 보는, 늘 보이는 | **据** jù 개 ~에 따르면, ~에 의거하여 | **世界卫生组织** Shìjiè Wèishēng Zǔzhī 고유 세계보건기구 | **统计** tǒngjì 몡 통계 | **罹患** líhuàn 동 병이 들다 | **患者** huànzhě 몡 환자, 병자 | **增** zēng 동 증가하다 | **速** sù 몡 속도 | **约** yuē 몡 대략, 대개 | **为** wéi 동 ~이다 | **发病率** fābìnglǜ 발병률 | **呈** chéng 동 띠다, 나타내다, 드러내다 | ★**逐年** zhúnián 뷔 해마다, 매년 | **上升** shàngshēng 동 상승하다, 위로 올라가다 | **卫生** wèishēng 몡 보건 | **障碍** zhàng'ài 몡 장애 | ★**终生** zhōngshēng 몡 평생, 일생 | **人数** rénshù 몡 사람 수 | **自杀** zìshā 동 자살하다 | **截至** jiézhì 동 (시간적으로) ~까지 마감하다, ~에 이르다 | **负担** fùdān 몡 부담, 책임 | **间接** jiànjiē 형 간접적인 | **鲜明** xiānmíng 형 명확하다, 분명하다, 뚜렷하다 | **反差** fǎnchā 몡 대비 | **全国** quánguó 몡 전국, 나라 전체 | **地市级** dìshìjí 시급 [중국의 행정구역 중 하나, 시에 해당] | **识别率** shíbiélǜ 식별률 | **药物** yàowù 몡 약물, 약품 | **治疗** zhìliáo 몡 치료 | **心境** xīnjìng 몡 기분, 심정, 심경 | **称** chēng 동 ~라고 부르다 | **情感** qínggǎn 몡 감정, 정감 | **精神病** jīngshénbìng 몡 정신병 | **显著** xiǎnzhù 형 현저하다, 뚜렷하다, 두드러지다, 돋보이다 | **低落** dīluò 동 떨어지다, 하락하다 | ★**慢性** mànxìng 형 만성의 | **复发** fùfā 동 재발하다 | **思维** sīwéi 몡 사고, 사유 | **迟缓** chíhuǎn 형 느리다, 완만하다 | **注意力** zhùyìlì 몡 주의력 | **记忆力** jìyìlì 몡 기억력 | **减**

退 jiǎntuì 통 감퇴하다, 약해지다 | 症状 zhèngzhuàng 명 증상, 증후 | 伴随 bànsuí 통 수반하다, 동행하다 | ★忧郁 yōuyù 형 우울하다, 침울하다 | ★恶劣 èliè 형 아주 나쁘다 | ★压抑 yāyì 형 (마음이) 답답하다 | 原发性 yuánfāxìng 원발성, 선천성 | 内源性 nèiyuánxìng 내인성 | 外界 wàijiè 명 외부 | ★焦虑 jiāolǜ 초초한 마음, 근심스러운 마음 | 激越 jīyuè 격앙하다, 고조되다 | ★抑郁 yìyù 형 (불만을 호소할 수 없어) 우울하다, 울적하다 | ★相伴 xiāngbàn 통 동반하다, 함께 가다 | 坐立不安 zuòlìbù'ān 앉아도 서도 편안하지 않다, 안절부절못하다, 안정되지 않다 | 心神不宁 xīn shén bù níng 성 안절부절못하다 | ★莫名其妙 mòmíngqímiào 성 아무도 그 오묘함을 설명할 수 없다, 영문을 모르다 | 惊恐 jīngkǒng 놀라 두려워하다, 질겁하다 | 病理 bìnglǐ 명 병리 | ★恐怖 kǒngbù 형 무섭다, 공포를 느끼다 | 易 yì 형 쉽다, 용이하다 | 发怒 fānù 대노하다, 성내다 | 激越性抑郁症 jīyuèxìng yìyùzhèng 격정성 우울증 [의학용어] | 更年期 gēngniánqī 명 갱년기 | 众多 zhòngduō 형 매우 많다 | 莫过于 mòguòyú ~보다 더 한 것은 없다 | 自责 zìzé 통 자책하다 | 极度 jídù 부 극도로 | 绝望 juéwàng 통 절망하다 | 一无是处 yìwúshìchù 성 하나도 옳은 곳이 없다, 맞는 것이 하나도 없다 | ★微不足道 wēibùzúdào 하찮아서 언급할 가치도 없다 | ★过失 guòshī 명 잘못, 실수, 과실 | 无限 wúxiàn 형 끝이 없다, 무한하다 | 夸大 kuādà 통 부풀리다, 과대하다, 과장하다 | ★毫无 háowú 조금도 ~이 없다 | 徒然 túrán 부 쓸데없이, 헛되이 | 受苦 shòukǔ 통 고통을 받다 | ★解脱 jiětuō 통 벗어나다 | 医治 yīzhì 통 치료하다 | 监护 jiānhù 통 보호하다 | 成功率 chénggōnglǜ 명 성공률 | 大众 dàzhòng 명 대중, 군중 | 熟知 shúzhī 통 잘 알다, 익히 알다 | 仍 réng 부 여전히, 아직도 | 递增 dìzēng 명 점점 늘다, 점차 증가하다 | 悄然 qiǎorán 형 조용하다 | 干预 gānyù 명 관여, 참견 [병세, 증상 관련 지문에서는 관여보다 발견으로 해석되는 경우가 많음] | 疗效 liáoxiào 명 치료 효과 | ★副作用 fùzuòyòng 명 부작용 | 抗抑郁药 kàngyìyùyào 명 항우울제 [의학 약품] | 大量 dàliàng 부 대량으로, 다량으로 | 手段 shǒuduàn 명 수단, 방법 | 证实 zhèngshí 통 실증하다, 사실을 증명하다 | 单独 dāndú 부 단독으로, 혼자서 | 采用 cǎiyòng 통 채택하다, 골라 쓰다 | 两者 liǎngzhě 두 가지, 양자 | 兼备 jiānbèi 통 (여러 방면의 장점이나 특징을) 겸비하다 | 应当 yīngdāng 조통 반드시 ~해야 한다 | 节奏 jiézòu 명 리듬, 템포 | 医学 yīxué 의학 | 不再 búzài 부 더는 ~이 아니다, 다시 ~하지 않다 | 治愈 zhìyù 통 완치하다, 병이 낫다 | 分离焦虑 fēnlí jiāolǜ 명 분리불안 [유아가 어머니로부터 분리될 때의 심리 상태] | 安全感 ānquángǎn 명 안전감 | 有关 yǒuguān 통 관계가 있다 [与……有关: ~와 관련이 있다] | ★焦虑 jiāolǜ 통 가슴을 태우다, 마음을 졸이다, 근심하다 | 具有 jùyǒu 통 지니다, 가지다, 있다 | ★亲近 qīnjìn 형 가깝다, 친하다 | 发出 fāchū 통 내뿜다, 발산하다 | ★呼唤 hūhuàn 통 외치다, 큰 소리로 부르다 | 有效 yǒuxiào 형 효과가 있다, 유효하다 | 注意力 zhùyìlì 명 주의력 | 亲人 qīnrén 명 직계 친속 또는 배우자, 가까운 친척 | 有时 yǒushí 부 어떤 때, 때로는, 이따금, 간혹 | 关注 guānzhù 명 관심, 중시

'这/那/此'는 특정 어휘를 받는 지시대사로, 맨 앞 단락에 올 수 없다.

★문맥으로 순서 배열 시 꼭 기억하자.

① 시간의 흐름에 따라 순서를 배열할 경우
- 과거 → 현재 → 미래
- 출현 → 변화 → 발전

② 특정 현상을 서술한 경우
- 현상 정의 → 현상이 일어나는 원인 → 해결 방안

③ 키워드로 순서를 배열하는 경우
한 단락에서 언급된 특정 표현을 그대로 사용하거나 같은 주제로 연결되는 표현을 쓴 단락을 앞뒤 순서로 배열한다.

01 10글자 이내로 답안 쓰기

본서 p.168~184

● **Day10**　모범 답안은 아래 해설 참고

1 可用手机和ipad进行阅读 | 질문의 핵심 표현 '走到了被淘汰的边缘(도태 직전에 이르렀다)'는 첫 번째 단락의 마지막 줄에서 발견할 수 있다. 해당 단락에서는 전자책이 도태 직전에 이르렀다고 생각하는 이용자들이 많은 이유가 '휴대폰과 아이패드가 독서 수요도를 만족시키고 있기 때문'이라고 언급했다. 일반적으로, '于是' '所以' '因此' 등 결과를 나타내는 접속사 등의 앞뒤로 정답이 있는 경우가 많다.

2 网络知识要自己鉴别 | 질문의 내용이 본문에서 그대로 언급된 문제이다. 세 번째 단락의 '이용자의 학습비용과 시간비용이 증가했다는 것이 문제다'라는 문장 앞 내용을 살펴보면 인터넷에는 파편화된 지식이 넘쳐나고 소비자는 스스로 이러한 지식을 발굴하고 감별해 낼 수 있어야 하기 때문이라고 설명하고 있다.

3 进入新的发展阶段 | 두 번째 단락에서 더 깊게 공부하고 연수해야만 현재의 업무 성과에 대한 뚜렷한 인식이 생기고, 이로써 직업 발전의 성장점을 찾고 발전의 난관을 뛰어넘어 새로운 발전 단계에 진입할 수 있다고 설명하고 있다. 위에 언급한 세 가지 내용 모두 정답이 될 수 있지만, 여기서는 10글자 이내로 답안을 작성해야 하기 때문에 '进入新的发展阶段(새로운 발전 단계에 진입한다)'로 답안을 작성했다.

4 上下班途中的零散时间 | 본문에서는 상대적으로 '碎片化的时间(파편화된 시간)'을 이용해 공부해야 한다고 설명하며 예를 들면 출퇴근 시간이나 출장 도중, 점심시간이나 휴식 시간 등을 이용해야 한다고 언급하고 있다. 10글자 이내로 답안을 작성해야 하기 때문에 이 내용을 정답으로 다 적기는 어렵다. 따라서, 출퇴근 도중의 분산된 시간으로 간추려서 적을 수 있고 또는 모든 시간을 하나로 묶어 표현할 수 있는 '一天中的零散时间'도 가능하다.

5 增加思考过程，主动接受 | 질문의 '以文字的形式表达出来'라는 표현이 본문에서 그대로 등장했다. 다섯 번째 단락 끝 부분에서 같은 내용에 대해 문자 형태로 학습할 경우 그 과정에서 자연스레 사고 과정이 더해져 학습자는 더 이상 수동으로 받아들이지 않게 된다고 설명하고 있다. 수동으로 받아들이지 않게 된다는 의미는 즉 능동적으로 받아들일 수 있게 된다는 의미와 일맥상통하므로 정답은 '사고 과정이 더해져 능동적으로 받아들일 수 있다'로 적을 수 있다.

6 能覆盖更多专业类知识 | 네 번째 단락에 따르면, 전문적인 플랫폼을 구축하게 된다면 더 많은 전문 지식을 보급할 수 있고 그렇게 되면 전자책의 경쟁력이 태블릿 PC의 경쟁력을 크게 뛰어넘을 수 있을 것이라 했다. 따라서 전문 독점 자원 제공 플랫폼을 구축함으로써 해결할 수 있는 문제는 '더 많은 전문 지식을 보급할 수 있다는 점'이다.

7 优势 / 优点 / 长处 / 好处 | 빈칸 앞뒤 내용을 잘 파악한 후 풀어야 하는 문제이다. 앞 문장에서 독서할 때 전자책의 화면은 독자에게 있어 분명 더 친근하다고 하며 전자책의 긍정적인 면을 서술하고 있다. 따라서 이러한 내용이 바로 전자책의 '장점' 혹은 '이점'이 될 수 있다.

　说起电子产品，在市场上存在感最低的无疑要属电子书了。"苹果"和"华为"等厂商发布iPad和手机产品时，市场反馈非常强烈，"华为""小米""联想""苹果"等品牌发布笔记本电脑时，也能吸引众多消费者的关注，然而，Kindle等电子书产品发布时，只能吸引部分消费者的关注。实际上，有大部分用户都认为，随着手机屏幕的不断升级和

　전자제품으로 말하자면, 시장에서 존재감이 가장 없는 것은 다름 아닌 전자책이다. 애플과 화웨이 등의 기업이 아이패드나 휴대폰 제품을 출시할 때 시장의 반응은 매우 뜨겁다. 화웨이, 샤오미, 레노버, 애플 등의 브랜드가 노트북을 내놓을 때는 수많은 소비자의 관심을 끌 수 있지만, 킨들 등 전자책 제품이 나올 때는 일부 소비자의 관심만 끌 수 있다. 사실상 대부분의 이용자들은 휴대폰 화면의 끊임없는 개선과 아이패드 미니 등 제품의 출시로 전자책 시장이 크게 분리되었다고 생각

iPadmini等产品的问世很大程度上分割了电子书产品的市场。相比之下，[1]手机和iPad在满足用户阅读需求的同时，还可以满足用户的其它娱乐需求，于是，很多用户认为电子书已经走到了被淘汰的边缘。

平心而论，现实情况确实如此，电子书的发展前景并不乐观。然而，不乐观并不代表没有希望。从个人职业发展的角度讲，随着工作能力的增强，人们对知识的渴望也就越强烈，这一点相信大多数从业多年的用户都深有体会。当消费者在职业能力方面取得一定成果之后，想要继续发展，就需要继续学习，[3]只有通过更深入的学习和进修，才能对目前的工作成果有更清晰的认识，从而找到职业发展的增长点，突破发展瓶颈，进入新的发展阶段。因此，这类消费者的学习需求是十分强烈的。

然而，问题就在于：网络上充斥着众多碎片化的知识，[2]这些内容需要消费者去自己发掘和鉴别，无形之中就增加了用户的学习成本和时间成本。有部分业内人士指出：降低消费者的学习成本、提升消费者的学习效率、为用户提供专业的学习平台，正是电子书的发展出路。

首先，构建专业的独家资源供给平台。电子书和平板电脑最关键的区分度不在硬件，而在于软件。用平板电脑，我们可以通过视频软件查看相关的学习视频，"考研党"对平板电脑的便携性更有体会。然而在这个过程中，平板电脑只是一个播放器，真正的资源都在网络上。通常情况下，我们需要在选择和寻找学习资料的过程中花费大量时间，即使是直接购买，也需要我们对相关的资料进行慎重甄别。[6]如果电子书厂商能够构建一个更专业的学习平台，覆盖更多专业类的知识，就可以让电子书的竞争力远远超过平板电脑。以此为基础，电子书就会逐渐变成消费者的学习工具，对于任何一个追求进取并且有职业发展需求的用户来说，电子书都会成为最好的学习工具。

第二：电子书厂商应该定向提升电子书产品的屏幕素质和性能。简而言之，对于学习者来说，主要有两个需求：读书、做笔记。基于电子书厂商的学习平台，厂商应该对电子书产品的硬件进行升级。就读书而言，电子书的屏幕对读者显然更友好，这就是电子书产品的<u>优势</u>之一。对于一个学习者来说，笔记也是<u>不可或缺</u>的一部分，因此，

한다. 비교해 보면, [1]휴대폰과 아이패드는 이용자의 독서 수요를 만족시킴과 동시에 이용자의 다른 오락적 수요 또한 만족시킬 수 있다. 그래서 많은 이용자들이 전자책은 이미 도태 직전에 이르렀다고 생각한다.

냉정히 말해 현실 상황은 확실히 그렇다. 전자책의 발전 전망은 결코 낙관적이지 않다. 하지만 낙관적이지 않다는 게 희망이 없다는 걸 의미하지는 않는다. 개인의 직업 발전 관점에서 이야기하면, 업무 능력의 향상에 따라 사람들의 지식에 대한 갈망도 점차 강해진다는 점을 수년 동안 직장 생활을 한 대부분의 이용자들이 깊이 느낄 것이다. 소비자는 직업 능력 방면에서 어느 정도 성과를 얻은 후 계속 발전하고 싶다면 계속해서 공부해야 한다. [3]더 깊게 공부하고 수련해야만 비로소 현재의 업무 성과에 대한 더 뚜렷한 인식이 생길 수 있으며, 이로써 직업 발전의 성장점을 찾고 발전의 난관을 뛰어넘어 새로운 발전 단계에 진입할 수 있다. 따라서 이러한 소비자의 학습 수요는 매우 강하다고 할 수 있다.

하지만 문제는 인터넷상에 수많은 파편화된 지식이 넘쳐나고, [2]이러한 내용들을 소비자는 스스로 발굴하고 감별해 낼 수 있어야 해서 어느새 이용자의 학습비용과 시간비용이 증가했다는 것에 있다. 일부 업계 관계자는 '소비자의 학습비용을 낮추고 학습 효율을 높이며 이용자에게 전문적인 학습 플랫폼을 제공하는 것이 바로 '전자책의 발전 방향'이라고 말했다.

먼저, 전문적인 독점 자원 제공 플랫폼을 구축해야 한다. 전자책과 태블릿 PC의 가장 큰 구별점은 하드웨어가 아닌 소프트웨어이다. 태블릿 PC로 우리는 동영상 플랫폼을 통해 관련 학습 영상을 찾아볼 수 있다. '대학원 입시 공부'를 할 때 태블릿 PC의 휴대성을 더욱더 체감할 수 있다. 하지만 이 과정에서 태블릿 PC는 플레이어에 불과하며 진정한 자원은 인터넷에 있는 셈이다. 일반적인 상황에서 우리는 학습 자료를 선택하고 찾는 과정에서 많은 시간을 소비한다. 직접 구매하더라도 관련 자료를 신중히 선별해야 한다. [6]만약 전자책 기업이 더 전문적인 학습 플랫폼을 구축하고 더 많은 전문 지식을 보급할 수 있다면, 전자책의 경쟁력은 태블릿 PC를 크게 뛰어넘을 수 있다. 이를 기반으로 전자책은 점차 소비자의 학습 도구로 변할 것이며, 향상을 추구하고 직업상의 발전을 원하는 이용자 입장에서 전자책은 가장 훌륭한 학습 도구가 될 것이다.

둘째, 전자책 기업은 전자책 제품의 화면 품질과 성능을 향상하는 쪽으로 방향을 정해야 한다. 요컨대, 학습자에게는 주로 독서와 필기라는 두 가지 수요가 있다. 전자책 기업의 학습 플랫폼에 근거하여 기업은 전자책 제품의 하드웨어를 개선해야 한다. 독서할 때 전자책의 화면은 독자에게 있어 분명 더 우호적이다. 이것이 바로 전자책 제품의 <u>장점</u> 중 하나이다. 학습자에게 필기 기능 또한 없어선 안 될 중요한 부분이므로, 전자책도 이용자를 위해 휴대가 간편하고 사용이 용이한 펜슬을 개발할 필요가 있다. 아마 많은 이용자들이 문자를 쓰는 것과 비교했을 때, 영상이 더 직관적이고 학습 시간을 더 많이 줄일 수 있으며 사용하기 수월하다고 생각할 것이다. 그러나 실제로는 문자가 더 독특한 매력을 갖고 있다. 같은 내용에 대해,

电子书产品也需要为用户开发一款足够便携好用的手写笔。或许很多用户认为：与文字相比，视频更直观，能更大限度地缩短学习时间，用起来更轻松。但实际上，文字拥有更独特的魅力。同样一个内容，学习者通过视频只能接受到视频中的内容，<u>⁵但如果以文字的形式表达出来，学习者在学习过程中就无形增加了思考的过程，不再是被动接受，对一个学习者来说，这样的学习效果显然更好。</u>

第三：电子书应该拥有足够便携的机身。对于绝大部分从业者来说，想要在工作和生活之间留出专门的学习时间，是一个十分奢侈的愿望。因此，从业者需要充分利用各种相对<u>"碎片化"</u>的时间进行学习，⁴比如上下班或出差途中、午休时、下午茶时间等。想要满足用户的这一需求，电子书产品就要有足够便携的机身，因此，在手机产品升级屏幕和缩小机身的同时，电子书产品也应该紧随其后，开发出更符合用户便携性需求和读书习惯的电子书产品。

最后：提升电子书产品的续航能力。如果电子书产品具备了以上三点，那就必然需要更强的续航能力来满足用户随身携带和随时使用的需求。提升续航能力的方式主要有两个，增加电池容量和提高充电速度。目前，这两项技术在手机上的应用已经非常成熟，转移到电子书产品上的难度并不大。

平心而论，尽管不少业内人士都意识到了以上提到的几点，但对于电子书厂商来说，想要完成以上四个升级，需要足够的经济基础和发展时间，而在完善和发展的过程中，电子书产品给厂商带来的回报必定是不尽如人意的。因此，电子书产品的未来发展依旧堪忧。

1 为什么有用户认为电子书已走到了被淘汰的边缘？

　　可用手机和ipad进行阅读

2 学习网络上多知识，为什么会无形之中增加用户的学习成本和时间成本？

　　网络知识要自己鉴别

3 通过更深入的学习和进修，对从业者有哪些好处？

　　进入新的发展阶段

학습자가 영상을 통해서는 영상 속의 내용만을 받아들일 수 있는 반면, ⁵문자 형태로 학습할 경우에는 그 과정에서 자연스레 사고 과정이 더해져 학습자는 더 이상 수동적으로 받아들이지 않게 된다. 학습자 입장에서 이렇게 공부했을 때 효과가 확실히 더 좋다.

셋째, 전자책은 충분한 휴대성을 갖추어야 한다. 대부분의 직장인은 일과 생활 사이에 공부 시간을 만들고 싶어 하지만 이는 매우 사치스러운 희망이다. 따라서 직장인은 상대적으로 '파편화'된 시간을 이용하여 공부해야 한다. ⁴예를 들면 출퇴근 시간이나 출장 도중, 점심시간이나 휴식 시간 등을 말한다. 이용자의 이러한 수요를 만족시키려면 전자책은 충분한 휴대성이 있어야 한다. 따라서 휴대폰의 화면을 개선하고 크기를 줄이는 동시에 전자책도 그 뒤를 따라 이용자의 휴대성 수요와 독서 습관에 잘 맞는 제품을 개발해야 한다.

마지막으로, 전자책 제품의 지속력을 향상시켜야 한다. 만약 전자책이 위에서 말한 세 가지를 갖추었다면, 반드시 더 강한 지속력을 필요로 하는데, 사용자가 휴대하며 수시로 사용하는 수요를 만족시키기 위함이다. 지속력을 향상시키는 방법은 주로 두 가지가 있는데, 배터리 용량을 늘리는 것과 충전 속도를 높이는 것이다. 현재 휴대폰에서는 이 두 기술이 잘 적용되고 있고, 전자책으로 이 기술들을 옮기는 건 그리 어렵지 않다.

냉정히 말해 많은 업계 관계자가 앞서 언급한 몇 가지 점을 인식하고 있긴 하지만, 전자책 기업의 입장에선 이상의 네 가지를 개선하려면 충분한 경제 기반과 발전 시간이 필요한데, 개선하고 발전하는 과정에서 전자책 제품이 기업에 가져다주는 수익에는 미흡한 점이 분명히 있을 것이다. 그래서 전자책 제품의 미래는 여전히 걱정스럽긴 하다.

*여기서 '电子书'는 전자책 전용 단말기를 말한다.

1 일부 이용자는 왜 전자책이 이미 도태 직전에 이르렀다고 생각하는가?

　　휴대폰과 아이패드로 독서를 할 수 있기 때문에

2 인터넷상의 수많은 지식은 왜 어느샌가 이용자의 학습비용과 시간비용을 늘리는가?

　　스스로 인터넷 지식을 감별해야 하기 때문에

3 더 깊게 공부하고 연수하면 직장인들에게 어떤 이점이 있는가?

　　새로운 발전 단계에 진입한다

4 第六段中"碎片化"的时间，是什么意思？

　　上下班途中的零散时间

5 同样的内容，以文字的形式表达出来对学习者有什么好处？

　　增加思考过程，主动接受

6 业内人士认为，电子书构建专业的独家资源供给平台可以解决什么问题？

　　能覆盖更多专业类知识

7 根据上下文，请在第五段的空白处填上一个恰当的词语：

　　优势 / 优点 / 长处 / 好处

4 여섯 번째 문단의 '파편화'된 시간은 무엇을 의미하는가?

　　출퇴근 도중의 분산된 시간

5 같은 내용을 문자 형태로 학습하면 학습자에게 어떤 이점이 있는가?

　　사고 과정이 더해져 능동적으로 받아들일 수 있다

6 업계 내 관계자는 전자책이 전문적인 독점 자원 공급 플랫폼을 구축하면 어떤 문제를 해결할 수 있다고 보는가?

　　더 많은 전문 지식을 보급할 수 있다

7 문맥상 다섯 번째 문단의 빈칸에 알맞은 단어를 쓰시오.

　　优势 / 优点 / 长处 / 好处 (장점, 이점)

说起 shuōqǐ ~로 말하자면 | 电子产品 diànzǐ chǎnpǐn 명 전자제품 | 存在感 cúnzàigǎn 명 존재감 | ★无疑 wúyí 형 의심할 바 없다, 틀림없다, 두말할 것 없다 | 电子书 diànzǐshū 명 전자책 | 苹果 Píngguǒ 고유 애플 [기업명] | 华为 Huáwéi 고유 화웨이 [기업명] | 厂商 chǎngshāng 명 기업 | 发布 fābù 동 선포하다, 공표하다 | ★反馈 fǎnkuì 명 반응, 피드백 | 小米 Xiǎomǐ 고유 샤오미 [기업명] | 联想 Liánxiǎng 고유 레노버 [기업명] | 品牌 pǐnpái 명 브랜드 | 笔记本电脑 bǐjìběn diànnǎo 명 노트북 | 众多 zhòngduō 형 매우 많다 | 消费者 xiāofèizhě 명 소비자 | 关注 guānzhù 명 관심, 중시 [吸引关注: 관심을 끌다] | 实际上 shíjìshang 부 사실상, 실제로 | 大部分 dàbùfen 명 대부분 | 用户 yònghù 명 이용자, 사용자, 가입자 | 屏幕 píngmù 명 화면, 스크린 | 升级 shēngjí 동 개선하다, 업그레이드하다 | ★问世 wènshì 동 (저작물·발명품·신상품 등이) 출시되다, 세상에 나오다 | ★分割 fēngē 동 분리하다, 분할하다 | ★相比之下 xiāngbǐ zhī xià 그것과 비교하면 | 需求 xūqiú 명 수요, 필요 | ★淘汰 táotài 동 (쓸데없거나 적합하지 않은 것 등을) 도태하다, 추려내다 | 边缘 biānyuán 명 위기, 가장자리 | 平心而论 píngxīn'érlùn 성 마음을 가라앉히고 평론하다 | 前景 qiánjǐng 명 전망, 앞날 | 增强 zēngqiáng 동 향상하다, 강화하다 | 渴望 kěwàng 동 갈망 | 大多数 dàduōshù 명 대다수 | 深入 shēnrù 형 깊다 | ★进修 jìnxiū 동 연수하다 | ★清晰 qīngxī 형 뚜렷하다, 분명하다 | 增长点 zēngzhǎngdiǎn 명 성장점 | 突破 tūpò 동 (한계·난관을) 돌파하다, 극복하다 | ★瓶颈 píngjǐng 명 난관, 장애 | 进入 jìnrù 동 진입하다, 들다 | 在于 zàiyú 동 ~에 있다 | 充斥 chōngchì 동 넘쳐나다, 가득차다 | 碎片 suìpiàn 명 파편, 부서진 조각 | 发掘 fājué 동 발굴하다, 캐내다 | ★鉴别 jiànbié 동 감별하다, 식별하다 | 无形 wúxíng 형 무형의, 보이지 않는 | 成本 chéngběn 명 비용, 원가 | 业内 yènèi 업계 내, 업무 범위 내 | 人士 rénshì 명 인사, 관계자 | 指出 zhǐchū 동 지적하다, 밝히다, 가리키다 | 提升 tíshēng 동 높이다, 진급하다 [提升效率: 효율을 높이다] | 平台 píngtái 명 플랫폼 | 出路 chūlù 명 발전의 여지, 활로 | 构建 gòujiàn 동 구축하다, 세우다 | ★独家 dújiā 형 독점, 단독 | 供给 gōngjǐ 동 공급하다, 제공하다 | 平板电脑 píngbǎn diànnǎo 명 태블릿 PC | 区分度 qūfēndù 명 구별점 | 视频 shìpín 명 영상, 동영상 | 查看 chákàn 동 찾아보다, 조사하다 | 考研党 kǎoyándǎng 대학원 입시 공부 | 便携性 biànxiéxìng 명 휴대성 | 播放器 bōfàngqì 플레이어 | 通常 tōngcháng 형 일반적이다, 보통이다 | 花费 huāfèi 동 소비하다, 쓰다 [花费时间: 시간을 소비하다] | 购买 gòumǎi 동 사다, 구매하다 | ★慎重 shènzhòng 형 신중하다 | 甄别 zhēnbié 동 선별하다 | 覆盖 fùgài 동 보급하다, 덮다 | 竞争力 jìngzhēnglì 명 경쟁력 | 远远 yuǎnyuǎn 부 크게, 훨씬, 몹시 | 素质 sùzhì 명 소양, 자질 | 性能 xìngnéng 명 성능 | 简而言之 jiǎn'éryánzhī 요컨대, 간단히 말하자면 | 学习者 xuéxízhě 학습자 | ……来说 ……láishuō ~로 말하자면 [对于A来说: A에게 있어서] | ★基于 jīyú ~에 근거하다 | 而言 éryán ~에 대해 말하자면, ~에 근거해 보면 [对/就……而言: ~에 대해 말하자면] | 显然 xiǎnrán (상황이나 이치가) 분명하다, 명백하다, 뚜렷하다 | 友好 yǒuhǎo 형 우호적이다 | 不可或缺 bùkěhuòquē 성 없어서는 안 된다. 필수 불가결하다 | 开发 kāifā 동 (자연 자원을) 개발하다, 개척하다 | 足够 zúgòu 형 충분하다 | 便携 biànxié 형 휴대용, 간편한 | 或许 huòxǔ 부 아마, 어쩌면, 혹시 | 文字 wénzì 명 문자, 글자 | 相比 xiāngbǐ 동 비교하다, 견주다 [与……相比: ~와 비교하다] | ★直观 zhíguān 형 직관적이다 | ★限度 xiàndù 명 한도, 한계 | 缩短 suōduǎn 동 (원래의 거리·시간·길이 등을) 줄이다, 단축하다 | 拥有 yōngyǒu 동 가지다, 보유하다, 소유하다 | ★魅力 mèilì 명 매력 | 被动 bèidòng 형 수동적이다, 소극적이다 | 机身 jīshēn 명 기체 | 从业者 cóngyèzhě 명 직장인 | ★奢侈 shēchǐ 동 사치하다, 낭비하다 | ★相对 xiāngduì 부 상대적으로, 비교적 | 途中 túzhōng 명 도중 | 午休 wǔxiū 점심 휴식을 취하다 | 缩小 suōxiǎo 동 축소하다, 줄이다 | 紧随 jǐnsuí 동 뒤따르다 | 其后 qíhòu 명 그다음, 그런 다음, 그 후 | 续航 xùháng 쉬지 않고 계속 운항하다 | 随身 suíshēn 동 몸에 지니다, 휴대하다 | 随时 suíshí 부 언제든지, 아무 때나 | 电池 diànchí 명 전지 | ★容量 róngliàng 명 용량 | 充电 chōngdiàn 동 충전하다 | 应用 yìngyòng 동 적용하다, 이용하다 | 转移 zhuǎnyí 동 (방향이나 위치를) 옮기다, 전이하다, 이동시키다 | 难度 nándù 명 난이도 | 意识 yìshí 동 인식하다, 깨닫다 | 回报 huíbào 동 보답 [수익의 의미] | ★必定 bìdìng 부 반드시, 꼭 | 尽如人意 jìnrúrényì 성 모든 것이 다 마음에 들다, 모든 것이 다 뜻대로 되다 | 依旧 yījiù 부 여전히 | 堪忧 kānyōu 동 걱정되다 | 零散 língsǎn 형 분산되어 있다, 흩어져 있다 | 主动 zhǔdòng 형 주동적이다, 자발적이다 | 长处 chángchu 명 장점

 순서대로 답이 나올 수도 있지만, 섞여나올 수 있으므로 당황하지 말자!

01 10글자 이내로 답안 쓰기 **191**

8 塑料垃圾 | 두 번째 단락에서 해양쓰레기 중 피해가 가장 오래 지속되는 것은 바로 '플라스틱'이라고 직접적으로 언급하고 있다. '非A莫属(바로 A이다)'라는 부분을 통해 답은 '塑料垃圾(플라스틱 쓰레기)'임을 알 수 있다.

9 这些东西酷似食物 | 본문에서 예를 들어 설명하는 경우 앞뒤 부분을 꼭 체크해 두는 것이 좋다. 두 번째 단락에서 해양생물들이 비닐봉지나 라이터, 칫솔 등을 먹는 이유는 먹이로 착각했기 때문이라고 했다.

10 体内无法消化、分解塑料 | 질문에서 '原因(원인)'을 물어보고 있으니 'A会引起B(A는 B를 야기할 수 있다)'의 의미를 나타내는 부분에서 정답을 찾을 수 있다. 플라스틱을 먹게 된 후 죽음에 이르는 직접적인 이유는 체내에서 소화 및 분해하지 못하기 때문이라고 답할 수 있다.

11 动物会被困住，威胁生命 | 플라스틱 쓰레기 중 가장 큰 쓰레기는 폐기된 어망으로, 이 어망이 해류의 작용으로 한데 뒤엉켜 매년 수천 마리의 바다표범, 바다사자, 돌고래가 이 덫에 걸려 익사한다고 했다. 따라서 이 '죽음의 덫'은 동물이 플라스틱에 걸려서 생명을 위협당한다는 의미를 포함하고 있다.

12 人类的各种海上活动 | 네 번째 단락에서 해양쓰레기의 주요 근원을 직접적으로 언급하고 있다. 사람들이 바다에서 놀거나 레저 활동을 할 때, 해운 및 어획 등 해상 활동 등을 할 때 생기는 쓰레기가 바로 해양쓰레기의 주요 근원이라고 했으므로, '인간의 각종 해상 활동'으로 간략히 줄여서 답할 수 있다.

13 持续性强、扩散范围广 | 질문의 핵심 표현 '海上船舶收集法'가 등장하는 다섯 번째 단락을 살펴보면, 쓰레기가 일단 바다로 들어오면 '지속성이 강해지고 확산 범위가 넓어져서' 이로 인해 해상 선박의 쓰레기 수집 난도가 높아지고 있다고 했다.

14 罚款 / 惩治 | 자기들의 쓰레기를 바다에 버리는 선원들을 언급하며 쓰레기 투척을 막을 수 있는 대책을 설명하고 있다. 문장 앞뒤 흐름과 밑줄 앞의 '加强(강화하다)'과 어울리는 어휘로 문맥상 '벌금'이나 '처벌' 등이 적절해 보인다.

　　曾几何时，海洋垃圾这个词对我们来说已不再是一个陌生的词汇，它主要指海洋和海岸环境中具有持久性的、人造的或经加工的固体废弃物。海洋垃圾不仅影响海洋景观，还会威胁航行安全，对海洋生态系的健康产生极其严重的危害。而我们只有正确认识海洋垃圾的来源，从源头上减少海洋垃圾的数量，才有可能降低海洋垃圾对海洋生态环境产生的影响。

　　众所周知，[8]海洋垃圾中危害最持久的非"塑料"莫属，而海洋中最大的塑料垃圾便是废弃的鱼网。它们有的长达几英里，被渔民们称为"鬼网"。在洋流的作用下，这些鱼网绞在一起，成为海洋哺乳动物的"死亡陷阱"，[11]它们每年都会缠住和淹死数千只海豹、海狮和海豚等。[9]而有的海洋生物则容易把一些塑料制品误当食物吞下，例如：海龟就特别"喜欢吃"酷似水母的塑料袋；海鸟则"偏爱"打火机和牙刷，因为它们的形状很像小鱼，当它们将这些东西吐出来返哺幼鸟时，弱小

오래 지나지 않아 해양쓰레기라는 단어는 우리에게 더 이상 낯선 단어가 아니게 되었는데, 그것은 주로 해양 및 해안 환경에서 지속성을 지니고, 인공 또는 가공된 고형폐기물을 말한다. 해양쓰레기는 해양 경관에 영향을 미칠 뿐만 아니라 항해 안전도 위협하며, 해양생태계 건강에 심각한 해를 끼친다. 해양쓰레기의 출처를 정확히 인식하고 근원적으로 해양쓰레기 양을 줄여야만 해양쓰레기가 해양생태계 환경에 미치는 영향을 줄일 수 있을 것이다.

모두가 알다시피, [8]해양쓰레기 중 피해가 가장 오래 지속되는 것은 바로 '플라스틱'이며, 해양의 가장 큰 플라스틱 쓰레기는 폐기된 어망이다. 어떤 건 길이가 몇 마일이나 되어 어부들은 '유령망'이라고도 부른다. 해류의 작용으로 어망들이 한데 뒤엉켜 해양 포유동물의 '죽음의 덫'이 된다. [11]매년 수천 마리의 바다표범, 바다사자, 돌고래 등이 이 덫에 걸려 익사한다. [9]또 어떤 해양생물은 플라스틱을 먹이로 착각하고 삼켜 버리게 된다. 예를 들면, 바다거북은 해파리와 비슷하게 생긴 비닐봉지를 '즐겨 먹는다'. 바닷새는 작은 물고기와 형태가 비슷한 라이터나 칫솔을 '특히 좋아해서', 이것들을 뱉어내 새끼 새에게 먹이게 되면 몸이 약한 새끼 새는 목이 막혀 죽기도 한다. [10]플라스틱은 동물 체내에서 소화 및 분해될 수 없는데 먹이로 착각해

的幼鸟往往会被噎死。[10]塑料制品在动物体内无法消化、分解，误食后会引起胃部不适、行动异常、生育繁殖能力下降，甚至死亡。海洋生物的死亡最终会导致海洋生态系统被打乱。

塑料垃圾还可能威胁航行安全。废弃塑料会缠住船只的螺旋桨，特别是被称为"魔瓶"的各种塑料瓶，它们会损坏船身和机器，引起事故和停驶，给航运公司造成重大损失。

"绿色和平"组织发现至少267种海洋生物因误食海洋垃圾或者被海洋垃圾缠住而备受折磨，甚至死亡，这对海洋生物来说是致命。另外，海洋垃圾可通过生物链危害人类，如重金属和有毒化学物质可通过鱼类的食入在体内富集，人类吃了这些鱼类势必对人体健康构成威胁。[12]而人类的海岸活动和娱乐活动，航运、捕鱼等海上活动正是海洋垃圾的主要来源。据统计，塑料和聚苯乙烯类制品占海洋漂浮垃圾的90%。专家们认为，海洋垃圾正在吞噬着人类和其他生物赖以为生的海洋。如再不采取措施，海洋将无法负荷，人类和其他生物都将无法生存。为此，专家强烈呼吁公众应增强海洋环保意识，不随意向海洋抛弃垃圾，从源头上减少海洋垃圾的数量，以降低海洋垃圾对海洋生态环境产生的影响，共同呵护我们的"蓝色家园"。

清理海洋塑料垃圾的方法可按照区域分为海岸、海滩收集法和海上船舶收集法。其中海岸、海滩收集法要比海上船舶收集法简单许多，[13]因为垃圾一旦进入海洋便会具备持续性强和扩散范围广两个特点，这两个特点加大了海上船舶收集垃圾的难度。同时，海上收集垃圾时对船只的技术要求也很高。船只要能形成高速水流通道，同时还要具备翻斗设备和可升降聚集箱，这样才能将漂浮在海上的塑料垃圾聚集起来。另外，海上航行的船员们不愿将垃圾带回港口，也不愿打捞起扔在海洋中的垃圾。因此，一些船员选择将他们的垃圾丢弃在海上。加强对倾倒海洋垃圾的个人或团体的罚款 / 惩治力度，可以在一定程度上阻止这一做法。

塑料袋、塑料瓶等塑料包装如今充斥着我们的生活，它已被英国某媒体评为20世纪"最糟糕的发明"。而我们所消耗的每一片塑料，都有可能流入大海。仅是太平洋上的海洋垃圾就已达350万平方公里，超过了印度的国土面积，而作为生活在地球上的一员，你我能否在"白色污染"的笼罩之下"绝处逢生"呢？

먹게 되면 위장 장애, 행동 이상, 생육 및 번식 능력 저하가 일어나게 되고 심지어 죽음에 이르기도 한다. 해양생물의 죽음은 결국 해양생태계 교란으로 이어질 수 있다.

플라스틱 쓰레기는 항해 안전도 위협할 수 있다. 버려진 플라스틱은 선박의 프로펠러에 엉킬 수 있고, 특히 '악마의 병'이라 불리는 각종 플라스틱병은 선체와 기계를 파손시켜 사고를 일으키고 운행을 중단시키며 해운 회사에 막대한 손실을 입힌다.

'그린피스'는 최소 267종의 해양생물이 해양쓰레기를 먹이로 착각해 먹거나, 해양쓰레기에 몸이 얽혀 고통스러워하며, 심지어는 죽음에 이르기도 한다는 것을 발견했다. 그만큼 해양생물에게 해양쓰레기는 매우 치명적이다. 이 외에도 해양쓰레기는 먹이사슬을 통해 인류에게도 해를 끼치게 된다. 중금속 및 유독성 화학물질이 어류 체내에 축적되고 인간이 이 어류를 먹게 되면 인체 건강에 위협이 된다. [12]그리고 사람들이 바다에서 놀거나 레저 활동을 할 때, 해운 및 어획 등 해상 활동 등을 할 때 생기는 쓰레기가 바로 해양쓰레기의 주요 근원이다. 통계에 따르면 플라스틱과 폴리스티렌류 제품이 해양 부유 쓰레기의 90%를 차지한다. 전문가들은 해양쓰레기가 인류와 다른 생물의 삶의 터전인 바다를 삼키고 있다고 여긴다. 조치를 취하지 않는다면 바다는 더 이상 감당을 하지 못하게 되고 인류와 다른 생물은 생존할 수 없게 될 것이다. 이를 해결하기 위해 해양 환경 보호에 대한 의식을 강화하고 바다에 아무렇게나 쓰레기를 버리지 말고, 근원적으로 해양쓰레기 양을 줄임으로써 해양쓰레기가 해양 생태 환경에 미치는 영향을 최소화하여 우리의 '푸른 터전'을 함께 보호해야 한다고 전문가는 강력히 호소한다.

해양 플라스틱 쓰레기를 처리하는 방법은 구역에 따라 해안 및 해변 수집법, 해상 선박 수집법으로 나뉜다. 해안 및 해변 수집법은 해상 선박 수집법보다 간단하다. [13]쓰레기가 일단 바다로 들어오면 지속성이 강해지고 확산 범위가 넓어지는 두 가지 특징이 있는데, 이로 인해 해상 선박의 쓰레기 수집 난도가 높아지기 때문이다. 게다가 해상 쓰레기 수집 시 선박의 기술적 요구도 높다. 선박은 고속의 수로를 만들어야 하고, 쓰레기를 담고 운반할 수 있는 설비와 오르내릴 수 있는 수집 박스도 필요하다. 이렇게 해야 해상에 떠다니는 플라스틱 쓰레기를 수집할 수 있다. 그 외에도, 바다를 항해하는 선원들은 쓰레기를 항구로 가지고 돌아가고 싶지 않아 하고, 바다에 있는 쓰레기를 건져 올리는 것도 원하지 않는다. 그래서 자기들의 쓰레기를 바다에 버리는 선원들도 있다. 그러므로 해양쓰레기를 버리는 개인 혹은 단체에 대한 처벌을 강화하면 어느 정도 쓰레기 투척을 막을 수 있다.

비닐봉지, 플라스틱병 등 플라스틱 포장용품은 우리 삶에 가득하다. 영국의 한 매체는 이를 두고 '20세기 최악의 발명'이라 평가했다. 우리가 소모하는 모든 플라스틱 조각은 바다로 유입될 가능성이 있다. 태평양의 해양쓰레기만 해도 이미 350만 제곱킬로미터로, 인도의 국토 면적을 넘어섰다. 지구에 살고 있는 일원으로서 우리는 '백색오염'의 그늘에서 '구사일생' 할 수 있을까?

8 在众多海洋垃圾中，危害最持久的是?

塑料垃圾

9 海龟、海鸟海洋生物为什么会吃塑料袋、打火机和牙刷?

这些东西酷似食物

10 海洋生物误食塑料制品后，会死亡的原因是?

体内无法消化、分解塑料

11 第二段中，对划线词语"死亡陷阱"应怎样理解?

动物会被困住，威胁生命

12 海滩垃圾的主要来源是什么?

人类的各种海上活动

13 海上船舶收集法的难度大，主要原因是什么?

持续性强、扩散范围广

14 根据上下文，请在第五段的空白处填上一个恰当的词语:

罚款 / 惩治

8 수많은 해양쓰레기 중에서 피해가 가장 오래 지속되는 것은?

플라스틱 쓰레기

9 바다거북, 바닷새 등 해양생물은 왜 비닐봉지나 라이터, 칫솔 등을 먹는가?

먹이와 비슷하게 생겼기 때문에

10 해양생물이 플라스틱을 먹이로 착각해 먹게 된 후 죽음에 이르는 이유는?

체내에서 플라스틱을 소화 및 분해하지 못하기 때문에

11 두 번째 문단의 밑줄 친 '死亡陷阱(죽음의 덫)'은 어떤 의미로 볼 수 있는가?

동물이 플라스틱에 갇혀 생명을 위협당한다

12 해변 쓰레기의 주요 출처는 무엇인가?

인간의 각종 해상 활동

13 해상 선박 수집법의 난도가 높은 것의 주요 원인은 무엇인가?

지속성이 강하고 확산 범위가 넓다

14 문맥상 다섯 번째 문단의 빈칸에 알맞은 단어를 쓰시오.

罚款 / 惩治 (벌금, 처벌)

曾几何时 céngjǐhéshí 〔성〕 (시간이) 얼마 지나지 않아서, 오래지 않아 | ……来说 ……láishuō ~로 말하자면 [对于A来说: A에게 있어서] | ★陌生 mòshēng 〔형〕 낯설다, 생소하다 | 词汇 cíhuì 〔명〕 단어, 어휘 | ★海岸 hǎi'àn 〔명〕 해안 | 具有 jùyǒu 〔동〕 지니다, 가지다 | 持久性 chíjiǔxìng 지속성, 영구성 | ★人造 rénzào 〔형〕 인공의, 인조의 | 加工 jiāgōng 〔동〕 가공하다, 다듬다 | 固体 gùtǐ 〔명〕 고체 | 废弃物 fèiqìwù 〔명〕 폐기물 | 景观 jǐngguān 〔명〕 경관, 경치 | 威胁 wēixié 〔동〕 위협하다 | ★航行 hángxíng 〔동〕 항해, 운항 | 生态系 shēngtàixì 〔명〕 생태계 | 来源 láiyuán 〔명〕 근원 | ★源头 yuántóu 〔명〕 근원, 원천 | ★生态 shēngtài 〔명〕 생태 | 众所周知 zhòngsuǒzhōuzhī 모든 사람이 다 알고 있다 | ★持久 chíjiǔ 〔형〕 오래 유지되다, 지속되다 | 塑料 sùliào 〔명〕 플라스틱 | 废弃 fèiqì 〔동〕 폐기하다 | 鱼网 yúwǎng 〔명〕 어망 | 英里 yīnglǐ 〔명〕 마일 | ★渔民 yúmín 〔명〕 어민 | 鬼网 guǐwǎng 〔명〕 유령망 | 洋流 yángliú 〔명〕 해류 | ★绞 jiǎo 〔동〕 뒤엉키다, 얽히다 | 哺乳动物 bǔrǔ dòngwù 〔명〕 포유동물 | 死亡 sǐwáng 〔명〕 죽음, 사망 | 陷阱 xiànjǐng 〔명〕 덫, 함정 | 缠住 chánzhu 〔동〕 얽매이다, 감기다 | 淹死 yānsǐ 〔동〕 익사하다 | 海豹 hǎibào 〔명〕 바다표범 | 海狮 hǎishī 〔명〕 바다사자 | 海豚 hǎitún 〔명〕 돌고래 | ★生物 shēngwù 〔명〕 생물 | 则 zé 〔접〕 오히려, 그러나 [대비·역접을 나타냄] | ★制品 zhìpǐn 〔명〕 제품 | 吞下 tūnxià 〔동〕 삼키다 | 海龟 hǎiguī 〔명〕 바다거북 | 酷似 kùsì 〔동〕 매우 비슷하다, 몹시 닮다 | 水母 shuǐmǔ 〔명〕 해파리 | 海鸟 hǎiniǎo 〔명〕 바닷새 | 偏爱 piān'ài 〔동〕 편애하다 | 打火机 dǎhuǒjī 〔명〕 라이터 | 牙刷 yáshuā 〔명〕 칫솔 | 形状 xíngzhuàng 〔명〕 형상, 물체의 외관, 생김새 | 吐 tù 〔동〕 내뱉다, 토하다 | 哺 bǔ 〔동〕 (새가 새끼에게 먹이를) 먹이다 | 幼 yòu 〔형〕 어리다 | 弱小 ruòxiǎo 〔형〕 약하다, 약소하다 | 噎 yē 〔동〕 목이 막히다, 목이 메다 | 分解 fēnjiě 〔동〕 분해하다 | 误食 wùshí 〔동〕 잘못 먹다 | ★不适 búshì 〔동〕 불편하다 | 异常 yìcháng 〔형〕 심상치 않다, 정상이 아니다 [行动异常: 행동 이상] | ★生育 shēngyù 〔동〕 생육하다, 출산하다 | 繁殖 fánzhí 〔동〕 번식하다, 증가하다, 늘어나다 | 最终 zuìzhōng 〔명〕 최종, 최후 | 打乱 dǎluàn 〔동〕 교란시키다, 혼란시키다 | 船只 chuánzhī 〔명〕 선박, 배 | 螺旋桨 luóxuánjiǎng 〔명〕 프로펠러 | 魔 mó 〔명〕 악마 | ★损坏 sǔnhuài 〔동〕 (원래의 기능을) 파손시키다, 손상시키다 | 船身 chuánshēn 〔명〕 선체 | 事故 shìgù 〔명〕 사고 | 停驶 tíngshǐ 〔동〕 운행을 중단하다, 운전을 중지하다 | 航运 hángyùn 〔명〕 해운 | 重大 zhòngdà 〔형〕 중대하다 | 绿色和平 Lǜsè hépíng 〔고유〕 그린피스 [환경 보호 단체] | ★备受 bèishòu 〔동〕 받다 | ★折磨 zhémó 〔동〕 (육체적·정신적으로) 고통스럽게 하다, 괴롭히다 | ★致命 zhìmìng 〔동〕 죽을 정도에 이르다 | 生物链 shēngwùliàn 〔명〕 먹이사슬 | 重金属 zhòngjīnshǔ 〔명〕 중금속 | 有毒 yǒudú 〔형〕 유독성 | 鱼类 yúlèi 〔명〕 어류 | 富集 fùjí 〔동〕 농축되다 | ★势必 shìbì 〔부〕 반드시, 꼭, 필연코 | 捕鱼 bǔyú 〔동〕 물고기를 잡다 | 统计 tǒngjì 〔명〕 통계 | 聚苯乙烯 jùběnyǐxī 〔명〕 폴리스티렌 [석유화학 열가소성 수지의 종류] | 漂浮 piāofú 〔동〕 (물이나 액체 위에) 부유하다, 뜨다 | 吞噬 tūnshì 〔동〕 삼키다, 통째로 먹다 | 负荷 fùhè 〔명〕 감당하다 | 生存 shēngcún 〔동〕 생존하다 | 为此 wèicǐ 〔접〕 이를 위해서, 이 때문에, 그런 까닭에 | ★呼吁 hūyù 〔동〕 (동정이나 지지를) 호소하다, 구하다 | 公众 gōngzhòng 〔명〕 대중, 공중 | 增强 zēngqiáng 〔동〕 강화하다, 높이다 | 意识 yìshí 〔명〕 (객관 물질 세계에 대한 반영으로서) 의식 | 随意 suíyì 〔부〕 (자기) 마음대로, 내키는 대로 | ★抛弃 pāoqì 〔동〕 버리다, 포기하다 | ★呵护 hēhù 〔동〕 보호하다, 애호하다 | 清理 qīnglǐ 〔동〕 깨끗이 정리하다 | 区域 qūyù 〔명〕 구역, 지역 | 分为 fēnwéi 〔동〕 (~로) 나누다 | ★海滩 hǎitān 〔명〕 해변 | 收集法 shōujífǎ 〔명〕 수집법 | ★船舶 chuánbó 〔명〕 선박, 배 | 持续性 chíxùxìng 〔명〕 지속성, 계속성 | ★扩散 kuòsàn 〔동〕 확산하다, 퍼뜨리다 | 加大 jiādà 〔동〕 커지다, 확대되다 | 难度 nándù 〔명〕 난이도 | 高速 gāosù 〔형〕 고속의 | 水流 shuǐliú 〔명〕 수류 | 通道 tōngdào 〔명〕 통로, 대로 | 升降 shēngjiàng 〔동〕 오르고 내리다, 승강하다 | ★聚集 jùjí 〔동〕 수집하다, 모으다 | 箱 xiāng 〔명〕 상자 | 船员 chuányuán 〔명〕 선원 | 港口 gǎngkǒu 〔명〕 항구, 항만 | ★打捞 dǎlāo 〔동〕 건져내다, 인양하다 | ★丢弃 diūqì 〔동〕 버리다, 내던지다 | 加强 jiāqiáng 〔동〕 강화하다, 증강하다 |

★**力度** lìdù 圓 힘, 역량 | **做法** zuòfǎ 圓 (물건을 만드는) 방법 | **包装** bāozhuāng 圓 포장 | **充斥** chōngchì 圓 가득하다, 가득 차다 | **评为** píngwéi 圓 ~로 선정하다 | **消耗** xiāohào 圓 (정신·힘·물자 등을) 소모하다 | ★**流入** liúrù 圓 유입하다 | **大海** dàhǎi 圓 바다 | **太平洋** Tàipíngyáng 고유 태평양 | **平方公里** píngfānggōnglǐ 圓 제곱킬로미터 | ★**国土** guótǔ 圓 국토 | **一员** yìyuán 圓 일원 | **能否** néngfǒu ~할 수 있나요? ~할 수 있을까? | **白色污染** báisè wūrǎn 圓 백색오염 | ★**笼罩** lǒngzhào 圓 둘레, 주위 | **绝处逢生** juéchùféngshēng 圀 구사일생하다 | **众多** zhòngduō 圀 매우 많다 | **困住** kùnzhù 圓 갇히다, 가두다, 포위하다 | **罚款** fákuǎn 圓 벌금, 범칙금, 과태료 [加强罚款: 벌금을 강화하다] | **惩治** chéngzhì 圓 처벌하다, 징벌하다 [加强惩治: 처벌을 강화하다]

tip 지문의 표현을 그대로 답으로 쓸 수 있는 문제가 자주 출제된다.

● Day 19　모범 답안은 아래 해설 참고

15 巨大 | 인터넷쇼핑 대축제인 '쐉스이' 때 일일 거래량이 놀라운 수준이라고 하였으므로, 이 쐉스이가 가지고 온 경제효과와 영향력이 '아주 크다'고 문장을 완성하는 것이 가장 자연스럽다.

16 这天的成交额极其可观 | 왜 쐉스이가 '网购主战场(인터넷쇼핑의 주전장)'이 되었는지에 대한 답은 두 번째 단락의 '究其原因(그 원인을 살펴보면)' 뒷부분에 등장한다. 그 이유는 '쐉스이' 당일 타오바오 플랫폼에서 191억 위안이 거래되었기 때문이라고 하는데, 이 말은 즉 '이 날의 거래액이 대단히 많다'라는 의미이다.

17 想法出其不意 | 타오바오에서는 처음 '쐉스이' 쇼핑 이벤트를 오픈할 당시, 광고 마케팅에서 주력한 것이 '광군절에 할 일이 없으니 무엇이라도 사서 선물하라'는 것이었다. 타오바오 또한 쐉스이가 오늘날의 형국으로 발전될 것을 예상치 못했을 것이라고 설명한 부분에서 '无厘头'의 뜻은 '아이디어가 터무니없고 목적이 단순하다' 정도로 추측할 수 있다.

18 换季时节 | 질문 속 '时间点'이 본문에 등장한 부분을 살펴보면, 11월은 계절이 바뀌는 '환절기'이기 때문에 사들여야 하는 물건이 매우 많은 시기라고 설명했다.

19 时间和目的相似 | 질문 속 '黑色星期五'가 등장한 다섯 번째 단락을 살펴보자. 판매자는 '쐉스이' 때가 마침 연말이라 재고 압박을 정리하고 판매량을 높이기 위해 떨이를 해야하며, 이는 서방국가의 '블랙프라이데이'와 같은 방식이라고 했다. 종합해서 이해해 보자면, 블랙프라이데이는 11월이라는 '시기'와 떨이를 해야 하는 수요가 생긴다는 '목적'이 '쐉스이'와 비슷하다.

20 单身、容易冲动消费 | 여섯 번째 단락에서 '쐉스이'는 '솔로의 축제'라며, 이들은 상대적으로 경제적 압박이 덜하고, 충동구매를 하기 쉬운 사람들이라고 직접적으로 언급했다.

21 快捷方便 | 마지막 단락에서 인터넷쇼핑은 '빠르고 편리하다'는 장점으로 많은 소비자의 사랑을 받고 있다고 언급했다.

　　"双十一"如今对于任何一个网民来说都不会太陌生，这是近年来最流行的网购狂欢节。在这一天，每天的成交量都是非常惊人的。毫无疑问，"双十一"的消费群体是全民，把一个线上花钱的活动变成了网络消费狂欢节，"双十一"作为一个"无中生有"创造出来的节日，它所带来的 <u>巨大</u> 的经济效益和影响力是出人意料的。

　　'쐉스이'는 오늘날 모든 네티즌에게 익숙한 개념으로, 최근 몇 년간 가장 유행한 인터넷쇼핑 대축제이다. 이날의 일일 거래량은 무척 놀라운 수준이다. 의심할 여지 없이 '쐉스이'의 소비자는 전 중국 국민이라고 볼 수 있다. 온라인에서 돈을 쓰는 활동을 인터넷 소비 대축제로 변화시킨 '쐉스이'는 '무에서 유'를 창조한 기념일로, 쐉스이가 가지고 온 <u>막대한</u> 경제효과와 영향력은 예상을 뛰어넘는 바이다.

前几年，众多电商平台都将各自的店庆月作为促销月，京东店庆6月份、易购8月份、淘宝商城则选择了11月为促销月，各方均利用各种方法宣传自己、吸引顾客，竞争异常激烈。然而今年以来，各大电商都将目光瞄准了"双十一"。究其原因，[16]主要是因为2012年"双十一"这天淘宝平台191亿的成交额让各个电商异常眼红。业界人士一致认为，"双十一"已成为网购主战场，并且这一现象很可能成为今后若干年的主旋律。

然而，你知道吗？"双十一"的灵感来源于一个很[17]无厘头的想法。天猫总裁张勇在一次访谈中曾透露过：当初他们的团队就是想在每年的光棍节这一天，搞一个网上的购物节。2009年，淘宝商城的"双十一"广告营销主打的是光棍节(11月11日)这天没事干，那就买点儿什么东西当礼物送人吧![18]而选中11月，是因为正是换季时节，南方进入深秋，北方进入冬季，人们需要采办的东西格外多，比方说衣服、棉被都得换厚的，连拖鞋都得换成棉拖鞋。同时，11月处在"十一黄金周"与年底圣诞节促销季之间，是比较大的消费时间点。就这样，"双十一"诞生了。可以说，这次试水效果显著，挖出了强大的内需。[17]而淘宝商城当年也没想到，几年走下来会发展成今天这样的景象，在这个过程中，可以看到整个消费潮流在发生变化，商业也在一步步发展变迁。

现在的双十一几乎已覆盖整个电商行业，乃至整个零售行业。消费者的需求就摆在那里，各路电商都在使出绝招激发它、引导它，最大的电商平台人为制造的一次购物节最终形成了一个全体消费者的网络狂欢盛宴。

"没有促销理由"根本不是理由，造一个出来，让大家有个理由到线上买东西。对商家而言，[19]"双十一"正值年底，商家在这时候正好有业绩考核，年底冲销量，完成全年计划，清理库存压力，自然就有甩货的需要。这和西方11月底的感恩节有"黑色星期五"是一个路数。对消费者而言，网站上广告标明：该换衣服了，五折的优惠。这对任何人都有触动，别讨论专柜价、人为调价等营销手段，仅仅噱头就足以令用户心动，而且只要有需求在，自然有愿意满足需求的人，这是固然的市场经济模式。

지난 몇 년간 많은 전자상거래 플랫폼은 각자의 플랫폼 창립 달을 행사 달로 삼아 왔다. 징둥의 창립 달은 6월, 이거우는 8월, 타오바오는 11월을 행사 달로 정했다. 각 플랫폼은 자기만의 방법으로 자신을 홍보하고, 고객을 유인했고, 경쟁은 무척 치열했다. 그러나 올해 들어 각 대형 전자상거래 플랫폼은 모두 눈길을 '쌍스이'로 돌렸다. 그 이유를 살펴보면 [16]주된 이유는 2012년 '쌍스이' 당일 타오바오 플랫폼에서 191억 위안의 거래액이 각 전자상거래를 질투 나게 했다는 것이다. 업계 전문가들은 '쌍스이'는 이미 인터넷쇼핑의 주전장이 되었고, 이 현상은 향후 몇 년간의 주된 기조가 될 것이라고 입을 모았다.

그런데 당신은 알고 있는가? '쌍스이'의 영감은 [17]터무니없는' 생각에서 비롯되었다. 티몰의 CEO 장융은 한 인터뷰에서 이렇게 밝힌 바 있다. 당시 그들의 팀은 매년 광군절 때 인터넷쇼핑 이벤트를 만들고자 했다. 2009년 타오바오의 '쌍스이' 광고 마케팅에서 주력한 것은 광군절(11월 11일)에 할 일이 없으니 뭐라도 사서 선물하라는 것이었다! [18]11월로 선택한 이유는 마침 환절기라 남방 지역은 늦가을에, 북방 지역은 동절기에 접어드니 사람들이 사들여야 하는 물건이 특히 많았기 때문이다. 옷과 이불은 두꺼운 걸로 바꿔야 했고, 슬리퍼 마저도 면 슬리퍼를 구매해야 했으니 말이다. 게다가 11월은 '10월 1일 황금연휴'와 연말의 크리스마스 행사 시즌 사이에 있어 비교적 큰 소비 시점이었다. 이렇게 '쌍스이'가 탄생한 것이다. 이번 시도의 효과는 매우 뛰어났고, 막강한 내수를 발굴했다고 볼 수 있다. [17]타오바오 또한 몇 년 동안 오늘날의 형국으로 발전될 것이라고 당시에는 생각하지 못했을 것이다. 이 과정에서 전체 소비 흐름이 변화되고, 비즈니스도 조금씩 발전하고 있다는 것을 볼 수 있다.

오늘날의 쌍스이는 거의 모든 전자상거래 업계, 나아가 유통업계 전반을 아우르고 있다. 소비자의 수요가 있으니 각 전자상거래 업체는 자기만의 필살기를 통해 그 수요를 이끌어내고 유혹하고 있다. 최대의 전자상거래 플랫폼이 인위적으로 만든 쇼핑 이벤트가 최종적으로는 전 소비자의 인터넷쇼핑 대축제로 형성된 것이다.

'이벤트 할 거리가 없다'는 이유가 될 수 없다. 뭐라도 만들어 내서 사람들에게 온라인에서 물건을 살 만한 이유를 만들어야 한다. 판매자에게 있어서 [19]'쌍스이'는 마침 연말이고, 마침 이때 실적 평가를 하므로 연말에 판매량을 높여서 1년 계획을 마무리하고, 재고 압박을 정리해야 한다. 이러니 자연스럽게 떨이를 해야 하는 수요가 생긴다. 이는 서방국가의 11월 말 추수감사절 '블랙프라이데이'와 같은 방식이다. 소비자에게 있어서 인터넷의 광고에 '옷 바꿀 때가 되었습니다. 50% 세일'이라는 문구가 명시되어 있으면 누구라도 마음을 움직이게 될 것이다. 상품의 원가나 가격 조정 같은 마케팅 수단은 말할 것도 없고 단순한 술수만으로도 사용자의 마음을 움직이기에는 충분하다. 수요만 있다면 수요를 만족시키는 사람이 있기 마련이다. 이는 당연한 시장모델이다.

[20]"双十一"节日消费者定位比较准确，是"光棍儿的节日"，相对来说这些人没有那么大的经济压力，是容易冲动消费的人群，恰好符合购物、狂欢、大促这类活动的目标人群定位。淘宝最早发现这个商机，把"双十一"和购物折扣促销联系到一起，大肆宣传，从前几年的反响来看可以说大获成功。其他电商也纷纷跟进，这一节日成为现下许多电商大打促销价格战的主题，这也是几个因素共同叠加的结果。

改革开放以来，人民生活水平大幅度提高，消费能力增强，加之现代网络科技越来越发达，网购的影响范围越来越广，[21]网购凭借其自身快捷方便的优越性，越来越受到广大消费者的青睐。中国"制造"的"双十一"正在一步步走向世界，演变为全球消费者的狂欢节，这或许将一定程度上改变世界经济的模式。

[20]'쌍스이'의 소비자 포지션은 명확한 편으로 '솔로의 축제'이다. 상대적으로 보면 이들은 경제적 압박이 덜하고, 충동구매를 하기 쉬운 사람들이니 마침 쇼핑, 대축제, 이벤트와 같은 활동에서 타겟 집단으로 삼기 좋다. 타오바오가 가장 먼저 이 기회를 발견하여 '쌍스이'와 쇼핑 할인 행사를 연결지어 대대적으로 선전했다. 몇 년 동안의 반향으로 봤을 때 이는 큰 성공을 거두었다고 볼 수 있다. 다른 전자상거래 업체도 연이어 합류하면서 이 기념일은 현재 수많은 전자상거래 업체가 행사 가격 전쟁을 대대적으로 벌이는 날이 되었다. 이는 또한 몇 가지 요인이 중첩된 결과이기도 하다.

개혁개방 이후 사람들의 생활수준은 크게 높아졌고, 소비력도 증가하였다. 여기에 현대 인터넷 기술이 계속해서 발달하고 있으니 인터넷쇼핑의 영향 범주가 점차 넓어지고 있다. [21]인터넷쇼핑은 빠르고 편리하다는 장점으로 더욱더 많은 소비자의 사랑을 받고 있다. 중국이 '제조'한 '쌍스이'는 점차 세계로 나아가 전 세계 소비자의 대축제로 변화하고 있다. 이는 어쩌면 어느 정도 세계경제를 바꾸는 모델일 수도 있겠다.

15 第一段中的空格部分最适合填入的是?

巨大

16 业界人士为什么会认为"双十一"已成为网购主战场?

这天的成交额极其可观

17 第三段中的"无厘头"应该如何理解?

想法出其不意

18 "双十一"所在的十一月是一个怎样的时间点?

换季时节

19 为什么说"双十一"和西方感恩节的"黑色星期五"是一个路数?

时间和目的相似

20 "双十一"节日的消费者具有哪些特点?

单身、容易冲动消费

21 网购凭借其自身的何种优势受到了广大消费者的青睐?

快捷方便

15 첫 번째 단락의 빈칸에 가장 적절한 말은?

막대한

16 업계 전문가는 왜 '쌍스이'가 인터넷쇼핑의 주전장이 되었다고 보는가?

이날의 거래액이 굉장해서

17 세 번째 단락의 '无厘头'란 말은 어떻게 이해할 수 있는가?

아이디어가 뜬금없다

18 쌍스이가 있는 11월은 어떤 시기인가?

환절기

19 왜 '쌍스이'는 서양의 추수감사절 '블랙프라이데이'와 같은 방식이라고 하는가?

시기와 목적이 비슷해서

20 '쌍스이'의 소비자는 어떠한 특성이 있는가?

솔로고 충동구매를 잘 한다

21 인터넷쇼핑은 자신의 어떠한 장점으로 소비자의 사랑을 받았는가?

빠르고 편리함

双十一 shuāngshíyī 쌍스이 [매년 11월 11일에 열리는 중국 인터넷쇼핑몰 할인 행사의 날] | 如今 rújīn 명 (비교적 먼 과거에 대하여) 오늘날, 현재 | 网民 wǎngmín 명 네티즌 | ★陌生 mòshēng 형 낯설다, 생소하다 | ★近年来 jìnniánlái 최근 몇 년간 | 网购 wǎnggòu 동 인터넷쇼핑을 하다 ['网上购物'의 줄임말] | ★狂欢节 kuánghuānjié 대축제, 카니발 | 成交量 chéngjiāoliàng 명 거래량 | 惊人 jīngrén 사람을 놀라게 하다 | ★毫无 háo wú 조금도 ~가 없다 | 群体 qúntǐ 명 단체, 집단 | 全民 quánmín 명 전 국민 | 线上 xiànshàng 명 온라인 | 无中生有 wúzhōngshēngyǒu 성 무에서

유를 창조하다 | ★**效益** xiàoyì 몡 효과와 수익, 성과 | **影响力** yǐngxiǎnglì 몡 영향력 | ★**出人意料** chūrényìliào 생각 밖이다, 뜻밖이다, 예상을 뛰어넘다 | **电商** diànshāng 전자상거래 | **平台** píngtái 몡 플랫폼 | **店庆** diànqìng 동 가게 경축 행사 | **促销** cùxiāo 동 판촉하다, 판매를 촉진시키다 | **京东** Jīngdōng 고유 징둥 [쇼핑 플랫폼] | **易购** Yìgòu 고유 이거우 [쇼핑 플랫폼] | **淘宝** Táobǎo 고유 타오바오 [쇼핑 플랫폼] | **商城** shāngchéng 몡 대형 쇼핑몰 | **均** jūn 児 모두, 다 [≒都] | **异常** yìcháng 児 대단히, 몹시 | **目光** mùguāng 몡 눈길, 시선, 눈빛 | ★**瞄准(儿)** miáozhǔn(r) 동 (사격 목표물을) 겨누다, 겨냥하다 | **亿** yì 준 억 | **成交额** chéngjiāo'é 몡 거래액 | **眼红** yǎnhóng 동 눈독 들이다, 혈안이 되다 | **业界** yèjiè 몡 업계 | **人士** rénshì 몡 인사 | **主战场** zhǔzhànchǎng 몡 주전장 | **今后** jīnhòu 몡 앞으로, 지금 이후부터 | ★**若干** ruògān 몇, 약간, 조금 | ★**旋律** xuánlǜ 몡 기조, 선율, 멜로디 | ★**灵感** línggǎn 몡 영감 | ★**来源于** láiyuányú ~에서 기원하다, 유래하다 | **无厘头** wúlítou 혱 터무니없다, 밑도 끝도 없다, 종잡을 수 없다 | **天猫** Tiānmāo 고유 티몰 [쇼핑 플랫폼] | **总裁** zǒngcái 몡 (기업의) 총수 | **张勇** Zhāng Yǒng 고유 장용 [인명] | ★**访谈** fǎngtán 동 인터뷰하다, 취재하다 | **透露** tòulù 동 (정보·상황·의중 등을) 넌지시 드러내다, 누설하다 | **当初** dāngchū 몡 당초, 애초, 맨 처음 | **团队** tuánduì 몡 단체, 집단 | **光棍节** Guānggùnjié 고유 광군절 [솔로의 날] | **搞** gǎo 동 하다, 처리하다, 취급하다 | **网上** wǎngshàng 몡 인터넷, 온라인 | **购物节** gòuwùjié 몡 쇼핑 이벤트, 쇼핑 데이 | **营销** yíngxiāo 동 (상품을) 마케팅하다, 판매하다 | **主打** zhǔdǎ 몡 주력이다 | **换季** huànjì 동 계절이 바뀌다 | **时节** shíjié 몡 때, 시기 [换季时节: 환절기] | **进入** jìnrù 동 진입하다, 들다 | **深秋** shēnqiū 몡 늦가을, 만추 | **冬季** dōngjì 몡 겨울, 동절기 | **采办** cǎibàn 동 사들이다, 구입하다 | **比方** bǐfang 동 예를 들다, 비유하다 | **棉被** miánbèi 몡 솜이불 | **拖鞋** tuōxié 몡 슬리퍼 | **换成** huànchéng 동 ~로 바꾸다 | **黄金周** huángjīnzhōu 몡 황금연휴 | **圣诞节** Shèngdàn Jié 고유 성탄절 | **时间点** shíjiāndiǎn 포인트 | **诞生** dànshēng 동 탄생하다, 태어나다 | **试水** shìshuǐ 동 시도하다, 테스트하다 | **显著** xiǎnzhù 혱 뚜렷하다, 두드러지다, 돋보이다 | **挖** wā 동 파내다, 파다 | **强大** qiángdà 혱 강대하다 | ★**内需** nèixū 몡 내수 | **没想到** méixiǎngdào 생각지 못하다 | **景象** jǐngxiàng 몡 모습, 광경 | **潮流** cháoliú 몡 (사회적) 추세, 경향 | ★**变迁** biànqiān 동 변천하다 | ★**乃至** nǎizhì 접 더 나아가서, 심지어 | ★**零售** língshòu 유통, 소매 | **消费者** xiāofèizhě 몡 소비자 | **需求** xūqiú 몡 수요, 필요 | **摆** bǎi 동 놓다, 배열하다, 진열하다 | ★**绝招** juézhāo 뛰어난 재간, 절기 | ★**激发** jīfā 동 (감정을) 불러일으키다, 끓어오르게 하다 | **引导** yǐndǎo 동 이끌다, 인도하다 | **人为** rénwéi 인위적이다 | **最终** zuìzhōng 몡 최종의, 맨 마지막의 | **全体** quántǐ 몡 전체 | ★**狂欢** kuánghuān 동 미친 듯이 기뻐하다 | **盛宴** shèngyàn 몡 대축제, 성대한 연회 | **而言** éryán ~에 대해 말하자면, ~에 근거해 보면 [对/就……而言: ~에 대해 말하자면] | ★**业绩** yèjì 몡 업적, 성과 | **考核** kǎohé 동 심사하다 | ★**销量** xiāoliàng 몡 (상품의) 판매량 | **清理** qīnglǐ 동 깨끗이 정리하다 | **库存** kùcún 몡 재고 | **甩货** shuǎihuò 동 투매하다, 팔아치우다 | **感恩节** Gǎn'ēn Jié 고유 추수감사절 | **黑色星期五** hēisè xīngqīwǔ 블랙프라이데이 | **路数** lùshù 몡 방식, 방법 | ★**该** gāi 때 (앞에서 언급한) 이, 그, 저 | **触动** chùdòng 동 (감정 변화, 추억 등을) 불러일으키다, 건드리다, 자아내다 | **调价** tiáojià 동 가격을 조정하다 | **手段** shǒuduàn 몡 수단, 방법 | **仅仅** jǐnjǐn 児 단지, 다만, 겨우, 간신히 | **噱头** xuétóu 몡 술수 | **足以** zúyǐ 동 충분히 ~할 수 있다, ~하기에 족하다 | **令** lìng 동 ~하게 하다, ~를 시키다 | **用户** yònghù 몡 사용자, 가입자 | **固然** gùrán 접 물론 ~하지만 | **市场经济** shìchǎng jīngjì 몡 시장경제 | **模式** móshì 몡 모델, (표준) 양식, 패턴 | **定位** dìngwèi 몡 위치, 포지션 | **光棍儿** guānggùnr 몡 솔로 | **相对** xiāngduì 児 상대적으로, 비교적 | **冲动** chōngdòng 몡 충동 | **人群** rénqún 몡 군중, 무리 | **恰好** qiàhǎo 児 마침, 바로 | **商机** shāngjī 몡 상업 기회, 사업 기회 | **折扣** zhékòu 몡 할인, 에누리 | ★**大肆** dàsì 児 대대적으로 | **反响** fǎnxiǎng 몡 반향 | **纷纷** fēnfēn 児 연이어, 연달아 | **战** zhàn 몡 전쟁, 싸움 | **叠加** diéjiā 동 중첩되다 | ★**大幅度** dàfúdù 혱 크게, 대폭 | **广** guǎng 혱 넓다 | ★**凭借** píngjiè 개 ~에 근거하여, ~에 의거하여 | ★**快捷** kuàijié 혱 재빠르다, 날쌔다 | **优越性** yōuyuèxìng 몡 우월성 | **广大** guǎngdà 혱 넓다, 크고 넓다 | **青睐** qīnglài 몡 총애, 호감, 인기 | **走向** zǒuxiàng 동 어떤 방향을 향하여 발전하다 | ★**演变** yǎnbiàn 동 변화 발전하다, 변천하다 | **可观** kěguān 혱 굉장하다, 대단하다, 훌륭하다 | **想法** xiǎngfa 몡 생각, 의견, 견해 | **出其不意** chūqíbúyì 혱 예상 밖이다 | **单纯** dānchún 혱 단순하다 | **具有** jùyǒu 동 지니다, 가지다

 많은 문제에서 지문 내용의 흐름과 질문의 순서가 일치한다.

●Day 20   모범 답안은 아래 해설 참고

22 实现 | 빈칸 뒤에 '了'가 있는 것으로 보아 동사 술어가 와야 하는 것을 알 수 있다. 목적어 '愿望(바람)'과 호응할 수 있는 동사 '실현하다'의 의미를 가진 '实现'이 문맥상 가장 잘 어울린다.

23 人的个体差异大 | 지면에서 우주비행사 선발을 진행하는 '原因(원인)'에 대해 물었고, 지문에서는 그 이유를 '这是为什么要A的原因(이것이 왜 A하는지의 이유이다)'라는 표현으로 직접적으로 원인을 언급했다.

24 表示极其不易 | 밑줄 친 표현 '沙里淘金, 千挑万选(사막에서 바늘을 찾는 것처럼 매우 까다롭다)'을 처음 봤다고 해도 문장 앞에서 우주비행사 선발 프로그램이 무척 세부적이고 많으며 선발기준이 엄격하다는 설명에서 밑줄 친 표현이 우주비행사 선발이 '무척 어렵다'는 뜻임을 유추할 수 있다.

25 三年半左右 | 질문에서 '需要多久(얼마나 걸리는가)'라고 시간의 양을 묻고 있으므로 시간 표현이 쓰인 부분 위주로 읽어 보자. 지문에서는 '需要……的时间(~의 시간이 필요하다)'라고 정답을 직접적으로 언급하고 있으므로 쉽게 답을 찾을 수 있었을 것이다.

26 类似晕车的"空间运动病" | 세 번째, 네 번째 단락에서 '拿A来说(A를 예로 들면)'라는 표현을 써서 우주멀미(우주 적응 증후군)이라는 어휘에 대해 설명하고 있다. '전정 기능'에 문제가 생기면 특수한 생리적 반응으로 우리가 지면에서 느끼는 '차 멀미'와 비슷한 우주멀미(우주 적응 증후군)의 증상이 나타난다고 했다.

27 需承受巨大的心理负荷 | '原因(원인)'을 묻는 질문이며, 본문에서 '因为(왜냐하면)' 혹은 '为什么要A(왜 A하는지)'와 같은 이유를 나타내는 표현에서 답을 찾아낼 수 있다. 심리 선발을 중시하는 이유는 네 번째 단락에 언급되는데, 그 이유는 우주비행사는 비행할 때 막대한 심리적 부담을 느끼기 때문이라고 직접적으로 언급했다.

28 选拔目的不同 | 세 번째 단락에서 예비 우주비행사 선발과 비행 크루 선발의 차이점에 대해 2~3줄 분량으로 길게 설명하고 있지만, 10글자 이내로 답안을 써야 하기 때문에 간단히 '선발 목적이 다르다'로 축약해 쓸 수 있다. 본문에 쓰인 표현 'A就是B，而C就是D(A는 B인 반면에 C는 D이다)'는 A와 C가 다름을 나타내는 내용의 표현이다.

这些年，随着中国载人航天技术的发展，人们越来越多地认识到航天员在太空中的作用——他们既是工程师，也是科学家；既是生物学家，也是菜农；既是职业的航天员，也是载人航天工程的形象大使。他们就是这样一直在各种角色之间进行着转换，同时，也因为他们 实现 了人类登月的美好愿望，而被人们称为"摘星星的人"。

很多人会有这样的疑问："成为一名航天员究竟有多难？"据中国载人航天工程航天员系统总设计师黄伟芬介绍，航天员训练的项目包含了八大类二百余个科目，每一个科目下面又有若干训练单元，所以训练单元总数多达数千个。[24, 25] 从预备航天员开始接受训练，到具备执行飞行任务的能力，一般需要三年半左右的时间。当然，航天员候选人必须身体健康，对航天环境要有很好的耐力和适应性；心理素质要好，年龄、身高、体重、教育背景和职业背景都必须满足严苛的要求。黄伟芬在一次演讲中总结："航天员选拔就像是沙里淘金，千挑万选。"

航天员选拔包括预备航天员选拔和飞行乘组选拔两大类。[28] 预备航天员选拔，就是从所需的职业人员中，挑选出能达到标准、基础好、能够取得参加训练资格的预备航天员。而飞行乘组的选拔，就是从合格的航天员中，为某次任务选出最佳飞行乘组，主要会从思想政治素质、身体、心理、知识技能这几个方面来进行相应的考核和评定。设计师黄伟芬表示：航天员选拔中最具特色的一个项目就是"航天环境耐力和适应性选拔"。它包括超重耐力、前庭功能、噪声敏感性等，一共有17项生理功能的检查，极具挑战性。[26] 拿"前庭功能"来说，航天员进入太空之后

최근 몇 년간 중국의 유인 우주비행 기술이 발전함에 따라 사람들은 점점 더 많이 우주에서 우주비행사가 하는 역할에 대해 알게 되었다. 이들은 엔지니어이기도 하면서 과학자이며, 생물학자이기도 하면서 농부이며, 전문 우주비행사이자 유인 우주비행 프로젝트의 홍보대사이다. 이들은 이렇게 여러 역할을 바꿔가며 수행하고 있다. 또한 이들은 인류 달 탐사라는 아름다운 꿈을 이루었기에 사람들에게 '별을 따 주는 사람'이라고 불리기도 한다.

많은 사람이 이런 궁금증을 가지고 있을 것이다. "우주비행사가 되는 것은 얼마나 어려울까?" 중국 유인 우주비행 프로젝트의 황웨이펀 우주비행사 총괄 시스템 설계사가 설명한 바에 따르면 우주비행사의 훈련 프로그램에는 8개 카테고리의 200여 개 세부 과목이 있으며 모든 과목의 하위에는 또 여러 개의 훈련 챕터가 있어서 훈련 챕터의 총 수량이 수천 개에 달한다고 한다. [24, 25] 예비 우주비행사로 훈련을 받기 시작해서 비행 임무를 수행할 수 있는 능력을 갖추기까지는 보통 3년 반 정도의 시간이 필요하다. 물론 우주비행사 후보자들은 반드시 신체적으로 건강하고 우주 환경에 대한 뛰어난 지구력과 적응력을 가지고 있어야 한다. 심리적 소양도 좋아야 하고 나이, 키, 체중과 교육 수준, 직업 배경도 엄격한 기준을 만족시켜야 한다. 황웨이펀은 한 연설에서 이렇게 결론지었다. "우주비행사 선발은 마치 사막에서 바늘을 찾는 것처럼 매우 까다롭습니다."

우주비행사 선발에는 예비 우주비행사 선발과 비행 크루 선발 이렇게 크게 두 가지 유형으로 나뉜다. [28] 예비 우주비행사 선발은 필요한 직군 중에서 기준에 맞고, 기본기가 탄탄하며 훈련 참가 자격을 취득할 수 있는 예비 우주비행사를 뽑는 것이다. 비행 크루 선발은 합격한 우주비행사 중에서 특정한 임무를 위해 가장 뛰어난 비행 크루를 뽑는 것인데, 주로 사상정치 소양, 신체, 심리, 지식과 스킬이라는 몇 가지 영역에서 이에 상응하는 심사와 평가를 진행한다. 황웨이펀 설계사는 우주비행사 선발에서 가장 특색있는 프로그램은 '우주 환경 인내력과 적응력 선발'이라고 말한다. 여기에는 중력 지구력, 전정 기능, 소음 민감성 등 17개의 생리 기능에 대한 검사가 포

的前3天，是"空间运动病"的高发期。"空间运动病"其实不是病，它是人在失重环境下的一种特殊的生理反应，和我们在地面上的"晕车"或"晕船"的反应类似。有专家曾用转椅检验受试者的前庭功能，其中一名受试者的前庭功能比较差。起初，他是坐转椅的时候吐，后来发展到只要听说要做转椅试验就想吐。[23]人的个体差异是非常大的，这也是为什么要在地面进行选拔的一个重要原因。此外，心理选拔也很重要。[27]因为航天员在航程中要承受巨大的心理负荷，所以必须淘汰掉一些有潜在的心理病理异常、个性偏激以及有障碍的候选人，选出心理素质优秀的人进入航天员队伍。

中国载人航天工程副总设计师杨利伟此前接受媒体采访时介绍，航天员训练是一个漫长的过程。在这个过程中，航天员要经历持续不断的各种挑战、考验、检查和评定，而且只要他们不退役，训练就不能终止。

함되는데 매우 도전적인 시험이라고 할 수 있다. [26]'전정 기능'을 예로 들어보면, 우주비행사가 우주에 진입 후 3일간은 '우주멀미(우주 적응 증후군)' 발병률이 높은 시기이다. '우주멀미(우주 적응 증후군)'은 사실 병은 아니고 사람이 중력이 없는 환경에 있을 때 생기는 특수한 생리적 반응으로, 우리가 지면에서 느끼는 '차멀미' '뱃멀미'의 반응과 비슷하다. 한 전문가는 회전의자 테스트로 피실험자의 전정 기능을 확인했는데, 그중 한 피실험자의 전정 기능이 좋지 않았다. 처음에 그는 회전의자에 앉았을 때 구토를 했는데, 나중에는 회전의자 테스트를 한다는 소리만 들어도 구토를 하고 싶어 했다. [23]사람마다 개인차는 무척 크다. 이것이 바로 지면에서 선발을 해야 하는 중요한 이유이기도 하다. 이 외에도 심리 선발도 무척 중요하다. [27]왜냐하면 우주비행사는 비행을 할 때 막대한 심리적 부담을 느끼기 때문에, 잠재적으로 심리적으로 병적 이상이 있을 만하거나, 성격이 극단적이거나 심리 장애가 있는 후보자는 반드시 탈락시켜야 하고, 심리적 소양이 뛰어난 사람을 우주비행사 팀에 선발해야 한다.

중국 유인 우주비행 프로젝트 양리웨이 부총괄 설계자는 예전에 매체 인터뷰를 하면서 다음과 같이 밝혔다. 우주비행사 훈련은 기나긴 과정이며, 이 과정에서 우주비행사는 끊임없는 각종 도전과 시험, 검사와 평가를 받게 된다. 그리고 그들이 은퇴하지 않는 한 훈련도 계속된다.

22 结合前后文，请将合适的词填入第一段的空格中。

实现

22 앞뒤 문맥에 따라서 첫 번째 빈칸을 채워 보세요.

이루다

23 在地面进行宇航员选拔的一个重要原因是？

人的个体差异大

23 지면에서 우주비행사 선발을 진행하는 중요한 이유 중 하나는？

사람마다 개인차가 커서

24 怎样理解："航天员选拔就像是沙里淘金，千挑万选。"中划线部分的意思？

表示极其不易

24 '우주비행사 선발은 사막에서 바늘을 찾는 것처럼 매우 까다롭다'의 밑줄 친 부분은 무슨 뜻인가？

지극히 어려운 것을 나타낸다

25 从接受训练，到具备执行飞行任务的能力，大概需要多久？

三年半左右

25 훈련을 받고 비행 임무 수행 능력을 갖출 수 있을 때까지 대략 얼마나 걸리는가？

3년 반 정도

26 人的"前庭功能"出现问题时，会出现何种症状？

类似晕车的"空间运动病"

26 인간의 '전정 기능'에 문제가 생기면 어떤 증상이 나타나는가？

차멀미 같은 '우주멀미(우주 적응 증후군)'

27 对航天员的心理选拔十分重视的原因是？

需承受巨大的心理负荷

27 우주비행사의 심리 선발을 중시하는 이유는？

막대한 심리적 부담을 져야 하기 때문에

28 预备航天员选拔和飞行乘组选拔的差异是？

选拔目的不同

28 예비 우주비행사 선발과 비행 크루 선발의 차이는？

선발 목적이 다르다

载人航天 zàirén hángtiān 몡 유인 우주비행, 유인우주선 | ★航天员 hángtiānyuán 몡 우주비행사 | 太空 tàikōng 몡 우주 | 生物学家 shēngwù xuéjiā 몡 생물학자 | 菜农 càinóng 몡 채소 농사를 하는 농민 | 工程 gōngchéng 몡 프로젝트, 계획, 공정 | 形象大使 xíngxiàng dàshǐ 홍보대사 | 转换 zhuǎnhuàn 동 전환하다 | 登月 dēngyuè 동 달에 오르다 | 美好 měihǎo 혱 아름답다, 좋다, 훌륭하다, 행복하다 [주로 추상적인 사물에 쓰임] | 愿望 yuànwàng 희망, 소망, 바람 | 摘 zhāi 동 (식물의 꽃·열매·잎을) 따다, 꺾다, 뜯다 | 星星 xīngxing 몡 별 | 据 jù 개 ~에 따르면, ~에 의거하여 [据……介绍: ~의 소개에 따르면] | 设计师 shèjìshī 몡 디자이너, 설계사 | 大类 dàlèi 몡 상위 분류 | ★科目 kēmù 몡 과목, 항목 [주로 학술·장부 등에 관한 것을 가리킴] | ★余 yú 수 ~여 [정수 외의 나머지를 가리키며, '多'에 상당함] | ★若干 ruògān 대 약간, 얼마 | 总数 zǒngshù 몡 총수 | 多达 duōdá 이르다, 되다 | 预备 yùbèi 몡 후보 결원이 생겼을 때 그 자리를 채울 수 있는 사람 | 具备 jùbèi 동 (물품 등을) 갖추다, 구비하다 | 执行 zhíxíng 동 집행하다, 수행하다, 실행하다 | 飞行 fēixíng 몡 비행 | ★候选人 hòuxuǎnrén 몡 입후보자 | ★航天 hángtiān 혱 우주비행과 관련 있는, 우주비행의 | 耐力 nàilì 몡 지구력, 인내력, 내구력 | 适应性 shìyìngxìng 몡 적응성, 적합성 | 素质 sùzhì 몡 소양, 자질 | 身高 shēngāo 몡 신장, 키 | 体重 tǐzhòng 몡 체중 | 教育背景 jiàoyù bèijǐng 몡 교육 배경 [해석 시 교육 수준으로 해석하면 매끄러움] | 职业背景 zhíyè bèijǐng 몡 직업 배경 | 严苛 yánkē 혱 가혹하다, 냉혹하다 | 选拔 xuǎnbá 동 (인재를) 선발하다 | 沙里淘金 shālǐtáojīn 성 모래에서 금을 일어 내다 [해 내기 힘들거나 거의 실현 불가능한 일을 뜻함] | 千挑万选 qiāntiāowànxuǎn 고르고 또 고르다, 신중히 고르다 | 乘组 chéngzǔ 비행조, 크루 | 挑选 tiāoxuǎn 동 선택하다, 고르다 | 选出 xuǎnchū 동 뽑다, 가려내다 | 技能 jìnéng 몡 기능, 솜씨 [知识技能: 지식과 스킬] | 相应 xiāngyìng 동 상응하다, 어울리다 | 考核 kǎohé 심사하다 | ★评定 píngdìng 동 평정하다, (직무 능력을) 평가하다 | 超重 chāozhòng 몡 중력 | 前庭功能 qiántíng gōngnéng 몡 전정, 균형과 평형감각에 관한 기능 | 噪声 zàoshēng 몡 소음, 잡음 | 敏感性 mǐngǎnxìng 몡 민감성 | 生理功能 shēnglǐ gōngnéng 몡 생리 기능 | 挑战性 tiǎozhànxìng 도전성 | 进入 jìnrù 진입하다, 들다 | 空间运动病 kōngjiān yùndòng bìng 우주멀미 [무중력상태에서 발생하는 생리적 현상] | 高发期 gāofāqī 몡 절정, 피크 | 失重 shīzhòng 동 무중력상태가 되다 [해석할 때 명사화 됨] | ★生理 shēnglǐ 몡 생리 | 地面 dìmiàn 몡 지면, 지표 | 晕车 yùnchē 차 멀미하다 | 晕船 yùnchuán 몡 뱃멀미하다 | 类似 lèisì 혱 유사하다, 비슷하다 | 曾 céng 부 일찍이, 이미, 벌써, 이전에 | 转椅 zhuǎnyǐ 몡 회전의자 | 检验 jiǎnyàn 몡 검사, 검증 | 受试者 shòushìzhě 피험자, 실험에 참가하는 사람 | ★起初 qǐchū 몡 처음, 최초 | 吐 tù 동 토하다 | 个体 gètǐ 몡 개체 | 差异 chāyì 몡 차이, 다른 점 | 负荷 fùhè 몡 부담 | 淘汰 táotài 동 (쓸데없거나 적합하지 않은 것 등을) 도태하다, 추려 내다, 가려 내다 | ★潜在 qiánzài 동 잠재하다 | 病理 bìnglǐ 몡 병리, 병 | 异常 yìcháng 혱 심상치 않다, 예사롭지 않다, 정상이 아니다 | 个性 gèxìng 몡 개성, 성격 | 偏激 piānjī 혱 (생각·주장 따위가) 과격하다, 극단적이다 | 障碍 zhàng'ài 몡 장애 | 队伍 duìwu 몡 (조직적인) 대열, 행렬 | 此前 cǐqián 몡 이전 | 避开 bìkāi 동 피하다 | 漫长 màncháng 혱 (시간·공간이) 길다, 지루하다 | 考验 kǎoyàn 동 시험하다, 시련을 주다 | ★退役 tuìyì 동 은퇴하다 | 终止 zhōngzhǐ 동 마치다, 정지하다, 중지하다, 끝내다 | 不易 búyì 혱 쉽지 않다 | 症状 zhèngzhuàng 몡 증상, 증후

tip 짝꿍 표현(搭配)을 알면 쉽게 풀리는 문제가 많다.

예 实现愿望: 꿈을 이루다 / 保持……态度: ~한 태도를 유지하다 / 拉近距离: 거리를 좁히다

● **Day 28** 모범 답안은 아래 해설 참고

29 非常便利，科技造福大众 | 첫 번째 단락에서 공유 자전거에 대한 대중의 느낌은 모두에게 큰 편리함을 선사했고, 과학기술이 대중을 이롭게 한 것의 모범 사례에 가깝다는 것이라고 직접적으로 설명하고 있다.

30 有人侵犯了他人的利益 | 세 번째 단락에서 공유경제의 전형적인 사례라며 설명한 후, '由此可见(이로써 알 수 있다)'이라는 표현 뒤에 '일부 사람들이 누릴 수 있는 이익은 다른 사람의 이익을 침해한 것을 대가로 한다'는 핵심 내용을 언급했다. '由此可见(이로써 알 수 있다)' '因为(왜냐하면)' '原因是(원인은)' 등의 어휘 뒷부분에는 정답이 올 확률이 많다는 것을 항상 기억하고 잘 살펴보는 것이 중요하다.

31 这样的事例非常多 | 앞서 '주거 분야 공유'를 언급하고, 해당 문장 뒤에는 '교통 분야 공유'에 대해 예시를 들었다. 따라서 맥락상 밑줄 친 표현 '不胜枚举'가 들어간 문장이 나타내는 의미는 '위 사례와 비슷한 사례가 아주많다'라는 것이다. 한자의 의미를 정확하게 알지 못해도 앞뒤 문맥을 잘 살펴보고 유추해 보거나 한 글자씩 해석해서 뜻을 유추해 보는 것도 좋은 방법이다.

32 关注专业与反对意见 | 질문 속 '社会底层人士(사회 하층민)'는 지문 네 번째 단락에 '底层的人'이라고 언급되었는데, 키워드 주변에서는 답을 찾을 수 없어 보이므로, 맥락을 파악하며 더 읽어 내려가야 한다. 다음 단락에 이와 관련된 해결책으로 '전문적인 의견에 주의를 기울여야 한다'라고 언급한 것을 답으로 적을 수 있다. '需如何做(어떻게 해야 하는가)'라는 질문에 대응하는 표현 '我们需要(우리는 ~해야 한다)'도 해당 문장에서 찾을 수 있다.

33 拒绝长期租客 | 본문에서 '短租'가 있는 부분을 주목하자. 점차 많은 집주인이 '단기 임대'로 더 많은 수익을 얻을 수 있다는 것을 알게 되자, '장기 임차인의 임차 요구를 거절하게 되었다'라고 했으므로, '장기 임차인을 거절했다'로 요약해서 답을 쓸 수 있다. 질문과 본문에 등장한 어휘 '意识到(알게 되었다)'는 핵심 내용과 자주 등장하는 표현이니 잘 숙지해 놓자.

34 不负责任、不劳而获 | 이번 문제는 해당 문장에서만 답을 찾을 수 없고, 네 번째 단락 전체를 읽고 이해한 후 풀 수 있는 문제이다. 질문에서 언급한 문장이 등장한 네 번째 단락의 전체적인 내용을 요약해서 '책임을 지지 않으면서 불로소득을 얻는다'라고 적는 것이 적절하다.

35 聆听 / 倾听 | 빈칸에는 목적어 '声音(목소리)'과 호응하는 술어가 와야 한다. 빈칸 앞에서는 '우리는 더욱 전문적인 의견에 주의를 기울여야 한다'라고 말하며 반대 견해의 책을 보라고 하고 있으므로, 빈칸에는 반대 목소리도 잘 들어야 한다는 의미로 '경청하다'가 오면 가장 적절하다.

最近几年，随着大街小巷上扫码即可骑走的共享单车不断走入人们的视野，共享概念越来越火热，"共享经济"也随之深入人心，我们似乎跨进了资源共享的时代。单就共享单车而言，大众对共享的感觉是：²⁹共享单车给大家提供了极大的便利，可谓是科技造福大众的典范。除了共享单车以外，"滴滴"和"优步"这类打车软件也让广大吃瓜群众感受到了共享经济给生活带来的巨大福利。

对很多人来说，共享经济在出行方面体现得最为明显。然而，近日的一本《共享经济没有告诉你的事》一书则颠覆了很多人对共享经济的认知。对于"共享经济是什么？"这一问题，作者的总结正如人们所熟悉的那样：利用互联网将顾客和服务供应商匹配起来，为双方提供平台，并使之在现实世界里进行交易。让某个事物开放就是阻止其成为一个商品，把它从私人财产的领域解放出来，在社区成员之间共享。但实际上，共享经济的核心却是赋权。共享经济真正做到了把残酷、没有管制的自由经济扩展到我们生活中曾受到保护的领域。这种权利的转移，使资源拥有者更容易使用资源，缺乏资源的人失去更多的选择权。

《共享经济没有告诉你的事》的作者在书中的某个章节中³⁰举了一个共享经济的典型示例：一家由年轻人发起组织的公司，其创业宗旨是——为需要的人提供廉价的住宿。他们通过说服有空房的房东提供房源，然后将房子租给他人来收取一定的手续费。这一项措施受到了极大的欢迎，公司网站的订单呈现爆发式地增长，但隐藏的问题也在日后逐渐呈现出来：一些租客会在租了房东的房子之后，通过"短租"来赚钱，因此，周围那

최근 몇 년간 골목골목마다 QR코드만 스캔하면 바로 타고 갈 수 있는 공유 자전거가 끊임없이 사람들의 시야에 들어오고 공유라는 개념이 점점 더 인기 있어지면서 '공유경제'도 사람들의 마음에 깊이 파고들었다. 우리는 마치 자원을 공유하는 시대에 접어든 것 같다. 공유 자전거만 놓고 보더라도 공유에 대한 대중의 느낌은 다음과 같다. ²⁹공유 자전거는 모두에게 큰 편리함을 선사했고, 과학기술이 대중을 이롭게 한 모범 사례라고 할 수 있다. 공유 자전거 외에도 '디디'나 '우버'와 같은 차량 호출 어플도 수많은 대중들에게 공유경제가 생활에 가지고 온 커다란 이점을 느낄 수 있게 해 주었다.

많은 사람에게 있어서 공유경제는 외출 방면에서 가장 두드러지게 나타난다. 그러나 최근《공유경제가 당신에게 알려 주지 않는 일》이라는 책이 공유경제에 대한 많은 사람들의 인식을 뒤집어 놓았다. '공유경제란 무엇인가?'라는 질문에서 작가의 결론은 익히 알고 있는 바와 같다. 인터넷을 이용해 고객과 서비스 공급자를 매칭하고, 쌍방을 위해 플랫폼을 제공하여 현실 세계에서 거래할 수 있도록 한다는 것이다. 어떤 것을 개방한다는 것은 그것이 상품이 되는 것을 막는다는 뜻이다. 그 사물을 사유-재산 영역에서 해방시켜 사회 구성원 간에 공유되도록 하는 것이다. 그러나 사실상 공유경제의 핵심은 권한 부여다. 공유경제는 잔혹하고 통제되지 않는 자유경제를 우리 생활에서 보호받는 영역으로 확장시켰다. 이러한 권리의 이동은 자원의 소유자가 더 쉽게 자원을 활용하고 자원이 부족한 사람이 더 많은 선택권을 잃도록 한다.

《공유경제가 당신에게 알려 주지 않는 일》의 작가는 책의 한 챕터에서 ³⁰공유경제의 전형적인 사례를 들어 준다. 한 젊은이가 세운 회사의 창업 취지는 필요한 사람에게 싼 값의 숙소를 제공하는 것이었다. 그들은 빈 방이 있는 집주인에게 숙소 자원을 제공하도록 설득하고, 집을 타인에게 임대함으로써 집주인이 일정한 수수료를 받도록 했다. 이 조치는 큰 환영을 받았고, 회사 홈페이지의 주문량은 폭발적으로 증가했다. 그러나 숨어 있던 문제 또한 시간이 지나며 점차 드러났다. 일부 임차인들이 집주인의 집을 임차한 뒤 '단기 임대'의 형식으로 돈을 번 것이다. 이 때문에 주변의 원래 살던 주민들의 삶에

些固定的原住户便受到了干扰。[33]渐渐地，很多房东意识到"短租"可以得到更多收益，于是他们便拒绝了长期租客的租房请求，这导致了一部分真正靠租房生活的家庭失去了住处或者需要付出更高的价格。[30]由此可见，一部分人享受到的福利是以侵犯了他人的福利为代价的。

类似于上述情况的案例<u>不胜枚举</u>，这一系列现象导致的一个严重问题在于——拥有较多资源的社会群体能够得到更多的收益，而处于社会底层的人却需要付出更多的代价，这进一步加大了贫富差距。然而，这些"制造共享经济"的公司，比如出行领域的"共享巨头"，他们自诩自己只是提供沟通的平台，[34]<u>对沟通的双方都不负有责任，因此不会为了乘客的安全或者司机的利益考虑</u>。他们享受着司机带给他们的收益，但是不会为司机支付任何保险或者是提供任何福利。他们充当了资源拥有者和资源需要者的中介，[34]<u>可他们甚至不会像现实中的中介那样付出其他的劳动</u>。有了一个网站或者程序之后，他们就开启了坐等资金进账的模式。这种模式就像是旧社会的地主雇长工干活，而这些共享巨头甚至连地主都不如，因为他们手中的"土地"是替他们去劳动的"长工们"的！

在解决一个问题之前，首先需要意识到问题的存在。然而事情往往不那么乐观，大多数人都沉浸在短暂的享受中，真正去思考背后逻辑的人并不多。[32]<u>因此，我们需要关注更为专业的意见</u>，比如：关注《共享经济没有告诉你的事》这样反面意见的书，或是<u>聆听/倾听</u>各种反对的声音，这些都是大众最容易办到的。只有让更多人从"共享经济获利的表象"中跳出来以及设立强有力的监管平台，才有可能确保公众的基本权益。

방해가 되었다. [33]점차 많은 집주인이 '단기 임대'로 더 많은 수익을 얻을 수 있다는 것을 알게 되자, 장기 임차인의 임차 요구를 거절하게 되었다. 이로 인해 정말 집을 빌려 살아가던 가족들은 살 곳을 잃게 되거나 더 높은 가격을 내야만 했다. [30]이로부터 일부 사람들이 누리는 이익이 다른 사람의 이익을 침해한 것을 대가로 한다는 것을 알 수 있다.

위에서 서술한 상황과 비슷한 사례는 셀 수 없이 많다. 이러한 일련의 현상이 초래한 심각한 문제는 비교적 많은 자원을 보유한 사회계층은 더 많은 수익을 거두게 되는 반면, 사회 하층민은 더 많은 대가를 치러야 한다는 것이다. 이는 빈부격차를 더욱 심각하게 했다. 그러나 '공유경제를 만든' 회사, 예컨대 교통 분야의 '공유 대기업'들은 자신들은 그저 소통을 제공하는 플랫폼일 뿐이라고 허풍을 떨면서 [34]소통을 한 쌍방에 대해서는 모두 책임을 지지 않기 때문에, 승객의 안전이나 기사의 이익을 위한 것은 전혀 고려하지 않는다. 이들은 기사가 가져주는 이득을 누리면서도 기사들을 위한 보험을 들거나 복지를 제공하지는 않는다. 그들은 자원 소유자와 자원이 필요한 사람의 중개를 담당하면서도, [34]현실 속의 중개인처럼 다른 노동은 전혀 하지 않는다. 하나의 웹사이트나 프로그램을 만들고 나서 자금이 입금되기만을 앉아서 기다리는 형태다. 이러한 모델은 옛날에 지주가 머슴을 써서 일을 하게 하는 것과 같다. 이 공유 대기업들은 심지어 지주만도 못한 것이, 그들 수중의 '토지'는 그들을 위해 노동하는 '머슴들' 것이기 때문이다.

하나의 문제를 해결하기 전에는 먼저 문제의 존재를 알아야 한다. 그러나 사정은 그렇게 낙관적이지 않다. 대부분의 사람이 짧은 즐거움에 빠져 있는 사이에 정말 그 배후의 논리를 생각하는 사람은 많지 않다. [32]따라서 우리는 더욱 전문적인 의견에 주의를 기울여야 한다. 예컨대《공유경제가 당신에게 알려 주지 않는 일》과 같은 반대 견해의 책을 보거나, 각종 반대 목소리를 경청하는 것이다. 이러한 것들은 대중이 가장 쉽게 할 수 있는 일이다. 더 많은 사람이 '공유경제 이익의 표상'에서 뛰쳐나와 더욱 힘 있는 관리 감독 플랫폼을 설립해야만 공중의 기본 권익을 지킬 수 있다.

29 通过对"共享单车"的使用，大众对共享的感觉是：

非常便利，科技造福大众

30 第三段中，共享经济的经典示例最想说明什么？

有人侵犯了他人的利益

31 如何理解"不胜枚举"的含义？

这样的事例非常多

29 '공유 자전거' 사용을 통해서 대중이 느낀 공유에 대한 감상은?

매우 편리하고, 과학기술이 대중에게 이익을 가져다주었다

30 세 번째 단락에서 공유경제의 전형적인 사례로 설명하고자 한 것은?

어떤 사람들은 타인의 이익을 침범했다

31 "不胜枚举"의 뜻은?

이러한 사례가 무척 많다

32 在不良的共享经济环境下，想要获得收益社会底层人士需如何做？

关注专业与反对意见

33 当房东们意识到"短租"能获取更多收益时，他们的做法是？

拒绝长期租客

34 "有了一个网站或者程序之后，就开启了坐等资金进账的模式。"这句话主要想表达平台存在什么问题？

不负责任、不劳而获

35 根据前后文，请将适当的词填入最后一段的划线部分？

聆听 / 倾听

32 공유경제의 부정적인 환경에서 득을 보고자 하는 사회 하층민은 어떻게 해야 하는가?

전문가와 반대 의견을 주목한다

33 집주인들은 '단기 임대'가 더 많은 수익을 가져다준다는 것을 알게되자 어떻게 했는가?

장기 임차인을 거절했다

34 '하나의 웹사이트나 프로그램을 만들고 나서 자금이 입금되기만을 앉아서 기다리는 형태'라는 이 말은 플랫폼에 어떤 문제가 있음을 나타내고자 하는가?

책임을 지지 않고 불로소득을 얻는다

35 앞뒤 문맥에 따르면 마지막 문단의 밑줄 친 부분에 들어가야 할 말은?

聆听 / 倾听(경청하다)

★**大街小巷** dàjiē-xiǎoxiàng 명 큰길과 작은 골목 | **扫码** sǎomǎ 동 QR코드를 스캔하다 | **共享** gòngxiǎng 명 공유 | **单车** dānchē 명 자전거 | ★**视野** shìyě 명 시야 | **概念** gàiniàn 명 개념 | ★**火热** huǒrè 형 치열하다 | **共享经济** gòngxiǎng jīngjì 명 공유경제 | **深入** shēnrù 동 깊다 | **人心** rénxīn 명 사람의 마음 | **跨进** kuàjìn 동 접어들다, 들어서다, 진입하다 | **而言** éryán ~에 대해 말하자면, ~에 근거해 보면 | **极大** jídà 형 지극히 크다, 최대한도이다 | **便利** biànlì 형 편리하다 | **可谓** kěwèi ~라고 말할 수 있다, ~라고 할 만하다 | ★**造福** zàofú 동 이롭게 하다, 행복을 가져오다, 행복하게 하다 | **典范** diǎnfàn 명 모범, 본보기 | **滴滴** Dīdī 고유 디디 [중국의 차량 호출 앱] | **优步** Yōubù 고유 우버 [차량 호출 앱] | **类** lèi 명 종류, 분류 | **吃瓜群众** chīguā qúnzhòng 관망하고 구경하는 네티즌 무리 | **福利** fúlì 명 복지, 복리 | **出行** chūxíng 동 외출하다 | **最为** zuìwéi 부 가장, 제일 [2음절의 형용사나 동사 앞에 놓여 최상급을 나타냄] | ★**颠覆** diānfù 동 전복하다 | ★**认知** rènzhī 인지 | **供应商** gōngyìngshāng 명 공급자 | ★**匹配** pǐpèi 동 매칭하다, 매칭시키다 | **平台** píngtái 명 플랫폼 | **交易** jiāoyì 동 거래하다, 교역하다, 매매하다, 사고팔다 | **阻止** zǔzhǐ 동 막다, 저지하다 | **私人** sīrén 형 개인 간의, 개인과 개인 사이의 | ★**领域** lǐngyù 명 분야, 영역 | **解放** jiěfàng 동 해방하다, 속박에서 벗어나다, 자유롭게 하다 | **社区** shèqū 명 사회, 지역사회 | **成员** chéngyuán 명 구성원 | **实际上** shíjìshang 부 사실상, 실제로 | **核心** héxīn 명 핵심 | ★**赋权** fùquán 권한 부여 | **残酷** cánkù 형 잔혹하다 | **管制** guǎnzhì 동 통제하다, 단속하다, 관제하다 | **扩展** kuòzhǎn 동 확장하다, 넓게 펼치다 | **转移** zhuǎnyí 동 (방향이나 위치를) 이동시키다, 전이하다, 옮기다 | **拥有** yōngyǒu 동 보유하다, 소유하다, 가지다 | **选择权** xuǎnzéquán 명 선택권 | **章节** zhāngjié 명 챕터, 장과 절 | **典型** diǎnxíng 형 전형적인 | **示例** shìlì 명 예시 | **创业** chuàngyè 동 창업하다, 사업을 시작하다 | ★**宗旨** zōngzhǐ 명 취지, 목적 | ★**廉价** liánjià 명 싼값 | ★**住宿** zhùsù 동 숙박하다, 묵다 | **房源** fángyuán 명 판매·임대·분양용 주택 공급원 | **他人** tārén 명 타인, 남, 다른 사람 | **收取** shōuqǔ 동 받다, 수납하다 | **手续费** shǒuxùfèi 명 수수료, 수속비, 수속료 [交手续费: 수수료를 내다] | ★**订单** dìngdān 명 (상품·물품 예약) 주문서, 주문 명세서 | ★**呈现** chéngxiàn 동 나타나다, 드러나다 | **爆发** bàofā 동 폭발하다 | **增长** zēngzhǎng 동 증가하다, 늘어나다 | **隐藏** yǐncáng 동 숨기다, 숨다, 감추다 | ★**日后** rìhòu 명 장래, 나중, 뒷날 | **短租** duǎnzū 단기 임대 | **赚钱** zhuànqián 동 돈을 벌다, 이윤을 남기다 | ★**住户** zhùhù 명 주민, 거주자 | **干扰** gānrǎo 동 (남의 일을) 방해하다 | **渐渐** jiànjiàn 점점, 점차 | **意识** yìshí 동 깨닫다, 느끼다 | **收益** shōuyì 명 수익, 이득, 수입 | **长期** chángqī 명 장시간, 장기간 | **请求** qǐngqiú 동 요구, 부탁, 요청 | ★**住处** zhùchù 명 거처 | **付出** fùchū 동 들이다, 바치다 | ★**由此可见** yóucǐkějiàn 이로부터 알 수 있다, 이로부터 결론을 낼 수 있다 | **侵犯** qīnfàn 동 (불법적으로 타인의 합법적인 권리를) 침범하다 | **代价** dàijià 명 대가 | **类似** lèisì 동 유사하다, 비슷하다 | ★**上述** shàngshù 명 위에서 서술한 | **案例** ànlì 명 사례 | **不胜枚举** búshèngméijǔ 성 셀 수 없이 많다 | ★**一系列** yíxìliè 명 일련의, 연속의 | **处于** chǔyú 동 (사람·사물이 어떤 지위·상태·환경·시간에) 처하다, 놓이다 | ★**底层** dǐcéng 명 하층 | **进一步** jìnyíbù (한 걸음 더) 나아가, 진일보하여 | ★**贫富** pínfù 명 빈부 | **差距** chājù 명 격차, 차이 [贫富差距: 빈부격차] | **巨头** jùtóu 명 우두머리, 거두 | **自诩** zìxǔ 동 허풍을 떨다, 자만하다 | ★**负有** fùyǒu 동 (책임 따위를) 지고 있다 | **乘客** chéngkè 명 승객 | **充当** chōngdāng 동 충당하다, (직무를) 맡다 | **拥有者** yōngyǒuzhě 명 소유자, 보유자 | ★**开启** kāiqǐ 동 열다, 시작하다, 개방하다 | **进账** jìnzhàng 명 입금 | **模式** móshì 명 모식, (표준) 양식 | **地主** dìzhǔ 명 지주 | ★**雇** gù 동 고용하다 | **长工** chánggōng 명 머슴 | **土地** tǔdì 명 토지 | **替** tì 개 ~를 위하여 | **大多数** dàduōshù 명 대다수, 대부분 | ★**沉浸** chénjìn 동 (생각 따위에) 빠져들다, 심취하다 | ★**短暂** duǎnzàn 형 (시간이) 짧다 | **背后** bèihòu 명 배후, 뒤쪽, 뒷면 | **逻辑** luójí 명 논리 | **关注** guānzhù 동 주시하다, 관심을 가지다 | ★**反面** fǎnmiàn 명 반대, 이면 | **获利** huòlì 동 이득을 얻다, 이익을 얻다 | **表象** biǎoxiàng 명 표상, 상징 | **跳** tiào 동 뛰다, 도약하다 | **设立** shèlì 동 (기구·조직 등을) 설립하다, 건립하다 | **强有力** qiángyǒulì 형 강력하다, 힘세다 | ★**监管** jiānguǎn 동 감독 관리하다 | **确保** quèbǎo 동 확보하다, 확실히 보장하다 | **公众** gōngzhòng 형 공중의, 대중의 | ★**权益** quányì 명 권익, 권리와 이익 | **人士** rénshì 명 인사 [底层人士: 하층민] | **聆听** língtīng 동 새겨듣는다, 공손히 듣는다

36 打造自己的数字形象等 | 두 번째 단락의 '所谓A(소위 A라는 것은)'의 뒷부분에 주목하자. 이 표현은 어떤 개념을 설명할 때 주로 사용하는 표현으로, 뒤에는 핵심 내용이 등장한다. 해당 문장에서는 '元宇宙(메타버스)'의 개념에 대해 설명하며 메타버스에서 할 수 있는 각종 행동을 다양하게 나열하고 있다. 우리는 답을 10글자 이내로 적어야 하기 때문에 언급된 내용 중 하나를 답으로 선택할 수 있다.

37 保持 | '保持……态度(~태도를 유지하다)'는 짝꿍 표현으로 외워 두자. 몰랐다면 문맥을 파악해 접근해 보자. 해당 단락 뒷부분에서 '개방적인 태도로 대중 세상에 참여해야 한다'는 의견을 밝혔으므로, 빈칸에는 개방적인 태도를 긍정적으로 바라보는 어휘인 '유지하다'가 들어가야 한다.

38 二维的文字和图片 | 질문에 사용된 구문 'A展示的主要是B(A가 보여 주는 것은 B이다)'가 본문의 세 번째 단락에 그대로 등장한다. 이 구문에서는 인터넷과 모바일 인터넷이 보여 주는 것은 주로 '文字和图片(문자와 그림)'이고, 이는 '二维(2차원)'라고 직접적으로 이야기했다.

39 既是热点，又是影响力 | 네 번째 단락에서 '一方面A，另一方面B' 구문을 사용해 두 가지 측면으로 요즘 대형 인터넷 기업들이 메타버스를 대대적으로 광고하고 있는 이유를 서술하고 있다. 한 측면으로 메타버스는 트렌드이자 이슈이며, 다른 측면으로는 미래 발전에 매우 중요한 영향을 미칠 것이기 때문이라고 했는데, 10자 이내로 답안을 써야 하므로 '既是热点，又是影响力' 정도로 축약해 써야 한다.

40 语音交互和体感交互 | 세 번째 단락에서 인터넷과 모바일 인터넷의 연결 방식을 설명하면서 메타버스의 방식은 '언어의 음성이나 체감 연결'이라고 직접적으로 언급했다. 7~9급 난이도의 독해에서는 'A是B，C则是D，而E是F(A는 B이고, C는 D인 반면에 E는 F이다)'와 같은 구문이 사용되어 문장이 길어지는 경우가 많은데, 이때 정확한 핵심을 파악할 수 있도록 집중해야 한다.

41 新事物连续不断地出现 | '层出不穷' 다음 문장을 살펴보면, 스마트 기술과 디지털 기술이 가세하면서 새로운 사물이 쉴 새 없이 양산되고 있다고 언급하고 있다. 이런 맥락에서 답은 '새로운 사물이 끊이지 않고 계속 나타난다'로 유추해 쓸 수 있다.

42 要保持思考的姿态 | 질문의 핵심 어휘인 '黑格尔'을 본문에서 잘 찾아서 앞뒤 문장을 파악해 보자. 본문에서 헤겔은 "사고를 통해 시대를 파악하고 현실을 파악해야 한다"고 말하며 사고하는 자세의 중요성을 이야기하고 있다.

독해 제3부분

2020年新冠疫情到现在，人们的生活方式以及工作方式有了很大的变化，有些人在谋求更好的个人发展，而有那么一部分人在追寻内心深处的宇宙本源，还有人会思索，我们这个地球未来到底会是个什么样子呢？

也许未来世界在物质层会极其匮乏，缺吃少喝、没有明媚的阳光、没有绿草地，甚至还有无休止的战争，那么这个时候人们需要怎么度过这段时间？谜底就是——元宇宙。**36**所谓"元宇宙"，就是人类创造出来的一个网络世界，是一个由VR、大数据、区块链、AI、物联网等联合打造的虚拟现实(数字化)空间。**36**人类可以在上面打造自己的数字形象；创造自己的作品甚至小世界；与其他人进行互动，比如聊天、玩游戏；赚钱与花钱，除了肉体的吃喝拉撒做不到以外，几乎可以干任何事。

2020년에 코로나가 터진 후 지금까지 사람들의 생활 방식 및 업무 방식에는 큰 변화가 생겼다. 어떤 사람은 개인적으로 더 발전하고 싶어 하고, 어떤 사람은 마음 깊은 곳의 우주의 기원을 찾고 싶어 하며, 또 어떤 사람은 '우리가 사는 이 지구는 미래에 어떤 모습일까?'에 관해 깊이 생각한다.

아마도 미래의 세상은 물질적 측면에서 많은 것이 부족할 수도 있다. 먹을 것과 마실 것이 모자라고 빛나는 태양이나 푸른 초원도 없고, 심지어 전쟁이 끊임없이 일어날 수도 있다. 그렇게 된다면 사람들은 이 시간을 어떻게 보내야 할까? 답은 바로 '메타버스'에 있다. **36**메타버스란 인간이 창조한 인터넷 세계로, VR, 빅데이터, 블록체인, AI, 사물인터넷 등이 연결되어 만들어진 가상현실(디지털화) 공간이다. **36**사람들은 이곳에 자신의 디지털 캐릭터를 만들고 자신만의 작품이나 작은 세상을 만들 수 있다. 다른 사람과 채팅, 게임 등을 통해 소통할 수 있고 돈을 벌거나 사용할 수도 있다. 육체적으로 음식을 먹고 배출하는 것은 못하지만 그 외에 거의 모든 일을 할 수 있다.

这就有人会问了：那元宇宙跟十几年前的虚拟网络世界岂不一样吗？答案当然是否定的。首先，在元宇宙中，人们可以随时随地切换身份，穿梭在真实和虚拟的世界之间。任意进入一个"元宇宙"，可以在其中进行学习、工作、交友、购物。其次，[38]互联网和移动互联网展示的主要是文字和图片，是二维的。通过虚拟人，元宇宙可以把三维的、动态的、可交互的数据展示给用户。第三，互联网的交互方式是键盘鼠标和显示器，移动互联网则是触摸屏，[40]而元宇宙的交互方式是语音交互、体感交互等等。交互方式的改变可以让人和设备保持距离，也要求设备具备智能能主动理解用户。

如今，大型互联网企业正在炒作元宇宙。[39]一方面，它是风口和热点。另一方面，它可能确实对未来的发展产生了非常重要的影响。然而，这么多企业中没有一家能够创造元宇宙的通用载体，这只能说明元宇宙在这个时候有太多的吹嘘和炒作成分。从元宇宙的概念来看，实现它最基本的是实现流量自由，而那些没有能力进入元宇宙，但以元宇宙为幌子的企业只是在风口中获得更多的流量。总之，无论互联网流量是饱和还是不饱和，企业都不能拒绝大流量的冲击，更多的商业元宇宙的概念也是一个虚拟转向现实或现实转向虚拟转向基于流量的过程。流量是国王，不仅适用于互联网时代，也适用于元代宇宙。

其实，元宇宙并不神秘，从某种意义上说一直是人类的一种存在方式。中国社会科学院哲学研究所科技哲学研究室主任、研究员段伟文认为，我们一直生活在元宇宙中，可以说这个概念一直都是存在的，因为这个概念本身就是自说自话，让很多人做这个事情，就成为了一个真实的东西。关于一个东西是否真实，取决于参与人数的多少。对于时下热门的"元宇宙"，我们首先要保持一种开放的态度。在我们的时代，新事物层出不穷，特别是在第四次工业革命智能技术、数字技术的加持下，新事物不断涌现。有时我们会产生一种厌新感，以前说喜新厌旧，[37]现在有厌新感，会自我屏蔽、自我建构一个信息茧房，这是需要打开的。同时也意味着开放态度，要有对公众世界的参与，公众世界一定是多样性差异性的。我们要在公共世界中来展现，问题不在于大家要达到

"그렇다면 메타버스는 십여 년 전 나왔던 가상 인터넷 세계와 같은 것 아닌가?"라고 묻는 사람도 있을 것이다. 그 답은 물론 '아니다'이다. 먼저, 메타버스에서 사람들은 언제 어디서든 신분을 바꾸고 현실 세계와 가상 세계 사이를 자유롭게 넘나들 수 있다. 언제든지 메타버스에 들어와 공부, 업무, 교제, 쇼핑 등을 할 수 있다. 다음으로, [38]인터넷과 모바일 인터넷이 보여 주는 것은 주로 2차원인 문자와 그림이다. 가상 인물을 통해 메타버스는 입체적이고 역동적이며 상호연계되는 데이터 등을 이용자에게 보여준다. 세 번째로, 인터넷의 연결 방식은 키보드, 마우스, 모니터이고, 모바일 인터넷은 터치스크린인 반면, [40]메타버스의 연결 방식은 언어의 음성이나 체감 등의 방식이다. 연결 방식의 변화는 사람이 기계와 거리를 유지할 수 있고, 기계가 스마트함을 갖추어 자발적으로 이용자를 이해하게 할 수 있게 했다.

요즘 대형 인터넷 기업들은 메타버스를 대대적으로 광고하고 있다. [39]한 측면으로 이것은 트렌드이자 이슈이며, 다른 측면으로는 미래 발전에 매우 중요한 영향을 미칠지도 모르기 때문이다. 하지만, 이렇게 많은 기업 중에 한 곳도 메타버스의 통용 매개체를 만들어 낼 수 있는 곳이 없다. 이는 메타버스에 대한 과장된 광고와 노이즈 마케팅이 너무 많다는 것을 보여줄 뿐이다. 메타버스의 개념으로 봤을 때 가장 기본적으로 실현하려는 것은 데이터의 자유인데, 메타버스에 진입할 능력은 없으면서 메타버스를 간판으로 내세운 기업들은 그 주변에서 더 많은 데이터를 얻기만 할 뿐이다. 결론적으로 인터넷 데이터가 포화되든 안 되든 기업은 대량의 데이터 충격을 막을 수 없다. 더욱이 상업적 메타버스 개념은 가상에서 현실로, 혹은 현실에서 가상으로 전환되는 데이터 기반의 과정이다. 데이터는 '왕'이다. 이는 인터넷 시대뿐만 아니라 메타버스에도 적용된다.

사실 메타버스는 그리 신비로운 것은 아니다. 어떤 의미에서 보면 줄곧 인류의 존재 방식이었다고 할 수 있다. 중국 사회과학원 철학연구소 과학기술철학연구실 주임 겸 연구원인 돤웨이원(段伟文)은 "우리는 메타버스에 계속 살고 있으며 이 개념은 줄곧 존재해 왔다고 할 수 있는데, 왜냐하면 이 개념 자체가 바로 혼잣말이기 때문에 많은 사람들이 이 일을 하게 되면 하나의 진실이 되는 것이다."라고 밝혔다. 어떤 것이 진실인지 아닌지는 얼마나 참여하느냐에 달려 있다. 현재 인기를 끄는 '메타버스'에 대해 우리는 먼저 개방적인 태도를 유지해야 한다. 우리가 사는 이 시대에는 새로운 사물이 끊임없이 나타난다. 특히 4차 산업혁명의 스마트 기술, 디지털 기술이 가세하면서 새로운 사물이 쉴 새 없이 양산되고 있다. 가끔 우리는 새로운 것을 꺼리는 마음이 생기기도 한다. 예전에는 새로운 것을 좋아하고 낡은 것을 싫어했지만, [37]지금은 새로운 것을 꺼리며 스스로 차단하고 스스로 정보 보호막을 만드는데, 이것을 다시 열어야 한다. 또한 개방적인 태도로 대중 세상에 참여해야 한다는 것을 의미하기도 한다. 대중 세상에는 분명 다양함과 차이가 존재한다. 우리가 공공의 세계에서 살아

一致的观点，而是我们要从不同的角度看同一个事物。第二，⁴²保持思考的姿态。元宇宙Meta含有"超越"的意思，"超越"意味着要用思想的方式去把握这个世界，⁴²黑格尔说要以思想的方式把握时代，以思想的方式把握现实。我们眼睛看到的未必是真正的现实，包括不管元宇宙建构是不是一个理念的世界，元宇宙出现这个事情作为一个对象本身，也是不能凭我们一般的感官去把握的。我们的思考应带有一种反思性、批判性。只有通过我们的反思和批判，才有可能对这些事物包括我们所支持的元宇宙有一个更恰当的把握。第三，要提高自身的修为。八百多年前宋代陆九渊说，"吾心即是宇宙，宇宙即是吾心"。他认为"宇宙内事，乃己分内事；己分内事，乃宇宙内事"，就是我的事就是宇宙的事，宇宙的事就是我的事。"在千万世之前有圣人出焉，同此心、同此理也；千万世之后有圣人出焉，同此心、同此理也；东西南北还有圣人出焉，同此心、同此理也。"陆九渊讲的是最严格意义上和终极意义上的元宇宙，是永恒的元宇宙，其中最关键的是突出我们的心和整合世界当中相互包容的关系。

事实上还有一个虚拟世界或者元宇宙，也是我们外延性的表现。我们个人的意向性与其高度交互关联，意味着我们每个人将来在元宇宙上的生活，看上去是我们个人的事，事实上不只关乎个人。很多专家对元宇宙的隐忧，背后都事关我们人类的整体存在，需要世人从生活政治的高度进行思考。

36 在元宇宙中，人们可以做什么？

打造自己的数字形象等

37 请在文中划线部分上填入恰当的词？

保持

38 互联网和移动互联网展示的文字和图片主要是什么形式的？

二维的文字和图片

39 大型互联网企业炒作元宇宙的原因主要是？

既是热点，又是影响力

40 元宇宙的交互方式主要是什么？

语音交互和体感交互

갈 때 중요한 것은 모두의 견해가 일치해야 하는 것이 아니라 같은 사물을 서로 다른 시각에서 봐야 한다는 것이다. 두 번째로는 ⁴²사고하는 자세를 갖추어야 한다. 메타버스의 '메타'는 '초월'이라는 뜻을 담고 있으며, '초월'이란 사고를 통해 이 세계를 파악하는 것이다. ⁴²헤겔은 "사고를 통해 시대를 파악하고 현실을 파악해야 한다"라고 말했다. 우리가 눈으로 보는 것들이 꼭 진정한 현실은 아닐 수도 있다. 메타버스의 구축이 이념의 세계인지와 관계없이, 메타버스의 등장 자체로 우리의 일반적인 감각기관으로는 파악할 수 없다. 우리는 반성적이고 비판적인 사고를 해야 한다. 우리의 반성과 비판을 통해서만이 우리가 지지하는 메타버스를 포함한 이 사물들에 대해 적절히 파악할 수 있다. 세 번째로 자신의 경지를 높여야 한다. 약 800년 전 송대에 육구연(陆九渊)은 "우리의 마음은 곧 우주고, 우주는 곧 우리의 마음이다"라고 했다. 그는 "우주의 내사는 곧 내 몫의 일이며, 내 몫의 일은 곧 우주의 내사다"라고 했는데, '내 일이 곧 우주의 일이고 우주의 일이 곧 내 일'이라는 의미다. "천만 세기 전에는 성인군자가 있었는데, 다 한마음 한뜻이었다. 천만 세기 이후에도 성인군자가 나타났고, 다 한마음 한뜻이다. 동서남북 어디에나 성인군자가 있고, 다 한마음 한뜻이다." 육구연이 말하는 것은 가장 엄격한 의미와 최종적 의미에서의 메타버스로, 이는 영구적인 메타버스이며 그 중 가장 중요한 것은 우리의 마음과 통합된 세계 사이에서 서로 포용하는 관계인 것이다.

사실상 가상 현실 또는 메타버스는 우리의 확장적 표현이기도 하다. 개인의 의도성은 그것의 높은 연결성과 관련이 있는데, 우리 모두가 미래에 메타버스에서 생활할 것이며 개인의 일처럼 보이는 것이 사실 개인과 관련된 것만은 아니란 걸 의미한다. 전문가들은 메타버스에 대해 남모를 걱정이 있는데, 그 배후는 우리 인간의 전체적인 존재와 관련이 있으므로 세상 사람들은 삶의 높은 차원에서 깊게 사고해야 한다는 것이다.

36 메타버스에서 사람들은 무엇을 할 수 있는가?

자신의 디지털 캐릭터를 만들 수 있다 등

37 밑줄 친 부분에 들어갈 알맞은 단어를 쓰시오.

유지하다

38 인터넷과 모바일 인터넷이 보여주는 것은 주로 어떤 형태인가?

2차원의 문자와 그림

39 대형 인터넷 기업들이 메타버스를 광고하는 이유는 주로 무엇인가?

핫이슈이고, 영향력이 있기 때문에

40 메타버스의 연결 방식은 주로 무엇인가?

언어의 음성 및 체감 연결

41 如何理解原文中"层出不穷"的意思?

新事物连续不断地出现

42 黑格尔的理论最想强调的是什么?

要保持思考的姿态

41 본문 중 '层出不穷(끊임없이 나타나다)'의 의미를 어떻게 이해할 수 있는가?

새로운 사물이 끊이지 않고 계속 나타난다

42 헤겔의 이론이 가장 강조하고자 하는 건 무엇인가?

사고하는 자세를 유지해야 한다

新冠 xīnguān 명 코로나 바이러스 감염증(新型冠状病毒肺炎)의 줄임말 | **疫情** yìqíng 명 전염병 발생 상황 | ★**谋求** móuqiú 통 강구하다, 모색하다, 꾀하다 | **追寻** zhuīxún 통 찾다 | **内心** nèixīn 명 마음 | **深处** shēnchù 명 깊은 곳 | ★**宇宙** yǔzhòu 명 우주 [모든 천체를 포함하는 무한 공간] | **本源** běnyuán 명 근원, 기원 | ★**思索** sīsuǒ 통 사색하다, 깊이 생각하다 | **匮乏** kuìfá 형 (물자가) 부족하다 | **缺吃少喝** quēchī shǎohē 먹을 것이 부족하고 마실 것이 적다 | ★**明媚** míngmèi 형 (경치가) 맑고 아름답다 | **草地** cǎodì 명 잔디밭, 풀밭 [绿草地: 푸른 초원] | **无休止** wúxiūzhǐ 형 끊임없다 | ★**谜底** mídǐ 명 수수께끼의 답 | **元宇宙** yuányǔzhòu 명 메타버스(metaverse) | ★**所谓** suǒwèi 명 ~라는 것은, ~란 | ★**大数据** dàshùjù 명 빅데이터 | **区块链** qūkuàiliàn 명 블록체인 | **物联网** wùliánwǎng 명 사물 기반 인터넷 [정보 전송 설비를 통해 사물에 대한 지능화 식별, 위치 추적 등을 실현하는 네트워크를 말함] | **打造** dǎzào 통 만들다 | ★**虚拟** xūnǐ 형 가상의, 사이버상의 | **数字化** shùzìhuà 명 디지털화 | **互动** hùdòng 명 상호작용, 소통 | **赚钱** zhuànqián 통 돈을 벌다, 이윤을 남기다 | **肉体** ròutǐ 명 육체 [여기서는 '육체적'으로 쓰임] | **岂不** qǐbù (~가) 아닌가? [반어의 의미를 가짐] | **随时随地** suíshí-suídì 성 언제 어디서나, 시간과 장소를 가리지 않고 | **切换** qiēhuàn 통 바꾸다, 전환하다 | **穿梭** chuānsuō 통 빈번하게 왕래하다 | ★**任意** rènyì 부 마음대로, 제멋대로 | **进入** jìnrù 통 진입하다, 들어가다 | **展示** zhǎnshì 통 드러내다, 나타내다, 전시하다 | **二维** èrwéi 명 2차원 | ★**三维** sānwéi 명 3차원, 3D | **交互** jiāohù 통 서로 교류하여 연계하다 | **动态** dòngtài 명 동작, 움직임 | **用户** yònghù 명 사용자, 가입자, 아이디 | **显示器** xiǎnshìqì 명 모니터 | **触摸屏** chùmōpíng 명 터치스크린 | **语音** yǔyīn 명 언어, 말소리 | **体感** tǐgǎn 명 체감, 체감력 | **智能** zhìnéng 명 지능 | **炒作** chǎozuò 통 대대적으로 광고하다 | **风口** fēngkǒu 명 트렌드, 추세 [늑趋势] | **热点** rèdiǎn 명 사람들의 주목을 끄는 것 | **通用** tōngyòng 통 (일정 범위 안에서) 보편적으로 사용하다, 통용되다 | **载体** zàitǐ 명 (지식과 정보의) 매개체 | **吹嘘** chuīxū 통 과장해서 말하다, 선전하다 | ★**流量** liúliàng 명 유동량, 흐름량, 데이터 | **幌子** huǎngzi 명 간판, 명목, 허울 | ★**饱和** bǎohé 통 포화하다 | **冲击** chōngjī 명 충격, 쇼크 통 부딪치다, 충돌하다 | **转向** zhuǎnxiàng 통 전향하다 | ★**基于** jīyú ~에 근거하다 | **适用** shìyòng 통 적용되다 [A适用于B: A가 B에 적용되다] | **本身** běnshēn 명 그 자체 | **自说自话** zìshuō zìhuà 성 객관적인 상황을 돌보지 않고 자기 생각대로만 한다 | ★**取决于** qǔjuéyú ~에 달리다 | **时下** shíxià 명 현재, 지금, 오늘날 | **热门** rèmén 명 인기 있는 것, 유행하는 것 | ★**层出不穷** céngchū bùqióng 성 차례차례로 나타나서 끝이 없다, 계속 일어나다 | **第四次工业革命** dì sì cì gōngyè gémìng 명 제4차 산업혁명 | **智能技术** zhìnéng jìshù 명 스마트 기술 | **数字技术** shùzì jìshù 명 디지털 기술 | **加持** jiāchí 통 가세하다 | ★**涌现** yǒngxiàn 통 (사람이나 사물이) 대량으로 나타나다, 생겨나다, 배출되다 | **厌新感** yànxīngǎn 새로운 것을 싫어하고 오래된 것을 선호하는 감정 | **喜新厌旧** xǐ xīn yàn jiù 성 새로운 것을 좋아하고 옛것을 싫어하다, 싫증을 잘 내다 | **屏蔽** píngbì 통 차단하다, 가리다 | **建构** jiàngòu 통 건립하고 구상하다, 세우고 이루다 | **信息茧房** xìnxī jiǎnfáng 명 정보 과부하, 정보 과다 | **意味着** yìwèizhe 통 의미하다, 뜻하다, 나타내다 | **公众** gōngzhòng 형 공중의, 대중의 | **多样性** duōyàngxìng 명 다양성 | **差异性** chāyìxìng 명 차이성 | **展现** zhǎnxiàn 통 드러내다, 나타나다 | ★**姿态** zītài 명 자태, 모습, 자세 | **含有** hányǒu 통 함유하다, 포함하다 | ★**超越** chāoyuè 통 초월하다, 뛰어넘다 | **黑格尔** Hēigé'ěr 고유 헤겔 [독일의 철학자] | ★**理念** lǐniàn 명 이념 | **感官** gǎnguān 명 감각기관 ['感觉器官'의 줄임말] | **反思性** fǎnsīxìng 명 반성적 | **批判性** pīpànxìng 명 비판성 | ★**反思** fǎnsī 통 반성 | ★**批判** pīpàn 통 비판 | **恰当** qiàdàng 형 적절하다, 알맞다 | **修为** xiūwéi 명 수련을 통해 도달한 경지 | **陆九渊** Lù Jiǔyuān 고유 육구연 [중국 남송의 철학자이자 교육자] | **吾心** wúxīn 명 마음 | **内事** nèishì 명 내사 [안의 일] | **乃** nǎi ~이다 | **圣人** shèngrén 명 성인군자 | **焉** yān 조 [문장 끝에 쓰여 어기를 강조하거나 긍정을 나타내는 등의 작용을 함] | **同心心、同此理** tóngcǐxīn, tóngcǐlǐ 성 사람들의 느낌과 생각이 크게 다를 리 없다 [주로 人同此心, 心同此理 이렇게 쓰임] | **终极** zhōngjí 명 최종, 최후, 마지막 | ★**永恒** yǒnghéng 형 영원히 변하지 않다, 영원하다 | ★**整合** zhěnghé 통 통합 조정하다, 재통합시키다 | ★**包容** bāoróng 통 포용하다, 너그럽게 감싸다, 수용하다 | **事实上** shìshíshang 사실상 | **外延性** wàiyánxìng 확장력, 확장성 | **意向性** yìxiàngxìng 고의성, 계획적임, 의도적임 | **高度** gāodù 고도의, 정도가 매우 높다 | **交互** jiāohù 부 서로, 교대로, 번갈아 가며 | **关联** guānlián 통 연관되다, 관계되다 | **关乎** guānhū 통 ~에 관계되다, ~에 관련되다 | **隐忧** yǐnyōu 명 남모르는 근심 | **背后** bèihòu 명 배후, 뒤 | **事关** shìguān 통 일이 (~에) 관계되다

---

 tip

10글자 이내로 답변 쓰는 문제에 강해지기 위해서는 평상시에 간략하게 표현하는 연습을 해 두는 것이 좋다.

---

43 提供了生命的补给 ｜ 첫 번째 단락에서 우주정거장은 우주비행사에게는 우주 중의 '지구'로, 우주비행사들에게 생명 유지에 필수적인 조건을 제공하고 필요한 것을 보급해 준다고 했다. '为A提供B(A에게 B를 제공하다)'와 같은 주요 구문은 항상 체크해 두자.

44 工作实验部 ｜ 질문 속 어휘 '负责'가 등장하는 세 번째 단락에 집중하자. 우주정거장의 주요한 부분을 설명하며 '比如'를 사용하여 더 구체적인 예시를 들고 있다. 여기서 우주정거장의 '업무 실험실'은 태양에너지와 전기에너지 사이의 상호 전환 및 입구 도킹을 담당한다고 직접적으로 언급하고 있다.

45 分量和口味、形态固定 ｜ 우주비행사들의 식량에 대한 내용은 네 번째 단락에 언급되었다. 우주정거장의 우주비행사들이 먹을 수 있는 것은 '무게, 맛, 형태가 모두 고정된 식량 덩어리'뿐이라고 설명하고 있다.

46 维持身体机能平衡 ｜ 다섯 번째 단락에서 우주정거장에 체력 단련을 위한 기본적인 운동시설이 갖춰져 있는 이유가 '우주비행사의 신체 기능 균형을 유지하기 위함'이라고 설명했다. 질문에서는 '主要目的是什么?(주요 목적은 무엇인가?)'라는 표현으로 목적을 묻고 있고, 본문에서는 '为了A(A하기 위해서)'라는 표현을 써서 정답을 언급하고 있다.

47 净化处理生活污水 ｜ 질문의 핵심 어휘인 '第三种方式'와 '循环利用'이 있는 부분을 찾아보자. 일곱 번째 단락에서 산소 공급 문제를 해결하는 세 가지 방법을 나열하고 있으며 그중 세 번째 방법인 '재활용'은 생활하면서 나오는 오수를 정화 처리하고 두 번째 방법을 통해서 산소로 바꾼다고 했으므로, 이 내용을 10글자 이내로 요약한다면 '생활 오수를 정화 처리한다'로 정리할 수 있다. 'A就是B' 표현 뒤에는 구체적인 설명이 많이 나오므로, 이 부분 또한 유심히 살펴보도록 하자.

48 生命 ｜ 일곱 번째 단락에서는 산소 공급 문제 해결을 위한 세 가지 방법을 이야기하고 있다. 그 첫 번째 방법은 일정량의 가압 산소통을 들고 오는 것이라고 했다. 산소가 없으면 생존할 수 없기 때문에 빈칸에는 '생명'같은 어휘가 자연스럽다.

49 盲目 ｜ '一味'는 '무턱대고' '맹목적으로'라는 의미를 가지고 있는 부사이다. 빈칸이 포함된 문장에 쓰인 어휘 '浪费(낭비하다)'는 일반적으로 부정적인 어휘와 어울린다. 따라서 '一味'를 대체할 수 있는 단어로는 마찬가지로 부정적인 어감을 주면서 '一味'와 의미가 유사한 '盲目(무작정, 무턱대고)'가 있다.

　　人类对宇宙的探索从未停止过，宇航员是全人类探索宇宙的代表，**43**空间站是宇航员在宇宙中的"地球"，它为宇航员们提供生命的必需的条件与补给。那么，这个小小的空间站储存的氧气是如何保证宇航员们这么久的宇宙航行之旅的呢？

　　宇宙空间站的构造是非常复杂的，这些复杂的组成系统分别负责着宇航员的各项生命所需，在了解空间站的氧气供需系统之前，首先需要对空间站的组成系统做一定的了解。

　　空间站最主要的部分是宇航员日常生活的地方——载人生活舱，这也是空间站的主体结构。另外，空间站还有许多不同用途的舱段，和人类在地球的生活区域一样，不同的区域具有不同的功能。比如**44**在空间站的

　　인류는 우주에 대한 탐사를 멈춘 적이 없었다. 우주비행사는 인류를 대표하여 우주탐사를 하는 사람이고, **43**우주정거장은 우주비행사에게는 우주 중의 '지구'로, 우주비행사들에게 생명 유지에 필수적인 조건과 보급품을 제공한다. 그렇다면 이 작은 우주정거장에 어떻게 우주비행사들이 이렇게 오랫동안 우주비행을 할 수 있을 만큼의 산소가 저장될 수 있는 걸까?

　　우주정거장의 구조는 매우 복잡하다. 이 복잡한 구성 시스템은 우주비행사의 생명에 필수적인 부분을 각각 담당한다. 우주정거장의 산소 공급 시스템을 이해하기 전에 먼저 우주정거장의 구성 시스템에 대해 이해해야 한다.

　　우주정거장의 가장 주요한 부분은 우주비행사가 일상생활을 하는 '유인 캡슐'로, 이는 우주정거장의 주요 구조체이기도 하다. 이 외에도 우주정거장에는 용도가 서로 다른 수많은 구성 부분이 있다. 지구에서 인류가 살아가는 곳과 마찬가지로 서로 다른 구역에 서로 다른 기능이 갖추어져 있다. 예를 들어 **44**우주정거장의 업무 실험실은 태양에너지와 전기에너지 사

工作实验部是负责太阳能和电能之间的互相转化和对接舱口，它用于保证空间站的电能供应和其他航天器的对接。除此之外，单模块空间站还有12个系统用以维持宇航员正常的生命活动和工作，比如温度控制系统、测控和通信系统、环境控制和生命保障系统、仪表与照明系统等等。这些系统的相互协作共同提供宇航员生命所需的食物、氧气、水等等。

在宇宙的真空环境中储存食物相对来说是比较容易的，如同地球上的真空包装，但要注意包装的材料和储存的环境。并且宇航员在太空中遨游十几天乃至几十天并不是和在地面上的人们一样可以有丰富的食品类型选择——如煎、炒、蒸、煮等等烹饪类型。[45]在空间站的宇航员们只能吃分量固定、口味固定、形态固定的"食物块"。因为空间站的资源有限，不可能为了解决进食的问题专门设置一个区域，一方面是客观条件无法实现，另一方面，宇航员的身体条件也不能支持这样的做法。

宇航员除了正常的休息整顿的时间，大部分都用于宇宙探索的科研工作，同时[46]为了维持宇航员的身体机能平衡，空间站配备有一些基础的运动设施方便宇航员们锻炼身体。

除了食物以外，宇航员们赖以生存的水和氧气也是非常重要的存在，在里面生活工作的宇航员都需要用到氧气。远离地球的空间站、如何获得氧气成为广大网友比较关心的一个问题。其实，解决氧气供给难题一共有三种方式，只是以目前的技术手段来说都仍处于"笨办法"的阶段。

第一种就是最原始的方式，在宇航员乘坐飞船进入太空站的时候，会根据任务时长以及当前空间站氧气储量携带一定数量的加压氧气罐，当然因为还需要携带食物和其他科研设备，所以氧气罐的携带量一般都很小，只是一种备用手段。不过在突发情况或者出现故障的时候，这些加压氧气罐就是宇航员生命的最后保障。第二种方式就是日常供氧所采取的办法，前提条件是太空站必须保持正常的工作状态。通过电能将液态的水转化成氧气和氢气，看似简单的电解水原理却是太空站的主要供氧方式。1升水可以产生大约620升的氧气，而一名宇航员24小时的需氧量大约只有550升左右。所以相对于携带大量氧气罐而言，带一些水前往外太空更加划算。

이의 상호 전환 및 입구 도킹을 담당하며, 우주정거장의 전기 에너지 공급과 기타 우주선의 도킹에 사용된다. 이 외에 단일 모듈 우주정거장은 우주비행사가 정상적인 생명 활동 및 업무를 이어갈 수 있도록 해 주는 온도 제어 시스템, 통신 관측·제어 시스템, 환경 제어 및 생명 보장 시스템, 계기 및 조명 시스템 등 12개의 시스템을 갖추고 있다. 이 시스템들이 상호 협력하여 우주비행사의 생명 유지에 필요한 식량, 산소, 물 등을 제공해 주고 있다.

우주는 진공상태라서 식량을 보관하는 건 상대적으로 쉬운 편이다. 지구에서 음식을 진공포장하는 것과 같다. 하지만 포장재와 보관 환경에 주의를 기울여야 한다. 우주비행사는 우주에서 십여 일, 길게는 수십 일을 비행하는데, 지구에서의 사람들처럼 기름에 부치거나 볶고, 찌거나 삶는 등의 요리 방식을 선택할 수 없어 음식 종류가 다양하지 못하다. [45]우주정거장의 우주비행사들은 무게, 맛, 형태가 모두 고정된 '식량 덩어리'만 먹을 수 있다. 우주정거장의 자원은 한정적이기 때문에 오로지 식사 문제를 해결하기 위한 구역을 따로 만들 수는 없다. 객관적인 조건만 봐도 만들기 어렵고, 우주비행사의 신체 조건도 이를 뒷받침할 수 없다.

우주비행사는 정상적인 휴식 및 정돈 시간 외에 대부분 시간을 우주탐사 연구 업무에 쓴다. 이와 동시에 [46]우주비행사의 신체 기능 균형을 유지하기 위해 우주정거장에는 체력을 단련할 수 있는 기본적인 운동시설도 갖추어져 있다.

식량 이외에도 우주비행사들이 생존하는 데에는 물과 산소도 매우 중요한 존재다. 이곳에서 생활하고 일하는 우주비행사들에게 산소는 꼭 필요하다. 지구를 멀리 떠난 우주정거장에서 어떻게 산소를 얻는지는 수많은 네티즌이 관심을 두는 문제가 되었다. 사실 산소 공급 문제를 해결하는 데에는 세 가지 방법이 있다. 현재 기술로는 '미련한 방법'만 사용할 수 있는 단계이긴 하지만 말이다.

첫 번째 방법은 가장 원시적인데, 우주비행사가 우주선에 탑승해 우주정거장에 진입할 때 임무 수행 시간 및 현재 우주정거장 산소 저장량에 따라 일정량의 가압 산소통을 휴대하는 것이다. 물론 식량과 기타 연구 설비도 가져와야 하기 때문에 산소통은 보통 적은 양만 휴대하며, 이 방법은 예비용일 뿐이다. 하지만 돌발적인 상황이나 고장이 생겼을 때 이 가압 산소통은 우주비행사의 생명을 지켜 주는 최후의 수단이 된다. 두 번째 방법은 일상 공급품에서 산소를 취하는 방법이다. 이 방법의 전제 조건은 우주정거장이 반드시 정상적인 업무 상태를 유지해야 한다는 것이다. 전기에너지를 통해 액체 상태의 물을 산소와 수소로 전환하는 방법으로, 원리가 간단해 보이는 물의 전기 분해 방법이 우주정거장의 중요한 산소 공급 방법이다. 물 1리터로는 약 620리터의 산소를 만들어 낼 수 있으며 우주비행사 한 명이 24시간 동안 필요로 하는 산소량은 약 550리터 정도이다. 따라서 대량의 산소통을 지니고 다니는 것보다 물을 가지고 우주로 가는 것이 수지가 더 맞는다. 물론 이 방법을 사용하려면 세 번째 방법을 함께 써야 한다. 그렇지 않

当然这也需要利用第三种方式进行配合，否则也没有办法满足宇航员长期工作的需求。⁴⁷第三种方式就是循环利用，生活污水会被进行净化处理，然后通过第二种方式将其变成氧气。在太空站，宇航员携带的食物、水果都能够提供一定的水分，所以正常的排泄等生理需求完全可以满足。当然更多时候净化的都是洗漱用水、洗澡水等，紧急情况也可以使用一些"特殊手段"。

人类文明发展至今，由以前的一味浪费资源进化到现在的资源合理应用，地球上的人们或许对资源的循环利用感触不深刻，实施不透彻，但是身处宇宙的宇航员们却已经将资源的循环利用应用到极致，这不仅是人类探索宇宙文明的进步，也是人类对于保护资源文明的进步更应该引起生活在地球上的人们的反思。

43 为什么说"空间站是宇航员在宇宙中的地球"？

提供了生命的补给

44 空间站的哪个部分负责太阳能和电能之间的互相转化和对接舱口？

工作实验部

45 宇航员们在空间站里吃的食物有什么特点？

分量和口味、形态固定

46 在空间站内，宇航员们锻炼身体的主要目的是什么？

维持身体机能平衡

47 第三种方式的"循环利用"主要指的是什么？

净化处理生活污水

48 请填写适当的词到第七段划线部分。

生命

49 最后一段中划线词语还可以用什么词来代替？

盲目

으면 우주비행사의 장기 업무에 대한 수요를 만족시킬 수 없다. ⁴⁷세 번째 방법은 재활용이다. 생활 오수를 정화 처리한 후 두 번째 방법을 이용해 산소로 바꾼다. 우주정거장에서 우주비행사가 지닌 식량과 과일들은 모두 어느 정도 수분이 있으므로 정상적인 배설 등 생리적 요구를 완전히 충족할 수 있다. 물론 대부분은 세면이나 양치, 샤워에 쓰인 물 등을 정화하며 긴급 상황에서 일부 '특수 수단'을 사용할 수도 있다.

인류 문명이 오늘날까지 발전하면서 이전에 무턱대고 자원을 낭비하던 우리는 현재 자원을 합리적으로 이용하는 수준까지 진화했다. 지구상의 사람들은 어쩌면 자원의 재활용에 대해 깊이 생각하지 못하고 실천 정신이 투철하지 못할 수도 있다. 하지만 주변이 온통 우주인 우주비행사들은 이미 자원 재활용을 최고 수준까지 실천하고 있다. 이는 인류의 우주 탐사 문명이 진보한 것일 뿐만 아니라 인류의 자원 보호 문화가 발전하여 지구에 사는 사람들에게 반성할 기회를 주는 것이기도 하다.

43 왜 '우주정거장은 우주비행사에게는 우주 중의 지구'라고 하는가?

생명의 보급물자를 제공했다

44 우주정거장의 어느 부분이 태양에너지와 전기에너지 사이의 상호 전환 및 입구 도킹을 담당하는가?

업무 실험실

45 우주비행사들이 우주정거장에서 섭취하는 식량은 어떤 특징이 있는가?

무게, 맛, 형태가 모두 고정됨

46 우주정거장 안에서 우주비행사들이 체력 단련을 하는 주요 목적은 무엇인가?

신체 기능의 균형을 유지하는 것이다

47 세 번째 방법의 '재활용'은 주로 무엇을 가리키는가?

생활 오수를 정화 처리한다

48 일곱 번째 문단의 빈칸에 알맞은 단어를 쓰시오.

생명

49 마지막 문단의 밑줄 친 단어를 대체할 수 있는 단어는?

盲目 (맹목적으로, 무작정)

★**宇宙** yǔzhòu 몡 우주 | **探索** tànsuǒ 동 탐사하다, 탐색하다 | ★**从未** cóngwèi 분 지금까지 ～하지 않았다, 여지껏 ～하지 않다 | **停止** tíngzhǐ 동 멈추다 | **宇航员** yǔhángyuán 몡 우주비행사 | **空间站** kōngjiānzhàn 몡 우주정거장 | ★**补给** bǔjǐ 몡 보급 물품, 보급물자 | **储存** chǔcún 동 저장하다, (돈·물건 등을) 모아 두다, 쌓아두다 | **氧气** yǎngqì 몡 산소 | ★**航行** hángxíng 동 (비행체가 공중이나 우주에서) 비행하다, 운항하다 | **构造** gòuzào 몡 구조 | **所需** suǒxū 혱 필요한 바의 | **供需** gōngxū 동 공급하다 | **载人** zàirén 동 사람을 태우다 | **生活舱** shēnghuó cāng 에코 캡슐 [소형주택] | **主体结构** zhǔtǐ jiégòu 몡 구조체 | ★**舱** cāng 몡 객실, 선실 | **区域** qūyù 몡 구역, 지역 | **具有** jùyǒu 동 지니다, 가지다 [具有功能: 기능을 갖추다] | **实验部** shíyànbù 몡 실험실 | **太阳能** tàiyángnéng 몡 태양에너지 | **电能** diànnéng 몡 전기에너지 | **转化** zhuǎnhuà 동 전환하다 | **对接** duìjiē 몡

우주 도킹 | **舱口** cāngkǒu 몡 선실 입구 | **用于** yòngyú 동 ~에 쓰다 | **供应** gōngyìng 몡 공급, 제공, 보급 | **航天器** hángtiānqì 몡 우주선, 우주비행체 | **★除此之外** chúcǐzhīwài 이 외에 | **单** dān 혱 하나의, 홀의 | **模块** mókuài 몡 모듈 | **维持** wéichí 동 유지하다, 지키다 | **测控** cèkòng 관측·제어하다 | **通信** tōngxìn 통신 | **★保障** bǎozhàng 동 (생명·재산·권리 등을) 보장하다, 보증하다 | **★仪表** yíbiǎo 몡 (각종 온도·혈압·전압·전기량 등을 측정하는) 계기, 측정 기계, 계량기 | **照明** zhàomíng 몡 조명 | **★协作** xiézuò 동 (어떤 임무를) 힘을 모아 공동으로 완성하다, 협동하다, 협업하다 | **★真空** zhēnkōng 몡 진공 | **★相对** xiāngduì 뷔 상대적으로, 비교적 | **如同** rútóng 동 마치 ~와 같다, 흡사하다 | **包装** bāozhuāng 몡 포장 | **太空** tàikōng 몡 우주, 높고 드넓은 하늘 | **遨游** áoyóu 비행하다, 유영하다 | **★乃至** nǎizhì 젭 심지어, 더 나아가서 | **地面** dìmiàn 몡 지표 | **煎** jiān 동 (적은 기름에) 지지다, 부치다, 달이다 | **★蒸** zhēng 동 찌다 | **烹饪** pēngrèn 동 요리하다 | **★分量** fènliàng 몡 무게, 중량, 분량 | **★口味** kǒuwèi 맛, 기호, 입맛 | **形态** xíngtài 몡 형태 | **有限** yǒuxiàn 혱 유한하다, 한계가 있다 | **设置** shèzhì 동 세우다, 설치하다, 설립하다, 놓다 | **整顿** zhěngdùn 동 정돈하다, 정비하다, 바로잡다 | **科研** kēyán 몡 과학 연구 | **机能** jīnéng 몡 기능 | **配备** pèibèi 동 갖추다, 배치하다, 배분하다, 분배하다 | **生存** shēngcún 동 생존하다 | **远离** yuǎnlí 동 멀리 떨어지다 | **网友** wǎngyǒu 몡 네티즌 | **供给** gōngjǐ 동 공급하다, 제공하다 | **难题** nántí 몡 난제 | **手段** shǒuduàn 몡 수단, 방법 | **原始** yuánshǐ 혱 원시의 | **进入** jìnrù 동 진입하다, 들다 | **太空站** tàikōngzhàn 몡 우주정거장 | **当前** dāngqián 몡 현재, 현 단계, 오늘 | **储量** chǔliàng 몡 저장량, 매장량 | **★携带** xiédài 동 휴대하다, 지니다, 데리다 | **加压** jiāyā 동 가압 | **★罐** guàn 몡 통, 단지, 항아리 | **★备用** bèiyòng 동 사용을 위해 준비해 두다, 비축하다 | **★突发** tūfā 동 돌발하다, 갑자기 발생하다 | **故障** gùzhàng 몡 (기계 따위의) 고장 | **供氧** gōngyǎng 산소 공급 | **前提** qiántí 몡 전제, 전제 조건 | **状态** zhuàngtài 몡 상태 | **液态** yètài 몡 액체, 액상 | **氢气** qīngqì 몡 수소 | **★看似** kànsì 보기에 마치 | **电解** diànjiě 몡 전기분해 | **原理** yuánlǐ 몡 원리 | **升** shēng 양 리터 | **而言** éryán ~에 대해 말하자면, ~에 근거해 보면 [**对/就……而言:** ~에 대해 말하자면] | **★划算** huásuàn 동 수지가 맞다, 계산하다, 타산하다 | **配合** pèihé 동 협동하다, 협력하다 | **长期** chángqī 몡 장기간, 장시간 | **需求** xūqiú 몡 수요, 필요 | **循环** xúnhuán 동 순환하다 [**循环利用:** 재활용] | **污水** wūshuǐ 몡 오수, 하수, 더러운 물 | **★净化** jìnghuà 동 정화하다, 맑게 하다 | **水分** shuǐfèn 몡 수분 | **排泄** páixiè 동 배설하다, 배출하다 | **★生理** shēnglǐ 몡 생리 | **洗漱** xǐshù 동 세수하고 양치하다 | **紧急** jǐnjí 혱 긴급하다 | **★一味** yíwèi 뷔 무턱대고, 덮어놓고 | **★感触** gǎnchù 몡 (어떤 사물을 대하여 촉발된) 느낌 | **实施** shíshī 동 실천하다, 실행하다, 실시하다 | **★透彻** tòuchè 혱 (사리가) 밝고 확실하다, 투철하다 | **极致** jízhì 몡 최고의 경지 | **★反思** fǎnsī 동 반성 | **代替** dàitì 동 대체하다, 대신하다 | **★盲目** mángmù 혱 맹목적(인), 무작정

● Day 39 모범 답안은 아래 해설 참고

50 经典浴盆黄鸭仔 | 첫 번째 단락에서 '러버덕'은 네덜란드 예술가 플로렌타인 호프만이 '전형적인 욕조 속 작은 오리 장난감'으로 창작한 예술품이라고 표현했다. '以A为B(A를 B로 삼다, 여기다)'와 같은 핵심 구문은 반드시 기억해 두자.

51 博物馆中的绘画作品 | 두 번째 단락에서 러버덕 창작자인 호프만은 러버덕은 네덜란드의 한 '박물관 회화작품'에서 노란 오리 디자인을 보고 영감이 떠올랐다고 했다. 질문에 '来源于(~에서 기원하다)'를 언급하고 있으니 '由此(이로부터)' 뒤에 정답이 언급될 수 있다.

52 自己的童年 | 세 번째 단락에서 서양 국가의 아이들은 일찍부터 욕조에서 목욕을 했고, 욕조 마개 끝부분에 보통 고무 오리가 달려 있다고 하며, 사람들이 러버덕을 보고 자신의 어린 시절을 떠올릴 것이라고 했다.

53 意料之外 | '出乎意料(뜻밖이다, 예상하지 못하다)'는 기초적이고 필수적인 사자성어이니 반드시 외워 두자. 6급에서부터 자주 나왔던 필수 사자성어는 유의어도 같이 기억해 두는 것이 좋다.

54 距离 | '拉近距离(거리를 좁히다)'는 짝꿍으로 많이 사용되는 표현이기 때문에 외워 두자. 짝꿍 표현, 고정격식을 많이 알면 독해 문제 풀이를 할 때 시간을 절약할 수 있으므로, 평소 공부할 때 체크해 두도록 하자.

55 保持童心 | 마지막 문단에서 러버덕은 어린 시절의 기억을 떠올리게 해 주고 이것은 호프만의 창작 이념과도 통하며, 그에게 있어 '동심을 지키는 것'은 매우 중요한 일이라고 했다. '对于A来说(A에게 있어서)'는 A의 입장을 나타내는 표현이므로 A에 관한 질문을 한다면 그 뒤에 정답이 언급될 가능성이 높다.

56 是否自由(地思考和说话) | 질문 속 '不同'은 본문 마지막 문단에 '不一样'으로 등장했다. 호프만은 아이는 성인과 달리 마음껏 실수하고 자유롭게 자신의 환상을 표현한다며, 우리에게 "유치한 것에 대해 자유롭게 말해도 되고, 자유롭게 사고하고 대화하라"라고 이야기했다. 내용을 종합해서 요약하자면 아이와 성인의 다른 점은 '자유로움'이라고 할 수 있다.

"大黄鸭"是由荷兰艺术家弗洛伦泰因·霍夫曼(Florentijn Hofman)[50]以经典浴盆黄鸭仔为造型创作的巨型橡皮鸭艺术品系列。这其中的一只是世界上体积最大的橡皮鸭，尺寸为26×20×32米。自2007年第一只"大黄鸭"诞生以来，霍夫曼带着他的作品从荷兰的阿姆斯特丹出发，截至2014年8月，已先后造访了13个国家地区的22个城市。大黄鸭在所到之处都受到了很大关注，也为当地的旅游及零售业带来了极大的商业效益。

霍夫曼曾表示，他的灵感大多来源于一些艺术作品，较倾向于从绘画作品中获得灵感后，再进行自己的艺术创作。大黄鸭也是如此。一次，[51]他在荷兰一个博物馆中的绘画作品中看到了一个小黄鸭的设计，由此便产生了制作"大黄鸭"的灵感。

大黄鸭其实是西方文化的象征，在西方国家中，孩子们很早就在浴盆中洗澡，浴盆栓子的末端一般会连有一只"橡皮鸭"，"这是一段没有世故、单纯且充满快乐的童年回忆，[52]看到了大黄鸭，人们就会回想起自己的童年——没有成年后的烦恼和顾虑，不知道未来要面对的生存压力和环境，所拥有的都是喜悦、开心、向前看。"霍夫曼这样解读道。霍夫曼透露，自己对于现在大黄鸭的火爆程度的确有点"出乎意料"，因为他在2002年开始艺术构思的时候，并不是出于对大黄鸭真正的喜欢，在他的大型创作中，还包括猴子等造型，但是经过了5年的构思、制作和打样后，到了2007年，原型大黄鸭才问世，在这个过程中，他才逐渐喜欢上大黄鸭。

"大黄鸭"在过去的15年里完成了环球旅行，每到一个地方都能引起当地的瞩目，游客排队去跟它合照。这只"巨鸭"无分年龄、种族、疆界，象征快乐和美好。"憨态可掬"、"呆萌可爱"、"十分讨喜"……众多誉美之词，尽显"鸭粉"们对黄色巨鸭的喜爱。不少网友在采访中忆称，黄色充气橡皮鸭是童年时洗澡的玩伴，但眼前这只小黄鸭却瞬间"长大"，把每天上班途经的水域变成它的浴盆，把城市森林当作背景，"大黄鸭"就是"致我们终将逝去的童年"。它提醒每天辛劳奔波的人，大黄鸭依旧是可爱的大黄鸭，童年的温暖一直伴随我们向前。

'러버덕(Rubber Duck)'은 네덜란드 예술가 플로렌타인 호프만(Florentijn Hofman)이 [50]전형적인 욕조 속 오리 장난감을 형상화하여 창작한 대형 고무 오리 예술품 시리즈이다. 그 중 한 마리는 세계에서 가장 큰 고무 오리로, 크기는 26×20×32미터다. 2007년에 첫 번째 '러버덕'이 탄생한 이후로 호프만은 네덜란드 암스테르담에서부터 시작하여 2014년 8월까지 13개 국가 22개 도시에 연이어 작품을 전시했다. 러버덕이 가는 곳에는 모두 큰 관심이 쏟아졌고, 해당 도시의 관광업과 판매업에도 막대한 상업적 이익을 가져다주었다.

호프만은 자신의 영감은 대부분 일부 예술 작품에서 오며, 회화작품에서 영감을 얻은 후 자신의 예술 작품을 창작하는 편이라고 밝혔다. 러버덕도 마찬가지다. 한번은 [51]그가 네덜란드의 한 박물관 회화작품에서 노란 오리 디자인을 봤고, 그렇게 러버덕을 제작할 영감이 떠오른 것이다.

러버덕은 사실 서양 문화의 상징이다. 서양 국가의 아이들은 일찍부터 욕조에서 목욕을 하는데 욕조 마개 끝부분에 보통 고무 오리가 달려 있었다. "이는 세상 물정 모르는, 순수함과 즐거움으로 가득 찼던 어린 시절의 추억이다. [52]러버덕을 본 사람들은 자신의 어린 시절을 떠올릴 것이다. 성인이 된 후의 근심 걱정도 없고, 미래에 직면할 생존 스트레스와 환경을 알지 못하고, 기쁨과 즐거움, 앞만 보는 마음만 가진 어린 시절 말이다."라고 호프만은 설명했다. 호프만은 현재 러버덕의 인기가 이렇게 뜨거울 줄은 예상하지 못했다고 밝혔다. 2002년에 작품 구상을 시작했을 때 러버덕을 진정으로 좋아해서 시작한 것도 아니었고 그의 대형 조형물 중에는 원숭이 조형물 등 다른 작품이 더 있었기 때문이다. 하지만 5년간의 구상과 제작, 견본 제작을 거쳐 2007년 러버덕 원형이 드디어 세상에 나오게 되었다. 그는 이 과정을 거치면서 점점 러버덕을 애정하게 되었다고 한다.

러버덕은 지난 15년 동안 세계 일주를 했다. 한 지역에 도착할 때마다 현지의 이목을 끌었고, 관광객들은 줄을 서며 러버덕과 사진을 찍었다. 이 '거대 오리'는 연령, 인종, 국경을 불문하고 즐거움과 행복을 상징한다. '천진난만하다', '귀엽다', '너무 사랑스럽다' 등의 말을 통해 러버덕을 좋아하는 '팬'들은 이 노란 거대 오리에 대한 애정을 한껏 드러냈다. 많은 네티즌들은 인터뷰를 통해 '노란 고무 오리는 어린 시절 목욕할 때의 놀이 동무였는데, 눈앞의 이 노란 오리가 눈 깜짝할 사이에 커버렸다'며 '매일 출근길에 지나다니던 호수가 러버덕의 욕조가 되었고 도시의 삼림을 배경으로 삼고 있다. 러버덕은 우리에게 평생의 어린 시절로 남을 것'이라고 말했다. 매일 바쁘게 고생하는 사람들에게 러버덕은 언제나 귀여운 오리로 남을 것이며 어린 시절의 따뜻함이 항상 우리 앞에 함께할 것이라고 일러 준다.

任何艺术行为想要得到广泛传播，除了其本身的独特魅力，一定少不了宣传和推广，大黄鸭是一个成功的"营销"，但是它又和普通硬广告的营销不同。霍夫曼将其以一种公共艺术的方式来传播，所到之处也都强调其公益性，所以"大黄鸭"本身并没有因为过多的商业捆绑而传达出商业信息，恰恰是这种公益性质的艺术行为，拉近了其和公众的<u>距离</u>。艺术家本身要能抓住当下热点，抓住人们的心理，才能"营销"出一个"大黄鸭文化"。

人们喜欢大黄鸭的一个很重要的原因就是：它本身就是童年的代名词，黄色巨鸭勾起童年回忆，这其实离不开霍夫曼一直以来的创作理念。霍夫曼是一位一直保持好奇心的温暖"奶爸"，每天早上与家人一起吃早餐，之后送孩子上学。接下来就开启工作的一天。[55]<u>对于霍夫曼来说，保持童心非常重要。</u>[56]<u>他认为，人长大之后，总是会强调完美，不敢犯错，但孩子就不一样，他们可以自由地犯错、自由地表达自己的幻想。</u>他的工作，就是希望能将人们从那种刻意强调完美的状态中解脱出来。"你可以自由地谈论幼稚的东西，[56]<u>自由地思考和说话，可以表现得有点儿愚蠢</u>，和它们拍合照，因为你是自由的。"

어떤 예술 행위가 널리 알려지려면 그 자체의 독특한 매력 외에도 반드시 홍보와 전파가 이뤄져야 한다. 러버덕은 성공한 '마케팅'이지만 일반적인 직접광고 마케팅과는 다르다. 호프만은 그것을 공공미술 방식으로 전파했고 설치되는 곳에는 그 공익성을 강조했다. 그래서 러버덕 자체는 과도한 상업적 구속으로 인해 상업적 메시지를 전달하는 것이 아닌 이러한 공익적 성격의 예술 행위로 대중과의 <u>거리</u>를 좁혔다. 예술가는 현재의 트렌드와 사람들의 심리를 파악하고 있어야 '러버덕 문화'와 같은 마케팅을 할 수 있다.

사람들이 러버덕을 좋아하는 주요한 이유는 러버덕 자체가 어린 시절의 대명사이며 이 노란 거대 오리가 어린 시절의 기억을 떠올리게 해 주기 때문이다. 이는 사실 호프만이 여태껏 지켜온 창작 이념과도 통한다. 호프만은 항상 호기심을 품고 사는 따뜻한 사람이고, 아이를 돌보는 아빠다. 매일 아침 가족과 함께 아침밥을 먹은 후 아이를 학교에 보낸 다음 일을 시작한다. [55]호프만에게 있어 동심을 지키는 건 매우 중요하다. [56]사람이 자라고 나면 완벽을 강조하고 실수를 두려워하지만 아이는 이와 달리 마음껏 실수하고 자유롭게 자신의 환상을 표현한다고 호프만은 말했다. 그의 일은 바로 사람들이 억지로 완벽을 강조하는 상태에서 벗어날 수 있게 하는 것이다. "유치한 것에 대해 자유롭게 말해도 되고, [56]자유롭게 사고하고 대화하고 조금 어리숙한 표현을 해도 괜찮아요. 러버덕과 사진을 찍으세요. 당신은 자유로우니까요."

50 根据原文，我们可以知道"大黄鸭"是以什么为造型创作的艺术品？

经典浴盆黄鸭仔

51 大黄鸭的创作者创作大黄鸭的灵感来源于什么？

博物馆中的绘画作品

52 人们看到"大黄鸭"时会想起什么？

自己的童年

53 第三段中的划线词语"出乎意料"还可以用什么词替换？

意料之外

54 第五段划线部分中最适合填入的词是？

距离

50 본문에 따르면 우리는 '러버덕'이 어떤 조형물로 만들어진 예술품인지 알 수 있는가?

전형적인 욕조 속 오리 장난감

51 러버덕 창작자의 창작 영감은 어디에서 왔는가?

박물관의 회화작품

52 사람들은 러버덕을 보고 무엇을 떠올리는가?

자신의 어린 시절

53 세 번째 문단의 밑줄 친 '出乎意料(예상을 벗어나다)'는 어떤 단어로 대체할 수 있는가?

意料之外 (뜻밖이다, 예상 밖이다)

54 다섯 번째 문단의 밑줄 친 빈칸에 알맞은 단어는?

거리

55 结合最后一段，霍夫曼的创作理念最可能是什么？

保持童心

56 霍夫曼认为孩子与成人的不同在于？

是否自由(地思考和说话)

55 마지막 문단을 종합해 봤을 때 호프만의 창작 이념은 무엇일 가능성이 큰가?

동심을 지키는 것

56 호프만은 아이와 성인의 다른 점이 무엇이라고 생각하는가?

자유로움 (자유롭게 사고하고 말할 수 있는가)

大黄鸭 dàhuángyā 명 러버덕 | **荷兰** Hélán 고유 네덜란드 | **艺术家** yìshùjiā 예술가 | **弗洛伦泰因霍夫曼** Fúluòlúntàiyīn Huòfūmàn 고유 플로렌타인 호프만 [인명] | ★**以** yǐ 개 ~로(써), ~를 가지고, ~를 근거로 [以A为B: A를 B로 삼다] | **为** wéi 동 ~가 되다, ~이다 | **浴盆** yùpén 명 욕조 | **黄鸭仔** huángyāzǐ 노랑 오리새끼 | **造型** zàoxíng 명 (만들어 낸 물체의) 이미지, 형상 | **创作** chuàngzuò 창작하다 | ★**巨型** jùxíng 형 초대형의 | **皮** pí 고무 | **鸭** yā 오리 | **尺寸** chǐcun 명 크기 | **自** zì 개 ~에서부터, ~에서 시작하여 | ★**诞生** dànshēng 동 탄생하다 | **阿姆斯特丹** Āmǔsītèdān 고유 암스테르담 [도시명] | **截至** jiézhì 동 (시간적으로) ~까지 마감이다, ~에 이르다 | **先后** xiānhòu 부 연이어 | **造访** zàofǎng 방문하다 | **所到之处** suǒdàozhīchù 가는 곳마다 | **关注** guānzhù 명 관심 | **零售业** língshòuyè 명 소매업 | ★**效益** xiàoyì 명 효과와 이익 | **曾** céng 부 일찍이, 이미, 벌써, 이전에 | ★**灵感** línggǎn 명 영감 | **大多** dàduō 부 대부분, 거의 다 | ★**来源于** láiyuányú ~에서 기원하다, 유래하다 | **倾向** qīngxiàng 동 (한쪽으로) 기울다, 쏠리다, 치우치다 | **绘画** huìhuà 명 회화, 그림 [绘画作品: 회화작품] | **由此** yóucǐ 부 이에 따라, 이에 근거하여 | **栓子** shuānzǐ 명 마개 | **末端** mòduān 명 끝머리, 끄트머리 | **世故** shìgù 명 세상 물정 | **童年** tóngnián 명 어린 시절, 어릴 적 | **回想** huíxiǎng 동 회상하다 | ★**烦恼** fánnǎo 명 걱정 | ★**顾虑** gùlǜ 명 근심, 심려, 걱정 | **拥有** yōngyǒu 동 가지다, 지니다 | ★**喜悦** xǐyuè 명 기쁨 | **向前** xiàngqián 동 앞으로 나아가다, 전진하다 [向前看: 앞을 바라보다] | ★**解读** jiědú 동 해석하다 | **透露** tòulù 동 (정보·상황·의중 등을) 넌지시 드러내다 | **火爆** huǒbào 형 뜨겁다, 왕성하다, 한창이다 | **出乎意料** chūhūyìliào 동 뜻밖이다 [≒料之外] | ★**构思** gòusī 명 구상 | **出于** chūyú ~에서 나오다 | **打样** dǎyàng 동 설계도를 그리다 | ★**原型** yuánxíng 명 원형, 기본 모양 | ★**问世** wènshì 동 (저작·발명품·신제품 따위가) 세상에 나오다 | ★**环球** huánqiú 동 전 세계를 일주하다 [环球旅行: 세계 일주] | ★**瞩目** zhǔmù 명 이목, 주목 [引起瞩目: 이목을 끌다] | **合照** hézhào 동 함께 사진 찍다 | **种族** zhǒngzú 명 인종 | **疆界** jiāngjiè 명 국경 | **美好** měihǎo 형 행복하다 [여기에선 명사적 용법으로 쓰임] | **憨态可掬** hāntàikějū 형 천진난만하다 | **呆萌** dāiméng 허당스럽다 | **讨喜** tǎoxǐ 동 사랑을 받다, 귀여움을 받다 | **众多** zhòngduō 형 매우 많다 | **尽显** jìnxiǎn 완전히 드러내다, 모두 내보이다 | **粉** fěn 명 팬 [粉丝'의 줄임말] | **巨** jù 형 크다 | **喜爱** xǐ'ài 애호 | **忆** yì 회상하다, 상기하다 | **充气** chōngqì 바람을 넣다 | ★**橡皮** xiàngpí 명 고무의 총칭 | **玩伴** wánbàn 장난감 | ★**瞬间** shùnjiān 명 순간, 눈 깜짝할 사이 | **途经** tújīng 동 ~를 지나가다 | ★**水域** shuǐyù 명 수역 | **变成** biànchéng 동 ~로 변하다, ~로 되다, ~가 되다 | **当作** dàngzuò 동 ~로 삼다, ~로 여기다 [把A当作B: A를 B로 삼다, 여기다] | **背景** bèijǐng 명 배경 | **终将** zhōngjiāng 부 결국에는 ~일 것이다 | **逝去** shìqù 동 (시간이) 지나가다 | **辛劳** xīnláo 명 고생, 노고 | **奔波** bēnbō 분주히 뛰어다니다, 분주하다 | **依旧** yījiù 부 여전히 | **伴随** bànsuí 동 따라가다, 동행하다, 함께 가다 | **传播** chuánbō 동 전파하다, 널리 퍼뜨리다 | ★**魅力** mèilì 명 매력 | **营销** yíngxiāo 동 (상품을) 마케팅하다, 판매하다 | **普通** pǔtōng 형 보통이다, 일반적이다, 평범하다 | **硬广告** yìngguǎnggào 명 직접광고 | ★**公益性** gōngyìxìng 공익성 | **本身** běnshēn 명 그 자체, 그 자신 | **捆绑** kǔnbǎng 줄로 묶다 [주로 사람에게 쓰임] | **传达** chuándá 동 전하다, 전달하다 | **恰恰** qiàqià 부 바로, 딱 | ★**公益** gōngyì 명 공익, 공공 이익 | **公众** gōngzhòng 명 공중, 대중 | **抓住** zhuāzhù 붙잡다 | ★**当下** dāngxià 명 요즘, 현재 | **热点** rèdiǎn 명 사람들의 주목을 끄는 곳, 핫스팟 | **勾** gōu 불러일으키다, 상기시키다 | **理念** lǐniàn 명 이념 | ★**好奇心** hàoqíxīn 명 호기심 | **奶爸** nǎibà 아기를 돌보는 아빠 [주로 육아를 위해 휴직한 아빠를 가리킴] | **早餐** zǎocān 명 아침 식사 | ★**开启** kāiqǐ 동 시작하다 | **童心** tóngxīn 동심, 천진한 마음 | **不敢** bùgǎn 동 감히 ~하지 못하다 | **犯** fàn 동 저지르다, 위반하다, 어기다 | ★**刻意** kèyì 진력하다, 고심하다 | ★**解脱** jiětuō 동 벗어나다, 헤어나다 | **谈论** tánlùn 동 담론하다, 논의하다 | **幼稚** yòuzhì 형 유치하다, 미숙하다 | ★**愚蠢** yúchǔn 형 어리석다, 우둔하다 | **原文** yuánwén 명 원문 | **创作者** chuàngzuòzhě 창작자 | ★**替换** tìhuàn 동 교체하다, 바꾸다 | ★**意料之外** yìliào zhī wài 갑자기, 난데없이

57 环境污染、能源短缺等 ｜ 첫 번째 단락의 첫 번째 문장에서 자동차산업의 빠른 발전에 따라 환경오염, 에너지 부족, 자원 고갈과 안전상의 문제 등 다양한 문제가 점점 더 두드러지고 있다고 했다. 이 내용을 간략하게 줄여 '환경오염, 에너지 부족 등'으로 적으면 된다.

58 表示全部用尽 ｜ 밑줄 친 어휘에서 '消耗(소모하다)'와 '尽(다하다)'으로 어느 정도 의미 파악이 가능하지만, 해당 단락과 문장의 문맥에 부합하는지도 점검해 보자. 밑줄 친 어휘의 앞 문장은 에너지와 자원은 언젠가는 '다 쓰고 없어짐'을 의미하고 있음을 알 수 있다.

59 生活必需品、流动办公室 ｜ 두 번째 단락에서 자동차는 사람들과의 연결이 점점 더 긴밀해지고 있으며 더 이상 단순한 교통수단이 아니라, 수많은 사람의 생활필수품이자 문화생활의 일부분이 되었으며, 심지어는 이동하는 사무실이 되기도 한다고 표현했다.

60 优势 / 优点 / 长处 ｜ 세 번째 단락의 첫 번째 문장에서 전기차는 친환경적인 '강점(优势)'이 두드러진다며, 전기차의 장점들에 대한 예시를 들고 있다. 빈칸이 속한 문장이 설명하는 내용도 예시 중 하나로, 교통사고 해결에도 기존 자동차에 비해서 더 '좋다'고 긍정적으로 접근하는 것이 문맥상 자연스럽다.

61 使电能转变为机械能 ｜ 다섯 번째 단락에서 구동 모터와 제어시스템의 주된 기능은 '전기에너지를 기계 에너지로 전환'하고, 기존의 시스템을 통해서 에너지를 자동차 바퀴로 전달하여 자동차가 주행할 수 있도록 하는 것이라고 설명했다.

62 非常急切 ｜ 중국에서는 전기차 연구와 개발 작업을 위해 총공세를 펼치고 있지만 보급화 방면에 있어서는 아직 해결해야 할 문제가 많이 남아있다고 했다. '亟待(시급히 ~을 요하다)'의 의미를 정확히 알지 못했다 하더라도, 문맥상 해결해야 하는 문제가 절박한 문제, 급한 문제라는 것을 파악할 수 있어야 한다.

63 动力系统 ｜ 연료 전기차와 기존 자동차의 차이점은 바로 '동력 시스템'에 있다고 했다. 본문 네 번째 단락에서 '不同之外在于~(다른 점은 ~에 있다)'라며 정답을 그대로 언급하고 있다.

随着汽车工业的高速发展，⁵⁷汽车带来的环境污染、能源短缺、资源枯竭和安全等方面的问题越来越突出。为了保持国民经济的可持续发展，保护人类居住环境和能源供给，各国政府不惜巨资投入大量人力、物力，寻求解决这些问题的各种途径。电动汽车具有良好的环保性能和可以以多种能源为动力的显著特点，既可以保护环境，又可以缓解能源短缺和调整能源结构，保障能源安全。目前，发展电动汽车已成为各国政府和汽车行业的共识，电动汽车的研发已成为汽车行业的热点。因此，无论是从设计、研究和开发的观点还是从实用的角度来看，了解和掌握电动汽车技术的社会需求会越来越大。

汽车自诞生起已有100多年的历史，其发展速度不断加快，与人们的联系也越来越紧密。⁵⁹汽车已不再是一个简单的代步工具，而是成为了许多人的生活必需品和文化生活的一部分，甚至成为一些人的流动办公

자동차산업의 빠른 발전에 따라 ⁵⁷자동차가 가져온 환경오염, 에너지 부족, 자원 고갈과 안전상의 문제 등 다양한 문제가 점점 더 두드러지고 있다. 국민경제의 지속적 발전을 유지하고, 인류 거주 환경과 에너지 공급을 보호하기 위해 각국 정부는 막대한 인적자원, 물적자원을 투자함으로써 이 문제들을 해결할 여러 가지 방법을 모색하고 있다. 전기차는 우수한 친환경 기능과, 여러 에너지를 동력으로 할 수 있다는 뚜렷한 특징을 가지고 있어서 환경을 보호할 수 있으면서도 에너지 부족을 해결하고 에너지 구조를 조정하며, 에너지 안보를 보장할 수 있다. 오늘날 전기차 발전에 대해 각국 정부와 자동차업계는 공통된 인식을 갖게 되었으며, 전기차 연구는 자동차업계의 핫이슈가 되었다. 따라서 설계와 R&D의 관점에서나 실용적인 관점에서나 전기차 기술을 이해하고 파악하는 것에 대한 사회적 수요가 점차 커지고 있다.

자동차는 탄생으로부터 백여 년의 역사가 있고, 그 발전 속도는 계속해서 빨라지면서 사람들과의 연결이 점점 더 긴밀해지고 있다. ⁵⁹자동차는 더 이상 단순한 교통수단이 아니라, 수많은 사람의 생활필수품이자 문화생활의 일부가 되었으며, 심지어 어떤 사람에게는 이동하는 사무실이 되었다. 자동차의

室。汽车的普及程度和技术水平已成为一个国家或地区现代化程度的标志。伴随着人们生活水平的提高，人类对生存环境的要求也越来越高，降低汽车的有害排放物的呼声与日俱增。就目前的情况来看，汽车面临的挑战之一就是能源供应问题。从可持续发展的观点出发，人类应设法减少对有限的石油资源的消耗，同时积极研究石油枯竭后汽车面临的能源问题。目前使用的主要能源有石油、煤、天然气、核能(原子能)、水能、风能以及可再生资源等。虽然每年都有新的油田、气田的发现，但是这些资源都是有限的，总有一天会"<u>消耗殆尽</u>"。

由于电动汽车具有突出的环保方面的优势，使得电动汽车的开发和研究成为各国开发绿色汽车的主流。电动汽车使用的能源是一切可以用于发电的能源。因此使用电动汽车可以摆脱汽车对化石燃料的依赖，改善能源结构，使能源供给多样化，也使能源的供给有保障。电动汽车在解决道路交通事故方面和传统汽车相比也具有一定的<u>优势 / 有点 / 长处</u>。因此，开发电动汽车是迎接汽车面临挑战的重要对策之一。

燃料电池电动汽车的外形和内部空间与普通内燃机汽车几乎没什么差别。单凭外形是无法区分燃料电池汽车与普通内燃机汽车的。[63]<u>燃料电动汽车与传统汽车的不同之处在于动力系统</u>。燃料电池电动汽车的动力系统主要由动力控制单元、电动机、电池组、燃料箱、储能装置及燃料加入口等组成。其工作原理是由从燃料电池组出发的电流经过逆变器后进入电动机，然后驱动汽车行驶，或者经过转换器向蓄电池充电，当汽车行驶时需要的动力超过电池的发电能力时，蓄电池也参与工作，其电流会经过转换器进入电动机驱动汽车行驶。

驱动电机及其控制系统是燃料电池汽车的心脏，[61]<u>它的主要功能是使电能转变为机械能</u>，并通过传统系统将能量传动到车轮驱动车辆行驶。其基本构成有两个部分：电机及控制器。电机由控制器控制，是一个将电能转变为机械能的装置。控制器的作用是将动力源的电能转变为适合于电机运行的另一种形式的电能，所以控制器本质上是一个电能变换控制装置。

보급 정도와 기술 수준은 한 국가나 지역의 현대화 정도를 가늠하는 지표가 되었다. 사람들의 생활수준이 높아짐에 따라 생활 환경에 대한 사람들의 요구 또한 점점 높아졌으며, 자동차의 유해 물질 배출을 줄여야 한다는 목소리도 점차 커지고 있다. 현재의 상황으로 본다면 자동차가 직면한 도전 중 하나는 바로 에너지 공급 문제이다. 지속 가능한 발전이라는 관점에서 시작한다면 인류는 유한한 석유 자원의 소모를 줄이는 방법을 강구하는 동시에, 석유 고갈 후 자동차가 직면할 에너지 문제를 적극적으로 연구해야 한다. 현재 사용하고 있는 주요 에너지는 석유, 석탄, 천연가스, 원자력에너지, 수력에너지, 풍력에너지와 재생 가능 자원 등이 있다. 매년 새로운 유전과 가스전이 발견되지만 이러한 자원은 유한하며 언젠가는 '소진'될 것이다.

전기차는 친환경적인 강점이 두드러지기 때문에 전기차의 개발과 연구는 각국의 친환경 자동차 개발의 주류가 되었다. 전기차가 사용하는 에너지는 모두 발전하는 데에 사용할 수 있는 에너지다. 따라서 전기차를 사용하면 화석연료에 대한 자동차의 의존성에서 벗어나서 에너지 구조를 개선하고 에너지 공급을 다원화할 수 있으며 에너지 공급을 보장할 수도 있게 된다. 전기차는 도로 교통 사고 해결 방면에서도 기존 자동차에 비해서 어느 정도 <u>강점</u>이 있다. 따라서 전기차 개발은 자동차가 직면한 과제를 맞이하는 중요한 해결책 중 하나이다.

연료전지 전기차의 외형과 내부 공간은 일반 내연기관 자동차와 거의 다를 바가 없다. 외형만 보고서는 연료전지 자동차와 일반 내연기관 자동차를 구분할 수 없다. [63]<u>연료 전기차와 기존 자동차의 차이점은 동력 시스템에 있다</u>. 연료전지 자동차의 동력 시스템은 동력 제어 유닛, 모터, 전지팩, 연료 탱크, 에너지 저장 장치 및 연료 투입구 등으로 구성되어 있다. 작동 원리는 연료전지 팩에서 출발한 전류가 인버터를 거쳐 모터에 들어간 뒤에 자동차가 주행하도록 시동을 걸거나 컨버터를 거쳐 축전지를 충전하는 것이다. 자동차가 주행할 때는 필요한 동력이 전지의 발전 능력을 초과하면 축전지도 작동에 참여하는데, 이때 전류는 컨버터를 거쳐 모터로 들어가 자동차가 주행할 수 있도록 한다.

구동 모터와 제어시스템은 연료전지 자동차의 심장이나 마찬가지다. [61]<u>주된 기능은 전기에너지를 기계 에너지로 전환하고</u>, 기존의 시스템을 통해서 에너지를 자동차 바퀴로 전달하여 자동차가 주행할 수 있도록 하는 것이다. 기본적인 구성은 모터와 제어장치 두 부분이 있다. 모터는 제어장치로 제어하는, 전기에너지를 기계 에너지로 바꿔 주는 장치다. 제어장치의 역할은 동력원인 전기에너지를 모터를 돌리는 데에 적합한 다른 형태의 전기에너지로 바꿔 주는 것이다. 따라서 제어장치는 본질적으로 전기에너지 변환 제어장치다.

截止目前，燃料电池可以采用的电机驱动系统有直流电机驱动系统、异步电机驱动系统、同步电机驱动系统和开关磁阻电机驱动系统。与世界其他国家一样，电动汽车研发工作也在中国如火如荼地进行着。国家从维护能源安全、改善大气环境、提高汽车工业竞争力、实现中国汽车工业的跨越式发展的战略高度考虑，设立"电动汽车重大科技专项"，通过组织企业、高等院校和科研机构，集中国家、地方、企业、高校、科研院所等方面的力量进行联合攻关。为此，国家共计拨款8.8亿元作为这一重大科技专项的经费。然而，在电动汽车的商业化运作上，无论从产品技术还是从市场开发方面，都还面临着许多<u>亟待解决的问题</u>，这就需要政府的大力支持。比如，加快制定相关技术标准，出台对节能、环保汽车的税费减免和补贴措施，在基础设施建设上提供便利条件等。

지금까지 연료전지가 사용한 모터 드라이브 시스템에는 직류 모터 드라이브 시스템, 비동기 모터 드라이브 시스템, 동기 모터 드라이브 시스템과 스위치드 릴럭턴스 모터 드라이브 시스템이 있다. 여느 나라와 같이 전기차 연구 개발 작업 또한 중국에서 왕성하게 진행되고 있다. 국가는 에너지 안보 유지, 대기 환경 개선, 자동차 산업 경쟁력 제고, 중국 자동차 산업의 비약적 발전 실현이라는 전략적 관점을 고려하여 '전기차 중대 과학기술 프로젝트'를 세웠고, 기업과 대학, 연구 기관을 조직하여 국가, 지방, 기업, 대학, 과학 연구 기관 등의 힘을 합쳐 총공세를 펼치고 있다. 이를 위해 중국은 총 8억 8천만 위안을 이 중대 과학기술 프로젝트의 경비로 지급했다. 그러나 전기차의 보급화에는 상품 기술에서나 시장 개발에서나 아직 시급히 해결해야 할 수많은 문제가 있다. 이는 정부의 대대적인 지원이 필요하다. 예컨대 관련 기술 기준을 제정하고, 에너지 절감 및 친환경 자동차에 대한 세금 감면과 보조금 정책 등을 만들고 인프라 시설에 편의 조건을 제공하는 등의 조치가 있다.

57 汽车工业高速发展带来了哪些问题?

环境污染、能源短缺等

57 자동차산업의 고속 발전은 어떤 문제를 가져왔는가?

환경오염, 에너지 부족 등

58 如何理解第二段中的划线词语"消耗殆尽"?

表示全部用尽

58 두 번째 단락의 밑줄 친 '소진'은 무슨 뜻인가?

모두 사용함

59 如今的汽车对许多人来说意味着什么?

生活必需品、流动办公室

59 오늘날 자동차는 많은 사람에게 어떤 의미인가?

생활필수품이자 이동하는 사무실

60 第三段中的空格处最适合填入什么词?

优势 / 优点 / 长处

60 세 번째 단락의 밑줄 친 부분에는 어떤 단어가 어울리는가?

优势 / 优点 / 长处 (강점)

61 驱动电机及其控制系统的主要功能是?

使电能转变为机械能

61 드라이브 모터와 제어시스템의 핵심 기능은 무엇인가?

전기에너지를 기계 에너지로 전환하는 것

62 如何理解最后一段中"亟待解决的问题"中的"亟待"?

非常急切

62 마지막 단락의 '해결해야 할 문제'에서 '亟待'는 무슨 뜻인가?

매우 시급함

63 燃料电动汽车与传统汽车不同之处是什么?

动力系统

63 연료 전기차와 기존 자동차의 차이점은 무엇인가?

동력 시스템

高速 gāosù 형 고속의, 빠른 | 短缺 duǎnquē 동 (물자가) 부족하다, 모자라다 | 枯竭 kūjié 동 고갈되다, 소멸하다 | 可持续发展 kěchíxù fāzhǎn 명 지속 가능한 발전 | 居住 jūzhù 동 거주하다 | 供给 gōngjǐ 동 공급하다, 제공하다 | ★不惜 bùxī 동 아끼지 않다 | 巨资 jùzī 거액, 막대한 자금 | 人力 rénlì 명 인력, 인적자원 | 物力 wùlì 명 물적자원, 물자 | 寻求 xúnqiú 동 찾다, 탐구하다 | 途径 tújìng 명 방법, 방도 | 电动汽车 diàndòng qìchē 명 전기자동차 | 环保 huánbǎo 명 환경보호 ['环境保护'의 줄임말] | 性能 xìngnéng 명 성능 | 动力 dònglì 명 동력 | 显著 xiǎnzhù 형 뚜렷하다, 두드러지다 | 保障 bǎozhàng 동 (생명·재산·권리 등을) 보장하다 | ★共识 gòngshí 명 공통의 인식 | 研发 yánfā 동 연구 제작하여 개발하다 | 热点 rèdiǎn 핫이슈, 화제 | 来看 láikàn ~에서 보면, ~에게 있어서 [从A角度来看: A의 관점에서 보면] | 诞生 dànshēng 동 탄생하다 | 加快 jiākuài 동 빠르게 하다 | 紧密 jǐnmì 긴밀하다, 밀접하다 | 不再 búzài 부 더는 ~가 아니다 | 代步 dàibù 명 (말·자동차 따위의) 탈것 [代步工具: 교통수단] | 必需品

bìxūpǐn 圄 필수품 | 流动 liúdòng 동 옮겨 다니다 [流动办公室: 옮겨 다니는 사무실, 이동하는 사무실] | 普及 pǔjí 圄 보급, 보편화 | ★伴随 bànsuí 동 동행하다, 수반하다 | 生存 shēngcún 동 생활하다 | 有害 yǒuhài 동 해롭다, 유해하다 | 排放物 páifàngwù 圄 배출물질 | ★呼声 hūshēng 圄 사람들의 강렬한 요구와 바람, 대중의 목소리 | ★与日俱增 yǔrì jùzēng 성 날로 많아지다 | 供应 gōngyīng 圄 공급, 제공, 보급 | ★设法 shèfǎ 동 방법을 강구하다 | 有限 yǒuxiàn 혱 유한하다, 한계가 있다 | 石油 shíyóu 圄 석유 | 消耗 xiāohào 동 (정신·힘·물자 등을) 소모하다 | 煤 méi 圄 석탄 | 天然气 tiānránqì 圄 천연가스 | ★核能 hénéng 圄 원자력 | 原子能 yuánzǐnéng 圄 원자력 | 水能 shuǐnéng 圄 수력에너지 | 风能 fēngnéng 圄 풍력 | 可再生资源 kězàishēng zīyuán 圄 재생가능 에너지원 | 油田 yóutián 圄 유전 | 气田 qìtián 圄 가스전, 천연가스가 나오는 곳 | 总有一天 zǒngyǒu yì tiān 언젠가는 | 消耗 xiāohào 동 소모하다 | 殆尽 dàijìn 동 거의 다 하다 | 使得 shǐde 동 ~로 하여금 ~하게 하다 | 绿色汽车 lǜsè qìchē 圄 친환경 자동차 | 主流 zhǔliú 圄 주류 | 发电 fādiàn 동 발전하다 | 摆脱 bǎituō 동 (속박·규제·생활상의 어려움 등에서) 벗어나다 | 化石燃料 huàshí ránliào 圄 화석연료 | 依赖 yīlài 동 의존하다 | 道路 dàolù 圄 도로, 길 | 交通事故 jiāotōng shìgù 圄 교통사고 | 相比 xiāngbǐ 동 비교하다, 견주다 [与……相比: ~와 비교하다] | 对策 duìcè 圄 대책, 대비책 | 电池 diànchí 圄 전지 | 外形 wàixíng 圄 외형 | 普通 pǔtōng 혱 보통이다, 일반적이다 | 内燃机车 nèirán jīchē 내연기관 자동차, 디젤기관차 | 差别 chābié 圄 차이 | 区分 qūfēn 동 구분하다, 분별하다 | 动力控制单元 dònglì kòngzhì dānyuán 圄 동력 통제 유닛 | 电动机 diàndòngjī 圄 모터, 전동기 | 电池组 diànchízǔ 圄 전지 팩 | 燃料箱 ránliàoxiāng 圄 연료탱크 | 储能装置 chǔnéng zhuāngzhì 圄 에너지 저장 장치 | 加入口 jiārùkǒu 圄 투입구 | 原理 yuánlǐ 圄 원리 | 电流 diànliú 圄 전류, 전류의 세기 | 逆变器 nìbiànqì 圄 (직류를 교류로 변환시키는) 인버터 | 驱动 qūdòng 圄 시동, 구동, 부팅 | 转换器 zhuǎnhuànqì 圄 전환기, 변환기 | 蓄电池 xùdiànchí 圄 축전지 | 充电 chōngdiàn 동 충전하다 | 行驶 xíngshǐ 동 (차나 배 등이) 통행하다, 운항하다 | 电能 diànnéng 圄 전기에너지 | 机械能 jīxiènéng 圄 기계 에너지 | 能量 néngliàng 圄 에너지 | 传动 chuándòng 동 동력을 전달하다 | 车轮 chēlún 圄 차바퀴 | 车辆 chēliàng 圄 차량 | 装置 zhuāngzhì 圄 장치, 설비 | 本质 běnzhì 圄 본질 | 变换 biànhuàn 동 변환하다, 바꾸다 | 截止 jiézhǐ 동 마감하다, 일단락짓다 [截止目前: 지금까지] | 采用 cǎiyòng 동 적합한 것을 골라 쓰다 | 直流 zhíliú 圄 직류 | 驱动系统 qūdòng xìtǒng 圄 드라이브 시스템 | 异步 yìbù 圄 비동기 | 同步 tóngbù 圄 동기 | 开关磁阻电机 kāiguān cízǔ diànjī 圄 스위치드 릴럭턴스 모터 | 如火如荼 rúhuǒrútú 圄 불이 활활 타오르듯 기세가 왕성하다 | 维护 wéihù 동 유지하고 보호하다, 지키다 | 大气 dàqì 圄 대기, 공기 | 竞争力 jìngzhēnglì 圄 경쟁력 | 跨越式 kuàyuèshì 혱 비약적, 획기적 | 战略 zhànlüè 圄 전략 [전술의 상위개념임] | 高度 gāodù 圄 높이 | 专项 zhuānxiàng 圄 전문 항목 | 科研 kēyán 圄 과학 연구 | 机构 jīgòu 圄 기구 (기계의 내부구조나 장치) | 攻关 gōngguān 동 난관을 뛰어넘다 | 为此 wèicǐ 젭 이 때문에, 이를 위해서, 그런 까닭에 | ★拨款 bōkuǎn 동 (정부나 상급 기관이) 돈을 내주다, 지급하다 | 经费 jīngfèi 圄 (사업·지출상의) 경비, 비용 | 商业化 shāngyèhuà 상업화 | 运作 yùnzuò 동 (기구·조직 등이) 활동하다, 운행하다 | 亟待 jídài 동 시급히 (~를) 요하다, 기다리다 | 大力 dàlì 圄 힘껏, 강력하게 | 出台 chūtái 동 안건을 만들다 | 税费 shuìfèi 圄 세금과 비용 | ★减免 jiǎnmiǎn 동 감면하다 | 便利 biànlì 혱 편리하다 동 편리하게 하다 | 用尽 yòngjìn 동 다 쓰다, 모두 써 버리다 | 急切 jíqiè 혱 절박하다, 다급하다, 긴박하다, 절실하다

01 도표 보고 200자 작문하기

● Day 02   모범 답안은 아래 해설 참고

풀이

STEP 1 도표의 주제 파악하기

기상정보

STEP 2 도표의 구성 요소 파악하고 수치 분석하기

最高气温(최고 기온), 最低气温(최저 기온), 天气(날씨), 风向(풍향), 风力(풍력)이 날짜별로 정리되어 있다.

STEP 3 획득한 정보에 알맞게 서술 방법 정하기

'기상정보'에서 청자/독자가 가장 확인하고 싶은 정보가 무엇일지 생각하고 그것을 중심으로 서술하자.

- **주요 내용 분석**: '기온'과 '비'에 대해 서술하되, 나열하지 말고 특징적인 정보 위주로 전달하자.
- **세부 내용 분석**: 풍향, 풍력은 날짜별 특징적인 차이점이 없으니 묶어서 한 번에 언급하자.
- **추가 분석**: 도표에 제시된 '기온' 수치를 통해 '일교차'라는 요소를 추가로 정리해 볼 수 있다.

请对表格进行描述与分析，你所在城市的气象信息，限时十五分钟。

日期	最高气温(℃)	最低气温(℃)	天气	风向	风力
2023-08-01	29	24	阵雨	东风	微风
2023-08-02	26	21	中雨转阴	东北风	微风
2023-08-03	27	21	阴天	东北风	微风
2023-08-04	31	23	阵雨	东风	微风
2023-08-05	29	23	阴转阵雨	东风	微风
2023-08-06	26	21	中雨转阴	东北风	微风

모범 답안

这是一项关于我所在城市的气象信息的图表。通过这张图表可以知道，从8月1日到8月6日，最高气温超过了26度，最低气温都不低于21度，且这几天的平均气温较高。8月4日这一天温差最大，是8度，其它日子的温差都在5~6度以内。尽管这几天的气温较高，但几乎每天都会有微风，并且是持续的阴雨天气。要特别提醒大家的是，8月1日和8月4日有阵雨，出门时要记得带雨伞。

이 표는 제가 살고 있는 도시의 기상정보에 관한 도표입니다. 이 도표를 통해서 알 수 있듯이, 8월 1일에서 6일까지 최고 기온은 26도를 웃돌며 최저기온도 21도 아래로 내려가지 않아 따뜻한 날씨가 이어지겠습니다. 8월 4일의 일교차가 8도로 가장 크며 다른 날의 일교차는 5~6도 이내임을 알 수 있습니다. 며칠간 기온은 높지만 거의 매일 약한 바람이 불며 흐린 날씨와 비가 지속될 예정입니다. 특히 8월 1일과 4일은 소나기가 있을 예정이니 외출 시 우산을 꼭 챙기길 당부드립니다.

气象 qìxiàng 명 기상 | ★**图表 túbiǎo** 명 도표, 통계표 | **温差 wēnchā** 명 온도차, 일교차 | **度 dù** 양 (온도·밀도·농도 따위의) 단위 | **再有 zàiyǒu** 접 또한, 또 [보충해야 할 내용을 이끌어 냄] | **气温 qìwēn** 명 기온 | **微风 wēifēng** 명 미풍 | **阴雨 yīnyǔ** 명 음우, 몹시 흐린 가운데 오는 비 | **阵雨 zhènyǔ** 명 소나기

▶ 주요 구문/표현 정리하기

- **这是一项关于A的图表** 이 표는 A에 관한 도표이다
- **通过这张图表可以知道** 이 도표를 통해 알 수 있듯이
- **从A到B** A에서 B까지
- **尽管A但B** 비록 A하지만 B하다

tip 자주 쓰는 표현을 익혀 두면, 문장을 만들 때 시간을 훨씬 단축할 수 있다.

● **Day 03** 모범 답안은 아래 해설 참고

풀이

STEP 1 도표의 주제 파악하기

중국 피트니스 인들이 헬스장을 자주 가는 이유

STEP 2 도표의 구성 요소 파악하고 수치 분석하기

- **구분 항목**: 성별(남, 녀)
- **막대그래프의 가로축**: 헬스장을 자주 가는 이유
- **막대그래프의 세로축**: 비율(%)

STEP 3 획득한 정보에 알맞게 서술 방법 정하기

그래프에서 항목별 수치와 남녀 간 차이를 분석한다.

- **주요 내용 분석**: 성별과 관계없이 가장 높은 항목은 '个人兴趣(개인 흥미)'이다.
- **세부 내용 분석**: 항목별 수치를 언급한다.
- **추가 분석**: 남녀 응답 비율 차이가 가장 큰 항목은 '想练肌肉(근육을 만들기 위해서)'이다.

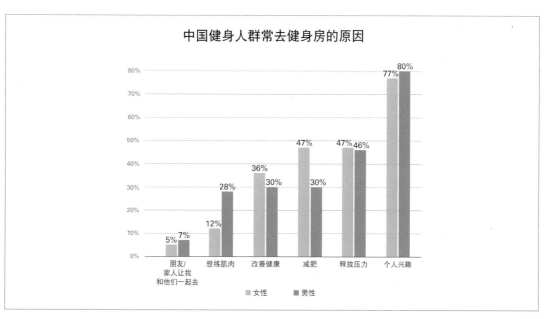

这个图表是关于"中国健身人群常去健身房的原因"的调查。调查显示：因为兴趣而选择去健身房的男性为百分之80，女性为百分之77，是所有原因中最高的。其次，在选择"释放压力"的人群当中，男性占百分之46，女性占百分之47。而选择"减肥"选项的女性比较多，比率为百分之47，男性的比率为百分之30。最后，比率最少的选项为"朋友/家人让我和他们一起去"，此选项的男性比率为百分之7，女性比率为百分之5。此外，比起女性，男性为了练肌肉去健身房的人数更多。

이 그래프는 중국 피트니스 인들이 헬스장을 자주 가는 이유에 관한 조사이다. 조사 결과 취미로 헬스장을 가는 것을 선택한 남성이 80%, 여성이 77%로 모든 이유 중에 가장 많았다. 다음으로 '스트레스 해소'를 선택한 사람 중 남성은 46%, 여성은 47%를 차지했다. '다이어트'를 선택한 여성이 47%로 비교적 많았으며 남성의 비율은 30%였다. 마지막으로 비율이 가장 적었던 항목은 '친구 또는 가족이 함께 가자고 해서'로, 남성의 비율은 7%, 여성은 5%였다. 이 외에 여성보다 남성들이 '근육을 만들기 위해서' 헬스장을 찾는 경우가 더 많았다.

人群 rénqún 명 군중, 무리 | ★**释放** shìfàng 통 방출하다 | ★**选项** xuǎnxiàng 통 항목을 고르다 명 선택 항목 | **比率** bǐlǜ 명 비율 | ★**比起** bǐqǐ ~와 비교하다

▶ **주요 구문/표현 정리하기**

- **这个图表是关于……的调查**
  이 그래프는 ~에 관한 조사이다
- **调查显示** 조사에서 ~라고 나타나다
- **……是所有原因中最高的**
  ~는 모든 이유 중 가장 많다

- **选择……选项的女性比较多**
  ~항목을 고른 여성의 비율이 비교적 많다
- **比率为百分之30** 비율이 30%이다
  ＊为를 빼먹지 않도록 하자!
- **比起……** ~와 비교해서

 tip 평소에 주요 구문을 이용해서 작문을 많이 연습해 보자!

● **Day 05** 모범 답안은 아래 해설 참고

풀이

STEP 1 도표의 주제 파악하기

중국에 유학 온 학생 중 그 수가 가장 많은 상위 10개 국가와 비율

STEP 2 도표의 구성 요소 파악하고 수치 분석하기

- **원그래프의 구성 항목:** 국가

STEP 3 획득한 정보에 알맞게 서술 방법 정하기

- **주요 내용 분석:** 기타 항목의 비율이 가장 높고, 그 다음 높은 항목은 '韩国(한국)'이다.
- **세부 내용 분석:** 태국, 파키스탄, 인도, 미국 등 다른 국가의 비율 차이는 미세한 수준이다.
- **추가 분석:** 일본과 한국은 중국과 거리가 가깝고 같은 한자문화권임에도 유학생 비율 차이가 꽤 있다.
  상위 10개국 중 미국, 러시아를 제외하면 전부 아시아 대륙에 위치한 국가이다.

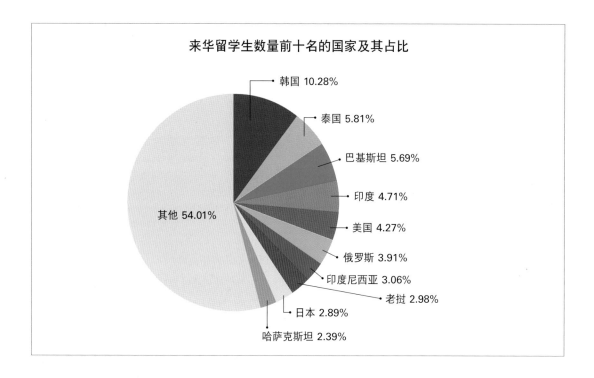

来华留学生数量前十名的国家及其占比

韩国 10.28%

泰国 5.81%

巴基斯坦 5.69%

印度 4.71%

美国 4.27%

俄罗斯 3.91%

印度尼西亚 3.06%

老挝 2.98%

其他 54.01%

日本 2.89%

哈萨克斯坦 2.39%

모범 답안

　　这是一项关于来华留学生数量前十名的国家及其占比的调查。从这张图表中可以明显看出，包含着多国留学生的"其他"选项占比最高，是54.01%。其次是韩国，占10.28%。然后是泰国5.81%，巴基斯坦5.69%，印度4.71%，美国4.27%。虽然日本跟韩国一样，离中国较近，也属于"汉字文化圈"的国家，但是日本留学生的数量比韩国少得多，占比为2.89%。排名前10位的国家中，除美国、俄罗斯以外的8个国家都位于亚洲大陆，由此可见亚洲国家的学生在中国留学的比重较高。

　　이것은 중국에 유학 온 학생 중 그 수가 가장 많은 상위 10개 국가와 비율에 관한 조사이다. 그래프를 보면 여러 국가의 유학생이 포함된 '기타' 항목이 54.01%로 가장 높다는 것을 명확히 알 수 있다. 두 번째는 한국으로, 10.28%를 차지했다. 다음으로 태국 5.81%, 파키스탄 5.69%, 인도 4.71%, 미국 4.27% 순서로 나타났다. 일본은 한국과 마찬가지로 중국과 가깝고 한자문화권에 속한 나라이지만 일본인 유학생 비율은 2.89%로 한국인 유학생보다 훨씬 적었다. 상위 10개국 중 미국, 러시아를 제외한 8개국이 아시아 대륙에 위치한 국가로, 아시아 국가 학생의 중국 유학 비중이 높다는 것을 알 수 있다.

华 Huá [고유] 중국 | 留学生 liúxuéshēng [명] 유학생 | ★及其 jíqí [접] 그에 따르는 [명사나 명사성 구를 연결하여 후자가 전자에 종속됨을 나타냄] | 占比 zhànbǐ [명] 전체 중 차지하는 비율 | 看出 kànchū [동] 알아차리다, 간파하다 | ★选项 xuǎnxiàng [명] 선택 항목, 제시된 항목 | 泰国 Tàiguó [고유] 태국 | 巴基斯坦 Bājīsītǎn [고유] 파키스탄 | 印度 Yìndù [고유] 인도 | 日本 Rìběn [고유] 일본 | 汉字 Hànzì [고유] 한자 | 文化圈 wénhuàquān [명] 문화권 | 俄罗斯 Éluósī [고유] 러시아 | 大陆 dàlù [명] 대륙 | 比重 bǐzhòng [명] 비중

▶ **주요 구문/표현 정리하기**

• 这是一项关于……的调查
　이것은 ~에 관한 조사이다

• 从这张图表中可以明显看出
　이 그래프로 명확히 알 수 있듯이

• A跟B一样 A는 B와 같다

• A比B少得多 A는 B보다 훨씬 적다

• 占比为…… 차지하는 비율이 ~이다

풀이

__STEP 1__　도표의 주제 파악하기

　　대학생이 매일 휴대폰으로 인터넷을 하는 시간

__STEP 2__　도표의 구성 요소 파악하고 수치 분석하기

- **막대그래프의 가로축**: 대학생이 매일 휴대폰으로 인터넷을 하는 시간
- **막대그래프의 세로축**: 비율(%)

__STEP 3__　획득한 정보에 알맞게 서술 방법 정하기

- **주요 내용 분석**: 하루 3~5시간 휴대폰을 사용하는 학생의 비중이 가장 크다.
- **세부 내용 분석**: 그다음으로는 1~3시간, 5~7시간 사용하는 학생의 비중이 크다.
- **추가 분석**: 4명 중 3명의 학생이 매일 3시간 넘게 휴대폰을 사용한다는 점을 알 수 있다.

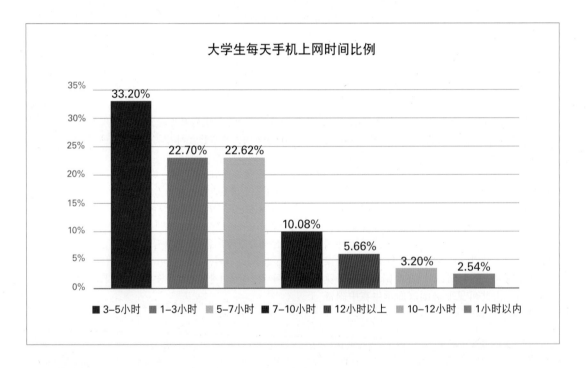

大学生每天手机上网时间比例

모범 답안

　　这是一张关于大学生上网比例的图表，根据调查显示：每天玩儿3-5小时手机的学生占所有调查人数的最大比例，达到了33.20%。每天玩儿1-3小时的学生和玩儿5-7小时的学生之间，比例几乎相差无几，分别为22.70%和22.62%。从图表中我们还可以看出，竟然

　　이것은 대학생이 매일 휴대폰으로 인터넷을 하는 시간 비율에 관한 그래프이다. 조사 결과에 따르면 매일 3~5시간 휴대폰을 사용하는 학생은 33.20%로 전체 조사 인원 중 비중이 가장 컸다. 매일 휴대폰 사용 시간이 1~3시간과 5~7시간인 학생의 비중은 각각 22.70%와 22.62%로 거의 비슷했다. 그래프에서 알 수 있듯이 놀랍게도 매일 하루 휴대폰 사용 시간이 12

有每天使用手机上网超过12小时的学生，他们的占比为5.66%。位于倒数第一的群体为每天玩1小时以内手机的学生，仅占2.54%。由此可见，四名学生中，有三名学生每天会花三小时以上的时间用手机上网。

시간을 넘는 학생도 있으며 그 비중은 5.66%인 것으로 나타났다. 가장 비중이 작은 집단은 하루 사용 시간이 1시간 이내인 학생으로 2.54%만을 차지했다. 이로써 4명 중 3명의 학생이 매일 3시간 넘게 휴대폰을 사용하는 것을 알 수 있다.

人数 rén shù 사람 수 | ★相差 xiāngchà 통 서로 차이가 나다, 서로 다르다 | 无几 wújǐ 형 얼마되지 않다, 매우 적다 [相差无几: 막상막하이다, 거의 비슷하다] | 看出 kànchū 통 알아차리다, 간파하다 | 占比 zhànbǐ 명 전체 중 차지하는 비율 | 倒数 dàoshǔ 통 거꾸로 세다, 뒤에서부터 세다 | 群体 qúntǐ 명 단체, 집단 | 仅 jǐn 부 겨우, 단지, 다만 | ★由此可见 yóucǐ kějiàn 이로부터 ~를 알 수 있다/볼 수 있다

▶ 주요 구문/표현 정리하기

- 这是一张关于A的图表 이것은 A에 관한 그래프이다
- 根据调查显示 조사 결과에 따르면
- 达到了…… ~에 도달하다 (+숫자)
- 比例几乎相差无几 비율이 거의 비슷하다
- 分别为A和B 각각 A와 B이다 *为를 꼭 넣자!
- 从图表中我们还可以看出 그래프에서 알 수 있듯이
- 由此可见 이로부터 ~을 알 수 있다

● **Day 19** 모범 답안은 아래 해설 참고

[풀이]

STEP 1 도표의 주제 파악하기

2023년 중국 인터넷쇼핑 사용자의 인터넷 구매 행동의 주요 영향 요인에 대한 조사

STEP 2 도표의 구성 요소 파악하고 수치 분석하기

- **막대그래프의 가로축**: 비율(%)
- **막대그래프의 세로축**: 인터넷 구매 행동 영향 요인

STEP 3 획득한 정보에 알맞게 서술 방법 정하기

- **주요 내용 분석**: '전자상거래 행사일, 플랫폼 프로모션'이 차지하는 비율이 가장 높다.
- **세부 내용 분석**: 다른 영향 요인의 비율을 언급한다.
- **추가 분석**: 전자상거래 행사일, 플랫폼 프로모션이 35%, 브랜드 프로모션이 17.6%로 주요 영향 요인 1위, 2위를 차지한 것에서 프로모션 같은 할인 행사가 소비자에게 주는 영향이 가장 컸다는 점을 알 수 있다.

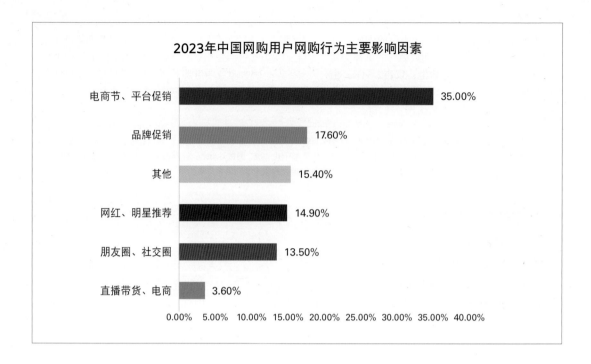

2023年中国网购用户网购行为主要影响因素

항목	비율
电商节、平台促销	35.00%
品牌促销	17.60%
其他	15.40%
网红、明星推荐	14.90%
朋友圈、社交圈	13.50%
直播带货、电商	3.60%

0.00% 5.00% 10.00% 15.00% 20.00% 25.00% 30.00% 35.00% 40.00%

모범 답안

　　此图表列出了2023年中国网购用户网购行为主要影响因素的调查结果。从这张图表中可以看出，"电商节、平台促销"这一项所占的比例为35%，遥遥领先于其他选项。"品牌促销"这一项排在第二，占比为17.6%。"其它"与"网红、明星推荐"这两个项目的占比不相上下，分别为15.4%和14.9%。出乎意料的是，"直播带货、电商"这一项排在倒数第一，占3.6%。由此可见，促销之类的打折活动对消费者的影响是最大的。

　　이 그래프는 2023년 중국 인터넷 사용자의 인터넷쇼핑 행동의 주요 영향 요인에 대한 조사 결과를 보여 주고 있다. 그래프에서 알 수 있듯이 '전자상거래 행사일, 플랫폼 프로모션'이 차지하는 비율은 35%로 다른 항목보다 월등히 앞선 것으로 나타났다. 2위는 '브랜드 프로모션'으로 17.6%를 차지했다. '기타'와 '왕홍이나 연예인 추천' 항목은 각각 15.4%, 14.9%로 차지하는 비율이 비슷했다. 예상외로 '라이브 커머스, 전자상거래' 항목은 3.6%로 최하위였다. 이로써 프로모션 같은 할인 행사가 소비자에게 주는 영향이 가장 크다는 것을 알 수 있다.

★**图表** túbiǎo 몡 도표, 통계표 | **列出** lièchū 동 열거하다, 나열하다 | **网购** wǎnggòu 동 인터넷쇼핑을 하다 | **用户** yònghù 몡 사용자, 가입자 | **电商** diànshāng 전자상거래 | **平台** píngtái 플랫폼 | **促销** cùxiāo 동 판촉하다, 판매를 촉진시키다 | **遥遥** yáoyáo 형 까마득하다, 아득히 멀다 | **领先** lǐngxiān 동 선두에 서다, 앞서다, 리드하다 | **品牌** pǐnpái 동 브랜드 | **排** pái 차례에 놓다, 배열하다 | **占比** zhànbǐ 몡 전체 중 차지하는 비율 | ★**不相上下** bùxiāng shàngxià 셍 막상막하, 우열을 가릴 수 없다 | **出乎意料** chūhū yìliào 셍 예상을 벗어나다, 예상이 빗나가다 | **直播带货** zhíbō dài huò 라이브 커머스 | **倒数** dàoshǔ 동 거꾸로 세다, 뒤에서부터 세다 | ★**由此可见** yóucǐ kějiàn 이로부터 알 수 있다

▶ 주요 구문/표현 정리하기

· **此图表列出了……的调查结果** 이 그래프는 ~한 조사 결과를 보여 주고 있다

· **从这张图表中可以看出** 이 그래프에서 알 수 있듯이

· **占比为……** 차지하는 비율이 ~이다

· **这两个项目的占比不相上下** 이 두 개 항목의 비율이 비슷하다

· **分别为A和B** 각각 A와 B이다

- **出乎意料的是** 예상외로
- **由此可见** 이로부터 ~을 알 수 있다
- **对A的影响是最大的** A에 대한 영향이 가장 크다

풀이

<u>STEP 1</u> 도표의 주제 파악하기

　　　남성과 여성의 결혼에 대한 최대 걱정거리 비교 연구

<u>STEP 2</u> 도표의 구성 요소 파악하고 수치 분석하기

- **구분 항목**: 성별(남, 녀)
- **막대그래프의 가로축**: 비율(%)
- **막대그래프의 세로축**: 결혼에 대한 걱정거리

<u>STEP 3</u> 획득한 정보에 알맞게 서술 방법 정하기

- **주요 내용 분석**: 남녀 모두 '가족을 돌볼 시간적 여유가 없어서'를 최대의 걱정거리라고 응답했다.
- **세부 내용 분석**: 여성의 두 번째 걱정거리로 꼽힌 '복잡한 가족관계를 신경 써야 할까 봐'는 남성이 가장 적게 신경 쓰는 부분이었다. 반대로 남성의 두 번째 걱정거리로 꼽힌 '자금 부족'은 여성이 가장 적게 신경 쓰는 부분이었다.
- **추가 분석**: 여성은 가정 측면의 문제를 걱정하며 남성은 금전적 측면의 문제를 걱정한다는 것을 알 수 있다.

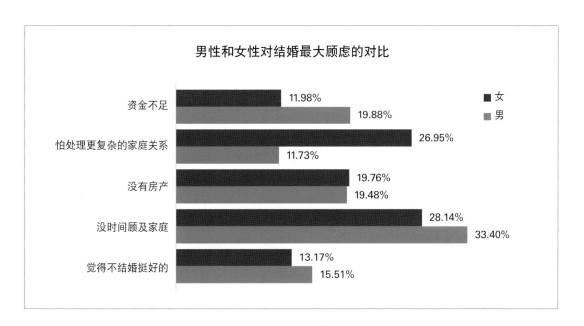

这是一组男性和女性对结婚最大顾虑对比研究的结果，可以看出，由于"没时间顾及家庭"而选择不结婚的人最多，男性比率为33.4%，女性比率为28.14%。而女性的第二大顾虑是"怕处理更复杂的家庭关系"，比率为26.95%，值得关注的是选择这一项的男性比率最少，比率为11.73%。此外，男性的第二大顾虑是"资金不足"，占19.88%。与此相反的是，选择这一项的女性最少，占11.98%。由此可见，女性比较担心家庭方面的问题，而男性比较担心金钱方面的问题。

이것은 남성과 여성의 결혼에 대한 최대 걱정거리 비교 연구 결과로, '가족을 돌볼 시간적 여유가 없어서' 결혼하지 않는 쪽을 선택한 사람이 가장 많은 것을 알 수 있는데, 남성 비율은 33.4%, 여성은 28.14%였다. 여성의 두 번째 걱정거리는 '복잡한 가족관계를 신경 써야 할까 봐'로 26.95%를 차지했다. 주목할 만한 것은 이 항목을 선택한 남성의 비율은 11.73%로 가장 적었다는 것이다. 이 외에 남성의 걱정거리 2위는 '자금 부족'으로 19.88%를 차지했다. 반대로 이 항목을 선택한 여성은 11.98%로 가장 적었다. 이로써 여성은 가정 측면의 문제를 걱정하며 남성은 금전적 측면의 문제를 걱정한다는 것을 알 수 있다.

★顾虑 gùlǜ 몡 근심, 우려, 심려, 걱정 | 看出 kànchū 동 알아차리다, 간파하다 | ★顾及 gùjí 동 보살핌이 구석구석까지 미치다, ~의 일까지 걱정하다 | 比率 bǐlǜ 몡 비율 | ★由此可见 yóucǐ kějiàn 이로부터 알 수 있다 | 金钱 jīnqián 몡 돈, 금전

▶ 주요 구문/표현 정리하기

- **这是一组A的结果** 이것은 A의 결과이다
- **可以看出** 알 수 있듯이
- **女性的第二大顾虑是……** 여성의 두 번째 걱정거리는 ~이다
- **值得关注的是……** 주목할 만한 것은 ~이다
- **与此相反的是** 이와 반대로

● **Day 30** 모범 답안은 아래 해설 참고

풀이

STEP 1 도표의 주제 파악하기

2018년부터 2022년까지 5년간 중국의 화장품 수입 상위 4개국의 비중 변화

STEP 2 도표의 구성 요소 파악하고 수치 분석하기

- **구분 항목**: 국가(프랑스, 일본, 미국, 한국)
- **꺾은선그래프의 가로축**: 연도
- **꺾은선그래프의 세로축**: 단위(%)

STEP 3 획득한 정보에 알맞게 서술 방법 정하기

변화 추이를 나타내는 그래프에서는 증가(상승), 감소(하락), 변화의 지속성에 주목해서 분석한다.

- **주요 내용 분석**: 중국에서 화장품을 가장 많이 수입하는 국가는 프랑스이다. 비중은 지속적으로 감소했다.

- **세부 내용 분석:** 일본 화장품을 수입하는 비중은 5년간 지속적으로 감소했다.

  미국 화장품을 수입하는 비중은 2021년까지 꾸준히 증가하다가 2022년 감소세로 돌아섰다.
- **추가 분석:** 4개국 중 5년간 지속적으로 증가세를 보인 국가는 한국이 유일했다.

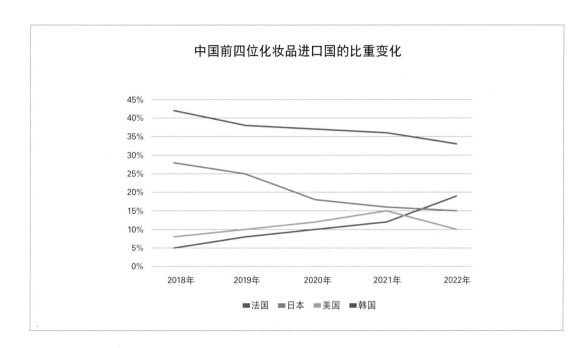

中国前四位化妆品进口国的比重变化

■法国　■日本　■美国　■韩国

모범 답안

　　此图表列出了2018年至2022年这五年间，中国前四位化妆品进口国的比重变化。5年来，中国进口法国化妆品的比重持续下降，但法国仍是中国进口化妆品最多的国家。日本化妆品和法国化妆品一样，在中国的进口比重五年来持续下降。截止2021年，美国化妆品进入中国市场的比例呈持续增长趋势，但于2022年转为下降趋势。四个国家中，五年间持续呈现上升趋势的国家只有韩国，韩国也因此成为了2022年中国进口化妆品比重第二高的国家。

　　이 그래프는 2018년부터 2022년까지 5년간 중국의 화장품 수입 상위 4개국의 비중 변화를 보여 주고 있다. 5년간 중국에서 수입하는 프랑스 화장품의 비중은 지속적으로 감소했지만, 프랑스는 여전히 중국에서 화장품 수입을 가장 많이 하는 국가이다. 일본 화장품은 프랑스 화장품과 마찬가지로 중국에서 수입 비중이 5년간 지속적으로 감소했다. 2021년까지 미국의 화장품이 중국 시장에 수입된 비중은 꾸준히 증가하는 추세를 보였지만, 2022년에 감소세로 돌아섰다. 4개국 중 5년간 지속적으로 증가세를 보인 국가는 한국이 유일했고, 한국은 이로 인해 2022년 중국 화장품 수입 비중에서 두 번째로 높은 비중을 차지하는 국가가 되었다.

列出 lièchū 〔동〕 열거하다, 나열하다 | **至** zhì 〔동〕 ~까지 이르다 | **化妆品** huàzhuāngpǐn 〔명〕 화장품 | **比重** bǐzhòng 〔명〕 비중 | **法国** Fǎguó 〔고유〕 프랑스 | **下降** xiàjiàng 〔동〕 떨어지다, 낮아지다 | **日本** Rìběn 〔고유〕 일본 | **截止** jiézhǐ 〔동〕 마감하다, 일단락짓다 | **增长** zēngzhǎng 〔동〕 증가하다, 늘어나다 | ★**呈现** chéngxiàn 〔동〕 나타내다, 나타나다, 양상을 띠다 | **上升** shàngshēng 〔동〕 상승하다, 위로 올라가다

▶ **주요 구문/표현 정리하기**

- **此图表列出了A** 이 그래프는 A를 보여 줬다
- **比重下降** 비중이 감소하다
- **转为下降趋势** 감소세로 돌아섰다
- **成为了……的国家** ~한 국가가 되었다

01 도표 보고 200자 작문하기　**229**

풀이

<u>STEP 1</u> 도표의 주제 파악하기

2020년~2023년 글로벌 시장 전기차 판매량 추이

<u>STEP 2</u> 도표의 구성 요소 파악하고 수치 분석하기

- **구분 항목**: 국가(중국, 유럽, 미국, 기타)
- **막대그래프의 가로축**: 연도(2020년~2023년)
- **막대그래프의 세로축**: 판매량(단위: 비율)

<u>STEP 3</u> 획득한 정보에 알맞게 서술 방법 정하기

누적 막대그래프의 경우, 막대(연도)의 전체 길이(판매량) 변화 추이와 막대그래프 구성 항목(국가)의 변화 추이를 종합해서 분석한다.

- **주요 내용 분석**: 2020년부터 4년간 세계 전기차 시장은 3.5배 이상 성장했다.
- **세부 내용 분석**: 세계 3대 전기차 시장은 중국, 유럽, 미국이고, 같은 기간에 모두 전기차 판매량이 증가했다.

    세계 최대 전기차 시장은 중국으로, 4년 사이 전기차 판매량이 5배 이상 증가했다.

- **추가 분석**: 2020년 대비 2023년의 세계 전기차 판매량에서 중국, 유럽, 미국이 차지하는 비중이 더 커졌다.

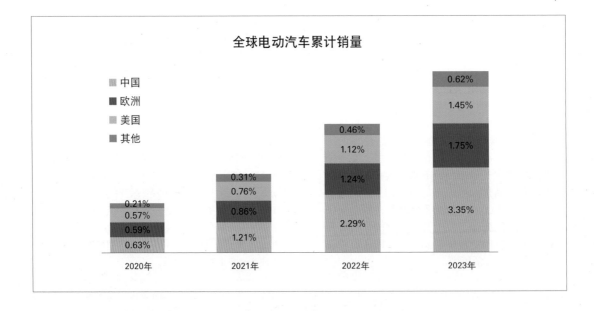

此图表列出了2020年到2023年间全球市场电动汽车的销售调查结果。由此可见，从2020年开始的4年间，全球电动汽车市场增长了3.5倍以上。同期，在世界三大市场：中国、欧洲、美国的电动汽车销售量也在持续增加。世界最大电动车市场中国的电动车销售量增加了五倍，美国和欧洲分别增加了约3倍和2.5倍。与2020年相比，2023年中国、欧洲、美国3国在世界电动汽车销量领域的占比大大更加了。

이 그래프는 2020년부터 2023년까지 글로벌 시장에서의 전기차 판매량에 대한 조사 결과를 보여 준다. 2020년부터 4년간 세계 전기차 시장은 3.5배 이상 성장한 것을 알 수 있다. 같은 기간 세계 3대 시장인 중국, 유럽, 미국에서도 전기차 판매량이 지속적으로 증가했다. 세계 최대 전기차 시장인 중국은 전기차 판매량이 5배 이상 증가했고, 유럽은 약 3배, 미국은 약 2.5배 증가했다. 2020년 대비 2023년의 세계 전기차 판매량에서 중국, 유럽, 미국 3개 국가가 차지하는 비중은 더 커졌다.

★**图表** túbiǎo 몡 도표, 통계표 | **列出** lièchū 통 열거하다, 나열하다 | **全球** quánqiú 몡 전 세계 | **电动汽车** diàndòng qìchē 전기자동차 | ★**由此可见** yóucǐ kějiàn 이로부터 ~를 알 수 있다/볼 수 있다 | **增长** zēngzhǎng 통 증가하다, 늘어나다 | **以上** yǐshàng 이상 | **同期** tóngqī 몡 같은 시기 | **销售量** xiāoshòuliàng 매출량 | **分别** fēnbié 뭐 각각, 따로따로 | **约** yuē 뭐 대략, 대개 | **相比** xiāngbǐ 통 비교하다, 견주다 [**与……相比**: ~와 비교하다] | ★**领域** lǐngyù 몡 영역 | **占比** zhànbǐ 몡 전체 중 차지하는 비율 | **大大** dàdà 뭐 크게, 대단히

▶ **주요 구문/표현 정리하기**

- **此图表列出了……调查结果** 이 도표는 ~한 조사 결과를 보여 준다
- **由此可见** 이로부터 알 수 있듯이
- **从A开始** A부터 시작해서
- **增加了五倍** 5배 증가했다
- **与A相比** A와 비교하다

01 주제 보고 600자 작문하기

본서 p.208~215

● **Day 09**　모범 답안은 아래 해설 참고

풀이

"低碳生活"是一个复杂的概念，其内涵不仅包括节约能源、减少排放、开发和利用新型清洁能源等，还包括新的生产模式与生活模式，具有广泛的社会意义。请写一篇600字左右的文章，谈谈你对"低碳生活"的理解并清晰地表达自己的观点。	'저탄소 생활'은 복잡한 개념이다. 에너지 절약, 배출 감축, 신형 친환경 에너지의 개발 및 이용 외에도 새로운 생산 모델과 생활 방식도 포함되며 광범위한 사회적 의의가 있다. '저탄소 생활'에 대한 본인의 이해와 관점을 600자 내외 글로 표현하시오.

STEP 1 작문할 주제 파악하기

작문 주제는 '저탄소 생활'이다.

STEP 2 답안 구조 잡기

'환경보호'처럼 찬반이 갈리지 않는 대상이 작문 주제일 경우, 서론에서는 해당 개념을 구체적으로 소개하고 본론에서는 필요성을 강조하며, 결론에서는 실천을 촉구하는 방향으로 글을 작성하자. 적절한 성어(滴水穿石)를 활용하면 더 설득력 있는 글을 작성할 수 있다.

- **서론**: 저탄소 생활의 개념 및 배경 설명
- **본론**: 일회용품 줄이기, 대중교통 이용하기, 음식물 쓰레기 줄이기
- **결론**: 저탄소 생활을 실제 행동으로 실천하여 환경보호에 힘을 보태자.

모범 답안　**통암기문장 / 필수 표현**

서론	低碳生活顾名思义，就是指减少二氧化碳排放的生活方式。在过去，环保这一话题并没有受到很多人的重视，可最近，由于环境日益恶化，我们也能够感受到它给我们造成的直接影响——如：气候异常、空气污染等，于是很多人开始关注低碳生活。"低碳生活"具体指的是怎样的生活方式呢？	저탄소 생활이란 이름 그대로 이산화탄소의 배출량을 줄이는 생활 방식을 일컫는다. 과거에는 환경보호 문제가 중시되지 않았다. 그러나 최근 들어 환경이 점점 악화되면서 우리는 이상기후, 공기오염 등이 우리에게 미치는 직접적인 영향을 몸소 느끼고 있다. 이에 따라 저탄소 생활에 관심을 두는 사람이 많아지고 있다. 저탄소 생활은 구체적으로 어떤 생활 방식을 말하는 것일까?
본론	首先，少用一次性用品，如一次性杯子、塑料袋、塑料盒等。这些一次性用品确实方便了我们的生活，可是塑料用品的分解需要500年以上的时间，而且把它埋在土壤里，会给土壤造成严重污染。因此我们去咖啡厅时最好尽量随身携带自己的杯	먼저, 일회용 컵, 비닐봉지, 플라스틱 상자 등 일회용품의 사용을 줄여야 한다. 일회용품은 분명 우리의 삶을 편리하게 해 주었지만, 플라스틱을 분해하려면 500년 이상의 시간이 필요한 데다가 이를 토양에 묻으면 심각한 토양오염을 초래한다. 그러므로 카페에 갈 때 최대한 개인 텀블러를 챙기고 평소에 배달 음식도 자제하는 것이 좋다.

子、平时尽量少叫外卖，这样可以大大减少塑料垃圾。

其次，少开私家车，多乘坐公共交通工具。随着人均收入的提高，人们的汽车保有量快速增加。可是汽车行驶时排放的尾气中含有一氧化碳等多种有害人体健康与环境的成分，这些成分是导致臭氧层破坏的主要原因。臭氧层就像屏障一样，如果没有它，我们就无法在地球上生存下去。

最后，珍惜粮食。据调查显示，全球每年被扔掉的食物高达14亿万吨。这种"食物垃圾"腐烂时会排放大量的沼气。沼气的污染比二氧化碳还严重，它是导致地球升温的主要原因之一。

不仅如此，政府也要肩负起责任，出台各种有效的环保政策，并进一步提高人们的环保意识。只有这样，才能给下一代留下一个美好的地球。

결론

有些人认为：我们只是普通人，不能为环保做什么。可是我相信"滴水穿石"的道理，只要我们把认识变成行动，就一定可以为我们的环境贡献一份力量。

이렇게 하면 플라스틱 쓰레기를 많이 줄일 수 있다.

다음으로, 자가용 운전을 자제하고 대중교통을 자주 이용해야 한다. 사람들의 평균 수입이 오르면서 자가용 보유량도 빠르게 증가하게 되었다. 하지만 자동차 운전 시 배출되는 배기가스에는 일산화탄소 등 인체와 환경에 유해한 각종 성분이 들어 있으며, 이러한 성분들은 오존층 파괴의 주요 원인이다. 보호벽 역할을 하는 오존층이 없어지면 우리는 지구에서 살아갈 수 없게 된다.

마지막으로, 식량을 소중히 여겨야 한다. 조사에 따르면 전 세계에서 매년 버려지는 음식의 양은 무려 14억만 톤이다. 이러한 음식물 쓰레기는 부패할 때 대량의 메탄가스를 방출한다. 이산화탄소보다 오염이 훨씬 심각한 메탄가스는 지구 온도 상승의 주요 원인 중 하나이다.

이뿐만 아니라 정부도 책임지고 각종 효과적인 환경보호 정책을 내놓아야 하며 사람들의 환경보호 의식을 한층 더 높여야 한다. 이렇게 해야만 후대에 아름다운 지구를 남겨 줄 수 있다.

누군가는 '우리 같은 보통 사람은 환경보호를 위해 할 수 있는 것이 없다'고 한다. 하지만 나는 '낙숫물이 댓돌을 뚫는다'라는 말을 믿는다. 우리가 인식을 행동으로 바꾼다면 분명 환경을 위해 힘을 보탤 수 있을 것이다.

★**低碳** dītàn 명 저탄소, 로 카본(low carbon) | ★**内涵** nèihán 명 내포 | ★**能源** néngyuán 명 에너지원 | ★**排放** páifàng 동 (폐기·오수·찌꺼기 따위를) 배출하다 | **新型** xīnxíng 형 신형의, 신식의 | **清洁能源** qīngjié néngyuán 친환경 에너지 | **模式** móshì 명 모델 | **具有** jùyǒu 동 지니다. 가지다. 있다 | **顾名思义** gùmíng sīyì 성 이름을 보고 그 뜻을 생각하다. 명칭을 보고 그 뜻을 짐작할 수 있다 | ★**二氧化碳** èryǎnghuàtàn 명 이산화탄소 | **环保** huánbǎo 명 환경보호 ['环境保护'의 줄임말] | ★**日益** rìyì 부 날로, 나날이 더욱 | ★**恶化** èhuà 동 악화되다. 악화시키다 | **异常** yìcháng 형 이상 | **关注** guānzhù 동 주시하다, 관심을 가지다 | **一次性** yícìxìng 형 일회용 | **用品** yòngpǐn 명 용품. 도구 | **塑料** sùliào 명 플라스틱 [塑料盒: 플라스틱 상자] | **分解** fēnjiě 동 분해하다 | **埋** mái 동 묻다, 파묻다, 매장하다 | ★**土壤** tǔrǎng 명 토양 | **咖啡厅** kāfēitīng 명 카페 | ★**随身** suíshēn 동 몸에 지니다. 몸에 간직하다, 휴대하다 | ★**携带** xiédài 동 지니다, 지참하다, 휴대하다 | **外卖** wàimài 명 배달 음식 | **大大** dàdà 부 크게, 대단히, 대량으로 | ★**私家车** sījiāchē 명 자가용 | **公共交通** gōnggòng jiāotōng 대중교통 | **人均** rénjūn 명 1인당 평균 | **保有量** bǎoyǒuliàng 명 보유량 | **快速** kuàisù 형 빠르다, 신속하다, 쾌속의 | **行驶** xíngshǐ 동 (차나 배 등이) 달리다 | **尾气** wěiqì 명 배기 [생산 또는 교통 운송 과정에서 기계나 기타 설비에서 밖으로 나오는 가스 따위 폐기] | **一氧化碳** yìyǎnghuàtàn 일산화탄소 | **有害** yǒuhài 동 해롭다, 유해하다 | ★**人体** réntǐ 명 인체 | **臭氧层** chòuyǎngcéng 명 오존층 | **屏障** píngzhàng 명 (병풍처럼 둘러쳐진) 보호벽 | **生存** shēngcún 동 생존하다 | **据** jù 개 ~에 따르면, ~에 의거하여 | **全球** quánqiú 명 전 세계 | **亿万** yìwàn 수 억만 | ★**腐烂** fǔlàn 동 썩어 문드러지다, 부식하다 | **沼气** zhǎoqì 명 메탄가스 | **升温** shēngwēn 온도 상승 | ★**肩负** jiānfù 동 짊어지다, 맡다 | **出台** chūtái 동 (정책이나 조치 등을) 공포하거나 실시하다 | **政策** zhèngcè 명 정책 | **意识** yìshí 명 (객관 물질 세계에 대한 반영으로서) 의식 | **滴水穿石** dīshuǐ chuānshí 성 낙숫물이 댓돌을 뚫는다. 작은 힘이라도 끈기 있게 계속하면 성공한다

▶ **필수 표현**

· **受到重视** 중시를 받다

· **日益恶化** 나날이 악화되다

· **很多人开始关注** 많은 사람들이 관심을 갖기 시작하다

· **首先A，其次B，最后C** 먼저 A하고, 다음으로 B하고, 마지막으로 C하다

· **造成严重污染** 심각한 오염을 초래하다

· **含有A的成分** A한 성분이 함유되다

· **据调查显示** 조사에 따르면

· **A是B的主要原因之一** A는 B의 주요한 원인 중 하나이다

풀이

"己所不欲，勿施于人。"出自《论语》，指自己不想要的或不愿意的，就不要施加给别人。你是否赞同"己所不欲，勿施于人"？请写一篇600字左右的文章，论证你的观点。	'己所不欲，勿施于人(내가 원하지 않는 것은 남에게 강요하지 말라)'은 『논어』에서 나온 것으로, 자신이 하고 싶지 않거나 원하지 않는 것을 남에게 강요하지 않는 것을 가리킨다. 당신은 '己所不欲，勿施于人(내가 원하지 않는 것은 남에게 강요하지 말라)'에 찬성하는가, 반대하는가? 600자 정도의 글을 써서 당신의 관점을 표현하시오.

STEP 1 작문할 주제 파악하기

작문 주제는 '자신이 싫은 일을 남에게 강요하지 않기'이다.

STEP 2 답안 구조 잡기

제시문에 성어나 속담이 언급될 경우, 설명하려는 개념이나 주제에 대해 서론에서 소개할 때 제시문에 사용된 성어나 속담을 다시 한번 사용하면 좋다. 이번 문제처럼 도덕적인 내용이 주제일 경우 특별한 해결책을 제시할 수 있는 것이 아니다. 따라서 본론에서는 해당 덕목을 실천하지 않았을 경우의 문제점을 소개하고, 결론에서는 해당 덕목을 다시 한번 언급하여 실천을 강조하는 내용으로 마무리하면 된다.

- **서론**: 자신이 싫은 일을 남에게 강요하지 말자는 것에 찬성한다.
- **본론**: 자신이 싫은 일을 남에게 강요하지 않는 것이 현실에서 힘든 이유를 분석한다.
  (사회 경쟁이 치열해지며 사람들의 이기적인 성향이 더욱 심해졌다.)
  자신이 싫은 일을 남에게 강요하지 말아야 한다는 주장에 대한 근거를 제시한다.
  (자신이 싫은 일을 남에게 강요하지 않는 것은 상대를 존중하는 행동이며, 자신이 존중받고 싶으면 남도 존중해야 한다.)
- **결론**: 서론에서 언급한 관점을 다시 한번 언급하며 강조한다.
  (어떤 일이든 남에게 강요해서는 안 된다.)

모범 답안 통암기문장 / 필수 표현

서론	我赞成"己所不欲，勿施于人"这个观点。这句话出自《论语》，意思就是自己不想做的或不愿意做的事情，就不要施加于别人的身上。可以说，这句话在中国耳熟能详，但现实生活中，能做到的人并不多。	'己所不欲，勿施于人(내가 원하지 않는 것은 남에게 강요하지 말라)'이라는 관점에 찬성한다. 『논어』에서 나온 이 말은 자신이 하고 싶지 않거나 원치 않는 일을 다른 사람에게 강요해서는 안 된다는 의미이다. 중국에서는 잘 알려진 익숙한 말이지만, 막상 실생활에서 실천할 수 있는 사람은 많지 않다.
본론	首先，我认为"己所不欲，勿施于人"难就难在人类的本性——自私。所谓自私就是以自我为中心，不顾别人的感受。随着社会竞争越来越激烈，人们自私自利的倾向更加严重了，这导致大多数人都无暇顾及他人，只为自己而活。	먼저, '己所不欲，勿施于人(내가 원하지 않는 것은 남에게 강요하지 말라)'이 어려운 이유는 인간의 본성이 이기적이기 때문이라고 생각한다. 이기적이라는 것은 자기 중심적이고 다른 사람의 감정은 헤아리지 않는 것이다. 사회 경쟁이 점점 치열해지면서 사람들의 이기적인 성향은 더 심해졌다. 이로 인해 다른 사람은 전혀 신경 쓰지 않고 자신만을 위해 살아가는 사람이 많아졌다.

那我们为什么要遵循"己所不欲，勿施于人"这个道理呢？因为我们活在与人相处的世界里。与别人交流的过程当中，若不为别人着想，硬将自己都不愿意做的事情施加给对方，那就会发生矛盾。更何况，这样的行动是不尊重对方的表现。我们要知道，尊重是相互的，只有先尊重他人，才能得到对方的尊重。如果我们说话之前能做到换位思考，矛盾会自然而然就会减少。其实，从另一个角度来看，换位思考是高智商的体现。有位心理学家就曾表示：共情能力跟我们的智商有直接的关系，共情能力强的人，智商就越高。因此，要想成为一个成熟而有智慧的人，就尽量做到"己所不欲，勿施于人"吧。

그렇다면 우리는 왜 '己所不欲，勿施于人(내가 원하지 않는 것은 남에게 강요하지 말라)'이라는 도리를 따라야 하는 걸까? 그 이유는 우리가 다른 사람과 함께 지내는 세상에서 살고 있기 때문이다. 다른 사람과 소통하는 과정에서 남을 생각하지 않고 본인도 하기 싫은 일을 억지로 상대방에게 강요한다면 갈등이 생기기 마련이다. 더군다나 이러한 행동은 상대방을 존중하지 않는 것이다. 존중은 서로 하는 것이므로 본인이 먼저 타인을 존중해야만 상대방의 존중을 받을 수 있다는 것을 알아야 한다. 말하기 전에 상대방의 입장에서 생각할 수 있다면 갈등은 자연스럽게 줄어들 것이다. 사실 어떻게 보면 상대방의 입장에서 생각하는 건 지능이 높다는 뜻으로 볼 수 있다. 어떤 심리학자는 "공감 능력은 우리의 지능지수와 직접적인 관련이 있다. 공감 능력이 강한 사람일수록 지능지수도 높다."라고 밝힌 바 있다. 따라서 성숙하고 지혜로운 사람이 되고자 한다면 최대한 '내가 원하지 않는 것은 남에게 강요하지 말자(己所不欲，勿施于人).'

결론

另外，还有一点也不容忽视，这便是：有些事即使是"己所欲"，也要"勿施于人"。很多事情，我们自己觉得好，可对他人而言，有可能是不好的。因此凡事都不能强加于人，要先了解对方的意见和需求，在行动。这也是处理人际关系时的重要原则。

이 외에도, '자기가 하고 싶은 일' 역시 남에게 강요하지 말아야 한다는 점도 간과해선 안 된다. 많은 일들이 본인 입장에선 좋은 일이지만 다른 사람에게는 좋지 않을 수도 있다. 따라서 어떤 일이든 남에게 강요해서는 안 되며, 먼저 상대방의 의견과 요구를 파악한 후 행동해야 한다. 이 또한 인간관계를 유지하는 중요한 원칙이다.

己所不欲，勿施于人 jǐsuǒbúyù, wùshīyúrén 성 내가 원하지 않는 것은 남에게 강요하지 말라, 자기가 싫은 것은 남에게 강요하지 마라 | ★出自 chūzì 동 (~로부터) 나오다, (~로부터) 나타나다 | ★施加 shījiā 동 (압력·영향 따위를) 주다, 가하다 | ★赞同 zàntóng 동 찬성하다 | 论证 lùnzhèng 동 논증하다 | ★耳熟能详 ěrshú néngxiáng 성 여러 번 들어 귀에 익어 자세하게 말할 수 있다 | ★本性 běnxìng 명 본성, 천성 | ★自私 zìsī 형 이기적이다 | ★所谓 suǒwèi 소위, 이른바 | 自我 zìwǒ 대 자아, 자기 자신 | 不顾 búgù 동 고려하지 않다, 꺼리지 않다 | ★自私自利 zìsī zìlì 성 자기의 이익만을 생각하다, 이기적이다, 사리사욕을 채우다 | 倾向 qīngxiàng 명 성향, 경향 | 无暇 wúxiá 동 틈이 없다 | ★顾及 gùjí 동 보살핌이 구석구석까지 미치다, ~의 일까지 걱정을 하다 | ★遵循 zūnxún 동 따르다 | 若 ruò 접 만약, 만일 | 不为 bú wèi ~하려는 것이 아니다 | ★着想 zhuóxiǎng 동 (어떤 사람이나 어떤 일의 이익을) 생각하다, 생각이 미치다, 고려하다, 염두에 두다 | ★换位 huànwèi 동 입장을 바꾸다 | ★自然而然 zìrán'érrán 자연히, 저절로 | ★智商 zhìshāng 명 지능지수 | 共情 gòngqíng 명 공감, 감정이입 | 不容忽视 bùróng hūshì 없어서는 안 될, 필수적인 | 凡事 fánshì 명 모든 일, 매사 | 强加于人 qiángjiā yúrén 성 남에게 강요하다, 남에게 덮어씌우다

▶ **필수 표현**

· 赞成观点 관점에 찬성하다

· 现实生活中 실생활에서

· 首先A，另外B 먼저 A하고, 이 외에 B하다

· 所谓A A라는 것은

· 遵循道理 도리를 따르다

· 发生矛盾 갈등이 생기다

· 换位思考 상대방의 입장에서 생각하다

· 从另一个角度来看 다른 각도에서 생각해보면

· 对A而言 A에게 있어서

풀이

"谁知盘中餐，粒粒皆辛苦。"出自唐代诗人李绅的《悯农》一诗。意思是："有谁想到我们碗中的米饭，每一粒都饱含农民的辛苦?"很多家长也常用这首诗教育子女不要浪费粮食。请写一篇600字左右的文章，谈谈你对"浪费"的看法。	'밥상의 밥알 하나하나 모두 땀의 대가라는 것을 누가 알겠는가?'라는 말은 중국 당대 시인 이신(李绅)의 『민농』이라는 시에서 나왔다. 이 말은 '우리가 먹는 밥의 한 알 한 알에 농민의 고생이 담겨 있다는 것을 누가 생각이나 했겠는가?'라는 의미로, 이 시구를 인용해 자녀에게 음식을 낭비하면 안 된다고 가르치는 부모도 많다. 낭비에 대한 본인의 견해를 600자 내외 글로 표현하시오.

STEP 1 작문할 주제 파악하기

작문 주제는 '낭비'이다.

STEP 2 답안 구조 잡기

'낭비'는 그 자체가 부정적인 주제라 찬반을 나눌 수 없는 키워드이므로, 현상이나 문제점만 분석해서는 글이 빈약해질 수 있다. 서론에 낭비 현상의 문제점을 제기한 후, 본론에서는 해결 방안을 제시하는 구조로 답안을 작성해 보자. 서론 마지막에 우리가 어떻게 해야 할지 질문하는 문장을 배치함으로써 본론에서 해결 방안이 자연스럽게 이어지도록 할 수 있다. 문제에 제시된 주제 관련 문구를 결론에서 인용하여 자신의 견해를 강조할 수도 있다.

- **서론:** 생활 속에서 나타나는 낭비 현상 중 음식 낭비 현상이 가장 심각하며, 우리는 지구의 일원으로서 음식 낭비 현상을 막아야 한다.
- **본론:** 음식 낭비 현상을 막기 위해서는 아래 두 가지 방법을 실천하자.
- **결론:** 음식 낭비를 줄여서 우리 모두의 삶의 터전인 지구를 보호하자.

모범 답안 **통암기문장 / 필수 표현**

서론	随着人均收入水平的提高，我们不再为吃不饱穿不暖而发愁，但随之而来的是生活中发生的很多浪费现象。其中，"浪费粮食"的问题最为严重。据粮农组织有关人员称，每年在全球生产的所有粮食当中，大约三分之一的粮食会被浪费。虽然很多人开始关注"浪费粮食"这一问题，但还是有些人认为花自己的钱吃饭，就可以随便浪费。再加上最近"吃播"视频备受关注，这也误导了观众暴饮暴食、浪费粮食。那么作为地球一员的我们能做些什么?	인당 평균 소득 수준이 높아지면서 우리는 음식과 옷 때문에 걱정할 필요가 없어졌다. 하지만 이에 따라 생활 속에서 많은 것이 낭비되는 현상이 나타나게 되었다. 그 중 '음식 낭비' 문제가 가장 심각하다. 유엔식량농업기구(FAO) 관계자에 따르면 매년 전 세계에서 생산되는 모든 음식 중 약 3분의 1이 낭비되고 있다. 음식 낭비 문제에 관심을 갖는 사람이 많아지고는 있지만, 여전히 일부 사람들은 자기 돈으로 산 음식이니 마음대로 낭비해도 된다고 생각한다. 게다가 최근 '먹방' 영상이 많은 관심을 받으면서 대중에게 폭식과 음식 낭비에 대한 잘못된 인식을 심었다. 그렇다면 지구의 일원으로서 우리는 무엇을 할 수 있을까?

首先，节约水资源。无论是耕地还是饲养牲畜，都需要消耗大量的水。尤其是肉类，一公斤牛肉要登上我们的餐桌上，需要消耗大约两万升水。目前，世界各地都存在着严重的缺水问题，在地球的另一端，很多人连饮用水都喝不到，因此，我们应该更加懂得珍惜水资源。在餐厅就餐或点外卖时按需点菜，如果吃不完，就把剩下的东西打包回家，这对我们来说并不难。

其次，腐烂的粮食会排放大量的甲烷。甲烷是导致地球变暖的罪魁祸首，它会破坏臭氧层。其实无论是将食物垃圾埋在土壤里，还是将食物垃圾焚烧，都会对环境有或大或小的污染。而我们完全可以在选择食材是考虑它们的保质期，每次少买一些。

먼저, 수자원을 절약해야 한다. 논밭이든 가축사육이든 모두 대량의 물이 필요하다. 특히 육류의 경우, 소고기 1킬로그램이 우리 식탁 위에 올라오려면 약 2만 리터의 물이 필요하다. 현재 세계 각지에는 심각한 물 부족 문제가 존재하고, 지구 반대편에서는 수많은 사람이 마실 물조차 부족한 상황이다. 따라서 우리는 더욱이 수자원을 소중히 할 줄 알아야 한다. 식당에서 밥을 먹을 때나 배달 음식을 주문할 때는 먹을 만큼만 시키고, 다 먹지 못하면 남은 음식을 포장해 와야 한다. 이러한 실천은 우리에게 어려운 일이 아니다.

다음으로, 썩은 음식은 대량의 메탄을 배출한다. 메탄은 지구온난화를 일으키는 주범으로 오존층을 파괴한다. 음식물 쓰레기를 토양에 묻든 소각하든 환경에는 크고 작은 오염을 일으킬 것이다. 식재료를 구매할 때는 유통기한을 잘 살피고 매번 조금씩 사는 것이 좋다.

每一粒粮食都是农民辛勤劳作的成果，因此浪费粮食就等于对农民劳动的不尊重。我们应该将"谁知盘中餐，粒粒皆辛苦"这句诗牢记于心，懂得节约、不浪费，让我们一起努力保护我们共同的家园吧！

모든 음식은 농민이 땀 흘리며 고생한 결과물이므로 음식 낭비는 농민들의 노동을 존중하지 않는 것과 마찬가지다. 우리는 '밥상의 밥알 하나하나 모두 땀의 대가라는 것을 누가 알겠는가?'라는 말을 마음속에 새기고, 절약할 줄 알고 낭비하지 말아야 한다. 우리 모두의 삶의 터전을 보호하기 위해 함께 노력하자!

★**出自** chūzì 图 (~로부터) 나오다, (~로부터) 나타나다 | **唐代** Tángdài 고유 당 왕조 | **诗人** shīrén 圀 시인 | **李绅** Lǐ Shēn 고유 이신 [중국 당나라의 시인, 백거이와 함께 백성의 삶을 노래한 한시를 많이 창작함] | ★**粒** lì 앙 톨, 알 [알갱이를 세는 데 쓰임] | **子女** zǐnǚ 圀 자녀 | ★**人均** rénjūn 圀 1인당 평균 | **不再** búzài 图 더는 ~가 아니다, 다시 ~하지 않다 | **随之而来** suízhī'érlái 뒤따르다 | **最为** zuìwéi 图 가장, 제일, 맨 먼저 [2음절의 형용사나 동사 앞에 놓여 최상급을 나타냄] | **据** jù 깨 ~에 따르면, ~에 의거하여 | **粮农** liángnóng 圀 곡물 재배를 주업으로 하는 농민 | **全球** quánqiú 圀 전 세계 | **关注** guānzhù 图 주시하다, 관심을 가지다 | **再加上** zàijiāshàng 게다가 | **吃播** chībō 먹방 | **视频** shìpín 圀 동영상 | ★**备受** bèishòu 图 실컷 받다, 빠짐없이 받다 | ★**误导** wùdǎo 图 오도하다, 잘못 이끌다 | **暴饮暴食** bàoyǐn bàoshí 폭음 폭식하다 | **水资源** shuǐzīyuán 圀 수자원 | **耕地** gēngdì 图 논밭을 갈다 | ★**饲养** sìyǎng 图 기르다, 사육하다 | ★**牲畜** shēngchù 圀 가축 | **消耗** xiāohào 图 (정신·힘·물자 등을) 소모하다 | **肉类** ròulèi 圀 육류 | **端** duān 圀 끝 | **饮用水** yǐnyòngshuǐ 圀 식수 | ★**就餐** jiùcān 图 밥을 먹다, 밥 먹으러 가다 | **外卖** wàimài 圀 배달 음식 | **点菜** diǎncài 图 요리를 (선택하여) 주문하다 | **剩下** shèngxià 图 남기다 | **打包** dǎbāo 图 (음식점에서) 먹고 남은 음식을 싸(가)다 | ★**腐烂** fǔlàn 图 썩어 문드러지다, 부식하다 | ★**排放** páifàng 图 (폐기·오수·찌꺼기 따위를) 배출하다 | **甲烷** jiǎwán 圀 메탄 | ★**罪魁祸首** zuìkuí huòshǒu 圀 재난의 주요 원인, 근본 원인 | **臭氧层** chòuyǎngcéng 圀 오존층 | **埋** mái 图 묻다, 파묻다, 매장하다 | ★**土壤** tǔrǎng 圀 토양 | ★**焚烧** fénshāo 图 태우다, 불태우다 | ★**保质期** bǎozhìqī 圀 품질 보증 기간, 유효기간 | ★**辛勤** xīnqín 혱 부지런하다, 근면하다 | **劳作** láozuò 图 노동하다, 일하다 | ★**牢记** láojì 图 명심하다, 깊이 마음에 새기다 | **家园** jiāyuán 圀 가정

▶ **필수 표현**

- **随着A水平的提高** A의 수준이 높아짐에 따라
- **再加上** 게다가
- **备受关注** 많은 관심을 받다
- **首先A，其次B** 먼저 A하고, 다음으로 B하다
- **无论是A还是B，都** A이든 B이든 모두 ~하다
- **尤其是** (비교 중에서) 특히
- **存在着严重的问题** 심각한 문제가 존재하고 있다
- **对我们来说** 우리에게 있어서

풀이

如今，大街上随处可见"低头族"。"低头族"指那些无论何时何地都低头看手机的人。科技的变化改变了人类的很多习惯与想法。你觉得，科技的发展对人类的影响有什么好处和坏处？请写一篇600字左右的文章，论证你的观点。	최근 들어 길거리 곳곳에서 '스몸비족(수그리족)'을 자주 볼 수 있다. '스몸비족(수그리족)'이란 언제 어디서나 고개를 숙이고 휴대전화만 보는 사람을 일컫는다. 과학기술의 변화는 인간의 수많은 습관과 생각을 변화시켰다. 과학기술의 발전이 인류에게 미치는 영향에 어떠한 장단점이 있다고 생각하는가? 600자 정도의 글을 써서 본인의 관점을 글로 표현하시오.

STEP 1　작문할 주제 파악하기

작문 주제는 '과학기술의 발전이 인류에 가져다준 장점과 단점'이다.

STEP 2　답안 구조 잡기

'과학기술의 발전'과 같이 단점이나 부작용이 있다는 이유로 사용을 반대하거나 부정할 수 없는 주제의 경우, 장점은 살리고 부정적인 영향은 경계 또는 최소화하자는 내용으로 결론을 작성하자. 본론에서 장점과 단점을 구체적으로 서술한 후, '总的来说'를 사용하여 결론을 짓자.

- **서론**: 과학기술의 발전은 양날의 검과 같다.
- **본론**: 과학기술 발전의 장점:

  1 스마트폰 같은 전자기기의 발전으로 생활 속 편리함이 증대되었다.

  2 의료 부문의 발전으로 인류의 수명이 연장되었다.

  3 교통수단의 발전으로 이동이 편리하고 빨라졌다.

  과학기술 발전의 단점:

  스마트폰에 과도하게 의존하여 읽고 쓰는 능력이 퇴보하고, 스마트폰 중독 현상이 심해지고, 사교 능력도 저하되고 있다.
- **결론**: 과학기술의 부정적 영향을 경계하면서 인류에 유리한 방향으로 발전할 수 있게 해야 한다.

모범 답안　통암기문장 / 필수 표현

서론	随着科学的迅猛发展，我们的生活发生了不少的变化。俗话说得好"凡是皆为双刃剑"，这句话用在科技上也不例外。科技给我们带来的不仅仅只是积极的一面，它不可避免的对人们的生活产生消极的影响。	과학의 빠른 발전에 따라 우리의 생활에도 많은 변화가 생겼다. '무릇 모든 것은 양날의 검과 같다'는 말이 있는데 과학기술 역시 예외가 아니다. 과학기술이 우리에게 가져다준 것은 긍정적인 것만이 아니다. 불가피하게도 우리 생활에는 부정적인 영향도 생겼다.
본론	首先，科学发展的好处是不言而喻的，智能手机的普及给我们的生活带来了极大的方便。智能手机可谓是最具有代表性的科技产物了，它已经成为了人们的生活中不可或缺的一部分。在过去，智能手机只不过是通讯工具。而现在，只要一部手机就几乎没有办不到的事情。人们可以通过网站或手机软件，足不出户地买到自己	먼저, 과학 발전의 장점은 말하지 않아도 안다. 스마트폰의 보급은 우리 생활에 막대한 편리함을 가져다주었다. 스마트폰은 가장 대표적인 과학기술의 산물이라고 할 수 있으며 사람들의 삶에 없어서는 안 될 일부분이 되었다. 과거에 스마트폰은 통신수단에 불과했으나 현재는 스마트폰 하나면 거의 모든 일을 할 수 있다. 인터넷이나 스마트폰 앱을 이용해 집 밖에 나가지 않고도 필요한 물건을 살 수 있고, 좋아하는 음식도 주문할 수 있다. 게다가 과학기

需要的东西，也可以点自己爱吃的美食。而且，随着科技的发展，出现了"扫描支付"、"刷脸支付"等各种支付方式。如今，出门时不带钱包，只要带手机就行。

其次，在医疗方面应用使很多"不治病"得到治愈，从而延长了人类的寿命。科技对交通工具的影响更是毋庸置疑的。汽车、高铁、轮船以及飞机的出现让我们的生活变得方便而快捷。

然而，这把双刃剑的另一面则是大多数人过于依赖手机，想知道什么信息就打开手机搜一搜，不愿意通过读书来获取信息。这种情况降低了人类的读写能力。孩子玩手机或电脑上瘾的问题也非常严重。他们不愿意去外面交朋友，整天都呆在家里玩游戏或看视频，这样的孩子很难养成良好的社交能力，导致他们长大后很难融入社会。

결론

总的来说，我们应学会舍短取长，让科技朝着有利于人类的方向发展。最后，我认为人类最好不要过于依赖科技，要时刻警惕它给我们带来的负面影响。

술이 발전하면서 QR코드 결제, 안면인식 결제 등 각종 결제 방식도 생겨났다. 오늘날에는 외출할 때 지갑 없이 휴대전화만 들고 나가면 된다.

다음으로 의료 방면에 적용되어 많은 '불치병'을 치유했고 인간의 수명이 연장되었다. 과학기술이 교통수단에 미친 영향은 더욱이 말할 것도 없다. 자동차, 기차, 여객선, 비행기의 출현으로 우리의 삶은 더 편리하고 빨라졌다.

하지만, 이 양날의 검의 다른 면은 대부분의 사람이 휴대전화에 심하게 의존한다는 것이다. 어떤 정보를 알고 싶으면 즉시 휴대전화로 찾아볼 뿐, 독서로 정보를 얻으려고 하지 않는다. 이로 인해 사람들의 읽고 쓰는 능력이 낮아졌다. 아이들의 휴대전화 및 컴퓨터 중독 문제도 매우 심각하다. 아이들은 밖에서 친구를 사귀려 하지 않고 온종일 집에서 게임을 하거나 영상을 시청한다. 이러한 아이들은 사교 능력을 기르기 어려워 성인이 된 후 사회에 잘 어우러지지 못하게 된다.

종합하자면, 우리는 나쁜 점은 버리고 좋은 점은 취해 과학기술이 인류에 유리한 방향으로 발전할 수 있게 해야 한다. 마지막으로, 과하게 과학기술에 의존하지 말고 항상 과학기술이 우리에게 가져다주는 부정적 영향을 경계하는 것이 좋다고 생각한다.

★**随处可见** suíchù kě jiàn 어디서든 볼 수 있다 | **低头族** dītóuzú 스몸비족, 수그리족 [길거리에서 스마트폰을 보며 주변을 살피지 않고 걷는 사람 또는 그런 무리] | ★**何时** héshí 때 언제 | **科技** kējì 명 과학기술 ['科学技术'의 줄임말] | **迅猛** xùnměng 형 빠르고 맹렬하다, 날쌔고 사납다 | **凡是** fánshì 부 대체로, 무릇, 모든, 다 | **皆** jiē 부 모두, 전부, 다 | **双刃剑** shuāngrènjiàn 명 양날의 검 | **例外** lìwài 명 예외로 하다, 예외(가 되)다 | **不仅仅** bùjǐnjǐn 부 ~만이 아니다 | ★**不可避免** bùkě bìmiǎn 성 (어떤 일이 발생하는 것을) 피할 길이 없다 | **不言而喻** bùyán'éryù 성 말하지 않아도 안다, 말할 필요도 없다 | **智能手机** zhìnéng shǒujī 명 스마트폰 | **普及** pǔjí 동 보급되다, 확산되다 | ★**可谓** kěwèi ~라고 말할 수 있다, ~라고 할 만하다 | **具有** jùyǒu 동 지니다, 가지다, 있다 | **代表性** dàibiǎoxìng 명 대표성 | ★**产物** chǎnwù 명 제품 | **不可或缺** bùkě huòquē 없어서는 안 되다, 필수 불가결하다 | **只不过** zhǐbúguò 다만 ~에 불과하다, 단지 ~에 지나지 않다 | **通讯** tōngxùn 명 통신 | **足不出户** zúbùchūhù 성 집 밖으로 한 발짝도 나가지 않는다, 외출하지 않고 집에만 박혀 있다 | **美食** měishí 명 맛있는 음식 | ★**扫描** sǎomiáo 동 스캐닝하다 | **支付** zhīfù 동 지불하다 | **刷脸** shuā liǎn 안면인식 [刷脸支付: 안면인식 결제] | **医疗** yīliáo 명 의료 | **治病** zhì bìng 병을 고치다, 치료하다 | ★**治愈** zhìyù 동 치유하다 | ★**寿命** shòumìng 명 수명, 목숨, 생명 | **毋庸置疑** wúyōng zhìyí 사실이 명확하여 이유가 충분하다 | **高铁** gāotiě 고속철도 | **轮船** lúnchuán 명 (증)기선 | ★**快捷** kuàijié 형 재빠르다, 날쌔다, 민첩하다 | **过于** guòyú 부 지나치게, 너무, 과도하게, 몹시 | **依赖** yīlài 동 의지하다, 기대다 | **搜** sōu 동 검색하다 | **获取** huòqǔ 동 얻다, 획득하다 | **上瘾** shàngyǐn 동 인이 박히다, 버릇이 되다, 중독되다 | **视频** shìpín 명 동영상 | **社交** shèjiāo 명 사교 | **融入** róngrù 융합되어 들어가다 | ★**总的来说** zǒngde lái shuō 전체적으로 말하면, 전반적으로 말하면, 총체적으로 말하면 | **舍短取长** shěduǎn qǔcháng 성 나쁜 점은 버리고 좋은 점은 취하다 | ★**警惕** jǐngtì 동 경계하다, 경계심을 갖다 | ★**负面** fùmiàn 명 나쁜 면, 부정적인 면

▶ **필수 표현**

• **俗话说得好** ~라고 말한 속담이 있다
• **给我们的生活带来了极大的方便** 우리의 생활에 막대한 편리함을 가져다주었다
• **A成为了不可或缺的一部分** A는 없어서는 안 되는 일부분이 되었다
• **延长寿命** 수명을 연장하다
• **获取信息** 정보를 얻다

풀이

"休渔"制度是通过在水生生物的繁殖期和生长期采取限制捕捞活动的措施，以此达到维护水域生态平衡、水生生物资源可持续利用的目的。其实人生也是如此，想要得到更好的效果，适当的休息与调整十分重要。你如何看待这种阶段性的"休渔"呢？请写一篇600字左右的文章，论证你的观点。	'휴어(어획을 금지하는)' 제도는 수역의 생태 균형을 유지하고 수생생물 자원의 지속 가능한 이용이라는 목적을 달성하기 위해 수생생물의 번식기와 성장기에 어획 활동을 제한하는 것이다. 사실 인생도 마찬가지다. 더 좋은 효과를 얻고 싶다면 적절한 휴식과 조절이 매우 중요하다. 이러한 단계적 '휴어(휴식)'에 관해 어떻게 생각하는가? 600자 내외로 본인의 관점을 표현하시오.

__STEP 1__ 작문할 주제 파악하기

작문 주제는 '휴식의 필요성'이다.

__STEP 2__ 답안 구조 잡기

문제에서 예를 든 '휴어'를 도입부에 활용하여 서론을 시작해 보자.

본론에서 휴식의 필요성을 먼저 제시한 후, 이어서 가장 좋은 휴식 방법을 제시해 보자.

제시문에 사용된 어휘를 활용해 제시문과 답안의 연계성을 높이자. (예: 지속 가능한)

- **서론**: 우리는 왜 휴식이 필요할까?
- **본론**: 휴식의 필요성/장점
    - **1** 휴식은 우리의 심신 건강을 지켜 준다.
    - **2** 휴식은 업무나 학습의 효율을 높여 준다.

    가장 좋은 휴식 방법은 '수면'이라고 생각한다.
- **결론**: '인생의 지속 가능한 발전'을 위해 적절히 휴식하며 건강을 지키자.

모범 답안 통암기문장 / 필수 표현

서론	所谓"休渔"制度，指的是为了达到渔业资源可持续发展的目的，在一定时间和范围内采取限制捕捞活动的措施。其实人类也需要一定的"休渔期"，不能一直不停地奔跑。可是我们所处的社会竞争极为激烈，这样的社会风气使人们忘记"休息"。很多专家强调：养成良好的作息习惯尤为重要。那么，我们为什么要休息？休息到底对我们起到什么作用呢？	소위 '휴어' 제도란, 어업 자원의 지속 가능한 발전이라는 목표를 달성하기 위해 일정 기간과 일정 범위 내에서 어획 활동을 제한하는 조치를 말한다. 사실 사람도 어느 정도의 '휴어기'가 필요하며 계속 멈추지 않고 달리기만 해서는 안 된다. 하지만 우리가 사는 사회는 경쟁이 매우 치열하다. 이런 사회 분위기로 인해 우리는 휴식을 잊고 지낸다. 많은 전문가들은 '일과 휴식의 균형을 맞추는 습관이 매우 중요하다'고 강조한다. 그렇다면, 우리는 왜 휴식이 필요할까? 휴식은 우리에게 어떤 역할을 할까?
본론	第一，休息可以维护我们身心健康。在如今繁忙的生活中，熬夜学习、加班已成为家常便饭的事情。最近，"不少疾病愈来愈年轻化"、"员工在熬夜加班后猝死"等新闻报道屡见不鲜，这些恶果都是休息不够导致的。再加上，休息不够会导致焦虑、	첫째, 휴식은 우리 심신의 건강을 지켜 줄 수 있다. 오늘날 바쁜 삶 속에서 우리는 밤샘 공부나 야근을 밥 먹듯이 한다. 최근 '많은 질병의 발병 나이대가 점점 어려진다', '야근 후 돌연 사망한 직원' 등의 뉴스 보도를 흔히 볼 수 있다. 이는 모두 휴식이 부족해서 생긴 좋지 않은 결과이다. 게다가 휴식이 부족하면 불안감, 우울감 등 심리적

抑郁等心理健康问题的出现。因此，我们应该通过适当的休息，让疲惫的身心得到充分放松，预防各种疾病的发生。

第二，休息能提升工作或学习的效率。有些人误以为，工作或学习的时间越长，效果越好，可事实并非如此。足够的休息能让我们头脑清醒、思维敏捷，这样的状态能使我们保持充沛的精力，并能让我们在所属领域内更好地发挥自己的能力。

我认为最好的休息方式就是睡眠。充足的睡眠有益于身心健康，因为它让白天忙于工作的大脑进入休息状态，并且让体力与脑力得到恢复。不仅如此，它也对我们精神状态起到很好的作用。通过睡眠能减轻压力、缓解疲劳以及对抗抑郁、不安等不良情绪，这可以让我们以良好的心态面对生活。

문제도 나타난다. 따라서 우리는 적절한 휴식을 통해 피로해진 몸과 마음을 충분히 풀어 주어 각종 질병을 예방해야 한다.

둘째, 휴식은 업무나 학습의 효율을 높여 준다. 누군가는 업무나 학습 시간이 길수록 효과가 좋다고 생각하지만 사실은 그렇지 않다. 충분한 휴식은 머리를 맑게 해 주고 머리의 회전을 빠르게 해 준다. 이러한 상태가 되면 넘치는 활력을 유지할 수 있고 본인이 속한 분야에서 본인의 능력을 더 힘껏 발휘할 수 있다.

가장 좋은 휴식 방법은 수면이라고 생각한다. 충분한 수면은 심신 건강에 도움이 된다. 낮에 업무로 바빴던 대뇌가 휴식 상태에 들어가고 육체와 정신을 회복할 수 있기 때문이다. 이뿐만 아니라 우리의 정신 상태에도 좋은 작용을 한다. 수면을 통해 스트레스를 줄이고 피로를 해소할 수 있으며 우울, 불안 등 좋지 않은 정서도 없앨 수 있어 긍정적인 마음으로 삶을 마주할 수 있게 된다.

결론

人们不是为工作而生活，而是为生活而工作，这个顺序不能颠倒。为了实现"可持续发展"的人生，健康是不容忽视的"本钱"，为了保持健康，我们要注意休息。

사람은 일을 위해 사는 게 아니라 삶을 위해 일해야 한다. 이 순서가 뒤바뀌어서는 안 된다. 인생의 지속 가능한 발전을 실현하는 데 있어 '건강'은 중요한 밑천이므로, 건강을 지키기 위해 '휴식'에 신경 써야 한다.

休渔 xiūyú 동 어획을 금지하다 | **水生** shuǐshēng 명 수생 | **★生物** shēngwù 명 생물 | **繁殖期** fánzhíqī 번식기 | **生长期** shēngzhǎngqī 성장기 | **捕捞** bǔlāo 물고기를 잡다 | **维护** wéihù 동 유지하고 보호하다, 지키다 | **★水域** shuǐyù 명 수역 | **★生态** shēngtài 명 생태 | **适当** shìdàng 형 적절하다, 적당하다, 알맞다 | **★所谓** suǒwèi 소위, 이른바 | **渔业** yúyè 명 어업 | **奔跑** bēnpǎo 빨리 달리다, 질주하다, 내달리다 | **★极为** jíwéi 부 극히, 매우 | **★风气** fēngqì 명 (사회나 집단의) 풍조, 기풍 | **★尤为** yóuwéi 더욱이, 특별히, 특히 | **★身心** shēnxīn 심신, 몸과 마음 | **★繁忙** fánmáng 형 번거롭고 바쁘다 | **★熬夜** áoyè 동 밤을 새다 | **家常便饭** jiācháng biànfàn 명 평소 집에서 먹는 식사 | **愈来愈** yùláiyù 점점 더, 더욱더 | **猝死** cùsǐ 동 급사하다 | **屡见不鲜** lǚjiàn bùxiān 성 자주 봐서 신기하지 않다, 흔히 볼 수 있다 | **恶果** èguǒ 나쁜 결과, 나쁜 결말 | **再加上** zàijiāshàng 게다가 | **焦虑** jiāolǜ 가슴을 태우다, 마음을 졸이다, 근심하다 | **★抑郁** yìyù 동 (불만을 호소할 수 없어) 우울하다, 울적하다 | **★疲惫** píbèi 형 대단히 피로하다, 지치다 | **疾病** jíbìng 명 병, 질병, 고질병 | **足够** zúgòu 형 충분하다 | **清醒** qīngxǐng 형 (정신이) 맑다, 분명하다, 또렷하다 | **思维** sīwéi 명 사유 | **★敏捷** mǐnjié 형 민첩하다 | **★充沛** chōngpèi 넘쳐흐르다, 왕성하다 | **所属** suǒshǔ 예하의, 휘하의 | **★领域** lǐngyù 명 영역 | **有益** yǒuyì 형 유익하다, 도움이 되다 | **体力** tǐlì 명 체력 | **脑力** nǎolì 명 지력, 기억력 | **★疲劳** píláo 피로 | **对抗** duìkàng 대항하다, 저항하다 | **心态** xīntài 명 심리 상태 | **★颠倒** diāndǎo 동 (상하·전후의 위치가) 뒤바뀌다, 상반되다, 전도되다 | **不容忽视** bùróng hūshì 형 없어서는 안 될, 필수적인 | **★本钱** běnqián 명 본전, 밑천, 원금

▶ **필수 표현**

- **所谓A** A라는 것은
- **养成习惯** 습관을 기르다
- **第一, 第二** 처음은 ~하고 두 번째는 ~하다
- **预防疾病** 질병을 예방하다
- **提升效率** 효율이 높아지다
- **有些人误以为** 누군가 ~라고 잘못 생각하다
- **事实并非如此** 사실은 그렇지 않다
- **有益于** ~에 도움이 되다
- **得到恢复** 회복하다
- **起到作用** 역할을 하다
- **减轻压力** 스트레스를 줄이다
- **不是A而是B** A가 아니라 B이다

풀이

"穷游"是一种时尚的旅游方式。比起一般意义上"不花钱的旅行"，穷游更强调在享受自由自在旅行的同时，尽量节省旅行的费用。不是"为穷而穷"，不同于以往的"行走"方式，和"有钱""没钱"无关。请写一篇600字左右的文章，谈一谈你对"穷游"这种旅行方式的看法，并论证你的观点。	'무전여행'은 요즘 유행하는 여행 방식이다. '돈을 안 쓰는 여행'이라는 일반적인 의미보다 무전여행은 자유로운 여행을 즐기면서 여행 비용은 최대한 아끼는 것을 강조한다. 돈이 없어서가 아니라 이전과 다른 걷는 방식으로, 돈의 유무와는 무관하다. '무전여행'이라는 여행 방식에 대한 당신의 견해를 말하고, 600자 내외로 당신의 관점을 논증하시오.

STEP 1 작문할 주제 파악하기

작문 주제는 '무전여행'이다.

STEP 2 답안 구조 잡기

개인별로 찬반 입장이 다를 수 있는 주제의 경우, 근거나 이유로 쓸 것이 많아 작문하기 편한 입장을 선택하는 것이 좋다. 서론에서는 '무전여행'에 대한 찬성/반대 입장을 밝히고 본론에서는 찬성/반대의 근거를 밝히자. 결론에서는 본론에서 밝힌 근거를 요약 정리함으로써 자신의 입장을 강조할 수 있다.

- **서론:** 무전여행에 반대한다.
- **본론:** 무전여행에 반대하는 근거
    1 무전여행에는 안전 위험이 존재한다.
    2 일부 무전여행자들의 여행 경비를 아끼려는 행동들이 이기적이고 부당할 때가 있다.
    3 여행을 온전히 즐기지 못하고, 먹고 자는 문제로 스트레스가 쌓인다.
- **결론:** 무전여행에도 장점이 있지만, 안전 위험을 무릅쓰고 할 만한 것은 아니라고 생각한다.

모범 답안 통암기문장 / 필수 표현

서론	所谓"穷游"，指的是花最少的钱享受最大的旅行乐趣。穷游可谓是时下十分流行的出游形式了，可是很多人往往会因为词里的"穷"字误解它的本质，穷游并不是全程不带一分钱。人们对穷游的看法各不相同，但我对此持消极态度，其原因如下：	'무전여행'이란 최소한의 돈을 써서 최대한의 즐거움을 누리는 여행을 뜻한다. 무전여행은 오늘날 매우 유행하는 여행 형식이라고 할 수 있다. 하지만 많은 사람이 종종 '무전'이라는 글자 때문에 이 여행의 본질을 오해하는데, 무전여행은 전체 여정에 돈을 한 푼도 쓰지 않는 것이 아니다. 무전여행에 대한 견해는 사람마다 다르지만 나는 이에 부정적이다. 그 이유는 다음과 같다.
본론	第一，穷游的安全隐患极为明显。穷游时，人们会通过搭车或做沙发客等方式来压缩开支，不过我们怎么可能确信在陌生的地方遇到的那个人是好人呢？说不定在我们身上会发生不堪设想的犯罪事件。不仅是迷路、受骗等，到处都潜伏着危险。穷游的主体人群是大学生，且他们的安全意识较为薄弱，因此一旦处于危险之中，他们很难及时采取措施。	첫째, 무전여행에는 분명히 안전 위험이 존재한다. 사람들은 무전여행 시 히치하이크나 카우치 서핑 등의 방법을 통해 지출을 줄이는데, 낯선 곳에서 만난 사람이 좋은 사람일지 어떻게 확신할 수 있겠는가? 어쩌면 생각만 해도 끔찍한 범죄 사건이 우리에게 일어날 수도 있다. 길을 잃거나 사기를 당하는 것 외에도 곳곳에 위험이 도사리고 있다. 무전여행의 주 연령층은 대학생인데 그들의 안전 의식은 비교적 취약해서 위험한 상황에 부닥치면 즉시 조치를 취하기 어렵다.

第二，穷游是一种自私的行为。有些穷游者为了尽可能省钱，不但会蹭吃蹭喝蹭住，还极有可能会逃火车票及景点门票。一般做出这种行为的人不知羞愧，反而以此为骄傲。我觉得通过给别人及社会造成损害的方式来达到自己的目的是非常不合理的。

第三，去旅行，反而增加压力。大多数穷游者每分每秒都在为今天食、住的问题该如何解决而担忧，因此难以享受当地的风土人情，压力不仅得不到缓解，反倒会倍增。这样的旅行意义何在？

둘째, 무전여행은 이기적인 행동이다. 일부 무전 여행자는 최대한 돈을 아끼기 위해 남에게 음식을 얻어먹고 잘 곳도 빌붙는다. 게다가 기차에 무임승차 하거나 관광지에 입장료를 내지 않고 들어가기도 한다. 보통 이런 행동을 하는 사람은 부끄러운 줄 모르고 오히려 자랑스러워한다. 나는 다른 사람과 사회에 손해를 입히는 방식으로 자신의 목표를 달성하는 것은 매우 부당하다고 생각한다.

셋째, 여행을 가는 것인데 오히려 스트레스가 쌓인다. 대부분의 무전 여행자는 오늘 당장의 음식과 지낼 곳을 어떻게 해결할지 내내 걱정한다. 따라서 여행지의 특색과 풍습을 누리지 못하고 스트레스가 해소되기는커녕 오히려 배로 늘어난다. 이런 여행에 의미가 과연 어디에 있을까?

결론

然而，凡是有其弊，必有其利，穷游也如此。我认为它的优势在于成本低，因此能够让收入较低的年轻人实现旅行的目的，开阔视野，增加阅历。并且，由于减轻了经济上的负担，降低了出游的门槛。可是生活中，有很多能让我们开阔视野的方法，比如读书、看展览及参加社团活动等，没必要做"穷游"这种冒着生命危险的行为。若非不去不可，现在就脚踏实地赚钱，将来去一场保障安全的旅行。

하지만 모든 것에는 단점이 있으면 장점도 있는 법이며, 무전여행도 마찬가지다. 무전여행의 장점은 비용이 적게 드는 것이라고 생각한다. 따라서 수입이 적은 젊은 사람들도 여행을 통해 시야를 넓히고 경험을 늘릴 수 있다. 게다가 경제적 부담이 줄어들기 때문에 여행의 문턱이 낮아진다. 그러나 우리 삶에는 독서, 전시회 관람, 동아리 활동 등 시야를 넓히는 방법이 매우 많으므로 무전여행처럼 생명의 위험을 무릅쓰는 행동을 할 필요가 없다. 여행을 꼭 가야 한다면 지금부터 착실히 돈을 모아 미래에 안전이 보장된 여행을 가는 것이 좋다.

穷游 qióngyóu 무전여행 | ★时尚 shíshàng 몡 당시의 풍조, 시대적 풍모 | ★自由自在 zìyóuzìzài 엥 자유자재, 제한이나 속박이 조금도 없는 상태 | 费用 fèiyong 몡 비용 | 以往 yǐwǎng 몡 이전, 과거 | 行走 xíngzǒu 동 걷다, 거닐다, 다니다 | ★所谓 suǒwèi 소위, 이른바 | 乐趣 lèqù 즐거움, 기쁨, 재미 | 可谓 kěwèi ~라고 말할 수 있다, ~라고 할 만하다 | 时下 shíxià 몡 지금, 오늘날, 현재 | ★出游 chūyóu 동 여행하러 가다 | 误解 wùjiě 동 오해하다 | ★全程 quánchéng 몡 전체의 노정, 전 코스 | 各不相同 gèbù xiāngtóng 엥 서로 다르다, 제각기 다르다 | 如下 rúxià 휑 아래와 같다, 다음과 같다 | ★隐患 yǐnhuàn 잠복해 있는 병, 겉에 드러나지 않은 폐해 또는 재난 | ★极为 jíwéi 극히, 매우 | 搭车 dā chē 차를 타다 | 沙发客 shāfākè 카우치 서핑 [잘 만한 소파(couch)를 찾아다닌다는 뜻으로, 현지인이 제공하는 숙소에 여행자가 머무르는 일종의 인터넷 여행자 네트워크] | ★压缩 yāsuō 동 (인원·기구·경비·편폭 따위를) 줄이다, 축소하다 | 开支 kāizhī 지출, 비용 | 确信 quèxìn 동 확신하다 | ★陌生 mòshēng 낯설다, 생소하다 | 不堪设想 bùkān shèxiǎng 엥 상상조차 할 수 없다, 생각조차 할 수 없다 | 犯罪 fànzuì 몡 범죄 | 事件 shìjiàn 몡 사건 | 迷路 mílù 동 길을 잃다, 잘못된 길로 들어서다 | ★受骗 shòupiàn 동 기만당하다, 속임을 당하다 | 潜伏 qiánfú 동 잠복하다, 매복하다 | 主体 zhǔtǐ 몡 주체, 주요 부분 | 人群 rénqún 몡 군중, 무리 | 意识 yìshí 몡 (객관 물질 세계에 대한 반영으로서) 의식 | 较为 jiàowéi 비교적 [같은 종류의 사물과 비교해서 한 단계 위임을 나타냄] | 薄弱 bóruò 휑 박약하다, 취약하다 | 处于 chǔyú 동 (사람·사물이 어떤 지위·상태·환경·시간에) 처하다, 놓이다 | ★自私 zìsī 휑 이기적이다 | 尽可能 jǐnkěnéng 뷔 되도록, 가능한 한, 될 수 있는 한 | 蹭 cèng 빌붙다, 빈대 붙다, 공짜로 얻어먹다 | 景点 jǐngdiǎn 경치가 좋은 곳, 명승지, 명소 | 门票 ménpiào 몡 입장권 | ★不知 bùzhī 동 모르다, 알지 못하다 | 羞愧 xiūkuì 휑 부끄럽다, 창피하다, 수치스럽다, 부끄럽게 여기다 | 损害 sǔnhài 손실을 입다, 손상시키다 | 担忧 dānyōu 동 걱정하다, 근심하다 | 风土人情 fēngtǔ rénqíng 몡 지방의 특색과 풍습, 풍토와 인심 | ★反倒 fǎndào 뷔 오히려, 도리어 | 倍增 bèizēng 동 배로 증가하다 | 何在 hézài 어디에 있는가 | 凡是 fánshì 뷔 대체로, 무릇, 모든, 다 | 弊 bì 몡 폐해 | 利 lì 몡 이로움 | 成本 chéngběn 몡 원가, 자본금 | ★开阔 kāikuò 휑 (생각·마음이) 탁 트이다, 유쾌하다, 명랑하다 | ★视野 shìyě 몡 시야 | ★阅历 yuèlì 몡 경험, 경력에서 얻은 지식, 체험한 지식 | 负担 fùdān 몡 부담, 책임 | ★门槛 ménkǎn 몡 문턱, 문지방 | ★社团 shètuán 몡 집단 모임, 서클, 동아리 | 冒 mào 동 무릅쓰다 | 若 ruò 젭 만약, 만일 | 不可 bùkě ~해서는 안 된다 | 脚踏实地 jiǎotà shídì 엥 일하는 것이 착실하다 | 赚钱 zhuàn qián 돈을 벌다, 이윤을 남기다 | ★保障 bǎozhàng 동 보장하다, 보증하다

▶ **필수 표현**

- **对A的看法各不相同** A에 대한 견해가 모두 다르다
- **其原因如下** 그 이유는 다음과 같다
- **第一A，第二B，第三C** 첫 번째는 A이고, 두 번째는 B이고, 세 번째는 C이다
- **发生事件** 사건이 발생하다
- **采取措施** 조치를 취하다

- **通过……的方式** ~한 방식을 통해
- **达到目的** 목표를 달성하다
- **增加压力** 스트레스가 쌓이다
- **开阔视野** 시야를 넓히다

● **Day 32** 　모범 답안은 아래 해설 참고

풀이

赠送礼物是任何国家、任何地区都有的文化。然而，在当今社会，送什么礼物、如何传达等诸如此类的问题，也随着时代的变化产生了变化。"礼轻情意重"是中国的一句老话，意思是：礼物虽不贵重，但送礼人的情谊是十分贵重的。但如今，很多人会在情谊和价格之间，更注重价格或是礼物本身是否实用。对于过去与现在的送礼文化，你有什么看法？请写一篇600字左右的文章，谈一谈。要求思路清晰。

선물을 주는 것은 어느 나라, 어느 지역에나 있는 문화이다. 그러나 요즘 사회에서는 어떤 선물을 주고 어떻게 전달하느냐 하는 문제가 시대의 변화에 따라 달라졌다. 중국에는 '선물은 보잘것없지만 성의는 깊다'라는 말이 있다. 비록 귀한 선물은 아니지만 선물을 준 사람의 성의는 매우 귀중하다는 뜻이다. 그러나 오늘날 많은 사람들은 성의와 가격 중 가격을 더 중요하게 생각하거나 선물이 실용적인지 여부를 따진다. 과거와 현재의 선물 문화에 대해 당신은 어떻게 생각하는가? 600자 내외의 글을 논리에 맞게 명확히 쓰시오.

STEP 1 작문할 주제 파악하기

작문 주제는 '시대에 따른 선물 문화의 변화'이다.

STEP 2 답안 구조 잡기

서론에서 시대에 따라 선물 문화가 변화하고 있다고 언급한 후, 본론에서는 구체적으로 선물 문화가 과거에는 어땠고 현재는 어떠한지 구분하여 정리한 후, 결론에서 나의 생각을 밝히자. 적절한 성어(礼轻情意重)를 활용하면 더 설득력 있는 글을 작성할 수 있다.

- **서론:** 시대에 따라 선물 문화가 변화하고 있다.
- **본론:** 과거 중국에서는 '시계' '우산' '신발' 등을 선물하는 것을 기피했다.
  현재는 스마트폰의 보급에 따라 선물 방식도 바뀌었고, 선물에 대한 인식도 달라졌다.
- **결론:** 나는 선물할 때 중요한 것은 '꼼꼼히 살피는 마음(=성의)'이라고 생각한다.

서론	送礼是古今中外一直都存在的文化现象。人们都抱有不同目的将礼物送给对方，有的人以维持人际关系为目的，有的人则以表达谢意或庆祝喜事为目的。随着社会气氛的变化，送礼文化与方式都发生了巨大的变化。	선물은 동서고금을 막론하고 줄곧 존재하던 문화 현상이다. 사람들은 각각의 목적을 가지고 상대방에게 선물을 준다. 어떤 사람은 인간관계 유지를 목적으로, 어떤 사람은 감사의 마음을 표현하거나 경사를 축하하기 위한 목적으로 선물을 한다. 사회 분위기가 변화하면서 선물 문화와 방식에도 많은 변화가 생겼다.
본론	之前在书上看过，过去中国有几种送礼的禁忌，比如送钟表、伞等。这是因为受到汉语里"谐音"的影响，"送钟"的发音与"送终"一样；"伞"的发音与"散"一样，都含有不吉利的意思，所以最好避免送这些东西。情侣之间送鞋也是欠妥的，因为对方穿上那双鞋后会跑掉，这就意味着分手。可是现在的年轻人不太在意这些禁忌。古人收到礼物时最重视送礼人的情谊，现在则完全不同，很多人更加重视礼物是否昂贵、实用。 　　如今的送礼方式与过去有着天渊之别，随着智能手机的普及，人们的送礼方式渐渐从"面对面"转移到"键对键"。在过去，从挑选礼物到将礼物送给对方，都以面对面的方式进行，而现在，用手机按下几次按钮就能将钱或商品券发给对方。尤其是在中国，用微信"发红包"已是极为普遍的现象。不仅是生日，结婚、情侣之间纪念日等，只要有喜事发生就会发红包来代替礼物。	과거 중국에서는 시계, 우산 등 기피하는 선물이 몇 가지 있었다고 책에서 본 적이 있다. 이는 중국어 동음 현상의 영향을 받은 것이다. 가령 '시계를 선물하다'의 발음은 '임종'의 발음과 같고, '우산'은 '해체되다'라는 뜻의 단어와 발음이 같은데 모두 불길한 의미가 담겨 있어 이 물건들은 선물할 때 피하는 것이 좋다. 연인 사이에 신발 선물도 적절하지 않다. 상대방이 그 신발을 신고 도망갈 수 있기 때문에 이는 헤어짐을 의미한다. 하지만 오늘날의 젊은 사람들은 이러한 금기를 별로 개의치 않는다. 옛날 사람들은 선물을 받을 때 선물을 준 사람의 성의를 가장 중요하게 여겼다. 하지만 지금은 옛날과는 달리 선물이 비싼지, 실용적인지를 더 중요시하는 사람이 많다. 　　오늘날의 선물 방법은 과거와 큰 차이가 있다. 스마트폰의 보급에 따라 사람들의 선물 방법도 직접 주는 방식에서 모바일로 주는 방식으로 점점 바뀌고 있다. 과거에는 선물을 고르는 것부터 상대방에게 주는 것까지 모두 대면으로 이루어졌다. 하지만 현재는 휴대전화로 버튼 몇 번만 누르면 돈이나 상품을 상대방에게 보낼 수 있다. 특히 중국에서는 위챗으로 송금하는 것이 매우 보편적인 현상이 되었다. 생일뿐만 아니라 결혼, 연인 간의 기념일 등 경사가 있을 때면 선물 대신 돈을 보낸다.
결론	虽然人们对"送礼"这一行为持有不同观点，可是我认为送礼时最重要的就是"面面俱到"。有句老话叫做"礼轻情意重"。挑选礼物时要考虑到对方的喜好与它的实用性，"为对方考虑"这个行为就是当今这个时代送礼之人的诚意了。这样送的礼物，才能达到"皆大欢喜"的结果。	선물을 주는 것에 대해 사람마다 관점이 서로 다르지만 나는 선물에서 가장 중요한 것은 '모든 것을 꼼꼼히 살피는 것'이라고 생각한다. '선물은 보잘것없지만 성의는 깊다'라는 말이 있다. 선물을 고를 때 상대방의 취향과 상품의 실용성을 고려하는 이 행위가 바로 요즘 이 시대에 선물을 주는 사람의 성의일 것이다. 이렇게 선물을 해야 모두가 기뻐하는 결과를 얻을 수 있다.

赠送 zèngsòng 동 증정하다, 선사하다, 주다 | ★当今 dāngjīn 명 현재, 지금 | 传达 chuándá 동 전하다, 전달하다 | ★诸如此类 zhūrú cǐlèi 성 대개 이런 것들과 같다, 이와 같은 여러 가지 | 礼轻情意重 lǐqīng qíngyì zhòng 선물은 비록 보잘것없지만, 그 성의는 깊다 | 老话 lǎohuà 명 옛말, 옛사람의 말 | ★贵重 guìzhòng 형 귀중하다, 중요하다 | 送礼 sònglǐ 동 선물을 보내다 | ★情谊 qíngyì 명 정의, 우정 | 注重 zhùzhòng 동 중시하다, 중점을 두다 | 本身 běnshēn 명 그 자체, 자신, 본인 | ★思路 sīlù 명 사고의 방향 | 清晰 qīngxī 형 뚜렷하다, 분명하다, 명석하다 | ★古今中外 gǔjīn zhōngwài 성 고금동서, 모든 시대, 모든 지역 | 维持 wéichí 동 유지하다, 지키다 | 人际关系 rénjì guānxi 대인관계, 인간관계 | ★则 zé ~하면 ~하다 [인과관계나 조건을 나타냄] | 谢意 xièyì 명 감사의 뜻, 사의 | 喜事 xǐshì 명 기쁜 일, 경사 | 禁忌 jìnjì 명 금기 동 기피하다 | 钟表 zhōngbiǎo 명 시계의 총칭 | 谐音 xiéyīn 명 한자에서 같거나 비슷한 음 | 送终 sòngzhōng 동 (부모나 연장자의) 임종을 지키다, 장례를 치르다 | 吉利 jílì 형 길하다 | ★情侣 qínglǚ 명 사랑하는 사람, 애인, 연인 | 欠妥 qiàntuǒ 형 타당성이 부족하다, 적절하지 않다, 알맞지 않다 | 意味着 yìwèizhe 의미하다, 뜻하다, 나타내다 | ★在意 zàiyì 동 마음에 두다, 개의하다 [주로 부정 형식에 많이 쓰임] | ★昂贵 ánggùi 형 물건값이 비싸다 | 天渊之别 tiānyuān zhī bié 성 천양지차, 하늘과 땅 차이, 서로의 차이가 아주 현저하다 | 普及 pǔjí 동 보급되다, 확산되다 | 渐渐 jiànjiàn 부 점점, 점차 | 转移 zhuǎnyí 동 바꾸다, 변경하다 | 挑选

tiāoxuǎn 동 고르다, 선택하다 | **按下** ànxià 누르다 | **按钮** ànniǔ 명 버튼, 스위치 | **商品券** shāngpǐnquàn 명 상품권 | ★**微信** Wēixìn 고유 위챗 [중국의 SNS] | **发红包** fā hóngbāo (축의금 등 여러 가지 명목으로) 돈을 주다 | ★**极为** jíwéi 부 매우, 극히 | ★**纪念日** jìniànrì 명 기념일 | **负担** fùdān 명 부담, 책임 | ★**面面俱到** miànmiàn jùdào 성 각 방면을 빈틈없이 돌보다, 샅샅이 고려되다 | **实用性** shíyòngxìng 명 실용성 | **适当** shìdàng 형 적절하다, 적합하다, 적당하다, 알맞다 | **皆大欢喜** jiēdà huānxǐ 성 모두 몹시 기뻐하다

▶ 필수 표현

- **有的人A, 有的人B** 어떤 사람은 A하고, 어떤 사람은 B하다
- **表达谢意** 감사의 마음을 표현하다
- **随着A的变化** A의 변화에 따라

- **随着A的普及** A의 보급에 따라
- **从A转移到B** A에서 B로 바뀌다
- **尤其是……** 특히 ~이다

● **Day 39**   모범 답안은 아래 해설 참고

풀이

　　随着时代的发展和生活水平的提高，中国人的消费观念也在不断变化。过去，中国人比较节俭，不舍得花钱；现在，中国人的消费观多元化、个性化的特点越来越明显，人们越来越重视精神方面的需要了，在文化、教育、度假、旅游等方面的消费大大超过以前。对于现代社会的消费观念及消费方式，你有怎样的看法。请写一篇600字左右的文章，论述一下。

시대의 발전과 생활수준의 향상에 따라 중국인의 소비 관념도 끊임없이 변화하고 있다. 과거에 중국인은 절약이 몸에 배어 있었고 돈 쓰는 것을 아까워했다. 오늘날 중국인의 소비관은 점점 다양화되고 개성화되고 있다. 사람들이 점점 정신적 측면의 수요를 중시하면서 문화, 교육, 휴가, 여행 등 측면의 소비가 이전을 크게 뛰어넘고 있다. 현대사회의 소비 관념 및 소비 방식에 대해 당신은 어떤 견해를 가지고 있는지 600자 내외로 논리정연하게 서술하시오.

STEP 1 작문할 주제 파악하기

작문 주제는 '현대사회의 소비 관념 및 소비 방식'이다.

STEP 2 답안 구조 잡기

현대사회의 소비 방식의 특징 여러 가지를 나열할 수도 있고, 대표적인 특징을 하나 제시하고 그에 대해 구체적으로 설명할 수도 있다. 대표적인 특징을 하나 제시하는 방향으로 글을 작성한다면 결론에서는 그 특징과 관련한 본인의 견해를 언급해 주자.

- **서론**: 생활수준이 향상됨에 따라 소비 방식도 변화하고 있다. 새롭게 등장한 소비 방식 중에서 '나를 위한 소비'가 대표적인 추세이다.
- **본론**: 1 '나를 위한 소비'는 자기 자신을 기쁘게 하는 소비를 의미하며, '즉시성 소비'와 '발전성 소비'로 나눌 수 있다.
  2 즉시성 소비의 특징 소개
  3 발전성 소비의 특징 소개
- **결론**: 우리는 유행에 휘둘리지 말고 합리적으로 소비하려고 노력해야 한다.

서론	随着生活水平的提高，人们的消费方式与观念皆发生了翻天覆地的变化。人们不再为衣食住行而担忧，而是开始追求高品质的生活。不仅如此，90后、00后开始步入社会，随之形成了新的消费趋势。在这些变化当中，我认为"悦己消费"是最具有代表性的变化。	생활수준이 향상되면서 사람들의 소비 방식과 관념에 커다란 변화가 일어났다. 사람들은 더 이상 의식주를 걱정하지 않고 질 높은 삶을 추구하기 시작했다. 이뿐만 아니라 90년대생과 00년대생이 사회에 발을 들이면서 새로운 소비 추세가 형성되었다. 이 변화 중에 '나를 위한 소비'가 가장 대표적인 변화라고 생각한다.
본론	"悦己消费"是指取悦自己的消费，它可分为"即时型悦己消费"与"发展型悦己消费"两种。"即时型悦己消费"顾名思义，就是追求及时、短暂的满足；而"发展型悦己消费"更着重于高层次的精神满足。 　　最近，网红店的盛行、奢侈品消费的低龄化，都是受到"即时型悦己消费"的影响才产生的。随着人均收入的提升，消费不再只为生存，而成为了表现自己的方式。人们通过物质层面的消费，彰显出自己的特色和经济能力，并得到心理上的满足。 　　目前，全球大部分国家呈单身化趋势。因为单身人士不用顾及家庭，于是他们开始将时间和金钱花在提升自身修养及获得精神满足上，从而越来越多的人追求"发展型悦己消费"。比如，最近"养生"这一话题吸引了众多人的眼球，因为现在我们处于快节奏的社会中，人们想通过锻炼缓解疲惫的身心，并获取成就感。不仅如此，不少人把宠物视为孩子，通过那小小的生命陶冶情操、得到治愈。还有，有些人积极利用业余时间，学习专长或技能（如计算机、外语等），为自己的增值投资。	'나를 위한 소비'는 자기 자신을 기쁘게 하는 소비를 의미하며, '즉시성 소비'와 '발전성 소비' 두 가지로 나눌 수 있다. '즉시성 소비'는 이름 그대로 시기적절하고 짧은 만족을 추구하는 것이며, '발전성 소비'는 고차원적인 정신적 만족을 더 중요시하는 것이다. 최근 들어 인터넷 유명 가게(SNS 핫플레이스)가 성행하고 사치품을 소비하는 연령대가 낮아졌다. 이는 모두 '즉시성 소비'의 영향을 받아 생긴 현상이다. 인당 평균 소득이 올라가면서 소비는 더 이상 생존만을 위한 것이 아니라 자신을 표현하는 방식이 되었다. 사람들은 물질적 측면의 소비를 통해 자신의 특색과 경제 능력을 드러내고 심리적인 만족을 얻는다. 오늘날 전 세계 대부분의 국가에서 독신주의자가 늘어나는 추세이다. 독신은 가정을 돌볼 필요가 없기 때문에 자신의 교양 수준을 높이고 정신적 만족을 얻는 데 시간과 돈을 투자한다. 이에 따라 '발전성 소비'를 추구하는 사람이 점점 많아지고 있다. 예를 들어 최근에 '건강 관리'가 수많은 사람의 이목을 집중시키는 화제가 되었는데, 이는 생활 리듬이 빠른 사회에 속한 사람들이 건강 관리를 통해 심신의 피로를 풀고 성취감을 얻고 싶어 하기 때문이다. 이뿐만 아니라 반려동물을 자식으로 여기고, 그 작은 생명체를 통해 정서를 함양하고 안정을 취하는 사람도 많다. 또 어떤 사람들은 자신의 가치에 투자하고자 여가 시간을 적극적으로 이용해 특기나 기술(컴퓨터, 외국어 등)을 배운다.
결론	随着经济的发展和社会竞争日趋激烈，"为自己消费"的特征今后将日益明显。因此，"即时性"消费和"发展性"消费也将进一步深化。即时性消费稍有不慎就会给自己和家庭带来经济负担。生活在现代社会的我们不要被流行所左右，更需要的是看清自己真正需要的是什么，并努力进行合理地消费。	경제가 발전하고 사회의 경쟁이 날로 치열해짐에 따라 '나를 위한 소비'의 특징은 앞으로 더욱 뚜렷해질 것이다. 이에 따라 '즉시성' 소비와 '발전성' 소비 역시 더 심화될 것이다. 즉시성 소비는 자칫 본인과 가정에 경제적인 부담을 안기게 될 수도 있다. 현대사회를 살아가는 우리는 유행에 휘둘리지 말고 본인이 진정으로 필요한 것이 무엇인지 파악하여 합리적으로 소비하려는 노력이 더욱 필요할 것이다.

★**节俭** jiéjiǎn 통 절약하다 | **舍得** shěde 통 기꺼이 하다 | **消费观** xiāofèiguān 명 소비관 | **多元化** duōyuánhuà 통 다원화하다 | **个性化** gèxìnghuà 개성화시키다 | ★**度假** dùjià 통 휴가를 보내다 | **大大** dàdà 뷔 크게, 대단히, 대량으로 | ★**皆** jiē 뷔 모두, 전부, 다 [=都] | ★**翻天覆地** fāntiān fùdì 성 하늘과 땅이 뒤집히다, 커다란 변화가 일어나다 | **不再** búzài 뷔 더는 ~가 아니다, 다시 ~하지 않다 | ★**衣食住行** yīshízhùxíng 성 의

식주와 교통 [생활의 기본 요소] | **担忧** dānyōu 통 걱정하다, 근심하다 | **品质** pǐnzhì 명 품질, 질 | **★步入** bùrù 통 들어가다, 들어서다 | **随之** suízhī 이에 따라 | **取悦** qǔyuè 통 환심을 사다, 비위를 맞추다 | **分为** fēnwéi ~로 나누다 | **即时** jíshí 부 즉시 | **顾名思义** gùmíng sīyì 성 이름을 보고 그 뜻을 생각하다, 명칭을 보고 그 뜻을 짐작할 수 있다 | **★短暂** duǎnzàn 형 (시간이) 짧다 | **★着重** zhuózhòng 통 힘을 주다, 강조하다, 치중하다, 중시하다 | **网红店** wǎnghóng diàn ['SNS 핫플레이스'를 나타냄] | **盛行** shèngxíng 통 성행하다, 널리 유행하다 | **奢侈品** shēchǐpǐn 명 사치품 | **低龄化** dīlínghuà 저령화되다 | **★人均** rénjūn 명 1인당 평균 | **提升** tíshēng 통 진급하다, 진급시키다 | **★生存** shēngcún 명 생존 | **层面** céngmiàn 명 방면 | **彰显** zhāngxiǎn 통 충분히 나타내다, 잘 드러내다 | **全球** quánqiú 명 전 세계 | **呈** chéng 통 띠다, 나타내다, 드러내다 | **★单身** dānshēn 명 단신, 홀몸, 독신 | **人士** rénshì 명 인사 | **★顾及** gùjí 보살핌이 구석구석까지 미치다, ~의 일까지 걱정을 하다 | **修养** xiūyǎng 통 수양하다, 수련하다 | **众多** zhòngduō 형 매우 많다 | **节奏** jiézòu 명 리듬, 박자, 템포 | **疲惫** píbèi 형 대단히 피로하다, 지치다 | **★身心** shēnxīn 명 심신, 몸과 마음 | **获取** huòqǔ 통 얻다, 획득하다 | **成就感** chéngjiùgǎn 명 성취감 | **视为** shìwéi ~로 보다, 간주하다, 여기다 | **陶冶** táoyě 통 갈고 닦다, 수양하다 | **情操** qíngcāo 명 정서, 지조 | **★治愈** zhìyù 통 치유하다 | **★专长** zhuāncháng 명 특기, 특수 기능, 전문 기술 | **技能** jìnéng 명 기능, 솜씨 | **计算机** jìsuànjī 명 컴퓨터 | **增值** zēngzhí 통 가치가 오르다 | **★日趋** rìqū 부 날로, 나날이, 더욱 | **今后** jīnhòu 앞으로, 지금 이후부터 | **★日益** rìyì 부 날로, 나날이, 더욱 | **深化** shēnhuà 명 심화 | **★负担** fùdān 명 부담, 책임 | **看清** kànqīng 똑똑히 인식하다

▶ **필수 표현**

- **不仅如此** 이뿐만 아니라
- **步入社会** 사회에 발을 들이다
- **形成趋势** 추세를 형성하다
- **最近/目前** 최근에는/현재는
  [시간의 흐름대로 작성]

- **得到满足** 만족을 얻다
- **获取成就感** 성취감을 얻다
- **为A投资** A에 투자하다
- **稍有不慎** 자칫하면
- **带来负担** 부담을 주다

 쓰기 영역에서 고득점을 받으려면?

① 구어체보다 서면어를 쓰자.
　예 都 → 皆

② 사자성어를 적절하게 응용해서 쓰자.
　예 发生了变化 → 发生了翻天覆地的变化

③ 글자 수를 정확하게 지키자.

● **Day 04**   모범 답안은 아래 해설 참고

풀이

- 전자 운전면허증 → 电子驾驶证 '전자 운전면허증'은 '电子驾驶证'이라고 해야 한다.
- 받다, 수령하다 → 领取 한국어로 '받다'라는 의미가 강해서 '收到' '接受' '得到'로 생각할 수 있는데, 이 문장에서는 발급한 것을 수령한 것이므로 '领取'만 쓸 수 있다.
- 양식 → 式样 '式样'은 문서, 서류 등의 격식에 쓰이며, '样式'는 옷, 신발 등의 디자인 같은 경우에 쓰이므로 두 단어를 서로 바꿔서 쓸 수 없다.
- 실물 운전면허증 → 纸质驾驶证 '실물 운전면허증'은 종이로 발급되는 면허증을 말하는 것으로, 이때는 '纸质驾驶证'이라고 해야 한다. '纸驾驶证'은 잘못된 표현이다.
- 시범지역 → 试点 '试点'은 어떤 제도를 먼저 시범적으로 실행하는 지역을 가리킨다.

제시문

소개에 따르면 전자 운전면허증에는 세 가지 특징이 있다. 첫째, 통일성이다. 운전자는 '교통관리 12123(交管 12123)'이라는 휴대전화 앱에 개인 계정을 등록하면 전자 운전면허증을 받을 수 있다. 양식이 전국적으로 통일되어 있으며 실물 운전면허증과 동일한 법적 효력을 가진다. 둘째, 실시간성이다. 전자 운전면허증은 전국 공안 교통관리 전자 면허 시스템을 통해 생성되며 면허증 상태를 동적으로 표시한다. 셋째, 안전성이다. 전자 운전면허증에는 전자 서명 위조 방지 기술이 도입되어 안전하고 믿을 만하다. 관련 부처는 다음 절차로 이전의 시범지역을 기반으로 하여 정보 시스템을 완비하고 관련 제도를 정비하여 전자 운전면허증의 보급에 박차를 가할 예정이다.

모범 답안

据介绍，电子驾驶证具有三个特点：一是统一性，驾驶者可在"交管12123"手机软件上登录个人账号后领取电子驾驶证。式样全国统一，与纸质驾驶证具有同等法律效力。二是实时性，电子驾驶证通过全国公安交管电子证照系统生成，动态显示驾驶证状态。三是安全性，电子驾驶证采用数字签名防伪技术，安全可靠。下一步，有关部门将在前期试点基础上，完善信息系统、健全配套制度、加大电子驾驶证推广力度。

据 jù 깨 ~에 따르면, ~에 의거하여 | **驾驶证** jiàshǐzhèng 운전면허증 | **具有** jùyǒu 통 지니다, 있다 | **交管** jiāoguǎn 명 교통관리 | **登录** dēnglù 통 등록하다, 등재하다 | ★**账号** zhànghào 명 계정, 은행 등의 계좌번호 | **领取** lǐngqǔ 통 (발급한 것을) 받다, 수령하다 | **式样** shìyàng 명 양식, 스타일 | ★**同等** tóngděng 형 동등하다, 같은 정도이다 | ★**效力** xiàolì 명 효력, 효과 | **实时** shíshí 분 실시간으로 | **公安** gōng'ān 명 공안, 경찰 | **生成** shēngchéng 통 생성되다, 생기다 | **动态** dòngtài 명 (일·사건의) 동태, 변화의 추이 | **安全性** ānquánxìng 안전성 | **采用** cǎiyòng 통 채택되다, 적합한 것을 골라 쓰다 | **签名** qiānmíng 명 서명 | **防伪** fángwěi 통 위조 방지하다 | **下一步** xià yí bù 다음 단계 | ★**前期** qiánqī 명 전기 | **试点** shìdiǎn 명 시범지역 | **健全** jiànquán 형 (병·탈 없이) 건강하고 온전하다 | **配套** pèitào 통 (관계가 있는 사물을 조합하여) 하나의 세트로 만들다 | ★**力度** lìdù 명 힘, 기력, 역량

▶ **주요 구문/표현 정리하기**

- **据介绍** 소개에 따르면
- **登录个人账号** 개인 계정을 등록하다
- **法律效力** 법적 효력
- **下一步** 다음 절차, 다음 단계

- **有关部门** 관련 부처
- **完善系统** 시스템을 완비하다
- **健全制度** 제도를 갖추다
- **加大力度** 박차를 가하다

풀이

- 점차 많은 가구에 도입되고 있다 → 逐渐走入千家万户 쓰이고 있는 기술 등이 많이 도입되고 있다는 의미로, 하나의 구문으로 외워 두면 좋다.
- 세대 간 거리 → 楼层间的门户距离 '세대 간의 거리'를 나타내며, 해당하는 우리말 표현을 중국어로 바로 떠올리기 어렵고 의미의 차이가 있으므로, 하나의 어휘로 외워 두는 것이 좋다.
- 보안 → 安防 '安保'로 바꿔서 쓸 수 있다.
- ~을 수반하다 → 伴随(有) 어떤 현상, 상황을 동반하는 것으로, '伴随(有)' 뒤에 사람이 올 수는 없다.

제시문

　　최근 들어 월 패드 등의 안전 장비가 점차 많은 가구에 도입되고 있다. 하지만 현실 생활에서는 세대 간 거리가 너무 가깝거나 설치 위치가 부적절해, 월 패드에 다른 세대 사람의 활동이 기록 및 저장되는 상황이 발생하여 이웃 간에 분쟁이 일어나기도 한다.

　　얼마 전, 어떤 가구가 집 문 앞에 적외선 야간 투시 기능이 있는 월 패드를 설치했다. 이웃은 이를 발견하고 초인종이 설치된 각도에서 해당 층의 공동 구역을 관찰할 수 있어 자신과 손님이 왔다 갔다 하는 모습이나 일상적인 활동이 명확하게 기록될 수 있다고 생각했다. 결국 관련부서에 도움을 요청하여 해당 초인종의 위치를 옮겼다.

　　스마트해진 월 패드가 현대 주택 거주자들의 기본적인 보안 수요를 만족시킨 것은 비난할 데가 없지만, 권력을 행사할 때는 선을 지켜야 한다. 이러한 형태의 초인종은 사용 시 대량의 데이터 수집을 수반하여 자칫하면 이웃의 사생활을 침범하고, 심지어 이웃 간의 화합에도 영향을 끼칠 수 있다.

모범 답안

　　近年来，可视门铃等安全设备逐渐走入千家万户。然而，在现实生活中，由于楼层间的门户距离太近、安装位置不当等原因，出现了可视门铃记录并存储其他业主活动的情况，进而引发了邻里之间的纠纷。

　　日前，某住户在门口安装了一个具有红外夜视功能的可视门铃，邻居发现后，认为从门铃安装的角度，能观察到楼层的公共区域，可清楚地记录到自己的出入来客以及日常起居情况。最终求助相关部门移动了该门铃的位置。

　　智能可视门铃满足了现代住宅居民基础的安防需求，这是无可厚非的，但权力的行使应当有边界。此类门铃使用时伴随(有)大量的数据采集，稍有不慎就会侵犯邻居的隐私，甚至影响邻里和睦。

★**近年来** jìnniánlái 몡 최근 몇 년간 | **可视门铃** kě shì ménlíng 월 패드 [비디오 도어 폰에서 한층 더 발전된 홈 네트워크 기기] | ★**千家万户** qiānjiā-wànhù 많은 집들 | **楼层** lóucéng 몡 (건물의) 세대, 2층 이상의 각층 | **门户** ménhù 몡 문, 출입구 | **不当** búdàng 톙 적절하지 않다, 적당하지 않다 | **存储** cúnchǔ 동 저장하다 | **业主** yèzhǔ 몡 부동산 소유주 | **进而** jìn'ér 젭 이로 인해, 더 나아가 | **引发** yǐnfā 동 일으키다, 야기하다 | **邻里** línlǐ 몡 동네 사람 | **纠纷** jiūfēn 몡 분쟁, 다툼, 갈등 | ★**日前** rìqián 몡 일전, 며칠 전 | ★**住户** zhùhù 몡 주민, 거주자, 가구 | **具有** jùyǒu 동 있다, 지니다, 가지다 | **红外** hóngwài 몡 적외선 | **夜视** yèshì 동 야간 관측하다 | ★**门铃** ménlíng 몡 초인종 | **公共** gōnggòng 톙 공공의, 공중의 | **区域** qūyù 몡 구역, 지역 | **来客** láikè 몡 손님 | **起居** qǐjū 몡 일상생활 | **最终** zuìzhōng 톙 최종의, 맨 마지막의 | **求助** qiúzhù 동 도움을 청하다 | ★**该** gāi 떼 이, 그, 저 [앞의 글에 나온 사람·사물을 가리키며 주로 공문서에 많이 쓰임] | **智能** zhìnéng 톙 지능이 있는, 지능을 갖춘 | **住宅** zhùzhái 몡 주택 [주로 규모가 비교적 큰 것을 가리킴] | **居民** jūmín 몡 거주민, 주민 | **安防** ānfáng 몡 보안, 안전 보호 | **需求** xūqiú 몡 수요, 필요 | ★**无可厚非** wúkěhòufēi 솅 크게 비난할 것이 없다, 비록 결점이 있지만 그래도 너그럽게 봐 줄 수 있다 | ★**行使** xíngshǐ 동 (직권 등을) 행사하다 | **应当** yīngdāng 조동 반드시 ~해야 한다 | ★**边界** biānjiè 몡 선, 지역 간의 경계선 | **此类** cǐlèi 떼 이러한, 이와 같이 | **伴随** bànsuí 동 수반하다, 동반하다 | **大量** dàliàng 톙 대량의, 많은 양의, 상당한 양의 | ★**采集** cǎijí 동 수집하다, 채집하다 [数据采集: 데이터 수집] | **稍有** shāoyǒu 동 약간 ~이 있다 | **不慎** búshèn 톙 부주의하다, 조심하지 않다, 신중하지 않다 | **侵犯** qīnfàn 동 (불법적으로 타인의 합법적인 권리를) 침해하다, 침범하다 | **隐私** yǐnsī 몡 개인의 사생활, 프라이버시 | **和睦** hémù 톙 사이가 좋다, 화목하다

▶ 주요 구문/표현 정리하기

- **引发纠纷** 분쟁이 일어나다
- **移动位置** 위치를 이동하다
- **满足需求** 수요를 만족시키다

- **数据采集** 데이터 수집
- **稍有不慎** 자칫하면
- **侵犯隐私** 사생활을 침범하다

● **Day 05**　모범 답안은 아래 해설 참고

풀이

- 확률 → 几率 '概率' 혹은 '可能性'으로 바꿔서 표현할 수 있다.
- 주변 사람 → 周围的人 '周围' 대신 '周边'으로 써도 틀린 것은 아니지만 '사람'에 대해서는 잘 쓰지 않아서 어색하다.
- 좋은 관계를 유지하다 → 友好相处 '友好相处'는 '保持良好的关系'로 풀어서 쓸 수 있다.
- 서로의 장점으로 단점을 보완하다 → 优势互补 '优势互补' 대신 '取长补短'으로 써도 된다.
- 공간을 조성하다 → 营造空间 이때 '营造'를 '制造'로 바꿔서 쓸 수 있다.

제시문

심리학자는 소통의 부족으로 인해 공동의 이익을 얻을 수 있는 상황에서도 사람들은 경쟁하려 한다고 지적한다. 하지만 만약 양측이 사전에 이익 분배 문제에 대해 합의를 봤다면 공동이익을 위해 협력할 확률은 많이 증가한다. 현대사회에서 성공하고 싶다면 반드시 주변 사람들과 좋은 관계를 유지하며 성실하게 협력하고 서로의 장점으로 단점을 보완하며 경쟁 속에서 함께 발전해야 한다. 서로 협력하면 기대한 대로 공동의 이익을 실현할 수 있을 뿐만 아니라 양측의 발전을 위한 무한한 공간을 조성할 수 있다. 따라서 개인이든 조직이든, 인간관계든 기업 경영이든 협력의 긍정적 작용을 최대한 발휘해야 한다. 이렇게 해야 우리가 나아갈 길이 더 넓어지고 더 길어질 수 있다.

모범 답안

心理学家指出，由于缺乏沟通，人们即使在拥有共同利益的情况下，也依然会选择竞争。不过，要是双方事先对利益分配问题达成了共识，那么双赢合作的几率就会大大增加。在现代社会中，任何一个人要想成功，都必须与周围的人友好相处，精诚合作、优势互补，在竞争中共同发展。合作不仅能实现预期的共同利益，还可以为双方的发展营造出无限空间。所以，不管是个人还是组织，不管是人际交往还是企业经营，都要尽可能地发挥合作的积极作用，这样我们的道路才能走得更宽阔、更长远。

指出 zhǐchū 동 지적하다, 밝히다, 가리키다 | 拥有 yōngyǒu 동 보유하다, 소유하다, 지니다 | 达成 dáchéng 동 달성하다, 도달하다 | ★共识 gòngshí 명 공통의 인식, 인식의 일치 | 双赢 shuāngyíng 양측 모두 이익을 얻다 | ★几率 jīlù 명 확률 | 大大 dàdà 부 크게, 대단히 | 精诚 jīngchéng 명 정성, 지성 | ★互补 hùbǔ 동 서로 보충하다 | 预期 yùqī 동 예기하다, 미리 기대하다 | ★营造 yíngzào 조성하다, 만들다, 짓다 | 无限 wúxiàn 형 무한하다, 끝이 없다 | 人际 rénjì 명 사람과 사람 사이 | 尽可能 jǐn kěnéng 되도록, 가능한 한, 될 수 있는 한 | 道路 dàolù 명 (사상·정치·일 등의) 길, 노정, 과정 | 宽阔 kuānkuò 형 (폭이) 넓다, 드넓다, 널따랗다 | 长远 chángyuǎn 형 길다

▶ 주요 구문/표현 정리하기

- **达成共识** 합의를 이루다
- **双赢合作** 공동이익을 위해 협력하다

- **实现利益** 이익을 실현하다
- **尽可能地** 최대한

- ~함에 따라 → 伴随着 '伴随着'를 '随着'로 바꿔서 써도 괜찮다.
- 추세에 따라 → 顺势 '顺势'는 '随之'로 바꿔 쓸 수 있지만 '随着'로는 바꿔 쓸 수 없다. '随着'는 뒷문장에 쓸 수 없으며, 일반적으로 앞문장과 뒷문장을 연결하는 의미로 많이 쓰인다. (예 随着网络的发展，人们交流的手段也变得丰富了。 인터넷 발전에 따라 사람들이 교류하는 수단 역시 풍부해졌다.)
- 대중의 많은 사랑을 받았다 → 受到了大众的广泛喜爱 '受到'는 '被'와 함께 쓸 수 없다는 점에 주의하자.

제시문

과학기술이 발전하고 성장함에 따라 스포츠의 개념도 변화하고 있다. 현대 문화의 적응에 필요한 다양한 교류 능력을 키우고 싶다면 컴퓨터를 사용해 스포츠 경기를 하는 것이 다른 사람과 겨루어 볼 수 있는 가장 좋은 기회이다. e스포츠는 이런 추세에 따라 탄생했다. e스포츠의 출현은 산업사회에서 정보사회로 넘어오는 과정에서 발전의 법칙에 부합하는 결과였다고 이해할 수 있다.

전 세계적으로 e스포츠의 상황을 살펴보자면, 이 종목은 대중의 많은 사랑을 받았으며 수많은 국가와 지역에서 가장 성장할 수 있는 종목이 되었다. 한국, 미국, 프랑스가 대표로 개최한 세계 3대 대회는 점점 더 세계 각국의 주목을 받고 있다. 일부 대회에는 100개에 육박하는 국가와 지역이 참가했다. e스포츠 산업은 한국, 일본, 미국, 프랑스에서 이미 거대한 산업 규모를 형성했으며 국가 경제에서도 중요한 지위를 차지하고 있다.

e스포츠 산업의 발전을 추진하기 위해 중국 지자체도 일련의 e스포츠 산업 지원 정책을 잇달아 내놓았으며, 2022년 항저우 아시안게임에서도 e스포츠를 정식 경기 종목으로 채택했다.

모범 답안

伴随着科学技术的发展和提高，体育的概念也在发生变化。若要锻炼适应现代文化所必须的多元化交流能力，使用电脑来竞技就是与他人进行比试的最好机会，电子竞技也就顺势诞生了。电子竞技的出现，可以被理解为是在从工业社会过渡到信息社会的过程中，符合发展规律的结果。

从电子竞技运动在世界开展的情况看，这个项目受到了大众的广泛喜爱，在许多国家和地区已成为最有成长性的项目之一。由韩国、美国和法国为代表举办的世界三大赛事已经越来越受到世界各国的关注。有的比赛，参赛国家和地区已经达到近百个之多。电子竞技运动产业在韩国、日本、美国、法国已经形成了巨大的产业规模，并且在国家经济中占有重要的地位。

为推动电竞产业发展，中国各地政府也相继推出了一系列电竞行业的扶持政策，并在2022年的杭州亚运会上，将电子竞技正式列入比赛项目。

★伴随 bànsuí 통 동행하다, 따라가다, 함께 가다 | 若 ruò 접 만약, 만일 | 多元化 duōyuánhuà 통 다원화하다 | ★竞技 jìngjì 명 경기 [주로 체육 경기를 가리킴] | ★他人 tārén 명 타인, 남, 다른 사람 | ★比试 bǐshì 통 힘겨루기를 하다, 능력 비교를 해 보다, 시합을 하다 | 电子竞技 diànzǐ jìngjì e스포츠 [=电竞] | ★顺势 shùnshì 부 ~에 따라 | 诞生 dànshēng 통 탄생하다, 태어나다, 출생하다 | 过渡 guòdù 통 (사물이) 한 단계에서 점점 발전하여 다음 단계로 바뀌어 가다, 과도하다 | ★开展 kāizhǎn 통 (활동이 작은 범위에서 큰 범위로) 전개되다, 확대되다, 펼쳐지다 | 大众 dàzhòng 명 대중, 군중 | 喜爱 xǐ'ài 통 좋아하다, 호감을 가지다 | 成长性 chéngzhǎngxìng 성장성 | 韩国 Hánguó 고유 한국 | 美国 Měiguó 고유 미국 | 法国 Fǎguó 고유 프랑스 | 赛事 sàishì 명 경기 사항 | 关注 guānzhù 통 주시하다, 관심을 가지다 [=瞩目] | 参赛 cānsài 통 시합에 참가하다, 경기에 나가다 | 产业 chǎnyè 명 산업 | 日本 Rìběn 고유 일본 | 占有 zhànyǒu 통 점유하다, 점거하다 | 推动 tuīdòng 통 추진하다, 나아가게 하다, 촉진하다 | ★相继 xiāngjì 부 잇따라, 연달아, 끊임없이, 계속해서 | 推出 tuīchū 통 (신상품 또는 신기술을) 내놓다, 출시하다 [政策推出: 정책을 내놓다] | 一系列 yíxìliè 명 일련의, 연속의 | ★扶持 fúchí 통 지지하다, 돕다, 보살피다 | 政策 zhèngcè 명 정책 | 杭州 Hángzhōu 고유 항저우 | 亚运会 Yàyùnhuì 고유 아시안게임 | 将 jiāng 개 ~를 [=把] | 列入 lièrù 통 집어넣다, 끼워 넣다

▶ 주요 구문/표현 정리하기

- 可以被理解为 ~로 이해할 수 있다
- 工业社会 산업사회
- 推出政策 정책을 내놓다
- 列入比赛项目 경기종목으로 채택하다

풀이

- ~(시간)부터 → 自+시간+起 이때 '自'는 '从'으로 바꿔 쓸 수 있다.
- '좋아요'를 누르다 → 点赞 '赞'은 SNS에서 '좋아요'를 의미한다. 이때 '赞'은 '喜欢'으로 바꿔 쓸 수 없다.
- 반드시 ~를 표현하는 것은 아니다 → 未必表示 '未必'는 '不一定'으로 바꿔 쓸 수 있다.

제시문

위챗은 현재 중국인에게 가장 중요한 SNS이다. 위챗은 2014년부터 "지난 1년 동안 '좋아요' 몇 개를 받았는가?"와 "모멘트에서 '좋아요'를 가장 많이 누른 사람은 누구인가?"에 관한 통계를 내고 있다. '좋아요'는 칭찬과 동의를 나타낸다. 하지만 '좋아요를 누르는 게' 반드시 칭찬이나 동의를 표현하는 것은 아니다. 이는 일종의 응답 방식이다. 친구가 올린 글이나 사진을 보면 봤다는 표시를 해야 할 것 같지만, 어떻게 표현해야 할지 모르기도 하고 표현을 하기 귀찮기도 하다. 이럴 때 '좋아요'를 누르는 것이 가장 간단한 방법이다. '좋아요'는 친구 및 지인과의 소통 방식으로, 중요한 것은 글의 내용이 아니라 친구와의 관계이다. 이 밖에도 '좋아요'는 존재감을 드러내는 방식이기도 하다. '좋아요'를 누름으로써 상대방에게 자기의 존재를 알리고, 상대방에게 관심을 두고 있다는 것을 표현한다.

모범 답안

微信是目前中国人最主要的社交平台。自2014年起，微信就做过一个统计："在过去的一年，你收到了多少个"赞""，以及"朋友圈点赞最多的人是谁"。赞，就是称赞，赞同。不过"点赞"未必表示称赞或赞同。它通常是一种回应方式。看到朋友发的信息、图片，觉得得表示一下，可又不知如何表达，也懒得去想怎么表达，这时点个赞是最简单的方式。点赞是一种朋友间、熟人间的互动方式，它的内容不重要，但朋友关系很重要。此外，点赞也是显示存在感的一种方式。通过点赞，提醒对方感知自己的存在与对他的关注。

★微信 Wēixìn 고유 웨이신, 위챗(Wechat) | 社交平台 shèjiāo píngtái SNS | 统计 tǒngjì 명 통계 | 赞 zàn 동 칭찬하다 | 朋友圈 péngyouquān 모멘트 [중국의 메신저 위챗의 기능 중 하나] | 点赞 diǎn zàn (SNS 같은 곳에) '좋아요'를 누르다, 공감을 누르다 | ★赞同 zàntóng 동 찬동하다 | 回应 huíyìng 동 응답하다, 대답하다 | ★不知 bùzhī 동 모르다, 알지 못하다 | ★懒得 lǎnde 동 ~할 마음이 내키지 않다, ~할 기분이 나지 않다 | 互动 hùdòng 동 상호작용하다 | 感知 gǎnzhī 동 감지하다, 느끼다 | 关注 guānzhù 명 관심, 중시

▶ 주요 구문/표현 정리하기

- 社交平台 SNS
- 朋友圈 모멘트 [위챗에서 사진이나 글을 업로드하는 공간]

풀이

- 심층 해수 → 深层海水 '深层海水'로 쓰면 좋지만, '海洋深层水'도 틀린 표현은 아니다.
- 충분히 이용할 수 있다면 → 若能充分利用 '若能充分利用'을 '如果被充分利用的话'로 풀어서 표현할 수 있다.
- 많은 이익이 된다 → 受益无穷 비교적 쉬운 표현은 '得到很多利益'이다.
- 육지에서 5,000미터 떨어진 곳 → 距陆地5000米之外 '距陆地5000米之外'에서 '距'를 '从'으로 써서 틀리는 경우가 많은데, 반드시 '距'를 써야 한다.

- ~가 있는, ~가 처한 → 所处 '所处'에서 '处'는 '在'의 의미를 가지고 있다.
- 해 보고 싶어 안달하다 → 跃跃欲试 '跃跃欲试'는 '很想尝试'의 의미를 가지고 있다.

제시문	모범 답안

모두가 알다시피 해양은 풍부한 생물과 광물자원을 함유하고 있지만, 해양학자들은 장기적인 연구를 통해, 심층 해수 자체가 바로 해양의 정수이며, 충분히 이용할 수 있다면 인류에게 많은 이익이 될 수 있음을 발견했다.

심층 해수는 육지에서 5,000미터 떨어진 수심 200미터 이상의 해수를 가리킨다. 심층 해수가 있는 곳에선 광합성이 일어나지 않아 유기물의 분해 속도가 합성 속도보다 훨씬 빠르며, '비료'의 미량 원소가 대량으로 보존되어 있어, 심층 해수의 영양 성분은 매우 풍부하다.

동시에 어떤 특수 해저 지형 및 기상 조건의 영향으로 심층 해수는 자연적으로 해수면 위로 상승한다. 이 부분 해역은 전 세계 해양 면적의 겨우 0.1%를 차지하지만, 그곳에는 50% 이상의 해양 어류 자원이 집중되어 있다. 조사 결과 역시 이 해역의 어류 생산량이 일반 해역의 100배에 달하는 것으로 나타났다.

심층 해수는 거의 오염되지 않은 물이라서 영양염 농도가 표층 해수의 5배이지만, 세균 함량은 표층 해수의 10%이거나 심지어 더 낮다. 깨끗한 심층 해수는 또한 식품 생산업체의 많은 관심을 끌었다. 현재 일부 화장품 생산업체도 심층 해수를 이용한 새로운 스킨케어 제품 개발에 뛰어들고 있다.

众所周知, 海洋中含有丰富的生物和矿产资源, 然而, 海洋学家通过长期的研究发现, 深层海水本身就是海洋的精华, 若能充分利用, 人类将受益无穷。

深层海水是指距陆地5000米之外、水深200米以上的海水。在深层海水所处的位置, 光合作用无法进行, 有机物的分解速度远远高于其合成速度, 作为"肥料"的微量元素得以大量保存, 因此, 深层海水的营养十分丰富。

同时, 受某些特殊海底地形及气象条件的影响, 深层海水会自然地升到海面上来, 这部分海域仅占全球海洋面积的0.1%, 可它却集中了50%以上的海洋鱼类资源。调查也显示, 该海域的鱼类产量是一般海域的上百倍。

深层海水还是一种几乎没有被污染的水, 它的营养盐浓度是表层海水的5倍, 而细菌含量却只有表层海水的10%, 甚至更低。洁净的深层海水还引起了食品生产商的极大兴趣。现在, 一些化妆品生产商也跃跃欲试, 计划利用深层海水研发新一代的护肤品。

★众所周知 zhòngsuǒzhōuzhī 〔성〕 모든 사람이 다 알고 있다 | 含有 hányǒu 〔동〕 함유하다, 포함하다 | ★生物 shēngwù 〔명〕 생물 | 矿产 kuàngchǎn 〔명〕 광산물 | 海洋学家 hǎiyáng xuéjiā 해양학자 | 长期 chángqī 〔명〕 장시간, 장기간 | 深层 shēncéng 〔형〕 깊은, 철저한 | 海水 hǎishuǐ 〔명〕 바닷물 | 本身 běnshēn 그 자체 | 精华 jīnghuá 〔명〕 정화, 정수 | 若 ruò 〔접〕 만약, 만일 | ★受益 shòuyì 〔동〕 이익을 얻다 | 无穷 wúqióng 〔형〕 무한하다, 끝이 없다 | ★距 jù 〔동〕 떨어지다, 사이를 두다 | 以上 yǐshàng 〔명〕 이상 | 光合作用 guānghé zuòyòng 〔명〕 광합성, 광합 작용 | 有机物 yǒujīwù 유기물 | 分解 fēnjiě 〔동〕 분해하다 | 远远 yuǎnyuǎn 〔형〕 훨씬, 크게, 몹시 | 合成 héchéng 〔동〕 합성하다, 합쳐 ~이 되다, 합쳐 이루어지다 | ★肥料 féiliào 〔명〕 비료 | 微量元素 wēiliàngyuánsù 〔명〕 미량원소 | 大量 dàliàng 〔형〕 대량의, 많은 양의 | 海底 hǎidǐ 〔명〕 해저 | 地形 dìxíng 〔명〕 지형 | 气象 qìxiàng 〔명〕 기상 | ★海域 hǎiyù 〔명〕 해역 | 盐浓度 yánnóngdù 〔명〕 소금의 농도 | 表层 biǎocéng 〔명〕 표층, 물체의 표면 | 细菌 xìjūn 〔명〕 세균 | 含量 hánliàng 〔명〕 함량 | 洁净 jiéjìng 〔형〕 청결하다, 깨끗하다 | 食品 shípǐn 〔명〕 식품 | 生产商 shēngchǎnshāng 〔명〕 생산업체 | 极大 jídà 〔형〕 지극히 크다, 최대한도이다 | 化妆品 huàzhuāngpǐn 〔명〕 화장품 | 跃跃欲试 yuè yuè yù shì 〔성〕 해 보고 싶어 안달하다 | 研发 yánfā 연구 개발하다 | 护肤品 hùfūpǐn 피부 보호용 화장품

▶ 주요 구문/표현 정리하기

- **众所周知** 모두가 알다시피
- **含有资源** 자원을 함유하다
- **受益无穷** 많은 이익을 얻다
- **跃跃欲试** 매우 해 보고 싶다

풀이

• 경영자 → 管理者 '经营者'로 바꿔서 쓸 수 있다.

• 과하게 → 过分 '过于'와 비슷한 표현이다.

• A와 B는 별개의 일이다 → A是一回事，B又是另外一回事 이 표현은 'A和B不一样'으로 바꿔 쓸 수 있다.

• 장애물을 없애다 → 排除障碍 이때 '排除'는 '消除'로 바꿔 쓸 수 있다.

• 높이다 → 增强 '增强'은 '提高'로 바꿔서 쓸 수 있다.

제시문

모범 답안

경영자가 부하에게 업무 목표를 정해 줄 때 종종 목표를 너무 높게 잡는 경우가 있다. 그들은 목표를 높게 잡으면 직원이 목표를 완전히 달성할 수는 없더라도 80%는 완성할 수 있을 것으로 본다. 사실상 경영자가 목표에 과하게 의존하는 잘못을 범한 것이다. 사실 목표를 세우는 것과 목표를 달성하는 것은 별개의 일이다. 목표 설정은 무엇을 할 것인지를 명확히 하는 것이며, 목표 달성은 어떻게 할 것인지를 명확히 하는 것이다. 높은 목표로 직원에게 압박을 주는 것보다는 처음부터 합리적인 목표를 세우고 직원들과 함께 장애물을 없애 직원의 업무에 대한 원동력과 자신감을 높이는 편이 낫다.

管理者在给下属定工作目标时，往往会将目标定得很高。他们认为，只要目标定高了，即使员工不能完全达到，也能完成80%。实际上，管理者犯了一个错误，即过分依赖目标。其实制定目标是一回事，完成目标又是另外一回事。制定目标是明确做什么，而完成目标是明确如何做。与其用一个高目标给员工施加压力，不如一开始就制定一个更合理的目标，并与员工一起排除障碍，增强员工的工作动力与信心。

管理者 guǎnlǐzhě 경영자 | ★**下属** xiàshǔ 몡 부하, 하급자, 아랫사람 | **定** dìng 동 정하다 | **将** jiāng 개 ~를 [=把] | **实际上** shíjìshang 閉 사실상, 실제로 | **犯** fàn 동 저지르다, 위반하다, 어기다 | **即** jí 閉 즉, 바로, 곧 | **依赖** yīlài 동 의지하다, 기대다 | ★**一回事** yìhuíshì 몡 별개의 일, 전혀 다른 일 [연이어 사용하여 두 개의 일이 별개임을 강조함] | ★**与其** yǔqí 접 ~하기 보다는, ~하느니 | ★**施加** shījiā 동 (압력을) 주다, 가하다 | **排除** páichú 동 제거하다, 없애다 | **障碍** zhàng'ài 몡 장애물, 방해물 | **增强** zēngqiáng 동 강화하다, 증강하다, 높이다 | **动力** dònglì 몡 동력

▶ **주요 구문/표현 정리하기**

• **犯错误** 잘못을 하다

• **制定目标** 목표를 세우다

• **完成目标** 목표를 달성하다

• **与其A，不如B** A하느니 B하는 게 낫다

• **施加压力** 압박을 주다

• **排除障碍** 장애물을 없애다

 어려운 표현을 정확히 쓸 수 있다면 가장 좋겠지만 만약 틀린 부분이 나오면 감점이 많이 되므로, 헷갈릴 경우 안 틀릴 수 있는 쉬운 표현을 쓰자!

- 아는 바가 매우 적다 → 知之甚少 사자성어로 표현하는 것도 좋지만 '了解得很少'처럼 풀어서 써도 괜찮다.
- 그렇기 때문에 → 正因如此 간단한 표현으로는 '因此'로 바꿔서 쓸 수 있다.
- 나타나다 → 表现出 '表现出'는 '出现'으로 바꿔서 쓸 수 있다.

제시문

물은 인류에게 매우 중요한 것이지만 사람들은 신체의 수분에 대해서는 <u>아는 바가 매우 적다.</u> 만약 우리가 물이 신체 내에서 작동하는 메커니즘을 이해한다면, 수많은 질병이 생기는 건 그저 체내에 수분이 부족하기 때문이라는 것을 알게 될 것이다. 체내 수분이 부족하면 인체의 대사 능력에 장애가 생기고 결국 수많은 질병을 유발하게 된다. 이러한 질병을 치료하는 방법은 믿을 수 없을 정도로 간단한데, 바로 물을 충분히 마시는 것이다.

체내에는 완벽한 수분 저장 시스템이 있어 대량의 수분을 비축할 수 있다. <u>그렇기 때문에</u> 사람은 단시간의 수분 부족 상황에 적응할 수 있다.

그러나 사람들은 종종 상식적인 잘못을 범한다. 몸이 물을 급히 필요로 할 때 커피, 탄산음료 등 공업화 생산된 음료를 마신다는 것이다. 물론 이러한 음료들도 수분을 대량으로 함유하고 있지만, 이와 동시에 대량의 탈수 성분도 포함한다. 이러한 탈수성분이 인체에 들어가면 방금 섭취한 수분이 빠르게 배출될 뿐만 아니라 본래 체내에 저장되어 있던 수분까지 배출된다. 만약 이런 음료를 장기간 음용하면 인체의 신진대사 능력에는 교란이 생기게 되고 몸에는 갈증보다 더 심각한 증상이 <u>나타나게 된다.</u>

모범 답안

水对于人类<u>而言</u>非常重要，但人们对身体内的水却<u>知之甚少</u>。如果我们<u>了解</u>水在身体内的<u>运行机制</u>就会发现，许多疾病的产生仅仅是因为身体缺水。身体缺水会导致人体代谢功能紊乱，并最终<u>引发诸多疾病</u>。而治疗这些疾病的方法，<u>简单得令你难以置信</u>，那就是喝足够多的水。

人体内有一套完善的储水系统，可以储备大量的水，<u>正因如此</u>，人才能适应短时间内的缺水状况。

然而，人们往往会犯常识性的错误：当身体急需水时，我们喝的却是咖啡、汽水等工业化生产的饮料。当然，这些饮料中的确含有大量的水，但同时它们还含有大量脱水成分。这些脱水成分进入人体后，不仅会让刚喝进去的水迅速排出，而且还会带走体内原先储备的水。如果长期饮用这些饮料，人体的新陈代谢功能就会出现紊乱，人会<u>表现出</u>比口渴更严重的症状。

而言 éryán ～에 대해 말하자면, ～에 근거해 보면 [对/就……而言: ～에 대해 말하자면] | **知之甚少** zhīzhī shènshǎo 아는 것이 매우 적다 | **运行** yùnxíng 통 운행하다 | **机制** jīzhì 명 (유기체의) 메커니즘, 구조·기능 및 상호 관계 | **疾病** jíbìng 명 병, 질병 | **仅仅** jǐnjǐn 부 단지, 다만, 겨우, 간신히 | **缺水** quē shuǐ 수분 부족 | ★**人体** réntǐ 명 인체 | **代谢** dàixiè 명 신진대사 | ★**紊乱** wěnluàn 형 흐트러지다 | **最终** zuìzhōng 형 최종의, 맨 마지막의 | ★**引发** yǐnfā 통 (병 따위를) 유발하다, 초래하다, 야기하다, 일으키다 | ★**诸多** zhūduō 많은, 허다한, 수많은 | ★**难以置信** nányǐ zhìxìn 형 믿기 어렵다, 믿을 수 없다, 믿어지지 않는다 | **足够** zúgòu 형 충분하다 | **储存** chǔ 통 저장하다 | ★**储备** chǔbèi 통 (물자를) 비축하다, 저장하다 | **如此** rúcǐ 대 이와 같다, 이러하다 | **犯** fàn 통 저지르다, 위반하다, 어기다 | ★**急需** jíxū 급히 필요로 하다 | **汽水** qìshuǐ 명 탄산음료 | **含有** hányǒu 통 함유하다, 포함하다 | **脱水** tuōshuǐ 명 탈수 | **进入** jìnrù 통 진입하다, 들다 | **排出** páichū 통 배출하다 | **体内** tǐnèi 명 체내 | **原先** yuánxiān 명 종전, 이전, 최초, 본래 | **饮用** yǐnyòng 통 마시다 | ★**新陈代谢** xīnchén dàixiè 명 신진대사, 대사 | **口渴** kǒukě 형 목마르다 | **症状** zhèngzhuàng 명 증상, 증후

▶ **주요 구문/표현 정리하기**

- A**对于**B**而言** A는 B에게 있어서
- **运行机制** 작동 메커니즘

- **引发疾病** 질병을 유발하다
- **简单得令你难以置信** 믿을 수 없을 정도로 간단하다

풀이

- 무인으로 운영되다 → 无人看管　이 표현이 어렵다면 '没有人管理' 또는 '没有管理的人'이라고 풀어서 써도 괜찮다.

- 구매하다 → 购置　'购置'는 '购买'로 바꿔서 쓸 수 있다.

- 설립하다 → 建立　'建立'는 '成立'로 바꿔서 쓸 수 있다.

- 생각이 교류되다 → 思想碰撞　'思想碰撞'에서 '碰撞'은 '交流'의 의미를 가지고 있다.

제시문

　　쓰촨성 청두시에 있는 '공유 도서관'이 많은 독자를 끌어들이고 있다. 무인으로 운영되는 공유 도서관에서 시민들은 무료로 책을 빌리고 볼 수 있으며 책에 본인의 생각과 느낌을 남길 수도 있다. 이곳에는 도서관이 구매한 새 책은 물론 유명 인사가 기증한 중고도서도 있다. 기증받은 중고책에는 기증자의 느낀 점도 남겨져 있다. 도서관 관계자는 공유와 교류가 이 공유 도서관의 설립 가치라고 말했다. 기증자가 책에 생각을 남기고 새로운 독자가 그것을 보는 이 과정은 사실 기증자와 독자 사이의 서로 다른 개인의 생각이 교류되는 것과 같다.

모범 답안

　　在四川成都有一家共享图书馆吸引了不少读者。它无人看管，市民们可以免费借书、看书，还可以在书上留下自己的想法与心得。这里不仅有图书馆购置的新书，还有社会人士捐赠的旧书，在捐赠的不少旧书当中，都留下了捐赠者看书时的心得。图书馆负责人说，分享、交流才是他们建立共享图书馆的价值。捐书者在书上写下了看法，被新的读者看到，这个过程其实就好像在捐赠者和读者之间，实现了不同个体的思想碰撞。

四川 Sìchuān [고유] 쓰촨성 | 成都 Chéngdū [고유] 청두 [쓰촨성의 성도] | 共享 gòngxiǎng [명] 공유 | 读者 dúzhě [명] 독자 | 无人 wúrén [동] 사람이 없다 | 看管 kānguǎn [동] 관리하다, 맡아보다 | 市民 shìmín [명] 시민 | ★心得 xīndé [명] (학습·일 따위를 통해서 얻은) 소감, 느낌, 느낀 점 | 购置 gòuzhì [동] 구입하다, 구매하다 | 人士 rénshì [명] 인사 | 捐赠 juānzèng [동] 기증하다, 기부하다 | 负责人 fùzérén [명] 책임자 | 分享 fēnxiǎng [동] (기쁨·행복·좋은 점 등을) 공유하다, 함께 나누다 | 个体 gètǐ [명] 개인, 인간 | ★碰撞 pèngzhuàng [동] 충돌하다, 부딪치다

▶ **주요 구문/표현 정리하기**

- **吸引读者** 독자를 끌어들이다

- **思想碰撞** 생각을 교류하다

풀이

- 여행을 가다 → 出游　'去旅游'로 대체할 수 있다.

- 비행기를 타다 → 搭乘飞机　'搭乘'은 '乘坐'나 '坐'로 바꿔서 쓸 수 있다.

- 의사의 소견 → 医生评估　'评估'는 전문가의 의견이나 판단이 들어간 것으로, '建议' '意见'으로 바꿔서 쓸 수 없다.

- 서로 다르다 → 不一　'不一样' 또는 '不同'으로 바꿔서 쓸 수 있다.

임산부, 노인, 영유아는 비행기를 타고 여행 가는 것이 적합하지 않다. 그중 고혈압, 심장병 등 심혈관 질환이 없는 노인의 경우에는 물론 비행기를 타고 여행할 수 있다. 하지만 이러한 질병이 있는 노인이 부득이하게 비행기에 탑승해야 할 때는 계단을 한 층 올라가 보고 아무런 불편한 증상이 나타나지 않는다면 탑승해도 무방하다고 전문가는 말한다. 하지만 의사의 소견에 따라야 하며 약 복용 시간을 편하게 조정하기 위해 시차 문제도 어떻게 해결해야 할지 물어봐야 한다. 이 외에도 최근에 수술한 적이 있을 경우, 특히 눈 부위의 수술을 한 사람도 비행기 탑승에 적합하지 않다.

전문가는 수술 후 환부의 회복 정도가 서로 다르기 때문에 비행기 탑승을 피하는 것이 좋다고 지적했다. 수술 후 언제부터 탑승이 가능한지는 의사의 소견이 필요하다. 고공의 저산소 환경은 영아에게도 적합하지 않다. 영아의 호흡기관에 부적응 증상이 나타나는 것을 막기 위해 많은 항공사는 영아가 비행기에 탑승하려면 출생 후 14일이 지나야 한다고 규정하고 있다. 조금 더 큰 유아라고 해도 이 비인후 혈관이 비교적 예민하여 저산소 환경에 적응하기 어려우며, 심각할 경우 비행기 멀미 증상이 나타날 수도 있다.

孕妇、老人、婴幼儿都不太合适坐飞机出游。其中，老年人若没有心血管疾病，例如高血压、心脏病等，当然也可以搭飞机旅行；但是，患有上述疾病却不得不搭乘飞机时，专家认为，可以试着爬一层楼的台阶看看，若没有出现任何不适的状况，应该就无妨；但仍应该请医生评估，同时请教如何克服时差问题，以方便调整用药时间。另外，近期动过手术，尤其是眼部手术的人也不适宜搭乘飞机。

专家指出，这是因为动过手术后，患部的复原程度不一，最好避免搭乘飞机。至于术后何时才能搭乘，则需要医生的评估。高空低氧的环境也不适宜婴儿搭乘，不少航空公司便规定婴儿必须出生满14天后才能登机，以免呼吸器官无法适应。年纪稍长的幼童，因为耳鼻喉部的血管比较敏感，低氧环境会给他们带来不适，严重的会出现晕机症状。

★孕妇 yùnfù 명 임산부｜婴幼儿 yīngyòu'ér 명 영유아｜★出游 chūyóu 동 여행하러 가다｜若 ruò 접 만약, 만일｜心血管 xīnxuèguǎn 명 심혈관｜疾病 jíbìng 명 병, 질병｜★高血压 gāoxuèyā 명 고혈압｜心脏病 xīnzàngbìng 명 심장병｜搭 dā 동 (차·배·비행기 따위를) 타다｜★患有 huànyǒu 동 ~를 앓고 있다, ~에 걸리다｜★上述 shàngshù 동 상술하다, 위에서 말하다｜★搭乘 dāchéng 동 (차·배·비행기 따위에) 타다, 탑승하다｜爬 pá 동 기어오르다, 오르다｜不适 búshì 형 적당하지 않다｜无妨 wúfáng 동 무방하다, 괜찮다｜仍 réng 부 여전히, 아직도｜评估 pínggū 동 (질·수준·성적 등을) 평가하다｜请教 qǐngjiào 동 가르침을 청하다 [向……请教: ~에게 가르침을 청하다]｜以 yǐ 접 ~하기 위하여｜近期 jìnqī 가까운 시기｜动手术 dòng shǒushù 수술을 하다｜★适宜 shìyí 형 적당하다, 적합하다, 적절하다｜指出 zhǐchū 동 지적하다, 밝히다, 가리키다｜患部 huànbù 명 환부｜★复原 fùyuán 동 건강을 회복하다, 원기를 회복하다｜不一 bùyī 형 일치하지 않다, 같지 않다｜★则 zé 부 바로 ~이다 [판단구에 쓰여 긍정을 나타냄]｜★高空 gāokōng 명 고공｜低氧 dīyǎng 저산소의｜★婴儿 yīng'ér 명 영아, 갓난애｜航空 hángkōng 명 항공과 관련 있는, 항공의｜★登机 dēngjī 동 (비행기에) 탑승하다｜★以免 yǐmiǎn 접 ~하지 않도록, ~않기 위해서｜呼吸器官 hūxī qìguān 호흡기관｜稍 shāo 부 약간, 조금, 잠깐｜幼童 yòutóng 명 어린이, 유아｜耳鼻喉 ěr bí hóu 이비인후 [귀, 코, 두경부와 관련된 기관]｜血管 xuèguǎn 명 혈관｜晕机 yùnjī 명 비행기 멀미｜症状 zhèngzhuàng 명 증상, 증후

▶ 주요 구문/표현 정리하기

・患有疾病 질병을 앓다

・用药时间 약 복용 시간

・晕机症状 비행기 멀미 증상

풀이

- ~하기 위해 → 为　어떤 목적을 나타낼 때 '为'를 대신해서 '为了'로 쓸 수 있다.

- 거금을 들이다 → 下重金　보통 '下重金'은 바로 떠올리기 어려운 표현이므로, '花很多钱'이라고 풀어서 쓸 수 있다.

- A와 견줄 만하다 → 比肩A　'可以和A相比'로 풀어서 쓸 수 있다.

- ~할 필요가 있을까? → 是否有必要　쉬운 표현이지만 번역할 때는 바로 떠오르지 않을 수 있는 표현이니 잘 익혀 두자.

제시문

　　춘절 기간 동안 택배의 원활한 흐름을 보장하기 위해 많은 택배 회사는 최근에도 여전히 모집을 강화하고 있으며 일부 회사는 거금을 들여 인력을 유지하고 있다. 일부 사이트와 인력 파견 회사가 내건 보수 수준은 전자상거래 빅세일 기간의 보수 수준과 견줄 만하다. 거액의 인센티브에 대해 의심하는 네티즌들은 "택배 업계는 연중무휴인데 춘절 기간에 군이 일을 할 필요가 있을까? 춘절 기간에 택배가 제때 도착하지 않는 경우가 많은데, 평소처럼 서비스하지 못할 거라면 차라리 택배 기사들에게 적절한 휴식을 주는 것이 낫다"라는 목소리를 내고 있다.

모범 답안

　　为保证春节期间快递的畅通，不少快递公司近期仍在密集招聘，更是有企业下重金留人。一些网站和劳务派遣公司打出的薪酬水平已经比肩电商"大促"期间。在巨额奖励的背后，有网友发出质疑的声音：快递行业本就全年无休，春节期间还要坚持工作是否有必要？春节期间很多快递的时效无法保证，既然不能像平时一样服务，不如让快递员适当休息。

快递 kuàidì 명 택배 | **畅通** chàngtōng 동 원활하다, 막힘없이 잘 통하다 | **近期** jìnqī 명 가까운 시기 | **仍** réng 부 여전히, 아직도 | ★**密集** mìjí 동 밀집하다, 조밀하다 | **重金** zhòngjīn 명 거금, 큰돈 | ★**劳务** láowù 명 노무, 노동일, 임금을 받으려고 육체적 노력을 들여서 하는 일 | ★**派遣** pàiqiǎn 동 파견하다 | **薪酬** xīnchóu 명 봉급, 보수 | **比肩** bǐjiān 동 대등하다, 상당하다 | **电商** diànshāng 명 전자상거래 | **大促期间** dàcù qījiān 빅세일 기간 | ★**巨额** jù'é 형 거액의, 액수가 큰 | **奖励** jiǎnglì 동 장려하다, 표창하다 | **背后** bèihòu 명 뒤, 뒤쪽, 뒷면 | **发出** fāchū 동 내뿜다, 발산하다 | ★**质疑** zhìyí 동 질문하다, 질의하다 | **全年无休** quánnián wúxiū 연중무휴 | **时效** shíxiào 명 유효기간, 일정 시간 내에 발휘하는 효력 | **快递员** kuàidìyuán 명 택배원 | **适当** shìdàng 형 적절하다, 적합하다

▶ 주요 구문/표현 정리하기

- **发出声音** 목소리를 내다
- **全年无休** 연중무휴

- **既然A，不如B** A하는 바에야 B하는 게 낫다
- **像A一样** A와 같다

풀이

- 발생 전날 밤 → 发生前夕　'发生前夕'로 쓰는 것이 가장 좋지만, 정말 기억이 안 나면 '发生前'으로 써도 틀린 문장은 아니다.

- 다시 꽃이 피다 → 再度开花　'再度'를 비슷한 의미를 가진 '再'로 바꿔서 쓰지 않는 것이 좋다. 뒤에 오는 어휘가 두 글자이므로, 앞에도 두 글자 어휘를 써서 대칭을 이루게 하는 것이 좋기 때문이다.

- 일으키다, 야기하다 → 引起　동사 '引起'는 '导致'로 바꿔서 표현할 수 있다.

- 더 나아가, 진일보하여 → 进而　'进而'은 '从而'으로 바꿔서 표현할 수 있다.

지진이 일어나기 전에 식물에 이상 현상이 나타나기도 한다. 예를 들면 1976년 탕산 대지진 발생 전날 밤, 버드나무 가지가 갑자기 말라 죽고, 일부 과수는 열매를 맺은 후 다시 꽃이 피는 현상이 나타났다.

과학자들은 지진 전에 가장 민감하게 반응하는 식물로 미모사를 꼽았다. 지진 발생 몇 시간 전에 미모사의 잎은 갑자기 시들다가 말라버린다. 연구원은 지진이 일어나는 과정에서 지구 심층의 거대한 압력이 전압을 형성해 전류가 생긴다고 여긴다. 식물의 뿌리가 지층 속 전류의 자극을 받아 체내에 상응하는 변화가 생겨 식물에 이상 반응을 일으키게 되는 것이다.

일부 식물은 지진의 상황을 기록하기도 한다. 지진 발생 후 지면의 상승 혹은 하강이 나무의 지하수 공급을 변화시킬 수 있으며, 지면의 균열이 나무의 뿌리를 손상시키고 나아가 나무의 수분과 영양분 흡수에 영향을 준다. 이러한 변화는 나무의 나이테에 흔적을 남긴다. 따라서 나무의 나이테를 보고 해당하는 지진의 상황을 파악할 수 있다.

地震前植物往往会出现一些异常现象，比如一九七六年的唐山大地震发生前夕，就出现了柳树枝条突然枯死、一些果树结果后再度开花的现象。

科学家发现，地震前最敏感的植物要数含羞草，在地震发生前的几个小时，含羞草的叶片会突然萎缩，然后枯掉。研究人员认为，在地震孕育的过程中，地球深处的巨大压力会形成电压，产生电流。植物根系受地层中电流的刺激，在体内出现相应的变化，从而引起植物的异常反应。

有些植物还能记录地震情况。地震发生后，地面的上升或下降能改变树木的地下水供应，地面的裂缝还会损坏树根，进而影响树木对水分和养料的吸收。这些变化都会在树木的年轮上留下痕迹。因此，我们可以从树的年轮上了解相应的地震情况。

异常 yìcháng 형 심상치 않다, 정상이 아니다 | **唐山** Tángshān 고유 탕산 [허베이성 동북부에 있는 지명] | ★**前夕** qiánxī 명 전날 밤 | ★**柳树** liǔshù 명 버드나무 | **枝条** zhītiáo 명 나뭇가지 | **枯死** kūsǐ 동 (식물이) 말라죽다, 고사하다 | **果树** guǒshù 명 과수, 과일나무 | ★**结果** jiēguǒ 동 열매가 열리다, 맺다 | ★**再度** zàidù 부 재차, 또다시, 거듭 | **含羞草** hánxiūcǎo 명 미모사, 함수초 | **叶片** yèpiàn 명 잎 | **萎缩** wěisuō 동 (식물이) 시들다, 마르다 | **枯** kū (꽃·잎 따위가) 시들다 | ★**孕育** yùnyù 동 잉태하다, 내포하다 | **深处** shēnchù 명 심층, 깊숙한 곳 | **电压** diànyā 명 전압 | **电流** diànliú 명 전류 | **根系** gēnxì 명 뿌리 | **地层** dìcéng 명 지층 | **体内** tǐnèi 명 체내 | **相应** xiāngyìng 동 상응하다, 서로 맞다 | **地面** dìmiàn 명 지면, 지표 | **上升** shàngshēng 동 상승하다, 위로 올라가다 | **下降** xiàjiàng 동 하강하다, 낮아지다, 떨어지다 | **地下水** dìxiàshuǐ 명 지하수 | **供应** gōngyìng 동 공급하다, 보급하다, 제공하다 | ★**裂缝** lièfèng 명 갈라진 금, 균열, 틈 | **损坏** sǔnhuài 동 (원래의 기능을) 손상시키다, 파손시키다, 훼손시키다 | **树根** shùgēn 명 나무뿌리 | ★**进而** jìn'ér 접 더 나아가, 진일보하여 | **水分** shuǐfèn 명 수분 | **养料** yǎngliào 명 영양분 | **年轮** niánlún 명 (식물의) 나이테 | ★**痕迹** hénjì 명 흔적, 자취, 자국

▶ **주요 구문/표현 정리하기**

- **出现现象** 현상이 나타나다
- **受刺激** 자극을 받다
- **出现变化** 변화가 생기다

- **引起反应** 반응을 일으키다
- **留下痕迹** 흔적을 남기다

● **Day 31**　모범 답안은 아래 해설 참고

풀이

- A마다 좋아하는 B가 각기 다르다 → 不同的A，喜欢不同B　비슷한 표현으로 '不同' 대신 '不一样'을 쓸 수 있으며, 이때는 B 앞에도 '的'를 붙여 '不一样的A喜欢不一样的B'라고 표현해야 한다.
- ~에 응용할 수 있다 → 应用于……上　방위사 '上'까지 써 주어야 한다.

과학자들은 식물이 빛을 받을 때 빛의 색을 선택하는 경향이 있으며 식물마다 좋아하는 빛의 색이 각기 다르다는 것을 발견했다. 이 발견은 농업 생산에 응용할 수 있다. 빨간색 빛을 비추면 밀은 발육이 빨라지고 일찍 익으며, 고추는 성장이 빨라지고 열매가 많아진다. 보라색 빛을 비추면 토마토 생산량이 40% 이상 많아진다. 과학기술의 발전에 따라 농업에서 빛의 색상을 점점 더 폭넓게 응용할 수 있을 것으로 믿는다.

科学家们发现，植物对光的颜色有选择性，不同的植物喜欢不同颜色的光。这一发现可应用于农业生产上：在红光照射下，小麦发育快、成熟早；辣椒生长快、结果多；在紫光照射下，西红柿能多产40%以上。相信随着科学技术的进步，颜色在农业上的应用也将越来越广泛。

照射 zhàoshè 통 비추다 | **小麦** xiǎomài 명 밀 | **发育** fāyù 통 발육하다, 자라다, 성장하다 | **紫光** zǐguāng 명 자색 빛

▶ 주요 구문/표현 정리하기

• **在红光照射下** 빨간색 빛을 비추면　　• **随着科学技术的进步** 과학기술의 발전에 따라

• 느끼지 못하다 → 感觉不到　'感受不到'로도 바꿔서 쓸 수 있다.
• 지면에서 떨어지다 → 离开地面　이때는 '离开'를 '掉下'나 '落'로 바꿔서 쓸 수 없다.
• A로 이동하다 → 向A转移　'转移'가 잘 떠오르지 않을 경우 '流动'으로 바꿔서 표현해도 된다.

무중력은 중력이 없는 것이 아니라 중력을 느끼지 못하는 것이다. 무중력상태에 들어선 후 우주비행사는 가장 먼저 몸이 둥둥 뜨는 것을 느낄 수 있다. 두 발이 지면에서 자연스레 떨어지고 온몸이 공중에 붕 뜨는데 이때 정상적으로 걷는 것은 불가능하다. 이 외에도 무중력 환경은 인체에 어느 정도 영향을 준다.

우주비행사가 무중력상태에 들어서면 아래로 잡아당기는 힘이 부족해져 온몸의 체액은 상반신과 머리 쪽으로 이동하기 시작한다. 이때 우주비행사는 무게를 느끼지 못하기 때문에 얼굴에 부기 등의 증상이 나타나게 된다. 또한 우주에서는 공간 정위 상실 상태에 빠질 수도 있다. 따라서 우주비행사는 우주로 가기 전에 우주의 무중력에 적응하기 위해 전문적인 무중력 훈련을 받아야 한다.

失重并不是没有重力，而是感觉不到重力。进入失重状态后，航天员最先体验到的是漂浮，他们的双脚会自然离开地面，整个身体漂浮在空中，此时正常行走已不可能。此外，失重环境会对人体产生一定的影响。

航天员一旦进入失重状态，全身的体液，会由于缺乏向下的吸引力，而开始向上半身和头部转移。这时航天员由于感觉不到重量，其脸部会出现浮肿等症状。还有，航天员会产生空间定向障碍。因此，航天员在进入太空前，需要进行专门的失重训练，以适应太空中的失重感。

失重 shīzhòng 통 무중력상태가 되다 | **重力** zhònglì 명 중력 | **航天员** hángtiānyuán 명 우주비행사 [=宇航员] | **漂浮** piāofú 통 둥둥 뜨다 | **地面** dìmiàn 명 지면 | **行走** xíngzǒu 통 걷다, 길을 가다 | **人体** réntǐ 명 인체 | **一旦** yídàn 부 일단 ~하다면 | **体液** tǐyè 명 체액 | **吸引力** xīyǐnlì 명 흡인력 | **转移** zhuǎnyí 통 (방향이나 위치) 전이하다, 옮기다, 이동시키다 | **重量** zhòngliàng 명 중량, 무게 | **浮肿** fúzhǒng 명 부종 | **症状** zhèngzhuàng 명 증상, 증후 | **障碍** zhàng'ài 명 장애

▶ **주요 구문/표현 정리하기**

- **不是A而是B** A가 아니라 B이다
- **进入状态** 상태로 들어서다
- **对A产生影响** A에게 영향을 주다

● Day 38   모범 답안은 아래 해설 참고

풀이

- 상상할 수 없다 → 想象不到 '意想不到'로 바꿔서 쓸 수 있지만 '没想到'로는 바꿔서 쓸 수 없다.
- A란 B이다 → 所谓A，就是B 이때 '就是'를 '指的是' 또는 '是指'로 바꿔서 표현할 수 있다.
- A의 위험을 높이다 → 提高A的风险 '提高A的风险'을 좀 더 어려운 표현으로 바꾸고 싶다면 '使'를 이용해 '使A的风险提高'로 바꿀 수 있다.

제시문

   일상에서 먹는 밀크티나 간식에 함유된 당분의 양이 이미 과거에는 상상할 수 없던 수준이 되었다는 사실을 알고 있는가? 분석 결과, 1991년부터 2015년까지 중국인의 일상 음식 중 첨가당이 제공하는 에너지가 차지하는 비율은 과거의 3배 이상이다. 첨가당이란 식품과 음료에 인위적으로 첨가한 당분으로 백설탕, 포도당 등이 있다. 첨가당의 기능은 식품의 맛을 향상하고 변질을 방지하여 사람들이 '즐겁게' 더 많이 먹을 수 있게 하는 것이다. 채소나 과일, 우유에 함유된 천연당과 다르게 첨가당은 열량 외에 다른 영양가는 거의 없어 많이 먹게 되면 영양불균형, 비만, 심혈관질환이 생길 수 있고 심지어 사망의 위험성이 높아진다.

모범 답안

   你知道吗？我们日常生活中喝的奶茶、吃的零食中含有的糖分，已经达到了过去人们想象不到的分量。分析结果从1991年到2015年，中国人的日常饮食中，添加糖提供的能量占比是过去的3倍以上。所谓添加糖，就是食品、饮料中，人为添加的糖分，包括白砂糖、葡萄糖等。它们的作用是提升口感以及防止食物变质，从而让你"快乐地"再多吃几口。与蔬果、牛奶中含有的天然糖分不同，添加糖除了提供热量外，几乎没有营养价值，吃多了只会提高饮食失衡、肥胖、心血管疾病甚至死亡的风险。

奶茶 nǎichá 명 밀크티 | **糖分** tángfèn 명 당분 | **分量** fènliàng 명 양 | **饮食** yǐnshí 동 음식을 먹고 마시다 | **添加糖** tiānjiā táng 첨가당 | ★**能量** néngliàng 명 에너지 | **占比** zhànbǐ 명 전체를 차지하는 비율 | ★**所谓** suǒwèi 소위, 이른바 | ★**人为** rénwéi 명 인위적이다 | ★**添加** tiānjiā 동 첨가하다, 늘리다, 보태다 | **白砂糖** báishātáng 명 백설탕 | **葡萄糖** pútáotáng 명 포도당 | **提升** tíshēng 동 진급하다, 진급시키다 | **口感** kǒugǎn 명 입맛, 식감 | **防止** fángzhǐ 동 방지하다 | **变质** biànzhì 동 변질되다 | **蔬果** shūguǒ 명 야채와 과일 | **天然** tiānrán 형 천연의, 자연 그대로의 | **热量** rèliàng 명 열량 | **失衡** shīhéng 동 균형을 잃다 | **肥胖** féipàng 형 뚱뚱하다 | **心血管** xīnxuèguǎn 명 심혈관 | **疾病** jíbìng 명 병, 질병 | ★**死亡** sǐwáng 명 사망

▶ **주요 구문/표현 정리하기**

- **从A到B** A에서부터 B까지
- **与A不同** A와 다르다
- **除了A外** A를 제외하고

- 쉽게 발견할 수 있다 → 不难发现 '不难发现'은 '很容易发现'으로 바꿔서 표현할 수 있다.

- 둘도 없는 가장 좋은 선택 → 不二之选 '最好的选择'로 풀어서 쓸 수 있다.

- 일 년 내내 → 常年 '일 년 내내'라는 의미를 가진 '常年' 혹은 '终年'을 써서 표현할 수 있다.

- 물과 음료에 젖다 → 被洒上水 주체가 의자이고, 의자는 물과 음료를 스스로 쏟을 수 없다. 따라서 피동의 어휘가 반드시 있을 필요는 없기 때문에 '被'는 생략이 가능하긴 하지만 있는 것이 훨씬 더 좋다.

제시문

자세히 관찰하면 수많은 공공장소 의자에는 크고 작은 구멍이 가득하다는 것을 쉽게 발견할 수 있다. 사실 공공장소 의자는 비용을 절약해야 하고 내구성도 갖추어야 한다. 따라서 스테인리스강 의자에 구멍을 뚫는 것은 둘도 없는 가장 좋은 선택이다. 이 외에도, 구멍을 뚫으면 효과적으로 의자의 면적을 줄이고 재료를 아낄 수 있다. 재료를 아끼면 새로운 의자 제작에 사용할 수 있고, 운송 비용도 줄일 수 있다. 게다가 공공장소 의자는 일반적으로 야외에 노출되어 있어 일 년 내내 비바람을 맞고 물과 음료에 젖는 운명을 피할 수 없다. 나무 자재와 다르게 금속 자재는 물을 흡수할 수 없어서, 보송한 상태를 유지하기 위해 이러한 의자는 배수 구멍에 대한 의존도가 더 높아진다.

정류장에서 버스를 기다릴 때 의자에 앉는 시간이 길어져 엉덩이와 의자가 오랜 시간 붙어 있는 경우가 종종 있다. 날씨까지 더우면 땀이 날 수밖에 없어 바지가 구겨지고 젖게 된다. 이때 의자의 작은 구멍이 이러한 난처함을 조용히 해소해 줄 수 있다. 공기의 흐름을 효과적으로 증대시킴으로써 의자의 열전도율을 높여 방열 작용을 하기 때문이다.

모범 답안

若是仔细观察，你就不难发现：许多公共场所的椅子上打满了大大小小的孔。其实，对于公共场所的椅子来说，既要节约成本，还得耐用。给不锈钢椅子打孔就成为了不二之选。另外，打孔还可以有效地减少椅子面积、节省用料。而节约下来的材料，又可以被用来制作新的椅子，同时还可以减少运输成本。再加上，公共场所的座椅一般是暴露于户外，"难逃"常年面临风吹雨打以及被洒上水和饮料的"命运"。不比木质材料，金属材料无法吸收雨水，为保证干爽，这些座椅对排水孔的依赖程度更高。

在车站等车时，往往坐得比较久，屁股和椅子长期"亲密接触"，天气又热，不免会出汗，把裤子变皱变湿。这时，椅子上的小孔就可以悄悄缓解你的小尴尬，因为它们可以有效增大气流的流动性，从而提升座椅的导热率，起到散热作用。

若是 ruòshì 쩝 만약 ~한다면 | ★**公共场所** gōnggòng chǎngsuǒ 공공장소 | **孔** kǒng 몡 구멍 | **成本** chéngběn 몡 원가, 자본금 | **耐用** nàiyòng 혱 내구성이 좋다, 오래 쓸 수 있다 | **不锈钢** búxiùgāng 몡 스테인리스강 | **不二之选** bú'èrzhīxuǎn 쩡 이보다 더 좋은 선택은 없다 | **打孔** dǎ kǒng 구멍을 뚫다 | **有效** yǒuxiào 혱 효과가 있다, 유효하다 | **用料** yòngliào 사용 재료 | **再加上** zàijiāshàng 게다가 | **暴露** bàolù 동 노출되다 | **户外** hùwài 몡 야외 | **难逃** nántáo 혱 피할 수 없다, 벗어나기 어렵다 | **常年** chángnián 일 년 내내 | **风吹雨打** fēngchuīyǔdǎ 쩡 비바람을 맞다 | **木质** mùzhì 몡 나무 자재 | ★**金属** jīnshǔ 몡 금속 | **干爽** gānshuǎng 혱 상쾌하다 | **排水孔** páishuǐkǒng 배수구 | **依赖** yīlài 동 의지하다, 기대다 | **屁股** pìgu 몡 엉덩이 | **亲密** qīnmì 혱 관계가 좋다, 사이가 좋다, 친밀하다 | **接触** jiēchù 동 접촉하다 | **不免** bùmiǎn 동 면할 수 없다, 피하지 못하다 | **出汗** chū hàn 땀이 나다 | **皱** zhòu 동 구기다 | ★**尴尬** gāngà 혱 (입장 따위가) 난처하다, 곤란하다 | **气流** qìliú 몡 공기의 흐름 | **提升** tíshēng 동 진급하다, 진급시키다 | **导热率** dǎorèlǜ 몡 열전도율 | **散热** sànrè 몡 산열

▶ **주요 구문/표현 정리하기**

- **打孔** 구멍을 뚫다
- **减少成本** 비용을 줄이다

- **变皱** 구겨지다
- **缓解尴尬** 난처함을 해소하다

번역 제1부분

01 한중 통역

본서 p.249~253

● track 67

● Day 10　모범 답안은 아래 해설 참고

풀이

- A보다 더 빠른 속도로 B하다 → 比A还要快的速度B　독해할 때는 비교문이 쉽게 느껴져도 말할 때는 입에서 바로 나오기 힘들 수 있으니 입에 익혀둘 수 있도록 하자. 부사 '还'를 써야 하는 것도 잊지 말자.
- 어느 정도 → 在一定程度上　수험생들이 일반적으로 자주 틀리는 패턴이다. '在'를 빼고 쓰거나 방위사 '上'을 빼고 쓰는 경우가 많은데, 하나의 어휘로 외워 놓자.
- 더, 더욱 → 更为　부사 '更为'는 '更加'로 바꿔서 쓸 수 있으며, 보통 2음절 어휘 앞에는 2음절 어휘가 많이 온다.

제시문

　세계적으로 이미 알려진 현존하는 언어는 7,000여 종에 달하며, 현재 그것들은 종의 멸종보다 더 빠른 속도로 감소하고 있다. 연구자들은 언어 다양성을 위협하는 주요 요인이 경제발전이라는 것을 발견했다. 언어 소멸이 비교적 빠른 두 지역 중 하나는 경제가 발달한 지역이고, 다른 하나는 경제가 발달하지 않았거나 발전 중인 지역이었다. 또한 지리적 요인도 어느 정도 언어의 소멸을 초래할 수 있다. 예를 들어 근래에는 온대 기후대의 언어 소멸 속도가 열대지방이나 산간 지역보다 빠른데, 그 원인은 온대 지역이 교통적으로 더 편리하기 때문일 것이다. 그래서 중국 표준어와 같은 일부 언어는 교육과 상업의 발전에 따라 점점 더 많은 시장을 갖게 될 것이다.

모범 답안

　世界上已知的现存语言有将近七千种，目前它们正在以比物种灭绝还要快的速度减少。研究者发现威胁语言多样性的主要因素是经济的发展。语言消失较快的两类地区中，一类是经济发达地区，另一类是经济不发达或发展中地区。此外，地理因素在一定程度上也可能导致语言的消失。例如，近年来温带气候区的语言消失速度要快于热带地区或山区，其原因可能是温带地区在交通上更为便利。而一些语言，如中国的普通话随着教育和商业的发展将会越来越有市场。

已知 yǐzhī 동 이미 알다 | **现存** xiàncún 동 현존하다 | **将近** jiāngjìn 부 거의 ~에 근접하다, 거의 ~에 이르다 | **物种** wùzhǒng 명 (생물의) 종 | ★**灭绝** mièjué 동 멸절하다, 완전히 제거하다 | ★**地理** dìlǐ 명 지리 | **温带** wēndài 명 온대 | ★**热带** rèdài 명 열대 | **山区** shānqū 명 산간 지역 | **便利** biànlì 형 편리하다

▶ **주요 구문/표현 정리하기**

- **一类是A，另一类是B** 하나는 A이고, 다른 하나는 B이다
- **导致消失** 소멸을 초래하다
- **更为便利** 더 편리하다
- **随着A的发展** A의 발전에 따라

풀이

- 높은 목표를 향해 나아가다 → 力争上游 이런 표현은 외워 두면 좋지만, 갑자기 기억이 나지 않는다면 풀어서 써도 괜찮다. 이와 비슷한 표현으로 '向着目标努力'가 있다.
- ~를 반영하다 → 映射 '射'는 '反映'의 의미를 가지고 있다.

제시문

2016년에 '탕평(躺平)'이라는 말이 정식으로 생겨났다. 이는 인터넷 유행어로, 젊은 세대가 열심히 사는 것을 포기하고 성취욕이 부족한 상태로, 스스로 포기할지언정 높은 목표를 향해 나아가는 것을 바라지 않음을 가리킨다. 사실 '탕평'은 현대 젊은이들의 심리상태를 반영한 것이다. 누구나 '탕평'하는 사람이 되길 바라지만, 윗세대가 재산을 많이 모아 두지 못해 현세대도 마음 편히 '탕평'할 자본을 갖추지 못했다. 게다가 인터넷의 발전으로 인해 자신의 생활을 공유하는 데 열중하는 사람이 점차 많아졌는데, 또래가 잘 살고 있는 모습을 보고 하는 일마다 뜻대로 되지 않는 자신의 상황을 생각해 보면 불균형이 생길 수밖에 없다.

모범 답안

2016年，"躺平"一词正式诞生，作为一个网络热词，它指的是年轻群体放弃奋斗、缺乏上进心的状态，宁愿自我放弃，也不愿力争上游。其实它映射了当代很多年轻人的心理现状：谁都想当一个躺平的人，无奈上一辈没有积累起大量的财富，所以他们也不具备躺平的资本。再加上网络的发达使得越来越多的人热衷于分享自己的生活，看到同龄人的日子过得光鲜亮丽，再想到自己种种不如意，必然会产生不平衡。

躺平 tǎngpíng ᅵ형ᅵ (팔다리를 펴고) 평평하게 눕다 [여기서는 도전하지 않고 무기력한 젊은이들의 심리를 나타내는 말로 쓰임] ᅵ 诞生 dànshēng ᅵ동ᅵ 탄생하다, 태어나다 ᅵ 热词 rècí ᅵ명ᅵ 유행어, 인기어, 핫 키워드 ᅵ 群体 qúntǐ ᅵ명ᅵ 단체, 집단 ᅵ 上进心 shàngjìnxīn 성취욕 ᅵ ★宁愿 nìngyuàn ᅵ부ᅵ 차라리 (~하고자 한다), 차라리 (~할지언정) ᅵ 不愿 búyuàn ᅵ동ᅵ 원하지 않다, ~하려 하지 않다 ᅵ 力争上游 lìzhēng shàngyóu ᅵ성ᅵ 보다 높은 목표에 도달하기 위해 힘쓰다 ᅵ 映射 yìngshè ᅵ동ᅵ 반영하다, 반사하다 ᅵ 当代 dāngdài ᅵ명ᅵ 당대, 그 시대 ᅵ 现状 xiànzhuàng ᅵ명ᅵ 현 상태, 현재 상황 ᅵ 无奈 wúnài ᅵ동ᅵ 어찌 해 볼 도리가 없다 ᅵ 上一辈 shàng yíbèi ᅵ명ᅵ 윗세대 ᅵ 大量 dàliàng ᅵ형ᅵ 대량의, 다량의, 많은 양의 ᅵ 财富 cáifù ᅵ명ᅵ 부, 재산, 자산 ᅵ 资本 zīběn ᅵ명ᅵ 자본 ᅵ 再加上 zàijiāshàng 게다가 ᅵ 使得 shǐde ᅵ동ᅵ ~로 하여금 ~하게 하다 ᅵ 热衷 rèzhōng ᅵ동ᅵ 열중하다, 몰두하다 ᅵ 分享 fēnxiǎng ᅵ동ᅵ (기쁨·행복·좋은 점 등을) 공유하다, 함께 나누다 ᅵ 同龄人 tónglíngrén ᅵ명ᅵ 동년배, 동갑 ᅵ 光鲜 guāngxiān ᅵ형ᅵ 아름답다, 맑다 ᅵ 亮丽 liànglì ᅵ형ᅵ 밝고 아름답다 ᅵ 种种 zhǒngzhǒng 각종, 갖가지, 여러 가지 ᅵ 如意 rúyì ᅵ동ᅵ 뜻대로 되다, 마음에 들다

▶ **주요 구문/표현 정리하기**

- **"A"一词** A라는 말
- **映射现状** 상태를 반영하다
- **起财富** 재산을 모아 두다

- **具备资本** 자본을 갖추다
- **过得光鲜亮丽** 잘 살다
- **种种不如意** 하는 일마다 뜻대로 되지 않다

● track 69

● **Day 14**   모범 답안은 아래 해설 참고

> 풀이

- 2021년 말까지 → 截至2021年底 '截至' 뒤에는 숫자가 올 수 있지만 '截止' 뒤에는 숫자가 올 수 없다.
- '무'에서 '유'를 창조하다 → 从无到有 '从A到B'라는 간단한 고정격식으로 복잡한 표현을 쉽게 말할 수 있다.
- 중요한 이정표 → 一座重要的里程碑 '里程碑'는 양사 '座'를 써야 한다. '중요한 이정표'라는 표현은 통째로 외워 두자.

> 제시문

> 모범 답안

2021년 말까지 중국 고속철도의 이정은 4만 킬로미터를 돌파하여 세계 고속철도 전체 이정의 3분의 2 이상을 차지하게 되었다. 또한 중국은 고속철도를 시속 350km로 상업 운영하는 세계 유일의 국가로, 이 속도는 명실상부한 '중국 속도'라고 할 수 있다. 중국 고속철도는 선진국에 비해 발전이 40여 년 늦었지만, 여러 세대 동안 철도 부문 관련 사람들의 지속적인 노력을 거쳐 '무'에서 '유'를 창조해 냈고, 쫓아가는 입장에서 함께 달리는 입장으로, 또 선두를 달리는 입장으로 나아가는 역사적인 변화를 겪었다. 중국 표준 탄환 열차의 개발 성공이 중요한 이정표가 되었다고 할 수 있다.

截至2021年底，中国高铁营业里程突破4万公里，占世界高铁总里程的三分之二以上。并且中国是世界上唯一实现高铁时速350公里商业运营的国家，这是名副其实的"中国速度"。虽然中国高铁发展比发达国家晚40多年，但经过几代铁路人的接续奋斗，实现了从无到有，从追赶到并跑，再到领跑的历史性变化。可以说，中国标准动车组的研制成功是一座重要的里程碑。

截至 jiézhì 图 (시간적으로) ~에 이르다 | 高铁 gāotiě 图 고속철도 | 里程 lǐchéng 图 이정, 노정 | 突破 tūpò 图 돌파하다 | 占 zhàn 图 차지하다, 보유하다 | 总 zǒng 图 전체의, 전부의 | 时速 shísù 图 시속 | ★名副其实 míngfùqíshí 图 명성과 실상이 서로 부합되다, 명실상부하다 | 发达国家 fādá guójiā 图 선진국 | 代 dài 图 세대 | 铁路 tiělù 图 철도 | 接续 jiēxù 图 계속하다, 잇다 | 从无到有 cóngwú dàoyǒu 图 무에서 유를 창조하다 | ★追赶 zhuīgǎn 图 쫓아가다 | 领跑 lǐngpǎo 图 선두를 달리다 | 动车组 dòngchēzǔ 图 탄환 열차 [중국에서 시속 200킬로미터 정도로 운행하는 열차를 말함] | 研制 yánzhì 图 연구 제작하다 | ★里程碑 lǐchéngbēi 图 이정표, 역사상 이정표가 되는 사건

▶ 주요 구문/표현 정리하기

- **占+숫자** ~를 차지하다
- **名副其实** 명실상부하다

- **经过接续奋斗** 지속적인 노력을 거쳐
- **历史性变化** 역사적인 변화

● track 70

● **Day 20**   모범 답안은 아래 해설 참고

> 풀이

- 취업률을 높이다 → 提高就业率 '提高'를 '提升'으로 바꿔서 쓸 수 있다.
- A에 놓인 난제이다 → 横在A的难题 '横在'를 '放在'와 헷갈려 하는 경우가 많은데 바꿔서 쓸 수 없다.
- 일을 하다 → 分配工作 예전에 중국은 대학을 졸업하면 국가에서 일자리를 분배해 주었기 때문에 '分配'를 사용하여 '일을 하다'를 나타낸다. 이때 '分配'가 아니라 '找到'를 쓰게 되면 나타내는 의미가 조금 달라진다.

　　대학생은 졸업 후 어떻게 하면 취업할까? 대학생 취업률을 어떻게 높일까? 이는 십여 년 동안 학교와 사회 사이에 놓인 난제였다. 경제가 덜 발달했던 20세기에는 대학에 가기만 하면 일을 할 수 있어 취업 문제는 걱정할 필요가 없었으며 각종 복지도 누릴 수 있었고, 한 번 일을 구하면 평생 일할 수 있었다. 하지만 몇십 년간 경제가 고속 발전하면서 대학생도 더 이상 '희귀종'이 아니게 되었다. 연구에 따르면 2022년 고등교육 졸업생이 처음으로 1,000만 명을 넘어섰다고 한다. 다시 말해, 매년 대학을 졸업하고 사회에 진출하는 사람이 무려 1,000만 명이 넘는다는 것이다. 이 또한 현재 대학생의 취업난이 점점 심해지는 주요 원인 중 하나이다.

　　大学生毕业后如何就业？如何提高大学生的**就业率**？是十几年来**横**在学校与社会间的**难题**。在**经济欠发达**时期的上个世纪，只要能**考上**大学，就能**分配工作**，不仅不用担心工作问题，还会**得到各种福利**，在**岗位**上一干就是**一辈子**。然而经过几十年的经济**高速**发展，大学生也**早已**不是什么"**稀有物种**"。研究显示，2022年，**高校**毕业生**首次**突破1000万。**也就是说**，每年从大学毕业并**进入**社会的年轻人高达千万人，这一点也是现在大学生就业越来越难的重要原因之一。

就业 jiùyè 图 취직하다, 취업하다 | **就业率** jiùyèlǜ 명 취업률 | **横** héng 图 놓다, 가로로 놓다 | **难题** nántí 명 난제 | **考上** kǎoshàng 시험에 합격하다 | **福利** fúlì 명 복지, 복리 | **岗位** gǎngwèi 명 직장, 부서, 근무처 | **一辈子** yíbèizi 명 한평생, 일생 | **高速** gāosù 명 고속 형 고속의 | **早已** zǎoyǐ 부 이미, 벌써부터 | **稀有物种** xīyǒu wùzhǒng 명 희귀종 | **高校** gāoxiào 명 고등교육기관의 총칭 [여기서는 대학교를 뜻함] | **首次** shǒucì 명 처음, 최초, 첫 번째 | ★**也就是说** yě jiùshì shuō 바꾸어 말하면 ~이다 | **进入** jìnrù 图 진입하다, 들다

▶ **주요 구문/표현 정리하기**

• **经济欠发达** 경제가 덜 발달하다

• **进入社会** 사회에 진출하다

• **得到福利** 복지를 누리다

ⓞ track 71

● **Day 22**　　모범 답안은 아래 해설 참고

풀이

• 성인 독자 중 30% 이상 → 30%以上的成人读者　'以上'의 위치를 많이 헷갈려 '30%的成人以上读者'라고 틀리게 쓰는 경우가 많으므로, 순서를 잘 숙지하도록 하자.

• 점차 확대되다 → 逐渐扩大　비슷한 뜻이어도 '逐渐'을 '越来越'로 바꿔서 쓸 수 없다. '越来越' 뒤에는 형용사만 올 수 있으며 '扩大'는 동사이므로, '逐渐'만 쓸 수 있다.

• 최근 몇 년 동안 새로운 독서 추세 → 近年来新的读书趋势　'近年来的读书新趋势'로 바꿔서 표현할 수 있다.

• A를 자유롭게 해 주다 → 让A变得自由　여기서 '变得'는 '变化'나 '变成'으로 바꿀 수 없다. '变成'은 구조상으로는 가능하지만 문맥상 뜻이 틀리므로 사용할 수 없고, '变化' 뒤에는 결과물이 없어야 하므로 이 문장에서 쓸 수 없다.

• 문제가 존재하다 → 存在问题　'存在'를 존재를 나타내는 동사 '有'로 바꿀 수 있다.

조사에 따르면 2020년 중국의 성인 독자 중 30% 이상은 오디오북을 듣는 습관이 있다고 한다. 오디오북은 규모가 점차 확대되고 있으며 최근 몇 년 동안 새로운 독서 추세로 자리잡았다. 어떻게 보면 오디오북은 우리의 양손에 자유를 주었을 뿐만 아니라 우리의 두 눈도 자유롭게 해 주었다. 아름다운 목소리, 풍부한 감정 표현은 청자가 책의 내용을 더 쉽게 이해할 수 있게 하고 우리의 실시간 독서, 파편화 독서의 수요를 만족시켰다. 하지만 현재 오디오북은 내용의 품질 편차가 크다는 등의 문제가 존재한다. 따라서 한층 더 성숙한 규범과 개선이 필요하다.

据调查，2020年中国30%以上的成人读者有听有声读物的习惯。有声读物的规模正在逐渐扩大，并已经成为近年来新的读书趋势。从某些方面来看，有声读物不仅给我们的双手带来了自由，也让我们的双眼变得自由了。优美的声音、丰富的感情表达使听者对内容更加理解，并且满足了人们实时阅读、碎片化阅读的需求。然而，目前有声读物存在内容质量偏差较大等问题，因此需要更进一步的规范与完善。

据 jù 깨 ~에 따르면, ~에 의거하여 | 读者 dúzhě 몡 독자 | 有声读物 yǒushēng dúwù 몡 오디오북 | 近年来 jìnniánlái 최근 몇 년간 | 读书 dúshū 통 독서하다 | 来看 láikàn ~에서 보면, ~에게 있어서[从A方面来看: A의 관점에서 보면] | 听者 tīngzhě 몡 듣는 사람, 청중 | 实时 shíshí 실시간, 즉시 | 碎片化 suìpiànhuà 파편화되다 | 需求 xūqiú 수요, 필요 | ★偏差 piānchā 몡 편차 | 较 jiào 뵈 비교적, 좀, 보다 | 进一步 jìnyíbù 뵈 (한 걸음 더) 나아가, 진일보하여 | 规范 guīfàn 몡 규범, 본보기, 모범

▶ 주요 구문/표현 정리하기

- 成为趋势 추세가 되다
- 给A带来B A에게 B를 가져오다
- 满足需求 수요를 만족시키다
- 偏差较大 편차가 크다

⊙ track 72

● **Day 27**　모범 답안은 아래 해설 참고

풀이

- 조명 → 灯光 '照明'으로 바꿔서 쓸 수 있다.
- 대뇌의 효율이 매우 높다 → 大脑却非常有效率 '大脑的效率却非常高'로 바꿔서 표현할 수 있다.
- 대뇌의 일상적인 작동 → 大脑的日常运转 '运转'은 24시간 끊임없이 작동하는 것을 말한다.
- 고심하다 → 冥思苦想 '思考'로 대체할 수 있다.
- 계산하지 않아도 될 정도로 적다 → 忽略不计 여기서 '不计'는 생략 가능하다.

연구에 따르면 대뇌가 하루 동안 소모하는 에너지는 냉장고 속 조명이 소모하는 양보다 적으며, 바나나 두 개면 대뇌가 하루 동안 쓸 수 있는 에너지를 제공할 수 있다. 하지만 놀라운 것은 그럼에도 불구하고 대뇌의 효율이 매우 높다는 것이다. 대뇌의 무게는 체중의 3%밖에 되지 않지만 대뇌가 소모하는 에너지는 인체 에너지 소모량의 6분의

据研究，大脑一天之内消耗的能量比一台冰箱内的灯光消耗的还要少，两根大香蕉就可以提供大脑一天所消耗的能量。然而，令人惊奇的是，即便如此，大脑却非常有效率。大脑的重量仅占体重的3%，而它所消耗的能量却占到了人体能量消耗总量的六分之一。对于大脑来说，绝

1을 차지한다. 대뇌는 대부분의 에너지를 <u>대뇌의 일상적</u> <u>인 작동을 유지하는</u> 데 사용하며, <u>고심할 때 쓰는</u> 에너지 는 거의 <u>계산하지 않아도 될 정도로 적다.</u>	大多数能量都被用于维持<u>大脑的日常运转</u>，而<u>冥</u> <u>思苦想</u>所消耗的能量几乎可以<u>忽略不计</u>。

据 jù 개 ~에 따르면, ~에 의거하여 | **消耗** xiāohào 동 (정신·힘·물자 등을) 소모하다 | **能量** néngliàng 명 에너지 | **灯光** dēngguāng 명 조명, 불빛 | **根** gēn 양 개, 가닥, 대 | **★惊奇** jīngqí 형 놀랍고도 이상하다, 이상하여 놀라다 | **即便** jíbiàn 접 설령 ~하더라도 | **如此** rúcǐ 대 이와 같다, 이러하다 | **占** zhàn 동 차지하다, 보유하다 | **体重** tǐzhòng 명 체중 | **总量** zǒngliàng 명 총량, 전체수량 | **……来说** ……láishuō ~로 말하자면 [对于A来说: A에게 있 어서] | **绝大多数** juédàduōshù 절대다수, 대다수 | **维持** wéichí 유지하다, 지키다 | **★运转** yùnzhuǎn 동 돌아가다, 작동하다 | **冥思苦想** míngsī kǔxiǎng 성 고심하다, 골머리를 썩이다 | **忽略** hūlüè 동 소홀히 하다 | **不计** bújì 동 헤아리지 않다, 문제로 삼지 않다

▶ **주요 구문/표현 정리하기**

- **一天之内** 하루 동안
- **提供能量** 에너지를 제공하다
- **令人惊奇的是** 놀라운 것은
- **即便如此** 그럼에도 불구하고

○track 73

● **Day 29**　모범 답안은 아래 해설 참고

풀이

- 졸음 → 困意　‘困意’는 ‘困’으로 쓸 수 있긴 하지만 ‘困’은 보통 형용사로 많이 쓰인다.
- 대뇌를 깨어나게 하다 → 让大脑变得清醒　여기서 ‘变得’는 생략 가능하다.
- 포함하다 → 包括　‘包含’으로 쓸 수 있으며, 뒤에는 포함하는 내용들이 나열되어 나온다.

제시문

모범 답안

하품은 종종 졸음과 연관되곤 하지만 실제로는 대뇌를 깨어나게 하는 <u>역할을 한다.</u> 하품은 더 많은 공기를 폐로 들어가게 해 준다. 이렇게 하면 더 많은 산소가 혈액에 들 어가게 되어 사람들은 더 기민해질 수 있다. 모든 포유류 와 과반 이상의 조류를 <u>포함한</u> 대부분의 척추동물은 하품 하는 능력이 있다는 연구 결과도 있다. 이 외에도 사람은 출생 12주 후부터 하품하기 시작한다고 한다.	虽然打哈欠常常与困意联系在一起，但它的 实际作用却是让大脑变得清醒。打哈欠会使更多 的空气进入肺部。这样一来，就有更多的氧气进 到血液里，人们会因此变得更加机敏。研究也表 明，许多脊椎动物都有打哈欠的能力，这其中<u>包</u> <u>括</u>所有的哺乳动物以及半数以上的鸟类。此外， 人在出生12周以后就会打哈欠了。

打哈欠 dǎ hāqian 동 하품을 하다 | **困意** kùnyì 명 졸음 | **实际** shíjì 형 실제적이다 | **清醒** qīngxǐng 형 (정신이) 맑다, 분명하다 | **进入** jìnrù 동 진입 하다, 들다 | **肺部** fèibù 명 폐 | **氧气** yǎngqì 명 산소 | **血液** xuèyè 명 혈액 | **更加** gèngjiā 부 더, 더욱, 훨씬 | **机敏** jīmǐn 형 기민하다, 민첩하다 | **脊 椎动物** jǐzhuī dòngwù 명 척추동물 | **哺乳动物** bǔrǔ dòngwù 명 포유동물 | **半数** bànshù 명 절반 [=一半] | **鸟类** niǎolèi 명 조류

▶ **주요 구문/표현 정리하기**

- **与A联系在一起** A와 연관되다
- **这样一来** 이렇게 하면
- **有能力** 능력이 있다

통역 제2부분

01 한중 통역　**269**

● Day 33   모범 답안은 아래 해설 참고

풀이

• 반으로 줄이다 → 减少一半 어순에 주의하자. '一半减少'로 쓰면 안 된다.

• 생명을 구하다 → 挽救生命 이때 '挽救'는 '生命'과 짝꿍 어휘이므로 '救'로 바꿔서 쓸 수 없다.

• ~할 것으로 기대되다 → 有望…… '有望'은 '有希望'으로 바꿔서 쓸 수 있다.

제시문

모범 답안

모 유명 인터넷 사이트의 분석에 따르면, 자율주행 기술은 전 세계 교통사고 사망자 수를 반으로 줄여 매년 약 60만 명의 생명을 구해 냄과 동시에 이산화탄소 배출량을 줄일 수 있을 것으로 기대된다. 한 연구에서 2050년이 되면 거의 모든 자동차가 자율주행차 혹은 자율주행 승합차가 될 것으로 예측했다. 자율주행은 추세가 될 수밖에 없으며 자가용이든 화물 운송용이든 모든 차에는 거대한 변화가 생길 것이다. 이 추세는 아직 현실화되진 않았지만 시간과 기술의 발전에 따라 자율주행은 결국 주류가 될 것이다. 현재 자율주행은 기존의 자가용에서 꽤 괜찮은 발전을 이뤘다.

据某知名网站的分析显示：自动驾驶技术可使全球因交通事故死亡的人数减少一半，每年挽救约60万条生命，同时还有望减少二氧化碳的排放量。研究预测，到2050年后，几乎所有汽车或将是自动驾驶汽车或自动驾驶商务汽车。自动驾驶注定是一种流行趋势，无论是家用车还是货运车都会发生巨大的变化。虽然这个趋势还没有到来，但是随着时间和技术的发展，自动驾驶终将成为主流。如今，自动驾驶在传统家用车上已经有了不错的进展。

据 jù 개 ~에 따르면, ~에 의거하여 | 知名 zhīmíng 형 저명한, 잘 알려진 | 自动驾驶 zìdòng jiàshǐ 명 자율주행 | 全球 quánqiú 명 전 세계 | 事故 shìgù 명 사고 | 死亡 sǐwáng 동 사망하다, 죽다, 생명을 잃다 | 人数 rénshù 명 사람 수 | ★挽救 wǎnjiù 동 (위험에서) 구해 내다 | 约 yuē 부 대략, 대개 | 有望 yǒuwàng 동 가능성이 있다, 희망적이다 | ★二氧化碳 èryǎnghuàtàn 명 이산화탄소 | 排放量 páifàngliàng 명 배출량 | 预测 yùcè 동 예측하다 | 注定 zhùdìng 동 필히, 반드시 | 家用车 jiāyòngchē 명 자가용 | 货运车 huòyùnchē 명 화물차 | 到来 dàolái 동 도래하다, 닥쳐오다 | 终将 zhōngjiāng 부 끝내는 ~일 것이다 | 主流 zhǔliú 명 주류 | 进展 jìnzhǎn 동 진전하다, 발전하다

▶ 주요 구문/표현 정리하기

• **分析显示** 분석에 따르면

• **自动驾驶** 자율주행

• **挽救生命** 생명을 구하다

• **发生变化** 변화가 생기다

• **成为主流** 주류가 되다

• **有了不错的进展** 꽤 괜찮은 발전을 이뤘다

● Day 36   모범 답안은 아래 해설 참고

풀이

• 구분하다 → 界定 일반적으로 '界定'은 '区分'으로 바꿔 쓰기도 하지만, 이 문장에서는 '구별이 명확하다'라는 의미를 나타내는 '界定'을 쓰는 것이 적절하다.

• 책임은 A에게 있다 → 责任归咎于A '归咎于A'를 '由A负责'로 바꿔서 표현할 수 있다.

• 엄격한 규칙과 제도 → 严谨的规章制度 '严谨'을 '严格'로 바꿔 쓰기도 하지만, 일반적으로 '严格'는 사람에게 많이 쓰이기 때문에 이 문장에서는 정확한 표현이라고 할 수는 없다.

제시문

최근 들어 운전 보조 시스템으로 인한 사고가 빈번히 발생하고 있다. 이 사고의 안전 책임은 어떻게 구분해야 할까? 현행법은 운전자가 운전했다면 보조 시스템을 사용했더라도 모든 책임은 운전자에게 있다고 규정하고 있다. 사실상 보조 시스템을 사용하면 운전자의 집중력이 분산되고, 긴급 상황에 맞닥뜨렸을 때 대응할 시간이 필요하여 안전 위험성도 높아진다. 이로써 이러한 사고를 정확히 판정하려면 더욱 엄격한 규칙과 제도를 제정해야 함을 알 수 있다.

모범 답안

近期，汽车辅助驾驶事故频发，而这类事故安全责任应怎样界定? 现存法律规定：只要驾驶员驾驶车辆，即便使用辅助驾驶，所有责任也都归咎于驾驶员。实际上，使用辅助驾驶，会令驾驶员注意力分散，而遇到紧急情况需要反应时间，这也会增加安全风险。由此可见，想要准确地判定此类事故，就必须制定更为严谨的规章制度。

近期 jìnqī 명 가까운 시기 | 辅助 fǔzhù 통 보조하다, 돕다, 도와주다 | 事故 shìgù 명 사고 | 频发 pínfā 통 빈번히 발생하다, 빈발하다 | ★界定 jièdìng 통 한계를 정하다, 범위를 확정하다 | 现存 xiàncún 통 현존하다 | 驾驶员 jiàshǐyuán 명 운전자, 조종사 | 车辆 chēliàng 명 차량 | ★即便 jíbiàn 접 설령 ~하더라도 | 归咎 guījiù 통 ~의 탓으로 돌리다, 잘못을 남에게 돌리다 | 实际上 shíjìshang 부 사실상, 실제로 | 注意力 zhùyìlì 명 주의력 | 分散 fēnsàn 형 분산하다, 흩어지다 | ★由此可见 yóucǐ-kějiàn 이로부터 ~를 알 수 있다, 이로부터 ~를 볼 수 있다 | ★判定 pàndìng 통 판정하다 | ★严谨 yánjǐn 형 엄격하다, 신중하다 | 规章 guīzhāng 명 규칙, 규정

▶ **주요 구문/표현 정리하기**

• **事故频发** 사고가 빈번히 발생하다

• **遇到紧急情况** 긴급 상황에 맞닥뜨리다

• **增加安全风险** 안전 위험이 높아진다

• **制定制度** 제도를 제정하다

● **Day 40** 모범 답안은 아래 해설 참고

풀이

- 많은 상품의 겉 포장에는 → 在许多商品的外包装上 ‘在’ 뒤에 쓰인 ‘许多商品的外包装’은 장소를 나타내는 단어가 아니므로, 방위사 ‘上’을 반드시 넣어 주어야 한다. 이때 ‘上’은 ‘里’로 바꿔서 쓸 수 없다.

- 흑백이 뒤섞인 → 黑白相间 ‘질서 있게 섞여 있음’을 나타내야 하므로, ‘相间’을 ‘混’으로 바꿔서 표현할 수 없다.

제시문	모범 답안
많은 상품의 겉 포장에는 흑백이 뒤섞인 막대그래프가 있는데 이것은 바로 바코드이다. 바코드는 일종의 특수한 도형으로 생산국 코드, 생산업자 코드, 상품 이름 코드 등의 상품 관련 정보를 포함한다. 이 도형은 컴퓨터를 통해서만 읽어 낼 수 있다. 오늘날 바코드는 상품 유통, 도서 관리, 우편 관리, 은행 시스템 등 여러 분야에서 광범위하게 사용되고 있다.	在许多商品的外包装上，都有一组黑白相间的条形图，这就是条形码。条形码是一种特殊的图形，里面包含了一些和商品相关的信息，如生产国代码、生产厂商代码和商品名称代码等，这些图形只有用计算机才能“看”得懂。如今，条形码已广泛应用于商品流通、图书管理、邮政管理、银行系统等领域。

包装 bāozhuāng 몡 포장 | ★黑白 hēibái 몡 검은 것과 흰 것, 흑백 | 相间 xiāngjiàn 동 서로 뒤섞이다 | 条形图 tiáoxíngtú 몡 막대그래프 | 条形码 tiáoxíngmǎ 몡 바코드 | ★图形 túxíng 몡 도형 | 生产国 shēngchǎnguó 생산국 | 代码 dàimǎ 몡 코드, 부호 | 厂商 chǎngshāng 몡 제조업자, 생산자 | 名称 míngchēng 몡 명칭, 이름 | 计算机 jìsuànjī 몡 컴퓨터, 계산기 | 流通 liútōng 몡 유통 | 邮政 yóuzhèng 몡 우편 행정

▶ **주요 구문/표현 정리하기**

- **条形码** 바코드
- **包含相关的信息** 관련 정보를 포함하다

- **只有A才能B** A해야만 B할 수 있다
- **应用于A领域** A 분야에 사용되고 있다

01 자료 보고 질문에 대답하기

●track 77

● **Day 03**　모범 답안은 아래 해설 참고

풀이

우선 제시된 쿠폰의 내용을 전체적으로 살펴보고, 쿠폰을 사용할 때 주의해야 할 사항을 잘 보도록 하자. 가장 기본적으로는 쿠폰 이용 날짜와 시간, 장소 등을 언급해 줘야 하며, 추가로 별도의 쿠폰 이용 규정이 있다는 것을 언급해 주는 것도 좋다.

请阅读试卷上的材料，并根据要求作答。你有三分钟的准备时间，三分钟的作答时间。

这是一张星海湾酒店提供的"亲子自助餐"入场券。请你向你的朋友简单地说明一下入场券上的内容，或提醒朋友需要注意的部分。

다음의 자료를 읽고 질문에 답하세요. 준비 시간과 대답 시간은 각각 3분입니다.

❶ 성명: ＿＿＿＿＿＿

　　이용일: 6월 1일
　　이용 시간: 18:00~21:00
　　장소: 싱하이 피싱 빌리지 3층 홀

❷ 입장 전 직원에게 이 쿠폰을 제시해 주세요.

❸ 어린이날 패밀리 뷔페 쿠폰 이용 안내

　▶ 해당 쿠폰은 뷔페 전용으로, 포장은 불가능합니다.
　▶ 해당 쿠폰은 6월 1일에만 사용 가능하며, 분실 시 재발급되지 않습니다.
　▶ 해당 쿠폰은 현금으로 교환할 수 없습니다.
　▶ 해당 쿠폰의 최종 해석권은 본 호텔에 있습니다.

다음은 싱하이완 호텔에서 제공한 '패밀리 뷔페' 쿠폰입니다. 당신의 친구에게 쿠폰의 내용이나 친구가 주의해야 할 부분을 간단히 설명하세요.

모범 답안

喂，小李。我是娜利。我常去的餐厅送了我三张亲子自助餐入场券。因为要在6月1号晚上6:00到9:00之间去，我那天正好没时间，而且这是"亲子"入场券，所以，你有时间的话，六一那天带孩子去吧。

这个晚餐券的用餐地点是星海渔村三楼大厅，你去吃饭前最好先确认一下背面的"使用规定"。对了，我还想提醒你的是，凭这个晚餐券只能享用晚餐，而且不能打包。还有，一定要在用餐前，向餐厅服务员出示这张入场券。

希望你和孩子度过一个快乐的儿童节。

여보세요, 샤오리. 나 나리야. 내가 자주 가는 식당에서 패밀리 뷔페 쿠폰 세 장을 줬어. 6월 1일 저녁 6시에서 9시 사이에 가야 하는데 내가 공교롭게도 그날 시간이 없거든. 게다가 이건 패밀리 쿠폰이라서 말이야. 네가 시간이 되면 6월 1일에 아이를 데리고 가렴.

이 쿠폰을 사용할 수 있는 장소는 싱하이 피싱 빌리지 3층 홀이야. 사용하기 전에 뒷면의 '이용 안내' 부분을 확인하도록 해. 참, 이 디너 쿠폰은 저녁 식사 전용이고 포장은 할 수 없다는 것도 알아 둬. 그리고 식당에 들어가기 전에 식당 직원에게 쿠폰을 제시해야 해.

아이와 함께 즐거운 어린이날을 보내길 바라.

말하기 제1부분

酒店 jiǔdiàn 閱 호텔 | 自助餐 zìzhùcān 閱 뷔페 | ★入场券 rùchǎngquàn 閱 입장권 | 儿童节 Értóng Jié 고유 어린이날 | 享用 xiǎngyòng 동
사용하다. 누리다. 맛보다 | 打包 dǎbāo 동 포장하다 | 限 xiàn 동 제한하다. 한정하다 | 遗失 yíshī 동 분실하다. 잃어버리다 | ★兑换 duìhuàn 동 환전
하다. 현금으로 바꾸다 | 归 guī 동 ~으로 귀속되다 | 晚餐 wǎncān 저녁 식사 | ★用餐 yòngcān 동 식사를 하다. 밥을 먹다 | 大厅 dàtīng 閱 홀 | ★背
面 bèimiàn 閱 (고정된 물체의) 뒷면 | ★出示 chūshì 동 제시하다. 내보이다

● **Day 04** 모범 답안은 아래 해설 참고

풀이

아래의 포스터는 자원봉사자를 모집하는 내용의 포스터이다. 자원봉사자를 모집하는 분야, 모집 마감 날짜, 모집 방법
이 나와 있다. 포스터의 전반적인 내용 소개와 함께 웨이보 팔로우에 관한 내용을 언급하면서 마무리해 보자.

请阅读试卷上的材料，并根据要求作答。你有
三分钟的准备时间，三分钟的作答时间。

　　你是这次志愿活动的负责人，请根据图
中的内容简单地向前来申请的志愿者们讲解
一下。

다음의 자료를 읽고 질문에 답하세요. 준비 시간과 대답 시간은
각각 3분입니다.

새 자원봉사자 모집 중! / 지린성 박물관
❶ 해설 자원봉사자
❷ 사회 교육 자원봉사자
❸ 편집디자인 자원봉사자
❹ 영상 및 사진 촬영 자원봉사자

5월 31일 전까지 지원 이력서를 1753781286@qq.com으로
보내주세요. 서류 합격자에게는 영업일 기준 7일 이내로 메일
회신을 드립니다.

웨이보 팔로우하기

이력서에는 개인정보, 지원 항목 등의 내용을 포함해야 합니
다. 편집디자인과 영상 촬영 지원자는 이력서와 함께 최소 3
개 이상의 작품도 첨부해야 합니다.

　　당신은 이번 자원봉사 활동의 책임자입니다. 위 포스터의 내
용을 토대로 신청하러 온 지원자들에게 간단하게 설명하세요.

모범 답안

　　您好，我是这次志愿活动的负责人。
　　目前，吉林省博物馆正在招募以下几个
部门的志愿者——讲解志愿者、社会教育志
愿者、编辑设计志愿者和摄影摄像志愿者。
您的简历必须包括个人信息、志愿服务种类
等内容。但请注意，如果是报名做"设计编

　　안녕하세요. 저는 이번 자원봉사 활동의 책임자입니다.
　　현재 지린성 박물관에서는 해설, 사회 교육, 편집디자인,
영상 및 촬영 부문의 자원봉사자를 모집하고 있습니다. 지원
이력서에는 개인정보와 지원 항목 등의 내용을 반드시 포함해
야 합니다. 주의하실 것은 편집디자인이나 영상 촬영 부문을
지원하시는 경우에는 이력서와 함께 최소 3개 이상의 작품도

辑"或者"摄影志愿者"除了简历以外，还需要至少3件作品。

　　请于5月31日之前发送志愿者个人简历到我们的电子邮件里，如果通过审核将会在7个工作日内收到回复邮件。

　　最后，如果关注我们的微博，您将会收到我们的各类新情报。请多多关注。

함께 제출하셔야 합니다.

　　5월 31일 전까지 지원 이력서를 메일로 보내주세요. 서류 합격자에게는 영업일 기준 7일 내로 회신을 드리겠습니다.

　　마지막으로, 웨이보를 팔로우하시면 우리의 각종 새로운 정보를 받아 보실 수 있습니다. 많은 관심 부탁드립니다.

吉林省 Jílínshěng [고유] 지린성, 길림성 [중국 동북 지방의 성] | **博物院** bówùyuàn [명] 박물관 | ★**讲解** jiǎngjiě [동] 설명하다, 해설하다 | **摄像** shèxiàng [동] 촬영하다, 사진을 찍다 | ★**审核** shěnhé [동] (주로 문서나 숫자로 된 자료를) 심사하여 결정하다, 심의하다 | **回复** huífù [동] 회신하다, 답장하다 | **邮件** yóujiàn [명] 우편물 | **关注** guānzhù 팔로우하다 | **微博** wēibó [명] 웨이보 | **负责人** fùzérén [명] 책임자 | ★**招募** zhāomù [동] (사람을) 모집하다 | **发送** fāsòng [동] 발송하다 | ★**情报** qíngbào [명] (주로 기밀성을 띤) 정보, 보고

⊙ track 79

● **Day 05**　　모범 답안은 아래 해설 참고

풀이

영어 여름방학 특강 모집 광고이다. 내가 특강 담당자가 되어서 특강의 강점을 언급해 주고, 수업 기간, 모집 대상, 가격 등을 언급하자. 마지막으로 QR코드를 사용해서 자세한 정보를 확인할 수 있다는 내용을 언급해주고 마무리하면 된다.

请阅读试卷上的材料，并根据要求作答。你有三分钟的准备时间，三分钟的作答时间。

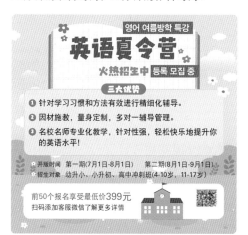

你是这次英语夏令营的负责人，请根据图中的内容向前来咨询的学生和家长简单地讲解一下。

다음의 자료를 읽고 질문에 답하세요. 준비 시간과 대답 시간은 각각 3분입니다.

세 가지 강점
① 학생의 공부 습관과 방식에 맞추어 세심하게 지도합니다.
② 학생의 특성에 맞는 맞춤식 교육과 다대일 멘토링 관리를 합니다.
③ 명문 학교 명강사의 전문화된 교육, 맞춤형 교육으로 쉽고 즐겁게 여러분의 영어 실력을 향상시켜 드립니다!

수업 기간
제1기(7월 1일~8월 1일)　　제2기(8월 1일~9월 1일)

모집 대상
초등 진급 반, 중등 진급 반, 고등 스파르타 반(4~10세, 11~17세)
선착순 등록 50명은 최저가 399위안 혜택을 받으세요.
QR코드를 스캔하여 고객 센터 위챗을 등록하고 자세한 정보를 확인하세요.

　　당신은 이번 영어 여름방학 특강의 담당자입니다. 포스터 내용을 토대로 상담 방문한 학생 및 학부모에게 특강에 대해 간단히 설명하세요.

大家好，我是这次英语夏令营的负责人。接下来，由我来简单地讲解一下这次活动：

这次夏令营是针对学习习惯和方法有效进行精细化的辅导。并且是名校名师专业化教学、针对性很强，还能轻松地提升孩子的英语水平。此外，这次活动的开班时间为：第一期从7月1号到8月1号进行；第二期是从8月1号到9月1日，且分为幼升小、小升初、高中冲刺班。学生们可以根据实际情况，安排学习时间和进度。与此同时，前50个报名参加本次夏令营活动的可享受最低价399元。

最后，您还可以扫码添加客服微信了解更多详解，谢谢您的关注。

안녕하세요. 저는 이번 영어 여름방학 특강 담당자입니다. 특강에 대해 간략히 설명해드리겠습니다.

이번 여름방학 특강은 학생의 공부 습관과 방식에 맞추어 세심하게 지도합니다. 또한 명문 학교의 명강사가 전문화된 교육을 진행합니다. 강사들은 목표 의식이 강하고, 아이의 영어 실력을 쉽고 즐겁게 향상시켜 줍니다. 이 외에도 이번 특강의 수업 기간은 제1기는 7월 1일부터 8월 1일까지, 제2기는 8월 1일부터 9월 1일까지입니다. 반은 초등 진급 반, 중등 진급 반, 고등 스파르타 반으로 나뉩니다. 학생들은 현재 상황에 맞게 학습 시간과 진도를 정할 수 있습니다. 또한, 이번 여름방학 특강에 등록하는 선착순 50명에게는 최저가인 399위안이 적용됩니다.

마지막으로, QR코드를 스캔하여 고객 센터 위챗을 등록하면 더 자세한 정보를 확인할 수 있습니다. 관심 가져주셔서 감사합니다.

★夏令营 xiàlìngyíng 몡 여름학교, 여름 캠프, 하기 훈련 캠프 | ★火热 huǒrè 톙 불같이 뜨겁다 | 招生 zhāoshēng 둉 신입생을 모집하다 | 精细化 jīngxìhuà 정교화 | ★辅导 fǔdǎo 둉 (학습·훈련 등을) 도우며 지도하다 | 因材施教 yīn cái shī jiào 솅 그 인물에 맞게 교육하다 | 定制 dìngzhì 몡 확립된 제도, 제도화 | 名校 míngxiào 몡 유명 학교 | 名师 míngshī 몡 유명한 스승 | 提升 tíshēng 둉 진급하다, 진급시키다 | 扫码 sǎo mǎ QR코드를 스캔하다 | 添加 tiānjiā 둉 첨가하다, 늘리다, 보태다 | 客服 kèfú 몡 고객서비스 | ★微信 Wēixìn 고유 위챗 | 详情 xiángqíng 몡 상세한 상황 | 负责人 fùzérén 몡 책임자 | 图 tú 몡 도표, 도화 | ★讲解 jiǎngjiě 둉 설명하다, 해설하다 | 专业化 zhuānyèhuà 둉 전문화하다 | 教学 jiàoxué 몡 교육 | 开班 kāibān 반을 개설하다 | 分为 fēnwéi 둉 (~으로) 나누다 | 幼 yòu 톙 어리다 | ★冲刺 chōngcì 둉 (일·공부에서) 막판 힘내기를 하다 | ★进度 jìndù 몡 (일·학업 등의) 진도, 진행 속도 | ★与此同时 yǔcǐ-tóngshí 위와 동시에, 아울러 | ★添加 tiānjiā 둉 첨가하다, 늘리다, 보태다 | 详解 xiángjiě 몡 자세한 해석 | 关注 guānzhù 몡 관심, 중시

◉track 80

●Day 19 모범 답안은 아래 해설 참고

풀이

질문에서 언급한 지하철노선도 상의 두 개의 역을 찾아서 가는 노선을 확인해보자. 타야 하는 역과 내려야 하는 역이 몇 호선인지 확인하고, 해당 노선과 타는 방향, 환승해야 하는 역을 정확히 알려줘야 한다.

请阅读试卷上的材料，并根据要求作答。你有三分钟的准备时间，三分钟的作答时间。

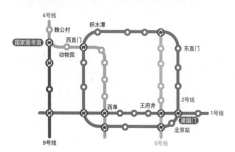

다음의 자료를 읽고 질문에 답하세요. 준비 시간과 대답 시간은 각각 3분입니다.

당신의 친구는 국가도서관역 근처에 살고 있습니다. 당신은 내일 친구와 젠궈먼역에서 만나기로 했습니다. 하지만 친구는 중국에 온 지 얼마 되지 않아 중국어를 잘하지 못합니다. 친구에게 약속 장소로 오는 방법과 주의 사항을 간단히 설명하세요.

你的朋友住在国家图书馆站附近，你们约好了明天在建国门见面，可她刚来中国汉语不太好，现在请你简单地说明一下来时的路线与需要提醒他的注意事项。

모범 답안

喂，小金。我是娜利。

我们不是约好了明天在"建国门"站见面吗？因为你刚来中国，我担心你找不到，所以给你打电话，简单地说明一下明天的路线和注意事项。

你住在"国家图书馆"站附近，对不对？国家图书馆站有4号和9号线地铁。要来建国门，你得先坐去动物园方向的4号线地铁，不是去魏公村方向，而是动物园方向的。因为"建国门"站有二号线和一号线，所以你做四号线到西直门站下车后，要换去积水潭站方向的二号线地铁，在建国门站下车就可以。还有，你到"东直门"的时候给我打电话吧，我去地铁站接你！

你小心点儿，我们一会儿见！

여보세요, 샤오진. 나 나리야.

우리 내일 젠궈먼역에서 만나기로 했잖아. 그런데 네가 중국에 온 지 얼마 안 돼서 길을 못 찾을까 봐 걱정돼. 그래서 오는 방법과 주의 사항을 간단히 말해주려고 전화했어.

너는 국가도서관역 근처에 살고 있지? 국가도서관역에는 4호선과 9호선이 있어. 젠궈먼역에 오려면 먼저 동물원 방향으로 가는 4호선 전철을 타야 해. 웨이궁춘 방면이 아니고 동물원 방면이야. 젠궈먼역에는 2호선과 1호선이 있으니까 4호선을 타고 시즈먼역에서 내린 다음 지수이탄 방향으로 가는 2호선으로 갈아타고 젠궈먼역에서 내리면 돼. 그리고 둥즈먼역 쯤에서 나한테 전화해 줘. 내가 전철역으로 마중 나갈게!

조심히 오고 그때 만나자!

路线 lùxiàn 명 노선 | ★事项 shìxiàng 명 사항 | 动物园 dòngwùyuán 명 동물원 | 魏公村 Wèigōngcūn 고유 웨이궁춘 [베이징의 도시명] | 西直门 Xīzhímén 고유 시즈먼 [베이징 내성 서북쪽에 있던 성문] | 积水潭 Jīshuǐtán 고유 지수이탄 [베이징의 도시명] | 东直门 Dōngzhímén 고유 둥즈먼 [베이징 내성의 동북쪽 벽에 있던 성문]

● track 81

● **Day 23** 　모범 답안은 아래 해설 참고

풀이

친구에게 한 식당의 무료 교환권 사용 방법에 대해 설명해 주는 내용이다. 교환권 앞면에는 교환할 수 있는 요리가 나와 있고, 뒷면에는 사용 시 유의 사항이 나와 있다. 따라서 교환할 수 있는 요리 종류를 설명해 주고, 사용할 수 있는 장소, 사용 시 알고 있어야 하는 점을 교환권 내용에 근거해서 설명하도록 하자.

请阅读试卷上的材料，并根据要求作答。你有三分钟的准备时间，三分钟的作答时间。

다음의 자료를 읽고 질문에 답하세요. 준비 시간과 대답 시간은 각각 3분입니다.

광둥식 식당 무료 교환권 사용 시 유의 사항
1. 본 교환권은 본점에서만 사용 가능하며 분점에서는 사용할 수 없습니다.
2. 다른 행사와 동시에 사용할 수 없습니다.
3. 본 교환권 사용 시 영수증은 발행되지 않으며, 남은 금액은 환불되지 않고 현금 교환이 불가합니다.

01 자료 보고 질문에 대답하기　**277**

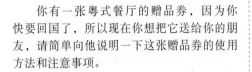

粤式餐厅赠品券使用规则

1 本券仅限在本店使用，分店无效；
2 本券不与其他活动同时使用
3 使用本券不开票、不找零，不兑换现金；
4 本券过期作废
5 每人每次仅限使用一张，不得重复使用
6 最终解释归本店所有。

凭此券可免费兑换一份菜品

你有一张粤式餐厅的赠品券，因为你快要回国了，所以现在你想把它送给你的朋友，请简单向他说明一下这张赠品券的使用方法和注意事项。

4. 본 교환권은 유효기간이 지나면 사용할 수 없습니다.
5. 본 교환권은 1회에 한 장만 사용 가능하며 중복으로 사용할 수 없습니다.
6. 본 교환권의 최종 해석권은 본 식당에 있습니다.

본 교환권을 제시하면 요리 한 가지와 교환해 드립니다.

당신은 광둥식 식당의 무료 교환권이 있습니다. 하지만 곧 귀국해야 해서 친구에게 이 교환권을 주려고 합니다. 친구에게 교환권의 사용 방법과 주의 사항을 간단히 설명하세요.

모범 답안

小丽，早上好。

我有一张我们常去的粤式餐厅的赠品券，但是因为我快要回国了，所以我想把这张赠品券给你，你要吗？

你可以在白斩鸡、红枣人参汤和煲仔饭中选一个，但这张赠品券有几个使用规则。第一，它只能在本店使用，在分店不能使用。第二，不与其他活动同时使用。第三，使用后不开票、不找零钱、也不兑换现金。第四，过期作废，所以你要记得趁活动期间使用。第五，每人每次仅限使用一张，不得重复使用。

我希望上面有你喜欢的菜，你要的话下课以后我去找你吧，一会儿见。

샤오리, 좋은 아침.

나한테 우리가 자주 가던 광둥식 식당의 무료 교환권이 있거든. 그런데 난 곧 귀국해야 해서 이 교환권을 너에게 주고 싶은데, 필요해?

교환권으로 바이잔지, 대추 인삼탕, 뽀자이밥 중에 하나를 선택할 수 있어. 하지만 교환권을 사용할 때 몇 가지 유의 사항이 있어. 첫째, 본점에서만 사용할 수 있고 분점에서는 사용할 수 없어. 둘째, 다른 행사와 동시에 사용할 수 없어. 셋째, 교환권을 사용하면 영수증은 발행되지 않아. 그리고 남은 금액은 환불되지 않고 현금으로 교환도 할 수 없어. 넷째, 유효기간이 지나면 무효로 돼. 그러니까 기간 내에 사용하도록 해. 다섯째, 한 번에 한 장만 사용할 수 있고 중복 사용은 불가능해.

저 중에 네가 좋아하는 음식이 있으면 좋겠다. 교환권이 필요하면 수업 끝나고 너에게 갈게, 이따 만나.

粤 Yuè 고유 광둥성 | 赠品券 zèngpǐnquàn 명 경품권 | ★事项 shìxiàng 명 사항 | 回国 huíguó 동 귀국하다 | 白斩鸡 báizhǎnjī 명 바이잔지 [닭을 통째로 삶은 후 조각조각 찢어 양념에 찍어 먹는 요리] | 红枣 hóngzǎo 명 붉은 대추 | 人参 rénshēn 명 인삼 | 煲仔饭 bāozǎifàn 명 뽀자이밥 | 本店 běn diàn 본점 | 分店 fēndiàn 명 분점, 지점 | 开票 kāipiào 동 영수증을 발행하다 | ★兑换 duìhuàn 동 환전하다, 현금으로 바꾸다 | ★过期 guòqī 동 기일이 지나다, 기한을 넘기다 | 作废 zuòfèi 동 폐기하다, 무효로 하다 | ★趁 chèn 개 (때·기회를) 이용해서, ~을 틈타서 | ★限 xiàn 동 제한하다, 한정하다 | 不得 bùdé 동 (어떤 압력이나 제한 때문에) 불가능하다, ~할 수 없다, ~해서는 안 된다 | 重复 chóngfù 동 중복하다

풀이

상품권에는 상품권 금액과 사용 시 유의 사항이 나와 있다. 쿠폰의 앞뒤 내용을 잘 분석한 후 친구에게 설명해 보자. 현금으로 교환할 수 없음을 언급해 주고, 사용 기한 만료 후에는 사용할 수 없으며 날인 후에 사용이 가능하고 분실 시 재발행이 되지 않음을 차례차례 언급해 보도록 하자.

请阅读试卷上的材料，并根据要求作答。你有三分钟的准备时间，三分钟的作答时间。

你的外国朋友有一张代金券，但是他不知道上面写的内容。现在请简单地向他说明一下这张代金券上面的内容和需要提醒他的注意事项。

다음의 자료를 읽고 질문에 답하세요. 준비 시간과 대답 시간은 각각 3분입니다.

사용 시 유의 사항

▶ 본 상품권은 1회에 한 장만 사용 가능하며, 현금으로 교환할 수 없고 남은 금액은 환불되지 않습니다.

▶ 사용 기한은 2024년 10월 __일부터 _____년 _월 _일 까지이며 기간 만료 시 사용할 수 없습니다.

▶ 분실 시 재발행이 불가하니 보관에 유의하십시오.

▶ 본 상품권은 다른 혜택과 중복이 불가합니다.

▶ 본 상품권의 법적인 범위 내의 최종 해석권은 본 회사에 있습니다.

주소: 　　　　　　　　　　　연락처:

　당신의 외국인 친구는 이 상품권을 한 장 가지고 있으나, 상품권에 적혀 있는 내용을 알지 못합니다. 친구에게 이 상품권의 내용과 사용 시 주의 사항을 간단히 설명하세요.

모범 답안

　小金，你好。

　我来帮你看一下这张代金券上的内容。代金券跟现金一样，是可以在购物时使用的。你这张代金券相当于50元钱，但是有几项使用须知。

　首先，这张每人每次仅限使用一张不可兑换现金、不找零。其次，过期无效。所以你要仔细看一下代金券的使用日期。再次，这张代金券你要妥善保管，因为遗失不补。最后，它不能和其他优惠活动同时享受。

　我怕你弄丢代金券，所以我觉得，你有空的时候，最好把代金券后的"个人信息"填写一下。

　如果还有什么不理解的，就告诉我吧。

　샤오진, 안녕.

　내가 이 상품권의 내용을 확인해 줄게. 상품권은 쇼핑할 때 현금처럼 사용할 수 있어. 이 상품권은 50위안짜리야. 하지만 몇 가지 유의 사항이 있어.

　먼저, 한 번에 한 장만 사용할 수 있어. 현금으로 교환할 수 없고 남은 돈도 거슬러 받지 못해. 다음으로, 기간이 만료되면 사용할 수 없어. 그러니까 사용 기한을 자세히 봐야 해. 그다음으로, 이 상품권은 분실하면 재발행이 되지 않으니까 잘 보관해야 해. 마지막으로, 다른 혜택과 중복은 불가능해.

　내가 상품권을 잃어버릴까 봐 걱정돼. 시간 있을 때 상품권 뒷면의 개인 정보란을 채워 두는 게 좋을 것 같아.

　이해되지 않는 부분이 있으면 나에게 말해 줘.

代金券 dàijīnquàn 몡 상품권 | 须知 xūzhī 몡 주의 사항, 숙지 사항, 안내 사항, 규정 | ★限 xiàn 통 제한하다, 한정하다 | ★兑换 duìhuàn 통 환전하다, 현금으로 바꾸다 | ★过期 guòqī 통 기일이 지나다, 기한을 넘기다 | 无效 wúxiào 혱 효과가 없다 | ★妥善 tuǒshàn 혱 알맞다, 타당하다, 적절하다 | 遗失 yíshī 통 분실하다, 잃어버리다 | 归 guī 통 ~으로 귀속되다 | ★事项 shìxiàng 몡 사항 | ★相当于 xiāngdāngyú ~와 같다, ~에 맞먹다, ~에 상당하다 | ★保管 bǎoguǎn 통 보관하다 | 补 bǔ 통 보충하다, 메우다 | 怕 pà 통 걱정하다, 염려하다 | 弄丢 nòngdiū 잃어버리다, 분실하다 | ★填写 tiánxiě 통 (일정한 양식에) 써넣다, 기입하다

● track 83

● Day 32　모범 답안은 아래 해설 참고

풀이

이 문제는 질문 마지막까지 잘 들어야 한다. 질문에 백화점의 구조도 간단히 설명하라고 했으므로, 전체적인 구조를 함께 봐야 한다. 우선 상대방에게 내가 약속 시간에 늦는 것에 대해 양해를 구하고, 백화점 구조를 설명하면서 친구에게 백화점을 구경하거나 카페 등에서 잠깐 휴식을 취할 것을 권하며 내가 갈 때까지 기다릴 수 있도록 말해보자.

请阅读试卷上的材料，并根据要求作答。你有三分钟的准备时间，三分钟的作答时间。

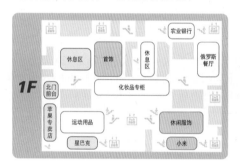

你和朋友约好了一起看电影，但是你因为学校的一些事情耽误了。现在请你给朋友打电话说明一下原因并让她在你们学校附近的百货商店一边逛一边等你(打电话时请简单说明一下百货商场的布局)。

다음의 자료를 읽고 질문에 답하세요. 준비 시간과 대답 시간은 각각 3분입니다.

당신은 친구와 같이 영화를 보기로 약속했는데 학교에 일이 생겨 늦어졌습니다. 친구에게 전화를 걸어 늦은 이유를 설명하고, 학교 근처 백화점을 구경하며 잠시 기다리라고 양해를 구하세요(전화할 때 백화점의 구조를 간단히 설명하세요).

모범 답안

喂? 丽丽。我是娜丽。真对不起，因为学校的一些事情，我可能会迟到，但你别担心，我在电影开始前一定能到。你知不知道我们学校附近的那家百货商店？如你觉得无聊可以去那儿一边逛一边等我。那家百货商店的一楼有各种品牌的服装店和咖啡厅，还有休息区、家电商店等。你最喜欢的星巴克也在一层，如果你要去的话，沿着北门前台一直往"苹果专卖店"方向走就行。想喝咖啡

여보세요, 리리. 나 나리야. 정말 미안해. 학교에 일이 생겨서 늦을 것 같아. 하지만 영화 시작 전에는 꼭 도착하니까 걱정하지는 마. 우리 학교 근처에 있는 백화점 알아? 기다리기 지루하면 백화점을 구경하고 있어. 백화점 1층에는 여러 브랜드의 옷 가게와 카페, 휴식 공간과 가전제품 상점 등이 있어. 네가 가장 좋아하는 스타벅스도 1층에 있어. 거기에 가고 싶으면 북문 카운터를 따라 애플 스토어 방향으로 쭉 가면 돼. 커피 마시고 싶으면 내가 살게. 아니면 휴식 공간에서 날 기다려도 돼. 휴식 공간은 스타벅스와 반대 방향에 있는데 크니까

的话，我请你。（又）或者你可以在休息区等我，休息区和星巴克在相反的方向，因为休息区很大，所以你很容易就能找到在那里。

真的非常抱歉，我会尽快赶过去。

어디에 있는지 쉽게 찾을 수 있을 거야.

늦어서 정말 미안해. 최대한 빨리 갈게.

★ **耽误** dānwu 图 지체하다 | **百货商店** bǎihuòshāngdiàn 명 백화점 | ★ **布局** bùjú 명 구도, 짜임새, 분포, 구조 | **品牌** pǐnpái 명 브랜드 | **服装店** fúzhuāngdiàn 옷 가게 | **咖啡厅** kāfēitīng 명 카페 | **休息区** xiūxí qū 휴식 공간 | **家电** jiādiàn 명 가전 | **星巴克** Xīngbākè 고유 스타벅스 | **沿着** yánzhe ~을 따라서 | ★ **前台** qiántái 명 (호텔·댄스홀 등의) 프런트, 카운터 | **专卖店** zhuānmàidiàn 명 전문 매장

○ track 84

● **Day 38**   모범 답안은 아래 해설 참고

풀이

입장권 티켓에는 경기 시간과 경기장 좌석 번호가 나와있고, 관람 안내에 대한 내용이 적혀 있다. 친구에게 날짜와 시간, 장소를 설명해 주고, 입장 시간과 좌석 번호 등을 알려주자. 또한 관람 안내 사항에 있는 주요 내용들은 간단하게 추려서 설명해 주는 것이 좋다.

请阅读试卷上的材料，并根据要求作答。你有三分钟的准备时间，三分钟的作答时间。

下面是一张"足球友谊赛的入场券"副券。

你的留学生朋友买了一张足球友谊赛的门票，但他的汉语不太好，希望你可以简单地解释一下入场券上面的内容，现在请你简单说明并提醒他需要注意的部分。

다음의 자료를 읽고 질문에 답하세요. 준비 시간과 대답 시간은 각각 3분입니다.

다음은 '축구 친선경기 입장권'입니다.

축구 친선경기 입장권

경기장: 냐오차오 내셔널 스타디움

경기 시간: 6월 23일 19:00~21:00

좌석 번호: C구역 6열 45번

관람 안내

1. 입장권은 1인 좌석입니다. 좌석 번호에 맞게 착석해 주세요.
2. 입장 시간: 경기 시작 30분 전에 입장해 주세요.
3. 반입 금지 물품: 안전 및 저작권 문제로 경기장에 음식물, 음료, 전문 촬영 장비, 라이터 등 물품의 반입을 금지합니다. 현장 스태프의 안내와 방송에 유의하여 주시고, 적극적인 협조를 부탁드립니다.
4. 물품 보관 안내: 휴대 물품은 자체 보관하시고, 귀중품 분실에 주의하십시오.
5. 경기 시작 후 입장할 경우 다른 관객의 경기 관람을 방해하지 않도록 조용히 입장 바랍니다.
6. 경기 종료 후에는 밀리지 않도록 질서 있게 퇴장하시길 바랍니다.

유학생 친구가 축구 친선경기 입장권을 구매했습니다. 하지만 친구는 중국어를 잘하지 못해 당신이 입장권 내용을 설명해 주길 희망합니다. 친구에게 입장권의 내용과 주의해야 할 부분을 간단히 설명하세요.

---

01 자료 보고 질문에 대답하기   **281**

小金，我来帮你解释一下这张入场券的内容。这次友谊赛将于6月23日下午7点在鸟巢国家体育馆举行。观众需在开始前30分钟左右入场，所以你尽量在下午6点半左右要入场比较好。你的座位号是C区6排45号，注意一下每券一人，要对号入座。另外，还有几个点注意事项我要提醒你，首先，入场时不能携带的东西有：食品、饮料、专业摄录设备和打火机等物品。其次，你要自行保管携带物品，防止贵重物品丢失。再次，迟到时要安静入场，不要打扰他人观看比赛。最后，比赛结束后有序退场，不要滞留。

希望你愉快地观看比赛。

샤오진, 내가 이 입장권의 내용을 설명해 줄게. 이번 친선 경기는 6월 23일 오후 7시에 냐오차오 내셔널 스타디움에서 열려. 경기 시작 30분 전에 입장해야 하니까 될 수 있으면 오후 6시 반쯤에는 입장하는 게 좋을 거야. 네 자리는 C구역 6열 45번이야. 이건 1인 좌석표이고 좌석 번호에 맞게 앉아야 한다는 거 명심해. 이 외에도 몇 가지 주의 사항이 있어. 먼저, 입장할 때 휴대하면 안 되는 물건으로는 음식물, 음료, 전문 촬영 장비, 라이터 등이 있어. 다음으로, 귀중품을 분실하지 않도록 휴대 물품은 스스로 보관해야 해. 그다음으로, 늦게 도착하면 조용히 입장하고 다른 관객의 경기 관람을 방해하면 안 돼. 마지막으로, 경기가 끝난 후에는 밀리지 않도록 질서 있게 퇴장해야 해.

그럼 즐거운 경기 관람이 되길 바라.

友谊赛 yǒuyìsài 몡 친선경기 | ★入场券 rùchǎngquàn 몡 입장권 | 场馆 chǎngguǎn 몡 운동장과 체육관 | 体育馆 tǐyùguǎn 몡 체육관 | 须知 xūzhī 몡 주의 사항, 숙지 사항, 안내 사항, 규정 | 对号入座 duì hào rù zuò 지정 좌석에 앉다 | ★入场 rùchǎng 동 입장하다 | ★携带 xiédài 동 지니다, 지참하다, 휴대하다 | 物品 wùpǐn 몡 물품 | 安保 ānbǎo 몡 안전 보호 | 版权 bǎnquán 몡 저작권 | 食品 shípǐn 몡 식품 | 摄录 shèlù 동 (녹음과 함께) 촬영하다, 녹화하다 | 打火机 dǎhuǒjī 몡 라이터 | 现场 xiànchǎng 몡 (사건이나 사고의) 현장 | 提示 tíshì 동 알려 주다, 제시하다, 제기하다, 지적하다 | ★予以 yǔyǐ 동 ~을 주다, ~되다 | 寄存 jìcún 동 맡겨 두다, 보관시키다 | ★自行 zìxíng 뿐 스스로, 자체로, 저절로 | ★保管 bǎoguǎn 동 보관하다 | 谨防 jǐnfáng 동 조심하다, 조심하여 방비하다 | ★贵重 guìzhòng 형 귀중하다, 중요하다 | ★丢失 diūshī 동 분실하다, 잃어버리다 | ★勿 wù 뿐 ~하지 마라, ~해서는 안 된다 | ★妨碍 fáng'ài 동 지장을 주다, 방해하다, 저해하다 | ★他人 tārén 몡 타인, 남, 다른 사람 | ★有序 yǒuxù 형 차례가 있다, 순서가 있다, 규칙적이다, 질서정연하다 | 退场 tuìchǎng 동 퇴장하다 | ★滞留 zhìliú 동 체류하다 | 门票 ménpiào 몡 입장권 | 鸟巢 niǎocháo 몡 냐오차오 [베이징올림픽 주 경기장] | 排 pái 몡 (배열한) 열, 줄 | 事项 shìxiàng 몡 사항 | 防止 fángzhǐ 동 방지하다 | 观看 guānkàn 동 보다, 참관하다

01 녹음 듣고 질문에 대답하기

본서 p.279~286

● track 85

● **Day 08**   모범 답안은 아래 해설 참고

풀이

1 녹음에서 서류에 '自愿'이라는 두 글자와 자신 혹은 가족의 서명이 명확히 있어야 한다고 했으므로, 본인의 동의가 필요하다는 것을 알 수 있다.

2 녹음에서 각막을 이식하려면 제약조건이 필요하다고 말하면서 네 가지 제약조건을 나열했다. 그 부분을 명확하게 들어야 답을 말할 수 있다.

3 평소 내가 가지고 있는 장기이식에 대한 견해를 정리해서 말하면 된다. 처음 도입부에 찬성인지 반대인지를 이야기하고, 그에 따른 나의 견해를 정리해서 이야기해 보자.

请听一段材料，材料听完后有三个问题。请在"滴"声后回答问题，现在请听材料。

现在，捐献眼角膜在中国各地已经开展起来了。

眼角膜必须在人去世后捐献，但有捐献意向的人可以在生前办好捐献手续。如果死者属于意外去世，其家属同意也可以捐献。

捐献眼角膜是无偿的。自愿捐献者可以到所在地眼库索取登记表，明确填写"自愿"二字以及自己或家属的签名。登记表填好以后，自愿捐献者或家属与医院各存一份。

取眼角膜有很多限制条件：

1. 必须出具死亡证明；
2. 检查是否患有传染疾病，如果患有艾滋病、恶性肿瘤或某些眼部疾病，其眼角膜不能用于移植；
3. 捐献者去世的时间不能过长，一般在死后6小时内，冬季可以在12小时内，要根据环境因素来决定。

最后，捐献眼角膜者年龄以6至60岁为宜。如用作医学科研则不受年龄和疾病的限制。

1　捐献眼角膜是否必须本人同意？
모범 답안 ┃ 需要，并且要在登记表上明确填写"自愿"二字。

다음의 문제를 잘 들으십시오. 듣기가 끝나면 3개의 문제가 나옵니다. '띠' 소리가 나면 문제에 답하십시오. 지금부터 듣기가 시작됩니다.

현재 각막기증이 이미 중국 전역에서 진행되고 있다.

각막은 반드시 사망 후 기증해야 하지만 기증 의향이 있는 사람은 생전에 기증 등록을 할 수 있다. 만약 사망자가 뜻밖의 사고로 사망했다면 유가족의 동의로도 기증할 수 있다.

각막은 무상으로 기증된다. 자발적 기증자는 소재지의 안구은행에서 절차 서류를 얻을 수 있으며, 서류에 '자원(自愿)'이라는 두 글자와 자신 혹은 가족의 서명을 명확히 기재해야 한다. 서류를 작성한 후에는 자발적 기증자 혹은 가족과 병원이 각 1부씩 보관한다.

각막을 이식하려면 여러 가지 제약조건을 충족해야 한다.

1. 반드시 사망증서를 발급해야 한다.
2. 전염되는 질병이 있는지 여부를 검사해야 한다. 에이즈, 악성 종양 또는 모종의 안구질환이 있으면 각막은 이식에 사용될 수 없다.
3. 기증자의 사망 시간이 너무 길어서는 안 된다. 보통 사망 후 6시간 이내여야 하며 동절기엔 12시간까지 가능한데 환경요소에 따라 결정한다.

마지막으로 각막기증자의 연령은 6세부터 60세까지가 적당하다. 의학 연구에 사용될 경우 연령과 질병의 제한을 받지 않는다.

1　각막기증은 반드시 본인의 동의가 필요한가?
모범 답안 ┃ 필요하다. 또한 서류상에 '자원'이라는 글자를 명확히 기재해야 한다.

말하기 제2부분

2 捐献眼角膜有哪些限制条件?

모범 답안 | 出具死亡证明;检查是否患有传染疾病;捐献者去世的时间不能过长;捐献眼角膜者年龄以6至60岁为宜。

3 你对死后捐献器官这件事怎么看?请谈谈你的想法。

모범 답안 | 我对死后捐献器官这件事持肯定的态度。首先,捐献器官的优点是显而易见的。医学专家表示:一个人在允许的条件下,可捐献九个器官,比如:心脏、眼角膜等。这意味着一位捐献者可帮助九个患者获得拥有全新的人生的机会。其次,政府会为捐献者提供相应的优惠与援助。如捐献者的手术费和葬礼费用。由此可见,无论对国家还是个人,去世后的器官捐献都有比较积极的意义。

2 각막기증에는 어떠한 제약조건이 있는가?

모범 답안 | 사망증서를 발급해야 한다. 전염되는 질병이 있는지 여부를 검사해야 한다. 기증자의 사망 시간이 너무 길어서는 안 된다. 각막 기증자의 연령은 6세부터 60세까지가 적당하다.

3 사망 후 장기를 기증하는 일에 대해 어떻게 생각하는가? 당신의 생각을 말해 보시오.

모범 답안 | 사망 후 장기를 기증하는 것에 대해 나는 긍정적인 입장이다. 먼저, 장기기증의 장점은 자명하다. 의학 전문가는 조건이 허락된다는 가정하에 한 사람이 심장, 각막 등 아홉 가지 장기를 기증할 수 있다고 밝혔다. 이는 한 기증자가 아홉 명의 환자에게 새로운 인생을 살 기회를 줄 수 있다는 것을 의미한다. 다음으로, 정부는 기증자에게 상응하는 혜택과 지원을 제공한다. 예를 들면 기증자의 수술 비용과 장례 비용을 지원하는 등이다. 이로써 국가나 개인을 막론하고, 사망 후 장기를 기증하는 것에는 긍정적인 의미가 있음을 알 수 있다.

捐献 juānxiàn 图 기증하다 | 眼角膜 yǎnjiǎomó 명 각막 | 开展 kāizhǎn 图 (활동이 작은 범위에서 큰 범위로) 전개되다 | 意向 yìxiàng 명 의향 | 意外 yìwài 형 의외의, 뜻밖의 | 无偿 wúcháng 명 무상 | 所在地 suǒzàidì 명 소재지 | 眼库 yǎnkù 명 각막은행 | 索取 suǒqǔ 图 얻어 내다, 받아 내다 | 登记表 dēngjìbiǎo 서류 | 家属 jiāshǔ 명 가족 | 签名 qiānmíng 명 서명 | 出具 chūjù 图 서류를 작성하고 발행하다 | 死亡 sǐwáng 图 사망, 멸망, 파국 | ★患有 huànyǒu 图 ~을 앓고 있다, ~에 걸리다 | ★传染 chuánrǎn 图 전염하다, 감염하다, 옮다 | 疾病 jíbìng 명 병 | ★艾滋病 àizībìng 명 후천성면역결핍증, 에이즈 | ★恶性 èxìng 형 악성의, 악질적인 | ★肿瘤 zhǒngliú 명 종양 [恶性肿瘤: 악성종양] | 移植 yízhí 图 (신체조직을) 이식하다 | 为宜 wéiyí 图 적당하다 | 用作 yòngzuò 图 ~로 쓰이다

◉track 86

● **Day 10** 　모범 답안은 아래 해설 참고

풀이

1 녹음에서 숫자를 나열하면 언급한 내용을 주의해서 듣는 것이 좋다. EQ는 몇 가지 측면을 포함한다고 말하면서 5가지를 이야기했다.

2 녹음 중반에 한 사람의 EQ 수준은 유년기 및 교육 수준과 밀접한 관계가 있다고 직접적으로 언급했다.

3 자신의 생각을 정리해 보자. 우선 EQ가 삶에서 중요하다고 생각하는지 또는 안 중요하다고 생각하는지 언급하고, 주장의 근거를 순차적으로 정리해서 말해보자.

请听一段材料,材料听完后有三个问题。请在"滴"声后回答问题,现在请听材料。

　　人们一度认为,一个人能否在一生中取得成就,智力水平是第一位的,即智商(IQ)越高,取得的成就越大。因此,无论是在家庭中还是在社会上,聪明的孩子往往受到偏爱。但近年却出现了另一种趋势,心理学家们普遍认为,情商(EQ)的高低对人生也有着重大的影响,有时其作用甚至要超过智商,

다음의 문제를 잘 들으십시오. 듣기가 끝나면 3개의 문제가 나옵니다. '띠' 소리가 나면 문제에 답하십시오. 지금부터 듣기가 시작됩니다.

　　사람들은 한때 인생에서 성과를 거두는 데 지능 수준이 최우선 순위라고 생각했다. 즉, 지능지수(IQ)가 높을수록 성과가 커진다는 것이다. 그래서 가정에서든 사회에서든 똑똑한 아이는 자주 편애를 받았다. 그러나 최근 들어 또 다른 추세가 나타나고 있다. 감성지수(EQ) 수준 역시 인생에 중대한 영향을 미치며 심지어 그 작용이 IQ를 넘어설 때도 있어, 설령 IQ

许多人哪怕智商并不出众也能凭借良好的情商而获得不凡的成就。

情商主要包括以下几个方面：一是自我认知，因为只有正确认识自己，才能成为生活的主宰；二是自我调控，就是能妥善管理自己的情绪；三是自我激励，即在遭遇困难时也能不灰心丧气，并走出低潮，重新出发；四是注重他人，即在社会生活中可以与人正常交往、顺利沟通、共同分享；五是人际关系的管理，即领导和管理能力。

情商不像智商那样可用数据表现出来，它一般根据综合表现进行判断。情商水平高的人通常具有如下的特点：精神饱满；外向而愉快，不易陷入恐惧或伤感；对事业较投入；社交能力强；富于同情心；情感生活丰富但不至于错位；无论是独处还是与他人在一起时都能怡然自得。

一个人是否具有较高的情商，和幼年时期的人际互动、教育培养有着密切的关系，因此，培养情商应从摇篮开始。据调查，约70%－80%智力差异源于遗传基因，而相对来说，情商则无须超人的天赋，它主要是一种有规律可循且熟能生巧的技能。

智商主要反映大脑先天的思维能力，其作用在于更好地认识事物。智商高的人，更容易成为某个领城的专家、政治家、学者、法官、律师、医生等大多是高智商的人。

情商主要与非理性因素有关，它通过兴趣、意志、毅力等，使其成为加强或弱化认识事物的驱动力，同时，也能较好地把握和调节自我和他人的情感。情商较高的人，效率虽然可能不如高智商者，但是，随着岁月的流逝，他们往往比高智商者生活得更为成功。因为一方面勤能补拙，生活工作中的大多数技能并不需要多么出众的智力：另一方面，由于自我定位客观理智，具有较健康的情绪、较良好的人际关系，他们更为社会所吸纳与接受。

1 情商主要包括几个方面?

모범 답안 | 是自我认知，二是自我调控，三是自我激励，四是注重他人，五是人际关系的管理。

2 情商高低主要和什么因素有关?

모범 답안 | 和幼年时期的人际互动、教育培养有着密切的关系。

가 뛰어나지 않더라도 EQ가 좋으면 훌륭한 성과를 얻을 수 있다는 것이 심리학자들의 보편적인 생각이다.

EQ는 주로 다음의 몇 가지 측면을 포함한다. 첫째는 자아 인지로, 자기 자신을 정확히 인지하고 있어야 삶의 주역이 될 수 있기 때문이다. 둘째는 자기통제로, 자신의 감정을 적절히 관리하는 것이다. 셋째는 자기 동기부여로, 어려움에 부딪혔을 때도 낙담하지 않고 침체에서 벗어나 다시 출발할 수 있는 것이다. 넷째는 타인을 중시하는 것으로, 사회생활 속에서 다른 사람과 정상적으로 교제하고 순조롭게 소통하며 함께 나누는 것이다. 다섯째는 인간관계 관리, 즉 지도 및 관리 능력이다.

EQ는 IQ처럼 데이터로 나타내지 않으며 일반적으로 종합적인 표현에 따라 판단된다. EQ가 높은 사람은 보통 다음의 몇 가지 특징을 가진다. 에너지가 넘치고 외향적이고 유쾌하며, 두려움이나 슬픔에 쉽게 빠지지 않는다. 또한 일에 몰두하며 사교 능력이 좋고 인정이 넘친다. 감정생활이 풍부하지만 어긋나지는 않는다. 혼자 있을 때나 다른 사람과 같이 있을 때나 항상 기뻐하고 만족한다.

한 사람의 EQ 수준은 유년 시절 사람들과의 상호작용 및 교육 수준과 밀접한 관련이 있다. 따라서 EQ 교육은 요람에서부터 시작되어야 한다. 조사에 따르면 약 70~80%의 지능 차이는 유전자에서부터 비롯되는데 이와 상대적으로 EQ는 초인적인 소질이 필요하지 않다. EQ는 주로 규칙에 따를 수 있고 능숙하게 할 수 있는 능력이다.

IQ는 주로 대뇌의 선천적인 사고능력을 반영하며 사물을 더 잘 인지하도록 하는 역할을 한다. IQ가 높은 사람은 어떤 분야의 전문가, 정치가, 학자, 법관, 변호사, 의사 등이 되기 쉽다.

EQ는 주로 비이성적인 요소와 관련이 있는데 흥미, 의지, 끈기 등을 통해 사물 인지를 강화하거나 약화하는 구동력이 된다. 동시에 자기와 타인의 감정을 잘 파악하고 조절할 수 있게 한다. EQ가 비교적 높은 사람은 IQ가 높은 사람보다 효율이 낮을 수는 있지만 세월의 흐름에 따라 IQ가 높은 사람보다 더 성공한 삶을 살기도 한다. 부지런함으로 재능의 부족함을 보완할 수 있고 생활이나 일에서 대부분의 능력은 그렇게 출중한 지능을 필요로 하지 않기 때문이다. 또한 자아 확립이 객관적이고 이성적이며 건강한 정서, 양호한 인간관계를 갖추기 때문에 사회에 더 잘 흡수되고 받아들여진다.

1 EQ는 주로 몇 가지 측면을 포함하는가?

모범 답안 | 첫째 자아 인지, 둘째 자기통제, 셋째 자기 동기부여, 넷째 타인 중시, 다섯째 인간관계 관리이다.

2 EQ 수준은 주로 어떤 요소와 관련이 있는가?

모범 답안 | 유년 시절 사람들과의 상호작용 및 교육 수준과 밀접한 관련이 있다.

3 你认为情商高在生活中是否重要，请谈谈你的想法。

모범 답안 | 我认为情商高在生活中很重要。一来，情商是在我们的生活中不可缺少的一部分。情商高的人更懂得换位思考。因为社会不是一个人的舞台，更多的是与他人共处，所以与人正常交往、沟通、分享都是尤为重要的。二来，情商高的人在遭遇困难时，不容易挫折打倒，克服困难的可能性也更高。最后，情商高的人更懂得调整自己以及适应周围环境以保持工作和生活的平衡。

3 EQ가 높은 것이 삶에서 중요하다고 생각하는가? 당신의 생각을 말해 보시오.

모범 답안 | 나는 감성지수(EQ)가 높은 것이 삶에서 중요하다고 생각한다. 첫째, 감성지수는 우리 삶에 없어서는 안 될 부분이다. 감성지수가 높은 사람은 상대방의 입장에서 생각할 줄 안다. 사회는 한 사람만의 무대기보다는 타인과 공존하는 곳이기 때문에 다른 사람과 교제하고 소통하고 나누는 것이 특히 중요하다. 둘째, 감성지수가 높은 사람은 어려움에 부닥쳤을 때 쉽게 좌절하지 않으며 어려움을 극복할 가능성도 더 높다. 마지막으로, 감성지수가 높은 사람은 자기 자신을 조절하고 주변 환경에 적응하여 업무와 삶의 균형을 유지하는 데 능하다.

★一度 yídù 图 한때, 한동안 | 能否 néngfǒu ~할 수 있나요? ~할 수 있을까? | 一生 yìshēng 图 일생 | 取得 qǔdé 图 얻다, 취득하다 | 智力 zhìlì 图 지능, 지력 | ★即 jí 图 즉, 바로, 곧 | ★智商 zhìshāng 图 지능지수 | 偏爱 piān'ài 图 편애 | 心理学家 xīnlǐ xuéjiā 图 심리학자 | 情商 qíngshāng 图 감성지수 | ★高低 gāodī 图 우열, 승부, 정도 | 有时 yǒushí 图 때로는, 이따금, 간혹 | ★出众 chūzhòng 图 출중하다, 남보다 뛰어나다 | ★凭借 píngjiè 图 ~에 의지하다, ~을 통하다, ~을 믿다 | 不凡 bùfán 图 보통이 아니다, 우수하다, 비범하다 | 自我 zìwǒ 때 자아, 자기 자신 | ★认知 rènzhī 图 인지 | ★主宰 zhǔzǎi 图 주재자 | ★调控 tiáokòng 图 통제하다, 제어하다 | ★妥善 tuǒshàn 图 적절하다, 알맞다, 타당하다 | ★激励 jīlì 图 격려하다, 북돋워 주다 | ★即 jí 图 설령 ~하더라도 | ★遭遇 zāoyù 图 (적 또는 불행·불리한 일을) 만나다, 부닥치다, 맞닥뜨리다 | ★灰心 huīxīn 图 낙담하다, 낙심하다 | 丧气 sàngqì 图 의기소침하다 | 低潮 dīcháo 图 침체 상태 | 注重 zhùzhòng 图 중시하다, 중점을 두다 | 他人 tārén 图 타인, 남, 다른 사람 | 分享 fēnxiǎng 图 (기쁨·행복·좋은 점 등을) 공유하다, 함께 나누다 | 人际关系 rénjì guānxì 图 인간관계, 대인관계 | 具有 jùyǒu 图 지니다, 가지다 | 如下 rúxià 图 다음과 같다 | ★饱满 bǎomǎn 图 충만하다, 왕성하다 | 外向 wàixiàng 图 (성격이) 외향적이다 | 不易 búyì 图 쉽지 않다 | 陷入 xiànrù 图 (불리한 지경에) 빠지다, 떨어지다 | ★恐惧 kǒngjù 图 공포감을 느끼다, 겁먹다, 두려워하다 | ★伤感 shānggǎn 图 슬퍼하다, 비애에 잠기다, 비탄에 빠지다 | 事业 shìyè 图 사업 | 社交 shèjiāo 图 사교 | 富于 fùyú 图 ~이 풍부하다 | 同情心 tóngqíngxīn 图 동정심 | 情感 qínggǎn 图 감정, 느낌 | 不至于 búzhìyú ~에 이르지 못하다, ~에 미치지 못하다 | ★错位 cuòwèi 图 (위치가) 어긋나다 | 独处 dúchǔ 图 혼자 살다 | ★怡然自得 yírán-zìdé 图 기뻐하며 만족해하는 모양 | 幼年 yòunián 图 유년, 어린 시절 | 人际 rénjì 图 사람과 사람 사이 | 互动 hùdòng 图 상호작용하다 | ★摇篮 yáolán 图 요람 | 据 jù 洲 ~에 따르면, ~에 의거하여 | 约 yuē 图 대략, 대개 | 差异 chāyì 图 차이, 다른 점 | ★源于 yuányú 图 ~에서 발원하다, ~에서 기원하다 | 遗传基因 yíchuán jīyīn 유전자 | ★相对 xiāngduì 图 상대적으로, 비교적 | ★则 zé 图 곧, 바로 | ★无须 wúxū 图 ~할 필요가 없다 | 超人 chāorén 图 일반인을 능가하다 | ★天赋 tiānfù 图 타고난 자질, 천부적 재능, 선천적인 소질 | 循 xún 图 (규칙·순서·인습·관례 따위를) 따르다, 준수하다 | 且 qiě 图 ~하면서 ~하다 | ★熟能生巧 shú néng shēng qiǎo 图 익숙해지면 교묘한 기능이 생긴다, 숙련은 연습에서 온다 | 技能 jìnéng 图 기능, 솜씨 | ★先天 xiāntiān 图 선천적인 | 思维 sīwéi 图 사유 | 政治家 zhèngzhìjiā 图 정치가 | 学者 xuézhě 图 학자 | 法官 fǎguān 图 법관 | 大多 dàduō 图 대부분, 대다수, 거의 다 | 非理性 fēilǐxìng 비이성적 | 意志 yìzhì 图 의지, 의기 | ★毅力 yìlì 图 끈기, 기력, 기백 | 加强 jiāqiáng 图 강화하다, 증강하다 | 弱化 ruòhuà 图 약화되다 | ★驱动 qūdòng 图 구동하다 [驱动力: 구동력] | 调节 tiáojié 图 조절하다 | 情感 qínggǎn 图 느낌, 감정 | 岁月 suìyuè 图 세월 | 流逝 liúshì 图 유수처럼 빨리 사라지다, 흐르는 물처럼 지나가다 | 更为 gèngwéi 图 더, 더욱, 훨씬 | 勤能补拙 qínnéngbǔzhuō 图 근면은 서투름을 보충한다, 부지런하면 없는 재간도 메꾸어 낼 수 있다 | 定位 dìngwèi 图 확정된 위치 [自我定位: 자아확립] | 理智 lǐzhì 图 이성적이다, 이지적이다 | ★吸纳 xīnà 图 흡수하다, 받아들이다, 끌어들이다 | 不可缺少 bùkě quēshǎo 없어서는 안 되는 | ★换位 huànwèi 图 각도를 바꾸다 | 共处 gòngchǔ 图 공존하다, 공동으로 처리하다 | 尤为 yóuwéi 图 더욱이, 특히, 특별히

● Day 11　　모범 답안은 아래 해설 참고

풀이

1 녹음에서 과거에는 성형하는 남성의 비율이 10%밖에 되지 않았지만 현재는 20%를 차지한다고 했다. 이 부분을 제대로 들었다면 성형 미남 시대에 들어섰다고 말할 수 있다.

2 녹음 마지막 부분에서 남성 성형자의 반 이상이 턱과 코를 성형한다고 직접적으로 언급했다.

3 내가 평소 성형수술에 대해 가지고 있던 의견을 정리해서 말해 보자. 찬성이든 반대이든 내가 가진 의견에 근거를 제시해서 이야기하는 것이 좋다.

请听一段材料，材料听完后有三个问题。请在"滴"声后回答问题，现在请听材料。

　　整容只是女人的专利？这个观念现在已经过时了。当人们还在为"人造美女"之事争论不休的时候，一些男人也跳了出来，叫嚷着要做"人造美男"。不要以为这只是某些哗众取宠的男人在进行炒作，实际上已有越来越多的男人走进了美容院，去垫某某明星的鼻子，或是某某明星的下巴，重塑一个全新的自己。

　　有关方面的调查显示，整容已逐渐成为男士们追求时尚潮流的一大热点。以前男性整容者的比例只占10%，而现在每5个整容的人中就有1个是男性，占了所有整容者的20%。中国医学科学院整形外科医院每天都有10名左右的男士前来做整容手术。

　　据统计，来做整容手术的男性中90%以上从事的是与人打交道的职业，基本上可以分为四大类：第一部分是学习表演的学生一族，整容被他们认为是美好前途的铺路石；第二部分是从事演艺事业的男性，这些人中很多是由自己的经纪人陪着来做整容；第三部分是"野蛮女友"的男友们，他们往往是为了讨女朋友的欢心，把自己改造成女友们喜欢的男星模样；第四部分是40至50岁之间的男士，他们主要是来做一些改善衰老，使自己的状态显得更年经的整容手术。

　　虽然几乎所有的女性整容项目都有男性尝试，但男士整容的部位还是以下巴和鼻子为主，占据了男性整容者的一半以上。

　　另外，对于那些希望通过整容恢复青春的中年男性来说，植发、去除鱼尾纹和抬头纹、去眼袋、吸下巴、腹部抽脂等，都是他们经常选择的项目。

다음의 문제를 잘 들으십시오. 듣기가 끝나면 3개의 문제가 나옵니다. '띠' 소리가 나면 문제에 답하십시오. 지금부터 듣기가 시작됩니다.

성형은 단지 여성의 전유물일까? 이러한 관념은 이미 시대에 뒤떨어졌다. 사람들의 '성형 미인'에 대한 논쟁이 멈추지 않을 때, 일부 남성들도 '성형 미남'을 만들어야 한다고 주장했다. 남의 환심을 사려는 일부 남성이 분위기를 조장하는 것이라고만 여겨서는 안 된다. 사실상 점점 많은 남성이 모 연예인처럼 코를 높이거나 모 연예인처럼 턱을 깎는 등 완전히 새로운 자신을 만들기 위해 성형외과에 방문하고 있다.

관련 조사에 따르면 성형은 점차 남성들이 추구하는 핫한 트렌드가 되고 있다. 예전에는 남성 성형자의 비율이 10%밖에 되지 않았지만 현재는 성형한 사람 5명 중 1명이 남성으로, 전체 성형자의 20%를 차지한다. 중국 의학 과학원 성형외과에는 매일 10명 정도의 남성이 성형수술을 위해 방문한다.

통계에 따르면 성형수술을 위해 내원하는 남성 중 90% 이상이 사람을 대하는 직업에 종사하는 것으로 나타났다. 기본적으로 다음의 네 가지로 분류할 수 있다. 첫째, 연기를 배우는 학생들로, 그들에게 성형은 아름다운 앞날을 만들어 줄 디딤돌인 셈이다. 둘째, 연예계에 종사하는 남성으로, 대부분은 자신의 매니저와 함께 방문하여 성형한다. 셋째, '엽기적인 여자'의 남자 친구로, 이들은 여자 친구의 환심을 사기 위해 여자 친구가 좋아하는 남자 연예인의 모습으로 자신을 개조한다. 넷째, 40세에서 50세 사이의 남성으로, 이들은 주로 노화를 개선하여 자기 모습을 더 젊어 보이게 하고자 성형수술을 한다.

여성이 성형하는 거의 모든 부위를 남성도 할 수 있긴 하지만, 남성은 대체로 턱과 코 위주로 성형하며 이는 남성 성형자의 반 이상을 차지한다.

이 외에도 모발이식, 눈주름 및 이마주름 제거, 눈두덩이 제거, 턱 리프팅, 복부 지방 흡입 등은 성형을 통해 젊음을 되찾고자 하는 중년 남성들이 많이 선택하는 항목이다.

말하기 제2부분

1 中国已经进入"人造美男"的时代了吗?

模范答案 | 可以说中国已经进入了"人造美男"的时代。整容已逐渐成为男士们追求时尚潮流的热点。现在每5个整容的人中就有1个是男性，这个比例也是非常大的。

2 男士整容大部分集中在哪几个部位?

模范答案 | 男士整容大部分集中在下巴和鼻子，基本上占据了男性整容者的一半以上。

3 你怎么看待男性整容? 请说出你的理由。

模范答案 | 我同意男性做整容。第一，整容是一种变美的方式。从容貌的角度来看，整容之后，随着容貌的改变，人的自信心自然会增加。外貌上气质的改变对想要从事主播、艺人等工作的男性来说，有着至关重要的作用。第二，整容不但可以增强自信心，也有利于心理健康。人们常说"面由心生"。这就已经说明了心理与外貌有着密切的联系。实际上很多现代研究也表明，人的容貌对性格与人际关系的影响也是不可忽视的。我认为整容不分男女，只要没有伤害到他人的利益，男性整容已经不再是什么稀罕的事了。

1 중국은 이미 '성형 미남' 시대에 진입했는가?

모범 답안 | 중국은 이미 '성형 미남'의 시대로 접어들었다고 할 수 있다. 성형은 이미 남성들이 추구하는 핫이슈로 떠오르고 있으며, 현재 성형한 사람 5명 중 1명이 남성으로, 이 비율은 굉장히 높다.

2 남성 성형은 대부분 어느 부위에 집중되어 있는가?

모범 답안 | 남성 성형은 대부분 턱과 코에 집중돼 있는데, 기본적으로 남성 성형자의 절반 이상을 차지한다.

3 남성이 성형하는 것에 대해 어떻게 생각하는가? 그 이유는 무엇인가?

모범 답안 | 남성이 성형수술 하는 것에 동의한다. 첫째, 성형수술은 아름다워지는 방법 중 하나이다. 외모적인 측면에서 봤을 때, 성형수술을 하면 외모의 변화에 따라 자신감도 자연스럽게 커진다. 외모의 변화는 방송인, 연예인 등에 종사하고자 하는 남성에게 있어 매우 중요한 작용을 한다. 둘째, 성형수술은 자신감을 키워 줄 뿐만 아니라 마음의 건강에도 도움이 된다. 사람들은 '마음에서 얼굴이 형성된다'는 말을 자주 하는데, 이는 마음과 외모가 긴밀하게 연관되어 있음을 설명한다. 실제로 수많은 현대 연구에서는 사람의 용모가 성격 및 인간관계에 미치는 영향도 간과할 수 없다고 밝혔다. 성형수술에는 남녀 구분이 없다고 생각한다. 타인의 이익을 해치지 않는다면 남성의 성형수술도 더 이상 보기 드문 일이 아니다.

整容 zhěngróng 통 성형수술 하다 | 专利 zhuānlì 명 (전매)특허 | 过时 guòshí 통 시대에 뒤떨어지다, 유행이 지나다 | ★人造 rénzào 형 인조의, 인공의 | 不休 bùxiū 통 멈추지 않다, 쉬지 않다 | 叫嚷 jiàorǎng 통 떠들어대다 | 哗众取宠 huá zhòng qǔ chǒng 성 환심을 사다, 말이나 행동으로 군중 심리에 영합하여 신임이나 칭찬을 받다 | 炒作 chǎozuò 통 대대적으로 선전하다 | 实际上 shíjìshang 부 사실상, 실제로 | ★垫 diàn 통 (부족한 것을) 채우다, 메우다 | 或 huò 접 혹은, 또는, 그렇지 않으면 | 下巴 xiàba 명 턱의 총칭 | 重塑 chóngsù 통 새로 만들다, 새로 세우다 | 全新 quánxīn 형 참신하다, 아주 새롭다 | 有关 yǒuguān 통 관계가 있다 [跟……有关：~와 관련이 있다] | ★时尚 shíshàng 명 시대적 유행 | 潮流 cháoliú 명 (사회적) 추세, 풍조, 경향 [时尚潮流: 유행] | 热点 rèdiǎn 관심거리, 핫뉴스 | 男性 nánxìng 명 남자, 남성 | 医学科学院 yīxué kēxuéyuàn 명 의학 과학원 | 整形外科 zhěngxíng wàikē 명 성형외과 | 据 jù 개 ~에 따르면, ~에 의거하여 | 统计 tǒngjì 명 통계 | 打交道 dǎ jiāodao 왕래하다, 접촉하다, 교제하다, 사귀다 | 分为 fēnwéi 통 (~으로) 나누다 | 类 lèi 명 종류, 분류 | 一族 yìzú 한 무리, 한 떼 | 美好 měihǎo 형 아름답다, 좋다, 훌륭하다 [주로 추상적인 사물에 쓰임] | 铺路石 pūlùshí 명 디딤돌 | 演艺 yǎnyì 명 연기 | 事业 shìyè 명 사업 | 经纪人 jīngjìrén 명 매니저 | ★野蛮 yěmán 형 야만적이다 [野蛮女友: 엽기적인 그녀] | 是为了 shìwèile ~하기 위해서 | ★讨 tǎo 통 사다, 받다 [讨欢心: 환심을 사다] | 欢心 huānxīn 명 환심 | 改造 gǎizào 통 개조하다 | 男星 nánxīng 명 남자 연예인 | 模样 múyàng 명 모습, 형상 | 至 zhì ~까지 이르다 | 衰老 shuāilǎo 명 노쇠하다 | 女性 nǚxìng 명 여성 | 尝试 chángshì 통 시도해 보다, 테스트해 보다, 경험해 보다 | 部位 bùwèi 명 부위 | 为主 wéizhǔ 통 ~을 위주로 하다 | 占据 zhànjù 통 차지하다, 점유하다 | 一半 yíbàn 수 절반 | 以上 yǐshàng 명 이상 | 中年 zhōngnián 명 중년 | 植发 zhífà 명 머리를 심다 | ★去除 qùchú 통 제거하다 | 鱼尾纹 yúwěiwén 명 눈주름 | 抬头纹 táitóuwén 명 이마주름 | 眼袋 yǎndài 명 아래 눈두덩이 | 吸 xī 통 끌어당기다 | ★腹部 fùbù 명 복부 | 抽脂 chōuzhī (다이어트를 위해) 지방흡입술을 하다 | 大部分 dàbùfen 명 대부분 | ★看待 kàndài 통 대(우)하다, 다루다, 취급하다

○track 88

● Day 20　모범 답안은 아래 해설 참고

풀이

1　녹음 초반에 팬에 대한 설명과 그에 따른 예를 들어 직접적으로 설명했다.

2　녹음 중반 부분에서 팬의 좋지 않은 행동을 직접적으로 언급했다.

3　본인이 과거에 팬 생활을 하면서 겪었던 이야기 또는 그런 팬들로 인해 피해를 봤던 행동들을 떠올려 이야기해 보자. 무작정 찬성이다 반대로 말할 것이 아니라, 그에 따른 근거나 이유를 함께 언급하도록 하자.

请听一段材料，材料听完后有三个问题。请在"滴"声后回答问题，现在请听材料。

"粉丝"原本是一种食物的名称，在2005年电视选秀节目"超级女生"之后，英文单词"fans"因其发音与"粉丝"相近，迅速令"粉丝"成为流行词语，并借助一个又一个电视选秀活动广为传播。

时下，"粉丝"已经不再指单纯的"追星族"了，而是狂热者、喜爱者、支持者的统一代名词。粉丝形形色色，类型不同：喜爱一个节目，你就是这个节目的粉丝；喜爱一本书，你就是这本书的粉丝；甚至，只要你喜欢一个人，就可以说自己是对方的粉丝，你可以是某同学的粉丝，也可以是某同事的粉丝。

不过，典型的粉丝还是相对于某个大牌球星、歌星、影星而言的。粉丝们对明星的崇拜往往到了痴迷、狂热的程度；而明星呢，则成为粉丝们的"大众情人"、精神寄托，他们对粉丝来说具有无穷的魅力，他们的一个微笑、一个签名都会让粉丝得到莫大的满足，他们的一举一动都会受到粉丝的疯狂关注。

倘若果真如此，明星和粉丝们应该相互包容、互利双赢才对，但是事与愿违，两者之间却常常产生矛盾。

而有时则是明星伤害了粉丝。有的粉丝毫不犹豫地扔下了自己的正经事儿而去疯狂追星，明星走到哪里就追随到哪里，以求得与偶像近距离接触的机会，付出不可谓不大。然而，有的明星却不拿这些铁杆粉丝当回事儿，他们的表演敷衍了事，活动不按时露面，即使来了也是一百个不情愿，高高在上的样子。而另一些明星呢，不好好儿珍惜自己的形象，做出违背社会基本价值的恶行，一旦真相大白，粉丝们不免伤心落泪。

다음의 문제를 잘 들으십시오. 듣기가 끝나면 3개의 문제가 나옵니다. '띠' 소리가 나면 문제에 답하십시오. 지금부터 듣기가 시작됩니다.

'펀쓰(粉丝, '팬'이라는 뜻의 중국어)'는 본래 음식의 이름이었으나, 2005년 중국 TV 오디션 프로그램 차오지뉘성(超级女生)이 방영된 후, 영어의 'fans'와 발음이 비슷한 '펀쓰'가 빠르게 유행어가 되었으며 이후 진행된 오디션 프로그램들로 인해 널리 퍼지게 되었다.

오늘날, '팬'은 단순히 '연예인 극성팬'만을 의미하는 것이 아니라 마니아, 애호가, 서포터 등을 아우르는 대명사가 되었다. 팬은 가지각색이며, 유형이 다양하다. 당신이 어떤 프로그램을 좋아한다면 그 프로그램의 팬인 것이다. 어떤 책을 좋아한다면 당신은 곧 그 책의 팬이다. 심지어 어떤 사람을 좋아한다면 그 사람의 팬이라고 말할 수 있다. 어떤 학우의 팬이 될 수도, 어떤 동료의 팬이 될 수도 있다.

하지만 전형적인 팬은 아무래도 유명 운동 스타, 가수, 배우의 팬을 말하는 것이다. 팬은 종종 스타에게 푹 빠져 열광할 정도로 스타를 숭배하기도 한다. 스타는 팬들의 '만인의 연인'이자 정신적 지주가 되며, 팬들에게 있어 무한한 매력을 지닌다. 그들의 미소, 사인 하나하나는 팬들에게 막대한 만족을 주며 그들의 행동 하나하나는 팬들의 광적인 관심을 받는다.

정말 그렇다면 스타와 팬은 서로 포용하고 서로 이롭게 해야 맞다. 하지만 뜻대로 되긴 어려우며 양자 간에 자주 갈등이 생긴다.

간혹 스타가 팬에게 상처를 주기도 한다. 일부 팬은 망설임 없이 자신의 본업을 내팽개치고 광적으로 스타를 쫓아다니는데 스타가 가는 곳이면 어디든 따라가며, 우상을 가까운 곳에서 접할 기회를 얻기 위해 큰 노력을 들인다. 하지만 일부 스타는 이러한 골수팬을 대수롭지 않게 여기고 공연은 대충 하고 행사 때는 제때 모습을 드러내지 않는다. 설령 오더라도 시큰둥하며 거들먹거리는 모습을 보인다. 또 다른 일부 스타는 자신의 이미지를 잘 관리하지 않고 사회의 기본 가치에 위배되는 악행을 저지른다. 이러한 진상이 밝혀지면 팬들은 눈물을 흘리지 않을 수 없다.

말하기 제2부분

有时是粉丝妨碍了明星。有些粉丝过于霸道，完全不顾明星的感受，不单没完没了地要求签名、合影，稍有不如意就出言不逊。而另一些粉丝因为痴迷过度而失去了正常的理智，无休无止地纠缠，干扰明星的私生活，有人甚至因为追星而去犯罪、杀人。

由此可见，当明星就要当个尊重粉丝的好明星，做粉丝也要做一个理智的好粉丝。明星要知道自己的社会责任；而粉丝也应该明白，观赏明星表演仅仅只是一种娱乐。这样，双方才有可能相互包容、皆大欢喜。

1 粉丝指什么样的人？请举例说明。

모범 답안 | 是狂热者、喜爱者、支持者的统一代名词。如，你喜欢一个演员就是他的粉丝。

2 粉丝给明星造成哪些困扰？

모범 답안 | 完全不顾明星的感受，甚至有人失去理智，危及明星的安全。

3 你怎么看待狂热的"粉丝"现象？请说说自己的观点。

모범 답안 | 我对于狂热的粉丝持否定的态度。一来，狂热的粉丝会伤害明星。有的粉丝会因为痴迷过度而失去正常的理性，明星走到哪里就追到哪里。甚至，干扰明星的私生活。这明明是侵害明星的权利。二来，观赏明星的表演仅仅只是一种娱乐，不要让自己陷得太深，要为自己而活。总而言之，我认为明星和粉丝要互相包容、还要懂得把握分寸。

때로는 팬이 스타를 방해하기도 한다. 일부 팬은 너무 막무가내다. 스타의 감정은 전혀 상관하지 않고 밑도 끝도 없이 사인과 사진 촬영을 요구할 뿐만 아니라 조금이라도 맘에 들지 않으면 막말을 한다. 또 다른 일부 팬은 과하게 몰입하여 이성을 잃고 계속 치근대며 스타의 사생활을 침해한다. 심지어 스타를 쫓아다니다가 범죄나 살인을 저지르는 사람도 있다.

이로써 스타는 팬을 존중하는 훌륭한 스타가 되어야 하고, 팬도 이성적인 팬이 되어야 함을 알 수 있다. 스타는 자신의 사회적 책임을 잘 알고 있어야 한다. 팬도 스타의 공연을 감상하는 것은 일종의 오락일 뿐이란 것을 알아야 한다. 이렇게 해야 양측이 서로 포용할 수 있고 모두 행복해질 수 있다.

1 어떠한 사람을 팬이라고 하는가? 예를 들어 설명하시오.

모범 답안 | 팬은 마니아, 애호가, 서포터를 아우르는 대명사이다. 예를 들어 당신이 어떤 배우를 좋아한다면 그의 팬이라고 할 수 있다.

2 팬은 스타에게 어떠한 곤란함을 주는가?

모범 답안 | 스타의 감정은 전혀 상관하지 않으며 심지어 이성을 잃고 스타의 안전까지 위협하는 사람도 있다.

3 열렬한 팬이 생기는 현상에 대해 어떻게 생각하는지 자신의 관점을 말해 보시오.

모범 답안 | 나는 열광적인 팬에 대해 부정적인 입장이다. 첫째, 과한 팬심은 연예인에게 피해를 준다. 일부 팬은 연예인에게 과하게 빠져 이성을 잃고 연예인이 가는 곳이면 어디든 쫓아다닌다. 심지어 사생활을 침해하기도 한다. 이는 명백히 연예인의 권리를 침해하는 것이다. 둘째, 연예인의 공연을 감상하는 것은 오락에 불과하므로 너무 깊게 빠져들어선 안 되며, 자신을 위한 삶을 살아야 한다. 결론적으로 연예인과 팬은 서로 포용해야 하며 적당한 선을 지킬 줄 알아야 한다고 생각한다.

★粉丝 fěnsī 명 (가수의) 팬 | ★原本 yuánběn 부 원래, 본래 | 名称 míngchēng 명 명칭, 이름 | 选秀 xuǎnxiù 동 우수한 인재를 뽑다, 성적이 우수한 사람을 선발하다 | 超级 chāojí 형 슈퍼, 최상급의 | 单词 dāncí 명 단어 | 发音 fāyīn 명 발음 | 相近 xiāngjìn 형 비슷하다, 접근하다 | 借助 jièzhù 동 (다른 사람 또는 사물의) 도움을 빌다, ~의 힘을 빌리다 | 广为 guǎngwéi 널리, 광범위하게, 폭넓게 | 时下 shíxià 명 지금, 오늘날 | 不再 búzài 더는 ~이 아니다, 다시 ~하지 않다 | 追星族 zhuīxīngzú 연예인 극성팬, 사생팬 | ★狂热 kuángrè 형 열광적이다 | 者 zhě 대 자 [동사(구)·형용사(구) 뒤에 쓰여 그러한 속성을 가지고 있거나 동작을 하는 사람, 사물을 나타냄] | 喜爱 xǐ'ài 동 애호하다, 좋아하다, 호감을 가지다 | 支持者 zhīchízhě 지지자 | 代名词 dàimíngcí 명 대명사 | ★形形色色 xíngxíngsèsè 형 형형색색의, 가지각색의 | 典型 diǎnxíng 형 전형적인 | ★相对 xiāngduì 동 서로 대립되다, 서로 상대되다 | 大牌 dàpái 명 거물급 선수 | 球星 qiúxīng 명 (구기 스포츠의) 유명 선수, 스타플레이어 | 歌星 gēxīng 명 유명 가수 | 影星 yǐngxīng 명 영화배우 | 而言 éryán ~에 대해 말하자면, ~에 근거해 보면 [对于……而言: ~에 대해 말하자면] | 崇拜 chóngbài 동 숭배하다 | ★痴迷 chīmí 동 푹 빠지다, 열중하다, 몰입하다 | 大众 dàzhòng 명 대중, 군중 | ★情人 qíngrén 명 연인, 애인 | ★寄托 jìtuō 동 (기대·희망·감정 따위를) 걸다, 두다, 담다 | 具有 jùyǒu 동 지니다, 가지고 있다 | ★无穷 wúqióng 형 무한하다, 끝이 없다 | 魅力 mèilì 명 매력 | 得到 dédào 얻다, 받다 | 莫大 mòdà 형 막대하다, 더없이 크다 | ★一举一动 yìjǔ-yídòng 성 일거수일투족, 일거일동 | 关注 guānzhù 동 관심, 중시 | ★倘若 tǎngruò 접 만약 ~한다면 | ★果真 guǒzhēn 접 만약 정말이면, 사실이 ~라면 | 如此 rúcǐ 대 이와 같다, 이러하다 | 相互 xiānghù 형 상호의, 서로의 [품사는 형용사이지만 부사적 용법으로 쓰임] | ★包容 bāoróng 동 포용하다, 수용하다 | 互利 hùlì 동 서로 이득을 보다, 서로 이롭다 | 双赢 shuāngyíng 동 양측 모두 이익을 얻다, 윈윈하다 | 事与愿违 shì yǔ yuàn wéi 성 일이 뜻대로 되지 않다, 일이 희망한 대로 되어 가지 않다 | 有时 yǒushí 부 간혹, 어떤 때, 때로는 | ★毫不犹豫 háo bù yóuyù 성 전혀 주저하지 않다 | 正经 zhèngjing 정직하다 | ★追随 zhuīsuí 동 뒤쫓아 따르다 | 求得 qiúdé 동 얻기를 기대하다 | 偶像 ǒuxiàng 명 우상 | 近距离 jìnjùlí 명 근거리 | 付出 fùchū 동 들이다, 바치다 | ★可谓 kěwèi ~라고 말할 수 있다, ~라고 할 만하다 | 拿 ná 개 ~에 대해서 | 铁杆 tiěgǎn 형 완고한, 철저한 [铁杆粉丝: 골수팬] | 当回事儿 dàng huíshìr 중시하다, 심각하게 여기다 | 敷衍 fūyǎn 동 (일을 하는데) 성실하지 않게 (대강대강) 하다, (사람을) 무성의하게 대하다 | ★露面 lòumiàn 동 얼굴을 내밀다, 나타나다, 출현하다 | ★情愿 qíngyuàn 동 마음속으로 바라다, 간절히 원하다 [一百个不情愿: 시큰둥하다] | 高高在上 gāo gāo zài shàng 성 지도자가 현실을 이해하지 못하고 민중과 괴리되어 있다 | ★违背

weíbèi 동 위배하다, 어긋나다, 어기다 | **恶行** èxíng 명 나쁜 행위, 악행 | **真相** zhēnxiàng 명 진상, 실상 | **大白** dàbái 동 (진상이) 명백히 밝혀지다 | **不免** bùmiǎn 동 면할 수 없다, 피하지 못하다 | **落泪** luòlèi 동 눈물을 흘리다 | ★**妨碍** fáng'ài 동 방해하다, 지장을 주다 | **过于** guòyú 부 지나치게, 너무, 과도하게, 몹시 | **霸道** bàdào 형 횡포하다, 포악하다 | **不顾** búgù 동 고려하지 않다, 꺼리지 않다 | ★**没完没了** méiwán-méiliǎo 성 (말이나 일이) 한도 끝도 없다 | ★**合影** héyǐng 동 (두 사람이나 여럿이) 함께 사진을 찍다 | **稍有** shāoyǒu 동 약간 ~이 있다 | ★**如意** rúyì 동 뜻대로 되다 | **出言不逊** chū yán bù xùn 성 말이 불손하다, 말버릇이 없다 | **过度** guòdù 형 과도하다, 지나치다 | **理智** lǐzhì 명 이지, 이성과 지혜 | **无休无止** wúxiūwúzhǐ 끝이 없다 | **纠缠** jiūchán 동 치근거리다, 성가시게 하다 | **干扰** gānrǎo 동 (남의 일을) 방해하다 | **私生活** sīshēnghuó 명 사생활 | **犯罪** fànzuì 명 범죄 | **杀人** shā rén 살인하다 | ★**由此可见** yóucǐ-kějiàn 이로부터 ~을 알 수 있다, 이로부터 ~을 볼 수 있다 | ★**观赏** guānshǎng 동 감상하다, 보면서 즐기다 | **仅仅** jǐnjǐn 부 단지, 다만, 겨우 | **皆大欢喜** jiē dà huān xǐ 성 모두 몹시 기뻐하다 | ★**举例** jǔlì 동 예를 들다 | **如** rú 동 ~와 같다 | **困扰** kùnrǎo 명 괴롭힘, 성가심 동 괴롭히다, 성가시게 하다, 귀찮게 굴다 | ★**危及** wēijí 동 위험이 미치다 | ★**看待** kàndài 동 대(우)하다, 다루다, 취급하다

◎ track 89

● **Day 24** 모범 답안은 아래 해설 참고

풀이

1 녹음에서 중국 전통문화와 관습에서 혼인은 기본 목적이 있다고 말하며 순서대로 나열해서 설명하고 있다. 따라서 전체 내용을 다 듣지 못하더라도, '第一' '第二' '第三'으로 나열해서 설명한 도입 부분이라도 정확히 듣고 말하는 것이 중요하다.

2 녹음에서 성어를 사용해 해당 부분을 언급했다. 성어의 뜻을 몰라도 그 내용을 풀어서 같이 설명했으므로, 그 부분을 정확히 들어야 한다.

3 평소 내가 가지고 있는 결혼 관념을 변화 순서대로 정리해서 써 보자.

请听一段材料，材料听完后有三个问题。请在"滴"声后回答问题，现在请听材料。

　　社会学家认为，人类的婚姻从来就不取决于微妙的天意，而是受到三大动机制约，即经济、子女与爱情。

　　在中国的传统文化和习俗中，婚姻主要有以下几个基本目的：第一，生儿育女；传宗接代；第二，赡养父母，管理家产；第三，维护社会身份，继承财产。这样，传统的包办婚姻成了社会组织的源头之一，主要以家庭、家族的利益为基准，择偶标准是门当户对：婚姻双方的家庭在社会地位、文化水平、生活方式、家族声望、经济状况和价值观念等方面互相般配，彼此认同。至于婚姻双方的个人喜好，诸如，谈得投机、相处默契、甜蜜，那都是第二位的。如果爱情和家族利益发生冲突，婚姻必将遭到家长的竭力劝阻，以至坚决反对，其结局通常是悲剧性的。

다음의 문제를 잘 들으십시오. 듣기가 끝나면 3개의 문제가 나옵니다. '띠' 소리가 나면 문제에 답하십시오. 지금부터 듣기가 시작됩니다.

　　사회학자는 사람의 혼인은 미묘한 하늘의 뜻에 달린 것이 아니라 세 가지 동기, 즉 경제, 자녀, 사랑의 제약을 받는다고 본다.

　　중국 전통문화와 관습에서 혼인은 주로 다음의 몇 가지 기본적인 목적이 있었다. 첫째, 자녀를 낳아 기르고 대를 잇는다. 둘째, 부모를 부양하고 가산을 관리한다. 셋째, 사회적 신분을 유지하고 재산을 상속한다. 이렇듯 전통적인 정략결혼은 사회 조직의 근원 중 하나가 되었으며 주로 가정과 가족의 이익을 기준으로 집안 형편이 비슷한 사람을 배우자 선택의 기준으로 삼았다. 혼인하는 양가는 사회적 지위, 문화 수준, 생활 방식, 가문의 명성, 경제적 상황, 가치관 등 여러 측면에서 서로 잘 어울리며 서로를 인정한다. 혼인 당사자들의 성향, 이를테면 말이 잘 통하는지, 호흡이 잘 맞는지, 친밀한지 등은 부차적인 것이다. 사랑과 가족의 이익 사이에서 갈등하게 되면 부모의 거센 만류에 부닥치게 되고 결국 결사 반대하는 수준에 이르는데, 그 결말은 보통 비극적이다.

改革开放以后，随着社会的进步和青年人独立性的增强，男女个人条件，如职业、收入、文化水平、相貌等，在择偶时越来越重要。但事实上的门当户对仍然延伸至今。由于中国存在户口制度与职业结构的区别，社会地位与城乡交流的限制仍然是择偶的结构性障碍。它使得城里人与农村人、大城市与小城镇、高学历与低文化之间的择偶变得非常困难。农民只能找农民、城市人只愿与城市人结婚、大学生只愿找大学生。也就是说，门当户对的表现形式发生了变化：个人的物质条件、社会地位渐渐取代家庭的条件而上升为主要标准。就城市而言，社会学家们发现：女性择偶主要关注男方的才干、文化程度、职业、收入、相貌、自信心、热爱生活程度与身高等，而男性择偶一般看中女方的相貌、贤惠程度、职业、忠实程度、理家能力等。

1 在中国的传统文化和习俗中，婚姻主要有几个基本目的？

모범 답안 | 在中国的传统文化和习俗中，婚姻主要有三个基本目的，第一，生儿育女；传宗接代；第二，赡养父母，管理家产；第三，维护社会身份，继承财产。

2 中国传统婚姻中的最重要的择偶标准是什么？

모범 답안 | 中国传统婚姻中的最重要的择偶标准是门当户对，意思就是婚姻双方的家庭在社会地位、文化水平、生活方式、家族声望、经济状况和价值观念等方面互相般配，彼此认同。

3 你所了解的年轻人，在婚姻观念上是否有很大的转变？请简单说说。

모범 답안 | 我所了解的年轻人，在婚姻观念上有很大的转变。我觉得过去和现在年轻人在婚姻观念上最大的区别是现在年轻人认为结婚不是一生中必须要有的经历。首先，随着社会的进步，现在一个人生活一点也没有问题。最近，有很多"一人餐厅"或者产品。并且，老了以后可以去养老院过日子。其次，随着年轻人独立性的增强，选择单身生活的人越来越多。因为不结婚的话，就不用担心抚养孩子的问题，又或者是处理更复杂的家庭关系等。其实单身可以享受自己的人生，想做什么就做什么。

개혁개방 이후 사회가 발전하고 청년들의 독립성이 강해지면서 직업, 수입, 문화 수준, 외모 등 남녀 개인의 조건이 배우자 선택에 있어 점점 더 중요해지고 있다. 하지만 사실상 집안 형편이 비슷한 사람끼리 만나는 것은 현재까지도 이어지고 있다. 중국에는 '호구제도'와 직업 구조의 차이가 존재하기 때문에 사회적 지위, 도시와 농촌 교류의 한계는 여전히 배우자 선택의 구조적 장애물이다. 이로 인해 도시 사람과 농촌 사람, 대도시와 소도시, 고학력과 낮은 문화 수준 사이에서 배우자 선택이 더욱 어려워졌다. 농민은 농민과 결혼할 수밖에 없고, 도시 사람은 도시 사람만 원하며 대학생은 대학생과 결혼하고 싶어 한다. 다시 말해, '집안 형편이 비슷하다'는 말의 표현 방식에 변화가 생겼다. 개인의 물질 조건, 사회적 지위가 가정의 조건보다 더 주요한 기준이 된 것이다. 도시의 경우, 여성은 배우자 선택 시 주로 남성의 재능, 문화 수준, 직업, 수입, 외모, 자신감, 삶에 대한 열정, 키 등을 보고 남성은 배우자 선택 시 주로 여성의 외모, 현명함, 직업, 충실성, 집안일을 하는 능력 등을 본다고 사회학자는 밝혔다.

1 중국의 전통문화와 관습에서 혼인은 주로 몇 가지 기본적인 목적이 있는가?

모범 답안 | 중국의 전통문화와 관습에서 결혼은 크게 세 가지 기본 목적이 있다. 첫째, 자녀를 낳고 대를 이으며, 둘째, 부모를 부양하고 가산을 관리하며, 셋째, 사회적 신분을 유지하고 재산을 상속하는 것이다.

2 중국 전통 혼인에서 가장 중요한 배우자 선택 기준은 무엇인가?

모범 답안 | 중국 전통 혼인에서 가장 중요한 배우자 선택 기준은 '집안이 비슷한 사람'으로, 결혼은 양쪽 가정이 사회적 지위, 문화 수준, 생활 방식, 가문의 명성, 경제적 상황, 가치관 등의 측면에서 서로 잘 어울리고 서로를 인정한다는 것을 의미한다.

3 당신이 알고 있는 젊은이들은 결혼 관념에 큰 변화가 있었는가? 간단히 말해보시오.

모범 답안 | 내가 알고 있는 젊은이들은 결혼 관념에 많은 변화가 있다. 내 생각에 과거와 현재 젊은이들의 결혼 관념의 가장 큰 차이는 현재 젊은이들은 결혼을 인생에서 반드시 거쳐야 할 과정은 아니라고 생각한다는 것이다. 먼저, 사회의 발전에 따라 현재는 혼자서 생활해도 전혀 문제가 없게 되었다. 최근에 1인 식당이나 1인용 제품들도 많이 나오고 있는 데다가 나이가 들면 양로원에 가서 살면 된다. 다음으로, 젊은이들의 독립성이 강해지면서 독신을 선택하는 사람이 점점 많아지고 있다. 결혼하지 않으면 아이를 키우는 문제로 걱정하지 않아도 되고, 복잡해지는 가족 관계를 신경 쓰지 않아도 되기 때문이다. 사실 독신은 본인의 인생을 누릴 수 있고 하고 싶은 것을 다 할 수 있다.

社会学家 shèhuì xuéjiā 몡 사회학자 | ★婚姻 hūnyīn 몡 혼인, 결혼 | ★取决于 qǔjuéyú ~에 달리다 | ★微妙 wēimiào 혱 미묘하다 | 天意 tiānyì 몡 하늘의 뜻 | 动机 dòngjī 몡 동기 | 制约 zhìyuē 동 제약 · 제약하다 | 即 jí 뷔 즉, 바로, 곧 | 子女 zǐnǚ 몡 자녀, 아들과 딸 | ★习俗 xísú 몡 습관과 풍속, 습속 | 以下 yǐxià 몡 다음, 아래의 말 | 生儿育女 shēng ér yù nǚ 솅 아들딸을 낳아 기르다 | 传宗接代 chuán zōng jiē dài 솅 대를 잇다, 혈통을 잇다 | ★赡养 shànyǎng 동 부양하다, 먹여 살리다 | 家产 jiāchǎn 몡 가산 | 维护 wéihù 동 유지하고 보호하다, 지키다 | 继承 jìchéng 동 (유산 · 권리 등을) 상속하다 | 包办 bāobàn 동 당사자 또는 관계자의 의사를 무시하고 혼자 처리하다 | ★源头 yuántóu 몡 근원, 원천 | 以 yǐ 개 ~(으)로(써), ~을 가지고, ~을 근거로 [以A为B: A를 B로 삼다] | 家族 jiāzú 몡 가족 | ★基准 jīzhǔn 몡 기준 | 择偶 zé'ǒu 배우자를 선택하다 | ★门当户对 méndāng-hùduì 솅 (혼인 관계에 있어서) 남녀 두 집안이 엇비슷하다, 두 집안의 사회적 지위 · 경제적인 형편 따위가 걸맞다 | ★声望 shēngwàng 몡 명성과 인망 | 般配 bānpèi 혱 (혼인에서) 잘 어울리다 | 认同 rèntóng 동 공동체의식을 갖다, 인정하다 | ★喜好 xǐhào 동 좋아하다, 애호하다 | 诸如 zhūrú 쩝 예컨대 ~ 따위, 이를테면 ~같은 것들 | ★投机 tóujī 혱 마음이 잘 맞다, 의기투합하다, 견해가 일치하다 | ★默契 mòqì 몡 마음이 잘 통하다, 호흡이 잘 맞다 | ★甜蜜 tiánmì 혱 친밀하다 | 冲突 chōngtū 동 (모순의 표면화로) 충돌하다, 싸우다, 부딪치다 | 必 bì 뷔 반드시 ~해야 한다 | 遭到 zāodào 동 (불행이나 불리한 일을) 부닥치다, 당하다, 겪다 | 家长 jiāzhǎng 몡 가장, 학부모 | ★竭力 jiélì 동 전력하다 | ★劝阻 quànzǔ 동 충고하여 그만두게 하다, 그만두게 말리다 | 以至 yǐzhì 쩝 ~까지, ~에 이르기까지 | ★结局 jiéjú 몡 결말, 결국 | 悲剧 bēijù 몡 비극 [悲剧性: 비극적인] | ★改革开放 gǎigé kāifàng 개혁 개빙 | 青年人 qīngniánrén 몡 청년, 젊은이 | 独立性 dúlìxing 몡 독립성 | 增强 zēngqiáng 동 강화하다, 증강하다, 높이다 | 如 rú 쩝 예를 들면 | 相貌 xiàngmào 몡 용모 | 事实上 shìshíshang 몡 사실상 | 延伸 yánshēn 동 확장하다, 뻗다, 뻗어 나가다 | 户口 hùkǒu 몡 호구 | 城乡 chéngxiāng 몡 도시와 농촌 | 障碍 zhàng'ài 몡 장애물, 방해물 | 使得 shǐde 동 ~로 하여금 ~하게 하다 | 城 chéng 몡 도시 | 大城市 dàchéngshì 몡 대도시 | 城镇 chéngzhèn 몡 도시와 읍 | ★学历 xuélì 몡 학력 [高学历: 고학력] | 愿 yuàn 동 원하다, 바라다, 희망하다 | ★也就是说 yějiùshìshuō 바꾸어 [다시] 말하면 ~이다 | 渐渐 jiànjiàn 뷔 점점, 점차 | ★取代 qǔdài 동 자리를 빼앗아 대신 들어서다 | 上升 shàngshēng 동 상승하다, 위로 올라가다 | 而言 éryán ~에 대해 말하자면, ~에 근거하여 보면 [就……而言: ~에 대해 말하자면] | 回 huí 양 번, 회, 차례 | 关注 guānzhù 동 주시하다, 관심을 가지다 | 方 fāng 몡 쪽, 방 | 才干 cáigàn 몡 재능, 능력, 재간 | 自信心 zìxìnxīn 몡 자신감, 자부심 | 身高 shēngāo 몡 신장, 키 | 男性 nánxing 혱 남자의, 남성의 | ★看中 kànzhòng 동 마음에 들다, 좋아하다, 사랑하다 | 贤惠 xiánhuì 혱 어질고 총명하다, 품성이 곱다, 부덕이 있다, 현모양처이다 | ★忠实 zhōngshí 혱 충직하고 성실하다 | 理家 lǐjiā 동 집안일을 맡아 처리하다 | 年轻人 niánqīngrén 몡 젊은이, 젊은 사람, 청년

◉track 90

● **Day 28**　모범 답안은 아래 해설 참고

풀이

1 녹음 시작 부분에서 안락사가 사람들에게 받아들여지고 있는 관점에 대해 설명하고 있다. 이 부분을 집중해서 들어야 한다.

2 녹음 뒷부분에서 동물 안락사의 진행 과정을 설명하고 있다. 그 부분에서 의사는 약물을 주입한 후 숨이 완전히 끊어졌는지 확인해야 한다고 했다.

3 내가 평소 가지고 있는 반려동물 안락사에 대한 의견을 서술하자. 찬성인지 반대인지 명확히 말하고 그에 따른 근거를 함께 제시하는 것이 좋다.

请听一段材料，材料听完后有三个问题。请在 "滴" 声后回答问题，现在请听材料。

　　当今社会，可能很多人都已经接纳了 这样的观点：安乐死，可以在最大程度上减 轻病人的痛苦和病人家庭不必要的损失。把 有限的资源用到更需要的地方去。虽然有越 来越多的人接受了安乐死，但直到2000年11 月，世界上才有了第一个可以合法实行安乐 死的国度——荷兰。

　　然而，即便安乐死正逐渐被很多人接 受，可有关安乐死的争论却从未停止过。现

다음의 문제를 잘 들으십시오. 듣기가 끝나면 3개의 문제가 나옵니다. '띠' 소리가 나면 문제에 답하십시오. 지금부터 듣기가 시작됩니다.

　　오늘날 사회에서, 아마 많은 사람들이 안락사가 환자의 고통과 환자 가정의 불필요한 손실을 최대한으로 줄여주어 한정적인 자원을 더 필요한 곳에 쓸 수 있게 한다는 관점을 받아들일 것이다. 안락사를 받아들이는 사람이 점차 많아지고 있지만 2000년 11월이 되어서야 비로소 세계 최초로 안락사를 합법으로 진행할 수 있는 나라가 생겼다. 바로 네덜란드이다.

　　안락사가 점점 많은 사람들에게 받아들여지고 있지만 안락사와 관련한 논쟁은 끊이지 않고 있다. 여기서는 안락사와

在要谈的是一个既和安乐死有关，又涉及另一个世界的话题，这就是宠物的安乐死问题。在某种意义上，人们不愿接受，提出这种建议的医生，甚至会被称为"凶手"。但正如一位动物学家所说，有的时候，人类的仁慈反而会给动物带来极大的痛苦，宠物安乐死已经成为无法回避的问题。

在中国，宠物安乐死也是需要一系列复杂流程的。首先，安乐死前咨询与邀请医生对动物进行临床诊断确认；其次，主人与医院签订安乐死协议后兽医师会使用注射麻醉的方式，让其进入沉睡的状态；最后，在主人的授意下，兽医师会用注射器以静脉注射的方式给宠物注射安乐死的药物。这一系列操作完成后，兽医师需要检查宠物的生命迹象是否完全消失，确保安乐死是否成功。

实施安乐死对于"养宠人士"来说，一直是一个沉痛的话题。每个人对于这种方式都持有不同的观点；每个人的心中都有自己的答案。或许时间会流逝但安乐死的话题一定不会随时间的流逝而消散。

1 根据本文，安乐死可以解决哪方面的问题？
모범 답안ㅣ在最大程度上减轻病人的痛苦和病人家庭不必要的损失。把有限的资源用到更需要的地方去。

2 实施宠物安乐死时，在药物注射后，兽医师需要确认什么？
모범 답안ㅣ检查宠物的生命迹象是否完全消失，确保安乐死是否成功。

3 请谈谈你是如何看待宠物安乐死这件事的。
모범 답안ㅣ我同意宠物安乐死。首先，有时候延命治疗会让宠物更痛苦，这时通过跟兽医师商量后可以停止治疗，并可以选择安乐死。另外，安乐死顾名思义也就是在死亡的过程中让我们的宠物"没有痛苦"，所以主人对宠物死亡的过程无需过于担心。其次，为了维持社会的秩序，安乐死是一种无可奈何的方法。对于被遗弃的狗或猫来说，在政府或者志愿团体的帮助下可以活下去。但是如果其数量逐渐增加，以至于政府或者志愿团体无法照顾它们，那不得不选择安乐死。这也是为了有效地保护被遗弃的动物。

관련이 있으면서 또 다른 세계의 화젯거리인 반려동물의 안락사 문제에 대해 말해보려 한다. 어떤 의미에서 사람들은 이를 받아들이지 않으며 안락사 의견을 낸 의사를 심지어 살인자라고 말하기도 한다. 하지만 어떤 동물학자가 말했듯이 때때로 인간의 자비는 되려 동물에게 막심한 고통을 줄 수 있다. 반려동물 안락사는 이미 피할 수 없는 문제가 되었다.

중국에서도 반려동물 안락사는 일련의 복잡한 과정을 거쳐야 한다. 먼저, 안락사 전에 의사를 통해 동물 임상 진단을 확인하고 의사와 상담한다. 다음으로, 주인이 병원에서 안락사 합의서에 서명하면 수의사는 마취주사를 놓는다. 그러면 동물은 깊은 잠에 빠진다. 마지막으로, 주인의 신호가 떨어지면 수의사는 주사기를 이용해 정맥주사로 동물에게 안락사 약물을 투입한다. 이 과정이 끝나면 수의사는 안락사가 제대로 이루어졌는지 확인하기 위해 동물의 숨이 완전히 끊어졌는지 여부를 검사한다.

안락사는 '반려인'들에게 줄곧 가슴 아픈 화제였다. 사람마다 이 방식에 서로 다른 관점을 갖고 있으며, 각자의 마음속에 각자의 답이 있다. 시간이 흘러도 안락사 문제는 절대 사라지지 않을지도 모른다.

1 본문에 따르면 안락사는 어떤 문제를 해결할 수 있는가?
모범 답안ㅣ환자의 고통과 환자 가정의 불필요한 손실을 최대한 줄여주어 한정적인 자원을 더 필요한 곳에 쓸 수 있다.

2 반려동물 안락사를 진행할 때 약물 주입 후 수의사는 무엇을 확인해야 하는가?
모범 답안ㅣ안락사가 제대로 이루어졌는지 확인하기 위해 동물의 숨이 완전히 끊어졌는지 검사한다.

3 반려동물 안락사에 관해 어떻게 생각하는지 말해보시오.
모범 답안ㅣ나는 반려동물의 안락사에 찬성한다. 먼저, 연명 치료가 때로는 반려동물에게 더 많은 고통을 주기도 한다. 이때 수의사와 상의 후 치료를 멈추고 안락사를 택할 수 있다. 또한 안락사는 글자 그대로 반려동물이 고통 없이 사망하도록 해 주는 것이므로 주인은 반려동물의 사망 과정에 대해 과하게 걱정할 필요가 없다. 다음으로, 사회질서 유지를 위해 안락사는 어쩔 수 없이 행해야 하는 방법 중 하나이다. 유기견이나 유기묘는 정부 혹은 봉사 단체의 도움으로 살아갈 수 있다. 하지만 그 수가 점점 증가하여 정부 혹은 봉사 단체가 감당할 수 없는 수준에 이르면 부득이하게 안락사를 선택해야 한다. 이는 유기된 동물을 효과적으로 보호하기 위함이기도 하다.

当今 dāngjīn 명 오늘날, 현재, 지금 | 接纳 jiēnà 동 수용하다, 받아들이다 | **安乐死** ānlèsǐ 명 안락사 | 减轻 jiǎnqīng 동 줄다, 감소하다 | 有限 yǒuxiàn 형 유한하다, 한계가 있다 | 直到 zhídào 동 줄곧 ~까지 | 实行 shíxíng 동 실행하다 | 国度 guódù 명 나라 | 荷兰 Hélán 고유 네덜란드 | 即便 jíbiàn 접 설령 ~하더라도 | ★从未 cóngwèi 부 지금까지 ~하지 않았다, 여지껏 ~하지 않다 | 停止 tíngzhǐ 동 멈추다 | 涉及 shèjí 동 관련되다.

연관되다, 연루되다 | **不愿** búyuàn 통 ~하려 하지 않다 | **凶手** xiōngshǒu 명 살인자 | **仁慈** réncí 형 인자하다 | ★**回避** huíbì 통 피하다 | ★**一系列** yíxìliè 형 일련의, 연속되는 | ★**流程** liúchéng 명 과정, 계통 | ★**临床** línchuáng 통 임상하다, 치료하다, 진료하다 | **签订** qiāndìng 통 함께 서명하다 | **协议** xiéyì 명 협의, 합의 | **兽医师** shòuyīshī 명 수의사 | **注射** zhùshè 명 주사 | ★**麻醉** mázuì 명 마취 | **沉睡** chénshuì 통 깊이 잠들다 | **授意** shòuyì 통 의견을 주다 | **注射器** zhùshèqì 명 주사기 | **静脉** jìngmài 명 정맥 | **药物** yàowù 명 약물 | **操作** cāozuò 통 조작 (과정) | ★**迹象** jìxiàng 명 현상, 흔적, 자취, 기미 | **确保** quèbǎo 통 확보하다, 확실히 보장하다 | **实施** shíshī 통 실시하다 | ……**来说** ……láishuō ~으로 말하자면 [对于A来说: A에게 있어서] | **养宠人士** yǎng chǒng rénshì 반려인 | **沉痛** chéntòng 형 침통하다, 비통하다 | **持有** chíyǒu 통 가지고 있다 | **流逝** liúshì 통 유수처럼 빨리 사라지다 | **消散** xiāosàn 통 흩어져 사라지다

⦿ Day 33 모범 답안은 아래 해설 참고   ⦿track 91

풀이

1 녹음에서는 '欧美'로 언급하지 않고 서양을 나타내는 '西方'으로 언급했다. 비슷한 표현이나 다르게 표현하는 어휘들을 함께 알아 두자.

2 녹음 중간 부분에서 패스트푸드가 만들어지는 과정 중에 일부 음식의 성분이 손상되거나 인위적으로 건강에 해로운 화학물질을 첨가해서 정크푸드로 만든다고 했다. 이 부분을 정리해서 말해 보자.

3 정크푸드에 대한 본인의 생각을 정리해서 정크푸드에 대한 인식, 생각을 함께 말해 보도록 하자.

请听一段材料，材料听完后有三个问题。请在"滴"声后回答问题，现在请听材料。

　　垃圾食品是指那些仅仅为人体提供足够热量却营养单一的食物。

　　现代社会，都市人群生活节奏加快，对饮食的要求首先就是快速，方便食品由此而大行其道。正是这种需求，加上电视广告的误导，使得源于欧美的快餐文化在全球畅通无阻，各式各样的快餐已经在不知不觉间占领了我们的餐桌。甚至有专家预测，在不远的将来，大多数上班族一日三餐中起码有两顿饭将是快餐食品。

　　北京以各类中外快餐丰富多样而著称，有来自西方的汉堡包、三明治、比萨饼、炸鸡块、炸薯条，有来自日韩的寿司、盒饭、拌饭，还有中国土生土长的兰州拉面、肉夹馍、煎饼等。不过，既然是快餐食品，就通常必然符合以下条件：含有人体所需营养成分，烹调简单快速，廉价而美味，可以批量生产，便于进行标准化质量控制，携带方便，易于储存且不易变质等。要符合这些条件绝非易事，因为，在制作过程中一些食物的营养成分可能会丢失，可能会人为添加一些对健康有害的化学物质，导致垃圾食品进而成为有毒食品。

다음의 문제를 잘 들으십시오. 듣기가 끝나면 3개의 문제가 나옵니다. '띠' 소리가 나면 문제에 답하십시오. 지금부터 듣기가 시작됩니다.

　　정크푸드는 인체에 충분한 열량을 공급하지만 영양 성분은 단순한 식품을 말한다.

　　현대사회에서 도시 사람들의 생활 리듬이 빨라지면서 음식에 대한 요구는 우선 바로 속도가 빠른 것이었고, 이로 인해 인스턴트식품이 성행했다. 이러한 수요와 더불어 TV 광고의 좋지 않은 영향으로 인해 유럽과 미국에서 유래한 패스트푸드 문화는 전 세계에 거침없이 퍼졌으며 각양각색의 패스트푸드가 어느새 우리의 식탁을 점령해 버렸다. 심지어 어떤 전문가는 머지않아 대다수 직장인의 삼시 세끼 중 적어도 두 끼는 패스트푸드가 될 것으로 예측했다.

　　베이징은 각종 국내외 패스트푸드가 다양하게 존재하는 것으로 유명하다. 서양에서 온 햄버거, 샌드위치, 피자, 치킨 너겟, 감자튀김 등과 한국 및 일본에서 온 초밥, 도시락, 비빔밥 그리고 중국 현지 음식인 란저우 라면, 러우자모, 젠빙 등이 있다. 그런데 패스트푸드라면 일반적으로 다음의 조건에 반드시 부합해야 한다. 인체에 필요한 영양 성분을 함유한다, 조리가 간단하고 빠르다, 가격이 저렴하지만 맛있다, 대량생산이 가능하며 질량 표준화를 통해 통제하기 편리하다, 휴대하기 편하며, 보관이 용이하고 쉽게 변질되지 않는다는 등이다. 이 조건에 모두 부합하는 건 결코 쉽지 않다. 제조 과정 중 일부 음식의 영양 성분이 손실될 수도 있고 인위적으로 건강에 해로운 화학물질을 첨가해 정크푸드, 나아가 '유독 식품'이 될 수도 있기 때문이다.

世界卫生组织公布的垃圾食品包括：油炸类食品、加工类肉食品(香肠、火腿等)、汽水可乐类碳酸饮料、方便面和膨化食品、冷冻甜品类食品(冰激凌、雪糕等)、烧烤类食品。依照这种分类，快餐食品几乎等同于垃圾食品，应加以限制，尽量避免多吃。

在快餐文化的发源地——欧美国家，营养学家率先对快餐食品提出了质疑，并进而呼吁大众抵制过度食用快餐食品。在网络上曾有这样一个真人秀：一个健康的人连续吃30天的麦当劳后进行体检，结果发现身体各项机能都不达标了，呈现亚健康状态。

这一实验通过镜头向大众证明，多吃垃圾食品不但容易导致肥胖，更会严重损害健康。

尽管完全不食用垃圾食品几乎是不可能的，但随着人们健康意识的增强，崇尚自然的有机食品必将成为风尚。

1 来自欧美的快餐美食有哪些？请举例说明。
모범 답안 | 来自欧美的快餐美食有汉堡包、三明治、比萨饼、炸鸡块、炸薯条等。

2 快餐食品对人体健康有什么害处？
모범 답안 | 营养单一，含有过多化学物质，长期过多食用会导致肥胖，损害人体健康。

3 请说说你是何看待垃圾食品的？
모범 답안 | 对于快餐、垃圾食品，人们的态度是各不相同的。然而，随着社会的进步，我于食品的法律和认识改善了很多。过去，快餐店或者垃圾食品公司不重视卫生，而是以快速地给客户提供食物为主。因此，人们渐渐对垃圾食品有了不好印象，甚至有很多人认为快餐食品一点营养价值也没有。不过，如今政府制定且加强了关于食品地的法律，而且严格监督餐厅或者工厂等。另外，一些快餐食品公司为了摆脱大众对自家产品没有营养价值的形象，不断地研发营养丰富的产品。目前，快餐食品完全可称得上是"健康的一顿饭"了。

세계보건기구(WHO)가 발표한 정크푸드로는 튀김류, 가공 육류(소시지, 햄 등), 사이다, 콜라 등 탄산음료, 컵라면, 과자류, 빙과류(아이스크림 등), 구이류 등이 있다. 이 분류에 근거하면 패스트푸드는 거의 정크푸드와 동일하다고 볼 수 있기 때문에 제한을 두고 최대한 많이 먹지 않도록 해야 한다.

패스트푸드 문화의 근원지인 유럽과 미국에서는 영양학자가 앞장서서 패스트푸드에 의문을 제기했으며 패스트푸드의 과도한 섭취를 막아야 한다고 사람들에게 호소했다. 인터넷의 한 리얼리티 프로그램에서는 건강한 사람에게 30일 연속 맥도날드 음식을 먹게 한 후 신체검사를 진행했다. 그 결과 신체 각종 기능이 기준에 미치지 못해 병은 없지만 건강하지는 않은 상태가 되었다.

이 실험은 방송을 통해 사람들에게 정크푸드를 많이 먹으면 비만이 되기 쉬울 뿐만 아니라 건강을 심하게 해칠 수 있음을 증명했다.

정크푸드를 아예 먹지 않는 건 거의 불가능하지만, 사람들의 건강 의식이 강해짐에 따라 자연 친화적인 유기농식품이 새로운 추세가 될 것이다.

1 유럽과 미국에서 온 패스트푸드로는 무엇이 있는가? 예를 들어 말해보시오.
모범 답안 | 유럽과 미국의 패스트푸드에는 햄버거, 샌드위치, 피자, 치킨너겟, 감자튀김 등이 있다.

2 패스트푸드는 인체 건강에 어떤 해로운 점이 있는가?
모범 답안 | 영양 성분이 단순하며 화학물질이 과하게 들어간다. 오랜 시간 과도하게 섭취하면 비만이 될 수 있고 건강을 해친다.

3 정크푸드에 대해 어떻게 생각하는가?
모범 답안 | 패스트푸드, 정크푸드에 대한 사람들의 태도는 각기 다르다. 하지만, 사회의 발전에 따라 식품에 대한 법률과 인식도 많이 개선되었다. 과거에 패스트푸드점이나 정크푸드 기업은 위생을 중시하지 않았고 고객에게 신속하게 음식을 제공하는 것만을 위주로 했다. 그래서 정크푸드에 대한 사람들의 인식도 점차 안 좋아졌고 심지어 패스트푸드는 영양가가 조금도 없다고 생각하는 사람도 많아졌다. 하지만 요즘 정부는 식품에 관한 법률을 제정 및 강화하고 식당과 공장을 엄격히 감독하고 있다. 또한 일부 패스트푸드 회사는 자사 제품에 영양가가 없다는 소비자의 인식에서 벗어나기 위해 영양이 풍부한 제품을 끊임없이 개발하고 있다. 오늘날 패스트푸드는 완전하게 '건강한 한 끼'라고 불릴 만하다.

垃圾食品 lājī shípǐn 몡 정크푸드 | 人体 réntǐ 몡 인체 | 足够 zúgòu 휑 충분하다 | 热量 rèliàng 몡 열량 | 单一 dānyī 휑 단순하다, 단일하다 | 都市 dūshì 몡 도시 | 人群 rénqún 몡 군중, 무리 | 节奏 jiézòu 몡 리듬 | 加快 jiākuài 동 빨라지다 | 快速 kuàisù 휑 속도가 빠른 | 方便食品 fāngbiàn shípǐn 몡 인스턴트식품 | 由此 yóucǐ 뷔 이에 따라, 이에 근거하여 | 大行其道 dàxíngqídào 솅 어떠한 사물이나 현상이 유행한다는 의미 | 需求 xūqiú 몡 수요, 필요 | 加上 jiāshàng 졥 게다가, 그 위에 | ★误导 wùdǎo 동 오도하다, 잘못 이끌다 | 使得 shǐde 동 ~로 하여금 ~하게 하다 | 源于 yuányú 동 ~에서 발원하다, ~에서 근원하다 | 欧美 Ōu Měi 고유 유럽과 미국 | 快餐 kuàicān 몡 패스트푸드 | 全球 quánqiú 몡 전 세계 | 畅通无阻 chàngtōngwúzǔ 거침이 없다 | ★各式各样 gèshì-gèyàng 솅 각양각색, 각기 다른 여러 가지 색깔과 모양 | 不知不觉 bùzhībùjué 부지불식간에, 자기도 모르는 사이에 | 占领 zhànlǐng 동 점령하다 | ★餐桌 cānzhuō 몡 식탁 | 预测 yùcè 동 예측하다 | 上班族 shàngbānzú 몡 직장인, 회사원

一日三餐 yírì sāncān 하루 세 끼 | 起码 qǐmǎ 📵 최소한의 | 中外 zhōngwài 📵 중국과 외국 | 著称 zhùchēng 📳 유명하다 | 汉堡包 hànbǎobāo 📵 햄버거 | 三明治 sānmíngzhì 📵 샌드위치 | 比萨饼 bǐsàbǐng 피자 | 炸鸡块 zhájīkuài 치킨너겟 | 炸薯条 zháshǔtiáo 📵 감자튀김 | 寿司 shòusī 📵 초밥, 스시 | 盒饭 héfàn 📵 도시락밥 | 拌饭 bànfàn 📵 비빔밥 | 土生土长 tǔ shēng tǔ zhǎng 📵 토박이, 현지에서 나고 자라다 | 兰州拉面 lánzhōu lāmiàn 📵 란저우 라면 | 肉夹馍 ròujiāmó 📵 러우자모, 중국식 햄버거 | 煎饼 jiānbing 📵 젠빙 | 含有 hányǒu 📳 함유하다, 포함하다 | ★人体 réntǐ 📵 인체 | 所需 suǒxū 📵 필요한 바의 | ★烹调 pēngtiáo 📵 조리, 요리 | ★廉价 liánjià 📵 헐값이다, 싼값이다, 저렴하다 | ★美味 měiwèi 📵 맛있는 음식 | 批量 pīliàng 📵 대량 | 便于 biànyú 📳 (~하기에) 쉽다, ~에 편하다 | 携带 xiédài 📳 휴대하다 | 易于 yìyú 📵 쉽게 ~할 수 있다 | 储存 chǔcún 📳 모아 두다 | 不易 búyì 쉽지 않다 | ★变质 biànzhì 📳 (주로 나쁜 쪽으로) 변질되다 | 绝非 juéfēi 📵 (객관적으로) 절대 ~이 아니다 | ★丢失 diūshī 📳 분실하다, 잃어버리다 | ★添加 tiānjiā 📳 첨가하다, 늘리다, 보태다 | 有害 yǒuhài 📳 해롭다, 유해하다 | ★进而 jìn'ér 📳 더 나아가, 진일보하여 | 世界卫生组织 Shìjiè Wèishēng Zǔzhī 📵 세계보건기구(WHO) | 加工 jiāgōng 📳 가공하다 | 香肠 xiāngcháng 📵 소시지 | 火腿 huǒtuǐ 📵 중국식 햄 | 汽水 qìshuǐ 📵 사이다 | 可乐 kělè 📵 콜라 | 碳酸饮料 tànsuān yǐnliào 탄산음료 | 方便面 fāngbiànmiàn 📵 인스턴트 라면 | 膨化 pénghuà 📳 튀기다 [膨化食品: 튀겨 만든 식품] | 冷冻甜品 lěngdòng tiánpǐn 📵 빙과류 식품 | 冰激凌 bīngjīlíng 📵 아이스크림 | 雪糕 xuěgāo 📵 아이스크림 | ★烧烤 shāokǎo 📳 (고기 따위를) 불에 굽다 | 依照 yīzhào 📵 ~에 따라 | 等同 děngtóng 📳 동일시하다 | 加以 jiāyǐ 📳 ~을 가하다, ~하다 [2음절 동사 앞에 쓰여 뒤의 동사가 앞에 제시된 사물에 대하여 어떤 동작을 가하는 것을 나타냄] | 发源地 fāyuándì 📵 발원지 | 率先 shuàixiān 📳 앞장서다, 솔선하다 | 质疑 zhìyí 📳 질의하다 | ★呼吁 hūyù 📳 (동정이나 지지를) 호소하다, 구하다, 청하다 | ★抵制 dǐzhì 📳 저지하다 | 过度 guòdù 📵 과도하다, 지나치다 | 真人秀 zhēnrénxiù 📵 리얼리티쇼 | 麦当劳 Màidāngláo 📵 맥도날드 | 体检 tǐjiǎn 📵 신체검사 | 机能 jīnéng 📵 기능 | 达标 dábiāo 📳 기준에 달하다 | ★呈现 chéngxiàn 📳 나타내다, 나타나다, 양상을 띠다 | 亚健康 yàjiànkāng 병은 없지만 몸이 좋지 않은 상태, 건강하지도 나쁘지도 않은 상태 | ★镜头 jìngtóu 📵 (사진기·촬영기·영사기 등의) 화면 | 大众 dàzhòng 📵 대중, 군중 | 肥胖 féipàng 📵 뚱뚱하다 | 损害 sǔnhài 📳 손실을 입다 | 增强 zēngqiáng 📳 강화하다 | ★崇尚 chóngshàng 📳 숭상하다, 존중하다, 숭배하다 | ★风尚 fēngshàng 📵 풍격, 기풍, 풍습, 풍조 | 害处 hàichu 📵 나쁜 점 | 长期 chángqī 📵 장기간

● Day 39　모범 답안은 아래 해설 참고

🔊track 92

풀이

1 녹음의 도입 부분에서 언급한 내용으로 녹음 시작부터 집중해서 듣지 않았다면 풀기 힘든 문제이다.

2 녹음 중간 부분에서 질문에 있는 어휘가 직접적으로 언급되었으며, 그 뒤에 해당 어휘들이 등장하고 있다. 질문의 핵심 어휘를 잘 듣는 것이 중요하다.

3 평소 내가 가지고 있던 신조어에 대한 견해를 정리해서 말해 보자. 신조어의 쓰임에 대해 찬성하는지 반대하는지 입장을 정리한 후 하나의 견해를 정해 말하는 것이 좋다.

请听一段材料，材料听完后有三个问题。请在"滴"声后回答问题，现在请听材料。

　　新词语是社会发展的见证，凸显了新事物的出现、时尚的风行，以及人们审美情趣的变迁。以《新词语大词典（1978-2018）》为例，该词典收录了以1978年至2018年产生的新词语两万余条，相当于平均每年至少产生新词语五百个。置身于种种新词、酷词之中，推敲其中的含义，体味其间的细微区别，有助于我们更好地感受新时代的多变与活力。

　　这此新词语大致可以分为以下几类。

　　第一，新造词语。这类新词语数量最多，如：网民、扶贫、融资、坑爹、养眼、可持续、听证会、亚健康、非处方药、绿色通道。

다음의 문제를 잘 들으십시오. 듣기가 끝나면 3개의 문제가 나옵니다. '띠' 소리가 나면 문제에 답하십시오. 지금부터 듣기가 시작됩니다.

　　새로운 단어는 사회가 발전한다는 증거로, 새로운 사물의 출현, 시대의 흐름 및 사람들의 심미관의 변천을 두드러지게 보여준다. 『새 단어 대사전(1978-2018)』을 예로 들면 이 사전은 1978년부터 2018년 사이 탄생한 새로운 단어 2만여 개를 수록했는데 매년 평균 적어도 500단어가 탄생한 것과 마찬가지다. 각종 신조어와 유행어 속에서 그 함의를 생각하고 단어들 사이의 미세한 차이를 몸소 느끼는 것은 우리가 신시대의 다양한 변화와 활력을 더 잘 느끼는 데 도움이 된다.

　　새로운 단어는 대체로 다음의 몇 가지 종류로 나눌 수 있다.

　　첫째, 신조어이다. 이는 새로운 단어 중 가장 많다. 网民(네티즌), 扶贫(빈민 구제), 融资(융자), 坑爹(사기당하다), 养眼(눈 호강), 可持续(지속 가능한), 听证会(청문회), 亚健康(아건강), 非处方药(일반의약품), 绿色通道(간편 통로) 등이 있다.

01 녹음 듣고 질문에 대답하기　**297**

第二，旧词新义。这类词语形式是旧的，但在新时期产生了新义，即所谓"旧瓶装新酒"。例如："下课"，本义指一节课结束，新义泛指被解职；"朝阳"、"夕阳"本义与太阳的起落相关，新义则涉及了事物的发展变化，如"夕阳产业"；"良性"、"恶性"原本多用于医疗领域，新义则比喻各种事物的面貌与性质，如"恶性车祸"。

第三，旧词新用。这类旧词所指的事物、现象绝迹后又重新出现，于是，这些旧词再度复活，并常常形成新旧词并行但词语附加义有所差别的情形，如：中介、中间人。

第四，缩略语。不了解其成因，你或许费尽九牛二虎之力也无法领会其含义。最常见的是双音节缩略语，例如：婚介（婚姻介绍）、体彩（体育彩票）、卫视（卫星电视）、维和（维护和平）、海归（海外归来）、央视（中央电视台）。也有多音节的，例如：奥运会（奥林匹克运动会），高大上（高端、大气、上档次）。

现代汉语一直以双音节词语为主，但在新词语中多音节型熟语却明显增多，呈现出双音节、多音节并驾齐驱的局面。例如：一刀切、打白条、傍大款、未婚妈妈、胡子工程、青年志愿者等。

如今，除了汉语自己产生的新词新语外，大量"新来的"外来词也为汉语词汇增添了亮丽的色彩。

1 新词新语代表了什么？

모범 답안 | 代表了新事物的出现、时尚的风行，以及与人们审美情趣的变迁。

2 根据原文，哪些词属于"旧瓶装新酒"？

모범 답안 | 属于"旧瓶装新酒"的词有下课，本来指一节课的结束，新的意思是"被解职"；又比如"朝阳"、"夕阳"本义与太阳的起落相关，新义则涉及了事物的发展变化。（除此之外还有"夕阳产业"；"良性"、"恶性""恶性车祸"等）

둘째, 옛말에 새로운 뜻이 생긴 것이다. 형식은 오래되었지만 새로운 시기에 새로운 뜻이 생겼다. 그야말로 '헌 병에 새 술을 담았다'고 할 수 있다. 예를 들면, '下课'의 본래 의미는 '수업이 끝나다'였지만 새로운 의미로는 '해직되다'라는 뜻이 있다. '朝阳(조양)'과 '夕阳(석양)'은 원래 해가 뜨고 지는 것과 관련이 있는 단어였지만 새로운 의미는 '夕阳产业(사양산업)'처럼 사물의 발전 및 변화와 관련이 있다. '良性(양성)'과 '恶性(악성)'은 본래 의료 분야에서 사용되는 단어였지만 새로운 의미는 '恶性车祸(대형 교통사고)'처럼 각종 사물의 상태와 성질을 비유한다.

셋째, 옛말을 새롭게 사용하는 것이다. 단어가 가리키는 사물이나 현상이 자취를 감춘 뒤 다시 나타나서 해당 단어가 부활한 것이다. 새로운 말과 옛말을 함께 사용하지만 단어의 부가적인 의미는 다소 구별되는 상황이 생긴다. 예를 들어 中介(중개), 中间人(중개인) 등이 있다.

넷째, 줄임말이다. 줄임말의 형성 원인을 모른다면 엄청난 노력을 들여도 그 의미를 이해하지 못할 수 있다. 가장 흔한 것은 2음절 줄임말이다. 예를 들면 婚介(결혼 소개), 体彩(스포츠 복권), 卫视(위성 텔레비전), 维和(평화 유지), 海归(해외에서 귀국한 사람), 央视(중국 중앙 텔레비전 방송국) 등이 있다. 또한 奥运会(올림픽대회), 高大上(고급스러움, 당당함, 품위 있음) 등 다음절 줄임말도 있다.

현대 중국어는 줄곧 2음절 단어를 위주로 했지만 새로운 단어 중에는 다음절형 관용어가 뚜렷하게 증가했다. 그러면서 2음절과 다음절이 어깨를 나란히 하는 상황이 나타나고 있다. 一刀切(일률적), 打白条(비공식 영수증), 傍大款(돈 많은 사람에게 빌붙다), 未婚妈妈(미혼모), 胡子工程(지지부진한 공사), 青年志愿者(청년 자원봉사자) 등이 있다.

최근에는 중국어 자체에서 생겨난 새로운 단어 외에도 새로운 외래어가 대량 유입되어 중국어 단어에 아름다운 색채를 더해주고 있다.

1 새로운 단어는 무엇을 보여주는가?

모범 답안 | 새로운 사물의 출현, 시대의 흐름 및 사람들의 심미관의 변천을 나타낸다.

2 본문에 따르면 '헌 병에 새 술을 담은' 경우에 속하는 단어로는 무엇이 있는가?

모범 답안 | '헌 병에 새 술을 담다'에 속하는 단어인 '下课(해직되다)'는 원래는 수업의 끝을 의미하며, 새로운 의미는 '해직되다'이다. 또 예를 들어 '朝阳(조양)'과 '夕阳(석양)'은 원래 해가 뜨고 지는 것과 관련이 있는 단어였지만 새로운 뜻은 사물의 발달과 변화를 포함한다. (그 외 또 '夕阳产业(사양산업)', '良性(양성)'과 '恶性(악성)', '恶性车祸(대형 교통사고)' 등이 있다.)

3 对于各种新词语的出现，你的看法是什么？

모범 답안 | 我觉得新词语的出现利大于弊。虽然有人会觉得新词语的出现会影响字本身的意思和表达，但事实上，好处更多。首先，随着国际化和互联网的发展，人们看到、用到外来词已不是一件了不起的事了。可以说外来词、新词已成为一种流行，有时，看懂外来词甚至被视为一种工作能力。其次，新词、外来词可以让文字的表达更丰富多彩。新词语一方面反映出对社会影响较大的事件，另一方面也直接及时地反映了民意，既有娱乐性又发人深省。因此，我认为新词语的出现利大于弊。

3 각종 새로운 단어의 출현에 대해 어떻게 생각하는가?

모범 답안 | 신조어의 출현은 단점보다 장점이 많다고 생각한다. 신조어의 출현으로 글자 자체의 의미와 표현에 영향이 생겼다고 생각하는 사람도 있지만, 사실상 좋은 점이 더 많다. 먼저, 국제화와 인터넷의 발전에 따라 사람들이 외래어를 보고 사용하는 것은 더 이상 대단한 일이 아니게 되었다. 외래어와 신조어는 일종의 유행이 되었다고 할 수 있다. 때로는 외래어를 알아보는 것이 업무 능력으로 여겨지기도 한다. 다음으로, 신조어와 외래어는 문자의 표현을 더 풍부하고 다채롭게 해 준다. 신조어는 사회에 비교적 큰 영향을 미친 사건을 반영하기도 하고, 여론을 직접적이고 즉각적으로 반영하기도 하며, 오락적인 부분도 있고 깊은 생각을 주는 부분도 있다. 따라서 나는 신조어의 출현이 단점보다 장점이 많다고 생각한다.

★**见证** jiànzhèng 명 증거 | ★**凸显** tūxiǎn 동 분명하게 드러나다, 부각되다 | ★**时尚** shíshàng 명 당시의 풍조, 시대적 풍모 | **风行** fēngxíng 동 성행하다, 유행하다 | ★**审美** shěnměi 명 심미 | **情趣** qíngqù 명 정취, 흥취 | **变迁** biànqiān 동 변천하다 | **例** lì 명 예 | **收录** shōulù 동 수록하다 | ★**余** yú 수 여, 남짓 | ★**相当于** xiāngdāngyú 동 ~와 같다 | **置身** zhìshēn 몸을 두다 [주로 '于' 앞에 쓰임] | **种种** zhǒngzhǒng 명 각종, 갖가지, 여러 가지 | **酷词** kù cí 유행어 | ★**推敲** tuīqiāo 동 퇴고하다, 자구를 고치고 다듬다 | **含义** hányì 명 (글자·단어·말 등의) 함의, 내포된 뜻 | **体味** tǐwèi 동 직접 느끼다 | ★**细微** xìwēi 형 미세하다, 미미하다, 자잘하다 | **有助于** yǒuzhùyú 동 ~에 도움이 되다 | **多变** duōbiàn 형 다변하다, 변화가 많다 | **大致** dàzhì 부 대개, 대략 | **分为** fēnwéi (~으로) 나누다 | ★**网民** wǎngmín 명 네티즌 | **扶贫** fúpín 빈곤층을 도와 가난을 벗어나게 하다, 가난한 사람들을 구제하다 | **融资** róngzī 명 융자 | **坑爹** kēng diē 사기당하다 | **养眼** yǎngyǎn 눈 호강이 | **可持续** kěchíxù 형 지속 가능한 | **听证会** tīngzhènghuì 명 청문회 | **亚健康** yàjiànkāng 신체적으로나 정신적으로 질병에 걸린 것도 아니고 건강하지도 않은 상태 | **非处方药** fēichǔfāngyào 명 (의사의 처방전이 필요 없는) 일반의약품, 비처방약 | **绿色通道** lǜsè tōngdào 간편 통로 [간단한 수속 또는 안전하고 신속한 절차나 방식] | **新义** xīnyì 명 새로운 뜻 | ★**即** jí 곧, 바로 | **所谓** suǒwèi 소위, 이른바 | **旧瓶装新酒** jiù píng zhuāng xīn jiǔ 헌 병에 새 술을 담다, 낡은 형식에 새 내용을 담다 | **本义** běnyì 명 본의 | **泛指** fànzhǐ 동 (단어 풀이의 전문 용어로) 넓게는 ~을 가리키다 | **解职** jiězhí 동 해직하다 | **朝阳** zhāoyáng 명 아침 해 | **夕阳** xīyáng 명 석양 | **起落** qǐluò 동 오르내리다 | ★**则** zé 부 바로 ~이다 | **涉及** shèjí 동 관련되다, 연관되다 | **夕阳产业** xīyáng chǎnyè 사양산업 [쇠퇴의 길에 접어든 산업] | **良性** liángxìng 명 양성 | **恶性** èxìng 명 악성 | ★**原本** yuánběn 부 원래, 본래 | **用于** yòngyú 동 ~에 쓰다 | **医疗** yīliáo 명 의료 | **比喻** bǐyù 동 비유하다 | **面貌** miànmào 명 상태, 상황 | **恶性车祸** èxìng chēhuò 대형 교통사고 | **绝迹** juéjì 동 자취를 감추다, 사라지다 | ★**再度** zàidù 부 재차, 또다시, 거듭 | **复活** fùhuó 동 부활하다, 다시 살아나다 | **并行** bìngxíng 동 병행하다, 동시에 진행하다 | ★**附加** fùjiā 동 부가하다, 추가하다 | ★**有所** yǒusuǒ 동 어느 정도 ~하다, 다소 ~하다 [뒤에 주로 쌍음절 동사를 동반함] | **情形** qíngxing 명 상황 | **中介** zhōngjiè 명 중개 | **中间人** zhōngjiānrén 명 중개인, 중재인 | **缩略语** suōlüèyǔ 명 줄임말, 약어 | **成因** chéngyīn 명 형성 원인 | **费尽** fèijìn 동 다 써 버리다 | **九牛二虎之力** jiǔ niú èr hǔ zhī lì 엄청난 노력 | ★**领会** lǐnghuì 동 이해하다, 깨닫다 | **双音节** shuāngyīnjié 명 이음절 | **婚介** hūnjiè 명 결혼 소개 | **体彩** tǐcǎi 스포츠 복권 | **卫视** wèishì 명 위성 텔레비전, 위성 TV | **维和** wéihé 평화를 유지하다 | **海归** hǎiguī 해외에서 유학을 하거나 일을 하다가 창업하거나 직장을 구하기 위해 귀국하다 | **央视** yāngshì 명 중국 중앙 텔레비전 방송국 | **多音节** duōyīnjié 명 다음절 | **奥运会** Àoyùnhuì 고유 올림픽 | **奥林匹克运动会** Àolínpǐkè Yùndònghuì 고유 올림픽대회 | **高大上** gāodà shàng 고급스럽다, 품위 있다 | **高端** gāoduān 형 고급스러운 | **大气** dàqì 형 당당하다 | **上档次** shàng dàngcì 품위를 갖추다 | **为主** wéizhǔ ~을 위주로 하다 | **熟语** shúyǔ 명 관용어 | **增多** zēngduō 동 증가하다 | **并驾齐驱** bìng jià qí qū 성 어깨를 나란히 하다 | **局面** júmiàn 명 국면, 형세, 양상 | **一刀切** yìdāoqiē 일률적으로 하다 [실제의 상황이 어떻든지 상관없이 동일한 방법과 제도로 여러 가지 문제를 억지로 처리하려는 것] | **打白条** dǎbáitiáo 동 비정식의 영수증 등을 발급하다 | **傍大款** bàng dàkuǎn 동 돈이 많은 남자한테 달라붙다 [보통 그 남자의 정부가 된다는 것을 말함] | **未婚妈妈** wèihūn māma 명 미혼모 | **胡子工程** húzi gōngchéng 명 지지부진한 공사 | **外来词** wàiláicí 명 외래어 | ★**增添** zēngtiān 동 더하다, 늘리다, 보태다 | ★**亮丽** liànglì 형 밝고 아름답다

01 녹음 듣고 자신의 의견 말하기

본서 p.291~296

● track 93

● Day 14 　모범 답안은 아래 해설 참고

풀이

질문의 핵심 내용을 잘 들어야 한다. 녹음 앞부분에 나오는 성어를 제대로 이해하지 못하더라도, 마지막 부분에서 결국 질문하려는 내용이 나오므로 끝까지 집중해서 듣도록 하자. 나와 부모, 또는 나와 자식과의 관계를 생각해보고 대답해 보자.

请听一段材料，材料听完后有一个问题。你有三分钟的准备时间，三分钟的回答时间，现在请听材料。

　　"可怜天下父母心"这句话的意思是："天下父母无怨无悔地为子女付出、担忧的苦心却不能被子女理解，甚至会被误会。"这样的情况十分令人同情与叹惜。请你谈谈，父母与子女相处时，双方应该怎样做才是最好的？请谈谈自己的想法或提出一些建议。

다음의 문제를 잘 들으십시오. 듣기가 끝나면 문제가 나옵니다. 준비시간 3분, 대답 시간 3분이 주어집니다. 지금부터 듣기가 시작됩니다.

　　"세상의 부모 마음은 가없다"라는 말의 의미는 "이 세상의 부모가 원한도 없고 후회도 없이 자녀에게 들이는 노력, 걱정하는 마음은 자녀에게 이해 받지 못하거나 심지어 오해받을 수도 있다"라는 뜻이다. 이러한 상황은 매우 안쓰럽고 애석하다. 부모와 자녀가 함께 지낼 때 양쪽이 어떻게 하는 것이 가장 좋을지, 자신의 생각 또는 제안을 말해 보시오.

모범 답안

　　父母和子女相处时，双方应该怎样做才是最好的？对于这个问题我有几个想法。

　　第一，父母和子女应该互相尊重。尊敬父母是一种子女的义务和责任。这是作为子女理所当然的事情。但父母也应把子女作为一个"人"尊重他们。比如：不要强迫子女做他们不到的事情。

　　第二，一位心理医生说：父母培养孩子时最重要的是培养孩子的独立性。为了培养子女的独立性，父母应该支持他们的选择，不要盲目地干涉他们。当子女遭遇困难或者犯错误时，父母作为一位过来人可以适当地给他们一些建议。这样才能保持良好的家庭关系。

부모와 자녀가 함께 지낼 때, 서로 어떻게 하는 것이 가장 좋을까? 이 문제에 대한 나의 견해는 다음과 같다.

첫째, 부모와 자녀는 서로 존중해야 한다. 부모를 공경하는 것은 자녀의 의무이자 책임이다. 이는 자녀로서 마땅히 해야 할 일이다. 하지만 부모 역시 자녀를 하나의 인격체로 존중해야 한다. 예를 들어, 자녀가 할 수 없는 일을 강요해서는 안 된다.

둘째, 어떤 심리학자는 "자녀 양육 시 가장 중요한 것은 자녀에게 독립성을 키워주는 것이다."라고 말했다. 자녀의 독립성을 키워주기 위해 부모는 자녀의 선택을 지지해야 하며 무작정 간섭해서는 안 된다. 자녀가 어려움에 부닥치거나 잘못을 저질렀을 때 부모는 경험자로서 적절한 조언을 해줄 수 있다. 이렇게 해야만 좋은 가족 관계를 유지할 수 있다.

可怜天下父母心 kělián tiānxià fùmǔ xīn 세상의 부모 마음을 동정하다, 부모가 하는 모든 것은 자식들을 위해서 하는 것이다 | **无怨无悔** wú yuàn wú huǐ 웹 원한도 없고 후회도 없다 | **付出** fùchū 图 바치다 | **担忧** dānyōu 图 걱정하다 | ★**苦心** kǔxīn 図 고심 | **子女** zǐnǚ 図 자녀 | **叹惜** tànxī 图 탄식하며 애석해하다, 매우 아쉬워하다 | ★**理所当然** lǐsuǒdāngrán 웹 도리로 보아 당연하다, 당연히 그렇다 | **强迫** qiǎngpò 图 강요하다, 강제로 시키다, 핍박하다 | **独立性** dúlìxìng 図 독립성 | ★**盲目** mángmù 웹 맹목적인, 무작정 | **干涉** gānshè 图 간섭하다 | **遭遇** zāoyù 图 (적 또는 불행·불리한 일을) 만나다, 맞닥뜨리다 | **适当** shìdàng 웹 적절하다, 적합하다, 알맞다

풀이

녹음의 질문이 장황하게 들려도 당황하지 말자. 녹음의 질문 부분이 아무리 길어도 핵심 표현 또는 질문하는 내용은 마지막 부분에 있는 경우가 많다. 이 문제 또한 질문하고자 하는 내용은 마지막 부분에 등장한다. 평소 내가 생각하고 있는 교우 관계에 대해 이야기해 보자.

请听一段材料，材料听完后有一个问题。你有三分钟的准备时间，三分钟的回答时间，现在请听材料。	다음의 문제를 잘 들으십시오. 듣기가 끝나면 문제가 나옵니다. 준비시간 3분, 대답 시간 3분이 주어집니다. 지금부터 듣기가 시작됩니다.
"知音"一词来源于春秋时期俞伯牙与钟子期的故事。相传俞伯牙善弹琴，钟子期善听琴，俞伯牙每次弹到什么，钟子期都能从琴声中领会到俞伯牙的意思。后来，伯牙在子期死后摔断了自己心爱的琴并发誓再不弹琴了，因为他没有知音了，没有了解自己的人了。后来，人们常用"知音"来形容朋友之间的情谊。请结合听到的内容，谈谈你的交友观。	'지음'이라는 단어는 춘추시대 유백아와 종자기의 이야기에서 유래한다. 유백아는 거문고를 타는 데 능하고, 종자기는 거문고 소리를 듣는 데 능하여 유백아가 매번 거문고를 탈 때면 종자기는 거문고 소리에서 유백아의 뜻을 이해할 수 있었다고 전해진다. 이후에 유백아는 종자기가 사망한 후 자신이 아끼던 거문고를 부수고 다시는 연주하지 않겠다고 다짐했다. 자신의 지음이 없어졌고 자신을 이해하는 사람이 없어졌기 때문이다. 그 후 사람들은 '지음'이라는 말로 벗 사이의 우정을 묘사했다. 들은 내용을 정리하고, 교우에 대한 관점을 이야기해 보시오.

모범 답안

说起交友观，我有一些自己的看法。 首先，我不纠结于朋友的数量。在我的人生中有几个好朋友就可以。韩国有这样一句话：人生中有一个了解我、珍惜我的朋友的话，就是已经是成功的人生了。这意味着十几个"普通"朋友不如一个真正的好朋友。因此，交朋友时，我更重视心灵上、情感上的交流。 其次，我很同意一位明星在一个节目上说过的："和一个遇到困难时能安慰自己的人相比，一个有好事时能够真心地为我祝贺的朋友更难得。"对于这样的情况我也有同感。其实，我认为好朋友是我有喜事的时候，跟我一起开心；有烦恼时也可以互相倾诉的人。但或许很多时候，"互相安慰"真的比"真心祝福"更难。对于我的好事不嫉妒，反而会把那件事看作是自己的事一样，为我感到开心，这样的朋友可谓是真正的朋友。	교우 관념에 대한 나의 견해는 다음과 같다. 먼저, 나는 친구 수에 얽매이지 않는다. 인생에 좋은 친구 몇 명만 있으면 된다고 생각한다. 한국에는 "나를 알아주고 아껴주는 친구 한 명만 있어도 성공한 인생이다"라는 말이 있다. 일반적인 친구 열몇 명보다 진정한 친구 한 명이 더 낫다는 의미이다. 따라서 친구를 사귈 때 나는 마음과 감정의 교류를 더 중요시한다. 다음으로, 나는 한 연예인이 어떤 프로그램에서 말했던 "내가 어려울 때 위로해주는 사람보다 좋은 일이 있을 때 진심으로 축하해 주는 친구를 만나기가 더 어렵다"라는 말에 동의한다. 이러한 상황에 나도 동감한다. 기쁜 일이 있을 때 함께 기뻐해 주고 고민이 있을 때 서로 고민을 들어주는 친구가 좋은 친구라고 생각한다. 하지만 어쩌면 서로 위로해 주는 것이 서로 축하해주는 것보다 더 어려울 때도 많을 것이다. 내가 기쁜 일이 있을 때 질투하지 않고 오히려 내 일을 자기 일처럼 여기고 함께 기뻐해 주는 친구가 진정한 친구라고 할 수 있다.

知音 zhīyīn 명 지음, 서로 마음이 통하는 친한 벗 | ★来源于 láiyuányú ~에서 기원하다, 유래하다 | 春秋时期 chūnqiū shíqī 춘추시대 | 俞伯牙 Yú Bóyá 고유 유백아 [인물] | 钟子期 Zhōng Zǐqī 고유 종자기 [인물] | ★相传 xiāngchuán ~이라고 전해지다, ~라고 전해오다 | 善 shàn 동 잘하다, 잘 해내다 | 弹 tán 동 (악기를) 연주하다, 타다, 켜다 | 琴 qín 명 거문고 | ★领会 lǐnghuì 동 깨닫다, 이해하다, 납득하다, 파악하다 | ★心爱 xīn'ài 동 진심으로 아끼다, 애지중지하다 | ★发誓 fāshì 동 맹세하다 | 常用 chángyòng 형 상용하는, 늘 사용하는 | ★情谊 qíngyì 명 우정 | 交友观 jiāoyǒu guān 교우관 | 纠结 jiūjié 동 뒤엉키다, 뒤얽히다 | 意味着 yìwèizhe 의미하다, 뜻하다, 나타내다 | 心灵 xīnlíng 명 마음 | 情感 qínggǎn 명 느낌, 감정 | 相比 xiāngbǐ 비교하다, 견주다 | 好事 hǎoshì 좋은 일 | 难得 nándé 얻기 어렵다, 하기 쉽지 않다 | ★同感 tónggǎn 명 공감, 동감 | ★喜事 xǐshì 명 기쁜 일, 경사 | ★烦恼 fánnǎo 형 걱정하다, 마음을 졸이다, 걱정스럽다 | ★倾诉 qīngsù 동 (속마음을) 이것저것 죄다 말하다, 다 털어놓다 | ★嫉妒 jídù 동 질투하다 | 看作 kànzuò 동 ~(이)라고 여기다 | ★可谓 kěwèi ~라고 말할 수 있다, ~라고 할 만하다

◉ track 95

● Day 17　모범 답안은 아래 해설 참고

<label>풀이</label>

마지막에 출제되는 문제 부분을 잘 들어야 한다. 앞부분에 농촌과 도시 생활을 비교해서 말하고 있지만, 결국 마지막 문제에서는 본인이 생각하고 있는 도시와 농촌 생활환경에 대해 묻는 질문이므로, 평소 내가 생각하고 있는 도시와 농촌 생활의 장단점을 생각해 보고, 농촌 생활과 도시 생활 중 하나를 선택해 그 이유에 대해 순차적으로 설명해 보자.

请听一段材料，材料听完后有一个问题。你有三分钟的准备时间，三分钟的回答时间，现在请听材料。

다음의 문제를 잘 들으십시오. 듣기가 끝나면 문제가 나옵니다. 준비시간 3분, 대답 시간 3분이 주어집니다. 지금부터 듣기가 시작됩니다.

如今，很多人选择住在农村而不住在城市，主要是因为农村的空气比城市新鲜。在城市，特别是北方的一些大城市，汽车尾气污染严重，时常有雾霾天气。此外，居住问题也更容易解决。城市里寸土寸金，买一处住房就要几百万，要是生活在农村，几十万甚至十来万就能盖上一座两层的小楼，全家人都住进去也没问题。最后，农村的人与人之间的交往远比城市里更有亲切感。请结合听到的材料，谈谈你对城市和农村的生活环境有什么看法。

최근 들어 도시에 살지 않고 농촌에 사는 것을 택하는 사람이 많아졌다. 이는 주로 농촌의 공기가 도시보다 신선하기 때문이다. 도시에서는, 특히 북방의 대도시에서는 자동차 배기가스 오염이 심각하여 항상 공기 중에 미세먼지가 있다. 이 외에 거주 문제도 더 쉽게 해결할 수 있다. 도시는 땅은 좁은데 값이 비싸 집 한 채를 사려면 몇 백만 위안이 있어야 한다. 농촌에서 생활할 경우에는 몇 십만, 심지어 십여 만 위안이면 2층짜리 작은 건물을 지을 수 있어 온 가족이 함께 살아도 문제 없다. 마지막으로, 농촌에서의 사람 간의 교류는 도시보다 훨씬 친밀감 있다. 들은 내용을 정리하고, 도시와 농촌의 생활환경에 대해 어떻게 생각하는지 말해 보시오.

<label>모범 답안</label>

最近，很多人选择住在农村而不住在城市。我个人认为，原因是多方面的。比如，是环境问题；居住问题；最和邻里关系问题等等。其实这些现象都是不可避免的。

首先，随着科技的发展，农村和城市在技术和生活上没有那么大的差异，比如：交通工具、公共设施和快递等。其次，城市生活节奏快，竞争激烈。这种情况很容易使人

최근에 도시가 아닌 농촌에서 사는 것을 선택하는 사람이 많다. 내 생각에 그 이유는 여러 가지가 있다. 예를 들면 환경 문제, 거주 문제, 가까운 이웃 간의 관계 문제 등이다. 사실 이러한 현상은 불가피하다.

먼저, 과학기술이 발전하면서 농촌과 도시에는 대중교통, 공공시설, 택배 등 여러 기술 및 생활에서 큰 차이가 없어졌다. 다음으로, 도시는 생활 리듬이 빠르고 경쟁이 치열하다. 이러한 환경 때문에 사람들은 피로감을 느끼고 농촌 생활을

产生疲劳感，让人更向往农村生活。最后，人口老龄化日益严重。很多中老年人退休后会离开吵闹的城市来安静的农村或者家乡度过余生。在那里，不仅可以感受到邻里乡间的亲切感，而且环境更舒适、安逸。更容易使人产生安定感。

因此，我认为离开城市来农村的人越来越多，是正常的。

지향하게 되었다. 마지막으로, 인구 고령화가 점점 심각해지고 있다. 은퇴 후 시끄러운 도시를 떠나 조용한 농촌이나 고향에서 여생을 보내는 중노년층이 많아지고 있다. 농촌에서는 이웃 간의 친밀감도 느낄 수 있고 더 편안하고 안락한 환경에서 살 수 있어 안정감을 느낄 수 있다.

따라서 도시를 떠나 농촌에 가는 사람이 점점 많아지는 것은 정상이라고 생각한다.

大城市 dàchéngshì 명 대도시 | ★**尾气** wěiqì 명 (자동차·기계 따위의) 배기가스, 폐기 | **时常** shícháng 부 늘, 자주, 항상 | **雾霾** wùmái 초미세먼지, 스모그 | **居住** jūzhù 통 거주하다 | **寸土寸金** cùntǔcùnjīn 비록 적은 땅이지만 큰 값어치가 있다. 금싸라기땅 | **处** chù 양 곳, 군데 [장소의 수를 세는 단위] | **住房** zhùfáng 명 주택 | **来** lái 조 수사 또는 수량사 뒤에 쓰여 대체적인 어림수를 나타냄 | **盖** gài 통 덮다, 뉘넘나 | **全** quán 형 전, 온, 전체의 | **家人** jiārén 명 가족 | **亲切感** qīnqiègǎn 친밀감, 친숙함, 친근감 | **科技** kējì 명 과학기술 ['科学技术'의 줄임말] | **差异** chāyì 명 차이, 다른 점 | **交通工具** jiāotōng gōngjù 교통수단 | **公共设施** gōnggòng shèshī 공공시설 | **快递** kuàidì 명 택배 | **节奏** jiézòu 명 리듬, 박자, 템포 | **疲劳感** píláogǎn 피로감 | **老龄化** lǎolínghuà 통 노령화하다 | ★**日益** rìyì 부 날로, 나날이 더욱 | **吵闹** chǎonào 형 시끌시끌하다, 소란하다 | **余生** yúshēng 명 여생 | ★**安逸** ānyì 형 안일하다, 편하고 한가롭다 | **安定感** āndìng gǎn 안정감

◉ track 96

● Day 21　모범 답안은 아래 해설 참고

풀이

특정 유형의 사람에 대해 묻고 있는 질문으로, 녹음 첫 부분에 이 유형의 사람의 특징을 설명한 부분이 있으므로, 처음부터 끝까지 집중해서 들어야 한다. 핵심 내용을 빠르게 파악하고, 해당 유형의 사람에 대해 평소 내가 가지고 있는 생각이 있었다면 이에 대해 말해 보자. 만약 생각해 본 적이 없다면 주위 사람 중 비슷한 유형의 사람을 떠올려 보고, 그 사람에 대해 내가 평소 가지고 있던 생각이나 느낌에 대해 이야기해 보자.

请听一段材料，材料听完后有一个问题。你有三分钟的准备时间，三分钟的回答时间，现在请听材料。

在我们身边有这样一类人，他们被称为"老好人"。老好人很少拒绝别人的请求，做事也总是左思右想、瞻前顾后。按理说这类人应当为人们所尊敬爱护，可大部分"老好人"却并没有得到与付出相应的回报。在身边人看来，"老好人"理应免费为自己服务，久而久之，"老好人"越发不敢拒绝，身边人也会越发过分起来。而老好人因为不想被别人讨厌，所以才一直选择接受。请结合听到的材料，谈谈你对"老好人"这种类型的人有什么看法。

다음의 문제를 잘 들으십시오. 듣기가 끝나면 문제가 나옵니다. 준비시간 3분, 대답 시간 3분이 주어집니다. 지금부터 듣기가 시작됩니다.

우리 주변에 '무골호인'이라고 불리는 사람들이 있다. 무골호인은 다른 사람의 부탁을 거절하는 일이 거의 없고, 어떤 일을 할 때도 이리저리 고심하며 지나치게 조심하여 결단을 못 내린다. 이론적으로는 이런 사람은 다른 사람의 존경과 사랑을 받아야 마땅하지만, 대부분의 무골호인은 노력에 상응하는 보답을 받지 못한다. 주변 사람 눈에 무골호인은 응당 자기를 위해 무료로 봉사해야 한다. 그렇게 오래 지속되면 '무골호인'은 점점 더 거절하기 힘들어지고 주변 사람은 점점 더 지나치게 행동한다. 무골호인은 다른 사람의 미움을 사고 싶지 않아서 계속 받아들이는 쪽을 선택한다. 들은 내용을 정리하고, 무골호인 같은 유형의 사람에 대해 어떻게 생각하는지 말해 보시오.

  "老好人"是很少拒绝别人的请求、做事怕前怕后的的人。这种人在我们的身边或多或少都会存在。我认为这种人应该改变他们的性格。首先，"老好人"一般是性格比较内向的人，他们平时害怕跟别人沟通或者提出自己的想法等等。如果不改掉这种性格的话，肯定会有损失，比如说：虽然你替对方做了某件事情，但对方一点也不感谢你，甚至每次都让你做一些琐事，这肯定给自己带来不良的影响。其次，有人以为拒绝就是绝交。虽然当你拒绝时对方有可能不开心，但这比你答应了但无法完成要好得多。另外，很多人老好人总是把自己放在乙方的立场维持与他人的人际关系，这绝不是正常的关系，这样的人要努力改变自己的"老好人"性格。

  무골호인은 다른 사람의 부탁을 거절하지 못하고 무슨 일이든 겁부터 내는 사람이다. 이런 사람들은 많게든 적게든 우리 주변에 항상 있다. 나는 이런 사람들이 본인의 성격을 고쳐야 한다고 생각한다. 먼저, 무골호인은 보통 성격이 내성적인 사람으로, 평소에 다른 사람과 소통하거나 자기 생각을 말하는 것 등을 무서워한다. 만약 이러한 성격을 고치지 않는다면 분명 손해를 볼 것이다. 예를 들면, 다른 사람을 대신해 어떤 일을 해 주었는데 그 사람이 조금도 고마워하지 않고 심지어 매번 자질구레한 일을 시킬 수도 있다. 이는 분명 자신에게 부정적인 영향을 미칠 것이다. 다음으로, 거절은 관계를 끊는 것으로 생각하는 사람도 있다. 비록 거절했을 때 상대방의 기분이 좋지 않을 수도 있지만, 승낙 후 그 일을 제대로 해내지 못하는 것보다는 훨씬 낫다. 또한, 무골호인들은 자신을 을의 입장에 두고 타인과의 인간관계를 유지하려 하는데 이는 절대 정상적인 관계가 아니다. 이런 사람들은 자신의 성격을 고치도록 노력해야 한다.

身边 shēnbiān 몡 곁 | **老好人** lǎohǎorén 무골호인 [원칙이 없이 무엇이나 다 좋다고 하는 사람] | **左思右想** zuǒ sī yòu xiǎng 솅 이리저리 생각하다, 여러 가지로 생각하다 | **瞻前顾后** zhānqián gùhòu 솅 지나치게 조심하여 결단을 못 내리다 | ★**按理说** ànlǐ shuō 이론적으로는, 이치상으로, 정상적으로는 | **应当** yīngdāng 조동 반드시 ~해야 한다 | **得到** dédào 조동 얻다, 받다, 획득하다 | **付出** fùchū 툉 들이다, 바치다 | **相应** xiāngyìng 툉 상응하다, 서로 맞다, 어울리다 | **回报** huíbào 툉 보답하다 | **理应** lǐyīng 당연히 ~해야 한다 | **久而久之** jiǔ ér jiǔ zhī 솅 오랜 시일이 지나다, 오래오래 지속되다 | **不敢** bùgǎn 감히 ~하지 못하다 | **过分** guòfèn 툉 (말이나 행동이) 지나치다, 과분하다 | **怕前怕后** pàqián pàhòu 무서워 이러지도 저러지도 못하다 | ★**或多或少** huòduō-huòshǎo 많든 적든 | ★**内向** nèixiàng 혱 내성적이다, 내향적이다 | **替** tì 툉 대신하다 | **琐事** suǒshì 자질구레한 일, 번거로운 일, 사소한 일 | **不良** bùliáng 혱 좋지 않다, 불량하다 | **绝交** juéjiāo 툉 관계를 끊다, 절교하다 | **乙方** yǐfāng 을측 | **立场** lìchǎng 입장, 태도, 관점 | **维持** wéichí 툉 유지하다, 지키다 | ★**他人** tārén 몡 타인, 남, 다른 사람 | **人际关系** rénjì guānxì 몡 대인관계, 인간관계

◉track 97

● **Day 25** 모범 답안은 아래 해설 참고

풀이

평소 신조어를 알고 있으면 좋겠지만, 신조어를 알지 못해도 이 문제에서는 앞부분에서 신조어의 뜻을 설명해 주고 있으므로 집중해서 들어 보자. 본문에서 이야기하고 있는 현상은 평소 주위에서 듣거나 접해 본 경험들이 한 두 번 정도는 있을 것이다. 그때 느꼈던 생각을 정리해서 말해보거나 혹은 접해 본 경험이 없다면 평소 드라마나 소설 등에서 봤을 때 본인이 느낀 생각들을 정리해서 말해 보자.

请听一段材料，材料听完后有一个问题。你有三分钟的准备时间，三分钟的回答时间，现在请听材料。

  经常看电视剧或电影又或是综艺节目的人，对"炒CP"这个词一定不会陌生。它的意思是：两个人本来并不是情侣关系，但是为了热度和吸引观众，故意做一些暧昧的举动，让人以为他们在恋爱。

다음의 문제를 잘 들으십시오. 듣기가 끝나면 문제가 나옵니다. 준비시간 3분, 대답 시간 3분이 주어집니다. 지금부터 듣기가 시작됩니다.

  드라마나 영화, 예능 프로그램을 자주 보는 사람이라면 '비즈니스 커플'이라는 단어가 낯설지 않을 것이다. 이는 두 사람이 본래 연인 관계가 아니지만 인기를 얻고 대중의 관심을 끌기 위해 일부러 애매한 행동을 하여 연애하는 것처럼 보이게 하는 것을 의미한다.

虽然大众已经对这种行为见怪不怪了，但不得不承认这种炒作在短时间内，确实能够吸引观众眼球。然而，很多"CP"在电影或电视剧结束后就各奔东西了。这确实会伤到一部分观众，也难怪越来越多的人表示拒绝炒CP。请结合听到的材料，谈谈你是怎样看待炒CP这种现象的。

대중들은 이러한 행동을 대수롭지 않게 여기긴 하지만, 짧은 시간 안에 확실히 시청자의 눈길을 끌 수 있다는 점은 인정하지 않을 수 없다. 그러나 많은 커플은 영화나 드라마가 끝나면 각자의 길을 간다. 이러한 사실이 일부 대중에게 상처를 줄 수 있어, 점점 많은 사람들이 비즈니스 커플을 거부하는 것도 당연하다. 들은 내용을 정리하고 비즈니스 커플 현상에 대해 어떻게 생각하는지 말해보시오.

모범 답안

对于如何看待"炒CP"这个问题，我觉得是因人而异的。首先，对赞同"炒CP"的人来说，这种行为在电视节目或者电视剧中，可以增添气氛，是制造娱乐效果的手段之一。"炒CP"不仅可以让人们的痴迷感更强，还能给观众带来很大的快乐。如果不是痴迷过度的话，观众可以分出他们是不是假装搞暧昧。其次，对于反对"炒CP"的人来说，这种行为其实或多或少欺骗了观众的感情，所以他们会感到背叛、失望等。而且，这会影响他们看这些电视剧或者电影时的感受。其实CP间的这种暧昧和内容根本没有实际的联系，如果被人们发现两个人一直故意维持CP关系的话，会引来人们反感。

'비즈니스 커플'을 어떻게 생각하는지는 사람마다 다르다고 생각한다. 먼저, 이에 찬성하는 사람들은 비즈니스 커플이 TV 프로그램 혹은 드라마의 분위기를 돋울 수 있는 오락 효과를 내는 수단 중 하나라고 생각한다. 비즈니스 커플은 사람들을 더 빠져들게 하고 대중에게 큰 즐거움을 선사할 수 있다. 너무 과하게 몰입하지만 않는다면 대중은 해당 커플이 호감을 느끼고 만나는 척하는지 아닌지 구별할 수 있다. 다음으로, 비즈니스 커플에 반대하는 사람들은 비즈니스 커플이 많게든 적게든 대중의 감정을 기만하는 것으로 배신감과 실망을 느낀다고 한다. 게다가 이는 드라마나 영화를 보는 데에도 영향을 준다. 사실 커플 간의 썸과 내용은 실질적인 관련이 전혀 없다. 고의로 연인 관계를 유지한다는 걸 사람들에게 들킨다면 사람들의 반감을 일으킬 수도 있다.

电视剧 diànshìjù 명 드라마 | **或** huò 접 혹은, 또는 | **综艺节目** zōngyì jiémù 명 버라이어티쇼 | **炒CP** chǎo CP 명 비즈니스 커플 | ★**陌生** mòshēng 형 낯설다, 생소하다 | ★**情侣** qínglǚ 명 연인, 사랑하는 사람, 애인 | **热度** rèdù 명 인기, 관심 | **暧昧** àimèi 형 애매하다, 불확실하다, 떳떳치 못하다 | **举动** jǔdòng 명 동작, 행위 | **大众** dàzhòng 명 대중, 군중 | **见怪不怪** jiàn guài bú guài 성 이상한 일을 만나도 조금도 놀라지 않다, 모든 일에 침착하게 대처하다 | **炒作** chǎozuò 동 (사람·사물의 가치를 높이려고 언론 매체를 통해) 대대적으로 띄우다, 선전하다 | **眼球** yǎnqiú 명 주의 | **各奔东西** gè bèn dōng xī 성 각자의 길을 가다 | **伤** shāng 동 상하다, 다치다 | ★**难怪** nánguài 부 과연, 어쩐지, 그러길래 | **看待** kàndài 동 대(우)하다, 다루다, 취급하다 | ★**因人而异** yīnrén'éryì 성 사람에 따라 (대응책이) 다르다 | ★**赞同** zàntóng 동 찬성하다, 동의하다 | ★**增添** zēngtiān 동 더하다, 늘리다, 보태다 | **手段** shǒuduàn 명 수단, 방법 | **痴迷** chīmí 동 푹 빠지다, 열중하다, 사로잡히다 | **过度** guòdù 형 과도하다, 지나치다 | **假装** jiǎzhuāng 동 ~인 체하다, 가장하다 | ★**或多或少** huòduō-huòshǎo 많든 적든 | ★**欺骗** qīpiàn 동 속이다, 기만하다 | ★**背叛** bèipàn 동 배반하다, 모반하다 | **维持** wéichí 동 유지하다, 지키다 | ★**反感** fǎngǎn 명 반감, 불만

풀이

본문에서 나오는 성어와 숙어가 말하고자 하는 의미가 무엇인지 우선 잘 파악하고, 내가 가지고 있는 평소 현대인의 관념 변화에 대한 생각과 비교해서 말해보자.

请听一段材料，材料听完后有一个问题。你有三分钟的准备时间，三分钟的回答时间，现在请听材料。

　　从两千多年前孔子的"三十而立"，到当下中国人期待的或正在现实中的"三十而富"，这一字之差凸显了传统和现代的差异。时代在变，人们的期望值也在变。大家都把"钱多"当做一种奋斗目标，"焦虑"成了一种社会的常态。一位哲学家说过："人类应该用20%的时间工作，用80%的时间生活。"而如今，很多人的时间已经成为"一块挤不出水的海绵"。为了追求"更高质量"的生活，而降低了现在的生活质量。请结合听到的材料，谈谈你对现代人观念转变的看法。

다음의 문제를 잘 들으십시오. 듣기가 끝나면 문제가 나옵니다. 준비시간 3분, 대답 시간 3분이 주어집니다. 지금부터 듣기가 시작됩니다.

　　2000여 년 전 공자가 말한 '삼십이립'부터 오늘날 중국인이 기대하거나 현실에 나타나고 있는 '삼십이부(富)'까지, 이 글자의 차이는 전통과 현대의 차이를 두드러지게 보여준다. 시대가 변하면서 사람들의 기대치도 변했다. 사람들은 부자가 되는 것을 인생의 목표로 삼으며 '초조함'은 사회에서 일상이 되었다. 한 철학자는 "사람은 20%의 시간을 일에 쓰고 80%의 시간은 생활에 써야 한다"라고 말한 바 있다. 하지만 오늘날 사람들의 시간은 '짜도 물이 나오지 않는 스펀지'가 되었다. 더 질 높은 삶을 추구하려고 현재의 삶의 질을 낮추고 있는 것이다. 들은 내용을 정리하고, 현대인의 관념 변화에 대한 본인의 생각을 말해보시오.

모범 답안

　　与过去相反，现在人们都把钱当作一种奋斗目标。我认为与过去相比，现在的人们对观念转变了很多。首先，人们对消费观念改变最大，过去，人们不仅看重存钱，而且认为节俭是一种美德。但是现在人们更重视自身的感受，也舍得为自己花钱了。为了高质量地生活，买奢侈品、汽车等。其次，人们对结婚观念有很大的变化。随着生活水平的提高和个人收入的增加，结婚已经不是一生中必不可少的经历了。和过去不一样，如今，人们觉得，为了传宗接代结婚不如一个人生活，而且结婚后会有复杂的问题，比如：处理家庭关系、资金或房产问题等等。另外，最近针对单身、独居老人的产品很多，所以如果利用这些服务的话，老年生活肯定没问题。

　　과거와는 다르게 요즘 사람들은 돈을 목표로 삼는다. 나는 과거에 비해 현재 사람들의 관념이 많이 바뀌었다고 생각한다. 먼저, 소비관의 변화가 가장 크다. 과거에는 저축을 중요하게 생각했을 뿐만 아니라 절약을 일종의 미덕으로 여겼다. 하지만 현재 사람들은 자신의 느낌을 더욱 중시하고 자신을 위해 기꺼이 돈을 쓴다. 질 높은 삶을 위해 사치품, 자동차 등도 구입한다. 다음으로, 결혼관에도 많은 변화가 있었다. 생활 수준이 높아지고 개인의 소득이 늘어나면서 결혼은 더 이상 인생에서 반드시 거쳐야 할 과정이 아니게 되었다. 과거와는 다르게 오늘날의 사람들은 대를 잇기 위해 결혼하는 것보다 혼자 사는 것이 낫다고 생각하며, 결혼 후에는 가족 관계를 신경 써야 하거나 자금 혹은 부동산 등 복잡한 문제들이 생긴다고 생각한다. 또한 최근에는 독신과 독거노인을 위한 제품이 많아져서 이러한 서비스를 이용한다면 노년 생활도 전혀 문제가 없다.

孔子 Kǒngzǐ [고유] 공자 | 三十而立 sānshí'érlì 서른 살이 되어 말과 행동에 어긋남이 없다 | 当下 dāngxià [명] 요즘, 현재 | 三十而富 sānshí'érfù 서른 살이 되어 부자가 된다 | ★凸显 tūxiǎn [동] 분명하게 드러나다 | 差异 chāyì [명] 차이 | 期望值 qīwàngzhí [명] 기대치 | 当做 dàngzuò ~로 삼다, ~로 간주하다 | 焦虑 jiāolǜ [명] 초조한 마음, 근심스러운 마음 | ★常态 chángtài [명] 정상적인 상태, 평소의 상태 | 哲学家 zhéxuéjiā [명] 철학가 | 挤 jǐ [동] 짜다 | ★海绵 hǎimián [명] 스펀지 | 降低 jiàngdī [동] 낮추다 | ★看重 kànzhòng [동] 중시하다 | 节俭 jiéjiǎn [동] 절약하다 | ★美德 měidé [명] 미덕 | 舍得 shěde [동] 기꺼이 하다 | 奢侈品 shēchǐpǐn [명] 사치품 | ★必不可少 bìbùkěshǎo [성] 없어서는 안 된다, 반드시 필요하다 | 传宗接代 chuán zōng jiē dài [성] 대를 잇다, 혈통을 잇다 | 房产 fángchǎn [명] 부동산 | ★单身 dānshēn [명] 단신, 홀몸, 독신 | 独居 dújū [동] 혼자 살다

● **Day 34**　모범 답안은 아래 해설 참고

풀이

'여행'의 대한 견해를 묻고 있는 문제로, 평소 내가 생각하고 있던 여행과 여행을 하면 좋은 점 등을 이야기한다. 다양해지고 있는 여행 스타일에 대해서도 이야기하면 좋다. 본문의 내용을 인용해서 표현하는 것도 하나의 방법이다.

请听一段材料，材料听完后有一个问题。你有三分钟的准备时间，三分钟的回答时间，现在请听材料。	다음의 문제를 잘 들으십시오. 듣기가 끝나면 문제가 나옵니다. 준비시간 3분, 대답 시간 3분이 주어집니다. 지금부터 듣기가 시작됩니다.
二十年前，去国外旅游对很多中国人来说是可望而不可即的，而现在却没什么了不起的了，人们旅游的心态也发生了很大的变化。以前，人们出游最在乎看了多少景点，于是大家匆匆忙忙地从一个地方赶到另一个地方。每到一个景点，匆忙拍几张照片就算玩儿过了。而如今，旅游越来越具有多样化和个性化，同时还出现了自驾游、自由行等新名词。旅游从传统意义上的观光转变成了休闲度假、享受生活、享受世界。对于出游，人们不再在乎游了哪些景点，而是更强调休息和放松的质量。请结合听到的内容，简单谈谈你对"旅行"的看法。	20년 전, 해외여행 가는 것은 많은 중국인들에게 그림의 떡 같은 존재였다. 하지만 현재는 그다지 대단한 일이 아니게 되었으며 사람들의 여행에 대한 태도에도 큰 변화가 생겼다. 예전에 사람들은 여행을 가면 여러 관광지를 둘러보는 것을 가장 신경 썼다. 그래서 한 곳에서 다른 곳으로 쫓기듯이 서둘러 이동하곤 했다. 관광지에 도착해서 다급하게 사진 몇 장 남기면 여행한 셈 쳤다. 하지만 오늘날의 여행은 점점 다양화되고 개성화되고 있으며 동시에 자동차 여행, 자유 여행 등 새로운 단어도 생겼다. 여행은 전통적 의미의 관광에서 레저와 휴양을 즐기고, 삶과 세상을 누리는 것으로 변화했다. 사람들은 여행할 때 더 이상 어떤 관광지에 가느냐를 신경 쓰지 않고 휴식과 편안함의 질을 더욱 강조한다. 들은 내용을 정리하고 당신의 여행에 대한 생각을 간단히 말해보시오.

모범 답안

几十年前，国外旅游对很多人来说是可望而不可即的。但是随着全球的国际化和个人收入的增加，如今旅行不再是难事。过去，国外旅游是单纯的观光，而现在这是享受生活、享受世界的方式之一。我认为国外旅游有很多好处。首先，国外旅游不仅可以开阔眼界，还能增长知识。在国外见到当地人，接触到当地饮食文化可以让人开阔视野，增长知识。另外，一个人在国外处理一些事情时会学到生活中的很多常识。其次，国外旅游可以缓解压力，也能身心放松。最重要的是让自己的生活更丰富，还让人更充实生活。	몇십 년 전만 해도 해외여행은 많은 사람에게 그림의 떡 같은 존재였다. 하지만 전 세계가 글로벌화되고 개인의 소득이 증가하면서 오늘날의 여행은 더 이상 어려운 일이 아니게 되었다. 과거에 해외여행은 단순한 관광이었지만 현재는 삶을 누리고 세계를 누리는 방식이 되었다. 나는 해외여행에 장점이 많다고 생각한다. 먼저, 해외여행은 시야를 넓히고 지식을 늘릴 수 있다. 외국에서 만난 현지인, 외국에서 접한 현지 음식 문화는 우리의 시야를 넓혀주고 지식을 늘려 준다. 이 외에도 외국에서 일을 해결하면서 생활 속 많은 상식을 배우게 된다. 다음으로, 해외여행은 스트레스를 해소해 주고 심신을 이완시켜 준다. 가장 중요한 것은 스스로의 삶을 더 풍부하게 해 주고 더 충실하게 살게 해 준다는 것이다.

可望而不可即 kě wàng ér bù kě jí 성 바라볼 수는 있으나 가까이 갈 수 없다 | 心态 xīntài 명 심리 상태 | 在乎 zàihu 동 신경 쓰다 | ★出游 chūyóu 동 여행하러 가다 | 景点 jǐngdiǎn 명 경치가 좋은 곳, 명승지 | 匆匆忙忙 cōngcongmángmáng 형 총망하다, 매우 바쁘다 | 算 suàn 동 ~인 셈이다, ~로 인정하다 | 多样化 duōyànghuà 동 다양화하다 | 个性化 gèxìnghuà 동 독특한 특색을 갖게 하다 | 自驾游 zìjiàyóu 동 자가운전 여행을 하다 | 自由行 zìyóuxíng 동 자유여행을 하다 | 名词 míngcí 명 단어, 명사 | 观光 guānguāng 동 관광하다 | 度假 dùjià 동 휴가를 보내다 | 不再 búzài 부 더는 ~이 아니다, 다시 ~하지 않다 | 国际化 guójìhuà 국제화 | ★开阔 kāikuò 형 (생각·마음이) 탁 트이다 | ★眼界 yǎnjiè 명 시야, 견문, 식견 | 增长 zēngzhǎng 동 증가하다, 늘어나다 | 当地人 dāngdìrén 명 현지인 | 饮食 yǐnshí 동 음식을 먹고 마시다 | ★视野 shìyě 명 시야 | ★充实 chōngshí 동 충실하게 하다, 보강하다, 강화하다

풀이

마지막 부분까지 제대로 들어야 답변할 수 있는 문제로, 질문에서 언급한 『삼자경』에 나와 있는 내용을 언급해주고, 그 뒤 자신의 생각을 정리해서 말해보자. 마지막 부분에는 그 관점을 통해 알려주고자 하는 내 생각을 최종 정리해 보자.

请听一段材料，材料听完后有一个问题。你有三分钟的准备时间，三分钟的回答时间，现在请听材料。

　　古代《三字经》里说"幼不学，老何为。玉不琢，不成器。"意思是：一个人倘若小时候不好好学习，到老的时候能有什么用呢？玉在经过打磨雕琢以前和石头没有区别。人也是一样，只有经过刻苦磨炼才能成为一个有用的人。请结合听到的材料，谈一谈你对"人只有经过刻苦磨炼才能成为有用的人"这个观点的看法。

다음의 문제를 잘 들으십시오. 듣기가 끝나면 문제가 나옵니다. 준비시간 3분, 대답 시간 3분이 주어집니다. 지금부터 듣기가 시작됩니다.

　　고대 『삼자경』에서는 '어릴 때 배우지 않으면 늙어서 무얼 하겠는가? 옥은 다듬지 않으면 그릇이 될 수 없다'라고 했다. '어릴 때 열심히 공부하지 않으면 늙었을 때 무슨 소용이 있겠는가? 옥은 다듬고 조각하기 전에는 돌과 아무런 차이가 없다. 사람도 마찬가지다. 피나는 단련을 거쳐야만 쓸모 있는 사람이 될 수 있다'라는 뜻이다. 들은 내용을 정리하고 '사람은 피나는 단련을 거쳐야만 쓸모 있는 사람이 될 수 있다'는 관점에 대한 본인의 생각을 말해보시오.

모범 답안

　　幼不学，老何为。玉不琢，不成器意味着只有经过刻苦地磨练，才能成为一个有用的人。我赞同举双手赞同这个观点。

　　首先，随着教育水平的提高，上大学已经不是一件了不起的事情了。过去，大学毕业生很容易找到一份好工作，可现在连毕业于一流大学的人也难以找到理想的工作。在这种情况下，如果不好好学习，忽视磨练自己的话，就会出现连一个成为人才的机会也得不到的局面。

　　其次，俗话说：一分耕耘一分收获。想要达到目标或者理想，没有付出相应的努力是根本无法实现的。我们无法选择出身，但可以在一定程度上选择自己的未来。道理很多人都懂，但实施起来很难。希望每一个努力的人都能实现理想。

　　어려서 배우지 않으면 늙어서 무엇을 하겠는가? 옥도 다듬지 않으면 그릇이 되지 않는다. 이는 각고의 노력을 거쳐야만 쓸모 있는 사람이 될 수 있다는 것을 의미한다. 나는 이 관점에 두 손 들고 찬성한다.

　　먼저, 교육 수준이 높아지면서 대학 진학은 더 이상 대단한 일이 아니게 되었다. 예전에 대학 졸업생은 좋은 직장을 구하기 수월했지만 지금은 일류 대학을 졸업한 사람도 이상적인 일을 구하기가 어려워졌다. 이러한 상황에서 열심히 공부하지 않고 단련을 소홀히 한다면 인재가 될 기회조차 얻지 못하는 상황이 생길 수 있다.

　　다음으로, '노력한 만큼 성과를 얻는다'는 말이 있다. 목표를 달성하거나 꿈을 이루고 싶을 때 상응하는 노력을 들이지 않는다면 절대 실현할 수 없다. 우리는 출신을 선택할 수는 없지만 자신의 미래는 어느 정도 선택할 수 있다. 많은 사람이 이 이치를 잘 알고 있지만 실천하기는 쉽지 않다. 노력하는 모든 사람이 꿈을 이룰 수 있기를 바란다.

三字经 Sānzìjīng 고유 삼자경 [글을 처음 배우는 아동에게 글자를 깨우치기 위하여 사용했던, 세 글자로 된 단어를 모아 엮은 책] | 幼 yòu 형 (나이가) 어리다 | 何为 héwéi (따지는 말투로) 무얼 하느냐? | 玉 yù 명 옥 | 琢 zhuó 동 옥을 다듬다 | 器 qì 명 그릇 | ★倘若 tǎngruò 접 만약 ～한다면 | 打磨 dǎmó 동 갈다, 갈아서 윤을 내다 | 雕琢 diāozhuó 동 조각하다 | ★刻苦 kèkǔ 형 고생을 참아 내다, 몹시 애를 쓰다 | 磨炼 móliàn 동 단련하다, 연마하다 | 有用 yǒuyòng 동 유용하다, 쓸모가 있다 | 意味着 yìwèizhe 동 의미하다, 나타내다 | ★赞同 zàntóng 동 찬성하다, 동의하다 | 一流 yīliú 명 일류 | 局面 júmiàn 명 국면, 형세, 양상 | 一分耕耘一分收获 yìfēn gēngyún yìfēn shōuhuò 노력한 만큼 성과를 얻는다 | 付出 fùchū 동 들이다, 바치다 | 相应 xiāngyìng 동 상응하다, 서로 맞다, 어울리다 | ★出身 chūshēn 명 출신, 신분 | 实施 shíshī 동 실시하다, 실행하다

听力 | 듣기

1 B	2 A	3 B	4 A	5 A	6 B	7 A	8 B	9 B
10 A	11 B	12 A	13 半睡半醒		14 C	15 B	16 A	17 D
18 D	19 A	20 B	21 积极性		22 A	23 A	24 D	25 D
26 显而易见		27 A	28 B	29 A	30 被忽视		31 C	32 A
33 C	34 C	35 栖息地的大规模丧失			36 C	37 B	38 海洋本身	
39 B	40 A							

阅读 | 독해

41 A	42 B	43 C	44 B	45 A	46 B	47 A	48 C	49 A
50 D	51 C	52 B	53 B	54 D	55 C	56 B	57 D	58 D
59 B	60 B	61 D	62 A	63 D	64 A	65 C	66 D	67 C
68 C	69 G	70 D	71 B	72 E	73 C	74 需求/需要		
75 家庭养老		76 生活细节		77 70岁以上		78 对精神慰籍的强烈需求		
79 理性看待问题		80 有优点也有缺点			81 头疼、头晕、可脑电图没问题			
82 生理，心理和社会适应性			83 激烈			84 以为自己很健康		
85 学习工作和休息相结合			86 高蛋白和新鲜蔬菜鱼等			87 喜、怒、忧、思、悲、恐、惊		

书写 | 쓰기　　88~89　　　p.356~359 [모범 답안] 참고

翻译 | 번역　　90~93　　　p.360~362 [모범 답안] 참고

口语 | 말하기　94~98　　　p.363~366 [모범 답안] 참고

© track
final test 03
(모범답안)

听力 | 듣기

1~5

1　**B (✗)** [黑曾湖是全部水体位于北极圈以内面积最大的湖泊 헤이즌 호수는 물 전체가 북극권 안에 있는 호수 중 면적이 가장 큰 호수다] 녹음에서 헤이즌 호수는 물 전체가 북극권 안에 있는 호수 중 면적이 가장 큰 호수라고 했다. 따라서 헤이즌 호수는 북극권 안에 있는 호수 중 면적이 가장 작은 호수라고 한 문장은 틀렸다. 이 문제에서는 호수의 면적이 컸는지 작았는지가 핵심 질문이므로, 크기와 관련된 어휘인 '大'와 '小'를 정확히 들어야 답을 찾을 수 있는 문제이다.

2　**A (✓)** [病毒和宿主之间存在明显差异 바이러스와 숙주 사이에 명확한 차이가 존재했다] 과학자들이 호수 지역의 토양 샘플을 분석해 이 환경에 어떤 바이러스가 존재하는지, 잠재된 바이러스 숙주는 무엇이 있는지 알아낼 수 있었다고 언급하면서 분석 결과 샘플 중의 바이러스와 숙주 사이에 명확한 차이가 존재한다고 했다. 따라서 문제 2번의 내용이 직접적으로 언급되어 있음을 확인할 수 있다. 본문의 내용을 그대로 가져온 문제이다. 이런 문제는 녹음에서 말하고자 하는 내용을 대략적으로 기억해 놓는 것이 좋다.

3 B (✗) [气候变暖会增加冰川融水 날씨가 따뜻해지면서 빙하가 녹은 물이 증가했다]　녹음에서 과학자가 밝히길, 날씨가 따뜻해지면서 빙하가 녹은 물이 증가해 호수에 예전부터 존재했던 바이러스가 본래 접촉할 수 없었던 잠재된 숙주와 접촉하게 되었다고 했다. 3번 문제는 날씨가 따뜻해져도 빙하가 더 많이 녹지는 않는다고 했으므로 이에 대한 정답은 ✗다. 질문에 있는 부정부사 '不'를 정확히 듣고 문제의 의미를 잘 파악해야 한다.

4 A (✓) [科学界一直对气候变暖造成极地冰雪融化进而释放"沉睡病毒"的风险保持警惕 과학계에서는 지구온난화로 인해 극지방의 얼음이 녹아 '깊이 잠든 바이러스'가 방출될 위험에 관해 줄곧 경계하고 있다]　지구온난화로 인해 바이러스 전파 확률이 높아졌으며 이로 인해 북극 바이러스가 깨어날 위험도 초래됐다고 했다. 때문에 바이러스가 깨어날 위험에 대해서 한층 더 깊은 조사와 연구가 필요하다고 했으며, 그 뒤에 바로 지구온난화로 인해 극지방의 얼음이 녹아 잠들어 있던 바이러스가 방출될 위험성에 관해 과학계가 줄곧 예의 주시하고 있다고 했다. 녹음 뒷부분에서 언급한 '잠들어 있던 바이러스'가 바로 '북극 바이러스'이며 이는 직접적으로 본문에 언급되어 있기 때문에 정답은 ✓이다.

5 A (✓) [我们唯一能做的就是加强环境保护 우리가 유일하게 할 수 있는 것은 바로 환경보호를 강화하는 것이다]　환경문제를 일으킨 원인들에 대해 설명하며 우리 인류가 할 수 있는 유일한 것은 환경보호를 강화하고 빙하가 녹는 속도를 늦추는 것이라고 설명했다. 이 문장을 통해 전체 본문에서 말하고자 하는 주제도 파악할 수 있다. 바로 환경보호에 대한 의식을 높이도록 호소하는 것이 주제임을 알 수 있어 정답은 ✓이다. 일반적으로 주제는 마지막 단락에 많이 등장하므로 마지막까지 집중해서 들어야 한다.

现在开始第1到5题：

研究表明，随着全球气候变暖，北极病毒存在"溢出风险"。科学家指出，病毒需要宿主进行复制传播，宿主可能是人类、动物、植物或真菌。某些情况下病毒可能在不同宿主之间跳跃，从而实现跨物种传播。

科考队在加拿大黑曾湖地区进行采样，[1]黑曾湖是全部水体位于北极圈以内面积最大的湖泊。科考队收集的样本包括冰川融水形成河流的河床土壤，也包括黑曾湖本身的湖床土壤。通过对黑曾湖地区的土壤样本的分析，科学家能发现环境中存在哪些病毒以及潜在的病毒宿主。[2]分析发现，样本中的病毒和宿主之间存在明显差异。科学家指出，冰川融水会把河道内的顶层土壤连带其中的生物体带进黑曾湖，[3]而气候变暖会增加冰川融水，导致湖内本来存在的病毒接触到原本不会接触到的潜在宿主。也就是说，[4]气候变暖会增加病毒传播几率，造成北极病毒"溢出风险"。不过，科学家也指出，北极病毒"溢出风险"是一种理论上的可能性，并不一定会造成一场全球大流行。"溢出风险"究竟有多大尚存不确定性，需要做进一步的调查研究。

1번~5번 문제가 시작됩니다.

연구에 따르면, 지구온난화가 진행되면서 북극 바이러스가 '넘쳐 흐를 위험'이 있다고 한다. 과학자들은 바이러스는 숙주가 있어야 복제 및 전파를 할 수 있으며, 인간, 동물, 식물, 진균(곰팡이)이 숙주가 될 수 있음을 지적했다. 어떤 상황에서 바이러스는 서로 다른 숙주 사이를 넘나들다가 생물종을 뛰어넘어 전파되기도 한다.

과학 연구팀은 캐나다 헤이즌 호수 지역의 샘플을 추출했다. [1]헤이즌 호수는 물 전체가 북극권 안에 있는 호수 중 면적이 가장 큰 호수다. 연구팀이 수집한 샘플에는 빙하가 녹은 물로 형성된 하류의 하천 바닥 토양과 헤이즌 호수 자체의 호수 바닥 토양이 포함되어 있었다. 헤이즌 호수 지역의 토양 샘플 분석을 통해 과학자들은 이 환경에 어떤 바이러스가 존재하는지, 잠재된 바이러스 숙주에는 무엇이 있는지 알아낼 수 있었다. [2]분석 결과 샘플 중의 바이러스와 숙주 사이에 명확한 차이가 존재했다. 과학자는 빙하가 녹은 물로 인해 강줄기 맨 위층의 토양과 연관된 생명체가 헤이즌 호수로 유입됐고, [3]날씨가 따뜻해지면서 빙하가 녹은 물이 증가해 호수에 예전부터 존재했던 바이러스가 본래 접촉할 수 없었던 잠재된 숙주와 접촉하게 되었다고 밝혔다. 다시 말하자면, [4]지구온난화로 바이러스 전파 확률이 높아졌고, 북극 바이러스가 '넘쳐 흐를 위험'이 초래된 것이다. 하지만 과학자는 북극 바이러스가 '넘쳐 흐를 위험'은 이론상으로 가능할 뿐이며 반드시 글로벌 팬데믹을 일으키는 것은 아니라고도 했다. '넘쳐 흐를 위험'에 여전히 얼마나 큰 불확실성이 존재하는지는 한층 더 깊은 조사와 연구가 필요하다.

⁴科学界一直对气候变暖造成极地冰雪融化进而释放"沉睡病毒"的风险保持警惕。毫无疑问，冰川一点点脱落、冰山一块块融化会导致全球变暖加剧。然而，又是什么令冰山和冰川一点点融化的呢？答案是众所周知的，人类的科技发展、对南北极的开发、有害气体的排放……这些才是造成一系列环境问题的罪魁祸首。无论从哪一方面来讲，冰川的稳定是维持气候的关键，即使没有所谓的病毒，冰川融化也会给人类环境带来巨大的影响。而地球上大大小小的洋流对冰山的命运也有着决定性作用。就目前人类的力量来说，要改变一座冰川的命运很难，⁵我们唯一能做的就是加强环境保护，减缓冰川融化，只有这样，人类才可以在地球上长久地生存下去。

⁴과학계에서는 지구온난화로 인해 극지방의 얼음이 녹아 '깊이 잠든 바이러스'가 방출될 위험에 관해 줄곧 경계하고 있다. 빙하가 아주 조금 떨어지거나 빙산이 아주 조금만 녹아도 지구온난화가 심해지는 건 틀림없는 사실이다. 그런데 무엇이 빙산과 빙하를 조금씩 녹게 했을까? 답은 모두가 알고 있듯이 인류의 과학기술 발전, 남극과 북극의 개발, 유해가스 배출 등이 일련의 환경문제를 일으킨 주범이다. 여러모로 빙하의 안정은 기후를 유지하는 관건이며, 소위 말하는 바이러스가 존재하지 않더라도 빙하가 녹으면 인류 환경에 막대한 영향을 미칠 것이다. 지구상의 크고 작은 해류들도 빙산의 운명에 결정직 역할을 한다. 현재 인류의 힘으로는 빙산의 운명을 바꾸기는 매우 어렵다. ⁵우리가 유일하게 할 수 있는 것은 바로 환경보호를 강화하고 빙하가 녹는 속도를 늦추는 것이다. 이렇게 해야만 인류가 지구에서 오래도록 생존할 수 있다.

1 报道中提到的黑曾湖是全部水体位于北极圈以内面积最小的湖泊。

A √　　B ×

1 보도에서 언급한 헤이즌 호수는 물 전체가 북극권 안에 있는 호수 중 면적이 가장 작은 호수다.

A √　　B ×

2 分析发现，样本中的病毒和宿主之间存在明显差异。

A √　　B ×

2 분석 결과 샘플 중의 바이러스와 숙주 사이에 명확한 차이가 존재했다.

A √　　B ×

3 气候变暖并不会造成冰川融水增加。

A √　　B ×

3 날씨가 따뜻해져도 빙하가 더 많이 녹지는 않는다.

A √　　B ×

4 科学界对于文中提到的"北极病毒"持警惕态度。

A √　　B ×

4 과학계는 본문 중 언급한 '북극 바이러스'를 예의 주시하고 있다.

A √　　B ×

5 本文主旨在于"呼吁人类提高环保意识"。

A √　　B ×

5 본문의 취지는 '인류가 환경보호에 대한 의식을 제고하도록 호소하는 것'이다.

A √　　B ×

全球 quánqiú 몡 전 지구 | 气候变暖 qìhòu biànnuǎn 몡 지구온난화 | 北极 běijí 몡 북극 | 溢出 yìchū 용 넘쳐흐르다 | 指出 zhǐchū 용 밝히다 | 宿主 sùzhǔ 몡 숙주 | 真菌 zhēnjūn 몡 진균 | ★跳跃 tiàoyuè 용 뛰어오르다 | ★跨 kuà 용 (일정한 한계를) 뛰어넘다 | 物种 wùzhǒng 몡 (생물의) 종 | 科考队 kēkǎoduì 몡 과학 연구팀 ['科学考察队'의 줄임말] | 加拿大 Jiānádà 고유 캐나다 | 黑曾湖 hēicénghú 헤이즌 호수 | 采样 cǎiyàng 용 (검사를 위하여) 견본이나 표본을 추출하다 | 水体 shuǐtǐ 몡 물 | 北极圈 běijíquān 몡 북극권 | ★湖泊 húpō 몡 호수 | 收集 shōují 용 수집하다 | 样本 yàngběn 몡 샘플 | 冰川 bīngchuān 몡 빙하 | 融 róng 용 (얼음·눈 따위가) 녹다 | 河流 héliú 몡 하류 | 河床 héchuáng 몡 하천 바닥 | ★土壤 tǔrǎng 몡 토양 | 本身 běnshēn 몡 그 자체 | 潜在 qiánzài 용 잠재하다 | 差异 chāyì 몡 차이, 다른 점 | 河道 hédào 몡 강줄기 | 顶层 dǐngcéng 몡 맨 위층 | 连带 liándài 용 서로 연관되다 | 生物体 shēngwùtǐ 몡 생명체 | 原本 yuánběn 뷔 원래 | ★也就是说 yějiùshìshuō 바꾸어[다시] 말하면 ~이다 | 几率 jǐlǜ 몡 확률 | 理论 lǐlùn 몡 이론 | 大流行 dàliúxíng 팬데믹, 대유행 | 尚存 shàngcún 여전히 존재하다 | 进一步 jìnyíbù (한 걸음 더) 나아가 | 科学界 kēxuéjiè 몡 과학계 | 极地 jídì 몡 극지 | 冰雪 bīngxuě 얼음과 눈 | 融化 rónghuà 용 (얼음·눈 따위가) 녹다 | ★释放 shìfàng 용 방출하다 | 沉睡 chénshuì 용 깊이 잠들다 | ★警惕 jǐngtì 용 경계하다 | ★毫无 háo wú 조금도 ~이 없다 | 一点点 yìdiǎndiǎn 아주 조금 | 脱落 tuōluò 용 떨어지다 | 全球变暖 quánqiú biàn nuǎn 전 지구 온난화 | 加剧 jiājù 용 심해지다 | ★众所周知 zhòngsuǒzhōuzhī 솅 모든 사람이 다 알고 있다 | 有害 yǒuhài 용 유해하다 | 气体 qìtǐ 몡 가스 | ★排放 páifàng 용 (폐기·오수·찌꺼기 따위를) 배출하다 | ★一系列 yíxìliè 혱 일련의, 연속되는 | ★罪魁祸首 zuìkuíhuòshǒu 솅 재난의 주요 원인 | 维持 wéichí 용 유지하다 | 大大小小 dàdà xiǎoxiǎo 몡 큰 것과 작은 것 | 洋流 yángliú 몡 해류 | ……来说 ……láishuō ~으로 말하자면 [就A来说: A에게 있어서] | 加强 jiāqiáng 용 강화하다 | 减缓 jiǎnhuǎn 용 (정도나 속도 따위를) 늦추다 | 长久 chángjiǔ 오래다, 길다 | 生存 shēngcún 용 생존하다 | 提到 tídào 용 언급하다 | 主旨 zhǔzhǐ 몡 취지 | ★呼吁 hūyù 용 호소하다

6~10

6 **B(✕)** [梅兰竹菊指梅花、兰花、竹子、菊花 매란죽국(매란국죽)은 매화와 난초, 대나무, 국화를 가리킨다]   녹음 도입 부분에서 매란죽국(매란국죽)은 매화와 난초, 대나무, 국화를 가리킨다고 했다. 매란죽국(매란국죽)은 네 가지의 화초를 뜻함을 파악할 수 있기 때문에 '네 가지 사물'이라고 한 문장은 틀린 답이다.

7 **A(✓)** [梅、兰、竹、菊也是咏物诗和文人画中最常见的题材 매화, 난초, 대나무, 국화는 영물시와 문인화에서 가장 흔한 소재이기도 하다]   매화, 난초, 대나무, 국화는 영물시와 문인화에서 가장 흔한 소재라고 언급했다. 가장 흔한 소재와 '常客'(단골손님)는 문맥상 같은 의미로 볼 수 있기 때문에 정답은 ✓이다. 문제에 모든 어휘가 그대로 나오지는 않으므로 비슷한 표현들은 잘 숙지해 놓도록 하자.

8 **B(✕)** [梅兰竹菊占尽春夏秋冬 매란국죽은 봄, 여름, 가을, 겨울을 모두 담고 있다]   매란국죽은 봄, 여름, 가을, 겨울을 담고 있으며 이를 사군자라고 부르는 이유는 시간의 질서와 생명의 의미에 대한 문인의 깨달음을 표현한 것이라고 했다. 봄, 여름, 가을, 겨울을 표현한 것은 아니기에 답은 ✕이다. 녹음에서 매란국죽이 봄, 여름, 가을, 겨울을 담고 있다고 해서 무조건 ✓를 답으로 골라서는 안 된다.

9 **B(✕)** [它在晚秋时节绽放，且不惧秋风和寂寞，就像是隐居山间的隐士，默默坚守着自己的理想 늦가을에 피는 국화는 가을바람과 외로움을 두려워하지 않으며 산속에 숨어 사는 은사처럼 자신의 이상을 묵묵히 지킨다]   늦가을에 피고 산속에 숨어 사는 은사라고 비유한 것은 대나무가 아니라 국화에 대한 설명이다. 대나무는 강인한 기품을 지니고 있으며 바람과 서리 속에서도 굳세며 세속에 굴하지 않는다고 했다. 따라서 정답은 ✕이다. 이렇게 하나의 문제에 여러 개의 설명을 섞어놓을 수 있으니, 설명하는 내용이 여러 개라면 어떤 어휘를 어떻게 설명했는지 정확히 숙지해 놓는 것이 중요하다.

10 **A(✓)** [内在的精神品性升华为永恒无限的美 내재적인 정신의 품성을 영원하고 무한한 아름다움으로 승화한 것이다]   녹음 마지막 부분에서 매란국죽은 유한하고 내재적인 정신의 품성을 영원하고 무한한 아름다움으로 승화한 것이라고 표현했다. 본문에 그대로 언급된 표현이기 때문에 정답은 ✓이다.

现在开始第6到10题：

⁶梅兰竹菊指梅花、兰花、竹子、菊花。它们被称为"花中四君子"，各自象征的品质分别是：傲、幽、坚、淡。不仅如此，⁷<u>梅、兰、竹、菊也是咏物诗和文人画中最常见的题材</u>。自唐代黄凤池编辑的《梅竹兰菊四谱》后，梅兰竹菊便被称为"四君"。画家用"四君子"来标榜君子的清高品德。而"四君子"也确实各有特色，并非浪得虚名：梅，剪雪裁冰，一身傲骨；兰，空谷幽香，孤芳自赏；竹，筛风弄月，潇洒一生；菊，凌霜自行，不趋炎势。其实，人们对梅兰竹菊如诗一般的感受是以深厚的民族文化精神为背景的。⁸<u>梅兰竹菊占尽春夏秋冬，中国文人以其为"四君子"，正表现了文人对时间秩序和生命意义的感悟</u>。咏物诗中，很少有以百首的篇幅来咏一种事物的，而对梅花完成"百咏"的诗人最多。梅花最令诗人倾倒的气质是一种寂寞中的自足，一种"凌寒独自开"的孤傲。它不屑与凡桃俗李在春光中争艳，而是在天寒地冻、万木不禁寒风时，独自傲然挺立，

6번~10번 문제가 시작됩니다.

⁶매란죽국(매란국죽)은 매화와 난초, 대나무, 국화를 가리킨다. 이것들은 '사군자'라고 불리며 각자가 상징하는 성품은 각각 고고함, 차분함, 강인함, 우아함이다. 이뿐만 아니라 ⁷매화, 난초, 대나무, 국화는 영물시와 문인화에서 가장 흔한 소재이기도 하다. 당나라 황봉지가 편찬한 『매란국죽사보』가 나온 후부터 매란국죽은 '사군자'라고 불렸다. 화가들은 이 사군자로 군자의 고결한 품성을 표방했다. 사군자는 확실히 각자의 특색이 있고 훌륭하며 결코 헛된 명성을 얻은 것이 아니다. 매화는 눈과 얼음을 부수는 꿋꿋함을 갖고 있다. 난초는 인적 드문 산골짜기에서 은은한 향기를 뿜으며 자신을 고결한 꽃으로 여기고 만족해한다. 대나무는 풍월을 읊으며 한평생 소탈하다. 국화는 스스로 서리에 맞서고 권력에 아부하지 않는다. 사실 사람들의 매란국죽에 대한 시적 감상은 깊은 민족문화의 정신을 배경으로 한다. ⁸매란국죽은 봄, 여름, 가을, 겨울을 모두 담고 있으며 중국 문인들은 이를 '사군자'로 삼아 시간의 질서와 생명의 의미에 대한 문인의 깨달음을 표현한다. 영물시 중에서 백 수의 편으로 한 가지 사물을 읊는 경우는 드물지만 매화에 대해서는 백 가지로 읊은 시인은 가장 많다. 매화가 시인들을 가장 매료시킨 기품은 적막 속에서의 자족 및 추위를 무릅쓰고 홀로 피어나는 고고함이다. 매화는 평범한 복숭아,

在大雪中开出满树繁花，幽幽冷香，随风袭人。它从不惧怕严寒，勇敢地绽放自己的美丽，象征着高洁之士；而兰花有着幽静的品质，绽放在山谷之中，静等"有缘人来发现它"。兰花就像是世上不理俗世的贤士，不求功名利禄，只坚守内心的志向；竹子则具有坚韧的品质。9竹子的身姿挺拔，在风霜中依旧坚挺，不为世俗折腰。就像是不屈傲骨的谦谦君子；菊花具有淡雅的品质。9它在晚秋时节绽放，且不惧秋风和寂寞，就像是隐居山间的隐士，默默坚守着自己的理想。

　　"梅傲、兰幽、竹坚、菊淡"，中国人在一花一草、一石一木中寄了自己的一片真情，从而使花木草石脱离或拓展了原有的意义，成为人格、胸襟的象征和隐喻。10这便是生命和艺术的境界，它们都是将有限的、内在的精神品性升华为永恒无限的美。

자두와 봄볕에서 서로 아름다움을 다투지 않고, 날씨가 무척 춥고 온 나무가 찬 바람을 견디지 못할 때 홀로 꼿꼿하게 서 있으며, 큰 눈 속에서 무성한 꽃을 피우며 은은하고 차가운 향기가 바람을 타고 풍겨온다. 혹한의 추위를 두려워하지 않으며 용감하게 자신의 아름다움을 꽃피우는 매화는 고결한 선비를 상징한다. 난초는 차분한 기품이 있으며 산골짜기 속에서 피어나 '인연이 있는 사람이 와서 발견해 주길' 조용히 기다린다. 난초는 속세를 모르는 현인처럼 공명과 관록을 추구하지 않고 내면의 포부만을 굳게 지킨다. 9대나무는 강인한 기품을 지니고 있다. 꼿꼿한 자태의 대나무는 바람과 서리 속에서도 굳세며 세속에 굴하지 않는다. 굴복하지 않고 강직하며 겸손한 군자처럼 말이다. 국화는 우아한 기품을 지니고 있다. 9늦가을에 피는 국화는 가을바람과 외로움을 두려워하지 않으며 산속에 숨어 사는 은사처럼 자신의 이상을 묵묵히 지킨다.

'매화의 고고함, 난초의 차분함, 대나무의 강인함, 국화의 우아함', 중국인은 꽃 하나, 풀 하나, 돌 하나, 나무 하나에 자신의 진심을 담아 꽃, 나무, 풀, 돌이 본래의 뜻을 벗어나거나 확장하게 하여 인격과 마음의 상징 및 은유가 되게 했다. 10이는 생명과 예술의 경지이며 매란국죽은 유한하고 내재적인 정신의 품성을 영원하고 무한한 아름다움으로 승화한 것이다.

6 梅兰竹菊不是指四种花卉，而是四种事物。

A ✓　　　　B ✕

7 梅、兰、竹、菊是古代诗词绘画作品的"常客"。

A ✓　　　B ✕

8 如今，人们也会用梅兰竹菊来表示春夏秋冬。

A ✓　　　B ✕

9 坚韧的竹子在晚秋时节绽放，常指隐居山间的隐士。

A ✓　　　B ✕

10 梅兰竹菊的隐喻是对内在精神品质的升华。

A ✓　　　B ✕

6 매란국죽은 네 가지 화초를 뜻하는 것이 아니라 네 가지 사물을 뜻한다.

A ✓　　　　　　B ✕

7 매화, 난초, 대나무, 국화는 고대의 시와 그림 작품에 자주 등장하는 단골손님이다.

A ✓　　　　　　B ✕

8 오늘날에도 사람들은 매란국죽으로 봄, 여름, 가을, 겨울을 표현한다.

A ✓　　　　　　B ✕

9 강인한 대나무는 늦가을에 피어나며 산속에 숨어 사는 은사를 가리킨다.

A ✓　　　　　　B ✕

10 매란국죽의 은유는 내재된 정신의 품성에 대한 승화이다.

A ✓　　　　　　B ✕

梅兰竹菊 méilánzhújú 몡 매란국죽 | **梅花** méihuā 몡 매화 | **兰花** lánhuā 몡 난초 | **竹子** zhúzi 몡 대나무 | **菊花** júhuā 몡 국화 | **花中四君子** huāzhōng sìjūnzi 몡 사군자 | **品质** pǐnzhì 몡 품성, 성품 | ★**傲** ào 혱 고고하다, 꼿꼿하다 | **幽** yōu 혱 차분하다, 조용하다 | **坚** jiān 혱 강인하다, 견고하다 | **咏物诗** yǒngwùshī 몡 영물시 [현실 속에서 구체적인 사물을 대상으로 하여 정확하고 세밀하게 묘사한 시] | **文人画** wénrénhuà 몡 문인화 | **常见** chángjiàn 혱 흔한, 흔히 보는 | **题材** tícái 몡 문학이나 예술 작품의 소재 | **唐代** Tángdài 고유 당 왕조 | **黄凤池** Huáng Fèngchí 고유 황봉지 [인물] | ★**标榜** biāobǎng 동 표방하다, 자랑하다 | **君子** jūnzǐ 몡 군자 | **清高** qīnggāo 혱 고결하다 | **品德** pǐndé 몡 품성, 인품과 덕성 | ★**并非** bìngfēi 동 결코 ~하지 않다, 결코 ~이 아니다 | **虚名** xūmíng 몡 헛된 명성, 실제와 부합하지 않는 명성 | **剪** jiǎn 동 깎다 | **裁** cái 동 자르다 | **傲骨** àogǔ 몡 강골, 강직한 성격 | **空谷** kōnggǔ 몡 인적 드문 산골짜기 | **幽香** yōuxiāng 몡 은은한 향기 | **孤芳自赏** gūfāngzìshǎng 솅 자신을 고결한 인격체라고 여기며 스스로 만족해하다 | **筛风弄月** shāifēngnòngyuè 풍월을 읊다 | ★**潇洒** xiāosǎ 소탈하다, 시원스럽다 | **凌** líng 동 맞서다 | ★**霜** shuāng 몡 서리 | ★**自行** zìxíng 튀 스스로, 저절로 | **趋炎** qūyán 동 아부하다 | **势** shì 몡 권력 | **深厚** shēnhòu 혱 깊고 두텁다 | ★**秩序** zhìxù 몡 질서, 순서 | **感悟** gǎnwù 몡 깨달음 | ★**篇幅** piānfú 몡 (문장의) 길이, 편폭 | ★**咏** yǒng 동 시를 읊다 | **倾倒** qīngdǎo 동 매료되다, 매혹되다 | ★**气质** qìzhì 몡 기품,

기질 | ★**寂寞** jìmò 혱 적막하다, 쓸쓸하다, 고요하다 | **自足** zìzú 동 자족하다, 스스로 만족해하다 | **凌** líng 동 넘다, 능가하다 | **独自** dúzì 팀 혼자서, 홀로 | **孤傲** gū'ào 혱 고고하다 | ★**不屑** búxiè 동 ~할 가치가 없다고 여기다 | **凡桃俗李** fántáosúlǐ 젱 평범한 복숭아와 자두 | **争艳** zhēngyàn 동 서로 아름다움을 다투다 | **天寒地冻** tiānhándìdòng 젱 날씨가 무척 춥다 | **不禁** bùjīn 동 참지 못하다, 견디지 못하다 | **寒风** hánfēng 명 찬 바람 | **傲然** àorán 혱 꿋꿋하여 굽히지 않는 모양 | **挺立** tǐnglì 동 똑바로 서다, 우뚝 서다 | **繁花** fánhuā 동 무성한 꽃, 갖가지 꽃 | **袭袭** xí 동 답습하다, 파고들어 오다 | **惧怕** jùpà 동 두려워하다 | **严寒** yánhán 동 추위가 심하다, 아주 춥다 | ★**绽放** zhànfàng 동 (꽃이) 피다 | **高洁** gāojié 동 고결하다 | **士** shì 명 선비 | **幽静** yōujìng 동 차분하다, 그윽하고 고요하다 | **山谷** shāngǔ 명 산골짜기 | ★**缘** yuán 명 인연, 연분 | **世上** shìshàng 명 세상, 사회 | ★**不理** bùlǐ 동 무시하다, 신경 쓰지 않다 | **俗世** súshì 명 속세 | **贤士** xiánshì 명 현인 | **不求** bùqiú 동 추구하지 않다 | **功名** gōngmíng 명 공명 | **利禄** lìlù 명 관록 | ★**坚守** jiānshǒu 동 굳게 지키다 | **志向** zhìxiàng 명 포부 | ★**坚韧** jiānrèn 혱 강인하다 | **身姿** shēnzī 명 자태 | **挺拔** tǐngbá 혱 우뚝하다, 꿋꿋하다 | **依旧** yījiù 뷘 여전히 | **坚挺** jiāntǐng 동 굳세고 힘있다, 단단하고 곧다 | **折腰** zhéyāo 동 허리를 굽히다, 굽실거리다 | **屈** qū 동 굴복하다 | **谦** qiān 혱 겸손하다 | **淡雅** dànyǎ 혱 우아하다 | **惧** jù 동 두려워하다 | **隐居** yǐnjū 동 은거하다 | **隐士** yǐnshì 명 은사 | **默默** mòmò 뷘 묵묵히, 말 없이, 소리 없이 | ★**坚守** jiānshǒu 동 굳게 지키다 | ★**真情** zhēnqíng 명 진심 | **脱离** tuōlí 동 (어떤 상황·환경에서) 벗어나다, 떠나다, 이탈하다 | ★**拓展** tuòzhǎn 동 넓히다, 확장하다, 개척하다 | **原有** yuányǒu 혱 고유의, 본래의 | **人格** réngé 명 인격 | **胸襟** xiōngjīn 명 마음 | **隐喻** yǐnyù 명 은유 | ★**境界** jìngjiè 명 경지 | **有限** yǒuxiàn 혱 유한하다 | **内在** nèizài 혱 내재적인, 내재하는 | **升华** shēnghuá 동 승화하다 | ★**永恒** yǒnghéng 혱 영원하다 | **无限** wúxiàn 혱 무한하다 | **花卉** huāhuì 명 화초 | **梅** méi 명 매화 | **兰** lán 명 난초 | **竹** zhú 명 대나무 | **菊** jú 명 국화 | **诗词** shīcí 명 시사 | **绘画** huìhuà 명 회화, 그림 | **常客** chángkè 명 단골손님 | ★**坚韧** jiānrèn 혱 강인하다, 완강하다 | **时节** shíjié 명 때, 계절 | **品质** pǐnzhì 명 품성, 기품

11~16

11 B [尝试通过声音和气味等方式影响人做梦 소리와 냄새 등의 방식으로 사람의 꿈에 영향을 준다] 남자의 첫 번째 대답에서 꿈 통제 분야에서 소리와 냄새 등의 방식으로 사람의 꿈에 영향을 주고 특정 이미지를 꿈속에 주입하는 연구를 3년 동안 진행했다고 했다. 따라서 음성과 냄새 등의 방식으로 사람의 꿈에 영향을 준다는 B의 내용이 답이 될 수 있다. '꿈 자율 통제'의 상상은 시도했지만 모두 성공하지 못했다고 했으므로 A는 답이 될 수 없다. 또한 꿈은 경제발전에 영향을 끼친다는 내용의 C와 나무 이미지를 주입하는 것이 동물 이미지를 주입하는 것보다 어렵다는 내용의 D는 언급되지 않았다.

12 A ["说悄悄话"的时机非常重要 귓속말하는 타이밍이 매우 중요합니다] 꿈을 통제할 수 있냐는 여자의 질문에 남자는 통제가 간단하지 않다고 대답하며, 귓속말하는 타이밍이 매우 중요하다고 했다. 이 답변을 통해 귓속말하는 실험에서 타이밍을 정확히 찾아야 한다는 것을 알 수 있어야 하며, 이 실험이 성공하기 어려운 이유가 바로 이 타이밍을 정확히 찾기가 어렵기 때문임을 파악할 수 있어야 한다.

13 半睡半醒 빈칸에 들어갈 어휘를 쓰는 문제의 경우 대부분 녹음에서 그대로 언급되기 때문에 문제를 미리 체크한 후 녹음을 함께 듣는 것이 문제를 푸는 데 유리하다.

14 C [监测被测试者的肌肉张力、心率、皮肤导电率等数据 피실험자의 근육 장력, 심장박동수, 피부 전도도 등의 데이터를 수시로 모니터링하다] 여자가 실험자의 수면 상태를 어떻게 판단하는지 물었고 이에 남자는 웨어러블 기기를 이용해 피실험자의 근육 장력, 심장박동수, 피부 전도도 등의 데이터를 수시로 모니터링하고 이 데이터에 근거해 상태를 판단한다고 이야기했다. 따라서 정답은 C가 될 수 있다. 질문의 답은 대부분 대답하는 부분에 많이 출제되므로, 대답뿐만 아니라 질문도 주의깊게 들어야 한다.

15 B [提升人的创造力 사람의 창의력을 향상시키다] 남자는 이미지를 주입하는 실험과 정상적으로 자거나 깨어 있는 상태를 유지하는 실험을 비교한 결과 이미지를 주입한 사람들의 창의력이 향상됨을 알 수 있었다고 언급했다. 따라서 현재의 연구에서 실질적 의미를 갖는 것은 사람의 창의력 향상임을 알 수 있다.

16 A [这个功能将在未来得到更广泛的开发和应用 이 기능은 미래에 더 광범위하게 개발되고 응용될 것입니다] 남자의 마지막 대답에서 실험 결과 창의력 테스트에서 좋은 결과를 얻었다고 이야기하며, 이 기능은 미래에 더 광범위하게 개발되고 응용될 것이라고 말했다. 이것으로 보아, 남자는 연구 성과에 대해 긍정적임을 유추할 수 있다.

女：彭老师，最近有哪些值得关注的前沿科技成果吗？

男：今天我想分享的是麻省理工学院媒体实验室在控制人类梦境领域的新进展。[11]他们花了三年的时间，尝试通过声音和气味等方式影响人做梦，并把一些特定形象植入到梦里。

女：这是怎么做到的呢？

男：其实就是说"悄悄话"。在测试者即将入睡、半睡半醒的状态下，用微弱的音量播放一些语音信息，比如有研究人员测试了六名志愿者。根据志愿者们的回忆，在他们的梦里全都出现了悄悄话里面的内容。

女：也就是说，我们自己也能控制梦境了吗？

男：实际操作并没有这么简单，人们早就尝试过用语音来操控梦境，但一直都没成功。研究发现，[12]"说悄悄话"的时机非常重要。人从清醒到进入睡眠，要经历一个半睡半醒的过渡状态。惊醒时，人的意识比较强烈，会对任何听到的语音信息进行分析、判断，甚至排斥。但如果彻底睡着了就听不见语音了，悄悄话也就不会对梦境产生影响。因此，只有在[13]半睡半醒的过渡状态下，人的意识比较放松，才有可能通过说悄悄话的方法来影响梦的内容。

女：怎么判断一个人是处于哪种睡眠状态呢？

男：这就要说到这项研究中的另一个创新了。研究人员利用了一种可穿戴设备，[14]随时监测被测试者的肌肉张力、心率、皮肤导电率等数据，并且根据这些数据判断他所处的状态，每一次都在被测试者半梦半醒状态即将结束，马上要进入睡眠时播放悄悄话。此时输入语音信息或者在梦境中植入特定信息的成功几率会很高。

女：可只在梦里植入一些简单的形象有什么用呢？

男：即使是粗糙的梦境植入也有潜在的用处，[15]即提升人的创造力。研究人员在一项对比试验中，给一部分人的梦里植入了大树这个形象，另一部分人要么正常入睡，要么保持清醒。[16]结果发现，

여: 펑 선생님, 최근에 주목할 만한 선진 과학기술 성과에는 어떤 것이 있나요?

남: 오늘은 매사추세츠 공과대학 미디어 실험실의 인간의 꿈 통제 분야에서의 새로운 진전에 대해 소개해 드리겠습니다. [11]이들은 3년 동안 소리와 냄새 등의 방식으로 사람의 꿈에 영향을 주고 특정 이미지를 꿈속에 주입하는 실험을 했습니다.

여: 어떻게 한 건가요?

남: 사실 '귓속말'이라고 할 수 있습니다. 실험자가 잠들기 직전이거나 반은 잠들고 반은 깨어 있는 상태일 때 약한 음량으로 음성 정보를 들려주었죠. 예를 들면 '연구원은 6명의 지원자를 테스트했다' 같은 정보를 말이에요. 지원자들의 기억에 따르면 그들의 꿈속에는 모두 귓속말 속 내용이 등장했다고 합니다.

여: 그러니까, 우리는 자신의 꿈을 통제할 수 있다는 거네요?

남: 실질적으로 통제하는 건 그렇게 간단하지는 않습니다. 이전에도 사람들은 음성으로 꿈을 조종하려고 시도했지만 모두 성공하지 못했습니다. 이 연구 결과에 따르면 [12]귓속말하는 타이밍이 매우 중요합니다. 사람은 깨어 있는 상태에서 수면 상태로 들어갈 때 반만 잠들어 있는 '과도 상태'를 거칩니다. 깨어 있을 때 사람의 의식은 비교적 강해서 들리는 모든 음성 정보에 대해 분석, 판단하고 심지어 배척도 하지요. 하지만 깊게 잠들면 음성이 들리지 않게 되고, 그러면 귓속말을 해도 꿈에 영향을 끼치지 못합니다. 따라서 [13]반쯤 잠들어 있는 과도 상태에서 사람의 의식이 비교적 느슨해졌을 때만 비로소 귓속말하는 방법으로 꿈 내용에 영향을 줄 수 있습니다.

여: 실험자가 어떤 수면 상태에 있는지 어떻게 판단하나요?

남: 그 이야기를 하려면 이 연구의 또 다른 혁신에 대해 말해야 합니다. 연구원은 웨어러블 기기를 이용해 [14]피실험자의 근육 장력, 심장박동수, 피부 전도도 등의 데이터를 수시로 모니터링하고 이 데이터에 근거해 피실험자의 상태를 판단한 후, 피실험자가 반만 잠든 상태가 거의 끝나고 막 잠이 들려고 할 때 귓속말을 들려주었습니다. 이때 음성 정보를 입력하거나 꿈속에 특정 정보를 주입할 경우 성공 확률이 높았습니다.

여: 하지만 꿈속에 간단한 이미지를 주입하는 게 무슨 소용이 있나요?

남: 투박한 이미지라고 할지라도 잠재된 용도가 있습니다. 바로 [15]사람의 창의력을 향상시키는 거지요. 연구원이 비교 실험을 진행했는데, 일부 사람의 꿈속에는 나무 이미지를 심어주었고 다른 일부 사람들은 정상적으로 자거나 깨어 있는 상태를 유지했습니다. [16]그 결과 꿈속에 나무 이미지가 심어진 사람들은 이후에 진행된 창의력 테스트에서 좋

梦境里被"植入了大树"的人在随后的创造力测试中表现得更好。这个功能将在未来得到更广泛的开发和应用。

은 결과를 얻었습니다. 이 기능은 미래에 더 광범위하게 개발되고 응용될 것입니다.

11 关于梦境领域的研究，下列哪项正确?

A 实现了"自主控制梦境"的设想

B 通过声音和气味等方式影响人的梦境

C 梦境会影响人类的经济发展

D 给人的梦境植入大树这一形象比植入动物更难

11 꿈 분야의 연구에 관해 다음 중 옳은 것은?

A '꿈 자율 통제'의 상상을 실현했다

B 음성과 냄새 등의 방식으로 사람의 꿈에 영향을 준다

C 꿈은 인류의 경제발전에 영향을 끼친다

D 사람의 꿈속에 나무 이미지를 주입하는 것은 동물 이미지를 주입하는 것보다 더 어렵다

12 "说悄悄话"实验的难点在哪儿?

A 找准"说悄悄话"的时机

B 怎样选取"悄悄话"的内容

C 如何给被测试者穿戴设备

D 检测惊醒时人的意识

12 귓속말하는 실험의 어려운 점은 무엇인가?

A 귓속말하는 타이밍을 정확히 찾는 것

B 귓속말 내용을 어떻게 고를 것인가

C 피실험자에게 어떻게 웨어러블 기기를 줄 것인가

D 깨어 있을 때 사람의 의식을 검사 및 측정하는 것

13 只有在半睡半醒的过渡状态下，人的意识比较放松，才有可能通过说悄悄话的方法来影响梦的内容。

13 반쯤 잠들어 있는 과도 상태에서 사람의 의식이 비교적 느슨해졌을 때 비로소 귓속말하는 방법으로 꿈 내용에 영향을 줄 수 있습니다.

14 如何判断被测试者的睡眠状态?

A 看测试者在创造力测试中的表现

B 通过被植入的大树这个形象判断

C 监测被测试者的肌肉张力、心率等数据

D 人们惊醒时的强烈反应

14 피실험자의 수면 상태를 어떻게 판단하는가?

A 실험자의 창의력 테스트에서의 표현을 본다

B 주입된 나무 이미지를 통해 판단한다

C 피실험자의 근육 장력, 심장박동수 등의 데이터를 모니터링한다

D 사람들이 깰 때의 강렬한 반응을 살핀다

15 目前的研究有什么实际意义?

A 满足大众的基本生活需求

B 可提升人的创造力

C 唤醒人类的环保意识

D 对开发儿童的智力有帮助

15 현재의 연구는 어떤 실질적 의미가 있는가?

A 대중의 기본 생활 수요를 만족시킨다

B 사람의 창의력을 향상할 수 있다

C 인류의 환경보호 의식을 일깨운다

D 어린이의 지능을 개발하는 데 도움이 된다

16 男的对于研究成果持什么态度?

A 肯定　　　　　B 质疑

C 中立　　　　　D 反感

16 남자는 연구 성과에 대해 어떤 태도를 보이는가?

A 긍정　　　　　B 의심

C 중립　　　　　D 반감

彭 Péng [고유] 펑 [성(姓)] | 关注 guānzhù 동 주목하다, 관심을 가지다 | ★前沿 qiányán 명 선진 | 分享 fēnxiǎng 동 (기쁨·행복·좋은 점 등을) 공유하다, 함께 나누다 | 麻省理工学院 Máshěnglǐ gōngxuéyuàn [고유] 매사추세츠 공과대학 | 梦境 mèngjìng 명 꿈속 | ★领域 lǐngyù 명 분야, 영역 | ★进展 jìnzhǎn 명 진전 | 尝试 chángshì 동 시험해 보다 | ★气味 qìwèi 명 냄새 | 特定 tèdìng 형 특정한, 특별히 지정한 | 植入 zhírù 동 주입하다, 심어 넣다 | 悄悄话 qiāoqiāohuà 명 귓속말 | 测试者 cèshìzhě 명 실험자 | 即将 jíjiāng 부 곧, 머지않아 | 入睡 rùshuì 동 잠들다 | 半睡半醒 bàn shuì bàn xǐng 형 비몽사몽한 멍한 상태 | ★微弱 wēiruò 형 미약하다 | 音量 yīnliàng 명 음량, 볼륨 | 语音 yǔyīn 명 음성 | 测试 cèshì 동 테스트하다 명 테스트, 실험 | 全都 quándōu 부 모두 | 也就是说 yějiùshìshuō 바꾸어[다시] 말하면 ~이다 | 操作 cāozuò 동 조작하다 | ★操控 cāokòng 동 조종하다, 제어하다 | ★时机 shíjī 명 타이밍, 시기 | 清醒 qīngxǐng 동 깨어나다 | 过渡 guòdù 명 과도 | ★惊醒 jīngxǐng 깜짝 놀라서 깨다, 놀라 깨우다 | ★排斥 páichì 동 배척하다 | 睡着 shuìzháo 동 잠들다, 수면 상태에 들어가다 | 处于 chǔyú 동 (어떤 지위나 상태에) 처하다, 놓이다 | ★创新 chuàngxīn 명 혁신 | 可穿戴设备 kěchuāndài shèbèi 명 웨어러블 기기 | 监测 jiāncè 동 (측량 기구·계기를 이용하여) 모니터링하다 | 张力 zhānglì 명 장력 | 心率 xīnlǜ 명 심장박동수 | 导电率 dǎodiànlǜ 동 전도율, 전도도 | 此时 cǐshí 명 이때, 지금 | 输入 shūrù 동 입력하다 | ★几率 jīlǜ 명 확률 | ★粗糙 cūcāo 형 (질감이) 거칠다, 투박하다 | ★潜在 qiánzài 동 잠재하다 | 用处 yòngchu 명 용도 | 提升 tíshēng 동 향상시키다 | 创造力 chuàngzàolì 명 창조력, 창의력 | 对比 duìbǐ 명 비교, 대비 | 试验 shìyàn 명 실험 | 要么 yàome 접 ~하거나 ~하거나 | 随后 suíhòu 부 뒤이어, 바로 뒤에 | 将 jiāng 부 ~하게 될 것이다. ~일 것이다 | 得到 dédào 얻다, 받다, 획득하다 | 自主 zìzhǔ 동 자율적이다, 자

주적이다 | **设想 shèxiǎng** 명 상상, 가상 | **气味 qìwèi** 명 냄새 | ★**难点 nándiǎn** 명 어려운 점, 곤란, 고충 | **选取 xuǎnqǔ** 동 골라 갖다 | **被测试者 bèicèshìzhě** 피실험자 | **检测 jiǎncè** 동 검측하다 | **唤醒 huànxǐng** 동 일깨우다 | **环保 huánbǎo** 명 환경보호 ['环境保护'의 줄임말] | **智力 zhìlì** 명 지력, 지능 | ★**持 chí** 동 (어떤 생각을·견해를) 지니다 | ★**质疑 zhìyí** 동 질문하다, 질의하다, 의심하다 | ★**中立 zhōnglì** 동 중립하다 | ★**反感 fǎngǎn** 동 반감을 가지다, 불만을 가지다

17~22

17 D [兽类靠西部多一些，因为对于兽类而言，它们需要更大的活动范围 포유류는 서부에 많이 분포되어 있는데, 포유류는 활동 범위가 넓어야 합니다] 녹음에서 뤼 교수는 포유류가 서부에 많이 분포되어 있는 이유에 대해 언급했다. 포유류는 활동 범위가 넓어야 하고 초식동물은 서식지가 필요하며 육식동물은 먹이가 풍부해야 하므로, 중국의 현존하는 육식동물은 대부분 서부에 있다고 했다. 이에 해당하는 답은 생활공간이 더 넓기 때문이라고 한 D가 될 수 있다.

18 D [东部和南部地区的生物资源更加丰富多样 동부와 남부 지역의 생물자원은 더 풍부하고 다양합니다] 동부와 남부 지역은 더 습하고 따뜻해서 더 많은 동식물이 생존하기 적합하기 때문에 동부와 남부 지역의 생물자원은 더 풍부하고 다양하다고 했다. 따라서 답은 D이다.

19 A [有些群落缺乏顶级食肉动物 일부 군집은 최상위 육식동물이 부족합니다] 생물다양성 보호 측면에서 어떤 어려운 점이 있는지 묻는 남자의 질문에 뤼 교수는 최상위 육식동물이 부족한 점이라고 이야기했다. 최상위 육식동물이 없고 초식동물만 많아진다면 결국 삼림 식생이 파괴될 위험까지 초래될 수 있음을 언급했다. 즉 최상위 육식동물의 수가 회복되지 않는다면 생물다양성 보호에는 큰 위험이 닥치게 될 것이라고 했다. 따라서 답은 A이다.

20 B 녹음에서 생태 환경 보호에 관해 노력해야 할 일과 현재 노력하고 있는 일에 대해 설명했다. 자연 애호가들이 역할을 충분히 발휘하고 대외 활동에서 탐색 및 관찰하는 과정 중에 그들이 과학적 규범에 따른 시스템을 설계하도록 인도하고 있다고 했다. 또 그들의 관찰 결과가 효과적인 데이터와 정보가 되어 사람들이 자연계에 현재 일어나고 있는 일을 더 전면적으로 이해하는 데 도움이 될 수 있도록 적극적으로 임하고 있다고 하며 대중의 적극성이 충분히 동원될 수 있기를 희망하고 있음을 밝혔다. 이에 해당하지 않는 내용은 더 많은 학생이 야생동물 보호 단체에 가입하도록 한다는 내용인 B이다.

21 积极性 마지막에 답이 나와 있다. 우리는 생태 환경 보호에 대한 대중의 적극성을 충분히 동원하길 희망하고 있다고 언급하고 있다. 따라서 빈칸에 들어갈 알맞은 어휘는 '积极性(적극성)'이 될 수 있다.

22 A [只要大家关心自然，那或多或少都会对生态保护贡献一份力量 우리 모두가 자연에 관심을 두면 많든 적든 생태 환경 보호에 힘을 보탤 수 있을 것입니다] 마지막 대답에서 여자는 생물다양성을 보호하기 위해 노력해야 할 일에 대해 설명했다. 현재 노력하고 있는 여러 가지 활동을 설명하면서 이 외에도 우리가 모두 자연에 관심을 두면 생태 환경 보호에 힘을 보탤 수 있을 것이라 이야기했다. 따라서 정답은 A이다.

现在开始第17到22题：

男：吕教授，请问中国濒危物种的分布情况如何？

女：中国濒危物种的格局是这样分布的，¹⁷兽类靠西部多一些，因为对于兽类而言，它们需要更大的活动范围，食草动物需要栖息地，而食肉动物则需要食物的支撑，所以中国现有的食肉动物大多在西部，东部只有零星的分布，比如，老虎在东北地区还有一些，但鸟类、两栖类、

17번~22번 문제가 시작됩니다.

남: 뤼 교수님, 중국의 멸종위기종 분포 상황은 어떤가요?

여: 중국의 멸종위기종은 다음과 같이 분포되어 있습니다.
¹⁷포유류는 서부에 많이 분포되어 있는데, 포유류는 활동 범위가 넓어야 하고 초식동물은 서식지가 필요하며 육식동물은 먹이가 풍부해야 합니다. 따라서 중국의 현존하는 육식동물은 대부분 서부에 있으며 동부에는 드문드문하게 분포되어 있습니다. 예를 들면 호랑이는 동북 지역에 조금 남아 있죠. 하지만 조류, 양서류, 파충류는 이와 달리 서식지가 넓지 않아도 됩니다. 이 외에도 동부와 남부 지역은

317

爬行类动物则不同，他们需要的栖息地并不大。此外，东部、南部地区更加潮湿温暖，适合更多动植物生存，所以 [18]东部和南部地区的生物资源更加丰富多样。

男：您觉得目前中国在生物多样性保护方面存在什么难点？

女：[19]有些群落缺乏顶级食肉动物，这样食草动物的数量可能会发展到一个失控的局面。如果没有顶级食肉动物，只有食草动物，那么这些食草动物会大量繁殖，它们会把森林里长出来的小苗吃掉，或者由于剐蹭让这些植物死掉。过量的食草动物将对该地区的植被造成巨大压力，从而破坏森林植被。因此，如果顶级食肉动物数量没有恢复，生物多样性保护工作将面临巨大风险。

男：那我们每个人应该如何为保护生物多样性贡献力量呢？

女：过去，普通民众缺乏有效正确的信息指引，比如说，大家不知道某种动物在某个地方到底有多少，也不知道它的数量是在变多还是变少，自然也就不懂得该如何保护。不过，[20]近些年随着自然爱好者的不断增加，我们也在积极尝试，希望能充分发挥他们的作用，在他们户外活动的探索观察过程中，引导他们遵循科学规范的系统设计，使他们的观察结果能够成为有效的数据和信息来帮助大家更全面地了解自然界正在发生的事情。同时，我们也希望充分调动大众对生态保护的[21]积极性。[22]只要大家关心自然，那或多或少都会对生态保护贡献一份力量。

더 습하고 따뜻해 더 많은 동식물이 생존하기 적합합니다. 따라서 [18]동부와 남부 지역의 생물자원은 더 풍부하고 다양합니다.

남：현재 중국은 생물다양성 보호 측면에서 어떤 어려운 점이 있다고 생각하시나요?

여：[19]일부 군집은 최상위 육식동물이 부족합니다. 그렇게 되면 초식동물의 수는 통제할 수 없는 상황으로 치닫게 됩니다. 만약 최상위 육식동물이 없고 초식동물만 있다면 초식동물이 대량으로 번식하게 되어 이들이 삼림에서 자라나는 새싹을 모두 먹어버리거나 마구 훼손해 식물들이 죽게 되죠. 초식동물이 너무 많아지면 해당 지역의 식생은 큰 압박을 받게 되어 삼림 식생이 파괴됩니다. 따라서 최상위 육식동물의 수가 회복되지 않는다면 생물다양성 보호에는 큰 위험이 닥치게 될 것입니다.

남：그렇다면 우리는 생물다양성을 보호하기 위해 어떤 노력을 해야 할까요?

여：과거에 일반 사람들은 효과적이고 정확한 정보를 안내받지 못했습니다. 예를 들어 어떤 동물이 어느 지역에 얼마나 있는지, 그 수량이 많아지는지 적어지는지 그들은 잘 알지 못했습니다. 그래서 자연스레 어떻게 보호해야 하는지도 몰랐었죠. 하지만 [20]최근에는 자연 애호가들이 끊임없이 많아지면서, 우리 역시 적극적으로 그들이 역할을 충분히 발휘하고 대외 활동에서 탐색 및 관찰하는 과정 중에 과학적 규범에 따른 시스템을 설계하도록 인도하고 있습니다. 그들의 관찰 결과가 효과적인 데이터와 정보가 되어 사람들이 자연계에 현재 일어나고 있는 일을 더 전면적으로 이해하는 데 도움이 될 수 있도록 하고 있죠. 이와 동시에 우리는 생태 환경 보호에 대한 대중의 [21]적극성을 충분히 동원길 희망하고 있습니다. [22]우리 모두가 자연에 관심을 두면 많든 적든 생태 환경 보호에 힘을 보낼 수 있을 것입니다.

17 为什么兽类在中国西部更常见？

A 该地天敌更少
B 气候条件适宜
C 政府的强制规定
D 生活空间更广阔

18 根据对话可以知道什么？

A 人与自然矛盾激化
B 野外探险最好结伴同行
C 生态保护无利可图
D 中国东部地区生物资源丰富

17 포유류는 왜 중국 서부에서 더 많이 볼 수 있는가?

A 서부는 천적이 더 적기 때문에
B 기후 조건이 적절하기 때문에
C 정부의 강제 규정 때문에
D 생활공간이 더 넓기 때문에

18 대화를 통해 알 수 있는 것은?

A 사람과 자연의 갈등이 격화되었다
B 야외 탐험은 동행과 함께하는 것이 좋다
C 생태 환경 보호는 아무 이익이 없다
D 중국 동부 지역의 생물자원은 풍부하다

19 下列哪项是生物多样性保护的难题?

　　A 顶级食肉动物的数量难以恢复

　　B 外来物种的入侵

　　C 政府下拨资金紧缺

　　D 森林植被种类单一

20 关于生态保护,哪项不属于女人的观点?

　　A 发挥自然爱好者们的作用

　　B 让更多学生加入到保护野生动物的队伍中

　　C 引起大众对生态保护的关注

　　D 帮助与引导自然爱好者进行科学的研究

21 同时,我们也希望充分调动大众对生态保护的<u>积极性</u>。

22 女的认为,大众在生物保护上应如何做?

　　A 多关爱自然

　　B 抵制捕杀行为

　　C 加强户外活动

　　D 加入国际环保组织

19 다음 중 생물다양성 보호의 난제는 무엇인가?

　　A 최상위 육식동물의 수가 회복되기 어렵다

　　B 외래종의 침입

　　C 정부가 조달하는 자금이 부족하다

　　D 삼림 식생의 종류가 단일하다

20 생태 환경 보호에 관해 다음 중 여자의 관점이 아닌 것은?

　　A 자연 애호가들의 역할을 발휘한다

　　B 더 많은 학생이 야생동물 보호 단체에 가입하도록 한다

　　C 대중의 생태 환경 보호에 대한 관심을 불러일으킨다

　　D 자연 애호가가 과학적 연구를 진행하도록 돕고 인도한다

21 이와 동시에 우리는 생태 환경 보호에 대한 대중의 <u>적극성</u>을 충분히 동원하길 희망하고 있습니다.

22 여자는 사람들이 생물 보호를 위해 어떻게 해야 한다고 생각하는가?

　　A 자연에 많은 관심을 기울인다

　　B 포획 행위를 배척한다

　　C 대외 활동을 강화한다

　　D 국제 환경 단체에 가입한다

濒危物种 bīnwēi wùzhǒng 몡 멸종위기종 | ★格局 géjú 몡 구조, 구성, 짜임새 | 兽类 shòulèi 몡 포유류 | 靠 kào 통 가까이 있다, 접근해 있다 | 而言 éryán ~에 대해 말하자면, ~에 근거해 보면 [对/就……而言: ~에 대해 말하자면] | 栖息地 qīxīdì 몡 서식지 | ★则 zé 쩝 오히려 | 支撑 zhīchēng 통 버팀목, 지지대 | 现有 xiànyǒu 혱 현존의 | 零星 língxīng 혱 산발적이다, 드물다 | 鸟类 niǎolèi 몡 조류 | 两栖类 liǎngqīlèi 양서류 | 爬行类动物 páxínglèi dòngwù 파충류 | 更加 gèngjiā 뷔 더욱, 더, 훨씬 | 动植物 dòngzhíwù 몡 동식물 | 生存 shēngcún 통 생존하다 | ★难点 nándiǎn 몡 어려운 점, 곤란, 고충 | 群落 qúnluò 몡 군집, 군락 | ★顶级 dǐngjí 혱 최상위의 | ★失控 shīkòng 통 제어하지 못하다, 다루지 못하다 | ★局面 júmiàn 몡 상황, 형세, 양상 | 大量 dàliàng 뷔 대량으로 | 繁殖 fánzhí 통 번식하다 | ★苗 miáo 몡 모종, 새싹 | 刮蹭 guācèng 몡 훼손하다, 흠집이 나다 | 过量 guòliàng 혱 지나치게 많다 | 将 jiāng 뷔 ~하게 될 것이다, ~일 것이다 | ★该 gāi 떼 (앞에서 언급한) 이, 그, 저, 해당 [앞의 글에 나온 사람·사물을 가리킴] | 植被 zhíbèi 몡 식생 | 普通 pǔtōng 혱 보통이다, 일반적이다, 평범하다 | ★民众 mínzhòng 몡 민중, 사람 | ★指引 zhǐyǐn 통 지도하다, 인도하다, 안내하다 | 近些年 jìnxiēnián 몡 최근 몇 년 | 爱好者 àihàozhě 몡 애호가 | 尝试 chángshì 통 시도해 보다, 경험해 보다 | 户外 hùwài 몡 대외 | 探索 tànsuǒ 통 탐색하다 | 引导 yǐndǎo 통 인도하다, 인솔하다, 이끌다 | ★遵循 zūnxún 통 따르다 | 规范 guīfàn 몡 규범, 표준 | 全面 quánmiàn 혱 전면적이다, 전반적이다 | ★自然界 zìránjiè 몡 자연계 | 调动 diàodòng 통 동원하다, 자극하다 | 生态 shēngtài 몡 생태 | 积极性 jījíxìng 몡 적극성 | 或多或少 huòduōhuòshǎo 많든 적든 | 兽类 shòulèi 몡 포유류 | 常见 chángjiàn 통 자주 보다, 흔히 보다 | 天敌 tiāndí 몡 천적 | 适宜 shìyí 혱 적절하다, 알맞다, 적합하다 | 广阔 guǎngkuò 혱 넓다, 광활하다 | 难题 nántí 몡 난제 | 难以 nányǐ 혱 ~하기 어렵다 | 外来物种 wàilái wùzhǒng 외래종 | 入侵 rùqīn 몡 침입 | 下拨 xiàbō 통 (상급 기관에서 물자·자금 따위를 하급 기관으로) 내려 보내다, 나누어 주다 | ★紧缺 jǐnquē 통 부족하다, 빠듯하다 | 种类 zhǒnglèi 몡 종류 | 单一 dānyī 혱 단일하다 | 关爱 guān'ài 통 관심을 갖고 돌보다, 사랑으로 돌보다 | ★抵制 dǐzhì 통 배척하다 | 捕杀 bǔshā 통 포획하다, 잡아 죽이다 | 加强 jiāqiáng 통 강화하다, 증강하다 | 属于 shǔyú 통 ~에 속하다 | 野生 yěshēng 몡 야생 | 队伍 duìwu 몡 (조직적인) 단체, 대열 | 关注 guānzhù 통 관심, 중시 | 引导 yǐndǎo 통 인도하다, 인솔하다, 이끌다 | ★激化 jīhuà 통 격화되다, 격화시키다 | 野外 yěwài 몡 야외, 교외 | 探险 tànxiǎn 몡 탐험 | 结伴 jiébàn 통 동행이 되다, 한패가 되다 | 同行 tóngháng 통 동행하다 | 无利可图 wúlìkětú 셩 아무 이익이 없다

319

23 **A** [按照一定的编码规则排列 일정한 코드 규칙에 따라 배열된다]   바코드는 일정한 코드 규칙에 따라 배열되며 일련의 정보를 나타내는 데 쓰이는 도형 기호이며 검은 줄과 흰 공백을 배열하여 만든 평행선 패턴이라고 했다. 또한 물품의 생산국, 제조사, 상품명 등의 수많은 정보를 나타낸다고 했기 때문에 일정한 규칙에 따라 배열한다는 A만 옳은 표현이 될 수 있다. 보기의 정답이 녹음과 거의 비슷하게 등장했으므로, 녹음을 들으면서 보기에 체크하면서 답을 찾는 것이 하나의 방법이 될 수 있다.

24 **D** [条形码可以标出物品的生产国、制造厂家、商品名称、生产日期、图书分类号、邮件起止地点、类别、日期等许多信息 바코드는 물품의 생산국, 제조사, 상품명, 생산 일자, 도서 분류 번호, 우편물의 출발지와 도착지, 분류, 날짜 등 수많은 정보를 나타낸다]   질문을 정확히 들어야 하는 문제이다. 질문에 부정부사 '不'가 있으므로, 녹음에서 등장한 내용을 하나씩 소거해가면서 언급되지 않은 내용을 찾아야 한다. 녹음에서 바코드가 나타내는 물품 정보에 포함되는 내용들이 나열되고 있다. 물품의 생산국, 제조사, 상품명, 생산 일자, 도서 분류 번호, 우편물의 출발지와 도착지, 분류 날짜 등이 포함되며 보기 D에 있는 생산자 성별은 포함되지 않는다.

25 **D** [条形码技术的最大优势在于节省时间，且具有条理性和准确性 바코드 기술의 최대 강점은 시간을 절약할 수 있으며 논리성과 정확성을 갖추고 있다는 것이다]   바코드의 강점을 물어보는 문제로 녹음에서 '节省时间'과 '有条理性'이 직접적으로 들렸으므로 답은 D이다. 긴 녹음을 들을 때는 보기를 먼저 빠르게 분석한 후 녹음을 듣거나 녹음을 들으면서 보기를 같이 보는 것이 문제를 푸는 데 도움이 된다.

26 显而易见   녹음에서 나오는 어휘를 그대로 적어야 하는 문제이다. 해당 문제를 빠르게 읽고 녹음에서 그 부분이 들리는 순간 집중해서 듣도록 하자. 간혹 내가 모르는 발음과 성조가 나오더라도 내가 알고 있는 어휘 내에서 최대한 찾아서 써 보도록 하자.

27 **A** [它在一维码的基础上，增添了更多信息 QR코드에는 1차원 코드보다 더 많은 정보가 추가되었다]   마지막 단락에서 QR코드는 1차원 코드보다 더 많은 정보가 추가되었다고 직접적으로 언급했다. 따라서 답은 A이다.

现在开始第23到27题：

　　如今，人们的生活已经离不开"手机扫码"，"码"在我们的生活中无处不在。历史上第一套激光条形码扫描系统诞生于1978年。那么，条形码究竟是什么呢？条形码是一种存储数据并能准确而迅速地处理数据的体系。条形码由宽度不等的多个黑条和空白组成，²³按照一定的编码规则排列，是用来表达一组信息的图形标识。常见的条形码是由反射率相差很大的黑条和白条(也就是空白)排成的平行线图案。²⁴条形码可以标出物品的生产国、制造厂家、商品名称、生产日期、图书分类号、邮件起止地点、类别、日期等许多信息，因而在商品流通、图书管理、邮政管理、银行系统等许多领域都得到广泛的应用，给产品加上条形码就是对它们进行了分类。²⁵条形码技术的最大优势在于节省时间，且具有条理性和准确性。

23번~27번 문제가 시작됩니다.

　　오늘날 우리의 생활은 이미 '휴대폰 QR코드 스캔'과 떼려야 뗄 수 없다. '코드'는 우리 삶 속 어디에나 존재한다. 역사상 첫 번째 레이저 바코드 스캔 시스템은 1978년에 탄생했다. 그렇다면 바코드란 도대체 무엇일까? 바코드는 데이터를 저장하고, 정확하고 빠르게 데이터를 처리하는 시스템이다. 바코드는 폭이 불균등한 여러 개의 검은 줄과 공백으로 구성되어 있으며 ²³일정한 코드 규칙에 따라 배열되어 일련의 정보를 나타내는 데 쓰이는 도형 기호이다. 가장 흔한 바코드는 반사율 차이가 큰 검은 줄과 흰 줄(공백)을 배열하여 만든 평행선 패턴이다. ²⁴바코드는 물품의 생산국, 제조사, 상품명, 생산 일자, 도서 분류 번호, 우편물의 출발지와 도착지, 분류, 날짜 등 수많은 정보를 나타낸다. 따라서 상품 유통, 도서 관리, 우편 관리, 은행 시스템 등 수많은 분야에서 광범위하게 사용되고 있으며 제품에 바코드를 붙여 제품을 분류한다. ²⁵바코드 기술의 최대 강점은 시간을 절약할 수 있으며 논리성과 정확성을 갖추고 있다는 것이다.

事实上，条形码体系中最重要的部分不是那些引人注目的小线条，而是其下方的一列数字。这列数字中存储的所有信息与一个数据库共同显示出产品的特征。因此，这套体系是一种非常有效的商业工具。虽然目前还存在着其他的识别系统，但到现在为止，还没有一种能像条形码那样具有广泛应用的有效标准。

零售业消费市场的飞速扩大和发展也促进了中国条码标签业务的增长，越来越多的地方需要用到标签和条码。在全球范围内，每天需要运用到条码扫描的次数已经超过上亿次，其应用范围也涉及到各个领域和行业。其中使用最为频繁的莫过于物流业，物流中的货物分类、库位的分配、库位的查询、进出库信息、进出库盘点、产品查询等，如果是用人力去做这些事，不仅浪费时间和人力、物力、财力等，还常常伴随着非常大的出错率，那样会给大多数商家乃至整个物流业的发展带来颇多困扰。由此可见，没有条码的物流过程将会是多么的杂乱无章，其后果不堪设想。而条码技术对物流业的优势也是²⁶<u>显而易见</u>的，既能精确管理，又功能实用，对于大部分的现代化仓库管理的需求都能满足。另外，条码技术的操作方便简单，维护亦不需费心，仓库的管理员经过简单的培训都能快速上岗进行操作，而且还能大大减少居高不下的人为出错率。还可以把种类繁琐的工作瞬间化繁为易，方便查询货物，无需再耗费更多的人力去翻查种类繁多的出进货单据，只需在电脑上轻轻一扫，所需的货物型号、经销商、进出货日期，经办人等具体详细资料都可显示出来，并且可以打印出来。关键是这部分数据还可以备份，不必为死机或者电脑中病毒而担心数据丢失，不失为人性化管理系统。

如今，在一维码的基础上，条形码又发展出二维码。一小块方形图案包含各种黑白线段和条块，²⁷<u>它在一维码的基础上，增添了更多信息。</u>除了字母、数字，还包括各种文字和图像。更重要的是，二维码可以不用与计算机数据库相连，只利用码中的信息就足以完任务。

사실상 바코드 시스템 중에서 가장 중요한 부분은 사람들이 주목하는 작은 줄들이 아니고 그 아래에 있는 숫자들이다. 이 숫자에 저장된 모든 정보는 데이터베이스와 함께 제품의 특징을 나타낸다. 따라서 이 시스템은 매우 효과적인 상업 도구라고 할 수 있다. 요즘은 다른 식별 시스템도 존재하지만, 현재까지 바코드만큼 광범위하게 사용될 수 있는 효과적인 기준은 없다.

소매업과 소비시장의 빠른 확대와 발전 또한 중국 바코드 라벨 산업의 성장을 촉진했으며, 점점 더 많은 곳에서 라벨과 바코드 사용을 필요로 한다. 전 세계에서 매일 바코드를 스캔하는 횟수는 이미 억대 이상이며 사용 범위도 각종 분야와 산업에 관련되어 있다. 그중 사용이 가장 빈번한 분야는 물류업으로, 물류에서 물품 분류, 창고 위치의 분배 및 조회, 입출고 정보, 입출고 조사, 제품 조회 등에 사용되는데, 만약 이 일들을 인력으로 한다면 시간과 인력, 물자, 재정을 낭비할 뿐만 아니라 종종 큰 오류율을 동반하기도 한다. 그렇게 되면 대부분의 업체, 나아가 전체 물류업의 발전에 큰 걸림돌이 될 것이다. 이로써 유통과정에 바코드가 없으면 얼마나 엉망이 될지 그 결과는 상상조차 할 수 없을 정도라는 것을 알 수 있다. 물류업에서 바코드 기술의 강점도 ²⁶명백히 알 수 있는데, 정확히 관리할 수 있고 기능도 실용적이어서 대부분의 현대화 창고 관리의 수요를 만족시킬 수 있다는 것이다. 이 외에도 바코드는 조작이 편리하고 간단하며 유지보수에 신경 쓰지 않아도 된다. 창고 관리자는 간단한 교육을 통해 신속하게 작업을 수행할 수 있으며, 또 높은 수준을 유지하고 있는 인위적인 오류율도 크게 줄일 수 있다. 또한 번거로운 일을 순식간에 간단하게 만들고 쉽게 물류 조회를 할 수 있으며, 많은 인력을 소비하여 종류가 많은 입출고 문서를 뒤적일 필요가 없다. 그저 컴퓨터에 살짝 스캔만 하면 필요한 물류 번호, 판매업체, 입출고 날짜, 업무 담당자 등 구체적이고 자세한 자료를 볼 수 있으며 출력도 가능하다. 또한 핵심은 이 데이터들은 백업을 할 수 있어 컴퓨터가 다운되거나 바이러스에 감염되어 데이터가 사라질 걱정을 할 필요가 없는 그야말로 사람 중심의 관리 시스템이라고 할 수 있다.

오늘날 1차원 코드를 기반으로 바코드는 2차원 코드(QR코드)로 발전했다. 작은 사각형 모양 안에 여러 흑백 선과 네모 칸이 담겨 있는 ²⁷QR코드에는 1차원 코드보다 더 많은 정보가 추가되었다. 글자와 숫자 외에도 각종 문자와 그림 등의 정보를 담고 있다. 더 중요한 것은 QR코드는 컴퓨터 데이터베이스와 연결할 필요가 없으며 코드의 정보만 이용해도 임무를 완수하기 충분하다는 것이다.

321

23 关于条形码的黑条和空白，说法正确的是：

A 按照一定的规则排列
B 无法明确表示生产地
C 是互相交叉的两条线
D 是一组数字标识

24 条形码可以标出的物品信息中，不包括哪一项？

A 物品的生产国
B 邮件起止地点
C 图书分类号
D 生产商性别

25 根据原文内容，条形码最大的优势是？

A 利于商家收集客户信息
B 节约能源消耗
C 图形肉眼更易识别
D 节省时间，且有条理性

26 而条码技术对物流业的优势也是<u>显而易见</u>的，既能精确管理，又功能实用。

27 与一维码相比，二维码有哪方面的优势？

A 添加了更多信息
B 识别更繁琐
C 删除了一维码中的部分信息
D 变成了字母识别

---

23 바코드의 검은 선과 공백에 관해 다음 중 옳은 것은?

A 일정한 규칙에 따라 배열한다
B 생산지를 명확히 표시할 수 없다
C 서로 교차하는 두개의 선이다
D 숫자 기호이다

24 다음 중 바코드가 나타내는 물품 정보에 포함되지 않는 것은?

A 물품의 생산국
B 우편물의 출발지와 도착지
C 도서 분류 번호
D 생산자 성별

25 본문에 따르면 바코드의 가장 큰 강점은 무엇인가?

A 상점이 고객 정보를 수집하는 데 유리하다
B 에너지 소비를 절약할 수 있다
C 도형을 육안으로 더 쉽게 식별할 수 있다
D 시간을 절약할 수 있고 질서가 있다

26 물류업에서 바코드 기술의 강점도 <u>명백히 알 수 있는데</u>, 정확히 관리할 수 있고 기능도 실용적이다.

27 1차원 코드와 비교했을 때 QR코드는 어떤 방면에 강점이 있는가?

A 더 많은 정보가 추가되었다
B 식별이 더 번거롭다
C 1차원 코드의 일부 정보를 삭제했다
D 글자 식별로 변화했다

离不开 líbukāi 떨어질 수 없다 | 扫码 sǎomǎ QR코드를 스캔하다 | 码 mǎ 몡 코드 | ★激光 jīguāng 몡 레이저 | 条形码 tiáoxíngmǎ 몡 바코드 | ★扫描 sǎomiáo 몡 스캔 | 诞生 dànshēng 동 탄생하다 | 存储 cúnchǔ 동 저장하다 | 准确 zhǔnquè 형 정확하다 | ★体系 tǐxì 몡 시스템 | 宽度 kuāndù 몡 폭 | 不等 bùděng 형 불균등하다 | ★空白 kòngbái 몡 공백, 여백 | 编码 biānmǎ 몡 코드 | 图形标识 túxíng biāoshí 몡 도형 그림, 픽토그램 [사물의 형태를 단순화한 그림] | 反射率 fǎnshèlǜ 몡 반사율 | ★相差 xiāngchà 동 차이 | 排 pái 동 배열하다, 차례로 놓다 | 平行线 píngxíngxiàn 몡 평행선 | 图案 tú'àn 몡 패턴, 도안 | 标 biāo 동 나타내다, 표시하다 | 制造厂家 zhìzào chǎngjiā 제조사 | 商品名称 shāngpǐn míngchēng 상품명 | 图书 túshū 몡 도서 | 起止 qǐzhǐ 처음과 마지막 [起止地点: 출발지와 도착지] | ★类别 lèibié 몡 분류 | 流通 liútōng 동 유통 | ★领域 lǐngyù 몡 분야 | 分类 fēnlèi 동 분류 | 条理性 tiáolǐxìng 논리성 | 准确性 zhǔnquèxìng 정확성 | 事实上 shìshíshang 몡 사실상 | ★引人注目 yǐnrén zhùmù 졩 사람들의 이목을 끌다 | ★线条 xiàntiáo 몡 줄 | 下方 xiàfāng 몡 아래 | ★数据库 shùjùkù 몡 데이터베이스 | ★识别 shíbié 동 식별하다 | 为止 wéizhǐ ∼까지 하다 | 零售业 língshòuyè 몡 소매업 | ★飞速 fēisù 형 매우 빠르다 | 条码 tiáomǎ 몡 바코드 | ★标签 biāoqiān 몡 라벨, 상표 | 增长 zēngzhǎng 몡 성장 | 次数 cìshù 몡 횟수 | ★涉及 shèjí 동 관련되다, 연관되다 | 频繁 pínfán 형 빈번하다 | ★莫过于 mòguòyú ∼보다 더한 것은 없다, ∼이상의 것은 없다 | 物流业 wùliúyè 물류업 | ★物流 wùliú 몡 물류 | ★货物 huòwù 몡 물품, 화물 | 库 kù 몡 창고 | 查询 cháxún 동 조회 | ★进出 jìnchū 동 출입하다 | 盘点 pándiǎn 동 (재고를) 조사하다 | 物力 wùlì 몡 물자 | ★财力 cáilì 몡 재정, 재력 | 伴随 bànsuí 동 동반하다, 수반하다 | 出错 chūcuò 동 실수하다 | 率 lǜ 몡 확률 | 商家 shāngjiā 몡 업체, 상점 | ★乃至 nǎizhì 졥 더 나아가서 | ★颇 pō 몡 매우, 꽤, 상당히, 대단히 | 困扰 kùnrǎo 동 걸림돌 | ★由此可见 yóucǐ kějiàn 이로부터 ∼을 알 수 있다 | ★杂乱无章 záluàn wúzhāng 졩 엉망진창이다, 무질서하다, 뒤죽박죽이다 | 后果 hòuguǒ 몡 (주로 안 좋은) 결과, 뒷일 | 不堪设想 bùkānshèxiǎng 졩 상상조차 할 수 없다 | ★显而易见 xiǎn'éryìjiàn 졩 명백히 알 수 있다, 똑똑히 보이다 | 既 jì 졥 ∼할 뿐만 아니라, ∼이며, ∼하고도 [既A又B: A할 뿐만 아니라 또한 B하다] | ★精确 jīngquè 형 매우 정확하다, 자세하고 확실하다 | 仓库 cāngkù 몡 창고 | 需求 xūqiú 몡 수요, 필요 | 操作 cāozuò 몡 조작 동 조작하다 | 维护 wéihù 동 유지하고 보호하다 | ★亦 yì 졥 ∼도 역시나, 또, 또한 | 费心 fèixīn 동 신경 쓰다 | 快速 kuàisù 형 빠르다, 신속하다 | ★上岗 shànggǎng 동 일하다, 근무하다 | 居高不下 jūgāobùxià 내려올 줄을 모르다 | 人为 rénwéi 형 인위적인 | 繁琐 fánsuǒ 형 번거롭다 | ★瞬间 shùnjiān 몡 순식간 | ★耗费 hàofèi 동 소비하다 | 翻查 fānchá 동 (서적·간행물 등을) 뒤져서 찾아보다 | 繁多 fánduō 형 대단히 많다, 풍부하다 | 单据 dānjù 몡 서류 | 所需 suǒxū 필요한 바 | 型号 xínghào 몡 모델 번호 | 经销商 jīngxiāoshāng 몡 판매업체 | 经办人 jīngbànrén 업무 담당자 | 备份 bèifèn 백업하다 | 死机 sǐjī 동 컴퓨터가 다운되다 | 丢失 diūshī 동 사라지다 | 不失为 bùshīwéi ∼이라고 간주할 수 있다 | 人性化 rénxìnghuà 사람 중심으로 하다 | 一维 yīwéi 몡 일차원 | 二维 èrwéi 몡 이차원 | 方形 fāngxíng 몡 사각형 | 线段 xiànduàn 몡 선 | 条块 tiáokuài 네모 칸 | ★增添 zēngtiān 동 더하다 | ★图像 túxiàng 몡 (그리거나 촬영된) 그림, 형상 | 二维码 èrwéimǎ 몡 QR코드 | 计算机 jìsuànjī 몡 컴퓨터 | ★相

连 xiānglián 동 연결되다 | 足以 zúyǐ 충분히 ~할 수 있다 | 说法 shuōfa 명 견해 | ★交叉 jiāochā 동 교차하다 | 线 xiàn 명 선, 줄 | 标识 biāozhì 명 기호 | 实用 shíyòng 형 실용적이다 | 原文 yuánwén 명 원문 | 利于 lìyú ~에 이롭다 | 收集 shōují 동 수집하다 | 客户 kèhù 명 고객 | ★能源 néngyuán 명 에너지 | ★消耗 xiāohào 동 소비하다, 소모하다 | 图形 túxíng 명 도형 | 肉眼 ròuyǎn 명 육안 | 相比 xiāngbǐ 동 비교하다, 견주다 [与……相比: ~와 비교하다] | ★添加 tiānjiā 동 추가되다 | ★删除 shānchú 동 삭제하다 | 变成 biànchéng 동 ~으로 변하다

28~33

28 B [骨骼还参与造血, 储备钙、磷等物质 뼈는 조혈의 기능이 있으며 칼슘, 인 등의 물질을 저장한다] 녹음에서 뼈는 대략 체중의 5분의 1을 차지하며 관절을 통해 서로 연결되어 신체의 지지대를 형성하는 것 외에도 조혈의 기능을 하며 칼슘, 인 등의 물질을 저장한다고 했다. 이러한 다양한 물질들을 보기에서는 '营养物质(영양물질)'라고 표현하였다. '除此之外'는 앞서 설명한 내용 외에 추가로 다른 설명을 언급할 때 사용할 수 있는 어휘이며, 이 어휘 뒤에 나오는 내용을 주의해서 들으면 힌트가 있는 경우가 많으니 주의하자!

29 A [出现一次骨折后还会遭遇二次骨折 한 번 골절된 후 다시 골절된다] 녹음에서 골다공증 환자의 절반 정도는 한 번 골절된 후 다시 골절된다고 언급했다. 따라서 쉽게 2차 골절이 나타난다는 내용의 보기 A가 정답이다. 골다공증은 골절 후의 환자 장애율과 질병 사망률이 현저히 증가한다고 했기 때문에 즉시 사망한다는 내용은 틀린 답이다.

30 被忽视   빈칸에 알맞은 어휘를 쓰는 문제의 경우 녹음을 들을 때 해당 문제도 함께 보면서 들어야 정확한 답을 쓰는 데 유리하다. 간혹 내가 모르는 어휘가 나오거나 알고 있는 어휘이지만 글자가 순간 기억이 나지 않을 수 있으니 해당 문제에 발음이라도 적어놓고 추후에 다시 천천히 글자를 생각해서 적어보도록 하자.

31 C [还应知道钙和维生素D是日常防治骨质疏松症最基本的药物, 饮食上要补充足够的蛋白质, 多吃钙和维生素D含量较高的食物 칼슘과 비타민 D가 일상적인 골다공증 예방 및 치료의 가장 기본적인 약물임을 알아야 하고, 식단에 충분한 단백질을 보충하고, 칼슘과 비타민 D 함량이 높은 음식을 더 많이 먹어야 한다] 녹음에서 직접적으로 비타민 D 부족이 골다공증을 유발한다고 하지는 않았다. 하지만 칼슘과 비타민 D가 골다공증을 예방하고 치료하는 가장 기본적인 약물이며, 비타민 D 함량이 높은 음식을 더 많이 먹어야 한다고 했다. 이는 비타민 D가 부족하면 골다공증을 유발하는 원인이 될 수 있음을 뜻한다. 따라서 정답은 C가 될 수 있다. 모든 문제가 녹음에 해당 단어나 문장이 직접적으로 등장하지는 않는다. 녹음에서 들려주는 내용을 유추해서 의미하는 바를 생각하는 것도 중요하다.

32 A [过量饮酒与吸烟、过度减肥、偏食、"营养不良"、缺少阳光照耀、身体活动不足这几种不良习惯会增加患骨质疏松的风险 과도한 음주와 흡연, 과한 다이어트, 편식, 영양부족, 햇빛에 충분히 노출되지 않는 경우, 신체 활동 부족과 같은 몇 가지 나쁜 습관들이 골다공증에 걸릴 위험을 증가시킨다고 말했다] 질문부터 잘 들어야 하는 문제이다. 부정부사 '不'를 사용해 속하지 '않는' 사람을 찾아야 하는 문제임에 주의한다. 녹음에서 과도한 음주와 흡연, 과한 다이어트, 편식, 영양부족, 햇빛에 충분히 노출되지 않은 경우, 신체 활동 부족과 같은 몇 가지 나쁜 습관이 골다공증에 걸릴 위험을 증가시킨다고 직접적으로 언급했다. 이 외에도 자주 넘어지는 사람과 노인은 특히 골다공증에 걸릴 위험에 높다고 했다. 또 흡연하는 사람이 골다공증에 걸릴 위험이 크다고 했으므로, 그와 반대되는 금연에 성공한 사람은 속하지 않는다. 따라서 A가 정답으로 가장 적절하다.

33 C [预防老年人发生骨折 노인의 골절을 예방하는 것이다] 녹음에서 성인이 된 후의 골다공증 예방 방법은 주로 두 가지가 있으며 그 중 첫째는 골격량 손실의 속도와 정도를 최대한 늦추는 것, 그리고 둘째는 노인의 골절을 예방하는 것이라고 했다. 질문의 보기 중에 정답을 고르자면 C가 될 수 있다.

骨骼是人体的重要组成部分之一。人体内有206块骨骼，大约占到体重的五分之一。它们通过关节相连，构成身体的支架，不仅保护了内脏器官，还为肌肉提供了附着点以便身体活动。除此之外，²⁸骨骼还参与造血、储备钙、磷等物质。据相关调查显示，中国65岁以上人群骨质疏松症患病率为32.0%，其中女性骨质疏松症患病率为51.6%。骨质疏松性骨折后的患者病残率和病死率显著增加，半数人²⁹出现一次骨折后还会遭遇二次骨折。骨质疏松的髋关节骨折后一年内，患者死于并发症的比例达20%，而存活者中约50%致残。

骨质疏松也被称为"静悄悄的疾病"。骨骼强度的变化常常在人们无法感知的时候就已经发生了。在骨质疏松早期，往往没有明显的外在表现，因此极易³⁰被忽视。很多人在骨折发生之后才惊觉自己已经存在骨质疏松的问题。然而，骨质疏松却又是可防可治的。患者除在医生的指导下进行规范的抗骨质疏松治疗以外，³¹还应知道钙和维生素D是日常防治骨质疏松症最基本的药物，饮食上要补充足够的蛋白质，多吃钙和维生素D含量较高的食物，还要低盐饮食、戒烟限酒、避免过量饮用咖啡和碳酸饮料。医学专家曾表示：³²过量饮酒与吸烟、过度减肥、偏食、"营养不良"、缺少阳光照耀、身体活动不足这几种不良习惯会增加患骨质疏松的风险。此外，经常跌倒的人骨折的风险更高，尤其是老年人，患骨质疏松的风险最高。

实际上，人们在青少年期就应加强运动、保证足够的钙质摄入，同时防止和积极治疗各种疾病，尤其是慢性消耗性疾病与营养不良、吸收不良等，防止各种性腺功能障碍性疾病和生长发育性疾病；另外，避免长期使用影响骨代谢的药物等，可以尽量获得理想的峰值骨量，减少今后发生骨质疏松的风险。成人期补充钙剂是预防骨质疏松的基本措施，但这仅作为基本的辅助药物，不能单独作为骨质疏松治疗药物。成年后的预防主要包括两个方面。一是尽量延缓骨量丢失的速率和程度。³³二是预防老年人发生骨折，而避免骨折的危险因素可明显降低骨折发生率。

뼈는 인체의 중요한 구성 부분 중 하나이다. 체내에는 206개의 뼈가 있으며 대략 체중의 5분의 1을 차지한다. 그것들은 관절을 통해 서로 연결되어 신체의 지지대를 형성하여 내장 기관을 보호할 뿐만 아니라 근육의 부착점이 되어 신체 활동을 할 수 있게 해 준다. 이 외에도 ²⁸뼈는 조혈의 기능이 있으며 칼슘, 인 등의 물질을 저장한다. 관련 조사 결과에 따르면 중국의 65세 이상의 골다공증 유병률은 32.0%이며, 그중 여성의 골다공증 유병률은 51.6%이다. 골다공증성 골절 후 환자 장애율과 질병 사망률은 현저히 증가하며 환자의 절반 정도는 ²⁹한 번 골절된 후 다시 골절된다. 골다공증성 고관절 골절 후 1년 이내에 합병증으로 사망할 확률은 20%이며 생존자 중에서도 약 50%는 불구가 된다.

골다공증은 '조용한 질병'이라고도 불린다. 뼈 강도의 변화는 사람들이 감지하지 못할 때 이미 발생한 경우가 많다. 골다공증 초기에는 종종 뚜렷한 외적인 증상이 없어 ³⁰간과하기 쉽다. 많은 사람들은 골절이 된 후에야 자신에게 이미 골다공증 문제가 있었다는 것에 놀란다. 하지만 골다공증은 예방과 치료가 가능하다. 환자는 의사의 지시에 따라 표준화된 항 골다공증 치료를 진행하는 것 외에도 ³¹칼슘과 비타민 D가 일상적인 골다공증 예방 및 치료의 가장 기본적인 약물임을 알아야 하고, 식단에 충분한 단백질을 보충하고, 칼슘과 비타민D 함량이 높은 음식을 더 많이 먹어야 하며 또한 저염식을 해야 하고, 금연 및 술을 자제해야 하며 커피와 탄산음료를 과도하게 섭취하지 않도록 해야 한다. 의학 전문가는 ³²과도한 음주와 흡연, 과한 다이어트, 편식, 영양부족, 햇빛에 충분히 노출되지 않는 경우, 신체 활동 부족과 같은 몇 가지 나쁜 습관들이 골다공증에 걸릴 위험을 증가시킨다고 말했다. 이 외에도 자주 넘어지는 사람은 골절될 위험이 더 높으며 특히 노인은 골다공증에 걸릴 위험이 가장 높다.

실제로 사람들은 청소년기에 운동을 열심히 하고 충분한 칼슘 섭취를 보장해야 하며 동시에 각종 질병, 특히 만성 소화기 질환이나 영양부족, 흡수장애 등을 예방하고 적극적으로 치료하여 성선 기능 장애 질환과 성장 발육 관련 질환을 예방해야 한다. 그 외에도 골격 대사에 영향을 주는 약물 등의 장기적 사용을 피하고 최대한 이상적인 방법으로 골격량을 높이면 골다공증 발생의 위험을 줄일 수 있다. 성인기의 칼슘보충제는 골다공증 예방의 기본적인 조치이지만, 이는 기본적인 보조제일 뿐 단독으로 골다공증 치료제로 할 수는 없다. 성인이 된 후의 예방 방법은 주로 두 가지가 있다. 첫째, 골격량 손실의 속도와 정도를 최대한 늦추는 것이다. 둘째, ³³노인의 골절을 예방하는 것이다. 골절의 위험 요소를 피하면 골절의 발생률을 현저히 낮출 수 있다.

28 为什么说骨骼是人体的重要组成部分之一？

    A 没有构成关节相连的特点

    B 参与造血以及营养物质的储备

    C 人体内的骨骼超过体重的一半

    D 是心脏的支架

28 뼈가 인체의 중요한 구성 부분 중 하나라고 한 이유는 무엇인가?

    A 관절이 연결된다는 특징이 없다

    B 조혈 및 영양물질의 저장에 참여한다

    C 체내의 뼈 무게가 대략 체중의 반을 초과한다

    D 심장의 지지대이다

29 根据调查，可以知道骨质疏松的患者？

    A 骨折后极易出现二次骨折

    B 会立即死亡

    C 遗传几率极高

    D 只出现在中老年人群间

29 조사에 따르면 골다공증 환자에 관해 알 수 있는 것은?

    A 골절된 후 쉽게 2차 골절이 나타난다

    B 즉시 사망한다

    C 유전 확률이 매우 높다

    D 중장년층에서만 나타난다

30 在骨质疏松早期，往往没有明显的外在表现，因此极易被忽视。

30 골다공증 초기에는 종종 뚜렷한 외적인 증상이 없어 간과하기 쉽다.

31 根据原文，哪种情况是诱发骨质疏松的原因？

    A 避免低盐饮食

    B 及时摄取碳酸饮料

    C 维生素D不足

    D 过度补钙

31 본문에 따르면 어떤 상황이 골다공증을 유발하는 원인인가?

    A 저염식을 피한다

    B 탄산음료를 제때 섭취한다

    C 비타민 D가 부족하다

    D 칼슘을 과도하게 보충한다

32 下列哪项不属于骨质疏松的高发人群？

    A 戒烟成功者

    B 过度偏食者

    C 缺乏锻炼者

    D 老年人

32 다음 중 골다공증 발병률이 높은 사람에 속하지 않는 것은?

    A 금연을 성공한 사람

    B 과하게 편식하는 사람

    C 운동이 부족한 사람

    D 노인

33 关于成年后预防骨质疏松的说法，正确的是？

    A 营养不良是健骨的关键

    B 进行适当的减脂运动

    C 骨质疏松的患者应警惕骨折

    D 积极配合骨骼中钙的流失

33 성인이 된 후 골다공증을 예방하는 견해에 관해 올바른 것은?

    A 영양부족은 골격을 만드는 관건 요소다

    B 적절한 지방 감량 운동을 한다

    C 골다공증 환자는 골절에 유의한다

    D 뼛속 칼슘 손실에 적극 협조한다

骨骼 gǔgé 몡 뼈 | **人体** réntǐ 몡 인체 | **占** zhàn 됭 차지하다, 보유하다 | **体重** tǐzhòng 몡 체중 | **关节** guānjié 몡 관절 | ★**相连** xiānglián 됭 연결되다, 서로 잇닿다 | **支架** zhījià 몡 지지대 | **内脏** nèizàng 몡 내장 | **器官** qìguān 몡 (생물체의) 기관 | **附着** fùzhuó 됭 부착하다 | **以便** yǐbiàn 젭 (~하기에) 편리하도록 | **造血** zàoxuè 됭 조혈하다 [물체의 기관에서 피를 만들어 내다] | ★**储备** chǔbèi 됭 저장하다, 비축하다 | ★**钙** gài 몡 칼슘 | **磷** lín 몡 인 | **据** jù 개 ~에 따르면, ~에 의거하여 | **人群** rénqún 몡 사람의 무리, 군중 | **骨质疏松症** gǔzhì shūsōngzhèng 몡 골다공증 | **患病率** huànbìnglǜ 몡 유병률 [어떤 시점에 일정한 지역에서 나타나는 그 지역 인구에 대한 환자 수의 비율] | **为** wéi 됭 ~이다 | **骨折** gǔzhé 됭 골절되다 | **患者** huànzhě 몡 환자 | **病残** bìngcán 몡 질병과 신체장애 | **率** lǜ 몡 율, 비율 | **显著** xiǎnzhù 형 현저하다, 두드러지다 | **半数** bànshù 몡 절반 | **遭遇** zāoyù 됭 (적 또는 불행·불리한 일) 만나다, 당하다 | **髋关节** kuānguānjié 몡 고관절 | **并发症** bìngfāzhèng 몡 합병증 | **达** dá 됭 이르다 | **存活者** cúnhuózhě 몡 생존자 | **致残** zhìcán 됭 불구가 되다 | **静悄悄** jìngqiāoqiāo 형 아주 조용하다 | **疾病** jíbìng 몡 질병, 병 | **强度** qiángdù 몡 강도 | **感知** gǎnzhī 됭 감지하다, 느끼다 | **早期** zǎoqī 몡 초기 | **外在** wàizài 형 외재적인 | **惊觉** jīngjué 됭 놀라다 | **防** fáng 됭 예방하다 | **治** zhì 됭 치료하다 | **规范** guīfàn 형 규범에 맞는, 규범적인 | ★**维生素** wéishēngsù 몡 비타민 | **防治** fángzhì 됭 예방 치료하다 | **补充** bǔchōng 됭 보충하다 | **足够** zúgòu 형 충분하다 | ★**蛋白质** dànbáizhì 몡 단백질 | **含量** hánliàng 몡 함량 | **较** jiào 뷔 비교적 | **低盐** dīyán 몡 저염의 | **戒烟** jièyān 됭 금연하다 | **限酒** xiànjiǔ 됭 절주하다 | **过量** guòliàng 됭 분량을 초과하다 | **饮用** yǐnyòng 됭 마시다 | **碳酸** tànsuān 몡 탄산 | **饮酒** yǐnjiǔ 몡 음주하다, 술을 마시다 | **吸烟** xīyān 됭 담배를 피우다 | **过度** guòdù 형 과도하다, 지나치다 뷔 지나치게 | **偏食** piānshí 됭 편식하다 | **不良** bùliáng 형 좋지 않다, 불량하다 | **照耀** zhàoyào 됭 밝게 비추다 | **患** huàn 됭 병이 나다, 병에 걸리다 | **跌倒** diēdǎo 됭 걸려 넘어지다 | **钙质** gàizhì 몡 칼슘 | **摄入** shèrù 됭 섭취하다 | **防止** fángzhǐ 됭 방지하다 | **治疗** zhìliáo 됭 치료하다 | ★**慢性** mànxìng 형 만성의 | **消耗性疾病** xiāohàoxìng jíbìng 소화기 질환 | **性腺** xìngxiàn 몡 생식선 [생식세포, 생식기에 부속하는 분비선] | **障碍** zhàng'ài 몡 장애 | **发育** fāyù 됭 발달, 발육 | **长期** chángqī 몡 장기간 | **骨** gǔ 몡 골격 | **代谢** dàixiè 몡 대사 | **峰值** fēngzhí 몡 최대치 | **成人期** chéngrénqī 몡 성인기 [의학용어] | **钙剂** gàijì 몡 칼슘제 | **预防** yùfáng 됭 예방하다 | **辅助** fǔzhù 됭 보조하다 [辅助药物: 보조제] | **单独** dāndú 뷔 단독으로, 혼자서 | **延缓** yánhuǎn 됭 늦추다 | **丢失** diūshī 몡 손실 | **速**

率 sùlǜ 명 속도 | 发生率 fāshēnglǜ 발생률 | 骨质疏松 gǔzhì shūsōng 골다공증 | 死亡 sǐwáng 통 사망하다 | 遗传 yíchuán 통 유전 | 几率 jǐlǜ 명 확률 | 中老年人 zhōnglǎoniánrén 명 중장년 | 原文 yuánwén 명 원문 | 诱发 yòufā 통 유발하다 | 低盐饮食 dīyányǐnshí 저염식 | 摄取 shèqǔ 통 섭취하다 | 碳酸 tànsuān 명 탄산 | 补 bǔ 통 보충하다 | 高发 gāofā 통 발병률이 높다 | 健 jiàn 통 강하게 하다, 튼튼하게 하다 | 适当 shìdàng 형 적절하다 | 脂 zhī 명 지방 | ★警惕 jǐngtì 통 경계하다 | 流失 liúshī 명 손실

34~40

34 C [海洋绝大部分依然保持完整 해양은 대부분이 아직 온전한 상태를 유지하고 있다]　녹음에서 과학자들은 '우리에게는 여전히 재난을 피할 시간이 있다'고 말하며 바로 이어서 그 이유에 대해서 언급했다. 육지에 비해 해양은 대부분이 아직 온전한 상태를 유지하고 있으며 왕성한 생명력으로 건강을 회복할 수 있는 생태계를 갖추고 있기 때문이라고 직접적으로 언급했기 때문에 정답은 C이다.

35 栖息地的大规模丧失　녹음에서 현재의 흔적은 인류가 해양에 끼친 손실의 정도가 매우 심각하다는 것을 나타낸다고 하며 일부 해양종은 과도하게 포획되지만 더 큰 손해는 동물들의 서식지의 대규모 파괴라고 했다. 따라서 해양이 입은 손해 중 가장 큰 것은 동물 서식지의 대규모 손실이라고 답할 수 있다. 이런 주관식 문제의 경우 녹음을 다 들은 후 보면 생각나지 않은 경우가 많다. 따라서 녹음을 듣기 전 문제를 미리 파악하고 녹음을 들으면서 문제도 같이 보는 것이 답을 쓰는 데 더 유리하다.

36 C [有些鱼类已经迁徙到了较冷的水域 일부 어류는 비교적 추운 수역으로 이미 이동했다]　질문을 잘 들어보면 고온이 해양생물에 미친 영향에 대해 묻고 있는 문제이다. 녹음에서 기온 상승으로 인해 산호초가 이미 40% 감소했고 일부 어류는 비교적 추운 수역으로 이미 이동했다고 언급했다. 탄소 배출도 해수의 화학 성분을 변화시켜 해수를 산성으로 만들고 있다고 했으나 이는 고온이 해양생물에 미치는 영향에 대한 설명은 아니기 때문에 답은 C이다.

37 B [污染带入深海 오염물질을 심해로 가져온다]　녹음에서 채광 작업도 해양을 변화시킨다고 하며 해저 채광은 독특한 생태계를 파괴하고 오염물질을 심해로 가져올 수 있다고 언급했다. 따라서 해저 채광이 해양에 미친 영향에 대한 답은 B가 될 수 있다.

38 海洋本身　녹음에서 '해양을 구하는 과정에서 우리의 가장 좋은 협력 파트너는 해양 그 자체이다'라고 직접적으로 언급했다. 듣기 주관식 문제는 우리에게 약간 생소할 수 있는 문제이므로, 녹음을 듣기 전 문제를 파악하고 반드시 녹음을 들으면서 문제를 같이 볼 수 있도록 하자.

39 B [我们也确实有机会改变这种状况。和此前预想的相比，时间有了几十年的宽裕，千万不要白白浪费了 우리에겐 확실히 이 상황을 바꿀 수 있는 기회가 있다. 이전에 예상했던 것보다 몇십 년의 여유가 생겼으니 시간을 헛되이 낭비해서는 안 된다]　화자가 말하고자 하는 주제는 주로 마지막에 언급하는 경우가 많다. 녹음 마지막 부분에서 화자는 '우리에게는 확실히 이 상황을 바꿀 수 있는 기회가 있으며 이러한 시간을 헛되이 낭비해서는 안 된다'라고 강조했다. 따라서 이 글의 주제는 아직 늦지 않았기 때문에 인류는 노력해야 한다는 내용이 가장 적절할 것이다.

40 A [限制某些海域的开采利用, 以便让物种逃离高温或者pH值较低的水域找到避难所; 需要在沿岸一带规划出错落有致的保护区 특정 해역의 채굴과 이용을 제한하고, 동물종이 고온 또는 pH가 비교적 낮은 수역에서 벗어나 피난처를 찾을 수 있도록 하며, 연안 일대에 들쑥날쑥한 보호구역을 계획한다]　녹음 뒷부분에서 현재 상황을 돌리기 위해 취할 수 있는 조치들을 다양하게 나열하고 있다. 해양의 개발 및 이용을 제한하고 이 보호구역을 계획할 때 동물종이 고온 또는 pH가 낮은 수역에서 벗어나 피난처를 찾을 수 있도록 기후변화를 고려하는 것, 그리고 들쑥날쑥한 보호구역을 계획해서 각종 종이 환경에 적응할 수 있게 도와야 하는 조치들을 언급했다. 하지만 보기 A에 있는 '평화' 문화를 선양한다는 내용은 찾을 수 없다.

在对数百个来源的数据进行了开创性的分析之后，某科学家团队下了这样的结论：人类正处于对海洋及海洋动物造成前所未有的“大破坏”的边缘。尽管如此，科学家们表示：我们仍有时间来避免灾难。

[34] 与陆地相比，海洋绝大部分依然保持完整，仍有足够旺盛的生命力来恢复健康的生态。从很多方面来说，我们都很幸运，虽然海洋受影响的速度正在加快，但状况没有糟糕到无法扭转的地步。对海洋健康状况进行的科学评估存在着一定程度的不确定性，与追踪陆上物种的健康状况相比，研究人员很难判断踪迹延伸万里的水下物种的状况。科学家们观察到的某一海洋生态系统的具体变化可能无法反映地球的整体发展趋势。目前的迹象表明：人类对海洋的损害程度非常严重。一些海洋物种遭到了过度捕捞，但更大的损害是物种 [35] 栖息地的大规模丧失，这种情况可能会随着技术的进步而加速。例如，全球的珊瑚礁已经减少40%，[36] 部分原因是气候变化导致的温度升高。此外，有些鱼类已经迁徙到了较冷的水域。与此同时，碳排放正在改变海水的化学成分，让海水变得更具酸性。有报告指出：随着集装箱船只的数量与日俱增，鲸与船只发生碰撞的事件也增多了。此外，采矿作业也会改变海洋。研究人员称：目前的海底矿业合同覆盖了水下46万平方英里的地方，而2000年时这个数字为零。[37] 海底采矿可能会破坏独特的生态系统，并将污染带入深海。海洋如此浩瀚，这些行为看上去貌似不会对它的生态系统造成冲击，可化石记录表明，之前曾有全球灾害对海洋造成过破坏，而海洋物种也无法在大规模灭绝中幸免。

然而，人类仍有时间扭转局面，这需要制定并执行有效的程序，来限制对海洋的开发利用。野生老虎可能已经无法挽救，但虎鲨还大有希望。[40] 限制某些海域的开采利用，可能有助于其他地区濒危物种的恢复。在拯救海洋的过程中，我们最好的合作伙伴就是 [38] 海洋本身。[40] 科学家们还认为，在规划这些保护区的时候，必须把气候变化考虑在内，以便让物种逃离高温或者pH值较低的水域找到避难所；需要在沿岸一带规划出错落有致的保护区，来帮助各个物种适应环境；要减缓海洋物种灭绝速度，就需要削减碳排

수백 가지 출처의 데이터를 획기적으로 분석한 후, 모 과학자팀은 인류가 해양과 해양동물에 역사상 유례가 없는 '대파괴'를 일으킬 상황에 처해 있다는 결론을 내렸다. 그럼에도 불구하고 과학자들은 "우리에겐 여전히 재난을 피할 시간이 있다"고 말했다.

[34] 육지에 비해 해양은 대부분이 아직 온전한 상태를 유지하고 있으며 왕성한 생명력으로 건강을 회복할 수 있는 생태계를 갖추고 있다. 여러 측면에서 봤을 때 우리는 운이 좋다. 해양이 영향을 받는 속도가 점차 빨라지고 있긴 하지만 현 상황이 돌이킬 수 없을 시경까지 이르진 않았기 때문이다. 해양의 건강 상황에 대해 진행한 과학적 평가는 어느 정도 불확실성이 있는데, 육지동물의 건강 상태 추적에 비해 연구원들이 만 리까지 자취를 감춘 수중 종의 상태를 판단하기는 매우 어렵다. 과학자들이 관찰한 어떤 해양생태계의 구체적 변화로는 지구 전체의 발전 추세를 가늠할 수 없다. 현재의 흔적은 인류가 해양에 끼친 손실의 정도가 매우 심각하다는 것을 나타낸다. 일부 해양종은 과도하게 포획되기도 하지만 더 큰 손해는 동물들의 [35] 서식지의 대규모 상실이다. 이러한 상황은 기술의 진보에 따라 가속화될 수도 있다. 예를 들어, 전 세계의 산호초가 이미 40% 감소했는데 [36] 기후변화로 인한 기온 상승이 일부 원인이다. 또한 일부 어류는 비교적 추운 수역으로 이미 이동했다. 이와 동시에 탄소 배출도 해수의 화학 성분을 변화시켜 해수를 산성으로 만들고 있다. 한 보고서에 따르면 컨테이너 선박의 수량이 갈수록 많아지면서 고래가 선박과 충돌하는 사고도 증가했다. 또한 채광 작업도 해양을 변화시킨다. 연구원은 "현재 해저 광업의 계약 규모는 해저 46만 제곱 마일을 커버하고 있고, 이 숫자는 2000년엔 0이었다."라고 말했다. [37] 해저 채광은 독특한 생태계를 파괴하고 오염물질을 심해로 가져올 수도 있다. 바다는 광활해서 이러한 행위는 겉보기엔 해양생태계에 충격을 주지 못할 것처럼 보이지만, 화석 기록에 따르면 이전에 세계적인 재난이 해양을 파괴한 적이 있으며 해양생물도 대규모 멸종을 피할 수 없었다.

하지만 인류는 여전히 상황을 되돌릴 시간이 있으며 이를 위해선 효과적인 절차를 만들고 이행하여 해양의 개발 및 이용을 제한해야 한다. 야생 호랑이는 이미 구할 수 없지만, 괭이상어에게는 아직 희망이 있다. [40] 특정 해역의 채굴과 이용을 제한하면 다른 지역의 멸종위기종을 복원하는 데 도움이 될 것이다. 해양을 구하는 과정에서 우리의 가장 좋은 협력 파트너는 [38] 해양 그 자체이다. [40] 과학자는 이런 보호구역을 계획할 때 동물종이 고온 또는 pH가 비교적 낮은 수역에서 벗어나 피난처를 찾을 수 있도록 반드시 기후변화를 고려해야 한다고 말했다. 연안 일대에 들쑥날쑥한 보호구역을 계획해서 각종 종이 환경에 적응할 수 있게 도와야 한다. 해양 종의 멸종 속도를 늦추려면 동물들이 적응하는 것만이 아니라 탄소 배출을 줄여야 한다. 21세기가 끝났을 때 우리가 여전히 현재 처한 상황에서 벗어나지 못한다면 해양생태계의 정상 유지에 큰 희망은

放，而不仅仅是适应它们。如果到本世纪结束时，我们仍然没有脱离目前的处境，要维持海洋生态系统的正常就没有太大希望了。[39]但与此同时，我们也确实有机会改变这种状况。和此前预想的相比，时间有了几十年的宽裕，千万不要白白浪费了。

없게 될 것이다. [39]하지만 이와 동시에 우리에겐 확실히 이 상황을 바꿀 수 있는 기회가 있다. 이전에 예상했던 것보다 몇십 년의 여유가 생겼으니 시간을 헛되이 낭비해서는 안 된다.

34 下列哪项是科学家们认为人类可以避免灾难的原因？
    A 与海洋相比，陆地遭到人类破坏的程度较小
    B 与陆地相比，绝大部分海洋依然保持现状
    C 与陆地相比，大部分海洋依然保持完整且生命力强
    D 与海洋相比，在陆地上栖息的物种更加丰富

34 다음 중 과학자가 인간이 재난을 피할 수 있는 원인으로 언급한 것은?
    A 해양에 비해 육지는 인류에 의해 파괴된 정도가 비교적 작다
    B 육지에 비해 대부분의 해양은 여전히 현 상태를 유지하고 있다
    C 육지에 비해 대부분의 해양은 여전히 온전한 상태를 유지하고 있으며 생명력이 강하다
    D 해양에 비해 육지에 서식하는 종이 더 다양하다

35 一些海洋物种遭到了过度捕捞，但更大的损害是物种栖息地的大规模丧失。

35 일부 해양종은 과도하게 포획되기도 하지만 더 큰 손해는 동물들의 서식지의 대규모 상실이다.

36 根据原文，下列哪项是高温对海洋生物的影响？
    A 碳排放正在改变海水的化学成分
    B 少数贝类无法觅食
    C 部分鱼类已迁徙到冷水域
    D 热带鱼类被迫转移栖息地

36 본문에 따르면 다음 중 고온이 해양생물에 미친 영향은 무엇인가?
    A 탄소 배출이 해수의 화학 성분을 바꾸고 있다
    B 소수의 패류는 먹이를 찾을 수 없다
    C 일부 어류가 이미 추운 수역으로 이동했다
    D 열대어류의 서식지가 강제 이동되었다

37 根据原文，哪项是海底采矿可能对海洋造成的影响？
    A 无法减缓海洋物种灭绝
    B 破坏海洋生态并将污染带入深海
    C 维持海洋独特的生态系统
    D 无法满足海洋生物的需求

37 본문에 따르면 다음 중 해저 채광이 해양에 미친 영향은 무엇인가?
    A 해양동물의 멸종을 늦추지 못한다
    B 해양생태계를 파괴하고 오염물질을 심해에 끌어들인다
    C 해양의 독특한 생태계를 유지한다
    D 해양생물의 수요를 만족시키지 못한다

38 在拯救海洋的过程中，我们最好的合作伙伴就是海洋本身。

38 해양을 구하는 과정에서 우리의 가장 좋은 협력 파트너는 해양 그 자체이다.

39 下列哪项是说话人想表达的主题？
    A 海洋物种比陆地物种更珍贵
    B 人类拯救海洋为时不晚
    C 海洋环境遭到破坏并没有引起人们的重视
    D 绝大多数海洋动物濒临灭绝

39 다음 중 화자가 말하고자 하는 주제는 무엇인가?
    A 해양동물은 육지동물보다 더 귀중하다
    B 인류가 바다를 구하는 건 아직 늦지 않았다
    C 해양환경의 파괴는 사람들의 관심을 끌지 못했다
    D 대부분의 해양동물은 멸종위기에 처했다

40 关于人类扭转现有局面，可采取的措施中错误的一项是？
    A 宣扬"和"文化
    B 限制某些海域的开采利用
    C 在沿岸一带规划保护区
    D 将保护区的温度以及pH值控制在较高标准

40 현재 상황을 되돌리기 위해 취할 수 있는 조치 중 잘못된 것은?
    A '평화'의 문화를 선양한다
    B 일부 해역의 채굴 및 이용을 제한한다
    C 연안 일대에 보호구역을 만든다
    D 보호구역의 온도 및 pH를 엄격히 통제한다

来源 láiyuán 圐 (사물의) 출처, 내원 | 开创性 kāichuàngxìng 圐 획기적, 창조성 | 团队 tuánduì 팀, 단체 | 处于 chǔyú 图 처하다, 놓이다 | 前所未有 qiánsuǒwèiyǒu 젱 역사상 유례가 없다 | 边缘 biānyuán 圐 위기 | 灾难 zāinàn 재난, 재해 | 相比 xiāngbǐ 图 비교하다, 견주다 [与……相比: ~와 비교하다] | 绝大 juédà 혱 대부분의, 절대 다수의 | 旺盛 wàngshèng 혱 왕성하다, 성하다 | ★生态 shēngtài 圐 생태계 | ★扭转 niǔzhuǎn 图 바로잡다, 교정하다 | ★地步 dìbù 圐 (좋지 않은) 형편, 지경, 상태 | 评估 pínggū 图 (질·수준·성적 등을) 평가하다 | 不确定性 búquèdìngxìng 불확실성 | 追踪 zhuīzōng 图 추적하다, 행방을 뒤쫓다 | 陆上 lùshàng 圐 육지, 육상 | 物种 wùzhǒng 圐 종, 생물의 종류 | 延伸 yánshēn 图 뻗어 나가다, 펴다 | 水下 shuǐxià 圐 수중, 해양, 수면 아래 | ★迹象 jìxiàng 圐 자취, 흔적 | 损害 sǔnhài 图 손실을 입다, 손상시키다 | 遭到 zāodào 图 (불행이나 불리한 일) 부닥치다, 당하다 | 过度 guòdù 혱 과도하다, 지나치다 | 捕捞 bǔlāo 图 물고기를 잡다 | 栖息地 qīxīdì 圐 서식지 | 大规模 dàguīmó 혱 대규모의, 규모가 크다, 옮겨 가다 | 水域 shuǐyù 圐 수역 | 碳 tàn 圐 탄소 | ★排放 páifàng 图 (폐기·폐수·고형폐기물 등을) 배출하다 | 海水 hǎishuǐ 圐 해수, 바닷물 | 具 jù 图 가지다, 구비하다 [주로 추상적인 사물에 쓰임] | 酸性 suānxìng 圐 산성 (화학물질) | 指出 zhǐchū 图 밝히다, 지적하다, 가리키다 | ★集装箱 jízhuāngxiāng 圐 컨테이너 | 船只 chuánzhī 圐 선박, 배 | ★与日俱增 yǔrìjùzēng 날이 갈수록 많아지다, 날로 늘어나다 | 鲸 jīng 圐 고래 | 碰撞 pèngzhuàng 图 충돌하다 | ★采矿 cǎikuàng 图 채광하다 | 海底 hǎidǐ 圐 해저 | 矿业 kuàngyè 圐 광업 | ★覆盖 fùgài 图 덮다, 가리다 | 英里 yīnglǐ 얭 마일 | 为 wéi 图 ~가 되다 | 深海 shēnhǎi 圐 심해 | 浩瀚 hàohàn 혱 광활하다 | 貌似 màosì 图 겉으로는 ~인 듯하다 | 冲击 chōngjī 圐 충격 | 灭绝 mièjué 图 멸종하다, 완전히 없애다, 철저히 소멸하다 | 幸免 xìngmiǎn 图 다행히 면하다, 요행으로 모면하다 | 局面 júmiàn 圐 국면, 형세, 양상 | 执行 zhíxíng 图 집행하다, 실행하다, 실시하다 | 野生 yěshēng 혱 야생 | ★挽救 wǎnjiù 图 (위험에서) 구해 내다, 구제하다 | 虎鲨 hǔshā 圐 괭이상어 | 海域 hǎiyù 圐 해역 | ★开采 kāicǎi 图 (지하자원을) 채굴하다, 발굴하다, 개발하다 | 濒危 bīnwēi 图 멸종될 위기에 처하다 | ★拯救 zhěngjiù 图 구하다, 구제하다, 구조하다 | 本身 běnshēn 圐 그 자체, 그 자신 | 规划 guīhuà 图 계획하다, 기획하다 圐 계획, 기획 | 保护区 bǎohùqū 圐 보호구역 | 逃离 táolí 图 도피하다 | 高温 gāowēn 圐 고온 | 避难所 bìnànsuǒ 피난처 | 沿岸 yán'àn 圐 연안 | 一带 yídài 일대 | 错落有致 cuòluòyǒuzhì 젱 (사물의 배열이) 들쭉날쭉하면서 운치가 있다 | 减缓 jiǎnhuǎn 图 늦추다, 완화하다 | 削减 xuējiǎn 图 깎아 줄이다, 삭감하다 | 脱离 tuōlí 图 (어떤 상황·환경에서) 벗어나다 | ★处境 chǔjìng 圐 (처해 있는) 상황, 처지, 상태 | 维持 wéichí 图 유지하다, 지키다 | 此前 cǐqián 圐 이전 | 预想 yùxiǎng 图 예상하다 | 宽裕 kuānyù 圐 여유 | 白白 báibái 헛되게, 쓸데없이 | 现状 xiànzhuàng 圐 현 상태, 현황 | 贝类 bèilèi 圐 패류 | 觅食 mìshí 图 먹을 것을 찾다, 먹이를 구하다 | 鱼类 yúlèi 圐 어류 | 热带 rèdài 圐 열대 | 迫 pò 图 강제하다 | 转移 zhuǎnyí 图 (방향이나 위치를) 전이하다, 옮기다, 이동시키다 | 珍贵 zhēnguì 진귀하다, 귀중하다 | 为时不晚 wéishíbùwǎn 젱 시기가 늦지 않다 | 濒临 bīnlín 图 인접하다, 가까이 서다 | ★扭转 niǔzhuǎn 图 바로잡다, 시정하다 | ★宣扬 xuānyáng 图 선양하다, 널리 알리다 | 有序 yǒuxù 혱 질서 정연하다, 차례가 있다

阅读 | 독해

41~47

41 A [自己的内心都毫无波澜，也不会有任何回应 내면에는 전혀 요동이 없고, 어떠한 반응도 하지 않는다 / 一概表示顺从的心理状态 일축하자면 순종적인 심리상태를 나타낸다]　첫 번째 단락에서 '탕핑'에 대해 언급하고 있다. 그중 첫 번째는 상대방이 어떤 반응을 하든 내면에는 전혀 요동이 없고 어떠한 반응도 하지 않는 순종적인 심리상태를 나타낸다고 말했다. 이에 해당하는 내용은 보기 2, 4번으로, 답은 A이다.

42 B [人们一直憧憬着"乌托邦"，然而，迄今为止，世界上从来就不曾有过"乌托邦"式的国家和社会 사람들은 줄곧 '유토피아'를 동경해 왔지만, 지금까지 전 세계적으로도 '유토피아'와 같은 국가나 사회가 있었던 적은 없었다]　'유토피아'의 사전적 개념은 이상으로 그리는 가장 완벽하고 평화로운 사회를 의미한다. 첫 번째 단락에서도 그 의미를 유추해 낼 수 있다. 사람들은 줄곧 '유토피아'를 동경해 왔지만 지금까지 전 세계적으로 '유토피아'와 같은 국가나 사회가 있었던 적은 없었으며 이런저런 문제가 있었다고 했다. 이 의미는 곧 '사람들은 아름다운 생활환경을 동경했지만 이러한 비현실적 환경은 있었던 적이 없었다'라는 의미와 가장 가깝다. 따라서 답은 B이다.

43 C ["躺平"问题并非所有年轻人都会存在的问题……例如，全国各地参加抗疫防疫的人中，就有很多年轻人 '탕핑' 문제는 모든 젊은이의 문제는 아니다. …… 예를 들면 중국 각지에서 방역 활동에 참여한 사람 중에 젊은이도 무척 많았다]　두 번째 단락에서 '탕핑'은 모든 젊은이의 문제는 아니며, 중국 각지에서는 방역 활동에 참여한 젊은이들도 무척 많았다고 했다. 이 젊은이들의 특징은 전염병으로 위축되지 않았고 생활과 일의 수고로움을 핑계로 '탕핑'을 하지도 않았다고 언급했다. 방역 활동에 참여한 젊은이를 예로 든 이유는 바로 젊은이들 모두가 '탕핑'을 하는 것은 아니라는 것을 증명해 내기 위해서이다.

44 B ["躺平"并非年轻人独有的现象和问题。……放弃职场追求的大有人在 '탕평'은 젊은이만의 현상이나 문제는 아니다. (…) 직장에서의 성장을 포기한 사람이 매우 많다]　세 번째 단락에서 '탕평'은 비단 젊은이만의 현상이나 문제는 아니라고 이야기하며 중장년층 중에서도 어영부영 지내며 직장에서의 성장은 포기한 채로 지내는 사람이 많다고 했다. 이는 '탕평' 심리가 많은 중장년층의 마음에 소리 소문 없이 뿌리를 내리고 있다는 B의 내용과 일맥상통한다.

45 A [做一天和尚撞一天钟 하루하루 적당히 살아가다]　본문에서 언급한 '하루하루를 적당히 넘기면서'의 앞뒤 문장을 살펴보면 그 의미를 보다 더 정확하게 파악할 수 있다. '탕평' 심리를 가지고 있는 중장년층은 직장에서의 성장을 포기하고 불평하며 책망하고, 관리가 비합리적이라고 생각하며 사회에 대한 부정적인 시선을 가지고 있는 사람들이다. 따라서 '하루하루를 적당히 넘기면서' 일을 무성의하게 하고 달가워하지 않는 상태를 나타낸다. 기타 다른 답들은 모두 긍정적인 의미로 정답과 거리가 멀다.

46 B [多管齐下 어떤 일을 동시에 여러 가지 방법으로, 혹은 동시다발적으로 진행하다]　성어의 정확한 뜻을 모른다고 해서 바로 포기할 것이 아니라 성어 속 한자 하나하나의 의미를 생각하며 대략적인 의미를 유추해 내는 것도 하나의 방법이다. '多管齐下'는 '여러 가지 일을 동시다발적으로 진행하다'라는 뜻이다. '名利双收'는 '명성과 재물을 함께 얻다'라는 의미이며, '并行不悖'는 '두 가지 일을 한꺼번에 치러도 사리에 어그러짐이 없다'라는 뜻으로, 질문에서 언급한 성어와 의미가 가장 비슷하다. '才貌双全'은 '재모를 겸비하다', '左右为难'은 '이러지도 저러지도 못하다'라는 의미로 답이 될 수 없다.

47 A [一味地谴责、道德绑架并不是最好的"解药" 덮어놓고 질책하고 도덕적 잣대를 들이대는 것은 좋은 '해결책'이 아니다]　마지막 단락에서 '탕평족'이 신념을 다시 갖게 하고 희망을 보게 하는 것은 중국 정부에서 진지하게 고려해 보아야 할 문제이며 덮어놓고 질책하는 것보다는 여러 가지 방법을 통해 다시 자신감을 갖게 해 주는 것이 중요한 해결책이라고 이야기했다. 따라서 탕평족은 '구제불능'이라는 보기 A는 틀린 문장이다.

"躺平"是一个网络流行词语。网络上对它的解释有以下几种: <u>41一是引申解读,指无论对方做出什么反应,自己的内心都毫无波澜,也不会有任何回应</u>,更不用说反抗,<u>41一概表示顺从的心理状态</u>。二是简化解读,指用自己的方式消解外在环境对个体的规训。第三种是特定解读,<u>41指在部分语境中还表示一个人生活与工作累忙得瘫倒在地,从此不再鸡血沸腾,也不再渴求什么成功</u>。"躺平"现象并非中国社会特有的现象。自古以来,<u>42人们一直憧憬着"乌托邦",然而,迄今为止,世界上从来就不曾有过"乌托邦"式的国家和社会,哪个国家和社会都会存在这样或者那样的问题</u>。

放眼世界,即使在欧美发达国家的年轻人当中,也曾出现过各种各样的"啃老"、"佛系"等社会现象和问题。<u>43"躺平"问题并非所有年轻人都会存在的问题。实际上,无论国内还是国外,并非各行各业的所有年轻人都放弃了奋斗,选择"躺平"。例如,全国各地参加抗疫防疫的人中,就有很多年轻人</u>。这些中国青年并没有因为疫情而退缩,也没有以生活与工作的辛苦为借口"躺平"。

'탕평'은 인터넷 유행어이다. 인터넷에서 찾아볼 수 있는 탕평의 설명은 다음과 같다. <u>41첫째, 원의에서 확장되어서 상대방이 어떤 반응을 하든 내면에는 전혀 요동이 없고, 어떠한 반응도 하지 않는다는</u> 뜻으로, 반항은 더더욱 말할 수도 없는, <u>41일축하자면 순종적인 심리상태를 나타낸다</u>. 두 번째는 간소화된 설명인데, 자신의 방식으로 개인에 대한 외부환경의 간섭을 해소한다는 것이다. 세 번째에는 특정한 의미가 있는데, <u>41일부 언어적 맥락에서 어떤 사람이 생활과 일에 너무 지쳐서 바닥에 쓰러져 다시는 심장이 뛰지도, 성공을 갈망하지도 않게 되는 상황을 나타낸다</u>. '탕평' 현상은 중국 사회에서만 나타나는 현상은 아니다. 예로부터 <u>42사람들은 줄곧 '유토피아'를 동경해 왔지만, 지금까지 전 세계적으로도 '유토피아'와 같은 국가나 사회가 있었던 적은 없었다. 어떤 국가든 사회든 이런저런 문제가 있곤 했다.</u>

세계로 눈을 돌려보면, 유럽과 미국 등 선진국의 젊은이들 사이에도 '캥거루족', '해탈'과 같은 사회현상과 문제가 나타난 바 있다. <u>43'탕평' 문제가 모든 젊은이의 문제는 아니다. 실제로 중국이나 해외나 각 분야 젊은이들이 다 노력을 포기하고 '탕평'을 선택하는 것은 아니다. 예를 들면 중국 각지에서 방역 활동에 참여한 사람 중에 젊은이도 무척 많았다.</u> 이러한 중국 청년들은 전염병으로 위축되지 않았고, 생활과 일의 수고로움을 핑계로 '탕평'을 하지도 않았다.

[44]"躺平"并非年轻人独有的现象和问题。从社会观察来看，一些过了不惑和知天命之年的中老年人中，因年龄、健康、家庭、晋升等多种因素影响在工作上[45]"做一天和尚撞一天钟"、得过且过、放弃职场追求的大有人在。他们当中，有的埋怨命运不公、有的抱怨领导偏心、有的指责制度有毛病、有的觉得管理不合理，感觉再多努力和奋斗也只够养家糊口，而改变命运的希望有很渺茫，因此对于上级安排的任务能推就推，能拖就拖，动力和干劲都不足，久而久之，"躺平风"自然而然地就蔓延开来了。

"躺平"作为一种消极思潮，同前几年媒体所提及的"佛系"、"丧文化"、"低欲"等"亚文化"大同小异。但其实，个别人出现消极思想和行为不足为奇。工业化社会竞争激烈，都市化社会生活压力大，有必要缓解年轻人的工作与生活压力。企业可以通过人力资源管理，学校可以通过思想政治教育工作，政府部门可以通过社会与社区管理、开展婚姻与家庭辅导心理健教育等多种路径，借助宣泄释放法、倾诉法、旅游法、运动法，以及开展音乐、绘画、文学活动等多种方式与技巧来梳理、泄压和引导，从而改变个体的自我认知，提升自我管理水平，增强自我行为能力。

华东师范大学的历史系教授许纪霖曾说：[47]"如何让更多的躺平者重拾信心、重新看到希望的确是当下中国需要认真对待的问题。"确实，对于"躺平"，或许我们真的应该重新审视。[47]一味地谴责、道德绑架并不是最好的"解药"。对待"躺平"或许只有通过上述[46]"多管齐下"的方式，[47]才能让"躺平人群"重拾自信，逐渐获得安全感和幸福感。

[44]'탕평'은 젊은이만의 현상이나 문제는 아니다. 사회적 관찰을 해보면 불혹이나 지천명이 넘은 중장년층 중에서도 나이, 건강, 가정, 진급 등 여러 요소로 인해 [45]'하루하루를 적당히 넘기면서', 어영부영 지내고 직장에서의 성장을 포기한 사람이 매우 많다. 그들 중에서 어떤 사람은 운명이 불공평함을 원망하고, 어떤 사람은 상사가 편파적이라며 불평한다. 어떤 사람은 제도에 문제가 있다고 책망하며, 어떤 사람은 관리가 비합리적이라고 생각한다. 이런 사람들은 더 노력을 해 봤자 가족들 정도만 먹여 살릴 수 있을 정도이고 운명을 바꿀 희망은 너무 멀고 느끼기 때문에, 상사가 배정한 임무를 미룰 수 있으면 미루고, 넘길 수 있으면 넘기며, 원동력과 의욕이 부족한 상태이다. 이렇게 오래 지내다 보면 '탕평 스타일'은 자연스럽게 널리 퍼지게 된다.

'탕평'은 부정적인 사조로, 몇 년 전 미디어에 언급된 바 있는 '해탈', '상문화', '저욕망' 등의 하위문화와 거의 비슷하다. 하지만 개인이 부정적인 생각과 행동을 하는 것이 이상한 일은 아니다. 산업화 사회의 경쟁이 치열해지고 도시화 사회의 생활 스트레스가 커지는 만큼 젊은이들의 일과 생활에서의 스트레스를 해소할 필요가 있다. 기업은 인력 자원 관리를 통해서, 학교는 사상 정치 교육을 통해서, 정부 부처는 사회와 공동체 관리와 결혼과 가정 심리 지도 교육을 펼치는 등 여러 가지 방법을 통해서 불만을 쏟아내고 방출하는 방식, 털어놓는 방식, 여행을 가는 방식, 운동을 하는 방식, 그리고 음악, 회화, 문학 활동 등 여러 방식과 기술로 스트레스를 다듬고, 방출하고, 유도하도록 하여 개인의 자아 인식을 바꾸고 자기 관리 수준을 높여서 자기 통제력을 높일 수 있도록 해야 한다.

화동사범대학의 역사학과 쉬지린 교수는 이렇게 말한 바 있다. [47]더 많은 '탕평족이 신념을 다시 갖게 하고, 희망을 다시 볼 수 있도록 하는 것은 확실히 현재의 중국이 진지하게 고려해 봐야 할 문제다.' 확실히 '탕평'에 대해서 우리는 다시금 숙고해 봐야 할 수도 있겠다. [47]덮어놓고 질책하고 도덕적 잣대를 들이대는 것은 좋은 '해결책'이 아니다. '탕평'에 대해서는 상술한 [46]'여러 가지 방법을 동시에 사용'해야만 [47]'탕평족'이 자신감을 다시 갖고, 안전감과 행복감을 점차 느끼도록 할 수 있다.

41 关于"躺平"的几种解读，说法正确的是：
1. 对成功有着强烈的渴求
②一种顺从的心理状态
3. 买醉到深夜以至瘫倒在地
④对他人的一切行为无感
A 2,4　　　　　　B 1,3
C 1,2　　　　　　D 3,4

41 '탕평'에 대한 설명으로 옳은 것은?
1. 성공에 대한 강렬한 열망이 있다
②순종적인 심리상태이다
3. 깊은 밤 취할 때까지 마셔서 길바닥에 쓰러진다
④타인의 모든 행위에 무감하다
A 2,4　　　　　　B 1,3
C 1,2　　　　　　D 3,4

42 第一段中"乌托邦"的意思最可能是：

A 人处于伸手不见五指的乌黑环境

B 人们向往的美好且不现实的生活环境

C 繁华喧闹的大都市生活

D 并不完美但却舒适的社会环境

43 第二段中，举各地疫情防控参与者的例子是为了说明：

A "躺平风"已像疫情一样开始蔓延

B 参加疫情防控工作的大部分为"躺平"青年

C 不少年轻人并未"躺平"

D 疫情的出现造成了青年一代的"躺平"

44 关于第三段，可以知道什么：

A 不少中年人因有养家糊口的压力而无法"躺平"

B "躺平"心理已悄然在不少中年人心中"生根发芽"

C 家庭和睦的中年人晋升机会也更大

D 上级安排的任务使中年人放弃了养家的责任

45 "做一天和尚撞一天钟"是什么心态：

A 比喻遇事敷衍、不情不愿

B 意味着公私分明、明辨是非

C 指诚实守信、童叟无欺

D 表示兢兢业业、毫不马虎

46 下列成语与"多管齐下"的意思最相近的一项是：

A 名利双收

B 并行不悖

C 才貌双全

D 左右为难

47 关于本文，下列哪项错误：

A 躺平人群是"无药可救"的一类人

B 适当的心理辅导有益于缓解躺平心理

C 对待躺平不宜一味地谴责或道德绑架

D 缓解躺平现象离不开政府的协调

---

42 첫 번째 단락 중 '유토피아'와 가장 가까운 것은?

A 손을 뻗어도 손끝이 보이지 않는 캄캄한 환경에 처해 있음

B 사람들이 바라는 아름답지만 비현실적인 생활환경

C 번화하고 떠들썩한 대도시 생활

D 완벽하진 않지만 편안한 사회환경

43 두 번째 단락에서 각지의 전염병 방역 참여자를 예시로 든 이유는?

A '탕평 스타일'이 이미 전염병처럼 퍼지고 있다

B 방역 활동에 참여한 대부분이 '탕평' 청년이다

C 많은 청년들이 '탕평'이 아니다

D 전염병의 출현이 청년세대를 '탕평'족으로 만들었다

44 세 번째 단락에서 알 수 있는 것은?

A 많은 중장년층이 가족 부양의 압박으로 '탕평'을 할 수 없다

B '탕평' 심리는 많은 중장년층의 마음에 소리 소문 없이 뿌리를 내리고 있다

C 가정이 화목한 중장년층은 진급의 기회도 더 크다

D 상사가 배정한 임무로 인해 중장년층이 가정 부양의 책임을 포기하고 있다

45 '하루하루를 적당히 넘기면서'는 어떤 심리상태인가?

A 일을 무성의하게 대하고 달가워하지 않는다

B 공과 사가 명확하고, 시비를 분명히 가린다

C 성실하고 약속을 잘 지키며 어린이나 노인도 속이지 않는다

D 부지런하고 성실하며 결코 대충하지 않는다

46 다음 성어 중 '여러 방법을 동시에 사용하다'라는 성어와 의미가 가장 가까운 것은?

A 명리쌍수(명성과 재물을 함께 얻다)

B 병행불패(두 가지 일을 한꺼번에 치러도 사리에 어그러짐이 없다)

C 재모쌍전(재모를 겸비하다)

D 좌우위난(이러지도 저러지도 못하다)

47 본문에 대한 것으로 틀린 것은?

A 탕평족은 '구제불능'한 사람들이다

B 적당한 심리 지도는 탕평 심리를 없애는 데 도움이 된다

C 탕평에 대해서는 덮어놓고 비난하거나 도덕적 잣대를 들이대서는 안 된다

D 탕평 현상을 해소하기 위해서 정부의 협조가 필수적이다

躺平 tǎngpíng 탕평 | 引申 yǐnshēn 圄 원의로부터 파생된 뜻이 생기다 | ★解读 jiědú 圄 해독하다, 설명하다 | ★毫无 háowú 圄 조금도 ~이 없다 | ★波澜 bōlán 囻 요동, 파란 | 回应 huíyìng 囻 반응, 호응 | 反抗 fǎnkàng 囻 반항 | ★一概 yígài 囝 일률적으로, 전부 | ★顺从 shùncóng 囻 순종하다, 순순히 따르다 | ★简化 jiǎnhuà 圄 간소화하다, 간략화하다 | 消解 xiāojiě 圄 해소하다, 제거하다 | 个体 gètǐ 囻 개체, 개인, 인간 | 规 guī 囻 규칙 | 训 xùn 圄 훈계하다 | 语境 yǔjìng 囻 (문장의) 전후 맥락 | ★瘫 tān 圄 움직이지 못하다, 녹초가 되다 | 鸡血沸腾 jīxuè fèiténg 흥분되어 있는 상태 | 渴求 kěqiú 圄 갈망하다, 갈구하다 | ★并非 bìngfēi 囻 결코 ~하지 않다, 결코 ~이 아니다 | 特有 tèyǒu 圄 특유하다, 고유하다 | 自古以来 zìgǔ yǐlái 예로부터 | 憧憬 chōngjǐng 圄 동경하다 | 乌托邦 wūtuōbāng 囻 유토피아, 이상향 | ★迄今为止 qìjīnwéizhǐ 囻 (이전 어느 시점부터) 지금에 이르기까지 | 放眼 fàngyǎn 圄 눈을 돌리다, 시야를 넓히다 | 欧美 Ōu Měi 囼 유럽과 미국 | 啃老 kěnlǎo 캥거루족 [부모에게 경제적으로 의존하는 2~30대의 젊은이들을 일컫는 용어] | 佛系 fóxì 해탈 | 各行各业 gèhánggèyè 囼 각종 직업 | 抗 kàng 圄 대항하다, 저항하다 | 疫 yì 囻 역병 | ★防疫 fángyì 圄 방역하다

다 | 疫情 yìqíng 명 전염병 | ★退缩 tuìsuō 동 위축되다, 움츠러들다 | ★借口 jièkǒu 명 핑계, 구실 | 独有 dúyǒu 동 혼자만 갖고 있다 | 来看 láikàn ~에서 보면, ~에게 있어서 [从A角度来看: A의 관점에서 보면] | 不惑 búhuò 명 불혹, 40살 | 知天命 zhītiānmìng 지천명, 50살 | ★晋升 jìnshēng 동 진급하다, 승진하다 | 做一天和尚，撞一天钟 zuò yìtiān héshàng, zhuàng yìtiān zhōng 속 하루하루를 적당히 넘기다, 아무런 계획 없이 하루하루 때우다 | 得过且过 déguòqiěguò 성 그날그날 살아가다 | 职场 zhíchǎng 명 직장 | 大有人在 dàyǒurénzài 성 그와 같은 사람은 많이 있다 | ★埋怨 mányuàn 동 원망하다, 탓하다, 불평하다 | 命运 mìngyùn 명 운명 | 不公 bùgōng 형 불공평하다 | 偏心 piānxīn 형 편파적이다 | 指责 zhǐzé 동 책망하다, 질책하다, 비난하다 | 养家糊口 yǎngjiāhúkǒu 성 가족을 먹여 살리다 | 渺茫 miǎománg 형 아득하다, 까마득하다 | 上级 shàngjí 명 상사, 상급자 | 拖 tuō 동 넘기다 | 动力 dònglì 명 동력 | 干劲 gànjìn (일하려는) 의욕, 열정 | 久而久之 jiǔ'érjiǔzhī 성 오랜 시일이 지나다, 오래 지속되다 | ★自然而然 zìrán'érrán 자연히, 저절로 | ★蔓延 mànyán 동 (사방으로) 널리 번지다, 만연하다 | 思潮 sīcháo 명 사조 [한 시대의 일반적인 사상의 흐름] | 提及 tíjí 동 언급하다 | 丧 sāng 명 상 [죽은 사람과 관련된 모든 일] | 欲 yù 명 욕망 | 亚文化 yàwénhuà 명 하위문화 | ★大同小异 dàtóngxiǎoyì 성 대동소이하다 | 不足为奇 bùzúwéiqí 성 이상할 것이 아니다 | 社区 shèqū 명 공동체, 지역사회 | 开展 kāizhǎn 동 (활동이 작은 범위에서 큰 범위로) 펼쳐지다, 전개되다, 확대되다 | ★婚姻 hūnyīn 명 혼인, 결혼 | ★辅导 fǔdǎo 동 (학습을) 도우며 지도하다 | 路径 lùjìng 명 방법, 수단 | 借助 jièzhù 동 (다른 사람 또는 사물의) 도움을 빌다, ~의 힘을 빌리다 | ★宣泄 xuānxiè 동 (불만 등을) 털어놓다, 쏟아 내다, 터놓다 | ★释放 shìfàng 동 방출하다, 내보내다 | ★倾诉 qīngsù 동 (속마음을) 이것저것 죄다 말하다, 다 털어놓다 | 绘画 huìhuà 명 회화, 그림 | 技巧 jìqiǎo 명 기교, 테크닉 | ★梳理 shūlǐ 동 정리하다 | 引导 yǐndǎo 동 인도하다, 인솔하다, 이끌다 | ★认知 rènzhī 명 인지, 인식 | 提升 tíshēng 동 진급하다, 신급시키다 | 增强 zēngqiáng 동 강화하다, 증강하다, 높이다 | 华东 Huádōng 고유 화동 | 师范 shīfàn 명 사범 ['师范学校(사범학교)'의 줄임말] | 许纪霖 Xǔ Jìlín 고유 쉬지린 [인명] | 如何 rúhé 대 어떻게, 어떻게 하면 | 重 chóng 부 다시, 재차 | 拾 shí 동 줍다, 집다 | 审视 shěnshì 동 숙고하다, 자세히 살펴보다 | ★一味 yíwèi 부 덮어놓고, 오로지 | ★谴责 qiǎnzé 동 질책하다, 비난하다, 꾸짖다 | ★绑架 bǎngjià 동 잣대를 대다 | 解药 jiěyào 명 해결책, 해독약 | ★上述 shàngshù 동 상술하다 | 多管齐下 duōguǎnqíxià 어떤 일을 동시에 여러 가지 방법으로 진행하다 | 解读 jiědú 동 해독하다, 설명하다 | 强烈 qiángliè 형 강렬하다 | 渴求 kěqiú 동 갈망하다, 갈구하다 | 规划 guīhuà 명 계획, 기획 | ★对策 duìcè 명 대책, 대비책 | ★深夜 shēnyè 명 심야, 깊은 밤, 한밤 | 以至 yǐzhì 접 ~까지, ~에 이르기까지 | 伸手不见五指 shēnshǒu bújiàn wǔzhǐ 속 손을 내밀어도 손가락이 보이지 않는다, 한 치 앞이 보이지 않을 정도로 어둡다 | 乌黑 wūhēi 형 새까맣다, 깜깜하다 | ★向往 xiàngwǎng 동 바라다, 갈망하다, 동경하다 | 繁华 fánhuá (도시·거리가) 번화하다 | ★喧闹 xuānnào 형 떠들썩하다 | 防控 fángkòng 명 방역하다, 예방하다 | 参与者 cānyùzhě 명 참가자 | ★并未 bìngwèi 부 결코 ~적이 없다 | 中年人 zhōngniánrén 명 중장년 | 养家糊口 yǎngjiāhúkǒu 성 가족을 먹여 살리다, 가족을 부양하다 | 悄然 qiǎorán 형 조용한 모양 | 生根 shēnggēn 동 뿌리를 내리다 | 发芽 fāyá 동 싹이 트다, 발아하다 | ★和睦 hémù 화목하다, 사이가 좋다 | 养家 yǎngjiā 동 가정을 부양하다 | 比喻 bǐyù 비유하다 | 敷衍 fūyan 동 무성의하게 대하다, 성실하지 않게 하다 | 不情不愿 bùqíng búyuàn 달가워하지 않는다 | 意味着 yìwèizhe 동 의미하다, 뜻하다, 나타내다 | 公私 gōngsī 명 공과 사 | ★分明 fēnmíng 명확하다, 분명하다, 확실하다, 뚜렷하다 | 明辨是非 míngbiànshìfēi 명 시비를 분명히 가리다, 옳고 그름을 똑똑히 가리다 | 守信 shǒuxìn 동 약속을 지키다, 신용을 지키다 | 童叟无欺 tóngsǒuwúqī 성 노인이나 어린이조차도 속이지 않는다 | ★兢兢业业 jīngjīngyèyè 성 신중하고 조심스럽게 맡은 일을 부지런하고 성실하게 하다 | ★毫不 háobù 부 조금도 ~않다, 털끝만큼도 ~하지 않다 | 相近 xiāngjìn 형 비슷하다, 가깝다 | 名利双收 mínglìshuāngshōu 성 명성과 재물을 함께 얻다 | 并行不悖 bìngxíngbúbèi 성 두 가지 일을 한꺼번에 치러도 사리에 어그러짐이 없다 | 才貌双全 cáimàoshuāngquán 성 재모를 겸비하다, 재색을 겸비하다 | 左右为难 zuǒyòuwéinán 성 이러지도 저러지도 못하다, 딜레마에 빠지다 | 无药可救 wúyào kějiù 구제불능이다 | 适当 shìdàng 형 적당하다, 적절하다 | 有益 yǒuyì 동 도움이 되다, 유익하다 | 不宜 bùyí 동 ~하여서는 안 된다, ~하기에 적당치 않다 | 协调 xiétiáo 명 협조

48~54

48 C [博主售卖的手机最多值999元 이 블로거가 판매한 휴대폰은 최대 가치가 999위안밖에 되지 않았다] 첫 번째 단락에서 최근에 화제가 된 사건을 언급하면서 블로거가 비싼 휴대폰을 '1999위안'에 저렴하게 판매하는 것처럼 보였지만 원래 가치는 999위안밖에 되지 않아 소비자를 속여서 판 내용을 언급하고 있다. 따라서 보기 C의 '해당 블로거가 판매한 휴대폰의 가치가 999위안밖에 되지 않았다'가 정답이다.

49 A ["地板价"、"宇宙最低价"、"粉丝超级福利"、"让利大促销" '매우 저렴한 가격', '우주 최저가', '팔로워 특별 혜택', '최대한으로 줄인 마진'] 질문에 언급한 단어들의 뜻을 몰라도 한 글자씩 쪼개서 보면 '가격' '낮다' '이익' 등을 나타낸다는 것을 알 수 있다. 따라서 보기 중에서 가장 밀접한 관계가 있는 내용은 보기 A의 '가격이 매우 저렴함을 묘사했다'가 정답이다. 만약 글자들이 잘 파악되지 않는다면 어휘들이 있는 두 번째 단락의 내용을 파악해서 풀 수 있다. 두 번째 단락은 라이브 방송에서 시장가격보다 더 낮은 가격에 판매한다는 내용이 담겨 있다. 이것을 통해서도 가격이 저렴하다는 내용을 나타냈음을 알 수 있다.

50 D [消费者大多是在下单后才发现货不对板、夸大宣传、高于市场价等问题 대부분의 소비자는 주문 후에야 이것이 잘못된 상품이거나 과장 홍보되었거나 시장가격보다 더 비싸다는 것을 알아차린다] '忽悠式直播带货(라이브 커머스 사기)'의 앞 내용을 보면 어떤 의미인지 쉽게 유추할 수 있다. 본문에서 블로거들이 라이브 커머스 상품을 시장가격의 10% 혹

333

은 더 낮은 가격에 판매한다고 하지만 대부분의 소비자는 주문 후에야 이것이 잘못된 상품이거나 과장된 홍보에 시장가격보다 더 비싸다는 것을 알아차리고, 이를 라이브 커머스 사기라고 불렀다고 한 것으로 보아 보기 D의 '사람들이 함정에 빠지도록 유인한다'가 가장 적당하다.

51 C [商家忽悠式直播带货扰乱了正常的市场秩序 판매자의 라이브 커머스 사기는 정상적인 시장 질서를 어지럽혔다] 질문에서 '세 번째 문단'의 내용에 대해 질문하고 있으므로, 빠르게 세 번째 문단으로 가서 내용을 파악하는 것이 답을 빨리 찾는 데 도움이 된다. 세 번째 단락 중간에 라이브 커머스 사기는 정상적인 시장 질서를 어지럽혔다고 직접적으로 언급했으므로 답은 C가 된다.

52 B [盲目 맹목적으로 / 一味地 무턱대고] '盲目(맹목적으로)'의 뜻을 알면 바로 풀 수 있는 문제로, '盲目'와 가장 비슷한 의미로 쓰일 수 있는 어휘는 보기 B '一味地(무턱대고)'이다. 또한 빈칸 앞에 부정사가 있는 것으로 보아 해서는 안 되는 행동의 상태를 말하는 것을 알 수 있다. 평소 시험에 자주 등장하는어휘들은 유의어도 함께 공부하자.

53 B [冲动消费 충동구매] 빈칸에 들어갈 단어를 찾는 문제의 경우 빈칸 앞뒤 내용을 잘 살펴봐야 한다. 빈칸 부분의 내용은 소비자가 해야 하는 행동에 대해 이야기하고 있다. 빈칸 바로 앞에는 동사 '避免'이 있어 빈칸에는 소비자가 하지 말아야 하는 행동이 오는 것이 적합하다. 따라서 보기들 중 부정적인 행동을 나타내는 보기 B가 가장 적합하다.

54 D [黑名单 블랙리스트 ↔ 好友名单 단골 리스트] 네 번째 단락에 전문가가 라이브 플랫폼에 대해 제안한 여러 가지 내용이 등장한다. 보기에 등장한 내용 중 전문가가 제안하지 않는 내용을 찾아야 하므로, 전체 내용을 빠르게 보는 것이 좋다. 그중 네 번째 단락 시작 부분에서 법을 심각하게 위반한 판매자 및 위법과 부도덕한 행위로 사회에 나쁜 영향을 미친 사람을 '블랙리스트'에 올려야 한다고 했으므로, '단골 리스트'라고 말한 보기 D가 전문가가 제안하지 않은 내용이다.

近日，"某些博主卖的手机最多值999元"的话题冲上热搜榜。起因是某主播在直播间售卖一款手机时，宣称这款手机在某电商平台官方旗舰店的售价是8999元，自己直播间仅售1999元，之后有数码博主评测后称：[48]此款手机用"高价低配的贴牌机"忽悠普通消费者，当事博主售卖的手机最多值999元。该事件引发了社会关注。

当下的直播间，诸如[49]"地板价"、"宇宙最低价"、"粉丝超级福利"、"让利大促销"等宣传语比比皆是。[50]博主们宣称带货商品只是市场价的一折甚至更低，然而消费者大多是在下单后才发现货不对板、夸大宣传、高于市场价等问题。大家将这一现象称之为"忽悠式直播带货"。相关专家建议，加大对"忽悠式直播带货"的整治力度至关重要。调查也显示，不仅是手机、白酒、手表、电子产品、茶叶、保健品等各类商品的直播带货过程中，均存在大量所谓的"让利促销"、"地板价"、"骨折价"情况。有的直播带货现场，甚至会请所谓的生产商或专家出演，与主播一人唱红脸一人唱白脸，让很多消费者产生"买到就是赚到"的错觉。"全网最低价"、

최근에 '어떤 블로거가 판매한 휴대폰의 최대 가치는 999위안'이라는 화제가 실시간 검색 순위에 올랐다. 그 원인은 다음과 같다. 한 블로거가 라이브 방송에서 휴대폰을 판매할 때 어떤 전자상거래 플랫폼의 공식 플래그십 스토어에서는 해당 휴대폰을 8,999위안에 팔고 있지만 본인의 방송에서는 1,999위안에 판매한다고 홍보했다. 그런데 이후 어떤 전자기기 유튜버가 조사해보니 [48]해당 휴대폰에 가격은 비싸고 부품은 저렴한 다른 브랜드 상표를 사용하여 소비자를 속였으며, 이 블로거가 판매한 휴대폰은 최대 가치가 999위안밖에 되지 않았다. 이 사건은 사회적 관심을 불러일으켰다.

요즘 라이브 방송에서는 [49]'매우 저렴한 가격', '우주 최저가', '팔로워 특별 혜택', '최대한으로 줄인 마진'이라는 등의 홍보성 문구가 비일비재하다. [50]블로거들이 라이브 커머스 상품을 시장가격의 10% 혹은 더 낮은 가격에 판매한다고 하지만, 대부분의 소비자는 주문 후에야 이것이 잘못된 상품이거나 과장 홍보되었거나 시장가격보다 더 비싸다는 것을 알아차린다. 사람들은 이 현상을 '라이브 커머스 사기'라고 불렀다. 관련 전문가는 '라이브 커머스 사기' 단속을 강화하는 것이 매우 중요하다고 했다. 휴대폰뿐만 아니라 백주, 손목시계, 전자제품, 찻잎, 건강기능식품 등 각종 상품의 라이브 커머스 방송에서 '마진을 줄인 상품', '저렴한 가격', '대폭 할인가' 등의 홍보성 문구를 많이 사용한다는 조사 결과도 나왔다. 심지어 일부 라이브 커머스에서는 생산업체나 전문가를 초청하여 블로거와 함께

"今天在我直播间入手最划算"、"某电商旗舰店卖5000元，到我这儿只要800元"……忽悠式直播带货究竟何时休？

中央民族大学法学院教授说："主播在直播间宣称'最优惠'、'全网最低价'等行为，明显与事实严重不符，纯粹是忽悠甚至欺诈消费者，属于违法行为。"他解释到：这些行为违反了电子商务法、消费者权益保护法等法律法规和规范性文件。电子商务法明确规定，电子商务经营者应当全面、真实、准确、及时地披露商品或服务信息，保障消费者的知情权和选择权。[51]商家忽悠式直播带货扰乱了正常的市场秩序。同时，上述直播行为如构成商业广告，也违反了广告法关于广告中不得使用'最高级'、'最佳'等绝对化用语的规定。根据《网络直播营销管理办法》的规定，直播营销平台应当对违反法律法规和服务协议的直播间运营者的账号，酌情采取警告提醒、限制功能、暂停发布、注销账号、禁止重新注册等处置措施，保存记录并向有关主管部门报告。但目前直播营销平台对此现象仍缺少投诉、监督机制。一方面，可能很多消费者遇到这种情况没有积极投诉维权；另一方面，接到投诉后，直播营销平台也可能没有采取积极措施。

事实上，[54]直播平台应将严重违法违规的直播营销人员及因违法失德造成恶劣社会影响的人员列入"黑名单"，并向有关主管部门报告。同时，各部门应加强联动，[54]依法加大查处直播营销违法行为，强化信息共享与协调配合，提升监管合力。更要加大案件查办力度，发现违法行为涉嫌犯罪的，应当及时将案件移送司法机关。网络直播带货等商业行为对扩大就业、促进消费、推动经济等发挥了积极作用，为促使其发挥正面功能、防范负面影响，应努力打造一个综合治理体系：网络直播发布者、网络直播服务机构、网络直播平台等经营者应强化守法经营意识，自觉遵守消费者权益保护法、广告法等法律规定的义务与责任；行业自律组织应主动担当、增强规范功能，提升行业形象；相关监管部门应积极作为，形成全方位、立体式监管体系；全社会应实时参与，[54]切实提升社会监督水平，让违法行为无所遁形。

한 사람은 어르고 한 사람은 재촉하며 소비자들에게 '사는 게 남는 것'이라는 착각을 일으키게 한다. '온라인 최저가', '오늘 방송에서 구매하는 게 가장 합리적이다', '어떤 전자상거래 플래그십 스토어에서는 5,000위안에 판매하지만 여기는 단 800위안이다'라는 등의 홍보가 만연한 '라이브 커머스 사기'는 도대체 언제까지 지속될까?

중앙민족대학교 법학대학 교수는 "블로거가 라이브 방송에서 '최대 혜택', '온라인 최저가'라고 홍보하는 등의 행위는 명백히 사실과는 다르며 순전히 소비자를 기만한 사기 행위로, 불법에 속한다"라고 밝혔다. 이는 전자 상거래법, 소비자 권익 보호법 등 관련 법률과 규범을 위반한 행위라고 교수는 설명했다. 전자 상거래법에는 전자상거래 경영자는 마땅히 전면적이고 진실하며 정확하고 즉각적으로 상품 혹은 서비스 정보를 드러내어 소비자의 알권리와 선택권을 보장해야 한다고 명시되어 있다. [51]판매자의 라이브 커머스 사기는 정상적인 시장 질서를 어지럽힌 동시에 상업적 홍보 등 상술한 행위는 광고법에 명시된 광고 중에 '최고급', '최적' 등의 절대적인 용어를 사용해서는 안 된다는 규정을 위반하는 것이다. '온라인 라이브 커머스 마케팅 관리법'의 규정에 따르면, 라이브 커머스 플랫폼은 관련 법과 서비스 계약을 위반한 라이브 방송 운영자의 계정에 대해 경고 알림, 기능 제한, 게시 중단, 계정 해지, 재가입 금지 등의 조치를 적절히 취해야 하며 기록을 보관하고 관련 관리 부서에 보고해야 한다. 하지만 현재 라이브 커머스 플랫폼은 여전히 이런 현상에 대한 신고나 감독 체계가 부족한 실정이다. 한편으로 이러한 상황이 생겼을 때 적극적으로 신고하고 권익을 챙기려고 하는 소비자가 많지 않았을 것이며, 다른 한편으로는 신고를 접수한 라이브 커머스 플랫폼도 적극적인 조치를 취하지 않았을 것이다.

사실상, [54]라이브 커머스 플랫폼은 법을 심각하게 위반한 판매자 및 위법과 부도덕한 행위로 사회에 나쁜 영향을 미친 사람을 '블랙리스트'에 올리고 관련 관리 부서에 보고해야 한다. 또한 각 부서가 연합하여 [54]법에 의거해 라이브 커머스의 불법 행위 단속을 강화하고, 정보를 공유하고 서로 협조해 규제 정도를 높여야 한다. 더욱이 사건 조사 및 처벌에 박차를 가하고, 불법 범죄 행위가 의심되는 경우 즉시 사건을 사법 기관에 이송해야 한다. 온라인 라이브 커머스 등의 상업 행위는 취업 확대, 소비 촉진, 경제 활성화 등에 긍정적인 역할을 한다. 긍정적 기능을 촉진하고 부정적 영향을 막기 위해 종합적인 관리 시스템을 만들어야 한다. 라이브 플랫폼 배포자, 라이브 서비스 기관, 라이브 플랫폼 등의 경영자는 준법정신을 강화하여 소비자 권익 보호법, 광고법 등 관련 법률의 의무와 책임을 자각적으로 지켜야 한다. 업계 자율 조직은 능동적으로 책임을 지고 규범 기능을 강화하여 업계 이미지를 개선해야 한다. 관련 규제 부서는 적극적으로 나서서 전방위적이고 입체적인 규제 시스템을 만들어야 한다. 사회 전체가 실시간으로 참여하여 [54]사회 감독 수준을 확실히 향상하여 불법 행위가 형체를 감추지 못하도록 해야 한다.

最后，专家也提醒消费者要时刻擦亮眼睛、理性消费、避免⁵³<u>冲动消费</u>、在多个平台进行对比后理性下单；要谨慎选择直播平台，尽量在官方认可的指定专卖店购买该品牌商品；另外，不要⁵²<u>盲目追星</u>，对于明星直播带货也要多观察、多比较；购物后保留好购物凭证等相关证据，以便发现问题后积极维权。

마지막으로, 전문가는 소비자도 언제나 경계심을 높이고, 이성적으로 소비하고 ⁵³충동구매를 피해야 하며 여러 플랫폼을 비교한 후 이성적으로 주문해야 한다고 조언했다. 라이브 플랫폼을 신중히 선택하고, 최대한 공식 인증을 받은 전문 판매점에서 해당 브랜드 상품을 구매해야 한다. 또한, 유명한 방송인을 ⁵²맹목적으로 좇아서는 안 되며 유명 라이브 커머스라도 꼼꼼히 관찰하고 많이 비교해 봐야 한다. 문제가 생겼을 때 적극적으로 권익을 챙길 수 있도록 상품 구매 후 영수증 등 관련 증거를 잘 보관해 두어야 한다.

48 根据第一段，该事件引起关注的原因是?
- A 某主播直播间售卖的手机福利不足999元
- B 该主播的手机售后服务需缴纳999元
- C 该主播售卖的手机仅值999元
- D 某直播将1999元的手机以低价卖出

49 如何理解第二段中的"地板价"、"宇宙最低价"、"粉丝超级福利"、"让利大促销"等词?
- A 形容价格十分低廉
- B 形容价格低到可以买地板
- C 可以在直播平台讨价还价
- D 享受明星粉丝福利

50 如何理解"忽悠式直播带货"中忽悠的意思?
- A 引起有关部门注意
- B 引导消费者放弃购买
- C 引导他人做出正确抉择
- D 引诱他人上当

51 根据第三段，可以知道当下的很多带货直播间:
- A 揭露了商品或服务信息，有效防止了哄抬货价的现象
- B 符合广告法关于广告不得使用绝对化用语的规定
- C 忽悠式直播带货扰乱了正常的市场秩序
- D 保护了电子商务法、消费者权益

48 첫 번째 문단에 의하면 해당 사건이 관심을 불러일으킨 이유는 무엇인가?
- A 한 블로거가 라이브 방송에서 판매한 휴대폰의 혜택이 999위안도 되지 않았다
- B 해당 블로거가 휴대폰 애프터서비스를 받을 때 999위안을 내야 했다
- C 해당 블로거가 판매한 휴대폰의 가치가 999위안밖에 되지 않았다
- D 한 라이브에서 1,999위안짜리 휴대폰을 저렴한 가격에 판매했다

49 두 번째 문단의 '매우 저렴한 가격', '우주 최저가', '팔로워 특별 혜택', '최대한으로 줄인 마진' 등의 문구를 어떻게 이해할 수 있는가?
- A 가격이 매우 저렴함을 묘사했다
- B 바닥을 살 수 있을 정도로 가격이 저렴함을 묘사했다
- C 라이브 플랫폼에서 가격을 흥정할 수 있다
- D 스타의 팬 서비스를 누린다

50 '라이브 커머스 사기'의 '사기'를 어떤 의미로 이해할 수 있는가?
- A 관련 부서의 주의를 끈다
- B 소비자의 구매 포기를 유도한다
- C 사람들이 정확한 선택을 하도록 인도한다
- D 사람들이 함정에 빠지도록 유인한다

51 세 번째 문단에 근거하여 현재의 라이브 커머스 방송에 대해 알 수 있는 것은?
- A 상품이나 서비스 정보를 드러내어 담합해 물가를 올리는 것을 효과적으로 막았다
- B 광고법에 명시된 절대적인 용어를 사용해서는 안 된다는 규정에 부합한다
- C 라이브 커머스 사기가 정상적인 시장 질서를 교란했다
- D 전자 상거래법과 소비자 권익을 보호했다

52 根据上下文，第五段"不要**盲目**追星，对于明星直播带货也要多观察、多比较"的划线部分可替换为？

A 全面地

B 一味地

C 热情地

D 赶紧地

52 문맥상 다섯 번째 문단의 '유명한 방송인을 **맹목적으로** 좇아서는 안 되며 유명 라이브 커머스라도 꼼꼼히 관찰하고 많이 비교해봐야 한다.'에서 밑줄 친 부분을 대체할 수 있는 단어는?

A 全面地(전면적으로)

B 一味地(무턱대고)

C 热情地(친절하게)

D 赶紧地(서둘러)

53 第五段中的空格最适合填入的内容是？

A 热情好客

B 冲动消费

C 理财投资

D 友好交流

53 다섯 번째 문단의 빈칸에 가장 알맞은 내용은?

A 친절하고 호의적이다

B 충동구매

C 재테크 투자

D 우호적 교류

54 下列哪项不属于专家对直播平台的建议？

A 切实提升社会监督力度，预防违法行为

B 强化信息共享与协调配合，提升监管合力

C 遇违法乱纪人员应及时向有关部门报告

D 应将严重违法失德造成恶劣影响的人员列入"好友名单"

54 다음 중 전문가가 라이브 플랫폼에 제안한 내용에 속하지 않는 것은?

A 사회 감독 수준을 확실하게 향상해 불법행위를 예방해야 한다

B 정보 공유와 상호 협조를 강화해 규제 정도를 높여야 한다

C 법을 위반하고 질서를 어지럽히는 사람이 있으면 즉시 관련 부서에 보고해야 한다

D 심각한 위법과 부도덕한 행위로 나쁜 영향을 미친 사람을 '단골 리스트'에 올려야 한다

博主 bózhǔ 몡 블로그 주인 | 值 zhí 몡 가치 | 热搜榜 rèsōubǎng 실시간 검색 순위 | 起因 qǐyīn 몡 (사건 발생의) 원인 | 直播 zhíbō 동 생중계하다, 직접 중계하다 | 售卖 shòumài 동 팔다, 판매하다 | 宣称 xuānchēng 동 발표하다, 공언하다 | 旗舰店 qíjiàndiàn 플래그숍 | ★售价 shòujià 몡 판매가격 | 评测 píngcè 평가하여 추산하다 | 贴牌 tiēpái 동 OEM [생산자가 제품에 주문자의 상표를 부착하는 합작 생산 방식을 가리킴] | ★忽悠 hūyou 동 속이다 | ★引发 yǐnfā 동 (폭발, 감정, 병 따위를) 유발하다, 초래하다, 야기하다 | 诸如 zhūrú 집 이를테면 ~같은 것들 [여러 가지 예를 들어 말할 때 씀] | 地板价 dìbǎn jià 매우 저렴한 가격 | ★宇宙 yǔzhòu 몡 우주 | ★粉丝 fěnsī 몡 팬 | 福利 fúlì 몡 복지, 복리 | 促销 cùxiāo 동 판촉하다, 판매를 촉진시키다 | ★比比皆是 bǐbǐ-jiēshì 졍 어디에나 있다, 도처에 있다, 아주 흔하다 | ★号称 hàochēng ~로 유명하다, ~로 불리다 | 带货 dài huò 인터넷 인플루언서인 왕홍이나 연예인들이 제품을 추천하거나 쓰는 걸 보고 상품을 구매하는 행위 | 一折 yì zhé (가격의) 십분의 일 | 下单 xiàdān 동 주문하다 | ★夸大 kuādà 동 과대하다, 과장하다 | 高于 gāoyú ~보다 높다 | 整治 zhěngzhì 동 처벌하다, 혼내주다 | ★力度 lìdù 강도, 힘 | 至关重要 zhìguān-zhòngyào 지극히 중요하다, 매우 중요하다 | 保健品 bǎojiànpǐn 건강기능식품 | ★所谓 suǒwèi 소위, 이른바 | 现场 xiànchǎng 몡 (사건이나 사고의) 현장 | 生产商 shēngchǎnshāng 생산업체 | ★出演 chūyǎn 출연하다, 연출하다 | 唱红脸 chàng hóngliǎn 관대한 태도를 취하다, 관대하고 정답게 대하다 | 唱白脸 chàng báiliǎn 몰인정한 태도를 취하다 | ★错觉 cuòjué 몡 착각 | ★入手 rùshǒu 착수하다, 개시하다 | ★划算 huásuàn 졍 수지가 맞다 | ★何时 héshí 떼 언제 | 中央民族大学 Zhōngyāng Mínzú Dàxué 고유 중앙민족대학 | 法学院 fǎxuéyuàn 몡 법학 대학 | 主播 zhǔbō 메인 아나운서 | 不符 bùfú 일치하지 않다, 서로 맞지 않다 | ★纯粹 chúncuì 몡 순전히, 완전히, 전적으로 | 欺诈 qīzhà 동 사기하다, 속여먹다 | 违法 wéifǎ 위법하다, 법을 어기다 | ★权益 quányì 몡 권익, 권리와 이익 | 法规 fǎguī 몡 법규 | ★规范 guīfàn 몡 규범, 표준 | ★披露 pīlù 드러내다 | ★保障 bǎozhàng 동 보장하다, 보증하다 | 知情权 zhīqíngquán 몡 알 권리 | 选择权 xuǎnzéquán 몡 선택권 | ★扰乱 rǎoluàn 동 어지럽히다, 방해하다 | ★秩序 zhìxù 몡 질서, 순서 | ★上述 shàngshù 상술하다, 위에서 말하다 | 用语 yòngyǔ 몡 용어 | 协议 xiéyì 몡 합의서 | ★账号 zhànghào 몡 계정 | ★酌情 zhuóqíng 동 (사정·상황·상태·조건 따위를) 참작하다 | 警告 jǐnggào 동 경고하다 | 发布 fābù 동 알리다, 내리다 | 注销 zhùxiāo 동 취소하다, 말소하다, 무효로 하다 | 处置 chǔzhì 동 처리하다, 처분하다, 처치하다 | 主管 zhǔguǎn 동 주관하다 | 投诉 tóusù 동 (기관·관계자에게) 신고하다, 고소하다, 고발하다 | 监督 jiāndū 동 감독하다 | 机制 jīzhì 몡 체계, 시스템, 구조 | 维权 wéiquán 권익을 보호하다 | 违规 wéiguī 규정을 어기다 | 失德 shīdé 덕망을 잃다 | ★恶劣 èliè 졍 아주 나쁘다, 열악하다, 악질이다 | 列入 lièrù 집어넣다, 끼워 넣다 | 黑名单 hēimíngdān 몡 블랙리스트 | 联动 liándòng 동 잇달아 함께 움직이다 | 依法 yīfǎ 동 법에 의거하다 | 查处 cháchǔ 조사하여 처리하다 | 强化 qiánghuà 동 강화하다, 강하고 공고하게 하다 | 协调 xiétiáo 졍 어울리다, 조화롭다 | 监管 jiānguǎn 동 감독 관리하다 | 合力 hélì 몡 합력 | ★案件 ànjiàn 소송이나 위법에 관계되는 사건 | 查办 chábàn 동 조사하여 처리하다, 조사하여 처벌하다 | ★涉嫌 shèxián 동 혐의를 받다 | 犯罪 fànzuì 몡 범죄 | 移送 yísòng 동 이송하다 | ★司法 sīfǎ 몡 사법 | 机关 jīguān 몡 기관 | 推动 tuīdòng 동 추진하다, 나아가게 하다, 촉진하다 | ★正面 zhèngmiàn 긍정적인 면, 좋은 면 | 防范 fángfàn 동 방비하다, 경비하다 | ★负面 fùmiàn 나쁜 면, 부정적인 면 | 打造 dǎzào 동 제조하다, 만들다 | 治理 zhìlǐ 동 관리하다, 통치하다, 다스리다 | ★体系 tǐxì 몡 시스템, 체계, 체제 | 机构 jīgòu 몡 기관, 단체 | 守法 shǒufǎ 동 법률을 준수하다 | 意识 yìshí (객관 물질 세계에 대한 반영으로서) 의식 | 自律 zìlǜ 자율 | ★担当 dāndāng 동 책임지다, 맡다, 감당하다 | 增强 zēngqiáng 동 강화하다, 증강하다, 높이다 | 全方位 quán fāng wèi 몡 전방위 | ★立体 lìtǐ 몡 입체 | 实时 shíshí 뷔 실시간으로 | ★切实 qièshí 졍 확실하다, 적절하다 |

337

遁形 dùnxíng 통 형체를 감추다 | 擦亮眼睛 cā liàng yǎn jīng 생 경각심을 높이다 | ★理性 lǐxìng 형 이성적이다 | ★谨慎 jǐnshèn 형 신중하다 |
认可 rènkě 통 인가하다, 승낙하다, 허락하다 | 指定 zhǐdìng 통 (사전에 사람·시간·장소 등을) 지정하다, 확정하다 | ★专卖店 zhuānmàidiàn 명 전문
매장 | 品牌 pǐnpái 명 브랜드 | 追星 zhuīxīng 연예인을 열광적으로 뒤쫓아 다니다 | ★凭证 píngzhèng 명 증빙서류 | ★缴纳 jiǎonà 통 납부하다,
납입하다 | 低廉 dīlián 형 저렴하다, 싸다 | ★讨价还价 tǎojià-huánjià 생 흥정하다, 여러 가지 조건을 내걸고 시시콜콜 따지다 | 抉择 juézé 선택 |
★引诱 yǐnyòu 통 (나쁜 방향으로) 이끌다, 유인하다 | ★当下 dāngxià 요즘, 현재 | ★揭露 jiēlù 통 폭로하다, 까발리다 | 防止 fángzhǐ 방지하다 |
哄抬 hōngtái 통 (상인이) 앞다투어 물가를 올리다 | 货价 huòjià 명 상품 가격 | ★替换 tìhuàn 통 교체하다, 바꾸다 | 空格 kònggé 명 빈칸 | ★好客
hàokè 통 손님 접대를 좋아하다, 손님을 좋아하다 | 冲动 chōngdòng 명 충동 | 理财 lǐcái 통 재테크하다 | 乱纪 luànjì 통 규율을 어지럽히다

55~61

55 C [塑料袋刚被发明时，因为它的轻便实用，曾被称为"人类最伟大的发明之一" 비닐봉지는 막 발명됐을 때만 해도 간
편하고 실용적이기 때문에 '인류의 가장 위대한 발명품' 중 하나라고 불렸다]　첫 번째 문단에서 알 수 있는 것을 찾는 문제이
다. 이 유형의 문제는 소거법을 활용해 푸는 것도 좋은 방법 중 하나이다. 본문에서 비닐봉지는 실용적이라고 했기
때문에 실용성을 가지고 있지 않다고 한 A는 답이 될 수 없다. 또한 〈가디언〉은 비닐봉지를 최악의 발명품으로 선
정했다고 언급했지 〈가디언〉이 발행 보급했다고 하지 않았으므로 B 또한 답이 될 수 없다. 비닐봉지가 흰색이라
는 말은 언급되지 않았기 때문에 D 또한 답이 되지 않으므로, C가 가장 적합하다. 본문에서 직접적으로 언급하지
는 않았지만 비닐봉지가 처음 발명됐을 때는 간편하고 실용적이어서 위대한 발명품이라고 불렸다고 했으므로, 환
경을 해치려고 만든 것이 아니라는 것을 알 수 있다.

56 B [肆意≒随意 마음대로, 제멋대로]　어휘의 뜻을 알아야 풀 수 있는 문제이다. '肆意'는 '마음대로'라는 의미를 가
지고 있으며 보기 중에서 이것과 비슷한 뜻을 가진 어휘는 B '随意(제멋대로)'이다. '大意'의 경우 '부주의하다'라
는 뜻을 가지고 있으므로 헷갈려서는 안 된다. 평소 유의어를 많이 알아 두는 것이 좋다.

57 D [发生了翻天覆地的变化 큰 변화가 생겼다]　빈칸 문제의 경우 빈칸의 앞뒤를 잘 봐야 한다. 빈칸 앞의 술어는
'发生', 빈칸 뒤의 목적어는 '变化'로, 목적어 '变化'를 수식해 줄 만한 어휘가 빈칸에 들어가야 한다. 성어 '翻天覆
地'는 '하늘과 땅이 뒤집히다'라는 뜻으로 큰 변화를 나타낼 때 자주 쓰이는 고정격식 표현이다. 자주 쓰이는 고정
격식은 외워 두는 것이 좋다.

58 D [在自然环境中可能数十至数百年都不会被分解 자연에서는 수십에서 수백 년이 지나도 분해되지 않는다]　질문의 핵
심 어휘를 본문에서 빨리 찾는 것이 중요하다. 질문에 있는 '老大难'을 본문에서 빨리 찾아 앞뒤 문장을 살펴보자.
네 번째 단락에서 플라스틱은 자연에서 수백 년이 지나도 분해되지 않아 환경의 골칫거리가 되었다고 직접적으로
언급했다. 따라서 답은 D이다.

59 B [这说明塑料已经进入人类的食物链 이는 플라스틱이 인류의 먹이사슬에 이미 침투하였음을 설명한다]　질문에서 다섯
번째 단락에서 틀린 것을 찾으라고 했으니 해당 단락에 가서 본문과 보기가 다른 것을 찾으면 된다. 본문에서 플라
스틱 사용 제한에 대한 사람들의 지혜는 무한하다 했으므로 A는 맞는 내용이고, 플라스틱의 잠재적인 영향을 간
과할 수 없다고 했으므로 C도 답이 될 수 없다. 또한 다섯 번째 단락 뒷부분에서 다양한 국가를 예로 들어 플라스
틱 사용 제한의 대체 방안들을 이야기하고 있으므로 D도 답이 아니다. 따라서 정답은 B이다. 인류의 먹이사슬이
플라스틱 등의 화학제품으로 구성되어 있는 것이 아니라 플라스틱이 인류의 먹이사슬에 침투했다고 이야기하고
있다.

60 B ["可降解塑料"也是解决"白色污染"的可替代方案 '분해 가능한 플라스틱' 역시 백색오염을 해결할 수 있는 대체 방안이다
/ 禁止使用不可降解一次性塑料吸管 분해되지 않는 일회용 플라스틱 빨대의 사용을 금지한다]　백색오염에 대한 해결 방안
은 여섯 번째 단락에 나와 있다. 본문에서 분해 가능한 플라스틱 역시 백색오염을 해결할 수 있는 대체 방안이라고
직접 언급했으며, 그중 하나의 예로 플라스틱 빨대의 사용 금지를 들었다. 따라서 보기 1, 4를 고른 B가 정답이다.

61 D ["无塑料生活"或许能够成为现实 '플라스틱 없는 삶'이 현실이 될 수 있다]　제목으로 가장 적합한 내용으로, 본문이 말하고자 하는 주제를 물어보는 것과 같다. 따라서 문장 맨 앞과 뒤를 보면 답을 좀 더 쉽게 찾을 수 있는데, 마지막 단락에서 '플라스틱 없는 삶'이 현실이 될 수 있을 거라 믿는다고 했으므로 가장 적합한 답은 D이다. 본문에서 플라스틱의 부정적인 내용들과 그 대체 방안을 설명하고 있으므로 A와 B는 답이 될 수 없고 C 또한 어울리지 않는다.

---

[55]塑料袋刚被发明时，因为它的轻便实用，曾被称为"人类最伟大的发明之一"。可后来在英国《卫报》的评选中，塑料袋又"荣获"了"人类最糟糕的发明"的称号。

　　起初，塑料诞生时的形象远没有这么骇人。它不仅挽救过濒危动物的生命，还将台球等贵族运动带入了大众视野。早期的台球是用象牙制作而成的，而一根象牙仅能制造5个台球。随着台球运动在西欧的风靡，大象一度面临灭绝。1869年，美国发明家海厄特发明出"赛璐珞"塑料，成功代替象牙制作出塑料台球。当时，恰逢工业文明兴起，造价低廉的"赛璐珞"顺势引发了新一轮的"材料革命"，通过取代难以取得或制造成本昂贵的材料，赛璐珞使许多物品大众化。如：赛璐珞牙刷取代了骨制握柄，让普通人开始用得起牙刷等等。久而久之，塑料"用后即丢"的便利性反而使它的使用变得失控。1955年，美国周刊在报道中写道：人类进入了一个[56]肆意丢弃的黄金时代。当清洗变成浪费时间时，那么扔掉一次性用品毫无疑问是现代生活的"胜利"。

　　然而，长期的"塑料狂欢"之后，严重的污染令人类对塑料的态度发生了[57]翻天覆地的变化。2002年，英国《卫报》将塑料评为"人类最糟糕的发明"。许多国家、企业开始禁止使用一次性塑料制品。据统计，全球每年至少有800万吨塑料制品被丢弃到海洋中，到2050年海洋中塑料垃圾的总重量可能将超过鱼类。

　　难以降解的塑料垃圾每年造成数十万海洋动物的死亡，还以微塑料、塑料碎片等形式出现在食物链中，进入饮水中和餐桌上，影响人类健康。[58]由于塑料物理化学结构稳定，在自然环境中可能数十至数百年都不会被分解，对塑料垃圾的处置已成为世界公认的环境"老大难"问题。

[55]비닐봉지는 막 발명됐을 때만 해도 간편하고 실용적이기 때문에 '인류의 가장 위대한 발명품' 중 하나라고 불렸다. 그러나 이후에 영국 〈가디언〉의 선정으로 비닐봉지는 '인류 최악의 발명품'이라는 칭호도 얻었다.

맨 처음 플라스틱이 탄생했을 때의 모습은 그렇게 무섭지 않았다. 플라스틱은 멸종위기에 처한 동물을 구해주었을 뿐만 아니라 대중에게 당구 등의 귀족 스포츠를 접하게 해 주었다. 초기의 당구공은 상아로 제작했는데 상아 한 개로 5개의 공을 만들 수 있었다. 당구가 서양을 풍미하면서 코끼리는 한동안 멸종위기에 처했다. 1869년 미국의 발명가 하이엇은 '셀룰로이드'라는 플라스틱을 발명했고, 이것으로 플라스틱 당구공을 만들어 상아를 대체했다. 당시에 때마침 산업 문명이 흥성하여 생산 비용이 저렴한 '셀룰로이드'가 새로운 '재료혁명'을 일으켰다. 셀룰로이드는 얻기 힘들거나 제작 비용이 비싼 재료를 대체하여 수많은 물품을 대중화시켰다. 예를 들어 셀룰로이드로 만든 칫솔이 뼈로 만든 손잡이를 대체하여 일반인도 칫솔을 사용할 수 있게 되었다는 등이다. 오랜 시간이 지나고, 사용 후 바로 버릴 수 있다는 플라스틱의 편리성이 오히려 플라스틱의 사용을 통제 불능 상태로 만들었다. 1955년 미국 주간지의 한 기사에서는 '인류는 [56]마음껏 버릴 수 있는 황금시대에 접어들었다. 청소가 시간 낭비가 되었을 때, 일회용품을 버리는 것은 의심의 여지없이 현대 생활의 승리이다'라고 했다.

그러나 오랜 시간의 '플라스틱 열광' 후 심각한 환경오염으로 인류의 플라스틱에 대한 태도에 [57]큰 변화가 생겼다. 2002년 영국 〈가디언〉은 플라스틱을 '인류 최악의 발명품'으로 평가했다. 수많은 국가와 기업은 일회용 플라스틱 제품의 사용을 금지하기 시작했다. 통계에 따르면, 전 세계에서 매년 적어도 800만 톤의 플라스틱 제품이 바다에 버려지고 있으며, 2050년이 되면 해양 중 플라스틱 쓰레기의 양이 어류의 양을 뛰어넘을 것으로 예상된다.

잘 분해되지 않는 플라스틱 쓰레기로 인해 매년 수십만 해양 동물이 죽음을 맞이한다. 또한 미세플라스틱과 플라스틱 조각 등이 먹이사슬에 나타나고 식수나 음식에 섞여 인류의 건강에 영향을 준다. [58]플라스틱은 물리화학적 구조가 안정적이어서 자연에서는 수십에서 수백 년이 지나도 분해되지 않는다. 플라스틱 쓰레기의 처리 문제는 이미 세계가 공인하는 환경의 골칫거리가 되었다.

⁵⁹科学家在人类的乳汁、粪便里都发现了微塑料的存在，这说明塑料已经进入人类的食物链。虽然目前科学上尚无证据表明微塑料会对人体健康产生直接危害，但其潜在影响不容忽视。"限塑"是每个国家面临的挑战。但"办法总比困难多"，⁵⁹在"限塑"这条路上，人们的智慧是无穷尽的。比如：泰国有超市用香蕉叶代替塑料包装；墨西哥科学家研发出以芒果皮为原料的塑料替代品；印尼一家初创公司更是用海藻研制出可食用包装……

⁶⁰其实，对我们来说，"可降解塑料"也是解决"白色污染"的可替代方案。推广使用可降解购物袋、可降解包装膜、可降解包装袋；在餐饮外卖领域推广使用可降解塑料袋等替代产品；加强可降解替代材料和产品研发等。以塑料吸管为例，2021年1月1日起，在全国餐饮行业，⁶⁰禁止使用不可降解一次性塑料吸管。可降解的聚乳酸吸管、纸吸管等将代替消耗巨大的塑料吸管。

⁶¹相信，在不久的将来，会有越来越多的可降解产品进入到我们的生活中，"无塑料生活"或许能够成为现实。

55 根据第一段，可以知道什么？

　A 塑料袋并不具备实用性

　B 塑料袋是英国《卫报》发行推广的

　C 塑料袋的发明目的并没有危害环境

　D 塑料袋都是白色的

56 根据上下文，第二段"人类进入了一个肆意丢弃的黄金时代"中的划线部分可替换为？

　A 大意

　B 随意

　C 愿意

　D 满

57 第二段中的空格中最适合填入的内容是？

　A 天水一色

　B 杞人忧天

　C 坐井观天

　D 翻天覆地

58 为什么说，处置塑料垃圾已成为"老大难"问题？

　A 塑料的化学结构不够稳定

　B 塑料已成为人们餐桌上的主食

　C 人类离不开塑料制品的诱惑

　D 塑料在自然环境中不宜被分解

---

⁵⁹과학자는 사람의 모유와 대소변에서 미세플라스틱의 존재를 발견했다. 이는 플라스틱이 인류의 먹이사슬에 이미 침투했음을 설명한다. 현재까지 미세플라스틱이 인체에 직접적인 해를 끼친다는 과학적인 증거는 없지만 잠재적인 영향을 간과할 수 없다. '플라스틱 제한'은 모든 국가가 직면한 도전(과제)이다. 하지만 방법은 항상 어려움보다 많다. ⁵⁹플라스틱 사용 제한에 대한 사람들의 지혜는 끝이 없다. 예를 들어 태국의 슈퍼에서는 바나나 잎으로 플라스틱 포장지를 대체한다. 멕시코의 과학자는 망고 껍질을 원료로 하는 플라스틱 대체품을 개발했다. 인도네시아의 한 스타트업은 해초를 이용해 먹을 수 있는 포장지를 개발했다.

⁶⁰사실 우리에게는 '분해 가능한 플라스틱' 역시 백색오염을 해결할 수 있는 대체 방안이다. 분해 가능한 장바구니, 포장 필름, 포장 봉투 등을 널리 사용하고, 음식 배달 분야에도 분해 가능한 비닐봉지 등의 대체품을 널리 보급하며, 분해 가능한 대체재와 제품의 개발을 강화하는 등의 방법이 있다. 플라스틱 빨대를 예로 들면, 2021년 1월 1일부터 중국은 전국의 요식업에 ⁶⁰분해되지 않는 일회용 플라스틱 빨대의 사용을 금지했다. 분해 가능한 PLA(polylactide) 빨대와 종이 빨대 등이 소비량이 많은 플라스틱 빨대를 대체할 것이다.

⁶¹머지않은 미래에 점점 더 많은 분해 가능한 제품이 우리 생활에 스며들어 '플라스틱 없는 삶'이 현실이 될 수 있을 거라 믿는다.

55 첫 번째 문단을 통해 알 수 있는 것은?

　A 비닐봉지는 실용성을 가지고 있지 않다

　B 비닐봉지는 영국의 『가디언』이 발행 및 보급했다

　C 비닐봉지의 발명 목적은 환경을 해치는 것이 아니었다

　D 비닐봉지는 모두 하얀색이다

56 문맥상 두 번째 문단의 '인류는 마음껏 버릴 수 있는 황금시대에 접어들었다'에서 밑줄 친 부분을 대체할 수 있는 것은?

　A 부주의하다

　B 마음대로 하다

　C 원하다

　D 가득하다

57 두 번째 문단의 빈칸에 들어갈 말로 가장 알맞은 것은?

　A 광활하다

　B 불필요한 걱정

　C 우물 안 개구리

　D 커다란 변화가 일어나다

58 '플라스틱 쓰레기 처리는 이미 골칫거리가 되었다'고 말한 이유는 무엇인가?

　A 플라스틱의 화학구조가 안정적이지 않다

　B 플라스틱은 사람들의 주식이 되었다

　C 인류는 플라스틱 제품의 유혹을 떨쳐낼 수 없다

　D 플라스틱은 자연에서 잘 분해되지 않는다

59 关于第五段，说法错误的是？

A 人们对于"限塑"想出了很多好办法

B 人类的食物链由塑料等化学制品构成

C 塑料的潜在影响不可小觑

D 世界上已有国家对"限塑"采取了有效措施

60 下列哪项是解决"白色污染"的可替代方案？

①推广使用可降解材料

2. 降低原材料的成本

3. 大量使用木材制品

④禁用一次性塑料吸管

A 1, 3　　　　　　B 1, 4

C 3, 4　　　　　　D 2, 3

61 阅读全文，最适合做本文标题的是？

A "赛璐珞"塑料的黄金时期

B 塑料制品"天下第一"

C 人与自然的和谐相处

D 指日可待的"无塑"时代

59 다섯 번째 문단에 관한 내용 중 틀린 것은?

A 사람들은 '플라스틱 사용 제한'에 관한 많은 방법을 생각해 냈다

B 인류의 먹이사슬은 플라스틱 등의 화학제품으로 구성되어 있다

C 플라스틱의 잠재적 영향을 무시해서는 안 된다

D 일부 국가는 '플라스틱 사용 제한'에 대한 효과적인 조치를 취했다

60 다음 중 백색오염을 해결할 대체 방안으로 옳은 것은?

①분해 가능한 재료를 널리 사용한다

2. 원재료의 원가를 낮춘다

3. 목재 제품을 많이 사용한다

④일회용 플라스틱 빨대의 사용을 금지한다

A 1, 3　　　　　　B 1, 4

C 3, 4　　　　　　D 2, 3

61 문맥상 이 글의 제목으로 가장 적합한 것은?

A '셀룰로이드' 플라스틱의 황금 시기

B 천하제일 플라스틱 제품

C 인간과 자연의 조화로운 삶

D 머지않아 실현될 '플라스틱 없는' 시대

轻便 qīngbiàn 혱 간편하다, 편리하다 | **卫报** Wèibào 고유 가디언 [영국의 대표적인 종합일간지] | **评选** píngxuǎn 동 선정하다, 심사하여 뽑다 | ★**荣获** rónghuò 동 영예롭게도 ~을 획득하다. (상을 받는 따위의) 영예를 누리다 | **称号** chēnghào 명 칭호, 호칭 | ★**起初** qǐchū 명 최초, 처음 | ★**诞生** dànshēng 동 탄생하다, 태어나다 | **骇** hài 동 놀라다 | ★**挽救** wǎnjiù 동 (위험에서) 구해 내다, 구제하다 | **濒危** bīnwēi 동 (멸종될) 위기에 처하다 | ★**台球** táiqiú 명 당구, 당구공 | ★**贵族** guìzú 명 귀족 | ★**视野** shìyě 명 시야 | **象牙** xiàngyá 명 상아 | **西欧** Xī Ōu 고유 서구 | **风靡** fēngmǐ 동 풍미하다, 유행하다, 휩쓸다 | ★**一度** yídù 부 한동안, 한때 | **灭绝** mièjué 동 완전히 제거하다 | **发明家** fāmíngjiā 명 발명가 | **海厄特** Hǎi'ètè 고유 하이엇 [미국의 발명가] | **赛璐珞** sàilùluò 명 셀룰로이드 | **塑料** sùliào 명 플라스틱 | **恰逢** qiàféng 동 때마침 맞닥뜨리다 | ★**兴起** xīngqǐ 동 일어나다, 흥기하다 | ★**造价** zàojià 명 (자동차·선박·기계 따위의) 제조비 | **低廉** dīlián 혱 저렴하다, 싸다 | ★**顺势** shùnshì 부 추세대로, 흐름대로 | ★**引发** yǐnfā 동 일으키다, 초래하다, 야기하다 | ★**革命** gémìng 명 혁명 | ★**取代** qǔdài 동 대체하다 | **成本** chéngběn 명 원가, 자본금 | **昂贵** ángguì 혱 물건 값이 비싸다 | **牙刷** yáshuā 명 칫솔 | **握柄** wòbǐng 명 손잡이 | **久而久之** jiǔ ér jiǔ zhī 셩 오랜 시일이 지나다 | **便利** biànlì 혱 편리하다 편리하게 하다 | ★**失控** shīkòng 동 제어하지 못하다, 다루지 못하다 | **周刊** zhōukān 명 (신문·잡지 따위의) 주간 | **肆意** sìyì 부 멋대로 | **丢弃** diūqì 동 버리다 | **黄金时代** huángjīn shídài 명 황금시대 | **清洗** qīngxǐ 동 청소하다 | **一次性用品** yícìxìng yòngpǐn 일회용품 | ★**毫无** háo wú 조금도 ~이 없다 | ★**狂欢** kuánghuān 동 미친 듯이 기뻐하다 | **评为** píngwéi 동 ~으로 선정하다 | **统计** tǒngjì 명 통계 | **总重量** zǒngzhòngliàng 명 총량 | **降解** jiàngjiě 동 분해되다 | **微塑料** wēi sùliào 미세플라스틱 | **碎片** suìpiàn 명 조각 | **食物链** shíwùliàn 명 먹이사슬 | ★**饮水** yǐnshuǐ 명 식수 | ★**餐桌** cānzhuō 명 식탁 | **分解** fēnjiě 동 분해하다 | ★**处置** chǔzhì 동 처리하다, 처분하다, 처치하다 | **公认** gōngrèn 동 공인하다, 모두가 인정하다 | **老大难** lǎodànán 명 (오랫동안 해결되지 않은) 골칫거리, 문젯거리 | **乳汁** rǔzhī 명 모유, 젖 | ★**粪便** fènbiàn 명 대소변, 똥오줌 | ★**潜在** qiánzài 동 잠재하다 | **不容忽视** bù róng hū shì 혱 없어서는 안 된다 | **无穷尽** wú qióngjìn 끝이 없다 | **泰国** Tàiguó 고유 태국 | **包装** bāozhuāng 명 포장 | **墨西哥** Mòxīgē 고유 멕시코 | **研发** yánfā 동 연구 개발하다 | **芒果** mángguǒ 명 망고 | **印尼** Yìnní 고유 인도네시아 | **初创** chūchuàng 동 처음 막 설립하다 [初创公司: 스타트업] | ★**海藻** hǎizǎo 명 해초 | **研制** yánzhì 동 연구 제작하다 | **餐饮** cānyǐn 명 음식 | **外卖** wàimài 명 배달 음식 | **吸管** xīguǎn 명 빨대 | **聚乳酸** jù rǔsuān 명 PLA, 폴리젖산 [환경오염 문제 해결을 위한 소재이며 플라스틱 소재의 대안으로 활용됨] | **消耗** xiāohào 동 (정신·힘·물자 등을) 소모하다 | **发行** fāxíng 동 (화폐·채권·우표·출판물 등을) 발행하다 | **划线** huàxiàn 동 선을 긋다 | ★**替换** tìhuàn 동 교체하다, 바꾸다 | ★**大意** dàyì 혱 부주의하다, 소홀하다 | **随意** suíyì 부 자기 마음대로, 내키는 대로, 하고 싶은 대로 | **天水一色** tiānshuǐyīsè 광활하다 | **杞人忧天** qǐrényōutiān 혱 불필요한 걱정, 쓸데없는 걱정 | **坐井观天** zuò jǐng guān tiān 우물 안 개구리, 우물에 앉아 하늘을 보다, 견식이 매우 좁다 | ★**翻天覆地** fāntiān-fùdì 셩 커다란 변화가 일어나다, 하늘과 땅이 뒤집히다 | ★**制品** zhìpǐn 명 제품 | ★**诱惑** yòuhuò 동 유혹하다 | **小觑** xiǎoqù 얕보다, 깔보다, 경시하다 | **替代** tìdài 동 대체하다, 대신하다 | ★**原材料** yuáncáiliào 명 원자재, 원료와 재료 | **禁用** jìnyòng 동 사용을 금지하다 | **天下第一** tiānxiàdìyī 셩 천하제일 | **和谐** héxié 혱 잘 어울리다, 조화롭다 | **指日可待** zhǐ rì kě dài 셩 머지않아 실현되다, 실현될 날이 머지않다

341

62 **A** [病毒的结构是如此简单，以至于它们甚至无法在自然界中独自存活 바이러스의 구조는 간단해서 자연에서 혼자 살아남을 수도 없다] 첫 번째 문단에서 바이러스의 세포 구조에 대해 이야기하면서 바이러스는 자연에서 혼자 살아남을 수 없을 정도로 그 구조가 간단하다고 했다. 따라서 자연에서 혼자 살아남을 수 없다고 한 A가 정답이다.

63 **D** [畏惧≒恐惧 두려워하다] 밑줄 친 어휘의 자리는 구조조사 '的'가 있는 것으로 보아 뒤에 어휘를 꾸며주는 단어가 와야 한다. 보기 B는 명사 '공룡'을 뜻하는 단어이기 때문에 올 수 없고, 부사인 보기 C 역시 올 수 없다. 따라서 A 또는 D가 답이 될 수 있는데 문맥상 '위협하다'라는 뜻을 가진 A보다 '두려워하다'라는 뜻을 나타낸 D가 더 어울린다. 이 문제는 어휘 뜻을 알면 좀 더 빨리 찾을 수 있다.

64 **A** [不例外 예외는 아니다] 빈칸이 있는 문장에 접속사 '即使'를 써서 어떤 상황이 발생하는 가정을 나타내고 있다. 그 앞 문장은 바이러스의 다양한 전파 방식과 막강한 복제 및 변이 능력이 더해져 지구상의 거의 모든 생물은 바이러스의 습격을 당할 수 있다고 말하면서 현대 기술을 장악한 인류도 어떠하다라고 말하고 있다. 문맥상 인류도 바이러스의 습격을 받는다가 제일 어울리므로, '예외가 아니다'라고 말한 보기 A가 가장 적합하다.

65 **C** [为了方便观察，研究人员利用绿色荧光剂对这些病毒进行了"染色"处理 관찰을 편리하게 하기 위해 연구원은 녹색 형광물질을 사용해 해당 바이러스를 염색했다] 직접적으로 네 번째 단락에 관한 내용 중 틀린 것을 찾는 문제이다. 해당 단락은 바이러스 실험에 관한 내용으로 일부 미생물은 바이러스를 먹는 것이 확인되었으며, 미생물의 액포에서 바이러스가 모여 있던 흔적을 발견했다고 했으므로 보기 A, D는 답이 될 수 없다. 또한 미생물을 함유한 연못물에서 표본을 채취했다고 했으므로 B 또한 답이 되지 않는다. 따라서 보기 C가 정답이다. 실험에 쓰인 바이러스는 원래 녹색이 아니라 관찰을 편리하게 하기 위해 녹색 형광물질을 염색한 것이다.

66 **D** [这种微生物吃病毒的效率很高。按照样本中的个体密度来看，它们只需要一天的时间，就可以吃掉数量高达上百亿的病毒 해당 미생물의 바이러스 섭취 효율은 매우 높다. 표본 중의 개체밀도에 근거하면 이 미생물은 하루 만에 무려 백억 이상의 바이러스를 먹을 수 있다] 여섯 번째 단락에서 미생물의 바이러스 섭취 효율이 매우 높다고 했으며 미생물은 하루 만에 무려 백억 이상의 바이러스를 먹을 수 있다고 했다. 이것으로 보아 바이러스를 먹는 미생물의 섭취량이 놀라운 수준이라는 것을 알 수 있다. 따라서 답은 D이다.

67 **C** [微乎其微 아주 미미하다] 우선 해당 성어를 찾아 그 성어의 앞뒤 내용을 보자. 성어의 앞에 있는 어휘 '所占的比例'는 차지하고 있는 비율을 나타낸다. 따라서 보기 A, B, D의 비유는 어울리지 않으므로 보기 C가 가장 적절하다.

68 **C** [病毒不仅仅只是导致地球上各种生物患病的"罪魁祸首"，还可以是一些生物赖以生存的食物 바이러스는 지구상의 각종 생물에 질병을 일으키는 원흉일 뿐만 아니라 일부 생물이 먹고 살아가는 데 필요한 먹이이기도 하다] 마지막 단락에서 본문에서 말하고자 하는 내용을 정리해서 다시 한번 알려주고 있다. 바이러스는 지구상의 각종 생물에 질병을 일으키는 원흉일 뿐만 아니라 일부 생물이 먹고 살아가는 데 필요한 먹이이기도 하다고 했다. 따라서 보기 C가 가장 적합하다.

病毒其实就是一团包裹着遗传物质的蛋白质，毫不夸张地讲，地球上任何一个生命细胞的结构都比病毒更加复杂。<u>62病毒的结构是如此简单，以至于它们甚至无法在自然界中独自存活</u>，所以它们只能寄生在宿主细胞之内，依靠宿主细胞内的能量和物质来完成一代又一代的繁衍。

바이러스는 유전물질을 감싸고 있는 단백질 덩어리로, 지구상의 모든 생명의 세포 구조는 바이러스보다 훨씬 복잡하다고 해도 과언이 아니다. <u>62바이러스의 구조는 간단해서 자연에서 혼자 살아남을 수도 없다.</u> 그래서 숙주세포 내에 기생할 수밖에 없으며 숙주세포 내의 에너지와 물질을 이용해 대대손손 번식한다.

然而，就是这样"简单"的病毒，却是一种令人[63]畏惧的存在。这是因为病毒非常小，其种类和数量又极为庞大，根据科学家的估算，已知地球上的病毒种类可达上亿种，比可观测宇宙中的恒星数量还要多。在此基础上，加之病毒多种多样的传播方式以及强大的复制和变异能力，便导致了地球上几乎所有的生物都会遭到它们的侵袭，即使是掌握现代科技的人类也[64]不例外。

在过去的很长一段时间里，人们普遍认为病毒在自然界中是没有天敌的，但也有人认为，从食物链的角度来看，病毒含有氨基酸、脂质、氮、磷等生命所需的物质，因此在自然界中很可能存在着"专吃病毒的生物"。也就是说，我们并不能排除"病毒有天敌"这一可能。正因如此，科学家们也一直致力于与之相关的研究。近日，一个来自内布拉斯加大学林肯分校的研究团队，发表论文称：该团队的科学家首次发现了"专吃病毒的生物"，而这也就意味着，病毒的天敌出现了。

实验中，[65]研究人员先在自然界中提取含有大量微生物的池塘水样本，然后再向样本中加入一种病毒。[65]为了方便观察，研究人员利用绿色荧光剂对这些病毒进行了"染色"处理，在接下来的时间里，研究人员会对其进行持续观察，进而确认这些病毒是否存在"被吃掉"的迹象。观察结果表明，[65]确实有两种微生物吃掉了样本中的病毒。研究人员在它们的"液泡"中发现了病毒聚集的迹象。（所谓"液泡"，可以简单地理解为原生生物的"胃"。）在此之后，科学家决定对此进行更深入的研究，目的就是确定它们是不是"专吃病毒的生物"。

该研究过程可以简单地概括为，将这两种微生物单独放入含有特定病毒的水样本之中，然后观察它们是否可以在只吃病毒的情况下正常生长和繁衍。作为对照，研究人员还另外准备了两个没有病毒的水样本，并将两种微生物分别放入其中并持续观察。结果表明，其中一种微生物虽然能够吃掉病毒，但它们的数量却没有明显增长，而另一种微生物的表现却大不一样，在短短的两天时间里，它们的数量就增长了15倍，而水样本中的病毒数量却下降了两个数量级。这种微生物的表现说明它们是真正的"专吃病毒的生物"，因为它们不但能"吃"病毒，而且可以对其进行"消化和吸收"，还能够在此条件下进行正常的生长和繁衍。

하지만, 바로 이렇게 간단한 바이러스는 도리어 사람들이 [63]두려워하는 존재이다. 바이러스는 크기가 매우 작고 그 종류와 수가 매우 방대하기 때문이다. 과학자의 추산에 따르면, 지구상에 알려진 바이러스 종류의 수는 무려 억대로, 우주에서 관측할 수 있는 항성의 수보다 많다. 이를 기반으로 바이러스의 다양한 전파 방식과 막강한 복제 및 변이 능력이 더해져 지구상의 거의 모든 생물은 바이러스의 습격을 당할 수 있게 되었다. 현대 과학기술을 장악한 인류조차 [64]예외는 아니다.

과거의 오랜 시간 동안 사람들은 보편적으로 자연에 바이러스의 천적은 없다고 생각해 왔다. 하지만 먹이사슬의 측면에서 봤을 때 바이러스는 아미노산, 지질, 질소, 인 등 생명에 필요한 물질을 함유하고 있기 때문에 자연에 '바이러스만 먹는 생물'이 존재할 가능성이 있다고 생각하는 사람들도 있다. 다시 말해 '바이러스도 천적이 있다'는 가능성을 배제해서는 안 되는 것이다. 이 때문에 과학자들은 이와 관련된 연구에 힘써 왔다. 최근에 네브래스카대학교 링컨 캠퍼스에서 온 연구진이 발표한 논문에 의하면, 해당 연구진의 과학자가 최초로 바이러스만 먹는 생물을 발견했으며 이는 바이러스의 천적이 출현했다는 것을 의미한다.

실험에서 연구원은 먼저 [65]자연에서 대량의 미생물을 함유한 연못 물을 표본으로 채취한 후 표본에 바이러스를 주입했다. [65]관찰을 편리하게 하기 위해 연구원은 녹색 형광물질을 사용해 해당 바이러스를 염색했다. 그다음 연구원은 지속적인 관찰을 하면서 나아가 이 바이러스가 '먹혔던' 흔적이 있는지 확인했다. 관찰 결과, [65]두 종류의 미생물이 표본 중의 바이러스를 먹은 것이 확인되었다. 연구원은 이 미생물들의 액포에 바이러스가 모여 있던 흔적을 발견했다(소위 '액포'란 간단히 말해 원생생물의 '위'라고 볼 수 있다). 이후 과학자는 해당 미생물들이 '바이러스만 먹는 생물'인지 확인하는 것을 목적으로 더 심층적인 연구를 진행하기로 했다.

이 연구 과정을 요약하자면, 해당 미생물 두 종류를 단독으로 특정 바이러스가 있는 물 표본에 넣은 후, 이들이 바이러스만 먹으면서 정상적으로 생장하고 번식할 수 있는지 관찰하는 것이다. 대조를 위해 연구원은 바이러스가 없는 물 표본을 두 개 준비하여 두 미생물을 각각 넣고 지속적으로 관찰했다. 관찰 결과, 한 미생물은 바이러스를 먹을 수는 있지만 그 수가 뚜렷하게 증가하지 않았으며, 다른 한 미생물은 이와 다르게 이틀이라는 짧은 시간 동안 그 수가 15배 늘었고 물 표본 중의 바이러스 수는 두 자릿수로 줄었다. 이는 이 미생물이 진정한 '바이러스만 먹는 생물'임을 설명한다. 바이러스를 먹을 수 있을 뿐만 아니라 소화 및 흡수할 수 있으며 바이러스만 있는 조건에서도 정상적으로 생장 및 번식할 수 있었기 때문이다.

根据研究人员的估算，⁶⁶这种微生物吃病毒的效率很高。按照样本中的个体密度来看，它们只需要一天的时间，就可以吃掉数量高达上百亿的病毒。由此可见，这种生物应该可以称之为病毒的天敌。

考虑到此项研究使用的池塘水样本在自然界中所占的比例⁶⁷微乎其微，所以一个合理的推测就是，在自然界中除了这两种微生物之外，还可能存在着其它的"专吃病毒的生物"。并且，它们的种类和数量还不少。

总而言之，此项研究使人们意识到，⁶⁸病毒不仅仅只是导致地球上各种生物患病的"罪魁祸首"，还可以是一些生物赖以生存的食物，所以病毒很可能也是自然界食物链中的一环。期待科学家们在未来的研究中能有更多的发现，为人类早日摆脱病毒的困扰打下坚实的基础。

연구원의 추산에 따르면 ⁶⁶해당 미생물의 바이러스 섭취 효율은 매우 높다. 표본 중의 개체밀도에 근거하면 이 미생물은 하루 만에 무려 백억 이상의 바이러스를 먹을 수 있다. 이로써 이 생물은 바이러스의 천적으로 불릴 수 있다는 것을 알 수 있다.

이 연구에서 사용한 연못 물 표본이 자연에서 차지하는 비율은 ⁶⁷아주 미미하다는 점을 감안해 보면 자연에는 이 두 종류의 미생물 외에도 또 다른 바이러스만 먹는 생물이 있을 가능성이 높다는 합리적인 추측을 해볼 수 있다. 게다가 그 종류와 수는 적지 않을 것이다.

결론적으로, 이 연구를 통해 알 수 있는 것은 ⁶⁸바이러스는 지구상의 각종 생물에 질병을 일으키는 원흉일 뿐만 아니라 일부 생물이 먹고 살아가는 데 필요한 먹이이기도 하므로, 바이러스도 생태계 먹이사슬의 일부분일 수 있다는 것이다. 과학자들이 앞으로 연구에서 더 많은 발견을 하여 인류가 하루빨리 바이러스의 시달림으로부터 벗어날 수 있는 기반을 다져주길 기대한다.

62 根据第一段，可以知道病毒：

　A 无法在自然界中独自存活

　B 病毒繁殖需要

　C 病毒包裹着丰富的营养

　D 蛋白质是病毒生存的唯一宿主

62 첫 번째 문단에 근거하여 바이러스에 대해 알 수 있는 것은?

　A 자연에서 혼자 살아남을 수 없다

　B 바이러스는 증식이 필요하다

　C 바이러스는 풍부한 영양분을 함유하고 있다

　D 단백질은 바이러스 생존의 유일한 숙주이다

63 根据上下文内容，第二段"就是这样"简单"的病毒，却是一种令人畏惧的存在。"中的划线部分可替换为？

　A 恐吓

　B 恐龙

　C 恐怕

　D 恐惧

63 문맥상 두 번째 문단의 '바로 이렇게 간단한 바이러스는 도리어 사람들이 두려워하는 존재이다.'에서 밑줄 친 부분을 대체할 수 있는 것은?

　A 위협하다

　B 공룡

　C 아마도

　D 두려워하다

64 第二段中的空格中最适合填入的内容是？

　A 不例外

　B 没变化

　C 不包括

　D 没影响

64 두 번째 문단의 빈칸에 가장 알맞은 단어는?

　A 예외가 아니다

　B 변화가 없다

　C 포함하지 않는다

　D 영향이 없다

65 关于第四段的实验，说法错误的是：

　A 有微生物具有吃掉病毒的能力

　B 微生物的样本来源于池塘水

　C 实验中的病毒本来是绿色的

　D 微生物"液泡"中发现了病毒聚集迹象

65 네 번째 문단의 실험에 관한 내용 중 틀린 것은?

　A 일부 미생물은 바이러스를 먹는 능력을 갖추고 있다

　B 미생물의 표본은 연못 물에서 나왔다

　C 실험에 쓰인 바이러스는 원래 녹색이었다

　D 미생물의 액포에서 바이러스가 모여 있던 흔적을 발견했다

66 关于第六段，可以知道什么？

A 专吃病毒微生物的"工作效率"不佳

B 专吃病毒微生物需要一天的繁殖时间

C 吃病毒微生物尚未被研究人员识别

D 专吃病毒微生物的"食量惊人"

67 成语"微乎其微"中的划线部分应如何理解？

A 形容意志薄弱

B 形容十分弱小

C 形容数量极少

D 形容成活率很小

68 关于本文可以知道什么？

A 病毒与池塘水样本中的微生物可以"和平相处"

B 病毒的体积与影响都相当巨大

C 病毒也可以是某些生物的食物

D 科学家已提炼出了可以专吃病毒的微生物

66 여섯 번째 문단에 관하여 알 수 있는 것은?

A 바이러스만 먹는 미생물의 '업무 효율'은 좋지 않다

B 바이러스만 먹는 미생물은 하루의 번식 시간이 필요하다

C 연구원은 아직 바이러스를 먹는 미생물을 식별해내지 못했다

D 바이러스만 먹는 미생물의 섭취량은 놀라운 수준이다

67 '微乎其微(미미하다)'에서 밑줄 친 부분은 어떤 뜻으로 이해할 수 있는가?

A 의지가 박약함을 비유한다

B 매우 약소함을 비유한다

C 수량이 극히 적음을 비유한다

D 생존율이 매우 낮음을 비유한다

68 본문을 통해 알 수 있는 것은?

A 바이러스와 연못 물 표본 속의 미생물은 평화롭게 살 수 있다

B 바이러스의 부피와 영향은 상당히 크다

C 바이러스도 어떤 생물의 먹이가 될 수 있다

D 과학자는 바이러스만 먹는 미생물을 추출했다

遗传 yíchuán 명 유전 | ★蛋白质 dànbáizhì 명 단백질 | ★毫不 háo bù 부 조금도 ~않다, 전혀 ~하지 않다 | ★夸张 kuāzhāng 동 과장하다, 과장하여 말하다 | 细胞 xìbāo 명 세포 | ★以至于 yǐzhìyú 접 ~까지, ~에 이르기까지 | 独自 dúzì 부 혼자서, 홀로, 단독으로 | 存活 cúnhuó 동 생존하다, 죽지 않고 있다 | 寄生 jìshēng 동 기생하다 | 宿主 sùzhǔ 명 숙주 | 依靠 yīkào 동 기대다 | 能量 néngliàng 명 에너지 | 一代 yídài 명 한 세대 | 繁衍 fányǎn 동 번식하다, 늘어나다 | ★畏惧 wèijù 동 두려워하다, 무서워하다 | ★极为 jíwéi 부 극히, 매우 | ★庞大 pángdà 동 방대하다, 거대하다 | ★估算 gūsuàn 동 추산 | 观测 guāncè 동 (천문·지리·기상·방향 등을) 관측하다 | ★宇宙 yǔzhòu 우주 [모든 천체를 포함하는 무한 공간] | 恒星 héngxīng 명 항성 | ★变异 biànyì 변이 | 遭到 zāodào (불행이나 불리한 일을) 당하다, 겪다, 만나다 | 侵袭 qīnxí 침입 | 天敌 tiāndí 천적 | 氨基酸 ānjīsuān 명 아미노산 | 脂质 zhīzhì 명 지질 [지방·납·유지질의 총칭] | 氮 dàn 명 질소 [무색무취하고 연소를 도울 수도 없으며 연소가 되지 않음] | 磷 lín 명 인 | 所需 suǒxū 형 필요한 바의 | ★也就是说 yějiùshìshuō 바꾸어[다시] 말하면 ~이다 | 排除 páichú 동 제거하다, 없애다 | ★致力于 zhìlìyú (어떤 일을 하거나 이루기 위해) 애쓰다, 힘쓰다 | 内布拉斯加 Nèibùlāsījiā 고유 네브래스카 [지명] | 林肯 Línkěn 고유 링컨 | 分校 fēnxiào 명 캠퍼스, 분교 | 提取 tíqǔ 동 추출하다, 뽑아내다 | 微生物 wēishēngwù 명 미생물 | 池塘 chítáng 명 (비교적 작고 얕은) 못 | 样本 yàngběn 명 표본 | 荧光剂 yíngguāngjì 형광물질 | 染色 rǎnsè (세균을 관찰하기 쉽게) 세균체를 염색하다 | ★迹象 jìxiàng 명 흔적, 자취, 현상, 기미 | 液泡 yèpào 액포 | 聚集 jùjí 동 집중하다, 합류하다, 한데 모이다 | 原生生物 yuánshēng shēngwù 원생생물 | ★对照 duìzhào 대조하다 | ★密度 mìdù 명 밀도 | 微乎其微 wēi hū qí wēi 미미하고도 미미하다 | ★推测 tuīcè 동 추측하다, 헤아리다 | ★总而言之 zǒng'éryánzhī 성 총괄적으로 말하면, 요컨대 | 意识 yìshí 동 의식하다, 깨닫다 | ★患病 huànbìng 동 병에 걸리다, 병을 앓다 | ★罪魁祸首 zuìkuí-huòshǒu 성 원흉, 재난의 주요 원인, 근본 원인 | 赖以 làiyǐ 의지하다, 믿다 | ★早日 zǎorì 명 하루 빨리, 일찍이 | 摆脱 bǎituō 동 (속박·규제·생활상의 어려움 등에서) 벗어나다, 빠져나오다 | 困扰 kùnrǎo 동 괴롭힘, 성가심 | ★坚实 jiānshí 형 튼튼하다, 견고하다 | 繁殖 fánzhí 동 번식하다, 증가하다, 불어나다, 늘어나다 | 划线 huàxiàn 동 선을 긋다 | ★替换 tìhuàn 동 교대하다, 교체하다, 바꾸다 | ★恐吓 kǒnghè 동 협박하다, 위협하다 | ★恐龙 kǒnglóng 명 공룡 | ★来源于 láiyuányú ~에서 기원하다, 유래하다 | 不佳 bùjiā 형 좋지 않다 | ★尚未 shàngwèi 부 아직 ~하지 않다 | ★识别 shíbié 동 식별하다, 가려내다 | 食量 shíliàng 명 식사량 | 惊人 jīngrén 형 사람을 놀라게 하다 | 形容 xíngróng 동 형용하다, 묘사하다 | 意志 yìzhì 명 의지, 의기 | 薄弱 bóruò 형 박약하다, 취약하다 | 弱小 ruòxiǎo 형 약소하다 | 成活率 chénghuólǜ 명 생존율, 활착율 | 体积 tǐjī 명 체적 | ★提炼 tíliàn 동 정련하다, 추출하다

69 G	70 D	71 B	72 E	73 C

G	글 전반적으로 인간과 로봇, 알파고에 대한 내용을 다뤘다. 알파고에 대한 정의로 시작하는 G단락이 가장 앞에 오는 것이 적절하다. 첫 단락에서는 보통 전체 내용의 주제 어휘에 대한 개념으로 시작한다. 'A是B' 구문은 'A는 B이다'의 의미로, 특정 대상과 그에 대한 설명이 온다.
D	문장 맨 앞에 있는 '인간과 기계의 바둑 대전 이전(在人机围棋大战之前)'이라는 문장이 핵심 키워드이다. 앞 문장에 바둑 대전을 진행한 이야기가 나오고, 그 대전 이전에는 어떤 일이 있었는지 설명하는 내용으로 G단락 뒤에 오는 것이 적절하다.
B	문장 맨 앞에 지시대사를 사용하여 '这些机器人'으로 받았으므로, 앞 문장에 이에 해당되는 내용이 와야 한다. 또한 이런 로봇들이 두뇌가 우세하고 체력이 강한 점 등의 장점들을 제시했는데, 앞 부분에 그 근거가 된 내용이 와야 하므로 D단락 뒤에 오는 것이 적절하다.
E	이 문단에서는 인공지능의 전반적인 장점을 설명하고 있으므로, B단락 뒤에 이어서 오는 것이 가장 어울린다. 또한 장점을 설명함과 동시에 단점을 제시하기 위한 복선이 있으니 잘 파악해 두자.
F	앞의 문단에서 언급된 아틀라스와 알파고를 종합하여 인공지능을 '양날의 검'이라 표현하여 장단점이 모두 있음을 간략히 이야기했다. 이 뒤에는 인공지능의 단점에 대한 내용이 나올 것임을 예상할 수 있다.
C	앞 위치에 기본적으로 위치가 고정된 F단락이 있으며, F단락의 내용은 인공지능의 단점들을 제시하고 있다. C단락의 경우 단점의 구체적인 근거를 제시하고 있고, 단점에 대한 필자의 의견 제시를 통해 전체 내용을 정리 및 마무리했다. 따라서 단점의 근거들을 제시한 F단락 뒤에 위치해 내용을 정리하는 것이 적절하다.
A	다른 단락에서 언급된 '알파고' '구글' 등이 A단락에도 나와 위의 이야기와 관련된 이야기라고 착각할 수 있지만, 이는 우리에게 혼돈을 주려는 것일 뿐 본문과 연관성은 없으며 어느 문장에도 어울리지 않는다는 것을 알 수 있다.

G 阿尔法围棋(AlphaGo)是第一个击败人类职业围棋选手、第一个战胜围棋世界冠军的人工智能机器人。由谷歌旗下公司开发。其主要工作原理是"深度学习"。2016年3月，阿尔法围棋与围棋世界冠军、职业九段棋手李世石进行围棋"人机大战"，以4比1的总比分获胜。2016年末2017年初，该程序在中国棋类网站上以"大师"为注册账号与中日韩数十位围棋高手进行快棋对决，连续60局无一败绩；2017年5月，在中国乌镇围棋峰会上，它与排名世界第一的世界围棋冠军柯洁对战，以3比0的总比分获胜。围棋界公认阿尔法围棋的棋力已经超过人类职业围棋顶尖水平。

D 在人机围棋大战之前，谷歌旗下机器人公司的一款人形机器人阿特拉斯已经让人类震惊不已。从今年2月底公布的视频中可以看到，阿特拉斯能辨别特定物件并将之搬起，即使旁边有人使坏移走物件，它都会追赶目标，直至取回。甚至被人类出其不意地从后面推倒，阿特拉斯也能够重新站起来。更厉害的是，它没有

G 알파고(AlphaGo)는 최초로 인간 프로 바둑기사를 패배시켜 최초로 바둑 세계 챔피언이 된 인공지능 로봇이다. 구글의 자회사가 개발했으며 주요 작동 원리는 '딥러닝'이다. 2016년 3월, 알파고는 바둑 세계 챔피언이자 프로 9단인 이세돌 기사와 '인간 대 기계의 대결'을 펼쳤고, 최종 4대 1로 승리했다. 2016년 말에서 2017년 초, 이 프로그램은 중국 바둑 사이트에서 '대사(大师)'라는 계정 이름으로 한·중·일 수십 명의 바둑 고수들과 속기 대국을 진행했고 60국 연속 무패 행진을 이어갔다. 2017년 5월, 알파고는 중국 우전 바둑 대회에서 전 세계 랭킹 1위인 바둑 챔피언 커제 기사와 대결하여 최종 3대 0으로 승리했다. 알파고의 바둑 실력이 이미 인간 프로 바둑기사의 최고수준을 뛰어넘었다고 바둑계는 공인했다.

D 인간과 기계의 바둑 대전 이전에 구글 계열사 로봇 회사의 휴머노이드 로봇 아틀라스로 이미 인류는 충격을 금치 못했다. 올해 2월 말 공개된 영상을 보면, 아틀라스는 특정 물건을 판별하고 그것을 옮기며, 옆에서 누군가가 물건을 망가뜨리거나 가져가더라도 그것을 되찾을 때까지 목표를 쫓는다. 심지어 사람이 예기치 않게 뒤에서 넘어뜨려도 아틀라스는 다시 일어날 수 있다. 더 대단한 것은 지난 세대 로봇에 있던 전원선의 번거로움 없이 무선 충전이 가능하다는 것이다.

上一代机器人电源线的拖累，可以无线充电。

B 这些机器人的出现使我们意识到：它们一个脑力占优，一个体力强劲，机器的优势显而易见。事实上，在某些方面，机器人已经开始替代或者帮助人类从事精细的自动生产线、货物存储与搬运、超大规模计算等工作。3月10日，世界四大会计师事务所之一宣布，将与人工智能企业Kira Systems建立合作联盟，将人工智能引入会计、税务、审计等工作中，代替人类阅读合同和文件。阿尔法围棋的制造公司也在不久前宣布与英国国家医疗服务体系合作，着手建立医疗机器学习的平台。

E 人工智能领域的权威人士就曾表示；面对机器可以自我迭代、自我更新、自我成长的事实，人类已经站在一个新的起点，要重新审视人与机器的关系——过去几次产业革命都是以人为中心。现在人工智能会开启新的革命，创造自主行为的机器，一定意义上会产生一个新物种。

F 毫无疑问，阿尔法围棋、阿特拉斯将人工智能推向了一个新热度。从好的方面讲，未来很多简单重复性的工作，会被具有人工智能的机器所代替。另一方面，"自主行为"的机器可能会带来一些风险。而众所周知的是，任何一项科技的进步，都是双刃剑。

C 很多人认为，人工智能"过热"，离不开科技公司的炒作。他们通过科学、商业的方式，推动人工智能，中国的人工智能热潮也来源于此。热潮有科学的意义，也有商业的意义。目前我国地方政府和产业界大力推动机器人应用，可能会对人们就业产生影响。多专家学者也表示：人类将把更多重复性的工作分离出去，让人工智能承担。比如：司机、技工、建筑工人、裁缝、快递员、抄表员、收银员、保安和洗碗工属于比较危险的的职业，有可能被机器替代。相反，内外科医生、编舞、教师、作家、律师、人力资源经理、科学家、工程师和记者属于不容易被替代的职业。专家表示，即使如此，人类也无需过度恐慌，尽管机

B 이러한 로봇들의 출현으로 우리는 한 로봇은 두뇌가 우세하고 다른 하나는 체력이 강하여 기계의 강점이 매우 분명함을 알 수 있게 되었다. 사실상 어떤 측면에서 로봇은 이미 정밀한 자동 생산 라인, 화물 보관 및 운송, 초대형 규모 계산 등 인간의 일을 대체하거나 도와주기 시작했다. 3월 10일, 세계 4대 회계법인 중 한 곳은 인공지능 기업 키라 시스템(Kira Systems)과 협력하여 인공지능을 회계, 세무, 감사 등 업무에 도입해 인간이 계약서와 서류를 읽던 일을 대체할 것이라고 발표했다. 얼마 전 알파고의 제조회사도 영국 NHS(국민 보건 서비스) 시스템과 협력하여 의료 기계 학습의 플랫폼 구축에 착수하겠다고 밝혔다.

E 인공지능 분야의 권위자는 "기계가 스스로 반복, 갱신, 성장할 수 있다는 사실에 직면하여 인류는 이미 새로운 출발점에 서 있다. 과거에 발생한 몇 차례의 산업혁명은 모두 인간 중심이었는데, 이러한 인간과 기계의 관계를 다시 살펴야 한다. 이제 인공지능은 새로운 혁명을 열고 자주적 행동을 하는 기계를 창조하며 어떤 의미에서는 새로운 품종을 만들어낼 것이다."라고 밝힌 바 있다.

F 조금의 의문도 없이 알파고와 아틀라스는 인공지능을 새로운 이슈로 이끌었다. 긍정적인 면에서 보면, 간단하고 반복되는 일들은 미래에 인공지능을 가진 기계가 대체할 것이다. 다른 면에서 '자주적 행동'을 하는 기계는 일부 위험을 초래할 수도 있다. 모두가 알고 있듯이 모든 과학기술의 진보는 양날의 검이라고 할 수 있다.

C 많은 사람들은 인공지능의 '과열'이 과학기술 회사의 대대적인 홍보와 떼려야 뗄 수 없다고 생각한다. 이들은 과학적이고 상업적인 방식을 통해 인공지능을 추진하는데, 중국의 인공지능 열풍도 여기서 비롯되었다. 열풍은 과학적 의미와 상업적 의미가 있다. 현재 중국 지방정부와 산업계는 로봇의 응용을 적극 추진하고 있어 사람들의 취업에 영향을 끼칠 수 있다. 많은 전문 학자도 "인류는 더 많은 반복적인 업무를 분리하여 인공지능에 맡길 것"이라고 밝혔다. 예를 들어 운전기사, 기술자, 건설 노동자, 재봉사, 택배 기사, 검침원, 캐셔, 보안 요원, 설거지 담당 직원 등은 비교적 위험한 직업으로, 기계에 의해 대체될 가능성이 있다. 반대로 내과·외과 의사, 안무가, 교사, 작가, 변호사, 인적자원 관리자, 과학자, 엔지니어, 기자 등은 쉽게 대체되지 않을 직업에 속한다. 전문가들은 설사 그렇다 하더라도 사람들은 심하게 두려워할 필요는 없으며, 기계가 인류의 대뇌를 모방해 학습할 수 있다고는 하지만 현재의 과학기술 수준에서 기계는 인류보다 창조 능력, 상호 소통 능력, 판단 능력이 부족하다고 전문가는 말했다. 수많은 직업에서 인류는 여전히 절대적 우위를 점하고 있으므로 인공지능이 인류를 대체한다는 걱정은 시기상조이며 로봇 기술이 사람과 비슷해지려면 아직 한참 멀었다.

器可以模仿人类的大脑进行学习，但在目前的科技水平下，相较于人类，机器欠缺了原创能力、互动能力和谈判能力。在众多职业中，人类仍然占有绝对优势，人工智能取代人类的担心为时尚早，机器人技术距离'类人'还差得远。

A "无论是谷歌之前能认识'猫'的大脑，还是挑战人类的阿尔法围棋，实现方法就像'热狗'，万变不离其宗。"吴韧博士一再强调，围棋智能是人工智能研究的副产品，而计算能力是人工智能研究的驱动力。阿尔法围棋不是学定式，不是死记硬背。

A "구글이 이전에 고양이의 두뇌를 인식할 수 있었던 것과 인류에 도전하는 알파고는 모두 실현 방법이 '핫도그'와 같으며, 아무리 변해도 그 본질은 달라지지 않는다."라고 우런(吳韧) 박사는 재차 강조했다. 바둑 지능 프로그램은 인공지능 연구의 부산물이며 계산 능력은 인공지능 연구의 구동력이다. 알파고는 정해진 패턴을 배우는 것이 아니며 무턱대고 외우는 것도 아니다.

阿尔法围棋 ā'ěrfǎ wéiqí 몡 알파고 | 击败 jībài 동 패배시키다 | 围棋 wéiqí 몡 바둑 | 选手 xuǎnshǒu 몡 선수 | 战胜 zhànshèng 동 승리를 거두다 | 谷歌 Gǔgē 고유 구글 [세계 최대의 인터넷 검색엔진] | 旗下 qíxià 몡 부하, 수하 [旗下公司: 계열사] | 原理 yuánlǐ 몡 원리 | 深度学习 shēndù xuéxí 딥러닝 [사물이나 데이터를 분류하거나 군집하는 데 사용하는 기술] | 棋手 qíshǒu 몡 기사 [바둑을 두는 사람을 일컫는 말] | 人机大战 rénjī dàzhàn 인간과 컴퓨터의 대결 | 比分 bǐfēn 몡 득점, 스코어 | ★获胜 huòshèng 동 승리하다, 이기다 | 棋类 qílèi 몡 바둑·장기·체스 따위의 통칭 | 账号 zhànghào 몡 계정 | 高手 gāoshǒu 몡 고수 | 快棋 kuàiqí 몡 속기 [짧은 시간에 하는 바둑의 대국] | 对决 duìjué 동 대결하다 | 局 jú 몡 국 [바둑·장기·경기 등의 승부의 한 판] | 败绩 bàijì 동 (경기에서) 패하다, 지다 [无一败绩: 무패행진하다] | 乌镇 Wūzhèn 고유 우전 [지명] | 峰会 fēnghuì 몡 정상회담 | 柯洁 Kē Jié 고유 커제 [중국 바둑 기사 이름] | 公认 gōngrèn 동 공인하다, 모두가 인정하다 | 棋力 qílì 몡 바둑이나 장기 실력 | 顶尖 dǐngjiān 톙 최고의 | 大战 dàzhàn 몡 대전 | 人形机器人 rénxíng jīqìrén 휴머노이드, 안드로이드 | 阿特拉斯 Ātèlāsī 고유 아틀라스 | 震惊 zhènjīng 톙 깜짝 놀라다 | 视频 shìpín 몡 영상 | ★辨别 biànbié 동 판별하다 | 使坏 shǐhuài 동 고장 내다 | 移 yí 동 이동하다, 옮기다 | 追赶 zhuīgǎn 동 뒤쫓다 | 直至 zhízhì ~에 이르다 | 取回 qǔhuí 동 되찾다 | 出其不意 chū qí bú yì 솅 뜻밖이다, 예상 밖이다 | 推倒 tuīdǎo 동 넘어뜨리다 | 电源线 diànyuánxiàn 몡 전원선 | 拖累 tuōlèi 동 번거롭게 하다 | 无线 wúxiàn 톙 무선의 | 脑力 nǎolì 몡 지력, 이해력 | 占优 zhànyōu 동 우세한 위치를 차지하다 | 强劲 qiángjìng 톙 강하다 | 显而易见 xiǎn ér yì jiàn 솅 명백히 알 수 있다, 잘 알 수 있다 | ★精细 jīngxì 톙 정밀하고 세세하다 | 自动生产线 zìdòng shēngchǎnxiàn 자동생산라인, 트랜스퍼 머신 | 存储 cúnchǔ 동 저장하다 | 搬运 bānyùn 동 운송하다 | 会计师 kuàijìshī 몡 회계사 | 事务所 shìwùsuǒ 몡 사무소 [会计师事务所: 회계법인] | 联盟 liánméng 몡 연맹 | ★引入 yǐnrù 동 도입하다 | 税务 shuìwù 몡 세무 | 审计 shěnjì 몡 회계감사 | ★着手 zhuóshǒu 동 착수하다 | 权威 quánwēi 톙 권위적인 [权威人士: 권위자] | 自我 zìwǒ 몡 자기 자신 [주로 2음절 동사 앞에 쓰여, 행위의 주체가 자기이며, 동시에 그 대상도 자기임을 나타냄] | 迭代 diédài 동 교대하다 | 更新 gēngxīn 동 갱신하다 | 起点 qǐdiǎn 몡 출발점, 기점 | 审视 shěnshì 동 (매우 조심해서) 자세히 (살펴) 보다 | 产业革命 chǎnyè gémìng 산업혁명 | 开启 kāiqǐ 동 열다 | 革命 gémìng 몡 혁명 | 自主 zìzhǔ 동 자주적이다 | 物种 wùzhǒng 몡 품종 | ★毫无 háo wú 조금도 ~이 없다 | 推向 tuīxiàng 동 끌어올리다 | 热度 rèdù 이슈 | ★众所周知 zhòngsuǒzhōuzhī 모든 사람이 다 알고 있다 | 双刃剑 shuāngrènjiàn 몡 양날의 검 | 过热 guòrè 동 과열되다 | 炒作 chǎozuò 동 대대적으로 선전하다 | 推动 tuīdòng 동 추진하다 | ★热潮 rècháo 몡 열기, 붐 | 来源 láiyuán 동 기원하다, 유래하다 | 大力 dàlì 閈 강력하게, 힘껏 | 就业 jiùyè 동 취업하다 | 分离 fēnlí 동 분리하다 | 技工 jìgōng 몡 기술자 | ★裁缝 cáifeng 몡 재봉사 | 快递员 kuàidìyuán 몡 택배 기사 | 抄表 chāobiǎo 동 (요금 계산을 위해 수도 전기 등의) 계량기를 검침하다 [抄表员: 검침원] | 收银员 shōuyínyuán 몡 캐셔 | 保安 bǎo'ān 몡 보안 요원 | 洗碗工 xǐwǎngōng 설거지 담당 노동자 | 编舞 biānwǔ 몡 안무가 | 人力 rénlì 몡 인력 | 无需 wúxū ~할 필요가 없다 | 过度 guòdù 톙 과도하다 | ★恐慌 kǒnghuāng 톙 두렵다 | 相较 xiāngjiào 동 비교하다 | 欠缺 qiànquē 동 모자라다, 부족하다 | 原创 yuánchuàng 동 창시하다, 처음으로 만들다 | 互动 hùdòng 동 상호작용하다 | ★取代 qǔdài 동 대체하다 | 为时尚早 wéi shí shàng zǎo 솅 시기상조 | 热狗 règǒu 핫도그 | 万变不离其宗 wàn biàn bù lí qí zōng 솅 아무리 변해도 그 근본을 벗어나지 않다 | 副产品 fùchǎnpǐn 몡 부산물 | 驱动力 qūdònglì 몡 구동력 | 死记硬背 sǐ jì yìng bèi 솅 (이해하지 못한 채) 무턱대고 외우고, 기계적으로 암송하다

74 需求/需要 │ 빈칸 바로 앞에 구조조사 '的'가 있기 때문에 명사 자리임을 알 수 있어야 하며 고령화사회에 빠르게 접어들고 있어 노인인구가 많아짐에 따라 양로의 필요 혹은 수요도 강력하게 늘어남을 알 수 있다. 또 바로 다음 문장을 살펴보면 '原有的家庭养老、社区养老、机构养老和以房养老方式已无法满足(기존의 재가 양로, 지역 양로, 기관 양로와 주택 양로로는 이미 만족시킬 수 없다)'라고 했는데 이 문장을 통해서도 넘치는 양로 수요를 만족시킬 수 없다는 것을 알 수 있다.

75 家庭养老 │ 중국의 양로 모델은 줄곧 '973국면'이라는 말이 있었으며, 이것은 '家庭养老90%, 社区居养老 7%, 机构养老3%(가정 양로는 90%, 지역 재가 양로가 7%, 기관 양로가 3%이다)'라는 뜻이다. 여기에서의 973 은 각각 양로 형태의 퍼센트를 나타낸 것이다. 그중 가장 많은 양로 방식은 바로 가정 양로이다. 따라서 답은 '家庭养老(가정 양로)'이다.

76 生活细节 │ 두 번째 단락의 맨 마지막 문장에서 공동체 양로는 해산되기 쉬운 공동체 구조이며, 우정을 서먹하게 할 수도 있다고 했다. 그 이유를 살펴보면 '공동체 양로'라는 개념은 수많은 객관적인 현실 문제를 안고 있는데 그중 생활비 문제, 음식의 입맛 문제 등 '生活的各种细节肯定多少会滋生矛盾(생활 속의 여러 세부 사항에는 어느 정도 갈등이 생길 수밖에 없다)'라고 했다. 따라서 해당 보기에서 묻고 있는 요인은 '生活细节(생활 속 사소한 부분)'이다.

77 70岁以上 │ '공동체 양로'를 구현하기 위한 전제 조건 중 노인들 간의 나이가 공통된 나이대에 있어야 한다는 내용이 언급되었다. 그러면서 '70岁以上就不建议"抱团养老"了。因为，70岁以上是高龄人群，是高发病时期 (70대 이상에게는 '공동체 양로'를 제안하지 않는다. 왜냐하면 70세 이상은 고령층으로 질병 발생 확률이 높은 시기이기 때문이다)'라고 했다. 따라서 본문에서 언급한 '공동체 양로'에 적합하지 않은 나이대는 '70岁以上(70대 이상)'이다.

78 对精神慰籍的强烈需求 │ 두 번째 단락에서 학자인 인쥔이 이야기한 부분을 살펴보면 '"抱团养老最大的好处在于志趣相投、有共同的兴趣和爱好、相互合得来的老人住在一起，满足了老年人对精神慰籍的强烈需求。"(공동체 양로의 가장 큰 장점은 뜻이 맞고, 같은 취미와 흥미가 있으며 마음이 잘 맞는 노인들이 함께 살면서 노인의 정신적 위로에 대한 강력한 수요를 만족시킨다는 것이다.)'라고 했으므로 정답은 '对精神慰籍的强烈需求 (정신적 위로에 대한 강력한 수요)'임을 알 수 있다.

79 理性看待问题 │ 본문의 맨 마지막 단락은 '공동체 양로'를 어떻게 대해야 하는지에 대한 내용이 언급되고 있으며 '떠받들거나 억압하는 등 급하게 결론을 내리지 않는 것'의 의미를 묻고 있는 문제이다. 마지막 문장에서 '它是社会发展的一个必然趋势，希望人们能够理性看待这个问题(공동체 양로는 사회 발전의 필연적 추세이니만큼 모두 이성적으로 이 문제를 대하길 희망한다)'라고 했다. 따라서 정답은 '理性看待问题(문제를 이성적으로 보는 것)'이다.

80 有优点也有缺点 │ '有利有弊'는 '장점도 있고 단점도 있다'라는 의미의 사자성어인데 만약 사자성어의 뜻을 알았다면 풀기 쉬운 문제였지만, 그렇지 않다 하더라도 문장의 앞뒤 문맥을 보고 파악할 수 있어야 한다. 해당 단락의 전체적인 내용을 살펴보면, 공동체 양로에는 장단점이 있기 때문에 열린 마음을 유지하듯이 떠받들거나 억압하는 등의 결론을 급하게 내리지 말라고 화자는 당부했다.

"抱团养老"是一种新型养老模式，这一概念起源于20世纪六七十年代的丹麦，之后推广至瑞士及荷兰，最后在欧美各地流行起来。主要指志同道合的老朋友不依靠子女，离开传统家庭，搬到同一个地方搭伴居住，共同承担生活成本，彼此慰藉精神上的空虚。这样做不仅可以排解子女不在身边的孤独感，也能老有所乐、老有所为、老有所养。

中国正在快速进入人口老龄化社会，基数庞大的老龄人口对于养老的[74]需求/需要十分强烈，而原有的家庭养老、社区养老、机构养老和以房养老方式已无法满足。作为一种社会治理手段，"抱团养老"能否称为"打开中国式养老"困局的"新思路"，学术界早已有诸多讨论。中国社科院副研究员张盈华认为：中国的养老模式一直有"973格局"的说法，即[75]家庭养老90%，社区居家养老7%，机构养老3%。但根据调查发现，社区和机构养老比例其实很低，家庭养老比例甚至高达98%。"抱团养老可以缓解老年人入住养老院难的问题。"重庆市护理学会秘书长余永玲表示，[78]"抱团养老最大的好处在于志趣相投、有共同的兴趣和爱好、相互合得来的老人住在一起，满足了老年人对精神慰籍的强烈需求。"学者殷骏表示："未来一段时期内，家庭、社区、机构三种模式仍然是符合中国国情的主流养老模式。"抱团养老"的理念看上去很美好，但不能掩盖很多客观现实问题——几十年的老朋友平时约聚肯定没问题，但天天住在一起，[76]生活的各种细节肯定多少会滋生矛盾。比如生活费用如何平摊？简单的AA制吗？有人生病了谁来照顾？谁负责采购？谁负责做饭？饭菜口味众口难调怎么解决……这些生活细节都有可能会引发矛盾。"殷骏直言，"抱团养老是极易发生散伙的一种群体结构，而且还有可能让几十年的友情产生隔阂。"

事实上，专家们的担忧不无道理。想实现"抱团养老"，一般需基于几个前提条件，首先，老人要能够完全自理，手脚灵便，具备"抱团"的基本身体条件。第二，老人们生活在一起的日常需要是能够得到基本满足的；第三，老人们的家庭条件相对较好，经济条件允许，或者子女们也有一定的负担能力；第四，老人要年龄相当，都在一个年龄段内，年龄差距不大。比如50-59岁之间一个年龄段，60-69岁之间一个年龄段。[77]70岁

'공동체 양로'는 새로운 노인복지 모델로서, 이 개념은 1960-70년대의 덴마크에서 생겨나 스위스 및 네덜란드로 퍼지며 유럽 각지에서 유행하기 시작했다. 주로 뜻이 맞는 옛 친구들이 자녀에게 의지하지 않고, 전통 가정을 떠나 같은 곳으로 이사하여 함께 살면서 생활비를 함께 부담하고, 서로 정신적인 공허함을 위로하는 것을 의미한다. 이렇게 하면 자녀가 곁에 없는 외로움을 해소할 수 있을 뿐만 아니라 나이 들어서도 즐겁고, 일자리가 있으며, 돌봄을 받을 수 있게 된다.

중국은 현재 빠른 속도로 인구 고령화사회에 접어들고 있다. 거대한 노인 인구의 양로[74]수요는 무척 강력한 반면, 기존의 재가 양로, 지역 양로, 기관 양로와 주택 양로로는 이미 이 수요를 충족시킬 수 없게 되었다. 사회 관리 수단으로서의 '공동체 양로'가 '중국식 양로'의 곤경을 헤쳐나갈 '새로운 아이디어'가 될지 학계에서는 이미 수많은 토의가 진행됐다. 중국 사회과학원 장잉화 부연구원은 다음과 같은 생각을 가지고 있다. 중국의 양로 모델은 줄곧 '973 국면'이라는 말이 있었다. 즉, [75]가정 양로가 90%, 지역 재가 양로가 7%, 기관 양로가 3%라는 것이다. 그러나 조사를 통해 발견한 사실은 지역사회와 기관 양로의 비율은 더욱 낮아서, 가정 양로의 비율이 98%에 달한다는 사실이다. "공동체 양로는 노인의 양로원 입주난이라는 문제를 어느 정도 해결할 수 있습니다." 충칭시의 돌봄학회 위융링 비서장은 다음과 같이 말한다. [78]"공동체 양로의 가장 큰 장점은 뜻이 맞고, 같은 취미와 흥미가 있으며 마음이 잘 맞는 노인들이 함께 살면서 노인의 정신적 위로에 대한 강력한 수요를 만족시켰다는 것입니다." 학자인 인쥔은 다음과 같이 이야기한다. "당분간 가정, 지역사회, 기관이라는 세 가지 모델은 여전히 중국 실정에 부합하는 양로 모델의 주류일 것입니다. '공동체 양로'라는 개념은 보기에는 아름다울 수 있어도, 수많은 객관적인 현실 문제를 숨길 수 없을 것입니다. 몇십 년 지기가 평소에 약속을 잡아 만나는 건 분명 아무런 문제가 없겠지만, 매일매일 함께 산다면 [76]생활 속의 여러 사소한 부분에서는 어느 정도 갈등이 생길 수밖에 없습니다. 생활비는 어떻게 공평하게 나눌까요? 단순하게 더치페이를 할까요? 누군가 아프게 되면 누가 돌보죠? 누가 물건을 사고, 누가 장을 볼까요? 음식 입맛이 서로 안 맞으면 어떻게 해야 할까요? 이러한 생활 속 사소한 부분에서 모두 갈등을 일으킬 수 있습니다." 인쥔은 다음과 같이 직언했다. "공동체 양로는 해산되기 쉬운 공동체 구조이며, 몇십 년간의 우정을 서먹하게 할 수도 있습니다."

사실 전문가의 우려에도 일리가 있다. '공동체 양로'를 구현하기 위해서는 보통 몇 가지의 전제 조건이 필요하다. 우선 노인은 스스로 생활할 수 있어야 하고, 손발이 잘 움직여서 '공동체를 이룰' 기본적 신체 조건을 갖추어야 한다. 둘째, 노인들이 함께 살아가는 데 필요한 일상적 수요는 대부분 충족되어야 한다. 셋째, 노인들의 집안 사정이 좋아서 경제적 조건이 되거나, 자녀들이 어느정도 경제적 부담을 할 수 있어야 한다. 넷째, 노인들 간의 나이가 비슷해서 어느 정도 공통된 나이대에

以上就不建议"抱团养老"了。因为，70岁以上是高龄人群，是高发病时期。如果老人们能大致满足以上条件，那么，从客观角度讲"抱团养老"不失为一个不错的养老方式。老人们聚在一起，生活上相互帮助，情感上互相慰藉，相比机构养老而言，更重要的是其不脱离当地的生活环境；相比以房养老来说，又缓解了空巢老人孤苦伶仃的困境，为在外工作的子女省去了后顾之忧。这种互助养老模式，从某些层面上来讲的确是应对人口老龄化社会的"良方"。

《工人日报》发表评论认为，"抱团养老"需更多政策关怀。目前，中国老年人口已超2.3亿，如何解决养老问题，不仅需要老人们积极思考和尝试，也需要政府、企业进行探索。拿公共服务部门来说，需要对"抱团养老"行为进行及时的信息采集及动态关注、需求评估及资源转介，排除管理盲区；其次，当地政府尤其是社区服务部门对老人所在活动场所可能出现的安全管理问题、意外伤害、法律纠纷等方面采取必要的干预；最后，公共管理部门应尽可能为这些相对集中的老人开辟服务通道，如医疗照护以及上门服务、老年精神文化服务等等，多为老年人提供一些服务项目选择。

建议另起一段抱团养老有利有弊，或捧或踩先别急于下结论，对待新兴事物，我们要保持开放的心态，"抱团养老"亦是如此，[79]它是社会发展的一个必然趋势，希望人们能够理性看待这个问题。

있어야 하고, 나이 차이가 많이 나서는 안 된다. 예컨대 50~59세를 하나의 나이대로 묶고, 60~69세를 하나의 나이대로 묶어야 한다. [77]70대 이상에게는 '공동체 양로'를 제안하지 않는다. 왜냐하면 70세 이상은 고령층으로 질병 발생 확률이 높은 시기이기 때문이다. 만약 노인들이 위 조건을 대부분 충족할 수 있다면, 객관적으로 '공동체 양로'는 괜찮은 양로 방식이라고 볼 수 있다. 노인들이 함께 모여서 생활에 필요한 것을 상부상조하며, 정서적으로는 서로 위로를 해주기 때문이다. 기관 양로에 비해서 더욱 중요한 것은 현지의 생활 환경에서 벗어나지 않을 수 있다는 것이며, 주택 양로와 비교하면 빈둥지 노인이 고독하게 홀로 남은 문제를 해결할 수 있어 훗날 다른 곳에서 일하는 자녀의 도시로 가는 후환도 줄일 수 있다. 이런 상부상조 노인복지 모델은 어떤 관점에서 본다면 확실히 인구 고령화사회를 맞이하는 '처방'이 될 수도 있다.

〈공인일보〉의 칼럼에 따르면, '공동체 양로'에는 더욱더 많은 정책적 관심이 필요하다고 한다. 현재 중국 노인 인구는 2억 3천만 명 이상이며, 양로 문제를 어떻게 해결할지는 노인들의 적극적 고찰과 시험이 필요할 뿐만 아니라 정부와 기업의 탐색도 필요하다는 것이다. 공공서비스 부서를 놓고 이야기해 본다면, '공동체 양로' 행위에 적시의 정보 수집 및 현황 조사, 수요 평가 및 자원 전환, 관리 사각지대 해소 등이 필요할 것이다. 둘째, 지역정부, 특히 지역사회 서비스 부서는 노인의 활동 장소에서 나타날 수 있는 안전 관리 문제, 사고 상해, 법적 갈등 등에 필요한 개입을 해야 한다. 마지막으로 공공 관리 부서는 이렇게 모여 있는 노인들을 위해서 서비스 루트를 열어주어야 한다. 의료 돌봄, 방문 서비스, 노인 정신 문화 서비스 등과 같이 노인을 위해 서비스 프로그램을 선택할 수 있도록 제공되어야 한다.

공동체 양로에는 장단점이 있다. 떠받들거나 억압하는 등 결론을 급하게 내릴 것이 아니다. 신문물을 대할 때 열린 마음을 유지해야 하듯이, '공동 양로' 또한 그러하다. [79]공동체 양로는 사회 발전의 필연적 추세이니만큼 모두 이성적으로 이 문제를 대하길 희망한다.

请回答下列问题，答案控制在十个字以内。

다음 질문에 대답하세요. 답안은 10단어 내외로 작성하세요.

74 第二段中划线部分应填入:

需求/需要

74 두 번째 단락에 밑줄 친 부분에 들어갈 말은?

수요/필요

75 "973格局"所表示的养老方式中，哪种方式居多?

家庭养老

75 "973 국면"이 나타내는 양로 방식 중에서 어떠한 것이 가장 많은가?

가정 양로

76 第二段中，学者担忧的会引起"抱团养老成员散伙和让多年友情产生隔阂"的因素主要指什么?

生活细节

76 두 번째 단락에서 학자가 우려한 '공동체 양로 구성원이 해체되거나 다년 간의 우정을 서먹하게 할 수 있는' 요인은 무엇인가?

생활 속 사소한 부분

77 根据原文内容，不适宜"抱团养老"的是哪个年龄段?

70岁以上

77 원문의 내용에 따르면 '공동체 양로'에 적합하지 않은 나이대는?

70세 이상

78 "志趣相投、有共同的兴趣和爱好的老人住在一起"能满足老人们的何种需求?

对精神慰籍的强烈需求

78 '뜻이 맞고 같은 흥미와 취미가 있는 노인이 함께 살면' 노인의 어떠한 수요를 만족시킬 수있는가?

정신적 위로에 대한 강력한 수요

79 "或捧或踩先别急于下结论"说的是一种什么态度?

理性看待问题

79 '떠받들거나 억압하는 등 급하게 결론을 내리지 않는' 것은 어떠한 태도를 의미하는가?

문제를 이성적으로 보는 것

80 最后一段中，"有利有弊"的含义是?

有优点也有缺点

80 마지막 단락에서 '장단점이 있다'는 말의 뜻은?

장점도 있고 단점도 있다

抱团 bàotuán 图 한데 뭉치다 | 养老 yǎnglǎo 图 노인을 봉양하다 图 양로 | 新型 xīnxíng 图 신형, 신식 | 模式 móshì 图 모델, (표준) 양식 | 起源 qǐyuán 图 기원하다 | 丹麦 Dānmài 고유 덴마크 | 瑞士 Ruìshì 고유 스위스 | 荷兰 Hélán 고유 네덜란드 | 欧美 Ōu Měi 고유 유럽과 아메리카 | 志同道合 zhìtóngdàohé 정 서로 뜻이 같고 생각이 일치하다 | 依靠 yīkào 图 의존하다, 의지하다, 기대다 | 搭伴 dābàn 图 동반하다 | 居住 jūzhù 거주하다 | 成本 chéngběn 图 자본금 | 慰籍 wèijiè 图 위로하다, 위안하다, 안심시키다 | 空虚 kōngxū 图 공허하다, 허전하다 | 排解 páijiě 图 (좋지 않은 기분을) 해소하다, 전환하다 | 孤独感 gūdúgǎn 외로움, 고독감 | 老有所养 lǎoyǒusuǒyǎng 노년에 부양해 줄 사람이 있다 | 老龄化 lǎolínghuà 图 노령화하다 | 基数 jīshù 图 기준수 | 庞大 pángdà 图 (형체·조직·수량 등이) 매우 크다 [지나치게 많거나 크다는 의미로 사용함] | 老龄 lǎolíng 图 노령 | 原有 yuányǒu 图 이전부터 있다 | 社区 shèqū 图 지역사회 | 机构 jīgòu 图 기관 | 治理 zhìlǐ 图 관리하다, 통치하다, 다스리다 | 困局 kùnjú 图 곤경, 곤란한 국면 | ★思路 sīlù 图 생각, 구상 | ★诸多 zhūduō 图 수많은 | 社科院 shèkēyuàn 图 사회과학원 [「社会科学院(사회과학원)」의 줄임말] | ★格局 géjú 구성, 짜임새 | 入住 rùzhù 图 입주하다 | 重庆 Chóngqìng 고유 충칭 [지명] | ★护理 hùlǐ 图 (환자를) 돌보다, 간호하다 | 秘书长 mìshūzhǎng 图 비서장 | 志趣相投 zhìqùxiāngtóu 지향이 서로 맞다 | 合得来 hé de lái 마음이 맞다 | ★需求 xūqiú 图 수요, 필요 | 国情 guóqíng 图 나라 정세 | 主流 zhǔliú 图 주류 | 掩盖 yǎngài 图 덮어 감추다 | 滋生 zīshēng 图 (일을) 일으키다, 야기하다 | 平摊 píngtān 图 균등하게 분담하다 | AA制 AA zhì 图 더치페이 | 采购 cǎigòu 图 구입하다, 사들이다, 구매하다 | 饭菜 fàncài 图 식사 | 众口难调 zhòngkǒunántiáo 정 많은 사람의 구미를 다 맞추기는 어렵다 | 直言 zhíyán 图 직언하다 | 散伙 sànhuǒ 图 해산하다 | 群体 qúntǐ 图 단체, 집단 | 友情 yǒuqíng 图 우정 | 隔阂 géhé 图 (생각·감정의) 틈, 간격, 거리, 엇갈림 | 担忧 dānyōu 图 우려하다, 걱정하다, 염려하다 | 不无道理 bù wú dàolǐ 정 어느 정도 일리가 있다 | ★基于 jīyú 개 ~에 근거하다, ~때문에 | 前提 qiántí 图 전제, 전제 조건 | ★自理 zìlǐ 图 스스로 처리하다 | 手脚 shǒujiǎo 图 손발 | 灵便 língbian 图 (신체의 손발·오관이나 기계의 동작이) 재빠르다, 민첩하다 | 负担 fùdān 图 부담, 책임 | 年龄段 niánlíngduàn 图 나이대, 연령대 | 高龄 gāolíng 图 고령 | 人群 rénqún 图 군중, 무리 | 发病 fābìng 图 병이 나다, 발병하다 | 大致 dàzhì 图 대체로 | 不失为 bùshīwéi 图 ~라고 간주할 수 있다 | 脱离 tuōlí 图 (어떤 상황·환경에서) 벗어나다, 떠나다 | 空巢 kōngcháo 图 빈 둥지 가구 [자녀들이 취업이나 결혼으로 분가하면서 부모만 남은 가족 형태] | 孤苦伶仃 gūkǔlíngdīng 정 의지할 데 없이 외롭다 | ★困境 kùnjìng 图 곤경, 궁지 | 省去 shěngqù 图 해결하다, 제거하다 | 后顾之忧 hòugùzhīyōu 뒷걱정, 뒷근심 | 良方 liángfāng 图 처방 | 评论 pínglùn 图 칼럼, 평론, 논설 | 政策 zhèngcè 图 정책 | 关怀 guānhuái 图 관심 | 尝试 chángshì 图 시험, 시행 | 探索 tànsuǒ 图 탐색하다, 찾다 | 采集 cǎijí 图 수집, 채집 | 动态 dòngtài 图 (일·사건의) 변화하는 상태, 동태, 변화의 추이 | 评估 pínggū 图 (질·수준·성적 등을) 평가하다 | 排除 páichú 图 제거하다, 없애다 | 盲区 mángqū 图 사각지대 | 纠纷 jiūfēn 图 다툼, 분쟁, 분규, 갈등 | 干预 gānyù 图 개입하다, 관여하다, 간섭하다 | 开辟 kāipì 图 열다, 통하게 하다, 트이게 하다 | 通道 tōngdào 图 통로, 대로 | 医疗 yīliáo 图 의료 | 上门 shàngmén 图 방문하다 | 捧 pěng 图 두 손으로 받쳐 들다, 받들다 | ★急于 jíyú 图 급히 서둘러 ~하다 | 新兴 xīnxīng 图 새로 일어난 | 适宜 shìyí 图 알맞다, 적합하다, 적당하다, 적절하다 | 含义 hányì 图 (글자·단어·말 등의) 함의, 내포된 뜻

81~87

81 头疼、头晕、可脑电图没问题 | 첫 번째 단락에서 '아건강' 상태에 놓여있을 만한 몇 가지 상황을 예시를 들고 있다. 심장이 떨리고 숨이 가쁘며 온몸에 힘이 없는데 심전도는 정상이거나, 갑자기 머리가 아프거나 어지러운데 혈압이나 뇌전도에는 아무런 이상이 없을 때라고 이야기했다. 10자 이내로 답해야 하고 질문에서는 하나의 예시만 들어보라고 했으므로, 저 몇 가지 상황에서 한가지만 적어도 답이 될 수 있다.

82 生理，心理和社会适应性 | 두 번째 단락의 첫 번째 문장에서 WHO에서 내린 건강에 대한 정의가 나오며 한 사람이 신체적, 심리적, 사회 적응력 세 가지 영역에서 모두 건강할 때만이 완전히 건강한 상태라고 했다. 따라서 질문에서의 세 가지는 '신체적, 심리적, 사회 적응도'라고 답하는 것이 맞다. 본문에 '只有A才算B (오직 A해야지만, B라고 할 수 있다)'와 같이 유일 조건을 언급하는 접속사 표현이 나온다면 그 뒤를 잘 살펴보도록 하자.

83 激烈 | 竞争激烈(경쟁이 치열하다)는 자주 쓰이는 짝꿍 표현으로, 반드시 외워 두자! 앞뒤 문맥을 파악해도 쉽게 '치열하다'라는 어휘를 떠올릴 수 있는 문제이다. 현대의 생활에서 경쟁은 날로 심해지며 치열해졌다. 시험에 자주 쓰이는 짝꿍 표현들은 평소에 숙지해 놓는 것이 좋다. 그러나 표현들이 익숙지 않다면 HSK5, 6급 책에서 정리된 부분을 참고해보자.

84 以为自己很健康 | 두 번째 단락에서 아건강은 잠복기가 매우 길며, 아건강 상태에 있는 많은 사람이 겉보기에는 무척 건강해 보인다고 했다. 즉, 이들은 자신이 건강하다고 생각하지만 사실은 그렇지 않다고 했다. 따라서 아건강 상태인 사람은 보통 자신이 건강하다고 오해하고 있다. '以为' 대신 '认为'로 써도 된다.

85 学习工作和休息相结合 | 다섯 번째 단락에서 아건강 환자에게 있어서 가장 중요한 것은 관리하는 것이라고 언급하며 좋은 생활 습관을 길러 일과 휴식을 적절히 결합해야 한다고 했다. 문맥상 일과 휴식의 균형이 잘 이루어져야 한다는 의미가 될 수 있다. 따라서 '일과 휴식의 결합'은 일과 휴식이 어우러지는 법을 배워야 한다의 의미로 적는 것이 가장 적합하다.

86 高蛋白和新鲜蔬菜鱼等 | 다섯 번째 단락에서 아건강 환자들이 지켜야 하는 몇 가지에 대해서 이야기하고 있는데 좋은 식습관을 기르는 것이 중요하다고 두 번째로 언급했다. 저염, 저당식을 먹어야 하고 콩류 제품과 같은 고단백 음식을 많이 먹어야 하며, 신선한 채소, 과일, 생선과 수산물을 많이 먹어야 한다고 했다.

87 喜、怒、忧、思、悲、恐、惊 | 질문에 직접적으로 마지막 단락이라고 언급했으므로 빠르게 마지막 단락으로 가서 내용을 확인해야 한다. 마지막 단락에서 감정이 격하다고 남에게 상처를 주어서는 안 된다고 언급했다. 기쁨, 분노, 걱정, 그리움, 슬픔, 공포, 놀라움은 인체가 외부 세계의 자극을 받아들이고 나타나는 정서적 변화로, 신체 건강에 미치는 영향력이 매우 크다고 했다. 이러한 감정들이 각종 인체 내 장기에 미치는 영향을 뒤이어 설명하며 노인이 이러한 감정에 특히 주의해야 한다는 것을 알 수 있다.

你是否也会经常出现这样的情况：⁸¹心慌、气短、浑身乏力，但心电图却显示正常；不时头痛、头晕，可血压和脑电图也没什么问题。如果答案是肯定的话，那你很可能已处于亚健康状态，也就是人们常说的"灰色状态"和"半健康人"。

根据世界卫生组织对健康的定义：⁸²一个人只有在生理、心理和社会适应性三方面都达到健康，才算完整的健康。亚健康是指人体介于健康与疾病之间的边缘状态，人虽未患病，但已有不同程度的潜在危险因素，具有发生某种疾病的高危倾向。它是健康和疾病的临界点，它的症状在医学诊断上没有任何与之相吻合的器质性改变，也就是说没有疾病。虽说亚健康是临界点，但由于大多数人对其认识不足，而且其潜伏期很长，一般有8~10年，⁸⁴许多已处在亚健康状态的人看上去很健康，以为自己是健康人，实际却

혹시 이런 상황이 자주 나타나지 않는가? ⁸¹심장이 떨리고 숨이 가쁘며, 온몸에 힘이 없는데 심전도는 정상이다. 혹은 갑자기 머리가 아프고 어지러운데 혈압이나 뇌전도에는 아무런 이상도 없다. 만약 그렇다면, 당신은 '아건강' 상태에 놓여있을 가능성이 크다. 이는 곧 사람들이 이야기하는 '회색 상태'와 '반건강인'이다.

WHO에서 내린 건강에 대한 정의는 다음과 같다. ⁸²한 사람이 생체적, 심리적, 사회 적응력 세 가지 영역에서 모두 건강할 때만이 완전히 건강한 상태라는 것이다. 아건강은 인체가 건강과 질병 사이의 경계에 놓인 상태를 말하는데, 사람이 비록 질병에 걸리지는 않았지만 어느 정도의 잠재적 위험 요소를 가지고 있으며, 어떤 질병이 발병할 수 있는 고위험군인 것이다. 아건강은 건강과 질병의 경계선으로서, 그 증상에 의학적으로 이와 맞아 떨어지는 기질적 변화, 다시 말하자면 질병이 없다는 것이다. 아건강이 경계선이라고는 하지만 대다수 사람들은 이에 대한 인식이 부족하고, 아건강의 잠복기는 매우 길어서 보통 8~10년 정도이기 때문에 ⁸⁴이미 아건강 상태에 있는 많은 사람들이 겉보기에는 무척 건강해 보여, 자신이

不是这样，它是很多疾病的前期征兆，如肝炎、癌症等等。因此，我们要时时警惕。

大多数人由于紧张、压力过大，再加上营养过剩或代谢失常促成了亚健康。造成亚健康主要有以下四方面的原因：一、过度紧张和压力过大。现代生活竞争非常[83]<u>激烈</u>，社会在为我们提供更多发展机会和选择空间的同时，也带来了更多的风险和压力。持续的过度紧张和压力过大可引起免疫系统改变，导致亚健康。二、不良的生活方式和习惯。如高盐、高脂和高热量饮食，大量吸烟和饮酒及久坐不运动是造成亚健康最常见的原因。三、环境污染的不良影响。如水源和空气污染、噪声、微波、电磁波及其它化学、物理因素污染是防不胜防的健康隐形杀手。四、不良心理因素刺激。这是心理亚健康和躯体亚健康的重要原因之一。

亚健康常被诊断为疲劳综合征、内分泌失调、神经衰弱、更年期综合症等。亚健康人群普遍存在"六高一低"，即高负荷（心理和体力）、高血压、高血脂、高血糖、高血黏、高体重、免疫功能偏低。

对亚健康患者来说，最重要的是调理。首先要养成良好的生活习惯，<u>劳逸结合</u>。平时注意锻炼身体，适当参加一些户外活动，工作之余可短期旅游、爬山、游泳、听听音乐、唱唱歌、跳跳舞。其次，[86]<u>多吃些高蛋白的食物</u>，如豆制品等。<u>要多吃新鲜蔬菜、瓜果、鱼和水产品</u>，这样可以补充人体所必需的各种营养物质。同时还要注意不暴饮暴食或偏食。暴饮暴食会造成消化道器质性病变，偏食会因为缺乏某种营养物质而诱发亚健康。

预防和消除亚健康也可通过一定的体力活动来缓解。一是以经过一定训练的身心松弛法来加以拮抗，中国的各种气功、印度的瑜伽功、西方的松弛功等，均有此效果。它通过调姿、调息等来松弛肌肉、放松精神，降低对外界刺激的敏感性。另一种合理方式是学会自我调控，张弛结合，身心自行调节，用体力活动来松弛紧张的脑力劳动。例如，在从事紧张的脑力劳动一段时间后，抽出片刻做些体力上的活动，方式不限，最简单的可以上下几次楼梯亦无妨。

건강하다고 생각하지만 사실은 그렇지 않다. 아건강 상태는 많은 질병, 예를 들면 간염이나 암 등의 전조 증상이다. 따라서 우리는 항상 경계심을 가져야 한다.

많은 사람이 긴장 상태에 놓여 있고 스트레스를 많이 받는 데다가 영양과잉이나 대사 불균형까지 있기 때문에 아건강 상태가 일어난다. 아건강 상태를 초래하는 데는 다음과 같은 네 가지 원인이 있다. 첫째, 과도한 긴장과 스트레스다. 현대의 생활은 경쟁이 매우 [83]치열하다. 사회는 우리에게 더 많은 발전 기회와 선택의 여지를 주는 동시에 더 많은 리스크와 스트레스를 가져다주었다. 계속되는 과도한 긴장과 스트레스 과다는 면역 계통의 변화를 야기할 수 있고, 아건강을 초래할 수 있다. 둘째, 안 좋은 라이프스타일과 습관이다. 짜고 기름지게 먹거나 고열량 음식을 먹는 습관, 많은 흡연과 음주 및 오래 앉아서 움직이지 않는 것은 아건강을 초래하는 가장 흔한 이유다. 셋째, 환경오염의 부정적인 영향이다. 수원과 공기오염, 소음, 극초단파와 전자파 및 기타 화학적, 물리적 요인의 오염은 막으려야 막을 수 없는 건강의 보이지 않는 살수이다. 넷째, 부정적인 심리 요인의 자극이다. 이는 심리 아건강과 신체 아건강을 일으키는 중요한 원인 중 하나다.

아건강은 종종 피로증후군, 내분비 불균형, 신경쇠약, 갱년기 증후군 등으로 진단된다. 아건강 환자는 대부분 '6고 1저' 증상을 가지고 있다. 즉, 고부하(심적, 신체적), 고혈압, 고지혈, 고혈당, 고혈액점도, 고체중, 면역기능 저하를 가지고 있다는 것이다.

아건강 환자에게 있어서 가장 중요한 것은 관리하는 것이다. 우선은 좋은 생활 습관을 길러 <u>일과 휴식을 적절히 결합해야 한다</u>. 평소에 체력을 단련하고 야외 활동에 적당히 참여해야 하며, 여가 시간에는 단기 여행을 가거나 등산, 수영, 음악 감상, 노래 부르기, 춤추기 등을 할 수 있다. 둘째, [86]<u>콩류 제품과 같은 고단백 음식을 더 많이 먹어야 하며</u>, <u>신선한 채소, 과일, 생선과 수산물을 많이 먹어야 한다.</u> 이렇게 하면 인체에 꼭 필요한 각종 영양분을 섭취할 수 있다. 이와 동시에 폭음이나 폭식, 편식을 하지 않도록 주의해야 한다. 폭음과 폭식은 소화기관의 기질적 병변을 일으킬 수 있고, 편식은 특정 영양분 결핍으로 인해 아건강 상태를 유발할 수 있다.

아건강을 예방하고 해결하는 것 또한 어느 정도 체력 활동을 통해 완화할 수 있다. 첫째, 일정한 훈련을 거친 심신 이완법을 통해 아건강에 대항한다. 중국의 각종 기공법, 인도의 요가, 서방의 이완법 등은 모두 효과가 있다. 이들은 자세와 호흡 제어를 통해 근육을 이완하고 정신을 가볍게 하며, 외부 자극에 대한 민감도를 낮춘다. 또 다른 합리적인 방법은 스스로 조절하는 법을 익히는 것으로 긴장-이완을 결합하여 몸이 스스로 조절하도록 하는 것이다. 신체 활동으로 긴장도 높은 머리 쓰는 일을 이완하는 것이다. 예컨대 긴장도가 높은 머리 쓰는 일을 일정 시간 이상 한 뒤 시간을 잠시 내서 몸 쓰는 활동을 한다. 그 방식에는 제한이 없다. 가장 단순한 것으로 몇 층 정도를 계단으로 오르내리는 것도 괜찮다.

人到老年，由于机体的各种功能衰退、对环境的适应能力下降，会出现一系列退行性变化。那么，怎样才能防止老年人亚健康转化成疾病呢？首先，要了解老年期的心理特征，提高对亚健康的认识和重视程度。第二，提高自我保健意识，适当参加体育锻炼，加强自身免疫功能，减缓衰老进程。第三，调适心理，顺应自然，避免七情过激而伤人。<u>[87]喜、怒、忧、思、悲、恐、惊是人体在接受外界刺激后产生的情绪变化，对人体健康影响很大</u>。七情过度，会造成人体脏腑、气血、阴阳功能的失调，从而引发疾病，如喜伤心、怒伤肝、忧思伤脾、悲伤肺、恐伤肾等。老年人要解放思想，更新观念，适应环境的变化。打破固守斗室、封闭养老的做法，走出家门参加力所能及的社会活动。

사람이 늙으면 신체의 여러 기능이 쇠퇴하고 환경에 대한 적응력이 떨어져서 일련의 퇴행성 변화가 나타날 수 있다. 그렇다면 어떻게 해야 노인 아건강 상태가 질병으로 발전하는 것을 방지할 수 있을까? 우선 노년기의 심리적 특징을 이해하여야 하고, 아건강에 대한 인식과 중요도를 높여야 한다. 둘째, 자기 보호의식을 길러서 적절한 체육 활동에 참여하고 신체 면역력을 높여 노화를 늦추어야 한다. 셋째, 순응하는 마음으로 자연의 섭리에 따르고, 감정이 격하다고 남에게 상처를 주어서는 안 된다. <u>[87]기쁨, 분노, 걱정, 그리움, 슬픔, 공포, 놀라움은 인체가 외부 세계의 자극을 받아들이고 나타나는 정서적 변화로, 신체 건강에 미치는 영향력이 매우 크다</u>. 감정이 과하면 신체의 오장육부와 기혈, 음양 기능의 불균형을 초래하여 질병을 일으킬 수 있다. 예컨대 기쁨은 심장을, 분노는 간을, 걱정은 비장을, 슬픔은 폐를, 공포는 심장을 상하게 할 수 있다. 노인은 마음을 열고 생각을 새로이 하면서 환경 변화에 적응해야 한다. 좁은 방을 고수하고 폐쇄적으로 양로해야 한다는 방식을 버리고 집밖으로 나와 할 수 있는 만큼 사회 활동을 해야 한다.

请回答下列问题，答案控制在十个字以内。

81 生活中常出现什么情况时，说明人们正处于亚健康状态? (举出一个例子即可)

头疼、头晕、可脑电图没问题

82 一个真正健康的人，需要在哪三方面达到健康?

生理，心理和社会适应性

83 第三段中的划线部分最适合的词是?

激烈

84 处于亚健康状态的人一般认为自己怎么样?

以为自己很健康

85 怎样理解文中<u>劳逸结合</u>的意思?

学习工作和休息相结合

86 在膳食方面，亚健康人群应多吃哪种食物?

高蛋白和新鲜蔬菜鱼等

87 根据最后一段，老年人为要特别注意避免哪几种过激情绪:

喜、怒、忧、思、悲、恐、惊

아래 질문에 10글자 이내로 답하세요.

81 생활 속에서 어떤 상황일 때 사람들이 아건강 상태에 있다고 하는가? (예시를 하나 들어보시오)

머리가 아프고 어지러운데 혈압과 뇌전도에서는 아무런 이상이 없다

82 정말 건강한 사람은 어떤 세 가지에서 건강해야 하는가?

신체적, 심리적, 사회 적응도

83 세 번째 단락 밑줄 친 부분에 들어가기에 가장 적절한 말은?

치열하다

84 아건강 상태인 사람은 보통 자신이 어떻다고 생각하는가?

자신이 건강하다고 생각한다

85 본문에서 '일과 휴식을 적절히 결합하다'의 뜻은 무엇인가?

일과 휴식이 어우러지는 법을 배워야 한다

86 음식 섭취에 있어서 아건강 환자는 어떤 음식을 많이 먹어야 하는가?

고단백 음식과 신선한 채소, 과일, 생선 등

87 마지막 단락에서 노인은 어떠한 격한 감정에 특히 주의해야 하는가?

기쁨, 분노, 걱정, 그리움, 슬픔, 공포, 놀람

★**心慌** xīnhuāng 동 심장이 뛰다, 가슴이 두근거리다 | **气短** qìduǎn 동 숨이 가쁘다, 헐떡이다 | ★**浑身** húnshēn 명 전신, 온몸 | **心电图** xīndiàntú 명 심전도 | **不时** bùshí 부 자주, 늘, 종종 | ★**头晕** tóuyūn 동 어지럽다 | ★**血压** xuèyā 명 혈압 | **脑电图** nǎodiàntú 명 뇌전도 | **亚健康**

yàjiànkāng 몡 아건강, 서브 헬스 [신체적으로나 정신적으로 질병에 걸린 것도 아니고 건강하지도 않은 '회색 상태'] | 灰色 huīsè 몡회색 [灰色状态: 회색 상태] | 世界卫生组织 Shìjiè Wèishēng Zǔzhī 고유 세계보건기구(WHO) | ★定义 dìngyì 몡 정의 | ★生理 shēnglǐ 몡 생리 | ★人体 réntǐ 몡 인체 | ★介于 jièyú 통 ~의 사이에 있다 | 边缘 biānyuán 옝 경계에 근접한 | ★未 wèi 뷔 아직 ~하지 않다 | 患病 huànbìng 통 병에 걸리다, 병을 앓다 | ★潜在 qiánzài 통 잠재하다 | 倾向 qīngxiàng 몡 경향, 성향, 추세 | 临界点 línjièdiǎn 경계선 | 症状 zhèngzhuàng 몡 증상, 증후 | ★吻合 wěnhé 통 일치하다, 들어맞다, 완전히 부합하다 | 器质性 qìzhìxìng 몡 기질성 | 也就是说 yějiùshìshuō 바꾸어[다시] 말하면 ~이다 | 虽说 suīshuō 쩝 비록 ~이지만 | 潜伏期 qiánfúqī 몡 잠복기 | 前期 qiánqī 몡 전기 | 征兆 zhēngzhào 몡 전조, 징조, 조짐 | 肝炎 gānyán 몡 간염 | 癌症 áizhèng 몡 암 [암의 총칭] | 时时 shíshí 뷔 항상, 늘 | ★警惕 jǐngtì 통 경계심을 갖다 | ★过剩 guòshèng 통 (수량이) 필요한 한도를 크게 지나치다 | 代谢 dàixiè 몡 (신진) 대사 | 失常 shīcháng 옝 비이상적이다 | ★促成 cùchéng 통 촉성하다 | 过度 guòdù 옝 과도하다, 지나치다 | ★免疫 miǎnyì 몡 면역 | 脂 zhī 몡 지방 | 高热量 gāo rèliàng 고열량 | 吸烟 xīyān 통 담배를 피우다 | 饮酒 yǐnjiǔ 통 음주하다, 술을 마시다 | ★及 jí 쩝 및, ~와 | ★水源 shuǐyuán 몡 수원 | ★噪声 zàoshēng 몡 소음, 잡음 | 微波 wēibō 몡 극초단파, 마이크로웨이브 [파장이 1밀리미터 내지 1미터 이내인 전자파. 레이더나 위성통신, 텔레비전, 기상, 천문 따위에 이용됨] | 电磁波 diàncíbō 몡 전자파 | 防不胜防 fángbùshèngfáng 옝 막으려야 막을 수 없다 | ★隐形 yǐnxíng 옝 모습을 감추다, 자태를 숨기다 | ★杀手 shāshǒu 몡 살수, 킬러 | 躯体 qūtǐ 몡 신체 | ★疲劳 píláo 몡 피로, 피곤 | 综合征 zōnghézhēng 몡 증후군 | 内分泌 nèifēnmì 몡 내분비 | 失调 shītiáo 통 균형이 맞지 않다 | 神经衰弱 shénjīng shuāiruò 몡 신경쇠약 | 更年期 gēngniánqī 몡 갱년기 | ★即 jí 뷔 즉, 바로, 곧 | 高负荷 gāofùhè 몡 과부하 | ★高血压 gāoxuèyā 몡 고혈압 | 高血脂 gāoxuèzhī 몡 고지혈 | 高血糖 gāoxuètáng 고혈당 | 高血黏 gāoxuènián 몡 고혈액점도 | 高体重 gāotǐzhòng 몡 고체중 | 偏低 piāndī 옝 지나치게 낮다 | 患者 huànzhě 몡 환자, 병자 | 调理 tiáolǐ 통 관리하다 | 劳逸结合 láoyìjiéhé 옝 일과 휴식을 적절히 결합하다, 노동과 휴식을 적당히 조절하다 | 适当 shìdàng 옝 적당하다, 적절하다, 적합하다 | 户外 hùwài 몡 야외, 집밖 [户外活动: 야외 활동] | ★膳食 shànshí 몡 식사, 음식 | 高蛋白 gāodànbái 몡 고단백 | 豆 dòu 몡 콩 | ★制品 zhìpǐn 몡 제품 | 瓜果 guāguǒ 몡 과일 | 水产品 shuǐchǎnpǐn 몡 수산물 | 暴饮 bàoyǐn 통 폭음하다 | 暴食 bàoshí 통 폭식하다 | 偏食 piānshí 통 편식하다 | 消化道 xiāohuàdào 몡 소화기관 | ★诱发 yòufā 통 (주로 질병을) 유발하다, 일으키다 | 消除 xiāochú 통 해결하다, 없애다, 해소하다 | 松弛法 sōngchífǎ 몡 이완법, 완화법 | 加以 jiāyǐ 통 ~을 가하다, ~하다 [2음절 동사 앞에 쓰여 뒤의 동사가 앞에 제시된 사물에 대하여 어떤 동작을 가하는 것을 나타냄] | 拮抗 jiékàng 대항하다, 길항하다 | 气功 qìgōng 몡 기공 [정좌·호흡 조절·특정 자세 등을 결합시킨 건강 단련술] | 印度 Yìndù 고유 인도 | 瑜伽 yújiā 몡 요가 | 均 jūn 뷔 모두, 다 [=都] | 调息 tiáoxī 몡 호흡 제어 | 外界 wàijiè 몡 외부, 바깥 세계 | 敏感性 mǐngǎnxìng 몡 민감도, 민감성 | 自我 zìwǒ 떼 스스로, 자기 자신 [주로 2음절 동사 앞에 쓰여, 행위의 주체가 자기이며 동시에 그 대상도 자기임을 나타냄] | ★调控 tiáokòng 통 제어하다, 조종하다 | 张弛 zhāngchí 몡 긴장과 이완 | ★身心 shēnxīn 몡 몸과 마음, 심신 | ★自行 zìxíng 뷔 스스로, 자체로, 저절로 | 调节 tiáojié 통 조절하다 | ★松弛 sōngchí 통 이완하다, 느슨하게 하다 | 脑力 nǎolì 몡 기억력, 사고력 | 片刻 piànkè 몡 잠깐, 잠시 | 楼梯 lóutī 몡 계단 | ★亦 yì 뷔 ~도 역시, 또, 또한 ['也'에 상당함] | 无妨 wúfáng 통 괜찮다, 무방하다 | 机体 jītǐ 신체 기능 | ★衰退 shuāituì (신체·정신·의지·능력 등이) 쇠약해지다, 쇠퇴하다 | ★一系列 yíxìliè 몡 일련의, 연속의 | 退行性 tuìxíngxìng 몡 퇴행성 | 防止 fángzhǐ 통 방지하다 | 转化 zhuǎnhuà 통 변하다 | 老年期 lǎoniánqī 몡 노년기 | 保健 bǎojiàn 몡 보호, 보건 | 减缓 jiǎnhuǎn 통 늦추다, 떨어뜨리다, 완화하다 | ★衰老 shuāilǎo 옝 노쇠하다, 늙어 쇠약해지다 | ★进程 jìnchéng 몡 경과, 진행 과정, 코스, 발전 과정 | 调适 tiáoshì 통 순응 | ★顺应 shùnyìng 통 순응하다, 적응하다 | 七情 qīqíng 몡 칠정 [7가지 감정] | 过激 guòjī 옝 과격하다 | 伤人 shāngrén 통 남을 다치게 하다 | 喜 xǐ 몡 기쁨 | 怒 nù 몡 분노 | 忧 yōu 몡 걱정 | 思 sī 몡 그리움 | 悲 bēi 몡 슬픔 | 恐 kǒng 몡 공포 | 惊 jīng 몡 놀라움 | 脏腑 zàngfǔ 몡 오장육부 | 气血 qìxuè 몡 기혈 | 阴阳 yīnyáng 몡 음양 | 引发 yǐnfā 통 일으키다, 야기하다 [引发疾病: 질병을 일으키다] | 肝 gān 몡 간 | ★脾 pí 몡 비장 | 肺 fèi 몡 허파, 폐 | ★肾 shèn 몡 콩팥, 신장 | 解放 jiěfàng 통 해방하다, 속박에서 벗어나다 | 固守 gùshǒu 통 고수하다, 고집하다 | 斗室 dǒushì 몡 좁은 방 | 封闭 fēngbì 통 (통행하지 못하게 하거나 열지 못하도록) 폐쇄하다, 봉쇄하다 | ★力所能及 lìsuǒnéngjí 옝 스스로 할 만한 능력이 있다

88

STEP 1 도표의 주제 파악하기

중국 인터넷 상품 판매 비중 분포

STEP 2 도표의 구성 요소 파악하고 수치 분석하기

- **구분 항목:** 비율(%)
- **그래프 가로축:** 중국 인터넷 상품 판매 비중
- **그래프 세로축:** 상품 종류

STEP 3 획득한 정보에 알맞게 서술 방법 정하기

- **주요 내용 분석:** '바디·헤어·세안용품' 비중이 가장 크며, '뷰티·메이크업' '식품' '가정용품'의 비중이 비슷함
- **세부 내용 분석:** 항목별 수치 언급하기
- **추가 분석:** 소비자는 인터넷에서 일상용품을 가장 많이 구매함

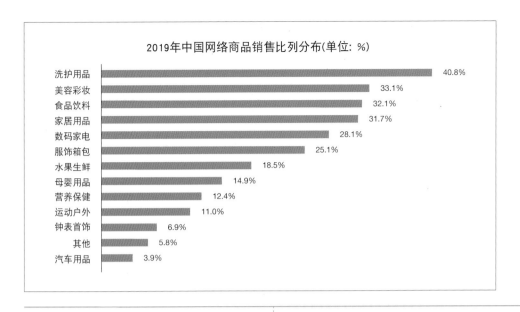

2019年中国网络商品销售比列分布(单位: %)

商品	比例
洗护用品	40.8%
美容彩妆	33.1%
食品饮料	32.1%
家居用品	31.7%
数码家电	28.1%
服饰箱包	25.1%
水果生鲜	18.5%
母婴用品	14.9%
营养保健	12.4%
运动户外	11.0%
钟表首饰	6.9%
其他	5.8%
汽车用品	3.9%

　　这是2019年的一项关于中国网络商品销售比例分布的调查。如图所示：'洗护用品'的销售比例领先于其他商品，占全部调查商品的40.8%。紧随其后的是'美容彩妆'、'食品饮料'、'家居用品'。这三种商品所占比例几乎相差无几。除此之外，我们还可以看出，人们不太愿意在网上购买'钟表首饰'这样的贵重物品，此选项的占比为6.9%。令人感到意外的是，很少人在网上购买汽车用品，此选项仅占3.9%，是倒数第一。由此可见，人们购买日常生活用品时，更倾向于选择网购。

　　이것은 2019년 중국 인터넷 상품 판매 비중 분포에 관한 조사이다. 그래프에서 알 수 있듯이 '바디·헤어·세안용품'의 판매 비중이 전체 조사 상품의 40.8%를 차지하여 다른 상품보다 앞섰다. 그 뒤를 이은 것이 '뷰티·메이크업', '식품', '가정용품'이다. 이 세 가지 상품이 차지하는 비중은 거의 비슷했다. 이 외에 우리는 시계나 액세서리 등 귀중품 항목의 비중은 6.9%로 나타나 소비자들이 이러한 상품을 인터넷에서 구매하는 것을 선호하지 않는다는 것을 알 수 있다. 의외로 차량용품이 최하위인 3.9%로 나타나 차량용품을 인터넷에서 구매하는 사람은 매우 적은 것으로 보인다. 이로써 소비자는 일상생활 용품을 구매할 때 인터넷쇼핑을 하는 경향이 많음을 알 수 있다.

图 tú 명 도표, 그림 | 示 shì 동 보이다 | ★领先 lǐngxiān 동 앞세우다 | 美容 měiróng 동 미용하다 | 彩妆 cǎizhuāng 명 색조 화장 | 家居 jiājū 명 집 안 거실 | ★相差 xiāngchà 동 서로 차이가 나다, 서로 다르다 | 无几 wújǐ 형 매우 적다 | ★除此之外 chúcǐzhīwài 이 외에 | 购买 gòumǎi 동 사다, 구매하다 | 钟表 zhōngbiǎo 명 시계 | 首饰 shǒushi 명 장신구 | ★贵重 guìzhòng 형 귀중하다, 중요하다 | ★选项 xuǎnxiàng 명 항목을 고르다 | ★倒数 dàoshǔ 동 거꾸로 세다, 밑에서부터 세다, 뒤에서부터 세다 | ★由此可见 yóucǐ-kějiàn 이로부터 ~을 알 수 있다. | ★倾向 qīngxiàng 동 (한쪽으로) 기울다, 쏠리다. 치우치다

▶ 주요 구문/표현 정리하기

- 这是一项关于A的调查 이것은 A에 관한 조사이다
- 如图所示 그래프에서 알 수 있듯이
- 占+숫자 (숫자)를 차지하다

- 除此之外 이 외에
- 我们还可以看出 우리는 ~도 알 수 있다
- 由此可见 이로부터 ~을 알 수 있다

如今，伴随着人们收入的增加，社交活动也随之增多，在外聚餐应酬更是"家常便饭"。同学聚会、公司聚餐等，几乎已经成为现代人生活的一部分。根据调查，60%的上班族认为，聚餐是重要的社交活动之一。

请写一篇600字左右的文章，论述一下你对"聚餐"文化的立场。要求思路清晰有条理。

오늘날 사람들의 소득 증가와 함께 사교활동도 많아졌고 회식과 접대는 일상다반사가 되었다. 동창회, 회사 회식 등은 거의 이미 현대인의 생활의 일부분이 되었다. 조사에 따르면 직장인 중 60%는 회식이 중요한 사교활동이라고 생각한다.

회식 문화에 대한 본인의 입장을 600자 내외로 논리 정연하게 서술하시오.

STEP 1 작문할 주제 파악하기

작문 주제는 '회식'이다.

STEP 2 답안 구조 잡기

'회식'은 찬반을 가릴 수 있는 주제이다. 만약 찬성의 글을 쓰고자 한다면 본문에서 찬성하는 근거를 들고 결론에서 더 긍정적인 방향의 회식 문화 방안을 제시하는 글을 쓸 수 있다. 반대로 반대의 글을 쓰고자 한다면 본론에서 반대하는 근거를 들고 결론에서 회식의 단점을 보완하는 방법을 제시하는 것으로 글을 마무리한다.

- **서론**: 회식에 대한 찬성 입장 제시
- **본론**: 회식의 긍정적인 측면 세 가지
- **결론**: 바람직한 회식 문화를 만들어야 함

모범 답안　**통암기문장 / 필수 표현**

서론

所谓"聚餐"是一种人类固有的文化，是一群人聚在一起吃饭喝酒的社交行为。它种类繁多，如：公司聚餐、家庭聚餐、同学聚餐等。虽然每个人对聚餐的看法有所不同，但我认为聚餐是我们生活中必不可少的一部分。

회식은 인간 고유의 문화이며 여러 사람이 한데 모여 함께 밥을 먹고 술을 마시는 사교활동이다. 회사 회식, 가족 회식, 동창회 회식 등 종류도 다양하다. 회식에 대한 견해는 사람마다 다르지만 나는 회식이 우리 삶에 없어서는 안 될 중요한 부분이라고 생각한다.

본론

首先，聚餐有助于培养团队精神。我们在办公室时，由于大家各忙各的，很少与其他部门的员工打交道。通过聚餐，我们能够互相了解，形成凝聚力，从而大大提升工作效率。

其次，聚餐有益于增加感情。公司来新人时，因为公司有已固化的圈子，新人难以融入到其中。这种时刻聚餐能起到"催化剂"的作用，聚餐时和谐热闹的氛围，更易让人们敞开心扉，在边吃边谈的过程中，陌生感不知不觉间消失，从而增进彼此的感情。

먼저, 회식은 팀워크를 기르는 데 도움이 된다. 사무실에 있을 땐 각자 일이 바빠서 다른 부서 직원들과 교류할 기회가 없다. 회식을 통해 서로 가까워지고 단결력을 키움으로써 업무 효율을 크게 높일 수 있다.

다음으로, 회식은 친분을 쌓는 데에도 도움이 된다. 회사에 신입 사원이 올 경우, 회사는 이미 굳어진 집단이라 신입 사원이 적응하기 어려울 때도 있다. 이럴 때 회식은 촉매제 역할을 할 수 있다. 회식 자리의 화기애애한 분위기에서는 마음의 문을 더 쉽게 열 수 있고, 먹고 이야기하는 과정에서 낯섦은 어느새 사라진다. 이로써 서로 친분을 돈독히 할 수 있다.

最后，在聚餐的过程中，可以很自然地说出在工作中遇到的烦恼和难题；可以通过分享自己的苦恼，引起周围同事的共鸣并得到理解；也可以意外地找到解决方案。此外，聚餐具有在一定程度上消除误会，防止"小问题"发展成"大事件"的作用。

마지막으로 회식하는 과정에서 업무 중에 맞닥뜨리는 고민과 어려운 문제를 자연스럽게 말할 수 있다. 자신의 고민을 공유함으로써 주변 동료들의 공감을 이끌어내고 이해를 얻을 수 있으며, 의외의 해결 방안을 찾아낼 수 있다. 또한 회식은 어느 정도 오해를 해소하고 사소한 문제가 큰 사건으로 발전하는 것을 막는 효과도 가진다.

결론

虽然聚餐具有积极的一面，但也有一些人因强制劝酒或不想接受私人提问而不愿意参加聚餐。不强行地劝酒、不强迫对方回答不愿回答的问题是对对方的关怀与尊重、更是基本的礼仪。如果参加聚餐的人遵守这些基本的礼仪，那么"健康愉快"的聚餐文化就能得到进一步发展。只有尊重每个人的意愿，才能创造良好的聚餐文化。

비록 회식은 긍정적인 면도 있지만 일부 사람들은 강제로 술을 권하거나 사적인 질문을 받고 싶지 않아 회식을 꺼리기도 한다. 술을 강제로 권하지 않고, 상대방이 대답하기 싫은 질문을 강요하지 않는 것은 상대방에 대한 배려와 존중이며, 기본적인 예의이다. 만약 회식 참석자들이 이러한 기본적인 예절을 지킨다면 '건강하고 즐거운' 회식 문화가 더욱 발전할 수 있을 것이다. 개인의 뜻을 존중해야 좋은 회식 문화를 만들 수 있다.

★**伴随** bànsuí 동 수반하다, 따라가다, 함께 가다 | ★**社交** shèjiāo 명 사교 | **随之** suízhī 이에 따라 | **增多** zēngduō 동 많아지다, 증가하다 | **在外** zàiwài 동 외출하다 | **聚餐** jùcān 동 회식하다 | ★**应酬** yìngchou 명 (사적인) 접대, 모임, 회식 | **家常便饭** jiā cháng biàn fàn 성 평소 집에서 먹는 식사 | ★**所谓** suǒwèi 소위, 이른바 | **固有** gùyǒu 형 고유의 | **繁多** fánduō 형 대단히 많다, 풍부하다 | ★**有所不同** yǒusuǒ bù tóng 다소 다르다 | ★**必不可少** bìbùkěshǎo 성 없어서는 안 된다, 반드시 필요하다 | ★**有助于** yǒuzhùyú ~에 도움이 되다, ~에 유용하다 | ★**打交道** dǎ jiāodao 왕래하다, 교제하다, 사귀다 | **凝聚力** níngjùlì 명 응집력, 결속력 | **大大** dàdà 부 크게, 대단히, 대량으로 | **提升** tíshēng 동 진급하다, 진급시키다 | ★**有益** yǒuyì 형 유익하다, 도움이 되다 | **固化** gùhuà 동 응고시키다 | ★**圈子** quānzi 명 원, 동그라미 | **融入** róngrù 융합되어 들어가다 | **催化剂** cuīhuàjì 명 촉매제 | **和谐** héxié 형 잘 어울리다, 조화롭다, 잘 맞다 | ★**氛围** fēnwéi 명 분위기, 기분, 상황 | ★**敞开** chǎngkāi 동 활짝 열다 | **心扉** xīnfēi 명 마음, 마음의 문 | ★**不知不觉** bùzhī-bùjué 성 자기도 모르는 사이에, 부지불식간에 | **苦恼** kǔnǎo 동 고뇌하다, 고민하다 | ★**共鸣** gòngmíng 명 공감, 동감 | **防止** fángzhǐ 동 방지하다 | ★**强制** qiángzhì 동 강제하다, 강요하다, 강압하다 | **劝酒** quànjiǔ 동 술을 권하다 | ★**强行** qiángxíng 동 강행하다 | **强迫** qiǎngpò 동 강요하다, 강제로 시키다, 핍박하다 | **关怀** guānhuái 동 (주로 윗사람이 아랫사람에게) 관심을 가지고 보살피다 | ★**礼仪** lǐyí 명 예의, 예절과 의식

▶ **필수 표현**

· **首先A, 其次B, 最后C** 먼저 A하고, 다음으로 B하고, 마지막으로 C하다

· **提升效率** 효율을 높이다

· **起到作用** 역할을 하다

· **引起共鸣** 공감을 이끌어내다

· **消除误会** 오해를 해소하다

90

풀이

- 줄곧 → 一直以来 '一直以来'를 '一直'로만 써도 된다.
- 대량, 다량 → 海量 '海量'은 '대량'의 의미를 가지고 있다. 글자를 보고 바로 파악하기 힘들 수 있으므로 외워 두는 것이 좋다. '大量'으로 써도 틀린 것은 아니다.
- 뒤적거리다 → 翻阅 '翻阅'는 책을 뒤적거리는 동작을 강조하는 표현이다. 따라서 여기에서는 공부하는 것을 강조하는 어휘인 '看书'를 사용해서는 안 된다.

제시문

종이는 줄곧 인류의 가장 주요한 독서 매개체였다. 하지만 전자기술이 대두되고, 특히 인터넷이 발전하면서 정보량이 한정적이라는 종이 매개체의 단점이 점차 드러나게 되었다. 전자종이의 출현은 사람들의 독서를 훨씬 편리하게 해 주었으며 사람들의 삶에도 많은 영향을 주었다. 사람들은 대량의 읽기 자료를 계속 가지고 다니며 언제든 읽을 수 있게 되었으며, 노인이나 시각에 문제가 있는 사람은 글자 크기를 편하게 변경하여 가장 최적의 독서 경험을 할 수 있게 되었다는 점 등이다. 이 외에도 이러한 신기술은 사회에 도움이 되는 수많은 영향을 가져다주었다.

모범 답안

纸一直以来都是人类最主要的阅读载体。但随着电子技术的兴起，特别是网络的发展，纸质媒介逐渐暴露出信息量有限等缺点。电子纸的出现大大方便了人们的阅读，也给人们的生活带来了巨大影响：海量的阅读材料可以一直带在身边，随时翻阅；老年人和有视觉障碍的人可以随意变换字体大小，达到最佳的阅读体验等。除此之外，这种新技术也带来了很多有利于社会的影响。

★载体 zàitǐ 명 매개체 | ★兴起 xīngqǐ 동 흥기하다, 발전하기 시작하다 | 媒介 méijiè 명 매개물 | 暴露 bàolù 동 드러내다, 폭로하다 | 信息量 xìnxīliàng 명 정보량 | 有限 yǒuxiàn 형 유한하다 | 海量 hǎiliàng 명 대량, 아주 많은 수량 | 身边 shēnbiān 명 곁 | 翻阅 fānyuè 동 (서적이나 서류를) 쭉 훑어보다, 쭉 페이지를 넘기다, 뒤져 보다 | 视觉 shìjué 명 시각 | 障碍 zhàng'ài 명 장애 | 随意 suíyì 부 (자기) 마음대로, 뜻대로 | 变换 biànhuàn 동 변환하다, 바꾸다 | 字体 zìtǐ 명 글자체 | 最佳 zuìjiā 형 가장 좋다, 최적이다

▶ **주요 구문/표현 정리하기**

- 随着A的兴起 A가 대두됨에 따라
- 暴露缺点 단점이 드러나다
- 给A带来了巨大影响 A에게 거대한 영향을 가져다주다
- 除此之外 이 외에도

91

풀이

- 널리 퍼지다 → 蔓延 '사방에 널리 퍼지다'라는 뜻의 '蔓延'이 떠오르지 않는 경우, '扩大' 혹은 '扩散'으로 써도 괜찮다.
- 융합되다 → 达成一片 '达成一片'은 분위기, 생각, 감정 등이 하나로 융합된다는 의미로 쓸 수 있는 표현이다.
- 계속 → 持续 '持续'가 떠오르지 않으면 '不断'을 써도 된다. 그러나 '继续'는 쓸 수 없다.

<table>
<tr><td>제시문</td><td>모범 답안</td></tr>
<tr><td>

심리학자는 스트레스가 감기처럼 전염될 수 있으며 이러한 간접적인 스트레스와 불안감은 직장에서 빠르게 번질 수 있다는 것을 발견했다. 사람들은 놀라운 속도로 타인의 표정과 목소리, 자세를 모방하고 이를 통해 타인의 감정에 동질감을 느끼기 때문이다. 우리는 스펀지처럼 주변 사람이 발산하는 전염성 있는 감정을 흡수한다. 타인의 스트레스를 흡수하면서 본인도 스트레스를 받기 시작하고 우리를 괴롭힐 수도 있는 문제에 저도 모르게 집중하게 된다. 왜 다른 사람의 스트레스가 우리에게 전염될까? 그 이유는 한편으로는 우리가 친구나 동료의 스트레스를 흡수하는 것은 그들과 한마음이 되기 위함이며 다른 한편으로는 계속해서 귀로 들어오는 불만 섞인 목소리도 우리에게 부정적인 생각이 들게 할 수 있기 때문이다.

</td><td>

心理学家发现，压力就像感冒一样会传染，这种"间接"的压力和焦虑情绪可以在工作场所迅速蔓延。因为人们能够以惊人的速度模仿他人的面部表情、声音和姿势，从而对他人的情绪感同身受。我们其实都是"海绵"，可以吸收周围人散发出的感染性情绪。而在吸收他人压力的同时，我们自己也开始感受到压力，并会不自觉地去关注那些可能会困扰我们的问题。为什么别人的压力会传染给我们呢？这是因为，一方面，我们吸收朋友或同事的压力是为了和他们打成一片；另一方面，持续进入我们耳中的不满声音，也会让我们开始产生消极的想法。

</td></tr>
</table>

间接 jiànjiē 혱 간접적인 | **焦虑** jiāolǜ 혱 걱정스럽다, 초조하다 | ★**蔓延** mànyán 동 널리 번지어 퍼지다 | **面部** miànbù 명 얼굴, 안면 | **姿势** zīshì 명 자세 | **感同身受** gǎn tóng shēn shòu 동질감을 느끼다 | **海绵** hǎimián 명 스펀지 | ★**散发** sànfā 동 발산하다, 내뿜다 | **关注** guānzhù 동 주시하다, 관심을 가지다 | **困扰** kùnrǎo 동 괴롭히다 | **打成一片** dǎ chéng yí piàn 성 한 덩어리가 되다, 한데 뭉치다 [주로 생각이나 감정이 융합되는 것을 가리킴]

▶ **주요 구문/표현 정리하기**

- **像A一样** A와 같다
- **感同身受** 동질감을 느끼다

- **一方面A, 另一方面B** 한편으로 A하고, 다른 한편으로 B하다
- **打成一片** 분위기가 융합되다

92

풀이

- 졸리다 → 犯困　'犯困'은 '졸려오는 상태'를 나타내며, 이 어휘가 잘 떠오르지 않는다면 '困'으로 써도 괜찮지만, '犯困'이 가장 좋은 표현이다.
- 음식을 먹다 → 进食　'进食'는 글자의 뜻 그대로 '음식이 들어가다'라는 의미로, '음식을 먹다'라는 표현으로 쓰인다. 이 문장에서 '吃饭'이라고 쓰기에는 문장이 매끄럽지 않으며 '饮食'는 명사의 의미로 이 문장에서 쓸 수 없다. '进食'가 떠오르지 않는다면 '摄入食物'로 쓰는 것이 가장 좋다.
- 졸음기 → 困意　'困意'는 '犯困'과 달리 '困'을 쓸 수 없고, 꼭 '困意'로만 써야 한다.

<table>
<tr><td>제시문</td><td>모범 답안</td></tr>
<tr><td>

당신은 '밥을 먹은 후 졸린' 적이 있는가? 현재 대부분의 연구에서 이것은 자연적인 생리현상이며 주로 식사 후 체내 호르몬과 혈당이 변화하여 생기는 것으로 보고 있다. 식곤증이 정상적인 생리현상이라면, 나는 왜 식사만 하면 혼미해지는데 다른 사람은 여전히 정신이 멀쩡한 걸까?

</td><td>

你有过"吃完饭就犯困"的时候吗？目前，大部分研究认为，这是一种自然的生理现象，主要是进食后，体内的激素和血糖变化引起的。既然"饭后犯困"是正常生理现象，那么为什么我一吃完饭就陷入"昏迷"，而其他人却还是精力十足呢？

</td></tr>
</table>

| 만약 이런 적이 있다면 자신이 점심에 혈당 지수가 높은 음식을 먹었는지 돌이켜봐야 한다. 쌀밥이나 면 요리는 탄수화물이라 혈당 지수가 높은 음식에 속한다. 점심에 고혈당 음식을 과하게 섭취했다면 체내 혈당 지수가 빠르게 상승하게 되고 이에 따라 졸음도 몰려오는 것이다. | 如果是这样，那就得回想一下自己的午餐是否属于高血糖指数食物了。无论是米饭还是面食，都是碳水化合物，属于高血糖指数食物。如果午餐时摄入过多的高血糖食物，人的血糖指数就会因此而快速上升，困意也就随之而来了。 |

犯困 fànkùn ⑧ 졸리다, 졸음이 오다 | ★生理 shēnglǐ ⑲ 생리 | 进食 jìnshí ⑧ 식사를 하다, 밥을 먹다 | ★激素 jīsù ⑲ 호르몬 | 血糖 xuètáng ⑲ 혈당 | 陷入 xiànrù ⑧ (불리한 지경에) 빠지다, 떨어지다 | ★昏迷 hūnmí ⑲ 혼미하다, 의식불명이다, 인사불성이다 | 十足 shízú ⑲ 충분하다, 충족하다, 넘쳐흐르다 | ★回想 huíxiǎng ⑧ 회상하다 | 午餐 wǔcān ⑲ 점심 | 指数 zhǐshù ⑲ 지수 | 碳水化合物 tànshuǐ huàhéwù ⑲ 탄수화물 | 摄入 shèrù ⑧ 섭취하다 | 过多 guòduō ⑲ 너무 많다, 과다하다 | 上升 shàngshēng ⑧ 상승하다, 위로 올라가다 | 困意 kùnyì ⑲ 졸음기 | 随之而来 suízhīérlái 뒤따르다

▶ 주요 구문/표현 정리하기

- 无论是A还是B，都是C A이든 B이든 모두 C이다
- 摄入食物 음식물을 섭취하다
- 指数上升 지수가 높다(상승하다)
- 随之而来 뒤따르다

93

풀이

- A는 ~하는 다리이다 → A是……的桥梁 'A是……的桥梁'에서 동사 '是'를 빠뜨리는 경우가 있는데 반드시 써야 한다.
- 끊임없이 이어가다 → 源源不断 '源源不断' 대신 '不断'을 써도 괜찮지만, '继续'는 쓸 수 없다.
- ~을, ~를 → 将+명사 '将+명사'를 '把+명사'로 바꿔서 쓸 수 있다.

제시문 / 모범 답안

제시문	모범 답안
역사의 긴 시간 동안 '실크로드'는 줄곧 중국인과 중앙아시아, 서아시아, 유럽 등 각국 사람들이 사이좋게 왕래하는 다리였다. 이 무역 통로를 통해 중국의 실크 제품, 도자기 제품, 찻잎, 기타 공예품이 끊임없이 서아시아와 유럽 각지에 전해졌다. 마찬가지로 이 국가들의 상품과 기술, 문화도 실크로드를 통해 아시아의 중국으로 유입됐다. 실크로드는 유럽과 아시아 대륙을 연결하여 인류 문명의 교류 및 발전을 촉진했다.	在历史上的很长一段时间内，"丝绸之路"一直是中国人与中亚、西亚、欧洲等各国人民友好往来的桥梁。通过这条贸易通道，中国的丝绸制品、陶瓷制品、茶叶及其他工艺品源源不断地传到西亚和欧洲各地。同样，这些国家的商品、技术和文化也通过丝绸之路进入了东方的中国。丝绸之路将欧亚大陆连在一起，促进了人类文明的交流与发展。

丝绸之路 sīchóuzhīlù ⑲ 실크로드, 비단길 | 中亚 Zhōng Yà 고유 중앙아시아 | 西亚 Xī Yà 고유 서아시아 | 人民 rénmín ⑲ 인민 | 友好 yǒuhǎo ⑲ 우호적이다 | 往来 wǎnglái ⑧ 왕래하다, 왔다갔다하다 | 桥梁 qiáoliáng ⑲ 다리, 교량 | 通道 tōngdào ⑲ 통로, 대로, 큰길 | 丝绸 sīchóu ⑲ 비단 | 陶瓷 táocí ⑲ 도자기 | 茶叶 cháyè ⑲ (가공을 거친) 찻잎 | 工艺品 gōngyìpǐn ⑲ (수)공예품 | ★源源不断 yuányuán-búduàn ⑲ 끊임없이 이어가다, 끊임없이 계속되다 | 同样 tóngyàng ⑳ (앞에서 말한 바와) 마찬가지로 | 东方 Dōngfāng 고유 아시아, 동양 | 欧亚大陆 Ōu Yà dàlù 고유 유라시아 대륙 | 连 lián ⑧ 연결하다

▶ 주요 구문/표현 정리하기

- 将A连在一起 A를 연결하다
- 促进交流与发展 교류 및 발전을 촉진하다

94

풀이

학교 내부 안내도를 잘 숙지해서 학생들이 주로 활동하는 곳이나 학교에서 중요한 건물을 소개해 준다. 또한 본인이 겪었던 학교생활을 함께 이야기해 주면 내용이 더 풍부해질 것이다.

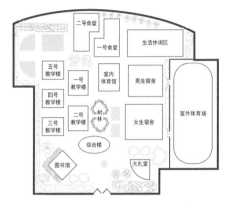

당신은 유학생 대표입니다. 위 사진은 당신이 다니는 학교의 내부 안내도입니다. 이 안내도를 토대로 새로 온 유학생들에게 학교의 구조를 간단히 설명하고, 학교생활의 경험 등을 알려주세요.

你是留学生的代表，上面是你所在学校的校内分布图，请你结合这个分布图简单地向新来的留学生们介绍一下你们学校的校内布局。并传授一些你在学校生活时的一些经验等。

모범 답안

各位同学们，你们好!

我是留学生的代表金娜利，今天我来介绍一下我们学校的校内布局。

首先，一进校园，就能看到正前方的"综合楼"。综合楼后边有一个树林。因为那个森林的风景很好，我觉得大家课后或者周末时值得去一趟。其次，我们留学生的课大部分都在三号教学楼。最后，学生们可以在一号和二号食堂吃午饭和晚饭，我特别喜欢一号食堂的麻辣香锅，但是一号食堂的人总是特别多，所以不少留学生常常去二号食堂，特别是韩国人比较喜欢去二号食堂，因为那里有很地道的韩国料理。接下来，请大家跟我确认一下你们的宿舍楼……

如果在学校这段时间遇到了什么生活上的问题，请大家联系我，我一定都会尽量帮助大家。

여러분, 안녕하세요.

저는 유학생 대표 김나리입니다. 오늘은 우리 학교의 구조를 소개해 드리겠습니다.

먼저, 캠퍼스로 들어서면 정면에 종합관이 있습니다. 종합관 뒤편엔 숲이 있는데 풍경이 예쁘니 수업 후나 주말에 가보는 걸 추천합니다. 다음으로, 우리 유학생들은 대부분 3호 강의동에서 수업을 합니다. 마지막으로, 1호와 2호 구내식당에서 점심과 저녁 식사를 할 수 있습니다. 저는 1호 식당의 마라샹궈를 굉장히 좋아합니다. 하지만 1호 식당은 항상 사람이 많아서 2호 식당으로 가는 유학생들도 많습니다. 특히 한국인들이 2호 식당을 좋아하는데, 거기에 정통 한국 음식이 있기 때문입니다. 이어서 기숙사가 어딘지 확인해 봅시다.

이 학교에 있는 동안 생활상에 문제가 생기면 저에게 연락하세요. 최대한 도와드리겠습니다.

★布局 bùjú 圀 구도, 짜임새, 분포 | ★传授 chuánshòu 图 전수하다, 가르치다 | 留学生 liúxuéshēng 圀 유학생 | 校园 xiàoyuán 圀 캠퍼스, 교정 | 正前方 zhèngqiánfāng 圀 정면 | 树林 shùlín 圀 숲 | 教学楼 jiàoxuélóu 강의실 건물 | 食堂 shítáng 圀 구내식당 | 麻辣香锅 málàxiāngguō 마라샹궈 | ★地道 dìdao 圀 진짜의, 본고장의, 명산지의 | ★料理 liàolǐ 圀 요리

95~97

95 녹음 앞 부분에서 음주, 쇼핑 음식 먹기 등으로 스트레스를 해소하는 사람들에 대해 설명하면서, 이런 해소법은 사람들에게 큰 죄책감을 주고, 자기비판을 하게 되면서 기분을 더 우울하게 만든다고 직접적으로 언급했다.

96 녹음 뒷부분에서 두 집단을 비교해서 이야기 한 부분이 나온다. 초콜릿과 팝콘 등으로 자신을 통제하기 어렵고, 죄책감이 없는 여성보다 음식을 배로 먹는다고 직접적으로 언급했다.

97 이 관점에 '동의'를 하는지 묻는 문제의 경우, 우선 자신의 의견을 말하고 그 의견에 맞는 근거를 제시하자. 간혹 앞에서는 '동의'한다고 말해 놓고 '반대'에 대한 근거를 제시하는 등 앞뒤 내용이 맞지 않는 경우가 있으므로, 자신의 의견을 잘 정리해서 말해보자.

美国心理学家研究发现，最常用的解压方法是吃东西、喝酒、看电视、上网、购物、玩儿游戏。然而这些方式往往是最无效，它们只会让我们更有压力。比如，通过暴饮暴食来解压的人里，只有16%认为这种方法有效；而在另一项调查里，当女性感到抑郁时，去吃大量巧克力，⁹⁵结果却带来更大的罪恶感；还有一项调查则发现，失意者购物更多，而看到忽然减少的银行存款，又会忍不住批评自己。⁹⁵罪恶感和自我批评，又会让情绪更低落。

那我们就没办法了吗？当然不是，我们还有科学的解压方法。心理学家发现：做瑜伽、散步、阅读、听音乐、与家人或朋友相处、按摩、画画儿、培养有创意的爱好……都能增加快乐感。虽然和吃东西、饮酒、购物相比，这些解压方法的效果不会瞬间让人立刻产生快感或心情立即好转，但这些确实是真正有效的方法。

除此之外，还要学着接受和面对你的过错。

很多研究显示，自我批评不会增加我们的力量，反而会削弱我们的意志。比如，一个实验是这样的：在实验室里，女士们被要求吃一个甜甜圈并喝一大杯水，接下来，要完成一份答卷。⁹⁶如果有人在答卷中说自己很有罪恶感，那么她会在接下来的巧克力、爆米花等食物面前，更加难以控制自己。她会比没有罪恶感的女士吃掉多出一倍的食物。这是因为："我的减肥计划已经失败了，那我再吃点儿又有什么关系呢？"

미국 심리학자의 연구에 따르면, 가장 많이 사용하는 스트레스 해소 방법으로는 음식 먹기, 술 마시기, TV 보기, 인터넷 하기, 쇼핑하기, 게임 하기 등이 있다. 하지만 이러한 방법은 종종 가장 효과가 없으며 우리의 스트레스를 더 늘릴 뿐이다. 예를 들어 폭식으로 스트레스를 해소하는 사람 중 16%만이 이러한 방법이 효과적이라고 생각했다. 또 다른 조사에서는 여성이 우울함을 느낄 때 대량의 초콜릿을 먹었더니 도리어 ⁹⁵더 큰 죄책감이 생겼다고 한다. 어떤 연구 조사에서는 실의에 빠진 사람이 쇼핑을 더 많이 하는데, 갑자기 줄어든 은행 잔고를 보면서 또 자기를 비판한다는 결과가 나왔다. ⁹⁵죄책감과 자기비판은 사람의 기분을 더 우울하게 만든다.

그렇다면 정말 방법이 없는 걸까? 물론 그렇지 않다. 과학적인 스트레스 해소 방법도 있다. 심리학자는 요가, 산책, 독서, 음악감상, 가족 혹은 친구와 함께 보내기, 안마, 그림 그리기, 창의적인 취미 만들기 등이 즐거운 감정을 더해 준다고 했다. 비록 음식 먹기, 음주, 쇼핑과 비교하면 이러한 스트레스 해소 방법은 효과가 순식간에 나타나 바로 쾌감을 주거나 기분을 즉각적으로 좋아지게 하는 것은 아니지만 효과적인 방법임은 틀림없다.

이 외에도 본인의 잘못을 받아들이고 마주하는 법도 알아야 한다.

많은 연구에서 자기비판이 우리에게 힘을 보태주지 않고 오히려 의지를 약하게 한다는 것이 나타났다. 한 실험을 예로 들어 보자. 실험실에서 여성들에게 도넛을 먹고 물을 마시게 한 후 문제에 답하게 했다. ⁹⁶만약 누군가 문제를 푸는 중 죄책감이 든다고 말한다면, 그녀는 초콜릿과 팝콘 등의 음식 앞에서 더더욱 자신을 통제하기가 어려워진다. 죄책감이 없는 여성보다 음식을 배로 먹게 되는 것이다. 이는 '이미 다이어트에 실패했는데 조금 더 먹는다고 무슨 상관인가?'라는 생각을 하기 때문이다.

由此可见，对意志的恢复来说，自我接受比自我批评要有效得多。只有有效地解压、真正地接受自己，我们才能更有效地集中自己的意志力，恢复真正的快乐。

이로써 알 수 있듯이 의지를 회복하는 데 있어 자기를 받아들이는 것이 비판하는 것보다 더 효과가 있다는 것을 알 수 있다. 효과적으로 스트레스를 해소하고, 진정으로 자기 자신을 받아들여야만 본인의 의지력을 더 효과적으로 키울 수 있으며 진정한 즐거움을 찾을 수 있다.

95 喝酒、购物、吃东西等解压方式更容易让人产生什么感觉？

模范 答안 | 结果却带来更大的罪恶感，而罪恶感和自我批评，又会让情绪更低落。

95 음주, 쇼핑, 음식 먹기 등의 스트레스 해소 방식은 사람들에게 어떤 느낌을 주기 쉬운가？

모범 답안 | 도리어 더 큰 죄책감을 가져다주고, 죄책감과 자기비판은 또 기분을 더 우울하게 만든다.

96 在文中提到的心理实验中，有罪恶感的人和没有罪恶感的人相比会怎么样？

模范 答안 | 她会在接下来的巧克力、爆米花等食物面前，更加难以控制自己。她会比没有罪恶感的女士吃掉多出一倍的食物。

96 본문에서 언급된 심리 실험 중 죄책감을 느낀 사람은 죄책감이 없는 사람과 비교하면 어떠한가？

모범 답안 | 그녀는 초콜릿과 팝콘 등의 음식 앞에서 더욱 자신을 통제하기가 어려워진다. 죄책감이 없는 여성보다 음식을 배로 먹게 되는 것이다.

97 你同意作者"自我接受能更好的解压"这种观点吗？

模范 答안 | 我同意这个观点，俗话说：失败是成功之母。人类因为不完美，所以常常犯错误。如果连自己都无法接受自己，那么做任何事都将很难成功。在团体中也是如此，如不能抱着一颗"接受的心"不仅自己会受到沉重的压力，而且会影响团队的合作。接受自我并不表示放任自己的错误，它的意义在于接受一切属于自己的成功与失败，这更有利于我们看清自己、调整现状，向着刚好的方向发展。

97 화자가 말한 '자기를 받아들이면 스트레스를 더 잘 해소할 수 있다'는 의견에 동의하는가？

모범 답안 | 나는 이 관점에 동의한다. '실패는 성공의 어머니다'라는 속담이 있다. 인간은 완벽하지 않기 때문에 종종 실수를 한다. 만약 자신조차 스스로를 받아들이지 못하면 어떠한 일을 해도 성공하기 어렵다. 조직에서도 마찬가지이다. 예를 들어 '받아주는 마음'을 갖지 못하면 스스로 심각한 스트레스를 받을 뿐만 아니라 팀워크에도 영향을 미친다. 자신을 받아들이는 것은 자신의 잘못을 방치한다는 것이 아니라 자신의 성공과 실패를 모두 받아들인다는 의미가 있다. 이는 우리 자신을 잘 살펴보고 현재 상황을 조정하여 좋은 방향으로 발전시키는 데 더 도움이 된다.

解压 jiěyā 스트레스를 풀다 | 无效 wúxiào 통 효력이 없다. 무효이다 | 暴饮暴食 bào yǐn bào shí 폭음 폭식하다 | ★抑郁 yìyù 형 (불만을 호소할 수 없어) 우울하다, 울적하다 | 罪恶感 zuì'ègǎn 명 죄책감 | 失意 shīyì 실의에 빠지다, 낙담하다 | 存款 cúnkuǎn 명 저금, 예금 | 忍不住 rěnbúzhù 통 견딜 수 없다, 참을 수 없다 | 低落 dīluò 통 떨어지다, 하락하다, 낮아지다 | 瑜伽 yújiā 요가 | 按摩 ànmó 안마, 마사지 | 创意 chuàngyì 독창적인 견해, 창의적인 구상 | 饮酒 yǐnjiǔ 명 음주하다 | 相比 xiāngbǐ 통 비교하다, 견주다 [与……相比: ~와 비교하다] | ★瞬间 shùnjiān 명 순간, 눈 깜짝할 사이 | 好转 hǎozhuǎn 통 호전되다, 좋아지다 | ★过错 guòcuò 과실, 잘못 | ★削弱 xuēruò 통 (세력·힘을) 약화시키다, 약하게 하다 | 意志 yìzhì 명 의지, 의기 | 实验室 shíyànshì 명 실험실 | 甜甜圈 tiántiánquān 명 도넛, 도너츠 | 接下来 jiēxiàlái 다음으로, 이어서 | 答卷 dájuàn 답안(지) | 爆米花 bàomǐhuā 명 팝콘 | 难以 nányǐ ~하기 어렵다 | 多出 duōchu ~만큼 초과하다, ~만큼 많다 | ★由此可见 yóucǐ-kějiàn 이로부터 ~을 알 수 있다 | ★俗话说 súhuà shuō 속담에서 ~라고 말하다 | 失败是成功之母 shībài shì chénggōng zhī mǔ 속 실패는 성공의 어머니다 | 沉重 chénzhòng 형 (무게·기분·부담 등이) 몹시 무겁다 | 团队 tuánduì 명 팀, 단체, 집단 | 现状 xiànzhuàng 명 현재 상황, 현황

풀이

낭비에 대한 견해를 묻고 있다. 주어진 시간 동안 본인이 평소 생각했던 내용들을 정리하고 말해보자. 평소 생각했던 낭비의 종류, 낭비로 인한 문제점 등을 나열하고 마지막에 정리하는 말로 끝맺음을 해보자.

"谁知盘中餐，粒粒皆辛苦。"出自唐代诗人李绅的《悯农》一诗。意思是："有谁想到我们碗中的米饭，每一粒都饱含着农民的辛苦？"自古以来，节俭就被中国人视为美德，但随着生活水平的提高，人们反而越来越不在乎粮食的来之不易了。很多家长会用这首诗教育子女不要浪费粮食，可长大后的孩子们，是否还记得不要浪费粮食和爱护粮食呢？

请结合听到的内容，简单谈谈你对"浪费"的看法。

'밥상의 밥알 하나하나 모두 땀의 대가라는 것을 누가 알겠는가?' 이는 중국 당대 시인 이신의 〈민농〉이라는 시에서 나온 말이다. '우리가 먹는 밥의 한 알 한 알에 농민의 고생이 담겨 있다는 것을 누가 알았겠는가?'라는 의미이다. 예로부터 중국인은 절약을 미덕으로 삼았다. 하지만 생활수준이 높아지면서 사람들은 오히려 고생이 담긴 식량을 점점 대수롭지 않게 여기고 있다. 많은 부모들은 이 시구를 인용해 자녀에게 음식을 낭비하면 안 된다고 가르칠 수는 있겠지만 이 아이들이 커서도 음식을 낭비하지 말아야 하고 식량을 소중히 해야 한다는 것을 기억할까?

들은 내용을 정리하고 낭비에 대한 본인의 생각을 말해보시오.

모범 답안

虽然小时候父母教育孩子节俭是一种美德，但是随着生活水平的提高，很多人长大以后几乎不在乎是否浪费粮食的问题。

除此以外，我认为浪费有多种类型，比如：浪费钱、浪费时间、浪费资源等，这带来很多问题。首先，过度的消费、粮食的浪费，会引起环境污染。人们丢弃的垃圾和食物垃圾会产生臭味，形成各种病毒。这无疑是不利于人们身体健康的。其次，浪费钱和时间会让人产生负面情绪。虽然花钱的时候自己很开心，但是过了一段时间后，就会开始后悔。另外，已经过去的时间无法挽回浪费造成的影响。

为了我们自己的健康与生活，平时养成节俭的习惯是非常重要的。

어릴 때 부모는 아이들에게 절약은 미덕이라고 가르치지만, 생활수준이 높아짐에 따라 많은 사람들은 어른이 된 후 식량 낭비 문제 여부에 대해서는 거의 신경 쓰지 않는다.

이 외에도 낭비에는 돈 낭비, 시간 낭비, 자원 낭비 등 여러 유형이 있는데 이 낭비들이 많은 문제를 일으킨다고 생각한다. 먼저, 과도한 소비와 음식의 낭비는 환경오염을 일으킨다. 사람들이 버린 쓰레기와 음식물 쓰레기는 악취를 풍기며 각종 바이러스를 만든다. 이는 틀림없이 사람들의 건강에 좋지 않다. 다음으로, 돈과 시간 낭비는 부정적인 감정을 일으킨다. 돈을 쓸 때는 즐겁지만 어느 정도 시간이 지난 후 후회하기 시작한다. 또한 이미 지나간 시간은 낭비로 초래된 영향을 되돌릴 수 없다.

본인의 건강과 생활을 위해 평소에 절약하는 습관을 들이는 것이 매우 중요하다.

盘 pán 명 접시 | 粒粒皆辛苦 lìlìjiēxīnkǔ 성 쌀 한 톨 한 톨마다 모두 고생이 배어 있다'라는 뜻으로, 농부의 수고로움과 곡식의 소중함을 비유하는 말 | ★出自 chūzì 동 (~로 부터) 나오다, (~로 부터) 나타나다 | 唐代 Tángdài 고유 당대 | 诗人 shīrén 명 시인 | 李绅 Lǐ Shēn 고유 이신 | 饱含 bǎohán 동 가득 차다 | 自古以来 zìgǔ yǐlái 예로부터, 자고로 | ★节俭 jiéjiǎn 동 절약하다 | 视为 shìwéi 간주하다, 여기다, ~으로 보다 | ★美德 měidé 명 미덕, 좋은 품성 | 不在乎 búzàihu 동 대수롭지 않게 여기다, 염두에 두지 않다 | 来之不易 láizhībúyì 성 아주 어렵게 이루어졌다 | 过度 guòdù 형 과도하다, 지나치다 | ★丢弃 diūqì 동 내던지다, 버리다, 포기하다 | 臭味 chòuwèi 명 악취 | ★无疑 wúyí 형 틀림없다, 의심할 바 없다 | ★负面 fùmiàn 명 부정적인 면, 나쁜 면

QR코드 스캔해서 다락원 홈페이지로 이동
➔ MP3음원+동영상강의 다운로드 및 실시간 재생
➔ 받아쓰기노트, 필수표현집 다운로드

HSK 7~9급 한권으로 끝내기 <u>해설서</u>

지은이 남미숙
펴낸이 정규도
펴낸곳 (주)다락원

기획·편집 김혜민, 박소정, 이상윤
내지디자인 박나래
표지디자인 김나경, 박나래
조판 최영란
녹음 郭洋, 朴龙君, 于海峰, 허강원

다락원 경기도 파주시 문발로 211
전화 (02)736-2031(내선 250~252 / 내선 430~431)
팩스 (02)732-2037
출판등록 1977년 9월 16일 제406-2008-000007호

ISBN 978-89-277-2321-9 13720

www.darakwon.co.kr
다락원 홈페이지를 방문하시면 상세한 출판 정보와 함께 동영상 강좌, MP3 자료 등 다양한 어학 정보를 얻으실 수 있습니다.

HSK 7~9급
한권으로 끝내기

남미숙 저

필수단어장 상
(1~2800)

다락원

● track 0-01 (VOCA)

★ ▨ 배경색이 칠해진 단어는 중요 단어입니다.

0001 **阿拉伯语** Ālābóyǔ 고유 아랍어

0002 **哎** āi 감 아이, 아이고 [의외, 의아, 불만]
　　　　감 야, 참, 이봐 [듣는 사람의 주의 환기]

0003 **哎呀** āiyā 감 놀라움, 원망, 불만 따위를 나타냄

0004 **哀求** āiqiú 동 애원하다, 애걸하다

0005 **挨家挨户** āijiā-āihù 성 집집마다, 한집도 빠짐없이

0006 **癌** ái 명 암

0007 **癌症** áizhèng 명 암

0008 **艾滋病** àizībìng 명 후천성면역결핍증, 에이즈

0009 **唉** ài 감 아이 참, 에이 [감상, 애석의 기분을 나타냄]

0010 **爱不释手** àibúshìshǒu
　　　　성 잠시도 손에서 놓지 않다

0011 **爱理不理** àilǐ-bùlǐ
　　　　성 본체만체하다, 아랑곳하지 않다

0012 **爱面子** ài miànzi 체면을 중시하다, 체면 차리다

0013 **爱惜** àixī 동 아끼다, 소중하게 여기다

0014 **碍事** àishì 동 거치적거리다, 방해가 되다
　　　　형 위험하다, 심각하다

0015 **安定** āndìng 형 (생활이나 형세 따위가) 안정하다
　　　　동 안정시키다

0016 **安抚** ānfǔ 동 위로하다, 위안하다

0017 **安眠药** ānmiányào 명 수면제

0018 **安宁** ānníng 형 편안하다, 안정되다

0019 **安稳** ānwěn 형 안전하다, 안정하다

0020 **安心** ānxīn 형 안심하다, 마음을 놓다

0021 **安逸** ānyì 형 안일하다, 편하고 한가롭다

0022 **按键** ànjiàn 명 (악기·컴퓨터 자판 등의) 키, 버튼

0023 **按理说** ànlǐ shuō 이치상으로, 이론적으로는

0024 **按说** ànshuō 부 이치대로 말한다면,
　　　　본래는 ['按理说'의 줄임말]

0025 **案件** ànjiàn 명 소송이나 위법에 관계되는 사건

0026 **暗地里** àndì li 부 암암리에, 남몰래, 내심

0027 **暗杀** ànshā 동 암살하다

0028 **暗中** ànzhōng 명 암중, 어둠 속
　　　　부 암암리에, 비밀리에

0029 **昂贵** ángguì 형 물건값이 비싸다

0030 **凹** āo 형 오목하다

0031 **熬** áo 동 오래 끓이다　동 참다, 인내하다

0032 **熬夜** áoyè 동 밤을 새다

0033 **傲** ào 형 거만하다, 교만하다

0034 **傲慢** àomàn 형 오만하다

0035 **奥秘** àomì 명 비밀, 수수께끼

0036 **奥运会** Àoyùnhuì 고유 올림픽

0037 **八卦** bāguà 명 팔괘　헛소문, 루머, 가십

0038 **巴不得** bābudé 동 갈망하다, 간절히 바라다

0039 **扒** bā 동 긁어내다, 파내다
　　　　동 잡다, (의지할 것을) 붙잡다

0040 **芭蕾** bālěi 명 발레

0041 **把柄** bǎbǐng 명 손잡이, 자루

0042 **把关** bǎguān 동 관문을 지키다, 책임을 지다

0043 **把手** bǎshou 명 손잡이, 핸들

0044 **靶子** bǎzi 명 표적, 과녁, 목표

0045 **坝** bà 명 댐, 제방을 보강하기 위한 건조물

0046 **罢免** bàmiǎn 동 파면하다, 면직시키다

0047 **罢休** bàxiū 동 그만두다, 중지하다

0048 **霸占** bàzhàn 동 (무력으로) 점령하다, 점거하다
　　　　동 (권세를 이용하여 남의 재산 등을) 강점하다

0049 **掰** bāi 동 (손으로) 물건을 쪼개다, 뜯다　동 따돌리다
　　　　동 절교하다, 관계를 끊다

0050 **白白** báibái 부 대가 없이, 헛되이, 보람없이

0051 **百分比** bǎifēnbǐ 명 백분율, 백분비

0052 **百合** bǎihé 명 백합

0053 **百科全书** bǎikē quánshū 명 백과사전

0054 **柏树** bǎishù 명 측백나무

0055 **摆放** bǎifàng 동 (일정한 장소에) 두다, 놓다

0056 **摆平** bǎipíng 동 (물건을) 가지런히[바로] 놓다

0057 **摆设** bǎishe 명 장식품 [대개 예술품을 가리킴]
　　　　명 겉만 번지르르하고 사용가치가 없는 물건

0058 **拜会** bàihuì 동 방문하다 [대개 외교상의 정식 방문에
　　　　쓰임]

0059 **拜见** bàijiàn 동 알현하다, 찾아뵙다

0060 **拜年** bàinián 동 신년을 축하하다, 세배하다,
　　　　새해 인사를 드리다

0061 **拜托** bàituō 동 부탁드리다 [존댓말]

0062 **扳** bān 동 (고정된 것을) 움직이다, 잡아당기다
　　　　동 (잃었던 것을) 되찾다, 만회하다
　　　　동 말다툼하다

0063 **颁布** bānbù 동 반포하다, 포고하다

0064 **颁发** bānfā 동 (명령·지시·정책 등을) 하달하다
　　　　동 (훈장·상장 등을) 수여하다

0065 **颁奖** bānjiǎng 동 상을 주다

0066 **斑点** bāndiǎn 명 반점, 얼룩점

0067 **搬迁** bānqiān 동 이전하다, 이사하다

0068 **板块** bǎnkuài 명 지각의 판상 표층

0069 **办不到** bàn bu dào 처리해 낼 수 없다,
　　　　해결할 수 없다

1

| 0070 | 半边天 bànbiāntiān 몡 하늘의 반쪽, 세상의 반쪽 |
| 몡 (신사회의) 여성 [비유] |

0070 半边天 bànbiāntiān 몡 하늘의 반쪽, 세상의 반쪽
　　　　　　　　　　　　　　몡 (신사회의) 여성 [비유]

0071 半场 bànchǎng 몡 하프코트
　　　　　　　　몡 (운동경기·영화·연극 따위의) 절반

0072 半岛 bàndǎo 몡 반도

0073 半路 bànlù 몡 도중, 길을 가고 있는 동안
　　　　　　몡 (일의) 도중, 일의 중간

0074 半数 bànshù 몡 절반

0075 半途而废 bàntú'érfèi 셍 중도에서 그만두다

0076 半信半疑 bànxìn-bànyí 셍 반신반의

0077 半真半假 bànzhēn-bànjiǎ
　　　　　　　셍 정말인지 거짓인지 알 수 없다

0078 扮 bàn 동 (~로) 분장하다, 역을 맡다 동 꾸며내다

0079 伴 bàn 몡 동료, 동반자, 짝, 벗 동 동반하다

0080 伴侣 bànlǚ 몡 동반자, 반려, 동료

0081 伴随 bànsuí 동 동행하다, 수반하다

0082 伴奏 bànzòu 동 반주하다 몡 반주

0083 拌 bàn 동 뒤섞다, 버무리다 동 말다툼하다

0084 帮手 bāngshou 몡 조수, 일을 거들어 주는 사람

0085 绑 bǎng 동 (끈·줄 따위로) 감다, 묶다
　　　　　동 포박하다, 체포하다 동 납치하다, 유괴하다

0086 绑架 bǎngjià 동 납치하다, 인질로 잡다

0087 榜样 bǎngyàng 몡 본보기, 모범, 귀감

0088 棒球 bàngqiú 몡 야구

0089 磅 bàng 양 파운드 몡 앉은뱅이저울
　　　　　동 무게를 달다

0090 包袱 bāofu 몡 보자기 몡 보따리 몡 부담, 무거운 짐

0091 包容 bāoróng 동 수용하다 동 포용하다, 관용하다

0092 包扎 bāozā 동 싸서 묶다, 포장하다

0093 剥 bāo 동 (가죽·껍질 따위를) 벗기다, 바르다

0094 煲 bāo 몡 (속이 깊은) 냄비, 솥
　　　　동 (속이 깊은 냄비로) 음식을 끓이다

0095 饱和 bǎohé 동 최대한도에 이르다 몡 포화

0096 饱满 bǎomǎn 형 포만하다 형 충만하다, 왕성하다
　　　　　　형 만족하다

0097 宝库 bǎokù 몡 보고 [귀중한 물건을 간수해 두는 곳]

0098 宝藏 bǎozàng 몡 (진귀한) 소장품 몡 지하자원

0099 保管 bǎoguǎn 동 보관하다

0100 保姆 bǎomǔ 몡 가정부 몡 보모

0101 保暖 bǎonuǎn 동 보온하다, 따뜻하게 유지하다

0102 保鲜 bǎoxiān 동 신선도를 유지하다

0103 保修 bǎoxiū 동 유지하다, 관리하다, 수리하다
　　　　　　동 무상으로 보증 수리(A/S)하다

0104 保佑 bǎoyòu 동 보우하다, 가호하다, 돕다

0105 保障 bǎozhàng 동 보장[보증]하다 몡 보장, 보증

0106 保质期 bǎozhìqī 몡 품질보증 기간, 유효기간

0107 保重 bǎozhòng 동 건강에 주의하다, 몸조심하다
　　　　　　[주로 남에게 당부하는 말]

0108 堡垒 bǎolěi 몡 보루, 견고한 구축물

0109 报 bào 동 (은혜를) 보답하다
　　　　동 (원한을) 보복하다, 앙갚음하다
　　　　동 보고하다, 제안하다, 제출하다

0110 报仇 bàochóu 동 원수를 갚다, 복수하다

0111 报酬 bàochou 몡 보수, 사례금

0112 报废 bàofèi 동 폐기하다, 못 쓰게 되다

0113 报复 bàofù 동 보복하다, 앙갚음하다, 설욕하다

0114 报社 bàoshè 몡 신문사

0115 报亭 bàotíng 몡 신문·잡지 가판점

0116 报销 bàoxiāo 동 (사용 경비를) 청구하다, 결산하다
　　　　　　동 상부에 보고하고 폐기물을 처분하다
　　　　　　동 (사람이나 사물을) 제거하다, 없애 버리다

0117 抱负 bàofù 몡 포부

0118 豹 bào 몡 표범

0119 暴风骤雨 bàofēng-zhòuyǔ
　　　　　　　셍 전쟁이나 재난 따위로 사회가 크게 혼란해짐

0120 暴利 bàolì 몡 폭리

0121 暴躁 bàozào 형 (성미가) 거칠고 급하다 동 화내다

0122 曝光 bàoguāng 동 노출하다 동 폭로되다

0123 爆冷门 bào lěngmén 의외의 결과가 나오다,
　　　　　　　　　　　뜻밖의 일이 생기다

0124 爆满 bàomǎn 동 꽉 차다, 만원이 되다

0125 爆竹 bàozhú 몡 폭죽

0126 卑鄙 bēibǐ 형 (언행이) 비열하다 형 비천하다

0127 悲哀 bēi'āi 형 비참하다 몡 비애 동 슬퍼하다

0128 悲观 bēiguān 형 비관적이다 몡 비관

0129 悲欢离合 bēihuān-líhé
　　　　　　　셍 슬픔과 기쁨, 이별과 만남 등 세상의 각종 일

0130 悲痛 bēitòng 형 비통하다 몡 비통

0131 碑 bēi 몡 비석, 비

0132 贝壳 bèiké 몡 조가비, 패갑

0133 备课 bèikè 동 (교사가) 수업 준비하다 동 예습하다

0134 备受 bèishòu 동 실컷 받다, 빠짐없이 받다

0135 备用 bèiyòng 동 사용을 위해 준비해 두다, 비축하다

0136 背面 bèimiàn 몡 (고정된 물체의) 뒷면 몡 (동물의) 등

0137 背叛 bèipàn 동 배반하다, 모반하다

0138 背诵 bèisòng 동 암송하다, 외우다

0139 被捕 bèibǔ 동 붙잡히다, 체포되다

0140 奔波 bēnbō 동 바쁘게 뛰어다니다, 분주하다

0141	奔赴 bēnfù	동 달려가다, 서둘러 가다, 급히 가다
0142	本分 běnfèn	명 본분, 책임과 의무 / 형 분수를 지키다
0143	本能 běnnéng	명 본능
0144	本钱 běnqián	명 본전, 밑천, 원금 / 명 상품의 원가
0145	本色 běnsè	명 본래의 모습, 본색, 본질 / 명 (원래부터 가지고 있는) 자연색 / 명 자연적인 성질
0146	本性 běnxìng	명 본성, 천성
0147	本意 běnyì	명 본래의 뜻 / 명 진심
0148	本着 běnzhe	개 ~에 의거하여, ~에 근거하여
0149	奔 bèn	동 곧장 나아가다 / 동 힘쓰다, 애쓰다 / 개 ~을 향해
0150	笨蛋 bèndàn	명 바보, 멍청이, 얼간이
0151	笨重 bènzhòng	형 육중하다 / 형 우둔하다
0152	崩溃 bēngkuì	동 붕괴하다, 파산하다
0153	绷 bēng	동 팽팽하게 잡아당기다 / 동 갑자기 튀어 오르다
0154	绷带 bēngdài	명 붕대
0155	蹦 bèng	동 뛰어오르다, 뛰다
0156	逼近 bījìn	동 접근하다, 가까워지다, 임박하다
0157	逼迫 bīpò	동 핍박하다
0158	逼真 bīzhēn	형 마치 진짜와 같다, 진실에 거의 가깝다 / 형 뚜렷하다, 선명하다, 명확하다
0159	鼻涕 bítì	명 콧물
0160	比比皆是 bǐbǐ-jiēshì	성 어디에나 있다, 아주 흔하다
0161	比不上 bǐ bu shàng	비교할 수 없다, ~보다 못하다
0162	比起 bǐqǐ	~와 비교하다
0163	比试 bǐshi	동 힘겨루기하다, 시합을 하다 / 동 어떤 동작의 자세를 취하다
0164	比喻 bǐyù	명 비유 / 동 비유하다
0165	鄙视 bǐshì	동 경멸하다, 경시하다, 깔보다
0166	必不可少 bìbùkěshǎo	성 없어서는 안 된다
0167	必定 bìdìng	부 꼭, 반드시, 기필코
0168	碧绿 bìlǜ	형 청록색의, 짙은 녹색의
0169	弊病 bìbìng	명 폐해, 폐단 / 명 (일 따위의) 결함
0170	弊端 bìduān	명 폐단, 부정
0171	壁画 bìhuà	명 벽화
0172	避难 bìnàn	동 재난이나 박해로부터 벗어나다, 피난하다
0173	避暑 bìshǔ	동 피서하다 / 동 더위 먹는 것을 피하다
0174	边疆 biānjiāng	명 국경지대, 변방, 변경
0175	边界 biānjiè	명 지역 간의 경계선, 국경선
0176	边远 biānyuǎn	형 변두리의 / 형 국경 근처의
0177	编号 biānhào	명 일련번호 / 동 번호를 매기다
0178	编剧 biānjù	명 각본가, 시나리오 작가, 극작가
0179	编排 biānpái	동 배열하다, 편성하다 / 동 각본을 만들고 연습하다
0180	编写 biānxiě	동 편집하여 쓰다 / 동 창작하다
0181	编造 biānzào	동 꾸미다, 창작하다 / 동 날조하다, 조작하다 / 동 (자료나 보고서 등을) 작성하다
0182	鞭策 biāncè	동 독려하고 재촉하다 / 동 (말을) 채찍질하다
0183	鞭炮 biānpào	명 폭죽의 총칭 / 명 연발 폭죽
0184	贬值 biǎnzhí	동 화폐가치가 떨어지다 / 동 평가절하하다 / 동 값이 떨어지다
0185	变革 biàngé	동 (사회제도를) 변혁하다
0186	变幻莫测 biànhuàn-mòcè	성 변화가 무상하여 예측할 수 없다
0187	变迁 biànqiān	동 변천하다 / 명 변천
0188	变异 biànyì	동 변이하다 / 명 변이
0189	变质 biànzhì	동 (주로 나쁜 쪽으로) 변질되다
0190	便道 biàndào	명 지름길 / 명 임시 도로 / 명 인도, 보도
0191	便饭 biànfàn	명 일반 식사, 간단한 식사
0192	便捷 biànjié	형 간편하다 / 형 민첩하다, 경쾌하다
0193	便利店 biànlìdiàn	명 편의점
0194	遍布 biànbù	동 도처에 널리 분포하다
0195	辨别 biànbié	동 판별하다, 분별하다, 분간하다
0196	辨认 biànrèn	동 식별해 내다
0197	辩 biàn	동 변론하다, 해명하다
0198	辩护 biànhù	동 변호하다, 변론하다
0199	辩解 biànjiě	동 변명하다, 해명하다
0200	辫子 biànzi	명 변발, 땋은 머리 / 명 결점, 약점
0201	标 biāo	동 (문자나 기호 등으로) 나타내다, 표시하다
0202	标榜 biāobǎng	동 표방하다 / 동 자랑하다, 잘난척하다
0203	标本 biāoběn	명 (학습이나 연구용) 표본, 본보기 / 명 시료 / 명 (본보기로 삼을 만한) 표본
0204	标签 biāoqiān	명 태그
0205	标示 biāoshì	동 표시하다, 명시하다
0206	标语 biāoyǔ	명 표어
0207	标致 biāozhì	형 참하다, 아름답다, 예쁘다
0208	飙升 biāoshēng	동 (가격이나 수량 등이) 급증하다, 급등하다
0209	表白 biǎobái	동 (자신의 마음을) 나타내다, 설명하다
0210	表决 biǎojué	동 표결하다

3

0211	表述 biǎoshù	图 서술하다, 설명하다
0212	表率 biǎoshuài	명 모범, 귀감
0213	表态 biǎotài	图 태도를 표명하다
0214	表彰 biǎozhāng	图 표창하다
0215	憋 biē	图 참다, 억제하다　图 숨막히게 하다
		형 답답하다, 숨이 막히다
0216	别具匠心 biéjù-jiàngxīn	셍 남다른 독창성이 있다, 독특한 견해를 가지다
0217	别看 biékàn	~라고 생각하지 마라
0218	别墅 biéshù	명 별장
0219	别说 biéshuō	말할 필요도 없이, 그야말로
0220	别提了 biétí le	말도 마라! 말도 꺼내지 마라!
0221	别致 biézhì	형 색다르다, 독특하다, 신기하다
0222	别扭 bièniu	형 (말이나 글이) 어색하다, 부자연스럽다
		형 변덕스럽다, 괴팍하다
		형 의견이 맞지 않다
0223	彬彬有礼 bīnbīn-yǒulǐ	셍 점잖고 예절이 밝다
0224	滨海 bīn hǎi	연해 지역
0225	缤纷 bīnfēn	형 너저분하다, 어지럽다　형 화려하다
0226	冰棍儿 bīnggùnr	명 아이스케이크
0227	冰山 bīngshān	명 설산　명 빙산
		명 오래 의지할 수 없는 배경, 권세 따위 [비유]
0228	丙 bǐng	명 병 [천간의 셋째]　图 불을 지칭함
		명 (순서·등급에서) 세 번째
0229	秉承 bǐngchéng	图 계승하다, 받아들이다
0230	并非 bìngfēi	图 결코 ~하지 않다, 결코 ~이 아니다
0231	并购 bìnggòu	图 인수합병을 하다
0232	并列 bìngliè	图 병렬하다
0233	并行 bìngxíng	图 나란히 가다　图 병행하다
0234	病床 bìngchuáng	명 병상
0235	病症 bìngzhèng	명 질병　명 증상
0236	拨 bō	图 움직이다, 밀다　图 (일부를) 배포하다
		图 (현악기를) 타다, 켜다
0237	拨款 bōkuǎn	图 (정부나 상급 기관의) 지출금
		图 예산을 집행하다
0238	拨通 bōtōng	图 통화가 연결되다
0239	波及 bōjí	图 파급하다, 미치다
0240	波澜 bōlán	图 파도, 물결
		명 (세상 일, 정세 등의) 변천, 기복, 파란
0241	波涛 bōtāo	명 파도
0242	波折 bōzhé	명 우여곡절, 풍파
0243	剥夺 bōduó	图 박탈하다, (재산이나 권리 등을) 빼앗다
0244	剥削 bōxuē	图 착취하다　명 착취
0245	伯伯 bóbo	명 백부, 큰아버지
0246	伯父 bófù	명 큰아버지, 백부　명 어르신, 아저씨

0247	伯母 bómǔ	명 큰어머니, 백모
		명 아주머니 [친구·동료 등의 어머니에 대한 존칭]
0248	驳回 bóhuí	图 기각하다, 받아들이지 않다
0249	脖子 bózi	명 목
0250	搏斗 bódòu	图 격투하다　图 갈기다, 후려치다
0251	不定 búdìng	정하지 않다, 확실하지 않다, 긍정할 수 없거나 똑똑히 말할 수 없다는 뜻을 나타냄
0252	不见得 bújiànde	图 반드시 ~라고는 할 수 없다
0253	不利于 búlìyú	~에 불리하다
0254	不慎 búshèn	형 부주의하다, 신중하지 않다
0255	不适 búshì	형 (몸이) 불편하다, 힘들다, 피곤하다
0256	不算 bú suàn	~라고 할 수 없다, ~한 편은 아니다
0257	不像话 búxiànghuà	형 (언행이) 이치에 맞지 않다
		형 꼴불견이다
0258	不屑 búxiè	图 ~할 가치가 없다　图 경시하다
0259	不懈 búxiè	형 게을리하지 않다, 꾸준하다
0260	不亚于 búyàyú	~에 뒤지지 않다
0261	不亦乐乎 búyìlèhū	셍 어찌 기쁘지 않겠는가
0262	不翼而飞 búyì'érfēi	셍 온데간데없다, 발 없는 말이 천리 간다
0263	不用说 búyòng shuō	말할 필요가 없다
0264	不正之风 búzhèngzhīfēng	셍 나쁜 기풍, 작태
0265	补给 bǔjǐ	图 보충하다, 보급하다, 공급하다
		명 보충 물자, 보급물자
0266	补救 bǔjiù	图 구제하다　图 보완하다　图 고치다
0267	捕捉 bǔzhuō	图 잡다, 붙잡다, 포착하다
0268	哺育 bǔyù	图 양육하다, 먹여 기르다　图 배양하다
0269	不耻下问 búchǐ-xiàwèn	셍 자기보다 아랫사람에게 물어 보는 것을 부끄럽게 생각하지 않다
0270	不辞而别 bùcí'érbié	셍 말도 하지 않고 이별하다
0271	不得而知 bùdé'érzhī	셍 알 방법이 없다, 알 수가 없다
0272	不得已 bùdéyǐ	형 어쩔 수 없이, 마지못하다
0273	不妨 bùfáng	图 (~하는 것도) 괜찮다, 무방하다
0274	不服 bùfú	图 불복하다, 인정하지 않다
		图 적응하지 못하다, 익숙하지 않다
0275	不服气 bù fúqì	승복하지 않다
0276	不假思索 bùjiǎ-sīsuǒ	셍 생각하지 않다 [말·행위가 신속한 것을 말함]
0277	不解 bùjiě	图 이해하지 못하다
		图 풀기 어렵다, 설명하기 어렵다
0278	不经意 bùjīngyì	图 주의하지 않다, 조심하지 않다
0279	不景气 bùjǐngqì	형 불경기이다　형 번창하지 않다
0280	不堪 bùkān	图 감당할 수 없다
		图 ~할 수 없다 [주로 나쁜 방면에 쓰임]
		형 몹시 심하다　형 엉망이다, 형편없다

★ ▨ 배경색이 칠해진 단어는 중요 단어입니다.

0281	不可避免 bùkě-bìmiǎn 성 (어떤 일이 발생하는 것을) 피할 길이 없다
0282	不可思议 bùkě-sīyì 성 불가사의하다, 상상할 수 없다
0283	不肯 bù kěn (기꺼이) ~하려고 하지 않다
0284	不理 bù lǐ 동 상대하지 않다, 무시하다
0285	不了了之 bùliǎo-liǎozhī 성 중간에서 흐지부지 그만두다, 흐리멍덩하게 일을 처리하다
0286	不难 bù nán 어렵지 않다, 무난하다
0287	不平 bùpíng 형 (물체 표면이) 평평하지 않다 / 형 불공평하다 / 명 불만, 분노 명 불공평한 일
0288	不起眼 bùqǐyǎn 눈에 띄지 않다, 볼품없다
0289	不容 bùróng 동 허용하지 않다
0290	不如说 bùrú shuō ~라기 보다는
0291	不同寻常 bùtóng-xúncháng 성 보통이 아니다, 예사롭지 않다
0292	不为人知 bùwéirénzhī 남이 모르게
0293	不惜 bùxī 동 아끼지 않다
0294	不相上下 bùxiāng-shàngxià 성 막상막하, 우열을 가릴 수 없다
0295	不宜 bùyí 동 적합하지 않다, 적당하지 않다
0296	不已 bùyǐ 동 (계속하여) 그치지 않다, ~해 마지않다
0297	不以为然 bùyǐwéirán 성 그렇다고는 생각하지 않다 [경시하는 뜻을 내포함]
0298	不由得 bùyóude 부 저절로, 저도 모르게 / 동 허용하지 않다
0299	不由自主 bùyóuzìzhǔ 성 저절로, 자기도 모르게
0300	不予 bù yǔ ~하지 않다, ~을 주지 않다
0301	不约而同 bùyuē'értóng 성 예기치 않게 행동이나 의견이 일치하다
0302	不知 bùzhī 동 모르다, 알지 못하다
0303	不知不觉 bùzhī-bùjué 성 자기도 모르는 사이에
0304	不准 bù zhǔn ~하면 안 된다 / 형 불확실하다
0305	布局 bùjú 명 구도, 짜임새, 구조 / 동 (작문·그림 따위를) 구성하다 / 동 (바둑에서) 포석하다, 배정하다
0306	步伐 bùfá 명 발걸음, 걸음걸이
0307	步入 bùrù 동 들어가다, 들어서다
0308	步骤 bùzhòu 명 (일 진행의) 순서, 절차, 단계
0309	部件 bùjiàn 명 조립 부품
0310	部署 bùshǔ 배치하다, 안배하다
0311	猜谜 cāimí 동 수수께끼를 풀다
0312	猜想 cāixiǎng 동 짐작하다, 추측하다

0313	才华 cáihuá 명 빛나는 재주, 뛰어난 재능
0314	财经 cáijīng 명 재정과 경제
0315	财力 cáilì 명 재력, 경제력, 재정적인 힘
0316	财务 cáiwù 명 재무, 재정
0317	财物 cáiwù 명 재물, 재화, 재산
0318	财政 cáizhèng 명 재정
0319	裁 cái 동 줄이다, 삭감하다, 해고하다 / 동 자르다, 재단하다 동 판결하다 / 동 억제하다, 통제하다
0320	裁定 cáidìng 동 숙고하여 결정하다 / 동 (법원이) 시비를 가려 결정하다
0321	裁决 cáijué 동 결재하다
0322	采 cǎi 동 따다, 채취하다 동 캐내다, 채굴하다 / 동 수집하다 동 선택하다, 채택하다
0323	采集 cǎijí 동 채집하다, 수집하다
0324	采矿 cǎikuàng 동 광석을 채굴하다
0325	彩电 cǎidiàn 명 컬러 TV
0326	彩虹 cǎihóng 명 무지개
0327	彩霞 cǎixiá 명 아름다운 놀
0328	菜市场 càishìchǎng 명 청과 시장
0329	参见 cānjiàn 동 참조하다 동 알현하다
0330	参军 cānjūn 동 입대하다, 종군하다
0331	参谋 cānmóu 명 참모 명 상담자, 카운셀러 / 동 조언하다, 권하다, 훈수하다
0332	参照 cānzhào 동 참조하다, 참고하다
0333	餐桌 cānzhuō 명 식탁
0334	残 cán 동 훼손하다, 상해를 입히다 형 결함이 있다
0335	残留 cánliú 동 잔류하다, 남아있다
0336	残缺 cánquē 동 불완전하다, 갖추어져 있지 않다
0337	残忍 cánrěn 형 잔인하다, 잔혹하다
0338	惭愧 cánkuì 형 부끄럽다, 송구스럽다
0339	惨白 cǎnbái 형 (얼굴이) 창백하다 형 (경치가) 어둡다
0340	惨痛 cǎntòng 형 비통하다
0341	惨重 cǎnzhòng 형 (손실이) 극심하다, 손해가 크다
0342	灿烂 cànlàn 형 찬란하다, 눈부시게 현란하다
0343	苍蝇 cāngying 명 파리
0344	沧桑 cāngsāng 명 세상의 온갖 풍파
0345	舱 cāng 명 (비행기의) 객실, (배의) 선실, 선창
0346	藏匿 cángnì 동 숨기다, 은닉하다, 숨다
0347	藏品 cángpǐn 명 수장한 물건, 보관한 물품
0348	藏身 cángshēn 동 몸을 숨기다, 숨다
0349	操控 cāokòng 동 조종하다, 제어하다

5

0350	操劳 cāoláo	图 열심히[애써] 일하다 图 보살피다
0351	操心 cāoxīn	图 마음을 쓰다, 걱정하다, 애태우다
0352	槽 cáo	명 (가축의) 구유 명 홈, 고랑 양 칸
0353	草案 cǎo'àn	명 초안
0354	草坪 cǎopíng	명 초원
0355	侧面 cèmiàn	명 옆면, 측면 명 (전체를 구성하는) 어떤 방면
0356	侧重 cèzhòng	图 편중하다, 치중하다
0357	测算 cèsuàn	图 측량 계산[추산]하다
0358	测验 cèyàn	图 시험하다 명 시험, 테스트
0359	层出不穷 céngchū-bùqióng	성 차례차례로 나타나서 끝이 없다, 계속 일어나다
0360	蹭 cèng	图 꾸물대다, 늦장을 부리다 图 문지르다
0361	差错 chācuò	명 착오, 실수 명 (주로 재화로 인한) 의외의 사고
0362	差额 chā'é	명 차액
0363	插手 chāshǒu	图 개입하다, 간섭하다, 끼어들다 图 손을 쓰다, 착수하다
0364	插图 chātú	명 삽화
0365	插嘴 chāzuǐ	图 말참견하다
0366	茶道 chádào	명 다도
0367	茶馆儿 cháguǎnr	명 중국의 구식 다방, 찻집
0368	查处 cháchǔ	图 조사하여 처리하다
0369	查明 cháfíng	图 조사하여 밝히다
0370	查找 cházhǎo	图 조사하다, 찾다, 수사하다
0371	察觉 chájué	图 발견하다, 발각되다, 알아채다
0372	察看 chákàn	图 관찰하다, 주시하다, 살펴보다
0373	诧异 chàyì	형 이상하다, 의아하게 여기다
0374	掺 chān	图 (한데) 섞다, 타다
0375	搀 chān	图 부축하다, 붙잡다 图 섞다
0376	馋 chán	형 식욕이 많다, 게걸스럽다 형 몹시 부럽다, 욕망이 강하다
0377	禅杖 chánzhàng	명 선장 [좌선을 할 때 졸음을 쫓고 훈계하는데 쓰임]
0378	缠 chán	图 휘감다 图 귀찮게 굴다, 달라붙다
0379	产 chǎn	图 낳다, 출산하다 图 생산하다 图 (물질, 정신적인 것을) 창출하다
0380	产地 chǎndì	명 산지, 생산지
0381	产物 chǎnwù	명 제품
0382	产值 chǎnzhí	명 생산액, 생산고
0383	铲 chǎn	图 (삽으로) 깎다, 파다, 긁어내다 명 삽
0384	铲子 chǎnzi	명 삽
0385	阐述 chǎnshù	图 명백히 논술하다
0386	颤抖 chàndǒu	图 부들부들 떨다
0387	猖狂 chāngkuáng	형 난폭하다, 제멋대로이다
0388	长达 cháng dá	(기간, 거리, 시간이) ~에 달하다
0389	长期以来 chángqī yǐlái	이제까지의 오랜 동안
0390	长效 chángxiào	형 장기적으로 효력이 있는 명 장기 효과
0391	长征 chángzhēng	명 장정 [특히 중국 노농 홍군의 2만 5천 리 장정을 가리킴]
0392	长足 chángzú	형 장족의, 발전이 빠르다
0393	常理 chánglǐ	명 상식적인 도리, 당연한 이치
0394	常人 chángrén	명 평범한 사람, 보통 사람, 일반 사람
0395	常态 chángtài	명 정상적인 상태, 평소의 상태
0396	常温 chángwēn	명 상온, 항온
0397	偿还 chánghuán	图 갚다, 상환하다, 돌려주다
0398	嫦娥 Cháng'é	고유 항아 [월궁에 산다는 신화 속의 선녀]
0399	厂家 chǎngjiā	명 공장, 제조업자, 제작자
0400	敞开 chǎngkāi	图 활짝 열다 부 마음껏, 실컷
0401	畅谈 chàngtán	图 마음껏 이야기하다, 즐겁게 이야기하다
0402	畅销 chàngxiāo	图 판로가 넓다, 잘 팔리다, 매상이 좋다
0403	倡议 chàngyì	图 제의하다, 제안하다 명 제안, 발의
0404	抄袭 chāoxí	图 표절하다 图 모방하다, 답습하다
0405	钞票 chāopiào	명 지폐
0406	超标 chāobiāo	图 규정된 표준을 초월하다
0407	超车 chāochē	图 (차를) 추월하다
0408	超前 chāoqián	图 전대의 사람을 능가하다 형 현재 수준을 넘다
0409	超速 chāosù	图 규정 속도를 위반하다, 과속하다
0410	朝代 cháodài	명 왕조의 연대
0411	朝着 cháozhe	~로 향하여
0412	嘲弄 cháonòng	图 조롱하다, 희롱하다
0413	嘲笑 cháoxiào	图 조소하다, 비웃다
0414	吵嘴 chǎozuǐ	图 말다툼하다, 언쟁하다
0415	车道 chēdào	명 차도
0416	车祸 chēhuò	명 교통사고
0417	车间 chējiān	명 작업장, 작업 현장
0418	车轮 chēlún	명 차바퀴, 수레바퀴
0419	车速 chēsù	명 차의 속력
0420	车位 chēwèi	명 주·정차 자리

★ ▨ 배경색이 칠해진 단어는 중요 단어입니다.

0421	车厢 chēxiāng	몡 (열차의) 객실이나 수화물 칸
0422	车型 chēxíng	몡 차종, 자동차 모델
0423	车轴 chēzhóu	몡 차축
0424	扯 chě	동 찢다, 뜯다 동 끌어당기다 동 잡담하다, 한담하다
0425	彻夜 chèyè	뷔 밤새도록
0426	撤 chè	동 제거하다, 치우다 동 철수하다, 철회하다
0427	撤换 chèhuàn	동 바꾸다, 갈다, 교체하다
0428	沉甸甸 chéndiàndiàn	혱 묵직하다
0429	沉淀 chéndiàn	동 침전하다, 가라앉다 동 쌓이다 몡 침전물
0430	沉浸 chénjìn	동 (물속에) 잠기다 동 (생각 따위에) 골몰하다, 몰두하다
0431	沉闷 chénmèn	혱 명랑하지 않다, 쾌활하지 않다 혱 (마음이) 홀가분하지 않다 혱 (분위기·날씨 등이) 음울하다
0432	沉迷 chénmí	동 깊이 미혹되다, 깊이 빠지다
0433	沉思 chénsī	동 깊이 생각하다, 심사숙고하다
0434	沉稳 chénwěn	혱 침착하다, 신중하다 혱 평온하다
0435	沉着 chénzhuó	혱 침착하다
0436	陈旧 chénjiù	혱 낡다, 오래되다, 케케묵다
0437	陈列 chénliè	동 진열하다, 전시하다
0438	陈述 chénshù	동 진술하다
0439	衬托 chèntuō	동 부각시키다, 돋보이게 하다, 두드러지게 하다
0440	趁 chèn	개 (때·기회를) 이용해서, ~을 틈타서
0441	趁机 chènjī	기회를 틈타서, 기회를 이용해서
0442	趁早 chènzǎo	뷔 서둘러서, 일찌감치
0443	趁着 chènzhe	(때·기회를) 이용해서
0444	称呼 chēnghu	동 ~라고 부르다 몡 호칭
0445	称作 chēngzuò	동 ~라고 부르다, ~라고 일컫다
0446	成才 chéngcái	동 인재가 되다, 쓸모 있는 사람이 되다
0447	成家 chéngjiā	동 (남자가) 결혼하다 동 전문가가 되다
0448	成年 chéngnián	동 (사람이) 성년이 되다
0449	成年 chéngnián	뷔 일년 내내
0450	成千上万 chéngqiān-shàngwàn	셩 수천수만, 대단히 많은
0451	成群结队 chéngqún-jiéduì	셩 한데 모여 무리를 이루다
0452	成天 chéngtiān	뷔 종일, 온종일
0453	成问题 chéng wèntí	문제가 되다
0454	成型 chéngxíng	동 (가공을 거쳐) 모양을 만들다
0455	呈现 chéngxiàn	동 나타내다, 양상을 띠다
0456	诚恳 chéngkěn	혱 성실하다, 간절하다
0457	诚心诚意 chéngxīn-chéngyì	셩 성심성의
0458	诚意 chéngyì	몡 성의, 진심
0459	诚挚 chéngzhì	혱 성실하고 진지하다
0460	承包 chéngbāo	동 하청을 받다, 책임지고 떠맡다
0461	承载 chéngzài	동 적재중량을 견디다
0462	城墙 chéngqiáng	몡 성벽
0463	乘人之危 chéngrénzhīwēi	셩 남의 위급한 때를 틈타서 침해하다
0464	盛 chéng	동 (물건을 용기에) 담다 동 수용하다, 넣다
0465	惩处 chéngchǔ	동 처벌하다
0466	惩罚 chéngfá	동 징벌하다 몡 징벌
0467	澄清 chéngqīng	동 분명하게 밝히다 동 (혼란한 국면을) 평정하다 혱 맑고 깨끗하다
0468	橙汁 chéngzhī	몡 오렌지주스
0469	逞能 chěngnéng	동 (재능이나 기량을) 과시하다, 뽐내다
0470	逞强 chěngqiáng	동 잘난척하다, 지기 싫어하다
0471	秤 chèng	몡 저울
0472	吃不上 chībushàng	동 (가난하거나 시간이 맞지 않아) 먹을 수 없다
0473	吃喝玩乐 chī-hē-wán-lè	향락을 추구하면서 세월을 보내다
0474	吃苦 chīkǔ	동 고생하다, 고통을 맛보다
0475	吃亏 chīkuī	동 손해를 보다, 손실을 입다
0476	痴呆 chīdāi	혱 (움직임이) 둔하다, 생기가 없다 혱 멍청하다
0477	痴迷 chīmí	동 푹 빠지다, 사로잡히다, 매혹되다
0478	痴心 chīxīn	몡 심취한 마음, 홀린 마음
0479	池塘 chítáng	몡 (비교적 작고 얕은) 못
0480	驰名 chímíng	동 이름이 널리 알려지다, 명성을 떨치다
0481	迟迟 chíchí	뷔 매우 늦도록, 천천히, 느릿느릿
0482	迟疑 chíyí	동 머뭇거리다, 망설이다, 주저하다
0483	迟早 chízǎo	뷔 조만간
0484	持 chí	동 잡다, 쥐다 동 견지하다, 지속하다 동 장악하다, 주관하다
0485	持久 chíjiǔ	혱 오래 지속되다
0486	持之以恒 chízhīyǐhéng	셩 끈기를 가지고 지속하다
0487	尺度 chǐdù	몡 척도, 표준, 제한
0488	耻辱 chǐrǔ	몡 치욕
0489	耻笑 chǐxiào	동 비웃다, 조소하다

0490	赤字 chìzì 몡 적자	
0491	翅膀 chìbǎng 몡 (새나 곤충의) 날개	
0492	冲刺 chōngcì 동 (달리기·수영 경기 등에서) 스퍼트를 내다 동 (일·공부에서) 막판 힘내기를 하다	
0493	冲浪 chōnglàng 몡 파도타기, 서핑 동 파도를 향해 돌진해 가다	
0494	冲洗 chōngxǐ 동 (사진을) 현상하다 동 (물로) 씻어 내다	
0495	冲撞 chōngzhuàng 동 부딪치다, 충돌하다	
0496	充 chōng 동 가득 채우다 형 충만하다	
0497	充当 chōngdāng 충당하다, (직무를) 맡다	
0498	充沛 chōngpèi 형 넘쳐흐르다, 왕성하다	
0499	充实 chōngshí 형 충실하다, 풍부하다 동 보강하다, 강화하다	
0500	重播 chóngbō 동 재방송하다 동 파종하다	
0501	重叠 chóngdié 동 중첩되다, 중복되다	
0502	重返 chóngfǎn 동 되돌아오다, 복귀하다	
0503	重合 chónghé 동 포개어 합쳐지다	
0504	重申 chóngshēn 동 거듭 말하다, 거듭 천명하다	
0505	重现 chóngxiàn 동 다시 나타나다, 재현하다	
0506	崇高 chónggāo 형 숭고하다, 고상하다	
0507	崇尚 chóngshàng 동 숭상하다, 존중하다, 숭배하다	
0508	宠 chǒng 동 총애하다, 편애하다	
0509	宠爱 chǒng'ài 동 총애하다	
0510	抽签 chōuqiān 동 추첨하다, 제비를 뽑다 동 점대를 뽑아 길흉을 점치다	
0511	抽屉 chōuti 몡 서랍	
0512	抽象 chōuxiàng 형 추상적이다	
0513	仇 chóu 몡 원한 몡 원수, 적	
0514	仇恨 chóuhèn 몡 원한, 증오 동 증오하다, 혐오하다	
0515	仇人 chóurén 몡 원수, 적	
0516	稠 chóu 형 걸쭉하다, 진하다 형 조밀하다, 촘촘하다	
0517	稠密 chóumì 형 많고 빽빽하다, 조밀하다	
0518	愁眉苦脸 chóuméi-kǔliǎn 성 수심에 찬 얼굴	
0519	筹 chóu 동 계획하다, 기획하다	
0520	筹办 chóubàn 동 기획하고 처리하다	
0521	筹备 chóubèi 동 사전에 기획 준비하다	
0522	筹措 chóucuò 동 마련하다, 조달하다 동 조치를 취하다	
0523	筹划 chóuhuà 동 계획하다, 기획하다 동 마련하다, 조달하다	
0524	筹集 chóují 동 (돈을) 마련하다, 조달하다, 모으다	
0525	筹码 chóumǎ 몡 수를 세거나 계산하는 데 쓰는 산가지 몡 화폐	
0526	丑恶 chǒu'è 형 추악하다	

0527	丑陋 chǒulòu 형 용모나 모양이 추하다	
0528	丑闻 chǒuwén 몡 추문, 나쁜 평판, 스캔들	
0529	瞅 chǒu 동 보다	
0530	出版社 chūbǎnshè 몡 출판사	
0531	出厂 chūchǎng 생산품이 (공장에서) 출하되다	
0532	出丑 chūchǒu 동 추태를 보이다, 체면을 잃다	
0533	出道 chūdào 동 (젊은이가) 사회에 처음 발을 들이고 일을 시작하다, 학업을 마치고 일에 종사하기 시작하다	
0534	出发点 chūfādiǎn 몡 출발점, 기점 몡 착안점	
0535	出风头 chū fēngtou 자기를 내세우다, 주제 넘게 나서다	
0536	出境 chūjìng 동 출국하다 동 (어떤 지역을) 넘다, 지나다	
0537	出局 chūjú 동 (야구 따위에서) 아웃되다	
0538	出具 chūjù 동 (관청이) 서류를 작성·발행하다	
0539	出口成章 chūkǒu-chéngzhāng 성 말하는 것이 그대로 문장이 되다	
0540	出卖 chūmài 동 배신하다, 팔아먹다 동 팔다, 판매하다	
0541	出毛病 chū máobìng 고장이 나다, 문제가 생기다	
0542	出难题 chū nántí (대답하기) 어려운 숙제를 내다	
0543	出人意料 chūrényìliào 생각 밖이다, 뜻밖이다	
0544	出任 chūrèn 동 임무나 관직을 맡다	
0545	出山 chūshān 동 산을 나오다 동 관리가 되다, 벼슬길에 오르다 [비유] 동 직무를 담당하다, 일을 맡다	
0546	出身 chūshēn 몡 신분, 출신 동 어떤 신분을 가지고 있다	
0547	出示 chūshì 동 제시하다, 내보이다	
0548	出手 chūshǒu 동 물건을 내다 팔다, 매각하다 동 (돈이나 물건을) 내다, 돈을 쓰다	
0549	出头 chūtóu 동 곤경에서 빠져나오다 동 얼굴을 내밀다, 책임을 지다	
0550	出土 chūtǔ 동 발굴되어 나오다, 출토하다	
0551	出息 chūxi 몡 전도, 발전성, 장래성	
0552	出血 chūxiě 동 출혈하다 동 물건이나 돈을 내놓다	
0553	出演 chūyǎn 동 출연하다, 연출하다	
0554	出洋相 chū yángxiàng 보기 흉한 꼴을 보이다, 웃음거리가 되다	
0555	出游 chūyóu 동 여행하러 가다	
0556	出众 chūzhòng 형 출중하다, 남보다 뛰어나다	
0557	出主意 chū zhǔyi 계책을 세우다, 방도를 생각해 내다	
0558	出资 chūzī 동 자금을 공급하다, 출자하다	
0559	出自 chūzì 동 (~로부터) 나오다, (~로부터) 나타나다	
0560	出走 chūzǒu 동 달아나다, 도망치다	

8

★ ▨ 배경색이 칠해진 단어는 중요 단어입니다.

0561	初次 chūcì	몡 첫 번, 처음
0562	初衷 chūzhōng	몡 최초의 소망
0563	除此之外 chúcǐzhīwài	이 외에
0564	除去 chúqù	동 제거하다, 없애버리다 개 ~이외에
0565	除外 chúwài	동 제외하다, 계산에 넣지 않다
0566	处方 chǔfāng	동 처방을 내다 몡 처방
0567	处境 chǔjìng	몡 (처해 있는) 상태, 환경, 처지 [주로 불리한 상황에 놓여 있을 때를 말함]
0568	处置 chǔzhì	동 처리하다, 처분하다 동 처벌하다
0569	储备 chǔbèi	동 (물자를) 비축하다, 저장하다 몡 비축한 물건, 예비품, 예비 인원
0570	储蓄 chǔxù	동 저축하다, 비축하다 몡 저축, 예금
0571	触动 chùdòng	동 마주하다, 건드리다 동 (감정 변화, 추억 등을) 불러일으키다, 자아내다 동 범하다, 위반하다, 거스르다
0572	触犯 chùfàn	동 (법 따위에) 저촉되다, 위반하다
0573	触觉 chùjué	몡 촉각
0574	触摸 chùmō	동 (손으로) 건드리다, 만지다, 더듬다
0575	触目惊心 chùmù-jīngxīn	성 보기만 해도 몸서리치다[마음이 아프다]
0576	揣 chuāi	동 옷 속에 넣다, 품다 동 (짐승·가축 등이) 새끼를 배다
0577	揣测 chuǎicè	동 추측하다, 짐작하다
0578	揣摩 chuǎimó	동 깊이 헤아리다, 곰곰이 따져보다
0579	踹 chuài	동 밟다, 디디다 동 (걷어) 차다
0580	川流不息 chuānliú-bùxī	성 (사람과 차들이) 끊임없이 오가다
0581	穿过 chuānguò	동 통과하다, 관통하다, 가로질러 가다
0582	穿小鞋 chuān xiǎoxié	못살게 굴다, 괴롭히다, 앙갚음하다
0583	穿越 chuānyuè	동 (산 따위를) 넘다, 통과하다
0584	穿着 chuānzhuó	몡 옷, 복장
0585	传承 chuánchéng	몡 전수와 계승 동 전수하고 계승하다
0586	传奇 chuánqí	몡 당대(唐代)에 흥행한 단편 소설, 전기소설 몡·청시대에 성행한 장편 희곡 몡 중세 유럽기사도 문학 중 장편 이야기
0587	传染 chuánrǎn	동 감염하다, 옮다 동 (감정, 악습 따위가) 전염하다
0588	传染病 chuánrǎnbìng	몡 전염병
0589	传人 chuánrén	몡 (학문·기술 따위의) 계승자, 후계자
0590	传授 chuánshòu	동 전수하다, 가르치다
0591	传闻 chuánwén	동 전해 듣다 몡 소문, 루머, 유언비어
0592	船舶 chuánbó	몡 배, 선박
0593	船桨 chuánjiǎng	몡 노
0594	喘 chuǎn	동 헐떡거리다, 숨차다 동 숨을 돌리다
0595	喘息 chuǎnxī	동 헐떡거리다, 숨이 차다 동 한숨 돌리다
0596	串门 chuànmén	동 (남의 집에) 놀러가다, 마실 가다
0597	创伤 chuāngshāng	몡 외상, 상처
0598	床位 chuángwèi	몡 (숙박업소·병원·여객선·기차 등의) 침상
0599	创 chuàng	동 처음으로 만들다, 창조하다, 발명하다
0600	创始人 chuàngshǐrén	몡 창시자, 창설자, 창립인
0601	吹了 chuī le	틀어지다, 실패하다, 파탄 나다
0602	吹牛 chuīniú	동 허풍을 떨다, 흰소리하다
0603	吹捧 chuīpěng	동 (지나치게) 치켜세우다
0604	垂 chuí	동 늘어뜨리다, 드리우다 동 후세에 전하다
0605	垂头丧气 chuítóu-sàngqì	성 풀이 죽고 기가 꺾이다, 의기소침하다
0606	捶 chuí	동 (주먹·방망이 등으로) 두드리다, 다듬질하다
0607	锤子 chuízi	몡 쇠망치, 장도리, 저울추
0608	纯粹 chúncuì	형 순수하다, 깨끗하다 부 순전히
0609	纯洁 chúnjié	형 순수하고 맑다, 티없이 깨끗하다 동 순결하게 하다
0610	纯朴 chúnpǔ	형 순박하다, 소박하고 꾸밈이 없다
0611	醇厚 chúnhòu	형 (냄새·맛 등이) 깔끔하고 진하다
0612	蠢 chǔn	형 우둔하다, 어리석다 형 둔하다
0613	戳 chuō	동 찌르다, 구멍을 뚫다 동 망가지다 동 날인하다 몡 도장, 스탬프
0614	绰号 chuòhào	몡 별명
0615	瓷 cí	몡 자기
0616	瓷器 cíqì	몡 자기
0617	辞 cí	동 사직하다 동 해고하다 동 작별하다
0618	辞呈 cíchéng	몡 사직서, 사표
0619	辞去 cíqù	동 작별 인사를 하고 떠나다 동 사직하다
0620	辞退 cítuì	동 사직하다, 해고하다 동 사양하다, 거절하다
0621	慈善 císhàn	형 동정심이 많다, 남을 배려하다
0622	慈祥 cíxiáng	형 자상하다, 인자하다, 자애롭다
0623	磁带 cídài	몡 자기테이프
0624	磁卡 cíkǎ	몡 마그네틱카드
0625	磁盘 cípán	몡 자기디스크
0626	此起彼伏 cǐqǐ-bǐfú	형 한 쪽이 조용하면 다른 쪽이 들고 일어나다, 여기저기서 일어나다
0627	次日 cìrì	몡 다음날, 이튿날

0628	伺候 cìhou	동 시중을 들다, 거들어주다, 돌보다
0629	刺耳 cì'ěr	형 (소리·말 등이) 귀에 거슬리다
0630	刺骨 cìgǔ	동 (추위가) 뼛속까지 파고들다, 살을 에다
0631	刺绣 cìxiù	동 수를 놓다, 자수하다 명 자수(품)
0632	赐 cì	동 (베풀어) 주다, 하사하다
0633	赐教 cìjiào	동 가르침을 내려 주시다
0634	匆匆 cōngcōng	형 매우 급한 모양, 분주한 모양
0635	匆忙 cōngmáng	형 매우 바쁘다, 매우 분주하다
0636	葱 cōng	명 파 형 푸르다, 파랗다
0637	从今以后 cóng jīn yǐhòu	지금 이후
0638	从来不 cónglái bù	여태껏 ~하지 않다
0639	从容 cóngróng	형 (태도가) 조용하다, 침착하다 형 (시간이나 경제적으로) 여유가 있다, 넉넉하다
0640	从容不迫 cóngróng-búpò	성 태연자약하다
0641	从头 cóngtóu	부 처음부터, 시작부터 부 다시
0642	从未 cóngwèi	부 지금까지 ~하지 않았다
0643	从业 cóngyè	동 취업하다, 취직하다
0644	从早到晚 cóngzǎo-dàowǎn	아침부터 저녁까지
0645	丛林 cónglín	명 밀림 명 총림 [승려들이 모여 수행하는 장소] 명 대형 사찰
0646	凑 còu	동 (한곳에) 모으다, 모이다 동 다가가다, 접근하다 동 끼어들다
0647	凑合 còuhe	동 한곳에 모으다 동 가까이 오다
0648	凑巧 còuqiǎo	형 공교롭다
0649	粗暴 cūbào	형 거칠다, 난폭하다, 우악스럽다
0650	粗糙 cūcāo	형 (질감이) 거칠다 형 (일하는 데 있어) 서투르다
0651	粗鲁 cūlǔ	형 (성격이나 행동 등이) 우악스럽다, 거칠다, 경솔하다
0652	粗略 cūlüè	형 대략적인, 대충의
0653	粗心大意 cūxīn-dàyì	성 세심하지 못하다, 꼼꼼하지 않다, 데면데면하다
0654	促成 cùchéng	동 재촉하여 빨리 이루어지게 하다
0655	簇拥 cùyōng	동 (많은 사람이) 빽빽히 둘러싸다
0656	窜 cuàn	동 달아나다, 도망가다 동 몰아내다 동 (글자를) 고치다, 수정하다
0657	催 cuī	동 재촉하다, 독촉하다 동 촉진시키다
0658	催促 cuīcù	동 재촉하다, 독촉하다
0659	催眠 cuīmián	동 최면 작용을 하다, 잠들게 하다
0660	摧毁 cuīhuǐ	동 (강한 힘으로) 때려 부수다, 타파하다
0661	脆弱 cuìruò	형 취약하다, 연약하다
0662	翠绿 cuìlǜ	형 청록색의, 푸르다
0663	存放 cúnfàng	동 맡기다, 보관해 두다 동 내버려 두다
0664	存心 cúnxīn	부 일부러, 작심하고 동 어떤 생각을 가지고 있다
0665	存折 cúnzhé	명 예금통장
0666	搓 cuō	동 (두 손으로 반복하여) 비비다, 문지르다
0667	磋商 cuōshāng	동 협의하다, 교섭하다
0668	挫折 cuòzhé	명 좌절, 실패 동 좌절하다, 패배시키다
0669	措手不及 cuòshǒu-bùjí	성 미처 손을 쓸 새가 없다, 어찌할 바를 몰라 당황하다
0670	错别字 cuòbiézì	명 잘못 쓴 글자와 틀린 글자, 오자
0671	错觉 cuòjué	명 착각
0672	错位 cuòwèi	동 (뼈가) 어긋나다 동 위치가 전도되다
0673	错综复杂 cuòzōng-fùzá	여러 가지가 뒤엉키어 복잡하다
0674	搭乘 dāchéng	동 타다, 탑승하다
0675	搭建 dājiàn	동 (건물·풍막 따위를) 세우다 동 (조직 기구를) 세우다
0676	达标 dábiāo	동 기준에 도달하다
0677	答辩 dábiàn	동 답변하다
0678	打岔 dǎchà	동 (남의 일이나 말을) 방해하다, 끊다
0679	打倒 dǎdǎo	동 때려눕히다, 타도하다, 쳐부수다
0680	打盹儿 dǎdǔnr	동 (깜박) 졸다, 잠깐 눈을 붙이다
0681	打交道 dǎ jiāodao	왕래하다, 접촉하다, 교제하다
0682	打搅 dǎjiǎo	동 방해하다, 지장을 주다 동 폐를 끼치다 [완곡한 표현에 쓰임]
0683	打捞 dǎlāo	동 (물 속에 있는 것을) 건져내다, 인양하다
0684	打量 dǎliang	동 관찰하다, 훑어보다 동 짐작하다, 예측하다, 가늠하다
0685	打猎 dǎliè	동 사냥하다
0686	打磨 dǎmó	동 갈다, 갈아서 윤을 내다
0687	打通 dǎtōng	동 관통시키다, 소통시키다, (전화가) 연결되다
0688	打仗 dǎzhàng	동 전쟁하다, 전투하다, 싸우다
0689	打招呼 dǎ zhāohu	(가볍게) 인사하다
0690	大包大揽 dàbāodàlǎn	성 모든 일을 도맡아 하다
0691	大笔 dàbǐ	명 큰 붓 형 거액의
0692	大臣 dàchén	명 대신, 중신
0693	大吃一惊 dàchī-yìjīng	성 몹시 놀라다
0694	大大咧咧 dàdaliēliē	형 건성건성 한 모양
0695	大地 dàdì	명 대지, 땅 명 지구
0696	大队 dàduì	명 (군대식 편성의) 대대, 대오
0697	大幅度 dà fúdù	대폭적인
0698	大公无私 dàgōng-wúsī	성 공평무사하다
0699	大家庭 dàjiātíng	명 대가정, 대가족 명 공동체
0700	大街小巷 dàjiē-xiǎoxiàng	성 온 거리

0701 **大惊小怪** dàjīng-xiǎoguài
성 하찮은 일에 크게 놀라다

0702 **大局** dàjú 명 대세, 전반적인 정세

0703 **大款** dàkuǎn 명 큰 부자, 대부호

0704 **大面积** dà miànjī 대규모 면적

0705 **大名鼎鼎** dàmíng-dǐngdǐng
성 명성이 높다, 이름이 높이 나다

0706 **大模大样** dàmú-dàyàng
성 느긋한 모양, 의젓한 모양, 대범한 모양

0707 **大棚** dàpéng 명 대형 천막

0708 **大片** dàpiàn 명 대작 (영화)

0709 **大气** dàqì 명 대기, 공기   명 큰 숨

0710 **大厦** dàshà 명 큰 건물, 고층 건물, 빌딩

0711 **大数据** dàshùjù 빅데이터

0712 **大肆** dàsì 부 제멋대로, 마구   명 중요한 이치

0713 **大体** dàtǐ 부 대체로, 대략

0714 **大体上** dàtǐ shang 대체로

0715 **大同小异** dàtóng-xiǎoyì 성 대동소이하다

0716 **大腕儿** dàwànr 명 빅스타, 유명인, 권위자 [주로 문
예계, 스포츠 업계에서 쓰임]

0717 **大选** dàxuǎn 동 정치 대선을 치르다, 총선을 치르다

0718 **大雁** dàyàn 명 기러기

0719 **大意** dàyì 명 대의

0720 **大意** dàyi 형 부주의하다, 소홀하다

0721 **大有可为** dàyǒu-kěwéi 성 전도가 매우 유망하다,
가능성이 매우 많다

0722 **大宗** dàzōng 형 거액의, 대량의   명 주종

0723 **歹徒** dǎitú 명 악인, 악당

0724 **逮** dǎi 동 잡다, 붙잡다, 체포하다

0725 **代号** dàihào 명 부호, 기호, 코드(번호), 일련번호

0726 **代理人** dàilǐrén 명 대리인, 에이전트

0727 **代言人** dàiyánrén 명 대변인

0728 **带队** dàiduì 동 대열을 인솔하다, 대열을 거느리다

0729 **带路** dàilù 동 길을 안내하다

0730 **带头** dàitóu 동 앞장서다, 선두에 서다, 솔선수범하다

0731 **带头人** dàitóurén 명 선도자, 리더, 대표적인 지식인

0732 **待** dài 동 대우하다, (사람을) 대하다
동 접대하다   동 기다리다

0733 **怠工** dàigōng 동 태업하다

0734 **怠慢** dàimàn 동 소홀히 하다
동 냉대하다, 푸대접하다

0735 **逮捕** dàibǔ 동 체포하다, 붙잡다

0736 **担** dān 동 메다, 지다   동 (책임이나 일을) 맡다, 담당하다

0737 **担当** dāndāng 동 담당하다, 맡다

0738 **担负** dānfù 동 (책임·사업·비용 등을) 부담하다

0739 **单边** dānbiān 형 일방적인, 단독적인

0740 **单薄** dānbó 형 (신체가) 허약하다
형 (힘·논거·병력 따위가) 부족하다, 약하다
형 (옷을 입은 것이) 얇다

0741 **单方面** dānfāngmiàn 명 일면, 일방

0742 **单身** dānshēn 명 단신, 홀몸, 독신

0743 **耽搁** dānge 동 묵다, 머무르다   동 지체시키다
동 (시간을 지체하다가) 일을 그르치다,
시기를 놓치다

0744 **耽误** dānwu
동 (시간을 지체하다가) 일을 그르치다, 시기를 놓치다
동 시간을 허비하다   동 지체하다, 머물다

0745 **胆怯** dǎnqiè 형 겁내다, 위축되다

0746 **胆子** dǎnzi 명 담력, 용기

0747 **但愿** dànyuàn 오로지 ~을 원하다

0748 **担** dàn 양 짐 [멜대로 메는 짐을 세는 단위]

0749 **担子** dànzi 명 짐   명 부담, 책임

0750 **诞辰** dànchén 명 탄신, 생일 [주로 존경하는 사람의
생일을 말할 때 씀]

0751 **淡化** dànhuà 동 담수화하다, 탈염하다
동 (관념, 인식, 태도, 감정 등이) 엷어지다, 희미해지다
동 경감하다, 약해지다

0752 **淡季** dànjì 명 비성수기, 불경기 계절

0753 **蛋白质** dànbáizhì 명 단백질

0754 **当即** dāngjí 부 즉시, 곧, 바로

0755 **当今** dāngjīn 명 현재, 지금

0756 **当面** dāngmiàn 동 마주보다, 직접 대면하다

0757 **当日** dāngrì 명 그날, 그 때, 그 당시

0758 **当事人** dāngshìrén 명 당사자   명 소송당사자

0759 **当务之急** dāngwùzhījí 성 급선무, 당장 급한 일

0760 **当下** dāngxià 부 즉각, 바로

0761 **当心** dāngxīn 동 조심하다, 주의하다   명 정중앙

0762 **当着** dāngzhe ~앞에서

0763 **当之无愧** dāngzhīwúkuì
성 그렇게 되어도 부끄러울 것이 없다

0764 **当众** dāngzhòng 부 대중 앞에서

0765 **当晚** dàngwǎn 명 그날 저녁, 당일 저녁

0766 **当真** dàngzhēn 동 정말로 여기다   부 과연, 정말로

0767 **荡漾** dàngyàng 동 (물결이) 출렁이다, 넘실거리다
동 (노랫소리·기류 등이) 감돌다, 맴돌다, 울리다

0768 **档次** dàngcì 명 (품질 등의) 등차, 등급, 차등

0769 **导弹** dǎodàn 명 유도탄, 미사일

0770	导航 dǎoháng	통 항해나 항공을 유도하다

0770 导航 dǎoháng 통 항해나 항공을 유도하다

0771 导火索 dǎohuǒsuǒ 명 도화선

0772 导师 dǎoshī 명 지도교사, 지도교수
명 선도자, 지도자

0773 导向 dǎoxiàng 통 유도하다, (어느 방향으로) 이끌다
통 (어느 방향으로) 발전시키다 명 인도하는 방향

0774 岛屿 dǎoyǔ 명 섬, 크고 작은 여러 섬들

0775 捣乱 dǎoluàn 통 교란하다, 소란을 피우다
통 성가시게 굴다

0776 倒卖 dǎomài 통 싸게 사서 비싸게 팔다, 투기하다

0777 倒霉 dǎoméi 형 재수없다 통 재수 없는 일을 당하다

0778 倒塌 dǎotā 통 (건축물이) 무너지다, 쓰러지다

0779 倒下 dǎoxia 통 쓰러지다

0780 到头来 dàotóulái 부 마침내, 결국
[주로 나쁜 방면에 쓰임]

0781 到位 dàowèi 통 규정된 위치에 도착하다,
요구하는 수준에 도달하다
형 제격이다

0782 倒计时 dàojìshí 통 초읽기하다

0783 倒数 dàoshǔ 통 거꾸로 세다, 뒤에서부터 세다

0784 盗 dào 통 훔치다, 도둑질하다

0785 盗窃 dàoqiè 통 도둑질하다, 절도하다

0786 悼念 dàoniàn 통 애도하다, 추모하다

0787 道具 dàojù 명 도구

0788 稻草 dàocǎo 명 볏짚

0789 得不偿失 débùchángshī
성 얻는 것보다 잃는 것이 많다

0790 得当 dédàng 형 타당하다, 알맞다, 마땅하다

0791 得力 délì 통 도움을 받다 형 유능하다
형 다부지다, 야무지다

0792 得失 déshī 명 (이해)득실, 성공과 실패
명 좋은 점과 나쁜 점

0793 得手 déshǒu 통 목적을 달성하다
형 순탄하다, 막힘이 없다

0794 得体 détǐ 형 (언어나 행동 등이) 틀에 꼭 맞다, 신분에
걸맞다

0795 得天独厚 détiāndúhòu 성 특별히 좋은 조건을 갖
추다, 처한 환경이 남달리 좋다

0796 得益于 déyìyú ~덕분이다

0797 得意扬扬 déyì-yángyáng 성 득의양양하다

0798 得知 dézhī 통 알게 되다, 알다

0799 得罪 dézuì 통 죄를 짓다

0800 德 dé 명 도덕, 품행 명 마음

0801 灯笼 dēnglong 명 등롱, 초롱

0802 灯泡 dēngpào 명 전구

0803 登机 dēngjī 통 (비행기에) 탑승하다

0804 登陆 dēnglù 통 상륙하다

0805 蹬 dēng 통 딛다, 밟다 통 (힘을 주어) 굴리다

0806 凳子 dèngzi 명 걸상, 등받이 없는 의자

0807 瞪 dèng 통 눈을 크게 뜨다 통 눈을 부릅뜨고 노려보다

0808 低调 dīdiào 명 낮은 소리(톤), 저음
명 비관적이거나 소극적인 사상, 논조
형 온화하다, 조용하다, 떠벌리지 않다

0809 低估 dīgū 통 과소평가하다, 얕잡아 보다

0810 低谷 dīgǔ 명 골짜기, 밑바닥
명 (경기나 경제의) 바닥세

0811 低价 dījià 명 싼값

0812 低迷 dīmí 형 떨어지다, 하락하다, 불황이다

0813 低碳 dītàn 형 저탄소의, 온실가스 배출이 적은

0814 低下 dīxià 형 (생산수준이나 경제적 지위 등이 일반적
기준보다) 낮다, 떨어지다
형 (품질, 격조 등이) 저속하다

0815 堤 dī 명 둑, 제방

0816 堤坝 dībà 명 댐과 둑의 총칭

0817 提防 dīfang 통 조심하다, 경계하다

0818 笛子 dízi 명 피리

0819 抵触 dǐchù 통 저촉되다, 충돌되다, 대립되다

0820 抵挡 dǐdǎng 통 저항하다, 방지하다, 막다

0821 抵消 dǐxiāo 통 상쇄하다, 서로 비기다, 효력이 없게 하다

0822 抵押 dǐyā 통 저당하다, 저당 잡히다

0823 抵御 dǐyù 통 막아내다, 방어하다

0824 抵制 dǐzhì 통 제압하다, 배척하다, 막아내다

0825 底层 dǐcéng 명 1층 명 밑바닥, 하층

0826 底线 dǐxiàn 명 (농구의) 엔드라인, (축구의) 골라인
명 스파이, 첩보원 명 마지노선

0827 底蕴 dǐyùn 명 상세한 내용, 내부 상황, 내막, 실정

0828 底子 dǐzi 명 기초, 기반, 토대 명 원고, 초고
명 상세한 내용, 내부 상황, 속사정, 내막

0829 地步 dìbù 명 (좋지 않은) 형편, 지경 명 여지

0830 地道 dìdào 명 지하도, 지하 갱도

0831 地道 dìdao 형 진짜의, 본고장의 형 순수하다
형 (일이나 재료의 질이) 알차다, 질이 좋다

0832 地段 dìduàn 명 구역, 지역

0833 地理 dìlǐ 명 지리 명 지리학

0834 地毯 dìtǎn 명 융단, 양탄자, 카펫

0835 地下水 dìxiàshuǐ 명 지하수

0836 地狱 dìyù 명 지옥

0837 地域 dìyù 명 지역 명 본고장, 향토

0838 地质 dìzhì 명 지질

0839 弟子 dìzǐ 명 학생, 제자 명 어린이

0840 帝国 dìguó 명 제국

12

0841 帝国主义 dìguó zhǔyì 제국주의 (국가)

0842 递交 dìjiāo 동 직접 내주다, 건네다

0843 第一手 dìyīshǒu 형 직접의, 자신이 직접 실천[조사] 해서 얻은

0844 第一线 dìyīxiàn 명 최전선

0845 颠倒 diāndǎo 동 (상하·전후의 위치가) 뒤바뀌다 동 뒤섞여서 어수선하다

0846 颠覆 diānfù 동 전복하다

0847 巅峰 diānfēng 명 (산맥의) 최고봉, 정상, 정점

0848 典范 diǎnfàn 명 모범, 본보기

0849 点火 diǎnhuǒ 동 점화하다, 불을 붙이다

0850 点击率 diǎnjīlǜ 명 (인터넷 게시글의) 조회수

0851 点评 diǎnpíng 명 비판적인 평론 동 비평하다, 논평하다

0852 点心 diǎnxin 명 간식, 가벼운 식사

0853 点缀 diǎnzhuì 동 단장하다, 꾸미다 동 숫자를 채우다, 구색을 맞추다

0854 点子 diǎnzi 명 방법, 생각 명 요점, 핵심, 키포인트

0855 电报 diànbào 명 전보, 전신

0856 电铃 diànlíng 명 벨, 초인종

0857 电网 diànwǎng 명 전기를 통해 놓는 철조망

0858 电线 diànxiàn 명 전선

0859 电信 diànxìn 명 전신

0860 电讯 diànxùn 명 전보, 급보 명 무전신호

0861 垫 diàn 동 받치다, 깔다 명 깔개, 매트 동 (부족한 것을) 채우다, 메우다, 보충하다

0862 垫底 diàndǐ 동 밑에 깔다 동 (요리 따위의) 주재료로 쓰다 동 공복을 채우다, 요기하다

0863 垫子 diànzi 명 깔개, 매트, 방석

0864 淀粉 diànfěn 명 전분, 녹말

0865 惦记 diànjì 동 늘 생각하다, 염려하다

0866 奠定 diàndìng 동 다지다, 닦다, 안정시키다

0867 殿堂 diàntáng 명 전당

0868 刁难 diāonàn 동 일부러 남을 곤란하게 하다, 못살게 굴다

0869 叼 diāo 동 입에 물다

0870 雕 diāo 동 (대나무·목재·옥석·금속 등에) 새기다, 조각하다

0871 雕刻 diāokè 동 조각하다 명 조각

0872 雕塑 diāosù 동 조소하다 명 조각과 조소품

0873 吊销 diàoxiāo 동 (발급해 준 증명을) 회수하여 취소하다

0874 钓鱼 diàoyú 동 낚시하다 동 속임수에 걸려들게 하다

0875 调度 diàodù 동 (인력·업무·차량 등을) 배정하다, 배치하다 명 배차원

0876 掉队 diàoduì 동 ~에 뒤떨어지다, 낙오하다

0877 掉头 diàotóu 동 고개를 흔들다 동 외면하다 동 (사람·차·배 따위가) 방향을 바꾸다

0878 爹 diē 명 아버지 [구어] 명 어르신, 아버님

0879 迭起 diéqǐ 동 자꾸 일어나다

0880 叠 dié 동 포개다, 누적하다 동 중복하다, 거듭하다 동 (옷·이불·종이 등을) 개다, 접다

0881 丁 dīng 명 천간의 넷째, (순서·등급의) 네 번째

0882 叮嘱 dīngzhǔ 동 신신당부하다

0883 盯 dīng 동 주시하다, 눈여겨보다 동 감시하다

0884 钉子 dīngzi 명 못 명 장애물, 걸림돌 명 매복한 비밀 공작원, 밀정

0885 顶多 dǐngduō 부 기껏해야, 겨우, 고작

0886 顶级 dǐngjí 형 수준이 최고인, 최고급인

0887 顶尖 dǐngjiān 명 꼭대기, 최고 형 최고의, 최상의, 일류의

0888 订单 dìngdān 명 주문서

0889 订购 dìnggòu 동 주문[예약]하여 구입하다

0890 订婚 dìnghūn 동 약혼하다

0891 订立 dìnglì 동 (계약·조약을) 맺다, 체결하다

0892 钉 dìng 동 못을 박다 동 (실과 바늘로 띠·단추 등을) 달다

0893 定金 dìngjīn 명 예약금, 계약금

0894 定居 dìngjū 동 정착하다

0895 定论 dìnglùn 명 정설, 정론

0896 定为 dìngwéi 동 ~으로 정하다

0897 定向 dìngxiàng 동 방향을 측정하다, 목표를 설정하다 형 정해진 방향이 있는, 타깃이 설정된

0898 定心丸 dìngxīnwán 명 진정제, 안정제 명 마음을 차분히 가라앉힐 수 있는 말이나 행동

0899 定义 dìngyì 명 정의

0900 定做 dìngzuò 동 주문하여 만들다, 맞추다

0901 丢掉 diūdiào 동 잃다, 없애다 동 내버리다

0902 丢脸 diūliǎn 동 체면을 깎이다, 창피당하다

0903 丢弃 diūqì 동 내던지다, 버리다, 포기하다

0904 丢人 diūrén 동 체면을 깎이다, 망신하다, 창피당하다

0905 丢失 diūshī 동 분실하다, 잃어버리다

0906 东奔西走 dōngbēn-xīzǒu 성 동분서주하다, 이리저리 뛰어다니다

0907 东道主 dōngdàozhǔ 명 주인

0908 东张西望 dōngzhāng-xīwàng 성 여기저기 바라보다, 두리번거리다

0909 董事 dǒngshì 몡 이사, 중역

0910 董事会 dǒngshìhuì 몡 이사회

0911 董事长 dǒngshìzhǎng 몡 회장, 이사장

0912 懂事 dǒngshì 동 세상 물정을 알다, 사리를 분별하다

0913 动不动 dòngbudòng 튀 걸핏하면, 툭하면, 자주

0914 动荡 dòngdàng 동 동요하다, 일렁이다
　　　　　　 혱 (정세·상황 등이) 불안하다, 뒤숭숭하다

0915 动感 dònggǎn 몡 생동감

0916 动工 dònggōng 동 (토목 공사에서) 착공하다,
　　　　　　　　　　 공사를 시작하다

0917 动静 dòngjing 몡 동정, 동태 몡 인기척

0918 动脉 dòngmài 몡 동맥

0919 动身 dòngshēn 동 출발하다, 여행을 떠나다

0920 动弹 dòngtan 동 (몸을) 움직이다, 활동하다

0921 动听 dòngtīng 혱 듣기 좋다, 듣기에 감동적이다

0922 动向 dòngxiàng 몡 동향

0923 动用 dòngyòng 동 (공금이나 물자 따위를) 사용하다,
　　　　　　　　　　 유용하다

0924 冻结 dòngjié 동 (자금·인원 등을) 동결하다
　　　　　　 동 (물이) 얼다
　　　　　　 동 (협의·관계 등을) 잠시 중지하다

0925 栋 dòng 양 동, 채 [건물을 세는 단위]

0926 栋梁 dòngliáng 몡 마룻대와 들보
　　　　　　　 몡 나라의 기둥, 국가의 중임을 맡고 있는 인물

0927 兜 dōu 동 (물건을) 싸다, 품다 동 에워싸다, 둘러싸다
　　　　　 동 책임을 지다 몡 호주머니, 자루

0928 兜儿 dōur 몡 주머니

0929 兜售 dōushòu 동 (사방으로) 물건을 팔러 다니다

0930 抖 dǒu 동 떨다 동 털다, 흔들다
　　　　 동 폭로하다, 드러내다 ('出来'와 함께 씀)
　　　　 동 (기운을) 내다, 정신을 차리다

0931 陡 dǒu 혱 가파르다, 깎아지르다 튀 갑자기

0932 斗 dòu 동 싸우다 동 (시합에서) 승패를 겨루다

0933 斗志 dòuzhì 몡 투지, 투혼

0934 豆浆 dòujiāng 몡 콩국

0935 豆子 dòuzi 몡 콩

0936 逗 dòu 동 놀리다, 희롱하다 혱 우습다, 재미있다

0937 都会 dūhuì 몡 도시, 도회

0938 督促 dūcù 동 감독하다, 재촉하다, 독촉하다

0939 独 dú 튀 홀로, 혼자 튀 다만, 오직, 유독 혱 단일한

0940 独唱 dúchàng 동 독창하다

0941 独家 dújiā 몡 단독, 독점

0942 独立自主 dúlì-zìzhǔ
　　　　　 혱 독립된 주권을 행사하다, 자주 독립하다

0943 独身 dúshēn 몡 단신, 홀몸, 독신

0944 独一无二 dúyī-wú'èr 혱 유일무이하다

0945 堵塞 dǔsè 동 막히다, 가로막다

0946 杜绝 dùjué 동 제지하다, 철저히 막다

0947 妒忌 dùjì 동 질투하다

0948 度 dù 몡 정도, 한도

0949 度假 dùjià 동 휴가를 보내다

0950 渡过 dùguò 동 지내다, 보내다, 겪다 동 건너가다

0951 端正 duānzhèng 혱 단정하다 혱 가지런하다
　　　　　　　 동 바로잡다

0952 短缺 duǎnquē 동 (물자가) 모자라다, 부족하다

0953 短暂 duǎnzàn 혱 (시간이) 짧다

0954 段落 duànluò 몡 단락, 구분

0955 断定 duàndìng 동 단정하다, 결론을 내리다

0956 断断续续 duànduànxùxù
　　　　　　 혱 끊어졌다 이어졌다 하는

0957 断裂 duànliè 동 끊어져 갈라지다, 터지다, 찢어지다

0958 堆砌 duīqì 동 (벽돌·돌을) 쌓다
　　　　　 동 군더더기 말로 글을 수식하다

0959 队形 duìxíng 몡 대형

0960 对白 duìbái 몡 (연극·영화의) 대화

0961 对策 duìcè 몡 대응책, 대비책

0962 对称 duìchèn 혱 대칭이다

0963 对得起 duìdeqǐ 동 면목이 서다, 볼 낯이 있다

0964 对联 duìlián 몡 대련, 주련 [종이나 천에 쓰거나 대나
　　　　　　　 무·나무·기둥 따위에 새긴 대구]

0965 对弈 duìyì 동 (장기·바둑에서) 대국하다, 승부를 겨루다

0966 对照 duìzhào 동 대조하다
　　　　　　 동 (사람·사물을) 비교하다

0967 对峙 duìzhì 동 대치하다, 서로 맞서다

0968 对准 duìzhǔn 동 겨누다, 조준하다, 정확하게 맞추다

0969 兑换 duìhuàn 동 환전하다 동 현금으로 바꾸다

0970 兑现 duìxiàn 동 (수표·어음 등을) 현금으로 바꾸다
　　　　　　 동 약속을 실행하다

0971 敦促 dūncù 동 독촉하다, 재촉하다

0972 敦厚 dūnhòu 혱 돈독하다, 돈후하다

0973 炖 dùn 동 (고기 등을) 푹 고다, 푹 삶다
　　　　 동 데우다, 덥게 하다

0974 顿时 dùnshí 튀 갑자기, 바로, 문득

0975 多边 duōbiān 혱 다각적인, 다변적인, 다방면의

0976 多功能 duōgōngnéng 혱 다기능의, 다용도의

0977 多亏 duōkuī 동 은혜를 입다, 덕택이다

0978 多劳多得 duōláo-duōdé
　　　　　　 혱 많이 일하면 많이 얻는다

0979 多年来 duō nián lái 몇 년 이래

0980 多心 duōxīn 동 몹시 의심하다, 공연한 걱정을 하다

0981	多余 duōyú	혱 여분의　혱 불필요한, 군더더기의

0981 多余 duōyú 혱 여분의　혱 불필요한, 군더더기의

0982 多元 duōyuán 혱 다원적인, 다방면의, 다양한

0983 哆嗦 duōsuo 동 부들부들 떨다

0984 夺冠 duóguàn 동 우승을 쟁취하다

0985 夺魁 duókuí 동 수석을 차지하다

0986 躲避 duǒbì 동 회피하다, 숨다　동 물러서다

0987 躲藏 duǒcáng 동 도망쳐 숨다, 피하다

0988 舵手 duòshǒu 명 조타수, 키잡이　명 지도자

0989 堕落 duòluò 동 (사상·행동이) 타락하다, 부패하다

0990 讹诈 ézhà 동 사취하다, 편취하다　동 위협하다

0991 俄语 Éyǔ 고유 러시아어

0992 鹅 é 명 거위

0993 额外 éwài 혱 정액 외의, 벗어난, 초과한

0994 厄运 èyùn 명 재난, 역경

0995 恶 è 혱 나쁘다, 열악하다　혱 흉악하다

0996 恶化 èhuà 동 악화되다, 악화시키다

0997 恶劣 èliè 혱 아주 나쁘다, 열악하다, 악질이다

0998 恶性 èxìng 혱 악성의, 악질적인

0999 恶意 èyì 명 악의

1000 遏制 èzhì 동 억제하다, 저지하다

1001 鳄鱼 èyú 명 악어

1002 恩赐 ēncì 동 은혜를 베풀다　동 하사하다

1003 恩惠 ēnhuì 명 은혜

1004 恩情 ēnqíng 명 애정, 친절

1005 恩怨 ēnyuàn 명 은원 [주로 원한을 가리킴]

1006 而已 éryǐ 조 ~뿐, ~만

1007 耳光 ěrguāng 명 귀싸대기, 따귀

1008 耳目一新 ěrmù-yìxīn 성 보고 듣는 것이 다 새롭다

1009 耳熟能详 ěrshú-néngxiáng 성 여러 번 들어 귀에 익어 자세하게 말할 수 있다

1010 耳闻目睹 ěrwén-mùdǔ 성 직접 귀로 듣고 눈으로 보다

1011 二手车 èrshǒuchē 명 중고차

1012 二氧化碳 èryǎnghuàtàn 명 이산화탄소

1013 发布会 fābùhuì 명 발표회

1014 发财 fācái 동 돈을 벌다, 재산을 모으다, 부자가 되다

1015 发愁 fāchóu 동 근심하다, 걱정하다, 우려하다　동 (좋은 생각이나 방법이 없어) 머리가 아프다

1016 发电机 fādiànjī 명 발전기

1017 发抖 fādǒu 동 (벌벌·덜덜) 떨다

1018 发愤图强 fāfèn-túqiáng 성 분발하여 부강을 도모하다

1019 发光 fāguāng 동 빛나다, 광채를 발하다

1020 发火 fāhuǒ 동 화를 내다, 성질을 부리다　동 점화하다, 불을 붙이다　동 (총알·포탄이) 발사되다

1021 发酵 fājiào 동 발효하다, 발효시키다

1022 发掘 fājué 동 발굴하다, 캐내다

1023 发愣 fālèng 동 멍하다, 멍해지다, 넋을 놓다

1024 发脾气 fā píqi 화를 내다, 성질을 내다

1025 发起人 fāqǐrén 발기인

1026 发热 fārè 동 온도가 올라가다, 발열하다　동 열받다, 화가 치밀다

1027 发誓 fāshì 동 맹세하다, 다짐하다

1028 发泄 fāxiè 동 (불만·감정 따위를) 털어 놓다

1029 发扬 fāyáng 동 (충분히) 발휘하다　동 발양하다

1030 发扬光大 fāyáng-guāngdà 성 (사업·전통 등을) 원래의 기초 위에서 더욱 확대·발전시키다

1031 发育 fāyù 동 발육하다, 자라다, 성장하다

1032 发源地 fāyuándì 명 (강과 하천의) 발원지, 수원지

1033 发作 fāzuò 동 성질부리다, 화내다　동 갑자기 일어나다

1034 阀门 fámén 명 밸브

1035 发型 fàxíng 명 헤어스타일

1036 帆 fān 명 돛　동 돛단배, 범선

1037 帆船 fānchuán 명 돛단배, 범선

1038 翻番 fānfān 동 갑절이 되다

1039 翻来覆去 fānlái-fùqù 성 같은 일을 여러 번 되풀이하다

1040 翻天覆地 fāntiān-fùdì 성 하늘과 땅이 뒤집히다, 커다란 변화가 일어나다

1041 凡 fán 혱 평범하다　부 무릇, 대체로, 다, 모든

1042 烦闷 fánmèn 혱 답답하다, 괴롭다, 번민하다

1043 烦恼 fánnǎo 혱 번뇌하다, 걱정하다, 마음을 졸이다

1044 烦躁 fánzào 혱 초조하다, 안달하다, 안절부절못하다

1045 繁华 fánhuá 혱 번화하다　혱 (색깔이) 선명하다

1046 繁忙 fánmáng 혱 번거롭고 바쁘다

1047 繁体字 fántǐzì 명 번체자

1048 繁重 fánzhòng 혱 (일·임무 따위가) 많고 무겁다

1049 反驳 fǎnbó 동 반박하다

1050 反差 fǎnchā 명 (사진·필름이나 경물의 흑백) 대비, 콘트라스트　명 (사람이나 사물 사이의 우열·미추 등의) 대비, 대조, 차이

1051 反常 fǎncháng 혱 비정상적이다, 정상이 아니다

1052 反倒 fǎndào 부 오히려, 도리어

1053 反感 fǎngǎn 혱 불만스럽다　명 반감, 불만

15

1054 反过来 fǎnguòlái 뒤집다, 역으로 하다, (원상태로) 돌리다	1089 放置 fàngzhì 통 방치하다, 그대로 버려두다
1055 反击 fǎnjī 통 반격하다, 역습하다	1090 放纵 fàngzòng 통 규칙을 지키지 않다, 예의가 없다 통 방임하다, 눈감아 주다
1056 反馈 fǎnkuì 통 (정보나 반응이) 되돌아오다 명 피드백	1091 飞速 fēisù 부 급속히, 매우 빠르게
1057 反面 fǎnmiàn 명 부정적이거나 소극적인 일면 명 (일·문제 따위의) 다른 일면 형 부정적인	1092 飞往 fēiwǎng 통 비행기로 ~로 가다
	1093 飞翔 fēixiáng 통 비상하다
1058 反思 fǎnsī 통 (지난 일을) 돌이켜 사색하다	1094 飞跃 fēiyuè 통 비약하다, 나는 듯이 뛰어오르다
1059 反弹 fǎntán 통 (시세·기온 등이) 내렸다가 다시 오르다	1095 非 fēi 접두 명사나 명사성 단어 앞에 쓰여 어떠한 범위에 속하지 않음을 나타냄
1060 反省 fǎnxǐng 통 반성하다	
1061 返还 fǎnhuán 통 되돌려주다, 반환하다	1096 非得 fēiděi 부 ~하지 않으면 안 된다, 반드시 ~해야 한다
1062 犯愁 fànchóu 통 근심하다, 걱정하다, 우려하다	1097 非法 fēifǎ 형 불법적인, 비합법적인
1063 饭碗 fànwǎn 명 직업, 밥벌이 명 밥공기	1098 非凡 fēifán 형 보통이 아니다, 뛰어나다
1064 泛滥 fànlàn 통 (물이) 범람하다 통 나쁜 사물이 제한없이 유행하다	1099 绯闻 fēiwén 명 (부정한 남녀 관계와 연관된) 스캔들
	1100 肥料 féiliào 명 비료
1065 范畴 fànchóu 명 범주 명 범위, 유형	1101 肥胖 féipàng 형 뚱뚱하다
1066 贩卖 fànmài 통 구입하여 팔다	1102 肥沃 féiwò 형 비옥하다
1067 方方面面 fāngfāngmiànmiàn 명 각 방면, 여러 가지 면	1103 肥皂 féizào 명 비누
	1104 诽谤 fěibàng 통 비방하다
1068 方向盘 fāngxiàngpán 명 (자동차·선박 따위의) 핸들	1105 废 fèi 통 파면하다, 폐위시키다 통 폐기하다, 그만두다 형 쓸모없는 형 황폐하다 형 불구의, 장애가 있는
1069 方言 fāngyán 명 방언	
1070 防盗 fángdào 통 도난을 방지하다	
1071 防盗门 fángdàomén 명 방범용 철문	
1072 防护 fánghù 통 방어하고 지키다	1106 废除 fèichú 통 (법령·제도·조약 따위를) 취소하다, 폐지하다
1073 防火墙 fánghuǒqiáng 명 방화벽	
1074 防卫 fángwèi 통 방위하다, 방어하다	1107 废话 fèihuà 명 쓸데없는 말 통 쓸데없는 말을 하다
1075 防汛 fángxùn 통 장마철의 홍수를 예방하다	1108 废品 fèipǐn 명 폐품
1076 防疫 fángyì 통 방역하다	1109 废寝忘食 fèiqǐn-wàngshí 성 침식을 잊다, 어떤 일에 전심전력하다
1077 防御 fángyù 통 방어하다	
1078 妨碍 fáng'ài 통 지장을 주다, 방해하다, 저해하다	1110 废物 fèiwù 명 폐품
1079 妨害 fánghài 통 방해하다, 지장을 주다	1111 废墟 fèixū 명 폐허
1080 房地产 fángdìchǎn 명 (토지·가옥 따위의) 부동산	1112 沸沸扬扬 fèifèiyángyáng 형 끓는 물처럼 왁자지껄한 모양, 의론이 분분한 모양
1081 仿 fǎng 통 닮다, 비슷하다 통 모방하다, 본받다	
1082 仿制 fǎngzhì 통 모조하다	1113 沸腾 fèiténg 통 끓다 통 물 끓듯 떠들썩하다, 고조되다
1083 访谈 fǎngtán 통 탐방하다, 방문 취재하다	
1084 纺织 fǎngzhī 통 방직하다	1114 费劲 fèijìn 통 힘을 들이다, 애를 쓰다
1085 放过 fàngguò 통 용서하다, 더 이상 추궁하지 않다 통 (기회를) 놓치다	1115 分辨 fēnbiàn 통 분별하다, 구분하다
	1116 分寸 fēncun 명 (일이나 말의) 적당한 정도나 범위
1086 放水 fàngshuǐ 통 물을 빼다 통 (운동경기에서) 고의로 져 주다	1117 分担 fēndān 통 분담하다, 나누어 맡다
	1118 分割 fēngē 통 분할하다, 갈라놓다
1087 放肆 fàngsì 형 제멋대로이다, 방자하다	1119 分红 fēnhóng 통 이익을 분배하다, 순이익을 배당하다
1088 放映 fàngyìng 통 상영하다	1120 分化 fēnhuà 통 분화하다, 갈라지다 통 분열시키다

1121 **分泌** fēnmì 동 분비하다, 분비되어 나오다

1122 **分明** fēnmíng 형 명확하다, 분명하다
　　　　　 부 명백히, 확실히

1123 **分歧** fēnqí 형 불일치하다, 어긋나다
　　　　　 명 불일치, 다름, 차이

1124 **分赃** fēnzāng 동 훔친 물건이나 돈을 나누다
　　　　　 동 부당한 권리나 이득을 나누어 갖다

1125 **分支** fēnzhī 명 갈라져 나온 것, 분파, 계열

1126 **芬芳** fēnfāng 형 향기롭다 명 향기

1127 **吩咐** fēnfù 동 분부하다, 명령하다

1128 **氛围** fēnwéi 명 분위기, 기분, 상황

1129 **坟** fén 명 무덤

1130 **坟墓** fénmù 명 무덤

1131 **焚烧** fénshāo 동 태우다, 불태우다

1132 **粉** fěn 명 가루, 분말 명 (화장용) 분 명 밀가루

1133 **粉丝** fěnsī 명 실 모양의 당면 명 (가수의) 팬

1134 **粉碎** fěnsuì 동 가루로 만들다 동 박살내다
　　　　　 형 산산조각이 나다, 박살 나다

1135 **分量** fènliàng 명 중량, 무게, 분량
　　　　　 명 (문장·말 등의) 무게, 뜻, 가치

1136 **分外** fènwài 부 유달리, 유난히, 특별히

1137 **份额** fèn'é 명 배당, 몫, 시장점유율

1138 **奋力** fènlì 부 분발하여, 모든 힘을 다 내어

1139 **奋勇** fènyǒng 동 용기를 불러일으키다, 용기를 내다

1140 **粪** fèn 명 똥, 대변

1141 **粪便** fènbiàn 명 똥오줌, 대소변

1142 **丰富多彩** fēngfù-duōcǎi 성 풍부하고 다채롭다

1143 **丰厚** fēnghòu 형 두텁다, 두둑하다 형 풍성하다

1144 **丰满** fēngmǎn 형 풍만하다, 포동포동하다
　　　　　 형 충분하다

1145 **丰盛** fēngshèng 형 풍부하다, 성대하다

1146 **丰硕** fēngshuò 형 (과일이) 크고 많다,
　　　　　 잘 여물고 알이 크다

1147 **风波** fēngbō 명 풍파, 풍랑
　　　　　 명 세상의 풍파, 분쟁, 소란

1148 **风采** fēngcǎi 명 풍모, 풍채

1149 **风餐露宿** fēngcān-lùsù 성 바람과 이슬을 맞으면
　　　　　 서 한데서 잠을 자다, 풍찬노숙하다

1150 **风范** fēngfàn 명 풍모와 재능, 풍채와 도량, 패기

1151 **风风雨雨** fēngfēngyǔyǔ 명 비바람, 곤경, 시련

1152 **风和日丽** fēnghé-rìlì 성 바람은 산들산들하고 햇
　　　　　 볕은 따사롭다, 날씨가 화창하다

1153 **风浪** fēnglàng 명 풍랑 명 풍파, 위험한 일

1154 **风力** fēnglì 명 풍력 명 풍속

1155 **风流** fēngliú 형 풍치가 있고 멋스럽다
　　　　　 형 걸출하다, 출중하다 형 방탕한, 방종한

1156 **风貌** fēngmào 명 풍격과 면모, 풍채와 용모 명 경치

1157 **风气** fēngqì 명 (사회나 집단의) 풍조, 기풍

1158 **风情** fēngqíng 명 풍향, 풍속 등의 상황 명 운치
　　　　　 명 (남녀 간의) 애정 표현, 사랑의 감정
　　　　　 명 풍토와 인정, 지역적 특색

1159 **风趣** fēngqù 형 재미있다, 흥미롭다 명 재미, 해학

1160 **风沙** fēngshā 명 바람에 날리는 모래, 모래흙을 동반
　　　　　 하는 바람

1161 **风尚** fēngshàng 명 풍격, 기풍, 풍조

1162 **风水** fēngshuǐ 명 풍수

1163 **风味** fēngwèi
　　　　　 명 기분, 멋, 색채 [주로 지방적인 색채를 가리킴]

1164 **风雨** fēngyǔ 명 바람과 비 명 혹독한 시련, 고초

1165 **风云** fēngyún 명 바람과 구름
　　　　　 명 복잡하게 급변하는 정세, 요동치는 형세

1166 **风筝** fēngzheng 명 연

1167 **封顶** fēngdǐng 동 지붕을 덮다
　　　　　 동 식물이 성장을 멈추다
　　　　　 동 (가격·임금·요금 등의) 최고 한도를 정하다

1168 **封建** fēngjiàn 명 봉건제도, 봉건사회 형 봉건적이다

1169 **封面** fēngmiàn 명 (현대 서적의) 앞표지

1170 **封锁** fēngsuǒ 동 (강제적 수단으로) 폐쇄하다, 봉쇄하다

1171 **疯子** fēngzi 명 정신질환자, 미치광이

1172 **峰回路转** fēnghuí-lùzhuǎn
　　　　　 성 봉우리가 굴곡을 이루어 산길이 구불구불하다

1173 **蜂蜜** fēngmì 명 벌꿀

1174 **逢** féng 동 만나다, 마주치다

1175 **缝** féng 동 바느질하다, 꿰매다

1176 **缝合** fénghé 동 봉합하다, 꿰매다

1177 **讽刺** fěngcì 동 (비유·과장 등의 수법으로) 풍자하다

1178 **凤凰** fènghuáng 명 봉황, 봉조

1179 **缝** fèng 명 이음새, 이음매 명 틈새, 갈라진 곳
　　　　　 명 결점, 허점, 실수, 착오

1180 **否决** fǒujué 동 (의안 따위를) 부결하다, 거부하다

1181 **孵化** fūhuà 동 부화하다, 알을 까다
　　　　　 동 (주로 새로 창립된 첨단기술산업을) 육성하다

1182 **敷** fū 동 바르다, 칠하다 동 깔다, 펴다
　　　　　 동 충분하다, 넉넉하다

1183 **扶持** fúchí 동 돕다, 보살피다 동 부축하다

1184 **服饰** fúshì 명 복식, 의복과 장신구

1185 **服务器** fúwùqì 명 서버

1186 **服用** fúyòng 동 (약이나 보신제를) 먹다, 복용하다

1187 俘获 fúhuò 동 포로를 잡고 전리품을 얻다

1188 俘虏 fúlǔ 명 포로 동 포로로 잡다

1189 浮力 fúlì 명 부력

1190 浮现 fúxiàn 동 (지난 일이) 떠오르다

1191 浮躁 fúzào 형 경솔하다, 경박하다

1192 辐射 fúshè 동 복사하다, 방사하다 명 복사, 방사
동 어떤 사물이 비교적 큰 범위 내에서
적극적으로 영향을 끼치다

1193 福气 fúqì 명 복, 행운

1194 抚摸 fǔmō 동 어루만지다, 쓰다듬다

1195 抚恤 fǔxù 동 (국가 유공자·순직자 등과 그 가족들에
게) 위로하고 보상하다

1196 抚养 fǔyǎng 동 부양하다, 정성 들여 기르다

1197 抚养费 fǔyǎngfèi 명 양육비

1198 斧子 fǔzi 명 도끼

1199 俯首 fǔshǒu 동 머리를 숙이다 동 순종하다, 굴복하다

1200 辅导 fǔdǎo 동 (학습·훈련 등을) 도우며 지도하다

1201 腐败 fǔbài 동 썩다, 변질되다 동 문란하다, 부패하다
형 (사상·행동 등이) 진부하다, 타락하다

1202 腐化 fǔhuà 동 (사상·행동이) 타락하다, 부패하다
동 (물질이) 썩어 변질되다, 부패되다

1203 腐烂 fǔlàn 동 썩어 문드러지다, 부식하다
형 (제도·조직·기구·조치 등이) 부패하다, 썩다

1204 腐蚀 fǔshí 동 부식하다, 썩어 문드러지다
동 타락시키다, 부패시키다

1205 腐朽 fǔxiǔ 형 (사상이) 진부하다, 케케묵다
(제도·생활이) 문란하다
동 (목재나 섬유물질이) 썩다, 부패하다

1206 付费 fùfèi 동 비용을 지불하다

1207 付款 fùkuǎn 동 돈을 지불하다

1208 负面 fùmiàn 형 나쁜 면의, 부정적인 면의

1209 负有 fùyǒu 동 (책임 따위를) 지고 있다

1210 附 fù 동 (의견이나 지시에) 따르다 동 접근하다
동 덧붙이다, 동봉하다

1211 附带 fùdài 동 부가하다, 덧붙이다 형 부차적인

1212 附和 fùhè 동 남의 언행을 따라하다 [부정적인 표현]

1213 附加 fùjiā 동 부가하다, 추가하다

1214 附属 fùshǔ 형 부속의 동 부속되다, 종속되다

1215 赴 fù 동 ~로 가다, 향하다 동 헤엄치다

1216 复查 fùchá 동 재검사하다, 재조사하다

1217 复发 fùfā 동 재발하다

1218 复合 fùhé 동 복합하다

1219 复活 fùhuó 동 다시 살아나다, 부활하다

1220 复兴 fùxīng 동 부흥하다 동 부흥시키다

1221 复原 fùyuán 동 건강을 회복하다
동 원래의 상태를 회복하다

1222 副作用 fùzuòyòng 명 부작용

1223 赋予 fùyǔ 동 (중대한 임무나 사명 등을) 부여하다, 주다

1224 富含 fùhán 동 다량 함유하다, 풍부하게 들어 있다

1225 富豪 fùháo 명 부호

1226 富强 fùqiáng 형 부강하다

1227 富翁 fùwēng 명 부옹

1228 富裕 fùyù 형 부유하다 동 부유하게 하다

1229 富足 fùzú 형 풍족하다, 넉넉하다

1230 腹部 fùbù 명 복부

1231 腹泻 fùxiè 동 설사하다 명 설사

1232 覆盖 fùgài 동 덮다, 가리다

1233 该 gāi 대 이, 그, 저 [앞의 글에 나온 사람·사물을 가리킴]

1234 改版 gǎibǎn 동 (신문·잡지·TV 프로그램 등을) 개정하다

1235 改编 gǎibiān 동 (원작을) 각색하다 동 개편하다

1236 改动 gǎidòng 동 고치다, 바꾸다, 변경하다

1237 改革开放 gǎigé kāifàng 개혁개방

1238 改良 gǎiliáng 동 개량하다, 개선하다

1239 改名 gǎimíng 동 개명하다

1240 改日 gǎirì 부 다른 날, 후일

1241 改为 gǎiwéi 동 ~로 바꾸다, ~로 변하다

1242 改邪归正 gǎixié-guīzhèng
성 잘못을 고치고 바른길로 돌아오다

1243 钙 gài 명 칼슘

1244 盖子 gàizi 명 뚜껑, 덮개, 마개
명 (비리·잘못·일의 진상 등을 은폐하는) 덮개
명 동물 등껍질

1245 概况 gàikuàng 명 개황

1246 概率 gàilǜ 명 확률

1247 概论 gàilùn 명 개론

1248 干戈 gāngē 명 방패와 창 명 전쟁

1249 干旱 gānhàn 형 가물다, 건조하다 명 가뭄

1250 干燥 gānzào 형 건조하다 형 재미없다, 무미건조하다

1251 甘心 gānxīn 동 달가워하다, 기꺼이 원하다
동 ~에 만족하다

1252 肝脏 gānzàng 명 간장

1253 尴尬 gāngà 형 (입장 따위가) 난처하다, 곤란하다

1254 赶赴 gǎnfù 동 급히 달려가다

1255 赶往 gǎnwǎng 동 서둘러 가다, 급히 가다

1256 敢情 gǎnqing 부 알고보니, 의외로 부 당연히

1257 感 gǎn 명 감, 느낌

1258 感触 gǎnchù 명 감동, 감회, 느낌

1259 感恩 gǎn'ēn 동 은혜에 감사하다

1260 感激 gǎnjī 동 감격하다

★ 　 배경색이 칠해진 단어는 중요 단어입니다.

1261	**感慨** gǎnkǎi	동 감격하다, 감개무량하다
1262	**感染** gǎnrǎn	동 감염되다, 전염되다
1263	**感染力** gǎnrǎnlì	명 감화력
1264	**感叹** gǎntàn	동 감탄하다
1265	**感性** gǎnxìng	형 감성적인, 감성의
1266	**干部** gànbù	명 간부
1267	**干事** gànshi	명 간사, 사무 담당자, 책임자
1268	**刚毅** gāngyì	형 의지가 굳다
1269	**纲领** gānglǐng	명 강령, 대강, 지도 원칙
1270	**纲要** gāngyào	명 중요한 강령 명 개요
1271	**钢** gāng	명 강철
1272	**缸** gāng	명 항아리, 단지
1273	**港** gǎng	명 항구, 항만 고유 홍콩 [약칭]
1274	**杠铃** gànglíng	명 바벨
1275	**高昂** gāo'áng	동 높이 들다 형 (가격이) 비싸다 형 (목소리·정서 등이) 높아지다, 고양되다
1276	**高傲** gāo'ào	형 거만하다, 건방지다, 오만하다
1277	**高超** gāochāo	형 출중하다, 뛰어나다, 특출하다
1278	**高低** gāodī	명 고저, 높이 명 우열, 승부, 정도 명 (말이나 일의) 심도, 경중
1279	**高调** gāodiào	명 탁상공론, 그럴싸한 말, 번지르르한 말
1280	**高额** gāo'é	형 고액의, 높은 액수의
1281	**高尔夫球** gāo'ěrfūqiú	명 골프 명 골프공
1282	**高峰期** gāofēngqī	명 절정기, 피크, 러시아워
1283	**高贵** gāoguì	형 고귀하다, 진귀하다, 귀중하다
1284	**高空** gāokōng	명 고공
1285	**高龄** gāolíng	명 고령 형 나이가 비교적 많은, 고령의
1286	**高明** gāomíng	형 뛰어나다, 빼어나다
1287	**高山** gāoshān	명 높은 산
1288	**高效** gāoxiào	형 고효능의, 효율이 높은
1289	**高新技术** gāoxīn-jìshù	하이테크, 첨단기술
1290	**高血压** gāoxuèyā	명 고혈압
1291	**高压** gāoyā	명 높은 압력 명 높은 전압
1292	**高雅** gāoyǎ	형 고상하고 우아하다
1293	**高涨** gāozhǎng	동 (수위, 물가 등이) 급증하다, 급상승하다 형 (정서, 사기 등이) 고조되다, 올라가다
1294	**搞鬼** gǎoguǐ	동 꿍꿍이를 부리다, 음모를 꾸미다
1295	**搞笑** gǎoxiào	동 (우스갯소리 따위로) 웃기다
1296	**告** gào	동 (상급 또는 윗사람에게) 알리다, 보고하다 동 (국가기관에) 고발하다, 신고하다 동 표명하다, 나타내다
1297	**告辞** gàocí	동 작별을 고하다, 이별을 고하다
1298	**告诫** gàojiè	동 훈계하다, 경고를 주다
1299	**告示** gàoshi	명 공고문, 게시문 명 표어
1300	**告知** gàozhī	동 알리다, 통지하다, 고지하다
1301	**告状** gàozhuàng	동 고소하다, 기소하다
1302	**戈壁** gēbì	명 자갈 사막, 고비사막
1303	**胳膊** gēbo	명 팔
1304	**鸽子** gēzi	명 비둘기
1305	**搁** gē	동 보류하다, 방치하다 동 놓다, 두다 동 (조미료 따위를) 첨가하다
1306	**搁浅** gēqiǎn	동 (배가) 좌초하다 동 일이 진척되지 않다, 좌초하다
1307	**搁置** gēzhì	동 내버려두다, 보류해 두다, 방임하다
1308	**割** gē	동 베다, 절단하다, 자르다
1309	**歌剧** gējù	명 오페라
1310	**歌颂** gēsòng	동 찬양하다, 찬미하다, 칭송하다
1311	**歌舞** gēwǔ	명 노래와 춤 동 노래 부르고 춤추다
1312	**歌咏** gēyǒng	동 노래하다
1313	**革命** gémìng	동 혁명하다 형 혁명적이다
1314	**格** gé	명 규격, 표준 명 격자, 네모칸
1315	**格格不入** gégé-búrù	성 전혀 어울리지 않다, 도무지 맞지 않다
1316	**格局** géjú	명 구조, 구성, 짜임새
1317	**格式** géshi	명 격식, 양식, 규칙
1318	**隔阂** géhé	명 (생각·감정의) 틈, 간격, 거리
1319	**隔离** gélí	동 분리시키다, 떼어 놓다
1320	**个案** gè'àn	명 개별적이거나 특수한 안건
1321	**个头儿** gètóur	명 (사람의) 키, 체격, 몸집 명 (물건의) 크기
1322	**各奔前程** gèbènqiánchéng	성 각기 제 갈 길을 가다, 각기 자기의 목표를 향해 노력하다
1323	**各式各样** gèshì-gèyàng	성 각양각색, 각기 다른 여러 가지 색깔과 모양
1324	**根基** gēnjī	명 기초, 근원, 토대
1325	**根深蒂固** gēnshēn-dìgù	성 뿌리가 깊다, 깊이 뿌리박혀 있다
1326	**根源** gēnyuán	명 근원 동 ~에서 비롯되다
1327	**根治** gēnzhì	동 근절하다, 철저히 고치다, 뿌리째 없애다
1328	**跟不上** gēn bu shàng	따라갈 수 없다, 미치지 못하다
1329	**跟上** gēnshang	동 뒤따르다, 뒤를 쫓다, 따라붙다
1330	**跟踪** gēnzōng	동 미행하다, 바짝 뒤를 따르다
1331	**更改** gēnggǎi	동 변경하다, 바꾸다, 고치다

19

1332	更衣室 gēngyīshì 몡 탈의실	1370	功底 gōngdǐ 몡 기초, 기본
1333	耕地 gēngdì 몡 경지 동 논밭을 갈다	1371	功劳 gōngláo 몡 공로
1334	耿直 gěngzhí 혱 정직하고 솔직하다, 바르고 곧다	1372	功力 gōnglì 몡 효력, 효능 몡 공력, 솜씨와 힘

1332 更衣室 gēngyīshì 몡 탈의실

1333 耕地 gēngdì 몡 경지 동 논밭을 갈다

1334 耿直 gěngzhí 혱 정직하고 솔직하다, 바르고 곧다

1335 工地 gōngdì 몡 (작업·공사) 현장

1336 工会 gōnghuì 몡 노동조합, 노조

1337 工科 gōngkē 몡 공과

1338 工商界 gōngshāngjiè 몡 상공업계

1339 工序 gōngxù 몡 제조공정

1340 工整 gōngzhěng 혱 (글씨 따위가) 세밀하고 정제되다, 깔끔하다

1341 工作量 gōngzuòliàng 몡 작업량, 업무량

1342 弓 gōng 몡 활

1343 公安局 gōng'ānjú 몡 공안국, 경찰국

1344 公车 gōngchē 몡 관용차, 국가나 기업 단체의 자동차

1345 公道 gōngdao 혱 공평하다, 공정하다, 합리적이다

1346 公费 gōngfèi 몡 공비, 국비

1347 公共场所 gōnggòngchǎngsuǒ 공공장소

1348 公关 gōngguān 몡 공공관계

1349 公函 gōnghán 몡 공문

1350 公积金 gōngjījīn 몡 공동 적립금, 법정 적립금

1351 公开信 gōngkāixìn 몡 공개장

1352 公款 gōngkuǎn 몡 공금

1353 公立 gōnglì 혱 공립의

1354 公墓 gōngmù 몡 공동묘지

1355 公仆 gōngpú 몡 공복 [대중을 위해 일하는 공무원을 가리킴]

1356 公顷 gōngqǐng 양 헥타르

1357 公然 gōngrán 뷔 공공연히

1358 公示 gōngshì 동 공시하다

1359 公事 gōngshì 몡 공무 몡 공문서

1360 公务 gōngwù 몡 공무

1361 公益 gōngyì 몡 공익

1362 公益性 gōngyìxìng 공익성

1363 公用 gōngyòng 동 공동으로 사용하다, 공용하다

1364 公寓 gōngyù 몡 아파트

1365 公约 gōngyuē 몡 공약 [셋 이상의 국가가 체결한 조약] 몡 단체의 공약 [공동으로 지켜야 하는 규정]

1366 公证 gōngzhèng 동 공증하다

1367 公职 gōngzhí 몡 공직

1368 功 gōng 몡 공로, 공훈 몡 성과, 효과, 효능 몡 기술, 솜씨, 기능

1369 功臣 gōngchén 몡 공신

1370 功底 gōngdǐ 몡 기초, 기본

1371 功劳 gōngláo 몡 공로

1372 功力 gōnglì 몡 효력, 효능 몡 공력, 솜씨와 힘

1373 功率 gōnglǜ 몡 공률, 출력

1374 功效 gōngxiào 몡 효능, 효과

1375 攻 gōng 동 공격하다 동 비난하다, 책망하다 동 연구하다

1376 攻读 gōngdú 동 열심히 공부하다, 전공하다

1377 攻关 gōngguān 동 난관을 극복하다 동 중요한 길목을 공격하다

1378 供 gōng 동 공급하다, 제공하다

1379 供不应求 gōngbúyìngqiú 성 공급이 수요를 따르지 못하다

1380 供暖 gōngnuǎn 동 난방하다

1381 供求 gōngqiú 몡 공급과 수요

1382 宫殿 gōngdiàn 몡 궁전

1383 宫廷 gōngtíng 몡 궁전, 궁궐

1384 恭维 gōngwéi 동 아첨하다, 치켜세우다, 알랑거리다

1385 恭喜 gōngxǐ 동 축하하다

1386 拱 gǒng 동 가슴 높이에서 두 손을 맞잡고 인사하다 동 에워싸다

1387 共鸣 gòngmíng 몡 공명, 공감, 동감

1388 共识 gòngshí 몡 공통의 인식, 인식의 일치

1389 共同体 gòngtóngtǐ 몡 공동체, 공동사회

1390 共性 gòngxìng 몡 공통성

1391 供奉 gòngfèng 동 (제물을) 바치다, 공양하다 동 (돈이나 물건을) 조정에 바치다

1392 勾 gōu 동 (선을 그어) 지우다, 삭제하다 동 윤곽을 그리다, 묘사하다

1393 勾画 gōuhuà 동 (윤곽을) 간단히 묘사하다

1394 勾结 gōujié 동 결탁하다, 내통하다, 공모하다

1395 钩 gōu 동 걸다, 낚다

1396 钩子 gōuzi 몡 갈고리

1397 构思 gòusī 동 구상하다

1398 构想 gòuxiǎng 동 구상하다 몡 구상, 의견, 계획

1399 购 gòu 동 사다, 구입하다

1400 够呛 gòuqiàng 혱 힘겹다, 죽겠다, 견딜 수 없다

20

1401 估算 gūsuàn 통 추산하다

1402 沽名钓誉 gūmíng-diàoyù
성 온갖 수단을 부려 명예를 추구하다

1403 孤单 gūdān 형 외톨이이다, 외롭다, 쓸쓸하다
형 (힘이) 미약하다

1404 孤立 gūlì 형 따로 떨어져 있다 형 고립되어 있다
통 고립시키다

1405 孤零零 gūlínglíng 형 외롭다, 고독하다, 적적하다

1406 孤陋寡闻 gūlòu-guǎwén
성 학문이 얕고 견문이 좁다, 보고 들은 것이 적다

1407 辜负 gūfù 통 (호의·기대·도움 따위를) 헛되게 하다, 저버리다

1408 古董 gǔdǒng 명 골동품

1409 古怪 gǔguài 형 기괴하다, 기이하다

1410 古迹 gǔjì 명 고적 [주로 건축물을 가리킴]

1411 古今中外 gǔjīn-zhōngwài
성 고금동서, 모든 시대, 모든 지역

1412 古朴 gǔpǔ 형 예스럽고 소박하다

1413 古人 gǔrén 명 옛 사람

1414 股份 gǔfèn 명 주식

1415 股民 gǔmín 명 주식 투자자

1416 股市 gǔshì 명 주식시장

1417 骨干 gǔgàn 명 기본적이며 핵심적인 부분, 사람
명 골간

1418 骨气 gǔqì 명 기개, 패기 명 (서예에서의) 웅장한 필세

1419 骨折 gǔzhé 통 골절되다, 뼈가 부러지다

1420 鼓动 gǔdòng 통 부추기다, 선동하다

1421 鼓舞 gǔwǔ 통 고무하다, 격려하다 형 흥분하다

1422 固然 gùrán 접 물론 ~하지만, 물론 ~이거니와

1423 固执 gùzhí 형 고집스럽다, 완고하다, 집요하다

1424 故 gù 부 고의로, 일부러 접 그러므로, ~한 까닭에

1425 顾不得 gùbu dé 통 돌볼 틈이 없다, 신경 쓸 수 없다

1426 顾不上 gùbushàng 생각도 할 수 없다

1427 顾及 gùjí 통 보살핌이 구석구석까지 미치다, ~의 일까지 걱정하다

1428 顾虑 gùlǜ 명 근심, 우려 통 우려하다, 염려하다

1429 顾全大局 gùquán-dàjú
성 전반적인 국면을 고려하다

1430 雇 gù 통 고용하다 통 세내다

1431 雇佣 gùyōng 통 고용하다

1432 雇员 gùyuán 명 임시직 직원

1433 雇主 gùzhǔ 명 고용주

1434 瓜分 guāfēn 통 분할하다, 나누다 [주로 영토나 재산을 분할함을 가리킴]

1435 瓜子 guāzǐ 명 수박씨·해바라기씨·호박씨 등을 통틀어 일컫는 말

1436 刮风 guā fēng 통 바람이 불다

1437 寡妇 guǎfu 명 과부

1438 挂钩 guàgōu 명 (차 따위의) 연결기

1439 挂号 guàhào 통 신청하다, 등록하다, 수속하다

1440 挂念 guàniàn 통 근심하다, 염려하다

1441 挂失 guàshī 통 (어음·수표 등의) 분실신고를 하다

1442 乖 guāi 형 (어린이가) 얌전하다, 말을 잘듣다
형 영리하다, 기민하다

1443 乖巧 guāiqiǎo 형 남에게 환심을 사다 형 영리하다

1444 拐弯 guǎiwān 통 커브 돌다
통 (생각·말 따위의) 방향을 바꾸다

1445 拐杖 guǎizhàng 명 지팡이

1446 怪不得 guàibude 부 과연, 어쩐지
통 나무랄 수 없다

1447 怪物 guàiwu 명 괴물
명 성격이나 행동이 아주 괴팍한 사람

1448 怪异 guàiyì 형 괴이하다, 기이하다 명 괴이한 현상

1449 关掉 guāndiào 통 꺼버리다, 잠가버리다

1450 关节 guānjié 명 관절 명 중요한 부분
명 뒷거래, 청탁, 내통

1451 关税 guānshuì 명 관세

1452 关头 guāntóu 명 일의 중요한 시기, 전환점, 고비

1453 关照 guānzhào 통 보살피다 통 협력하다, 호응하다
통 통지하다, 알리다

1454 观测 guāncè 통 관측하다
통 (정황을) 살피다, 관찰하다

1455 观感 guāngǎn 명 보고 느낀 점, 감상, 소감

1456 观摩 guānmó 통 서로 (교류하며) 보고 배우다, 견학하다

1457 观赏 guānshǎng 통 감상하다, 보면서 즐기다

1458 观望 guānwàng 통 관망하다, 형편을 살피다
통 둘러보다, 살펴보다

1459 官兵 guānbīng 명 관리와 병사

1460 官吏 guānlì 명 관리

1461 官僚 guānliáo 명 관료, 관리

1462 官僚主义 guānliáo zhǔyì 관료주의

1463 官员 guānyuán 명 관리, 관원 [주로 외교관을 지칭함]

1464 棺材 guāncai 명 관

1465 管家 guǎnjiā 명 집사, 단체에서 재물이나 일상생활을 관리하는 사람

1466 管教 guǎnjiào 통 교육시키다 명 가르침

| 1467 | 管理费 | guǎnlǐfèi | 명 관리비 |

1467 管理费 guǎnlǐfèi 명 관리비

1468 管辖 guǎnxiá 통 관할하다

1469 管用 guǎnyòng 형 효과적이다, 유용하다, 쓸모 있다

1470 管子 guǎnzi 명 대롱, 관, 호스, 파이프

1471 贯彻 guànchè 통 관철하다, 철저히 실행하다

1472 贯穿 guànchuān 통 관통하다, 꿰뚫다

1473 贯通 guàntōng 통 전부 철저히 이해하다
통 관통하다, 연결되다, 개통하다

1474 惯 guàn 통 멋대로 하도록 내버려 두다
통 습관이 되다

1475 惯例 guànlì 명 관례

1476 惯性 guànxìng 명 관성, 탄성

1477 灌 guàn 통 물을 대다, 관개하다

1478 灌溉 guàngài 통 관개하다, 논밭에 물을 대다

1479 灌输 guànshū 통 물을 대다
통 (지식이나 사상 등을) 주입하다

1480 罐 guàn 명 항아리, 단지

1481 罐头 guàntou 명 통조림 명 깡통, 항아리

1482 光彩 guāngcǎi 명 빛, 광채 형 영광스럽다

1483 光碟 guāngdié 명 시디(CD), 콤팩트디스크

1484 光顾 guānggù 통 (손님을 맞을 때 쓰는 말로) 찾아주
시다, 보살펴 주시다

1485 光滑 guānghuá 형 (물체의 표면이) 매끄럽다,
반들반들하다

1486 光环 guānghuán 명 행성을 둘러싼 밝은 빛의 고리
명 후광

1487 光缆 guānglǎn 명 광케이블

1488 光芒 guāngmáng 명 빛

1489 光明磊落 guāngmíng-lěiluò
성 정정당당하다, 공명정대하다, 떳떳하다

1490 光泽 guāngzé 명 광택, 윤기

1491 广义 guǎngyì 명 광의

1492 归根到底 guīgēn-dàodǐ 성 결국에는

1493 归还 guīhuán 통 되돌려주다, 반환하다

1494 归结 guījié 통 귀결시키다 명 귀결

1495 归来 guīlái 통 (다른 곳에서 원래의 곳으로) 돌아오다

1496 归纳 guīnà 통 귀납하다, 종합하다 명 귀납법

1497 归属 guīshǔ 통 ~에 속하다, ~에 귀속되다

1498 归宿 guīsù 명 귀결점, 귀착점

1499 龟 guī 명 거북이

1500 规格 guīgé 명 규격

1501 规矩 guīju 명 표준, 법칙, 규율
형 (행위가) 단정하고 정직하다, 모범적이다

1502 闺女 guīnǚ 명 처녀 명 딸

1503 瑰宝 guībǎo 명 진귀한 보물

1504 轨迹 guǐjì 명 궤적 명 행적, 지나온 발자취

1505 柜台 guìtái 명 계산대, 카운터

1506 贵宾 guìbīn 명 귀빈, 귀중한 손님

1507 贵重 guìzhòng 형 귀중하다, 중요하다

1508 贵族 guìzú 명 귀족

1509 桂花 guìhuā 명 물푸레나무

1510 滚动 gǔndòng 통 (물체가) 구르다, 굴러가다, 회전하다

1511 棍 gùn 명 막대기, 몽둥이

1512 棍子 gùnzi 명 막대기, 몽둥이

1513 国宝 guóbǎo 명 국보

1514 国防 guófáng 명 국방

1515 国画 guóhuà 명 국화 [서양화에 상대되는 말]

1516 国徽 guóhuī 명 국장, 국가의 휘장

1517 国情 guóqíng 명 국정, 나라의 정세, 나라의 형편

1518 国土 guótǔ 명 국토

1519 国学 guóxué 명 국학, 나라 고유의 학문
명 고대에 국가가 설립한 학교

1520 国有 guóyǒu 명 국유

1521 果断 guǒduàn 형 결단력이 있다, 과감하다

1522 果园 guǒyuán 명 과수원

1523 果真 guǒzhēn 부 과연, 정말
접 만약 정말이라면, 사실이 ~라면

1524 裹 guǒ 통 싸매다, 휘감다 통 휩쓸려들다

1525 过半 guòbàn 통 절반을 넘다

1526 过不去 guòbuqù
통 (장애물이 있어) 지나갈 수 없다, 통과할 수 없다
통 초과하지 않는다 통 괴롭히다

1527 过错 guòcuò 명 과실, 잘못

1528 过道 guòdào 명 복도, 통로

1529 过关 guòguān 통 관문을 넘다, 세관을 통하다

1530 过奖 guòjiǎng 통 지나치게 칭찬하다

1531 过节 guòjié 통 명절을 보내다

1532 过境 guòjìng 통 국경을 넘다, 경계를 넘다

1533 过滤 guòlǜ 통 거르다, 여과하다

1534 过期 guòqī 통 기일을 지나다, 기한을 넘기다

1535 过日子 guò rìzi 날을 보내다

1536 过剩 guòshèng 통 (수량이) 과잉되다
통 공급이 수요 또는 시장의 구매력을 초월하다

1537 过失 guòshī 명 잘못, 실수, 과실

1538 过头 guòtóu 통 (일정한 정도나 표준을) 넘다, 초과하다

1539 过往 guòwǎng 통 왕래하다, 오고가다 통 교제하다
명 과거, 지난날

1540 过意不去 guòyìbúqù 미안해하다

1541	过瘾 guòyǐn	통 만족하다, 유감없다 통 인이 박히다
1542	过硬 guòyìng	통 혹독한 시련을 견디어 내다, 탄탄한 실력을 몸에 익히다
1543	过早 guò zǎo	너무 빠르다, 너무 이르다
1544	海岸 hǎi'àn	명 해안
1545	海拔 hǎibá	명 해발
1546	海滨 hǎibīn	명 해변, 해안
1547	海盗 hǎidào	명 해적
1548	海量 hǎiliàng	명 (바다 같은) 넓은 도량 명 아주 대단한 주량, 술고래
1549	海绵 hǎimián	명 해면, 스펀지 명 해면 [동물]
1550	海面 hǎimiàn	명 해면, 해수면
1551	海内外 hǎi nèiwài	명 국내외
1552	海滩 hǎitān	명 해변의 모래사장
1553	海峡 hǎixiá	명 해협
1554	海啸 hǎixiào	명 해일
1555	海域 hǎiyù	명 해역
1556	海运 hǎiyùn	통 배로 운송하다, 해상운송 하다
1557	海藻 hǎizǎo	명 해초
1558	骇人听闻 hàiréntīngwén	성 듣는 사람으로 하여금 깜짝 놀라게 하다
1559	害虫 hàichóng	명 해충
1560	害臊 hàisào	통 수줍어하다, 부끄러워하다
1561	害羞 hàixiū	통 부끄러워하다, 수줍어하다
1562	酣畅 hānchàng	형 상쾌하다, 기분 좋다 [주로 음주나 수면에 쓰임] 형 (문장 표현이) 호쾌하다, 호방하다
1563	酣睡 hānshuì	통 숙면하다, 잠이 깊이 들다
1564	含糊 hánhu	형 모호하다, 명확하지 않다
1565	含蓄 hánxù	통 함축하다, 포함하다 형 (사상이나 감정 따위를) 쉽게 드러내지 않다 형 (표현이) 완곡하다, 간접적이다
1566	函授 hánshòu	통 (주로) 통신으로 가르치다
1567	涵盖 hángài	통 포괄하다, 포함하다, 포용하다
1568	涵义 hányì	명 (글자·단어·말 등의) 함의, 내포된 뜻
1569	罕见 hǎnjiàn	형 보기 드물다, 희한하다
1570	汗水 hànshuǐ	명 땀
1571	旱 hàn	형 가물다
1572	旱灾 hànzāi	명 한재, 한해
1573	捍卫 hànwèi	통 지키다, 방위하다, 수호하다
1574	焊 hàn	통 땜질하다, 납땜하다, 용접하다
1575	行家 hángjia	명 전문가, 숙련가
1576	行列 hángliè	명 행렬, 대열

1577	行情 hángqíng	명 시세, 시장가격
1578	航海 hánghǎi	통 항해하다
1579	航天 hángtiān	통 우주비행 하다
1580	航天员 hángtiānyuán	명 우주비행사
1581	航行 hángxíng	통 항행하다, 운항하다
1582	航运 hángyùn	명 해상운송, 선박수송
1583	毫不 háo bù	부 조금도 ~않다, 전혀 ~하지 않다
1584	毫不犹豫 háo bù yóuyù	성 전혀 주저하지 않다
1585	毫无 háo wú	조금도 ~이 없다
1586	豪华 háohuá	형 (생활이) 호화스럽다, 사치스럽다 형 (건축·설비·장식 등이) 화려하고 웅장하다
1587	好比 hǎobǐ	통 마치 ~와 같다, 흡사 ~와 비슷하다 통 예를 들어 ~와 같다
1588	好歹 hǎodǎi	명 좋은 것과 나쁜 것, 잘잘못, 시비 부 어쨌든, 아무튼 부 되는대로
1589	好感 hǎogǎn	명 호감
1590	好坏 hǎohuài	명 좋고 나쁨
1591	好家伙 hǎojiāhuo	감 그것 참! 헤! 우왜! [칭찬·감탄·놀람을 나타냄]
1592	好评 hǎopíng	명 좋은 평판, 호평
1593	好说 hǎoshuō	통 천만의 말씀입니다, 과찬이십니다
1594	好笑 hǎoxiào	형 우습다, 가소롭다
1595	好心 hǎoxīn	명 선의, 호의, 친절한 마음
1596	好心人 hǎoxīnrén	명 선량한 사람, 마음씨 착한 사람
1597	好意 hǎoyì	명 호의, 선의
1598	好在 hǎozài	부 다행히도, 운 좋게
1599	号称 hàochēng	통 ~로 유명하다, ~로 불리다
1600	好客 hàokè	형 손님 접대를 좋아하다, 손님을 좋아하다
1601	好奇心 hàoqíxīn	명 호기심
1602	耗 hào	통 소모하다, 낭비하다 통 시간을 끌다, 꾸물거리다
1603	耗费 hàofèi	통 들이다, 소비하다, 낭비하다
1604	耗时 hàoshí	시간을 소모하다
1605	浩劫 hàojié	명 큰 재난
1606	呵护 hēhù	통 가호하다, 애지중지하다, 보우하다
1607	禾苗 hémiáo	명 볏모, 싹
1608	合唱 héchàng	통 합창하다
1609	合乎 héhū	통 ~에 맞다, ~에 합치하다
1610	合伙 héhuǒ	통 동업하다, 동료가 되다
1611	合计 héjì	통 합계하다, 합하여 계산하다
1612	合情合理 héqíng-hélǐ	성 정리에 맞다
1613	合影 héyǐng	통 (두 사람이나 여럿이) 함께 사진을 찍다 명 단체 사진

23

1614	合资 hézī	동 공동으로 출자하다, 합자하다
1615	合作社 hézuòshè	명 합작사, 협동조합
1616	何必 hébì	부 구태여 ~할 필요가 있는가, ~할 필요가 없다
1617	何处 hé chù	어디, 어느 곳
1618	何苦 hékǔ	부 무엇이 안타까워서인가, 무엇 때문인가
1619	何况 hékuàng	접 더군다나, 하물며
1620	何时 hé shí	언제
1621	和蔼 héǎi	형 상냥하다, 부드럽다, 사근사근하다
1622	和解 héjiě	동 화해하다
1623	和睦 hémù	형 화목하다, 사이가 좋다
1624	和平共处 hépíng gòngchǔ	평화공존(하다)
1625	和气 héqi	형 (태도가) 온화하다, 부드럽다 형 화목하다 명 화목한 감정
1626	和尚 héshang	명 중, 승려
1627	河流 héliú	명 강의 흐름, 하류
1628	河畔 hépàn	명 강변, 강가
1629	荷花 héhuā	명 연꽃, 연화
1630	核 hé	명 사물의 핵심 명 (원자)핵
1631	核电站 hédiànzhàn	명 원자력발전소
1632	核对 héduì	동 대조 확인하다, 조합하다
1633	核能 hénéng	명 원자력
1634	核实 héshí	동 실태를 조사하다, 사실을 확인하다
1635	核桃 hétao	명 호두
1636	核武器 héwǔqì	명 핵무기
1637	贺电 hèdiàn	명 축전
1638	贺信 hèxìn	명 축하 편지
1639	喝彩 hècǎi	동 갈채하다, 큰 소리로 좋다고 외치다
1640	赫然 hèrán	부 갑자기, 별안간 형 혁혁하다, 눈부시다 형 버럭, 발끈 [몹시 화내는 모양]
1641	鹤立鸡群 hèlìjīqún	성 군계일학
1642	黑白 hēibái	명 흑백 명 시비, 선악
1643	黑客 hēikè	명 해커
1644	黑马 hēimǎ	명 다크호스
1645	黑手 hēishǒu	명 검은 손, 마수
1646	黑心 hēixīn	명 흑심, 고약한 심보, 나쁜 마음 형 마음이 음흉하다, 심보가 고약하다
1647	嘿 hēi	감 어이, 야 [남을 부르거나 주의를 환기시킬 때]
1648	痕迹 hénjì	명 흔적, 자취
1649	恨不得 hènbude	동 간절히 ~하고 싶다, 못하는 것이 한스럽다
1650	哼 hēng	동 신음하다, 끙끙거리다 동 콧노래 부르다, 흥얼거리다 의성 흥, 형 [콧속에서 나오는 소리]
1651	横七竖八 héngqī-shùbā	성 어수선하게 흩어져 있는 모양, 무질서하게 널려 있는 모양
1652	横向 héngxiàng	형 가로의 형 평행의, 수평적, 대등한
1653	横 hèng	형 난폭하다, 포악하다 형 뜻밖의, 정상이 아닌
1654	轰 hōng	의성 쾅, 우르르 쾅쾅 [대포나 우레 따위가 요란하게 울리는 소리] 동 천둥치다, 포격하다 동 몰다, 내쫓다
1655	轰动 hōngdòng	동 센세이션을 불러일으키다, 뒤흔들다
1656	轰炸 hōngzhà	동 폭격하다, 폭탄을 투하하다
1657	哄 hōng	의성 왁자지껄, 와글와글
1658	哄堂大笑 hōngtáng-dàxiào	성 장내가 떠들썩하게[떠나갈 듯이] 웃다
1659	烘干 hōnggān	동 불에 말리다
1660	烘托 hōngtuō	동 (글을 쓸 때 측면 묘사를 통해 주요 사물을) 부각시키다 동 돋보이게 하다, 받쳐 주다, 뒷받침하다
1661	弘扬 hóngyáng	동 (사업·전통 등을) 더욱 확대·발전시키다
1662	红灯 hóngdēng	명 적신호 명 장애물, 금지령
1663	红火 hónghuo	형 왕성하다, 성대하다, 번창하다
1664	红扑扑 hóngpūpū	형 얼굴에 홍조를 띤 모양
1665	红润 hóngrùn	형 (피부가) 볼그스름하다, 혈색이 좋다
1666	红薯 hóngshǔ	명 고구마
1667	红眼 hóngyǎn	동 부러워하다, 질투하다, 샘내다 형 눈이 벌개지다, 분개하다
1668	宏观 hóngguān	형 거시적
1669	宏伟 hóngwěi	형 웅대하다, 거창하다, 장엄하다
1670	洪亮 hóngliàng	형 (소리가) 크고 낭랑하다, 우렁차다
1671	哄 hǒng	동 (말로) 속이다, 기만하다 동 (어린아이를) 구슬리다, 달래다 동 (감언이설로) 환심을 사다, 비위를 맞추다
1672	哄 hòng	동 떠들어대다, 소란을 피우다 동 농담을 하다, 놀리다
1673	喉咙 hóulóng	명 목구멍, 인후
1674	吼 hǒu	동 고함치다, 소리지르다 동 (맹수가) 포효하다
1675	后备 hòubèi	명 예비 형 예비의, 비축한
1676	后备箱 hòubèixiāng	트렁크
1677	后代 hòudài	명 후대, 후손
1678	后盾 hòudùn	명 후원자, 배경
1679	后顾之忧 hòugùzhīyōu	성 뒷걱정, 뒷일에 대한 근심
1680	后期 hòuqī	명 후기

1681	后勤 hòuqín	몡 (기관이나 학교 등의) 물자 조달·관리 업무
1682	后人 hòurén	몡 자손 몡 후손, 후세 사람
1683	后台 hòutái	몡 무대 뒤, 분장실 몡 배후 지지 세력, 배경
1684	后退 hòutuì	동 후퇴하다, 물러나다
1685	后续 hòuxù	형 후속의
1686	后遗症 hòuyízhèng	몡 후유증
1687	后裔 hòuyì	몡 후예, 후손
1688	后者 hòuzhě	몡 후자, 뒤의 것
1689	厚道 hòudao	형 너그럽다, 친절하다, 관대하다
1690	厚度 hòudù	몡 두께
1691	候选人 hòuxuǎnrén	몡 입후보자
1692	呼风唤雨 hūfēng-huànyǔ	셩 비바람을 부르다
1693	呼唤 hūhuàn	동 외치다, 큰 소리로 부르다
1694	呼救 hūjiù	동 (큰 소리로) 도움을 청하다
1695	呼声 hūshēng	몡 고함 소리, 부르는 소리 몡 사람들의 강렬한 요구와 바람, 대중의 목소리
1696	呼应 hūyìng	동 호응하다 동 (문장의 앞뒤가) 상응하다
1697	呼吁 hūyù	동 (원조·지지·동정 따위를) 구하다, 호소하다
1698	忽高忽低 hūgāo-hūdī	높았다 낮았다 한다
1699	忽悠 hūyou	동 펄럭이다, 흔들거리다
1700	胡闹 húnào	동 소란을 피우다, 법석을 떨다
1701	胡说 húshuō	동 헛소리하다, 함부로 지껄이다 몡 허튼소리, 말도 안 되는 소리
1702	胡思乱想 húsī-luànxiǎng	셩 터무니없는 생각을 하다, 허튼 생각을 하다
1703	湖泊 húpō	몡 호수
1704	糊 hú	동 바르다, 풀로 붙이다
1705	糊涂 hútu	형 어리석다, 멍청하다 형 애매하다 형 혼란하다, 뒤죽박죽이다
1706	互补 hùbǔ	동 서로 보충하다
1707	互访 hùfǎng	동 상호 방문하다
1708	互信 hùxìn	동 서로 믿다
1709	互助 hùzhù	동 서로 돕다
1710	护理 hùlǐ	동 (환자를) 돌보다, 간호하다, 간병하다 동 (제대로 성장할 수 있도록) 보살피다
1711	花瓣 huābàn	몡 꽃잎, 화판
1712	花卉 huāhuì	몡 화훼, 화초
1713	花纹 huāwén	몡 장식용의 도안이나 무늬

1714	花样 huāyàng	몡 (사물의) 양식, 스타일 몡 속임수, 술책, 술수 몡 (무늬의) 스타일, 디자인
1715	划算 huásuàn	동 계산하다 형 수지가 맞다
1716	华丽 huálì	형 화려하다
1717	华侨 huáqiáo	몡 화교 [외국에 거주하는 중국인]
1718	华裔 huáyì	몡 중국과 그 인접국 몡 외국에서 태어나 그 나라의 국적을 취득한 화교의 자녀
1719	哗变 huábiàn	동 (군대가) 반란을 일으키다 몡 쿠데타
1720	哗然 huárán	동 떠들썩하다
1721	滑冰 huábīng	동 스케이트를 타다 몡 스케이팅
1722	滑稽 huájī	형 (말·행동·자태가) 웃음을 자아내게 하다, 익살맞다 몡 활계 [중국의 설창 문예 형식 중 하나]
1723	滑梯 huátī	몡 미끄럼틀
1724	滑雪 huáxuě	동 스키를 타다 몡 스키
1725	化肥 huàféi	몡 화학비료
1726	化身 huàshēn	몡 화신 [추상적 관념을 구체적으로 형상화한 것을 가리킴] 몡 변화신
1727	化纤 huàxiān	몡 화학섬유
1728	化险为夷 huàxiǎnwéiyí	셩 위험한 상태를 평온하게 하다
1729	化验 huàyàn	몡 화학 실험을 하다
1730	化妆 huàzhuāng	동 화장하다
1731	划时代 huàshídài	형 새로운 시대를 여는, 획기적인 [주로 관형어로 쓰임]
1732	画册 huàcè	몡 화첩, 화집
1733	画龙点睛 huàlóng-diǎnjīng	셩 화룡점정
1734	画蛇添足 huàshé-tiānzú	셩 쓸데없는 짓을 하다, 사족을 가하다
1735	画展 huàzhǎn	몡 회화 전람회
1736	话费 huàfèi	몡 통화요금
1737	话筒 huàtǒng	몡 수화기 몡 마이크
1738	话语 huàyǔ	몡 말, 언사
1739	怀抱 huáibào	동 품에 안다 동 (마음속에) 품다 몡 품 몡 포부, 야망
1740	怀旧 huáijiù	동 옛날을 회고하다, 옛 친구를 생각하다
1741	怀里 huái li	몡 품속 몡 도로의 안쪽 몡 자기의 오른쪽
1742	怀孕 huáiyùn	동 임신하다
1743	怀着 huáizhe	~을 품고
1744	槐树 huáishù	몡 홰나무
1745	坏事 huàishì	몡 나쁜 일, 해로운 일 동 일을 망치다

1746	欢呼 huānhū 동 환호하다

1746 欢呼 huānhū 동 환호하다

1747 欢聚 huānjù 동 즐겁게 모이다

1748 欢快 huānkuài 형 유쾌하다, 즐겁고 경쾌하다

1749 欢声笑语 huānshēng-xiàoyǔ
　　　　　즐거운 노랫소리와 웃음소리

1750 还款 huán kuǎn 돈을 갚다

1751 还原 huányuán 동 환원하다 동 원상회복하다

1752 环球 huánqiú 동 전 세계를 일주하다 명 전 세계

1753 环绕 huánrào 동 둘러싸다, 에워싸다, 둘레를 돌다

1754 缓 huǎn 형 느리다 동 미루다, 늦추다
　　　　　동 회복하다, 건강해지다

1755 缓和 huǎnhé 동 완화시키다, 누그러뜨리다, 진정시키다
　　　　　형 (상황·분위기 등이) 완화하다, 느슨해지다

1756 缓缓 huǎnhuǎn 형 느릿느릿한 모양

1757 缓慢 huǎnmàn 형 완만하다, 느리다, 더디다

1758 幻觉 huànjué 명 환각

1759 幻影 huànyǐng 명 환영

1760 换成 huànchéng 동 ~으로 바꾸다

1761 换取 huànqǔ 동 바꾸어 가지다, 바꾸다

1762 换位 huànwèi 동 위치를 바꾸다, 각도를 바꾸다

1763 换言之 huànyánzhī 바꾸어 말하면

1764 唤起 huànqǐ 동 불러일으키다, 분기시키다

1765 患 huàn 동 병이 나다 동 걱정하다, 근심하다

1766 患病 huànbìng 동 병에 걸리다, 병을 앓다

1767 患有 huànyǒu ~을 앓고 있다, ~에 걸리다

1768 换发 huànfā 동 갱신하여 발행하다

1769 荒 huāng 동 소홀히 하다 형 황폐하다

1770 荒诞 huāngdàn 형 황당하다, 허황하다, 터무니없다

1771 荒凉 huāngliáng 형 황량하다, 쓸쓸하다, 적막하다

1772 荒谬 huāngmiù 형 터무니없다, 엉터리이다,
　　　　　황당무계하다

1773 慌乱 huāngluàn 형 당황하고 혼란하다

1774 慌张 huāngzhāng 형 당황하다, 허둥대다

1775 皇宫 huánggōng 명 황궁

1776 皇后 huánghòu 명 황후

1777 皇上 huángshang 명 황상, (재위 중인) 황제

1778 皇室 huángshì 명 황실

1779 黄昏 huánghūn 명 황혼, 해질 무렵

1780 恍然大悟 huǎngrán-dàwù
　　　성 문득 모든 것을 깨치다, 갑자기 모두 알게 되다

1781 晃 huǎng 동 눈부시게 하다 형 밝게 빛나다

1782 谎话 huǎnghuà 명 거짓말

1783 谎言 huǎngyán 명 거짓말

1784 晃 huàng 동 흔들다, 흔들리다, 요동하다

1785 晃荡 huàngdang 동 (좌우로) 흔들리다, 휘청거리다
　　　　　동 빈둥거리다, 어슬렁거리다

1786 灰 huī 명 재, 먼지 형 회색의, 잿빛의

1787 灰尘 huīchén 명 먼지

1788 灰心 huīxīn 동 낙담하다, 낙심하다, 의기소침하다

1789 挥 huī 동 휘두르다, 흔들다
　　　　　동 (눈물·물 따위를) 닦아내다
　　　　　동 (군대를) 지휘하다, 호령하다

1790 辉煌 huīhuáng 형 휘황찬란하다, 눈부시다

1791 回归 huíguī 동 회귀하다, (원래의 곳으로) 되돌아가다

1792 回扣 huíkòu 명 수수료, 커미션, 리베이트

1793 回馈 huíkuì 동 피드백하다 동 보답하다, 답례하다

1794 回落 huíluò 동 (수위나 물가가) 올라갔다 도로 떨어지다

1795 回升 huíshēng 동 (시세·경기·기온·생산량 등이)
　　　　　내렸다가 다시 오르다

1796 回首 huíshǒu 동 머리를 돌리다
　　　　　동 회상하다, 회고하다

1797 回味 huíwèi 동 회상하다, 돌이켜보다

1798 回想 huíxiǎng 동 회상하다

1799 回忆录 huíyìlù 명 회고록

1800 悔恨 huǐhèn 동 뼈저리게 뉘우치다

1801 毁坏 huǐhuài 동 부수다, 파손하다, 무너뜨리다

1802 毁灭 huǐmiè 동 괴멸하다, 섬멸하다, 박멸하다

1803 汇合 huìhé 동 (물줄기가) 모이다, 모으다, 합치다

1804 汇集 huìjí 동 모이다, 집중하다

1805 汇聚 huìjù 동 한데 모이다, 모여들다

1806 会场 huìchǎng 명 회의장, 집회 장소

1807 会面 huìmiàn 동 만나다

1808 会晤 huìwù 동 만나다, 회견하다

1809 会意 huìyì 동 남의 의중을 깨닫다, 이해하다, 알다

1810 会诊 huìzhěn 동 (두 명 이상의 의사가) 합동 진찰하다

1811 绘声绘色 huìshēng-huìsè 성 (묘사나 서술이)
　　　　　생생하다

1812 贿赂 huìlù 명 뇌물 동 뇌물을 주다

1813 昏迷 hūnmí 동 혼미하다, 의식불명이다, 인사불성이다

1814 婚纱 hūnshā 명 웨딩드레스

1815 婚姻 hūnyīn 명 혼인, 결혼

1816 浑身 húnshēn 명 온몸, 전신

1817 魂 hún 명 혼, 넋 명 정신, 얼, 정서

1818 混凝土 hùnníngtǔ 명 콘크리트

1819 混淆 hùnxiáo
　　　동 뒤섞이다, 헷갈리다 [주로 추상적인 사물에 쓰임]
　　　동 뒤섞다, 헷갈리게 하다

1820 浑浊 húnzhuó 형 혼탁하다, 흐리다 형 어리석다

1821	豁 huō	동 터지다, 갈라지다　동 내바치다, 희생하다
1822	豁出去 huōchuqu	(목숨을) 내걸다, 필사적으로 하다
1823	活该 huógāi	동 ~꼴을 당해도 마땅하다 [동정할 가치가 없음을 나타냄] 동 마땅히 ~해야 한다 [운명이 정해졌음을 나타냄]
1824	活期 huóqī	형 비정기의, 보통예금의
1825	活儿 huór	명 일, 노동 [일반적으로 육체노동을 일컬음]
1826	火暴 huǒbào	형 (성격이) 성급하다, 조급하다, 충동적이다
1827	火锅 huǒguō	명 중국식 샤브샤브
1828	火候 huǒhou	(요리할 때) 불의 세기와 시간 명 결정적인 순간　명 숙달된 경지
1829	火花 huǒhuā	명 불꽃, 스파크
1830	火炬 huǒjù	명 횃불
1831	火辣辣 huǒlàlà	형 매우 아리고 얼얼하다 형 몹시 뜨겁다, 작열하다 형 감정이 북받쳐오르다, 격정에 사로잡히다
1832	火热 huǒrè	형 불같이 뜨겁다 형 (감정이) 뜨겁다, 열렬하다 형 (사이가) 다정하다
1833	火山 huǒshān	명 화산
1834	火速 huǒsù	부 황급하게, 긴급하게
1835	火焰 huǒyàn	명 불꽃, 화염
1836	火药 huǒyào	명 화약
1837	伙食 huǒshí	명 (학교·군대 따위의 공동) 식사
1838	或多或少 huòduō-huòshǎo	많든 적든
1839	货币 huòbì	명 화폐
1840	货车 huòchē	명 화물차
1841	货物 huòwù	명 물품, 상품, 화물
1842	货运 huòyùn	명 화물운송
1843	获胜 huòshèng	동 승리하다, 이기다
1844	获悉 huòxī	동 (어떤 소식·상황을) 알게 되다, 정보를 얻다
1845	祸害 huòhài	명 화근, 문제를 일으키는 사람, 골칫거리 명 화, 재난　동 큰 피해를 주다
1846	霍乱 huòluàn	명 콜레라　명 곽란 [급성 위장염]
1847	豁达 huòdá	형 확 트이다, (성격이) 활달하다
1848	几率 jīlǜ	명 확률
1849	讥笑 jīxiào	동 조롱하다, 비웃다, 조소하다
1850	饥饿 jī'è	형 굶주리다, 배고프다
1851	机舱 jīcāng	명 배의 기관실 명 비행기의 객실 또는 화물칸, 기내
1852	机动 jīdòng	형 기동적인, 탄력적인
1853	机灵 jīling	형 영리하다, 약삭빠르다, 기지가 있다
1854	机密 jīmì	형 기밀이다, 극비이다　명 기밀, 극비
1855	机智 jīzhì	형 기지가 넘치다
1856	肌肤 jīfū	명 근육과 피부
1857	积 jī	동 (사물이) 쌓여 있다　동 쌓이다, 축적되다
1858	积淀 jīdiàn	동 오랫동안 누적되어 형성하다 [주로 사상·문화·관념 따위의 추상적인 것에 쓰임] 명 축적된 경험
1859	积蓄 jīxù	동 저축하다, 축적하다　명 저축, 저금
1860	基本功 jīběngōng	명 기초적 지식과 기술, 기본적 기량
1861	基层 jīcéng	명 (조직의) 말단, 최하부 조직
1862	基因 jīyīn	명 유전자
1863	基于 jīyú	개 ~에 근거하다
1864	基准 jīzhǔn	명 기준
1865	畸形 jīxíng	형 기형적이다, 비정상적이다
1866	激发 jīfā	동 불러일으키다, 끓어오르게 하다
1867	激光 jīguāng	명 레이저
1868	激化 jīhuà	동 격화되다　동 격화시키다
1869	激活 jīhuó	동 활성화하다, 반응을 촉진하다
1870	激励 jīlì	동 격려하다, 북돋워 주다
1871	激起 jīqǐ	동 (자극이나 충격을 주어) 불러일으키다, 야기하다
1872	激素 jīsù	명 호르몬
1873	及 jí	접 및, ~와　동 도달하다
1874	及其 jí qí	그에 따르는 [명사나 명사성 구를 연결하여 후자가 전자에 종속됨을 나타냄]
1875	及早 jízǎo	부 빨리, 일찍, 일찌감치
1876	吉普 jípǔ	명 지프, 지프차
1877	吉他 jítā	명 기타
1878	吉祥物 jíxiángwù	명 마스코트
1879	级别 jíbié	명 등급, 순위, 등급의 구별
1880	极度 jídù	부 아주, 매우, 대단히　명 극한
1881	极力 jílì	부 전력을 다하여, 있는 힘을 다하여
1882	极少数 jí shǎoshù	극소수
1883	极为 jíwéi	부 극히, 매우
1884	极限 jíxiàn	명 극한, 최대한
1885	即 jí	부 곧, 바로
1886	即便 jíbiàn	접 설령 ~하더라도
1887	即可 jíkě	부 ~하면 곧 ~할 수 있다
1888	急剧 jíjù	형 급격하다, 급속하다
1889	急迫 jípò	형 급박하다, 절박하다, 다급하다

27

1890	急性 jíxìng 혱 급성의	
1891	急需 jíxū 동 급히 필요로 하다	
1892	急于 jíyú 동 급히 서둘러 ~을 하려고 하다, ~에 급급하다	
1893	急诊 jízhěn 명 응급진료 동 응급진료하다	
1894	急转弯 jízhuǎnwān 동 급히 방향을 바꾸다 명 급커브길	
1895	棘手 jíshǒu 혱 (처리하기가) 곤란하다, 까다롭다, 애먹다	
1896	集会 jíhuì 동 집회를 열다 명 집회	
1897	集结 jíjié 동 집결하다, 결집하다	
1898	集邮 jíyóu 동 우표를 수집하다	
1899	集装箱 jízhuāngxiāng 명 컨테이너	
1900	集资 jízī 동 자금을 모으다	
1901	嫉妒 jídù 동 질투하다	
1902	挤压 jǐyā 동 (좌우·상하로부터) 내리누르다, 눌러 밀어 내다	
1903	脊梁 jǐliáng 명 척추, 등 명 주축[중추적인 역할을 하는 사람 또는 역량]	
1904	计 jì 동 세다, 계산하다 명 계획, 계략, 계책	
1905	计策 jìcè 명 계책, 계략, 술책	
1906	计较 jìjiào 동 따지다, 계산하여 비교하다 동 논쟁하다, 언쟁하다	
1907	计时 jìshí 동 시간을 표시하다, 시간에 따라 비용을 계산하다	
1908	记号 jìhao 명 기호, 표시, 마크	
1909	记忆犹新 jìyì-yóuxīn 성 기억이 생생하다	
1910	纪录片 jìlùpiàn 명 다큐멘터리	
1911	纪念碑 jìniànbēi 명 기념비	
1912	纪念馆 jìniànguǎn 명 기념관	
1913	纪念日 jìniànrì 명 기념일	
1914	纪实 jìshí 동 실제의 상황을 기록하다 명 실제 사건의 기록, 현장 기록	
1915	技艺 jìyì 명 기예	
1916	忌 jì 동 시기하다 동 두려워하다 동 싫어하다, 꺼리다, 금기하다	
1917	忌讳 jìhuì 동 금기하다, 기피하다 동 삼가다	
1918	忌口 jìkǒu 동 (병이나 다른 원인으로) 음식을 가리다	
1919	剂 jì 명 약제, 조제한 약 양 제[탕약을 셀 때 쓰는 단위]	
1920	迹象 jìxiàng 명 흔적, 자취, 기미	
1921	继 jì 동 계속하다, 지속하다, 이어지다 접 이어서	
1922	继而 jì'ér 부 계속하여, 뒤이어	
1923	继父 jìfù 명 계부, 의붓아버지	
1924	继母 jìmǔ 명 계모, 의붓어머니	
1925	祭 jì 동 제사 지내다 동 추모하다, 추도하다	

1926	祭奠 jìdiàn 동 제사 지내 추모하다	
1927	祭祀 jìsì 동 제사 지내다	
1928	寄托 jìtuō 동 위탁하다, 맡기다 동 (기대·희망·감정 따위를) 걸다	
1929	寂静 jìjìng 혱 고요하다, 적막하다	
1930	寂寞 jìmò 혱 적막하다, 쓸쓸하다, 고요하다	
1931	加紧 jiājǐn 동 다그치다, 강화하다, 박차를 가하다	
1932	加剧 jiājù 동 격화하다, 심해지다	
1933	加深 jiāshēn 동 깊게 하다, 깊어지다, 심화하다	
1934	加重 jiāzhòng 동 가중하다, 무거워지다, 심해지다	
1935	佳节 jiājié 명 즐거운 명절, 아름다운 명절	
1936	家伙 jiāhuo 명 놈, 녀석 [사람을 경시하거나 친해서 막 부르는 칭호] 명 공구, 도구, 무기	
1937	家家户户 jiājiāhùhù 명 가가호호, 집마다	
1938	家教 jiājiào 명 가정교육	
1939	家境 jiājìng 명 가정 형편, 집안 형편	
1940	家禽 jiāqín 명 가금 [집에서 기르는 날짐승]	
1941	家用 jiāyòng 명 생활비 혱 가정용의	
1942	家喻户晓 jiāyù-hùxiǎo 성 집집마다 알다	
1943	家政 jiāzhèng 명 가정, 가사의 관리	
1944	家族 jiāzú 명 가족, 동족	
1945	嘉年华 jiāniánhuá 명 카니발, 축제	
1946	假定 jiǎdìng 동 가정하다 명 가정, 가설	
1947	假冒 jiǎmào 동 (가짜가 진짜인 것처럼) 가장하다	
1948	假设 jiǎshè 동 가정하다 동 꾸며내다, 날조하다 명 가정, 가설	
1949	假使 jiǎshǐ 접 만약, 만일, 가령	
1950	假装 jiǎzhuāng 동 가장하다, 짐짓 ~체하다	
1951	价位 jiàwèi 명 가격대, 가격수준	
1952	价值观 jiàzhíguān 명 가치관	
1953	驾 jià 동 (수레·농기구를) 끌게 하다 동 (자동차·기관차·기선·비행기 등을) 조종하다	
1954	驾车 jià chē 운전하다	
1955	驾驭 jiàyù 동 가축을 부리다, 차를 몰다 동 제어하다, 통제하다	
1956	架势 jiàshi 명 자세, 자태, 모습 명 형세, 정세	
1957	架子 jiàzi 명 (건조물의) 틀, 선반 명 사물의 조직 명 자태, 모양, 자세	
1958	嫁 jià 동 시집가다, 출가하다 동 남에게 덮어씌우다	
1959	嫁妆 jiàzhuang 명 혼수	
1960	尖端 jiānduān 혱 첨단의 명 첨단, 물체의 뾰족한 끝	

1961	尖锐 jiānruì	혱 날카롭다, 예리하다
1962	奸诈 jiānzhà	혱 간사하다, 간사하여 남을 잘 속이다
1963	歼灭 jiānmiè	동 섬멸하다, 몰살하다
1964	坚持不懈 jiānchí-búxiè 성 조금도 느슨하게 하지 않고 끝까지 견지해 나가다
1965	坚韧 jiānrèn	혱 강인하다, 완강하다
1966	坚实 jiānshí	혱 튼튼하다, 견고하다 혱 건장하다
1967	坚守 jiānshǒu	동 굳게 지키다
1968	坚信 jiānxìn	동 굳게 믿다
1969	坚硬 jiānyìng	혱 굳다, 단단하다
1970	肩膀 jiānbǎng	명 어깨
1971	肩负 jiānfù	동 짊어지다, 맡다
1972	艰巨 jiānjù	혱 대단히 어렵고 힘들다
1973	艰苦奋斗 jiānkǔ-fèndòu 성 고난과 시련을 이겨내면서 있는 힘을 다하여 싸우다
1974	艰险 jiānxiǎn	혱 어렵고 위험하다, 험난하다
1975	艰辛 jiānxīn	혱 고생스럽다
1976	监察 jiānchá	동 감찰하다
1977	监管 jiānguǎn	동 감독 관리하다
1978	监护 jiānhù	동 감독 보호하다 동 관찰하고 간병하다 동 후견하다
1979	监控 jiānkòng	동 감시하고 제어하다
1980	监视 jiānshì	동 감시하다
1981	监狱 jiānyù	명 감옥
1982	兼 jiān	동 겸하다, 동시에 하다
1983	兼顾 jiāngù	동 겸하여 고려하다, 아울러 돌보다
1984	兼任 jiānrèn	동 겸임하다
1985	兼容 jiānróng	동 동시에 여러 가지를 받아들이다, 수용하다
1986	兼职 jiānzhí	명 겸직 동 겸직하다
1987	煎 jiān	동 (기름에) 지지다, (전을) 부치다
1988	拣 jiǎn	동 고르다, 선택하다 동 줍다, 습득하다
1989	检察 jiǎnchá	동 정밀히 관찰하다 동 수사하다
1990	检讨 jiǎntǎo	동 깊이 반성하다 명 자기비판 동 총결산하다, 검토하다
1991	减免 jiǎnmiǎn	동 감면하다
1992	减弱 jiǎnruò	동 약해지다, 약화되다, 약화시키다
1993	减速 jiǎnsù	동 감속하다
1994	减压 jiǎnyā	동 감압하다, 압력을 낮추다
1995	简称 jiǎnchēng	명 약칭 동 간단하게 부르다
1996	简短 jiǎnduǎn	혱 내용이 간단하고 말이 짧다
1997	简化 jiǎnhuà	동 간소화하다, 단순화하다
1998	简洁 jiǎnjié	혱 (언행 또는 문장이) 간결하다
1999	简陋 jiǎnlòu	혱 초라하다, 보잘것없다, 빈약하다
2000	简体字 jiǎntǐzì	명 간체자
2001	简要 jiǎnyào	혱 간단하면서도 요령 있다, 간단명료하다
2002	简易 jiǎnyì	혱 간단하고 쉬운 혱 시설이 미비한
2003	见解 jiànjiě	명 견해, 의견
2004	见钱眼开 jiànqián-yǎnkāi 성 돈을 보고 욕심을 내다
2005	见仁见智 jiànrén-jiànzhì 성 사람에 따라 견해가 다르다
2006	见识 jiànshi	동 견문을 넓히다 명 견문, 지식
2007	见外 jiànwài	혱 어색하다, 서먹서먹하다
2008	见效 jiànxiào	동 효력이 나타나다, 효험을 보다
2009	见义勇为 jiànyì-yǒngwéi 성 정의를 보고 용감하게 뛰어들다
2010	见证 jiànzhèng	동 (눈으로 직접 보아) 증명할 수 있다 명 증거 물품, 증인
2011	间谍 jiàndié	명 스파이, 간첩
2012	间断 jiànduàn	동 (연속된 일이) 중단되다, 멈추다
2013	间隔 jiàngé	명 간격, 사이 동 간격을 두다
2014	间隙 jiànxì	명 틈, 사이, 짬
2015	建交 jiànjiāo	동 외교관계를 맺다, 국교를 맺다
2016	建树 jiànshù	동 (공훈·공적을) 세우다 명 공적, 공로
2017	建筑师 jiànzhùshī	명 건축사
2018	建筑物 jiànzhùwù	명 건축물
2019	贱 jiàn	혱 비열하다, 야비하다 혱 (지위·신분 등이) 낮다, 천하다 혱 (값이) 싸다
2020	健美 jiànměi	혱 건강하고 아름답다 명 건강미
2021	健壮 jiànzhuàng	혱 건장하다
2022	溅 jiàn	동 (물방울·흙탕물 따위가) 튀다
2023	鉴别 jiànbié	동 감별하다, 구별하다
2024	鉴赏 jiànshǎng	동 감상하다
2025	鉴于 jiànyú	개 ~의 점에서 보아, ~에 비추어 보아 접 ~때문에, ~로 인하여
2026	姜 jiāng	명 생강
2027	僵 jiāng	혱 (사지가) 굳다, 뻣뻣해지다 혱 일이 교착상태에 빠지다, 서먹서먹하다
2028	僵化 jiānghuà	동 경직되다, 교착상태에 빠지다
2029	僵局 jiāngjú	명 교착상태
2030	讲解 jiǎngjiě	동 설명하다, 해설하다
2031	讲述 jiǎngshù	동 (일이나 도리 등을) 진술하다, 서술하다
2032	讲学 jiǎngxué	동 학문을 강의하다, 학술강연을 하다

2033 奖杯 jiǎngbēi 몡 우승컵	2072 缴费 jiǎofèi 동 비용을 납부하다
2034 奖牌 jiǎngpái 몡 상패, 메달	2073 缴纳 jiǎonà 동 납부하다, 납입하다
2035 奖品 jiǎngpǐn 몡 상품	2074 叫板 jiàobǎn 동 중국 전통극에서 배우가 마지막 대사
2036 奖项 jiǎngxiàng 몡 상의 종목	의 어조를 길게 뽑는 등의 방식으로 다음 곡조로 넘어가기
2037 降临 jiànglín 동 강림하다, 내려오다	편하게 고수에게 의사 표시를 하다
2038 交叉 jiāochā 동 교차하다 동 겹치다	동 (적진 앞에서 고함을 치며) 도발하다, 도전하다
동 번갈아 하다	2075 叫好 jiàohǎo 갈채를 보내다
2039 交锋 jiāofēng 동 교전하다, 맞붙다, 싸우다	2076 轿车 jiàochē 몡 승용차, 세단
2040 交付 jiāofù 동 교부하다, 건네주다, 붙이다	2077 较劲 jiàojìn 동 (힘·승부를) 겨루다
2041 交集 jiāojí 동 (다른 감정 또는 사물이) 일제히 일어나다	동 대립하다, 대치하다
2042 交接 jiāojiē 동 연접하다, 잇닿다 동 교제하다	2078 较量 jiàoliàng 동 겨루다, 대결하다
동 교체하다, 인수인계하다	2079 教科书 jiàokēshū 몡 교과서
2043 交界 jiāojiè 동 두 지역이 인접하다	2080 教条 jiàotiáo 몡 교조 [역사적 현실이나 구체적인 환경
2044 交纳 jiāonà 동 (세금·회비 따위를) 납부하다, 내다	과 상관없이 맹목적으로 받아들여지는 원칙이나 원리]
2045 交情 jiāoqing 몡 친분, 우의, 우정	형 기계적이다, 교과서적이다
2046 交涉 jiāoshè 동 협상하다, 교섭하다	2081 教养 jiàoyǎng 몡 교양 동 교육하고 양성하다
2047 交谈 jiāotán 동 이야기하다, 이야기를 나누다	2082 阶层 jiēcéng 몡 (사회의) 계층
2048 交替 jiāotì 동 교체하다, 교대하다	몡 (공통적 성질을 가진) 집단, 계급
2049 交头接耳 jiāotóu-jiē'ěr	2083 阶级 jiējí 몡 계급 몡 층계 몡 관직의 등급
성 귀에 입을 대고 소곤거리다	2084 阶梯 jiētī 몡 층계, 계단
2050 交响乐 jiāoxiǎngyuè 몡 교향악	몡 디딤돌, (실력을 높이는) 수단, 방법
2051 郊外 jiāowài 몡 교외	2085 皆 jiē 부 모두, 전부, 다
2052 郊游 jiāoyóu 몡 교외로 소풍가다	2086 结 jiē 동 (열매를) 맺다, (열매가) 열리다
2053 浇 jiāo 동 (물·액체를) 뿌리다, 끼얹다	2087 结果 jiēguǒ 몡 열매가 열리다, 맺다
2054 娇惯 jiāoguàn 동 응석받이로 키우다	2088 接班 jiēbān 동 (직무·권력을) 계승하다, 후계하다
2055 娇气 jiāoqì 형 나약하다, 허약하다, 연약하다	동 (작업·임무·근무를) 교대하다, 인계받다
몡 나약한 성격	2089 接班人 jiēbānrén 몡 후계자, 후임
2056 胶囊 jiāonáng 몡 캡슐	2090 接二连三 jiē'èr-liánsān 성 연이어, 연달아, 잇따라
2057 胶片 jiāopiàn 몡 필름	2091 接轨 jiēguǐ 동 레일을 연결하다
2058 焦 jiāo 형 바삭바삭하다, 메마르다	동 (제도·방법 등을) 서로 연계하다
2059 焦急 jiāojí 형 초조하다, 애타다, 안달하다	2092 接济 jiējì 동 구제하다, 돕다 동 공급하다, 보내다
2060 焦距 jiāojù 몡 초점거리	2093 接见 jiējiàn 동 접견하다
2061 焦虑 jiāolǜ 형 걱정스럽다, 우려하다, 고심하다	2094 接力 jiēlì 동 릴레이하다, 이어달리기하다
2062 焦躁 jiāozào 형 초조하다	2095 接纳 jiēnà 동 (개인이나 단체가 조직이나 활동에 참가
2063 礁石 jiāoshí 몡 암초	하는 것을) 받아들이다
2064 嚼 jiáo 동 씹다 동 (문장 따위를) 음미하다	동 (의견 등을) 수용하다
2065 角落 jiǎoluò 몡 구석, 모퉁이 몡 외딴 곳	2096 接手 jiēshǒu 동 일을 인수하다, 인계받다
2066 狡猾 jiǎohuá 형 교활하다, 간사하다	몡 포수
2067 绞 jiǎo 동 비틀다, 꼬다 동 교살하다	2097 接送 jiēsòng 동 맞이하고 보내다
2068 矫正 jiǎozhèng 동 교정하다, 바로잡다	2098 接替 jiētì 동 대신하다, 교체하다, 교대하다
2069 搅 jiǎo 동 휘젓다 동 뒤섞다	2099 接听 jiētīng 동 (전화를) 받다
2070 搅拌 jiǎobàn 동 휘저어 섞다, 반죽하다	2100 接通 jiētōng 동 연결되다, 통하다
2071 缴 jiǎo 동 (돈·대가를) 납부하다, 지급하다	
동 (무기를) 빼앗다, 몰수하다	

★ ░ 배경색이 칠해진 단어는 중요 단어입니다.

2101	揭发 jiēfā	동 들추어내다, 적발하다, 폭로하다
2102	揭露 jiēlù	동 폭로하다, 까발리다
2103	揭示 jiēshì	동 게시하다 동 지적해 내다, 밝히다
2104	揭晓 jiēxiǎo	동 (결과를) 발표하다, 공표하다
2105	节俭 jiéjiǎn	형 검소하다, 검소하고 소박하다
2106	节气 jiéqì	명 절기
2107	节水 jiéshuǐ	동 물을 절약하다
2108	节衣缩食 jiéyī-suōshí	성 입고 먹는 것을 아끼다
2109	劫 jié	동 강탈하다, 약탈하다 동 협박하다, 강제하다
2110	劫持 jiéchí	동 협박하다, 유괴하다, 납치하다
2111	洁净 jiéjìng	형 청결하다, 깨끗하다
2112	结冰 jiébīng	동 얼음이 얼다, 결빙하다
2113	结晶 jiéjīng	명 결정체, 결정
2114	结局 jiéjú	명 결말, 결국
2115	结识 jiéshí	동 사귀다
2116	结尾 jiéwěi	명 결말, 최종 단계 동 끝나다, 마치다
2117	截 jié	동 자르다, 끊다 동 차단하다, 마감하다 양 토막, 마디, 단락
2118	截然不同 jiérán-bùtóng	성 완전히 다르다, 판이하다
2119	竭尽全力 jiéjìn-quánlì	성 모든 힘을 다 기울이다, 최선을 다하다
2120	竭力 jiélì	부 전력하여, 온 힘을 다하여
2121	解答 jiědá	동 해답하다, 질문을 풀다, 의문을 풀다
2122	解读 jiědú	동 해독하다
2123	解雇 jiěgù	동 해고하다
2124	解救 jiějiù	동 구제하다, 구출하다
2125	解剖 jiěpōu	동 해부하다 동 분석하다
2126	解散 jiěsàn	동 (기구나 단체를) 해체하다, 해산하다
2127	解体 jiětǐ	동 와해되다, 해체되다
2128	解脱 jiětuō	동 해탈하다 동 어려움으로부터 벗어나다
2129	解围 jiěwéi	동 적의 포위망을 뚫다, 곤경으로부터 구제하다
2130	解析 jiěxī	동 상세히 분석하다, 해부하다
2131	介入 jièrù	동 개입하다, 끼어들다
2132	介意 jièyì	동 개의하다 [주로 부정사 뒤에 쓰임]
2133	介于 jièyú	동 ~의 사이에 있다

2134	戒备 jièbèi	동 경비하다 동 경계하다, 조심하다
2135	戒烟 jiè yān	담배를 끊다
2136	戒指 jièzhi	명 반지
2137	届时 jièshí	부 때가 되어
2138	界定 jièdìng	동 한계를 정하다 동 정의를 내리다
2139	界限 jièxiàn	명 한계, 한도 명 경계
2140	界线 jièxiàn	명 경계선 명 (사물의) 테두리, 가장자리
2141	借口 jièkǒu	동 핑계를 대다 명 구실, 핑계
2142	借条 jiètiáo	명 (약식의) 차용증서
2143	借用 jièyòng	동 빌려쓰다, 차용하다
2144	借助 jièzhù	동 도움을 빌다, ~의 힘을 빌리다
2145	金属 jīnshǔ	명 금속
2146	金子 jīnzi	명 금, 황금
2147	金字塔 jīnzìtǎ	명 피라미드
2148	津津有味 jīnjīn-yǒuwèi	성 흥미진진하다
2149	津贴 jīntiē	명 수당, 보조금
2150	筋 jīn	명 근육, 힘줄, 인대
2151	禁不住 jīnbuzhù	동 (사람이나 사물이) 이겨 내지 못 하다, 견디지 못하다
2152	仅次于 jǐn cì yú	버금가다
2153	尽 jǐn	동 될 수 있는 대로 ~하다, 되도록 ~하다 부 언제나, 늘, 항상
2154	尽早 jǐnzǎo	부 되도록 일찍
2155	紧凑 jǐncòu	형 치밀하다, 잘 짜이다, 빈틈없다
2156	紧接着 jǐn jiēzhe	이어(서)
2157	紧迫 jǐnpò	형 긴박하다, 급박하다
2158	紧缺 jǐnquē	형 (물품이) 빠듯하다, 부족하다
2159	紧缩 jǐnsuō	동 긴축하다, 축소하다, 줄이다
2160	锦旗 jǐnqí	명 우승기, 페넌트
2161	谨慎 jǐnshèn	형 신중하다
2162	尽情 jìnqíng	부 하고 싶은 바를 다하여, 실컷
2163	尽头 jìntóu	명 막바지, 말단, 말미
2164	进场 jìnchǎng	동 입장하다 동 (비행기가 활주로에) 진입하다
2165	进程 jìnchéng	명 경과, 진행 과정, 코스
2166	进出 jìnchū	동 출입하다, 드나들다 명 수입과 지출
2167	进出口 jìnchūkǒu	수출입, 출입구
2168	进度 jìndù	명 (일·학업 등의) 진도, 진행 속도
2169	进而 jìn'ér	접 더 나아가, 진일보하여

2170	进修 jìnxiū 동 연수하다
2171	近年来 jìnniánlái 최근 몇 년간

2170 进修 jìnxiū 동 연수하다

2171 近年来 jìnniánlái 최근 몇 년간

2172 劲头 jìntóu 명 힘, 역량 명 열정, 의욕

2173 晋升 jìnshēng 동 승진하다, 승진시키다

2174 浸泡 jìnpào 동 (물 속에) 담그다

2175 禁忌 jìnjì 명 금기 동 꺼리다, 기피하다

2176 禁区 jìnqū 명 (출입) 금지구역, 보호구역, 제한구역

2177 茎 jīng 명 (식물의) 줄기 양 가닥, 대

2178 经 jīng 명 (직물의) 날실, 경맥, 경도 동 겪다

2179 经度 jīngdù 명 경도

2180 经久不息 jīngjiǔ-bùxī 성 오랫동안 멈추지 않고 계속 지속함을 이르는 말

2181 经贸 jīngmào 명 경제·무역

2182 经商 jīngshāng 동 장사하다

2183 经受 jīngshòu 동 (시련 따위를) 겪다, 견디다

2184 荆棘 jīngjí 명 가시나무

2185 惊 jīng 동 놀라다, 놀라게 하다

2186 惊诧 jīngchà 형 놀랍고 의아하다

2187 惊慌 jīnghuāng 형 놀라 허둥지둥하다

2188 惊慌失措 jīnghuāng-shīcuò 성 놀라고 당황하여 어찌할 바를 모르다

2189 惊奇 jīngqí 형 놀랍고도 이상하다, 이상하여 놀라다

2190 惊叹 jīngtàn 동 경탄하다

2191 惊天动地 jīngtiān-dòngdì 성 기세나 일이 대단하여 온 세상을 깜짝 놀라게 하다

2192 惊险 jīngxiǎn 형 아슬아슬하다, 스릴이 있다

2193 惊心动魄 jīngxīn-dòngpò 성 (문장 따위가) 심금을 울리다

2194 惊醒 jīngxǐng 동 깜짝 놀라서 깨다 동 놀라 깨우다

2195 惊讶 jīngyà 형 놀랍고 의아하다

2196 晶莹 jīngyíng 형 반짝반짝 빛나다, 영롱하다

2197 兢兢业业 jīngjīngyèyè 형 신중하고 조심스럽게 맡은 일을 열심히 하다, 부지런하고 성실하다

2198 精打细算 jīngdǎ-xìsuàn 성 정밀하게 계획하다, 면밀하게 계산하다

2199 精华 jīnghuá 명 정화, 정수

2200 精简 jīngjiǎn 동 간소화하다, 간결히 하다

2201 精炼 jīngliàn 동 정련하다, 정제하다

2202 精妙 jīngmiào 형 정묘하다, 정교하고 아름답다

2203 精明 jīngmíng 형 총명하다, 영리하다

2204 精疲力竭 jīngpí-lìjié 성 기진맥진하다

2205 精确 jīngquè 형 매우 정확하다, 자세하고 확실하다

2206 精神病 jīngshénbìng 명 정신병

2207 精髓 jīngsuǐ 명 정수, 진수, 정화

2208 精通 jīngtōng 동 정통하다, 통달하다

2209 精细 jīngxì 형 정교하고 섬세하다 형 꼼꼼하다, 철저하다

2210 精心 jīngxīn 공들이다, 심혈을 기울이다

2211 精益求精 jīngyìqiújīng 성 훌륭한데도 더 훌륭하게 하려 하다, 더 잘하려고 애쓰다

2212 精英 jīngyīng 명 정화, 정수 명 걸출한 인물

2213 精致 jīngzhì 형 세밀하다, 정교하다

2214 颈部 jǐngbù 명 경부, 목 부분

2215 景观 jǐngguān 명 경관, 경치

2216 景区 jǐngqū 명 관광지구

2217 警车 jǐngchē 명 경찰차

2218 警官 jǐngguān 명 경찰관

2219 警惕 jǐngtì 동 경계하다, 경계심을 갖다

2220 警钟 jǐngzhōng 명 경종 [주로 비유의 뜻으로 쓰임]

2221 净化 jìnghuà 동 정화하다, 맑게 하다

2222 竞技 jìngjì 동 경기하다, 시합하다

2223 竞相 jìngxiāng 부 서로 앞다투어

2224 竞选 jìngxuǎn 동 경선 활동을 하다, 선거운동을 하다

2225 竟 jìng 부 결국, 마침내

2226 竟敢 jìnggǎn 부 감히

2227 敬 jìng 동 공손하게 하다, 존중하다 동 온 마음을 기울이다

2228 敬爱 jìng'ài 동 공경하고 사랑하다

2229 敬而远之 jìng'éryuǎnzhī 성 존경하기는 하되 가까이하지는 않다

2230 敬酒 jìngjiǔ 동 술을 권하다

2231 敬礼 jìnglǐ 동 경례하다 동 삼가 아뢰다

2232 敬佩 jìngpèi 동 경복하다, 감복하다

2233 敬请 jìngqǐng 동 (어떤 일을) 공경히 부탁하다

2234 敬业 jìngyè 동 학업이나 일에 전심전력하다

2235 敬意 jìngyì 명 경의

2236 敬重 jìngzhòng 동 존경하다, 존중하다

2237 静止 jìngzhǐ 동 정지하다

2238 境地 jìngdì 명 경지, 상황, 입장, 국면

2239 境界 jìngjiè 명 경지, 경계

2240 境内 jìngnèi 명 경내, 구역

2241	境外 jìngwài	몡 경외, 일정한 지경 밖
2242	境遇 jìngyù	몡 경우, (생활) 형편, 처지
2243	窘迫 jiǒngpò	혱 (생활이) 곤궁하다 혱 (입장이) 매우 곤란하다, 난처하다
2244	纠缠 jiūchán	동 뒤엉키다, 뒤얽히다 동 성가시게 하다, 분쟁을 일으키다
2245	揪 jiū	동 붙잡다, 잡아당기다
2246	久违 jiǔwéi	동 오랜간만입니다
2247	久仰 jiǔyǎng	동 존함은 오래 전부터 들었습니다 [처음 만났을 때의 인사]
2248	酒精 jiǔjīng	몡 알코올
2249	酒楼 jiǔlóu	몡 술집, 요릿집
2250	救护车 jiùhùchē	몡 구급차
2251	救济 jiùjì	동 구제하다
2252	救治 jiùzhì	동 응급 처치하다
2253	就餐 jiùcān	동 밥을 먹다, 밥 먹으러 가다
2254	就地 jiùdì	부 그 자리에서, 현장에서, 현지에서
2255	就读 jiùdú	동 (학교에서) 공부하다, 학교에 다니다
2256	就近 jiùjìn	부 근방에서, 근처에서, 가까운 곳에서
2257	就任 jiùrèn	동 취임하다, 부임하다
2258	就医 jiùyī	동 의사에게 보이다, 치료받다, 진찰을 받다
2259	就诊 jiùzhěn	동 진찰 받다
2260	就职 jiùzhí	동 (정식으로) 취임하다, 부임하다
2261	就座 jiùzuò	동 자리에 앉다, 착석하다
2262	舅舅 jiùjiu	몡 외삼촌, 외숙
2263	拘留 jūliú	동 구류하다, 구치하다
2264	拘束 jūshù	동 구속하다, 속박하다 혱 어색하다, 딱딱하다
2265	居高临下 jūgāo-línxià	셩 높은 곳에서 굽어보다, 높이 앉아 내려다보다
2266	居民楼 jūmínlóu	몡 거주 주택
2267	鞠躬 jūgōng	동 허리를 굽혀 절하다
2268	局部 júbù	몡 국부, 일부분
2269	局势 júshì	몡 (정치·군사 등의) 정세, 형세, 상태
2270	局限 júxiàn	동 제한하다, 국한하다
2271	菊花 júhuā	몡 국화
2272	橘子 júzi	몡 귤
2273	沮丧 jǔsàng	혱 낙담하다, 풀이 죽다 동 낙담하게 하다
2274	举报 jǔbào	동 (유관 기관에) 고발·보고하다
2275	举措 jǔcuò	몡 행동거지 몡 (대응) 조치
2276	举例 jǔlì	동 예를 들다

2277	举世闻名 jǔshì-wénmíng	셩 세상에 널리 이름이 나다
2278	举世无双 jǔshì-wúshuāng	셩 세상에 둘도 없다
2279	举世瞩目 jǔshì-zhǔmù	셩 온 세상 사람이 모두 주목하다
2280	举一反三 jǔyī-fǎnsān	셩 하나를 보고 열을 안다
2281	举止 jǔzhǐ	몡 행동거지, 거동
2282	举重 jǔzhòng	몡 역도
2283	巨额 jù'é	혱 거액의, 액수가 큰
2284	巨人 jùrén	몡 거인
2285	巨头 jùtóu	몡 우두머리
2286	巨星 jùxīng	몡 거성, 위대한 인물
2287	巨型 jùxíng	혱 초대형의
2288	剧烈 jùliè	혱 격렬하다, 극렬하다
2289	剧目 jùmù	몡 연극 제목
2290	剧情 jùqíng	몡 연극 줄거리
2291	剧团 jùtuán	몡 극단
2292	剧院 jùyuàn	몡 극장
2293	剧组 jùzǔ	몡 (배우를 포함한) 연극·영화의 제작진
2294	据此 jùcǐ	동 앞에 이미 언급한 상황에 근거하다, 이에 따르다
2295	据悉 jùxī	동 아는 바에 의하면 ~라고 한다
2296	距 jù	동 떨어지다, 사이를 두다 몡 거리, 간격
2297	锯 jù	몡 톱 동 켜다, 톱질하다
2298	聚集 jùjí	동 집중하다, 합류하다, 한데 모이다
2299	聚精会神 jùjīng-huìshén	셩 정신을 집중하다, 열중하다
2300	捐献 juānxiàn	동 기부하다, 헌납하다
2301	卷入 juǎnrù	동 말려들다, 휩쓸려들다
2302	卷子 juànzi	몡 시험 답안
2303	圈 juàn	몡 (가축의) 우리
2304	决议 juéyì	몡 (회의의 토론을 거친) 결의, 결정
2305	诀别 juébié	동 이별하다, 사별하다 [주로 다시는 볼 수 없는 이별을 가리킴]
2306	诀窍 juéqiào	몡 좋은 방법, 비결, 요령
2307	角逐 juézhú	동 승부를 겨루다
2308	觉醒 juéxǐng	동 각성하다, 깨닫다
2309	绝技 juéjì	몡 절기
2310	绝缘 juéyuán	동 인연을 끊다, 관계를 끊다
2311	绝招 juézhāo	몡 뛰어난 재간 몡 일반 사람이 생각도 할 수 없는 수단, 계책
2312	倔强 juéjiàng	혱 고집이 세다

2313	崛起 juéqǐ 图 (봉우리 따위가) 우뚝 솟다	
2314	爵士 juéshì 명 나이트 작, 훈작사	
2315	倔 juè 혱 퉁명스럽다, 말투가 거칠다	
2316	军官 jūnguān 명 장교, 사관	
2317	均衡 jūnhéng 혱 고르다, 균형이 잡히다	
2318	均匀 jūnyún 혱 균등하다, 고르다, 균일하다	
2319	君子 jūnzǐ 군자, 학식과 덕망이 높은 사람	
2320	俊 jùn 혱 (용모가) 뛰어나다, 아름답다 혱 (풍채가) 좋다, 당당하다	
2321	俊俏 jùnqiào 혱 (용모가) 빼어나다, 준수하다	
2322	骏马 jùnmǎ 명 좋은 말, 준마	
2323	竣工 jùngōng 图 준공하다, 준공되다	
2324	卡车 kǎchē 명 트럭	
2325	卡片 kǎpiàn 명 카드	
2326	卡通 kǎtōng 명 카툰, 만화영화	
2327	开办 kāibàn 图 (공장·학교·상점 등을) 설립하다, 개업하다	
2328	开采 kāicǎi 图 (지하자원을) 채굴하다, 발굴하다, 개발하다	
2329	开场 kāichǎng 图 (연극이나 운동경기 등이) 막이 오르다, 개막하다 图 시작하다, 시작되다	
2330	开场白 kāichǎngbái 명 (연극 등의) 개막사, 프롤로그	
2331	开除 kāichú 图 해고하다, 면직시키다 图 제거하다	
2332	开动 kāidòng 图 (기계를) 가동시키다 图 이동하다, 움직이다	
2333	开发区 kāifāqū 명 경제 기술 개발 구역	
2334	开发商 kāifāshāng 명 (부동산·게임·소프트웨어 등 의) 개발사	
2335	开工 kāigōng 图 (공장이) 생산에 들어가다, 가동하다 图 착공하다	
2336	开垦 kāikěn 图 개간하다	
2337	开口 kāikǒu 图 입을 벌리다 图 입을 열다, 말을 하다	
2338	开阔 kāikuò 혱 넓다, 광활하다 혱 (생각·마음이) 탁 트이다, 유쾌하다 혱 (수단 또는 규모가) 방대하다, 크다 图 넓히다	
2339	开朗 kāilǎng 혱 (생각·마음·성격 등이) 낙관적이다, 명랑하다	
2340	开辟 kāipì 图 개척하다, 개발하다 图 도로를 개통하다	
2341	开启 kāiqǐ 图 개방하다 图 시작되다, 열다	
2342	开枪 kāiqiāng 총을 쏘다	
2343	开天辟地 kāitiān-pìdì 閤 천지개벽, 유사 이래	

2344	开拓 kāituò 图 개척하다, 확장하다, 개간하다
2345	开销 kāixiāo 图 (비용을) 쓰다 명 비용, 지출
2346	开张 kāizhāng 图 개업하다, 창업하다
2347	开支 kāizhī 명 지출, 비용 图 지출하다, 지불하다
2348	凯歌 kǎigē 명 개선가, 승리의 노래
2349	楷模 kǎimó 명 모범, 본보기
2350	刊登 kāndēng 图 (신문·잡지 따위에) 게재하다, 싣다
2351	刊物 kānwù 명 간행물, 출판물
2352	看护 kānhù 图 간호하다, 보살피다 명 간호사 [옛말]
2353	勘探 kāntàn 图 탐사하다, 조사하다
2354	堪称 kānchēng 图 ~라고 할 만하다
2355	侃大山 kǎn dàshān 한담하다, 잡담하다, 허풍떨다
2356	砍 kǎn 图 (도끼 따위로) 찍다, 패다
2357	看得出 kàndechū ~인 것이 보인다, ~임을 알 수 있다
2358	看热闹 kàn rènao 구경을 하다
2359	看似 kànsì 图 보기에 마치
2360	看台 kàntái 명 관람석
2361	看样子 kàn yàngzi 보아하니 ~인 것 같다
2362	看中 kànzhòng 图 마음에 들다, 좋아하다
2363	看重 kànzhòng 图 중시하다
2364	慷慨 kāngkǎi 혱 후하게 대하다, 아끼지 않다 혱 감정이나 정서가 격앙되다
2365	扛 káng 图 어깨에 매다
2366	抗衡 kànghéng 图 필적하다, 맞서다, 맞먹다
2367	抗拒 kàngjù 图 항거하다, 저항하다, 반항하다
2368	抗生素 kàngshēngsù 명 항생물질
2369	抗争 kàngzhēng 图 항쟁하다
2370	考量 kǎoliáng 图 평가하다
2371	烤 kǎo 图 (불에) 굽다
2372	靠拢 kàolǒng 图 가까이 다가서다, 접근하다
2373	苛刻 kēkè 혱 (조건·요구 등이) 너무 지나치다
2374	科幻 kēhuàn 명 과학 환상, SF
2375	科目 kēmù 명 항목, 과목
2376	科普 kēpǔ 명 과학 보급
2377	磕 kē 图 (단단한 것에) 부딪히다 图 털다, 치다
2378	壳 ké 명 단단한 껍질, 껍데기
2379	咳嗽 késou 图 기침하다
2380	可悲 kěbēi 혱 슬프다, 서럽다, 가엾다

| 2381 | 可不是 kěbúshi | 튄 그래도 ~은 아니다 |

2381 可不是 kěbúshi 튄 그래도 ~은 아니다

2382 可乘之机 kěchéngzhījī 성 틈탈 기회, 발붙일 틈

2383 可耻 kěchǐ 형 수치스럽다, 치욕스럽다

2384 可歌可泣 kěgē-kěqì 성 감격적이고 눈물겹다

2385 可观 kěguān 형 대단하다, 훌륭하다 형 가관이다

2386 可贵 kěguì 형 귀하다 형 훌륭하다, 뛰어나다

2387 可口 kěkǒu 형 맛있다, 입에 맞다

2388 可谓 kěwèi 동 ~라고 말할 수 있다, ~라고 할 만하다

2389 可恶 kěwù 형 얄밉다, 밉살스럽다, 가증스럽다

2390 可想而知 kěxiǎng'érzhī
성 미루어 알 수 있다, 가히 짐작할 수 있다

2391 可笑 kěxiào 형 우습다, 가소롭다, 우스꽝스럽다

2392 可信 kěxìn 형 미덥다, 믿을 만하다

2393 可行 kěxíng 형 가능하다, 할 수 있다, 해도 된다

2394 可疑 kěyí 형 의심스럽다, 수상하다

2395 克隆 kèlóng 동 복제하다, 클론화하다 명 클론

2396 克制 kèzhì 동 (감정 따위를) 자제하다, 억제하다

2397 刻苦 kèkǔ 동 고생을 참아 내다, 몹시 애를 쓰다

2398 刻意 kèyì 튄 고심하여, 마음을 다해서, 애써서

2399 刻舟求剑 kèzhōu-qiújiàn
성 각주구검, 미련해서 사태의 변화를 무시하는 어리석은
행동을 하다, 융통성이 없어 사태의 변화를 모르다

2400 客房 kèfáng 명 객실

2401 客机 kèjī 명 여객기

2402 客流 kèliú 명 (일정한 시각에 일정한 곳으로 가는)
승객들의 흐름

2403 客运 kèyùn 명 여객 운수 업무

2404 恳求 kěnqiú 동 간청하다

2405 啃 kěn 동 갉아먹다

2406 坑 kēng 명 구멍, 구덩이 동 함정에 빠뜨리다

2407 空荡荡 kōngdàngdàng 형 텅 비다, 황량하다

2408 空难 kōngnàn 명 항공사고

2409 空前 kōngqián 동 공전의, 전대미문의

2410 空想 kōngxiǎng 명 공상 동 공상하다

2411 空虚 kōngxū 형 공허하다, 텅 비다 형 허전하다

2412 恐怖 kǒngbù 형 무섭다, 공포를 느끼다

2413 恐吓 kǒnghè 동 협박하다, 위협하다

2414 恐慌 kǒnghuāng 형 당황하다 명 공황 상태

2415 恐惧 kǒngjù 공포감을 느끼다, 겁먹다, 두려워하다

2416 恐龙 kǒnglóng 명 공룡

2417 空白 kòngbái 명 공백, 여백

2418 空地 kòngdì 명 공터, 빈자리

2419 空隙 kòngxì 명 짬, 겨를 명 빈틈, 여지

2420 控告 kònggào 동 고소하다, 고발하다, 기소하다

2421 抠 kōu 동 파다, 후비다 동 (무늬를) 새기다
동 (쓸데없이) 파고들다, 추궁하다
형 인색하다

2422 口碑 kǒubēi 명 평가, 평판

2423 口才 kǒucái 명 말재간

2424 口吃 kǒuchī 동 말을 더듬거리다

2425 口感 kǒugǎn 명 입맛

2426 口径 kǒujìng 명 구경 명 규격, 성능, 조건

2427 口令 kǒulìng 명 구령 명 암호

2428 口气 kǒuqì 명 말투, 어조 명 말의 속뜻
명 말하는 기세, 어기

2429 口腔 kǒuqiāng 명 구강

2430 口哨 kǒushào 명 휘파람

2431 口水 kǒushuǐ 명 군침

2432 口头 kǒutóu 명 구두 명 구두로 하는

2433 口味 kǒuwèi 명 맛 명 기호, 입맛

2434 口香糖 kǒuxiāngtáng 명 껌

2435 口音 kǒuyīn 명 구음, 입소리

2436 口罩 kǒuzhào 명 마스크

2437 口子 kǒuzi 명 배우자 양 식구, 명

2438 扣除 kòuchú 동 공제하다, 빼다

2439 扣留 kòuliú 동 억류하다, 차압하다, 압수하다

2440 扣人心弦 kòurénxīnxián
성 (시문이나 표현 따위가) 심금을 울리다, 감동적이다

2441 扣押 kòuyā 동 구금하다, 구류하다

2442 枯燥 kūzào 형 지루하다, 무미건조하다
동 바싹 마르다

2443 哭泣 kūqì 동 훌짝훌짝 울다, 흐느껴 울다

2444 哭笑不得 kūxiào-bùdé
성 웃을 수도 울 수도 없다, 이러지도 저러지도 못하다

2445 窟窿 kūlong 명 구멍

2446 苦力 kǔlì 명 고된 노동력
명 쿨리 [중노동에 혹사당했던 하층 노동자]

2447 苦练 kǔ liàn 꾸준히 연습하다

2448 苦难 kǔnàn 명 고난

2449 苦恼 kǔnǎo 형 괴롭다 동 고뇌하다, 번뇌하다

2450 苦笑 kǔxiào 동 쓴웃음을 짓다
명 쓴웃음을 지은 얼굴

2451 苦心 kǔxīn 명 고심 튄 고심하여, 심혈을 기울여

2452 酷似 kùsì 동 몹시 닮다, 매우 비슷하다

2453	夸 kuā 동 과장하다, 허풍 치다 동 칭찬하다	
2454	夸大 kuādà 동 과대하다, 과장하다	
2455	夸奖 kuājiǎng 동 칭찬하다, 찬양하다	
2456	夸夸其谈 kuākuā-qítán 성 호언장담하다, 큰소리치다	
2457	夸耀 kuāyào 동 과시하다, 뽐내다, 자랑하다	
2458	夸张 kuāzhāng 형 과장하다, 과장하여 말하다 명 과장법	
2459	垮 kuǎ 동 붕괴하다, 무너지다, 망가지다	
2460	挎 kuà 동 팔을 걸다 동 어깨에 메다	
2461	跨国 kuàguó 동 국경을 초월하다	
2462	跨越 kuàyuè 동 (지역이나 시기를) 뛰어넘다	
2463	快捷 kuàijié 형 재빠르다, 날쌔다, 민첩하다	
2464	宽敞 kuānchang 형 넓다, 널찍하다	
2465	宽泛 kuānfàn 형 (의미가) 광범위하다	
2466	宽厚 kuānhòu 형 넓고 두텁다 형 (사람에 대하여) 너그럽고 후하다	
2467	宽容 kuānróng 동 관용하다, 너그럽게 받아들이다	
2468	宽恕 kuānshù 동 너그러이 용서하다	
2469	宽松 kuānsōng 형 널찍하다, 여유가 있다, 느슨하다 형 시원하다, 후련하다	
2470	款式 kuǎnshì 명 양식, 스타일, 디자인	
2471	款项 kuǎnxiàng 명 비용, 경비 명 조항	
2472	筐 kuāng 명 광주리, 바구니	
2473	狂欢 kuánghuān 동 미친 듯이 기뻐하다	
2474	狂欢节 kuánghuānjié 명 카니발, 페스티벌	
2475	狂热 kuángrè 형 열광적이다	
2476	旷课 kuàngkè 동 (학생이) 무단결석하다	
2477	况且 kuàngqiě 접 하물며, 게다가, 더구나	
2478	矿藏 kuàngcáng 명 지하자원, 매장 광물	
2479	框 kuàng 명 문틀, 창틀 명 테두리 동 구속하다, 제한하다	
2480	框架 kuàngjià 명 뼈대, 틀, 골격	
2481	亏本 kuīběn 동 본전을 까먹다, 밑지다	
2482	亏损 kuīsǔn 동 적자나다 동 허약하다, 쇠약하다	
2483	昆虫 kūnchóng 명 곤충	
2484	捆 kǔn 동 묶다, 잡아매다 양 단, 묶음, 다발	
2485	困惑 kùnhuò 동 당혹하다, 어리둥절하다 동 곤혹스럽게 만들다, 당혹하게 만들다	
2486	困境 kùnjìng 명 곤경, 궁지	
2487	扩 kuò 동 넓히다, 확대하다	
2488	扩建 kuòjiàn 동 증축하다 동 (기구·조직 따위를) 확대하다	

2489	扩散 kuòsàn 동 확산하다, 퍼뜨리다	
2490	扩张 kuòzhāng 동 확장하다, 넓히다	
2491	括弧 kuòhú 명 괄호	
2492	阔绰 kuòchuò 형 사치스럽다, 호사스럽다	
2493	拉动 lādòng 동 적극적으로 이끌다	
2494	拉拢 lālǒng 동 (자기의 이익을 위해) 자기편으로 끌어들이다	
2495	拉锁 lāsuǒ 명 지퍼(zipper), 파스너(fastener)	
2496	啦啦队 lālāduì 명 응원단	
2497	喇叭 lǎba 명 나팔	
2498	腊月 làyuè 명 음력 섣달	
2499	蜡 là 명 왁스, 밀랍, 납 명 초, 양초	
2500	蜡烛 làzhú 명 초, 양초	
2501	辣椒 làjiāo 명 고추	
2502	来宾 láibīn 명 내빈, 손님	
2503	来电 láidiàn 동 전화가 오다 동 (끊어졌던) 전기가 들어오다 명 보내 온 전보, 걸려 온 전화	
2504	来访 láifǎng 동 내방하다, 방문하다	
2505	来回 láihuí 동 왕복하다 부 반복하여, 왔다 갔다	
2506	来历 láilì 명 유래, 경로, 이력	
2507	来临 láilín 동 이르다, 다가오다, 도래하다	
2508	来龙去脉 láilóng-qùmài 성 산의 지세가 용트림치며 뻗어 나가 이룬 맥, 내력, 경위	
2509	来年 láinián 명 내년, 다음 해	
2510	来源于 láiyuányú ～에서 기원하다, 유래하다	
2511	拦 lán 동 (가로) 막다, 저지하다	
2512	栏 lán 명 난간 명 가축의 우리 명 신문, 잡지 등의 칼럼	
2513	栏杆 lángān 명 난간 명 여자 옷의 레이스 따위의 장식	
2514	蓝图 lántú 명 설계도	
2515	揽 lǎn 동 끌어안다 동 (밧줄 따위로) 묶다, 잡아매다	
2516	缆车 lǎnchē 명 케이블카	
2517	懒得 lǎnde 동 ～할 마음이 내키지 않다, ～할 기분이 나지 않다	
2518	懒惰 lǎnduò 형 나태하다, 게으르다	
2519	滥用 lànyòng 동 흥청망청 쓰다, 남용하다, 낭비하다	
2520	狼 láng 명 이리	

2521	狼狈 lángbèi	형 매우 난처하다, 곤란하다	
2522	朗诵 lǎngsòng	동 낭송하다, 큰 소리로 읽다	
2523	浪 làng	명 물결, 파도	
2524	捞 lāo	동 건지다, 끌어올리다	
		동 (부정한 수단으로) 얻다, 취득하다	
2525	劳动力 láodònglì	명 노동력	
2526	劳累 láolèi	형 지치다, 기진맥진하다, 피로하다	
		동 피곤해지다, 지치다	
2527	劳务 láowù	명 노동일, 임금을 받으려고 육체적 노력을 들여서 하는 일	
2528	牢固 láogù	형 견고하다, 확고하다	
2529	牢记 láojì	동 명심하다, 깊이 마음에 새기다	
2530	牢牢 láoláo	부 뚜렷이, 확실히	
2531	唠叨 láodao	동 되풀이하여 말하다, 잔소리하다	
2532	老伴儿 lǎobànr	명 마누라, 영감 [늙은 부부 사이의 어느 한쪽을 가리키거나 부르는 말]	
2533	老大 lǎodà	명 (형제나 자매의) 맏이	
		부 대단히, 매우, 아주 [부정형으로만 쓰임]	
2534	老汉 lǎohàn	명 노인	
2535	老化 lǎohuà	동 노화하다	
2536	老人家 lǎorenjia	명 어르신 [노인에 대한 존칭]	
		명 어른 [웃어른에 대한 호칭]	
2537	老实说 lǎoshishuō	솔직히 말하면, 사실대로 말하면	
2538	老远 lǎo yuǎn	아주 멀다	
2539	老字号 lǎozìhào	명 대대로 내려온 전통 있는 가게	
2540	姥姥 lǎolao	명 외할머니	
2541	姥爷 lǎoye	명 외할아버지	
2542	涝 lào	형 (농작물이) 비에 침수되다	
2543	乐意 lèyì	동 기꺼이 ~하다 형 만족하다, 유쾌하다	
2544	乐园 lèyuán	명 낙원	
2545	勒 lēi	동 (단단히) 묶다, 졸라매다	
2546	雷同 léitóng	형 (같지 않아야 할 것이) 같다, 비슷하다	
2547	累积 lěijī	동 누적하다, 축적하다	
2548	累计 lěijì	동 누계하다, 합계하다 명 누계	
2549	类别 lèibié	명 유별, 분류	
2550	棱角 léngjiǎo	명 모서리	
2551	冷淡 lěngdàn	동 쓸쓸하다, 적막하다	
		형 냉정하다, 무관심하다 동 냉대하다, 푸대접하다	
2552	冷冻 lěngdòng	동 냉동하다	
2553	冷酷 lěngkù	형 냉혹하다, 잔인하다	
2554	冷酷无情 lěngkù-wúqíng	피도 눈물도 없다	
2555	冷落 lěngluò	동 냉대하다, 푸대접하다	
		형 쓸쓸하다, 조용하다	

2556	冷门 lěngmén	명 도박에서 돈을 잘 걸지 않는 곳	
		명 비인기 분야, 업무	
		명 (경기나 시합의) 이변, 뜻밖의 결말	
2557	冷漠 lěngmò	냉담하다, 무관심하다	
2558	冷笑 lěngxiào	동 냉소하다, 조소하다 명 냉소, 조소	
2559	冷战 lěngzhàn	명 냉전	
2560	愣 lèng	동 멍해지다 형 무분별하다, 경솔하다	
2561	离谱儿 lípǔr	실제와 다르다, 격식에 맞지 않다	
2562	离奇 líqí	형 색다르다, 기이하다, 불가사의하다	
2563	离职 lízhí	동 직무를 그만두다, 사직하다	
2564	黎明 límíng	명 여명, 동틀 무렵, 새벽	
2565	礼服 lǐfú	명 예복	
2566	礼品 lǐpǐn	명 선물	
2567	礼仪 lǐyí	명 예의, 예절과 의식	
2568	里程碑 lǐchéngbēi	명 이정표, 역사상 이정표가 되는 사건	
2569	理睬 lǐcǎi	동 거들떠보다, 아랑곳하다, 상대하다 [흔히 부정, 금지에 쓰임]	
2570	理会 lǐhuì	동 알다, 이해하다	
		동 눈치 채다, 알게 되다	
		동 거들떠보다, 상대하다	
2571	理科 lǐkē	명 이과	
2572	理念 lǐniàn	명 이념	
2573	理事 lǐshì	명 이사 동 업무를 처리하다	
2574	理所当然 lǐsuǒdāngrán	성 도리로 보아 당연하다, 당연히 그렇다	
2575	理性 lǐxìng	명 이성 형 이성적이다	
2576	理直气壮 lǐzhí-qìzhuàng		
		성 이유가 충분하여 하는 말이 당당하다, 떳떳하다	
2577	力不从心 lìbùcóngxīn		
		성 힘이 모자라 뜻대로 되지 않다	
2578	力度 lìdù	명 힘, 기력, 역량	
2579	力求 lìqiú	동 몹시 애쓰다, 힘써 노력하다	
2580	力所能及 lìsuǒnéngjí	성 스스로 할 만한 능력이 있다	
2581	力争 lìzhēng	동 앞다투다, 힘써 쟁취하다	
		동 격렬하게 논쟁하다	
2582	历程 lìchéng	명 (지나온) 노정, (역사적) 과정	
2583	历届 lìjiè	형 (집회·행사 따위의) 지나간 매회	
2584	历经 lìjīng	동 두루 ~경험하다, 여러 번 ~겪다	
2585	历来 lìlái	부 줄곧, 항상, 언제나, 여태껏	
2586	历时 lìshí	동 시간이 경과되다, 지속되다	
		형 통시적, 역사적	
2587	立方 lìfāng	양 세제곱 미터 명 세제곱	

2588 立方米 lìfāngmǐ 양 세제곱 미터	2626 谅解 liàngjiě 통 양해하다, 이해해 주다
2589 立功 lìgōng 통 공을 세우다	2627 辽阔 liáokuò 형 광활하다, 끝없이 넓다
2590 立交桥 lìjiāoqiáo 명 입체 교차교	2628 疗法 liáofǎ 명 치료법
2591 立体 lìtǐ 형 입체의 형 입체감을 주는 명 입체	2629 疗效 liáoxiào 명 치료 효과
2592 立足 lìzú 통 발붙이다 통 (입장에) 서다, 근거하다	2630 寥寥无几 liáoliáo-wújǐ 성 아주 적다, 아주 드물다
2593 励志 lìzhì 통 스스로 분발하다	2631 潦草 liáocǎo 형 (글씨가) 조잡하다, 거칠다 형 (일을 하는 데) 허술하다, 성실하지 않다
2594 利害 lìhài 명 이익과 손해	
2595 利率 lìlǜ 명 이율	2632 了结 liǎojié 통 결말이 나다, 해결하다, 끝나다
2596 利索 lìsuo 형 명쾌하다, 간단명료하다	2633 了却 liǎoquè 통 해결하다, (근심 걱정을) 덜다
2597 粒 lì 양 톨, 알 [알갱이를 세는 데 쓰임] 명 알갱이	2634 料到 liàodào 생각이 미치다, 예측하다
2598 连滚带爬 liángǔn-dàipá 허둥지둥, 허겁지겁	2635 料理 liàolǐ 통 처리하다, 보살피다 통 요리하다 명 요리
2599 连绵 liánmián 통 끊이지 않다, 이어지다, 연속되다	
2600 连任 liánrèn 통 연임하다, 중임하다	2636 咧嘴 liězuǐ 통 (옆으로 찢어지듯이) 입을 벌리다 [웃거나 울거나 불만스러울 때 등의 표정]
2601 连锁 liánsuǒ 형 연쇄적이다, 연속되다	
2602 连锁店 liánsuǒdiàn 명 체인점	2637 列举 lièjǔ 통 열거하다
2603 连夜 liányè 부 그날 밤 [즉시 행동하는 경우에 쓰임] 통 몇 날 밤을 계속하다	2638 劣势 lièshì 명 열세
	2639 劣质 lièzhì 형 질이 낮은, 저질의
2604 怜惜 liánxī 통 동정하여 아끼다, 불쌍히 여기다	2640 烈士 lièshì 명 열사
2605 帘子 liánzi 명 커튼, 발	2641 猎犬 lièquǎn 명 사냥개
2606 莲子 liánzǐ 명 연밥	2642 猎人 lièrén 명 사냥꾼
2607 联邦 liánbāng 명 연방	2643 裂缝 lièfèng 명 갈라진 금, 균열, 틈 통 금이 가다
2608 联欢 liánhuān 통 함께 모여 즐기다, 친목을 맺다	
2609 联网 liánwǎng 통 네트워킹하다	2644 裂痕 lièhén 명 균열 명 (감정상의) 금, 불화
2610 廉价 liánjià 형 헐값이다, 싼값이다, 저렴하다	2645 拎 līn 통 손에 들다, (손으로 물건을) 들다
2611 廉洁 liánjié 형 청렴결백하다	2646 邻国 línguó 명 이웃 나라
2612 廉正 liánzhèng 형 청렴하고 바르다	2647 临 lín 통 (어떤 장소에) 향하다, 이르다 통 (어떤 일에) 부닥치다, 직면하다 개 ~에 임하여, ~를 맞이하여
2613 廉政 liánzhèng 통 청렴하게 정치를 하다	
2614 脸颊 liǎnjiá 명 볼, 뺨	
2615 炼 liàn 통 (가열 따위의 방법으로) 단련하다, 정제하다 통 (불로) 달구다	2648 临床 línchuáng 통 임상하다, 치료하다
	2649 临街 línjiē 통 길가에 붙어 있다, 거리를 마주하다
2616 恋恋不舍 liànliàn-bùshě 성 떨어지기 몹시 아쉬워하다	2650 临近 línjìn 통 (시간·거리상) 접근하다, 근접하다
	2651 淋 lín 통 (물이나 액체에) 젖다 통 (물이나 액체를) (흗)뿌리다
2617 良 liáng 형 좋다, 훌륭하다, 선량하다	
2618 良心 liángxīn 명 양심, 선량한 마음	2652 灵 líng 형 총명하다, 영리하다 형 재빠르다
2619 良性 liángxìng 형 양성의, 좋은 결과를 가져오는	2653 灵感 línggǎn 명 영감
2620 凉爽 liángshuǎng 형 시원하고 상쾌하다	2654 灵魂 línghún 명 마음, 정신 명 영혼
2621 两口子 liǎngkǒuzi 명 부부 두 사람	2655 灵机一动 língjī-yídòng 성 교묘한 생각이 떠오르다, 영감이 떠오르다
2622 两栖 liǎngqī 통 땅에서도 물에서도 살다 통 두 가지를 겸해서 하다	
	2656 灵敏 língmǐn 형 반응이 빠르다, 예민하다
2623 亮点 liàngdiǎn 명 브라이트 스폿	2657 灵巧 língqiǎo 형 민첩하고 교묘하다 형 솜씨가 뛰어나다, 재주가 있다
2624 亮丽 liànglì 밝고 아름답다	
2625 亮相 liàngxiàng 통 포즈를 취하다 통 (사람 또는 사물이) 모습을 드러내다 통 공개적으로 의견을 표명하다	2658 灵通 língtōng 형 (소식이) 빠르다
	2659 凌晨 língchén 명 이른 새벽, 새벽녘, 동틀 무렵
	2660 零花钱 línghuāqián 명 용돈

2661	零件 língjiàn	몡 부품, 부속품
2662	零钱 língqián	몡 잔돈
2663	零售 língshòu	동 소매하다
2664	领队 lǐngduì	동 인솔하다 몡 인솔자, 리더
2665	领会 lǐnghuì	동 깨닫다, 이해하다, 납득하다
2666	领军 lǐngjūn	동 군대를 지휘하다
2667	领略 lǐnglüè	동 이해하다, 깨닫다
2668	领事 lǐngshì	몡 영사
2669	领事馆 lǐngshìguǎn	몡 영사관
2670	领土 lǐngtǔ	몡 영토, 국토
2671	领悟 lǐngwù	동 깨닫다, 이해하다, 납득하다
2672	领养 lǐngyǎng	동 (양자·양녀를) 입양하다, 부양하다
2673	领域 lǐngyù	몡 영역
2674	溜 liū	동 슬그머니 사라지다 동 미끄러지다, 활강하다
2675	溜达 liūda	동 산책하다, 어슬렁거리다
2676	浏览 liúlǎn	동 대충 훑어보다, 둘러보다
2677	浏览器 liúlǎnqì	몡 웹브라우저
2678	留恋 liúliàn	동 차마 떠나지 못하다, 그리워하다
2679	留念 liúniàn	동 기념으로 남겨 두다
2680	留神 liúshén	동 주의하다, 조심하다
2681	留心 liúxīn	동 주의하다, 조심하다
2682	留意 liúyì	동 주의를 기울이다, 관심을 갖다
2683	流畅 liúchàng	형 (문장·목소리 따위가) 유창하다
2684	流程 liúchéng	몡 물길, 수로 몡 (공업 생산에서) 공정, 과정
2685	流浪 liúlàng	동 유랑하다, 방랑하다
2686	流泪 liúlèi	동 눈물을 흘리다
2687	流量 liúliàng	몡 유량 몡 통과 수량, 유동량
2688	流露 liúlù	동 (의사·감정을) 무의식중에 나타내다
2689	流氓 liúmáng	몡 건달, 불량배 몡 비속한 행동
2690	流入 liúrù	동 유입하다, 흘러 들어가다
2691	流失 liúshī	동 (물에 씻겨) 떠내려가 없어지다, 유실하다
2692	流水 liúshuǐ	몡 흐르는 물 몡 끊이지 않고 계속됨
2693	流淌 liútǎng	동 (액체가) 흐르다, 유동하다
2694	流向 liúxiàng	몡 물 흐름의 방향 몡 인원·상품·화물의 행방
2695	流血 liúxuè	동 피가 흐르다, 피가 나다 동 목숨을 희생하다, 부상당하다
2696	流域 liúyù	몡 유역
2697	流转 liúzhuǎn	동 이곳 저곳으로 떠돌아다니다 동 (상품이나 자금이) 돌다, 유통되다
2698	柳树 liǔshù	몡 버드나무
2699	遛 liù	동 거닐다, 어슬렁거리다, 서성거리다
2700	龙舟 lóngzhōu	단오절에 용머리를 뱃머리에 장식하고 경조하는 배
2701	聋 lóng	형 (귀가) 먹다, 어둡다 형 사리가 어둡다
2702	聋人 lóngrén	몡 청각장애인
2703	笼子 lóngzi	몡 새장 몡 바구니
2704	隆重 lóngzhòng	형 성대하고 장중하다
2705	垄断 lǒngduàn	동 독점하다, 농단하다
2706	笼统 lǒngtǒng	형 두루뭉술하다, 모호하다
2707	笼罩 lǒngzhào	동 뒤덮다, 휩싸이다
2708	搂 lǒu	동 껴안다, 품다
2709	露面 lòumiàn	동 얼굴을 내밀다, 나타나다, 출현하다
2710	芦花 lúhuā	몡 갈대꽃
2711	炉灶 lúzào	몡 부뚜막
2712	炉子 lúzi	몡 아궁이·화로·난로·용광로 따위의 총칭
2713	卤味 lǔwèi	몡 소금물이나 간장에 오향 등을 넣고 삶은 냉채
2714	鲁莽 lǔmǎng	형 경솔하다, 거칠다, 덤벙대다
2715	录制 lùzhì	동 녹음 제작하다
2716	鹿 lù	몡 사슴
2717	路程 lùchéng	몡 노정
2718	路灯 lùdēng	몡 가로등
2719	路段 lùduàn	몡 철도나 도로의 구간
2720	路况 lùkuàng	몡 도로 사정, 도로 상황
2721	路面 lùmiàn	몡 노면, 도로, 길바닥
2722	路人 lùrén	몡 행인
2723	路途 lùtú	몡 도로, 길
2724	路子 lùzi	몡 연줄, 연고, 방법
2725	露天 lùtiān	몡 노천, 옥외 형 위에 은폐물이 없는 것
2726	旅程 lǚchéng	몡 여정
2727	旅途 lǚtú	몡 여정, 여행 도중
2728	铝 lǚ	몡 알루미늄
2729	屡 lǚ	부 자주, 종종, 여러 번
2730	屡次 lǚcì	부 자주, 종종, 누차
2731	缕 lǚ	양 가닥, 줄기 [가늘고 길면서 부드러운 것을 세는 단위] 부 아주 상세하게
2732	履行 lǚxíng	동 이행하다, 실행하다, 실천하다
2733	率 lǜ	몡 율, 비율
2734	绿灯 lǜdēng	몡 (교통 신호의) 녹색등 몡 (추상적인) 청신호

| 2735 | 绿地 | lǜdì | 몡 녹지 |

2735 绿地 lǜdì 몡 녹지

2736 孪生 luánshēng 몡 쌍둥이

2737 卵 luǎn 몡 알 몡 난자

2738 乱七八糟 luànqībāzāo
형 엉망진창이다, 아수라장이다

2739 掠夺 lüèduó 동 강탈하다, 약탈하다

2740 略 lüè 동 생략하다, 빼다 동 빼앗다, 약탈하다
부 약간, 조금

2741 略微 lüèwēi 부 조금, 약간

2742 抡 lūn 동 (힘껏) 휘두르다 동 (향수 따위를) 뿌리다

2743 伦理 lúnlǐ 몡 윤리

2744 轮换 lúnhuàn 동 교대하다, 순번대로 ~하다

2745 轮廓 lúnkuò 몡 윤곽, 테두리 몡 개요

2746 轮流 lúnliú 동 교대로 하다, 순번대로 하다

2747 轮胎 lúntāi 몡 타이어

2748 论述 lùnshù 동 논술하다, 서술하다
몡 논술, 서술

2749 论坛 lùntán 몡 논단, 칼럼

2750 论证 lùnzhèng 동 논증하다, 심의하다 몡 논의

2751 罗 luó 동 그물을 놓아 잡다 동 물색하다, 모으다
몡 새그물, 체
양 그로스 [12다스로, 144개를 가리킴]

2752 萝卜 luóbo 몡 무

2753 螺丝 luósī 몡 나사못

2754 裸 luǒ 동 발가벗다, 드러내다

2755 裸露 luǒlù 동 발가벗다, 노출하다

2756 络绎不绝 luòyì-bùjué 성 왕래가 잦아 끊이지 않다

2757 落差 luòchā 몡 (물의) 낙차

2758 落地 luòdì 동 (물체가) 땅바닥에 떨어지다, 착지하다
동 태어나다, 출생하다
부 전부, 모두

2759 落户 luòhù 동 (타지에) 정착하다, 거처를 정하다
동 호적에 올리다, 입적하다

2760 落下 luòxia 동 낙하하다, 떨어지다
동 손에 넣다, 얻다, 획득하다
동 귀결되다

2761 麻 má 몡 마 몡 참깨

2762 麻 má 형 쥐나다, 저리다 형 (혀가) 얼얼하다
형 (표면이) 거칠다

2763 麻痹 mábì 동 마비되다 형 경각심을 늦추다

2764 麻将 májiàng 몡 마작

2765 麻辣 málà 형 맵고 얼얼한

2766 麻木 mámù 형 마비되다, 저리다
형 (반응이) 둔하다, 더디다

2767 麻醉 mázuì 동 마취하다, 마비시키다

2768 马后炮 mǎhòupào 몡 사후 약방문

2769 马虎 mǎhu 형 소홀하다, 건성건성하다

2770 马力 mǎlì 양 마력, 공율의 단위

2771 马桶 mǎtǒng 몡 변기

2772 马戏 mǎxì 몡 곡예, 서커스

2773 码 mǎ 동 쌓아 올리다

2774 码 mǎ 양 (일의) 종류, 가지

2775 埋藏 máicáng 동 묻히다, 매장되다
동 감추어 두다, 숨기다

2776 埋伏 máifú 동 매복하다 동 잠복하다

2777 埋没 máimò 동 묻히다, 매몰되다
동 (인재 등을) 감추다

2778 买不起 mǎi bu qǐ 살 수 없다

2779 迈 mài 동 내디디다

2780 迈进 màijìn 동 매진하다, 돌진하다

2781 卖弄 màinong 동 뽐내다, 자랑하다, 과시하다

2782 脉搏 màibó 몡 맥박

2783 脉络 màiluò 몡 맥락 [중의학에서 인체 혈관에 대한
통칭]
몡 (사물이나 문장의) 맥락, 조리, 두서

2784 埋怨 mányuàn 동 불평하다, 원망하다

2785 蛮 mán 형 거칠다, 야만적이다
몡 중국 남방 민족에 대한 호칭
부 매우, 아주, 대단히

2786 瞒 mán 동 감추다, 속이다

2787 满怀 mǎnhuái 동 (원한·기쁨 따위가) 가슴에 맺히다
동 (가축이) 모두 새끼를 배다
몡 가슴통, 가슴의 앞쪽 부분

2788 蔓延 mànyán 동 만연하다

2789 漫 màn 동 (물이) 넘치다, 범람하다, 침수되다

2790 漫游 mànyóu 동 (물 속에서) 이리저리 돌아다니다
동 자유롭게 구경하다

2791 慢慢来 mànmàn lái 천천히 하다

2792 慢性 mànxìng 형 만성의

2793 忙活 mánghuo 동 분주하게 일하다, 바삐 일하다

2794 忙碌 mánglù 형 바쁘다, 눈코 뜰 새 없다

2795 忙乱 mángluàn 형 바빠서 두서가 없다

2796 盲目 mángmù 형 맹목적인, 무작정

2797 茫然 mángrán 형 무지하다, 멍청하다
형 실의에 빠져 정신이 흐리멍덩하다

2798 矛头 máotóu 몡 창끝, 예봉

2799 茅台(酒) Máotái(jiǔ) 고유 마오타이주

2800 茂密 màomì 형 (초목이) 빽빽이 무성하다, 우거지다

HSK 7~9급
한권으로
끝내기

남미숙 저

필수단어장 하
(2801~5636)

다락원

| 2801 | 茂盛 | màoshèng | 형 우거지다, 무성하다 |

2801 茂盛 màoshèng 형 우거지다, 무성하다

2802 冒充 màochōng 동 사칭하다, 가장하다

2803 冒犯 màofàn 동 무례한 짓을 하다, 실례하다

2804 冒昧 màomèi 형 주제넘다, 경솔하다, 외람되다

2805 冒险 màoxiǎn 동 모험하다, 위험을 무릅쓰다

2806 没劲 méijìn 형 무미건조하다, 재미없다
　　　　　 동 힘이 없다

2807 没说的 méishuōde 두말할 필요가 없다,
　　　　　 나무랄 것이 없다

2808 没完没了 méiwán-méiliǎo
　　　　　 성 (말이나 일이) 한도 끝도 없다

2809 没意思 méi yìsi 무의미하다, 재미가 없다

2810 没辙 méizhé 동 전혀 방법이 없다

2811 没准儿 méizhǔnr 동 믿을 수 없다, 종잡을 수 없다

2812 玫瑰 méigui 명 장미

2813 枚 méi 양 발, 개[로켓, 미사일, 작은 조각 등을 셀 때 쓰임]

2814 眉开眼笑 méikāi-yǎnxiào
　　　　　 성 싱글벙글하다, 몹시 좋아하다

2815 眉毛 méimao 명 눈썹

2816 煤矿 méikuàng 명 탄광

2817 煤炭 méitàn 명 석탄

2818 每当 měidāng ~할 때마다, ~할 때면 언제나

2819 每逢 měiféng ~할 때마다, ~때가 되면

2820 美德 měidé 명 미덕, 좋은 품성

2821 美观 měiguān 형 (장식·외관 따위가) 보기 좋다,
　　　　　 아름답다

2822 美化 měihuà 동 미화하다

2823 美景 měijǐng 명 아름다운 풍경

2824 美满 měimǎn 형 아름답고 원만하다

2825 美妙 měimiào 형 아름답다, 훌륭하다, 더없이 좋다

2826 美人 měirén 명 미인, 미녀

2827 美味 měiwèi 명 맛있는 음식, 좋은 맛

2828 美中不足 měizhōng-bùzú 성 옥에 티가 있다

2829 美滋滋 měizīzī 형 감탄하는 모양, 기뻐하는 모양,
　　　　　 득의한 모양

2830 魅力 mèilì 명 매력

2831 闷 mēn 형 (기압이 낮거나 공기가 통하지 않아) 답답하다
　　　　　 형 소리가 분명치 않다　동 꼭 덮다, 밀폐하다

2832 门当户对 méndāng-hùduì
　　　 성 (혼인 관계에 있어서) 남녀 두 집안이 엇비슷하다, 두 집
　　　 안의 사회적 지위·경제적인 형편 따위가 걸맞다

2833 门槛 ménkǎn 명 문턱, 문지방

2834 门铃 ménlíng 명 초인종

2835 门路 ménlu 명 비결, 방법, 요령　명 연줄, 친분

2836 闷 mèn 형 마음이 편치 않다, 답답하다, 울적하다

2837 萌发 méngfā 동 (종자·포자의) 싹이 트다

2838 萌芽 méngyá 동 (식물이) 싹트다, 움트다　명 새싹

2839 盟友 méngyǒu 동 동맹국　명 맹우

2840 朦胧 ménglóng 형 모호하다, 어렴풋하다, 희미하다

2841 猛烈 měngliè 형 맹렬하다, 세차다　부 급격히

2842 猛然 měngrán 부 갑자기, 돌연히, 문득

2843 梦幻 mènghuàn 명 꿈과 환상, 몽환, 몽상

2844 弥补 míbǔ 동 (결점·결손 따위를) 메우다, 보충하다

2845 弥漫 mímàn 동 (연기나 안개가) 자욱하다,
　　　　　 (물이) 가득 차다, 널리퍼지다

2846 迷惑 míhuo 형 시비를 가리지 못하다, 판단력을 잃다
　　　　　 동 미혹되다, 현혹되다

2847 迷惑不解 míhuò-bùjiě
　　　　　 성 아리송하게 되어 이해하지 못하다

2848 迷恋 míliàn 동 미련을 두다, 연연해하다

2849 迷路 mílù 동 길을 잃다, 잘못된 길로 들어서다

2850 迷失 míshī 동 (길·방향을) 잃다
　　　　　 동 (물건을) 잃어버리다, 분실하다

2851 谜 mí 명 수수께끼

2852 谜底 mídǐ 명 수수께끼의 답　명 사건의 진상

2853 谜团 mítuán 명 종잡을 수 없는 일

2854 谜语 míyǔ 명 수수께끼

2855 秘方 mìfāng 명 비방

2856 秘诀 mìjué 명 비결

2857 密不可分 mìbùkěfēn
　　　　　 아주 밀접하다, 서로 뗄 수 없다

2858 密度 mìdù 명 밀도

2859 密封 mìfēng 동 밀봉하다, 밀폐하다

2860 密集 mìjí 동 밀집하다, 조밀하다　형 밀집해 있다

2861 蜜 mì 명 벌꿀

2862 蜜蜂 mìfēng 명 꿀벌

2863 蜜月 mìyuè 명 허니문

2864 棉花 miánhua 명 목화

2865 免 miǎn 동 모면하다, 벗어나다　동 해임하다, 제거하다

2866 免不了 miǎnbuliǎo
　　　　　 동 피할 수 없다, ~하지 않을 수 없다

2867 免除 miǎnchú 동 피하다, 면하다　동 면제하다

2868 免疫 miǎnyì 동 면역이 되다

2869 免职 miǎnzhí 동 면직되다

2870 勉强 miǎnqiǎng 형 마지못하다, 간신히 ~하다
　　　　　 동 강요하다

2871	**缅怀** miǎnhuái 图 회고하다, 추억하다
2872	**面部** miànbù 명 얼굴, 안면
2873	**面粉** miànfěn 명 밀가루
2874	**面红耳赤** miànhóng-ěrchì 성 (흥분하거나 부끄러워) 얼굴이 귀밑까지 빨개지다
2875	**面面俱到** miànmiàn-jùdào 성 각 방면을 빈틈없이 돌보다
2876	**面目全非** miànmù-quánfēi 성 (주로 좋지 않은 의미로) 옛 모습을 찾아볼 수 없게 되다
2877	**苗** miáo 명 모종, 새싹
2878	**苗条** miáotiao 형 날씬하다, 호리호리하다
2879	**苗头** miáotou 명 조짐, 전조, 단서
2880	**描绘** miáohuì 图 묘사하다, 그려내다
2881	**瞄准** miáozhǔn 图 조준하다, 겨누다
2882	**渺小** miǎoxiǎo 형 매우 작다, 보잘것없다, 미미하다
2883	**庙** miào 명 사당, 종묘
2884	**庙会** miàohuì 명 잿날이나 정한 날에 절 안이나 절 입구에 개설되던 임시 시장
2885	**灭绝** mièjué 图 완전히 제거하다
2886	**灭亡** mièwáng 图 멸망하다, 멸망시키다
2887	**民办** mínbàn 형 민영의, 개인 경영의, 사립의
2888	**民俗** mínsú 명 민속
2889	**民用** mínyòng 형 민간의, 민간에서 쓰는
2890	**民众** mínzhòng 명 민중
2891	**敏捷** mǐnjié 형 민첩하다
2892	**敏锐** mǐnruì 형 (감각이) 예민하다, 날카롭다
2893	**名副其实** míngfùqíshí 성 명실상부하다
2894	**名贵** míngguì 형 유명하고 진귀하다
2895	**名利** mínglì 명 명예와 이익
2896	**名气** míngqi 명 명성, 평판
2897	**名声** míngshēng 명 (사회적인) 명성, 평판 ['名气'와는 달리 좋은 경우와 나쁜 경우 다 쓸 수 있음]
2898	**名言** míngyán 명 명언
2899	**名著** míngzhù 명 명작
2900	**明朗** mínglǎng 형 밝다, 환하다 / 형 분명하다, 명백하다 / 형 명랑하다, 쾌활하다
2901	**明媚** míngmèi 형 (경치가) 맑고 아름답다 / 형 (눈동자가) 빛나고 매력적이다
2902	**明智** míngzhì 형 현명하다, 총명하다
2903	**铭记** míngjì 图 명심하다, 마음에 깊이 새기다
2904	**命** mìng 图 명령하다, 지시하다
2905	**命名** mìngmíng 图 이름을 짓다, 명명하다
2906	**命题** mìngtí 图 제목을 내다, 출제하다

2907	**摸索** mōsuǒ 图 모색하다, 탐색하다
2908	**模拟** mónǐ 图 모방하다, 본뜨다
2909	**磨合** móhé 图 적응하다 图 (기계를) 길들이다
2910	**磨难** mónàn 명 고난, 고생
2911	**磨损** mósǔn 图 마모되다, 닳다
2912	**蘑菇** mógu 명 버섯
2913	**魔鬼** móguǐ 명 악마, 마귀
2914	**魔术** móshù 명 마술
2915	**抹** mǒ 图 바르다, 칠하다 图 닦다, 문지르다 图 지우다, 삭제하다, 없애다
2916	**末日** mòrì 명 마지막 날, 최후의 날
2917	**没落** mòluò 图 몰락하다, 쇠퇴하다
2918	**陌生** mòshēng 형 낯설다, 생소하다
2919	**莫非** mòfēi 閂 설마 ~란 말인가? [추측이나 반문의 어기를 나타냄]
2920	**莫过于** mòguòyú ~보다 더한 것은 없다
2921	**莫名其妙** mòmíngqímiào 성 영문을 모르다
2922	**默然** mòrán 形 묵묵히 있는 모양
2923	**墨** mò 명 먹, 먹물, 잉크
2924	**默读** mòdú 图 속으로 읽다, 묵독하다
2925	**默默无闻** mòmò-wúwén 성 이름이 세상에 알려지지 않다
2926	**默契** mòqì 형 마음이 잘 통하다, 호흡이 잘 맞다 명 묵계, 밀약
2927	**谋害** móuhài 图 모해하다
2928	**谋求** móuqiú 图 강구하다, 모색하다, 꾀하다
2929	**谋生** móushēng 图 생계를 도모하다, 살길을 찾다
2930	**牡丹** mǔdān 명 모란
2931	**亩** mǔ 양 묘, (중국식) 토지 면적의 단위
2932	**木板** mùbǎn 명 널빤지, 판때기, 널판
2933	**木材** mùcái 명 목재
2934	**木匠** mùjiang 명 목수, 목공
2935	**木偶** mù'ǒu 명 꼭두각시, 나무 인형
2936	**目不转睛** mùbùzhuǎnjīng 성 주시하다, 응시하다
2937	**目瞪口呆** mùdèng-kǒudāi 성 어안이 벙벙하다, 아연실색하다
2938	**目的地** mùdìdì 명 목적지
2939	**目睹** mùdǔ 图 목도하다, 직접 보다
2940	**目录** mùlù 명 목록 명 제목
2941	**目中无人** mùzhōng-wúrén 성 안하무인
2942	**沐浴露** mùyùlù 명 바디클렌저, 바디샴푸
2943	**牧场** mùchǎng 명 (기업 단위로서의) 목장

★ ▨ 배경색이 칠해진 단어는 중요 단어입니다.

2944	牧民 mùmín	몡 목축민
2945	募捐 mùjuān	동 기부금을 걷다
2946	墓碑 mùbēi	몡 묘비
2947	墓地 mùdì	몡 묘지, 무덤
2948	幕 mù	몡 막, 스크린
2949	幕后 mùhòu	몡 막후, 장막 뒤
2950	穆斯林 mùsīlín	몡 무슬림
2951	拿手 náshǒu	형 자신있다, 뛰어나다, 능하다
2952	哪知道 nǎ zhīdào	어찌 알겠는가?
2953	呐喊 nàhǎn	동 외치다, 고함치다, 함성을 지르다
2954	纳闷儿 nàmènr	동 (마음에 의혹이 생겨) 답답하다, 갑갑해하다
2955	纳入 nàrù	동 받아 넣다, 들어서다
2956	纳税 nàshuì	동 납세하다, 세금을 내다
2957	纳税人 nàshuìrén	몡 납세자
2958	乃 nǎi	부 비로소, 단지 대 너, 당신
2959	乃至 nǎizhì	접 더 나아가서
2960	耐 nài	동 참다, 견디다, 버티다
2961	耐人寻味 nàirénxúnwèi	셩 의미심장하여 자세히 음미할 가치가 있다
2962	耐性 nàixìng	몡 끈기, 참을성, 인내심
2963	南瓜 nánguā	몡 호박
2964	难处 nánchù	몡 곤란, 애로, 고충
2965	难得一见 nándé yí jiàn	보기 드물다
2966	难点 nándiǎn	몡 곤란, 고충
2967	难怪 nánguài	부 과연, 어쩐지, 그러길래 동 ~하는 것도 당연하다 [양해의 의미를 내포함]
2968	难关 nánguān	몡 난관, 곤란
2969	难堪 nánkān	동 감내할 수 없다 형 난감하다
2970	难说 nánshuō	말하기 어렵다, 이야기하기 거북하다
2971	难为情 nánwéiqíng	부 부끄럽다, 겸연쩍다 형 난처하다
2972	难以想象 nányǐ-xiǎngxiàng	상상하기 어렵다
2973	难以置信 nányǐ-zhìxìn	셩 믿기 어렵다, 믿을 수 없다
2974	挠 náo	동 긁적거리다 동 방해하다, 훼방놓다
2975	恼羞成怒 nǎoxiū-chéngnù	셩 부끄럽고 분한 나머지 성을 내다
2976	脑海 nǎohǎi	몡 머리, 생각, 기억
2977	脑筋 nǎojīn	몡 두뇌, 머리
2978	闹事 nàoshì	동 사고를 일으키다, 말썽을 일으키다
2979	闹着玩儿 nàozhewánr	장난하다, 농담하다, 경솔한 태도로 사람이나 일을 대하다
2980	内存 nèicún	몡 RAM(메모리)
2981	内阁 nèigé	몡 내각
2982	内涵 nèihán	몡 내포
2983	内行 nèiháng	형 숙련되다, 노련하다, 정통하다
2984	内幕 nèimù	몡 내막, 속사정
2985	内向 nèixiàng	형 내성적이다, 내향적이다
2986	内需 nèixū	몡 내수
2987	嫩 nèn	형 부드럽다, 연하다 형 (색깔이) 연하다, 엷다
2988	能耗 nénghào	몡 에너지 소모
2989	能耐 néngnai	몡 능력, 수완 형 기량이 뛰어나다, 수완이 좋다
2990	能人 néngrén	몡 재능있는 사람
2991	能源 néngyuán	몡 에너지원
2992	尼龙 nílóng	몡 나일론
2993	泥潭 nítán	몡 (비교적 크고 깊은) 진창, 수렁
2994	泥土 nítǔ	몡 흙, 토양
2995	拟 nǐ	동 입안하다, 계획하다 동 ~하려고 하다, ~할 생각이다 동 모방하다, 본뜨다
2996	拟定 nǐdìng	동 추측하여 단정하다 동 입안하다, 초안을 세우다
2997	逆 nì	동 거스르다, 거역하다
2998	匿名 nìmíng	동 이름을 숨기다
2999	年画 niánhuà	몡 설날 실내에 붙이는 그림
3000	年迈 niánmài	형 연로하다, 나이가 많다
3001	年限 niánxiàn	몡 연한
3002	年薪 niánxīn	몡 연봉
3003	年夜饭 niányèfàn	몡 섣달그믐날 저녁에 온 식구가 모여서 함께 먹는 음식
3004	年终 niánzhōng	몡 연말
3005	黏 nián	형 찐득찐득하다, 끈적끈적하다
3006	念念不忘 niànniàn-búwàng	셩 전념하다, 한 가지 일에 몰두하다
3007	念书 niànshū	동 (소리 내) 책을 읽다, 공부하다
3008	念头 niàntou	몡 생각, 마음, 의사
3009	娘 niáng	몡 어머니
3010	酿造 niàngzào	동 (술·간장·식초 따위를) 양조하다
3011	鸟巢 niǎocháo	몡 새둥지

3012	尿 niào	명 오줌, 소변 동 소변을 보다
3013	捏 niē	동 잡다, 쥐다
3014	拧 níng	동 짜다, 비틀다 동 꼬집다
3015	凝固 nínggù	동 응고하다, 굳어지다
3016	凝聚 níngjù	동 응집하다, 맺히다
3017	拧 nǐng	동 비틀다 동 뒤바뀌다, 전도되다
3018	宁可 nìngkě	부 차라리 (~하는 것이 낫다), 오히려 (~할지언정)
3019	宁愿 nìngyuàn	접 차라리 (~하고자 한다)
3020	扭曲 niǔqū	동 비틀다, 꼬다
3021	扭头 niǔtóu	동 머리를 돌리다, 고개를 돌리다
3022	扭转 niǔzhuǎn	동 전환하다, 시정하다 동 (반대 방향으로) 돌리다
3023	纽带 niǔdài	명 유대, 연결체 명 허리띠
3024	纽扣 niǔkòu	명 단추
3025	农场 nóngchǎng	명 농장
3026	农历 nónglì	명 음력
3027	农民工 nóngmíngōng	명 농민 노동자
3028	农作物 nóngzuòwù	명 농작물
3029	浓厚 nónghòu	형 (기체가) 짙다, (색채·의식 등이) 농후하다, (흥미·관심이) 크다
3030	浓缩 nóngsuō	동 농축하다
3031	浓郁 nóngyù	형 (향기가) 짙다 형 (색채·감정·분위기가) 강하다 형 (흥미가) 크다
3032	浓重 nóngzhòng	형 (연기·냄새·색채 등이) 농후하다, 짙다
3033	弄虚作假 nòngxū-zuòjiǎ	성 그럴 듯하게 꾸미다, 허위로 날조하다
3034	奴隶 núlì	명 노예
3035	女婿 nǚxu	명 사위 명 남편
3036	暖烘烘 nuǎnhōnghōng	형 따뜻하다, 훈훈하다, 따끈따끈하다
3037	虐待 nüèdài	동 학대하다
3038	挪 nuó	동 옮기다, 운반하다
3039	诺言 nuòyán	명 승낙의 말, 언약
3040	哦 ò	감 아! 오! [납득·이해·동의 따위를 나타냄]
3041	殴打 ōudǎ	동 구타하다
3042	呕吐 ǒutù	동 구토하다
3043	趴 pā	동 엎드리다
3044	拍板 pāibǎn	동 책임자가 결정을 내리다
3045	拍卖 pāimài	동 경매하다 동 할인 판매하다
3046	拍戏 pāixì	동 영화를 찍다
3047	排斥 páichì	동 배격하다, 배척하다, 반발하다
3048	排放 páifàng	동 (폐기·오수·찌꺼기 따위를) 배출하다
3049	排练 páiliàn	동 무대 연습을 하다, 훈련하다
3050	徘徊 páihuái	동 배회하다 동 망설이다 동 (어떤 범위 안에서) 오르락내리락하다
3051	牌照 páizhào	명 자동차번호판
3052	派别 pàibié	명 유파, 파벌, 파
3053	派遣 pàiqiǎn	동 파견하다
3054	攀 pān	동 (무엇을 잡고) 기어오르다
3055	攀升 pānshēng	동 (은행 이자나 가격이) 오르다
3056	盘 pán	동 빙빙 돌다, 쌓다 동 자세히 조사하다
3057	盘算 pánsuan	동 따져 보다, 고려하다, 예상하다
3058	判处 pànchǔ	동 판결을 내리다, 선고하다
3059	判定 pàndìng	동 판정하다
3060	判决 pànjué	동 판결을 내리다 동 판단하다
3061	盼 pàn	동 바라다, 희망하다 동 보다
3062	叛逆 pànnì	동 배반하다 명 반역자, 역적
3063	庞大 pángdà	형 방대하다, 거대하다
3064	旁观 pángguān	동 방관하다
3065	抛 pāo	동 버려두다, 방치하다, 내던지다
3066	抛开 pāokāi	동 던져 버리다, 내버리다
3067	抛弃 pāoqì	동 포기하다, 버리다
3068	刨 páo	동 파내다 동 빼다, 공제하다
3069	跑车 pǎochē	명 경주용 자동차
3070	跑道 pǎodào	명 활주로
3071	跑龙套 pǎo lóngtào	단역을 맡다, 보잘것없는 배역을 맡다
3072	泡沫 pàomò	명 거품, 포말
3073	胚胎 pēitāi	명 배아, 싹 명 시초, 초기
3074	陪伴 péibàn	동 동반하다, 수행하다
3075	陪葬 péizàng	동 순장하다
3076	赔钱 péiqián	동 밑지다, 손해를 보다 동 보상하다
3077	佩服 pèifú	동 탄복하다, 감탄하다
3078	配件 pèijiàn	명 부품, 부속품
3079	配偶 pèi'ǒu	명 배우자, 배필
3080	配送 pèisòng	동 물품을 수하인에게 보내다
3081	配音 pèiyīn	동 더빙하다, 음악·대사·소리 등을 넣다
3082	喷泉 pēnquán	명 분수
3083	抨击 pēngjī	동 (부정적인 면에 대해 평론의 형식으로) 비난하다
3084	烹调 pēngtiáo	동 요리하다

★ ⬜ 배경색이 칠해진 단어는 중요 단어입니다.

3085	蓬勃 péngbó 혤 왕성한 모양, 활기 있는 모양	3120	漂 piāo 동 (물이나 액체 위에) 뜨다 동 이리저리 떠다니다, 표류하다
3086	鹏程万里 péngchéng-wànlǐ 성 장래가 유망하다	3121	飘 piāo 동 (바람에) 나부끼다, 펄럭이다, 흩날리다 혤 경박하다, 성실하지 않다
3087	膨胀 péngzhàng 동 팽창하다, 부풀어 오르다	3122	票房 piàofáng 명 매표소
3088	捧 pěng 동 (두 손으로) 받쳐들다 양 움큼	3123	撇 piě 동 던지다 동 입을 삐죽거리다 명 한자의 필획 삐침(丿)
3089	捧场 pěngchǎng 동 무대의 배우에게 박수갈채를 보내다 동 치켜세우다, 칭찬하다	3124	拼搏 pīnbó 동 필사적으로 싸우다
3090	碰钉子 pèng dīngzi 난관에 부딪히다, 거절당하다	3125	拼命 pīnmìng 동 죽을 힘을 다하다
3091	碰巧 pèngqiǎo 부 공교롭게, 때마침	3126	贫富 pín fù 빈부
3092	碰上 pèngshang 동 (물체에) 부딪치다 동 만나다, 마주치다	3127	贫穷 pínqióng 혤 가난하다, 빈곤하다
3093	碰撞 pèngzhuàng 동 충돌하다, 부딪치다	3128	频率 pínlǜ 명 주파수 명 빈도수
3094	批发 pīfā 동 도매하다	3129	频频 pínpín 부 빈번히, 자주
3095	批判 pīpàn 동 비판하다	3130	品尝 pǐncháng 동 시식하다, 맛보다
3096	披露 pīlù 동 공표하다 동 (심중을) 드러내다	3131	品德 pǐndé 명 인품과 덕성
3097	劈 pī 동 쪼개다, 패다, 금가다	3132	品位 pǐnwèi 명 품격과 지위, 품위
3098	皮带 pídài 명 가죽 허리띠 명 (기계 등의) 가죽 벨트	3133	品行 pǐnxíng 명 품행
3099	疲惫 píbèi 혤 매우 피로하다, 완전히 지치다	3134	聘 pìn 동 초빙하다
3100	疲惫不堪 píbèibùkān 견디지 못할 정도로 피곤하다	3135	聘任 pìnrèn 동 초빙하여 임용하다
3101	疲倦 píjuàn 혤 피곤하다, 늘어지다	3136	聘用 pìnyòng 동 초빙하여 직무를 맡기다
3102	疲劳 píláo 혤 피곤하다, 지치다	3137	乒乓球 pīngpāngqiú 명 탁구
3103	脾 pí 명 비장	3138	平常心 píngchángxīn 명 평상심
3104	匹配 pǐpèi 동 결혼하다, 배필로 되다	3139	平淡 píngdàn 혤 (사물이나 글이) 평범하다, 무미건조하다
3105	媲美 pìměi 동 아름다움을 겨루다, 필적하다	3140	平和 pínghé 혤 (성격이나 언행이) 온화하다
3106	僻静 pìjìng 혤 으슥하다, 외지고 조용하다	3141	评价 píngjià 동 평가하다
3107	譬如 pìrú 동 예를 들다	3142	平面 píngmiàn 명 평면
3108	譬如说 pìrú shuō 예를 들어, 예컨대	3143	平民 píngmín 명 평민
3109	片子 piānzi 명 영화용 필름 명 영화 명 레코드, 음반	3144	平日 píngrì 명 평일 명 평소, 평상시
3110	偏差 piānchā 명 편차 명 오류, 편향	3145	平息 píngxī 동 평정하다, 진압하다, 수습하다
3111	偏方 piānfāng 명 민간요법 명 외딴 곳, 후미진 곳	3146	评定 píngdìng 동 평정하다
3112	偏见 piānjiàn 명 편견	3147	评论员 pínglùnyuán 명 (신문 매체의) 해설자, 논설위원
3113	偏僻 piānpì 혤 외지다, 구석지다	3148	评判 píngpàn 동 판정하다, 심사하다
3114	偏偏 piānpiān 부 유독, 하필 부 기어코	3149	评审 píngshěn 동 평가하다, 심사·평정하다
3115	偏向 piānxiàng 명 편향, 부정확한 경향 동 편향되다, 역성들다, 편들다	3150	评委 píngwěi 명 심사위원
3116	偏远 piānyuǎn 혤 궁벽지다, 외지다	3151	凭借 píngjiè 동 ~에 의지하다, ~을 믿다, 구실로 삼다
3117	篇幅 piānfú 명 (문장의) 편폭 명 (책·신문 따위의) 지면	3152	凭着 píngzhe 개 ~에 의거하여, ~에 근거하여
3118	片段 piànduàn 명 단편, 부분 [주로 문장·책에 쓰임]	3153	凭证 píngzhèng 명 증거, 증빙
3119	骗人 piàn rén 남을 속이다	3154	瓶颈 píngjǐng 명 병목 명 장애, 난관

5

3155 萍水相逢 píngshuǐ-xiāngféng 성 우연히 알게 되다	3193 棋 qí 명 장기, 바둑
3156 泼冷水 pō lěngshuǐ 열정을 깨다, 흥을 깨다	3194 棋子 qízǐ 명 바둑돌
3157 颇 pō 부 꽤, 상당히, 몹시	3195 旗袍 qípáo 명 원피스 형태의 중국 전통의상
3158 迫不及待 pòbùjídài 성 한시도 지체할 수 없다	3196 旗帜 qízhì 명 깃발 명 본보기
3159 迫害 pòhài 동 박해하다	3197 乞丐 qǐgài 명 거지
3160 迫使 pòshǐ 동 강제하다, 강요하다	3198 乞求 qǐqiú 동 구걸하다, 애걸하다
3161 破案 pò'àn 동 형사사건을 해결하다, 진범을 잡다	3199 乞讨 qǐtǎo 동 (돈·밥 등을) 구걸하다
3162 破除 pòchú 동 타파하다, 배제하다	3200 岂有此理 qǐyǒucǐlǐ 성 어찌 이럴 수가 있는가?
3163 破解 pòjiě 동 파헤치다 동 분석하여 설명하다	3201 启迪 qǐdí 계발하다, 깨우치다, 인도하다
3164 破旧 pòjiù 형 낡다, 오래되어 허름하다	3202 启蒙 qǐméng 동 계몽하다
3165 破裂 pòliè 동 파열되다 동 (사이가) 틀어지다	3203 启示 qǐshì 명 시사, 깨우침 동 계시하다, 시사하다
3166 破灭 pòmiè 동 파멸하다, (환상이나 희망이) 깨지다	3204 起步 qǐbù 동 (일·사업을) 착수하다
3167 破碎 pòsuì 동 자잘하게 부서지다, 산산조각 내다	3205 起草 qǐcǎo 동 (글의) 초안을 작성하다
3168 魄力 pòlì 명 패기, 기백, 박력, 투지	3206 起程 qǐchéng 동 출발하다, 떠나다
3169 扑克 pūkè 명 트럼프	3207 起初 qǐchū 명 최초, 처음
3170 扑面而来 pūmiàn-érlái 밀려들다, 들이닥치다	3208 起伏 qǐfú 동 (정서·감정 등이) 변화하다, 불안정하다
3171 铺路 pūlù 동 길을 포장하다 동 길을 마련하다	3209 起劲 qǐjìn 형 기운이 나다, 흥이 나다
3172 菩萨 púsà 명 보살	3210 起跑线 qǐpǎoxiàn 명 스타트라인
3173 朴实 pǔshí 형 정직하다 형 소박하다, 검소하다	3211 起源 qǐyuán 명 기원 동 기원하다
3174 朴素 pǔsù 형 소박하다 형 검소하다 형 (감정에) 꾸밈이 없다, 과장이 없다	3212 气愤 qìfèn 형 화내다, 분개하다
3175 普通人 pǔtōng rén 보통 사람	3213 气管 qìguǎn 명 기관 명 공기 타이어
3176 谱 pǔ 명 악보 동 작곡하다	3214 气馁 qìněi 형 기가 죽다, 낙담하다
3177 瀑布 pùbù 명 폭포	3215 气派 qìpài 명 기개, 패기 형 기운차다
3178 七嘴八舌 qīzuǐ-bāshé 성 여러 사람들이 왁자지껄 떠들썩하게 이야기하다	3216 气泡 qìpào 명 기포, 거품
3179 沏 qī 동 (뜨거운 물에) 타다, 우리다	3217 气魄 qìpò 명 기백, 패기
3180 凄凉 qīliáng 형 쓸쓸하다 형 처량하다	3218 气势 qìshì 명 기세, 기개
3181 期盼 qīpàn 동 기대하다, 바라다, 소망하다	3219 气味 qìwèi 명 냄새
3182 欺骗 qīpiàn 동 속이다, 기만하다	3220 气息 qìxī 명 호흡, 숨결 명 냄새, 향기
3183 欺诈 qīzhà 동 사기하다, 속여먹다	3221 气质 qìzhì 명 기질, 성질, 성미
3184 漆 qī 명 옻칠 동 (페인트를) 칠하다	3222 迄今 qìjīn 동 지금까지 이르다
3185 齐心协力 qíxīn-xiélì 성 한마음 한뜻으로 협력하다	3223 迄今为止 qìjīn-wéizhǐ 성 지금까지
3186 其后 qíhòu 명 그다음, 그 후	3224 契机 qìjī 명 계기, 동기
3187 其间 qíjiān 명 그사이	3225 契约 qìyuē 명 계약
3188 奇花异草 qíhuā-yìcǎo 성 기이한 화초	3226 器材 qìcái 명 기재, 기구
3189 奇迹 qíjì 명 기적	
3190 奇特 qítè 형 기묘하다, 기괴하다	
3191 歧视 qíshì 동 경시하다, 차별대우하다	
3192 祈祷 qídǎo 동 기도하다, 빌다	

★ ▨ 배경색이 칠해진 단어는 중요 단어입니다.

3227 器械 qìxiè 몡 기계, 기구	3263 前沿 qiányán 몡 진지의 최전방

3227 器械 qìxiè 몡 기계, 기구

3228 掐 qiā 동 꼬집다, 누르다, 조르다

3229 卡 qiǎ 동 억류하다, 보류하다 동 조이다

3230 卡子 qiǎzi 몡 집게, 핀, 클립

3231 洽谈 qiàtán 협의하다, 상담하다, 교섭하다

3232 恰到好处 qiàdào-hǎochù
성 꼭 알맞다, 아주 적절하다

3233 恰恰相反 qiàqià xiāngfǎn 전혀 상반되다

3234 恰巧 qiàqiǎo 閉 때마침, 공교롭게도

3235 恰如其分 qiàrú-qífèn 성 정도에 맞다, 꼭 적합하다

3236 千变万化 qiānbiàn-wànhuà 성 끊임없이 변화하다

3237 千方百计 qiānfāng-bǎijì 성 갖은 방법을 다 써 보다

3238 千家万户 qiānjiā-wànhù 많은 집들

3239 千军万马 qiānjūn-wànmǎ
성 천군만마, 기세충천하다

3240 千钧一发 qiānjūn-yífà 성 매우 위험하다

3241 迁 qiān 동 옮기다, 이사하다 동 변화하다, 변천하다

3242 迁就 qiānjiù 동 끌려가다, 얽매이다

3243 迁移 qiānyí 동 이사하다, 이전하다

3244 牵扯 qiānchě 동 연루되다, 관련되다

3245 牵挂 qiānguà 동 걱정하다, 근심하다

3246 牵涉 qiānshè 동 관련되다, 파급되다, 영향을 미치다

3247 牵头 qiāntóu 동 임시 주도하다

3248 牵制 qiānzhì 동 견제하다 [주로 군사용어로 쓰임]

3249 铅 qiān 몡 납, 연

3250 谦逊 qiānxùn 혱 겸손하다

3251 签 qiān 몡 라벨, 스티커, 바코드

3252 签署 qiānshǔ 동 (중요한 문서에 정식으로) 서명하다

3253 前辈 qiánbèi 몡 선배, 연장자

3254 前不久 qiánbùjiǔ 閉 일전에, 얼마 전에

3255 前赴后继 qiánfù-hòujì 성 희생을 무릅쓰고 용감히
앞으로 나아가다

3256 前期 qiánqī 몡 전기

3257 前任 qiánrèn 몡 전임(자)

3258 前所未有 qiánsuǒwèiyǒu 성 역사상 유례가 없다

3259 前台 qiántái 몡 무대 앞쪽 몡 프런트, 카운터

3260 前无古人 qiánwúgǔrén
성 지금까지 그 누구도 해 본 적이 없다

3261 前夕 qiánxī 몡 전날 밤

3262 前线 qiánxiàn 몡 전선, 전방

3263 前沿 qiányán 몡 진지의 최전방

3264 前仰后合 qiányǎng-hòuhé
성 (웃거나 술 취했거나 졸 때) 몸을 앞뒤로 (크게) 흔들다

3265 前者 qiánzhě 몡 전자

3266 虔诚 qiánchéng 혱 경건하고 정성스럽다
[종교·신앙에 주로 쓰임]

3267 钱财 qiáncái 몡 금전, 재화

3268 钳子 qiánzi 몡 집게, 족집게, 펜치

3269 潜能 qiánnéng 몡 잠재 능력, 가능성

3270 潜水 qiánshuǐ 동 잠수하다

3271 潜艇 qiántǐng 몡 잠수함

3272 潜移默化 qiányí-mòhuà 성 무의식 중에 감화되다

3273 潜在 qiánzài 혱 잠재하다

3274 谴责 qiǎnzé 동 질책하다, 비난하다, 꾸짖다

3275 欠缺 qiànquē 동 모자라다 몡 결점, 결함

3276 欠条 qiàntiáo 몡 차용증서

3277 歉意 qiànyì 몡 유감의 뜻, 유감스러운 마음

3278 呛 qiāng 동 사레가 들리다

3279 枪毙 qiāngbì 동 총살하다
동 (계획·글 등이) 기각되다, 몰서되다
[익살스러운 의미를 담고 있음]

3280 腔 qiāng 몡 말의 억양, 말투 몡 곡조, 가락

3281 强加 qiángjiā 동 강압하다, 강요하다

3282 强劲 qiángjìng 혱 강력하다, 세차다

3283 强项 qiángxiàng 몡 (주로 운동에서 실력이 비교적)
강한 종목

3284 强行 qiángxíng 閉 강행하다

3285 强硬 qiángyìng 혱 강경하다

3286 强占 qiángzhàn 동 힘으로 차지하다,
무력으로 점령하다

3287 强制 qiángzhì 동 (정치력이나 경제력 등으로)
강제하다, 강요하다

3288 抢夺 qiǎngduó 동 빼앗다, 강탈하다

3289 抢劫 qiǎngjié 동 (재물을) 강탈하다, 약탈하다, 빼앗다

3290 抢眼 qiǎngyǎn 혱 눈길을 끌다, 황홀케 하다

3291 敲边鼓 qiāo biāngǔ 부추기다, 선동하다

3292 敲诈 qiāozhà 동 (남의 재물을) 갈취하다

3293 乔装 qiáozhuāng 동 변장하다, 가장하다

3294 瞧不起 qiáobuqǐ 동 무시하다, 깔보다, 업신여기다

3295 巧合 qiǎohé 동 교묘하게 일치하다

3296 窍门 qiàomén 몡 비결, 요령, 요점

7

3297 翘 qiào 동 한쪽 끝이 위로 들리다, 비틀리다	3333 倾听 qīngtīng 동 경청하다, 주의 깊게 듣다
3298 撬 qiào 동 억지로 비틀어 열다	3334 倾销 qīngxiāo 동 덤핑 판매하다, 투매하다
3299 切除 qiēchú 동 (외과수술에서) 절제하다	3335 倾斜 qīngxié 동 기울다, 경사지다
3300 切断 qiēduàn 절단하다, 끊다	동 (어느 한쪽으로) 편향되다
3301 切割 qiēgē 동 절단하다	3336 清除 qīngchú 동 깨끗이 없애다, 완전히 없애다
3302 且 qiě 부 잠깐, 당분간 부 한참동안, 오랫동안	3337 清脆 qīngcuì 형 (목소리·발음 등이) 낭랑하다
3303 且 qiě 접 ~하면서 ~하다 접 게다가, 더욱이	3338 清单 qīngdān 명 명세서, 목록
3304 切身 qièshēn 형 절실하다, 자신과 관련되다	3339 清淡 qīngdàn 형 (맛·색깔 따위가) 담백하다, 산뜻하다
3305 窃取 qièqǔ 동 훔치다 [주로 추상적인 것을 절취할 때 쓰임]	3340 清静 qīngjìng 형 (환경이) 조용하다, 고요하다
3306 钦佩 qīnpèi 동 탄복하다, 경복하다	3341 清凉 qīngliáng 형 시원하다, 서늘하다, 상쾌하다
3307 侵害 qīnhài 동 침해하다	3342 清明 qīngmíng 형 (정치가) 맑고 깨끗하다
3308 侵略 qīnlüè 동 침략하다	형 (정신이) 맑다
3309 侵权 qīnquán 동 국민의 권익을 침범하다	형 (날씨 따위가) 청명하다
3310 侵占 qīnzhàn 동 (불법으로 타인의 재물을) 점유하다	3343 清晰 qīngxī 형 뚜렷하다, 분명하다, 명석하다
동 (침략으로 영토를) 점거하다	3344 清新 qīngxīn 형 참신하다, 신선하다
3311 亲和力 qīnhélì 명 친화력	3345 清真寺 qīngzhēnsì 명 이슬람교 사원
3312 亲近 qīnjìn 형 친하다, 가깝다 동 친해지다	3346 情 qíng 명 감정
3313 亲朋好友 qīnpéng-hǎoyǒu 친지와 친구	3347 情报 qíngbào 명 (주로 기밀성을 띤) 정보, 보고
3314 亲戚 qīnqi 명 친척	3348 情不自禁 qíngbúzìjīn 성 저도 모르게, 절로
3315 亲情 qīnqíng 혈육 간의 정	3349 情调 qíngdiào 명 정서, 기분, 분위기
3316 亲热 qīnrè 형 친절하다 동 친하게 지내다	3350 情怀 qínghuái 명 기분, 감정, 심경
3317 亲身 qīnshēn 형 직접 겪은, 몸소	3351 情结 qíngjié 명 콤플렉스, 잠재의식
3318 亲生 qīnshēng 형 자신이 낳은, 자신을 낳은	3352 情侣 qínglǚ 명 사랑하는 사람, 애인
3319 亲手 qīnshǒu 부 스스로, 손수	3353 情人 qíngrén 명 애인, 연인
3320 亲友 qīnyǒu 명 친척과 친구	3354 情谊 qíngyì 명 정의, 우정
3321 勤工俭学 qíngōng-jiǎnxué 일하면서 배우다, 중국 일부 학교가 취하는 학교 운영 방식 [학생이 재학 기간 중 노동을 하고, 그 노동 수입을 학교 운영자금으로 씀]	3355 情愿 qíngyuàn 동 차라리 ~하기를 원하다
동 간절히 원하다
3322 勤快 qínkuai 형 부지런하다, 근면하다	3356 请柬 qǐngjiǎn 명 초청장, 청첩장, 초대장
3323 勤劳 qínláo 형 부지런히 일하다, 근면하다	3357 请帖 qǐngtiě 명 초대장, 초청장
3324 寝室 qǐnshì 명 침실	3358 庆典 qìngdiǎn 명 축전, 축하 의식
3325 青春期 qīngchūnqī 명 사춘기	3359 庆贺 qìnghè 동 경하하다
3326 青蛙 qīngwā 명 청개구리	3360 庆幸 qìngxìng 동 (예상보다 결과가 좋아) 축하할 만 하다, 기뻐할 만하다
3327 轻而易举 qīng'éryìjǔ 성 매우 수월하다, 식은 죽 먹기이다	3361 丘陵 qiūlíng 명 언덕, 구릉
3328 轻蔑 qīngmiè 동 경멸하다, 멸시하다	3362 囚犯 qiúfàn 명 수감된 죄인, 죄수
3329 轻微 qīngwēi 형 경미하다	3363 求婚 qiúhūn 동 구혼하다, 청혼하다
3330 轻型 qīngxíng 형 경량형, 소형	3364 求救 qiújiù 동 구조를 간청하다
3331 倾家荡产 qīngjiā-dàngchǎn 성 가산을 모두 탕진하다	3365 求学 qiúxué 동 학교에서 공부하다, 학문을 탐구하다
3366 求医 qiúyī 동 의사를 찾아가 진찰받다
3332 倾诉 qīngsù 동 (속마음을) 다 털어놓다	3367 求证 qiúzhèng 동 증거를 찾다, 증명하기를 요구하다
	3368 求助 qiúzhù 동 도움을 청하다

★ ▨ 배경색이 칠해진 단어는 중요 단어입니다.

3369	曲线 qūxiàn	몡 곡선
3370	曲折 qūzhé	혱 구불구불하다 혱 곡절이 많다
3371	驱动 qūdòng	동 시동을 걸다 몡 부팅
3372	驱逐 qūzhú	동 쫓아내다, 몰아내다
3373	屈服 qūfú	동 굴복하다
3374	趋于 qūyú	동 ~으로 향하다, ~로 기울어지다
3375	曲 qǔ	몡 곡, 곡조, 가락 몡 악보, 멜로디
3376	取代 qǔdài	동 자리를 빼앗아 대신 들어서다
3377	取缔 qǔdì	동 취소하다, 금지하다
3378	取而代之 qǔ'érdàizhī	남의 지위를 빼앗아 대신 들어서다
3379	取经 qǔjīng	동 스님이 인도에 가서 불경을 구해 오다 동 외지로 나가 남의 좋은 경험을 배워 오다
3380	取决于 qǔjuéyú	~에 달리다
3381	取暖 qǔnuǎn	동 온기를 받다, 따뜻하게 하다
3382	取胜 qǔshèng	동 승리하다, 이기다
3383	取笑 qǔxiào	동 놀리다, 비웃다, 희롱하다
3384	娶 qǔ	동 장가가다, 아내를 얻다
3385	去除 qùchú	동 제거하다, 떼 버리다
3386	去处 qùchù	몡 행선지, 행방
3387	去向 qùxiàng	몡 행방
3388	趣味 qùwèi	몡 흥미, 재미, 취미
3389	圈套 quāntào	몡 올가미, 계략, 함정
3390	圈子 quānzi	몡 원, 동그라미 몡 범위, 테두리
3391	权衡 quánhéng	동 비교하다, 따지다, 재다
3392	权威 quánwēi	몡 권위, 권위자 혱 권위적인
3393	权益 quányì	몡 권익, 권리와 이익
3394	全长 quáncháng	몡 전체 길이
3395	全程 quánchéng	몡 전체의 노정, 전 코스
3396	全方位 quánfāngwèi	몡 전방위, 다각도, 사면팔방
3397	全局 quánjú	몡 전체의 국면, 대세
3398	全力以赴 quánlìyǐfù	솅 전력투구하다
3399	全能 quánnéng	혱 만능의, 전능의
3400	全文 quánwén	몡 전문
3401	全心全意 quánxīn-quányì	솅 성심성의
3402	拳 quán	몡 주먹 동 구부리다, 굽히다
3403	拳头 quántóu	몡 주먹 몡 (가위바위보에서의) 바위
3404	劝告 quàngào	동 권고하다, 충고하다 몡 권고, 충고
3405	劝说 quànshuō	동 타이르다, 설득하다, 충고하다
3406	劝阻 quànzǔ	동 그만두게 말리다
3407	缺口 quēkǒu	몡 결함, 흠집, 부족한 부분
3408	缺失 quēshī	몡 결함, 결점 동 부족하다, 잃어버리다
3409	缺席 quēxí	동 결석하다
3410	确切 quèqiè	혱 확실하며 적절하다
3411	确信 quèxìn	동 확신하다
3412	确凿 quèzáo	혱 확실하다, 명확하다, 근거가 있다
3413	确诊 quèzhěn	동 (최종적으로) 진단을 내리다
3414	燃放 ránfàng	동 불꽃을 쏘아 올리다
3415	燃气 ránqì	몡 가스
3416	燃油 rányóu	몡 연료유, 땔감용 기름
3417	嚷 rǎng	동 고함을 치다 동 소란을 피우다 동 책망하다
3418	让步 ràngbù	동 양보하다
3419	饶 ráo	동 용서하다 동 덤으로 주다
3420	饶恕 ráoshù	동 용서하다, 처벌을 면해 주다
3421	扰乱 rǎoluàn	동 어지럽히다, 교란하다
3422	绕行 ràoxíng	동 빙 돌다 동 길을 돌아가다
3423	惹 rě	동 야기하다, 초래하다 동 (언행이) 상대방의 기분을 건드리다 동 어떤 감정을 불러일으키다
3424	热潮 rècháo	몡 열기, 붐
3425	热带 rèdài	몡 열대
3426	热气 rèqì	몡 열기 몡 열의, 열성
3427	热气球 rèqìqiú	몡 열기구
3428	热腾腾 rèténgténg	혱 따끈따끈하다 혱 (장면·분위기·심정 따위가) 고조되다
3429	热衷 rèzhōng	동 간절히 바라다 동 몰두하다
3430	人次 réncì	몡 연인원
3431	人道 réndào	몡 인간성, 휴머니티 혱 인도적이다
3432	人格 réngé	몡 인격, 품격
3433	人工智能 réngōng-zhìnéng	인공지능
3434	人均 rénjūn	몡 1인당 평균
3435	人品 rénpǐn	몡 인품, 인격
3436	人气 rénqì	몡 인기 몡 열기, 분위기, 기분
3437	人情 rénqíng	몡 인정, 감정 몡 정의, 인심
3438	人身 rénshēn	몡 인신 [사람의 신체·건강·행위·명예 따위]
3439	人事 rénshì	몡 인사 [직원의 임용·해임·평가 따위와 관계되는 행정적인 일] 몡 인간사

3440 人手 rénshǒu 몝 일손, 일하는 사람	3478 容颜 róngyán 몝 용모, 안색
3441 人体 réntǐ 몝 인체	3479 溶解 róngjiě 동 용해하다
3442 人为 rénwéi 혱 인위적이다 동 사람이 하다	3480 融 róng 동 (얼음·눈 따위가) 녹다, 풀리다 동 융합하다, 화합하다
3443 人文 rénwén 몝 인문, 인류의 문화	3481 融化 rónghuà 동 (얼음·눈 따위가) 녹다
3444 人行道 rénxíngdào 몝 인도, 보도	3482 融洽 róngqià 혱 사이가 좋다, 조화롭다
3445 人性 rénxìng 몝 인성, 인간의 본성	3483 冗长 rǒngcháng 혱 (문장·강연 따위가) 쓸데없이 길다, 지루하다
3446 人选 rénxuǎn 몝 인선, 선출된 사람	
3447 人缘儿 rényuánr 몝 사람과의 관계	3484 柔和 róuhé 혱 부드럽다, 온화하다, 강렬하지 않다
3448 人造 rénzào 혱 인조의, 인공의	3485 柔软 róuruǎn 혱 유연하다, 부드럽고 연하다
3449 人质 rénzhì 몝 인질	3486 揉 róu 동 (손으로) 비비다 동 빚다, 반죽하다
3450 仁慈 réncí 혱 인자하다	3487 如果说 rúguǒ shuō 가령 ~라고 말하면
3451 忍饥挨饿 rěnjī-ái'è 셩 굶주림에 시달리다	3488 如实 rúshí 뷔 사실대로, 있는 그대로
3452 忍耐 rěnnài 동 인내하다, 참다, 견디다	3489 如意 rúyì 동 뜻대로 되다
3453 忍心 rěnxīn 동 모질게 ~하다, 냉정하게 ~하다	3490 如愿以偿 rúyuànyǐcháng 셩 희망이 이루어지다, 소원 성취하다
3454 认错 rèncuò 동 잘못을 인정하다, 사죄하다	
3455 认证 rènzhèng 동 인증하다	3491 如醉如痴 rúzuì-rúchī 셩 넋을 잃다, 심취하다
3456 认知 rènzhī 동 인지하다	3492 儒家 Rújiā 고유 유가, 유학자
3457 任命 rènmìng 동 임명하다	3493 儒学 rúxué 몝 유학
3458 任期 rènqī 몝 임기	3494 入场 rùchǎng 동 입장하다
3459 任人宰割 rènrén-zǎigē 아무에게나 유린당하다	3495 入场券 rùchǎngquàn 몝 입장권
3460 任意 rènyì 뷔 제멋대로, 마음대로 혱 임의의	3496 入境 rùjìng 동 입국하다
3461 任职 rènzhí 동 직무를 맡다, 재직하다	3497 入侵 rùqīn 동 침입하다
3462 韧性 rènxìng 몝 인성 몝 강인성	3498 入手 rùshǒu 동 착수하다, 개시하다
3463 日程 rìchéng 몝 일정	3499 入选 rùxuǎn 동 당선되다, 뽑히다
3464 日复一日 rìfùyírì 날마다, 매일같이 [시간이 지나도 상황이 변화가 없는 것을 가리킴]	3500 软弱 ruǎnruò 혱 연약하다, 가냘프다
3465 日后 rìhòu 몝 장래, 나중, 뒷날	3501 软实力 ruǎnshílì 몝 소프트 파워 [한 국가의 문화, 가치관, 사회제도, 발전 모델 등의 의해 형성된 국제적 영향력과 호소력]
3466 日前 rìqián 몝 일전, 며칠 전	
3467 日趋 rìqū 뷔 날로, 나날이, 더욱	3502 瑞雪 ruìxuě 몝 때맞추어 내리는 눈
3468 日新月异 rìxīn-yuèyì 셩 나날이 새로워지다, 발전이 매우 빠르다	3503 润 rùn 혱 매끄럽고 윤이 나다 동 축축하게 하다
3469 日益 rìyì 뷔 날로, 나날이 더욱	3504 若干 ruògān 때 약간, 얼마
3470 荣获 rónghuò 동 (상을 받는 따위의) 영예를 누리다	3505 弱点 ruòdiǎn 몝 약점, 단점
3471 荣幸 róngxìng 혱 (매우) 영광스럽다	3506 弱势 ruòshì 몝 약세
3472 荣誉 róngyù 몝 명예, 영예	3507 撒 sā 동 풀어주다, 방출하다
3473 容光焕发 róngguāng-huànfā 셩 얼굴에 윤이 나고 혈색이 좋다, 얼굴이 환하다	3508 撒谎 sāhuǎng 동 거짓말을 하다, 허튼소리를 하다
3474 容量 róngliàng 몝 용량	3509 赛车 sàichē 몝 경주용 자전거, 싸이클
3475 容纳 róngnà 동 수용하다 동 포용하다	3510 赛跑 sàipǎo 동 달리기 경주를 하다
3476 容忍 róngrěn 동 참고 용서하다, 참고 견디다	
3477 容许 róngxǔ 동 허용하다, 허가하다	

3511	三番五次 sānfān-wǔcì	여러 차례
3512	三角 sānjiǎo	몡 삼각형
		혱 삼각형의, 삼각관계의
3513	三维 sānwéi	혱 3차원의, 입체적인　몡 3D
3514	散布 sànbù	통 퍼뜨리다, 유포하다
		통 흩어지다, 뿌리다
3515	散发 sànfā	통 발산하다, 내뿜다
3516	桑拿 sāngná	몡 사우나
3517	嗓子 sǎngzi	몡 목
3518	丧生 sàngshēng	통 목숨을 잃다, 죽다
3519	骚乱 sāoluàn	통 소란이 일어나 혼란해지다
3520	骚扰 sāorǎo	통 소란을 피우다, 교란하다
3521	扫除 sǎochú	통 청소하다　통 제거하다
3522	扫描 sǎomiáo	통 스캐닝하다　통 훑어보다
3523	扫墓 sǎomù	통 성묘하다
3524	扫兴 sǎoxìng	통 흥이 깨지다, 흥취가 사라지다
3525	嫂子 sǎozi	몡 형수
3526	僧人 sēngrén	몡 중, 승려
3527	杀害 shāhài	통 살해하다
3528	杀手 shāshǒu	몡 자객, 킬러　몡 게임 메이커
3529	沙龙 shālóng	몡 살롱
		몡 문인과 지식인들이 담론하는 장소
3530	沙滩 shātān	몡 백사장
3531	纱 shā	몡 방직용 가는 실　몡 성기게 짠 직물
3532	刹车 shāchē	몡 브레이크, 제동장치
		통 브레이크를 걸다
3533	砂糖 shātáng	몡 사탕, 굵은 설탕
3534	鲨鱼 shāyú	몡 상어
3535	傻瓜 shǎguā	몡 바보, 멍텅구리
3536	筛 shāi	통 체로 치다　통 걸러내다
		통 (술을) 따르다, 붓다
3537	筛选 shāixuǎn	통 선별하다, 골라내다
3538	晒太阳 shài tàiyáng	햇볕을 쬐다, 일광욕하다
3539	山川 shānchuān	몡 산천, 산하
3540	山顶 shāndǐng	몡 산꼭대기, 산 정상
3541	山冈 shāngāng	몡 언덕, 구릉
3542	山岭 shānlǐng	몡 산봉우리
3543	山路 shānlù	몡 산로, 산길
3544	山寨 shānzhài	몡 산채
3545	删 shān	통 (문자나 문구 등을) 삭제하다, 줄이다
3546	删除 shānchú	통 삭제하다, 지우다
3547	煽动 shāndòng	통 선동하다
3548	闪烁 shǎnshuò	통 번쩍번쩍하다　통 얼버무리다
		통 (기억이) 희미하다
3549	善 shàn	혱 착하다, 어질다
3550	善意 shànyì	몡 선의, 호의
3551	擅长 shàncháng	통 재주가 있다, 뛰어나다
3552	擅自 shànzì	부 제멋대로, 독단적으로
3553	膳食 shànshí	몡 식사, 음식
3554	赡养 shànyǎng	통 부양하다, 먹여 살리다
3555	伤残 shāngcán	통 불구가 되다, 흠집이 생기다
		몡 결함
3556	伤感 shānggǎn	혱 슬퍼하다, 마음이 상하다
3557	伤痕 shānghén	몡 상흔, 상처 자국, 흠집
3558	伤脑筋 shāng nǎojīn	애를 먹다, 어찌할 바를 모르다
3559	伤势 shāngshì	몡 다친 상태, 부상 정도
3560	商贩 shāngfàn	몡 소상인, 소매상인
3561	商贾 shānggǔ	몡 상인, 장수
3562	商讨 shāngtǎo	통 토의하다, 협의하다
3563	上报 shàngbào	통 신문에 나다　통 상부에 보고하다
3564	上场 shàngchǎng	통 출장하다, 등장하다
3565	上方 shàngfāng	몡 하늘　몡 황제　몡 상급, 고위층
3566	上岗 shànggǎng	통 보초를 서다
3567	上火 shànghuǒ	통 화를 내다　통 상초열이 나다
3568	上空 shàngkōng	몡 상공, 하늘, 공중
3569	上流 shàngliú	몡 (강의) 상류　혱 상류의
3570	上期 shàng qī	몡 지난 시기　몡 지난 학기
3571	上任 shàngrèn	통 부임하다, 취임하다
3572	上述 shàngshù	통 상술하다, 위에서 말하다
3573	上司 shàngsi	몡 상사
3574	上诉 shàngsù	통 상소하다
3575	上调 shàngtiáo	통 가격을 올리다
3576	上头 shàngtou	몡 위, 위쪽　몡 상부, 상급
3577	上限 shàngxiàn	몡 상한선
3578	上旬 shàngxún	몡 상순
3579	上瘾 shàngyǐn	통 인이 박히다, 중독되다
3580	上映 shàngyìng	통 (영화를) 상영하다
3581	上游 shàngyóu	몡 (강의) 상류　몡 앞선 목표나 수준
3582	尚 shàng	부 아직, 또한　접 ~조차, ~인데 불구하고

11

3583 尚未 shàngwèi 閉 아직 ~하지 않다

3584 捎 shāo 图 인편에 보내다

3585 烧毁 shāohuǐ 图 불태워 없애다, 소각하다

3586 烧烤 shāokǎo 图 불에 구운 육류 식품의 총칭

3587 稍后 shāohòu 閉 잠시 뒤, 조금 뒤

3588 稍候 shāohòu 图 조금 기다리다, 잠깐 기다리다

3589 稍稍 shāoshāo 閉 조금, 약간, 잠시
閉 점점, 차츰차츰

3590 少不了 shǎobuliǎo 图 없어서는 안 된다,
빼놓을 수 없다

3591 少见 shǎojiàn 閺 보기 드물다, 희귀하다
图 견문이 적다, 식견이 적다

3592 少量 shǎoliàng 閺 소량의, 소액의

3593 少有 shǎoyǒu 드물다, 희귀하다

3594 少林寺 Shàolín Sì 고유 소림사

3595 少女 shàonǚ 圐 소녀

3596 奢侈 shēchǐ 閺 사치하다

3597 奢望 shēwàng 图 분에 넘치는 욕망을 품다
圐 지나친 욕망

3598 设 shè 图 설치하다 图 창립하다, 계획하다
图 가정하다, 가상하다 젭 만일

3599 设定 shèdìng 图 설정하다, 규정하다

3600 设法 shèfǎ 图 방법을 강구하다

3601 社会主义 shèhuì zhǔyì 사회주의

3602 社交 shèjiāo 圐 사교

3603 社论 shèlùn 圐 사설

3604 社团 shètuán 圐 집단 모임, 서클, 동아리

3605 涉嫌 shèxián 图 혐의를 받다

3606 摄氏度 shèshìdù 앙 섭씨온도

3607 谁知道 shéi zhīdào 누가 알겠는가

3608 申办 shēnbàn 图 신청하여 경영하다

3609 申报 shēnbào 图 서면으로 보고하다

3610 申领 shēnlǐng 图 신청하여 받다

3611 伸手 shēnshǒu 图 손을 뻗다, 손을 내밀다

3612 伸缩 shēnsuō 图 늘었다 줄었다 하다
图 융통성이 있다, 신축성이 있다

3613 伸张 shēnzhāng 图 신장하다, 넓히다, 늘이다

3614 身不由己 shēnbùyóujǐ 졩 몸이 자기 마음대로 되
지 않다

3615 身价 shēnjià 圐 명성과 지위, 사회적 지위나 신분

3616 身躯 shēnqū 圐 몸집, 체구

3617 身心 shēnxīn 圐 심신, 몸과 마음

3618 身影 shēnyǐng 圐 신체 또는 사물의 그림자

3619 身子 shēnzi 圐 신체, 몸

3620 绅士 shēnshì 圐 신사, 젠틀맨

3621 深奥 shēn'ào 閺 (이치나 담은 뜻이) 심오하다, 깊다

3622 深切 shēnqiè 閺 따뜻하고 친절하다, (정 따위가) 깊다
閺 매우 적절하다

3623 深情 shēnqíng 圐 깊은 정 閺 정이 두텁다

3624 深入人心 shēnrù-rénxīn 졩 사람의 마음속에 깊이
파고들다

3625 深受 shēnshòu 图 깊이 받다

3626 深思 shēnsī 图 깊이 생각하다

3627 深信 shēnxìn 图 깊이 믿다, 굳게 믿다

3628 深夜 shēnyè 圐 심야, 깊은 밤

3629 深远 shēnyuǎn 閺 (의의나 영향 등이) 깊고 크다

3630 神气 shénqì 圐 표정, 안색
閺 생기가 있다, 기운이 있다

3631 神圣 shénshèng 閺 신성하다, 성스럽다

3632 神态 shéntài 圐 표정과 태도, 기색과 자태

3633 神仙 shénxiān 圐 신선, 유유자적하며 어느 것에도 얽
매이지 않는 사람

3634 审 shěn 图 심사하다, 조사하다 图 심의하다, 심문하다

3635 审定 shěndìng 图 심사하여 결정하다

3636 审核 shěnhé 图 심사하여 결정하다, 심의하다

3637 审美 shěnměi 图 아름다움을 평가하다

3638 审判 shěnpàn 图 재판하다, 심판하다

3639 审批 shěnpī 图 심사하여 허가하다

3640 审视 shěnshì 图 (매우 조심해서) 자세히 살펴 보다

3641 肾 shèn 圐 콩팥, 신장

3642 甚至于 shènzhìyú 심지어, ~조차도

3643 渗 shèn 图 (액체가) 스며들다, 배어들다

3644 渗透 shèntòu 图 스며들다, 침투하다

3645 慎重 shènzhòng 閺 신중하다

3646 升温 shēngwēn 图 온도가 상승하다

3647 生机 shēngjī 圐 활력, 생명력
圐 생존의 기회, 삶의 희망

3648 生理 shēnglǐ 圐 생리

3649 生命线 shēngmìngxiàn 圐 생명선

3650 生怕 shēngpà 图 (~할까 봐) 몹시 두려워하다

3651 生平 shēngpíng 圐 생애, 평생, 일생

3652 生前 shēngqián 圐 생전, 살아 있는 동안

★ ▨ 배경색이 칠해진 단어는 중요 단어입니다.

3653 **生死** shēngsǐ 몡 생사 톙 생사를 함께 하는

3654 **生态** shēngtài 몡 생태

3655 **生物** shēngwù 몡 생물

3656 **生效** shēngxiào 툉 효력이 발생하다, 효과를 내다

3657 **生涯** shēngyá 몡 생애, 생활, 일생

3658 **生硬** shēngyìng 톙 생경하다, 서투르다
톙 부드럽지 못하다, 딱딱하다

3659 **生育** shēngyù 툉 출산하다

3660 **声称** shēngchēng 툉 공언하다, 표명하다

3661 **声望** shēngwàng 몡 명성과 인망

3662 **声誉** shēngyù 몡 명성, 명예

3663 **牲畜** shēngchù 몡 가축

3664 **绳子** shéngzi 몡 새끼, 밧줄, 노끈

3665 **省略** shěnglüè 툉 생략하다, 삭제하다

3666 **省事** shěngshì 툉 일을 줄이다, 힘을 덜다
톙 편리하다, 간편하다

3667 **圣贤** shèngxián 몡 성현, 성인과 현인

3668 **胜出** shèngchū 툉 이기다, 승리하다

3669 **胜任** shèngrèn 툉 (맡은 직책·임무 따위를) 능히 감
당하다

3670 **盛大** shèngdà 톙 성대하다

3671 **盛会** shènghuì 몡 성회, 성대한 모임

3672 **盛开** shèngkāi 툉 (꽃이) 만발하다, 활짝 피다

3673 **盛气凌人** shèngqìlíngrén
셩 오만한 기세로 남들을 깔보다

3674 **剩余** shèngyú 툉 남다, 남기다 몡 잉여, 나머지

3675 **尸体** shītǐ 몡 시체

3676 **失传** shīchuán 툉 실전하다

3677 **失控** shīkòng 툉 제어하지 못하다, 다루지 못하다

3678 **失利** shīlì 툉 (전쟁 또는 시합에서) 지다, 패배하다

3679 **失恋** shīliàn 툉 실연하다

3680 **失灵** shīlíng 툉 고장나다
툉 (약품 등이) 효력을 잃다
툉 통제력을 잃다

3681 **失落** shīluò 툉 (물건을) 잃어버리다, 분실하다
톙 망연자실하다

3682 **失眠** shīmián 툉 잠을 이루지 못하다

3683 **失明** shīmíng 툉 실명하다, 눈이 멀다

3684 **失效** shīxiào 툉 실효가 되다, 효력을 잃다

3685 **失业率** shīyèlǜ 몡 실업률

3686 **失踪** shīzōng 툉 실종되다, 행방불명되다

3687 **师范** shīfàn 몡 사범학교의 준말 몡 모범, 본보기

3688 **师长** shīzhǎng 몡 사장

3689 **师资** shīzī 몡 교사 몡 교사 자격

3690 **狮子** shīzi 몡 사자

3691 **施工** shīgōng 툉 시공하다, 공사를 하다

3692 **施加** shījiā 툉 (압력·영향 따위를) 주다, 가하다

3693 **施行** shīxíng 툉 시행하다, 집행하다, 실시하다

3694 **施压** shīyā 툉 압력을 가하다

3695 **湿度** shīdù 몡 습도

3696 **湿润** shīrùn 톙 (토양·공기 따위가) 습윤하다, 축축하다

3697 **十字路口** shízì lùkǒu 사거리, 기로, 갈림길

3698 **时不时** shíbùshí 뵝 자주, 늘, 언제나

3699 **时段** shíduàn 몡 시간 프레임

3700 **时隔** shí gé 〜만에

3701 **时好时坏** shíhǎo-shíhuài
들쑥날쑥하다, 좋았다 나빴다 하다

3702 **时间表** shíjiānbiǎo 몡 시간표

3703 **时空** shíkōng 몡 시공, 시간과 공간

3704 **时髦** shímáo 톙 유행이다, 현대적이다

3705 **时尚** shíshàng 톙 유행에 어울리는
몡 유행, 시류, 풍조

3706 **时速** shísù 몡 시속

3707 **识别** shíbié 툉 식별하다, 가려내다

3708 **实地** shídì 뵝 실제로, 현장에서
뵝 착실하게, 견실하게 몡 현장, 실제

3709 **实话** shíhuà 몡 실화, 진실한 말

3710 **实话实说** shíhuà-shíshuō 셩 사실대로 말하다

3711 **实况** shíkuàng 몡 실제 상황

3712 **实事求是** shíshì-qiúshì 셩 실사구시

3713 **实体** shítǐ 몡 실체, 사물의 본질

3714 **实物** shíwù 몡 실물 몡 현물

3715 **实质** shízhì 몡 실질, 본질

3716 **食宿** shísù 몡 숙식, 식사와 숙박

3717 **食用** shíyòng 툉 식용하다, 먹다

3718 **史无前例** shǐwúqiánlì 셩 역사상 전례가 없다

3719 **使唤** shǐhuan 툉 (남을) 부리다, 심부름시키다

3720 **使命** shǐmìng 몡 사명, 명령

3721 **使者** shǐzhě 몡 사자, 사절

3722 **士气** shìqì 몡 사기

3723 **示威** shìwēi 툉 시위하다 몡 시위, 데모

3724	示意 shìyì 동 (동작·표정·함축된 말 등으로) 의사를 나타내다	3761	收敛 shōuliǎn 동 (언행을) 삼가다, 조심하다 동 (빛·웃음 등이) 사라지다, 약해지다
3725	世代 shìdài 명 세대 명 대대, 여러 대	3762	收留 shōuliú 동 (생활이 곤란하거나 특별한 사정이 있는 사람을) 수용하다
3726	世故 shìgu 형 (일 처리나 대인관계가) 원활하다, 처세술에 능하다	3763	收买 shōumǎi 동 사들이다 동 매수하다, 회유하다
3727	世界级 shìjiè jí 글로벌	3764	收视率 shōushìlǜ 명 시청률
3728	世袭 shìxí 동 세습하다	3765	收缩 shōusuō 동 수축하다 동 긴축하다, 축소하다
3729	市场经济 shìchǎng jīngjì 시장경제	3766	收支 shōuzhī 명 수입과 지출
3730	势必 shìbì 부 꼭, 반드시, 필연코	3767	手臂 shǒubì 명 팔뚝
3731	势不可当 shìbùkědāng 성 세찬 기세를 막아낼 수 없다	3768	手册 shǒucè 명 수첩
3732	势头 shìtou 명 형세, 정세, 추세	3769	手动 shǒudòng 형 수동의 부 수동으로
3733	事迹 shìjì 명 사적	3770	手脚 shǒujiǎo 명 손발 명 거동, 행동 명 수단, 재능, 기량
3734	事态 shìtài 명 사태 [보통 나쁜 것을 가리킴]		
3735	事务 shìwù 명 사무, 업무, 실무 명 총무	3771	手帕 shǒupà 명 손수건
3736	事务所 shìwùsuǒ 명 사무소	3772	手枪 shǒuqiāng 명 권총
3737	事项 shìxiàng 명 사항	3773	手势 shǒushì 명 손짓, 손동작
3738	事宜 shìyí 명 (관련된) 일, 사항, 사무	3774	手术室 shǒushùshì 명 수술실
3739	侍候 shìhòu 동 시중들다, 보살피다	3775	手头 shǒutóu 명 신변 명 손재주, 솜씨
3740	试探 shìtan 동 (상대방의 의사나 반응 따위를) 떠보다	3776	手腕 shǒuwàn 명 수완, 술수, 술책 명 손목
3741	试行 shìxíng 동 시험 삼아 해 보다, 시행하다	3777	手艺 shǒuyì 명 수예, 기술, 솜씨
3742	试用 shìyòng 동 시험 삼아 쓰다	3778	手掌 shǒuzhǎng 명 손바닥
3743	试用期 shìyòngqī 명 수습 기간, 사용기간	3779	守候 shǒuhòu 동 기다리다 동 돌보다, 간호하다
3744	视察 shìchá 동 시찰하다, 관찰하다	3780	守护 shǒuhù 동 수호하다, 지키다
3745	视角 shìjiǎo 명 시각 [사물을 관찰하고 파악하는 기본적인 자세]	3781	守株待兔 shǒuzhū-dàitù 성 요행만을 바라다, 융통성이 없다
3746	视觉 shìjué 명 시각	3782	首创 shǒuchuàng 동 창시하다, 처음으로 만들다
3747	视力 shìlì 명 시력	3783	首府 shǒufǔ 명 자치구의 정부 소재지
3748	视线 shìxiàn 명 시선, 눈길	3784	首批 shǒupī 명 첫 번째
3749	视野 shìyě 명 시야	3785	首饰 shǒushì 명 장신구
3750	柿子 shìzi 명 감	3786	首要 shǒuyào 형 가장 중요하다
3751	是非 shìfēi 명 시비, 잘잘못, 옳음과 그름	3787	寿命 shòumìng 명 수명, 목숨, 생명
3752	适度 shìdù 형 (정도가) 적당하다, 적절하다	3788	受过 shòuguò 동 (책임을 안 져도 될) 과실에 대한 책임을 지다
3753	适量 shìliàng 형 적당량이다		
3754	适时 shìshí 형 시기적절하다	3789	受害 shòuhài 동 피해를 입다, 손해를 보다
3755	适宜 shìyí 형 적당하다, 적합하다, 적절하다	3790	受害人 shòuhàirén 명 피해자
3756	逝世 shìshì 동 서거하다, 세상을 뜨다	3791	受贿 shòuhuì 동 뇌물을 받다
3757	释放 shìfàng 동 석방하다 동 방출하다	3792	受惊 shòujīng 동 놀라다, 기겁을 하다
3758	嗜好 shìhào 명 기호, 취미 [주로 나쁜 것을 가리킴]	3793	受苦 shòukǔ 동 고통을 받다, 고생을 하다
3759	收复 shōufù 동 (잃어버린 영토, 진지를) 수복하다 동 (토지나 가옥 따위를) 되찾다	3794	受理 shòulǐ 동 수리하다, 소장을 접수하여 심리하다
3760	收据 shōujù 명 영수증, 인수증		

3795 受骗 shòupiàn 통 기만당하다, 속임을 당하다	3832 数据库 shùjùkù 명 데이터베이스
3796 受益 shòuyì 통 이익을 얻다	3833 刷新 shuāxīn 통 쇄신하다 통 (기록 따위를) 갱신하다
3797 授权 shòuquán 통 권한을 부여하다	3834 耍 shuǎ 통 놀다, 장난하다 통 (농단을) 부리다
3798 授予 shòuyǔ 통 수여하다	통 가지고 놀다, 희롱하다
3799 售价 shòujià 명 판매가격	3835 耍赖 shuǎlài 통 생떼를 쓰다, 억지를 부리다
3800 售票 shòupiào 통 표를 팔다	3836 衰减 shuāijiǎn 통 약해지다, 감퇴하다, 떨어지다
3801 书橱 shūchú 명 책장, 책 상자	3837 衰竭 shuāijié 통 (질병으로) 지력이 쇠약해지다
3802 书籍 shūjí 명 서적, 책	3838 衰老 shuāilǎo 형 노쇠하다
3803 书记 shūjì 명 서기 [정당이나 단체의 각 조직의 책임자]	3839 衰弱 shuāiruò 형 (신체가) 쇠약해지다
3804 书面 shūmiàn 형 서면의, 지면의	3840 衰退 shuāituì 통 쇠퇴하다, 쇠락하다 통 쇠약해지다
3805 书写 shūxiě 통 (글을) 쓰다, 적다	3841 摔跤 shuāijiāo 통 넘어지다, 자빠지다
3806 抒情 shūqíng 통 감정을 표현하다	3842 甩 shuǎi 통 흔들다, 휘두르다 통 내던지다
3807 枢纽 shūniǔ 명 중추, 허브, 관건	3843 率 shuài 통 인솔하다, 거느리다
3808 梳 shū 통 (머리카락을) 빗다, 빗질하다 명 빗	3844 拴 shuān 통 붙들어 매다
3809 梳理 shūlǐ 통 (머리·수염 따위를) 빗다, 정리하다	통 얽매어 자유롭게 행동할 수 없다
3810 梳子 shūzi 명 빗	3845 涮 shuàn 통 물을 붓고 흔들어 씻다 통 헹구다
3811 舒畅 shūchàng 형 상쾌하다, 쾌적하다	3846 双胞胎 shuāngbāotāi 명 쌍둥이
3812 疏导 shūdǎo 통 (막힘이 없이) 잘 통하게 하다,	3847 双边 shuāngbiān 형 쌍방의, 양쪽의, 양측의
잘 흐르게 하다	3848 双重 shuāngchóng 형 이중의 [추상적인 것에 대해
3813 疏忽 shūhu 통 소홀히 하다, 부주의하다	많이 씀]
3814 疏散 shūsàn 통 (사람이나 물건을) 분산시키다	3849 双向 shuāngxiàng 형 양방향의
형 드문드문하다	3850 双赢 shuāngyíng 통 양측 모두 이익을 얻다, 윈윈하다
3815 疏通 shūtōng 통 화해시키다 통 소통시키다	3851 霜 shuāng 명 서리
3816 输家 shūjiā 명 도박에서 진 사람	3852 爽快 shuǎngkuai 형 시원시원하다, 호쾌하다
3817 输送 shūsòng 통 수송하다, 운송하다	3853 水槽 shuǐcáo 명 물통, 물탱크
3818 输血 shūxuè 통 수혈하다	3854 水稻 shuǐdào 명 논벼
3819 输液 shūyè 통 링거를 맞다, 수액을 놓다	3855 水管 shuǐguǎn 명 수도관, 호스
3820 赎 shú 통 (재물로) 저당물을 되찾다, 자유를 되찾다	3856 水壶 shuǐhú 명 물주전자
3821 暑期 shǔqī 명 여름방학 기간	3857 水货 shuǐhuò 명 수상 암거래 물품 명 밀수품
3822 属性 shǔxìng 명 속성	3858 水晶 shuǐjīng 명 수정
3823 曙光 shǔguāng 명 서광, 여명, 새벽빛	3859 水利 shuǐlì 명 수리
3824 束缚 shùfù 통 속박하다, 구속하다, 제한하다	3860 水灵灵 shuǐlínglíng 형 윤기가 흐르고 생기가 돈다,
3825 树立 shùlì 통 세우다, 수립하다, 확립하다	신선하다
3826 树木 shùmù 명 수목, 나무	3861 水龙头 shuǐlóngtóu 명 수도꼭지
3827 树梢 shùshāo 명 나무 꼭대기, 나무 끝	3862 水落石出 shuǐluò-shíchū
3828 树荫 shùyīn 명 나무 그늘	성 일의 진상이 밝혀지다
3829 树枝 shùzhī 명 나뭇가지	3863 水面 shuǐmiàn 명 수면
3830 竖 shù 통 똑바로 세우다 형 수직의	3864 水手 shuǐshǒu 명 (갑판에서 일하는 보통) 선원
3831 数额 shù'é 명 일정한 수, 액수	3865 水温 shuǐwēn 명 수온
	3866 水域 shuǐyù 명 수역

15

3867	水源 shuǐyuán 몡 수원	3902	丝绸 sīchóu 몡 비단	

3867 水源 shuǐyuán 몡 수원

3868 水涨船高 shuǐzhǎng-chuángāo
성 주위 환경의 변화에 따라 그 부대 상황도 변한다

3869 水准 shuǐzhǔn 몡 수평선 몡 수준

3870 税收 shuìshōu 몡 세수, 세수입

3871 税务 shuìwù 몡 세무

3872 睡袋 shuìdài 몡 침낭

3873 顺便 shùnbiàn 뷔 ~하는 김에

3874 顺差 shùnchā 몡 (무역수지) 흑자

3875 顺畅 shùnchàng 혱 순조롭게 통하다, 막힘이 없다

3876 顺从 shùncóng 동 순종하다, 순순히 따르다

3877 顺理成章 shùnlǐ-chéngzhāng
성 문장을 쓰거나 일을 하는 것이 조리 있고 분명하다

3878 顺路 shùnlù 혱 길이 순탄하다 뷔 ~하는 길에

3879 顺其自然 shùnqízìrán 순리에 따르다

3880 顺势 shùnshì 뷔 ~하는 바람에
뷔 ~하는 김에, 겸사겸사

3881 顺手 shùnshǒu 혱 순조롭다
뷔 겸사겸사, ~하는 김에

3882 顺心 shùnxīn 동 뜻대로 되다, 마음대로 되다

3883 顺应 shùnyìng 동 순응하다, 적응하다

3884 顺着 shùnzhe 동 ~에 따르다, 정세에 따라 움직이다

3885 瞬间 shùnjiān 몡 순간, 눈 깜짝할 사이

3886 说白了 shuōbáile 솔직히 털어놓고 말하다

3887 说不上 shuōbushàng 동 ~라고 할 정도는 아니다
동 말할 가치가 없다

3888 说到底 shuōdàodǐ 결국은, 본질적으로는

3889 说道 shuōdao 동 말하다, 상의하다, 토론하다
몡 사정, 이유, 도리

3890 说干就干 shuō gàn jiù gàn 한다고 하면 한다

3891 说谎 shuōhuǎng 동 거짓말하다

3892 说老实话 shuō lǎoshi huà 진실한 말을 하다

3893 说起来 shuō qǐ lái 말하기 시작하다, 이야기해 보면

3894 说情 shuōqíng 동 인정에 호소하다, 통사정하다

3895 说闲话 shuō xiánhuà 뒷말하다, 한담하다

3896 说真的 shuō zhēnde 참말을 하다, 진실을 말하다

3897 硕果 shuòguǒ 몡 훌륭한 업적, 큰 업적

3898 司法 sīfǎ 동 법을 집행하다, 법으로 심판하다

3899 司空见惯 sīkōng-jiànguàn
성 흔히 있는 일이다, 자주 보아서 이상하게 여기지 않다

3900 司令 sīlìng 몡 사령, 사령관

3901 丝 sī 얭 매우 적은 양을 나타냄
몡 날실, 견사 몡 현악기

3902 丝绸 sīchóu 몡 비단

3903 丝毫 sīháo 몡 추호, 극히 적은 수량

3904 私房钱 sīfángqián 몡 비상금, 쌈짓돈

3905 私家车 sījiāchē 몡 자가용

3906 私立 sīlì 혱 사립의 동 개인이 설립하다

3907 私事 sīshì 몡 개인의 일, 사사로운 일

3908 私下 sīxià 뷔 암암리에, 몰래, 비공개적으로
뷔 암암리, 남이 모르는 사이

3909 私营 sīyíng 혱 민간인이 경영하는

3910 私有 sīyǒu 동 사유하다, 개인이 소유하다

3911 私自 sīzì 뷔 비밀리에, 불법적으로

3912 思路 sīlù 몡 사고의 방향

3913 思念 sīniàn 동 그리워하다, 보고 싶어 하다

3914 思前想后 sīqián-xiǎnghòu 성 앞뒤를 생각하다

3915 思索 sīsuǒ 동 사색하다, 깊이 생각하다

3916 撕 sī 동 찢다, 뜯다

3917 死心 sǐxīn 동 단념하다, 희망을 버리다

3918 死心塌地 sǐxīn-tādì 성 목숨을 걸고, 죽을 때까지

3919 四合院 sìhéyuàn 몡 사합원[베이징의 전통 주택 양식]

3920 四季 sìjì 몡 사계, 사계절

3921 四面八方 sìmiàn-bāfāng 성 사면팔방, 방방곡곡

3922 寺庙 sìmiào 몡 사원, 절, 사찰

3923 似曾相识 sìcéng-xiāngshí
성 예전에 한 번 만난 적이 있는 것 같다

3924 似是而非 sìshì-érfēi
성 겉모습은 그럴 듯하지만 실제는 그렇지 않다

3925 伺机 sìjī 동 기회를 엿보다, 노리다

3926 饲料 sìliào 몡 사료, 먹이, 모이

3927 饲养 sìyǎng 동 기르다, 사육하다

3928 松绑 sōngbǎng 동 각종 규제·제약·구속을 풀다

3929 松弛 sōngchí 혱 늘어지다 혱 해이하다, 엄하지 않다

3930 耸立 sǒnglì 동 우뚝 솟다, 곧추 솟다

3931 送别 sòngbié 동 송별하다, 배웅하다

3932 搜查 sōuchá 동 수색하다, 뒤지어 찾다

3933 搜集 sōují 동 수집하다, 채집하다

3934 搜救 sōujiù 동 수색하여 구조하다

3935 搜寻 sōuxún 동 여기저기 찾다, 물으며 찾다

3936 艘 sōu 얭 척 [선박을 헤아리는 데 쓰임]

★ ▨ 배경색이 칠해진 단어는 중요 단어입니다.

3937	苏醒 sūxǐng 동 (까무러쳤다가) 의식을 회복하다	3972	缩水 suōshuǐ 동 방직품이나 섬유를 물에 담가 줄어들게 하다
3938	酥 sū 형 (음식물이) 바삭바삭하다 형 나른하다, 노곤하다, 힘이 없다	3973	缩影 suōyǐng 명 축소판, 축소형, 축도
3939	俗 sú 형 저속하다 형 대중적이다, 통속적이다	3974	所属 suǒshǔ 형 (당사자가) 소속된 형 휘하의, 산하의 명 부하, 산하
3940	俗话 súhuà 명 속담, 속어	3975	所谓 suǒwèi 명 소위, 이른바
3941	俗话说 súhuà shuō 속담에서 ~라고 말하다	3976	所作所为 suǒzuò-suǒwéi 성 하는 일, 모든 행위
3942	俗语 súyǔ 명 속담, 속어	3977	索赔 suǒpéi 동 변상을 요구하다
3943	诉苦 sùkǔ 동 억울한 사정을 하소연하다	3978	索取 suǒqǔ 요구하다, 얻어 내다
3944	诉说 sùshuō 동 하소연하다, 간곡히 말하다	3979	索性 suǒxìng 부 아예, 차라리
3945	诉讼 sùsòng 동 소송하다, 고소하다	3980	锁定 suǒdìng 동 고정하다 동 바짝 따라붙다
3946	素 sù 형 (색깔이) 점잖다, 소박하다 명 요소, 사물의 기본 성분	3981	他人 tārén 대 타인, 남, 다른 사람
3947	素不相识 sùbùxiāngshí 성 평소에 모르는 사이다, 전혀 안면이 없다	3982	塌 tā 동 무너지다 동 가라앉다 동 안정되다
3948	素材 sùcái 명 (예술 작품의) 소재	3983	踏上 tàshang 디디다, 밟다
3949	素描 sùmiáo 명 소묘, 데생 명 간단한 묘사	3984	胎 tāi 명 태아 명 (일의) 시작, 근원 양 임신 또는 출산의 횟수를 세는 데 쓰임
3950	素食 sùshí 명 평소의 음식, 소박한 음식 동 채식하다	3985	胎儿 tāi'ér 명 태아
3951	素养 sùyǎng 명 소양, 평소의 수양	3986	台球 táiqiú 명 당구
3952	塑造 sùzào 동 빚어서 만들다 동 묘사하다, 형상화하다	3987	太极 tàijí 명 태극, 태초
3953	蒜 suàn 명 마늘	3988	太极拳 tàijíquán 명 태극권
3954	算计 suànjì 동 계산하다 동 계획하다 동 추측하다, 예견하다	3989	太平 tàipíng 형 태평하다, 평안하다
3955	算盘 suànpán 명 주판, 주산	3990	泰斗 tàidǒu 명 권위자, 대가, 제일인자
3956	算账 suànzhàng 동 (장부상의 숫자를) 계산[결산]하다	3991	贪 tān 동 탐내다, 욕심을 부리다
3957	虽说 suīshuō 접 비록 ~이지만	3992	贪婪 tānlán 형 매우 탐욕스럽다
3958	随处可见 suíchù kě jiàn 어디서든 볼 수 있다	3993	贪玩儿 tānwánr 동 노는 데만 열중하다
3959	随大溜 suí dàliù (주견·원칙 없이) 대세에 순응하다	3994	贪污 tānwū 동 횡령하다, 탐오하다
3960	随机 suíjī 형 무작위의, 임의의	3995	摊 tān 동 늘어놓다, 펼쳐놓다 명 노점, 가판대 양 웅덩이, 무더기
3961	随即 suíjí 부 즉시, 곧	3996	瘫 tān 동 반신불수가 되다, 중풍이 들다
3962	随身 suíshēn 형 몸에 지니다, 휴대하다	3997	瘫痪 tānhuàn 동 반신불수가 되다 동 (조직 따위가) 마비되다
3963	随时随地 suíshí-suídì 언제 어디서나	3998	坛 tán 명 제단, 단 명 단지, 항아리
3964	随心所欲 suíxīnsuǒyù 성 하고 싶은 대로 하다	3999	谈不上 tán bu shàng (사실과 동떨어져) 말할 수 없다
3965	遂心 suìxīn 동 마음에 들다, 만족하다	4000	谈到 tándào 동 (~에 대해) 이야기하다, 언급하다
3966	隧道 suìdào 명 굴, 터널	4001	谈论 tánlùn 동 담론하다, 논의하다
3967	损 sǔn 동 훼손하다 동 손해를 끼치다 동 감소하다	4002	谈起 tánqǐ 말하기 시작하다
3968	损坏 sǔnhuài 동 (원래의 기능을) 파손시키다	4003	弹性 tánxìng 명 탄성 명 탄력성, 신축성
3969	损人利己 sǔnrén-lìjǐ 성 남에게 손해를 끼치고 자기의 이익만을 도모하다	4004	痰 tán 명 담, 가래
3970	损伤 sǔnshāng 동 손상되다 동 손해를 보다	4005	坦白 tǎnbái 형 담백하다, 솔직하다 동 (자기의 결점이나 잘못을) 솔직하게 털어놓다
3971	缩 suō 동 줄어들다 동 움츠리다 동 물러나다, 후퇴하다	4006	坦诚 tǎnchéng 형 솔직하고 성실하다
		4007	坦克 tǎnkè 명 탱크, 전차

17

4008 坦然 tǎnrán 휑 마음이 편안한 모양

4009 坦率 tǎnshuài 휑 솔직하다, 정직하다

4010 毯子 tǎnzi 몡 담요·모포·깔개 따위의 총칭

4011 炭 tàn 몡 숯·목탄 따위의 총칭, 석탄

4012 探 tàn 동 찾다, 탐색하다, 정찰하다
　　　　　 동 찾아가다, 방문하다

4013 探测 tàncè 동 관측하다, 탐측하다

4014 探亲 tànqīn 동 (친척·가족을) 방문하다

4015 探求 tànqiú 동 탐구하다

4016 探望 tànwàng 동 (상황이나 변화를) 살피다
　　　　　　 동 문안하다, 방문하다

4017 探险 tànxiǎn 동 탐험하다

4018 碳 tàn 몡 탄소

4019 汤圆 tāngyuán 몡 탕위안

4020 堂 táng 양 세트, 조, 벌　양 장면, 신(scene)

4021 糖果 tángguǒ 몡 사탕, 캔디

4022 糖尿病 tángniàobìng 몡 당뇨병

4023 倘若 tǎngruò 젭 만약 ~한다면

4024 淌 tǎng 동 (물·눈물·땀이) 흐르다, 흘러내리다

4025 烫 tàng 동 (머리를) 파마하다　동 데이다, 화상 입다
　　　　　 휑 몹시 뜨겁다

4026 掏钱 tāo qián 돈을 내다

4027 滔滔不绝 tāotāo-bùjué 셩 끊임없이 흐르다[말하다]

4028 逃避 táobì 동 도피하다

4029 逃生 táoshēng 동 목숨을 건지다,
　　　　　　　 위험에서 빠져나오다

4030 逃亡 táowáng 동 도망치다

4031 陶瓷 táocí 몡 도자기

4032 陶冶 táoyě 동 갈고 닦다, 수양하다, 연마하다

4033 陶醉 táozuì 동 도취하다

4034 淘 táo 동 (쌀 따위를) 일다　동 (힘을) 소모하다
　　　　　 동 (중고 시장에 가서) 물건을 찾다[구입하다]

4035 淘气 táoqì 동 성가시게 하다, 귀찮게 하다
　　　　　　 휑 장난이 심하다

4036 淘汰 táotài 동 도태하다, 추려내다

4037 讨 tǎo 동 정벌하다, 토벌하다　동 요구하다
　　　　 동 장가들다

4038 讨好 tǎohǎo 동 비위를 맞추다, 환심을 사다
　　　　　　 동 좋은 결과를 얻다[주로 부정형에 쓰임]

4039 讨价还价 tǎojià-huánjià 셩 흥정하다

4040 讨人喜欢 tǎo rén xǐhuan
　　　　　　 남에게 귀여움[사랑]을 받다

4041 特产 tèchǎn 몡 특산(물)

4042 特长 tècháng 몡 특기, 특색, 장기

4043 特例 tèlì 몡 특례, 특수 사례

4044 特权 tèquán 몡 특권

4045 特邀 tèyāo 동 특별 초청하다

4046 特制 tèzhì 동 특별 제조하다, 특별히 만들다

4047 特质 tèzhì 몡 특유의 성질

4048 腾 téng 동 질주하다, 도약하다　동 오르다
　　　　 동 (자리·내용물·시간 따위를) 비우다, 내다
　　　　 동 어떤 동사 뒤에 쓰여 연속·반복을 나타냄

4049 藤椅 téngyǐ 몡 등나무 의자

4050 剔除 tīchú 동 (나쁘거나 부적당한 것을) 제거하다

4051 梯子 tīzi 몡 사다리

4052 提拔 tíbá 동 등용하다, 발탁하다

4053 提炼 tíliàn 동 정련하다, 추출하다
　　　　　 동 (문장·생활·경험 등을) 다듬다, 얻어내다

4054 提名 tímíng 동 (당선 가능성 있는 인사나 사물을)
　　　　　　 추천하다, 지명하다

4055 提速 tísù 동 속도를 높이다, 가속하다

4056 提心吊胆 tíxīn-diàodǎn
　　　　　　 셩 마음이 조마조마하다, 안절부절 못하다

4057 提议 tíyì 동 제의하다　몡 제의

4058 提早 tízǎo 동 (예정보다 시간을) 앞당기다

4059 体谅 tǐliàng 동 (다른 사람의 입장에서) 양해하다,
　　　　　　 이해하다

4060 体面 tǐmiàn 몡 체면, 체통　동 떳떳하다, 체면이 서다
　　　　　 휑 (얼굴 또는 모양이) 아름답다, 보기 좋다

4061 体能 tǐnéng 몡 체능 [신체의 운동능력]

4062 体贴 tǐtiē 동 세심하게 돌보다

4063 体温 tǐwēn 몡 체온

4064 体系 tǐxì 몡 체계, 체제, 시스템

4065 体制 tǐzhì 몡 체제, 제도　몡 (시나 문장의) 형식

4066 体质 tǐzhì 몡 체질, 체력

4067 剃 tì 동 (칼로 머리카락·수염 등을) 깎다, 밀다

4068 替换 tìhuàn 동 교대하다, 교체하다

4069 替身 tìshēn 몡 대리인, 대역
　　　　　 몡 남을 대신하여 책임을 지는 사람, 희생양

4070 天长地久 tiāncháng-dìjiǔ
　　　　　　 셩 영원히 변치 않다 [대부분 애정을 형용함]

4071 天地 tiāndì 몡 하늘과 땅, 세상　몡 경지, 상황

4072 天鹅 tiān'é 몡 백조류의 총칭

4073 天分 tiānfèn 몡 선천적인 재능, 소질

4074 天赋 tiānfù 몡 타고난 자질, 천부적 재능
　　　　　 동 타고나다, 천부적이다

4075 天经地义 tiānjīng-dìyì 셩 불변의 진리

4076 天平 tiānpíng 몡 천평(칭)

4077 天桥 tiānqiáo 몡 육교　몡 외나무다리 [체조 도구]

4078 天生 tiānshēng 휑 선천적인, 타고난

★ ▢▢ 배경색이 칠해진 단어는 중요 단어입니다.

4079 天使 tiānshǐ 몡 천사 몡 황제의 사자	4114 停放 tíngfàng 통 잠시 세워놓다, 주차하다
4080 天线 tiānxiàn 몡 안테나, 공중선	4115 停业 tíngyè 통 휴업하다 통 폐업하다
4081 天性 tiānxìng 몡 천성, 타고난 성격	4116 通畅 tōngchàng 혱 막힘이 없다, 원활하다
4082 天主教 Tiānzhǔjiào 고유 천주교	혱 (문장이나 생각이) 유창하다
4083 添加 tiānjiā 통 첨가하다, 늘리다, 보태다	4117 通车 tōngchē 통 (철도나 도로가) 개통하다
4084 甜美 tiánměi 혱 달콤하다 혱 유쾌하다, 즐겁다	통 차가 다니다
4085 甜蜜 tiánmì 혱 행복하다, 기분이 좋다	4118 通风 tōngfēng 통 통풍시키다 통 비밀을 누설하다
4086 甜头 tiántou 몡 단맛 몡 좋은 점, 묘미	4119 通告 tōnggào 통 알리다 몡 공고문
4087 填补 tiánbǔ 통 (빈 부분이나 모자란 곳을) 메우다, 보충하다	4120 通缉 tōngjī 통 지명 수배하다
4088 填充 tiánchōng 통 (공간을) 채우다	4121 通顺 tōngshùn 혱 (문장이) 매끄럽다, 조리가 있다
통 (시험 문제에서) 빈칸에 써넣다	4122 通俗 tōngsú 혱 통속적이다
4089 填写 tiánxiě 통 (일정한 양식에) 써넣다, 기입하다	4123 通通 tōngtōng 뷔 모두, 전부
4090 舔 tiǎn 통 (혀로) 핥다, 묻히다	4124 通往 tōngwǎng 통 (~으로) 통하다
4091 挑剔 tiāoti 통 (결점·흠·잘못 따위를) 들추어내다, 따지다	4125 通宵 tōngxiāo 몡 온밤, 밤새도록, 철야
4092 条款 tiáokuǎn 몡 (문서·계약 따위의) 조항, 조목	4126 通行证 tōngxíngzhèng 몡 통행증, 출입증
4093 条例 tiáolì 몡 조례, 규정, 조항	4127 同伴 tóngbàn 몡 동료, 동반자, 벗
4094 条约 tiáoyuē 몡 조약	4128 同步 tóngbù 통 동시에 진행하다 통 보조를 맞추다
4095 调侃 tiáokǎn 통 희롱하다, 비웃다, 조소하다	4129 同等 tóngděng 혱 동등하다, 같은 정도이다
4096 调控 tiáokòng 통 제어하다, 조종하다	4130 同感 tónggǎn 몡 공감, 동감
4097 调料 tiáoliào 몡 조미료	4131 同伙 tónghuǒ 통 나쁜 무리에 끼다 몡 한 패거리
4098 调试 tiáoshì 통 성능을 테스트하다	4132 同类 tónglèi 혱 같은 종류[유형]에 속하다
4099 挑起 tiǎoqǐ 통 도발하다, 일으키다 통 내걸다	몡 같은 종류, 같은 무리
4100 挑衅 tiǎoxìn 통 (생트집을 잡아) 도전하다, 도발하다	4133 同盟 tóngméng 통 동맹을 맺다 몡 동맹
4101 跳槽 tiàocáo 통 직업을 바꾸다, 회사를 옮기다	4134 同年 tóngnián 몡 같은 해, 그해 통 동갑이다
4102 跳动 tiàodòng 통 뛰다, 활동하다	4135 同人 tóngrén 몡 동업자, 동지
통 (맥·가슴·심장·눈꺼풀 등이) 두근거리다	4136 同志 tóngzhì 몡 동지 통 동무
4103 跳伞 tiàosǎn 통 스카이다이빙하다	4137 同舟共济 tóngzhōu-gòngjì 셍 역경을 함께 헤쳐나가다
4104 跳跃 tiàoyuè 통 도약하다, 뛰어오르다	4138 铜 tóng 몡 구리, 동
4105 贴近 tiējìn 통 가까이 다가가다 혱 친밀하다, 가깝다	4139 统筹 tǒngchóu 통 전면적인 계획을 세우다
4106 贴切 tiēqiè 혱 타당하다, 적절하다	4140 统统 tǒngtǒng 뷔 모두, 전부
4107 帖子 tiězi 몡 초대장, 초청장	4141 统治 tǒngzhì 통 통치하다, 지배하다 통 장악하다
4108 听从 tīngcóng 통 (남의 말을) 듣다, 따르다	4142 捅 tǒng 통 찌르다, 쑤시다
4109 听话 tīnghuà 통 (귀로) 듣다	통 화를 초래하다 통 폭로하다
통 (연장자나 상사의) 지시를 따르다	4143 桶 tǒng 몡 통 얭 통 얭 배럴
4110 停泊 tíngbó 통 정박하다	4144 筒 tǒng 몡 죽통, 굵은 대나무 통
4111 停车位 tíngchēwèi 몡 주차장	4145 痛 tòng 뷔 심하게, 몹시 혱 아프다
4112 停电 tíngdiàn 통 정전되다	4146 痛心 tòngxīn 통 몹시 슬퍼하다, 몹시 상심하다
4113 停顿 tíngdùn 통 (일을) 중지하다, 잠시 멈추다	4147 偷看 tōukàn 통 훔쳐보다
통 (말을) 잠시 쉬다	4148 偷窥 tōukuī 통 몰래 훔쳐보다

| 4149 | 偷懒 tōulǎn 동 게으름을 피우다, 꾀부리다 | 4184 | 团伙 tuánhuǒ 명 악한의 무리 [패거리, 범죄 조직] |

4149 偷懒 tōulǎn 동 게으름을 피우다, 꾀부리다

4150 头部 tóubù 명 머리, 두부

4151 头顶 tóudǐng 명 정수리, 머리 꼭대기

4152 头号 tóuhào 형 최대의, 첫 번째의
형 가장 좋은, 최고급의

4153 头条 tóutiáo 명 첫 번째 명 톱기사, 톱뉴스

4154 头头是道 tóutóu-shìdào
성 말이나 행동이 하나하나 사리에 들어맞다

4155 头衔 tóuxián 명 직함, 학위, 칭호

4156 头晕 tóuyūn 동 머리가 아찔하다, 어지럽다

4157 投奔 tóubèn 동 (의탁할 곳을) 찾아가다, 의탁하다

4158 投稿 tóugǎo 동 투고하다

4159 投机 tóujī 형 의기투합하다, 마음이 잘 맞다
동 투기하다

4160 投射 tóushè 동 비추다, 투사하다
동 던지다, 투척하다

4161 投身 tóushēn 동 투신하다, 헌신하다

4162 投降 tóuxiáng 동 투항하다

4163 透彻 tòuchè 형 (상황 이해나 사리 분석이) 투철하다

4164 透过 tòuguò 동 투과하다, 통과하다

4165 透气 tòuqì 동 환기시키다 동 신선한 공기를 마시다
동 소식을 전하다

4166 透支 tòuzhī 동 적자가 나다 동 가불하다

4167 凸 tū 형 볼록하다, 두드러지다

4168 凸显 tūxiǎn 동 분명하게 드러나다, 부각되다

4169 秃 tū 형 머리숱이 적다, 민둥민둥하다
형 끝이 닳다 형 (문장의 처음과 끝이) 불완전하다

4170 突发 tūfā 동 갑자기 발생하다

4171 突击 tūjī 동 매진하다, 총력을 기울이다
동 돌격하다

4172 突破口 tūpòkǒu 명 돌파구

4173 突如其来 tūrú-qílái 성 뜻밖에 나타나다

4174 图表 túbiǎo 명 도표, 통계표

4175 图像 túxiàng 명 (그리거나 촬영된) 형상, 영상

4176 图形 túxíng 명 도형

4177 图纸 túzhǐ 명 설계도, 도면, 청사진

4178 徒步 túbù 동 도보하다, 보행하다

4179 涂 tú 동 (안료·도료 등을) 바르다, 칠하다

4180 屠杀 túshā 동 대량 학살하다, 살육하다

4181 土匪 tǔfěi 명 (지방의) 도적, 토구

4182 土壤 tǔrǎng 명 토양 명 온상, 바탕

4183 土生土长 tǔshēng-tǔzhǎng
성 현지[그 고장]에서 나고 자라다

4184 团伙 tuánhuǒ 명 악한의 무리 [패거리, 범죄 조직]

4185 团聚 tuánjù 동 한자리에 모이다 [대개 가족이 헤어졌
다 다시 만날 때 사용]

4186 团员 tuányuán 명 중국 공산주의 청년단 단원

4187 团圆 tuányuán 동 한데 모이다, 함께 단란하게 지내다
형 둥근, 동그란

4188 推测 tuīcè 동 추측하다, 헤아리다

4189 推辞 tuīcí 동 거절하다, 사양하다

4190 推断 tuīduàn 동 추론하다, 추정하다

4191 推翻 tuīfān 동 전복시키다 동 번복하다

4192 推荐 tuījiàn 동 추천하다

4193 推理 tuīlǐ 동 추리하다

4194 推敲 tuīqiāo 동 퇴고하다

4195 推算 tuīsuàn 동 추산하다, 계산하다

4196 推卸 tuīxiè 동 (책임을) 전가하다, 회피하다

4197 推选 tuīxuǎn 동 (구두로) 추천하여 선발하다

4198 推移 tuīyí 동 변천하다, 변화하다

4199 颓废 tuífèi 형 의기소침하고 퇴폐적이다

4200 退回 tuìhuí 동 반송하다, 돌려보내다

4201 退却 tuìquè 동 (군대가) 퇴각하다, 후퇴하다
동 위축되다, 주춤하다

4202 退让 tuìràng 동 길을 비켜주다 동 양보하다

4203 退缩 tuìsuō 동 뒷걸음질치다, 위축되다

4204 退休金 tuìxiūjīn 명 퇴직연금

4205 退学 tuìxué 동 퇴학하다, 퇴학 처분을 내리다

4206 退役 tuìyì 동 퇴역하다 동 도태되다 동 은퇴하다

4207 屯 tún 명 마을, 촌락, 부락
동 비축하다 동 주둔하다

4208 托付 tuōfù 동 위탁하다, 부탁하다

4209 拖累 tuōlěi 동 연루되다, 연루시키다

4210 拖欠 tuōqiàn 동 체불하다, 갚지 않다

4211 推延 tuīyán 동 미루다, 연기하다

4212 脱节 tuōjié 동 갈라지다 동 괴리가 생기다

4213 脱口而出 tuōkǒu'érchū 성 무의식중에 말이 나오다

4214 脱落 tuōluò 동 떨어지다 동 누락하다, 빼먹다

4215 脱身 tuōshēn 동 손을 떼다, 벗어나다

4216 脱颖而出 tuōyǐng'érchū 성 두각을 나타내다

4217 驮 tuó 동 (가축이나 사람이 짐을) 등에 싣다

4218 妥 tuǒ 형 적당하다, 타당하다
형 잘 되어 있다 [주로 동사 뒤에 쓰임]

4219 妥当 tuǒdàng 형 알맞다, 타당하다

4220 妥善 tuǒshàn 형 알맞다, 타당하다, 적절하다

4221 妥协 tuǒxié 동 타협하다, 타결되다

4222 拓宽 tuòkuān 동 넓히다, 확장하다

4223 拓展 tuòzhǎn 동 넓히다, 확장하다, 개척하다

4224 唾液 tuòyè 명 타액

4225 挖掘 wājué 동 파다, 캐다, 발굴하다

4226 挖苦 wāku 동 빈정대다, 비아냥거리다

4227 瓦 wǎ 명 기와 명 질그릇, 토기
양 와트 [일률의 단위]

4228 歪 wāi 형 비뚤다, 비스듬하다
형 (행동·마음 따위가) 그릇되다, 옳지 않다

4229 歪曲 wāiqū 동 (사실이나 내용을 고의로) 왜곡하다

4230 外表 wàibiǎo 명 겉모양, 표면, 외모

4231 外公 wàigōng 명 외조부

4232 外行 wàiháng 형 문외한이다 명 문외한, 풋내기

4233 外号 wàihào 명 별명

4234 外籍 wàijí 명 외국 국적 명 외지

4235 外贸 wàimào 명 '对外贸易(대외무역)'의 줄임말

4236 外貌 wàimào 명 외모, 외관

4237 外婆 wàipó 명 외할머니

4238 外企 wàiqǐ 명 '外商投资企业(외자기업)'의 줄임말

4239 外星人 wàixīngrén 명 외계인

4240 外形 wàixíng 명 외형

4241 外援 wàiyuán 명 외부의 도움, 외국의 원조
명 외국인 선수

4242 丸 wán 명 환약 양 환, 알 [환약을 세는 단위]

4243 完备 wánbèi 형 완비되어 있다, 모두 갖추다

4244 完毕 wánbì 동 끝나다, 종료하다

4245 完蛋 wándàn 동 끝장나다, 망하다

4246 完好 wánhǎo 형 성하다, 온전하다

4247 玩耍 wánshuǎ 동 놀다, 장난치다

4248 玩意儿 wányìr 명 장난감
명 (연극·만담 따위의) 오락, 기예

4249 顽固 wángù 형 완고하다 형 보수적이다
형 바꾸기 힘들다

4250 挽 wǎn 동 잡아당기다, 끌다

4251 挽回 wǎnhuí 동 만회하다, 되돌리다

4252 挽救 wǎnjiù 동 (위험에서) 구해 내다, 구제하다

4253 晚间 wǎnjiān 명 저녁, 밤

4254 晚年 wǎnnián 명 만년, 노년

4255 晚期 wǎnqī 명 만년의 시기, 말기

4256 惋惜 wǎnxī 형 애석해하다, 안타까워하다

4257 万分 wànfēn 부 극히, 대단히, 매우

4258 万古长青 wàngǔ chángqīng
성 (정신이나 우의가) 영원토록 변하지 않다

4259 万能 wànnéng 형 만능이다
형 여러 가지 용도가 있다

4260 万万 wànwàn 부 결코, 절대로
수 아주 많은 수, 만만

4261 万无一失 wànwú-yīshī
성 만에 하나의 실수도 없다

4262 汪洋 wāngyáng 형 끝없이 망망하다 형 도량이 크다

4263 亡羊补牢 wángyáng-bǔláo
성 소 잃고 외양간 고치다

4264 王国 wángguó 명 왕국 명 (독립된) 영역, 분야

4265 王牌 wángpái 명 비장의 무기

4266 网点 wǎngdiǎn 명 점포망, 판매망, 서비스망

4267 网民 wǎngmín 명 네티즌

4268 往常 wǎngcháng 명 평소, 평상시

4269 往返 wǎngfǎn 동 왕복하다, 오가다

4270 往日 wǎngrì 명 이전, 지난날

4271 往事 wǎngshì 명 지난 일, 옛일

4272 妄想 wàngxiǎng 동 망상하다 명 망상, 공상

4273 忘不了 wàng bu liǎo 잊을 수 없다, 잊지 못하다

4274 忘掉 wàngdiào 동 잊어버리다, 망각하다

4275 旺 wàng 형 왕성하다 형 많다, 넉넉하다

4276 旺季 wàngjì 명 (영업·생산 따위의) 성수기,
제철, 한창인 때, 피크

4277 旺盛 wàngshèng 형 (기운이나 세력이) 성하다,
(생명력이) 강하다

4278 望 wàng 동 (멀리) 바라보다 동 주시하다
동 방문하다, 찾아가다
동 바라다, 희망하다

4279 望远镜 wàngyuǎnjìng 명 망원경

4280 危及 wēijí 동 위험이 미치다

4281 危急 wēijí 형 위급하다, 급박하다

4282 威风 wēifēng 명 위풍, 콧대 형 위엄이 있다

4283 威力 wēilì 명 위력

4284 威慑 wēishè 동 (무력으로) 협박하다, 위협하다

4285 微信 wēixìn 위챗

4286 微不足道 wēibùzúdào 성 보잘것없다

4287 微观 wēiguān 형 미시적

21

4288	微妙 wēimiào 휑 미묘하다	4327	瘟疫 wēnyì 몡 급성 전염병, 유행병
4289	微弱 wēiruò 휑 미약하다, 가냘프다	4328	文 wén 몡 문자 몡 문장 몡 공문
4290	微型 wēixíng 휑 소형의	4329	文具 wénjù 몡 문구, 문구류
4291	为人 wéirén 됭 처신하다 몡 사람 됨됨이, 인품	4330	文科 wénkē 몡 문과
4292	违背 wéibèi 됭 위배하다, 어긋나다	4331	文盲 wénmáng 몡 문맹, 까막눈이
4293	违约 wéiyuē 됭 약속을 어기다, 계약을 위반하다	4332	文凭 wénpíng 몡 (졸업) 증서, 졸업장
4294	违章 wéizhāng 됭 법규를 위반하다	4333	文人 wénrén 몡 문인, 작가
4295	围墙 wéiqiáng 몡 빙 둘러싼 담	4334	文物 wénwù 몡 문물, 문화재
4296	唯 wéi 뷔 다만, 단지	4335	文献 wénxiàn 몡 문헌
4297	唯独 wéidú 뷔 유독, 단지	4336	文雅 wényǎ 휑 우아하다, 고상하다, 기품이 있다
4298	伪造 wěizào 됭 위조하다, 날조하다	4337	闻名 wénmíng 됭 명성을 듣다 휑 유명하다
4299	伪装 wěizhuāng 됭 가장하다 몡 가장, 위장	4338	蚊帐 wénzhàng 몡 모기장
4300	尾气 wěiqì 몡 배기가스, 폐기	4339	蚊子 wénzi 몡 모기
4301	尾声 wěishēng 몡 대단원, 에필로그, 대미	4340	吻 wěn 됭 입맞춤하다 몡 입술 몡 (동물의) 주둥이, 부리
4302	维度 wéidù 몡 차원		
4303	委屈 wěiqu 휑 억울하다 됭 억울하게 하다	4341	吻合 wěnhé 휑 꼭 들어맞다, 일치하다
4304	委婉 wěiwǎn 휑 (말이) 완곡하다, 부드럽다	4342	紊乱 wěnluàn 휑 문란하다
4305	委员 wěiyuán 몡 위원	4343	稳固 wěngù 휑 튼튼하다 됭 견고하게 하다
4306	委员会 wěiyuánhuì 몡 위원회	4344	稳健 wěnjiàn 휑 믿음직하다 휑 온건하다, 침착하다
4307	萎缩 wěisuō 됭 (식물이) 시들다, 마르다 됭 쪼그라들다, 위축되다 됭 (경제가) 쇠퇴하다	4345	稳妥 wěntuǒ 휑 온당하다, 타당하다
		4346	稳重 wěnzhòng 휑 진중하다, 점잖다
4308	卫视 wèishì 몡 위성 텔레비전	4347	问卷 wènjuàn 몡 설문지, 앙케트
4309	未 wèi 뷔 아직 ~하지 않다 뷔 ~이 아니다	4348	问世 wènshì 됭 출간하다, 출판하다, 출시하다
4310	未成年人 wèichéngniánrén 몡 미성년자	4349	窝 wō 몡 둥지, 우리 몡 은신처, 소굴, 아지트
4311	未经 wèijīng 아직~하지 못하다	4350	卧 wò 됭 눕다 됭 아기를 눕히다
4312	未免 wèimiǎn 뷔 ~을 면할 수 없다	4351	污秽 wūhuì 휑 더럽다, 불결하다 몡 더러운 것, 때
4313	未知数 wèizhīshù 몡 미지수	4352	巫婆 wūpó 몡 마녀, 무당
4314	位子 wèizi 몡 자리, 좌석	4353	呜咽 wūyè 됭 목메어 울다, 훌쩍이다 됭 구슬프다, 처량하다
4315	味精 wèijīng 몡 화학조미료		
4316	畏惧 wèijù 됭 두려워하다, 무서워하다	4354	屋顶 wūdǐng 몡 옥상 몡 지붕
4317	畏缩 wèisuō 됭 위축되다, 무서워 움츠리다	4355	无比 wúbǐ 됭 비할 바 없다, 아주 뛰어나다
4318	胃口 wèikǒu 몡 식욕 몡 욕구, 욕심, 흥미	4356	无不 wúbù 뷔 모두 ~이다
4319	喂养 wèiyǎng 됭 아이를 양육하다, 동물을 사육하다	4357	无偿 wúcháng 휑 무상의, 무보수의
4320	慰劳 wèiláo 됭 위문하다, 위로하다	4358	无敌 wúdí 됭 무적이다, 당할 자가 없다
4321	温度计 wēndùjì 몡 온도계	4359	无恶不作 wú'è-búzuò 솅 갖은 못된 짓을 다하다
4322	温泉 wēnquán 몡 온천	4360	无非 wúfēi 뷔 단지 ~에 불과하다, 단지 ~뿐이다
4323	温柔 wēnróu 휑 온유하다, 따뜻하고 상냥하다	4361	无辜 wúgū 휑 무고하다 몡 무고한 사람
4324	温室 wēnshì 몡 온실	4362	无故 wúgù 뷔 이유 없이, 까닭 없이
4325	温习 wēnxí 됭 복습하다		
4326	温馨 wēnxīn 휑 온화하고 향기롭다, 따스하다		

4363 无关紧要 wúguān-jǐnyào 성 중요하지 않다	4396 武力 wǔlì 명 폭력 명 무력, 군사력
4364 无话可说 wúhuà-kěshuō 할 말이 없다	4397 武装 wǔzhuāng 명 무력, 무장 군대 동 무장하다
4365 无济于事 wújìyúshì 성 아무 쓸모없다	4398 侮辱 wǔrǔ 동 모욕하다, 모독하다
4366 无家可归 wújiā-kěguī	4399 捂 wǔ 동 가리다, 덮다 동 감추다, 은폐하다
성 돌아갈 곳이 없다, 의지할 곳이 없다	4400 舞厅 wǔtīng 명 무용실, 댄스 홀 명 (상업적인) 무도장
4367 无精打采 wújīng-dǎcǎi	4401 勿 wù 부 ~하지 마라, ~해서는 안 된다
성 의기소침하다, 풀이 죽다	4402 务必 wùbì 부 반드시, 꼭
4368 无可奉告 wúkěfènggào 성 알릴 만한 것이 없다	4403 务实 wùshí 형 실용적이다, 실속이 있다
4369 无可厚非 wúkěhòufēi 성 크게 비난할 것이 없다	4404 物流 wùliú 명 물류
4370 无可奈何 wúkěnàihé	4405 物体 wùtǐ 명 물체
성 어찌 할 도리가 없다, 방법이 없다	4406 物证 wùzhèng 명 물증
4371 无理 wúlǐ 동 무리하다, 억지스럽다	4407 物资 wùzī 명 물자
4372 无力 wúlì 동 기운이 없다 동 역부족이다	4408 误差 wùchā 명 오차
4373 无论如何 wúlùn-rúhé 어쨌든, 어찌되었든 간에	4409 误导 wùdǎo 동 오도하다, 잘못 이끌다
4374 无能 wúnéng 형 무능하다, 능력이 없다	4410 误区 wùqū 명 (장시간 형성된) 잘못된 인식
4375 无能为力 wúnéngwéilì	4411 雾 wù 명 안개 명 안개 같은 작은 물방울
성 무능해서 아무 일도 못하다	4412 吸纳 xīnà 동 흡입하다 동 (자금·인원 등을) 흡수하다
4376 无情 wúqíng 형 무정하다 형 사정없다, 무자비하다	동 (기술·의견 등을) 채택하다, 접수하다
4377 无情无义 wúqíng-wúyì 성 무정하다, 냉정하다	4413 吸取 xīqǔ 동 (영양이나 교훈 따위를) 섭취하다, 흡수하다
4378 无穷 wúqióng 동 무한하다, 끝이 없다	4414 昔日 xīrì 명 옛날, 예전, 지난날
4379 无私 wúsī 형 사심이 없다, 무사하다	4415 息息相关 xīxī-xiāngguān
4380 无所事事 wúsuǒshìshì	성 상관관계가 있다, 관계가 매우 밀접하다
성 한가하게 아무 일도 하지 않다	4416 稀 xī 형 드물다, 희소하다, 희귀하다
4381 无所作为 wúsuǒzuòwéi	4417 稀罕 xīhan 형 희귀하다, 생소하다 동 귀하게 여기다
성 적극적으로 하는 바가 없다	4418 稀奇 xīqí 형 진기[희귀]하다, 드물다
4382 无条件 wútiáojiàn 동 조건을 달지 않다, 절대적이다	4419 稀少 xīshǎo 희소하다, 적다, 드물다
4383 无微不至 wúwēi-búzhì	4420 锡 xī 명 주석
성 (관심이나 보살핌이) 매우 세밀하고 두루 미치다	4421 熙熙攘攘 xīxī-rǎngrǎng
4384 无线 wúxiàn 형 무선의	형 왕래가 빈번하고 왁자지껄하다
4385 无线电 wúxiàndiàn 명 무선 전신	4422 熄火 xīhuǒ 동 불을 끄다 동 (엔진이나 시동이) 꺼지다, 멈추다
4386 无形 wúxíng 형 무형의 부 무의식중에	4423 膝盖 xīgài 명 무릎
4387 无形中 wúxíngzhōng 부 무의식중에, 무심결에	4424 嬉笑 xīxiào 동 장난치며 웃다, 시시덕거리다
4388 无须 wúxū 부 ~할 필요가 없다, 쓸데없이	4425 习俗 xísú 명 습관과 풍속
4389 无疑 wúyí 명 의심할 바 없다, 틀림없다	4426 席 xí 명 좌석, 자리 명 관직, (국회의) 의석 명 연회석
4390 无忧无虑 wúyōu-wúlù 성 아무런 근심 걱정도 없다	4427 席位 xíwèi 명 자리, 좌석 명 (의회의) 의석, 의원 수
4391 无缘 wúyuán 동 기회가 없다 부 ~할 방도가 없다	4428 袭击 xíjī 동 (군사적으로) 급습하다, 기습하다
4392 无知 wúzhī 형 무지하다, 사리에 어둡다	4429 媳妇 xífu 명 며느리
4393 无足轻重 wúzú-qīngzhòng	4430 洗涤剂 xǐdíjì 명 세제, 세정제
성 있어도 그만 없어도 그만이다	
4394 五花八门 wǔhuā-bāmén 형 형형색색, 천태만상	
4395 五星级 wǔxīngjí 5성급	

23

4431 洗礼 xǐlǐ 명 (기독교의) 세례 명 시련, 고통	4469 下一代 xià yí dài 다음 세대, 후세
4432 喜出望外 xǐchūwàngwài 성 뜻밖의 기쁜 일을 만나 기뻐 어쩔 줄 모르다	4470 下意识 xiàyìshí 명 잠재의식, 무의식 부 무심코
4433 喜好 xǐhào 동 좋아하다 명 기호	4471 下游 xiàyóu 명 하류 지역 명 열세, 불리한 상황
4434 喜酒 xǐjiǔ 명 결혼 축하주, 결혼 피로연	4472 下坠 xiàzhuì 동 아래로 떨어지다, 추락하다
4435 喜怒哀乐 xǐ-nù-āi-lè 성 희로애락	4473 吓唬 xiàhu 형 겁나다, 무섭다 동 겁주다, 위협하다
4436 喜庆 xǐqìng 형 경사스럽다 명 경사, 기쁨	4474 吓人 xiàrén 동 사람을 놀라게 하다
4437 喜事 xǐshì 명 기쁜 일, 경사, 혼사	4475 夏令营 xiàlìngyíng 명 여름 학교, 여름 캠프
4438 喜糖 xǐtáng 명 결혼[약혼] 축하 사탕	4476 仙鹤 xiānhè 명 선학, 두루미
4439 喜洋洋 xǐyángyáng 형 몹시 기쁜 모양	4477 仙女 xiānnǚ 명 선녀
4440 喜悦 xǐyuè 형 기쁘다, 유쾌하다	4478 先例 xiānlì 명 선례, 전례
4441 细腻 xìnì 형 (사물이) 부드럽고 매끄럽다 형 (연출·묘사 따위가) 섬세하다, 세밀하다	4479 先天 xiāntiān 명 천성, 타고난 것 명 선험적
4442 细微 xìwēi 형 미세하다, 미미하다	4480 纤维 xiānwéi 명 섬유
4443 细心 xìxīn 형 (일 처리·생각이) 세심하다, 꼼꼼하다	4481 掀 xiān 동 (손으로 물건을) 들어 올리다 동 뛰어오르다, 솟구쳐 오르다
4444 虾 xiā 명 새우	4482 掀起 xiānqǐ 동 들어 올리다 동 넘실거리다 동 자극하다, 불러일으키다
4445 瞎 xiā 동 실명하다 부 마구, 제멋대로	
4446 侠义 xiáyì 형 의협심이 강하다	4483 鲜活 xiānhuó 형 싱싱하다, 신선하다 형 산뜻하고 발랄하다, 활기차다
4447 峡谷 xiágǔ 명 골짜기, 협곡	4484 鲜美 xiānměi 형 맛이 대단히 좋다 형 (화초 따위가) 싱싱하고 아름답다
4448 狭隘 xiá'ài 형 좁다, 협소하다 형 옹졸하다, 편협하다	
4449 狭小 xiáxiǎo 형 작다, 좁다, 협소하다	4485 鲜血 xiānxuè 명 선혈
4450 狭窄 xiázhǎi 형 비좁다, 협소하다 형 옹졸하다	4486 弦 xián 명 활시위, 악기의 줄, (시계 따위의) 태엽
4451 下场 xiàchǎng 명 결말, 말로 [주로 나쁜 것을 가리킴]	4487 衔接 xiánjiē 동 맞물다, 맞물리다, 잇다
4452 下跌 xiàdiē 동 (수위·물가 따위가) 내려가다, 하락하다	4488 嫌弃 xiánqì 동 싫어하다, 불쾌하게 생각하다
4453 下岗 xiàgǎng 동 실직하다, 퇴직하다, 일자리를 잃다	4489 嫌疑 xiányí 명 혐의, 의심쩍음
4454 下功夫 xià gōngfu 공들이다, 애쓰다, 힘쓰다	4490 显而易见 xiǎn'éryìjiàn 성 명백히 알 수 있다
4455 下海 xiàhǎi 동 바다에 나가다 동 직업을 바꾸어 사업에 뛰어들다	4491 显赫 xiǎnhè 형 (권세·명성 등이) 찬란하다, 빛나다
	4492 显示器 xiǎnshìqì 명 모니터
4456 下级 xiàjí 명 하급자, 하급 기관	4493 显现 xiǎnxiàn 동 뚜렷이 드러나다, 분명하게 나타나다
4457 下决心 xià juéxīn 결심하다	4494 显眼 xiǎnyǎn 동 눈에 띄다, 시선을[주의를] 끌다
4458 下令 xiàlìng 동 명령을 내리다	4495 现成 xiànchéng 형 원래부터 있는, 기존의, 기성의
4459 下落 xiàluò 명 (사람 또는 사물의) 행방, 소재, 종적	4496 现任 xiànrèn 동 현재 ~을 담당하고 있다 형 현직의
4460 下期 xià qī 동 다음 번, (간행물의) 다음 호, 다음 학기	4497 现行 xiànxíng 형 현행의, 현재 시행하고 있는
4461 下棋 xiàqí 동 장기를 두다, 바둑을 두다	4498 限 xiàn 동 제한하다, 한정하다
4462 下山 xiàshān 동 하산하다 동 해가 지다	4499 限定 xiàndìng 동 (범위·수량 따위를) 규정하다, 제한하다
4463 下手 xiàshǒu 동 착수하다, 시작하다, 손을 대다	
4464 下属 xiàshǔ 명 부하, 아랫사람, 하급 기관	4500 限度 xiàndù 명 한도, 한계
4465 下台 xiàtái 동 공직에서 물러나다, 정권을 물려주다 동 (분쟁이나 논쟁 등에서) 결말을 짓다	4501 限于 xiànyú 동 (~에) 한하다, 불과하다
	4502 线条 xiàntiáo 명 (그림의) 선 명 (인체·공예품의) 윤곽, 라인
4466 下调 xiàtiáo 동 하향 조정하다	
4467 下乡 xiàxiāng 동 농촌으로 가다, 귀향하다	4503 宪法 xiànfǎ 명 헌법
4468 下旬 xiàxún 명 하순	4504 陷 xiàn 동 (진흙·함정 따위에) 빠지다

4505 陷阱 xiànjǐng 명 덫, 함정, 올가미, 속임수

4506 馅儿 xiànr 명 만두 등과 같은 밀가루 음식 재료로 쓰이는 것

4507 羡慕 xiànmù 동 부러워하다, 흠모하다

4508 献血 xiànxuè 동 헌혈하다

4509 腺 xiàn 명 선, 샘 [생물체 내에서 어떤 화학물질을 분비할 수 있는 조직]

4510 乡亲 xiāngqīn 명 고향 사람, 동향인 명 마을 사람

4511 乡下 xiāngxia 명 시골, 지방, 촌

4512 相伴 xiāngbàn 동 동반하다, 함께 가다

4513 相比之下 xiāngbǐ zhī xià 그것과 비교하면

4514 相差 xiāngchà 동 서로 차이가 나다 명 차이

4515 相传 xiāngchuán 동 ~이라고 전해지다 동 전수하다

4516 相当于 xiāngdāngyú 동 ~와 같다, ~에 상당하다

4517 相对 xiāngduì 동 상대하다, 서로 반대되다 형 상대적이다 부 비교적

4518 相对而言 xiāngduì-éryán 상대적으로

4519 相辅相成 xiāngfǔ-xiāngchéng 성 서로 보완하고 도와서 일을 완성하다

4520 相继 xiāngjì 부 잇따라, 연달아, 연이어

4521 相连 xiānglián 동 연결되다, 서로 잇닿다

4522 相识 xiāngshí 동 서로 알다, 안면이 있다 명 구면

4523 相提并论 xiāngtí-bìnglùn 성 함께 거론하다, 동일시하다

4524 相通 xiāngtōng 동 상통하다, 서로 통하다

4525 相依为命 xiāngyī-wéimìng 성 서로 굳게 의지하며 살아가다

4526 相遇 xiāngyù 동 마주치다, 만나다

4527 相约 xiāngyuē 동 서로 약속하다

4528 香料 xiāngliào 명 향료

4529 香水 xiāngshuǐ 명 향수

4530 香味 xiāngwèi 명 향기, 향긋한 냄새, 향기로운 맛

4531 香烟 xiāngyān 명 자손이 조상에게 지내는 제사 명 담배, 궐련

4532 香油 xiāngyóu 명 참기름

4533 镶 xiāng 동 박아 넣다, 끼워 넣다, 상감하다

4534 镶嵌 xiāngqiàn 동 끼워 넣다, 상감하다

4535 详尽 xiángjìn 형 상세하고 빠짐없다, 철저하다

4536 祥和 xiánghé 형 상서롭고 화목하다 형 자상하다, 인자하다

4537 享 xiǎng 동 누리다, 향유하다

4538 享有 xiǎngyǒu 동 (권리·명예 따위를) 향유하다

4539 响亮 xiǎngliàng 형 (소리가) 우렁차다, 크고 맑다

4540 响起 xiǎngqǐ 울려 퍼지다, 울리다

4541 响应 xiǎngyìng 동 호응하다, 응답하다, 공명하다

4542 想方设法 xiǎngfāng-shèfǎ 성 온갖 방법을 생각하다

4543 向来 xiànglái 부 본래부터, 줄곧, 여태껏

4544 向往 xiàngwǎng 동 동경하다, 갈망하다, 지향하다

4545 向着 xiàngzhe 동 ~쪽으로 향하다 동 두둔하다, 편들다

4546 项链 xiàngliàn 명 목걸이

4547 像 xiàng 명 인물상, 초상화

4548 像样 xiàngyàng 동 그럴듯하다, 보기 좋다, 맵시 있다

4549 橡胶 xiàngjiāo 명 고무

4550 橡皮 xiàngpí 명 지우개 명 고무의 총칭

4551 削 xiāo 동 (껍질을) 깎다 동 (탁구채 따위로 공을) 커트하다

4552 消 xiāo 동 사라지다, 제거하다 동 (시간을) 보내다

4553 消沉 xiāochén 형 기가 죽다, 풀이 죽다

4554 消遣 xiāoqiǎn 동 한가한 시간을 보내다 동 희롱하다

4555 萧条 xiāotiáo 형 쓸쓸하다, 적막하다 형 물가가 하락하다, 불경기이다

4556 销 xiāo 동 (금속을) 녹이다 동 제거하다, 없애다 동 팔다, 판매하다

4557 销毁 xiāohuǐ 동 폐기 처분하다, 없애다

4558 销量 xiāoliàng 명 (상품의) 판매량

4559 潇洒 xiāosǎ 형 소탈하다, 시원스럽다

4560 小丑 xiǎochǒu 명 어릿광대 명 재미있는 녀석 명 불한당

4561 小贩 xiǎofàn 명 소상인, 행상인, 영세상인

4562 小看 xiǎokàn 동 얕보다, 깔보다, 경시하다

4563 小康 xiǎokāng 형 먹고 살 만하다, 지낼 만하다

4564 小路 xiǎolù 명 좁은 길, 작은 길, 오솔길

4565 小品 xiǎopǐn 명 단막극, 토막극, 콩트

4566 小气 xiǎoqi 형 인색하다, 쩨쩨하다 형 옹졸하다

4567 小区 xiǎoqū 명 생산·건축 단위 및 거주·휴식 시설이 모여 있는 일정 구역

4568 小曲 xiǎoqǔ 명 (민간의 통속적인) 곡조, 멜로디

4569 小人 xiǎorén 명 소인, 미천한 사람 명 인격이 낮은 사람

4570 小提琴 xiǎotíqín 명 바이올린

4571 小溪 xiǎoxī 명 시내

4572 小心翼翼 xiǎoxīn-yìyì 성 엄숙하고 경건하다, 매우 조심스럽다

| 4573 | 小卒 xiǎozú 몡 졸병 [범인(凡人)이나 보잘것없는 사람을 두루 가리킴] |
| 4574 | 孝敬 xiàojìng 통 웃어른을 잘 섬기고 공경하다 |

4573 小卒 xiǎozú 몡 졸병 [범인(凡人)이나 보잘것없는
　　　　　　　　　사람을 두루 가리킴]

4574 孝敬 xiàojìng 통 웃어른을 잘 섬기고 공경하다

4575 孝顺 xiàoshùn 통 효도하다 혱 효성스럽다

4576 肖像 xiàoxiàng 몡 초상, 화상 [사람을 주체로 한 사진
　　　　　　　　　이나 화상]

4577 效仿 xiàofǎng 통 흉내 내다, 모방하다, 본받다

4578 效力 xiàolì 몡 효력, 효과, 효능

4579 效益 xiàoyì 몡 효과와 이익

4580 效应 xiàoyìng 몡 효과와 반응

4581 协定 xiédìng 몡 협정 통 협의해서 결정하다

4582 协同 xiétóng 통 협동하다, 협력하다

4583 协作 xiézuò 통 협업하다, 협동하다, 제휴하다

4584 邪 xié 혱 사악하다, 그릇되다

4585 邪恶 xié'è 혱 사악하다

4586 挟持 xiéchí 통 협박하다

4587 携带 xiédài 통 지니다, 휴대하다 통 육성하다

4588 携手 xiéshǒu 통 서로 손을 잡다 통 서로 협력하다

4589 写照 xiězhào 통 인물의 형상을 그리다 몡 모습, 모양

4590 泄 xiè 통 배출되다, 방출되다 통 발설하다
　　　　　　통 토로하다, 발산하다

4591 泄漏 xièlòu 통 (액체·기체 등이) 새다
　　　　　　통 비밀·기밀을 누설하다

4592 泄露 xièlòu 통 누설하다, 폭로하다

4593 泄密 xièmì 통 비밀이 새다, 비밀을 누설하다

4594 泄气 xièqì 통 화풀이하다 통 기가 죽다

4595 泻 xiè 통 내리붓는다, 쏟아지다 통 설사하다

4596 卸 xiè 통 짐을 내리다 통 분해하다

4597 心爱 xīn'ài 혱 애지중지하다

4598 心安理得 xīn'ān-lǐdé 셩 이치대로 되어 만족하다

4599 心病 xīnbìng 몡 울화병 몡 말 못할 고민

4600 心肠 xīncháng 몡 마음씨, 마음 씀씀이
　　　　　　몡 감정, 마음, 흥미

4601 心得 xīndé 몡 소감, 느낀 점, 깨달은 바

4602 心慌 xīnhuāng 통 심장이 뛰다, 가슴이 두근거리다

4603 心急如焚 xīnjí-rúfén
　　　　　　셩 애간장을 태우다, 무척 조급해하다

4604 心里话 xīnlǐhuà 몡 마음속의 말, 속말, 진담

4605 心灵手巧 xīnlíng-shǒuqiǎo
　　　　　　셩 영리하고 손재주가 있다

4606 心目 xīnmù 몡 심중, 안중 몡 생각, 견지

4607 心声 xīnshēng 몡 마음속에서 우러나오는 소리

4608 心事 xīnshì 몡 근심, 시름, 걱정거리

4609 心思 xīnsi 몡 생각, 염두

4610 心酸 xīnsuān 혱 마음이 쓰리다, 비통하다

4611 心想事成 xīnxiǎng-shìchéng
　　　　　　셩 간절히 원하고 바라면 반드시 이뤄진다

4612 心胸 xīnxiōng 몡 도량 몡 포부, 뜻 몡 마음

4613 心血 xīnxuè 몡 심혈, 고심, 온 정신

4614 心眼儿 xīnyǎnr 몡 내심 몡 기지, 슬기

4615 心意 xīnyì 몡 마음, 성의 몡 뜻, 생각

4616 芯片 xīnpiàn 몡 마이크로 칩(microchip), 집적회로 칩

4617 辛勤 xīnqín 혱 부지런하다, 근면하다

4618 辛酸 xīnsuān 혱 맵고 시다 혱 고통스럽다

4619 欣慰 xīnwèi 혱 기쁘고 안심되다

4620 欣喜 xīnxǐ 혱 기쁘다, 즐겁다, 유쾌하다

4621 欣欣向荣 xīnxīn-xiàngróng
　　　　　　셩 무럭무럭 자라다, 번영하다

4622 新潮 xīncháo 몡 새로운 경향 혱 최신 유행의

4623 新陈代谢 xīnchén-dàixiè 몡 신진대사, 대사
　　　　셩 낡은 것이 없어지고 새 것이 대신 생겨나는 일

4624 新房 xīnfáng 몡 새 집 몡 신방

4625 新款 xīnkuǎn 혱 새로운 스타일의

4626 新奇 xīnqí 혱 신기하다, 새롭다, 참신하다

4627 新生 xīnshēng 혱 갓 태어난, 새로 생긴
　　　　　　몡 새 생명 몡 신입생

4628 新式 xīnshì 혱 신형의, 신식의

4629 新手 xīnshǒu 몡 신참, 초보자, 풋내기

4630 新颖 xīnyǐng 혱 참신하다, 새롭고 독특하다

4631 信贷 xìndài 몡 신용 대부, 크레디트

4632 信件 xìnjiàn 몡 우편물

4633 信赖 xìnlài 통 신뢰하다, 신임하다, 믿고 의지하다

4634 信誉 xìnyù 몡 신용과 명예, 위신, 신망

4635 兴奋剂 xīngfènjì 몡 흥분제

4636 兴建 xīngjiàn 통 건설하다, 건축하다 [주로 대규모의
　　　　　　건설을 가리킴]

4637 兴起 xīngqǐ 통 일어나다, 흥기하다
　　　　　　통 감동하여 일어나다

4638 星座 xīngzuò 몡 별자리, 성좌

4639 猩猩 xīngxing 몡 오랑우탄

4640 腥 xīng 혱 비리다, 비릿하다

4641 刑法 xíngfǎ 몡 형벌

4642 行使 xíngshǐ 통 (직권 등을) 행사하다

4643 行政 xíngzhèng 몡 행정, 관리·운영
　　　　　　통 국가권력을 행사하다

4644 行走 xíngzǒu 통 걷다, 거닐다, 다니다

4645 形形色色 xíngxíngsèsè
　　　　　　혱 형형색색의, 가지각색의

4646 形影不离 xíngyǐng-bùlí
　　　　셩 그림자처럼 따라다니다, 대단히 사이가 좋다

★ ▨ 배경색이 칠해진 단어는 중요 단어입니다.

4647	醒来 xǐnglái	툉 잠이 깨다

4647 醒来 xǐnglái 동 잠이 깨다

4648 醒目 xǐngmù 형 두드러지다, 눈길을 끌다, 주의를 끌다

4649 醒悟 xǐngwù 동 깨닫다, 각성하다

4650 兴高采烈 xìnggāo-cǎiliè
성 매우 흥겹다, 매우 기쁘다

4651 兴致 xìngzhì 명 흥미, 재미, 흥취

4652 幸存 xìngcún 동 요행히 살아남다

4653 幸好 xìnghǎo 부 다행히, 요행히, 운 좋게

4654 幸亏 xìngkuī 부 다행히, 요행히, 운 좋게

4655 幸免 xìngmiǎn 동 (재난을) 다행히 모면하다

4656 性价比 xìngjiàbǐ 명 가격 대비 성능

4657 性命 xìngmìng 명 목숨, 생명

4658 性情 xìngqíng 명 성정, 성격, 성질

4659 姓氏 xìngshì 명 성(姓)과 씨(氏)

4660 凶残 xiōngcán 형 흉악하고 잔인하다, 포악하다

4661 凶恶 xiōng'è 형 (성격·행위·용모 따위가) 흉악하다

4662 凶狠 xiōnghěn 형 (성격·행동 따위가) 흉악하다, 악랄하다

4663 凶猛 xiōngměng 형 (기세·힘 따위가) 사납다

4664 汹涌 xiōngyǒng 동 (물이) 용솟음치다

4665 胸膛 xiōngtáng 명 가슴, 흉부

4666 胸有成竹 xiōngyǒuchéngzhú
성 사전에 이미 모든 준비가 되어 있다

4667 雄厚 xiónghòu 형 풍부하다, 충분하다

4668 休克 xiūkè 동 쇼크를 일으키다 명 쇼크

4669 休眠 xiūmián 동 휴면하다, 동면하다

4670 休想 xiūxiǎng 생각하지 마라, 단념하라

4671 休养 xiūyǎng 동 휴양하다, 요양하다 동 회복시키다

4672 修补 xiūbǔ 동 보수하다, 고치다, 수리하다

4673 修长 xiūcháng 형 가늘고 길다, 가느다랗다

4674 修订 xiūdìng 동 고치다, 수정하다, 개정하다

4675 修路 xiūlù 동 도로를 정비하다

4676 修正 xiūzhèng 동 수정하다, 고치다, 정정하다

4677 羞愧 xiūkuì 형 부끄럽다, 창피하다, 수치스럽다

4678 秀丽 xiùlì 형 수려하다, 빼어나다, 어여쁘다

4679 秀美 xiùměi 형 수려하다, 빼어나게 아름답다

4680 袖手旁观 xiùshǒu-pángguān 성 수수방관하다

4681 绣 xiù 동 수놓다, 자수하다

4682 锈 xiù 명 녹, 얼룩, 때 동 녹슬다

4683 嗅觉 xiùjué 명 후각

4684 须 xū 조동 반드시 ~해야 한다 동 기다리다

4685 虚 xū 형 공허하다 형 자신이 없다, 내성적이다
부 헛되이, 쓸데없이

4686 虚构 xūgòu 동 꾸며 내다, 날조하다, 지어내다

4687 虚幻 xūhuàn 형 가공의, 비현실적인, 허황한

4688 虚假 xūjiǎ 형 허위의, 거짓의

4689 虚拟 xūnǐ 동 허구하다, 날조하다 형 가상의

4690 虚弱 xūruò 형 (몸이) 허약하다, 쇠약하다
형 (군사력·국력이) 약하다

4691 虚伪 xūwěi 형 거짓이다, 진실하지 못하다, 위선적이다

4692 需 xū 동 필요하다, 요구되다

4693 徐徐 xúxú 형 굼뜨다, 느릿느릿하다

4694 许 xǔ 동 칭찬하다 동 허락하다, 허가하다
부 아마도, 어쩌면, 혹시

4695 许可证 xǔkězhèng 명 허가증

4696 旭日 xùrì 명 막 솟아오른 태양

4697 序 xù 명 순서, 차례, 서문, 머리말

4698 序幕 xùmù 명 (연극의) 서막
명 중대한 일의 시작[발단]

4699 叙述 xùshù 동 진술하다, 서술하다, 설명하다

4700 酗酒 xùjiǔ 동 무절제하게 술을 마시다, 주정하다

4701 续 xù 동 이어지다, 계속하다 동 더하다, 보태다

4702 絮叨 xùdao 형 말이 많다, 수다스럽다

4703 宣称 xuānchēng 동 발표하다, 공언하다

4704 宣读 xuāndú 동 (법령·성명서 따위를) 대중 앞에서
낭독하다

4705 宣告 xuāngào 동 선고하다, 선포하다, 발표하다

4706 宣誓 xuānshì 동 선서하다

4707 宣泄 xuānxiè 동 물길을 트다 동 토로하다
동 누설하다

4708 宣言 xuānyán 명 선언, 선언문 동 선언하다

4709 宣扬 xuānyáng 동 선양하다, 널리 선전하다

4710 喧哗 xuānhuá 형 떠들썩하다 동 떠들다

4711 喧闹 xuānnào 형 떠들썩하다, 왁자지껄하다

4712 玄 xuán 형 검다 형 심오하다 형 허무맹랑하다

4713 玄机 xuánjī 명 묘책, 신묘한 계책

4714 悬挂 xuánguà 동 걸다, 매달다

4715 悬念 xuánniàn 명 긴장감, 스릴, 서스펜스
동 염려하다

4716 悬殊 xuánshū 형 차이가 현저하다

27

| 4717 | 悬崖 | xuányá | 몡 낭떠러지, 벼랑 |

4717 悬崖 xuányá 몡 낭떠러지, 벼랑

4718 旋律 xuánlǜ 몡 선율, 멜로디

4719 旋涡 xuánwō 몡 연루시키는 일, (사건의) 소용돌이

4720 选民 xuǎnmín 몡 선거 유권자, 선거인

4721 选项 xuǎnxiàng 몡 보기, 선택 항목
　　　　 동 항목을 고르다

4722 选用 xuǎnyòng 동 (여럿 가운데서) 골라 쓰다

4723 炫耀 xuànyào 동 자랑하다, 뽐내다 동 밝게 비추다

4724 削弱 xuēruò 동 (세력·힘이) 약화되다, 약해지다

4725 靴子 xuēzi 몡 장화, 부츠

4726 穴位 xuéwèi 몡 (침구의) 혈 몡 묘혈(墓穴)의 위치

4727 学历 xuélì 몡 학력

4728 学士 xuéshì 몡 학자, 학문을 연구하는 사람 몡 학사

4729 学说 xuéshuō 몡 학설

4730 学堂 xuétáng 몡 학교

4731 学业 xuéyè 몡 학업

4732 学艺 xuéyì 동 기예를 배우다 몡 학예

4733 学子 xuézǐ 몡 학생

4734 雪山 xuěshān 몡 설산, 만년설이 덮인 산

4735 雪上加霜 xuěshàng-jiāshuāng
　　　　 솅 엎친데 덮치다, 설상가상이다

4736 血脉 xuèmài 몡 맥, 혈액순환, 혈관 몡 혈통, 혈연

4737 血栓 xuèshuān 몡 혈전

4738 血压 xuèyā 몡 혈압

4739 血缘 xuèyuán 몡 혈연, 혈통

4740 勋章 xūnzhāng 몡 훈장

4741 熏 xūn 동 (연기·기체 등으로) 그을리다
　　　　 동 (식품을) 훈제하다

4742 熏陶 xūntáo 동 감화시키다, 영향을 받다

4743 寻 xún 동 탐구하다, 찾다 양 심 [고대의 길이 단위]

4744 寻常 xúncháng 솅 보통이다, 평범하다, 일반적이다

4745 寻觅 xúnmì 동 찾다

4746 巡逻 xúnluó 동 순찰하다

4747 循序渐进 xúnxù-jiànjìn
　　　　 솅 차례로 한걸음 한걸음 앞으로 나아가다

4748 训 xùn 동 훈계하다 동 훈련하다
　　　　 동 (자의를) 해석하다, 뜻풀이하다

4749 驯 xùn 동 길들이다, 제압하다

4750 逊色 xùnsè 동 손색이 동 뒤떨어지다

4751 丫头 yātou 몡 여자아이, 계집애 몡 시녀

4752 压倒 yādǎo 동 압도하다, 우세하다, 능가하다

4753 压缩 yāsuō 동 압축하다 동 줄이다, 축소하다

4754 压抑 yāyì 동 억누르다, 억제하다, 자제하다
　　　　 솅 (마음이) 답답하다

4755 压制 yāzhì 동 억압하다, 억제하다 동 눌러서 만들다

4756 押 yā 동 서명하다 동 (재산 따위를) 담보로 잡다

4757 鸦雀无声 yāquè-wúshēng 솅 쥐 죽은 듯 조용하다

4758 牙齿 yáchǐ 몡 이, 치아

4759 牙膏 yágāo 몡 치약

4760 芽 yá 몡 (나무나 풀의) 눈, 싹

4761 哑 yǎ 솅 (질병이나 생리적 결함으로) 말을 하지 못하다
　　　　 솅 목이 쉬다

4762 咽喉 yānhóu 몡 인후, 인두 몡 요충지, 길목

4763 烟囱 yāncōng 몡 굴뚝, 연통

4764 烟火 yānhuǒ 몡 연기와 불 몡 음식, 식사

4765 淹 yān 동 (오랜 시간) 물에 담그다
　　　　 동 (피부가 땀 따위에 젖어서) 가렵다
　　　　 동 오랫동안 머무르다

4766 延 yán 동 늘이다 동 (기한을) 연기하다
　　　　 동 끌어들이다, 유치하다

4767 延缓 yánhuǎn 동 늦추다, 미루다, 연기하다

4768 延误 yánwù 동 질질 끌어 시기를 놓치다

4769 严谨 yánjǐn 솅 근엄하다, 진지하다
　　　　 솅 치밀하다, 빈틈없다

4770 严禁 yánjìn 동 엄격하게 금지하다

4771 严峻 yánjùn 솅 위엄이 있다 솅 가혹하다

4772 严密 yánmì 솅 (사물의 결합·구성이) 빈틈없다
　　　　 동 주도면밀하다, 치밀하게 하다

4773 言辞 yáncí 몡 언사, 말

4774 言论 yánlùn 몡 언론 [주로 정치·공적인 일과 관련된
　　　　 의견을 가리킴]

4775 言行 yánxíng 몡 언행, 말과 행동

4776 岩石 yánshí 몡 암석

4777 炎热 yánrè 솅 (날씨가) 무덥다, 찌는 듯하다

4778 炎症 yánzhèng 몡 염증

4779 沿岸 yán'àn 몡 (강·하천·호수·바다의) 연안

4780 沿途 yántú 몡 도로변, 도로가 閉 길을 따라

4781 沿线 yánxiàn 몡 (항로·철로·도로 따위의) 인근지역

4782 研讨 yántǎo 동 연구 토론하다

4783 阎王 Yánwang 고유 염라대왕 몡 성질이 포악한 사람

4784 衍生 yǎnshēng 동 파생하다

4785 掩盖 yǎngài 동 (물건으로) 덮다, 씌우다 동 숨기다

4786 掩护 yǎnhù 동 엄호하다, 몰래 보호하다

4787 掩饰 yǎnshì 동 (결점·실수 따위를) 덮어 숨기다,
　　　　 속이다

28

4788	眼红 yǎnhóng	형 샘이 나다 형 격분하다
4789	眼界 yǎnjiè	명 시야, 견문, 식견
4790	眼色 yǎnsè	명 눈짓, 눈길 명 눈치
4791	眼神 yǎnshén	명 눈매, 눈빛 명 시력
4792	眼下 yǎnxià	명 현재, 목전, 목하
4793	演变 yǎnbiàn	동 변화 발전하다, 변천하다
4794	演播室 yǎnbōshì	명 스튜디오
4795	演技 yǎnjì	명 연기
4796	演练 yǎnliàn	동 훈련하다
4797	演示 yǎnshì	동 시연하다, 설명하다, 시범을 보이다
4798	演说 yǎnshuō	동 연설하다 명 연설
4799	演习 yǎnxí	동 훈련하다, 연습하다 [주로 군사 방면에 쓰임]
4800	演戏 yǎnxì	동 상연하다, 공연하다 동 연기하다, 거짓으로 꾸미다
4801	演艺圈 yǎnyìquān	명 연예계
4802	演绎 yǎnyì	동 변화 발전하다 명 연역, 연역(적) 추리
4803	厌烦 yànfán	동 귀찮아하다, 싫어하다
4804	厌倦 yànjuàn	동 물리다, 싫증나다, 진저리가 나다
4805	咽 yàn	동 (목구멍으로) 삼키다 동 (말을) 거두어들이다
4806	艳丽 yànlì	형 곱고 아름답다, 눈부시게 화려하다
4807	验 yàn	동 고찰하다, 조사하다 동 효과가 나타나다, 효력이 나타나다
4808	验收 yànshōu	동 검수하다, 검사하여 받다
4809	验证 yànzhèng	동 검증하다
4810	焰火 yànhuǒ	명 불꽃, 화염, 불길
4811	燕子 yànzi	명 제비
4812	秧歌 yāngge	명 앙가 [중국 북방의 민간 가무의 한 종류]
4813	扬 yáng	동 높이 들다 동 휘날리다
4814	阳性 yángxìng	명 양성(반응) 명 남성
4815	杨树 yángshù	명 포플러, 백양나무, 사시나무
4816	洋溢 yángyì	동 (감정·정서·분위기 등이) 흘러넘치다, 충만하다
4817	养活 yǎnghuo	동 기르다, 부양하다 동 (동물을) 사육하다
4818	养老金 yǎnglǎojīn	명 퇴직금, 양로금
4819	养老院 yǎnglǎoyuàn	명 양로원
4820	养生 yǎngshēng	동 양생하다, 보양하다
4821	养殖 yǎngzhí	동 양식하다
4822	氧 yǎng	명 산소
4823	痒 yǎng	형 간지럽다 형 좀이 쑤시다, ~하고 싶어 못 견디다

4824	样本 yàngběn	명 카탈로그, 인쇄 견본, 견본 도서
4825	样品 yàngpǐn	명 견본(품), 샘플
4826	妖怪 yāoguài	명 요괴
4827	邀 yāo	동 초대하다, 초청하다 동 얻다, 받다 동 가로막다, 차단하다
4828	窑 yáo	명 (기와와 도기를 굽는) 가마, 요 명 도자기
4829	谣言 yáoyán	명 유언비어, 헛소문, 낭설
4830	摇摆 yáobǎi	동 흔들거리다 동 동요하다, 흔들리다
4831	摇滚 yáogǔn	명 로큰롤의 약칭
4832	摇晃 yáohuàng	동 흔들리다, 흔들흔들하다
4833	摇篮 yáolán	명 요람 명 문화·운동 등의 발상지
4834	摇摇欲坠 yáoyáo-yùzhuì	성 위태위태하다
4835	遥控 yáokòng	동 원격 조정하다, 멀리서 (사람을) 조종하다
4836	遥远 yáoyuǎn	형 아득히 멀다, 요원하다
4837	药材 yàocái	명 약재
4838	药方 yàofāng	명 처방 명 처방전, 약방문
4839	要不 yàobù	접 그렇지 않으면, 안 그러면 접 ~하든가, 혹은 ~하든가 [두 가지 중에서 하나를 선택함을 나타냄]
4840	要不是 yàobúshì	접 ~아니라면, 아니었다면
4841	要点 yàodiǎn	명 (말이나 문장 따위의) 중요한 곳, 요점 명 중요 거점
4842	要害 yàohài	명 (신체의) 급소 명 정곡, 핵심
4843	要紧 yàojǐn	형 긴급하다, 긴박하다 형 심하다, 심각하다
4844	要领 yàolǐng	명 요령, 요점
4845	要命 yàomìng	동 죽을 지경이다 부 몹시, 아주
4846	要强 yàoqiáng	형 승부욕이 강하다
4847	钥匙 yàoshi	명 열쇠 명 (문제를 해결하는) 방법
4848	耀眼 yàoyǎn	형 눈부시다
4849	椰子 yēzi	명 야자수 명 야자나무 열매
4850	也就是说 yějiùshìshuō	바꾸어 말하면 ~이다
4851	野餐 yěcān	동 야외에서 식사를 하다
4852	野炊 yěchuī	동 야외에서 밥을 짓다
4853	野蛮 yěmán	형 잔인하다 형 야만적이다
4854	野兽 yěshòu	명 야수, 산짐승, 들짐승
4855	野外 yěwài	명 야외, 교외
4856	野心 yěxīn	명 야심, 야망
4857	野营 yěyíng	동 야영하다
4858	业 yè	명 ~업
4859	业绩 yèjì	명 업적, 성과

4860 夜班 yèbān 몡 야근, 야근반

4861 夜市 yèshì 몡 야시장 몡 야간 영업

4862 夜晚 yèwǎn 몡 밤, 야간

4863 夜校 yèxiào 몡 야학, 야간 학교

4864 夜以继日 yèyǐjìrì 셩 밤낮으로 계속 이어지다, 밤낮없이 계속하다

4865 夜总会 yèzǒnghuì 몡 나이트클럽

4866 液晶 yèjīng 몡 액정, 액상 결정

4867 液体 yètǐ 몡 액체

4868 一把手 yībǎshǒu 몡 한 사람, 일원 몡 (어떤 방면에) 재능이 있는 사람 몡 제1인자, 최고책임자

4869 一线 yīxiàn 몡 최전선 몡 제일선, 현장

4870 一一 yīyī 뷔 하나하나, 일일이, 차례대로

4871 伊斯兰教 Yīsīlánjiào 고유 이슬람교

4872 衣食住行 yī-shí-zhù-xíng 셩 의식주와 교통 [생활의 기본 요소]

4873 医务 yīwù 몡 의료, 의료 업무

4874 依 yī 동 의지하다 동 동의하다 개 ~에 따라, ~대로

4875 依托 yītuō 동 의지하다, 기대다 동 (어떤 명의를) 빌리다

4876 依依不舍 yīyī-bùshě 셩 떠나기 아쉬워하다

4877 一不小心 yí bù xiǎoxīn 자칫, 까딱하면

4878 一刹那 yíchànà 셩 찰나, 눈 깜짝할 사이

4879 一大早 yídàzǎo 몡 이른 아침, 새벽

4880 一动不动 yídòng búdòng 셩 까딱하지 않다, 꼼짝하지 않다

4881 一度 yídù 수량 한 차례 뷔 한동안, 한때

4882 一概 yígài 뷔 전부, 예외 없이

4883 一概而论 yígài'érlùn 셩 일률적으로 논하다

4884 一个劲儿 yígejìnr 뷔 끊임없이, 시종일관, 줄곧

4885 一晃 yíhuàng 뷔 어느새, 순식간에, 눈깜짝할 사이에

4886 一技之长 yíjìzhīcháng 셩 장기, 뛰어난 재주

4887 一面 yímiàn 몡 (물체의) 한 면, 한 방면 뷔 한편으로 ~하다

4888 一目了然 yímù-liǎorán 셩 일목요연하다

4889 一事无成 yíshì-wúchéng 셩 아무 일도 성사하지 못하다

4890 一瞬间 yíshùnjiān 몡 순식간

4891 一味 yíwèi 뷔 그저, 오로지, 덮어놓고

4892 一系列 yíxìliè 혱 일련의, 연속되는

4893 一阵 yízhèn 수량 한바탕, 일회, 한 무리, 일행

4894 仪表 yíbiǎo 몡 (사람의) 용모, 외모, 자태 몡 측정 기계, 계량기

4895 怡然自得 yírán-zìdé 셩 기뻐하며 만족해하는 모양

4896 姨 yí 몡 이모 몡 처의 자매

4897 移交 yíjiāo 동 넘겨주다, 인도하다 동 이관하다

4898 移植 yízhí 동 옮겨 심다 동 (신체 조직을) 이식하다

4899 遗留 yíliú 동 남겨 놓다, 남기다, 남아 있다

4900 遗弃 yíqì 동 포기하다 동 (부양해야 할 책임이 있는 가족을) 내팽개치다

4901 遗体 yítǐ 몡 (존경하는 사람의) 시체, 유해

4902 遗忘 yíwàng 동 잊(어버리)다, 망각하다

4903 遗物 yíwù 몡 유물, 유품

4904 遗愿 yíyuàn 몡 생전에 다하지 못한 뜻, 유지

4905 遗址 yízhǐ 몡 유지, 유적, 옛터

4906 遗嘱 yízhǔ 몡 유언(장) 동 유언하다

4907 疑点 yídiǎn 몡 의문점

4908 疑惑 yíhuò 동 의심하다, 의아하다, 미심쩍다

4909 疑虑 yílǜ 동 (의심으로) 불안해하다, 걱정하다

4910 以 yǐ 개 ~(으)로(써) 개 ~에 의해 개 ~때문에 접 ~함으로써, ~하기 위하여

4911 以免 yǐmiǎn 접 ~하지 않도록, ~않기 위해서

4912 以身作则 yǐshēn-zuòzé 셩 솔선수범하다

4913 以至于 yǐzhìyú 접 ~까지, ~에 이르기까지

4914 以致 yǐzhì 접 ~이 되다, ~에 이르다

4915 矣 yǐ 조 ~었다 [문장 끝에서 진술의 어기를 나타냄] 조 ~도다, ~구나 [감탄의 어기를 나타냄]

4916 倚 yǐ 동 (몸을) 기대다 동 의지하다

4917 一长一短 yì cháng yì duǎn 셩 일면의 장점과 다른 일면의 단점을 이르는 말

4918 一成不变 yìchéng-búbiàn 셩 고정불변하다

4919 一筹莫展 yìchóu-mòzhǎn 셩 속수무책이다

4920 一帆风顺 yìfān-fēngshùn 셩 일이 순조롭게 진행되다

4921 一干二净 yìgān-èrjìng 셩 깨끗이, 모조리, 깡그리

4922 一鼓作气 yìgǔ-zuòqì 셩 단숨에 해치우다

4923 一锅粥 yìguōzhōu 뒤범벅, 뒤죽박죽, 엉망

4924 一回事 yìhuíshì 몡 중요한 일, 큰일 몡 전혀 다른 일 [연이어 사용해 두 개의 일이 별개임을 강조함]

4925 一家人 yìjiārén 몡 한 집안 식구 몡 동족, 동료

4926 一经 yìjīng 뷔 일단[한 번] ~하면, ~하자마자

4927 一举 yìjǔ 몡 한 차례의 동작 뷔 일거에, 단번에

4928 一举一动 yìjǔ-yídòng 셩 일거수일투족, 일거일동

4929 一卡通 yìkǎtōng 몡 통용카드

4930 一揽子 yìlǎnzi 혱 일괄의, 전부의

4931 一连 yìlián 뷔 계속해서, 잇따라, 연이어

4932 一连串 yìliánchuàn 톙 일련의, 계속되는, 이어지는

4933 一毛不拔 yìmáo-bùbá 셩 인색하기 그지없다

4934 一年到头 yìnián-dàotóu 셩 일년 내내

4935 一旁 yìpáng 몡 옆, 곁

4936 一如既往 yìrú-jìwǎng 셩 지난날과 다름없다

4937 一声不吭 yìshēng-bùkēng
한 마디도 말하지 않았다

4938 一手 yìshǒu 몡 재능, 솜씨 몡 수단, 방법
뷔 단독으로, 일방적으로

4939 一塌糊涂 yìtā-hútú 셩 엉망진창이 되다

4940 一体 yìtǐ 몡 일체, 한 덩어리 몡 전부, 전체

4941 一天到晚 yìtiān-dàowǎn 셩 하루 종일

4942 一头 yìtóu 몡 한쪽, 한 방면
뷔 한편으로는 뷔 곧장, 곧바로

4943 一无所有 yìwúsuǒyǒu 셩 아무것도 없다

4944 一无所知 yìwúsuǒzhī 셩 아무것도 모르다

4945 一心 yìxīn 뷔 전심전력으로, 성심성의로

4946 一心一意 yìxīn-yíyì
셩 오로지, 일편단심으로

4947 一言不发 yìyán-bùfā 셩 한 마디도 말하지 않다

4948 一言一行 yìyán-yìxíng 셩 사소한 말과 행동

4949 一眼 yìyǎn 한눈, 첫눈

4950 一应俱全 yìyīng-jùquán 셩 모두 갖추어져 있다

4951 一早 yìzǎo 몡 이른 아침, 새벽 몡 예전, 오래전

4952 义工 yìgōng 몡 자원봉사활동 몡 자원봉사자

4953 议 yì 톙 논평하다, 비평하다 툉 의논하다

4954 议程 yìchéng 몡 의사일정

4955 议会 yìhuì 몡 입법부, 의회
몡 (일부 국가의) 최고 권력기구

4956 议员 yìyuán 몡 의원

4957 屹立 yìlì 톙 우뚝 솟다

4958 亦 yì 뷔 ~도 역시, 또, 또한

4959 异口同声 yìkǒu-tóngshēng 셩 이구동성

4960 异想天开 yìxiǎng-tiānkāi 셩 기상천외하다

4961 异性 yìxìng 몡 이성, 성별이 다른 사람
톙 이성의, 성질이 다른

4962 异议 yìyì 몡 이의, 이견, 반대 의견

4963 抑扬顿挫 yìyáng-dùncuò
셩 소리의 높낮이와 곡절이 조화롭고 리드미컬하다

4964 抑郁 yìyù 톙 우울하다, 울적하다

4965 抑郁症 yìyùzhèng 몡 우울증

4966 抑制 yìzhì 톙 (감정을) 억제하다, 억누르다

4967 译 yì 톙 번역하다, 통역하다

4968 易拉罐 yìlāguàn 몡 (깡통 맥주처럼) 고리로 잡아당
겨 따는 캔

4969 疫苗 yìmiáo 몡 백신

4970 益处 yìchu 몡 유익한 점, 이점

4971 意料 yìliào 톙 예상하다, 추측하다, 짐작하다

4972 意料之外 yìliào zhī wài 갑자기, 난데없이

4973 意图 yìtú 몡 의도, 의향

4974 意向 yìxiàng 몡 의향, 의도, 목적

4975 溢 yì 톙 넘치다, 넘쳐흐르다

4976 毅力 yìlì 몡 기력, 기백, 끈기

4977 毅然 yìrán 뷔 의연히, 결연히, 단호히

4978 因人而异 yīnrén'éryì
셩 사람에 따라 (대응책이) 다르다

4979 阴暗 yīn'àn 톙 어둡다, 음침하다, 어둠침침하다

4980 阴性 yīnxìng 몡 음성(반응), 네거티브
몡 (문법 범주에서의) 여성

4981 音响 yīnxiǎng 몡 음향, 음향기기

4982 殷勤 yīnqín 톙 정성스럽다, 따스하고 빈틈없다

4983 银幕 yínmù 몡 은막, 스크린

4984 引发 yǐnfā 톙 유발하다, 초래하다, 야기하다

4985 引经据典 yǐnjīng-jùdiǎn
셩 경전 중의 어구나 고사를 인용하다

4986 引领 yǐnlǐng 톙 인도하다, 인솔하다

4987 引擎 yǐnqíng 몡 엔진

4988 引人入胜 yǐnrén-rùshèng
셩 (풍경이나 문장 따위가) 사람을 황홀케 하다

4989 引人注目 yǐnrén-zhùmù 셩 사람들의 이목을 끌다

4990 引入 yǐnrù 톙 끌어들이다

4991 引用 yǐnyòng 톙 인용하다 톙 기용하다

4992 引诱 yǐnyòu 톙 (나쁜 방향으로) 이끌다, 유인하다

4993 饮水 yǐn shuǐ 톙 물을 마시다

4994 饮用水 yǐnyòngshuǐ 몡 음용수, 식수

4995 隐蔽 yǐnbì 톙 은폐하다, 감추다 톙 은폐된

4996 隐患 yǐnhuàn 몡 잠복해 있는 병, 겉에 드러나지 않은
폐해 또는 재난

4997 隐瞒 yǐnmán 톙 (진상을) 숨기다, 속이다

4998 隐情 yǐnqíng 몡 속사정, 말 못할 사연

31

4999 隐身 yǐnshēn 동 은신하다, 몸을 숨기다	5035 勇于 yǒngyú 동 용감하게 ~하다
5000 隐形 yǐnxíng 형 모습을 감추다, 자태를 숨기다	5036 涌 yǒng 동 (물이나 구름 속에서) 나오다, 솟아나다
5001 隐性 yǐnxìng 형 음성의, 열성의, 잠재적인	명 거대한 파도, 큰 파도
5002 隐约 yǐnyuē 형 흐릿하다, 분명하지 않다	5037 涌入 yǒngrù 동 쏟아져 들어오다, 몰려들다
5003 瘾 yǐn 명 인, 중독 명 광적인 취미나 기호	5038 涌现 yǒngxiàn 동 (사람이나 사물이) 대량으로 나타나다
5004 印刷术 yìnshuāshù 명 인쇄술	5039 踊跃 yǒngyuè 동 껑충껑충 뛰다 형 활기가 있다
5005 印章 yìnzhāng 명 인장, 도장	5040 用餐 yòngcān 동 식사를 하다, 밥을 먹다
5006 印证 yìnzhèng 동 입증하다, 증명하다 명 실증, 증거	5041 用功 yònggōng 형 힘쓰다, 애쓰다, 공들이다
5007 应有尽有 yīngyǒu-jìnyǒu 성 없는 것이 없다	5042 用力 yònglì 동 힘을 쓰다, 힘을 들이다
5008 英镑 yīngbàng 명 파운드 [영국의 화폐단위]	동 열심히 공부하다
5009 英俊 yīngjùn 형 재능이 출중하다	5043 用人 yòngrén 동 일꾼을 고용하다, 인재를 임용하다
형 영민하고 준수하다	동 일손이 필요하다
5010 婴儿 yīng'ér 명 영아, 젖먹이, 갓난애	5044 用意 yòngyì 명 용의, 의도, 속셈
5011 鹰 yīng 명 매	5045 优 yōu 우수하다 형 풍부하다
5012 迎 yíng 동 맞이하다, 영접하다 개 ~을 향하여	형 후대하다, 우대하다
5013 迎合 yínghé 동 (어떤 목적을 위해 고의로) 비위를 맞	5046 优化 yōuhuà 동 가장 우수한 것을 선택하다, 최적화
추다, 아첨하다	하다
5014 荧光 yíngguāng 명 형광	5047 优雅 yōuyǎ 형 우아하다 형 품위가 있다, 고상하다
5015 盈利 yínglì 명 이윤, 이익 동 이윤을 얻다	5048 优异 yōuyì 형 특히 우수하다
5016 营救 yíngjiù 동 원조 활동을 하다	5049 优越 yōuyuè 형 우월하다, 우량하다
5017 营造 yíngzào 동 집을 짓다 동 (계획적인) 조림을 하다	5050 忧愁 yōuchóu 형 슬프다, 우울하다, 근심스럽다
5018 赢家 yíngjiā 명 이긴 사람, 승자, 우승자	5051 忧虑 yōulǜ 동 걱정하다, 우려하다
5019 影像 yǐngxiàng 명 음영 명 모습, 이미지	5052 忧郁 yōuyù 형 우울하다, 울적하다, 침울하다
명 초상, 화상	5053 悠久 yōujiǔ 형 유구하다, 장구하다
5020 应酬 yìngchou 동 접대하다 명 접대, 회식	5054 悠闲 yōuxián 형 유한하다, 유유하다, 한가롭다
5021 应付 yìngfu 동 대응하다, 대처하다	5055 尤为 yóuwéi 부 더욱이, 특히
동 대충하다, 얼버무리다, 그럭저럭 때우다	5056 由此看来 yóucǐ-kànlái 이것으로 미루어 보면
5022 应聘 yìngpìn 동 초빙에 응하다, 지원하다	5057 由此可见 yóucǐ-kějiàn 이로부터 ~을 알 수 있다
5023 应邀 yìngyāo 동 초대에 응하다	5058 由来 yóulái 명 유래, 출처 명 원래부터, 애초부터
5024 映 yìng 동 비치다, 비추다 동 반사하다	5059 由衷 yóuzhōng 동 진심에서 우러나오다
5025 硬币 yìngbì 명 동전, 주화, 금속화폐	5060 邮编 yóubiān 명 우편번호 ['邮政编码'의 약칭]
5026 硬朗 yìnglang 형 (노인이) 정정하다	5061 邮政 yóuzhèng 명 우정, 우편 행정
형 강경하다, 설득력 있다	5062 犹如 yóurú 동 ~와 같다
5027 硬盘 yìngpán 명 하드디스크 ['硬磁盘'의 줄임말]	5063 犹豫不决 yóuyù-bùjué 성 우유부단하다
5028 拥护 yōnghù 동 옹호하다, 지지하다, 추대하다	5064 油画 yóuhuà 명 유화
5029 拥挤 yōngjǐ 동 한데 모이다 형 붐비다	5065 游船 yóuchuán 명 유람선
5030 庸俗 yōngsú 형 저속하다, 천박하다, 교양 없다	5066 游览 yóulǎn 동 유람하다, 여행하다
5031 永不 yǒng bù 부 영원히 ~않다	5067 友情 yǒuqíng 명 우정, 우의
5032 永恒 yǒnghéng 형 영원히 변하지 않다, 영원하다	5068 友人 yǒurén 명 벗, 친구
5033 永久 yǒngjiǔ 형 영구하다, 영원하다	5069 友善 yǒushàn 형 (친구 간에) 사이가 좋다
5034 勇往直前 yǒngwǎng-zhíqián	5070 有待 yǒudài 동 기다리다, 기대하다, ~이 기대되다
성 용감하게 앞으로 나아가다	5071 有的放矢 yǒudì-fàngshǐ 목표가 명확하다

| 5072 | 有机 | yǒujī | 형 유기적인, 조직적인 |

5073 有口无心 yǒukǒu-wúxīn
성 입은 거칠지만 악의는 없다

5074 有两下子 yǒu liǎngxiàzi 실력이 보통이 아니다

5075 有声有色 yǒushēng-yǒusè
성 (연기·이야기·동작 따위가) 생생하다, 실감나다

5076 有所 yǒusuǒ 동 다소 ~하다 [뒤에 주로 쌍음절 동사를 동반함]

5077 有所不同 yǒusuǒ bù tóng 다소 다르다

5078 有望 yǒuwàng 동 가망이 있다, 가능성이 있다

5079 有效期 yǒuxiàoqī 명 유효기간

5080 有幸 yǒuxìng 형 다행이다, 운이 좋다

5081 有序 yǒuxù 형 규칙적이다, 질서정연하다

5082 有益 yǒuyì 형 유익하다, 도움이 되다

5083 有意 yǒuyì 동 ~할 마음이 있다 부 고의로, 일부러

5084 有朝一日 yǒuzhāo-yírì 성 언젠가는, 머지않아

5085 有助于 yǒuzhùyú ~에 도움이 되다, ~에 유용하다

5086 幼稚 yòuzhì 형 어리다 형 유치하다, 미숙하다

5087 诱饵 yòu'ěr 명 미끼

5088 诱发 yòufā 동 불러일으키다 동 (주로 질병을) 유발하다

5089 诱惑 yòuhuò 동 유혹하다, 꾀다 명 유혹

5090 诱人 yòurén 형 매력적이다, 매혹적이다

5091 余 yú 동 남기다, 남다 수 여, 남짓

5092 余地 yúdì 명 여지

5093 余额 yú'é 명 (장부상의) 잔금, 잔액 명 결원, 공석

5094 渔船 yúchuán 명 어선

5095 渔民 yúmín 명 어민

5096 逾期 yúqī 동 (정해진) 기한을 넘기다

5097 愚蠢 yúchǔn 형 어리석다, 우둔하다

5098 愚公移山 yúgōng-yíshān
성 어려움을 무릅쓰고 꾸준히 노력하면 큰 산도 옮길 수 있다

5099 舆论 yúlùn 명 여론

5100 与此同时 yǔcǐ-tóngshí 위와 동시에, 아울러

5101 与否 yǔ fǒu 여부

5102 与其 yǔqí 접 ~하기 보다는, ~하느니

5103 与日俱增 yǔrì-jùzēng 성 날이 갈수록 번창하다

5104 与时俱进 yǔshí-jùjìn
성 시대의 변화에 따라 끊임없이 발전하다

5105 与众不同 yǔzhòng-bùtóng
성 남다르다, 남보다 뛰어나다

5106 予以 yǔyǐ 동 ~을 주다, ~되다

5107 宇宙 yǔzhòu 명 우주, 세계

5108 语气 yǔqì 명 어기 명 어투, 말투

5109 浴室 yùshì 명 욕실 명 목욕탕

5110 预定 yùdìng 동 예정하다, 미리 결정하다

5111 预感 yùgǎn 동 예감하다 명 예감

5112 预告 yùgào 동 미리 알리다 명 예고

5113 预见 yùjiàn 동 예견하다 명 예견

5114 预料 yùliào 동 예측하다, 전망하다 명 예측, 예상

5115 预赛 yùsài 명 예선경기, 예선전

5116 预示 yùshì 동 예시하다, 미리 보여주다

5117 预售 yùshòu 동 예매하다

5118 预算 yùsuàn 명 예산

5119 预先 yùxiān 부 미리, 사전에

5120 预言 yùyán 동 예언하다 명 예언

5121 预兆 yùzhào 명 전조, 징후 동 징후가 나타나다

5122 欲望 yùwàng 명 욕망

5123 遇难 yùnàn 동 사고로 죽다, 재난을 당하다

5124 遇上 yùshang 마주치다

5125 遇险 yùxiǎn 동 위험에 부닥치다, 조난을 당하다

5126 寓言 yùyán 명 우화 명 비유하는 말

5127 寓意 yùyì 명 비유적 의미, 함축된 의미

5128 愈合 yùhé 동 (상처가) 아물다, 유합하다

5129 愈来愈 yù lái yù 점점 더, 더욱더

5130 愈演愈烈 yùyǎn-yùliè 성 점점 더 심각해지다

5131 冤 yuān 명 억울함, 누명 명 원수, 적 형 헛되다, 억울하다

5132 冤枉 yuānwang 형 억울하다 동 누명을 씌우다

5133 渊源 yuānyuán 명 연원, 사물의 근원

5134 元老 yuánlǎo 명 원로

5135 元首 yuánshǒu 명 군주, 임금 명 국가원수

5136 元宵节 Yuánxiāo Jié 고유 원소절, 정월대보름

5137 原本 yuánběn 부 원래, 본래 명 원본 명 초판본

5138 原材料 yuáncáiliào 명 원자재, 원료와 재료

5139 原创 yuánchuàng 동 창시하다, 처음으로 만들다

5140 原地 yuándì 명 제자리, 본래 위치

5141 原型 yuánxíng
명 (문학작품에서 묘사된 인물의) 실제 인물
명 원형, 기본 모양

5142 原汁原味 yuánzhī-yuánwèi 오리지널	5179 蕴含 yùnhán 통 포함하다, 내포하다
5143 原装 yuánzhuāng 형 원산지 생산의	5180 杂技 zájì 명 잡기, 곡예, 서커스
5144 圆型 yuánxíng 명 원형 형 원형의, 둥근	5181 杂交 zájiāo 통 교잡하다, 교배하다
5145 缘分 yuánfèn 명 인연, 연분	5182 杂乱无章 záluàn-wúzhāng
5146 源泉 yuánquán 명 수원 명 원천 [사물 발생의 근원]	성 무질서하다, 뒤죽박죽이다
5147 源头 yuántóu 명 수원, 발원지, 원천	5183 砸 zá 통 (무거운 물건이) 내리치다, 때려 부수다
5148 源于 yuányú 통 ~에서 발원[기원]하다	통 실패하다, 망치다
5149 源源不断 yuányuán-búduàn	5184 栽 zāi 통 심다, 재배하다
성 끊임없이 계속되다	통 무고한 죄를 뒤집어 씌우다
5150 远程 yuǎnchéng 형 장거리의, 먼 거리의	5185 栽培 zāipéi 통 재배하다 통 (인재를) 기르다
5151 远见 yuǎnjiàn 명 통찰력, 선견지명	5186 宰 zǎi 통 주관하다 통 (가축·가금 등을) 도살하다
5152 远近闻名 yuǎnjìn-wénmíng 원근에 명성이 높다	통 바가지 씌우다, 폭리를 취하다
5153 怨恨 yuànhèn 통 원망하다 명 원한, 증오	5187 再度 zàidù 부 재차, 또다시, 거듭
5154 怨气 yuànqì 명 원한, 원망, 불평, 분노	5188 再现 zàixiàn 통 재현하다, 다시 나타나다
5155 怨言 yuànyán 명 원망의 말, 불평의 말	5189 在线 zàixiàn 통 온라인상태이다,
5156 院士 yuànshì 명 과학원·아카데미 등의 회원	인터넷에 연결되어 있다
5157 曰 yuē 통 말하다, 이르다 통 ~라고 부르다	5190 在意 zàiyì 통 마음에 두다 [주로 부정 형식에 많이 쓰임]
5158 约定俗成 yuēdìng-súchéng	5191 在职 zàizhí 통 재직하다
성 사물의 명칭 또는 사회 관습이 오랜 세월에 걸쳐 일반화	5192 载体 zàitǐ 명 운반체 명 (지식과 정보의) 매개체
되어 인정되다	5193 攒 zǎn 통 쌓다, 모으다, 축적하다
5159 月初 yuèchū 명 월초	5194 暂 zàn 부 잠깐, 잠시
5160 月票 yuèpiào 명 월 정기권	5195 赞不绝口 zànbùjuékǒu 성 칭찬이 자자하다
5161 乐器 yuèqì 명 악기	5196 赞美 zànměi 통 찬미하다, 칭송하다
5162 岳父 yuèfù 명 장인	5197 赞叹 zàntàn 통 감탄하여 찬양하다, 찬탄하다
5163 岳母 yuèmǔ 명 장모	5198 赞叹不已 zàntàn-bùyǐ 찬탄을 금치 못하다
5164 阅历 yuèlì 통 체험하다, 겪다 명 경험	5199 赞同 zàntóng 통 찬동하다
5165 悦耳 yuè'ěr 형 듣기 좋다	5200 赞许 zànxǔ 통 칭찬하다, 지지하다
5166 越发 yuèfā 부 점점 ~하다, 더욱더	5201 赞扬 zànyáng 통 찬양하다, 칭송하다
5167 越过 yuèguò 통 뛰어넘다, 초월하다	5202 葬 zàng 통 매장하다 통 장사 지내다
5168 晕倒 yūndǎo 혼절하다, 졸도하다	5203 葬礼 zànglǐ 명 장례, 장의
5169 陨石 yǔnshí 명 운석	5204 遭殃 zāoyāng 통 재난을 만나다, 불행을 당하다
5170 孕妇 yùnfù 명 임부, 임신부	5205 凿 záo 통 구멍을 파다, 뚫다
5171 孕育 yùnyù 통 낳다, 낳아 기르다, 키우다	5206 早年 zǎonián 명 예전, 이전 명 젊은 시절
5172 运河 yùnhé 명 운하	5207 早日 zǎorì 부 하루 빨리, 일찍이 명 이전, 예전
5173 运送 yùnsòng 통 운송하다, 수송하다	5208 枣 zǎo 명 대추나무 명 대추
5174 运营 yùnyíng 통 (차·배 따위를) 운행하다	5209 造福 zàofú 통 행복을 가져오다, 행복하게 하다
통 (기구를) 경영하다	5210 造假 zàojiǎ 통 거짓으로 꾸미다, 가짜 상품을 만들다
5175 运转 yùnzhuǎn 통 작동하다, (기계를) 운전하다	5211 造价 zàojià 명 건설비, 제조비
통 (기구·조직 따위가) 운영되다	5212 造就 zàojiù 통 육성하다, 양성하다 명 성과, 성취
5176 酝酿 yùnniàng 통 술을 빚다 통 쌓아가다	5213 造纸术 zàozhǐshù 명 제지술
5177 韵味 yùnwèi 명 함축된 의미, 흥취, 정취	5214 噪声 zàoshēng 명 소음, 잡음
5178 蕴藏 yùncáng 통 묻히다, 잠재하다	

5215 噪音 zàoyīn 몡 소음, 잡음	5250 张扬 zhāngyáng 동 떠벌리다, 퍼뜨리다, 소문내다
5216 则 zé 젭 ～하자 ～하다 젭 ～하면 ～하다 젭 오히려, 그러나	5251 长辈 zhǎngbèi 몡 손윗사람, 연장자
5217 则 zé 양 조항, 문제, 편, 토막	5252 长相 zhǎngxiàng 몡 용모
5218 责备 zébèi 동 탓하다, 책망하다, 꾸짖다	5253 掌管 zhǎngguǎn 동 관리하다, 주관하다
5219 责怪 zéguài 동 책망하다, 원망하다, 나무라다	5254 帐篷 zhàngpeng 몡 장막, 천막, 텐트
5220 贼 zéi 몡 도둑, 도적 몡 반역자, 악인	5255 帐子 zhàngzi 몡 (침대 또는 방 안에 치는) 휘장, 모기장
5221 增收 zēngshōu 동 수입을 늘리다	5256 账单 zhàngdān 몡 계산서, 명세서
5222 增添 zēngtiān 동 더하다, 늘리다, 보태다	5257 账号 zhànghào 몡 은행 따위의 계좌번호
5223 扎根 zhāgēn 동 (식물이) 뿌리를 내리다 동 (어떤 장소나 사람들 속으로) 깊이 파고들다	5258 胀 zhàng 동 팽창하다, 부풀다
5224 渣子 zhāzi 몡 부스러기, 찌꺼기	5259 招标 zhāobiāo 동 입찰 공고를 하다
5225 闸 zhá 몡 제동기, 브레이크 몡 스위치, 개폐기	5260 招待 zhāodài 동 접대하다, 대접하다, 환대하다
5226 炸 zhá 동 기름에 튀기다 동 데치다	5261 招待会 zhāodàihuì 몡 연회, 초대회, 리셉션
5227 眨眼 zhǎyǎn 동 눈을 깜박거리다 동 눈 깜짝할 사이다, 시간이 짧다	5262 招揽 zhāolǎn 동 (손님을) 끌어모으다, 끌다
5228 诈骗 zhàpiàn 동 속이다, 갈취하다, 편취하다	5263 招募 zhāomù 동 (사람을) 모집하다
5229 榨 zhà 동 (기름·즙 따위를) 짜다	5264 招牌 zhāopai 몡 간판 몡 명성, 평판 [비유] 몡 간판, 허울 [폄하의 의미]
5230 窄 zhǎi 형 (폭이) 좁다 형 옹졸하다 형 (생활에) 여유가 없다, 옹색하다	5265 招收 zhāoshōu 동 (학생이나 견습공 등을) 모집하다
5231 债务 zhàiwù 몡 채무	5266 招数 zhāoshù 몡 수단, 방법, 계책, 책략 몡 동작, 품새
5232 占卜 zhānbǔ 동 점치다	5267 朝气蓬勃 zhāoqì-péngbó 성 생기가 넘쳐흐르다
5233 沾 zhān 동 젖다, 축축해지다, 적시다 동 누리다	5268 朝三暮四 zhāosān-mùsì 성 조삼모사
5234 沾光 zhānguāng 동 은혜를 입다, 신세를 지다	5269 朝夕相处 zhāoxī-xiāngchǔ 성 사이가 좋다
5235 粘 zhān 동 붙다, 달라붙다 동 (풀 따위로) 붙이다	5270 着迷 zháomí 동 ～에 몰두하다, ～에 사로잡히다
5236 瞻仰 zhānyǎng 동 우러러보다, 경건히 바라보다	5271 沼泽 zhǎozé 몡 소택
5237 斩 zhǎn 동 베다, 자르다 동 갈취하다	5272 召集 zhàojí 동 불러모으다, 소집하다
5238 斩草除根 zhǎncǎo-chúgēn 성 화근을 철저히 없애 버리다	5273 兆头 zhàotou 몡 징후, 징조, 전조
5239 盏 zhǎn 양 등, 개 [등 따위를 세는 단위]	5274 照办 zhàobàn 동 그대로 처리하다
5240 展出 zhǎnchū 동 전시하다, 진열하다	5275 照常 zhàocháng 동 평소와 같다 부 평소대로
5241 展览会 zhǎnlǎnhuì 몡 전람회, 전시회	5276 照例 zhàolì 부 관례대로, 예전대로
5242 展望 zhǎnwàng 동 전망하다, 두루 바라보다	5277 照料 zhàoliào 동 돌보다, 보살피다, 뒷바라지하다
5243 崭新 zhǎnxīn 형 참신하다, 아주 새롭다	5278 照明 zhàomíng 동 밝게 비추다, 조명하다
5244 占用 zhànyòng 동 (남의 것을) 점용하다	5279 罩 zhào 동 덮어씌우다 몡 덮개, 씌우개
5245 站立 zhànlì 동 서다, 일어서다	5280 肇事 zhàoshì 동 사고를 내다, 소동을 일으키다
5246 绽放 zhànfàng 동 (꽃이) 피다, 터지다	5281 折腾 zhēteng 동 (잠자리에서) 뒤척이다 동 반복하다, 되풀이하다 동 괴롭히다, 들볶다
5247 蘸 zhàn 동 (액체·가루·풀 따위에) 찍다, 묻히다	5282 遮 zhē 동 가로막다 동 덮다, 가리다
5248 张灯结彩 zhāngdēng jiécǎi 성 [경사스런 날의 번화하고 시끌벅적한 정경을 묘사]	5283 遮盖 zhēgài 동 (사물 따위를) 덮어 가리다 동 (잘못 따위를) 숨기다, 감추다
5249 张贴 zhāngtiē 동 게시하다, 내걸다, 붙이다	5284 折叠 zhédié 동 접다, 개다, 개키다
	5285 折合 zhéhé 동 맞먹다, 상당하다 동 환산하다

35

5286 **折扣** zhékòu 명 할인, 에누리	5320 **争执** zhēngzhí 동 팽팽히 맞서다
명 (정책·규정·요구 등을) 실행하지 않거나 소홀히 하는 행위	5321 **征** zhēng 동 (주로 군대가) 멀리 행군하다, 토벌하다
5287 **折磨** zhémó 동 괴롭히다, 못살게 굴다 명 고통	동 (정부가) 징병하다
5288 **折射** zhéshè 동 굴절하다 동 사물의 면모를 반영하다	동 (세금 따위를) 징수하다
5289 **这会儿** zhèhuìr 대 이때, 요즘, 근래	5322 **征集** zhēngjí 동 모집하다, 징집하다
5290 **这样一来** zhèyàng-yìlái 이렇게 되면, 이와 같다면	5323 **征收** zhēngshōu 동 징수하다
5291 **针锋相对** zhēnfēng-xiāngduì	5324 **挣扎** zhēngzhá 동 힘써 버티다, 발버둥치다
성 첨예하게 대립하다	5325 **症结** zhēngjié 명 (일의) 문제점, 애로, 장애
5292 **针灸** zhēnjiǔ 명 침구 [침과 뜸을 아우르는 말]	5326 **睁** zhēng 동 눈을 뜨다
5293 **侦察** zhēnchá 동 정찰하다	5327 **蒸** zhēng 동 찌다, (증기로) 데우다 동 증발하다
5294 **珍藏** zhēncáng 동 소중히 간직하다	5328 **拯救** zhěngjiù 동 구제하다, 구조하다
명 진귀한 소장품	5329 **整合** zhěnghé 동 재통합시키다, 통합 조정하다
5295 **珍视** zhēnshì 동 귀중히 여기다, 소중하게 여기다	5330 **整洁** zhěngjié 동 단정하고 깨끗하다, 말끔하다
5296 **珍重** zhēnzhòng 동 진기하게 여기고 소중히 하다	5331 **整数** zhěngshù 명 정수
동 건강에 유의하다	명 (우수리가 없는) 일정 단위의 수
5297 **真假** zhēnjiǎ 명 진위, 진짜와 가짜	5332 **正面** zhèngmiàn 명 정면, 앞면, (일·문제 따위의) 표면
5298 **真空** zhēnkōng 명 진공, 진공인 공간 [사회와 격리된	형 정면으로, 직접
환경을 비유함]	5333 **正能量** zhèngnéngliàng 명 긍정 에너지
5299 **真情** zhēnqíng 명 진정, 진상, 실상	5334 **正视** zhèngshì 동 직시하다
명 참되고 애틋한 마음	동 진지한 태도로 받아들이다
5300 **真是的** zhēnshide 감 진째!, 참나! [황당하거나 어이	5335 **正直** zhèngzhí 형 (성질이) 바르고 곧다, 정직하다
없음을 강조함]	5336 **正宗** zhèngzōng 명 정종 형 정통의
5301 **真心** zhēnxīn 명 진심	5337 **证人** zhèngrén 명 증인, 증명할 수 있는 사람
5302 **真挚** zhēnzhì 진지하다, 진실하다	5338 **郑重** zhèngzhòng 형 정중하다, 점잖다, 엄숙하다
5303 **诊所** zhěnsuǒ 동 (개인의) 의원 명 진료소	5339 **之** zhī 대 그, 이, 그 사람, 그것
5304 **枕头** zhěntou 명 베개	대 문장에서 뜻이 없이 문법적인 결합 관계만 나타냄
5305 **阵容** zhènróng 명 진용, 라인업	5340 **之** zhī 조 ~의
5306 **阵营** zhènyíng 명 진영 [정치적 사회적 경제적으로 구	5341 **之所以** zhīsuǒyǐ 접 ~의 이유, ~한 까닭
분된 서로 대립되는 세력의 어느 한쪽]	5342 **支票** zhīpiào 명 수표
5307 **振奋** zhènfèn 형 고조되어 있다 동 진작시키다	5343 **支柱** zhīzhù 명 버팀목, 기둥 명 지주
5308 **振兴** zhènxīng 동 진흥시키다, 흥성하게 하다	5344 **汁** zhī 명 즙, 즙액
5309 **振作** zhènzuò 동 진작하다, 분발하다	5345 **芝麻** zhīma 명 참깨 명 참깨의 씨
5310 **震** zhèn 동 진동하다, 뒤흔들다 동 놀라다	5346 **芝士** zhīshì 명 치즈
5311 **震动** zhèndòng 동 흔들리다	5347 **知己** zhījǐ 형 막역하다 명 지기
동 (중대한 일이나 소식이) 반향을 불러일으키다	5348 **知觉** zhījué 명 지각 [감각기관을 통하여 대상을 인식함]
5312 **震撼** zhènhàn 동 진동하다, 뒤흔들다	5349 **知识分子** zhīshi fènzǐ 지식분자, 인텔리
5313 **镇定** zhèndìng 형 침착하다 동 진정시키다	5350 **知足** zhīzú 동 분수를 지키어 만족할 줄 알다
5314 **争吵** zhēngchǎo 동 말다툼하다	5351 **肢体** zhītǐ 명 사지
5315 **争端** zhēngduān 명 싸움의 발단, 분쟁의 실마리	5352 **脂肪** zhīfáng 명 지방
5316 **争分夺秒** zhēngfēn-duómiǎo 성 1분 1초를 다투다	5353 **执法** zhífǎ 동 법을 집행하다
5317 **争光** zhēngguāng 동 명예를 떨치다	동 (운동경기의) 심판을 보다
5318 **争气** zhēngqì 동 지지 않으려고 애쓰다, 분발하다	5354 **执意** zhíyì 부 기어코, 고집스럽게, 완강하게
5319 **争先恐后** zhēngxiān-kǒnghòu	
성 뒤질세라 앞을 다투다	

5355 **执照** zhízhào 명 면허증, 허가증

5356 **执着** zhízhuó 형 집착하다, 고집하다, 고수하다

5357 **直奔** zhíbèn 동 곧장 달려가다, 직행하다

5358 **直达** zhídá 동 직통하다, 직행하다, 곧바로 가다

5359 **直观** zhíguān 형 직관적이다

5360 **直径** zhíjìng 명 직경

5361 **直觉** zhíjué 명 직감, 직관

5362 **直视** zhíshì 동 직시하다, 곧바로 앞을 주시하다

5363 **直至** zhízhì 동 ～에 이르다

5364 **值钱** zhíqián 형 값어치가 있다, 값나가다, 값지다

5365 **职权** zhíquán 명 직권

5366 **职业病** zhíyèbìng 명 직업병

5367 **职员** zhíyuán 명 직원, 사무원

5368 **止步** zhǐbù 동 걸음을 멈추다, 통행을 금지하다

5369 **止咳** zhǐ ké 기침을 멎게 하다

5370 **止血** zhǐxuè 동 지혈하다

5371 **旨在** zhǐzài 동 ～을 목적으로 하다

5372 **指点** zhǐdiǎn 동 가리키다, 지시하다 동 지적하다 동 평론하다

5373 **指教** zhǐjiào 동 지도하다 동 비평이나 의견을 내다

5374 **指令** zhǐlìng 명 지령, 명령 동 명령하다

5375 **指南** zhǐnán 명 지침 명 지침서, 입문서

5376 **指南针** zhǐnánzhēn 명 나침반

5377 **指手画脚** zhǐshǒu-huàjiǎo 성 (흥이 나서) 손짓 몸짓하면서 말하다

5378 **指望** zhǐwàng 동 기대하다, 바라다 명 기대, 희망

5379 **指向** zhǐxiàng 동 지향하다 명 가리키는 방향

5380 **指引** zhǐyǐn 동 지도하다, 인도하다, 이끌다

5381 **至此** zhìcǐ 동 여기에 이르다

5382 **至关重要** zhìguān-zhòngyào 매우 중요하다

5383 **志气** zhìqì 명 패기, 기개, 진취성

5384 **制** zhì 동 제조하다 동 재단하다 동 제정하다 명 제도

5385 **制裁** zhìcái 동 제재하다

5386 **制服** zhìfú 명 제복 동 제압하다

5387 **制品** zhìpǐn 명 제품

5388 **制止** zhìzhǐ 동 제지하다, 저지하다

5389 **质地** zhìdì 명 재질 명 인품, 자질

5390 **质朴** zhìpǔ 형 질박하다, 소박하다

5391 **质问** zhìwèn 동 캐묻다, 추궁하다

5392 **质疑** zhìyí 동 질문하다, 질의하다

5393 **治学** zhìxué 동 학문을 하다

5394 **治愈** zhìyù 치유하다

5395 **致** zhì 동 표시하다, 나타내다 동 집중하다 동 초래하다, ～에 이르다

5396 **致辞** zhìcí 동 축사를 하다, 연설을 하다

5397 **致富** zhìfù 동 재물을 모아 부자가 되다

5398 **致敬** zhìjìng 동 경의를 표하다

5399 **致力于** zhìlìyú 애쓰다, 힘쓰다

5400 **致命** zhìmìng 동 죽을 지경에 이르다

5401 **致使** zhìshǐ 동 ～한 결과가 되다 접 ～하게 만들다

5402 **秩序** zhìxù 명 질서, 순서

5403 **窒息** zhìxī 동 숨막히다 동 숨을 죽이다

5404 **智商** zhìshāng 명 지능지수

5405 **滞后** zhìhòu 동 정체하다, 낙후하다, 뒤에 처지다

5406 **滞留** zhìliú 동 체류하다

5407 **置** zhì 동 놓다, 두다 동 설립하다, 건립하다

5408 **中国画** zhōngguóhuà 명 중국화

5409 **中立** zhōnglì 동 중립하다

5410 **中途** zhōngtú 명 중도, 도중

5411 **中型** zhōngxíng 형 (규모·형태 따위가) 중형의

5412 **中性** zhōngxìng 명 중성

5413 **中旬** zhōngxún 명 중순

5414 **中庸** zhōngyōng 명 중용 형 평범하다, 어중간하다

5415 **中止** zhōngzhǐ 동 중지하다, 중단하다

5416 **忠诚** zhōngchéng 형 충실하다, 충성스럽다 명 충성, 성실

5417 **忠实** zhōngshí 형 충직하고 성실하다

5418 **忠于** zhōngyú 동 ～에 충성을 다하다, ～에 충실하다

5419 **忠贞** zhōngzhēn 형 충성스럽고 절의가 있다

5420 **终结** zhōngjié 동 끝나다, 종결하다, 완결하다

5421 **终究** zhōngjiū 부 결국, 필경

5422 **终生** zhōngshēng 명 일생, 평생

5423 **衷心** zhōngxīn 명 충심, 진심

5424 **肿瘤** zhǒngliú 명 종양

5425 **种族** zhǒngzú 명 종족, 인종

5426 **仲裁** zhòngcái 동 중재하다

5427 **众人** zhòngrén 명 많은 사람

5428 **众所周知** zhòngsuǒzhōuzhī
　　　　　성 모든 사람이 다 알고 있다

5429 **众志成城** zhòngzhì-chéngchéng
　　　　　성 많은 사람이 합심하면 대단한 위력을 발휘할 수 있다

5430 **重创** zhòngchuāng 동 중상을 입히다,
　　　　　심한 타격을 주다

5431 **重量级** zhòngliàngjí 형 중량급, 헤비급

5432 **重任** zhòngrèn 명 중임, 중책

5433 **重伤** zhòngshāng 명 중상

5434 **重心** zhòngxīn 명 중심, 무게중심　핵심

5435 **重型** zhòngxíng 형 중형의, 중량급의, 대규모의

5436 **重中之重** zhòngzhōngzhīzhòng 가장 중요한 것

5437 **周边** zhōubiān 명 주변, 주위

5438 **周到** zhōudào 형 세심하다, 치밀하다, 꼼꼼하다

5439 **周密** zhōumì 형 주도면밀하다, 세심하다

5440 **周旋** zhōuxuán 동 주위를 돌다, 맴돌다

5441 **昼夜** zhòuyè 명 낮과 밤, 밤낮, 주야

5442 **皱** zhòu 명 주름살, 주름　동 찡그리다

5443 **骤然** zhòurán 부 돌연히, 갑자기

5444 **朱红** zhūhóng 형 주홍색의, 빨간색의

5445 **株** zhū 양 그루

5446 **诸多** zhūduō 형 많은, 허다한, 수많은

5447 **诸如此类** zhūrú-cǐlèi 성 이와 같은 여러 가지

5448 **竹竿** zhúgān 명 대나무 장대

5449 **逐年** zhúnián 부 해마다, 매년

5450 **主** zhǔ 명 주인　동 주관하다, 주재하다

5451 **主编** zhǔbiān 동 편집을 주관하다　명 편집장

5452 **主妇** zhǔfù 명 주부

5453 **主力** zhǔlì 명 주력

5454 **主权** zhǔquán 명 주권

5455 **主人公** zhǔréngōng 명 (문학 작품·연극 따위의)
　　　　　주인공

5456 **主食** zhǔshí 명 주식

5457 **主题歌** zhǔtígē 명 주제가

5458 **主演** zhǔyǎn 동 주연하다　명 주역, 주인공

5459 **主页** zhǔyè 명 메인 홈페이지, 홈페이지의 첫 화면

5460 **主义** zhǔyì 명 주의

5461 **主宰** zhǔzǎi 동 통치하다, 지배하다　명 주재자

5462 **拄** zhǔ 동 (지팡이로) 몸을 지탱하다, 짚다

5463 **嘱咐** zhǔfù 동 당부하다, 분부하다

5464 **瞩目** zhǔmù 동 눈여겨보다, 주목하다

5465 **助威** zhùwēi 동 응원하다, 성원하다

5466 **住处** zhùchù 명 거처

5467 **住户** zhùhù 명 주민, 거주자, 세대, 가구

5468 **住宿** zhùsù 동 묵다, 숙박하다

5469 **住址** zhùzhǐ 명 주소

5470 **贮藏** zhùcáng 동 저장하다

5471 **注** zhù 명 (도박에) 거는 돈　동 쏟다, 붓다

5472 **注定** zhùdìng 동 운명으로 정해져 있다

5473 **注入** zhùrù 주입하다, 유입하다

5474 **铸造** zhùzào 동 주조하다

5475 **筑** zhù 동 건설하다, 건축하다, 건조하다

5476 **爪子** zhuǎzi 명 짐승의 발

5477 **拽** zhuài 동 잡아당기다, 잡아끌다

5478 **专长** zhuāncháng 명 특기, 전문 기술

5479 **专程** zhuānchéng 부 특별히

5480 **专柜** zhuānguì 명 전문 판매대

5481 **专栏** zhuānlán 명 (신문·잡지의) 특별란, 전문란

5482 **专卖店** zhuānmàidiàn 명 전문 매장

5483 **专人** zhuānrén 명 전담자

5484 **专职** zhuānzhí 명 전임

5485 **专制** zhuānzhì 동 전제 정치하다

5486 **专注** zhuānzhù 형 집중하다, 전념하다

5487 **专著** zhuānzhù 명 전문 저서, 전문 저작

5488 **砖** zhuān 명 벽돌

5489 **转播** zhuǎnbō 동 중계 방송하다

5490 **转达** zhuǎndá 동 전달하다, 전하다

5491 **转机** zhuǎnjī 명 전기　비행기를 갈아타다

5492 **转交** zhuǎnjiāo 동 (물건을) 전달하다

5493 **转型** zhuǎnxíng 동 상품의 모델 혹은 구조를 바꾸다

5494 **转学** zhuǎnxué 동 전학하다

5495 **转眼** zhuǎnyǎn 동 눈을 돌리다, 눈을 깜짝하다

5496 **转载** zhuǎnzǎi 동 (출판물에 글이나 그림을) 옮겨 싣다

5497 **转折** zhuǎnzhé 동 바뀌다, 전환하다

5498 **转折点** zhuǎnzhédiǎn 명 전환점

5499	传 zhuàn	명 전기, 전 [한문 문체의 하나]
5500	传记 zhuànjì	명 (사람의 일생을 적은) 전기
5501	转悠 zhuànyou	동 한가롭게 거닐다
5502	撰写 zhuànxiě	동 (문장을) 쓰다, 짓다
5503	庄稼 zhuāngjia	명 농작물
5504	庄严 zhuāngyán	형 (태도·분위기 따위가) 장엄하다, 엄숙하다
5505	庄园 zhuāngyuán	명 장원, (일부 국가의) 대농원
5506	桩 zhuāng	명 말뚝 양 가지, 건
5507	装扮 zhuāngbàn	동 꾸미다, 수놓다 동 화장하다, 분장하다 동 가장하다
5508	状 zhuàng	동 진술하다, 형언하다, 형용하다
5509	壮大 zhuàngdà	동 장대해지다, 강화하다 형 강건하다, 튼튼하다
5510	壮胆 zhuàngdǎn	동 대담해지다, 용기를 내다
5511	壮丽 zhuànglì	형 장려하다, 웅장하고 아름답다
5512	壮实 zhuàngshi	형 (몸이) 튼튼하다
5513	状元 zhuàngyuan	명 장원
5514	撞击 zhuàngjī	동 부딪치다
5515	幢 zhuàng	양 동, 채 [건물을 세는 단위]
5516	追悼会 zhuīdàohuì	명 추도회
5517	追赶 zhuīgǎn	동 뒤쫓다, 쫓아가다 동 추격하다
5518	追溯 zhuīsù	동 거슬러 올라가다
5519	追随 zhuīsuí	동 뒤쫓아 따르다
5520	追尾 zhuīwěi	동 뒤를 밟다, 미행하다
5521	追问 zhuīwèn	동 캐묻다, 추궁하다
5522	追逐 zhuīzhú	동 뒤쫓다 동 추구하다, 도모하다
5523	追踪 zhuīzōng	동 추적하다, 행방을 뒤쫓다
5524	坠 zhuì	동 추락하다 명 매달린 물건
5525	准许 zhǔnxǔ	동 허가하다, 허락하다
5526	准则 zhǔnzé	명 준칙, 규범
5527	拙劣 zhuōliè	형 졸렬하다
5528	捉迷藏 zhuōmícáng	숨바꼭질 에두르다, 빙빙 돌려 말하다
5529	灼热 zhuórè	형 몹시 뜨겁다, 이글이글하다
5530	卓越 zhuóyuè	형 탁월하다
5531	酌情 zhuóqíng	동 참작하다
5532	着力 zhuólì	동 힘을 쓰다, 애쓰다
5533	着落 zhuóluò	명 행방, 소재 명 의지할 곳, 귀결점 동 ~에게 돌아오다
5534	着实 zhuóshí	부 확실히, 참으로, 정말로
5535	着手 zhuóshǒu	동 착수하다, 시작하다, 손을 대다
5536	着想 zhuóxiǎng	동 (어떤 사람이나 어떤 일의 이익을) 생각하다, 고려하다
5537	着眼 zhuóyǎn	동 착안하다, 고려하다, 눈을 돌리다
5538	着眼于 zhuóyǎnyú	~에 착안하다
5539	着重 zhuózhòng	동 힘을 주다, 강조하다
5540	姿势 zīshì	명 자세, 모양
5541	姿态 zītài	명 자태, 모습 명 태도, 도량
5542	兹 zī	대 이, 이것
5543	资本主义 zīběn zhǔyì	자본주의
5544	资历 zīlì	명 자격과 경력, 이력
5545	资深 zīshēn	형 베테랑의, 경력이 오래된
5546	资讯 zīxùn	명 정보
5547	滋润 zīrùn	동 촉촉하게 적시다 형 습윤하다
5548	滋味 zīwèi	명 기분, 속마음 명 맛, 향미
5549	子弟 zǐdì	명 아들딸, 조카
5550	子孙 zǐsūn	명 자손
5551	自卑 zìbēi	형 스스로 낮추다, 열등감을 가지다
5552	自称 zìchēng	동 자칭하다, 스스로 일컫다
5553	自发 zìfā	형 자발적인, 자연적인
5554	自费 zìfèi	명 자비, 자기 부담
5555	自负 zìfù	동 스스로 책임지다 형 자부하다
5556	自理 zìlǐ	동 스스로 처리하다
5557	自力更生 zìlì-gēngshēng	성 자력갱생하다
5558	自立 zìlì	동 자립하다, 스스로 서다
5559	自强不息 zìqiáng-bùxī	성 스스로 노력하여 게을리하지 않는다
5560	自然而然 zìrán'érrán	자연히, 저절로
5561	自然界 zìránjiè	명 자연계
5562	自如 zìrú	형 자유자재하다
5563	自始至终 zìshǐ-zhìzhōng	성 처음부터 끝까지, 시종일관
5564	自私 zìsī	형 이기적이다
5565	自私自利 zìsī-zìlì	성 이기적이다, 사리사욕을 채우다
5566	自卫 zìwèi	동 스스로 지키다
5567	自相矛盾 zìxiāng-máodùn	성 (언행이) 앞뒤가 서로 맞지 아니하고 모순되다

5568	自信心 zìxìnxīn 몡 자신감, 자부심	5602	足迹 zújì 몡 족적, 발자취
5569	自行 zìxíng 뷔 스스로, 자체로, 저절로	5603	足智多谋 zúzhì-duōmóu 셩 지혜가 풍부하고 계략이 많다
5570	自以为是 zìyǐwéishì 셩 스스로 옳다고 여기다	5604	阻挡 zǔdǎng 동 저지하다, 가로막다
5571	自由自在 zìyóu-zìzài 셩 자유자재, 조금도 제한이나 속박이 없는 상태	5605	阻拦 zǔlán 동 저지하다, 방해하다, 막다
5572	自责 zìzé 동 자책하다	5606	阻力 zǔlì 동 저항, 저항력 몡 방해, 장애
5573	自助 zìzhù 동 스스로 돕다	5607	阻挠 zǔnáo 동 방해하다, 가로막다, 차단하다
5574	自尊 zìzūn 동 자기의 품위를 스스로 지키다	5608	组建 zǔjiàn 동 조직하다, 편성하다
5575	自尊心 zìzūnxīn 몡 자존심	5609	组装 zǔzhuāng 동 조립하다
5576	字迹 zìjì 몡 필적, 글자의 자취	5610	祖传 zǔchuán 동 조상 대대로 전해지다
5577	字幕 zìmù 몡 (영화 따위의) 자막	5611	祖籍 zǔjí 몡 본적
5578	字体 zìtǐ 몡 글자체	5612	祖先 zǔxiān 몡 선조, 조상
5579	字眼 zìyǎn 몡 (문장 내의) 글자, 어휘	5613	祖宗 zǔzong 몡 선조, 조상
5580	宗 zōng 몡 종류, 건 [돈이나 화물 등에 쓰임] 몡 종파	5614	钻空子 zuān kòngzi 기회를 타다, 약점을 노리다
5581	宗旨 zōngzhǐ 몡 주지, 취지, 목적, 의향	5615	钻研 zuānyán 동 깊이 연구하다, 탐구하다
5582	综上所述 zōngshàng-suǒshù 앞서 말한 내용을 종합하다	5616	钻石 zuànshí 몡 다이아몬드
5583	总的来说 zǒngde lái shuō 전체적으로 말하면	5617	嘴唇 zuǐchún 몡 입술
5584	总额 zǒng'é 몡 총액	5618	罪犯 zuìfàn 몡 범인, 죄인
5585	总而言之 zǒng'éryánzhī 셩 총괄적으로 말하면, 요컨대	5619	罪魁祸首 zuìkuí-huòshǒu 셩 원흉, 재난의 주요 원인
5586	总计 zǒngjì 동 총계하다, 합계하다	5620	尊贵 zūnguì 혱 존귀하다
5587	纵观 zòngguān 동 전면적으로 관찰하다	5621	尊严 zūnyán 몡 존엄, 존엄성 혱 존엄하다
5588	纵横交错 zònghéng-jiāocuò 셩 (복잡하게) 이리저리 뒤섞여 있다	5622	遵循 zūnxún 동 따르다
5589	纵然 zòngrán 젭 설사 ~하더라도	5623	遵照 zūnzhào 동 따르다, ~대로 하다
5590	纵容 zòngróng 동 방임하다, 용인하다	5624	琢磨 zuómo 동 생각하다, 사색하다, 음미하다
5591	纵深 zòngshēn 몡 종심 [전선에 배치된 부대의 최전선에서 후방 부대까지의 세로의 선]	5625	左顾右盼 zuǒgù-yòupàn 셩 이리저리 두리번거리다
5592	粽子 zòngzi 몡 쭝즈	5626	佐料 zuǒliào 몡 양념, 조미료
5593	走过场 zǒu guòchǎng 겉치레만 하다, 형식만 갖추다	5627	作弊 zuòbì 동 부정행위를 하다, 법이나 규정을 어기다
5594	走后门 zǒu hòumén 뒷거래를 하다, 연줄 따위로 입학하거나 취직하다	5628	作对 zuòduì 동 맞서다, 대립하다, 적수가 되다 동 배우자가 되다
5595	走近 zǒujìn 다가가다	5629	作风 zuòfēng 몡 기풍, 태도, 풍격 몡 (예술가의) 작풍
5596	走廊 zǒuláng 몡 회랑, 복도	5630	作客 zuòkè 동 객지에 머물다, 손님이 되다
5597	走投无路 zǒutóu-wúlù 셩 막다른 골목에 이르다	5631	作物 zuòwù 몡 농작물
5598	走弯路 zǒu wānlù 돌아서 가다, 시행착오가 있다	5632	坐落 zuòluò 동 ~곳에 위치하다
5599	奏效 zòuxiào 효과가 나타나다	5633	座谈 zuòtán 동 좌담하다, 간담하다
5600	揍 zòu 동 (사람을) 때리다, 치다 동 깨다, 깨뜨리다	5634	座右铭 zuòyòumíng 몡 좌우명
5601	租赁 zūlìn 동 (토지나 집 따위를) 빌려 쓰다 동 세를 놓다	5635	做生意 zuò shēngyi 장사를 하다, 사업을 하다
		5636	做证 zuòzhèng 동 증명하다

QR코드 스캔해서 다락원 홈페이지로 이동
➜ MP3음원+동영상강의 다운로드 및 실시간 재생
➜ 받아쓰기노트, 필수표현집 다운로드

HSK 7~9급 한권으로 끝내기 필수단어장 하

지은이 남미숙
펴낸이 정규도
펴낸곳 (주)다락원

기획·편집 김혜민, 박소정, 이상윤
내지디자인 박나래
표지디자인 김나경, 박나래
조판 최영란
녹음 郭洋, 朴龙君, 于海峰, 허강원

다락원 경기도 파주시 문발로 211
전화 (02)736-2031(내선 250~252 / 내선 430~431)
팩스 (02)732-2037
출판등록 1977년 9월 16일 제406-2008-000007호

ISBN 978-89-277-2321-9 13720

www.darakwon.co.kr
다락원 홈페이지를 방문하시면 상세한 출판 정보와 함께 동영상 강좌, MP3 자료 등 다양한 어학 정보를 얻으실 수 있습니다.

HSK 7~9급
한권으로
끝내기

필수단어장 하
(2801~5636)

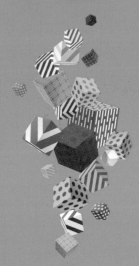